LINDA L. DAVIDOFF

TERCEIRA EDIÇÃO

INTRODUÇÃO À
PSICOLOGIA

LINDA L. DAVIDOFF
TERCEIRA EDIÇÃO

INTRODUÇÃO À
PSICOLOGIA

Tradução
Lenke Peres

Revisão Técnica
José Fernando Bittencourt Lômaco
Professor doutor pela Universidade de São Paulo (USP).
Professor associado (livre-docente) do Departamento de Psicologia
da Aprendizagem, do Desenvolvimento e da Personalidade do Instituto
de Psicologia da Universidade de São Paulo.

© 2001 Pearson Education do Brasil
Título original: Introduction to Psychology: Third Edition
© 1987, 1980, 1976 McGraw-Hill, Inc.

Todos os direitos reservados. Nenhuma parte desta publicação poderá ser reproduzida ou transmitida de qualquer modo ou por qualquer outro meio, eletrônico ou mecânico, incluindo fotocópia, gravação ou qualquer outro tipo de sistema de armazenamento e transmissão de informação, sem prévia autorização, por escrito, da Pearson Education do Brasil.

Produtora Editorial: Marileide Gomes
Foto da capa: Nicholas Foster/The Image Bank
Editoração Eletrônica: ERJ Composição Editorial e Artes Gráficas Ltda.

Veja Agradecimentos na p. 679 (todos os copyrights estão relacionados a partir desta página para referência)

Dados de Catalogação na Publicação

Davidoff, Linda L.
   Introdução à Psicologia: Terceira Edição
Tradução Lenke Peres; revisão técnica José Fernando Bittencourt Lômaco

São Paulo : Pearson Makron Books, 2001.

ISBN 978-85-346-1125-1

Direitos exclusivos cedidos à
Pearson Education do Brasil Ltda.,
uma empresa do grupo Pearson Education
Av. Francisco Matarazzo, 1400,
7º andar, Edifício Milano
CEP 05033-070 - São Paulo - SP - Brasil
Fone: 19 3743-2155
pearsonuniversidades@pearson.com

Distribuição
Grupo A Educação
www.grupoa.com.br
Fone: 0800 703 3444

A

Marty, por tudo

Sumário

Ao Professor XVII	
Ao Aluno XXI	
Agradecimentos XXIII	

1. Uma Introdução à Psicologia 3

O ÂMBITO DA PSICOLOGIA 6
Tópicos Estudados pelos Psicólogos 6
Definição de Psicologia 6
Focalizando o Geral 6
A Psicologia Hoje 7

PERSPECTIVAS HISTÓRICAS 8
Gustav Fechner: Cientista da Mente 9
Wilhelm Wundt:
Fundador da Psicologia Científica 9
William James: Observador da Vida Mental 11

PSICOLOGIA DO SÉCULO XX: PERSPECTIVAS
ATUAIS 12
Visão Behaviorista 12
Visão Cognitiva 13
Visão Humanista 14
Visão Psicanalítica 15
A Postura Eclética 17

TRADIÇÃO CIENTÍFICA DA PSICOLOGIA 18
Realidade Cotidiana da Ciência 18
Princípios-guia da Pesquisa 18
Questões Que os Psicólogos Levantam 20
Definições Operacionais 21
Selecionando Participantes de Pesquisas
Humanas 21

METAS DE PESQUISA 22

UMA COMBINAÇÃO DE INSTRUMENTOS DE
PESQUISA 23

INSTRUMENTOS DESCRITIVOS 23
Observações Diretas 23
Instrumentos de Avaliação 25
Estudos de Casos 27

INSTRUMENTOS EXPLICATIVOS 27
Estratégia Experimental 27
Estratégia Correlacional 32

CHEGANDO A CONCLUSÕES EM PSICOLOGIA . 35
Analisando Dados de Pesquisa 35
Psicologia e um Único Estudo 35
Ciência: Um Esforço Comunitário 35
Leis e Teorias em Psicologia 36
Unidade da Psicologia 36

POR QUE SE PREOCUPAR COM O MÉTODO
CIENTÍFICO? 36
Uma Abordagem de Senso Comum sobre a
Sexualidade Masculina 37
Estratégias Psicológicas de Senso Comum na Vida
Cotidiana 38

ÉTICA E PSICOLOGIA 38
Ética e Pesquisa com Humanos 39
Dilemas Éticos 39

RESUMO 40

GUIA DE ESTUDO 41

**2. Bases Fisiológicas do Comportamento e
da Cognição 47**

EVOLUÇÃO E COMPORTAMENTO 49
Charles Darwin e o Conceito de Evolução 49
A Idéia de Seleção Natural 49
A Evolução desde Darwin 49

HEREDITARIEDADE E COMPORTAMENTO:
MECANISMOS BÁSICOS 51
Genética do Comportamento 51
Hereditariedade e Ambiente: Uma Parceria
Permanente 51
Genética Humana: Uma Breve Revisão 52

HEREDITARIEDADE E DIFERENÇAS
INDIVIDUAIS 54
Estudo de Famílias por Francis Galton 54
Estudo de Gêmeos 55
Estudo da Adoção 55
Técnicas de Procriação 56
Investigações de Anormalidades Genéticas ... 57
Pesquisa de Consistências Vitalícias 57
Descobertas da Genética do Comportamento .. 58

SISTEMA NERVOSO: UMA VISÃO GERAL 58
Modelo Input-Output 59
Sensores e Efetores 59
Sistemas Coordenadores e Condutores 59

NEURÔNIOS: MENSAGEIROS DO SISTEMA
NERVOSO 61
Anatomia de um Neurônio 62

Contatos Neurônio a Neurônio: Sinapses 63
Do Neurônio ao Sistema Nervoso 63
Neurônios como Mensageiros 64
Registrando a Atividade Elétrica do Neurônio .. 66
Neurotransmissores e Comportamento 66

CÉREBRO, COMPORTAMENTO E COGNIÇÃO .. 68
Perspectivas do Funcionamento do Cérebro ... 68
Córtex Cerebral 71
Lobos Corticais 71
Tálamo 74
Sistema Límbico 75
Cerebelo e Ponte 76
Formação Reticular 77

DOIS CÉREBROS HUMANOS? 77
Diferenças entre os Hemisférios 77
Estudos de Pacientes com Cérebro Dividido ... 77
Conclusões: Dois Sistemas Cerebrais 80
Controvérsias sobre os Hemisférios 80

O CÉREBRO EM CONSTANTE MUTAÇÃO 82
Experiência 82
Substâncias Químicas 84
Lesão e Recuperação 84
Envelhecimento 85

SISTEMA ENDÓCRINO, COMPORTAMENTO E
    COGNIÇÃO 86
Sistemas Nervoso e Endócrino:
    Uma Parceria 86
Sistema Endócrino *versus* Sistema Nervoso:
    Semelhanças e Diferenças 86
Hormônios e Comportamento 87

RESUMO 88

GUIA DE ESTUDO 89

**3. Processos de Aprendizagem
    Comportamental** 95

CATEGORIAS DE APRENDIZAGEM 98
Aprendizagem Comportamental 98
Outros Modificadores do Comportamento 98
Medindo a Aprendizagem Comportamental ... 99
Diferenças de Vocabulário 100

CONDICIONAMENTO RESPONDENTE 100
Respondentes 101
Condicionando Respondentes 101
História do Condicionamento Respondente ... 102

PRINCÍPIOS E APLICAÇÕES DO
    CONDICIONAMENTO RESPONDENTE 104
Aquisição 104
Extinção e Recuperação Espontânea 105
Generalização e Discriminação de Estímulo ... 107
Contracondicionamento 107

CONDICIONAMENTO OPERANTE 109
Operantes 109
Condicionando Operantes 109
História do Condicionamento Operante 109

PRINCÍPIOS E APLICAÇÕES DO
    CONDICIONAMENTO OPERANTE 112

REFORÇAMENTO 112
Reforçamento Positivo 112
Reforçamento Negativo 112
Modelagem 113
Extinção e Recuperação Espontânea 113
Generalização e Discriminação de Estímulo ... 114

REFORÇADORES 115
Reforçadores Intrínsecos 115
Reforçadores Extrínsecos 115
Esquemas de Reforçamento 116

PUNIÇÃO 118
Punição Positiva 119
Punição Negativa 119
Punição Negativa *versus* Extinção 119
Variedades de Estímulos Punitivos 120
Similaridades entre Punição e Reforçamento .. 120
Desvantagens dos Estímulos Punitivos
    Positivos 120
Quando Experimentar Estímulos Punitivos
    Potenciais 121
Usando Estímulos Punitivos Potenciais de
    Forma Eficaz e Humana 121

CONDICIONAMENTO E COMPORTAMENTO
    COMPLEXO 123
Condicionamentos Operante e Respondente
    Combinados 123
Encadeamento 124
Controle de Estímulo 125
Condicionamento Operante Coincidente e
    Superstições 125
Condicionamento Autônomo e *Biofeedback* ... 126

CONTROVÉRSIAS ACERCA DO
    CONDICIONAMENTO 128
Um Tipo de Condicionamento? Ou Dois? 128
O Que É Aprendido Durante o
    Condicionamento? E Por Quê? 128
Até Que Ponto São Gerais as Leis da
    Aprendizagem 128

APRENDIZAGEM POR OBSERVAÇÃO 130
O Que Ensinam os Modelos 131
Como as Pessoas Aprendem por Observação . 131
Quem Imita Quem? 131

RESUMO 133

GUIA DE ESTUDO 133

4. Sensação, Percepção e Consciência .. 139

NATUREZA DA PERCEPÇÃO 141
Contribuições do Meio Ambiente 141
Contribuições do Sujeito da Percepção 141

ATENÇÃO 143
Natureza da Atenção 143
Fatores Que Atraem a Atenção 144
Atenção, Percepção e Tomada de Consciência 145

OPERAÇÕES SENSORIAIS 147
Detecção 147
Transdução e Transmissão 148
Processamento de Informações 148

SENTIDOS QUÍMICOS 148
Paladar 148
Olfato 149

SENTIDOS DE POSIÇÃO 151
Sentido Cinestésico 151
Sentido Vestibular 151

SENTIDOS CUTÂNEOS: CONTATO, PRESSÃO,
CALOR, FRIO E DOR 152

AUDIÇÃO 154
Ondas Sonoras 155
Anatomia do Ouvido 155
Cérebro e Audição 156
De Ondas Sonoras a Sons 156
Perda da Audição 159

VISÃO 159
Ondas Luminosas 159
Anatomia do Olho 161
Da Retina ao Cérebro 161
Movimentos dos Olhos 163

IMAGENS RETINIANAS VERSUS PERCEPÇÕES
VISUAIS 163

PERCEBENDO OBJETOS 164
Abordagem Gestáltica 164
Figura e Fundo 165
Constância 166
Agrupamento 166

BASES FISIOLÓGICAS DA PERCEPÇÃO DE
OBJETOS 168
Processamento de Informações nos Olhos ... 168
Processamento de Informações no Cérebro ... 170

PERCEBENDO CORES 171
Dissecando a Experiência da Cor 171
Mistura de Cores 172
Universalidade da Percepção de Cores 173

BASES FISIOLÓGICAS DA PERCEPÇÃO DE
CORES 174
Cegueira para as Cores e Imagem Persistente
de Cores 174
Teorias Tricromática e de Processos
Oponentes 175

PERCEBENDO PROFUNDIDADE 176
Indicadores de Profundidade Binoculares 176
Indicadores de Profundidade Monoculares 176

DESENVOLVIMENTO VISUAL 178
O Mundo Visual do Recém-nascido 178
Percepção Inicial de Forma 179
Percepção Inicial de Profundidade 179
Desenvolvimento Perceptivo após a Infância .. 180
Influências Sensoriais e Motoras 180

A VISÃO EM TRANSFORMAÇÃO 181
Privação Sensorial 182
Adaptação a *Input* Sensorial Distorcido 182
Estados Psicológicos 183

PERCEPÇÃO EXTRA-SENSORIAL 185
Evidência Casuística 185
Investigações de Laboratório 186

CONSCIÊNCIA COMUM NO ESTADO DE
VIGÍLIA 187
Consciência na Vigília: Postura e Foco 187
Ritmos da Consciência na Vigília 187

ESTADOS DE CONSCIÊNCIA ALTERADOS 187
Sono 188
Sonhos 190
Hipnose 192
Intoxicação por Maconha 194

RESUMO 196

GUIA DE ESTUDO 197

5. Memória 203

NATUREZA DA MEMÓRIA 205
Processos da Memória 205
Estruturas da Memória 205

MEDIDAS DA MEMÓRIA 206
Reaprendizagem 206
Reconhecimento 208
Recordação 209
Recordação *versus* Reconhecimento 209

MEMÓRIA SENSORIAL 210
Localização e Usos das Memórias Sensoriais .. 210
Evidência da Memória Sensorial 210
Dados da Memória Sensorial 212
Esquecimento de Memórias Sensoriais 212

MEMÓRIA DE CURTO PRAZO 212
Evidência da Memória de Curto Prazo 213
Funções da Memória de Curto Prazo 213
Capacidade da Memória de Curto Prazo 213
Codificação e Recuperação na Memória de
    Curto Prazo 214
Esquecimento da Memória de Curto Prazo .. 214

MEMÓRIA DE LONGO PRAZO 215
Codificação na Memória de Longo Prazo 215
Recuperação na Memória de Longo Prazo ... 215
Esquecimento da Memória de Longo Prazo .. 217

REPRESENTANDO INFORMAÇÕES NA
    MEMÓRIA DE LONGO PRAZO 220

INFLUÊNCIAS NA RETENÇÃO DE LONGO
    PRAZO 222
Conhecimento Anterior: A Idéia de Esquema .. 222
Experiência Posterior 223
Incitamento 223
Repetição e Exposição 224
Atenção 226
Organização e Integração 226
Outras Táticas Ativas 230
Prática Maciça *versus* Distribuída 232
Memórias Dependentes do Estado Físico 232

VIÉS NA MEMÓRIA DE LONGO PRAZO: O
    CASO DA TESTEMUNHA OCULAR 233

SISTEMAS MÚLTIPLOS DA MEMÓRIA 237
Amnésia 237
Lições sobre os Depósitos da Memória 237

RESUMO 238

GUIA DE ESTUDO 239

6. Pensamento e Linguagem 245

A NATUREZA DO PENSAMENTO 247
Ligações entre Pensamento e Linguagem 247
Cognições e Emoções 248
Elementos do Pensamento 248

CONCEITOS: CONSTRUINDO BLOCOS DE
    PENSAMENTO 250
Categorias e Exemplos 250
Definindo Categorias 251
O Que as Categorias Revelam-nos 251
Relações entre as Categorias 252

PENSAMENTO DIRIGIDO 252

RACIOCÍNIO 252
Comparação com Protótipos 253
Busca de Exemplos 253
Disponibilidade de Exemplos 253
Construção de Explicações Causais 254

SOLUÇÃO DE PROBLEMAS 254
Identificação 254
Preparação 255
Solução 256
Avaliação 260

A NATUREZA DA LINGUAGEM 260
Formas de Comunicação 262
A Natureza Muito Especial da Linguagem 263
Organização da Linguagem 264
Estruturas Superficiais e Subjacentes 265

FALA: PRODUZINDO E COMPREENDENDO-A . 265
Produzindo a Fala 265
Compreendendo a Fala 265

ADQUIRINDO A LINGUAGEM 266
De Sons para Palavras 267
De Palavras para Sentenças 268
Um Período Sensível para a Linguagem? ... 269

EXPLICANDO A AQUISIÇÃO DA LINGUAGEM . 269
Teoria do Dispositivo de Aquisição de
    Linguagem 269
Teoria da Solução de Problemas 270
Teoria do Condicionamento 271
Uma Síntese 271

METACOGNIÇÃO 274

RESUMO 274

GUIA DE ESTUDO 275

7. Inteligência e Teste 281

DEFININDO A INTELIGÊNCIA 283
Essência da Inteligência 283
Velocidade Cognitiva 284
Motivação e Ajustamento 284
Hereditariedade e Ambiente 284
Definições Universais 285
Perspectiva Operacional 285
Abordagem Cognitiva 286

CONSTRUINDO TESTES PSICOLÓGICOS
    PADRONIZADOS 286
Seleção de Itens de Testes 286
Avaliação de Itens de Testes 287
Garantia de Objetividade 288
Avaliação da Precisão 288
Validade 289

MEDINDO A INTELIGÊNCIA 290
Teste de Inteligência de Alfred Binet 290
Revisão de Lewis Terman 291
Testes de Inteligência Atuais 291

HEREDITARIEDADE E INTELIGÊNCIA MEDIDA . 293
Evidência da Contribuição Genética 293

O Relativo Impacto da Hereditariedade 294
Como a Hereditariedade Favorece a
  Inteligência Medida 295

AMBIENTE E INTELIGÊNCIA MEDIDA 296
Desnutrição 296
Toxinas 297
Tamanho da Família e Ordem de Nascimento . 298
Estimulação Sensório-motora 298
Desafios Cognitivos 300
Educação Formal 300

DIFERENÇAS ENTRE GRUPO NA INTELIGÊNCIA
  MEDIDA 301
Diferenças de Gênero 301
Diferenças de Idade 303
Diferenças de Classe Social 305
Diferenças de Raça 306

DIFERENÇAS INDIVIDUAIS NA INTELIGÊNCIA
  MEDIDA 307
Retardo Mental 307
Inteligência Superior 309

TESTES DE INTELIGÊNCIA: CRÍTICAS 311
A Controvérsia da Validade 312
Usos dos Testes Mentais 312
Abusos dos Testes Mentais 312
Novos Rumos dos Testes Mentais 313

CONSTRUCTOS MENTAIS RELACIONADOS ... 313
Estilos Cognitivos 313
Aproveitamento Escolar 315
Aptidão Escolar 315

RESUMO 316

GUIA DE ESTUDO 317

8. Motivação 323

QUESTÕES PRELIMINARES 325
Definindo Termos Motivacionais 325
Modelos de Motivação 326
Teoria da Hierarquia de Abraham Maslow .. 327
Motivos e Centros de Prazer 329
Motivação Inconsciente 330

FOME E O ATO DE COMER 330
Bases Fisiológicas da Fome 330
Fomes Específicas 333
Controles de Peso: Foco na Obesidade 334

MOTIVAÇÃO POR ESTIMULAÇÃO SENSORIAL . 340
Diferenças Individuais na Busca de
  Estimulação 340
Influências sobre a Busca de Estimulação 340
Motivos para Explorar e Manipular 341

MOTIVAÇÃO E COMPORTAMENTO SEXUAL ... 342
Natureza do Impulso Sexual 342
Bases Fisiológicas do Impulso Sexual 342
Incentivos e Impulso Sexual 345
Origens da Orientação Sexual 347
Resposta Sexual Humana 349
Impulso Sexual ao Longo do Ciclo de Vida ... 350
Gênero e Impulso Sexual 351
Atitudes Sexuais Contemporâneas 352

MOTIVAÇÃO SOCIAL 354

MOTIVAÇÃO DE Realização 355
Medindo o Motivo de Realização 355
Motivação de Realização e Realização 356
Diferenças na Motivação de Realização ... 357

MOTIVAÇÃO COGNITIVA 359
Dissonância Cognitiva 360
Reação Psicológica 361

RESUMO 361

GUIA DE ESTUDO 362

9. Emoção e Ajustamento 367

EMOÇÕES UNIVERSAIS 369

PRIMEIRAS EMOÇÕES 369

A NATUREZA DAS EMOÇÕES 371
Componentes Subjetivos 371
Componentes Comportamentais 371
Componentes Fisiológicos 373
Componentes Entrelaçados e Interativos 374
Emoções Mistas 374
Emoções Volúveis 375

COMO SURGEM AS EMOÇÕES 376
Teorias da Resposta Periférica 376
Teorias do Incitamento Inespecífico 376
Uma Síntese 377

RAIVA E AGRESSÃO 377
A Experiência da Raiva na Vida Cotidiana 378
A Ligação Raiva-Agressão 378
Agressão Induzida por Incentivo 379
Influências Biológicas sobre a Agressividade ... 380
Influências Ambientais sobre a Agressividade . 383

PRAZER, ALEGRIA E FELICIDADE 386
Prazer e Alegria 386
Felicidade 388

ANSIEDADE 390
Bases Fisiológicas da Ansiedade 390
Fontes de Ansiedade 393
Tipos de Conflito 395

ENFRENTANDO A ANSIEDADE 396
Táticas Comuns de Comportamento para
 Enfrentar a Ansiedade 397
Mecanismos de Defesa 398

CONSEQÜÊNCIAS DA ANSIEDADE 401
Conseqüências Cognitivas 401
Conseqüências sobre a Saúde Física 402
Influências sobre as Conseqüências da
 Ansiedade 408

RESUMO 410

GUIA DE ESTUDO 411

10. O Início: Da Concepção à Infância ... 417

DESENVOLVIMENTO: UM PROCESSO QUE SE
 PROLONGA PELA VIDA INTEIRA 418
Hereditariedade e Ambiente: Interações
 Permanentes 419
Maturação 419
A Idéia de Períodos Sensíveis ou Críticos 421
Experiências Iniciais versus Posteriores 422
As Perspectivas de Estágio e de Continuidade 423

DESENVOLVIMENTO PRÉ-NATAL 423
Defeitos de Nascimento 423
As Contribuições da Mãe 423
As Contribuições do Pai 429

BEBÊS NO NASCIMENTO 429
Riscos no Parto 430
Similaridades entre Recém-nascidos 431
Diferenças entre Recém-nascidos 433

DESENVOLVIMENTO COGNITIVO: A TEORIA
 DE PIAGET 436
Perspectiva e Métodos de Pesquisa de Piaget . 436
Pressuposições de Piaget 437
Teoria de Estágios de Piaget 438
Uma Avaliação 440

DESENVOLVIMENTO SOCIAL 441

FORMAÇÃO DE VÍNCULO 442
Estampagem (Imprinting) 442
Formação de Vínculo entre Macacos 443
Formação de Vínculo entre Seres Humanos . 444

DESENVOLVIMENTO MORAL 451
Julgamento Moral e Conduta: A Teoria de
 Kohlberg 452
Criação de Filhos e Moralidade 453

RESUMO 455

GUIA DE ESTUDO 456

11. Adolescência e Vida Adulta 461

TEORIAS DE DESENVOLVIMENTO DA VIDA
 ADULTA 463
Teorias de Estágios da Vida Adulta 463
Teorias de Continuidade da Vida Adulta ... 463
Um Modelo Conciliado do Desenvolvimento
 Adulto 464

ADOLESCÊNCIA 464
Adolescentes Turbulentos: Mito ou Fato? ... 465
A Busca de Identidade 465
Influência dos Pais 466
Influência dos Pares 467
Quando Pais e Pares Entram em Choque ... 468
Relacionamentos com o Sexo Oposto 468
Transição para a Vida Adulta 469

ENCONTRANDO SATISFAÇÃO NO TRABALHO . 470
O Que as Pessoas Querem do Trabalho 470
Obstáculos à Satisfação no Trabalho 470
Contribuições Pessoais para a Satisfação no
 rabalho 473
Mulheres e Satisfação no Trabalho 473

ESTABELECENDO INTIMIDADE 474
Atração e Afeição 474
Amor Romântico versus Amizade Profunda ... 476
Coabitação 476
Casamentos e Casamentos 477
Construindo um Casamento Satisfatório ... 477
Quando o Casamento Fracassa: Divórcio ... 479

MATERNIDADE E PATERNIDADE 481
O Início da Maternidade e da Paternidade ... 482
Famílias com Apenas Um dos Pais 483

PREOCUPAÇÕES E CARACTERÍSTICAS DA
 MEIA-IDADE 484
Orientação 484
Mudanças de Personalidade 486
Crises na Meia-Idade 486

PREOCUPAÇÕES E CARACTERÍSTICAS DOS
 IDOSOS 488
Envelhecimento e Sociedade 488
Competência 489
Enfrentando a Perda 492
Senso de Controle 494

ENFRENTANDO A MORTE 495
Uma Teoria de Estágio da Morte 495
Entendendo a Experiência da Morte 495

RESUMO 497

GUIA DE ESTUDO 498

12. Personalidade: Teorias e Teste 503

Escopo da Psicologia da Personalidade 504
Origens das Teorias da Personalidade 505

TEORIAS PSICODINÂMICAS 505
A Teoria Psicanalítica de Sigmund Freud 505
Outras Teorias Psicodinâmicas 510
Mensuração da Personalidade: Partindo da
  Perspectiva Psicodinâmica 515

TEORIAS FENOMENOLÓGICAS 521
A Teoria do Self, de Carl Rogers 522
Mensuração da Personalidade: Partindo da
  Perspectiva Fenomenológica 523
Teorias Fenomenológicas: Comentários
  Críticos 524

TEORIAS DISPOSICIONAIS 524
Traços 524
Teoria e Medida do Traço: Enfoque em
  Raymond Cattell 524
Tipos 525
Teoria de Tipos e Mensuração: Enfoque em
  William Sheldon 526
Testes Objetivos: A Abordagem Disposicional
  para Medir a Personalidade 527
Traços Existem? 529
Teorias Disposicionais: Comentários Críticos .. 531

TEORIAS BEHAVIORISTAS 532
O Behaviorismo Radical de B. F. Skinner 532
A Abordagem da Aprendizagem Cognitivo-social
  de Albert Bandura 533
Mensuração da Personalidade: Partindo da
  Perspectiva Behaviorista 534
Teorias Behavioristas: Comentários Críticos ... 534

UMA ÚNICA TEORIA ABRANGENTE DA
  PERSONALIDADE? 535

RESUMO 536

GUIA DE ESTUDO 537

13. Comportamento Desajustado 541

Identificando o Comportamento Desajustado . 543
Avaliando Critérios Clínicos 543
Neuroses, Psicoses e Insanidade 546
Conceituando o Comportamento Desajustado 548
Distinguindo Explicações Orgânicas de
  Psicológicas 549
Incidência do Comportamento Desajustado ... 553

DISTÚRBIOS AFETIVOS 553
Depressões 553
Episódios Maníacos 554
Distúrbios Bipolares 555
Causas de Distúrbios Afetivos 556

DISTÚRBIOS DE ANSIEDADE 559
Distúrbios Fóbico, de Pânico e de Ansiedade
  Generalizada 562
Distúrbio Obsessivo-compulsivo 565
Distúrbio de Estresse Pós-traumático 566

DISTÚRBIOS COM MANIFESTAÇÃO
  SOMÁTICA 566
Distúrbio de Conversão 567
Distúrbios com Manifestações Somáticas,
  Estereótipos Sexuais e Erro de Diagnóstico 568

DISTÚRBIOS DISSOCIATIVOS 568
Distúrbios de Memória 568
Personalidade Múltipla 568

DISTÚRBIOS PELO USO DE SUBSTÂNCIAS ... 569
Efeitos do Álcool 570
Padrões de Uso Problemático de Álcool 570
Causas do Alcoolismo 572

DISTÚRBIOS ESQUIZOFRÊNICOS 574
Sintomas Comuns 574
Incidência e Curso da Esquizofrenia 575
Subtipos de Esquizofrenia 576
Causas das Esquizofrenias 578

DISTÚRBIOS DE PERSONALIDADE 581
Sintomas de Distúrbio de Personalidade
  Anti-social 581
Causas do Distúrbio de Personalidade
  Anti-social 582

DISTÚRBIOS NA INFÂNCIA, PRÉ-ADOLESCÊNCIA
  E ADOLESCÊNCIA 583
Sintomas de Autismo Infantil 583
Causas do Autismo Infantil 584

RESUMO 585

GUIA DE ESTUDO 586

14. Tratando O Comportamento Desajustado 591

PSICOTERAPIA DE PACIENTES NÃO
  INSTITUCIONALIZADOS 593
Atitudes Diante da Psicoterapia 594
Diversidade da Psicoterapia 594

PSICOTERAPIA PSICANALÍTICA 595
Concepção do Comportamento Perturbado ... 595
Objetivos 595
Procedimentos Terapêuticos 595
Psicoterapias Orientadas Psicanaliticamente .. 597
Comentários 597

TERAPIA COMPORTAMENTAL 598
Concepção do Comportamento Perturbado .. 598
Objetivos 598

Procedimentos Terapêuticos 599
A Terapia Comportamental na Prática: O Caso
 da Sra. S. 603
Comentários 603

PSICOTERAPIA HUMANISTA-EXISTENCIAL 604

PSICOTERAPIA CENTRADA NO CLIENTE 605
Concepção do Comportamento Perturbado ... 605
Objetivos e Procedimentos Terapêuticos 605

A TERAPIA DA GESTALT 606
Concepção do Comportamento Perturbado ... 606
Objetivos e Procedimentos Terapêuticos 606
Comentários 607

ABORDAGEM ECLÉTICA 608

PSICOTERAPIA DE GRUPO 609

CONTROVÉRSIAS DA PSICOTERAPIA 609
A Psicoterapia É Efetiva? 609
Existe um Tipo de Psicoterapia Superior? 610
As Terapias de Sucesso Compartilham Pontos
 em Comum? 610

ABORDAGENS MÉDICAS DOS DISTÚRBIOS NÃO
 PSICÓTICOS 612
Drogas para Episódios Depressivos 612
Drogas para Distúrbios de Ansiedade 613

TRATANDO ADULTOS PSICÓTICOS: FOCO NOS
 ESQUIZOFRÊNICOS 614
Estratégias Médicas 615
Institucionalização Tradicional 616
Desinstitucionalização: Ideais, Realidades,
 Possibilidades 617
Reabilitação em Instituições 618
Reabilitação na Comunidade 619
Acompanhamento na Comunidade 621

ESTABELECENDO CENTROS COMUNITÁRIOS
 DE SAÚDE MENTAL 621

REABILITAÇÃO DE CRIMINOSOS 623
Efeitos da Prisão 623
Reabilitação Orientada para a Comunidade ... 625

RESUMO 625

GUIA DE ESTUDO 626

15. Comportamento Social e Questões Sociais 631

MOTIVAÇÃO SOCIAL 633
Necessidades de Estimulação 633
Necessidades de Comparação Social 634
Diferenças Individuais 634

PERCEPÇÃO E APRESENTAÇÃO SOCIAL 634
O Processo de Atribuição 635
O Comportamento do Observador 635
O Comportamento do Observado 637
Conseqüências das Atribuições 637

AJUDA 638
A Contribuição Daquele Que Presta Socorro . 638
A Contribuição das Condições Sociais 639
A Contribuição da Vítima 640
Explicando a Ajuda Humana 640

CONCORDÂNCIA 640
Conformidade 641
Influência da Minoria 642
Obediência 643

ATITUDES E ESTEREÓTIPOS 645
Atitudes 645
Estereótipos e Preconceitos 646
Consistência Interna das Atitudes 647
Formação de Atitudes 648
Dinâmica das Atitudes 648
Mudança de Atitude 650

HOSTILIDADES RACIAIS 652
Evidência de Racismo 652
Racismo: Formação e Dinâmica 653
Eliminando o Racismo 654

SOCIEDADE E DIFERENÇAS DE GÊNERO 655
Papéis Sexuais 656
As Vantagens Masculinas 656
Gênero e Comportamento 657
Gênero e Poder Social 659
Influências Sociais sobre o Comportamento de
 Papel Sexual 661
O Futuro dos Papéis Sexuais 665

EPÍLOGO 666

RESUMO 666

GUIA DE ESTUDO 667

Apêndice — Conceitos Fundamentais de Estatística 671

COLETANDO DADOS 671

DESCREVENDO A TENDÊNCIA CENTRAL 672

DESCREVENDO A VARIABILIDADE 672

DESCREVENDO A POSIÇÃO RELATIVA 673
Distribuições Normais 673
Calculando a Posição Relativa 674

DESCREVENDO RELAÇÕES 675
Diagramas de Dispersão 675
Coeficientes de Correlação 676
Correlação Não Significa Causalidade 676

INTERPRETANDO O SIGNIFICADO DOS
   RESULTADOS 676
Populações, Amostras e Erros de Amostragem 676
Inferência Estatística e Conceitos de
   Probabilidade 677
Significância Estatística 677
Implicações da Significância Estatística 678

ESTATÍSTICA E VIÉS 678
Leituras Sugeridas 678

Agradecimentos **679**

Bibliografia **683**
ABREVIATURAS USADAS NA BIBLIOGRAFIA ... 750

Glossário **755**

Índice Onomástico **775**

Índice de Assuntos **789**

Ao Professor

Escrever um compêndio introdutório é uma tarefa intrigante e desafiadora, porque nos defrontamos com a necessidade de encontrar ordem e coerência num corpo vasto e espalhado de informações que não se ajustam facilmente. Esta pode parecer minha terceira tentativa de fazer essa síntese, mas eu devo estar perto da décima ou décima quinta porque cada capítulo passou por múltiplas revisões até chegar ao manuscrito final. Esta edição levou cinco anos de pesquisa e redação para ficar pronta. Se você conhece as edições anteriores, perceberá que cada capítulo foi alterado substancialmente. Entretanto, meus objetivos e prioridades continuam os mesmos. Esta terceira edição apenas me dá a oportunidade de chegar mais perto de meu ideal.

Clareza
Clareza ainda é uma preocupação-chave. Como já escrevi antes, continuo tentando manter a "perspectiva ingênua do aluno." Se eu tivesse lido sobre tais coisas pela primeira vez em minha vida, será que eu entenderia? Eu me concentrei em esmiuçar discussões empacotadas de forma densa, na qual os alunos talvez tivessem alguma dificuldade para seguir a lógica. Para conseguir maior clareza, trabalhei de novo em muitas descrições, explana- ções e exemplos. Como nas edições anteriores, os termos técnicos são definidos pelo menos grossei- ramente em sua primeira entrada. Se as matérias discutidas em qualquer lugar do texto forem essenciais para o entendimento de algum outro tópico, será fornecido um rápido sumário ou capítulo, ou uma página de referência. Você encontrará também muitos quadros ou tabelas para simplificar assuntos mais complexos ou confusos.

Legibilidade
A questão da legibilidade está bastante relacionada à clareza, talvez de forma inseparável. É muito difícil quantificar legibilidade e, por isso, quase sempre focalizamos o nível de leitura, o que pode ser um índice útil. Mas, as medidas de nível de leitura são cruas, por estarem baseadas em detalhes mecânicos como comprimento de sentenças e parágrafos e a média do número e sílabas por palavra. E tentativas de aderir servilmente a práticas que rebaixam o nível de leitura podem conflitar com sólidos princípios pedagógicos. Uma forma de familiarizar os alunos com termos técnicos de muitas sílabas em psicologia é apresentá-los, repetidamente, em contextos conhecidos. Essas repetições, é claro, elevam o nível da leitura. Nas minhas tentativas de tornar o entendimento do livro verdadeiramente mais fácil e, portanto, aprender com ele, me concentrei em clareza e sólida pedagogia.

Informalidade, interesse, importância
A terceira edição foi escrita em um estilo coloquial. Ocasionalmente, eu falo na primeira pessoa. Sem calor, é difícil obter aos poucos aquele tipo de interesse que mantém os alunos aprendendo. Portanto, o estilo torna-se uma consideração pedagógica. Também fui guiada por uma quantidade de políticas de conteúdos que farão a terceira edição atraente. Como nas edições anteriores, a transcrição de uma pequena história abre cada capítulo. São exemplos tirados da vida diária, vida humana, e espalhados de forma liberal por toda a discussão do texto. Além disso, estudos de pesquisas importantes são descritos em detalhes. As aplicações dessas pesquisas e suas implicações para a vida são muito bem explicadas, de forma que a importância da psicologia fica especialmente clara.

Alguns textos despertam interesse com a utilização de certos recursos — quadros com a matéria, ilustrações, figuras e outras coisas desse tipo. Os quadros não podem substituir um texto monótono, mas a matéria que eles contêm pode servir para envolver o aluno e motivá-lo a ler o texto. Os comentários e as longas legendas das figuras das edições anteriores foram trocados, em larga escala, por quadros — dois ou três por capítulo. Os conteúdos das matérias dos quadros variam: alguns contêm aplicações e ilustrações de conceitos discutidos no corpo principal do texto; outros introduzem os alunos a tópicos relacionados. Como eu sempre fiz objeção a quadros que interrompem o fluxo do texto, neste livro eles estão colocados entre as seções maiores.

Muito importante, eles estão ligados a determinados pontos tratados no capítulo. Eu tentei me assegurar de que o aluno sabe como aos quadros se ajustam à discussão do texto e como lê-los.

As figuras sempre emprestam interesse ao texto. O truque é dar-lhes um valor educacional. Essas figuras não são uma reflexão posterior ao texto. Em muitos casos, elas foram escolhidas porque acrescentam muito ao conhecimento do aluno. Os testes incluem questões sobre as figuras, caso você deseje manter os alunos responsáveis pelas informações adicionais da legenda.

Considerações das complexidades

Embora os textos muito fáceis de ler possam ser, algumas vezes, claramente simplistas, essas duas característica não estão necessariamente ligadas. Ao descrever o que é conhecido sobre questões psicológicas, eu tentei examinar a fundo os problemas, as complexidades e as confusões remanescente. Espero ter transmitido a tentativa, desenvolvendo a natureza das informações atuais.

Coerência

Alguns textos introdutórios discutem estudo após estudo sem mostrar o relacionamento entre eles ou extrair conclusões. Muitos livros passam de um tópico a outro de forma repentina, com poucas tentativas para ligar as matérias. Então, tentei integrar de forma coerente as diversas descobertas descritas em cada capítulo. Um dos maiores desafios ao escrever um texto tão abrangente quanto este é trabalhar o relacionamento entre os vários tópicos. Os alunos encontrarão numerosas referências cruzadas a matérias relacionadas, bem como temas recorrentes. Quase todos os capítulos discutem as múltiplas influências interativas e consideram tanto os fatores biológicos, quanto os sócio-psicológicos. As diferenças entre sexos e indivíduos, no decorrer da vida, são também contínuas preocupações.

Organização

A organização está intimamente relacionada à coerência, outra tarefa desafiadora. Ao contrário das aulas de introdução à psicologia, os seres humanos não estão segmentados em emoção, motivação, cognição e coisas assim. As pesquisas projetam também categorias justapostas, com dados comumente aplicados a muitos tópicos. As mudanças que as drogas produzem na consciência, por exemplo, podem ser incluídas, de forma justificada, em discussões sobre percepção, cognição ou estados alterados da consciência. Outros aspectos do uso de drogas ajustam-se a discussões das bases fisiológicas, motivação, ajustamento ou comportamento anormal. Embora se possa argumentar convincentemente por uma variedade de localizações para qualquer tópico, minha própria busca de um arranjo mais coeso e estimulante levou a várias mudanças organizacionais importantes:

1. Um único capítulo introdutório. Eu combinei história, filosofia e psicologia como profissão e os capítulos metodológicos dentro de um único capítulo introdutório. Essa mudança facilitou a redução do tempo gasto em preliminares. Quem preferir um exame mais completo dessa matéria fundamental pode dividir o capítulo em duas partes.

2. Tratamento combinado de consciência e percepção. A maior parte do conteúdo dos tópicos do capítulo antigo sobre consciência comum em vigília, sono e sonho, hipnose e intoxicação por maconha aparece agora no tópico de percepção.

3. Tratamento combinado de ajustamento e emoção. O tratamento da ansiedade como uma emoção leva naturalmente aos caminhos pelos quais a pessoa enfrenta o estresse, suas conseqüência para a saúde física e mental e as influências sobre essas conseqüências.

4. Tratamento expandido da adolescência e idade adulta. Com a aceleração do conhecimento sobre a amplitude da vida, pareceu desejável um capítulo separado. Adolescência e Vida Adulta, segue o desenvolvimento anterior, aparecendo ambos depois da descrição de processos fundamentais.

5. A reordenação do desenvolvimento anterior das matérias. Agora o capítulo mistura um formato de tópicos com uma abordagem cronológica e cobre o período intra-uterino, nascimento e infância (focalizando cognição, relacionamentos sociais e moral).

6. Tratamento combinado de genética de comportamento e outros tópicos fisiológicos. A genética de comportamento foi retirada do capítulo sobre desenvolvimento e colocada junto a outros tópicos fisiológicos fundamentais logo no início do texto.

7. Maior ênfase nos princípios do processo de aplicação de testes no capítulo sobre inteligência. Como na primeira edição o novo capítulo sobre inteligência segue o capítulo da cognição.

Além disso, você encontrará mudanças organizacionais menores em cada capítulo.

Profundidade
Autores de textos introdutórios trabalham dentro de limites de espaços e por isso eles têm de adotar uma posição quanto à questão da profundidade e da amplitude. Em todas as três edições deste texto eu optei pela estratégia seletiva limitando o número de tópicos, porque isso permite um tratamento mais substancial de cada um. Eu resisti ao meu impulso de incluir mais alguma coisa em cada tópico porque era imperativo haver espaço para explicações, exames detalhados das investigações-chave, implicações, aplicações, controvérsias e perspectivas históricas. Penso que a abordagem focalizada retrata a psicologia como um empreendimento dinâmico e vital, em vez de uma coleção estática de definições e afirmações. Embora a cobertura seja seletiva, os principais domínios psicológicos estão representados.

Atualidade
Durante os cinco anos de trabalho na revisão, calculo que eu tenha examinado perto de 3000 novos artigos de revistas científicas e capítulos de livros. Como resultado, os capítulos revistos incorporam muitas das perspectivas e ênfases dos anos 80. Você encontrará não apenas tratamento atualizado das matérias básicas, como também discussões de muitas preocupações de pesquisas relativamente novas como estupro, gêmeos idênticos criados separados, toxinas ambientais, envelhecimento do cérebro, exames PET, a contribuição do pai no desenvolvimento pré-natal, divórcio, distúrbios do mal de Alzheimer, barulho, amnésia, sistemas múltiplos de memória, memória e emoção, memória instantânea, memória na vida diária, imaginação, categorias e conceitos, falta de memória, simulações no computador, metaconhecimento, abordagem dos componentes da inteligência, educação compensatória, anorexia, bulimia, padrões sexuais duplos, incesto, raiva, violência doméstica, disputas, estresse e o sistema imunológico, estresse e doenças (câncer, hipertensão essencial e asma), apoio social, estilos de enfrentamento, solidão, administração da impressão e muito mais. A documentação para esta edição segue o padrão APA.

Pedagogia
Entre minhas prioridades principais para esta nova edição está o encorajamento à aprendizagem ativa. As fotografias e legendas educacionais, assim como as numerosas tabelas, estão entre os recursos pedagógicos usados no texto que, aliás, já foram mencionados. Além disso, há organizadores avançados para modelar as expectativas do leitor: resumo na abertura do capítulo, Fato? Ou ficção? Seções que dirigem a atenção para prováveis noções erradas; e afirmações introdutórias apontando para onde somos dirigidos. Os resumos servem como estudo ou revisão sem serem muito detalhados a ponto de substituírem o texto. Os Guias de Estudo inseridos estão sempre à mão, prontos para serem usados quando o aluno estiver lendo.

Os finais dos capítulos Guias de Estudo foram completamente revisados para refletir o conteúdo atual. Cada um deles contém:

- Listas dos Termos-chave e Conceitos Básicos.
- Uma avaliação de múltipla escolha.
- Exercícios sobre matérias potencialmente difíceis ou confusas, se for necessário.
- Questões que provocam reflexões, as quais podem ser indicadas como lição de casa, crédito extra ou discussão em classe.
- Leituras sugeridas mostrando aos alunos motivados livros de interesse.
- Gabarito de respostas para Ficção? Ou Fato? Avaliação e Exercícios com referência às páginas das discussões de textos para Avaliação e Exercícios.

Equilíbrio sexual, cultural e racial
Para mim, a linguagem sexista é repugnante e a tenho evitado com freqüência. Também tenho tentado não estereotipar mulheres e homens em meus exemplos. O tópico das diferenças de gênero é tratado em todo o texto. Do Capítulo 8 ao 15, as bases físicas e sociais dessas diferenças são tratadas com algumas minúcias.

A segunda edição deste livro foi usada no mundo todo. Embora muitas das pesquisas mostradas aqui sejam trabalho de americanos e pertencem à vida norte-americana, eu suplementei com perspectivas interculturais. Tentei também refletir a diversidade étnico-racial de nossa sociedade pela escolha de nomes (em exemplos), fotografias e ilustrações.

Flexibilidade

Esta edição do texto mantém sua flexibilidade sendo adaptável a diferentes necessidades. As seções dentro dos capítulos e capítulos inteiros podem ser omitidos ou reorganizados com rupturas mínimas porque (1) as seções tendem a ser coesas, (2) o material necessário ao pano de fundo está resumido ou referenciado por capítulo, página ou número e (3) o Glossário e Índice são abrangentes. Apesar de tudo isso, eu gostaria de recomendar a leitura das informações mais básicas: Capítulos 1 (história e metodologia), 2 (bases fisiológicas do comportamento e da cognição) e 3 (aprendizagem respondente, operante e pela observação) logo no início do curso. Se você já ensinou estatística no início do curso, o Apêndice pode ser estudado simultaneamente ou após o Capítulo 1.

Ao Aluno

Gostaria de falar alguma coisa sobre os recursos de aprendizagem que você encontrará neste livro e fazer algumas sugestões.

Sumário

O sumário apresentado no início de cada capítulo tem um objetivo definido que pode não parecer óbvio. Ele informa o conteúdo que virá a seguir e como está organizado. Desta maneira, sua leitura será mais inteligente, porque você já sabe o que o espera. Você saberá para onde está se dirigindo e poderá formular perguntas sobre o que virá pela frente. A estratégia de perguntas e respostas é útil para você compreender o conteúdo e integrá-lo com o que você já conhece.

São necessários apenas alguns momentos para você ler o sumário. No entanto, é uma leitura que exige concentração porque os sumários não prendem muito a atenção do leitor. Para o analisar de maneira crítica, talvez seja útil ter uma pergunta em mente: será que esta organização faz sentido?

Ficção? ou Fato?

Logo depois do sumário de cada capítulo, você encontrará seções sobre fatos e ficções que contêm afirmações verdadeiras e falsas. Antes de começar a ler o capítulo, faça um teste com você mesmo. Se, durante a leitura, você não encontrar as respostas corretas, recorra ao gabarito no fim do capítulo.

Há vários motivos por que incluímos essas questões relacionadas com fatos e ficção. Assim como o sumário, elas dão uma idéia geral do que virá a seguir. Elas também salientam os equívocos mais comuns aos quais você deverá estar atento. Se você já estiver de sobreaviso, mais oportunidades terá de obter informações precisas do capítulo.

Leitura com Intervalos

Cada capítulo contém informações cuja leitura provavelmente será responsabilidade sua, isto é, deverá ser feita sem o acompanhamento do professor. Entretanto, por serem textos extensos, recomendo que a leitura seja feita em dois ou três dias. E, mesmo assim, se ultrapassar meia hora de leitura (um período mais ou menos aproximado, dependendo de quanto tempo consegue manter-se concentrado), seu aproveitamento será melhor se você se permitir pequenos intervalos. Quando estamos cansados, lemos sem entender o significado das palavras. Mesmo pausas muito rápidas — alguns minutos — podem ser reconfortantes. A parte final das seções principais é o ponto natural de descanso.

Figuras

As figuras tornam os livros-textos mais atraentes. Mas, no nosso caso, além de proporcionar um pouco de conforto aos olhos, contêm informações que precisam ser esclarecidas; algumas vezes elas contêm conteúdo novo. Verifique se seu professor está transferindo à classe a responsabilidade pela informação das legendas.

Leitura

Periodicamente, em cada capítulo, você encontrará informações em quadros que lidam com aplicações, ilustrações e questões relacionadas. O símbolo ■ indica quando é melhor ler as seleções que estão nos quadros. Novamente, seu instrutor poderá responsabilizá-lo por essas leituras; portanto, não deixe de se informar.

Resumo

Os capítulos terminam com resumos, os quais são breves e não cobrem todas as informações com as quais você já deverá estar familiarizado depois de ler o capítulo. No entanto, existem inúmeros usos para o resumo. Embora possa parecer trapaça ler primeiro o resumo, ele ajuda a organizar a leitura.

Assim como os sumários, os resumos proporcionam uma visão geral do capítulo. Eles também servem de revisão. E, ao salientar os pontos mais importantes, também oferecem ao leitor uma boa perspectiva — ajudam a separar as árvores da floresta.

Guias de Estudo

Depois de cada capítulo, você encontrará o "Guia de Estudo", que o ajudará a preparar questionários e testes. Enquanto estiver lendo, faça anotações ou sublinhe as informações importantes para voltar a elas mais tarde e estudá-las. As palavras e expressões em itálico indicam as idéias centrais. Muitos destes itens estão listados na seção "Termos-chave" e "Conceitos Básicos". Seu professor muito provavelmente enfatizará este conteúdo nos exames. Quando for estudar para uma prova, use essas listas para testar seu conhecimento. Veja se consegue definir, discutir, descrever ou identificar esses itens. Depois, reveja o conteúdo que apresentou maior dificuldade.

A seção "Exercícios" tem por objetivo permitir a prática de assuntos potencialmente difíceis ou confusos. Em caso de dúvida, consulte as respostas e também o número das páginas na seção "Revisão".

Uma vez dominado o conteúdo de um capítulo, tente responder às questões de múltipla escolha da seção "Avaliação". Seu professor provavelmente usará questões de mútipla escolha nos testes e questionários. Verifique com ele. É muito útil praticar o formato de pergunta que aparecerá nos testes. Você poderá verificar as respostas da avaliação na seção "Repostas" na útima página de cada capítulo. A página em que cada um desses temas é discutido no texto é informada ao lado das respostas corretas. Tenha em mente que a avaliação é apenas uma amostra dos tópicos mais importantes do capítulo.

A seção "Usando a Psicologia", do "Guia de Estudo", contém perguntas que lhe pedem para explicar o assunto fundamental com as próprias palavras, gerar exemplos, aplicar conceitos a situações do dia-a-dia, debater assuntos controversos e pensar em suas implicações. Usar a psicologia é a maneira mais segura de aprendê-la.

Finalmente, cada capítulo apresenta a seção "Leituras Sugeridas". Adotei critérios bastante rigorosos para escolher os títulos. Eles têm de ser precisos, informativos e mais legíveis do que a média. Em geral, você encontrará alguns livros mais recentes que analisam um domínio amplo e também títulos que envolvem discussões mais profundas sobre áreas específicas. Não conheço pessoalmente todas as sugestões. Em alguns casos, estou me baseando em opiniões de psicólogos que fizeram a crítica do livro para uma revista especializada. Seja como for, todas as sugestões foram consideradas apresentações extremamente importantes para os iniciantes.

Glossário e Índice

Como um dicionário, o glossário define termos importantes que são usados várias vezes. Se você se deparar com uma palavra técnica que não é discutida de imediato, assuma que ela já foi usada em um capítulo anterior e consulte o Glossário. Às vezes, a definição apresentada no Glossário será muito concisa e, portanto, de pouca ajuda.

Nesse caso, será melhor voltar ao próprio texto para uma discussão mais ampla. O Índice faz referência ao ponto do texto em que o tópico foi abordado.

Quando o conteúdo apresentado em um capítulo anterior é essencial para a compreensão de conceitos ou dados em um capítulo futuro, na maior parte da vezes você encontrará um resumo do capítulo (quando há espaço), ou o número das páginas, que o remeterá à discussão original.

Espero que, para você, estudar psicologia seja uma tarefa gratificante. Se tiver sugestões para a próxima edição deste livro, escreva para mim dizendo o que tem em mente. Envie-me cartas aos cuidados de Psychology Editor, College Division, McGraw-Hill Book Company, 1.221, Avenue of the Americas, New York, 10020.

Agradecimentos

Escrever um livro-texto é um empreendimento gigantesco. Na maior parte do tempo, é uma aventura solitária. À medida que o manuscrito aproxima-se da conclusão, o trabalho torna-se mais social, tendo em vista que revisores e editores começam a transformar o material em livro. No decorrer de três edições, recebi ajuda de muitas e muitas pessoas, às quais sou grata.

Muitos psicólogos-professores compartilharam comigo sua especialidade. Eles detectaram e corrigiram erros, forneceram exemplos incisivos, indicaram pesquisas fundamentais que, caso contrário, teriam sido negligenciadas, sugeriram formas de organização alternativas e observaram áreas que precisavam ser fortalecidas, atualizadas ou esclarecidas. Agradeço às seguintes pessoas por sua substancial contribuição ao aperfeiçoamento deste texto:

Robert Adams, Eastern Kentucky University
Victor Agruso, Drury College
David Andrews, Universidade de New Hampshire
Robert Arkin, Universidade de Missouri-Colúmbia
Harry Avis, Sierra College
Arthur Bachrach, U. S. Naval Medical Research Institute
Barbara Bailey, Manhattan Community College
R. T. Bamber, Lewis and Clark College
Hugh Banks, Universidade de Nova York
John Bare, Carleton College
John Barrow, Kingsborough Community College
Susan Bennett, Universidade do Estado da Pensilvânia, Beaver Campus
Donald Bowers, Commnity College of Philadelphia
Elaine Bresnahan, Essex Community College
Charles L. Brewer, Furman University
Sharon S. Brehm, Universidade do Kansas
Clarke Burnham, Universidade do Texas, Austin
Stephen F. Butler, Vanderbilt University
John B. Carroll, Universidade da Carolina do Norte
James Coleman, Universidade da Califórnia, Los Angeles
John Condry, Cornell University
Martin Covington, Universidade da Califórnia, Berkeley
Lemuel Cross, Wayne County Community College
Gerald Davison, State University of New York, Stoney Brook
Var Derlega, Old Dominion University
C. Edwin Druding, Phoenix College
Daniel G. Freedman, Universidade de Chicago
Frank E. Fulkerson, Western Illinois University
Gordon Haaland, Universidade de New Hampshire
Betty Henry, Old Dominion University
Judy Hix, Southern Oklahoma City Junior College
Robert R. Hoffman, Adelphi University
Robert Kasschau, Universidade de Houston
Philip Klingensmith, Southwest Missouri State University
Robert Kozma, Universidade de Michigan
Judith Larkin, Canisius College
Richard Lerner, Eastern Michigan University
Geoffrey Loftus, Universidade de Washington
Philip Lom, Western Connecticut State University
Barbara McClinton, Essex Community College
Eugene McDowell, Western Carolina University
Anne Maganzini, Bergen Community College
Ruth Maki, North Dakota State University
Carol Z. Malatesta, New School for Social Research
Wayne Maples, Universidade do Texas, Arlington
Al Marshello, Essex Community College
Robert Martin, Ball State University
William A. Mellan, Hillsborough Community College
David Miller, Bob Jones University
Rick Mitchell, Harford Community College
Jay Moore, Universidade de Winsconsin, Milwaukee
Cecil Nichols, Miammi-Dade Community College
Fay-Tyler Norton, Cuyahoga Community College
Keith Owen, Austin Community College
Janet Parker, Florida International University
Lawrence A. Pervin, Rutgers University
James Phillips, Oklahoma State University
Baldwin Pitcher, Baldwin-Wallace Colllege
Retta Poe, Western Kentucky University
John Popplestone, Universidade de Akron
Claire Poulson, Vanderbilt University
David Quinby, Youngstown State University
Neil J. Salkind, Universidade do Kansas
Lee Sechrest, Florida State University
Jonathan Segal, Trinity College
Jim Sherry, Essex Community College
Mary Louise Corbin Sicoli, Cabrini College
Kristen Paul Sjostrom, Glenville State College
Lyle Smith, Dyersburg State Community College
Michael Spiegler, Providence College
Manly Spigelman, Universidade de Winnipeg
Ann Kaiser Stearns, Essex Community College

Anthony Testa, *Rhode Island Junior College*
Timothy Teyler, *Northeastern Ohio Universities College of Medicine*
Robert Thibadeau, *Rutgers University, Livingstone College*
David Thomas, *Rutgers University, Livingston College*
Stephen Vincent, *Eastern Michigan University*
William Wagman, *Universidade de Baltimore*
Sheldon Wagner, *Universidade de Rochester*
William Wahlin, *Bronx Community College*
Wilse Webb, *Universidade da Flórida*
Carol Weiss-Dethy, *Tunxis Community College*
Stephen Weissman, *Plymouth State College*
Arno Wittig, *Ball State University*
Thomas Williams, *Sandhills Community College*
Joan Yates, *Fulton-Montgomery Community College*
Robert Yentzer, *Essex Community College*
Cecilia Yoder, *Oklahoma City Community College*

Pela ajuda constante no planejamento do que parecia ser uma sucessão infindável de empréstimos entre bibliotecas, fico feliz em expressar meu agradecimento a Darlene Little, Nicholas Palmere, William A. Presley Jr. e outros membros do quadro de funcionários da biblioteca do Essex Community College.

Os editores da terceira edição, na McGraw-Hill — Patricia Nave, Dave Serbun, Marian Provenzano, Steven Wagley, Phil Butcher e James D. Anker —, asseguraram análises críticas e ajudaram a eliminar as dificuldades que não paravam de surgir. David Dunham supervisionou o processo de edição, tentando assegurar a correção dos erros de gramática e ortografia, uma prosa suave e uma consistência do começo ao fim da obra. Ele também supervisionou a montagem do manuscrito. Inge King saiu em busca das muitas fotos novas que eu havia solicitado, um grande desafio, dada a minha especificidade; foi ela também quem encontrou as informações que seriam inseridas nas legendas.

Os membros da minha família também ofereceram uma contribuição significativa ao texto. Gary Davidoff localizou estatísticas recentes, pesquisou dados sobre isto e aquilo e ajudou a cobrir as lacunas na bibliografia. Alan Davidoff, radiologista, e Steven Sevush, neurologista, fizeram a crítica das seções fisiológicas do texto. Meu marido, Martin Davidoff, vem-me ajudando desde o início deste projeto, em 1973. Abrindo mão do próprio tempo de pesquisa e trabalho, ele vem atuando como editor, crítico, desenhista, consultor e artista. E desta vez ele assumiu mais um papel: o de manter o computador em pleno funcionamento. Físico por formação, e professor de matemática, de ciência da computação e de eletrônica por profissão, Marty interessou-se pelo que eu tinha a dizer sobre percepção, computadores e estatística. Dentre todas as suas contribuições, para mim as de maior valor são as intangíveis: amor, compreensão, apoio, respeito, confiança. Sem isso, a tarefa de escrever livros é muito difícil. Finalmente, quero agradecer à minha mãe, Edith Litwack Lee, e à minha sogra, Tillie Weisman Davidoff, por serem, como sempre, carinhosas e pacientes.

Linda L. Davidoff

CAPÍTULO 1

Uma Introdução à Psicologia

SUMÁRIO

O ÂMBITO DA PSICOLOGIA
Tópicos Estudados pelos Psicólogos
Definição de Psicologia
Focalizando o Geral
A Psicologia Hoje
QUADRO 1.1: Psicólogos, Psiquiatras, Psicanalistas

PERSPECTIVAS HISTÓRICAS
Gustav Fechner: Cientista da Mente
Wilhelm Wundt: Fundador da Psicologia Científica
William James: Observador da Vida Mental

PSICOLOGIA DO SÉCULO XX: PERSPECTIVAS ATUAIS
Visão Behaviorista
Visão Cognitiva
Visão Humanista
Visão Psicanalítica
A Postura Eclética

TRADIÇÃO CIENTÍFICA DA PSICOLOGIA
Realidades Cotidianas da Ciência
Princípios-guia da Pesquisa
Questões Que os Psicólogos Levantam
Definições Operacionais
Selecionando Participantes de Pesquisas Humanas
QUADRO 1.2: Por Que os Psicólogos Estudam Animais Não-humanos

METAS DA PESQUISA

UMA COMBINAÇÃO DE INSTRUMENTOS DE PESQUISA

INSTRUMENTOS DESCRITIVOS
Observações Diretas
Instrumentos de Avaliação
Estudos de Caso

INSTRUMENTOS EXPLICATIVOS
Estratégia Experimental
Estratégia Correlacional

CHEGANDO A CONCLUSÕES EM PSICOLOGIA
Analisando Dados de Pesquisa
Psicologia e um Único Estudo
Ciência: Um Esforço Comunitário
Leis e Teorias em Psicologia
Unidade da Psicologia

POR QUE SE PREOCUPAR COM O MÉTODO CIENTÍFICO?
Uma Abordagem de Senso Comum sobre a Sexualidade Masculina
Estratégias Psicológicas de Senso Comum na Vida Cotidiana

ÉTICA E PSICOLOGIA
Ética e Pesquisa com Humanos
Dilemas Éticos

RESUMO

GUIA DE ESTUDO

FICÇÃO? OU FATO?

1 Os psicólogos que observam animais de laboratório só o fazem para obter *insights* sobre as pessoas. Em outras palavras, psicologia é o estudo dos seres humanos. Verdadeiro ou falso?

2 Os psicólogos não estudam tópicos biológicos (como, por exemplo, "Como o cérebro armazena lembranças?" e "Como os hormônios influenciam o impulso sexual?"). Verdadeiro ou falso?

3 Os psicólogos consideram a psicologia uma ciência e tentam — da mesma forma que os médicos — seguir procedimentos científicos. Verdadeiro ou falso?

4 Quase todos os psicólogos trabalham com pessoas perturbadas. Verdadeiro ou falso?

5 Ao longo da história, os psicólogos têm sido sistemáticos em enfatizar o estudo da mente e seu funcionamento. Verdadeiro ou falso?

6 Suponha que você leia que família pequena está correlacionado com grande inteligência. Esta afirmação significa que o tamanho da família leva as crianças a adquirir mais habilidades mentais. Verdadeiro ou falso?

7 O método mais poderoso para avaliar se uma coisa causa ou contribui para uma outra coisa é experimentação. Verdadeiro ou falso?

8 Os psicólogos pesquisadores raramente enganam as pessoas nas finalidades de seus estudos. Verdadeiro ou falso?

Este primeiro capítulo é uma introdução à psicologia — à sua natureza e suas origens. Você verá que os psicólogos acreditam fervorosamente na tradição científica. Tentarei explicar por quê. Para começar, exploraremos o âmbito da psicologia. Se você é do tipo de pessoa que gosta de observar e analisar a si própria e outras pessoas, provavelmente se faz muitas perguntas psicológicas ao longo do dia. Em uma seção de uma revista que explore essas questões poder-se-ia ler algo assim:

O CANTINHO DO PSICÓLOGO
Questões psicológicas ocorrem-me continuamente ao longo da vida. Ontem à noite vi um enxame de pulgas (pelo menos ao que me pareceu) fazendo ninhos tem uma fenda entre as tábuas da cabeceira da cama. Anunciei minha descoberta a meu marido, que dormia, e acendi todas as luzes para verificar melhor a situação. Não havia pulgas. Na verdade, foi um sonho. O sonho tinha sido tão vívido que o confundi com a realidade. São comuns esses sonhos tão reais?

O jornal desta manhã noticia que cresce o crime violento. Nas escolas secundárias, estupros e agressões têm atingido níveis alarmantes. Casos de violência contra a criança são mais freqüentes do que nunca. Que fatores são responsáveis por toda essa agressividade em nosso país?

Uma carta de minha prima chegou pelo correio da tarde. Lisa e seu marido acabaram de se divorciar, e ela está preocupada com os efeitos que isso terá sobre seus filhos pequenos. Que conseqüências tem o divórcio sobre as crianças? E sobre os pais?

O correio da tarde trouxe também um prospecto exaltando as virtudes da hipnose. O texto sugere que a hipnose é um método garantido para perder peso. Sabendo o que sei sobre hipnose, fico muito desconfiada. Pode a hipnose ajudar na perda de peso? Ainda que possa, ajudará a todos, como alega o prospecto? E por que é tão difícil perder peso?

Cricket, minha excêntrica cadela de 11 anos, está se tornando cada vez mais peculiar. Quando chove, ela se enfia debaixo do sofá. Ela evita a cozinha quando a máquina de lavar louça está ligada e sempre que frito alimentos e a gordura quente chia. Ela até se recusa a tocar sua comida — não importa quão faminta esteja — se eu a sirvo na cozinha. Como se estabeleceram esses medos? Como as pessoas adquirem medos?

No meu curso noturno, um homem idoso queixa-se de que as pessoas, estereotipadamente, vêem os idosos como imbecis. "O que dizem as pesquisas?", pergunta ele. As pessoas tornam-se sempre senis na idade avançada? São inevitáveis alguns prejuízos? Algumas habilidades permanecem? Como as pessoas criam estereótipos?

Quando estou voltando para casa, à noite, passo por estradas que serpenteiam prados e matas. Como já vi muitos veados no passado, tenho a propensão a vê-los em todo lugar — nos montes de feno, nos tocos de árvore, nas placas e nas folhagens. É verdade que em geral as pessoas vêem aquilo que esperam ver?

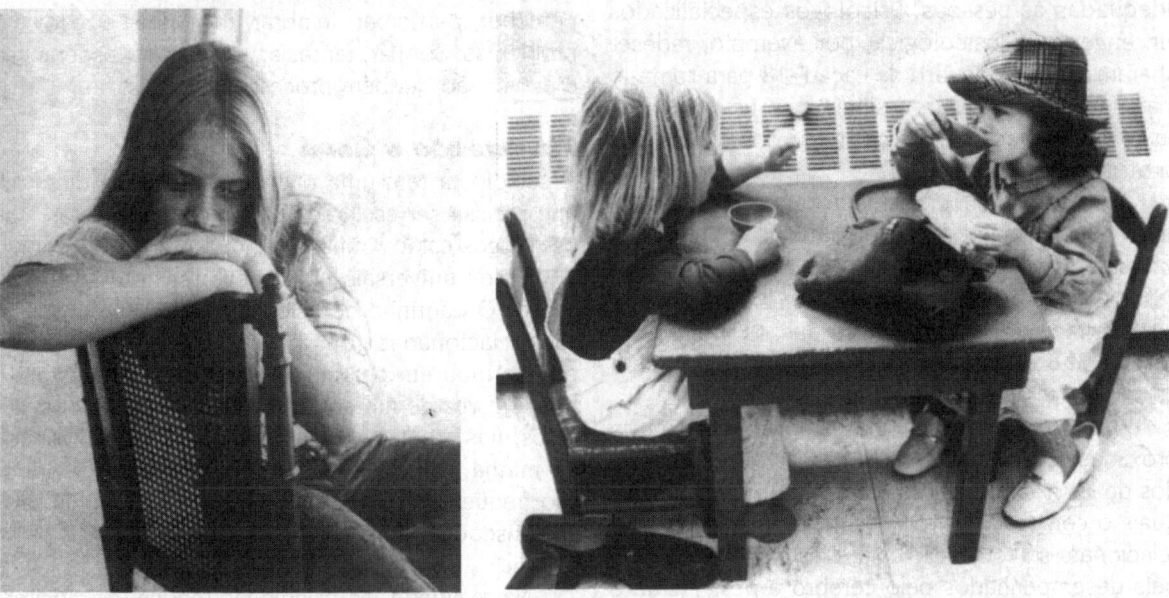

FIGURA 1.1 Os psicólogos estudam uma ampla gama de tópicos, incluindo agressividade, depressão e comportamento ligado a papéis sexuais. (Paul Sequeira/Photo Researchers, Inc.; Jean-Claude Lejeune/Stock, Boston; Alice Kandell/Photo Researchers, Inc.)

O ÂMBITO DA PSICOLOGIA

Conforme sugere essa hipotética seção de uma revista, a psicologia cobre um amplo espectro de assuntos — desde anormalidades ao crescimento populacional zero.

Tópicos Estudados pelos Psicólogos

Os psicólogos estudam funções básicas tais como aprendizagem, memória, linguagem, pensamento, emoções e motivações. Lidamos também com tópicos sociais vitais como divórcio, estupro, racismo, sexismo, violência, conservação e poluição. Investigamos o desenvolvimento ao longo de toda a vida, do nascimento à morte. Envolvemo-nos com a saúde — mental e física — e com a assistência à saúde. Buscamos correlações entre estilo de vida e ansiedades. Tentamos entender como os sentimentos contribuem para as doenças físicas, tais como câncer e doenças cardíacas. Reabilitamos alcoólatras, vítimas de colapso e pessoas com traumatismos de coluna. Tratamos pessoas emocionalmente perturbadas. Até mesmo projetamos máquinas mais adequadas às pessoas. Psicólogos especializados em engenharia psicológica, por exemplo, redesenharam a cabine do jato de caça F-18 para torná-lo mais fácil de controlar, e eliminaram as ilusões visuais que provocam erros por parte dos pilotos nos primeiros jatos Boeing 727.

A psicologia superpõe-se a outras ciências sociais, especialmente à sociologia. Mas, enquanto os *sociólogos* concentram sua atenção nos grupos, processos grupais e forças sociais, os *psicólogos sociais* concentram-se nas influências que os grupos e a sociedade exercem sobre os indivíduos. A ênfase da psicologia está no ser humano como indivíduo.

A psicologia e a biologia estão também muito próximas. Os *psicólogos fisiologistas*, às vezes chamados de *psicobiólogos*, concentram-se nas formas pelas quais o comportamento e o funcionamento mental relacionam-se com a biologia. Eles exploram os papéis desempenhados pelo cérebro e pelo restante do sistema nervoso em funções como memória, linguagem, sono, atenção, movimento, percepção, fome, sexo, raiva e alegria; estudam doenças e lesões cerebrais, e seu tratamento; e avaliam o impacto das drogas.

Definição de Psicologia

A palavra "psicologia", que se deriva da junção de duas palavras gregas *psiché* e *lógos* —, significa "estudo da mente ou da alma". Hoje, a *psicologia* é geralmente definida como a ciência que se concentra no comportamento e nos processos mentais — de todos os animais. Há uma série de palavras essenciais em nossa definição: "ciência", "comportamento", "processos mentais".

Você provavelmente tem pelo menos uma vaga noção do que é uma ciência. Por ora, tudo o que diremos sobre ciência é que ela oferece procedimentos disciplinados e racionais para a condução de investigações válidas e a construção de um corpo de informações coerente e coeso. Mais adiante, explicaremos as práticas científicas.

Os psicólogos usam amplamente a palavra "comportamento". Para muitos de nós, o comportamento abrange tudo o que pessoas e animais fazem: conduta, emoções, formas de comunicação, processos de desenvolvimento, processos mentais.

Existe algum debate sobre se os processos mentais são comportamento; portanto, mencionamos essas funções separadamente em nossa definição. O termo "processo mental" inclui formas de *cognição* ou formas de conhecimento: dentre elas, perceber, participar, lembrar, raciocinar e resolver problemas. Sonhar, fantasiar, desejar, ter esperança e prever são também processos mentais.

Focalizando o Geral

A psicologia tem uma outra característica distinta que precisa ser esclarecida. Como os cientistas, os psicólogos estão rotineiramente tentando descobrir princípios universais. Você deve ter notado que a seção "O Cantinho do Psicólogo" apresentou questões relacionadas com indivíduos específicos e as transformou em perguntas voltadas a grandes grupos. Em vez de me concentrar em meus sonhos vívidos, nas manias da minha cadela ou no divórcio da minha prima, eu perguntei: Os sonhos vívidos são freqüentes? O que causa os medos? Quais são as conseqüências do divórcio para os filhos? E para os pais?

Na realidade, os psicólogos tendem a transitar de casos particulares para princípios gerais. Em geral, partimos de observações específicas que despertam nossa curiosidade. Deste ponto, prosseguimos a pesquisa sobre processos universais. A partir daí lidamos com perguntas como: "Carolina é capaz de cursar a faculdade?" e "Como Rogério e Ema podem resolver suas dificuldades matrimoniais?".

A Psicologia Hoje

Definimos psicologia como uma disciplina única, como em geral se faz. Todavia, essa área é na verdade um conjunto de subáreas. Cada uma tem características e exigências próprias e exclusivas; e no âmbito geral pode razoavelmente ser chamada de estudos psicológicos, em vez de psicologia (Koch, 1981). As principais subáreas da psicologia são descritas na Tabela 1.1.

Por que os psicólogos especializam-se? A principal razão é a grande abrangência da psicologia. Para apreciar suas dimensões gigantescas, considere alguns fatos (Foss, 1980). *Psychological Abstracts* — um periódico em que se divulgam resumos de artigos de psicologia — catalogou mais de 13.000 itens só no ano de 1978. Um periódico dedicado à crítica de livros — *Contemporary Psychology* — recebe praticamente um novo livro de psicologia por hora de trabalho, todos os dias do ano. A principal fonte de

TABELA 1.1 Principais especialistas em psicologia.

Especialista	% Aproximada (Membros da APA com Grau de Doutor Trabalhando em Tempo Integral)	Atividades Principais
Psicólogo clínico	47	Avalia e trata pessoas com problemas psicológicos; conduz pesquisas.
Psicólogo conselheiro	11	Aconselha pessoas com problemas de ajustamento e promove o desenvolvimento em ambientes de ensino e trabalho; combina pesquisa, consulta e tratamento.
Psicólogo industrial/organizacional	6	Combina pesquisa, consultoria e desenvolvimento de programas para melhorar a descrição e a eficiência no trabalho.
Psicólogo educacional	5	Desenvolve, projeta e avalia materiais e procedimentos para programas educacionais.
Psicólogo social	5	Estuda como as pessoas influenciam-se mutuamente.
Psicólogo do desenvolvimento	4	Estuda as mudanças de comportamento ao longo do tempo.
Psicólogo experimental	4	Conduz pesquisas.
Psicólogo escolar	4	Estabelece programas, consulta, trata jovens problemáticos e faz pesquisa no ambiente escolar.
Psicólogo cognitivo	1	Estuda os processos mentais.
Psicólogo comunitário	1	Trata pessoas perturbadas dentro da comunidade; inicia atividades comunitárias e desenvolve programas comunitários para melhorar a saúde mental.
Engenheiro psicológico	1	Planeja e avalia ambientes, máquinas, material de treinamento, programas e sistemas para melhorar as relações entre pessoas e ambientes.
Psicólogo de personalidade	1	Estuda como e por que as pessoas são diferentes entre si e como essas diferenças podem ser avaliadas.
Psicólogo fisiologista	1	Estuda as bases físicas do comportamento e da cognição.
Psicólogo psicométrico/quantitativo	1	Desenvolve e avalia testes; projeta pesquisas para medir as funções psicológicas.

Fonte: Stapp & Fulcher, 1983.

FIGURA 1.2 Os psicólogos desempenham diversos papéis. Enquanto alguns fazem pesquisas para ampliar nosso conhecimento, muitos outros aplicam as descobertas para aliviar o sofrimento humano e enriquecer a vida humana. (Sybil Sheton/Peter Arnold, Inc.; Nancy Bates/The Picture Cube.)

informação sobre testes psicológicos contém mais de 77.000 testes (Buros, 1978).

É desnecessário dizer que nenhum ser humano poderia dominar toda a psicologia. É duvidoso até que uma pessoa possa dominar completamente uma única subárea. De fato, há tanta informação, que os psicólogos tendem a se especializar no que se poderia chamar de subáreas. Um psicólogo social tenderá a se especializar em uma área secundária: talvez agressividade ou preconceito. Um psicólogo clínico poderá especializar-se em uma técnica terapêutica específica ou em um único distúrbio.

O que os psicólogos geralmente fazem? Nossas estatísticas, que se referem a psicólogos com doutorado, são da American Psychological Association (APA), a maior organização profissional de psicologia dos Estados Unidos (Stapp & Fulcher, 1983). Em torno de 80% dos 51.000 membros da APA são Ph.D. Dos restantes, a maioria tem mestrado. Quase 32% dos psicólogos americanos são mulheres.

A maioria dos psicólogos americanos com grau de doutoramento — quase 43% — atua em serviços humanos diretos. Eles prestam consultoria, testam e planejam programas em clínicas de saúde mental, órgãos governamentais, escolas, prisões e entidades afins. Outros 31% trabalham principalmente como professores e pesquisadores em instituições de ensino superior. (Veja a Figura 1.2.) Outros 3% fazem pesquisa em outros ambientes. Aproximadamente 8% são administradores: reitores, superintendentes de escolas e diretores de clínicas, de programas de treinamento, de serviços de consultoria, e assim por diante. Outros 4% aplicam a psicologia em ambientes industriais. (■) [Ao longo deste livro, este pequeno quadrado (■) marca o ponto apropriado para ler o que está inserido no quadro.]

PERSPECTIVAS HISTÓRICAS

Desde que nossos ancestrais surgiram na Terra, de quatro a dez milhões de anos atrás, os seres humanos têm provavelmente tentado entender a si próprios e os outros. Embora Aristóteles (384-332 a.C.) seja às vezes chamado de "pai da psicologia", especulações escritas sobre assuntos psicológicos não se iniciaram com o filósofo grego. Séculos antes dele, os primeiros filósofos dos quais se tem notícia lidavam com questões relacionadas com o comportamento humano.

Agora, daremos um salto de milhares de anos de investigação filosófica e faremos uma breve retrospectiva da história da psicologia, abrangendo eventos da segunda metade do século XIX. Os fisiologistas estavam começando a usar métodos científicos para o estudo do cérebro, dos nervos e dos órgãos sensoriais. E o mais importante, talvez, é

Quadro 1.1
PSICÓLOGOS, PSIQUIATRAS, PSICANALISTAS

Você confunde psicólogos com psiquiatras? Você conhece as diferenças entre psiquiatras e psicanalistas? Para muitas pessoas, essas denominações transmitem a imagem de um analista. Por ora, deve ficar claro que os psicólogos desempenham uma série de papéis e que muitos deles absolutamente não se enquadram no estereótipo popular. Psicólogos clínicos podem guardar semelhanças com psiquiatras e psicanalistas. Esses três profissionais freqüentemente trabalham com saúde mental, diagnosticando e tratando problemas psicológicos. Eles se distinguem principalmente por seu treinamento e especialização.

Psicólogos clínicos geralmente têm Ph.D. em psicologia ou outro grau semelhante (doutor em educação ou doutor em psicologia). Para obter um Ph.D., os psicólogos clínicos passam cerca de cinco anos em um curso de pós-graduação estudando o comportamento normal e anormal, diagnóstico (incluindo testes) e tratamento. Eles aprendem a conduzir pesquisas para ampliar nossa compreensão sobre esses temas. Durante os estudos, também fazem residência para aprender, junto aos supervisores, e a atender pessoas com problemas. No término dos estudos, alguns psicólogos clínicos atendem pacientes em clínicas médicas ou de saúde mental. Muitos — independentemente do local em que trabalham — participam de programas de pesquisa.

Os psiquiatras cursam a faculdade de medicina, recebendo o grau de doutor* em medicina. Para se qualificar como psiquiatra, muitos fazem residência durante três anos em clínicas de saúde mental, tipicamente um hospital de doenças mentais, onde são treinados para detectar e tratar distúrbios emocionais. Embora possam vir a preferir técnicas de tratamento não-médicas, os psiquiatras são especializados em procedimentos médicos (uso de drogas, tipicamente). Os que trabalham em ambientes da área de saúde freqüentemente se tornam administradores.

Teoricamente, qualquer pessoa pode tornar-se um *psicanalista*. Os candidatos precisam fazer um curso em que se estudam a teoria psicanalítica e métodos de tratamento de Freud (conhecidos como *psicanálise*) em um instituto de treinamento reconhecido (em geral um curso de quatro anos).** Além disso, os futuros analistas precisam, eles próprios, ser psicanalisados e supervisionados durante vários anos enquanto tratam seus pacientes. A duração do treinamento pode atingir de sete anos ou mais. Nos Estados Unidos, muitas escolas de treinamento psicanalítico só aceitam médicos. (Em torno de 10% dos psiquiatras americanos autodenominam-se psicanalistas.)

* N.R.T.: No Brasil, os seis anos de medicina conferem ao estudante o título de médico. Para fazer especialização, o formando deverá freqüentar residência médica reconhecida na especialidade desejada durante dois a três anos ou mais. Para alcançar o grau de mestre ou doutor, deverá freqüentar os cursos de pós-graduação.

** N.R.T.: No Brasil, a Sociedade Brasileira de Psicanálise, com sede em alguns Estados, como os de São Paulo, Rio de Janeiro e Rio Grande do Sul, faz uma seleção de candidatos que já estejam formados há mais de cinco anos em psicologia ou psiquiatria. Constam da relação a análise de currículo e entrevistas com os terapeutas didatas. Após a aprovação, os candidatos devem iniciar sua análise pessoal (didática) por cinco anos, aproximadamente, com quatro sessões semanais. Depois de um ano de análise, os candidatos freqüentarão as atividades didáticas da sociedade — cursos, seminários, supervisão clínica — até sua formação.

---

que o filósofo e físico Gustav Fechner (1801-1887) examinava como os métodos científicos poderiam aplicar-se ao estudo dos processos mentais.

Gustav Fechner: Cientista da Mente

No início da década de 1850, Gustav Fechner interessou-se pela relação entre estímulo físico e sensação. Quanto deve brilhar uma estrela para ser vista? Quão alto deve ser um ruído para ser ouvido? Quão forte deve ser um toque para ser sentido? Ele concebeu técnicas engenhosas para descobrir respostas precisas. Quando o principal trabalho de Fechner, *Elementos de psicofísica*, foi publicado, em 1860, demonstrou-se com precisão como procedimentos experimentais e matemáticos podiam ser usados para estudar a mente humana. Aproximadamente vinte anos mais tarde, estabeleceu-se a psicologia como área de estudo. Dois outros indivíduos — Wilhelm Wundt e William James — tiveram muito a ver com essa conquista.

Wilhelm Wundt: Fundador da Psicologia Científica

Originalmente treinado como médico, Wilhelm Wundt (1832-1920) (mostrado na Figura 1.3) lecionou fisiologia na Universidade de Heidelberg, na Alemanha. No início de sua carreira, demonstrou grande interesse pelos estudos dos processos mentais. Na época de Wundt, a psicologia não existia. Seu conteúdo fazia parte da filosofia. A ambição de Wundt era estabelecer uma identidade independente para a psicologia. Com este objetivo em mente, deixou Heidelberg para tornar-se chefe do Departamento de Filosofia da Universidade de Leipzig. Muitos anos mais tarde (costuma-se atribuir o ano de 1879), Wundt fundou o primeiro grande laboratório de pesquisa em psicologia.

FIGURA 1.3 Wilhelm Wundt (no centro), ladeado por colegas no seu laboratório em Leipzig, em 1912. (Arquivos da História da Psicologia Americana.)

Wilhelm Wundt, homem erudito e extremamente produtivo, publicou mais de 50.000 páginas ao longo de sua vida. A psicologia de Wundt — psicologia da consciência humana — tinha uma característica peculiar (Blumenthal, 1979). Ele acreditava que os psicólogos deveriam investigar "*os processos elementares da consciência humana*", suas combinações, relações e interações. É comum descrever Wundt como um "químico" da vida mental que estudava seus "átomos" sistematicamente. Muito apropriadamente, o método de Wundt é em geral chamado de *estruturalismo*.

Mas o que é um elemento da mente? Um dos estudiosos de Wundt descreveu tais elementos da seguinte forma (Titchener, 1915, p. 9):

O mundo da psicologia contém aparências e nuanças e toques; é o mundo da escuridão e da luz, do ruído e do silêncio, do áspero e do macio; seu espaço às vezes é grande e às vezes é pequeno, como sabem todos aqueles que, na idade adulta, voltaram a [...] casa de infância; seu tempo às vezes é curto e às vezes é longo [...]. Contém também pensamentos, emoções, memórias, imaginações, volições [escolhas] que naturalmente atribuímos à mente..

Wundt sentiu que era particularmente importante estudar as operações mentais centrais. Era fascinado pelas funções que "fluíam" e "evoluíam", como propósitos, valores, intenções, objetivos e motivações (Blumenthal, 1979).

Como os psicólogos estudariam a consciência? Wundt endossou os métodos científicos da fisiologia e as práticas informais de observação que usamos diariamente. Concebeu também um outro instrumento, chamado *introspecção analítica*. Cientistas foram cuidadosamente treinados para responder perguntas específicas e bem-definidas sobre suas próprias experiências em laboratório. Os padrões de Wundt eram rigorosos. Observadores eram considerados inadequados a fornecer dados para publicação até que tivessem feito 10.000 observações!

Ao usar o termo "observação", Wundt tinha algo muito especial em mente. Em um estudo, que nos servirá de exemplo, ele e seus colegas escutaram a pulsação de um metrônomo.[1] Este instrumento mecânico pulsa repetidamente e pode ser ajustado para manter ritmos específicos. Quando uma série de pulsações terminava, os psicólogos re-

---

1. N.R.T.: Metrônomo é um instrumento usado para marcar o grau de celeridade do movimento musical.

latavam suas percepções: "Ligeira tensão enquanto esperava que o instrumento fosse acionado", "Leve excitação quando o ritmo aumentou", "Um todo harmonioso quando o som terminou".

Segundo John Hayes (1978, pp. 19-20),

*R*elatar uma experiência imediata com exatidão não é nada fácil. Na conversação cotidiana freqüentemente confundimos aquilo que sabemos [...] com aquilo que vemos [...]. Por exemplo, suponha que eu devesse descrever minha experiência imediata a um introspeccionista [analítico], dizendo: "Bem, vejo a máquina de escrever e duas mesas e o abajur e...". O introspeccionista, com um sorriso zombeteiro nos lábios, diria: "Ora, sejamos francos. No máximo, o que você está vendo é apenas uma pequena parte da superfície do abajur. Uma minúscula porção de evidência da qual você infere o abajur inteiro! Como conseguiremos analisar a experiência imediata se pessoas como você ficam contaminando a experiência com inferências? Por que não admite? O que você realmente vê é uma porção semicircular de cinza ao lado de porções de marrom, azul e vermelho. Chamar a isso de abajur defronte a uma estante de livros é pura inferência de sua parte. De agora em diante, depois disso, observe melhor!".

O programa de pesquisa de Wundt era duplo: análise seguida de síntese. Após quebrar a consciência em seus elementos, ele tentava juntá-la de novo, combinando os elementos, a fim de obter alguma compreensão de percepções e julgamentos complexos.

A psicologia de Wundt foi logo adotada, disseminando-se com especial rapidez pela Europa, pelos Estados Unidos e pelo Canadá. O laboratório de Wundt inspirou esforços semelhantes no mundo todo. Foi essa influência universal que conferiu a Wundt o título de "fundador da psicologia científica".

William James: Observador da Vida Mental

Ainda antes do surgimento do mais famoso laboratório de Wundt, um psicólogo americano chamado William James (1842-1910) [mostrado na Figura 1.4] estabeleceu seu próprio laboratório na Universidade de Harvard, em Cambridge, Massachusetts. O laboratório de James era modesto, montado principalmente para fins de ensino e demonstração dos fatores fisiológicos que influenciam a psicologia. (Alguns historiadores alegam que Wundt montou um laboratório desse tipo em 1865.) De qualquer forma, as contribuições de James para a psicologia pouco tinham a ver com laboratórios. De fato, James não gostava do laboratório, e chegou a considerá-lo mais um aborrecimento do que algo valioso (Bring-

FIGURA 1.4 William James escreveu vívida e perfeitamente sobre muitos conceitos psicológicos. Seu compêndio de psicologia introdutório, *Principles of Psychology*, ainda é fonte de inspiração para os psicólogos. (Library of Congress.)

mann, 1979). Ele influiu amplamente sobre a psicologia, em especial como observador da vida mental e como inspiração para outros.

Como Wundt, James teve formação de fisiologista. E, como Wundt, James era fascinado pela mente. Mas James opôs-se vigorosamente à versão wundtiana da psicologia, então popular nos Estados Unidos em seus dias, classificando-a como limitada, artificial e essencialmente imprecisa. A psicologia de James surge de observações informais de si mesmo e de outros em seu envolvimento com os desafios da vida cotidiana. Sua psicologia mais prática tentava captar o "temperamento" da mente em funcionamento. Ao caracterizar a consciência, usava frases como "pessoal e única", "em mudança contínua" e "modificando-se ao longo do tempo". Acima de tudo, achava notável como a consciência e outros processos mentais ajudam as pessoas a se ajustar a suas experiências. A ênfase de James sobre a mente em funcionamento reflete-se no nome atribuído ao movimento que surgiu em torno dele, o *funcionalismo*.

PSICOLOGIA DO SÉCULO XX: PERSPECTIVAS ATUAIS

O início do século XX testemunhou o surgimento e desenvolvimento de movimentos rivais na psicologia. Todos eles ajudaram a modelar nossa atual e ainda desagregada área (Kimble, 1984). Embora os psicólogos contemporâneos não mais integrem movimentos específicos, muitos se identificam com uma de quatro principais perspectivas: behaviorista, cognitivista, humanista ou psicanalítica.

Visão Behaviorista

No início da década de 1900, versões das idéias de William James e Wilhelm Wundt dominaram a psicologia americana; por conseguinte, a psicologia foi definida como a "ciência da consciência". John Watson (1878-1958) (veja a Figura 1.5) opôs-se a essa visão com fundamentos filosóficos. A introspecção, alegou ele, tornou o progresso impossível. "Fatos" que dependem das impressões idiossincrásicas de cada pessoa não podem ser testados e reproduzidos — como requer a ciência. Além disso, Watson achava que aquilo que os psicólogos tinham "aprendido" até então era de pouca valia (1919, pp. 1-3):

Tudo o que a psicologia introspectiva foi capaz de contribuir resume-se à assertiva de que os estados mentais são formados de vários milhares de unidades irredutíveis como o avermelhado, o esverdeado, o frio, o calor e congêneres [...]. Quer haja dez ou cem mil sensações irredutíveis (admitindo-se a sua existência) [...] não faz a mínima diferença para aquele corpo organizado de dados do mundo todo a que chamamos ciência.

O Movimento Behaviorista

Watson resolveu transformar a psicologia em uma ciência "respeitável". Para atingir este objetivo, ele insistia, os psicólogos precisavam usar métodos objetivos e estudar comportamentos observáveis. Em 1912, quando Watson, figura forte e brilhante, começou a dar palestras e a escrever a fim de tornar públicas suas opiniões, nasceu o movimento conhecido como *behaviorismo*. O behaviorismo atraiu muitos seguidores; e, de uma forma ou outra, dominou a psicologia por trinta anos, da década de 1930 à década de 1960. Hoje, continua a exercer profunda influência.

Premissas dos Behavioristas

Os primeiros behavioristas aceitavam estas idéias:

FIGURA 1.5 John Watson, fundador do behaviorismo, estava determinado a tornar a psicologia uma ciência respeitada. Sua ênfase nas influências ambientais é expressa no seguinte famoso desafio: "Dê-me uma dúzia de bebês saudáveis e bem-formados e um mundo especificado por mim para criá-los, que garanto escolher qualquer um ao acaso e treiná-lo para tornar-se qualquer tipo de especialista que eu escolher — médico, advogado, artista, comerciante e, sim, até mesmo mendigo e ladrão, independentemente de seus talentos, inclinações, tendências, habilidades, vocações e da raça de seus ancestrais". (Watson, 1925, p. 82.) (Culver Pictures.)

1 Os psicólogos devem estudar os eventos ambientais (*estímulos*) e os comportamentos observáveis (*respostas*). Aprender pela experiência é a principal influência sobre o comportamento e um tópico central de investigação. (A ênfase de Watson sobre o ambiente torna-se óbvia na citação da Figura 1.5.)

2 A introspecção deve ser substituída por métodos objetivos (experimentação, observação).

3 O comportamento de animais não-humanos deve ser investigado paralelamente ao comportamento humano porque os organismos simples são mais fáceis de estudar e entender do que os complexos.

4 Os psicólogos devem voltar-se para objetivos científicos: descrição, explicação, predição e controle. Devem também desempenhar tarefas práticas como aconselhamento de parentes, legisladores, educadores e homens de negócios.

Behaviorismo Contemporâneo

O behaviorismo começou como um movimento colérico. Conforme evoluiu, sua filosofia ampliou-se consideravelmente. Hoje, a perspectiva behaviorista é muito mais flexível do que na época de Watson. Os behavioristas contemporâneos ainda investigam estímulos, respostas observáveis e aprendizagem, mas também estudam cada vez mais complicados fenômenos que não podem ser observados diretamente — por exemplo, amor, estresse, empatia e sexualidade. As principais características do behaviorismo moderno são seu forte envolvimento com a formulação de perguntas precisas e claras e o uso de métodos relativamente objetivos na condução de pesquisas cuidadosas.

Uma Investigação Behaviorista de Úlceras

Na ilustrativa passagem que se segue, Jay Weiss descreve pesquisas sobre a seguinte questão: "Como a previsibilidade de um estresse afeta a formação de úlceras de estômago?". Conforme você for lendo, procure identificar as características singulares da filosofia behaviorista.

Uma curiosa idéia médica é a de que processos psicológicos afetam as doenças. Conforme escreveu Weiss (1972, pp. 104-107):

Ultimamente tenho estudado a influência de fatores psicológicos sobre o desenvolvimento de lesões gástricas ou úlceras de estômago.

[Em um estudo] dois ratos receberam choques elétricos simultaneamente por meio de eletrodos colocados na cauda, enquanto um terceiro, servindo de controle, não recebeu choques. Dos dois ratos que receberam choques, um deles ouviu um sinal de bip dez segundos antes de cada choque. O outro rato também ouviu o bip, porém o bip soava aleatoriamente em relação ao choque. Portanto, ambos os animais receberam os mesmos [e idênticos] choques, mas um podia prever quando os choques ocorreriam, enquanto o outro, não. Uma vez que o estressor físico era o mesmo para ambos os animais, qualquer diferença concreta entre eles no nível de ulceração seria resultado da diferença na previsibilidade do estressor, a variável psicológica em estudo.

Como era de esperar, os ratos-controle que não receberam choques desenvolveram pouquíssima ou nenhuma ulceração gástrica. Um resultado surpreendente do experimento foi que os ratos capazes de prever quando os choques ocorreriam também desenvolveram uma ulceração relativamente pequena, enquanto aqueles que recebiam os mesmos choques de maneira imprevisível desenvolveram considerável ulceração.

Visão Cognitiva

Os primeiros psicólogos — dentre eles Wundt e James — eram fascinados por perguntas sobre a mente humana. Watson rejeitou esta matéria porque dependia da introspecção. Os psicólogos que seguiam Watson tratavam as pessoas como se elas fossem "caixas-pretas". Eles tentavam entender os humanos meramente pela medição de condições ambientais, ou estímulos, e pelas respostas dadas a eles. De 1930 até início de 1960, psicólogos "respeitáveis" conversavam rara e cautelosamente sobre atividades mentais, ou cognição.

A vitória behaviorista sobre a cognição não era porém absoluta (Hilgard, 1980). Alguns investigadores continuaram a pensar sobre o pensamento. Mas não havia nenhum símbolo forte a seguir; e os não-conformistas careciam de visão. Levou anos para que grande número de psicólogos visse que podiam estudar tópicos como formação de imagem e resolução de problemas de forma ordenada e científica.

Uma significativa fonte de encorajamento foi a tecnologia e teoria da computação. Se as máquinas podiam ser programadas para processar informações e esse processamento de informação podia ser estudado, naturalmente se justificava tentar examinar o processamento de informação das pessoas. A área da computação revelou-se fértil tanto para idéias como para métodos.

A lingüística (ciência da linguagem) moderna foi uma segunda importante fonte de contribuição. Estudiosos eminentes eram críticos da visão behaviorista da linguagem. E surgiu um persuasivo argumento: adultos de língua inglesa podem entender em torno de 10^{20} sentenças em inglês. Não obstante, não há tempo suficiente para as pessoas aprenderem cada unidade e cada combinação. Em vez disso, algo muito mais geral precisa estar ocorrendo. Quando esta crítica foi aceita, processos simbólicos como o da linguagem tornaram-se áreas de pesquisa cada vez mais atraentes.

Psicologia Cognitiva e Behaviorismo

Na década de 1970, grande número de psicólogos rejeitou o modelo estímulo-resposta dos behavioristas, insistindo em que os psicólogos deviam procurar entender o que ocorria dentro da caixa-preta — particularmente as operações da mente. Esses novos psicólogos da mente, conhecidos como *psicólogos cognitivos*, não rejeitaram o behaviorismo inteiramente. Eles incorporaram o principal princípio behaviorista: faça perguntas precisas e conduza pesquisas objetivas. Ao mesmo tempo, sentiram-se livres para basear-se em suas próprias introspecções e nos comentários dos participantes de pesquisas sobre o que ocorria na mente deles.

A abordagem cognitiva é provavelmente o modelo predominante na psicologia contemporânea, e os tópicos cognitivos ocupam lugar de destaque em muitas áreas. Os psicólogos do desenvolvimento estudam o desenvolvimento do raciocínio. Os psicólogos fisiologistas exploram a base fisiológica da memória. Psicólogos da personalidade, sociais e clínicos geralmente se concentram em como as pessoas pensam.

Premissas dos Psicólogos Cognitivos
De modo geral, os psicólogos cognitivos partilham as seguintes idéias:

1 Os psicólogos devem concentrar-se em processos, estruturas e funções mentais. É a mente que dá ao comportamento seu caráter distintivamente humano.

2 A psicologia deve ter como objetivo conhecimento e aplicações práticas. (Se entendermos mais da memória, por exemplo, podemos melhorar o ensino.)

3 A auto-observação, ou introspecção, e os auto-relatos são úteis. Todavia, há uma tendência para métodos objetivos.

Pesquisa Cognitiva: A Divisão da Atenção
O relato que se segue descreve a pesquisa cognitiva de Ulric Neisser e seus colaboradores (1976, pp. 89-92) sobre dividir a atenção e fazer diversas tarefas ao mesmo tempo. À medida que ler, tente identificar os elementos característicos da perspectiva cognitiva.

É possível atender a duas tarefas diferentes ao mesmo tempo? Ou uma segunda tarefa só pode ser desempenhada automaticamente e fora da consciência? Em um estudo recente, dois estudantes universitários trabalharam uma hora por dia durante um semestre inteiro para nos ajudar a responder a esta pergunta. Eles liam histórias em silêncio enquanto escreviam palavras ditadas pelo experimentador. Cada palavra era ditada assim que a anterior tivesse sido escrita. No princípio, os estudantes acharam difícil essa dupla tarefa, e liam muito mais lentamente. Mas depois de cerca de seis semanas de prática, a velocidade de leitura voltou ao normal.

Testes cuidadosos demonstraram que os estudantes compreendiam plenamente o que liam. Eles não só aprenderam a ler e a escrever exata e simultaneamente, mas também a entender o que escreviam enquanto liam. Experimentos controlados com outros participantes confirmaram a idéia de que eles não passavam rapidamente de uma tarefa a outra, mas absorviam informação ativamente tanto da leitura quanto da escrita.

O fato de ser possível desempenhar dois complicados procedimentos mentais simultaneamente sugere que a atividade cognitiva humana é um conjunto de habilidades adquiridas, e não a operação de um mecanismo fixo. Nenhum mecanismo rígido parece limitar a quantidade de informação que um indivíduo pode colher de uma fonte enquanto atende a uma outra. A prática capacita as pessoas a fazer o que parece impossível.

Visão Humanista
Os psicólogos *humanistas* estão unidos em torno de uma meta comum — concentrar-se "naquilo que significa estar vivo como ser humano" (Bugenthal, 1967).

Premissas dos Humanistas
A maioria dos psicólogos humanistas endossa a filosofia européia chamada *fenomenologia*, segundo a qual as pessoas vêem o mundo de sua própria e única perspectiva. Para obter conhecimento válido sobre qualquer qualidade ou experiência humanas, é preciso focalizá-las tendo como base diferentes quadros de referência, da forma que os diversos indivíduos a experienciam. Em outras palavras, a *interpretação subjetiva* é central a toda atividade humana e não pode ser ignorada.

Os humanistas partilham também os seguintes pontos de vista:

1 Embora os psicólogos devam obter conhecimento, sua maior preocupação deve estar no oferecimento de seus serviços, de sua prática. Os humanistas desejam expandir e enriquecer a vida humana ajudando as pessoas a entender a si próprias e a se desenvolver ao máximo. Eles assumem que as pessoas são basicamente boas.

2 Os psicólogos devem estudar o ser humano vivo como um todo. Compartimentar pessoas por funções como percepção, aprendizagem e motivação não gera informações substanciais.

3 Problemas humanos significativos devem ser objeto de investigações psicológicas. Dentre os interesses humanistas estão responsabilidade, objetivos de vida, compromisso, satisfação, criatividade, solidão e espontaneidade.

4 Psicólogos, psicanalistas, behavioristas e cognitivistas buscam descobrir as leis gerais de funcionamento que se aplicam a todos. Os humanistas enfatizam o individual, o excepcional e o imprevisível.

5 Métodos de estudo são secundários aos problemas estudados. De todos os psicólogos, são os humanistas que usam a mais ampla gama de instrumentos de pesquisa — desde técnicas científicas relativamente objetivas até as subjetivas, como a introspecção e a análise de literatura. Os psicólogos humanistas consideram a intuição como uma fonte de informação válida.

Pesquisa Humanista: Sobre a Auto-Realização
Abraham Maslow (1908-1970) (veja a Figura 1.6) foi uma personalidade líder do movimento humanista. Na citação que se segue, ele descreve o início de sua clássica pesquisa sobre pessoas que alcançaram satisfação pessoal ou "realizaram" seu próprio potencial. Conforme você ler, tente analisar por que o estudo de Maslow (1967, pp. 279-280) exemplifica a perspectiva humanista.

Minhas investigações sobre auto-realização não foram planejadas para ser uma pesquisa e não se iniciaram como pesquisa. Elas começaram como um esforço de um jovem intelectual no sentido de entender dois de seus professores que ele amava, adorava e admirava, e que eram pessoas muito, muito maravilhosas [...]. Tentei entender por que essas duas pessoas eram tão diferentes do geral das pessoas do mundo. Essas duas pessoas eram Ruth Benedict e Max Wertheimer [...].

Minhas investigações começaram como uma atividade pré-científica ou não-científica. Fiz descrições e anotações sobre Max Wertheimer e anotações sobre Ruth Benedict. Quando tentei entendê-los, pensar sobre eles e escrever sobre eles em meu diário e em minhas notas, percebi, em um momento maravilhoso, que seus dois padrões podiam ser generalizados. Estava falando sobre um tipo de pessoa [...]. Tentei ver se aquele padrão podia ser encontrado em outros lugares, e efetivamente o encontrei em outros lugares, em uma pessoa após outra [...]. Pelos padrões comuns de pesquisa de laboratório, isto é, de pesquisa rigorosa e controlada, isso não era absolutamente pesquisa [...].

Mais tarde, Maslow (1970) estudou 49 pessoas que admirava e considerava auto-realizadas. Dentre elas estavam amigos, figuras públicas vivas e falecidas, e estudantes universitários. Quando podia, ele próprio fazia perguntas e as testava. Maslow entrevistou também amigos e parentes dessas pessoas. Pouco a pouco, esboçou retratos verbais de cada pessoa e analisou os temas comuns. Dentre as quinze características que distinguiam os indivíduos auto-realizados estavam: estar centrados nos problemas em vez de em si próprios, ter profundos sentimentos de simpatia pelas pessoas e valorizar a solidão e a privacidade.

FIGURA 1.6 Abraham Maslow foi um porta-voz líder da psicologia humanista, à qual ele chamava a "terceira força" (behaviorismo e psicanálise sendo as outras duas). (Marcia Roltner, Brooks/Cole Publishing Co.)

Visão Psicanalítica
Se você nunca estudou psicologia, a probabilidade é que jamais tenha ouvido falar de Fechner, Wundt ou até mesmo de James. Mas provavelmente já conhece muito bem o nome de Sigmund Freud. O nome e as idéias de Freud são tão familiares que a psicologia é às vezes equiparada a suas idéias. Mas a *teoria psicanalítica* (o nome dado às idéias de Freud sobre personalidade, anormalidade e tratamento) é somente uma das muitas teorias psicológicas.

O Trabalho de Sigmund Freud

Freud (1856-1939) (veja a Figura 1.7), médico vienense, especializou-se no tratamento de problemas do sistema nervoso e tinha interesse especial nas chamadas desordens neuróticas, condições caracterizadas por ansiedade excessiva e, em alguns casos, depressão, fadiga, insônia ou paralisia. Os sintomas são atribuídos a conflito ou estresse.

FIGURA 1.7 Sigmund Freud, o criador da teoria psicanalítica, observando um manuscrito no escritório de sua casa em Viena nove anos antes de sua morte, em 1939. (Bettman Archive.)

Freud não tentou influenciar a psicologia acadêmica. Sua meta era, antes, ajudar as pessoas que sofriam. Ao tratar os problemas neuróticos, Freud descobriu que a prática médica até então aceita — voltada aos sintomas físicos do paciente — era inútil. Diversos de seus colegas estavam hipnotizando seus pacientes neuróticos e encorajando-os a "pôr para fora" seus problemas. Freud adotou a hipnose por algum tempo, mas acabou percebendo que era insatisfatória. Nem todos conseguiam atingir um estado de transe, e a hipnose resultava em curas apenas temporárias. Gradativamente, Freud trabalhou no desenvolvimento de um novo procedimento, a *associação livre*. Os pacientes, relaxados em um divã, eram estimulados a dizer qualquer coisa que lhes viesse à mente. Eram também solicitados a relatar seus sonhos. Freud analisava todo o material que emergia, à procura de desejos, medos, conflitos, impulsos e memórias que estavam além da consciência do paciente. A tarefa revelou-se mais fácil do que esperava (Freud, 1905-1959, p. 94): "[Nenhum] mortal pode guardar um segredo. Se os lábios estão silenciosos, [o paciente] tamborila e fala com os dedos; a traição transpira [...] por todos os poros. E, portanto, é bastante possível realizar a tarefa de tornar consciente os mais ocultos recantos da mente".

Freud passou a acreditar que trazer o inconsciente para o consciente era a chave do sucesso. Quando os pacientes viam-se diante de dados antes escondidos, suas dificuldades diminuíam.

Na formulação de idéias sobre personalidade e tratamento, Freud valeu-se de milhares de horas cuidadosamente passadas tanto como ouvinte como na atividade de análise e auto-observação. Ele foi também influenciado por conceitos biológicos e filosóficos populares em sua época (Sulloway, 1979).

Enquanto tratava seus pacientes, Freud testava suas *hipóteses* ou suposições. Tentava explicar até mesmo os fatos aparentemente triviais. Todos os detalhes tinham de se encaixar de maneira lógica.

A teoria psicanalítica revolucionou a concepção e o tratamento de problemas emocionais. Além disso, despertou interesse em áreas anteriormente negligenciadas: motivação inconsciente, personalidade, comportamento anormal e desenvolvimento infantil.

Premissas de Freud

As idéias de Freud ainda permanecem muito vivas, tanto em sua forma original como em numerosas modificações. Os psicólogos que adotam a perspectiva psicanalítica geralmente têm as seguintes concepções:

1 Os psicólogos devem estudar as leis e os determinantes da personalidade (normal e anormal) e tratar os distúrbios mentais.

2 O inconsciente é um importante aspecto da personalidade. Trazer o que é inconsciente para o consciente é uma terapia essencial para distúrbios neuróticos.

3 A personalidade é mais apropriadamente estudada no contexto de um longo e íntimo relacionamento entre paciente e terapeuta. À medida que o paciente relata o que lhe ocorre na mente, o terapeuta analisa e interpreta os dados e observa o comportamento de forma contínua.

Teremos muito mais a dizer sobre as idéias de Freud mais adiante.

Estudo de Freud dos Lapsos de Linguagem

A seguinte passagem ilustrativa foi tirada da obra de Freud, Psycopatology of everyday life (Psicopatologia da vida cotidiana) [1901/1951, pp. 44-46]. Conforme você ler, tente identificar as características da abordagem psicanalítica.

Dentre os exemplos de erros involuntários na conversação que eu mesmo reuni, dificilmente poderia encontrar um em que fosse obrigado a atribuir o distúrbio da fala, simples e unicamente, ao efeito de contato do som. Além disso, quase sempre descubro uma influência perturbadora de algo externo ao que se pretendia falar. O elemento perturbador pode ser tanto um pensamento inconsciente distinto, que vem à luz por meio de um erro grosseiro na fala [...], quanto um motivo psíquico mais geral [...].

No livro, Freud discute 23 exemplos, incluindo o seguinte:

Uma mulher, falando sobre um jogo inventado por seus filhos e por eles chamado de "the man in the box" [o homem na caixa], disse "the manx in the boc". Percebi imediatamente seu erro. Foi enquanto analisava seu sonho, no qual seu marido é descrito como muito generoso em questões de dinheiro — exatamente o oposto da realidade —, que ela cometeu esse erro de linguagem. No dia anterior, ela pedira um novo casaco de peles ao marido, que lhe negou alegando que não podia gastar tanto dinheiro. Ela censurou sua sovinice, "por colocar tanto dinheiro na caixa-forte", e mencionou uma amiga cujo marido, com uma renda muito menor, havia dado à sua mulher um casaco de visom (mink) de presente de aniversário. O erro então se tornou compreensível. A palavra "manx" reduz-se aos "minks" que ela tanto desejava, e a caixa (box) refere-se à sovinice do marido.

A Tabela 1.2 compara as quatro perspectivas filosóficas atuais da psicologia.

A Postura Eclética

Há hoje uma liberdade jamais experimentada antes — os psicólogos sentem-se livres para estudar praticamente qualquer tópico. Embora alguns psicólogos mantenham-se fiéis a uma única perspectiva, muitos formam um composto próprio de idéias variadas (abordagem eclética). Psicólogos que não concordam plenamente com o método humanista em geral endossam seus ideais (Karsner & Houts,

TABELA 1.2 Uma comparação de quatro visões atuais da psicologia.

	Behaviorista	Cognitiva	Humanista	Psicanalítica
Objeto	Qualquer pergunta bem definida sobre o funcionamento de qualquer animal.	O funcionamento da mente.	Perguntas sobre a pessoa como um todo, experiência subjetiva, problemas significativos; o extraordinário e individual como também o usual e universal.	Personalidade normal e anormal (leis, determinantes, aspectos inconscientes); tratamento de anormalidade.
Objetivos principais	Conhecimento, aplicação.	Conhecimento, aplicação.	Em primeiro lugar, ajuda e enriquecimento; em segundo, conhecimento.	Ajuda e conhecimento.
Métodos de pesquisa enfatizados	Métodos objetivos.	Métodos objetivos e introspectivos.	Respeitado o conhecimento intuitivo do observador; aceitáveis todos os procedimentos, mesmo os não-científicos, como, por exemplo, o de análise literária.	Paciente: introspecção informal; analista: observação e análise.
População estudada	Todos os animais.	Principalmente pessoas.	Pessoas.	Pessoas (geralmente adultos em terapia).

1984). É comum acreditar na pesquisa de questões significativas e no uso do conhecimento para servir aos seres humanos. Tais ideais são perfeitamente compatíveis com a ênfase na ciência, uma característica das tradições behavioristas e cognitivistas. Da mesma forma, os conceitos psicanalíticos podem coexistir tanto com os ideais humanistas como com os compromissos cognitivo-behavioristas para com a ciência. Muitos psicólogos aceitam algumas noções psicanalíticas básicas: de que as experiências da primeira e segunda infâncias modelam a personalidade, de que geralmente as pessoas não têm consciência de seus motivos e sentimentos, de que históricos de casos podem fornecer acurados *insights* das pessoas.

TRADIÇÃO CIENTÍFICA DA PSICOLOGIA

É por meio da leitura de literatura que aprendemos algo sobre como e por que as pessoas pensam e comportam-se de uma determinada maneira. Religião, filosofia e arte fornecem perspectivas da natureza humana. Os psicólogos, porém, voltaram-se para outros lugares. Muitos endossam os meios da ciência como a melhor maneira de obter um corpo bem-organizado de informações acuradas. O método científico é tão fundamental à psicologia, que a própria psicologia é freqüentemente denominada *ciência comportamental* e os psicólogos, *cientistas comportamentais*. Uma denominação mais ampla, *cientista social*, refere-se a todos que estudam a sociedade ou o comportamento social (dentre eles, os psicólogos, sociólogos, cientistas políticos, antropólogos, economistas e historiadores).

Realidade Cotidiana da Ciência

Nossa descrição de ciência não enfatizará os detalhes cotidianos. Não obstante, você deve saber que os psicólogos — assim como outros cientistas — fazem muitas confusões. Embora as descrições formais de pesquisa raramente mencionem as lutas, com freqüência a ciência é um caminho áspero. Ser um pesquisador produtivo requer algumas aptidões, como ter bons palpites, ser capaz de conceber aparelhos apropriados e de consertá-los quando quebram (como quase invariavelmente acontece), distinguir rotinas experimentais eficientes e saber quando abandonar uma linha de ataque infrutífera e partir para outro caminho. A *serendipidade* — a arte de descobrir alguma coisa enquanto se procura outra — também desempenha um papel considerável nos avanços científicos.

Princípios-guia da Pesquisa

"A ciência", observou B. F. Skinner (1953, p. 12), "é acima de tudo um conjunto de atitudes". Seis atitudes, ou princípios, dão o tom do empreendimento científico.

Precisão

Os psicólogos tentam ser *precisos* (definindo estritamente aquilo que estão fazendo). A precisão figura em vários pontos do empreendimento científico. Psicólogos pesquisadores passam bastante tempo definindo aquilo que estão estudando. Em vez de basearem-se em impressões pessoais, eles procuram planejar uma pesquisa que produza resultados na forma de números. Você poderá encontrar cientistas comportamentais fazendo medições de questões aparentemente imensuráveis como amor, ansiedade e alcoolismo. Depois de completada a pesquisa, os psicólogos escrevem detalhados relatórios, descrevendo seus participantes, procedimentos, tarefas e resultados. Esses acurados relatórios de pesquisa permitem que os investigadores repitam, ou *reproduzam*, os estudos dos colegas. É assim que verificamos quais descobertas sustentam-se de modo geral.

Objetividade

Como todos os seres humanos, os psicólogos têm vieses. Além da carga normal, os experimentadores carregam algumas outras — às vezes, idéias favoráveis aos tópicos ou motivação para ver determinados resultados. O que pode ser feito para resguardar a pesquisa desses elementos contaminadores?

Os psicólogos pesquisadores esforçam-se por ser *objetivos*: isto é, tomam medidas para impedir que seus pontos de vista influenciem seus estudos. Muitos investigadores tentam ser abertos em relação aos seus valores, motivos e parcialidades. Se deixarem transparecer seus vieses, os pacientes podem assumir uma posição de defesa. Alguns cientistas de comportamento montam esquemas que minimizem seu próprio impacto. Eles podem contratar um assistente para conduzir a investigação — alguém que não saiba o que está sendo investigado e não é propenso, portanto, a fortes parcialidades.

Se você é cético sobre a natureza humana, talvez se pergunte se a objetividade dos psicólogos é passível de ser verificada. A resposta é sim. Um dos muitos trunfos do método científico é sua natureza intrinsecamente auto-reguladora. Os investigadores estão continuamente examinando as mútuas pesquisas dos colegas e reproduzindo os estudos. Muitos psicólogos tentam proteger seu trabalho contra influências pessoais para evitar posteriores críticas aos resultados.

Embora os cientistas atentem à questão dos vieses, provavelmente nem um único estudo é completamente imparcial. De tempos em tempos, surgem casos de desonestidade deliberada (Miers, 1985; Price, 1985; Wade, 1985). Todavia, como tantas pessoas trabalham em problemas similares, aquilo que é verdadeiro acaba se revelando.

Empirismo

Como outros cientistas, os psicólogos acreditam que a observação direta é a melhor fonte de conhecimento. Esse método "olhe e veja" é chamado de *empirismo*. Psicólogos que investigam os efeitos da perda do sono, por exemplo, precisam conduzir estudos cuidadosos e observar os resultados. Não podem apresentar como *evidência* noções populares, idéias plausíveis, especulações de cientistas eminentes ou pesquisas de opinião pública. Todas essas estratégias baseiam-se na conjectura, em vez de na observação direta.

O empirismo não exige que os psicólogos façam pessoalmente todas as observações. No entanto, especifica que as premissas precisam estar amparadas nos estudos empíricos de *alguém*. Podemos ter conhecimento de descobertas de pesquisas por meio de relatórios escritos, palestras ou correspondência pessoal.

Determinismo

O *determinismo* refere-se à crença de que todos os eventos têm causas naturais. Os psicólogos acreditam que as ações das pessoas são determinadas por um imenso número de fatores. Alguns — como potencialidades genéticas, motivos, emoções e pensamentos — vêm de dentro do indivíduo. Outros — como pressões de outras pessoas e circunstâncias atuais — vêm de fora. Se a conduta é determinada por causas naturais como estas, poderemos ser capazes de explicá-las.

Observe a qualificação "natural". Os psicólogos recusam-se a considerar forças sobrenaturais (como destino, maldade, demônio e Deus) como explicações possíveis para suas observações. Mesmo quando não conseguem explicar algo em um determinado momento, pressupõem que indícios de causas naturais acabarão emergindo.

O determinismo é às vezes confundido com *fatalismo*, a crença de que o comportamento é estabelecido de antemão por forças externas que estão além do controle da pessoa. O exemplo que se segue contrasta duas crenças e torna mais claras suas diferenças (McCain & Segal, 1973, pp. 176-177).

Charlie Green é um indivíduo muito sistemático. Ele almoça no mesmo restaurante na mesma hora, todos os dias. Precisamente às 12h03, de todos os dias, vira a esquina da Second com a Main Street a caminho do restaurante. No dia 2 de fevereiro, uma nova empresa está se mudando para um escritório do terceiro andar do edifício da esquina da Second com a Main Street. Eles começam a erguer um cofre de 150 quilos, usando uma talha, precisamente às 12h00. Acontece que a corda está puída e poderá segurar esse peso de 150 quilos somente por três minutos. Um fatalista que estivesse observando a cena poderia dizer que o pobre Sr. Green está fadado a morrer esmagado. Um determinista, por sua vez, poderia dizer que, se nada mudar na rotina do Sr. Green, ele provavelmente dobrará a esquina e será morto. O determinista pensa também que pode ajudar, de modo que diz para o Sr. Green que um cofre está sendo levantado e que é perigoso passar embaixo dele. Sr. Green diz "Obrigado", olha para cima (pela primeira vez em cinco anos), vê o cofre e desvia, enquanto o cofre cai sem maiores conseqüências. Um dos determinantes do comportamento do Sr. Green é a informação verbal que ele recebe.

Acreditar no determinismo significa acreditar que, quanto mais cientistas sabem, tanto mais acuradamente podem prever o que acontecerá em uma situação específica. Não obstante, costuma ser muito difícil prever o comportamento das pessoas, porque há muitos fatores determinantes a considerar e muito ainda por entender.

Parcimônia

Muitos psicólogos tentam ser *parcimoniosos*. Literalmente, o termo significa "sovina", mas, no uso científico, descreve uma política padrão sobre as explicações dos fenômenos, dando-se preferência a explicações simples que se ajustem aos fatos observados. Conseqüentemente, elas são testadas primeiro. Explicações mais complexas ou abstratas são propostas apenas quando as menos complicadas revelarem-se inadequadas ou incorretas.

Como exemplo, tente explicar por que mulheres optam por perseguir uma carreira. Uma explicação parcimoniosa é a seguinte: nossa sociedade admira a realização. Esses valores são passados adiante para meninas e meninos. Uma explicação não-parcimoniosa poderia oferecer esta justificativa complexa e incomum: tão logo as meninas descobrem que possuem uma cavidade — em vez de um pênis —, sentem-se inferiorizadas e tentam compensar essa falta. Desenvolve-se a necessidade de competir com os homens e os superar. Pouco a pouco, essa necessidade vai ganhando importância, até dominar a personalidade. Uma das manifestações é a busca de uma carreira. A Figura 1.8 apresenta um segundo exemplo de parcimônia.

FIGURA 1.8 Cal Ripken, Jr., *shortstop*[2] do Baltimore Orioles, e seu pai, Cal, sênior, ex-jogador da segunda divisão. Cal treina o filho em sua posição no time. Os filhos de ex-jogadores têm 50% a mais de probabilidade de se tornarem profissionais (Laband & Lentz, 1985). Você pode dar uma explicação parcimoniosa para o ditado "Tal pai, tal filho?" Uma possibilidade é que os pais ensinam e estimulam atividades nas quais têm interesse. Compare esta explicação com outra não-parcimoniosa: Sem perceber, pai e filho competem pelo amor da mãe; assim, os filhos buscam conquistas similares e lutam para superar os pais. (UPI, Bettmann.)

Ceticismo

Idealmente, os psicólogos são críticos em relação ao seu trabalho e ao de outros pesquisadores, e lutam por manter sempre a mente aberta. No caso de surgimento de novas evidências, estão prontos a reavaliar e rever suas conclusões. Colocando de maneira um pouco diferente, eles vêem seus resultados como provisórios — como as melhores suposições no momento.[3]

O ceticismo é realista. Embora os investigadores tentem fazer as mais cuidadosas observações de que são capazes, não podem eliminar todas as fontes potenciais de erro. Erros acontecem porque o mundo real é mais complexo do que o laboratorial. Os instrumentos são imperfeitos. Os procedimentos de experimentação influenciam o resultado. E, com mais freqüência do que o contrário, os processos mentais e comportamentais revelam-se mais complicados do que pareciam de início.

Questões Que os Psicólogos Levantam

Como o estresse afeta as pessoas? O que ocorre com a personalidade na idade avançada? Que problemas enfrentam os casais que coabitam a mesma casa? Os psicólogos começam suas pesquisas a partir de perguntas gerais como estas.

Questões Empíricas

Como regra, os cientistas comportamentais investigam *questões empíricas*, aquelas que podem ser respondidas por algum tipo de observação. Todas as perguntas acima são empíricas. Considere a seguinte questão: "Que problemas enfrentam os casais que vivem maritalmente?". Poderíamos convidar casais não casados legalmente para vir até nossa clínica e lhes pedir para discutir certas questões controversas para ver o que eles argumentam. Ou podemos pedir permissão para entrar em lares de casais que vivem juntos e registrar suas interações. Ou podemos entrevistá-los.

Considere agora uma segunda pergunta: "É errado viver maritalmente?". A resposta depende de julgamentos e valores, e não de observações. Tudo o que podemos fazer é especular. Os psicólogos, como outros seres humanos, têm opiniões próprias sobre assuntos de valor e julgamento. Mas reconhe-

---

2. N.R.T.: No beisebol, *shortstop* é a posição que cobre o campo entre a segunda e a terceira base.
3. N.R.T.: Chamamos todas essas atitudes de *ceticismo*.

cem que não podem pesquisar tais questões de forma satisfatória.

Aprimorando Questões de Pesquisa

Questões gerais sobre assuntos psicológicos são normalmente ambíguas ou sujeitas a interpretações diferentes, além de cobrirem um campo enorme. Considere a pergunta "Como o estresse afeta as pessoas?". Há centenas de tipos de estresse, e decerto afetam diferentes pessoas em diferentes momentos e de diferentes formas.

Nossa questão é na verdade composta de muitas perguntas específicas que precisam ser tratadas individualmente. "De que forma a sobrevivência a um desastre natural, como um incêndio (isto é, um estressor específico), afeta a sociabilidade (isto é, um efeito específico)?" "De que forma o estupro afeta o subseqüente ajuste sexual da vítima?" E assim por diante.

Questões gerais precisam ser sempre reformuladas para excluir as ambigüidades e estreitar o âmbito. Caso contrário, a investigação sistemática é impossível.

Definições Operacionais

Após formular uma questão passível de pesquisa, os cientistas comportamentais geralmente definem seus termos. Considere a afirmação "Nós estudamos o crime". "Crime" pode referir-se a atravessar uma rua sem olhar para os lados, estacionar em local proibido, fumar maconha, cometer furto em uma loja ou cometer assalto à mão armada ou mesmo um assassinato. Como a maioria dos termos que usamos diariamente, a palavra "crime" tem significados múltiplos.

Para que os psicólogos possam entender-se mutuamente e para que o público possa entender os psicólogos, as palavras precisam ser escolhidas com exatidão. Uma das formas de fazê-lo é relacionar todos os termos aos procedimentos usados para observá-los ou medi-los. As definições resultantes, denominadas *definições operacionais*, são amplamente usadas em pesquisa por uma questão de clareza.

Tomemos vários exemplos. Operacionalmente, poderíamos definir crime como "atos considerados delitos pela lei federal". Operacionalmente, poderíamos definir felicidade como "a pontuação de 80 ou mais na Escala de Satisfação Sanyosho", um teste fictício que pergunta às pessoas sobre quanto se sentem satisfeitas com a vida. Poderíamos definir operacionalmente a fome como "privação de alimento durante 24 horas" ou como "falta de almoço".

Observe que as definições operacionais são muito diversas das definições formais dos dicionários. Primeiramente, as definições operacionais jamais são abstratas, mas sempre ligadas a observações ou mensurações — freqüentemente fisiológicas, autodescritivas, situacionais ou comportamentais. Segundo, qualquer conceito tem muitas definições operacionais possíveis. Terceiro, as definições operacionais são estreitas: aplicam-se a situações bem específicas. Ao definir as palavras para fins de pesquisa, os psicólogos sacrificam a generalidade em favor da precisão.

Selecionando Participantes de Pesquisas Humanas

Os psicólogos exploram questões sobre populações específicas. Eles poderiam perguntar: "Jovens membros de gangues tornam-se criminosos quando adultos?", "Bebês recém-nascidos podem aprender?", "Mulheres têm maior propensão à depressão do que os homens?".

O grupo inteiro que o psicólogo deseja compreender é chamado de *população*. Mas ninguém tem tempo, energia ou dinheiro para estudar todos os jovens membros de gangues, todos os recém-nascidos ou todos os adultos. Inevitavelmente, os investigadores escolhem *amostras*, porções da população para estudo.

Em nossas investigações informais e cotidianas, tendemos a acreditar nas impressões que temos de pequenas amostragens (Hamill *et al.*, 1980). Quando os psicólogos selecionam amostras para estudo, eles tentam escolher um grupo de indivíduos que reflita toda a população de interesse.

Amostragem Aleatória

Amostragem aleatória é a estratégia mais popular para escolher participantes de pesquisas psicológicas e implica a seleção de pessoas de forma tal que cada pessoa daquela população tenha igual possibilidade de ser escolhida para a pesquisa. Pesquisadores de opinião pública geralmente usam esta estratégia, como também o governo dos Estados Unidos. Para compilar estatísticas de mão-de-obra, os funcionários públicos visitam ou telefonam mensalmente para 65.000 lares selecionados aleatoriamente.

Quando os investigadores selecionam grandes amostragens aleatórias, diferentes amostras de uma mesma população produzem descobertas similares, que geram essencialmente os mesmos resultados que seriam obtidos caso se usasse a população inteira.

Amostragem Aleatória e Realidade

Na realidade, os psicólogos pesquisadores raramente estudam grandes amostras aleatórias de uma população inteira porque seu tempo, dinheiro e recursos são muito limitados. Ao contrário, geralmente montam uma amostra aleatória de uma *porção* da população; uma porção que esteja prontamente disponível e possa cooperar. Psicólogos interessados em crianças de 8 anos de idade poderiam escolher uma amostra aleatória da escola pública 105, do Brooklyn. Cientistas comportamentais estudando mulheres casadas poderiam selecionar uma amostra aleatória de uma associação de pais e mestres local.

Uma investigação das amostras que os psicólogos americanos usam para pesquisas sociais e de personalidade sugere que, na maior parte do tempo, são estudantes universitários que desempenham o papel de cobaias (Carlson, 1984). Estudantes do primeiro e segundo anos de Introdução à Psicologia são especialmente propensos a ser envolvidos (Schultz, 1969). Pesquisas envolvendo unicamente homens têm sido duas vezes mais comuns do que pesquisas envolvendo apenas mulheres (Holmes & Jorgensen, 1971).

Que conclusões podemos tirar disso? Podemos concluir que os pesquisadores com freqüência estudam comparativamente homens brancos inteligentes, bem-educados, jovens e prósperos. Portanto, precisamos ser extremamente cuidadosos em pressupor que qualquer conjunto de descobertas é verdadeiro em relação a todos. Para se chegar a conclusões gerais, precisamos considerar os resultados de uma série de estudos de diferentes amostras. (■)

METAS DE PESQUISA

Todo estudo psicológico tem metas específicas e próprias. Mas podemos, ao mesmo tempo, iden-

---

Quadro 1.2

POR QUE OS PSICÓLOGOS ESTUDAM ANIMAIS NÃO-HUMANOS

Peixes dourados, baratas, minhocas, caranguejos, morcegos, ratos, pombos, tatus, cães, gatos, macacos e muitos outros seres participam de pesquisa em investigações psicológicas. No passado, ratos e pombos eram os animais-sujeitos mais comuns (Milliard, 1976). Por que estudar animais não-humanos? Às vezes, os pesquisadores estão de fato interessados na conduta de outras espécies. Isto é legítimo. Conforme a definimos, a psicologia é a ciência do comportamento e do funcionamento mental de todas as criaturas. Entretanto, os psicólogos que estudam outros organismos, em sua maioria, estão voltados às questões humanas. Por que optam por trabalhar com animais mais simples?

Animais não-humanos têm vantagens práticas. Estão disponíveis quando necessários. Podem ser estudados facilmente por longos períodos. Alguns organismos são especialmente apropriados para determinados estudos. Os pombos, dotados de excelente visão, são bons candidatos a investigações sobre percepção. Os ratos são apropriados para a pesquisa genética, tendo em vista que uma nova geração nasce a cada três meses.

Alguns pesquisadores alegam que as funções básicas são mais fáceis de detectar em criaturas mais simples. Eles pressupõem que muitos princípios psicológicos aplicam-se a todos os animais, incluindo as pessoas (Burghardt, 1985). Sem dúvida, alguns princípios realmente se aplicam a uma série de organismos. Ratos, pombos e pessoas, por exemplo, são condicionados de modo semelhante, conforme veremos no Capítulo 3. É claro que raramente se pode esperar que princípios derivados de pesquisa não-humana dêem ampla explicação de fenômenos sofisticados como raciocínio, linguagem, personalidade e conduta social.

Outra razão para estudar animais é o atual código ético, que permite, com animais de laboratório, pesquisas não permitidas com seres humanos. Para entender como o cérebro regula a memória ou as funções sexuais, por exemplo, investigadores de animais às vezes removem cirurgicamente partes específicas e observam os resultados. De forma similar, exploram as consequências de experiências estressantes. Eles não podem, por exemplo, submeter pessoas a longos períodos de isolamento ou aglomeração ou desnutrição. Mas certamente os pesquisadores podem observar seres humanos que sofreram lesão cerebral ou passaram por estados de desnutrição ou aglomeração. Nesses casos, porém, é demasiadamente difícil relacionar causas com efeitos da forma pela qual se faz quando se trabalha com outros animais em laboratório. (Veja a Figura 1.9.) Adiante neste capítulo falaremos das questões éticas levantadas por estudos com animais que estão começando a preocupar muitos psicólogos (Rollin, 1985).

Cap. 1 **U**MA INTRODUÇÃO À PSICOLOGIA 23

formais usando qualquer instrumento de pesquisa disponível.

2 Uma segunda meta fundamental de pesquisa é retratar com precisão, ou *descrever*, as qualidades de algo — geralmente de um indivíduo, de uma situação, de um grupo ou de uma condição. Para responder a perguntas descritivas, os psicólogos usam táticas descritivas. Observam, aplicam questionários, fazem entrevistas, reúnem histórias ou administram testes.

3 Uma terceira meta principal é a *explicação*. Em psicologia, explicação significa descobrir se um evento ou condição ou função ou qualidade contribui para outra. Em outras palavras, o investigador testa uma suposição, ou *hipótese*, específica sobre causa e efeito. Para esta meta, dá-se preferência ao método experimental, embora estratégias de correlação sejam também usadas.

UMA COMBINAÇÃO DE INSTRUMENTOS DE PESQUISA

Independentemente do que estejam estudando, os psicólogos pesquisadores desejam fazer seus registros de maneira acurada e imparcial. Ao mesmo tempo, desejam retratar o comportamento e o funcionamento reais, isto é, o que acontece na vida cotidiana. Em quase todos os casos, desejam descrever e explicar. Além disso, procuram ser abrangentes: lançar luz sobre facetas e influências múltiplas. Atingir todos esses objetivos requer o uso de uma variedade de métodos.

INSTRUMENTOS DESCRITIVOS

Quando nosso objetivo é descrever e comparar, três *instrumentos descritivos* podem contribuir para nosso entendimento: observações diretas, instrumentos de avaliação e estudos de casos.

Observações Diretas
Sempre que possível, dentre as técnicas descritivas, dá-se preferência à *observação direta* por oferecer maior probabilidade de produzir dados confiáveis e precisos.

Observações de Laboratório
Uma estratégia para observação direta de algo (digamos, da agressividade) é criar em laboratório um ambiente padrão que estimule o comportamento de

FIGURA 1.9 As observações sobre violência de gorilas contra filhos começaram com Paki (mostrada aqui com seu primeiro filho). O ato de oferecer companhia a Paki e a outras mães gorilas eliminou a violência de gorilas contra seus filhos, outrora predominante no Yerkes Regional Primate Center (Herbert, 1982a; Rock, 1978). Este e outros estudos de primatas confirmam outras observações mais informais que sugerem que o isolamento contribui para a violência humana contra a criança e que o suporte social é benéfico. No caso das observações humanas, muitos fatores envolvidos estão misturados, sendo mais difícil variar cada fator sistematicamente e determinar relações de causa e efeito. (Ron Nadler/Yerkes Regional Primate Center da Emory University.)

tificar diversas metas gerais de pesquisa (Kidder, 1981).

1 Inicialmente, os investigadores tentam familiarizar-se, ou *explorar*, os tópicos que despertam seu interesse. Freqüentemente, têm vagas suposições a verificar. Se obtêm *insights* gerais de uma área e chegam a entender seus problemas peculiares, podem então planejar um melhor projeto de pesquisa. Nesta fase exploratória, o psicólogo faz antes uma revisão da bibliografia para reunir descobertas já existentes. Além disso, poderá conduzir estudos in-

interesse e permita a coleta de informações acuradas. Como os cientistas comportamentais exercem rigoroso controle sobre o ambiente laboratorial, podem usar os mesmos procedimentos com todos os participantes. Essa uniformidade facilitará a comparação de respostas de diferentes grupos (crianças maiores *versus* menores, e meninas *versus* meninos). Outra vantagem do controle rigoroso é que os pesquisadores podem escolher pessoalmente suas amostras, assegurando-se de que os participantes são representativos das populações de interesse. Ademais, os investigadores podem conceber alguma forma de controlar as parcialidades dos observadores.

Para ilustrar, imaginemos um estudo de laboratório. Selecionamos nossos participantes aleatoriamente em uma grande escola primária. Obtivemos antes a permissão das famílias. Treinamos um assistente, que não esteja emocionalmente envolvido, para coletar nossas observações. Em uma única sessão em uma sala de recreação, uma criança atriz, uma "impostora",[4] pega brinquedo de cada criança. Durante o encontro, os observadores, atrás de um espelho de face dupla, registram o que cada criança faz. Preenchem uma lista de verificação de respostas comuns: "bate na 'impostora'", "atira o brinquedo", "emburra", "quebra o brinquedo", "tem um acesso de raiva". Na etapa final do estudo, podemos facilmente contar o número de atos agressivos por criança, bem como verificar se são os meninos ou as meninas que se comportam mais agressivamente. (Veja a Figura 1.10.)

Você vê alguma desvantagem nas observações de laboratório? Diversas delas são claras. O ambiente é artificial e pode influenciar a maneira pela qual as crianças comportam-se. Além disso, obtivemos amostras de conduta em uma única e limitada situação, uma sessão de brincadeira com uma "impostora". Embora os meninos possam ser mais agressivos nessas circunstâncias, as meninas podem ser o sexo mais combativo, se uma amiga ou amigo menor for ameaçado.

Observações de Campo

Outra estratégia de observação direta é a *observação de campo*, ou *naturalista*, que implica a observação do comportamento diretamente no seu ambiente natural, no qual tende a ser mais realista. Um dos problemas que os observadores de campo enfrentam no início é dissimular ou ocultar sua presença de modo que distorça o mínimo possível o que estão observando. Eles podem camuflar-se. Um psicólogo poderia observar as crianças em uma pré-escola enquanto finge ajudar o pessoal da escola. Os pesquisadores podem também usar aparelhos de gravação, como videoteipe e videocâmeras.

A *observação participante* é outra tática às vezes usada na observação naturalista. Os pesquisadores participam das atividades que observam. Se forem aceitos como membros do grupo pelos participantes, provavelmente não vai gerar inibição e distorcer o comportamento. Jovens psicólogos durante a investigação da agressividade entre adolescentes poderiam efetivamente integrar uma gangue de jovens, por exemplo.

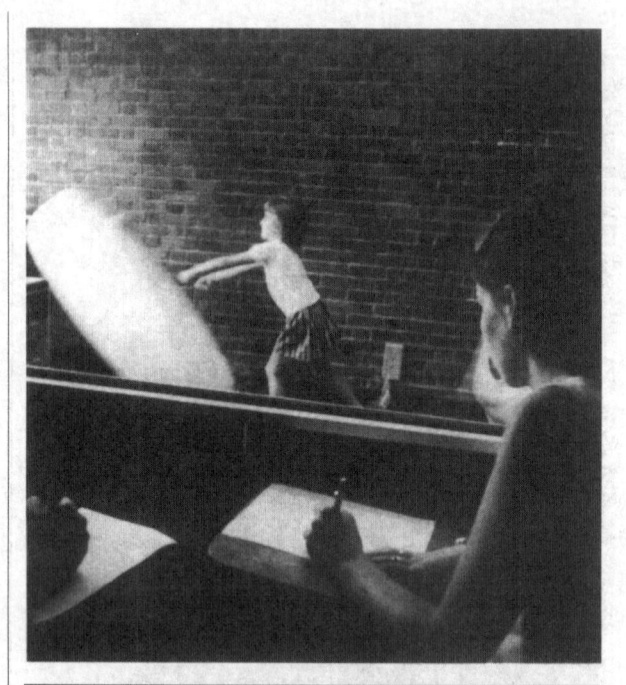

FIGURA 1.10 Observações em laboratório expõem os participantes a condições-padrão e permitem a coleta relativamente imparcial de dados. A criança que está sendo observada nesta recriação de um estudo clássico viu uma modelo bater em um joão-bobo. Então, a criança tem a oportunidade de mostrar o que aprendeu, enquanto os observadores, detrás de um espelho de face única, registram suas ações. (Cary S. Wolinsky/Stock, Boston.)

---

4. N.R.T: Neste exemplo, o termo aplica-se a uma criança previamente instruída pelo experimentador para desempenhar um papel. Neste caso, tomar o brinquedo de outras crianças.

Você vê grandes problemas nas observações de campo? O ato de registrar dados com precisão, especialmente quando não se tem um filme gravado que sirva para monitoramento, é um trabalho desafiador. Ademais, quando os observadores participam, podem ficar envolvidos e perder a objetividade. É também difícil obter comparações precisas em campo. Por exemplo, em um estudo naturalista da agressividade de meninas e meninos, poderíamos observar as meninas pulando corda e os meninos jogando futebol. É óbvio que os jogadores de futebol estarão envolvidos em muito mais encontros agressivos do que as meninas que estão pulando corda, mas as razões podem estar mais ligadas a oportunidades do que a diferenças de sexo.

Instrumentos de Avaliação

Suponha que tenhamos perguntas descritivas como: "Até que ponto é comum a violência entre casais?", "Adultos agressivos têm pouca tolerância à frustração?", "Crianças maltratadas pelos pais maltratam seus próprios filhos?". Teríamos dificuldade em fazer observações diretas para responder a estas perguntas. É muito improvável que famílias violentas nos recebessem de braços abertos para observar suas brigas. A tolerância à frustração, como um sem-número de outros atributos internos e experiências, não pode ser observada ou medida diretamente. Para estimar até que ponto algo é comum, é necessário uma grande amostragem, o que pode envolver excessivos recursos financeiros. Em tais casos, os psicólogos utilizam *instrumentos de avaliação* para obter a amostra: questionários, entrevistas e testes.

Questionários

Os questionários permitem que os cientistas sociais coletem informações sobre o pensamento e o comportamento de um número suficiente de indivíduos de forma rápida e pouco dispendiosa. Em geral, os questionários pedem informações prontamente disponíveis por meio de perguntas que não exigem muita reflexão. Para responder, os participantes simplesmente marcam a resposta apropriada.

Suponha que desejássemos investigar até que ponto é comum a violência entre casais. Faríamos centenas de perguntas, incluindo as seguintes:

1 Você não acha que pais violentos dão mau exemplo aos seus filhos?

____Sim ____Não

2 Houve alguma agressão entre você e seu marido/sua mulher nos últimos seis meses?

____Sim ____Não

3 Se você respondeu "sim" à pergunta 2, indique os atos de agressão que ocorreram nos últimos seis meses.

____empurrão
____ato de agarrar
____tapa
____chute
____agressão com o punho
____agressão com objeto
____ato de bater
____ameaça com arma
____agressão com arma

O sucesso de um questionário depende de uma série de fatores:

1 A redação das perguntas precisa ser simples e específica para que os significados fiquem claros. Uma pergunta que possa ser interpretada de mais de uma forma será lida de maneira diferente por diferentes pessoas e, portanto, respostas idênticas não terão significados idênticos. No fim, os resultados serão inconsistentes. Nossa segunda pergunta é precária porque o termo "agressão" não está definido.

2 As opções para cada pergunta devem refletir adequadamente a gama de respostas possíveis. As opções "sim" e "não" das perguntas 1 e 2 poderão ser frustrantes para muitos participantes. No caso da pergunta 2, poderia ser desejável incluir opções como "nunca", "uma vez" e "duas ou três vezes".

3 As perguntas não devem ser pró ou contra determinadas opções de resposta. A pergunta 1 com certeza viola esta regra pela comunicação da crença do formulador de que a violência de adultos prejudica as crianças.

4 As perguntas devem ser formuladas de forma que desestimulem respostas descuidadas. Algumas pessoas concordam só para ajudar enquanto outras discordam por razões íntimas ou por que são hostis à pergunta. Este tipo de problema é particularmente propenso a ocorrer quando as pessoas são simplesmente solicitadas a responder "sim" ou "concordo" e "não" ou "discordo".

Mesmo quando as perguntas são cuidadosamente formuladas, os resultados de um estudo por questionário são difíceis de interpretar porque as respostas podem ser imprecisas. Algumas pessoas falsificam deliberadamente. Outras não se interessam pelo tópico e respondem sem pensar. Algumas tentam apresentar uma imagem que apreciam ou sentem ser a esperada. Outras, ainda, não entendem a pergunta ou não se lembram de seus próprios sentimentos, pensamentos ou comportamentos, embora achem que sim.

Há alguns anos, Marian Yarrow e colegas (1970) conduziram um estudo que defendeu esta última observação. Os pesquisadores compararam as lembranças que as mães tinham do comportamento dos filhos na pré-escola segundo dois critérios: material escolar das crianças e observações sistemáticas de comportamento e avaliações feitas na escola três ou mais anos antes. Eles descobriram que as mães estavam "dourando" o passado. Por exemplo, uma das crianças, um garoto chamado Jimmy, era descrito como "tímido" por um professor e como "introvertido e tenso" por um psicólogo. Anos mais tarde, a mãe de Jimmy lembrava-se dele como "extrovertido, alegre, ativo e feliz". Vários estudos revelam que, com o tempo, a memória muda para o que é positivo.

Os estudos por questionário apresentam mais um problema importante. Geralmente é impossível dizer até que ponto os participantes são representativos da população de interesse. Em muitos estudos, grande parte das pessoas não devolve os questionários preenchidos. Assim, é inevitável a pergunta: os não-respondentes responderiam da mesma forma que os respondentes? Infelizmente, poucas vezes sabemos a resposta.

Entrevistas

Entrevistas e questionários são muito similares, mas, na entrevista, os investigadores obtêm auto-relatos diretamente: face a face. Algumas entrevistas são *estruturadas*. Apresentam perguntas definidas, esperando-se que todos respondam, e podem até dar opções de resposta bem precisas. Outras entrevistas são *abertas*. O examinador elabora as perguntas necessárias para explorar os tópicos sob investigação. Os respondentes são livres para dizer o que desejarem.

Os entrevistadores precisam ter aptidões sociais especiais e ser capazes de gerar confiança e transmitir o tipo de compreensão que encoraje as pessoas a se expressarem abertamente — mesmo sobre tabus ou assuntos controversos. O entrevistador precisa também saber quando deve oferecer mais explicações, quando deve recuar de um ponto sem saída e quando deve explorar.

Em resumo, os estudos por entrevista são alvo dos mesmos problemas enfrentados pelos estudos por questionário, uma vez que ambos baseiam-se em auto-relatos. Além disso, os estudos por entrevista são relativamente caros porque é necessário muito mais tempo e pessoal para conduzir as entrevistas do que para distribuir questionários.

A despesa maior das entrevistas às vezes justifica-se por algumas vantagens consideráveis:

1 As perguntas podem ser individualizadas para incluir uma grande variedade de tipos de pessoas — as confusas e as entediadas, por exemplo.

2 Pessoas que não teriam paciência ou motivação suficiente para *escrever* uma resposta longa podem dar respostas completas durante as entrevistas.

3 Após estabelecer contato, entrevistadores hábeis conseguem obter informações de tópicos complexos e com muita carga emocional (como violência familiar, por exemplo) e perscrutar os sentimentos que permeiam as opiniões e atitudes.

4 Como relativamente poucas pessoas recusam-se a entrevistas (muitas se recusam a responder questionários), os estudos por entrevista beneficiam-se de amostras superiores (mais representativas).

Testes Psicológicos

Os testes psicológicos são projetados para medir todo tipo de conceito que não possa ser observado diretamente: saúde mental, inteligência, melancolia, traços de personalidade, crenças, sentimentos, necessidades, opiniões, habilidades, conhecimento e similares. Os testes variam em formato. Alguns se assemelham a questionários, enquanto outros são semelhantes a provas. Alguns testes destinam-se a grandes grupos, enquanto outros visam o indivíduo (veja a Figura 1.11).

Por que testar? O teste fornece informações sobre conceitos não-observáveis. Considere a tolerância à frustração. Se pudermos medi-la, poderemos descobrir se muda com a idade e quais experiências a influenciam. Poderemos descobrir também se vem acompanhada de outras tendências, como a agressividade.

FIGURA 1.11 Os testes são elaborados para avaliar características que não podem ser observadas ou medidas diretamente. Aqui, uma psicóloga faz um teste de inteligência com um garota de 13 anos de idade. (Barbara Rios/Photo Researchers, Inc.)

Os testes enriquecem também o conhecimento sobre grandes populações, instituições e indivíduos. Munidos de um teste que mede a tolerância à frustração, podemos descobrir se as gerações pré-computador experimentam mais tolerância à frustração do que as gerações pós-computador. E podemos testar pessoas com dificuldades acadêmicas para verificar se a baixa tolerância à frustração poderia estar contribuindo para seus problemas.

As deficiências dos testes dependem do tipo de teste em questão. Nos Capítulos 7 e 12 examinaremos as políticas, as práticas e os problemas dos testes.

Estudos de Casos

Estudos de casos baseiam-se na coleta de informações detalhadas sobre um mesmo indivíduo ou grupo, durante um longo período. O material provém principalmente de entrevistas, observações diretas e outros instrumentos descritivos. Os dados em geral são de natureza altamente pessoal e, com freqüência, a "pesquisa" ocorre em ambiente médico ou de saúde mental. Em situações clínicas, os estudos de caso são chamados de *observações clínicas*. Talvez você tenha-se lembrado de que Sigmund Freud usava este método.

Suponha que estejamos investigando a seguinte questão: "As crianças maltratadas pelos pais maltratam seus próprios filhos?". Você poderá conseguir conversar bastante com pais vítimas desse problema. Paralelamente, você poderá explorar as experiências pelas quais os adultos passaram quando crianças e investigar como tratam os próprios filhos.

Como instrumento de pesquisa, os estudos de casos oferecem *insights* únicos. Mais do que qualquer outro procedimento, informam-nos sobre ocorrências interiores complexas ou íntimas. Pelo fato de abrangerem um longo período, ajudam os psicólogos a formular idéias sobre desenvolvimento ao longo do ciclo de vida.

E com relação às limitações desse método? A aplicabilidade geral das descobertas é questionável porque raramente se sabe se os participantes da pesquisa são de fato representativos de toda a população de interesse. Nossa amostra de pais que maltratam os filhos poderia ser composta principalmente de pessoas com alto nível de escolaridade, que se inscreveram no serviço de aconselhamento de uma universidade e, como tal, são muito diferentes do pai ou mãe típicos que maltratam os filhos. Há ainda uma segunda limitação. É difícil ser objetivo nos estudos de casos. Clínicos observadores que têm simpatia pelos "participantes da pesquisa" e que investiram muito de si no progresso deles, dificilmente coletarão dados de fato precisos.

Ainda que essas críticas sejam justas, os estudos de casos efetivamente oferecem valiosos indícios do comportamento humano, os quais sempre podem ser explorados por outros tipos de pesquisa.

INSTRUMENTOS EXPLICATIVOS

A aglomeração reduz a tolerância à frustração? A dor gera agressividade? Para responder a estas perguntas, é necessário reunir evidências de que uma determinada coisa (aglomeração, dor) influencia ou contribui para uma outra coisa (tolerância à frustração, agressividade). Os experimen- tos são a melhor maneira de estabelecer explicações, de demonstrar a relação de causa e efeito.

Estratégia Experimental

Para mostrar como os experimentos apóiam as explicações de causa e efeito, observamos atentamente um experimento sobre o tipo de aglomeração que poderia ocorrer em um sistema de trânsito de massa. Nosso exemplo baseia-se em um estudo conduzido por Yakov Epstein (1981; Nicosia *et al.*, 1979).

A Hipótese

Os experimentos iniciam-se com uma *hipótese* acerca dos eventos, conhecidos como *variáveis*. A hipótese mais simples afirma que um evento — variável *x* — influencia, causa ou contribui para um segundo evento — variável *y*. Nossa hipótese afirma que a aglomeração (variável *x*) reduz a tolerância à frustração (variável *y*).

Não se deixe levar pela forma afirmativa da hipótese. Hipóteses são sempre levantadas no formato de afirmação. Entretanto, hipóteses não são fatos, mas suposições que precisam ser amparadas por evidência.

Observe como a hipótese trata de forma diferente as duas váriaveis. Uma variável (*x*; aglomeração, em nosso exemplo) está sob nosso controle; podemos manipulá-la como quisermos. A outra variável (*y*; tolerância à frustração) depende da variável *x*. Não mudamos *y*. Ao contrário, mudamos *x* e verificamos como a variável *y* é afetada. Logicamente, chamamos *y* de *variável dependente*. Um experimento pode ter mais de uma variável dependente. Epstein, por exemplo, mediu como a aglomeração afetava diversas variáveis dependentes: tensão, cognição, contrariedade e tolerância à frustração.

Seguindo a mesma lógica, chamamos a variável *x* (aquela que manipulamos) de *variável independente*. Nosso experimento tem uma única variável independente, a aglomeração. Todavia, um experimento pode ter diversas.

Operacionalizando as Variáveis

Antes que os cientistas possam investigar uma hipótese (testar se é verdadeira), precisam definir seus termos de forma operacional. O grupo de Epstein definiu operacionalmente a aglomeração como contato físico inevitável em um aposento pequeno e denso. Os pesquisadores definiram operacionalmente a tolerância à frustração em termos do número de tentativas de se resolver problemas insolúveis.

Testando a Hipótese

Para testar uma hipótese, os cientistas concebem um plano verossímil, chamado de *delineamento experimental*. O delineamento informa como o investigador manipulará a força ou presença da variável independente e como medirá a variável dependente, e descreve também o controle das variáveis irrelevantes.

Epstein e seus colaboradores trabalharam com 160 estudantes voluntários não graduados. Em uma das sessões, os participantes, em grupos de quatro, foram levados a uma das cinco salas experimentais. Na primeira sala (0,85 x 1,18 m), os quatro participantes ficaram bem próximos uns dos outros a ponto de se tocar. Na segunda, terceira e quarta salas (0,91 x 1,22 m), os quatro participantes ficaram quase tão próximos quanto os da primeira sala, porém sem se tocar. (Alguns ficaram separados por uma barreira de Plexiglass[5] ou por um cordão.) Na quinta sala (2,98 x 5,0 m), os participantes não ficaram próximos.

Independentemente da condição, todos ficaram sentados e foram solicitados a manter as mãos sobre as coxas. Durante vinte minutos, não deveriam falar, fumar ou ficar em pé. Depois, todos retornaram a um cubículo individual, preencheram questionários e trabalharam em diversas tarefas. Dentre estas, havia dois problemas, ambos insolúveis.

Ao analisar os resultados, Epstein descobriu que as pessoas que haviam ficado próximas e tocando-se fizeram o menor número de tentativas para resolver um dos problemas insolúveis. Essas descobertas amparam a hipótese de que a aglomeração reduz a tolerância à frustração.

Controle: Descartando Explicações Alternativas

Em um experimento, os investigadores desejam verificar *se* e *como* a variável independente (e apenas a variável independente) influencia a variável dependente. Um traço característico de um bom experimento é o rígido controle das variáveis não-essenciais (irrelevantes). Em outras palavras, os cientistas tentam evitar que alguma coisa, exceto a variável manipulada, afete suas medições. O controle das variáveis irrelevantes elimina explicações *rivais*, aquelas que competem com a hipótese sob investigação.

Os cientistas sociais dão especial atenção a quatro tipos de variáveis irrelevantes: procedimentos experimentais; experiências passadas e características permanentes dos participantes; maturidade, desenvolvimento ou outras mudanças internas; e outros eventos contemporâneos (Kidder, 1981).

Procedimentos experimentais Esses procedimentos podem ser uma fonte de variáveis irrelevan-

---

5. N.R.T.: Marca registrada de um termoplástico transparente.

tes. Verificamos vários problemas sobrepostos nesta categoria: características de demanda, parcialidade do experimentador e o efeito Hawthorne.[6]

Características de Demanda Todos os experimentos de laboratório põem os participantes da pesquisa em situações artificiais repletas de pistas involuntárias que transmitem as hipóteses do experimentador (chamadas de *características de demanda*). Há informações fornecidas antes de começar o experimento. Há mensagens sutis transmitidas pelo tom da voz ou expressão facial do investigador. Há indícios provenientes do ambiente e dos procedimentos experimentais. Conscientemente ou não, em geral as pessoas ficam ansiosas para ajudar o cientista, "comportando-se apropriadamente" e sendo "um bom sujeito".

Os psicólogos que conduzem pesquisas de laboratório não podem eliminar as características de demanda, mas podem mantê-las uniformes, ou *padronizá-las*. Suponha que o estudo de aglomeração de Epstein tenha-se realizado em uma igreja, durante alguns dias, e na sala dos estudantes, nos outros dias. Imagine que as instruções tenham sido dadas informalmente em alguns dias e lidas formalmente em outros dias. Diferenças como estas certamente afetariam as respostas dos participantes. Como os investigadores estão tentando identificar os efeitos da variável independente, tentam expor todos às mesmas experiências. Isso significa situações, instruções, tarefas, testes e investigadores idênticos.

Ainda que as experiências dos participantes sejam uniformes, procedimentos específicos podem afetar o comportamento de todos da mesma forma. Um experimento conduzido por um assistente galanteador, por exemplo, produzirá resultados diferentes dos obtidos por um colaborador sério. Como os psicólogos não podem prever os incontáveis detalhes que afetarão os resultados, geralmente realizam o estudo com pelo menos dois grupos de pessoas. (Esses grupos são também conhecidos como *condições*.) *Grupos experimentais* (ou *condições*) são submetidos a mudanças na variável independente. *Grupos de controle* (ou *condições*) não estão expostos a mudanças na variável independente. Em todos os aspectos restantes, os participantes partilham as mesmas experiências, de modo que as diferenças observadas na medição dependente são atribuídas à influência da variável independente. No estudo de aglomeração de Epstein, havia cinco condições. As experiências dos participantes variaram apenas em termos da variável independente — contato na sala lotada.

Viés do Experimentador Às vezes, os próprios condutores dos experimentos — involuntariamente — influenciam o comportamento na direção de suas expectativas. Embora o *viés do experimentador* seja uma característica de demanda, geralmente recai em uma categoria especial própria.

Considere o caso do inteligente Hans. Hans era um cavalo que respondia a perguntas de adição, subtração, multiplicação e ortografia batendo o número certo de vezes com a pata dianteira direita. No início do século XX, um famoso psicólogo alemão, Oskar Pfungst, planejou uma série de experimentos engenhosos para descobrir como o cavalo fazia essas proezas. Pfungst observou que Hans podia resolver problemas na presença ou ausência de seu dono. Mas Hans cometia muitos erros quando não podia ver o examinador que fazia as perguntas e quando o examinador não sabia a resposta do problema. Gradativamente, tornou-se claro que Hans respondia a pistas visuais sutis e involuntárias, incluindo movimentos de cabeça quase imperceptíveis do examinador (Rosenthal, 1971).

O que tudo isso tem a ver com os psicólogos? Grande número de experimentos sugere que os pesquisadores, como os treinadores de cavalos, freqüentemente direcionam seu objeto de pesquisa (em geral de forma involuntária). Isso ocorre principalmente por meio de expressão facial e tom de voz (Rosenthal, 1976).

O que se pode fazer para minimizar o impacto de semelhantes efeitos do examinador? Geralmente os investigadores reduzem as interações examinador-participante. O pesquisador pode apresentar as instruções por meio de um gravador. Ou pode pedir a alguém que desconheça as hipóteses ou a condição do objeto de pesquisa e não esteja pessoalmente interessado no resultado do estudo.

Efeito Hawthorne O efeito Hawthorne é outra característica de demanda que tem sua característica especial. Em uma série clássica de experimentos, F.

---

6. N.R.T.: Nome de uma fábrica da Western Electric Company, em Chicago, onde se verificou experimentalmente, em um estudo sobre produtividade, que a influência da atenção dos experimentadores alterava o desempenho das funcionárias observadas.

J. Roethlisberger e William Dickson (1939) investigaram formas de aumentar a produtividade de operários na fábrica Hawthorne da Western Electric Company, em Chicago. Em um estudo de dois anos, cinco mulheres foram isoladas em uma sala de modo que pudessem ser observadas. Subseqüentemente, práticas como períodos de descanso, horário de trabalho e incentivos financeiros foram submetidas à variação sistemática. No geral, a produção das mulheres aumentou — mesmo quando as condições de trabalho pioraram! Os cientistas sociais presumiram que a atenção dispensada às operárias foi a variável independente mais importante no experimento da fábrica Hawthorne. Desde que esse estudo foi realizado, tem-se usado o termo *efeito Hawthorne* para indicar a influência da atenção sobre o desempenho.

Recentemente, surgiram controvérsias sobre o que ocorreu na fábrica Hawthorne e de fato produziu o efeito Hawthorne (Parsons, 1976; Rice, 1982). Independentemente disso, muitos investigadores continuam a se referir ao efeito Hawthorne e a proteger suas pesquisas de resultados gerados por atenção indevida a um grupo.

Os psicólogos tentam não somente dedicar a mesma intensidade de atenção a todos os grupos envolvidos em um experimento, mas também dar a cada grupo o mesmo tipo de atenção. Com essa finalidade, freqüentemente se introduzem as *condições placebo*.

Placebos (veja o Capítulo 4) são substâncias quimicamente inativas — comprimidos de açúcar ou cápsulas contendo água, por exemplo. Os placebos são às vezes recomendados a pacientes cujas queixas não podem ser tratadas de forma mais efetiva. Os psicólogos utilizam práticas similares para controlar as expectativas. Em estudos de um novo tratamento para criminosos profissionais, por exemplo, os participantes experimentais receberiam a terapia de interesse. Ao mesmo tempo, um grupo de controle receberia um tratamento placebo. Quando os participantes não sabem se estão recebendo o tratamento experimental ou placebo, está-se usando um *procedimento simples-cego (single-blind)*. Quando nem o examinador nem os participantes sabem quem está recebendo o tratamento experimental e quem está recebendo o tratamento de placebo, temos um *procedimento duplo-cego (double-blind)*.

Experiências passadas e características permanentes dos participantes Os investigadores desejam evitar que as experiências passadas e as características permanentes influenciem a(s) variável(eis) dependente(s). Suponha que Epstein houvesse posto noviças de um convento local em uma condição não aglomerada e rapazes delinqüentes impulsivos, em condições de aglomeração. As descobertas, neste caso, poderiam ser devidas a diferenças de tolerância à frustração previamente existentes, e não ao contato sob condições de aglomeração. Reunir pessoas com históricos diferentes — jovens ou idosos, ricos ou pobres, homens ou mulheres, instruídos ou sem instrução — em um grupo de experimento geralmente interfere na medição do impacto da variável independente.

Os investigadores procuram assegurar-se de que todos os grupos de participantes sejam inicialmente equivalentes em todas as características que possam influenciar a variável dependente. Há diversas formas de se fazer isso. A *amostragem aleatória* (veja a p. 22), a forma mais comum de seleção de participantes para pesquisa experimental, é também a estratégia mais popular de distribuição dos participantes nos grupos. Ela assegura que cada pessoa no estudo tenha a mesma probabilidade de ser posta em qualquer condição. Se grande número de participantes for aleatoriamente distribuído nos grupos, os grupos serão similares na maioria das características. Epstein usou a escolha aleatória em seu experimento.

Maturidade, desenvolvimento ou outras mudanças internas A maturidade, o desenvolvimento ou outras mudanças internas podem influenciar a variável dependente se não forem levados em consideração. Suponha que estejamos avaliando um programa de treinamento de um ano para mães adolescentes que maltrataram seus bebês. Se as mães demonstrarem alguma melhora no fim do ano, a melhora poderia ser simplesmente devida ao amadurecimento. Ainda que desprovidas de atenção especial, elas podem ter desenvolvido aptidões maternas.

Este problema de mudança interna surge continuamente sempre que cientistas comportamentais estudam pessoas durante longos períodos de tempo. Pode ocorrer também quando as sessões experimentais duram muitas horas. Em qualquer sessão prolongada, corremos o risco de despertar enfado, fadiga, fome ou similares.

Outros eventos simultâneos Eventos simultâneos podem obscurecer o efeito da variável independente. É claro que a vida nunca pára. Suponha que você esteja estudando hostilidades entre americanos pretos e brancos. Seus dados poderiam ser extremamente afetados por notícias de um tumulto em um gueto, pela iminência de uma lei controversa ou pela morte de um respeitado líder de direitos civis. A reprodução permite que os psicólogos verifiquem se, de maneira geral, os resultados são verdadeiros.

A Essência de um Experimento

É hora de deixarmos de lado os detalhes e falarmos sobre os elementos básicos do método experimental. Um experimento científico testa uma hipótese usando três procedimentos fundamentais.

1 Os pesquisadores deliberadamente manipulam a variável independente — o evento cuja influência está sendo investigada.

2 Eles impedem que variáveis estranhas ou irrelevantes afetem os resultados do estudo.

3 Eles medem os efeitos da manipulação sobre a variável dependente.

A Figura 1.12 retrata esses elementos usando nosso experimento ilustrativo de aglomeração.

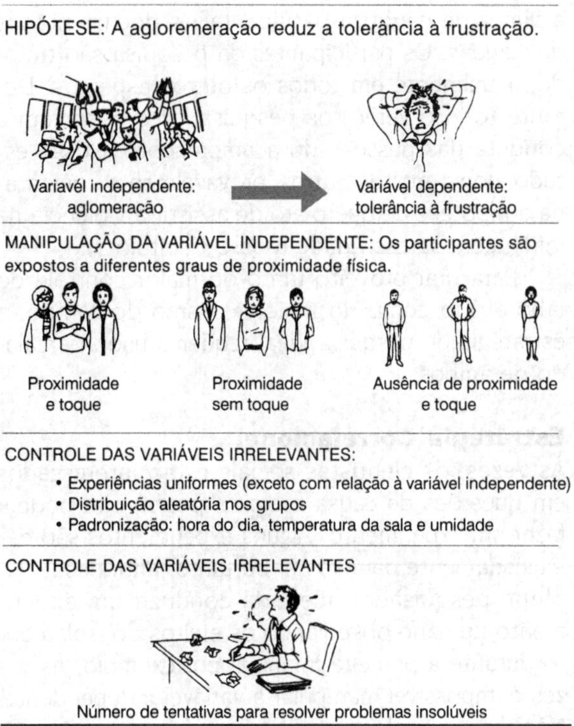

Experimentos de Laboratório *versus* de Campo

Os experimentos de laboratório permitem que os psicólogos reúnam informações precisas e específicas. Ao mesmo tempo, apresentam enormes problemas. O laboratório é um ambiente restrito e artificial, podendo, como tal, distorcer o comportamento das pessoas, tornando-o atípico. Mas os psicólogos não estão interessados em obter informações sobre "comportamentos estranhos em situações estranhas" (Bronfenbrenner, 1979).

Outro problema sério surge quando os psicólogos tentam aplicar à vida real suas descobertas de laboratório. Conforme Alphonse Chapanis (1967):

O comportamento na vida real está sujeito a toda espécie de variabilidade incontrolável. Considere o ato de dirigir, por exemplo. Há todo tipo de pessoas guiando: jovens, pessoas de meia-idade e idosos. Homens e mulheres dirigem, como também os rápidos, os lentos e os portadores de deficiência física. Eles guiam quando estão cansados ou quando acabaram de tomar um comprimido anti-histamínico. Os carros que dirigem variam desde reluzentes veículos novos até máquinas tão decrépitas, que quase nem se reconhecem como automóveis [...]. Quando tentamos extrapolar [generalizar] os experimentos de laboratório relativos ao tempo de reação ou ao ato de acompanhar ou ao ato de guiar, para a situação de dirigir um carro, o que esperamos

HIPÓTESE: A aglomeração reduz a tolerância à frustração.

Variável independente: aglomeração → Variável dependente: tolerância à frustração

MANIPULAÇÃO DA VARIÁVEL INDEPENDENTE: Os participantes são expostos a diferentes graus de proximidade física.

Proximidade e toque | Proximidade sem toque | Ausência de proximidade e toque

CONTROLE DAS VARIÁVEIS IRRELEVANTES:
- Experiências uniformes (exceto com relação à variável independente)
- Distribuição aleatória nos grupos
- Padronização: hora do dia, temperatura da sala e umidade

CONTROLE DAS VARIÁVEIS IRRELEVANTES

Número de tentativas para resolver problemas insolúveis

FIGURA 1.12 Experimento de Epstein sobre aglomeração.

é que os resultados do experimento de laboratório sejam suficientemente amplos para se assemelharem a esse gigantesco composto de condições reais.

Em outras palavras, o que ocorre no ambiente precisamente controlado de um laboratório pode não ocorrer na realidade, em que dezenas de condições interativas são a regra.

Para tornar os resultados mais aplicáveis às condições da vida real, às vezes os experimentos são feitos em ambientes naturais — em *campo*, como dizem os cientistas sociais. Os estudos de campo combinam realismo e controle, relevância e rigor. Pode-se manipular as variáveis independentes e medir as variáveis dependentes sem que os participantes sequer saibam que participaram de um estudo.

Suponha que desejamos testar a hipótese de que a violência nos meios de comunicação influencia a agressividade. Poderíamos conduzir um experimento em um acampamento, como já o fizeram muitos investigadores. A variável independente é a intensidade de violência vista na mídia. A variável dependente é a agressividade. Em um estudo típico, há dois grupos. Crianças experimentais são expostas à variável independente — talvez a filmes violentos — diariamente. As crianças controle assistem a filmes de natureza pacífica, talvez documentários de viagens. Os participantes da pesquisa são tratados igualmente em todos os outros aspectos. Durante todo o verão, os pesquisadores observam a conduta das pessoas do acampamento. Nosso estudo, como muitos outros, provavelmente constataria a hipótese de que o ato de assistir à violência na mídia gera agressividade (veja o Capítulo 3).

Para tirar proveito tanto do maior controle do laboratório como do maior realismo do campo, a estratégia de pesquisa ideal requer o uso intercalado de ambos.

Estratégia Correlacional

Às vezes, os cientistas sociais estão interessados em questões de causa e efeito, porém não podem fazer um experimento. Alguns experimentos são demasiadamente danosos e, portanto, antiéticos. Nenhum pesquisador aceitaria conduzir um experimento humano observando os efeitos do isolamento durante a primeira infância, por exemplo. Às vezes é impossível manipular a variável independente. Não dispomos do controle necessário para conduzir experimentos sobre perguntas como "O tempo afeta o estado de humor?" ou "As crises econômicas geram depressão mental?". Outras considerações práticas podem descartar a possibilidade do experimento. Imagine que você deseja saber se interesses diferentes entre maridos e mulheres levam ao divórcio. Jamais você encontrará pessoas que se casariam unicamente para testar sua hipótese.

Há ainda uma outra área em que o experimento é impossível. Suponha que você quisesse descobrir como a idade, o sexo ou a raça influenciam, digamos, o nível de energia. Não podemos formar dois grupos que sejam equivalentes em todos os aspectos importantes e ao mesmo tempo variem em idade, sexo ou raça, como requereria o experimento. Não existe um meio de transformar crianças de 4 anos de idade em crianças de 8 anos, homens em mulheres, ou brancos em pretos. Por que não podemos simplesmente fazer uma experiência sobre energia em grupos de crianças de, digamos, 4 e 8 anos de idade? Porque não serão equivalentes em todas as outras características importantes. Os dois grupos de crianças diferirão sistematicamente em termos de experiências (tal como a escolaridade), tamanho físico, coordenação de mãos e olhos e uma infinidade de outros aspectos. O que fazer em situações como esta?

Em Busca das Inter-relações

Suponha que você esteja interessado em descobrir se o clima afeta as taxas de criminalidade. Não podemos manipular o clima, portanto não podemos fazer uma experiência e testar nossa hipótese conforme apresentada. Porém, se reformularmos nossa hipótese para "A taxa de criminalidade tem relação com o clima", podemos verificá-la. Tudo o que temos a fazer agora é conduzir uma investigação descritiva e medir as duas variáveis envolvidas: temperatura e taxa de criminalidade. Para conduzir este estudo, provavelmente selecionaríamos diversas cidades representativas, grandes e pequenas. Coletaríamos diariamente os dados sobre o número de crimes e a temperatura média. Depois verificaríamos se a taxa de criminalidade e a temperatura estão associadas. O tempo quente está ligado a altas ou baixas taxas de criminalidade? E o tempo frio? Suponha que descubramos uma associação. As taxas de criminalidade são altas nos dias quentes e baixas nos dias frios. Se as duas variáveis estiverem relacionadas, uma poderá estar influenciando a outra. A temperatura *pode* afetar a taxa de criminalidade.

Considere um segundo exemplo. Você deseja saber se a interferência dos pais no romance dos filhos intensifica o sentimento de amor (efeito Romeu e Julieta). Você não pode fazer uma experiência porque ninguém cooperará. Mas, novamente, você pode testar a idéia menos radical: "A intensidade de sentimentos de amor está relacioanda com a interferência paterna e materna". Seu estudo descritivo poderia envolver a entrevista de casais no dia do casamento para perguntar sobre a interferência dos pais e o amor que sentem um pelo outro. Você descobre, digamos, que casais muito apaixonados têm pais particularmente interferentes e que casais menos ardorosos têm pais concordes. Seus dados reforçam a noção de que a interferência paterna e materna e os sentimentos de amor estão relacionados. Você pode concluir, portanto, que a intervenção paterna *pode* influenciar a paixão.

O Procedimento Correlacional

Nossos estudos sobre crime-temperatura e o efeito Romeu e Julieta ilustram o *procedimento correlacional*. Nos dois casos, partimos da noção de que duas variáveis — vamos chamá-las de x e y — estavam relacionadas. Depois, fizemos um estudo descritivo. Fizemos medições e chegamos a uma conclusão. (Observe que não manipulamos coisa alguma; as manipulações ocorreram antes de surgirmos. Tampouco controlamos variáveis irrelevantes; simplesmente encontramos uma situação que nos permitiu testar nossa idéia.)

As variáveis x e y não estão relacionadas ou estão relacionadas em algum grau. Se descobrirmos que estão relacionadas, desejaremos saber mais sobre essa relação. Qual a *intensidade* da relação? Isto é, com que freqüência a vemos? Estamos também interessados no *rumo* da relação. Conforme uma variável aumenta, a outra tende a crescer ou a diminuir?

Os cientistas desenvolveram métodos matemáticos para gerar estas informações com exatidão. Calculamos um índice numérico chamado de *coeficiente de correlação*, ou *correlação*. Uma vez que referências a correlações repetem-se ao longo do livro e sempre que pesquisas são mencionadas, você precisa entender alguns conceitos básicos.

O Significado dos Coeficientes de Correlação

Um coeficiente de correlação fornece informações sobre a relação entre duas variáveis. Para calcular um coeficiente de correlação, é necessário que os dados relativos às duas variáveis sejam inseridos na fórmula matemática apropriada. O Apêndice apresenta uma dessas fórmulas. Os cálculos resultam em um número que varia de –1,00 a +1,00. Por exemplo, +0,23, +0,49, –0,32, –0,89. O que significam esses números?

Considere primeiro o *sinal*. O sinal de adição ou de subtração descreve a direção da relação entre os dois conjuntos de pontos. Correlações precedidas por sinais de adição são denominadas *correlações positivas*. Elas indicam que os dois grupos de medida variam na mesma direção. Quando uma pontuação é alta, a outra tende a ser alta. Se uma delas for média, a segunda tenderá a ser média. Da mesma forma, pontuações baixas estão associadas com pontuações baixas. Existe uma correlação positiva entre peso na infância e peso na fase adulta. Bebês gordos tendem a se tornar adultos gordos e bebês magros, em mulheres e homens esguios. A agressividade verbal e a agressividade física também estão positivamente correlacionadas. Quanto mais observamos uma, tanto mais vemos a outra.

Correlações negativas, aquelas precedidas por sinal de subtração, indicam que as medidas variam na direção *oposta*. Pense na correlação negativa de uma gangorra. Quando a pontuação de uma variável é alta, a da outra tende a ser baixa. O consumo de bebidas alcoólicas está negativamente correlacionado com a eficiência no trabalho. Quanto mais aperitivos a pessoa ingere, menos competente será. A quantidade de cigarros fumados está negativamente correlacionada com um histórico de segurança no trabalho. Fumantes inveterados tendem a ter históricos de segurança relativamente precários. (Veja a Figura 1.13.)

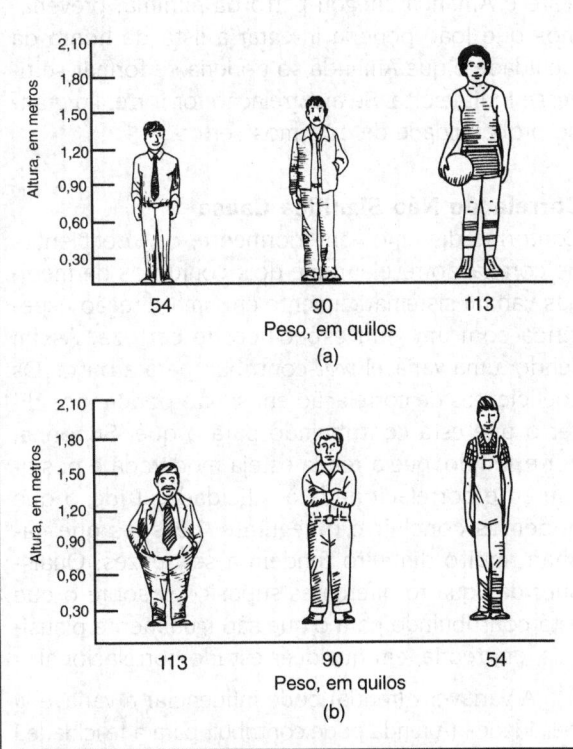

FIGURA 1.13 Ilustração de correlações positivas e negativas. Se o peso comumente diminuísse à medida que aumentasse a altura, os dois estariam negativamente correlacionados *(b)*. Na realidade, é claro, a altura e o peso estão positivamente correlacionados *(a)*. Pessoas altas tendem a ser mais pesadas do que as baixas.

O grau do coeficiente de correlação descreve a força da relação entre os dois conjuntos de escores. *Força* refere-se à probabilidade de qualquer par de escores no grupo estar relacionado. Um coeficiente de correlação de +1,00 ou –1,00 significa que a relação entre os dois conjuntos de escores é *perfeita*. Em outras palavras, a correlação é verdadeira para todos os pares de escores. Um coeficiente de correlação de 0,00 indica que os dois conjuntos de escores variam acidentalmente. Não existe relação consistente entre eles. Quanto *mais forte* a correlação (mais próxima ela estiver de +1,00 ou –1,00), tanto mais precisamente será possível prever a relação entre qualquer par de escores. Quanto *mais fraca* a correlação (mais próxima estiver de 0,00), tanto mais provavelmente a previsão será inexata.

Suponha que você saiba que os escores em um teste de aptidão e as médias de notas em uma faculdade estão positivamente correlacionados. Se João conseguiu uma pontuação quase máxima no teste e Amanda chegou perto da mínima, preveríamos que João poderia integrar a lista de honra da faculdade e que Amanda só poderia se formar se tivesse muita sorte. Se a correlação for forte, há grande probabilidade de estarmos certos.

Correlação Não Significa Causa

Conforme dissemos anteriormente, os coeficientes de correlação revelam que dois conjuntos de medidas variam sistematicamente em uma direção específica com um grau específico de certeza. Assim sendo, uma variável *pode* contribuir para a outra. Os coeficientes de correlação em si não podem nos dizer o que está contribuindo para o quê. Suponha, por exemplo, que a renda esteja moderada e positivamente correlacionada à felicidade. Tudo o que podemos concluir é o seguinte: pessoas que ganham muito dinheiro tendem a ser felizes. Quaisquer das quatro diferentes suposições sobre o que está contribuindo para o que são igualmente plausíveis, em teoria, em qualquer estudo correlacional.

1 A variável *x* (renda) pode influenciar a variável *y* (felicidade). (A renda pode contribuir para a felicidade.)

2 A variável *y* (felicidade) pode influenciar a variável *x* (renda). (A felicidade pode contribuir para a renda. Talvez as pessoas felizes trabalhem com mais afinco. Por isso, sua diligência gera mais dinheiro.)

3 Outra variável (digamos, *z* ou *h* ou *q* ou *n*) pode influenciar tanto *x* como *y* (renda, felicidade). (Aspectos favoráveis na infância — talvez estabilidade familiar ou dinheiro — podem contribuir para a felicidade e a segurança e estabelecer as conexões que levam a carreiras de sucesso e à riqueza.)

4 As duas variáveis (*x* e *y*) podem ser influenciadas por fatores completamente distintos, sendo a relação entre as duas meramente acidental — uma mera coincidência. O fator *a* ou alguma combinação de fatores *a*, *b*, *c*, e assim por diante, pode influenciar *x* enquanto *e* ou uma combinação de fatores *e*, *f*, *g*, e assim por diante, pode influenciar *y*. (Tempe-

ramento e vida amorosa podem contribuir intensamente para a felicidade, enquanto classe social da família e escolaridade podem ser os principais determinantes da renda.) A Figura 1.14 apresenta um segundo exemplo.

O ESTRESSE (*X*) PODE LEVAR A DOENÇAS (*Y*).
(O estresse deprime o sistema imunológico, prejudicando a capacidade de defesa contra doenças.)

DOENÇAS (*Y*) PODEM LEVAR AO ESTRESSE (*X*).
(Estar doente consome energia. Portanto, até mesmo as menores frustrações e as mais fáceis tarefas tornam-se estressantes e difíceis de executar.)

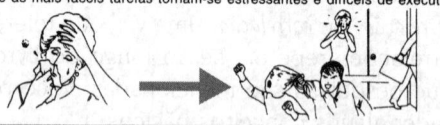

OUTRAS VARIÁVEIS, TALVEZ A POBREZA (*Z*), PODEM LEVAR TANTO AO ESTRESSE (*X*) COMO A DOENÇAS (*Y*).
(A pobreza leva ao estresse, em virtude de contas não pagas, falta de aquecimento no inverno, alimentação desbalanceada, o que torna a doença mais provável).

FIGURA 1.14 Pessoas que passam por muito estresse tendem a desenvolver doenças. Em termos de correlação, a quantidade de estresse *(x)* está positivamente correlacionada com o adoecer *(y)*. Presumindo que essa relação não é meramente uma questão de coincidência, qualquer das três diferentes inferências sobre causa (acima ilustradas) são igualmente plausíveis, em teoria.

As correlações podem ajudar os cientistas sociais em suas previsões. Suponha que você saiba que, quanto mais álcool uma pessoa ingere, mais propensa estará a se envolver em um acidente de trânsito. Portanto, pode prever que motoristas alcoolizados vão se envolver em um grande número de acidentes. Se você fosse delegado, poderia tomar providências para mudar essa situação. Da mesma forma, se você sabe que existe uma forte correlação positiva entre escores obtidos em um teste de saúde mental e sucesso em eventos esportivos de nível olímpico, poderá indicar o time vencedor prevendo quais atletas têm maior probabilidade de ganhar medalhas de ouro.

Estudos descritivos com análises correlacionais são freqüentemente usados com outras fontes de evidência, incluindo experimentos, para apoiar uma explicação causal. Em alguns casos, os pesquisadores concebem estudos de correlação altamente sofisticados, semelhantes a experimentos (Cook & Campbell, 1979; Kenny, 1979). Tais estudos podem eliminar explicações alternativas e permitir inferências sobre causa e efeito.

Por ora, lembre-se do seguinte: ao tentar estabelecer que a variável x causa a variável y, os cientistas sociais preferem os experimentos às análises correlacionais; isto por que os experimentos são particularmente apropriados para controlar fatores irrelevantes e demonstrar se variáveis independentes realmente influenciam ou não as variáveis dependentes. A estratégia de correlação é útil principalmente quando é impossível fazer um experimento; para verificar se as descobertas experimentais são coerentes com o que ocorre no mundo real; e para fazer previsões. (Veja a Tabela 1.3.)

CHEGANDO A CONCLUSÕES EM PSICOLOGIA

Após observar, examinar, entrevistar, testar, correlacionar ou fazer experiências, os psicólogos chegam às descobertas. Os resultados são freqüentemente representados em forma numérica.

Analisando Dados de Pesquisa

Procedimentos matemáticos, denominados *estatísticas*, são usados para organizar, descrever e interpretar descobertas numéricas, ou *dados*. Mas não são uma relação posterior; as idéias estatísticas geralmente guiam a pesquisa desde o início. São elas que dizem aos cientistas quais informações devem ser coletadas para testar adequadamente a hipótese. Ao fim de um estudo, ajudam os investigadores a organizar suas descobertas. Veja no Apêndice os principais conceitos estatísticos.

Psicologia e um Único Estudo

Após realizar um único estudo e analisar as descobertas, o investigador terá em mãos algumas ou nenhuma informação para dar suporte à sua hipótese. Pode uma hipótese ser verificada (ou negada) definitivamente por um único estudo? Não; um único estudo jamais será o veredicto. Em qualquer programa de pesquisa — não importa o grau de perfeição —, haverá sempre fontes de erro. Não podemos eliminar todas.

Os psicólogos efetivamente acabam apoiando ou rejeitando hipóteses específicas; porém o fazem geralmente com base em descobertas cumulativas obtidas de várias fontes, relativas a diferentes populações sob condições diversas. Quando os resultados experimentais de um laboratório no Maine são reproduzidos por cientistas no Missouri e no Texas e amparados por observações de campo na Califórnia e pesquisas em Maryland, começamos a sentir segurança em uma determinada descoberta.

Até mesmo as hipóteses com apoios convincentes de uma avalanche de fontes, podem não se manter verdadeiras para sempre. Conforme muda nossa vida, nossas descobertas "bem estabelecidas" podem mudar. Como os cientistas sociais, temos de estar preparados para rever nossos conceitos, se assim indicarem os dados.

Ciência: Um Esforço Comunitário

Os psicólogos empenham-se em contribuir com *insights* para um grande corpo de conhecimentos psicológicos existentes. Ao se decidir pela realização de um determinado estudo, o pesquisador pode desejar questionar ou reproduzir ou esclarecer ou ampliar as descobertas de um terceiro. Embora os

TABELA 1.3 Comparação de estratégias experimentais correlacionais.

	Hipótese	O Que É Manipulado?	O Que É Controlado?	O Que É Medido?
Estratégia correlacional	x está associado com y e pode influenciar y.	Nada	Tipicamente nada, embora o controle possa ser feito de várias formas.	x e y
Estratégia experimental	x influencia y.	x	Variáveis irrelevantes (idealmente tudo, exceto x, que poderia influenciar y).	y (para verificar como x afetou y).

cientistas tenham a tendência de trabalhar sozinhos, seus estudos dependem do trabalho de outros. Cada novo estudo, por sua vez, fornece a base para um estudo futuro. Em resumo, a psicologia, como as outras ciências, é uma empreitada comunitária. Gradativamente, estabelecem-se vínculos, preenchem-se lacunas, corrigem-se erros, esclarecem-se ambigüidades. Também gradativamente nos dirigimos a um corpo coeso de informações, um corpo ordenado por leis e teorias.

Leis e Teorias em Psicologia

Em psicologia, como em outras ciências, as *leis* descrevem as relações regulares e previsíveis. Não confundir leis científicas, que são *descritivas*, com as leis da terra, que são *prescritivas*. Leis científicas não descrevem como os seres vivos e os seres inanimados *devem* comportar-se. Elas dizem como os seres vivos e os seres inanimados *realmente* se comportam. Quando os cientistas descobrem exceções a essas leis (como freqüentemente ocorre), eles simplesmente as descrevem.

Teorias — ou explicações ou descobertas — também surgem à medida que se acumula conhecimento. Algumas teorias são meramente uma simples hipótese, enquanto outras contêm grande quantidade de informações. Seja qual for seu âmbito — desde o mais ínfimo até o mais vasto —, as teorias prestam-se à função de preencher lacunas. Elas dizem como as descobertas formam um todo e o que elas significam.

Os psicólogos contemporâneos preferem as teorias *passíveis de teste*, àquelas que podem ser confirmadas ou refutadas por outras pesquisas. Se uma teoria é passível de teste, pode-se descobrir se é uma pérola do conhecimento ou uma jóia falsa. As teorias passíveis de teste estimulam outras pesquisas, gerando novos conhecimentos.

Unidade da Psicologia

Embora as pessoas pensem nas ciências como algo completamente cumulativo e unidirecional, elas não o são (Kuhn, 1977; Lachman & Lachman, 1979). Lembre-se dos modelos filosóficos divergentes adotados pelos psicólogos. Muitos cientistas sociais trabalham "em paralelo". Ignorando e sendo ignorado por aqueles que desenvolvem pesquisas a partir de outras perspectivas, cada grupo reúne seu próprio conjunto de informações. Psicólogos com diferentes orientações que estejam trabalhando em um mesmo tópico — digamos, a sexualidade — podem ter apenas uma vaga (ou até mesmo nenhuma) consciência das mútuas contribuições. Embora todas as descobertas pudessem estar integradas, raramente estão.

O historiador de ciência Thomas Kuhn tem sido um analista muito arguto desta curiosa situação. Kuhn alega que as ciências maduras, como a física e a biologia, são dominadas de um *paradigma*, uma abordagem única à matéria e aos métodos da área. O paradigma é poderoso e abrangente. Todos os que trabalham na área aceitam o modelo e trabalham de acordo com ele.

As ciências sociais, segundo a visão de Kuhn, são pré-paradigmáticas. Não existe uma abordagem dominante. Teorias concorrentes competem entre si. Todas querem tornar-se paradigma, mas nenhuma é aceita por um número suficiente de cientistas de modo que se torne um verdadeiro paradigma.

Como ocorrem as mudanças paradigmáticas e pré-paradigmáticas? Segundo Kuhn, os cientistas raramente abandonam uma teoria em favor de outra porque um experimento importante apoiou esta e rejeitou aquela. O que ocorre é algo mais sutil. Uma teoria pode vir a ser favorecida porque é *atraente*, isto é, caracterizada por precisão científica e simplicidade. A *fertilidade* — capacidade de uma teoria de gerar predições e estimular a pesquisa — pode também levar um determinado modelo a se tornar popular. A *generalidade* — capacidade de uma teoria de explicar um grande número de descobertas — é outro elemento altamente atraente. Os cientistas valorizam também a *economia* — o poder de uma teoria de explicar com relativamente poucas premissas. O mais freqüente, todavia, é os cientistas adotarem uma nova teoria e abandonarem uma anterior simplesmente por que estão fascinados com os problemas que podem ser explorados com esta nova teoria e cansados daqueles sugeridos pelo antigo modelo. O modelo mais antigo vai desaparecendo letamente com algumas lamúrias — sem estardalhaço.

POR QUE SE PREOCUPAR COM O MÉTODO CIENTÍFICO?

Na nossa luta diária, todos usamos o que se poderia chamar de psicologia do senso comum. Informalmente, observamos e tentamos explicar nosso comportamento e o de outros. Com base em nosso entendimento, tentamos prever quem fará o que e quando. Ademais, freqüentemente usamos nosso conhecimento para obter controle sobre nossa vida. Você provavelmente tem opiniões próprias sobre uma infinidade de tópicos psicológicos: sobre como criar filhos, fazer amigos, impressionar pessoas e lidar com a raiva.

Por que os psicólogos não usam simplesmente as abordagens informais de reunir informações e tirar conclusões? Por que não usam simplesmente o "senso comum"? Para ter alguma perspectiva do motivo pelo qual os psicólogos adotam os métodos científicos, consideremos o trabalho de Shere Hite (1981). Hite, como você sabe, usou métodos informais para obter *insights* sobre a sexualidade masculina.

Uma Abordagem de Senso Comum sobre a Sexualidade Masculina

Há vários anos, Shere Hite enviou cerca de 119.000 questionários, dos quais recebeu preenchidos um número respeitável — em torno de 7.200. Aproximadamente metade dos respondentes conhecia o trabalho anterior de Hite sobre a sexualidade feminina ou encontrou seu questionário reproduzido em revistas como a *Penthouse*. Embora Hite estivesse lidando com uma amostra dificilmente representativa dos homens norte-americanos — sem mencionar todos os homens —, seu livro foi intitulado *The Hite report on male sexuality* [*Relatório Hite Sobre a sexualidade masculina*].

Quando Hite fala de suas descobertas, faz um tipo de afirmativa que faríamos em uma conversa. Por exemplo, ela perguntou aos participantes: "Você gosta de estar apaixonado?". Ao nos revelar as respostas, ela escreve (pp. 129-132):

Os homens gostam de estar apaixonados?
  Alguns homens, quando se apaixonaram profundamente, sentiram que não foi bom, que era algo do tipo controlar ou fugir. [Seguem algumas citações ilustrativas.]
  Muitos mencionaram que não gostaram de se sentir fora do controle. [Seguem mais citações.]
  Outros disseram que preferiam uma relação mais cotidiana e amorosa a estar "apaixonados" [...]. [Citações novamente.]
  Poucos disseram que o amor não era tão importante assim. [Citações.]
  Mas outros gostavam de estar apaixonados [...].

Estas citações são típicas da maneira pela qual Hite lida com as perguntas. O que ela nos oferece é um esparramado de confissões com muito pouca análise. Em contraste, a ciência tende a ser analítica.

O trabalho de Hite é não-científico também em virtude da falta de precisão. Ao descrever as respostas dos participantes, Hite deixa de nos relatar quais reações são relativamente comuns e quais são relativamente raras. E mais, ela nos leva indevidamente a acreditar que está nos dando informações exatas por meio de palavras como "muitos", "alguns" e "poucos", sem as vincular de forma sistemática a dados quantitativos. Quando o historiador Paul Robinson (1981) analisou o livro de Hite, descobriu que ela usou o termo "muitos" em associação com porcentagens em três ocasiões. "Muitos" homens (24%, neste caso) apreciavam a penetração anal e às vezes usavam esta fantasia na masturbação. "Muitos" meninos (43% desta vez) tiveram relações sexuais com outros meninos. E, novamente, "muitos" homens (83%, neste caso) gostavam de sexo mesmo quando suas parceiras não atingiam o orgasmo, embora eles próprios quisessem o orgasmo. Também a palavra "alguns" abrangia uma ampla faixa porcentual — menos de 1% até mais de 20%. O termo "poucos" cobria uma faixa ligeiramente maior: menos de 0,5% a 20%.

Falta também coerência ao trabalho de Hite. Há poucas tentativas de conciliar dados conflitantes, de indicar o que é e quando é verdadeiro.

Hite faz mais uma coisa comum em conversas, mas não na ciência: ela tira conclusões sem oferecer evidência substancial que confirme suas afirmativas. Ela alega, por exemplo, que os homens decepcionam-se com o casamento porque começam a ver suas mulheres como mães. Ela insiste em que o estupro é um ato relativamente novo e recente. Ela sustenta que os homens atingem seu pico sexual — medido em termos de orgasmos por ano — depois dos 19 ou 20 anos de idade, de acordo com os dados sugeridos por Kinsey. Não obstante, sua evidência para todas essas conclusões varia de insignificante a inexistente.

A discussão de Hite sobre estupro — a qual ela não faz esforço algum de documentar — é patentemente falsa. O estupro, infelizmente, tem acompanhado a espécie humana há muito tempo (Sanday, 1981a). Sua discordância de Kinsey não é convincente. "Em todo o estudo, pouquíssimos homens deixaram de declarar que sua vida sexual era melhor do que jamais fora antes", diz ela. Certamente, um cientista social sério seria cético acerca da credibilidade desses auto-relatos.

O que Hite teria feito, se tivesse usado um método científico? Muitas coisas.

- Teria prestado mais atenção a seus procedimentos de amostragem.
- Teria feito generalizações para a população apropriada — em seu caso, talvez, para a vanguarda sexual dos Estados Unidos.
- Teria analisado seus dados minuciosamente, em busca de diferenças numéricas significativas, e as teria relatado de forma precisa.
- Teria apresentado provas para suas conclusões e rotulado suas especulações como tal.
- Teria dado menos destaque aos relatos vívidos e sensacionalistas, e mais destaque as descrições coesas e explicações sustentáveis.
- Teria formulado suas conclusões de forma cética e provisória.

Estratégias Psicológicas de Senso Comum na Vida Cotidiana

No dia-a-dia, as pessoas fazem inferências de assuntos psicológicos de forma negligente. Os cientistas de comportamento Richard Nisbett e Lee Ross (1980) revisaram a pesquisa sobre este tópico, definindo e ilustrando algumas estratégias comuns.

1 Damos pouca importância a informações estatísticas e abstratas. Ao contrário, ficamos impressionados com relatos vívidos, concretos e arrebatadores. Se um amigo contar sua experiência traumática com um Volvo defeituoso, você poderá rapidamente esquecer todo o excelente histórico da Volvo. Se o jornal noticiar um desastre aéreo, provavelmente você ignorará as estatísticas que sugerem ser o avião o meio de transporte mais seguro para viajar a quase qualquer lugar.

2 Distorcemos dados para que se encaixem em nossos modelos preexistentes, ainda que o encaixe fique meio desajeitado. Somos lentos para rever nossas idéias. Freqüentemente ignoramos provas esmagadoras de que estamos enganados.

3 Partindo de amostras pequenas e atípicas, fazemos generalizações para populações inteiras. Você tem idéias formadas sobre uma feminista típica, um *esportista malhador*, uma dona de casa, um homossexual ou um soldado vietcongue? Qual o tamanho da amostra em que se baseiam suas idéias?

4 Deixamos de ver relações que de fato existem, talvez, em parte, porque tendemos a nos agarrar a velhas idéias. Muitas pessoas têm a idéia errônea de que fazer exercício antes de ir para a cama induz o sono. Na verdade, o exercício mantém a pessoa desperta. Mas quando puderam testar a proposição em sessões noturnas em um laboratório, essas mesmas pessoas cujo sono era mensuravelmente retardado após o exercício relatavam aos pesquisadores que haviam adormecido com uma rapidez incomum.

5 Confundimos correlação com causa. Um cientista descobre que pessoas idosas que têm animais de estimação tendem a viver mais do que aquelas que não os têm. Mas não podemos admitir causa. Comprar um bichinho de estimação não vai necessariamente prolongar a vida de alguém. Idosos que podem cuidar de um animal talvez sejam mais vigorosos do que aqueles que não podem. E poderiam viver exatamente o mesmo tempo sem um animal de estimação.

Cometemos todos esses erros na vida cotidiana, acreditam Nisbett e Ross, porque estamos sobrecarregados de informações. Para usar os dados, precisamos simplificá-los de alguma forma. Porém, poucos de nós têm treinamento em princípios científicos e instrumentos que auxiliem nessa tarefa. Se fôssemos melhores como cientistas, todos nós nos beneficiaríamos.

O método científico compensa plenamente o trabalho. É hoje — de longe — a maneira mais poderosa que conhecemos de acumular um conjunto acurado e preciso de informações internamente consistentes.

ÉTICA E PSICOLOGIA

Você sabia que os psicólogos às vezes observam as pessoas sem pedir permissão? Ou que as enganam na verdadeira finalidade de suas pesquisas? Ou que não é incomum expor participantes de pesquisas — pessoas e outros animais — a experiências desagradáveis? Você pode estar se perguntando se os cientistas sociais dão alguma atenção a considerações morais.

Eles dão, sim. Diretrizes éticas formais foram criadas e divulgadas, e são continuamente debatidas e revisadas (por exemplo, Adair *et al.*, 1985; American Psychologial Association, 1982, 1985a, 1985b; Reese & Fremouw, 1984). Nossas diretrizes tratam de várias questões éticas. Estendendo-se ao experimento, elas cobrem as relações dos psicólogos uns com os outros, com estudantes, pacientes e com o público em geral. Elas tratam também dos direitos dos animais.

Ética e Pesquisa com Humanos

Investigadores que trabalham com pessoas são responsáveis pela avaliação da aceitabilidade ética de seus próprios projetos (American Psychological Association, 1981). Quando algo é questionável, eles devem buscar aconselhamento. Além disso, espera-se que respeitem uma série de padrões, dentre eles:

1   Informar de antemão os participantes sobre quaisquer aspectos da pesquisa que possam influenciar sua decisão de participar e responder perguntas sobre a natureza da pesquisa. (Em alguns casos, os investigadores pedem permissão para *não* dar informações precisas sobre um estudo a fim de que possam obter respostas menos parciais.)

2   Informar os participantes sobre os motivos de qualquer dissimulação *imediatamente* após o término do estudo.

3   Respeitar a liberdade de alguém que se recusa a participar e interromper a participação a qualquer momento.

4   Proteger os participantes contra perigos físicos e mentais, prejuízo ou desconforto. (No caso de haver alguma dessas possibilidades, o investigador deve informar os participantes e receber o consentimento antes de continuar. Qualquer coisa que possa causar um prejuízo sério ou duradouro *jamais* é justificada.)

5   Uma vez coletados os dados, esclarecer a natureza do estudo e quaisquer concepções errôneas.

6   Manter sigilo das informações sobre os participantes.

Dilemas Éticos

Questões éticas são continuamente debatidas.

Pesquisa de Campo

Muitos cientistas sociais que estudam comportamento em ambientes naturais acham que é impossível pedir consentimento, estabelecer um contrato no início ou fazer um relatório completo para os participantes posteriormente. As diretrizes que se aplicam a experimentos de laboratório, eles alegam, são inadequadas, e novas regras são extremamente necessárias.

Os críticos não estão seguros sobre isso. Eles alegam que as pessoas têm o direito básico de *não* participar de um experimento ou observação, se assim o desejarem. Muitos participantes de pesquisas de campo provavelmente se recusariam a ser observados se lhes fosse pedido antes. Quando os investigadores perguntaram ao público em geral o que achavam da pesquisa de campo, mais de 50% rotularam estudos específicos de "ofensivos" e "injustificados por sua contribuição científica" (Wilson & Donnerstein, 1976).

Dissimulação

A dissimulação é outra questão problemática. De uma forma ou de outra, acompanha muitos estudos de laboratório com humanos, embora os participantes sejam geralmente informados no fim dos estudos. Muitos psicólogos preocupam-se com os efeitos de práticas dissimuladoras (Adair *et al.*, 1985; Baumrind, 1985; Rubin, 1985). A curto prazo, a dissimulação viola os direitos das pessoas de optar por participar de forma consciente, estando informadas; elas relatam que sentem raiva por terem sido enganadas. Com o tempo, é possível que o público em geral venha a não confiar mais nos psicólogos. Há também uma implicação social alarmante. Se os psicólogos encenarem roubos, ataques epiléticos e emergências (ao estudar se as pessoas lembram-se dos eventos ou tentam ajudar as vítimas, por exemplo) e tais estratagemas forem divulgados, as pessoas poderão começar a ver o sofrimento de outros com ceticismo.

Participantes Que Não Podem Dar Consentimento

Há problemas éticos especialmente delicados associados a diversas populações humanas — crianças, prisioneiros e pacientes de hospitais de doenças mentais — porque eles não podem dar um consentimento apropriado. É justo estudar essas pessoas? No caso de crianças, é suficiente pedir simplesmente permissão aos pais ou a outros parentes?

Participantes Não-humanos

A ética de usar participantes não-humanos é desconcertante. Seria difícil encontrar cientistas comportamentais que negassem que os animais têm direitos básicos. Os animais que participam de pesquisas necessitam de cuidados veterinários adequados. Precisam de alimentação adequada. Precisam ser postos em locais limpos e higiênicos. Devem ser preservados de dor excessiva. Não existe desacordo em tais direitos.

Mas os grupos de defesa de animais exigem que os cientistas considerem uma questão mais sutil. Se os animais não-humanos são semelhantes às pessoas (e se não o forem, por que os usar para investigar questões relativas a seres humanos?), os pesquisadores precisam reconsiderar a participação deles em estudos que causam algum tipo de dor ou debilitação. Em um extremo estão os defensores dos animais que se opõem a qualquer experimento envolvendo um animal não-humano. No outro extremo estão os cientistas que acham que qualquer pesquisa que satisfaça alguma curiosidade ou gere avanços no conhecimento é justificável. A vasta maioria dos psicólogos é provavelmente formada de moderados, que buscam algum ponto de equilíbrio entre o bem-estar animal e o avanço do conhecimento e bem-estar humano. Atualmente, diversos grupos de psicólogos estão trabalhando para reduzir o número de animais em pesquisas, especialmente em estudos que não são tão importantes (Larson, 1982). E diretrizes mais severas estão entrando em vigor (American Psychological Association, 1985a).

Padrão de Custos *versus* Benefícios

Muitas questões éticas são sutis e controversas, resumindo-se à pergunta: "Os benefícios justificam os custos?". Esta pergunta não pode ser respondida de forma objetiva.

Considere o estudo de um psicólogo fisiologista trabalhando com macacos e rompendo nervos (na espinha) que afetam um determinado membro. Após a cirurgia, os animais perdem a sensibilidade do membro. Eles se assemelham a pessoas que sofrem de ataques, doenças neuromusculares e lesões na medula. Os macacos de pesquisa não experimentam dor, mas certamente ficam deformados e incapacitados. Estudos de psicólogos sugerem que esses macacos podem ser treinados para usar os membros inutilizados pela operação. Além disso, terapias criadas para pessoas podem ser testadas em macacos. Os potenciais ganhos para os seres humanos justificam o prejuízo a essas complexas criaturas?

Deve estar claro agora que as questões éticas efetivamente preocupam os psicólogos. Mas para aqueles empenhados no avanço do conhecimento e na proteção do bem-estar dos participantes de pesquisas não há soluções satisfatórias e completas.

RESUMO

1 Psicologia é a ciência que estuda o comportamento e os processos mentais de todos os animais. Os psicólogos tentam descobrir princípios gerais.

2 Os psicólogos especializam-se. A maioria oferece serviços às pessoas. Um número considerável leciona, faz pesquisas e trabalha como administrador.

3 Três homens foram fundamentais para o estabelecimento da psicologia como uma ciência moderna. Gustav Fechner foi pioneiro na aplicação de métodos científicos para o estudo dos processos mentais. Wilhelm Wundt estabeleceu o primeiro importante laboratório psicológico. William James teve um papel central em estimular o estudo do funcionamento da mente.

4 Hoje, muitos psicólogos identificam-se com um de quatro pontos de vista: behaviorista, cognitivista, humanista ou psicanalítico. Cada abordagem enfatiza metas, procedimentos e assuntos específicos, conforme resumido na Tabela 1.2.

5 Muitos psicólogos endossam os meios científicos como sendo os mais apropriados para a obtenção de um corpo internamente coerente de informações acuradas.

6 A pesquisa psicológica é pautada nos seguintes princípios: precisão, objetividade, empirismo, determinismo, parcimônia e ceticismo.

7 Ao iniciar uma pesquisa, os psicólogos limitam o âmbito de suas perguntas, definem operacionalmente os termos e selecionam uma amostra. Eles usam vários instrumentos para investigar questões empíricas. Observações diretas, instrumentos de avaliação (questionários, entrevistas e testes) e estudos de casos são úteis na tentativa de responder perguntas descritivas. Os experimentos são muito úteis para lidar com questões de causa e efeito.

8 Um experimento testa uma hipótese manipulando a força ou presença da(s) variável(eis) independente(s) e avaliando os efeitos da manipulação sobre a(s) variável(eis) dependente(s). O experimentador procura planejar uma situação experimental que não permita que fatores irrelevantes afetem a variável dependente. Na pesquisa psicológica, os examinadores tomam especial cuidado para que as características dos participantes, as mudanças decorrentes da maturidade e do desenvolvimento, os eventos simultâneos e os procedimentos experimentais não influenciem o resultado do estudo.

9 Quando, por razões éticas ou práticas, é impossível realizar experimentos controlados, os psicólogos valem-se de estudos correlacionados. Este tipo de pesquisa pode estabelecer a existência ou não de inter-relações entre as variáveis, mas raramente permite que se chegue a conclusões seguras sobre a causalidade. Nos estudos de correlação, medem-se as variáveis e calcula-se o coeficiente de correlação. O coeficiente de correlação especifica a força e a direção da relação entre as duas variáveis.

10 Princípios éticos orientam a interação dos psicólogos com pacientes, estudantes, participantes de pesquisa, público em geral e com outros psicólogos. Os aspectos atualmente controversos são o uso de humanos que não podem dar seu consentimento, o uso de animais de laboratório, a prática da dissimulação e a adequação dos estudos de campo.

GUIA DE ESTUDO

Termos-chave
(Os números entre parênteses indicam as páginas do livro em que aparece o termo.)

psicologia (6)
cognição (6)
introspecção analítica (10)
estímulo (12)
resposta (12)
interpretação subjetiva (14)
precisão (18)
reprodução (18)
objetividade (18)
empirismo (19)
determinismo (19)
parcimônia (19)
ceticismo (20)
população (21)
amostra (21)
instrumentos descritivos (23)
obervação direta (23)
instrumentos de avaliação (25)
estudo de caso, ou observação clínica (27)
hipótese (28)
instrumentos explicativos (28)
estratégia experimental (28)
viés do experimentador (29)
características de demanda (29)
condição placebo (29)
efeito Hawthorne (29-30)
procedimentos simples-cego e duplo-cego (30)
experimento de campo (31)
estratégia correlacional (32)
coeficiente de correlação (33)
estatística (35)
lei (36)
teoria (36)
e outras palavras e expressões em itálico.

Conceitos Básicos
estruturalismo
funcionalismo
visão behaviorista
visão psicanalítica
visão cognitivista
visão humanista
princípios científicos
requisitos de perguntas passíveis de pesquisa
definições operacionais
padrões para perguntas de questionário
problemas dos auto-relatos
razões para teste
usos e limitações dos instrumentos de pesquisa (observações diretas, questionários, entrevistas, testes, estudos de casos, experimentos)
o significado de controlar variáveis irrelevantes em um experimento
o significado das correlações
diretrizes éticas e controvérsias

Pessoas a Identificar
Aristóteles, Fechner, Wundt, James, Watson, Freud, Maslow.

Avaliação

1 Hoje, a *psicologia* é definida como a ciência
a. do comportamento e dos processos mentais.
b. do comportamento humano e dos processos mentais.
c. da mente.
d. da motivação, emoção, personalidade, ajustamento e anormalidade.

2 Qual das seguintes perguntas mais provavelmente interessaria a William James?
a. Quanto deve brilhar uma luz para que possa ser vista?
b. Como os organismos simples aprendem?
c. Como as pessoas adaptam-se ao mundo?
d. Quais são os processos elementares da consciência?

3 Qual das seguintes metas mais se aproxima do nome de John Watson e do behaviorismo?
a. Complexidade
b. Flexibilidade
c. Objetividade
d. Singularidade

4. Que grupo contemporâneo de psicólogos rebelou-se contra a teoria do estímulo e resposta, insistindo em que os psicólogos deveriam estudar as operações mentais?
a. Behaviorista
b. Cognitivista
c. Humanista
d. Psicanalítico

5 O que caracteriza uma explicação parcimoniosa?
a. Objetividade
b. Precisão
c. Simplicidade relativa
d. Natureza provisória

6 Qual é a melhor definição operacional de curiosidade?
a. Quantidade de indagações
b. Desejo de conhecer e entender
c. Nível de interesse em diversas áreas

d. Número de tópicos classificados como interessantes (em uma longa lista)

7 Qual é o instrumento de pesquisa que mais provavelmente poderá estabelecer relações de causa e efeito?
a. Estudo de caso
b. Experimento
c. Estudo correlacional
d. Testes

8 Um psicólogo projeta um experimento para descobrir se a sociabilidade é influenciada pelo calor. Qual é a variável dependente?
a. Calor
b. Investigador
c. Participantes da pesquisa
d. Sociabilidade

9 Que função desempenha um procedimento simples-cego em um experimento?
a. Controla os vieses do investigador.
b. Equaliza a atenção dedicada a todos os grupos.
c. Impede que os investigadores conheçam os grupos de participantes.
d. Impede que os participantes tenham conhecimento de sua própria condição.

10 Suponha que um investigador encontre uma alta correlação positiva entre escores de um teste de agressividade e número de programas violentos assistidos na TV. A que conclusão se pode chegar?
a. A agressividade e o ato de assistir à violência na TV têm uma causa comum.
b. Por ser altamente agressiva, a pessoa assiste a muitos programas violentos na TV.
c. Pessoas altamente agressivas assistem a menos programas violentos na TV do que as menos agressivas.
d. Indivíduos menos agressivos assistem a relativamente poucos programas violentos na TV, enquanto pessoas muito agressivas assistem a muitos programas violentos.

Exercícios

1. Pontos de vista atuais em psicologia. É fácil confundir as idéias das atuais perspectivas psicológicas. Este exercício deve ajudá-lo a verificar se você as entendeu. Faça a correspondência das afirmativas a seguir com as filosofias que elas ilustram: behaviorista (B), cognitivista (C), humanista (H), psicanalítica (P). Uma afirmativa pode ilustrar mais de uma filosofia. (Veja as pp. 11-17, Tabela 1.2.)

___ 1 Concentra-se em personalidades normais e anormais.

___ 2 Houve época em que se determinava que os psicólogos se concentrassem em estímulos e respostas.

___ 3 Desenvolveu-se a partir de experiências clínicas com pessoas neuróticas.

___ 4 Pressupõe que o comportamento humano, em grande parte, é influenciado por motivos, conflitos e medos inconscientes.

___ 5 Pressupõe que estudos de animais simples podem fornecer informações sobre as pessoas.

___ 6 Enfatiza o estudo dos processos de funcionamento mental.

___ 7 Defende — como meta principal da psicologia — o enriquecimento da vida.

___ 8 Estuda pacientes, geralmente no decurso de seu tratamento.

___ 9 Alega que os psicólogos devem estudar o ser humano como um todo.

___ 10 Usa os métodos concebidos por Freud.

___ 11 Insiste em perguntas precisas.

___ 12 Acredita que os métodos são uma preocupação secundária.

___ 13 Enfatiza métodos objetivos.

2. Definições operacionais. Verifique seu entendimento das diferenças entre definições operacionais e formais, tentando identificar as definições operacionais na lista abaixo. (Veja a p. 21.)

___ 1 Raiva: pressão sangüínea elevada, acima do nível normal em repouso, acompanhada de auto-relatos indicando sentimento de injustiça e desejo de retaliação.

___ 2 Agressividade: números de socos, pontapés e beliscões observados.

___ 3 Esperança: sentimento de otimismo.

___ 4 Inteligência: pontuação alta em um teste de inteligência.

___ 5 Fome: sensação de vazio no estômago.

___ 6 Fé religiosa: auto-avaliação de 7 a 9 em uma escala indicativa de forte sentimento de fé em Deus.

___ 7 Dor: tirar a mão da água gelada.

___ 8 Devoção: sentimento de grande carinho e cuidado.

___ 9 Sono: registro de padrões específicos de ondas cerebrais.

___ 10 Preconceito racial: recusa de se sentar ao lado de um membro de outra raça.

___ 11 Serenidade: sensação de paz.

3. Reconhecendo variáveis independentes e dependentes. Os psicólogos projetam experimentos para testar hipóteses — para descobrir se variáveis independentes causam ou influenciam variáveis dependentes. Embora as hipóteses possam ser redigidas de muitas formas diferentes, geralmente podem ser reformuladas da seguinte forma: uma mudança em x [a(s) variável(eis) independente(s)] causa uma mudança em y [a(s) variável(eis) dependente(s)]. Formular uma hipótese a fim de seguir esta forma padrão oferece um meio fácil de identificar as variáveis independentes (VIs) e as variáveis dependentes (VDs). Reformule cada uma das perguntas seguintes para a forma-padrão de hipótese e identifique as VIs e as VDs. (Veja a p. 28.)

___ 1 Anúncios com pessoas bonitas vendem mais cosméticos do que aqueles com pessoas comuns?

___ 2 Objetos são mais valorizados quando se luta para consegui-los do que quando são obtidos de graça?

___ 3 A boa aparência contribui para conseguir emprego?

___ 4 Pessoas sob estresse são mais propensas a cometer erros em tarefas complexas do que aquelas livres de estresse?

4. Correlações. Examine as afirmativas a seguir. Se as variáveis estão correlacionadas, coloque o sinal da correlação (positivo ou negativo). (Veja as pp. 33-34.)

___ 1 Quando a temperatura sobe, as pessoas ficam mais propensas a cometer crimes violentos (Anderson & Anderson, 1984).

__ 2 Estudantes que vão bem em testes de inteligência tendem a assistir menos à televisão do que estudantes de pior desempenho (Williams *et al.*, 1982).

__ 3 Adolescentes cujas mães fumam ou bebem são mais propensos a usar drogas legais e ilegais do que aqueles cujas mães se mantêm distantes de drogas (Rittenhouse & Miller, 1984).

__ 4 Dar dinheiro a obras de caridade quando a contribuição é solicitada diretamente por um vizinho aparentemente não está associado com sentimentos altruístas (Jackson & Latané, 1981).

__ 5 Baixos teores de chumbo nos dentes estão associados com resultados relativamente altos em testes de inteligência, enquanto altos teores de chumbo estão associados com pontuações baixas de QI (Fogel, 1980).

Usando a Psicologia

1 Em sua maioria, os seres humanos estão interessados em entender a si próprios e aos outros. O que distingue a abordagem psicológica? Explique com suas palavras o que há de errado em usar somente o senso comum para construir um corpo de informações acuradas sobre comportamento.

2 Pergunte a vários amigos ou familiares se eles sabem quais são as diferenças entre psicólogos, psiquiatras e psicanalistas. Se não souberem, explique-lhes.

3 Como foi que um médico que lecionava fisiologia e chefiava um departamento de filosofia veio a fundar a psicologia moderna?

4 Releia atentamente as passagens de Freud, Weiss, Neisser e colegas, bem como as de Maslow, e selecione as afirmativas que ilustram a ótica filosófica de cada autor.

5 Você considera alguma visão atual da psicologia mais atraente do que as outras? Qual? Por quê?

6 Se você pudesse criar uma psicologia eclética, que aspectos de cada ponto de vista você selecionaria? Você acrescentaria alguma coisa?

7 Suponha que você esteja interessado em observar as táticas que os adultos usam quando discutem. Quais são as vantagens e desvantagens das observações de laboratório?, das observações de campo?, da pesquisa por questionário?, dos estudos de casos?

8 Pense nos diversos experimentos informais que você fez na vida real. Descreva as variáveis independentes e dependentes, o "delineamento experimental" e os resultados. Você tentou controlar fatores irrelevantes?

9 Planeje um experimento para testar a hipótese de que o barulho leva à tensão. Qual é a variável independente?, e a variável dependente? Como pode ser operacionalmente definida cada uma das variáveis? Ao conceber o delineamento experimental, assegure-se de tomar medidas para impedir a influência de fatores irrelevantes, como características do participante, mudanças por desenvolvimento e maturidade, eventos simultâneos e efeitos experimentais.

10 "Para nos comportarmos como cientistas, precisamos criar situações em que os participantes sejam totalmente controlados, manipulados e medidos", escreve D. Bannister (1966). "Criamos situações nas quais [as pessoas] [...] possam comportar-se o mínimo possível como seres humanos, e fazemos isso para que nós próprios possamos fazer afirmativas sobre a natureza de sua humanidade." Você concorda? Como os psicólogos podem escapar deste paradoxo?

Leituras Sugeridas

1 Fancher, R. E. (1979). *Pioneers of psychology.* Nova York: Norton. Uma excitante introdução à vida e às obras de algumas das pessoas que modelaram a moderna psicologia. Fancher ilustra como surgiram as idéias e teorias fundamentais, "apresentando-as no contexto da vida e das perspectivas dos indivíduos que primeiro lidaram com elas". Segundo Michael Wertheimer (1979, p. 904): "Cada capítulo parece uma boa história de detetive, é repleto de interesse humano, fala com o leitor de igual para igual [...] [sem deixar de ser compreensível], não faz supersimplificações e é uma aventura pela história intelectual".

2 *Careers in psychology* (1975). Washington, DC: American Psychological Association. Preparado para estudantes interessados, este panfleto inclui descrições de especialistas em psicologia. Exemplares para estudantes podem ser obtidos gratuitamente na: APA, Publication Sales Dept., 1200 17th St., NW., Washington, DC 20036. Para informações mais recentes sobre oportunidades de carreira, ver Super, C. & Super, D. (1982). *Opportunities in psychology.* Skokie, IL: VGM Career Horizons.

3 Bachrach, A. (1981). *Psychological research: An introduction.* 4ª ed. Nova York: Random House. Uma agradável introdução à pesquisa psicológica por aquele que escreveu: "As pessoas geralmente não fazem pesquisa da mesma forma como as pessoas que escrevem livros sobre pesquisa dizem que elas fazem pesquisa".

4 Siegel, M. H. & Zeigler, H. P. (eds.). (1976). *Psychological research: The inside story.* Nova York: Harper & Row. Alguns destacados pesquisadores em psicologia descrevem seu próprio trabalho de maneira franca, fazendo revelações do tipo "como se deixam levar por questões aparentemente irrelevantes; como cometem erros; como seus planos crescem, mudam e amadurecem".

5 Fernald, L. D. (1983). *The Hans legacy: A story of science.* Hillsdale, NJ: Erlbaum. Reúne dois casos clássicos (e histórias fascinantes) — uma sobre um cavalo e outra sobre uma criança que tinha medo de cavalos — para elucidar os métodos experimental e psicanalítico.

Respostas

FICÇÃO? OU FATO?
1. F 2. F 3. V 4. F 5. F 6. F 7. V 8. F

AVALIAÇÃO
1. a (6) 2. c (11) 3. c (12) 4. b (13) 5. c (19) 6. d (21) 7. c (23) 8. d (28) 9. d (30) 10. d (33-34)
(Os números entre parênteses referem-se às páginas do livro em que as respostas são discutidas.)

EXERCÍCIO 1
1. P 2. B 3. P 4. P 5. B 6. C 7. H 8. P 9. H 10. P 11. B, C 12. H 13. B, C

EXERCÍCIO 2

1, 2, 4, 6, 7, 9 e 10 são definições operacionais.

EXERCÍCIO 3
1. VI, tipo de anúncio; VD, compra de comésticos 2. VI, a maneira pela qual os objetos são adquiridos; VD, valor dado aos objetos 3. VI, boa aparência; VD, conseguir o emprego 4. VI, grau de estresse; VD, erros cometidos.

EXERCÍCIO 4
1. positivo 2. negativo 3. positivo 4. nenhuma 5. negativo

CAPÍTULO 2

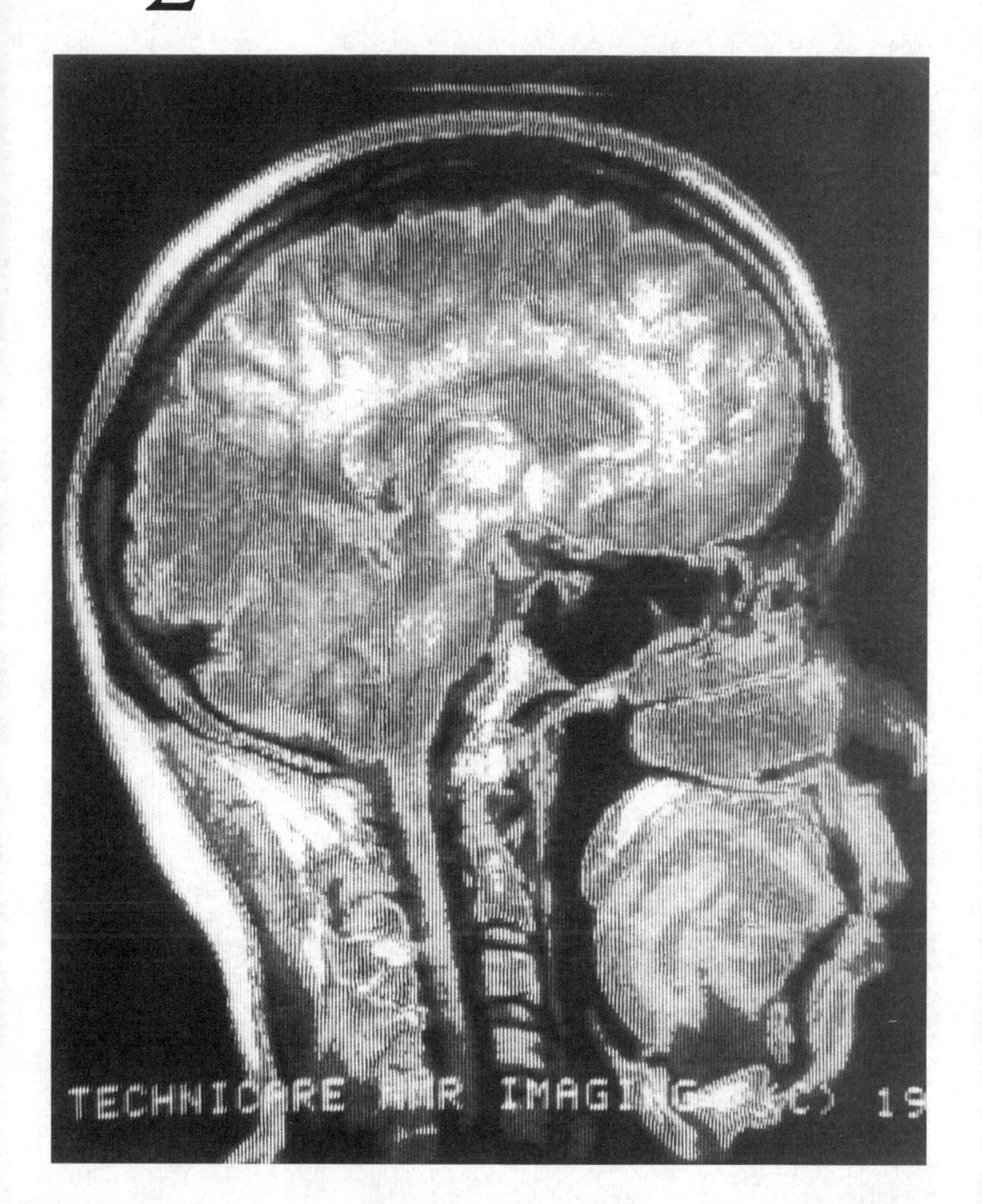

Bases Fisiológicas do Comportamento e da Cognição

SUMÁRIO

EVOLUÇÃO E COMPORTAMENTO
Charles Darwin e o Conceito de Evolução
A Idéia de Seleção Natural
A Evolução desde Darwin

HEREDITARIEDADE E COMPORTAMENTO: MECANISMOS BÁSICOS
Genética do Comportamento
Hereditariedade e Ambiente: Uma Parceria Permanente
Genética Humana: Uma Breve Revisão

HEREDITARIEDADE E DIFERENÇAS INDIVIDUAIS
Estudo de Famílias por Francis Galton
Estudo de Gêmeos
Estudo da Adoção
Técnicas de Procriação
Investigações de Anormalidades Genéticas
Pesquisa de Consistências Vitalícias
Descobertas da Genética do Comportamento
QUADRO 2.1: Gêmeos Idênticos Criados Separadamente

SISTEMA NERVOSO: UMA VISÃO GERAL
Modelo *Input-Output*
Sensores e Efetores
Sistemas Coordenadores e Condutores

NEURÔNIOS: MENSAGEIROS DO SISTEMA NERVOSO
Anatomia de um Neurônio
Contatos Neurônio a Neurônio: Sinapses
Do Neurônio ao Sistema Nervoso
Neurônios como Mensageiros
Registrando a Atividade Elétrica do Neurônio
Neurotransmissores e Comportamento
QUADRO 2.2: Estimulação e Controle Cerebral

CÉREBRO, COMPORTAMENTO E COGNIÇÃO

Perspectivas do Funcionamento do Cérebro
Córtex Cerebral
Lobos Corticais
Tálamo
Sistema Límbico
Cerebelo e Ponte
Formação Reticular
QUADRO 2.3: Cérebro em Funcionamento e PET Scans

DOIS CÉREBROS HUMANOS?
Diferenças entre os Hemisférios
Estudos de Pacientes com Cérebro Dividido
Conclusões: Dois Sistemas Cerebrais
Controvérsias sobre os Hemisférios

O CÉREBRO EM CONSTANTE MUTAÇÃO
Experiência
Substâncias Químicas
Lesão e Recuperação
Envelhecimento

SISTEMA ENDÓCRINO, COMPORTAMENTO E COGNIÇÃO
Sistemas Nervoso e Endócrino: Uma Parceria
Sistema Endócrino *versus* Sistema Nervoso: Semelhanças e Diferenças
Hormônios e Comportamento

RESUMO

GUIA DE ESTUDO

FICÇÃO? OU FATO?

1 Da mesma forma que os genes codificam as estruturas físicas, eles codificam também a personalidade e os interesses. Verdadeiro ou falso?

2 Ao lidar com as tarefas para as quais foi programado (raciocínio e padrões de reconhecimento, por exemplo), o cérebro humano é muito mais poderoso do que qualquer computador já concebido. Verdadeiro ou falso?

3 O cérebro masculino e o cérebro feminino são anatomicamente diferentes. Verdadeiro ou falso?

4 Pacientes cujo cérebro foi aberto ao meio durante uma cirurgia não só sobreviveram como o cérebro deles também funcionou da mesma forma que funcionava antes da cirurgia. Verdadeiro ou falso?

5 Viver por um longo período em um ambiente excitante que estimula os sentidos faz aumentar o número de contatos entre as células cerebrais. Verdadeiro ou falso?

6 As ações das pessoas alteram os níveis de hormônio. Verdadeiro ou falso?

A fisiologia está muito relacionada com o comportamento e a cognição. Ela determina se os animais movem-se sobre duas ou quatro pernas. Ela guia a absorção de informação sobre o mundo circundante. Cães e tubarões dependem imensamente do olfato, enquanto os humanos dependem especialmente da visão. O cérebro estabelece diferentes limites de quanto material pode ser abosorvido e processado. A fisiologia molda também a comunicação. Enquanto alguns animais grunhem, assobiam ou piam, o ser humano fala.

Neste capítulo, focalizaremos diversos tópicos fisiológicos: Como nós, espécies e indivíduos, somos modelados por nossa herança? Como o cérebro molda o comportamento e a cognição? Que papel desempenha o sistema endócrino no funcionamento psicológico? Nosso foco será o cérebro humano. Comecemos examinando o histórico de um soldado cuja vida mudou em virtude de um ferimento à bala.

O HOMEM DO MUNDO DESPEDAÇADO

Aos 23 anos de idade, um soldado russo, subtenente Zasetsky, levou um tiro no lado esquerdo da cabeça. O ferimento alterou seu comportamento de forma abrupta, conforme verificamos em seu diário (Luria, 1972).

Uma mudança experimentada por Zasetsky foi a de visão fragmentada:

Desde que fui ferido, não pude mais ver um único objeto inteiro — nem uma única coisa. Mesmo agora, preciso usar minha imaginação para completar objetos, fenômenos ou qualquer coisa viva. Isto é, preciso representar sua imagem na mente e tentar lembrar-me deles como elementos completos — depois de poder observá-los, tocá-los ou obter alguma imagem deles.

Partes do corpo de Zasetsky aparecem distorcidas para ele:

Às vezes, quando estou sentado, subitamente sinto como se minha cabeça fosse do tamanho de uma mesa — exatamente desse tamanho —, enquanto minhas mãos, pés e tronco tornam-se bem pequenos. Quando fecho os olhos, sequer tenho certeza de onde está minha perna; por alguma razão, costumava pensar (e até sentir) que estava acima do ombro, e até mesmo acima da cabeça.

A percepção de espaço de Zasetsky foi prejudicada de outra forma. Segundo ele:

Desde que fui ferido, às vezes tenho dificuldade para me sentar em uma cadeira ou em um sofá. Primeiro olho onde a cadeira está, mas, quando tento sentar, subitamente tenho de agarrar a cadeira porque sinto medo de cair no chão. Às vezes isso ocorre por que a cadeira está mais distante do que eu imagino.

Talvez o mais triste de tudo é que as habilidades intelectuais de Zasetsky ficaram profundamente prejudicadas. Ele perdeu a capacidade de ler e escrever. Teve dificuldade de compreender o sentido de uma conversa ou de entender uma história simples. Outrora excelente estudante e pesquisador competente, não podia mais lidar com assuntos que lhe eram básicos: gramática, aritmética, geometria, física. Começando do zero, Zasetsky tentou desesperadamente reaprender. Procurou meios de compensar as capacidades intelectuais que perdera. Porém, nisso, jamais teve êxito, apesar dos diligentes esforços ao longo de mais de 25 anos.

O caso de Zasetsky frisa a importância do cérebro para o comportamento e a cognição. Como os outros animais, o ser humano é composto por trilhões de células, a maioria especializada em funções específicas. Os sistemas nervoso e endócrino (especialmente o cérebro) dirigem e coordenam a ação dessas células. Se o cérebro for suficientemente grande e complexo, permite o pensamento, a memória, a percepção e a fala. A história de Zasetsky levanta questões sobre o cérebro e a lesão cerebral. Como o cérebro é organizado? Como opera? Como as pessoas que sofreram lesão cerebral recuperam funções mentais? Com estas perguntas, passamos ao domínio da *psicologia fisiológica (psicobiologia* ou *biopsicologia).* Os psicólogos fisiologistas estudam as bases biológicas do comportamento e da cognição. Concentram-se nos sistemas nervoso e endócrino, na evolução e na hereditariedade. Começamos pelo início da vida humana, com a evolução e a hereditariedade.

EVOLUÇÃO E COMPORTAMENTO

Cada pessoa compartilha propensões comportamentais com o restante da humanidade. Em outras palavras, as formas pelas quais as pessoas agem são típicas da espécie. Como podemos explicar as semelhanças humanas?

Charles Darwin e o Conceito de Evolução

Charles Darwin (1809-1882) foi o primeiro cientista a abordar seriamente a questão de por que as espécies animais comportam-se de forma própria e exclusiva. Ele também estava interessado em explicar a aparência física das espécies.

Darwin tinha boa formação em geologia e fizera explorações em áreas virgens em todas as partes do mundo. Suas observações detalhadas tornaram-no cético de uma crença então corrente: de que todos os seres vivos eram "produtos imutáveis de uma súbita criação" (Keeton, 1972). Darwin, ao contrário, sugeriu que os membros de uma espécie deviam sua aparência e sua conduta a mudanças estruturais que foram gradativamente surgindo ao longo de muitas gerações.

Em seu primeiro livro, A *origem das espécies* (1859), Darwin propôs que todos os animais descendiam de uns poucos ancestrais comuns e que esse processo levara milhões de anos. O princípio da mudança gradativa e a explicação dos eventos que controlam essa mudança são conhecidos como *teoria da evolução.*

A Idéia de Seleção Natural

Para explicar como os animais evoluíram, Darwin introduziu o conceito de *seleção natural.* A noção é muito simples. Segundo ela, a mudança evolutiva ocorre quando modificações genéticas (nas estruturas físicas) melhoram a capacidade do indivíduo de sobreviver e reproduzir-se, sendo essas mudanças passadas adiante.

Imagine, por exemplo, uma colônia de 100 lagartos. Enquanto muitos membros da colônia sucumbem aos predadores, um deles escapa dos inimigos porque é dotado da coordenação e da força muscular para correr mais rápido. Este lagarto particularmente bem equipado sobrevive até a maturidade e procria dez filhotes. Suponhamos que cinco deles sejam similarmente rápidos. Também estes têm uma taxa de mortalidade menor do que a normal. Os outros cinco filhotes têm uma alta taxa de mortalidade. Como a maioria dos lagartos, tendem a morrer antes de atingir a maturidade. Se persistirem esses padrões de mortalidade, como seria de esperar, então, um dia, após muitas gerações, começaríamos a notar diferenças na população inteira. Haveria um porcentual crescente de lagartos velozes.

A inteligência superior, que depende da natureza do cérebro, é uma característica exclusiva que se desenvolveu na espécie humana. Segundo alguns cientistas (Leakey & Lewin, 1978), a vida em grupo permitiu que nossos ancestrais colhessem alimento e caçassem com mais eficiência. Pessoas inteligentes eram mais capazes de fazer e manter alianças, manobrar a política, elevar sua posição social e interagir com seus freqüentemente imprevisíveis semelhantes. A inteligência permitiu o sucesso social, que aumentou a probabilidade de sobrevivência e reprodução. Gradativamente, presumimos, desenvolveu-se uma espécie mais inteligente. (Veja a Figura 2.1.)

A Evolução desde Darwin

Hoje, um século após a morte de Darwin, quase todos os cientistas aceitam a idéia de que os animais evoluem com o tempo, segundo as leis da seleção natural (Stebbins & Ayala, 1985). Os princípios evolutivos de Darwin — geralmente em versões modificadas e aperfeiçoadas — são aceitos porque são compatíveis com todos os grandes avanços da biologia contemporânea. Embora os cientistas concordem em princípios básicos, os detalhes não estão ainda completamente claros. Uma das principais controvérsias refere-se ao tempo da evolução. Foi um processo lento, gradual e contínuo, em que cada espécie mudava imperceptivelmente para a seguinte, conforme defendia Darwin? Ou as espécies evoluíram "rapidamente" — em dezenas ou centenas de milhares, em vez de milhões, de anos?

Outra controvérsia centra-se no papel da cultura na evolução (Wyles *et al.*, 1983). Por exemplo, a

FIGURA 2.1 As características humanas que distinguem uma pessoa da outra podem ter sido moldadas pela seleção natural. A prega no olho do esquimó, uma camada de gordura abaixo da pálpebra superior, estreita a parte dos olhos exposta às forças da natureza. Presume-se que se tenha desenvolvido para reduzir o efeito ofuscante da luz e impedir o congelamento do globo ocular. Pensa-se que o nariz adunco e grande dos jordanianos tenha evoluído por ser apropriado para umidificar o ar seco do deserto antes de este ar atingir a delicada superfície interna dos pulmões. (Chris Bonnington/Woodfin Camp & Assoc.; Fred Mayer/Woodfin Camp. & Assoc.)

prática social de tomar leite na idade adulta pode ter criado pressões seletivas. Adultos particularmente propensos a tomar leite (porque possuíam determinadas enzimas que quebravam a lactose, um açúcar encontrado no leite) tinham maior probabilidade de sobreviver e gerar filhos com a mesma propensão, pressupõem alguns cientistas.

Sociobiologia

Uma nova disciplina, a *sociobiologia*, lida com as questões evolutivas particularmente interessantes para os psicólogos (Barish, 1981; E. O. Wilson, 1975, 1978). Em vez de concentrar-se em como os membros individuais de uma espécie contribuem para a evolução, a sociobiologia concentra-se na contribuição de grupos. Em vez de concentrar-se na evolução da estrutura, a sociobiologia concentra-se na evolução da conduta social.

Os sociobiólogos pressupõem que mudanças estruturais geram um novo comportamento social. A nova conduta fortalece a probabilidade de os genes sobreviverem, perpetuando o mesmo comportamento. A idéia pode ser expressa de forma mais vívida: nossos atos, como membros de um grupo, provêm, em parte, do impulso de manter viva nossa herança genética.

Veja a competição e a cooperação. Diferentes quantidades de cada característica parecem ser programadas pela evolução para estar presentes em organismos que vivem em grupos. Os animais que atingem o equilíbrio perfeito entre competição e cooperação — dadas as circunstâncias grupais — estão mais aptos a sobreviver.

Considere primeiramente pessoas sem parentesco vivendo em uma mesma comunidade. Verificamos alguma cooperação e muita competição. Por quê? Se pessoas sem parentesco ajudarem-se mutuamente, acumularão uma quantidade maior de alimentos, dividirão o trabalho de forma mais eficiente e vão se proteger e aos seus parentes mais eficazmente do que se mantiverem-se sozinhas. Mas se as pessoas forem cooperadoras demais, isto pode representar desvantagem, em termos de se reproduzir e passar adiante sua herança genética, em relação àquelas menos prestativas. A competitividade é necessária para assegurar uma parcela de alimento, habitação e um companheiro ou companheira saudável. Pessoas sem parentesco serão, portanto, muito competitivas porque tal comportamento favorece a sobrevivência dos genes. Membros de uma família, que são geneticamente similares, serão mais cooperadores do que competitivos. Quanto mais prestativos, maior quantidade de membros da família sobreviverão e vão se reproduzir. A cooperação, mais do que a competição, beneficiará o grupo de genes comuns.

A teoria da sociobiologia ainda é bastante controversa porque é muito difícil desvincular do comportamento as contribuições dos fatores genéticos e ambientais, conforme veremos. Ademais, a prova pelo exemplo — uma das principais estratégias de pesquisa da sociobiologia — geralmente não é convincente porque os cientistas podem encontrar exemplos tanto favoráveis quanto desfavoráveis. Considere a idéia de que o comportamento competitivo promove o potencial reprodutivo de um organismo que vive com companheiros com os quais não tem parentesco. Para alguns animais, como os leões machos, o alto grau de cooperação entre os não aparentados (por exemplo, na caça) aumenta, para todos, as chances de sobreviver e procriar com sucesso (Ligon & Ligon, 1982; Packer & Pusey, 1982).

HEREDITARIEDADE E COMPORTAMENTO: MECANISMOS BÁSICOS

Em última instância, as diferenças entre as espécies dependem da *hereditariedade*, ou herança física. A hereditariedade compartilhada por todas as pessoas permite uma série de atividades humanas distintas. Por termos herdado polegares opostos e dedos móveis, aprendemos facilmente a manipular ferramentas. A herança de imensos córtices cerebrais permite-nos processar vasta quantidade de informações.

Além das estruturas influenciadoras e dos comportamentos comuns a todas as pessoas, a hereditariedade modela o que é exclusivo a cada pessoa. Seus genes têm algo a dizer sobre sua capacidade de aprendizagem (Bouchard & McGue, 1981) e se você é ou não propenso à depressão (Sostek & Wyatt, 1981).

Genética do Comportamento

A *genética do comportamento*, um ramo da psicologia e também da genética, estuda as bases herdadas da conduta e da cognição. Abrange diferenças individuais e de espécie (evolutivas).

Os geneticistas do comportamento pressupõem que tudo o que as pessoas fazem depende, em algum grau, das estruturas físicas subjacentes. Sua tarefa é definir exatamente quanto de um determinado ato é modelado pela hereditariedade e quanto o é pelo ambiente. Eles pesquisam também os mecanismos biológicos pelos quais os genes afetam o comportamento e a cognição.

Hereditariedade e Ambiente: Uma Parceria Permanente

Enquanto ler esta seção, tenha em mente que dizer que os "genes *influenciam* x ou y" não quer dizer que os "genes *determinam* x ou y". Tampouco quer dizer que o ambiente tenha pouca influência sobre a qualidade em questão. Do início até o fim da vida, os organismos estão sendo constantemente moldados tanto pela hereditariedade como pelo ambiente. A natureza e a extensão de uma influência sempre dependem da contribuição da outra.

Controvérsia Natureza-Criação

Há séculos, os cientistas vêm debatendo se a mais poderosa influência sobre o desenvolvimento de características específicas é a hereditariedade ou o ambiente. A questão é discutida com tanta freqüência, que ganhou um nome, *controvérsia natureza-criação*.

Um exemplo simples deve deixar claro que a hereditariedade e o ambiente são igualmente importantes para o comportamento. O ambiente determina se a pessoa fala espanhol, russo, *swahili*, chinês, inglês ou outra língua. Mas os genes dotam as pessoas de cordas vocais, um alto grau de controle dos músculos dos lábios, um tipo particular de cérebro processador de linguagem e outras estruturas físicas necessárias à fala. Nenhum ambiente deste mundo poderia gerar cães, gansos ou gerbos[1] falantes.

Embora não possamos perguntar se, para uma determinada qualidade, o mais importante é a hereditariedade ou o ambiente, podemos formular uma versão refinada desta questão. Até que ponto as diferenças comportamentais e mentais entre as pessoas são influenciadas por diferenças genéticas? E até que ponto são elas modeladas por diferenças entre ambientes?

Tipos de Interação Genético-ambiental

Os geneticistas de comportamento estudam também a natureza das interações entre hereditariedade e ambiente. Robert Plomin, seus colegas (1977, 1985) e outros investigadores (Scarr, 1981, 1985) apontam os três principais tipos de interação genético-ambiental.

Passiva. As políticas de criação de filhos adotadas por pais e mães são influenciadas, em parte, pelos mesmos genes que modelam seus filhos. Considere

---

1. N.R.T.: Pequeno roedor do deserto, semelhante a um rato, freqüentemente criado como animal de estimação.

os pais que são adeptos da solução de problemas (um traço influenciado pelos genes). Serão propensos a estimular o pensamento e o raciocínio, de modo que tanto o treinamento quanto a herança genética contribuirão para as habilidades dos filhos de solucionar problemas.

Evocativa. Algumas qualidades do intelecto e da personalidade da criança moldadas pela hereditariedade evocam respostas previsíveis do ambiente. Uma criança que resolve problemas com facilidade receberá tratamento favorável na escola. Um estudante relapso experimentará hostilidade e frustração.

Ativa. As pessoas buscam experiências que se harmonizem com o intelecto, com seus motivos e com sua personalidade, os quais são influenciados pela hereditariedade. M. Cole (citado em Scarr, 1981) chama a isso de *"escolha de nicho"*. Um habilidoso solucionador de problemas será propenso a estudar e a buscar uma atividade intelectualmente estimulante.

Durante todo o desenvolvimento predominam diferentes influências genético-ambientais. A do tipo passivo é particularmente observável na infância, diminuindo na adolescência. A influência de tipo ativo aumenta com a idade. As interações evocativas permanecem constantes ao longo de toda a vida.

Genética Humana: Uma Breve Revisão

Para entender as influências genéticas sobre o comportamento, nosso próximo tópico, você precisa conhecer alguns fatos elementares sobre a hereditariedade.

No Início

Tecnicamente, cada vida humana começa na concepção, quando uma dentre centenas de milhões de *células espermáticas* do pai penetram em um dos óvulos da mãe. A união entre um óvulo e um espermatozóide produz uma única célula-ovo, denominada *zigoto*. O óvulo e o espermatozóide são formados por células reprodutivas, denominadas *células germinativas primordiais*.

A informação genética aparece em estruturas filiformes chamadas *cromossomos*. Os cromossomos estão no *núcleo* da célula, uma região distinta e localizada no centro. As células humanas possuem 23 pares de cromossomos (em um total de 46). Óvulo e espermatozóide recebem, cada um, apenas um membro de cada par das células germinativas. Conseqüentemente, quando se unem, o zigoto passa a ter um conjunto completo de 23 pares. Cada par tem formato e tamanho diferentes, conforme mostra a Figura 2.2.

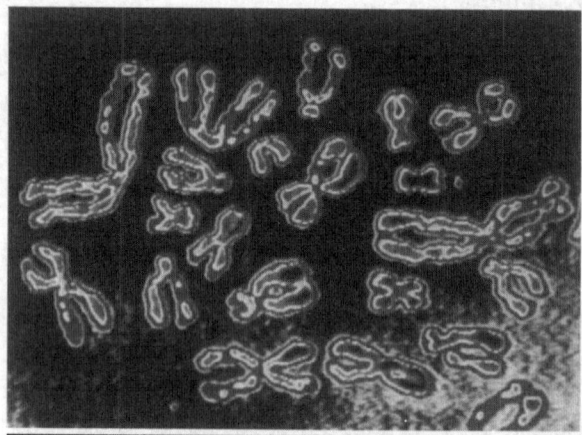

FIGURA 2.2 Cromossomos femininos normais. Aplicaram-se cores a essa fotografia para evidenciar as diferentes densidades. (Copyright© 1980 Howard Sochurek/Woodfin Camp & Assoc.) [Veja a figura em cores na p. A1]

Os primeiros 22 pares de cromossomos contêm membros que se combinam. O 23º par, cujos membros nem sempre se combinam, determina o sexo da pessoa. As mulheres possuem dois grandes cromossomos, chamados *cromossomos* X. Os homens têm um cromossomo X e um cromossomo menor, conhecido como *cromossomo* Y. Uma vez que é o pai que contribui com o cromossomo X ou Y, é ele quem determina o sexo do bebê.

Genes e Proteínas

Cada conjunto de cromossomos contém cerca de 50.000 unidades menores, chamadas de *genes*, espalhadas ao longo deles em segmentos interrompidos. O gene é considerado a unidade básica da hereditariedade. Compostos por uma complexa substância química, o *ácido desoxirribonucléico* (abreviado por DNA — *deoxyribonucleic acid*), os genes são codificados para controlar a produção de substâncias químicas chamadas *proteínas*.

As proteínas produzidas pelas células determinam a maneira pela qual cada animal desenvolve-se. As *proteínas estruturais* formam a estrutura física de células do sangue, músculos, ossos e nervos. As *enzimas*, um segundo tipo de proteína, controlam as reações físicas e químicas dentro do organismo, captam e armazenam energia, quebram o alimento e controlam o processo de desenvolvimento. (Nota: Os organismos não herdam padrões completos de comportamento. Ao contrário, são dotados de estruturas corporais e controles físico-químicos que tornam mais ou menos provável uma determinada gama de respostas a um ambiente.)

Os genes relativos a características e funções determinadas ocupam lugares específicos denominados *loci* (singular: *locus* ou lócus) nos pares de cromossomos. Quando o óvulo e o espermatozóide unem-se, o zigoto recebe do pai e da mãe um único gene em cada lócus do cromossomo. Os genes nos cromossomos sexuais (o 23º par) estão supostamente ligados ao sexo, uma vez que são transmitidos de forma diferente para homens e mulheres. Se os genes que o zigoto recebe em um determinado lócus contêm "ordens" conflitantes, um pode dominar completa ou parcialmente, ou podem ambos influenciar o resultado final.

Genes e Desenvolvimento

No início, as células de um organismo são superficialmente semelhantes. No entanto, algumas células humanas vão se desenvolver para formar o cérebro; outras, a medula espinhal; outras, o coração; outras, a pele e os ossos. Embora a maioria das células contenha um conjunto completo de genes, cada célula parece se auto-regular "ligando" certos genes que dirigem a produção de proteínas naquela célula.

Em apenas oito semanas após a concepção, cerca de 95% das estruturas e órgãos humanos conhecidos estão formados. O ser em desenvolvimento — embora com menos de 3 centímetros de comprimento — parece uma pessoa minúscula. (Poderíamos dizer também que se assemelha a um minúsculo gerbo. Neste ponto do desenvolvimento, são acentuadas as similaridades interespécies.)

Não imagine a hereditariedade operando em um vácuo ambiental. Ainda na mais tenra fase, a experiência tem enorme significação. As células do embrião desenvolvem diferentes características em diferentes ambientes. No Capítulo 10, estudaremos evidências que demonstram que doenças, drogas e estresse têm amplos efeitos sobre o embrião.

Genes e Evolução

Como a evolução depende dos genes? A variação genética tem sido chamada de matéria-prima da evolução. Quando nasce um animal com novos genes, ele desenvolve novas características físicas que podem mudar seu comportamento. Algumas mudanças comportamentais podem decidir a sobrevivência do animal.

Novas combinações genéticas podem surgir de variadas formas.

1   Periodicamente, verificamos *mutações*. O código genético é de alguma forma alterado, geralmente em virtude de um evento ambiental, como uma toxina ou radiação.

2   Rotineiramente, os cromossomos dos pais são reorganizados quando o óvulo e o espermatozóide juntam-se para formar a criança. Os próprios genes separam-se e recombinam-se. Durante toda essa "comoção", às vezes ocorrem erros. Partes de DNA podem ser perdidas ou duplicadas ou misturadas.

3   Os cromossomos humanos são continuamente revisados, como o são os processos celulares que eles controlam. Fragmentos de DNA movimentam-se, mudando de lugar em um único cromossomo, ou até saindo do cromossomo, talvez a caminho de outros cromossomos. Alguns cientistas pensam que esse DNA nômade liga e desliga genes para regular o que é produzido, dependendo das necessidades então correntes (Calabretta *et al.*, 1982). Se assim for, o DNA nômade dota os organismos do poder de alterar processos químicos básicos e de se ajustar a condições radicalmente novas.

Embora verifiquemos mudanças genéticas, você não deve imaginar que pessoas e outros animais sejam algo como massa de modelar — facilmente manipuladas em qualquer direção. Nossa arquitetura e nossas funções são restritas por limites físico-químicos intrínsecos.

Diversidade Genética Humana

Pai e mãe contribuem cada um com metade dos cromossomos da prole, e cada filho recebe uma combinação ligeiramente diferente. Isso significa que "cada um de nós é um experimento genético único nunca realizado antes e que jamais voltará a ser repetido" (McClearn & Defries, 1973, p. 312).

Este princípio tem uma importante exceção. Gêmeos *idênticos*, *monozigóticos* ou *univitelinos* resultam de um evento incomum. O zigoto separa-se em duas ou mais unidades idênticas e com exatamente os mesmos genes. A maioria dos nascimentos múltiplos, porém, é *fraternal*, *dizigótica* ou *bivitelina*. Deriva da união de dois ou mais óvulos e células espermáticas diferentes, e os filhos resultantes assemelham-se geneticamente apenas no mesmo grau em que se assemelham irmãos e irmãs nascidos em datas diferentes. Eles possuem 50% em comum dos genes.

Já deve estar bastante claro que há uma enorme variação genética entre as pessoas em termos de similaridade. Gêmeos monozigóticos são idênticos. Membros de uma mesma família são similares. Indivíduos sem parentesco são muito diferentes entre si.

Genética do Comportamento Humano: Últimas Descobertas

Nos últimos anos, os cientistas aprenderam muito da hereditariedade humana. Não obstante, sabemos muito mais sobre seres mais simples, como as drosófilas. No início da década de 1970, os pesquisadores podiam atribuir apenas cerca de quatro características humanas aos cromossomos respectivos. No início da década de 1980, sabíamos as posições de mais de quatrocentos genes humanos. Hoje, a tecnologia permite-nos identificar qualquer gene humano isolado.

Ainda assim, é difícil estudar a hereditariedade humana por uma série de razões. Não podemos reproduzir pessoas em laboratório. O intervalo entre as gerações é longo e o número de filhos por família é pequeno. Tampouco podemos controlar o ambiente para eliminar sua influência, como fazemos com animais de laboratório.

A hereditariedade do comportamento é ainda mais difícil de investigar do que a hereditariedade da estrutura. No caso da estrutura, geralmente examinamos *traços discretos*, aqueles que um animal tem ou não tem: olhos vermelhos ou tentáculos curvados ou pêlo liso. Quando nos concentramos no comportamento, lidamos sempre com *traços contínuos*, aqueles que existem em graus. Todos os seres humanos têm algum nível de coordenação motora, não importa quão desajeitados possam ser. Todos têm alguma inteligência, até mesmo os mais estúpidos. Presume-se que tais características contínuas sejam influenciadas por numerosos genes, cada um dando sua pequena contribuição. É muito mais difícil identificar muitos pequenos contribuintes do que localizar um ou vários grandes.

Quando lidamos com a hereditariedade do comportamento, encontramos ainda outro obstáculo. Características contínuas dependem muito tanto do ambiente quanto da hereditariedade. Considere

os feitos atléticos. Os genes contribuem com a propensão a desenvolver membros longos, grande massa muscular e visão aguçada. Mas se as pessoas forem malnutridas ou deixarem de se exercitar, não desenvolverão seus talentos. Quando os ambientes têm acentuada variação, precisamente o mesmo conjunto de genes produz resultados diferentes.

Enfrentamos ainda uma outra complexidade quando tentamos entender que, na hereditariedade humana, são os genes que influenciam a estrutura e o comportamento durante a vida inteira. A ação dos genes regula os avanços e atrasos de desenvolvimento, as mudanças na puberdade e o envelhecimento do sistema nervoso e dos órgãos, por exemplo. Em capítulos posteriores, falaremos mais sobre a *maturação*, as mudanças preparadas por nossos genes que surgem durante o ciclo de vida.

HEREDITARIEDADE E DIFERENÇAS INDIVIDUAIS

Há mais de cem anos, os psicólogos têm investigado ativamente como as diferenças na hereditariedade influenciam o comportamento e a cognição individuais. Após examinar um dos primeiros estudos sobre famílias, discutiremos cinco estratégias contemporâneas para explorar essa relação: estudo de gêmeos, estudo da adoção, técnicas de procriação, investigações de anormalidades genéticas e pesquisa de consistências vitalícias.

Estudo de Famílias por Francis Galton

Na década de 1860, Francis Galton (o proeminente primo de Charles Darwin) fez um dos primeiros estudos sistemáticos da hereditariedade do comportamento. De acordo com doutrinas científicas, as semelhanças entre membros das famílias despertaram o interesse de Galton. Obviamente, a grandeza integrava sua própria família. Tinha ela uma base genética?

Para descobrir, Galton coletou dados sobre os membros das famílias de homens que se haviam destacado nas áreas política, militar, da ciência e do direito. Ele descobriu que cidadãos notáveis tinham maior número de parentes famosos do que se poderia atribuir ao puro acaso. Descobriu também que parentes próximos tinham maior probabilidade de ser ilustres do que os parentes distantes. Ao interpretar suas descobertas, Galton minimizou o fato de que pessoas eminentes dotam os filhos de vantagens sociais e educacionais. Ele concluiu que a hereditariedade era responsável pelo brilhantismo.

Apesar de suas significativas deficiências, o estudo de Galton serviu como elemento catalisador, estimulando o interesse pela relação entre comportamento e hereditariedade. Duas estratégias contemporâneas de pesquisa — de gêmeos e da adoção — baseiam-se nos mesmos fundamentos, comparando indivíduos de variados graus de parentesco.

Estudo de Gêmeos

Aproximadamente 20 anos depois de investigar as famílias de homens ilustres, Galton introduziu o *método de estudo de gêmeos*. Um estudo de gêmeos é um experimento natural. (Veja as seções "Estratégia Experimental" e "Estratégia Correlacional" no Capítulo 1, para os termos técnicos.)

Os estudos de gêmeos testam a hipótese de que os genes influenciam a similaridade de comportamento. Dizemos que os estudos de gêmeos são experimentos naturais porque é a natureza que faz a manipulação da variável independente. E, da mesma forma, é a natureza que controla as variáveis irrelevantes. O que os cientistas fazem é medir a variável dependente.

Ao dotar os gêmeos idênticos de hereditariedade idêntica e os gêmeos fraternos, de apenas 50% de genes em comum, a natureza manipula a variável independente, a hereditariedade. A natureza controla as principais variáveis irrelevantes, uma infinidade de fatores ambientais, proporcionando experiências similares a ambos os conjuntos de gêmeos. Como os gêmeos idênticos, os gêmeos fraternos coabitam o útero. E como ambos os tipos de gêmeos têm a mesma idade, provavelmente são tratados de forma similar pelos membros da família e pelos amigos. Freqüentam as mesmas escolas. Vivem a mesma realidade social e econômica.

Para medir a variável dependente, a similaridade comportamental, os psicólogos estudam um grupo de gêmeos idênticos e um grupo de gêmeos fraternos. A pergunta central é qual dos dois tipos de gêmeos é mais similar com relação à característica de interesse. Se o desempenho dos gêmeos idênticos for mais altamente correlacionado (mais similar) do que o dos gêmeos fraternos, a hereditariedade está provavelmente influenciando a característica. Se o desempenho de ambos os tipos de gêmeos for quase igual, a genética não parece ser especialmente influenciadora. A Figura 2.3 apresenta um estudo ilustrativo de gêmeos.

O estudo de gêmeos não é um experimento natural perfeito. A falha mais séria é a pressuposição de que gêmeos idênticos e fraternos compartilhem ambientes igualmente similares. Mesmo antes do nascimento, há diferenças significativas. Gêmeos dizigóticos são envolvidos em sacos amnióticos distintos e alimentados por meio de diferentes placentas no útero; gêmeos monozigóticos compartilham o mesmo saco e a mesma placenta. Por serem tão semelhantes fisicamente e sempre do mesmo sexo, os gêmeos univitelinos têm maior probabilidade de ser tratados de igual forma após o nascimento se comparados aos gêmeos fraternos. Em resumo, além de terem a mesma hereditariedade, os gêmeos idênticos experimentam um ambiente social e físico mais similar do que experimentam os gêmeos fraternos (Lytton, 1980).

Para contornar este problema, às vezes os psicólogos comparam gêmeos idênticos criados separadamente com gêmeos fraternos criados na mesma casa. Neste caso, pressupõe-se que lares distintos são propensos a prover ambientes mais diversos do que poderia prover um único lar, de modo que as similaridades entre gêmeos idênticos não podem ser resultado de sua criação sob circunstâncias idênticas. O Quadro 2.1 comenta estudos de gêmeos idênticos criados separadamente.

Estudo da Adoção

Como são raros os gêmeos idênticos criados separadamente, os psicólogos usam outras técnicas para esclarecer os efeitos da hereditariedade sobre o comportamento. As *estratégias de adoção* estão dentre os procedimentos mais populares. Novamente, um experimento natural testa a hipótese de que os genes influenciam a similaridade comportamental. Crianças adotivas — adotadas na primeira infância — são os principais participantes. Comumente, seu comportamento é comparado à conduta dos dois casais de pais, adotivos e biológicos. A idéia é verificar quais os pares de pais-criança comportam-se de forma mais similar.

Novamente, a natureza manipulou a variável independente, a hereditariedade, e cuidou dos fatores irrelevantes. Crianças adotadas e os respectivos pais adotivos compartilham o mesmo ambiente, mas diferentes heranças. Se esses dois grupos fo-

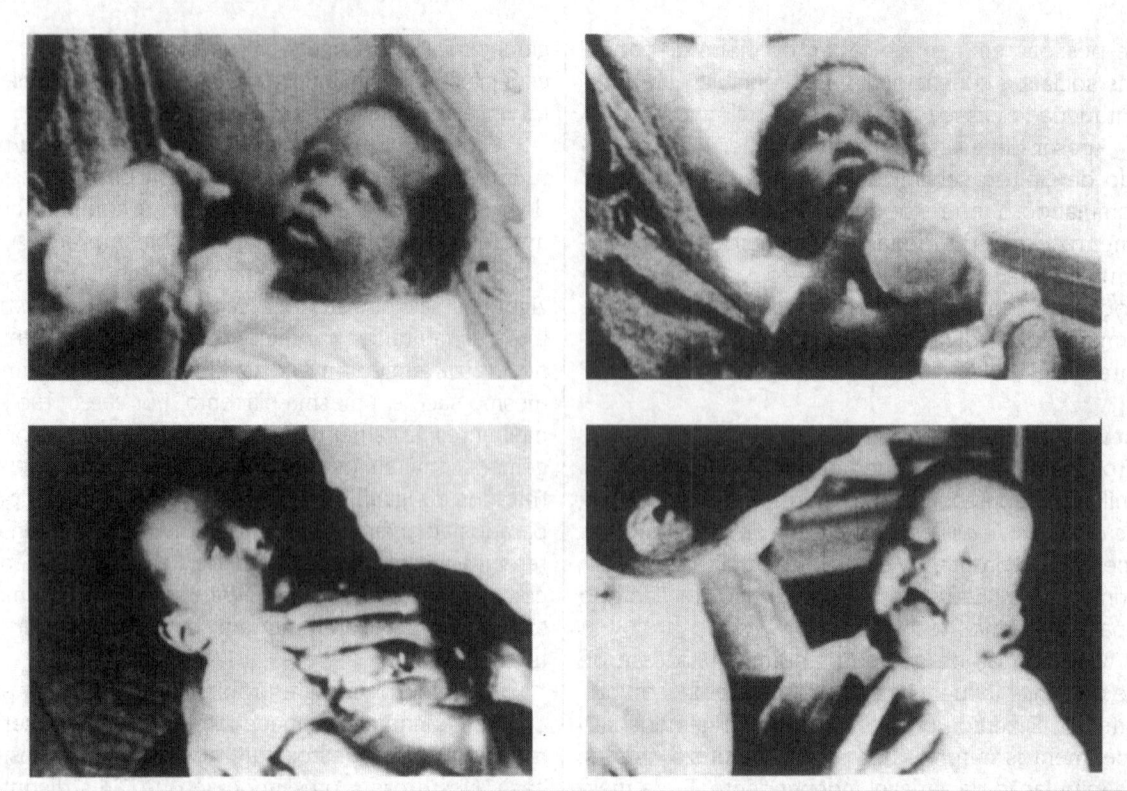

FIGURA 2.3 Meninos gêmeos idênticos e fraternos com 2 meses de idade. O par idêntico (de cima) freqüentemente demonstrou respostas sociais similares. Aqui, ambos os bebês fixam o olhar no rosto da pessoa que os alimenta. O par fraterno (de baixo) freqüentemente respondeu de maneira diferente ao estímulo social. Aqui, um dos gêmeos sorri meio sonolento, ao passo que o outro se mostra alerta e sério. Estes e numerosos outros gêmeos foram filmados em situações variadas. Avaliadores classificaram o comportamento documentado em vídeo de cada gêmeo, mas nenhum avaliou antes os membros de um único par de gêmeos. Os investigadores concluíram que os gêmeos monozigóticos comportavam-se de maneira mais similar do que os dizigóticos (Freedman, 1974). (Cortesia de Daniel G. Freedman, Universidade de Chicago.)

rem muito similares, com certeza isso resulta de suas experiências comuns. Entretanto, se as crianças adotadas fizerem lembrar mais seus pais naturais, aparentemente a hereditariedade será a principal fonte de semelhança. Note que as variáveis irrelevantes são controladas naturalmente. No caso de crianças adotivas e de pais biológicos, o ambiente está sob controle porque não pode ser uma fonte de semelhança. No caso de crianças adotivas e de pais adotivos, a hereditariedade não pode estar presente. Tudo que o investigador precisa fazer é coletar medições: para verificar qual grupo é mais semelhante na qualidade sob investigação.

Estudos de adoção sugerem que a hereditariedade humana tem um papel substancial em cognição, temperamento, propensão a distúrbios como depressão e esquizofrenia, capacidade motora e linguagem (Plomin & DeFries, 1985). Este tópico será visto com mais detalhes em capítulos posteriores.

Técnicas de Procriação

Para estudar a influência dos genes nas diferenças do comportamento animal, fazemos estudos de procriação. O método de *raças endogâmicas* (*inbred strains*) é freqüentemente usado. Em essência, temos um experimento de laboratório testando nossa antiga hipótese de que a hereditariedade influencia a similaridade comportamental.

Para produzir uma raça endogâmica, o experimentador cruza animais aparentados (geralmente irmãos e irmãs) por pelo menos 20 gerações. Em alguns casos, os animais cruzam endogamicamente por 50 a 100 gerações ou mais. O resultado é uma raça de animais praticamente idênticos em termos genéticos. O pesquisador manipulou a variável independente, a hereditariedade. Novamente, os fatores ambientais são as principais variáveis irrelevantes. Para controlá-las, os investigadores criam os animais sob circunstâncias praticamente idênticas.

Para testar a hipótese dos efeitos dos genes sobre o comportamento, os psicólogos examinam diversas raças endogâmicas sob condições semelhantes de teste. Em uma série clássica de estudos, John Paul Scott e John Fuller (1965) observaram cinco raças puras de cães, criados de forma similar, para avaliar as influências genéticas sobre seu comportamento social. Scott e Fuller compararam as reações de animais de diferentes idades, em experiências como ouvir uma campainha e ser deixado sozinho. As pontuações da reatividade emocional dos cães eram sistematicamente diferentes. *Terriers, beagles* e *basenjis* eram mais reativos emocionalmente do que cães pastores Shetland e *cocker spaniels*. Sempre que as respostas de cada raça são distintas, presumimos que a hereditariedade influenciou a diversidade. De fato, os animais podem ser criados sem quase traço algum, incluindo agressividade, curiosidade, forte impulso sexual, gosto por álcool e cuidados maternos (Fuller & Simmel, 1983).

A acumulação de evidências obtidas com animais não-humanos fortalece a confiança na existência de relações entre genes e comportamento nos seres humanos, as quais não foram ainda demonstradas de forma conclusiva. Embora seres humanos não possam ser reproduzidos dessa forma, *pedigrees* humanos podem certamente ser estudados para verificar se os padrões apóiam a evidência existente.

Investigações de Anormalidades Genéticas

Os cientistas usam uma outra tática experimental natural para estudar relações gene-comportamento. Eles observam pessoas que nasceram com *anormalidades hereditárias* para verificar se alguns determinados tipos de pensamento ou conduta estão associados. Se a amostra for suficientemente grande, os investigadores pressupõem que influências ambientais irrelevantes são distribuídas aleatoriamente e não afetarão suas descobertas de forma sistemática.

Consideremos uma breve ilustração. Em 1 de cada 3.000 nascimentos, os bebês herdam um cromossomo X normal, porém nenhum cromossomo X ou Y. Esta condição é conhecida como *síndrome de Turner*. No nascimento, indivíduos com esta doença assemelham-se a meninas normais e são criados como meninas. Dentre as características associadas à síndrome de Turner estão inteligência geral normal e dificuldade de visualizar objetos tridimensionais no espaço. Presumivelmente, esse tipo de habilidade espacial tem importantes vínculos com a hereditariedade. Para melhor fundamentar o caso, os investigadores examinam descobertas sobre habilidade espacial provenientes de outras fontes. Dados de estudos de gêmeos e da adoção, por exemplo, apóiam a idéia de que os genes exercem algum controle sobre as habilidades espaciais (Vandenberg & Kuse, 1979).

Pesquisa de Consistências Vitalícias

Uma outra estratégia para demonstrar as relações gene-comportamento consiste em estudar as mesmas pessoas ao longo da vida, a fim de verificar o grau de consistência de seu comportamento (a *estratégia de consistências vitalícias*). Tipicamente, os investigadores examinam a conduta desde o início da vida, em geral desde a primeira infância. Se as tendências observadas permanecerem estáveis, apesar das mudanças de ambiente ao longo da infância e da idade adulta, presumimos que os genes são uma importante fonte de consistência.

Novamente, temos um experimento natural. A natureza manipula a hereditariedade. O cientista examina a consistência comportamental (e talvez fisiológica) da data 1 até a data 2. Se a amostra for representativa e grande, a influência de variáveis ambientais irrelevantes deve estar distribuída aleatoriamente e, desta forma, não deveria obscurecer o impacto da variável independente, os genes.

Por si só, esses dados não são conclusivos por duas razões, dentre outras. Primeira, o comportamento de um bebê — mesmo no nascimento — pode refletir experiências no útero ou durante o parto. Segunda, a persistência das características observadas na infância poderia ser resultado da consistência ambiental ou de uma combinação de consistência ambiental e genes. Por isso, as descobertas oriundas de estudos de consistência vitalícia raramente são usadas sozinhas, mas para apoiar ou lançar dúvidas sobre descobertas de outras fontes.

Descobertas da Genética do Comportamento

Em capítulos posteriores, mencionaremos as descobertas de geneticistas do comportamento quando estivermos discutindo tópicos como temperamento, inteligência, personalidade e comportamento anormal. Veremos que a hereditariedade contribui para as diferenças entre as pessoas em quase todos os domínios da psicologia. (■)

SISTEMA NERVOSO: UMA VISÃO GERAL

De todas as estruturas que herdamos, aquela que está mais estreitamente associada com nossa identidade humana é o sistema nervoso, porque é ele que regula os 50 trilhões de células que se estima existir no corpo humano. Como membros da espécie *Homo sapiens*, todos nós recebemos um sistema nervoso, embora cada um seja dotado de um conjunto próprio de idiossincrasias.

■ Quadro 2.1
GÊMEOS IDÊNTICOS CRIADOS SEPARADAMENTE

Se as diferenças de comportamento entre as pessoas são influenciadas pela hereditariedade, gêmeos idênticos — mesmo aqueles criados separadamente — deveriam ser bastante similares em termos de conduta. Numerosas observações de casos sugerem que o são (Farber, 1981). Em um estudo, de abrangência incomum, desenvolvido na Universidade de Minnesota sob a liderança de Thomas Bouchard (1984), gêmeos que viveram separadamente a maior parte da vida vão à universidade para serem estudados durante uma semana aproximadamente. Os estudos abrangem reações fisiológicas e condições médicas, personalidade, temperamento, interesses, habilidades, aptidões, gostos, experiências e sentimentos.

Keith e Jake estão dentre os mais similares de todos os gêmeos que já foram estudados. Separados quando bebês e adotados por diferentes famílias, ambos cresceram fora de New Orleans. Embora ambos vivessem na mesma localidade, freqüentavam escolas diferentes. Enquanto crianças, nenhum dos dois sabia que o irmão gêmeo morava perto. Embora seus históricos sejam diferentes, Keith e Jake mostram muitas similaridades. Não só são fisicamente parecidos como também têm maneirismos similares. Seus interesses e habilidades são semelhantes. Ambos não tiveram bom desempenho na escola, não gostavam de ginástica, apreciavam as artes e desenvolveram predileção por armas e caça. Em termos de vestuário e alimentação, apresentam gostos semelhantes: ambos se vestem como caubóis e adoram chocolate e outros doces. A personalidade de ambos é também parecida. Os dois têm tendência a procrastinar muito e demonstram-se reservados na presença de outras pessoas. No aspecto médico, vemos mais semelhanças ainda. Keith e Jake são alérgicos à ambrósia e poeira, por exemplo.

A psicóloga Susan Farber (1981) combinou dados de 121 estudos de casos de gêmeos idênticos criados separadamente para avaliar as descobertas com mais rigor. Ela concluiu que gêmeos idênticos apresentam similaridade em uma série de dimensões:

- Características físicas como altura, peso, voz e risada.
- Parâmetros de saúde como cáries, pressão sangüínea, registros de ondas cerebrais e tendência à enxaqueca.
- Temperamento e personalidade, incluindo agressividade, timidez e controle de impulsos.
- Maneirismos, incluindo o modo de cruzar as pernas, de andar, postar a cabeça e rir baixinho, gestos e expressões faciais.
- Preferências e hábito de fumar, beber e comer.
- Aptidões e interesses específicos.
- Distúrbios de comportamento, conforme indicado por sintomas como o hábito de roer unhas, ansiedade e depressão.

Uma descoberta inesperada foi a de que gêmeos idênticos que mantêm mais contato assemelham-se menos acentuadamente em personalidade do que aqueles que têm menos contato. Quando criados juntos, Farber conjectura, os gêmeos são tratados de forma diferente pelos pais, os quais talvez exagerem pequenas diferenças para ajudar a estabelecer identidades diferentes.

Alguns gêmeos idênticos são muito diferentes. Aos 39 anos, Harry e Alfred são tão diferentes na aparência física — 7 centímetros na altura e 28 quilos no peso, por exemplo —, que somente os resultados dos exames de sangue convenceram os investigadores de que o par era realmente de gêmeos idênticos. Um deles, que havia sido exposto a consideráveis adversidades, experimentava acessos de desmaio e sintomas de ansiedade, dos quais escapara seu mais afortunado irmão gêmeo.

O que se confirma nas observações de gêmeos idênticos que foram separados é que a hereditariedade exerce uma profunda influência em todos os aspectos das diferenças individuais. Parece ser necessário um estado de extrema pobreza ou grande riqueza para alterar sua expressão. Embora os genes sejam uma importante influência (respondendo por cerca de metade das variações que verificamos, por exemplo, na personalidade e nos interesses das pessoas) (Bouchard, 1984), há muito ainda por investigar e definir.

Nesta seção, focalizaremos primeiro o plano geral do sistema nervoso humano. Depois, tendo conhecido alguma coisa de seu incrível delineamento, examinaremos seu componente básico, o neurônio. Veremos como grupos de neurônios organizam-se para formar as estruturas do sistema nervoso e um cérebro operante. Veremos como o cérebro dinâmico modifica-se com as experiências e a idade.

Para entender as funções do sistema nervoso no comportamento e na cognição, você precisa conhecer alguns elementos básicos de anatomia (estrutura) e de fisiologia (função). Todavia, enfatizaremos a relação entre os sistemas físicos e o organismo em ação.

Modelo *Input-Output*

Em alguns aspectos, o plano geral do sistema nervoso humano assemelha-se ao *design* de um sofisticado robô. O robô precisa de *sensores*, mecanismos para extrair informação do mundo externo e do mundo interno. Os sensores lidam com o que chamamos de *input*. Ao mesmo tempo, o robô requer *efetores*,[2] partes móveis que o capacitam a se movimentar e fazer mudanças internas e externas. A este aspecto chamamos de *output*.

Entre *input* e *output*, colocamos tudo o que o robô faz. Um robô competente precisa de um elaborado computador para interpretar as informações provenientes de seus sensores, considerar experiências passadas, antecipar dificuldades e planejar ações apropriadas. Para que o robô seja razoavelmente auto-suficiente, o computador precisa ser capaz de supervisionar as funções vitais e gerenciar a distribuição de energia, a fim de que haja combustível suficiente durante períodos de operação corriqueira e durante crises. Nosso robô precisará de mais um sistema básico: uma rede de linhas de comunicação que transporta informação, interligando sensores, computador e efetores. Embora as pessoas sejam muito mais complicadas do que um robô, alguns dos aspectos básicos são similares.

Sensores e Efetores

Os sensores humanos estão em células denominadas *receptores* (descritas mais amplamente no Capítulo 4). Os receptores respondem a som, luz, calor, toque, movimento muscular e outros estímulos dentro e fora do corpo. Tipicamente, os organismos estão alertas a mudanças, contrastes e movimentos, uma vez que estes nos avisam de eventos que possam requerer ajustes. Não precisamos estar continuamente atentos à luz da lâmpada ou ao canto do gafanhoto.

Como os robôs, as pessoas precisam de meios para responder. Células isoladas, grupos de células e partes de células, especializados em responder, são denominados *efetores*. Os efetores, encontrados em músculos, articulações, glândulas e órgãos, capacitam-nos a agir.

Sistemas Coordenadores e Condutores

Dois sistemas coordenadores e condutores — separados, mas interagindo — interligam os sensores e efetores humanos. Um deles é o *sistema circulatório*. Além de transportar nutrientes e oxigênio, o sistema circulatório conduz sinais químicos, denominados hormônios. Por ora, basta saber que os hormônios têm particular influência nos processos comportamentais lentos e prolongados. Os hormônios desempenham um importante papel na maturação sexual, por exemplo.

O *sistema nervoso* é o outro grande sistema coordenador-condutor. Quando a questão é a velocidade e quando há necessidade de ações isoladas, o sistema nervoso desempenha o papel predominante na coordenação e condução. Uma série de divisões do sistema nervoso merecerá nossa atenção.

Sistema Nervoso Central

Em vez do computador do robô, as pessoas têm um *sistema nervoso central* (SNC), composto do cérebro e da medula espinhal. (Veja a Figura 2.4.) Ao realizar as tarefas para as quais foi projetado (reconhecimento de padrões, raciocínio, abstração, uso da linguagem), o SNC é imensamente mais poderoso do que qualquer computador que já se tenha fabricado. Alguns cientistas de computador estimam que a capacidade total de processamento de dados do cérebro seja de 10 trilhões de bits de informação por segundo. Estima-se que seja de um décimo a

---

2. N.R.T.: Em neurologia, fala-se em vias aferentes, as vias responsáveis pela condução do estímulo sensitivo, e em vias eferentes, as vias que conduzem à resposta motora. O termo efetor será adotado no texto, pois ele faz referência não só à condução nervosa para a resposta, mas também às partes móveis (musculatura) envolvidas na realização do movimento.

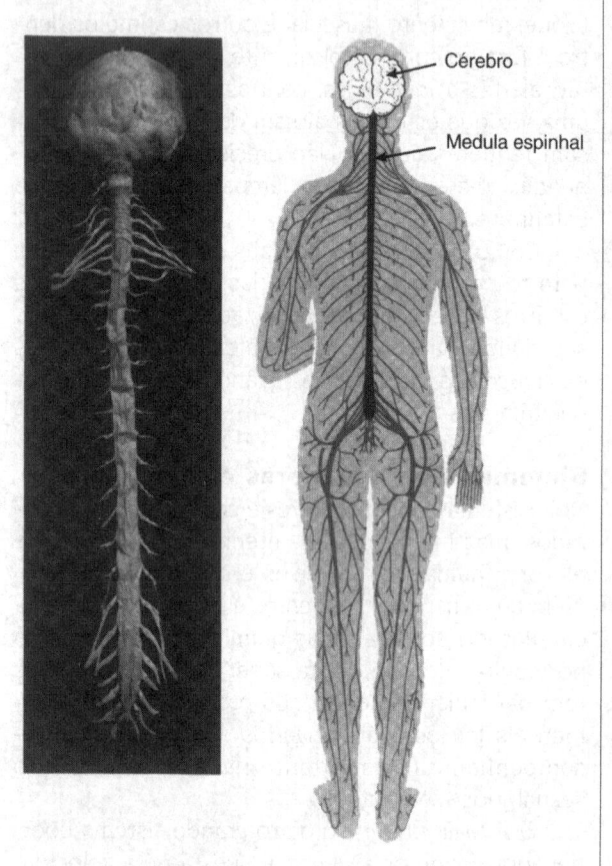

FIGURA 2.4 Os dois principais componentes do SNC — cérebro e medula espinhal — são mostrados em relação aos nervos periféricos. Os nervos do sistema periférico conectam os efetores e receptores do corpo ao cérebro e à medula espinhal. Doze pares de nervos do sistema periférico que se juntam diretamente ao cérebro não estão aqui representados. (A foto reproduzida foi uma cortesia do Dr. Terence Williams, Universidade de Iowa.)

eficiência dos computadores da atual geração (E. H. Walker, 1981).

Cérebro O *cérebro* é o principal órgão de processamento de informações e tomada de decisões do corpo. Ao receber mensagens dos receptores, avalia os dados e faz os planos que guiam nossas ações. Além de governar o que escolhemos fazer, o cérebro gerencia muitas ações das quais temos pouquíssima consciência ou controle. Ele integra funções vitais, como circulação e respiração. Supervisiona o atendimento das necessidades do corpo, incluindo alimentação e sono. Gerencia também o suprimento de combustível.

Apesar das similaridades superficiais, cérebros e computadores são extremamente diferentes. Os computadores processam informações *serialmente* (em seqüência) e a um ritmo *rápido*. O cérebro trabalha mais *lentamente*, porém lida com informações que chegam de milhares de canais *paralelos*.[3] No cérebro, encontramos intricadas conexões entre os canais paralelos. O computador — por comparação — é muito menos desenvolvido.

Nosso modelo *input-output* é relativamente acurado para o robô. Mas o cérebro não é um mero painel de controle ativado apenas quando os sensores são estimulados. O cérebro fica permanentemente ativo durante nossa vida inteira. Ele está trabalhando enquanto usamos a linguagem, pensamos, resolvemos problemas ou relembramos — atividades que não são necessariamente iniciadas por estimulação sensorial. O cérebro é diligente em monitorar o ambiente interno, mesmo enquanto dormimos. Sinais dos sentidos misturam-se, modificam-se e são modificados pela atividade ininterrupta do cérebro. O cérebro, por sua vez, controla o que os sentidos trazem. Ele pode permitir acesso a certas mensagens sensoriais e bloquear outras.

Medula espinhal Geralmente se considera a *medula espinhal* como uma extensão do cérebro. Mas pode-se alegar o inverso. Uma vez que a medula espinhal já existia antes do cérebro na história da evolução, o cérebro pode ser considerado extensão da medula espinhal. Seja como for, a medula espinhal e o cérebro são bastante similares. De ambos, a medula espinhal é a mais simples em termos de organização e função.

A medula desempenha uma série de funções. Atuando como intermediária, envia informações ao cérebro e recebe mensagens do cérebro. Além disso, integra e coordena dados sensoriais — sobre pressão, toque, temperatura e dor — enviados ao cérebro. A medula ajuda também a proteger o corpo contra ferimentos, servindo como intermediária de muitos *reflexos*. Reflexo (como tirar a mão de um forno quente) é uma resposta muito rápida e involuntária a um estímulo em geral potencialmente perigoso. A medula espinhal está também envolvida em movimentos voluntários.

---

3. N.R.T.: Atualmente já existem computadores que processam a informação em paralelo.

Sistema Nervoso Periférico

Pelo fato de os receptores e efetores estarem geralmente localizados muito longe do SNC, o ser humano possui um sistema de comunicação, o *sistema nervoso periférico*, o qual inclui uma rede de cabos condutores de informação, ou *nervos*, que conectam os vários componentes. O sistema periférico contém todas as estruturas do sistema nervoso que estão ao redor ou fora do cérebro e da medula espinhal. ("Periférico" significa "ao redor".) O sistema periférico é dividido em duas partes principais: sistema somático e sistema nervoso autônomo.

Sistema nervoso somático O *sistema nervoso somático* é composto principalmente pelos nervos que conectam o SNC aos receptores, no lado do *input*, e aos músculos e articulações do esqueleto, no lado do *output*. O sistema nervoso somático capacita o ser humano a realizar ações voluntárias, a se movimentar e a se comportar segundo sua escolha.

Sistema nervoso autônomo O *sistema nervoso autônomo* (SNA) contém nervos que transportam mensagens entre o SNC e os chamados músculos involuntários. Os músculos involuntários incluem aqueles que controlam as glândulas e os órgãos internos. O SNA funciona *autonomamente*, ou sozinho, para manter nosso corpo na adequada ordem de funcionamento e para regular o suprimento de combustível para que possamos agir de acordo com nossas necessidades. Se você precisa atravessar rapidamente uma rua movimentada, por exemplo, o SNA acelera o coração e envia sangue para os músculos a fim de fornecer mais oxigênio e, conseqüentemente, mais energia. Não requer um esforço consciente de nossa parte. Embora o consideremos autônomo, ele é influenciado pelo SNC, o sistema endócrino e os eventos ambientais.

Apesar de a maioria das pessoas não saber que é capaz de, diretamente, modificar a ação do SNA, isso pode ser feito. Os místicos orientais que aprenderam a desacelerar seu batimento cardíaco ou espetar alfinetes na pele, sem sentir dor ou sangrar, demonstram isso claramente. Falaremos mais sobre o SNA quando nos referirmos ao *biofeedback* (Capítulo 3) e à emoção (Capítulo 9).

O SNA é ainda subdividido em dois componentes: *simpático* e *parassimpático*. Embora ambos estejam permanentemente ativos, em geral um deles predomina. A divisão simpática mobiliza recursos internos para ação vigorosa sob circunstâncias especiais, particularmente durante uma crise. A divisão parassimpática assume o comando das funções constantes, como circulação, digestão e respiração.

A Figura 2.5 representa o modelo *input-output* do sistema nervoso humano.

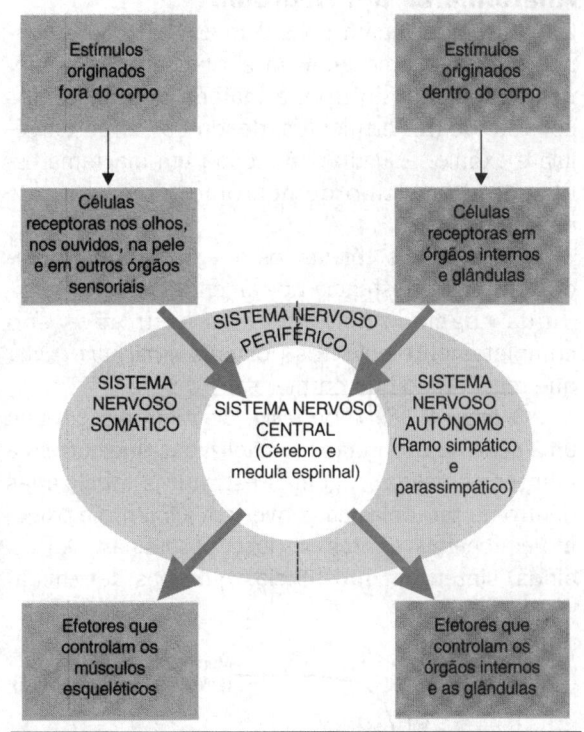

FIGURA 2.5 O modelo *input-output* do sistema nervoso humano.

NEURÔNIOS: MENSAGEIROS DO SISTEMA NERVOSO

O sistema nervoso humano consiste de diversos tipos de célula. A célula nervosa, ou *neurônio*, é a unidade funcional básica de ambos os sistemas nervosos, central e periférico. Hoje, suposições fundamentadas estimam que a quantidade de neurônios humanos esteja entre cem bilhões e um trilhão.

O sistema nervoso contém também *células gliais*, as quais excedem os neurônios em número, na relação de cerca de dez para um, no SNC. Pensava-se que estas misteriosas células meramente mantivessem os neurônios no lugar, como o tecido conjuntivo em muitos órgãos. Mas, pelo que se sabe hoje, aparentemente as células gliais são ativas. Elas se envolvem no processo de cura quando o SNC é lesado. Aparentemente desempenham um papel no controle das atividades dos neurônios. Podem auxiliar na percepção, memória e em processos mentais ainda mais complexos (Diamond, 1985).

Anatomia de um Neurônio

Os neurônios variam consideravelmente em tamanho e forma, como também em função. Mas, independentemente do tipo, a maioria dos neurônios consiste de três elementos: dendritos, corpo da célula e axônio. A Figura 2.6 mostra um diagrama estilizado de um tipo de neurônio e uma foto de neurônios reais.

Como outras células, os neurônios são formados por uma substância tipicamente incolor e semifluida chamada *protoplasma*. Os neurônios são completamente envoltos por uma *membrana celular* que regula tudo que entra e sai.

O *corpo da célula*, ou *soma*, do neurônio contém uma série de estruturas especializadas que nutrem e mantêm a célula. Algumas estruturas localizadas dentro do protoplasma convertem alimento e oxigênio em energia. Outras produzem proteínas. Outras, ainda, sintetizam substâncias químicas denominadas *neurotransmissores*. Os *transmissores*, conforme são abreviados, desempenham papéis importantes na transmissão de mensagens. O *núcleo* do corpo da célula está quase sempre localizado no centro e sua forma é quase esférica. Contém informações genéticas na forma de DNA (*ácido desoxirribonucléico*), que determina a estrutura e a função da célula.

Os dendritos e o axônio são ramos fibrosos que juntam o neurônio a outros neurônios e aos receptores e efetores. Essas fibras fazem a célula nervosa parecer diferente das outras células do corpo. Pense nos *dendritos* como as partes "receptoras de mensagem" do neurônio. A maioria dos neurônios possui muitos dendritos, que têm pequenas ramificações, ou *espinhas*, em todas as direções. Pode haver até 30.000 espinhas em um único dendrito, estendendo-se para coletar informações dos neurônios e receptores mais próximos. Em células nervosas maduras, os dendritos estão continuamente estabelecendo novas conexões e rompendo antigas, conforme sugerem pesquisas em ratos (Purves & Hadley, 1985). Ocasionalmente, os dendritos transmitem mensagens (Shepherd, 1978).

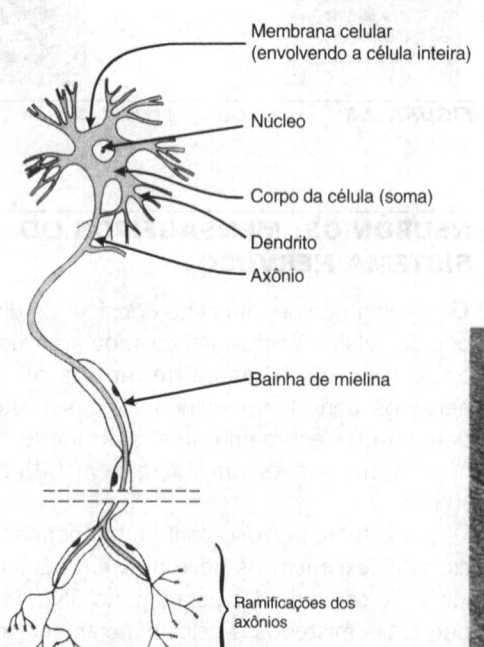

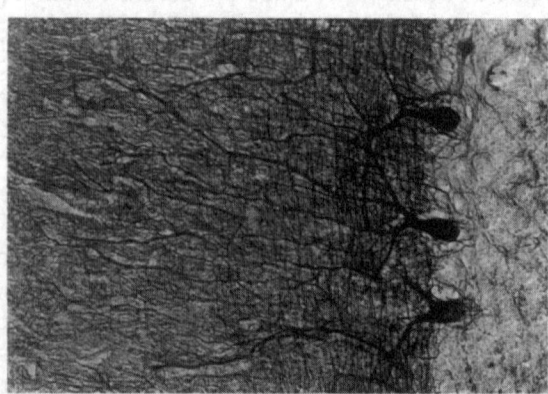

FIGURA 2.6 Os neurônios variam consideravelmente na estrutura e na função. *Esquerda*, diagrama de um neurônio idealizado. Os mesmos elementos estão presentes em muitos dos neurônios do sistema nervoso. *Direita*, fotografia tirada por microscópio de uma fileira de células Purkinje, um tipo de neurônio encontrado no cerebelo. (Manfred Kage/Peter Arnold, Inc.) [Veja a figura em cores na p. A1]

Considere o *axônio*, a parte "remetente de mensagens" da célula. Os axônios geralmente conduzem informações da célula para os neurônios vizinhos e os efetores. Um neurônio típico possui um axônio, o qual é mais longo e mais espesso do que seus dendritos. Os axônios variam em comprimento, desde menos de 13 milímetros até mais de 90 centímetros. O axônio ramifica-se para contatar outras células. Um único axônio pode formar alguns ou muitos ramos. Nas extremidades do axônio, em que mantém contato com outras células, estão os *pedúnculos* (também chamados de *terminais pré-sinápticos*).

Alguns axônios são cobertos por uma camada de gordura, conhecida como *bainha de mielina*. A bainha parece ter uma função isolante. Os neurônios dotados dessa cobertura podem conduzir mensagens a uma velocidade mais de 100 vezes maior do que a daqueles desprovidos dela.

Contatos Neurônio a Neurônio: Sinapses

Cada neurônio comunica-se com pelo menos outro neurônio e, em muitos casos, com grande quantidade deles. O axônio de um neurônio pode fazer contato com um dendrito, corpo de célula ou axônio de um neurônio vizinho, ou com as células de um músculo, glândula ou órgão. Por ora, focalizaremos os neurônios da Figura 2.7. Suponha que você tenha examinado a junção entre dois neurônios em um microscópio. Entre o axônio da primeira célula e o dendrito da segunda, você descobriria uma fenda minúscula, de menos de 2 nanômetros de largura. Essa fenda é chamada de *sinapse*. Você veria o mesmo tipo de fenda se observasse outras conexões que o neurônio faz. Estima-se que o cérebro humano contenha mais de 100 trilhões de sinapses (Hubel & Weisel, 1979).

O microscópio revelaria também protuberâncias semelhantes a pedúnculos (*botões terminais*), em que as extremidades das ramificações dos axônios entram em contato com outra célula. (Veja a Figura 2.8.) A maioria dessas extremidades contém pequeninos sacos de depósito denominados *vesículas sinápticas*, as quais abrigam os neurotransmissores produzidos pelas células. Pesquisas atuais indicam que os neurônios podem produzir diversos transmissores (Chan-Palay *et al.*, 1982a). Durante a comunicação com uma célula vizinha, um ou mais deles são liberados.

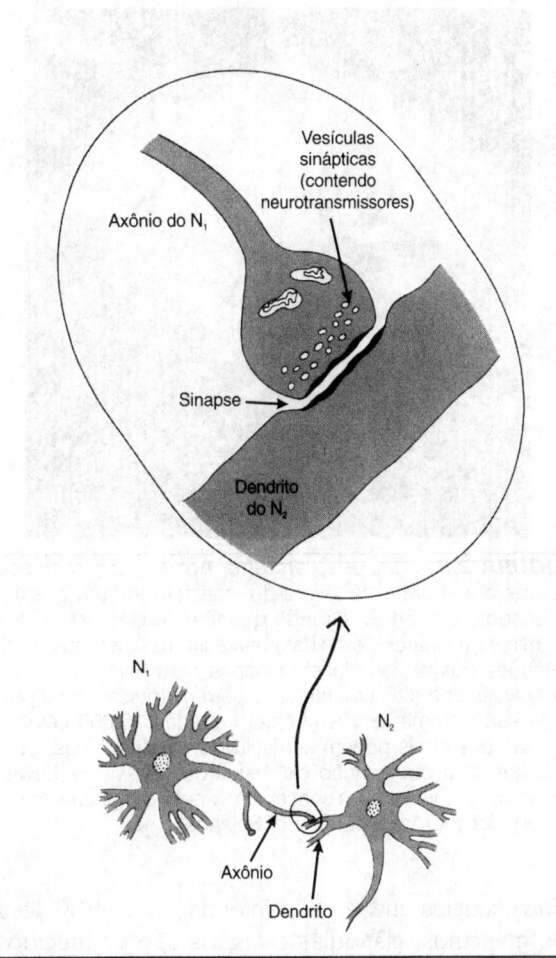

FIGURA 2.7 Dois neurônios interconectados, denominados N_1 e N_2. O detalhe da sinapse (mostrado na ampliação) é descrito no texto.

Do Neurônio ao Sistema Nervoso

Os neurônios do sistema nervoso são altamente organizados.

Sistema Periférico

O sistema periférico contém dois tipos distintos de neurônios — sensitivo e motor. Os *neurônios sensitivos* transportam mensagens dos receptores para o SNC. Os *neurônios motores* levam as ordens do SNC para os efetores. Ambos os tipos de neurônios têm axônios relativamente longos. São estes axônios (e não os corpos celulares) que se juntam em um feixe para formar os cabos nervosos (*nervos*) do sistema periférico.

Os nervos que transportam a informação sensorial para o SNC são conhecidos como *nervos sensi-*

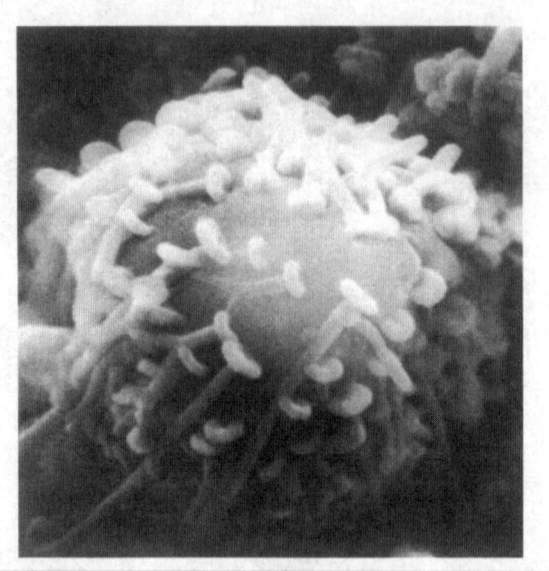

FIGURA 2.8 Sinapses em uma Aplysia, um molusco também chamado de lesma-do-mar, fotografada por microscópio eletrônico. Grande quantidade de pedúnculos terminais (milhares de bolhas) nas extremidades das ramificações dos axônios fazem sinapse num único neurônio. A Aplysia é freqüentemente usada em pesquisa neural porque seu sistema nervoso contém apenas 10.000 células, muitas das quais podem ser isoladas e estimuladas, possibilitando a observação do resultado. (Edwin R. Lewis, Thomas E. Everhart e Yehoshua Y. Zeevi, American Association for the Advancement of Science.)

tivos. Aqueles que levam a informação do SNC para os músculos, glândulas e órgãos são conhecidos como *nervos motores*. Os nervos, em sua maioria, são *misturados*. São formados pelos axônios dos neurônios sensitivos e motores. Nervos grandes podem conter um milhão de axônios. Nervos pequenos contêm várias centenas. Os corpos celulares desses axônios são agrupados em feixes, por função, dentro do sistema nervoso periférico.

O ser humano possui 43 pares de nervos (um conjunto para cada lado do corpo). Através de ramificações e novas ramificações, esses nervos colocam quase todas as regiões do corpo em contato direto com o cérebro e a medula espinhal.

Sistema Nervoso Central

O SNC contém a maior parte dos neurônios do corpo humano. Os neurônios do SNC, em sua maioria, são conhecidos como *interneurônios*. Eles tendem a ter axônios e dendritos curtos e a se ramificar profusamente. Cada um deles faz sinapse com um vasto número de outros neurônios. Esta organização intricadamente interconectada permite aos interneurônios processar e sintetizar informações e planejar a ação.

Dentro do SNC, os neurônios estão comumente agrupados em "cabos" de axônios, em feixes de corpos celulares e em feixes de neurônios. Esses agrupamentos são as estruturas cerebrais que descreveremos adiante.

Neurônios como Mensageiros

Como as mensagens são passadas de neurônio a neurônio? Para ilustrar, tomemos o exemplo simples e estilizado da Figura 2.9.

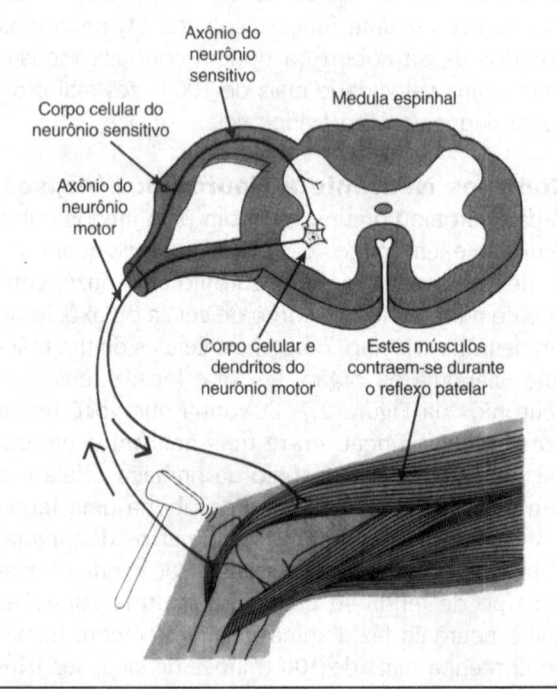

FIGURA 2.9 Algumas das vias nervosas envolvidas no reflexo paletar. Observe que o cérebro não está no circuito, embora a medula espinhal informe o evento ao cérebro.

Imagine que você esteja fazendo um *check-up* médico. Para testar o reflexo (patelar), o médico bate com um pequeno martelo em sua perna, logo abaixo do joelho. A batida estica o tendão que liga o músculo acima do joelho ao joelho, estimulando os receptores do tendão. Esses receptores, como todos os receptores do corpo, traduzem a sensação para a linguagem eletroquímica usada pelo sistema nervoso. Se a batida for *suficientemente intensa* — como costuma ser — fará com que o neurônio receptor conduza um *impulso nervoso*. O impulso, que codifica a mensagem, viaja para a medula espinhal. De lá, o impulso estimula um neurônio motor, o qual leva a mensagem ao músculo apropriado. E o joelho contrai-se.

O Impulso Nervoso
O que é um "impulso nervoso"? Quando um neurônio está inativo, sua membrana celular conserva um delicado equilíbrio, mantendo certas partículas eletricamente carregadas dentro da célula, impedindo a entrada de outras na célula e permitindo a outras, ainda, fluir livremente em ambas as direções. Quando estimulada com suficiente intensidade, a membrana perde seu controle por uma fração de segundo. Em outras palavras, sua *permeabilidade* (capacidade de ser penetrada) muda.

Esta fugaz mudança na permeabilidade começa no ponto de contato entre as células comunicantes — geralmente no dendrito do neurônio receptor — e alastra-se pelo corpo celular e axônio. A mudança é acompanhada de movimentos de partículas carregadas por toda a membrana celular. Este movimento resulta em mudanças mensuráveis de voltagem, sinais elétricos que os cientistas podem registrar e analisar para melhor entender o código de comunicação do sistema nervoso. Define-se *impulso nervoso* como a alteração transitória na permeabilidade da membrana que *circunda o axônio* e a resultante redistribuição de cargas elétricas naquele ponto.

Limiares de Detonação
Por que dissemos que a batida tinha de ser "suficientemente intensa" para acionar o impulso nervoso? Cada neurônio tem seu próprio *limiar de detonação*, ou seja, um nível de excitação que precisa ser atingido para que seu axônio conduza um impulso nervoso. Uma vez alcançado esse nível, a célula *atira* (o axônio conduz o impulso nervoso).

Como um revólver, o neurônio detona ou não. É por isso que os cientistas dizem que ele obedece à *lei do tudo ou nada*. Não importa o que o tenha estimulado, o impulso nervoso que chega ao axônio tem sempre a mesma intensidade e duração.

Códigos Nervosos
Se o impulso nervoso é sempre igual, como as pessoas podem distinguir os estímulos? Como sabemos que fomos tocados levemente ou levamos um soco na mandíbula ou um tapa na mão? Como podemos diferenciar uma carne de churrasco de um frango assado? Como podemos distinguir uma ária de ópera de um *pot-pourri* de gaita de foles?

Os eventos que nos rodeiam são codificados de diversas formas. Os próprios receptores são especializados para responder a determinados tipos de estimulação. Depois, nervos específicos conduzem suas mensagens a regiões predeterminadas do cérebro para análise. Assim, som e luz produzem sensações diferentes em parte por causa dos receptores e neurônios que estimulam e das regiões do cérebro que recebem e analisam a mensagem.

Os neurônios detonadores também desempenham um papel efetivo na codificação da intensidade de novas experiências sensoriais. Tanto o *número* de neurônios que detonam como a *freqüência* e o *padrão* de sua detonação variam para sinalizar o grau de intensidade de um determinado estímulo.

O Papel dos Neurotransmissores
Quando a redistribuição de carga que acompanha a mudança na permeabilidade atinge a ponta das ramificações do axônio, geralmente faz com que as substâncias neurotransmissoras armazenadas sejam liberadas para a(s) sinapse(s). Os neurotransmissores combinam-se com proteínas altamente específicas na superfície da(s) célula(s)-alvo. Esta união aciona respostas eletroquímicas — em alguns casos, um impulso nervoso — nas células-alvo. Logo em seguida, as substâncias transmissoras ou são destruídas ou retornam para o neurônio de onde vieram, para armazenagem e reutilização. Um acúmulo de substâncias transmissoras na sinapse poderia romper a comunicação.

Desde 1985, os cientistas já isolaram mais de 50 possíveis neurotransmissores e esperam que o número final ultrapasse 200 (Höfkel *et al.*, 1985; Krieger, 1985; Snyder, 1985). Os transmissores podem ser divididos em dois tipos: excitatório e inibitório. Os *transmissores excitatórios* tendem a fazer as células adjacentes detonar. Os *transmissores inibitórios* tendem a impedir que as células adjacentes detonem. Os neurônios monitoram continuamente a quantidade total dos dois tipos de transmissor em todas suas sinapses "receptoras", aquelas envolvidas no recebimento de mensagens. Quando o número de transmissores excitatórios nessas sinapses ultrapassa o de transmissores inibitórios em uma quantidade crítica, o neurônio detona. Os transmissores inibitórios limitam a propagação da ativação, protegendo uma determinada área de ser influenciada ou interrompida pela atividade nas regiões vizinhas.

Revisitando o Reflexo Patelar

Voltemos ao exemplo da contração do reflexo patelar para redescrevê-lo nos termos dos conceitos que acabamos de ver. Conforme o joelho recebe a batida, o neurônio sensitivo (receptor de alongamento) é detonado. Nesse processo, libera um transmissor excitatório em quantidade suficiente para excitar a célula adjacente, um neurônio motor, até seu ponto de detonação. O impulso nervoso subseqüentemente atinge o axônio do neurônio motor. A substância transmissora, novamente uma substância excitatória, é liberada para a sinapse da célula efetora no músculo extensor, fazendo com que o músculo contraia-se, levantando a perna.

Todo esse processo leva apenas 50 milissegundos. Levaria mais tempo do que isso para passar a informação para o cérebro e mandar um comando de volta. O reflexo patelar é administrado pela medula espinhal, a qual transmite os impulsos motores quase imediatamente para o músculo (daí o nome "reflexo").

Depois que o joelho contrai-se, a perna relaxa. Isso é realizado por outras ações de diversos neurônios interconectados.

Registrando a Atividade Elétrica do Neurônio

Sinais elétricos fracos são continuamente gerados pelos neurônios em todo o sistema nervoso. Essa atividade permanece constante enquanto o cérebro estiver vivo. De fato, sua cessação é um dos critérios para declaração de morte.

Os cientistas usam uma série de técnicas de registro para detectar a atividade dos neurônios. Todos os procedimentos envolvem *eletrodos*, que são geralmente constituídos de pequenos pedaços de metal. Os eletrodos captam sinais elétricos dos neurônios e os enviam a aparelhos amplificadores e medidores. O registro da atividade elétrica fornece informações sobre quais neurônios estão particularmente ativos quando os animais descansam, aprendem, dormem ou agem de formas variadas.

Para registrar a atividade elétrica nas grandes regiões do cérebro, colocam-se eletrodos de tamanho e formato similares aos de uma moeda pequena no couro cabeludo. Neste caso, o aparelho amplificador e registrador é denominado *eletroencefalógrafo* (EEG). O registro feito em papel é conhecido como *eletroencefalograma*. Os procedimentos EEG obtêm informações sem prejudicar as pessoas; porém, às vezes, as informações obtidas são difíceis de interpretar porque os sinais provêm de todo o cérebro e refletem muitas atividades em curso.

Para medir a atividade elétrica de uma região menor do cérebro com mais precisão, os cientistas inserem eletrodos semelhantes a agulhas diretamente na região de interesse. É possível até mesmo observar a atividade elétrica de um único neurônio pela implantação de minúsculos *microeletrodos* (10 *mícra* de diâmetro). Os eletrodos podem ser implantados em regime permanente no sistema nervoso e monitorados à medida que os organismos movimentam-se. Uma vez que a implantação de eletrodos prejudica os neurônios, é usada somente no estudo de animais de laboratório ou no tratamento de pessoas com graves disfunções cerebrais.

Neurotransmissores e Comportamento

Os neurônios que usam um determinado transmissor geralmente se agrupam em tratos ou vias distintas. Enquanto os neurônios comunicam-se, transmissores são continuamente produzidos, secretados, quebrados e recuperados. Cientistas descobriram recentemente uma forma de observar a atividade do transmissor em um cérebro vivo usando uma adaptação do procedimento de varredura PET[4] (Wagner *et al.*, 1983; Ziporyn, 1985), descrito no Quadro 2.3.

Sabe-se que os transmissores diferem entre si em vários aspectos. Alguns são inibitórios, outros excitatórios, conforme mencionamos. Alguns têm efeitos rápidos e de curta duração, e tendem a ser usados com freqüência. Outros têm efeitos mais lentos e mais persistentes, e atuam raramente. E o que é notável, os vários transmissores desempenham papéis especiais no pensamento, no humor e na ação. Níveis relativamente altos ou baixos dessas substâncias químicas estão concretamente relacionados com efeitos psicológicos específicos.

Que condições alteram os níveis dos transmissores? Nossos *ritmos internos* são uma delas. Antes

---

4. N.T.: Abreviatura de *positron emission transaxial tomography* (tomografia transaxial de emissão de pósitrons) — varredura PET ou PET *scan*.

de dormir, por exemplo, as pessoas liberam quantidades relativamente grandes de um neurotransmissor chamado *serotonina*. Como uma pílula de calmante, a serotonina ajuda-nos a dormir.

A *experiência* exerce uma segunda e importante influência nos níveis dos transmissores. Estar sob estresse, por exemplo, causa o esgotamento de um neurotransmissor chamado *norepinefrina*. A depressão costuma gerar o mesmo esgotamento.

A *dieta* também influi. Os nutrientes — tanto aqueles naturalmente existentes em nossos alimentos como os sintetizados para suplemento dietético — podem alterar substancialmente certos níveis de transmissores e influenciar o comportamento (Gelenberg *et al.*, 1982; Wurtman, 1982). Em experimentos com ratos e também com pessoas depressivas, um aminoácido chamado *tirosina*, por exemplo, provou elevar significativamente a *norepinefrina* cerebral, ajudando a aliviar algumas depressões humanas.

Doenças, ferimentos e *uso de drogas* podem alterar drasticamente o número de transmissores em determinados circuitos. Por exemplo, numerosos estudos vinculam neurotransmissores opióides, chamados *endorfinas*, às experiências de dor e alívio da dor (Akil *et al.*, 1984). Acredita-se que os efeitos da morfina, dos placebos, da estimulação cerebral elétrica e da acupuntura ocorram, em parte, pelo estímulo da liberação de endorfinas (Basbaum & Fields, 1984; Gracely, 1983). Falaremos mais sobre dor no Capítulo 4.

Passaremos agora para um detalhado exame da relação transmissor-comportamento.

Doença de Parkinson, Abuso de Anfetaminas, Esquizofrenia e Dopamina

A *doença de Parkinson* é uma condição comum que geralmente acomete pessoas suscetíveis entre as faixas etárias de 40 e 60 anos e as incapacita progressivamente. Os músculos tornam-se rígidos e advêm tremores. É difícil iniciar movimentos, e aqueles que ocorrem são anormalmente lentos. A capacidade de resposta à estimulação sensorial torna-se reduzida, requerendo um evento extraordinário, como uma emergência, para dar ensejo a um comportamento relativamente normal. Deterioração mental progressiva pode acompanhar esta condição (Coyle *et al.*, 1985).

Acredita-se atualmente que a doença de Parkinson decorre, pelo menos em parte, da degeneração dos neurônios que secretam *dopamina* na *substância negra* e nas regiões vizinhas. A dopamina é um neurotransmissor. A substância negra é uma estrutura cujas fibras começam no mesencéfalo e projetam-se para o cérebro anterior. A perda celular na substância negra reduz a quantidade de dopamina disponível para reagir com certos neurônios receptores, fazendo-os funcionar de modo deficiente. Drogas, venenos e infecções estão dentre os fatores que podem gerar a falta de dopamina.

Em 1967, introduziu-se a substância *levodopa* (levodiidroxifenilalanina) para o tratamento da doença de Parkinson. Administrada por via oral, a levodopa viaja até o cérebro, no qual é naturalmente convertida em dopamina. (Os médicos não podem fornecer dopamina diretamente aos pacientes porque ela não entra no cérebro pelo sangue.)

O novo suprimento de dopamina ajuda a compensar a deficiência dos pacientes. A dopamina pode ter efeitos revolucionários, mesmo nos casos em que os neurônios secretores de dopamina estão severamente deteriorados. Em relatório sobre os primeiros testes clínicos, Oleh Hornykiewcz escreveu (1974):

Pacientes acamados e incapazes de sentar, pacientes que não conseguiam levantar-se da posição em que estavam sentados e pacientes que, quando em pé, não conseguiam começar a andar, desempenharam todas essas atividades com facilidade após administração da levodopa. Caminharam com movimentos associados normais e puderam até correr e pular.

Infelizmente, a levodopa pode ter efeitos colaterais indesejáveis; e nem sempre é eficaz (Fahn & Calne, 1978). Ademais, mesmo quando funciona, a melhoria é apenas temporária, perdurando geralmente por vários anos. Em parte, isso ocorre porque a deficiência de dopamina é somente um aspecto do problema geral.

Estudos em animais de laboratório evidenciam a importância das vias de condução de dopamina para o comportamento motor normal (Freed & Yamamoto, 1985; Iversen & Iversen, 1975; Kebabian & Caine, 1979). Uma estratégia comumente empregada é estimular vias cerebrais específicas em animais de laboratório, usando substâncias químicas ou correntes elétricas brandas (similares aos sinais químicos e elétricos que ocorrem normalmente). (Para mais informações, veja o Quadro 2.2.) Na demonstração de José Delgado, descrita no Quadro 2.2, os circuitos de dopamina foram estimulados por uma corrente enviada por meio de eletrodos implantados dentro das vias de dopamina. A dopamina excessiva foi associada a movimentos repetitivos e à cessação do comportamento em curso.

A droga *anfetamina* ativa quimicamente certos circuitos de dopamina. Animais de laboratório e viciados em anfetamina — quando expostos a uma grande quantidade da droga — agem de forma estereotipada. O viciado em anfetamina poderá rearranjar os objetos de uma mesa ou desmontar e remontar repetidamente um apontador de lápis. Quantidades de dopamina acima do normal parecem também aumentar a sensibilidade a experiências perceptivas. Lembre-se de que a capacidade de resposta da pessoa com a doença de Parkinson é menor do que a normal. Após doses altas de anfetamina, os viciados geralmente alucinam. Visões vivas e aterradoras são típicas. Um usuário relatou ver rostos em toda parte; seu próprio rosto "surgia entre os outros rostos que fervilhavam" (S. H. Snyder, 1974).

Atualmente, os cientistas acreditam que o distúrbio mental chamado esquizofrenia pode às vezes ser causado, em parte, por anormalidades relacionadas com a dopamina. Pacientes cujo diagnóstico é *esquizofrenia* mostram sintomas semelhantes aos do viciado em anfetamina: comportamento estereotipado, receptividade aumentada a experiências sensoriais e alucinações. As drogas que podem aliviar esses sintomas, as *fenotiazinas*, são reconhecidamente inibidoras dos circuitos usuários de dopamina. No Capítulo 13, discutiremos a controvertida hipótese da dopamina, após examinar em detalhe a esquizofrenia. (■)

CÉREBRO, COMPORTAMENTO E COGNIÇÃO

O principal órgão do corpo, o cérebro, é semelhante a uma noz ampliada, de 1,35 quilograma, situada na extremidade superior da medula espinhal. Dissemos que os neurônios do cérebro são altamente organizados. Eles se reúnem em grupos, segundo sua função. A identificação de "departamentos" e "cadeias de comando" está dentre as metas dos psicólogos fisiologistas. Todavia, os cientistas ainda estão iniciando o processo de desvendar as conexões entre as centenas de estruturas cerebrais, cujo pleno entendimento encontra-se muitos anos adiante de nós.

Muitas estruturas do cérebro têm aparência diferente, têm nomes e sabe-se serem essenciais a respostas específicas. Por isso, é fácil cair na armadilha de representar o cérebro como um conjunto de partes distintas, cada uma responsável por uma tarefa específica — algo como cada componente de um aparelho de som. Esta é uma imagem muito enganosa. Como vimos, os neurônios do cérebro estão intricadamente inter-relacionados. Quase tudo o que uma pessoa faz envolve interações de milhares de circuitos de neurônios de todo o cérebro. Lembre-se também de que falaremos sobre um hipotético cérebro "médio".

Perspectivas do Funcionamento do Cérebro

Será mais fácil compreender a organização geral do cérebro humano se fizermos um breve exame de seu desenvolvimento inicial. Na Figura 2.11, você pode ver que, logo depois que a pessoa é concebida, o cérebro é muito semelhante a um tubo nodoso. Ele pode ser dividido em três partes principais: *cérebro anterior, mesencéfalo e cérebro posterior*. Conforme o embrião cresce, todas as áreas expandem-se. Na época do nascimento, o cérebro anterior (relativamente pequeno no início) supera as outras regiões.

Examine a Figura 2.12, que compara o tamanho das três divisões do cérebro (cérebro anterior, mesencéfalo e cérebro posterior) de diferentes espécies de animais. Observe que, conforme aumenta a capacidade de processamento de informação de um animal, o cérebro anterior amplia-se. Ao mesmo tempo, o mesencéfalo diminui de tamanho e o cérebro posterior permanece mais ou menos com as mesmas dimensões.

Esta informação sobre o desenvolvimento e a evolução oferece-nos algumas pistas do funcionamento geral das três regiões. O cérebro posterior, você poderia presumir, é necessário a todos os animais, sendo requerido desde cedo. Conseqüentemente, o mesencéfalo exerce maior controle sobre as atividades vitais do corpo, como digestão, circulação, respiração e equilíbrio. Esses processos são, naturalmente, essenciais desde o início.

E o mesencéfalo? Como seu tamanho relativo diminui com a aparente sofisticação do animal, você poderia suspeitar de que seu funcionamento é bastante diferente nos vários organismos. E é justamente isso. Em todos os organismos, o mesencéfalo desempenha um papel principal no recebimento e análise de informações sensoriais e no controle de movimento. Em seres humanos e outros animais

Quadro 2.2
ESTIMULAÇÃO E CONTROLE CEREBRAL

Em estudos de estimulação química, cientistas aplicam quantidades ínfimas de substâncias (similares àquelas que ocorrem naturalmente) em pontos específicos do cérebro. Depois, costumeiramente, observam um animal enquanto ele se movimenta em vigília. Em uma série de estudos, ratos machos e fêmeas começaram a agir como pais logo depois que o hormônio sexual "masculino" testosterona foi injetado em um ponto do cérebro, próximo ao hipotálamo. Primeiro, os animais juntaram tiras de papel e construíram ninhos respeitáveis. Depois, pegaram ratos filhotes, antes espalhados por toda a parte, e os levaram para os ninhos. Eles ignoraram as pelotas de alimento então disponíveis e não fizeram uma tentativa alguma de comer os filhotes. (Era previsível que se alimentassem, no entanto o comportamento paternal dos machos não era esperado, pois é raro.) O mesmo hormônio injetado em um ponto ligeiramente diferente do cérebro fez com que ratos machos e fêmeas reagissem com comportamento sexual tipicamente masculino, montando e impelindo-se para a frente (Fisher, 1971). Falaremos mais sobre as bases físicas da sexualidade no Capítulo 8.

A técnica de estimulação elétrica, como as técnicas de registro elétrico, requer eletrodos. Uma corrente branda entra por um eletrodo e sai por outro. O posicionamento preciso dos dois eletrodos permite que o cientista controle o curso da corrente.

Os neurocirurgiões, médicos especializados em cirurgia do sistema nervoso, têm usado amplamente a técnica de estimulação elétrica. Freqüentemente operam sob anestesia local para que possam estimular eletricamente o tecido da área doente ou lesada. Estudos da estimulação informam ao cirurgião a extensão da lesão e das funções servidas pelas regiões lesadas e circunvizinhas. Como não há receptores de dor no SNC, o que poderia parecer uma técnica cruel na realidade não o é: as pessoas não sentem desconforto algum; ao contrário, a estimulação elétrica apenas elicia ou inibe variadas sensações, percepções e movimentos, e, mais raramente, sentimentos, fantasias e lembranças.

O falecido cirurgião Wilder Penfield foi o pioneiro deste método. Ele e outros médicos usaram suas observações para desenhar mapas do cérebro humano, mostrando que certas regiões estão associadas consistentemente com tipos específicos de atividades. A Figura 2.15 (p. 74) mostra um exemplo desse mapa. Durante suas sessões de mapeamento, Penfield colocou etiquetas numeradas na superfície do cérebro para marcar os pontos estimulados. Depois, registrou o comportamento manifestado ou a experiência relatada pelo paciente. Eis um trecho do relatório de Penfield sobre as respostas de M. M., uma paciente acometida de ataques freqüentes:

7 — Movimento da língua.
4 — "Sim, uma sensação parecida com enjôo na garganta."
11 — [...]"Um, doutor, acho que ouvi uma mãe chamando seu filho pequeno. Parecia algo que aconteceu há muitos anos." Quando solicitada a explicar, ela disse: "Era alguém do bairro onde eu moro". Ela acrescentou que parecia que ela própria "estava em algum lugar próximo o bastante para ouvir". (1958, pp. 25-29.)

A estimulação cerebral convenceu Penfield de que:

Dentro do cérebro humano adulto há um notável registro do fluxo da ciência [ou] consciência de cada indivíduo. É como se o eletrodo entrasse, aleatoriamente, no registro desse fluxo. O paciente vê e ouve o que ele viu e ouviu em algum momento anterior do tempo e [...] sente as mesmas emoções que acompanharam aquele momento. O fluxo de consciência volta a ser exatamente como antes, interrompendo-se instantaneamente quando o eletrodo é removido. [Os pacientes estão] conscientes das coisas a que eles prestaram atenção naquele período anterior mesmo após decorridos 20 anos. [Eles] não têm consciência das coisas que foram ignoradas. A experiência evidentemente caminha no ritmo original. Isso é demonstrado pelo fato de que, quando a música de uma orquestra ou uma canção ou um piano é ouvida e o paciente é solicitado a acompanhar, cantarolando, o tempo em que ele cantarola é o esperado. [O paciente] permanece consciente de estar na sala de cirurgia, mas [...] pode, ao mesmo tempo, descrever esse outro fluxo de consciência. [Os pacientes] reconhecem a experiência como tendo sido deles próprios, embora, se tentassem, em geral não conseguiriam relembrá-la. (1964, pp. 79-80.)

O trabalho de Penfield parecia sugerir que podemos estimular uma pequenina porção de tecido (e nenhuma outra) e despertar um comportamento específico (e nenhum outro). Isso não é verdade — principalmente em virtude da natureza interconectada do sistema nervoso. Hoje, a imagem de um ditador ensandecido, escravizando cidadãos por meio da implantação de eletrodos no cérebro para manipular comportamento, emoções e pensamentos, como um mestre de fantoches, ainda é pura ficção científica. Muitas pesquisas em animais demonstram que a estimulação cerebral seria uma varinha mágica muito problemática para um pretenso tirano (Valenstein, 1973a).

1 Embora a estimulação cerebral às vezes "provoque" comportamentos como o de atacar, comer, beber e copular (animais em laboratório), podemos eliciar os mesmos comportamentos estimulando outras áreas.

2 Em alguns casos, a atividade "consistentemente evocada" por estimulação cerebral só emerge após um longo período de teste.

3 A estimulação repetida de uma mesma área pode acionar diferentes comportamentos.

Quadro 2.2 (continuação)

4   Precisamente qual resposta está sendo estimulada é algo em geral questionável. É difícil distinguir entre criar um estado de incitação, mudar a capacidade de resposta a um evento, controlar movimentos, despertar motivos e fazer outra coisa qualquer.

Este último ponto é ilustrado por uma famosa demonstração descrita na Figura 2.10, em que o renomado neurofisiologista espanhol e pioneiro na pesquisa de estimulação cerebral, José Delgado, aparece com um touro feroz. No cérebro do animal foram implantados diversos eletrodos controlados por um rádio. Sempre que o touro atacava, Delgado ativava um eletrodo que fazia com que o animal parasse abruptamente. Delgado atribuiu o comportamento do touro a dois fatores. Primeiro, a um efeito motor que forçava o animal a parar e virar repetidamente para um lado. Segundo, a uma redução no impulso agressivo. A mídia popular ignorou a explicação do controle motor e enfatizou o controle da agressividade. Mas a agressividade, como outras respostas complicadas, é influenciada por muitos e diferentes circuitos cerebrais.

As descobertas sobre estimulação cerebral em pessoas coincidem com os dados sobre animais (Valenstein, 1973a). As observações humanas provêm principalmente do uso da estimulação cerebral para controlar os sintomas de câncer terminal, epilepsia intratável, dor excruciante e psicose. Pacientes X, Y e Z relatam diferentes sensações decorrentes da estimulação da mesma região cerebral. Ademais, uma mesma pessoa pode ter diferentes experiências decorrentes de idêntica estimulação em momentos variados.

Além disso, é reconfortante saber que os sentimentos despertados por estimulação cerebral não são particularmente fortes. Portanto, no futuro próximo, é improvável que a estimulação cerebral torne-se um poderoso instrumento político. Conforme Elliot Valenstein (1973b, p. 32), "As técnicas de estimulação devem ser consideradas instrumentos de pesquisa que têm gerado hipóteses interessantes, ainda que altamente especulativas, de como é a organização do cérebro".

FIGURA 2.10   José Delgado, neurofisiologista espanhol e pioneiro na pesquisa de estimulação cerebral, detendo o ataque de um touro pelo estímulo de eletrodos radiocontrolados, implantados no cérebro do touro. Para explicações, leia o texto deste quadro. (Cortesia de José M. R. Delgado.)

---

complexos, o cérebro anterior compartilha a tarefa de supervisionar as funções sensoriais e motoras. Em animais mais simples, o mesencéfalo faz a maior parte desse trabalho.

O que podemos inferir do cérebro anterior? Há várias suposições plausíveis. Primeira, ele provavelmente não é fundamental às funções de manutenção da vida, uma vez que os animais simples e os bebês recém-concebidos sobrevivem sem muita de sua matéria. Segunda, se mais cérebro anterior está associado com a manipulação de maior quantidade de informação, ele pode estar ligado à inteligência. Ambas as hipóteses estão corretas.

O cérebro anterior humano processa os dados sensoriais que recebe de todo o corpo. É responsável por analisar a informação e integrá-la com as experiências anteriores. É ele que toma as decisões que permitem que as pessoas falem, pensem, relembrem e aprendam de forma tão competente. Centros no cérebro anterior buscam também a satisfação das necessidades recorrentes do corpo. Eles cuidam de alimentação, água, sono, controle de temperatura, equilíbrio de fluido e proteção do indivíduo e da espécie (reprodução).

Focalizaremos agora os centros localizados no cérebro anterior, mesencéfalo e cérebro posterior

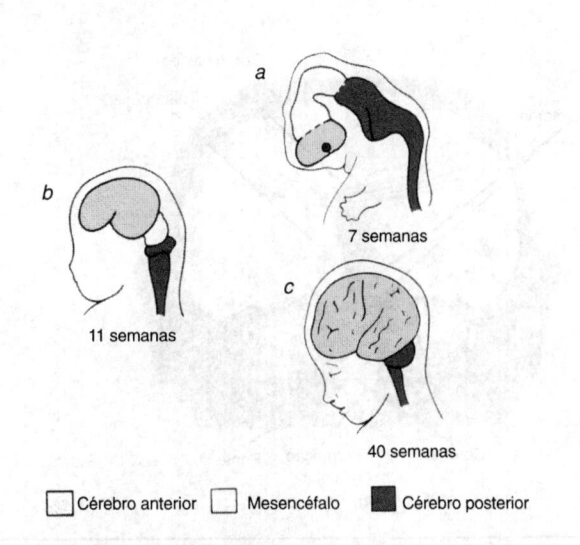

FIGURA 2.11 O cérebro humano desenvolve-se a partir de um tubo de células, que depois se fecha em ambas as extremidades. Você pode ver o cérebro anterior, o mesencéfalo e o cérebro posterior em três estágios: (a) 7 semanas, (b) 11 semanas e (c) 40 semanas após a concepção. Em (c), o mesencéfalo está escondido pelo cérebro anterior.

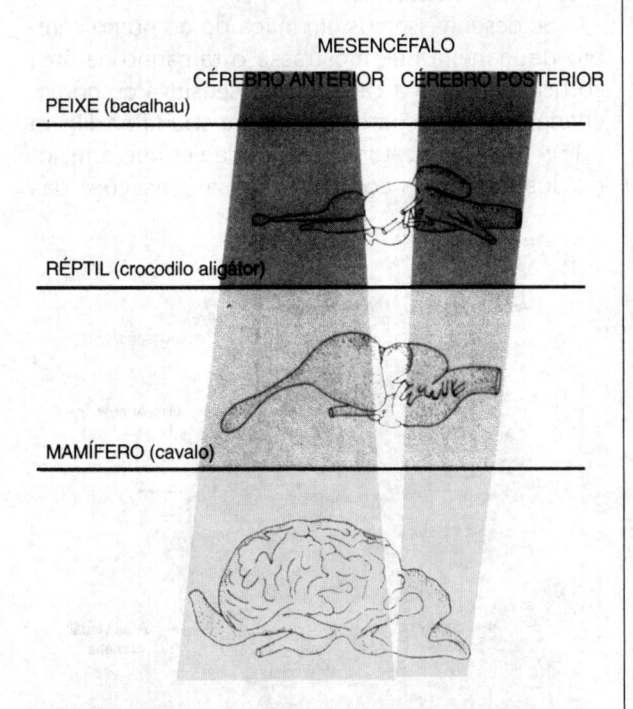

FIGURA 2.12 O cérebro em evolução. Do peixe ao réptil e ao mamífero, o tamanho relativo do mesencéfalo e do cérebro anterior difere dramaticamente. (Adaptada de Keeton, 1972.)

que desempenham funções particularmente interessantes nos complexos processos mentais e do comportamento.

Córtex Cerebral

Em toda representação do cérebro humano, como na Figura 2.13, vemos principalmente o *córtex cerebral*, ou *córtex*. O córtex (palavra cujo significado é "camada" ou "casca") recobre uma enorme região do cérebro anterior. O termo *cérebro* é freqüentemente usado para se referir a duas partes: o mesencéfalo e o cérebro anterior.

Mais do que qualquer outra estrutura, é o córtex que dá ao ser humano a enorme capacidade de processar informações. Quanto mais um organismo é capaz de comportamento inteligente em um ambiente complexo, tanto mais córtex parece possuir (Hill, 1985). Os anfíbios (rãs e tartarugas, por exemplo) e os peixes não possuem córtex. Pássaros e répteis têm córtices ínfimos. Os mamíferos (cães e gatos, por exemplo) têm córtices pequenos, enquanto os primatas (tais como chimpanzés e seres humanos) têm córtices grandes.

Em bebês recém-nascidos, o córtex ainda tem muito a crescer. Atinge 45% da área da superfície do adulto na idade de 1 ano e até 70% na idade de 2 anos (R. S. Wilson, 1978).

O córtex maduro é uma estrutura maciça que contém cerca de três quartos dos neurônios do cérebro. Com espessura aproximada de 2 milímetros, tem aparência enrugada e dobrada. Se fosse esticado, sua superfície cobriria uma área de aproximadamente 4.000 centímetros quadrados (Hubel & Weisel, 1979). É como se o máximo possível de substância cortical tivesse sido comprimida neste espaço disponível.

Lobos Corticais

Um profundo sulco divide o córtex em duas metades quase simétricas chamadas *hemisférios*. Fisicamente, os hemisférios parecem imagens reciprocamente espelhadas. Em geral, o hemisfério direito recebe informação da metade esquerda do corpo e a controla. O hemisfério esquerdo desempenha as mesmas funções para a metade direita do corpo. Vários marcos superficiais dividem o córtex que recobre cada hemisfério em quatro secções ou *lobos*: frontal, parietal, temporal e occipital (veja a Figura 2.14).

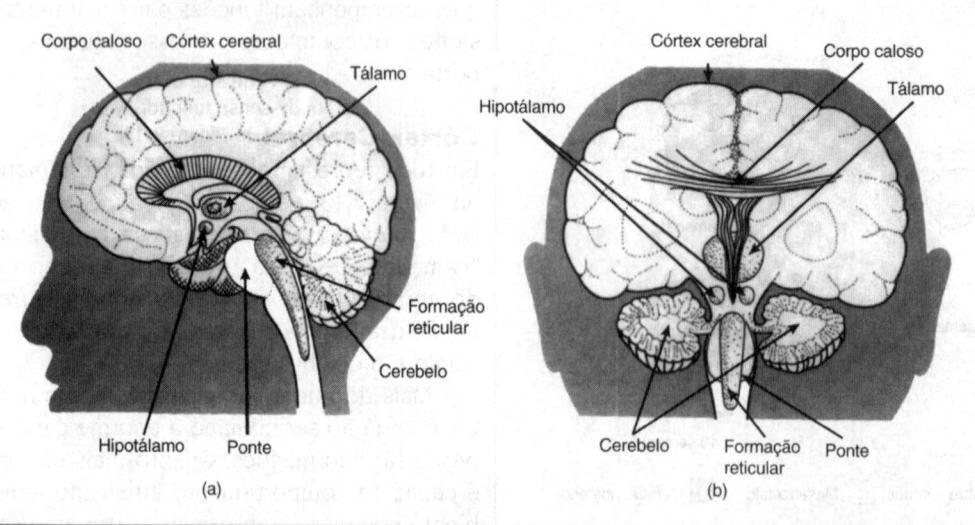

FIGURA 2.13 Duas vistas do cérebro: (a) lateral, da frente para trás, e (b) com duas secções laterais combinadas.

Os lobos parecem estar organizados de forma similar. Em cada um deles encontramos colunas cilíndricas estreitas de neurônios (Goldman-Rakic et al., 1983; Mountcastle, 1978). Algumas colunas de neurônios em uma *zona primária* (ou *área de projeção primária*) recebem e organizam um tipo específico de informação sensorial; outras controlam o movimento. Próximo a cada zona sensorial primária ou motora, encontramos zonas *secundárias* e, em alguns casos, zonas adicionais. Tudo o que circunda as zonas primárias é conhecido como *área de associação*. As áreas de associação desempenham funções na coordenação e integração de dados sensoriais e funções motoras. Elas constituem cerca de 75% do córtex humano. Os córtices humanos (plural de córtex) têm maior porcentagem de áreas de associação do que os de outros animais.

Supõe-se que o processamento de informação no córtex ocorra em *multicamadas*. Esta expressão significa que os dados passam da área primária para a área secundária e desta para áreas de maior associação. O cérebro começa com imagens simples. Conforme a análise prossegue, acessa memórias, emoções, objetivos e afins. Uma infinidade de interconexões permite ao cérebro usar seus recursos para trabalhar a informação recebida.

Lobos Parietais

Os *lobos parietais*, próximos da parte medial do cérebro, contêm áreas que registram e analisam mensagens provenientes da superfície (exterior e interior) do corpo. Eles lidam com informações relativas a tato, pressão, temperatura, movimento e posição muscular. Chamamos a essas funções de *sensitivas do corpo* ou *somatossensoriais*.

Se desenhássemos um mapa do corpo no cérebro de maneira que mostrasse o tamanho da área cortical dedicada a cada função sensitiva do corpo, criaríamos a pessoa distorcida mostrada na Figura 2.15a. Nessa caricatura, você pode ver que a maioria dos neurônios corticais analisa sensações das

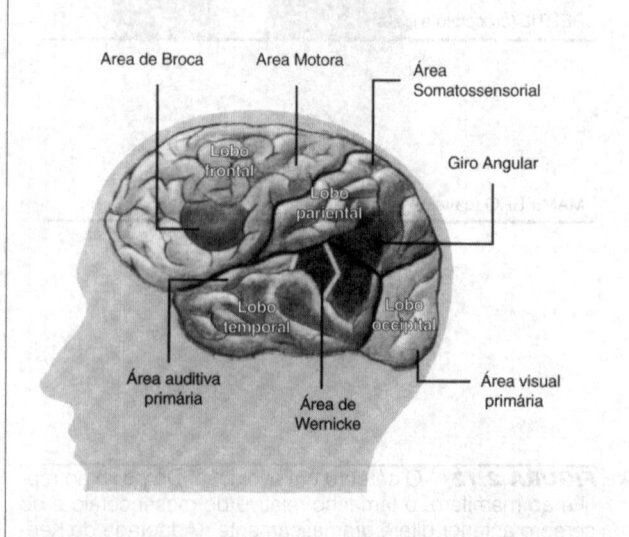

FIGURA 2.14 Lobos corticais e localização aproximada de certas regiões de especialização funcional no hemisfério esquerdo do cérebro.

mãos e dos lábios, tornando essas regiões as áreas mais discriminativas do corpo. Em geral, quanto mais córtex dedicado a receber as sensações de um determinado grupo de receptores, tanto mais sensitiva é aquela região.

As áreas parietais recebem *input* de outras regiões do cérebro, relativo a experiências sensitivas adicionais — incluindo sons e luzes. Mas os lobos parietais não estão simplesmente na extremidade receptora. Integram também os dados sensitivos para nos dar um quadro coerente de nós mesmos e daquilo que nos rodeia. Um silvo, por exemplo, adquire significado na presença de uma cobra e outro muito diferente na presença de pessoas movendo os lábios. Na abertura deste capítulo, descrevemos a incapacidade do subtenente Zasetsky de localizar sensações e interpretar sua posição no espaço. Estes sinais são característicos de lesão parietal.

As áreas parietais contêm também neurônios que permitem direcionar nossa atenção quando decidimos focar um alvo visualmente próximo (Mountcastle, 1976; Wurtz *et al.*, 1982). As pessoas cujas áreas parietais foram lesadas parecem incapazes de concentrar sua atenção em objetos no lado controlado pelo lobo lesado.

Lobos Frontais

Os dados integrados são passados dos lobos parietais para os *lobos frontais* para análise e tomada de decisão. De tamanho grande e notável em virtude de suas numerosas conexões com outras regiões do cérebro, os lobos frontais são considerados a característica mais exclusiva da espécie humana. Eles desempenham um papel particularmente importante nos processos mentais superiores (Passingham, 1985; Stuss & Benson, 1984). São eles que nos permitem relembrar, sintetizar dados sensitivos com *input* emocional, interpretar informações e lidar com material em seqüência. Eles nos permitem estabelecer objetivos e planos e monitorar nosso progresso rumo a essas metas.

Com a região frontal lesada, a pessoa pode tornar-se um "ser do momento". Pode mostrar-se indiferente a assuntos que antes eram significativos e carregados de emoções. Julgamento e planejamento diminuem. Desta forma, a capacidade de lidar com mudanças torna-se acentuadamente reduzida. Um paciente com lesão frontal continuou riscando um fósforo que já havia sido aceso. Outro passou a plaina na madeira até que ela acabasse, e continuou passando a plaina na bancada de trabalho. Alguns cientistas acreditam que a esquizofrenia e a senilidade — que distorcem o pensamento — são causadas por níveis reduzidos de dopamina nos lobos frontais (Goldman-Rakic *et al.*, 1983).

Os lobos frontais estão também criticamente envolvidos no envio de impulsos motores aos músculos. Nos lobos frontais, como nas regiões sensitivas dos lobos parietais, a representação é atribuída na proporção da capacidade do músculo de realizar movimentos corretos e precisos. Novamente, mãos e lábios são servidos em nível desproporcional, como se nota na Figura 2.15*b*. Pacientes com lesão nas zonas motoras entendem comumente quais ações estão sendo solicitadas, mas não conseguem executar movimentos.

Lobos Temporais

Os *lobos temporais*, localizados acima dos ouvidos, são elaboradamente interconectados com os lobos frontais, com os quais compartilham muitas tarefas. Aqui, os circuitos participam na decisão do que registrar e armazenar do ambiente que nos cerca. Eles são também responsáveis pelo registro e pela armazenagem dos eventos selecionados. Pessoas com perda de memória (amnésicas) geralmente mostram sinais de lesão do lobo temporal (Zola-Morgan & Squire, 1985). Os pacientes de Penfield relatavam memórias quando seus lobos temporais foram estimulados. Os lobos temporais parecem ser também avaliativos, julgando algumas experiências positivas e outras, negativas. Além de desempenhar essas funções gerais na memória e na emoção, as regiões temporais registram e sintetizam o que é ouvido.

Lobos Occipitais

Os *lobos occipitais*, localizados na parte posterior do cérebro, são vitais para receber e processar informações visuais e também para participar das funções mais gerais de processamento das informações. O mundo visual é mapeado em uma parte do lobo, denominada *córtex visual primário*. Novamente, vemos que o cérebro favorece uma parte dos sensores que lhes fornecem os dados. A retina é o tecido sensível à luz, localizado na parte posterior do globo ocular, que absorve informações daquilo que nos rodeia. A parte central da retina é representada no cérebro com cerca de 35 vezes o detalhamento das áreas periféricas (Hubel & Weisel, 1979). No Ca-

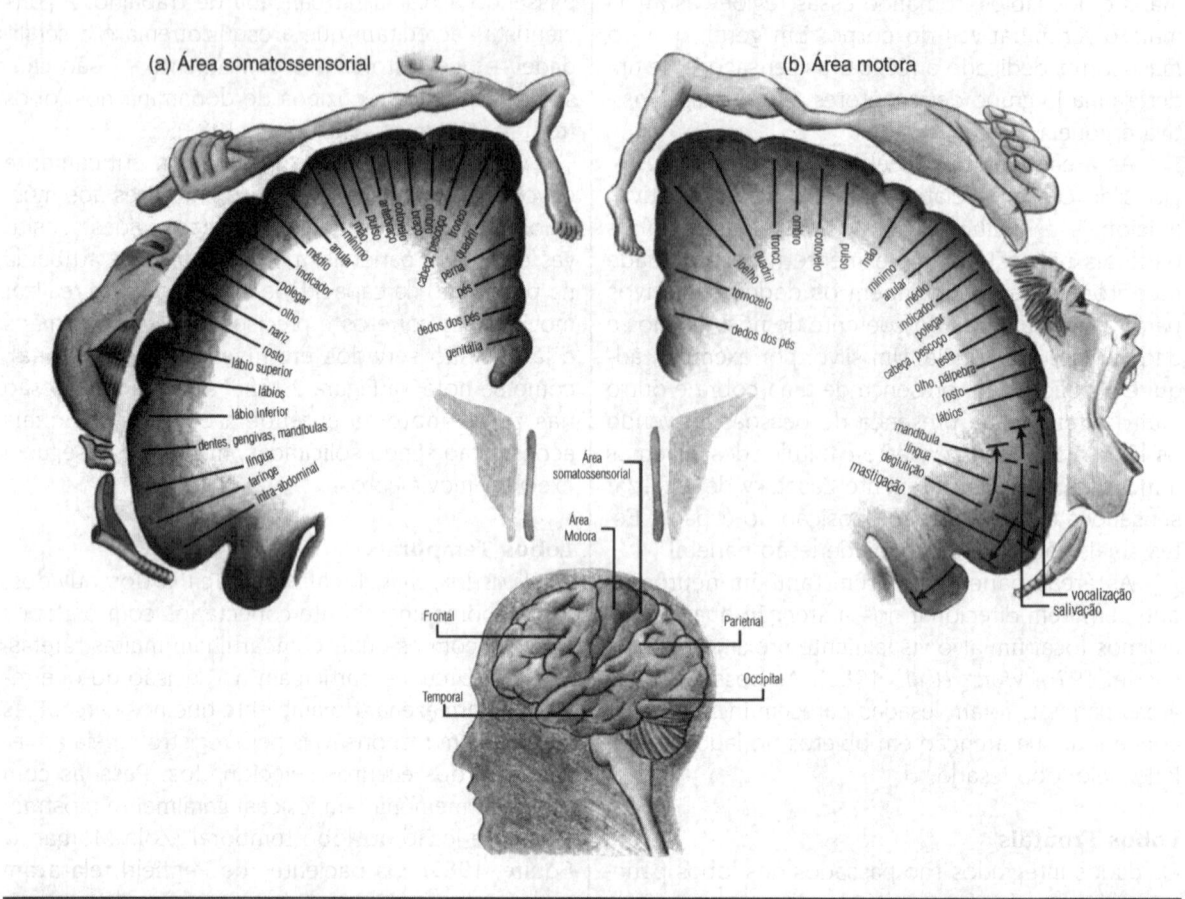

FIGURA 2.15 Duas secções transversais paralelas do cérebro. Nas miniaturas distorcidas, conhecidas como *homúnculos* (do latim *homunculi*; singular: *homunculus*), o tamanho de cada parte do corpo representa o volume de córtex dedicado às funções controladoras associadas àquela parte. Como você pode ver, lábios e mãos têm grande prioridade. (Adaptada de Penfield & Rasmussen, 1950.)

pítulo 4, falaremos sobre como o cérebro processa a informação absorvida pelos olhos.

Os Lobos e a Linguagem

Temos ainda de falar sobre a linguagem, uma conquista peculiarmente humana. Os hemisférios direito e esquerdo do cérebro funcionam bastante diversamente de nossas capacidades verbais. Em geral, um deles — mais freqüentemente o esquerdo — domina o uso da linguagem. Esta informação provém, em parte, de estudos das lesões cerebrais. Aproximadamente 95% das dificuldades de comunicação, chamadas *afasias*, provêm de lesões do lado esquerdo do cérebro (Geschwind, 1979).

No hemisfério que domina a linguagem, várias áreas trabalham juntas para facilitar a comunicação. A Figura 2.14 mostra as três regiões principais. A *área de Wernicke*, próxima à área auditiva primária no lobo temporal, ajuda-nos a selecionar as palavras e a compreender o que ouvimos. O *giro angular*, no lobo parietal, recebe as informações da área visual primária e permite que as visões levem palavras à mente conforme lemos, escrevemos ou observamos nosso meio. A *área de Broca*, localizada no lobo frontal, próxima à zona motora primária, permite-nos falar fluentemente e pronunciar as palavras de forma distinta. Uma lesão cerebral pode comprometer uma ou várias dessas habilidades.

Tálamo

O *tálamo* é um grande conjunto de grupos de corpos celulares, localizado no cérebro anterior, com formato ovóide. (Veja a Figura 2.13.) Quase todas as informações sensoriais acabam indo para esse centro. Uma das principais funções do tálamo é conduzir informações sensoriais para as áreas sensitivas primárias do córtex, localizadas acima dele. Mensagens olfativas são a exceção a essa regra. O sistema sensitivo *olfatório* (que lida com dados de odores) tem sua própria rota direta para o córtex.

O tálamo desempenha ainda outros papéis que os neurocientistas apenas estão começando a entender. Está envolvido no registro de dados, no direcionamento da atenção para eventos importantes, na ativação ou integração de funções de linguagem e no controle do sono e da vigília (Crosson, 1984; Lynch, 1984).

Sistema Límbico

O *sistema límbico* é um conjunto de grupos de neurônios altamente interconectados, localizado no cérebro anterior. O sistema abrange áreas como a *amígdala*, o *hipocampo*, a *área do septo* e o *giro cingulado*, além de partes do *hipotálamo* e do *tálamo*. Nos humanos, as estruturas do sistema límbico estão no nível da borda [limbo] do cérebro, como mostra a Figura 2.16. A palavra "límbico" vem do latim *limbu*, que significa "borda".

Funções do Sistema Límbico

Os centros límbicos foram uma das primeiras regiões do cérebro anterior a se desenvolver. O cérebro anterior do crocodilo é quase todo ele um sistema límbico — elaboradamente complicado, da mesma forma que o nosso. Mas, distintamente do nosso, o sistema límbico dos crocodilos e de outros répteis simples trabalham principalmente na análise de odores (sua intensidade, direção e tipo). Esses animais dependem do olfato para se orientar no cruzamento com o parceiro adequado, para se aproximar de amigos e para atacar ou fugir de inimigos no momento oportuno.

Os circuitos límbicos humanos assemelham-se, em alguns aspectos, aos dos crocodilos. Os nossos circuitos límbicos também desempenham um importante papel no olfato e estão decisivamente envolvidos na expressão de nossas motivações e emoções. Em conjunto com o córtex cerebral, o sistema límbico controla a fome, a sede, o sono e o despertar, a temperatura corporal, o desejo sexual, a agressividade, o medo e a docilidade. Ele nos ajuda também a relembrar o que nos aconteceu (Murray & Mishkin, 1985). É também fundamental para nos capacitar a fazer mapas mentais de nosso meio e consultá-los para que possamos encontrar nossa direção (O'Keefe & Nadel, 1978). Em resumo, o sistema límbico guia o comportamento que ajuda na preservação da espécie e na autopreservação.

Diferentemente do sistema límbico dos répteis, o sistema líbico humano controla nossas atividades sociais: cuidados paternos e maternos, brincadeiras e o chamado do bebê quando isolado (típico dos filhotes de mamíferos) (McLean, 1982). Esta observação sugere que as estruturas límbicas estão

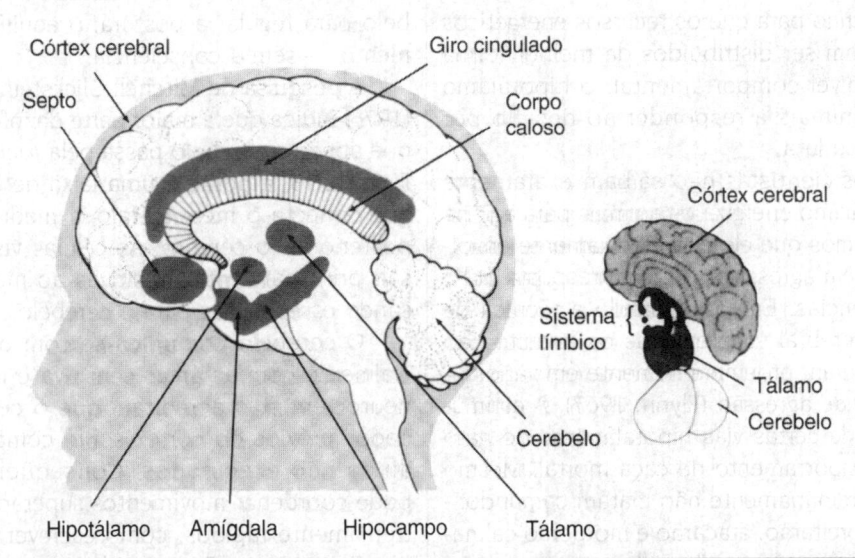

FIGURA 2.16 Localização aproximada das principais áreas do sistema límbico. As estruturas límbicas estão, na verdade, localizadas nos hemisférios, e não no centro, como mostra o corte da figura.

subjacentes aos sentimentos sociais — aqueles relacionados com a família e com nosso grupo de convivência — e quem sabe até aos ideais de união da humanidade.

Hipotálamo

O hipotálamo é a área mais central do sistema límbico. Embora pequeno em tamanho — não maior do que um grão de amendoim no ser humano —, o hipotálamo controla tantas funções vitais, que às vezes é chamado de "guardião do corpo".

O hipotálamo exerce um papel dominante no controle do ambiente interno. Suponha que a nutrição, o nível de líquidos ou a temperatura corporal caia demais. Os neurocientistas acreditam que o hipotálamo perceba a mudança e trabalhe em dois níveis: comportamental e fisiológico. No nível comportamental, o hipotálamo leva a pessoa a sentir fome, sede ou frio. Ele nos leva a agir de alguma forma para satisfazer as necessidades do organismo. No nível fisiológico, o hipotálamo acelera a atividade do *sistema nervoso autônomo* (SNA) e do *sistema endócrino*. O hipotálamo exerce controle por meio de sua ligação com a glândula principal, a *hipófise*. Esta glândula repousa na base do cérebro, imediatamente abaixo do hipotálamo.

Se houver uma emergência de qualquer espécie, uma das principais responsabilidades do hipotálamo é garantir a energia do corpo para lidar com essa emergência. No nível fisiológico, o hipotálamo acelera a atividade da *divisão simpática* do SNA e do sistema endócrino para que os recursos energéticos internos possam ser distribuídos da melhor forma possível. No nível comportamental, o hipotálamo capacita os animais a responder ao desafio por meio de fuga ou luta.

Embora os cientistas não saibam exatamente como o hipotálamo energiza os animais para agir na vida real, sabemos que ele está efetivamente envolvido. Considere a agressividade, uma resposta útil a certas emergências. Estudos usando a técnica de estimulação cerebral sugerem que os circuitos do hipotálamo figuram proeminentemente em vários tipos diferentes de agressão (Flynn, 1967). A estimulação elétrica de certas vias hipotalâmicas do gato resulta em comportamento de caça mortal. Mesmo animais que ordinariamente não matam camundongos e ratos espreitarão, atacarão e morderão calmamente a caça até ela morrer, de um modo não emocional — porém altamente eficaz! A fome não parece estar envolvida. Os animais não comem sua presa. Quando o eletrodo é ligeiramente deslocado, verificamos um tipo diferente de agressão. Os gatos atacam violentamente — mostram as garras, miam, rosnam, eriçam os pêlos e arqueiam as costas. Eles atacam qualquer coisa que esteja ao seu alcance, até mesmo o experimentador.

O hipotálamo atende às necessidades do corpo de mais uma forma: conservando a energia que não está sendo utilizada; faz esta conservação da energia comandando o sistema endócrino por meio da glândula pituitária e pela intensificação das atividades da *divisão parassimpática* do SNA.

Sem o hipotálamo, os animais não podem regular suas necessidades essenciais; portanto, morrem cedo. Outras regiões límbicas, incluindo a área do septo, o hipocampo e a amígdala, parecem influenciar indiretamente as emoções e motivações por meio de interações com o hipotálamo.

Cerebelo e Ponte

No cérebro posterior, sob os hemisférios cerebrais que praticamente o recobrem, repousa uma estrutura com grande número de circunvoluções chamada *cerebelo*. (Veja a Figura 2.13.) De aparência similar à do córtex, esta região do cérebro também recebe dados de todo o corpo: provenientes de centenas de milhares de receptores sensitivos dos olhos, ouvidos, pele, tendões, músculos e articulações. Em vez de entrar na consciência e evocar sensações, como no córtex, estes dados são usados pelo cerebelo para regular a postura, o equilíbrio e o movimento — sem a consciência.

A pesquisa de Mitchell Glickstein e Alan Gibson (1976) indica que a maior parte da informação visual que atinge o cerebelo passa pela *ponte*. Mostrada na Figura 2.13, a ponte é uma faixa de fibras nervosas que conecta o mesencéfalo, a medula (no cérebro posterior) e o cérebro. As células visuais da ponte são principalmente sensitivas ao movimento, passando esses dados para o cerebelo.

O cerebelo comunica-se com o córtex, especialmente com as áreas sensitiva e motora. Alguns neurocientistas acreditam que o cerebelo recebe dados prévios do córtex sobre comandos motores ainda não executados. Conseqüentemente, ele pode coordenar movimentos superaprendidos e extremamente rápidos, como escrever ou tocar violino. Esses atos são considerados rápidos demais para ser corrigidos pelos mecanismos ordinários de *feedback*.

Quando o cerebelo é lesado, a pessoa geralmente tem dificuldade de regular a força, velocidade, direção ou constância de movimentos rápidos. Pode ser difícil andar. Também pode ser um desafio pegar uma xícara sem a derrubar ou batê-la. Tremores durante os movimentos, freqüentes na velhice, parecem ser devidos a distúrbios no cerebelo e nas regiões a ele interconectadas.

Formação Reticular

Se um pêlo na face da mão mover-se apenas 5 graus, um único impulso nervoso será acionado em uma única fibra que termina na base do pêlo. Ainda assim, temos consciência dessa sensação. Os olhos têm o mesmo tipo de sensibilidade aguçada. Entretanto, respiramos e bombeamos sangue e raramente notamos essa atividade, a menos que algo não esteja indo bem. Da mesma forma, podemos guiar por diversas horas e registrar apenas uma fração mínima dos sons e imagens ao longo do caminho. Essas experiências comuns sugerem que o sistema nervoso provavelmente está selecionando e canalizando dados sensitivos e controlando nossa atenção para com eles.

A *formação reticular* (veja a Figura 2.13) exerce um papel dominante no sentido de ativar e alertar o córtex. Trata-se de uma maciça rede de corpos celulares e fibras que se prolongam do centro do cérebro anterior para o mesencéfalo e do cérebro anterior até o tálamo. "Reticular" significa "em forma de pequena rede", em latim.

Pode-se imaginar a formação reticular como um cubo da roda de bicicleta cujos raios correm em todas as direções. Seus *tratos descendentes* estendem-se até a medula espinhal e influenciam a tensão muscular, permitindo movimentos coordenados. Seus *tratos ascendentes* prolongam-se até o córtex, possivelmente através do tálamo. Tais circuitos alertam determinadas áreas corticais para a reação a sinais sensitivos importantes.

Portanto, há duas maneiras pelas quais os dados sensitivos podem ser conduzidos até o córtex: diretamente, através do tálamo, para áreas corticais específicas, ou indiretamente, através da formação reticular. Nesta última, os sinais que atingem a formação reticular alertam o cérebro para que a informação tenha maior impacto.

O trato ascendente da formação reticular exerce algum papel no sono e na vigília. Quando cientistas estimulam eletricamente o sistema ascendente dos gatos, ao serem operados ou anestesiados de maneira que eliminem todo *input* sensitivo eles imediatamente passam a ficar atentos (Moruzzi & Magoun, 1949). Gatos que estão dormindo normalmente, depois de submetidos a similar estimulação, abrem os olhos, levantam a cabeça e olham ao redor (French, 1957). Quando partes da formação reticular são removidas, os gatos entram em coma, um estado de não atenção que se assemelha ao sono normal (Lindsley *et al.*, 1950). Acredita-se que os anestésicos, como o éter, e os barbitúricos bloqueiam o sistema ascendente da formação reticular. (■)

DOIS CÉREBROS HUMANOS?

Estruturas biológicas importantes geralmente ocorrem em pares. Temos dois olhos, dois braços, dois rins e dois hemisférios cerebrais. Seria mais correto dizer que o cérebro tem duas metades. Superficialmente, parecem imagens espelhadas, porém, na verdade, são diferentes entre si, conforme mencionamos anteriormente.

Diferenças entre os Hemisférios

Cada hemisfério tende a estar associado predominantemente a um lado do corpo. O controle do movimento é quase completamente cruzado. O lado direito do cérebro controla os músculos do lado esquerdo do corpo. O lado esquerdo do cérebro domina aqueles do lado direito. Os sistemas sensitivos visual, auditivo e cutâneo são, até certo ponto, similarmente cruzados. Acredita-se que as áreas de associação recebam mensagens de todo o corpo.

Os hemisférios cerebrais funcionam distintamente também em relação à linguagem. Os cientistas sabem, já há aproximadamente 100 anos, que os centros que possibilitam ler, falar, entender a linguagem, escrever e outras atividades verbais freqüentemente se localizam em um lado do cérebro, em geral no esquerdo. Esse lado é denominado *dominante* ou *principal* e o outro, não-dominante.

Estudos de Pacientes com Cérebro Dividido

No início da década de 1960, Roger Sperry (1964, 1985), biopsicólogo agraciado com o Prêmio Nobel por seu trabalho, começou a observar atentamente

Quadro 2.3

CÉREBRO EM FUNCIONAMENTO E PET SCANS

Um dos mais poderosos instrumentos de estudo do cérebro vivo e dos papéis que ele exerce no comportamento surgiu no fim da década de 1970, em uma pesquisa de Louis Sokoloff. Para entender a contribuição de Sokoloff, você precisa antes saber que a glicose é o principal combustível do cérebro e que os neurônios usam mais glicose quando estão ativos e menos, quando estão em repouso. Você precisa também saber que uma substância química chamada desoxiglicose — se injetada — será absorvida pelas células como se fosse glicose e metabolizada de forma semelhante à glicose. O produto da primeira etapa do metabolismo da desoxiglicose não pode, por si só, ser metabolizado. Pode, porém, ser identificado com uma substância radioativa e medido. Sua quantidade revela qual tem sido o nível de atividade dos grupos celulares (ou até mesmo de células isoladas). Quanto mais trabalho é realizado, mais combustível é usado e mais proteínas são sintetizadas. Os cientistas medem a radioatividade do lado de fora do crânio enquanto pessoas ou animais agem, para verificar quais áreas do cérebro estão ativas ou inativas. Este procedimento é denominado *positron emission transaxial tomography (tomografia transaxial de emissão de pósitrons)* ou *PET*.

A tomografia transaxial de emissão de pósitrons pode responder a perguntas sobre a química do cérebro envolvida em comportamentos de toda espécie (Phelps & Mazziotta, 1985). Pode lançar luz no funcionamento cerebral de populações especiais (alcoólatras, esquizofrênicos e vítimas de convulsões, por exemplo). Pode delinear mudanças no funcionamento cerebral ocorridas ao longo do tempo (na velhice, durante a primeira infância e antes e depois de distúrbios, ingestão de drogas ou outras terapias.)

A Figura 2.17 mostra o tipo de informação fornecida pela tomografia transaxial de emissão de pósitrons. As varreduras [ou *scans*] ilustram uma diferença entre um cérebro normal (à esquerda) e um cérebro de esquizofrênico. No cérebro normal, os lobos frontais (envolvidos no planejamento e no pensamento) estão bastante ativos. Isso é indicado pelo tom mais claro. Ao mesmo tempo, os lobos occipitais (que contêm os centros visuais primários) estão relativamente inativos. No cérebro esquizofrênico, o padrão é o inverso. As áreas frontais estão "desligadas" e os centros visuais (e auditivos) estão "ligados". A varredura aqui representada é uma evidência objetiva das alucinações visuais e auditivas que o paciente relatou no momento em que a desoxiglicose foi administrada.

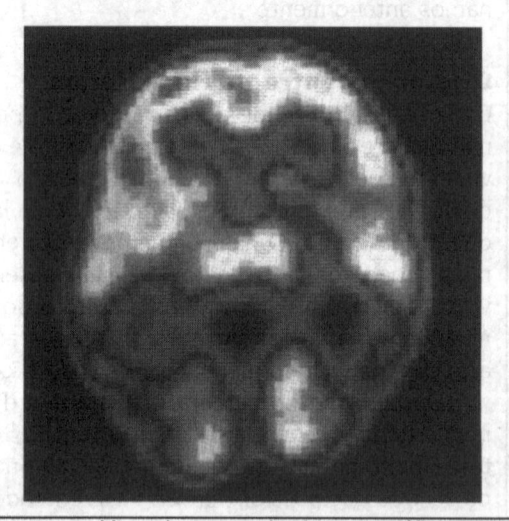

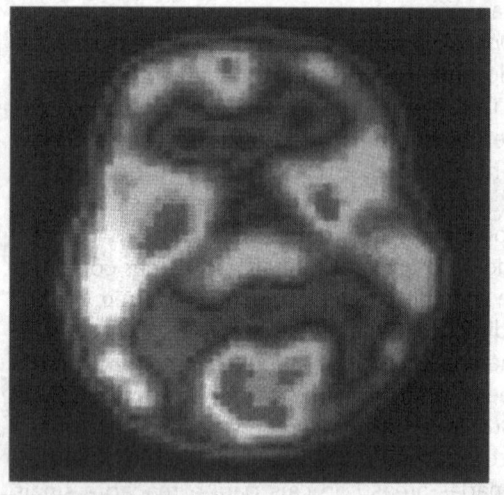

FIGURA 2.17 Varreduras cerebrais tomográficas de emissão de pósitrons (PET) de uma pessoa normal (à esquerda) e de um paciente esquizofrênico não-medicado, enquanto recebem choques no antebraço, com os olhos fechados. As áreas vermelhas indicam alto uso de glicose. [Veja a figura em cores na p. A2] No caso do paciente, o uso de glicose é maior nas regiões do cérebro que processam dados visuais (parte inferior da fotografia). A varredura, no caso de uma pessoa normal, mostra alto uso de glicose nos lobos frontais (parte superior da fotografia), os quais estão envolvidos no planejamento e organização do seu comportamento (Buchsbaum *et al.*, 1984). (Cortesia de Monte S. Buchsbaum, Universidade da Califórnia, Irvine.)

alguns pacientes com cérebro dividido (pacientes *split-brain*). No passado, como um último recurso para epilepsia aguda, os cirurgiões ocasionalmente cortavam o *corpo caloso* (uma maciça rede de cerca de 200 milhões de axônios) juntamente com outros nervos conectivos que permitiam aos dois hemisférios compartilhar seus recursos. O rompimento desta ponte de tecido impedia a transferência da atividade convulsiva de um hemisfério para outro e geralmente se conseguia minimizar ou deter os ataques. É claro que o paciente passava a ter um cérebro dividido, e as duas partes deixavam de se comunicar. Curiosamente, nenhum sintoma atribuível à cirurgia surgia de pronto. Não obstante, estudos anteriores realizados em gatos e macacos com cérebro dividido sugeriam que os animais comportavam-se como se tivessem dois cérebros completos, cada um isolado do outro e cada um completamente capaz de aprender e reter lembranças.

Sperry e seus colaboradores decidiram investigar cuidadosamente o funcionamento mental dos pacientes com cérebro dividido. Eles freqüentemente usavam o sistema visual. Quando você olha para a frente, o que vê diante de você é chamado de *campo visual*. Imagine que o campo esteja dividido ao meio, em duas partes iguais. Os nervos que conduzem os dados daquilo que você vê para o cérebro estão dispostos de forma tal que ambos os olhos transfiram quase todos os dados da metade direita do campo visual para o hemisfério cerebral esquerdo e quase todos os dados da metade esquerda do campo visual para o hemisfério cerebral direito. (Veja a Figura 2.18.)

Em muitos de seus estudos, Sperry e seus colaboradores usavam o aparelho de teste experimental mostrado na Figura 2.19. Os pacientes olhavam para a frente, para uma tela, e depois alguma coisa — uma foto, dados escritos ou um problema de matemática — surgia à esquerda ou à direita do campo visual por uma fração de segundo, de modo que somente um hemisfério tivesse consciência da informação. Às vezes, os pacientes eram solicitados a responder aos itens do teste visual nomeando ou descrevendo o que tinham visto. Às vezes, eram solicitados a reagir perceptivamente: por exemplo, gesticulando, para mostrar a função, ou pegando o item compatível com a informação dada. Desta forma, Sperry podia especificar o que cada hemisfério era capaz de fazer em resposta à informação.

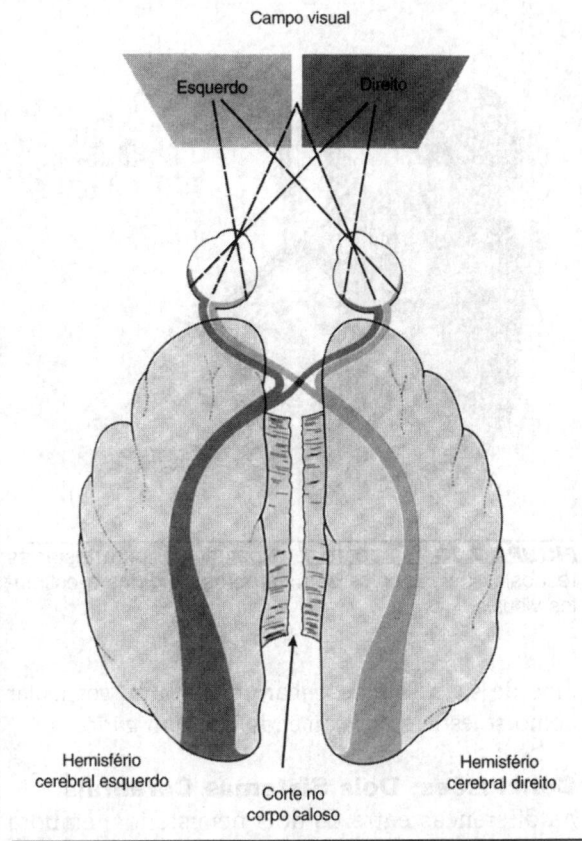

FIGURA 2.18 Cérebro dividido visto de cima. As informações do campo visual direito são canalizadas para o hemisfério cerebral esquerdo, enquanto as informações do campo visual esquerdo vão para o hemisfério direito.

Se os problemas fossem apresentados ao hemisfério dominante (esquerdo), os pacientes de Sperry tinham pouca dificuldade de ler, escrever, calcular ou analisar. Quando os mesmos tipos de problema eram canalizados para o hemisfério não-dominante, os pacientes com cérebro dividido comportavam-se estupidamente, mesmo nas tarefas mais simples. Não conseguiam resolver problemas fáceis de matemática. Não conseguiam lembrar uma série de itens em ordem. Não conseguiam nem mesmo identificar objetos domésticos comuns. Ocorreu aos psicólogos que o hemisfério direito era competente, porém analfabeto. E foi isso que descobriram quando estabeleceram situações de teste que requeriam menos linguagem. Embora os pacientes que estavam usando o hemisfério direito não conseguissem descrever uma fotografia — digamos, de um garfo —, conseguiam localizar um garfo escon-

FIGURA 2.19 O aparelho experimental para testar as respostas de pacientes com cérebros divididos a estímulos visuais.

dido de sua visão, desenhar um garfo ou gesticular como se estivessem comendo com um garfo.

Conclusões: Dois Sistemas Cerebrais
As diferenças entre os dois hemisférios, embora acentuadas, são melhor conceituadas como quantitativas do que como qualitativas, exceto talvez pela fala expressiva (Bradshaw & Nettleton, 1983; Sperry, 1985). O trabalho de Sperry e de outros apóia a idéia de que o hemisfério dominante é superior ao não-dominante para usar a linguagem, lidar com números, resolver problemas lógicos, processar dados em seqüência, analisar detalhes e lidar com abstrações. Embora o hemisfério não-dominante tenha sido descrito como "inferior ao de um chimpanzé em habilidades cognitivas" (Gazzaniga, 1983), muitos neurocientistas discordam (J. Levy, 1983; Myers, 1984; Sperry, 1985). Ao mesmo tempo que o hemisfério não-dominante parece compreender, até certo ponto, a linguagem falada e escrita, é excelente em tarefas perceptivas como visualização de objetos no espaço, geração de imagens, desenho, reconhecimento de rostos, categorização por tamanho ou forma, apreciação de música e sintetização de detalhes em um todo (Gardner, 1984; Gazzaniga & LeDoux, 1978; J. Levy, 1983; Rinn, 1984; K. U. Smith, 1985). Não se definiu ainda se os dois hemisférios desempenham funções distintas na emoção (Rinn, 1984; Sackeim *et al.*, 1978). Segundo Sperry, cada hemisfério tem sua forma peculiar de inteligência superior e consciência. Quando separados um do outro, os hemisférios esquerdo e direito operam como cérebros distintos, cada um com suas próprias percepções, imagens, associações, idéias, técnicas de aprendizado e cadeias de lembranças. As descobertas dos estudos de pacientes com cérebros divididos são corroboradas por um enorme conjunto de dados de outras fontes (Bradshaw & Nettleton, 1983; Myers, 1984). (Veja a Figura 2.20.)

Controvérsias sobre os Hemisférios
Hoje, há uma infinidade de interessantes controvérsias sobre os hemisférios cerebrais humanos.

Diferenças Sexuais na Lateralização
Na média, os cérebros dos dois sexos podem diferir na *lateralização*, isto é, em como os dois lados estão organizados. A hipótese mais aceita é a de que as mulheres são um pouco menos lateralizadas do que os homens. Isto é, nas mulheres, funções como linguagem e habilidade espacial têm relativa probabilidade de estar representadas em ambos os lados do cérebro (Bradshaw & Nettleton, 1983; Hines & Shipley, 1984; McGlone, 1980). Os fundamentos dessa idéia provêm de estudos de anatomia, lesão cerebral e comportamento. Como as diferenças cerebrais relacionadas com o sexo estão presentes em recém-nascidos, os pesquisadores suspeitam de que exista uma contribuição genética (Molfese & Molfese, 1979). Os dados, porém, estão sujeitos a diversas interpretações.

Significado Evolutivo dos Dois Hemisférios
Por que ter dois hemisférios especializados? Alguns cientistas acreditam que a *assimetria cerebral* permite a cada hemisfério organizar-se de maneira ótima para a máxima eficiência em diferentes tarefas. Embora essa hipótese pareça lógica, apresenta muitos problemas. Primeiro, algumas engenhosas pesquisas conduzidas por Jerre Levy (1977) indicam que o hemisfério mais competente — o mais propenso a resolver corretamente um dado problema — nem sempre o consegue. Segundo, o cérebro humano difere em sua organização. Se ter um cérebro altamente especializado fosse tão benéfico, argumenta Levy, a evolução teria legado esse tipo de cérebro a uma maior porcentagem de pessoas. Acredita-se que somente uma em cada quatro pessoas tenha hemisférios altamente especializados. Além das mu-

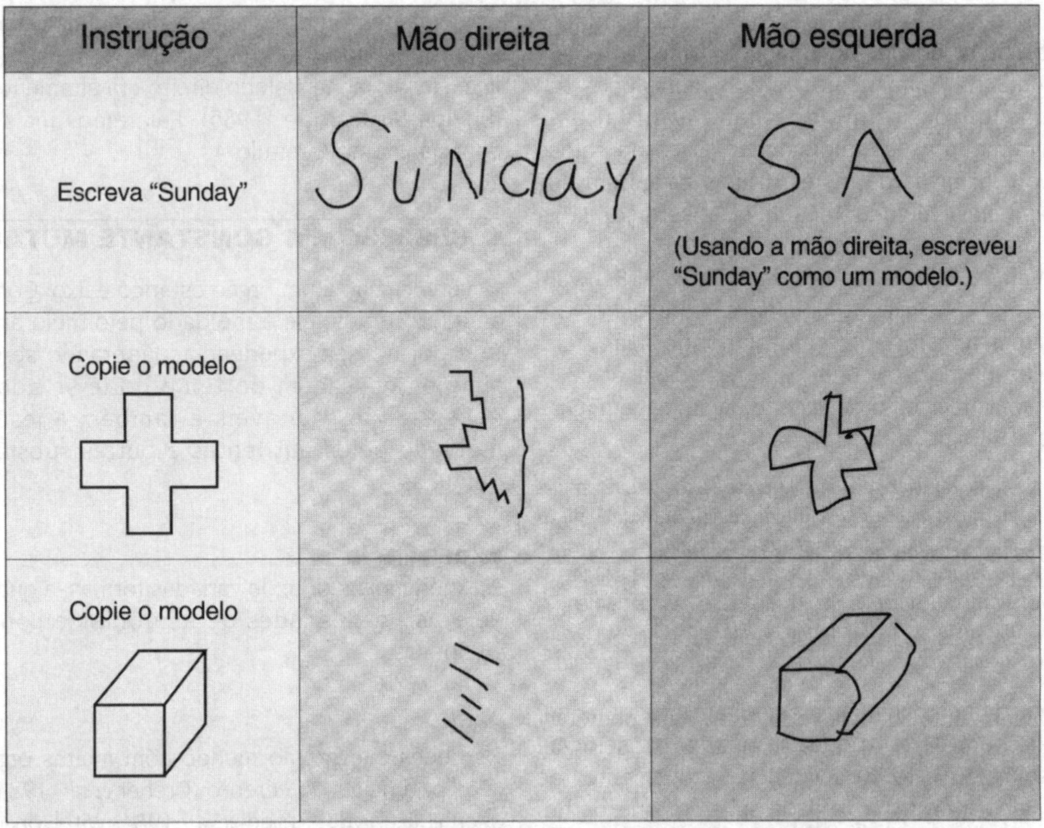

Instrução	Mão direita	Mão esquerda
Escreva "Sunday"	Sunday	S A (Usando a mão direita, escreveu "Sunday" como um modelo.)
Copie o modelo (cruz)	(desenho irregular)	(desenho de cruz)
Copie o modelo (cubo)	(linhas soltas)	(desenho de cubo)

FIGURA 2.20 Respostas de um paciente com cérebro dividido a duas solicitações: escrever "*Sunday*" (domingo) e copiar duas figuras. Usando a mão direita, controlada pelo hemisfério esquerdo, o paciente saiu-se bem com a linguagem, porém teve dificuldade em desenhar os modelos. O foco estava mais nos detalhes do que nas configurações inteiras. Usando a mão esquerda, controlada pelo hemisfério direito, o paciente teve dificuldade com a linguagem, porém conseguiu uma clara representação da cruz e do cubo. (Adaptada de Bogen, 1969.)

lheres, homens canhotos e ambidestros evidenciam menor lateralização (Witelson, 1985).

A especialização tem custos e também benefícios. A lesão tende a ser mais debilitante para o cérebro lateralizado. A destruição de uma determinada região tende a eliminar alguma capacidade mental.

Consciência de Unidade
O paciente com cérebro dividido tem dois modos distintos de consciência, os quais podem ser conflitantes (Gazzaniga, 1983; Gazzaniga & LeDoux, 1978). Um paciente chamado P. S., por exemplo, podia responder simultaneamente a dois problemas diferentes, cada um apresentado a um hemisfério. Ele podia fazer isso porque tinha considerável habilidade de linguagem em ambos os lados do cérebro. Curiosamente, P. S. expressava diferentes aspirações para o futuro, dependendo do hemisfério consultado. Quando perguntas sobre preferências vocacionais eram dirigidas ao hemisfério dominante, P. S. indicava que queria ser desenhista. Respondendo por escrito com o hemisfério direito, P. S. informou ter como meta profissional a carreira de piloto de corrida. Outro paciente "às vezes se via tirando as calças com uma mão e puxando-as para cima com a outra mão. Certa vez, [um homem] [...] agarrou sua mulher com a mão esquerda e sacudiu-a violentamente, enquanto [a mão direita procurava] [...] vir em auxílio de sua mulher, tentando controlar a mão esquerda beligerante". Apesar desses conflitos, poucos pacientes sabem que têm dois modos distintos de consciência. Ao contrário, sentem-se como um ser único, com um conjunto uno de necessidades, esperanças e sentimentos (Levy, 1977).

Como conseguimos esse senso de unidade? Uma hipótese diz que a unidade é intrínseca ao cérebro intacto. Comumente, os dois hemisférios trabalham juntos, reunindo suas habilidades e compartilhando suas informações. O corpo caloso intacto e diversas outras estruturas permitem que os dois hemisférios coordenem seus esforços (Russell *et al.*, 1979; Sperry, 1985).

Michael Gazzaniga (com LeDoux, 1978; 1983) teoriza que o hemisfério dominante controla os outros subsistemas do cérebro, impondo suas perspectivas na consciência. Segundo essa ótica, a consciência reside no hemisfério da linguagem (Gazzaniga, 1983, pp. 535-536):

Nosso senso de consciência subjetiva provém da permanente necessidade de nosso hemisfério esquerdo dominante de explicar ações tomadas por qualquer um dentre a infinidade de sistemas mentais que habitam dentro de nós [...]. Uma vez tomadas as ações, o hemisfério esquerdo, observando esses comportamentos, constrói uma história do significado, e este, por sua vez, torna-se parte da compreensão do sistema de linguagem da pessoa.

Outros neurocientistas acreditam que qualquer um dos hemisférios pode dominar a consciência (Ornstein, 1977, 1978). Evidências provenientes de vários laboratórios na verdade sugerem que os hemisférios direito e esquerdo são ativados de forma revezada ao longo do dia, cada um deles permanecendo ativo por períodos que variam de 25 a 200 minutos (Shannahoff-Khalsa, 1985). Estando com o hemisfério dominante "ligado" tendemos a ter bom desempenho em tarefas verbais; com o hemisfério não dominante ligado, temos ótimo desempenho em tarefas espaciais e outras tarefas perceptivas. Presumivelmente, quando o hemisfério não-dominante está no comando, passamos de uma postura analítica e lógica para uma postura mais intuitiva, perceptiva, espontânea e artística.

Há também evidência para apoiar a idéia de que as pessoas têm *estilos hemisféricos*, preferências por um ou outro hemisfério (Levy, 1985; Ornstein, 1977, 1978). Indivíduos que favorecem o hemisfério dominante tendem a ser relativamente verbais e analíticos. Aqueles que favorecem o hemisfério não-dominante parecem ser mais perceptivos. Pesquisas usando a tecnologia da tomografia de emissão de pósitrons oferecem uma modesta fundamentação a essa idéia. Ao tentar descobrir se seqüências de notas musicais eram idênticas, indivíduos cultos empregaram estratégias analíticas e demonstraram expressiva atividade no hemisfério esquerdo. Muitos participantes simplesmente cantaram as notas para si mesmos, não usando qualquer estratégia específica. Nestes, o hemisfério direito era altamente ativo (Phelps & Maziotta, 1985). Falaremos mais sobre consciência no Capítulo 4.

O CÉREBRO EM CONSTANTE MUTAÇÃO

O cérebro não é um órgão estático e fixo. Conforme amadurecemos, ele é moldado pelo meio ambiente e por nossas experiências, alterando-se com a simples passagem do tempo. Ele se adapta a necessidades mutáveis e também a lesões. É moldado pelos nutrientes e outras substâncias químicas.

Experiência

A experiência muda, de variadas formas, a quantidade e as propriedades de neurônios e conexões sinápticas.

Poda

Os bebês chegam ao mundo com muitas organizações potenciais do cérebro (Dreher *et al.*, 1984; Nordeen *et al.*, 1985; Stone *et al.*, 1984; Witelson, 1985). Eles têm neurônios e fibras em quantidade superior à necessária e desenvolvem excessivo número de sinapses. Normalmente, durante um período inicial específico, há números enormes de *podas* (morte celular) em todo o cérebro. O que determina quais neurônios, fibras e sinapses devem sobreviver? Os neurocientistas acreditam que o fator determinante é a função. O uso de certos neurônios, fibras e sinapses para processar dados e adaptar-se ao meio ambiente parece fortalecê-los. Da mesma forma, neurônios, fibras e sinapses não utilizados aparentemente enfraquecem e morrem. Em um estudo para fundamentar essa idéia, Thomas Welsey (descrito por Cowan, 1979) pegou alguns ratos recém-nascidos e removeu alguns fios de bigode (uma das mais importantes fontes usadas pelo rato para obter informações de seu ambiente). Mais tarde, Woolsey descobriu que estavam faltando os neurônios especializados em receber o *input* daqueles fios de bigode, ao passo que os neurônios vizinhos, que controlavam os outros fios de bigode, haviam aumentado. Os neurônios do córtex, portanto, haviam sido "podados" em favor do aparelho sensitivo que estava funcionando. Comumente, a poda pode permitir que organismos em desenvolvimento construam sistemas cerebrais apropriados a suas necessidades, levando em conta seu meio ambiente e suas capacidades individuais.

Ganhando Sinapses com Estimulação Sensitiva

O meio ambiente não só promove a poda, mas também estimula o crescimento do cérebro. Mark Rosenzweig (1984) e seus colegas estão dentre os primeiros que investigaram este fenômeno. Em um importante estudo, ratos machos de diversas ninhadas foram distribuídos aleatoriamente em grupos experimentais e de controle. Irmãos de raças endogâmicas foram escolhidos para controle de fatores genéticos. David Krech, já falecido, ajudou a iniciar esta pesquisa e descreveu-a como segue (Evans, 1976, p. 141):

O grupo experimental, quase desde o dia do desmame, passou a viver em um ambiente enriquecido. Havia aproximadamente 15 ratos; eles possuíam brinquedos para ratos; recebiam o alimento e a água que desejassem; eram trazidos para fora e acariciados; eram solicitados a resolver pequenos problemas em troca de açúcar etc. Chegamos até a estimular os estudantes a andar pelo laboratório com o rádio ligado. Nós os estimulávamos (refiro-me aos ratos) de todas as formas possíveis. Enquanto isso, seus irmãos ratos, embora recebessem o mesmo alimento e água, viviam em um ambiente empobrecido. Foram colocados cada um em uma gaiola dentro de uma sala escura e à prova de som, sem qualquer estimulação social. Após 80 ou 90 dias, ambos os grupos foram decapitados no mesmo dia. Os cérebros foram entregues ao químico e ao neuroanatomista, sendo antes codificados para que nenhum dos dois soubesse qual rato provinha de qual ambiente, enriquecido ou empobrecido. Diamond [o neuroanatomista] e Bennett [o químico] fizeram o possível e o impossível com esses cérebros de rato, à procura de quaisquer diferenças químicas ou anatômicas; e, olhem, encontraram-nas aos montes. O cérebro dos ratos do ambiente enriquecido era mais pesado; os córtices eram mais espessos; o suprimento de sangue para o cérebro era melhor; as células eram maiores. Assim, evidenciamos que o resultado de um ambiente inicial enriquecido foi literalmente um cérebro melhor.

Numerosas reproduções deste estudo corroboram essa descoberta. Ambientes com muitas dimensões sensitivas elevam o número de células gliais (células de suporte), aumentam todas as partes do neurônio e multiplicam as conexões sinápticas (Diamond, 1984). Podem ocorrer mudanças em todo o cérebro: no córtex, hipotálamo e cerebelo, por exemplo (Greenough & Juraska, 1979). As mudanças ocorrem em bebês, em adultos e até mesmo em pessoas com lesão cerebral e muito idosas (Diamond, 1978, 1984; Greenough et al., 1979; Held et al., 1985; Walsh & Cummins, 1976). Se os animais precisam lidar com ambientes intricados, presumivelmente o cérebro expande-se de maneira que os capacite a se adaptar à situação.

É quase certo que novas conexões sinápticas mudam o funcionamento do cérebro, mas não sabemos exatamente como. A criação de sinapses pode representar adaptações da memória ou outras adaptações mais gerais que sintonizem o cérebro para que possa operar com mais eficiência em ambientes específicos. Animais com experiências enriquecidas têm efetivamente melhores desempenhos do que seus pares empobrecidos em um grande número de tarefas de aprendizagem (Greenough, 1975; Greenough & Juraska, 1979).

E quanto à privação? Como era de esperar, tem um efeito inverso. Parece reduzir o tamanho dos dendritos e axônios das regiões do cérebro que comumente processariam o *input*. A privação sensitiva está também ligada à ineptidão comportamental.

Sinapses de Acomodação e Necessidades em Mutação

Acomodações a ambientes complexos sugerem que o cérebro loteia espaços, em parte, de acordo com as necessidades do animal. O mesmo mecanismo fisiológico parece auxiliar nos ajustamentos às necessidades internas (Cotman & McGaugh, 1980; Greenough & Juraska, 1979). À medida que as necessidades mudam, há um uso muito freqüente de certas sinapses e as fibras envolvidas desenvolvem novas extremidades. Os dendritos e possivelmente os axônios ramificam-se e ocupam mais espaço. Conseqüentemente, há mais sinapses. As extremidades que não são muito usadas tendem a se atrofiar. Para ilustrar o ajustamento do cérebro às necessidades internas, considere os canários machos. Esses pássaros escolhem um novo repertório de cantos a cada primavera como parte de sua preparação para o acasalamento. Fernando Nottebohm (1980, 1984) descobriu que os canários machos exibiam variações sazonais no tamanho de duas regiões cerebrais envolvidas na criação de cantos. O tamanho na primavera era quase o dobro do tamanho no outono. De outros estudos, sabemos que a capacidade de aprender músicas é diretamente proporcional à extensão de espaço cerebral a ela devotado.

Avivamento

Os cientistas têm observado outra interessante ligação entre cérebro e ambiente. Se o cérebro é repetidamente estimulado — quimicamente, eletricamente ou por experiências —, certas ações tornam-se progressivamente mais prováveis. Em determinado momento, a conduta despertada perde sua dependência da estimulação direta e torna-se auto-perpetuadora. Este fenômeno é denominado *avivamento* (*kindling*).

Graham Goddard e seus colegas (Post, 1980) acreditam que o avivamento pode explicar as convulsões da epilepsia. Trabalhando com animais, eles estimularam a amígdala, uma estrutura límbica, durante meio segundo, com uma corrente baixa, aproximadamente a cada 24 horas. A estimulação não teve qualquer efeito inicial observável; porém, após duas ou três semanas apenas, produziu convulsões. Quando a estimulação prosseguiu por mais tempo, convulsões espontâneas começaram a ocorrer.

Com determinadas drogas, observamos algo aparentemente semelhante aos efeitos do avivamento. Após repetidas experiências com substâncias como LSD, as pessoas experimentam alucinações espontâneas — sem tomar a droga. Uma ansiedade persistente e que não esteja relacionada com algum evento especial, também pode surgir por meio do avivamento. No início, um estresse evoca sintomas de ansiedade. Mais tarde, ataques de ansiedade ocorrem espontaneamente, sem a pessoa estar "numa pior".

Substâncias Químicas

Uma infinidade de substâncias químicas tem efeitos significativos no cérebro. Quando falamos sobre neurotransmissores, mencionamos as influências de drogas e da nutrição. Mais adiante, exploraremos as mudanças cerebrais causadas por hormônios. (Veja também os Capítulos 7, 10 e 13.)

Lesão e Recuperação

Em uma "máquina" tão complicada como o cérebro, muitas coisas podem dar errado. Não obstante, o cérebro humano consegue funcionar com eficácia durante 80 anos ou mais. Tal recorde de desempenho é prova cabal de resiliência, redundância e poderes de restauração do cérebro. Como o cérebro se auto-recupera quando é lesado?

Algumas deficiências que surgem imediatamente após lesões cerebrais são causadas pelos *efeitos de curta duração do trauma*. Áreas de hemorragia fechadas produzem pressão. O tecido cerebral incha, produzindo mais pressão. À medida que o corpo restaura estes e outros tipos de lesões, em geral o paciente recupera as habilidades perdidas.

A *regeneração* do sistema nervoso ocorre efetivamente. Os axônios lesados podem voltar a crescer e restabelecer suas conexões originais. Isso é particularmente comum no sistema nervoso periférico (em nervos como os do braço ou da perna) e mais raro na medula espinhal e no cérebro (Cotman & Nieto-Sampedro, 1985). Os neurocientistas estão trabalhando em formas químicas e cirúrgicas de estimular a regeneração para restaurar o SNC (Freed *et al.*, 1985; Schwartz *et al.*, 1985). Estudos pioneiros em roedores e primatas sugerem que, sob determinadas circunstâncias, implantes de outro tecido podem estimular o crescimento regenerativo das fibras vizinhas no SNC e corrigir deficiências cognitivas e motoras causadas por lesões ou associadas à idade. Tais fatos sugerem que transplantes parciais podem, algum dia, vir a ser factíveis para ajudar pessoas que sofrem de doenças ou lesões cerebrais ou da medula espinhal.

Cérebros lesados usam outros mecanismos para recuperar o funcionamento. Após a lesão do SNC, os dendritos remanescentes podem tornar-se *supersensitivos*. Conseqüentemente, até mesmo pequenas quantidades de transmissores dos axônios lesados podem ser suficientes para estimular as células adjacentes.

Alguns indivíduos aprendem a *compensar*, a utilizar os circuitos intactos remanescentes, para fazer o trabalho antes feito pelos lesados. O cérebro exibe grande *redundância*, ou duplicação. Isto é, existe uma justaposição funcional entre os sistemas. Em alguns casos, o próprio tecido cerebral *reorganiza-se*. As regiões vizinhas podem assumir papéis antes desempenhados pelo tecido perdido. Áreas de lados opostos podem compensar-se umas às outras. Se a linguagem é abolida por lesão do hemisfério esquerdo, o hemisfério direito pode ser chamado a participar de alguma forma na linguagem (Smith, 1979).

O cérebro de animais jovens é particularmente apto à regeneração e reorganização. Da mesma forma, implantes cerebrais sobrevivem e crescem com mais êxito no cérebro jovem (Cotman & Nieto-Sampedro, 1985). Uma das razões desta *plasticidade*, ou flexibilidade, é que os bebês têm mais conexões nervosas por milímetro cúbico do que os adultos.

Se algumas sinapses forem danificadas, outras podem ser recrutadas para preencher a lacuna.

Estudos recentes de vítimas de hidrocefalia, conduzidos por John Lorber (1981), fundamentam a idéia de que o cérebro jovem é especialmente eficiente na regeneração e reorganização. A *hidrocefalia* resulta do excessivo acúmulo de líquido cefalorraquidiano dentro do cérebro. Os neurônios dos hemisférios cerebrais adelgaçam-se e morrem. Quando o distúrbio é tratado por cirurgia na primeira infância, um cérebro reduzido e defeituoso geralmente retorna ao tamanho, forma e peso normais. Os pacientes, por sua vez, revelam-se mentalmente alertas na infância e na idade adulta. Quando perdas estruturais ocorrem antes do nascimento ou no início da primeira infância, mesmo sem tratamento, pessoas hidrocefálicas podem comportar-se normalmente — apesar das extraordinárias perdas. O córtex de um homem, por exemplo, era uma mera fração da espessura normal. Aproximadamente 95% da área que acomoda os hemisférios estava cheia de líquido. Não obstante, o homem tinha capacidade suficiente para formar-se numa universidade de primeira linha com distinção em matemática. Lorber concluiu que, na tenra idade, áreas ao lado do cérebro podem assumir o controle de capacidades cognitivas.

Embora as lesões cerebrais em crianças possam ser reparadas, podem ser também altamente debilitadoras (Isaacson, 1975). Mudanças estruturais importantes — como redução no tamanho do cérebro — podem ocorrer somente quando o cérebro é lesado durante as primeiras semanas de vida. Ademais, é somente no cérebro jovem que os axônios formam sinapses em pontos incomuns, um processo presumivelmente patológico. A final de contas, parece haver equilíbrio entre os benefícios e as desvantagens da juventude (James-Roberts, 1979).

Envelhecimento

Conforme as pessoas saudáveis envelhecem, o cérebro vai mudando de variadas formas. Como algumas áreas perdem boa quantidade de neurônios, o cérebro de um saudável idoso de 70 anos parece ligeiramente atrofiado quando comparado ao de um jovem de 25 anos (de Leon *et al.*, 1982). Os dendritos de alguns neurônios também se deterioram com a idade, conforme mostra a Figura 2.21, deixando as células menos aptas a se comunicar com outras células (Cotman & Nieto-Sampedro, 1985; Scheibel,

1981, 1985). Ademais, o cérebro torna-se menos capaz de renovar suas sinapses. Em resumo, o cérebro envelhecido provavelmente opera com menor eficiência.

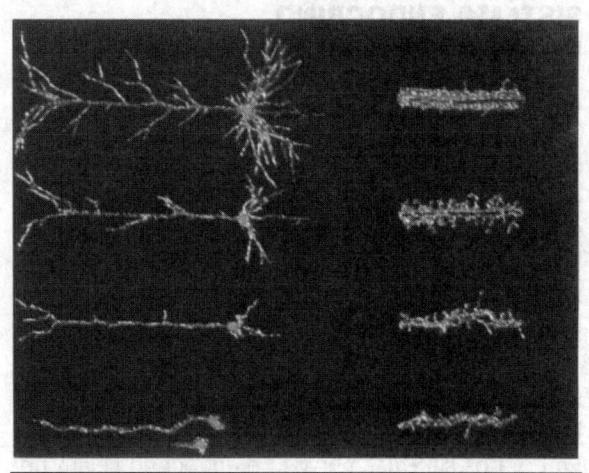

FIGURA 2.21 Experiências desafiadoras podem aumentar a complexidade dos circuitos de células nervosas, tornando alguns dendritos maiores e mais complexos com a idade (Diamond & Corner, 1981). Entretanto, sabe-se que os neurônios de diversas regiões do cérebro e da medula espinhal deterioram-se com o avanço da idade (Cotman & Nieto-Sampedro, 1985; Scheibel, 1981, 1985). Na figura, vemos neurônios dos córtices cerebrais de adultos de diferentes idades — 30, 68, 74 e 78 anos — altamente ampliados. Abaixo da célula normal (acima, à esquerda) encontra-se outra célula demonstrando sinais relativamente precoces de degeneração, incluindo perda de dendritos e espinhas de dendritos (à direita), de ramificações axônicas (à esquerda) e um corpo mais indiferenciado. Prosseguindo, para baixo, verificamos maior deterioração com a idade. A coluna da direita mostra como declina um único ramo de dendrito. O ramo do alto da figura é saudável. Com a idade, algumas ramificações dendríticas adelgaçam-se e acabam se fragmentando (abaixo, à direita); ao mesmo tempo, as espinhas dendríticas tornam-se esparsas e adquirem uma forma irregular. Em geral, há uma pronunciada redução da área de superfície dendrítica. Estas e outras mudanças estruturais do SNC, que diferem altamente de pessoa para pessoa, nem sempre estão ligadas a dano intelectual ou de personalidade; mas ambos têm uma vaga correlação. (Dan McCoy/Black Star.) [Veja a figura em cores na p. A2]

Outros declínios que ocorrem paralelamente no cérebro normal são ligeiras perdas de memória e retardamento do tempo de reação. Contudo, na idade avançada, a inteligência geral permanece estável ou até aumenta, uma vez que o conhecimento e o julgamento continuam beneficiando-se das experiências da vida (veja o Capítulo 7). A expressiva deterioração intelectual, porém, está ligada à severa perda de células cerebrais (veja o Capítulo 11).

SISTEMA ENDÓCRINO, COMPORTAMENTO E COGNIÇÃO

À semelhança do sistema nervoso, o sistema endócrino ajuda a coordenar as células do organismo animal. Este sistema (mostrado na Figura 2.22) é composto de glândulas sem ducto que secretam substâncias chamadas *hormônios*. Essencialmente, os hormônios são mensageiros. Eles circulam pela corrente sangüínea para influenciar a atividade das células-alvo responsivas.

Sistemas Nervoso e Endócrino: Uma Parceria

Embora os sistemas nervoso e endócrino sejam freqüentemente definidos como sistemas separados, comumente trabalham juntos. Muitas respostas dependem das cadeias de reações envolvendo ambos os sistemas.

Respostas ao estresse ilustram a parceria sistêmica endócrino-nervosa em ação. Parte do cenário — altamente simplificado — opera assim: quando surge uma emergência, o ramo simpático do SNA responde pela mobilização dos recursos orgânicos para que entrem em ação. Houve tempos, na história da evolução, em que isso significava fugir ou lutar. O ramo simpático aciona uma série de mudanças cruciais. Ele aumenta o aporte de sangue para o coração, SNC e músculos para que a pessoa possa pensar mais claramente e agir mais rapidamente. Ele prepara o sangue para que este possa se coagular mais velozmente e para previnir sangramento significativo em caso de ferimento. Ele acelera a respiração para que maior quantidade de oxigênio possa ser levada à corrente sangüínea, fornecendo assim mais combustível ao corpo. Ao mesmo tempo, o sistema simpático estimula as glândulas supra-renais. Estas glândulas liberam os hormônios adrenalina e noradrenalina, mensageiros químicos que estimulam muitos dos mesmos centros já ativados pelo sistema simpático. Os hormônios ajudam a manter a capacidade para uma ação vigorosa.

Sistema Endócrino *versus* Sistema Nervoso: Semelhanças e Diferenças

Os sistemas endócrino e nervoso funcionam de forma similar. Células de um ponto liberam moléculas

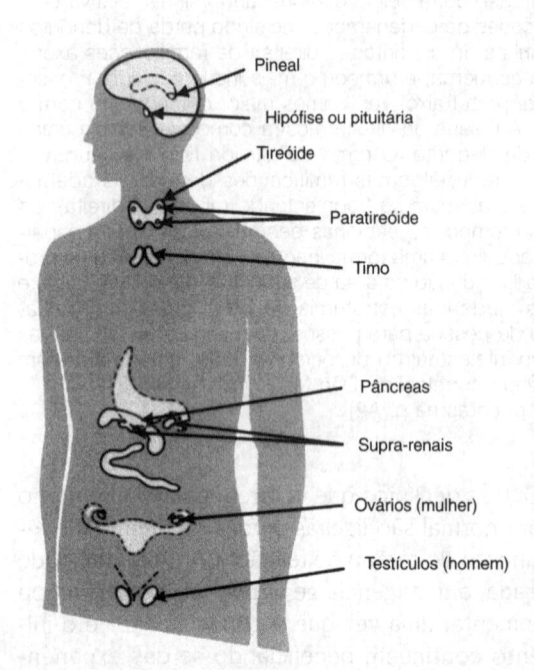

Glândula endócrina	Algumas funções principais
Pineal	Processa dados relativos à claridade e à escuridão; impõe ritmos a muitos processos orgânicos, ajustando a fisiologia ao ambiente.
Hipófise	Promove o crescimento geral do corpo; eleva a pressão sangüínea em emergências; estimula os músculos lisos (por exemplo, durante o parto, excita o útero para que se contraia; também ativa as glândulas mamárias para a produção de leite).
Tireóide	Regula o metabolismo.
Paratireóide	Controla os níveis de cálcio e fosfato no sangue.
Timo	Indefinidas.
Pâncreas	Regula o nível do açúcar no sangue.
Supra-renais	Ativa o metabolismo dos carboidratos; promove e mantêm características sexuais secundárias e condições físicas necessárias à gravidez; eleva a pressão sangüínea e os níveis de açúcar no sangue durante emergências.
Gônadas	Ovários (mulher): promovem e mantêm características sexuais secundárias e condições físicas necessárias à gravidez. Testículos (homem): promovem e mantêm características sexuais secundárias.

FIGURA 2.22 Glândulas endócrinas: localização e principais efeitos de alguns dos importantes hormônios que secretam. Observe que algumas glândulas, como testículos e ovários, ocorrem aos pares.

mensageiras, as quais circulam até as células receptivas, interagindo com elas e modificando sua atividade. Outra curiosa semelhança só recentemente veio à luz. Em alguns casos, os sistemas cerebral e endócrino usam as mesmas substâncias químicas para acionar dois aspectos inteiramente diferentes de uma resposta (Koob, 1983). A *vasopressina*, por exemplo, é liberada pelo organismo e pelo cérebro. No organismo, ela atua como um hormônio que ocasiona a retenção de água pelos rins e a elevação da pressão sangüínea. No cérebro, ela atua como um neurotransmissor que prolonga a memória, porém não afeta a retenção de água ou a pressão sangüínea. O que comumente ocorre é que um animal sob estresse secreta vasopressina dentro do organismo e do cérebro, energizando-o para combater o estressor e lembrar-se do que aprendeu ao longo do tempo.

Outra semelhança entre os sistemas nervoso e endócrino foi descoberta recentemente. Hormônios e neurotransmissores podem contatar células próximas ou distantes. Na verdade, exatamente as mesmas substâncias químicas podem ter essas duas capacidades (Chan-Palay *et al.*, 1982b).

Os sistemas nervoso e endócrino têm, com efeito, pelo menos uma diferença peculiar no que se refere ao comportamento. O sistema nervoso é especialmente ativo em respostas que requerem velocidade. O cérebro pode transmitir uma mensagem ao dedão do pé em menos de um décimo de segundo, por exemplo. O sistema endócrino é geralmente muito mais lento, estando limitado à velocidade da circulação. Não obstante, algumas respostas mediadas pelo sistema endócrino (como a liberação de leite durante a amamentação) levam apenas alguns segundos.

Hormônios e Comportamento

O sistema endócrino exerce um papel particularmente fundamental na emoção, vitalidade, sexualidade, metabolismo, crescimento e desenvolvimento. Dispõe de dois meios principais de exercer influência (Leshner, 1978).

Primeiro, os níveis de hormônio desempenham uma função *ativadora* pela alteração da forma e/ou intensidade das respostas. Alguns trabalham na mudança do estado geral do organismo. Os hormônios da tireóide, por exemplo, afetam a digestão de carboidratos. Os carboidratos, por sua vez, fornecem energia. Assim sendo, os hormônios da tireóide alteram indiretamente os níveis de energia e a atividade por meio de sua influência na digestão de carboidratos.

Outros hormônios provocam respostas pela intervenção na condição dos sistemas sensitivo ou efetor. Por exemplo, variações nos níveis hormonais das gônadas e das supra-renais alteram a sensibilidade olfativa do animal e influenciam padrões de comportamento dependentes do olfato. Em muitos organismos, isso poderia incluir acasalamento, fuga dos predadores e defesa do território.

Alguns hormônios ativam comportamentos atuando diretamente sobre o SNC, o que modela a interpretação de eventos e a organização do comportamento. Considere a cirurgia de castração, que reduz o suprimento de hormônios sexuais masculinos, os andróginos, e portanto diminui a capacidade de resposta sexual. Implantando andróginos no hipotálamo, os cientistas podem restabelecer o comportamento sexual em animais castrados.

Os hormônios influenciam o comportamento de uma segunda forma importante. Durante o início do desenvolvimento, eles *organizam*, ou preestabelecem, os sistemas metabólico, endócrino e/ou nervoso de modo que mais tarde influam significativamente em nossa vida. Por exemplo, o ser humano que recebe quantidades insuficientes de hormônios da tireóide após o nascimento revela índices metabólicos reduzidos e níveis mais baixos de oxigênio na idade adulta. O cérebro não estabelece o núemo esperado de sinapses. E o resultado são pessoas mental e fisicamente lentas.

Diferenças de sexo fornecem uma segunda ilustração. Se um mamífero produz e circula uma quantidade ótima de hormônios andróginos no período crítico após o nascimento, o hipotálamo do animal é do tipo masculino. A tipagem sexual significa, entre outras coisas, que, mais tarde, o hipotálamo será capaz de iniciar o padrão reprodutivo masculino não-cíclico. Todavia, o animal precisa atingir a maturidade sexual e produzir seus próprios hormônios sexuais para ativar o padrão reprodutivo instalado anteriormente. Se houver poucos andróginos no início da vida, o hipotálamo do animal macho é classificado como de tipo feminino e seus hormônios sexuais, na puberdade, não poderão evocar o padrão reprodutivo masculino.

Da mesma forma que os hormônios influenciam o comportamento, o comportamento (e as experiências) influencia os hormônios. Freqüentemente vemos uma longa cadeia de relações hormônio—comportamento. O trabalho de Daniel Lehrman (1965) com pombas torcazes[5] presta-se a uma boa ilustração. Nas pombas torcazes, os rituais de acasalamento acionam hormônios que evocam a construção do ninho. A construção do ninho estimula hormônios que evocam a chocagem (cobrir os ovos com o corpo). A chocagem ativa outros hormônios que aumentam a probabilidade de incubar os ovos e estar preparado para alimentar os filhotes.

RESUMO

1 Amplas semelhanças de comportamento e cognição entre seres humanos são, em parte, resultado do trabalho da evolução nos genes. Muitas características de espécie foram estabelecidas porque aumentaram suas chances de sobrevivência e reprodução. Diferenças individuais dependem também, até certo ponto, de herança genética. A hereditariedade interage continuamente com o meio ambiente para moldar o funcionamento do organismo animal.

2 A hereditariedade afeta o comportamento e a cognição por meio de seu impacto sobre as estruturas e química orgânicas. Cinco estratégias são hoje amplamente usadas para avaliar esse impacto: estudo de gêmeos, estudo da adoção, técnicas de procriação, investigações de anormalidades genéticas e pesquisa sobre consistências vitalícias.

3 O sistema nervoso coordena as atividades das células orgânicas. Ele está dividido em central e periférico. O sistema nervoso central (SNC) abrange o cérebro e a medula espinhal. O sistema nervoso periférico é formado pelos sistemas nervosos somático e autônomo.

4 O sistema nervoso somático transmite mensagens dos sentidos para o SNC e conduz mensagens do SNC para os músculos. O sistema nervoso autônomo (SNA) serve aos órgãos internos e glândulas. Sua divisão simpática prepara as pessoas para reagir a emergências. Sua divisão parassimpática mantém recursos internos em nível ótimo quando o corpo está em repouso ou relaxado.

5 O neurônio é considerado a unidade funcional básica do sistema nervoso. Uma mensagem que passa de um neurônio para outro precisa atravessar uma sinapse. A transmissão de mensagens para todo o sistema nervoso depende da detonação de um neurônio, da condução de impulsos nervosos ao longo do axônio, da secreção de transmissores em sinapses e da recepção desses transmissores pelos neurônios-alvo responsivos.

6 Os transmissores afetam dramaticamente o comportamento. Os níveis de transmissores são influenciados por experiência, ritmos biológicos, nutrição, doença e drogas.

7 O cérebro pode ser subdividido em cérebro anterior, mesencéfalo e cérebro posterior.

8 O tamanho e a organização do córtex cerebral no cérebro anterior distinguem o homem de outros animais. O córtex é dividido em quatro lobos: parietal, frontal, temporal e occipital. Cada lobo contém regiões sensitivas primárias e motoras e áreas de associação.

9 O tálamo atua como uma central de retransmissão para os sistemas sensitivos (exceto o olfato), projetando suas informações para as áreas apropriadas do córtex. O tálamo exerce papel também no controle do sono e da vigília, na memória e na linguagem.

10 Os circuitos do sistema límbico estão envolvidos principalmente na motivação, emoção e memória. Uma estrutura límbica central, o hipotálamo, mantém o organismo funcionando idealmente sob condições comuns de repouso e assegura a apropriada redistribuição de recursos quando ocorrem emergências. Por meio de sua influência sobre a hipófise, o hipotálamo controla o sistema endócrino.

11 O cerebelo governa a coordenação motora, a postura e o equilíbrio.

12 Os tratos ascendentes da formação reticular ativam o córtex e funcionam no sono e na vigília. Os tratos descendentes influenciam a tensão muscular, possibilitando os movimentos coordenados.

13 Os dois hemisférios cerebrais agem como sistemas complementares de informação e processamento. O hemisfério dominante é especializado em uso da linguagem, percepção de detalhes, aquisição de dados seqüenciais, análise e conceituação. O hemisfério não-dominante exerce papel particularmente importante no processamento e na sintetização de dados sobre o meio ambiente. Sob cir-

---

5. N.R.T.: A pomba torcaz é conhecida no Brasil, especificamente no Nordeste, como "asa branca".

cunstâncias normais, o corpo caloso permite que ambos compartilhem suas habilidades e informações.

14 O cérebro muda ao longo da vida. É moldado por experiências que ocorrem em um dado ambiente. Faz o ajustamento de acordo com a mudança das necessidades — incluindo lesões. Com a idade, sofre uma certa deterioração.

15 À semelhança do sistema nervoso, o sistema endócrino ajuda a coordenar as células orgânicas. Opera liberando as moléculas mensageiras que circulam até as células receptivas, interagindo com elas e modificando sua atividade. Em grande parte do tempo, os sistemas nervoso e endócrino trabalham em conjunto.

16 Os hormônios ativam o comportamento. Também preestabelecem as funções dos sistemas metabólico, endócrino e nervoso de modo que afetem sua atividade posterior. A conduta e o meio ambiente influenciam os níveis hormonais.

GUIA DE ESTUDO

Termos-chave

psicologia fisiológica (psicobiologia, biopsicologia) (49)
sociobiologia (50)
genética do comportamento (51)
gene (52)
efetor receptor (59)
sistema nervoso central (SNC) (59)
cérebro (60)
medula espinhal (60)
reflexo (60)
nervo (61)
sistemas nervosos
 periférico (61)
 somático (61)
 autônomo (61)
 simpático (61)
 parassimpático (61)
neurônio (61)
célula glial (61)
neurotransmissor (62)
sinapse (63)
impulso nervoso (64)
registro cerebral (66)
eletroencefalógrafo (EEG) (66)
estimulação cerebral (69)
cérebro posterior(70)
mesencéfalo (70)
cérebro anterior (70)

córtex cerebral (71)
hemisfério cerebral (72)
área sensitiva primária ou motora (72)
área de associação (72)
lobos
 parietal (72)
 frontal (73)
 temporal (73)
 occipital (73)
área de Wernicke (74)
área de Broca (74)
giro angular (74)
tálamo (74)
sistema límbico (75)
hipotálamo (76)
cerebelo (76)
ponte (76)
formação reticular (77)
varredura PET (PET scan) (78)
hemisfério dominante (principal) (80)
hemisfério não-dominante (80)
cérebro dividido (80)
plasticidade (84)
sistema endócrino (77)
e outras palavras e expressões em itálico

Conceitos Básicos

teoria da evolução (Darwin)
seleção natural (Darwin)
controvérsia natureza-criação
tipos de interação genético-ambiental (passiva, evocativa, ativa)
fundamentos e problemas de estratégias genético-comportamentais (gêmeos, adoção, procriação, anormalidade genética, consistência vitalícia)
modelo *input-output* do sistema nervoso
diferenças entre o cérebro e os componentes de um aparelho de som
viabilidade de controle cerebral
lei do tudo ou nada
controvérsias da pesquisa hemisférica

Pessoas a Identificar
Luria, Darwin, E. O. Wilson, Galton, Penfield, Sperry.

Avaliação

1 Seleção natural é mais ou menos o mesmo que
a. Mudanças na espécie por meio de modificações que melhoram a sobrevivência e a reprodução.
b. Descendência de ancestrais comuns.
c. Mudança gradativa ao longo de milhões de anos.
d. Sobrevivência dos membros fisicamente mais fortes de uma espécie.

2 Qual é uma importante função do sistema nervoso periférico?
a. Coordenar processos mentais complexos como o pensamento.
b. Governar os reflexos.
c. Receber e transmitir dados ao SNC.
d. Procurar satisfazer as necessidades orgânicas recorrentes.

3 O dendrito geralmente atende a qual função?
a. Captar informações.
b. Regular a passagem de partículas eletricamente carregadas para dentro e para fora da célula.
c. Enviar dados a outras células.
d. Armazenar neurotransmissores.

4 Quais são os dois processos geralmente requeridos para envio de mensagens a todo sistema nervoso?
a. Redistribuição de partículas carregadas e liberação de neurotransmissores.
b. Contração e excitação dos dendritos.
c. Mudanças na permeabilidade e redistribuição do protoplasma.
d. Liberação de DNA e neurotransmissores inibitórios.

5 O que controla os centros do cérebro posterior?
a. Emoções e motivos.
b. Memória.
c. Atividades internas rotineiras que correm continuamente.
d. Processos associativos simples envolvendo aprendizagem anterior.

6 Quais regiões formam 75% do córtex cerebral?
a. Associação
b. Linguagem
c. Motora
d. Sensitiva

7 Qual é uma das funções principais do sistema límbico humano?

a. Controle do alerta e da atenção
b. Controle de motivos e emoções
c. Integração de dados sensitivos
d. Olfato

8 Os bebês aparentemente nascem com _____ sinapses em comparação com os adultos.

a. substancialmente menos
b. ligeiramente menos
c. aproximadamente o mesmo número de
d. um número expressivamente maior de

9 Em qual atividade o hemisfério cerebral não-dominante exerce um papel central?

a. Cálculos numéricos complexos
b. Fala
c. Lógica
d. Percepção de profundidade

10 Qual das seguintes afirmativas sobre os sistemas endócrino e nervoso é falsa?

a. Ambos dependem de moléculas mensageiras liberadas por uma célula.
b. Em ambos, as células mensageiras interagem com uma célula receptiva para modificar a atividade desta.
c. O cérebro tende a ser especialmente ativo em respostas rápidas; o sistema endócrino, em atividades lentas.
d. Cada um desses sistemas tende a trabalhar separadamente.

Exercícios

1. Hereditariedade: Termos e conceitos. O vocabulário e as idéias básicas da genética do comportamento podem parecer confusos caso você os esteja vendo pela primeira vez. Teste seu domínio da matéria relacionando o termo ou conceito numerado com a letra da característica ou definição mais apropriada. (Veja as pp. 51-58.)

_ 1 Célula germinativa
_ 2 XY
_ 3 Zigoto
_ 4 Núcleo
_ 5 Gene
_ 6 Proteína estrutural
_ 7 Enzima
_ 8 *Loci* (lugar ou lócus)
_ 9 XX
_ 10 Característica contínua
_ 11 Síndrome de Turner
_ 12 Raça endogâmica
_ 13 Cromossomos
_ 14 Característica discreta
_ 15 Soma

a. Unidade básica da hereditariedade; governa a produção de proteínas.
b. Célula reprodutiva; produz óvulos ou espermatozóides.
c. O zigoto humano possui 46.
d. Traço que o animal tem ou não tem.
e. Par de cromossomos que identifica a mulher normal.
f. Estrutura celular localizada centralmente; contém cromossomos.
g. Controla as reações físico-químicas do corpo.
h. Produto da união de óvulo e espermatozóide.
i. Par de cromossomos que identifica o homem normal.
j. Forma a estrutura física do sangue, músculos e tecidos.
k. Existe em graus.
l. Pontos nos cromossomos em que estão localizados os genes.
m. Ligado a precária capacidade espacial.
n. Corpo celular.
o. Procriação de indivíduos aparentados durante pelos menos 20 gerações.
p. Indivíduos que se comportam de forma similar são repetidamente procriados.

2. O sistema nervoso. Os seguintes exercícios de correspondência foram concebidos para ajudá-lo a testar seu conhecimento do sistema nervoso. Faça a correspondência do bloco da esquerda com a posição, descrição, ilustração ou função importante do bloco da direita. Não deixe de ler as instruções adicionais que acompanham cada parte do exercício.

Parte I: Selecione uma única e *mais abrangente* função de cada sistema. (Veja as pp. 59-61.)

_ 1 Sistema nervoso
_ 2 Sistema nervoso central (SNC)
_ 3 Sistema nervoso periférico
_ 4 Sistema nervoso autônomo (SNA)
_ 5 Sistema nervoso somático

a. Atende aos órgãos internos.
b. Conduz mensagens sensitivas para a divisão de processamento de informação e passa as ordens desta para os músculos esqueléticos.
c. Dirige e coordena as ações de todas as células.
d. Composto de todas as estruturas do sistema nervoso existentes fora do SNC.
e. Unidade de processamento de informação do sistema nervoso.
f. Cuida das emergências.

Parte II: Neste exercício, faça a correspondência de uma ou mais funções ou características com a estrutura apropriada. Atributos iguais podem ser usados para várias estruturas. (Veja as pp. 72-77.)

_ 1 Medula espinhal
_ 2 Córtex cerebral
_ 3 Amígdala
_ 4 Septo
_ 5 Hipocampo
_ 6 Hipotálamo
_ 7 Formação reticular ascendente
_ 8 Formação reticular descendente
_ 9 Tálamo
_ 10 Cerebelo
_ 11 Corpo caloso

a. Central de retransmissão sensitiva.
b. Conecta os hemisférios cerebrais.
c. Controla os reflexos protetores.
d. Rede de células que se estende do cérebro posterior até o cérebro anterior e influencia a tensão muscular.
e. A mais influente região límbica.
f. Região límbica que influencia o hipotálamo.
g. Contém áreas de associação.

h. Área do cérebro posterior que regula o equilíbrio e a coordenação motora.
i. Principal tomador de decisões.
j. Comanda a hipófise e o SNA.
k. Ativa o córtex.
l. Exerce um papel no sono.

Parte III: Faça a correspondência da parte do neurônio com a característica mais apropriada. (Veja as pp. 61-63.)

___ 1 Axônio
___ 2 Membrana celular
___ 3 Soma
___ 4 Neurotransmissor
___ 5 DNA
___ 6 Protoplasma
___ 7 Núcleo
___ 8 Dendrito
___ 9 Sinapse
___ 10 Vesícula sináptica
___ 11 Nervo

a. Corpo localizado centralmente, contendo DNA.
b. Substância química que permite comunicação com células adjacentes.
c. Fibra que conduz informações a células próximas.
d. Conduz informações genéticas.
e. Produz neurotransmissores.
f. Armazena neurotransmissores.
g. Fenda entre neurônios comunicantes.
h. Regula o que passa dentro e fora das células.
I. Fibra que coleta informações.
j. Substância incolor e semifluida.
k. Grupo de axônios.
l. Corpo celular.

Parte IV: Faça a correspondência de cada lobo do córtex com pelo menos uma função e uma posição. Uma mesma função pode ser atendida por mais de um lobo. (Veja as pp. 72-75.)
Lobos: Frontal (F), Occipital (O), Parietal (P), Temporal (T)

Funções:

___ 1 Envia impulsos motores aos músculos.
___ 2 Registra e sintetiza dados auditivos.
___ 3 Registra e analisa mensagens somatossensoriais.
___ 4 Contém áreas de associação.
___ 5 Recebe e processa dados visuais.
___ 6 Contém a área de Wernicke.
___ 7 É particularmente importante no planejamento.
___ 8 É especialmente vital na integração de dados sensitivos.
___ 9 Contém circuitos que direcionam a atenção visual.
___ 10 Localizada acima do ouvido.
___ 11 Localizada na parte posterior da cabeça.
___ 12 Localizada na parte anterior da cabeça.
___ 13 Posiciona centralmente entre a parte anterior e a posterior.

Usando a Psicologia

1 Considere a pergunta: "O ambiente ou a hereditariedade é a mais importante influência sobre a inteligência?". Explique por que não podemos minimizar nenhuma das duas influências.

2 Como podem os genes, que afetam diretamente apenas as estruturas e os controles físicos, influenciar o comportamento e a cognição?

3 O que torna tão difícil a investigação da genética do comportamento humano?

4 Compare o cérebro com os componentes de um aparelho de som. Em que se assemelham? Em que diferem?

5 Compare o projeto de funcionamento de um robô e o sistema nervoso humano. Em que se assemelham? Em que diferem?

6 Sinais elétricos manifestam-se dentro do cérebro de pessoas que estão em coma e agonizantes? O cérebro de animais em hibernação exibe atividade elétrica?

7 Explique por que um tirano que fizesse uso da tecnologia de estimulação cerebral para controlar o comportamento dos cidadãos estaria fadado ao fracasso.

8 O que distingue o cérebro humano do cérebro de animais menos complexos?

9 Que tipos de deficiência de comportamento resultariam de lesão unicamente no córtex? no tálamo? no sistema límbico? no cerebelo? na formação reticular? Qualquer área isolada é propensa a se autolesar? Explique.

10 Pense em pelo menos uma vantagem e uma desvantagem de ter dois hemisférios cerebrais diferentes e altamente especializados.

11 Quais são as semelhanças e diferenças entre os sistemas nervoso e endócrino?

Leituras Sugeridas

1 Bloom, F. E., Lazerson, A. & Hofstadter, L. (1984). *Brain, mind, and behavior*. San Francisco: Freeman. Compêndio lindamente ilustrado que cobre as principais áreas da psicologia fisiológica, incluindo sentidos e movimento, homeostasia, ritmos cerebrais, sentimentos, aprendizado e memória, pensamento e consciência, e disfunções cerebrais.

2 Restak, R. (1984). *The Brain*. Nova York: Bantam. Um neurologista com dons de escritor explora o que os pesquisadores descobriram sobre a estrutura cerebral e a conduta e cognição humanas. Divertido e freqüentemente provocador.

3 Springer, S. P. & Deutsch, G. (1984). *Left brain, right brain*. 2ª ed. San Francisco: Freeman. Livro premiado que dá uma visão geral da pesquisa hemisférica. Sobre a primeira edição, escreveu um crítico: "Este livro é puro deleite. Sem minimizar as controvérsias acerca do tópico, os autores prepararam um trabalho eminentemente legível que, embora não chegue a ser literatura, é muito mais do que um livro didático" (AAS Science Books and Films).

4 Gardner, H. (1976). *The shattered mind: The person after brain damage*. Nova York: Knopf. Gardner descreve os casos de muitas vítimas de lesão cerebral, incluindo relatos em primeira pessoa. O objetivo do autor é "expor as lições implícitas em nossos próprios processos de pensamento, características de personalidade e senso do 'eu'".

5 Leshner, A. I. (1978). *An introduction to behavioral endocrinology.* Nova York: Oxford University Press. Uma visão lúcida e ao mesmo tempo abrangente e integrada da área, cobrindo tópicos como agressividade, sexualidade, humor, medo, comportamentos paternal e maternal e comunicação.

6 Plomin, R., DeFries, J. C. & McClearn, G.E. (1980). *Behavioral genetics: A primer.* San Francisco: Freeman. Esta visão geral da disciplina não pressupõe qualquer conhecimento anterior de genética, estatística ou psicologia. Além de abordar os fundamentos básicos, explora questões interessantes, história, o trabalho de Darwin, sociobiologia e controvérsias. Farto em ilustrações.

Respostas

FICÇÃO? OU FATO?
1. F2. V3. V4. V5. V6. V

AVALIAÇÃO
1. a(49) 2. c(61) 3. a(61) 4. a(64) 5. c(71)
6. a(72) 7. b(75) 8. d(82) 9. d(80) 10. d(84)

EXERCÍCIO 1
1. b2. i3. h4. f 5. a6. j7. g8. l9. e
10. k11. m12. o13. c14. d15. n

EXERCÍCIO 2
Parte I: 1. c 2. e 3. d 4. a 5. b

Parte II: 1. c2. i, g3. f4. f5. f6. e, j, l
7. k, l8. d9. a, k, l10. h11. b

Parte III: 1. c2. h3. l4. b5. d6. j7. a8. i
9.g 10.f 11.k

Parte IV: 1. F2. T3. P4. F, O, P, T5. O6. T
7. F8. P9. P10. T11. O12. F13. P

CAPÍTULO 3

Processos de Aprendizagem Comportamental

SUMÁRIO

CATEGORIAS DE APRENDIZAGEM
Aprendizagem Comportamental
Outros Modificadores do Comportamento
Medindo a Aprendizagem Comportamental
Diferenças de Vocabulário

CONDICIONAMENTO RESPONDENTE
Respondentes
Condicionando Respondentes
História do Condicionamento Respondente

PRINCÍPIOS E APLICAÇÕES DO CONDICIONAMENTO RESPONDENTE
Aquisição
Extinção e Recuperação Espontânea
Generalização e Discriminação de Estímulo
Contracondicionamento
QUADRO 3.1: Contracondicionamento e Maus Hábitos

CONDICIONAMENTO OPERANTE
Operantes
Condicionando Operantes
História do Condicionamento Operante

PRINCÍPIOS E APLICAÇÕES DO CONDICIONAMENTO OPERANTE

REFORÇAMENTO
Reforçamento Positivo
Reforçamento Negativo
Modelagem
Extinção e Recuperação Espontânea
Generalização e Discriminação de Estímulo

REFORÇADORES
Reforçadores Intrínsecos
Reforçadores Extrínsecos
Esquemas de Reforçamento

PUNIÇÃO
Punição Positiva
Punição Negativa
Punição Negativa *versus* Extinção
Variedades de Estímulos Punitivos
Similaridades entre Punição e Reforçamento
Desvantagens dos Estímulos Punitivos Positivos
Quando Experimentar Estímulos Punitivos Potenciais
Usando Estímulos Punitivos Potenciais de Forma Eficaz e Humana
QUADRO 3.2: Sociedades e Modificação de Comportamento

CONDICIONAMENTO E COMPORTAMENTO COMPLEXO
Condicionamentos Operante e Respondente Combinados
Encadeamento
Controle de Estímulo
Condicionamento Operante Coincidente e Superstições
Condicionamento Autônomo e *Biofeedback*

CONTROVÉRSIAS ACERCA DO CONDICIONAMENTO
Um Tipo de Condicionamento? Ou Dois?
O Que É Aprendido durante o Condicionamento? E Por Quê?
Até Que Ponto São Gerais as Leis da Aprendizagem?

APRENDIZAGEM POR OBSERVAÇÃO
O Que Ensinam os Modelos
Como as Pessoas Aprendem por Observação
Quem Imita Quem?
QUADRO 3.3: Modelos Violentos na Televisão

RESUMO

GUIA DE ESTUDO

FICÇÃO? OU FATO?

1 A experiência não influencia respostas "instintivas", tais como o canto dos pássaros. Verdadeiro ou falso?

2 O medo de objetos inofensivos (como cortinas) é tão fácil de adquirir como quanto o de objetos potencialmente perigosos (como cobras). Verdadeiro ou falso?

3 A tecnologia denominada modificação de comportamento inclui todo e qualquer procedimento que modifica o comportamento. Verdadeiro ou falso?

4 Em essência, os reforçamentos consistem antes em subornos, como doces e brinquedos, do que em elementos intangíveis, como elogios e sentimentos de domínio da matéria. Verdadeiro ou falso?

5 Se você quer estabelecer um hábito que persista, é melhor dar uma recompensa de forma sistemática, após a ocorrência do comportamento desejável, do que recompensar o comportamento apenas durante parte do tempo. Verdadeiro ou falso?

6 A punição física ensina agressão. Verdadeiro ou falso?

7 Assistir à violência na televisão pode aumentar a probabilidade de o espectador ser agressivo. Verdadeiro ou falso?

Um carrapato pode esperar semanas no mato até surgir o hospedeiro apropriado, embora o carrapato não seja nada exigente. Ele vai se satisfazer com qualquer animal que atenda a dois modestos requisitos. A vítima precisa (1) exalar o cheiro de ácido butírico, um componente da gordura, e (2) irradiar calor (37ºC é suficiente). Se o possível hospedeiro for adequado, o carrapato sai do mato, encontra um ponto apropriado na vítima e começa a se alimentar de sangue.

Corre tudo muito bem sob circunstâncias normais. Mas se você colocar um carrapato sobre uma pedra onde uma pessoa obesa esteve sentada, o inseto tentará sugar sangue da pedra. E o fará com persistência suficiente para quebrar sua probóscide (boca em forma de tromba, adaptada para sugar) (Von Uexkull, 1909). O carrapato não altera este reflexo, que está essencialmente instalado em seus genes (enquanto seu ambiente primitivo se mantiver nos limites normais).

Em contraste com o carrapato, o comportamento de animais mais complexos — especialmente as pessoas — está sendo continuamente moldado por seu meio ambiente. Nossa capacidade de mudar com a mudança das circunstâncias permite que nos adaptemos a uma infinidade de condições. Neste capítulo, discutiremos três procedimentos que modelam o comportamento do ser humano e de muitos outros organismos: condicionamento respondente (ou clássico), condicionamento operante (ou instrumental) e aprendizagem por observação. Iniciamos com um histórico de caso que ilustra estes processos de aprendizagem.

ENSINANDO CHARLES A FALAR

Um menino problemático, de 4 anos de idade, a quem chamaremos de Charles, foi encaminhado ao New York State Psychiatric Institute (Instituto Psiquiátrico do Estado de Nova York) para diagnóstico e tratamento. Na época, o menino falava apenas algumas palavras. Era extremamente ativo, destrutivo e negativo. Além disso, tinha um medo intenso de pessoas.

Até então, a curta vida de Charles não tinha sido feliz. Fora agredido severamente e era freqüentemente isolado em um quarto. Ademais, Charles ouvira muito pouco inglês falado porque seus pais raramente se comunicavam e, quando o faziam, falavam uma mistura de alemão, hebraico e inglês.

Os psicólogos do hospital, sob a liderança de Kurt Salzinger (1965), decidiram trabalhar a confiança de Charles nas pessoas e também suas habilidades de linguagem. Em freqüentes sessões de brincadeira, eles estabeleceram um relacionamento amistoso. E então começaram a ensinar palavras. Toda vez que Charles dizia qualquer palavra, o psicólogo a seu lado agia com muito interesse e repetia a palavra. Como Charles logo começou a usar com freqüência seu pequeno vocabulário, uma tarefa mais difícil podia ser introduzida.

O passo seguinte era semelhante a um jogo. Charles tinha de dizer "Me dê _____", ou fazer algum outro pedido, sempre que o psicólogo mostrava e nomeava um objeto. Se o menino dava a resposta correta, recebia um elogio, um doce e o próprio objeto. Os psicólogos deixaram de exaltar verbalizações simples. Depois de algum tempo nesse exercício, Charles tornou-se bastante hábil em pedir objetos comuns.

Neste ponto, uma nova tarefa foi introduzida. Charles via um objeto (às vezes em uma figura) e ouvia seu nome. Por imitar a palavra corretamente, o menino recebia um elogio, um doce e alguns minutos livres para brincar.

À medida que novas aptidões foram, uma a uma, sendo dominadas, os psicólogos avançaram para um novo componente de linguagem. Este tipo de regime continuou por mais de 100 sessões de uma hora. Mais tarde, Charles foi encaminhado a um novo lar adotivo. Nessa época, era capaz de construir sentenças complexas. Aprendera também a confiar nas pessoas.

Por meio da simples *observação de outros*, as pessoas aprendem muitas lições. Você deve ter notado que os psicólogos que trabalharam com Charles serviram-se deste fato. Em parte, eles conseguiram ensinar palavras nomeando objetos e fazendo com que Charles imitasse o que diziam.

O ser humano aprende também com as *conseqüências* de seu comportamento. Tendemos a repetir ações que têm resultados agradáveis e a evitar aquelas que levam a resultados desagradáveis. Charles adquiriu toda sorte de habilidades de linguagem porque foram reconhecidas com interesse e entusiasmo por um adulto, e, além disso, ele foi recompensado com doces, brinquedos e brincadeiras por aprender aquelas habilidades. Ele pode ter aprendido a ficar em silêncio porque o ato de falar apresenta-lhe dificuldades em casa, e o silêncio tornava sua vida mais confortável. (Veja a Figura 3.1.)

Um terceiro tipo de processo de aprendizagem comportamental é ilustrado pelo medo de pessoas exibido por Charles. Normalmente, crianças não têm medo de adultos amistosos. Mas, para Charles, os pais estavam associados a surras e isolamento. O que parece ter ocorrido é que a ansiedade gerada pela disciplina cruel *transferiu-se* primeiro para o pai e a mãe e, depois, para outros adultos.

O caso de Charles sugere que grande parte da aprendizagem comportamental é *acidental* — no sentido de não ser planejada. Ninguém deliberadamente treinou Charles para ser destrutivo, temer pessoas ou ficar em silêncio. Não obstante, ele aprendeu essas respostas. Os processos de aprendizagem comportamental geralmente ocorrem sem qualquer esforço da parte do aprendiz. Em muitos casos, os aprendizes não têm consciência de que estão ocorrendo mudanças.

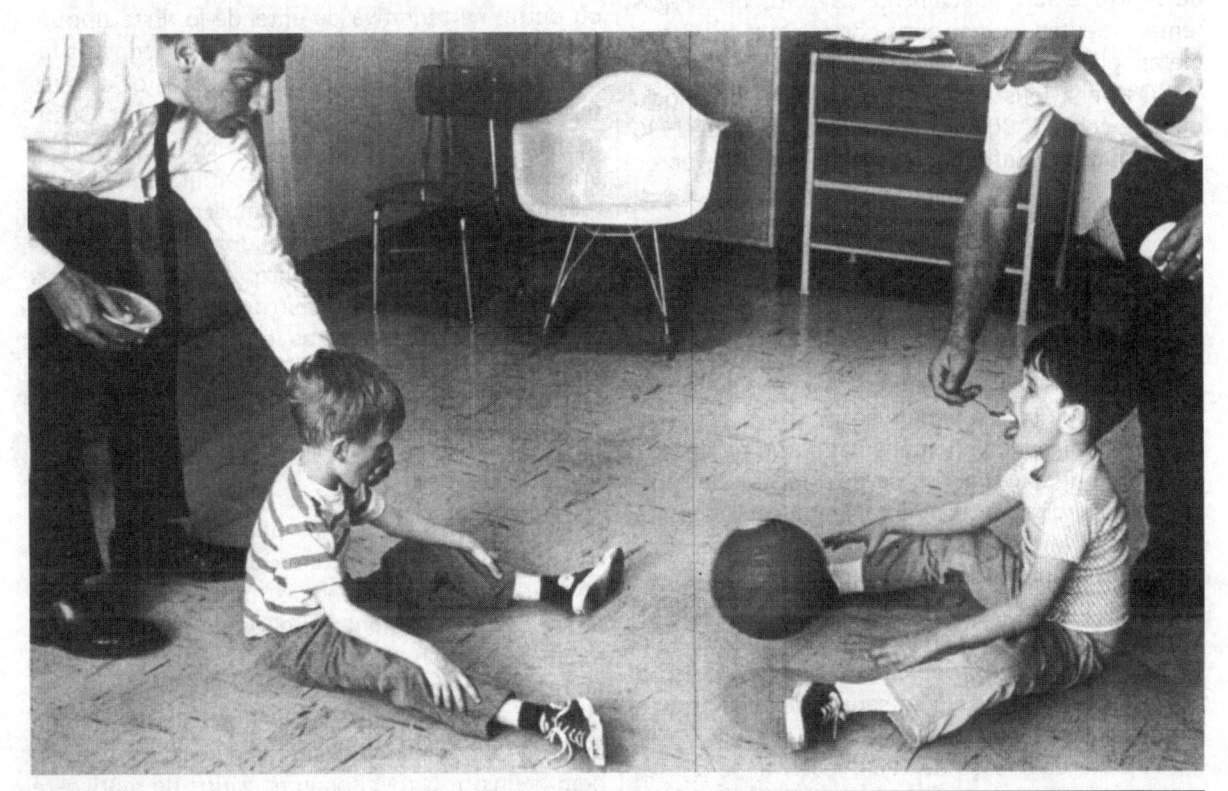

FIGURA 3.1 Para ensinar essas crianças seriamente perturbadas a brincar umas com as outras, os psicólogos usaram o mesmo trabalhoso método passo a passo usado para treinar Charles a falar. Aqui, eles oferecem recompensas de alimento a uma criança, por ter rolado a bola para outra criança. (Allan Grant.)

CATEGORIAS DE APRENDIZAGEM

A aprendizagem, como muitas coisas, pode ser dividida em categorias. Muitos psicólogos (por exemplo, Hintzman, 1978) distinguem dois tipos gerais de aprendizagem: cognitivo-perceptual e comportamental.

A *aprendizagem cognitivo-perceptual* inclui uma variedade de processos de aprendizagem que sem dúvida dependem das operações mentais. Você observa uma flor desabrochada e forma alguma imagem dela. Você memoriza um poema. Você enfrenta um problema difícil e o resolve. Você adquire informações sobre história. É isso provavelmente o que a maioria das pessoas tem em mente quando usa a palavra "aprender".

No Capítulo 1, vimos parte da breve história da psicologia. Em seus primórdios, como você deve lembrar, era popular uma visão mais "mentalista" ou introspectiva do comportamento. Do fim dos anos de 1800 até aproximadamente 1920, os psicólogos tentaram entender conceitos como imagens, idéias, metas, planos e *insight* (*apreensão súbita*).

Os behavioristas, que dominaram a psicologia durante cerca de 30 anos (entre as décadas de 1930 e 1960), eram contrários à investigação de eventos mentais. Eles enfatizavam o comportamento observável (como enfatizam até hoje). Ao estudar o comportamento, eles se concentravam nos eventos ambientais e nas respostas a eles. Trabalhavam com animais, exceto humanos. A aprendizagem comportamental refere-se essencialmente à maneira pela qual os organismos adaptam-se a seu meio ambiente.

Não fique com a impressão de que a pesquisa de aprendizagem comportamental parou na década de 1960 e de que a classe de psicólogos que estudam a aprendizagem comportamental está para desaparecer. Muitos investigadores ainda se concentram na aprendizagem comportamental. É comum aplicar descobertas de aprendizagem animal a problemas humanos. Veremos, neste capítulo e no 14, que a pesquisa proporcionou grande avanço à nossa capacidade de ajudar seres humanos em cenários clínicos e educacionais.

A partir da década de 1960, reavivou-se o interesse em todos os tipos de processos mentais; e muitos psicólogos voltaram-se ao estudo da aprendizagem do tipo intelectual ou cognitivo-perceptiva. Como resultado dessas tendências históricas, temos duas bibliografias de pesquisa sobre aprendizagem bastante distintas: uma voltada à aprendizagem cognitivo-perceptiva e a outra, à aprendizagem comportamental. A comunicação entre os dois ramos de pesquisa começa a ocorrer, e os conceitos das duas áreas às vezes se integram. Mas, na essência, as duas áreas de pesquisa em aprendizagem são distintas. É por isso que estamos tratando dos modelos comportamentais de aprendizagem em um capítulo e dos modelos cognitivos em capítulos posteriores (Capítulos 4, 5 e 6).

Aprendizagem Comportamental

Por *aprendizagem comportamental* os psicólogos entendem uma mudança comportamental relativamente duradoura, ensejada pela experiência. Em função do que lhes ocorre, os aprendizes adquirem novas associações, informações, *insights*, habilidades, hábitos e afins.

O impacto da experiência sobre o comportamento é um tópico tão importante, que quase todos os psicólogos estão envolvidos, de uma forma ou outra, na tentativa de entendê-lo. Este tipo de aprendizagem é o elemento central de todos os ramos da psicologia. É por isso que todos os animais passam grande parte do tempo aprendendo. Quanto mais complexo o animal, mais expressivamente a aprendizagem contribui para sua modelagem. Da mesma forma, quanto mais complicada a resposta, maior a propensão de a aprendizagem ter influenciado sua natureza. Entretanto, mesmo os animais primitivos aprendem até certo grau; e a aprendizagem influencia até mesmo as respostas mais simples.

Outros Modificadores do Comportamento

Certamente, as mudanças no comportamento nem sempre podem ser atribuídas à experiência. Fadiga, drogas, motivos, emoções e maturação estão dentre os importantes modificadores do comportamento.

Fadiga, drogas, doenças, motivos e emoções têm, comparativamente, efeitos de curta duração sobre o comportamento. Depois de uma ou duas noites de descanso, as principais conseqüências da falta de sono são superadas. A influência de uma droga ou uma doença desaparece após um período bem definido. Os efeitos interligados de motivos e emoções são também breves. Um bebê faminto chora e grita até ser alimentado. Mas, satisfeita a necessidade, volta a ficar sereno.

Maturação

Consideremos agora a maturação, descrita mais detalhadamente no Capítulo 10. O desenvolvimento do corpo e do sistema nervoso prepara o animal para dar algumas respostas. Tais comportamentos dependentes da maturação surgem em épocas previsíveis e *não requerem qualquer treinamento específico*. A conduta emerge por si; basta que o meio ambiente esteja dentro dos limites normais. Crianças do mundo inteiro começam a andar sozinhas próximo ao fim do primeiro ano de vida. Começam a formar sentenças de duas palavras aos 18 meses aproximadamente. Não é necessário que se lhes ensine essas habilidades, as quais, porém, efetivamente requerem experiências em geral inevitáveis. No primeiro caso, as crianças precisam de oportunidades de se movimentar. No segundo, precisam ouvir sua própria voz e a de outras pessoas.

Padrões de Ação Fixa

O chamado comportamento instintivo surge de forma bastante similar à do comportamento baseado na maturação. Embora o termo "instinto" tenha caído em desuso, os cientistas comportamentais falam de um conceito similar, *padrões de ação fixa*. Trata-se de movimentos únicos ou de padrões de movimento, definidos por seis características:

1 São específicos da espécie (comumente observados entre membros normais e do mesmo sexo de uma espécie).

2 São altamente estereotipados (similares sempre que executados).

3 Uma vez iniciados, são completados.

4 Em sua grande maioria, não são aprendidos (isto é, independem de treinamento específico).

5 São resistentes a mudanças.

6 São acionados por um estímulo específico.

O comportamento predatório reflexo e simples do carrapato entra na categoria de padrão de ação fixa, da mesma forma que cadeias mais complexas de respostas, como o canto dos pássaros, o som dos insetos e os rituais de acasalamento dos peixes.

O processo pelo qual muitos pássaros canoros machos aprendem seus cantos altamente individuais é um ótimo exemplo. (Em muitas espécies de pássaros canoros, só os machos cantam.) Peter Marler e seus colegas (1970; com Peters, 1981; Nottebohm, 1975, 1984) descobriram que em algum momento entre o décimo e o décimo quinto dia de vida, os pardais de crista branca precisam ouvir o canto correto — o canto de outros pardais de crista branca — para reproduzi-los mais tarde. Embora escutem uma rica variedade de sons vocais, os filhotes comumente aprendem apenas o canto do pardal de crista branca. Em uma outra espécie, o pardal do pântano, sons específicos no padrão dos pais parecem "ligar" o gravador interno do filhote. Registrado e armazenado em algum ponto do cérebro do pássaro, o canto é liberado conforme os dias mais longos da primavera passam a estimular os hormônios. Por um processo de tentativa e erro, os pássaros aprendem a se igualar ao modelo. Assim que o processo de desenvolvimento tenha sido posto em movimento pela aprendizagem inicial do canto, há resistência a mudanças. O canto surge mesmo quando os pássaros tenham ficado surdos após a aprendizagem inicial. O processo de adquirir cantos normais é, portanto, altamente automático, contanto que o pássaro tenha as oportunidades e experiências necessárias.

O ser humano exibe padrões de ação fixa? Irenäus Eibl-Eibesfeldt (1970) aponta certas expressões emocionais humanas. Os atos de sorrir, rir e chorar, por exemplo, são observados em crianças surdo-mudas e em recém-nascidos. Elas não podem ter aprendido essas respostas simplesmente pelo ato de ver ou ouvir. Certos rituais (para saudar e flertar, por exemplo) são idênticos em muitas culturas. (Veja a Figura 3.2.) Universalmente, os atos de curvar e de inclinar a cabeça significam submissão. Em quase todos os lugares, os atos de cerrar os punhos e bater os pés comunicam raiva (talvez um ataque ritualizado). Os padrões básicos de todas essas respostas humanas são provavelmente programados por nossa herança genética, específica da espécie. Mas os gestos emocionais e sociais não se enquadram com perfeição no conceito de padrão de ação fixa porque são modificáveis e modelados substancialmente pela família e pela cultura.

Medindo a Aprendizagem Comportamental

Os pesquisadores medem a aprendizagem comportamental pela observação das mudanças no comportamento (às vezes chamadas de desempenho). Todavia, embora a observação daquilo que os organismos fazem seja a mais prática medida da apren-

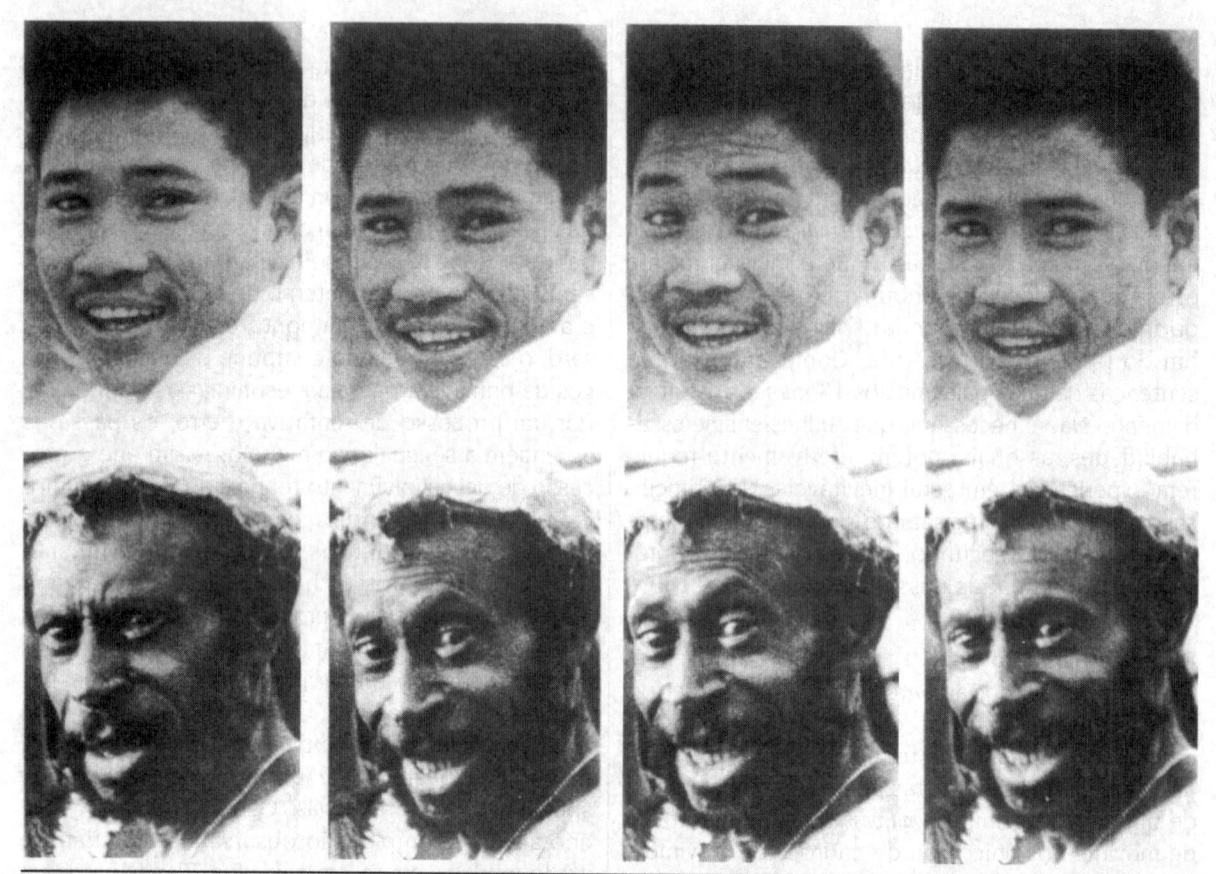

FIGURA 3.2 Estes fotogramas, que mostram membros de duas culturas diferentes saudando alguém, foram filmados sem que eles soubessem. Observe a semelhança, mesmo nos detalhes. Nos dois casos, a pessoa que dirige a saudação sorriu e depois levantou a sobrancelha. Estas e outras observações sugerem que o comportamento associado a algumas emoções assemelha-se a um padrão de ação fixa. (De I. Eibl-Eibesfeldt. *Ethology: The biology of behavior.* Trad. E. Klinghammer. Copyright © por Holt, Rinehart e Winston. Uso autorizado.)

dizagem comportamental, não é completamente satisfatória por diversas razões.

Em primeiro lugar, muito daquilo que chamamos de aprendizagem comportamental ocorre sem uma ação observável. Em outras palavras, grande parte dela é *latente*. Existe em uma forma oculta, não visível, e torna-se evidente apenas quando é usada. Quando criança, você pode ter aprendido tudo o que se refere a como agir em encontros de namorados observando seu irmão mais velho; mas provavelmente não veremos as mudanças em seu comportamento, exceto anos mais tarde.

O desempenho é uma medida problemática da aprendizagem comportamental por uma segunda razão. Além de aprendizagem, muitos outros fatores — incluindo ansiedade, fadiga e motivação — influenciam o desempenho nas situações criadas pelos cientistas comportamentais para estimular animais a demonstrar aprendizagem. Na hora de tocar para seu professor de violão, pode lhe "dar um branco" e você ter um mau desempenho e, no entanto, tocar bem após o "teste".

Diferenças de Vocabulário

Embora os psicólogos estejam de acordo sobre os princípios da aprendizagem comportamental, os termos e as definições variam. Seu professor poderá preferir uma terminologia ligeiramente diferente. Por ocasião da introdução de cada conceito, anote com cuidado os termos correspondentes.

CONDICIONAMENTO RESPONDENTE

Todos os animais são munidos, por sua herança genética, de respostas automáticas, as quais chamamos de *respondentes*. O que é um respondente? O que significa condicionar um respondente?

Respondentes

Respondentes são atos desencadeados por eventos que imediatamente os precedem. O evento desencadeador é conhecido como *estímulo eliciador*. Quando um alimento pára na garganta, faz-se um esforço para vomitar. O estampido de um rifle produz um reflexo de estremecimento. A luz forte faz as pupilas dos olhos contraírem-se. O pedaço de alimento, o tiro e a luz são estímulos eliciadores. O esforço para vomitar, o estremecimento e a contração das pupilas são todos respondentes.

Os respondentes incluem os reflexos da musculatura esquelética (estremecer, retirar a mão do forno quente), as reações emocionais imediatas (raiva, medo, alegria) e outras respostas controladas pelo sistema nervoso autônomo (enjôo, salivação). Todos os respondentes apresentam as seguintes características:

1 Surgem involuntariamente. Órgãos e glândulas estão tipicamente envolvidos. A maioria das pessoas não consegue estremecer, sentir náuseas, salivar, assustar-se ou sentir enjôo voluntariamente.

2 São controlados pelos eventos que os precedem, os estímulos eliciadores.

3 Não são aprendidos e são universais. Todos os animais normais de uma espécie que atingiram um determinado estágio de desenvolvimento exibem, automaticamente, os mesmos respondentes quando confrontados com os estímulos eliciadores apropriados. Muitos respondentes parecem estar programados dentro do corpo para proteção e sobrevivência.

Em que diferem os respondentes e os padrões de ação fixa? Eles se assemelham ao exibir uma contribuição genética substancial e diferem em dois aspectos fundamentais: o respondente é simples e surge involuntariamente, enquanto o padrão de ação fixa é em geral complexo, sendo iniciado pelo animal.

Condicionando Respondentes

Um respondente pode ser transferido de uma situação para outra por um procedimento chamado *condicionamento respondente* ou *condicionamento clássico*. O estremecimento, uma resposta comumente dada ao ribombo de um trovão, é facilmente transferido para a visão que em geral precede o trovão — o relâmpago. A sensação de enjôo, outro respondente, é facilmente transferida de uma experiência de intoxicação alimentar ou de uma virose para alguma experiência paralela — digamos, a visão de um prato de salada de caranguejo. Quando dizemos "transferido", queremos dizer que um novo estímulo adquire a capacidade de evocar o respondente. O antigo estímulo eliciador permanece eficaz.

Como ocorrem tais "transferências"? Quatro elementos (com cinco nomes) estão envolvidos:

1 O *estímulo incondicionado* (EI) é um estímulo eliciador que produz um respondente automaticamente. O alimento dentro da boca é um estímulo incondicionado para a salivação.

2 A *resposta incondicionada* (RI) é o respondente produzido automaticamente pelo estímulo incondicionado. O alimento dentro da boca produz salivação.

3 Um *estímulo neutro* (EN) é qualquer evento, objeto ou experiência que não elicia a resposta incondicionada até que o condicionamento seja iniciado. O estímulo neutro tem de ser emparelhado ao estímulo incondicionado para que ocorra o condicionamento. Imaginemos que o soar de uma campainha ocorra diariamente ao meio-dia, segundos antes de você almoçar. O barulho é um estímulo neutro porque não evoca inicialmente a salivação.

4 Depois que o estímulo neutro é associado ao estímulo incondicionado (ocasionalmente uma vez, geralmente muitas vezes), ele desencadeia uma reação similar à resposta incondicionada, que é chamada de *resposta condicionada* (RC). A resposta condicionada é menos intensa e menos completa do que a resposta incondicionada. Se todos os dias a campainha precede rigorosamente o almoço, ela própria, ao soar, passará a estimular uma pequena quantidade de salivação. Assim que o estímulo neutro tiver começado a produzir a resposta condicionada, seu nome muda para *estímulo condicionado* (EC).

Você pode visualizar os eventos do condicionamento respondente que ocorrem nas fases representadas na Figura 3.3. Antes do condicionamento, o estímulo neutro não evoca uma resposta incondicionada. O estímulo incondicionado evoca. Durante o condicionamento, o estímulo neutro é seguido de um estímulo incondicionado, o qual evoca uma resposta incondicionada. Os estímulos neutros e incondicionados em geral ocorrem repetidamente, emparelhados. Após o condicionamento, o estímulo

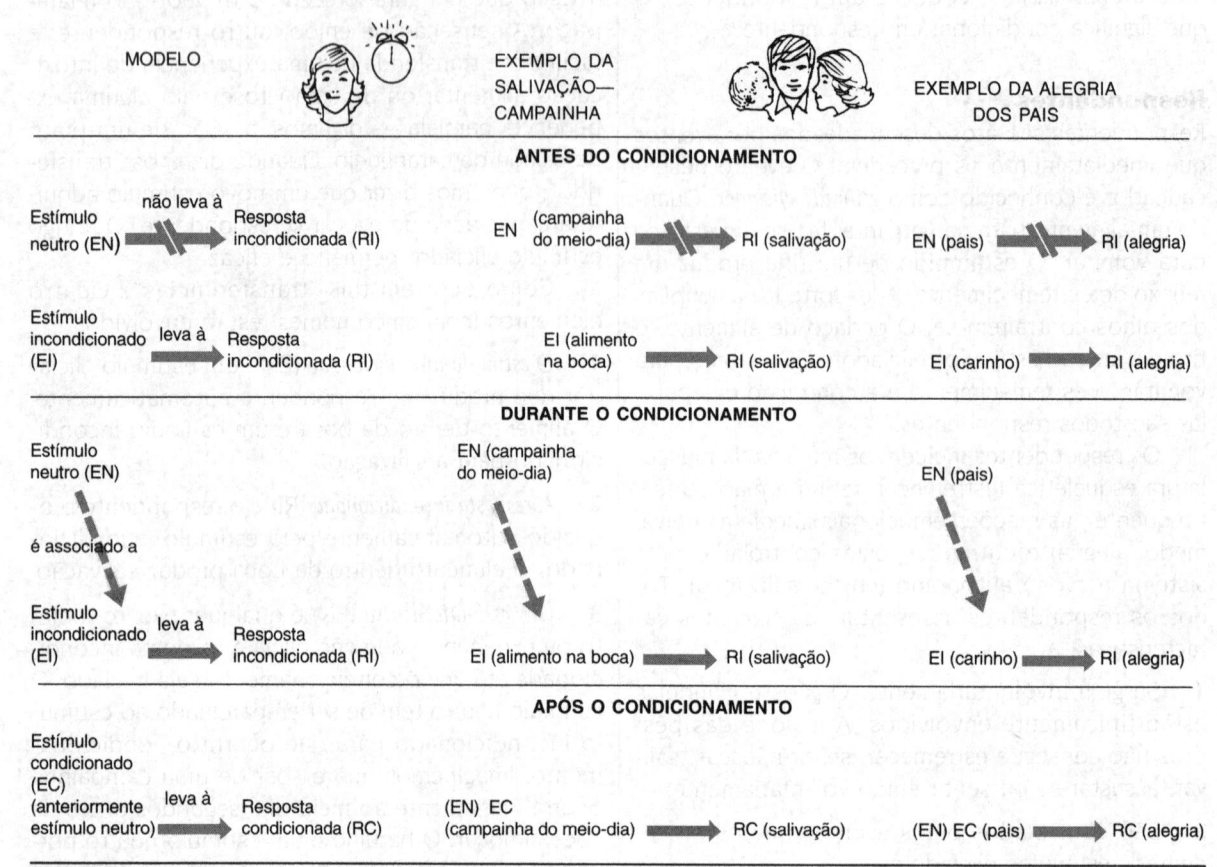

FIGURA 3.3 Modelo de condicionamento respondente e duas ilustrações.

MODELO — **EXEMPLO DA SALIVAÇÃO—CAMPAINHA** — **EXEMPLO DA ALEGRIA DOS PAIS**

ANTES DO CONDICIONAMENTO

Estímulo neutro (EN) — não leva à → Resposta incondicionada (RI)
EN (campainha do meio-dia) → RI (salivação)
EN (pais) → RI (alegria)

Estímulo incondicionado (EI) — leva à → Resposta incondicionada (RI)
EI (alimento na boca) → RI (salivação)
EI (carinho) → RI (alegria)

DURANTE O CONDICIONAMENTO

Estímulo neutro (EN)
é associado a
Estímulo incondicionado (EI) — leva à → Resposta incondicionada (RI)

EN (campainha do meio-dia)
↓
EI (alimento na boca) → RI (salivação)

EN (pais)
↓
EI (carinho) → RI (alegria)

APÓS O CONDICIONAMENTO

Estímulo condicionado (EC) (anteriormente estímulo neutro) — leva à → Resposta condicionada (RC)
(EN) EC (campainha do meio-dia) → RC (salivação)
(EN) EC (pais) → RC (alegria)

---

neutro evoca uma resposta condicionada, bastante similar à resposta incondicionada. O estímulo neutro deixa de ser neutro e passa a ser chamado de estímulo condicionado.

Vejamos um segundo exemplo. Bebês recém-nascidos são provavelmente condicionados de forma respondente a ter sentimentos positivos pelos pais. O ato de acariciar (um estímulo incondicionado) gera alegria (uma resposta incondicionada) em bebês humanos. O carinho é pareado com a visão de um dos pais (estímulo neutro), que, de início, não evoca alegria. Depois que mães e pais são repetidamente associados com carinho, apenas os ver já evoca uma resposta emocional de alegria. Ambos os exemplos estão representados na Figura 3.3.

História do Condicionamento Respondente

Atribui-se a Ivan Petrovich Pavlov (1849-1936), eminente fisiologista russo, a descoberta do condicionamento respondente, freqüentemente chamado de *condicionamento pavloviano*. Pavlov já era um cientista conhecido e já havia ganho o Prêmio Nobel quando iniciou sua pesquisa sobre condicionamento.

No decurso de seu estudo da fisiologia das secreções digestivas em cães, Pavlov notou que os animais salivavam diante de outros estímulos além de alimento. Salivavam quando viam a pessoa que os alimentava e quando ouviam os passos dessa pessoa, por exemplo. No princípio, essas inexplicáveis salivações eram inoportunas; mas, progressivamente, foram chamando a atenção de Pavlov. Posteriormente, ele e seus colegas estabeleceram uma versão simplificada da situação que produzira as peculiares salivações.

Pavlov tomou medidas excepcionais para minimizar fatores irrelevantes. Em suas palavras (1927, pp. 20-21), "Para eliminar fatores perturbadores [...] um laboratório especial foi construído no Instituto de Medicina Experimental, em Petrogrado. O prédio foi circundado por uma trincheira isoladora e cada sala de pesquisa foi dividida, com material à prova de som, em dois compartimentos: um para o animal e o outro para o experimentador". (Veja a Figura 3.4.)

Antes de iniciar os estudos, Pavlov e seus colegas realizam uma pequena cirurgia em cada cão. Faziam uma pequena incisão, geralmente na face do animal, para que o ducto salivar pudesse ser transplantado para a parte externa. Depois, um funil de vidro era ajustado à abertura para que a saliva pudesse ser coletada e medida.

Durante uma sessão de condicionamento típica, os cães ficavam em uma bancada, presos por confortáveis arreios, conforme mostra a Figura 3.5. Depois que os animais acostumavam-se à situação e relaxavam, suas reações salivares a uma mistura de biscoito com carne na boca (estímulo incondicionado) e a um estímulo neutro (geralmente um som) eram medidas. Os animais salivavam consideravelmente quando recebiam alimento e muito pouco quando confrontados com um som — digamos, de uma campainha elétrica.

Neste ponto, os testes de condicionamento eram iniciados. A campainha soava e — em geral, simultaneamente ou alguns segundos depois — um prato de alimento era dado ao cão. Aproximadamente 50 dessas combinações ocorriam no decurso de várias semanas. Com a mesma freqüência, *nas sessões-teste*, o alimento não era oferecido e a campainha soava para ver se o animal salivava. Mais tarde, os cães efetivamente salivavam depois de ouvir o som da campainha. Evidentemente, salivações inesperadas (p. 102) surgiram de associações acidentais entre alimento e alimentador.

Por que tanto estardalhaço com esse tipo de aprendizagem associativa? Pavlov acreditava estar estudando as leis da mente. Segundo ele, os reflexos inatos são apenas uma pequena fração de todo o comportamento. Muitas respostas precisam ser adquiridas. Embora a reação a um incêndio seja certamente inata, respostas a palavras como "quente" ou "fogo" precisam ser aprendidas. Pavlov achava que estas e outras associações mentais eram feitas em moldes bastante semelhantes às salivações acidentais. Além disso, especulava ele, as associações entre estímulos neutros e estímulos incondiciona-

FIGURA 3.4 Ivan Pavlov observa um experimento de condicionamento em seu laboratório, em 1934. (Sovfoto.)

FIGURA 3.5 Pavlov usava um aparelho experimental similar ao mostrado aqui para condicionar a salivação em cães. Os arreios ajudavam a manter o cão parado e dirigiam sua atenção aos estímulos experimentais. Observe o tubo prolongando-se da glândula salivar na face até um tubo de vidro. O mecanismo abaixo, à esquerda, registrava a quantidade exata de salivação.

dos modificavam fundamentalmente o sistema nervoso, de modo que o estímulo neutro pudesse excitar a mesma região que havia sido previamente despertada pelo estímulo incondicionado. Pavlov esperava poder explicar todo o conhecimento e ação humanos por meio deste modelo.

PRINCÍPIOS E APLICAÇÕES DO CONDICIONAMENTO RESPONDENTE

Por mais de 50 anos, os psicólogos têm estudado o condicionamento respondente em seus laboratórios. Comumente, eles selecionam estí- mulos incondicionados simples. Usam experiências como lufadas de ar, alimento e choques elétricos suaves na perna. Esses estímulos incondi- cionados evocam respostas incondicionadas simples: piscar dos olhos, salivação e flexão da perna. Os cientistas comportamentais usam também estímulos neutros, como sons e luzes. A seleção de estímulos e respostas claramente definidos garante a uniformidade dos procedimentos e assegura a possibilidade de medições acuradas.

Aquisição

O emparelhamento do estímulo neutro com o estímulo incondicionado (em geral, repetidamente), até que apareça uma resposta condicionada, é chamado de *aquisição*, ou *treinamento de aquisição*. A sincronização dos dois estímulos é importante. Há dois procedimentos comumente usados: (1) apresentar o estímulo neutro ao mesmo tempo que é apresentado o estímulo incondicionado; (2) introduzir o estímulo neutro cinco segundos, ou menos, antes do estímulo incondicionado. Tipicamente, os pesquisadores cessam os estímulos neutros e incondicionados ao mesmo tempo. Ambos os procedimentos resultam em uma resposta condicionada consistente.

A palavra "reforçamento" aparecerá muitas vezes ao longo deste capítulo. Em termos gerais, significa "aumentador". Qualquer evento que aumente a probabilidade de uma resposta específica ocorrer sob circunstâncias similares é chamado de *reforçamento* ou *reforçador*. O emparelhamento dos estímulos neutro e incondicionado reforça a resposta condicionada no condicionamento respondente.

Um experimento controvertido, realizado em torno de 1919, será nosso exemplo de treinamento de aquisição.

O Pequeno Albert: Aquisição de um Medo

Bebês humanos recém-nascidos supostamente nascem com medo de estímulos intensos, novos ou súbitos (Rachman, 1978). Estes primeiros medos provavelmente são programados geneticamente nos seres humanos para nos ajudar a sobreviver. Os gritos de um bebê aterrorizado em geral chamam a atenção de uma pessoa para eliminar os perigos potenciais.

Como se desenvolvem outros medos? John Watson, o fundador do behaviorismo, e Rosalie Rayner (1920; Jones, 1924), estudante universitária que mais tarde casou-se com Watson, desejavam verificar se uma criança pequena poderia aprender medos por meio do condicionamento respondente. Apesar de hesitarem acerca da condução de tal estudo, Watson e Rayner acreditavam que os medos "surgiriam de qualquer forma assim que a criança deixasse o ambiente protegido do berçário para ir para o ambiente tumultuado do lar". Acreditavam também que teriam a oportunidade de eliminar quaisquer medos que fossem condicionados.

Watson e Rayner selecionaram um bebê chamado Albert, filho de uma ama-de-leite de um hospital próximo. Albert foi o escolhido principalmente porque parecia muito calmo. Com a idade aproximada de 9 meses, os medos de Albert foram testados. O menino parecia não ter medo de ratos, coelhos, cães, macacos, máscaras, algodão cru e jornais queimando. A única coisa que o atemorizava era o som inesperado de um martelo batendo em uma barra de aço atrás de suas costas.

Os ensaios de condicionamento de medo começaram quando Albert tinha mais ou menos 11 meses. Um rato branco foi retirado de uma cesta e oferecido ao menino, que estava sentado em um colchão no laboratório de psicologia de Watson. Assim que Albert pegou o animal, um dos investigadores bateu na barra de aço com o martelo atrás da cabeça do menino. Albert "pulou violentamente e caiu para a frente, enterrando o rosto no colchão". Quando tentou pegar o rato novamente, a barra de aço foi mais uma vez atingida com o martelo. Desta vez, Albert "pulou violentamente, caiu para a frente e começou a choramingar". Não houve mais ensaios naquela semana; porém, uma semana depois, Albert voltou e recomeçaram os ensaios. Foram necessários mais cinco ensaios (totalizando sete) para estabelecer um medo de ratos brancos.

Embora a experiência de aprendizado de medo feita com Albert esteja sujeita a uma série de interpretações, enquadra-se perfeitamente no modelo respondente. O rato começou como um estímulo neutro (neutro no sentido de que não despertava medo). O estímulo incondicionado era o som alto e a resposta incondicionada, o medo. Mais tarde, Albert acabou adquirindo uma resposta condicionada de medo.

O melhor uso a se fazer do estudo de Watson é provavelmente como ilustração. Há versões diferentes dos procedimentos (Harris, 1979; Samelson, 1980); o trabalho não foi reproduzido, embora alguns pesquisadores tenham tentado. Em resumo, o processo de condicionar medos não é tão simples como sugere a história do pequeno Albert (Dawson et al., 1982).

Condicionamento Vicariante do Medo

As pessoas não precisam ter experiências assustadoras com estímulos neutros para passar a ter medo delas. Como somos seres dotados de cognição, freqüentemente nos assustamos com aquilo que vemos e imaginamos.

Suponha que a visão de uma piscina (um estímulo neutro, de início) forme repetidamente um emparelhamento com avisos de alerta, histórias atemorizantes do afogamento da tia Jenny e o estado de apreensão de sua mãe. Qualquer desses incidentes pode funcionar como estímulo incondicionado e estabelecer uma resposta condicionada de medo de piscinas, como mostra a Figura 3.6. Muitos medos humanos parecem ter sido aprendidos de forma *vicariante* (indiretamente, por meio de participação imaginária). Outras experiências que contribuem para o medo são discutidas nos Capítulos 9 e 13.

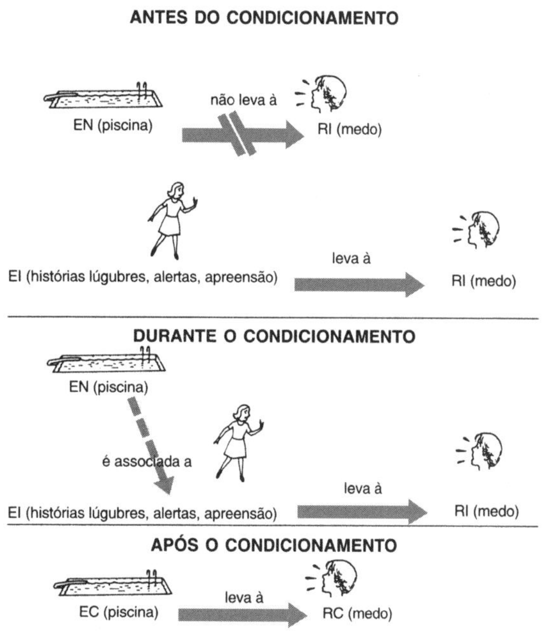

FIGURA 3.6 Principais elementos envolvidos no exemplo de condicionamento respondente vicariante descrito no texto — medo de piscinas. Muitos medos humanos, como os de assassinato, bombas atômicas, terremotos e desastres aéreos, são provavelmente adquiridos de forma vicariante à medida que imagens passam, repetidamente, a formar um emparelhamento com histórias assustadoras, avisos de alerta e afins.

Extinção e Recuperação Espontânea

Uma vez adquirida uma resposta condicionada, pode-se esperar que persista enquanto o estímulo condicionado estiver associado em pelo menos parte do tempo com o estímulo incondicionado. Mas suponha que o estímulo condicionado seja sistematicamente apresentado sozinho. Sem o reforçamento, a resposta condicionada tende a declinar em freqüência até que ocorra não mais freqüentemente do que ocorria antes do condicionamento. A este fenômeno chamamos de *extinção*.

A rapidez com que ocorre a extinção depende do animal, da resposta, do estímulo e da quantidade e espaçamento das sessões de condicionamento. Algumas respostas condicionadas permanecem intactas por anos, embora não tenham sido reforçadas.

Na vida, respostas emocionais condicionadas freqüentemente se extinguem. Na ausência de mais experiências assustadoras com animais de pêlo, a resposta de medo do pequeno Albert pode ter-se extinguido naturalmente. Respostas emocionais condicionadas podem ser extintas também deliberadamente, como ilustra o caso de Peter.

Peter e o Coelho: Extinção de um Medo

A mãe de Albert retirou seu filho do hospital no momento em que se iniciaria a fase de eliminação de medo do projeto de Watson-Rayner. Todas as tentativas subseqüentes de localizar Albert não tiveram êxito, de modo que não sabemos o que lhe aconteceu.[1] Mas a história continua.

Aproximadamente três anos após o experimento com Albert, Mary Cover Jones (1924) pôde demonstrar que os medos podiam ser eliminados por meio de procedimentos de condicionamento respondente. Na época, ela trabalhava como estudante graduada de Watson. O participante desta demonstração mais humana era Peter. Aos 34 meses, ele era saudável e normal em todos os aspectos, exceto pelo medo exagerado de coelhos, ratos, casacos de pele, penas e algodão cru. Na verdade, ele parecia Albert "um pouco mais velho". (Quando Albert foi testado cinco dias após o estabelecimento do medo condicionado de ratos, ele passara a ter medo de um coelho branco, de um casaco de pele de foca, de algodão cru, do cabelo de Watson, de um cão e uma máscara de Papai Noel.)

Em consulta com Watson, Jones planejou uma estratégia de tratamento do medo de coelhos, um medo particularmente intenso. Peter foi trazido para brincar no laboratório com três crianças que não tinham medo de coelhos. Nessas sessões, um coelho estava presente na sala em pelo menos parte de cada período. Peter recebia seus alimentos prediletos e era estimulado a se engajar em interações progressivamente mais próximas com o animal.

Do ponto de temer o coelho em qualquer lugar que este estivesse na sala, Peter progrediu, passando a tolerá-lo de longe e depois mais de perto, a tocá-lo, segurá-lo e a brincar com ele. No fim do tratamento, o menino desenvolveu uma relação amistosa com o coelho (e também com algodão cru, casacos de pele, ratos e penas).

Podemos explicar a nova aprendizagem de Peter por dois diferentes princípios de condicionamento respondente. Na Figura 3.7 há uma explicação do processo de extinção. Jones apresentou o estímulo condicionado (coelho) repetidamente sem o presumido estímulo incondicionado (experiência de medo) até que a resposta condicionada (medo) revertesse a seu nível de pré-condicionamento, quando não existia.

ANTES DA EXTINÇÃO

EC (coelho) — leva à → RC (medo)

DURANTE A EXTINÇÃO

EC (coelho) — não é associado a → EI (medo surgido da experiência) — não leva à → RI (medo)

APÓS A EXTINÇÃO

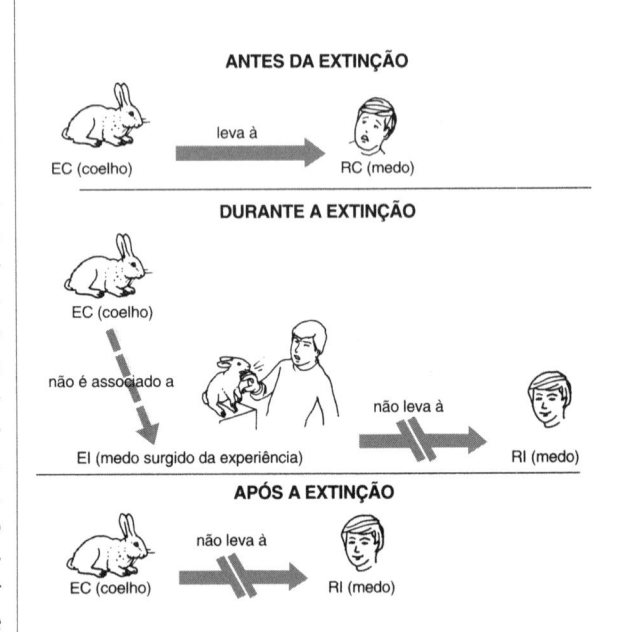

EC (coelho) — não leva à → RI (medo)

FIGURA 3.7 Explicação da extinção ocorrida na terapia de Peter.

Embora as respostas condicionadas desapareçam com o tempo, se não forem reforçadas, elas não são "apagadas" por completo. Pavlov descobriu este princípio quando cães eram levados de volta a seu laboratório após a extinção e um período de descanso. Quando os animais voltavam a se confrontar com o estímulo condicionado, freqüentemente voltavam a dar uma resposta condicionada. O ressurgimento, após um período de descanso, de uma resposta condicionada previamente extinta é conhecido como *recuperação espontânea*.

---

1. N.R.T.: Sem dúvida, o caso de Albert, amplamente conhecido na psicologia, focaliza agudamente a importância das considerações éticas na condução de um experimento com humanos.

Generalização e Discriminação de Estímulo

A *generalização de estímulo* ocorre quando a resposta condicionada difunde-se por objetos similares ao estímulo condicionado ou por aspectos da situação na qual a resposta foi inicialmente condicionada. Após contato terno e afetivo (EI) com um homem loiro de olhos azuis, você experimenta alegria (RC) ao ver seu amigo. A alegria é também a resposta incondicionada, o resultado natural da ternura e da afeição. Os sentimentos alegres podem se estender a outros homens loiros de olhos azuis. Já mencionamos outros exemplos de generalização de estímulo. Os medos de Peter e Albert difundiram-se por objetos similares: animais peludos, a pele em si e o algodão cru.

A *discriminação de estímulo* é o oposto de generalização de estímulo. Embora os animais respondam a um ou mais estímulos similares àqueles presentes durante o condicionamento (generalização de estímulo), eles não respondem a todos os estímulos similares. A falta de resposta a alguns estímulos similares é denominada discriminação de estímulo. Em qualquer das situações, você verificará tanto discriminação de estímulo como generalização de estímulo.

Em laboratório, a intensidade de discriminação de estímulo aumenta à medida que aumentam as diferenças entre o estímulo condicionado original e os outros estímulos. Os cães de Pavlov salivavam bastante mediante tons de uma única nota acima ou abaixo do estímulo condicionado e cada vez menos a tons progressivamente diferentes. A resposta de alegria a homens loiros de olhos azuis tende a ser menos pronunciada quando os homens em questão têm aparência bastante diversa da de seu amigo.

Também nos medos, observamos sinais de discriminação de estímulo, bem como de generalização de estímulo. Suponha que Alberto perca o controle do carro durante uma tempestade. Embora Alberto saia ileso após o incidente, ele sempre sente medo ao guiar em estradas molhadas. O ato de guiar quando está chovendo levemente e nevando, duas condições similares, é problemático por causa da generalização de estímulo. Suponhamos que os medos de Alberto sejam particularmente pronunciados durante tempestades no local do incidente. Dois exemplos de discriminação de estímulo tornam-se evidentes. O medo não se generalizou ao ato de guiar no tempo seco e há menos medo associado a locais diferentes.

Contracondicionamento

O *contracondicionamento* é um tipo especial de condicionamento respondente que ocorre quando uma resposta condicionada específica é substituída por uma resposta condicionada nova e incompatível, ou conflitante. O relaxamento pode substituir a ansiedade. O gostar pode substituir o sentir hostilidade; o conforto pode substituir a repulsa.

No contracondicionamento ocorre um segundo conjunto de ensaios de treinamento de aquisição. O estímulo condicionado que evoca a resposta condicionada a ser substituída é tratado como um estímulo neutro. Forma um emparelhamento com um estímulo incondicionado que desencadeia uma resposta incondicionada incompatível. Após repetidas associações, o estímulo condicionado deve evocar a resposta condicionada nova e incompatível. (Veja a Figura 3.8.)

O medo de coelho, sentido por Peter pode ter sido contracondicionado. Jones acompanhou o estímulo condicionado — coelho — com estímulos novos e incondicionados — brincar com crianças e comer. Estas experiências produziram respostas incondicionadas incompatíveis com ansiedade: sentimentos de alegria, conforto e relaxamento. Depois de um tempo, o estímulo condicionado — coelho — passou a se associar a sentimentos agradáveis (veja a Figura 3.8).

No Capítulo 14, descrevemos um procedimento terapêutico chamado *dessensibilização sistemática*, que opera segundo o mesmo princípio. Por meio dessa técnica, as pessoas aprendem a relaxar na presença de eventos que anteriormente despertavam ansiedade. O Quadro 3.1 discute tipos desagradáveis de contracondicionamento que podem desestimular hábitos indesejados. (■)

	MODELO		ANTES DO CONDICIONAMENTO		EXEMPLO	
Estímulo condicionado (EC)	leva à	Resposta condicionada n. 1 (RC n. 1)		EC (coelho)	leva à	RC n. 1 (medo)
Estímulo incondicionado EI (novo)	leva à	Resposta incondicionada (RI) (incompatível com RC n. 1)		EI (brincar com crianças, comer)	leva à	RI (sentimentos de alegria, conforto e relaxamento)

DURANTE O CONDICIONAMENTO

Estímulo condicionado (EC)
é associado a
Estímulo incondicionado (EI) leva à Resposta incondicionada (RI)

EC (coelho)
é associado a
EI (brincar com criança, comer) leva à RI (sentimentos de alegria, conforto e relaxamento)

APÓS O CONDICIONAMENTO

Estímulo* condicionado (EC) leva à Resposta condicionada n. 2 (RC n. 2) (incompatível com RC n. 1)

EC (coelho) leva à RC n. 2 (sentimentos positivos)

* Condicionado duas vezes.

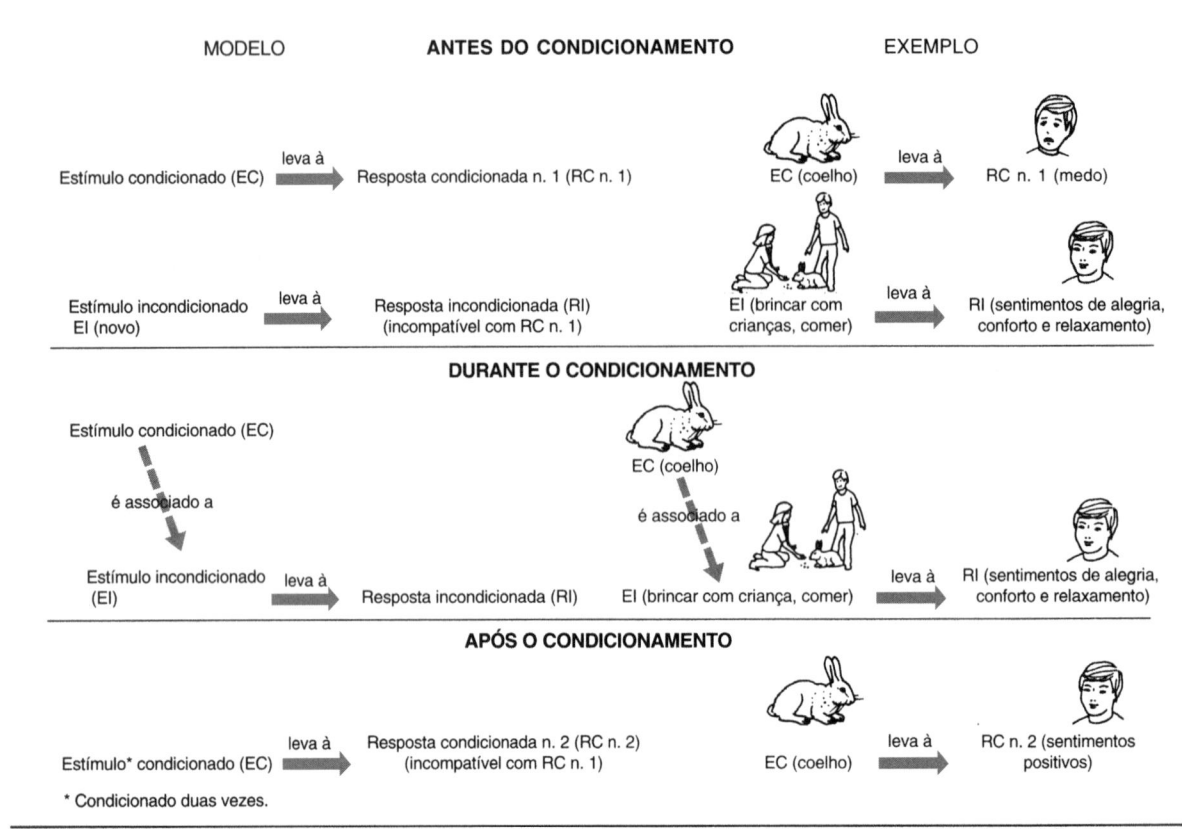

FIGURA 3.8 Modelo de contracondicionamento e explicação do contracondicionamento da terapia de Peter.

Quadro 3.1

CONTRACONDICIONAMENTO E MAUS HÁBITOS

Os princípios do contracondicionamento são usados em ambientes de saúde mental para ajudar as pessoas a obter controle sobre hábitos como alcoolismo, tabagismo, desvios sexuais e comer em excesso. Tipicamente, o mau hábito é associado com algo *aversivo* (desagradável) — geralmente um choque elétrico ou drogas indutoras de enjôo. Por meio da associação, o mau hábito torna-se menos atraente.

O tratamento do alcoolismo pode basear-se em parte no contracondicionamento de uma aversão (RC) ao álcool (EC). O estímulo incondicionado usado para essa finalidade é uma droga chamada Antabuse (dissulfiram). Após ingestão de Antabuse, as pessoas sentem-se muito mal se consumirem álcool. O Antabuse interrompe o metabolismo do álcool, resultando em concentrações aumentadas de acetildeído [no sangue e nos tecidos] e em sintomas como dor de cabeça, enjôo, vômito, tontura, diarréia e respiração difícil. Os alcoólatras motivados tomam Antabuse regularmente, sabendo que ficarão menos tentados a beber. O mal-estar (real ou antecipado) é a resposta incondicionada.

As pessoas que desejam parar de fumar às vezes se voltam, como último recurso, a um tipo similar de contracondicionamento. Para produzir a aversão (RC) a cigarro (EC), usa-se freqüentemente a inalação rápida (EI) ao ponto de náusea (RI) ou o choque elétrico (EI) que causa dor (RI). Os fumantes, como a da Figura 3.9, podem programar tais sessões diárias por diversas semanas.

Os programas de contracondicionamento que podem ajudar a desestimular maus hábitos humanos têm sido examinados, no que se refere a seu potencial de desestimular os "maus hábitos" de animais selvagens. Na região oeste dos Estados Unidos, os coiotes comem anualmente um sem-número de carneiros, gerando grandes prejuízos para os criadores. A solução mais óbvia — matar os coiotes — não é absolutamente uma solução, já que os coiotes mantêm baixas as populações de esquilos, coelhos, ratos e do roedor geômis, os quais comem o capim e os grãos que alimentam os carneiros. Usando princípios de contracondicionamento aversivo, Carl Gustavson e seus colaboradores (1974) conseguiram estabelecer uma repugnância (RC) por carneiros (EC) em um grupo piloto de três coiotes. Em um pedaço de carne de carneiro envolvido em pele fresca de carneiro, eles injetaram cloreto de lítio, um estímulo incondicionado químico que causa indisposição ao estômago do coiote (RI). Após duas dessas experiências, diante da oportunidade de atacar um carneiro vivo, os coiotes retraíram-se. Se os detalhes práticos puderem ser resolvidos, o contracondicionamento aversivo seria uma solução relativamente humana para o problema dos coiotes.

dos por seus efeitos. Em alguns casos, são também controlados por eventos precedentes.

Condicionando Operantes

O *condicionamento operante* ocorre sempre que os efeitos que se seguem a um operante aumentam ou diminuem a probabilidade de o operante voltar a ser desempenhado em uma situação similar. Em outras palavras, a freqüência relativa ou intensidade de uma ação é modificada durante o condicionamento operante.

O princípio básico do condicionamento operante é simples. Se um comportamento operante é repetidamente seguido de resultados agradáveis ao aprendiz, o ato tende a ser desempenhado com maior freqüência sob condições similares. Se, entretanto, o comportamento for geralmente seguido de conseqüências desagradáveis, tende a ser repetido com menor freqüência sob circunstâncias semelhantes.

Ao longo da vida cotidiana, os operantes estão sendo continuamente condicionados, em geral sem nosso conhecimento. Suponha que, enquanto você descreve o jogo de basquete de ontem à noite, sua mãe (cujo respeito você valoriza) fica inquieta e olha para outro lado. Como resultado, você tenderá a falar menos a sua mãe sobre este e outros eventos esportivos similares. Se você confidencia sentimentos pessoais com um amigo e a relação torna-se mais afetiva e mais interessante, há grande probabilidade de você continuar a conversar de maneira íntima nesta e em futuras relações. Se uma nova técnica de estudo produz ótimas notas, você provavelmente continuará a usá-la. Em qualquer dos casos, a probabilidade de ocorrer um determinado operante em uma situação específica foi modificada por seus efeitos.

História do Condicionamento Operante

Dois pioneiros tiveram especial influência nos avanços e no entendimento do condicionamento operante: Edward Thorndike e B. F. Skinner.

Thorndike e Seus Gatos: Impacto das Conseqüências

Aproximadamente na mesma época em que Ivan Pavlov estava trabalhando com seus cães salivadores, um psicólogo americano, Edward Lee Thorndike observava gatos famintos para descobrir como eles resolviam problemas. Thorndike pôs gatos desprovi-

FIGURA 3.9 Aqui, o choque elétrico é associado ao ato de fumar cigarros para contracondicionar uma aversão e fazer com que o fumante deixe o hábito. Compreensivelmente, muitos acham desagradável esse tipo de terapia e desistem no meio do tratamento. Se continuassem com este (ou outro) programa, provavelmente teriam um êxito inicial; mas a recaída é um grande problema na maioria dos tratamentos. A porcentagem de participantes que param de fumar permanentemente não ultrapassou 5% a 15% (Evans, 1984). Desestimular a aquisição do hábito de fumar entre os adolescentes parece ser uma tática mais eficaz para lidar com esse problema de saúde pública (veja o Capítulo 9). (Tony Korody/Syma.)

CONDICIONAMENTO OPERANTE

Um segundo processo de aprendizagem comportamental é chamado de condicionamento operante (ou instrumental). Para começar, o que são operantes?

Operantes

Operantes são ações que os animais iniciam, ou respostas voluntárias. Andar, dançar, sorrir, beijar, escrever poemas, beber cerveja, assistir à televisão, fofocar e jogar videogames são operantes humanos comuns.

Da mesma forma que o sistema nervoso autônomo media os respondentes, o sistema nervoso central, que exerce controle sobre os movimentos dos músculos esqueléticos, media os operantes. Embora os operantes pareçam espontâneos e sob pleno controle do animal, são altamente influenciados de alimento em (caixas quebra-cabeça) puzzle boxes, gaiolas das quais os animais podiam fugir mediante atos simples como manipular um cordão, apertar uma alavanca ou subir em uma plataforma. Como incentivo para resolver o problema, um prato de alimento era colocado do lado de fora da gaiola, onde podia ser visto e farejado. (Veja a Figura 3.10.)

Com todo cuidado, Thorndike observou como os gatos aprendiam a escapar das diversas caixas. Mais tarde, ele reuniu suas impressões (1898, p. 13):

Quando colocado em uma caixa, o gato exibe sinais evidentes de desconforto e um impulso para fugir ao confinamento. Ele tenta espremer-se para atravessar qualquer abertura; arranha e morde as barras ou o arame; estende as patas para fora através de qualquer abertura e arranha o que estiver a seu alcance; continua esforçando-se quando atinge alguma coisa solta ou oscilante; pode atacar com as garras qualquer coisa dentro da caixa. Não presta muita atenção à comida do lado de fora, mas parece simplesmente lutar de forma instintiva para fugir ao confinamento [...]. Por oito ou dez minutos, arranhará e morderá e vai se espremer incessantemente [...]. O gato que, em sua luta impulsiva, ataca com as garras a caixa inteira provavelmente arranhará o cordão ou argola ou botão que abrirá a porta. E gradativamente todos os outros impulsos malsucedidos serão eliminados e o impulso específico que leva à ação bem-sucedida ficará instalado pelo prazer resultante, até que, após muitos ensaios, o gato, quando posto na caixa, vai imediatamente bater a pata na argola ou botão de uma forma definida.

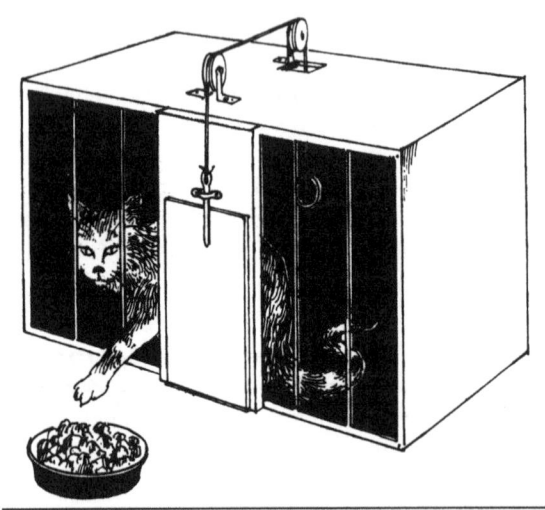

FIGURA 3.10 Uma das caixas quebra-cabeça de Thorndike. Para alcançar o alimento, o gato tinha de aprender a puxar a argola que abria a porta da gaiola.

Thorndike acreditava que todos os animais — incluindo o homem — resolviam problemas por *tentativa e erro*. No princípio, o animal tenta várias respostas "instintivas". Os comportamentos bem-sucedidos tornam-se mais freqüentes, "instalados", presumivelmente pelo prazer do sucesso. Ao mesmo tempo, os atos malsucedidos são "eliminados" por não produzirem o resultado desejado. O prazer das conseqüências, em outras palavras, é uma influência fundamental na aprendizagem, uma idéia conhecida como *lei do efeito*.

Skinner e a Tecnologia Operante

O psicólogo americano B. F. Skinner foi quem provavelmente mais contribuiu individualmente para nosso entendimento do condicionamento operante. Como John Watson, Skinner ficou conhecido por sua visão behaviorista. Ele sempre insistiu em que o comportamento observável é o único interesse apropriado do psicólogo.

No fim da década de 1920, Skinner começou a investigar o comportamento operante. Ele freqüentemente treinava pequenos grupos de pombos ou ratos privados de comida para bicar uma chave ou pressionar uma barra. Cada vez que o animal faminto desempenhava a ação correta, uma bola de alimento era liberada para dentro de seu comedouro. Por que estudar o comportamento simples de organismos simples em ambientes simples? Skinner pressupunha que era esta a tática mais eficiente para descobrir as leis básicas do aprendizado operante.

A Figura 3.11 mostra o ambiente livre de distrações usado por Skinner. Conhecido hoje como *caixa de Skinner*, este tipo de hábitat é um instrumento padrão dos laboratórios de psicologia. Ele permite que os investigadores manipulem com precisão as condições de fornecimento de alimento e meçam — novamente, com precisão — as mudanças comportamentais. Estudos exaustivos usando esta estratégia revelaram muitos dos fatores que influenciam o condicionamento operante. Hoje, entende-se razoavelmente bem o comportamento operante.

A pesquisa de Skinner conduziu a uma sofisticada tecnologia de ensino conhecida como *modificação do comportamento*, hoje usada no mundo inteiro. Profissionais de saúde mental empregam seus procedimentos para tratar pessoas perturbadas. Líderes educacionais usam seus conceitos para ensinar e para lidar com problemas de disciplina. Reforma-

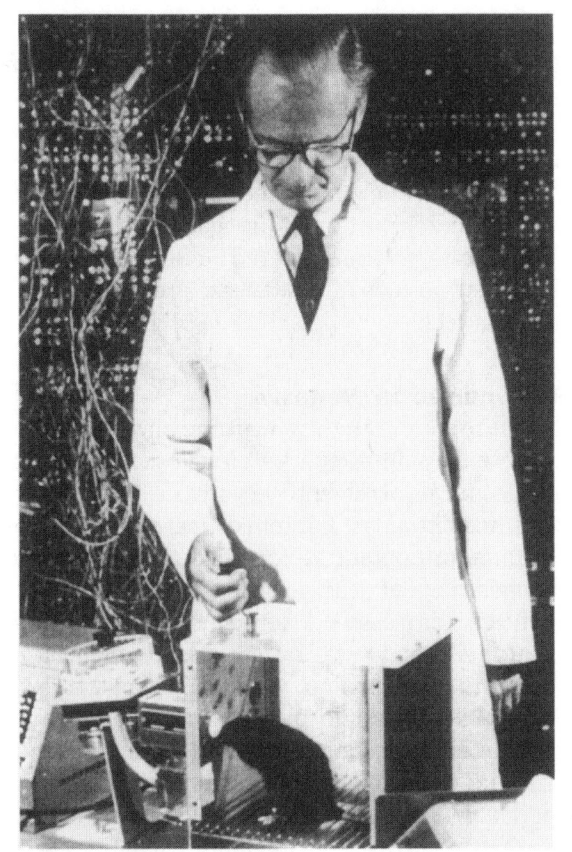

FIGURA 3.11 B. F. Skinner e o hábitat de treinamento que recebeu seu nome. Ratos em caixas de Skinner revelaram a Skinner muito daquilo que está envolvido nos princípios do condicionamento operante. Ele se pautava pela filosofia de que "O sujeito do experimento é o que mais sabe". Em seu romance *Walden Two* (1948, p. 240), Skinner expressou esta sua idéia por meio do personagem Frazier. "Lembro-me da raiva que costumava sentir quando uma previsão não dava certo. Tinha vontade de gritar para os participantes do meu experimento: Comportem-se, malditos! Comportem-se como se deve!. Mais tarde, acabei percebendo que eles sempre estavam certos. Eles sempre se comportavam como deviam ter-se comportado. Era eu quem estava errado. Eu tinha feito uma previsão errada." (Nina Leen/*Life*, Copyright © 1964, Time, Inc.)

dores sociais encontram nele inspiração para novas políticas culturais. (Veja o Quadro 3.2.)

Modificação de Comportamento: O Que É e o Que Não É

Define-se modificação de comportamento como a aplicação da técnica de aprendizagem, e de outras técnicas psicológicas experimentalmente derivadas, à modificação de comportamentos problemáticos.

As seguintes idéias costumam ser enfatizadas (Bootzin, 1975; Craighead *et al.*, 1976; Spiegler, 1983):

1 O objetivo é aliviar os problemas humanos.

2 Envolve um esforço de ensinar ou reensinar.

3 As técnicas derivam de, e/ou são coerentes com, a pesquisa psicológica.

4 Os resultados são sistematicamente avaliados.

Infelizmente, muitas pessoas acham que toda vez que o comportamento é modificado, usa-se a modificação de comportamento. Elas consideram campanhas publicitárias, propaganda, cirurgia cerebral, tortura e lavagem cerebral como "modificação de comportamento". A mídia intensificou o sentimento antimodificação de comportamento, descrevendo as técnicas como contrárias à liberdade e a dignidade e associando-as a histórias de horror (Turkat & Feuerstein, 1978). Em vista disso, não é de surpreender que as pessoas tenham um sentimento de prevenção contra a idéia de modificação de comportamento (Woolfolk *et al.*, 1977).

Como qualquer outra tecnologia, a modificação de comportamento pode ser usada abusivamente. Todavia, certamente é muito diferente da lavagem cerebral e do controle do pensamento. Muito da força das técnicas usadas pelos comunistas na Coréia, na década de 1950, deveu-se àquilo que se denominou *síndrome* DDD (iniciais de *debility*, *dependency* e *dread*, ou *debilidade*, *dependência* e *pavor*) (Farber *et al.*, 1957). Os prisioneiros de guerra americanos eram expostos a condições de semi-inanição, doenças, dor física crônica e sono insuficiente, até se sentirem terrivelmente *debilitados* (fracos). Ao mesmo tempo, esses prisioneiros eram altamente *dependentes* de seus inimigos, as únicas pessoas que podiam atender às suas necessidades. Esses homens viviam também sob constante *pavor* da dor, da mutilação, de nunca mais voltar para casa, da violência contra os amigos e da morte. Neste contexto, aplicaram-se técnicas parecidas com condicionamento para aumentar as confissões e a cooperação, e para diminuir o comportamento inconveniente. Os procedimentos de modificação de comportamento nunca utilizam a debilitação, a dependência total ou o pavor para motivar mudanças.

PRINCÍPIOS E APLICAÇÕES DO CONDICIONAMENTO OPERANTE

Embora poucas pessoas usem deliberadamente os princípios do condicionamento operante, as leis ainda operam. Examinaremos estes princípios e suas aplicações na vida humana, particularmente em crianças. Nossos estudos de caso provêm de informações sobre modificação de comportamento.

REFORÇAMENTO

Tanto no condicionamento respondente quanto no operante, o reforçamento fortalece o comportamento. Porém, há diferenças. No condicionamento respondente, o reforçamento *precede* o ato fortalecido. O emparelhamento do estímulo neutro com o incondicionado (o reforçamento) vem antes da aprendizagem da resposta condicionada. No condicionamento operante, o reforçamento *sucede* o ato fortalecido. Também a natureza do procedimento de reforçamento difere nos dois tipos de aprendizagem. Os respondentes são reforçados pelo par formado pelos estímulos. Os operantes são reforçados pelas conseqüências agradáveis para o aprendiz. Além disso, os psicólogos falam sobre dois tipos de reforçamento operante: positivo e negativo.

Reforçamento Positivo

Sempre que um operante é fortalecido pela apresentação de um evento que se lhe sucede, os psicólogos chamam ao processo e conseqüência de reforçamento *positivo*. A conseqüência é também conhecida como *reforçador positivo*.

O jargão de condicionamento é difícil para os estudantes porque seus termos entram em conflito com o uso comum. O adjetivo "positivo" refere-se ao fato de que uma conseqüência foi *apresentada*, em vez de, removida. O substantivo "reforçamento" significa que o comportamento condicionado foi *fortalecido*, em vez de enfraquecido.

Seguem vários exemplos de reforçamento positivo. As palhaçadas de Sammy em classe são seguidas por atenção e aumentam em freqüência. Os consertos que Edna faz pela casa recebem profusos elogios e tornam-se mais prováveis. O professor substituto olha fixamente toda vez que Andy conversa com um colega vizinho, e Andy conversa cada vez mais em aula. Observe que olhar fixamente, um evento em geral considerado desagradável, pode funcionar como um reforçamento positivo. Observe também que o comportamento irritante — fazer palhaçadas e conversar com os colegas em aula — pode ser reforçado.

É essencial lembrar que o reforçamento positivo é definido em termos de seus efeitos. Assim, nem sempre podemos prever o que operará como reforçador positivo. Em cada caso, precisamos ver o que acontecerá.

Reforçamento Negativo

Enquanto que no reforçamento positivo as conseqüências são apresentadas ou acrescentadas à situação, no reforçamento negativo elas são removidas ou subtraídas. Em termos mais formais, sempre que um operante é fortalecido pela remoção, adiamento ou redução de um evento posterior, chamamos ao processo e à conseqüência (remoção do evento) de *reforçamento negativo*. A conseqüência removida no reforçamento negativo é chamada de *estímulo punitivo*, definido pelos psicólogos como um enfraquecedor de comportamento. Assim, podemos dizer que os reforçadores negativos fortalecem a conduta pela remoção dos estímulos punitivos.

O conceito de reforçamento negativo pode confundi-lo. Novamente, você precisa entender como as palavras estão sendo usadas. "Negativo" refere-se ao fato de que a conseqüência foi *removida*. Não significa que foi uma "má" resposta. Como sempre, reforçamento diz que o comportamento foi *fortalecido*. O reforçamento negativo fortalece comportamentos que livram os animais de irritações, um resultado agradável.

Os psicólogos fazem distinção entre dois tipos de reforçamento negativo: condicionamento de fuga e condicionamento de esquiva. Durante o *condicionamento de fuga*, os operantes são fortalecidos porque *fazem cessar* algum evento ocorrente que o organismo considera desagradável. Hábitos como tapar os ouvidos durante tempestades com trovão, afastar o fone do ouvido para evitar conversas telefônicas desagradáveis e limpar salas bagunçadas para não ouvir mais as broncas de alguém são exemplos comuns de condicionamento de fuga.

Durante o *condicionamento de esquiva*, os operantes são fortalecidos porque adiam ou evitam algo que o organismo antecipa como desagradável. Fran evita o sermão dos pais sobre seus péssimos hábitos de estudo deixando seu material na escola. Duane põe o cinto de segurança antes de ligar o carro para evitar o som irritante da campainha-lembrete. Os estudantes estudam para evitar notas vermelhas. Crianças obedecem aos pais para não apanhar. Da mesma forma, muitos adultos cumpridores das leis agem assim para evitar acidentes, multas e prisão. O que mencionamos são todos exemplos comuns de condicionamento de esquiva.

Veja a Tabela 3.1 para uma comparação entre reforçamento positivo e negativo.

Modelagem

Pessoas (e outros animais) aprendem novas respostas operantes por uma estratégia de reforçamento positivo chamada de modelagem, ou *método de aproximações sucessivas*. No início, o treinador reforça positivamente um ato que o organismo é capaz de desempenhar mas é apenas vagamente semelhante à resposta desejada. À medida que esse comportamento é fortalecido, o professor torna-se mais seletivo. Ele reforça a ação que mais se assemelhe ao objetivo. Quando esta conduta está bem estabelecida, o treinador torna-se ainda mais exigente. O processo prossegue desta forma até que o objetivo seja atingido.

Os pais às vezes usam intuitivamente a modelagem para ensinar seus filhos pequenos. Considere o ato de andar, uma atividade que não precisa ser treinada, mas que o é freqüentemente. Assim que os bebês conseguem ficar em pé, os pais deixam de "fazer festa" quando eles simplesmente conseguem ficar em pé. Espera-se que as crianças progridam, talvez dando uns passos enquanto se mantêm em pé. Após alcançar este objetivo, os bebês tentam dar mais passos com menos ajuda. E, depois, é claro, passam a andar sozinhos. Após cada pequena conquista, os pais elevam suas expectativas um ponto acima. O bebê precisa conseguir mais para que os pais mostrem-se entusiasmados. Reveja nosso estudo de caso introdutório para um segundo exemplo de modelagem, deliberada, neste caso.

Extinção e Recuperação Espontânea

Quando o reforçamento para uma resposta é retirado, o comportamento declina gradativamente em sua freqüência até ocorrer no máximo com a mesma freqüência que ocorria antes do condicionamento. Este processo é chamado de *extinção* tanto no condicionamento respondente como no operante.

Na vida cotidiana, as pessoas freqüentemente aprendem operantes que são extintos quando não são reforçados. Muitas crianças pequenas são ensinadas a comportar-se educadamente. Os pais elogiam os filhos pelo uso de palavras como "por favor" e "obrigado". Se, mais tarde, as boas maneiras da criança deixarem completamente de ser elogiadas, poderão desaparecer.

Como em geral as pessoas não estão conscientes dos princípios do condicionamento operante, freqüentemente extinguem operantes desejáveis e reforçam outros indesejáveis. Os professores ignoram as realizações do palhaço da classe, enquanto esbanjam atenção a uma conduta inadequada. Também os pais concentram-se nas ações que lhes desagradam. Em geral, a atenção fortalece justamente aquelas ações que pretendia desestimular. A desatenção — nesses casos, a remoção do reforçador que está mantendo o comportamento — aumenta a probabilidade de extinguir a conduta indesejada.

Em princípio, quando os reforçadores são removidos pela primeira vez, o comportamento piora. Geralmente observamos aumento no índice da res-

TABELA 3.1 Comparação de procedimentos de reforçamento.

	Reforçamento		
	Positivo	**Negativo**	
Conseqüência do comportamento	Reforçamento apresentado	Estímulo punitivo (condicionamento de fuga)	Estímulo punitivo adiado ou evitado (condicionamento de esquiva)
Efeito da conseqüência		Comportamento fortalecido	
Se o treinamento for suspenso		Extinção da resposta reforçada (pode ocorrer uma recuperação espontânea)	

posta a ser extinta e também no comportamento emocional (crises de ira, por exemplo). Os treinadores devem persistir na estratégia de não-reforçamento até verificar progressos significativos.

Da mesma forma que os respondentes, também os operantes extintos reaparecem após um descanso. Novamente, este fenômeno é conhecido como *recuperação espontânea*. O seguinte estudo de caso ilustra a extinção e a recuperação espontânea durante o condicionamento operante.

Uma criança, a quem chamaremos de Robert, era muito doente nos seus primeiros 18 meses de vida. Enquanto doente, o menino recebeu dedicados cuidados. Aos 21 meses, Robert recuperara a saúde, porém se tornara o tirano da casa. O comportamento do menino era especialmente problemático na hora de dormir, quando exigia completa atenção e chorava se o adulto que o acompanhava (um dos pais ou a tia) deixasse o quarto antes de ele dormir. Como Robert resistia ao sono o máximo que podia, um membro da família passava diariamente de meia a duas horas com ele até que dormisse.

O psicólogo Carl Williams (1959) ajudou a família a conceber um plano para modificar o comportamento tirânico de Robert. Os pais e a tia foram instruídos a pôr o menino na cama com alegria e "de forma descontraída e relaxada". Depois disso, o adulto devia sair do quarto e fechar a porta. Robert, indignado com essa quebra de protocolo, iria chorar, gritar e exaltar-se. Mas os adultos deviam tentar se autocontrolar e ignorar completamente esses arrebatamentos.

No princípio, os membros da família de Robert seguiram o plano à risca. Ao fim de dez dias, o menino parou de fazer cenas quando um dos adultos saía do quarto e de fato até sorriu.

Infelizmente, depois de uma semana que o choro de Robert havia-se extinguido, recuperou-se espontaneamente. Robert gritou depois que a tia o pôs na cama. Em um momento de fraqueza, a senhora cedeu. Ela voltou para a cabeceira do menino e lá ficou até ele dormir. Depois desse lapso, foram necessárias mais nove sessões em que se ignoravam as crises para extinguir, pela segunda vez, a resposta. A Figura 3.12 mostra o progresso do tratamento. Os ganhos foram duradouros, segundo um acompanhamento bienal.

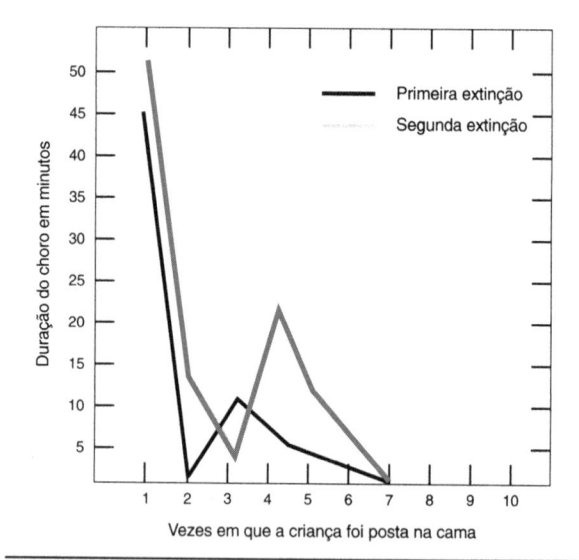

FIGURA 3.12 Choro de Robert durante o curso de um programa de extinção. Pouco depois de o choro indesejado ser extinto, recuperou-se espontaneamente, necessitando de uma segunda série de ensaios de extinção. (Adaptada de Williams, 1959.)

Generalização e Discriminação de Estímulo

Respostas fortalecidas por procedimentos operantes sob um dado conjunto de circunstâncias tendem a se propagar, ou generalizar, por situações similares, da mesma forma que no condicionamento respondente. Quanto mais similares os cenários, mais provável a *generalização de estímulo*. Se Iolanda elogia Michael por ser atencioso, Michael tenderá a ser atencioso quando interagir com Lesley e Francesca. Se Brigite sente que foi bem-sucedida ao expor suas opiniões em classe, provavelmente tentará expor suas opiniões em outros ambientes.

A *discriminação de estímulo* refere-se ao fato de que as respostas reforçadas em um ambiente não se propagam por todas as situações similares porque não são reforçadas em todas as situações similares. Quando Bóris usa certos palavrões, seus amigos reagem com admiração, enquanto seus pais ficam bravos. Conseqüentemente, Bóris emprega palavrões com seus amigos, mas não com seus pais. Emanuel, um intelectual, aprecia a presença de espírito de Golda, enquanto Roger, que não é muito inteligente, não aprecia. Assim, Golda evita fazer certos gracejos com os garotos que não são "cabeça".

REFORÇADORES

O que é reforçador durante o condicionamento operante depende do indivíduo e de suas circunstâncias correntes. O elogio pode ser um bom estímulo reforçador para Henrique atender quando é chamado, embora possa não fortalecer seu estudo de flauta. Iolanda talvez não mova um dedo para evitar uma discussão, enquanto Jeremias pode aumentar a freqüência de qualquer ato que impeça um mero franzir de sobrancelhas. Conforme examinarmos as categorias de reforçadores, tenha em mente que o que é reforçador varia de indivíduo para indivíduo e de situação para situação. Por essa razão, qualquer dada conseqüência deve ser considerada um *reforçador em potencial* até que seus efeitos sobre um dado indivíduo em um cenário específico sejam testados.

Os reforçadores são às vezes divididos em duas classes gerais: intrínsecos e extrínsecos.

Reforçadores Intrínsecos

Um reforçamento é considerado *intrínseco* quando o simples ato de engajar no comportamento o fortalece. Em outras palavras, o próprio ato é uma fonte de sentimentos agradáveis, sendo automaticamente reforçado toda vez em que ocorre.

Respostas intrinsecamente reforçadoras incluem aquelas que satisfazem motivos de base fisiológica, como a fome ou o desejo sexual. Atividades que fornecem estimulação sensorial agradável — dançar, tocar instrumentos musicais, esculpir, ler, explorar — também são intrinsecamente reforçadoras, assim como o senso de progresso ou domínio proveniente da conquista de uma meta ou da quebra de um mau hábito. Atividades intrinsecamente reforçadoras nem sempre assim o são desde o início. É necessário atingir a proficiência antes que jogar xadrez, jogar tênis ou tocar violão tornem-se inerentemente reforçadores.

Durante o reforçamento negativo, comportamentos que permitem à pessoa evitar ou escapar do perigo ou da dor — desde fugir do inimigo até desinfetar um arranhão — são intrinsecamente reforçadores.

Reforçadores Extrínsecos

Os comportamentos desempenhados diariamente pelas pessoas, em sua maioria, não são intrinsecamente reforçadores; antes, são fortalecidos por suas conseqüências *externas*, ou *extrínsecas*. As recompensas não fazem parte do comportamento em si. Os reforçadores extrínsecos costumam ser divididos em três categorias, que se justapõem consideravelmente.

1 *Reforçadores primários* ou *não aprendidos*. Estes reforçadores extrínsecos são poderosos em fortalecer o comportamento desejado e não precisam de qualquer treinamento anterior. Os eventos intrinsecamente reforçadores que acabamos de mencionar podem ser usados para ensinar *outros* hábitos. A limpeza do quarto realizada por uma criança pequena poderia ser fortalecida oferecendo-lhe balas como recompensa. Atividades que satisfazem a curiosidade ou proporcionam estimulação sensorial agradável são reforçadores primários extremamente úteis para as pessoas (veja a Figura 3.13). No laboratório animal, alimento, fuga de choque e esquiva de choque são as reforçadores primários mais freqüentemente usados.

2 *Reforçadores sociais*. São aqueles reforçadores extrínsecos que dependem de outras pessoas. Os reforçadores sociais comuns incluem afeto, atenção, aprovação, reconhecimento, sorriso, respeito, risada (depois de uma piada). A retirada da rejeição, raiva, desaprovação e do desrespeito são também reforçadores sociais comuns no reforçamento negativo. O sexo pode ser considerado um reforçador primário ou social.

Embora alguns dos reforçadores sociais não sejam, em geral, aprendidos, outros, sem dúvida, são adquiridos. Desde o nascimento, o ser humano parece valorizar sorrisos, abraços e tons de voz ternos, e desgostar de sinais de tensão e de gritos. Ao mesmo tempo, aprendemos a gostar de elogio como "muito bom". Aprendemos também a apreciar sinais de status (formação universitária, por exemplo), talvez por que estejam associados com poder, dinheiro e respeito. Os reforçadores sociais tendem a ter enorme influência na modificação do comportamento humano.

3 *Reforçadores secundários* ou *condicionados*. Estes reforçadores adquirem sua força por meio do condicionamento respondente. Eles são repetidamente pareados com outros reforçadores até que se tornem valorizados. O dinheiro em espécie é associado com a aquisição de alimento, estimulação e confortos de toda espécie. Medalhas, pontos e notas de boletim adquirem propriedades reforçadoras quando ligadas à conquista e aprovação. Reforçadores

A. Conversar
B. Escrever
C. Colorir
D. Desenhar
E. Ler
F. Balançar os pés
G. Gravar
H. Abraçar
I. Dançar
J. Andar
K. Desenhar na lousa
L. Telefonar
M. Montar quebra-cabeças
N. Brincar de blocos
O. Pusar
P. Beber
Q. Usar lápis coloridos
R. Cantar
S. Balançar-se na porta
T. Trocar a cadeira de lugar
U. Apagar a lousa
V. Olhar pela janela

FIGURA 3.13 Em algumas salas de aula, as crianças recebem reforçadores de atividade pelo trabalho escolar, selecionando suas próprias opções de um "menu de reforçamento" como o desta figura. (Adaptada de Daley, 1969.)

sociais aprendidos são, às vezes, considerados reforçadores secundários.

Na vida, diversas recompensas intrínsecas e extrínsecas costumam estar conjugadas no mesmo evento reforçador.

Esquemas de Reforçamento

B. F. Skinner começou a investigar esquemas de reforçamento quando se viu diante de problemas práticos. Segundo ele (1956, p. 226):

Em uma agradável tarde de sábado fui verificar meu estoque de pílulas de alimento desidratado e, apelando para certos teoremas elementares de aritmética, deduzi que, a menos que passasse o resto da tarde e a noite na máquina de pílulas, às 10h30 da manhã de segunda-feira o estoque estaria a zero [...]. E assim comecei a estudar o reforçamento periódico.

Embora o estudo de esquemas de reforçamento tenha começado sem planejamento, o primeiro trabalho de Skinner e C. B. Ferster (1957) nesta área nada tinha de casual. Eles estudaram 250 milhões de respostas ao longo de 70.000 horas. Alguns esquemas testados especificavam que uma certa quantidade de comportamento deveria ocorrer para que o animal obtivesse reforçamento. Outros exigiam um determinado intervalo entre os reforçadores. Outros ainda se concentravam em incentivar uma taxa alta ou baixa de comportamento. Alguns requeriam exigências combinadas.

Skinner e Ferster descobriram que a maneira de esquematizar o reforçamento tinha quatro influências principais. Afetava (1) a rapidez com que os animais aprendiam inicialmente uma resposta; (2) a freqüência com que desempenhavam o comportamento condicionado; (3) a freqüência com que paravam após o reforçamento; e (4) o tempo durante o qual continuavam a responder, uma vez que o reforçamento se tornasse imprevisível ou fosse extinto.

Skinner e Ferster descobriram que os animais apresentavam uma taxa e um padrão característicos estáveis de comportamento em um dado esquema. O padrão de resposta era, na verdade, tão confiável, que podia ser usado para medir a influência de outros fenômenos — drogas, privação de sono e fome, por exemplo.

Desde a pesquisa pioneira de Skinner e Ferster, acumulou-se muita informação sobre esquemas de reforçamento aplicáveis aos condicionamentos de fuga e esquiva e também ao reforçamento positivo.

Reforçamento Contínuo e Intermitente

O reforçamento programado *continuamente* segue-se a cada resposta correta. O reforçamento contínuo parece ser a maneira mais eficiente de iniciar o condicionamento do comportamento. Muitos hábitos são reforçados desta forma. Toda vez que você pisa no freio, a velocidade do carro diminui (se o carro estiver funcionando normalmente). Da mesma forma, toda vez que você gira o interruptor de luz, a iluminação aumenta. E toda vez que você põe uma garfada de comida na boca, você sente um sabor.

O *reforçamento parcial*, ou *intermitente*, ocorre quando algumas, mas não todas as respostas corretas, são seguidas de um reforçador. Este tipo de esquema produz um padrão de resposta relativamente persistente, mesmo quando o reforçamento torna-se imprevisível ou cessa. O reforçamento parcial também é mais econômico.

No ensino de comportamentos operantes, é desejável uma combinação de ambos os reforçamentos, contínuo e intermitente. O reforçamento contínuo é útil de início, para o rápido estabelecimento do comportamento. Assim que a resposta torna-se estabelecida, o reforçamento intermitente a torna forte (resistente à extinção).

Imediatidade[2]

Independentemente do esquema usado, os reforçadores parecem ser mais eficazes quando ocorrem *imediatamente* após o comportamento a ser fortalecido. Esta é a única forma de garantir que a resposta desejada seja seguida pela recompensa. O ser humano pode aprender com reforçadores atrasados contanto que o reforçador não deixe de surgir conforme prometido. No caso dos reforçadores atrasados, convém lembrar o aprendiz de que a recompensa virá depois e, quando a recompensa ocorrer, dizer o que está sendo reforçado (Brackbill & Kappy, 1962; Hall *et al.*, 1972).

Esquemas Parciais

Quatro esquemas parciais básicos foram extensamente estudados em laboratório: razão fixa, razão variável, intervalo fixo e intervalo variável.

Esquemas de razão Os *esquemas de razão* especificam que o reforçador deve ocorrer após um determinado *número de respostas corretas*. Em um *esquema de razão fixa*, o reforçador ocorre após um *número definido e invariável* de respostas corretas. Quando as fábricas pagam a seus empregados uma determinada quantia pela produção de uma determinada quantidade de mercadorias, estão usando um esquema de razão fixa. Os trabalhadores agrícolas são freqüentemente pagos para fazer as colheitas sob o mesmo tipo de relação. Os estudantes que descansam após fazer 10 flexões ou resolver 20 problemas de matemática também estão operando em um esquema de razão fixa. Observe que o reforçamento contínuo é um esquema de razão fixa.

A taxa geral de resposta dos animais é relativamente alta sob esquemas de razão fixa. Quanto mais rápido respondem, mais reforçadores obtêm. Não obstante, costumam fazer uma pausa para descanso antes de retomar o trabalho após a liberação de cada reforçador. (Veja a Figura 3.14a.)

Em um *esquema de razão variável*, o reforçador é apresentado após um *número variável* de respostas corretas. Neste caso, o número de comportamentos requeridos para a obtenção do reforçador muda aleatoriamente, porém tem um valor específico como média, tal como 3, 14, 50, 120 ou até 110.000. Um esquema RV-3 refere-se a um esquema de razão variável com uma média de 3. (Veja a definição de média no Apêndice.) Em um programa RV-3, a pessoa pode ser recompensada após cinco respostas de início; depois, após três adicionais; depois, após uma adicional; e assim por diante. Os caça-níqueis são programados para pagar segundo um esquema de razão variável. Muitos reforçadores naturais, como êxito, reconhecimento e lucro, aproximam-se deste tipo de esquema.

Os esquemas de razão variável produzem uma alta taxa geral de respostas. Como no esquema de razão fixa, quanto mais rápido um organismo responde, tanto mais reforçamentos recebe. Além disso, a taxa mantém-se; os animais sob este programa não fazem pausas. A incerteza de nunca saber quando virá o próximo reforçador mantém os organismos trabalhando sem cessar. (Veja a Figura 3.14b.)

Esquemas de intervalo Os *esquemas de reforçamento de intervalo* dependem da *passagem do tempo*. O reforçador é apresentado após o cumprimento de duas condições. Primeira, um determinado intervalo de tempo deverá ter transcorrido desde o reforçamento anterior. Segunda, a resposta a ser reforçada deve ocorrer após o intervalo.

---

2. N.R.T.: Imediatidade é um termo por nós empregado para designar aquilo que tecnicamente é conhecido como reforçamento contingente.

Em *esquemas de intervalo fixo*, o período de tempo entre os reforçadores é constante: idêntico em cada tentativa. Verificar se chegaram correspondências pelo correio costuma ser reforçado naturalmente em um esquema de intervalo fixo de aproximadamente 24 horas. Da mesma forma, ir para a sala de jantar à noite para jantar. A mãe do garoto rebelde precisa verificar a cada meia hora (intervalo fixo) o que o filho está fazendo e acariciá-lo, se estiver sendo "bonzinho".

Esquemas de intervalo fixo geram uma taxa irregular de respostas. Após a liberação do reforçador, a freqüência do comportamento reforçado é baixa. O comportamento reforçado aumenta consistentemente durante o intervalo e atinge um nível alto no momento que precede o próximo reforçador programado. Se representado em um gráfico, este padrão parece um leque (mostrado na Figura 3.14c), sendo chamado de *leques de intervalo fixo*. No esquema de intervalo fixo, a taxa total de respostas é moderada.

Em *esquemas de intervalo variável*, o período de tempo entre os reforçadores *varia aleatoriamente em torno de um valor médio*. Pode-se, por exemplo, parabenizar alguém em uma base de intervalo variável. Após uma boa sessão de prática de piano (a resposta correta), a cada três dias em média (o intervalo variável), o pai poderia cumprimentar o filho. Testes-surpresa a cada uma ou duas semanas dão aos estudantes a oportunidade de ser reforçados por seu estudo em um esquema de intervalo variável. Este esquema geralmente produz uma taxa de respostas constante, porém moderada, como se vê na Figura 3.14d.

Na vida, como no laboratório, os esquemas básicos são freqüentemente combinados. Um vendedor de sapatos, por exemplo, pode receber um salário-base e uma comissão para cada dez pares de sapato vendidos. O salário reforça, em um esquema aproximado de intervalo fixo, o comparecimento regular ao trabalho. (Na verdade, o vendedor pode manter um horário regular de trabalho para evitar o corte do salário ou a demissão, um procedimento de reforçamento negativo.) A comissão, reforçando os esforços para vender, segue mais ou menos um esquema de razão variável.

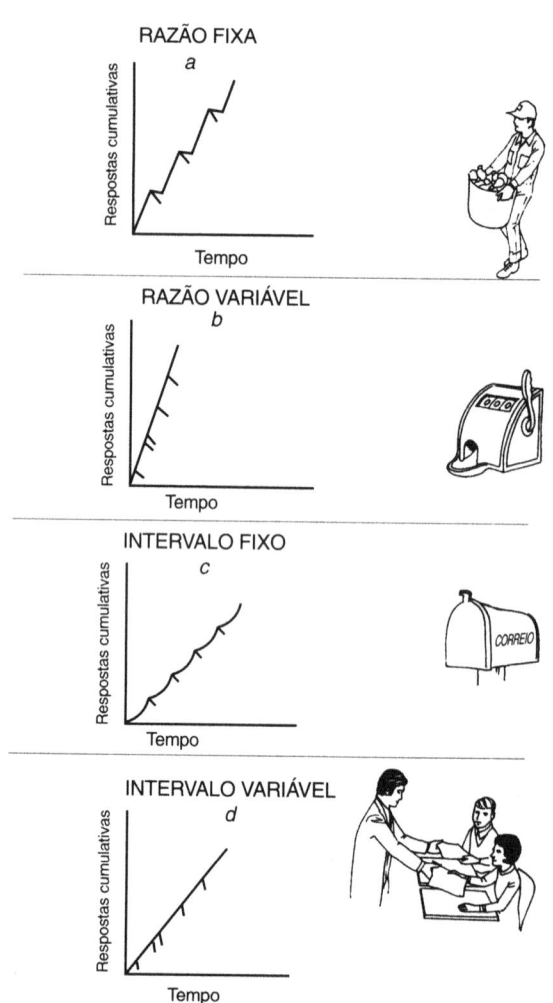

FIGURA 3.14 Padrões de resposta característicos, associados aos quatro esquemas básicos de reforçamento, descritos no texto. No caso de registros cumulativos, como estes, o número total de respostas desde o início do experimento é graficamente registrado em cada ponto. Os traços indicam quando os reforçadores foram apresentados. Você pode notar que os esquemas de razão tendem a gerar uma taxa de respostas ligeiramente mais alta do que a gerada pelos esquemas de intervalo e que há mais pausas nos esquemas fixos do que nos variáveis.

PUNIÇÃO

Se você pedisse a diversos amigos para definir a palavra "punição", eles provavelmente diriam que é um procedimento disciplinador desagradável. Poderiam oferecer exemplos como levar umas palmadas ou sustar os privilégios. Os psicólogos, ao contrário, definem punição como um evento que ocorre quando — e somente quando — um operante é enfraquecido pela conseqüência que o sucede. Dar palmadas ou eliminar privilégios é portanto considerado punição somente nos casos em que enfraquecer o comportamento precedente. (Nota: Embora a extinção ajuste-se a nossa definição de punição, raramente é classificada como punição. Discutiremos essas distinções mais adiante.)

Da mesma forma que fizemos a diferenciação entre reforçamento positivo e negativo, faremos a distinção entre punição positiva e negativa.

Punição Positiva

O punição positiva ocorre quando um operante é enfraquecido pela *apresentação de um evento* que o sucede. Este evento é conhecido como estímulo punitivo ou *punição*. Como no reforçamento, "positivo" refere-se à *apresentação* da conseqüência. A palavra "punição" equivale aproximadamente à palavra "enfraquecimento".

Você provavelmente está habituado a pensar em punição positiva como algo deliberado. Por exemplo, toda vez que Maria se suja, sua mãe bate na mão dela, e ela pára de brincar na terra. Todavia, a punição positiva também ocorre naturalmente. Horácio se atira na neve fresca sem cobrir as mãos, e elas ficam dolorosamente geladas. Depois disso, ele raramente vai brincar na neve sem luvas. Quando vai a bufês, Dorothy come descontroladamente, e depois passa mal. Posteriormente, ela muda de comportamento.

Punição Negativa

A punição negativa ocorre quando um operante é enfraquecido pela *extinção* ou *adiamento* de um reforçador que o segue. Novamente, como no reforçamento, o adjetivo "negativo" refere-se à *extinção* de uma conseqüência. "Punição" significa "enfraquecer", como sempre. Vemos comumente dois tipos de punição negativa: custo da resposta e treinamento de omissão.

No *custo da resposta*, a conduta é enfraquecida porque resulta na *perda de um reforçador*. As multas geralmente reduzem a probabilidade de estacionamento irregular. Cortar o dinheiro da mesada pode enfraquecer o hábito de voltar tarde para casa. O desconto de pontos da nota por atraso na entrega de trabalhos pode diminuir a probabilidade da síndrome do trabalho de última hora.

Durante o *treinamento de omissão*, o comportamento é enfraquecido porque ocorre o adiamento do reforçador toda vez que o ato a ser eliminado é iniciado. O reforçador é entregue somente se a resposta indesejada não aparecer durante um intervalo específico. Se o ato indesejado ocorrer, o período de tempo recomeça. Ellen Reese (1978, p. 24) relatou este exemplo:

> **U**m de nossos estudantes fez com que seu colega de quarto parasse de fumar dando-lhe um dólar para cada período de 24 horas em que não fumasse [...]. Se o colega de quarto fumasse um cigarro a qualquer momento do período de 24 horas, mesmo depois de 23 horas de abstinência, a oportunidade de ganhar um dólar era adiada para um novo período de 24 horas. O programa teve tanto êxito, que, no fim do mês, os recursos financeiros do estudante tinham acabado por completo.

A Tabela 3.2 compara os procedimentos de castigo.

Punição Negativa *versus* Extinção

Tanto na extinção como na punição negativa, as respostas enfraquecem após a remoção dos reforçadores. Mas a extinção ocorre quando o reforçador que especificamente mantinha a resposta condicionada deixa de ser apresentado. A punição negativa, em contraste, ocorre quando qualquer outro reforçador é removido.

TABELA 3.2 Uma comparação de procedimentos de punição.

	Punição	
	Positiva	Negativa
Conseqüência posterior ao comportamento	Apresentação de estímulo punitivo	Remoção do reforçador (custo da resposta) / Reforçador adiado (treinamento de omissão)
Efeito da conseqüência	Comportamento enfraquecido	
Se o treinamento cessar	Recuperação da resposta punida (a menos que a supressão tenha ocorrido)	

Para esclarecer a distinção, daremos um exemplo. Suponha que Carolina choraminga toda vez que quer alguma coisa e que seus pais sempre lhe dêem aquilo que ela quer. Para extinguir o comportamento, retiraríamos o reforçador pelo choro. Teríamos de persuadir os pais de Carolina a não ceder aos choramingos da filha. Para punir negativamente o choro, poderíamos deduzir 10 reais da mesada de Carolina ou tirar um brinquedo favorito toda vez que a resposta ocorresse.

Variedades de Estímulos Punitivos

Como os reforçadores, os estímulos punitivos diferem de indivíduo para indivíduo. Se não sabemos os efeitos exatos de um procedimento aversivo sobre determinada pessoa em uma situação específica, a conseqüência poderia ser chamada de *estímulo punitivo potencial*.

Os estímulos punitivos podem ser categorizados em classes intrínsecas e extrínsecas, da mesma forma que os reforçadores. Algumas atividades são *intrinsecamente punitivas* ou *auto-enfraquecedoras*. Em outras palavras, o enfraquecimento é uma conseqüência inevitável do simples engajamento naquele comportamento. É improvável a persistência de algum ato que impliquem dor ou isolamento social ou sensorial por longos períodos. Por exemplo, por causa de sua natureza dolorosa, o ato de bater a cabeça raramente se torna habitual. Não obstante, crianças pequenas seriamente problemáticas acham a estimulação de bater a cabeça e chamar a atenção mais "reforçadora" do que a natureza "punitiva" da dor. Nestes casos, a resposta pode ocorrer com freqüência suficiente para pôr em risco a vida da criança.

Estímulos punitivos *extrínsecos* são aqueles que tanto sucedem como enfraquecem o comportamento. Alguns estímulos punitivos extrínsecos são classificados como *primários* ou *não aprendidos*, porque sua capacidade de causar o enfraquecimento é inata. Ruídos altos, dor e isolamento sensorial e social funcionam como estímulos punitivos primários extrínsecos. Estímulos punitivos que dependem de reações humanas desagradáveis podem ser considerados *sociais*. Ridicularização, sarcasmo, desaprovação e franzimento do cenho entram todos nesta categoria. Alguns estímulos punitivos sociais são inatamente aversivos, enquanto outros adquirem seu caráter nocivo. Qualquer estímulo punitivo que adquire seu potencial de enfraquecimento por meio de condicionamento respondente (por estar associado a outros estímulos punitivos) pode ser chamado de *secundário* ou *condicionado*. A perda de pontos, por exemplo, tende a vir acompanhada de desaprovação. Palavras como "não" e "ruim" costumam vir acompanhadas de palmadas ou vozes alteradas.

Similaridades entre Punição e Reforçamento

Punição e reforçamento têm várias semelhanças. Ambos são definidos em termos de efeitos sobre o comportamento. Usam o mesmo esquema positivo-negativo para definir subcategorias. Ademais, a punição pode ser esquematizada exatamente da mesma forma que o reforçamento. (Os padrões de resposta associados aos esquemas de punição são, porém, muito mais variáveis.)

As respostas punidas exibem generalização e discriminação? Sim. Durante a punição, a *generalização de estímulo* refere-se ao fato de que as respostas punidas são enfraquecidas em situações similares àquela em que o condicionamento ocorreu. A *discriminação de estímulo* durante a punição refere-se à idéia de que a resposta punida não é enfraquecida em todas as situações similares (porque não é punida em todas as situações similares). Tony, um garoto de 3 anos, por exemplo, tirou toda a roupa na casa de um amigo. O comportamento foi seguido de séria repreensão. Subseqüentemente, ele deixou de tirar a roupa em casa de amigos e em outros lugares públicos (generalização de estímulo), porém não em seu quarto ou no vestiário da piscina do clube (discriminação de estímulo).

O que ocorre quando a punição é removida? As respostas *recuperam-se*, se não tiverem sido suprimidas por completo. Em contraste, quando os reforçadores são removidos, o comportamento extingue-se.

Desvantagens dos Estímulos Punitivos Positivos

Sem dúvida alguma, os estímulos punitivos positivos — apresentados na punição positiva e removidos no reforçamento negativo — podem ser poderosos (Solomon, 1964). Infelizmente, muitos têm efeitos colaterais, especialmente em crianças.

1 *Estímulos punitivos* (aqueles que infligem dor física) costumam escapar ao controle e ferir o receptor. Todo ano, só nos Estados Unidos, mais de dois milhões de crianças correm risco de violência. A maio-

ria dos pais não tem a intenção de ferir seus filhos pequenos, mas se descontrolam na tentativa de punir. Os *estímulos punitivos*, como ridicularização e sarcasmo, são igualmente perigosos porque deixam marcas psicológicas duradouras (Masters *et al.*, 1979).

2   Como os estímulos punitivos são desagradáveis, as crianças geralmente tentam evitá-los ou fugir deles. No processo, elas com freqüência aprendem, por meio de reforçamento negativo, respostas socialmente inadequadas. Para escapar de tapas, uma criança pode fugir de casa ou fingir estar sentindo dor de cabeça. Tais respostas podem generalizar-se e tornar-se manobras habituais para solução de problemas.

3   Os estímulos punitivos físicos tendem a aumentar a probabilidade de agressividade. Uma pesquisa indica que muitos animais respondem à dor com agressividade semelhante a um reflexo (Ulrich & Azrin, 1962). Embora as crianças possam ficar inibidas na presença do agente punidor, podem planejar vingança futura ou atacar alvos fisicamente mais fracos do que elas. Além disso, aqueles que usam estímulos punitivos inevitavelmente servem de modelo para a conduta agressiva. As crianças então aprendem, pela observação, que ferir é uma forma aceitável (e possivelmente eficaz) de lidar com problemas com pessoas (Bandura *et al.*, 1963; Steuer *et al.*, 1971). Este efeito modelador pode ser responsável pelo fato de muitos adultos que apanharam quando crianças serem violentos com os próprios filhos (Kempe & Helfter, 1972). Mesmo quando bem pequenas, crianças vitimadas por violência exibem relativa probabilidade de responder ao desagrado em relação a outra criança da mesma idade por meio de ataque físico (Main & George, 1985).

4   Quando estímulos punitivos muito severos são usados com freqüência, eles condicionam respondentemente sentimentos de ódio e medo do agente (pais ou professores) e do ambiente (lar ou escola).

5   Os estímulos punitivos tendem a produzir humores negativos e a gerar ansiedade. Ambos interferem em qualquer tipo de aprendizagem em curso.

6   Os estímulos punitivos geram conflitos e inibições quando comportamentos são proibidos em uma certa fase da vida e requeridos em outra. Crianças punidas por verbalizar seus sentimentos com franqueza podem ter problemas em fazê-lo quando adultas. E aquelas punidas por demonstrar interesse em sua sexualidade podem, mais tarde, sentir-se sexualmente inibidas.

Quando Experimentar Estímulos Punitivos Potenciais

Hoje, em geral, os pais lançam mão de meios físicos para disciplinar. Segundo um estudo, 83% dos pais americanos pequisados declararam que batiam nos filhos, embora quase a metade fosse de opinião de que isso raramente (ou nunca) funcionava (Carson, 1984). Aproximadamente três quartos de uma amostra nacional de diretores de escolas americanas usa a punição física (Rose, 1984). Em virtude de seus efeitos colaterais, os psicólogos relutam em defender a estratégia punitiva, apesar de sua popularidade. Eles geralmente exortam os professores de crianças a experimentar outras formas de eliminar maus hábitos e estabelecer bons hábitos. Uma estratégia eficaz é reforçar positivamente respostas incompatíveis com mau comportamento. É improvável que a extinção — eliminação do reforçamento — tenha algum efeito negativo duradouro. Mães ou pais podem modelar condutas apropriadas. O raciocínio e a instrução têm várias vantagens — até mesmo a de ensinar a criança a refletir sobre seus atos. Às vezes, certas habilidades podem ser ensinadas a crianças pequenas para que elas possam enfrentar melhor as situações difíceis que geraram o comportamento problemático.

Estímulos punitivos potenciais podem ser recomendados para ensinar crianças bem pequenas que ainda não entendem argumentos racionais. Priscila, de 2 anos, pode não compreender que vai destruir a mesa se continuar raspando pedras nela. Um tapa na mão ou isolamento em seu quarto por três minutos pode transmitir mais claramente a mensagem. As punições são valiosas para comportamentos destrutivos que precisam ser interrompidos imediatamente. E, se nada mais funcionar, a punição pode ser um "último recurso" eficaz.

Usando Estímulos Punitivos Potenciais de Forma Eficaz e Humana

As seguintes diretrizes para o uso de estímulos punitivos potenciais em crianças são baseadas em descobertas de pesquisas (Axelrod & Apsche, 1983; Walters & Grusec, 1977).

1   Se já não houver, crie uma relação terna e amistosa com a criança. Procedimentos disciplinares de toda espécie influenciam mais quando existe um

forte vínculo positivo entre criança e adulto. Quando o punidor é tido em alta estima, a desaprovação é proporcionalmente mais dolorosa e, portanto, mais poderosa.

2 Escolha um estímulo punitivo potencial suave ou moderado que não fira psicológica ou fisicamente o indivíduo. Além das imperiosas considerações éticas, há algumas vantagens práticas. Estímulos punitivos suaves e moderados têm muito menor possibilidade de (a) gerar ansiedade e raiva, as quais impedem a criança de utilizar as informações ou incentivam-na a revidar, (b) servir de modelo de agressividade ou (c) motivar estratagemas de fuga ou esquiva.

3 Avalie os estímulos punitivos potenciais para ter certeza de que terão o efeito pretendido. Estímulos punitivos potenciais iguais podem ter resultados diferentes, dependendo da idade, do temperamento, do problema, do relacionamento e do contexto da criança.

4 Controle-se o máximo possível antes de administrar o estímulo punitivo potencial.

5 Seja coerente. Isto é, administre o estímulos punitivos toda vez que o comportamento problemático ocorrer. Ao mesmo tempo, remova todas as fontes de reforçamento (incluindo a atenção de outras pessoas). Se o comportamento for punido somente em parte do tempo, é também reforçado por suas conseqüências naturais em parte do tempo. O reforçamento parcial, você deve lembrar, é conhecido por tornar a conduta resistente à extinção.

6 Administre o estímulo punitivo potencial no início do comportamento a ser enfraquecido a fim de condicionar respondentemente a criança a sentir ansiedade logo no início. Uma criança que se sente desconfortável assim que inicia um mau comportamento pode interrompê-lo a meio caminho. A punição no início estabelece também o disciplinador como uma pessoa que vai até o fim e que precisa ser levada a sério. Quanto mais distante, no tempo e no espaço, está o estímulo punitivo potencial do comportamento indesejado, menos eficaz parece a conseqüência. Todavia, mesmo depois de atrasos de diversas horas, os estímulos punitivos potenciais podem ter alguma eficácia, contanto que a criança saiba *por que* está sendo disciplinada.

7 Mantenha o estímulo punitivo por pouco tempo. A prolongada estimulação física, particularmente quando suave, causa adaptação e perde sua força. Estímulos punitivos curtos são menos propensos a gerar antagonismos e a motivar fuga e esquiva.

8 Combine a punição com outras técnicas para treinar o comportamento apropriado. Considere o motivo que despertou o comportamento indesejado. A simples punição raramente funciona. Em geral, a criança pequena testa outras respostas estabelecidas, as quais podem ser indesejáveis também.

9 Emparelhe os estímulos punitivos com palavras sugestivas, como "não" ou "não faça isso". Gradativamente, a própria palavra sugestiva, por meio de condicionamento respondente, eliciará sentimentos desagradáveis por antecipar aquilo que virá a seguir. Uma vez estabelecida essa associação, a própria palavra pode ser usada para interromper o mau comportamento e para lembrar a criança de selecionar respostas mais apropriadas.

10 Considere estímulos punitivos potenciais com efeitos colaterais mínimos. Dentre eles, estão o reforçamento *negativo* e a punição negativa. Usados com moderação, é muito improvável que gerem hostilidade e ansiedade. As *conseqüências da punição natural* têm os mesmos benefícios, e ainda mais um: ensinar às crianças a vida. Embora não deva se submeter uma criança aos efeitos naturalmente punitivos de sair correndo por uma rua movimentada, a conseqüência natural de rejeitar uma refeição, a fome, pode eliminar eficientemente comportamentos muito exigentes em relação aos alimentos. A *reparação* (compensar o mau comportamento por meio da reparação do dano) é outro estímulo punitivo razoável e pouco propenso a gerar frustração e agressividade.

O seguinte estudo de caso ilustra algumas destas diretrizes (Bernal, 1971). As travessuras de Mitch, um garoto de 3 anos, variam de aborrecidas (representar ataques de raiva, tirar toda a roupa dos armários, pegar comida na geladeira e espalhá-la pelo chão) a exasperantes (entupir canos com pequenos objetos, escrever nas paredes, quebrar pratos, atirar pedras e tijolos). Os poucos bons momentos de Mitch em geral passavam em branco, uma vez que seus pais concentravam toda a atenção em lidar com seu mau comportamento. Geralmente, isso significava tentar apaziguar o menino. Quando isso não funcionava, os pais de Mitch ficavam desamparados. Ao ouvir um "não", o menino mandava os pais "calar a boca". Tapas ocasionais provocavam risada e mais destruição. Para minimizar as perdas materiais, os pais removeram os móveis que pudessem ser quebrados ou danificados e mantinham as portas trancadas para proteger determinados cômodos da casa.

Mais tarde, os pais de Mitch procuraram a psicóloga Martha Bernal para pedir ajuda. Após extensivas observações, Bernal e seus colaboradores formularam um plano de tratamento.

1 Toda vez que Mitch comportava-se de forma destrutiva ou agressiva, era retirado das circunstâncias reforçadoras que o rodeavam e levado imediatamente a uma sala neutra e desprovida de objetos interessantes ou de pessoas. Era deixado sozinho (por cinco a dez minutos). Este castigo negativo (uma tática de custo da resposta), chamada "*pausa de reforçamento positivo*" (geralmente abreviado *time out*), funcionou.

2 Os pais deviam ignorar os acessos de raiva, para extingui-los.

3 Toda vez que Mitch tinha um bom comportamento, os pais eram afetuosos e atenciosos e demonstravam aprovação para reforçar esses comportamentos.

O tratamento durou aproximadamente quatro meses. Durante esse período, Mitch progrediu bastante e, um ano mais tarde, continuava a cooperar na maior parte do tempo. (■)

CONDICIONAMENTO E COMPORTAMENTO COMPLEXO

Padrões de comportamento complexo são freqüentemente adquiridos por meio de condicionamento: princípios operantes e respondentes combinados, encadeamento, controle de estímulo e condicionamento coincidente ou autônomo.

Condicionamentos Operante e Respondente Combinados

Os condicionamentos operante e respondente freqüentemente são simultâneos. Considere o medo e a esquiva de Sasha às cobras. Em várias ocasiões diferentes, enquanto andava pelo bosque, o menino assustou-se (RI) com o silvo e a posição de bote (EI) de uma igualmente surpresa cobra preta (EN). A ansiedade (RC) foi condicionada respondentemente.

■ **Quadro 3.2**

SOCIEDADES E MODIFICAÇÃO DE COMPORTAMENTO

Em seu romance *Walden Two* (1984a), B. F. Skinner descreveu uma comunidade humana ideal, também chamada de Walden Two. Ele imaginou um retorno a uma cultura simples de cidades pequenas e vilarejos que conduziam seus assuntos em um regime face a face. A sociedade de Skinner rejeitava a punição e a coerção como meios de motivar o bom comportamento, baseando-se, ao contrário, no reforçamento positivo. Segundo Skinner, a tecnologia comportamental apropriada facilitaria a criação de cidadãos corajosos, criativos, felizes, francos, afetuosos, humanos e conscientes.

Diversas comunidades inspiraram-se em *Walden Two*. A fotografia na Figura 3.15a foi tirada em Twin Oaks, fundada em 1967, na zona rural do Estado da Virgínia. Hoje, Twin Oaks é habitada por pessoas de diversas filosofias. Elas, porém, compartilham a crença na cooperação, igualdade e não-violência, e têm também o desejo comum de construir uma comunidade onde as pessoas tratem-se mutuamente de forma gentil, cuidadosa, honesta e justa. Embora Twin Oaks não esteja mais centralizada nas teorias comportamentais de Skinner, as vantagens de se criar um ambiente positivo e reforçador para o comportamento desejável são reconhecidas (Cordes, 1984).

A China está aparentemente aplicando em grande escala os princípios de modificação de comportamento para o controle populacional. Os líderes chineses estão convencidos de que o rápido crescimento populacional impedirá o desenvolvimento econômico. Inicialmente, os casais que tinham um terceiro filho (exceto quando era resultado de nascimento de gêmeos em uma segunda gravidez) pagavam multas. O comportamento de ter apenas dois filhos tornava-se fortalecido porque, desta forma, os casais evitavam as multas, uma tática de reforçamento negativo. As famílias que evitassem filhos após o primeiro filho recebiam um reforçamento positivo: bônus anuais, além de prioridade em moradia, escola e emprego. Entre meados da década de 1960 e meados da década de 1970, a China reduziu a taxa de natalidade para a metade (Coale, 1984). Todavia, há evidências de graves abusos: dentre eles, abortos forçados e infanticídios de bebês do sexo feminino. (Em parte, valorizam-se os homens, porque, segundo os costumes há muito tempo estabelecidos, após o casamento, eles permanecem com suas famílias originais, continuando a dar suporte financeiro e cuidando dos pais idosos.) (Veja a Figura 3.15b.)

FIGURA 3.15 Os princípios de modificação de comportamento são ocasionalmente aplicados a grandes grupos. (a) Em Twin Oaks, uma comunidade na zona rural do Estado da Virgínia, de alguma forma baseada na utopia comportamental de Skinner, os adultos trabalham por "créditos de trabalho". (b) *Outdoors* espalhados por todas as principais cidades chinesas são um constante lembrete aos cidadãos da meta governamental de estabilizar a população em aproximadamente um bilhão de habitantes. O cumprimento da política de um filho por casal é recompensado com vantagens monetárias e sociais. (Cortesia de Twin Oaks; Joan Strasser.)

Hoje, Sasha evita bosques. A esquiva foi aparentemente condicionada pelo reforçamento negativo porque reduzia a ansiedade.

Os estímulos reforçadores condicionados de operantes oferecem um segundo exemplo comum da combinação dos processos operante e respondente. Um terceiro exemplo são os medos e o ódio condicionados respondentemente e adquiridos por meio de punição combinada com estratégias de fuga e esquiva.

Encadeamento

Complicadas respostas operantes são, por vezes, aprendidas pouco a pouco. Quando os operantes estão associados entre si e com o reforçamento, dizemos que estão *encadeados*. O elaborado desempenho de um aluno-rato brilhante chamado Barnabus é um bom exemplo de encadeamento (Pierrel & Sherman, 1963). Barnabus tinha de escalar uma passagem em espiral, atravessar uma vala, subir uma escada vertical, entrar em uma roda, girar a roda com os pés até uma escada fixa, subir até uma plataforma, passar por um estreito tubo de vidro, entrar em um elevador, puxar uma corrente para levantar uma bandeirinha e, depois que soasse uma campainha, pressionar uma alavanca para obter comida.

Como uma seqüência tão longa foi ensinada? Usando alimento como reforçador, Barnabus foi primeiramente treinado para pressionar uma barra após o som de uma campainha. Seus professores avançaram da última para a penúltima resposta. Barnabus teve de aprender com a barra e a campainha a andar de elevador para chegar até a câmara de alimento. O elevador funcionou como indicação da resposta seguinte — esperar a campainha soar e pressionar a barra. Como os atos de esperar a campainha e pressionar a barra estavam associados com alimentos reforçadores, tornaram-se reforçadores condicionados para andar de elevador. De forma semelhante, cada nova resposta tornou-se indicação da seguinte. E cada comportamento da seqüência, por estar associado com o alimento que afinal viria, começou a funcionar como um reforçador condicionado.

Muitos psicólogos acreditam que seqüências complexas de comportamento humano, como cuidados pessoais (fazer a toalete, lavar o rosto), rotinas de trabalho, rituais sociais (namorar) e habilidades mecânicas (ligar um carro), são aprendidas passo a passo por meio de encadeamento. Porém, não são necessariamente aprendidas em ordem retroativa, como no caso de Barnabus.

Controle de Estímulo

Nossa discussão sobre encadeamento torna claro que os eventos antecedentes (anteriores) podem controlar os operantes. Este fenômeno é chamado pelos psicólogos de *controle de estímulo*. O controle de estímulo é comum na vida cotidiana. O farol vermelho em um cruzamento controla o ato de parar o carro. A campainha do telefone controla o ato de pegar o fone e dizer "alô". Em ambos os exemplos, uma situação anterior distintiva indica que a resposta gerará reforçamento: no caso do farol vermelho, evitar uma multa ou um acidente; no caso do telefone, a conversa.

Durante o controle de estímulo, o estímulo discriminativo está ausente sempre que a resposta não é reforçada. Quando o farol não está vermelho, o ato de parar não evitará acidentes e multas. Se o telefone não está tocando, pegar o fone e dizer "alô" não produzirá qualquer resultado. Em suma, durante o controle do estímulo, animais de todos os tipos aprendem a responder quando há estímulo e a deixar de responder quando não há estímulo. Em outras palavras, eles aprendem a discriminar.

O conceito de controle de estímulo ajuda a entender a forma pela qual se deve lidar com vários tipos de problemas de ajustamento. Considere a situação na qual alguma atividade deixa de ocorrer com suficiente freqüência. Talvez você não estude o bastante. O controle do estímulo pode fortalecer o comportamento desejado. Uma estudante que estava tendo dificuldade de fazer os trabalhos universitários em casa foi aconselhada por Israel Goldiamond (1965, p. 854) a usar sua escrivaninha para controlar o ato de estudar:

O programa com a jovem foi iniciado com a reengenharia de sua escrivaninha. Como ela sentia sono quando estudava, foi orientada a substituir a lâmpada de 40 watts por uma mais forte e a colocar a escrivaninha em um lugar distante de sua cama [...]. Se desejasse escrever uma carta, poderia, mas o faria na sala de jantar; se desejasse ler histórias em quadrinhos, poderia, mas na cozinha; se desejasse devanear, que devaneasse, mas em outro aposento; enquanto estivesse na escrivaninha, deveria cuidar dos trabalhos da escola e unicamente deles.

A moça, que tivera anteriormente um curso de análise comportamental, disse: "Eu sei o que você pretende. Você quer que aquela escrivaninha funcione como controle de estímulo sobre meu comportamento. Eu não vou deixar que um pedaço de madeira dirija minha vida".

"Ao contrário", eu disse, "é você quem quer que aquela escrivaninha dirija sua vida. É você quem decide quando se põe sob o controle de sua escrivaninha".

Uma semana depois, a moça relatou toda satisfeita que ficara apenas dez minutos na escrivaninha. Goldiamond simplesmente perguntou se tinha estudado enquanto ficara lá. Ela respondeu que sim. Goldiamond a parabenizou e sugeriu que tentasse dobrar o tempo na semana seguinte. No fim do semestre, a moça estava permanecendo três horas por dia na escrivaninha (durante quatro semanas seguidas) e, decididamente, estudando.

Às vezes, muitos estímulos controlam um comportamento problemático, como no caso do alcoolismo e do comer em excesso. O desafio está, então, em quebrar o controle de estímulo. Uma forma de enfraquecer os vínculos entre um estímulo e um comportamento é limitar a resposta a tempos e lugares específicos. Em muitos programas de emagrecimento, os participantes são solicitados a restringir sua alimentação aos horários de refeição e a comer somente em uma determinada mesa. Precisam parar de "beliscar" enquanto assistem à TV, datilografam, jogam gamão, estudam, guiam, e assim por diante. Ao quebrar o controle do estímulo, a pessoa está reduzindo a probabilidade de comer excessiva e automaticamente em todas essas situações.

Condicionamento Operante Coincidente e Superstições

Se você assistir a um jogo de beisebol, provavelmente verá comportamentos curiosos. Um jogador se sacode duas vezes para aquecer; outro bate o bastão contra a base. Cada um deles vê uma conexão entre o ritual e sucessos anteriores. Para a pessoa que observa de fora, o mais fácil é inferir coincidência em vez de causa e efeito.

Muito tempo atrás, B. F. Skinner (1948b) demonstrou que até mesmo pombos aprendem *superstições*, crenças falsas em causa e efeito. Ele pôs pombos famintos em uma caixa de Skinner, na qual, a cada quinze segundos, aproximadamente, era colocado alimento à disposição por cinco segundos independentemente do que o pássaro fizesse. Os pombos comportaram-se como se aquilo que estivessem fazendo quando o alimento chegava tivesse na verdade produzido o alimento. Um pombo que estivera girando em círculos retomou essa atividade. Outro acelerou o ato de sacudir a cabeça; outro, de balançar o corpo. Este comportamento supersticioso revelou-se resistente à extinção: um pombo que saltava em um pé só deu mais de 10.000 respostas depois que o alimentador foi desligado.

Sempre que dois eventos sucedem-se contiguamente no tempo, as pessoas (e talvez outros animais também) tendem a inferir causa e efeito. Fazemos isso em muitas situações nas quais não conseguimos julgar com precisão o que produziu um dado resultado. Suponhamos que você estivesse com uma dor de cabeça insuportável e resolvesse adotar um tratamento radical — tomar duas aspirinas e 2 gramas de vitamina C e, então, deitar e relaxar — e a dor então desaparecesse. Que conclusões você tiraria? Poderia concluir que o que resolveu mesmo foi a vitamina C; ou poderia atribuir os créditos à aspirina ou ao relaxamento. O ponto é este: embora você não possa saber o que fez com que a dor sumisse, provavelmente fará um julgamento. Além disso, no futuro, você provavelmente agirá com base nesse julgamento.

Se você examinar sua conduta, provavelmente verificará uma profusão de superstições. Observe-se atentamente quando for estudar para as provas, resolver disfunções físicas ou psicológicas, ligar o carro em manhãs frias e ajustar a imagem da TV.

Condicionamento Autônomo e Biofeedback[3]

B. F. Skinner (1953, p. 114) escreveu o seguinte: "Podemos reforçar um homem com alimento quando ele "ficar vermelho, mas não podemos condicioná-lo desta forma para que core voluntariamente". O comportamento de corar, da mesma forma que o de empalidecer, ou secretar lágrimas, saliva, suor, e assim por diante, não pode ser posto sob controle direto do reforçamento operante".

Dados provenientes de duas fontes sugerem que Skinner estava errado. A partir da década de 1950, muitas pesquisas com animais demonstraram que o condicionamento operante pode modificar respostas de glândulas e órgãos internos (Kimmel, 1974). (São as *respostas autônomas*, assim chamadas porque são controladas pelo sistema nervoso autônomo.) Ao mesmo tempo, fisiologistas começaram a testar e verificar a alegação dos iogues indianos, praticantes dos exercícios de meditação hindu, de que eram capazes de diminuir o ritmo cardíaco e respiratório e de mudar consideravelmente a temperatura cutânea (Wenger & Bagchi, 1961).

Como Funciona o Condicionamento Autônomo?

As proezas autônomas dos iogues e dos animais de laboratório eram casos de controle *direto*? Ou eram simplesmente movimentos voluntários que alteravam *indiretamente* o sistema nervoso autônomo? Você pode controlar a temperatura da mão, por exemplo, fechando os dedos. Você pode controlar o batimento cardíaco prendendo a respiração e inclinando-se para baixo para formar pressão na cavidade torácica.

Em 1969, o psicólogo Neal Miller e colaboradores publicaram relatos de uma pesquisa surpreendente que parecia demonstrar de forma conclusiva que ratos podiam obter controle autônomo direto. Miller e seus colegas usaram a droga curare para paralisar os ratos de maneira que eles não pudessem "ludibriar". Sob a influência da droga, os ratos não conseguiam mexer qualquer músculo e necessitavam de um respirador artificial para respirar. Toda vez que os animais paralisados emitiam alguma resposta desejada (digamos, diminuir o batimento cardíaco), um poderoso reforçador (um estímulo elétrico no centro de prazer do cérebro do rato) era dado (veja o Capítulo 8). No decurso dos estudos, os ratos aprenderam a controlar o batimento cardíaco, a quantidade de sangue circulada para as paredes do estômago, a pressão sangüínea, a formação de urina e outras respostas similares. Infelizmente, tentativas posteriores de reproduzir essas impressio- nantes descobertas (tanto no próprio laboratório de Miller como em outros lugares) tiveram resultados não conclusivos (N. E. Miller, 1978; Miller & Dworkin, 1974).

Entretanto, os estudos de Miller aceleraram pesquisas relacionadas. À medida que os investigadores voltavam-se a questões sobre se pessoas comuns poderiam adquirir controle sobre reações autônomas, especialmente aquelas que provocavam disfunções físicas ou psicológicas, punha-se de lado a questão sobre se o controle era direto ou indireto.

---

3. N.R.T.: Poderíamos traduzir *biofeedback* por "realimentação biológica"; no entanto, optamos por manter o termo em inglês, já que é amplamente utilizado em nossos meios científico e acadêmico.

Os métodos que derivaram desses estudos tornaram-se conhecidos como *biofeedback*.

Ingredientes do B*iofeedback*

O termo *feedback* foi claramente definido pelo matemático Norbert Weiner (Mayr, 1970) como "um método de controlar um sistema por meio da reinserção, naquele sistema, dos resultados de seu desempenho passado". O *biofeedback* ensina a controlar os processos físicos pelo sistemático suprimento de informações (*feedback*) sobre o que uma parte específica está fazendo. O *feedback* pode ser considerado um reforçador condicionado.

O treinamento de *biofeedback* tem vários componentes. Sensores elétricos ou mecânicos respondem a algum tipo de atividade fisiológica. Os sensores podem captar tensão em um determinado músculo, temperatura superficial em um ponto específico da pele, atividade de ondas cerebrais, pressão sangüínea, ou batimento cardíaco. Os sinais são amplificados, analisados e exibidos — freqüentemente na forma auditiva ou visual — para que as pessoas possam "ouvir" ou "ver" a atividade fisiológica. (Veja a Figura 3.16.)

O *biofeedback* pode ajudar as pessoas a obter controle sobre o sistema orgânico, tanto enquanto "ligadas" aos equipamentos e recebendo *feedback*, como na vida cotidiana, sem os aparelhos. Ainda não se sabe, porém, como ocorre esse controle. À medida que as pessoas vão adquirindo prática com os aparelhos de geração de *feedback*, notam às vezes sensações sutis que precedem ou acompanham a mudança fisiológica que está sendo monitorada. Essas mudanças sutis podem funcionar como uma submeta. Quando o equipamento não está disponível, essas sensações, se obtidas, confirmam ao paciente que ele está na direção certa. Os pacientes observam também eventos ambientais que desencadeiam uma resposta física indesejável (por exemplo, pressão sangüínea alta). Subseqüentemente, eles podem evitar essas situações ou, se expostos, tomar medidas de precaução.

Há uma outra forma pela qual os treinados em *biofeedback* podem obter controle. Durante o treinamento, os participantes são incentivados a experimentar estratégias diferentes para mudar uma dada reação. Algumas pessoas concentram-se no relaxamento. Outras, em imagens. Para aumentar a temperatura dos dedos, uma resposta relaxante, você

FIGURA 3.16 Para muitos pacientes com lesões na medula espinhal, receber ajuda para ficar sentados faz com que a pressão sangüínea abaixe tão drasticamente, que advém o desmaio. Por meio do treinamento de *biofeedback*, pacientes, como a senhora na foto, podem aprender a elevar a pressão sangüínea de forma voluntária (principalmente, ao que parece, pelo uso de imagens excitantes). Embora os pacientes continuem paralisados, a capacidade de sentar sem perder a consciência permite uma vida muito mais rica. O terapeuta na foto é Neal Miller, pioneiro da pesquisa de *biofeedback*.

poderia imaginar-se pondo a mão dentro de um forno quente.

Usos do B*iofeedback*

Atualmente, o *biofeedback* é usado por psicólogos e médicos para ajudar pessoas com problemas de saúde e também relacionados com estresse. O *biofeedback* tem tido particular êxito em distúrbios neuromusculares, disfunções cardíacas, epilepsia e redução da tensão (Andrasik & Hoyroyd, 1980; Blanchard & Young, 1974; Gatchel & Price, 1979). Geralmente, os ganhos são pequenos, embora alguns indivíduos obtenham notável controle sobre seu organismo. Um benefício extra provém do fato de que as pessoas assumem um papel ativo em seu tratamento médico.

Os pesquisadores tendem a assumir uma postura cautelosa porque o *biofeedback* está ainda em sua fase inicial de experimentação (Roberts, 1985). Quando funciona, não entendemos como e por que isso ocorre (Yates, 1980). Freqüentemente não sabemos quão duradouros e substanciais são os resultados. Também freqüentemente, os investigadores não relatam se procedimentos mais simples — relaxamento, expectativas de sucesso, apoio ou distração — podem ter sido responsáveis pelo resultado. Além disso, há muitas desistências e insucessos (Miller, 1978; White & Tursky, 1982). Em resumo, embora o *biofeedback* seja promissor, há ainda muitas lacunas em nosso conhecimento.

CONTROVÉRSIAS ACERCA DO CONDICIONAMENTO

Uma série de controvérsias acerca do condicionamento ainda não estão resolvidas.

Um Tipo de Condicionamento? Ou Dois?

Assinalamos as diferenças entre condicionamento operante e respondente, resumidas na Tabela 3.3. Os dois tipos de aprendizagem têm, porém, muitas semelhanças. Os comportamentos condicionados de forma respondente e operante são reforçados, extintos, recuperados espontaneamente, generalizados e discriminados. Além disso, várias distinções que fizemos são questionáveis. Acabamos de ver que as respostas autônomas (que chamamos de respondentes) podem ser condicionadas de forma operante. Vimos também que sinais ambientais, quando repetidamente combinados com operantes, tornam-se capazes de eliciar automaticamente essas respostas voluntárias. Atos como brecar no farol vermelho e atender ao telefone ilustram que, na vida cotidiana, os sinais provocam os operantes. Os condicionamentos operante e respondente parecem, de fato, tão semelhantes, que muitos psicólogos os consideram variantes de um único processo de aprendizagem. A questão de um ou vários, conhecida como *monismo-pluralismo*, continua a ser debatida.

O Que É Aprendido Durante o Condicionamento? E Por Quê?

Quando uma resposta é condicionada, o que é realmente aprendido? Alguns psicólogos acreditam que seja formada uma *associação contingente entre um estímulo e uma resposta*. "Contingente" significa que um depende do outro. Os respondentes estão associados com (e dependem de) estímulos eliciadores. Os operantes estão associados com (e dependem de) conseqüências específicas e também, talvez, com antecedentes específicos. Por que se adquirem associações? A explicação mais simples, a *teoria da contigüidade*, afirma que as associações são aprendidas simplesmente porque estímulos e respostas ocorrem proximamente no tempo. Outra explicação popular, a *lei do efeito*, diz que as sensações de prazer ou satisfação do organismo são a principal influência na formação ou não de associações.

A perspectiva cognitiva do que é adquirido durante o condicionamento concentra-se em *idéias* (Bolles, 1972; Estes, 1982b; Kimble, 1981; Rescorla; 1975). O condicionamento gera uma *expectativa ou hipótese de contingência de estímulos e respostas*, o que aumenta a possibilidade de sobrevivência. Durante o condicionamento operante, pressupõem os psicólogos cognitivistas, os ratos de laboratório acabam por entender que o ato de pressionar uma barra faz surgir alimento (o alimento depende do ato de pressionar a barra). Uma pessoa pode aprender que o comportamento afável gera aprovação. Mais tarde, segundo a visão cognitivista, se os organismos estiverem motivados — talvez por um incentivo atraente (o reforçamento) —, vão agir segundo aquela informação.

O condicionamento respondente, acredita o teórico cognitivista, ensina aos animais as relações entre os eventos — especialmente aquelas de causa e efeito (Testa, 1974). Se a visão de uma salada de caranguejo precede um mal-estar, é uma forma de adaptação ver a salada de caranguejo como a causa de mal-estar e reagir com aversão. O condicionamento respondente permite que até mesmo os animais mais primitivos classifiquem os eventos como benéficos (dos quais podem se aproximar) ou como prejudiciais (os quais devem evitar).

Até Que Ponto São Gerais as Leis da Aprendizagem

Segundo o psicólogo Martin Seligman (1970, p. 406):

Esperava-se que no mundo simples e controlado das alavancas e dos alimentadores mecânicos, dos metrônomos e da salivação, emergisse algo bastante geral [...]. Presumia-se que a própria arbitrariedade e a artificialidade dos experimentos [de condicionamento operante e respondente] garantiriam a generalidade, uma vez que a situação não seria contaminada pela experiência passada [do organismo] [...] ou por [suas] propensões biológicas particulares [...].

Mas, objetou Seligman, todos os animais contam, para todas as situações, com um equipamento sensorial e de associações especializado, modelado por uma longa história evolutiva em sua forma presente.

Embora seja pouco provável que Seligman tenha sido o primeiro psicólogo a sustentar este ponto de vista (até mesmo Thorndike estava ciente disso), suas observações despertaram a consciência dos psicólogos. Hoje, está claro que as espécies têm limites de aprendizagem inatos e específicos. Quer estabelecidos pelos genes ou por experiências anteriores, estão presentes e devem ser seriamente considerados.

Várias observações corroboram esta noção. Primeiramente, considere os esforços de treinamento de animais. Os psicólogos Keller e Marian Breland (1961) (ex-alunos de Skinner) trabalharam no Animal Behavior Entrerprises, em Hot Springs, Arkansas. Lá, eles treinaram mais de seis mil animais para zoológicos, eventos de lojas de departamentos, feiras etc. Ao longo de seu trabalho com cerca de 38 espécies diferentes, os Breland descobriram que os insucessos seguiam um padrão. Galinhas que estavam sendo treinadas para permanecer em uma plataforma não paravam de ciscar e tiveram de ser apresentadas como se estivessem "dançando". *Raccoons*[4] que estavam aprendendo a colocar "moedas" (discos de madeira) em um cofre de porquinho, esfregavam os discos persistentemente, em um comportamento semelhante ao dos sovinas. Os porcos que estavam sendo ensinados a dar uma resposta similar exibiram um problema um pouco diferente; em vez de depositar os grandes discos de madeira diretamente no cofre, eles os derrubavam e fossavam, jogando os discos de uma lado para outro repetidamente.

Apesar dos esforços quase heróicos para enfraquecer esses "maus comportamentos", persistiu o padrão derrubar-fossar-jogar dos porcos, bem como o ciscar das galinhas e o esfregar dos *raccoons*. Todos os animais foram privados de alimentação para que se tornassem mais responsivos ao treinamento. A partir daí, derivavam para as respostas naturais de procura e preparação de alimento, uma noção denominada *tendência instintiva*. Os Breland concluíram que o condicionamento operante trabalha dentro de limites. Os animais não são folhas em branco com diferenças insignificantes de espécie.

TABELA 3.3 Algumas diferenças importantes entre condicionamento respondente e condicionamento operante.

	Condicionamento Respondente	**Condicionamento Operante**
O que ocorre antes do condicionamento?	EN $\xrightarrow{\text{não leva à}}$ RI. EI $\longrightarrow$ RI.	A freqüência de comportamento é razoavelmente estável.
O que ocorre durante o condicionamento?	EN é associado com EI $\xrightarrow{\text{leva à}}$ RI.	O comportamento é seguido de conseqüências.
O que ocorre após o condicionamento?	(EN) $\xrightarrow{\text{leva à}}$ RC. EC	As conseqüências agradáveis ao aprendiz fortalecem o comportamento. As conseqüências nocivas ao aprendiz enfraquecem o comportamento.
Como é percebida a resposta condicionada?	É involuntária e eliciada no aprendiz.	Voluntária e iniciada pelo aprendiz.
Quando ocorre o reforçamento?	Antes da resposta condicionada.	Depois da resposta condicionada.

---

4. N.T.: Animal encontrado na América do Norte, do mesmo gênero do nosso guaxinim.

Pesquisas sobre medo também sugerem que os animais são predispostos, ou preparados, por sua história evolutiva a aprender determinadas reações a estímulos específicos. Seligman denomina esta idéia de predisposição (*preparedness*). Respondentes não podem ser condicionados por qualquer evento neutro. Se Watson tivesse relacionado barulhos com cortinas de pano ou pedaços de lenha ou casas, é duvidoso que Albert tivesse aprendido a ter medo de cortinas ou lenha ou casas; é o que sugerem estudos posteriores (Bregman, 1934; Ohman *et al.*, 1975). À semelhança dos seres humanos, animais de laboratório (tais como ratos) aprendem certos medos com facilidade e outros, com dificuldade (Allison *et al.*, 1967).

Seligman e outros especulam que alguns medos — de cobra ou de altura, por exemplo — ajudaram pessoas a sobreviver. Ao longo de milhares de anos, as variações genéticas que tornam mais fácil a aquisição de medos relacionados com o aumento da probabilidade de sobrevivência tornaram-se parte da raça humana. Indivíduos que desenvolveram medos adaptativos viveram mais e geraram proles maiores e com as mesmas propensões saudáveis do que aqueles desprovidos de tais inclinações.

Ademais, o trabalho dos *etólogos* (estudiosos do comportamento dos animais em ambientes naturais) corrobora a idéia de que o aprendizagem tem suas raízes na biologia. Para ilustrar, considere o ataque em grupo (*mobbing*) contra predadores potenciais e a transmissão dessa predisposição a futuras gerações (Gould & Gould, 1981).

Em um experimento bastante revelador, o etólogo alemão Eberhard Curio (1976) usou melros como sujeitos. Ele colocou duas gaiolas de pássaros em ambos os lados de uma sala de modo que cada grupo visse e ouvisse o outro. Entre as gaiolas, Curio colocou um cubículo dividido de tal forma que os pássaros de um lado da sala pudessem ver somente um de seus lados. Os melros de uma gaiola viam uma coruja empalhada, um predador que lhes é familiar. Os pássaros da outra gaiola viam um melífago empalhado, uma ave australiana inofensiva que nunca tinham visto antes. (Veja a Figura 3.17.) Os pássaros confrontados com a coruja iniciaram um frenético ataque através das grades da gaiola. Os pássaros do outro lado eram o grupo de interesse: tenha em mente que o que esses pássaros viam era somente melros enfurecidos atacando algo e um melífago que não lhes era familiar. Isso foi suficiente

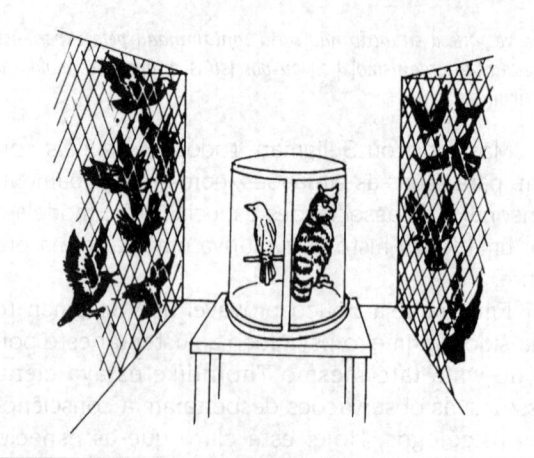

FIGURA 3.17 Condições experimentais de Curio para estudar o processo de amotinação dos melros.

para estimular seu ataque grupal. Usando procedimentos semelhantes, Curio criou gerações de pássaros cujos tataravós foram levados a atacar em grupo garrafas de leite. Seus tataranetos continuam a passar adiante essa antiga tradição.

Por que os pássaros prestariam tanta atenção a um exemplo de ataque em grupo? Os etólogos respondem que reconhecer inimigos é tão fundamental para a sobrevivência que a natureza programou os pássaros com um mecanismo de alerta de segurança. O grito de ataque de outros pássaros funciona como um acionador, promovendo a imediata aprendizagem da identidade do inimigo.

Para resumir, diversas linhas de pesquisa indicam que os princípios da aprendizagem funcionam dentro de limites. Para que seja plenamente útil, o conhecimento do condicionamento precisa ser combinado com a compreensão dos comportamentos específicos de cada espécie e de outros fatores, como níveis hormonais, fase de desenvolvimento, história da aprendizagem e meio ambiente.

APRENDIZAGEM POR OBSERVAÇÃO

A modificação de comportamento de forma relativamente permanente, em conseqüência da observação das ações de um terceiro, é conhecida como *aprendizagem por observação* (*modelagem*, *imitação* ou *aprendizagem social*). Organismos simples e complexos aprendem pela observação. Até mesmo os recém-nascidos imitam, sugerindo uma propensão inata (Meltzoff, 1985) (veja a Figura 10.2).

O Que Ensinam os Modelos

Albert Bandura, um pesquisador pioneiro, acredita que qualquer coisa que possa ser aprendida diretamente pode também ser aprendida pela observação de outros. A observação de outros "abrevia" a aprendizagem. "Se tivesse de se basear exclusivamente nas próprias ações para aprender", alega Bandura (Kiester & Cudhea, 1974), "a maioria de nós não sobreviveria ao processo de aprendizagem".

O âmbito da aprendizagem por observação vai além da mímica perfeita ou imitação. Em muitos casos, as pessoas extraem *idéias gerais*, o que lhes permite ir muito além daquilo que vêem e ouvem (Bandura, 1976; Berkowitz, 1984). Embora você provavelmente não use as expressões exatas usadas por seus pais, é muito provável que tenha adquirido alguns padrões sociais deles, talvez um estilo de lidar com a raiva, de resolver problemas, de interagir com membros do sexo oposto ou de comportamento maternal ou paternal.

Os modelos têm vários outros efeitos notáveis. *Diminuindo as inibições*, eles nos tornam mais propensos a fazer coisas que já sabemos como fazer mas jamais fizemos antes. Além disso, ver repetidas vezes as ações de um modelo é *dessensibilizante*. Condutas que de início nos sobressaltam, estimulam ou perturbam — a crueldade, por exemplo — podem perder o impacto mediante exposição.

Como as Pessoas Aprendem por Observação

A aprendizagem por observação aparentemente requer quatro fases (Bandura, 1971):

1 *Aquisição*. O aprendiz observa o modelo e reconhece as características distintivas de sua conduta.

2 *Retenção*. As respostas do modelo são ativamente armazenadas na memória.

3 *Desempenho*. Se o aprendiz aceita o comportamento do modelo como apropriado e passível de levar a conseqüências por ele valorizadas, o aprendiz o reproduz.

4 *Conseqüências*. A conduta do aprendiz resulta em conseqüências que virão fortalecê-la ou enfraquecê-la. Em outras palavras, ocorre o condicionamento operante.

A aprendizagem por observação é mais complicada do que os condicionamentos operante e respondente. Ela sempre envolve algum tipo de atividade cognitiva e costuma ser também muito demorada. Incidentalmente, como os condicionamentos operante e respondente, a aprendizagem por observação é usada deliberadamente na modificação do comportamento. Vendo modelos em filmes, por exemplo, as crianças aprendem a lidar com medos extremos, tais como medo de dentista, de cães ou de grupos sociais, como mostra a Figura 14.5.

Quem Imita Quem?

Em 1962, o *Washington Post* descreveu o caso de um menino de 11 anos que se juntou a um bando de cães. Ficando de quatro, ele latia com seus companheiros todas as noites. Quando alguém imita o cachorro da casa, vira notícia de jornal. É por isso que as pessoas tendem a ser seletivas na escolha de seus modelos.

Por meio de estudos experimentais, os psicólogos identificaram qualidades que os modelos freqüentemente têm. Imitamos pessoas que parecem bem-sucedidas, glamourosas, poderosas ou que tenham alto status. Imitamos também indivíduos com os quais nos identificamos, aqueles do mesmo sexo e de faixa etária, nível socioeconômico, temperamento, nível de instrução e valores semelhantes. E a quantidade também influi. As crianças, por exemplo, são mais propensas a imitar vários modelos com comportamentos semelhantes do que um único modelo (Fehrenbach *et al.*, 1979).

A responsividade ao poder de um determinado modelo é influenciada pelo estado emocional e estilo de vida do aprendiz. O despertar *moderado* de emoções — provenha ele de medo, raiva ou outro sentimento — parece aumentar a suscetibilidade à aprendizagem por observação (e também a outros tipos de aprendizagem). Além disso, as pessoas tendem a imitar comportamentos compatíveis com seu estilo de vida (Bandura & Walters, 1963).

O Quadro 3.3 descreve o que os psicólogos descobriram sobre os efeitos dos modelos violentos da televisão, um dos mais amplamente pesquisados tópicos da aprendizagem por observação. (■)

Quadro 3.3
MODELOS VIOLENTOS NA TELEVISÃO

As crianças americanas passam, em média, mais de 30 horas por semana assistindo à televisão (Comstock et al., 1978; Mage & Gammage, 1985). As estimativas da quantidade de episódios violentos assistidos em uma hora de programação média de televisão tendem a ser bastante altas. Os desenhos animados estão entre os mais violentos de todos os programas.

Os ingredientes de uma experiência influente estão todos lá. A visão de atos como ferir, lutar e matar provoca o despertar emocional moderado, um estado que aumenta a suscetibilidade à influência do modelo. Os heróis da televisão são geralmente figuras simpáticas cuja agressividade justifica-se. Conseqüências realistas — incluindo ferimentos e sangue, a tristeza dos parentes e os processos judiciais — raramente acompanham a violência. A imitação torna-se particularmente provável quando o padrão é compatível com os valores e o estilo de vida do espectador. Esta conceituação é conhecida como *hipótese de aprendizagem social* porque proveio da pesquisa de aprendizagem por observação.

Muito tempo atrás, o filósofo grego Aristóteles especulou que o ato de testemunhar elementos dramáticos pode purgar as pessoas do sentimento de desgosto, raiva, medo e outras emoções fortes. A *hipótese da catarse*, derivada da teoria de Aristóteles, pressupõe que as pressões cotidianas alimentam a necessidade de agredir. Essa necessidade pode ser atendida pela agressão direta, pelo testemunho de agressão cometida por terceiros ou pela imersão em fantasias de agressão. De acordo, portanto, com a hipótese da catarse, o ato de assistir a modelos violentos na televisão deveria reduzir as necessidades e os atos destrutivos.

E como fica a evidência? Muitos experimentos sobre este tópico seguem um padrão similar. Primeiro, os participantes são expostos a uma experiência frustrante, como, por exemplo, ser insultado. Depois, assistem a um filme violento ou a um filme neutro. Mais tarde, cada participante é posto em uma situação em que a agressividade é incentivada e medida. Em seguida, os participantes têm a oportunidade de agredir o insultante. A vasta maioria dos estudos experimentais revela que o ato de observar agressão aumenta a disposição para agredir tanto em adultos quanto em crianças (Comstock, 1980).

As descobertas de estudos planejados, realizadas em ambientes artificiais, são, porém, difíceis de interpretar; portanto, os psicólogos voltaram-se para a pesquisa de campo. Nesta, muitos investigadores descobriram significativas correlações positivas moderadas entre agressividade e tempo gasto em, ou preferência por, assistir a programas violentos na televisão (Freedman, 1984; Huesmann et al., 1984a). Tais observações, por si sós, não provam que a televisão é prejudicial. Embora o ato de assistir a violências possa aumentar a agressividade, o fato de ser agressivo pode simplesmente criar um apetite voraz por assistir a violências.

Ao que parece, o fato de ser agressivo está ligado ao ato de assistir a mais atos violentos na televisão (Freedman, 1984; Singer, 1984). Mas ainda não está claramente estabelecido se o ato de assistir a muita violência alimenta a agressividade. Os resultados de pesquisas de campo atuais não são conclusivos. Alguns investigadores descobriram evidências de que regimes constantes de violência filmada ocasionam um relativo aumento de agressividade (Belson, 1978; Huesmann et al., 1984a, 1984b; Parke, 1974; Singer & Singer, 1981). Outros não encontram uma correlação (Feshback & Singer, 1971; Hennigan et al., 1982; Milgram & Shotland, 1973). Pode ser que somente algumas pessoas sejam vulneráveis. Uma população aparentemente suscetível é a de crianças de rendimento escolar e QI baixos — especialmente quando se identificam com heróis violentos (Huesmann et al., 1984a) e vêem os atos assistidos como sendo apropriados, vantajosos ou justificados (Berkowitz, 1984).

FIGURA 3.18 Assistir a programas de televisão violentos não só desperta o apetite por ver mais atos violentos, mas também parece estimular a agressividade em algumas crianças e diminuir a aflição diante de sofrimentos reais. (John Garrett/Woodfin Camp & Assoc.)

> **Quadro 3.3** (continuação)
>
> A agressividade na televisão tem um efeito colateral preocupante, às vezes chamado de *efeito de dessensibilização*. O ato de assistir à violência filmada provavelmente faz com que muitas pessoas tornem-se apáticas às conseqüências da violência. Comumente, ao observar brutalidade ou sofrimento, o próprio ser humano espectador mostra sinais — respostas do sistema nervoso autônomo e expressões faciais — de dor. Presume-se que tais sinais sejam um componente da empatia, que inspira o desejo de ajudar. Crianças que assistem muito à televisão exibem reações autônomas diminuídas diante de novas imagens de violência filmada (Cline *et al.*, 1973); e parecem menos propensas a ajudar crianças pequenas que precisam de auxílio (Drabman & Thomas, 1974).
>
> Os benefícios compensatórios provenientes da agressividade na televisão não foram ainda demonstrados de forma convincente. Por exemplo, os registros de estados de humor destrutivos em adultos não revelam diminuição depois de uma sessão de programas de televisão violentos (Loye *et al.*, 1977). Portanto, em um balanço final, os efeitos da agressividade na televisão parecem ser danosos. No Capítulo 9, falaremos mais de outras influências sobre a agressividade.

RESUMO

1 Durante a aprendizagem comportamental ocorrem mudanças mais ou menos permanentes no comportamento que podem ser atribuídas à experiência.

2 Um respondente é condicionado pela repetida associação de estímulos neutros e incondicionados durante o treinamento de aquisição. Durante o contracondicionamento, os respondentes condicionados são substituídos por respondentes novos e incompatíveis.

3 Um operante é condicionado quando as conseqüências o fortalecem ou enfraquecem. Estímulos antecedentes podem assumir o controle sobre os operantes. O reforçamento positivo e o negativo fortalecem os operantes, enquanto a punição positiva e a negativa e a extinção enfraquecem os operantes. A modelagem estabelece novos operantes.

4 Respondentes e operantes condicionados demonstram extinção, recuperação espontânea, generalização de estímulo e discriminação de estímulo.

5 Reforçadores e estímulos punitivos intrínsecos e extrínsecos variam de indivíduo para indivíduo. Reforçadores e estímulos são liberados em esquemas parciais ou contínuos. Estímulos punitivos potenciais podem ter conseqüências danosas.

6 O comportamento complexo pode resultar de (a) condicionamento combinado de operantes e respondentes, (b) encadeamento, (c) estabelecimento de controle de estímulo, (d) inferências falsas de causa e efeito e desenvolvimento de superstições e (e) condicionamento autônomo e *biofeedback*.

7 Algumas questões controversas que estão ligadas ao condicionamento: Os condicionamentos operante e respondente são dois aspectos de um único processo? O que exatamente é aprendido durante o condicionamento? E como? Até que ponto características específicas da espécie devem ser consideradas durante o condicionamento?

8 A aprendizagem por observação ocorre enquanto as pessoas observam-se. Envolve atividade cognitiva (avaliação e memória), retardamento de tempo e condicionamento operante. As pessoas são especialmente propensas a imitar modelos bem-sucedidos e poderosos com os quais se identificam — particularmente se a resposta é compatível com seu estilo de vida. O despertar emocional moderado torna mais provável a aprendizagem.

9 Procedimentos de modificação de comportamento baseiam-se nos condicionamentos respondente e operante, bem como na aprendizagem por observação.

GUIA DE ESTUDO

Termos-chave

aprendizagem comportamental (98)
padrão de ação fixa (99)
respondente (100-101)
condicionamento respondente (clássico, pavloviano) (101)
reforçamento (104, 112)
extinção (105, 113)
recuperação espontânea (105, 113)
generalização de estímulo (107, 114)
discriminação de estímulo (107, 114)
operante (109)
condicionamento operante (instrumental) (109)
reforçamento positivo (112)
reforçamento negativo (112)
punição positiva (119)
punição negativa (119)
custo da resposta (119)
treinamento de omissão (119)
encadeamento (124)
controle de estímulo (125)
condicionamento autônomo e *biofeedback* (126)
contingente (128)
aprendizagem por observação (aprendizagem social, modelagem, imitação) (130)
e outras palavras e expressões em itálico

Conceitos Básicos
razões pelas quais o desempenho é uma medida inadequada da aprendizagem
razões históricas para a distinção da aprendizagem cognitivo-perceptiva da comportamental
opiniões de Pavlov sobre associações mentais
condicionamento respondente vicariante
lei do efeito
diferenças entre punição negativa e extinção
semelhanças e diferenças entre os condicionamentos operante e respondente
semelhanças e diferenças entre reforçamento e punição no condicionamento operante
questões sobre a eficácia do *biofeedback*
questão do monismo-pluralismo
teoria da contigüidade
aprendizagem estímulo-resposta *versus* formulação de hipótese — expectativa durante o condicionamento
tendência instintiva
predisposição
o que se aprende pela observação

Pessoas a Identificar
Pavlov, Watson, Thorndike, Skinner, Miller, Bandura.

Avaliação

1 Sempre que Vitor provoca o irmão, Marcos bate nele com um cinto. Vitor experimenta medo sempre que vê o cinto. Qual é o estímulo condicionado?

a. Bater
b. Cinto
c. Medo
d. Marcos

2 No caso do pequeno Albert, a difusão de seu medo de coelho para o cabelo do experimentador vem ilustrar o quê?

a. Aquisição
b. Discriminação
c. Generalização
d. Recuperação espontânea

3 Ao relacionar bebidas alcoólicas com drogas que geram mal-estar, sentimentos agradáveis pelo álcool podem ser substituídos por sentimentos desagradáveis em alguns alcoólatras. Que papel desempenham as drogas neste exemplo de contracondicionamento?

a. Estímulo condicionado
b. Estímulo neutro
c. Resposta incondicionada
d. Estímulo incondicionado

4 Que resposta tem maior probabilidade de ser aprendida por meio de condicionamento operante?

a. Medo de abelhas
b. Sentir-se relaxado durante as provas
c. Gostar da cor amarela
d. Tocar violino

5 Que procedimento dotou os gatos da capacidade de fugir das caixas quebra-cabeça, segundo Thorndike?

a. Método de aproximações sucessivas
b. Aprendizagem por observação
c. Reforçamento positivo
d. Aprendizagem por tentativa e erro

6 Quando estava na mercearia, o pequeno Adriano, de 4 anos, gritava repetidamente "Eu quero doce!", até que seu pai comprasse. Sempre que Adriano grita, o pai aquiesce e Adriano pára de gritar. Que procedimento estabeleceu o hábito do pai de ceder?

a. Condicionamento de esquiva
b. Condicionamento de fuga
c. Extinção
d. Custo da resposta

7 Cristina dava à irmã Janice uma estrela dourada para colocar em um quadro toda vez que a menina vestia uma peça de roupa sozinha. Janice logo aprendeu a se vestir sozinha. Que tipo de reforçador Cristina usou?

a. Intrínseco
b. Primário
c. Secundário
d. Social

8 Para melhorar as qualidades culinárias de um homem, sua família elogia seu primeiro prato bem-feito após uma semana do último cumprimento. Que programa está sendo usado?

a. Intervalo fixo
b. Razão fixa
c. Intervalo variável
d. Razão variável

9 Qual das seguintes diretrizes é recomendada para punir uma criança?

a. Acompanhar o estímulo punitivo potencial com um sinal, tal como "não".
b. Administrar o estímulo punitivo potencial imediatamente após a resposta a ser eliminada.
c. Assegurar que a duração do estímulo punitivo potencial seja relativamente longa.
d. Usar o estímulo punitivo potencial somente em parte do tempo para tornar o novo hábito resistente à extinção.

10 Qual é a última fase da aprendizagem por observação?

a. Aquisição
b. Conseqüências
c. Desempenho
d. Retenção

Exercícios

1. *Distinguir ente processos de aprendizagem comportamental.* Se você tem dificuldade de enxergar as diferenças entre os condicionamentos operante e respondente, reveja a Tabela 3.3; depois verifique seu conhecimento identificando de que forma(s) a resposta condicionada (em itálico) foi aprendida. Lembre-se de que os processos de aprendizagem freqüentemente ocorrem juntos. (Veja as pp. 104-108, 112-120 e 130-131.)

Processos de aprendizagem: aprendizagem por observação (Ob), condicionamento operante (Op), condicionamento respondente (R).

___ **1** João repreende Neli, dizendo, "Basta! Na verdade, isto passou do limite!". Quando Efraim irrita Neli, ela reage, dizendo: *"Basta! Na verdade, isto passou do limite!"*.

___ **2** Um cão *saliva* toda vez que ouve o som de um abridor de latas. Ele também *corre para dentro da cozinha e se põe ao lado de seu comedouro.*

___ **3** A música evoca um sentimento de paz e alegria em Susan. Toda vez que entra na igreja (que apresenta muitos programas musicais), Susan *sente-se serena e contente*.

___ **4** Maria, um bebê de 9 meses, fala "Mã". Seus pais ficam muito entusiasmados. Maria *fala "mã" com mais freqüência.*

___ **5** Ângela estuda sua lista de vocabulário por meia hora. Na prova de vocabulário, ela tira 10. Ela volta a estudar meia hora antes da prova seguinte e novamente vai bem. Depois disso, Ângela *estuda meia hora* antes de cada prova de vocabulário.

__ 6 Depois de assistir a *Super-homem* na televisão, Bia *salta da grade da varanda* enquanto brinca com os amigos.

__ 7 A sogra de Frank grita freqüentemente com ele. Ele *sente uma onda de hostilidade* toda vez que a vê.

__ 8 Cléo passou mal depois de tomar cinco coquetéis de uísque. Agora, toda vez que ela vê uísque, *sente um leve enjôo*. Quando vai ao supermercado, chega até a *evitar a prateleira* de uísque.

2. Elementos do condicionamento respondente. Este exercício vai ajudá-lo a testar seu entendimento dos quatro elementos básicos do condicionamento respondente. Nos itens 2, 3, 7 e 8 do Exercício 1, o condicionamento respondente já ocorreu. Reconstrua a situação original de aprendizagem e identifique o estímulo incondicionado (EI), a resposta incondicionada (RI), o estímulo condicionado (anteriormente neutro) (EC) e a resposta condicionada (RC). (Veja a p. 101.)

3. Princípios do condicionamento respondente. Para treinar a distinção entre os vários princípios do condicionamento respondente, faça a correspondência dos seguintes princípios com os exemplos apropriados. Uma única ilustração pode ser explicada por dois princípios. (Veja as pp. 104-108.)

Princípios: aquisição (A), contracondicionamento (C), discriminação (D), extinção (E), generalização (G), recuperação espontânea (RE).

A ESTÓRIA DE JOSÉ E OS POODLES

__ 1 Toda vez que José, de 3 anos, passava na frente da casa dos Queiroz, dois pequenos *poodles* latiam. Assustado com o barulho, José passou a ter medo de *poodles*.

__ 2 José passa a ter medo de outros cães pequenos.

__ 3 José não demonstrava medo na presença do grande *collie* de seu tio.

__ 4 De Natal, José ganhou um filhote de *poodle* que era amistoso e carinhoso. Logo depois, ele começou a gostar de cães pequenos.

A SAGA DE SARA E JUCA

__ 5 Elisabete e Luciano se conhecem na classe. De início, nenhum dos dois sente-se particularmente atraído pelo outro. Em um dia chuvoso, Luciano acompanha Elisabete até a casa dela. Eles percebem que têm muito em comum e começam a sair juntos. Passam boa parte do tempo se acariciando e se beijando. Logo, ambos sentem uma onda de alegria espontânea quando se vêem.

__ 6 Durante uma separação nas férias de verão, a paixão esfria. No outono, Elisabete e Luciano rompem o relacionamento. Quando se vêem ocasionalmente, não experimentam o súbito sentimento de felicidade.

__ 7 Dois anos após o término do romance, Sara e Juca encontram-se inesperadamente no ponto de ônibus. Ambos se surpreendem ao experimentar uma onda de felicidade.

4. Princípios do condicionamento operante. Você pode testar seu entendimento dos princípios do condicionamento operante fazendo a correspondência dos princípios com os exemplos apropriados. Uma única ilustração pode ser explicada por dois princípios.

Para decidir como classificar um exemplo, identifique primeiro o comportamento que foi condicionado (que aparece em itálico). Depois, observe se o comportamento foi fortalecido.

Em caso positivo, você provavelmente está lidando com reforçamento, talvez modelagem. Poderia ser também recuperação. Se o comportamento foi enfraquecido, você está diante de um exemplo de punição ou extinção. Depois, descubra a conseqüência que alterou a probabilidade do comportamento. Se a conseqüência foi acrescentada à situação, provavelmente você está diante de um processo "positivo" (que poderia ser modelagem). Se a conseqüência foi subtraída da situação, você está diante de um processo "negativo" ou de extinção ou de recuperação. Se foi um processo negativo, você deve decidir se o comportamento adiou ou removeu o estímulo punitivo ou reforçador. As Tabelas 3.1 e 3.2 devem ajudar neste exercício de classificação. (Veja as pp. 112-120.)

Princípios: condicionamento de esquiva (CE), condicionamento de fuga (CF), extinção (E), treinamento de omissão (TO), punição positiva (PP), reforçamento positivo (RP), custo da resposta (CR), modelagem (M).

__ 1 Toda vez que Felipe faz piada, Francisco sai da sala, deixando Felipe sozinho. *As piadas de Felipe com Francisco diminuem*.

__ 2 Quando o pai de Alberta a repreende com um sermão, ela concorda com ele para interromper o sermão. *Concordar quando repreendida* tornou-se habitual.

__ 3 Pela expressão do rosto da mãe, Lucas sabe que ela está brava e poderá bater nele. Sempre que vê essa expressão, ele *vai para a casa do vizinho*.

__ 4 Helga, que acaba de entrar no primário, está aprendendo a fazer lição de casa. Ela é elogiada por pequenas tarefas, independentemente da qualidade. Os requisitos para receber elogios tornam-se mais rígidos. Mais tarde, Helga só é parabenizada quando *faz uma hora de lição bem-feita*.

__ 5 Ronaldo costumava dar atenção a Gabriela toda vez que ela emburrava. Gabriela *passou a emburrar* com muita freqüência. Ronaldo decidiu ignorar o *emburramento* e esse comportamento quase desapareceu.

__ 6 Toda vez que Eva introduz um assunto sério na conversa, Pedro torna-se sarcástico. Eva raramente *introduz questões importantes*.

__ 7 Para ganhar um ponto da professora, Adriana precisa parar de conversar com a amiga Olga durante três horas no período da manhã. Adriana parou de *conversar com a amiga*.

__ 8 Lana confessa que roubou 25 centavos de Jorge. Seus pais a repreendem e a proíbem de assisitir à televisão por uma semana. Suas *confissões* diminuem.

__ 9 Gina precisa parar de maltratar seu irmão Mário por uma semana; caso contrário, não receberá mais mesada. Este procedimento, que prossegue por meio ano, diminui acentuadamente os *maltratos* de Gina.

__ 10 Lúcia, de 2 anos, fica temporariamente em silêncio sempre que seu irmão Humberto grita. O ato de Humberto de *gritar com Lúcia* (quando ela faz barulho) tornou-se habitual.

__ 11 As pessoas prestam atenção em Júlia quando ela faz brincadeiras maldosas. As *maldades* de Júlia aumentam.

__ 12 Ana costumava ouvir o que seu filho Gilberto *falava* quando ele chegava da escola. Agora que Ana está ocupada com seus próprios trabalhos de escola, ela raramente presta atenção no filho. Gilberto parou de *compartilhar seus sentimentos*.

Usando a Psicologia

1 Dê pelo menos dois exemplos pessoais de condicionamento respondente. Identifique os elementos. A partir de sua própria experiência, forneça também exemplos respondentes de extinção, recuperação espontânea, generalização, discriminação e contracondicionamento.

2 O experimento de Watson e Rayner com o pequeno Albert pode ser interpretado em termos operantes. Retorne ao caso e descubra por quê. (*Dica:* Considere o operante — pegar o rato.)

3 Considere vários medos simples que você tenha. Explique de que forma os princípios de condicionamento respondente vicariante podem ter estado envolvidos em sua aquisição. Como (a) extinção e (b) contracondicionamento poderiam ser usados para diminuir esses medos?

4 Muitas pessoas experimentam fortes emoções sempre que vêem ou ouvem falar de símbolos específicos (como um punho em riste, o sinal "V" de vitória etc.). Explique de que forma essa reação poderia ser atribuída a esse condicionamento respondente.

5 A partir de sua experiência pessoal, dê exemplos de reforçamento positivo, condicionamento de fuga, condicionamento de esquiva, modelagem, extinção, recuperação espontânea, generalização e discriminação (todos durante condicionamento operante).

6 Pense em alguns reforçadores extrínsecos que fortalecem comportamentos específicos observados em você mesmo. Classifique-os como primários, sociais ou secundários. Como cada um deles está programado? Faça uma lista de diversas atividades que você considera intrinsecamente reforçadoras.

7 Planeje uma estratégia de modelagem para ensinar uma criança de 10 anos, que raramente dedica mais do que alguns minutos a uma tarefa, a terminar a lição de casa.

8 Muitos pais usam quase exclusivamente estímulos punitivos potenciais para modificar a conduta dos filhos. Descreva as desvantagens desta tática. Que outras práticas poderiam os pais utilizar para enfraquecer os acessos de raiva? As mentiras? As provocações?

9 Dê vários exemplos dos condicionamentos combinados operante e respondente; encadeamento; controle de estímulo; aprendizagem de superstição; e condicionamento autônomo (se possível).

10 Suponha que você esteja escrevendo programas infantis para a televisão, em parte para fortalecer o comportamento prestativo em seu público. Descreva os tipos de modelos e condições que você precisa criar.

Leituras Sugeridas

1 Gray, J. A. (1979). *Ivan Pavlov*. Nova York: Penguin. No todo, uma boa introdução a Pavlov e seu trabalho, focalizando sua imensa contribuição ao entendimento das relações cérebro—comportamento.

2 Reese, E. P., Howard J. & Reese, T. W. (1978). *Human operant behavior: Analysis and application*. 2ª ed. Dubuque, IA: Brown. Um excelente livro sobre os princípios dos condicionamentos operante e respondente, escrito de maneira informal e generosamente ilustrado com vívidos exemplos humanos.

3 Watson, D. L. & Tharp, R. G. (1985). *Self-directed behavior: Self-modification for personal adjustment*. 4ª ed. Monterey, CA:Brooks/Cole; Patterson, G. R. (1975). *Families: Applications of social learning to family life*. 2ª ed. Champaign, IL: Research Press. A obra de Watson e Tharp está entre os melhores livros do tipo "manual" para pessoas que desejam modificar seu próprio comportamento. O livro de Patterson é recomendado particularmente para lidar com problemas infantis. Ambos são fáceis de entender, divertidos de ler e envolventes.

4 Skinner, B. F. (1976). *Walden Two*. Nova York: Macmillan. Controvertido romance de Skinner sobre uma comunidade utópica que modela o comportamento de seus habitantes por meio de princípios do condicionamento operante, especialmente o reforçamento positivo.

5 Stern, R. M. & Ray, W. J. (1980). *Biofeedback: Potential and limits*. Lincoln, NE: University of Nebraska Press. Livro premiado que identifica o que é fato, fantasia e ficção sobre o *biofeedback*. Examina várias aplicações.

6 Liebert, R. M., Sprafkin, J. N. & Davidson, E. S. (1982). *The early window: Effects of television on children and youth* 2ª ed. Nova York: Pergamon. A televisão provoca agressividade? Mulheres e membros de minorias retratados na televisão contribuem para a estereotipagem? Os comerciais de televisão são inadequados às crianças? A obra examina estas e outras questões sobre a influência da televisão nas atitudes e no comportamento.

Respostas

FICÇÃO? OU FATO?
1. F 2. F 3. F 4. F 5. F 6. V 7. V

AVALIAÇÃO
1. b (101) 2. c (107) 3. d (107) 4. d (109) 5. d (110) 6. b (112) 7. c (115) 8. a (118) 9. a (121) 10. b (131)

EXERCÍCIO 1
1. Ob 2. R, Op 3. R 4. Op 5. Op 6. Ob 7. R 8. R, Op

EXERCÍCIO 2
2. EI, alimento na boca; RI, salivação; EC, som do abridor de latas; RC, salivação
3. EI, música; RI, sentimentos de paz e alegria; EC, igreja; RC, sentimentos de serenidade e contentamento
7. EI, gritar; RI, raiva; EC, sogra; RC, hostilidade
8. EI, consumo excessivo de álcool; RI, enjôo; EC, visão do uísque; RC, repugnância

EXERCÍCIO 3
1. A 2. G 3. D 4. C (ou E) 5. A 6. E 7. RE

EXERCÍCIO 4
1. CR 2. CF 3. CE 4. M 5. RP 6. PP 7. TO 8. PPCR 9. TO 10. CF 11. RP 12. RPE

CAPÍTULO 4

Sensação, Percepção e Consciência

SUMÁRIO

NATUREZA DA PERCEPÇÃO
Contribuições do Meio Ambiente
Contribuições do Sujeito da Percepção

ATENÇÃO
Natureza da Atenção
Fatores Que Atraem a Atenção
Atenção, Percepção e Tomada de Consciência
QUADRO 4.1: Desatenção e Ações Automáticas

OPERAÇÕES SENSORIAIS
Detecção
Transdução e Transmissão
Processamento de Informações

SENTIDOS QUÍMICOS
Paladar
Olfato

SENTIDOS DE POSIÇÃO
Sentido Cinestésico
Sentido Vestibular

SENTIDOS CULTÂNEOS: CONTATO, PRESSÃO, CALOR, FRIO E DOR
QUADRO 4.2: A Experiência da Dor

AUDIÇÃO
Ondas Sonoras
Anatomia do Ouvido
Cérebro e Audição
De Ondas Sonoras a Sons
Perda da Audição
QUADRO 4.3: Conseqüências do Barulho

VISÃO
Ondas Luminosas
Anatomia do Olho
Da Retina ao Cérebro
Movimentos dos Olhos

IMAGENS RETINIANAS *VERSUS* PERCEPÇÕES VISUAIS

PERCEBENDO OBJETOS
Abordagem Gestáltica
Figura e Fundo
Constância
Agrupamento

BASES FISIOLÓGICAS DA PERCEPÇÃO DE OBJETOS
Processamento de Informações nos Olhos
Processamento de Informações no Cérebro

PERCEBENDO CORES
Dissecando a Experiência da Cor
Mistura de Cores
Universalidade da Percepção de Cores

BASES FISIOLÓGICAS DA PERCEPÇÃO DE CORES
Cegueira para as Cores e Imagem Persistente de Cores
Teorias Tricromática e de Processos Oponentes

PERCEBENDO PROFUNDIDADE
Indicadores de Profundidade Binoculares
Indicadores de Profundidade Monoculares

DESENVOLVIMENTO VISUAL
O Mundo Visual do Recém-nascido
Percepção Inicial de Forma
Percepção Inicial de Profundidade
Desenvolvimento Perceptivo após a Infância
Influências Sensoriais e Motoras

A VISÃO EM TRANSFORMAÇÃO
Privação Sensorial
Adaptação a *Input* Sensorial Distorcido
Estados Psicológicos

PERCEPÇÃO EXTRA-SENSORIAL
Evidência Casuística
Investigações de Laboratório

CONSCIÊNCIA COMUM NO ESTADO DE VIGÍLIA
Consciência na Vigília: Postura e Foco
Ritmos da Consciência na Vigília

ESTADOS DE CONSCIÊNCIA ALTERADOS
Sono
Sonhos
Hipnose
Intoxicação por Maconha

RESUMO

GUIA DE ESTUDO

FICÇÃO? OU FATO?

1 Os sentidos fazem registros acurados do mundo que nos cerca. Verdadeiro ou falso?

2 As pessoas têm cinco capacidades sensoriais. Verdadeiro ou falso?

3 Nossos olhos, que se movem continuamente, trazem várias imagens novas a cada segundo. Verdadeiro ou falso?

4 É necessário dois olhos para perceber a profundidade. Verdadeiro ou falso?

5 Os bebês, em essência são cegos ao nascer. Verdadeiro ou falso?

6 À medida que percebemos, obtemos pequenas amostras do que nos cerca e preenchemos as lacunas. Verdadeiro ou falso?

7 A percepção extra-sensorial está bem estabelecida. Verdadeiro ou falso?

8 O que vai pela mente das pessoas no dia-a-dia está geralmente relacionado com os dados sensoriais que estão obtendo e as tarefas que estão fazendo. Em outras palavras, o conteúdo mental tende a ser mais realista do que fantasioso. Verdadeiro ou falso?

9 A essência da experiência hipnótica é o profundo relaxamento. Verdadeiro ou falso?

Por que as coisas têm a aparência que têm? Por que elas são aquilo que são? Não, porque nós somos aquilo que somos" (Hurvich & Jameson, 1974, p. 88). Há uma grande diferença entre o que está no mundo e aquilo que experimentamos como estando no mundo. O primeiro tópico é física; o segundo, psicologia. Como veremos a seguir o que está no mundo que nos cerca é o tópico deste capítulo. O caso de S. B. (Gregory, 1977, pp. 194-198) alerta-nos para algumas importantes lições sobre a sensação e a percepção.

PERCEBENDO O MUNDO APÓS A CEGUEIRA: O CASO DE S. B.

Um homem de 52 anos, a quem chamaremos de S. B., era, quando cego, uma pessoa ativa e inteligente. Ele andava de bicicleta com um amigo que lhe segurava os ombros para guiá-lo; freqüentemente dispensava a usual bengala branca e, às vezes, trombava com carros ou peruas estacionados e conseqüentemente se feria. Ele gostava de fazer coisas com ferramentas simples em um barracão do quintal de casa. Durante a vida inteira, tentou imaginar o mundo da visão...

Após 51 anos de cegueira, a visão de S. B. foi restaurada por meio de cirurgia.

Quando as bandagens foram removidas pela primeira vez dos olhos [de S. B.], [...], ele ouviu a voz do cirurgião. Ele se voltou para a voz, mas nada viu além de um borrão. Ele se deu conta de que devia ser um rosto, por causa da voz, porém não conseguia vê-lo. Ele não viu subitamente o mundo dos objetos como nós vemos quando abrimos os olhos.

Mas, em poucos dias, [S.B.] podia usar os olhos com alguma eficácia. Podia caminhar pelos corredores do hospital sem precisar tatear [...]. Levantava-se ao amanhecer e, da janela, observava carros e caminhões passando [...].

Tentamos descobrir o que era o mundo visual [de S. B.] fazendo-lhe perguntas e aplicando vários testes perceptivos simples [...]. Descobrimos que sua percepção de distância era peculiar [...]. Ele achava que poderia tocar o chão abaixo da janela com os pés se simplesmente abaixasse as mãos, mas, na verdade, a distância até o chão era de pelo menos dez vezes sua altura. Entretanto, podia perceber distâncias e tamanhos com bastante precisão, contanto que já conhecesse os objetos pelo tato [...].

S. B. não desenvolveu confiança em sua visão. Pela primeira vez na vida, ficou aterrorizado ao atravessar a rua. Gradativamente, caiu em grave depressão.

[Ele] achava o mundo opaco e irritava-se com a necessidade de reconstruir as coisas que via na forma de cores e borrões [...]. A depressão em pessoas que recuperam a visão após muitos anos de cegueira parece ser uma característica comum desses casos. Sua causa é provavelmente complexa, mas, em parte, parece ser o ato de dar-se conta daquilo que perderam — não só a experiência visual, mas as oportunidades de fazer coisas que lhes foram negadas durante os anos de cegueira [...]. S. B. em geral não se preocupava em acender a luz quando anoitecia, permanecendo no escuro [...]. Gradativamente, desistiu de sua vida ativa, e morreu três anos depois.

O caso de S. B. levanta uma série de questões interessantes. A mais significativa, para nossa finalidade, é a diferença entre sensação e percepção. Nossos sentidos podem ser considerados nossas janelas para o mundo. Eles nos trazem informações. O processo de coleta de informações sobre nosso meio ambiente é conhecido como sensação. E o interessante é que nós não "lemos" simplesmente as mensagens à medida que vão chegando. No caso da visão, por exemplo, não temos consciência de que os olhos registram impressões de cabeça para baixo e invertidas da esquerda para a direita. Os *in-*

puts dos sentidos são elaboradamente transformados para que percebamos um mundo compreensível e ordenado. Define-se *percepção* o processo de organização e interpretação dos dados sensoriais (*sensações*) para desenvolver a consciência do meio ambiente e de nós mesmos. A percepção envolve interpretação; a sensação, não.

Em casos como o de S. B., a sensação parece ser funcional. Desde o início, S. B. reconheceu cor, forma e tamanho. Porém, teve problemas para perceber objetos inteiros. Sua percepção, no princípio, estava relativamente indiferenciada.

As observações do caso de S. B. e de outros adultos que recuperaram a visão sugerem que as habilidades perceptivas precisam ser aprendidas. Fontes mais confiáveis confirmam que a experiência desempenha um papel importantíssimo no desenvolvimento da percepção normal. A julgar pelos cegos que passam a enxergar, a visão defeituosa pode ser devida a dano físico durante o período de cegueira (atribuível a desuso) ou durante a cirurgia.

Examinaremos agora os variados sistemas sensorial e perceptivo — a visão, em particular — que nos revelam o mundo. Mais adiante, examinaremos um tópico relacionado, a consciência.

NATUREZA DA PERCEPÇÃO

A percepção é um processo cognitivo, uma forma de conhecer o mundo. Embora todos os processos cognitivos estejam interconectados, estamos iniciando nosso exame da cognição pela percepção porque a percepção é "o ponto em que cognição e realidade encontram-se" e, talvez, "a atividade cognitiva mais básica da qual surgem todas as outras" (Neisser, 1976, p. 9). Precisamos levar informações para a mente antes que possamos fazer alguma coisa com elas. A percepção é um processo complexo que depende tanto do meio ambiente como da pessoa que o percebe.

Contribuições do Meio Ambiente

Como sujeito da percepção, conseguimos recuperar, a partir das informações sensoriais, as propriedades válidas do mundo que nos rodeia (Gibson, 1979). Sem nos darmos conta, analisamos os padrões que vão mudando à medida que nos movimentamos. Parece que "estudamos" o que ocorre com formas, texturas, cores e iluminação sob todos os tipos de condições. Além disso, "estudamos" os padrões fixos. Se você observar um retângulo, de qualquer ângulo, verá quatro cantos. Os quatro cantos, portanto, podem ser considerados um indício identificador confiável de "retângulo". Tais estudos pessoais constroem nosso conhecimento das propriedades reais do mundo.

Contribuições do Sujeito da Percepção

Durante a percepção, o conhecimento sobre o mundo combina-se com as habilidades construtivas, a fisiologia e as experiências do sujeito da percepção.

Habilidades Construtivas

Habilidades construtivas são certas operações cognitivas que ocupam lugar de destaque na percepção (Buffart *et al.*, 1983; Heil, 1983; Hochberg, 1978; Neisser, 1976). Conforme as pessoas movimentam-se, olham aqui e ali e registram informações. Cada olhar parece ser dirigido por uma hipótese a respeito de dados importantes que podem ser encontrados. É como se estivéssemos respondendo a perguntas deliberadas. Usualmente, as perguntas são bem gerais e poderiam ser pensadas como uma espécie de prontidão para um tipo particular de informação. Olho para a barriga do meu cãozinho, que está se movendo ritmadamente para dentro e para fora, o que sugere que está dormindo. Depois, olho para os olhos fechados e o corpo imóvel para confirmar minha suposição de que ele está realmente tirando uma soneca.

Como sujeitos da percepção, continuamente antecipamos o que ocorrerá depois, com base no que acabamos de reunir. As informações de cada ato perceptivo precisam ser armazenadas momentaneamente na memória; caso contrário, serão perdidas.

Estamos sempre redirecionando nossos esforços de detecção e registrando novos conteúdos. Pouco a pouco, vamos combinando os dados das sucessivas explorações. É claro que não percebemos que vemos apenas uma amostra da cena diante de nós. Tampouco temos consciência de que absorvemos apenas uma pequena parte dos detalhes e indícios disponíveis. Quando falamos de *habilidade construtiva*, estamos, portanto, referindo-nos a essas operações de teste de hipótese, antecipação, amostragem, armazenamento e integração.

Os animais nem sempre iniciam o processo perceptivo. Continuamente, incidentes atraem nossa atenção e dão início a um ciclo perceptivo. Ouvir uma forte batida, por exemplo, provavelmente daria início a um ciclo perceptivo: atentaríamos a indícios para determinar sua causa.

A percepção enquanto um processo de testar hipóteses torna-se particularmente clara quando nos vemos diante de ambigüidades ou situações que podem ser interpretadas de variadas formas. Considere a cena criada pelo artista holandês Maurits Escher, na Figura 4.1. Embora pequenas seções da litografia de Escher sejam representações tridimensionais perfeitamente aceitáveis, é impossível juntar todas as partes para formar um todo coerente. Conforme seguimos em qualquer das direções, nossas sensações exigem continuamente novas hipóteses perceptivas. Às vezes, olhamos a cena de cima; às vezes, de baixo. Como todos os dados não se encaixam em quaisquer das teorias sobre o melhor ponto, fixamo-nos em uma idéia e depois em outra. A cena parece mudar repetidamente conforme vacilamos entre nossas hipóteses. É claro que, normalmente, todos esses indícios perceptivos diante de nós encaixam-se de forma coerente.

Fisiologia

As operações cognitivas são apenas um dos aspectos da contribuição do sujeito da percepção ao processo perceptivo. Para entender a percepção, precisamos também saber algo do equipamento fisiológico que possibilita coletar informações (o aparelho sensorial). Precisamos também conhecer algo do processamento dessas informações pelos sistemas sensorial e nervoso.

Animais diferentes vivem em mundos extremamente diferentes porque seus aparelhos perceptivos variam muito. Por exemplo, as pessoas não podem ouvir os sons altos registrados pelos morcegos. Tampouco podemos sentir o cheiro de suor que

FIGURA 4.1 Você está olhando o prédio de Escher de cima? De baixo? A perspectiva muda enquanto você examina os detalhes? (The National Gallery of Art, Washington, DC.)

exala da sola dos calçados, embora os cães o sintam. Poucos de nós reagimos a forças magnéticas ou elétricas como reagem os golfinhos, as baleias, os peixes e os insetos (Griffin, 1976; Kalmijn, 1975; Kirschvink *et al.*, 1985, Wieska, 1963).

Até os membros de uma mesma espécie têm percepções diferentes. As pessoas têm alguma variação em termos de como vêem cores e discriminam sons e sentem cheiros e gostos (Davidoff, 1975: Kalmus, 1952). Durante a gravidez e na terceira idade, as sensibilidades sensoriais mudam (Corso, 1981).

Experiência

A percepção depende também do ponto de fixação da pessoa. As experiências criam expectativas e motivos. Examine as árvores na Figura 4.2. Pergunte-se qual é a estação do ano? Como você sabe? Se você vê folhas, como provavelmente verá, vai se basear em experiências passadas para interpretar os dados. Os galhos estão lotados de melros, graúnas e estorninhos — nenhuma folha.

ATENÇÃO

Em todo momento de alerta, imensa quantidade de estímulos compete por nossa atenção. Comumente, as pessoas e outros animais concentram-se em uma mera gota de impressões. A essa abertura seletiva a uma pequena porção de fenômenos sensoriais incidentes chamamos de atenção, que parece estar envolvida em muitas ativi- dades mentais. Em um processo semelhante ao de uma filmadora, primeiro focamos um evento e depois outro. Os estímulos que se alojam na periferia ou nos limites da atenção formam um segundo plano. Em uma festa, por exemplo, você se concentra em uma conversa. As conversas dos outros se misturam, formando um "zunzunzum", do qual você tem apenas uma vaga consciência.

Natureza da Atenção

Que tipo de capacidade é a atenção? Os psicólogos ainda não chegaram a um acordo. Alguns (dentre eles Ulric Neisser, 1976, p. 29) acreditam que a atenção é simplesmente um aspecto da percepção (e de outras capacidades cognitivas). Segundo Neisser, "Escolhemos o que veremos (ou ouviremos) antecipando as informações estruturadas que nos serão fornecidas pelo que escolhemos ver (ou ou-

FIGURA 4.2 Em que estação do ano foi tirada esta foto? Que indícios você está usando? (*Baltimore Sun.*)

vir)". Somente episódios aos quais devotamos atenção são antecipados, explorados e selecionados. Em outras palavras, o ato de perceber requer seletividade. Outros cientistas cognitivistas acreditam que a atenção é uma capacidade distinta. É comumente representada como um filtro de informações (Broadbent, 1971, 1977).

É fácil demonstrar a *seletividade* da atenção. Uma das formas de fazê-lo é registrar os movimentos dos olhos enquanto as pessoas examinam quadros ou fotos. Estudos deste tipo indicam que nos concentramos em alguns poucos detalhes (Thomas, 1968; Yarbus, 1967). Depois, com base nesses indícios, completamos o todo, talvez usando a memória. Aparentemente fazemos a mesma coisa quando lemos (Neisser, 1976). Geralmente nos fixamos em algumas poucas palavras de uma frase e antecipamos o que virá depois com base na longa experiência com nosso idioma.

Evidência que corrobora a seletividade da atenção é fornecida também por estudos de atenção dividida. As pessoas podem aprender a fazer duas tarefas complicadas ao mesmo tempo (veja o Capítulo 1), porém há restrições definidas (Allport, 1980; Wickens, 1980). Em geral, a capacidade de atenção depende dos recursos que estão sendo requeridos pelas tarefas em execução (Kahneman, 1973). Se o controle consciente e os recursos requeridos forem poucos, como no caso de guiar um carro (para um motorista experiente) ou datilografar (para um datilógrafo exímio), a pessoa pode lidar com outras tarefas ao mesmo tempo. Se a tarefa em curso está longe de ser automática — resolução de um complicado problema de matemática, por exemplo —, vai requerer maior atenção da pessoa. Se você deseja fazer duas tarefas difíceis ao mesmo tempo, deverá praticar uma delas até que se torne relativamente automática e requeira pouca atenção (Posner, 1982).

Fatores Que Atraem a Atenção

O que chama a atenção? Pessoas e outros animais geralmente voltam a atenção mais ao ambiente externo do que ao interno. Além disso, focalizamos as informações mais significativas. Os *contornos principais* dos objetos no campo visual equipam-nos com dados úteis. Em virtude de nossa propensão a escolher com base nesses contornos, os registros dos movimentos dos olhos fornecem representações esquematizadas dos objetos que percebemos (Yarbus, 1967). (Veja a Figura 4.3.)

Os dados informativos costumam ser *novos, inesperados, intensos* ou *mutantes*. Estudos dos movimentos oculares de motoristas no tráfego sugerem que focamos súbitas lacunas no campo [visual], objetos em movimento e eventos novos e enigmáticos (Thomas *et al.*, 1968). Enquanto as pessoas interagem, elas tendem a se entreolhar. Durante conversas, os participantes desviam a atenção para a boca do interlocutor. Mudanças no olhar transmitem informações sobre o que os outros estão sentindo e pensando. Os movimentos labiais são indícios importantes daquilo que está sendo dito. Portanto, nosso estilo de prestar atenção prepara-nos para o que vai ocorrer.

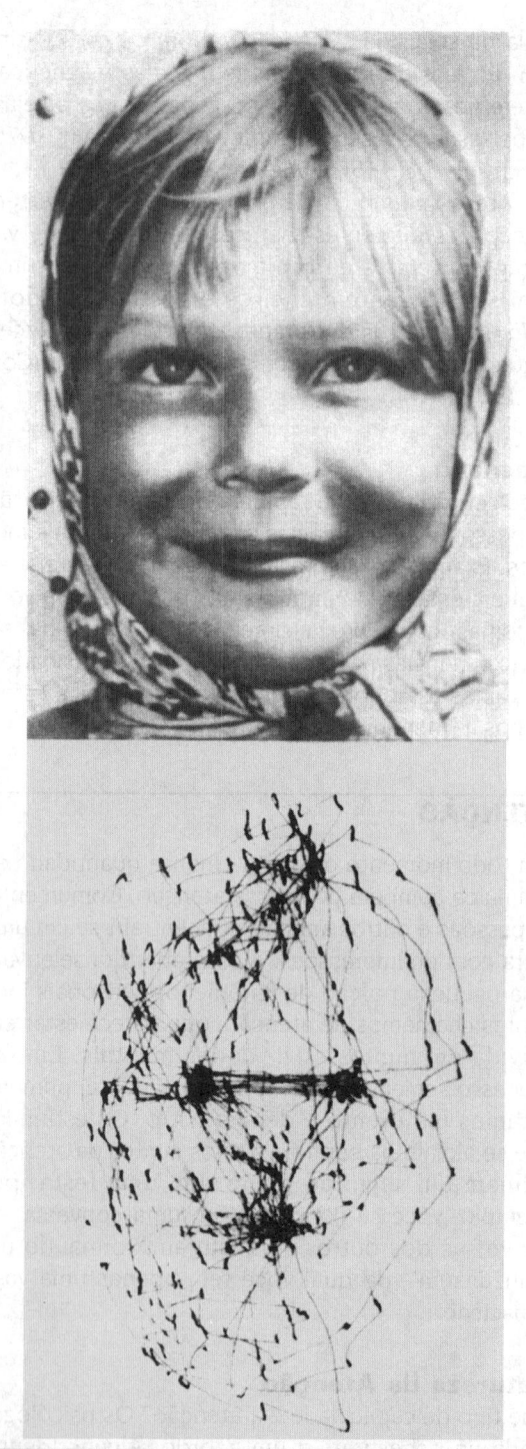

FIGURA 4.3 O sujeito do experimento olhou a foto da menina sorridente durante três minutos, enquanto os movimentos oculares eram registrados (embaixo). Uma vez que os olhos percorrem as regiões mais visualmente informativas, seus movimentos espelham os principais contornos da foto. (A. L. Yarbus. *Eye movements and vision*. Trad. L. A. Riggs. Plenum, 1967. Foto tirada por S. Fridlyand.)

Necessidades, interesses e *valores* são também importantes influências sobre a atenção. O professor que estiver absorvido em sua exposição dificilmente notará o sinal indicando o fim da aula. O estudante que anseia pelo almoço e a companhia dos amigos estará bastante consciente do sinal.

Convém também observar o que ignoramos: paramos de prestar atenção a experiências *repetitivas* ou *conhecidas*. Um quadro que um dia nos cativou pára de chamar nossa atenção. Uma mancha no tapete que de início sobressaía, com o tempo, confunde-se com o tapete. Conforme as cenas tornam-se familiares para o observador, mudanças ocorrem no movimento dos dois olhos (Furst, 1979). A freqüência de movimentos oculares diminui e o padrão de movimento torna-se mais estereotipado e previsível. Ambas as mudanças permitem que o cérebro diminua a taxa de processamento, liberando-o para outras tarefas.

Nosso estilo de atenção tem um valor de sobrevivência. Ele nos ajuda a alocar nossos recursos de forma vantajosa. Dedicamos atenção mínima a eventos rotineiros e regulares e atenção máxima a mensagens que não podem ser ignoradas com segurança. Se atentássemos todo momento a tudo, indícios importantes poderiam ficar perdidos em meio ao acúmulo de informação.

Atenção, Percepção e Tomada de Consciência

Estudos da atenção revelaram uma descoberta surpreendente. As pessoas podem perceber sem atentar ou tomar consciência. Para estudar a atenção, a percepção e a tomada de consciência, os psicólogos freqüentemente usam a *técnica de audição seletiva* concebida por E. Colin Cherry (1953; com Taylor, 1954). Em seus estudos iniciais, Cherry gravou em fita duas mensagens faladas. Depois, fez com que os participantes da pesquisa, munidos de fones de ouvido, escutassem as mensagens, as quais eram ouvidas ao mesmo tempo, no mesmo volume, uma em cada ouvido. Cherry solicitou aos participantes que atentassem a apenas uma das mensagens. Ele fez com que os participantes *sombreassem* (encobrissem) uma mensagem — eles deveriam repetir as palavras para se manterem atentos a elas. Quando encobriam, as pessoas prontamente atentavam a uma mensagem e ignoravam a outra.

Estudos usando a técnica de audição seletiva de Cherry demonstram que as pessoas podem ser influenciadas por uma mensagem sem atentarem a ela ou terem tomado consciência dela. Em um estudo que corrobora esta opinião, os investigadores (Corteen & Wood, 1972) apresentaram certas palavras acompanhadas de choques elétricos desconfortáveis. Depois disso, sempre que os participantes eram expostos a essas palavras, respondiam com indícios fisiológicos de estresse. Mais tarde ocorreu a parte crítica do estudo. Os participantes da pesquisa ouviam duas mensagens enquanto sombreavam uma delas. As palavras sensibilizadas[1] e outras relacionadas apareciam no canal que não estava sendo monitorado pelos participantes. Não obstante, eles responderam às palavras relacionadas com choque com indícios fisiológicos de estresse. Surpreendentemente, os participantes não tinham consciência de haver ouvido as palavras sensibilizadas ou de haver se sentido estressados. Este trabalho, que foi reproduzido, sugere que, sob determinadas condições, as pessoas podem perceber significados de palavras sem dedicar atenção ou tomar consciência (Neisser, 1976).

Uma experiência comum sugere que as pessoas freqüentemente percebem sem atentar ou tomar consciência. Se você dirige, provavelmente já notou que pode ir de um lugar para outro sem ter depois a menor lembrança do trajeto. É como se um piloto automático estivesse ligado. Não obstante, você absorveu e processou informações sobre as condições do trajeto (cruzamentos, curvas, carros na outra mão, faróis). (Veja o Quadro 4.1.) (■)

---

1. N.R.T.: As palavras sensibilizadas são as que foram acompanhadas de choques desconfortáveis.

Quadro 4.1

DESATENÇÃO E AÇÕES AUTOMÁTICAS

O ser humano freqüentemente age sem muita atenção ou consciência. Em um dos primeiros estudos deste fenômeno, Ellen Langer (1983, 1985) e seus colaboradores fizeram com que um dos membros da equipe se aproximasse dos estudantes que aguardavam para usar a copiadora em uma biblioteca universitária e pedisse para usar a máquina. Duas versões do pedido eram do tipo padrão: pedido mais motivo. Na versão 1, o colaborador pedia para usar a copiadora e dava um motivo razoável: "Estou com pressa". Na versão 2, o motivo não era razoável: "Tenho de fazer cópias". (Obviamente, é por isso que as pessoas usam copiadoras.) Uma terceira variação era nova. O colaborador pedia para usar a máquina sem dar motivo algum.

Os pesquisadores descobriram que, quando o pedido fazia algum sentido superficialmente (pedido mais motivo), quase 95% dos estudantes aquiesciam — mesmo quando o motivo não era razoável. Se as pessoas estivessem prestando atenção ao sentido, teriam recusado com mais freqüência. Mas elas prestaram mais atenção ao pedido novo; e aquiesceram somente 60% das vezes. Uma série de outros experimentos deixou claro que a desatenção é algo comum (Langer, 1983, 1985).

Na vida, fazemos muitas coisas automaticamente, atentando e pensando de fato muito pouco. Tendemos a aceitar — sem um cuidadoso exame — informações que têm pouca relevância para nós. Experiência e habilidade tendem a acompanhar o comportamento de forma automática e mecânica. Depois de aprender as regras de uma língua estrangeira, por exemplo, continuamente as chamamos à mente para falar naquela língua. Assim que nos tornamos fluentes, deixamos de recorrer àquelas regras e tendemos a esquecê-las. A perda de acesso consciente a regras de fato está ligada a diversos tipos de especialização.

As estratégias de desatenção e automatismo são provavelmente eficientes na maior parte do tempo, permitindo-nos direcionar nossas limitadas capacidades mentais a assuntos novos e complexos que requeiram total atenção, mas levam a erros comuns que Donald Norman (1980) denomina *lapsos de ação*. Depois de se exercitar, um jovem voltou para casa e atirou a camiseta suada no vaso sanitário. O cesto de roupa suja, que era seu alvo, estava em outro aposento, portanto não foi simplesmente um erro de mira. Uma secretária encheu a cafeteira elétrica de água e a ligou, mas esqueceu de colocar o pó de café. Um estudante, ao contar páginas em uma copiadora, contou 1, 2, 3, 4, 5, 6, 7, 8, 9, 10, valete, dama, rei. O estudante estivera jogando cartas. Uma professora deixou sua mesa de trabalho para ir pegar os óculos no quarto. Quando chegou lá, esqueceu o que havia ido pegar, e penteou o cabelo. Todos nós cometemos erros deste tipo.

Norman acredita que esses lapsos de ação revelam as formas pelas quais a mente opera. Muitas ações são amplamente conduzidas por mecanismos subconscientes. Em um nível consciente, as pessoas desejam fazer uma coisa. Digamos que você decida coçar uma picada de mosquito. Assim que decidir, coçará automaticamente. Você não precisará decidir como deve coçar. Em grande parte do tempo, o ser humano deseja desempenhar ações complicadas. Você poderia decidir parar no caminho de casa para comprar peixe para o jantar. Para fazê-lo, você provavelmente formula um plano: neste caso, talvez, pegue o caminho que passa pela peixaria Pescado Fresco.

Nossos planos demonstram uma estrutura hierárquica (um sistema cujos componentes são dispostos um acima do outro). "Pegue o caminho que passa pela Pescado Fresco", como qualquer outra opção, implica subprovidências específicas: pegue a avenida X, dobre à direita na rua Y, dobre à esquerda na alameda Z, e assim por diante. "Pegar o Ricardo" inclui um conjunto completamente diferente de subtarefas. Em geral, numerosos subprocessos detalhados parecem estar organizados em nossos planos.

Se você fez algo muitas vezes, os subcomponentes podem ser executados automaticamente e com pouca atenção. No caso da peixaria, você saberia exatamente qual avenida pegar e por onde passar. De alguma forma, cada ato subcomponente torna-se imediatamente executável pela simples lembrança do plano — o que você quer fazer. Você não precisa monitorar os detalhes. Ações e percepções anteriores acionam o próximo passo na seqüência.

Os lapsos de ação sugerem que vários planos diferentes estão ativos em um dado momento, competindo pelo controle. O plano de "parada na Pescado Fresco" compete com o plano de "ir para casa" e talvez com o plano de "parar na quitanda para pegar verduras e legumes". Assim, a ocorrência de erros torna-se muito fácil. Se o plano de "comprar peixe" lhe foge da mente no momento crucial — na entrada da avenida —, pode ser que você prossiga o plano normal, tomando o caminho de casa da maneira usual. Pode até ser que você nem se lembre do peixe até o momento em que pensar no que fará para o jantar.

Durante os lapsos de ação, diferentes partes da seqüência de processamento de informação parecem falhar:

1 Diante de vários planos, às vezes descrevemos um plano errado para nós mesmos. O jovem que atirou a camiseta no vaso sanitário poderia estar planejando jogar o lenço de papel.

2 Assim que selecionamos uma ação, podemos ter problemas para executá-la. Podemos esquecer a meio caminho, como a professora que penteou o cabelo em vez de pegar os óculos. Da mesma forma, podemos omitir um passo enquanto executamos uma tarefa, como a secretária que esqueceu de colocar o pó de café na cafeteira.

3 Se estamos ao alcance de um de nossos comportamentos bem-estabelecidos, ele pode "pegar-nos". Vemo-nos fazendo uma coisa quando pretendíamos fazer outra. Os casos da professora distraída e do estudante que contou valete, dama e rei ilustram esse erro.

Quadro 4.1 (continuação)

Comumente, pensa Norman, monitoramos nosso comportamento de modo que possamos "pegar" muitos lapsos antes que se tornem prejudiciais. Fazemos uma verificação para saber se o que estamos fazendo coincide com o que pretendíamos fazer. Será que desliguei a lanterna do carro? Dou uma olhada, conforme me afasto. Há uma outra forma de pegar lapsos: o erro pode causar a ocorrência de algo inesperado, tornando o problema óbvio. Se você esquecer de desligar a lanterna do carro à noite, provavelmente verá a luz quando sair. Se você esquecer de tirar o cinto de segurança, não poderá sair do carro.

Um modelo de sistemas (Hilgard, 1980) ajuda a explicar os retardos e as tomadas súbitas de consciência. O modelo postula que os animais têm diferentes subsistemas que lhes permitem fazer o que fazem. Um sistema humano encarrega-se dos ajustes de postura, outro permite a fala, outro, a locomoção. Há sistemas subjacentes a visão, audição, paladar, sono, sonhos, e assim por diante. Cada sistema domina o outro em diferentes ocasiões. Cada um, talvez, seja capaz de consciência. Os diferentes sistemas são normalmente controlados e coordenados. Ernest Hilgard pressupõe que estão dispostos em uma hierarquia flexível: sob circunstâncias normais de vigília, o comandante supremo é o "executivo principal", ou "ego". Todavia, embora um sistema esteja no comando, informações podem ser registradas e processadas por diversos outros sistemas ao mesmo tempo.

Estas idéias provêm, em parte, dos estudos de Hilgard de um fenômeno por ele chamado de "observador oculto". Imagine-se oferecendo-se como voluntário, para um estudo sobre hipnose e controle da dor. Você é hipnotizado e lhe dizem que não experimentará dor alguma. Depois, sua mão é submersa em água gelada. Um sujeito típico, profundamente hipnotizado, revela não sentir dor alguma. Todavia, se Hilgard continua a questionar, perguntando se algum canto da mente sente a dor, muitos participantes hipnotizados respondem que alguma parte deles experimenta dor. As duas faculdades parecem estar dissociadas. Hilgard alega que dois sistemas diferentes — cada um com uma tomada de consciência própria — estão por trás das duas experiências distintas.*

O conceito de sistemas de Hilgard revela-nos ações simples desempenhadas sem muita tomada de consciência. É como se um sistema não-dominante assumisse o comando de tarefas rotineiras enquanto o sistema dominante trabalhasse em algo mais complexo.

As descobertas provenientes de pesquisas do cérebro são compatíveis com a idéia de sistemas de ação distintos, de Hilgard (Shallice, 1978; Sperry, 1985; Tranel & Damasio, 1985). No Capítulo 2, descrevemos os papéis possivelmente desempenhados pelos dois hemisférios em duas espécies diferentes de consciência — uma analítica, outra intuitiva. Discutimos também o comportamento conflitante após cirurgia de divisão do cérebro. Um paciente, por exemplo, tentava vestir uma peça de roupa com a mão direita enquanto a tirava com a mão esquerda. Estas e outras observações corroboram a idéia de que o cérebro é composto de unidades anatomicamente distintas, cada uma delas com consciência e cada uma delas com controle de funções específicas. No cérebro intato, os sistemas são coordenados. Quando um sistema assume o controle, os outros tendem a ser inibidos.

* N.R.T.: Outra hipótese a ser considerada é a de que os questionamentos do pesquisador atuam como uma sugestão de que a pessoa deve sentir dor. Esta hipótese é plausível, pois sabemos que, sob hipnose, as pessoas tornam-se bastante suscetíveis à sugestão. Esta possibilidade, uma vez verificada, exigiria uma revisão do modelo de Hilgard.

OPERAÇÕES SENSORIAIS

O complexo processo perceptivo depende tanto dos sistemas sensoriais quanto do cérebro. Nosso corpo é equipado com sistemas especializados de coleta de informações, denominados sentidos, ou sistemas sensoriais, que registram as mudanças de energia ao nosso redor. Os cientistas já catalogaram 11 sentidos humanos completamente distintos, e ainda podem haver outros. Os sentidos desempenham quatro papéis na percepção: detecção, transdução, transmissão e processamento de informações.

Detecção

O elemento denominado detecção existente em cada sentido é conhecido como *receptor*. Receptor é uma única célula ou um grupo de células particularmente responsivas a um tipo específico de energia. Certas células do ouvido respondem a vibrações de ar, uma forma de energia mecânica que experienciamos como sons. Certas células dos olhos são sensíveis a uma forma de energia eletromagnética, que experienciamos como visões.

Os receptores podem ser responsivos a mais de uma forma de energia. As células dos olhos, por exemplo, respondem à pressão ou a vibrações e também à energia eletromagnética. Se você fechar os olhos e apertar suavemente os globos oculares, sentirá o toque como pressão e o "verá" como padrões de luz.

Embora nossos sentidos possam responder a várias formas de energia, eles são particularmente sensíveis a uma *estreita faixa* de estímulos. Nos olhos, os receptores reagem principalmente à luz visível, uma minúscula fração do espectro de energia eletromagnética — (que inclui ondas de rádio e raios gama, infravermelhos e ultravioleta, conforme mostra a Figura 4.12) [a Figuras 4.12 em cores é mostrada na p. A3]. As pessoas não enxergam radiação eletromagnética fora do espectro visível. Da mesma forma, os receptores no ouvido respondem a vibrações de ar na faixa aproximada de 20 a 20.000 hertz (ciclos por segundo). Vibrações acima e abaixo desta faixa ocorrem freqüentemente, porém não conseguimos ouvi-las.

Transdução e Transmissão

Os receptores *"transduzem" ou convertem energia de uma forma para outra. Um transdutor que você provavelmente conhece é o braço de um toca-discos. O braço converte ("transduz") as vibrações mecânicas da agulha (passando pelos sulcos do disco) em sinais elétricos. Depois que os sinais são amplificados, o alto-falante (outro transdutor) transforma a energia elétrica de volta em vibrações mecânicas, as quais ouvimos.*

Os receptores em nossos sentidos convertem a energia que entra em sinais eletroquímicos que o sistema nervoso usa para a comunicação. Se a energia que entra for suficientemente intensa, ela aciona impulsos nervosos que transmitem informações codificadas sobre as várias características dos estímulos. Os impulsos trafegam por fibras nervosas específicas até determinadas regiões do cérebro.

Processamento de Informações

Receptores e cérebro processam informações sensoriais. Em organismos relativamente simples — rãs, por exemplo —, os receptores são encarregados de grande parcela do trabalho. Em animais complexos, como o ser humano, o cérebro carrega uma parte muito maior da carga.

SENTIDOS QUÍMICOS

O paladar e o olfato fornecem informações que ajudam os animais a distinguir as substâncias químicas benéficas das prejudiciais. Embora pensemos nos dois sistemas sensoriais como separados e distintos, ambos estão intimamente ligados. Você provavelmente sabe que o sabor da comida está ligado ao olfato. No caso de resfriado ou alergia, se seu nariz estiver entupido, você não pode sentir cheiros, então a comida perde o sabor. Muito daquilo que chamamos de paladar é, na verdade, olfato (Engen, 1982).

Tanto no paladar como no olfato, os receptores respondem a substâncias químicas. Fazemos a distinção entre os dois sentidos químicos em parte pela localização dos receptores. As substâncias químicas interagem com os receptores na boca e garganta para produzir as sensações de paladar. Para produzir sensações de olfato, as substâncias químicas interagem com os receptores no nariz. Além disso, as substâncias químicas que ativam os receptores do paladar diferem daquelas que ativam os receptores do olfato.

Paladar

O *paladar* fornece informações sobre as substâncias que os animais podem, ou não, desejar comer. Assim, fica muito mais fácil manter-se afastado de substâncias prejudiciais e ingerir nutrientes vitais. Os estímulos do paladar são substâncias solúveis na saliva, as quais podem ser basicamente concebidas como água salgada.

Se você examinar sua língua no espelho, verá que é recoberta por pequenas depressões. Cada depressão é uma papila, separada da sua vizinha por um sulco (Figura 4.4b). As células que registram informações sobre paladar (*células gustativas*) reúnem-se em grupos de 2 até 12. As células gustativas individuais duram em média vários dias e são continuamente substituídas. Os grupos de células gustativas são conhecidos como botões gustativos. Os 10.000 ou mais *botões gustativos* que as pessoas têm em sua maioria estão localizados nas paredes das papilas sobre a superfície da língua. Os poucos botões gustativos restantes estão espalhados pela boca. As substâncias que adentram a boca penetram diminutos poros nas papilas e estimulam as células gustativas. As informações sobre paladar são processadas no cérebro pelo *córtex somatossensorial* nos lobos parietais e pelo sistema límbico (Pfaffman *et al.*, 1979) (veja as Figuras 2.14 e 2.16). Precisamente como, ainda não se sabe (Pfaff, 1985).

Os psicólogos acreditam que há quatro qualidades palatais primárias: azedo, doce, salgado e amargo (Ludel, 1978). As outras sensações do paladar humano são freqüentemente misturas dos quatros fundamentais. A *grapefruit* (toranja), por exemplo, combina sensações de azedo e amargo. As sensações palatais são influenciadas também pelos dados recebidos por outros sistemas sensoriais (Berridge & Fentress, 1985). Uma dessas influências sensoriais é a temperatura. A sensibilidade ao sal, por exemplo, parece aumentar com a baixa da temperatura. Portanto, uma sopa que parece estar apropriadamente salgada quando quente pode parecer excessivamente salgada ao esfriar. Também a textura contribui para o paladar. A melancia supermadura, que adquire uma textura mole, pode ter gosto de estragada. A cor e a dor também contribuem para o paladar (McBurney & Collings, 1977). É difícil identificar o sabor de uma gelatina com colorante natural marrom. A contribuição ao sabor dada pela pimenta vermelha parece ser proveniente da estimulação dos receptores de dor.

O gosto de um alimento depende também de onde ele é mantido dentro da boca. Um pêssego tem gosto notavelmente mais doce quando mantido na frente da boca; o café, mais amargo, quando mantido mais atrás. Isso se deve ao fato de que a língua tem regiões particularmente sensíveis às sensações palatais básicas. O meio da língua (superfície) é relativamente insensível a todas as sensações palatais. A ponta é relativamente responsiva a doce e a salgado; os lados, a azedo; e a parte de trás, a amargo (veja a Figura 4.4c). De forma correspondente, os botões gustativos variam na sensibilidade aos quatro estímulos palatais básicos. Alguns são totalmente insensíveis a um ou dois tipos de estimulação.

Com exposição repetida, o paladar diminui (Ludel, 1978). Saboreamos relativamente pouco se continuamos a comer o mesmo alimento por alguns minutos. Isso faz sentido em termos de evolução. Gostos adocicados são freqüentemente associados com alimentos naturalmente nutritivos, como frutas maduras. Gostos amargos tendem a acompanhar substâncias tóxicas ou não-nutritivas, como vegetais venenosos ou frutas verdes. É fundamental detectar o doce e o amargo de início; porém, assim que se obtém essa compreensão, não é biologicamente importante saber que mais quantidade da mesma substância é igualmente doce ou amarga. Portanto, o sistema gustativo à semelhança dos outros sistemas, parece concentrar-se em mudanças na estimulação.

Olfato

O *olfato* fornece informações sobre as sustâncias químicas suspensas no ar e solúveis em água ou gordura. Não sentimos o cheiro de todas as substâncias que atendem a esses requisitos. Por exemplo, não sentimos o cheiro da água destilada.

Materiais odorosos excitam os receptores, conhecidos como *bastonetes olfativos*, localizados no alto da cavidade nasal (veja a Figura 4.5). Os bastonetes olfativos são as pontas dendíticas dos neurônios, os quais adentram a cavidade nasal. Cada ponta tem diversas estruturas diminutas semelhan-

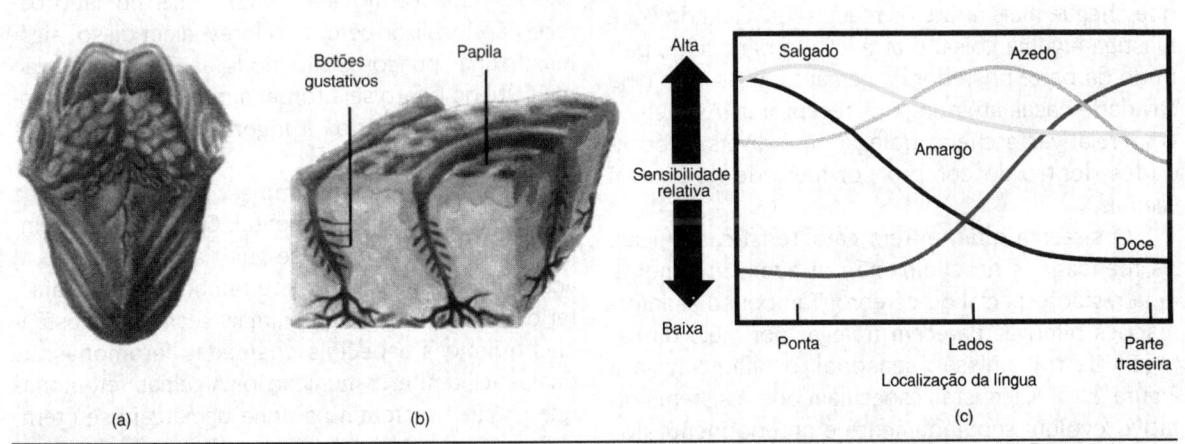

FIGURA 4.4 As depressões que recobrem a língua (a) são chamadas de papilas, ampliadas em (b). Dentro das paredes das papilas estão os botões gustativos, formados de células gustativas. Embora todas as áreas da língua sintam os quatro sabores básicos, você pode observar em (c) que diferentes partes da língua são particularmente sensíveis a sabores específicos. O centro da língua contém poucos botões gustativos e é relativamente insensível ao paladar. (Adaptada de Ludel, 1978.)

tes a fios de cabelo, chamadas *cílios*. Os bastonetes olfativos estão sendo continuamente substituídos; a cada quatro a cinco semanas, há uma substituição completa (Graziadei *et al.*, 1979).

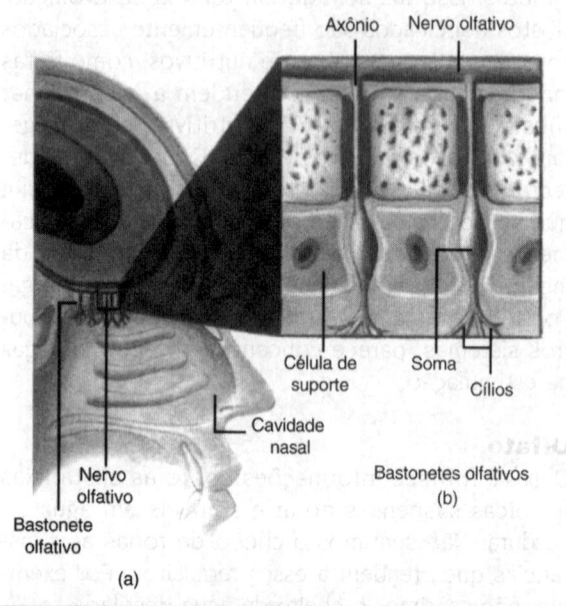

FIGURA 4.5 As substâncias químicas suspensas no ar que respiramos fluem para dentro da cavidade nasal (a) e estimulam receptores chamados bastonetes olfativos (b). Mensagens relativas a cheiros trafegam para o cérebro por meio dos nervos olfativos. (Adaptada de Ludel, 1978.)

O ato de cheirar ou inalar faz com que o ar adentre profundamente a cavidade nasal de modo que chegue mais ar até os receptores. Quando você mastiga alguma coisa, o ar é levado para cima, partindo da parte posterior da garganta, passando pela cavidade nasal, até atingir os receptores. As mensagens relativas a cheiro trafegam até diversas localidades dentro do cérebro por meio de dois *nervos olfativos*.

O sistema olfativo tem características únicas. As mensagens de cheiro não atingem finalmente uma região especial do cérebro. Tampouco as informações olfativas parecem trafegar por meio da estação de transmissão sensorial, o tálamo (veja a Figura 2.13). Cientistas especulam que o sistema olfativo evoluiu separadamente e anteriormente aos outros sistemas sensoriais.

Há numerosos métodos de classificação de cheiros, porém nenhum deles foi universalmente aceito (Engen, 1982). Sensações olfativas primárias, como fragrante (por exemplo, uma rosa), pútrido (ovos estragados) e picante (canela), já foram identificadas. Quando os pesquisadores tentam correlacionar estrutura química com odor, encontram muitas inconsistências. Até o momento, a base física da sensação de odor permanece um mistério (Engen, 1982; Wysocki & Beauchamp, 1984).

O sistema olfativo é muito sensível; com freqüência respondemos a níveis espantosamente baixos das substâncias químicas das quais sentimos o cheiro. Acredita-se que um único receptor (bastonete olfativo) possa ser ativado por uma única molécula. O estímulo em si não é a única influência sobre nossa capacidade de detectar odores (Ludel, 1978). O olfato depende da hora do dia. Somos mais sensíveis antes do que depois do almoço, por exemplo. O olfato depende também dos outros odores eventualmente presentes. Em geral, estamos diante de uma mistura. Às vezes, a mistura produz uma sensação peculiar que não é equivalente a qualquer outra — como nos perfumes. Outras vezes, a mistura produz um composto no qual conseguimos reconhecer seus diferentes componentes. Ao comer um guisado, você pode conseguir identificar cada um dos cheiros dos diferentes temperos. Por vezes, um cheiro neutraliza outro. Tente cheirar uma rosa e uma cebola.

Os cientistas que estudam os sentidos consideram o olfato o sentido humano menos importante. Não obstante, pode ajudar-nos a detectar e localizar contaminações em alimentos e no ar, embora não seja infalível (Engen, 1982). O ser humano parece não localizar bem os odores; além disso, algumas toxinas perigosas são inodoras. Talvez a função mais útil do olfato seja tornar agradável o ato de comer, estimulando-nos a ingerir o combustível de que precisamos.

Para animais mais simples, o olfato tem uma importância social fundamental. Os cães, por exemplo, usam o olfato para se guiar até o alimento, o acasalamento e os amigos, e também para se afastar dos inimigos. Muitos animais secretam substâncias químicas especiais chamadas feromonas, as quais facilitam a comunicação. Algumas feromonas que os cães secretam na urina demarcam seu território contra invasão de outros cães. Durante o cio, as cadelas secretam outra feromona que avisa os parceiros em potencial de seu desejo de cruzar.

Alguns investigadores acreditam que o ser humano retém remanescentes de um sistema de feromonas (Engen, 1982). Bebês com menos de uma semana de idade podem distinguir entre o cheiro da própria mãe e o de estranhos. O olfato pode também atuar no comportamento sexual. Alguma evidência provém da especial sensibilidade de mulheres a compostos semelhantes a almíscar. Há muito tempo, acreditou-se que esses compostos eram secretados por homens sexualmente responsivos. E, muito apropriadamente, a sensibilidade da mulher atinge seu pico quando os hormônios sexuais femininos (estrogênios) atingem seu nível máximo, estando as mulheres mais propensas à fertilidade (Vierling & Rock, 1967). As secreções vaginais das macacas contêm ácidos gordurosos voláteis cujo odor atrai os machos e estimula o comportamento sexual. As mulheres com ciclos menstruais regulares atingem um pico de produção de substâncias químicas similares durante a ovulação, mas de que forma essas substâncias afetam os homens ainda é desconhecido (Michael et al., 1974).

SENTIDOS DE POSIÇÃO

Dois sentidos humanos pouco conhecidos, o *cinestésico* e o *vestibular*, fornecem informações sobre as ações do corpo em si.

Sentido Cinestésico

O *sentido cinestésico* informa-nos do posicionamento relativo das partes do corpo durante os movimentos. Se você fechar os olhos e encolher os dedos, o sentido cinestésico o torna consciente do movimento. Este sentido capacita-nos não só a monitorar continuamente o que as partes do corpo estão fazendo, mas também a equilibrar a tensão muscular pelo corpo inteiro para que possamos nos movimentar com eficiência.

O sentido cinestésico depende de vários tipos diferentes de receptores nas juntas, nos músculos e nos tendões. Suas mensagens eletroquímicas trafegam até o córtex somatossensorial nos lobos parietais do cérebro (veja a Figura 2.14).

Sentido Vestibular

O sentido vestibular é às vezes chamado de *sentido de orientação* ou *equilíbrio*. Ele fornece informações sobre o movimento e a orientação da cabeça e do corpo em relação à Terra conforme as pessoas movimentam-se sozinhas ou em veículos como carros, aviões, barcos e outros. Estas informações, que não adentram a consciência, ajudam as pessoas a manter uma postura ereta e a ajustar a postura durante os movimentos.

O sistema vestibular ajuda também na visão. A cabeça move-se continuamente conforme inspecionamos o meio ambiente. Os olhos movem-se automaticamente para compensar os movimentos da cabeça, um reflexo iniciado pelo sentido vestibular.

O sentido vestibular depende dos *órgãos vestibulares*, os quais são compostos de três ductos semicirculares e dois órgãos otólitos, localizados nas partes ósseas do crânio, em ambos os ouvidos internos. (Veja a Figura 4.11.) As mensagens dos órgãos vestibulares trafegam até variadas partes do cérebro. O cérebro combina estas informações com aquelas fornecidas pelos sentidos visual e cinestésico para orientar o corpo no espaço.

Tontura e náusea são sintomas de enjôo devidos ao movimento. Este problema incômodo parece depender de duas condições (Ludel, 1978). Primeira, as informações dos órgãos vestibulares, dos olhos, ou de ambos, indicam que o meio ambiente está se movimentando erraticamente (de uma forma que se desvia do curso usual). Segunda, os órgãos sensoriais fornecem informações conflitantes: pense que você está em um barco que oscila nas ondas do mar. Enquanto os olhos dizem para o cérebro que a cena diante de você está parada, o sistema vestibular envia mensagens de repetidas sacudidas do barco.

O enjôo do espaço é um grave problema para viajantes como o astronauta mostrado na Figura 4.6. Uma das teorias concentra as causas do problema nos órgãos otólitos (Joyce, 1984). O funcionamento normal destes órgãos depende de a gravidade estabelecer as direções "para cima" e "para baixo". A força de gravidade que experimentamos continuamente na Terra não existe no espaço sideral; portanto não há o "para cima" e "para baixo" que o sistema otólito usa como referência. Como conseqüência, esses órgãos enviam para o cérebro sinais confusos sobre a posição da cabeça. Ao mesmo tempo, as mensagens dos ductos semicirculares, os quais não são afetados pela gravidade zero, representam com precisão os movimentos rotatórios da cabeça para os lados e para a frente. O conflito entre as duas fontes de informação supostamente contribui para o enjôo do espaço.

FIGURA 4.6 O astronauta C. Gordon Fullerton flutua "de cabeça para baixo" no ambiente de gravidade zero da nave espacial Colúmbia em órbita da Terra. (NASA.)

SENTIDOS CUTÂNEOS: CONTATO, PRESSÃO, CALOR, FRIO E DOR

O sentido que costumávamos chamar de tato é na verdade constituído por cinco sistemas dérmicos (ou somatossensoriais) distintos: contato físico, pressão profunda, calor, frio e dor.

A pele é formada de duas camadas de células (Figura 4.7). A camada externa e protetora, que chamamos de epiderme, contém células mortas. Sua espessura varia: fina no rosto e grossa nos pés, por exemplo. Sob a epiderme está a derme. Células novas estão sendo continuamente produzidas nesta espessa camada viva. Estas células movem-se para a superfície para substituir as células epidérmicas que são rotineiramente eliminadas.

Receptores somatossensoriais encontram-se espalhados por toda a derme. Muitos receptores parecem especializados em responder principalmente a estímulos que representam uma das cinco sensações cutâneas. Certas células, porém, respondem a estímulos que produzem algumas ou até as cinco sensações. Estes fatos têm duas implicações interessantes. Primeira, a sensação não é contínua na superfície da pele, mas, sim, localizada em pontos específicos. Segunda, os pontos sensíveis não são igualmente responsivos a pressão, contato, frio, calor e dor.

A evidência dessas observações provém de pesquisadores que investigam a pele ponto por ponto para localizar áreas que respondem a diferentes estímulos. Para isso, os investigadores colocam uma pequena grade em uma área da pele, digamos, da perna. Para determinar a sensibilidade à pressão, um fio duro seria pressionado contra a pele em cada quadrado da grade, e o participante diria como sentiu cada pressão. O procedimento pode ser repetido com um cilindro de latão que tenha sido resfriado ou aquecido para testar a sensibilidade à temperatura e com um alfinete para testar a sensibilidade à dor. Alguns locais mostram-se mais sensíveis à pressão; outros, a calor; e assim por diante.

A localização dos receptores dentro da pele tem uma implicação importante. O tecido circundante absorve parte da estimulação. Se alguém aperta seu braço, por exemplo, somente uma fração

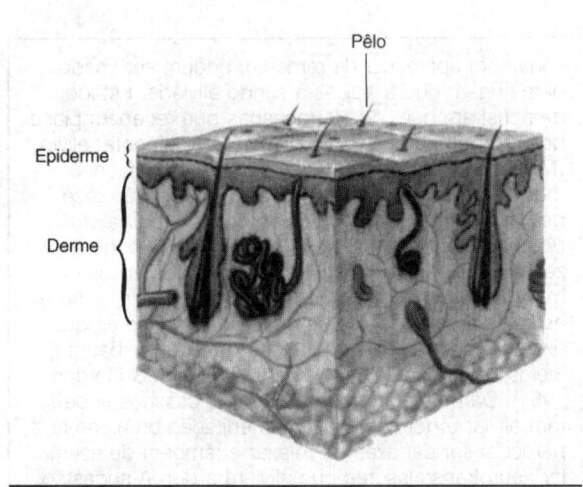

FIGURA 4.7 Os receptores da pele, encontrados dentro da derme, são rodeados por tecidos que absorvem parte do impacto dos estímulos que entram em contato com a superfície da pele. (Adaptada de Ludel, 1978.)

da força chega até um receptor. O mesmo se aplica ao contato, ao frio, ao calor e à dor.

Os receptores cutâneos enviam mensagens sensoriais à medula espinhal. De lá, os sinais trafegam por complicadas vias até as regiões somatossensoriais do cérebro, nos lobos parietais, para processamento (veja a Figura 2.14).

À primeira vista, parece necessária a existência de células especializadas para o cérebro reconhecer as variadas sensações cutâneas. Mas isso não é verdade. A córnea do olho, que contém somente um tipo de célula receptora, registra ainda informações sobre tato, temperatura e dor (Lele & Weddell, 1956).

Os sistemas somatossensoriais nos mantêm bem informados sobre as características dos objetos que entram em contato com a superfície do corpo. A sensibilidade cutânea é particularmente intensa nas partes do corpo que exploram mais diretamente o mundo que nos cerca: mãos e dedos, lábios e língua (Weistein, 1968). Cabe lembrar também que uma quantidade desproporcionalmente grande do córtex é responsável pela decifração das mensagens destas regiões (veja o Capítulo 2).

O sistema da dor é particularmente interessante; nós o examinamos no Quadro 4.2. (■)

Quadro 4.2

A EXPERIÊNCIA DA DOR

Embora não seja bem-vinda, a dor desempenha um papel biológico vital. Ela nos alerta sobre os perigos que ameaçam nosso corpo e que requerem ação. Históricos de pessoas que nascem desprovidas de sensibilidade à dor deixam claro que a percepção da dor é necessária ao bem-estar. Privadas de sinais de alerta, essas pessoas podem permanecer em contato com fornos quentes e ignorar sérias quedas e esforços demasiados. Embora o corpo necessite de atenção e descanso, elas vão adiante. Como resultado, tendem a morrer cedo.

O entendimento das bases fisiológicas da dor já avançou bastante. Muitos cientistas que estudam os sentidos acreditam que há terminações nervosas especiais que registram a sensação de dor, chamadas *nociceptores* ("nocivo" vem da mesma raiz). Os receptores estão localizados na pele, nos tecidos em torno dos músculos, nos órgãos internos, em membranas em torno dos ossos e na córnea. A maioria dos receptores da dor parece responder a vários tipos diferentes de estímulos nocivos. Os localizados na pele, por exemplo, reagem a cortes, queimaduras, substâncias químicas liberadas quando o tecido é lesado e circulação sangüínea inadequada.

A resposta mais primitiva à dor ocorre no nível do reflexo. As mensagens sobre dor trafegam até a medula espinhal, que faz a mediação dos reflexos de proteção. Suponha que você pise em uma tachinha. Os receptores da pele atingida enviam informações à medula espinhal, que envia uma mensagem de volta aos músculos, que inclinam o calcanhar e retiram o pé. A retirada do pé ocorre antes mesmo de o receptor notificar o cérebro e antes da tomada de consciência da dor.

Parece haver dois sistemas diferentes para transmissão de mensagens de dor para o cérebro. As mensagens para um sistema movem-se rapidamente e transmitem uma sensação de dor vívida e especificamente localizada. O sistema mais lento produz uma sensação de dor difusa e incômoda. O sistema rápido parece sinalizar a presença de ferimento e sua respectiva localização e extensão. O sistema mais lento parece exercer um papel de lembrança, mantendo o cérebro informado de que ocorreu um ferimento, de que a atividade deve ser restringida e de que deve ser tomada uma providência. Há mais uma diferença curiosa entre os dois sistemas da dor. O sistema rápido não parece produzir mensagens "permeadas de emoção", enquanto o outro, sim. Sensações de dor geralmente têm dois componentes: a sensação real de dor e o sofrimento. Podemos experienciar dor sem

■ **Quadro 4.2** (continuação)
Os cientistas ainda não descobriram como o sistema nervoso processa as mensagens de dor. Sabemos que há centros especiais na medula espinhal e no cérebro que lidam com informações relativas à dor. Sabemos também que a percepção de dor envolve uma série de sistemas neurotransmissores (veja o Capítulo 2), os quais usam endorfinas, serotonina, epinefrina, norepinefrina e substância P (Graceley et al., 1983; Watkins & Mayer, 1985).

As endorfinas são uma família de neurotransmissores que tem sido amplamente pesquisada nos últimos anos. Embora precisemos ser alertados dos perigos, ficamos incapacitados pela dor constante e intensa. As endorfinas desempenham um papel de alívio da dor, permitindo-nos distanciar da dor e tomar as medidas apropriadas (Akil et al., 1984; Terenius, 1982). Uma série de tratamentos de redução da dor parece funcionar por meio do estímulo das endorfinas: dentre eles, placebos, estimulação elétrica de certas regiões do cérebro e acupuntura. A hipnose trabalha de forma diferente.

As pessoas revelam diferenças individuais enormes na resposta a idênticas experiências de dor. Tais diferenças dependem das variações fisiológicas e da interpretação e sugestão, atenção e ansiedade (Melzack, 1973).

A forma pela qual as pessoas *interpretam* a dor é uma influência importante sobre a experiência da dor. Em algumas sociedades, as mulheres grávidas trabalham no campo até o momento do parto, parando apenas para dar à luz e voltando quase imediatamente ao trabalho. Elas não vêem o trabalho de parto como um processo torturante e não relatam muita dor. Um dos componentes do método de treinamento Lamaze de parto preparado enfatiza uma reinterpretação dos aspectos dolorosos da experiência de dar à luz. A interpretação influencia também a dor de dente (Dworkin & Chen, 1982). Em uma pesquisa, estudantes foram testados nos limiares da dor a choques elétricos progressivamente mais fortes nos dentes, e os pesquisadores descobriram que os participantes do experimento eram mais sensíveis quando testados em consultórios dentários do que em escritórios comerciais. Ao que parece, quando prevemos que vai doer, sentimos mais dor.

A *sugestão* pode alterar as interpretações humanas das situações de dor. *Placebos*, substâncias inócuas com aparência de remédio, podem ser usados para sugerir que a dor está sendo aliviada. Estudos demonstram que, de 100 pessoas que recebem placebos, aproximadamente 35 relatam experimentar alívio (Melzack, 1973); e isso continua sendo verdadeiro mesmo quando as pessoas sabem que estão recebendo placebos (Levine & Gordon, 1984). O alívio pode ser enorme; após cirurgia, a morfina pode às vezes ser substituída por placebos. Estudos atuais demonstram que os placebos induzem o relaxamento e estimulam as endorfinas e outros transmissores que exercem um papel na regulação da dor (Basbaum & Fields, 1984; Graceley et al., 1983; Levine & Gordon, 1984). Da mesma forma, quando as pessoas esperam aliviar a dor por meio de meditação ou hipnose, parecem ser capazes de relaxar e também de estimular neurotransmissores que aliviam a dor. A sugestão, por meio da meditação auto-induzida, provavelmente contribui para as proezas dos iogues, como deitar em camas de cacto ou de pregos e andar sobre carvão quente.

A atenção é outra influência sobre a experiência da dor. A concentração em outra coisa diminui a dor, especialmente a dor moderada (McCaul & Malott, 1984; Spanos et al., 1984). Há alguns dentistas que oferecem fones de ouvido com música para distrair os pacientes enquanto usam o motorzinho. No laboratório e na vida, as pessoas aprendem a desviar a atenção para diminuir a dor: por exemplo, tentando "observar imparcialmente" os aspectos incomuns da experiência ou imaginando umas férias agradáveis (Farthing et al., 1984).

O papel da *ansiedade* na dor ainda não está esclarecido. No passado, os cientistas acreditavam que a ansiedade sempre aumentava a dor. É por isso que os médicos freqüentemente administram medicamento antiansiedade para pacientes com dor crônica. Nas aulas de preparação para o parto, as mulheres aprendem a fazer exercícios de relaxamento porque a ansiedade parece mudar os padrões de tono muscular e respiração, o que torna o parto mais doloroso. Entretanto, experimentos recentes (Boulenger & Uhde, 1982) sugerem que a ansiedade pode efetivamente anular certos aspectos da experiência da dor.

Nosso resumo deve ter deixado claro que resta ainda muito a se descobrir sobre o mistério da dor.

AUDIÇÃO

A audição, subjacente a nossa capacidade de comunicar usando a linguagem, é um sentido humano extremamente importante; e as capacidades humanas são impressionantes. Estima-se que podemos discriminar em torno de 400.000 sons distintos. Nossa faixa de discriminação — desde sons muito suaves até mais de um bilhão de vezes mais altos — é imensa. Somos também aptos a localizar a fonte dos sons. Em alguns indivíduos (notadamente os músicos e as pessoas cegas), a percepção auditiva pode ser refinada a um grau impressionante. O grande maestro Arturo Toscanini podia detectar uma única nota musical errada com a orquestra inteira tocando, mesmo durante o primeiro ensaio de uma peça contemporânea dissonante (Marek, 1975).

O sentido da audição baseia-se em células especiais do ouvido que respondem a mudanças rápidas na pressão (vibrações) do ar circundante. Portanto, a audição assemelha-se a outros sentidos que reagem a forças mecânicas: o sentido vestibular e a sensibilidade à pressão, por exemplo. Às vezes, a audição é muito apropriadamente referida como "sentir (à) distância".[2]

Ondas Sonoras

O que estimula a audição? Inicialmente, os movimentos físicos perturbam o ar. Imagine alguém falando com você e as cordas vocais vibrando. As partículas de ar em torno do órgão em movimento são agitadas. Elas empurram as partículas próximas. Como cada partícula vibra em torno de sua posição original, isso faz com que as partículas de ar próximas vibrem em torno de sua localização inicial. À medida que as sucessivas variações na pressão perturbam o meio aéreo, a perturbação viaja na forma de onda. A primeira onda acaba chegando ao ouvido e estimula os receptores. Para fazer uma idéia das ondas sonoras, que são invisíveis, imagine as ondas ampliando-se em um lago depois de atirar uma pedra.

As ondas sonoras têm uma série de propriedades. Duas delas são importantes para nossos propósitos: a amplitude e a freqüência. *Amplitude* é a altura de uma onda sonora em qualquer ponto do tempo (conforme ilustram as Figuras 4.8 e 4.9). Em nosso exemplo de uma pessoa falando, você pode pensar na altura como sendo a distância a que foi movida uma partícula de ar a partir de sua posição de repouso. O mais das vezes, o que nos interessa é a altura máxima, ou a amplitude. Em outras palavras, queremos saber a que distância máxima move-se uma partícula a partir de sua posição de repouso. Esse valor está diretamente relacionado com uma propriedade de onda conhecida como *intensidade*. A intensidade, por sua vez, está estreitamente ligada à experiência de volume (*loudness*), conforme veremos.

Compare os diagramas das ondas sonoras das Figuras 4.8*b* e 4.9*b*. Elas têm a mesma amplitude máxima. Da mesma forma, os diagramas das ondas sonoras das Figuras 4.8*a* e 4.9*a* têm também a mesma amplitude máxima.

A onda sonora é também caracterizada por sua *freqüência*, o número de ciclos completos que ocorre a cada segundo. Observando os diagramas de ondas da Figura 4.9*a* e *b*, verifica-se que a forma é repetitiva. A unidade repetitiva básica de um pico de amplitude para o seguinte é chamada de *ciclo*. A freqüência é medida em unidades chamadas *hertz*, um ciclo por segundo. A Figura 4.8*a* e *b* mostra uma onda sonora de 100 hertz, enquanto a Figura 4.9*a* e *b* mostra uma onda sonora de 1.000 hertz.

Os sons da vida raramente se devem a ondas simples de freqüência única como as mostradas nas Figuras 4.8 e 4.9. A maioria das ondas sonoras reais tem formas complexas, semelhantes àquelas das Figuras 4.10*a* e *b*. Tais ondas complexas são compostas de muitas ondas, cada uma delas com freqüência e amplitude próprias. Aparentemente, o ouvido lida com os muitos sons subdividindo as ondas complexas em um grupo de componentes elementares (como as ondas das Figuras 4.8 e 4.9). Da mesma forma que podemos perceber cada nota que forma um acorde, em geral ouvimos os sons individuais que formam os sons complexos. Todavia, quando os sons são formados por um grande número de ondas não relacionadas (como é o caso da onda mostrada na Figura 4.10*b*), só experienciamos barulho.

Anatomia do Ouvido

As estruturas do ouvido exercem variadas funções. Algumas conduzem ondas sonoras. Outras amplificam as ondas sonoras. Outras convertem ondas sonoras em impulsos nervosos que podem ser conduzidos para o cérebro. A descrição que se segue ficará mais clara se você se referir ao diagrama da Figura 4.11.

O ouvido externo coleta ondas sonoras, afunilando-as em direção a uma membrana retesada, denominada *tímpano*. As ondas sonoras fazem o tímpano vibrar. Essas vibrações atravessam uma cavidade cheia de ar, conhecida como ouvido médio, e são transmitidas a outra membrana, a janela oval. A janela oval separa o ouvido médio do ouvido interno. Três ossos, denominados ossículos, servem de ponte mecânica, transportando as vibrações do tímpano para a janela oval. É provável que você já conheça os ossos pelos seus nomes populares: martelo, bigorna e estribo.

---

2. N.R.T.: Em português, não usamos a expressão "sentir (à) distância" (*feeling at a distance*, no original) como sinônimo de ouvir.

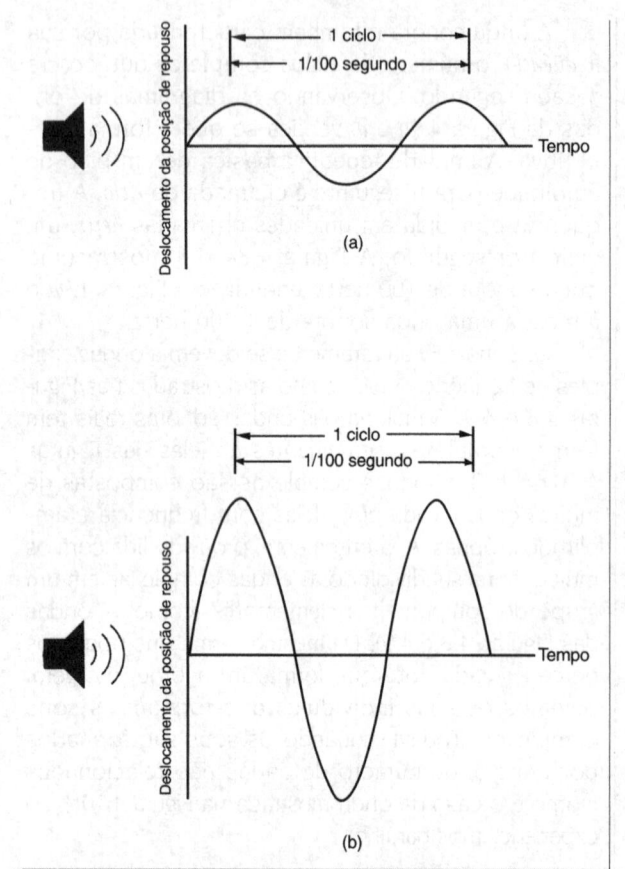

FIGURA 4.8 Duas ondas sonoras de 100 hertz.

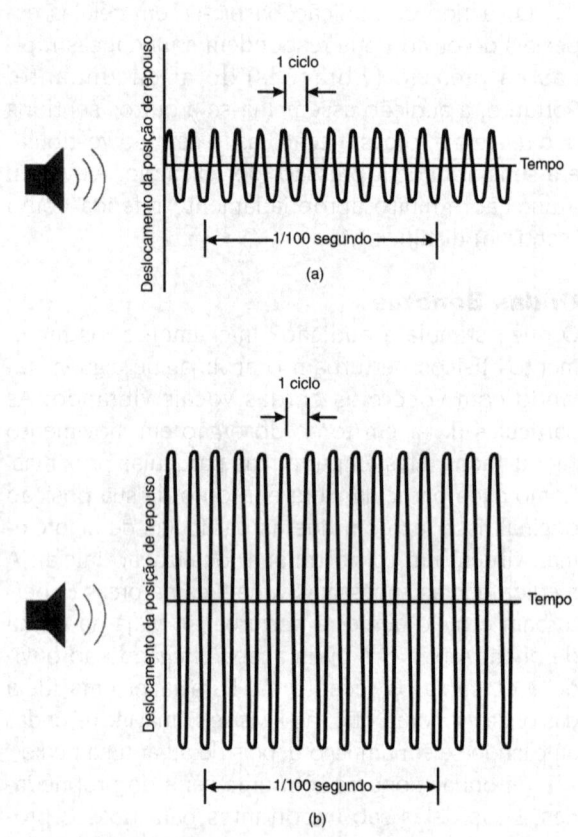

FIGURA 4.9 Duas ondas sonoras de 1.000 hertz.

Os movimentos da janela oval colocam as ondas em um fluido que preenche um tubo espiralado no ouvido interno, a cóclea. A maior parte da cóclea é dividida em partes superiores e inferiores por estruturas que incluem a *membrana basilar*. Os verdadeiros receptores auditivos são as *células ciliadas* que se encontram dentro da cóclea. Cada uma delas, composta de um cílio conectado a uma célula, pode enviar um sinal pelo *nervo auditivo* até o cérebro. Quando os movimentos da janela oval alteram a pressão no fluido da cóclea, a forma da membrana basilar é alterada e as células ciliadas são inclinadas. Aquilo que ouvimos depende enormemente de quais cílios são inclinados.

Por que um mecanismo tão complexo para captar sons? Em parte, ele parece necessário para lidar com a grande variedade de intensidades com que lida o ouvido. O entendimento apropriado do sistema exige um considerável conhecimento de princípios de engenharia: hidráulica, mecânica e eletrônica.

Cérebro e Audição

As mensagens dos receptores auditivos viajam para o cérebro. Leva aproximadamente 50 milissegundos para uma informação sonora que está adentrando o ouvido chegar aos principais centros auditivos do córtex (Romani *et al.*, 1982). Não sabemos precisamente a quais características auditivas respondem os neurônios corticais. Pode ser a tons puros ou complexos, ou a tons constantes ou variáveis. Em contrapartida, sabemos que sons de diferentes freqüências são processados em diferentes regiões dos lobos temporais (veja a Figura 2.14).

De Ondas Sonoras a Sons

Experienciamos sons, não ondas sonoras. De que forma estão as ondas sonoras relacionadas com as nossas experiências subjetivas?

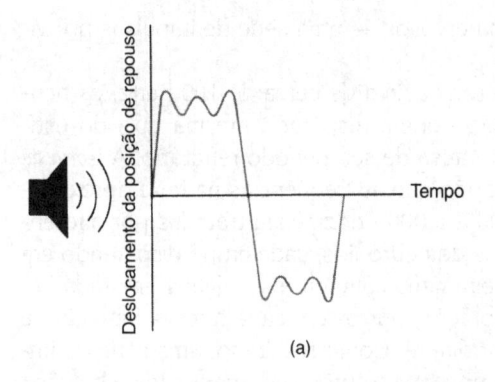

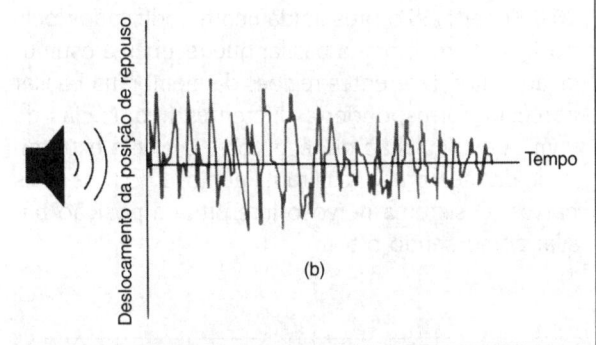

FIGURA 4.10 Ondas sonoras complexas.

Volume [Intensidade do Som]

Em geral, os sons parecem mais intensos à medida que a intensidade da forma de onda aumenta fora do ouvido. Ao mesmo tempo, a presença de outros sons altera nossa percepção de volume. Em um ambiente silencioso, um som de intensidade relativamente baixa parece mais alto do que em um ambiente barulhento. As freqüências presentes em um som afetam também a intensidade percebida. Sons de alta freqüência tendem a ser percebidos como mais intensos do que os sons de baixa freqüência de igual intensidade.

As intensidades de som são medidas em decibéis (dB). Zero decibéis corresponde aproximadamente ao som mais fraco que uma pessoa com audição normal pode identificar em um ambiente silencioso. A Tabela 4.1 fornece os níveis de decibéis de alguns sons comuns. A escala de decibéis é logarítmica. Cada intervalo de dez pontos na escala representa um aumento de dez vezes no nível de energia.

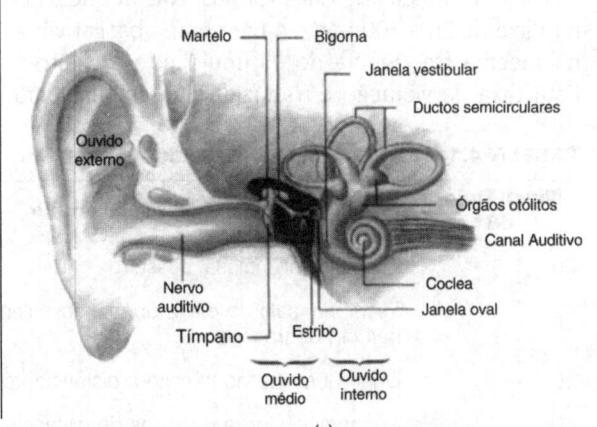

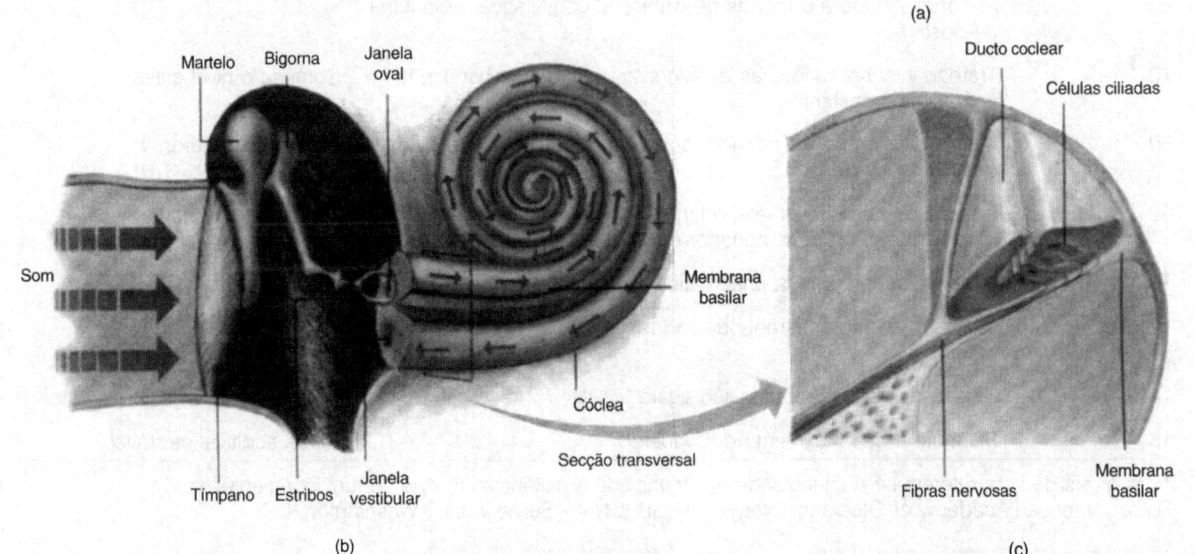

FIGURA 4.11 Anatomia do ouvido (a) com secções detalhadas do ouvido médio (b) e da cóclea (c). (Adaptada de Lindsay & Norman, 1977, e de Coren et al., 1978.)

Tom
À medida que sobe a freqüência (uma propriedade física) de uma onda sonora, sobe também o seu tom (uma propriedade percebida). As pessoas ouvem sons de freqüências entre 20 e 20.000 hertz. Nossa sensibilidade maior está na faixa dos 1.000 a 4.000 hertz. A faixa maior dos cães vai de 15 a 50.000 hertz. Os chamados apitos silenciosos para cães têm uma freqüência acima de nossa faixa de audição, porém dentro da faixa dos cães. A Tabela 4.2 mostra as freqüências de alguns sons musicais comuns.

A fisiologia do tom De que forma as pessoas percebem o tom informado pelo receptor? Aparentemente, há pelo menos três diferentes mecanismos envolvidos.

Supõe-se que as freqüências relativamente baixas sejam tratadas de duas formas. Nas freqüências na faixa de 20 a 100 hertz, a membrana basilar vibra na mesma freqüência do estímulo que a excitou. Esta taxa de vibração é traduzida diretamente para impulsos nervosos — uma série de impulsos por vibração.

Para tons acima de cerca de 100 hertz, os neurônios não podem disparar à mesma taxa do estímulo por causa de seu período refratário. A *teoria da rajada* propõe que as freqüências na faixa aproximada de 100 a 5.000 hertz sejam tratadas por diferentes grupos de neurônios, cada grupo disparando em ritmo ligeiramente diferente — alguns em cada segunda vibração, outros em cada terceira vibração, e assim por diante. Como resultado, uma série de impulsos é novamente produzida para cada vibração.

Sons de freqüência relativamente alta (até 20.000 hertz) são presumidamente codificados pela posição na membrana basilar que recebeu a estimulação maior. Diferentes regiões da membrana basilar parecem corresponder a diferentes freqüências de som. A estimulação de receptores em uma extremidade da membrana resulta na audição de tons mais baixos. O sistema nervoso interpreta a posição basilar como sendo o tom.

TABELA 4.1 Níveis de intensidade de sons comuns.

Nível Típico, dB*	Exemplo	Exposição de Duração Perigosa
30	Biblioteca silenciosa, sussurro	
40	Escritório, sala de estar, dormitórios silenciosos e distantes de barulho de trânsito	
50	Ligeiro barulho de trânsito a distância, refrigerador, brisa suave	
60	Ar-condicionado a 6 metros de distância, conversação, máquina de costura	
70	Tráfego intenso, máquinas de escrever, restaurante barulhento (exposição constante)	Começa o nível crítico
80	Metrô, tráfego urbano pesado, despertador a 0,60 metro, barulho de fábrica	Mais de oito horas
90	Tráfego de caminhões, eletrodomésticos barulhentos, ferramentas de oficina, cortador de grama	Menos de oito horas
100	Serra de cadeia, broca pneumática	Duas horas
120	Concerto de rock, defronte às caixas, jato de areia, ribombo de trovão	Perigo imediato
140	Rajada de metralhadora, avião a jato	Qualquer exposição é perigosa
180	Plataforma de lançamento de foguete	Perda auditiva inevitável

* Os níveis de som referem-se à intensidade experienciada a distâncias típicas de funcionamento.
Fonte: American Academy of Otoclaryngology — Head & Neck Surgery, Inc., Washington, DC.

Em grande parte de nossa faixa auditiva, a informação sobre tom é provavelmente fornecida por dois, ou até pelos três, mecanismos.

TABELA 4.2 Sons musicais comuns e suas freqüências.

Som	Freqüência, Hz
Nota mais baixa do piano	27,5
Nota mais baixa do cantor com voz de baixo	100
Dó central no piano	261,6
Faixa do violão	82-698
Faixa mais alta do tom soprano	1.000
Nota mais alta do violino	2.093
Nota mais alta do piano	4.180

Fonte: Lindsay & Norman, 1977.

Perda da Audição

A *surdez* total (perda da audição) é rara. Presume-se que somente 1% de todos os surdos seja incapaz de ouvir sons sob quaisquer circunstâncias (Kalat, 1984). As diminuições de audição geralmente se dividem em surdez de ouvido interno e surdez de ouvido médio.

No caso da surdez de ouvido médio, os ossos do ouvido médio não transmitem as ondas sonoras adequadamente para a cóclea. A cóclea e o nervo auditivo são saudáveis. Causas relativamente comuns de surdez do ouvido médio são as doenças e infecções que afetam o ouvido médio e levam à ruptura do tímpano e ao acúmulo de cera. A perda da audição raramente é total, sendo, na maioria das vezes, temporária e reversível, embora possa haver a necessidade de aparelhos, medicamentos ou cirurgia. Enquanto o som puder passar pelo ouvido médio, pessoas com surdez do ouvido médio podem ouvi-lo porque a cóclea e o nervo auditivo funcionam.

A *surdez* do ouvido interno resulta de condições lesivas ao ouvido interno (cóclea, células ciliares ou nervo auditivo). Dentre as causas comuns encontram-se os antibióticos poderosos, os vírus, as deficiências hereditárias ou pré-natais e a prolongada exposição ao barulho (veja o Quadro 4.3). A surdez do ouvido interno pode ser parcial, porém tende a ser permanente. Neste caso, os aparelhos auditivos são de pouca ajuda; atualmente, porém, estão sendo testados novos mecanismos implantados na cóclea para estimular o nervo. (■)

VISÃO

A visão guia nossos movimentos. Ela nos capacita a evitar quedas em buracos e colisões com árvores e carros. Ela nos permite contatar ou evitar algo, segundo nosso desejo. Pelo fato de dependermos demasiadamente da visão para obter informações do meio ambiente, ela é geralmente considerada o sentido humano predominante. É por isso que dedicaremos o restante desta seção quase integralmente à visão. A capacidade de ver depende de células especiais nos olhos que respondem a ondas luminosas. Examinaremos primeiro os fundamentos da física e da fisiologia.

Ondas Luminosas

Enquanto as ondas sonoras consistem de vibrações em um meio como o ar, as ondas luminosas consistem de vibrações em uma entidade abstrata chamada de *campo eletromagnético*. É impossível descrever o campo eletromagnético em termos concretos, embora possamos falar das propriedades das ondas luminosas. Estas propriedades são importantes para nossa discussão: amplitude, freqüência e comprimento de onda. A *amplitude* refere-se à altura da onda em qualquer ponto do tempo. F*reqüência* é o número de ciclos completos da onda por segundo, expressos em hertz. *Comprimento de onda* é a distância que uma onda percorre durante um ciclo completo.

O comprimento de onda e a freqüência estão relacionados. Todo comprimento de onda corresponde a uma freqüência específica; pode-se usar uma fórmula simples para fazer a conversão de uma em outra. Para nossa finalidade, basta saber que, à medida que a freqüência aumenta, diminui o comprimento de onda, e vice-versa. A relação exata significa que é necessário descrever uma onda somente em termos de uma ou outra propriedade. Na maior parte do tempo, falamos de comprimento de onda. Uma vez que os comprimentos das ondas luminosas, que nos interessam, são extremamente pequenos, geralmente se usa a unidade *nanômetro* (nm) (um milésimo de um milionésimo de um metro). A Figura 4.12 mostra os comprimentos de onda e as freqüências de ondas que formam o *espectro eletromagnético*.

Quadro 4.3
CONSEQÜÊNCIAS DO BARULHO

Pode-se definir *barulho* como um som indesejado. Como, por definição, o barulho é indesejado, tende a ser frustrante e a induzir tensão. Nos Estados Unidos, a Environmental Protection Agency estima que mais de 70 milhões de americanos vivem em bairros com barulho suficiente para interferir na comunicação e no sono e causar agravo (Cohen *et al.*, 1982). Estudos bem controlados (Meecham & Shaw, 1983) sugerem que os índices de suicídio, assassinato e acidentes de trânsito são relativamente altos em ambientes extremamente barulhentos. Todavia, é muito pequena a diferença entre as taxas de internação em hospitais psiquiátricos de pacientes de bairros silenciosos e barulhentos (Cohen & Weinstein, 1981). Embora alguns dos atingidos procurem ajuda de profissionais de saúde mental, muitos presumem que seu problema seja de saúde e vão consultar-se com o médico da família. Trabalhar ou viver em ambientes muito barulhentos eleva o risco de muitas doenças, dentre elas os distúrbios gastrintestinais e cardiovasculares (Cohen & Weinstein, 1981; Meecham & Shaw, 1983).

O barulho pode também causar perdas auditivas. Acredita-se que mais de 50% dos trabalhadores americanos do setor de produção fiquem expostos a barulho no local de trabalho em níveis suficientes para danificar a audição (Raloff, 1982). Tais perdas auditivas raramente são dolorosas ou imediatamente aparentes. Porém, mesmo pequenas diminuições de audição aumentam a probabilidade de danos maiores na meia-idade e na velhice. Sons de tom alto são os primeiros a deixar de ser ouvidos. Por exemplo, poucos adultos ouvem os sons de alta freqüência gerados pelos temporizadores dos faróis, quando param em um cruzamento. As crianças geralmente o ouvem. Conforme envelhecemos, as perdas auditivas difundem-se para sons de tom mais baixo. As perdas auditivas por barulho são geralmente devidas à depleção das células ciliares, que não se repõem.

É difícil predizer os efeitos do barulho sobre o desempenho (Broadbent, 1979). Barulhos incomuns são mais incômodos do que os barulhos conhecidos. Mas barulhos conhecidos com intensidades de 100 decibéis ou mais — especialmente quando imprevisíveis, incontroláveis e intermitentes — são altamente prejudiciais. Freqüentemente as pessoas compensam, não sendo observados efeitos gerais. Não obstante, o desempenho tende a ser irregular. Ineficiências momentâneas são intercaladas com eficiência normal e repentes de competência compensatórios. Os lapsos provavelmente aumentam a probabilidade de ocorrência de acidentes.

A exposição regular a barulho de alta intensidade pode prejudicar o funcionamento cognitivo. Crianças que freqüentam escolas barulhentas ou que moram em lares barulhentos são propensas a apresentar problemas na discriminação auditiva e visual, na leitura e nas habilidades visuais-motoras e no rendimento escolar como um todo, podendo demonstrar falta de persistência em face da frustração (Cohen & Weinstein, 1981). A prolongada exposição a barulho pode levar a uma sensação de desamparo e sentimentos de falta de controle. O barulho pode também obstruir o processo de ensino e aprendizagem, acabando por resultar em deficiências cumulativas (Cohen *et al.*, 1980; Wachs, 1982).

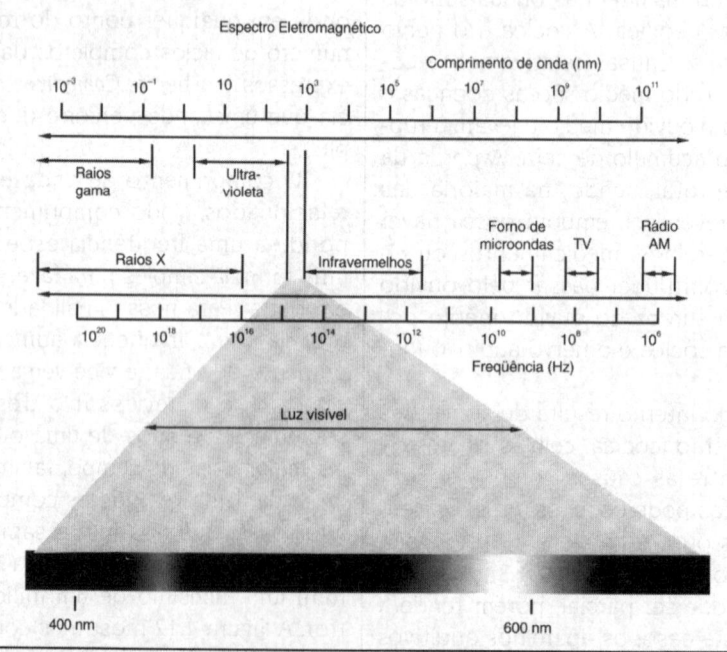

FIGURA 4.12 O espectro eletromagnético. [Veja a figura em cores na p. A3]

Células receptoras localizadas nos olhos respondem a ondas entrantes em apenas um pequeno segmento do espectro eletromagnético, chamado de *espectro visível* ou *luz visível*. Além da luz visível, o espectro eletromagnético contém ondas de rádio, raios infravermelhos, raios ultravioleta e raios X. Embora as pessoas não enxerguem estímulos em freqüências fora do espectro visível, nosso corpo pode reagir à radiação eletromagnética em outras freqüências. Por exemplo, os receptores de calor localizados na pele respondem a raios infravermelhos.

Da mesma forma que o espectro eletromagnético está dividido em segmentos, o espectro visível está seccionado em faixas de comprimento de onda que experienciamos como cores. As ondas luminosas que nos são mais visíveis são compostas de uma combinação de ondas de variados comprimentos.

Anatomia do Olho

Umas poucas partes básicas do olho são mostradas na Figura 4.13, ao lado de uma câmera fotográfica, para comparação. O olho pode ser descrito como uma câmara escura com uma abertura na frente, a pupila, que permite a entrada da luz. A *íris*, o disco colorido que circunda a pupila, controla o tamanho da abertura. Quando a iluminação é muito fraca, a pupila aumenta para permitir a entrada do máximo possível de luz. Quando a iluminação é intensa, a pupila diminui de tamanho para limitar a quantidade de luz entrante. O tamanho da pupila é também influenciado por fatores psicológicos, como interesse (veja a Figura 4.14).

A região do mundo que vemos em qualquer ponto do tempo é chamada de *campo visual*. Uma imagem clara do campo visual é projetada para a superfície interna posterior do olho, a retina. Os olhos usam vários mecanismos para focalizar. A córnea, uma camada transparente que reveste a parte visível do olho, tem a dupla função de proteger o olho e ajudar a focar o campo visual. O *cristalino*, localizado atrás da pupila, também está envolvido na focalização de imagens visuais na retina. Como uma câmera fotográfica, os olhos focam as ondas luminosas de tal modo que a imagem é revertida de cima para baixo e da direita para a esquerda.

Da Retina ao Cérebro

A retina é composta de várias camadas de células, incluindo *bastonetes* e *cones*, os receptores que respondem à luz visível. Cada olho humano contém

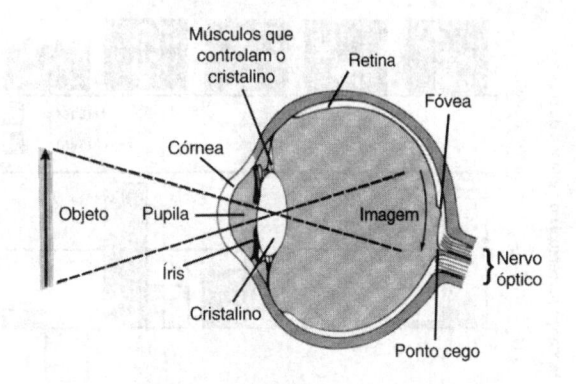

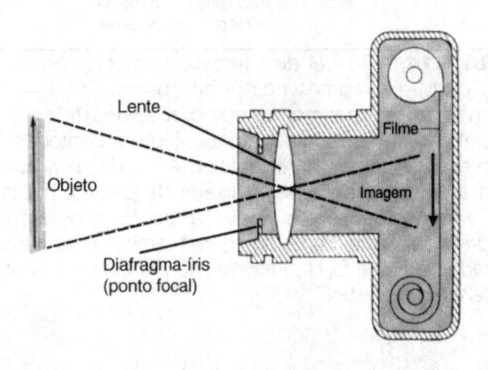

FIGURA 4.13 Os olhos e as câmeras foram projetados para produzir imagens nítidas de ondas luminosas. Em ambos, o cristalino e a lente refratam as ondas luminosas para criar uma imagem invertida em uma superfície sensível à luz localizada na parte posterior. A pupila, o cristalino e a córnea focam as ondas luminosas na retina. A lente e o diafragma-íris da câmera focam as ondas luminosas no filme.

aproximadamente 120 milhões de bastonetes e cerca de 7 milhões de cones.

Os bastonetes são cerca de mil vezes mais sensíveis do que os cones. Em um local pouco iluminado (digamos, uma rua à noite, iluminada somente pela lua), só os bastonetes estão ativos. Os bastonetes surgem em grandes quantidades fora do centro da retina humana. É por isso que uma estrela fraca, invisível quando olhada diretamente, pode às vezes ser vista se se desviar ligeiramente o olhar para o lado. A visão puramente por bastonetes pode, porém, resultar em pouca acuidade ou nitidez e na ausência de cor. É por isso que enxergamos somente preto, branco e tons de cinza na luz fraca.

Quando a iluminação é média ou forte, bastonetes e cones estão ativos. Os cones registram as informações sobre cor e detalhe. Em torno de

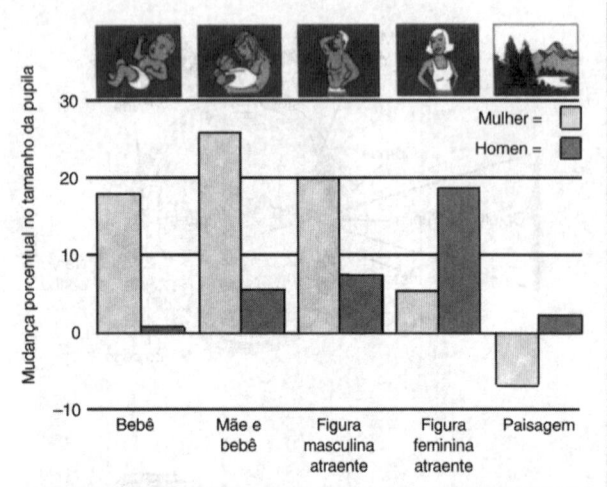

FIGURA 4.14 O nível de interesse contribui para o tamanho da pupila, como você pode observar no gráfico. Em uma série de experimentos comprobatórios, fotografias potencialmente interessantes, maçantes e incômodas foram apresentadas aos participantes. A pupila das mulheres expandia-se diante de imagens de bebês, mães e bebês e homens atraentes. A pupila dos homens ampliava-se principalmente diante de figuras femininas atraentes. (Adaptada de Hess, E. H., *Attitude and pupil size*, Scientific American, abril de 1965).

50.000 cones concentram-se de forma compactada na fóvea, uma pequena depressão localizada medialmente na retina humana. A organização e a densidade dos cones nesta região possibilitam um alto grau de acuidade visual.

Examinemos o caminho que a informação visual percorre da retina ao cérebro. Os bastonetes e cones sensíveis à luz convertem ondas luminosas em sinais elétricos. Células interconectadas dentro da retina (incluindo células *bipolares* e *ganglionares*) fazem algum processamento da informação. Os axônios e as células ganglionares de cada olho convergem, formando dois feixes de fibras, cada uma da espessura de um lápis. Esses feixes de axônios, conhecidos como *nervos ópticos*, enviam mensagens do campo visual ao cérebro. Uma vez que não há receptores no ponto em que o nervo óptico deixa a retina, não enxergamos as ondas luminosas que atingem essa área (o *ponto cego*). Você pode fazer uma autodemonstração da existência do ponto cego seguindo as instruções do exercício na Figura 4.15.

Em mamíferos superiores (como as pessoas), os nervos ópticos cruzam-se em um ponto chamado *quiasma óptico* (veja a Figura 4.16). (A palavra quiasma deriva da letra grega *qui* [χ], com a qual se parece na forma.) As fibras da metade direita da retina agrupam-se e prologam-se até o hemisfério direito do cérebro, enquanto as fibras da metade esquerda da retina prolongam-se até o hemisfério esquerdo. O quiasma divide as mensagens da cena visual em duas metades.

Os nervos ópticos ramificam-se e transmitem informações visuais para diversas regiões do cérebro. Há dois centros principais de processamento desses dados: os *lobos occipitais* no *córtex* e o *colículo superior* (veja a Figura 4.16). Os neurônios localizados nessas áreas aparentemente analisam uma mesma informação de diferentes formas (Kalat, 1984). O colículo superior concentra-se na localização dos objetos e também, parcialmente, nos movimentos e

FIGURA 4.15 Você pode usar este diagrama para demonstrar a existência do ponto cego. Feche o olho esquerdo e fixe o olho direito no menino. Movimente o livro lentamente para a frente e para trás. Segurando o livro a cerca de 30 centímetros do olho, a torta deve desaparecer porque estará caindo no ponto cego do olho direito.

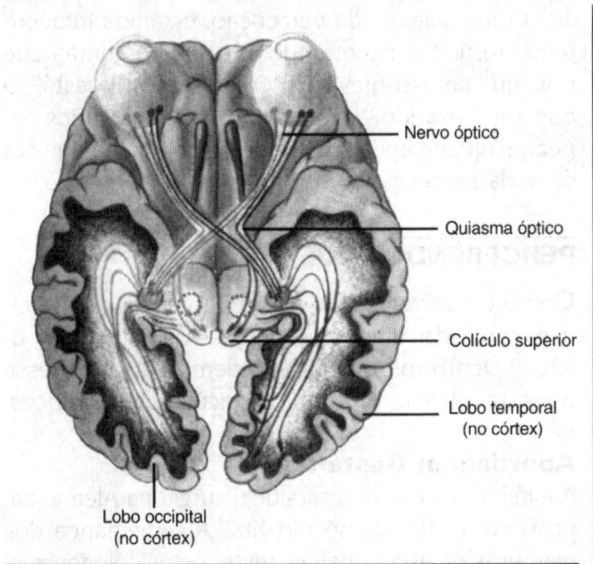

FIGURA 4.16 Principais vias de condução da informação visual e principais centros cerebrais que processam a informação.

padrões. Ele recebe *inputs* de múltiplos sistemas sensoriais e os integra, capacitando o animal a orientar os olhos (e outros órgãos sensoriais) de modo que absorva informações apropriadas (Meredith & Stein, 1985). As áreas visuais dos lobos occipitais encarregam-se principalmente da visão de padrões e da consciência do ambiente ao redor.

A completa lesão das regiões visuais nos lobos occipitais resulta em cegueira funcional: as pessoas absorvem alguma informação visual, porém não têm consciência disso. Um paciente conhecido como D. B., usando seu olho cego, "adivinhava", com fantástica precisão, a localização de um ponto de luz. D. B. conseguia também "sentir" as diferenças entre vermelho e verde, cruzes e círculos e linhas horizontais e verticais. Em todos esses casos, ele não tinha consciência do *input* visual (Weiskrantz et al., 1974). Embora o colículo superior analise dados sobre padrões, movimentos e localização, por si só, não permite que as pessoas tenham consciência disso (Perenin & Jeannerod, 1978).

Movimentos dos Olhos

Rotineiramente, os olhos estão em movimento constante. Quando acompanhamos um alvo que se move lentamente — por exemplo um carro passando por uma estrada —, os olhos seguem o objeto de uma forma constante (com *movimentos de acompanhamento*). Conforme inspecionamos trechos e partes do cenário que nos rodeia, os olhos movem-se em rápidos pulos, denominados sacádicos (como se estivéssemos tirando uma série de fotos instantâneas). Além disso, os olhos fazem minúsculos e rápidos movimentos involuntários semelhantes a um tremor, em uma direção, e depois derivam lentamente para a direção oposta (*nistagmo*). Em virtude da incessante atividade do olho, uma nova imagem retiniana é formada em torno de três a cinco vezes por segundo.

Todo esse movimento é efetivamente necessário. É ele que capacita a fóvea a examinar amplamente o objeto ou a cena para que possamos ver os detalhes com nitidez. Se os movimentos oculares fossem interrompidos — isto é possível em laboratório por meio de procedimentos especiais —, as imagens desapareceriam. A visão parece requerer o armazenamento e processamento de informações de sucessivas imagens na retina.

Se os olhos estão em constante movimento, como conseguimos ver um mundo estável? Muitos especialistas em visão acreditam que o cérebro faz a compensação automática do movimento ocular (Matin et al., 1983; Wallach, 1985). Depois de avisar os músculos dos olhos para que se movam, o cérebro presumivelmente acompanha o deslocamento e considera-o na interpretação dos dados.

Não só os olhos movem-se constantemente, mas também a cabeça. No caso do movimento da cabeça, os olhos fazem a compensação parcial: movendo-se em suas cavidades, eles nos possibilitam manter a fóvea concentrada nos detalhes importantes, ao mesmo tempo que permitem a mudança da imagem retiniana. Mais adiante veremos como os movimentos dos olhos fornecem importantes elementos relativos à profundidade.

IMAGENS RETINIANAS *VERSUS* PERCEPÇÕES VISUAIS

Além de as imagens daquilo que nos cerca serem focalizadas na retina de cabeça para baixo e invertidas da direita para a esquerda, há outras peculiaridades. Algumas se devem ao fato de que o tamanho e a forma das representações retinianas seguem as leis da geometria óptica. O tamanho da imagem retiniana está relacionado com a distância do objeto correspondente: quanto mais distante o objeto, tanto menor a imagem. A forma projetada na retina depende da orientação do observador. Ao observar uma porta retangular de um dado ângulo, a retina registra um trapézio. Se a porta está parcialmente na sombra, a imagem é dividida em áreas claras e escuras.

Passando do nosso exemplo simples da porta para a vida cotidiana, os problemas do observador ficam mil vezes maiores. Por exemplo, sentado na biblioteca, você vê paredes, prateleiras, mesas, cadeiras, um sofá, um relógio, e assim por diante. Na retina, nenhuma forma tende a ser da maneira pela qual você a percebe. O relógio é representado como uma elipse. Os ângulos retos que definem os cantos retangulares das mesas e estantes são traduzidos em ângulos agudos ou oblíquos. As sombras que recaem em um sofá azul dividem-no em zonas de cor, mas você o vê todo azul. Uma mesa próxima projeta uma imagem maior do que a de uma mesa distante, embora pareçam do mesmo tamanho. Se você se aproxima ou se afasta, a imagem retiniana da mesa torna-se maior ou menor, ao estilo de Alice no País das Maravilhas. Mas você não vê os objetos mudando de tamanho conforme se movimenta.

As imagens retinianas têm diversas outras características curiosas. Nossas representações do mundo tridimensional são bidimensionais. E, embora o mundo visual prossiga em torno de nós, as imagens na retina são quase ovais e borradas nos contornos, com limites definidos. Linhas retas tornam-se curvadas. Além disso, vemos breves vislumbres de pequenas áreas de nosso ambiente em rápida sucessão. Ao olhar um rosto, você provavelmente registraria primeiro os olhos, depois os lábios, depois o cabelo, talvez. O próprio nariz obstrui o campo visual, porém você não o vê, a menos que se concentre nele. A imagem retiniana, em resumo, difere bastante daquilo que percebemos.

Como passamos de nossas peculiares imagens retinianas para nossas percepções aguçadas e precisas? Ao que parece, estamos continuamente organizando os dados transportados pelos receptores. Usualmente, o processo é tão rápido e automático que não temos a mínima consciência dele. Nossos sentidos fazem uma parte da organização; o cérebro encarrega-se da maior parte dela. Embora nossos sistemas visuais estejam constantemente acrescentando dados, eles não operam a seu bel-prazer. As inferências são feitas segundo as leis da relação com o mundo, o qual também opera regularmente segundo leis próprias (Hoffman, 1983).

Como sujeitos da percepção, estamos freqüentemente nos concentrando em três perguntas que nos ajudam a sobreviver: "O que é? Onde está? O que está fazendo?". Esta seção examina vários aspectos da percepção da forma (O que é? De que cor é?) e da percepção da profundidade (Onde está?).

PERCEBENDO OBJETOS

Como convertemos as imagens retinianas distorcidas e borradas em representações distintas dos objetos? Dentre os primeiros a demonstrar interesse por esta questão estavam os psicólogos gestálticos.

Abordagem Gestáltica

A *psicologia da Gestalt* (gestáltica) surgiu na Alemanha, próximo ao fim do século XIX. À semelhança dos membros da escola behaviorista, os psicólogos gestálticos rebelaram-se contra as visões de Wundt e James (veja o Capítulo 1). O que mais os contrariava era a tendência de analisar fenômenos psicológicos isoladamente, em vez de examinar a organização como um todo. Fenômenos psicológicos, alegavam eles, são destruídos pela abordagem fragmentada. A palavra alemã "*Gestalt*" significa "padrão" ou "estrutura".

Para compreender a visão gestáltica da percepção, convém entender um conceito básico, a *qualidade da forma*. Na Figura 4.17a você vê uma espiral formada por pontos. A propriedade espiral, uma qualidade da forma, perde-se, se você examinar cada ponto separadamente. A única maneira de ver a espiral é olhando todos os pontos como um todo. A Figura 4.17b consiste de elementos totalmente diferentes, tendo, porém, a mesma qualidade espiral. Agora, considere uma canção — por exemplo, "Three Blind Mice" (Três Ratos Cegos). Se você fosse tocar a música no piano — uma nota por vez, com longas pausas intermitentes —, deixaria de ouvir a melodia, uma segunda qualidade da forma. A percepção de melodias depende da experimentação de um padrão. As notas em si não importam. Essa canção pode ser tocada no violão ou no violino.

As qualidades da forma têm duas características que a definem: (1) dependem das partes relacionadas e organizadas como um todo; (2) são transferíveis. Agrupamentos completamente diferentes das partes — mantendo intatas as relações fundamentais — compõem a mesma qualidade da forma.

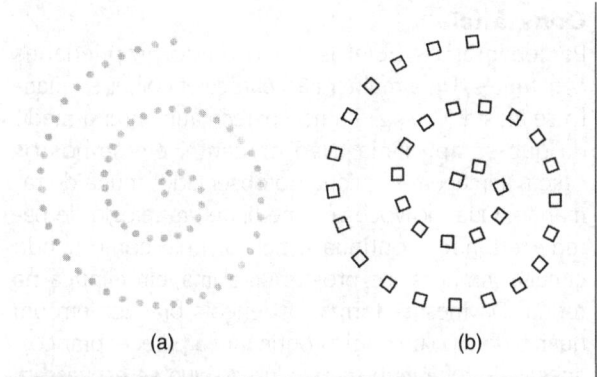

FIGURA 4.17 Duas qualidades da forma.

Os psicólogos gestálticos dedicaram-se a descobrir as leis que regem a organização de totalidades. Trabalhando principalmente no campo da percepção visual, eles conseguiram identificar mais de uma centena de leis que governam a percepção de objetos. Examinaremos várias das descobertas mais básicas.

Figura e Fundo

Antes mesmo de poder perguntar o que um objeto é, precisamos separá-lo de seu segundo plano. Em geral, estruturamos nosso mundo visual em figuras e fundo. Se você olhar para as letras pretas de uma palavra em um livro, elas vão se destacar das letras de outras palavras e da página branca. Se você se fixar em um quadro, ele vai se destacar da parede. Sempre que olhamos ao redor, tendemos a ver objetos ou *figuras* contra um segundo plano ou fundo.

Isto é algo que nossos sentidos perceptivos fazem (e que parece largamente inato), em vez de algo que existe no mundo. Observe os contornos que separam os crocodilos vivos dos crocodilos do bloco de desenho, na Figura 4.18. O contorno é simplesmente uma transição entre os dois tipos de estímulo. Como tal, pertence tanto a uma entidade quanto à outra. Porém, não poderemos perceber os contornos da maneira como desejarmos, mas, sim, como parte da figura.

As figuras não só parecem ter as linhas de demarcação, como também aparecem destacadas do fundo, vívidas e com formas definidas. Na litografia de crocodilos de Escher, você pode notar como o artista criou efeitos incomuns pela brilhante manipulação dos indícios das relações figura-fundo.

O mesmo objeto pode ser interpretado como figura ou fundo, dependendo de como você direciona sua atenção. Em figuras reversíveis, como a mostrada na Figura 4.19, vemos isso claramente. Observe

FIGURA 4.18 Que indícios Escher manipulou para criar efeitos incomuns de figura e fundo? (The National Gallery of Art, Washington, DC.)

como a figura oscila. Você pode ver um vaso ou dois perfis de rosto. As reversões ocorrem espontaneamente e são difíceis de controlar. No entanto, estando os sentidos e o cérebro operando normalmente, o mesmo estímulo não pode ser visto como figura e fundo ao mesmo tempo.

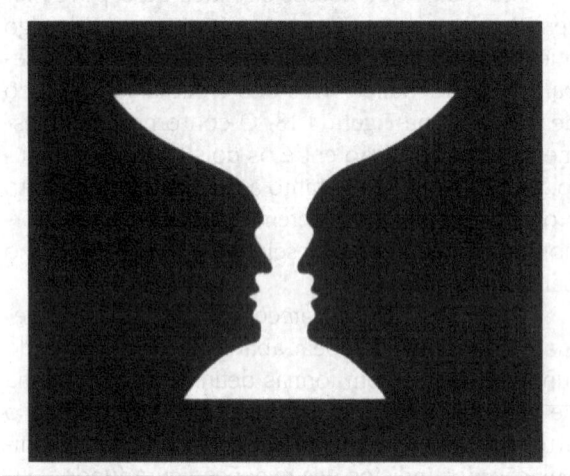

FIGURA 4.19 Se você fixar o olhar na figura, suas percepções de figura e fundo vão alternar-se espontaneamente.

Nem sempre vemos imediatamente as figuras emergirem do fundo. Quando olhamos para paisagens distantes, pode levar algum tempo para ver as figuras (Hochberg, 1970). Da mesma forma, leva algum tempo para vermos objetos bem camuflados, como na Figura 4.20.

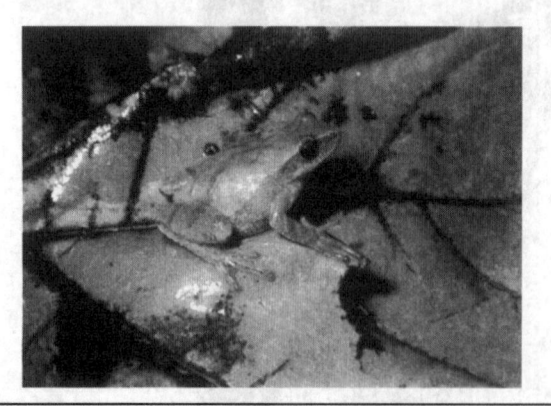

FIGURA 4.20 Mesmo quando o campo visual carece de limites e os estímulos visuais fundem-se, as pessoas geralmente conseguem extrair as figuras — neste caso, uma rã *spring peeper*[3] — do segundo plano. (John R. MacGregor/Peter Arnold, Inc.) [Veja a figura em cores na p. A3]

Constância

Percebemos os objetos como tendo propriedades constantes. Uma mulher não parece encolher enquanto se afasta. Uma girafa não parece aumentar à medida que se aproxima. Não obstante, em ambos os casos, a imagem retiniana do observador muda de tamanho. Quando você vê o perfil de um relógio de parede redondo, continua a pensar nele como sendo circular, embora ele projete uma imagem elíptica na retina. Da mesma forma, os lençóis brancos em um quarto pouco iluminado continuam a parecer brancos, apesar de refletirem menos luz do que se estivessem à luz do sol. Todos esses exemplos ilustram a constância. Em termos gerais, constância significa que objetos vistos de diferentes ângulos, a distâncias variadas, ou sob condições diversas de iluminação, são percebidos como se mantivessem o mesmo formato, o mesmo tamanho e a mesma cor.

Há inúmeras teorias sobre como ocorre a constância (Epstein, 1977). Muitos estudiosos da percepção acreditam que as pessoas usam conhecimentos provenientes de experiências passadas, sem fazer qualquer esforço ou ter consciência do processo, para complementar as imagens que a retina registra. Começamos a fazer isso já aos 2 meses de idade. É provável que tenhamos sido biologicamente preparados para usar o princípio da constância. Animais muito mais simples (o peixe-dourado, por exemplo) usam a constância (Ingle, 1985).

Agrupamento

Um dos aspectos da percepção de objetos envolve separar agrupamentos de elementos e tratá-los como uma unidade. Sempre há maneiras alternativas de agrupar elementos separados. Digamos que você esteja no alto de uma montanha em um dia de outono e dali observe um grande conjunto de árvores. Você poderia agrupar as árvores em manchas vermelhas, amarelas e verdes ou em arvoredos permanentes ou transitórios. Como pessoas que percebem, continuamente escolhemos dentre agrupamentos alternativos. A maneira pela qual agrupamos depende das propriedades dos elementos e de como estão dispostos.

Similaridade

Elementos visuais com cores, formas ou texturas similares são vistos como agrupados. Em virtude da

---

3. N.R.T.: Rã do leste da América do Norte que vive em árvores e habita próximo a lagos e pântanos na primavera.

similaridade, olhando a Figura 4.21a você tenderá a enxergar fileiras alternadas de quadrados cinza e pretos, em vez de 49 quadrados. Da mesma forma, na Figura 4.21b, você tenderá a ver fileiras alternadas de triângulos e quadrados em vez de 49 elementos. Tendemos também a agrupar elementos que se movem em direção similar. Conseqüentemente, unificamos os membros de um corpo de balé que dançam em linhas paralelas, incutindo ordem naquilo que de outra forma pareceria um caótico conjunto de indivíduos.

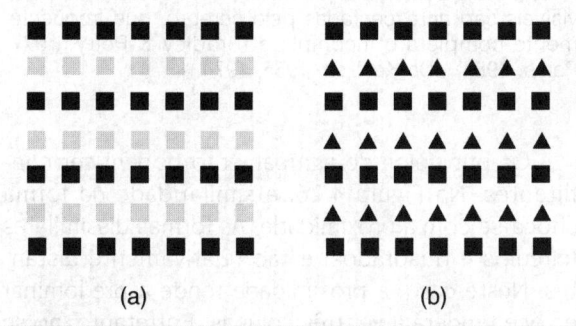

(a) (b)

FIGURA 4.21 Como organizamos as 49 formas em (a)? Em (b)? Em outras palavras, você pensa na figura como sendo composta de 49 objetos? Ou você vê fileiras distintas?

Proximidade
Os elementos visuais próximos uns dos outros são vistos como um todo. Na Figura 4.22, esta característica, *proximidade*, leva-nos a organizar o padrão *a* em colunas, o padrão *b* em fileiras e o padrão *c* em diagonais. Não vemos simplesmente 16 quadrados, no caso de *a*, 12, no *b*, e 20, no *c*.

Simetria
Elementos visuais que compõem formas regulares, simples e bem equilibradas são vistos como um todo, uma propriedade denominada *simetria*. Ao observar a Figura 4.23, por exemplo, a maioria das pessoas revela enxergar dois quadrados sobrepostos. Você não vê duas formas irregulares e um triângulo. Grande quantidade de dados demonstra que as pessoas tendem a perceber objetos como sendo simples e regulares ao máximo (Hatfield & Epstein, 1985).

Continuidade
Elementos visuais que permitem que linhas, curvas ou movimentos continuem em uma direção já estabelecida tendem a ser agrupados. Esta propriedade,

(a) (b)

(c)

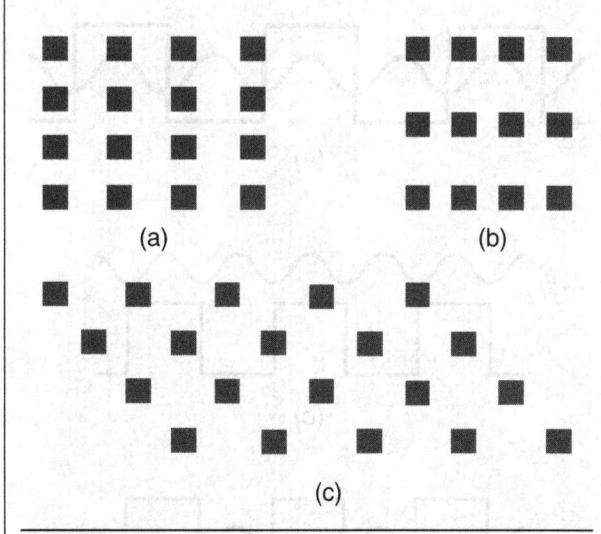

FIGURA 4.22 Como estão os quadrados organizados em (a)? Em (b)? Em (c)?

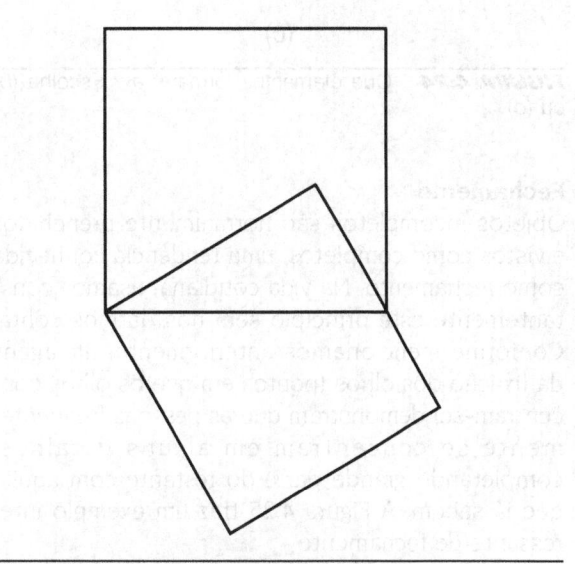

FIGURA 4.23 Que formas você vê?

chamada *continuidade*, leva-nos a ver o padrão da Figura 4.24a como consistindo das duas linhas da Figura 4.24b. Em termos lógicos, ele poderia ser composto das duas linhas da Figura 4.24c. A continuidade é um aspecto importante da camuflagem. A rã (veja a Figura 4.20) está protegida dos predadores em parte por que seu corpo é visto como uma continuidade de seu hábitat.

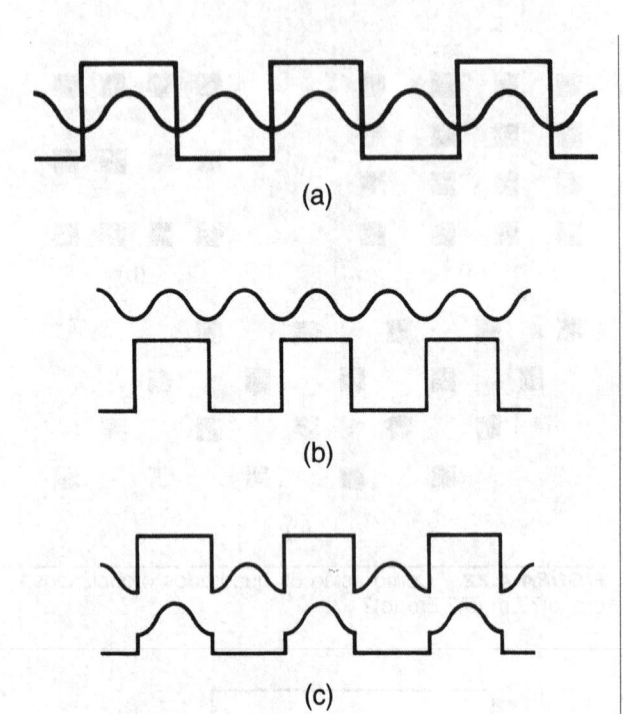

FIGURA 4.24 Que elementos formam (a)? Escolha (b) ou (c).

Fechamento

Objetos incompletos são normalmente prenchidos e vistos como completos, uma tendência conhecida como fechamento. Na vida cotidiana, usamos constantemente este princípio sem nos darmos conta. Conforme mencionamos anteriormente, filmagens da fixação dos olhos (pontos em que os olhos concentram-se) demonstram que as pessoas freqüentemente se concentram em alguns detalhes, completando grande parte do restante com aquilo que já sabem. A Figura 4.25 traz um exemplo interessante de fechamento.

Interações entre Princípios de Agrupamento

Em muitos dos exemplos já apresentados e em muitas situações reais, vários princípios de agrupamento contribuem para nossas impressões. Às vezes, as regras trabalham em conjunto. Na Figura 4.22, por exemplo, proximidade, similaridade e continuidade estão todas envolvidas em nossa percepção das linhas verticais, horizontais e diagonais. Da mesma forma, é difícil ver a rã na Figura 4.20 principalmente por que a continuidade geral e a similaridade da folha e da rã dissimulam a continuidade e a similaridade da própria rã.

FIGURA 4.25 Nestes desenhos, vemos um triângulo e uma forma oval pairando sobre o restante da configuração, embora estejam faltando partes do triângulo e da forma oval. Se você olhá-los de esguelha ou afastar bastante o livro, o efeito aumenta ainda mais. As linhas ilusórias ou invisíveis são acrescentadas pelo cérebro, que freqüentemente completa o incompleto (Bradley & Petry, 1977; Parks, 1984). (De Kanizsa, 1955, 1974.)

Os princípios de agrupamento podem ser conflitantes. Na Figura 4.26, a similaridade da forma choca-se com a proximidade. As formas dissimilares (círculos e quadrados) estão relativamente distantes. Neste caso, a proximidade tende a predominar e você tenderá a ver três colunas. Entretanto, ao se concentrar nos elementos cujas formas são similares, você conseguirá ver quatro fileiras.

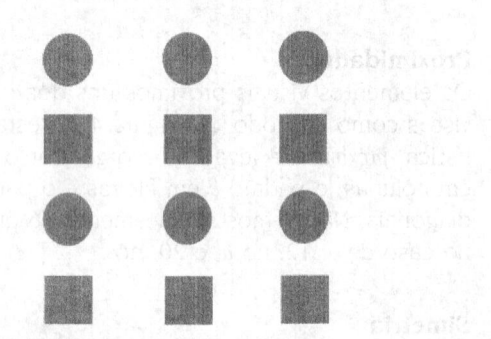

FIGURA 4.26 Você vê quatro fileiras? Ou três colunas? A organização muda?

BASES FISIOLÓGICAS DA PERCEPÇÃO DE OBJETOS

Olhos e cérebro trabalham para, a partir dos dados sensoriais, extrair informações sobre os objetos.

Processamento de Informações nos Olhos

Os neurônios da retina fazem mais do que simplesmente "transduzir" energia e despachar mensagens para o cérebro. Em maior ou menor grau, dependendo do animal, eles processam informações sobre forma, detalhe, contorno (limites), cor e movimento. Por que os receptores processam informações? Por que as análises não são todas feitas pelo cérebro? O trabalho dos receptores serve para impedir que o cérebro seja inundado de informações, além de aumentar a probabilidade de os organismos atentarem a experiências ligadas à sobrevivência. Por sua vez, o cérebro relativamente bem informado permite que os animais comportem-se com flexibilidade. Nesta linha, verificamos que, nos animais complexos, o cérebro é responsável pela maior parte do processamento.

O Que os Olhos da Rã Dizem para o Cérebro da Rã

Foi pelo estudo das células dos sistemas visuais de rãs e outros animais simples que os cientistas tomaram, pela primeira vez, conhecimento das funções de processamento de informações dos olhos. No fim da década de 1950, Jerome Lettvin e seus colegas (1961) demonstraram que o cérebro da rã recebe informações já altamente processadas anteriormente dentro da retina. Diante de rãs imobilizadas, os pesquisadores colocaram padrões visuais tais como linhas, pontos e tabuleiros de damas. Ao mesmo tempo, por meio de eletrodos inseridos diretamente no nervo óptico, eles registraram "o que os olhos da rã diziam para o cérebro da rã".

Independentemente da complexidade ou sutileza do evento, as células da retina da rã respondiam a cinco tipos diferentes de material: (1) limites entre as regiões claras e escuras, (2) movimentação dos contornos, (3) escurecimento (talvez as sombras dos vultos dos inimigos), (4) mudanças graduais na intensidade da luz e (5) contornos escuros, curvados e em movimento (característicos de insetos rastejantes). Em resumo, os olhos da rã pareciam hereditariamente programados para detectar, analisar e extrair informações vitais do meio ambiente e para enviar esses dados ao cérebro.

Usando procedimentos similares, os investigadores demonstraram que a retina de pombos e a de coelhos também detectam um pequeno número de padrões visuais (Blakemore, 1975).

Inibição Lateral

Os neurônios da retina de animais complexos, como o ser humano, também processam informações. Consideremos a seguinte ilustração.

Para começar, examine as listras escuras e brilhantes, conhecidas como *faixas de Mach*, na Figura 4.27. Cada faixa de cinza parece variar ligeiramente de brilho. As variações são especialmente pronunciadas próximo das bordas, que parecem sobressair-se. Na verdade, as ondas luminosas de cada faixa têm intensidade uniforme. A ilusão é produzida pela retina, que aumenta as diferenças de intensidade nas bordas. Efeitos similares de aguçamento são observados nos estágios iniciais do processamento de informações sensoriais em outros receptores.

FIGURA 4.27 Faixas de Mach. As bordas entre as faixas parecem nítidas e distintas como se um artista as tivesse destacado; na realidade, as faixas têm igual intensidade. (De Cornsweet, 1970.)

A que finalidade se presta este destaque das bordas? Parte do ato de ver um objeto implica a identificação de seus contornos. Precisamos ser capazes de fazer isso, mesmo quando não há muito contraste entre o objeto e o meio ambiente. E como conseguimos fazê-lo? Sempre que uma célula receptora é estimulada por uma onda luminosa, há dois efeitos observáveis. A célula estimulada pode iniciar uma mensagem que depois chega ao cérebro. Ao mesmo tempo, as células estimuladas inibem as (impedem o disparo das) células retinianas vizinhas. Este efeito é chamado de *inibição lateral* porque a inibição difunde-se pelos lados ou lateralmente.

A inibição lateral é responsável pela ilusão das faixas de Mach e, de modo mais geral, pelo aguçamento das bordas no campo visual. Para entender por que isso ocorre, considere duas células retinianas respondendo a dois pontos em uma faixa de

Mach, uma próxima ao centro e outra próxima à borda de uma banda mais escura. Os pontos são iluminados igualmente; assim, seria de esperar que as células retinianas transportassem uma mensagem de iluminação igual. Todavia, a célula retiniana que responde ao ponto próximo da borda será menos afetada pela inibição lateral. Resultado: ela "relata" um ponto mais brilhante. As células retinianas ao longo de toda borda relatam pontos mais brilhantes; por isso, vemos mais contraste.

Processamento de Informações no Cérebro

Hoje, o processamento de informações visuais no córtex é entendido como algo que se dá em diferentes regiões corticais. Um mesmo sinal vai sendo reformulado e reanalisado, e diferentes partes do cérebro trabalham em diferentes aspectos desse sinal.

A informação visual é processada região por região. Cada célula do sistema visual tem um *campo receptivo*, uma parte da retina associada com a célula. A célula reage somente quando essa região da retina é estimulada. Cada bastonete e cone é sensível a menos de cem milionésimos do campo visual. As células retinianas mais profundas (células ganglionares e bipolares) têm campos receptivos maiores. Certas células cerebrais têm campos receptivos muito mais amplos. Quanto maior o campo, mais fácil torna-se reconhecer um objeto que tenha mudado de localização.

Teoria da Detecção de Características

A parte do córtex que exerce o papel mais importante no processamento de informações visuais localiza-se nos lobos occipitais e é denominada *córtex visual*. O córtex visual contém uma variedade de tipos de células. Grande parte de nosso conhecimento sobre essas células provém da pesquisa de David Hubel e Torsten Weisel, fisiologistas ganhadores do Prêmio Nobel em 1981.

Em um estudo típico, Hubel e Weisel (1979) inseriam microeletrodos em células corticais individuais de gatos ou macacos imobilizados. Em seguida, estimulando a retina com luz, tentavam descobrir como poderiam mais eficientemente fazer com que a célula disparasse. Eles testavam muitos padrões, que variavam em tamanho, forma, cor, contraste e movimento, e acabavam descobrindo qual era o melhor estímulo para a célula testada. Depois, passavam para uma nova célula.

Hubel e Weisel descobriram três tipos distintos de *detectores visuais* nos lobos occipitais do córtex de gatos e macacos: simples, complexos e hipercomplexos. As *células simples* respondiam melhor a apenas um tipo de linha em uma determinada posição (horizontal, vertical, oblíqua) que se movia lentamente através do campo receptivo da retina. As *células complexas* operavam de forma semelhante à das simples, porém eram sensíveis principalmente a estímulos que se movimentavam rapidamente e a um campo receptivo maior. Combinando o *input* de ambos os olhos, as células comportavam-se como se estivessem recebendo mensagens de várias células simples. As células hipercomplexas demonstravam melhor disparo em resposta a estímulos bem curtos e a cantos (ângulos). Elas pareciam estar processando as informações provindas das células complexas.

Segundo a teoria da detecção de características, o sistema nervoso constrói imagens visuais pela dissecação das características — uma linha aqui, um canto lá, e assim por diante. As células simples, complexas e hipercomplexas pareciam fazer pré-análises das formas visuais. Outras células do córtex supostamente detectavam características como cor e profundidade. Presumivelmente, as células detectoras de características de nível superior combinavam as informações de milhares de outras células. No nível mais alto, as células concentravam-se em objetos complexos, como mãos e avós.

Perspectivas Atuais

O sistema nervoso realmente constrói imagens visuais pela dissecação das características? Os cientistas que estudam a percepção não têm certeza. Muitos acreditam que a teoria da detecção de características seja improvável porque exige uma quantidade aparentemente infinita de detectores: um para cada orientação possível de linha, tipo de curva, e assim por diante. A noção hierárquica da teoria de detecção de características (a idéia de que as células agrupam-se com e disparam células de ordem superior) também não está confirmada. Em vez disso, os pesquisadores acreditam que as percepções são criadas por células que disparam em áreas distribuídas por todo o cérebro (E. R. Kandel, 1980).

Hoje, presume-se que as células próximas ao começo da via visual (até os primeiros níveis corticais) sejam melhor descritas como filtros de freqüência espacial do que como detectores de características (DeValois & DeValois, 1980). A *teoria da freqüência espacial* afirma que o sistema nervoso vem a entender os padrões visuais por meio da redução desses padrões a um conjunto de áreas claras e escuras, ou grades, denominadas *freqüências espaciais*. Esta teoria pode explicar as descobertas da detecção de características usando um único princípio central. Qualquer célula que responda a um comprimento e a uma largura de linha determinados (em termos de características) pode ser caracterizada por responder a uma freqüência espacial específica. Embora a teoria da freqüência espacial provavelmente seja importante nos primeiros estágios do processamento visual, pode ser que as células dos estágios posteriores do processamento visual funcionem como detectores de características.

PERCEBENDO CORES

Da mesma forma que a sensação de tom está associada à freqüência de ondas sonoras, a sensação de cor está estreitamente ligada à freqüência (e ao comprimento) das ondas luminosas.

Dissecando a Experiência da Cor

Como um adulto com visão normal de cor, você pode distinguir mais de sete milhões de cores diferentes. Todas as cores que os humanos vêem podem ser descritas em termos de três propriedades — tonalidade, saturação e brilho.

Tonalidade corresponde aproximadamente ao termo *cor*, como a maioria das pessoas usa. É determinada basicamente pelo comprimento de uma onda de luz. Quatro tonalidades básicas são freqüentemente usadas como pontos de referência: azul único[4] (475 nm), verde único (515 nm), amarelo único (580 nm) e vermelho único (uma combinação de luz azul e laranja-avermelhado). As tonalidades podem ser produzidas por um único comprimento de onda, como nos casos do azul, verde e amarelo únicos, ou por combinações de comprimentos de onda, como nos casos do vermelho único e dos tons violáceos. Todas as tonalidades percebidas pelas pessoas podem ser representadas pelo *círculo de cores* da Figura 4.28. [Veja Figura 4.28 em cores na p. A4] As tonalidades são características das *cores cromáticas* (todas, exceto as variações de cinza, incluindo o preto e o branco).

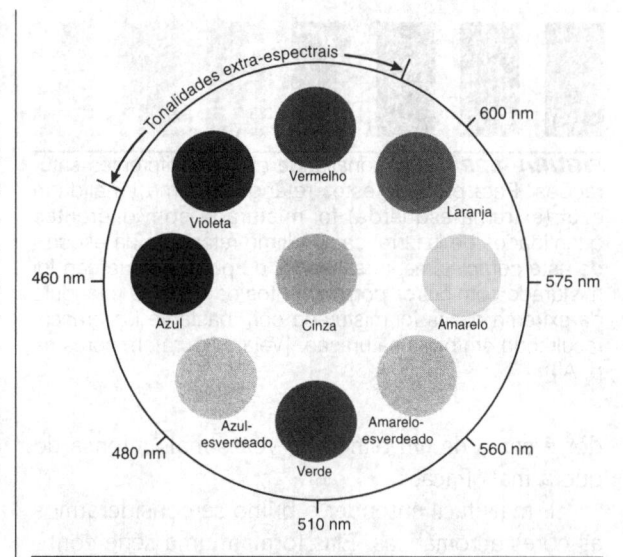

FIGURA 4.28 Círculo de cores. As tonalidades dos lados opostos do círculo de cores (denominadas cores complementares) resultam em cinza se misturadas nas proporções corretas. Estão indicados no círculo os comprimentos aproximados de onda em nanômetros (nm). O vermelho e o violeta são chamados de tonalidades extra-espectrais porque estão fora do espectro visível. [Veja a Figura em cores na p. A4]

Cores acromáticas (variações de cinza, incluindo preto e branco) não mostram tonalidade. Sua composição é complexa. A luz branca, por exemplo, é formada pelo perfeito equilíbrio de todas as ondas do espectro visível.

Saturação é a pureza de uma tonalidade. Você pode pensar em saturação em termos do quanto uma tonalidade parece desbotada ou pálida como resultado de sua mistura com luz branca (gerada pelo sol ou por uma lâmpada). Considere, por exemplo, o que ocorre quando uma tonalidade azul é combinada com a luz branca (como mostrado na Figura 4.29) e torna-se diluída: os psicólogos dizem que sua saturação está reduzida. [Veja a Figura 4.29 em cores na p. A4]

A tonalidade e a saturação explicam por que vemos muitas cores. Todavia, precisamos de mais uma dimensão, o *brilho*, para ver cores como rosa-choque e variações de cinza. O brilho está estreitamente relacionado com uma característica das ondas luminosas chamada *intensidade* (ligada à amplitude máxima de uma onda). A gama de intensidades com que o olho pode lidar é imensa. A mais intensa onda de luz que pode ser processada sem

---

4. N.T.: Em inglês, *unique blue, unique green, unique yellow* e *unique red*.

FIGURA 4.29 Uma tonalidade azul em diferentes saturações. Para produzir estes retângulos, uma tonalidade azul (extrema esquerda) foi misturada com diferentes quantidades de luz branca. O último retângulo da esquerda está completamente saturado, ou puro, porque não foi misturado com outros comprimentos de onda. O retângulo da extrema direita foi misturado com bastante luz branca, resultando em baixa saturação. [Veja a figura em cores na p. A4]

dor é cerca de um bilhão de vezes mais intensa do que a mais fraca.

É mais fácil entender o brilho se considerarmos as cores acromáticas. Elas formam uma série contínua de variações de cinza, com o preto em uma ponta e o branco na outra. Variam em apenas uma qualidade, o brilho. Suponha que iluminemos uma superfície uniformemente cinza com luz branca. Parte da luz será refletida pela superfície. Um alto nível de luz refletida está associado com alto brilho (e, no nosso exemplo, um cinza-claro). Um baixo nível de luz refletida está associado com pouco brilho (um cinza-escuro). (Veja a Figura 4.30.) As cores cromáticas variam também em brilho. Por exemplo, um rosa-choque e um rosa-escuro podem ter as mesmas tonalidade e saturação, embora a primeira seja mais brilhante e a última tenha pouco brilho.

Todas as cores podem ser classificadas usando-se os conceitos de tonalidade, saturação e brilho. Podemos descrever o rosa-choque, por exemplo, como tendo tom de vermelho, saturação média e alto brilho.

Mistura de Cores

As cores que vemos dependem dos comprimentos das ondas de luz que adentram os olhos. Diferentes comprimentos de ondas de luz — isoladamente ou em combinação — produzem diferentes experiências de cor. Normalmente estamos expostos a combinações de comprimentos de onda.

Há duas formas de combinar cores existentes para a formação de novas cores: mistura subtrativa e mistura aditiva. A *mistura subtrativa* é o que fazem os artistas quando combinam pigmentos de tinta a óleo, pastel ou creiom. Cada pigmento reflete comprimentos de ondas de luz sobre um segmento do espectro visível e absorve comprimentos de ondas

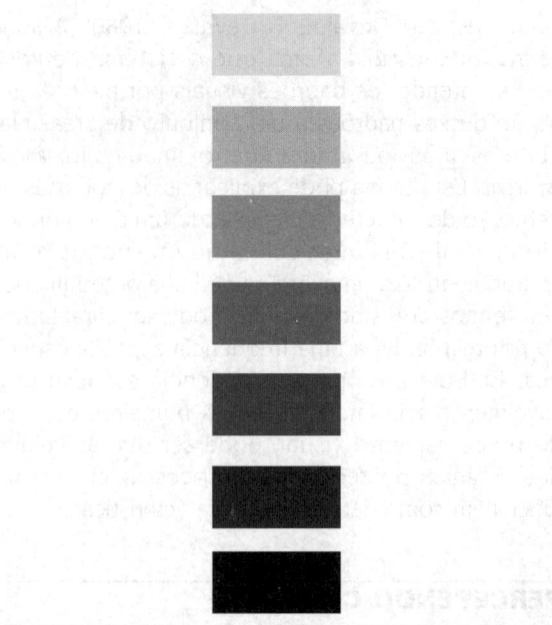

FIGURA 4.30 Estes retângulos cinza, desprovidos de tonalidade, diferem apenas no brilho. As variações cinza-claro (que refletem mais luz) têm maior brilho, enquanto as mais escuras (que refletem menos luz) têm pouco brilho.

de luz sobre a parte restante. Se a luz branca (do sol ou da lâmpada) ilumina o pigmento vermelho, vemos vermelho porque o pigmento reflete os comprimentos de onda que produzem a experiência vermelha com bastante eficiência, os comprimentos de onda próximos, com eficiência relativa, e os outros comprimentos de onda, com pouquíssima eficiência. O que ocorre quando misturamos pigmentos vermelho e verde e iluminamos a mistura com luz branca? O pigmento vermelho absorve (subtrai) todos os comprimentos de onda, exceto o vermelho e as tonalidades próximas. O pigmento verde absorve (subtrai) todos os comprimentos de onda, exceto o verde e as tonalidades próximas. As únicas ondas de luz que atingem os olhos do observador são aquelas refletidas por ambos os pigmentos, produzindo o marrom (veja a Figura 4.31a). [Veja Figura 4.31a em cores na p. A4] Observe que a mistura ocorreu antes de a luz ter chegado ao observador.

Na *mistura aditiva*, ondas de luz representando duas ou mais tonalidades atingem o observador, o qual as combina e vê uma nova tonalidade. Como exemplo, imagine que dois projetores de eslaide produzem imagens circulares sobrepostas em uma tela branca. Um projetor projeta azul único; o outro, laranja-avermelhado. As ondas de luz que atingem o

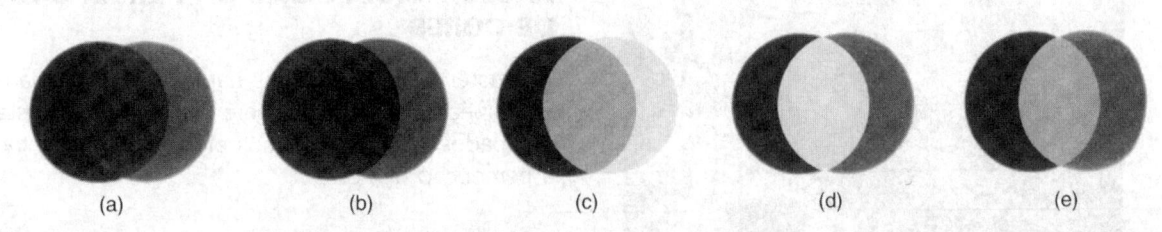

FIGURA 4.31 Misturas de cores. Em (a), o vermelho e o verde foram misturados subtrativamente, como um artista mistura os pigmentos para obter marrom. Desde (b) até (e), as ondas de luz de diferentes tonalidades foram projetadas na mesma tela. (b) Azul e laranja-avermelhado combinam-se aditivamente para produzir vermelho único, (c) azul e amarelo para obter cinza, (d) verde e vermelho para obter amarelo e (e) verde e azul para obter azul-esverdeado. A propósito, a televisão em cores opera por mistura aditiva. Na tela, os tubos de televisão produzem somente pontos azuis, vermelhos e verdes, os quais são combinados para criar todas as tonalidades. [Veja a Figura em cores na p. A4]

olho (consistindo de tonalidades azul e laranja-avermelhado) são vistas como vermelho único, a tonalidade mencionada anteriormente (Figura 4.31b) [Veja a Figura 4.31b em cores na p. A4]. As duas tonalidades somam-se para produzir uma nova tonalidade.

Pode-se prever os resultados da luz das duas tonalidades que chegam ao olho consultando-se o círculo de cores da Figura 4.28. As tonalidades opostas umas às outras (*tonalidades complementares*), como azul e amarelo, tendem a cancelar-se mutuamente e a formar um cinza-sombreado (Figura 4.31c). As tonalidades não opostas combinam-se para formar uma tonalidade intermediária. Verde e vermelho produzem amarelo; e verde e azul produzem azul-esverdeado (Figura 4.31d e e). Lembre-se de que na mistura subtrativa, verde e vermelho combinam-se para produzir marrom.

Os pintores pontilhistas usavam a mistura aditiva para obter fascinantes efeitos de cor. Em vez de combinar seus pigmentos, eles aplicavam pequeninos pontos de tinta na tela. O sistema visual do observador processa as ondas de luz de cada ponto e mistura as cores aditivamente, produzindo efeitos surpreendentes. (Veja a Figura 4.32 na p. 174, e a figura em cores correspondente na p. A5)

Universalidade da Percepção de Cores

No mundo inteiro, os seres humanos percebem as cores de forma exatamente igual. Em um ambicioso estudo deste tópico, Brent Berlin e Paul Kay (1969) pediram a pessoas provenientes de 20 culturas para apontar o melhor exemplo de 11 tonalidades básicas. Eles selecionaram seus exemplares dentre 320 fichas coloridas (representando 40 diferentes tonalidades em cada um de oito níveis de brilho). A escolha das fichas que melhor exemplificavam categorias como preto, branco, vermelho, amarelo, verde, azul e marrom foi idêntica entre os participantes da pesquisa.

Pouco depois do nascimento, os bebês parecem agrupar cores da mesma forma que os adultos. Dentre as observações que contribuem para esta impressão, encontra-se a seguinte: bebês de apenas 4 meses preferem olhar as mesmas cores que os adultos consideram as mais agradáveis (Bornstein, 1985).

Outros animais, assim como os insetos, parecem, da mesma forma, dividir a luz visível em categorias distintas de cor. Karl von Frisch (1964), biólogo ganhador do Prêmio Nobel, conseguiu descobrir como as abelhas classificam as tonalidades. Ele alimentou os insetos com água açucarada colocada em um prato de fundo colorido — digamos, azul. Depois, colocou o prato em meio a outros pratos com fundos cinza de igual brilho para ver se as abelhas conseguiam reencontrar o prato azul. E elas reencontravam. Usando a mesma estratégia, Frisch descobriu que as abelhas viam o ultravioleta, porém não o vermelho, e que confundiam certas tonalidades — amarelo e verde, por exemplo.

Macacos, pássaros, gatos e cães estão dentre os organismos cuja visão de cor já foi investigada. Embora os macacos categorizem as tonalidades de forma bastante semelhante à do homem, os pombos usam um sistema diferente; e os cães e gatos vêem muito pouco em termos de tonalidade.

BASES FISIOLÓGICAS DA PERCEPÇÃO DE CORES

A existência de categorias naturais de tonalidades em espécies diferentes sugere que os animais estão equipados com mecanismos biológicos inatos para a percepção de cores.

Cegueira para as Cores e Imagem Persistente de Cores

Fixe o olhar nos anéis da Figura 4.33*a* (veja a Figura 4.33*a* em cores na p. A5) por cerca de trinta segundos ou até que comecem a tremeluzir. Depois olhe para o ponto de fixação no quadrado branco em *b*. De início, você verá as mesmas tonalidades de *a*, uma *pós-imagem positiva*. Se você continuar a olhar o ponto de fixação, as tonalidades originais serão substituídas por uma imagem mais duradoura nas tona- lidades complementares, uma *pós-imagem negativa*. (As tonalidades complementares estão opostas umas às outras no círculo de cores.) Neste caso, o vermelho e o verde-azulado invertem suas posições. Se você fizesse o mesmo exercício com algo verde, amarelo ou azul, verificaria as mesmas imagens persistentes positiva e negativa.

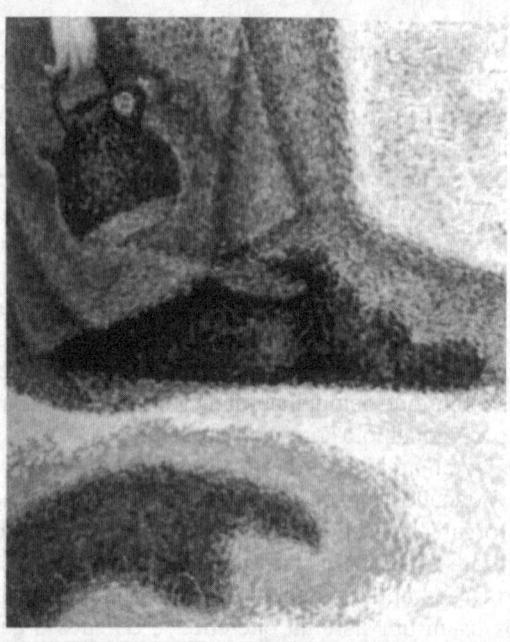

FIGURA 4.32 *Les femmes aux puits (Mulheres ao lado do poço)*, de Paul Signac (1892). Em vez de misturar os pigmentos, como faziam outros artistas, os pintores pontilhistas, como Signac, aplicavam pequeninos pontos de tinta na tela e deixavam a mistura aditiva das cores a cargo do sistema visual do observador. (Art Resource.) [Veja Figura em cores na p. A5]

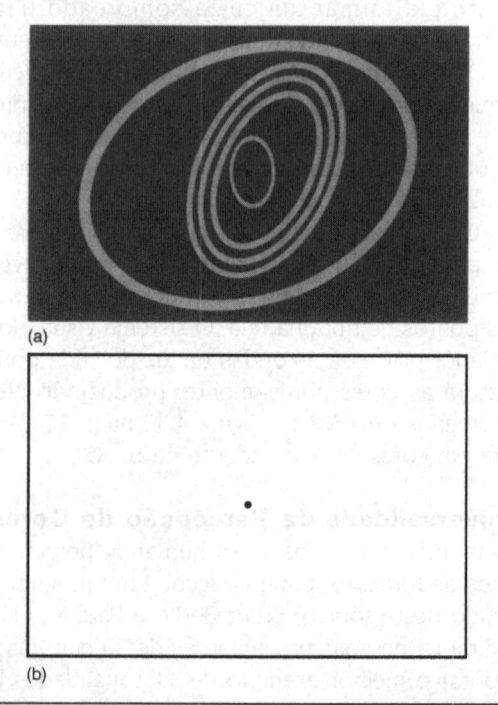

FIGURA 4.33 Exercício de pós-imagem de cor. Veja as instruções no texto. (Adaptada de *The color tree*, Copyright © 1965 BASF Corporation.) [Veja a Figura em cores na p. A5]

Agora, tente identificar os números na Figura 4.34. [Para isso, veja a Figura 4.34 em cores na p. A6] Se você passar no teste, faça-o com os amigos, preferivelmente homens. (Em cada 100 homens, 7 demonstram ter dificuldade de perceber tonalidades, enquanto somente 1 em cada 1.000 mulheres demonstra essa dificuldade.) No ser humano, a total cegueira para as cores — isto é, ver o mundo em tons de cinza, como nas fotos preto-e-branco — é muito rara. Já a confusão entre vermelho e verde é bastante comum. A confusão entre azul e amarelo é menos freqüente.

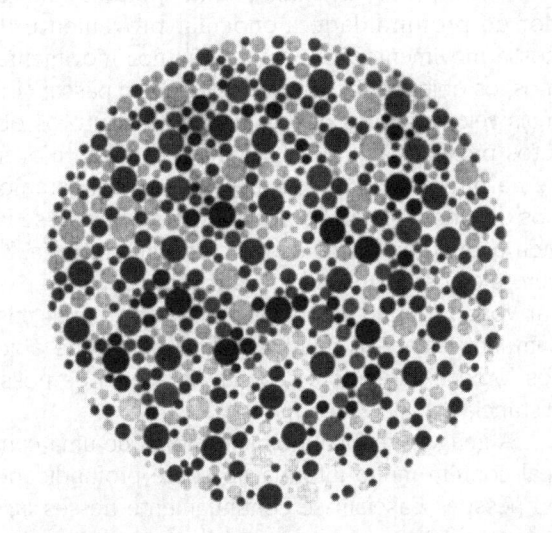

FIGURA 4.34 Você vê algum número no círculo? Pessoas cegas para as cores podem não ver os números ou vê-los apenas em parte. (Cortesia da Psychological Corporation, Cleveland, Ohio. Todos os direitos reservados.) [Veja a Figura em cores na p. A6]

Nas imagens persistentes e na cegueira para as cores, vemos ligações entre tonalidades — vermelho e verde, azul e amarelo. As teorias de como o sistema visual percebe as tonalidades precisam considerar esses fatos.

Teorias Tricromática e de Processos Oponentes

A retina humana parece conter três tipos distintos de cones. Cada tipo de cone é especificamente sensível a uma determinada faixa de comprimentos de onda. Um responde principalmente àqueles na faixa azul-violeta; o segundo, aos tons de verde; e o terceiro, à faixa amarelo-vermelho. Outras experiências de tonalidade provêm de interessantes combinações de cones. Esta idéia, proposta pela primeira vez em 1802 e revista cerca de 50 anos depois, é chamada de *teoria tricromática* da percepção de cores (*tri* significa "três"; *cromática* significa "cor"). Somente 100 anos mais tarde surgiram provas que corroboraram esta teoria (que, aliás, continuam a se acumular), provenientes dos experimentos de George Wald (1964), os quais lhe renderam o Prêmio Nobel.

Os receptores não produzem por si a experiência da cor. De uma forma complexa, eles se combinam com as células nervosas (começando com as células bipolares da retina). As células nervosas parecem trabalhar por processos oponentes. Segundo a *teoria dos processos oponentes* (Hurvich & Jameson, 1957), as células que processam vermelho, verde, azul, amarelo, preto e branco estão organizadas em pares: vermelho-verde, azul-amarelo, preto-branco. Os dois elementos de cada par são antagonistas, ou oponentes, no sentido de que a excitação de um elemento automaticamente inibe o outro. A organização oponente é encontrada em células de todo o sistema visual (DeValois, 1965).

As células nervosas vermelho-verde e amarelo-azul transportam mensagens sobre a tonalidade. Pense nos pares como algo parecido com uma gangorra. A tonalidade que vemos depende do equilíbrio. Suponha que o processo vermelho-verde penda para o vermelho e o azul-amarelo penda para o amarelo. A excitação do vermelho e do amarelo, com a simultânea inibição do verde e do azul, produz laranja (pela mistura aditiva). Se nenhum dos antagonistas for estimulado, ou se ambos forem estimulados no mesmo grau, vemos algo acromático (desprovido de tonalidade). As células nervosas de preto-branco transportam informações sobre brilho. Todos os comprimentos de onda contribuem para excitar o sistema branco. O preto é produzido quando o branco é inibido. A saturação parece depender das relações entre os três tipos de células nervosas. Se o sistema preto-branco está próximo do equilíbrio, enquanto os sistemas de tonalidade estiverem plenamente estimulados, a cor terá saturação máxima. A saturação declina à medida que as tonalidades complementares neutralizam-se mutuamente ou conforme as células preto-branco pendem para o branco ou para o preto.

Agora você está mais preparado para entender as imagens persistentes e a cegueira para as cores. Primeiro, considere as imagens persistentes. Quando você olha fixamente para algo vermelho — digamos, um caminhão de bombeiro —, você está fatigando as células nervosas do vermelho, tornando-as incapazes de responder. As células oponentes, verdes, ainda podem disparar. Acredita-se que a fadiga ocorra no olho. Em muitos casos de cegueira para as cores, as pessoas parecem ter um único processo oponente defeituoso.

PERCEBENDO PROFUNDIDADE

Para nos comportarmos adequadamente, precisamos saber onde as coisas estão localizadas dentro de um mundo tridimensional. Todavia, a retina, como uma tela de cinema, registra as imagens em duas dimensões — da esquerda para a direita e de cima para baixo. Assim sendo, como conseguimos ver profundidade? Os pesquisadores descobriram que usamos uma série de indicadores. Os *indicadores de profundidade binoculares* requerem a operação de ambos os olhos. Os *indicadores de profundidade monoculares* requerem apenas um olho.

Indicadores de Profundidade Binoculares

Pelo fato de os olhos estarem localizados em posições ligeiramente diferentes, cada retina registra uma imagem visual ligeiramente diferente. O olho esquerdo vê mais o lado esquerdo dos objetos; o direito, mais o lado direito. O cérebro funde as duas imagens em uma única representação tridimensional. Este poderoso indicador de profundidade binocular é conhecido como *disparidade binocular*. Para além de 9 metros, os olhos captam imagens bastante similares, de modo que a disparidade torna-se menos útil com o aumento das distâncias.

A *convergência* é outro importante indicador de profundidade binocular. Quando ambos os olhos fixam-se em um objeto próximo, focam a imagem no centro de cada fóvea para obter a visão mais nítida possível. Durante este processo, eles se voltam um na direção do outro. O conseqüente *feedback* cinestésico dos músculos dos olhos nos dá uma idéia da distância do objeto. Os indicadores da convergência são também fundamentalmente úteis para distâncias menores que 9 metros.

Indicadores de Profundidade Monoculares

Mesmo sem os dois olhos, pessoas e animais podem perceber profundidade. Conforme você olha para qualquer objeto no campo visual, o sistema cristalino do olho automaticamente focaliza os raios de luz na retina. Durante este processo, chamado *acomodação*, os músculos dos olhos fazem o cristalino arquear-se para focalizar objetos próximos e esticar-se para focalizar objetos distantes. Em ambos os casos, o cérebro recebe diferentes sensações cinestésicas dos músculos dos olhos, os quais fornecem informações sobre distância. Como a acomodação sofre mudanças mínimas a distâncias de alguns poucos metros, este indicador monocular é principalmente eficaz na estimativa de distâncias de até 1 metro.

A *paralaxe de movimento* é um importante indicador de profundidade monocular proveniente de nossa movimentação. Sempre que nos movimentamos, os objetos mais próximos parecem passar com mais velocidade do que os distantes. Tanto os objetos próximos como os distantes parecem mover-se na direção oposta àquela para a qual estamos nos dirigindo. A paralaxe de movimento torna-se vívida quando andamos de carro em uma rodovia. As cercas e postes que ladeiam a rodovia parecem passar voando, enquanto aqueles mais distantes passam lentamente. A relativa movimentação de objetos fornece indicadores confiáveis acerca de nossa distância.

A imagem retiniana bidimensional de uma cena real contém muita informação sobre profundidade. As pessoas baseiam-se continuamente nesses *indicadores pictóricos, monoculares*, relacionados com a cena. Muito tempo atrás os artistas já usavam esses indicadores para retratar cenas conforme eram captadas pela retina, reproduzindo a situação real:

1 *Tamanho familiar*. Sempre que vemos um objeto familiar (cujo tamanho conhecemos), calculamos sua distância aproximada pela observação do tamanho da imagem retiniana. Quando a imagem é relativamente grande, presumimos que o objeto está próximo. Quando a imagem é relativamente pequena, inferimos que o objeto está distante. Na Figura 4.35, você vê as crianças e os cavalos como tendo tamanho similar, embora eles projetem imagens de tamanhos radicalmente diferentes na retina. Você presume que os cavaleiros e cavalos menores estão distantes. A mesma informação que usamos para obter o tamanho familiar é usada para manter a constância de tamanho (p.166).

FIGURA 4.35 Você acha que o último cavaleiro e seu cavalo são menores do que os primeiros? (Copyright © Amy Stromsten/Photo Researchers, Inc.)

2 *Perspectiva linear.* A perspectiva linear é um caso especial de tamanho familiar. Imagine que você está olhando para o corredor de uma vinícola, como na Figura 4.36. A cena real produziria aproximadamente a mesma imagem de convergência na retina. Já conhecemos suficientemente a ilusão de lados paralelos aparentemente convergentes de rodovias, ferrovias, rios e prédios para saber que a aparência afunilada significa distância, e não convergência. Assim, toda vez que vemos o que acreditamos ser linhas paralelas convergentes, presumimos que essa convergência é simplesmente distância, um indicador denominado perspectiva linear.

FIGURA 4.36 O corredor entre os tonéis realmente se estreita ao fundo? (John Zoiner/Peter Arnold, Inc.)

A Figura 4.37 [veja a Figura 4.37 em cores na p. A6] mostra um exemplo particularmente interessante de perspectiva linear. Temos dois cones que são quase idênticos. Entretanto, um deles parece uma avenida que desaparece na distância. Seus lados são paralelos e ela ocupa um espaço horizontal. O outro cone parece uma torre, uma estrutura convergente, orientada verticalmente. Nossa interpretação dos cones depende pelo menos de dois tipos distintos de informação. Um é nosso conceito geral daquilo que está sendo representado, o que presumimos do contexto. O outro é composto das características locais, incluindo textura, luz e sombra.

FIGURA 4.37 O que distingue a torre da avenida na obra *Les promenades d'Euclide*, de René Magritte? (The Minneapolis Institute of Arts.) [Veja a Figura em cores na p. A6]

3 *Luz e sombra.* Quando a luz de uma fonte específica, como o sol, atinge um objeto tridimensional, ela ilumina os lados que estão de face para a fonte de luz, deixando os outros lados na sombra. O padrão de luz e sombra revela informações sobre profundidade e solidez, saliências e reentrâncias. Maurits Escher, na Figura 4.18, e René Magritte, na Figura 4.37, serviram-se dos indicadores de luz e sombra para transmitir importantes informações sobre profundidade.

4 Gradiente de textura. Com a distância, os objetos dentro do campo visual mostram uma mudança gradual na textura. Aparecem claros e detalhados quando próximos e menos distintos a distância. Na Figura 4.38, as pedras próximas ao observador (a câmera), em Marte, destacam-se individualmente, sendo distintas e detalhadas. As pedras distantes formam um borrão. [Veja a Figura 4.38 em cores na p. A7]

FIGURA 4.38 Como a textura da superfície de Marte muda com a distância do observador (isto é, a câmera)? (NASA.) [Veja a Figura em cores na p. A7]

5 Perspectiva aérea. A névoa, normalmente presente na atmosfera, faz os objetos parecerem azulados e também borrados e indistintos. Assim, os estímulos enevoados parecem distantes, um indicador chamado *perspectiva aérea*. Para ilustrar, observe os prédios distantes no quadro de Magritte (veja a Figura 4.37 em cores na p. A6).

6 Interposição. Sempre que um objeto obstrui nossa visão de outro, o objeto completo é visto como estando mais próximo do que aquele que está obstruído. Na Figura 4.39, presumimos que o homem com o chapéu de três pontas está de pé em frente ao barril que ele parcialmente oculta. O barril parece estar defronte ao prédio, cuja visão é bloqueada pelo barril. Observe que o artista manipulou os indicadores de profundidade para obter efeitos novos. A bandeirola no prédio, por exemplo, está parcialmente obstruída pelas árvores distantes.

FIGURA 4.39 Identifique as várias maneiras pelas quais William Hogarth manipulou os indicadores de profundidade nesta gravura, intitulada *Falsa perspectiva*. (1754). (Museu Britânico, Londres.)

Os indicadores pictóricos são aprendidos. Comparamos as imagens na retina com memórias de experiências passadas enquanto contrastamos dimensões como tamanho, forma, nitidez e inteireza. Estas comparações permitem-nos extrair informações tanto sobre os objetos em si como suas relações no espaço.

DESENVOLVIMENTO VISUAL

O ser humano chega ao mundo sabendo como descobrir seu meio ambiente. Não obstante, tem pela frente muito caminho a trilhar.

O Mundo Visual do Recém-nascido

No nascimento, a retina dos mamíferos está incompleta e os circuitos nervosos da visão estão apenas parcialmente organizados (Stone *et al.*, 1984). Entretanto, os psicólogos têm certeza de que os recém-nascidos podem ver. Descobertas resultantes de pesquisas fornecem uma série de indicações sobre seu mundo visual. Próximo ao momento do nascimento, os bebês não usam o cristalino para focalizar; assim, provavelmente vêem com mais clareza aquilo que está de 20 a 30 centímetros dos olhos (Salapatek *et al.*, 1974). Pelos padrões adultos, a visão do bebê é provavelmente indistinta. Uma letra que uma pessoa com boa visão pode ver nitidamente a 35 metros de distância não será detectada pelo bebê a distâncias maiores do que 6 metros. Muitos recém-nascidos demonstram acuidade menor ainda do que esta (Maurer, 1975; Norcia & Tyler, 1985).

Embora o recém-nascido, na maior parte do tempo, veja tudo meio borrado, bebês de 5 semanas já demonstram preferência por imagens nítidas. Eles até se esforçarão (mudando seus padrões de mamada) para conseguir focar imagens antes indistintas de movimento (Kalnins & Bruner, 1973). Leva mais ou menos oito meses para a acuidade aproximar-se dos níveis dos adultos (Norcia & Tyler, 1985).

A visão dos recém-nascidos é peculiar em outros aspectos também. Os bebês carecem da habilidade muscular para coordenar os movimentos de ambos os olhos. Ademais, até o segundo mês de vida, eles provavelmente vêem apenas sombras de cinza, preto e branco (Bornstein, 1985).

Percepção Inicial de Forma

Há motivos para acreditar que os recém-nascidos humanos vêem objetos desde o início. No nascimento, os bebês acompanham formas em movimento, apesar do movimento ocular espasmódico. Obviamente, eles precisam separar figuras de fundos, um pré-requisito para ver objetos. Filmagens da localização precisa das fixações (pontos em que se fixam os olhos) de bebês revelam que os recém-nascidos esquadrinham contornos externos (Bronson, 1982); e que estão cientes das relações entre as partes do campo visual (Schwartz & Day, 1979).

Pesquisas de laboratório sugerem que os bebês demonstram preferências visuais desde a tenra idade. Um investigador pioneiro, Robert Fantz, e seus colaboradores (1975) fizeram descobertas de preferências visuais usando um aparelho chamado *câmara de olhar*. Dois padrões de teste foram apresentados aos bebês, postos dentro da câmara de olhar, enquanto os pesquisadores observavam os olhos deles através dos orifícios da câmara. Quando minúsculas imagens espelhadas apareciam na pupila do bebê, os observadores sabiam que a criança estava olhando diretamente para aquela forma. Fantz ponderou que, se os bebês passavam mais tempo olhando fixamente para um padrão, eram capazes de ver alguma diferença entre os dois, preferindo um a outro.

Fantz descobriu que os bebês apreciavam padrões relativamente complexos e curvados. Outros pesquisadores descobriram outras preferências. Objetos tridimensionais e em movimento são preferidos a objetos planos e estáticos (Gregg *et al.*, 1976; Jones-Molfesse, 1972). Rostos humanos são particularmente atrativos (Jirari, 1970). Combinando os dados sobre preferências, podemos especular que os recém-nascidos têm propensão a olhar fixamente as pessoas que cuidam deles (especialmente quando estão no colo, à distância de 20 a 30 centímetros). Esse estilo perceptivo torna o recém-nascido social, aumentando seu próprio encanto e a probabilidade de ser bem cuidado. Também ligada ao aumento da probabilidade de sobrevivência é a atração dos bebês por contornos e movimento, uma vez que essa atração predispõe o bebê à aprendizagem, guiando-o para as informações de importância suprema.

Percepção Inicial de Profundidade

Bebês com menos de 30 dias de idade já respondem a alguns indicadores de profundidade (Bower, 1982; Yonas *et al.*, 1985). Se objetos forem progressivamente aproximados do rosto do bebê, ele, em posição ereta, reage defensivamente: arregala os olhos, afasta a cabeça e coloca as mãos entre o objeto e o rosto. Experimentos indicam que a reação defensiva é produzida antes pela percepção visual da criança do que por outros indicadores sensoriais (como a percepção de correntes de ar).

Estudos de precipício visual confirmam a idéia de que a percepção de profundidade surge logo no início do desenvolvimento humano. Os psicólogos Eleanor Gibson e Richard Walk (1960; Walk, 1978) construíram um aparato semelhante a um precipício, parecido com o da Figura 4.40. Como você pode ver, uma prancha recobre o centro de um pesado tampo de mesa feito de vidro. De um lado, o tecido xadrez está colocado rente à superfície inferior do vidro, e esse lado parece sólido. Do outro lado, o mesmo tecido xadrez estende-se sobre o chão, dando a impressão de que a superfície cai. O tampo de vidro elimina o perigo de queda e ferimento e impede que outros indicadores sensoriais — tato, correntes de ar e ecos — alertem sobre a eventual queda. O precipício aparente é sinalizado somente por indicadores visuais, daí o termo *precipício visual*.

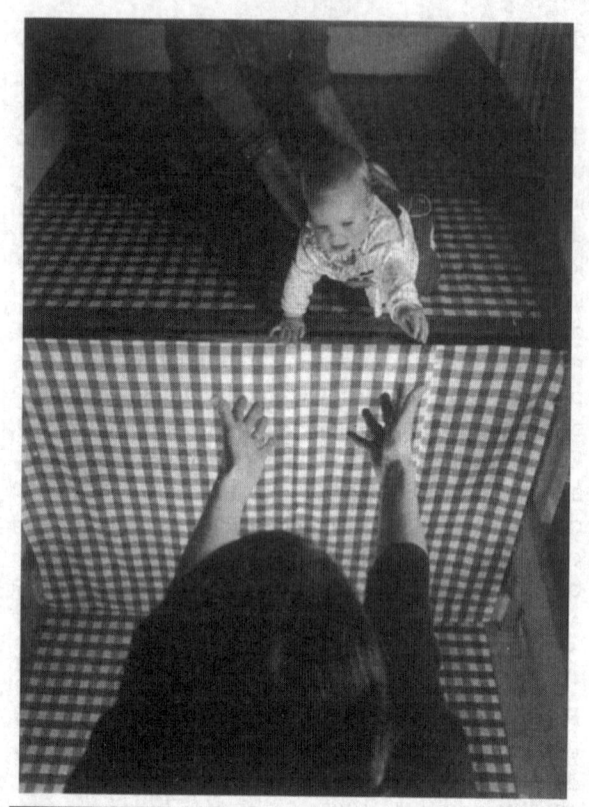

FIGURA 4.40 Bebês humanos que estão começando a engatinhar não evitam sistematicamente o lado profundo do precipício visual. (Enrico Ferorelli/DOT.)

Tartarugas, pássaros, ratos, carneiros, cabras, leões, tigres, cães, chimpanzés e seres humanos estão dentre os organismos já testados nesse aparato. Normalmente, um bebê é posto no centro da prancha, entre os lados fundo e raso do precipício. A esquiva constante da "queda" significa que a profundidade é percebida e temida. Animais terrestres mantêm-se afastados de precipícios desde a mais tenra idade. Por exemplo, filhotes de rato, criados no escuro, que estão vendo pela primeira vez, mantêm-se sistematicamente no lado raso do precipício. Animais para os quais a percepção de profundidade é menos importante podem demonstrar medo de queda, porém com mais idade, ou jamais vir a apresentá-lo. Patos e tartarugas-do-mar, por exemplo, raramente hesitam em atravessar o lado profundo.

E os bebês humanos? O teste do precipício visual depende da mobilidade, que vem depois da percepção de profundidade, de modo que o teste não pode nos revelar quando a percepção de profundidade ocorre pela primeira vez. Mas os estudos de precipício visual podem efetivamente nos revelar algo do medo de altura (Campos, 1976; Campos *et al.*, 1977). Aos 9 meses, todos os bebês de um estudo de precipício demonstraram medo do lado profundo. Todavia, pouco depois de aprender a engatinhar, os bebês atravessaram o "precipício" engatinhando. O medo de profundidade desenvolveu-se pouco a pouco, aparentemente depois do período em que a criança sai engatinhando e cai (ou quase cai) de sofás, camas, escadas etc.

Desenvolvimento Perceptivo após a Infância

Embora um bebê de 8 meses veja o mundo de forma bem parecida à do adulto, a percepção pode ser imatura em alguns aspectos. As provas desta idéia provêm de estudos de movimentos dos olhos de crianças. Quando bebês exploram objetos visualmente, as maneiras pelas quais eles os fixam são mais espontâneas e livres de convenções e menos previsíveis do que as dos adultos (Mackworth & Bruner, 1970). Ulric Neisser (1976) sugere que as diferenças entre observadores jovens e experientes têm a ver com a quantidade daquilo que observam. Os adultos captam mais coisas.

O xadrez fornece uma boa analogia. Um bom jogador de xadrez olha as peças cruciais e os quadrados cruciais, vendo a tudo de forma mais abrangente e competente do que o principiante ou o leigo. O enxadrista exímio pode, de fato, ter um vocabulário visual das posições do xadrez quase do tamanho do vocabulário de palavras de um adulto mediano (Chase & Simon, 1973). Entretanto, até mesmo os leigos vêem algo quando olham para um tabuleiro de xadrez: talvez o cavaleiro que se parece com um cavalo. Uma criança pequena pode ver soldados pretos e brancos; um bebê, algo para colocar na boca.

Presumivelmente, os observadores adultos são como mestres enxadristas. Eles olham de forma mais crítica e analítica para o seu meio ambiente e, em conseqüência, vêem as informações principais e suas relações (Gibson, 1983; Tighe & Shepp, 1983). Estas habilidades levam tempo para se desenvolver.

Influências Sensoriais e Motoras

Aparentemente, há períodos sensíveis no desenvolvimento perceptivo de cada espécie, épocas de suscetibilidade máxima a experiências prejudiciais. A visão humana é mais vulnerável durante os primeiros seis anos. (Marg *et al.*, 1976). Durante esse período, várias experiências sensoriais e motoras são reconhecidamente essenciais ao desenvolvimento visual normal.

Uma experiência de considerável importância é ver os padrões. Em um estudo clássico de privação de padrões, os pesquisadores britânicos Colin Blakemore e Grahame Cooper (1970) mantiveram dois gatos recém-nascidos no escuro durante a maior parte do tempo. Diariamente, por algumas horas, cada um dos gatinhos era posto em uma câmara diferente para estimulação visual. As câmaras foram projetadas de modo que um filhote ficasse exposto apenas a listras verticais, enquanto o outro ficasse exposto apenas a listras horizontais. Uma coleira especial impedia que os animais vissem as linhas de seu próprio corpo.

Após exposição a listras de uma única orientação durante cerca de cinco meses, os gatos foram testados. O gato privado de experiências horizontais andava por obstáculos verticais com facilidade, porém batia em objetos horizontais. O gato privado de experiências verticais andava por obstáculos horizontais e batia nos verticais. Usando a técnica de microeletrodo de Hubel e Weisel (veja a seção "Teoria da Detecção de Características"), Blakemore e Cooper descobriram que quase todos os neurônios testados no cérebro dos dois gatos respondiam precariamente ao tipo de linha que não tinham visto. Estudos mais aprimorados confirmaram a idéia de que os primeiros ambientes podem alterar a capacidade de resposta de neurônios visuais a orientações de linhas (Blakemore & Mitchell, 1974; Hirsch & Spinelli, 1971). Blakemore (1974) acredita que cada neurônio seleciona como estímulo preferido a característica que mais viu durante a primeira infância. Tal arranjo permite que os animais construam sistemas visuais que se coadunem idealmente com seus mundos visuais. (Veja a Figura 4.41.)

Movimentar-se ativamente é algo que os animais fazem normalmente. Terá isso um impacto sobre a visão? Em um estudo clássico deste tópico, Richard Held e Alan Hein (1963; com Gower, 1970) criaram pares de filhotes de gato no escuro. Assim que um membro do par, o gato "ativo", adquiriu força e coordenação suficientes para erguer o outro gato, o "passivo", em uma gôndola (veja a Figura 4.42), foi iniciada a parte fundamental do estudo. Desta vez, os animais foram expostos aos mesmos padrões visuais, e ambos se movimentavam. Mas

FIGURA 4.41 O bebê Elizabeth responde a mudanças de padrão visual enquanto um computador próximo registra suas ondas cerebrais. A falha do cérebro de responder de forma costumeira a informações visuais pode ser devida a um defeito ocular remediável. Acreditam os cientistas que, se as deficiências sensoriais em bebês não forem corrigidas, os neurônios do cérebro ficarão privados das experiências perceptivas necessárias nos momentos cruciais, podendo deixar de se desenvolver normalmente. A falta de correção de um defeito visual que aparece logo na infância pode prejudicar permanentemente a visão. Perdas auditivas não corrigidas em crianças podem retardar ou impedir o desenvolvimento da fala. (Hank Morgan/Rainbow.)

apenas os animais ativos, aqueles que conseguiam puxar a gôndola, tinham a oportunidade de coordenar, com seus movimentos, aquilo que viam. Quando os gatos foram testados, os ativos demonstraram habilidades perceptivas normais, enquanto os passivos não as demonstraram. Os animais passivos recuperaram essas habilidades quando lhes foi permitido mover-se livremente. Estudos mais recentes corroboram a noção de que a coordenação de visão e movimento é fundamental para o desenvolvimento de representações espaciais do meio ambiente (Hein & Diamond, 1983). As peculiares noções de distância de S. B. (descritas no início deste capítulo) podem ter tido alguma relação com a ausência de experiência, no começo da vida, de coordenar movimento e visão.

A VISÃO EM TRANSFORMAÇÃO

A percepção permanece flexível durante a vida toda. Veremos agora duas importantes categorias de influência que modelam a percepção: *input* sensorial e estados psicológicos.

FIGURA 4.42 Os gatos ativos e passivos do experimento de Held e Hein receberam os mesmos tipos de estimulação visual. Mas somente o animal ativo desenvolveu habilidades sensório-motoras no decurso do experimento. (Ted Polumbaum.)

Privação Sensorial

A quantidade de informações sensoriais disponíveis pode alterar a percepção. Prisões e campos de prisioneiros de guerra podem limitar a estimulação sensorial. O mesmo pode ocorrer em trabalhos rotineiros, em que os empregados ficam limitados a observar ponteiros, pressionar botões e girar controles por horas a fio. A prolongada exposição a ambientes sensoriais monótonos e relativamente desprovidos de padrões afeta a organização da percepção?

O psicólogo Donald Hebb conduziu as investigações clássicas desta questão. Em um estudo, ele e seus colegas (Bexton *et al.*, 1954; Heron *et al.*, 1956) pagaram a algumas pessoas para que elas se deitassem em uma confortável cama com um travesseiro de espuma revestido de borracha, em um cubículo iluminado. Para isolar a estimulação visual estruturada, os participantes do estudo usaram visores de plástico. Luvas de algodão e punhos de papelão restringiam o sentido do tato. O único som que os participantes ouviam era o de um ventilador ligado. Breves idas ao banheiro e saídas para as refeições eram o único intervalo daquela enfadonha rotina. A maioria dos participantes achou o experimento desagradável e difícil. Muitos deles recusaram-se a prosseguir depois de dois ou três dias.

Este e centenas de outros estudos sugerem que um ambiente sensorial monótono influencia o comportamento, a fisiologia e a percepção (Rasmussen, 1973). Quando expostas por longos períodos a ambientes desprovidos de estimulação sensorial, as pessoas demonstram enfraquecimento visual e auditivo temporário e outros tipos de enfraquecimentos perceptivos. Após vários dias de isolamento, dois terços dos participantes do estudo de Hebb apresentaram alucinações: "viam" imagens de pontos, lampejos e padrões geométricos. A*lucinações* são experiências perceptivas que não têm base na realidade. Caminhoneiros que viajam longas distâncias e pilotos que fazem vôos intercontinentais também relatam, às vezes, alucinações (Heron, 1957). Em alguns participantes do estudo de Hebb, distorções visuais (linhas curvadas e cores fulgurantes) persistiram vários dias depois de terminada a privação. Aparentemente, a contínua mudança no padrão de estimulação é importante para a percepção normal.

Nota: No Capítulo 8, veremos que as pessoas têm necessidades variadas de estimulação sensorial; assim, aquilo que significa uma carga sensorial ideal e aquilo que é insuportável também variam de pessoa para pessoa. Além disso, as expectativas influenciam o significado da privação. Quando as pessoas antecipam efeitos benéficos, breves períodos de privação sensorial podem ser agradáveis e até úteis para superar hábitos como o de fumar ou comer em excesso (Kammerman, 1977; Smith *et al.*, 1981; Suedfield, 1980).

Adaptação a *Input* Sensorial Distorcido

Na vida cotidiana, as percepções das pessoas adaptam-se continuamente à medida que elas processam dados sensoriais. Se você se senta na primeira fileira de um cinema, por exemplo, no princípio os atores parecem muito altos e magros, mas, pouco tempo depois, deixam de parecer estranhos. A tela da televisão produz linhas arqueadas e círculos cortados, além de carecer de detalhe. Mas a maioria de nós compensa essas imperfeições sem esforço ou consciência. Da mesma forma, se você usa óculos, no princípio eles provavelmente distorceram aquilo que o rodeia até que se acostumasse com eles.

Os psicólogos têm estudado a adaptação perceptiva há aproximadamente um século. Embora as pessoas demonstrem flexibilidade perceptiva, a percepção de animais menos complexos, como salamandras e galinhas, é fixada pela hereditariedade (Hess, 1956; Sperry, 1951). Até que ponto pessoas normais podem adaptar-se? O que a adaptação significa para nós? Como ocorre a adaptação?

A Capacidade de Adaptação Visual

George Stratton (1897) foi um dos primeiros psicólogos a fazer observações sistemáticas da adaptação perceptiva. Em um famoso estudo, Stratton, usando ele mesmo como sujeito do experimento, usou óculos que o faziam enxergar as coisas de ponta-cabeça e invertidas da esquerda para a direita. Para ter a idéia exata daquilo que ele via, você pode segurar uma foto de ponta-cabeça voltada para um espelho.

Stratton usou suas lentes inversoras especiais durante oito dias por cerca de onze horas por dia, tirando-as somente para dormir. No primeiro dia, as coisas pareceram-lhe invertidas, instáveis e em movimento, e Stratton achava penoso movimentar-se; com o tempo, foi ficando mais fácil. Após oito dias, Stratton se havia ajustado ao mundo ao contrário, tendo encontrado dificuldade de se readaptar à realidade.

Desde as primeiras incursões de Stratton, os psicólogos têm observado que, com o tempo, as pessoas podem adaptar-se a muitas distorções extremas (Spillmann & Wooten, 1984; Welch, 1978). Podemos nos acostumar a um campo visual que esteja enviesado ou inclinado para a esquerda, direita, para cima ou para baixo. Podemos nos acostumar a um mundo em que as linhas retas curvam-se e os ângulos retos são obtusos ou agudos. Podemos nos acostumar até a mundos separados: comprimidos de um lado e expandidos do outro.

O que significa "adaptação"? Comumente, vemos adaptações parciais a visões distorcidas (Dolezal, 1982; Welch & Warren, 1980). Às vezes o comportamento das pessoas adapta-se, mas não suas percepções. Podemos ver uma cadeira deslocada à direita e, sem esforço consciente, podemos nos movimentar de modo que evitemos trombar com ela. Ou a adaptação pode ocorrer amplamente no campo perceptivo. Em alguns experimentos, os participantes acham que algumas classes de objetos — digamos, seres vivos — parecem mais ou menos normais, enquanto outras parecem estranhas. Ou as pessoas podem se adaptar num nível conceitual. Por exemplo, sua idéia de seguir "em frente" pode mudar.

Como Ocorre a Adaptação

Os psicólogos acreditam que nossos sistemas perceptivos esforçam-se por manter uma visão normal das coisas, mesmo quando confrontados com discrepâncias que não podem ser conciliadas (Welch & Warren, 1980). Quando não conseguimos integrar dados sensoriais, nosso sistema sensorial geralmente predomina. A modalidade que der informações acuradas sobre os dados em questão (geralmente a visão) tende a assumir o controle (Welch & Warren, 1980). Em um experimento relacionado (Rock & Harris, 1976), os participantes foram solicitados a ver as próprias mãos usando um prisma que distorcia a posição que eles percebiam as mãos. A propriocepção (sentido da posição do corpo) deixou de operar; os participantes sentiram que suas mãos estavam onde eles as viam. É provável que as pessoas serviam-se mais da visão neste contexto porque a visão fornece melhores informações sobre localização do que o tato.

Também as pressuposições influenciam a adaptação perceptiva. Como observadores, parece que construímos modelos daquilo que nos cerca (Dolezal, 1982; Rock, 1975). Se o mundo sensorial muda, acumulamos novas experiências e construímos novas memórias e novos modelos, incluindo novas informações sobre como nossos membros movimentam-se e como os objetos encontram-se dispostos no espaço. Os participantes de estudos que usam lentes que distorcem a visão parecem estar aprendendo que aquilo que parece estar inclinado ou invertido na verdade não está porque se encontra alinhado com seu próprio corpo e outros objetos. O ato de se movimentar ativamente tende a fornecer experiências que otimizam a adaptação em muitas situações.

Estados Psicológicos

Nossas percepções são influenciadas pela variação de nossos motivos, emoções, objetivos, interesses e expectativas. Há mais de 30 anos, os psicólogos Albert Hastorf e Hadley Cantril (1954) forneceram sólida evidência de tal noção. Grupos amostrais de estudantes do Dartmouth College e da Universidade de Princeton assistiram ao filme de um importante jogo de futebol americano disputado entre as duas instituições. Os estudantes tinham de identificar e classificar as faltas ocorridas. Os estudantes de Princeton alegaram que os jogadores de Dartmouth cometeram duas vezes mais faltas do que os jogadores do próprio time (a maioria "flagrante"). Os estudantes de Dartmouth alegaram que os dois times cometeram o mesmo número de faltas e consideraram "leves" metade das próprias faltas. Aparentemente, os participantes enfatizaram incidentes que tinham um significado pessoal para eles. Não é de surpreender que encontros complexos e com forte carga emocional sejam percebidos de forma subjetiva.

Estados psicológicos influenciam também percepções relativamente simples. Na Figura 4.43 você pode ver a mesma forma como um número ou uma letra, dependendo de suas expectativas depois de ter observado os outros símbolos. Tente agora decifrar a palavra na Figura 4.44a. É quase impossível, conforme é apresentada; porém, a tarefa torna-se fácil quando a mesma seqüência de sinais é mostrada no contexto de uma sentença parcialmente coberta de tinta, como na Figura 4.44b. Por quê? Perceptivamente, parece que combinamos aquilo que está borrado com aquilo de que dispomos e com o restante da sentença. Cada parte nos fornece informações que alteram nossas expectativas sobre as partes restantes. Na vida, geralmente preenchemos o que falta com base em nossas expectativas (Lachman, 1984). Se mostrarem a você palavras como "hosppital", "inconscinte", "Wahsington" ou "univesidade", é altamente provável que você deixará de notar os problemas e verá as palavras escritas corretamente. Lembre-se de que os estudos de fixação dos olhos na leitura ou na visão de fotos sugere que as pessoas tomam apenas parte daquilo que vêem.

FIGURA 4.43 Qual é o caractere central em (a)? Em (b)?

Algumas expectativas encontram-se tão profundamente arraigadas a experiências passadas que predominam sobre as informações fornecidas pelos sentidos. Se você olhasse dentro do molde da escultura de uma cabeça (mostrada na fotografia da direita da Figura 4.45), veria um rosto normal e não um rosto do avesso. O hábito formado ao longo da vida de ver rostos tridimensionais parece nos equipar com fortes concepções prévias que superam todo o restante (Yellott, 1981). Os ventríloquos podem disfarçar a voz com relativa facilidade porque de longa data o público está habituado a ouvir palavras partindo de lábios em movimento. Quando ouvimos uma voz e vemos uma boca movimentando-se de forma correspondente, tendemos a unir as duas.

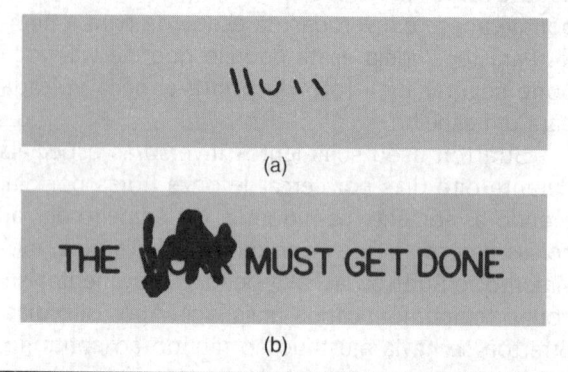

FIGURA 4.44 Você consegue descobrir qual é a palavra em (a) sem olhar para (b)? (Adaptada de Lindsay & Norman, 1977.)

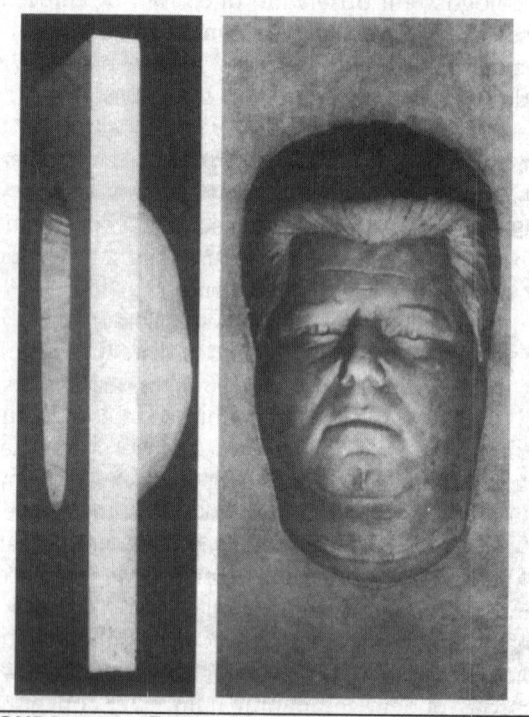

FIGURA 4.45 Fotografias do molde da escultura de uma cabeça mostrado de perfil (esquerda) e de frente. Se você olhasse dentro do molde (na verdade, o rosto estaria do avesso), perceberia um rosto padrão tridimensional porque o cérebro ignora outras indicações de profundidade que sugiram algo tão improvável quanto um rosto do avesso. A reversão é mais fácil quando a iluminação elimina as sombras que de outra forma auxiliariam na interpretação correta (Yellott, 1981). (Cortesia de Ralph Morse.)

Grande número de observações demonstra que nossas percepções estão altamente afinadas com nossa psicologia individual. Alguns exemplos: quando valorizamos algo, nós o vemos como sendo maior do que realmente é (Lambert et al., 1949). Reconhecemos as coisas que nos interessam e ignoramos aquilo que nos enfada (Postman et al., 1948).

PERCEPÇÃO EXTRA-SENSORIAL

Até agora nós examinamos processos perceptivos que dependem de sistemas sensoriais conhecidos. Define-se *percepção extra-sensorial* (PES) como a percepção que não depende dos canais sensoriais conhecidos. Uma pesquisa de opinião nacional feita pelo Gallup em 1978 sugeriu que dois terços dos americanos de nível universitário acreditam em PES (Rice, 1980). Mas a evidência será convincente?

Evidência Casuística

Ouvimos casos de PES de amigos e familiares, e lemos sobre tais incidentes na mídia. Serão tais relatos confiáveis? Na tentativa de responder a esta pergunta para si mesmo, o psicólogo C. E. M. Hansel (1980) examinou os fatos que estavam por trás de um relato de PES publicado em uma revista.

Segundo o artigo da revista, a polícia havia contatado um médium logo depois de uma jovem ter sido atacada com um martelo em uma estrada interiorana. Um amigo do médium, que também era médium, Gerald Croiset, entrou em transe e fez predições admiravelmente acuradas. O agressor, disse ele, era alto, moreno, tinha cerca de 30 anos e tinha a orelha esquerda levemente deformada. O martelo pertencia a um vizinho. Poucos meses depois, a polícia prendeu um homem alto, moreno, de 29 anos, sob outra acusação. Notando que a orelha esquerda dele estava machucada e inchada, interrogaram-no sobre o crime e ele confessou. Ele também admitiu ter pedido emprestado o martelo de um amigo vizinho.

Ao checar os detalhes, Hansel descobriu discrepâncias significativas entre o relato da revista e a realidade. O paranormal fora contatado seis semanas depois do crime, e não imediatamente. Além disso, foi trazido para o caso pelo pessoal da cidade, e não pela polícia. Nessa época, o crime já havia sido muito comentado e um suspeito local (que mais tarde confessou) fora identificado. Ademais, muitas das predições de Croiset foram inexatas. O criminoso tinha as duas orelhas perfeitamente normais; e ninguém jamais soube de onde proviera o martelo.

Hansel alerta as pessoas no sentido de elas não pressuporem que a PES é a explicação apropriada para algum evento até que tenham considerado cinco outras possibilidades mais prováveis: informações não confiáveis, acaso, inferência racional, percepção sensorial aguda e fraude. O problema de informações não confiáveis foi destacado pelo relato da revista. E quanto às outras alternativas?

Em primeiro lugar, é plenamente possível que qualquer "médium" esteja simplesmente fazendo uma suposição que acaba dando certo. Considere a descrição "moreno" de Croiset. O palpite de "moreno" será acertado em algumas ocasiões, uma vez que os criminosos serão sempre claros ou médios ou morenos. É como apostar em cara ou coroa. É óbvio que as predições baseadas em PES deveriam ter maior possibilidade de estar corretas do que meros palpites. Na vida, raramente dispomos de informações sobre a "média de acertos da PES". Ademais, tendemos a focar os acertos e a ignorar os erros.

Usando a simples inferência racional, Croiset muito provavelmente prediria que o criminoso era jovem. Quase todo mundo sabe que mulheres, crianças e idosos raramente cometem crimes violentos.

A fraude também é plausível. Croiset podia ter ouvido falar do suspeito nas conversas com o pessoal da cidade e depois simulado um transe para dramatizar e ficar famoso. Também os mágicos profissionais são exímios em convencer as pessoas de que eles usam poderes extraordinários para entortar colheres, ler a mente, tirar fotos mediúnicas e coisas do gênero (Cornell, 1984).

A percepção sensorial aguda é outra explicação para muito daquilo que passa como PES. Muitas pessoas que lêem a sorte e lêem a mente especializam-se em interpretar indícios sensoriais comuns, incluindo expressões e tons indicativos de tensão, alegria, medo e raiva. Os animais, quando respondem a informações sensoriais sutis, também transmitem a falsa impressão de PES. Você leu sobre Hans, o cavalo que respondia corretamente a perguntas sobre problemas de matemática por meio da observação dos ligeiros movimentos de cabeça do examinador (veja o Capítulo 1). Outra ilustração provém da literatura sobre as reações dos animais antes de terremotos. Na noite da véspera de um forte tremor de terra, por exemplo, os rinocerontes e lhamas de um zoológico da Califórnia recusaram-se a comer ou ficaram anormalmente agressivos. Embora ainda não se saiba quais mecanismos sensitivos são responsáveis por esses comportamentos estranhos, é possível que os animais estejam respondendo a vibrações sônicas de baixa freqüência ou à perturbação de campos eletromagnéticos locais que precedem o tremor (Meyer, 1980).

Investigações de Laboratório

Um pequeno número de cientistas investiga sistematicamente a PES e outros fenômenos parapsicológicos. Joseph Banks Rhine iniciou há mais de 50 anos um trabalho pioneiro sobre PES sob condições cuidadosamente controladas. Em 1940, ele fundou o Laboratório de Parapsicologia da Duke University, um dos maiores centros do gênero nos Estados Unidos. Os estudos de Rhine estabeleceram procedimentos experimentais modelo. Em muitas observações ele usava um conjunto especial de 25 cartões: cinco cartões de cada um dos cinco símbolos (cruz, estrela, círculo, linhas onduladas e quadrado) (veja a Figura 4.46).

FIGURA 4.46 Cartões usados nos estudos de percepção extra-sensorial (PES).

Nos estudos parapsicológicos, os cartões costumavam ser embaralhados mecanicamente, após o que o participante podia fazer 25 "tentativas". Nos estudos de *telepatia* (a habilidade de ler os pensamentos de outros), o cientista escolhia um cartão e olhava para ele antes de o participante do experimento "adivinhar" o símbolo. Em pesquisas de *clarividência* (a habilidade de ver além dos limites da visão natural), o investigador selecionava um cartão e o colocava voltado para baixo sobre a mesa, sem o olhar antes, e o participante tentava "adivinhar" o símbolo. Nos estudos de *precognição* (a capacidade de prever o futuro), o participante tentava "adivi-nhar" o símbolo que apareceria, antes de o pesquisador ter selecionado o cartão.

Investigações contemporâneas usam muitos tipos de estímulo. Às vezes as pessoas são solicitadas a fazer predições sobre *flashes* ou eslaides de situações ou quadros ou colegas de viagem que contenham forte carga emocional. São tomadas severas precauções para impedir fraudes, sendo os resultados sempre comparados com aquilo que se esperaria com base no mero acaso. Nos estudos de "leitura de cartão", as pessoas deveriam ser capazes de dar 5 respostas corretas em cada 25 usando a simples adivinhação.

Embora o número de acertos dentre as pessoas que têm bom desempenho seja tipicamente pequeno (talvez 7 em cada 25, em um estudo de cartão), alguns têm um desempenho surpreendentemente bom (Wolman, 1977). A espontaneidade e os estados semelhantes a transe (como aquele que ocorre naturalmente pouco antes de adormecermos) parecem aumentar a magnitude dos efeitos de PES (Palmer, 1978). Em testes de laboratório, as pessoas que acreditam na existência da PES registram números de acertos ligeiramente maiores do que os dos céticos (Schmeidler & McConnell, 1958). Curiosamente, às vezes o desempenho é melhorado pelo *feedback* de acertos e erros anteriores (Tart, 1976).

Os estudos de laboratório estabeleceram a existência da PES? Ainda não. Há numerosos problemas. Embora alguns psicólogos compartilhem do entusiasmo de muitos investigadores de PES, a desonestidade e a fraude que às vezes acompanham demonstrações paranormais são muito mais desencorajadoras (Hansel, 1980; Marks & Kammann, 1980; Rensberger, 1974). Vários problemas técnicos também mantêm o ceticismo dos psicólogos. Os dados de PES são geralmente inconsistentes. Participantes obtêm altos escores em algumas ocasiões, porém não em outras, com alguns procedimentos, porém não com outros, e sob a supervisão de alguns investigadores, porém não sob a de outros. À medida que o número de controles aumenta, os escores de PES de "paranormais" tipicamente caem, quando a melhor metodologia deveria resultar em demonstrações mais conclusivas. E com enorme freqüência o relato de investigações parapsicológicas é parcial, omitindo aspectos importantes do meio laboratorial ou apresentando versões discrepantes dos métodos usados. Atualmente, portanto, tudo o que os psicólogos admitem é que não se provou a inexistência de fenômenos extra-sensoriais.

Voltaremos nossa atenção agora a um tópico relacionado com a sensação e a percepção: variações nos estados de consciência.

CONSCIÊNCIA COMUM NO ESTADO DE VIGÍLIA

Por alguma razão, estou pensando na minha avó, mas não creio que tenha a ver com o noticiário da TV. Estas paredes são muito estranhas. Como eu disse, me fazem lembrar uma quadra de squash, embora não estejam cheias daquelas pequenas marcas pretas. Acho que é porque acabo de começar a ter aulas [...]. Pra que será que servem esses canos? [...] Os quadros, bem, são muito interessantes [...]. Acho que não gosto de pintura abstrata, e é uma pena, porque gosto de apreciar tudo o que puder [...]. (Pope, 1978, p. 283.)

Durante o estado de vigília, as percepções misturam-se com as memórias, imagens, fantasias e idéias. A atividade mental de divagação sem um objetivo específico, como acima, é às vezes chamada de *consciência comum no estado de vigília* ou *pensamento não dirigido*. As atuais informações sobre consciência comum na vigília baseiam-se principalmente em pequenas amostragens de estudantes universitários. Os cientistas simplesmente pedem aos participantes da pesquisa que relatem, continuamente ou a intervalos, o que passa pele mente deles. Às vezes eles dão um relato completo; às vezes apertam uma alavanca quando algo diferente está acontecendo. As estratégias que fornecem mais informações são as que mais interferem no fluxo. As pessoas ficam espantadas com tudo o que passa pela mente delas, sendo capazes de relatar apenas uma fração do que pensam. Infelizmente, o ato de relatar até mesmo uns poucos fragmentos tende a gerar a inibição e a autocensura. Dados estes pesadelos metodológicos, nossas descobertas devem ser consideradas bastante preliminares.

Consciência na Vigíla: Postura e Foco

A postura influencia a consciência. Quando andam pelo laboratório, a atenção dos participantes é atraída pelo meio ambiente, e eles se concentram na realidade objetiva (Pope, 1978). Isto é verdade também na vida. Em um estudo relacionado, as pessoas carregavam um aparelho de bip por períodos de até nove meses. Esses aparelhos "bipavam" para lembrar o participante de relatar o conteúdo mental a intervalos de 40 minutos em média (uma técnica conhecida como *amostragem de pensamento*). Novamente, na maior parte do tempo, os participantes da pesquisa relatavam pensamentos que eram específicos, realistas e relacionados com a situação em curso (Klinger, 1978). Mencionamos anteriormente que atentar ao meio ambiente — em especial, a incidentes novos, inesperados, intensos, dinâmicos e relacionados com necessidade — tem um valor de sobrevivência. Esse ato capacita as pessoas a reagir rapidamente a perigos e a planejar as ações cabíveis.

O foco interno (em memórias ou fantasias) ocorre em laboratório quando as pessoas deitam-se e param de esquadrinhar aquilo que as cerca (Pope, 1978). O foco interno presta-se a funções complementares. Ele mantém as pessoas alertas, quando de outra forma poderiam adormecer por enfado ou sonolência, e ajuda a lidar com o estresse (veja o Capítulo 9).

Ritmos da Consciência na Vigília

Os pesquisadores encontram ritmos na consciência no estado de vigília. Em uma série de estudos usando a estratégia de amostragem de pensamento, as pessoas gravavam aquilo que estavam pensando, sentindo e fazendo, a intervalos freqüentes (quando relembradas por um aparelho de bip) (Kripke & Sonnenschein, 1978). Fantasias emocionalmente intensas, imaginativas e irreais tendiam a ocorrer aproximadamente a cada 90 minutos no decorrer do dia. Outros tipos de consciência também seguem uma freqüência de 90 minutos (Chase, 1979). Quando pessoas e macacos trabalhavam em tarefas mentais ou físicas em um laboratório, ambos experienciavam períodos de pico de eficiência que duravam cerca de 45 minutos. Os picos de alerta eram seguidos de 45 minutos de relativa indolência.

ESTADOS DE CONSCIÊNCIA ALTERADOS

Conforme reconheceu William James (1958, p. 298), há mais de 80 anos, "Nossa consciência de vigília normal, a consciência racional, como a chamamos, é apenas um tipo especial de consciência, enquanto ao redor de toda ela, e dela separadas pelo mais tênue dos filtros, residem formas potenciais de consciência inteiramente diversas. Podemos viver a vida inteira sem suspeitar de sua existência; mas, aplique o estímulo requisitado [necessário] e, a um toque, estão todas lá, em toda a sua plenitude". Exploraremos agora os estados de consciência gerados pelo sono, hipnose e maconha.

Sono

Durante o sono, a consciência muda consideravelmente. Nesta seção, variações da consciência durante o sono serão nosso foco, porém focaremos antes o próprio sono.

Mulheres e homens têm especulado sobre o sono há milênios, mas as investigações científicas iniciaram-se apenas em 1937. Nesse ano, os pesquisadores descobriram que a atividade elétrica do cérebro mudava regularmente antes e durante o curso do sono. Desde aquela época, eles têm usado o *eletroencefalógrafo* (EEG), um instrumento que mede a atividade elétrica do cérebro, para estudar o sono em uma base de momento a momento. O conhecimento sobre o sono humano provém principalmente do estudo de milhares de voluntários, estudantes universitários em sua maioria, enquanto dormem em compartimentos semelhantes a dormitórios em laboratórios do sono (veja a Figura 4.47). Gradativamente, os pesquisadores montaram um quadro do sono.

Estágios do Sono

O sono não é uma atividade unitária, mas uma seqüência de estados que se repetem. Cada estágio é caracterizado por tipos específicos de atividade física e cerebral. A atividade cerebral é classificada por registros EEG (Figura 4.48a).

O estágio de pré-sono, chamado *estágio 0*, ocorre assim que as pessoas começam a adormecer. Nesse momento estamos ainda acordados, porém menos responsivos do que o usual àquilo que ocorre à nossa volta. Os músculos relaxam. O cérebro mostra um alto nível de *atividade alfa*, caracterizada por ondas de 8 a 12 hertz (ciclos por segundo) (veja a Figura 4.48a). Esta atividade de ondas cerebrais está associada com sentimentos agradavelmente relaxados. Se acordadas durante o estágio 0, as pessoas provavelmente relatarão pensamentos vagos, sensações de estar flutuando, imagens e fragmentos de sonho. A maioria de nós leva dez minutos ou menos para atingir o estado que os cientistas chamam de sono.

Toda noite o ser humano típico experiencia dois tipos distintos de sono: NREM ("*non-rem*" ou

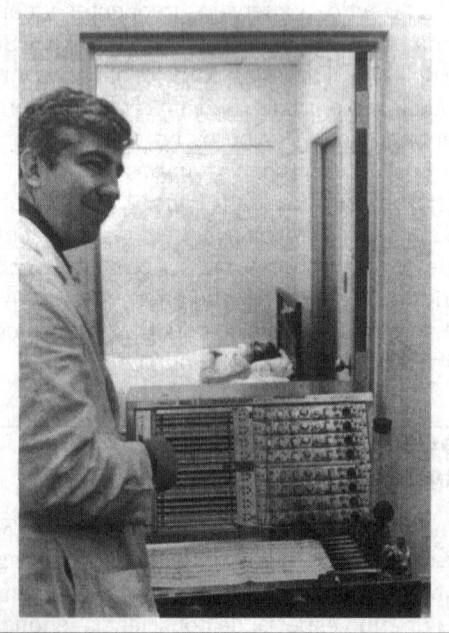

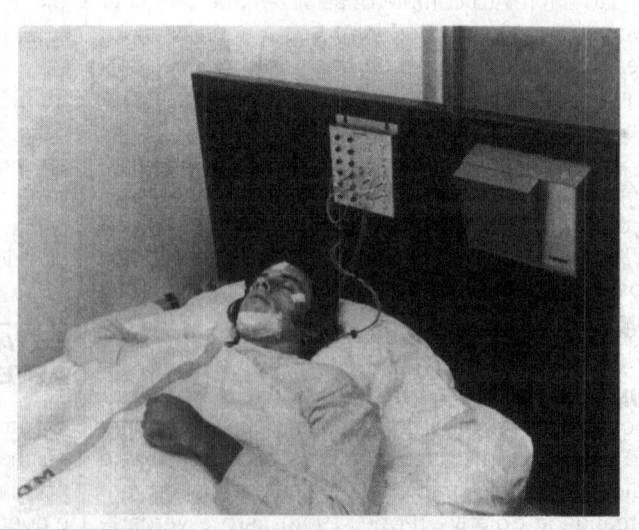

FIGURA 4.47 O pesquisador do sono William Dement monitora o sono de um participante do experimento em seu laboratório na Universidade de Stanford. Além de aumentar o conhecimento sobre o sono, este tipo de observação pode ajudar a determinar a natureza precisa de um distúrbio do sono, possibilitando o planejamento de um tratamento eficaz. (Stanford News and Publication Service.)

não-rem) e REM. REM significa *rapid eye movement* (*movimento rápido dos olhos*). Conforme indica o nome, uma rápida e intensa seqüência de movimentos dos olhos ocorre comumente durante o sono REM e raramente durante o sono NREM. Durante todas as fases do sono ocorrem movimentos giratórios lentos dos olhos.

Sono NREM Há quatro estágios no sono NREM. Conforme as pessoas vão passando do estágio 1 até chegar ao estágio 4, elas relaxam mais profundamente e torna-se cada vez mais difícil acordá-las.

Estágio 1: Sono Leve No início do sono, este período dura apenas alguns minutos e pode ser considerado uma continuação do estágio 0. As pessoas sentem que estão começando a adormecer, sendo fácil acordá-las. É comum a ocorrência de imagens, pensamentos vagos, fragmentos de sonhos e sensações de estar flutuando. Episódios breves do sono do estágio 1 voltam a ocorrer durante toda a noite. Ondas rápidas e irregulares de baixa amplitude aparecem nos registros EEG. (A amplitude refere-se à altura das ondas e normalmente reflete a voltagem.)

Estágio 2: Sono Intermediário Neste estágio, a pessoa já está dormindo mais profundamente, porém ainda não é difícil acordá-la. Pode haver alucinações (experiências sensoriais sem base na realidade), tais como *flashes* de luz, choques ou estrondos. Durante este estágio de início do ciclo do sono, é muito provável a ocorrência de um *espasmo mioclônico*, uma contração súbita e não coordenada do corpo, acompanhada pela sensação de estar caindo. *Fusos*, ondas de 13 a 16 hertz que duram de meio segundo a dois segundos, aparecem pela primeira vez no eletroencefalograma (veja a Figura 4.48*a*).

Estágio 3: Sono Profundo Os estágios 3 e 4 são os períodos mais repousantes do sono. O sono do es-

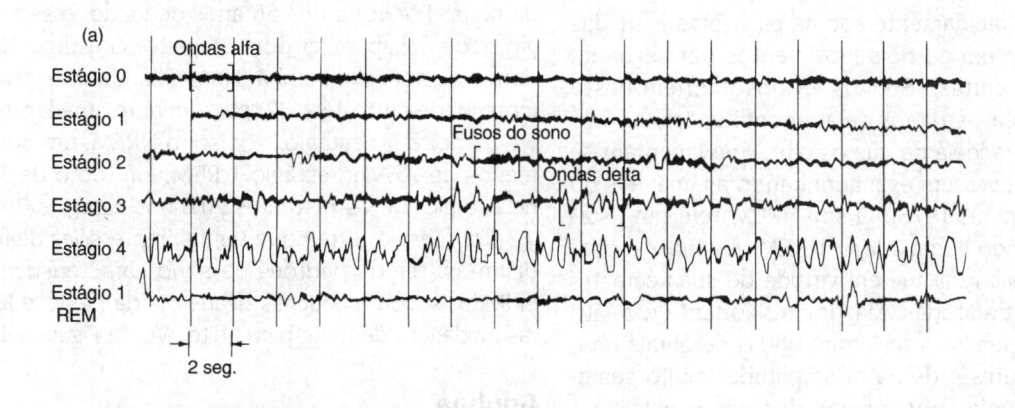

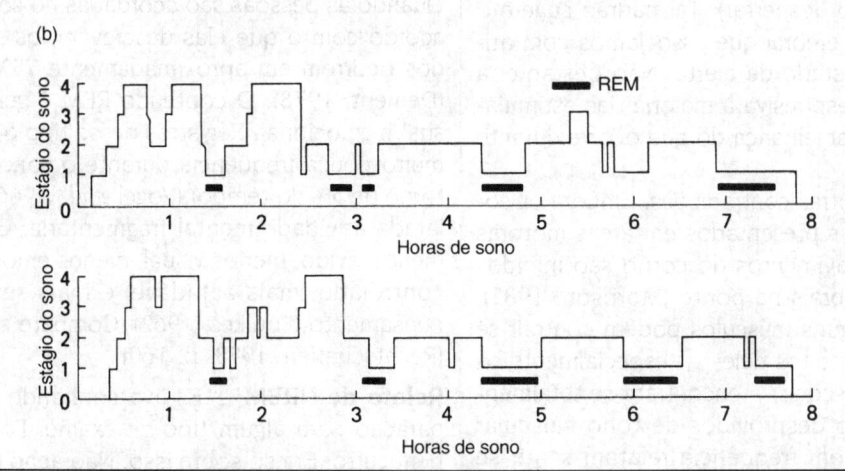

FIGURA 4.48 (*a*) O eletroencefalograma mostra os principais estágios do sono e suas formas de onda características (identificadas). (*b*) Padrões de sono de uma pessoa em duas noites sucessivas no laboratório. As barras pretas indicam os períodos de sono REM. Observe a semelhança dos dois registros. (W.B. Webb, University of Florida Sleep Laboratories; de Webb & Agnew, 1968.)

tágio 3 é indicado pelo surgimento de ondas lentas (2 hertz ou menos) e de alta amplitude, chamadas *ondas delta* (veja a Figura 4.48a). São entremeadas com fusos e ondas rápidas, irregulares e de baixa amplitude, conforme mostrado no registro do eletroencefalograma.

Estágio 4: Sono Mais Profundo Neste estágio do sono, a pessoa está alheia ao mundo exterior e muito dificilmente acorda. Mas, se houver qualquer irregularidade do sono, a probabilidade de surgir é nesse estágio: sonambulismo ou o ato de falar durante o sono, terrores noturnos e enurese. T*errores noturnos* são episódios de ansiedade intensa, acompanhados por pulsação e respiração altamente aceleradas (o dobro do normal, por vezes). Eles despertam a pessoa subitamente, em geral pouco tempo depois de ter adormecido (Hartmann, 1981). As ondas delta predominam no EEG.

Sono REM Durante o sono REM, os olhos movimentam-se rapidamente sob as pálpebras fechadas (comumente um ou dois movimentos por segundo, em rajadas curtas). Sonhos vívidos ocorrem nessa fase. Embora os dados sejam conflitantes, há evidência para a idéia de que os olhos movimentam-se como se estivessem esquadrinhando as imagens do sonho (Dement, 1978). O sono REM tem um estágio, conhecido como *estágio* 1 REM. Às vezes é chamado de *sono paradoxal* em virtude de suas características contraditórias. Mas impressionante é o fato de que os cientistas registram ondas cerebrais rápidas, irregulares e de baixa amplitude (muito semelhantes àquelas observadas durante o estágio 1 NREM e durante o despertar). Tal padrão sugere o tipo de dispertar cerebral que associamos com atividade mental e estado de alerta. Não obstante, a pessoa não está responsiva à maioria das estimulações externas, à semelhança do que ocorre durante o sono do estágio 4.

Há algumas outras contradições. Embora os sonhos pareçam ser representados em áreas motoras do cérebro, os movimentos do corpo são inibidos por circuitos cerebrais na ponte (Morrison, 1983). Nessa ocasião, alguns músculos podem contrair-se e repuxar, porém muitos deles — especialmente os da cabeça e do pescoço — encontram-se totalmente relaxados e tão desprovidos de tono muscular que as pessoas com freqüência relatam sentir-se temporariamente paralisadas quando acordadas nesse estágio.

O sono REM é também caracterizado por intensa variabilidade no sistema nervoso autônomo. As freqüências respiratória e cardíaca ficam ligeiramente aceleradas e muito mais irregulares. O corpo secreta grande quantidade de hormônios adrenais (veja o Capítulo 2). O tecido genital torna-se ereto, embora os sonhos não sejam necessariamente relacionados com sexo.

A Seqüência do Sono

As pessoas oscilam seqüencialmente pelos estágios do sono: 1, 2, 3, 4, 3, 2, 1, 2 ,3, 4, 3, 2, 1, e assim por diante. Inicialmente, passamos pelo estágio 1 do sono NREM para chegar ao sono mais profundo. Os períodos subseqüentes de sono do estágio 1 são principalmente de sono do estágio 1 REM. Tipicamente, há de quatro a seis ciclos (1, 2, 3, 4, 3, 2, 1) em um período único de sono humano. O sono do estágio 4 concentra-se nas primeiras poucas horas da noite. Por volta dos 50 anos de idade, esse estágio pode desaparecer por completo. O estágio REM domina o sono da manhã. Na média, adultos jovens (com idade entre 18 e 22) passam aproximadamente 5% da noite no estágio 1 do sono NREM, um pouco menos de 25% no estágio 1 REM, em torno de 50% no estágio 2 e os restantes 20% nos estágios 3 e 4.

Da mesma forma que temos impressões digitais distintas, temos padrões de sono característicos e individuais, com pequenas diferenças da média e ligeiras mudanças de noite para noite. (Veja a Figura 4.48b.)

Sonhos

Quando as pessoas são acordadas no sono REM, de acordo com o que elas descrevem, os sonhos vívidos ocorrem em aproximadamente 75% do tempo (Dement, 1978). O conteúdo REM é geralmente visual e emocional. Registros desse tipo ocorrem com muito pouca freqüência durante o sono NREM (em torno de 5% do tempo) (Vogel *et al.*, 1966), sendo relatada atividade mental fragmentária. O material é menos vívido, menos visual, menos emocional, mais controlado, mais agradável e mais semelhante a pensamento (Foulkes, 1962). Compare estes relatos (Rechtschaffen, 1973, p. 160):

Relato de NREM "Estava sonhando com a preparação para algum tipo de exame. Foi um sonho bem curto. Era só sobre isso. Não acho que estivesse preocupado com o assunto."

Relato de REM "Estava sonhando com os exames. Na primeira parte do sonho, sonhei que tinha acabado de fazer um exame e fazia um dia muito bonito. Estava caminhando com um amigo que cursa algumas matérias comigo. Houve uma espécie de intervalo, e alguém mencionou uma nota que tinha tirado em um exame de ciências sociais. Aí perguntei se as notas de ciências sociais já tinham saído e eles disseram que sim. Eu não tinha visto ainda porque estivera fora naquele dia."

Quando despertadas no laboratório durante ou após um período REM, até mesmo as pessoas que juram jamais sonhar relatam sonhos. Portanto, é virtualmente certo que todos os seres humanos normais sonham, provavelmente de quatro a seis vezes por noite (o número de períodos REM). Poucos indivíduos sabem que estão sonhando enquanto sonham, podendo indicar essa consciência fazendo movimentos oculares distintos, um fenômeno chamado de *sonho lúcido* (LaBerge, 1985).

As pessoas diferem bastante em quão bem se lembram do sonho da noite anterior. Não se sabe bem por que há diferenças na lembrança de sonhos (Cohen, 1974, 1979b). A interferência de distrações (como um rádio ligado ou a necessidade de urinar) provavelmente opera em alguns casos. Alguns indivíduos simplesmente não estão interessados em prestar atenção. Há outras hipóteses plausíveis (M. K. Johnson et al., 1984).

Conteúdo dos Sonhos

Sobre o que as pessoas declaram sonhar? Calvin Hall (1951) conduziu um dos primeiros estudos de grande escala sobre o conteúdo dos sonhos. Hall solicitou a adultos normais que gravassem seus sonhos assim que despertassem, até coletar cerca de 10.000 sonhos. Ele descobriu que os elementos do sonho eram predominantemente comuns: atividades corriqueiras, ambiente familiar e conhecidos e amigos. Estudos de sonhos de crianças apresentaram resultados idênticos (Foulkes, 1982). O balanço final revelou a Hall que a atmosfera do sonho é negativa. Atos hostis superavam os amistosos em uma relação de 2 para 1. Raiva, apreensão e medo caracterizavam 64% dos sonhos; sonhos felizes ocorriam em apenas 18% do tempo.

Quando combinamos os resultados de muitas investigações sobre o sonho, surge uma série de generalizações sobre os sonhos dos adultos (Breger et al., 1971; Hall, 1951; Hall & Van Castle, 1966; Kramer et al., 1971; Van de Castle, 1971; Winger et al., 1972). Eventos e motivos pessoalmente significativos modelam os sonhos. Mulheres grávidas sonham com o próprio bebê que está para nascer. Pessoas estressadas sonham com os fatores estressantes. Indivíduos agressivos sonham com brigas.

Outra influência são os fatos corriqueiros da realidade cotidiana. Quando usam lentes que tingem de vermelho tudo o que as cerca, as pessoas relatam sonhar com objetos avermelhados com freqüência muito maior do que costumavam sonhar antes de usar essas lentes (Roffwarg et al., 1978). Eventos ambientais atuais também deixam sua marca. Em um estudo que corrobora tal noção, William Dement (com Wolpert, 1958) expôs os participantes do experimento, os quais dormiam no laboratório, a experiências de sons, luzes piscando e pulverização de água fria próximo ao início dos ciclos REM. Embora nem sempre com sucesso, os investigadores tentavam não acordar os participantes até o fim do período REM. Os estímulos do laboratório foram incorporados em aproximadamente 25% dos sonhos relatados. Outros tipos de estados físicos também afetam os sonhos: dentre eles, a fome, a sede e reações a alimentos com tempero forte e drogas (Bokert, 1965; Winget & Kramer, 1979).

Até recentemente, os cientistas não haviam conseguido corroborar os relatos de sonhos. Tudo o que temos tido para nos basear é aquilo que as pessoas dizem. Adrian Morrison (1983) concebeu uma forma de desativar a paralisia muscular que acompanha os períodos REM em gatos, quando os animais parecem representar seus sonhos. Os movimentos são um correlato de sua vida interior. Investigações usando essa nova tecnologia devem produzir avanços consideráveis em nosso entendimento do conteúdo dos sonhos.

O Significado dos Sonhos

Sigmund Freud foi um dos primeiros cientistas a abordar a seguinte questão: "Qual o significado dos sonhos?". Esquadrinhando a mistura fragmentada de motivos, memórias, pensamentos e emoções, Freud concluiu que os sonhos refletem os impulsos inconscientes das pessoas de realizar pulsões ou satisfazer desejos que não podem ser satisfeitos dentro da realidade. A narrativa do sonho, ou *conteúdo manifesto*, disfarça e dramatiza as pulsões e desejos, os quais formam o verdadeiro significado, ou *conteúdo latente*, do sonho. As características bizarras do sonho surgem quando a mente tenta encobrir a verdade.

A evidência em que Freud se baseou para formar sua teoria do sonho proveio de suas experiências como terapeuta. À medida que os pacientes contavam seus sonhos e faziam associações, descobriam freqüentemente impulsos e desejos dos quais não tinham consciência antes. Porém, os críticos observam que, pelo fato de serem vagos, os sonhos são facilmente distorcidos e enfeitados, podendo ser rapidamente interpretados de variadas formas. Em outras palavras, as pessoas podem encontrar quase absolutamente tudo em seus sonhos.

Os críticos questionam também a lógica de Freud. Aquilo com que sonhamos não está necessariamente relacionado com *por que* sonhamos. Memórias, motivos, pensamentos e emoções podem ser o assunto principal de nossos sonhos por uma razão muito simples: são os fenômenos dos quais o cérebro dispõe para trabalhar durante o sono. Embora a teoria de Freud provavelmente não seja toda ela verdadeira, várias de suas idéias parecem estar corretas (Fisher & Greenberg, 1977). A pesquisa de animais corrobora a idéia de que sonhos e impulsos estão inter-relacionados (Ellman *et al.*, 1978). E poucos cientistas duvidam de que os sonhos podem lançar luz sobre motivação, personalidade e elementos do gênero (Hobson & McCarley, citados por Kiester, 1980; Winget & Kramer, 1979).

Recentemente, o modelo fisiológico de Allan Hobson e Robert McCarley (1977), a *hipótese da síntese da ativação* adquiriu notoriedade. Quando os animais dormem, afirma a teoria, um mecanismo despertador nos circuitos neurais da base do cérebro *ativa* periodicamente a atividade elétrica de forma aleatória (nos humanos, a cada 90 minutos). O material processado durante o dia — de natureza sensorial, motora e emocional — é trazido à tona. Ao mesmo tempo, o mecanismo ativador incita centros cerebrais superiores, inibe o comportamento e bloqueia a coleta de novas informações sensoriais. Os centros cerebrais superiores lidam com o material disponível tentando *sintetizar* o *input* caótico e incompleto por meio do rastreamento da memória em busca de mais detalhes que se encaixem. Os sonhos são, segundo esta teoria, um curioso derivado dos processos neurais rítmicos, os quais têm finalidades próprias.

A hipótese Hobson-McCarley parece explicar certas características do sonho. Nos sonhos, as cenas mudam rapidamente, como se novas células fossem ativadas. O bizarrismo surge porque sistemas cerebrais que raras vezes estão ativos simultaneamente às horas de vigília trabalham juntos e porque o material é gerado aleatoriamente por mecanismos internos, e não pelo meio ambiente. As pessoas que se sentem paralisadas no sonho, enquanto são perseguidas, estão percebendo com exatidão sua condição mais ou menos paralisada. (Freud disse que a paralisia demonstrava um desejo de ser capturado.) Em resumo, as facetas psicológicas dos sonhos têm paralelos físicos impressionantes.

A abordagem fisiológica também tem seus críticos (Reiser, 1984). Em essência, eles dizem que os estudos neurológicos, embora fascinantes, falam-nos de células; e informações sobre células não podem explicar um comportamento complexo como o ato de sonhar. Até o momento, nenhuma teoria explica adequadamente o sonho. Embora tenhamos muitas informações sobre o sonho, ele permanece um mistério.

Hipnose

Para induzir um estado hipnótico, o hipnotizador usa sugestões persuasivas, um procedimento chamado de *indução hipnótica*. Os métodos de indução hipnótica diferem entre si, mas têm uma série de elementos em comum. Inicialmente, como cliente, você será solicitado a se concentrar, talvez em um pequeno objeto, como um relógio ou um alfinete. O hipnotizador sugere que você está se desligando dos problemas do dia-a-dia. Calma, sonolência e conforto estão dentre outras sugestões costumeiras. Depois, você será convidado a abrir mão de seu controle. Pessoas dispostas a cooperar vêem-se respondendo a sugestões progressivamente mais improváveis.

A palavra "hipnose" provém da palavra grega *hypnos*, que significa "sono", mas o estado hipnótico não se assemelha ao sono. Durante a hipnose, as respostas fisiológicas variam, dependendo das sugestões específicas do hipnotizador e da responsividade da pessoa. Não há reações físicas específicas que acompanhem a hipnose de forma consistente (Kihlstrom, 1985), de modo que os cientistas avaliam-na simplesmente observando o comportamento e reunindo auto-relatos. Essa política leva a uma definição circular do estado hipnótico. Dizemos: "Os sujeitos do experimento fizeram isso e aquilo porque estavam hipnotizados". Quando perguntados como sabemos que eles estavam hipnotizados, respondemos: "Por causa da maneira pela qual se comportavam".

A sugestionabilidade elevada parece estar no centro da experiência hipnótica. É a sugestionabilidade que permeia esses fenômenos hipnóticos comumente observados (Hilgard, 1965; Ruch *et al.*, 1973).

1 *Perda da espontaneidade.* Os sentimentos e o pensamento espontâneos caem para um nível baixo, talvez para a imobilidade. As pessoas param de planejar o que fazer e passam a esperar sugestões.

2 *Seletividade.* Embora os seres humanos sempre selecionem em que devem concentrar atenção, os indivíduos hipnotizados são especialmente seletivos. Eles podem concentrar-se, por exemplo, na voz do hipnotizador e bloquear todos os outros sons e visões.

3 *Redução do teste da realidade.* Sob hipnose, as pessoas não comparam suas percepções com a realidade, como o fazem normalmente. Tornam-se dispostas a aceitar distorções flagrantes: alucinar com os olhos abertos e deixar de ver objetos reais diante do nariz.

4 *Representação de papéis incomuns.* Indivíduos hipnotizados desempenham prontamente papéis extraordinários. Comportam-se como crianças pequenas ou animais, por exemplo.

5 *Sugestionabilidade pós-hipnótica.* Os hipnotizadores às vezes sugerem que comandos específicos causarão sensações ou ações específicas depois do término do transe, sem que a pessoa se lembre da sugestão. Um hipnotizador poderia sugerir a um homem obeso que bolo de chocolate vai causar-lhe enjôo.

6 *Amnésia pós-hipnótica.* Este tipo de amnésia está estreitamente relacionado com a sugestionabilidade pós-hipnótica. Implica o temporário esquecimento de algo que ocorreu durante o transe hipnótico até que um sinal predeterminado, como o estalar dos dedos, faça cessar o lapso de memória.

Suscetibilidade à Hipnose

Nem todos parecem capazes de ter uma experiência hipnótica. Em um estudo de mais de 500 estudantes universitários, Ernest Hilgard (1965) descobriu que 10% eram totalmente não responsivos, enquanto 25% atingiram um estado satisfatório. Aproximadamente 6% dos estudantes responderam às sugestões mais difíceis, entrando em transe profundo. Os respondentes moderados — aproximadamente 65% de nós — sentem-se levemente relaxados quando esse estado é sugerido, em pleno contato com a realidade, no controle e bastante aptos a lembrar e resistir às sugestões do hipnotizador. A suscetibilidade à hipnose parece ser uma qualidade persistente que muda pouco de tempos em tempos e de situação para situação (Nash & Baker, 1984).

A abertura à hipnose depende tanto da relação hipnótica como da pessoa. Uma relação satisfatória com o hipnotizador e o desejo de cooperar parecem ser cruciais (Lynn *et al.*, 1984). Influi também a idade do cliente. A suscetibilidade de crianças aumenta até a idade de aproximadamente 10 anos. Depois declina, à medida que os jovens tornam-se menos complacentes e mais abertos ao mundo (Barber & Calverley, 1963). A personalidade também é importante. Segundo vários investigadores (Crawford & Allen, 1983; J. Hilgard, 1974; Wilson & Barber, 1983), as pessoas imersas nas próprias fantasias e no mundo da imaginação são particularmente hipnotizáveis. Não são prontamente hipnotizadas as pessoas que temem o novo e o diferente, acham difícil concentrar-se ou não estão dispostas a aceitar autoridade e comportar-se de forma submissa.

Mecanismos Subjacentes à Hipnose

Não sabemos como opera a hipnose. As duas explicações principais não são contraditórias e poderiam estar operando em casos diferentes (dependendo da suscetibilidade do cliente) ou em momentos diferentes (no início e mais adiante) da experiência.

Teoria da dissociação As idéias de Ernest Hilgard (1977, 1978) acerca da hipnose leve são conhecidas como *teoria da dissociação*. A teoria da dissociação, que se baseia no *modelo de sistemas*, começa com a observação de que o cérebro contém numerosos sistemas de controle independentes — todos registram e processam informações independente e simultaneamente. Cada sistema está isolado, ou *dissociado*, do outro, e cada um é capaz de consciência. Um dos sistemas predomina: geralmente "o sistema executivo normal do ego", aquele que controla a consciência na vigília. Durante a hipnose, sugere Hilgard, o controle passa de um sistema para outro. Em virtude dessas transferências, capacidades que são normalmente involuntárias tornam-se voluntárias, e vice-versa. Assim, podemos esquecer aquilo que normalmente lembramos ou lembrar aquilo que normalmente esquecemos. O "sistema executivo normal" atua como um "observador oculto", processando e armazenando aquilo que está ocorrendo — sem controle direto.

Teoria do desempenho de papel Theodore Barber, anteriormente hipnotizador de palco e atualmente psicólogo pesquisador, é um dos mais entusiasmados proponentes da *teoria do desempenho de papel*. Barber e seus colaboradores (1974) vêem a hipnose como produto da *sugestionabilidade* e de *instruções motivadoras* do indivíduo. Quando as pessoas têm atitudes e expectativas favoráveis, a indução hipnótica gera um conjunto peculiar de motivos, pensamentos, sentimentos e imaginações. A suspensão do julgamento e a responsividade elevada permitem que as pessoas cooperadoras representem novos papéis, atentem a novas idéias e comportem-se segundo novas regras. A apoiar a hipótese de Barber há um sem-número de estudos de laboratório que mostram que simples sugestões podem produzir "efeitos hipnóticos" — mudanças na freqüência cardíaca e no nível de glicose do sangue, no fluxo sangüíneo e na temperatura da pele, como também redução da dor, amnésia e formação de bolhas na pele, por exemplo (Barber, 1978; Barber & Ham, 1974; Spanos *et al.*, 1985a; Spanos & Barber, 1974).

Ainda não está demonstrado o que é precisamente a hipnose, embora haja probabilidade de que envolva mudanças no estado de consciência e influências sociais (Kihlstrom, 1985). Seja qual for a definição definitiva, está claro que a hipnose pode ajudar pessoas responsivas a superar muitos tipos de problemas pessoais: dentre eles, o hábito de fumar e de comer em excesso, a ansiedade excessiva e a dor muito forte (Elton *et al.*, 1984; Hilgard & Hilgard, 1983; Spanos *et al.*, 1984). O uso da hipnose durante julgamentos de tribunal é, porém, muito problemático (veja o Capítulo 5).

Intoxicação por Maconha

Há milênios as pessoas têm ingerido substâncias que alteram seu estado de consciência. Relatos escritos do uso de ópio datam de 4.000 anos antes de Cristo. Abordaremos agora mudanças de consciência que acompanham o ato de fumar uma das drogas que provocam alterações mentais, a maconha. *Maconha* (fumo ou erva) é o nome popular para preparados feitos com o cânhamo indiano, planta denominada *Cannabis sativa*.

Embora seja fumada por pessoas de todas as idades, jovens de 18 a 25 anos são de longe os mais ávidos consumidores de maconha. Estima-se que dois em cada três jovens adultos americanos tenham experimentado a maconha pelo menos uma vez e que um em cada quatro seja usuário regular (U.S. Bureau of the Census, 1983). De 1979 a 1984, o uso da maconha diminuiu. Em um estudo, mais da metade dos estudantes secundários pesquisados não aprovava sequer o uso ocasional dessa droga ilegal (Johnston *et al.*, 1984).

Efeitos da Maconha

Para investigar as sensações que as pessoas experimentam durante a intoxicação por maconha, o psicólogo Charles Tart (1971) distribuiu questionários por meio de canais informais. Pessoas que haviam fumado maconha uma dúzia de vezes ou mais foram solicitadas a estimar a freqüência com que aproximadamente 200 experiências específicas da droga haviam ocorrido nos seis meses antecedentes. As pessoas foram também solicitadas a indicar o menor grau de intoxicação necessário para cada experiência ocorrer. De aproximadamente 750 questionários enviados, cerca de 150 foram respondidos e analisados. Algumas das descobertas de Tart são apresentadas na Figura 4.49. Você pode ver os níveis relatados de intoxicação por maconha nos quais mudanças comuns na consciência costumam ter início. Tenha em mente que as diferenças individuais são imensas.

Experimentos cuidadosos em laboratórios confirmaram algumas dessas auto-observações. Pessoas intoxicadas por maconha consistentemente superestimam o tempo que passou, talvez por que, para elas, o tempo passa mais lentamente (Melges *et al.*, 1970; Weil *et al.*, 1968). Também o processamento de informações é alterado. Quando diante de tarefas que envolvem o ato de lembrar por um breve período, pensar em seqüência ou manter em mente objetivos de longo prazo, a capacidade de desempenho das pessoas intoxicadas é menor que a dos sóbrios. Há evidência de que os usuários podem compensar essa redução de capacidade se trabalharem nela (Melges *et al.*, 1970; Mendelson *et al.*, 1974). De importância é o fato de que a motivação fica comprometida, provavelmente por que a atenção está concentrada em outro lugar (Klonoff, 1974). A maconha afeta também a sociabilidade. De início, as pessoas são amistosas, mas, após o fumo continuado, elas se retraem (Mendelson *et al.*, 1974).

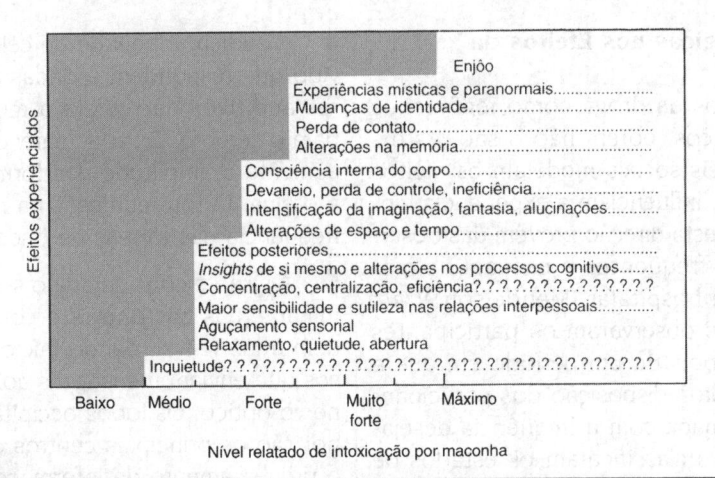

FIGURA 4.49 Conseqüências comumente relatadas de uso de maconha e nível de intoxicação no qual metade dos participantes-usuários regulares relataram ocorrência inicial do efeito. Todas as experiências, exceto aquelas seguidas de ponto de interrogação, tendem a continuar sob níveis mais altos de intoxicação. (De Tart, 1971.)

Imagens mentais especiais estão ligadas às experiências com maconha. Em seus estudos de imagens visuais, o psicólogo Ronald Siegel (1977, 1980) treinou pessoas para que elas codificassem aquilo que viam em categorias de forma, cor e movimento. Depois, em sessões semanais, os participantes recebiam uma dose forte ou fraca de uma droga desconhecida. Durante uma sessão típica (cerca de seis horas de duração), os participantes deitavam-se em camas em um quarto completamente escuro e à prova de som. Mantinham os olhos abertos e relatavam o que viam, usando o código especial.

Vários alucinógenos, incluindo um importante ingrediente psicoativo da maconha, eram associados a imagens simétricas e regulares que se moviam organizadamente (em geral, pulsando). Começando em preto e branco, as cores freqüentemente mudavam: depois de mais ou menos uma hora, para azul; depois, para vemelho, laranja e amarelo. Após várias horas, as pessoas comumente relatavam ver túneis em treliça, como o mostrado na Figura 4.50. Memórias de cenas com forte carga emocional misturavam-se a essas imagens, surgindo primeiro na borda ou sobre o túnel em treliça.

O mesmo tipo de imagem surge sob outras condições: epilepsia, psicose, sífilis avançada, privação sensorial, estimulação elétrica do cérebro, ataques de enxaqueca e experiências de vida após a morte (Shepard & Cooper, 1982). A natureza universal dessas alucinações é curiosa. Louis Jolyon West as atribui a uma cadeia simples de eventos: o cérebro está altamente incitado em um momento em que o *input* sensorial está reduzido. Portanto, as imagens que se originam no sistema nervoso ou no próprio olho são percebidas como se proviessem dos sentidos.

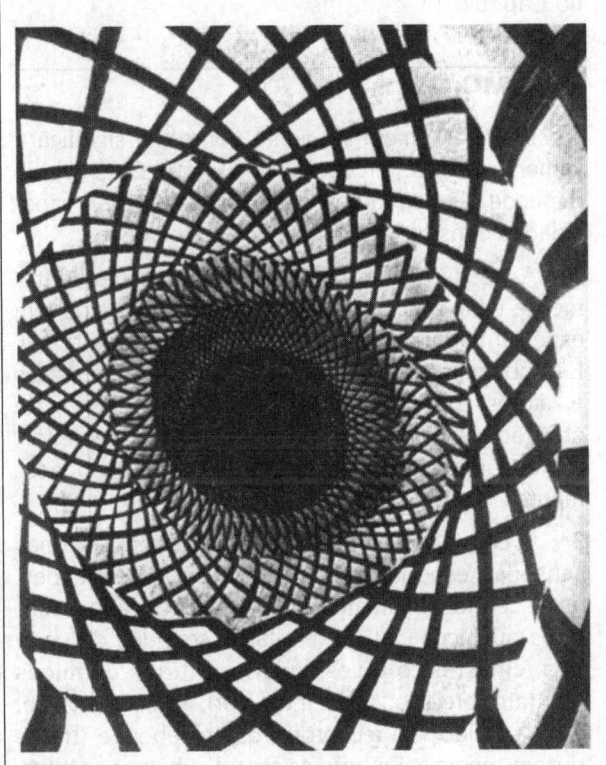

FIGURA 4.50 Alucinação de túnel em treliça. (Ronald K. Siegel.)

Influências Psicológicas nos Efeitos da Maconha

Pensamos nos efeitos da droga como fenômenos diretamente fisiológicos, porém não o são. As expectativas e os papéis sociais modelam os efeitos da mesma forma que influenciam a experiência hipnótica. A evidência nesta direção provém das observações de usuários freqüentes e casuais de maconha em ambiente hospitalar (Mendelson *et al.*, 1974). Pesquisadores observaram os participantes antes, durante e depois de um período em que a maconha foi colocada à disposição dos participantes, podendo ser fumada com a freqüência desejada. Os pesquisadores classificaram os estados de humor dos participantes com e sem seu conhecimento. Após o uso de maconha, as classificações "com consciência" refletiam euforia, um resultado coerente, é lógico, com a reputação da droga. As classificações "sem consciência" indicaram que o humor predominante no usuário, fosse o humor que fosse, intensificava-se. A propósito, expectativas são uma poderosa influência sobre reações a outras drogas, como o álcool (Marlatt & Rohsenow, 1980). Discutiremos o álcool no contexto do alcoolismo, no Capítulo 13.

RESUMO

1 Embora o meio ambiente contribua significativamente para a percepção, aquilo que é percebido depende também de experiências, fisiologia e capacidades construtivas do sujeito que percebe.

2 A atenção tem capacidade limitada e freqüentemente está concentrada nos eventos externos, em especial naquilo que é novo, inesperado e intenso. É também influenciada por necessidades, interesses e valores. A percepção pode ocorrer na ausência de atenção. As pessoas em geral comportam-se de forma automática — sem muita atenção ou pensamentos.

3 O corpo dos animais é equipado com sistemas sensoriais especializados em coleta de informações. Onze sentidos humanos já foram identificados: sentidos químicos (paladar e olfato), sentidos de posição (cinestésico e vestibular), sentidos dérmicos (contato, pressão, calor, frio e dor), audição e visão. Cada sentido tem receptores que recebem e "transduzem" energia. Embora os sentidos humanos interpretem algumas informações, eles enviam a maioria delas ao cérebro, para processamento.

4 A audição depende de células especiais no ouvido que respondem a ondas sonoras. Os receptores auditivos dão início a mensagens que viajam para o cérebro. Os sons parecem mais altos quando aumenta a amplitude das formas de onda próximo à orelha. O tom aumenta na razão do aumento da freqüência das formas de onda.

5 A visão é considerada o sentido humano predominante. Os bastonetes e cones da retina respondem à luz visível, dando início aos impulsos nervosos que enviam mensagens ao cérebro por meio do nervo óptico. Os lobos occipitais e o colículo superior são os principais centros cerebrais visuais para o processamento de informações visuais.

6 O cérebro organiza dados visuais (e outros dados sensoriais) rápida e automaticamente sem que as pessoas tenham consciência. A percepção de objetos segue regras. Discernimos relações de figura e fundo. Presumimos que cor, tamanho e forma são constantes. Separamos agrupamentos de elementos com características particulares e os tratamos como unidade. Grande parte do processamento de informações sobre objetos ocorre nos lobos occipitais.

7 As experiências com cores dependem dos comprimentos de onda de luz que os olhos captam e analisam. As cores podem ser classificadas em termos de tonalidade, saturação e intensidade. Os cones da retina são sensíveis a diferentes faixas de comprimentos de onda. Eles passam suas mensagens adiante para as células nervosas que trabalham por processos oponentes.

8 Para perceber profundidade, usamos os indicadores binoculares (disparidade binocular, convergência) e os indicadores monoculares (acomodação, paralaxe de movimento, indicadores pictóricos).

9 Os bebês começam a processar informações visuais sobre forma e distância pouco depois do nascimento, antes de começar a ocorrer o processo de aprendizagem. Experiências variadas e quase inevitáveis durante a primeira infância (como exposição a padrões e coordenação da visão e do movimento) são essenciais para o desenvolvimento de habilidades perceptivas maduras.

10 A percepção muda com a quantidade e o tipo de *input* sensorial, adaptando-se a condições novas. Expectativas, motivos, valores, emoções e elementos do gênero influenciam aquilo que percebemos.

11 Pesquisas de laboratório ainda não estabeleceram a existência de fenômenos parapsicológicos.

12 A consciência no estado de vigília comum muda continuamente de forma sutil. Quando as pessoas estão eretas, tendem a se concentrar nos eventos perceptivos.

13 Sonhos vívidos geralmente acompanham o sono REM, enquanto uma atividade mental fragmentária e algo semelhante ao pensamento é comum durante todo o sono NREM. Embora todos nós sonhemos, muitas pessoas não se lembram de seus sonhos. O conteúdo do sonho é modelado por motivos, preocupações e eventos recentes e em curso.

14 Durante a hipnose e a intoxicação por maconha, a consciência fica alterada. A sugestionabilidade elevada está no centro da experiência hipnótica. A intoxicação por maconha está ligada à desaceleração do tempo e a sensações de sensibilidade e criatividade incomuns. Fantasias, imaginação e sensações de unidade com a espécie humana podem ocorrer de forma acentuada.

GUIA DE ESTUDO

Termos-chave

sensação (140)
percepção (141)
atenção (143)
lapso de ação (146)
sentido (sistema sensorial) (147)
paladar (148)
receptor (147)
detecção (147)
transdução (148)
transmissão (148)
processamento de informações (148)
olfato (149)
cinestesia (151)
vestibular (151)
somatossorial (contato, pressão, calor, frio, dor) (153)
audição (154)
volume (*loudness*) (155)
tom (158)
princípios de agrupamento (166)
similaridade (166)
proximidade (167)
simetria (167)
continuidade (167)
fechamento (168)

tonalidade (171)
saturação (171)
brilho (171)
indicador de profundidade binocular (176)
indicador de profundidade monocular (176)
disparidade binocular (176)
convergência (176)
acomodação (176)
paralaxe de movimento (176)
indicador pictórico (176)
tamanho familiar (176)
perspectiva linear (177)
luz e sombra (177)
gradiente de textura (178)
perspectiva aérea (178)
interposição (178)
percepção extra-sensorial [PES] (185)
estado de vigília comum (187)
sono REM (189) e NREM (189)
estado hipnótico (192)
intoxicação por maconha (194)
e outras palavras e expressões em itálico

Conceitos Básicos

distinção entre sensação e percepção
natureza construtiva da percepção
modelo de sistemas de consciência-inconsciência
teoria da rajada
abordagem gestáltica da percepção
qualidade da forma
princípios organizadores para objetos e profundidade
teoria da detecção de características
teoria da freqüência espacial
teoria tricromática
teoria do processo oponente
explicações alternativas para os relatos de PES
razões para precaução em relação à PES
teorias do sonho (Freud, Hobson-McCarley)
teoria da dissociação *versus* teoria do desempenho de papel (da hipnose)

Avaliação

1 Qual afirmação sobre sensação e percepção é verdadeira?

a. A sensação refere-se a objetos, lugares e eventos, enquanto a percepção lida com categorias como qualidade e intensidade.
b. A sensação fornece uma visão espelhada da realidade, enquanto a percepção é menos acurada.
c. A sensação envolve a entrada de informações, enquanto a percepção implica a organização e a interpretação de dados.
d. A sensação requer percepção, enquanto a percepção não requer a sensação.

2 O que faz um transdutor?

a. Leva informações de uma região para outra.
b. Converte energia de uma forma em outra.
c. Integra informações.
d. Acelera o processamento de informações.

3 Qual dos sentidos nos informa o relativo posicionamento das partes do corpo durante o movimento?

a. Pressão profunda   b. Cinestésico
c. Somatossensorial   d. Vestibular

4 A experiência de volume depende de uma série de fatores. Qual dos fatores seguintes contribui mais significativamente?

a. A amplitude máxima das ondas fora do ouvido é muito grande.
b. O comprimento máximo das ondas fora do ouvido é muito pequeno.
c. O ambiente está muito silencioso.
d. As freqüências das ondas que formam o estímulo estão todas muito altas.

5 A teoria da freqüência espacial pressupõe que

a. Todos os padrões podem ser reduzidos a conjuntos de áreas claras e escuras.
b. As células do cérebro funcionam como detectores de características como linhas, movimentos, cores e ângulos.
c. As células do cérebro operam em uma hierarquia que vai do simples ao complexo, culminando em células que reconhecem objetos complicados, como avós.
d. Os receptores retinianos têm campos receptivos muito amplos.

6 As imagens persistentes de cores e a cegueira para as cores fundamentam uma das seguintes teorias. Qual delas?
a. Teoria da detecção de características
b. Teoria do processo oponente
c. Teoria da freqüência espacial
d. Teoria tricromática

7 Você perecebe um prato raso como tendo a mesma forma, independentemente do ângulo a partir do qual é visto. Qual o princípio organizador perceptivo ilustrado?
a. Constância
b. Continuidade
c. Agrupamento
d. Similaridade

8 O que caracteriza o fundo em uma relação figura-fundo?
a. Forma definida
b. Distância maior
c. "Domínio" do contorno
d. Qualidade vívida

9 Qual dos seguintes é um indicador de profundidade binocular?
a. Acomodação
b. Convergência
c. Paralaxe de movimento
d. Gradiente de textura

10 De que forma a percepção humana é influenciada após passar vários dias em um ambiente monótono e relativamente desprovido de padrões?
a. Nenhum efeito durante o período de privação; após esse período, distorções perceptivas temporárias.
b. Alucinações durante o período de privação; depois, nenhum efeito.
c. Alucinações durante o período de privação; após esse período, distorções perceptivas temporárias.
d. Alucinações durante o período de privação; após esse período, distorções perceptivas permanentes.

11 Os sonhos dos períodos REM são _____; ao passo que os sonhos dos períodos NREM são _____.
a. Controlados/descontrolados
b. Agradáveis/desagradáveis
c. Menos emocionais/mais emocionais
d. Vívidos/semelhantes ao pensamento

12 Que atributo caracteriza pessoas suscetíveis à hipnose?
a. Distração
b. Imaginação
c. Preferência pelo familiar
d. Rebeldia

Exercícios

1. Anatomia do ouvido. Faça a correspondência de cada parte do ouvido com a descrição mais apropriada. (Veja as pp. 156-157.)

___ 1 Ouvido externo
___ 2 Ouvido médio
___ 3 Ossículos
___ 4 Células ciliadas
___ 5 Tímpano
___ 6 Janela oval
___ 7 Cóclea
___ 8 Membrana basilar

a. Separa o ouvido médio do ouvido interno; seus movimentos geram ondas no fluido da cóclea.
b. Tubo espiralado no ouvido interno.
c. Receptores auditivos dentro da cóclea.
d. Coleta ondas sonoras, afunilando-as para o tímpano.
e. Cavidade cheia de ar.
f. Membrana retesada que transmite vibrações para a janela oval.
h. Divide a cóclea em duas partes, superior e inferior; deforma-se por pressão no fluido da cóclea.

2. Anatomia do olho. Faça a correspondência de cada parte do olho com a definição mais apropriada. (Veja as pp. 161-162.)

___ 1 Cone
___ 2 Córnea
___ 3 Fóvea
___ 4 Íris
___ 5 Cristalino
___ 6 Pupila
___ 7 Retina
___ 8 Bastonete

a. Região da retina que contém cones densamente compactados.
b. Abertura pela qual a luz entra.
c. Controla o tamanho da pupila.
d. Cobertura transparente que protege os olhos; ajuda a focar.
e. Envolvido(a) na acomodação; com o tempo perde a elasticidade.
f. Principal receptor(a) de cor e detalhe.
g. Superfície interna anterior do olho sobre a qual são projetadas as imagens.
h. Principal receptor(a) na luz fraca.

3. Percepção de profundidade. Comprove o que entendeu dos indicadores de profundidade fazendo a correspondência de cada indicador com o exemplo ou definição mais apropriado. Indique se o indicador é monocular (M) ou binocular (B). (Veja as pp. 174-178.)

Indicadores: acomodação (A), perspectiva aérea (PA), disparidade binocular (DB), convergência (C), tamanho familiar (TF), interposição (I), luz e sombra (LS), perspectiva linear (PL), paralaxe de movimento (PM), gradiente de textura (GT).

___ 1 Montanhas azuladas pela névoa parecem estar mais distantes que montanhas verdes ou marrons.

___ 2 Da janela de um trem, as árvores que lhe estão próximas parecem passar mais rápido que aquelas distantes.

___ 3 Um gato que bloqueia parcialmente sua visão de um coelho parece estar mais próximo que o coelho.

___ 4 Ao ver vários amigos aproximando-se, você julga a que distância eles estão pelo tamanho das imagens da retina.

___ 5 As informações dos músculos que controlam a direção dos olhos permitem-lhe determinar a distância de um copo d'água na mesa de jantar.

___ 6 Em uma fotografia, os trilhos da ferrovia convergem, mas você presume que os trilhos da extremidade convergente estão simplesmente mais distantes de você e não mais próximos um do outro.

___ 7 Quando você fica em pé sobre um tapete felpudo no centro de um grande aposento, as tramas próximas a seus pés parecem claras e distintas, enquanto as próximas da parede ficam indistintas.

___ 8 O cérebro combina as imagens ligeiramente diferentes da mesma cena projetada em cada retina, de modo que você vê uma única imagem tridimensional.

___ 9 Se você estiver de costas para o sol, o lado mais claro de uma casa parece estar mais próximo.

___ 10 A espessura do cristalino de cada olho muda quando você muda o foco do seu olhar do relógio de pulso para o cadarço do sapato.

4. Indicadores pictóricos de profundidade. Para praticar a identificação de indicadores pictóricos de profundidade, descreva aqueles que William Hogarth manipulou na Figura 4.39 e aqueles que Maurits Escher manipulou nas Figuras 4.1 e 4.18. (Veja as pp. 176-178.)

5. Estágios do sono. Para testar seu conhecimento dos estágios do sono, faça a correspondência de cada estágio com suas características. Os estágios do sono podem corresponder a várias características; e a mesma característica pode aplicar-se a mais de um estágio. (Veja as pp. 188-190.)

Estágios do sono: estágio 0, estágio 1 NREM, estágio 1 REM, estágio 2, estágio 3, estágio 4.

___ 1 Ocupa aproximadamente 5% do sono de um adulto jovem.

___ 2 Geralmente ocorre logo antes do sono do estágio 4.

___ 3 A pessoa despertada neste estágio provavelmente relatará imagens, pensamentos vagos e fragmentos de sonhos.

___ 4 Ocupa aproximadamente 50% do sono de um adulto jovem.

___ 5 Predomina a atividade alfa.

___ 6 Ocupa pouco menos de 25% do sono de um adulto jovem.

___ 7 Momento mais provável de ocorrência de espasmos mioclônicos.

___ 8 Caracterizado por intensa variabilidade autonômica.

___ 9 Às vezes chamado de sono leve.

___ 10 Predominam as ondas delta.

___ 11 Apesar de os músculos contraírem-se e repuxarem neste estágio, estão geralmente desprovidos de tono muscular.

___ 12 É neste estágio que os fusos surgem pela primeira vez.

___ 13 Geralmente ocorre logo após o sono do estágio 4.

___ 14 Ao acordar, sonhos vívidos ou fragmentos de sonhos são tipicamente relatados.

___ 15 Aparecem pela primeira vez as ondas delta, entremeadas de fusos e ondas rápidas, irregulares e de baixa amplitude.

___ 16 Período mais propenso à ocorrência de irregularidades do sono, tais como sonambulismo e terrores noturnos.

___ 17 Às vezes chamado de sono intermediário.

Usando a Psicologia

1 O que significa a afirmação "Cada pessoa vive em um mundo único"?

2 Que características atraem a atenção? Dê exemplos de como os professores primários poderiam usar esta informação para atrair e manter a atenção de seus alunos durante uma aula de geografia da África.

3 Identifique lapsos de ação em sua própria vida. Coloque-os nas categorias de erro de processamento de informação de Norman.

4 Pense sobre uma experiência de dor que você tenha tido recentemente. Que fatores psicológicos (considere os mencionados no texto) influenciaram o que você sentiu?

5 Explique as vantagens de viver em um ambiente tranqüilo.

6 Forneça diversos exemplos novos de constância, relações de figura-fundo, similaridade, proximidade, simetria, continuidade e fechamento.

7 Faça uma lista de indicadores de profundidade monoculares e binoculares, e depois tente demonstrar para si mesmo de que forma cada um dos indicadores opera na vida cotidiana.

8 Pense em várias ocasiões em que expectativas, valores, objetivos, motivos ou emoções influenciaram suas percepções.

9 Daniel alega ter usado telepatia para ler os pensamentos de sua mãe. Que perguntas você deveria fazer antes de aceitar a explicação de Daniel?

10 Você recebe pelo correio um folheto apregoando as maravilhas da hipnose. Ela pode resolver qualquer problema pessoal. Qualquer pessoa pode ser hipnotizada. Discuta cada uma dessas alegações.

Leituras Sugeridas

1 Dember, W. N. & Warm, J. S. (1979). *Psychology of perception.* 2ª. ed. Nova York: Holt, Rinehart. Um texto abrangente e claro que "lida com os fundamentos da forma mais sólida e atraente que se poderia desejar... Se o tópico for um fenômeno ou efeito perceptivo, aprendemos a produzi-lo, medi-lo, discuti-lo, explicá-lo e a avaliar a explicação. Se o tópico for uma questão teórica, aprendemos a forma como ela surgiu, como foi examinada e interpretada, como foi reexaminada e reinterpretada e onde podemos buscar mais detalhes" (Swets, 1980, p. 242).

2 Rock, I. (1985). *Perception.* San Francisco: Freeman. Com a ajuda de mais de 200 fotos e ilustrações, Rock explora os processos da percepção cotidiana, concentrando-se em perguntas como: "De que forma as pessoas percebem a profundidade, a forma e o movimento? Como a experiência altera a percepção? De que forma os princípios perceptivos melhoram o entendimento da arte?".

3 Ludel, J. (1978). *Introduction to sensory processes.* San Francisco: Freeman. Descreve todos os sistemas sensoriais com clareza incomum e de maneira agradável e pessoal.

4 Droscher, V. B. (1971). *The magic of the senses: New directions in animal perception.* Nova York: Harper & Row. Este fascinante relato de pesquisa voltada aos sistemas perceptivos dos animais inclui discussões do sistema auditivo dos morcegos e dos sistemas de navegação de pássaros e abelhas.

5 Fineman, M. (1981). *The inquisitive eye.* Nova York: Oxford University Press. Envolve a apresentação dos princípios da percepção visual, enfatizando observações inéditas e tomando exemplos da arte, da fotografia e do design.

6 Melzack, R. (1973). *The puzzle of pain.* Nova York: Basic. "Melzack [reconhecido pesquisador da área] derruba os mitos, destaca os fatos, examina as teorias e faz perguntas que ainda carecem de respostas. O leitor mergulhará nas experiências relatadas, em fenômenos como 'dor do membro-fantasma' e em especulações como por que um ferimento de guerra

deveria ser menos doloroso que uma cirurgia de porte" (R. P. Johnson, *Minneapolis Tribune*).

7 Randi, J. (1980). *Flim-flam: The truth about unicorns, parapsychology, and other delusions.* Nova York: Lippincott & Crowell. Um mágico que conhece muito sobre farsas, desmascara toda espécie de fenômenos parapsicológicos. Você pode descobrir como as pessoas entortam colheres, levitam mesas e enxergam com os olhos vendados.

8 LaBerge, S. (1965). *Lucid dreaming.* Los Angeles: Tarcher. Cartwright, R. D. (1977). *Night life: Explorations in dreaming.* Englewood Cliffs, NJ: Prentice-Hall. Dement, W. C. (1978). *Some must watch while some must sleep.* 2ª. ed. Nova York: Norton. Webb, W. B. (1975). *Sleep: The gentle tyrant.* Englewood Cliffs, NJ: The Prentice-Hall. Estes livros foram escritos por pesquisadores ativos para estudantes principiantes. O livro de Dement oferece muitas revelações dos bastidores das primeiras pesquisas e aplicações médicas. O livro de Webb enfatiza o trabalho voltado ao sono e aos distúrbios do sono, enquanto o de Cartwright e LaBerge concentra-se nos sonhos.

Respostas

FICÇÃO? OU FATO?
1. F 2. F 3. V 4. F 5. F 6. V 7. F 8. V 9. F

AVALIAÇÃO
1. c (141) 2. b (148) 3. b (151) 4. a (158)
5. a (171) 6. b (175) 7. a (166) 8. b (165)
9. b (176) 10. c (182) 11. d (190) 12. b (192)

EXERCÍCIO 1
1. d 2. e 3. g 4. c 5. f 6. a 7. b 8. h

EXERCÍCIO 2
1. F 2. d 3. a 4. c 5. e 6. b 7. g 8. h

EXERCÍCIO 3
1. PA (M) 2. PM (M) 3. I (M) 4. TF (M) 5. C (B) 6. PL (M) [ou TF (M)] 7. GT (M) 8. DB (B) 9. LS (M) 10. A (M)

EXERCÍCIO 4
Cheque com seu professor as respostas nos quais tiver dúvidas.

EXERCÍCIO 5
1. 1 NREM 2. 3 3. 0, 1 NREM, 2, 3, 4 4. 2 5. 0
6. 1 REM, 3 e 4 combinados
7. 2 8. 1 REM 9. 1 NREM 10. 4
11. 1 REM 12. 2 13. 3 14. 1 REM, 0,1 NREM
15. 3 16. 4 17. 2

CAPÍTULO 5

Memória

SUMÁRIO

NATUREZA DA MEMÓRIA
Processos da Memória
Estruturas da Memória

MEDIDAS DA MEMÓRIA
Reaprendizagem
Reconhecimento
Recordação
Recordação *versus* Reconhecimento

MEMÓRIA SENSORIAL
Localização e Usos das Memórias Sensoriais
Evidência da Memória Sensorial
Dados da Memória Sensorial
Esquecimento de Memórias Sensoriais

MEMÓRIA DE CURTO PRAZO
Evidência da Memória de Curto Prazo
Funções da Memória de Curto Prazo
Capacidade da Memória de Curto Prazo
Codificação e Recuperação na Memória de Curto Prazo
Esquecimento da Memória de Curto Prazo

MEMÓRIA DE LONGO PRAZO
Codificação na Memória de Longo Prazo
Recuperação da Memória de Longo Prazo
Esquecimento da Memória de Longo Prazo

REPRESENTANDO INFORMAÇÕES NA MEMÓRIA DE LONGO PRAZO

INFLUÊNCIAS NA RETENÇÃO DE LONGO PRAZO
Conhecimento Anterior: A Idéia de Esquema
Experiência Posterior
Incitamento
QUADRO 5.1: Memórias Tipo *Flash*: Incitamento? Ou Repetição?
Repetição e Exposição
Atenção
Organização e Integração
Outras Táticas Ativas
Prática Maciça *versus* Distribuída
Memórias Dependentes do Estado Físico
QUADRO 5.2: Como as Pessoas de Excelente Memória Recordam-se?

VIÉS NA MEMÓRIA DE LONGO PRAZO: O CASO DA TESTEMUNHA OCULAR

SISTEMAS MÚLTIPLOS DA MEMÓRIA
Amnésia
Lições sobre os Depósitos da Memória

RESUMO

GUIA DE ESTUDO

FICÇÃO? OU FATO?

1   Se as pessoas não conseguem reconhecer ou recordar alguma coisa, não existe maneira alguma de provar que elas ainda se lembram de alguns aspectos dessa coisa. Verdadeiro ou falso?

2   Por uma fração de segundo, as pessoas retêm imagens de *tudo* o que vêem. Verdadeiro ou falso?

3   É mais fácil lembrar de imagens do que de palavras. Verdadeiro ou falso?

4   As memórias, semelhantes a gravações em fita, tendem a ser muito acuradas. Verdadeiro ou falso?

5   Ler e reler é a melhor forma de reter informação. Verdadeiro ou falso?

6   Suponha que você obtenha uma nova informação sob estado de embriaguez. Provavelmente você vai se lembrar melhor daquilo quando estiver sóbrio. Verdadeiro ou falso?

7   Se você descobrir princípios por si mesmo, vai se lembrar deles com mais facilidade do que se alguém simplesmente falasse sobre eles para você. Verdadeiro ou falso?

8   A testemunha ocular é o meio mais confiável de identificar criminosos. Verdadeiro ou falso?

Nossas lembranças operam tão veloz e automaticamente que poucas pessoas notam sua onipresença. No entanto, elas estão presentes. Se não tivéssemos memória, teríamos problemas de percepção. Quando você percebe — digamos, o céu cinza e pálido de um dia frio de outono —, está fazendo comparações implícitas com os dias ensolarados dos quais se lembra. O ato de falar requer que você relembre palavras e regras gramaticais. A capacidade de resolver problemas depende da capacidade de reter cadeias de idéias. Não faz sentido dizer que algo foi aprendido se não for lembrado. Até mesmo atividades que normalmente são consideradas automáticas, como conversar sobre assuntos triviais e lavar pratos, dependem da capacidade de lembrar. Na verdade, quase tudo que as pessoas fazem depende da memória.

Neste capítulo, exploraremos a natureza da memória. Começamos com o caso de S., um homem que lembrava demais.

O CASO DE S.: UM HOMEM QUE LEMBRAVA DEMAIS

Alexander Luria (1968, pp. 7-12, 28), o eminente psicólogo-médico russo, escreveu:

Em [1920], um homem veio ao meu laboratório e me pediu para testar sua memória. Nessa época, o homem (vamos chamá-lo de S.) era repórter de jornal. Ele procurou meu laboratório por sugestão do editor do jornal. Toda manhã, o editor reunia-se com sua equipe e distribuía as tarefas do dia [...]. A lista de endereços e instruções era em geral relativamente longa, e o editor observou com alguma surpresa que S. nunca anotava nada. Ele estava prestes a repreender o repórter por sua desatenção quando, a seu pedido, S. repetiu todas as atribuições, palavra por palavra. Curioso por saber como aquele homem conseguia lembrar-se de tudo, o editor começou a inquirir S. sobre sua memória. Mas S. meramente reagiu com espanto: havia algo de fato incomum em lembrar de tudo o que lhe diziam?

Luria estudou a memória de S. por mais de 30 anos e não conseguiu descobrir seus limites:

Os experimentos indicavam que S. [...] não tinha dificuldade de reproduzir longas séries de palavras, fossem quais fossem, mesmo que lhe tivessem sido originalmente apresentadas uma semana, um mês, um ano ou mesmo muitos anos antes. Na verdade, alguns desses experimentos concebidos para testar sua capacidade de retenção foram realizados (sem qualquer aviso prévio) 15 ou 16 anos após a sessão na qual ele tinha originalmente recordado as palavras. Mesmo assim, elas sempre estavam certas [...].

Como S. formou tais memórias permanentes? Ele declarou que transformava automaticamente as palavras em imagens vivas e estáveis, as quais podia ver e, em alguns casos, sentir, também em paladar, olfato ou tato. Segundo S.:

Normalmente experiencio o gosto e o peso de uma palavra, e não preciso fazer esforço algum para me lembrar dela — a palavra parece ressurgir por si só [...]. O que sinto é algo oleoso escorrendo pela mão [...] ou um leve comichão na mão esquerda, causado por uma massa de pontos minúsculos e levíssimos.

Mas S. não podia "desligar" esse processo de codificação de palavras. Quando lia, as palavras produziam imagens que se acumulavam umas com as outras, mascarando seu significado. A memória poderosa de S. interferia também em seu pensamento. Como sua memória pulava de imagem para imagem, S. tinha dificuldade de apreender relacionamentos complicados e idéias abstratas. Em resumo, o número de problemas que a soberba memória de S. causava era proporcional ao que resolvia.

O caso de S. levantou muitas questões. Como trabalha a memória? Por que a maioria das pessoas esquece as informações triviais de que S. se lembrava? O que causa o esquecimento? Há diferentes maneiras de armazenamento de conteúdo? Os seres humanos normais podem aumentar sua capacidade de retenção? Neste capítulo, tentamos responder a estas e a muitas outras perguntas. Embora os cientistas cognitivos estejam longe de ser capazes de explicar as impressionantes capacidades de S., estão começando a entender muitos aspectos da memória normal.

NATUREZA DA MEMÓRIA

Os psicólogos usam a palavra *memória* para se referir aos variados processos e estruturas envolvidos no armazenamento e recuperação de experiências. Existe hoje muita incerteza sobre a natureza da memória. Existem mais de 50 modelos explicativos diferentes (Craik, 1980; Horton & Mills, 1984; Tulving & Donaldson, 1972). *Modelo* é um sistema simplificado que contém as características principais de um sistema maior e mais complicado e sugere predições que podem ser confirmadas ou contestadas. À medida que as pesquisas acumulam-se, os cientistas aperfeiçoam esses modelos, ampliando o entendimento do sistema maior. Ao longo de todo este capítulo, falaremos sobre um *modelo de processamento de informação* da memória. Escolhemos este modelo porque, comparado a qualquer outro, conta com maior número de adeptos e continua sendo uma estrutura útil para a organização das descobertas decorrentes da pesquisa sobre os processos e estruturas da memória. (Horton & Mills, 1984; Klatzky, 1980, 1984; Norman, 1982.)

Processos da Memória

Todos os sistemas da memória requerem três procedimentos: codificação, armazenamento e recuperação.

Codificação   O conteúdo destinado ao armazenamento é primeiramente codificado. *Codificação* ou *aquisição* refere-se a todo o processo de preparar as informações para armazenamento. Durante a codificação, podemos *traduzir* os conteúdos de uma forma para outra. Conforme lemos, por exemplo, vemos "sinais" pretos na página. Podemos codificar essas informações como uma "imagem", como sons ou como idéias que tenham significado. A codificação refere-se também à *aprendizagem deliberada*, à tentativa de armazenar informações e à *percepção*. As pessoas retêm grande quantidade de conteúdo simplesmente em decorrência do ato de ver ou ouvir ou sentir o cheiro ou tocar. Embora você não tente memorizar a previsão do tempo que escuta no rádio ou os traços da heroína de um filme, provavelmente codificará esses itens com facilidade durante o processo perceptivo.

Armazenamento   Assim que a experiência é codificada, será *armazenada* por algum tempo. O armazenamento parece ocorrer automaticamente. A natureza do armazenamento, porém, nada tem de óbvio (Estes, 1980). O depósito de nossa memória não é como um armazém comum, uma biblioteca ou o chip de um computador. Os itens de informação não vão sendo simplesmente empilhados, à espera do momento em que serão requisitados. Ao contrário, o depósito da memória é um "sistema complexo e dinâmico" que parece mudar com a experiência.

Recuperação   Se desejamos usar uma informação, precisamos buscá-la ou *recuperá-la*. A recuperação pode ser muito fácil ou bastante trabalhosa, conforme veremos.

Estruturas da Memória

Que estruturas possibilitam o armazenamento de memórias? Muitos psicólogos acreditam que haja três tipos: sensorial, de curto prazo e de longo prazo. O que forma os três sistemas e como eles se comportam e interagem é uma questão ainda muito controversa. Vejamos o modelo de processamento de informação descrito em detalhe pela primeira vez por Richard Atkinson e Richard Shiffrin (1971).

Imagine que um amigo colecionador de fatos comenta com você o peso do cérebro de alguns animais: o cérebro humano pesa em torno de 1,5 quilo; o cérebro do elefante, aproximadamente 6 quilos; o de um cachalote, cerca de 9 quilos. Como essas informações iriam para a memória?

Ao simplesmente ouvir de seu amigo a descrição desses fatos, alguma atividade de memória, da qual você provavelmente não tem consciência, está em curso. A informação que chega aos órgãos dos sentidos parece ser retida momentaneamente por um sistema de armazenamento chamado *memória sensorial* (MS). Os conteúdos retidos pela memória sensorial assemelham-se às imagens persistentes. Em geral, eles desaparecem em menos de um segundo, a menos que sejam transferidos imediatamente para um segundo sistema de memória, a *memória de curto prazo* (MCP).

Como transferimos dados sensoriais para o depósito de curto prazo? Tudo o que você tem de fazer é ficar atento ao conteúdo por um momento. Se você escutar seu amigo falando, vai codificar os sons em palavras que tenham significado. O conteúdo passará então para a MCP.

A MCP é tida como o centro da consciência. Na visão de Atkinson e Shiffrin, contém tudo aquilo que sabemos — pensamentos, informações, experiências, o que for — em qualquer ponto do tempo. O "depósito" da MCP abriga uma quantidade limitada de dados temporariamente (em geral, por 15 segundos). Podemos reter informações por mais tempo no sistema de curto prazo por meio da *repetição*. Além de se prestar à função de armazenamento, a MCP "trabalha" como um executivo central. Ela insere e recupera conteúdos de um terceiro sistema mais ou menos permanente, a *memória de longo prazo* (MLP).

Suponha que você não tenha prestado muita atenção ao relato de seu amigo sobre o peso do cérebro de alguns animais. Os dados desapareceriam rapidamente da MCP. Agora, imagine que você tenha repetido as informações para si mesmo. Este tipo de *processamento superficial* reteria os fatos na MCP por alguns segundos a mais. Mas provavelmente não seria o bastante para transferir os itens para o sistema de longo prazo. Conseqüentemente, esse material — como qualquer outro que não seja relocado na MLP — rapidamente se perderia.

Para passar a informação para o depósito de longo prazo, provavelmente você teria de processá-la de forma mais profunda. Durante o chamado *processamento profundo*, as pessoas prestam muita atenção, pensam nos significados ou reúnem os itens relacionados que já se encontram na MLP (Craik & Tulving, 1975). Embora o processamento profundo seja uma forma de recuperar algo da memória, a repetição simples e desatenta pode ser suficiente para transferir informações para o depósito de longo prazo (Baddeley, 1978; Nelson, 1977). Você provavelmente já repetiu seu próprio número de telefone um número suficiente de vezes para enviá-lo para a MLP.

Os sistemas de curto e longo prazo transferem continuamente informações entre si. O conteúdo da MLP pode ser ativado e transferido para o depósito de curto prazo sempre que for relevante. É o sistema de curto prazo que recupera as memórias tanto de longo como de curto prazo. Imagine que alguém lhe faça a seguinte pergunta segundos depois da exposição feita por seu amigo: "O cérebro humano é maior que o de todos os outros animais?". As informações necessárias estarão no depósito de curto prazo, de modo que sua pesquisa deverá ser rápida, uma vez que há pouco conteúdo a ser consultado.

Se a pergunta sobre o cérebro humano surgir um ano depois, você terá de esquadrinhar o depósito de longo prazo. Se você usou a informação repetidamente ou se aprendeu muito bem os fatos, a pesquisa pela MLP deverá ser rápida e essencialmente fácil. O material será transferido para o depósito de curto prazo e usado. Entretanto, se você não dispensou grande atenção aos fatos e não precisou deles até então, a localização dos dados pode ser um processo longo e trabalhoso. Você poderá também não conseguir localizá-los, por uma variedade de razões que discutiremos. A Figura 5.1 ilustra o modelo de processamento de informação da memória.

MEDIDAS DA MEMÓRIA

Embora seja fácil falar a respeito de codificação, armazenamento e recuperação, é muito difícil estudar esses processos isoladamente. O que normalmente estudamos é um de três tipos de reme- moração: reaprendizagem, reconhecimento e recordação. Cada um dos três mostra que as memórias foram codificadas e armazenadas. Re- cordação e reconhecimento requerem também a recuperação. Os três tipos de rememoração — reaprendizagem, reconhecimento e recordação — podem ser usados para medir as memórias sensorial, de curto prazo e de longo prazo.

Reaprendizagem

A pesquisa pioneira sobre a memória humana baseou-se em uma medida chamada reaprendizagem.

Os Primeiros Estudos de Herman Ebbinghaus

O filósofo e psicólogo alemão Herman Ebbinghaus (1850-1909) (Figura 5.2) publicou a primeira investigação sistemática da memória humana em 1885. Para entender os estudos, você precisa saber que Ebbinghaus acreditava que a mente armazena idéias a respeito de experiências sensoriais passadas e que as idéias que seguem uma à outra, próxima no tempo ou no espaço, tornam-se interligadas. Assim sendo, era apropriado examinar a memória em bus-

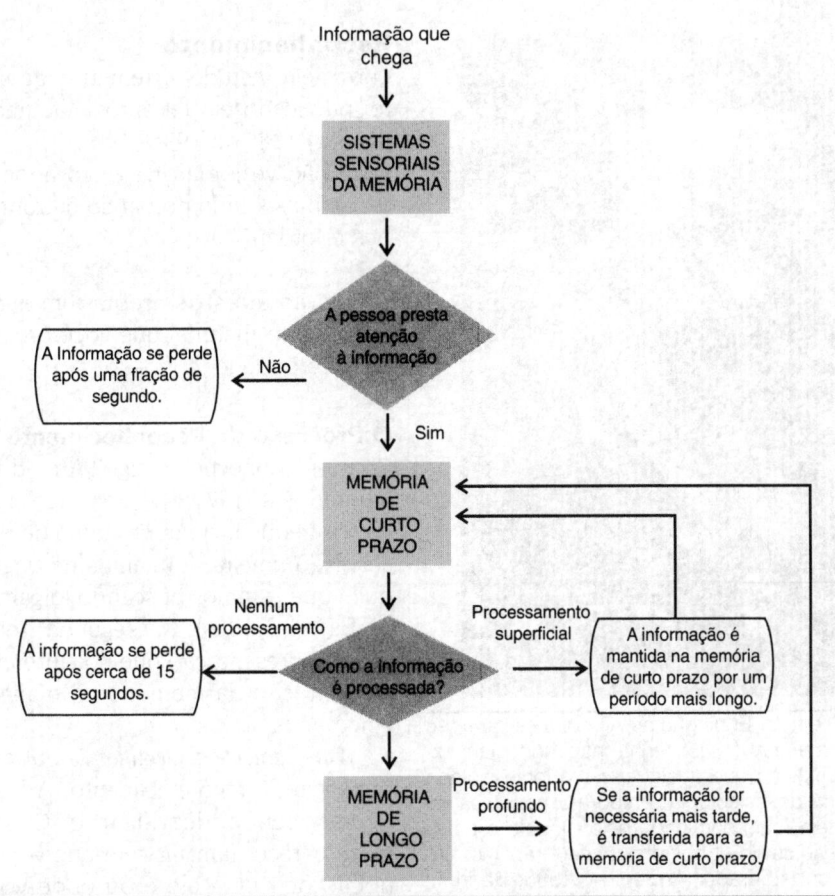

FIGURA 5.1 O modelo modificado de Atkinson-Shiffrin. Embora o diagrama possa parecer confuso a princípio, é fácil entendê-lo. Comece pela parte superior do diagrama. As setas mostram de que forma a informação que chega passa pelos três sistemas da memória, aqui representados por retângulos. Os losangos designam os pontos em que fazemos opções. Selecione as diferentes opções e observe os resultados.

ca de associações. Para estudar a memória associativa de forma relativamente pura, Ebbinghaus concebeu as *sílabas sem sentido*: combinações consoante-vogal-consoante sem significado, como *zik*, *dag*, *pif* e *jum*. Ebbinghaus achou que a aprendizagem e a retenção das sílabas sem sentido seriam de dificuldade aproximadamente igual. Em se confirmando essa pressuposição, ele poderia comparar a aprendizagem de um conjunto de sílabas sem sentido sob um determinado conjunto de circunstâncias com a aprendizagem de outro conjunto sob diferentes condições. Palavras reais variariam em significado e memorabilidade, contaminando os resultados, raciocinou ele. (Mas Ebbinghaus estava errado. Pesquisas posteriores demonstraram que o sentido e a memorabilidade de sílabas sem significado variam da mesma forma que com palavras.)

Em uma observação típica, o próprio Ebbinghaus pôs-se como sujeito. Ele repetiu as sílabas sem significado de uma lista até conseguir recitá-las sem erro. Sílabas próximas uma da outra eram naturalmente ligadas. Após vários intervalos de tempo ou diferentes práticas de estudo, Ebbinghaus testou a si próprio. Ele observou o número de vezes que tinha de repetir as sílabas da lista original até poder recitá-las novamente sem erro. Ele estava interessado na quantidade de sessões de prática que poderia economizar. Em outras palavras, estava medindo a memória pelas *economias* acumuladas em função da aprendizagem original.

Medindo as Economias a partir da Reaprendizagem

Suponha que sejam necessárias dez repetições para aprender pela primeira vez as sílabas de uma lista. Um dia depois, digamos que sejam necessárias duas

FIGURA 5.2 Herman Ebbinghaus. Acredita-se que seu livro *Concerning memory* (1885) tenha inspirado mais experimentos psicológicos que qualquer outra fonte isolada em toda a história da psicologia. Embora a pesquisa da memória não esteja mais dominada pelo modelo e pelas estratégias de pesquisa de Ebbinghaus, seu trabalho ainda é altamente considerado (Anderson, 1985; Bahrick, 1985; Slamecka, 1985; Young, 1985). (National Library of Medicine.)

repetições para decorar a mesma lista. Oito repetições foram economizadas (10 − 2 = 8). O número de repetições economizadas é geralmente expresso em porcentagem (em nosso exemplo, 8/10 × 100 = 80%).

A medida do que ficou retido é um termômetro excepcionalmente sensível da memória. Você pode não conseguir lembrar um trecho de algo que você sabia — talvez um poema. Você pode até não reconhecê-lo como algo familiar. Não obstante, quando solicitado a reaprender as estrofes, você pode memorizá-las com mais rapidez do que inicialmente. Ao mesmo tempo, há que se observar que leva mais tempo para memorizar conteúdo similar (um poema comparativamente difícil que você jamais viu) do que para reaprender o item dominado anteriormente. Este controle revela se as economias do aprendiz são devidas a traços do material ou a alguma mudança geral, tal como novas habilidades.

Reconhecimento

O primeiro estudo sistemático da memória humana foi publicado em (a) aproximadamente 500 a.C. (b) 1594 (c) 1885 (d) 1936?
Você não vê Jordan há cinco anos. Aquele homem de barba sentado no banco defronte ao seu no ônibus é Jordan?

Estas questões requerem *reconhecimento*. Elas fornecem o material que você procura e perguntam se você pode identificá-lo.

O Processo de Reconhecimento

Como reconhecemos algo? Arnold Glass e seus colaboradores (1979) sugerem que o reconhecimento é com freqüência um processo de busca de duas fases. Na primeira, formamos uma representação daquilo que estamos buscando (digamos, o homem de barba do ônibus). Na segunda, tentamos emparelhar a representação que nos interessa com uma representação da memória (a imagem de Jordan de cinco anos atrás).

Familiaridade e *identificação* entram em nossa experiência de reconhecimento. A familiaridade pode ocorrer sem a identificação. O homem de barba pode parecer familiar sem que você tenha a menor noção de quem ele é ou onde você o conheceu. Freqüentemente a familiaridade e a identificação estão fundidas. Você encontra Jordan, ele lhe parece familiar e você o identifica instantaneamente.

Medindo o Reconhecimento: A Questão da Suposição

O reconhecimento pode ser imediato; a memória pode surgir no mesmo momento. Ou talvez você precise fazer uma busca intensa. No caso de nossa pergunta sobre os primórdios da pesquisa da memória, seu pensamento poderia fluir assim: as duas primeiras opções (500 a.C., 1594) só podem estar erradas, uma vez que os psicólogos só começaram a fazer experimentos no fim dos anos de 1800. A data 1936 é recente demais, a julgar pela roupa de Ebbinghaus na foto. Em essência, você está usando a lógica para fazer uma suposição inteligente. Quando os psicólogos usam uma medida de reconhecimento, às vezes eles avaliam os estilos de suposição (as suposições prováveis das pessoas) para que possam considerar este fator por ocasião da análise dos dados.

Recordação[1]

Quem conduziu a primeira investigação importante sobre a memória?
Em que ano ocorreu o primeiro estudo da memória?

Estas perguntas pedem que você *recorde* informações, que você se lembre de conteúdo diante de um indício. Na recordação não existe cópia de informação a ser encontrada, como há no reconhecimento.

O Processo de Recordação

À semelhança do reconhecimento, a recordação pode ser considerada uma busca controlada pela memória (Gillund & Shiffrin, 1984; Johnston e al., 1985). Porém, a recordação geralmente envolve três passos (Glass et al., 1979). Primeiro, colhemos indícios da pergunta de recordação. Segundo, usamos os indícios para gerar alternativas plausíveis. Terceiro, usando a informação de que dispomos, selecionamos o objetivo. Como no reconhecimento, a familiaridade e a identificação podem estar envolvidas. Na pergunta sobre quem conduziu a primeira investigação importante sobre a memória, provavelmente você tomaria as palavras "investigador", "primeira" e "memória". Os nomes que você poderia gerar como candidatos seriam Fechner, Wundt, James e Ebbinghaus. Para selecionar o alvo, provavelmente você avaliaria cada possibilidade, revendo o que sabe para verificar se a pessoa pode ter sido uma das primeiras estudiosas da memória.

Nem sempre as pessoas passam por todos os estágios da recordação. No caso das perguntas fáceis, pulamos a fase dois. Sabemos a resposta correta e não precisamos gerar alternativas prováveis. Por vezes, pulamos até a fase três. Alguma vez já lhe ocorreu uma grande idéia, para depois descobrir em um diário ou em um antigo rascunho que você já tivera aquela grande idéia? Presumivelmente, você recordou a idéia antiga, porém não a reconheceu como familiar.

Medidas da Recordação

Os psicólogos usam diversos tipos de tarefas de recordação em suas pesquisas. Tarefas de *recordação em série* solicitam que o material seja lembrado em seqüência. Tarefas de *recordação livre* solicitam informações em qualquer ordem. Ao usar as medidas de recordação, os investigadores encontram dois problemas que dificultam a interpretação de seus resultados. Suponha que você esteja participando de um experimento de memória e seja solicitado a aprender uma lista de pares de palavras (pato-melancia, morcego-*outdoor* etc.), sabendo que deverá reproduzir aqueles itens mais tarde. Primeiro, você provavelmente ficará inclinado a repetir as palavras para si mesmo. Para eliminar os efeitos da repetição, geralmente os participantes da pesquisa são solicitados a se empenhar em uma tarefa que impeça ou dificulte a repetição. Após aprender cada par de palavras, talvez você tenha de contar números de trás para a frente, por exemplo. Segundo, se você aprendeu uma longa lista de conteúdos, talvez esqueça os itens durante a narrativa do conteúdo que você conseguiu reter. Para minimizar esse tipo de esquecimento, costuma-se usar a estratégia de *relato parcial*. Os participantes são solicitados a relatar um ou mais itens selecionados aleatoriamente das informações que eles codificaram.

Recordação *versus* Reconhecimento

Por diversas razões, o reconhecimento costuma ser mais fácil que a recordação (Bahrick, 1984; Brown, 1976; Loftus, 1982). Na recordação, precisamos colher indícios, buscar na memória a informação desejada e aplicar um "teste de reconhecimento": o conteúdo é familiar e identificável? No reconhecimento, a informação já está lá, de modo que não precisamos procurá-la; precisamos apenas do teste de reconhecimento. O reconhecimento é mais fácil também porque a suposição cega pode ser útil, quando as suposições estão baseadas em informações relevantes. O acaso tem pouco efeito sobre a recordação. Finalmente, precisamos de informações completas para a recordação correta, ao passo que podemos passar com informações parciais para o reconhecimento correto. O uso do conhecimento da história da psicologia para eliminar datas improváveis do primeiro estudo da memória serve de ilustração para esta vantagem.

Embora tenhamos deixado implícito que a recordação e o reconhecimento dependem de alguns dos mesmos processos subjacentes, o fato de que as pessoas às vezes recordam sem reconhecer suge-

---

1. N.R.T.: A autora define recordação como a capacidade de lembrar da informação quando diante de conteúdo associado, tal como um sinal, uma indicação, uma instigação.

re que dois tipos de memória podem ocorrer independentemente um do outro sob determinadas circunstâncias.

MEMÓRIA SENSORIAL

Imagine que você esteja lendo na cama. Você absorve informações visuais sobre as palavras da página e do cobertor na cama. Você ouve um rádio ecoando a distância. O quarto parece superaquecido e abafado. Uma perna pressiona a outra de maneira desconfortável. Os psicólogos acreditam que todas as impressões sensoriais atuantes (incluindo aquelas às quais não atentamos) entram nos *sistemas da memória sensorial* (MS).

Os seguintes exercícios, concebidos por Peter Lindsay e Donald Norman (1977), dão uma idéia intuitiva dos tipos de memória retidos nos depósitos sensoriais.

1   Com o braço esticado à sua frente, segure um lápis pela ponta. Se possível, use uma parede branca como fundo. Enquanto olha para a frente, balance rapidamente a ponta de borracha do lápis para a frente e para trás, movimentando só o pulso. Observe a imagem delineando o curso que a borracha traça.

2   Bata palmas uma vez e observe como a clareza do som diminui gradualmente.

3   De leve e por um instante, toque as costas da mão com a ponta de um lápis. Concentre-se na sensação que permanece momentaneamente.

Durante cada exercício, uma impressão sensorial — uma visão, um som ou uma sensação — perdura por uma fração de segundo. Impressões momentâneas como essas são chamadas pelos psicólogos de *memórias sensoriais*.

Localização e Usos das Memórias Sensoriais

Os depósitos sensoriais parecem integrar nossos sistemas sensoriais, mas não se sabe qual é sua localização anatômica precisa. Considere a memória sensorial visual, chamada de *memória icônica* ("ícone" significa "imagem"). Algumas descobertas sugerem que este depósito está localizado nas células da retina do olho (Long, 1980). Outros dados de pesquisa apontam para um depósito localizado mais centralmente, uma estação de retenção temporária dentro do sistema nervoso que entra em ação depois de a retina desempenhar suas funções (DiLollo, 1980).

Para que servem as pálidas "sombras" de uma experiência, que persistem por um momento apenas? Os psicólogos acreditam que a MS proporciona aos estágios posteriores da memória (memória de curto e de longo prazo) um tempo extra para captar os dados fugazes. As imagens visuais persistentes completam os dados que faltam, mantendo imagens regulares diante de nós, embora os olhos absorvam novas cenas para processamento a cada segundo (veja Capítulo 4). O ato de assistir à televisão ou a um filme no cinema depende das imagens persistentes da memória sensorial visual. Os filmes, por exemplo, são compostos de uma série de quadros (24 por segundo) (Figura 5.3), separados por intervalos escuros. A memória icônica preenche os intervalos, conectando os quadros estáticos, e possibilitando-nos ver um fluxo regular de ação. A *memória sensorial auditiva* (*ecóica*) possibilita a recordação imediata e precisa. Considere o caso de uma criança aprendendo português. Digamos que ela pronuncia a palavra *sol* como "*zol*". A professora corrige: "Não é zol, é sol". A memória sensorial auditiva retém uma representação fiel de ambos os sons por tempo suficiente para que a criança possa beneficiar-se da orientação.

Evidência da Memória Sensorial

Desde o fim dos anos de 1800, os psicólogos conhecem a capacidade da MS, porém só recentemente se iniciou a investigação sistemática, focando primeiramente a memória visual. No final da década de 1950, George Sperling (1960) tentou responder à pergunta: "Quanto uma pessoa pode ver em um período de tempo bastante breve?". Em estudos anteriores, fileiras de letras eram projetadas em uma tela por uma fração de segundo. Depois, os participantes eram solicitados a relatar o que haviam visto. Independentemente do número de letras apresentadas ou da variação de tempo de exposição, os participantes da pesquisa em geral identificavam quatro ou cinco letras corretamente. Muitos cientistas cognitivos presumiram que os participantes de seus experimentos simplesmente viam quatro ou cinco letras. Quando perguntadas, as pessoas insistiam em ter visto mais letras, mas esqueciam-se de quais eram. Vários indivíduos descreviam as imagens das letras como desaparecendo gradativamente no decurso de mais ou menos um segundo. Em outras palavras, a informação persistia na forma de imagem por um breve período.

Sperling concebeu os instrumentos de pesquisa para verificar a idéia de que as imagens persistem momentaneamente. Em um importante estudo, ele exibiu para as pessoas três fileiras de quatro letras durante 50 milissegundos (0,05 segundo). Após vários retardamentos de tempo, ele solicitou aos participantes da pesquisa que relatassem uma fileira: de cima, do meio ou de baixo. De trabalhos anteriores, Sperling havia aprendido que o relato de uma fileira proporcionava uma estimativa mais confiável sobre aquilo que havia sido visto do que os relatos da exibição inteira. Se a imagem realmente desaparecia aos poucos, o número de itens identificados deveria decrescer à medida que aumentasse o retardamento de tempo. Como poucos dos itens podiam permanecer na MCP, não se esperava que a quantidade recordada chegasse a zero. A Figura 5.4 mostra que as descobertas de Sperling confirmaram suas expectativas.

FIGURA 5.3 Os filmes consistem de uma série de fotogramas, como estes, em uma velocidade específica. Entre cada quadro, a tela fica escura por uma fração de segundo, embora o efeito total seja de movimento ininterrupto. As imagens persistentes durante uma fração de segundo na memória icônica ajudam os seres humanos a fundir as imagens para produzir esta ilusão, embora os cientistas não entendam exatamente como. (Charles Slavens.)

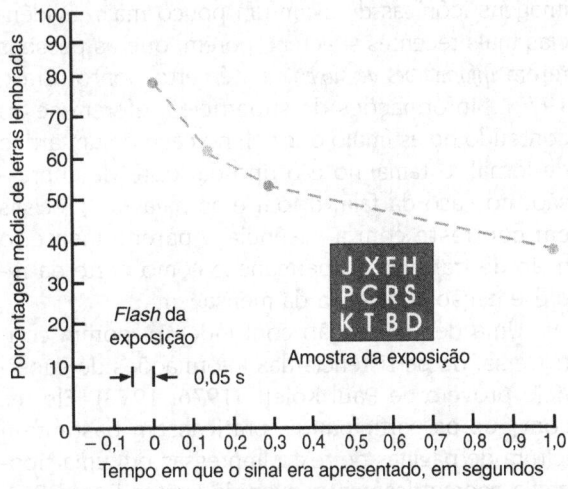

FIGURA 5.4 Estudo de Sperling sobre a memória icônica. Os participantes eram expostos a uma exibição de letras que durava 0,05 segundo, quando então eram avisados por um tom para repetir as letras de uma linha. O período de tempo em que o quadro de letras ficava visível está indicado no eixo horizontal. O tom soava a intervalos variados: imediatamente depois que o quadro de letras era desligado e 0,15, 0,30 e 1,00 segundo depois. A linha pontilhada mostra como a memória visual deteriora com o tempo. (Sperling, 1960.)

Dados da Memória Sensorial

Outro dos experimentos de Sperling (1960) sugeriu que o depósito icônico retinha dados sensoriais brutos. Dados "brutos" significam conteúdos que teriam uma significação. A memória sensorial visual preservaria C4A8 como desenho de linhas, em vez de duas letras e dois números.

Recorde as distinções feitas no Capítulo 4 entre sensação e percepção. Dissemos que sensações são os dados que nossos sentidos absorvem e que as percepções dependem de interpretações. Usando estes termos, poderíamos dizer que as memórias sensoriais contêm sensações.

Esquecimento de Memórias Sensoriais

O que ocorre com o conteúdo que se encontra nos depósitos sensoriais? A resposta ainda não está clara. Os psicólogos costumavam acreditar que o material icônico *deteriorava* regularmente, perdendo-se a maioria das informações após aproximadamente 250 milissegundos (um quarto de segundo) (Haber & Standing, 1969). Sob circunstâncias especiais, as imagens icônicas duravam um pouco mais. Evidências mais recentes sugerem, porém, que as pessoas retêm *informações de superfície* até certo ponto (Craik, 1979). "Informações de superfície" referem-se ao conteúdo de estímulo original: no caso de um artigo de jornal, o tamanho e o tipo da fonte de impressão; no caso da fala, o tom e as palavras precisas em contraste com a essência. Aparentemente, o meio de transmissão permanece como parte da representação codificada da mensagem.

Uma demonstração contundente, porém controversa, da persistência das informações de superfície proveio de Paul Kolers (1976, 1978). Ele fez com que os participantes praticassem bastante a leitura de páginas de texto impressas em uma tipografia geometricamente invertida (veja a Figura 5.5). Após testar novamente os participantes, 15 meses depois, Kolers descobriu que eles liam as páginas apresentadas pela segunda vez com mais rapidez que aquelas apresentadas pela primeira vez. As economias pareciam ser devidas a alguma memória das operações de análise de padrão envolvidas na leitura de determinada página.

As informações sensoriais podem permanecer intactas, pelo menos temporariamente, se as pessoas atentarem a elas e as interpretarem. Tais operações transferem o material para o depósito de curto prazo. Este tipo de transferência é chamado

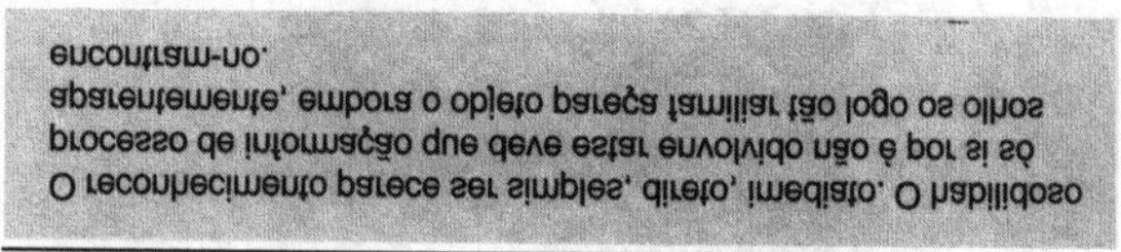

FIGURA 5.5 Exemplo de texto geometricamente invertido. Tente ler as sentenças defronte a um espelho sem inverter a página. *Dica:* Comece pela parte inferior esquerda, com a palavra "*reconhecimento*". (Kolers, 1976.)

pelos psicólogos de *recuperação [de dados] da memória sensorial*.

Entretanto, o conteúdo sensorial pode perder-se com particular rapidez por um processo conhecido como *mascaramento*. Quando uma nova imagem é apresentada antes de a imagem anterior ter deteriorado, a mais recente *mascara* a anterior. A nova imagem parece "sobrescrever" a anterior, que é perdida (Sperling, 1963). Grande número de condições induz o mascaramento em laboratório; dentre elas, *flashes* de luz, padrões novos e palavras (Kolers, 1983). O mascaramento ocorre provavelmente na vida cotidiana. Digamos que assim que você acaba de conversar ao telefone, ele toque novamente. A campainha pode apagar a consciência de como foi finalizado o telefonema anterior. Um princípio geral opera no mascaramento: a intrusão de novas informações rompe a, ou *interfere na*, retenção da informação anterior.

MEMÓRIA DE CURTO PRAZO

Comumente as pessoas olham um número de telefone e lembram-se dele durante os dez segundos ou mais que levam para discá-lo. Para a maioria de nós, o número desaparece assim que o telefonema termina. Temos o mesmo tipo de experiência na lembrança de códigos de endereçamento postal e saldos bancário. Retemos essas informações por tempo suficiente para escrevê-los. Se sua vida dependesse da lembrança de tal número — mesmo que fosse um minuto depois —, provavelmente você não seria capaz de lembrar-se. Tal *visão introspectiva* (aquela que provém do exame das experiências pessoais) sugere que as pessoas armazenam informações significativas por alguns segundos com pouquíssimo esforço.

Já sabemos que a memória sensorial não retém experiências por um longo período. Ao mesmo tempo, os dados não parecem ser armazenados em um depósito permanente. Ao que parece, portanto, existe um sistema de armazenamento por período intermediário.

Evidência da Memória de Curto Prazo

A mais persuasiva de todas as evidências da existência da MCP provém de estudos de pessoas que sofreram lesão cerebral. Considere o caso clássico de H. M., um paciente observado de início pela psicóloga Brenda Milner (1966).

Aos 7 anos, H. M. feriu a cabeça. Mais tarde, ele começou a experienciar pequenos ataques que se tornaram progressivamente freqüentes e graves. Aos 27 anos, H. M. não conseguia mais se manter no emprego ou levar uma vida normal. Para ajudá-lo, os cirurgiões removeram partes de ambos os lobos temporais (incluindo partes do córtex cerebral, hipocampo e amígdala). (A Figura 2.16 mostra a localização precisa dessas regiões do cérebro.)

Imediatamente após a operação, houve evidência de problemas na memória. H. M. não reconhecia membros da equipe do hospital, exceto o cirurgião que conhecia há muitos anos. Ele não lembrava e não conseguia reaprender a ir ao banheiro e também não conseguia lembrar os acontecimentos diários.

As reações emocionais, o comportamento social e a fala de H. M., porém, ficaram intactos após a operação. Sua memória apresentava o mesmo quadro quando saiu do hospital. Quando a família mudou-se para uma nova casa, ele não conseguia aprender o endereço ou ir sozinho para casa. Ele também montava os mesmos quebra-cabeças e lia as mesmas revistas dia após dia. Cada vez que lia, o conteúdo parecia desconhecido.

Embora H. M. tivesse grande dificuldade de enviar novas informações à memória, conseguia aprender novos hábitos. Retinha vividamente seus primeiros anos de vida e não esqueceu a linguagem nem perdeu seu depósito de conhecimento geral. Observações feitas durante um teste de laboratório apontaram a natureza seletiva do problema de H. M. Solicitado a se lembrar de três dígitos, H. M. conseguia reter os números durante 15 minutos por meio de elaboradas associações. Mas, momentos depois, ele não conseguia recordar os dígitos ou a seqüência de associações. Ele não conseguia lembrar sequer o que lhe fora atribuído naquela tarefa.

A interpretação do problema de H. M. permanece controversa. Mas, fosse qual fosse a deficiência, sua capacidade de curto prazo provavelmente ficou intacta, enquanto sua capacidade de formar certos tipos de MLP — uma capacidade ligada ao hipocampo — ficou prejudicada.

Existem também pessoas sofrendo da deficiência oposta. Há pacientes com MCP prejudicada e pouquíssimo problema aparente com MLP (Warrington & Shallice, 1972). Tomados em um todo, tais estudos de caso mostram que os mecanismos que nos permitem lembrar por um curto período são diferentes daqueles que operam na retenção de longo prazo. Há evidência corroborativa também de outras fontes (Geiselman *et al.*, 1982; Rundus, 1971). Uma vez que a MCP e a MLP parecem ser anatomicamente distintas, pensamos nelas como estruturalmente separadas, embora a MCP possa ser simplesmente uma parte temporariamente ativa do sistema de longo prazo (Atkinson *et al.*, 1974; Shiffrin, 1975).

Funções da Memória de Curto Prazo

A MCP costuma ser descrita como o centro da consciência humana. Segundo esta visão, ela armazena todos os pensamentos, informações e experiências que estiverem na mente da pessoa em um determinado ponto do tempo.

Somada à função de armazenamento temporário, existe uma função de gerenciamento geral. A MCP é descrita como selecionadora daquilo que será retido temporariamente. Ela transfere conteúdo para a MLP, para registros mais permanentes, e recupera dados dos depósitos sensoriais e de longo prazo. Na verdade, acredita-se que a MCP esteja envolvida em todas as atividades cognitivas fundamentais que não são automáticas (Baddeley, 1976; Reisberg, 1984; Shiffrin & Schneider, 1977). Por causa desses papéis ativos, o sistema de curto prazo é às vezes chamado de *memória de trabalho*. Mas é difícil conciliar a visão de memória de trabalho da MCP com as observações existentes. Lembre-se de que as pessoas podem perder a MCP e ainda assim manter a capacidade de recordar conhecimentos e eventos passados.

Quando examinarmos as influências que atuam na retenção de longo prazo, comentaremos as tarefas administrativas que se acredita serem desempenhadas pela MCP. Por ora nos concentraremos nos aspectos de armazenamento.

Capacidade da Memória de Curto Prazo

Que volume de informação pode reter o sistema de curto prazo? Para responder a esta pergunta, os investigadores exibem letras, palavras, dígitos, sons e outros estímulos aos participantes de pesquisas. Depois, solicitam que eles se lembrem do máximo possível de itens. Numerosos estudos desse tipo revelam que as pessoas raramente retêm mais que sete *partes* (agrupamentos) de qualquer coisa (Miller, 1956). Na maioria das vezes, os participantes da pesquisa lembram-se de apenas duas a cinco partes (Broadbent, 1975; Glanzer & Razel, 1974).

De que forma o limite máximo de aproximadamente sete partes mescla-se com nossas experiências cotidianas? Afinal, podemos reter temporariamente 11 dígitos ao fazer uma ligação de longa distância. Podemos nos lembrar de diversas razões para isso e aquilo (envolvendo muitas palavras e muitíssimas letras isoladas).

Primeiramente, considere o exemplo do número de telefone. A maioria de nós consegue memorizar agrupando os números por código DDD, número local e assim por diante. De forma muito parecida, agrupamos letras em palavras e palavras em frases e sentenças, e sentenças em idéias. O ser humano parece estar continuamente convertendo os materiais que se encontram na MCP em agrupamentos significativos. Não obstante, seja qual for o momento, parecemos ser bastante limitados em termos do número de agrupamentos que conseguimos manter na mente.

Para melhorar a capacidade da MCP, às vezes se pode usar esta estratégia natural deliberadamente. Muitas estratégias mnemônicas (p. 228) convertem um número relativamente grande de itens de baixa informação em um número menor de itens mais significativos (de alta informação). Uma *hot line*[2] usando essa estratégia poderia aplicar-se a um número de telefone terminado em 4357 para que os clientes pudessem discar "H-E-L-P"[3] após o prefixo local. A estratégia é tão eficiente neste caso que o número muito provavelmente seria retido para sempre na memória.

Codificação e Recuperação na Memória de Curto Prazo

Dissemos que o depósito sensorial codifica dados brutos. E quanto à MCP? O sistema de curto prazo parece ser tão versátil quanto o de longo prazo (Baddeley, 1976; Norman, 1976). Podemos processar informações sobre linguagem em termos de som ou significado (Conrad, 1964; Salamé & Baddeley, 1982; Schiano & Watkins, 1981; Shulman, 1972). Aparentemente, somos capazes de reter imagens, cheiros, gostos, sons ou outros tipos de dados sensoriais em um formato memorizado paralelo ou resumido; isto, se os praticarmos ou percebermos.

Qualquer informação que se encontra em um determinado momento na consciência não deve ser difícil de encontrar. (Estamos presumindo que a MCP seja o centro da consciência.) A pesquisa confirma esta idéia. Em um estudo relacionado, Saul Sternberg (1975) solicitou que os participantes se lembrassem de fileiras de um a seis dígitos (um *conjunto de memória*), apresentando um conjunto por vez. Depois, enquanto os dígitos ainda estavam no depósito de curto prazo, introduzia-se um número-"alvo" e os participantes tinham de decidir se o alvo fazia parte do conjunto de memória. Eles se comunicavam puxando uma alavanca de "sim" ou "não". O que aconteceu não foi surpresa. À medida que o conjunto de memória aumentava, o tempo de reação aumentava. Os participantes pareciam estar comparando o item-alvo com cada um dos dígitos armazenados. Stenberg achou que eles estavam esquadrinhando a MCP item por item. Eles não conseguiam simplesmente "pinçar" a informação-alvo.

Esquecimento da Memória de Curto Prazo

Em geral, depois de aproximadamente 15 a 20 segundos, não se pode recuperar informações da MCP. Mas se continuamos a recapitular o material ou se o processamos o suficiente para transferi-lo para a MLP, ele ficará retido na mente.

Como se descobriram os limites de tempo da MCP? Em um estudo clássico, os psicólogos Lloyd e Margaret Peterson (1959) solicitaram a estudantes que codificassem agrupamentos de três consoantes, ou *trigramas*. Eles apresentavam um trigrama por vez. Depois de cada trigrama, eles tinham de contar de trás para a frente um número de três dígitos (como 789), de três em três ou de quatro em quatro dígitos, a fim de que não repetissem. Após 3, 6, 9, 12, 15 ou 18 segundos, os participantes eram avisados para parar de contar e então recordar o trigrama. A retenção caía rapidamente após um intervalo

---

2. N.R.T.: Canal direto para comunicação de emergência (por exemplo, linha telefônica entre Washington e Moscou).
3. N.R.T.: Este exemplo se aplica apenas a países que utilizam sistemas de discagem com letras.

de 18 segundos. Após 15 segundos, havia uma probabilidade de apenas 10% de recordação precisa do trigrama. Estas descobertas foram confirmadas (Reitman, 1974). (Veja a Figura 5.6.)

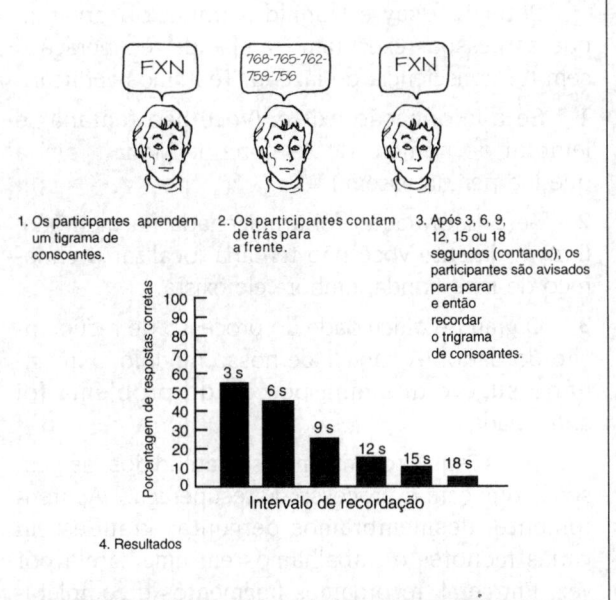

FIGURA 5.6 Estudo daMCP conduzido pelos Peterson.

Como ocorre o esquecimento da MCP? Uma das possibilidades é que o material desaparece por completo, ou *deteriora*, com o passar do tempo. A *hipótese de interferência* é uma teoria mais popular, que descreveremos adiante.

MEMÓRIA DE LONGO PRAZO

A memória de longo prazo capacita-nos a recordar grande quantidade de informações por períodos substanciais de tempo. Acredita-se que qualquer coisa que armazenemos por minutos, horas, dias, semanas ou anos seja cuidado pela MLP. Seu nome, o gosto da pipoca e as músicas que lhe são familiares são exemplos de itens armazenados pelo sistema de longo prazo.

Codificação na Memória de Longo Prazo

A MLP, como a MCP, é flexível na codificação de informações. Podemos representar um conteúdo de forma analítica (pelo resumo do significado) ou análoga (imagem por imagem, som por som). Provavelmente usamos ambas as estratégias na maior parte do tempo (Glass *et al.*, 1979; Norman, 1976). Alguns materiais são codificados deliberadamente, enquanto outros dados (como a freqüência com que algo ocorreu e onde algo está localizado no tempo e no espaço) são registrados automaticamente (Hasher & Zacks, 1984). Os psicólogos consideram ilimitada a capacidade da MLP; isto é, não se pode "esgotar o espaço" por se aprender demais. Há sempre espaço para mais.

Recuperação na Memória de Longo Prazo

Estamos continuamente recuperando informações da MLP. Segundo nosso modelo informação-processamento, o sistema de curto prazo controla a recuperação de dados.

Hoje, os investigadores vêem a recuperação como bastante semelhante à codificação (Craik, 1979; Kolers, 1978). Quando recuperamos dados, o que aparentemente fazemos em primeiro lugar é repetir algumas das operações mentais que executamos na aprendizagem (codificação). Suponha que eu lhe tenha pedido para recordar os cinco sistemas sensoriais associados com a pele humana (discutidos no Capítulo 4). Provavelmente, você usaria certos indícios para a resposta — as palavras "cinco" e "pele" — para pinçar na MLP as informações relacionadas. Se você codificou os indícios "pele" e "cinco" no momento em que estudou, é provável que se lembre. Para pôr este princípio em uma forma mais geral, os indícios para a recuperação parecem ser eficazes quando coincidem com aquilo que ocorreu durante a codificação original.

Às vezes a recuperação da MLP é fácil e automática. Localizar o nome de sua mãe ou seu endereço atual não requer esforço algum. Conforme olhamos ao redor, comparamos o presente com o passado — novamente, sem esforço deliberado. Os psicólogos sabem muito pouco sobre como realizamos tais proezas. Eles sabem mais da recuperação quando ela é difícil.

Recuperando Palavras na Ponta da Língua

Você provavelmente já experienciou aquele fenômeno impressionante que os psicólogos denominam *ponta da língua* (PDL). Você não consegue recuperar uma palavra, quem sabe o nome de uma pessoa. Você tem certeza de que sabe e sente que está quase conseguindo lembrar. Roger Brown e David McNeill (1966) estudaram mais de 200 casos de PDL em estudantes universitários. Eles apresentaram definições de palavras incomuns na língua inglesa (*apse, nepotism, cloaca, ambergris, sampan*)[4] e perguntaram que palavra definiam. As pessoas no estado PDL não conseguiam recuperar a palavra que desejavam, pelo menos temporariamente, mas com freqüência conseguiam descrevê-la. Elas sabiam o número de sílabas, a localização da sílaba tônica, os sons do começo e do fim da palavra, e palavras com sons e significados parecidos. Quando a palavra-alvo era *sampan*, os participantes apresentavam palavras com sons similares (algumas inventadas) — *saipan, cheyenne, sarong, sanching e sympoon,* — palavras com significados semelhantes — *barge, houseboat, junk*[5].

Segundo a hipótese de Brown e McNeill, para recuperar uma palavra, as pessoas pensam nas características da palavra (som, soletração e significado, por exemplo), as quais utilizam como indícios. O fenômeno PDL sugere que a recuperação de palavras freqüentemente envolve a resolução de problemas.

Recuperando Fatos
A recuperação de fatos na MLP pode também exigir uma estratégia de resolução de problema, estratégia essa que tem várias denominações: *reconstrução, reintegração, refabricação* ou *memória criativa*. Suponha que alguém lhe pergunte: "O que você estava fazendo na tarde da segunda-feira da terceira semana do mês de setembro de dois anos atrás?". Sua resposta poderia ser parecida com a seguinte (Lindsay & Norman, 1977, p. 32):

1 *Ora, como é que eu vou saber? (Experimentador: Pelo menos tente se lembrar.)*
2 *OK, vejamos: dois anos atrás...*
3 *Eu estava na escola em Pittsburgh...*
4 *Foi o ano em que me formei.*
5 *Terceira semana de setembro — é logo depois do fim do verão — seria o início de mais um trimestre da escola...*
6 *Deixe-me ver. Acho que eu tinha aula de laboratório de química às segundas...*
7 *Não sei. Provavelmente eu estava tendo aula de laboratório de química...*
8 *Um minuto — seria a segunda semana de aula. Lembro que começamos a ter a tabela atômica — um quadrão. Achei que o professor devia estar doido, querendo que a gente memorizasse aquilo.*
9 *Sabe, acho que me lembro de estar sentado....*

Peter Lindsay e Donald Norman observaram que as pessoas executam "tarefas de recuperação" sem ter consciência de fazê-lo. Tentamos verificar:

1 Se a informação existe. (Você não tentaria se lembrar do número do telefone de Mozart, ainda que lhe perguntassem.)

2 Se a informação foi armazenada na memória. (Provavelmente você não tentaria localizar o endereço de Jane Fonda, embora ele exista.)

3 O grau de dificuldade do processo de recuperação do dado. (A linha 1 de nosso monólogo imaginário sugere que uma porção do problema foi antecipada.)

Se os requisitos mínimos são atendidos, as pessoas começam o processo de recuperação. Aparentemente, desmembramos perguntas grandes em várias menores e trabalhamos em uma tarefa por vez. Em geral, recordamos fragmentos e completamos os detalhes com suposições lógicas. Eventualmente, geramos respostas precisas que com freqüência não são exatas.

Uma extensa série de cuidadosos estudos de laboratório conduzidos por James Jenkins (1981) e seus colaboradores sugere que nossas memórias visuais são muito semelhantes à nossa memória de fatos. Formamos alguma idéia de um evento total e depois a completamos com fragmentos que recordamos e com conhecimentos gerais. O produto final é coerente e lógico, mas não necessariamente acurado.

Apoio de Pesquisas para a Natureza de Solução de Problemas do Processo de Recuperação
Estudos clássicos de recuperação foram conduzidos nas décadas de 1920 e 1930 pelo psicólogo inglês Frederick Bartlett (1950). Bartlett usou uma série de métodos diferentes. Ele costumava solicitar às pessoas que examinassem histórias, desenhos e congêneres e, mais tarde (às vezes anos depois), que os reproduzissem.

---

4. N.T.: A apside, nepotismo, cloaca, âmbar-cinzento, sampana.
5. N.T.: Barcaça, casa flutuante (barco que serve de moradia), junco (barco chinês).

Em um de seus estudos, Bartlett mostrou o desenho de uma coruja estilizada (indicado como "Desenho original" na Figura 5.7). O participante da pesquisa foi solicitado a redesenhá-la de memória. O desenho dessa pessoa foi passado para um segundo indivíduo, o qual o estudou e o reproduziu de memória. Um terceiro sujeito recebeu esse novo desenho para estudá-lo e reproduzi-lo de memória. O processo continuou. Conforme mostram os desenhos, a coruja estilizada gradativamente se transformou em um gato.

O mesmo tipo de resultados surgiu repetidamente com diferentes tipos de material pictórico e verbal. Aparentemente, não importava se o mesmo indivíduo ou diversos participantes estavam envolvidos. Em geral, as pessoas retêm elementos comumente encontrados, que podem ser chamados de *marcos*. Elas acrescentam detalhes a esses marcos e os atualizam, resumem e simplificam. Além disso, elas juntam os fios da meada de forma lógica. Em resumo, elas *reconstroem* o material com base em seu conhecimento e expectativas. O mais curioso é que os seres humanos quase não têm consciência de estar fazendo tudo isso.

Esquecimento da Memória de Longo Prazo

"The horror of that moment," the King went on, "I shall never, never, never forget!"
"You will, though," the Queen said, "if you don't make a memorandum of it."[6] (Carroll, 1946, p. 143.)

O problema do excesso de esquecimento é muito comum, de modo que é fácil sentir empatia pelo rei de *Through the looking glass*. Embora os seres humanos freqüentemente se lamentem de memória fraca, grande parte do esquecimento pode ser adaptativo. A mistura de incidentes relembrados ajuda-

FIGURA 5.7 Estudo de Bartlett. Observe como as reproduções preservam alguns dos elementos mais comumente identificados no desenho original. Observe também que as distorções provêm em parte da simplificação e do acréscimo de detalhes apropriados. O mesmo processo geral provavelmente ocorre sempre que a informação é filtrada pela memória de várias pessoas, como nas notícias veiculadas pela mídia e nos boatos. (De Bartlett, 1950.)

---

6. N.T.: "O horror daquele momento", prosseguiu o rei, "nunca, nunca, nunca mais vou esquecer!" "Vai, sim", disse a rainha, "se não fizer um memorando."

nos a formar idéias e expectativas gerais. Precisamos muito mais dessas perspectivas do que de imagens claras de episódios isolados. Ademais, a retenção de grande quantidade de informações poderia inundar nossa memória, gerando o tipo de paralisia mental experienciado por S. Ser esquecido tem mais um benefício (Minsky, 1983). Uma vez que nem sempre podemos confiar em nossa memória, somos forçados a pensar. Se nossa memória fosse melhor, talvez fôssemos pensadores preguiçosos.

Tipos de Esquecimento
Aparentemente, perdemos lembranças durante a codificação, o armazenamento e a recuperação.

Falhas na codificação Em alguns casos, o esquecimento ocorre porque originalmente os materiais deixam de ser representados por completo. Codificações incompletas são provavelmente comuns (Nickerson, 1981). Considere, como ilustração, aquilo que lembramos das faces de um *penny*. Sei que essas moedas têm cor de cobre, têm a cabeça de um presidente de um lado e um prédio do outro, e são mais finas que os *nickels* e *quarters* e mais grossas que os *dimes*[7]. Mas eu não conseguiria fazer uma representação acurada desse objeto, o qual já vi milhares de vezes. Se você for como a maioria das pessoas, também não conseguirá. Simplesmente não codificamos representações detalhadas de moedas porque não necessitamos delas. Os psicólogos acreditam que o ser humano tende a codificar somente os detalhes de que necessita para finalidades práticas.

Em alguns casos, não codificamos material algum. Digamos que você leia um livro enquanto pensa em uma festa. Você pode continuar lendo (sem registrar nada) até que algo o traga de volta à realidade.

Falhas no armazenamento A visão de senso comum de esquecimento da MLP provavelmente é uma *teoria de deterioração*. A MLP comparada a jornais que ressecam, amarelam e depois apodrecem. Conforme o tempo passa, a memória desintegra-se mais completamente, até não restar nada para recuperar. Muitos psicólogos não concordam com tal idéia, argumentando que materiais aparentemente deteriorados podem estar presentes, porém resistem à recuperação. Uma série de observações corroboram essa especulação. Indivíduos que sofrem de colapso, às vezes revertem a "comportamentos esquecidos", como o de falar uma língua que não falam, lêem ou ouvem há 50 anos. O trabalho do falecido cirurgião Wilder Penfield sugere que memórias detalhadas e "esquecidas há muito" podem ser reavivadas diretamente pela estimulação cerebral (veja o Capítulo 2). Sob hipnose, as pessoas às vezes relembram material "esquecido", embora aquilo que recuperam possa ser fortemente influenciado por sugestões e perguntas dirigidas (Orne, 1981). As pessoas recuperam "informações perdidas" também sob circunstâncias normais. Quando os participantes de pesquisas são solicitados a tentar recordar algo, e se lhes for dado tempo para isso, costumam ter melhor desempenho nas tentativas subseqüentes (Erdelyi, 1981). Você provavelmente já teve uma experiência parecida. Você pode não se lembrar do nome de um conhecido ao encontrá-lo na rua, o qual porém lhe acorre de imediato ao reencontrá-lo no dia seguinte na sala de aula.

Se as falhas da MLP se devem antes a problemas de recuperação que de armazenamento, ela é um registro permanente que não deteriora. Não existem informações pró ou contra esta interessante noção (Loftus & Loftus, 1980). Por ora, simplesmente não sabemos se o material armazenado na MLP é destruído ou não.

Falhas na recuperação Acabamos de dizer que muitas falhas de memória ocorrem no estágio de recuperação. Considera-se a *interferência* uma importante influência nas falhas de recuperação da MLP e também naquelas da MS e MCP.

Estudos de memória após o sono corroboram a idéia de que a interferência permeia os problemas de recuperação da MLP. Nesse tipo de pesquisa, os participantes aprendem uma determinada coisa, dormem ou prosseguem sua rotina diária, e passam por testes periódicos de memória. As descobertas mostram que as pessoas são significativamente melhores na recuperação de dados após o sono do que após períodos similares de vigília. As falhas de recuperação durante o sono são particularmente propensas a ocorrer após os períodos REM (veja o Capítulo 4), o período propenso a sonhos intensos (Fowler *et al.*, 1973). Tais observações sugerem que a recuperação da MLP depende mais daquilo que as

---

7. N.R.T.: Nos Estados Unidos e no Canadá, essas moedas são equivalentes a 1 (*penny*), 5 (*nickel*), 0,25 (*quarter*) e 10 centavos (*dime*).

pessoas fazem que do período de tempo decorrido desde a codificação.

É mais fácil compreender a interferência com um exemplo. Suponha que você estude espanhol no secundário e italiano na faculdade. Se lhe perguntarem uma determinada palavra em espanhol, pode lhe acorrer o equivalente em italiano. Novas informações (italiano) dificultaram a retenção de antigas (espanhol). Quando novas informações operam da frente para trás, tornando difícil a recordação do conteúdo mais antigo, dizemos que ocorreu *inibição retroativa* ("retro" significa "para trás"). A interferência pode operar para a frente também. Imagine que você esteja tentando achar uma determinada palavra em italiano e o equivalente em espanhol lhe venha à mente. Neste caso, a informação passada (espanhol) interferiu na retenção da informação nova (italiano). Na *inibição proativa*, memórias antigas ("pro" significa "antes") prejudicam a retenção das novas.

A interferência torna-se particularmente séria no caso de itens parecidos (Wickens et al., 1963). Por esse motivo, pode ser difícil reter longas séries de números — por exemplo, números de cartões de crédito, de telefone, de previdência social. Embora muitos cientistas cognitivos pensem na interferência como um problema de recuperação de dados, ela pode prejudicar a codificação ou o armazenamento.

As falhas de recuperação podem depender também de *problemas com os indícios* ou *indicadores*. Por vezes esquecemos um indício que usamos durante a codificação. Por vezes deixamos de codificar um indício relevante. Ao obter informações sobre Pavlov e seus cães, Leonardo as associa com o indício "condicionamento respondente"; portanto, é improvável que ele tente recuperar a informação se alguém mencionar o indício "condicionamento clássico".

Outro tipo de *falha dependente de indício* ocorre quando os indícios reúnem uma quantidade excessiva de conteúdo. Antes de prosseguir, tente decifrar estes enigmas: "O que tem mil agulhas, mas não costura?", "O que a laranja tem em comum com um estádio?" (Bransford, 1979). Muito provavelmente você dispõe do conhecimento necessário para decifrar os enigmas, mas isso não basta. Você precisa de indícios mais precisos para poder escolher dentre a vasta gama de respostas possíveis. Assim que você ouve duas soluções plausíveis — porco-espi-

nho ou pinheiro, seções —, reconhece imediatamente sua aplicabilidade. Esses indícios afunilam o espectro de possibilidades e as respostas tornam-se óbvias.

Esquecimento motivado significa suprimir consciente ou inconscientemente a recuperação de informações perturbadoras. Sigmund Freud observou que seus pacientes em geral não conseguiam recordar conteúdos desagradáveis. Ele aventou a hipótese de que esses lapsos eram obra da *repressão*, um mecanismo pelo qual banimos automaticamente da consciência conteúdos ameaçadores.

Os psicólogos divergem quanto a se esse tipo de problema de recuperação realmente existe, embora haja evidência experimental a demonstrar que sim. Recuperamos eventos agradáveis com mais precisão que os desagradáveis (Matlin & Stang, 1978). Em se tratando de nosso histórico, recuperamos dados excessivamente otimistas. As pessoas lembram-se de terem votado um número maior de vezes do que de fato votaram; de ter tido empregos de maior responsabilidade e melhor salário; de ter criado filhos mais brilhantes e mais ajustados; de ter contribuído mais generosamente com doações; de ter andado mais cedo; e de ter usado menos drogas (Loftus, 1982). Ademais, memórias incômodas e aparentemente irrecuperáveis podem por vezes ser recuperadas por livre associação ou hipnose.

A Tabela 5.1 apresenta um comparativo dos sistemas de memória sensorial, de curto prazo e de longo prazo.

Quanto as Pessoas Esquecem

Quanto as pessoas esquecem no decorrer da vida cotidiana? Para começar a responder a esta e a outras perguntas, Marigold Linton (1982) se auto-analisou. Diariamente, por seis anos, ela selecionava dois ou mais acontecimentos especiais dentre os eventos do dia e os registrava por escrito. Por exemplo: "Aterrissei no aeroporto de Orly, em Paris", "Jantei no restaurante Canton Kitchen; deliciosa lagosta". Na época, ela estava interessada na chamada memória *episódica* (retenção de episódios ou eventos isolados). No decurso de seis anos, Linton reuniu mais de 5.500 itens.

Ela registrou cada evento em fichas de arquivo. No verso, anotava a respectiva data, avaliando o respectivo grau de importância, emoção ou surpresa e também o grau de facilidade com que cada um dos eventos podia ser distinguido de outros eventos

TABELA 5.1 Comparativo das memórias sensorial, de curto prazo e de longo prazo.

Categoria	Memória Sensorial	Memória de Curto Prazo	Memória de Longo Prazo
Tipo de material armazenado	Padrões sensoriais não analisados quanto a significado	Matéria significativa interpretada	Matéria significativa interpretada
Duração	Normalmente, uma fração de segundo (icônica: mais ou menos 0,25 segundo)	Em torno de 15 segundos; minutos, se repetida	Minutos, horas, dias, semanas, meses, anos
Capacidade	Grande (registrada por todos os órgãos sensoriais)	Máxima: cerca de 7 partes	Ilimitada
Atenção requerida	Nenhuma	Pelo menos um nível mínimo	Geralmente, um nível moderado
Formato de codificação	Material em forma paralela	Material em forma paralela ou resumida	Material em forma paralela ou resumida
Recuperação de dados	Dados recuperados pela atenção: material transferido automaticamente para a MCP	Dados recuperados fácil e rapidamente por mais ou menos 15 segundos	Dados recuperados com variados graus de dificuldade; estratégia de solução de problemas usada com freqüência
Causas prováveis do esquecimento	Deterioração, mascaramento	Deterioração, interferência	Falhas na codificação (inadequada ou imprecisa), no armazenamento (deterioração, interferência), ou na recuperação (interferência, esquecimento de indícios, esquecimento motivado)

similares. Para testar a própria memória, todo mês ela selecionava 150 itens aleatoriamente. Trabalhando com dois itens por vez, Linton tentou datar os incidentes (de um dia a seis anos). Uma descoberta interessante estava relacionada com a taxa de esquecimento. Ao fim do primeiro ano, ela esquecera 1% dos itens escritos durante aquele ano. Na época em que os itens tinham já dois anos, ela perdeu mais 5%. Ela continuou a esquecer a uma taxa gradativa, até que, ao fim de seis anos, havia esquecido ligeiramente mais de 30% dos episódios. O estudo de Linton sugere que as pessoas esquecem eventos a uma taxa lenta e constante, aumentando ligeiramente a porcentagem a cada ano. A esta taxa, esqueceríamos tudo em cerca de 20 anos. Porém, uma vez que retemos algumas impressões, a taxa de esquecimento eventualmente deve declinar.

Outro estudo sugere que o esquecimento diminui após cinco ou seis anos. Harry Bahrick (1984) testou quanto se podia recordar da língua espanhola até 50 anos depois do primeiro aprendizado. Após considerável esquecimento durante os primeiros cinco a seis anos, os participantes retinham quantidade substancial — mesmo sem qualquer atualização. Isso era especialmente verdade quando as pessoas haviam aprendido ao longo de vários anos e tinham ido bem nos cursos de espanhol.

A natureza de cada item afeta a rapidez com que o esquecemos. Os dados de Ebbinghaus (1885) sobre sílabas sem sentido sugerem que perdemos informações triviais rapidamente durante a primeira semana, após o que o esquecimento declina.

REPRESENTANDO INFORMAÇÕES NA MEMÓRIA DE LONGO PRAZO

Alguns psicólogos acham que o problema central da psicologia cognitiva é descobrir qual conhecimento é armazenado e como é representado na MLP (Anderson, 1985; Glass et al., 1979).

Todos nós temos uma gigantesca reserva de informações em nossas memórias. Você tem conhecimentos de tópicos que estudou na escola ou por sua conta. Se você for uma pessoa adulta, e se o inglês é sua língua nativa, provavelmente reconhece os significados de 30.000 a 40.000 palavras em inglês. Você sabe tudo de convenções, instituições e costumes de seu país: o que fazer em restaurantes e lojas, por exemplo. Você entende as funções da polícia e da burocracia do governo. Você conhece sua história. Ademais, provavelmente você armazenou um volume considerável de informações sobre como o mundo funciona. Você sabe que os rios são maiores que os riachos, que matas são diferentes de bosques, que tigres não habitam as cidades.

Quando você procura algo que aprendeu um dia — digamos, se o cérebro dos humanos é o maior de todos —, pode ir direto à informação de que necessita; não precisa passar pela história da Segunda Guerra Mundial ou pelos fundamentos da mecânica de automóveis. Esta facilidade de localização de material sugere que a memória humana é organizada por tipo de conteúdo. A corroborar esta idéia há o fato de que vítimas de colapso podem perder os nomes de algumas categorias de itens (frutas, legumes e verduras, por exemplo), enquanto retêm os nomes de outras categorias (Hart et al., 1985).

A organização da memória é uma área ainda rodeada de incertezas, mas uma pressuposição é amplamente compartilhada: conforme aprendemos (retemos informações), construímos uma *rede* de conceitos (Anderson & Pirolli, 1984; Collins & Quillian, 1969; Keil, 1981; Mandler, 1983; Smith et al., 1974). Essa rede muda continuamente com as novas experiências e novas aprendizagens.

Diferentes modelos de redes de memória já foram construídos. Na Figura 5.8 você vê um fragmento de uma rede hipotética de memória (Glass et al., 1979). As informações estão representadas naquilo que chamamos de *nódulos*, aqui demonstrados por palavras e figuras.

Como funcionam as redes de memória? Suponha que uma menina veja um gato pela primeira vez e lhe digam: "Isto é um gato". Para representar a informação na rede, a criança cria o conceito *gato*. O conceito do gato é representado pela palavra escrita em letras minúsculas. Ao mesmo tempo, a garota associa o nome "gato" ao conceito. Em nosso diagrama, as palavras são representadas por letras

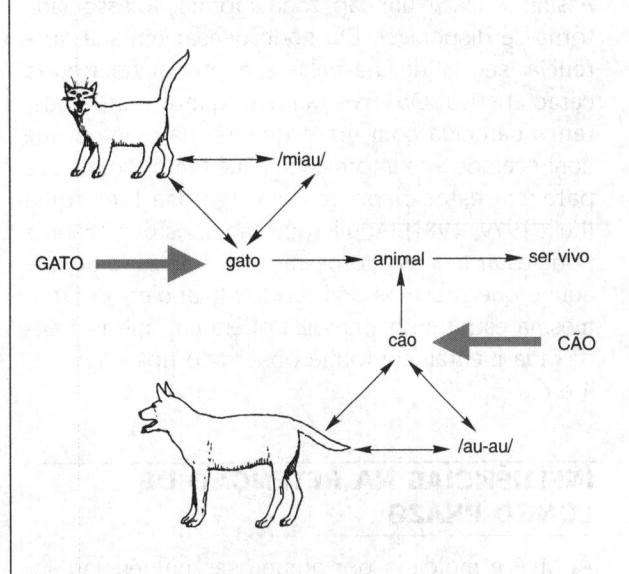

FIGURA 5.8 Fragmento de uma rede hipotética de memória, mostrando associações entre palavras, conceitos e percepções. (Com base em Glass et al., 1979.)

maiúsculas. As setas mais espessas (━▶) significam "é o nome de". De modo que agora a criança tem um conceito ligado a um nome.

Para ter significado, os conceitos precisam ser conectados a informações na memória. O nódulo do conceito de gato é vinculado a informações sobre a aparência visual de um gato (representada por uma figura). É também vinculado a informações sobre os sons emitidos pelos gatos (representados por "miau"). Note que a aparência e os sons dos gatos são também conectados diretamente, uma vez que o ato de ver um gato provavelmente o faz lembrar do som que ele emite.

Vamos pressupor que a criança sabe que o gato é um animal. Representamos esse conhecimento em nosso diagrama pela conexão desses dois conceitos. Esta relação é representada por uma seta mais fina (──▶), que significa "é um". A seta mais fina mostra a direção da relação: o gato é um animal, mas um animal não é um gato.

Processamos novas informações por sua vinculação com idéias, informações, sentimentos e lembranças estabelecidos. Presumimos que a menina já conhecia cães. Nesse caso, ela saberá que os dois conceitos, *cão* e *gato*, têm uma similaridade. Ambos são animais. Observe que todas as informações da criança são integradas em uma rede de associações.

Assim, se ela vê um cão, toda informação associada torna-se disponível. Ela pode pensar em sua aparência, seu latido, na palavra ou em alguma outra característica. Observe também que a rede é bastante parecida com um esquema: os objetos que conhecemos e as informações que temos sobre eles parecem estar dispostos em rigorosa hierarquia (Keil, 1979, 1981). Aquilo que sabemos dos eventos pode estar menos rigorosamente organizado do que aquilo que sabemos dos objetos (Mandler, 1983). A mesma estrutura hierárquica opera em outras áreas da vida mental, conforme observado nos Capítulos 4 e 6.

INFLUÊNCIAS NA RETENÇÃO DE LONGO PRAZO

A MLP é moldada por numerosas influências, incluindo conhecimento anterior, experiência posterior, incitamento, repetição, exposição, aten- ção, distribuição de sessões práticas, organização, integração, outras táticas ativas e estados físicos durante a codificação e a recuperação.

Conhecimento Anterior: A Idéia de Esquema

Considere as sentenças: "A menina quebrou a pena" e "O menino quebrou o espelho com sua risada". Nosso conhecimento da palavra "quebrou" faz com que essas sentenças pareçam estranhas. O problema com a primeira sentença é que objetos quebrados precisam ser quebradiços, e penas não o são. A segunda sentença não funciona porque há limites à maneira pela qual quebramos coisas. Todos nós sabemos que a risada não é um método apropriado para isso. Este exercício sugere que as pessoas têm conhecimento das condições que precisam ser atendidas antes que alguma coisa possa ser qualificada como ação ou evento válidos. (Rumelhart & Ortony, 1977.)

Nosso conhecimento abrange situações sociais complicadas e palavras (Abelson, 1981). Você pode demonstrar isso lendo o seguinte trecho de uma história: "John estava com fome quando entrou no restaurante. Sentou-se a uma mesa e viu um garçom. Subitamente, porém, percebeu que havia esquecido os óculos de leitura". Não houve a menção do cardápio, mas você provavelmente ligará a importância de esquecer os óculos com a necessidade de ler o cardápio. De onde veio a idéia do cardápio?

Os pesquisadores da memória pressupõem que tenha vindo de uma rede de informações, ou *esquema* (também chamado de *script* ou *estrutura*). Frederick Bartlett (veja a p. 217) e Jean Piaget (veja a Capítulo 10) estavam dentre os primeiros a falar sobre *esquemas*. Embora as definições variem, a idéia básica é esta: as pessoas têm redes de informação que abstraíram de suas experiências (Lord, 1980). No caso dos restaurantes, sabemos que os clientes pedem o cardápio, que os garçons o trazem, que os clientes decidem o que pedir e então pedem aos garçons, que os garçons informam os cozinheiros, e assim por diante. Parece que temos esquemas de quase tudo com que lidamos regularmente: palavras, conceitos, condições, situações, eventos. Embora compartilhemos muitos esquemas com outras pessoas, especialistas em áreas determinadas são propensos a ter esquemas mais bem desenvolvidos do que os iniciantes (Lurigio & Carroll, 1985). Os esquemas têm equivalência aproximada com diversas outras estruturas: expectativas, atitudes, conceitos, protótipos (veja o Capítulo 6) e atribuições (veja o Capítulo 15).

Os esquemas são continuamente ativados enquanto processamos informações. Eles guiam tanto a codificação quanto a recuperação. Em um estudo relacionado, os investigadores (Zadny & Gerard, 1974) exibiram um videoteipe aos sujeitos do experimento: dois estudantes andando por um apartamento, conversando sobre um roubo e drogas. Antes, alguns participantes haviam sido informados de que os estudantes pretendiam assaltar o apartamento (esquema 1). Outros foram informados de que os estudantes estavam procurando drogas (para tirar de lá antes que a polícia chegasse) (esquema 2). Outros, ainda, foram informados de que os estudantes estavam à espera de um amigo (esquema 3). Os esquemas influenciaram aquilo que os participantes codificaram e recuperaram. Em um teste posterior, as pessoas que haviam recebido o esquema do roubo, por exemplo, lembravam mais do diálogo sobre roubo e de mais objetos que poderiam ser levados (como cartões de crédito) do que os outros.

No estudo de Zadny-Gerard, os esquemas antecederam a codificação. Os esquemas têm a mesma influência quando vêm depois da codificação. Suponha que lhe dêem a biografia de uma mulher, Betty, para ler (Snyder & Uranowitz, 1978). Após codificar o material, você descobre que Betty é lésbica. Por fim, você deve destacar os fatos que leu. Você estará propenso a "recordar" material compatível com o esquema de lésbica. Neste caso, "recordar" implica inventar. Embora a biografia mencionasse que Betty encontrava-se ocasionalmente com homens, você estaria propenso a se "lembrar" de ter lido que ela nunca saía com homens.

Com o tempo, os esquemas tornam-se cada vez mais influentes na orientação daquilo que procuramos recuperar. Depois de mais ou menos uma semana, você ainda pode se lembrar exatamente de uma experiência. Passada uma semana, nossas noções de uma experiência específica esvaem-se e o que lembramos é aquilo que costuma acontecer (Smith & Graesser, 1981). Estamos continuamente impondo esquemas presentes em dados passados (Jenkins, 1981). Quando o passado não combina com nossas idéias atuais, freqüentemente modificamos os dados para melhorar o ajuste. Fazemos o mesmo com os "fatos". Estudantes, por exemplo, lembram-se de haver lido a confirmação de idéias não aceitas e de informações deturpadas. Provavelmente seja esta a principal razão por que é difícil mudar os conceitos errôneos sobre o comportamento humano (Gutman, 1979; Lamal, 1979).

Há uma lição de aprendizagem deliberada a ser tirada da pesquisa de esquemas: durante a codificação e a recuperação, observe atentamente para ter certeza de que você não está distorcendo.

Experiência Posterior

Nossas memórias são facilmente alteradas por eventos que ocorrem após um incidente real. Elizabeth Loftus (1982) e seus colaboradores são líderes na condução de pesquisas dos efeitos da experiência posterior sobre a memória. Em um estudo típico, os participantes assistiram a um filme sobre um acidente de automóvel, após o que alguns tiveram de responder à pergunta: "A que velocidade estava o carro esporte branco quando passou pelo celeiro, enquanto trafegava por uma estrada do interior?". A outros foi feita a mesma pergunta, tirando a frase "quando passou pelo celeiro". Nenhum celeiro aparecia no filme. Mais tarde, perguntou-se a todos se haviam visto um celeiro. A pergunta enganosa introduziu a probabilidade de eles relatarem ter visto um celeiro que não existia. (Estes participantes apresentaram probabilidade seis vezes maior de relatar a existência do celeiro, em relação àqueles a quem não fora feita a pergunta com a versão do "celeiro".)

A informação contida na pergunta parecia ter sido integrada na recordação.

Se novos eventos influem nas lembranças, não é de surpreender que as pessoas confundam o que ocorreu em uma ocasião com aquilo que ocorreu em outra. Por ora, não está claro se as lembranças originais são recuperáveis; imagens inexatas podem varrê-las por completo (Loftus, 1982; Morton *et al.*, 1981).

Incitamento

As pessoas parecem reter melhor conteúdos complexos quando o sistema nervoso está moderadamente incitado durante a codificação. O incitamento pode provir de um motivo ou emoção ou de estimulantes químicos como nicotina, cafeína ou anfetaminas (McGaugh, 1983).

A palavra "moderado" é importante. Grande número de estudos de laboratório demonstra que, à medida que o incitamento cresce até uma faixa mediana ótima, a aprendizagem deliberada e a solução de problemas torna-se mais fácil (Atkinson, 1977; Yerkes & Dodson, 1908). Altos níveis de incitamento prejudicam o desempenho em muitas situações de aprendizagem.

A palavra "complexo" também é importante. Os efeitos do incitamento dependem daquilo que está sendo aprendido. Se a tarefa é simples — por exemplo, adquirir um hábito ou registrar algum evento sensorial —, um alto incitamento ajuda. Esta qualificação explica diversas descobertas experimentais. Primeiro, Marigold Linton, cujo estudo descrevemos anteriormente, descobriu que retinha eventos intensamente incitantes: um acidente de trânsito, uma partida de tênis na qual um dos jogadores machucou-se. Outro trabalho corrobora a idéia de que o incitamento emocional torna os conteúdos mais memoráveis (Thorson & Friestad, 1984). Lembranças de experiências (memórias episódicas) desaparecem com regularidade, a menos que sejam incomumente distintas ou significativas ou que a pessoa as esteja sempre recordando ou repetindo (Linton, 1982; Schmidt, 1985).

Segundo, animais aprendem muito bem respostas comportamentais quando estão altamente estimulados. Nesses momentos, são liberadas substâncias químicas que funcionam no cérebro como neurotransmissores e no corpo como hormônios (dentre elas, a epinefrina, a norepinefrina, o fator liberador da corticotropina e a vasopressina). De alguma forma, elas incrementam a memória (Davies *et al.*, 1985; Koob, 1983; McGaugh, 1983). Estas descobertas fazem sentido em termos evolutivos. Se os animais lembrarem-se de estresses e ameaças, estarão mais propensos a se precaver melhor em futuros confrontos e a sobreviver para reproduzir.

Embora o incitamento do nível de emergência possa ser eficaz para registrar tipos simples de lembranças, é improvável que auxilie no caso de tarefas de aprendizagem complexa. Examinaremos a pesquisa relacionada com esta noção no Capítulo 9. (■)

Repetição e Exposição

Quanto mais contato você tem com um item de informação (palavra ou imagem), tanto melhor o relembra (Bransford, 1979; Glass *et al.*, 1979; Graefe & Watkins, 1980; Neisser, 1982a; Rundus, 1971).

Memórias Episódicas *versus* Semânticas

A repetição tem um efeito muito especial sobre a memória no caso de experiências específicas, ou *memória episódica*. Marigold Linton descobriu que, com a repetição, memórias episódicas são transformadas em semânticas. Após receber vários telefonemas de um amigo, você pode não se lembrar dos detalhes de cada um dos telefonemas, mas poderá identificar a voz da pessoa e se lembrar do que vocês dois normalmente conversam. Da mesma forma, você muito provavelmente não terá memórias nítidas de cada uma das dez ocasiões em que esteve em um determinado restaurante, mas reterá informações sobre o cardápio e a qualidade dos pratos e a aparência do lugar. A transformação de memórias episódicas em conhecimento geral, ou *memórias semânticas*, foi observada por outros investigadores (Neisser, 1981).

Quadro 5.1

MEMÓRIAS TIPO FLASH: INCITAMENTO? OU REPETIÇÃO?

Em momentos de alto incitamento, as pessoas parecem construir lembranças muito persistentes sem qualquer esforço consciente. Considere o assassinato de John F. Kennedy, em 1963. Foi a primeira vez em que a vasta maioria dos americanos experienciou um assassinato presidencial. Muitos de nós ainda lembramos exatamente o que estávamos fazendo no momento em que ouvimos a notícia (Brown & Kulik, 1977). Eu estava na faculdade, e acabara de sair do meu dormitório a caminho de uma aula. Estava abrindo uma pesada porta de vidro. É como se o *flash* de uma máquina fotográfica disparasse naquele momento incomum, preservando-o.

Memórias tipo flash ocorrem freqüentemente em conexão com assassinatos políticos. Muitos se lembram do que faziam quando Martin Luther King foi assassinado, em 1968. Pesquisas conduzidas na época da Guerra Civil sugerem que as pessoas tinham o mesmo tipo de lembrança do dia em que Lincoln foi baleado.

A explicação para as memórias tipo *flash* é controversa. Roger Brown e James Kulik afirmam que o incitamento está no centro do fenômeno. Presumem que esse tipo de mecanismo de memória tenha evoluído porque promovia a sobrevivência. Pessoas que não registrassem o impacto de eventos novos, inesperados e profundamente importantes (um tigre rodeando a vizinhança) poderiam não viver para se reproduzir.

Ulric Neisser (1982a) vê as memórias tipo *flash* de forma muito diferente. Se as memórias tipo *flash* fossem criadas instantaneamente, elas seriam exatas. Mas quando existe dados independentes para confirmá-las, vemos que nem sempre elas são acuradas. Neisser destaca que as pessoas também formam memórias nítidas de eventos há muito esperados. Sem dúvida você vai se lembrar do seu casamento e do nascimento do primeiro filho. A explicação de Neisser enfatiza a cognição. Em sua visão, as pessoas fazem julgamentos sobre importância em momentos especiais. Ao mesmo tempo, examinam suas próprias vidas. Discutem o evento. Repetem-no mentalmente. Neisser acredita que os seres humanos sabem quando um incidente histórico está em curso. Assim, previnem-se, perguntando "Onde eu estava?", e alinham a própria vida com o curso da história.

Superaprendizagem (Overlearning)[8]

A repetição além do ponto de domínio do conteúdo é chamada de *superaprendizagem*. A superaprendizagem é um desperdício de esforço? Em um estudo clássico, William Krueger (1929) fez com que pessoas memorizassem listas de substantivos. Depois, distribuiu os participantes da pesquisa em três grupos. Os participantes de um dos grupos (100% de superaprendizagem) continuaram a exercitar nas listas durante o mesmo tempo que havia sido exigido para aprendê-las inicialmente. Os participantes do segundo grupo (50% de superaprendizagem) continuaram a estudar durante a metade do tempo necessário para simplesmente memorizar os substantivos. Um terceiro grupo (sem superaprendizagem) não gastou tempo adicional algum estudando os itens. Cinqüenta por cento dos subreaprendizes (segundo grupo) apresentaram uma retenção particularmente notável após 4 a 28 dias. A prática adicional (o primeiro grupo de 100% de superaprendizagem) melhorou a memória somente de modo discreto. (Veja a Figura 5.9.)

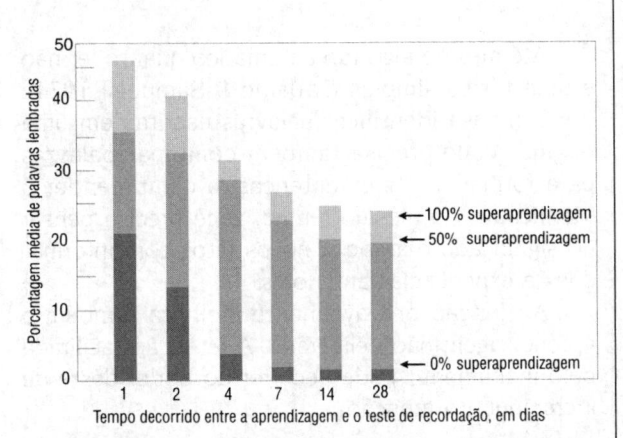

FIGURA 5.9 Resultados do estudo de Krueger de superprendizagem.

A confirmação do valor de superaprendizagem provém de pesquisas de lembrança do idioma espanhol até 50 anos após o estudo da língua (Bahrick, 1984). Pessoas que estudaram bastante (exames com nota "A") lembravam substancialmente mais do idioma do que aquelas que estudaram apenas o suficiente para obter uma nota "C". Outros estudos demonstram que a repetição diminui o esquecimento e agiliza o acesso (Dosher, 1984; Loftus, 1985; Pirolli & Anderson, 1985).

Por Que a Repetição Ajuda

Por que a repetição melhora a memória? Há diversas razões plausíveis. A *hipótese de fortalecimento da associação* afirma que cada repetição fortalece a associação entre uma representação do item e um indício de recuperação. Toda vez que você repete a informação do tamanho do cérebro, está vinculando as representações do tamanho de cérebro ao indício "tamanhos de cérebro". Assim, a probabilidade de ouvir a frase "tamanhos de cérebro" e conseguir recuperar dados do cérebro humano, dos elefantes e das baleias fica fortalecida. Uma segunda hipótese plausível é a *hipótese de cópias múltiplas*, que pressupõe que uma única informação — digamos, tamanhos de cérebro — pode ter uma série de diferentes representações. A cada repetição, temos a oportunidade de fazer uma nova representação. Quanto mais representações existem, mais fácil é a recuperação de uma delas. Pense nos bilhetes de loteria. Quanto mais bilhetes você comprar, maior será sua chance de ganhar. A *hipótese das estratégias de codificação* é a terceira explicação plausível. Segundo ela, o efeito da repetição deve-se às maiores oportunidades de uso de poderosas estratégias de codificação, como a organização. Provavelmente, cada uma dessas explicações é verdadeira em parte do tempo.

Repetição e Perícia

A repetição e a exposição parecem ser ingredientes extremamente importantes na perícia. Considere o xadrez. O mestre enxadrista e o enxadrista classe A têm inteligência bastante semelhante. Quando jogam xadrez, ambos consideram o mesmo número de movimentos possíveis. Porém, quando expostos a um tabuleiro de xadrez por apenas cinco a dez segundos, os mestres são capazes de recordar quase perfeitamente as posições de cada peça. Essa capacidade notável falta àqueles que se encontram abaixo do nível de maestria.

O que está por trás da vantagem do mestre? Não é a MCP. Se mostrarmos a enxadristas um tabuleiro com peças dispostas aleatoriamente, o desempenho dos mestres será tão fraco quanto o de enxadristas menos destacados. Experimentos sugerem que provavelmente a diferença está no conhe-

---

8. N.R.T.: *Overlearning* significa continuar a desenvolver determinadas habilidades mesmo já sendo proficiente.

cimento de padrões que ocorrem nos tabuleiros. O mestre tem um vocabulário de 10.000 a 100.000 configurações de xadrez em comparação aos 1.000 padrões do enxadrista classe A (Chase & Simon, 1973; Simon & Gilmartin, 1973). Além disso, acredita-se que a memória do mestre esteja mais eficientemente organizada (Whitlow, 1984). Ao que parece, os mestres armazenam menos "lixo", de modo que há menos a processar; e eles pesquisam com mais eficiência, acessando os fatos relevantes antes dos menos importantes. Conseqüentemente, os mestres podem avaliar novas situações rapidamente e com elas lidar da maneira mais apropriada. A poderosa memória do mestre torna-se intimidadora quando se considera que os mestres já passaram de 10.000 a 50.000 horas jogando xadrez, enquanto os jogadores classe A passaram de 1.000 a 5.000 horas.

A mesma dinâmica — desenvolver vocabulários de padrões organizados de forma lógica e eficiente e que podem ser acessados rapidamente — entra em outros tipos de perícia (Anderson, 1981; Glaser, 1981). Certamente, a exposição não é a única variável essencial, porém é de importância fundamental (Murply & Wright, 1984; Sternberg & Powell, 1983).

Atenção

Alguns estudantes tentam aprender enquanto ouvem rádio, conversam com amigos e pensam no fim de semana que se aproxima. Eles presumem que o ato de estudar requer pouca atenção. Mas quando as pessoas dividem a atenção entre várias tarefas diferentes, em geral o desempenho sofre. Em um estudo que apóia esta idéia, William Johnston (1977) e Steven Heinz compararam aquilo que os estudantes conseguiam fazer sob diversas condições. Os participantes de um grupo ouviam uma fita de uma passagem que lhes era desconhecida de um livro de psicologia. Ao mesmo tempo, pressionavam um botão toda vez que uma luz sinalizadora acendia. Outro grupo de estudantes confrontou uma situação de maior desafio. Além de monitorar a luz e prestar atenção ao material desconhecido, tinham de ignorar um trecho conhecido apresentado simultaneamente no outro ouvido pela mesma voz. Os sujeitos do experimento na condição "fácil" reagiam mais rapidamente à luz sinalizadora e compreendiam expressivamente melhor o trecho-alvo do que aqueles na condição "difícil". Embora a atenção possa ser dividida (especialmente se uma tarefa for conhecida e fácil), a concentração facilita o processamento de informações complexas. (Veja a Figura 5.10.)

FIGURA 5.10 Quando as pessoas dividem a atenção entre duas ou mais tarefas complicadas, geralmente seu desempenho sofre. Dividir a atenção é menos problemático quando uma tarefa é fácil e quase automática, como a maioria dos motoristas experientes bem o sabe. (Melissa Shook/The Picture Cube.)

Até mesmo algo tão automático quanto ler não é uma tarefa simples (LaBerge & Samuels, 1974). Você precisa identificar palavras escritas em uma página. Você precisa também combinar palavras para formar frases e sentenças, e compreender o significado. Ao mesmo tempo, você precisa pensar no significado e associar novos fatos com informações e experiências anteriores.

A atenção provavelmente melhora também a aprendizagem não deliberada. A retenção facilitada pelo incitamento pode decorrer do poder deste de incrementar a atenção.

Organização e Integração

Quando as pessoas tentam transferir fatos para a MLP, sem primeiro organizar e integrar as informações, têm muita dificuldade de recordá-los depois. A pesquisa de Gordon Bower (1970) corrobora esta idéia. A um grupo de pessoas, Bower apresentou palavras em ordem aleatória. Outro grupo viu as mesmas palavras organizadas na forma de uma árvore hierárquica, conforme mostrado na Figura 5.11. Embora os participantes tenham despendido o mesmo período de tempo memorizando os itens, aqueles que estudaram a árvore relataram uma média de 65% de recordação do material em compara-

ÁRVORE HIERÁRQUICA

```
                    Minerais
                   /        \
               Metais        Pedras
              / |   \        /    \
          Raros Comuns Ligas Preciosas [de] Alvenaria
            ↓     ↓     ↓      ↓          ↓
         Platina Alumínio Bronze Safira   Calcário
         Prata   Cobre    Aço    Esmeralda Granito
         Ouro    Chumbo   Latão  Diamante Mármore
                 Ferro           Rubi     Ardósia
```

LISTA DE PALAVRAS EM ORDEM ALEATÓRIA

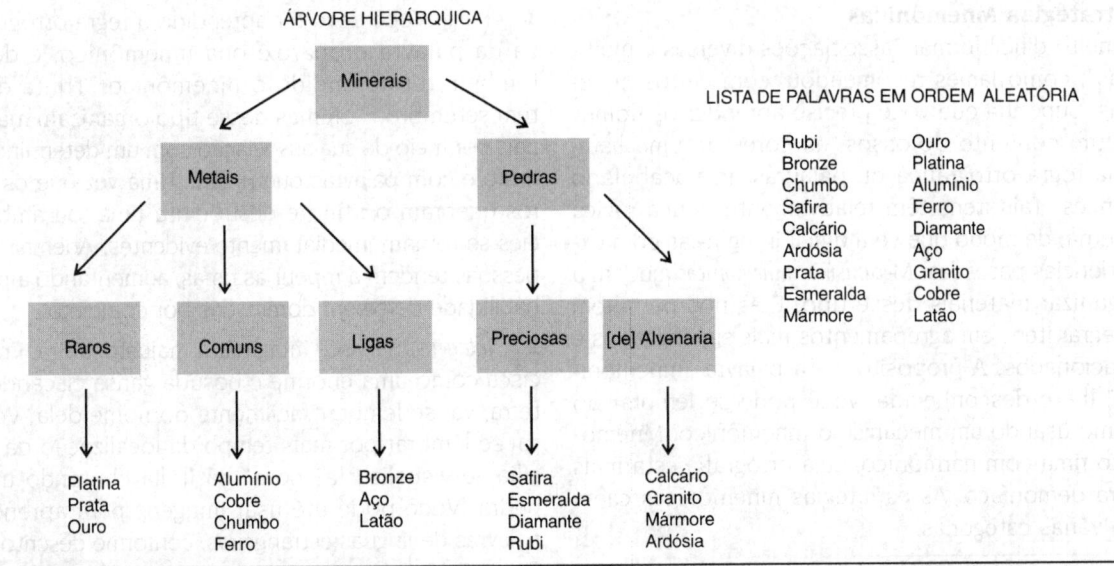

Rubi	Ouro
Bronze	Platina
Chumbo	Alumínio
Safira	Ferro
Calcário	Diamante
Ardósia	Aço
Prata	Granito
Esmeralda	Cobre
Mármore	Latão

FIGURA 5.11 Material usado no estudo de Bower. Informações organizadas, como na árvore hierárquica, são muito mais fáceis de reter do que material ordenado de forma aleatória. (Com base em Bower, 1970.)

ção aos 19% de recordação do outro grupo. Quando as pessoas organizam o material enquanto o codificam, a recuperação de um fragmento de informação leva à recordação dos itens relacionados. Muitos outros estudos revelaram que a organização melhora a aprendizagem deliberada (Bransford, 1979; Glass et al., 1979). A mensagem aos estudantes é clara: concentre-se na lógica interna daquilo que você está estudando em vez de memorizar mecanicamente. A sistematização é útil porque ela o força a observar as relações lógicas por trás de eventos e idéias.

A organização pode beneficiar a aprendizagem deliberada de mais uma forma. Quando as pessoas buscam a recuperação de dados, elas usam indícios tais como palavras-chave, imagens ou idéias. De acordo com o *princípio de especificidade da codificação*, a recuperação é mais fácil quando indícios similares estão presentes durante ambas, codificação e recuperação (Horton & Mills, 1984; Tuling, 1978, 1985). Os estudantes podem conceber indícios eficazes de recuperação usando palavras-chave para organizar material que desejam reter, memorizando aquelas palavras-chave e chamando-as à mente durante a recuperação.

Não é só atentar à organização de novos materiais que é importante; vital também é integrar as novas informações com os conhecimentos existentes. Muito tempo atrás, William James (1890/1950, p. 662) expressou essa idéia de forma bastante clara:

A quanto mais fatos um fato é associado na mente, tanto maior é sua retenção na memória. Cada uma das associações torna-se um anzol ao qual o fato fica preso — um meio de fisgá-lo quando ele está abaixo da superfície. Juntas, as associações formam uma rede de ligações entretecidas, formando o tecido inteiro do pensamento. O "segredo da boa memória" é, portanto, o segredo de formar associações diversas e múltiplas com cada um dos fatos que desejamos reter.

Falamos anteriormente sobre as diferentes formas de decorar. No *processamento superficial*, as pessoas concentram-se nos aspectos superficiais ou ficam repetindo a informação. No *processamento profundo*, elas organizam, elaboram e integram os dados. Uma maneira de os processar profundamente é formar imagens em escala dos três cérebros: o do ser humano, o do elefante e o da baleia. Neste exemplo, você está usando imagens para elaborar o material e está integrando as imagens com aquilo que você já sabe dos tamanhos físicos dos animais. Embora o processamento profundo geralmente seja vantajoso, o processamento superficial pode ser importante para determinadas situações, como, por exemplo, fazer um teste de ortografia ou lembrar detalhes de uma foto (Craik & Tulving, 1975; Horton & Mills, 1984; Hunt & Mitchell, 1982; Intraub & Nicklos, 1985; Mayer & Cook, 1981).

Estratégias Mnemônicas

É muito difícil formar "associações diversas e múltiplas", como James recomendou, com certos materiais. Suponha que você precise aprender os nomes de um conjunto de ossos, as cores de uma lista, uma regra ortográfica ou palavras do vocabulário francês. Tais itens têm relativamente pouca lógica interna, de modo que será difícil integrá-las com experiências passadas. *Mecanismos mnemônicos* ajudam a organizar materiais desse tipo. Eles nos permitem integrar itens em agrupamentos mais significativos e relacionados. A propósito, se a palavra "mnemônico" lhe é desconhecida, você pode se lembrar do termo usando um mecanismo mnemônico. Mnemônico rima com harmônico, cuja ortografia está mais para demoníaco. As estratégias mnemônicas caem em várias categorias.

1 *Rima.* Você deve ter aprendido a regra ortográfica da palavra proparoxítona mnemônico, e deve também ter aprendido o mnemônico "Trinta dias tem setembro...". Rimas desse tipo organizam materiais por meio de sua associação com um determinado ritmo e com palavras que rimam. Uma vez que os erros quebram o ritmo e destroem a rima, ou ambos, eles se tornam imediatamente evidentes. Ademais, as pessoas tendem a repetir as rimas, aumentando a probabilidade de serem dominadas por completo.

2 *Imagens.* Se você imaginar a majestosa Sra. Francisca como uma enorme e posuda gansa ciscando a terra, vai se lembrar facilmente do nome dela. Você vai se lembrar por mais tempo da localização da Sicília se visualizar a "bota" da Itália chutando uma pedra. Você pode até usar imagens para aprender palavras de línguas estrangeiras, conforme descrito na Figura 5.12.[9]

Russo	Palavra-chave	Tradução	Imagem da interação da palavra-chave com a tradução	
durák	Durex	bobo		 Um palhaço que se enrola com fita durex e não consegue se desenrolar.
gorá	angorá	montanha		 Um gato angorá no topo de uma montanha.
západ	zepelin	oeste		 Um dirigível zepelin com o sol se pondo ao fundo.

FIGURA 5.12 A mnemônica de imagens pode facilitar a aprendizagem de palavras de línguas estrangeiras. Em um estudo relacionado, estudantes tinham de dominar palavras russas. Deixou-se que alguns adotassem os próprios métodos enquanto a outros se ensinou o sistema de palavras-chave. Os usuários de palavras-chave associavam a palavra estrangeira a uma palavra em inglês [nesta edição, adaptamos para o português] que soasse parecida, a palavra-chave. Depois formavam uma imagem mental da palavra-chave interagindo com a tradução para o inglês [aqui, português]. A estratégia da palavra-chave melhorou substancialmente a aprendizagem. (Adaptada originalmente de Atkinson & Raugh, 1975.)

---

9. N. Editor: Na edição americana deste livro, a Figura 5.12 foi adaptada por Linda Davidoff, que teve como base o estudo de Atkinson & Raugh, 1975. Na presente edição brasileira, esta figura também sofreu adaptação no sentido de tentar rimar o som das expressões em russo com palavras em português. Portanto, as imagens e o texto da quarta coluna à direita não correspondem à figura da edição americana.

O método de localização, um processo mnemônico de imagens, relaciona uma lista de itens com um grupo-padrão de locais. É útil para recordar listas de entregas, fatos geográficos, pontos de um discurso, pedidos de clientes e coisas do gênero. Para usar esta estratégia, primeiro você visualiza uma rota familiar. Você poderia pensar em sua casa e no caminho até a cozinha. Depois você põe a imagem de cada item a ser lembrado em um lugar específico da rota. Finalmente, você faz uma caminhada imaginária de modo que encontre todos os itens na ordem. Para se lembrar de uma lista de compras — alface, ovos e frango —, você poderia visualizar o caminho da entrada social até a cozinha. Depois, você poderia imaginar uma alface imensa no lugar da maçaneta da porta; um ovo bem amarelinho estrelado no relógio do *hall*; e um frango batendo asas na mesa da cozinha. Uma lista mais longa de itens requer uma lista mais longa de lugares conhecidos. Observe que você está criando alguns "ganchos" permanentes relativamente familiares para "pendurar" o material a ser lembrado.

A pesquisa demonstra que recodificar informações verbais para imagens (visuais, auditivas, táteis, gustativas etc.), em vez de simplesmente repeti-las, torna o material mais memorável (Meier, 1985; Paivio, 1983). E combinar imagens e repetição é mais eficaz do que usar só imagens. O emprego de várias estratégias pode proporcionar às pessoas uma série de depósitos separados aos quais recorrer.

3   *Recodificação*. Se você acessar um material verbal relativamente desprovido de significado e torná-lo mais significativo, sua capacidade de retenção deve melhorar. Às vezes, as primeiras letras de palavras a serem memorizadas em ordem podem ser convertidas em uma única palavra. As cores do espectro são facilmente relembradas pelo nome VLAVA ROVI (vermelho, laranja, amarelo, verde, azul, roxo e violeta). Ou palavras a serem lembradas podem funcionar como elementos centrais de uma história. Estudantes de anatomia usam o seguinte conto para reter os nomes de nervos cranianos[10]:

"At the *oil factory* (olfactory nerve), the *optician* (optic) looked for the *occupant* (oculomotor) of the *truck* (trochlear). He was searching because *three gems* (trigemial) had been *abducted* (abducens) by a man who was hiding his *face* (facial) and *ears* (acoustic). A *glossy photograph* (glossopharyngeal) had been taken of him, but it was too *vague* (vagus) to use. He appeared to be *spineless* (spinal accessory) and *hypogritical* (hypoglossal).

Quando os participantes de um experimento de laboratório usavam a estratégia de inventar uma história para aprender listas de dez palavras sem relação alguma entre si, eles recordaram quase sete vezes mais palavras do que os participantes que não haviam recebido instruções sobre memorização (Bower & Clark, 1969).

Usuários de estratégias mnemônicas tiram notas mais altas do que os não-usuários (Carlson *et al.*, 1976). Há provavelmente vários princípios operando. A mnemônica exige atenção e esforço. Ela propicia mais significado a material relativamente desconexo. E ela fornece indícios de recuperação que são integrados com o material durante a codificação.

Usando Auxílios Externos
Como nos lembramos de fazer uma determinada tarefa — digamos, limpar a gaiola do passarinho ou levar um livro para a aula? Usamos uma série de estratégias organizadoras (Meacham & Leiman, 1982). Uma delas é integrar a atividade a ser lembrada na rotina diária. Todo dia, você pode tomar vitaminas no café da manhã e não nas outras refeições, por exemplo. Outra estratégia organizadora é criar um indício de recuperação externo para auxiliar a memória. Você poderia amarrar um barbante no dedo, deixar um livro ao lado da porta da frente ou colocar uma lista ou lembrete em um lugar de destaque. O indício externo precisa ser organizado dentro daquilo que integra sua vida de modo que você possa usá-lo. Embora você possa usar ajuda interna, como as estratégias mnemônicas, a maioria das crianças (e provavelmente a maioria dos adultos) recorre a

---

10. Reproduzimos a seguir a tradução do conto original em inglês: "Em uma *fábrica de óleo* (nervo olfativo), o *óptico* (óptico) observava o *ocupante* (motor-ocular comum) do *caminhão* (patético). Ele estava procurando *três pedras preciosas* (trigêmeo) que haviam sido *roubadas* (motor-ocular externo) por um homem que estava ocultando *face* (facial) e *orelhas* (auditivo). Uma *lustrosa fotografia* (glossofaríngeo) desse homem foi tirada, mas era muito *vaga* (vago ou pneumogástrico) para ser usada. Ele parecia um *invertebrado* (espinhal) e *hipócrita* (hiploglosso)." Obviamente, a tradução em português não faz muito sentido.

indícios externos para se lembrar de fazer coisas (Harris, 1978).

Outras Táticas Ativas

A organização e a integração exigem que os aprendizes estejam ativamente envolvidos com seu material. Uma série de outras estratégias que requerem esforço também incrementam a memória (Bransford, 1979; Tyler et al., 1979).

Descobrindo por Si Mesmo

Quando você é forçado a lutar com o material e descobrir algo sozinho (e consegue), você retém melhor a lição do que se ela fosse simplesmente explicada por terceiros (Bransford, 1979; O'Brien & Myers, 1985). É esta a base da *aprendizagem pela descoberta*, na qual os estudantes são levados a fazer exercícios que os levem a esforçar-se e descobrir sozinhos novos conceitos.

Leituras Programadas, Máquinas de Ensinar e Ensino Assistido por Computador

Livros programados e *máquinas de ensinar* utilizam o princípio do processamento ativo (e uma série de outros). Ambos apresentam aos aprendizes uma quantidade de informação relativamente pequena por vez e permitem que o aprendiz avance de acordo com seu ritmo. As perguntas contidas no material forçam as pessoas a testar seu entendimento antes de passar para novas áreas. As respostas corretas são fornecidas imediatamente. O *feedback* aponta aquilo que requer maior esclarecimento ou mais prática.

Na Figura 5.13 você vê um conjunto de figuras tiradas de um livro de leitura de primeiro ano. Vários tipos de material programado podem ser usados em todos os níveis, porém parecem ser especialmente apropriados ao ensino de habilidades básicas a jovens aprendizes (Bligh, 1977). Os adeptos do método acreditam que esses tipos de material reduzem à metade o tempo e o esforço envolvidos no ensino de muitos tópicos (Skinner, 1984).

O *ensino assistido por computador* (CAI — *computer-assisted instruction*) fornece ao estudante material de aprendizagem programado em forma automatizada. O aprendiz recebe mensagens visuais e, às vezes, auditivas, de um terminal de computador, ao qual responde de forma ativa — em geral, digitando ou indicando as respostas corretas na tela. As respostas do aprendiz são avaliadas pelo computador, que pode manter um registro completo e atualizado de seu progresso. O computador pode também individualizar o ensino. Quando o aprendiz responde corretamente, o computador pode emitir as novas instruções apropriadas. Quando o aprendiz responde incorretamente, o computador pode apresentar trabalho corretivo adequado. Idealmente, portanto, o CAI permite aos estudantes trabalhar de acordo com seu ritmo em lições especificamente voltadas às suas necessidades. (Veja a Figura 5.14.)

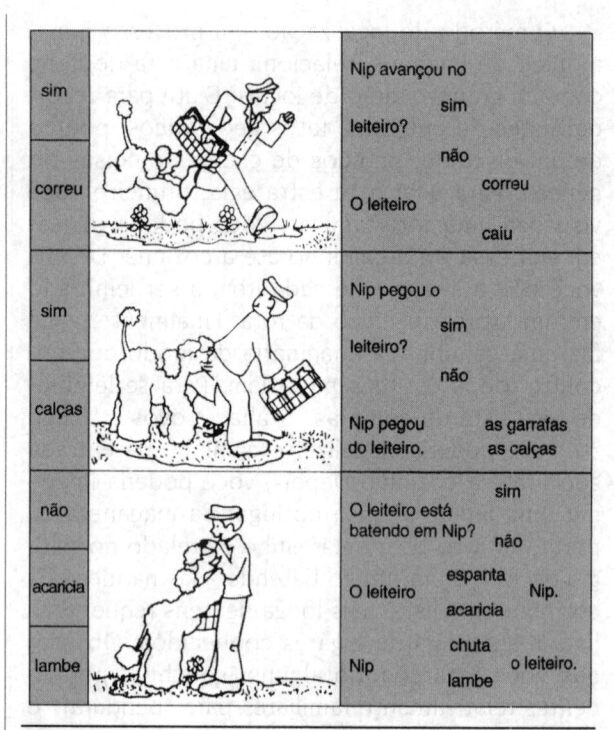

FIGURA 5.13 Figuras de um livro programado de leitura, para crianças de primeiro ano primário. As respostas das perguntas (à esquerda) são cobertas por um cartão. Depois que a criança responde a cada pergunta, ela descobre a resposta, recebendo *feedback* imediato. (Adaptada de Sullivan Associates, 1973.)

SQ3R

Poucos estudantes têm acesso a máquinas de ensinar, e a maioria dos textos não é programada. Não obstante, os estudantes podem permanecer ativos usando-se uma estratégia popular de estudo, conhecida como *sistema* SQ3R. O termo SQ3R é uma recodificação mnemônica que traz à mente os cinco passos da técnica: *survey, question, read, recite, review* (pesquise, pergunte, leia, recite, reveja). Quando o método é usado conscienciosamente, ele melhora

FIGURA 5.14 O computador treina as crianças na operação de adição. Diferentemente do ensino na sala de aula tradicional, o ensino assistido por computador exige respostas freqüentes e oferece *feedback* imediato para atingir objetivos educacionais específicos, passo a passo. Além de as crianças o apreciarem, ele oferece grande vantagem pedagógica: adequação do ensino ao estilo e histórico do aluno. Todavia, a qualidade dos programas educacionais de computador [software] varia enormemente. Apenas 3 ou 4 de 100 programas são considerados excelentes (Hassett, 1984). (Minnesota Educational Computing Corp.)

igualmente o trabalho de alunos bons e fracos (Robinson, 1961).

Primeiro Passo: Pesquise Estudos de laboratório mostram que as pessoas compreendem melhor material verbal complexo quando conhecem de antemão a natureza do material (Ausubel, 1968; Bransford, 1979). Se você entende como um capítulo é organizado, você sabe o que esperar. Assim, você estará mais propenso a ver como os fatos encaixam-se e a conseguir integrar novos conteúdos com aqueles já existentes em sua memória de longo prazo. Para obter uma visão geral de um capítulo deste livro, veja o Sumário e o conteúdo introdutório ou a seção "Resumo".

Segundo Passo: Pergunte Pessoas que fazem uma pausa para perguntar e responder a perguntas enquanto aprendem parecem recordar melhor o conteúdo do que aquelas que não o fazem. Perguntar e responder mantém sua atenção na matéria e o força a pensar naquilo que você está lendo. Que tipos de perguntas fazer? (1) Tente converter os tópicos dos capítulos em perguntas. Você poderia mudar "Outras Táticas Ativas" para a pergunta: "Quais são algumas das estratégias ativas que ajudam as pessoas a recordar?". (2) Pergunte a si mesmo o significado dos termos-chave. (3) As perguntas da seção "Usando a Psicologia", no "Guia de Estudo" de cada capítulo, solicitam que você pense, aplique ou faça um resumo de matérias importantes.

Terceiro Passo: Leia Ativamente Alguns estudantes correm os olhos pela página enquanto sua mente está focada em outro lugar. É importante que nos concentremos, dando pausas freqüentes para compor e responder perguntas.

Quarto Passo: Recite Após ler cada seção de um livro, tente recordar, falando ou escrevendo (com o livro fechado), as informações mais significativas nele contidas. As pessoas retêm mais quando seu tempo é dividido igualmente entre leitura e recitação do que entre leitura e releitura (Gates, 1917). É importante checar quanto você reteve consultando o material original (Howe, 1977). Isso pode lhe dar um *feedback* imediato daquilo que você não se lembra ou não entendeu, possibilitando-lhe corrigir eventuais problemas. A recitação é útil também porque faz com que você pratique a recuperação, algo que terá de fazer nos debates em classe e nos exames. Além disso, quando recita alto informações que você já processou visualmente, pode estar depositando esse material em um segundo sistema de memória.

Quinto Passo: Revise Após ler e recitar os pontos importantes de cada tópico, os estudantes beneficiam-se da revisão do capítulo como um todo. Há muitas formas de fazê-lo. Você pode reler passagens ou notas sublinhadas. Você pode transformar novamente os títulos dos tópicos em perguntas e recitar as respostas. Você pode definir e descrever termos essenciais ou trabalhar a avaliação e os exercícios nos guias de estudo. Reler é outra maneira útil de refrescar a memória. Provavelmente é a única estratégia que lhe pode assegurar não ter perdido algo importante.

Praticando a Recuperação
A primeira vez que você recupera informações da memória, o processo pode ser lento e trabalhoso. Mas se o material for requerido pouco tempo depois, ele virá mais prontamente. Portanto, faz senti-

do praticar a forma pela qual você pode lidar com situações potencialmente difíceis — provas, falar em público e entrevistas para emprego, por exemplo. O formato do seu teste simulado é importante. Se você vai fazer uma prova de redação, tente escrever parágrafos curtos. Para um teste de vocabulário, pergunte-se sobre as palavras. O teste de recuperação vai revelar aquilo que você não sabe e aquilo que você precisa trabalhar mais. Ao que parece, pessoas que aprendem efetivamente sozinhas pensam na situação de recuperação que terão pela frente e em como corrigir as próprias deficiências (Bransford, 1979).

Prática Maciça *versus* Distribuída

Será que a memória beneficia-se de uma única e longa sessão de estudo noturno para um exame no dia seguinte? Ou será que faz mais sentido distribuir o processo de aprendizagem? Os psicólogos investigaram indiretamente essa questão, explorando os efeitos de dois tipos de prática. A *prática* maciça refere-se à aprendizagem que se dá em um único período com pequena ou nenhuma pausa. A *prática distribuída* significa que a aprendizagem ocorrerá em períodos de trabalho intercalados com períodos de descanso. As descobertas de laboratório mais recentes indicam que um método nem sempre é superior ao outro (Underwood, 1961), mas que ambos têm vantagens distintas.

A prática maciça funciona melhor quando você está tentando dominar uma pequena quantidade de material coerente, organizado ou altamente significativo. É particularmente útil na leitura de histórias, memorização de um discurso curto ou resolução de um problema de álgebra. No que se refere a provas e exames, a aplicação da prática maciça imediatamente antes dessas ocasiões oferece dois benefícios. Uma vez que a quantidade esquecida aumenta no decorrer do tempo, as pessoas que fazem uma revisão no último momento provavelmente esquecerão menos aquilo que dominaram. As pessoas que usam a prática maciça beneficiam-se também da alta motivação, pelo fato de não entrarem em pânico.

A prática distribuída é particularmente eficaz para a aprendizagem de habilidades motoras, como nadar ou dançar ou andar de bicicleta. O mais relevante para os estudantes universitários é sua vantagem sobre a prática maciça para dominar conteúdos dependentes da linguagem e com poucas relações entre si: por exemplo, as informações dos capítulos de um livro-texto. Quando a aprendizagem é distribuída em semanas, os estudantes podem simultaneamente controlar bem outras práticas essenciais (Glass *et al.*, 1979). Eles dispõem de tempo para focar a atenção, organizar e integrar os conteúdos, participar ativamente e superaprender.

Essas descobertas de laboratório sugerem que os estudantes às vésperas dos exames beneficiam-se da combinação de ambas as práticas, distribuída e maciça. Tente distribuir a aprendizagem inicial e condensar a revisão antes da prova.

Memórias Dependentes do Estado Físico

Grande número de pesquisas demonstra que a recuperação da memória é melhor quando se dá sob condições *internas* similares àquelas experienciadas durante a codificação (Ho *et al.*, 1978). Este fenômeno é conhecido como *memória* (ou *aprendizagem*) *dependente do estado físico*. A aprendizagem dependente do estado físico pode ser considerada um dos aspectos da hipótese da especificidade da codificação (veja a seção anterior "Organização e Integração"), que se aplica tanto a condições externas quanto internas.

As emoções são um dos aspectos do estado interno dos quais a memória depende. Gordon Bower (1981) descobriu que as pessoas recuperam material com mais precisão e facilidade se sentirem-se do mesmo jeito durante a codificação e a recuperação. Para demonstração, Bower usou estudantes universitários altamente hipnotizáveis (veja o Capítulo 4). Por meio da hipnose, ele fez com que eles mantivessem estados de tristeza ou de alegria enquanto memorizavam e recordavam listas de palavras. Se as pessoas codificavam o material quando estavam alegres, recuperavam-no melhor quando também estavam alegres. Se as pessoas codificavam quando estavam tristes, recuperavam-no melhor também quando estavam tristes.

E quanto à vida cotidiana? Para investigar este tópico, Bower fez com que os participantes altamente hipnotizáveis registrassem eventos emocionais em um diário; depois vinham para o laboratório para serem testados em quanto conseguiam recordar. Os que haviam sido induzidos a um estado alegre de humor tendiam a se lembrar das experiências alegres, e aqueles induzidos a um estado triste lembravam mais das experiências desagradáveis. Outros investigadores revelam resultados semelhantes, sendo as mulheres mais propensas a tal efeito do que os homens.

Vemos ilustrações impressionantes da ligação emoção-memória quando observamos comportamentos anormais. Sirhan Sirhan, condenado pelo assassinato de Robert Kennedy, estava agitado, quase a ponto de uma crise de histeria, quando baleou Kennedy. No entanto, em estado normal, Sirhan não conseguia recuperar nada sobre o assassinato. Durante a hipnose, em diversas ocasiões, conforme aumentava seu estado de excitação, ele recuperva mais material. No auge de seu frenesi, sua memória tornava-se notavelmente clara (Diamond, 1969). Esta descoberta pode ser interpretada de diversas maneiras, mas sem dúvida sugere um efeito de memória dependente do estado físico.

As primeiras pesquisas sobre memória dependente do estado físico concentraram-se nas drogas. Em um dos estudos, Donald Goodwin e seus colaboradores (1969) tiveram como voluntários estudantes de medicina do sexo masculino. Estando alguns dos voluntários sóbrios e outros em estado de embriaguez, os pesquisadores fizeram com que memorizassem sentenças e executassem outras tarefas. Mais tarde, os participantes fizeram testes de recordação e reconhecimento. Os que haviam codificado os conteúdos quando estavam embriagados recuperavam melhor os dados sob estado de embriaguez do que quando sóbrios.

De modo geral, para fins de aprendizagem, é melhor estar sóbrio do que intoxicado. Quanto mais as pessoas bebem — bastam dois ou três drinques —, menos elas recordam, embora acreditem estar aprendendo muito (Parker et al., 1976). Pessoas sob a influência do álcool são capazes de recordar mediante repetição e exposição, mas as lembranças que dependem de um esforço de processamento ficam afetadas — especialmente se o conteúdo precisa ser recordado sem estimulação (Hashtroudi et al., 1984). Na pesquisa de Goodwin, os participantes que se abstiveram de álcool durante a codificação e a recuperação cometeram o menor número de erros de todos os grupos e em todas as medições de memória.

Nossas descobertas sobre o álcool são bastante semelhantes àquelas relacionadas com outras drogas. Muitas substâncias químicas produzem efeitos de memória dependente do estado físico, especialmente quando as pessoas precisam gerar seus próprios indícios de recuperação (Baddeley, 1982;

Ho et col., 1978). O mecanismo que produz a dependência do estado físico ainda não está claro (Overton, 1978; Weingartner, 1978). Uma das possibilidades é que os estados cerebrais alteram a percepção da tarefa em curso, fazendo com que o material pareça diferente em diferentes ocasiões. (■)

VIÉS NA MEMÓRIA DE LONGO PRAZO: O CASO DA TESTEMUNHA OCULAR

A idéia de que o viés influencia a cognição não é nova. No Capítulo 4, vimos que a atenção e a percepção são enviesadas; as expectativas e os motivos influenciam aquilo que absorvemos e o que ignoramos. Como resultado, codificamos somente informações selecionadas na memória de curto prazo. Da mesma forma, aquilo que repe- timos e transferimos para a memória de longo prazo é determinado em parte por nossas expectativas pessoais. A recuperação é moldada por nossos esquemas e emoções; e censuramos aquilo que relatamos. Em resumo, "o viés começa no início e só termina exatamente no fim do processamento de informação" (Erdelyi & Goldberg, 1979).

O fato de as memórias serem enviesadas tem numerosas implicações. Examinaremos aqui o depoimento de testemunhas oculares. A prática legal de usar testemunhas oculares para condenar suspeitos de crimes pressupõe que a memória das pessoas é confiável — o que, como vimos, não é verdade. Mas dissemos que o incitamento intenso ajudava a recordar lições simples. E quanto a crimes? Hoje há uma infinidade de material informativo sobre esse tema (Loftus, 1982; Wells & Loftus, 1984; Yarmey, 1979).

Quando os psicólogos simulam crimes para testar a confiabilidade de relatos de testemunhas, verificam que muitos deles são inexatos. Em um desses estudos, um estudante agrediu um professor diante de 141 testemunhas no campus da Universidade Estadual da Califórnia, em Hayward (Buckhout, 1974). Após a agressão, tomaram-se depoimentos assinados de cada uma das testemunhas. Na média, as pessoas superestimaram em torno de 2,5 vezes a duração do incidente, em 14% a altura do "criminoso" e em mais de dois anos a idade do agressor. Passadas sete semanas, somente 40% das testemunhas identificaram o culpado corretamente. Cerca

Quadro 5.2
COMO AS PESSOAS DE EXCELENTE MEMÓRIA RECORDAM-SE?

Está claro que algumas pessoas — não sabemos a quantidade — têm uma memória soberba. Os gênios da memória usam algumas das mesmas estratégias que os mortais mais comuns — porém, com muito mais proficiência. Por ora, não passaremos da descrição de suas táticas (Neisser, 1982b).

Imagens Eidéticas

Aquilo que a maioria de nós chama de "memória fotográfica" é chamado pelos psicólogos de "imagens eidéticas" (*eidetikos* significa "relativo a imagens"). Embora a *imagem eidética* assemelhe-se à imagem icônica (veja a seção "Localização e Usos das Memórias Sensoriais", neste capítulo), a imagem eidética é incomumente aguçada, clara e duradoura (Gray & Gummerman, 1975). Em torno de 5% das crianças demonstram essa capacidade e poucos adultos demonstram tê-la. Ralph Norman Haber (1979) e seus colaboradores estudaram 20 crianças que geravam imagens eidéticas. Para produzir uma imagem eidética, as crianças tinham de concentrar o olhar em alguma coisa por três a cinco segundos. (Veja a Figura 5.15.) O grupo de Haber descobriu que era difícil formar imagens de palavras e mais fácil formar imagens de figuras. A imagem eidética aparecia em partes e gradativamente, alguns elementos tornavam-se visíveis por um breve tempo e depois desapareciam, enquanto outros apareciam mais claramente. Uma vez formada uma imagem, ela permanecia estável mesmo que os olhos se movimentassem: evidência de que não era simplesmente uma imagem persistente.

Na maior parte do tempo, as crianças tinham pouco controle sobre as imagens. Elas não conseguiam prolongá-las ou trazê-las de volta ou mudar o tamanho, a orientação ou movimentá-las para uma nova superfície; porém, conseguiam eliminar a imagem piscando, olhando ao longe, balançando a cabeça ou pensando em outra coisa. Quando permitida sua permanência, a imagem durava algo em torno de 40 segundos a 5 minutos ou mais. Todas as crianças relataram que a imagem terminava como o gato de Alice no País das Maravilhas, sumindo parte por parte até desaparecer por completo. Ao testar as crianças por um período de mais de cinco anos, a equipe de Haber descobriu que a capacidade persistia.

O termo "memória fotográfica" é enganoso. Algumas pessoas que têm capacidade para gerar imagens eidéticas não conseguem descrever detalhes com precisão, enquanto outras são espantosamente acuradas (Gray & Gummerman, 1975). C. F. Stromeyer (1970) descreveu um adulto excepcional, Elizabeth, dotada de uma capacidade aparentemente ilimitada de manter e sobrepor imagens eidéticas. Em um teste, Stromeyer apresentou padrões pontilhados "aleatórios" que haviam sido gerados por computador. Quando os padrões pontilhados são examinados por meio do estereoscópio, um instrumento que apresenta uma imagem para o olho direito e outra para o esquerdo, a figura aparece em relevo. Sem o estereoscópio, a pessoa vê apenas um milhão de pontos. Elizabeth olhou o padrão pontilhado do olho direito durante de 12 minutos. Vinte e quatro horas depois, ela olhou o padrão do olho esquerdo. Em dez segundos, ela fundiu as duas imagens e viu uma figura tridimensional. Um milhão de elementos estavam dentro de sua capacidade de memória. Pouquíssimas pessoas têm essa extraordinária capacidade (Gray & Gummerman, 1975).

Ainda não está claro o que está por trás da capacidade eidética. Não temos sequer indícios. Além da imagem em si, não conhecemos qualquer fator que distinga as crianças eidéticas das não-eidéticas (Haber, 1979).

Outras Capacidades Perceptivas Incomuns

Alguns virtuoses da memória usam capacidades perceptivas especiais que não se enquadram no molde eidético. Lembre-se de S., no começo deste capítulo. S. tinha *cinestesia*. Eventos que para a maioria de nós deixam uma impressão sensorial, para ele, criavam sensações múltiplas (auditivas, visuais, táteis etc.). S. usava também estratégias mnemônicas, como a do método de localização. Além disso, construía representações paralelas nítidas e persistentes, imagens visuais daquilo que ele já havia visto, réplicas olfativas das quais sentira o cheiro, e assim por diante.

Estratégias Lógicas e Verbais

Algumas pessoas cuja memória é excepcional usam táticas lógicas e verbais. O professor Alexander Craig Aitken, matemático brilhante e exímio violinista, era dotado de uma memória lendária. Ele conseguia não só recordar longas listas de palavras e dígitos 30 anos depois da aprendizagem inicial, mas também resolver mentalmente problemas matemáticos complexos. Homem inclinado à reflexão, Aitken tentava entender os padrões internos. Ele se valia de propriedades mais conceituais que sensoriais e de um vasto conhecimento dos números (Neisser, 1982b). Na resolução de um problema como "Expresse $1/851$ como um número decimal", ele procurava um plano que minimizasse o volume de processamento necessário. Ele sabia que 851 é igual a 23 vezes 37. Ele sabia também que $1/37$ é igual a 0,027027027. Assim, dividia $1/37$ por 23. A maioria das pessoas teria enorme dificuldade de se lembrar de resultados parciais, mas o gigantesco depósito de fatos ligados a números de Aitken, tornava a recordação relativamente fácil para ele. A capacidade de armazenar uma quantidade imensa de conhecimento e estratégias é uma característica também de mestres de jogos de tabuleiro como o xadrez.

de 25% identificaram um observador inocente. (Veja a Figura 5.16.)

As inexatidões dos testemunhos oculares provêm de muitas fontes. A pesquisa mais recente, embora esteja longe de ser conclusiva (Egeth & McCloskey, 1984; McCloskey & Zaragoza, 1985), aponta diversos fatores de contaminação. Cenas violentas, por exemplo, tendem a levar a intenso incitamento. Sob tais circunstâncias, tendemos a codificar imprecisamente aquilo que está ocorrendo (Erdelyi & Goldberg, 1979). Podemos ter especial dificuldade em identificar estrangeiros, principalmente de outra etnia (Powers *et al.*, 1979). Em estudos comparativos, mulheres e homens tendiam a se lembrar de diferentes tipos de detalhe. Os homens demonstravam mais acuidade a elementos estereotipadamente masculinos. Eles se lembravam de carros e vestuário masculino, por exemplo. As mulheres revelavam-se na recordação de detalhes sobre participantes femininas e seu vestuário (Powers *et al.*, 1979). Quando há o envolvimento de uma arma, ela pode monopolizar a atenção do observador (Yarmey, 1979). (Veja também a Figura 5.17.)

Uma testemunha ocular típica é interrogada pela polícia, os advogados e outras partes envolvidas, e é exposta a entrevistas à mídia. Às vezes, as testemunhas escutam conversas sobre o crime. Todos esses estímulos podem levar as pessoas a rever as "memórias" de um evento passado (Conway & Ross, 1984). Sugestões de detalhes específicos — os quais as testemunhas não viram — são incorporados nas memórias sem qualquer esforço ou consciência. A inserção de uma palavra em uma pergunta ou afirmação é o bastante para mudar a memória de uma testemunha (veja a p. 218). Alinhamento de suspeitos para identificação também afeta o testemunho (Peterson *et al.*, 1977). Com base em estudos de laboratório, sabemos que as pessoas podem lembrar-se de rostos sem se lembrar do contexto (Brown *et al.*, 1977). O ato de simplesmente reconhecer um rosto em um alinhamento pode levá-lo a concluir que você viu a pessoa na cena do crime, quando na verdade não viu.

Poucos de nós reconhecemos os limites de nossas memórias (Wells & Murray, 1984). Apenas 21% daqueles que testemunharam um roubo de carteira admitiram não saber quem era o suspeito em um alinhamento simulado. O restante das testemunhas insistiram em apontar o culpado, embora mais de 80% delas tenham "identificado" pessoas inocentes (Buckout, 1974). Obviamente, a confiança no julgamento não está necessariamente ligada à acuidade e tampouco ao fato de passar pelo polígrafo (teste detector de mentiras). Como as pessoas não têm consciência das imprecisões, elas pensam que estão lembrando corretamente, e passam facilmente pelo detector de mentiras. O Capítulo 9 discorre mais sobre o polígrafo.

Alguns tribunais recorrem à hipnose (veja o Capítulo 4) para facilitar a recordação. Trata-se de uma prática suspeita por diversas razões. (1) Raramente há um meio de distinguir uma memória verdadeira de uma memória criada. (2) A hipnose faz com que as testemunhas inseguras sintam-se confiantes, tornando seu comportamento persuasivo. (3) A hipnose, por sempre envolver sugestão, predispõe pessoas à influência de outras, aumentando a possibilidade de incorporarem informações novas (e possivelmente falsas) e terem certeza sobre elas (Dywan & Bowers, 1983; Lawrence & Perry, 1983; Orne, 1981; P.W. Sheehan *et al.*, 1984; M. C. Smith, 1984).

Históricos de investigações criminais específicas conduzidas com o auxílio da hipnose sugerem que a memória sob hipnose pode melhorar em algumas ocasiões (Kihlstrom, 1985). Marilyn Smith (1984) vê três razões para essas melhorias. Em primeiro lugar, pessoas hipnotizadas ficam mais predispostas a lançar um palpite, embora possam lembrar muito pouco. Segundo, a memória é melhorada por indícios do contexto, o que o hipnotizador oferece. Terceiro, sessões repetidas de recordação possibilitam recuperar mais informações. Todas essas condições reconhecidamente facilitam a memória, com ou sem hipnose.

As pessoas parecem confiar mais em testemunhas oculares do que em qualquer outro tipo de prova (Loftus, 1983). Todavia, embora nosso conhecimento esteja longe ainda de ser completo, parece seguro concluir que geralmente o testemunho ocular é menos confiável do que outros tipos de prova — impressões digitais, análise de roupas, análise de sangue, e assim por diante (Widacki & Hovarth, 1978).

FIGURA 5.15 Um dos quadros usados na investigação das imagens eidéticas, conduzida por Ralph Norman Haber. As poucas crianças que demonstraram ter a capacidade de gerar este tipo de imagem persistente continuavam a ver detalhes mínimos — como, por exemplo, o peixe sobre a mesa, o bule acima da porta, a colher e o pilão ao lado do guarda-louça — depois de o quadro ser removido. Apesar de anos de estudo intenso, a imagem eidética permanece misteriosa (Haber, 1979). (Cortesia de Ralph Norman Haber.)

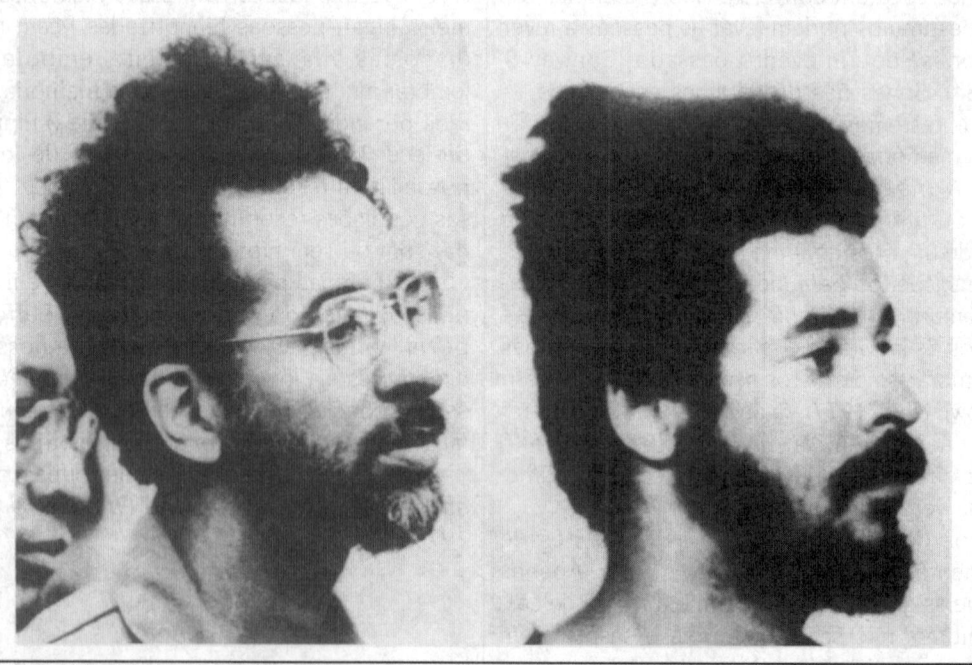

FIGURA 5.16 Identidade confundida. William Jackson, à direita, ficou preso durante cinco anos por dois estupros que haviam sido cometidos pelo Dr. Edward Jackson, Jr., à esquerda. Quando testemunhas recordam-se apenas de características físicas gerais, semelhanças muito acentuadas entre pessoas, como no caso dos dois Jackson, podem tornar quase impossível a identificação acurada do verdadeiro criminoso. (Wide World.)

FIGURA 5.17 Testemunhas oculares de crimes, assim com todos nós, têm inclinações pessoais que influenciam na percepção dos eventos. (John Jonik.)

SISTEMAS MÚLTIPLOS DA MEMÓRIA

O modelo de processamento de informações da memória concentra-se em três sistemas interativos de memória: sensorial, de curto prazo e de longo prazo. Pesquisas recentes mostram que esta visão é supersimplificada. Em vez de três sistemas simples, aparentemente há depósitos múltiplos, e muitos deles provavelmente têm capa- cidade sensorial, de curto prazo e de longo prazo. Um crescente número de pesquisadores (Mishkin *et al.*, 1984; Squire *et al.*, 1985; Tulving, 1985) acredita que os múltiplos circuitos da memória trabalham em paralelo, cada um transmitindo e fi- xando algum aspecto da experiência. A maioria das descobertas das pesquisas relacionadas provém de estudos de pessoas e animais mais simples com amnésia.

Amnésia

A perda da memória, ou *amnésia*, pode decorrer de qualquer golpe no cérebro; um soco forte, uma pancada, uma doença, cirurgia, drogas ou terapia eletroconvulsiva (veja o Capítulo 14). Tanto o uso do álcool (cerca de cinco a seis drinques em um período de 40 minutos) como o alcoolismo crônico estão ligados à perda de memória. O estresse em nível muito acentuado também pode causar amnésia (veja o Capítulo 13).

A amnésia não é uma condição simples; ela varia em função de uma série de dimensões. O distúrbio pode ser temporário ou essencialmente irreversível. As pessoas podem perder uma pequena ou uma grande parte da memória. Quanto mais intenso for o choque no cérebro, maior será o espaço de tempo de esquecimento. Se atingido por um taco, um jogador de beisebol poderá ficar com amnésia por alguns segundos. Uma pessoa deprimida que está sob terapia eletroconvulsiva pode perder a memória por vários dias. Os sobreviventes de ferimentos graves na cabeça podem perder a memória por dias, meses ou até mesmo anos.

A perda da memória de eventos ocorridos antes do trauma chama-se *amnésia retrógrada*. A amnésia retrógrada grave geralmente está associada com a *amnésia anterógrada*, o esquecimento de eventos ocorridos após o choque. Assim, a vítima de uma colisão quase fatal pode não se lembrar nem das primeiras semanas de hospitalização nem dos eventos de todo o ano anterior.

Lições sobre os Depósitos da Memória

Amnésicos podem perder um ou mais tipos de memória, sugerindo que circuitos particulares estão subjacentes a tipos particulares de memória. Os cientistas ficaram mais convencidos da existência de sistemas especiais por causa da coincidência de descobertas reveladas por estudos comportamentais e fisiológicos.

Depósitos Sensoriais, Verbais e Emocionais

Há evidência de que circuitos distintos estão subjacentes à nossa capacidade de recordar diferentes experiências sensoriais (odores, texturas, sons, imagens etc.). Considere os odores. No laboratório, as pessoas lembram-se por mais tempo dos odores do que das imagens e dos sons (Engen, 1982; Rabin & Cain, 1984). A psicose de Korsakoff é uma doença cerebral degenerativa associada à deficiência de tiamina e ao excessivo consumo de álcool, resultando em grave esquecimento do passado recente. A memória para rostos deteriora-se muito; a memória para cheiros mantém-se em bom nível. Este padrão de descobertas, apoiado por outros dados, sugere que a memória para odores é um sistema especial.

A memória não se divide simplesmente em linhas sensoriais. A memória para linguagem, por exemplo, justapõe-se às memórias visual e auditiva. Há, porém, ampla evidência para a idéia de que a maneira pela qual nos lembramos de palavras visualmente apresentadas difere da maneira pela qual nos recordarmos de figuras (Horton & Mills, 1984; Luria, 1976). E a memória para diferentes categorias de palavras (por exemplo, frutas e verduras *versus* carnes) parece depender de diferentes áreas do cérebro (Hart *et al.*, 1985).

Há outras complexidades enigmáticas. As lembranças visuais parecem estar subdivididas em uma série de categorias. As pessoas podem perder a capacidade de reconhecer rostos familiares ou contextos geográficos sem perder outros tipos de capacidade da memória visual (Tranel & Damasio, 1985). Também as memórias de qualidade emocional parecem ser tratadas diferentemente (Johnson *et al.*, 1985).

Memória para Hábitos, Habilidades e Procedimentos

Pessoas com problemas permanentes de amnésia não perdem completamente a memória. Tais pacientes ainda conseguem, por exemplo, aprender e reter habilidades — sejam elas motoras, perceptivas ou cognitivas (Cohen & Corkin, 1982; Cohen & Squire, 1980; Graf *et al.*, 1984, 1985). Com a prática, H. M. (veja a seção "Evidência da Memória de Curto Prazo" neste capítulo) melhorou na montagem de quebra-cabeças e na leitura de palavras em um quadro-espelho que invertia as letras. Todavia, ele não se lembrava de coisa alguma das sessões de prática, e toda vez as tarefas lhe pareciam novas.

Pesquisas com macacos amnésicos corroboram a idéia de que circuitos diferentes estão envolvidos na aprendizagem de hábitos (habilidades, procedimentos) e associações intelectuais (fatos) (Mishkin & Petri, 1984). Com efeito, animais como ratos conseguem até mesmo aprender hábitos enquanto anestesiados, quando grande parte de sua atividade cerebral encontra-se suprimida (Weinberger *et al.*, 1984). Acredita-se que o sistema de memória que registra hábitos simples seja bastante primitivo. Ele já se encontra presente logo depois do nascimento, sendo encontrado em organismos muito simples.

Memórias Episódica e Semântica

Endel Tulving (1983, 1985) foi um dos primeiros psicólogos a distinguir a memória episódica, a capacidade de recordar episódios específicos, da memória semântica, a capacidade de recordar conhecimentos gerais. Estudos de amnésicos sugerem que as memórias episódica e semântica têm cada uma seus próprios circuitos. Daniel Schachter (1983) oferece-nos uma ilustração nítida. Jogando golfe com M. T., um homem portador da doença de Alzheimer, Schachter observou que, após sua primeira tacada, M. T. não conseguia lembrar onde estava a bola. Não obstante, ele usava o jargão do golfe como um jogador profissional, selecionava corretamente os tacos, fazia os movimentos certos e demonstrava familiaridade com a etiqueta do golfe. A memória de M. T. para episódios, como a de outras vítimas da doença de Alzheimer, estava notavelmente prejudicada, ao passo que seu conhecimento semântico parecia estar relativamente intacto (Nebes *et al.*, 1984). (A doença de Alzheimer é discutida no Capítulo 11.)

Processamento Voluntário *versus* Processamento Automático

Os psicólogos costumam fazer uma distinção entre o processamento que requer esforço e o processamento automático (Fisk & Schneider, 1984). Muitos amnésicos de diversos tipos revelam problemas na codificação deliberada (Graf *et al.*, 1984; Hashtroudi *et al.*, 1984; Jacoby, 1982; Johnson *et al.*, 1985). Seu desempenho é bastante baixo quando precisam usar esforço para, por exemplo, relacionar material com um determinado contexto ou com informações anteriores. Em tarefas que dependem simplesmente da repetição e da experiência anterior, eles têm um melhor desempenho. Geralmente conseguem identificar algo que viram ou ouviram, por exemplo, embora possam ter a sensação de ser mera suposição. É provável que diferentes mecanismos cerebrais estejam envolvidos nas habilidades de processamento.

RESUMO

1 A memória é fundamental para perceber, aprender, falar, raciocinar, bem como para muitas outras atividades. Envolve três procedimentos: codificação, armazenamento e recuperação.

2 As pessoas têm memórias sensorial, de curto prazo e de longo prazo. As características de cada uma encontram-se resumidads na Tabela 5.1.

3 Os psicólogos usam três medidas de memória: reaprendizagem, reconhecimento e recordação. A reaprendizagem é a medida mais sensível; o reconhecimento costuma ser mais fácil do que a recordação.

4 O conhecimento parece estar representado na memória de longo prazo na forma de redes de conceitos associados.

5 A retenção de longo prazo é influenciada por esquemas, experiência posterior, incitamento, repetição e exposição, atenção, organização e integração, e estados corporais (relacionados com emoções e drogas).

6 Nossas memórias são enviesadas do começo ao fim. Tal viés depõe contra a total confiança no depoimento de testemunhas oculares em tribunais.

7 Pessoas e animais parecem ter mecanismos fisiologicamente distintos para registrar diferentes tipos de informação. O processamento voluntário e o automático parecem também depender de diferentes circuitos.

GUIA DE ESTUDO

Termos-chave

memória (204-205)
codificação (205)
armazenamento (205)
recuperação (205)
memória sensorial (205)
memória de curto prazo (MCP) (206)
memória de longo prazo (MLP) (206)
reaprendizagem (206)
reconhecimento (208)
recordação (209)
deterioração (212)
mascaramento (212)
memória operante (213)
reconstrução (reintegração, refabricação, memória criativa) (216-217)
interferência (218)
inibição retroativa (219)
inibição proativa (219)
esquecimento dependente de indício (219)
esquecimento motivado (219)
esquema (esquemas, *script*, estrutura) (221)
memória episódica (224)
memória semântica (224)
memória tipo *flash* (224)
especificidade de codificação (227)
mnemônica (228)
livro programado (230)
ensino assistido por computador (230)
SQ3R (230)
aprendizagem ou memória dependente do estado físico (232)
imagens eidéticas (234)
amnésia (237)
e outras palavras e frases em itálico

Conceitos Básicos

modelo
processo da memória
estrutura da memória
modelo de processamento de informação da memória (modelo Atkinson-Shiffrin)
contrastes entre recordação e reconhecimento
usos do esquecimento da MLP
redes da memória na MLP

Pessoas a Identificar

Ebbinghaus, James.

Avaliação

1 Que processo da memória envolve a percepção?
a. Codificação b. Recuperação
c. Reintegração d. Armazenamento

2 Que sistema controla a recuperação das memórias de longo prazo, segundo o modelo de memória de Atkinson e Shiffrin?
a. Icônico b. De longo prazo
c. Sensorial d. De curto prazo

3 Qual é a medida mais sensível da memória (aquela mais propensa a revelar que um traço da informação ainda permanece na memória)?
a. Recordação livre b. Reconhecimento
c. Reaprendizagem d. Recordação em série

4 Mascaramento significa mais ou menos o mesmo que:
a. Deterioração b. Esquecimento relacionado com indício
c. Interferência
d. Esquecimento motivado

5 Se o conteúdo não é repetido, por quanto tempo aproximadamente ele persiste na memória de curto prazo?
a. Um a dois segundos b. Quinze a vinte segundos
c. Um a dois minutos d. Quinze a vinte minutos

6 Que efeito ilustra a interferência retroativa?
a. Confundir o nome de um amigo atual com o nome parecido de um antigo amigo.
b. Experimentar dificuldade em aprender a letra de uma nova canção cuja música é igual à do hino nacional.
c. Não conseguir lembrar uma velha receita de biscoito de chocolate depois de usar uma nova.
d. Achar difícil dirigir um carro de câmbio mecânico depois de aprender a guiar em um carro hidramático.

7 O que é falha de recuperação?
a. Deterioração b. Representação imprecisa
c. Representação incompleta d. Esquecimento motivado

8 Os esquemas guiam ___. (Escolha a alternativa mais completa.)
a. O processamento voluntário b. A codificação e a recuperação
c. A memória semântica d. A memória de habilidades

9 Qual das afirmativas sobre repetição é a verdadeira?
a. Transforma memórias episódicas em semânticas.
b. A superprendizaegm ajuda tão pouco a retenção, que é inútil.

c. É essencial para a retenção.
d. Não melhora as habilidades de amnésicos permanentes.

10 Que vantagem oferece a prática maciça?
a. Melhora a memória
b. Melhora a superaprendizagem
c. Força o aprendiz a ser ativo
d. Reduz a ansiedade

Exercícios

1. Sistemas de armazenamento da memória. Para ter certeza de que você entendeu as diferenças entre as memórias sensorial, de curto e de longo prazo, faça a correspondência de cada descrição com o sistema apropriado. Uma mesma descrição pode caracterizar vários sistemas. (Veja as pp. 205-206 e 210-220, e a Tabela 5.1.)

Sistemas: memória de longo prazo (MLP), memória sensorial (MS), memória de curto prazo (MCP).

___ 1 Retém o conteúdo por 15 a 20 segundos.
___ 2 Armazena padrões sensoriais não analisados de significado.
___ 3 Processa profundamente o conteúdo, porém não o armazena permanentemente.
___ 4 Armazena o conteúdo por minutos e horas.
___ 5 É considerada o centro da consciência.
___ 6 Armazena conteúdo dotado de significado e interpretado.
___ 7 Processa conteúdo superficialmente, porém não o armazena permanentemente.
___ 8 Registra tudo aquilo que chega aos sentidos.
___ 9 É onde ocorre o esquecimento por interferência ou mascaramento.
___ 10 Retém aproximadamente sete fragmentos de informação por vez.
___ 11 A recuperação da informação deste depósito geralmente requer a estratégia de resolução de problema.
___ 12 Por meio de repetição, pode manter o conteúdo no máximo por minutos.
___ 13 Armazena conteúdo geralmente por uma fração de segundo.
___ 14 É onde a recuperação transfere dados para a MCP.

2. Medidas de memória. Para verificar seu conhecimento das medidas de memória, faça a correspondência das medidas a seguir com os exemplos ou descrições apropriados. Escolha a medida mais apropriada para cada exemplo. (Veja as pp. 206-210.)

Medidas: recordação (R), reconhecimento (RC), reaprendizagem (RA).

___ 1 Usada por Ebbinghaus.
___ 2 A conjectura ou suposição geralmente é levada em conta quando esse método é usado.
___ 3 É a medida mais sensível de memória, demonstrando geralmente alguma retenção mesmo quando outras medidas não revelam traço algum.
___ 4 Requer informações relativamente completas para ser correta.
___ 5 Pode requerer a lembrança em seqüência dos itens.
___ 6 Dada uma cópia completa ou parcial da informação que você precisa encontrar, você deve verificar se ela é familiar.
___ 7 Dado apenas um auxílio ou indício, você precisa recordar sozinho.
___ 8 Geralmente envolve familiaridade e identificação.
___ 9 Envolve a identificação de possibilidades plausíveis sem ajuda externa e seleção do alvo.
___ 10 Requer informação apenas parcial.

Usando a Psicologia

1 Ocorre a você alguma atividade humana que não dependa — de uma forma ou de outra — da memória?

2 Seu modo de estudar é diferente para provas de recordação (redação, resposta curta) e reconhecimento (múltipla escolha, verdadeiro-falso, correspondência)? Em caso positivo, você aprende mais estudando para tipos específicos de prova? Explique.

3 Suponha que, quando você tinha 3 anos, sua mãe lia contos de fadas para você. Aos 23 anos você nem sequer reconhece os contos que ela insiste que leu. Existe alguma maneira de demonstrar que você reteve algum traço desse conteúdo?

4 Um professor faz uma lista de dez fatos sobre o cérebro e lhe diz para guardá-los na memória. Você conseguiria? Explique.

5 Forneça diversos exemplos pessoais de interferência retroativa e proativa na memória de curto e de longo prazos.

6 Para ilustrar a natureza de resolução de problema da recuperação da MLP, tente lembrar o que você fez três aniversários atrás. Se for muito fácil, escolha um desafio maior: o que você fez no Natal dos quatro últimos anos ou na noite de sábado de quatro meses atrás.

7 Use a mnemônica de palavras para fazer uma lista de dez itens. (Se você não tem uma lista à mão, crie uma.)

8 Quais princípios de melhoria da MLP foram usados ao longo deste livro?

9 Reveja as influências sobre a retenção de longo prazo. Depois descreva os procedimentos que melhorariam seus hábitos de estudo.

10 Questione o uso de depoimentos de testemunhas oculares. Use como apoio para seus argumentos a menção de pesquisas psicológicas relevantes. É razoável perguntar às testemunhas se elas têm certeza absoluta quando identificam um estranho com o criminoso?

Leituras Sugeridas

1 Ellis, H.C. & Hunt, R. R. (1983). *Fundamentals of human memory and cognition*. 3ª ed. Dubuque, IA.: Wm. C. Brown. Este abrangente livro sobre memória enfatiza suas implicações práticas.

2 Loftus, E. F. (1980). *Memory: Surprising new insights into how we remember and why we forget*. Reading, MA: Addison-Wesley. Trabalho não técnico escrito de maneira envolvente; uma introdução pessoal ao pensamento corrente sobre memória.

3 Norman, D. A. (1982). *Learning and memory*. San Francisco: Freeman. Entusiasmada e breve introdução à pesquisa, concentrando-se em aplicações. "Realmente não existe uma introdução breve à área que seja de tão boa qualidade geral ou que chegue perto de tão ampla abrangência. Extremamente bem escrito, esse livro pode ser lido por qualquer pessoa com conhecimentos mínimos de psicologia" (Shoben, 1983, p. 944).

4 Higbee, K. L. (1977). *Your memory: How it works and how to improve it*. Englewood Cliffs, NJ: Prentice-Hall. Um psicólogo discute a pesquisa sobre a memória e a memorização. Ele adota o ponto de vista de que a memória é uma questão de boas técnicas e que pode ser melhorada mediante trabalho persistente. Prático e consistente.

5 Walter, T. & Siebert, A. (1981). *Student success: How to be a better student and still have time for your friends*. 2ª ed. Nova York: Holt, Rinehart Winston. Guia pessoal e realista para a formação de melhores hábitos de estudo. Se você não tem o desempenho que deseja, este livro pode ser de muita valia. Defende um método SQ3R modificado.

6 Kail, R. (1984). *The development of memory in children*. 2ª ed. San Francisco: Freeman. O *British Journal of Psychology* mostrou grande entusiasmo à primeira edição: "Robert Kail escreveu uma introdução... que é um modelo de despretensão e clareza".

Respostas

FICÇÃO? OU FATO?
1. F 2. F 3. V 4. V 5. F 6. F 7. F 8. F

AVALIAÇÃO
1. a (205) 2. d (206) 3. c (207) 4. c (212) 5. b (215) 6. c (210-211), 7. d (219) 8. b (222) 9. a (223) 10. a (232)

EXERCÍCIO 1
1. MCP 2. MS 3. MCP 4. MLP 5. MCP 6. MCP, MLP 7. MCP 8. MS 9. MS, MCP, MLP 10. MCP 11. MLP 12. MCP
13. MS
14. MS, MLP

EXERCÍCIO 2
1. RA 2. RC 3. RA 4. R 5. R 6. RC 7. R 8. RC, R 9. R 10. RA, RC

CAPÍTULO 6

Pensamento e Linguagem

SUMÁRIO

A NATUREZA DO PENSAMENTO
Ligações entre Pensamento e Linguagem
Cognições e Emoções
Elementos do Pensamento

CONCEITOS: CONSTRUINDO BLOCOS DE PENSAMENTO
Categorias e Exemplos
Definindo Categorias
O Que as Categorias Revelam-nos
Relações entre as Categorias

PENSAMENTO DIRIGIDO

RACIOCÍNIO
Comparação com Protótipos
Busca de Exemplos
Disponibilidade de Exemplos
Construção de Explicações Causais

SOLUÇÃO DE PROBLEMAS
Identificação
Preparação
Solução
Avaliação
QUADRO 6.1: Computadores e a Cognição

A NATUREZA DA LINGUAGEM
Formas de Comunicação
A Natureza Muito Especial da Linguagem
Organização da Linguagem
Estruturas Superficiais e Subjacentes

FALA: PRODUZINDO E COMPREENDENDO-A
Produzindo a Fala
Compreendendo a Fala

ADQUIRINDO A LINGUAGEM
De Sons para Palavras
De Palavras para Sentenças
Um Período Sensível para a Linguagem?

EXPLICANDO A AQUISIÇÃO DA LINGUAGEM
Teoria do Dispositivo de Aquisição de Linguagem
Teoria da Solução de Problemas
Teoria do Condicionamento
Uma Síntese
QUADRO 6.2: Ensinando Linguagens a Macacos

METACOGNIÇÃO

RESUMO

GUIA DE ESTUDO

FICÇÃO? OU FATO?

1 A imagem é essencial para o pensamento. Verdadeiro ou falso?

2 Quando as pessoas raciocinam, apóiam-se intensamente na lógica formal. Verdadeiro ou falso?

3 A solução de problemas costuma ser auxiliada por um descanso ou uma pausa. Verdadeiro ou falso?

4 Enquanto deciframos o que os outros estão dizendo, em geral antecipamos o que vamos ouvir. Verdadeiro ou falso?

5 As crianças adquirem a linguagem principalmente pela imitação do que escutam. Verdadeiro ou falso?

6 Macacos podem aprender todos os elementos básicos da linguagem. Verdadeiro ou falso?

O ser humano, mais do que qualquer outro animal, distingue-se no pensamento e na comunicação. Essas complexas atividades mentais dependem da atenção, da percepção e da memória, e cada uma depende da outra. Nosso material introdutório destacará a natureza interconectada de nossas capacidades mentais. Nele, Helen Keller (1954, pp. 35-37) (veja a Figura 6.1) descreve suas primeiras percepções da linguagem. (Caso você não reconheça esse nome, Helen Keller foi uma eminente palestrante, escritora e educadora de pessoas cegas e surdo-mudas.)

A INSTRUÇÃO DE HELEN KELLER

Helen Keller nasceu em 1880 em uma cidadezinha do norte do Alabama. Uma doença aos 2 anos deixou-a completamente cega e surda. Cresceu sem conseguir falar, embora tivesse aprendido a fazer sinais para comunicar desejos simples. Um meneio da cabeça para o lado significava "não"; um meneio para cima e para baixo, "sim"; um movimento de puxar, "venha"; um movimento de empurrar, "vá". Quando Helen estava com 7 anos, Anne Sullivan Macy, uma professora parcialmente cega, veio morar com os Keller. Sullivan começou o ensino de linguagem quase imediatamente. Mais ou menos um mês depois, ocorreu algo muito importante. Segundo Helen Keller:

Um dia, enquanto brincava com minha boneca nova, a senhorita Sullivan colocou minha grande boneca de pano no meu colo, soletrou "d-o-l-l" (boneca) e tentou me fazer entender que "d-o-l-l" aplicava-se a ambas. Antes, naquele mesmo dia, tivéramos um desentendimento sobre as palavras "m-u-g" (caneca) e "w-a-t-e-r" (água). A senhorita

FIGURA 6.1 Helen Keller e sua professora, Anne Sullivan Macy, conversando por sinais. (Wide World.)

Sullivan tentara me fazer entender que "m-u-g" era "mug" e "w-a-t-e-r", "water", mas eu persistia em confundir as duas. Desacorçoada, deixou de lado o assunto para retomá-lo na primeira oportunidade. Fiquei impaciente com suas repetidas tentativas e peguei minha boneca nova e a atirei no chão. Fiquei feliz quando senti os pedaços da boneca quebrada no meu pé [...] e senti uma espécie de satisfação por ter desaparecido a causa do meu desconforto. Ela me trouxe meu chapéu e eu percebi que iríamos passear lá fora sob o sol quentinho. Este pensamento, se é que eu possa denominar esta sensação intraduzível de pensamento, me fez pular de prazer.

Caminhamos até a fonte, atraídas pela fragrância das madressilvas. Alguém estava pegando água e minha professora colocou minha mão sob o jato. Enquanto a água fresca jorrava em uma das mãos, ela começou a soletrar a palavra água na outra, primeiro lentamente, depois rapidamente. Fiquei ali, parada, toda a minha atenção concentrada nos movimentos dos dedos dela. Subitamente adquiri uma consciência não muito clara, como de algo esquecido — uma excitação de retorno do pensamento; e de alguma forma o mistério da linguagem revelou-se para mim. Eu sabia então que á-g-u-a significava aquela coisa fresca e deliciosa que fluía pela minha mão. Aquela palavra viva despertou-me a alma, deu-lhe luz, esperança, alegria, libertou-a! Ainda havia barreiras, é ver-

dade, porém barreiras que podiam ser derrubadas com o tempo.

Saí dali ávida por aprender. Tudo tinha um nome e cada nome fazia nascer um novo pensamento. No caminho de casa, cada objeto que eu tocava parecia pulsar. Era por que eu via a tudo com uma visão estranha, nova, que se me revelara [...].

Naquele dia aprendi muitas palavras novas [...] — palavras que fariam o mundo desabrochar para mim "como o cajado de Aarão, com flores". Teria sido difícil achar uma criança mais feliz do que eu quando deitei na minha cama no final daquele memorável dia e revivi as alegrias que tivera; e pela primeira vez esperei ansiosa pelo dia seguinte.

A passagem de Keller sugere que a linguagem e o pensamento estão estreitamente ligados. Após explorar algumas de suas relações, focaremos primeiro o pensamento estruturado, especialmente o raciocínio e a solução de problemas, e depois a linguagem.

A NATUREZA DO PENSAMENTO

Na vida cotidiana usamos a palavra "pensar" de variadas maneiras. O "pensar" em "Penso que Berta jantará conosco hoje" transmite o significado "de uma expectativa". "Estou pensando no fim de semana" significa "Estou sonhando com o fim de semana". O "pensar" em "Penso que Ari está certo" significa "acredito". "Passei um tempão pensando nisso" transmite outro significado popular: "ponderar" ou "raciocinar". Usamos essa palavra para substituir "lembrar" quando dizemos "Não consigo pensar no nome". Todas essas ilustrações sugerem que as pessoas usam a palavra "pensar" de forma muito generalizada para cobrir quase todos os processos mentais. Muitos psicólogos usam a palavra da mesma forma para se referir a uma ampla gama de funções mentais que cobriremos neste capítulo. Consciência (Capítulo 4) e memória (Capítulo 5) podem também ser considerados tipos de pensamento.

Os seres humanos passam grande parte da vida pensando. Na maior parte do tempo em que estamos acordados, ficamos atentos ao mundo externo. Categorizamos, comparamos, sintetizamos, analisamos e avaliamos à medida que esquadrinhamos o conteúdo que nossos sentidos nos transmitem. Nas oito horas em que em geral estamos dormindo perdemos o contato com nosso meio. Não obstante, há razão para acreditar que continuamos processando informações. Alguns cientistas cognitivos consideram o ato de sonhar nada mais que um tipo especial de pensamento.

Ligações entre Pensamento e Linguagem

Na realidade, todas as operações cognitivas — atenção, percepção, memória, pensamento e uso da linguagem — estão interconectadas. Considere o pensamento e a linguagem. Se você não pode pensar, não consegue dominar um idioma. O mero uso de palavras é uma conquista intelectual. Você tem de representar algo — uma cadeira ou a tia Abigail, por exemplo — por meio de um som, uma imagem ou um sinal. O usuário de um idioma precisa entender regras, como aquelas que governam a junção de palavras. Além disso, os usuários do idioma precisam apreender conceitos para poder falar sobre abstrações tais como similaridade, liberdade e beleza.

A linguagem, por sua vez, influencia o pensamento. As palavras atuam como taquigrafia para a experiência. Elas nos ajudam a contemplar o passado e o futuro, pessoas e objetos que não estão presentes, territórios que variam da sala vizinha a um continente distante e idéias abstratas.

O pensamento não requer a linguagem da forma pela qual a linguagem requer o pensamento. Investigações das capacidades de bebês humanos e animais não-humanos para a resolução de problemas vêm apoiar essa idéia. No Capítulo 10, descreveremos as observações de Piaget sobre o surgimento do pensamento bem antes da linguagem. De quando em quando, mencionaremos ao longo deste capítulo estudos do pensamento animal.

Da mesma forma que as palavras podem facilitar o pensamento, elas podem limitá-lo. O lingüista Benjamin Lee Whorf observou anos atrás que pessoas que falam o mesmo idioma tendem a construir os mesmos conceitos e a perceber significados semelhantes. A *hipótese da relatividade lingüística* de Whorf afirma que os conceitos das pessoas são limitados pela estrutura de seu idioma. Os fatos básicos da vida não são simplesmente descobertas passadas adiante, mas invenções que são perpetuadas pela linguagem.

Poucas pessoas discordam da alegação de que é a linguagem que dirige o pensamento delas quando a questão é emocional. Se eu lhe disser que Helena é uma "desmiolada", você formará uma impressão dela. Se eu, ao contrário, descrevê-la como uma pessoa de "espírito livre", você formará uma imagem diferente. As palavras concentraram as suas concepções.

É mais difícil aceitar a alegação de que os princípios sobre tempo e espaço e objetos são modelados pela linguagem. Corroboram esta idéia as análises de acidentes feitas por Whorf para a seguradora que ele representava. Tome o exemplo do tambor de gasolina "vazio" que explodiu quando alguém o usou como cinzeiro. Whorf raciocinou que o culpado rotulara o tambor de "vazio" porque ele parecia vazio. A pessoa havia se tornado presa da metáfora, ignorando os eflúvios da gasolina.

Whorf reuniu também informações de diferentes práticas de linguagem que poderiam modelar o pensamento em culturas diversas. Qualquer pessoa que use 12 palavras diferentes para tipos específicos de neve, como é o caso de muitos esquimós, está apta a pensar nas diferenças entre as nevadas. Dispondo apenas de umas poucas palavras para neve (*flurry* [neve acompanhada de vento] e *sleet* [neve acompanhada de chuva]), aqueles que falam a língua inglesa têm menor probabilidade de notar diferenças. Da mesma forma, os hopis, que classificam suas experiências por seu tempo de duração, tendem a ter maior consciência de duração do que os povos de língua inglesa.

Embora todos os processos cognitivos estejam entrelaçados, falaremos deles como se fossem distintos. Tenha em mente que os pesquisadores não podem isolá-los, portanto nossos estudos simplesmente enfatizam um componente ou outro.

Cognições e Emoções

As cognições, além de estarem mescladas entre si, estão ligadas a emoções ou afetos (Zajonc, 1980, 1984). As percepções, por exemplo, estão freqüentemente ligadas a afetos, embora possamos não estar conscientes disso. Como diz R. B. Zajonc (1980):

Não vemos simplesmente "uma casa": vemos "uma casa bonita", "uma casa feia" ou "uma casa pretensiosa". Não lemos simplesmente um artigo sobre mudança de atitude ou sobre dissonância cognitiva ou sobre herbicidas. Lemos um "ótimo" artigo sobre mudança de atitude, um "importante" artigo sobre dissonância cognitiva ou um artigo "insignificante" sobre herbicidas. E o mesmo se aplica ao pôr-do-sol, a um raio, uma flor, uma onda, uma barata [...].

Pouquíssimo conhecimento do objeto é o bastante para despertar emoção. Gostar ou desgostar de alguém ou de alguma coisa tende a ser uma de nossas primeiras impressões. Podemos deixar de notar as características de uma pessoa recém-conhecida — se seu cabelo é crespo ou se tem nariz grande ou se está usando um vestido vermelho. Mas uma das coisas que decerto notamos é se nossa resposta é positiva ou negativa. Exatamente o mesmo pode ser dito da memória. Embora esqueçamos todos os detalhes da trama de um filme ou de um encontro com uma pessoa querida, quase certamente lembraremos da afetividade vivida, isto é, se gostamos ou não.

Menos claro está se a emoção sempre acompanha atividades cognitivas como conceituação, raciocínio e solução de problemas. Zajonc acredita que sim.

Elementos do Pensamento

O que está no centro do processo de pensamento? Foram propostas três idéias.

O Pensamento É Imagem?

Muitos cientistas cognitivos acreditam que as pessoas respondem a determinadas perguntas por meio da formação de algum tipo de imagem. Se estiver tentando descrever a aparência física de seu pai, você pode formar uma imagem visual. Se lhe pedissem para organizar um jantar, você poderia imaginar se os sabores e aromas de brócolis e pimenta malagueta combinam. Da mesma forma, você pode juntar mentalmente os sons característicos de uma banda de rock na tentativa de caracterizá-la.

Nossa pesquisa sugere que as pessoas tratam as imagens exatamente da mesma forma pela qual tratam as percepções. Roger Shepard e seus colaboradores (com Cooper, 1982, 1984) estão dentre os pioneiros da investigação da imaginação. Em uma série de estudos, apresentaram-se alvos (dentre eles padrões de pontos, rostos, sons musicais e odores diversos). Alguns participantes foram solicitados a formar imagens. Outros ficaram em contato com o alvo em si. Fosse na formação de imagem ou na percepção, as respostas das pessoas a perguntas sobre o alvo foram exatamente semelhantes. Estes e outros estudos conduzidos por Shepard e seus colaboradores de pesquisa sugerem que nossas imagens são muito detalhadas e assemelham-se a percepções.

Stephen Kosslyn (1983, 1985) e seus colaboradores demonstraram que imagens mentais são semelhantes a percepções em vários aspectos. Da mesma forma que só podemos absorver uma quantidade limitada de informação visual em qualquer ponto do tempo, também nosso espaço de imagem é limitado. Em uma demonstração desta idéia, Kosslyn fez com que os participantes de seu experimento, de nível universitário, imaginassem animais alinhados lado a lado. Kosslyn cronometrou então o tempo que levavam para verificar detalhes. Por exemplo, eles foram solicitados a verificar se, no momento em que imaginaram um coelho ao lado de um elefante enorme ou ao lado de um mosquito minúsculo, "o coelho tinha orelhas". Se o espaço de imagem for realmente limitado, os participantes serão forçados a representar os animais de forma muito parecida com o desenho da Figura 6.2. Uma vez que elefantes ocupam tanto espaço, os participantes só teriam espaço para um coelho pequeno. Mas ao lado de um mosquito minúsculo, eles poderiam colocar um coelho gigante. Conforme previsto, os participantes tomavam decisões mais rapidamente quando o coelho era grande. Outros experimentos desse tipo sugerem que as pessoas mudam de um ponto para outro de uma imagem mental exatamente como se estivessem mudando os pontos de foco do olhar diante de um quadro ou objeto real.

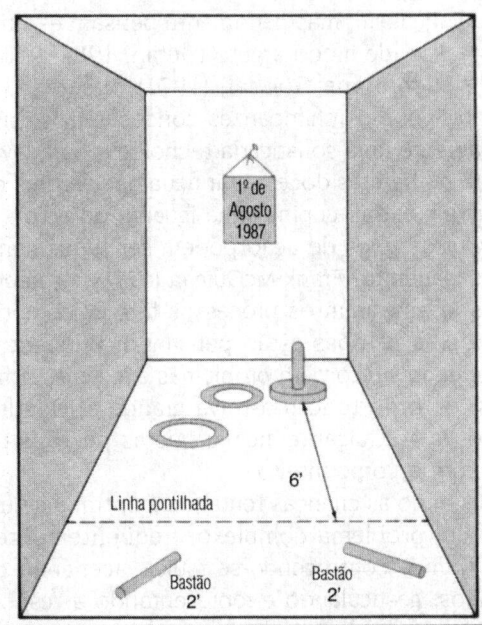

FIGURA 6.3 Problema da argola. Descubra como colocar as argolas no pino. Você pode movimentar-se pela sala e usar qualquer uma das ferramentas visíveis. Mas você precisa ficar atrás da linha pontilhada quando for colocar a argola no pino. A solução encontra-se descrita adiante no texto. (Adaptada de M. Scheerer, *Problem solving*. Copyright © 1963 Scientific American, Inc. Todos os direitos reservados.)

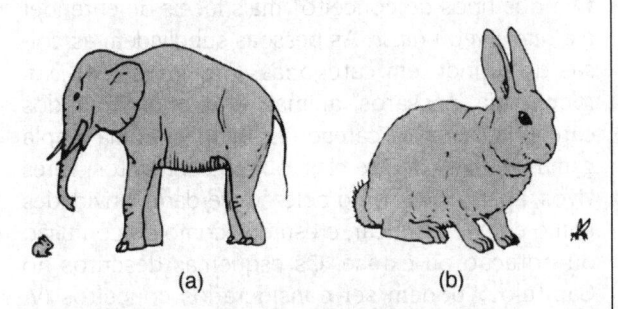

(a) (b)

FIGURA 6.2 Uma vez que nosso espaço de imagem é limitado, a imagem que formamos de um coelho quando o imaginamos ao lado de um elefante (a) é menor do que quando o imaginamos ao lado de um mosquito (b).

Muitas tarefas problemáticas podem ser resolvidas usando-se a imaginação ou a análise, embora não necessariamente com a mesma facilidade. Se eu lhe perguntasse se pássaros têm orelhas, você poderia visualizar um pássaro e verificar se ele tem orelhas ou consultar seu depósito de fatos. Kosslyn acredita que em geral usamos ambas as estratégias simultaneamente.

Embora alguns tipos de pensamento possam usar a imaginação, as imagens não são essenciais a todo e qualquer pensamento. Provavelmente você não formará uma imagem se lhe pedirem para comparar dois governos ou para somar dois números. Para muitas idéias — considere verdade ou justiça —, há poucas imagens apropriadas que poderiam ser usadas.

O Pensamento É Ação?

John Watson, fundador do behaviorismo (veja o Capítulo 1), defendia que o pensamento é em grande parte uma questão de ação, de conversar consigo mesmo silenciosamente. Quando as pessoas tentam resolver problemas lógicos ou aritméticos, os psicólogos observam que elas fazem pequenos movimentos com a língua, a laringe e outras partes do aparelho da fala (Jacobson, 1932). Para comprovar o argumento, os cientistas cognitivos voltaram-se para os surdos. Quando eles resolvem problemas, os músculos dos dedos com que fazem sinais parecem estar ativos.

Mas os movimentos relacionados com a linguagem não podem ser necessários para o pensamento. Pelo que sabemos, animais não-humanos não usam linguagem, mas certamente pensam — em alguns casos, de modo arguto (Griffin, 1984; Roitblat *et al.*, 1984). Jane Goodall (1971) observou, por exemplo, que os chimpanzés conceberam e passaram adiante uma sofisticada tecnologia para lavar a sujeira de batatas doces, tirar água das árvores com a língua e extrair cupins (uma iguaria) do solo.

Outros tipos de ação podem ser fundamentais ao pensamento? Frank McGuigan (1978) e colaboradores investigaram os processos fisiológicos ativos quando as pessoas estão pensando. Enquanto os participantes resolviam problemas e executavam tarefas, o corpo todo mostrava grande atividade. O grupo de McGuigan concluiu que as pessoas pensam com o corpo inteiro.

Quando as crianças tentam encontrar a solução para um problema complexo, freqüentemente as observamos contorcendo-se muito, acenando com as mãos, gesticulando e representando a resposta. Os adultos geralmente limitam seus movimentos a gestos aprovados: franzir o cenho, morder o lápis, coçar a cabeça. Todavia, há uma série de situações em que adultos comportam-se ativamente enquanto processam informações. Para a solução do problema da argola (veja a Figura 6.3), provavelmente você testará diferentes estratégias mentalmente. Para decifrar o que está ocorrendo em uma luta de boxe, muitos espectadores representam, no sofá, suas próprias versões abreviadas — avançando, recuando e defendendo-se vigorosamente. Portanto, podemos concluir que a ação, como a imaginação, freqüentemente acompanha o pensamento.

Podemos pensar sem agir? A resposta parece ser sim. Mesmo quando não há mais movimentos musculares, as pessoas relatam ainda estar pensando. O curare é uma droga que paralisa todos os músculos do corpo, incluindo aqueles que controlam a respiração. Em um estudo ousado (Smith *et al.*, 1947), o investigador recebeu uma injeção de curare e a ajuda necessária para manter-se vivo. Seus colaboradores fizeram-lhe perguntas enquanto ele estava sob a influência da droga. A questão fundamental era: a atividade mental pararia? Quando terminaram os efeitos da droga, ele relatou ter sentido "uma lucidez clara como o dia" ao longo de toda a sessão. E não é só isso: também se lembrava de todas as perguntas que lhe haviam sido feitas. Não ocorrera qualquer lapso discernível em sua consciência.

O Pensamento É Representação?

O candidato mais atraente para o papel de componente básico do pensamento é a *representação* ou o *conceito*: uma idéia, desprovida de palavras e de imagens. Muito do pensamento envolve a representação de itens que não estão imediatamente presentes. Ao ponderar "Vou comprar kiwi" ou "Gostaria de passar minhas férias em Roma" ou "Pode não dar certo", estamos representando atividades, objetos, eventos e abstrações. Sem jamais ter visto um kiwi ou Roma, podemos formar idéias a respeito. Freqüentemente representamos inter-relações, tais como "isto combina com aquilo" ou "se isso, então aquilo". Ao conversar ou escrever, compartilhamos nossos conceitos com outras pessoas.

CONCEITOS: CONSTRUINDO BLOCOS DE PENSAMENTO

Um dos tipos de conceito[1] mais fáceis de entender é a *categoria* ou *classe*. As pessoas subdividem as coisas do mundo em categorias. Cadeias de *fast-food*, roupa suja, pássaros, animais e árvores são todos categorias. Nossas categorias abrangem uma ampla gama de itens: dentre eles, objetos concretos, seres vivos, abstrações como beleza e verdade, atividades como comer e brincar, e estados como de confusão ou irritação ou êxtase. Os esquemas descritos no Capítulo 5 podem ser considerados conceitos (V. Abbott *et al.*, 1984; Abelson, 1981). No decorrer de um dia normal, lidamos com o conceito de categoria. Estamos freqüentemente tentando identificar como novas informações entram nas categorias com as quais já estamos familiarizados (Knapp & Anderson, 1984).

Categorias e Exemplos

Cada categoria é composta de *exemplos* individuais. A categoria "ser humano" inclui canadenses, americanos, árabes, lituanos e outros. A categoria "ani-

---

1. N.R.T.: A autora parece não considerar a distinção comumente feita entre *conceito* e *categoria*. O conceito refere-se à representação mental de uma categoria. A categoria diz respeito ao número de exemplos abrangidos pelo conceito. Por exemplo, o *conceito gato* refere-se à representação mental dessa espécie de animal; a *categoria gato* diz respeito a todos os exemplos de gatos que existiram, existem e existirão.

mal" inclui crocodilos, galos, tatus, porcos-espinhos, lhamas e assim por diante.

Um único exemplo — digamos, um canário — pode pertencer a diversas categorias ao mesmo tempo. O canário é um ser vivo, um pássaro e um bicho de estimação, por exemplo. Em outras palavras, algumas de nossas categorias justapõem-se; por exemplo, minhoca e ser vivo, vestuário e roupa suja. Algumas categorias são mutuamente excludentes. O mesmo objeto não pode pertencer a determinadas categorias ao mesmo tempo. Rufus, o mascote da família, não pode pertencer a ambas as categorias de cão e gato.

Definindo Categorias

Hoje, os psicólogos acreditam que as pessoas utilizam-se de dois modelos — clássico (exemplo) e prototípico — para categorizar. Podemos combinar aspectos dos dois modelos (Knapp & Anderson, 1984).

Modelo Clássico

O *modelo clássico* afirma que todos os exemplos de uma categoria compartilham propriedades comuns que definem o conceito (Medin & Smith, 1984). Pesquisa recente sugere que as pessoas abordam tarefas de aprendizagem de conceito com teorias rudimentares sobre um ponto central definível (Carey, 1982; Fried & Holyoak, 1984; Michalski, 1983). Se você tivesse de categorizar uma coruja pela primeira vez, poderia rapidamente comparar o animal com sua noção de ave com base em características vistas em um grande número de pássaros: cantar; fazer ninho; ter bico e penas e ser bípede; passar muito tempo nas árvores. O modelo clássico é, porém, muito criticado porque psicólogos, filósofos e lingüistas ainda não conseguiram atribuir características definidoras *decisivas* a muitas categorias. Tome como exemplo a categoria "cadeira". Antes de continuar lendo, tente pensar em uma definição que se aplique a todas as cadeiras. A sua definição abrange todas as cadeiras mostradas na Figura 6.4? Provavelmente não.

Modelo Prototípico

Eleanor Rosch (com Lloyd, 1978; Mervis & Rosch, 1981) e colaboradores têm sido particularmente ativos na investigação do *modelo prototípico*. Este modelo pressupõe que as pessoas geralmente categorizam coisas examinando até que ponto algo

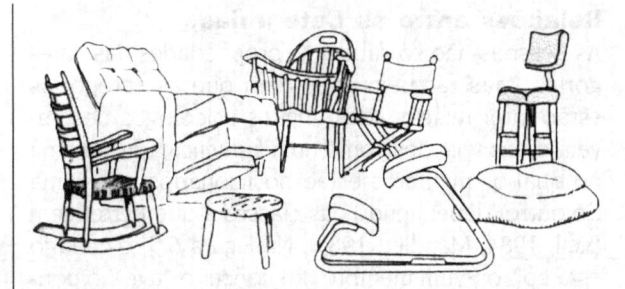

FIGURA 6.4 Você consegue descrever a essência de uma cadeira? Nossa incapacidade de definir muitas das categorias de maneira decisiva é considerada elemento de apoio para o modelo prototípico da categorização.

ou alguém se assemelha ao *protótipo*, o membro ideal da categoria em questão. O protótipo tem características comuns a outros objetos da categoria. Seu protótipo de ave pode ser algo como um pardal. Pardais voam, comem minhocas e fazem ninhos em árvores — qualidades estas comuns às aves.

O Que as Categorias Revelam-nos

O fato de sabermos qual é a categoria de algo geralmente nos dá uma série de outras informações. Se eu lhe disser "Acabo de ganhar um filhote de gato", instantaneamente você saberá quais são algumas das categorias em que ele se enquadra, algumas categorias em que ele poderia enquadrar-se e algumas categorias em que ele não pode se enquadrar. O gatinho é um felino, um animal e um ser vivo. Poderia ser um amigo. Poderia ser persa. Poderia ser um animal de exposição e poderia ser um caçador de ratos. De forma nenhuma ele pode ser uma planta, um morcego, um inseto ou uma peça de mobiliário.

Entender uma categoria significa conhecer as propriedades que são comuns à maioria dos itens daquela categoria. Se eu lhe disser "Descobri uma casa de chá ótima", você saberá muitas coisas a respeito sem ter visto o lugar. Saberá que há mesas e cadeiras, garçons ou garçonetes, cardápio e chás. Muito provavelmente haverá brioches, *croissants* e pãezinhos doces. Você provavelmente não encontrará no cardápio semente de grama, ração para cães ou suflê.

Em geral, os conceitos permitem-nos ir além da informação que está diante de nós. Não precisamos entrar em contato direto com algo para que possamos ter muito conhecimento sobre. Esta capacidade é fundamental para o pensamento.

Relações entre as Categorias

As pessoas não só sabem as propriedades das categorias, mas também entendem que as categorias estão inter-relacionadas. Alguns psicólogos descrevem essas relações como uma *hierarquia*, um sistema no qual os membros estão posicionados um acima do outro, dependendo das classes a que pertencem (Keil, 1984; Mandler, 1983). Na Figura 6.5, o canário está sob o (é um membro do) conceito "ave": o conceito "ave" vem abaixo do conceito "animal". Sob o conceito "canário", encontram-se características como "é amarelo", "canta" e "tem penas". Podemos representar o kiwi em um formato hierárquico similar. Esta figura deve fazê-lo lembrar da rede de memória sobre a qual falamos no Capítulo 5. Estamos novamente nos referindo à maneira pela qual as informações são representadas na mente.

PENSAMENTO DIRIGIDO

Como você poderia plantar um total de dez cerejeiras em cinco fileiras de quatro árvores cada?

Quanto tempo você deveria dedicar a fim de preparar-se para o exame final de inglês?

Daniel está preso em Guru. A porta tem múltiplas fechaduras. As paredes de concreto avançam três andares abaixo do solo. O chão está imundo. A 2 metros acima há um espaço em que surge um raio de luz do sol, por onde Daniel — ainda que esteja tão emagrecido — passaria com muita dificuldade. Mas a cela está completamente vazia, de modo que não há algo em que possa subir e alcançar o vão. Certa noite, Daniel tem uma idéia. Ele começa a cavar, mesmo sabendo que é impossível fugir pelo túnel. Qual é o plano de Daniel?

(*Nota*: As respostas para as tarefas de solução de problemas deste capítulo encontram-se no texto ou na seção "Respostas".)

Quando analisamos perguntas como estas, temos um objetivo específico em mente; queremos chegar a uma conclusão definida. Os cientistas cognitivos chamam este tipo de atividade de *pensamento dirigido*. Exercemos controle sobre aquilo em que pensamos, em vez de deixarmos que a mente fique vagando. Nossas conclusões podem ser avaliadas por padrões externos. Veremos agora dois processos relacionados de pensamento dirigido: raciocínio e solução de problemas.

RACIOCÍNIO

O *raciocínio* é um processo no qual usamos várias estratégias decisórias para responder a perguntas com precisão (Glass *et al.*, 1979). Para perguntas extremamente fáceis, como "As rãs são verdes?", as pessoas simplesmente *recuperam* informações da memória, normalmente sem esforço algum. No caso de perguntas mais difíceis, elas podem usar a *lógica*

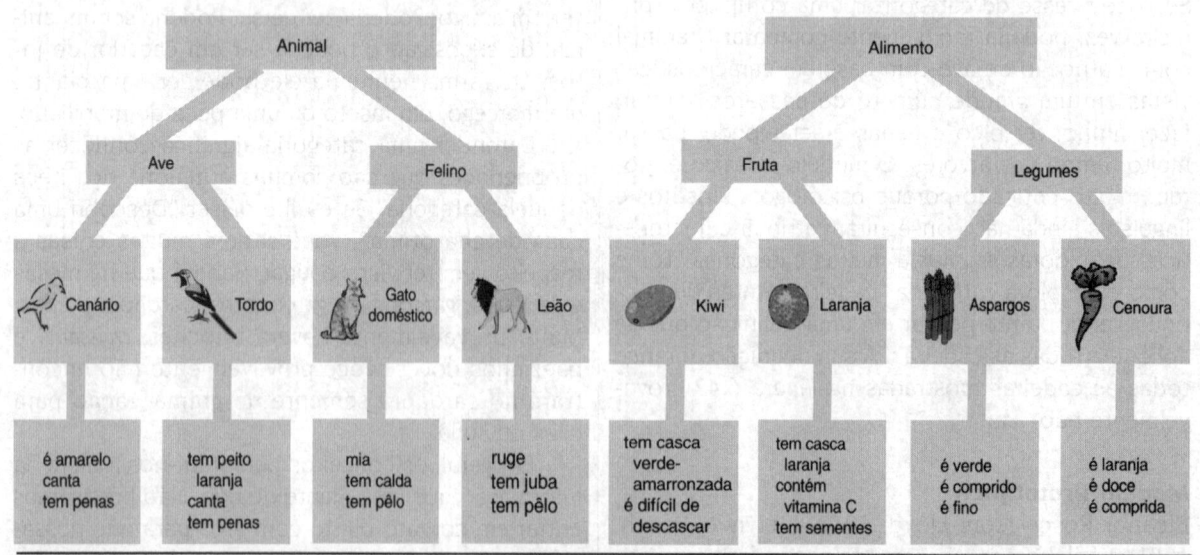

FIGURA 6.5 As categorias parecem estar organizadas na mente como hierarquias semelhantes à desta figura. As palavras que começam com letra maiúscula representam categorias, ao passo que as palavras que começam com letra minúscula representam algumas das propriedades dessas categorias.

formal (Kruglanski *et al*., 1984). Quando algo é novo para nós, somos particularmente propensos a ser lógicos (Norman, 1982). Na maior parte do tempo, porém, o ser humano utiliza atalhos. Os cientistas cognitivos acreditam que raciocinamos por exemplos e experiências (Kahneman & Tversky, 1982; Simon, 1983). As regras geralmente funcionam, mas podem levar a vieses significativos.

Por que as pessoas usam atalhos? Aparentemente, pela necessidade decorrente da natureza limitada de nossas memórias de curto prazo (Newell & Simon, 1972). Podemos manter apenas uma pequena quantidade de conteúdo na mente; até mesmo 7 bits de informação já é demais para a maioria de nós. Portanto, desenvolvemos algumas práticas que funcionam bem na maior parte do tempo.

Comparação com Protótipos

Ao usar uma estratégia de *comparação com protótipos*, as pessoas decidem se um determinado objeto é membro de uma categoria específica comparando-o com o protótipo da categoria. Suponha que eu lhe pergunte: "Papagaio é ave?". Provavelmente você comparará aquilo que sabe das características do papagaio com os atributos de sua ave-protótipo: um pardal, digamos. Papagaios e pardais voam, têm bico e penas, põem ovos, fazem ninho e assim por diante. Uma vez que ambos têm muito em comum, você concluiria que papagaio é ave. Normalmente as comparações com protótipos são rápidas e automáticas.

Quando as pessoas precisam tomar uma decisão rápida, parecem usar a comparação com protótipos. Tomamos uma ilustração bastante divertida dos pesquisadores cognitivos (Glass *et al*., 1979) que pediram a um colega para responder rapidamente se todos os sapatos têm cordões. O homem respondeu "Sim" imediatamente, embora estivesse usando mocassim. Presumivelmente, o sapato-protótipo tem cordões. E presumivelmente o protótipo supera outras informações quando raciocinamos rapidamente.

Usamos a estratégia de comparação com protótipos também em assuntos mais complexos. Suponha que você estivesse se perguntando se passará gripe para seu amigo se passarem o fim de semana juntos. Provavelmente você pensará em experiências passadas que se assemelham à situação em questão. Neste caso, você examina situações passadas de doenças posteriores a contato com pessoas doentes. Todas essas situações passadas podem ser consideradas protótipos. No mês passado, sua irmã pegou gripe logo depois de sua visita. (Você pegou a gripe primeiro.) Quando seu colega de quarto estava gripado, você acabou ficando também. Seu professor tossiu o mês de março inteiro, mas você estava ótimo. Como a situação corrente com seu amigo assemelha-se bastante aos protótipos de sua irmã e do colega de quarto, provavelmente você descartará o protótipo do professor.

Especialistas em geral parecem particularmente propensos ao uso rotineiro da estratégia de comparação com protótipos (Norman, 1982). Um médico que está decidindo qual remédio receitar a um paciente X provavelmente não analisará os prós e contras de cada remédio, mas vai se recordar de casos similares e de seus resultados: quais remédios pareceram eficientes em problemas comparáveis? Os novatos, por sua vez, utilizam-se da lógica formal até que tenham construído experiência bastante para usar a abordagem de protótipos.

Busca de Exemplos

Quando as pessoas tentam verificar se uma determinada afirmação é verdadeira, geralmente procuram exemplos e contra-exemplos ou fazem uma *busca de exemplos*. Suponha que um professor diga: "Todos os políticos são corruptos". Automaticamente você pesquisará suas próprias experiências. Você já conheceu algum político que parecia honesto? Em caso negativo, você estará propenso a aceitar a afirmação.

Disponibilidade de Exemplos

Suponha que eu pergunte: "Quantos romances você já leu neste ano?". Provavelmente você terá uma resposta pronta e razoavelmente precisa em cerca de dez segundos. As pessoas parecem basear as respostas a esta pergunta na *disponibilidade de exemplos*, outra estratégia comum de raciocínio (Nisbett & Ross, 1980). Qual é o grau de facilidade de recuperação de casos ou exemplos relevantes da categoria em questão? Alto, se a pesquisa for fácil, e baixo, se for difícil.

A estratégia de disponibilidade de exemplos é ilustrada pela história de um executivo do Estado de Indiana que se gabava de que os habitantes desse estado contavam com muito mais astros e estrelas — na política, nos esportes, em Hollywood e nos negócios. O executivo, como de resto ocorre com todos nós, ouviu falar muito dos sucessos locais e isso enviesou seu julgamento.

O impacto de eventos vívidos demonstra também que a estratégia de busca de exemplos opera na vida cotidiana. Viagens aéreas, por exemplo, fazem muita gente lembrar-se de desastres. Portanto, se assim que os passageiros entrarem no avião, você lhes perguntar sobre a probabilidade de um acidente, provavelmente eles dirão que é grande. Da mesma forma, as estimativas da probabilidade de ocorrência de crimes aumentam depois que as pessoas assistem a filmes policiais na TV ou após escutarem notícias sobre assassinatos.

Construção de Explicações Causais

As pessoas geralmente avaliam as probabilidades verificando se é fácil *construir explicações causais* ou *cenários*. Ao tentar entender uma história (que em geral tem muitos pontos obscuros), aparentemente avaliamos com que plausibilidade os eventos podem ser encadeados em um modelo de causa e efeito.

Suponha que você esteja assistindo a uma comédia policial. O desajeitado "herói" do filme, um inspetor de polícia, vai dormir. De repente, escancaram a porta do quarto e alguém grita e ataca o inspetor. Após uma breve luta, surge a identidade do intruso: é o empregado e companheiro do inspetor. Os dois homens param de lutar e a paz é restaurada. Esta insólita seqüência de eventos força o espectador a procurar uma conexão causal. Neste caso, você poderia concluir que o empregado do inspetor está treinando seu chefe na "prontidão para o combate" de acordo com alguma combinação anterior à qual você não teve acesso.

A estratégia da decisão por explicação causal implica alguns problemas significativos (Kahneman & Tversky, 1982). Um deles é que as pessoas acham difícil imaginar uma hipótese plausível quando os eventos são complexos. Uma ilustração bastante comum é a conhecida síndrome do "Pode acontecer com ele, mas não comigo". Adolescentes fumantes podem presumir que eles não vão desenvolver câncer de pulmão ou doença cardíaca. Pensamento semelhante têm as pessoas que bebem e guiam, mas nunca sofreram um acidente.

SOLUÇÃO DE PROBLEMAS

O ser humano está continuamente enfrentando problemas que vão desde os mais triviais até os mais importantes. O que vou usar? Será que dá tempo para ir até a biblioteca? Como conseguirei perder 5 quilos? Qual é a minha vocação? Caso ou não caso? Resolvemos rapidamente os problemas fáceis sem sequer perceber que são problemas. Já questões mais complicadas podem nos absorver anos.

Durante a *solução de problemas*, as pessoas têm um objetivo, enfrentam dificuldades e trabalham para superar os obstáculos e atingir o objetivo (Vinacke, 1974). Embora a pesquisa de laboratório revele modelos diversos do processo de solução de problemas, a maioria deles compartilha de quatro elementos. Inicialmente, a pessoa que está resolvendo um problema *identifica* um desafio e *prepara-se* para ele. Trabalha para *resolvê-lo* e depois *avalia* a solução.

Identificação

Problemas podem surgir "sozinhos" ou as pessoas partem ativamente em busca deles. Encontrar um problema válido para resolver parece ser um dos aspectos mais difíceis da solução criativa de problemas. Um escritor pode encontrar uma situação que merece ser explorada. Os cientistas precisam selecionar problemas de pesquisa que sejam significativos.

Quando dizemos que os problemas precisam ser válidos, isto é, que valham a pena ser resolvidos, estamos entrando em um contexto que envolve juízos de valor. Em qualquer ponto específico da história, as pessoas compartilham pressuposições de questões que valem a pena ser feitas, embora sejam difíceis de formular. Hoje, por exemplo, poucas pessoas poderiam despender tempo em um assunto medieval clássico: quantos anjos podem dançar na cabeça de um alfinete?

Certas pessoas são mais propensas a procurar problemas, porém não sabemos por quê. Quando se perguntou a Albert Einstein como ele havia desenvolvido certos conceitos, ele respondeu que suas descobertas resultam de sua "incapacidade de entender o óbvio".

Preparação

Um período de *preparação*, ou *representação*, geralmente sucede a identificação de um problema. Pode-se pensar nas representações dos problemas como idéias gerais sobre como enfrentar um problema.

Representações Adequadas de Problemas

Uma representação adequada é a chave para entender um problema. As pessoas que estão tentando resolver um problema levam em conta quatro aspectos da situação (Glass *et al.*, 1979): Qual é a *situação inicial*? (*Onde estou agora*?) Qual é o meu *objetivo*? (*O que estou tentando fazer*?) Quais são os *limitações*, ou *restrições*, daquilo que posso fazer? Que *providências* ou *operações* terei de executar do começo até o objetivo final?

Antes de prosseguir a leitura, tente resolver este problema: Um caderno custa quatro vezes mais que um lápis. O lápis custa 30 centavos menos que um caderno. Qual é o preço do lápis? do caderno?

Se representar o problema com palavras, como aqui, provavelmente você não o resolverá. Mas se você sabe um pouco de álgebra, poderá traduzir o problema para termos numéricos:

Situação inicial: $c = 4\,l$
$l = c - \$\,0{,}30$
onde c = custo do caderno
l = custo do lápis
Objetivos: $c = ?$
$l = ?$
Restrições: nenhuma fornecida
Operações: resolver as equações

Uma vez que o problema esteja representado algebricamente, fica mais ou menos fácil resolvê-lo — contanto que você saiba álgebra.

O problema lápis-caderno pode ser representado de outras maneiras. S., o homem da memória notável (veja o Capítulo 5), imaginou um caderno ao lado de (e equivalente a) quatro lápis. Depois, afastou três lápis mentalmente e os substituiu por 30 centavos, uma vez que o caderno também era equivalente a 30 centavos mais um lápis. Como 30 centavos equivalia a três lápis, 10 centavos equivalia a um lápis. O caderno, portanto, é quatro vezes 10 centavos, ou 40 centavos. (Veja a Figura 6.6.)

Considere agora um problema mais prático: o de ser aprovado em um curso especialmente desafiador. Você poderia atribuir sua dificuldade a qualquer uma dentre várias condições: maus hábitos de estudo, preparo anterior insuficiente ou falta de aptidão ou interesse. Cada possibilidade determina um diferente objetivo e diferentes operações (cursos de ação). Novamente, o sucesso de seus esforços para solução do problema depende da representação adequada do problema.

A fase de preparação para solução de um problema requer pensamento intenso. Os psicólogos acham que pessoas que têm desempenho fraco em testes concebidos para medir capacidades intelectuais (veja a Tabela 6.1) geralmente lêem as instruções só por alto ou ignoram-nas completamente (Feuerstein & Jensen, 1980; Sternberg, 1982; Whimbey, 1980). Treinar a análise de problemas geralmente melhora tanto os resultados dos testes de inteligência quanto o desempenho acadêmico.

Dificuldades na Representação de Problemas

Quando você tenta representar um problema, muitos obstáculos podem surgir.

Dados confusos e limitações Em um problema bem definido, o ponto de partida, os objetivos, as limitações e as operações estão todos claros. Problemas simples de matemática, como o do lápis e caderno, são tipicamente bem definidos. A informação fornecida está completa; o objetivo está definido. Você só precisa saber matemática. Na vida, os problemas tendem a ser muito menos definidos que isso. Considere um problema razoavelmente fácil: Que sobremesa teremos para o jantar? A informação dada não é precisa. Eu poderia complementá-la dizendo que pode ser o que está na geladeira ou na despensa, ou algo a ser comprado no supermercado ou na padaria, ou que eu mesma vou preparar algu-

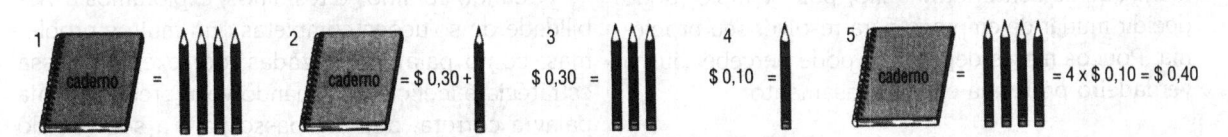

FIGURA 6.6 Imagem de S. da representação do problema caderno-lápis.

ma coisa. O objetivo ainda assim não está completamente claro. Talvez eu queira impressionar alguém com uma sobremesa fina. Ou, se minha família está de dieta, posso querer servir algo com poucas calorias. Ou eu poderia estar mais interessada em algo saudável. Sem um objetivo específico, não posso começar a especificar as operações.

TABELA 6.1   Perguntas de teste de aptidão.

1. *Carro* está para *Gasolina* assim como *Pessoa* está para (a) *Petróleo*, (b) *Energia*, (c) *Alimento*, (d) *Combustível*.

2. Que grupo de letras tem regra diferente da usada nos quatro grupos restantes?

ACEG JLNP FHJL PRTV KNQT

3. Complete a série: 1:3:6:10:15:?

Respostas: 1. c 2. KNQT 3. 21

Problemas criativos são menos definidos ainda. Suponha que você decida escrever um conto. Os dados fornecidos são difíceis de definir. Muitos escritores trabalham com os dados de suas próprias experiências, incluindo a imaginação e lembranças de livros lidos. Os objetivos também são obscuros. Qualquer história serve. Ou você só se sentirá bem-sucedido se o conto for publicado. Ou então o conto deverá ganhar o prêmio Pulitzer.

Fatores irrelevantes   Tente resolver o problema das meias na Figura 6.7 antes de prosseguir a leitura. Muitas pessoas ficam presas a idéia da razão de 4:5, que é irrelevante. Assim, ignoram o óbvio. Se há somente meias cinza e pretas, em um grupo de três, duas serão da mesma cor.

Informações incompletas   Em muitos testes de solução de problemas, feitos em laboratório, a parafernália a ser usada para resolver o problema está toda lá, ao mesmo tempo e no mesmo lugar. Quando os elementos de um problema não estão simultaneamente presentes, a análise fica prejudicada. As peças dos quebra-cabeças da vida real geralmente estão espalhadas — uma aqui, outra acolá. Um homem que se sente intranqüilo, por exemplo, pode decidir mudar de emprego para resolver seu problema. Poucos meses depois, ele pode perceber que o verdadeiro problema era seu casamento.

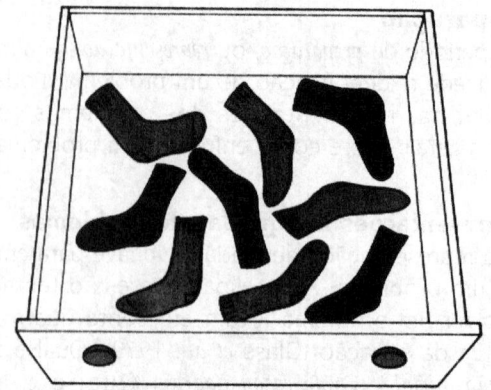

FIGURA 6.7   Problema das meias. Na sua gaveta há meias cinza e pretas na razão de 4:5. Quantas meias você terá de tirar para ter certeza de ficar com um único par da mesma cor? Veja a solução no texto. (Adaptada de Sternberg & Davidson, 1982.)

Solução

No curso de tentarem solucionar, ou *resolver*, um problema, as pessoas geralmente planejam uma solução, executam-na e verificam os resultados. Estas tarefas, que se misturam entre si, são normalmente chamadas de *estratégias* (Glass et al., 1979). Raramente os indivíduos passam direto da estratégia para a solução. Eles tipicamente adotam uma tática pelo máximo de tempo possível antes de mudar para uma nova tática. Além do raciocínio, as pessoas que estão resolvendo problemas freqüentemente usam a estratégia do teste de geração, da análise de meios e fins e da imaginação.

Estratégia do Teste de Geração

Antes de prosseguir a leitura, tente achar um legume ou verdura que comece com a letra C. Se conseguir, observe-se resolvendo o problema. Provavelmente você usará a *estratégia do teste de geração*. Inicialmente, você gera soluções possíveis; neste caso, legumes e verduras como espinafre, ervilha, aspargo, cenoura. O passo seguinte é testar cada possível solução para ver se funciona. Após cada nome, você pergunta: "Começa com a letra 'C'?". Você pára de gerar itens assim que encontra um que passa no teste.

Quando geramos e testamos, exploramos a viabilidade de soluções completas. Em muitos problemas, como palavras cruzadas, por exemplo, essa estratégia é ineficiente. Quando você preenche uma palavra correta, deu um passo para a solução do problema inteiro. Seria tolice fazer primeiro todo o processo de geração e depois todo o teste.

Análise de Meios e Fins

Diante de um grande problema, as pessoas geralmente o subdividem. Depois elas trabalham em pequenos subproblemas, cada um com seu subobjetivo. Chamamos a esse processo de *análise de meios e fins*. Os apreciadores de palavras cruzadas definem cada palavra como um objetivo parcial. O objetivo maior é automaticamente atingido assim que forem atingidos todos os objetivos parciais.

Imaginação

Os psicólogos Roger Shepard (com Cooper, 1982) e Theresa Amabile (1983) reuniram descrições de descobertas científicas que dependeram da *imaginação*. Albert Einstein conseguia usar a imaginação para obter um melhor entendimento de algumas leis naturais fundamentais. Certa vez ele destacou que essa sua capacidade baseava-se em "visualizar efeitos, conseqüências e possibilidades" por meio de "imagens mais ou menos claras que podem ser voluntariamente reproduzidas e combinadas". Nikola Tesla, que inventou o gerador de corrente alternada, disse que suas imagens de máquinas eram tão detalhadas quanto qualquer projeto no papel. Ele testava suas máquinas imaginadas fazendo-as funcionar por semanas na mente, verificando periodicamente se apresentavam sinais de desgaste. James Watson, um dos descobridores da estrutura do DNA, sentiu ocorrer-lhe subitamente uma perspectiva na forma de uma visão (de uma espiral dupla).

As pessoas usam a imaginação também para resolver problemas mais corriqueiros. Para lidar com o problema dos fósforos (veja a Figura 6.8), você provavelmente fará um outro arranjo mental dos elementos. Para resolver o problema da argola (veja a Figura 6.3), talvez você use as ferramentas disponíveis na sala.

Resolução e Insight (Apreensão Súbita)

Resolver problemas às vezes depende antes de um *insight* do que de uma estratégia sistemática. Robert Sternberg e Janet Davidson (1982) identificaram três processos cognitivos amplos que levam a *insights* para problemas que envolvem desafio.

1 *Codificação seletiva*. A codificação seletiva ocorre quando percebemos um fato que não é óbvio, mas é essencial para lidar com o problema. A codifica-

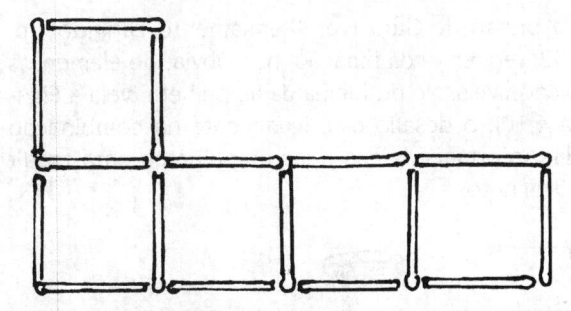

FIGURA 6.8 Problema dos fósforos. Você tem 16 palitos de fósforo, como os dispostos acima. Movimente três (e apenas três) para criar quatro quadrados do mesmo tamanho. Veja a solução na seção "Respostas".

ção seletiva está ligada à capacidade de pinçar as informações relevantes dentre informações irrelevantes. Para resolver o problema das meias (veja a Figura 6.7), você precisa perceber que a razão 4:5 não é importante. O problema do aguapé (veja a Figura 6.9) apresenta o mesmo desafio. Tente resolvê-lo antes de prosseguir a leitura. Para acertar, você precisa atentar ao fato de que os aguapés dobram em área a cada 24 horas. O lago inteiramente coberto no 60° dia significa o lago coberto pela metade no 59° dia.

FIGURA 6.9 Problema do aguapé. A cada 24 horas, as plantas chamadas aguapés duplicam tanto de tamanho como de área nos pequenos lagos onde vivem. Suponha que você comece com uma única planta. Em que dia o lago estará semicoberto por aguapés se leva 60 dias para o lago ficar completamente coberto? Veja a solução no texto. (Adaptada de Sternberg & Davidson, 1982.)

2 *Combinação seletiva*. Ocorre a combinação seletiva quando as pessoas descobrem que podem combinar elementos que não têm inter-relações óbvias. No problema da argola (veja a Figura 6.3) temos de usar o barbante do calendário para juntar os dois bastões: uma operação combinada. Conseguir fugir da prisão de Guru (ver "Pensamento Dirigido", p. 252) requer a combinação, não óbvia, de elementos disponíveis. No problema da ampulheta (veja a Figura 6.10), o desafio está igualmente na combinação das informações das duas ampulhetas para medir 15 minutos.

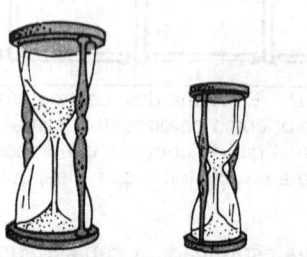

FIGURA 6.10 Problema da ampulheta. Você quer cozinhar um ovo por 15 minutos. Uma vez que você só tem duas ampulhetas — de 7 e de 11 minutos —, qual é a maneira mais fácil de cronometrar o cozimento do ovo? Veja a solução em "Respostas". (Adaptada de Sternberg & Davidson, 1982.)

3 *Comparação seletiva*. A comparação seletiva envolve detectar uma sutil relação entre informações novas e antigas. Diante de imensos depósitos de conhecimento, é difícil fazer a comparação certa. Descobrir modelos ou metáforas em experiências anteriores pode proporcionar *insights* no dilema presente. Se você se lembrar de ter erguido uma "montanha" de terra para fazer um jardim japonês, essa experiência pode ajudá-lo a resolver o problema da prisão de Guru. Se você se lembrar de ter improvisado um instrumento para alcançar a parte superior de um armário alto, achará mais fácil resolver o problema da argola.

Fontes de I*nsight*
O *insight* não aparece do nada; sua ocorrência depende de uma série de condições (Sternberg & Davidson, 1982):

Conhecimento anterior Toda solução de problemas requer algum conhecimento (Epstein *et al.*, 1984). Problemas complicados podem requerer uma vasta quantidade de conhecimento. Para resolver os problemas do teste de aptidão da Tabela 6.1, você precisa entender as palavras do vocabulário e saber algo das funções do alimento e da gasolina. Para resolver o problema da ampulheta, saber que as ampulhetas podem ser viradas e usadas indefinida ajuda.

Às vezes nossas experiências fornecem-nos *insights* gerais. Harry Harlow (1949) demonstrou isso em um estudo clássico. Ele apresentou mais de 300 tarefas de discriminação a macacos. Para resolver cada problema, os animais tinham de selecionar um de dois pequenos objetos, como um cilindro vermelho ou uma pirâmide azul. Uma escolha resultava em alimento; a outra, não. Para obter a recompensa na segunda tentativa, os macacos tinham de aprender a seguinte regra: "Se acertar na primeira tentativa, escolha o mesmo objeto na segunda. Se não acertar na primeira tentativa, escolha o outro objeto na segunda". De início, várias tentativas foram necessárias até que os macacos conseguissem resolver corretamente cada problema. À medida que praticavam, aperfeiçoavam-se. Na altura do 101º problema, os macacos escolhiam o objeto correto na segunda tentativa em 85% das vezes. O desempenho dos macacos continuou a melhorar. No decurso da solução de problemas, os animais haviam aprendido a prestar atenção, descobrir e seguir regras. (Veja a Figura 6.11.) Harlow declarou que seus macacos haviam *aprendido a aprender* (ou formado uma *predisposição à aprendizagem*).

Também as pessoas aprendem a aprender. Após serem submetidos a provas de numerosos professores, muitos estudantes tornam-se "peritos em testes". Podem pressupor as perguntas que provavelmente aparecerão nas provas futuras; aprendem habilidades gerais tais como escrever redações coerentes e eliminar opções improváveis em perguntas de múltipla escolha. Da mesma forma, à medida que a experiência aumenta, os engenheiros civis tornam-se peritos na solução de problemas de rede de esgotos e rodovias; os mecânicos de automóveis, no diagnóstico e correção dos problemas dos veículos; e os terapeutas, na análise dos problemas humanos e em ajudar as pessoas a lidar com eles. Alguns cientistas cognitivos chamam de *transferência positiva* os efeitos auxiliadores de experiências anteriores em solução de problemas.

Processos executivos Você precisa estudar um problema para descobrir o que exatamente está sendo pedido e para fazer um plano cuidadoso. Além disso, você precisa monitorar seu progresso, verificando o que já completou e o que falta completar. Ademais, talvez você tenha de voltar atrás em algum ponto ou buscar novas informações.

Pessoas boas em solução de problemas de física e geometria e especialistas em geral contam com

FIGURA 6.11 Macaco aprendendo habilidades gerais de solução de problemas no estudo clássico de Harlow. O animal tinha de descobrir qual dos dois objetos escondia alimento. Conforme os participantes da pesquisa foram resolvendo mais de 300 tarefas de discriminação deste tipo, foram adquirindo *insights* mais amplos para a solução de tais problemas. (Harlow Primate Laboratory/Universidade de Wisconsin.)

estruturas conceptuais que lhes possibilitam classificar os problemas rapidamente em categorias de acordo com a estratégia de solução necessária (Adelson, 1984; Glaser, 1984; Greeno, 1980; Schulman, 1982). Pessoas mentalmente retardadas são desprovidas da capacidade de planejar e orquestrar estratégias de aprendizagem. Pessoas menos peritas em solução de problemas (quer retardadas ou de inteligência normal) podem aprender essas habilidades (Campione *et al.*, 1982; Von Blum, 1979; Whimbey, 1980).

Motivação Um problema desafiador exige perseverança. E esta requer motivação. Pessoas peritas em solução de problemas passam muito mais tempo trabalhando em problemas do que as não peritas (Bloom & Broder, 1950; de Groot, 1965; Sternberg & Davidson, 1982; Whimbey, 1980). Elas tendem também a ser meticulosas — uma característica que depende também, em parte, da motivação.

Incubação
Períodos de incubação costumam integrar o processo de solução de problemas. A pessoa faz uma pausa para descanso, que varia de minutos a anos, colocando o problema de lado e não trabalhando nele de forma consciente. Muitos artistas e cientistas relatam necessitar desses períodos de "descanso". Os estudos de laboratório sobre os períodos de incubação são ainda contraditórios e não conclusivos, porém uma série deles revela que fazer uma pausa ajuda na solução de problemas (Adamson & Taylor, 1954; Hayes, 1978; Olton & Johnson, 1976).

Por que a incubação ajuda? A explicação mais comum é o *esquecimento seletivo*. Quando as pessoas continuam trabalhando em uma tarefa, elas freqüentemente se fixam em determinadas táticas e idéias. Após um descanso ou uma mudança de cenário, os pensamentos podem mudar mais facilmente de rumo. É quando advém a possibilidade de descartarem as táticas que não estão funcionando e de escolher dentre os novos *insights* que adquirimos no decurso da luta com o problema.

Contratempos na Resolução
Quando experiências passadas retardam a nova aprendizagem, os psicólogos dizem que ocorreu uma *transferência negativa*. O impedimento da solução de um problema por experiência passada às vezes é também considerado um exemplo de transferência negativa. Suponha que você precise usar um objeto familiar de uma maneira nova para resolver um problema. A cola do envelope não está aderindo e você não dispõe de cola em casa. O que você usaria? Gema de ovo? Farinha e água? Se você estivesse tomando vitaminas, poderia notar se elas lhe causam enjôo? Definimos a *fixação funcional* como a tendência de ver algo como fixo em determinada função (por causa de experiências passadas) e deixar de perceber novas funções.

O problema da argola na Figura 6.3 estimula a fixação funcional. Para resolver o problema, você precisa amarrar os dois bastões com barbante. Todavia, a função de segurar do barbante é enfatizada pelo calendário segurado por ele. Se o barbante estivesse simplesmente pendurado sozinho no prego, poucas pessoas deixariam de resolver o problema (Scheerer, 1963).

Antes de prosseguir a leitura, tente resolver o problema das cerejeiras (veja a p. 252) (se ainda não o fez) e o quebra-cabeça da Figura 6.12. Idéias convencionais (*cenários habituais*) interferem na solução de ambos os problemas. Em virtude de experiências passadas, as pessoas estão predispostas a achar que pomares precisam ser plantados em padrões retangulares. Uma vez que você se tenha libertado dessa restrição, experimentar diferentes formas geométricas deve produzir a solução correta (uma estrela de cinco pontas).

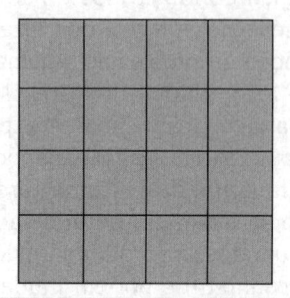

FIGURA 6.12 Problema dos quadrados. Quantos quadrados você vê? A resposta é discutida no texto. (Com base em Raudsepp, 1980.)

Também com o problema dos quadrados, você deve evitar restringir-se desnecessariamente — neste caso, aos óbvios 16 quadrados de um lado só (Raudsepp, 1980). Além deles, há um quadrado formado por quatro quadrados de cada lado, quatro quadrados formados por três quadrados de cada lado e nove quadrados formados por dois quadrados de cada lado.

Agora, tente resolver os problemas das jarras d'água da Figura 6.13, trabalhando-os pela ordem. Em um estudo clássico, Abraham Luchins (1942) pediu aos participantes da pesquisa que resolvessem os oito problemas sucessivamente. Enquanto trabalhavam nos itens 2 a 6, muitos desenvolveram uma eficiente estratégia: B menos A menos duas vezes C. (Volume desejado = B – A – 2C.) Quando começaram a usar este método, a maioria continuou usando a mesma *estratégia estereotipada* mesmo nos problemas 7 e 8. Nestes problemas mais fáceis, a tática mais eficiente é, respectivamente, uma subtração e uma soma. Os participantes de um grupo de controle da pesquisa que primeiro trabalharam o problema 1 e depois os problemas 7 e 8 resolveram as duas últimas tarefas com eficiência. Nenhuma estratégia estereotipada os atrapalhou.

Avaliação

Na solução de problemas, as pessoas geralmente avaliam suas soluções para verificar se de fato funcionam. Por vezes a avaliação ocorre durante a solução do problema. Às vezes (especialmente com

Problema	Jarra A	Jarra B	Jarra C	Volume desejado
1	29	3		20
2	21	127	3	100
3	14	163	25	99
4	18	43	10	5
5	9	42	6	21
6	20	59	4	31
7	23	49	3	20
8	15	39	3	18

FIGURA 6.13 Problemas das jarras d'água. Tente obter os volumes desejados usando as jarras A, B e C, cujos volumes variam de problema para problema, conforme demonstrado. Trabalhe nos problemas na ordem, anotando todos os cálculos. Estratégias eficientes são discutidas no texto. (Com base em Luchins, 1942.)

problemas de declaração de imposto) a avaliação é uma fase distinta.

Os padrões para o que é uma solução aceitável variam. Para demonstrar isso, o psicólogo Wolfgang Köhler (1969) solicitou a pessoas que trabalhassem no problema da Tabela 6.2. Alguns participantes consideraram a questão resolvida assim que preencheram os espaços em branco. Outros procuraram um princípio geral que explicasse por que cada subtração resultava em um número ímpar. Nosso grau de exigência provavelmente depende de nosso interesse no problema e de nosso preparo, dentre outros fatores. (■)

TABELA 6.2 Um problema de números.

Instruções: Complete os três números faltantes na linha de resultados:

1	4	9	16	25	36	49	64
0	1	4	9	16	25	36	49
1	3	5	7	9	?	?	?

Fonte: Köhler, 1969.

A NATUREZA DA LINGUAGEM

Voltaremos agora nossa atenção a essa conquista tipicamente humana, a linguagem. Em todo o planeta, os seres humanos falam idiomas para comunicar

Quadro 6.1
COMPUTADORES E A COGNIÇÃO

Os psicólogos estão especialmente interessados em dois ramos da ciência da computação: inteligência artificial e simulação por computador. A *inteligência artificial (IA)* procura dotar os computadores da capacidade de se comportarem de modo inteligente. Um cientista da IA concentra-se na pergunta: Um computador apropriadamente programado pode desempenhar alguma atividade mental (digamos, jogar xadrez ou usar a linguagem)? E qual é a melhor forma de fazê-lo? Computadores programados por especialistas de IA oferecem benefícios tangíveis; podem ajudar a diagnosticar doenças, procurar petróleo, fazer prospecção de minérios ou analisar elementos químicos.

A *simulação por computador* é uma segunda área que interessa aos psicólogos. Estes especialistas perguntam: Um computador apropriadamente programado pode desempenhar alguma atividade intelectual *igual* à desempenhada pelo ser humano? Seres humanos e computadores criam e lidam ambos com símbolos abstratos; conceitos, princípios e ferramentas de computação deveriam portanto fornecer *insights* da mente humana, argumentam os entusiastas (Newell, 1981).

O General Problem Solver (GPS) (Solucionador Geral de Problemas) provavelmente é a mais famosa simulação por computador concebida até o momento. Criada por Allen Newell e Herbert Simon (1972) e colegas, o GPS pode resolver problemas variados, desde jogos de xadrez até provas de teoremas em lógica simbólica. Inicialmente, Newell e Simon pediram aos participantes que "pensassem alto" enquanto resolviam problemas em um laboratório. Depois, programaram o computador para atacar os problemas de forma idêntica. Como as pessoas, o GPS subdivide os problemas em partes componentes, pesquisa soluções que funcionam em situações semelhantes e usa a análise de meios e fins (p. 256).

As simulações por computador são, porém, limitadas no que se refere ao esclarecimento dos processos mentais, uma vez que pessoas e máquinas diferem em alguns aspectos fundamentais (Dreyfus, 1972; Neisser, 1980, 1983; Van Lehn *et al.*, 1984).

1 Problemas resolvidos. Computadores respondem apenas a perguntas bem definidas; pessoas lidam normalmente com perguntas pouco definidas.

2 Operações usadas. Especialistas em computador fazem a distinção entre algoritmos e heurística. *Algoritmo* é uma estratégia que especifica, passo a passo, as operações necessárias para chegar à solução de um problema. Diante de tempo ilimitado, o algoritmo garante a solução. Suponha que você esteja tentando rearranjar as letras de "teralbay" para formar uma palavra em inglês. Um algoritmo viável é "Gerar todas as combinações possíveis de letras da palavra 'teralbay' e parar quando surgir um resultado que conste de um dicionário completo".

Naturalmente, as pessoas são tão lentas (se comparadas aos computadores) que as estratégias dos algoritmos é inviável para a maioria dos problemas. No caso da palavra "teralbay", o computador pode ter de verificar cerca de 40.000 possibilidades. Se recorrêssemos aos algoritmos, precisaríamos de uma vida inteira para resolver cada um dos problemas com que nos defrontamos. Os algoritmos, além de muito demorados, são inviáveis para muitos problemas. Por estas razões, as pessoas dependem da *heurística*, regras e atalhos que costumam funcionar. O teste de geração e a análise de meios e fins (discutidos anteriormente) são ambos heurísticos. No caso do problema "teralbay", provavelmente você formaria hipóteses com base em seqüências comuns de letras, como o fizeram os participantes de um experimento de laboratório (Cohen, 1971) (veja a Tabela 6.3).

Programas de computador sofisticados baseiam-se intensamente em algoritmos. Considere o programa de jogo de damas Paaslow. Com sua incrível velocidade e sua vasta memória, ele pode avaliar um milhão de posições a cada dois minutos. Ele depende pouquíssimo da heurística e usa umas poucas regras que qualquer criança conhece: "É bom ganhar", "É bom manter as pedras na fileira do fundo (para impedir os esforços do inimigo de fazer damas)". Quando Paaslow ganha (vence todos, exceto dez campeões damistas humanos), sua vitória decorre da pesquisa mais detalhada do maior número de movimentos possíveis. Programas de xadrez também vencem pela velocidade, sabendo apenas as regras que a maioria dos amadores sabe (Peterson, 1983).

TABELA 6.3*   Resposta humana ao problema "teralbay".

Tentativas	Comentários
1. "Teralbay"	Desconcertante.
2. "Berataly"	Talvez a palavra termine em "ly"?
3. "Reabatly"	A terminação "ly" não esta funcionando.
4. "Taryable"	Vou ver se a palavra termina em "able".
5. "Trayale"	Provavelmente não é uma palavra.
6. "Traybale"	Hum... pode ser que a palavra tenha a sílaba "tray".
7. "Traylabe"	Não, não pode ser.
8. "Traybeal"	Não é isso também, mas agora sei o que é. O "tray" e o "be" deram a dica.
9. "Betrayal"	É isso aí!

* N.R.T.: A Tabela 6.3 mostra na primeira coluna as tentativas de uma pessoa rearranjar as letras de uma palavra cujas letras foram embaralhadas. O desafio consiste em partir da palavra embaralhada ("teralbay"), sem significado algum em inglês, e chegar a uma palavra conhecida. No exemplo, será a palavra *betrayal* (traição). Na segunda coluna, temos exemplos dos comentários que a pessoa fez enquanto tentava ordenar as letras.

> **Quadro 6.1** (continuação)
>
> A heurística refinada depende de capacidades cognitivo-perceptivas. Com um simples olhar, o mestre enxadrista vê os padrões gerais: oportunidades, estratégias, pontos fracos, perigos. "A forma humana de lidar com um problema", escreve Ulric Neisser (1980, p. 66), "baseia-se na experiência com toda uma história de outros problemas, todo o caminho de volta até a primeira infância." Nossa história nos capacita a formular finalidades e encontrar sentido no contexto de um problema. Enquanto as pessoas continuamente reavaliam um problema, afastando-se e reaproximando-se, os computadores nunca sabem o que está acontecendo.
>
> 3 Fanatismo. Motivos e emoções levam as pessoas a explorar e a desviar-se do objetivo, a perder interesse e a esquecer; os computadores, ao contrário, comportam-se como fanáticos de mente estreita, direcionando-se obstinadamente para soluções.
>
> Nossas calmarias e mudanças de rumo ocasionais são úteis (veja "Incubação", p. 259).
>
> 4 Processamento paralelo. As pessoas raciocinam, recordam e percebem simultaneamente. As simulações por computador não conseguem, por ora, lidar com várias operações mentais paralelas complicadas. Muitos especialistas acreditam que os computadores estão ainda muito longe da capacidade de lidar com todos os problemas com que as pessoas lidam (Rose, 1985).
>
> Embora computadores e pessoas funcionem de forma muito diferente, simulações por computador de processos mentais humanos inspiraram modelos precisos e testáveis de atividades cognitivas e estimularam uma série de pesquisas (Haugeland, 1984; Kosslyn, 1985; Minsky, 1983). O modelo de processamento de informações da memória (veja o Capítulo 5), por exemplo, é baseado em conceitos de computador. Ao mesmo tempo que os computadores podem fornecer penetrantes *insights*, tais dados precisam ser combinados com observações diretas de processamento humano de informações.

seus pensamentos. Os 5.500 idiomas em uso em nosso planeta compartilham todos as mesmas características básicas. Assim sendo, conquanto nos concentremos na língua inglesa, o que dissermos aplica-se a outros idiomas também. Os psicólogos que estudam a linguagem são chamados de *psicolingüistas*. Eles se concentram em três questões centrais:

1 Compreensão da linguagem. Que processos mentais capacitam as pessoas a compreender o que as outras pessoas falam?

2 Produção da linguagem. Que processos mentais capacitam as pessoas a falar o que falam?

3 Aquisição da linguagem. Como as crianças desenvolvem ambas as habilidades?

Exploraremos os tópicos de todas essas áreas.

Formas de Comunicação

A maioria dos animais comunica-se de forma reflexiva e proposital (Hebb, 1972). A *comunicação reflexiva* consiste em padrões estereotipados que transmitem informação mas não foram concebidos para tal finalidade. O ser humano chora naturalmente quando sente dor e sorri espontaneamente quando está feliz. Embora esses sinais forneçam muita informação, não têm por finalidade a comunicação. A comunicação reflexiva é comum entre os animais simples. Cadelas no cio secretam substâncias químicas que informam os machos de que estão prontas e desejosas de cruzar. A secreção informa também onde a fêmea está.

A *comunicação proposital* tem por finalidade causar um efeito sobre o receptor da informação; e a resposta do receptor influencia a continuidade da comunicação. Os cães podem arreganhar os dentes e rosnar para atemorizar os inimigos. Se o adversário intimida-se, o animal pára de se exibir; caso contrário, o cão pode intensificar o alerta de ataque. As pessoas usam gestos, expressões faciais, movimentos e sons para enviar muitas mensagens específicas. Alterando o tom da voz, você pode expressar duas idéias diferentes com a mesma expressão, "uma loucura". Você pode dizer a frase entusiasticamente para expressar "Incrível! Aquilo que me deixou muito feliz!", ou pode dizê-la com sarcasmo para transmitir a mensagem "Horrível! Foi uma decepção!".

As *línguas* ou idiomas são o tipo mais sofisticado de comunicação proposital. Elas sistematicamente relacionam símbolos (sons, letras ou sinais) com significados e fornecem regras para combinar e recombinar os símbolos. Conquanto todos os seres humanos utilizem idiomas, nenhum outro animal o faz naturalmente, pelo menos pelo que se sabe.

A Natureza Muito Especial da Linguagem

As línguas estruturam-se de modo ordenado, significativo, social e criativo (Gleitman, 1981).

Ordenação

Suponha que você esteja escrevendo uma redação sobre perus. Poderia começar com a afirmação: "Há perus de formas e tamanhos variados". Você não começaria com "Perus formas tamanhos...". As pessoas constroem sentenças de acordo com princípios gerais a que os lingüistas denominam *regras de gramática*. Este tipo de gramática é diferente daquele que aprendemos na escola. A gramática escolar é chamada de *gramática prescritiva* ou *normativa*. Ela prescreve como devemos falar e escrever usando estilo apropriado e formação correta de sentenças. Por exemplo: evite gíria; quando a empregar, use aspas.

As regras gramaticais prescritivas surgem quando, em uma cultura, um dialeto é elevado para uso profissional ou literário. Embora algumas pessoas aleguem que de certa forma os dialetos são mais bonitos ou melhores, é impossível sustentar tal alegação (Labov, 1970). Não estamos discutindo o fato de que você deva usar o dialeto-padrão para circular à vontade em meio à aristocracia britânica ou publicar seus contos na *Atlantic Monthly*. Estamos dizendo que todas as línguas e dialetos são igualmente regidos pelas mesmas regras.

A gramática que interessa aos lingüistas é a *gramática descritiva*, o conjunto de regras e princípios que informa às pessoas como criar e entender um número quase infinito de elocuções em sua própria língua. Esta gramática não pode ser descrita de forma completa nem tampouco ensinada. Não obstante, todos nós aprendemos sem esforço suas leis e todos nós as usamos — independentemente do dialeto que falemos. É por isso que distinguimos com tanta facilidade os agrupamentos de palavras que formam sentenças daqueles que não formam.

Embora ninguém possa definir com precisão todas as regras descritivas aplicáveis, é nítido que todos nós as conhecemos desde a tenra idade. A lingüista Jean Berko (1958) fornece-nos uma criativa demonstração. Para mais de cem crianças de idades que variavam entre 4 e 7 anos ela exibiu figuras semelhantes à da Figura 6.14 e pediu que completassem as sentenças. Além do "wug", havia também um "niz", que tinha um chapéu, e um homem que estava "motting". Berko descobriu que as crianças aplicavam regras gramaticais a estas e outras palavras sem sentido.

Isto é um wug. Agora tem mais um. Há dois deles. Há dois _____.

FIGURA 6.14 Os "wugs" usados por Jean Berko Gleason para estudar o entendimento da gramática por crianças. (Com base em Berko, 1958.)

Erros de fala comumente observados também demonstram que crianças pequenas usam regras gramaticais. Considere a *supergeneralização*, a aplicação inadequada de regras. Crianças que aprenderam a formar o passado acrescentando uma terminação de verbo regular freqüentemente falam "cabeu", "dizeu" etc.

Significação

A fala é significativa. Muitas palavras referem-se a objetos e eventos. "Cavalo" refere-se a um animal quadrúpede que pesa em torno de meia tonelada e tem crina e um rabo comprido e balançante. "Amarelo" refere-se à cor do canário. Até mesmo palavras desprovidas de referências concretas (como preposições e abstrações) têm significados, embora sejam mais difíceis de definir.

As combinações de palavras transmitem significados mais complexos. A ordenação de palavras em sentenças é essencial para a transmissão de pensamentos. "Ratos atacam gatos" diz algo muito diferente de "Gatos atacam ratos". Para decifrar o significado, as pessoas consideram os significados das palavras e a ordem das combinações de palavras.

Função Social

Se você vivesse sozinho, provavelmente falaria muito menos do que fala. Muito do que as pessoas falam é por razões sociais: para compartilhar informações e idéias. Quando conversamos, seguimos regras sociais que aprendemos quando crianças: dentre elas, esperar sua vez, responder ativamente e adaptar afirmações para o ouvinte (L. C. Miller *et al.*, 1985; Shatz & Gelman, 1973). Se solicitado a "discursar" sobre a faculdade, você falaria de uma forma para estudantes secundários e de outra forma para estudantes de curso primário. Para falar de maneira apropriada, aparentemente construímos perfis de nosso público-alvo, fazendo os ajustes adequados (Clark & Clark, 1977; Freed, 1980).

Ouvir é um ato tão social quanto falar. Para interpretar corretamente aquilo que o interlocutor diz, o ouvinte precisa analisar as circunstâncias e necessidades do interlocutor. Suponha que tia Lúcia diga: "Você pode me passar o pão?". Você reconhece imediatamente que ela não está inquirindo sobre sua capacidade de pegar a cesta de pão e passá-la. Ela está dizendo: "Quero a cesta de pão". Nossas elocuções tendem a deixar muito sem ser dito. Elas são compreensíveis porque nossos interlocutores são capazes de inferir o significado de determinadas afirmações.

Criatividade

Às vezes as pessoas pensam na linguagem como algo semelhante a uma coleção de fitas. Palavras, frases e sentenças são ouvidas, praticadas, armazenadas e usadas mais tarde. Todavia, os seres humanos não são meras prateleiras de fitas que repetem o que foi gravado. Como define Roger Brown (com Herrnstein, 1975, p. 447), "Não é rara a necessidade de criar frases [...]. Isso é comum. Constantemente é necessário dizer as coisas que uma pessoa jamais ouviu precisamente na forma requerida e não é incomum a necessidade de dizer alguma coisa que pessoa alguma que fala a língua jamais disse". Quando dizemos que a linguagem é criativa, queremos dizer que a maioria das sentenças é nova. Ao analisar 20.000 sentenças proferidas espontaneamente, James Deese (1984) descobriu que quase todas elas representavam isoladamente algum padrão gramatical exclusivo. Certamente repetimos algumas frases, como, por exemplo, "Como vai você?" e "O que temos para o jantar?".

Podemos expressar esta idéia de forma um pouco diferente. Embora a linguagem seja padronizada, ela é incrivelmente flexível. O total aproximado de um milhão de palavras da língua inglesa pode ser combinado para formar mais de 100.000.000.000.000.000.000 de frases diferentes (Lindsay & Norman, 1977). Quem fala inglês consegue entender e pode falar a maioria delas. Mas não existe na face da Terra um meio de decorá-las, ainda que durante um século se memorizasse uma nova frase a cada segundo.

Organização da Linguagem[2]

Pode-se pensar na linguagem como estando organizada em uma hierarquia. Na base da escada estão os sons básicos, chamados *fonemas*, os blocos da construção. Os 45 fonemas da língua inglesa incluem: sons de vogal ("e", presente no pronome "*me*"), sons de consoante ("sh", como em "*ship*"). Outras línguas contêm de 15 a 85 sons básicos.

As línguas combinam fonemas em unidades dotadas de significado, chamadas *morfemas*, o degrau seguinte na hierarquia. Os 100.000 morfemas da língua inglesa incluem os radicais, os prefixos ("un-", "anti-", "de") e os sufixos ("-able", "-ing", "-ed", "s"). Transformar fonemas em morfemas é um processo definido por leis próprias, de modo que é fácil reconhecer morfemas ilegítimos, tais como "btkry" ou "ftrlp".

Combinamos morfemas em *palavras*, o degrau seguinte na hierarquia. De novo, o processo segue leis definidas, de modo que sabemos o que é e o que não é uma palavra possível. No jogo *scrabble*,[3] o jogador trapaceiro não poderia fazer pontos acrescentando "ing" a um substantivo, para formar "*gerbiling*" ou "*tomatoing*" porque conhecemos as regras até certo ponto.[4]

Quase no topo da hierarquia estão as *frases*, definidas simplesmente como duas ou mais palavras dispostas de acordo com regras. E no topo estão as *sentenças*, formadas pelas frases. *Regras sintáticas* regem a combinação de palavras em frases e sentenças. Uma vez que você tenha escolhido uma palavra, as palavras que a seguem vão estar limitadas por essas regras. Tome a palavra "I". Você não combinaria "I" com "*teacher*", "*the*" ou "*happy*". Em inglês, os verbos geralmente vêm depois dos substan-

---

2. N.R.T.: Aqui, como em outras seções deste capítulo, os exemplos são extraídos da língua inglesa; alguns são perfeitamente compreensíveis em português, ao passo que outros requerem o conhecimento de certas particularidades do inglês.
3. N.T.: *Scrabble* é uma marca registrada americana de um jogo que combina anagramas e palavras cruzadas.
4. N.R.T: Para esclarecer este exemplo, imagine um jogo em que as pessoas, a partir de uma palavra inicial, devem formar outras acrescentando sufixos. Você não poderá acrescentar o sufixo "ando" a "tomate" para formar "tomatando".

tivos. Os adjetivos geralmente precedem os substantivos.

Estruturas Superficiais e Subjacentes

O brilhante lingüista Noam Chomsky teoriza que todas as expressões vocais humanas operam em dois níveis estruturais distintos: superficial e subjacente. A *estrutura superficial* depende das frases precisas que expressam os pensamentos. A *estrutura subjacente* consiste de atitudes e pensamentos básicos corporificados nas palavras.

As estruturas superficial e subjacente são características de outros atos mentais. No Capítulo 4, vimos que as pessoas acrescentam muitos dados àqueles que são transmitidos por seus sentidos, para construir representações acuradas do mundo externo. Aparentemente, combinamos informações da estrutura subjacente com informações da estrutura superficial. O mesmo princípio aplica-se à memória. Geralmente nos lembramos da idéia subjacente e muito pouco dos detalhes superficiais.

FALA: PRODUZINDO E COMPREENDENDO-A

No campo da fala, voltamos a verificar hierarquias e regras.

Produzindo a Fala

Como os pensamentos são transformados em fala? James Deese (1984) estudou este tópico, gravando e analisando o que pessoas proferiam em seminários universitários, reuniões de assembléias municipais e outros comitês de trabalho. Deese observou que os palestrantes começam com um plano geral cobrindo todas as idéias que desejam expressar; se assim não fosse, a fala seria uma confusão de livres associações. De alguma forma, o plano determina não só a primeira sentença como também todas as outras. Quando falamos, de alguma forma não perdemos de vista aquilo que já foi dito e aquilo que resta dizer para que não nos repitamos. Além disso, monitoramos os erros, os quais são comuns na fala espontânea, e corrigimo-nos espontaneamente. Autocorreções ocorriam em até 50% de todas as sentenças analisadas por Deese. As drogas tornam as pessoas menos propensas ao automonitoramento cuidadoso e mais propensas a falar de maneira incongruente.

Certos erros na fala vêm corroborar a hipótese de plano geral. Por vezes os oradores misturam duas ou mais construções gramaticais ou palavras, sugerindo que o plano da fala mudou no meio do caminho (Motley, 1985). Inícios falsos (como "Acho que... Não, vamos colocar desta forma..."), que também são comuns, mostram que os planos mudam enquanto as pessoas falam.

Orador e ouvinte estão interessados na estrutura ou mensagem subjacente. Assim sendo, os ouvintes tendem a ignorar as pausas, a gramática incorreta, as correções internas e coisas do gênero, a menos que esses problemas sejam extraordinariamente numerosos. Tanto na fala como na decifração de sentenças, parece que nos lembramos ligeiramente da estrutura superficial. Os oradores retêm precisamente aquilo que estão dizendo somente até descobrir como completar o pensamento. Ao falar, as pessoas usam sentenças curtas, provavelmente para evitar a sobrecarga da memória. Mais de 90% das 20.000 sentenças que Deese observou duraram menos de 10 segundos. Para referência futura, armazenamos as idéias subjacentes.

Compreendendo a Fala

Decifrar a fala é tão automático que provavelmente você não tem consciência da real complexidade do processo. Por que deveria ser difícil entender o que as pessoas estão dizendo?

1 A fala desenvolve-se rapidamente. Quando ouvimos, temos de interpretar o que está sendo dito em um ritmo muito mais rápido do que quando lemos.

2 A fala está repleta de erros, correções internas e inícios falsos. Aproximadamente 25% do discurso oral é incorreto ou incompleto, em comparação aos 7% do discurso escrito (Deese, 1984).

3 A fala é freqüentemente ambígua ou pouco clara (Winograd, 1984). Algumas ambigüidades resultam da velocidade da fala. As pessoas falam cerca de 200 palavras por minuto. Uma vez que uma palavra média contém sete fonemas, os oradores estão pronunciando 1.400 fonemas por minuto. Para articular completamente cada fonema, é necessário 1/10 a 1/15 de segundo. Conseguiríamos a completa articulação se estivéssemos lidando com 600 a 900 fonemas. Mas como lidamos com quase o dobro, fonemas adjacentes sobrepõem-se uns aos outros, confundindo-se. Assim, "*I scream*" é facilmente ouvido como "*ice cream*". "*Some ore*" é prontamente interpretado como "*some more*". Por meio da gravação de conversas e da separação das palavras emendadas, Irving Pollack e James Pickett (1963) demonstraram que palavras faladas são ambíguas. Quando os pesquisadores reproduziam as fitas com essas palavras encavaladas e pediam que as pessoas as identificassem, os ouvintes identificavam apenas cerca de 50% delas corretamente. No contexto da conversação, as mesmas palavras haviam sido identificadas.

A *segmentação* (isolamento das palavras de seu contexto da fala) é apenas um de uma série de fatores que contribuem para a ambigüidade da fala. Outro fator é a pronúncia modificada das palavras. Posso tanto dizer "Como é que está?" e "O que você quer?" quanto "Cumé qui tá?" e "O que cê qué?". A estrutura profunda da elocução também pode ser ambígua, conforme ilustrado pela afirmação "The chickens are ready to eat" [Os frangos estão prontos para comer]. Tanto as aves podem estar prontas para se alimentar como o almoço de domingo que você preparou pode estar pronto para ser servido.

Empregando o Conhecimento e as Regras
Em vista desses problemas, como as pessoas conseguem entender tão bem a fala? A resposta está lá atrás, no conhecimento e nas regras. Conhecemos as regras que regem a ordem das palavras (*sintaxe*), o significado das palavras (*semântica*) e os componentes de som da fala (*fonologia*).

No campo da fonologia, por exemplo, sabemos que certos padrões de som não ocorrem em inglês. No começo de uma sentença, você poderia confundir "*This slim*" com "*This limb*". Mas você não escutará "*This srock*" quando alguém disser "*This rock*". Em algum nível, todos nós sabemos que palavras em inglês não começam com "sr".

Quando deciframos a fala, recorremos a nosso conhecimento para preencher as lacunas, da mesma forma que na percepção visual. Em uma demonstração dessa tendência de preencher lacunas, as pessoas ouviram a sentença: Os governadores encontraram-se com os representantes do legislativo na capital do estado. (Warren, 1984; com Obusik, 1971). Quando os pesquisadores substituíram o "s" da palavra "legislativo" pelo som de tosse, os participantes da pesquisa não conseguiram dizer em que ponto da sentença havia ocorrido a tosse. Provavelmente eles haviam preenchido a lacuna do "s" e relegado a tosse para segundo plano.

Freqüentemente antecipamos o que ouviremos, como a pessoa inconveniente que termina as sentenças dos outros (Clark, 1983; Cole & Jakimic, 1980). Uma das pistas que usamos é nosso conhecimento de combinações prováveis de sons. Se uma palavra começa com "vam-", você facilmente prevê que ela terminará em "piro". Uma palavra começando com "cran-" tem a probabilidade de terminar com "io". Outros sons iniciais podem ser combinados com tantas sílabas diferentes que é difícil de prever suas terminações.

Nossa tendência de preencher lacunas ajuda-nos também a entender os significados. Recorremos a redes de conhecimento (*esquemas*, veja o Capítulo 5) para obter as informações que são deixadas de fora, como neste exemplo: "Ir ao cinema com tia Edna era sempre meio traumático. Ela insistia em levar a própria pipoca, dava conselhos em voz alta para o herói da fita e ria sarcasticamente durante as cenas de amor" (Hayes, 1978, p. 172). Nosso "esquema de cinema" nos permite entender quão irritante (ou cômica) é a conduta de tia Edna.

Em resumo, a compreensão da fala é um exercício de solução de problema, muito semelhante ao ato de tentar lembrar ou entender o tamanho real de um objeto (Marslen-Wilson & Welsh, 1978). Nos três casos, temos pistas. No caso da percepção, há luz e sombra, textura, névoa e coisas do gênero. No caso da memória, permanecem alguns fragmentos. Com a fala, temos os sons e conhecimentos de sons, gramática e significado. Como a memória e a percepção, a compreensão da fala exige muita interpretação, embora não nos apercebamos de estar fazendo algum trabalho. Ao ouvir, aparentemente ativamos "palavras-candidatas" em busca de palavras que se coadunem com os fonemas iniciais falados. Eliminamos as candidatas que não atendem aos requisitos. À medida que informações adicionais sobre sons, contextos e significados tornam-se disponíveis, continuamos a selecionar. O processo é tão rápido que freqüentemente reconhecemos palavras e significados antes de o interlocutor acabar de falar.

ADQUIRINDO A LINGUAGEM

Em torno dos 5 anos de idade, crianças do mundo inteiro estão usando a mesma linguagem que os adultos que as rodeiam. Como isso ocorre? E por quê?

De Sons para Palavras

Muito antes de adquirir a linguagem, os bebês atentam à fala e demonstram prontidão para dela extrair informações. Recém-nascidos viram a cabeça em resposta a vozes (Brody et al., 1984). Com alguns dias de vida, eles sugam entusiasticamente um seio que não produz leite se o ato de sugar for recompensado por sons de vozes ou canções. Eles sugam com muito menos avidez para ouvir simplesmente música instrumental (Butterfield & Siperstein, 1974). A audição dos bebês é aguçada. Com 1 mês de idade, um bebê já distingue entre sons similares (Eimas, 1985). (Veja a Figura 6.15.)

Mãe e filho começam a se comunicar sem palavras muito cedo, talvez durante as primeiras semanas de vida do bebê. Quando o bebê atenta à mãe e depois a ignora, parece estar ocorrendo algum tipo de diálogo social. Com 6 semanas de idade, o bebê pode brincar de "jogos de sorrir" com os pais. Aos 3 meses, os bebês já estão exercitando músculos, mandíbulas, língua, cordas vocais e lábios, como se estivessem explorando os sons que estes podem emitir (Oller, 1981).

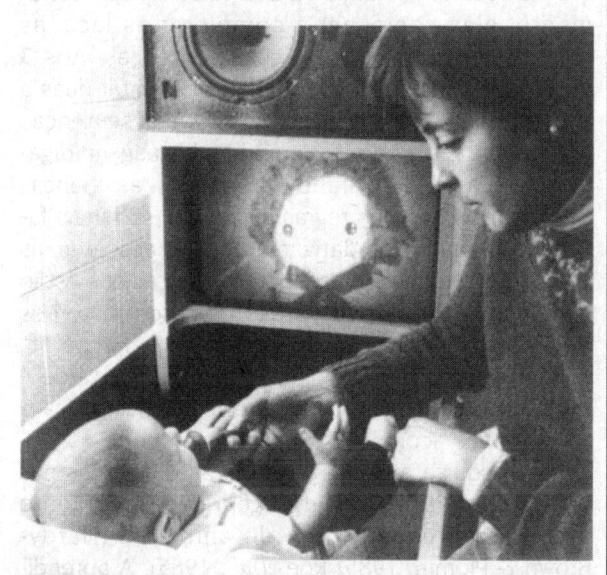

FIGURA 6.15 No experimento desta foto, sílabas eram proferidas pelo alto-falante acima da figura da boneca enquanto bebês sugavam uma chupeta conectada aos instrumentos de gravação. Quando novas consoantes eram apresentadas, a taxa de sucção aumentava acentuadamente, sugerindo que os bebês percebiam o contraste. A simples mudança das propriedades acústicas do som, sem alterar a consoante emitida, mudava muito pouco a taxa de sucção (Eimas, 1985). (James Kilkelly/DOT.)

Outro marco da vida do bebê ocorre entre 6 e 8 meses, o *balbucio*. O balbucio é mais estereotipado e rítmico do que as primeiras vocalizações (Stark & Bond, 1983). No mundo inteiro, os bebês "balbuciam" os mesmos sons: em geral, sons que começam com nasais, como "m" e "n", ou com consoantes sozinhas, como "d", "t" ou "b". Os bebês continuam balbuciando durante toda a segunda metade do primeiro ano de vida. Gradativamente, os sons que os bebês fazem começam a se assemelhar, em tônica e tom, à linguagem daqueles que o cercam.

O balbucio surge no momento em que o bebê está começando a usar a voz para transmitir seus desejos. As primeiras tentativas de comunicar desejos geralmente envolvem olhar para o objeto desejado e chorar ou balbuciar e talvez gesticular (acenando, esticando o braço, apontando) (de Villiers & de Villiers, 1978; Lempert & Kinsbourne, 1985). Observe que a motivação subjacente da linguagem inicial — atrair a atenção de alguém e obter algo — implica que os bebês já entendem conceitos. Eles devem saber que os objetos podem ser localizados e "possuídos". Eles devem ver os adultos como um meio para chegar a um fim.

Os bebês conseguem emitir suas primeiras dez palavras lentamente, ao longo de um período de três ou quatro meses, antes de atingir 16 meses de idade (Nelson, 1973). O vocabulário inicial é concreto e abrange, tipicamente nomes de coisas que podem ser vistas, tocadas e levadas à boca. É mais provável a representação de objetos móveis do que de estáticos. O tamanho do vocabulário inicial varia muito. Em torno dos 2 anos, alguns bebês sabem centenas de palavras, ao passo que outros estão apenas começando com 10 ou 20 palavras. Depois de aprendidas as primeiras 50 palavras (em torno dos 20 meses), o vocabulário expande-se rapidamente. Aos 6 anos, uma criança de inteligência média reconhece 13.000 palavras; aos 8, cerca de 28.000 (G. A. Miller, 1978).

O entendimento das primeiras palavras é bastante limitado no princípio. Inicialmente, a linguagem não é separada de um contexto social específico (Lewis & Rosenblum, 1977). Um bebê pode saber o que significa "rosto" se lhe pedirem que "lave o rosto", mas não conseguir apontar o próprio rosto. Além disso, as primeiras palavras costumam ter significado geral. "Mãmã" pode aplicar-se a todas as mulheres. O filho do meu vizinho chamava os cães de "sams" por causa do meu São Bernardo, cujo nome era Sam. Gradualmente, os significados das palavras vão se estreitando até coincidirem com os significados adultos.

Embora os bebês usem somente palavras isoladas quando começam a falar, parecem ter idéias completas na mente, um fenômeno chamado *fala holofrástica*. "Papá" pode significar "O papai está aqui", "Venha aqui, papai" ou "Onde está o papai?", dependendo da situação. Muitas observações fornecem a evidência da idéia de que elocuções de palavras isoladas são na realidade sentenças. Quando os bebês dizem uma palavra, às vezes gesticulam para completar o significado (Greenfield & Smith, 1976). Dizendo "dadá", um bebê pode se inclinar em direção a uma boneca, indicando "Eu quero a boneca". Mais persuasivo é o fato de que bebês que falam palavras isoladas entendem a comunicação simples de diversas palavras (Moskowitz, 1978; Sachs & Truswell, 1978). Um bebê que ouve a frase "Dá um beijo na mamãe" pode fazer precisamente isso. Presumivelmente, a criança sabe algo da interligação de palavras de forma significativa.

Nossa discussão implica que a compreensão da fala e a produção da fala, dois processos que os oradores maduros coordenam, desenvolvem-se em ritmos diferentes (Clark, 1983). Onde há diferenças, o entendimento da fala — pelo menos parcial — parece vir primeiro.

De Palavras para Sentenças

No mundo inteiro, crianças de 18 a 30 meses começam a combinar palavras. Combinações de palavras provavelmente ajudam as crianças que estão dando os primeiros passos, as quais começam a explorar seu meio e a comunicar novas observações e idéias. O conhecimento sobre essas primeiras combinações de palavras provém da pesquisa pioneira de Roger Brown (1973) e seus colaboradores. Eles estudaram três crianças de classe média que acabavam de começar a juntar palavras em "sentenças" de duas ou três palavras. Os pesquisadores visitavam os participantes do experimento a intervalos regulares e colhiam amostras de fala por meio de gravação ou anotação daquilo que era dito a cada criança e daquilo que cada uma delas dizia.

Superficialmente, as "sentenças" das crianças soavam como combinações aleatórias de palavras, porém se revelavam legítimas e significativas, uma *linguagem telegráfica*. As crianças incluíam substantivos, verbos e adjetivos na ordem correta, omitindo a maioria das outras formas de palavras (preposições, prefixos, sufixos, conjunções etc.). A linguagem telegráfica era usada para numerosas finalidades, incluindo:

1 Identificar e nomear objetos ("Sopa mamãe").

2 Pedir para repetir ("Mais suco").

3 Afirmar que algo não existe ("Não sapato").

4 Expressar posse ("Casaco papai").

5 Expressar localização ("Blusa cadeira").

6 Indicar causas de uma ação ("Mamãe embora").

7 Indicar determinada qualidade ("Carro vermelho").

Crianças da classe operária também usam linguagem telegráfica (Miller, 1982).

Aos 2 anos e 6 meses, mais ou menos, as crianças ultrapassam as duas ou três palavras. Gradativamente, elas começam a completar as lacunas gramaticais e a aumentar suas sentenças. Aos 3 anos e 6 meses, muitas já começam a juntar duas a três orações subordinadas para formar sentenças complexas. Em qualquer campo da linguagem (digamos, formação de plural ou pronúncia), as crianças dominam primeiro as regras gerais que são mais fáceis de entender. Gradativamente, elas absorvem as regras dos detalhes. Para ilustrar, crianças que estão aprendendo a formar o passado simples de verbos regulares acrescentam o som da terminação "t" ("*looked*" [olhou], "*helped*" [ajudou]). Só mais tarde é que elas adquirem as formas irregulares ("*sang*" [cantou], "*bought*" [comprou]).[5]

A pesquisa atual sugere que as diferenças nas taxas de aquisição de linguagem dependem tanto da hereditariedade como do ambiente (Hardy-Brown & Plomin, 1985; Roe *et al.*, 1985). A aprendizagem rápida da linguagem está moderadamente correlacionada com a inteligência parental e com a freqüência com que os pais imitam o que a criança diz. A atenção e o afeto dos pais (transmitidos pelo tom de voz) também estão ligados à rápida aprendizagem da linguagem.

---

5. N.R.T.: No caso da língua portuguesa, as crianças costumam falar "ele diziu", "ele fazeu", em vez de "ele disse", "ele falou".

Um Período Sensível para a Linguagem?

Eric Lenneberg (1967) foi um dos primeiros psicólogos a falar sobre um período sensível para a linguagem. Com *período sensível*, queremos dizer um período relativamente breve de tempo quando a experiência tem um impacto particularmente substancial, sem similar antes ou depois. Para adquirir a linguagem, Lenneberg presumiu, a organização do cérebro precisa estar amadurecida e ser flexível. Se somos muitos jovens (2 anos ou menos), o cérebro carece da necessária maturidade. Se somos muito velhos (depois da puberdade), o cérebro já está organizado.

Diversas fontes corroboram o período sensível para a linguagem (entre os 2 anos e a puberdade). Uma delas são os estudos da aquisição de uma segunda língua (Grosjean, 1982; McLaughlin, 1978). Até a puberdade, absorvemos novas línguas com relativa rapidez e falamos sem sotaque. Adultos que aprendem uma segunda língua pela primeira vez geralmente aprendem com lentidão e demonstram dificuldades com distinções gramaticais sutis, pronúncia e outros aspectos.

Estudos de casos de crianças pequenas, vítimas de graves maltratos, que não foram expostas à linguagem, também vêm corroborar a tese do período sensível. Quando as autoridades descobrem essas crianças antes da puberdade e lhes dão treinamento intensivo, as habilidades linguísticas são recuperadas (Davis, 1947). Naqueles tristes casos em que tais crianças só são resgatadas depois da puberdade, seu desenvolvimento linguístico é muito pobre apesar de anos de rigoroso ensino (Curtiss, 1977, 1981).

EXPLICANDO A AQUISIÇÃO DA LINGUAGEM

Analisaremos agora três explicações concorrentes de como se adquire a linguagem.

Teoria do Dispositivo de Aquisição de Linguagem

O nome de Noam Chomsky (1957, 1975, 1983) é associado à *teoria do dispositivo de aquisição de linguagem*. (*language-acquisition device* — LAD). Em essência, diz ela que as pessoas nascem com um equipamento mental (LAD) que lhes possibilita descobrir as regras para aglutinar sentenças aceitáveis. As crianças são descritas como pequenos cientistas que testam suas hipóteses quando expostos a uma determinada linguagem, descartando antigas e adotando novas quando necessário.

Por que as pessoas precisam ser pré-programadas para lidar com princípios de linguagem? Chomsky alega que nosso conhecimento da linguagem é tão abstrato e tão distante da experiência cotidiana que não pode ser inferido a partir de exemplos de fala. Quando crianças pequenas, ouvimos uma linguagem muito imperfeita. Não obstante, construímos uma gramática que nos diz o que é uma sentença bem formada e como tais sentenças podem ser usadas e entendidas.

O ponto de vista de Chomsky tem muitos adeptos (Baker & McCarthy, 1981; Eimas, 1985). Alguns pesquisadores estão investigando a natureza do LAD (Clancy, 1984). Embora até o momento o LAD não seja entendido, poucos cientistas cognitivos questionam a idéia de que as pessoas têm uma propensão inata para a linguagem. Há muitas observações corroborativas:

1 Embora os detalhes variem, a seqüência similar, no mundo todo, de fases na aquisição de linguagem sugere um mecanismo biológico universal (Akiyama, 1984; Slobin, 1982).

2 A sensibilidade extremamente precoce do bebê para a linguagem indica que nascemos com capacidades especiais de linguagem (Eimas, 1985).

3 O surgimento de capacidades lingüísticas básicas em bebês deficientes e retardados é também um fator corroborativo (Goldin-Meadow, 1981; Goldin-Meadow & Mylander, 1983; Morehead & Ingram, 1976). Crianças surdas sem um histórico lingüístico convencional, por exemplo, aprendem, sem qualquer treinamento, os princípios da combinação de sinais para expressar idéias.

4 A especialização dos aparatos humanos da fala e da respiração bem como do cérebro (veja o Capítulo 2) coaduna-se com a idéia da existência de sistemas inatos de processamento da linguagem.

5 Os esforços ativos da criança para dominar a linguagem fornecem evidência adicional. As crianças são usuárias entusiásticas da linguagem e exercitam-na sem qualquer incitação. Os lingüistas descobriram que as crianças falam muito consigo mesmas, como se estivessem praticando a linguagem (Kuczaj, 1983). Observe a repetição de negativas neste exemplo (Weir, 1962): "Não o cobertor amarelo/O branco/Não é preto/É amarelo/É amarelo/Não o amarelo".

Teoria da Solução de Problemas

Uma implicação da idéia do LAD de Chomsky é que as crianças adquirem a linguagem simplesmente por que a escutam. Mas há muito mais do que isso. A linguagem desenvolve-se no contexto das necessidades e dos desejos. Eleonara quer um biscoito. Laura quer brincar de ser jogada para o alto. O uso da linguagem é uma forma de persuadir os outros a cooperar. Jerome Bruner (1978) foi um dos primeiros a propor que as crianças aprendem a se comunicar no contexto da solução de problemas enquanto interagem com os pais.

Videoteipes de pares mãe-bebê sugeriram a Bruner que os dois parceiros trabalhavam estreitamente juntos na aquisição da linguagem sem consciência alguma daquilo que estavam fazendo. Quase em toda parte do mundo os pais comunicam-se em linguagem infantil (*parentese* ou *motherese*)[6]. Tal fala é lenta, curta, repetitiva, em tom agudo, exagerada, focada no aqui e agora, e simples em termos de som, vocabulário, estrutura de sentenças e significado. Os partidários da teoria da solução de problemas vêem a *parentese* como uma aula de linguagem. A entonação exagerada e aguda atrai a atenção da criança, marcando, ao mesmo tempo, aquilo que é novo ou importante. A regularidade, as simplificações e o foco no aqui e agora são apropriados à capacidade cognitiva limitada da criança. Tipicamente, a *parentese* ajusta-se à medida que os bebês adquirem novas competências, mantendo-se em estreita sintonia. A linguagem consistente e fácil possibilita à criança começar a extrair a estrutura da língua e formular princípios gerais. O mesmo ocorre no contexto da *ação conjunta*, em que a *parentese* surge freqüentemente. Nas ações conjuntas, adulto e bebê concentram-se em um objeto. Depois, um deles representa ou vocaliza um "comentário" sobre o objeto (veja a Figura 6.16).

Os partidários da teoria da solução de problemas (como também os da teoria LAD) acreditam

FIGURA 6.16 A linguagem infantil, ou *parentese*, costuma ocorrer no contexto da ação conjunta, como demonstrado na foto. Adulto e bebê concentram-se em um objeto enquanto um deles vocaliza ou faz outra coisa como uma espécie de comentário sobre o objeto. Acredita-se que intercâmbios desse tipo ajudem o bebê a descobrir os princípios subjacentes da linguagem. (Copyright © 1984 Photo Researchers, Inc.)

que as crianças usam um *método de teste de hipóteses* para deslindar as leis da linguagem (Clark, 1978). Eve Clark oferece este exemplo. Após ter ouvido a palavra "cão" pela primeira vez, um bebê poderia formular a hipótese de que o som "cão" aplica-se a objetos com cabeça, corpo, quatro patas e cauda. Uma estratégia de compreensão poderia ser: "Após ouvir a palavra "cão", olhe ao redor e veja se há algo com cabeça, corpo, quatro patas e cauda". Pelo fato de os adultos falarem com as crianças sobre o aqui e agora, uma estratégia de compreensão deste tipo funciona muito bem. Os bebês geram também estratégias de produção: "Quando você vir algo com cabeça, corpo, quatro patas e cauda, diga "cão". Mais cedo ou mais tarde a criança encontrará problemas com vacas, cavalos e gatos, e terá de ajustar as estratégias. Com o tempo, as hipóteses das crianças passam a coincidir com o uso adulto.

---

6. N.R.T.: Mantivemos as expressões *matherese* e *parentese*, porque se referem à linguagem usualmente empregada por mães e pais na comumicação com seus bebês. Os textos em português sobre aquisição de linguagem já empregam corretamente o neologismo "manhês" no lugar de *motherese*. Contudo, o termo *parentese* ainda não foi traduzido.

Há considerável evidência experimental a apoiar a teoria da solução de problemas (de Villiers & de Villiers, 1978; Wanner & Gleitman, 1982). Pesquisadores descobriram, por exemplo, que as habilidades lingüísticas progridem mais rápido quando as mães oferecem às crianças oportunidades de participar de conversas, tratam-nas como parceiras em um diálogo e usam sentenças apropriadas a suas competências correntes (Chesnick *et al.*, 1984).

Teoria do Condicionamento

O nome de B. F. Skinner está associado com a idéia de que as pessoas aprendem a linguagem exatamente da mesma forma pela qual aprendem comportamentos simples: por processos de condicionamento mecânico. Os partidários da idéia de Skinner acreditam que as crianças *imitam* a linguagem que ouvem. Pouco a pouco, conforme as palavras vão sendo *associadas* a eventos, objetos ou ações, os bebês aprendem o que elas significam.

Os skinnerianos acreditam que a maior parte de nossas lições de linguagem provém das conseqüências da fala. Em outras palavras, nossas lições de linguagem dependem de princípios do condicionamento operante (veja o Capítulo 3). Aprendemos a usar a gramática correta, a relatar com precisão, a fazer perguntas e a fazer pedidos porque: pedidos são atendidos, perguntas são respondidas. As pessoas ficam satisfeitas quando somos precisos e usamos corretamente a gramática, e contrariadas quando ocorre o oposto. A linguagem generaliza-se como qualquer outro comportamento. Quando um ato é repetidamente reforçado, o ato em si torna-se reforçador e sua probabilidade de ocorrência aumenta. Se, por exemplo, informações corretas são consistentemente recompensadas, a precisão torna-se agradável e habitual.

Certas idéias de Skinner encontram fundamentação. A pesquisa sugere que os pais modelam palavras e frases e que as crianças imitam as palavras espontaneamente (Bloom *et al.*, 1974; Miller, 1982; Moerk, 1983). Ademais, a estimulação precoce do tipo considerado importante pelos skinnerianos (modelagem de palavras e associação de palavras com objetos) apressa a aquisição normal da linguagem (Fowler & Swenson, 1979; Hardy-Brown & Plomin, 1985) e pode ser usada para treinar os mudos a falar (R. Epstein, 1981). Há também alguma evidência para a idéia de que os pais recompensam conquistas lingüísticas (Moerk, 1983).

A explicação da aquisição da linguagem pela teoria do condicionamento não é um sucesso incontestável. Ela não oferece uma explicação aceitável para a aprendizagem de regras. A questão é que os bebês escutam sentenças muito diferentes. Porém, ao redor dos 5 anos, demonstram o domínio das mesmas regras. Se a imitação, a associação e o condicionamento fossem os principais determinantes da aprendizagem de regras, deveria haver mais variações do que há na realidade. Também problemático é o fato de que os observadores raramente encontram pais que ensinam gramática (Braine, 1971; Brown & Hanlon, 1970). Na verdade, tentativas deliberadas de ensinar crianças geralmente não dão certo (Nelson, 1973). Os adeptos da teoria da solução de problemas vêem o ensino deliberado como contraproducente porque os pais concentram-se antes em superficialidades do que em hipóteses errôneas.

Uma Síntese

As teorias de aquisição da linguagem que descrevemos abrangem diferentes aspectos do processo. Alguma faculdade pré-programada pela hereditariedade predispõe as pessoas a achar a linguagem interessante, a ficar atenta e a formular hipóteses sobre como ela funciona. Provavelmente adquirimos muito de nosso conhecimento da linguagem (especialmente dos princípios subjacentes) por meio do teste das hipóteses enquanto interagimos com os pais. Provavelmente também aprendemos detalhes superficiais — como, por exemplo, palavras, significados iniciais, pronúncia, regras sociais — por meio da imitação, associação e reforçamento. (■)

Quadro 6.2

ENSINANDO LINGUAGENS A MACACOS

A posse da linguagem é parte de nossa identidade como seres humanos. Será exclusividade nossa a capacidade da linguagem? Ou será que outros animais podem adquirir a linguagem e usá-la de forma apropriada e flexível? Por ora, os sistemas de comunicação natural dos animais não-humanos parecem primitivos. Os cientistas obtiveram informações sobre os animais por meio da correlação de sons e gestos com padrões de comportamento. Em um estudo de peixes, pássaros e mamíferos, nenhum animal usava menos de 10 ou mais de 37 *displays** (Wilson, 1975). Como os *displays* eram sempre similares e como cada um deles ocorria sob circunstâncias específicas, ao que parece os animais eram bastante restritos no número de idéias que podiam expressar. Conquanto a pesquisa mais recente sugira que os sistemas de comunicação natural possam ser muito mais complexos do que se acreditava, ainda não se descobriram evidências de que animais não-humanos combinem sons e formem sentenças de qualquer espécie — os elementos principais da linguagem (Seyfarth & Cheney, 1984).

ENSINANDO LINGUAGEM A ANIMAIS

Embora, pelo que se sabe até o momento, os animais não tenham desenvolvido línguas próprias, será que eles conseguiriam aprender as nossas? Há cerca de 50 anos, psicólogos começaram a tentar ensinar linguagem a macacos. Em meados da década de 1950, Allan e Beatrice Gardner tornaram-se os primeiros professores bem-sucedidos nesse intento. Eles treinaram uma chimpanzé chamada Washoe a se comunicar em *Ameslan ou American Sign Language [Linguagem Americana de Sinais]*, uma linguagem gestual usada por pessoas surdas.

Projeto Washoe

Os Gardner (1969, 1975a, 1975b) adquiriram Washoe, uma chimpanzé cujo hábitat é selvagem, quando ela estava com aproximadamente 1 ano de idade. Eles a trataram como uma criança humana. Pelo menos um adulto, e freqüentemente dois, sempre lhe faziam companhia enquanto ela estava acordada. Eles sinalizavam para ela e um para o outro em Ameslan durante as brincadeiras, refeições e rotinas de "toalete infantil".

Após seis meses de exposição aos gestos Ameslan, Washoe aprendeu alguns sinais simplesmente *observando os outros*. Ela adquiriu a maior parte de seu vocabulário por meio de *moldagem*. As mãos, os braços e os dedos da chimpanzé eram colocados na posição certa de sinais na presença do objeto ou da ação representada. Washoe aprendeu também por meio do procedimento operante chamado *modelagem*: aproximações cada vez maiores de um sinal-alvo eram sempre recompensadas. Por exemplo, bater à porta, algo que Washoe fazia naturalmente quando queria que a porta se abrisse, tornou-se o primeiro passo na construção do sinal de abrir: as duas mãos abertas lado a lado e com as palmas para baixo afastavam-se vagarosamente e giravam, voltando as palmas para cima.

Vários anos depois de cessado o treinamento intensivo, Washoe estava usando um vocabulário de cerca de 160 sinais para se expressar (Fouts, 1974, 1983). Havia mais palavras em seu vocabulário receptivo. Como as crianças pequenas, ela combinava sinais para formar sentenças "telegráficas", como "Corre abre", "Abraço vem corre" e "Mais comida me dá". A chimpanzé usava sinais para nomear objetos espontaneamente, para conversar e para pedir comida, companhia e brincadeiras.

Desenvolvimentos Posteriores

Desde Washoe, muitos macacos aprenderam uma variedade de linguagens: alguns manipulam fichas de plástico ou digitam em teclas de computador, por exemplo. Tanto os procedimentos de ensino como de teste foram aperfeiçoados. Quando espécies novas (e presumivelmente mais inteligentes) — orangotangos, chimpanzés anões e gorilas — aprenderam a "falar", vimos conquistas ainda mais impressionantes. Após seis anos de treinamento, Koko, uma gorila tutelada, por Francine Patterson (1978a, 1978b; com Linder, 1981), tinha um vocabulário de cerca de 300 a 800 sinais em Ameslan. O número menor refere-se a palavras usadas espontaneamente pelo menos 15 dias durante um mês. O número maior refere-se a sinais usados com menos freqüência. Ainda mais impressionante do que o tamanho de seu vocabulário é o fato de que Koko fala sobre sentimentos (tristeza, raiva, medo), usa abstrações ("tedioso", "imaginar", "entender", "curioso", "bobo"), faz piadas, mente, define palavras, comunica-se, referindo-se ao passado e ao futuro, responde a perguntas tipo "por quê?", questiona, insulta, argumenta, expressa empatia e faz sinais para si mesma, para outros animais e para suas bonecas. (Veja a Figura 6.17.)

A comunicação entre animais que usam a linguagem é outra promissora área de pesquisa. Até o momento, o uso observado de linguagem de sinais entre chimpanzés mantidos juntos tende a ser limitado a sinais únicos (que podem ser usados como perguntas ou modificados para obter ênfase). Os tópicos de "conversação" tendem a se concentrar em brincadeiras, *grooming*,** interações sociais, reasseguramento ou alimento (Fouts & Fouts, 1985). De grande interesse é o fato de que Washoe (e outros companheiros chimpanzés que utilizavam a linguagem dos sinais) ensinou a seu filho adotivo, Loulis, 63 sinais Ameslan usando modelagem, moldagem e modelação, técnicas de ensino que haviam sido usadas com ela. E durante uma das fases do estudo, ocorriam por mês, em média, quase 400 conversas por sinais.

* N.T.: Conjunto de sinais — com freqüência e movimentos complexos acompanhados de sons — que contêm valor informativo.

** N.T.: Termo usado em inglês para definir não só a mera catação, tão comum entre macacos, mas também esmerados cuidados individuais com o pêlo: alisar, limpar e retirar corpos estranhos. A atividade de *grooming* ocupa grande parte do tempo dos chimpanzés.

■ **Quadro 6.2** (continuação)

Apesar do sucesso de Patterson com Koko, alguns investigadores acreditam que as técnicas para ensinar macacos são ainda muito primitivas e que ainda precisamos analisar mais profundamente a capacidade de comunicação dos macacos (Rumbaugh, 1983).

OS MACACOS REALMENTE ADQUIREM LINGUAGENS?

São várias as opiniões quanto a se os macacos realmente adquiriram linguagens. Muito da discussão gira em torno da definição de linguagem. Se a linguagem for definida como nomes ou símbolos usados para comunicar significado, poucos discutiriam a "reivindicação" dos macacos. Também a favor dos macacos está a similaridade de suas conquistas com aquelas de crianças bem pequenas:

1 Ambos nomeiam os objetos e eventos que os cercam. O macaco é claramente capaz de usar nomes para se referir a experiências (Terrace, 1985). As pessoas são decerto melhores na atividade de nomear. Crianças medianas de 5 anos de idade usam cerca de 5.000 palavras. Koko, aos 7, estava usando apenas 375 sinais.

2 O conteúdo da fala é similar. Ambos notam o surgimento e o ressurgimento de objetos e pessoas e as características das coisas. Ambos nomeiam localizações, dão notícia de ações e pedem para ter as necessidades atendidas.

3 Ambos apreendem abstrações elementares. Os macacos dominam conceitos tais como similaridade e causa e efeito (Premack & Premack, 1983).

A maioria dos críticos encontra diferenças qualitativas importantes entre as conquistas de crianças e de macacos.

1 Ensinar linguagem humana a macacos é uma empreitada árdua que exige um enorme planejamento e paciência e diligência quase ilimitadas. Em contraste, no caso das crianças, a aquisição da linguagem é fácil, rápida e quase inevitável.

2 O uso de linguagem humana por macacos carece de espontaneidade (Terrace, 1983). Os animais produzem sinais que lhes trazem aquilo que desejam em um determinado contexto, após o que eles geralmente param. Macacos usuários de Ameslan, especialmente Koko, são excepcionais em fazer sinais livremente (Patterson & Linder, 1981).

3 Se os macacos adquirem ou não regras gramaticais é uma questão intensamente discutida (Fouts, 1983; Patterson & Linder, 1981; Terrace, 1983). Certamente, os animais são desprovidos do tipo de entendimento das palavras de que são dotadas as pessoas (Brown, 1973). Diante de qualquer elocução, os humanos podem construir um número quase ilimitado de variações. Tome a afirmação: "Linda adorava galopar seu cavalo". Poderíamos dizer: "Linda tinha especial carinho pelos momentos em que ela e seu cavalo corriam pela trilha". Ou "Para Linda, galopar seu cavalo era como voar. Nada havia de que ela gostasse mais". A "estrutura de sentença" dos macacos, segundo alguns observadores, é simples: eles repetem palavras até conseguirem aquilo que querem (Terrace, 1983).

FIGURA 6.17 Quando a Dra. Patterson, treinadora e amiga, contou a história dos três gatinhos que haviam perdido suas luvas, Koko sinalizou que a mãe deles ficou brava. (Dr. Ronald Cohn/The Gorilla Foundation.)

4 Os macacos são desprovidos de complexidade na utilização da linguagem humana. Conforme as sentenças das crianças vão aumentando em tamanho, tornam-se cada vez mais complicadas. De fato, a linguagem de crianças medianas de 3 anos de idade mostra muito mais sofisticação do que a demonstrada por qualquer macaco até o momento. Nessa idade, as crianças já estão usando substantivos (como "lugar" e "tipo") e sentenças complexas. A elocução de uma criança de 3 anos de idade — "Quando eu era pequenininha, eu falava assim, 'tá-tá', mas agora eu falo 'isto é uma cadeira'" — contrasta a habilidade de linguagem, passada e presente, atestando a capacidade de seguir várias idéias de uma só vez (Limber, 1977). As elocuções dos macacos, em contraste, permanecem simples. Embora a sentença de Koko, "Por favor leite por favor mim gosta tomar garrafa maçã", seja longa, é intelectualmente primitiva.

5 Macacos não aprendem convenções sociais relativas à fala humana. Eles não entendem que cada orador acrescenta informações à elocução anterior e respeita um revezamento na hora de falar (Terrace et al., 1981).

A esta altura, deve estar claro que o uso de linguagens humanas envolve a orquestração de uma série de componentes essenciais. Os macacos, ao que parece, adquirem alguns, porém não todos eles. Entretanto, não foi ainda demonstrado o que está além do âmbito dos macacos porque há muito ainda a aprender de sua capacidade de comunicação (Menzel, 1981; Rumbaugh, 1983; Seyfarth & Cheney, 1984; Snowdon et al., 1982).

METACOGNIÇÃO

Até certo ponto, os seres humanos têm consciência de sua própria cognição. Você pode ter observado que aprende mais facilmente olhando do que ouvindo algo. Você pode ter formado alguma opinião sobre sua memória comparada com a dos outros. Quando se vê diante de algo, você forma impressões sobre sua natureza: enfadonho? fascinante? fácil? difícil? Sem dúvida alguma você tem suas estratégias para resolver problemas. Além disso, você monitora sua própria linguagem. Todos esses tipos de conhecimentos sobre conhecimento são chamados de *metacognição*.

John Flavell (1977, 1980) foi pioneiro na reflexão e pesquisa sobre a metacognição. Uma das questões sobre as quais escreveu trata da razão pela qual as pessoas buscam conhecimentos sobre o conhecimento. Flavell responde que os animais que pensam, planejam, explicam e fazem previsões — mas freqüentemente erram — sentem a necessidade de controlar e reger seu próprio pensamento.

As capacidade metacognitivas desenvolvem-se, ao que parece, gradativamente. Muito cedo, começamos a monitorar nosso próprio progresso e a corrigir nossos erros (Brown *et al.*, 1983; Clark & Clark, 1977). Vimos que as crianças, em seu primeiro ano de vida, praticam palavras que ouviram durante o dia. Crianças que estão começando a andar trabalham ativamente para lembrar onde está um determinado brinquedo atraente. Crianças em idade de pré-escola tentam corrigir seus próprios erros de fala (Evans, 1985) e falam consigo mesmas sobre tarefas malogradas (planos e objetivos, por exemplo) (Fauenglass & Diaz, 1985). Conquanto haja menos evidências da metacognição em adultos, há razões para acreditar que nós também estamos continuamente engajados no monitoramento de nossa vida mental (Lovelace, 1984; Maki & Berry, 1984). O monitoramento parece ser um aspecto "*on-line* e sempre presente" do funcionamento intelectual humano (R. Gelman, 1983).

A pesquisa sobre metacognição fez emergir lições práticas (Forrest-Pressley *et al.*, 1984; Leal *et al.*, 1985). Indivíduos com desempenho fraco na escola mostram às vezes pouca sofisticação metacognitiva. A possibilidade de desenvolver as capacidades metacognitivas foi mencionada anteriormente neste capítulo, quando falamos sobre programas para ensinar a solução de problemas e sobre o pensamento. Por vezes, as pessoas são levadas a prestar atenção enquanto aprendem, para observar seus próprios processos mentais. Por vezes, elas pensam alto para mostrar como a mente delas funciona.

RESUMO

1 O termo "pensamento" refere-se a uma ampla gama de funções mentais que não estão precisa e claramente definidas.

2 Imaginações e ações freqüentemente acompanham o pensamento, mas não lhe são essenciais. Conceitos, ou representações, estão no centro do processo do pensamento. As categorias estão dentre os nossos conceitos.

3 Quando as pessoas raciocinam, usam suas estratégias decisórias para responder a perguntas. Comumente, as estratégias incluem a comparação com protótipos, a disponibilidade de exemplos, a pesquisa de exemplos e a construção de explicações causais.

4 A solução de problemas começa com a identificação de um desafio. Na preparação para lidar com ele, as pessoas representam o problema e adotam uma estratégia para resolvê-lo; geralmente está envolvida a estratégia do teste de geração, a análise de meios e fins ou a imaginação. As avaliações geralmente ocorrem durante a ou no fim da solução do problema.

5 A linguagem é uma forma quase infinitamente flexível de comunicação intencional, regida por regras que ditam os significados.

6 Ao falar, as pessoas parecem ter planos gerais. Elas usam sentenças curtas, monitoram a fala e corrigem os erros.

7 Pelo fato de a linguagem falada ser rápida e falha, entender a fala é um feito nada desprezível. Não obstante, nós o conseguimos automaticamente e, ao que parece, com pouco esforço. Sem ter consciência, parece que estamos continuamente tentando descobrir o que ouviremos, auxiliados por nosso conhecimento da linguagem e dos eventos.

8 As crianças desenvolvem os princípios básicos de uma língua aos 5 anos de idade, aproximadamente. A motivação inicial para a aquisição da linguagem provavelmente é o desejo de atrair atenção para conseguir a satisfação de desejos e necessidades. Com 1 ano de idade, os bebês emitem sons distintos que imitam aqueles emitidos pelas pessoas que os rodeiam. Eles entendem os significados das palavras e usam as utilizam para transmitir idéias completas. Em torno de 1 ano de idade, os bebês começam a falar em linguagem telegráfica, a qual tem leis próprias. Aos 2 anos e 6 meses, eles usam mais de duas palavras, preenchendo as lacunas gramaticais, acrescentando vocabulário e encompridando as sentenças.

9 Três teorias complementares sobre a aquisição da linguagem têm consideráveis adeptos. A teoria do LAD presume que as pessoas têm capacidades exclusivas e inatas que as ajudam a adquirir a linguagem. A teoria da solução de problemas concentra-se na maneira pela qual as crianças testam hipóteses enquanto interagem com outras pessoas, para descobrir as regras da linguagem. A teoria do condicionamento postula que os bebês adquirem os fundamentos da linguagem por meio de princípios de imitação, associação e reforçamento.

10 Embora os macacos possam aprender a simbolizar aspectos da linguagem humana, ninguém conseguiu ensinar-lhes a usar um sistema gramatical humano com flexibilidade e sofisticação.

11 Os seres humanos freqüentemente pensam sobre o próprio pensamento e linguagem, uma atividade conhecida como metacognição.

GUIA DE ESTUDO

Termos-chave

pensamento (247)
representação (250)
conceito.(250)
categoria (250)
protótipo (251)
pensamento dirigido (252)
raciocínio (252)
estratégia de comparação com protótipos (253)
estratégia de busca de exemplos (253)
estratégia de disponibilidade de exemplos (253)
estratégia de construção de explicações causais (254)
solução de problemas (254)
estratégia de teste de geração (256)
análise de meios e fins (257)
imaginação (257)

aprendendo a aprender (258)
período de incubação (259)
fixação funcional (259)
inteligência artificial (261)
simulação por computador (261)
algoritmo (261)
heurística (261)
psicolingüística (262)
comunicação reflexiva *versus* proposital (262)
linguagem (263)
gramática (prescritiva, descritiva) (263)
fala holofrástica (268)
linguagem telegráfica (268)
metacognição (274)
e outras palavras e frases em itálico

Conceitos Básicos

relações entre linguagem e pensamento
hipótese da relatividade lingüística
teorias clássica e prototípica sobre a formação de categorias
hierarquias na cognição (formação de conceito, linguagem)
fases da resolução de problemas
diferenças cognitivas entre pessoas e computadores
qualidades que tornam especial a linguagem
estrutura superficial *versus* subjacente da linguagem
teorias da aquisição de linguagem (dispositivo de aquisição de linguagem [LAD], sólução de problemas, condicionamento)
controvérsias sobre a aquisição da linguagem humana por macacos

Avaliação

1 Qual das seguintes é a mais essencial ao pensamento?
a. Ação
b. Emoção
c. Imaginação
d. Representação

2 Qual das afirmações sobre categorias é falsa?
a. Os exemplos podem ser membros de uma única categoria.
b. A teoria clássica afirma que todos os exemplos que estão dentro de uma categoria compartilham propriedades comuns.
c. As pessoas freqüentemente usam protótipos para verificar até que ponto um exemplo enquadra-se em uma categoria.
d. Entender uma categoria significa conhecer as propriedades que são comuns à maioria dos itens naquela categoria.

3 Qual das seguintes é uma característica do pensamento dirigido?
a. Incongruência
b. Avaliação por padrões externos
c. Ausência de um objetivo
d. Perda de controle

4 A estratégia de comparação com protótipo envolve ___.
a. Decidir se algo integra uma categoria.
b. Dividir um problema em subproblemas.
c. Gerar e testar soluções possíveis para um problema.
d. Procurar exemplos que não se enquadrem em uma generalização.

5 Qual é a explicação mais comum para a incubação?
a. Combinação seletiva
b. Comparação seletiva
c. Codificação seletiva
d. Esquecimento seletivo

6 Para resolver problemas, os computadores valem-se principalmente de ___; as pessoas geralmente empregam ___.
a. Algoritmos; algoritmos
b. Algoritmos; heurística
c. Heurística; algoritmos
d. Heurística; heurística

7 Uma gramática descritiva inclui os princípios que regem ___.
a. Comunicação reflexiva e proposital
b. Fala e escrita socialmente aceitáveis
c. Estrutura superficial de uma língua
d. Entendimento e criação de uma variedade quase infinita de elocuções

8 Os psicolingüistas chamam os sons de vogais de ___.
a. Morfemas
b. Fonemas
c. Estruturas superficiais
d. Estruturas subjacentes

9 A que se refere o termo "fala holofrástica"?
a. Balbucio
b. Coordenação da vocalização, olhar e gestos
c. Movimento em ritmo com uma linguagem falada
d. Uso de palavras isoladas para representar sentenças inteiras

10 Qual das opções correlaciona corretamente um pesquisador com sua teoria de aquisição de linguagem?
a. Brown: telegráfica
b. Bruner: condicionamento
c. Chomsky: LAD
d. Skinner: solução de problemas

Exercícios

1. *Estratégias de raciocínio, solução de problemas e simulação por computador.* Este exercício de correspondência vai ajudá-lo a associar os nomes de estratégias cognitivas a suas definições. (Veja as pp. 252-254, 256-258, 260-262.)

Estratégias: algoritmo (A), construção de explicações causais (CEC), disponibilidade de exemplos (DE), busca de exemplos (BE), teste de geração (TG), heurística (H), meios e fins (MF), comparação com protótipos (CP).

__ 1 Ao resolver um problema, pensamos nas soluções possíveis e depois avaliamos cada uma.

__ 2 Para decidir se um determinado objeto ou evento é membro de uma determinada categoria, comparamos o objeto ou evento com o membro mais típico da categoria.

__ 3 Desmembramos problemas grandes em partes e trabalhamos nos subproblemas menores, um por vez.

__ 4 Especificamos passo a passo todas as operações necessárias para chegar à solução de um problema. Dispondo de tempo ilimitado, isso garante uma solução.

__ 5 Para verificar uma alegação, procuramos exemplos e contra-exemplos.

__ 6 Para descobrir se algo é provável ou não, verificamos com que grau de facilidade conseguimos achar exemplos da categoria em questão.

__ 7 Para decidir se algo é provável, verificamos com que grau de facilidade conseguimos fazer uma sinopse explicativa.

__ 8 Regras e atalhos para a solução de problemas.

Usando a Psicologia

1 Bia está indecisa sobre fumar. Como ela poderia usar a estratégia de comparação com protótipos para tomar sua decisão?

2 Um amigo diz que o uso da maconha leva ao uso da cocaína. Como você poderia usar a estratégia de busca de exemplos para verificar esta alegação?

3 Pessoas com alto risco de doença cardíaca (porque familiares diretos apresentam a doença) raramente se preocupam com a possibilidade de ter um ataque cardíaco (Becker & Levine, 1983). Que estratégia de raciocínio prevê esse resultado?

4 Pense em um problema que o preocupa atualmente. Descreva pelo menos duas maneiras diferentes de representá-lo. Dados confusos e restrições, fatores irrelevantes ou informações incompletas são obstáculos à resolução do problema?

5 Considere um problema recente (talvez um do capítulo) que você resolveu com sucesso. Você usou a codificação seletiva, a combinação seletiva ou a comparação seletiva para chegar à solução?

6 Descreva ocasiões em que o *aprender a aprender* colaborou nos seus esforços de solução de problemas e ocasiões em que a fixação funcional, restrições desnecessariamente severas e estratégias estereotipadas o impediram de chegar à solução.

7 Faça um quadro mostrando as principais fases da aquisição da linguagem.

8 Com base na leitura deste capítulo, você acha que os macacos adquiriram uma linguagem realmente humana? Que argumentos mais influenciaram sua opinião?

9 Pense em seu próprio depósito de informações metacognitivas. O que você acha de si mesmo como pensador e orador?

Leituras Sugeridas

1 Bransford, J. D. (1979). *Human cognition: Learning, understanding, and remembering*. Belmont, CA: Wadsworth. Reed, S. K. (1982). *Cognition: Theory and applications*. Monterey, CA: Brooks/Cole. Ambos cobrem tópicos sobre cognição, oferecendo impressões pessoais e enfatizando aplicações na vida real.

2 Miller, G. A. (1981). *Language and speech*. San Francisco: Freeman. Uma "maravilhosa" e "tantalizante introdução a uma empolgante área de estudo"; "claro, conciso, informal e bem fundamentado" (Blumstein, 1983, p. 409).

3 Perkins, D. N. (1981). *The mind's best work*. Cambridge: Harvard University Press. O leitor é convidado a trabalhar por meio de quebra-cabeças e experimentos do tipo "faça você-mesmo" enquanto Perkins explora o processo criativo. Discussão entremeada de relatórios sobre estudos de artistas pensando alto, material de diários e relatos históricos sobre gênios como Beethoven, Picasso e Einstein. Lúcido e difícil de parar de ler.

4 McCorduck, P. (1979). *Machines who think: A personal inquiry into the history and prospects of artificial intelligence*. San Francisco: Freeman. Uma história fascinante da revolução da computação, escrita de maneira informal para pessoas perplexas diante da perspectiva das máquinas "pensantes". O romancista McCorduck entrevistou quase todas as pessoas envolvidas no trabalho inicial de desenvolvimento da inteligência artificial.

5 Bransford, J. D. & Stein, B. S. (1984). *The ideal problem solver: A guide to improving thinking, learning, and creativity*. San Francisco: Freeman. Um livro prático sobre resolução de problemas.

6 Walker, S. (1983). *Animal thought*. Londres: Routledge & Kegan Paul. Esmiúça todos os aspectos da inteligência animal: percepção, memória, comunicação, conhecimento. "Acurado, lúcido e divertido [...]. Um livro notável sobre psicologia comparada, bastante pessoal, porém isento de excentricidades ou idiossincrasias." (Jerison, 1984, p. 18.)

Respostas

FICÇÃO? OU FATO?
1. F 2. F 3. V 4. V 5. F 6. F

AVALIAÇÃO
1. d (250) 2. a (250) 3. b (251-252) 4. a (251) 5. d (259) 6. b (261) 7. d (263) 8. b (264) 9. d (267) 10. c (269)

EXERCÍCIOS
1. TG 2. CP 3. MF 4. A 5. BE 6. DE 7. CEC 8. H
UMA SOLUÇÃO PARA A FIGURA 6.8: PROBLEMA DOS FÓSFOROS

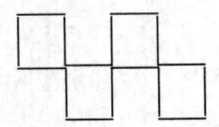

UMA SOLUÇÃO PARA A FIGURA 6.0: PROBLEMA DAS AMPULHETAS

1 Comece com ambas as ampulhetas, de 7 e de 11 minutos, ao mesmo tempo. Comece a cozinhar o ovo quando terminar a areia da ampulheta de 7 minutos.

2 Após 4 minutos (quando tiver acabado a areia da ampulheta de 11 minutos), vire a ampulheta de 11 minutos. Quando terminar a areia, o ovo terá cozinhado durante 15 minutos.

CAPÍTULO 7

Inteligência e Teste

SUMÁRIO

DEFININDO A INTELIGÊNCIA
Essência da Inteligência
Velocidade Cognitiva
Motivação e Ajustamento
Hereditariedade e Ambiente
Definições Universais
Perspectiva Operacional
Abordagem Cognitiva

CONSTRUINDO TESTES PSICOLÓGICOS PADRONIZADOS
Seleção de Itens de Testes
Avaliação de Itens de Testes
Garantia de Objetividade
Avaliação da Precisão
Validade

MEDINDO A INTELIGÊNCIA
Teste de Inteligência de Alfred Binet
Revisão de Lewis Terman
Testes de Inteligência Atuais

HEREDITARIEDADE E INTELIGÊNCIA MEDIDA
Evidência da Contribuição Genética
O Relativo Impacto da Hereditariedade
Como a Hereditariedade Favorece a Inteligência Medida

AMBIENTE E INTELIGÊNCIA MEDIDA
Desnutrição
Toxinas
Tamanho da Família e Ordem de Nascimento
Estimulação Sensório-motora
Desafios Cognitivos
Educação Formal
QUADRO 7.1: Educação Compensatória

DIFERENÇAS ENTRE GRUPOS NA INTELIGÊNCIA MEDIDA
Diferenças de Gênero
Diferenças de Idade
Diferenças de Classe Social
Diferenças de Raça

DIFERENÇAS INDIVIDUAIS NA INTELIGÊNCIA MEDIDA
Retardo Mental
Inteligência Superior

TESTES DE INTELIGÊNCIA: CRÍTICAS
A Controvérsia da Validade
Usos dos Testes Mentais
Abusos dos Testes Mentais
Novos Rumos dos Testes Mentais

CONSTRUCTOS MENTAIS RELACIONADOS
Estilos Cognitivos
Aproveitamento Escolar
Aptidão Escolar
QUADRO 7.2: Medindo a Criatividade

RESUMO

GUIA DE ESTUDO

FICÇÃO? OU FATO?

1 É relativamente fácil definir a inteligência de uma forma aceitável para a maioria dos psicólogos. Verdadeiro ou falso?

2 Confiabilidade e validade significam a mesma coisa. Verdadeiro ou falso?

3 Um resultado de QI é um índice acurado de capacidade intelectual em pobres e ricos, negros e brancos, velhos e jovens. Verdadeiro ou falso?

4 A experiência pode elevar ou baixar o QI em 30 pontos ou mais. Verdadeiro ou falso?

5 Testes mentais indicam que os homens são substancialmente mais inteligentes que as mulheres. Verdadeiro ou falso?

6 Após os 40 anos, a inteligência começa a declinar — ligeiramente, no princípio, e acentuadamente, depois dos 50. Verdadeiro ou falso?

7 Os retardados mentais têm melhor desempenho intelectual quando crescem com a família do que quando permanecem em instituições. Verdadeiro ou falso?

Você escuta muita gente falando sobre QI. A primeira vez que ouvi essa expressão foi quando estava na Empire State School. Não sabia o que era, mas algumas pessoas estavam conversando e o assunto surgiu. Eu era interno na época, e aí fui perguntar a um funcionário qual era o meu. Eles me disseram que era 49. Quarenta e nove não é cinqüenta, mas mesmo assim fiquei contente. Quer dizer, achei que não fosse um número baixo. Realmente não sabia o que aquilo significava, mas me pareceu bem alto. Ora, eu nasci em 1948 e 49 não parecia ruim. Quarenta e nove não me pareceu desesperador. *(Bodgan & Taylor, 1976, p. 49.)*

Estas palavras de um homem retardado mental sugerem que, em nossa cultura, a maioria dos adultos já ouviu falar do conceito de QI. As pessoas sabem que os números têm algo a ver com inteligência, e todo mundo valoriza resultados altos. Mas o que é QI? E, mais importante, o que é inteligência? Como os psicólogos a medem? O que se sabe da inteligência? No Capítulo 6, examinamos funções mentais superiores; neste capítulo, exploramos as capacidades subjacentes dessas funções. Para começar, eis um caso incomum de um idiota-prodígio[1] *(idiot-savant)* conhecido por L. (Scheerer *et al.*, 1945).

O CASO DE L., UM IDIOTA-PRODÍGIO

Um menino de 11 anos, conhecido por L., não conseguia acompanhar a escola regular ou aprender por meio do ensino em classe. Em sua carreira acadêmica, seu progresso foi sofrível e irregular. Em casa, o menino demonstrava pouco interesse nas atividades comuns da infância ou na socialização com outras crianças. A família acabou levando-o a uma consulta psicológica e médica. Durante seis anos, uma equipe de especialistas avaliou a inteligência e a personalidade de L. usando experimentos especialmente concebidos para ele e testes-padrão. As descobertas foram fascinantes e contraditórias.

Por um lado, L. não conseguia entender abstrações; ficava confuso com símbolos e conceitos. Considere a idéia de similaridade-diferença. Quando lhe perguntaram "Um *penny [moeda de 1 centavo]* e um *quarter [moeda de 25 centavos]* são similares?", ele respondeu: "Como o *penny* é grande e o *quarter* é pequeno, como elas têm formato diferente, o *penny* está pra baixo e o *quarter* está pra cima, bem alto".

Desprovido da capacidade de raciocinar, L. tinha dificuldade de compreender que uma coisa podia causar uma outra coisa. Quando lhe perguntaram o que havia de errado em uma foto de um homem segurando um guarda-chuva de ponta-cabeça na chuva, L. respondeu: "É, o homem está segurando um guarda-chuva, não sei por que, tem muita chuva aí".

Paralelamente a essas imensas deficiências havia algumas habilidades notáveis. L. podia dizer, de imediato, em que dia da semana um aniversário passado ou futuro (ou qualquer outra data de 1880 a 1950) tinha caído ou cairia. Ele o fazia sem entendimento algum do conceito de idade. L. julgava as pessoas nascidas nos primeiros meses do calendário mais velhas do que aquelas nascidas nos meses posteriores, mesmo sabendo o ano de nascimento e conhecendo a aparência física. Ele conseguia somar doze números de dois dígitos no mesmo momento em que eram falados, mas seu entendimento de números era muito pequeno. Ele não compreendia que 23 é maior que 15, por exemplo. A soletração era outra habilidade. Sem saber ou se preocupar em saber o significado de muitas palavras, L. podia soletrar quase qualquer palavra pronunciada regularmente ou de trás para a frente. L. era também dotado de talento musical. Tinha afinação perfeita. De ouvido, tocava músicas de Dvorak e Beethoven no piano e

---

1. N.R.T.: Optou-se por traduzir o termo *idiot-savant* por idiota-prodígio, embora seja comum encontrar a expressão em francês.

cantava árias de ópera do começo ao fim sem cometer erros.

L. não é a única pessoa a exibir contrastes tão extraordinários. Um número pequeno porém significativo de indivíduos, chamados *idiotas-prodígio*, exibem esse padrão: capacidade de gênio em uma ou mais áreas e capacidade abaixo da média em muitas outras. O idiota-prodígio geralmente se destaca em um ou vários dos seguintes campos: cálculos de calendário, habilidades mecânicas, capacidade de fazer discriminações sensoriais sutis (afinação perfeita, olfato aguçado), memória, aritmética, arte ou música (LaFontaine, 1973). (Veja a Figura 7.1.)

FIGURA 7.1 Kiyoshi Yamashita, dotado de apenas 68 de QI, passou a maior parte da vida dentro de instituições de doentes mentais, porém é muito admirado por quadros como os exibidos acima. A coexistência de capacidades altamente discrepantes sugere que a inteligência é formada por componentes distintos. (Cortesia de Toho Shobo Press.)

Pessoas comuns também demonstram habilidades e deficiências. Assim também ocorre com as crianças-prodígio (crianças excepcionalmente capazes em um campo e mais próximas da média em muitos outros) (Feldman, 1980). Estas observações deixam claro que a inteligência não é uma entidade única.

O caso de L. também faz lembrar a controvérsia sobre hereditariedade-ambiente. Alguns psicólogos vêem as façanhas dos idiotas-prodígio principalmente como o resultado de concentração e esforço obsessivos (talvez após lesão cerebral) (Restak, 1982; Scheerer *et al.*, 1945). Outros psicólogos enfatizam a dotação genética incomum (por exemplo, memória soberba) como sendo a base do desempenho notável (Hill, 1978).

DEFININDO A INTELIGÊNCIA

Muitas tentativas já foram feitas no sentido de definir a inteligência e provavelmente haverá muitas mais até que uma revele-se satisfatória. Nenhuma definição isolada conta com a adesão da maioria dos psicólogos, sendo as controvérsias muito numerosas.

Essência da Inteligência

O que está no cerne do comportamento inteligente? Para alguns psicólogos, a ênfase está no pensamento abstrato e no raciocínio (Sternberg & Powell, 1983). Para outros, o foco está nas capacidades que possibilitam a aprendizagem e a acumulação de conhecimentos. Outros ainda frisam a competência social: se as pessoas conseguem resolver os problemas apresentados por sua cultura (Zigler & Seitz, 1982). Na época atual, os psicólogos não sabem sequer se há um único *fator geral* (normalmente chamado de "G", inicial de geral) do qual dependam todas as habilidades cognitivas. Charles Spearman (1927) foi um proponente bastante conhecido da visão da "capacidade geral única". Ele achava que cada uma das tarefas mentais requeria duas qualidades: inteligência geral e habilidades específicas para a tarefa em questão. A solução de problemas de álgebra, por exemplo, exige inteligência geral mais o entendimento de conceitos numéricos. Spearman presumia que pessoas sagazes têm bastante fator geral.

O ponto de vista dos *fatores múltiplos* foi adotado por outro famoso psicólogo, L. L. Thurstone (1938). Thurstone alegava que o conceito de inteligência geral de Spearman abrangia na verdade capacidades múltiplas. Thurstone mediu sete componentes com um famoso teste (o teste denominado Capacidades Mentais Primárias) que ele mesmo desenvolveu:

1 Rapidez e precisão nas operações de adição, subtração, multiplicação e divisão.

2 Facilidade de pensar em palavras que correspondam a requisitos específicos.

3 Capacidade de entender idéias em forma de palavras.

4 Memória.

5 Raciocínio.

6 Percepção de relações espaciais.

7 Velocidade perceptiva (capacidade de identificar objetos com rapidez e precisão).

Embora Thurstone considerasse que essas capacidades estão de alguma forma relacionadas, ele enfatizou suas diferenças. A maioria dos atuais pesquisadores concorda com Thurstone em que fatores múltiplos efetivamente entram no comportamento inteligente (por exemplo, Carroll, 1985; Estes, 1982b; Gardner, 1984a; Sternberg, 1985a).

Velocidade Cognitiva

Muitos investigadores da inteligência presumem que pessoas brilhantes pensam relativamente rápido (Eysenck, 1982; Sternberg, 1985a) — uma suposição compartilhada pelo público em geral nos Estados Unidos e em muitos outros países. Por exemplo, muitas pessoas vêem a fala fluente (uma fala que se desenrola rapidamente, com poucas pausas) como sinal de inteligência.

A questão da velocidade cognitiva é complexa. Alguns tipos de comportamento inteligente estão ligados à velocidade. Pessoas que inspecionam rapidamente sua memória, por exemplo, também recordam bem por períodos curtos (Puckett & Kausler, 1984). Porém, pessoas com os melhores desempenhos em testes de inteligência não são necessariamente as mais rápidas. De fato, a velocidade durante a aprendizagem inicial (chegar a entender um problema e formular um plano) não tipifica detentores de altos escores em testes de inteligência (Sternberg, 1985a). Ao contrário, na maioria das vezes essas pessoas optam por despender logo de início um bom tempo trabalhando no problema. Depois, tendo formado algumas idéias gerais daquilo que é necessário, em geral trabalham rápido.

Relacionada com a questão de velocidade está a questão de se pessoas inteligentes captam novos problemas com muita facilidade e os resolvem com eficiência desde o início. Novamente, a pesquisa é algo surpreendente. Pessoas com altos resultados em testes de inteligência costumam ser ineficientes quando se vêem diante de um problema pela primeira vez. Depois de praticar, elas se tornam proficientes (Sternberg, 1985a).

Por ora, há que se concluir que inteligência e velocidade mental não são a mesma coisa, embora estejam às vezes relacionadas.

Motivação e Ajustamento

Conquanto alguns psicólogos vejam a inteligência como puramente cognitiva, outros acreditam que a motivação e o ajustamento desempenham importante papel (Scarr, 1981b; Sternberg, 1985a; Zigler & Seitz, 1982). Sandra Scarr dá um exemplo persuasivo para a idéia de que a motivação está tão interligada com a aprendizagem que ambas não podem ser separadas. Pessoas motivadas a pesquisar e a se engajar em novas experiências vão aprender mais e ter melhor desempenho em testes de inteligência e em outras situações do que aquelas com menos *motivação*.

Hereditariedade e Ambiente

Até que ponto a hereditariedade influencia diferenças de inteligência? Até que ponto as diferenças decorrem da experiência? De novo, não há um consenso entre os psicólogos. Todos concordam que tanto a hereditariedade como o meio ambiente influenciam a inteligência, mas as ênfases variam radicalmente. Para aqueles que consideram a inteligência um índice de capacidades múltiplas, o problema é composto; eles têm de perguntar: "Até que ponto esta ou aquela capacidade é influenciada pela hereditariedade? pelo meio ambiente?".

Alguns psicólogos adotam um modelo explicativo semelhante aos computadores e fazem a distinção entre os componentes de "hardware" e "software" da inteligência (Horn, 1979; Horn & Cattell, 1966; Jensen, 1983). O hardware refere-se às capacidades mentais que são difíceis de modificar: velocidade de entendimento, capacidade de memória de curto prazo, velocidade de recuperação a partir da memória de longo prazo e congêneres. Os componentes de software, que são algo modificáveis, incluem as estratégias para solução de problemas e o monitoramento do próprio desempenho. Alguns psicólogos acreditam que a hereditariedade predomina, quando se trata do hardware, e que o meio ambiente predomina no caso do software.

Definições Universais

Idéias acerca da inteligência variam de cultura para cultura (Sternberg, 1985a). Considere a tarefa mental de categorizar objetos. São entregues a você estatuetas de cães e gatos em diferentes poses e pedem que você agrupe os itens semelhantes. Em nossa sociedade, as pessoas tendem a categorizar por *classe*: cães de um lado; gatos do outro. Em certas tribos africanas, as pessoas separam objetos por *função*: em termos do nosso exemplo, animais comestíveis vão para um lado, animais para brincar vão para o outro lado. Conquanto os americanos considerem a estratégia funcional menos inteligente do que a estratégia de classe, o contrário é verdadeiro para alguns africanos. Eles são perfeitamente capazes de desempenhar a tarefa "inteligentemente" — segundo nossos padrões. Tudo o que temos a fazer é pedir que eles separem as estatuetas do jeito que as pessoas tolas o fazem. Variações como esta mostram que definições de inteligência precisam levar em conta a cultura. Embora as mesmas capacidades mentais existam em todas as culturas, os valores de cada cultura ditam quais delas são apreciadas e cultivadas. (Veja a Figura 7.2.)

Perspectiva Operacional

Os primeiros psicólogos tinham um motivo prático para definir a inteligência. Eles queriam fazer a distinção entre estudantes obtusos e brilhantes para atribuir um currículo escolar apropriado a cada grupo. Diante dessa motivação, questões teóricas foram facilmente postas de lado, canalizando-se a energia na concepção de testes de inteligência eficazes. Mais tarde, definições de inteligência foram baseadas nos testes.

Os behavioristas lidaram com o problema da definição da inteligência definindo-a *operacionalmente*. Definições operacionais definem conceitos em termos dos procedimentos usados para medi-los (veja o Capítulo 1). Durante mais ou menos três décadas, desde a década de 1930 até a de 1960 (período em que o behaviorismo dominou a psicologia), a inteligência era considerada *"o que os testes de inteligência medem, seja lá o que for"*. Só recentemente, quando a psicologia cognitiva passou a predominar, os investigadores manifestaram insatisfação com essa abordagem circular.

FIGURA 7.2 Culturas industriais prezam as capacidades científicas e organizacionais; outras sociedades admiram a sabedoria; e outras, ainda, valorizam o tipo de memória que permite recitar um grande número de versos, lendas ou histórias. Na fotografia, um respeitado idoso da Costa do Marfim conta lendas tribais no recinto real. Copyright (© Marc & Evelyne Bernheim/Woodfin Camp & Assoc.)

Abordagem Cognitiva

Hoje, os psicólogos cognitivos estão debatendo a natureza da inteligência, tendo criado uma série de modelos. A abordagem escolhida por Robert Sternberg (1985a), um dos mais produtivos investigadores cognitivos, aponta para a existência de três tipos distintos de habilidades de processamento de informação. Primeiro, há componentes de desempenho ou passos, conscientes ou inconscientes, subjacentes à resolução de tarefas mentais complexas. A pesquisa de Sternberg sugere que seis operações mentais ocorrem na solução de uma analogia, um tipo de processo de raciocínio. Para entender a abordagem de Sternberg, tente resolver a analogia abaixo antes de prosseguir a leitura. (Se você não for americano, provavelmente encontrará dificuldade.)

Washington está para 1 assim como Lincoln está para (a) 5, (b) 10, (c) 15, d (50).

Que componentes intelectuais ocorrem na analogia? Dos seis componentes de Sternberg, aqui estão três:

1 Primeiro, você precisa *codificar* (veja a p. 215) os termos da analogia. Isso envolve identificar cada elemento por meio da recuperação de informações da memória de longo prazo que podem ser relevantes para a solução do problema. Codificações possíveis para Washington são: presidente dos Estados Unidos, retratado no papel-moeda dos Estados Unidos. As codificações possíveis para Lincoln são as mesmas.

2 Depois você *infere uma relação* entre os atributos dos dois primeiros termos da analogia, a saber, Washington e 1. Você pode inferir que Washington foi o primeiro presidente americano, o que ele foi. Você pode relacionar que o retrato de Washington aparece na nota americana de 1 dólar, o que é verdade.

3 Agora, você *mapeia a relação* que liga a primeira metade da analogia (Washington, 1) à segunda metade da analogia, relativa a Lincoln. Você deve relacionar os dois homens a retratos em papel-moeda.

Outros componentes de desempenho ocorrem na compreensão da analogia; outros ainda na solução de problemas, visualização de objetos no espaço, e assim por diante. Sternberg espera poder especificar *todos* os componentes de desempenho que ocorrem nas medidas mais importantes do comportamento inteligente.

Os componentes de desempenho são apenas uma parte da história, e Sternberg sabe disso. Há também componentes intelectuais de ordem superior que ajudam a planejar, monitorar e avaliar o desempenho. No Capítulo 6, denominamos tais operações de *metacognição*. Confrontado com um problema, você verifica o que está sendo requerido. Você decide que processos intelectuais usar e como combiná-los. Finalmente, um terceiro conjunto de processos componentes auxilia na aquisição de conhecimento sobre o mundo. Dentre estes, estão a *codificação seletiva* (separar o que é relevante do que é irrelevante) e *combinação seletiva* (integrar conteúdos relevantes em um todo interconectado).

Em resumo, a definição cognitiva de inteligência de Sternberg depende de um programa de pesquisa voltado ao rastreamento dos componentes que ajudam as pessoas a se comportar de modo inteligente.

Embora as definições de inteligência continuem incompletas e controvertidas, os psicólogos vêm usando testes para avaliar o funcionamento mental há cerca de cem anos. Primeiro, focalizaremos os princípios dos testes; depois, os testes mentais.

CONSTRUINDO TESTES PSICOLÓGICOS PADRONIZADOS

Teste *psicológico* é uma tarefa única ou um conjunto de tarefas concebidas para fornecer informações sobre algum aspecto da capacidade, do conhecimento, das habilidades ou da personalidade humana. Neste capítulo, concentramo-nos nos *testes padronizados*, aqueles que são aplicados sob condições iguais e uniformes. Tais testes produzem uma ou mais pontuações numéricas, sendo providos de regras para interpretação dessas pontuações. Seu objetivo é fornecer comparações eqüitativas entre os diferentes examinandos. Há diretrizes rigorosas para o desenvolvimento de testes padronizados (Standards for Educational and Psychological Testing, 1985).

Seleção de Itens de Testes

Os elaboradores de testes escolhem com muito cuidado os itens que integrarão os testes padronizados. Para ilustrar, focalizaremos diversos critérios importantes para a escolha de itens para testes mentais.

1 Deve haver um grande número de itens. O requisito de tamanho é desejável porque cada uma das questões está propensa a ter falhas importantes. Se houver um grande número de tarefas, o trabalho não ficará concentrado em uma tarefa isolada.

2 As tarefas devem solicitar o uso de habilidades que se encontram na faixa do examinando médio. Para um teste de inteligência aplicado dentro dos Estados Unidos, itens que requeiram conhecimento do inglês-padrão são razoáveis. Itens que dependam de conhecimento de cálculo ou de microbiologia, por exemplo, são impróprios.

3 Os problemas apresentados devem ser razoavelmente interessantes; caso contrário, pode faltar motivação aos examinandos para trabalhar em sua solução. O sucesso em uma tarefa como "Conte 1.000 de trás para a frente, de dez em dez" mede mais a capacidade de suportar o enfado do que a capacidade intelectual.

4 Os itens do teste como um todo não devem favorecer ou discriminar qualquer grupo para o qual o teste seja direcionado. Tipicamente, os elaboradores dos testes preocupam-se com possíveis vieses relativos a sexo, raça e geografia. Ao elaborar um teste de inteligência, eles devem excluir tarefas que requeiram, por exemplo, conhecimento de criação de suínos ou estratégias de futebol. O primeiro favorece os examinandos rurais e o último, os homens. Como é difícil encontrar itens imparciais, os elaboradores de testes normalmente tentam equilibrar vieses fornecendo números similares de questões que favoreçam grandes grupos de examinandos.

5 As perguntas devem ter uma ou mais respostas corretas para que a notação numérica [escore] seja justa. No passado, a importante questão de múltiplas respostas corretas foi amplamente ignorada. Um exemplo vai fazê-lo entender melhor essa preocupação (Foss, 1981). Antes de prosseguir a leitura, escreva os dois números que completam esta seqüência: 8 1, 6 1, 4 1, ? ?. A resposta mais óbvia é 2, 1. Mas há várias outras possibilidades razoáveis; por exemplo, 3, 1 é facilmente justificável. 8 é 1 + 7 (um número primo); 6 é 1 + 5 (um número primo); 4 é 1 + 3 (um número primo), e 3 é 1 + 2 (um número primo). (Os primos estão também na seqüência correta. Cada um é o próximo número mais baixo em valor.)

Para cada item do teste, todas as respostas corretas precisam ser identificadas. Quando há múltiplas respostas corretas e isso não é indicado, examinandos muito capazes podem selecionar uma solução menos óbvia e serem penalizados por isso.

Avaliação de Itens de Testes

Uma vez colocados na forma escrita, os itens de testes precisam ser revisados e testados para assegurar que farão aquilo para o que foram concebidos. Geralmente um grupo de revisores independentes verificam as questões. Os conteúdos que passam na inspeção são testados em uma grande amostragem de pessoas. Essa primeira amostragem de examinandos é tanto grande quanto representativa da população para a qual o teste foi concebido. Os dois grupos — amostra e população — devem assemelhar-se em termos de idade, sexo, classe social, raça, localidade e congêneres. Estão incluídas nesse primeiro teste as mesmas condições-padrão que farão parte do procedimento do teste final. Esse primeiro teste, que permite que os cientistas sociais avaliem ainda mais a adequação de cada item do teste, fornecerá respostas a perguntas importantes. Dentre as perguntas mais importantes, encontram-se as seguintes:

1 Os itens específicos são muito fáceis ou muito difíceis? Os elaboradores de testes de inteligência buscam itens que distingam entre o brilhante, o mediano e o obtuso. Itens muito simples ou muito difíceis não farão essa distinção.

2 As respostas corretas a uma determinada questão tornam-se mais prováveis com a idade? Em testes de inteligência para crianças, as perguntas são escolhidas de tal modo que a porcentagem de crianças que responde corretamente aumente com a idade, para que o teste final reflita a pressuposição de que a capacidade mental cresce no decorrer da infância.

3 O desempenho em cada item correlaciona-se (veja a p. 28) com o desempenho geral no teste? Por exemplo, se um examinando acerta a pergunta 34, terá maior probabilidade de responder corretamente as questões posteriores do que outro que errou aquela pergunta. Este critério pressupõe a existência de alguma capacidade ou combinação de capacidades que cada item está medindo em algum grau.

Os itens que superam todos esses obstáculos sobrevivem, mas o teste em si está muito longe da perfeição.

Garantia de Objetividade

Os elaboradores de testes criam testes cujos resultados possam ser avaliados sem que o viés do examinador contamine o escore final. Testes razoavelmente livres de parcialismo do examinador são considerados testes *objetivos*. Os elaboradores de testes de inteligência usam diversas estratégias relacionadas para conseguir objetividade. Uma tática comum é introduzir perguntas com uma única ou várias respostas corretas. Se um problema tem um número ilimitado de soluções, as respostas ficam difíceis de interpretar, tornando provável o viés do examinador. A estratégia mais central que beneficia a objetividade é descrever *procedimentos padronizados* (uniformes) para aplicar e avaliar os resultados do teste. Cada um dos examinandos deve ter idêntica possibilidade de ir bem: idênticos limites de tempo, instruções, ambiente geral, critérios de contagem de pontos, e assim por diante. Quando os examinadores adotam diretrizes predeterminadas, não há variação nas contagens de pontos por ter o examinador usado o procedimento 1 com uma pessoa e o 2 com outra.

Para obter critérios uniformes de contagem de pontos, os elaboradores de testes reúnem informações do desempenho de um grande grupo representativo, o *grupo de referência*. Esses dados, conhecidos como *normas*, revelam ao examinador onde se encontra o examinando em relação ao grupo. A Figura 7.3 apresenta informações normativas sobre a Stanford-Binet Intelligence Scale (Escala de Inteligência Stanford-Binet). O gráfico descreve o desempenho de 3.184 crianças brancas nascidas nos Estados Unidos, as quais foram submetidas a uma versão inicial do teste. Suponha que um menino do Estado de Indiana obtenha um QI Stanford-Binet de 126. As normas dizem aos psicólogos do Maine, do Alasca, do México e do Japão que o escore é alto. Apenas 7% do grupo de referência (e presumivelmente de toda a população) consegue ter desempenho igual ou melhor.

Avaliação da Precisão

Suponha que sua balança mostre que você pesou 75 quilos na quinta-feira e 55 quilos na sexta-feira. Você não pode confiar nela. Não se pode esperar exatamente a mesma leitura de um dia para outro, mas uma pessoa não pode ganhar ou perder tanto peso de um dia para outro. Quando falamos da consistência, estabilidade ou capacidade de reprodução de uma medida estamos nos referindo à sua *precisão*. A precisão costuma ser uma preocupação importante no que se refere a medições psicológicas. Há várias perguntas sobre a precisão que interessam aos psicólogos, incluindo as seguintes:

1 Quando diferentes examinadores fazem a contagem dos escores de um mesmo teste, suas avaliações são coerentes entre si?

2 Os itens do teste são coerentes? O fracasso ou êxito em uma determinada tarefa está positivamente correlacionado com o desempenho nas tarefas restantes? Veja a exposição de motivos no item 3 da página 287.

3 Mensurações repetidas em diferentes pontos do tempo por formas idênticas ou semelhantes de um teste geram contagens de pontos similares? Esta pergunta refere-se à *precisão de teste-reteste*.

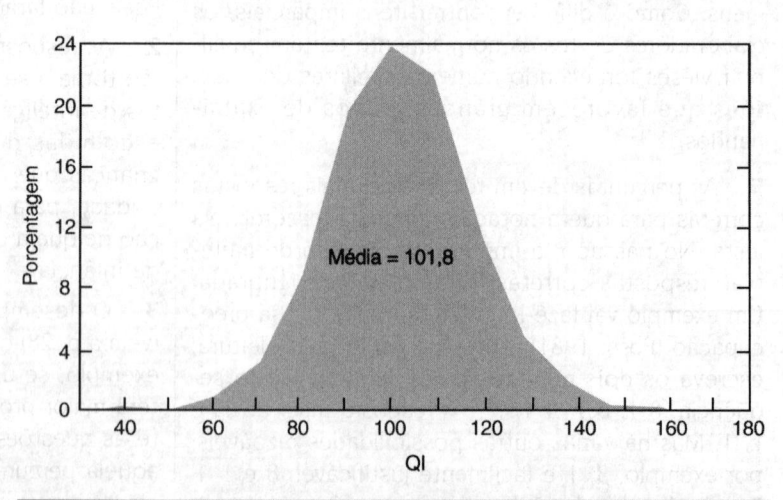

FIGURA 7.3 Distribuição dos escores do teste de inteligência Stanford-Binet de um grupo cuidadosamente selecionado de crianças nos Estados Unidos. Este gráfico fornece informações normativas para crianças que são submetidas ao teste hoje. (De Terman & Merrill, 1960.)

Quando crianças são testadas duas vezes pela Escala de Inteligência Stanford-Binet com menos de uma semana de intervalo entre os testes, as duas contagens costumam ser altamente coerentes (as correlações ficam entre 0,83 a 0,98) (Terman & Merrill, 1973).

Validade

A *validade* de um teste refere-se à sua capacidade de medir aquilo para o que ele foi concebido. Os ensaios de história escritos por Jéssica podem receber notas que estão consistentemente em torno de 7. (As notas de ensaios são *precisas*.) Todavia, as notas podem refletir a opinião do professor a respeito da gramática ou conduta de Jéssica, e não de seu conhecimento de história. (Em outras palavras, as notas podem *não* ser uma medida válida do conhecimento de história de Jéssica.)

Portanto, pode ocorrer precisão sem validade. A precisão, porém, costuma ser necessária para a validade. No caso dos testes de inteligência, a precisão é sempre importante. Afinal, os testes mentais deveriam medir as capacidades humanas que não mudam muito (especialmente no decurso de umas poucas semanas). Se testes sucessivos não produzirem medições consistentes (precisas), o teste não poderá ser uma avaliação legítima da inteligência.

A validade é considerada o critério final da utilidade de uma medida. Em última análise, a validade envolve uma avaliação geral da adequação e pertinência das interpretações dos escores dos testes (Cronbach, 1980; Messick, 1980). No caso dos testes de inteligência, a validade depende de se os QIs realmente refletem, ou não, as capacidades mentais.

Estabelecer a validade é uma tarefa complexa. Como no caso da precisão, há diversos tipos de validade. De todos os tipos, a *validade de constructo* é considerada a mais importante (Cronbach, 1980; Guion, 1977; Haney, 1981; Messick, 1981). *Constructo* é uma idéia — como inteligência, fome ou raiva — concebida para explicar um comportamento que de outra forma seria enigmático. Presumimos que os constructos existem, mas não podemos observá-los ou medi-los diretamente. Para estabelecer a validade de um constructo, o investigador compara os escores obtidos em um teste, mensurando o constructo em questão em relação a escores obtidos em testes que medem outros constructos. Um teste com validade do constructo vai se correlacionar altamente com outras medidas do mesmo constructo, moderadamente com constructos moderamente semelhantes e pouco com constructos diferentes. Uma pessoa que vai bem em um teste de inteligência deve sobressair-se em testes de solução de problemas e raciocínio. O desempenho em um teste de inteligência deveria estar moderadamente correlacionado com as notas na escola. Aqueles que apresentam altos escores provavelmente exibirão trabalho de qualidade superior na escola. (Mas a qualidade do trabalho escolar depende também de uma miríade de outros fatores, como motivação para aprender [Lloyd & Barenblatt, 1984].) Finalmente, deveria haver pouca ou nenhuma correlação entre escores de testes de inteligência e resultados de testes de aptidão ou nível de atividade física. Se os pesquisadores descobrem as correlações previstas, eles têm mais confiança em que o teste está medindo aquilo para o que foi concebido.

Os cientistas sociais obtêm boa parte de suas informações sobre validade observando se os resultados no teste de interesse estão altamente relacionados com outras medições da mesma característica. Essas outras medições são denominadas *medidas de critério*. Para os testes de inteligência, as medidas de critério incluem testes de solução de problemas e formação de conceitos e notas escolares. Infelizmente, a maioria das medidas de critério é menos precisa e válida do que os testes para os quais elas estão sendo usadas para validar (Green, 1981).

Há ainda outra dificuldade no que se refere à validade. Testes não são 100% válidos; há, na verdade, graus de validade. Se um teste tem alto grau de validade, uma dada predição será razoavelmente correta. Se a validade é baixa, a predição será bastante incerta. Para expressar o mesmo pensamento de forma um pouco diferente: os examinadores interpretam os escores conseguidos nos testes em termos de médias e probabilidades. Uma pessoa com QI, digamos, de 70, provavelmente fracassará na faculdade; uma com QI de 150 estará propensa a ter um desempenho brilhante. Naturalmente, não há certeza de qualquer uma das predições, uma vez que são baseadas em médias de grupo e não consideram circunstâncias individuais.

MEDINDO A INTELIGÊNCIA

O cientista britânico Francis Galton provavelmente foi a primeira pessoa a pensar seriamente em testar a inteligência. Talvez você se lembre de que, no Capítulo 2, dissemos que Francis Galton estava interessado no papel da genética na criação de diferenças entre as pessoas. Galton, ele próprio primo de Charles Darwin, estava impressionado com a idéia de que algumas famílias têm mais gênios do que outras; e isso, pensava ele, devia-se a genes superiores. No fim do século XIX, Galton montou um pequeno laboratório em um museu londrino expressamente com a finalidade de medir as capacidades intelectuais.

Galton (1908; Johnson *et al.*, 1985) observou que pessoas mentalmente incapazes com freqüência exibiam problemas perceptivos e motores. Assumindo que o conhecimento chega à mente por meio dos sentidos, ele concluiu que a medição das funções sensoriais e motoras poderia fornecer um bom índice do intelecto. Assim, Galton fez medições de habilidades como acuidade de visão e audição, julgamentos visuais, tempos de reação, "vigor do puxar e do apertar" e "força do sopro". Em breve, muitos psicólogos vão se empenhar em criar testes sensório-motores de capacidades intelectuais envolvendo atividades sensório-motoras.

As medições dos testes sensório-motores não apresentaram uma boa correlação com resultados de notas escolares ou outras indicações práticas de inteligência. Por conseguinte, esse método foi abandonado no início dos anos de 1900, embora seja retomado de tempos em tempos.

Teste de Inteligência de Alfred Binet

Alfred Binet (1857-1911) (veja a Figura 7.4), destacado psicólogo francês, foi quem criou a primeira medição prática da inteligência. De início, Binet e seus colaboradores mediram habilidades sensoriais e motoras, da mesma forma que o fez Galton. Logo eles perceberam que tais avaliações não funcionariam e começaram a observar as habilidades cognitivas — duração da atenção, memória, julgamentos estéticos e morais, pensamento lógico e compreensão de sentenças — como medidas de inteligência.

O projeto de Binet teve significativa arrancada em 1904. Nesse ano, Binet foi nomeado para integrar uma comissão do governo para estudar os problemas do ensino de crianças retardadas. O grupo concluiu que se deveria identificar as crianças mentalmente incapazes e dirigi-las a escolas especiais. Binet e seus colaboradores começaram a trabalhar em um teste que distinguiria as crianças que poderiam daquelas que não poderiam se beneficiar do ensino regular.

FIGURA 7.4 Alfred Binet interessou-se em medir processos mentais superiores pela primeira vez ao observar que suas duas filhas desenvolviam habilidades de aprendizagem de formas diferentes. Uma era mais metódica e lógica do que a outra. Antes de conceber o primeiro teste prático de inteligência, Binet observou muitas outras crianças em seu laboratório na Sorbonne, em Paris. (National Library of Medicine.)

A Figura 7.5 mostra os itens de desempenho desse teste, chamado *Escala Binet-Simon* (Théodore Simon era um colaborador). As crianças faziam o teste individualmente. Após registro e classificação das respostas, atribuía-se um *nível mental* (*idade mental*) ao examinando. Uma criança de 10 anos que tivesse desempenho próximo da média de crianças de 10 anos de idade recebia um nível mental de 10. Uma criança de 10 anos cuja resposta se aproximasse da média de crianças de 6 anos recebia um nível mental de 6. O índice de inteligência era a diferença entre a idade cronológica e o nível mental. Crianças cujos níveis mentais estavam dois anos abaixo de sua idade real eram consideradas retardadas.

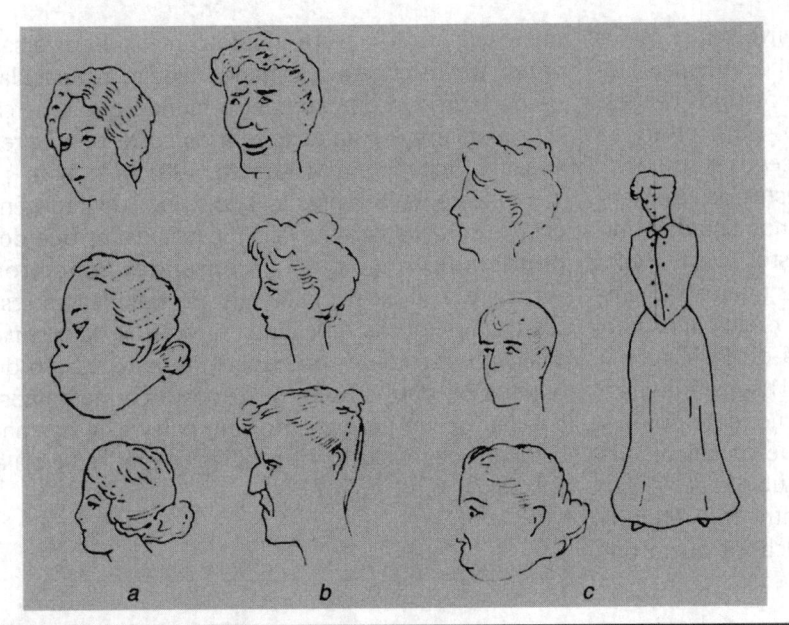

FIGURA 7.5 Itens de teste da Escala Binet-Simon. Mostrava-se (a) e (b) para crianças de 5 anos com a pergunta "Qual é a mais bonita?". Crianças de 7 anos tinham de identificar as partes faltantes em (c). (Escala Binet-Simon, 1905.)

Binet considerava seu teste imperfeito. Ele achava que as tarefas em si não eram importantes; o que realmente importava era identificar alunos com necessidades educacionais similares. Binet não era a favor de classificar cada examinando pelo resultado do teste e de atribuir números para descrever seu desempenho.

Revisão de Lewis Terman

O teste de Binet foi importado pelos Estados Unidos e por outros países. Lewis Terman, um psicólogo que trabalhava na Universidade de Stanford, nos Estados Unidos, fez uma revisão amplamente aceita do teste de Binet, em 1916. Esse teste ficou conhecido como *Stanford-Binet*. Quando o teste foi divulgado, Terman adotou o termo *quociente de inteligência*, ou QI, criado por cientistas alemães. QI é um número que descreve o desempenho relativo em um teste. Ele compara os resultados obtidos por um indivíduo com aqueles de outros indivíduos da mesma idade.

Há muitas maneiras de computar resultados de QI. Na Escala de Inteligência Stanford-Binet, primeiro o QI era calculado atribuindo-se ao examinando um número preciso de meses de crédito para cada resposta certa. Os pontos eram somados e o total referia-se à *idade mental* (IM). Os pontos atribuídos a cada tarefa eram escolhidos de tal modo que os escores de idade mental de pessoas médias fossem iguais à sua idade cronológica (IC). A idade mental era então dividida pela idade cronológica e o resultado multiplicado por 100. Em outras palavras, QI = (IM/IC) x 100. Uma criança de 10 anos que obtivesse um resultado de idade mental de 11, obteria um QI de 110 (11/10 x 100 = 110).

Como os QIs são números, soam como se tivessem um significado exato, porém as opiniões sobre seu significado variam muito. Alguns cientistas sociais acreditam que os QIs revelam o potencial geral da atividade mental. Alguns vêem os números como expressivos da taxa de desenvolvimento mental. Por exemplo, uma pessoa com resultado de 67 (dois terços da média) tem um desenvolvimento um terço mais lento do que o normal. Outros interpretam o índice mais literalmente, como um desempenho específico, influenciado em parte por motivação, humor, grau de afinidade com o examinador, aprendizagem anterior e congêneres. A questão do que significam os resultados de QI corresponde à questão da validade, a qual é examinada com algum detalhe mais adiante neste capítulo.

Testes de Inteligência Atuais

As idéias de Terman a respeito de testes de inteligência foram adotadas no mundo todo porque seu modelo "funcionava" em um sentido prático. O modelo permitia que examinadores treinados atribuíssem à inteligência um número que parecia razoável. Além disso, esse número podia ser facilmente computado após uma sessão de uma hora. Em sociedades maciças em que as instituições lidavam com milhares de indivíduos, esse número simplificava a vida.

Embora poucos cientistas sociais tenham questionado a idéia básica da Escala Stanford-Binet, alguns tentaram aperfeiçoá-la, construindo novos instrumentos em linhas parecidas. Para poupar tempo e dinheiro, os psicólogos desenvolveram testes que podiam ser aplicados em grupo. Ademais, foram concebidos testes para todos os tipos de pessoas especiais — por exemplo, para crianças pequenas, adolescentes, adultos, cegos e surdos.

Atualmente, há mais de 200 testes de inteligência sendo usados por educadores nos Estados Unidos. Todo ano surgem 15 novos testes (West, 1982). Mas, de todos eles, mais ou menos quatro são amplamente utilizados. O teste *Wechsler Adult Intelligence Scale-Revised* — WAIS-R (Escala de Inteligência Adulta de Wechsler Revisada) (1981) servirá de ilustração de um teste de inteligência moderno porque, mais que qualquer outro, é ele que os psicólogos mais usam (Lubin & Larsen, 1984; Lubin et al., 1985). O teste é direcionado a pessoas entre 16 e 74 anos de idade. Foi o falecido David Wechsler quem primeiro elaborou o teste, tendo-o revisado diversas vezes. Wechsler estava tentando medir "a capacidade do indivíduo de entender o mundo que o cerca e seus recursos para lidar com os correspondentes desafios" (citado em Matarazzo, 1981, p. 1.543).

O teste WAIS-R presume dois tipos de inteligência. Os *subtestes verbais* avaliam capacidades que dependem da linguagem — entender conceitos verbais e responder oralmente. Há seis desses testes (veja a Tabela 7.1). Cinco *subtestes de desempenho* avaliam capacidades que exigem a manipulação de objetos ou outros tipos de resposta com as mãos. Baseiam-se no pensamento sem palavras e nas habilidades de resolução de problemas práticos (veja a Tabela 7.1 e a Figura 7.6).

TABELA 7.1 Subtestes da WAIS-R.

Subtestes Verbais	Subtestes de Desempenho
Informações. Perguntas que requerem informações gerais; por exemplo: "Quantas asas tem um pássaro?", "Quem escreveu *Paradise lost (Paraíso perdido)*?". Projetado para avaliar conhecimentos gerais.	*Símbolo numérico.* Diferentes símbolos devem ser associados a cada um de nove dígitos. Em seguida, uma série de dígitos é apresentada em ordem aleatória, devendo o símbolo correspondente ser escrito sob cada um deles. Projetado para avaliar a rapidez de aprendizagem e a escrita de símbolos.
Compreensão. Perguntas que requerem conhecimento de assuntos práticos; por exemplo: "Qual a vantagem de manter dinheiro no banco?", "O que você faria se visse um menino esquecer seu livro na cadeira de um restaurante?". Concebido para avaliar a posse de informações práticas e a capacidade de fazer julgamentos sociais.	*Completamento de figuras.* Figuras incompletas são apresentadas. A parte essencial que está faltando deve ser especificada. Concebido para avaliar prontidão visual e memória visual.
Aritmética. Perguntas que exigem a manipulação de números; por exemplo: "Três mulheres dividiram igualmente entre si 18 bolas de golfe. Com quantas bolas de golfe cada uma ficou?". Projetado para avaliar capacidade de concentração e raciocínio, usando aritmética.	*Cubos.* São apresentados desenhos de figuras. Pequenos blocos de madeira devem ser manipulados para reproduzir os padrões apresentados nos desenhos das figuras. Visa avaliar as capacidades de analisar o todo em suas partes componentes, assim como de formar abstrações.
Similaridades. Perguntas solicitando que dois itens sejam comparados em sua similaridade básica; por exemplo: "Em que se parecem o leão e o tigre?", "Em que se parecem uma hora e uma semana?". Concebido para avaliar capacidades lógicas e/ou abstratas.	*Disposição de figuras.* Três a seis pequenas figuras são apresentadas em ordem aleatória. Elas devem ser rearranjadas para formar uma história que tenha sentido. Projetado para avaliar a capacidade de compreender e julgar uma situação social.
Memorização de números. Perguntas que solicitam a repetição de dois a nove dígitos — para a frente e para trás — de memória. Projetado para avaliar a atenção e a capacidade de decoração da memória.	*Montagem de objetos.* Apresentam-se partes de um objeto semelhantes às de um quebra-cabeça. Elas precisam ser montadas rapidamente. Concebido para avaliar a capacidade de construir uma forma concreta partindo de seus componentes.
Vocabulário. Perguntas que solicitam definições de palavras como "guarda-chuva" e "consciência". Concebido para avaliar a capacidade de aprender informações verbais e alcance geral de idéias.	

FIGURA 7.6 Psicólogo aplicando o teste WAIS. O examinando está trabalhando em um subteste de desempenho, chamado cubos, que consiste em arranjar blocos de madeira para formar um desenho-modelo. (Copyright © 1984 Arthur Glauberman/Photo Researchers, Inc.)

Um examinador treinado aplica o teste WAIS-R usando instruções-padrão. Em cada subteste, o examinando progride de itens fáceis para difíceis. Alternam-se testes verbais e de desempenho. O examinando médio leva de 60 a 90 minutos para terminar. As respostas do examinando são registradas para que possam ser avaliadas em relação a um conjunto de critérios que acompanham o teste. O desempenho do examinando em cada um dos 11 subtestes é comparado ao de outras pessoas da mesma faixa etária. Esta comparação possibilita construir um perfil de forças e fraquezas intelectuais nas 11 tarefas. (No Stanford-Binet, em contraste, há um único resultado.)

No WAIS-R, o QI é computado de forma diferente do Stanford-Binet. Wechsler usou o que se chama QI de *desvio*. A inteligência é definida pela posição em relação aos semelhantes. O desempenho geral de cada examinando WAIS-R é comparado com o desempenho geral médio de uma amostra representativa da mesma faixa etária (o grupo de referência). Um sujeito cujo desempenho seja semelhante ao de 50% do grupo de referência apresenta QI médio, 100. Alguém que tenha melhor ou pior desempenho obtém um escore de QI correspondentemente mais alto ou mais baixo. A Tabela 7.2 mostra a porcentagem de pessoas do grupo de referência incluídas em cada faixa de QI do WAIS-R.

TABELA 7.2 Classificação de QI no teste WAIS-R.

QI	Classificação	Porcentagem Incluída (Baseada na Amostragem de Padronização de 1880)
130 e acima	Muito superior	2,6
120-129	Superior	6,9
110-119	Médio superior	16,6
90-109	Médio	49,1
80-89	Médio inferior	16,1
70-79	Limítrofe	6,4
69 e abaixo	Retardado mental	2,3

Fonte: Wechsler, 1981, p. 28.

HEREDITARIEDADE E INTELIGÊNCIA MEDIDA

O desempenho das pessoas em testes mentais depende tanto de sua experiência quanto de seus genes. Embora poucos questionem essa afirmação, os detalhes ainda estão muito longe de ser resolvidos. Focalizaremos primeiro o papel da hereditariedade.

Evidência da Contribuição Genética

Como os psicólogos sabem que a hereditariedade contribui para as diferenças na inteligência medida entre as pessoas? Há três fontes principais de evidência: estudos de adoção, de gêmeos e de famílias, e de anormalidades hereditárias.

Estudos de adoção No que se refere a QI, crianças adotadas logo após o nascimento se parecem mais com os pais naturais do que com os pais adotivos (Scarr & Carter-Saltzman, 1983).

Estudos de gêmeos de famílias Quanto maior a semelhança genética entre duas pessoas, tanto maior a probabilidade de semelhança entre os escores de seus testes de inteligência. A Figura 7.7 apresenta dados sobre quase 50.000 pares de parentes, extraídos de estudos do mundo inteiro sobre semelhanças de QI. Os investigadores Thomas Bouchard e Matthew McGue (1981) selecionaram somente os estudos pautados por rigorosos critérios de exce-

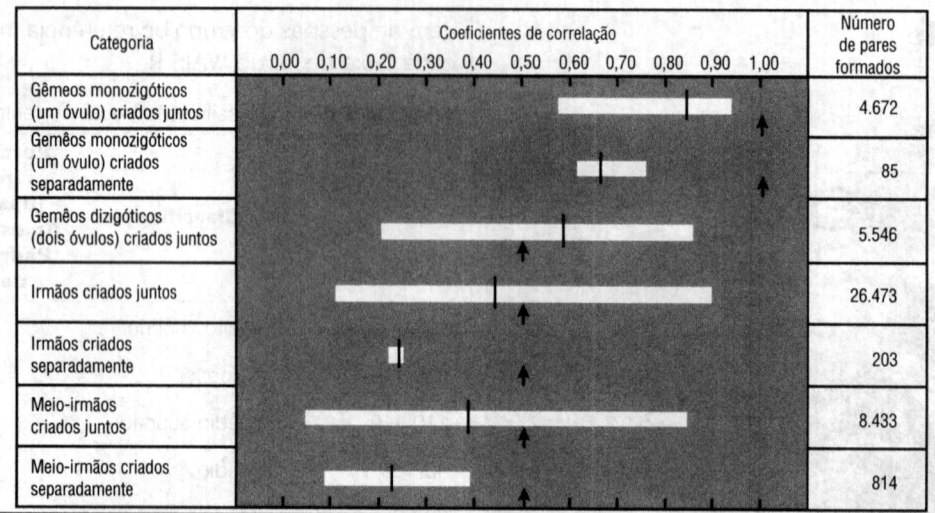

Categoria	Coeficientes de correlação 0,00 0,10 0,20 0,30 0,40 0,50 0,60 0,70 0,80 0,90 1,00	Número de pares formados
Gêmeos monozigóticos (um óvulo) criados juntos		4.672
Gêmeos monozigóticos (um óvulo) criados separadamente		85
Gêmeos dizigóticos (dois óvulos) criados juntos		5.546
Irmãos criados juntos		26.473
Irmãos criados separadamente		203
Meio-irmãos criados juntos		8.433
Meio-irmãos criados separadamente		814

FIGURA 7.7 Os coeficientes de correlação desta tabela mostram a extensão da semelhança de QI entre pessoas de variados graus de parentesco. As linhas horizontais marcam a amplitude, ou *dispersão*, dos coeficientes de correlação calculados em diferentes investigações. Os cortes verticais representam as medianas, isto é, os pontos acima dos quais se encontra metade das correlações. As setas indicam a correlação prevista por um modelo simples, de genes múltiplos, de inteligência. (Adaptada de Bouchard & McGue, 1981.)

lência, excluindo dados fraudulentos usados anteriormente. Na figura, as correlações de QI entre membros da mesma família mostram quão próxima é a concordância dos resultados dos testes de dois parentes. Uma correlação de 1,00 significa concordância perfeita; uma correlação de 0,00 significa nenhuma concordância sistemática. O nível mediano de concordância, um tipo de média (descrito no Apêndice), é representado por um corte. Para cada grupo de pares de parentes, você vê também predições de quanto os resultados deveriam concordar, presumindo-se que a inteligência depende da herança de numerosos genes. Os dados reais são bastante coerentes com essas predições. Em geral, quanto maior a proporção de genes em comum de dois membros de uma família, tanto maior a correlação média entre seus QIs. As mais altas correlações ocorrem entre gêmeos idênticos. Gêmeos com a mesma hereditariedade exibem ímpetos e retardamentos notavelmente paralelos no desenvolvimento mental (R. S. Wilson, 1978). Mostram também mais concordância do que os gêmeos dizigóticos no que se refere a forças e fraquezas intelectuais (Segal, 1985).

Estudos de anormalidades hereditárias Há associações confiáveis entre anormalidades hereditárias específicas e padrões de teste mental (Reinisch *et al.*, 1979). Por exemplo, o cromossomo X faltante na síndrome de Turner em mulheres (veja o Capítulo 2) está ligado a dificuldades em discernir a direita da esquerda, reproduzir padrões visuais e usar números. Na síndrome de Klinefelter, os homens têm um cromossomo X a mais (XXY) e probabilidade relativamente alta de ser retardados. Na síndrome de Down (comumente conhecida como mongolismo), um cromossomo adicional específico está associado a um grau moderado de deficiência intelectual (Bayley *et al.*, 1971). O traço de dislexia (prejuízo da capacidade de leitura em decorrência de algum defeito cerebral) parece estar ligado a um gene dominante (Smith *et col.*, 1983).

O Relativo Impacto da Hereditariedade

Embora poucos cientistas comportamentais questionem a idéia de que os genes entram na equação do QI, a importância dos genes nessa equação é muito controvertida. Para entender a controvérsia, você precisa saber algo do conceito de *coeficientes de hereditariedade*. Este índice, que vai de 0,00 a 1,00, estima até que ponto as variações genéticas influenciam, em algum grau, as diferenças observadas — neste caso, nos testes de inteligência. Assim, os coeficientes de hereditariedade fornecem alguma informação sobre, entre outras coisas, o grau em que a hereditariedade afeta os escores de QI.

Coeficientes de hereditariedade calculados pelas técnicas tradicionais sugerem que algo entre 40% e 80% das diferenças de QI observadas devem-se a variações genéticas (Eysenck, 1982, 1985; Johnson, 1982; Scarr & Carter-Saltzman, 1983; Willerman, 1979). Mas o que isso significa? Infelizmente, é mais fácil dizer o que não significa do que o que significa. Os coeficientes de hereditariedade estão mergulhados em confusão. Tanto as fórmulas para cálculo do índice como as análises de seu significado são variados. Não obstante, diversas generalizações são amplamente aceitas.

1 O coeficiente de hereditariedade é, no máximo, uma estimativa grosseira. Para uma mesma população (com a mesma diversidade genética), os investigadores derivam diferentes coeficientes de hereditariedade (Bouchard & McGue, 1981). A faixa de amplitude sugere que fatores irrelevantes estão influenciando os cálculos; dentre eles, procedimentos de amostragem, o teste e as condições de teste.

2 Os coeficientes de hereditariedade aplicam-se a diferenças entre indivíduos em uma população. Quanto mais uniforme o ambiente, tanto mais alta a estimativa do coeficiente de hereditariedade. Em um ambiente constante, todas as diferenças entre as pessoas serão devidas aos genes. Entretanto, se os indivíduos têm os mesmos genes, a hereditariedade não responderá pelas diferenças observadas e a estimativa do coeficiente de hereditariedade será zero.

Pelo fato de os coeficientes de hereditariedade aplicarem-se a grupos e dependerem de circunstâncias da vida, diferentes grupos têm diferentes coeficientes de hereditariedade para a mesma qualidade. Nos Estados Unidos, os coeficientes de hereditariedade para QIs em negros e brancos, por exemplo, diferem bastante (Scarr, 1981a). Nos brancos, o índice é relativamente alto; nos negros, relativamente baixo. Assim, é mais provável que a hereditariedade esteja contribuindo para as diferenças de QI observadas entre brancos do que para aquelas observadas entre negros (em que a pobreza está dando uma contribuição maior). Adiante, neste livro, falaremos mais deste assunto.

3 Um coeficiente de hereditariedade muito alto não significa que a genética seja a influência mais importante sobre o traço em questão. O índice simplesmente diz que, em um determinado grupo, a hereditariedade teve X influência nas diferenças observadas. Uma ilustração tornará esta idéia mais inteligível. Imagine que todos os membros de um grupo, os ulmaias, cresçam exatamente sob as mesmas circunstâncias. A hereditariedade, portanto, terá de ser a fonte de todas as diferenças observadas na inteligência medida; o coeficiente de hereditariedade será 1,00.

O ambiente também contribui significativamente para a capacidade mental. Primeiro, imagine os ulmaias como brutais e frios. Nada fazem pelos filhos, exceto alimentar, vestir e dar um teto. Para minimizar o choro dos bebês, eles os mantêm no escuro durante os três primeiros anos de vida. Ainda que haja variações intelectuais (devidas a genes), todos ficarão mentalmente tolhidos. Agora, imagine condições opostas: os ulmaias são ideais para cuidar de crianças. Eles têm os mesmos bebês com potenciais genéticos diferentes. Desta vez, porém, há algumas diferenças no desempenho intelectual, devidas à hereditariedade, mas o nível médio de desempenho em testes mentais é alto.

De fato, quando crianças são criadas sob condições terríveis — com pouca estimulação — o QI pode revelar-se cerca de 50 pontos abaixo do esperado. Da mesma forma, QIs podem ser elevados em 25 a 30 pontos, e até mais, por meio de programas de enriquecimento. Portanto, o desempenho de pessoas dotadas de uma mesma herança genética pode variar em uma faixa de quase 75 pontos (Hunt, 1979).

Por ora, parece impossível chegar a alguma conclusão sobre a força do efeito da hereditariedade na inteligência como um todo (Bouchard & McGue, 1981). Os dados atuais simplesmente não fornecem essa informação. Os mesmos problemas povoam a pesquisa sobre a herança genética das capacidades mentais específicas (Mather & Black, 1984).

Como a Hereditariedade Favorece a Inteligência Medida

Há ainda outra questão acerca da hereditariedade a discutir. Como a herança influencia o desempenho em um teste? Conforme explicado no Capítulo 2, as pessoas não herdam comportamento; os pais passam adiante estruturas fisiológicas e a química que tornam mais prováveis uma série de comportamentos, sob determinado ambiente.

Que tipo de interação genético-ambiental poderia tornar as pessoas mais brilhantes ou mais obtusas? Os pesquisadores (Plomin et al., 1977, 1985; Scarr, 1981b, 1985) apontam para três tipos principais de interação:

Passiva Mães e pais geneticamente relacionados propiciam um determinado ambiente de criação que é parcialmente o resultado de sua hereditariedade. Por exemplo, pais que lêem bem (uma habilidade relacionada com a hereditariedade, acreditam os psicólogos) provavelmente lerão para seus filhos e estimularão a leitura. Por conseguinte, essas crianças desenvolverão habilidades de leitura e provavelmente apreciarão o hábito de ler.

Evocativa A hereditariedade da criança ajuda a modelar suas qualidades mentais e de personalidade, as quais evocam respostas previsíveis do meio ambiente. Uma criança que processa informações rapidamente evocará tratamento favorável dos professores. Uma criança lenta geralmente evocará exasperação e frustração.

Ativa As pessoas selecionam e atentam para aspectos de seu meio ambiente, os quais se entremeiam com sua herança genética. Buscamos experiências que consideramos estimulantes e compatíveis com nossas qualidades intelectuais, motivacionais e de personalidade, as quais foram influenciadas por nossa hereditariedade. Em nossa cultura, um indivíduo brilhante estará propenso a cursar a universidade, por exemplo.

AMBIENTE E INTELIGÊNCIA MEDIDA

Os cientistas sociais sabem que diferentes ambientes fomentam diferenças entre indivíduos na inteligência medida. As correlações de família da Figura 7.7 corroboram essa idéia. Veja os indivíduos com o mesmo grau de semelhança hereditária: gêmeos idênticos e irmãos, por exemplo. Quando ambos são criados juntos, geralmente têm desempenho mais semelhante em testes mentais do que se tivessem sido criados separadamente.

Embora a influência do ambiente sobre a inteligência não seja questionada, é interessante destacar precisamente o que o ambiente faz à capacidade mental. Há diversos problemas a notar. As crianças geralmente crescem ao lado de seus pais biológicos, de modo que fatores hereditários e experienciais estão agindo ao mesmo tempo. As interações genético-ambientais ativas, passivas e evocativas que acabamos de descrever tornam difícil desmembrar os dois tipos de influência. E há ainda outro problema importante: condições ambientais diferentes misturam-se, e isolá-las é uma tarefa difícil. Considere apenas algumas das influências físicas e sociopsicológicas que sabidamente afetam a inteligência medida.

Desnutrição

A influência da desnutrição sobre a inteligência é um tópico complexo. Temos de verificar que tipo de alimento está faltando e em que grau, em que ponto do ciclo de vida e por quanto tempo. Infelizmente, quando os pesquisadores estudam crianças desnutridas, com freqüência conhecem muito pouco a história dessas crianças. Considere uma ilustração concreta: casos de meninas coreanas que foram adotadas por lares americanos (Winick et al., 1975). As crianças haviam sido levadas todas a uma agência de adoção coreana antes da idade de 2 anos, tendo sido adotadas com a idade de 3 anos. Com base em sua situação de nutrição na época em que chegaram à agência, identificaram-se três grupos: algumas meninas eram desnutridas, algumas eram bem-nutridas e outras ficavam mais ou menos no meio. Uma vez adotadas por pais americanos, todas as crianças coreanas receberam nutrição adequada. Como elas se desempenharam em testes mentais? Todas exibiram resultados melhores do que a média tanto em inteligência como em realização. A ordem dos grupos, porém, relacionava-se perfeitamente com a situação de nutrição pré-adoção: as bem nutridas saíram-se melhor e as desnutridas, pior.

O que podemos concluir desse estudo? Nada com exatidão. À primeira vista, a desnutrição parece afetar os níveis de inteligência. Todavia, outras interpretações são igualmente plausíveis. Os bebês desnutridos podem ter vindo de lares mais pobres. Talvez estresses ou toxinas associadas tenham gerado desvantagens posteriores. Ou talvez os desempenhos menos brilhantes sejam um reflexo de uma menor estimulação na primeira infância ou de potencial genético inferior.

No momento sabemos relativamente pouco do impacto da desnutrição moderada por períodos limitados sobre seres humanos. Quando ocorre logo no início da vida, dados sugerem que a desnutrição pode prejudicar a estrutura e o funcionamento do sistema nervoso e reduzir a capacidade intelectual (Dobbing, 1973, 1974). Períodos relativamente curtos de desnutrição não produzem qualquer retardamento óbvio em crianças (Loehlin et al., 1975; Stein et al., 1975). Todavia, até mesmo tipos leves e sutis de desnutrição pré-natal podem prejudicar a motivação para aprender e diminuir o desempenho em testes mentais (Barrett et al., 1982; Zeskind & Ramey, 1978, 1981). Uma família estimulante e carinhosa pode compensar até certo ponto, como discutiremos mais adiante.

Estudos de animais e fetos humanos abortados fornecem *insight* dos efeitos da desnutrição grave, isolada de outros estresses que normalmente a acompanham. Antes e após o nascimento, a desnutrição danifica o sistema nervoso, reduzindo a quantidade esperada ou o tamanho final das células cerebrais, o que torna provável o retardamento mental (Winick & Rosso, 1975).

Toxinas

Toxinas são venenos que provêm de plantas, animais, microorganismos ou tecnologia. As toxinas que podem prejudicar o sistema nervoso são chamadas de *neurotoxinas*. Mesmo em doses modestas, esta classe de substâncias químicas pode alterar a capacidade mental diretamente, enfraquecendo, por exemplo, a memória de curto prazo. As neurotoxinas trabalham indiretamente também — deprimindo a duração da atenção e a motivação e acelerando a fadiga e a confusão (Weiss, 1983; Turiel, 1985). Tipicamente, os efeitos das neurotoxinas são gradativos e sutis. A causa exata ainda não está esclarecida.

Os danos causados pelo *chumbo* são relativamente bem conhecidos. Em países industrializados, muitos produtos contêm esse metal tóxico. Pintura velha é uma das fontes do chumbo que contamina um número estimado de 27 milhões de lares nos Estados Unidos (Centers for Disease Control, 1985). As emissões provenientes do escapamento de veículos e da indústria depositam altos níveis de chumbo no solo e na poeira. A toxina é encontrada em alimentos embalados em latas soldadas com chumbo e pode ser lixiviada de certos tipos de cerâmica.

O chumbo retarda o desenvolvimento do cérebro em animais jovens de laboratório. O que ele causa às pessoas? Joseph Needleman e colaboradores (1982) são responsáveis por algumas das pesquisas mais cuidadosamente concebidas sobre os efeitos do chumbo na capacidade mental humana. A equipe de pesquisa de Needleman indexou níveis de chumbo em crianças por meio do exame dos níveis do metal presentes em seus dentes. Níveis mais altos de chumbo foram associados a desempenhos piores em testes de inteligência, habilidades de aprendizagem reduzidas e menor capacidade de concentração. Até mesmo níveis relativamente baixos de chumbo (outrora considerados inócuos) foram relacionados com esses problemas. Os acompanhamentos de Needleman sugerem que o chumbo tem efeitos duradouros sobre a capacidade de concentração. Outros cientistas independentes verificam que altos níveis de chumbo no sangue são acompanhados de dificuldades intelectuais (Fogel, 1980; Yule & Landsdowne, 1982). Embora os efeitos precisos dependam do momento e da duração da exposição, as perdas de inteligência podem ser grandes — da ordem de 20 pontos de QI (Shaheen, 1984).

No que se refere a toxinas, a experiência pessoal direta não é a única culpada; devem também ser consideradas as exposições dos pais a toxinas. O envenenamento da gestante por mercúrio pode levar ao retardamento do filho (Weiss, 1983). O monóxido de carbono no útero da mãe fumante ou proveniente da indústria ou da atmosfera é outra possível ameaça ao feto (Mactutus & Fechter, 1984). Em ratos, a exposição intra-uterina ao monóxido de carbono destrói a capacidade dos filhotes recém-nascidos de adquirir e reter informações. A pesquisa sobre os efeitos do fumo durante a gestação sugere que exposições pré-natais a monóxido de carbono podem também gerar problemas de aprendizagem em crianças. Mesmo quando exposições a toxinas precedem o período pré-natal, podem ter um impacto sobre a prole ainda a ser gerada. Antes da gestação, as toxinas podem degenerar o material genético do pai e da mãe e, por conseguinte, ocasionar defeitos mentais na futura prole.

Antes de terminar o tópico da inter-relação toxina-inteligência, convém considerar o que ainda não se sabe. Desde 1940, 800.000 substâncias químicas foram introduzidas nos Estados Unidos (Maltoni *et al.*, 1985); mais de 60.000 substâncias químicas encontram-se em uso no mesmo país e, todo ano, são introduzidas 1.000 novas substâncias. Em torno de 70% *não* foram analisadas quanto à toxicidade. Apenas 2% contam com uma avaliação sanitária relativamente completa (National Research Council, 1984). Pelo menos centenas, talvez milhares, de substâncias químicas que se acredita envenenem o sistema nervoso adentram os lares, os quais tendem a ficar mais poluídos do que o ar exterior (Turiel, 1985; Wallace et al., 1985). Elas vêm na forma de plásticos, aditivos alimentares, tecidos sintéticos, polimentos, corantes, tintas, colas, pesticidas, aerossóis, produtos de limpeza e lavanderia, perfumes, purificadores de ar, cosméticos, mecanismos antiestática e congêneres. O que eles fazem à inteligência, curiosidade, energia, confusão, fadiga e distração humanas é grandemente desconhecido.

Tamanho da Família e Ordem de Nascimento

Segundo o *modelo de confluência* de R. B. Zajonc (1983), o tamanho da família e a ordem de nascimento influem no desenvolvimento intelectual. O modelo faz três afirmativas principais:

1 A inteligência depende do nível intelectual médio *absoluto* de todos os membros da família e de outras pessoas que vivem na casa. A palavra "absoluto" é importante; Zajonc não está falando de escores de QI, que comparam pessoas a outras pessoas da mesma idade. Ao contrário, Zajonc concentra-se na realização intelectual total. Os membros mais maduros da casa são melhores do que os jovens no raciocínio, na resolução de problemas e na conceituação; eles têm mais conhecimentos e mais *insight*. Uma vez que os adultos dão maior contribuição para o ambiente intelectual da criança do que as outras crianças da casa, quanto mais adultos por criança, tanto melhor para a criança. O primeiro filho e o filho único estão em vantagem.

2 O nível médio de estimulação intelectual muda continuamente conforme as crianças amadurecem, sendo substancialmente diluído com a chegada de novos bebês e a partida de adultos.

3 Há ainda outras forças. Por exemplo, crianças mais velhas costumam servir de fonte intelectual para crianças mais novas; isso acelera o crescimento mental dos "professores". Assim, é vantajoso ter um irmão mais novo.

Há muita controvérsia sobre o modelo de confluência. Um dos problemas é que o modelo é complexo e existe uma série de versões sobre ele, de modo que é difícil testá-lo (Rodgers, 1984). Segundo, os dados relevantes de pesquisa são contraditórios. Alguns investigadores descobrem evidências persuasivas (Berbaum & Moreland, 1985; Bradley & Caldwell, 1984; Zajonc, 1983, 1985a). Outros verificam pouca ou nenhuma corroboração (Rodgers, 1984). Terceiro, há debate sobre os efeitos ocultos da pobreza. Nos Estados Unidos, pessoas mais pobres tendem a ter mais filhos. A pobreza está ligada a outros depressores de inteligência: desnutrição, toxinas e estresses, por exemplo. Quarto, a hereditariedade é outro contaminante. Há evidência de que pais com QIs mais altos têm famílias menores do que aqueles com QIs mais baixos, de modo que pais inteligentes ou obtusos podem estar simplesmente passando adiante seu potencial genético para a prole. Quinto, o número de filhos em uma família, mesmo nos estudos mais corroborativos, parece dar apenas uma pequena contribuição para os resultados de testes de inteligência (Galbraith, 1982; McCall, 1985; Rodgers, 1984; Zajonc, 1983).

Estimulação Sensório-motora

Quase todos os pais estimulam seus filhos bebês a se movimentar e absorver informações. Os psicólogos acreditam que a *estimulação sensório-motora* é essencial para o crescimento mental normal. A crença é fundamentada por um grande número de descobertas de pesquisas.

Fase Sensório-motora

As astutas observações do falecido psicólogo suíço Jean Piaget interligam estimulação sensório-motora e inteligência. Piaget nomeou os dois primeiros anos de vida de *fase sensório-motora* do desenvolvimento mental porque nesse período as crianças aprendem principalmente pela absorção de informações por meio de seus sentidos e pela movimentação em seu ambiente. O trabalho de Piaget sugere que, para um desenvolvimento adequado do intelecto, os bebês precisam ter oportunidades para a exploração sensorial e motora (veja o Capítulo 10).

Condições Enriquecidas *versus* Empobrecidas

Quando muitos tipos de animais — ratos, camundongos e macacos, dentre outros — recebem pouca estimulação sensório-motora enquanto filhotes, mais tarde na vida exibem desempenho medíocre em tarefas de aprendizagem e resolução de problemas (Bernstein, 1979; Hebb, 1978; Rosenzweig, 1984). Quando oferecemos condições enriquecidas (toque, afagos, conversa e afins) por períodos substanciais, podemos criar animais muito inteligentes. No caso dos ratos, ambientes "superenriquecidos" mostram-se benéficos até mesmo para aqueles com o equivalente a retardo mental (problemas de aprendizagem devidos a defeitos na tireóide e lesões cerebrais). No Capítulo 2, explicamos que as experiências sensoriais alteram o cérebro de animais de laboratório: a estimulação complexa e variada está associada ao crescimento de conexões sinápticas entre as células do cérebro. Monotonia e indiferença, por sua vez, estão relacionadas com relativamente poucas conexões sinápticas.

E quanto ao ser humano? Pesquisa proveniente de uma série de fontes revela que a estimulação sensório-motora é essencial para a inteligência humana normal. Nos muitos estudos de bebês criados sob condições desoladoras em orfanatos ou em famílias negligentes, os investigadores regularmente encontram sinais de retardo mental quando as condições prolongam-se por toda a infância (Crissey, 1977; Dennis, 1974; Provence & Lipton, 1962) (veja a Figura 7.8). Investigações do progresso de bebês prematuros também corroboram a idéia de que a estimulação sensório-motora ajuda no crescimento mental. Com estimulação sensório-motora no tempo apropriado, os prematuros desenvolvem-se mais rapidamente em todos os aspectos, inclusive mentalmente (Beckwith & Cohen, 1984; Goldberg & DiVitto, 1983).

Estudos de bebês mentalmente retardados chegam a conclusões similares (Willerman, 1979; Zeskind & Ramey, 1981). Marie Skodak Crissey (1977), por exemplo, acompanhou o progresso de 13 adotados (cujas mães naturais apresentavam QIs de 70 a 79) durante um período de 40 anos. Se os bebês tivessem permanecido em seu lar natural, teriam ficado sob alto risco de desenvolvimento lento, progresso medíocre na escola e níveis obtuso-normais de QI. Adotadas antes de completar 6 meses, as crianças foram postas em estimulantes lares de classe média. Testadas com a idade de 13 anos, apresentaram QIs entre 78 e 141. Sete apresentaram QIs de 120 a 141. Entrevistados 20 a 30 anos depois, todos os adotados haviam completado o segundo grau e nove haviam prosseguido os estudos, cursando faculdade ou fazendo outro tipo de curso. Também seu ajustamento social foi impressionante. Outras investigações independentes sugerem que lares de classe média oferecem o tipo de estimulação que faz aumentar escores de QI e o

FIGURA 7.8 Quando crianças são criadas sob condições permanentes de negligência e desorganização, sua capacidade de funcionar inteligentemente parece ficar comprometida. (Joffre Clark/Black Star.)

rendimento escolar (Gottfried, 1984; Schiff *et al.*, 1982; Wilson, 1985).

A questão do tempo certo A estimulação sensório-motora é mais crucial logo no início do ciclo de vida? Os dados são contraditórios e de difícil interpretação (Brim & Kagan, 1980). Os estudos conduzidos por Wayne Dennis (1974) de crianças criadas em um desolador orfanato libanês sugerem um período crítico para o enriquecimento. Quando os órfãos eram adotados antes de completar 2 anos, eles pareciam recuperar-se. Quando eram adotados mais tarde, persistia algum grau de deficiência mental. Por ora, não se pode dizer com certeza que algum grau de deficiência persiste necessariamente. Talvez um programa intensivo de tipo apropriado tivesse feito alguma diferença.

Atualmente há duas conclusões que podem ser corroboradas: primeira, a estimulação durante a infância é essencial; segunda, o enriquecimento pode revelar-se benéfico em momentos posteriores do ciclo de vida.

Desafios Cognitivos

As pessoas — sejam quais forem suas capacidades — respondem bem a desafios mentais, desde que esses desafios sejam compatíveis com seu atual nível de funcionamento, aumentando sua inteligência medida. Esta descoberta está sempre ressurgindo e confirmando-se. Considere o uso do "raciocínio" na criação da criança. Quando os pais raciocinam com a criança, ela precisa acompanhar a lógica daquilo que está sendo dito, um desafio mental. Mães que educam usando o raciocínio em vez de a força criam crianças relativamente sagazes. Análises estatísticas sugerem que a relação entre raciocínio e capacidade mental em crianças não é explicada pelo QI ou pelo grau de instrução da mãe (Scarr, 1981b). A relação raciocínio-inteligência que aparece em grande parte das pesquisas atuais é muito vigorosa (Feuerstein & Jensen, 1980; Hess & Shipman, 1965). Programas de educação compensatória (veja o Quadro 7.1) corroboram ainda mais a importância dos desafios cognitivos.

Além de aumentar o poder cerebral, os desafios intelectuais conferem vantagens sociais e motivacionais. Uma criança que receba pouco em termos de estimulação cerebral em casa ficará despreparada para a escola. Por conseguinte, não estará propensa a apreciar os estudos, estabelecer altos objetivos e aprender a ser capaz (Scarr, 1981b).

Meninos e meninas são freqüentemente criados de formas diferentes. Pais e outras pessoas tendem a incentivar as meninas a ser maternais, responsáveis e obedientes, e os meninos, a ser autoconfiantes e bem-sucedidos (veja também o Capítulo 15). Uma série de investigadores acha que qualidades associadas ao papel feminino estão ligadas a declínios de QI na infância e posteriormente. Traços associados ao papel masculino estão ligados a ganhos de QI. Dentre os fomentadores da inteligência estão a curiosidade, a independência emocional, a agressividade verbal, a persistência nos esforços para resolução de problemas difíceis e desafiantes, a orientação para o sucesso e a competitividade (Samuel, 1980; Sears & Sears, 1978; Sontag et al., 1958).

Educação Formal

Muitos testes de QI definem a inteligência em termos de habilidades acadêmicas (Glaser, 1981). Tais habilidades são aprendidas em parte em ambientes escolares. Dados de diferentes países, sobre o desempenho em testes de inteligência vêm corroborar a idéia de que a qualidade do trabalho escolar traduz-se em pontos de QI. Embora a evidência seja contestada, a pesquisa corrente sugere que, em testes de inteligência, as crianças japonesas superam as crianças americanas em seis pontos em média (Lynn, 1982; Stevenson et al., 1985). Muitos observadores atribuem as diferenças ao nível de rendimento acadêmico. Comparadas a crianças japonesas e chinesas, as crianças americanas exibem, na média, resultados substancialmente mais baixos em testes de aproveitamento escolar. Talvez seja por que as crianças americanas passem muito menos tempo na escola e fazendo lição de casa, e por que, nos Estados Unidos, os pais tendem a ter expectativas menores em relação ao rendimento acadêmico dos filhos e aos programas educacionais das escolas (Stevenson et al., 1985).

A escola influencia também o QI por meio de seu efeito sobre a motivação. Crianças que têm experiências agradáveis na escola tendem a se interessar em aprender as habilidades que os testes de inteligência tendem a medir. Em contrapartida, aquelas que têm experiências escolares desagradáveis tendem a ser relativamente pouco receptivas. As expectativas dos professores provavelmente são uma poderosa influência sobre a congenialidade da experiência escolar e sobre a motivação e o rendimento escolares. Tais expectativas podem até alterar os escores de testes de QI. Robert Rosenthal e Lenore Jacobson (1968) conduziram um trabalho clássico sobre o poder das expectativas do professor. Após aplicar testes de inteligência em crianças de uma escola primária, eles escolheram *aleatoriamente* 20% dos estudantes e os denominaram "intelectualmente promissores". Os professores foram então levados a ter expectativa de progressos notáveis de seus "alunos promissores". Oito meses depois, Rosenthal e Jacobson retestaram as crianças. Quer com resultados baixos ou altos de início, os testes revelaram que todos os "promissores" tinham progredido no mínimo modestamente. Na média, ganharam quatro pontos de QI a mais que aqueles que não haviam sido escolhidos.

O estudo de Rosenthal e Jacobson teve muitos problemas, porém mais de 400 reproduções demonstram que *profecias auto-realizadoras* são forças que devem ser reconhecidas (Rosenthal, 1985). As expectativas de professores (e provavelmente de pais, supervisores, colegas e outros) produzem efeitos no mínimo pequenos e substanciais em alguns casos. Os professores traduzem suas expectativas para seu comportamento — geralmente sem ter consciência disso. Quando consideram um estudante brilhante, eles oferecem ajuda, incentivo, *feedback*, entusiasmo, oportunidades de resposta e afins (Babad *et al.*, 1982; Harris & Rosenthal, 1985; Swann & Snyder, 1980; Wang & Weisstein, 1980). Crianças consideradas obtusas tendem a ser ignoradas, criticadas e desestimuladas. Crianças pobres e negras tendem a ser percebidas desfavoravelmente por seus professores — mesmo quando os próprios professores são negros (Gerard, 1983). Crianças pobres academicamente bem-sucedidas devem este sucesso à sorte de fazer parte de uma família e de um sistema escolar sensíveis e participantes (Shipman, 1978). *Nota*: A relação expectativa-desempenho não é de "mão única". Expectativas baixas geralmente começam com trabalho medíocre (Entwisle & Hayduk, 1983). (■)

DIFERENÇAS ENTRE GRUPO NA INTELIGÊNCIA MEDIDA

Os homens são mais inteligentes do que as mulheres? Brancos e negros são intelectualmente comparáveis? E quanto a pobres e ricos? Velhos e jovens? Faço duas advertências antes de prosseguirmos no enfoque dessas questões:

1 Tenha em mente que o QI é um número que resume o desempenho em testes que dependem da personalidade e da motivação, além das qualidades mentais. Assim, diferenças de QI entre grupos podem ter como origem antes a personalidade ou a motivação do que o intelecto, ou alguma combinação desses traços.

2 Não faça pré-julgamentos de indivíduos. Diferenças de grupo são diferenças médias, de modo que elas não predizem o desempenho de um membro de grupo específico.

Diferenças de Gênero

Há diferenças na inteligência medida entre os dois sexos? Embora a pergunta pareça perfeitamente direta, é muito difícil de responder. Os testes de inteligência geral mais conhecidos foram concebidos de tal modo que as diferenças de sexo no QI geral não apareçam durante a infância. Embora não haja muita coisa evidente em termos de diferenças gerais entre os sexos, há descobertas de diferenças relativamente confiáveis nos subtestes (Maccoby & Jacklin, 1974). Na época em que estão cursando o segundo grau, as meninas tendem a se sobressair em testes de uso da linguagem e ter melhor desempenho do que os meninos em tarefas que requerem rapidez e precisão na execução. Os meninos em idade de curso secundário estão em vantagem no que se refere a raciocínio mecânico e visualização de relações entre objetos no espaço (Vandenberg & Kuse, 1979; Witkin & Goodenough, 1981). Da mesma forma, os homens tendem a ser melhores do que as mulheres no raciocínio matemático, porém não em cálculos e contas (Benbow & Stanley, 1983; Marshall, 1984). Duas diferenças adicionais merecem ser mencionadas. Comparados às mulheres, os homens têm maior propensão a ganhar pontos de QI e a ter desempenho geral ligeiramente melhor em testes mentais na fase adulta (Samuel, 1980; Schaie *et al.*, 1973; Matarazzo, 1972). A contrabalançar esse crédito, há um débito: mais homens do que mulheres têm incapacidades sérias de aprendizagem (Petersen & Wittig, 1979; Maccoby & Jacklin, 1974).

Embora essas diferenças de sexo sejam confirmadas por considerável número de investigadores, sua generalidade e importância ainda não estão claras. Sempre que variados grupos etários, gerações e culturas são examinados, aparecem exceções. Há evidência, por exemplo, de que as habilidades cognitivas de gerações contemporâneas de meninas e meninos nos Estados Unidos estão convergindo (Freed, 1983a, b; Rosenthal & Rubin, 1982; Tobias, 1980). Outra fonte de confusão sobre diferenças de sexo na inteligência medida é o tamanho das diferenças. O sexo responde por apenas 1% a 5% das variações que aparecem nos testes mentais (Hyde, 1981); muitos investigadores consideram as diferenças de pequena importância prática, embora nem todos (Rosenthal & Rubin, 1982). A controvérsia mais acirrada é sobre a maneira pela qual surgem as diferenças de sexo na inteligência. Alguns investigadores destacam que as diferenças são tão pequenas e incertas que não faz sentido especular (Caplan *et al.*, 1985; Fairweather, 1976). Mas a especulação prossegue, como também a pesquisa. Por ora, seria fútil optar entre explicações hereditárias e ambientais sobre qualquer capacidade cognitiva. Muitos in-

Quadro 7.1
EDUCAÇÃO COMPENSATÓRIA

Em meados da década de 1960, cientistas sociais começaram a montar programas educacionais para crianças pobres. Sem educação compensatória, ponderavam eles, as incapacidades e deficiências seriam passadas adiante de uma geração para outra, e a pobreza se autoperpetuaria. O maior esforço de educação compensatória é o Head Start — um conjunto de mais de 2.000 programas —, o qual se iniciou em 1965 e prossegue até hoje (veja a Figura 7.9a).

As metas dos programas compensatórios para estudantes de pré-escola são similares, embora as ênfases variem (Zigler & Berman, 1983). Alguns se concentram no QI; outros, no rendimento; outros, nas qualidades motivacionais e emocionais, como auto-estima e atitude positiva em relação à escola. A saúde física é uma das preocupações, da mesma forma que a melhoria das situações familiares (habitação, renda, assistência médica). Alguns programas concentram-se em ajudar os pais a se ajudarem, assim como a suas crianças (Cochran & Woolever, 1984). Não só as ênfases são diversas, mas também as premissas.

Faixa etária Em que idades é mais benéfica a intervenção? Uma série de diferentes idades "mágicas" foram propostas. Dentre elas, o período pré-natal, os três primeiros meses de vida, os dois primeiros anos, os quatro primeiros anos, os primeiros anos de escola e até mesmo a adolescência (Zigler & Berman, 1983). Não há evidência disponível e provavelmente nenhum período revelar-se-ia crítico para todos os tipos de aprendizagem (Wachs, 1984). Ao contrário, as intervenções devem ser douradouramente benéficas em qualquer momento em que a qualidade do interesse seja responsiva ao treinamento.

Duração Os períodos de intervenção variam de meses a anos. Qual é a duração ideal? Dois fatos devem ser levados em conta. Nenhuma intervenção pode apagar uma longa história de negligência. Da mesma forma e com toda a certeza, nenhum programa no início da vida pode oferecer proteção contra desvantagens contínuas mais tarde, no decorrer da vida. Portanto, as intervenções que começam cedo e continuam mais tarde provavelmente são mais eficazes (Zigler & Berman, 1983).

Papel dos pais Alguns programas ajudam a criança por meio da ajuda à família. Os pais recebem apoio ou treinamento ou assistência pré-natal ou algum outro serviço. Na Home Start, uma ramificação da Head Start, pessoas residentes na comunidade e treinadas ajudam as mães a diagnosticar problemas e necessidades. Depois, os tutores ensinam aos pais o desenvolvimento inicial da criança e a estimulação mental. Em muitos programas, as famílias desempenham papéis menores. Na Head Start, por exemplo, o professor vem em primeiro lugar e os pais simplesmente ajudam em classe.

Recentes avaliações de longo prazo dos melhores programas revelaram-se muito estimulantes (Consortium for Longitudinal Studies, 1983; Deutsch et al., 1985; Seitz et al., 1985; Zigler & Berman, 1983). Escores mais altos de QI freqüentemente persistem pelo menos por vários anos depois de a criança ter participado de um desses programas. Porém, mesmo quando a superioridade do teste mental diminui, surgem outras vantagens importantes. As crianças formadas pela Head Start apresentam, por exemplo, menor propensão a fracassar e maior propensão a se orgulhar do trabalho e da escola. Os pais freqüentadores da Head Start passam mais tempo com os filhos do que os não freqüentadores. Os formandos de outros programas de enriquecimento de qualidades demonstram estar muito à frente de grupos comparáveis no que se refere a freqüência escolar, formação secundária, treinamento universitário ou vocacional e emprego.

Hoje, em cidades espalhadas por todos os Estados Unidos, pais podem inscrever os filhos em idade pré-escolar em programas que ensinam arte e música, ginástica, idiomas, leitura, informática e congêneres. Alguns pais investem em material especial para ensino em casa (veja a Figura 7.9b). Essa estimulação extra levará ao brilhantismo?

Por ora, não dispomos de dados confiáveis sobre os efeitos a longo prazo de tais programas. Não obstante e por diversas razões, os psicólogos demonstram preocupação quanto a estimular os estimulados. Primeiro, a base de muitos desses programas é suspeita. É improvável que exercitar crianças com *flashcards** cause algum prejuízo, mas aparentemente não leva a nada. Desenvolver uma mente criativa e curiosa não é algo que possa ser obtido com exercício. Segundo, se forem usadas táticas de muita pressão, o ensino pode ser contraproducente. Crianças que achem os exercícios desagradáveis podem começar a detestar o ato de aprender. Terceiro, pressões muito fortes para conseguir sucesso podem predispor as crianças ao fracasso e à depressão quando da ocorrência de fracassos. Quarto, endeusar a mente rouba espaço a outros elementos do âmbito social e do âmbito dos sentimentos. Os pais precisam fazer com que os filhos sintam-se competentes, amados, íntegros e capazes de lidar com a vida (Scarr, 1984). Quinto, crianças bombardeadas por estimulação são menos propensas a iniciar atividades por si próprias (Field, 1984). Uma vez que as crianças aprendem por meio de exploração, usando os próprios meios, pressionar o desenvolvimento cognitivo pode ser perigoso. Dados esses possíveis problemas, muitos psicólogos mostram-se preocupados com os atuais programas de educação pré-escolar para os financeiramente favorecidos.

* N.T.: Cartas contendo palavras, números ou figuras, concebidas para obter uma resposta rápida de alunos quando exibidas brevemente pelo professor. São usadas especialmente em exercícios de leitura, aritmética ou vocabulário.

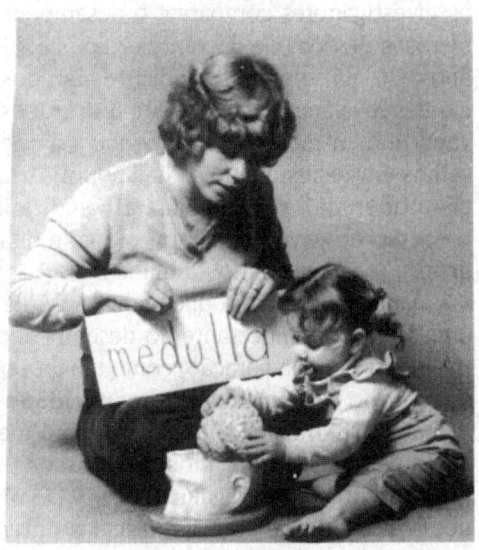

FIGURA 7.9 (a) Crianças com histórico de pobreza brincam de um jogo para aprender as letras do alfabeto em um programa bilíngüe da Head Start. (b) Bebê de classe média recebe aula de neuroanatomia. O texto descreve as conseqüências prováveis de ambos os programas. (Elizabeth Crews/Stock, Boston/Copyright © 1984 Jacques Chenet/Woodfin Camp & Assoc.)

vestigadores contemporâneos acreditam que os genes e a experiência trabalham em conjunto. Mulheres e homens têm genes, graus de amadurecimento e níveis de hormônios sexuais diferentes; eles também brincam com brinquedos diferentes, confrontam expectativas diferentes, seguem regras diferentes, tomam caminhos diferentes, e assim por diante.

Algumas das discrepâncias de gênero podem derivar de diferentes graus de amadurecimento, controlados pela hereditariedade (Carlsmith, 1982; Waber, 1979; Waber et al., 1985). Na média, as meninas atingem a maturidade sexual dois anos antes dos meninos. Isso significa que o cérebro dos meninos tem dois anos a mais para *lateralizar* (ou seja, para os hemisférios especializarem-se) (veja o Capítulo 2).

Diversos programas de pesquisa demonstraram que os desempenhos espaciais, verbais e matemáticos de jovens de amadurecimento atípico — meninos de amadurecimento precoce e meninas de amadurecimento tardio — não estão em linha com as expectativas. Jovens precoces de ambos os sexos (padrão feminino) tendem a ir relativamente bem em certos tipos de teste verbal ("forças femininas") e não tão bem em tarefas que requerem capacidades de raciocínio espacial e matemático ("fraquezas femininas"). Meninas com amadurecimento tardio geralmente apresentam resultados iguais ou mais altos do que os meninos em raciocínio matemático (Carlsmith, 1982) e em capacidades espaciais (Waber et al., 1985). Jovens de amadurecimento tardio também evidenciam um grau relativamente alto de lateralidade (especialização nos dois hemisférios). Até o momento, os dados estão longe de uma corroboração uniforme da hipótese de amadurecimento, de modo que permanece apenas uma hipótese curiosa (Meyer-Bahlburg et al., 1985; Waber et al., 1985).

Diferenças de Idade

Outra questão complexa é a das diferenças etárias nos testes mentais. Os elaboradores dos testes mentais mais conhecidos acreditavam que a inteligência crescia da infância até a adolescência (Terman & Merrill, 1960; Wechsler, 1981). Pensava-se que as capacidades mentais se estabilizassem depois dos 18 anos até o fim dos 20 ou início dos 30. Depois, durante os 30, 40 e 50, supunha-se haver leves declínios; durante os 60, pensava-se que as pessoas eram essencialmente mais obtusas. Um número crescente de observações sugere que este modelo está errado.

O modelo de "declínio ao longo de toda a fase adulta" foi construído com base nas descobertas de estudos transeccionais. Em um *estudo transeccional,* os investigadores comparam o desempenho de numerosas pessoas de diferentes grupos etários: de 25 anos, 30, 35, e assim por diante. Estudos transeccionais revelaram regularmente que grupos mais jovens tinham melhor desempenho do que os mais velhos em testes mentais. Mas por quê? As diferenças poderiam ser atribuídas à hereditariedade (o processo de envelhecimento, o qual é ditado pelos genes), à experiência ou a ambos.

A pesquisa mostra que as histórias de vida são uma influência importante no desempenho em testes mentais. Cada geração, como um grupo, tem desempenho em um nível de capacidade distinto (Schaie, 1083). Embora testadas com a mesma idade (digamos, aos 50 anos), as pessoas nascidas mais recentemente (digamos, em 1925) vão melhor nos testes do que aquelas nascidas anteriormente (em 1910, por exemplo). Cada geração está exposta a seu próprio conjunto específico de eventos, políticas, leis, convenções, tecnologias, mídia, e assim por diante. Aparentemente, a sociedade tornou-se melhor em criar pessoas que vão bem em testes mentais (Flynn, 1984).

Para descobrir o que ocorre com a inteligência à medida que as pessoas envelhecem, é necessário acompanhar os mesmos indivíduos em dois ou mais pontos do tempo, comparando seus desempenhos em testes mentais (*estratégia longitudinal*). Ao mesmo tempo, deve-se levar em conta as diferenças de geração pelo exame das descobertas feitas a partir de testes de membros de diversas gerações.

Lillian Troll (1982) examinou a pesquisa contemporânea de desempenhos mentais dos mesmos indivíduos ao longo de sua vida e descobriu diversas tendências nítidas. A capacidade absoluta cresce da infância até a idade de 30 anos. Entre os 30 e os 60 anos, geralmente há progressos ou platôs, dependendo da tarefa e da amostragem. Os adultos estudados por K. Warner Schaie (1983) e seus colaboradores tiveram desempenhos constantes ao longo do tempo, em testes de significado verbal, relações espaciais, raciocínio, números e fluência de palavras. Em torno dos 50 anos de idade, os adultos pioraram nas tarefas que requeriam rapidez.

A maior parte da controvérsia concentra-se naquilo que ocorre depois dos 60 anos de idade. As descobertas de nove estudos oferecem dados conflitantes (Troll, 1982). Certos investigadores encontram muita variabilidade. Isto é, alguns indivíduos ganham e outros perdem pontos nos testes mentais. Algumas capacidades intelectuais permanecem iguais e outras, não. Em contraste, outros pesquisadores verificam declínios intelectuais pelo menos ligeiros em todas as áreas. Os cientistas sociais geralmente verificam perdas mentais em pessoas um a seis anos antes de morrerem.

Estávamos falando sobre *capacidade mental absoluta*, um padrão estabelecido por resultados de testes mentais que não levam em conta a posição relativa. E quanto à *posição relativa* ou QI, qual é o desempenho dessas pessoas comparado ao de outras de seu grupo etário? Assim que a criança passa da idade de 5 anos, aproximadamente, o QI em si permanece razoavelmente estável (Cronbach, 1984; Eichorn et al., 1981). Crianças que atingem QIs superiores aos 6 anos, geralmente obtêm escores similarmente superiores aos 16 e aos 46 anos. Crianças de 6 anos com escores na média ou abaixo da média tendem a manter sua posição relativa. A correlação entre dois ou mais testes após os 6 anos de idade é próxima de 0,80. Isso significa que cerca de 70% das pessoas ganham ou perdem 10 pontos de QI, ou menos, entre os testes.

Todavia, não é incomum ganhar ou perder 10 pontos de QI ou mais. Em uma amostragem de jovens que foram testados a intervalos durante a fase adulta, cerca de 50% perderam ou ganharam pelo menos 10 pontos de QI (Eichorn et al., 1981). Aproximadamente 85% das crianças, em uma outra investigação, exibiram mudanças dessa magnitude (Honzik & MacFarlane, 1973).

Quais são os principais fatores que contribuem para os ganhos ou perdas de QI? Erros de medição respondem por apenas uma pequena parcela das mudanças. Com relação aos ganhos de QI logo cedo na vida, acredita-se que sejam importantes as diferenças em persistência e motivação para desempenho superior (Eichorn et al., 1981; Honzik & MacFarlane, 1973). Durante a fase adulta, duas circunstâncias acompanham importantes mudanças mentais (Eichorn et al., 1981, Schaie, 1983; Troll, 1982). O declínio da saúde e o alcoolismo estão ligados à deterioração do desempenho mental. Um ambiente complexo e estimulante — exposição a atividades, livros, jornais, amigos, atividades cotidianas, viagens e congêneres — é associado a ganhos intelectuais.

Diferenças de Classe Social

Crianças e adultos de lares de classe baixa apresentam em média 20 a 30 pontos de QI abaixo daqueles que vivem em ambientes mais confortáveis (Hunt, 1979; Willerman, 1979). A importante questão é por quê. Em qualquer caso individual, é provável que numerosas possibilidades estejam trabalhando em conjunto.

Genes

Certos tipos de retardo são relativamente comuns entre os pobres e parecem ter um componente genético. Mas o que dizer da pessoa pobre média? A idéia de que os genes influenciam essas deficiências de QI é altamente controvertida (Herrnstein, 1973). Estudos de adoção e de educação compensatória argumentam contra uma causa genética. O programa ambiental mais intensivo possível, a adoção, revela que os QIs médios de crianças pobres e de classe média equiparam-se (Schiff et al., 1982). Dadas as usuais desvantagens pré-natal das crianças pobres, esse dado torna-se ainda mais impressionante.

Lesão Cerebral

Os pobres enfrentam experiências potencialmente prejudiciais ao cérebro e à inteligência. O chumbo e seus compostos são mais predominantes nas áreas mais antigas e mais pobres das cidades. Além disso, as áreas de descarga de lixo tóxico e as fumaças industriais tóxicas são encontradas com maior freqüência em áreas empobrecidas do que em subúrbios mais prósperos. A desnutrição, tanto anterior como posterior ao nascimento, também é relativamente comum entre os pobres. Ademais, a mãe abatida pela pobreza tem um risco relativamente mais alto de abuso do álcool ou das drogas (Ernhart, 1982); ambos elevam o risco de complicações na gestação e no parto, e a possibilidade de lesão cerebral e retardo da prole (veja o Capítulo 10). E, conquanto a mulher pobre esteja propensa a precisar de mais assistência médica do que sua contraparte financeiramente favorecida, provavelmente ela receberá menos. Pouca ou nenhuma assistência pré-natal está ligada à pobreza.

Condições Sociopsicológicas

Muitos investigadores acreditam que o clima sociopsicológico que acompanha a pobreza altera a capacidade mental pelas seguintes razões:

1 A pobreza está ligada à violência e ao estresse (aglomeração, barulho, desorganização, medo). Em tal atmosfera, é difícil atentar a novas informações, perceber a ordem e aprender que o comportamento produz resultados previsíveis. Tais atividades são consideradas cruciais ao desenvolvimento da inteligência (Hunt, 1976; Murphy, 1968).

2 A linguagem de pessoas pobres geralmente carece de coerência e complexidade. Pais de famílias empobrecidas deixam de raciocinar, explicar e apontar conexões para seus filhos com maior freqüência do que suas contrapartes de classe média. Acredita-se que a pobreza verbal limite a atividade mental e reduza o intelecto (Feuerstein & Jensen, 1980; Hess & Shipman, 1961; Tulkin & Kagan, 1972; Wachs, 1984).

3 Pais de baixa renda tendem a ser desnutridos, doentes, cansados, inquietos e preocupados. Além disso, famílias pobres costumam ser grandes, com filhos de idades próximas, de modo que cada criança recebe relativamente pouca atenção e estimulação (Beckwith & Cohen, 1984; Gottfried, 1984; Zajonc, 1985).

4 A pobreza está associada a desvantagens educacionais: dentre elas, desânimo com a escola, poucas habilidades acadêmicas, pouco interesse em aulas formais e pessimismo da parte de pais e professores. A capacidade escolar, um importante componente do QI, é enfraquecida por essas desvantagens.

A hipótese da diferença Até agora, assumiu-se que as deficiências de QI dos pobres significam que eles têm menos capacidade mental. Este não é necessariamente o caso. Talvez os testes mentais tradicionais simplesmente deixem de cobrir os *insights*, as habilidades e as competências dos pobres.

O conteúdo e os procedimentos-padrão dos testes de inteligência tradicionais trabalham contra os pobres. Examinandos de baixa renda tendem a se sentir menos à vontade com o examinador de classe média e a situação de teste. As tarefas têm menor probabilidade de lhes despertar interesse ou motivação para fazer o melhor possível. O vocabulário, as instruções e as situações a avaliar podem lhes parecer estranhos. Considere o item de teste: "O que você faria se sua mãe lhe pedisse para comprar algo em uma loja e a loja não o tivesse?". "Iria a uma outra loja" (a resposta preferida) pode ser a melhor resposta para a criança de classe média. Todavia, a criança de uma reserva indígena pode não ter outra loja para ir. Para o morador de um gueto, ir a uma loja no quarteirão vizinho pode ser perigoso e, portanto, fora de cogitação.

Considere agora os dialetos que muitas pessoas pobres usam. Os dialetos podem se constituir em um obstáculo em testes de inteligência como também na escola e na sociedade como um todo. Entretanto, os dialetos dos pobres são tão legítimos e tão capazes de expressar todas as distinções que a mente humana pode fazer quanto a língua mais eloqüente e formal considerada padrão (Cairns, 1981; Edwards, 1979). Considerar um dialeto inteligente e outro não inteligente é uma decisão arbitrária.

Alguns cientistas sociais argumentam que as discrepâncias de testes mentais entre pobres e favorecidos deveriam ser consideradas desta forma: *diferenças*, não *deficiências*. O necessário, eles alegam, é fazer uma apreciação das diferenças.

Diferenças de Raça

Nos Estados Unidos, os escores médios de QI obtidos pelos brancos são superiores aos obtidos pelos negros. A defasagem varia de 1 a 20 pontos de QI, com uma média de 15 pontos (Loehlin *et al.*, 1975; Mackenzie, 1984). As razões das diferenças são alvo de acirrados debates. Uma minoria de psicólogos atribui o fato à hereditariedade; a maioria, ao meio ambiente.

A Hipótese Genética

Arthur Jensen (1969, 1980, 1983) é de longe o mais destacado defensor da idéia de que a hereditariedade explica as diferenças de testes mentais entre negros e brancos. Dentre seus principais argumentos encontram-se os seguintes:

1   Os testes mentais tradicionais avaliam de forma eqüitativa o potencial intelectual de todas as pessoas que falam inglês nos Estados Unidos, independentemente da raça.

2   Os coeficientes de hereditariedade apontam os genes como importantes contribuintes para as diferenças de QI entre brancos e negros.

3   Além da defasagem quantitativa entre as raças (a vantagem de 1 a 20 pontos de QI dos brancos), há também diferenças qualitativas consideráveis. Negros e brancos obtêm escores de QI de formas distintas. Os negros destacam-se na memória, na manipulação de objetos no espaço e na coordenação mãos-olhos. Os brancos sobressaem-se no raciocínio, no pensamento abstrato e no uso da linguagem. Jensen especula que os membros das duas raças herdam diferentes capacidades mentais, herdando os brancos mais inteligência geral (p. 283).

4   Se o meio ambiente influísse realmente, a educação compensatória deveria ter sido capaz de eliminar a desvantagem de QI das crianças negras.

A Hipótese Ambiental

Os ambientalistas rebatem os argumentos de Jensen com os seguintes pontos:

1   O viés permeia a situação de aplicação de testes e dos testes em si; eles são injustos tanto para as minorias como para os pobres. Dois terços dos negros caem em ambas as categorias (Duncan *et al.*, 1984). Uma série de observações sustenta essa alegação (Cole, 1981). Crianças negras têm melhor desempenho com examinadores negros, que são raros. Comparados aos brancos, os negros têm mais dificuldade de concentração e sentem-se mais intranqüilos e menos seguros na situação de teste mental (Samuel, 1980). Mais importante ainda é a questão da experiência diferencial. Negros pobres ouvem menos o inglês-padrão e aprendem menos habilidades acadêmicas em escolas altamente segregadas (Jones, 1984).[2]

2   Altos coeficientes de hereditariedade não significam que a hereditariedade modele a inteligência mais que o meio ambiente. O ambiente sempre influi no nível de desempenho das pessoas em testes mentais e em outras situações. Os aspectos da pobreza que deprimem a inteligência atingem mais os negros do que os brancos. Há ainda outro ônus a considerar: os efeitos cumulativos da desigualdade de oportunidades e a discriminação social, educacional, legal e política. Muitos psicólogos acreditam

---

2. N.R.T.: Para avaliar o impacto de diferenças ambientais no desempenho em testes, leve em conta que você, por exemplo, possivelmente não sabe o que é "cana caiana", ao passo que uma criança de 8 a 9 anos, morando no meio rural do Estado de Alagoas, facilmente identificaria este tipo específico de cana. A questão da hipótese ambiental diz respeito a quanto diferentes ambientes podem influir no desempenho das pessoas nos testes de inteligência.

que Jensen subestimou enormemente o impacto do racismo sobre os resultados dos testes de QI. Há evidência de que crianças negras freqüentemente vêm um futuro sem perspectivas (Ogbu, 1978). Dado esse clima mental, pode parecer sem sentido lutar pelos tipos de habilidades acadêmicas favoráveis aos resultados de QI.

3 As forças e fraquezas intelectuais podem resultar de diferentes valores. Pessoas financeiramente favorecidas e capazes de disputar posições de status atribuem alta prioridade às habilidades que vão ajudá-las: pensamento abstrato, raciocínio, trabalhar com rapidez, falar o inglês-padrão, e assim por diante. Nos Estados Unidos, a cultura dos negros gera atividades que podem levar ao desenvolvimento de diferentes estilos cognitivos e estratégias de aprendizagem (Hale, 1982).

4 Não é razoável esperar que programas compensatórios curtos façam grande diferença. No caso da mais profunda das intervenções — adoção por famílias brancas favorecidas financeiramente —, os negros têm desempenho tão bom quanto os brancos com históricos equiparáveis (Scarr, 1981a). Quando as próprias famílias negras proporcionam importantes vantagens de aprendizagem, as crianças tendem a ir bem nos testes de inteligência e na escola (Blau, 1981).

5 Dados sobre negros com variados graus de ascendência africana (determinados por exames de sangue) colidem com a tese genética de Jensen (Scarr, 1981a): não há diferença mental significativa entre os negros com pequeno componente de ascendência branca e os negros com grande contribuição genética branca.

A Controvérsia Continua

As relações entre raça e QI permanecem controvertidas. A hipótese ambiental é claramente mais popular, porém muitos cientistas acreditam ainda carecer de informações suficientes para chegar a conclusões definitivas (Loehlin et al., 1975; Mackenzie, 1984).

A controvérsia levantou uma questão colateral muito importante. Alguns cientistas sociais chamam a pesquisa sobre diferenças raciais de "altamente perniciosa" porque acreditam que ela leva inevitavelmente à opressão (Gould, 1983; Sarason, 1984). Outros argumentam que a verdade é uma questão maior (Pert, 1982). Se as diferenças existem, as pessoas precisam entendê-las e lidar com elas com inteligência e humanidade — tendo presente que as diferenças não são deficiências. Se as pessoas são capazes de ter essa postura, é um grande ponto de interrogação.

DIFERENÇAS INDIVIDUAIS NA INTELIGÊNCIA MEDIDA

Há variações entre os indivíduos de todo e qualquer grupo. Referimo-nos ao que se conhece do ser humano em cada extremidade do espectro — os retardados mentais e os brilhantes.

Retardo Mental

Os *retardados mentais* distinguem-se por dois aspectos. Seu desempenho nos testes mentais é muito abaixo da média. Além disso, eles não se adaptam bem às exigências da própria vida. Ambos os problemas surgem na tenra idade (American Psychiatric Association, 1980; Grossman, 1983). Em qualquer ponto do tempo, algo entre 1% e 3% da população enquadra-se nesses critérios (Tarr, 1985).

O retardo ou retardamento pode ser dividido em quatro categorias: brando, moderado, grave e profundo. A Tabela 7.3 define as classes e seu grau de ocorrência.

TABELA 7.3 Níveis diferentes de retardo mental.

Grau de Retardo	Faixa Aproximada de QI	Incidência de Retardados na População (Aproximação)
Leve	50-70	80%
Moderado	35-49	12%
Grave	20-34	7%
Profundo	Abaixo de 20	Menos de 1%

Fonte: Adaptada de *Diagnostic and Statistical Manual of Mental Disorders*, 3ª ed., American Psychiatric Association, © 1980.

Retardo Leve

Grande parte dos retardados cai na faixa dos *levemente retardados*. Durante os primeiros anos de vida, parecem crianças normais. Aprendem a se comunicar e a cuidar de si mesmos. O retardo leve geralmente se torna aparente em idades posteriores. Eles progridem academicamente até mais ou menos o sexto ano.

Não há um conjunto isolado de problemas intelectuais. Pessoas levemente retardadas, como ocorre com as pessoas normais, variam muito. São comuns entre os levemente retardados as seguintes deficiências: concentração da atenção (Zeaman, 1973); memória de curto e longo prazo (Jensen, 1970; Spitz, 1973); pensamento abstrato (Feuerstein *et al.*, 1981); trabalho deliberado — pausa para entender o que é necessário (Feuerstein & Jensen, 1980); e transferência de aprendizagem de um contexto para outro (Campione *et al.*, 1982).

Quando adultos, os levemente retardados podem viver em comunidade e trabalhar (Evans, 1983). Os bem-ajustados misturam-se na população em geral. Esta capacidade de ajustamento está ligada a qualidades como perseverança, alegria, autoconfiança, respeito por supervisores e comportamento apropriado no trabalho (Robinson & Robinson, 1981; Scarr, 1981b). Ao longo de toda a fase adulta, os levemente retardados efetivamente necessitam de apoio, em especial quando se encontram sob estresse.

Retardo Moderado

Reconhecem-se os *moderadamente retardados* desde a tenra idade. Na escola, eles raramente progridem além do trabalho médio de segundo ano primário. Parecem alheios às necessidades da vida em sociedade e têm dificuldade de cuidar de si mesmos. Necessitam de rigorosa supervisão durante a vida inteira. Entretanto, se postos em posições protegidas, podem viver e trabalhar na comunidade como adultos (veja a Figura 7.10).

Retardo Grave e Profundo

O retardo grave e o profundo são em geral notados logo no nascimento. Além das incapacidades mentais generalizadas, essas pessoas freqüentemente apresentam sérios problemas de saúde. Esses doentes requerem supervisão contínua durante toda a vida.

Os *gravemente retardados* desenvolvem pouca ou nenhuma fala comunicativa e habilidades motoras muito precárias. Com treinamento, eles podem chegar a cuidar do próprio corpo. Podem aprender a se vestir e a tirar a roupa, comer sozinhos, lavar as mãos e o rosto, e a usar o banheiro. Quando adultos, os gravemente retardados podem desempenhar tarefas vocacionais simples sob estreita supervisão (Whitman *et al.*, 1983).

FIGURA 7.10 Ex-residentes de um hospital de doentes mentais, estas mulheres retardadas vivem agora em uma casa de apoio e trabalham em ambiente protegido. Idealmente, os esquemas montados para sua integração na vida da comunidade proporcionam autonomia aos retardados mentais, dando-lhes um senso de produtividade. (Lionel J-M Delevingne/Stock, Boston.)

Os *profundamente retardados* são os mais incapazes de todos, apresentando deficiências em quase todos os aspectos. Têm problemas de saúde e deficiências sensoriais graves. Falta-lhes mobilidade. Sua comunicação é mínima. Na melhor das hipóteses, seus progressos são muito precários, em geral limitados a um pequeno grau de cuidados pessoais.

ADVERTÊNCIA: Estas descrições podem sugerir que os retardados mentais têm limites rígidos. Todavia, à semelhança das pessoas de inteligência normal, os retardados mentais são capazes de funcionar em uma determinada faixa. Deixados sem supervisão em instituições carentes de pessoal para acompanhamento, seu desempenho é relativamente ruim (Cunningham, 1985; Schumer, 1983). Criados em famílias estimuladoras e carinhosas, eles realizam mais do seu potencial. A pesquisa sobre programas de educação que começam na primeira infância tem sido surpreendentemente promissora. Em alguns casos, até mesmo crianças moderadamente retardadas podem aprender a ler em nível próximo do seu ano escolar e lidar com trabalho acadêmico em escolas públicas (Pine, 1982).

Causas do Retardo

O que causa o retardo mental? Vimos anteriormente que uma gama de fatores biológicos e sociopsicológicos deprime o QI. Isoladamente ou em combinação, esses fatores estão envolvidos no retardo mental. Os cientistas sociais podem falar das influências sobre a deficiência intelectual com autoridade quando se trata da questão como um todo. Na vasta maioria dos casos individuais, eles não podem apontar uma causa conhecida (Freeman, 1985).

Causas biológicas Não há dúvida de que a biologia contribui para o retardo mental. Sabe-se que mais de 330 diferentes distúrbios de genes recessivos resultam em graves deficiências intelectuais (Cavalli-Sforza & Bodmer, 1971). Qualquer distúrbio nos cromossomos em qualquer ponto do tempo — mas especialmente durante o desenvolvimento do cérebro — pode deprimir a inteligência.

Antes, durante e depois do nascimento, infecções, intoxicação, falta de oxigenação e traumatismo podem causar retardo. A lesão da cabeça é particularmente grave quando o cérebro está crescendo rapidamente, após o nascimento e durante os primeiros anos de vida. Se a mãe contrai a infecção virótica conhecida como sarampo alemão (rubéola) durante os três primeiros meses de gravidez, o vírus prejudica o sistema nervoso do feto, resultando em deficiência mental. Fetos expostos a quantidades mesmo moderadas de álcool têm maior propensão a apresentar capacidades mentais defeituosas. O retardo está também ligado à falta de oxigenação e a ferimentos na cabeça ocorridos durante parto difícil ou decorrentes de maus-tratos de pais. Eventos pré-natais têm maior propensão de estar associados ao retardo grave e eventos pós-natais têm maior probabilidade de estar ligados ao retardo brando (Moser, 1985).

Distúrbios metabólicos e nutricionais também podem causar deficiências mentais. A desnutrição grave enquadra-se nesta categoria, da mesma forma que o nível muito reduzido de hormônio da tireóide, decorrente de drogas, radiação durante a gravidez, insuficiência de iodo ou hereditariedade (Ingalls, 1978).

Causas cultural-familiares Cerca de 80% dos levemente retardados provêm de famílias com histórico de baixa renda, não estando evidente qualquer causa biológica. Como se acredita que o meio social contribui fortemente para o retardo, esse tipo de deficiência é denominado *cultural-familiar*.

Mencionamos as várias condições que acompanham a pobreza e que deprimem a inteligência medida. Toxinas, desnutrição, assistência médica inadequada para problemas de tireóide ou defeitos auditivos, estimulação insuficiente, caos e um ambiente lingüístico empobrecido estão dentre os fatores que poderiam estar envolvidos. Presumivelmente, tais experiências combinam-se com problemas orgânicos preexistentes, criando deficiências mentais.

A explicação cultural-familiar tem considerável sustentação. Se bebês com alto risco de retardo leve são criados em ambientes ideais, eles não funcionam na faixa dos retardados (Garber, 1986). Bebês provenientes de lares empobrecidos, adotados por lares financeiramente favorecidos, funcionam em níveis intelectuais substancialmente mais altos em comparação com seus irmãos naturais que permanecem no lar de origem (Schiff *et al.*, 1982).

Mesmo em idades posteriores, o retardo cultural-familiar parece ser remediável. Trabalhando em Israel, Reuven Feuerstein e seus colaboradores (1980, 1981) concentram-se em crianças e jovens retardados de 10 a 18 anos (com QIs acima de 40), cujas deficiências derivam de uma vida pertubada e de limitadas oportunidades de aprender. O programa de Feuerstein visa a ensinar às crianças como usar a mente com lógica. As tarefas da Figura 7.11, por exemplo, treinam o adolescente para que procure relações, contextos e conexões. Os métodos e teorias de Feuerstein estão sendo avaliados atualmente em toda parte dos Estados Unidos. Os resultados finais ainda não se encontram disponíveis, porém os dados atuais são favoráveis.

Inteligência Superior

David Feldman (1980, 1982) faz algumas distinções úteis entre as atividades mentais. Toda pessoa com inteligência normal adquire *operações mentais universais*. Os seres humanos aprendem línguas, conceitos numéricos, raciocínio, e assim por diante. Alguns tipos de *habilidades intelectuais dependem da cultura*. Nos países ocidentais, a alfabetização — ser capaz de ler e escrever — é amplamente difundida. Em alguns grupos das ilhas de Oceania, navegar com um barco é uma habilidade comum. Dentro de cada cultura, as pessoas envolvem-se com *disciplinas especiais* ou *áreas de conhecimento*: em nossa cultura, matemática, física, música, xadrez, computação, psicologia e congêneres. Finalmente, há o *conheci-*

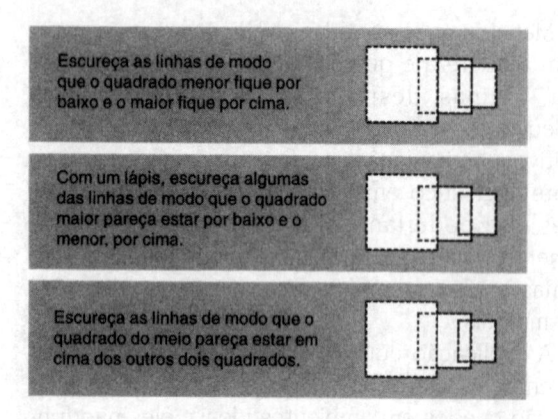

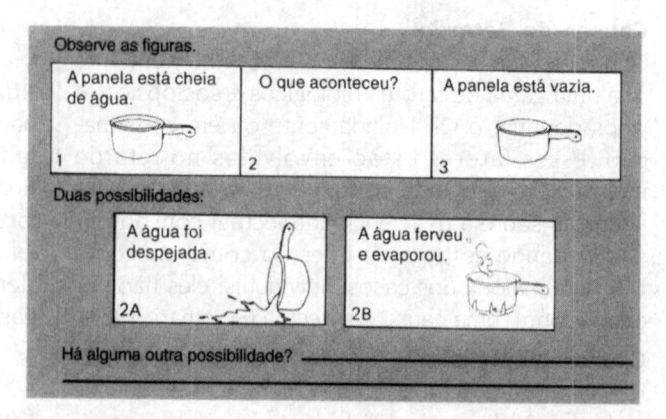

FIGURA 7.11 Material usado no programa de enriquecimento instrumental de Feuerstein para aumentar o desenvolvimento cognitivo de adolescentes retardados. O instrutor modela habilidades básicas de pensamento e critica, elogia, incita e estimula para treinar o pensamento melhorado. O objeto do exercício à esquerda é ensinar a controlar a impulsividade (pensar antes de agir). O exercício à direita oferece ajuda para superar a tendência de ver objetos e eventos isoladamente. (Com base em Feuerstein, 1979.)

mento exclusivo de um novo campo. Por exemplo, Newton formulou a lei de gravidade e Darwin elaborou a teoria da evolução. Em cada uma das quatro esferas anteriormente descritas, podemos identificar os superiores intelectualmente.

Lewis Terman e os Examinandos com Altos Escores de QI

Os testes de inteligência examinam as operações e habilidades mentais universais que dependem de uma cultura específica. Lewis Terman e seus colaboradores estudaram o brilhantismo nesses campos. No início, o grupo de Terman identificou mais de mil crianças na Califórnia cujo QI superava a marca de 135 pontos. Para fins de comparação, eles selecionaram um segundo grupo de crianças com escores comuns de QI. Os estudos de Terman prosseguiram durante sua vida toda. Os mesmos participantes — agora no fim da fase adulta — continuam sendo monitorados (Sears & Sears, 1980). Nosso conhecimento sobre eles baseia-se em observações, testes, questionários e entrevistas realizados periodicamente.

Os que obtiveram altos escores nos estudos de Terman provieram, na maioria, de lares financeira e socialmente favorecidos. Quando crianças, os examinandos não se enquadravam no estereótipo intelectual de "ratos de biblioteca" franzinos e pálidos. De fato, o inverso era verdadeiro; os bem-dotados eram relativamente grandes e saudáveis. Eles destacavam-se também em testes de personalidade. Em termos comparativos, seus professores os viam como autoconfiantes, perseverantes, orientados para o sucesso e sensíveis.

Nem todos os bem-dotados de Terman tiveram sucesso em suas carreiras. Os mais notáveis provinham de meios economicamente prósperos (Terman & Oden, 1947). No lado paterno, a maioria tinha nível universitário, e o casamento dos pais estava intacto. Ademais, os bem-dotados que tiveram sucesso apresentaram características de personalidade que se destacavam tanto nos primeiros testes como mais tarde na vida: eram relativamente extrovertidos, otimistas, energéticos, orientados a objetivos e perseverantes. De modo geral, as realizações dos homens intelectualmente bem-dotados foram impressionantes (Terman & Oden, 1959). Eles produziram, por exemplo, muitos ensaios, artigos, monografias e livros. As mulheres intelectualmente brilhantes — apesar de dotadas de capacidade comparável — realizaram muito menos (Oden, 1968). Além disso, embora os participantes do estudo de Terman tenham tido um desempenho bastante bom segundo os padrões comuns de sucesso, nenhum deles colaborou de alguma forma ou fez uma descoberta inédita, ao que se sabe — pelo menos até o momento. Entre eles não houve ganhadores de Prêmio Nobel ou músicos excepcionais ou grandes artistas.

David Feldman e os Prodígios

David Feldman (1980) se dispôs a aprender mais sobre as pessoas que se destacam em disciplinas especiais, o terceiro campo da realização intelectual. Ele estudou profundamente seis prodígios. *Prodígio* é a criança que consegue dominar uma área ou habilidade específica com rapidez. Feldman empresta os conceitos da guilda³ medieval. Todos começam como novatos. Como iniciantes de uma área, eles sabem muito pouco. Podem ter a oportunidade de se tornar aprendizes sob a supervisão de especialistas e então aprender mais. Se chegam a acumular uma boa quantidade de conhecimento, passam a artesãos. Mediante o trabalho continuado, podem tornar-se mestres ou especialistas. Presumivelmente, qualquer pessoa pode evoluir e tornar-se um artesão especializado, porém nem todas têm potencial para se tornar mestres. O prodígio tem essa capacidade e chega rapidamente a essa posição.

O que distingue o prodígio das outras crianças? Uma das qualidades é a capacidade (presumivelmente permeada pela hereditariedade). A capacidade prepara o prodígio para apreender as rotinas e os princípios da área especializada. No caso do artista, provavelmente é importante não ser talentoso nos assuntos das escolas tradicionais. Pessoas com talentos acadêmicos tendem a abandonar a busca da arte (Gardner, 1984b). A capacidade, porém, é apenas uma pequena parte da história. Para se realizar verdadeiramente mais tarde na vida, os prodígios mergulham na matéria desde a mais tenra infância. A escolha da área é fundamental. É mais fácil progredir com rapidez se o sucesso requer pouca interação com o mundo exterior. No xadrez, na matemática e na música, as pessoas podem desenvolver-se sem supervisão direta. Outro fato que deve ser considerado é o refinamento da área. Em áreas imaturas, nem mesmo a pessoa muito talentosa pode ir muito longe.

Certas qualidades de personalidade continuam sendo consideradas importantes em estudos de pessoas brilhantes. Feldman destaca a concentração total. Um prodígio do xadrez, de 8 anos de idade, conseguia concentrar-se durante oito horas em um único jogo. Os calculadores mentais tendem a mergulhar nos números e a descobrir sozinhos muitos de seus *insights* de procedimentos numéricos (Smith, 1983). Também cruciais são as qualidades de assumir riscos e grande poder de resistência diante de triunfos e fracassos iniciais. Os prodígios precisam sentir a espécie de compromisso que justificará seus gigantescos investimentos de tempo e motivará seu envolvimento total (Gardner, 1984b). Psicólogos que estudaram arquitetos, escritores, matemáticos, artistas e cientistas dotados de criatividade incomum também enfatizam essas qualidades de personalidade (MacKinnon, 1975).

Sem dúvida, também as experiências são importantes na formação do prodígio (Gardner, 1984b). Muitos músicos e matemáticos criativos relatam passar por "experiências cristalizadoras" na infância, eventos profundamente tocantes que estabeleceram seu curso de vida. Depois de assistir a um concerto sinfônico, Yehudi Menuhin, aos 4 anos de idade, pediu de aniversário um violino e, para professor, o solista do concerto. Tais experiências podem alterar a identidade do prodígio ("Sou um músico" ou "Sou um poeta") e motivar um comportamento compatível com o novo autoconceito.

O respaldo social também é necessário para realizações surpreendentes. Muitos prodígios parecem ter pais notavelmente dedicados que vão muito além do mero estímulo. A vida da família pode girar em torno de acompanhar, transportar e esperar com toda a paciência. Entretanto, os pais precisam evitar a pressão, uma vez que o excesso de zelo pode sufocar a criança e tornar repugnante a aprendizagem. As descobertas que acabamos de descrever estão em linha com aquelas de investigadores anteriores (Breland, 1973; Cox, 1926).

TESTES DE INTELIGÊNCIA: CRÍTICAS

Até meados da década de 1960, os psicólogos sentiam-se seguros e cheios de si quanto à validade dos testes de inteligência. Amplamente usados na educação, indústria e comércio, no governo e nas forças armadas, esses instrumentos eram considerados um dos maiores sucessos da psicologia (Tyler, 1976). Durante os últimos 20 anos, porém, os testes mentais têm sido alvo de ataques de numerosas frentes (Frank, 1983; Kamin, 1974; Wigdor & Garner, 1982). Qual é a utilidade dos atuais testes de capacidade mental? Quais são suas falhas? Para responder a essas perguntas, precisamos examinar a validade dos testes de QI.

---

3. N.R.T.: Associações formadas na Idade Média entre as corporações de operários, artesãos, negociantes ou artistas.

A Controvérsia da Validade

Não há acordo entre os psicólogos no tocante à *validade* dos testes de inteligência, quanto a se os testes medem aquilo que deveriam medir. Está claro que os testes de inteligência satisfazem um importante critério de validade; eles se coadunam com outras medidas de inteligência (Willerman, 1979). Pessoas com QIs altos vão bem em testes de habilidades mentais, tais como raciocínio (Sternberg, 1985a). Professores e testes freqüentemente são coerentes entre si com relação a quem é retardado e a quem é brilhante. Examinandos com escores altos de QI tendem a tirar boas notas durante toda a formação escolar e a prosseguir nos estudos. Examinandos com escores baixos de QI geralmente tiram notas baixas na escola e param de estudar mais cedo. As pessoas que se sobressaem em testes mentais freqüentemente conseguem melhores empregos (Eichorn *et al.*, 1981; Ghiselli, 1966). Ademais, altas posições ocupacionais e alta renda andam lado a lado com altos resultados de QI. Reunidas, essas descobertas mostram que os testes de inteligência capacitam os psicólogos a prever sucessos. Os adeptos da validade dos testes acham que os instrumentos prevêem os sucessos porque eles medem as competências mentais básicas.

Os críticos dos testes de inteligência tradicionais interpretam os dados de forma diferente. Na visão deles, os testes prevêem porque são enviesados na direção que apóia as desigualdades sociais. Especificamente, pessoas privilegiadas, em nossa cultura, aprendem as habilidades que garantem altos QIs. Além disso, seu histórico favorecido lhes dá acesso à formação superior e a empregos bem remunerados e de alto status (Corcoran, 1980, Jencks, 1979).

Além desse aspecto do viés, os críticos alegam que os testes de inteligência tradicionais têm concepções de inteligência limitadas (Eckberg, 1979). Dentre as críticas estão as seguintes: os testes mentais atualmente usados fazem uma amostragem de habilidades intelectuais de um campo, o acadêmico. Os elaboradores de testes freqüentemente presumem que todas as capacidades intelectuais estão altamente correlacionadas, embora não estejam (Gardner, 1984a). Os instrumentos medem respostas convencionais a perguntas que têm uma única ou várias respostas — certamente, apenas um aspecto do funcionamento inteligente.

No início deste capítulo, vimos que os psicólogos não estão de acordo na questão de como definir inteligência. Até que haja um consenso, insistem alguns críticos, o desenvolvimento de um teste de inteligência válido é altamente improvável.

Usos dos Testes Mentais

Os psicólogos devem continuar a tentar definir e medir a inteligência? Por que simplesmente não engavetar todo esse esforço? Eles perseveram porque querem reunir informações sobre o intelecto, um aspecto fascinante do funcionamento humano. Ademais, há benefícios práticos. Um deles é o diagnóstico. Os atuais testes mentais — com todas as suas imperfeições — definem áreas de força e deficiência. De posse dos dados, educadores e terapeutas podem prestar melhor serviço a seus clientes. Os testes de inteligência prestam-se a uma função diagnóstica também para grupos. Sem eles, poderíamos não saber que grupos pobres e minorias não estão aprendendo o que as escolas deveriam estar ensinando — lições necessárias a uma vida digna em nossa sociedade.

Os testes de inteligência têm mais um uso altamente controvertido: identificar aqueles que merecem ou necessitam de programas e posições especiais. Sem alegar que os instrumentos são livres de erros, alguns psicólogos sentem que os testes de QI são a melhor forma de selecionar indivíduos merecedores de oportunidades educacionais, de emprego e afins (Guion, 1981; Scarr, 1981b).

Abusos dos Testes Mentais

Infelizmente, os testes mentais podem trabalhar contra a igualdade de oportunidades para membros de minorias e pobres. Um número desproporcionado dessas pessoas é selecionado para aulas especiais educativas e vocacionais. Essa seleção, muitos acreditam, é injusta e prejudicial. Baixos escores de QI (que tendem a ser sinônimo de baixa capacidade) parecem convencer muitos professores de que se trata de uma situação insolúvel. Em vez de ver a situação como um desafio para conseguir oferecer um ensino eficaz, muitos professores simplesmente desistem de ensinar (Brody & Brody, 1976). Talvez isto seja parte do motivo por que as crianças que freqüentam programas de reforço ou vocacionais raramente desenvolvem as habilidades necessárias para prosseguir os estudos até a universidade e conseguir sucesso na sociedade (Reschly, 1981).

Novos Rumos dos Testes Mentais

A avaliação pública das práticas de testes tem sido de valor inestimável (Bersoff, 1983; Glaser, 1981). Essa avaliação não só tem gerado a percepção da existência de problemas, mas também motivado a revisão de conceitos básicos e o desenvolvimento de instrumentos de avaliação mais válidos. Como de hábito, os revisores sustentam idéias diferentes do rumo a tomar.

Aperfeiçoamentos e Revisões

Muitos psicólogos acreditam que os testes mentais existentes podem ser melhorados significativamente para abranger uma série de necessidades. Sandra Scarr (1981b), por exemplo, é de opinião que os educadores deveriam estar avaliando, além das habilidades cognitivas, a motivação e o ajustamento, uma vez que todos eles influem no potencial de aprendizagem. Esta avaliação mais ampla forneceria mais informações aos professores sobre as necessidades individuais. A crença de que os testes deveriam ser revistos para que possam ajudar mais do que rotular é amplamente compartilhada (Feuerstein & Jensen, 1980; Glaser, 1981; Gordon & Terrell, 1981; Heller *et al.*, 1982; Kaufman & Kaufman, 1980).

Outros psicólogos concentram-se em revisar os procedimentos e a interpretação dos testes (Garcia, 1981; Mercer, 1977). Dentre outras, as seguintes políticas tornariam os testes tradicionais mais justos para as minorias: oferecer prática, para que a inexperiência não seja um fator prejudicial; encontrar um examinador que tenha o mesmo histórico étnico e utilize a linguagem nativa da criança; aplicar o teste em um ambiente familiar; comparar o desempenho de cada criança com o de outras crianças que vivam sob circunstâncias semelhantes.

O computador está adentrando cada vez mais na área dos testes (American Psychological Association, 1985b; Anderson & Coburn, 1982; Green, 1981). O computador pode ajustar o teste mental tradicional para que fique mais de acordo com o candidato: pode avaliar se um determinado item é fácil demais ou difícil demais e apresentar perguntas mais apropriadas. O computador é particularmente valioso para analisar as habilidades intelectuais de pessoas deficientes, as quais podem não ser capazes de responder verbalmente.

Componentes Cognitivos

Os psicólogos cognitivos defendem mudanças mais radicais. Eles acreditam que as capacidades mentais devem ser avaliadas uma a uma (Carroll & Maxwell, 1979; Gardner, 1984a; Glaser, 1981; Sternberg, 1985a). Seu objetivo supremo é descobrir quais componentes de processamento de informações entram naquilo que se chama inteligência. Os pesquisadores cognitivos estão agora trabalhando na formulação de tarefas que permitam avaliar aspectos de percepção, lembrança, aprendizagem, raciocínio e solução de problemas complexos. Mais tarde, tais tarefas poderão ser úteis na avaliação de forças e deficiências mentais.

CONSTRUCTOS MENTAIS RELACIONADOS

A inteligência é apenas um dos aspectos do funcionamento mental. Há uma série de outras dimensões relacionadas a considerar: estilos cognitivos, aproveitamento escolar, aptidão escolar e criatividade.

Estilos Cognitivos

As pessoas lidam com tarefas mentais usando diferentes modos de perceber e pensar — aquilo que os psicólogos chamam de *estilos cognitivos*. As pessoas *impulsivas*, por exemplo, lidam com os problemas apressadamente. Sem ponderar muito, elas tomam um punhado de medidas rápidas para resolvê-los. No extremo oposto, as pessoas *reflexivas* podem passar horas representando um problema e selecionando táticas para lidar com ele. São chamadas de *independentes do campo* as pessoas que podem se concentrar em uma matéria sem ser distraídas pelo contexto ou campo ao redor. Tais indivíduos têm bom desempenho em situações que requerem lógica, porém costumam ser insensíveis nas relações pessoais. As pessoas *dependentes do campo* exibem o padrão oposto: são menos analíticas, porém competentes socialmente. Um terceiro grupo de estilos cognitivos, o de *pensamento convergente versus divergente*, é descrito no Quadro 7.2(■).

À semelhança do que ocorre com outros traços psicológicos, o estilo cognitivo não é "tudo ou nada". Embora as pessoas pareçam favorecer determinados estilos cognitivos, cada pessoa exibe grande variabilidade (Baron, 1982; Campione *et al.*, 1982; Paine, 1984; Sternberg, 1982). Isto é, as estratégias

Quadro 7.2
MEDINDO A CRIATIVIDADE

"Criatividade" refere-se à capacidade de resolver problemas de forma excepcionalmente competente e original. As definições do processo criativo geralmente estipulam que as idéias ou os produtos devem ser *originais, adaptáveis* (servindo a uma função) e *completamente desenvolvidos* (competentes). Da mesma forma que parece haver múltiplos tipos de inteligência, parece haver numerosos tipos de criatividade (Gardner, 1984a). Pessoas criativas tendem a sê-lo em um campo de ação. Um romancista talentoso, por exemplo, provavelmente não será um artista ou matemático imaginoso. Um aspecto comum à criatividade é a habilidade para a resolução de problemas (veja o Capítulo 6) (Amabile, 1983; Gardner, 1984b; Hayes, 1978; Perkins, 1981). Mas em vez de ser um "solucionador" de problemas de toda espécie, as habilidades do indivíduo criativo para a solução de problemas tendem a ser altamente desenvolvidas em um campo específico. Muitos investigadores vêem algum grau de criatividade em todas as pessoas (Amabile, 1983). E o mesmo indivíduo pode ser mais ou menos criativo em diferentes períodos do ciclo de vida.

A inteligência, conforme avaliada pelos testes de inteligência tradicionais, depende de capacidades para raciocinar convencionalmente e chegar a soluções corretas únicas para problemas. O psicólogo J. P. Guilford denomina esta capacidade de *pensamento convergente*. A criatividade, em contraste, depende daquilo que Guilford chama de *pensamento divergente*, uma atividade mental inovadora e original que se desvia dos padrões convencionais e resulta em mais de uma solução aceitável para um problema. As capacidades de pensamento convergente e divergente são apenas moderadamente correlacionadas (Kershner & Ledger, 1985). A inteligência medida de escritores, artistas, matemáticos e cientistas, por exemplo, está quase sempre acima da média. Não obstante, o QI não prediz quão criativo será o indivíduo. Um biólogo cujo QI é de 130 pode ser muito mais criativo do que outro com QI de 180.

Ao estudar a criatividade excepcional, os psicólogos geralmente selecionam pessoas que fizeram contribuições notáveis. A medição da criatividade de pessoas que não realizaram grandes feitos de imaginação requer muito mais engenhosidade. Uma maneira de fazê-lo é medir o pensamento divergente usando tarefas semelhantes àquelas mostradas na Figura 7.12. Respostas raras ou perspicazes determinam o resultado final. A validade dos testes de pensamento divergente é suspeita por várias razões (Nicholls, 1972; Vernon, 1973). Quando pessoas eminentemente criativas fazem esses testes, raras vezes se distinguem por seu desempenho. Igualmente condenável é o padrão de correlações com outras medidas. A proficiência em pensamento divergente *não* deveria ser correlacionada com conformidade, dependência e gregarismo; não obstante, o é. Ao mesmo tempo, as habilidades de pensamento divergente deveriam ser correlacionadas com curiosidade persistente e inteligência; mas não o são.

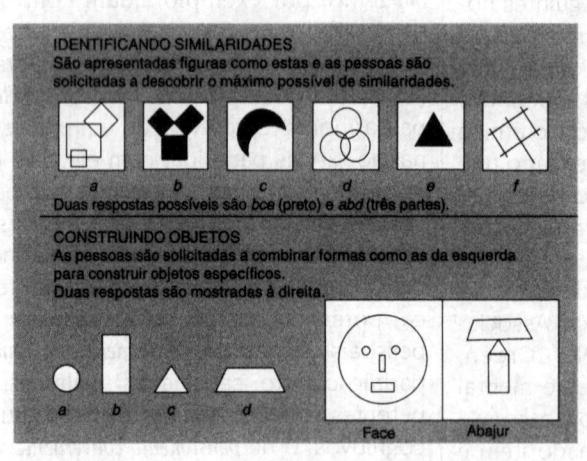

IDENTIFICANDO SIMILARIDADES
São apresentadas figuras como estas e as pessoas são solicitadas a descobrir o máximo possível de similaridades.

Duas respostas possíveis são *bce* (preto) e *abd* (três partes).

CONSTRUINDO OBJETOS
As pessoas são solicitadas a combinar formas como as da esquerda para construir objetos específicos.
Duas respostas são mostradas à direita.

Face — Abajur

PROBLEMAS VERBAIS
As pessoas são solicitadas a resolver problemas como os seguintes:

"Faça uma lista dos problemas que você vê em nosso sistema educacional. Não discuta ou resolva os problemas. Apenas faça uma lista do máximo de problemas em que você puder pensar."

Teste de aparelho:

" Neste teste serão apresentados nomes de objetos conhecidos de todos.
Sua tarefa é sugerir duas melhorias para cada um dos objetos.
Não sugira uma melhoria que já tenha sido feita.
Você não precisa se preocupar com a viabilidade de suas idéias, contanto que sejam sensatas."

" Não é necessário explicar a razão para a melhoria sugerida. Suas sugestões devem ser específicas. A sugestão de uma melhoria como 'o objeto deveria ser mais eficiente' é por demais geral para ser aceitável." Exemplo de item: "Telefone".

FIGURA 7.12 Itens de testes de pensamento divergente. (Direita: Parnes & Noller, 1973. Esquerda, ao alto: Guilford. Esquerda, embaixo: Sheridan Psychological Services, Inc.)

■ **Quadro 7.1** (continuação)
Uma segunda estratégia comum de avaliação é medir em que grau pessoas comuns têm atitudes, motivações, interesses e traços que caracterizam indivíduos eminentemente criativos. Estudo após estudo, os pesquisadores do Institute of Personality Assessment and Research, na Califórnia, solicitaram a artistas, cientistas, empresários, funcionários de escritórios e outros que escolhessem seu pessoal mais criativo. Os criativos selecionados e os indivíduos menos criativos da mesma área foram então convidados a ir ao centro para serem observados, classificados e testados. De modo geral, adultos eminentemente criativos foram caracterizados por expressões como "engenhoso", "corajoso", "lúcido", "versátil", "individualista", "preocupado", "complicado", "persistente", "incisivo" e "aberto a sentimentos" (Barron, 1969; MacKinnon, 1975). Diversos estudos revelam que estudantes dotados dessas qualidades tendem a produzir excelentes trabalhos originais (Davis, 1974). Testes de personalidade, especialmente quando combinados com avaliações de realizações criativas reais, parecem ser uma forma promissora de identificar pessoas criativas na população em geral.

mudam em função dos requisitos e dos custos e benefícios da execução de cada tarefa.

Aproveitamento Escolar

O *aproveitamento escolar* refere-se ao rendimento obtido na escola. Embora a média de notas sirva de critério para avaliação de testes de inteligência, a inteligência difere do aproveitamento escolar em diversos aspectos. As pessoas precisam ter um certo nível de inteligência para ter aproveitamento, mas o rendimento escolar depende também de motivação, interesse e ajustamento. Por sua vez, uma pessoa pode ser denominada "brilhante", com base em um teste de inteligência, sem, no entanto, ter-se destacado na vida acadêmica.

Rotineiramente as escolas aplicam *testes de aproveitamento* (de leitura e aritmética, por exemplo), a começar pelo primeiro ano primário. Esses testes *diagnosticam forças e deficiências* para que as crianças possam receber atenção individual. Os testes são usados também para *seleção*. No caso dos formandos do grau secundário, os sub-reitores das universidades usam as informações para verificar quem se destaca no quê, e a quem aceitar na universidade. Os críticos lamentam o fato de que baixas pontuações de aproveitamento possam limitar estudantes pobres e membros de minorias, os quais estão despreparados para os testes, a trajetórias acadêmicas corretivas ou voltadas para os cursos técnicos.

Os testes de aproveitamento fornecem *informações gerais* também sobre o rendimento dos grupos (National Commission on Excellence in Education, 1984). Eles mostram, por exemplo, que, nos Estados Unidos, 23 milhões de pessoas são funcionalmente analfabetas e não conseguem passar em testes simples de leitura e redação. Eles mostram também que o aproveitamento na área das ciências esteve em constante declínio de 1969 a 1977 nos Estados Unidos (Walbesser & Gonce-Winder, 1982).

Aptidão Escolar

É difícil fazer a distinção entre os termos *aptidão* e *inteligência*. Ambos se referem a capacidades mentais parcialmente inatas e parcialmente adquiridas. A *aptidão escolar* refere-se à capacidade que um indivíduo tem de se beneficiar com a educação formal. É isso o que os testes de inteligência costumam medir, embora normalmente se acredite que estejam avaliando uma faixa mais ampla de capacidades (Glaser, 1981; Scarr, 1978). Em suma, a inteligência e a aptidão escolar (conforme definidas e medidas pelos atuais testes de inteligência) são muito semelhantes.

Todo ano, quase dois milhões de estudantes secundários fazem o *Scholastic Aptitude Test* (SAT) [*Teste de Aptidão Escolar* — TAS], um teste de grupo (Haney, 1981). Criado há cerca de 50 anos, o TAS testa habilidades em matemática e compreensão de texto. Em certo grau, os resultados prevêem o desempenho na universidade (Fleishman, 1980; Kaplan, 1982). Ao mesmo tempo, eles ajudam os responsáveis pela admissão de alunos nas universidades a interpretar as notas obtidas no curso secundário. Se tanto os resultados de aptidão como as médias de notas forem altos (ou medianos ou baixos), as notas escolares são consideradas válidas. Quando resultados do TAS não refletem o desempenho escolar, muitos conselhos de admissão de alunos dedicam atenção particularmente especial àquilo que o teste revela.

O TAS é tão controvertido quanto os testes de inteligência. Os críticos alegam que, à semelhança dos testes de inteligência, o TAS é enviesado em desfavor dos estudantes de minorias e de famílias de baixa renda (Cordes, 1985c; Nairn et al., 1980). Os programas preparatórios para o TAS, mais acessíveis a membros privilegiados da sociedade, podem melhorar substancialmente os resultados (em até 100 pontos ou mais), ampliando as desvantagens daqueles que não fazem o preparatório. Tipicamente, o efeito do programa preparatório é limitado; todavia, os estudantes podem esperar um aumento médio de cerca de 15 pontos no resultado (Kulik et al., 1984). Se o TAS de fato mede a aptidão, programas relativamente curtos de reforço deveriam ter pequeno impacto sobre os resultados.

O significado dos recentes declínios observados no TAS é outra questão controvertida. De 1963 a 1980, a pontuação média da avaliação verbal do TAS caiu 50 pontos, aproximadamente, e a pontuação média da avaliação de matemática, cerca de 60 pontos (Eckland, 1982). As quedas iniciais são relativamente fáceis de explicar. A população universitária deixou de ser um grupo de elite para se constituir em cerca de 50% de todos os formandos de segundo grau nos Estados Unidos. Nos últimos anos, porém, a população universitária estabilizou-se, e os resultados do teste continuaram a cair. O significado da queda não está claro, uma vez que o desempenho em testes de inteligência é superior ao que costumava ser. Alguns críticos sociais acreditam que as habilidades acadêmicas declinaram e atribuem a culpa a práticas como enfraquecimento dos padrões educacionais, consumo excessivo de televisão e aumento das taxas de divórcio.

O TAS levantou outro conjunto de controvérsias, conhecido como *verdade na aplicação de testes* (Haney, 1981). Os examinandos deveriam ser informados da natureza e dos usos pretendidos do teste antes de sua aplicação? Os examinandos têm o direito de ver os resultados dos testes corrigidos dentro de um período específico após a aplicação do teste? Os responsáveis ou editores dos testes devem registrar informações sobre sua validade, confiabilidade e congêneres em órgãos governamentais? O direito à privacidade sobre resultados de testes deveria ser garantido?

RESUMO

1 Nenhuma das definições de inteligência é hoje amplamente aceita. As controvérsias incluem o seguinte: Faz sentido destacar um fator geral como responsável pelo comportamento inteligente? Ou fatores múltiplos sempre contribuem? A velocidade cognitiva é importante? A motivação e o ajustamento deveriam ser considerados? Quais são as contribuições da hereditariedade e do ambiente?

2 Os construtores de testes escolhem e avaliam itens para seus instrumentos de medida, de acordo com critérios definidos. Eles se empenham em criar instrumentos objetivos, precisos e válidos.

3 Binet e seus colaboradores construíram o primeiro teste útil de inteligência. Seu objetivo era distinguir as crianças retardadas das normais para que ambos os grupos pudessem ser efetivamente educados. O modelo de teste mental de Binet foi adotado no mundo inteiro. A revisão amplamente usada do teste de Binet, feita foi Terman, incorporou o QI, um índice numérico que compara o desempenho do examinando com o de outros da mesma idade. O teste WAIS-R é hoje muito popular para medir a inteligência adulta.

4 A hereditariedade contribui para a inteligência medida, assim como as influências ambientais, como desnutrição, toxinas, tamanho da família e ordem de nascimento, estimulação sensório-motora, desafios cognitivos, socialização para segurança e independência, e escolaridade formal.

5 Em um ou outro período do ciclo de vida, homens e mulheres exibem pequenas discrepâncias em diferentes tarefas de QI. A origem dessas diferenças não está clara.

6 A capacidade mental, conforme medida pelos testes atuais, cresce da infância até aproximadamente a idade de 30 anos. Dos 30 até os 60, geralmente há platôs ou melhorias em campos diferentes. Depois dos 60, há muita variabilidade. Capacidades que dependem de rapidez costumam declinar. A boa saúde e a estimulação complexa parecem manter ou melhorar os resultados dos testes.

7 Nos testes de QI, os financeiramente favorecidos tendem a ter melhor desempenho do que os pobres. Os brancos tendem a ir melhor que os negros. Há muitas razões ambientais plausíveis para tais diferenças, embora uma contribuição da hereditariedade não tenha sido descartada.

8 Os retardados mentais têm escores abaixo de 70 pontos em testes mentais e mostram dificuldades de ajustamento social. Numerosos fatores biológicos contribuem para isso: defeitos genéticos e cromossômicos, uso de drogas, trauma físico, doenças e distúrbios metabólicos e nutricionais. No caso do retardo cultural-familiar, a disfunção orgânica provavelmente se combina com estimulação ambiental aquém da ideal e outros depressores ambientais da inteligência.

9 Como grupo, crianças com altos QIs em geral tornam-se adultos altamente produtivos. Além de excepcional capacidade inata, os prodígios são favorecidos por vantagens de personalidade (concentração, força constante, ousadia), vantagens sociais (estímulo, apoio) e vantagens situacionais (interesse em uma disciplina madura, experiências cristalizadas).

10 Os testes mentais tradicionais prevêem o desempenho em ambientes acadêmicos, sociais e profissionais. Não está claro por que prevêem; possivelmente porque estão medindo a capacidade mental ou habilidades e oportunidades favorecidas por vantagens sociais e financeiras.

11 Os testes mentais ajudam a reunir informações sobre o intelecto e sobre as diferenças individuais e de grupos; ajudam também a selecionar indivíduos adequados para oportunidades limitadas ou expandidas. Podem surgir sérios abusos se os dados dos testes forem usados para, por exemplo, pôr crianças de minorias e pobres em trajetórias de reforço e vocacionais que não permitam desenvolver seu potencial. No futuro, esperamos testemunhar reformas e revisões dos testes de inteligência tradicionais e procedimentos de avaliação mais sagazes.

12 Além de medir a inteligência, os psicólogos avaliam constructos mentais relacionados: dentre eles, estilos cognitivos, aproveitamento escolar, aptidão escolar e criatividade.

GUIA DE ESTUDO

Termos-chave

idiota-prodígio (283)
fator geral (G) (283)
teste psicológico (286)
teste padronizado (286)
objetividade (288)
precisão (288)
validade (289)
constructo (289)
validade de constructo (289)
idade mental (290)
QI (quociente de inteligência) (291)
coeficiente de hereditariedade (293)
neurotoxina (297)
estimulação sensório-motora (298)

profecia auto-realizadora (300)
retardados mentais (307)
prodígios (310-311)
estilos cognitivos (313)
   impulsivo-reflexivo (313)
   independente do campo (313)
   dependente do campo
aproveitamento escolar (315)
aptidão escolar (315)
criatividade (315)
pensamento convergente *versus* divergente (316)
e outras palavras e expressões em itálico

Conceitos Básicos
controvérsias sobre a definição de inteligência
definição de inteligência pelos componentes cognitivos
cálculos da idade mental e QI
significado dos coeficientes de hereditariedade
três tipos de interação genético-ambientais
capacidade intelectual absoluta *versus* posição relativa
diferenças *versus* deficiências
tipos de capacidade mental (operações mentais universais, habilidades intelectuais específicas de uma cultura, campos especiais de conhecimento, conhecimento exclusivo)
controvérsia da validade
usos e abusos dos testes mentais

Pessoas a Identificar
Galton, Binet, Terman, Wechsler, Feuerstein.

Testes a Identificar
Primeira escala de Binet (Escala Binet-Simon), Escala de Inteligência Stanford-Binet, Escala Wechsler de Inteligência para Adutos Revisada (WAIS-R), Teste de Aptidão Escolar (TAS).

Avaliação

1 Você aplica um teste duas vezes em duas semanas nas mesmas pessoas para verificar o grau de coerência dos dois resultados. Em que você está interessado?

a. Objetividade   b. Precisão
c. Padronização   d. Validade

2 Herman McGhee correlaciona médias de notas na faculdade com resultados obtidos no Teste de Inteligência McGhee para verificar se o teste mede aquilo que se propõe a medir. O que McGhee está tentando avaliar?

a. Objetividade   b. Precisão
c. Padronização   d. Validade

3 Se uma adolescente de 15 anos tem idade mental de 12 no Stanford-Binet de Terman, qual é seu QI?

a. 60
b. 70
c. 80
d. 90

4 O que estimam os coeficientes de hereditariedade?

a. Até que ponto as diferenças medidas entre membros de uma população podem ser explicadas por variações genéticas.
b. Até que ponto uma característica específica é determinada pela hereditariedade.
c. A probabilidade de dois grupos terem capacidades genéticas similares.
d. O desempenho relativo de dois grupos em uma capacidade influenciada geneticamente.

5 Qual das afirmações sobre toxinas é falsa?

a. Os efeitos das neurotoxinas tendem a ser dramáticos e repentinos.
b. Os teores de chumbo outrora considerados seguros estão associados a habilidades de aprendizagem e concentração reduzidas.
c. Exposições da mãe, antes da gestação, a neurotoxinas podem prejudicar o material genético e afetar a futura prole.
d. Em torno de 70% das substâncias químicas de uso corrente nos Estados Unidos não foram avaliadas no que se refere à toxicidade.

6 Qual é o nome da teoria que afirma que o tamanho da família e a ordem de nascimento influem na inteligência?

a. Modelo de confluência
b. Modelo de congruência
c. Modelo cultural-familiar
d. Modelo de divergência

7 Qual das afirmativas sobre diferenças de sexo na inteligência medida é falsa?

a. Meninos são superiores a meninas no que se refere à visualização de objetos no espaço.
b. No grau secundário, as meninas sobressaem-se em relação aos meninos em testes de uso da linguagem.
c. Homens têm melhor desempenho do que mulheres em cálculos matemáticos.
d. Os testes de inteligência hoje usados são elaborados para não favorecer qualquer um dos sexos.

8 Um dos seguintes fatores não está associado a ganhos de QI. Qual deles?

a. Feminilidade
b. Boa saúde
c. Motivação para dominar a matéria
d. Estimulação sensorial

9 De que forma a criação de crianças negras em lares de famílias brancas financeiramente favorecidas afeta a inteligência medida?

a. Não altera a defasagem de QI entre negros e brancos.
b. Elimina a defasagem de QI.
c. Dá aos negros uma vantagem de QI sobre os brancos.
d. Não se conduziu estudo algum desse tipo, de modo que os efeitos não são conhecidos.

10 Que nível de habilidades acadêmicas é típico de crianças moderadamente retardadas?

a. Nona série
b. Sexta série
c. Segunda série
d. Jardim-de-infância

Usando a Psicologia

1 Como você define inteligência? Não deixe de considerar as questões descritas no texto: A inteligência é múltipla ou unitária? O que está no cerne? A velocidade cognitiva é importante? Que papéis desempenham a motivação e o ajustamento?

2 Hector Maccoby acaba de conceber um teste de capacidade de raciocínio. Explique como avaliar a objetividade, a precisão e a validade de seu teste.

3 Peça a diversos amigos para definir o termo "QI". Eles confundem QI com "inteligência"? Explique a diferença.

4 Descreva de que forma influências genético-ambientais passivas, evocativas e ativas moldaram suas próprias capacidades intelectuais.

5 Suponha que alguém tenha dito que um coeficiente de hereditariedade alto significa que a hereditariedade determina o nível de inteligência das pessoas. Dê três razões pelas quais esta interpretação é errada.

6 Imagine que você é o diretor de um projeto de educação compensatória que dispõe de consideráveis fundos, direcionada a bebês pobres cujos pais têm QI baixo. Elabore um programa para aumentar a inteligência medida dessas crianças. Leve em conta todas as condições ambientais que parecem contribuir para o baixo QI entre os pobres.

7 O trabalho sobre diferenças de QI em função de raça não parece ser motivado pelo racismo. Não obstante, as conclusões têm sido distorcidas, reproduzidas de forma enganosa e dramatizadas a fim de respaldar as alegações racistas. Os cientistas deveriam estudar raças e inteligência medida quando a matéria tem tal potencial de abuso social?

8 Releia a seção sobre diferenças de sexo na inteligência medida. Use o conteúdo para argumentar contra a idéia de que os homens são substancialmente mais brilhantes do que as mulheres.

9 Argumente a favor e contra a validade dos testes de inteligência tradicionais. Você pessoalmente já viu evidência de abusos em testes de inteligência? Que novo ou novos métodos de avaliação de inteligência lhe parecem promissores?

Leituras Sugeridas

1 Willerman, L. (1979). *The psychology of individual and group differences*. San Francisco: Freeman. Cobre a pesquisa sobre inteligência medida: influências históricas, genéticas e ambientais, e diferenças individuais e de grupo. O livro foi aclamado "o melhor tratamento do tópico em forma de livro atualmente disponível", "imparcial", "meritório pela erudição e pelo caráter judicioso", "claro e conciso", "bem argumentado" e "amplamente documentado" (Hogan & Zonderman, 1980).

2 Gardner, H. (1984). *Frames of mind*. Nova York: Basic Books. Um psicólogo (e escritor talentoso) discute a idéia de que há múltiplas formas de inteligência: lógico-matemática, verbal, espacial, musical, corporal, social e intrapessoal (entendimento do eu).

3 Edgerton, R. B. (1979). *Mental retardation*. Cambridge, MA: Harvard University Press. Evans, D. P. (1983). *The lives of mentally retarded people*. Boulder, CO: Westview. O primeiro livro, uma breve introdução para leigos, é abrangente e concentra-se nas influências sociais e psicológicas sobre o retardo mental. O segundo capta o clima das dimensões pessoais e profissionais do retardo mental.

4 Hearnshaw, L. S. (1979). *Cyril Burt, pychologist*. Ithaca, NY: Cornell University Press. Ao longo de toda a sua carreira, o psicólogo britânico Cyril Burt perseguiu vigorosamente as idéias de que a inteligência é mensurável e unitária e resulta da hereditariedade. Hearnshaw, renomado historiador, documenta afirmações errôneas, falsificações e fraudes de um homem brilhante e altamente ambicioso, porém mental e fisicamente doente. Ao mesmo tempo, mergulha na história da psicologia e em seu impacto sobre o ensino. Aclamado como "soberbo", "primoroso" e "esclarecedor" (Gould, 1979).

5 Anastasi, A. (1982). *Psychological testing*. 5ª ed. Nova York: Macmillan. Cronbach, L. J. (1984). *Essentials of psychological testing*. 4ª ed. Nova York: Harper & Row. Textos clássicos sobre a aplicação de testes: claros, abrangentes e autorizados.

Respostas

FICÇÃO? OU FATO?
1. F 2. F 3. F 4. V 5. F 6. F 7. V

AVALIAÇÃO
1. b (288) 2. d (288) 3. c (291) 4. a (293) 5. a (297) 6. a (298) 7. c (301) 8. a (300, 305) 9. b (306) 10. c (307)

CAPÍTULO 8

Motivação

SUMÁRIO

QUESTÕES PRELIMINARES
Definindo Termos Motivacionais
Modelos de Motivação
Teoria da Hierarquia de Abraham Maslow
Motivos e Centros de Prazer
Motivação Inconsciente

FOME E O ATO DE COMER
Bases Fisiológicas da Fome
Fomes Específicas
Controles de Peso: Foco na Obesidade
QUADRO 8.1: Anorexia Nervosa e Bulimia

MOTIVAÇÃO POR ESTIMULAÇÃO SENSORIAL
Diferenças Individuais na Busca de Estímulos
Influências sobre a Busca de Estímulos
Motivos para Explorar e Manipular

MOTIVAÇÃO E COMPORTAMENTO SEXUAL
Natureza do Impulso Sexual
Bases Fisiológicas do Impulso Sexual
Incentivos e Impulso Sexual
Origens da Orientação Sexual
Resposta Sexual Humana
Impulso Sexual ao Longo do Ciclo de Vida
Gênero e Impulso Sexual
Atitudes Sexuais Contemporâneas
QUADRO 8.2: Incesto

MOTIVAÇÃO SOCIAL

MOTIVAÇÃO DE REALIZAÇÃO
Medindo o Motivo de Realização
Motivação de Realização e Realização
Diferenças na Motivação de Realização

MOTIVAÇÃO COGNITIVA
Dissonância Cognitiva
Reação Psicológica

RESUMO

GUIA DE ESTUDO

FICÇÃO? OU FATO?

1 O gostar ou não gostar de determinados alimentos é estabelecido principalmente pela hereditariedade. Verdadeiro ou falso?

2 O estômago é o regulador central da fome. Quando ele ronca e faz barulho, sentimos fome. Quando está distendido, sentimo-nos satisfeitos. Verdadeiro ou falso?

3 Pessoas gordas quase sempre estão acima do peso porque comem em excesso. Verdadeiro ou falso?

4 Toda motivação envolve redução ou esquiva de estimulação. Verdadeiro ou falso?

5 Entre as idades de 45 e 70 anos, a maioria dos indivíduos demonstra um nível relativamente consistente de atividade sexual. Verdadeiro ou falso?

6 Preferências sexuais — como aquelas por crianças e por membros do mesmo sexo — podem ser condicionadas pelo histórico de aprendizagem da pessoa em questão. Verdadeiro ou falso?

7 Homens e mulheres contemporâneos exibem tipos diferentes de necessidades de realização, estando as mulheres orientadas para as realizações interpessoais e os homens, para a posição, o poder e a ascensão. Verdadeiro ou falso?

Muitas questões sobre a conduta humana referem-se à motivação. Por que Isaac joga e perde seu parco salário toda semana? Por que Odair passa a maior parte de sua vida dentro do laboratório de biologia, tentando entender um circuito do cérebro de uma lesma? Por que Cleide está quase sempre comendo? Por que Richard Alpert abre mão da riqueza e da posição para abraçar a fé hindu-budista? Começamos nossa discussão da motivação com o caso de Richard Alpert. Sua história é contada por David McClelland (1975, pp. 204-206), um psicólogo que tem passado a maior parte da vida estudando a motivação.

O CASO DE RICHARD ALPERT

[Richard Alpert] nasceu em uma rica e poderosa família judia que morava em um subúrbio de Boston, Massachusetts. Seu pai era um advogado influente [...]. Alpert tinha todas as vantagens materiais que a riqueza podia proporcionar, além do conhecimento de que a família e suas relações estavam em posição de lhe dar poderosa assistência em qualquer carreira que escolhesse [...]. Ele escolheu tornar-se psicólogo.

Sua carreira na psicologia parecia bastante promissora. [Segundo as palavras do próprio Alpert,]
Em 1961 [...] eu estava talvez no ponto mais alto da minha carreira acadêmica [...]. Tinham me garantido um lugar permanente que me estava sendo reservado em Harvard se minhas publicações seguissem o caminho normalmente esperado [...]. Em um sentido terreno, estava recebendo uma ótima renda e colecionando bens. Eu tinha um apartamento em Cambridge repleto de antiguidades e oferecia belos jantares. Tinha uma Mercedes sedã, uma moto Triumph 500 cilindradas, um avião Cessna, um carro esporte MG e uma bicicleta. Passava as férias no Caribe, onde fazia mergulho. Vivia da maneira que se esperava que um professor bem-sucedido e solteiro vivesse no mundo americano daqueles que chegam lá.

Eu não era um homem de estudos genuíno, mas tinha trilhado toda a estrada acadêmica. Tinha tirado meu Ph.D. e estava escrevendo livros. Tinha contratos de pesquisa. Dava cursos de motivação humana, teoria freudiana, desenvolvimento da criança.

A esta altura [Alpert] começou a tomar [...] drogas alucinógenas juntamente com outro psicólogo [...]. Embora Alpert as tenha tomado de início com um genuíno espírito de investigação científica, seu efeito principalmente sobre ele foi tão forte que ele começou a sentir que elas podiam dar significado a uma vida que, embora cheia de sucesso, lhe parecia vazia [...].

Mais tarde [Alpert] abandonou sua posição [...] para passar o tempo todo explorando uma variedade de experiências com drogas e montando ambientes em que as pessoas podiam tomar drogas sem serem perseguidas pela sociedade. Depois de seis anos nessa vida, ele ainda sentia que não encontrara o que procurava. Não importava quão "alto" ficava com as drogas por determinados períodos de tempo, ele sempre "caía". Continuava sendo o velho, triste e desiludido Richard Alpert.

Em 1967, Alpert foi para a Índia em busca de alguém que o guiasse rumo a uma vida mais plena de satisfação. Ele conheceu um guia espiritual, converteu-se e começou a aprender e a dominar a meditação e a ioga.

[Alpert] aprendeu a ficar sem falar por meses [...] a ficar sentado meditando em uma pequena sala branca desprovida de decoração, a ficar sem comer por dias e a peregrinar descalço pela Índia como um sadhu [pessoa abençoada]. Por fim, ele mudou totalmente seu modo de vida — nome, roupas e acima de tudo toda a veneração à mente racional. Seu guru [guia espiritual] assumiu o rumo de sua vida.

O que motivou a impressionante transformação de Alpert? McClelland sugere que a mudança de identidade de Alpert não é tão radical como parece contanto que se considere sua motivação, a qual não mudou. Em ambas as identidades, Alpert parecia necessitar da atenção de um público e de poder para influenciar pessoas. Em ambas, ele enfatizava o mundo interior da sensação e da fantasia e a busca do conhecimento da vida. Em ambas, ele se empenhou para ensinar outros e para procurar orientação sem perder a independência.

Embora seja fascinante examinar casos de indivíduos como Alpert para tentar desvendar suas motivações, a maioria dos psicólogos dirige sua atenção para questões mais gerais. Eles estão freqüentemente tentando chegar a um melhor entendimento das condições fisiológicas e ambientais que despertam e eliminam a motivação. Esse será o foco deste capítulo, que iniciamos com definições e teorias.

QUESTÕES PRELIMINARES

"Motivos", "necessidades", "impulsos" e "instintos" são todos constructos, idéias concebidas para explicar comportamentos que de outra forma seriam enigmáticos. Inferimos que os constructos existem, mas não podemos observá-los ou medi-los diretamente. Veja o constructo "sede". Embora todo mundo experiencie a sede, não podemos tocá-la ou ouvi-la ou avaliá-la diretamente de qualquer uma dessas formas. Não obstante, presumimos que a sede existe porque observamos condutas (como correr até a água e tomá-la sem parar) que podem ser melhor entendidas se houver isto a que chamamos de sede.

Definindo Termos Motivacionais

Os psicólogos costumam fazer a distinção entre motivos, necessidades, impulsos e instintos. *Necessidades* são exatamente aquilo que a própria palavra parece conotar: deficiências. Elas podem estar baseadas em exigências corporais específicas, na aprendizagem ou em alguma combinação de ambas.

Motivo, ou *motivação*, refere-se a um estado interno que pode resultar de uma necessidade. É descrito como ativador, ou despertador, de comportamento geralmente dirigido para a satisfação da necessidade instigadora. Motivos estabelecidos principalmente pela experiência são conhecidos simplesmente como motivos. Aqueles que surgem para satisfazer necessidades básicas relacionadas com a sobrevivência e derivadas da fisiologia são geralmente chamados de *impulsos* [*drives*]. O ser humano experiencia impulsos por alimento, água, sono, oxigênio, regulação da temperatura e o ato de se esquivar da dor. Os impulsos são significativamente modelados pela experiência, não obstante sua origem biológica. No caso dos motivos que não têm base biológica óbvia, as necessidades não podem ser diferenciadas dos motivos, de modo que ambos os termos podem ser alternativamente usados. Para fins de pesquisa, motivos e impulsos específicos costumam ser definidos operacionalmente (veja a p. 19), em termos dos procedimentos usados para medi-los.

O que são *instintos*? O termo refere-se a padrões complexos de comportamento que se pensa serem derivados da hereditariedade. Embora o conceito de instinto perdure até hoje (Whalen & Simon, 1984), muitos psicólogos não gostam do termo porque transmite o significado de "unicamente hereditário". Há ainda uma outra razão por que a palavra "instinto" caiu em desuso. No início do século XX, quando os motivos tornaram-se um importante tópico da psicologia, todos os motivos eram chamados de instintos. Acreditava-se que eram forças herdadas, irracionais e imperiosas, comuns a todos os membros de uma espécie. Um psicólogo influente, William McDougall (1871-1938), acreditava que os instintos modelavam virtualmente tudo o que as pessoas faziam, sentiam e pensavam.

Os primeiros psicólogos, que aceitavam a visão de McDougall, puseram-se a trabalhar para identificar os instintos específicos que poderiam responder por todas as ações humanas. A lista do próprio McDougall, publicada em 1908, incluía curiosidade, repulsa, agressividade, auto-afirmação, fuga, criação de filhos, reprodução, fome, sociabilidade, aquisição e ação construtiva. Insatisfeitos com uma lista tão curta, muitos psicólogos fizeram acréscimos. Mais tarde, milhares de instintos haviam sido nomeados, inclusive instintos de estimar a idade de cada transeunte da rua e de evitar comer maçãs no próprio pomar (Bernard, 1924). Logo ficou claro que rotular cada ato do instinto não levaria a um entendimento real do motivo pelo qual os organismos comportam-se como se comportam. Nas palavras de um crítico (Holt, 1931, p. 4): "[As pessoas são] impelidas para a ação, dizem, por [...] instintos. Se [um homem] junta-se a seus amigos, é o "instinto de rebanho" que o leva a agir assim; se ele caminha sozinho, é o "instinto anti-social"; se ele briga, é o instinto de agressão; se ele é condescendente, é o instinto de auto-humilhação; se ele gira os polegares, é o instinto de girar polegares; se ele não gira os polegares, é o instinto de não girar os polegares. E assim tudo é explicado com a facilidade da mágica — a mágica da palavra".

O fiasco da nomeação de instintos destacou a idéia de que identificar e catalogar motivos é menos produtivo do que descrever e explicar influências sobre o comportamento motivado. Fez também com que os psicólogos vissem o termo com má vontade. Hoje, preferimos um constructo similar, o *padrão de ação fixa* (veja a p. 99). Padrões de ação fixa são respostas complexas a determinados indícios, específicos de machos ou fêmeas de determinada espécie, estereotipados, completados uma vez iniciados, resistentes à modificação e amplamente não aprendidos. Outro termo, *predisposição genética*, ganha também a preferência sobre o termo "instinto" em função de sua clareza.

Modelos de Motivação

Como os motivos operam? Dois modelos (homeostático e de incentivo) são populares hoje.

Muitos impulsos básicos — pelo menos na superfície — seguem o *modelo homeostático* mostrado na Figura 8.1. O modelo fica mais fácil de ser entendido se você pensar por um momento em algo com que ele se parece; por exemplo, o sistema de aquecimento e condicionamento de ar de uma casa. Você ajusta o termostato, digamos, em 20 graus. Quando a temperatura da casa ultrapassa 20 graus, o sistema age para restaurar o equilíbrio. A calefação pode parar ou o ar-condicionado pode ser acionado. Se a casa fica muito mais fria do que 20 graus, a calefação pode ser acionada ou o ar-condicionado pode parar. Todo o tempo, portanto, o sistema mantém o aposento aproximadamente na temperatura ajustada no termostato.

No que se refere à motivação, o modelo homeostático pressupõe que o corpo tem padrões de referência, ou pontos estabelecidos, para cada uma de suas necessidades. O padrão de referência aponta o estado ótimo, ideal ou equilibrado. Cada pessoa, por exemplo, tem um padrão de referência para a temperatura do corpo, um valor próximo de 37 graus, que se acredita ser estabelecido por hereditariedade. No caso de outros impulsos, o padrão

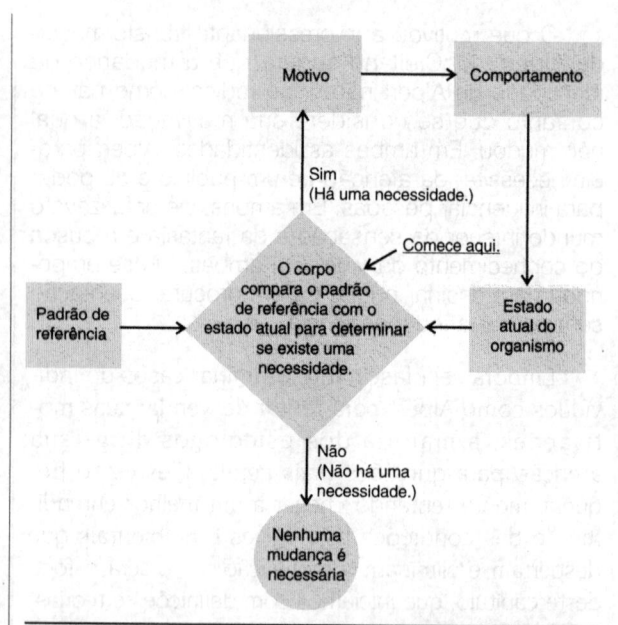

FIGURA 8.1 Modelo homeostático de motivação. O corpo compara sua condição atual com seu estado ótimo (padrão de referência designado) para determinar se existe uma necessidade. Para ver o que ocorre quando uma necessidade é encontrada, comece pelo losango e siga a seta "sim". Para ver o que ocorre quando nenhuma necessidade é encontrada, siga a seta "não".

pode ser determinado tanto pelos genes como pela experiência. Quando o corpo afasta-se substancialmente de um de seus padrões de referência, como o faz continuamente, surge uma necessidade. A necessidade ativa um motivo. O motivo aciona um comportamento voltado para o retorno ao equilíbrio. A motivação, segundo este modelo, serve ao esquema maior do corpo, voltado à auto-regulação, ou *homeóstase*.

Motivos para comida, água e drogas que viciam parecem seguir este modelo, pelo menos em termos aproximados. Por exemplo, se introduzidos no corpo a intervalos regulares, substâncias como o álcool e a heroína criam novos equilíbrios químicos artificiais. Então, quando o novo balanço é perturbado porque a substância não está imediatamente disponível (foi retirada), surgem as necessidades físicas que despertam um motivo. O motivo ativa o comportamento voltado a garantir a substância (e restabelecer o equilíbrio).

Para muitos comportamentos motivados, os incentivos são mais fundamentais do que o equilíbrio. *Incentivos* são definidos como objetos, eventos ou condições que incitam a ação. O *modelo de incentivo*, mostrado na Figura 8.2, diz que experiências e incentivos freqüentemente alteram cognições e emoções, levando à motivação. A motivação aciona o comportamento, o qual pode novamente alterar cognições e emoções, aumentando ou diminuindo o nível de motivação.

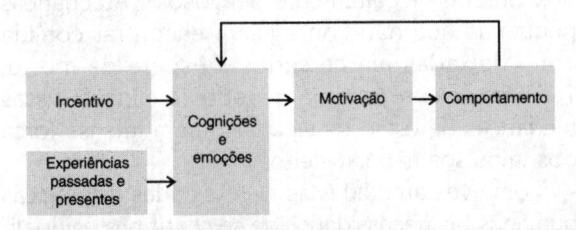

FIGURA 8.2 Modelo de incentivo da motivação. Experiências e incentivos costumam alterar cognições e emoções, levando à motivação. A motivação geralmente aciona um comportamento, o qual pode alterar cognições e emoções. As cognições e emoções alteradas podem, por sua vez, aumentar ou diminuir a motivação.

Vejamos um exemplo. Você lê uma entusiástica crítica de um novo filme de ficção científica (o incentivo). A força do incentivo depende de experiências passadas e recentes. Se o crítico for alguém de quem você sempre discorda ou se você acaba de assistir a um festival de ficção científica que durou duas semanas ou se você detesta filmes de ficção científica, é muito improvável que a crítica funcione como um incentivo. Suponha que a ficção científica seja sua paixão, que você quase sempre concorda com o crítico e que há séculos você não assiste a um desses filmes. A crítica vai despertar sentimentos agradáveis e expectativas positivas, e você provavelmente vai se sentir motivado a assistir ao filme. Depois de assistir ao filme, é improvável que a idéia de repetir a experiência lhe seja atraente, de modo que a motivação para ver o filme provavelmente desaparecerá.

Incentivos, emoções e cognições freqüentemente se combinam com mecanismos homeostáticos para moldar os impulsos básicos (Bolles, 1980). Em outras palavras, uma variedade de forças internas e externas controla muito de nossa motivação. Considere a fome por uma pizza. O ato de passar por uma pizzaria e o de sentir o aroma de pizza (incentivos) estimulam lembranças agradáveis e produzem expectativas de prazer (cognições e emoções), especialmente se você não come pizza há tempos (experiência passada). Os pensamentos e sentimentos, em combinação com algum nível de fome, estimulam a motivação. A motivação aciona o comportamento. Se nada o estiver pressionando, muito provavelmente você entrará na pizzaria e pedirá um ou dois pedaços de pizza.

Os psicólogos às vezes fazem a distinção entre *incentivos intrínsecos* e *extrínsecos*. A distinção é muito parecida com aquela feita entre o reforçamento intrínseco e extrínseco (veja a p. 112). Você pode ler *Guerra e Paz* porque quer tirar uma boa nota, um incentivo extrínseco (*fora* da atividade), ou pode lê-lo em função de incentivos *intrínsecos* (ou *inerentes*) à atividade. Ler pode ser uma atividade agradavelmente estimulante para você. Aquilo que está motivando intrinsecamente varia de pessoa para pessoa. Todavia, atividades que satisfazem impulsos básicos, como a fome e o sexo, costumam ser intrinsecamente motivadoras.

Considerável bibliografia de pesquisa sugere que oferecer recompensas (incentivos extrínsecos) para se engajar em determinados comportamentos às vezes mata os incentivos intrínsecos (Amabile, 1985; Deci, 1980; Deci & Ryan, 1985; Lepper, 1983; Pittman et al., 1983). Por exemplo, suponha que eu lhe pague para fazer sua lição de casa, algo que normalmente você aprecia. Enquanto faz a lição, você pode concentrar-se no dinheiro e sentir-se menos motivado pelo desafio. As recompensas têm um aspecto controlador. (Neste exemplo, estou controlando seu comportamento em relação à lição de casa.) As recompensas podem também ter um aspecto de *feedback*; elas lhe dizem que você foi bom o bastante para merecer a recompensa. Quando o aspecto controlador de uma recompensa é predominante, as pessoas tendem a perder o interesse por atividades recompensadas. A curiosidade, a aprendizagem conceptual e a criatividade parecem ser todas acionadas pela motivação intrínseca.

Teoria da Hierarquia de Abraham Maslow

Alguns motivos são mais básicos do que outros? Muitos psicólogos são partidários da teoria de Abraham Maslow, psicólogo humanista, a qual sugere que os motivos seguem uma ordem. Para Maslow, o ser humano nasce com cinco sistemas de necessidades, os quais são dispostos em hierarquia (mostrada na Figura 8.3). As pessoas permanecem como "animais carentes" durante a vida toda. Quando um grupo de necessidades é atendido, um novo grupo toma seu lugar. Conseguimos percorrer os vários sistemas em ordem. (Maslow usou o termo "necessidade" de forma muito semelhante àquela pela qual usamos o termo "motivo".)

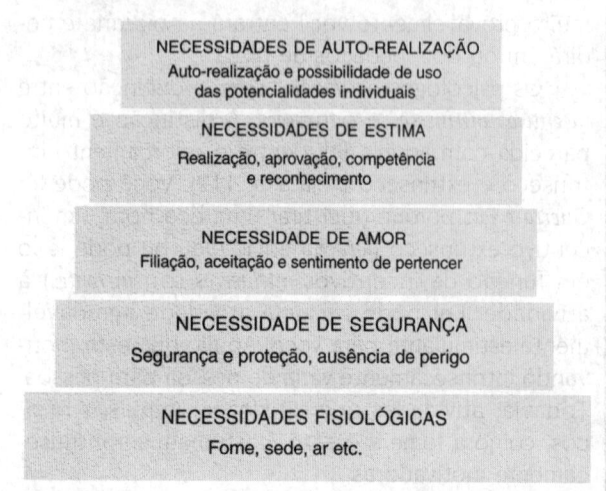

```
        NECESSIDADES DE AUTO-REALIZAÇÃO
        Auto-realização e possibilidade de uso
              das potencialidades individuais
           NECESSIDADES DE ESTIMA
         Realização, aprovação, competência
                  e reconhecimento
            NECESSIDADE DE AMOR
       Filiação, aceitação e sentimento de pertencer
          NECESSIDADE DE SEGURANÇA
         Segurança e proteção, ausência de perigo
           NECESSIDADES FISIOLÓGICAS
                 Fome, sede, ar etc.
```

FIGURA 8.3 Hierarquia das necessidades segundo Abraham Maslow.

A teoria de Maslow começa com as necessidades fisiológicas, como alimento, água, oxigênio, sono, sexo, proteção contra temperaturas extremas, estimulação sensorial e atividade. Essas necessidades — requisitos para a sobrevivência — são as mais fortes e imperiosas. Elas precisam ser satisfeitas em algum grau antes que surjam outras necessidades. Se uma única delas permanecer insatisfeita, ela pode dominar todas as outras. Maslow (1970, p. 37) deu o seguinte exemplo:

Para nosso homem crônica e extremamente faminto, Utopia pode ser definido simplesmente como um lugar onde há comida em abundância. Ele tende a pensar que, se pelo menos tiver alimento garantido para o resto de sua vida, será perfeitamente feliz e jamais desejará outra coisa. A própria vida tende a ser definida em termos de comida. Qualquer outra coisa será definida como insignificante. Liberdade, amor, sentimento comunitário, respeito, filosofia, todos podem ser descartados como ninharias inúteis, uma vez que não enchem o estômago. Tal homem pode com toda a certeza ser definido como vivendo só de pão.

Respaldo casuístico para a idéia de Maslow provém do trabalho do antropólogo Colin Turnbull (1972). Turnbull estudou os *ik*, uma tribo de caçadores das montanhas do norte de Uganda. Uma decisão governamental de criar um parque nacional retirou os *ik* de suas velhas terras de caça, com resultados desastrosos. Destituídos de seu tradicional suprimento de alimento e forçados a cultivar um solo árido e rochoso, esse povo montês começou a passar fome. Enquanto definhavam por falta de alimento, sua estrutura social deteriorou-se. Predominavam um motivo — a fome — e um comportamento — procura de alimento —, e essa busca mentalmente predominante de comida fez com que cada um deles se voltasse contra os outros. Amor e afeição foram abandonados, pois foram considerados "idiotas" e "altamente perigosos". As crianças pequenas que não conseguiam encontrar comida eram deixadas em cercados à espera da morte. Também seus avós eram deixados à míngua. Essas mudanças de estilo de vida ilustram a imensa força dos impulsos não satisfeitos.

Uma vez atendidas as necessidades fisiológicas humanas, as necessidades de se sentir protegido, livre de perigos e seguro tornam-se aparentes. As crianças querem rotinas em que possam confiar. Os adultos querem empregos estáveis, contas de poupança e seguros. As pessoas podem adotar religiões e filosofias para organizar sua vida e lhes proporcionar uma sensação de segurança. Quando as necessidades de segurança são atendidas, surgem as necessidades de afeto, intimidade e sentimento de pertencer. As pessoas procuram amar e ser amadas. Na visão de Maslow, a vida urbana moderna é solitária por diversas razões. Os tradicionais vínculos de família são quebrados à medida que as pessoas concentraram em si mesmas, e as atividades diárias em uma cidade grande tendem a ser impessoais.

Uma vez satisfeitas as necessidades de amor, passam a predominar as necessidades de auto-estima e da estima de terceiros. As pessoas querem sentir-se valorizadas em suas comunidades, em seu trabalho e em casa. Querem respeitar-se a si mesmas. Finalmente, depois de atendidas todas as outras necessidades, as pessoas buscam a *auto-realização*. Elas lutam por realizar seus potenciais (especialmente os positivos) e atingir seus ideais. Maslow ficou particularmente impressionado pelas necessidades de realização (crescimento), acreditando que elas não só preservam a vida como também a enriquecem. Ele teorizou que essas necessidades predominam em personalidades saudáveis (veja a p. 15).

Maslow achava que a maioria das pessoas não era psicologicamente saudável. Em sua visão, somente cerca de 1% dos americanos chegava à auto-realização. Por que a auto-realização é tão rara? A maioria de nós, acreditava Maslow, não enxerga seus verdadeiros potenciais. Nós nos amoldamos a estereótipos culturais em vez de perseguirmos o atendimento das próprias necessidades. Preocupações com segurança nos tornam temerosos de assumir riscos e herméticos a novas experiências.

A teoria de Maslow encontra respaldo na pesquisa? Há evidência para algumas predições específicas derivadas da teoria, porém ninguém descobriu uma forma satisfatória de investigar todo o modelo. Não obstante, a noção de hierarquia de Maslow tende a ser amplamente aceita em função de seu apelo intuitivo.

Motivos e Centros de Prazer

Quando estamos com fome, achamos algo para comer. Quando estamos com sono, descansamos. Comumente, ninguém precisa nos lembrar de cuidar de nossas necessidades. Por que é assim? Quando uma necessidade biológica está presente em algum grau, o ato de satisfazê-la parece gerar dois tipos de prazer. Primeiro, o alívio decorrente da remoção das tensões e do desconforto que acompanhavam a deficiência. No caso do sono, livramo-nos da fadiga; no caso da fome, desaparece a dor no estômago. Segundo, um componente mais vívido de prazer, ou de alegria, geralmente acompanha a satisfação de um impulso básico. Comer uma boa refeição é uma experiência altamente agradável. Assim também o é a atividade sexual. Muitas pessoas deleitam-se também com o sono.

Nós nos acostumamos a esperar prazer quando cuidamos de uma necessidade básica. Essa expectativa pode ser vista como um incentivo que nos motiva a cuidar das deficiências corporais. A alegria que acompanha os motivos está radicada no cérebro, em regiões denominadas centros de prazer. A história de sua descoberta é muito interessante. No início da década de 1950, os psicólogos fisiologistas James Olds e Peter Milner (1954; Olds, 1961) estavam tentando aprender mais das *regiões de esquiva* no cérebro de ratos. Quando os circuitos dentro da formação reticular (veja o Capítulo 2, Figura 2.13) eram estimulados, os ratos reagiam como se estivessem experimentando uma dor aguda. Subseqüentemente, evitavam qualquer coisa associada à estimulação.

Um dia, Olds e Milner implantaram acidentalmente um eletrodo no lugar errado em um animal experimental. Quando ele aproximou-se do canto de sua gaiola, os psicólogos ligaram a corrente elétrica. Eles esperavam que o animal fosse para trás, como outros haviam feito sob condições aparentemente idênticas. Ao contrário, o rato veio para a frente. Olds e Milner estimularam-no de novo. E de novo o rato movimentou-se para a frente. O animal parecia estar em um completo estado de regozijo. O que estava ocorrendo?

Quando Olds e Milner verificaram a posição do eletrodo, descobriram que a agulha tinha sido implantada no sistema límbico (veja o Capítulo 2, Figura 2.16), e não na formação reticular conforme haviam acreditado. Evidentemente, a estimulação daquela região límbica específica era agradável — extremamente agradável, conforme demonstraram estudos posteriores. Quando uma alavanca foi conectada a um estimulador elétrico de modo que os ratos pudessem enviar corrente elétrica a determinadas regiões límbicas do cérebro pressionando uma barra, os ratos chegavam a ativar a alavanca 5.000 vezes no decorrer de uma única hora. Os ratos preferiam determinados tipos de estimulação cerebral a beber quando sedentos, a comer quando famintos e a se acasalar quando privados de sexo (Frank & Stutz, 1984). Eles suportavam também intensa dor para ter a oportunidade de estimular essas regiões. Em alguns casos, os roedores ficavam tão ávidos que pressionavam a barra até literalmente desfalecer de exaustão depois de 15 a 25 horas.

Como as pessoas reagem à estimulação direta de regiões de prazer? Desde o início da década de 1950, o médico Robert Heath e seus colaboradores (1963, 1980, 1981) vêm usando a estimulação cerebral de forma terapêutica para aliviar fortes dores crônicas e obter controle sobre certos tipos de comportamento problemático. Como parte de um esforço para ajudar dois homens epiléticos a lidar com ataques súbitos de sono profundo, fraqueza muscular e atividade impulsiva, Heath e seus colaboradores implantaram uma série de eletrodos no cérebro dos pacientes. Os pacientes podiam excitar várias regiões cerebrais pressionando um botão em uma unidade de controle usada no cinto. A estimulação de diferentes regiões que se suspeitava serem centros de prazer produzia estas descrições de sensações: "uma sensação deliciosa", "sensações sexuais", "gosto excelente", "sensação de ter bebido". A maior parte do tempo, dizem os pacientes, a estimulação prazerosa é menos intensamente agradável do que as próprias atividades o seriam; a aquisição de vício de estimulação do cérebro humano é improvável.

Hoje, os psicólogos sabem que muitos mamíferos, incluindo o ser humano, têm numerosos circuitos no cérebro associados ao prazer (Routenberg, 1978; Olds & Forbes, 1981). Eles são altamente localizados (localizáveis) e encontram-se espalhados por todo o cérebro em todos os níveis. Diversos sistemas neurotransmissores — dentre eles, a dopamina, a norepinefrina e as endorfinas — parecem estar envolvidos (veja o Capítulo 2).

Embora os cientistas não saibam precisamente o que os centros de prazer fazem ou como o fazem, eles acreditam que a estimulação do centro de prazer acompanha naturalmente a redução da necessidade no dia-a-dia da vida dos animais. Há evidência de que os centros de prazer são também ativados durante a aprendizagem e por doces e drogas como a heroína e a cocaína (Lieblich et al., 1983; Bozarth & Wise, 1984; Wise, 1984).

Motivação Inconsciente
As pessoas têm consciência de suas motivações? Sigmund Freud acreditava que os seres humanos raramente têm consciência das forças que os motivam. Examinaremos sua teoria no Capítulo 12. Por ora, vamos nos concentrar na seguinte pergunta: há evidência para falar em motivação inconsciente?

Nos Capítulos 4, 5 e 6, vimos que as pessoas em geral não estão cientes daquilo que percebem e pensam e com freqüência comportam-se desatenta ou automaticamente. Assim sendo, não seria surpreendente descobrir que os seres humanos também não estão cientes dos motivos que acionam seus comportamentos. A pesquisa dos centros de prazer do cérebro sugere que a motivação inconsciente existe. Por exemplo, antes de ligar o ar-condicionado em um dia quente, beber água ou dormir, provavelmente você não pensará no prazer resultante.

Existem evidências ainda mais persuasivas para a idéia da motivação inconsciente. Em uma série de estudos, os psicólogos fizeram com que os participantes ouvissem gravações em fita de sua própria voz e de outros (Gur & Sackeim, 1979; Sackeim & Gur, 1978). Quando as pessoas ouviam a própria voz, as palmas das mãos suavam mais do que quando ouviam a voz de outras pessoas. Além disso, as pessoas levavam mais tempo para reagir à própria voz do que à dos outros. Mesmo quando cometiam erros na identificação da voz, os padrões de suor mantinham-se: mais suor para a própria voz do que para a de outros. A motivação inconsciente entrou em cena quando as pessoas fracassavam em uma tarefa pouco antes do exercício de identificação de voz. O fracasso fazia com que as pessoas ficassem menos propensas do que o normal a reconhecer a própria voz. (O suor das mãos sugeria que elas haviam absorvido a informação em algum nível.) Uma forma de interpretar as descobertas é presumir que o fracasso fazia com que as pessoas se vissem de forma crítica, motivando-as — em um nível inconsciente — a ignorar informações sobre si mesmas.

Vejamos rapidamente um segundo programa de pesquisa que fornece evidência para a motivação inconsciente (Quattrone & Tversky, 1984). Em um experimento, os participantes imergiram os braços em uma banheira de água gelada antes e depois de fazer um exercício físico. A alguns participantes foi dito que a expectativa de longevidade está associada à maior tolerância à água gelada após exercício físico. A outros, que o oposto é verdadeiro: a vida longa está ligada à menor tolerância à água gelada após exercício. Esta informação influenciou a tolerância à água gelada após exercício intenso; a tolerância mudou para o lado associado à vida longa. Todavia, os participantes não estavam cientes de estar deliberadamente tentando aumentar ou diminuir sua resposta à água gelada. Inconscientemente, portanto, as pessoas pareceram motivadas a agir de uma maneira que previsse um resultado favorável.

Há de fato um grande conjunto de pesquisas confirmando a idéia de que as pessoas freqüentemente não têm consciência das influências sobre sua conduta (Nisbett & Wilson, 1977). Alguns indivíduos são mais propensos do que outros a estar fora de contato com experiências interiores (Scheier et al., 1978). Com certeza, a noção de motivação inconsciente de Freud encontra respaldo.

FOME E O ATO DE COMER
Todos os animais precisam de alimento para satisfazer suas necessidades diárias de energia, crescimento e restauração dos tecidos. Embora pouquíssimos animais regulem conscientemente a ingestão de alimento (a notável exceção é o ser humano), muitos conseguem consumir o suficiente para atender às suas necessidades. Como o ser humano e outros animais regulam o ato de comer?

Bases Fisiológicas da Fome
O cérebro usa sinais do estômago, boca, garganta e sangue para decidir quando devemos comer e parar de comer.

Estômago Muitas pessoas ligam a fome ao ronco do estômago. Também os primeiros psicólogos faziam essa associação, seguindo os passos do fisiologista Walter Cannon. Em um estudo engenhoso, Cannon (1934) persuadiu seu assistente de pesquisa, A. L. Washburn, a engolir um balão de borracha de espessura bem fina, colocado na ponta de um tubo. Quando o balão chegou ao estômago de Wasburn, foi inflado de modo que tocasse as paredes do estômago. Então, sempre que as contrações do estômago ocorriam, o balão era esvaziado e mudava a pressão do ar na ponta do tubo. Toda vez que Washburn sentia o estômago roncando, ele apertava uma tecla telegráfica; tanto os sinais do balão como da tecla telegráfica eram gravados. Você pode ver o aparelho de Cannon na Figura 8.4. Cannon descobriu que os roncos registrados coincidiam regularmente com as contrações do estômago. Após confirmar as descobertas em outros voluntários, Cannon ficou convencido de que o estômago passa um sinal para o cérebro toda vez que o corpo necessita de comida.

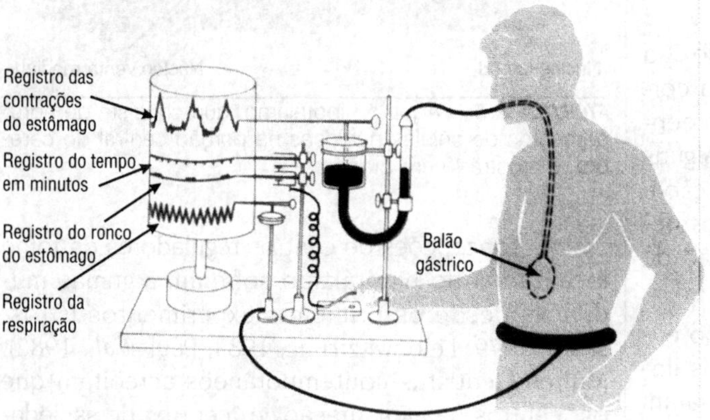

FIGURA 8.4 Walter Cannon usou o equipamento aqui reproduzido para registrar simultaneamente as contrações e os roncos de fome do estômago. (Com base em Cannon, 1934.)

Pesquisas posteriores sugerem que a irritação do estômago, causada pelo balão, foi parcialmente responsável pelas contrações. Entretanto, Cannon estava correto em acreditar que o estômago ajuda a regular a fome. Sabe-se que um importante hormônio secretado pelo sistema gastrintestinal está envolvido na sensação de "estômago cheio" (Lytle, 1977). Além disso, as sensações do estômago, especialmente a distensão após uma lauta refeição, são monitoradas pelo cérebro para julgar se o ato de comer deveria cessar (Le Magnen, 1971).

E quanto aos roncos do estômago? Parecem ser parcialmente aprendidos por condicionamento respondente (veja o Capítulo 3). O estômago agita o alimento para digeri-lo. Quando uma pessoa come diariamente em horários regulares, o cérebro parece antecipar as refeições em aproximadamente uma hora. Assim, ele envia sinais neurais a fim de alertar os músculos do estômago a se preparar para agir. Os músculos então se contraem, produzindo as sensações de dor que outras partes do cérebro interpretam como fome.

Boca e garganta Após um razoável número de mastigadas, sucções e engolidas, os animais param de comer. Eles assim agem mesmo quando nenhuma matéria nutritiva é absorvida pela corrente sangüínea (como no caso do esôfago rompido) (Janowitz & Grossman, 1949).

Também as qualidades da comida alteram a ingestão (Lytle, 1977). O paladar, que está ligado a aroma, textura e temperatura (veja o Capítulo 4), é particularmente importante. Os animais comem muito mais quantidade do alimento de que gostam quando podem saboreá-lo, e muito menos quando o alimento é entubado diretamente para o estômago, não passando pelos receptores do paladar. Você já deve ter experienciado o *efeito buffet*, outro fenômeno que demonstra que o paladar regula a ingestão de alimentos. Os organismos comem substancialmente mais quando se lhes oferece uma variedade de alimentos do que quando há apenas um (Le Magnen, 1960; Sclafani, 1980). As sensações orais parecem desempenhar diversos papéis no controle da alimentação (Zeigler & Karten, 1974). Elas ajudam o cérebro a dirigir e coordenar os alimentos específicos ingeridos para que tenhamos uma dieta balanceada. Além disso, juntamente com outros *inputs* enviados à formação reticular, as sensações orais ajudam a incitar o córtex para que o apetite seja estimulado e haja motivação para comer.

Sangue A composição do sangue fornece informações sobre o ambiente interno do corpo. Os níveis de glicose, gordura e hormônio ajudam o cérebro a decidir quando "ligar e desligar" a fome.

Depois de uma refeição, certas enzimas poderosas existentes na saliva e no estômago fragmentam o alimento em moléculas de proteína, açúcar e gordura, as quais podem ser utilizadas pelo corpo. Um tipo de molécula de açúcar, a *glicose*, é essencial para o fornecimento de energia às células. O cérebro usa as informações sobre os níveis de glicose no sangue para decidir quando suficiente alimento foi consumido nas refeições e nos lanches, ajudando a regular o peso a curto prazo (Mayer, 1953). Quando os níveis de glicose estão altos, o ser humano e outros animais sentem-se satisfeitos. Quando os níveis de glicose estão baixos, os organismos experimentam a fome.

Além de detectar os níveis de glicose, o cérebro monitora a química e a quantidade de *gordura* na corrente sangüínea (Kennedy, 1966; 1952; Leibel & Hirsch, 1984). O ser humano e outros animais parecem programados para manter as células de gordura em tamanho e composição química determinados. Quando as células de gordura saem dessas normas, ficamos propensos a comer mais, ou menos, para recuperar o equilíbrio. Acredita-se que os sinais de gordura ajudem a monitorar o peso em períodos longos.

As glândulas endócrinas (veja no Capítulo 2 a Figura 2.22) secretam *hormônios* que entram na corrente sangüínea e produzem mudanças surpreendentes no comportamento de alimentação. Alguns estão intricadamente ligados à digestão, absorção e utilização dos nutrientes que ingerimos. Outros desempenham papéis no apetite e na regulação de peso a longo prazo.

Cérebro Numerosos circuitos cerebrais estão envolvidos na regulação da fome. Os resultados impressionantes dos primeiros experimentos levaram os pesquisadores a se concentrar no *hipotálamo*, um grupo de células nervosas localizado na parte central do cérebro (veja a Figura 8.5). Lá, células individuais recebem *input* dos receptores de paladar e respondem a vários estímulos da fome. De início, duas áreas hipotalâmicas foram consideradas vitais no controle da fome: o núcleo ventromedial e o núcleo lateral (Anand *et al.*, 1962; Hoebel & Teitelbaum, 1966). Acreditava-se que o *núcleo ventromedial* fosse um *centro de saciedade*. Por meio de sua remoção ou destruição, os cientistas criavam ratos que comiam excessivamente até dobrar, triplicar ou mesmo quadruplicar seu peso. Quando o núcleo ventromedial era estimulado, mesmo os animais famintos não comiam. O *núcleo lateral* do hipotálamo era considerado o *centro de alimentação*. Se suas células eram removidas ou destruídas, ocorria a perda de apetite; ratos famintos reduziam tão drasticamente a ingestão de alimento que, se não fossem alimentados à força, morriam de fome. A estimulação dessa região produzia o comportamento de comer mesmo em ratos que haviam acabado de comer à saciedade.

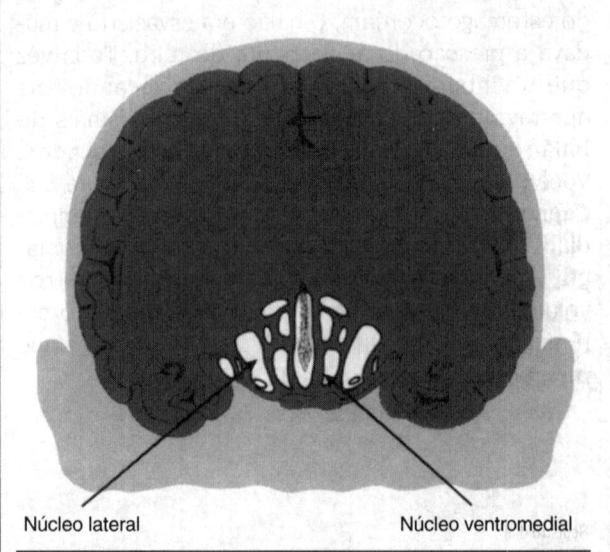

FIGURA 8.5 Aqui, o hipotálamo, que consiste de agrupamentos de células nervosas na porção central do cérebro, é mostrado em branco.

As concepções de centros reguladores da fome localizados no hipotálamo sofreram algumas mudanças desde os primeiros experimentos (Grossman, 1979; Leibowitz *et al.*, 1983; Paul *et al.*, 1982). Muitos cientistas contemporâneos acreditam que os "centros de alimentação" e "centros de saciedade" encontrariam representação mais apropriada nos termos "sistemas" ou "circuitos" que meramente passam pelo hipotálamo.

Alguns pesquisadores acreditam que esses sistemas hipotalâmicos alteram o *ponto estabelecido de peso*. A idéia de um ponto estabelecido é bastante simples. Ela diz que o peso corporal é mantido dentro de uma faixa relativamente estreita por mecanismos homeostáticos. Se o peso cai abaixo do *ponto estabelecido*, algum mecanismo físico é ativado para elevar o peso. Por exemplo, uma pessoa pode sentir muita vontade de alimentos altamente calóricos e os consumir, ou pode se tornar sedentária. Se o peso ultrapassa o ponto designado, algum mecanismo corporal é ativado para estimular comportamento de redução de peso. Embora a idéia do ponto estabelecido seja muito atraente para os pesquisadores, sua existência não foi provada. Ademais, se há um ponto estabelecido, pode estar localizado fora do hipotálamo, nas células de gordura, na glicose ou nos neurotransmissores (Leibel & Hirsch, 1984; Lytle, 1977).

Além de desempenhar papéis específicos na fome, os quais ainda não estão claros, o hipotálamo provavelmente executa algumas funções gerais. Acredita-se que é responsável pelo aumento do incitamento que acompanha a fome (e outros motivos) (Stricker & Zigmond, 1976; Valenstein et al., 1970). O hipotálamo está envolvido no prazer resultante do ato de comer. Além disso, ele ajuda a regular os processos endócrinos e metabólicos que mediam o nível de combustível usado e a quantidade armazenada.

O hipotálamo não é a única região do cérebro envolvida no controle da fome (Lytle, 1977). Uma série de outros circuitos espalhados pelo sistema nervoso central moldam o apetite e a saciedade. Acredita-se que o córtex desempenhe o principal papel na integração dos dados.

Como você deve ter concluído, os cientistas ainda não entendem por completo o maquinário fisiológico que regula a fome, como também não identificaram os indícios mais essenciais que controlam a fome a curto e a longo prazos. Para complicar ainda mais o quadro, as influências ambientais desempenham um papel importante na regulação da fome.

Fomes Específicas

Quando as pessoas sentem fome, elas geralmente sentem fome de alguma coisa. Podem desejar comer um hambúrguer, um pedaço de bolo, uma pizza ou batatinhas fritas. O que estabelece as fomes específicas?

Algumas influências sobre a fome são biológicas. Acredita-se que certas fomes gerais sejam programadas dentro de nós por nossos genes, para ajudar a manter um equilíbrio ideal de nutrientes. Há evidência de que os animais têm sistemas reguladores de apetite separados para controlar a ingestão de proteínas e carboidratos (Wurtman, 1981). Os carboidratos tendem a ter um gosto adocicado, sendo preferidos por muitos animais desde cedo na vida. O sal é outro gosto universalmente apreciado. Ao mesmo tempo, a maioria dos organismos rejeita substâncias amargas, as quais freqüentemente são tóxicas. Os cientistas estão apenas começando a entender as bases químicas de algumas dessas preferências.

Se os mecanismos genéticos são suficientemente fortes para manter as dietas balanceadas a longo prazo é uma questão ainda não esclarecida. Um médico pesquisador (Davis, 1928) descobriu que, quando oferecia a crianças pequenas a oportunidade de escolher sua própria comida dentre um amplo sortimento de alimentos naturais (excluídas as substâncias adoçadas e as prejudiciais), elas cresciam e desenvolviam-se. Em alguns casos, elas chegam até a compensar deficiências.

Às vezes, os adultos sentem apetite por alimentos que ajudam a compensar os efeitos de distúrbios (Lytle, 1977; Richter, 1943). Uma boa ilustração é a doença de Addison. Esta condição destrói progressivamente o córtex adrenal (parte da glândula supra-renal), impedindo a retenção de sal. Pessoas vítimas dessa doença freqüentemente experimentam desejos de alimentos ricos em sal, como presunto e chucrute. Houve um caso em que um homem que sofria dessa doença cobriu o bife com uma camada de 3 milímetros de sal e misturou meio copo de sal no seu suco de tomate.

Fomes específicas seguem nosso modelo homeostático de motivação (veja a p. 326). Uma deficiência dietética tira o equilíbrio interno do corpo, produzindo uma necessidade por uma determinada substância. Todavia, há outras explicações plausíveis por que as pessoas rejeitam dietas insalutíferas e selecionam dietas saudáveis (Rozin & Kalat, 1971). Uma dieta não saudável pode gerar doença e desconforto. Em virtude dessa associação, o alimento pode tornar-se aversivo (literalmente repugnante), e o organismo então busca outro alimento.

Experiências iniciais na vida em um ambiente específico também determinam preferências alimentares duradouras (Kuo, 1967). As *culturas* estabelecem diretrizes gerais. As observações de Dorothy Lee (1957), especialista em nutrição, deixam muito claro este ponto.

*N*ão reconhecemos libélulas como alimento humano, mas o é para os ifugaos. Eles comem três espécies de libélula, como também gafanhotos, os quais são fervidos, depois secados e em seguida polvilhados e armazenados para alimento. Eles comem grilos e formigas de asas, os quais fritam em banha de porco;

eles comem formigas-ruivas e insetos aquáticos e uma variedade de besouros. Dificilmente eu reconheceria tais insetos como alimento, mesmo que estivesse faminta. Entretanto, vejo o leite como alimento, um líquido que alguns grupos culturais vêem com repugnância por sua semelhança com uma excreção viscosa.

Hábitos alimentares derivados da cultura podem até superar a fome e causar grave desnutrição. Quando novos suplementos nutritivos são apresentados a povos assolados por fomes recorrentes, por exemplo, a população inteira pode rejeitar a substância por razões sociais ou religiosas, embora estejam em inanição (Robson, 1976).

Conquanto as culturas modelem as preferências gerais por alimentos, as experiências individuais também são importantes (Rozin, 1981; e colaboradores, 1984). Os gostos por alimentos de pais e filhos são bastante semelhantes. Três fatores parecem estar envolvidos: genes, imitação de preferências parentais e exposição seletiva aos alimentos consumidos em casa. A exposição é um modelador de preferências alimentares especialmente importante. Animais de laboratório tendem, de início, a se afastar de alimentos novos. Quando gatas mães foram induzidas por estimulação cerebral a consumir dietas incomuns, os filhotes que se alimentavam com as mães rapidamente aprenderam a comer os mesmos alimentos; em alguns casos, as preferências por aquilo que comumente seria uma dieta inaceitável perduraram até a fase adulta (Wyrwicka, 1981). A exposição fora de casa também influencia as preferências alimentares. L. L. Birch (1980) e seus colaboradores descobriram que crianças de jardim-de-infância modificaram suas preferências alimentares de maneira substancial e duradoura quando expostas a colegas com diferentes preferências. Além da exposição, eram as interações ligadas aos alimentos em uma situação social que pareciam exercer grande poder.

Respostas desagradáveis a novos alimentos podem ser estabelecidas acidentalmente se toxinas transportadas pelo ar causam mal-estar nas pessoas durante o consumo da nova substância. A fumaça de cigarro, por exemplo, que pode produzir enjôo, pode também criar repugnância por algo comumente inócuo como água com açúcar (Etscorn, 1980). Se bebês humanos forem expostos à fumaça enquanto experimentam um novo alimento, ou mesmo horas depois, podem desenvolver o mesmo tipo de aversão — sem que qualquer um dos envolvidos tenha conhecimento do processo. Esse tipo de aprendizagem assemelha-se às aversões condicionadas, discutidas no Capítulo 3. O curioso é que não são necessárias experiências diretas para estabelecer aversões alimentares, mesmo em animais simples. Quando ratas mães estão cuidando dos filhotes e adoecem em decorrência de alguma substância, seus filhotes aprendem a também evitar aquele alimento, embora eles próprios não tenham sido afetados (Galef & Sherry, 1973).

Controles de Peso: Foco na Obesidade

Nesta seção, exploramos as influências que atuam sobre o peso. Os psicólogos têm estudado intensamente este tópico por ocasião de estudos de pessoas obesas. O termo *obeso* é geralmente aplicado a indivíduos que acumulam uma quantidade excessiva de *tecido adiposo*, ou gordura, estando pelo menos 20% acima do peso ideal. O conceito de "peso ideal" é muito relativo. Um indivíduo que está mesmo que moderadamente acima do peso recomendado pelas tabelas das companhias seguradoras apresenta risco mais alto de distúrbios como hipertensão, doenças cardíacas, câncer, artrite e diabete (Hirsch et al., 1985). Mas se a obesidade é invariavelmente sinônimo de problemas de saúde é hoje uma questão controvertida (Andres, 1980, 1985; Leibel & Hirsch, 1984; Wooley & Wooley, 1983). O peso saudável pode se situar em uma faixa bastante ampla, considerando a idade, a altura e a compleição física.

É comum pensar que a obesidade é causada pela alimentação em excesso. Segundo o modelo popular, pessoas robustas ingerem mais *calorias* (valor energético do alimento) do que o corpo necessita, sendo elas convertidas em gordura. Mas os controles de ingestão de alimentos e de peso são extremamente complicados; diversas influências hereditárias e ambientais trabalham em conjunto, influindo no peso das pessoas.

Hereditariedade

A obesidade ocorre em família; e tais padrões sugerem que a hereditariedade geralmente está envolvida (Bray, 1979; Rodin, 1981a). Gêmeos idênticos criados separadamente tendem a ter pesos mais semelhantes do que gêmeos fraternos criados juntos. Da mesma forma, os pesos de crianças adotadas assemelham-se mais aos de seus pais biológicos do que aos de seus pais adotivos.

Os genes parecem predispor as pessoas à obesidade por meio de mecanismos que afetam o apetite, as preferências alimentares, a saciedade, a atividade e o metabolismo (os variados processos pelos quais a energia é fornecida às células do corpo) (DeLuise et al., 1982; Lytle, 1977; Rodin, 1981a). Uma pessoa pode herdar predisposição a uma relativa inatividade ou a preferir alimentos doces ou a armazenar nutrientes como gordura. Ou então, em decorrência de uma falha genética, pode não conseguir compensar o excesso de alimentação no nível celular (Jung & James, 1980; Leibel & Hirsch, 1984). Quando animais esbeltos comem em excesso, seu metabolismo em repouso tende a aumentar. As calorias extras são queimadas pela geração de calor, e o peso permanece estável. Roedores com excesso de peso (e talvez também os seres humanos) freqüentemente deixam de demonstrar esta resposta. Os efeitos das diferenças metabólicas são tão fortes que é possível encontrar duas pessoas com o mesmo peso, idade, altura e nível de atividade, consumindo uma delas duas vezes a quantidade de calorias consumidas pela outra (Rose & Williams, 1961).

Alimentação na Primeira Infância
Nossos históricos alimentares na infância contribuem para o nosso peso adulto pelo menos por dois diferentes fatores: hábitos alimentares e células de gordura.

Algumas crianças gordas provavelmente desenvolvem os tipos de padrão de alimentação e de atividade que as mantêm pesadas. Embora haja poucas pesquisas sobre o papel da família no estabelecimento de tais hábitos, muitos psicólogos acreditam que as famílias são importantes nesse campo. Um dos aspectos investigados é a distribuição de alimento durante o dia. Quando animais de laboratório comem grandes quantidades de alimento em uma única refeição, seus tratos digestivos aumentam. Como resultado, a glicose e as gorduras são absorvidas com relativa rapidez pelo sangue, uma mudança metabólica que estimula a acumulação de gordura (Lytle, 1977). Há paralelos humanos. Pessoas que consomem menos de três refeições por dia são mais propensas a ter excesso de peso do que aquelas que consomem mais refeições e até mesmo um pouco mais de calorias (Bray & Bethune, 1974).

Os pais estabelecem a freqüência com que os filhos comem pela programação de refeições e pela construção de associações entre o ato de comer e determinadas atividades, lugares, emoções e momentos. Quando as associações são repetidas, as próprias circunstâncias despertam a fome, um mecanismo de condicionamento respondente (veja o Capítulo 3). Por vezes, até mesmo o próprio alimento consumido repetidamente é desejado. Acredita-se que filme e pipoca, beisebol e cachorro-quente, e TV e batatinhas fritas estejam relacionados por este tipo de aprendizagem associativa.

Como os ratos, os seres humanos comem sob condições de estresse e privação sensorial (enfado) (Rowland & Antelman, 1976; Slochower, 1983). Parece que a tensão estabelece condições bioquímicas que reduzem os níveis de açúcar no sangue e fazem com que os organismos sintam fome. Ademais, o prazer proporcionado pela comida é um elemento de distração. Ao comer, as pessoas podem também satisfazer os pais, que eventualmente lhes dizem: "Se você comer alguma coisa, vai se sentir melhor". Com o tempo, as ligações entre as emoções humanas e o ato de comer podem tornar-se fortes e automáticas.

Os pais provavelmente estabelecem outros hábitos alimentares que contribuem para o peso dos filhos. Eles determinam o que as crianças devem comer e estabelecem padrões de quantidade de comida que constitui uma refeição e quantas vezes podem repetir. Eles ensinam qual estado de distensão do estômago pode ser chamado de "cheio". Estômago "cheio" pode ser associado a uma sensação de peso, de dor ou de pesado como chumbo, ou a uma sensação muito mais branda. A responsividade às convenções sociais, a qual os pais ajudam a moldar, é outra possível influência sobre a ingestão de alimentos e o peso. Ainda saciado pelo café da manhã, você pode tomar um café e comer um bolinho para ser sociável em um intervalo de reunião. Ou você pode dar um jeito de comer a sobremesa porque uma recusa poderia ser considerada indelicada.

Os padrões alimentares da primeira infância afetam o peso de uma segunda e menos óbvia forma. Para entender essa afirmação, você precisa conhecer algumas informações. As pessoas aumentam seu tecido adiposo de duas maneiras. O número de células de gordura pode aumentar ou as células de gordura existentes podem ficar maiores (Brownell, 1982). Os adultos cuja obesidade aparece antes dos 12 anos de idade tendem a ter células de gordura aproximadamente do mesmo tamanho que as de adultos esguios. Simplesmente elas as têm em maior quantidade — até cinco vezes mais (Hirsch & Knittle, 1970). As pessoas cuja obesidade aparece durante a fase adulta geralmente têm um número normal de células de gordura, porém essas células tendem a ser maiores. As pessoas robustas podem ter ambos os problemas: muitas células de gordura que também são muito grandes.

A alimentação durante a infância tem um efeito biológico sobre nosso mecanismo de armazenamento de gordura que parece propiciar o surgimento da obesidade mais tarde. Se um bebê come muito, acumula muitas células de gordura. Infelizmente, a multiplicação das células de gordura é uma via de mão única (Sjöström, 1980; Hirsh & Knittle, 1970). Isto é, os seres humanos podem aumentar a quantidade de células de gordura durante a vida inteira, porém não podem diminuir esse número após mais ou menos os 2 anos de idade. Quando as células de gordura aumentam na primeira infância, elas tendem também a aumentar de forma incomumente rápida ao longo de toda a infância.

Depois dos 2 anos de idade, a perda de peso afeta principalmente o tamanho das células de gordura (Knittle, 1975). A respaldar esta observação existe um estudo de mulheres obesas antes e depois de perda de peso (Björntorp et al., 1975). Sem exceção, todas elas pararam de perder peso quando o tamanho das células de gordura atingiu o nível normal, independentemente da duração do tratamento ou do número de quilos perdidos. As mulheres permaneceram obesas porque a quantidade de células de gordura permaneceu estável. Quando pessoas muito obesas (com número excessivo de células de gordura) voltam ao peso normal em um hospital, suas células de gordura diminuem de tamanho. Subseqüentemente, elas precisam de menos calorias para manter seu novo peso do que os indivíduos de peso normal que nunca foram obesos. Esses ex-obesos, em termos fisiológicos, parecem estar passando fome; ficam obcecados por comida como se estivessem em inanição; e, sem monitoramento contínuo, têm a propensão de ganhar todo o peso perdido, e as células de gordura voltam ao tamanho anterior, readquirindo o equilíbrio. Estudos como estes sugerem que ser gordo durante toda a infância origina permanente excesso de capacidade de armazenamento de gordura, tornando provável a obesidade e difícil a redução de peso (Charney et al., 1976; Leibel & Hirsch, 1984).

Orientação para o Exterior e Incentivos Externos

A fome humana é freqüentemente controlada por *sinais externos ligados à comida* (*incentivos*), condições que acionam o ato de comer ainda que a pessoa não esteja com fome. Dentre esses sinais estão a aparência atraente do alimento, a visão de outros comendo, o gosto ou aroma de pratos apreciados, e lugares, momentos ou emoções específicos. Os sinais externos distinguem-se dos sinais internos, como dor de cabeça, fadiga, sensação de tontura e garganta seca.

Diz-se que as pessoas são *externas* quando reagem com relativa intensidade a sinais nítidos (pela maior ingestão de alimentos, emocionalidade ou atenção) e respondem menos a sinais sutis (Rodin, 1981a). No passado, os psicólogos acreditavam que as pessoas obesas demonstravam uma orientação externa para a comida (Schachter & Rodin, 1974). Independentemente de quão recentemente tivessem comido, voltariam a comer se os sinais estivessem proeminentes. A ingestão de alimentos por pessoas de peso normal, em contraste, parecia ser guiada por seu estado físico. Esta visão revelou-se supersimplificada. Um cuidadoso exame da ampla bibliografia sobre o assunto deixa claro que os indivíduos com excesso de peso nem sempre são externamente orientados nem tampouco os indivíduos de peso normal são sempre internamente orientados (Rodin, 1981a).

Ser externamente responsivo efetivamente parece desencadear o ato de comer em excesso, mesmo em indivíduos de peso normal. Evidência convincente é fornecida por um estudo de Judith Rodin e Joyce Slochower (1976), que observaram um grupo de moças sem problemas de peso durante um acampamento de verão. Essas campistas, que haviam revelado resultados altos em um teste de sensibilidade a sinais externos, ganharam mais peso no acampamento (que oferecia muitos alimentos tentadores e ricos em calorias) do que as campistas menos externamente orientadas.

Como uma orientação externa pode promover a alimentação em excesso? Paradoxalmente, isso parece ocorrer pela mudança do ambiente interno. Ele aumenta o incitamento fisiológico diante de alimentos, levando à maior conscientização da presença de comida, mais salivação e mais liberação de insulina (Rodin, 1985). A resposta à insulina é crítica. Ela baixa o nível de glicose no sangue, fazendo com que o organismo sinta fome. Ao mesmo tempo, ela aumenta a probabilidade de os nutrientes serem armazenados na forma de gordura. Pessoas que produzem muita insulina ao ver ou pensar em comida apresentam uma tendência maior a ganhar peso.

Provavelmente, a orientação para o exterior pode ser herdada. Ela é observável em bebês (Milstein, 1980) e faz sentido em termos evolucionários (veja o Capítulo 2). Ao longo de toda a história humana, houve freqüente escassez de alimento (Beller, 1978). O desenvolvimento da capacidade de armazenar alimento no tecido adiposo possibilitou aos animais suportar períodos de escassez e sobreviver. Pessoas externamente orientadas seriam propensas a aproveitar a abundância de alimentos, sobrevivendo aos períodos de escassez, vivendo para reproduzir e passando adiante essa característica.

A orientação para o exterior pode também ser modelada por experiências no início da vida. Quando ratos comem a intervalos aleatórios durante toda a juventude, demonstram mais tarde um perpétuo interesse por comida. Da mesma forma, em culturas em que o suprimento de alimentos é imprevisível, as pessoas tendem a comer toda vez que podem (Gross, 1968). Esta pode ser uma das muitas razões por que os pobres freqüentemente têm excesso de peso.[1]

Cultura

Em muitas culturas industriais, o ato de comer tornou-se uma forma importante de recreação, relaxamento, comemoração e hospitalidade. Com tantas tentações, muitas pessoas têm facilidade para comer demais. A dieta moderna é outra armadilha. A variedade de alimentos prontamente disponíveis nos supermercados e restaurantes *fast-food* tende a estimular a alimentação em excesso. Ademais, muito daquilo que comemos (especialmente alimentos de lojas de conveniência e *fast-food*) tem alto teor de calorias e gorduras. Além disso, ingerir altas porcentagens de caloria na forma de gordura (os americanos consomem tipicamente 40% de suas calorias na forma de gordura) tende a levar à obesidade (Oscai et al., 1984).

Nível de Atividade

Embora a vida contemporânea seja freqüentemente agitada e cansativa, raras vezes exige exercício físico. Tendemos a ir a todo lugar de carro ou outro meio de transporte. As máquinas fazem por nós a maior parte do trabalho manual. De fato, a maioria de nós precisa fazer um esforço deliberado para incluir o exercício físico no dia-a-dia para que não fiquemos sedentários.

O exercício desempenha diversos papéis na regulação de peso. Como você provavelmente sabe, ele queima calorias. Ele também ajuda a manter ativos os mecanismos reguladores de peso para que trabalhem adequadamente (Mayer, 1968). A falta extrema de atividade leva uma pessoa a comer demais e a ter excesso de peso. É por isso que fazendeiros e sitiantes confinam galinhas e porcos — para engorda. Quando animais de laboratório exercitam-se moderadamente, mantêm seu peso ideal com bastante precisão. Todavia, se ratos são mantidos imóveis ou intensamente ativos, comem demais ou de menos e ganham ou perdem peso, respectivamente.

Pessoas obesas costumam ser relativamente inativas. Jean Mayer observou que elas nadam menos vigorosamente e fazem menos movimentos quando jogam tênis e vôlei do que as pessoas de peso normal. Como resultado, elas queimam menos calorias e seu apetite fica em descompasso com sua necessidade de calorias.

Obesidade: Uma Síndrome Autoperpetuadora

Uma vez que as pessoas tornam-se gordas, são necessárias relativamente poucas calorias para que assim permaneçam porque a obesidade modifica as células de gordura, a química do corpo e o nível de dispêndio de energia (Rodin, 1981a). Quanto mais gordas as pessoas se tornam, maiores serão as células de gordura e tanto mais gordura as células de gordura podem armazenar. Algumas pessoas obesas têm também um número excessivo de células de gordura. Todo esse mecanismo de produção de gordura extra baixa a taxa de metabolismo, de modo que as pessoas necessitam de uma quantidade menor de alimentos para produzir energia e uma quantidade maior é armazenada na forma de gordura. A inatividade é outro fator contribuinte. Carregar mais peso é cansativo e torna o exercício menos agradá-

---

1. N.R.T.: Esta observação parece não se aplicar, em toda a sua extensão, aos menos favorecidos economicamente no Brasil.

vel. Uma vida sedentária, por sua vez, significa apetite irreal e calorias não queimadas. Pessoas gordas tendem também a ter altos níveis de insulina em repouso, mantendo-as famintas e tornando-as propensas a armazenar calorias na forma de gordura.

É difícil vencer a batalha contra a gordura. Repetidas dietas baixam ainda mais a taxa metabólica. O corpo torna-se mais lento para lutar contra a perda de calorias. Mais tarde, uma pequena quantidade de comida pode bastar para manter muito peso (Leibel & Hirsch, 1984). De fato, pessoas que fazem dieta com freqüência lembram-nos aquelas fisiologicamente famintas em termos de aparência anormal de seu tecido adiposo, de sua obsessão por comida e de sua sensação de estar fora do controle.

O exercício é a única forma saudável que reconhecidamente reduz o apetite e altera a taxa metabólica (Bennett & Gurin, 1982; Wooley *et al.*, 1979). A modificação de comportamento — que enfatiza a mudança do meio externo para possibilitar novos hábitos alimentares e atividade física — é o método atual mais eficiente de perder peso e não o recuperar (Craighead *et al.*, 1981; Stunkard, 1980; Wing, 1982). Para muitos, porém, isto não leva à perda permanente de peso. Recentemente, os psicólogos começaram a combinar modificação de comportamento e outras táticas, como dietas de baixíssimo teor de caloria e gordura e exercício físico (Brownell, 1982). (Veja a Figura 8.6 e o Quadro 8.1.) (■)

FIGURA 8.6 Modelos de roupas para mulheres gordas. Pessoas gordas tendem a sofrer discriminação porque os membros de nossa cultura freqüentemente igualam excesso de peso a negligência, desleixo, preguiça e desinformação. Hoje, mais e mais pessoas robustas estão aceitando seu peso. Pesquisas atuais indicam que, para alguns indivíduos cronicamente gordos, a obesidade pode ser mais saudável do que a magreza. Em uma amostragem dos Gordos Anônimos, pessoas que antes pesavam mais que 100 quilos, após fazerem dieta e voltarem ao peso normal, ficavam com boa aparência mas demonstravam anormalidades bioquímicas e problemas de saúde característicos da inanição (Leibel & Hirsch, 1984). (Nancy Morgan/Sygma.)

■ **Quadro 8.1**

ANOREXIA NERVOSA E BULIMIA

Dois distúrbios da alimentação estreitamente relacionados — anorexia nervosa e bulimia — encontram-se amplamente disseminados nos países industrializados.

A palavra *anorexia* significa "apetite reduzido"; *nervosa* refere-se à natureza psicológica do distúrbio. Este nome não é muito apropriado porque o principal sintoma da anorexia é o medo de ganhar peso e da obesidade, não a perda de apetite. A anorexia nervosa parece ser mais comum em meninas de 12 a 18 anos, embora os meninos não estejam imunes, e até mesmo crianças pequenas ficam preocupadas com a gordura e restringem a ingestão de alimentos, por vezes retardando a puberdade e interrompendo o desenvolvimento (Pugliese, 1983).

Indivíduos com anorexia são obcecados pelo tamanho do corpo. Eles dizem que se sentem gordos ainda que geralmente sejam magros e às vezes até macilentos. Conquanto seu pensamento em geral seja normal, são totalmente irracionais no que se refere a peso. Os anoréxicos perdem uma parte relevante de seu peso original; a American Psychiatric Association (1980) estabelece como critério uma perda de pelo menos 25%, embora perdas menores possam também ser qualificadas de anoxeria (Garfinkel & Garner, 1982). Tipicamente, os anoréxicos conseguem perder peso reduzindo a ingestão de alimentos. Além disso, podem exercitar-se intensamente, auto-induzir o vômito ou usar laxantes. Freqüentemente exibem uma série de outros hábitos estranhos que traem sua preocupação com comida: acumulando ou jogando fora a comida, ou preparando elaboradas refeições para outros ou participando de rituais de comida (levando, por exemplo, diversas horas para consumir 20 ervilhas).

Quadro 8.1 (continuação)

Mesmo antes de a perda de peso tornar-se significativa, ocorrem mudanças bioquímicas e fisiológicas. Os períodos menstruais (em mulheres) e o impulso sexual (em ambos os sexos) costumam cessar. Mais cedo ou mais tarde, surgem os sintomas de inanição. No início, há condições como anemia, pele ressecada e úlceras na boca. Dificuldades mentais (concentração difícil e reações lentas) combinam-se com anormalidades cerebrais, as quais podem ser revertidas se o peso volta ao normal (Kohlmeyer, 1982). Se a inanição persiste, observamos conseqüências muito graves: ritmo cardíaco anormal; erosão mineral dos ossos; danos motores, da fala e da audição; e cegueira. Em até 20% dos casos, os anoréxicos morrem. Eles podem morrer de fome ou sucumbir a problemas cardíacos (veja a Figura 8.7). O suicídio não é incomum.

As causas da anorexia nervosa permanecem difíceis de determinar (Garfinkel & Garner, 1982; Halmi, 1980; Webb, 1984). Há fatores de predisposição como tendência à depressão (Katz *et al.*, 1984) e problemas de identidade. Muitos especialistas pensam na anorexia como uma solução extrema a uma crise de identidade em uma sociedade que espera que mulheres (e homens) sejam magros, atléticos e independentes. A condição tem propensão a se iniciar por um estresse: novas exigências, uma doença, talvez uma perda que comprometa a auto-estima. Uma vez desenvolvida a condição, pensamentos obsessivos acerca de magreza e dietas têm a propensão de mantê-la. A perda acentuada de peso parece acionar a disfunção da hipófise e uma excessiva quantidade de um hormônio chamado vasopressina, que podem ter algo a ver com a fixação dos pensamentos obsessivos sobre peso e dieta (Gold *et al.*, 1983).

Muitos psicólogos consideram a *bulimia* uma variante da anorexia (Garner & Garfinkel, 1982; Schlesier-Stropp, 1984), em parte porque quase metade dos anoréxicos demonstra sintomas bulímicos. Como os anoréxicos, os bulímicos são perseguidos por conflito com comida e são obcecados por seu peso, que geralmente é normal; também eles se sentem compelidos a controlá-lo (Gormally, 1984). Além disso, há bastante ansiedade e depressão em ambos os grupos (Kaplan *et al.*, 1985; Katz *et al.*, 1984; Pope & Hudson, 1984). Como a anorexia, a bulimia costuma começar na adolescência ou início da fase adulta e prossegue por muitos anos. Embora também a bulimia seja observada predominantemente em mulheres, os atletas, modelos e dançarinos também são vulneráveis, além de outros que precisam regular o peso.

O principal sintoma da bulimia é a "farra". Em uma única "sessão", os bulímicos podem consumir 20.000 calorias. Tipicamente, eles planejam um "banquete" de alimentos doces e pesados, depois o consomem com voracidade e em segredo, sentindo-se fora de controle e incapazes de parar. Para evitar o ganho de peso e o sentimento de culpa, eles vomitam ou tomam doses fortes de laxantes.

A bulimia é mais freqüente do que a anorexia. Relatos de estudantes universitárias admitindo praticar o ato de comer insaciavelmente variam de 13% a 69%, porém menos de 5% das mulheres universitárias demonstram outros traços de bulimia (Hart & Ollendick, 1985; Polivy & Herman, 1985). Acredita-se que 2% das mulheres universitárias desenvolvam anoxeria nervosa (Humphries *et al.*, 1985).

Por que os bulímicos comem insaciavelmente? Uma das possibilidades é que a dieta contínua priva-os de carboidratos complexos e estabelece mecanismos homeostáticos que os incitam a suprir a deficiência. Ou então essa avidez de comida pode ser principalmente um fenômeno cognitivo (Polivy & Herman, 1985): há evidência de que as pessoas em dieta freqüente preocupam-se com a comida, dividindo-a em "comida boa (de dieta)" e "comida ruim (fora da dieta)". Os "bons" de dieta monitoram continuamente sua alimentação, tentando ingerir "boas quantidades" de "boa comida". Quando muitas das pessoas que restringem a alimentação acreditam ter perdido o controle ou violado a dieta, parecem sentir não lhes restar outra opção senão comer em excesso ou insaciavelmente, uma vez que suas categorias de alimento restringem-se à "boa" dieta ou ao "mau" comportamento de comer insaciavelmente.

Por que os bulímicos não se sentem saciados quando comem avidamente? Quando os animais comem, substâncias existentes no estômago, chamadas peptídios, são liberadas, circulando até o cérebro para ajudar a induzir a saciedade. Em ratos, os peptídios não inibem a ingestão de alimentos doces (Gibbs *et al.*, 1983). Esta descoberta pode explicar por que o comer insaciavelmente costuma envolver alimentos doces.

FIGURA 8.7 A cantora popular Karen Carpenter, vítima de anorexia nervosa, morreu subitamente de insuficiência cardíaca aos 32 anos de idade. Acredita-se que ela estivera obcecada pelo peso por pelo menos 12 anos antes de sua morte. As pressões sociais para ser magro — amplamente difundidas nas culturas industriais — provavelmente são responsáveis por uma prevalência relativamente alta de anorexia nervosa e por obsessões por magreza e dieta. Durante a puberdade, em especial as meninas demonstram extrema sensibilidade e sentimentos negativos em relação à gordura (Brooks-Gunn & Petersen, 1983). Estima-se que 80% das garotas americanas fizeram dieta antes de completar 18 anos (Seligmann *et al.*, 1983). (Schifman/Liaison.)

MOTIVAÇÃO POR ESTIMULAÇÃO SENSORIAL

Sigmund Freud acreditava que a motivação tem como objetivo livrar-nos da estimulação. Tomamos água para saciar a sede, um tipo de estimulação. Comemos para eliminar a fome, outra fonte de estimulação. Da mesma forma, buscamos o sexo para nos livrarmos do desejo. Acima de tudo, acreditava Freud, o ser humano deseja calma e tranqüilidade. Os filósofos de tradição oriental adotaram o estado de ausência de necessidade, ao qual denominam *nirvana*, como o objetivo supremo da vida.

Este conceito de motivação caiu em desfavor. Hoje, os psicólogos presumem que o ser humano e outros animais desejam a estimulação. Eles a buscam ativamente, começando já na primeira infância, quando ela é necessária para o desenvolvimento saudável das habilidades sensoriais e motoras e do intelecto (veja o Capítulo 7). No decorrer da fase adulta, continuamos a requerer estimulação. Com freqüência, quando nosso meio ambiente é tranqüilo, nós mesmos fornecemos nossa estimulação devaneando, assobiando ou cantarolando. Quando deixam de praticar esse tipo de atividade auto-estimuladora, as pessoas acham a rotina tediosa e sentem-se irritadiças, deprimidas e automatizadas (Csikszentmihalyi, 1976). No Capítulo 4, vimos que pessoas expostas a estimulação constante e imutável durante longos períodos (longas viagens de caminhão ou vôos intercontinentais, por exemplo) freqüentemente alucinam, talvez para fornecer estimulação.

Diferenças Individuais na Busca de Estimulação

Embora todos necessitem de alguma estimulação, a quantidade varia de pessoa para pessoa. O excesso parece tão prejudicial quanto a insuficiência (Zentall & Zentall, 1983). Alguns cientistas sociais acreditam que as preferências sensoriais estão relacionadas com a *reatividade* (o grau em que as pessoas respondem a seu meio e a outras pessoas) (Strelau, 1980; Zuckerman, 1983). Indivíduos com alta reatividade buscam maneiras de minimizar a estimulação quando defrontados com situações altamente saturadas. Aqueles com baixa reatividade acolhem a estimulação intensa.

O psicólogo Marvin Zuckerman (1983) concebeu um teste para medir em que grau as pessoas buscam estimulação. Quatro itens de uma versão inicial de seu teste de busca de sensações são mostrados na Tabela 8.1. Por favor, responda às perguntas antes de prosseguir a leitura.

Zuckerman descobriu que as pessoas classificadas como as que buscam sensações intensas tendiam a exibir quatro características relacionadas:

1   Elas gostam de atividades fisicamente arriscadas porém socialmente aceitáveis (como paraquedismo, mergulho, corrida de automóveis e afins).

2   Elas gostam de experiências mentais e sensuais incomuns (luzes fortes, temperaturas extremas, barulho) e um estilo de vida não convencional.

3   Elas preferem ir a festas, jogar, beber e ter aventuras sexuais.

4   Elas têm baixa tolerância a experiências repetitivas ou constantes.

Influências sobre a Busca de Estimulação

O que molda a busca de estimulação? Alguns investigadores (Strelau, 1974, 1980; Zuckerman, 1983) acreditam que a reatividade é um aspecto inato do temperamento. Eles a relacionam com a classe de neurotransmissores denominada *catecolaminas*, que inclui a dopamina e a norepinefrina. Esses transmissores ajudam a regular a sensação de recompensa (veja a p. 329) e os circuitos de atividade no sistema límbico. Dados experimentais sugerem que os genes influenciam o nível de uma enzima chamada monoaminoxidase (MAO), a qual regula as catecolaminas. Medições da MAO no sangue demonstram altas correlações negativas com a motivação de busca de sensação. Os homens tendem a ter níveis mais baixos de MAO do que as mulheres; portanto, apresentam maior número de pontos em testes de busca de sensações. Ademais, os níveis de MAO aumentam com a idade, conforme declina a motivação pela busca de sensações.

Embora a busca de estimulação possa ter uma base genética, o meio ambiente pode modificá-la. Macacos que vivem nos arredores de vilarejos, onde estão expostos a condições dinâmicas, demonstram uma preferência definida por cenas visuais complexas quando comparados com macacos de floresta (Singh, 1968). Da mesma forma, crianças que vivem em bairros altamente estimulantes exibem níveis relativamente baixos de reatividade e procura relativamente alta de sensações (Eliasz, 1981). Em resumo, os níveis de reatividade e busca de estimulação parecem ajustar-se de alguma forma às condições de vida.

TABELA 8.1 Itens de uma versão inicial de um teste avaliador da motivação da busca de sensações.

Instruções: Para cada item, faça um círculo na resposta (a ou b) que melhor descreva suas preferências.

2a. Um dia frio e fresco me faz sentir revigorado.
 b. Mal posso esperar para entrar em casa em um dia frio.

3a. Fico entediado de ver sempre os mesmos velhos rostos.
 b. Gosto da familiaridade confortável dos amigos mais íntimos.

4a. Preferiria viver em uma sociedade ideal em que todos estivessem seguros e felizes.
 b. Preferiria ter vivido na época dos desbravamentos da nossa história.

9a. Entro gradativamente na água fria para ir me acostumando.
 b. Gosto de mergulhar ou pular no mar ou em uma piscina fria.

Pontos: Conte um ponto para cada uma das seguintes respostas: 2a, 3a, 4b, 9b. Some seus pontos. Quanto mais alto o total, maior a probabilidade de você ser classificado como buscador de sensações.

Motivos para Explorar e Manipular

A motivação para explorar e manipular, ou a *curiosidade*, provavelmente está relacionada com a necessidade de estimulação sensorial. Além do ser humano, muitos animais demonstram esse motivo (Archer & Birke, 1983). O ato de brincar, que costuma ser exploratório ou manipulativo, é uma atividade praticada por quase todos os mamíferos (Fagen, 1981). Em laboratório, os macacos resolvem enigmas pelo prazer intrínseco da atividade. Quando confinados, chegam a trabalhar 19 horas para abrir uma porta só para ver o que está ocorrendo lá dentro (Berlyne, 1966; Butler, 1953). (Veja a Figura 8.8.)

A curiosidade é evidente nas pessoas durante todo o ciclo de vida, a começar da primeira infância (Vandenberg, 1984). Na faixa de 4 a 12 anos, há um interesse crescente em ver e ouvir coisas comple-

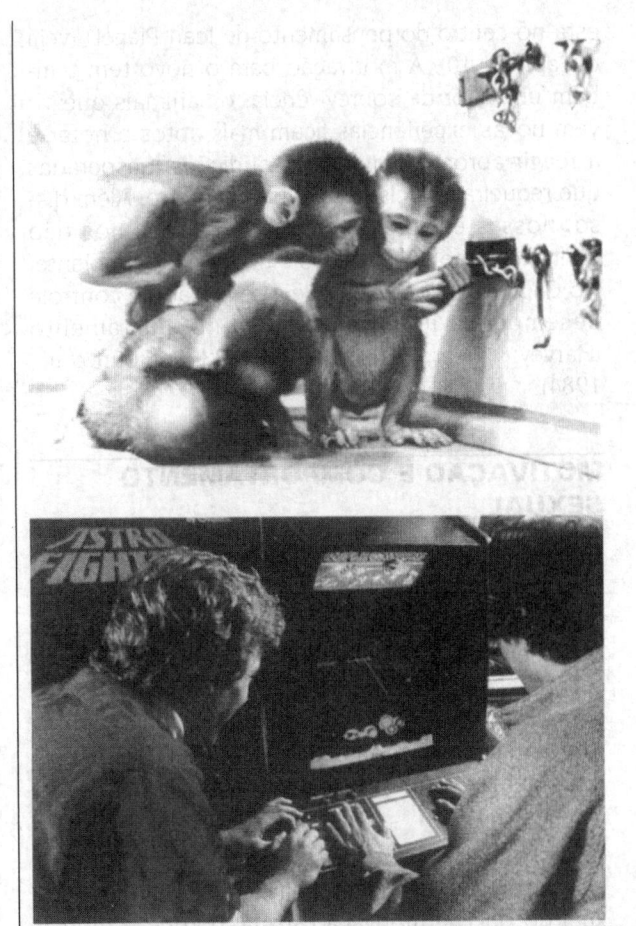

FIGURA 8.8 A curiosidade e a exploração motivam muitos animais. Os macacos aqui mostrados trabalharam repetidamente em um enigma que envolvia manipular um pino, um gancho, um orifício e um fecho sem qualquer incentivo externo, aparentemente impelidos pelo desejo de manipular e explorar. A paixão do rapaz adolescente pelos jogos de computador parece derivar de motivação semelhante (Loftus & Loftus, 1983). Conquanto muitos críticos sociais preocupem-se com os males dos videogames, os psicólogos descobriram que esses jogos produzem poucos efeitos danosos. Os entusiastas dos videogames não parecem particularmente retraídos, isolados ou inativos em outros campos (Levin, 1985). (Harlow Primate Laboratory/Universidade de Wisconsin; Bart Bartholomew/Black Star.)

xas. No decurso do desenvolvimento, defrontamo-nos continuamente com novas experiências. Ao mesmo tempo que apreciamos o conhecido (amigos e família, lugares e atividades), freqüentemente nos sentimos atraídos pelo novo (Nunnally & Lemond, 1973; Rheingold, 1985; Sluckin *et al.*, 1983a). Conforme exploramos o novo, nossas velhas estruturas mentais desfazem-se para dar lugar a novas, fazendo avançar a competência mental (um *insight* que está no centro do pensamento de Jean Piaget) (veja o Capítulo 10). A motivação para o novo tem também um valor de sobrevivência: os animais que vivem novas experiências ficam mais aptos a notar e a reagir apropriadamente a condições inesperadas que requeiram decisões de vida ou morte. Além disso, nossas explorações e manipulações nos dão controle sobre nosso corpo e nosso meio ambiente. No Capítulo 9 você verá que a sensação de controle desempenha importante papel no ajustamento (Harvey & Weary, 1984; Langer, 1983; Lefcourt et al., 1984).

MOTIVAÇÃO E COMPORTAMENTO SEXUAL

Embora as pessoas não possam viver muito tempo sem comida, podem facilmente sobreviver até a idade madura sem sexo. Todavia, se todos assim procedessem, a raça humana deixaria de existir. Nesta seção, falaremos sobre uma série de conceitos relacionados; impulso sexual, resposta sexual, orientação sexual, comportamento sexual, atitudes sexuais e problemas sexuais.

Natureza do Impulso Sexual

Os psicólogos costumam falar mais de impulso sexual do que de motivação sexual porque o motivo está radicado na biologia, voltado em última instância para um objetivo físico, a união do óvulo com o esperma. O *impulso sexual* geralmente é definido operacionalmente, em termos da freqüência com que os organismos praticam o ato sexual ou outros comportamentos sexuais.

O impulso sexual humano, como a fome humana, é complexo. Apresenta aspectos tanto homeostáticos como de incentivo. Após longos períodos sem atividade sexual, a maioria das pessoas torna-se relativamente entusiástica, sugerem as observações comuns. Embora a privação e o retorno a um estado equilibrado possam influir, não são requisitos para a motivação sexual humana. Os incentivos (como um parceiro atraente) desempenham um papel fundamental. O que pensamos e sentimos é também crucial. Adiante discutiremos em mais detalhe.

Bases Fisiológicas do Impulso Sexual

O impulso sexual depende, em parte, da herança física. No início, na concepção, o sexo genético do embrião é determinado por um único par de cromossomos, os *cromossomos sexuais* (veja o Capítulo 2). As mães dão a seus bebês não nascidos um cromossomo X. Se o pai contribui com um segundo cromossomo X, o bebê recém-concebido, ou *embrião*, desenvolve-se geneticamente como uma menina. Se o pai contribui com um cromossomo Y, o embrião desenvolve-se geneticamente como um menino. Inicialmente, o feto é capaz de desenvolver glândulas sexuais masculinas ou femininas, ou *gônadas*, os *testículos* ou *ovários*. As gônadas fazem parte do sistema endócrino (veja o Capítulo 2, Figura 2.22). O padrão cromossômico XX estrutura o desenvolvimento dos ovários; o padrão cromossômico XY, o desenvolvimento dos testículos.

Depois de formadas as gônadas, elas começam a produzir *hormônios sexuais*, mensageiros químicos que trafegam por todo o corpo para modelar o desenvolvimento sexual. Esses hormônios assumem o papel principal no controle da diferenciação física dos dois sexos. As gônadas produzem os hormônios sexuais em grande quantidade em certas fases do desenvolvimento humano. Um período de pico ocorre logo após a concepção; outro, em torno da época do nascimento; outro, na maturidade sexual, ou *puberdade*. Outra glândula endócrina envolvida nas mudanças puberais é a *glândula supra-renal*, próxima dos rins (veja o Capítulo 2, Figura 2.22). Como as gônadas, ela secreta quantidades consideráveis de hormônios sexuais.

Homens e mulheres produzem hormônios "femininos", incluindo *estrógenos* e *progestinas*. Da mesma forma, ambos produzem hormônios "masculinos", os *andrógenos*. Os homens produzem uma quantidade relativamente grande de andrógenos e as mulheres, de estrógenos e progestinas. Ademais, o sistema feminino é mais responsivo a estrógenos e progestinas, e o sistema masculino é mais responsivo aos andrógenos.

Os andrógenos, particularmente a *testosterona*, que é secretada principalmente pelos testículos, têm grande influência no início da vida do feto. Se os andrógenos estão presentes, eles estruturam o desenvolvimento da genitália masculina, ou *órgãos reprodutores*, suprimindo os femininos. Na ausência de andrógenos, o feto desenvolve genitália feminina, inibindo a masculina. Pense nos seguintes termos: formam-se automaticamente mulheres, a menos que os andrógenos estejam presentes. Curiosamente, os andrógenos exercem certos efeitos que masculinizam somente depois de serem convertidos em estrógenos (Feder, 1984).

Os hormônios sexuais, que são abundantes no momento do nascimento, passam a ser relativamente escassos depois — até a puberdade. Então, começando aproximadamente aos 8 anos nas meninas e 10 anos nos meninos, o corpo humano põe em circulação grande quantidade de hormônios sexuais. Então, os hormônios estimulam o desenvolvimento de *características sexuais secundárias*, aquelas que tipificam os corpos maduros masculinos e femininos e que não existem no nascimento. Elas incluem o crescimento de seios nas mulheres, o engrossamento da voz nos homens e o crescimento de pêlos pubianos e axilares em ambos os sexos.

Os hormônios sexuais influenciam o desenvolvimento não só dos órgãos reprodutivos e características sexuais secundárias, mas também do tecido cerebral ao longo de todo o sistema nervoso (Feder, 1984). A evidência provém de estudos de muitos mamíferos diferentes. Numerosas células do sistema nervoso (especialmente no córtex e no sistema límbico) têm receptores para hormônios sexuais (Diamond *et al.*, 1983; Gorski *et al.*, 1980; Hammer, 1984). Quando os hormônios conectam-se com os receptores no início do desenvolvimento cerebral, eles contribuem para a quantidade e o tamanho dos neurônios e para as características de ramificação e transmissão (Arnold & Gorski,1984; McEwen, 1983; Nordeen *et al.*, 1985). Embora os cientistas saibam relativamente pouco das diferenças sexuais no cérebro humano, eles sabem que elas existem (Bradshaw & Nettleton, 1983; de Lacoste-Utamsing & Holloway, 1982; de Lacoste-Utamsing & Woodward, 1982; Hines & Shipley, 1984; Swaab & Fliers, 1985)

(veja o Capítulo 2). O cérebro do homem e o da mulher diferem em termos funcionais e também em termos estruturais. Em ratos, por exemplo, a lesão em uma pequena área próxima da base do cérebro elimina a produção de óvulos nas fêmeas. Se a mesma área dos machos sofrer lesão, seu impulso sexual, porém não a produção de esperma, é reduzido (Carter & Greenough, 1979).

Como passamos do cérebro tipificado por sexo para o impulso e o comportamento sexuais? Muitos psicólogos acreditam que o cérebro em ambos os sexos é *organizado* de forma permanente pela presença ou ausência inicial de andrógenos. Mais tarde, quando os animais atingem a puberdade e produzem grande quantidade de hormônios sexuais, as substâncias *ativam* padrões comportamentais que inicialmente haviam sido estabelecidos (Feder, 1984). (Veja a Figura 8.9.)

Muito da evidência que respalda esta idéia de que os hormônios sexuais organizam o tecido cerebral e estabelecem predisposições sexuais provém do trabalho de Robert Goy (com McEwen, 1980) e seus colaboradores. Comumente, machos e fêmeas de certas espécies (dentre elas, ratos, porquinhos-da-índia, coelhos e macacos) exibem comportamento característico quando criados pelas mães em grupos mistos. As fêmeas têm muito mais cuidados individuais (*grooming*) do que os machos. Os machos fazem mais brincadeiras de montar um sobre o outro e brincadeiras agitadas e agressivas do que as fêmeas. Os padrões são muito regulares, a menos que os fetos recebam uma quantidade maior, ou menor, que a quantidade usual de hormônios sexuais próximo ao nascimento. Dependendo do hormônio sexual específico, da quantidade e do

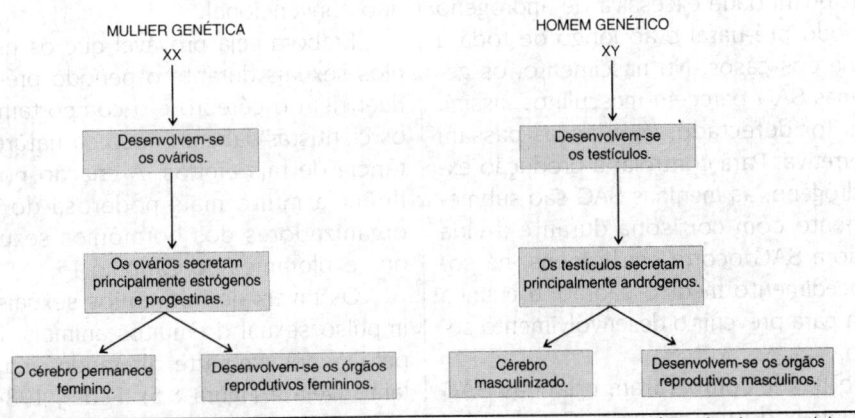

FIGURA 8.9 Alguns passos fundamentais na diferenciação dos dois sexos no início do desenvolvimento.

momento de aquisição e da espécie, os cientistas podem alterar a freqüência de brincadeiras de montar um sobre o outro (como também de brincadeiras agitadas e agressivas) (Baum, 1984; Feder, 1984; Goy & McEwen, 1980; vom Saal, 1983). Quando "androgenizadas" (tendo recebido andrógeno em excesso) enquanto fetos, as ratas fazem mais brincadeiras de montar uma sobre a outra do que outras fêmeas ao atingir a maturidade sexual. Quando "estrogenizados" (tendo recebido estrógeno em excesso) enquanto fetos, os ratos machos também exibem mais comportamento sexual posteriormente. Quando privados de andrógeno fetal, os ratos machos exibem uma orientação sexual feminina quando adultos (Ward & Weisz, 1980).

Para verificar se os hormônios sexuais pré-natais influenciam o cérebro e o comportamento humano, alguns psicólogos estudam pessoas que apresentam uma variedade de históricos hormonais anormais. Em decorrência de drogas, genes ou distúrbios médicos, alguns bebês recebem quantidade demasiada ou insuficiente de um dos hormônios sexuais antes do nascimento. O problema com que se defronta o cientista é achar um número de pessoas com experiências semelhantes e verificar se o histórico incomum está associado com uma conduta atípica. No caso do ser humano, não há padrões exclusivamente masculinos ou femininos de comportamento copulativo (respostas durante o ato sexual), de modo que os investigadores examinam outros tipos de conduta para verificar se as pessoas são sensíveis aos efeitos organizadores dos hormônios sexuais.

Em um estudo, Anke Ehrhardt e Susan Baker (1974) observaram crianças vítimas da *síndrome adrenogenital* (SAG). Neste distúrbio genético, o córtex adrenal produz quantidade excessiva de andrógeno durante o período pré-natal e ao longo de toda a vida, na maioria dos casos. No nascimento, os genitais de meninas SAG parecem masculinos; assim, se o problema for detectado, as crianças passam por cirurgia corretiva. Para controlar a produção excessiva de andrógeno, as meninas SAG são submetidas a tratamento com cortisona durante a vida inteira. Quando a SAG ocorre em homens, há somente um procedimento médico padrão: a criança toma cortisona para prevenir o desenvolvimento sexual prematuro.

Ehrhardt e Baker compararam crianças SAG com irmãos normais do mesmo sexo. Comparadas com suas irmãs, as meninas SAG tinham níveis mais altos de energia para brincadeiras mais brutas ao ar livre e demonstravam hábitos mais masculinos (forte preferência por companheiros de brincadeira do sexo masculino, pouco interesse em cuidados individuais, bonecas etc.). Comparados com seus irmãos normais, os meninos SAG demonstravam mais energia durante esportes e atividades mais brutas ao ar livre. Diversos outros estudos corroboram estas descobertas (Ehrhardt & Meyer-Bahlburg, 1981; Money & Ehrhardt, 1972; Reinisch, 1977, 1981). Além disso, investigações de mulheres normais reforçam a ligação entre níveis de andrógeno e padrões masculinos de personalidade (Baucom *et al.*, 1985). Estudantes universitárias com altos níveis de testosterona vêem-se como controladoras da própria vida, orientadas para a ação e desembaraçadas, ao passo que aquelas com baixa concentração sentem-se mais estereotipadamente femininas: carinhosas, solidárias, convencionais, preocupadas e práticas.

O estudo Ehrhardt-Baker e outros estudos semelhantes são certamente provocativos, mas não podem ser interpretados como evidência conclusiva de que as mudanças organizacionais no tecido cerebral humano, modeladas pelos hormônios sexuais antes do nascimento, sejam a base da conduta sexual (Feder, 1984). A generalização no caso de populações anormais (humanas e não-humanas) apresenta dificuldades. No caso de crianças SAG, os pesquisadores não sabem se estão vendo os efeitos de (1) condições pré-natais anormais, (2) produção hormonal anormal após o nascimento, (3) tratamentos para contrabalançar os problemas, (4) níveis excessivos de hormônios sexuais no útero, como se presume ou (5) atitudes dos pais em relação ao filho não convencional.

Embora seja provável que os níveis de hormônios sexuais durante o período pré-natal inicial influenciem o cérebro e o comportamento humanos, os cientistas sabem pouco da natureza e da importância de tais efeitos. A criação pode ser uma influência muito mais poderosa do que os efeitos organizadores dos hormônios sexuais, um tópico que exploramos no Capítulo 15.

Os níveis de hormônios sexuais influenciam o impulso sexual de muitos animais. Eles trabalham, pelo menos em parte, alterando circuitos no hipotálamo (veja a Figura 8.5) (Feder, 1984). Considere a rata, que entra no *estro* a cada quatro ou cinco dias por cerca de 19 horas. Nesse período, seu nível de estrógeno é alto e seus óvulos estão prontos para ser fertilizados. Se a fêmea encontra um macho, fica propensa a procurar a copulação (ato sexual ou coito) mostrando-se receptiva. Ratas idosas ou imaturas, que não estão produzindo hormônios ovarianos, normalmente não exibem comportamento sexual. Todavia, ficam propensas a se mostrarem receptivas se receberem injeções apenas de estrógenos ou em combinação com progestinas.

O comportamento sexual dos ratos machos também é modelado pelos hormônios sexuais. A castração (remoção dos testículos) reduz a freqüência do comportamento sexual, embora a capacidade de copular geralmente persista. Injeções de andrógenos ou estrógenos podem dar início a demonstrações precoces de atividade sexual e em freqüências maiores que a normal (Feder, 1984).

No que se refere a pessoas, os hormônios sexuais, embora influentes, provavelmente desempenham um papel menor na intensidade do impulso sexual (Feder, 1984; Sanders & Bancroft, 1982). Níveis altos e baixos de estrógenos e andrógenos são por vezes relacionados com níveis altos e baixos de estimulação sexual em mulheres (Lein, 1979; Melges & Hamburg, 1977). Quando a glândula supra-renal, principal fornecedora de andrógenos em mulheres, é, por exemplo, removida, o desejo sexual geralmente declina. Após uma histerectomia (remoção cirúrgica do útero) ou durante a menopausa, mulheres que recebem quantidade relativamente grande de testosterona ou estrógeno como parte da terapia comumente relatam aumento no impulso sexual (Dernstein & Burrows, 1982; Adams et al., 1978). Entretanto, há pouca evidência de sexualidade aumentada quando o nível de estrógenos está naturalmente alto (Sanders & Bancroft, 1982). O pico da atividade sexual não está consistentemente ligado com o pico da produção de estrógeno, o qual ocorre durante a ovulação (período em que os óvulos são liberados pelo ovário e estão prontos para serem fertilizados). Tampouco foi possível correlacionar o surgimento de estrógenos e progestinas na puberdade com intensificação da sexualidade em meninas.

O caso do homem é similar. Novamente, os hormônios influenciam o impulso sexual, mas não o controlam. Mesmo quando o corpo não está produzindo quantidades substanciais de andrógenos no início do ciclo de vida e posteriormente, muitos homens mostram-se interessados e ativos sexualmente. Ao mesmo tempo, grandes mudanças no nível de testosterona são correlacionadas com impulso sexual. Conforme aumentam os níveis de andrógenos na puberdade, os meninos passam a se interessar por sexo, ficando propensos a se masturbar e a experimentar poluções noturnas (ejaculação durante o sono). Quando a puberdade é acelerada, o interesse na sexualidade geralmente aparece bem mais cedo (Feder, 1984). A castração normalmente reduz o desejo e o comportamento sexuais, porém não os elimina (Bremer, 1959; Pirke & Kockott, 1982). A depoprovera, uma droga que baixa o nível de testosterona, é às vezes administrada a infratores sexuais (tais como estupradores e aqueles que se sentem atraídos por crianças). Alguns homens sentem-se obcecados por sua sexualidade e demonstram níveis substancialmente elevados de testosterona, além de anormalidades neurológicas. A medicação tem por objetivo dar aos infratores "umas férias de seu impulso sexual" para que possam aprender formas mais ajustadas de satisfazer suas necessidades sexuais (Berlin, 1982).

Nota: Os níveis de hormônios sexuais mudam continuamente. A estimulação sexual e o orgasmo elevam o nível de testosterona, por exemplo; da mesma forma que a hostilidade. Estresse e doenças estão dentre os fatores que baixam o nível de testosterona (Harman & Tsitouras, 1980).

Incentivos e Impulso Sexual

Diversos tipos de incentivos desempenham papel proeminente no incitamento do impulso sexual (Byrne, 1982). *Incentivos não aprendidos* são sexualmente incitadores, sem que haja alguma experiência sexual anterior. Os pesquisadores têm buscado incentivos não aprendidos em uma variedade de sinais sensoriais, incluindo odor de secreções corporais, visão de genitais e atividade sexual, e estimulação tátil (toque). A pesquisa sobre odor tem muito ainda a se expandir, embora haja evidência de que odor das secreções vaginais varia, dependendo da época do ciclo menstrual e dos níveis hormonais. Os homens acham alguns dos odores mais agradáveis do que outros. Até o momento, porém, as secreções humanas não foram relacionadas com atração sexual ou atividade sexual (Morris & Udry, 1978).

Grande parte da bibliografia de pesquisa sugere que, universalmente, os atos de ver, ouvir e ler sobre atividade sexual de outros incitam o impulso sexual (Byrne, 1982). Às vezes, os psicólogos registram a excitação pelo monitoramento da tumefação do tecido erétil nos genitais de mulheres e homens, uma vez que nem sempre as pessoas têm consciência de sua própria excitação. A visão é um canal sensorial particularmente eficaz no impulso sexual. (Veja a Figura 8.10.) A estimulação tátil dos genitais, um componente universal das preliminares do sexo, é outro incentivo não aprendido (Ford & Beach, 1951). Curiosamente, aquilo que muitas pessoas pensam ser incentivos táteis universais — beijar-se e acariciar os seios — não são encontrados nos rituais de amor de todos os grupos.

Acredita-se que muitos incentivos sexuais sejam aprendidos por associação, por meio de *condicionamento respondente* (veja o Capítulo 3) (Graham & Desjardins, 1980; Storms, 1981). Os seres humanos podem aprender a ser incitados por um gigantesco número de estimulantes, incluindo a dor, crianças pequenas, amputados, porcos e vacas, e meias de seda. Embora exista pouca pesquisa sobre esses incentivos, parece provável que muitos objetos sexuais comecem inicialmente como estímulos neutros que não despertam a excitação sexual. Depois, são associados com imagens sexuais, excitação e orgasmo, vindo a despertar uma resposta sexual que prepara o corpo para a atividade sexual propensa a ocorrer em seguida.

A *imaginação* é outro tipo de incentivo sexual. Muito da imaginação sexual parece ser uma mistura de memórias de experiências reais, erotismo (fotos, literatura ou filmes sexualmente excitantes) e criações originais. As imagens sexuais geralmente envolvem parceiros e atividades proibidos: sexo com um estranho, sexo em grupo ou sexo à força. As fantasias ocorrem nos episódios sexuais e durante os devaneios diurnos. William Masters e Virginia Johnson (1979) descobriram serem essas imagens comuns entre seus participantes de pesquisa. A fantasia sexual, em qualquer intensidade, não está associada com desajuste sexual (Arndt *et al.*, 1985) e é bastante comum.

Conquanto os incentivos levem à excitação, ou impulso, eles não levam diretamente ao comportamento. Pensamentos e emoções, como também as experiências passadas, influem na maneira pela qual as pessoas reagem à própria excitação, conforme previsto pelo modelo de incentivo da motivação descrito na página 326.

FIGURA 8.10 Alfred Kinsey e colaboradores (1953) descobriram serem as mulheres menos propensas a responder a estímulos visuais eróticos. Estudos mais recentes que medem as respostas genitais revelam que homens e mulheres respondem de forma equivalente a filmes e fotografias de sexo explícito, embora as mulheres pareçam menos conscientes de sua excitação (Heiman, 1975). Observações de platéias formadas unicamente por mulheres em um show de *strip-tease* masculino em uma cidade do sul [dos Estados Unidos] sugerem que, quando liberadas das restrições sociais, as mulheres podem ser não apenas muito responsivas a estímulos sexuais visuais, mas também sexualmente agressivas (Dressel & Petersen, 1982). Uma platéia noturna de 100 a 150 mulheres (incluindo estudantes, donas de casa, secretárias e profissionais) disputaram lugares nas fileiras da frente, puxaram a tanga dos *strippers* e lhes fizeram propostas. Os *strippers* relataram sentir-se explorados, humilhados e ressentidos. (Dana Gluckstein/Liaison.)

Considere primeiro os pensamentos. As informações sobre sexo e as expectativas em relação às conseqüências provavelmente modelam o que as pessoas fazem em termos sexuais. Um homem que acredita que a masturbação leva à insanidade ficará propenso a se abster. As culturas contribuem enormemente para o conjunto de informações sexuais do indivíduo.

Reações emocionais a sinais sexualmente excitantes (eróticos) variam de positivas a ambivalentes (parte positivas, parte negativas) até negativas. Os sentimentos, que influenciam os pensamentos e são por eles influenciados, também contribuem para o comportamento sexual. Por exemplo, pesquisas revelam-nos que pessoas que não se sentem à vontade com incentivos sexuais relatam masturbar-se infreqüentemente, evitar sexo pré-marital e deixar de usar contraceptivos quando fazem sexo (Byrne, 1982; Morokoff, 1985).

Uma vez ocorridos os comportamentos sexuais — tais como masturbação, prática do ato sexual e conversas sobre sexo —, eles são influenciados por conseqüências de gratificação e punição ou *condicionamento operante* (veja o Capítulo 3). Se as conseqüências forem agradáveis (orgasmo, afeto), a probabilidade de agir em função de motivação sexual fica fortalecida. Se as experiências forem desagradáveis (frustração, culpa, fracasso), a probabilidade de agir torna-se menor.

Origens da Orientação Sexual

Por que os heterossexuais sentem-se atraídos pelos membros do sexo oposto? Por que os homossexuais preferem os membros do mesmo sexo? Por que os sádicos desejam infligir dor em seus parceiros sexuais? Para pôr a pergunta de forma mais geral: como se estabelecem as *orientações sexuais*?

A orientação sexual não é inteiramente fixa (Blumstein & Schwartz, 1977; Masters & Johnson, 1979). Pessoas cujo histórico de vida é heterossexual, que não tiveram nenhuma experiência homossexual, às vezes desenvolvem preferências pelo mesmo sexo. Ocasionalmente, também, homossexuais convictos têm casos ou casam-se com membros do sexo oposto. (O termo *homossexualidade* refere-se a preferências por membros do mesmo sexo e aplica-se igualmente a mulheres e homens.) Não obstante, as mudanças na orientação sexual são raras e muito difíceis de surgir deliberadamente quando as pessoas tentam operá-las (Coleman, 1982; Gonsiorek, 1982).

Até o momento, algumas das mais cuidadosas pesquisas sobre orientação sexual provêm de Alan Bell e seus colegas (1981). Eles entrevistaram mais ou menos 1.500 homens e mulheres homossexuais e também uma grande amostra de heterossexuais. Eles fizeram aproximadamente 200 perguntas sobre infância e adolescência e consideraram os aspectos de idade, escolaridade e ocupação na interpretação de suas descobertas.

Como costuma ser o caso, nenhum princípio explicativo isolado parecia funcionar em todos os casos. A equipe de pesquisa de Bell descobriu que um número bastante representativo de mulheres e homens homossexuais não correspondia às expectativas sociais de desempenho de papel sexual quando crianças. Não encontrando uma outra explicação persuasiva, os pesquisadores concluíram que homossexuais com longo histórico de não conformidade a papéis sexuais provavelmente estavam, de alguma forma, assim predispostos biologicamente. Até o momento, os psicólogos não encontraram algum correlato hormonal de homossexualidade adulta (Feder, 1984; Weinrich, 1982). Entretanto, subgrupos de homossexuais e de animais que exibem comportamento sexual voltado para o mesmo sexo efetivamente exibem anormalidades cerebrais e hormonais que poderiam estar contribuindo para isso (Gartrell, 1982; Gladue *et al.*, 1984).

Há evidência de que níveis diferentes de andrógenos pré-natais e outras substâncias químicas opiáceas podem ser parcialmente responsáveis pela orientação sexual (Dörner, 1980; Hammer, 1984). Mas o que poderia comumente produzir variações andrógenas? O estresse é uma possibilidade. Ingebord Ward (com Reed, 1985; com Weisz, 1980) descobriu que, quando ratas prenhes eram submetidas a estresses durante determinados períodos da gestação, a produção de andrógenos ficava bloqueada. Ratos machos com histórico idêntico eram relativamente propensos a exibir comportamento homossexual sob circunstâncias específicas de laboratório (quando criados sem a presença de fêmeas nas gaiolas ou em isolamento social, por exemplo), presumivelmente em decorrência da organização cerebral (veja a p. 343). Se homossexuais humanos podem ser produto de gravidez estressante e desequilíbrios hormonais no útero, juntamente com deficiências de companhia feminina, é algo que não se sabe. Até o momento, os cientistas não conseguiram medir os níveis hormonais humanos no útero ou no cérebro em desenvolvimento do feto. Portanto, a evidência é indireta e não é convincente (Gartrell, 1982).

Nem todas as pessoas homossexuais demonstram não conformidade ao gênero (Bell *et al.*, 1981; Storms, 1980). Isto é, um homem cuja identidade é masculina pode preferir homens ou mulheres como parceiros sexuais. O mesmo é verdadeiro para homens cuja orientação é feminina ou igualmente masculina e feminina. Da mesma forma, não se pode prever a preferência sexual de uma mulher com base em sua masculinidade ou feminilidade. No estudo de Bell, envolvendo mulheres femininas, homens masculinos, homens negros e bissexuais, o modelo de aprendizagem recebeu respaldo; experiências sexuais e sociais durante a infância e a adolescência pareciam desempenhar um papel expressivo. A maioria dos modelos de aprendizagem supõe que os seres humanos são capazes de escolher indivíduos de um ou outro sexo como parceiros. Eles lançam a hipótese de que a maioria tornou-se heterossexual porque a sociedade exerce fortes pressões para que mulheres e homens busquem um ao outro. Todavia, suponha que experiências sexuais com membros do sexo oposto sejam inexistentes, frustrantes ou repugnantes. Ao mesmo tempo, imagine que os contatos sexuais ocorram com o mesmo sexo e sejam satisfatórios e satisfaçam as necessidades de afeto. O mesmo sexo pode ser associado com satisfação sexual e emocional. As cognições desempenham um importante papel no cenário. Uma vez que a pessoa vê-se como homossexual, o rótulo dá o tom da auto-imagem e das fantasias sexuais. Ele influencia a escolha de amigos e as relações futuras. Quando as experiências com o sexo oposto permanecem insossas ou desagradáveis, sendo então evitadas, as preferências tendem a permanecer sólidas. (Veja a Figura 8.11.)

E quanto ao sádico sexual, a pessoa que recebe gratificação sexual infligindo dor aos outros? Não há dúvida de que as pessoas podem achar a violência sexualmente excitante. G. G. Abel e seus colegas (1977) estudaram as reações de estupradores a fitas de áudio contendo gravações de incidentes sexuais e agressivos, usando um aparelho que mede a extensão da excitação pelo registro das mudanças no tamanho do pênis. Repetidamente, as ereções dos participantes do experimento refletiam a conduta anterior com impressionante exatidão. Homens com históricos particularmente sádicos ficavam mais excitados com fitas de confrontos brutais (com ou sem coito) do que com atos sexuais comuns e consentidos entre adultos.

Os cientistas sociais não sabem ao certo como surge esse tipo de orientação. Uma possibilidade é que isso atrai uma pessoa insensível, uma pessoa que experiencia pouco afeto de outras pessoas e tem uma história de aprendizagem muito particular. Tanto a modelagem como o condicionamento respondente poderiam estar envolvidos. Presumivelmente, pessoas sexualmente sádicas vêem ou têm experiências eróticas no contexto da brutalidade. Em virtude de sua associação com o sexo, a brutalidade em si torna-se excitante. Se esta explicação estiver correta, a tendência da mídia de misturar violência e mutilação com sexo na literatura, na televisão e nos filmes é alarmante (Donnerstein & Linz, 1984; Malamuth, 1984).

FIGURA 8.11 De modo geral, os homossexuais parecem tão bem ajustados psicologicamente quanto os heterossexuais (Bell & Weinberg, 1978; Gonsiorek, 1982). A maioria deles tem empregos fixos, valoriza amizades estáveis e obedece a leis civis. Demonstram as mesmas diferenças de personalidade encontradas entre as pessoas heterossexuais, incluindo diferentes graus de masculinidade e feminilidade. Também como os heterossexuais, eles exibem um padrão sexual duplo. As lésbicas tendem a procurar relacionamentos amorosos duráveis e de longo prazo, enquanto os homossexuais masculinos tendem a se envolver em numerosos encontros sexuais impessoais. Recentemente, porém, o medo de contrair a síndrome de imunodeficiência (aids), que não tem cura, reduziu a promiscuidade de forma considerável (Curran et al., 1985). (Charles Harbutt/Archive Pictures.)

O que sabem os cientistas sociais sobre as conseqüências de misturar sexo com brutalidade? Quando os pesquisadores perguntaram aos estupradores e a outros infratores sexuais se haviam imitado alguma coisa retratada em material erótico notavelmente vívido (sexualmente excitante), 25% a 50% responderam que haviam imitado o que viram (Goldstein et al., 1973; Malamuth, 1984).

E quanto à média das pessoas? Podemos ensinar-lhes o conceito de "a dor é sensual"? Com bastante facilidade, aparentemente. Estudos recentes conduzidos pelos psicólogos Edward Donnerstein e Daniel Linz (1984), Neil Malamuth (1984), Seymour Feshbach (1978) e outros dão um forte respaldo à idéia. Após exposição mesmo a minutos de material dramático sobre estupro ou outras formas de violência sexual contra mulheres, espectadores homens ficam mais propensos a aceitar mitos de estupro (como o de que as mulheres gostam de ser estupradas), a dizer que cometeriam estupro, a atacar mulheres no ambiente de laboratório e a experienciar menos preocupação com mulheres vítimas de estupro.

Tais estudos levantam questões sobre o impacto de repetida exposição a material intensamente sádico (Zillmann & Bryant, 1984). Especialmente preocupantes são os efeitos sobre os homens que já demonstram indiferença para com as pessoas e mostram-se tolerantes a agressões contra mulheres. Algumas apresentações da mídia são tão explícitas que chegam a ser sessões de treinamento de "como fazer", não podendo deixar de transmitir a mensagem de que esse tipo de conduta é aceitável. Ademais, o incitamento oriundo de material pornográfico pode aumentar os impulsos agressivos se houver provocação (Zillmann, 1984).

Resposta Sexual Humana

Embora as pessoas satisfaçam seus impulsos sexuais de formas variadas, o corpo humano exibe um padrão consistente de reações à estimulação sexual. Os cientistas aprenderam essas reações com base no trabalho de dois pesquisadores pioneiros, William Masters e Virginia Johnson (veja a Figura 8.12). No começo da década de 1950, Masters e Johnson deram início a estudos de laboratório de comportamento sexual humano. Inicialmente, pagaram prostitutas para participar de atos sexuais (principalmente masturbação) enquanto registravam as respostas fisiológicas. Posteriormente, os dois pesquisadores estudaram centenas de pessoas comuns durante atos heterossexuais e outras atividades sexuais. Mais tarde, investigaram o funcionamento sexual de homossexuais de ambos os sexos, idosos, mulheres e pessoas com dificuldades sexuais. As inúmeras observações de Masters e Johnson sobre conduta sexual contribuíram significativamente para o conhecimento sobre a sexualidade humana.

FIGURA 8.12 William Masters e Virginia Johnson, pesquisadores pioneiros do comportamento sexual normal, de problemas sexuais e de tratamento de problemas sexuais. (Bob Levin/Black Star.)

O Ciclo de Resposta Sexual

Masters e Johnson (1966) aprenderam que o corpo humano, quando sexualmente estimulado, exibe um padrão consistente de reações, as quais podem ser agrupadas sob quatro fases: excitação, platô, orgasmo e resolução.

Segundos após a estimulação sexual, instala-se a excitação. Durante a *fase de excitação*, as pessoas respiram rapidamente. Os músculos do corpo todo se retesam. Os tecidos dos genitais e dos bicos dos seios ficam repletos de sangue. A vagina secreta fluidos lubrificantes. Estas e outras mudanças fisiológicas predispõem os parceiros para o ato sexual.

Segue-se então a *fase de platô*. Os músculos continuam a se retesar e o sangue acorre para a superfície do corpo. No homem, a excitação chega a um ponto alto, nivela-se e permanece relativamente constante por períodos variados. As mulheres exibem diversos padrões: podem experienciar uma nivelação semelhante à dos homens, podem ir diretamente ao orgasmo ou podem permanecer na fase de platô, sem orgasmo.

A sensação conhecida como *orgasmo*, ou clímax, dura vários segundos. Ela inclui intensa euforia, perda momentânea de contato com o eu e o meio circundante, e freqüentemente uma sensação de saciedade — além de contrações genitais (Davidson, 1981). A experiência parece ser a mesma para homens e mulheres. Quando pessoas escrevem sobre orgasmo, os especialistas não conseguem fazer distinção entre as descrições de mulheres e de homens (Vance & Wagner, 1976). Em ambos os sexos, o clímax serve à mesma função física: aliviar os tecidos entumecidos e os músculos retesados.

Pesquisa recente demonstra que o orgasmo masculino tem duas fases (Davidson, 1981). Na primeira, o sêmen é emitido pelas glândulas sexuais. Esta emissão está ligada à perda temporária do desejo sexual. Na segunda, os músculos pélvicos (incluindo aqueles do pênis, que ejaculam o sêmen) contraem-se. As contrações estão associadas com a experiência de euforia. Embora pareça incomum, alguns homens experimentam orgasmos múltiplos. Eles têm contrações em todos eles, porém não ejaculam sêmen até o último deles.

O orgasmo das mulheres não é entendido tão bem (Davidson, 1981; Goldberg *et al.*, 1983). Embora Masters e Johnson tenham descoberto que as mulheres experimentam um tipo de orgasmo fisiologicamente centrado no clitóris, essa conclusão continua a ser debatida. Sabemos efetivamente que os orgasmos das mulheres variam em duração e intensidade, e que as mulheres, como os homens, experienciam contrações. Além disso, parece ser comum (quão comum, não se sabe) as mulheres experimentarem orgasmos múltiplos durante o mesmo ciclo sexual.

A última fase do ciclo de resposta sexual é a *resolução*. Neste momento, o corpo volta a seu estado normal quando a congestão sangüínea é aliviada e os músculos retesados relaxam.

Problemas Sexuais Comuns

Masters e Johnson esclareceram também a dinâmica de muitos tipos de problemas sexuais. As disfunções de mais fácil tratamento são aquelas que ocorrem na fase orgástica, especialmente aquelas que surgem em virtude da falta de conhecimento (Kaplan, 1979). Mulheres com dificuldade de atingir o orgasmo podem freqüentemente adquirir conhecimentos que as ajudam: as mulheres levam mais tempo do que os homens para atingir o clímax; o relaxamento e a concentração são importantes; e a experimentação pode ser necessária. Nos homens, a ejaculação precoce geralmente reflete ansiedade pelo desempenho sexual. Os terapeutas costumam ter sucesso no ensino de técnicas de relaxamento a homens com esta dificuldade.

Os problemas durante a fase de excitação incluem ausência de desejo de sexo e dificuldade crônica de ficar excitado ou de manter a ereção. Essas dificuldades tendem a estar ligadas à ansiedade, culpa, raiva e depressão. Tais problemas têm tratamento mais demorado.

Uma porcentagem significativa dos problemas sexuais tem base médica. Acredita-se que cerca de 50% dos problemas de impotência, a incapacidade de obter ereção, reflitam problema físico. Muitas disfunções sexuais de base médica são tratáveis (M. B. Brooks, 1981; Spark, 1980).

Masters e Johnson desenvolveram procedimentos terapêuticos para problemas sexuais de origem psicológica. Em alguns casos, certas técnicas são úteis também para dificuldades de base médica. Em seus programas de tratamento intensivo de duas semanas, Masters e Johnson trabalham simultaneamente com ambos os parceiros sexuais. Eles se concentram em melhorar a comunicação geral e também a comunicação sexual. Na visão deles, os problemas devem-se em parte a uma comunicação falha, refletindo dificuldades no ato de compartilhar. Também no cerne dos problemas sexuais, segundo eles, estão as atitudes não salutares e as informações errôneas. Assim, eles fornecem informações e ilustrações geralmente na forma de exercícios especificamente sensuais e sexuais. Terapias breves do tipo Masters-Johnson parecem funcionar bem com pessoas desinformadas ou que experimentam altos níveis de ansiedade e conflito (Kaplan, 1979). Indivíduos com problemas mais complexos requerem terapias mais longas (Zilbergeld & Evans, 1980).

Impulso Sexual ao Longo do Ciclo de Vida

Estudar o impulso sexual ao longo do ciclo de vida humano não é uma tarefa fácil. Embora haja algumas poucas e esparsas observações de bebês e crianças pequenas, a maioria das informações sobre impulso sexual provém de entrevistas de adolescentes e adultos sobre freqüência de atividade sexual. Por vezes os participantes da pesquisa precisam relembrar o que fizeram muitos anos atrás. Raramente as amostragens são representativas de toda a população de interesse (Chilman, 1983). É importante ter presentes estas limitações enquanto examinamos as descobertas atuais.

As pessoas demonstram impulso sexual desde o nascimento. Até mesmo bebês masturbam-se. Orgasmos resultantes de masturbação são possíveis desde a mais tenra idade (Kinsey *et al.*, 1948, 1953).

É provável que as crianças pequenas adquiram a idéia daquelas que a cercam de que os assuntos sexuais são prazeres proibidos (Chilman, 1983). Portanto, "o ato de ver outras pessoas nuas e o de expor a própria nudez adquirem significados excitantes e eróticos". Embora nem todas as crianças masturbem-se, muitas o fazem (Hunt, 1974). O número aumenta no decorrer de toda a infância. E de 13 anos, estima-se que, nos Estados Unidos, 63% dos meninos e 33% das meninas se masturbem; quase todos os meninos de 15 anos já se masturbaram (Hunt, 1974).

Há um surto de interesse sexual na puberdade, o qual prossegue por toda a adolescência (de 13 a 18 anos de idade). Durante a pré-adolescência, a sexualidade torna-se mais social. Nos Estados Unidos, encontros homossexuais entre jovens parecem ser relativamente comuns. Em um estudo, 11% dos meninos adolescentes e 6% das meninas relataram ter tido tais experiências (Sorensen, 1973). As relações sexuais pré-maritais são altamente prováveis para quase todos os homens e para até 95% das mulheres (Jessor et al., 1983).

Os psicólogos acham que o pico do impulso sexual ocorre durante a adolescência e no início dos 20 anos (Hyde, 1982). O "casal recém-casado médio" relata manter relações sexuais entre duas e três vezes por semana. A freqüência declina gradativamente para uma vez por semana na metade dos 40 anos. Outro declínio acentuado na atividade sexual surge no fim dos 60 ou início dos 70 anos (Solnick & Corby, 1983). Não obstante, entre 40% e 65% de pessoas saudáveis e ativas de 60 a 71 anos de idade relatam manter relações sexuais regularmente (Brecher, 1984). Além disso, entre 10% e 20% das pessoas com mais de 78 anos ainda mantêm relações sexuais (Pfeiffer et al., 1968); algumas, duas vezes por semana ou mais (Rubin, 1966).

Estudos que acompanharam as mesmas pessoas ao longo do tempo, em vez de inquirir pessoas de diferentes idades, pintam um quadro ligeiramente diferente da sexualidade em adultos. Pesquisa de gerações contemporâneas, realizada de dois em dois anos de 1968 a 1974, sugere que entre as idades de 46 e 77 anos, cerca de 60% dos homens e mulheres americanos relatam freqüência muito semelhante de atividade sexual (George & Weiler, 1981). Em 20% dos casos, há aumentos e nos outros 20%, reduções.

Robert Solnick e Nan Corby (1983) apontam três influências principais sobre o comportamento sexual entre idosos. Uma delas é a experiência e a satisfação passadas. Quanto mais sexualmente ativas as pessoas são quando jovens e na meia-idade, mais propensas estarão a continuar interessadas em idades mais avançadas. O casamento é um importante indicador de atividade sexual para as mulheres, mas não para os homens. Finalmente, a percepção de saúde é uma determinante fundamental da atividade sexual dos homens.

Gênero e Impulso Sexual

Os padrões de expressão de impulso sexual diferem segundo o gênero (Hendrick et al., 1985; Tavris & Wade, 1984). Em geral, as mulheres tendem a ser mais responsáveis, convencionais e idealistas, e os homens tendem a ser mais permissivos e mais orientados para o prazer e o poder. Em um estudo de estudantes universitários do sul dos Estados Unidos (Janda et al., 1981), mulheres com atitudes permissivas com relação ao sexo (aquelas aquiescentes com a afirmação "Posso passar a noite com qualquer homem que me agradar. Não preciso me esconder para satisfazer meus desejos") foram consideradas irresponsáveis e imaturas por outras estudantes universitárias quando comparadas a mulheres mais conservadoras (aquelas que concordam com a afirmação: "Poderia estar desejosa de manter relações sexuais, porém somente com alguém com quem eu planeje me casar"). Os homens se permitem mais liberdade sexual do que as mulheres (DeLamater & MacCorquodale, 1979). Talvez, como resultado, as experiências sexuais das mulheres tendem a ocorrer mais regularmente em relacionamentos de amor e compromisso do que as dos homens, embora ambos os sexos prefiram o sexo dessa forma (Jessor et al., 1983). O mesmo *padrão duplo* ocorre na maioria das sociedades (Symons, 1979). Curiosamente, também as percepções sexuais de homens e mulheres são divergentes (Zellman et al., 1979). Rapazes adolescentes tendem a ter uma orientação mais sexual do que as garotas. Por exemplo, a menina adolescente que considera sua calça jeans apertada como uma roupa da moda provavelmente será vista pelos rapazes como deliberadamente provocante. Além disso, aquilo que as mulheres interpretam como comportamento afetuoso de sua parte pode ser visto como um convite sexual pelos homens.

Por vezes se atribui aos costumes sociais as diferenças de comportamento sexual entre homens e mulheres. Os homens sofrem pressões para "marcar pontos no sexo" e as mulheres sofrem pressões para não agir assim (daí os rótulos indesejáveis de "mulher fácil" e "galinha").

Poderia esse padrão duplo ter origem em nossa herança evolutiva? No livro The evolution of human sexuality (1979), Donald Symons escreve sobre a sexualidade masculina e feminina com base na perspectiva darwiniana. Em suas palavras, "Durante toda a imensamente longa fase de caça e coleta da história da evolução humana, os desejos e as disposições sexuais que eram adaptativos para um dos sexos eram, para o outro ingressos para o esquecimento reprodutivo".

Por que homens e mulheres teriam desenvolvido diferentes estratégias reprodutivas? Tenha presente que, na evolução, o objetivo maior é reproduzir a maior prole possível. As diferenças entre os sexos, alega Symons, dependem, em última instância, das diferenças entre esperma e óvulo. Os homens têm muito esperma, de modo que faz sentido que engravidem o máximo possível de parceiras. Outra estratégia que faz sentido é investir apenas um pouco de esforço em cada encontro reprodutivo e na contribuição para a criação da criança. Outra, ainda, é selecionar parceiras jovens (e que, portanto, tenham maior potencial reprodutivo e sejam mais fáceis de excitar sexualmente).

As mulheres têm um pequeno suprimento de óvulos e podem gerar com sucesso apenas um pequeno número de filhos. Também cabem a elas as responsabilidades da criação (atribuídas pela sociedade e talvez por sua fisiologia). Para ter seus genes representados na geração seguinte, as mulheres parecem requerer um relacionamento permanente com um provedor que proteja e nutra sua prole.

Estas diferentes listas de prioridades da evolução, acredita Symons, são a base dos padrões divergentes de interesse, resposta e desempenho sexual de homens e mulheres. Se Symons estiver certo, o padrão duplo persistirá.

Atitudes Sexuais Contemporâneas

Durante a década de 1960, supõe-se que uma dramática mudança, ou revolução, nas atitudes sexuais tenha ocorrido nos Estados Unidos. Os jovens partiram em busca de mais liberdade para expressar sua sexualidade. As mulheres procuraram libertar-se de antigas restrições. Homossexuais, travestis e bissexuais buscaram o direito de se revelar.

Poucos questionam que as atitudes sexuais tornaram-se mais permissivas nos Estados Unidos. Isto é particularmente fácil de verificar entre os jovens. Em 1968, estima-se que 46% das estudantes universitárias e 56% dos estudantes universitários mantiveram relações sexuais (Bauman & Wilson, 1974). Ultimamente, as porcentagens de pessoas sexualmente experientes, de ambos os sexos, dispararam para bem mais de 85% (Tavris & Wade, 1984). Os costumes sexuais das mulheres casadas também tornaram-se menos rígidos, com os casos extraconjugais em alta. Casos extraconjugais foram relatados por 25% das mulheres entrevistadas na década de 1950 e por 43% na de 1980 (Institute for the Advanced Study of Human Sexuality, 1983). Hoje, também os idosos podem sentir-se mais livres para expressar sua sexualidade (Brecher, 1984).

Não obstante, nossa herança vitoriana ainda persiste. Conflito e ansiedade permanecem fortes. Quando psicólogos estudaram 1.400 pais em Cleveland, Ohio, uma amostra representativa de um corte transversal dos cidadãos americanos, eles descobriram que menos da metade dos pais havia mencionado o ato sexual a seus filhos de 11 anos (Roberts et al., 1979). A maioria deles declarou que, quando seus filhos atingiram 9 ou 10 anos de idade, eles essencialmente pararam de fazer perguntas sobre sexo. Os adultos achavam que estavam perpetuando os padrões de ansiedade e ignorância que lhes haviam sido passados pelos próprios pais. De igual resultado são os estudos de pares de mãe-filha de bom nível educacional. Menos da metade das filhas, em um estudo, sentia-se à vontade para conversar abertamente sobre sexo com as mães (Yalom et al., 1982). Não é de surpreender que os jovens dos Estados Unidos demonstraram a mais ampla negatividade em relação à sexualidade em um estudo do pensamento e conhecimento sobre sexo por parte de crianças de quatro países (Goldman & Goldman, 1982).

Outro sinal de que a revolução sexual está longe de ter terminado é o notável conflito que muitas mulheres experimentam com questões sexuais (Hendrick et al., 1985). A psicóloga Lillian Breslow Rubin (1977) estudou casais operários e de classe média que viviam na área da baía de San Francisco. Ela resumiu suas observações com as seguintes palavras (pp. 136-137): "Socializadas desde a infância a experienciar sua sexualidade como uma força negativa a ser inibida e reprimida, as mulheres não conseguem simplesmente 'ligar o interruptor' conforme ditam as mudanças culturais ou seus maridos. Moças boas não fazem isso! Os homens usam as moças fáceis, mas se casam com as boas moças! Submeta-se, mas não 'curta' — pelo menos não de forma tão óbvia! São estes os preceitos que têm dominado a vida deles — preceitos que são descartados com dificuldade, quando se consegue descartá-los".

Outro sinal de conflito sexual surge nos altos índices de gravidez entre adolescentes, mesmo diante da possibilidade de mecanismos contraceptivos disponíveis e legais (Byrne & Fisher, 1983; Chilman, 1983). Segundo a pesquisa de Donn Byrne e colaboradores, as ansiedades sexuais são a raiz do problema. Usar mecanismos controladores de natalidade exige o reconhecimento perante si próprio, o parceiro e talvez o farmacêutico das intenções de manter relações sexuais. Muitos jovens parecem se sentir culpados e, portanto, relutam em fazer esta declaração a qualquer pessoa, até a si mesmos.

Outras observações sugerem que nossa herança vitoriana permanece influente (Money, 1985). Dentre seus elementos encontram-se tentativas de grupos de cidadãos de limitar a liberdade civil das pessoas que não se enquadram no modelo heterossexual tradicional, atitudes negativas com relação a pesquisas sexuais legítimas de órgãos oficiais e resistência à educação sexual honesta nas escolas públicas. (■)

Quadro 8.2

INCESTO

Para alguns, *incesto* significa sexo entre parentes biológicos; para outros, inclui padrastos e madrastas e outros adultos sem relações de parentesco. Acredita-se que para a maioria das sociedades o incesto é um tabu talvez por que os seres humanos reconheçam, em algum nível, que o incesto gera problemas graves. A prole de relações incestuosas é propensa a certos defeitos geneticamente transmitidos que afetam a saúde, o intelecto e o comportamento (Schull & Neel, 1965). No plano social, o incesto causa conflito, rivalidade e distorção de papel dentro da família (Sou filha? ou amante? Ela é minha mãe? ou minha rival?).

Até recentemente, pensava-se que o incesto fosse raro nos Estados Unidos. Embora os cientistas sociais não saibam quão difundido é o incesto, são altas as estimativas resultantes de estudos recentes de americanos (Kempe & Kempe, 1984). Por exemplo, um pesquisador descobriu que, aos 18 anos, aproximadamente 40% das mulheres tinham experienciado pelo menos um incidente de abuso sexual cometido por um membro da família ou outro adulto (Russell, 1983). Estima-se que 85% das vítimas sejam mulheres, respondendo o incesto pai-filha por 75% dos casos relatados. O incesto aparece em todas as classes socioeconômicas.

O incesto pai-filha geralmente começa quando a filha tem entre 6 e 11 anos de idade, e continua por pelo menos dois anos. As atividades vão desde as carícias até o ato sexual e o sexo oral e anal. O incesto parece surgir mais comumente quando o pai foi negligenciado pelos próprios pais e tem pouco envolvimento no cuidado com os próprios filhos durante os três primeiros anos (Parker & Parker, 1985). Em geral, o incesto pai-filha ocorre dentro da família socialmente isolada. Freqüentemente, a filha atingida é quem cuida da casa e dos irmãos menores porque a mãe está doente, é alcoólatra ou tem problemas mentais (Forward & Buck, 1978). O incesto pai-filha é menos provável quando a mãe é forte e quando existem fortes vínculos entre mãe e filha (Herman, 1981).

O que motiva o incesto pai-filha? Há diversas hipóteses populares; cada uma pode ser verdadeira em diferentes casos. Os pais podem voltar-se para as filhas em busca de sexo quando o mesmo é negado pelas esposas. Ou os pais podem estar realmente em busca de poder ou satisfação emocional. Talvez, conforme sugerem alguns observadores, os homens facilmente confundam afeição com sexo.

Há outro problema em tentar explicar o incesto adulto-criança. Por que alguns adultos sentem-se sexualmente atraídos por crianças pequenas? As pesquisas de homens que estupram ou molestam crianças demonstram que freqüentemente eles próprios foram vítimas de abuso quando crianças (Groth, 1982). Tais experiências ligam a excitação sexual à relação adulto-criança por meio do condicionamento respondente. A criança molestada pode perpetuar a orientação pela fantasia. Para alguns pais, a pornografia infantil, que costuma ser facilmente acessível, pode transmitir a idéia de que o incesto é aceitável, possibilitando-lhes superar as restrições culturais (Burgess, 1984; K. Lanning, citado em Cunningham, 1985).

Quadro 8.2 (Continuação)

Há ainda outra teoria plausível. Os homens podem sentir-se sexualmente atraídos por meninas simplesmente por que nossa sociedade apóia essa preferência. Espera-se que os homens escolham parceiras mais jovens, menores em tamanho, mais inocentes e vulneráveis, e menos fortes. Sentir-se sexualmente excitado na presença de crianças pode ser um problema crônico para alguns pais. Essa situação necessita ser seguidamente monitorada. Muitos infratores sexuais abusam de outras crianças dentro da própria família ou fora dela (Finkelhor, 1982; Russell, 1983).

As conseqüências do incesto adulto-criança variam. No mínimo, a criança tende a se sentir explorada e traída por alguém que supunha ser confiável e protetor. Muitas vítimas sentem-se culpadas ou desprezíveis por isso. Muitas se sentem isoladas e alienadas de seus colegas e amigos. Algumas fogem de casa ou casam-se cedo. Uma porcentagem significativa dessas vítimas tenta o suicídio. As vítimas de incesto pai-filha geralmente têm dificuldade de acreditar nos homens ou nas pessoas em geral. Algumas idealizam os homens e buscam o relacionamento pai-filha que nunca existiu. Outras procuram outras mulheres como companheiras e parceiras sexuais. Algumas decidem que o amor e o afeto vêm unicamente por meio do sexo.

A vítima do incesto costuma sentir-se isolada dos outros e solitária, de modo que a terapia em grupo traz benefícios importantes. A maioria dos tratamentos aborda também a dinâmica da família, tentando reorientar e reunir a família. Se o infrator ou infratora, que responde por acusações criminais, retorna à família, deve enfrentar as sérias conseqüências do incesto e assumir o compromisso de contínua auto-supervisão (e restrições).

A prevenção do incesto é possível. Atualmente, a rede escolar dos Estados Unidos envida esforços para ensinar as crianças a se proteger. A criança deve se sentir livre para desobedecer aos adultos. Ela não deve permitir que pessoa alguma toque seu corpo sexualmente e não deve se mostrar disposta a guardar segredos. (Veja a Figura 8.13.) Também as famílias são estimuladas a conversar sobre abuso sexual, embora aparentemente poucas o façam (Finkelhor, 1979).

FIGURA 8.13 Funcionária de um modelo de programa de prevenção contra abuso sexual — Child Assault Prevention Project — conversa com uma jovem aluna. O programa gira em torno de pequenas peças teatrais que são representadas pelos instrutores e pelas crianças e depois discutidas. No caso das crianças menores, usam-se bonecas de pano para mostrar áreas do corpo que são "estritamente íntimas". Programas como este alertam as crianças para o comportamento sexual da parte dos adultos e as estimulam a resistir e a repetir sua história até que acreditem nela. Se as vítimas falarem, menos adultos farão investidas sexuais. (Janet Fries/*Time*).

MOTIVAÇÃO SOCIAL

Toda motivação humana pode ser considerada social (Brody, 1980; Reykowski, 1982a); até mesmo os impulsos humanos mais básicos são influenciados pela cultura. Neste livro, porém, usamos o termo *motivação social* de forma mais restrita, reservando-o para aqueles motivos cuja satisfação depende do contato com outros seres humanos. Em nossa categoria de motivação social entram os motivos que surgem para satisfazer necessidades de afiliação (e de se sentir amado, aceito, aprovado e estimado) e de realização. No caso dos motivos sociais, os psicólogos não conseguem distinguir *motivos* e *necessidades*, sendo os dois constructos usados de forma intercambiável.

Desde o início, os bebês demonstram motivação social. Nascem com preferências por olhar para aqueles que cuidam deles (veja o Capítulo 4) e com os meios para chamar os outros quando surgem necessidades básicas. Se fosse possível projetar um computador para cuidar dos impulsos do bebê, as crianças provavelmente sobreviveriam, porém não se desenvolveriam de forma normal. Nos Capítulos 6 e 7, vimos que a linguagem e o pensamento dependem da estimulação social. As necessidades sociais permanecem fortes durante todo o ciclo de vida. Quando os bebês sentem-se amados, a pobreza acentuada, as complicações no parto, as deficiências físicas e a disciplina severa causam relativamente poucos danos (Werner & Smith, 1982). Adultos e crianças que contam com apoio social lidam mais adequadamente com crises. Quando rejeitadas e isoladas pelos outros, as pessoas costumam sentir-se profundamente perturbadas e deprimidas (Rohrer, 1961).

Muitos psicólogos acreditam que há uma *base inata* para alguns motivos sociais. Isto é, os sentidos e o cérebro vêm preparados para acolher e responder a este tipo de estimulação. De acordo com a visão inata, o contato com outros de nossa espécie ajuda a satisfazer as necessidades de estimulação subjacentes em nossa fisiologia. Outros psicólogos enfatizam os aspectos aprendidos da motivação social. Considere a necessidade de afiliação, que poderia ser adquirida por *princípios respondentes* (veja o Capítulo 3). Segundo o modelo respondente, o ato de cuidar do bebê é um estímulo incondicionado que produz prazer e alívio como respostas não condicionadas. Pelo fato de os pais estarem naturalmente ligados ao ato de cuidar dos filhos, as respostas adquirem propriedades gratificantes. Por generalização, outras pessoas tornam-se atraentes. A perspectiva respondente atribui as propriedades instintivas de motivação de realizações à associação entre realizações e aprovação (as quais também aprendemos a valorizar desde bebês).

MOTIVAÇÃO DE REALIZAÇÃO

Como ilustração de motivo social, focalizamos o motivo de realização. Falaremos mais sobre o motivo de afiliação nos Capítulos 10 e 15; e discutiremos a agressão, freqüentemente considerada um motivo social, no Capítulo 9. Acredita-se que a *motivação de realização* provenha das necessidades de buscar a excelência, atingir objetivos grandiosos ou ser bem-sucedido em tarefas difíceis. Ela envolve competir com os outros ou contra algum padrão interno ou externo (Spence & Helmreich, 1983).

Medindo o Motivo de Realização

A avaliação da motivação de realização tem sido um desafio. Na década de 1930, Henry Murray concebeu um método engenhoso para medir a motivação social. Murray presumiu que as necessidades sociais são espelhadas naquilo que os seres humanos pensam quando não estão sendo pressionados a pensar em alguma coisa específica. Para identificar esses pensamentos, Murray convidou pessoas a contar histórias sobre figuras ambíguas (capazes de ser interpretadas de variadas formas). O cartão que o examinador está segurando na Figura 8.14 representa aqueles que Murray usava em seu *Teste de Apercepção Temática* (TAT).

FIGURA 8.14 Um examinador aplica o Teste de Apercepção Temática (TAT), concebido por Henry Murray. Observe a situação ambígua da figura que o examinando precisa descrever. (Van Bucher/Photo Researchers, Inc.)

Enquanto os examinandos observavam cada figura ambígua, Murray fazia várias perguntas para chegar aos pensamentos dessas pessoas. O que está ocorrendo? O que levou a isso? Em que estão pensando as pessoas da figura? O que ocorrerá depois? Conforme as pessoas montavam histórias, Murray acreditava, elas *projetavam* suas necessidades, medos, esperanças e conflitos nos personagens das figuras. Conseqüentemente, o teste de Murray é considerado um *método projetivo* de avaliação dos motivos sociais.

Na década de 1950, os psicólogos David McClelland, John Atkinson, Russell Clark e Edgar Lowell adaptaram o TAT para medir a motivação de realização. Esses investigadores tentaram primeiramente despertar a necessidade de excelência nos participantes de sua pesquisa. Depois, apresentavam quatro ou cinco figuras TAT que poderiam ter um tema de realização. Uma fotografia semelhante à mostrada na Figura 8.15 apareceu em uma das versões do teste e inspirou as seguintes histórias (McClelland et al., 1953, pp. 118, 121).

FIGURA 8.15 Uma fotografia do TAT semelhante a esta é usada para medir a motivação de realização. (Rogers/Monkmeyer.)

História 1 "O rapaz está pensando na carreira de médico. Ele se vê como um grande cirurgião fazendo uma operação. Ele tem praticado pequenos primeiros socorros em seu cão, que está machucado, e descobriu que gosta de trabalhar com medicina. Ele acha que tem jeito para a profissão e a considera agora um objetivo supremo de vida. Ele não pesou os prós e contras da própria capacidade e deixou que o objetivo o cegasse completamente para sua incapacidade. Ele sairá machucado, mas vai ter de rever a idéia."

História 2 "Um jovem está sentado, vestindo uma camisa xadrez e apoiando a cabeça na mão. Parece estar pensando em algo. Seus olhos parecem meio tristes. Ele pode ter estado envolvido em algo que lamenta. Ele está pensando no que fez. Pelo seu olhar, podemos dizer que está muito triste. Acho que ele vai explodir a qualquer momento se continuar do jeito que está."

A primeira história está dominada por temas de realização: competir, lutar, vencer, realizar e afins. A segunda história não apresenta tais imagens. Supõe-se que a quantidade de imagens relacionadas com realização reflita a intensidade da *necessidade de realização*, freqüentemente abreviada em inglês como "*n-Ach*" (de *need for achievement*). McClelland e seus colaboradores estabeleceram critérios exatos de contagem de pontos para avaliar este tipo de imaginação.

O teste de McClelland parece plausível; passados cerca de 30 anos de sua concepção, continua sendo amplamente usado (Atkinson, 1983; Heckhausen et al., 1984). Será que funciona? Parece que sim, dentro de limites, porque demonstra razoável precisão (veja a p. 288). Diferentes examinadores que seguem as regras de McClelland tendem a avaliar as mesmas histórias de maneira semelhante. Há também evidência de que o teste de McClelland tem alguma validade (veja a p. 289); isto é, mede aquilo que se propõe medir. Pessoas que contam histórias que contêm muitas imagens de realização tendem a exibir outros sinais de motivação de realização em ambientes escolares e profissionais.

O teste tem, porém, alguns problemas. Qualquer história isolada é difícil de interpretar. As imagens poderiam refletir experiências pessoais passadas, o programa de TV da noite anterior, ou antes medos do que motivos. Além disso, existe um viés subjacente em decorrência das situações usadas para despertar a necessidade de excelência e das figuras usadas para medi-la. A versão do TAT de McClelland pode detectar motivações de realização orientadas para os âmbitos acadêmico, intelectual ou profissional de nível colarinho-branco. Essa versão não parece despertar motivação para realização de natureza interpessoal, como "viver bem, rir com freqüência e amar bastante". Tampouco parece poder estimular o tipo de motivação que poderia ser expresso em uma quadra de basquete ou na construção de uma casa ou ao escalar uma montanha. Embora os pesquisadores continuem tentando desenvolver testes mais objetivos (por exemplo, Helmreich et al., 1978), o TAT é a melhor medida de motivação de realização atualmente disponível para os cientistas sociais.

Motivação de Realização e Realização
A motivação de realização enquadra-se relativamente bem em nosso modelo de incentivo (da p. 327)

(Atkinson, 1977, 1981; Atkinson & Raynor, 1978). Os incentivos desempenham um papel crucial no despertar desse tipo de motivação. Imagine que você seja um executivo ambicioso e que lhe seja dito que as vendas estão caindo e que o presidente investirá na carreira de qualquer um que reverta essa tendência. Uma cota, a promessa de um bônus ou outro tipo de desafio também funcionaria como incentivo.

Nosso modelo de motivação diz que os incentivos despertam cognições e emoções. Em situações de emprego, provavelmente as pessoas analisam o *valor de atingir um objetivo sugerido pelo incentivo* (Sorrentino et al., 1984): "Uma promoção vale 60 horas de trabalho por semana e nenhum tipo de lazer? Será que chegarei realmente aonde quero chegar?". As pessoas *relembram* desempenhos passados em situações semelhantes: "Na última vez em que o presidente estava preocupado e eu colaborei, ele não me deu a promoção e o aumento que havia prometido". Provavelmente você examinará os sucessos ou fracassos passados e fará *atribuições*, suposições de causas (B. Weiner, 1979). Você pode atribuir o sucesso do último encargo a trabalho duro e capacidade. Você pode atribuir um fracasso passado a deficiências de cronograma ou de habilidades necessárias. Suas atribuições influenciarão sua confiança no êxito assim que começar a tarefa. Seus pensamentos vão gerar *expectativas* (agradáveis ou desagradáveis) em relação ao que ocorrerá se você assumir o desafio.

Nosso modelo diz que as cognições e emoções evocam a motivação. As memórias e expectativas emocionalmente sintonizadas de um indivíduo podem despertar uma motivação de realização branda, moderada ou forte, ou então nenhuma motivação. Ao mesmo tempo, cognições e emoções podem despertar *ansiedades associadas a fracasso e/ou sucesso*: "E se eu fracassar? E se eu for bem-sucedido — será que as novas pressões e responsabilidades não serão demais para mim?". A motivação e a ansiedade determinam *comportamentos de realização* tais como estabelecimento de objetivos, diligência e persistência.

A realização e a motivação de realização são duas coisas diferentes, é claro. Mesmo quando a motivação é idealmente alta (quando é alta demais, gera problemas) e as ansiedades, baixas, outros fatores entram na equação (McClelland, 1985). A auto-avaliação é importante porque as pessoas que se sentem bem em relação a si mesmas tendem a se esforçar ao máximo (Felson, 1984). No caso da realização [rendimento] escolar, sabe-se que há cinco fatores envolvidos (Walberg & Uguroglu, 1980): capacidade, quantidade de ensino, qualidade do ensino, clima na sala de aula e estimulação educacional em casa. No caso do sucesso em pequenos negócios, o desejo de dominar novas habilidades e a disposição de trabalhar duro são fortes indicadores de sucesso tanto para mulheres como para homens (Carsrud & Olm, 1985).

Diferenças na Motivação de Realização

No passado, as mulheres não realizavam tanto quanto os homens no sentido tradicional, nas ciências, nas letras ou nas artes (Eccles et al., 1984). A sub-realização é também característica de membros de grupos minoritários. Embora a desigualdade de oportunidades seja sem dúvida influente, a motivação de realização provavelmente contribui para as diferenças (de Charms, 1976, 1983; Fyans, 1980; Nicholls, 1980).

Expectativas de Fracasso

Expectativas de fracasso e sentimentos de desamparo podem permear a baixa motivação de realização, conforme medida pelo TAT. Considere primeiramente a situação difícil da criança pobre. Muitas crianças pobres começam a freqüentar a escola despreparadas para ficar sentadas em silêncio e aprender. Os professores tendem a se sentir contrariados e frustrados com essas crianças, o que geralmente interfere em sua eficácia. Como resultado, esses alunos aprendem menos do que deveriam. Fracassos relacionados com a escola costumam acumular-se e aumentar como uma bola de neve até que as deficiências acadêmicas tornam-se enormes e parecem irremediáveis. Alguns estudantes deixam a escola e muitos param de perseguir a realização.

Esta análise é corroborada pelo trabalho de Richard de Charms (1976, 1980, 1983). Ele treinou professores em escolas de periferia para ajudar os estudantes a estabelecer objetivos realistas e modificou o material usado em classe para motivar as crianças e proporcionar-lhes oportunidades de realização e de ganho de confiança. As habilidades dos estudantes treinados melhorou substancialmente, conforme medido pelos testes nacionais, refletindo maior motivação e comportamento de realização.

Da mesma forma que as crianças pobres, muitas mulheres acham difícil imaginar terem sucesso nos ambientes acadêmico, intelectual e profissional.

Estes sentimentos são observáveis já desde os 7 anos de idade (Pollis & Doyle, 1972). As mulheres demonstram menos auto-estima e confiança do que os homens no que se refere à sua capacidade de realizar tarefas acadêmicas (porém, mais auto-estima em relação às suas capacidades sociais, como a empatia) (Maccoby & Jacklin, 1974). Há inúmeras razões por que as mulheres geralmente esperam fracassar. A realização acadêmica e intelectual de há muito é considerada não apropriada para mulheres. Em alguns casos, pais, professores e outras pessoas provavelmente passam essas expectativas negativas. Além disso, mães e pais tendem a tratar as meninas de forma que desencoraja a motivação de realização (veja o Capítulo 15). Eles podem proteger as filhas contra o perigo (e também da aventura e da exploração) e gratificar a obediência, a cooperação e a dependência. As meninas tendem a ser menos estimuladas do que os meninos para desenvolver uma identidade autônoma. Até mesmo mães com profissões de categoria têm objetivos profissionais mais altos para os filhos do que para as filhas (Hoffman, 1977). Por vezes os professores colaboram para aumentar o problema. A psicóloga Carol Dweck e seus colaboradores (com Licht, 1984; com Diener, 1980; com Goetz, 1978) observaram que os professores punem os alunos homens por problemas como conduta aquém da desejável e falta de motivação, aspectos não intelectuais do desempenho. Quando os meninos encontram obstáculos, portanto, tendem a presumir que precisam lutar e esforçar-se mais. Com as meninas, os professores tendem a criticar as características intelectuais do trabalho. Como resultado, talvez, quando as mulheres encontram dificuldades, geralmente presumem que sua capacidade é a causa e que pouco podem fazer a respeito.

Uma vez estabelecidas, as expectativas generalizadas provavelmente são mantidas pela forma pela qual as pessoas vêem as próprias vitórias e derrotas (Licht & Dweck, 1984). Os meninos geralmente exibem bem *estilos atribuitivos orientados para a proficiência*. Eles tendem a atribuir seus sucessos acadêmicos e intelectuais à capacidade e a desenvolver altas expectativas de sucesso. Quando fracassam, podem culpar o esforço ou a estratégia, analisar o que deu errado e o que pode ser feito para corrigir, e persistir. Da mesma forma, os meninos tendem a procurar áreas em que possam ter êxito. O estilo atribuitivo masculino pode ser uma das razões por que os homens têm maior probabilidade de sucesso em áreas difíceis e confusas como a da matemática e da ciência.

Conquanto certamente isto não se aplique a todas as mulheres, muitas delas usam *estilos orientados para o desamparo*. Atribuem sucessos ao trabalho árduo ou à sorte e os fracassos, à falta de capacidade. Quando confrontadas com problemas, geralmente se sentem desamparadas. Os esforços subseqüentes são tipicamente parcos e breves. Muitas crianças pobres e integrantes de minorias parecem também usar o estilo atributivo voltado para o desamparo (Nichols, 1980). Aquelas bem-sucedidas — sejam elas meninas ou crianças economicamente desfavorecidas — tendem a ser orientadas para a proficiência e a se sentir no controle (Burger, 1985; Eccles *et al.*, 1984).

Motivos para Evitar o Sucesso ou a Rejeição

As mulheres demonstram mais ansiedade do que os homens em situações que envolvem realização. A psicóloga Matina Horner (1978) lançou a hipótese de que as mulheres têm medo do sucesso por ser ele considerado não feminino em nossa cultura. Portanto, competindo com a motivação de realização há a *motivação para evitar o sucesso*. Embora haja respaldo para essa idéia (Tresemer, 1977), alguns observadores sagazes acham que não é realmente o sucesso que as mulheres temem, mas a rejeição. Por exemplo, os homens podem ficar distantes das mulheres quando elas têm um desempenho competente, em especial em áreas tradicionalmente masculinas (Peplau, 1973).

Redefinições da Motivação de Realização

Mencionamos anteriormente que o TAT não avalia todos os tipos de necessidades de realização. Uma série de cientistas sociais acredita que a motivação de realização da parte de mulheres e minorias não está sendo tratada adequadamente.

Considere o caso da mulher (Eccles *et al.*, 1984; Kaufman & Richardson, 1982; Lipman-Blumen *et al.*, 1983; Parsons, 1983). Na visão de Jacqueline Parsons e Susan Goff (1980), a pesquisa dá apoio à idéia de que homens e mulheres americanos prezam diferentes valores. As mulheres mantêm uma perspectiva comunitária. Acima de tudo, buscam a cooperação e o senso de unidade com todas as outras pessoas. Os homens são movidos por ambições de dominar situações e expandir o eu. Precisam ser autoprotetores e auto-afirmadores e, portanto, estão freqüentemente isolados.

As diferentes orientações de valor dos dois sexos resultam em diferentes objetivos de vida e de carreira. Os objetivos de realização das mulheres tendem a ser orientados para o social e voltados para o auto-aperfeiçoamento, ao passo que os objetivos dos homens concentram-se tipicamente em tarefas. Ser uma boa esposa e uma boa mãe costuma ser a primeira prioridade da mulher. Status, poder, progresso rápido e segurança financeira — objetivos atraentes para os homens — são geralmente menos atraentes para as mulheres porque os meios de realizar tais objetivos tendem a entrar em conflito com outras prioridades femininas. Mesmo quando participam das mesmas carreiras dos homens, os valores diferentes das mulheres podem levá-las a responder de forma distinta (veja a Figura 8.16).

Mudança das Tendências

De 1957 a 1976, a motivação de realização dos homens permaneceu estável, enquanto a motivação de realização das mulheres cresceu (Veroff *et al.*, 1980). Somente 10% das estudantes secundárias, no fim da década de 1970, aspiravam tornar-se exclusivamente donas de casa e mães (Locksley & Douvan, 1979). No início da década de 1980, havia sinais de que a carreira ganhava importância para as mulheres. Em um estudo, estudantes secundárias tiveram resultados superiores aos dos rapazes em um teste de comprometimento com a carreira (Farmer, 1983). O comprometimento com a carreira foi definido em termos do grau de satisfação derivado do ato de planejar, do desejo de obter um emprego do qual possa se orgulhar e da visão do trabalho como forma de auto-expressão. Embora os homens permaneçam mais competitivos do que as mulheres, as diferenças de sexo no trabalho e nas tendências de proficiência diminuíram ou até mesmo favoreceram as mulheres (Spence & Helmreich, 1983).

Como a motivação de realização e seus valores são em grande parte aprendidos, eles podem mudar substancialmente. Será interessante observar se as mulheres abandonarão a orientação comunitária que as tem caracterizado há tanto tempo.

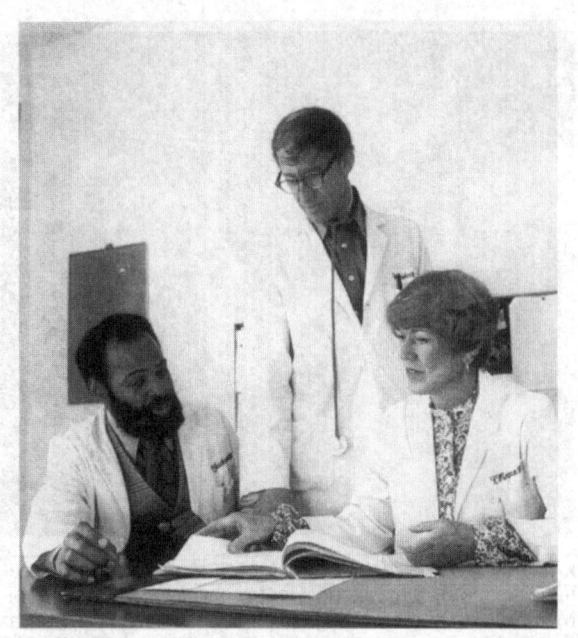

FIGURA 8.16 Embora as mulheres americanas sejam hoje mais orientadas para a carreira (fato indicado por muitas estatísticas, incluindo o índice de freqüência a escolas de medicina, o qual triplicou nos últimos anos), elas continuam a exibir valores tradicionalmente femininos (Parsons & Goff, 1980). As médicas, por exemplo, tendem a estruturar seus objetivos em torno do ato de ajudar o máximo possível de pacientes. Os médicos homens, entretanto, tendem a ser mais orientados para obter um posto de alto status. (Elizabeth Crews/Stock, Boston.)

MOTIVAÇÃO COGNITIVA

Observações informais sugerem que as idéias podem ser intensamente motivadoras, embora haja pouca pesquisa formal sobre este tópico. Idéias podem até mesmo superar impulsos básicos. Os ideais de Richard Alpert lhe inspiraram isolamento e negação das necessidades físicas (veja a p. 300). Jejuar — a ponto de chegar a morrer — tem sido uma maneira popular de chamar atenção para princípios. Dentre os fundamentalistas da seita conhecida por povo do Holy Ghost (Espírito Santo) nos Apalaches, os fiéis seguram cobras venenosas, bebem doses letais de estricnina com água e expõem-se ao fogo para demonstrar sua fé (Watterlond, 1983) (veja a Figura 8.17). Neste caso, o teste de fé, ao qual os membros da seita nem sempre sobrevivem, funciona como poderosa motivação.

FIGURA 8.17 Ray McCallister, da Igreja do Senhor Jesus, em Jolo, Virgínia do Oeste, segura uma cascavel. Membros de numerosas igrejas fundamentalistas dos Apalaches endossam uma doutrina baseada "nos sinais", passagens bíblicas que afirmam que uma variedade de "coisas letais" não ferirão os membros da igreja que estiverem "com Jesus". As passagens motivam o manuseio de cobras e fogo, a ingestão de veneno e coisas do gênero — todas consideradas atividades provedoras de satisfação. O ato de manusear cobras venenosas, que, para eles, representa poder sobre o demônio, é considerado particularmente gratificante (Watterlond, 1983). (Copyright © 1982 Mike Maple/Woodfin Camp & Assoc.)

Uma idéia que parece ser motivadora para quase todas as pessoas é a noção de que é bom ser especial, diferente dos outros em um sentido positivo (Snyder & Fromkin, 1980). Quando as pessoas notam que estão comportando-se da mesma maneira que os outros que as cercam, parecem sentir-se motivadas a mudar. A síndrome do "isso não vai acontecer comigo" pode ser uma evidência informal dessa necessidade de se sentir único (veja a p. 247). Por exemplo, os fumantes inveterados alegam: "Sou diferente, nunca vou ter câncer". Aqueles que se recusam a usar cinto de segurança alegam: "Sou diferente, nunca vou sofrer um acidente".

Dissonância Cognitiva

As pessoas tendem a valorizar a coerência, tanto a própria como a dos outros (Allgeier et al., 1979). Quando percepções, informações ou idéias entram em conflito, muitas pessoas sentem-se desconfortáveis. Ao mesmo tempo, sentem-se motivadas a reduzir a ansiedade produzida pelo conflito, a *dissonância cognitiva*. Os seres humanos valem-se de diversas estratégias para remover a tensão. Às vezes, partem em busca de novas informações. Às vezes, agem de forma diferente. Às vezes, modificam suas atitudes. Às vezes, simplesmente observam a sensação desagradável e tentam reduzi-la (Steele et al., 1981).

O psicólogo Leon Festinger (1957), pioneiro na área de dissonância cognitiva, descreveu três situações que levam à dissonância cognitiva e motivam a mudança.

1 As cognições pessoais são incoerentes com os padrões sociais. Vamos supor que você se considere uma pessoa honesta, porém não teve tempo de estudar para uma prova. Sob impulso, você copia várias respostas da prova de um amigo. Uma vez que seu comportamento conflita com sua auto-imagem, a situação tenderá a fazê-lo sentir-se desconfortável e a motivar um comportamento voltado à redução da dissonância. Você poderia mudar sua atitude com relação a trapacear. ("Sob determinadas circunstâncias, não faz mal trapacear.") Você poderia alterar suas idéias a respeito de sua desonestidade. ("Foi um deslize momentâneo que qualquer pessoa poderia cometer.") Ou, após ponderar que trapacear ajuda, você poderia decidir passar a trapacear no futuro. Seja qual for sua decisão, você tenderá a se sentir motivado a fazer algo relativo à contradição e ao desconforto que a acompanha.

2 As pessoas esperam um determinado evento e ocorre outro. Suponha que Célia, uma amiga confiável, prometa encontrar-se com você às 4 da tarde e acabe não vindo. De novo, você tenderá a experienciar ansiedade e a sentir-se motivado a reduzi-la. Você poderia procurar uma explicação ou uma justificativa ou então cortar Célia de sua lista de amigos. O mesmo tipo de conflito surgiria se você estivesse se sentindo seguro no emprego e soubesse que vários outros funcionários tinham sido subitamente demitidos sem qualquer explicação.

3 O comportamento contradiz as atitudes. Suponha que você se ache uma pessoa avessa a conservadores. Um dia você se pega concordando com um adepto da extrema direita. De novo, provavelmente você se sentirá desconfortável e motivado a resolver a discrepância entre sua atitude e seu comportamento.

Há muitas pesquisas sobre a força motivadora da dissonância cognitiva (Fazio & Cooper, 1983). Uma série de contradições mentais efetivamente desperta sinais fisiológicos de ansiedade em muitas pessoas, especialmente naquelas orientadas para o intelecto e que se sentem contrariadas com incoerências (Bem, 1970; Croyle & Cooper, 1983). Em alguns casos que parecem ser dissonância cognitiva, as pessoas podem não se sentir tão perturbadas com as contradições interiores quanto com a revelação da incoerência, que sentem como uma situação embaraçosa (Baer et al., 1980; Cooper & Croyle, 1984).

Reação Psicológica

Jack Brehm (com Brehm, 1981) identificou mais um motivo cognitivo interessante para os psicólogos. Brehm observou que, quando as pessoas percebem que uma determinada liberdade está ameaçada, sentem-se motivadas, por aquilo que chamamos de *reação psicológica*, a lutar o máximo possível em sua defesa. Imagine que você esteja morando em um apartamento e que o proprietário o pressione a ajustar o termostato em 18°C, algo que você já estava fazendo voluntariamente antes de sofrer a pressão. Para afirmar seus direitos, você pode deliberadamente aumentar a temperatura e adotar uma atitude mais negativa com relação à economia de energia.

Em qualquer situação, há comportamentos considerados restritos e livres. Você espera que seu professor lhe passe trabalhos para fazer em casa (uma restrição a seu comportamento), mas não que lhe diga o que fazer no fim de semana (comportamento livre). Quando as pessoas ameaçam aquilo que se considera comportamento livre, acredita-se que essas posturas despertam a motivação de reação. Tentamos restabelecer nossa liberdade para fazer o que quer que tenha sido ameaçado. A motivação de reação pode permear os efeitos bumerangue que ocorrem quando as pessoas sentem-se pressionadas. Embora nenhum estudo isolado sobre esse motivo seja convincente, a quantidade de dados laboratoriais e de observações informais é impressionante.

RESUMO

1 Os psicólogos fazem a distinção entre necessidades, motivos e impulsos. Necessidades são deficiências. Motivos são estados interiores incitantes que surgem das necessidades e ativam o comportamento. Impulsos são motivos radicados na fisiologia.

2 Muitos impulsos básicos têm aspectos homeostáticos. Eles incitam comportamentos de correção de deficiências ou excessos com a finalidade de restaurar as condições de equilíbrio ideal.

3 Incentivos despertam cognições e emoções que influenciam muitos motivos.

4 A teoria da hierarquia de motivação de Maslow presume que as pessoas procuram satisfazer cinco sistemas de necessidades: na ordem, necessidades fisiológicas, de segurança, de amor, de estima e de auto-realização. Quando um conjunto de necessidades é satisfeito, surge outro.

5 Quando há necessidades biológicas, sua satisfação gera prazer, o qual é mediado por centros localizados no cérebro.

6 As pessoas geralmente não estão cientes de sua própria motivação.

7 Ao regular a fome, o cérebro usa as informações oriundas do estômago, boca, garganta e sangue. Circuitos localizados em todo o hipotálamo parecem desempenhar papéis importantes no controle da ingestão de alimento.

8 Aquilo que as pessoas comem é influenciado pela fome e por preferências gerais de paladar que se encontram programadas no organismo. Exposições a alimentos, especialmente em contextos sociais, e aversões condicionadas também desempenham seu papel.

9 As influências que atuam sobre a quantidade de alimento consumido e o peso incluem hereditariedade, práticas alimentares durante a primeira infância, orientação para o exterior, atividade e convenções sociais. A anorexia nervosa e a bulimia predominam em culturas que enfatizam a magreza de forma não salutar.

10 As pessoas requerem estimulação sensorial. Cada pessoa parece ter uma necessidade de estimulação que é influenciada pelos genes e pelas experiências.

11 O cérebro e os hormônios sexuais influenciam a motivação sexual. Os incentivos não aprendidos, condicionados de forma respondente ou imaginados, também exercem influência.

12 A resposta sexual humana tem quatro fases: excitação, platô, orgasmo, resolução.

13 Tanto a biologia como a aprendizagem parecem ser capazes de predispor as pessoas à homossexualidade. Acredita-se que a experiência passada seja responsável pela atração sexual por crianças e pela brutalidade.

14 A motivação sexual provavelmente atinge seu pico no fim da adolescência e no começo dos 20 anos. Ela parece permanecer relativamente estável durante a maior parte da fase adulta.

15 O padrão duplo de conduta sexual dos dois sexos pode ter base na evolução.

16 Embora os costumes sexuais tenham se tornado bastante liberados, as ansiedades ligadas à sexualidade permanecem fortes, nos Estados Unidos.

17 Quase todos os motivos humanos podem ser considerados sociais, uma vez que são influenciados pela cultura.

18 A motivação que depende do contato com outras pessoas é forte durante todo o ciclo de vida. Há provavelmente uma base inata para certos motivos sociais. Outros parecem ser adquiridos por condicionamento.

19 O motivo de realização costuma ser medido pelo TAT, um teste projetivo. Para prever qual será o desempenho de uma pessoa em um campo específico, é necessário considerar os incentivos para a realização e as emoções e cognições despertadas, incluindo as ansiedades, as expectativas de sucesso e os valores envolvidos na consecução dos objetivos associados. Há também que se considerar a capacidade, as habilidades, a energia, o autoconceito e afins.

20 As diferenças na motivação de realização dependem de definições individuais sobre aquilo que constitui realização, expectativas de fracasso e medos de rejeição.

21 Motivos cognitivos surgem de idéias como "testar a própria fé" ou "ser especial", de dissonância cognitiva e de reação psicológica.

GUIA DE ESTUDO

Termos-chave

constructos (325)
necessidade (325)
motivo (325)
impulso [*drive*] (326)
instinto (326)
padrão de ação fixa (326)
homeóstase (326)
incentivo
  intrínseco (327)
  extrínseco (327)
centro de prazer (329)
hipotálamo (332)
obesidade (334)
orientação para o exterior (336)
sinal externo ligado à comida (336)
anorexia nervosa (338)
bulimia (338)
motivação por estimulação sensorial (340)

hormônios sexuais
  estrógeno (342)
  progestina (342)
  andrógeno (342)
  testosterona (342)
ciclo de resposta sexual (349)
padrão sexual duplo (350-351)
incesto (353)
motivação social (354)
motivação ou necessidade de realização (355)
teste projetivo (355)
motivação cognitiva (359)
e outras palavras e expressões em itálico

Conceitos Básicos

modelo homeostático
modelo de incentivo
modelo de hierarquia
teoria da estimulação sensorial de Freud
modelo para previsão de realização
dissonância cognitiva
reação psicológica

Pessoas a Identificar

McDougall, Cannon, Maslow, Freud, Olds, Milner, Masters, Johnson, Murray, McClelland.

Avaliação

1 O que presume o modelo homeostático de motivação?
a. Os incentivos desempenham um papel fundamental na motivação.
b. As cognições e emoções despertam a motivação.
c. Os motivos são parte do grande esquema do corpo para manter condições ideais.
d. As necessidades são dispostas em hierarquia, sendo as fisiológicas as que mais exercem pressão.

2 Qual dos sistemas de necessidades é o menos imperioso, segundo Maslow?
a. Estima
b. Amor
c. Fisiológicas
d. Auto-realização

3 Consumir o mesmo número de calorias em uma única e lauta refeição em vez de em várias refeições menores causa qual efeito?
a. Menor acumulação de gordura
b. Maior acumulação de gordura
c. Menor nível de atividade
d. Maior nível de atividade

4 Que dimensão das células de gordura humanas é geralmente alterada pela perda de peso após os 2 anos de idade?
a. Localização
b. Quantidade
c. Forma
d. Tamanho

5 Qual das afirmativas sobre necessidade de estimulação sensorial é corroborada pela pesquisa?
a. Abrir mão de atividades auto-estimuladoras (como devaneio diurno) pode gerar depressão e irritabilidade.
b. No mundo todo, as pessoas requerem quase o mesmo nível de estimulação sensorial.
c. A privação sensorial raramente altera a percepção.
d. As necessidades de estimulação sensorial estão positivamente correlacionadas com níveis de MAO; quanto mais alto for o nível de MAO, tanto maior será a necessidade de estimulação sensorial.

6 Qual é a segunda fase do ciclo humano de resposta sexual?
a. Excitação
b. Orgasmo
c. Platô
d. Resolução

7 Qual hormônio é considerado mais influente na estruturação dos órgãos reprodutivos e na determinação de sexo no cérebro?
a. Adrenalina
b. Andrógeno
c. Estrógeno
d. Progestina

8 Qual das seguintes opções provavelmente tende a ser determinada por condicionamento respondente?
a. Opiniões sobre o aborto
b. Preferência por parceiros sexuais loiros
c. Padrões sexuais duplos
d. Transsexualismo

9 Qual afirmativa sobre motivação de realização é falsa?
a. Estilos atributivos voltados para o desamparo são comuns entre os pobres.
b. A motivação de realização segue o modelo homeostático.
c. O TAT é freqüentemente usado para medir a motivação de realização.
d. Homens e mulheres exibem diferentes orientações para a realização.

10 Qual das situações tende mais a levar à dissonância cognitiva?
a. Você compra um carro velho por $ 500 e tem de esperar que esquente para poder sair.
b. Você faz uma manifestação em defesa de suas crenças anti-segregacionistas, desafiando uma decisão judicial, e é preso.
c. Você se vê como heterossexual e um terapeuta lhe diz que você tem tendências homossexuais latentes.
d. Seu professor e seus pais vivem dizendo que você é inteligente, porém preguiçoso.

Usando a Psicologia

1 Monitore três horas de TV na manhã de um sábado ou domingo, e das 21h00 às 24h00 de um sábado ou domingo. Identifique os tipos de motivo aos quais os comerciais apelam durante a programação infantil e adulta.

2 Usando os diagramas das Figuras 8.1 e 8.2, explique de que forma os motivos parecem operar. Forneça novas ilustrações.

3 De que forma a teoria da hierarquia de Maslow poderia ser aplicada para facilitar a aprendizagem de crianças pobres e desacreditadas do terceiro ano primário?

4 Suponha que um amigo lhe diga "Sei quando estou com fome porque meu estômago sempre ronca". Explique por que seu amigo está enganado.

5 Faça uma lista do que você aprendeu de quando comer e quando parar de comer. Como você aprendeu cada item da lista?

6 Com base no que você leu neste livro, que práticas deveriam os pais seguir para minimizar a probabilidade de obesidade dos filhos? Faça também uma lista de informações que poderiam ser úteis para um adulto que esteja fazendo dieta ou lutando para manter o peso atual.

7 Usando os princípios de condicionamento respondente, explique como uma pessoa poderia adquirir uma preferência sexual por animais.

8 Analise sua própria necessidade de realização em seu curso de psicologia. Leve em conta o valor de uma boa nota, memórias de situações semelhantes, atribuições e ansiedades por sucessos e fracassos passados.

9 Analise seu estilo atributivo em situações de realização. Ele se enquadra no modelo orientado para a proficiência ou no modelo voltado para o desamparo?

10 Reúna exemplos pessoais de comportamentos que poderiam ser motivados por motivos ligados a crescimento e a idéias.

11 Dê três novos exemplos de dissonância cognitiva (um para cada categoria mencionada no texto). Descreva de que forma você tenderia a reduzir a dissonância.

Leituras Sugeridas

1 Beck, R. C. (1983). *Motivation: Theories and principles*. 2ª ed. Englewood Cliffs, NJ: Prentice-Hall. McClelland, D. C. (1985). *Human motivation*. Glenview, IL: Scott, Foresman. O primeiro é uma pesquisa de tópicos motivacionais tradicionais na pesquisa de humanos e animais, focando assuntos como sono e sonho, sexualidade e hábitos alimentares. O segundo examina unicamente motivos humanos como os de realização, poder e afiliação. Ambos são envolventes e escritos de forma clara.

2 Lowry, R. J. (1973). *A. H. Maslow: An intellectual portrait*. Monterey, CA: Brooks/Cole. Descreve as crenças de Maslow em motivação, auto-realização, valores, ideais, religião, ciência e outros tópicos. Um livro escrito de maneira informal e repleto de importantes e comoventes citações de Maslow.

3 Rosen, R. & Hall, E. (1984). *Sexuality*. Nova York: Random House. Além de descobertas de pesquisas voltadas a uma série de tópicos, este livro inclui históricos de caso, descrições de experiências pessoais e informações sobre auto-ajuda.

4 Money, J. & Ehrhardt, A. E. (1972). *Man and woman, boy and girl: The differentiation and dimorphism of gender identity from conception to maturity*. Baltimore: Johns Hopkins Press. Uma boa introdução ao material de pesquisa sobre homens e mulheres, integrando descobertas das áreas de endocrinologia, genética, embriologia, antropologia e psicologia.

5 Stuart, R. S. & Davis, B. (1978). *Slim chance in a fat world*. Ed. rev. Champaign, IL: Research Press. Judicioso aconselhamento voltado à aplicação de princípios psicológicos na perda de peso.

6 Kempe, R. S. & Kempe, C. H. (1984). *The common secret: Sexual abuse of children and adolescents*. San Francisco: Freeman. Inclui estatísticas, históricos de caso e também discussões de tratamento e prevenção.

7 Pope, H. G., Jr. & Hudson, J. I. (1984). *New hope for binge eaters*. Nova York: Harper & Row. Escrito para o grande público, esse livro é uma excelente combinação de informações científicas e práticas.

Respostas

FICÇÃO? OU FATO?
1. F 2. F 3. F 4. F 5. V 6. V 7. V

AUTO-TESTE
1. c (326) 2. d (327) 3. b (334) 4. d (336) 5. a (340) 6. c (349) 7. b (342) 8. b (346) 9. b (354) 10. c (360)

CAPÍTULO 9

Emoção e Ajustamento

SUMÁRIO

EMOÇÕES UNIVERSAIS

PRIMEIRAS EMOÇÕES

A NATUREZA DAS EMOÇÕES
Componentes Subjetivos
Componentes Comportamentais
Componentes Fisiológicos
Componentes Entrelaçados e Interativos
Emoções Mistas
Emoções Volúveis

COMO SURGEM AS EMOÇÕES
Teorias da Resposta Periférica
Teorias do Incitamento Inespecífico
Uma Síntese

RAIVA E AGRESSÃO
A Experiência da Raiva na Vida Cotidiana
A Ligação Raiva-Agressão
Agressão Induzida por Incentivo
QUADRO 9.1: Lidando com a Raiva
Influências Biológicas sobre a Agressividade
Influências Ambientais sobre a Agressividade
QUADRO 9.2: Violência Familiar: Maus-tratos de Crianças e Mulheres

PRAZER, ALEGRIA E FELICIDADE
Prazer e Alegria
Felicidade

ANSIEDADE
Bases Fisiológicas da Ansiedade
QUADRO 9.3: Detecção de Mentiras
Fontes de Ansiedade
Tipos de Conflito

ENFRENTANDO A ANSIEDADE
Táticas Comuns de Comportamento para Enfrentar a Ansiedade
Mecanismos de Defesa

CONSEQÜÊNCIAS DA ANSIEDADE
Conseqüências Cognitivas
Conseqüências sobre a Saúde Física
Influências sobre as Conseqüências da Ansiedade

RESUMO

GUIA DE ESTUDO

FICÇÃO? OU FATO?

1   Já aos 3 meses de idade, os bebês reagem a expressões faciais de emoções. Verdadeiro ou falso?

2   A pesquisa sugere que o melhor conselho para lidar com a raiva é: "Expresse seus sentimentos". Verdadeiro ou falso?

3   As pessoas reconhecidamente têm instintos agressivos. Verdadeiro ou falso?

4   A maioria das circunstâncias da vida (por exemplo, a pobreza e ganhar na loteria) contribui muito pouco para a felicidade pessoal. Verdadeiro ou falso?

5   Em geral, os testes de detecção de mentiras são muito precisos. Verdadeiro ou falso?

6   Usar a solução de problemas é sempre preferível a evitar enfrentar uma ameaça. Verdadeiro ou falso?

7   O estresse pode influir no fato de os animais sucumbirem ou não ao câncer. Verdadeiro ou falso?

8   O mesmo estressor é menos prejudicial se surge de forma previsível do que se surge inadvertidamente. Verdadeiro ou falso?

Se você registrasse suas emoções no decorrer de um único dia, veria que elas mudam continuamente. "Coloridas", "complexas", "variadas" e "fluidas" são algumas das palavras que os psicólogos usam para descrevê-las. Não é fácil especificar de onde elas vêm e o que elas fazem. Neste capítulo, consideramos uma série de perguntas intrigantes. O que é emoção? Quais são suas principais características? O que os psicólogos aprenderam de emoções como raiva, alegria e ansiedade? Como as pessoas lidam com a ansiedade? De que forma ela nos afeta? Começamos nossas explorações da emoção e do ajustamento com a descrição de uma experiência intensamente emocional, feita por Paul Thomas Young (1943, pp. 7-8).

PÂNICO NAS MONTANHAS ROCHOSAS DO COLORADO

[Uma mulher] e seu marido, com os dois filhos pequenos, foram passar as férias em um chalé localizado nas Montanhas Rochosas do Colorado. No dia em que chegaram, enquanto passeavam pelos lindos arredores, notaram que um dos lados era orlado por um turbulento rio que despencava das montanhas, formando corredeiras espumantes que faziam seu caminho pelas rochas traiçoeiras. A margem do lado mais próximo era um verdadeiro penhasco que se erguia 6 metros acima da torrente.

O casal comentou que ambos deveriam tomar o máximo cuidado para não deixar que Johnny e Claire (de 2 e 4 anos) se aproximassem ou caíssem do penhasco.

"Seria morte certa", disse o pai. "Eles seriam tragados pelas corredeiras e lançados contra aquelas rochas dentadas antes que pudéssemos nos aproximar deles."

Assim, os pais nunca perdiam as crianças de vista. Enquanto apreciavam a beleza das montanhas, sempre mantinham as crianças brincando por perto.

Uma manhã, o pai teve de partir a negócios. A esposa escrevia cartas na varanda do chalé, as crianças brincavam lá perto e o perigoso rio corria 50 metros adiante do gramado em frente ao chalé. Terminadas as cartas, a mãe subiu até seu quarto para pegar selos. Rotineiramente, ela teria levado Johnny e Claire consigo, mas desta vez havia convidados na varanda e ela deixou as crianças sob o cuidado deles.

Quando já havia pegado os selos e ia descer, ouviu um grito no hall, e Claire irrompeu quarto adentro, chorando: "Johnny caiu lá embaixo! Johnny caiu lá embaixo!".

Mergulhada em medo e terror, a mulher desceu correndo o longo lance de escadas e saiu para o gramado. Não se lembrava sequer de ter descido os degraus e não obstante parecia que o tempo se arrastava enquanto ela repetia o mesmo pensamento, sem parar: "Eu o perdi, não posso salvá-lo, não posso fazer nada, ele vai morrer!".

Johnny não estava na varanda, Johnny não estava no gramado. Esvaiu-se a última esperança de que Claire pudesse estar enganada. A mãe voou pelo gramado até a ponta do penhasco, continuando a repetir para si mesma que não adiantava, que seu filho estava morto. Teve a vaga consciência de que alguém corria atrás dela e gritava alguma coisa, mas ela estava excitada demais para entender o que estavam dizendo. Ela atingiu a beirada e [...] olhou para a água lá embaixo. Naquele instante, alguém agarrou seu braço e a chacoalhou, gritando: "Johnny está aqui! Ele caiu da janela do porão. Ele está bem!".

Sem acreditar no que ouvia, os olhos da mãe rapidamente percorriam todos os lados da torrente, ainda à procura do filho. Subitamente, ela percebeu o que dizia a outra mulher. Voltou-se e correu de volta ao chalé. Seu filho de 2 anos, então quase recuperado do pequeno susto da queda em um buraco de escavação de 1,5 metro de profundidade, olhou sorrindo para ela.

A mãe atirou-se ao chão, soluçando violentamente. Enterrou a cabeça nos braços, balançando para a frente e para trás e soluçando sem parar. Aos poucos, foi recobrando o controle, mas sentiu ainda tremores e fraqueza por algum tempo.

O que caracteriza as emoções humanas? À semelhança dos motivos, as emoções são *estados interiores* que não podem ser observados ou medidos diretamente. Conforme as pessoas respondem a experiências, as emoções surgem *de forma súbita*. Nossa história sugere que os sentimentos têm uma qualidade *incontrolável*. Eles não são ligados ou desligados facilmente. Embora as emoções possam levar as pessoas a se sentir fora do controle durante algum tempo, elas efetivamente não determinam comportamentos, mas aumentam o incitamento, a reatividade ou a irritabilidade. Aquilo que aprendemos no passado e o ambiente social influenciam a conduta que se segue. Não obstante, como a mãe desvairada da história, muitas pessoas reagem aos sentimentos na forma de ações, palavras ou pensamentos que parecem perturbados, irracionais ou desorganizados.

Nossa história sugere que as emoções têm diversos componentes. A mãe, tomada pelo pânico, experienciava mudanças *fisiológicas*, tremores e sensação de fraqueza. Estava mergulhada em sentimentos e pensamentos, o componente *subjetivo*, ou pessoal. Além disso, expressou suas emoções pelo *comportamento*, correndo e procurando freneticamente. Se você tivesse presenciado a cena, teria observado outros comportamentos expressivos em seus gestos, postura e expressões faciais.

Vejamos agora uma definição: *emoções* (também chamadas de *afetos*) são estados interiores caracterizados por pensamentos, sensações, reações fisiológicas e comportamento expressivo específico. Aparecem subitamente e parecem difíceis de controlar.

EMOÇÕES UNIVERSAIS

Quantas são as emoções que as pessoas sentem? Os pesquisadores encontraram evidência persuasiva de que pelo menos seis emoções são experienciadas no mundo inteiro: alegria, raiva, desagrado, medo, surpresa e tristeza (Ekman, 1982). Várias outras emoções — dentre elas interesse, vergonha, desprezo e culpa — podem também ser universais (Ekman, 1982; Izard, 1982).

De onde provém a evidência das emoções universais? Parte dela provém da pesquisa que observa como as pessoas rotulam as emoções expressas no rosto humano. Antes de prosseguir a leitura, identifique as emoções transmitidas pelos rostos da Figura 9.1. Trata-se de uma tarefa fácil para a maioria das pessoas. Seres humanos do mundo inteiro, incluindo culturas isoladas e desprovidas de material etnográfico (como a dos aborígenes da Nova Guiné e a de Dani, no oeste do Irã), rotulam essas emoções de forma muito parecida. Além disso, todos os seres humanos movimentam os mesmos músculos faciais para expressar essas emoções.

Respaldo para a universalidade das emoções provém também de estudos de pessoas cegas e surdas de nascença. Embora suas incapacidades isolem-nas da visão e da audição das emoções alheias, elas próprias expressam suas emoções com as mesmas expressões faciais (Goodenough, 1932). Da mesma forma, características não-verbais da fala que expressam emoções (como tom, intensidade e ritmo) tendem a ser as mesmas de pessoa para pessoa e de cultura para cultura (Frick, 1985). Existe mais um conjunto de dados sugestivos. As emoções básicas surgem muito cedo, e as pessoas aprendem a identificar as mesmas emoções em outras pessoas muito antes de ir para a escola (Kreutzer & Charlesworth, 1973). Tomadas como um todo, estas observações sugerem que certas emoções e expressões faciais são programadas nos seres humanos por meio de seus genes.

PRIMEIRAS EMOÇÕES

Muito antes de poderem comunicar qualquer outra coisa — começando pelo primeiro dia de vida —, juntamente com os motivos, os bebês já transmitem emoções. O choro mostra o incômodo do bebê em função do surgimento de necessidades como a fome. Reações positivas, como alegria, surgem quando as necessidades do recém-nascido são satisfeitas — quando levados ao colo e após uma refeição, por exemplo. Os recém-nascidos sobressaltam-se, mostrando assim um primeiro sinal de medo. Expressam também interesse e desagrado (Buechler & Izard, 1983; Plutnick, 1983; Stenberg et al., 1982).

Outras emoções só vão surgir algum tempo após o nascimento. Com cerca de 4 a 6 semanas de idade, os bebês sorriem para as pessoas que reconhecem. Com 3 a 4 meses, expressam raiva, surpresa e tristeza (Malatesta & Haviland, 1982). Expressões bem definidas de medo e inibição (como vergonha e timidez) surgem mais tarde ainda, quando os bebês estão com 6 a 8 meses de idade. Desprezo e culpa geralmente surgem no fim do segundo ano de vida.

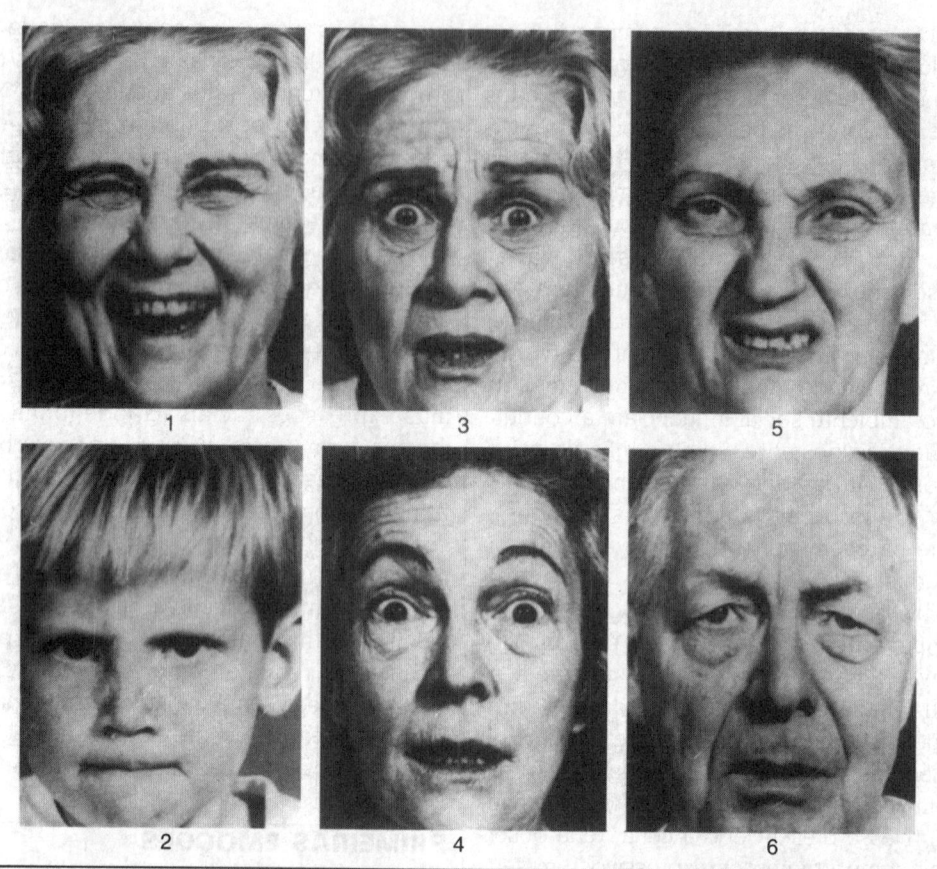

FIGURA 9.1 Qual é a emoção mostrada em cada rosto? As respostas estão na seção "Respostas". Algumas pessoas são especialmente exatas na interpretação de expressões faciais (Rosenthal, 1979). Em todas as idades, as mulheres demonstram uma pequena porém constante vantagem sobre os homens. Não sabemos por quê. [P. Ekman, Universal and cultural differences in facial expression of emotion, in J. K. Cole (ed.), *Nebraska symposium on motivation*, Lincoln: University of Nebraska Press, 1971.]

Da mesma forma que os bebês transmitem emoção, eles reagem à emoção de outros. No nascimento, vemos de fato o que parece ser uma reação a emoções de outros. Recém-nascidos demonstram sofrimento quando outros bebês choram (Hoffman, 1978; Martin, 1980; Sagi & Hoffman, 1976). Eles reagem muito menos a choros não-humanos igualmente altos, ao choro de crianças mais velhas e a gravações de seu próprio choro. Muitos psicólogos acreditam que o sofrimento do recém-nascido é um tipo rudimentar de *empatia*. Por empatia, referimo-nos à capacidade de entender os afetos de outros pela experiência direta de sentimentos.

Já aos 3 meses de idade, os bebês demonstram responsividade a expressões faciais. Bebês dessa idade podem, por exemplo, discernir entre uma expressão de alegria e outra de supressa. Eles devem ver diferença entre as duas porque param de olhar um rosto que esteja demonstrando uma expressão e olham atentamente para o mesmo rosto que esteja demonstrando sinais de outra (Mayo & LaFrance, 1979; Younge-Brown et al., 1977). Além disso, bebês com apenas 3 meses de idade ficam agitados e choram quando as mães demonstram tristeza (Cohn & Tronick, 1983). Crianças pequenas continuam a preferir emoções positivas, da mesma forma que os adultos.

Charles Darwin (1872-1965) via as emoções como algo geneticamente programado nos animais para fins de sobrevivência. Desde o início, os afetos comunicam informações vitais (Plutchik, 1983). O choro tende a fazer com que um adulto preocupado providencie o alívio. O desagrado facilita a remoção de substâncias nocivas. O sorriso revela aos pais aquilo que é agradável e ajuda a assegurar um vínculo forte, aumentando a probabilidade da proteção. As emoções podem desempenhar um papel também na aprendizagem (Izard, 1979). Cada emoção sensibiliza o bebê a algum aspecto do ambiente: desagrado, para com a fome ou a fralda molhada; interesse, por eventos ou objetos novos. Esta focalização ajuda a processar informações e a aprender relacionamentos.

Se a geração de emoções tem um valor de sobrevivência, também o tem o entendimento das emoções dos outros. Os bebês buscam e usam informações emocionais de pessoas que lhes são significativas para compreender novas experiências (Klinnert et al., 1983; Sorce et al., 1985). Se a mãe parece feliz, por exemplo, eles se sentem tranqüilos em se aproximar de um novo brinquedo ou pessoa; se ela parece negativa, eles evitam o que poderia ser uma experiência perigosa.

A NATUREZA DAS EMOÇÕES

As emoções são feitas de componentes subjetivos, comportamentais e fisiológicos.

Componentes Subjetivos

Os aspectos mais vívidos das emoções provavelmente são os sentimentos e pensamentos, os aspectos *subjetivos*, que parecem estar entremesclados. Psicólogos tentaram mapear o componente sentimento-pensamento das emoções pela observação de dimensões subjacentes. Em uma série clássica de estudos, Harold Schlosberg (1954) descobriu três dimensões que descrevem confiavelmente os sentimentos refletidos no rosto. Você pode pensar nessas dimensões como escalas classificatórias aplicáveis a todos os sentimentos. Uma delas vai de *agradável* a *desagradável*. A alegria é agradável, ao passo que a raiva, o medo e o desagrado não o são. A segunda escala vai da *atenção* à experiência em uma ponta até sua *rejeição* na outra ponta. As pessoas prestam atenção naquilo que as surpreende ou amedronta, e elas tendem a rejeitar aquilo que as desagrada ou entristece. A terceira dimensão vai do *intenso* em uma ponta até o *neutro* na outra ponta. A maioria das emoções pode ser forte ou branda. Pode-se pensar em sentimentos felizes como variando de alegria, que é intensa, a contentamento, um estado mais brando. Investigadores contemporâneos encontraram evidência de algumas destas dimensões, assim como de outras (Diener et al., 1985a; Russell, 1980; Russell & Bullock, 1985; Smith & Ellsworth, 1985; Watson et al., 1984). (Veja a Figura 9.2.)

Componentes Comportamentais

Durante as respostas emocionais, o comportamento inclui expressões faciais, gestos e ações.

Expressões Faciais

As expressões faciais foram estudadas mais que qualquer outro componente comportamental. Aprendeu-se muito a respeito, em parte porque os investigadores conceberam formas precisas de codificar expressões (Ekman, 1982; Izard, 1982). Uma estratégia popular é fotografar, com uma câmera escondida, o rosto de pessoas que estão reagindo naturalmente a emoções que evocam experiências (enquanto assistem a filmes ou passam por situações de estresse, por exemplo). Em seguida, cada expressão facial é desmembrada em unidades básicas pela análise de quais músculos se moveram, por quanto tempo, quão intensamente e em que padrões gerais. Esta estratégia possibilita aos psicólogos caracterizar as emoções de maneira concisa e precisa. Por exemplo, a expressão para felicidade pode ser definida como "puxar os cantos dos lábios" ou como "puxar os cantos dos lábios e erguer as bochechas". O desagrado tem seis variantes principais.

Vimos que pessoas do mundo todo comunicam emoções básicas com as mesmas expressões faciais e acham fácil identificar emoções básicas em expressões faciais. Descrevemos como bebês pequenos, incluindo os cegos e surdos de nascença, usam estas mesmas expressões para comunicar seus sentimentos. A universalidade das expressões faciais básicas sugere que elas são programadas no ser humano por hereditariedade. Naturalmente, a forma precisa da expressão — o tamanho do sorriso ou a intensidade da careta — parece ser mediada pelo meio circundante e pelas experiências.

Os músculos faciais são muito responsivos a emoções. As medições físicas sugerem que eles se movem de maneira distinta, mesmo quando os observadores não vêem sinal algum de emoção no rosto. O simples fato de ter pensamentos felizes ou tristes movimenta padronizadamente os músculos faciais (Schwartz, 1977). Os movimentos faciais re-

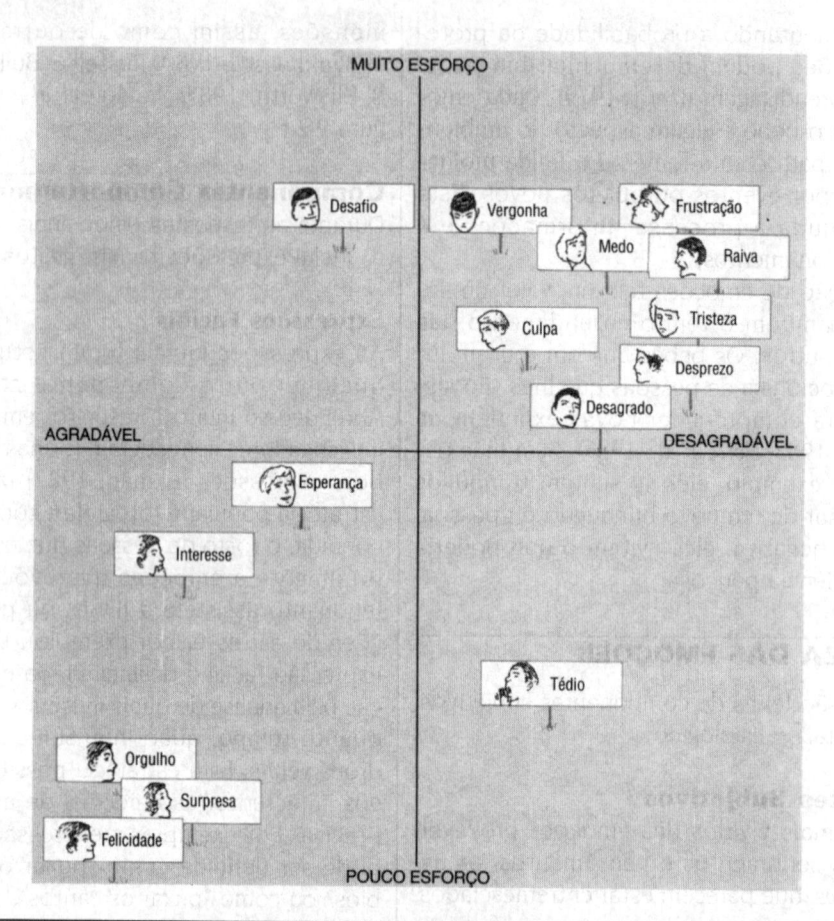

FIGURA 9.2 A forma pela qual as pessoas experienciam uma emoção está associada com a forma pela qual avaliam a situação que gerou aquela emoção. Por exemplo, emoções básicas podem ser avaliadas em termos de quão desagradável ou agradável foi a situação geradora e quanto esforço teve de ser despendido naquela situação, conforme demonstrado na figura. Dentre outras dimensões que descrevem experiências geradoras de emoções estão a atenção para com o evento incitante e sentimentos de controle sobre o ocorrido (Smith & Ellsworth, 1985).

fletem também a intensidade das experiências emocionais. Usando apenas as medições físicas, cientistas podem dizer qual de duas experiências foi mais apreciada (Ekman et al., 1980). Estas observações sugerem que as expressões faciais fornecem informações precisas sobre as emoções.

Como animais sociais que tentam continuamente se relacionar com os outros, as pessoas guiam-se pelas expressões faciais para entender os sentimentos das outras. Uma corroboração indireta desta idéia provém de observações que sugerem que espécies sociais como a humana exibem uma gama muito maior de expressões faciais do que animais solitários que pouco se comunicam com os outros (Buck, 1980).

O comportamento facial transmite não só informações aos outros, mas também dados importantes ao iniciador da resposta. O respaldo mais significativo para esta idéia provém de uma série de experimentos conduzidos por John Lanzetta e seus colaboradores (Colby et al., 1977; Kleck et al., 1976; Lanzetta et al., 1976). Em um estudo, por exemplo, quando os participantes tentaram disfarçar sinais faciais de dor, as palmas das mãos suaram menos e eles avaliaram sua dor como menos intensa. Embora essas descobertas estejam sujeitas a interpretações variadas, são coerentes com a idéia de que as expressões faciais modelam as idéias das pessoas acerca daquilo que sentem.

Além de transmitir informações, as expressões faciais afetam os observadores mais diretamente.

Pessoas que observam alguém expressar dor mostram sinais de incitamento físico e relatam sofrer também (Vaughan & Lanzetta, 1979). A capacidade de experienciar dor vicariamente (observando o rosto de outrem) fornece base para a empatia. Se vemos alguém sofrendo e nós próprios sofremos, tendemos a nos sentir motivados a ajudar. Existe uma outra interpretação plausível. Simular as experiências interiores de outros ajuda-nos a identificar o que eles estão sentindo.

Gestos e Ações
Em crianças pequenas, as emoções costumam ser acompanhadas de comportamento previsível. A raiva é ligada a atos vigorosos e ativos, como pular para cima e para baixo ou atirar alguma coisa. A tristeza é associada a respostas de baixa intensidade, como ficar olhando para o nada, chupar o dedo ou juntar as mãos. O interesse é acompanhado de observação ativa e exploração do meio. Em todos esses exemplos, as emoções vêm primeiro e prepararam para padrões de comportamento correspondente. O surgimento dessas relações emoção-comportamento em crianças bem pequenas sugere uma contribuição genética.

Ao mesmo tempo que a hereditariedade modela a gama de respostas humanas às emoções, os indivíduos aprendem expressões emocionais também de suas famílias. Algumas respostas provavelmente são escolhidas pela observação e imitação daquilo que é visto (aprendizagem por observação). Aquilo que se torna habitual depende em parte das conseqüências (condicionamento operante). É provável que sejam estes os mecanismos que modelam os gestos expressivos diferentes entre as culturas, como mostrar a língua como um cumprimento amigável (no Tibete) e bater palmas quando preocupado e coçar orelhas e bochechas quando feliz (na China) (Klineberg, 1938). Mais adiante, examinaremos os fatores familiares que costumam acompanhar a raiva.

As psicólogas Carol Malatesta e Jeanette Haviland (1982, 1984) têm estudado questões ligadas ao motivo pelo qual, com a idade, as pessoas passam a inibir e disfarçar seus sentimentos. Não é incomum que adultos e crianças maiores sorriam, quando se sentem deprimidos ou com raiva, e pareçam tranqüilos quando estão tensos. Como esses disfarces são aprendidos? A pesquisa sugere que as mães duplicam as expressões que vêem no rosto dos filhos. Se a nenê Henriete parece brava, sua mãe assume uma expressão brava. Se o menino Adriano parece feliz, a mãe sorri. À medida que as crianças vão crescendo, as mães tendem a evitar a duplicação de expressões negativas. As expressões suprimidas pela mãe revelam quais são as emoções socialmente inaceitáveis.

Componentes Fisiológicos
Mais de 50 anos atrás, o fisiologista Walter Cannon (1932) sugeriu que o componente físico de uma emoção intensa supre os animais de energia, a qual ajuda a lidar com as emergências que originaram a emoção. Portanto, as emoções foram chamadas de *respostas de luta ou fuga*. As mesmas alterações fisiológicas que proporcionam mais energia também intensificam as experiências emocionais. Reações físicas tais como tremer, corar, empalidecer, suar, respirar rapidamente e sentir tontura emprestam às emoções uma qualidade de urgência e poder. Focaremos agora duas questões gerais da fisiologia.

As Reações Fisiológicas a Todas as Emoções São Similares?
Cannon sustentava que as respostas físicas à dor, à raiva e ao medo são essencialmente as mesmas. Recentemente, Paul Ekman e seus colaboradores (1983) solicitaram que atores reproduzissem expressões faciais específicas associadas a várias emoções. Para produzir, por exemplo, uma expressão de medo, os atores fizeram sete movimentos faciais. Eles ergueram as extremidades internas e externas das sobrancelhas, franziram o cenho, arregalaram os olhos, e assim por diante. Os pesquisadores monitoraram o batimento cardíaco, a temperatura cutânea e a resistência cutânea (em essência, a medição do quanto as palmas das mãos suavam). A equipe de Ekman descobriu diferentes respostas associadas a diferentes emoções. Por exemplo, o batimento cardíaco normal aumentava mais em função de expressões relacionadas com raiva e medo (8 batimentos por minuto) do que em função da felicidade (2,6 batimentos por minuto). Por ocasião de expressões faciais de desagrado e surpresa, o batimento cardíaco exibia pequena alteração. A temperatura média do dedo aumentava na raiva, modificava um pouco no medo e na tristeza, e caía na felicidade. Estas descobertas estão entre os dados que indicam diferentes padrões fisiológicos

para diferentes emoções (Ax, 1953; Axelrod & Reisine, 1984; Davidson, 1978; Wolf & Wolff, 1947).

As Reações Fisiológicas às Mesmas Emoções São Uniformes?

Quando você está triste, seu corpo responde da mesma forma que qualquer outro corpo humano? Ou as pessoas exibem muitas diferenças? Como na maioria das coisas, os seres humanos diferem entre si. As tendências de resposta revelam-se desde a tenra idade. Logo após o nascimento, alguns bebês demonstram mudanças autonômicas acentuadas, enquanto outros quase não demonstram reações (Sander et al., 1970). Da mesma forma que a quantidade é uma questão individual, também o é a qualidade (Lacey, 1967). Um bebê reage, por exemplo, ao estresse principalmente pela secreção de suco gástrico, outro pela aceleração do batimento cardíaco e um terceiro pela elevação da temperatura do corpo. Grande número de descobertas de pesquisas sugere que tais padrões fisiológicos relacionados com emoções são influenciados pela hereditariedade (Jost & Sontag, 1944; Plomin & DeFries, 1985; Reese et al., 1983). Diferentes tendências físicas são também moldadas pela experiência, conforme veremos adiante neste capítulo.

Componentes Entrelaçados e Interativos

Os componentes subjetivos, comportamentais e fisiológicos de nossas emoções estão entrelaçados e são interativos. Pensamentos, sentimentos, expressões faciais, atos e fisiologia estão continuamente exercendo influências entre si. Você já deve saber que os pensamentos alteram os sentimentos (Ellis, 1985). Se você está bravo com X, você pode intensificar sua raiva pensando em todas as coisas irritantes que X fez recentemente e classificando todas as qualidades deploráveis de X. Ou você pode apaziguar-se pensando em outra coisa ou concentrando-se nas virtudes de X. É assim também que as pessoas agem com o medo. Por exemplo, você pode transformar o ficar sozinho à noite em um estado aflitivo, imaginando ouvir passos e sussurros de ladrões armados.

Observações de laboratório confirmam impressões informais de que cognições acompanham e podem influenciar sentimentos imediatos (Berkowitz, 1983; Goodhart, 1985). Em um estudo, Constance Hammen e Susan Krantz (1976) pediram a mulheres deprimidas e não deprimidas que descrevessem como se sentiam ao passar uma noite de sexta-feira sozinhas. As participantes deprimidas relataram cognições[1] que propendiam a manter seu estado. Elas disseram coisas como: "Fico muito chateada e começo a imaginar noites e dias de solidão sem fim". As mulheres não deprimidas minimizaram seus sentimentos de rejeição ao pensar em coisas como: "Não me incomodo, porque passar uma noite de sexta-feira sozinha não é tão grave assim; provavelmente todos já passaram noites sozinhos".

Os pensamentos podem também alterar as reações físicas. Um estudo engenhoso que corrobora esta afirmação foi conduzido por T. Symington e seus colaboradores (1955). Eles examinaram informações de autópsias de pessoas que haviam morrido de ferimentos ou de doença. Havia dois grupos. As vítimas de um grupo estavam cientes da situação de crise. As do outro não sabiam de sua morte iminente. Os exames *post-mortem* demonstraram a inexistência de sinais fisiológicos de estresse nas vítimas não cientes. Presumivelmente, não cientes do fato iminente, as pessoas não experienciaram ansiedade antes de morrer. O corpo das vítimas cientes apresentou os esperados sinais fisiológicos de estresse.

As expressões faciais podem alterar tanto a fisiologia como os sentimentos (Zajonc, 1985b). Pressionando ou descomprimindo os ramos das artérias que servem ao cérebro, os músculos faciais que se movimentam ao expressar uma emoção permitem que uma quantidade maior ou menor de sangue chegue ao cérebro. Acredita-se que as mudanças do fluxo sangüíneo alterem a temperatura do cérebro e os padrões de liberação de neurotransmissores e afetem o comportamento. Quando as pessoas riem, por exemplo, os músculos que se contraem aumentam o fluxo sangüíneo no cérebro, criando uma sensação de júbilo.

Emoções Mistas

Regularmente, as pessoas sabem que suas emoções são mistas. Elas amam e odeiam a mesma pessoa. Elas receiam e anseiam pela mesma festa. Embora tendamos a pensar nesses casos como exceções, a

---

1. N.R.T.: Cognição, no contexto da psicologia cognitiva, refere-se não a um conhecimento, mas àquilo que comumente denominamos experiência, podendo desta forma referir-se a uma impressão, por exemplo.

ambivalência pode ser a regra (Folkman & Lazarus, 1985; Schwartz, 1978).

A noção das emoções mistas é fácil de demonstrar intuitivamente. Classifique as situações abaixo em termos da intensidade do medo, raiva, tristeza e felicidade que elas despertam. Use as designações pouco, moderado e muito para cada classificação.

1 Sua tia favorita lhe diz na Páscoa que passará um mês com vocês a partir do Natal.

2 Você é despedido de um emprego do qual não gosta.

É provável que essas situações despertariam diversos sentimentos. A visita de sua tia, por exemplo: embora você possa ficar feliz em revê-la, um mês pode ser demais e o Natal pode não ser o momento certo. Além disso, você pode ficar temeroso à forma pela qual sua tia vai se relacionar com um determinado membro da família ou amigo.

As emoções não só são mistas como também estão ligadas a motivos (Buechler & Izard, 1983; Tomkins, 1979). Ao examinar as emoções dos bebês, descrevemos essa parceria; ela é característica também dos adultos. Quando as pessoas estão privadas de algo de que necessitam — comida, digamos —, elas sentem raiva ou tristeza ou ansiedade. Quando as pessoas satisfazem uma necessidade (comendo, por exemplo), elas se sentem felizes. A ligação motivo-emoção não é uma via de mão única; da mesma forma que os motivos evocam emoções, as emoções geram motivos. A raiva, por exemplo, geralmente vem acompanhada de um desejo de ferir alguém ou de destruir alguma coisa (agressão). O medo está ligado a um desejo de evitar a situação que o despertou. Dada a estreita ligação entre motivação e emoção, não é de surpreender que as mesmas regiões do cérebro, no sistema límbico (veja a p. 75), desempenhem papéis fundamentais.

Se as emoções mesclam-se com motivos e outras emoções, então as expressões no rosto das pessoas também deveriam ser mescladas. Em sendo este o caso (Malatesta & Izard, 1984), geralmente os indivíduos precisam de outros sinais, além dos do rosto, para descobrir o que os outros estão sentindo. O conhecimento da situação ajuda nessa descoberta. Antes de prosseguir a leitura, tente identificar a emoção ou as emoções expressas no rosto exibido da Figura 9.3; sem dispor das informações da situação, revelada na Figura 9.4, a tarefa fica difícil.

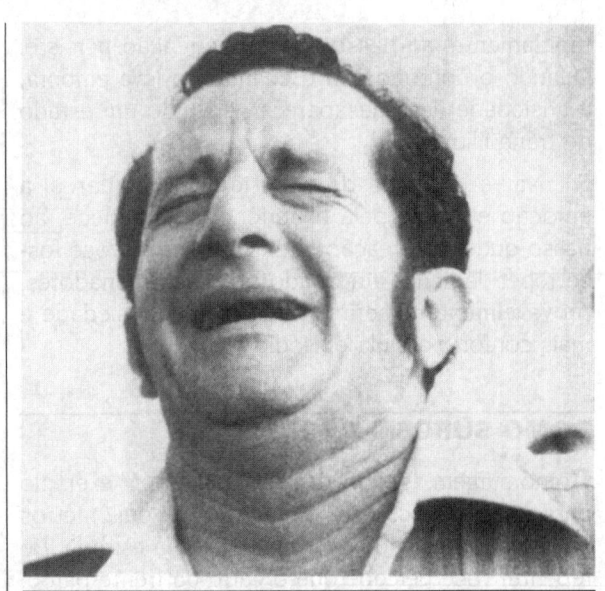

FIGURA 9.3 Que emoção(ões) expressa o rosto de Frank De Vito? (*Hackensack Record*.)

Para ler os sentimentos na vida cotidiana, as pessoas recorrem às informações sobre as circunstâncias.

Emoções Volúveis

As emoções humanas estão em constante mudança. Afetos ou humores brandos parecem predominar (Izard & Malatesta, 1984); raramente as pessoas são presas de emoções violentas. O psicólogo Richard Solomon (1977, 1980) acredita que o cérebro humano mantém o equilíbrio por meio da neutralização da intensidade das emoções fortes (positivas e negativas). A *teoria do processo oponente* de Solomon apresenta uma série de fases.

1 Primeiramente, as experiências despertam emoções relativamente fortes. Ao encontrar um cão solto e rosnando em uma rua solitária, experimentamos extremo medo.

2 As emoções evocadas pelas experiências despertam automaticamente *pós-reações*, as quais contrastam com as emoções. A ansiedade, Solomon acredita, desperta uma pós-reação de calma.

3 Gradativamente, a pós-reação opõe-se ou suprime a força do afeto que a despertou. Os dois processos oponentes dão o nome ao modelo. Voltando ao nosso exemplo do cão, a pós-reação de calma suprime a tensão.

4 Depois que uma experiência termina, a emoção que havia sido diretamente despertada desaparece rapidamente, ao passo que a pós-reação persiste. Quando o dono do cão o chama e o leva embora, a ansiedade deve desaparecer, advindo um estado de tranqüilidade.

5 Na recorrência de experiências similares, a emoção evocada pela experiência enfraquece, ao passo que a pós-reação intensifica-se. Se você fosse repetidamente ameaçado por cães rosnadores, provavelmente experimentaria menos ansiedade e mais conforto a cada episódio.

COMO SURGEM AS EMOÇÕES

Como surgem as emoções? Tomemos um exemplo para análise. Você está dirigindo a 90 quilômetros por hora e prestando pouca atenção na estrada. De repente, você percebe que o carro da frente parou. Você pisa com tudo no freio, o carro derrapa e você bate no carro parado. Embora você não tenha se machucado (nem os outros), você fica apavorado. Como surgiu a ansiedade?

Teorias da Resposta Periférica

As *teorias da resposta periférica* fazem duas afirmações principais:

1 Eventos que incitam emoções despertam *respostas periféricas* (controladas pelo sistema nervoso periférico, responsável pelos reflexos e pelas reações fisiológicas). Em termos do exemplo do carro, sua percepção da colisão produz ações de emergência (pisar com tudo no freio), sinais faciais de ansiedade (reflexos) e outras atividades autonômicas (provavelmente suor, coração disparado e respiração acelerada).

2 As respostas periféricas de cada emoção são distintas, de modo que cada padrão é reconhecido como característico de uma diferente emoção. Você nota a expressão no seu rosto, os freios cantando, o suor, e assim por diante. Uma vez que você relaciona tais respostas com ansiedade, você rotula seu estado emocional de "ansiedade".

Dois dos primeiros proponentes das teorias da resposta periférica foram William James (1884-1968) e Thomas Lange (1885-1922). Embora suas idéias fossem ligeiramente diferentes, muitos psicólogos juntaram ambas na chamada *teoria James-Lange*. James era um escritor talentoso e suas observações freqüentemente citadas ilustram essa perspectiva: "Ficamos tristes porque choramos, com raiva por-

FIGURA 9.4 O rosto de Frank De Vito, um encanador de Nova Jersey, expressa sentimentos diversos, incluindo alegria e surpresa. Ele e a esposa acabam de ser informados de que ganharam US$ 1 milhão na loteria estadual. Como as expressões faciais geralmente refletem várias emoções de uma vez, as informações da situação ajudam-nos a interpretar as mensagens faciais corretamente. (*Hackensack Record*.)

que batemos, com medo porque tremmos, e não [o contrário] choramos, batemos ou tremmos porque estamos tristes, com raiva ou com medo [...]". James também escreveu o seguinte: "Sem os estados físicos que se seguem à percepção, esta seria uma forma puramente cognitiva, pálida, descorada, destituída de calor emocional".

Uma versão moderna da teoria da resposta periférica, a *hipótese de feedback facial*, é bastante popular hoje (Ekman *et al*., 1983; Laid, 1984; Tomkins, 1982). Muitas das formas dessa hipótese sugerem que as pessoas respondem a eventos incitadores de emoções de duas maneiras predominantes: imediatamente, com padrões faciais expressivos, e depois, com respostas físicas. Ao observar suas expressões faciais, que são variadas e específicas, as pessoas distinguem uma emoção da outra e compreendem o que estão experienciando.

Teorias do Incitamento Inespecífico

As *teorias do incitamento inespecífico* também fornecem idéias plausíveis sobre como surgem as emoções. Elas presumem o seguinte:

1 Eventos incitantes despertam — simultânea essencialmente — sentimentos, comportamento expressivo e reações fisiológicas.

2 As reações fisiológicas são bastante similares. Em outras palavras, elas não correspondem a emoções específicas; daí a frase "incitamento inespecífico". O acidente automobilístico deveria produzir exatamente a mesma resposta física de ser insultado por um amigo ou de reencontrar a pessoa amada após as férias.

3 As distinções que as pessoas fazem entre tristeza, medo, raiva, alegria e outras emoções são aprendidas com base em elementos como intensidade do incitamento, outras experiências similares e sentimentos vagos de aproximação ou esquiva a uma situação. Por exemplo, você veria sua resposta ao acidente como intensa e a colisão, como um acontecimento potencialmente ameaçador à sua vida que deveria ser evitado. Tais pensamentos o convenceriam de que você está ansioso.

Walter Cannon (1932) e Philip Bard estavam dentre os primeiros partidários da teoria do incitamento inespecífico, de modo que ela costuma ser chamada de teoria Cannon-Bard. Tanto Cannon como Bard acreditavam que as percepções humanas de eventos incitantes de emoções estabeleciam padrões de atividade nos centros cerebrais inferiores, especialmente o hipotálamo e o tálamo. Os centros cerebrais inferiores passam então as mensagens tanto para o córtex cerebral como para o sistema nervoso autônomo (SNA). O córtex e o SNA produzem reações subjetivas, comportamentais e fisiológicas (não específicas) quase ao mesmo tempo.

Estão muito difundidas hoje as chamadas *teorias cognitivas* do incitamento inespecífico (Campos & Sternberg, 1981; Lazarus & Folkman, 1984; Mandler, 1984). Elas presumem que as pessoas avaliam, em algum nível, aquilo que lhes está acontecendo e que essa avaliação gera uma emoção. A avaliação não é necessariamente racional, deliberada ou consciente. Uma teoria cognitiva bastante popular proveio do trabalho de Stanley Schacter e Jerome E. Singer (1962, 1979). Schacter e Singer acham que as emoções surgem de duas formas. Na vida cotidiana, eles acreditam, uma experiência (como a de uma colisão de carro) aciona uma reação em cadeia. A experiência leva tanto a respostas fisiológicas (incitamento inespecífico — batimento cardíaco aumentado, respiração acelerada etc.) quanto a cognições (avaliação da situação — no exemplo da colisão, talvez, "Estou em perigo"). Para que experimente uma emoção, o indivíduo precisa atribuir o incitamento físico (coração acelerado etc.) à situação (acidente). A exata emoção sentida depende da maneira pela qual a pessoa aprendeu a classificar a situação. Como as pessoas tendem a relacionar perigo com ansiedade, elas podem presumir que seu incitamento durante um acidente significa ansiedade.

Schacter e Singer descrevem um outro processo de geração de emoções. Por vezes, elas acham que os indivíduos notam um incitamento fisiológico e sentem-se motivados a procurar um rótulo emocional que possa responder por esse estado. Embora esta situação não seja comum na vida cotidiana, emoções podem surgir desta forma em experimentos de laboratório (Marshall & Zimbardo, 1979; Maslach, 1979; Schachter & Singer, 1979).

Uma Síntese

Até o momento, a evidência não favorece um único modelo de emoção (Barden *et al.*, 1981; Buck, 1980; Lazarus, 1984; Reisenzein, 1983; Tourangeau & Ellsworth, 1979; Zajonc, 1984). Ao contrário, aspectos de cada uma das teorias encontram suporte:

- Reações físicas a emoções são específicas (resposta periférica).

- Respostas físicas a emoções dão urgência à experiência emocional (resposta periférica). Pessoas cujas respostas autonômicas estão isoladas de suas experiências subjetivas por lesões da coluna vertebral demonstram emoções relativamente fracas (Buck, 1980).

- Expressões faciais refletem aquilo que as pessoas sentem e podem levá-las a experienciar uma emoção e a reagir fisicamente de forma correspondente (resposta periférica).

- O córtex (e os pensamentos por ele mediados) desempenham um papel central na influência sobre aquilo que as pessoas sentem (incitamento inespecífico).

As duas teorias, da resposta periférica e do incitamento inespecífico, estão parcialmente corretas, ao que parece. Em resumo, sinais variados — faciais, fisiológicos, cognitivos e situacionais — contribuem para as experiências emocionais.

Passamos agora de questões gerais para emoções específicas, examinando primeiramente a raiva e a agressão.

RAIVA E AGRESSÃO

Nossa exploração dessas emoções específicas começa com a raiva e a agressão, sendo a agressão um comportamento que geralmente acompanha a raiva. Definimos *raiva* como uma emoção caracterizada por fortes sentimentos de contrariedade, os quais são acionados por ofensas reais ou imaginárias. Definimos *agressão* como qualquer ato praticado com o fim de ferir ou prejudicar uma vítima involuntária (Zillmann, 1979).

A Experiência da Raiva na Vida Cotidiana

James Averill (1982, 1983) é responsável por grande parte de nosso conhecimento sobre como as pessoas percebem e lidam com a raiva no dia-a-dia. Averill solicitou a adultos e estudantes universitários que preenchessem extensos questionários e mantivessem diários sobre incidentes que os contrariavam ou lhes despertassem raiva. Os participantes da pesquisa de Averill relataram sentir raiva branda a moderada com uma freqüência de várias vezes ao dia até várias vezes por semana. Os objetos de raiva eram predominantemente outras pessoas, em especial as mais próximas e os entes queridos. Objetos não-humanos, como torneiras pingando, gatos brigando e doenças também evocavam ira.

Como as pessoas expressam raiva? Uma alta porcentagem dos participantes da pesquisa de Averill relatou sentir vontade de agredir (direta ou indiretamente). (Veja a Tabela 9.1.) O ato de conversar sobre o incidente com uma pessoa neutra e o de engajar-se em atividades calmantes também revelaram-se impulsos comuns. Com relação a agir, as pessoas disseram que raras vezes ficavam fisicamente agressivas. A agressão verbal ou simbólica era muito mais comum.

Depois de expressar raiva, como as pessoas se sentem? Segundo o estudo de Averill, as quatro reações mais comuns enquadram-se em um dos seguintes grupos desagradáveis: "irritado, hostil, exasperado", "deprimido, infeliz, soturno", "ansioso, inquieto, nervoso" e "envergonhado, embaraçado, com sentimento de culpa". Sentimentos agradáveis como "aliviado, satisfeito e triunfante" eram raros. Embora a raiva tenda a culminar tanto em indiferença, desafio ou hostilidade, como em um pedido de desculpas, as pessoas tendem a ver o todo de suas conseqüências como algo favorável. Elas disseram que a raiva melhora o comportamento e a atitude da pessoa que a despertou, aumenta o entendimento mútuo, fortalece os relacionamentos e reduz a tensão.

TABELA 9.1 Como as pessoas expressam raiva.

A. Agressão direta e indireta

1 Agredir verbal ou simbolicamente ou punir diretamente o ofensor (agressão simbólica: "Estou com vontade de te...").

2 Negar ou remover algum benefício costumeiramente desfrutado pelo ofensor.

3 Agredir fisicamente ou punir diretamente o ofensor.

4 Agredir, danificar ou prejudicar algo ou alguém importante para o ofensor.

5 Pedir a um terceiro para que "dê o troco" ao ofensor ou para que o puna.

B. Agressão redirecionada

6 Descontar a raiva em outra pessoa que não o ofensor; isto é, agressão (física, verbal ou outra) dirigida a um indivíduo não relacionado com a instigação.

7 Descontar a raiva em ou atacar um objeto inanimado não relacionado com a instigação.

C. Respostas não agressivas

8 Esclarecer o incidente com o ofensor sem exibir hostilidade.

9 Conversar sobre o incidente com uma pessoa neutra, não envolvida no assunto, sem qualquer intenção de prejudicar o ofensor ou desabonar sua imagem.

10 Engajar-se em atividades calmantes (por exemplo, sair para caminhar).

11 Engajar-se em atividades opostas à da expressão da raiva (por exemplo, ser superamistoso com o instigador).

Fonte: Averill, 1979.

A Ligação Raiva-Agressão

Grande quantidade de dados de pesquisas corrobora a ligação raiva-agressão (Averill, 1982, 1983; Berkowitz, 1983; Dengerink, 1976). Tanto a frustração como o sofrimento levam ao sentimento de raiva e provocam agressão.

A *frustração* surge quando um obstáculo impede as pessoas de fazer algo que desejam, de atingir um objetivo ou satisfazer uma necessidade, um desejo ou uma expectativa. A frustração costuma gerar raiva, que freqüentemente é seguida de agressão. Dentre as situações comuns de frustração e raiva estão as seguintes: violação de expectativas ou desejos pessoais, comportamento socialmente inaceitável, negligência ou indiferença, falta de visão e prejuízo da auto-estima ou orgulho pessoal (Averill, 1982, 1983).

Nem todas as frustrações provocam raiva. Quando os eventos frustrantes eram inevitáveis ou justificáveis ou fortuitos, os participantes do experimento de Averill não sentiam raiva. O mesmo se aplicava a circunstâncias mitigadoras. Por exemplo, se alguém se comporta de forma desagradável mas você sabe que essa pessoa está tensa por causa de um exame escolar, ficará menos propenso a sentir raiva do que se não houvesse uma desculpa (Zillmann & Cantor, 1976).

Alguns psicólogos acreditam que o tédio, que é frustrante, está por trás do terrorismo e da delinqüência. A brutalidade fria que define o terrorismo pode ser produto de pessoas entediadas (e zangadas) que estão procurando dar algum sentido à sua vida vazia. A delinqüência pode surgir em parte de uma fonte similar: demasiado tempo livre, pouco a fazer e uma enorme necessidade de estimulação (Farley, 1973).

O conflito (discutido adiante) é outra fonte de frustração. Cerca de dois terços dos assassinatos ocorridos nos Estados Unidos são cometidos por parentes, amigos e conhecidos durante discussões (Lunde, 1975). Pessoas que maltratam crianças pequenas demonstram baixa tolerância à frustração e geralmente explodem e agridem fisicamente ao tentar resolver um conflito (Kempe & Helfer, 1982). (Veja também o Quadro 9.2, p. 387).

A dor é outra fonte de raiva. Imediatamente após receberem um choque, certos animais atacam quase qualquer coisa que virem pela frente como que em um reflexo. Calor intenso, agressão física e outras fontes de dor também estimulam respostas agressivas (Moyer, 1976) (veja a Figura 9.5). Parece haver dois componentes de agressão familiares ao reflexo: defensivo e ofensivo (Berkowitz, 1983). Com *defensivo*, queremos dizer que a agressão tende a eliminar a estimulação nociva, aumentando as chances do animal de permanecer vivo. Com *ofensivo*, queremos dizer que se pretende atacar.

Diferentemente de muitos outros animais, o ser humano não lida com a dor por meio de agressão reflexa. Todavia, quando submetidos a experiências mental ou fisicamente desagradáveis (odores fétidos, temperaturas altas, informações atemorizantes, insultos, fumaça irritante etc.), os seres humanos tornam-se mais propensos a agredir (Berkowitz, 1983). Da mesma forma, o sofrimento de pessoas

FIGURA 9.5 O *raccoon* destes fotogramas está respondendo a choque com agressão reflexa. Observe como o animal ataca o único alvo disponível, uma bola de tênis. (Nathan Azrin.)

deprimidas parece torná-las hostis e propensas a agredir.

Agressão Induzida por Incentivo

Nem sempre a raiva e a agressão estão relacionadas. As pessoas podem sentir raiva mas lidar com ela de forma não agressiva, como podem também ser agressivas em decorrência de *incentivos* (eventos que incitam a ação). A *obediência* pode ser um incentivo à agressão. Durante a guerra, os soldados matam para obedecer ordens, pelo menos em parte. As *pressões sociais*, outro incentivo, podem estimular atos hostis em laboratório e na vida (Borden, 1975). Entre os delinqüentes de gangues, a violência física presenciada por seus membros pode por vezes "somar pontos"; a brutalidade eleva o status, o respeito e a auto-estima. Dinheiro é outro incentivo. Os membros de gangues podem simplesmente ganhar mais dinheiro com terrorismo e extorsão do que com salário-desemprego ou desempenhando serviços subalternos. (Veja o Quadro 9.1.) (■)

Descrevemos a raiva e os incentivos — as provocações para a agressão. Passamos agora a examinar as influências biológicas e ambientais que atuam sobre onde, quando e como as pessoas agridem.

Influências Biológicas sobre a Agressividade

Tem sido difícil encontrar respaldo para a idéia de que as pessoas herdam necessidades de agredir, às vezes chamadas de *instintos agressivos*, embora não se tenha abandonado essa noção.

Instintos Agressivos

Sigmund Freud (1909-1957, pp. 85-86) acreditava que os seres humanos têm instintos agressivos. Segundo ele, "[As pessoas] não são criaturas gentis e amistosas que desejam ser amadas e que simplesmente se defendem quando são atacadas. Uma poderosa medida do desejo de agressão há que ser reconhecida como parte de sua herança instintiva". Se os indivíduos não encontram um escape, acreditava Freud, os instintos agressivos acumulam-se e finalmente explodem, rompendo em violência.

Alguns observadores do comportamento animal acreditam que Freud estava certo. Konrad Lorenz, renomado etologista austríaco, tinha opinião semelhante. Segundo Lorenz (1966), todos os animais (incluídos os seres humanos) nascem com instintos agressivos, os quais os ajudam a sobreviver. Os animais perigosos, presumia Lorenz, herdam inibições em relação a membros altamente lesivos da própria espécie. As salvaguardas inatas protegem as espécies contra a extinção. O ser humano é um caso especial. Nossos ancestrais, alegava Lorenz, eram lutadores ineptos, dotados de baixa capacidade lesiva. Assim, não havia necessidade de desenvolver mecanismos inibitórios elaborados. Após a invenção de armas, porém, os seres humanos tornaram-se os animais mais potencialmente destrutivos.

É controvertida a posição de Lorenz. Até agora, ninguém encontrou evidência convincente de que a necessidade de lutar surja *espontaneamente* de dentro dos animais; ao que parece, a agressão precisa ser estimulada (Hammond, 1984; Scott, 1984). Segundo Paul Scott (1958), "Uma pessoa que tiver a sorte de existir em um ambiente desprovido de estimulação para lutar não sofrerá prejuízo fisiológico ou nervoso por não ter jamais lutado".

Muitos padrões de agressão animal que parecem ser inatos (instintivos) são influenciados pela experiência. Zing-Yang Kuo (1967) demonstrou esta idéia de forma brilhante em uma série de experimentos sobre "inimigos naturais". Em um estudo, Kuo criou filhotes de gato de diversas maneiras. Alguns cresceram com mães que matavam ratos, outros com ratos como companheiros e outros vivendo sozinhos. Aproximadamente 85% dos filhotes de gato criados por pais que matavam ratos tornaram-se ávidos matadores de ratos. Aproximadamente 45% daqueles criados em isolamento vieram mais tarde a atacar ratos. Somente 17% dos animais criados com ratos vieram mais tarde a se tornar predadores desses roedores. Mesmo sob condições de fome extrema, apenas 7% dos gatos que não matavam ratos puderam ser induzidos a matar por meio de treinamento especial (testemunhando um gato adulto matar um rato). Depois de conviver desde a infância, gatos e ratos desenvolveram vínculos tão fortes que um gato chegava até a proteger fisicamente um rato e silvar para outro gato ameaçador.

Capacidades Biológicas

Embora os animais possam não ter instintos agressivos, sua biologia lhes provê de capacidades de ataque, as quais podem preparar todos os organismos para aprender facilmente a agredir (Scott, 1983). Seguimos o modelo de Kenneth Moyer (1976, 1983) das bases fisiológicas da agressividade. Ele começa com o fato de que os animais têm diferentes sistemas nervosos que controlam tipos específicos de agressão. No Capítulo 2, vimos que a estimulação de diferentes circuitos hipotalâmicos geram respostas agressivas diversas em gatos. Moyer propõe que um sistema entra em ação sempre que um determinado nível de limiar é atingido.

1 Em um estado de *alto limiar*, os circuitos cerebrais estão insensíveis e não disparam, ainda que o animal seja provocado.

Quadro 9.1

LIDANDO COM A RAIVA

Qual a melhor maneira de lidar com a raiva? De há muito as autoridades no assunto oferecem aconselhamento sobre isso, porém grande parte daquilo que se tem tido como padrão é contestado por descobertas de pesquisas. Uma idéia comum é que as pessoas precisam expressar a raiva com todo o vigor, gritando, atirando alguma coisa, atingindo alguém, ou coisas do gênero. Supõe-se que esses comportamentos levam as pessoas a entrar em contato com seus sentimentos e exteriorizá-los (a idéia da catarse ou ventilação) (veja a Figura 9.6). Descobertas de pesquisas revelam que expressar vigorosamente a raiva não corresponde ao que se imagina (Feshbach, 1956; Straus et al., 1980). Quando marido e mulher gritam um com o outro, por exemplo, depois se sentem mais zangados ainda.

E quanto a simplesmente "falar tudo o que se tem vontade"? Esta resposta pode apresentar problemas, também. Uma discussão recente pode despertar emoções mistas; por exemplo, dor, ira, medo e culpa. O que as pessoas geralmente acham é que expressar seus sentimentos é repetir um único sentimento, intensificando-o. Existe pesquisa a corroborar a idéia de que falar sobre raiva pode direcioná-la para determinadas direções e ampliá-la. Ebbe Ebbesen e seus colegas (1975) entrevistaram dois grupos de engenheiros. Alguns haviam pedido demissão voluntariamente e outros haviam sido despedidos quando a indústria local de defesa aeroespacial cortou grande parte de seu pessoal. O entrevistador direcionou as perguntas de diferentes formas. Alguns foram levados a se posicionar contra a empresa: "Quais foram as injustiças da empresa com você?". Alguns foram levados a se posicionar contra seus superiores: "O que seu chefe poderia ter feito para evitar as demissões?". A alguns engenheiros foram feitas perguntas neutras: "O que você acha da biblioteca técnica?". A equipe de Ebbesen descobriu que ventilar o tema não diminuía a raiva. Ao contrário, os homens ficavam ainda mais hostis ao objeto de sua raiva, porém não a outros aspectos de seu trabalho. Da mesma forma que o entrevistador do estudo de Ebbesen, amigos (e terapeutas) freqüentemente direcionam as explicações de nossos sentimentos: "Por que Alessandra foi injusta com você?"; "Por que Adriana teve de dizer aquilo?".

Por que às vezes é tão bom falar abertamente dos sentimentos? Provavelmente não pelo esvaziamento de algum reservatório de energia hostil, mas, sim, sugere Carol Tavris (1982, 1984), como uma espécie de autocongratulação por ter atingindo um objetivo social. Talvez as pessoas sintam que corrigiram uma injustiça. Em algumas situações, parece política ou moralmente necessário falar a respeito.

É recomendável retrair-se em silêncio? Não. Tipicamente, as pessoas emburradas estão alimentando o fogo, exagerando a injustiça ou iniqüidade ou sofrimento enquanto fingem ser magnânimas.

Assim sendo, como as pessoas devem lidar com a raiva? Se o propósito da raiva é comunicar o ressentimento e resolver problemas de longo prazo, como muitos psicólogos acreditam, então a melhor maneira de fazê-lo depende da causa da raiva e das circunstâncias (Tavris, 1982, 1984). Você deve observar como se sente, o grau de importância da questão, com quem você está zangado e como será a resposta do ofensor. As pessoas precisam encontrar um ponto de equilíbrio entre expressar os sentimentos, corrigir injustiças, planejar o que evitará conflitos e gerar hostilidade em assuntos irrelevantes. No caso das irritações corriqueiras e momentâneas, provavelmente seja melhor ficar em silêncio e procurar pensar em outra coisa para que a raiva passe rapidamente. Expressar sentimentos negativos pode aumentar a raiva e o antagonismo. No caso de problemas persistentes e importantes, é necessário discutir a questão calmamente e resolvê-la. Mas isso é muito mais difícil do que parece. Com o pretexto de conversar, é muito fácil ser sarcástico, insultuoso, acusador e condenador. Conversas calmas são mais viáveis quando se tem algum controle sobre a raiva.

Ray Novaco (1979, 1983) concebeu algumas técnicas para ajudar as pessoas com problemas de raiva crônica. Ele pondera que pessoas mal-humoradas geralmente se enfurecem com seus próprios pensamentos. Os clientes de Novaco aprendem a controlar a raiva entrando em empatia com o comportamento do ofensor e encontrando alguma justificativa para ele. É provável que este seja o comportamento natural das pessoas que raramente se zangam ou que demoram para ficar zangadas. Uma pessoa que chama um policial de pilantra provavelmente teve experiências desagradáveis com a lei e tem medo. Para o policial, essa linha de pensamento será mais apaziguadora do que se ele presumir que "Esse encrenqueiro está procurando briga".

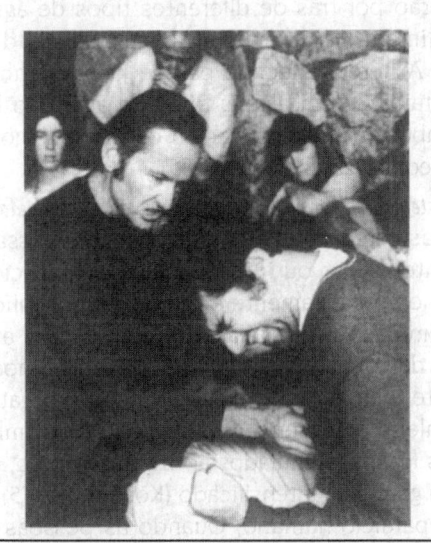

FIGURA 9.6 O líder de uma sessão de terapia (à esquerda) estimula um membro do grupo a expressar sua raiva. Embora os terapeutas clínicos tenham tradicionalmente endossado a idéia da catarse — a raiva deve ser externada —, a pesquisa sugere que expressões agressivas ampliam a raiva e aumentam a probabilidade de mais agressão. (Arthur Schatz/*Time*.)

2 O nível *médio* é o usual. Os sistemas nervosos estão inativos, mas as provocações podem acionar ataques.

3 Em um estado de *baixo limiar*, o sistema cerebral está espontaneamente ativo. Os animais sentem-se inquietos e até mesmo hostis. Entretanto, só atacam se surgir um alvo apropriado.

Na vida, os sistemas nervosos são acionados por provocações como raiva ou incentivos. Eles podem ser ativados também diretamente por tumores, cicatrizes e por estimulação elétrica ou química. Por exemplo, uma cicatriz na amígdala humana (uma estrutura límbica) tem sido relacionada com acessos de raiva e de ansiedade (Mark & Ervin, 1970).

O que estabelece os níveis de limiar? Moyer descreve três influências físicas sobrepostas: hereditariedade, sistemas cerebrais não envolvidos na agressividade e química do sangue. Acrescentamos a estes a química do cérebro.

1 *Hereditariedade*. Cientistas podem criar peixes, pássaros, coelhos e cães que são muito fáceis ou extremamente difíceis de provocar. Da mesma forma, a diferente hereditariedade dos dois sexos torna os machos de muitas espécies mais prontos para a luta do que as fêmeas, pelo menos sob determinadas circunstâncias (DeBold, 1983). Pesquisas atuais indicam que diferentes mecanismos genéticos estão por trás de diferentes tipos de agressão em animais (Hahn, 1983; Hewitt & Broadhurst, 1983). A hereditariedade parece desempenhar um papel também em alguns tipos de agressão humana, embora não se conheçam os mecanismos exatos (Mednick et al., 1982, 1985).

2 *Sistemas cerebrais não envolvidos na agressividade*. Os sistemas cerebrais que não acionam a agressão podem intensificar ou inibir aqueles que a acionam. Tomemos primeiramente o efeito de intensificação. Se estimulado o hipotálamo lateral, o gato atacará o rato de forma esteriotipada. Se aplicarmos uma corrente elétrica na formação reticular, o gato torna-se alerta e desperto. Se os circuitos de ambas as regiões forem estimulados ao mesmo tempo, o ataque do gato será intensificado (Konecni, 1975). Existe um paralelo humano. Quando as pessoas estão com raiva e são incitadas ainda mais pelo calor ou pelo barulho, por exemplo —, a probabilidade de agressão é maior do que se a raiva ou o incitamento ocorressem sozinhos (Anderson & Anderson, 1984).

Os sistemas cerebrais que não controlam a agressividade podem inibir aqueles que a controlam. Cientistas podem dissipar a raiva de animais simples de laboratório por meio do estímulo dos circuitos septais (associados com prazer) dentro do sistema límbico. Da mesma forma, a estimulação de várias e diferentes regiões do cérebro podem "desligar" a agressividade e a hostilidade humanas (Heath et al., 1980; Heath, 1981). (Na década de 1980, houve várias centenas de pessoas andando por aí com eletrodos implantados no cérebro em decorrência de problemas médicos que não podem ser tratados de forma mais convencional. Tais indivíduos podem ser levados para o laboratório e "ligados", quando então áreas definidas do cérebro podem ser estimuladas. O processo é indolor. Veja a p. 60.)

3 *Química do sangue* (especialmente drogas e níveis de hormônios sexuais, os quais são determinados em parte por hereditariedade). Quando ratos recebem *testosterona* em excesso, o principal andrógeno (hormônio sexual "masculino") (veja a p. 342), eles lutam com maior freqüência e intensidade (Leshner, 1978; vom Saal, 1983). Os animais tornam-se mais dóceis quando seu nível de testosterona é reduzido. O bezerro castrado torna-se um boi dócil em vez de um touro feroz.

A agressividade humana parece ser influenciada também pela química do sangue, porém não há relações diretas definidas. Pessoas (e macacos da Índia) com os mais altos níveis de testosterona não são necessariamente os mais agressivos (Doering et al., 1975; Meyer-Bahlburg et al., 1974). Entretanto, a redução da testosterona parece efetivamente reduzir a agressividade. Criminosos sexuais dinamarqueses que consentiram em fazer castrações "terapêuticas" parecem mais tranqüilos para os observadores (LeMaire, 1956). Além disso, quando drogas têm como um dos efeitos colaterais o aumento dos níveis de testosterona antes do nascimento, as crianças tendem a ser mais agressivas (Reinisch, 1981). O álcool, que se acredita aumentar a probabilidade de certos tipos de agressão, parece produzir alguma alteração nos níveis de testosterona (Gottheil et al., 1983).

Os efeitos agressivos dos hormônios "femininos" (veja a p. 342) não são entendidos (Paige & Paige, 1981; Parlee, 1973, 1982). Durante o período pré-menstrual, quando é baixa a produção de estrógeno e de progesterona, algumas mulheres sentem-se tensas, irritadas e hostis (Herbert, 1982b). Ao mesmo tempo, mulheres em período pré-menstrual cometem maior número de crimes violentos do que mulheres em outros pontos de seu ciclo (Hamburg et al., 1975; Lein, 1979). (É possível que as mulheres em período pré-menstrual sejam simplesmente detidas com mais facilidade ou que o estresse do crime faça-as menstruar.) Mas, ainda que a "agressividade pré-menstrual" seja real, poderia estar mais baseada em crenças e expectativas do que em hormônios: em alguns estudos, mulheres em período pré-mestrual não tendem a relatar tensão, a menos que estejam cientes de estar no período pré-menstrual (Parlee, 1982).

Os hormônios desempenham papéis diretos e indiretos na agressividade. Eles podem influenciar diretamente os estados de limiar dos circuitos neurais pela mudança do nível de hormônios liberados pela hipófise e por outras glândulas endócrinas (Brain, 1979). Eles podem influenciar indiretamente a agressividade contribuindo para o tamanho, a força e as armas naturais do organismo. Por exemplo, um animal maior leva vantagem em uma luta, da mesma forma que um veado dotado de galhada maior.

4 *Química do cérebro*. Estudos recentes de animais simples sugerem que a agressividade entre machos está consistentemente correlacionada com níveis específicos de neurotransmissores (veja o Capítulo 2) (Whalen & Simon, 1984). Os níveis de transmissores são influenciados por grande número de fatores, dentre os quais experiência, hereditariedade, dieta, doenças, toxinas e drogas. Diferentes transmissores parecem estar por trás de diferentes tendências agressivas (Miczek, 1983). Ainda por se confirmar, há uma série de indícios interessantes de inter-relações entre dieta-transmissores-agressividade em pessoas (Bland, 10982; Kantak et al., 1979; Raloff, 1983). Comidas pré-preparadas[2] — que não têm valor nutritivo e protéico, mas alto teor calórico —, açúcar e baixos níveis de vitamina B (todos supostamente descontroladores do equilíbrio dos transmissores) têm sido, por exemplo, relacionados com agressividade em crianças e adultos.

Influências Ambientais sobre a Agressividade

Uma vez que os seres humanos são soberbos aprendizes, as experiências influenciam quase todo o comportamento humano. Que condições promovem a agressividade?

Padrões Sociais

Em algumas culturas, a agressão é bem aceita. "A violência", disse H. Rap Brown, ativista dos direitos civis, "é tão americana quanto a torta de maçã". Pesquisas revelam-nos que os americanos aprovam a agressão. De acordo com um estudo (Stark & McEvoy, 1970), para um número representativo de pessoas, as guerras eram justificáveis, meninos deviam brigar e os policiais deviam usar a força física. No mesmo estudo, maridos e mulheres permitiam-se o tipo de agressão e pais e professores permitiam-se disciplinar as crianças batendo nelas.

Padrões favoráveis à agressão não são universais. Na Península da Malásia central, os 13.000 *semai* não têm força policial e desconhecem o assassinato. Os adultos não se agridem e as brigas entre crianças são logo apartadas. Em Montana, os *hutterites* têm vivido em povoados relativamente isolados por quase um século. Eles possuem a terra em comum e trabalham principalmente como lavradores, vivem em moradias modestas, mobiliadas igualmente, e tomam as refeições em um mesmo salão comum a todos. Para preservar o modo de vida comunitário, eles ensinam as crianças a suprimir a exteriorização dos sinais de raiva. Embora essa possa não ser a maneira ideal de lidar com a raiva, ela resulta em índices extremamente baixos de assassinatos, incêndios criminosos, roubos e estupro.

Aprendendo na Família

Pessoas que aceitam a agressão provavelmente a ensinam a seus filhos. Alguns pais dão instruções explícitas de como brigar para que seus filhos e filhas possam "defender-se". Sair vitorioso de uma briga pode significar aprovação ou elogio (reforçamento positivo). Mas provavelmente a maior parte da aprendizagem é indireta e inconsciente. Quanto mais condições favoráveis à agressão na vida da criança, tanto mais provável será a agressão. Os efeitos parecem persistir por 10 a 20 anos e até mais (Huesmann et al., 1984a, 1984b).

---

2. N.R.T.: Este tipo de comida é conhecido, nos Estados Unidos, pelo termo *junk food*.

Presenciar violência entre os pais é uma condição prognóstica de violência em jovens. De novo, a rejeição parental, a negligência, a disciplina dura e a crueldade contra a criança ou contra outros da família estão ligadas à agressividade da prole (Cummings et al., 1985; Garbarino, 1984; Huesmann et al., 1984a, 1984b). A brutalidade ensina às crianças, por meio da observação, o que fazer. Elas concluem que bater é algo apropriado e poderoso. A raiva despertada em brigas acaloradas parece ser contagiosa. Além disso, se tratadas brutalmente, as crianças podem deixar de criar vínculos com os pais. Sem vínculos, elas podem não se sensibilizar com os outros e ter pouca motivação para controlar a agressividade (veja o Capítulo 10).

Uma dieta regular de programas de TV violentos parece ser capaz de promover comportamento agressivo em algumas crianças (Huesmann et al., 1984a, 1984b) (veja a p. 132), especialmente quando os colegas ou membros da família estimulam atos agressivos (Hall & Cairns, 1984). No Japão, as taxas de criminalidade são baixas, mas há muita violência na TV.

Frustrações na Escola

A frustração e o fracasso na escola parecem contribuir para a agressividade (Dunivant, 1981, 1982; Hurley, 1985; Meltzer et al., 1984). Pesquisas dos históricos de homens delinqüentes violentos oferecem algumas revelações sobre o papel da escola. Quando crianças, esses delinqüentes tendem a ser de convivência difícil (Kolvin et al., 1982). Nos anos de pré-escola, eles têm problemas de concentração; costumam ser hiperativos e exibem problemas perceptivos e de aprendizagem. Suas dificuldades tendem a ser ignoradas, e vão para a escola sentindo-se incapazes de corresponder às expectativas. Segundo Allan Berman (1978), essas crianças temem sua inadequação, sentem menosprezo por si próprias e carecem de capacidade de adaptação. Uma deficiência particularmente importante pode ser o autocontrole (Spivack, 1983). Elas culpam os outros por seus problemas e comportam-se de maneira desafiadora e destrutiva.

Embora os futuros delinqüentes possam dar provas de grande talento não acadêmico (Harvey & Seeley, 1984), os professores e diretores das escolas tendem a considerá-los um transtorno e a puni-los ou ridicularizá-los. O tratamento áspero gera mais hostilidade e alienação. Para lidar com o embaraço de repetidos fracassos, os futuros delinqüentes elevam seu nível de mau comportamento e destrutividade. Na quarta ou quinta série, as crianças que se enquadram nesta descrição juntam-se a outras com históricos semelhantes de fracasso e de desprezo das autoridades. Finalmente, os futuros delinqüentes são expulsos ou abandonam a escola. Freqüentemente, mais ou menos entre os dois últimos anos do primeiro grau e o início do segundo grau, estes jovens vagueiam pelas ruas em gangues, usando a agressão para lidar com frustrações e ódios. No Capítulo 14 descrevemos como a experiência da prisão pode intensificar esse padrão violento.

Condições Sociais

Certas condições sociais aumentam a probabilidade de agressão; dentre elas, o anonimato, a disponibilidade de armas e a pobreza.

Anonimato As cidades modernas fornecem imensa quantidade de estimulação sensorial, quantidade essa provavelmente demasiada para que as pessoas possam lidar com a estimulação de maneira confortável. Um observador, Stanley Milgram (1970), sugeriu que os seres humanos adaptam-se à constante sobrecarga sensorial e cerebral por meio de diversas estratégias.

1   Dispensam pouco tempo para cada contato humano.

2   Permitem contatos apenas superficiais, filtrando aqueles que requeiram envolvimento emocional.

3   Ignoram *inputs* de baixa prioridade e qualquer coisa que não seja de interesse imediato.

4   Bloqueiam a receptividade por meio de táticas como frieza, relações inamistosas e não divulgação do número telefônico na lista.

5   Criam instituições especiais (instituições de caridade, por exemplo) para reduzir ainda mais a quantidade de *inputs* que devem ser tratados pessoalmente.

A sobrecarga sensorial e cognitiva resulta em um clima impessoal. Pelo fato de as pessoas urbanas filtrarem seus relacionamentos, a grande maioria delas — mesmo em áreas geográficas pequenas — não se conhece. O resultado é que durante a maior parte do tempo os indivíduos sentem-se *anônimos*, carentes de identidade pessoal.

Quais são as implicações práticas? Estudos de laboratório demonstram que, quando os seres humanos são tratados de maneira impessoal e sentem-se anônimos, tornam-se mais destrutivos (Diener, 1979; Miller & Rowold, 1979; Prentice-Dunn & Rogers, 1980; Zimbardo, 1969). Eles ficam menos propensos a se pautar por padrões morais e sociais e mais propensos a ser influenciados pela situação e por emoções e motivos imediatos.

A disponibilidade de armas "O dedo puxa o gatilho", as pessoas dizem. O gatilho também puxa o dedo. Em uma sociedade em que é fácil conseguir armas, o fato de possuir uma é visto como forma conveniente de resolver um problema. Muito além do efeito da conveniência, as armas parecem estimular a agressão. Esta idéia encontra evidência nos estudos de Leonard Berkowitz (1981) e outros. Tanto em pesquisas de laboratório como em pesquisas de campo, o ato de ver uma arma por perto aumenta a agressividade, estejam as pessoas sentindo raiva ou não. Crianças brincando com armas, por exemplo, agridem e empurram muito mais do que crianças brincando com aviões ou outros brinquedos. Como os revólveres e outras armas são usados para ferir deliberadamente outras pessoas, a mera visão de uma arma parece estimular a idéia de agressão, aumentando a probabilidade de sua concretização. (Veja a Figura 9.7.)

Pobreza Uma série de condições que acompanham a pobreza aumenta a probabilidade de agressão. O tipo de pobreza de um país rico como os Estados Unidos é frustrante. A distribuição de bens no presente é uma preocupação predominante. Ao mesmo tempo, os meios de comunicação de massa "glamourizam" a riqueza e alimentam fantasias sobre um estilo de vida luxuoso. Mas, em vez do sonho americano, muitas pessoas pobres enfrentam um pesadelo. Sua saúde não é boa. Elas se preocupam com comida, roupa, frio e calor. O desemprego (e sentimentos de tédio, futilidade e inutilidade) é uma preocupação crônica. Suas casas estão dilapidadas e infestadas de ratos. O medo de violência física dos vizinhos está sempre presente. E para completar, os membros das minorias confrontam-se diariamente com a discriminação e a injustiça. A frustração tem vários efeitos. Ela pode predispor as pessoas a agredir. Além disso, as pessoas tentam escapar da opressão. Um caminho aparentemente aberto é o do crime.

A pobreza e a competição andam lado a lado. Por definição, pobreza significa recursos e oportuni-

FIGURA 9.7 Acredita-se que a disponibilidade de armas (um em cada quatro americanos possui um revólver) aumenta os índices de assalto, suicídio e homicídio (Cook, 1982; Lester, 1984). Nos Estados Unidos, usam-se armas na minoria dos crimes violentos, mas na maioria dos homicídios. Assaltos à mão armada têm maior probabilidade de resultar na morte da vítima do que assaltos com qualquer outra arma. (Bob Fitch/Black Star.)

dades limitados. A escassez aumenta a necessidade de um estilo agressivo. Se você não agarrar o que puder, outra pessoa o fará. Se você for bastante ousado, outros abrirão passagem e você poderá prosseguir. A ação imediata e vigorosa traz resultados.

A pesquisa demonstra que a competição gera hostilidade. A competição entre crianças, por exemplo, logo engendra muita raiva e agressividade. Descrevemos a evidência desta afirmação no Capítulo 15, que examina o preconceito (uma forma de agressão). A competição está ligada à violência. Por exemplo, à medida que os jovens do sexo masculino competem com outros para adquirir emprego e diminui a disponibilidade de cargos, aumenta a agressividade (C. W. Turner *et al.*, 1981).

Vinte anos atrás, muitas pessoas pensavam que condições de alta densidade estariam ligadas à agressividade e outros efeitos funestos. Define-se *densidade* como o número de pessoas vivendo em um lugar, dividido pelo espaço daquele lugar. Define-se *aglomeração* (*crowding*) como uma resposta psicológica a um lugar (Russell & Ward, 1982). Surpreendentemente, o grosso da bibliografia sobre seres humanos e outros animais não verifica ser problemática a alta densidade em si. (Freedman, 1975, 1979). Ela precisa estar acompanhada de algumas outras condições.

O local é importante (Hughes & Gove, 1984; Russell & Ward, 1982; Stokols, 1982). A aglomeração em um metrô é diferente da aglomeração em um auditório ou em uma casa ou na cadeia. A pobreza está certamente associada à alta densidade no lar. Para estudar os efeitos de lares de alta densidade, os psicólogos costumam comparar grupos de pessoas que vivem sob condições habitacionais densas e esparsas, assegurando-se de que as duas amostras sejam similares em termos de renda, nível de escolaridade e histórico religioso e racial. Estudos deste tipo associam alta densidade habitacional com sinais de agressão (crime), ansiedade e saúde precária (problemas mentais e mortalidade, por exemplo) (Sundstrom, 1978). A alta densidade do bairro é relacionada com retraimento social. A alta densidade em cadeias, outro lugar onde os pobres tendem a estar, também está ligada com agressão e outros efeitos negativos (Loo, 1980).

Os elementos irritantes são uma segunda importante influência sobre o impacto da densidade. As condições de alta densidade associadas com a pobreza tendem a ser irritantes: desconforto físico, competição, movimento restringido, odores incômodos, calor e congêneres. Quanto mais elementos irritantes, tanto mais frustradas as pessoas sentem-se. A frustração está ligada a sistema nervoso altamente incitado, o qual tende a energizar qualquer resposta dada. No caso daquelas pessoas que lidam habitualmente com a frustração por meio de atos agressivos, as situações de alta densidade tendem a intensificar sua agressividade (Evans, 1978; Freedman, 1975).

Outra influência crucial sobre o efeito da alta densidade é a interpretação (Hughes & Gover, 1984; Langer, 1983; Worchel, 1978). A alta densidade tenderá a ser vista como penosa pelos pobres se eles a interpretarem como sendo uma demonstração de que a vida deles está fora de controle ou que sua privacidade foi invadida. (■)

PRAZER, ALEGRIA E FELICIDADE

Experiências emocionais positivas abrangem aquelas relativamente curtas, como alegria e prazer, e aquelas mais plenas e duradouras, como felicidade e serenidade.

Prazer e Alegria

No Capítulo 8 dissemos que o prazer e a alegria surgem toda vez que uma necessidade biológica é satisfeita. Os centros de prazer no cérebro são responsáveis pelas emoções positivas que nos levam a cuidar de nossas necessidades físicas. As emoções positivas não estão ligadas simplesmente às necessidades biológicas, é claro. Richard Lazarus e seus colegas (Kanner *et al.*, 1981) catalogaram fontes de prazer na vida cotidiana, as quais chamaram de *enlevamentos*. Aquilo que as pessoas consideram enlevador depende da idade. Dentre os participantes de meia-idade, os enlevamentos mais comumente relatados foram: relacionar-se bem com o cônjuge ou amante, relacionar-se bem com os amigos, finalizar uma tarefa, sentir-se saudável, dormir o suficiente, comer bem, cumprir as responsabilidades, visitar, telefonar ou escrever para alguém, passar tempo com a família e achar a própria casa agradável. Estudantes universitários relataram prazeres mais voltados para a diversão, estando o riso e o entretenimento em primeiro lugar.

O falecido psicólogo humanista Abraham Maslow (1963) cunhou o termo *peak experience* (*experiência culminante*) para se referir aos momentos mais felizes da vida. Tais emoções de exaltação nos advêm

Quadro 9.2

VIOLÊNCIA FAMILIAR: MAUS-TRATOS DE CRIANÇAS E MULHERES

As comédias* que passam na TV tendem a retratar a família como tranqüila e íntegra. Mas o lar pode ser um lugar perigoso, e isso é verdadeiro no mundo todo (Leavitt, 1983; Oates, 1984).

Pesquisas sugerem que, por ano, 4 em cada 100 crianças americanas são vítimas de graves maus-tratos (Gelles, 1982). O que leva uma pessoa a maltratar outra? Estudos apontam para uma série de condições plausíveis que provavelmente interagem. Pais violentos provêm às vezes de ambientes especiais (Altemeier et al., 1982; Kempe & Helfer, 1982). Muitos tiveram relacionamentos precários com seus próprios pais. No caso dos homens, provavelmente foram eles próprios tratados com brutalidade (B. E. Carlson, 1984; Rosenberg, 1984). Sejam quais forem as circunstâncias, todos eles aprenderam a usar a agressão como tática de criação dos filhos e de solução de problemas (Bousha & Twentyman, 1984; Moore, 1984; Wolfe, 1985).

Frustrações e estresses aparecem com proeminência (Wolfe, 1985). A violência contra crianças pequenas é particularmente provável em famílias assoladas pela tensão e excessivamente pobres. O homem provavelmente está desempregado ou tem um emprego de meio-período (Lapp, 1983; Steinberg et al., 1981). Para pais violentos, a criação de filhos é especialmente estressante. A criança agredida tende a ser indesejável (Altemeier et al., 1982). Para aumentar ainda mais a carga, geralmente há outras crianças pequenas a cuidar, freqüentemente apresentando problemas sociais ou de saúde. Pais violentos tendem a ter idéias irreais sobre o que esperar de uma criança em uma idade específica. Mães que maltratam bebês reagem mais negativamente do que outras mães ao choro dos bebês e menos positivamente a seus arrulhos e sorrisos. Talvez, no início, elas tenham uma tolerância excepcionalmente baixa à irritação (Frodi et al., 1980). Mais tensões combinam-se com menos suporte social. O pai ou a mãe que maltrata os filhos tende a ser isolado da família e de amigos que de outra forma poderiam ajudar.

O alvo dos maus-tratos costuma ser um determinado filho, o qual pode ser particularmente frustrante ou exasperante (Bousha & Twentyman, 1984; Garbarino, 1984; Wolfe, 1985). A vítima mais velha é tipicamente descrita como hiperativa, difícil ou delinqüente. Com certa freqüência, o mau comportamento da criança incita o pai ou a mãe, e os maus-tratos ocorrem durante a tentativa de disciplinar ou corrigir a criança (Bousha & Twentyman, 1984; Frude, 1981; Vasta & Copitch, 1981).

* N.R.T.: No original, a autora utiliza o termo *situation comedy* ou *sitcom*, as séries de rádio ou televisão que exploram as características peculiares de personagens em situações incomuns em que haja mal-entendidos e coincidências embaraçosas. Em português, o equivalente seria a comédia de caráter.

Um em cada cinco estudantes universitários americanos já experimentou violência em um relacionamento (Bogal-Albritten & Albritten, 1983). O índice similar de violência marital sugere que padrões de maus-tratos podem ter início antes do casamento (Gelles, 1982).

Lenore Walker (1979, 1981) acha que algumas das mesmas condições que geram violência contra filhos encontram-se também na violência contra esposas. Os cônjuges são provenientes de famílias com histórico de uso de agressão para resolver problemas. Eles próprios provavelmente foram maltratados ou viram outros membros da família ser maltratados. Nessas famílias, marido e mulher adotam atitudes tradicionais com relação aos papéis homem-mulher. Espera-se que as mulheres fiquem em casa e sejam submissas. Elas precisam manter a família unida mesmo que isso signifique sacrificar a felicidade pessoal. Em casa, a mulher fica socialmente isolada e financeiramente desamparada.

A violência física no casamento raramente é contínua. Por vezes, há um padrão (L. E. Walker, 1979, 1981). No começo, os episódios são de pouca importância e a mulher tem ainda algum controle. Por exemplo, o marido pode atirar o prato do jantar na parede toda vez que a mulher fizer algum trabalho fora de casa. Os incidentes menores multiplicam-se e um deles acaba em derramamento de sangue. Em geral, o homem aterroriza a mulher atacando-a brutalmente. Esta fase aguda é geralmente seguida de calmaria, ficando o marido atencioso, arrependido, gentil e compreensivo. O ciclo tende a se repetir, embora algumas mulheres consigam rompê-lo (Bowker, 1984).

Pesquisas conduzidas por Michele Bograd (1983) e outros (Roy, 1982) sugerem que a violência contra a mulher costuma ser acionada pelo alcoolismo ou por estresses que reduzem temporariamente o controle do marido. Maridos violentos, da mesma forma que pais violentos, vêem sua agressão como tendo um propósito disciplinar. Eles usam a violência para encerrar discussões, resolver conflitos ou ajudar na comunicação. Embora as vítimas de marido violento vejam a agressão como coercitiva, hostil e injuriosa, e achem que os maridos estão emocionalmente perturbados, por diversas razões elas raramente os abandonam (Pagelow, 1981; L. E. Walker, 1979, 1981). Tipicamente, essas mulheres não têm dinheiro, tampouco meios de sustento. Elas temem a solidão. Os períodos calmos são sedutores também. Elas mantêm a esperança de que "tudo vai dar certo". Quando essa ilusão desfaz-se, o medo mantém-nas ao lado de homens violentos. Não importa para onde possam ir, elas pensam, os homens vão encontrá-las e feri-las ou então vão levar os filhos. Procurar a polícia, juízes e outros meios afins raramente assegura sua proteção. Maridos violentos raras vezes são detidos, julgados, condenados e mandados para a prisão. Embora as vítimas de violência geralmente continuem com o agressor, o custo dessa decisão é imenso. A violência física é a mais importante e distinta razão por que as mulheres procuram os prontos-socorros; além disso, a violência motiva o abuso de drogas e de álcool, as tentativas de suicídio e outros problemas emocionais (Flitcraft & Stark, 1985).

> **Quadro 9.2** (continuação)
> Embora tenhamos nos concentrado na violência contra esposas, maridos também são vítimas de violência. A incidência de grave violência física cometida contra homens é muito menor (apenas um décimo do que ocorre com as mulheres, nos Estados Unidos) (Steinmetz, 1978). Mas há pouca diferença na porcentagem de maridos e esposas que atiram coisas, empurram e agridem com as mãos ou com objetos. O homem simplesmente tem menor probabilidade de ser ferido em virtude de seu tamanho e força. O homem tem também menor probabilidade de revelar que apanhou.

quando amamos, criamos, temos uma súbita percepção de algo (*insight*), vencemos um desafio, encontramos algo belo ou místico e congêneres. Durante as experiências culminantes, as pessoas sentem estar usando a plenitude de suas capacidades, embora pareçam estar fazendo aquilo sem esforço. Elas se sentem espontâneas e naturais, "completamente de acordo com o presente", nas palavras de Maslow. Em última instância, acreditava ele, as experiências culminantes convencem as pessoas de que vale a pena viver, embora a vida normalmente seja "insípida, prosaica, dolorosa ou não gratificante". Outros psicólogos descreveram experiências semelhantes (Csikszentmihalyi, 1976).

Em 1979, Norman Cousins, redator de longa data da *Saturday Review*, publicou um livro descrevendo como ele usou o riso, o amor, a esperança, a fé, a confiança e a vontade de viver (juntamente com doses maciças de vitamina C) para curar-se de um distúrbio grave e supostamente irreversível do tecido conjuntivo. Os médicos davam a Cousins uma oportunidade em 500 de plena recuperação. Embora os observadores não estejam inteiramente convencidos de que a alegria curou Cousins, seu experimento despertou muito interesse nos efeitos das emoções positivas. Hoje há evidência a sugerir que o relaxamento e o apoio social aumentam a eficiência do sistema imunológico e reduzem o sofrimento em idosos (Kiecolt-Glaser *et al.*, 1985).

O riso tem uma série de efeitos mensuráveis. Um ataque de riso aumenta a atividade do sistema nervoso autônomo, elevando a freqüência cardíaca, a transpiração e a tensão muscular (McGhee, 1983a, 1983b). Quando paramos de rir, os músculos relaxam e o batimento cardíaco e a pressão sangüínea caem para níveis abaixo do normal, sinais de relaxamento. Evidentemente o riso pode acalmar as pessoas. Alguns psicólogos acreditam que ele melhora a saúde e prolonga a vida.

Felicidade

Definimos *felicidade* como satisfação geral com a vida. Alguns chamam aos sentimentos de duração mais prolongada e menor intensidade de *estados de humor* em vez de emoções. Independentemente de como sejam chamados, os afetos estáveis e fugazes estão estreitamente relacionados. Emoções deságuam em estados de humor, conforme sugere a teoria do processo oponente (veja as pp. 374-375), e estados de humor provavelmente podem se transformar em emoções.

Medindo a Felicidade

Cientistas sociais têm tido um bocado de dificuldade para medir a felicidade (Diener, 1984; Yensen, 1975). Eles não dispõem de uma medida fisiológica para medir a felicidade nem podem observar um determinado tipo de comportamento para verificar se alguém está feliz ou não. Tampouco podem presumir que determinadas circunstâncias ou condições demonstrem felicidade. Há ainda uma outra dificuldade: a felicidade poderia parecer um conceito unidimensional, mas não é.

Para ter uma sensação intuitiva das múltiplas dimensões da felicidade, tente um exercício sugerido pelo trabalho de Roy Yensen (1975). Faça uma lista das áreas da vida que são importantes para você. (Por exemplo, um relacionamento amoroso, interações com a família imediata, trabalho, escola, um *hobby*, exercício físico). Depois, atribua a cada área um porcentual que reflita a contribuição daquela área para sua felicidade geral. As porcentagens devem totalizar 100%. Note que você pode ser feliz em uma área e não em outra.

De modo geral, a maioria das pessoas é feliz? Os pesquisadores tentam encontrar a resposta fazendo aos participantes das pesquisas perguntas como esta: "Como você diria que as coisas estão atualmente — você diria que é muito feliz, razoavelmente feliz ou não muito feliz?". Quando assim inquiridos no fim da década de 1970, cerca de 30% dos respondentes disseram que eram muito felizes

(Campbell, 1981). Nos "bons tempos" (década de 1950), 35% disseram que eram muito felizes; portanto, não houve grande mudança.

Pode-se abordar a questão de quanto as pessoas são felizes pedindo-lhes para selecionar adjetivos que caracterizam suas experiências em dias típicos. Investigadores que usam esta estratégia verificam que a maioria dos estudantes universitários descreve afetos brandamente positivos. Eles vêem a alegria, a animação e outras emoções geradoras de satisfação como sendo mais comuns do que a irritação, a contrariedade e outras emoções do gênero (Sommers, 1984).

Será que os pesquisadores podem confiar naquilo que as pessoas dizem da própria felicidade? Não muito. Há uma série de maneiras de interpretar os dados. Quando alguém diz que é feliz pode significar precisamente isso. Pode também refletir antes uma tendência para o otimismo do que satisfação geral com a vida. Tenha presente que muitas pessoas enfatizam o lado positivo daquilo que vêem e se lembram (Matlin & Stang, 1978) (veja a p. 219).

Causas da Felicidade Auto-atribuída

Seja lá o que for que as declarações de felicidade signifiquem, as pessoas são coerentes consigo mesmas no decorrer do tempo (Costa & McCrae, 1980b, 1984). O que influencia a felicidade auto-atribuída?

Circunstâncias objetivas dão uma contribuição pequena (Diener, 1984). Angus Campbell (1976) descobriu, por exemplo, que dez indicadores estatísticos previam apenas 17% da variabilidade na satisfação com a vida em uma amostragem nacional. Saudável e rico é melhor que doente e pobre. Na média, as mulheres relatam alegrias (e tristezas) mais intensas do que os homens. Os brancos relatam ser mais felizes do que os negros. Místicos e religiosos alegam estar mais satisfeitos do que aqueles que não rezam ou que não têm experiências espirituais. Pessoas casadas sentem-se mais satisfeitas do que as solteiras, uma descoberta que sempre se confirma (Tcheng-Laroche & Prince, 1984). A pesquisa de Andrew Greeley (1981) e outros (Diner, 1984) sugere que a felicidade depende em parte de como as pessoas estão no que se refere a seus relacionamentos íntimos. O amor é associado com a felicidade. (O Capítulo 11 apresenta mais informações sobre este tópico.)

Diversos investigadores não conseguem encontrar alta correlação entre outras condições agradáveis e desagradáveis e a felicidade (Costa & McRae, 1980b, 1984). Ganhadores de loteria não são mais felizes do que outras pessoas tanto em medidas atuais de felicidade quanto em estimativas de felicidade no futuro. Paraplégicos não diferem de ganhadores de loteria ou de outras pessoas nas estimativas de

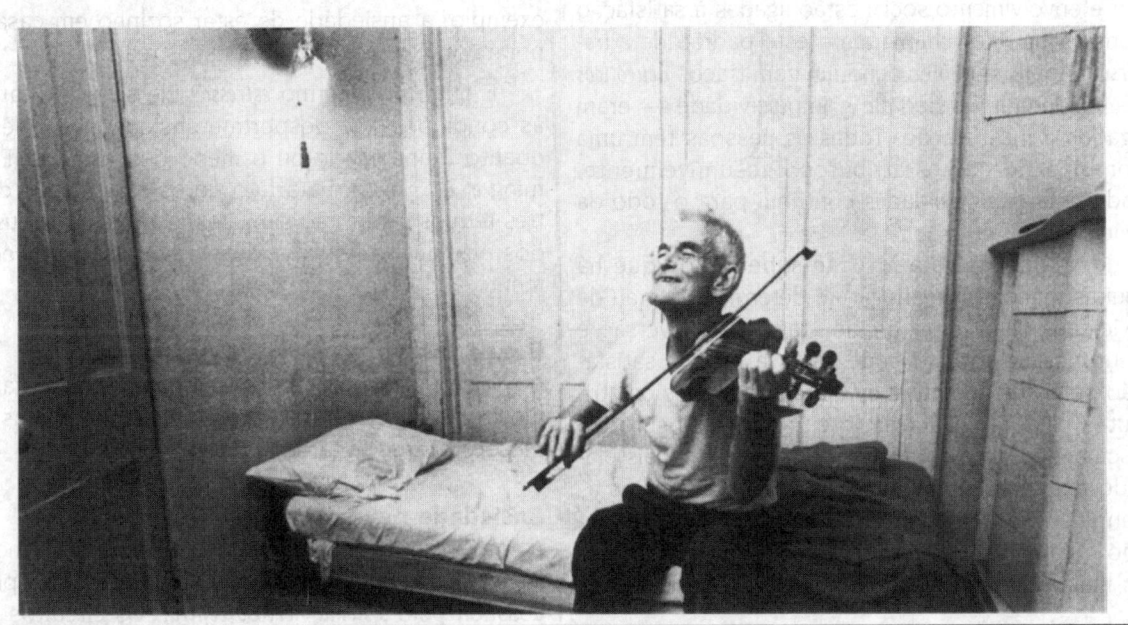

FIGURA 9.8 Circunstâncias objetivas de vida (como a pobreza) contribuem muito pouco para a felicidade. Qualidades de temperamento duradouras desempenham papel mais fundamental. (Michael O'Brien/Archive Pictures.)

futura felicidade (Brickman et al., 1978). Passar por dificuldades como discussões com o cônjuge, parentes doentes e grandes problemas pessoais não parece ter um efeito duradouro sobre o estado de humor — mesmo no humor do dia seguinte (Stone & Neale, 1984a). Por que as circunstâncias objetivas de vida deveriam ser um indicador de felicidade tão inadequado? Provavelmente, por diversas razões.

1 As pessoas lidam com as situações de diferentes formas, de modo que os resultados — até mesmo catastróficos — são variados.

2 As pessoas parecem julgar o prazer da vida por padrões relativos. Por exemplo, as pessoas acostumam-se à grande riqueza ou pobreza. Além disso, experiências altamente valorizadas podem diminuir a satisfação com prazeres mais rotineiros e comuns. Em um estudo, ganhadores de loteria tinham menos prazer do que outras pessoas nas pequenas coisas, como assistir à TV. (Veja a Figura 9.8.)

3 Temperamento (qualidades pessoais duradouras) pode ser um elemento importante da equação. Estados de humor alegres ou azedos são característicos de bebês e parecem ter uma base hereditária (veja a p. 382).

De fato, o temperamento é um melhor previsor de felicidade do que as circunstâncias de vida. Paul Costa e Robert McCrae (1980b, 1984) descobriram que qualidades como sociabilidade, atividade e vigor e envolvimento social estão ligadas à satisfação com a vida. Eles chamaram a este padrão de *extroversão*. Aquilo que eles denominaram traços *neuróticos* — hostilidade, ansiedade e impulsividade — eram ligados à insatisfação. Todas as pessoas têm uma combinação desses atributos. Presumivelmente, cada uma das qualidades contribui para o todo da felicidade.

O modelo Costa-McCrae subentende que há muitas maneiras de atingir um determinado grau de felicidade. Uma pessoa cujo grau de extroversão e neuroticismo é baixo pode sentir a mesma satisfação pela vida que outra cujo grau de ambos os atributos seja alto. Todavia, o extrovertido neurótico oscila entre altos e baixos e o introvertido mais plácido mantém um equilíbrio. Pessoas com ambas as vantagens de temperamento, alto grau de extroversão e baixo grau de neuroticismo, relatam sentir-se as mais otimistas e felizes de todas.

ANSIEDADE

"**M**eu coração batia violentamente [...]. Quando lancei um último olhar às minhas anotações, percebi, horrorizado, que a cadeia de idéias tinha sido rompida [...]. [Tudo] parecia esquecido [...]. Extremamente confuso, prossegui [...]. Minha garganta estava seca, meu rosto queimava, minha respiração ofegava, minha voz estava embargada e trêmula [...]" (Young, 1943, p. 367). Estas palavras de um cientista que experimentou pânico de falar em público retratam a emoção que os psicólogos chamam de ansiedade, medo ou estresse. Definimos *ansiedade* como uma emoção caracterizada por sentimentos de antecipação de perigo, tensão e sofrimento e por tendências de esquiva ou fuga. O *medo* poderia ser definido da mesma forma. Para distinguir entre os dois, precisamos observar outras propriedades.

1 O objeto do medo é fácil de identificar. Por exemplo, algumas pessoas têm medo de altura ou de falar em público. O objeto de uma ansiedade geralmente não é claro. As pessoas podem sentir-se ansiosas sem saber por quê.

2 A intensidade de um medo é proporcional à magnitude do perigo. Muitas pessoas sentem muito medo de ficar na ponta de um penhasco e relativamente pouco medo de subir em uma escada de abrir. A intensidade da ansiedade é supostamente maior que o perigo objetivo (se for conhecido). Por exemplo, a ansiedade de estar sozinho em casa à noite é muito maior que os riscos reais.

E quanto ao termo *estresse*? Ele se refere tanto às condições que despertam ansiedade ou medo quanto à ansiedade ou o medo despertados (Fleming et al., 1984). Pelo fato de os significados dos três termos serem tão similares, costumam ser usados alternativamente. Adotaremos esse procedimento.

Bases Fisiológicas da Ansiedade

Ao discutir as bases fisiológicas da ansiedade, faremos a distinção entre reações *agudas* (imediatas) e reações *crônicas* (retardadas, persistentes).

Ansiedade Aguda

A seqüência da ansiedade começa com uma "mensagem" de perigo emitida pelo ambiente, que é processada pelo *sistema nervoso central*. Os circuitos ao longo de todo o *cérebro* e a *medula espinhal* desempenham numerosos papéis na ansiedade. A *formação re-*

ticular, uma rede de células nervosas localizada no tronco cerebral (veja a Figura 9.9), alerta o córtex para informações sensoriais importantes. Conforme os dados sobre eventos potencialmente perigosos infiltram-se no sistema reticular, eles são selecionados como sendo importantes. A formação reticular incita então o córtex, o qual dedica toda a atenção à matéria.

O *córtex cerebral* (veja a Figura 9.9) está envolvido na identificação, avaliação e tomada de decisões sobre os dados sensoriais e o comportamento subseqüente. As pessoas geralmente se sentem fora do controle quando estão ansiosas. Mas os pensamentos que surgem no córtex estão sob o controle do indivíduo e desempenham papel fundamental na manutenção ou dissolução da ansiedade (veja a p. 373).

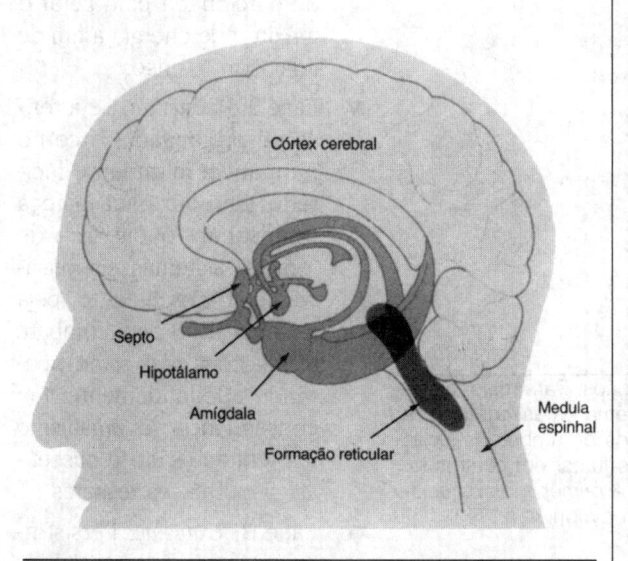

FIGURA 9.9 Partes do cérebro especialmente ativas quando as pessoas experimentam ansiedade e outras emoções: córtex cerebral, sistema límbico (mostrado em cinza-escuro) e formação reticular.

Ao processar informações sobre perigo, o córtex comunica-se com o *hipotálamo*, um de uma série de centros do *sistema límbico* (agrupamentos de circuitos inter-relacionados, profundamente enraizados no centro do cérebro, conforme mostra a Figura 9.9). Outras regiões límbicas, incluindo a *amígdala* e o *septo*, trabalham em conjunto com o hipotálamo para regular as emoções e as motivações. Mas o principal é o hipotálamo. Um de seus mensageiros químicos, o *fator de liberação da corticotropina*, parece exercer papel fundamental na mediação e integração das respostas endócrinas, viscerais (de órgãos internos) e comportamentais a estresse pela estimulação do sistema nervoso autônomo e do córtex, da hipófise e dos órgãos do corpo (Vale et al., 1981).

Durante a ansiedade, as pessoas geralmente estão cientes do tumulto interno: coração disparado, dores no estômago, pulso rápido, músculos retesados, transpiração e tremor. Estas respostas são denominadas *reações autônomas* porque são organizadas pelo *sistema nervoso autônomo* (SNA). O SNA consiste de nervos que vão da medula espinhal e cérebro aos músculos lisos dos órgãos internos, glândulas, coração e vasos sangüíneos. (Veja a Figura 9.10.) O SNA age automaticamente, sem qualquer decisão deliberada de nossa parte.

As duas ramificações do SNA mantêm um ambiente interno ideal. O *sistema parassimpático*, mais ativo quando os animais estão comparativamente calmos, ajuda a regular processos como o do sono e o da digestão. O *sistema simpático* assume a liderança no surgimento de emergências, mobilizando os recursos para a ação. A digestão é suspensa. A respiração aumenta para levar mais oxigênio para dentro do corpo, somando energia para lidar com a emergência. O sangue, que transporta oxigênio e nutrientes, é direcionado para o cérebro e os músculos, para pensamento mais claro e ação decisiva. O açúcar é liberado pelas reservas do fígado e enviado aos músculos para fornecer maior quantidade de energia. O sangue é preparado para coagular rapidamente de modo que cicatrize quaisquer ferimentos eventuais. Se houver a necessidade de uma ação rápida — fugir ou lutar, digamos —, a resposta de ansiedade aumenta as chances de sobrevivência. O Quadro 9.3 descreve como os cientistas sociais medem as respostas autônomas durante períodos de ansiedade para detectar mentiras.

Estimulada pelo mensageiro químico do hipotálamo, o fator de liberação de corticotropina, a hipófise (veja o Capítulo 2, Figura 2.22) libera dois hormônios: ACTH (adrenocorticotrofina) e *betaendorfina* (Vale et al., 1981). A betaendorfina exerce um papel no entorpecimento das percepções de dor. O ACTH trafega até as *glândulas supra-renais*, localizadas acima dos rins (veja a Figura 2.22) e ativa os hormônios supra-renais, dentre eles a *adrenalina* (*epinefrina*) e a *noradrenalina* (*norepinefrina*). Os hormônios supra-renais estimulam muitas das mesmas respostas de prontidão emergencial já incitadas pelo sistema nervoso simpático. O ACTH e os hormônios

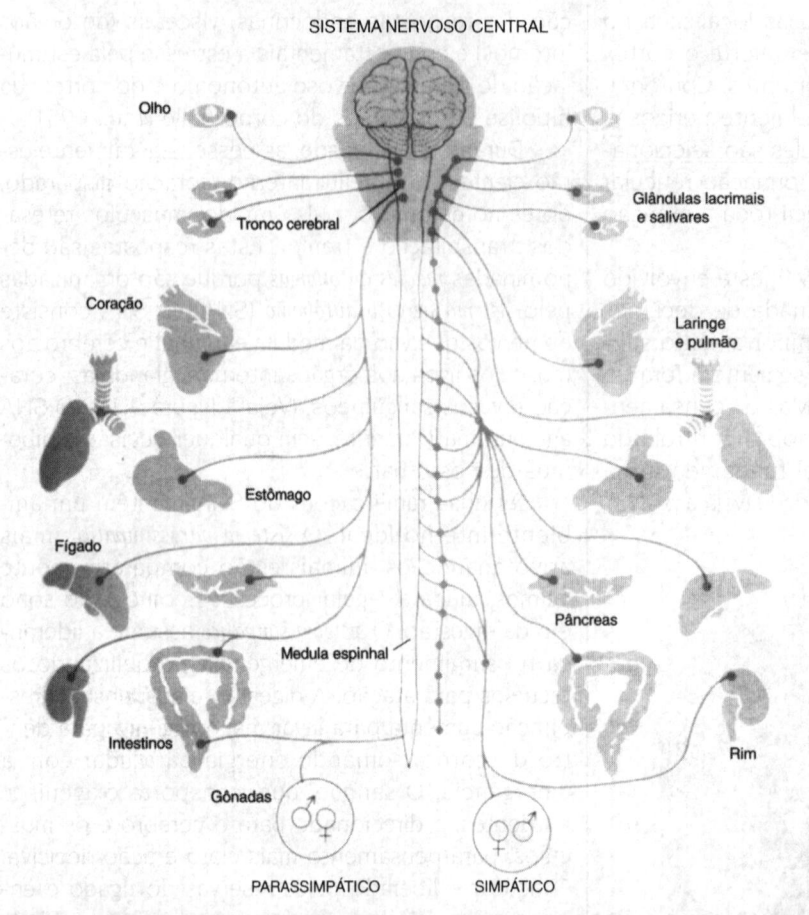

FIGURA 9.10 Principais conexões entre o SNA e os órgãos. Para maior clareza, o sistema simpático está desenhado à direita e o sistema parassimpático, à esquerda. Na realidade, cada sistema está ligado a órgãos de ambos os lados do corpo. As fibras nervosas no sistema simpático vão se juntar em centros localizados fora da medula espinhal. (De Timothy J. Teyler *A primer of psychobiology: Brain and behavior*, W. H. Freeman and Company. Copyright © 1975.)

Ansiedade Crônica

Hans Selye, endocrinologista, foi um dos primeiros cientistas a explorar os efeitos crônicos da ansiedade. Selye chegou à conclusão de que organismos de todos os tipos experienciam uma *síndrome de adaptação geral* (SAG) em resposta a qualquer estresse. Seus estudos sugeriram que frio intenso, conflito, lesões, bactérias e cirurgia acionam, todos, padrões similares de respostas físicas.

- Fase 1: *Reação de alarme*. A resposta aguda à ansiedade é acionada para gerar o máximo de energia a fim de lidar com a crise.
- Fase 2: *Resistência*. Se a tensão é prolongada, o corpo permanece altamente incitado. Embora nada pareça errado para quem olha de fora, os sistemas responsáveis pelo crescimento, pela restauração e pelo combate a infecções não estão operando adequadamente. Em conseqüência, o organismo fica enfraquecido e suscetível a outros estressores.
- Fase 3: *Exaustão*. Persistindo o estressor original ou surgindo novos fatores de estresse, o animal mostra sinais de exaustão e perda muscular. Depois de o sistema nervoso simpático ter esgotado seu suprimento de energia, o sistema parassimpático assume o comando. As atividades físicas diminuem, podendo até parar por completo. Se o estressor persistir, a vítima exausta terá grande dificuldade de continuar lutando. Durante a exaustão, os organismos desenvolvem problemas psicológicos e males físicos, podendo até morrer.

supra-renais exercem outros papéis no aguçamento do pensamento e no prolongamento das memórias do evento estressante (veja as pp. 223-224). Além disso, eles têm um efeito supressivo geral sobre o sistema imunológico (Jemmott & Locke, 1984; Maier & Laudenslager, 1985). Enquanto o corpo permanecer altamente alerta e ativo (até que passe a crise ou que se estabeleça a exaustão), os hormônios supra-renais continuam sendo secretados. Os hormônios supra-renais são apenas um dos muitos sistemas endócrinos que preparam os animais para lidar com situações de estresse.

O conceito SAG de Selye acabou sendo por demais simplista. Uma fonte de controvérsia são os tipos de estresse que o acionam. A SAG tem maior

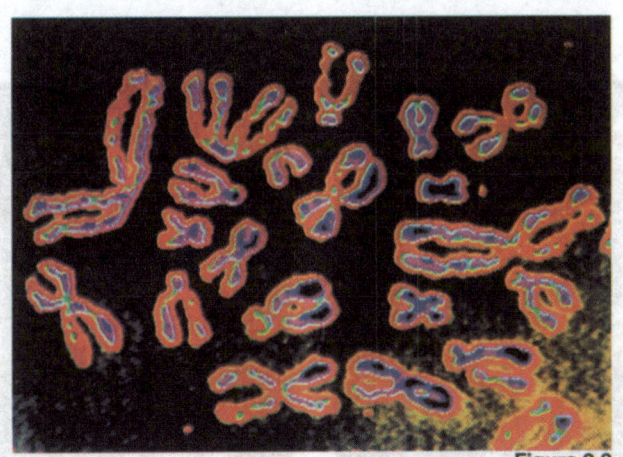

INTRODUÇÃO À PSICOLOGIA

Figura 2.2

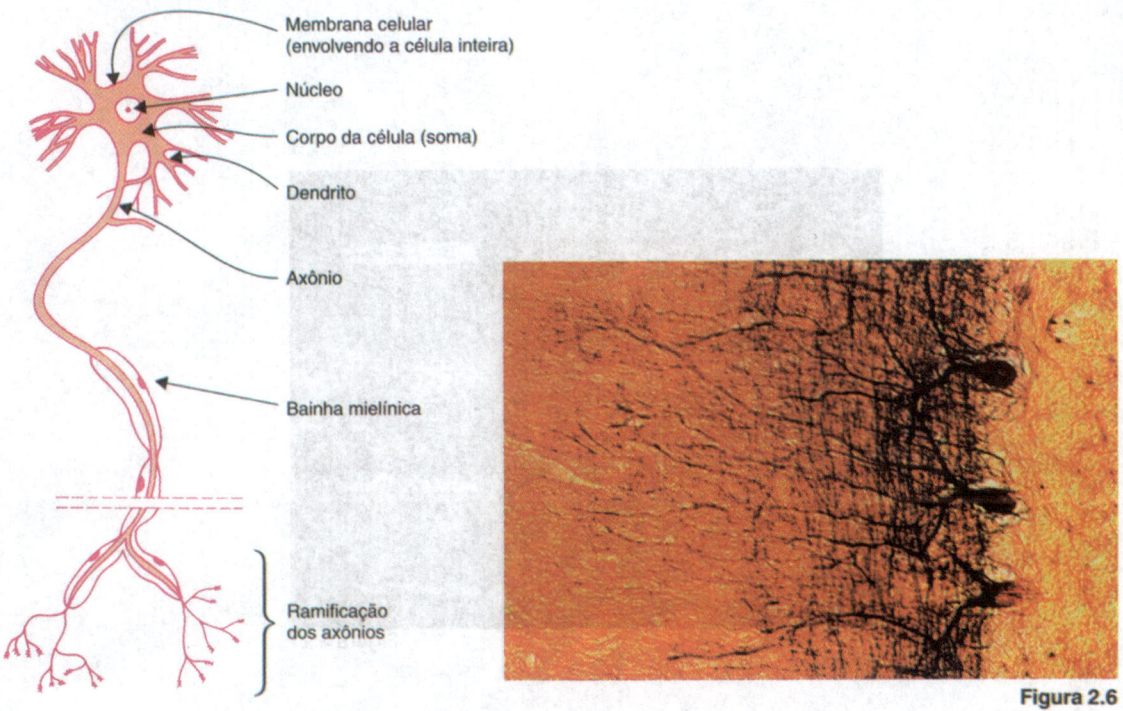

- Membrana celular (envolvendo a célula inteira)
- Núcleo
- Corpo da célula (soma)
- Dendrito
- Axônio
- Bainha mielínica
- Ramificação dos axônios

Figura 2.6

A 1

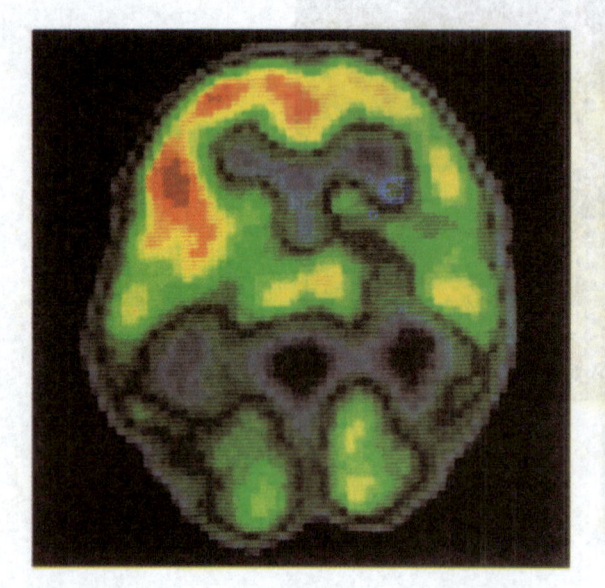

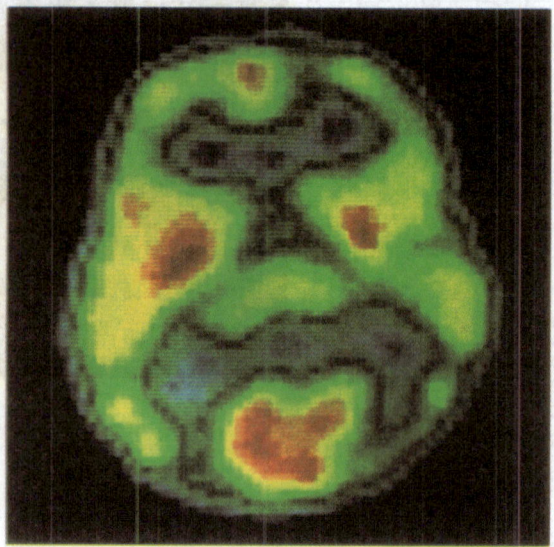

Figura 2.17

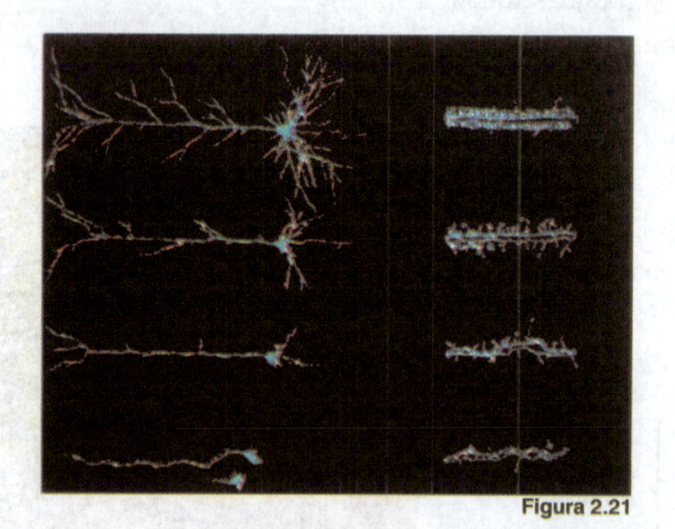

Figura 2.21

INTRODUÇÃO À PSICOLOGIA

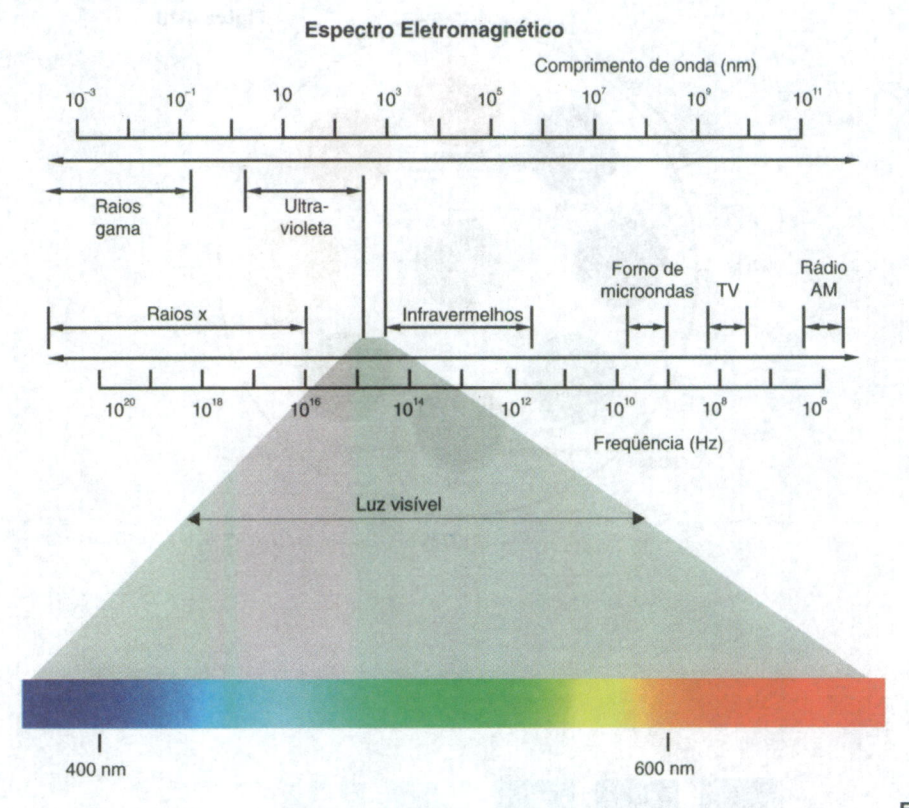

Espectro Eletromagnético

Comprimento de onda (nm)

Raios gama · Ultra-violeta · Raios x · Infravermelhos · Forno de microondas · TV · Rádio AM

Freqüência (Hz)

Luz visível

400 nm — 600 nm

Figura 4.12

Figura 4.20

Figura 4.28

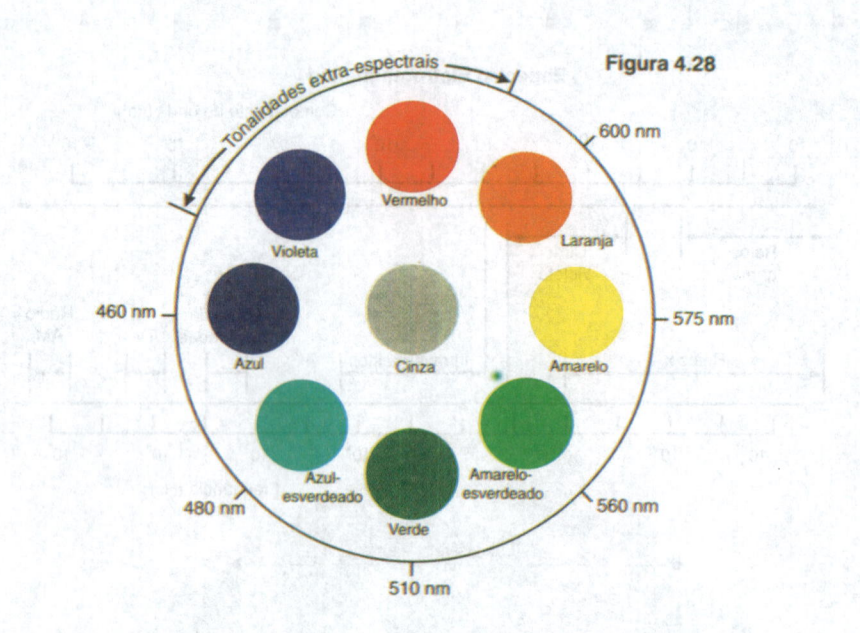

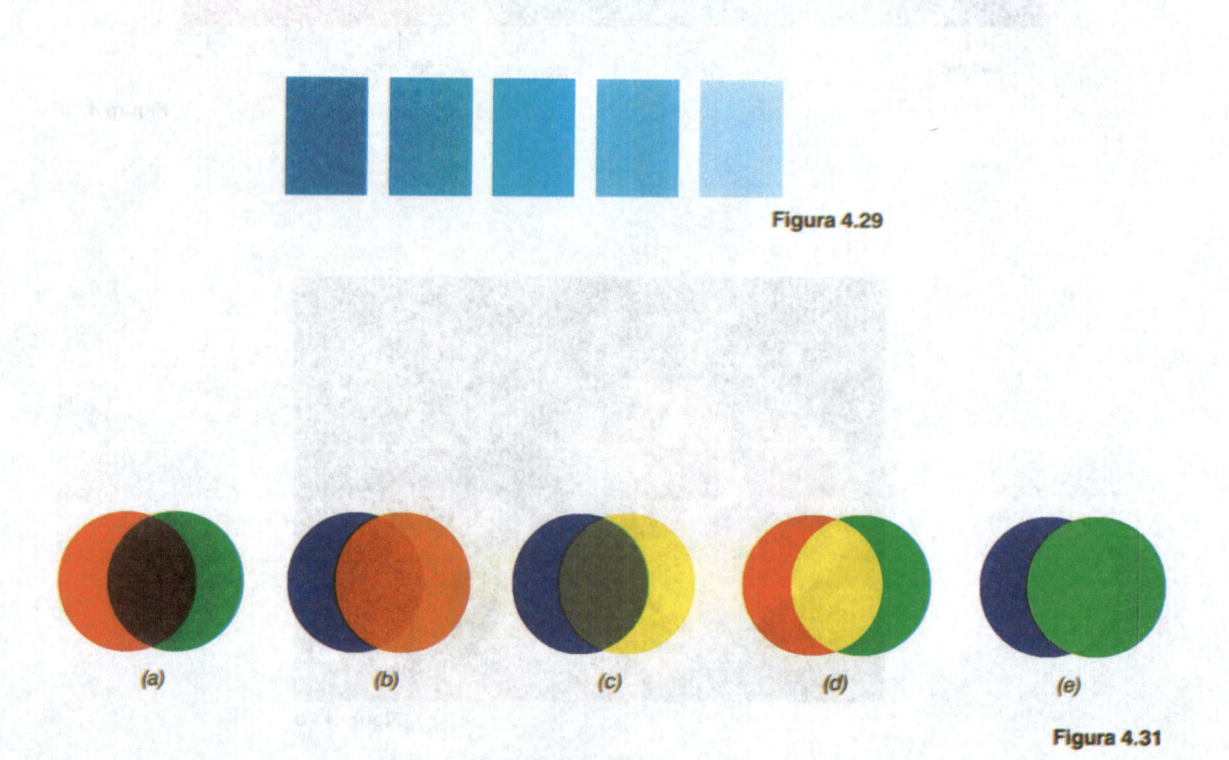

Figura 4.29

Figura 4.31

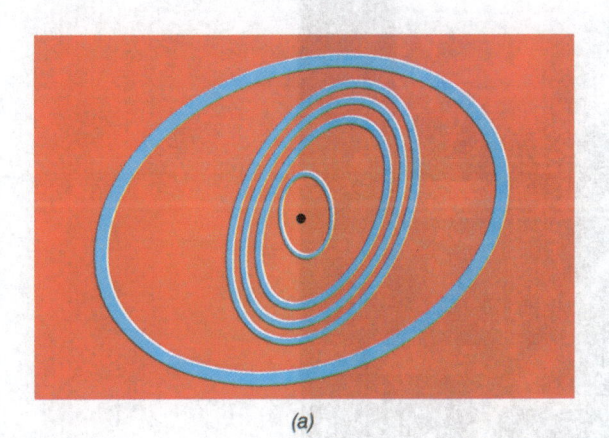

INTRODUÇÃO À PSICOLOGIA

Figura 4.32

(a)   (b)

Figura 4.33

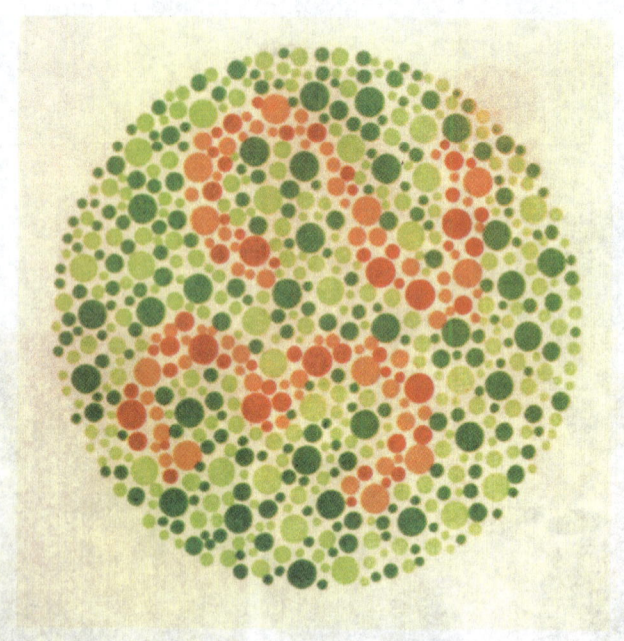

Figura 4.34

Figura 4.37

INTRODUÇÃO À PSICOLOGIA

Figura 4.38

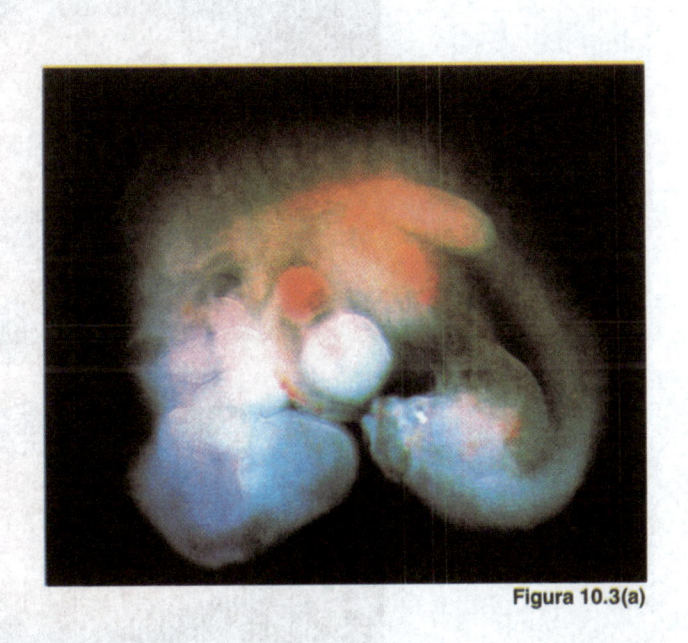

Figura 10.3(a)

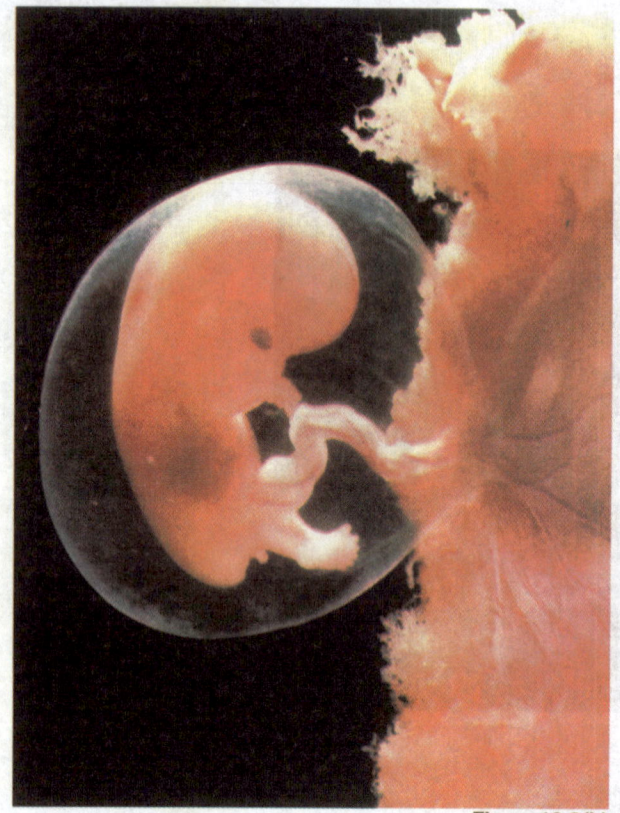

Figura 10.3(b)

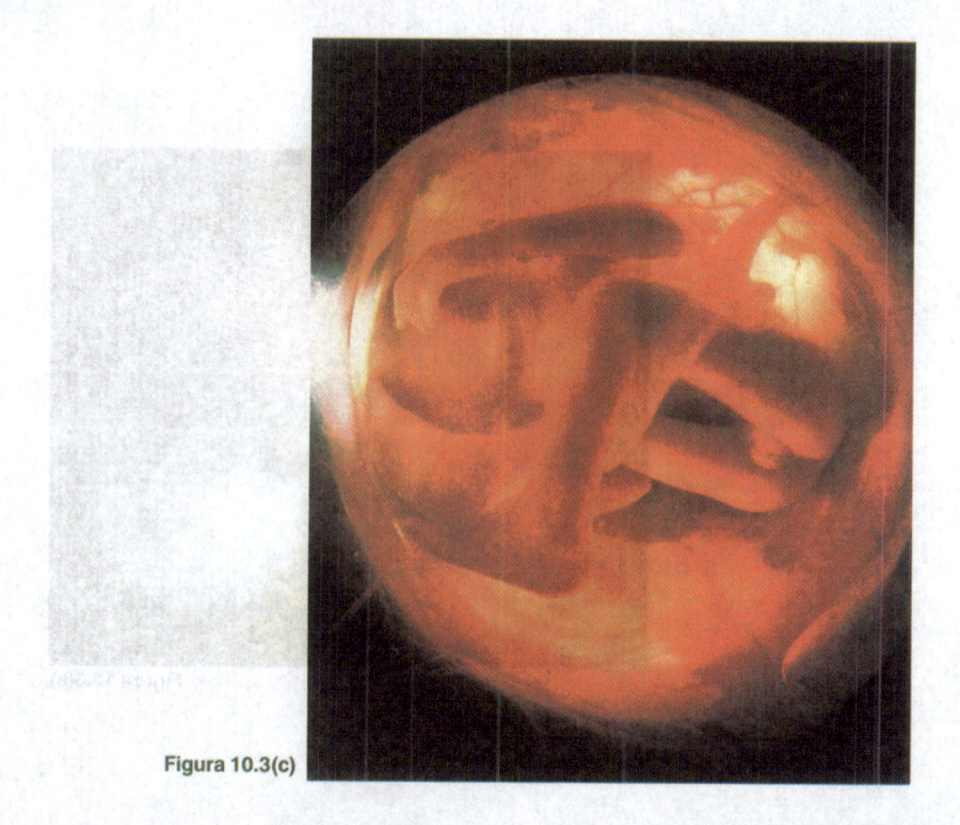

Figura 10.3(c)

probabilidade de ocorrer após estresses de longa duração do que após estresses breves (Lazarus, 1981; Lazarus & Folkman, 1984; Mahl, 1953a, 1953b). Alegrias intensas podem ativar aspectos da SAG, ao passo que certas pressões prolongadas (exercício, jejum e calor) não produzem a síndrome (Mason, 1971; Selye, 1976, 1978). Uma implicação da pesquisa recém-citada é que há diferentes tipos de estresse em nível fisiológico (Axelrod & Reisine, 1984; Davidson, 1979; Krantz & Manuck, 1984; Mason, 1975a, 1975b). Também as respostas físicas relacionadas com a ansiedade variam de pessoa para pessoa. Adiante examinaremos o que contribui para essas diferenças.

O estresse não é invariavelmente nocivo, conforme Selye afirmou de início. Vimos que a alegria, um tipo de estressor em nível fisiológico, parece ser útil. O que está menos óbvio é que os estressores têm efeitos diversos sobre os sistemas do corpo que participam da resposta de estresse. Alguns sistemas podem ser seriamente atingidos, outros dificilmente são afetados e outros, ainda, são beneficiados (Weiss, 1972). (■)

Fontes de Ansiedade

A vida humana está repleta de ansiedades de variados tipos: perigos, problemas crônicos, mudanças de vida e transtornos.

Sigmund Freud via os *perigos* reais e imaginários como importantes fontes de ansiedade. Também os behavioristas enfatizam isto. Sua explicação de condicionamento respondente para a ansiedade (veja o Capítulo 3) assevera que o perigo freqüentemente está próximo quando os medos são condicionados. Por exemplo, no caso da ansiedade por cães, é provável que tenha havido um perigo associado com cães; talvez uma mordida ou uma rosnada.

Os pesquisadores têm identificado uma série de *cargas crônicas* que contribuem para a ansiedade. Dentre elas, ser pobre, ter histórico de minoria racial, estar desempregado, viver em um lar conturbado e ser solteiro. A elas, alguns acrescentariam "ser mulher" (Kessler, 1979; Pearlin & Schooler, 1978). Além de trabalhar fora, como os homens, a típica mulher casada e mãe gasta 27 horas por semana em trabalho doméstico e nos cuidados com os filhos (Hofferth & Moore, 1979). Os empregos das mulheres tendem a ter remuneração, status e poder menores em comparação aos dos homens (Carmen *et al.*, 1981). Não é de surpreender que muitas mulheres incorporem a lição implícita em seu status social e sintam-se menos importantes, menos competentes e menos poderosas dos que os homens.

Mudanças na vida do indivíduo podem gerar estresse crônico, uma vez que geram ansiedade e exigem ajustamento (Kessler *et al.*, 1985). No fim da década de 1960, Thomas Holmes, Richard Rahe e colaboradores desenvolveram um questionário para medir o grau de estresse de 43 *mudanças de vida* comuns. Eles pediram a diferentes grupos de pessoas que indicassem que grau de reajustamento é exigido por mudanças em situações tais como morte do cônjuge, divórcio, doença (pessoal), gravidez e início das aulas na escola. Cada evento tinha de ser comparado com o casamento, ao qual se atribuiu um valor arbitrário de 500, e classificado de forma correspondente. A Tabela 9.2 mostra como experiências representativas foram avaliadas em *unidades de mudança de vida* (classificações médias divididas por 10). A medição de unidades de mudança de vida permanece uma forma viável para avaliar o estresse (Dohrenwend *et al.*, 1984).

Perigos, cargas crônicas e mudanças podem encher a vida cotidiana das pessoas de dificuldades e irritações de natureza menos importante, ou *transtornos* (Eckenrode, 1984; Lazarus & Folkman, 1984; Lazarus *et al.*, 1985). Ainda que uma pessoa consiga evitar perigos, cargas e mudanças, os transtornos tendem a surgir na vida cotidiana. Segundo os psicólogos, os transtornos referem-se à administração doméstica (preparar refeições, fazer as compras), à saúde (efeitos colaterais de remédios, doenças), às pressões de tempo (coisas demais a fazer), a preocupações íntimas (solidão, medo de confrontação), ao ambiente (barulho, criminalidade), a responsabilidades financeiras (dívidas), ao trabalho (insatisfação, problemas de relacionamento com outras pessoas) e à segurança futura (preocupações com aposentadoria, impostos, bens). Em um estudo, os transtornos dos participantes — pessoas casadas, de classe média, de meia-idade e com empregos estáveis — concentravam-se em assuntos econômicos como aumento de preços, impostos e preocupações com investimentos. Em outro estudo, os transtornos de estudantes universitários giravam em torno de problemas acadêmicos e sociais (como perda de tempo, sentimento de solidão e necessidade de corresponder a altos padrões).

Quadro 9.3
DETECÇÃO DE MENTIRAS

Os testes para detectar mentiras são baseados na idéia de que mentir desperta ansiedade e que a ansiedade produz mudanças autônomas previsíveis que podem ser medidas. Durante o comumente usado teste de detecção de mentiras, conhecido como *polígrafo* (veja a Figura 9.11), os examinandos respondem a perguntas enquanto a máquina registra a pressão sangüínea, a freqüência respiratória, o batimento cardíaco e a condutância cutânea (basicamente uma questão de transpiração palmar). Outras respostas físicas podem também ser medidas. Empresas, operações de segurança nacional e órgãos ligados ao cumprimento da lei estão dentre os principais usuários do polígrafo.

A detecção de mentiras baseia-se hoje em duas estratégias principais: pico de tensão e pergunta de controle. O método de *pico de tensão* faz a razoável pressuposição de que certas informações terão significância incomum para o verdadeiro criminoso, porém não para um suspeito inocente. Se a arma do crime não foi divulgada, o examinando poderá ser confrontado com itens plausíveis: rifle, revólver, espingarda de caça, metralhadora. Presumivelmente, apenas o assassino exibirá uma reação de pico diante da arma usada no crime.

A estratégia de *pergunta de controle* compara as reações do suspeito a vários tipos de pergunta. Primeiro, há perguntas relevantes sobre o crime ou a questão de interesse. Segundo, há perguntas irrelevantes que serão respondidas sinceramente, mostrando como a pessoa responde quando está sendo honesta. Terceiro, há perguntas de controle que serão respondidas falsamente para fornecer um registro de como o examinando comportou-se quando mentiu. Quarto, há perguntas de complexo de culpa. Esses itens parecem ser relevantes, porém são fictícios, de modo que o indivíduo não pode mentir. As perguntas de complexo de culpa mostram como o suspeito reage ao ser acusado e ao ser ameaçado enquanto responde sinceramente. A comparação das reações a itens relevantes com todas as outras reações possibilita ao examinador chegar a uma conclusão sobre a inocência do suspeito.

O grau de precisão dos resultados do polígrafo depende do procedimento, do examinando e de métodos e perícia do operador do polígrafo. Considere primeiro o examinando. No que se refere à seleção de candidatos a emprego ou a teste de funcionários, há pouca evidência de que o polígrafo permita previsões precisas (Kleinmuntz & Szucko, 1984; Saxe *et al*., 1985). No que se refere a crimes, os índices de detecção correta em estudos bem controlados varia de 12,5% a 98,6%. Infelizmente, o polígrafo é tendencioso contra aqueles que dizem a verdade. Em três estudos recentes (citados por Lykken, 1983), uma média de quase 50% de suspeitos sinceros foram julgados incorretamente. (Veja o texto da Figura 9.11.)

Também os procedimentos influem. O método de pergunta de controle apresenta muitos problemas (Ben-Shakhar & Leiblich, 1984; Ben-Shakhar *et al*., 1982). David Lykken (1983) fez com que operadores de polígrafo autônomos verificassem os resultados de polígrafos de pergunta de controle, máquinas estas que não haviam sido operadas por eles próprios. Portanto, as interpretações foram baseadas unicamente no polígrafo, e não nos fatos do caso ou outra prova. Em um terço das vezes, os examinadores erraram. Alguns operadores de polígrafo eram mais hábeis do que outros, mas a intuição raramente é tão precisa quanto fórmulas estatísticas (Kleinmuntz & Szucko, 1984).

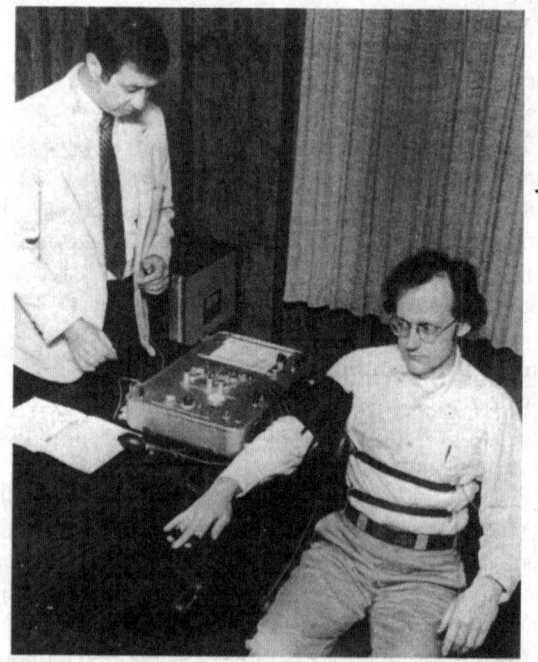

FIGURA 9.11 Os testes de detecção de mentiras baseiam-se na premissa de que o ato de mentir desperta ansiedade e a ansiedade produz mudanças autônomas previsíveis e mensuráveis. O polígrafo (mostrado na foto) normalmente mede a pressão sangüínea, as freqüências respiratória e cardíaca e a condutância cutânea. Um tipo mais recente de máquina da verdade, o analisador de ênfase da voz, capta as mudanças no tom de voz. Nenhum dos aparelhos é à prova de falsificação. Tranqüilizantes podem diminuir a "responsividade" fisiológica associada ao ato de mentir (Wygant, 1981). Além disso, as pessoas podem regular as respostas autônomas sem o uso de drogas (por exemplo, colocando uma tachinha dentro do sapato e pressionando o pé sobre ela durante as perguntas de controle) e "derrotar a máquina". (Copyright 1981© Sandra Johnson/The Picture Cube.)

TABELA 9.2 Experiências representativas e seu valor nas unidades de mudança de vida.

Experiências	Valor Médio (Unidades de Mudança de Vida)
Morte do cônjuge	100
Divórcio	73
Morte de parente próximo	63
Acidente ou doença (pessoal)	53
Casamento	50
Demissão do emprego	47
Aposentadoria	45
Gravidez	40
Dificuldades sexuais	39
Mudança na situação financeira	38
Mudança de tipo de trabalho	36
Mudança de responsabilidades no trabalho	29
Início ou término das aulas na escola	26
Férias	13
Pequenas violações da lei	11

Fonte: Holmes & Rahe, 1967.

Os *conflitos* surgem quando dois ou mais objetivos incompatíveis (necessidades, ações, eventos ou qualquer outra coisa) competem um com o outro e levam o organismo a se sentir pressionado em diferentes direções ao mesmo tempo. Como a seleção de uma das opções do conflito implica a perda de outra (pelo menos temporariamente), os conflitos são considerados frustrantes (veja a p. 378) e geradores de ansiedade. Se forem de curta duração, os conflitos podem ser considerados transtornos; se prolongados, são considerados cargas crônicas. Sigmund Freud enfatizou o potencial de geração de ansiedade dos conflitos pessoais. Ele achava que os impulsos humanos entravam freqüentemente em choque com a realidade (em que a punição é uma possibilidade) e os ditames da consciência. Também os psicólogos humanistas enfatizam os conflitos pessoais, concentrando-se naqueles que surgem durante a escolha de um estilo de vida gratificante e dotado de significado.

Tipos de Conflito

Atualmente, os psicólogos catalogam os conflitos de acordo com o curso de ação que vai resolvê-los (Lewin, 1959; Miller, 1959); aproximação-aproximação, esquiva-esquiva e aproximação-esquiva simples e dupla.

Os *conflitos de aproximação-aproximação* ocorrem sob duas condições: as pessoas são atraídas igualmente por dois objetivos (necessidades, objetos, ações). Todavia, a consecução de um objetivo significa o abandono de outro. Por exemplo, você precisa escolher entre comprar um carro ou viajar para a Europa. Na mesma noite, você quer ir a uma festa e ao cinema. Você não consegue decidir se toma um *sundae* ou um *milk-shake*. As pesquisas sugerem que os conflitos de aproximação-aproximação são mais fáceis de resolver do que qualquer outro. Quando você se aproxima tentativamente de um objetivo (digamos, a compra de uma malha de lã marrom em uma ida ao shopping), sua atratividade aumenta. Quando você enfatiza as vantagens ("é quentinha, é barata"), a tendência de se aproximar ainda mais aumenta. Ao mesmo tempo, o apelo de outro objetivo (uma malha de lã vermelha, por exemplo) enfraquece, a pressão diminui e o conflito termina. As pessoas geralmente resolvem com facilidade os conflitos de aproximação-aproximação porque eles sempre resultam em algo agradável. Além disso, freqüentemente as alternativas podem ser obtidas depois. Você pode conseguir comprar a malha vermelha no mês seguinte.

Quando dois objetivos (objetos, ações ou o que for) são simultaneamente repelidos pela pessoa e ela é obrigada a escolher um deles, os psicólogos denominam o dilema de *conflito de esquiva-esquiva*. Um ladrão de loja preso em flagrante pode ter de escolher entre vários dias de cadeia ou o pagamento da fiança. Uma adolescente grávida pode se ver diante da situação de ser mãe solteira ou de se submeter a um aborto. A pesquisa mostra que quando os organismos vêem-se diante de uma opção repulsiva, ela se torna ainda mais repelente e a tendência de evitá-la torna-se mais intensa. Em conseqüência, a vítima tende a mudar de rumo, voltando-se para a opção alternativa. Com a aproximação, também esta opção torna-se repulsiva. Os conflitos de esquiva-esquiva tipicamente despertam enorme ansiedade, sendo difíceis de resolver. As pessoas tendem a oscilar entre as alternativas desagradáveis e tentar fugir do conflito. O ladrão de loja, por exemplo, pode tentar fugir ou mergulhar em fantasias.

Quando uma pessoa sente simultaneamente atração e repulsa por um objetivo — idéia, necessidade, objeto ou ação —, temos um *conflito de aproximação-esquiva simples*. Em outras palavras, uma única opção pode ter uma natureza agridoce. Por exemplo, uma carreira atraente pode exigir muito estudo. Um carro luxuoso custa caro. Uma sobremesa deliciosa é engordativa. A intimidade com outras pessoas implica vulnerabilidade. Os conflitos de aproximação-esquiva simples tendem a ser difíceis de resolver e a gerar muita ansiedade. Como nos conflitos de esquiva-esquiva, as pessoas podem oscilar entre uma e outra opção, por vezes indefinidamente.

Os *conflitos de aproximação-esquiva dupla* têm dois objetivos, cada um dotado de aspectos bons e maus. Uma jovem pode ter de escolher entre trabalhar e fazer faculdade. O único emprego disponível é desinteressante, porém proporcionará renda. A faculdade tornará a jovem qualificada para seguir uma carreira interessante, porém o estudo toma tempo e é caro. À semelhança dos conflitos de aproximação-esquiva simples, os conflitos de aproximação-esquiva dupla geram ansiedade e são difíceis de resolver.

A Figura 9.12 ilustra os quatro conflitos básicos e fornece um novo exemplo de cada um deles. Conflitos reais podem não se enquadrar completamente nessas categorias porque as pessoas em geral enfrentam mais que duas opções. Ademais, quando examinadas atentamente, todas as opções envolvidas em um conflito têm aspectos positivos e negativos. No mínimo, a seleção de uma opção atraente limita outras escolhas; a adoção de qualquer opção negativa tem, porém, um atrativo: elimina o conflito e a ansiedade por ele gerada. Em resumo, os conflitos da vida tendem a ser do tipo aproximação-esquiva.

ENFRENTANDO A ANSIEDADE

Perigos, cargas crônicas, mudanças de vida e transtornos geram ansiedade que as pessoas precisam enfrentar. Com o verbo *enfrentar*, os psicólogos denotam responder de tal forma que possibilite a esquiva, a fuga ou a redução do incômodo e/ou a solução do problema.

Richard Lazarus (1981, 1983; com Folkman, 1984) vem estudando há anos como as pessoas enfrentam a ansiedade. Segundo ele, existe um padrão sistemático. Os seres humanos estão continuamente avaliando de momento a momento aquilo que está ocorrendo na própria vida. Eventos que parecem ameaçadores são avaliados mais amplamente. As pessoas se fazem perguntas como: "Que tipo de

(a) Conflito de aproximação-aproximação
Objetivo 1 + Objetivo 2 +
Exemplo: Peço *pizza* ou espaguete?

(b) Conflito de esquiva-esquiva
Obejtivo 1 − Objetivo 2 −
Exemplo: Limpo meu quarto ou lavo a louça?

(c) Conflito de aproximação-esquiva simples
Um objetivo
+ ou −
Exemplo: Vou ao dentista para cuidar da cárie?

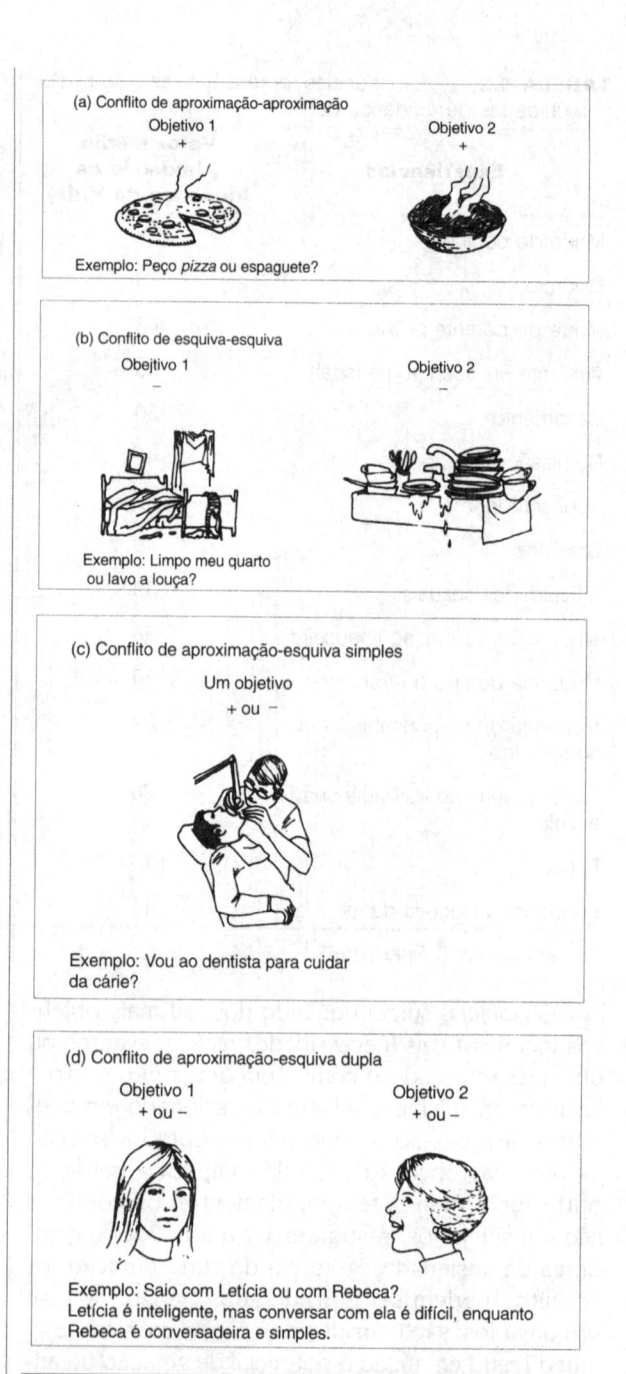

(d) Conflito de aproximação-esquiva dupla
Objetivo 1 + ou − Objetivo 2 + ou −
Exemplo: Saio com Letícia ou com Rebeca? Letícia é inteligente, mas conversar com ela é difícil, enquanto Rebeca é conversadeira e simples.

FIGURA 9.12 Modelos e exemplos de conflito. (Veja explicações no texto.)

ação devo tomar?" e "Quais os recursos disponíveis?". Se sentem-se alarmadas ou não e em que grau vai depender da avaliação delas da própria capacidade de enfrentar a ameaça. Muitas situações geram esforços múltiplos (Folkman & Lazarus, 1985; Lazarus & DeLongis, 1983). Alguns esforços visam diretamente à solução do problema e outros, ao controle do incômodo.

Enfrentar é um processo dinâmico (está em constante mutação). Quando enfrentamos algo, permanecemos em estado de atenção constante. Se uma estratégia apresenta problemas, podemos reavaliar as opções e escolher outro curso de ação. Usamos diferentes táticas para enfrentar diferentes problemas (Kessler et al., 1985; McCrae, 1984). Enfrentamos de uma determinada maneira uma perda, por exemplo, e de outra maneira um desafio. Embora cada um de nós utilize uma série de estratégias, cada uma delas favorece regularmente determinada manobra (Sternberg & Soriano, 1984; Stone & Neale, 1984a, 1984b).

Táticas Comuns de Comportamento para Enfrentar a Ansiedade

Primeiramente, vamos examinar as estratégias comportamentais que as pessoas costumam usar para enfrentar a ansiedade. Fazemos aqui a distinção entre mecanismos que dependem principalmente da ação e mecanismos que dependem significativamente do pensamento.

Solução Deliberada do Problema

Os seres humanos costumam ver os estressores como problemas a serem resolvidos (Janis & Mann, 1977). Eles avaliam a situação racionalmente e concebem uma solução. A pessoa que soluciona problemas tende a fazer planos, fortalecer os recursos e compensar as fraquezas. Por exemplo, confrontado com a possibilidade de fracassar em uma matéria, o estudante pode decidir dispensar mais tempo aos estudos, adiar a ida ao cinema e deixar outras atividades de lado enquanto se concentra na primeira.

Busca de Apoio e Catarse

Algumas pessoas recorrem a outras pessoas: em alguns casos, elas estão buscando ajuda ou apoio; em outros, simplesmente elas buscam a *catarse*, isto é, expressar seus sentimentos em relação ao problema. As mulheres têm maior tendência que os homens a buscar a catarse, a qual está ligada a dificuldades de ajustamento quando usada sozinha (Billings & Moos, 1984).

Agressividade

Estressores de toda sorte geram raiva e agressividade. Por vezes, a agressão é dirigida para o iniciador do estresse. Todavia, quando a fonte de ameaça é vaga, difícil de identificar, muito forte ou então perigosa, às vezes as pessoas *deslocam* sua agressão e atacam alvos convenientes. Usar um *bode expiatório* refere-se a descontar os problemas em vítimas inocentes, agredindo-as. O uso de bode expiatório ocorre em nível *pessoal* (quando a pessoa chuta o cachorro ou agride um amigo), sem que haja provocação (após um fracasso ou uma frustração), e pode ocorrer também em nível *nacional*. Durante a década de 1930, quando havia estagnação econômica e tensão política na Alemanha, Adolf Hitler elegeu os judeus como bode expiatório. Nos Estados Unidos, como em muitos outros países, as minorias são por vezes responsabilizadas por males sociais e forçadas a sofrer as provações da agressão deslocada.

Regressão

Por vezes as pessoas confrontam estresses ao restabelecer comportamentos que as caracterizavam quando bem mais jovens (*regressão*). Crianças que não chupavam dedo ou não faziam xixi na cama podem mais tarde reagir a "crises" — em situações como a do nascimento de um novo bebê — com essas respostas imaturas. A regressão geralmente se presta a atrair a atenção e a servir de fuga (retorno a condições passadas de amor e segurança). As pessoas que usam esta defesa podem não ter conseguido aprender respostas mais eficazes de enfrentar os estresses.

A regressão parece ser a reação mais comum a estresses em crianças. Em um estudo clássico, Roger Barker e seus colaboradores (1943) levaram crianças — uma por vez — a uma sala onde havia brinquedos quebrados e incompletos. Enquanto elas brincavam, os psicólogos, que se posicionaram atrás de um espelho unidirecional, avaliavam a maturidade da conduta das crianças. As mesmas crianças voltaram à sala de brinquedos em uma segunda sessão. Desta vez, cada uma delas teve acesso a alguns brinquedos excepcionalmente atraentes. Após um breve período, os experimentadores colocaram uma divisão que impedia as crianças de brincar com os brinquedos atraentes mas permitia que elas os vissem. Uma vez mais, as crianças foram levadas a brincar com os brinquedos quebrados e incompletos. Sob tais circunstâncias frustrantes, elas se comportaram de maneira mais brusca, destrutiva e imatura do que durante a sessão inicial. Embora este estudo possa ser interpretado de diferentes formas, é coerente com a idéia da regressão.

Retraimento

Quando as pessoas *retraem-se*, elas optam por não agir, freqüentemente após aceitar o problema e decidir que nada podem fazer a respeito. Em geral, o retraimento vem acompanhado de apatia e depressão. Durante a Segunda Guerra Mundial, um médico observou uma versão extrema deste padrão em companheiros prisioneiros de guerra (Nardini, 1952, p. 242). "A maioria deles experimentou acessos de apatia ou de depressão. A depressão variava de leve a prolongada e profunda, quando então ocorria a perda de interesse de viver e a falta de disposição ou capacidade de reunir as forças necessárias para combater a doença. Um sinal infalível de retraimento fatal ocorria três ou quatro dias antes da morte, quando a vítima cobria a cabeça com o cobertor e lá ficava, passiva, quieta, recusando-se a comer." Este mesmo tipo de retraimento foi verificado nos judeus que ficaram presos em campos de concentração.

Esquiva Física

Por vezes as pessoas sentem-se vencidas pelo estresse. Todos os seus planos apresentam sérios riscos e elas se sentem incapazes de encontrar uma solução aceitável. Confrontadas com tal situação, muitas pessoas recorrem à *esquiva* (Janis & Mann, 1977). Há muitas formas de esquiva.

A forma mais óbvia é *abandonar o barco*, retirando-se fisicamente da situação ameaçadora. Por exemplo, você pode parar de freqüentar as aulas de uma matéria na qual você esteja indo mal ou evitar encontrar-se com um namorado briguento. As pessoas que se esquivam podem diminuir seu incômodo também por meio da *distração*, desviando sua atenção do problema, talvez pensando em outra coisa ou embrenhando-se em uma atividade envolvente. A *protelação* é outra forma de esquiva defensiva. Quando as pessoas protelam, elas adiam a tomada de decisões. Por exemplo, Scarlett O'Hara, a heroína de E *o Tempo Levou...*, é uma famosa proteladora. Um de seus últimos comentários sobre a confusão que ela armou na própria vida foi "Pensarei nisso tudo amanhã...".

Outra tática de esquiva é o *abuso químico*. O uso moderado de drogas, que é comum em muitos países, incluindo os Estados Unidos, não está associado a problemas de ajustamento, mas o uso abusivo está (D. B. Kandel, 1980). Em estudos de personalidade, pessoas que abusam de drogas acabam se revelando problemáticas (Pihl & Spiers, 1978). Por vezes, elas não vêem outra forma de lidar com o estresse, pois falta a elas recursos estabilizadores. Tipicamente, elas usam drogas para lidar com todos os problemas que vêem pela frente. "A heroína", nas palavras de um viciado, "é como um plano financeiro que possibilita juntar todos os seus problemas em um só — heroína! —, e aí a injeção no braço faz desaparecer todos os problemas" (citado em Ray, 1972, p. 193).

Mecanismos de Defesa

Muitas das estratégias de esquiva ao enfrentamento de problemas são de natureza mental, as quais Sigmund Freud denominou *mecanismos de defesa*. Sua filha, Anna Freud, definiu muitas estratégias específicas. Estas manobras cognitivas têm diversas propriedades em comum. As pessoas utilizam-nas quando estão ansiosas. Elas capacitam as pessoas a falsificar e distorcer o que de outra forma seria doloroso, podendo evitar que sua ansiedade chegue ao plano consciente. Todas elas envolvem a auto-dissimulação e apresentam um risco: podem impedir a busca e a avaliação de outras soluções. A questão de se os mecanismos de defesa são usados inconscientemente em todos os casos, conforme acreditavam os Freud, é discutível. Acredita-se que os seguintes mecanismos cognitivos sejam universais.

Repressão

Ocorre a *repressão* quando as pessoas excluem da tomada de consciência motivos, idéias, conflitos, memórias etc. que geram ansiedade — sem esforço deliberado. Quando a repressão está operando, o que é banido não adentra a consciência, embora influa no comportamento. Nos primeiros escritos de Sigmund Freud, a repressão é um elemento central. Ele a via como algo freqüentemente operante na vida cotidiana. Ele acreditava que todas as pessoas reprimem sonhos, uma vez que eles representam impulsos incitadores de ansiedade. Ele atribuía o esquecimento de nomes e detalhes à mesma fonte.

É difícil apontar exemplos de repressão claros e inconfundíveis (Cohen, 1979a; Holmes, 1974b). Há, porém, evidência de fenômenos aparentemente repressivos. Certos tipos de *amnésia* (perda de memória) enquadram-se nesta categoria. Por exemplo, um soldado que viu um amigo ser morto pode retornar à sua tropa em estado de choque e ser incapaz de descrever o que aconteceu e, no entanto, demonstrar sinais de profunda dor. Por meio do uso de técnicas de investigação do insconsciente (hipnose, por exemplo), o soldado pode se lembrar do incidente e aceitá-lo. A *supressão* ou *esquiva cognitiva* é outra estratégia aparentemente repressiva. "Supressão" significa a exclusão deliberada de algo da mente. Você pode dizer para si mesmo: "Não vou pensar mais nisso (um insulto, uma discussão, um desapontamento ou uma perda)". Medições de respostas físicas sugerem que o pensamento de esquiva reduz efetivamente a ansiedade, pelo menos a curto prazo (Lazarus, 1983).

Enfatizar o lado positivo, outra conhecida manobra repressiva, é por vezes chamado de *princípio de Poliana*, uma heroína fictícia que via alegria até mesmo nas circunstâncias mais lamentáveis. Estudos de laboratório corroboram a noção de que muitos de nós apresentam um otimismo que não é compatível com a realidade (Matlin & Stang, 1978). Por exemplo, tendemos a demorar mais para reconhecer objetos e eventos desagradáveis. Evitamos olhar para cenas incômodas. Comunicamos com mais freqüência as boas notícias do que as más. Somos mais hábeis em memorizar e recuperar da memória algo positivo. Superestimamos a importância de eventos felizes e subestimamos o impacto de eventos infelizes. Em resumo, a cognição seletivamente favorece informações positivas em detrimento das neutras e das negativas durante os processos de percepção e memorização. Embora esta tendência possa ser interpretada como defensiva, não a compreendemos completamente.

Negação

As pessoas que *negam a realidade* ignoram ou recusam-se a reconhecer a existência de aspectos desagradáveis em suas experiências, apesar de estarem plenamente cientes daquelas experiências. A negação é usada como proteção e sempre envolve a autodissimulação. Por exemplo, uma mulher que está morrendo pode dizer a si mesma que logo estará de volta à sua vida normal. Em pleno ataque cardíaco, um homem pode chamar a dor no peito de indigestão e fazer o máximo para provar que isso é verdade. Pais podem recusar-se a enfrentar o retardamento mental de um filho.

Richard Lazarus e seus colaboradores (1960, 1962, 1983) demonstraram que a negação pode reduzir a ansiedade, pelo menos temporariamente. Em um estudo clássico, eles exibiram para estudantes universitários masculinos um filme sobre ritos de subincisão de uma cultura primitiva australiana. Durante os ritos de subincisão, que marcam a transição da adolescência para a fase adulta, os rapazes são segurados por diversos homens e passam por um operação muito dolorosa. O pênis é esticado e cortado por baixo com uma lâmina afiada de pedra. Enquanto os estudantes universitários assistiam ao filme, o batimento cardíaco e a condutância cutânea foram monitorados como índices de emoção. O filme era acompanhado de uma de três trilhas sonoras. Uma das trilhas enfatizava os aspectos dolorosos e ameaçadores da "cirurgia". A segunda apresentava o que estava acontecendo de uma forma desconexa e intelectual. A terceira negava que a "operação" causava dor e enfatizava seus benefícios sociais. Estudantes de um quarto grupo assistiram ao filme, sem trilha sonora. Quando as trilhas sonoras negavam ou intelectualizavam a dor, o batimento cardíaco e a condutância cutânea eram relativamente baixos; e mais altos quando o sofrimento era enfatizado.

A negação pode funcionar — pelo menos temporariamente — também na vida real. Mães e pais de crianças portadoras de doenças fatais que se recusavam a enfrentar a iminente morte do respectivo filho apresentavam níveis mais baixos de substâncias químicas na urina relacionadas com estresse do que mães e pais que não negavam a iminente morte do respcetivo filho (Wolff *et al.*, 1964). Seis meses depois da morte do respectivo filho, porém, pais e mães que negavam pareciam mais perturbados do que os outros (Hofer *et al.*, 1972). A negação e outras estratégias de esquiva geralmente não são eficazes a longo prazo (Suls & Fletcher, 1985) (veja a p. 410).

Fantasia

As pessoas freqüentemente "atingem" objetivos e fogem à ansiedade fantasiando aquilo que poderia ter acontecido ou que pode acontecer. Com moderação e sob controle consciente, a fantasia parece ser um mecanismo salutar. Ela beneficia a solução de problemas. De fato, adultos normais devaneiam mais freqüentemente em problemas do que em sexo, êxito, heroísmo e outros assuntos (Giambra, 1977). As pessoas parecem testar respostas mentalmente, evitando assim erros de alto custo. Entre populações normais, a fantasia freqüente está ligada a criatividade, flexibilidade, concentração, memória, autocontrole, habilidades sociais e inibição de agressão (Saltz, 1978; Singer, 1978); ela não está associada a problemas psicológicos (Lynn & Rhue, 1985). Na verdade, devaneios felizes — por exemplo, imaginar férias relaxantes ou reproduzir um encontro amoroso — podem ajudar a lidar com a depressão (Singer, 1978).

É claro que a fantasia em excesso apresenta problemas. Pessoas que fantasiam muito relatam sentir-se solitárias e parecem usar a fantasia como substituto de laços sociais (Lynn & Rhue, 1985).

Racionalização

A *racionalização* envolve a invenção de razões plausíveis e aceitáveis para determinadas situações, atos, pensamentos ou impulsos quando alguém deseja esconder de si próprio as verdadeiras explicações. A desculpa "Eu teria passado naquele exame se o professor não tivesse feito perguntas tão idiotas" possibilita ao estudante evitar enfrentar seu despreparo ou capacidade limitada. O executivo habitualmente atrasado pode culpar a agenda cheia em vez de admitir sua falta de consideração pelos outros.

Por vezes, explicações plausíveis tornam eventos desagradáveis mais palatáveis, a *estratégia do limão doce*. Esta tática aparece em afirmações como: "Levar o fora do meu namorado foi realmente a melhor coisa que poderia ter me acontecido, pois me forçou a tornar-me independente", "o acidente de carro que sofri foi na verdade uma bênção porque me ensinou a tomar mais cuidado quando chove".

As pessoas racionalizam situações também quando a sorte deixa de bater à sua porta para bater na do vizinho, a *estratégia das uvas estavam verdes*. Tal modo de pensar fica evidente em afirmações como: "O governo vai matar os altos executivos de tanto imposto", "Essa promoção que não saiu só teria aumentado minha carga de trabalho".

A racionalização possibilita às pessoas diminuir a dor de eventos desagradáveis e a se sentir bem consigo mesmas e com a vida. Ela impede a depressão e a falta de iniciativa que a acompanha.

Intelectualização

As pessoas usam a *intelectualização* para enfrentar a distância, analítica e racionalmente, situações que de outra forma gerariam incômodo emocional. Elas tratam as experiências potencialmente estressantes como algo a estudar ou analisar com olhos curiosos. Annette Insdorf, filha de sobreviventes de campo de concentração, assistia a filmes dolorosos sobre o holocausto nazista escrevendo sobre eles. "Eu não poderia ter assistido a esses filmes se não fizesse ao mesmo tempo anotações sobre eles", ela comentou (Freund, 1983). Uma prostituta londrina (Cousins, 1938, pp. 150-151) usava a intelectualização para isolar-se das próprias atividades profissionais. "Eu podia fazer o ato sexual porque nem sequer parecia estar tomando parte dele... Na verdade, nem parecia estar acontecendo comigo; estava acontecendo com alguém lá em cima da cama que parecia ter uma distante ligação comigo, enquanto eu calculava se poderia comprar um casaco novo ou ficava contando carneirinhos".

A intelectualização pode diminuir o impacto de algo que de outra forma seria arrasador ou prejudicial. Médicos e enfermeiras freqüentemente intelectualizam o sofrimento, transformando seus pacientes em "casos" (Hay & Oken, 1972). No caso dos serviçais, o envolvimento emocional provavelmente interferiria na prestação eficaz do serviço.

Formação Reativa

Quando as pessoas escondem um motivo, emoção, atitude, traço de personalidade, ou outra coisa parecida, de si próprias, expressando o oposto, estão usando a *formação reativa*. Esses indivíduos não estão representando; eles não têm consciência de ter aquele traço gerador de ansiedade. Freud acreditava que esses traços são reprimidos. Às vezes o ódio é disfarçado em exagerada exibição de amor; o forte impulso sexual, em excessivo recato; a hostilidade, em gentileza. Pense no "gentil" amante da natureza que deseja torturar os cientistas por fazerem experimentos com ratos, ou no "amoroso" militante antiaborto que explode clínicas de aborto com bombas. A formação reativa permite que as pessoas evitem a ansiedade associada ao confronto de qualidades pessoais indesejadas.

Projeção

As pessoas que usam a *projeção* são rápidas em observar e ampliar traços pessoais dos outros, traços estes que elas não apreciam e não reconhecem em si próprias. Como na formação reativa, um fato pessoal ameaçador é escondido do eu, talvez reprimido. Por exemplo, indivíduos materialistas que não têm consciência da própria cobiça podem notar rapidamente essa qualidade nos outros. Seres humanos que acham a própria sexualidade ameaçadora, deixando de enfrentá-la, podem condenar os adolescentes da vizinhança como "obcecados por sexo".

CONSEQÜÊNCIAS DA ANSIEDADE

A ansiedade tem efeitos de longo alcance sobre a aprendizagem e a saúde física e mental.

Conseqüências Cognitivas

Poucos duvidam de que a ansiedade altera a capacidade de processamento de informação. Para verificar os efeitos gerais da ansiedade sobre a aprendizagem, psicólogos trabalharam com pessoas que relataram sentir pouca ou grande ansiedade em situações acadêmicas. Os participantes de pesquisas, no laboratório, foram confrontados com variadas tarefas. Curiosamente, a ansiedade não exerceu um impacto uniforme: na verdade, quando se tratava de tarefas de aprendizagem simples, ela ajudava; já no caso de tarefas complicadas, a ansiedade prejudicava (Farber & Spence, 1953; Ganzer, 1968).

Por que a ansiedade seria útil? Durante a ansiedade, o sistema nervoso incitado usa os neurotransmissores epinefrina, norepinefrina e vasopressina. Qualquer coisa que aumente a disponibilidade dessas substâncias para o cérebro, melhora a retenção de informações simples em animais de laboratório (McGaugh, 1983). A descoberta faz sentido em termos evolutivos. Se os indivíduos relembram situações de crise e de emergência, eles tendem a lidar mais eficazmente com eventuais situações similares. Assim sendo, as pessoas conseguem sobreviver por tempo longo o bastante para passar adiante sua herança genética (incluindo a tendência de secretar substâncias químicas que ajudam a registrar eventos incitadores de ansiedade).

De que forma a ansiedade prejudica o desempenho em tarefas de aprendizagem complexas? Para explorar este tópico, precisamos desmembrar o ato de aprender. Nosso modelo de processos da memória (veja a p. 205) é útil para essa finalidade. Ele diz que, para se lembrarem de qualquer coisa, os seres humanos precisam codificar, armazenar e recuperar.

Codificar refere-se a pôr informações na memória. Participantes de pesquisas sob estado de alta ansiedade exibem uma série de problemas relacionados com a aprendizagem que requeira esforço (Geen, 1980; Hamilton & Warburton, 1979; Mueller, 1980; I. G. Sarason, 1984a; Sieber et al., 1977; Wine, 1982).

1 Pessoas altamente ansiosas têm dificuldade de prestar atenção e distraem-se com facilidade. De fato, o que acontece freqüentemente é que, quando deveriam estar prestando atenção, estão concentradas em irrelevâncias como sentimentos de inadequação ou pânico, desempenho dos outros, dor de cabeça e de estômago, e fracasso.

2 Os altamente ansiosos usam relativamente poucas das indicações que são fornecidas em tarefas intelectuais. Portanto, ficam menos cientes das implicações e complexidades, sendo mais propensos a interpretar erroneamente aquilo que lêem, especialmente se o material é difícil ou ambíguo.

3 Ao processar informações, os altamente ansiosos não organizam e elaboram apropriadamente, como o fazem as pessoas menos ansiosas.

4 Quando a aprendizagem exige flexibilidade, os altamente ansiosos tendem a ser menos adaptáveis em alternar táticas.

Aprendizes ansiosos são menos hábeis em recuperar informações também em ambiente de laboratório (Mueller, 1980). Os pesquisadores não compreendem as especificidades, porém sabem que esses aprendizes são incapazes de acessar aquilo que codificaram. Estudantes vítimas de ansiedade em provas e exames declaram que ficam bloqueados e que dá um branco na mente.

Problemas Acadêmicos

Uma vez que escola é sinônimo de codificação e recuperação de informações complexas — freqüentemente sob condições estressantes —, é de esperar que estudantes muito ansiosos demonstrem problemas acadêmicos. As pesquisas sugerem que isso efetivamente ocorre (Sarason, 1980; Spielberger, 1985). Estudantes na faixa de capacidade média são os que demonstram as perdas mais substanciais. Presumivelmente, indivíduos muito inteligentes podem compensar a ansiedade, enquanto os obtusos vão mal, sendo ou não ansiosos.

Uma série de procedimentos beneficiam estudantes ansiosos (Altmaier, 1983; I. G. Sarason, 1984b). É importante aprender a diminuir a ansiedade. Estudantes ansiosos podem aprender exercícios de relaxamento ou *biofeedback* (veja a p. 127) ou correr ou pensar em experiências calmas e confortáveis. Também funciona dizer para si mesmo para prestar atenção. Da mesma forma que o relaxamento, a aquisição de melhores habilidades acadêmicas aumenta o controle. Em programas comprovadamente eficazes, estudantes ansiosos tendem a aprender a identificar o que o professor deseja, a analisar e melhorar as técnicas de estudo e de realização de provas e exames, e a superar fraquezas acadêmicas individuais. Além disso, quando estudantes ansiosos obtêm controle de alguns de seus outros problemas — como objetivos vocacionais confusos e caos da vida em república —, a ansiedade torna-se menor.

Conseqüências sobre a Saúde Física

Quando a ansiedade persiste ao longo do tempo, costuma comprometer a saúde. Esta idéia é corroborada por pesquisas que demonstram que mais mudanças de vida e mais transtornos estão ligados a uma probabilidade maior de males físicos (Dohrenwend & Dohrenwend, 1981; Dohrenwend *et al.*, 1984; Lazarus & Folkman, 1984; Zarski, 1984). O Capítulo 13 focaliza o papel do estresse nos distúrbios mentais.

Quando examinamos as causas fisiológicas da ansiedade, falamos sobre a SAG. A reação de alarme, a resposta aguda a estresse, oferece aos animais a energia para lutar ou fugir. As pressões do mundo moderno, porém, exigem mais o pensamento claro durante períodos longos do que ação rápida. Lutar ou fugir não resolve se a pessoa está tensa em relação a costumes sexuais, novos papéis sociais da mulher e do homem ou relacionamentos superficiais — estresses estes comuns nas sociedades modernas (Serban, 1981). Tampouco lutar ou fugir ajudará a administrar orçamentos apertados, conseguir emprego ou enfrentar o tráfego congestionado.

As respostas autônomas e hormonais ao estresse não só são inúteis, na maioria das vezes, mas também prejudiciais. Os cientistas estão apenas começando a entender alguns dos mecanismos pelos quais ansiedade contribui para o surgimento de doenças. Ao descrever determinados problemas de saúde, examinamos o que se conhece até o momento.

O termo *doença psicossomática* refere-se a distúrbios resultantes de respostas físicas (somáticas) do animal à tensão, uma condição fisiológica. Não presuma erroneamente que as doenças psicossomáticas são imaginárias. Elas são, de fato, distúrbios reais que causam prejuízos reais ao tecido e sofrimentos reais. Pessoas podem até morrer dessas doenças. Os cientistas costumavam classificar nove tipos de problemas psicossomáticos. Todavia, muitas doenças que se pensava fossem causadas inteiramente por mecanismos físicos, acredita-se agora, são influenciadas pelo estresse. Se assim for, não convém classificar de apenas alguns distúrbios psicossomáticos. (Veja a Figura 9.13.)

Doenças Infecciosas

Todo mundo pega gripes e resfriados. Outras doenças infecciosas (herpes, tuberculose, mononucleose, dentre outras) também são muito comuns. Nos últimos anos, os cientistas descobriram que as diferenças na resistência a doenças infecciosas são devidas em parte a estresses (Jemmott & Locke, 1984; Plaut & Friedman, 1981). Quanto mais estresses, tanto maior a incidência de doenças infecciosas. A idéia torna-se particularmente convincente no que se refere a doenças respiratórias superiores agudas, como resfriados.

Por que essa relação? Durante a ansiedade, as respostas hormonais suprimem certas funções imunológicas, tornando as pessoas mais suscetíveis aos patógenos que causam as doenças infecciosas. Quando o estresse persiste (como no caso da morte do cônjuge), a função imunológica pode permanecer deprimida por pelo menos dois meses e provavelmente por muito mais tempo (Schleifer *et al.*, 1983).

Asma

A asma é um distúrbio do sistema respiratório. A vítima arqueja, tosse, sente falta de ar e fica ofegante. Durante os ataques, que variam de brandos a graves, a respiração fica prejudicada ou pelo estreitamento das passagens de ar ou pela formação de muco nos brônquios (na traquéia), ou por ambos. Pelo fato de ser assustador sentir-se subitamente incapaz de respirar de forma apropriada, muitos asmáticos tornam-se extremamente temerosos de ataques. Em qualquer ponto do tempo, entre 2% e

FIGURA 9.13 Fotos do ex-presidente Nixon tiradas pouco antes (à esquerda) e depois do caso Watergate, em 1974, sugerem que a tensão grave acelera o envelhecimento. Existe um crescente respaldo para a idéia de que estressores (psicológicos e biológicos) contribuem substancialmente para mudanças verificadas em anos posteriores (Rosenheimer, 1985; Sapolsky & Pulsinelli, 1985). A exposição seguida a hormônios adrenocorticais, por exemplo, é tóxica para os neurônios e parece exercer um papel na perda de neurônios (e possivelmente no declínio de certas funções mentais) associada com a idade avançada. (Mark Godfrey/Archive Pictures.)

5% da população dos Estados Unidos sofre de asma (Purcell & Weiss, 1970).

A asma não tem uma causa única definida. Um histórico de doenças respiratórias pode precipitar seu desenvolvimento. Os dados disponíveis apontam também propensão genética de algum tipo (Konig & Godfrey, 1973). Os ataques podem ser acionados por infecções, alergias, exercício, exposição a temperaturas frias e outros fatores físicos. Estima-se que em cerca de 70% dos casos haja também influências psicológicas (Rees, 1964). Os membros da família por vezes agravam a condição, demonstrando sofrimento ou oferecendo afeto e atenção redobrados após cada ataque (Purcell et al., 1969). O condicionamento respondente (clássico) é outra provável influência psicológica sobre a asma e outros problemas alérgicos (M. Russell et al., 1984). Considere o paciente que tem um ataque depois de ver uma rosa de plástico ou uma pessoa da qual não gosta. Experimentos de laboratório sugerem que a forma pela qual o sistema imunológico está condicionado é bastante semelhante à forma pela qual Pavlov condicionou a salivação em cães (Ader, 1981) (discutido no Capítulo 3). (Veja a Figura 9.14.) Os dados de condicionamento respondente indicam que o ataque da pessoa que fica ofegante diante de uma rosa de plástico é verdadeiro e que a vítima sofre algo semelhante ao daquela cujo ataque é causado por pólen.

Hipertensão Essencial

Hipertensão, ou pressão alta, é um distúrbio perigoso à vida que aflige 15% a 30% dos americanos adultos. A doença não apresenta sintomas dolorosos, de modo que as pessoas acham difícil pensar na hipertensão como uma doença; chega a 50% o número de vítimas que ignoram sofrer desse mal (Leventhal, 1982; Meyer et al., 1985); cientes ou não, a hipertensão é perigosa. Os hipertensos são relativamente propensos a sucumbir a ataques cardíacos, a angina do peito e a problemas renais, e a morrer prematuramente (Kannel & Sorlie, 1975).

Aproximadamente 15% de todos os casos de hipertensão são causados por doenças renais e outras causas físicas conhecidas (N. M. Kaplan, 1980). Estas formas podem freqüentemente ser curadas por cirurgia ou medicação. Os restantes 85% dos casos, que têm causas desconhecidas, entram na categoria de *hipertensão essencial*. Pessoas com hipertensão essencial exibem padrões fisiológicos diver-

ANTES DO CONDICIONAMENTO

Estímulo neutro (EN) (surgimento de uma rosa) — não leva à → Resposta incondicionada (RI) (ataque de asma)

Estímulo incondicionado (EI) (pólen da rosa) — leva à → Resposta incondicionada (RI) (ataque de asma)

DURANTE O CONDICIONAMENTO

EN (surgimento da rosa) está associado com

EI (pólen da rosa) → RI (ataque de asma)

APÓS O CONDICIONAMENTO

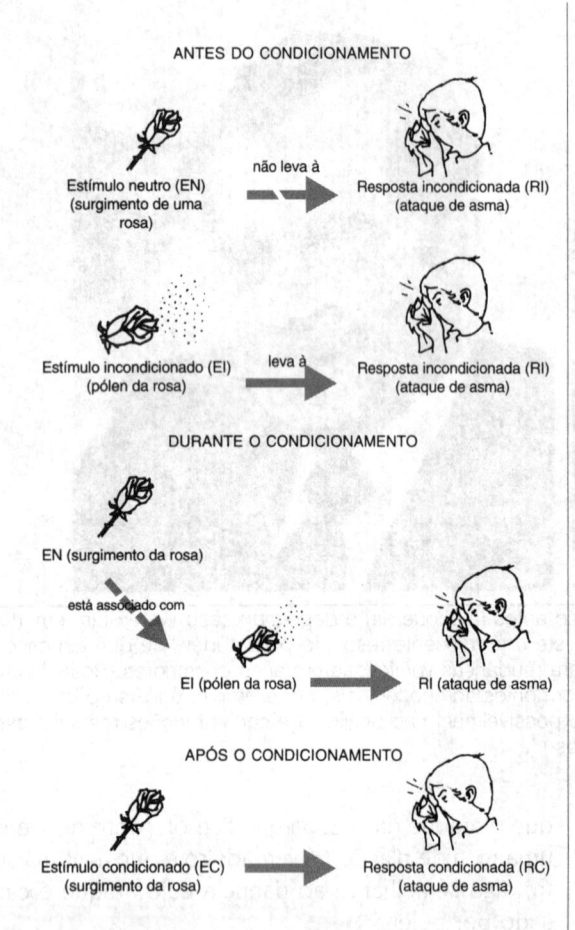

Estímulo condicionado (EC) (surgimento da rosa) → Resposta condicionada (RC) (ataque de asma)

FIGURA 9.14 Os ataques de asma podem ser condicionados de forma respondente. No exemplo aqui mostrado, o estímulo incondicionado é o pólen da rosa, que pode evocar um ataque de asma (a resposta incondicionada) numa pessoa suscetível. O estímulo neutro é o surgimento de uma rosa, que quase sempre forma um par com o pólen. Após experienciar repetidos pares, a pessoa suscetível, ao simplesmente ver uma rosa (por generalização, ver uma rosa de plástico ou a pintura de uma rosa), pode exibir uma resposta asmática.

sos, indicando ter doenças variadas. Como no caso da asma e das doenças infecciosas, a hipertensão essencial parece resultar de causas múltiplas. Diversos mecanismos genéticos parecem estar envolvidos (H. Weiner, 1979). Ao mesmo tempo, uma série de fatores ambientais já foram relacionados com o mal: obesidade, inatividade, dietas, cigarro, cafeína e álcool (Altura, 1984; McCarron et al., 1984; Shapiro & Goldstein, 1982). Também os estressores exercem um papel na elevação da pressão sangüínea (Harrell, 1980; Herd, 1983; Obrist, 1983; Shapiro & Goldstein, 1982). Guerra, vida em áreas urbanas densamente populadas, barulho, tensões no trabalho e coação mental já foram todos relacionados com pressão sangüínea relativamente alta. O hipertenso típico reage com intensidade e persistência incomuns sobre o estresse. Embora não haja uma personalidade hipertensa definida, pessoas que maximizam o estresse, demonstrando traços do Tipo A (veja explicação logo a seguir) —, dentre eles, apressar-se para fazer mais do que pode ser feito em um determinado período de tempo — correm o risco de hipertensão essencial (Krantz, 1983; Shapiro & Goldstein, 1982).

Por que o estresse contribuiria para a pressão alta? Um recente trabalho indica que a incitação do sistema nervoso simpático leva os rins a reter sal. A retenção de sal prejudica a regulação da pressão sangüínea em pessoas suscetíveis por motivo de histórico familiar, de pressão sangüínea na faixa normal alta ou de resposta simpática particularmente forte ao estresse (Light et al., 1983).

Doença Cardíaca das Coronárias

O coração é um músculo especializado. Ele bombeia sangue, levando oxigênio e nutrientes para as células do corpo através de vasos denominados artérias. Após remover o dióxido de carbono e outros elementos para excreção, o sangue retorna ao coração através de outro conjunto de vasos conhecidos como veias. A doença cardíaca das coronárias (DCC) refere-se ao grupo de distúrbios que ocorrem quando uma ou mais das três artérias coronárias ficam parcial ou totalmente bloqueadas por depósitos que se formam nas paredes arteriais. As artérias coronárias espessadas tornam-se rígidas e estreitas, podendo cortar o suprimento de sangue para diversas porções do coração de forma temporária ou permanente. A DCC, que é comum nas sociedades industrializadas, mata aproximadamente um milhão de americanos por ano (Shell, 1982).

Muitos fatores contribuem para os problemas coronários. Como a hipertensão essencial costuma preceder a DCC, alguns dos mesmos riscos aplicam-se a ambas; dentre eles, hereditariedade, hábito de fumar, obesidade, dieta e pouca atividade física (Koop, 1984; Krantz, 1983). O sexo exerce algum papel também. Em qualquer idade, os homens são mais propensos do que as mulheres a morrer de doença cardíaca. Os estresses e as pressões da vida também contribuem para a DCC (Dembroski et al., 1983; Ostfeld & Eaker, 1985).

Vamos nos concentrar agora em um segmento da população que é propenso a problemas coronários; pessoas com personalidade do Tipo A. Pessoas do *Tipo* A lutam continuamente para fazer muito em tempo por demais curto ou contra demasiados obstáculos. Elas parecem agressivas, por vezes até hostis. Ambiciosas por êxito e poder, as pessoas do Tipo A estão freqüentemente competindo com as outras. Enquanto exercem pressão sobre si mesmas, elas ignoram a fadiga. Mesmo quando não há pressões de tempo, elas continuam correndo. O relaxamento lhes parece perda de tempo e elas raramente se permitem relaxar. Elas falam alto e de forma rápida e explosiva. As descobertas preliminares sugerem que, de todos esses componentes, os elementos que põem as pessoas em situação de maior risco de doenças cardíacas são os níveis altos de hostilidade (MacDougall et al., 1985).

Quando medimos as respostas fisiológicas de pessoas do Tipo A e outras (do Tipo B), identificamos poucas diferenças quando ambas estão em repouso (Glass & Contrada, 1984; Krantz & Durel, 1983). Todavia, em certas tarefas estressantes e desafiadoras (especialmente aquelas competitivas, pressionadas por tempo ou incontroláveis), os indivíduos do Tipo A freqüentemente exibem mais reatividade na pressão sangüínea, batimento cardíaco e catecolaminas plasmáticas (epinefrina e norepinefrina) do que os do Tipo B (Glass & Contrada, 1984; D. S. Holmes et al., 1984; Ward et al., 1985).

Uma série de estudos bem controlados relaciona o comportamento de Tipo A com DCC em homens e mulheres americanos (Baker et al., 1984; Matthews, 1982; Wingard, 1984). Em um estudo típico, os participantes da pesquisa que não têm histórico de problemas coronários são testados e classificados como do Tipo A ou B. Posteriormente e a intervalos freqüentes, as pessoas são examinadas quanto a sinais de DCC. De modo geral, as do Tipo A são mais propensas a desenvolver problemas cardíacos (uma propensão de 1,4 a 6,5 vezes maior, dependendo da população) do que as do Tipo B (House, 1974). As do Tipo A têm também maior risco de ataques cardíacos recorrentes e fatais. Mesmo quando outros fatores de risco conhecidos, como hábito de fumar e obesidade, são considerados, as pessoas do Tipo A exibem taxas mais altas de DCC (Herd, 1983; Jenkins, 1976). Alguns estudos bastante recentes não conseguiram associar a personalidade do Tipo A com doença cardíaca, por razões ainda não esclarecidas (Case et al., 1985; Shekelle et al., 1985). Estudos sobre os japoneses, cuja personalidade não é associada a problemas coronários (Marmot & Syme, 1976), revelam que aparentemente a dieta, os laços sociais e os valores podem proteger os indivíduos do Tipo A contra problemas cardíacos.

A liberação de hormônios durante situações de estresse parece contribuir para a DCC por diversas vias (Henry, 1983; Schneiderman, 1983; Williams, 1983).

1 Aumenta a tendência do sangue de coagular. Se um coágulo aloja-se em uma artéria coronária, a pessoa pode até ter um ataque cardíaco.

2 Eleva os níveis de ácidos graxos livres e triglicerídeos, os quais obstruem as artérias. O estreitamento das artérias impede o suprimento de oxigênio para o coração, o que pode ocasionar um ataque cardíaco.

3 Pode elevar a pressão sangüínea, a qual contribui para o risco de doença cardiovascular.

Diversos modelos procuram explicar a origem do comportamento do Tipo A. O modelo que parece mais promissor classifica a reatividade simpática em primeiro lugar (Krantz & Durel, 1983). Por questões genéticas ou experiências anteriores, pessoas do Tipo A exibem sistema nervoso autônomo excepcionalmente responsivo diante de ameaças. Elas super-reagem ao estresse. A reatividade excessiva ocasiona aceleração de ritmo, sensação de urgência, impaciência e hostilidade, elementos típicos da personalidade do Tipo A, e condições internas que aumentam a probabilidade de DCC. Apressar-se, competir e atos do gênero elevam o estresse, acelerando a incitação simpática e contribuindo ainda mais para a probabilidade de problemas coronários. (Veja a Figura 9.15.)

Existe impressionante respaldo para a idéia de que o comportamento do Tipo A tem uma base biológica (Glass et al., 1983; Krantz & Durel, 1983; Obrist, 1981). Pessoas do Tipo A, mesmo quando estão anestesiadas e sendo operadas de *bypass* coronariano, continuam super-reagindo a este estresse. Sua resposta autônoma exagerada parece ser inata. Além disso, quando os médicos receitam drogas que reduzem o incitamento simpático em pa-

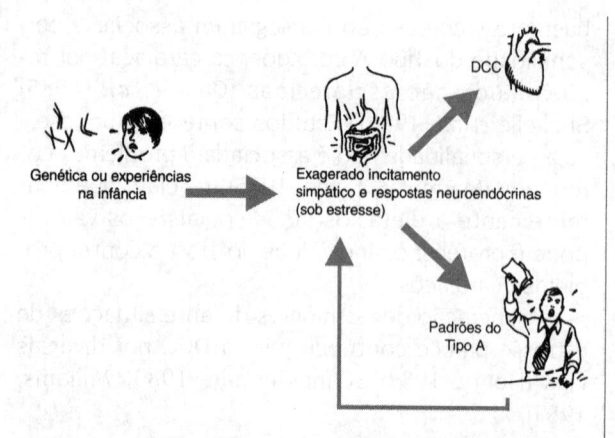

FIGURA 9.15 Modelo das origens do comportamento do Tipo A. A genética ou experiências na infância podem predispor reações fisiológicas intensas a estresse que danificam o sistema cardiovascular e promovem padrões de comportamento tenso do Tipo A. Tais padrões, por sua vez, aceleram o incitamento simpático e as respostas neuroendócrinas, desta forma perpetuando o círculo.

cientes do Tipo A, eles verificam um comportamento do Tipo A muito menos acentuado.

Ainda que o comportamento do Tipo A tenha base fisiológica, as pessoas podem aprender a controlá-lo (Chesney et al., 1985; Powell et al., 1984). Em um projeto de pesquisa de longo prazo, os investigadores ofereceram aconselhamento a vítimas de ataque cardíaco, homens em sua maioria, para diminuir a intensidade de seu comportamento do Tipo A. Os homens praticavam a desaceleração de seu ritmo por meio de medidas como dirigir na pista lenta, ficar nas filas mais compridas dos bancos e atribuir-se sessões de atividade zero, isto é, não fazer nada. Os conselhos diminuíram pela metade as possibilidades dos pacientes de sofrer um novo ataque.

Câncer

O *câncer* ocorre quando células anormais, que crescem sem controle, invadem outras partes do corpo, formando colônias. De início, o câncer pode surgir em qualquer tipo de célula. Quando pessoas morrem dessa doença, é porque o câncer interferiu em uma função vital do corpo. Hoje, um em cada três americanos contrai alguma forma da doença e um em cada cinco americanos morre em decorrência direta da doença (Cairns, 1985).

Embora cada um dos tipos de câncer tenha as próprias causas, todos parecem depender de duas condições: predisposição para o distúrbio, combinada com um irritante que dá início ao crescimento de células anormais. Geralmente leva em torno de 20 anos para que o câncer apareça. Agentes infecciosos, luz solar e radiação podem induzir o crescimento de células anormais, assim como o hábito de fumar (cigarro, cachimbo, charuto), o uso de rapé, dietas muito ricas em gordura, exposição a toxinas como amianto e consumo de álcool.

Estresses, particularmente agudos, podem acionar hormônios e transmissores capazes de modificar a deflagração, crescimento e disseminação de certos tipos de câncer (Fox & Newberry, 1984; Justice, 1985; S. M. Levy, 1983, 1984); Riley et al., 1981). Em um dos numerosos estudos que ligam o estresse ao câncer, os pesquisadores injetaram em camundongos (de uma raça propensa a câncer) uma substância reconhecidamente indutora de tumores malignos (mortais). Alguns dos camundongos foram mantidos em gaiolas em um ambiente protegido e outros, em um ambiente estressante. Em torno de 7% dos animais protegidos desenvolveram tumores ao atingir 1 ano de idade, contra 92% dos animais expostos a estresse.

A chave da relação estresse-câncer parece estar nos efeitos supressivos de ansiedade sobre o sistema imunológico. Com funções imunológicas deprimidas, o organismo fica menos apto a enfrentar os agentes causadores do câncer. Quando o sistema imunológico está funcionando devidamente, o corpo desentoxica-se, livrando-se desses intrusos e convertendo-os em uma forma que é facilmente excretada sem causar mal algum (Maier et al., 1985). O comportamento desvalido no confronto com o surgimento de câncer está ligado também a níveis baixos de certos transmissores e hormônios, à função imunológica reduzida e à excreção reduzida das células malignas (Levy et al., 1985).

Psicologia da Saúde

A maioria das doenças que examinamos neste capítulo — asma, hipertensão, doença cardíaca e câncer — é considerada *Doença Crônica* (de longa duração). Esses distúrbios ganharam prioridade máxima nos países industriais modernos, em oposição às doenças infecciosas agudas que costumavam ser as principais responsáveis por mortes e que podem agora ser controladas por tecnologias médicas. As doenças crônicas preocupam igualmente médicos e psicólogos porque o estilo de vida é que costuma ser a raiz do problema (Krantz et al., 1985; Weiss, 1982): hábitos alimentares e de consumo de álcool (o que e quanto), atividade física ou falta de atividade física, hábito de fumar (direta ou indiretamente), exposição a outras substâncias químicas e enfrentamento da pressão da vida cotidiana. Portanto, resolver o porblema de mortes prematuras causadas por doenças crônicas depende principalmente, de alteração da conduta humana, que é a especialidade de muitos psicólogos.

Define-se *psicologia da saúde* as contribuições das disciplinas da psicologia para a promoção e manutenção da saúde (Health Psychology, 1985; Matarazzo, 1982). Os cientistas sociais estão envolvidos na tentativa de entender, diagnosticar, tratar e prevenir problemas de saúde. Eles se concentram nos correlatos da saúde. Freqüentemente, também, eles exercem papéis em análise e aperfeiçoamento do sistema de saúde e formulação da política de saúde.

Considere o hábito de fumar, um comportamento que tem sido apontado como principal causador de muitas doenças crônicas (Koop, 1984). O que os psicólogos podem fazer a respeito? Eles elaboram campanhas publicitárias para estimular os fumantes a deixar o hábito. Eles concebem programas para aqueles fumantes que desejam mas sentem-se incapazes de parar de fumar. Talvez o mais importante é que eles desenvolvem material para desestimular a aquisição do hábito de fumar por parte dos jovens. Pouquíssimas pessoas começam a fumar após o curso secundário. Richard Evans e colaboradores (1984) montaram um programa preventivo particularmente bem-sucedido para estudantes de curso secundário. Por meio de longas e detalhadas entrevistas, eles descobriram que as pressões de colegas, pais fumantes e propagandas dos meios de comunicação freqüentemente neutralizam as crenças dos jovens nos perigos do hábito de fumar. As mensagens antitabagistas baseavam-se fortemente no medo e nas conseqüências futuras. A estratégia de Evans era inocular os jovens contra pressões pró-tabagismo, acompanhando-os durante um período de vulnerabilidade nos anos de ginásio. Uma das táticas usadas pelos pesquisadores foi a *blitz* contra a mídia. Filmes e cartazes mostravam como os estudantes deveriam dizer "não" quando pressionados a fumar. Outra tática era enfatizar os efeitos fisiológicos desagradáveis imediatos e as conseqüências sociais. Os estudantes que participaram do programa de Evans eram substancialmente menos propensos a se tornar fumantes contumazes do que os estudantes secundários que não haviam sido expostos ao programa.[3] (Veja a Figura 9.16.)

FIGURA 9.16 Em muitas culturas industriais, incluindo a dos Estados Unidos, acredita-se que o hábito de fumar cigarro seja a principal causa, passível de prevenção, de doenças e morte prematura (Krantz *et al*., 1985). Uma vez adquirido o vício, as pessoas têm enorme dificuldade de parar (Evans, 1984). De modo que os psicólogos estão se concentrando cada vez mais na prevenção, desestimulando o cigarro entre os jovens no início da adolescência, quando o hábito costuma ser adquirido. Embora os estudantes do colegial não sejam particularmente receptivos a mensagens sobre as conseqüências a longo prazo, como câncer e doença cardíaca, eles efetivamente respondem a mensagens que enfatizam os efeitos de curto prazo sobre a aparência física, a saúde e a popularidade (por exemplo, mau hálito, dentes amarelos, imagem de bobo), especialmente quando provindos de um colega de classe (Evans, 1984; Murray *et al*., 1984). (American Lung Association.)

---

3. N.R.T.: O *slogan* da foto da Figura 9.16 diz: "Fumar Estraga Sua Aparência".

Influências sobre as Conseqüências da Ansiedade

O estresse *sempre* gera problemas de saúde mental ou de doença física? Não. Outros fatores devem ser levados em conta. O *modelo diátese-estresse* (descrito em mais detalhe no Capítulo 13) diz que a hereditariedade cria uma suscetibilidade, ou diátese, a algum problema. Ampliamos o termo *diátese*[4] para incluir suscetibilidades estabelecidas por experiências e problemas de saúde anteriores e por combinações destes dois elementos. Quando passam por *estresses*, pessoas com uma diátese desenvolvem os problemas psicológicos ou físicos para os quais estão predispostas. Este modelo diátese-estresse parece aplicar-se ao que se conhece da maioria dos distúrbios (Davison & Neale, 1982; Haynes & Gannon, 1981). Quando discutimos doenças físicas, mencionamos as contribuições da hereditariedade e das experiências anteriores. Seguiremos a mesma política quando examinarmos comportamentos anormais no Capítulo 13. Por ora, vamos nos concentrar em aspectos do elemento estressor, da rede de apoio e da pessoa que sofre as conseqüências da ansiedade.

O Agente Estressante

Talvez a influência mais óbvia sobre as conseqüências da ansiedade seja a *intensidade* dos eventos estressantes. Estresses graves e persistentes serão mais molestos do que os brandos. Além disso, *quanto mais houver fontes* de estresse, tanto pior o resultado. À medida que aumenta a quantidade de transtornos e mudanças negativas de vida, aumentam os problemas físicos e mentais (Holahan *et al.*, 1984; Lazarus & DeLongis, 1983). Uma demonstração particularmente nítida deste princípio provém do trabalho de Michael Rutter (1978, 1983). Ao estudar as famílias de crianças de 10 anos de idade, Rutter e seus colaboradores identificaram seis condições estressantes: discórdia conjugal grave, status social baixo, superlotação ou família grande, criminalidade paterna, distúrbio psiquiátrico materno e manutenção da criança sob os cuidados de uma autoridade local. O grupo de Rutter descobriu que crianças submetidas a apenas uma das condições (ainda que crônica) não apresentavam risco maior de distúrbios mentais, comparadas àquelas livres de qualquer condição de risco. Quando dois ou três estresses coexistiam, a probabilidade de problemas emocionais quadruplicava. Com quatro ou mais estresses simultâneos, o risco decuplicava. A idéia de que a acumulação de estresses produz resultados patológicos também encontra respaldo nos estudos de pessoas deprimidas (Brown & Harris, 1978; Oakley, 1980).

A previsibilidade e a possibilidade de controle de um agente estressante é outra influência sobre o nível de ansiedade e subseqüentes conseqüências. Quando *imprevisíveis* e *incontroláveis*, estresses de todos os tipos — barulho, frio, pressões de trabalho, segredo profissional, superlotação, choques — tendem a gerar níveis mais altos de ansiedade (Breznitz, 1984; B. B. Abbott *et al.*, 1984; J. J. Cohen *et al.*, 1980; Maier & Laudenslager, 1985; Mineka & Hendersen, 1985). Estresses imprevisíveis e incontroláveis estão também associados com resposta imunológica deprimida, sensação de desamparo e inadequação para enfrentar uma situação. (Veja a Figura 9.17.)

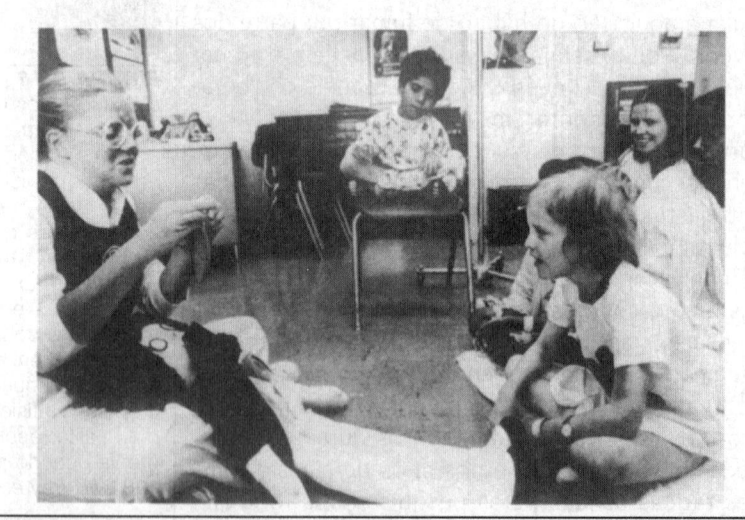

FIGURA 9.17 A boneca Annie Anatomy é usada em programas de educação pré-cirúrgica de crianças. Dotada de órgãos e ossos removíveis, a boneca pode ser aberta para mostrar aos jovens pacientes como são suas estruturas internas e o que será feito durante a cirurgia. O ato de tornar compreensível e previsível uma iminente cirurgia parece diminuir o estresse. (James Mayo/*Chicago Tribune*.)

---

4. N.R.T.: Disposição geral para reagir de determinadas formas; predisposição.

Apoio Social

Apoio social refere-se à gama de vantagens oferecidas pelos seres humanos, formal ou informalmente, como indivíduos ou em grupos. Um enorme corpo de bibliografia de pesquisa sugere que crianças e adultos que contam com apoio social têm maior probabilidade de sobreviver e desenvolver-se sob uma infinidade de condições, incluindo lidar com a morte, ajustar-se a doenças e superar depressões, do que aqueles desprovidos de tal apoio (Berkman & Syme, 1979; Brown & Harris, 1978; Garmezy, 1983; Pennebaker & O'Heeron, 1984; Revicki & May, 1985; Wallston *et al.*, 1983). Os psicólogos estão agora em busca dos tipos de apoio que são particularmente benéficos (Cohen & Wills, 1985; R. C. Kessler *et al.*, 1985; Rook, 1984; Thoits, 1984). No que se refere às mulheres, parecem altamente importantes os relacionamentos íntimos que lhes permitem abrir-se sem reservas (Reis *et al.*, 1985b). Vínculos humanos de cooperação oferecem benefícios diversos, como serviços, dinheiro, mercadorias, informações, calor humano, segurança, aconselhamento e estímulo.

É claro que o apoio social depende em parte da personalidade e das habilidades sociais (Sarason *et al.*, 1985). Adultos e crianças risonhos e sociáveis têm maior probabilidade de reunir pessoas em torno de si, beneficiando-se do apoio correspondente.

Personalidade e Estilo

A pesquisa aponta variadas qualidades de personalidade e de enfrentamento que funcionam como um amortecedor do estresse. Um temperamento afável e amistoso está dentre elas (Holahan & Moos, 1985). A maioria das pesquisas baseadas nesta hipótese compara crianças risonhas àquelas imprevisíveis, de adaptação lenta, confusas e taciturnas (veja a p. 433). Crianças difíceis tendem a desenvolver problemas psiquiátricos (Garmezy, 1983; Rutter, 1978; 1983; Thomas & Chess, 1982). Por que um temperamento difícil está ligado a problemas diante de uma situação de estresse? Os psicólogos acreditam que pessoas difíceis são irritantes e frustrantes. As outras pessoas tendem freqüentemente a corrigi-las, criticando e punindo-as. Como resultado, elas perdem o apoio social e ao mesmo tempo enfrentam maior estresse.

O uso exacerbado da autodissimulação e esquiva também é provavelmente um obstáculo à capacidade de enfrentar o estresse (Holahan & Moos, 1985). Em um estudo de advogados, o uso de técnicas de esquiva (especialmente recorrer a bebidas ou ao uso de tranqüilizantes) foi associado a uma grande probabilidade de adoecer (Kobasa, 1980). Certos mecanismos de esquiva para enfrentar o estresse danificam diretamente o tecido; o álcool, por exemplo, prejudica o estômago, fígado, cérebro e coração. Além disso, a esquiva pode impedir que as pessoas ajam em benefício próprio (Lazarus *et al.*, 1982). Mulheres que descobriram caroços suspeitos nos seios mas negaram que pudesse tratar-se de algo sério demoraram para procurar aconselhamento médico, o que gerou conseqüências potencialmente fatais (Katz *et al.*, 1970).

Da mesma forma que a esquiva pode ser contraproducente, a vigilância pode ser problemática. Por exemplo, suponha que você esteja com uma cirurgia marcada e insista em saber tudo o que pode dar errado. Você pode piorar em função da preocupação. Em um estudo, pessoas recuperaram-se de cirurgias de forma mais tranqüila e rápida quando usaram estratégias de esquiva (ignorando, negando ou usando alguma espécie de fuga da situação) (Cohen & Lazarus, 1973). Quando usados com flexibilidade e moderação, certos mecanismos de esquiva são efetivamente benéficos — em especial quando os estressores são inelutáveis e o confronto e a tentativa de solução do problema não levam a quase nada (Billings & Moos, 1984; Lazarus, 1983).

A idéia de que a solução do problema é uma estratégia de ajuste benéfica conta com o respaldo de um bom número de pesquisas (Billings & Moos, 1984; Lazarus & Folkman, 1984; Murphy & Moriarty, 1976; Silver *et al.*, 1983; Urbain & Kendall, 1980). Dentre os estudos corroborativos mais interessantes encontram-se os conduzidos pela equipe de pesquisa de Shelley Taylor (1983, 1984). Eles fizeram entrevistas detalhadas no decorrer de longos períodos com vítimas de câncer de mama e de estupro. As participantes estavam lutando — sozinhas, em sua maioria — para enfrentar a situação. Aquelas que conseguiram enfrentar o câncer de mama aplicaram a perspectiva da solução de problemas a seu estilo de vida, repensando velhas atitudes e prioridades e depois mudando aquilo que não era satisfatório. Outra preocupação apresentada pelas participantes e ligada à solução do problema era: "Como posso impedir que um evento parecido volte a acontecer?". As vítimas de câncer de mama capazes de enfrentar o problema encontraram também maneiras de administrar a dor e seu agravamento (como efeitos colaterais do tratamento).

O pensamento positivo (ênfase ao lado positivo) parece ser outro fator que contribui para a administração bem-sucedida de estresses (Felson, 1984; Lazarus & Folkman, 1984; Scheier & Carver, 1985; Taylor, 1983; Taylor et al., 1984). Passar por uma experiência traumática costuma diminuir a auto-estima, mesmo quando a vítima não tem culpa. As participantes mais hábeis da pesquisa de Taylor melhoravam o ego pensando em pessoas menos afortunadas. Por exemplo, uma mulher que havia passado por uma pequena cirurgia comparava-se a outra que tinha feito uma mastectomia. Outra que passara por uma mastectomia, pensava naqueles cujo câncer havia se espalhado por todo o corpo. Para elas, sempre havia alguém em situação pior. As participantes competentes da pesquisa de Taylor também demonstraram capacidade de tirar proveito de experiências trágicas. Usando a racionalização (veja a p. 399) de forma construtiva, elas descobriram valor em suas experiências e sentiram-se fortalecidas diante da vida e em relação a si mesmas. Três tipos de pensamento positivo distinguem as pessoas que estão sadias, porém estressadas, daquelas que estão estressadas e fisicamente doentes (Kobasa, 1980; Maddi, 1980).

1 *Comprometimento*. Pessoas comprometidas estão engajadas na vida. Elas vêem a existência como algo pleno de significado e envolvem-se no que for que estejam fazendo.

2 *Desafio*. Indivíduos prontos para desafios vêem os estresses sob um prisma positivo: antes como desafios superáveis do que como ameaças ineslutáveis.

3 *Controle*. Em face de situações de estresse, os seres humanos podem sentir-se desvalidos ou seguros. A confiança traz um senso de controle.

Estes mesmos tipos de pensamento positivo distinguem as vítimas de câncer de mama com bom prognóstico de recuperação (Levy et al., 1985).

Sensação de controle Existe uma imensa bibliografia sobre sentimentos de controle, sugerindo que as pessoas que se sentem no controle lidam com a ansiedade com maior habilidade (Bandura, 1982, 1985; S. Cohen, 1980; Holahan et al., 1984; Miller & Seligman, 1982; Mineka & Hendersen, 1985; Schulz & Decker, 1985; Solomon et al., 1980; Taylor et al., 1984). Psicólogos identificaram dois tipos valiosos de controle (Weisz et al., 1984). No *controle primário*, as pessoas influenciam a realidade (outros seres humanos, ambientes, sintomas, problemas e congêneres). No *controle secundário*, os indivíduos acomodam-se à realidade, maximizando a satisfação ou a adaptação com as coisas como elas são. Ambos os tipos de controle parecem ser valiosos para enfrentar o estresse.

Pesquisadores americanos concentraram-se nos sentimentos de controle primário. Confrontadas com dificuldades, pessoas que duvidam das próprias capacidades trabalham a meio vapor e desistem facilmente. Aquelas dotadas de um forte senso de controle primário exercem maior esforço, perseveram por mais tempo e têm maior propensão a dominar as ameaças. Os adultos provavelmente aprendem o controle primário pela superação de obstáculos quando crianças (Anthony, 1975; Garmezy, 1981).

RESUMO

1 Pelo menos seis emoções são experienciadas no mundo inteiro: alegria, raiva, desagrado, medo, surpresa e tristeza. Transmitir e reagir a emoções provavelmente ajuda os bebês a sobreviver e motiva a aprendizagem.

2 As emoções têm componentes fisiológicos, subjetivos (pensamento, sentimento) e comportamentais que interagem entre si e influenciam-se mutuamente. As emoções vêm sempre mescladas com outras emoções e com motivos. Elas estão em constante mudança. A teoria do processo oponente pressupõe que o cérebro reduz as emoções intensas para manter um estado de neutralidade.

3 As teorias da resposta periférica e do incitamento inespecífico explicam como surgem as emoções. Dados atuais indicam que uma variedade de sinais — faciais, fisiológicos, cognitivos ou relacionados com determinadas situações — contribuem para as experiências emocionais.

4 A maioria das pessoas relata sentir raiva pelo menos algumas vezes por semana, em geral de pessoas queridas. Embora elas comumente sintam vontade de agredir fisicamente quando zangadas, a maioria delas controla tais impulsos. A frustração e a dor (mental e física) geram raiva e podem estimular a agressão. Incentivos podem também acionar a agressão.

5 A biologia dota os animais da capacidade de se ferirem mutuamente. Os níveis de limiar de numerosos sistemas agressivos do cérebro são supostamente influenciados por hereditariedade, outros circuitos nervosos, química do sangue, neurotransmissores e experiência.

6 Culturas que aprovam a agressão exibem altos índices de atos agressivos. Famílias podem ensinar a agressividade direta ou indiretamente. Quando tratadas com brutalidade, as crianças assimilam os mesmos hábitos. Outros fatores que contribuem para a agressividade são fracassos e frustrações escolares, anonimato, pobreza e disponibilidade de armas.

7 Dentre as emoções agradáveis encontram-se sentimentos de curta duração como alegria, enlevamento e experiências culminantes, e também estados mais permanentes, como o de felicidade. A personalidade é o melhor previsor atual de felicidade relatada.

8 Confrontadas com emergências, as pessoas reagem com ansiedade aguda. Se o agente estressante persiste ou surgem novos agentes, aparecem reações crônicas, descritas pelo modelo da síndrome de adaptação geral. A exposição prolongada ao estresse contribui para o surgimento de problemas emocionais, doenças e morte.

9 As ansiedades surgem em decorrência de perigos, mudanças de vida, cargas crônicas e transtornos. Um tipo de transtorno ou carga, os conflitos, é categorizado em termos de ações características: aproximação-aproximação, esquiva-esquiva, aproximação-esquiva (simples ou dupla).

10 Os seres humanos estão continuamente avaliando as circunstâncias e enfrentando-as, freqüentemente sem ter ciência disso. Eles usam táticas comportamentais como solução deliberada de problemas, busca de apoio e catarse, agressão, regressão, retraimento e fuga. Os mecanismos de defesa, usados também na fuga, incluem a repressão, supressão, negação da realidade, fantasia, racionalização, intelectualização, formação reativa e projeção.

11 A ansiedade altera a codificação e a recuperação de informação na memória. De modo geral, ela melhora o trabalho em tarefas simples e prejudica os esforços em tarefas complicadas.

12 O modelo diátese-estresse sugere que distúrbios físicos e mentais exigem tanto predisposições como agentes estressantes. Dentre os problemas de saúde que reconhecidamente são influenciados pela ansiedade estão resfriados, asma, hipertensão, doença cardíaca e câncer.

13 As conseqüências da situação de estresse dependem de fatores múltiplos e interativos. Os agentes estressantes em si — especialmente sua intensidade, número cumulativo, previsibilidade e possibilidade de controle — são importantes, como o são também o apoio social, a personalidade e os estilos de enfrentar o estresse (minimizando a autodissimulação e a esquiva e recorrendo à solução do problema e ao pensamento positivo).

GUIA DE ESTUDO

Termos-chave

emoção (369)
raiva (377)
agressão (378)
frustração (379)
ansiedade (390)
medo (390)
estresse (390)
sistema nervoso central (390)
córtex cerebral (391)
sistema límbico (391)
hipotálamo (391)
fator de liberação da corticotropina (391)
reações autônomas (sistema nervoso) (391)
sistema parassimpático (391)
sistema simpático (391)
glândulas supra-renais (391)
ACTH (391)
betaendorfina (391)
adrenalina (epinefrina) (391)
noradrenalina (norepinefrina) (391)
polígrafo (394)
mudança de vida (395)
transtorno (395)

conflitos (395)
   de aproximação-aproximação (395)
   de esquiva-esquiva (395)
   de aproximação-esquiva simples e dupla (396)
enfrentamento do problema (396)
solução do problema (397)
busca de apoio e catarse (397)
agressão (397)
regressão (397)
retraimento (398)
esquiva física (398)
mecanismos de defesa (398)
repressão (398)
supressão (399)
negação (399)
fantasia (399)
racionalização (400)
intelectualização (400)
formação reativa (400)
projeção (400)
doença psicossomática (402)
Tipo A (405)
e outras palavras e frases em itálico

Conceitos Básicos
teoria do processo oponente (Solomon)
teoria da resposta periférica
teoria James-Lange
hipótese do *feedback* facial
teoria do incitamento inespecífico
teoria Cannon-Bard
teoria cognitiva
modelo da base fisiológica da agressão (Moyer)

modelo Costa-McCrae da felicidade
síndrome de adaptação geral (Selye)
modelo diátese-estresse

Pessoas a Identificar
Darwin, James, Lange, Cannon, Bard, Freud, Maslow, Selye.

Avaliação

1 Que teoria pressupõe que reações fisiológicas e expressões faciais distintas contribuem para a experiência de cada emoção?
a. Cannon-Bard
b. Incitamento inespecífico
c. Processo oponente
d. Resposta periférica

2 Acredita-se que os elementos seguintes influenciem a agressividade. Qual deles conta com a evidência menos sólida?
a. Química do sangue
b. Experiência
c. Hereditariedade
d. Instinto

3 Qual é o melhor previsor da felicidade relatada?
a. Status econômico e social
b. Saúde e deficiências
c. Personalidade
d. Religião

4 Qual é a segunda fase da síndrome de adaptação geral?
a. Alarme
b. Exaustão
c. Dano
d. Resistência

5 O que o polígrafo registra?
a. Nível de ansiedade
b. Expressões faciais
c. Mentiras
d. Respostas fisiológicas

6 Amália não consegue decidir se vai ou não visitar o avô. Às vezes ele é agradável e amoroso, mas freqüentemente ele está irritado e distante. Que tipo de conflito ela está experimentando?
a. Aproximação-aproximação
b. Esquiva-esquiva
c. Aproximação-esquiva simples
d. Aproximação-esquiva dupla

7 Edite se sente hostil à mãe, embora ela não tenha ciência disso e cubra a mãe de elogios e atenção. Que mecanismos de defesa Edite está usando?
a. Intelectualização
b. Projeção
c. Racionalização
d. Formação reativa

8 De que forma a ansiedade afeta a aprendizagem de conteúdo simples?
a. Tornando-a altamente ineficaz
b. Tirando um pouco de sua eficácia
c. Não tendo efeito algum
d. Melhorando-a

9 Que qualidade *não* se sabe estar associada com a eficácia no enfrentamento de problemas?
a. Inteligência
b. Pensamento positivo
c. Senso de controle
d. Temperamento afável

10 O significado de diátese está mais próximo de:
a. Experiência anterior
b. Lesão
c. Estresse
d. Suscetibilidade

Exercícios

1. *Fisiologia e ansiedade.* O corpo humano é muito ativo durante emergências. Use este exercício de correspondência para testar seu conhecimento da fisiologia básica que está por trás da ansiedade. Cada função deve formar um par com a estrutura apropriada. A mesma estrutura pode exercer diversos papéis. (Veja as pp. 390-393.)

Estruturas: glândulas supra-renais (SR), amígdala (A), córtex cerebral (CC), hipotálamo (H), sistema nervoso parassimpático (SNP), hipófise (P), formação reticular (FR), septo (S), sistema nervoso simpático (SNS), tireóide (T).

__ 1 É nele que surgem as cognições associadas com uma emoção.

__ 2 O ramo do sistema nervoso autônomo que é responsável por dirigir o sangue para o coração, sistema nervoso central e músculos, para o pensamento claro e a ação durante emergências.

__ 3 A parte do sistema límbico que ativa a hipófise.

__ 4 A glândula que envia mensageiros químicos que ativam as glândulas supra-renais.

__ 5 O ramo do sistema nervoso autônomo que assume o controle quando o sistema usual de tratamento de emergências está exaurido.

__ 6 A rede do sistema nervoso central que alerta o córtex para que este entre em ação no surgimento de crises.

__ 7 As glândulas que secretam substâncias que mantêm os sistemas circulatório e respiratório em ação.

__ 8 A parte do cérebro que processa mensagens sobre perigos.

2. *Conflito.* Verifique sua compreensão da terminologia relacionada com conflitos escolhendo a frase mais apropriada para cada um dos conflitos seguintes. (Tente não acrescentar informações às vinhetas porque, se assim o fizer, muito provavelmente converterá todas elas em conflitos de aproximação-esquiva dupla.) (Veja as pp. 395-396.)

Conflitos: aproximação-aproximação (AA), aproximação-esquiva simples (S), esquiva-esquiva (EE), aproximação-esquiva dupla (D).

__ 1 Tina não consegue decidir se chama Josefina ou Helena para cuidar de seu nenê durante a tarde. Ela gosta das duas moças.

__ 2 Henrique não sabe se larga ou não o curso de espanhol. Ele não está indo bem, mas precisa dos créditos do curso para manter sua bolsa de estudos.

__ 3 Como emprego nas férias, Odair precisa escolher entre ser garçom ou trabalhar na cozinha de uma lanchonete. Ele não aprecia nenhuma das opções.

__ 4 Cristina deseja especializar-se em uma matéria. Ela acha química interessante, mas não gosta das demoradas aulas de laboratório. Matemática é fácil para ela, mas não a entusiasma.

__ 5 João não está se sentindo bem. Ele não consegue decidir se vai ou não trabalhar. Ele já usou grande parte da sua cota de faltas por doença e quer economizar o restante. Mas está com a garganta inflamada e a cabeça latejando.

__ 6 O casamento de Betina não vai bem. Ela não consegue decidir se busca aconselhamento ou se separa. Ambas as táticas têm vantagens e desvantagens.

3. *Mecanismos de defesa.* Este exercício vai fazê-lo adquirir prática na identificação de mecanismos de defesa. Faça a correspondência das ilustrações seguintes com o mecanismo de defesa mais apropriado. (Veja as pp. 397-401.)

Mecanismos de defesa: negação da realidade (N), intelectualização (I), projeção (P), racionalização (R), formação reativa (FR), repressão (RP), supressão (S).

__ 1 Após uma discussão desagradável, Tomás tenta afastar a cena da mente. Ele vai ao cinema para se distrair.

__ 2 Victor, homem ganancioso e materialista, está sempre falando de sua generosidade e dedicação ao bem-estar dos outros. Ele acredita naquilo que fala.

__ 3 O pai de Miguel acabou de falecer. Em vez de expressar emoções, ele fica andando como um zumbi e repetindo: "O papai teve uma vida cheia e produtiva, então não há por que chorar".

__ 4 Alfredo diz que o acidente de carro que ele sofreu foi "uma bênção disfarçada".

__ 5 Davi recusa-se a acreditar que uma operação exploratória de um "pequeno problema nas costas" tenha revelado sinais de câncer.

__ 6 Dora é muito mandona. Ela não enxerga esse padrão em si mesma, mas é rápida em identificar comportamentos dominadores nos outros.

__ 7 Cláudia testemunha um incêndio que destrói sua casa. No dia seguinte, ela não consegue se lembrar de nada do incêndio.

__ 8 Anete não reconhece que o filho é retardado. Ela insiste em que o menino é apenas meio lento e que "isso vai passar com o tempo".

Usando a Psicologia

1 Emoções têm custos e benefícios. Descreva-os, levando em consideração as idéias de Darwin, Izard e Selye.

2 Você tem consciência de estar acompanhando as sensações que acompanham as próprias emoções? Considere experiências recentes com a raiva, o medo e a alegria. Descreva como suas cognições podem ter alterado seus sentimentos.

3 Pense em um recente episódio de raiva. Como você lidou com ela? Considerando descobertas de pesquisas, proponha as conseqüências prováveis de sua estratégia.

4 Usando descobertas de pesquisas sobre agressão, faça uma lista de recomendações para redução da violência.

5 Quais as semelhanças entre pais e cônjuges violentos? E as diferenças?

6 Considerando pesquisas sobre previsores de felicidade, diga quais fatores tenderiam a torná-lo mais feliz.

7 Dê dois exemplos pessoais de cada tipo de conflito: aproximação-aproximação; esquiva-esquiva; aproximação-esquiva simples e dupla.

8 Dê um exemplo pessoal de cada mecanismo de defesa (que você tenha observado em si próprio ou em outras pessoas).

9 Você se encaixa no padrão Tipo A? O que você poderia fazer para mudar, presumindo que você o desejasse?

10 Considere um estresse recente e suas conseqüências. Diga de que forma as influências mencionadas no texto contribuíram para o resultado final.

Leituras Sugeridas

1 Darwin, C. (1965). *The expression of the emotions in man and animals.* Chicago: University of Chicago Press. Um clássico fascinante que descreve observações de expressões emocionais em pessoas, cães, gatos, cavalos e macacos.

2 Weiten, W. (1983). *Psychology applied to modern life: Adjustment in the 80s.* Monterey, CA: Brooks/Cole. "Um livro notável", "de fácil compreensão", mas também "rigoroso e abrangente"; "ajuda o estudante a aplicar os princípios de ajustamento" (Weight, 1984, p. 872).

3 Selye, H. (1978). *The stress of life.* Ed. rev. Nova York: McGraw-Hill. De maneira clara e pessoal, o falecido Hans Selye descreve como veio a formular seu conceito de estresse, sua própria pesquisa e suas implicações práticas.

4 Tavris, C. (1983). *Anger: The misunderstood emotion.* Nova York: Simon & Schuster. Ataca muitos mitos do sentimento de raiva, especialmente a idéia de que suprimir a raiva é perigoso para a saúde mental. Combina experiências e observações pessoais com críticas de pesquisas.

5 Lykken, D. T. (1981). *A tremor in the blood: Uses and abuses of the lie detector.* Nova York: McGraw-Hill. "Um livro excelente, muito bem escrito e estimulante do pensamento" (Stern, 1981, pp. 674-675).

6 Gatchel, R. J. & Baum, A. (1983). *An introduction to health psychology.* Reading, MA: Addison-Wesley. "Uma rica fonte de pesquisa — aplicada e básica — da área"; "um trabalho lúcido e divertido" além de "erudito, amplo e básico" (Weidner, 1984, p. 130).

Respostas

FICÇÃO? OU FATO?
1. V 2. F 3. F 4. V 5. F 6. F 7. V 8. V

FIGURA 9.1: EXPRESSÕES FACIAIS
1. alegria 2. raiva 3. medo 4. surpresa 5. desagrado 6. tristeza

AVALIAÇÃO
1. d (376) 2. d (382) 3. c (390) 4. d (392) 5. d (394) 6. c (396) 7. d (400) 8. d (400) 9. a (408) 10. d (408)

EXERCÍCIO 1
1. CC 2. SNS 3. H 4. P 5. SNP 6. FR 7. SR 8. CC

EXERCÍCIO 2
1. AA 2. S 3. EE 4. D 5. AE 6. D

EXERCÍCIO 3
1. S 2. FR 3. I 4. R 5. N 6. P 7. RP 8. N

CAPÍTULO 10

O Início: Da Concepção à Infância

SUMÁRIO

DESENVOLVIMENTO: UM PROCESSO QUE SE PROLONGA PELA VIDA INTEIRA
Hereditariedade e Ambiente: Interações Permanentes
Maturação
A Idéia de Períodos Sensíveis ou Críticos
Experiências Iniciais *versus* Posteriores
As Perspectivas de Estágio e de Continuidade

DESENVOLVIMENTO PRÉ-NATAL
Defeitos de Nascimento
As Contribuições da Mãe
As Contribuições do Pai

BEBÊS NO NASCIMENTO
QUADRO 10.1: Dando à Luz
Riscos no Parto
Similaridades entre Recém-nascidos
QUADRO 10.2: O Que Fazer com o Bebê Que Chora
Diferenças entre Recém-nascidos

DESENVOLVIMENTO COGNITIVO: A TEORIA DE PIAGET
Perspectiva e Métodos de Pesquisa de Piaget
Pressuposições de Piaget
Teoria de Estágios de Piaget
Uma Avaliação

DESENVOLVIMENTO SOCIAL

FORMAÇÃO DE VÍNCULO
Estampagem (*Imprinting*)
Formação de Vínculo entre Macacos
Formação de Vínculo entre Seres Humanos
QUADRO 10.3: As Dificuldades do Bebê Prematuro

DESENVOLVIMENTO MORAL
Julgamento Moral e Conduta: A Teoria de Kohlberg
Criação de Filhos e Moralidade

RESUMO

GUIA DE ESTUDO

FICÇÃO? OU FATO?

1 Recém-nascidos exibem identidade própria. Verdadeiro ou falso?

2 Alterando o ambiente, pode-se acelerar o desenvolvimento motor do bebê. Verdadeiro ou falso?

3 Quando a mãe fuma durante toda a gravidez, o desenvolvimento físico e mental do filho pode revelar-se mais lento que o esperado. Verdadeiro ou falso?

4 Crianças com menos de 18 meses de idade não necessitam explorar [o meio ambiente] e deveriam ser confinadas a cercados, cadeirões e similares para evitar que se machuquem. Verdadeiro ou falso?

5 A antiquada surra é a melhor prática disciplinar para estabelecer um conjunto de valores morais. Verdadeiro ou falso?

6 Embora as crianças pensem muito menos que os adultos, a capacidade de raciocínio de ambos são iguais. Verdadeiro ou falso?

7 Bebês que se desenvolvem lentamente costumam revelar mais tarde uma defasagem entre si, em termos sociais e intelectuais. Verdadeiro ou falso?

Enquanto um jovem pai trocava a fralda do filho de 6 meses, a esposa notou sua falta de entusiasmo. "Não precisa ficar com essa cara amarrada. Você pode conversar com ele e sorrir um pouco", observou ela em tom de censura. O homem respondeu: "Ele não tem nada a dizer pra mim e eu não tenho nada a dizer pra ele" (Stone et al., 1973). Ao contrário, o bebê tem muito a dizer a todos nós. Neste capítulo, concentramo-nos no período que abrange a concepção e toda a infância, enfatizando a lactância,[1] período em que muitas das capacidades tipicamente humanas se desenvolvem rapidamente. No próximo capítulo, vamos nos concentrar na adolescência e na fase adulta. Para começar, consideremos o estudo de caso de uma criança que tinha dificuldade de se ajustar a novas situações (Thomas et al., 1968).

MICHAEL, UMA CRIANÇA DE ADAPTAÇÃO LENTA
Com a idade de 3 meses, Michael já era difícil para os pais. Ele rejeitava alimentos novos. Por ocasião do primeiro banho, com 3 semanas de idade, ele chorou e gritou. Embora ele tenha gradativamente relaxado na banheira, demonstrando apreciar o banho, quando uma nova banheira foi instalada no fim do seu primeiro ano de vida, de início ele a detestou também. Cada nova babá era uma verdadeira provação. Na verdade, era assim que Michael enfrentava qualquer experiência nova.

Sua ida para a escola maternal foi desastrosa. Ele apresentou dificuldades diárias desde o primeiro dia. Embora a mãe tivesse prometido ficar com ele, a escola não o permitia, e ela teve de quebrar a promessa. Chutando e gritando no momento em que fora embora, Michael recusou-se a participar. No segundo e no terceiro dia ele comportou-se da mesma forma. Passada uma semana sem qualquer progresso significativo, os pais de Michael o tiraram da escolinha.

Quase de imediato, Michael foi matriculado em uma segunda escolinha. Lá, suas experiências começaram de forma promissora. No primeiro dia, a mãe de Michael ficou com ele por cerca de uma hora. Ela foi diminuindo sua permanência a cada dia. Michael adaptou-se gradativamente e passou a tomar parte das atividades. Decorrido um mês, ele demonstrava estar gostando da escolinha, ansioso por voltar no dia seguinte.

Uma série de problemas de saúde encerraram o período de ajustamento de forma abrupta. Quando um problema respiratório segurou Michael em casa por uma semana, toda aquela inquietude em relação à escola voltou a se instalar. Quando mal havia recomeçado a se adaptar, adveio outro problema de saúde. O padrão de períodos breves de freqüência da escolinha interrompidos por períodos mais longos de afastamento por problemas de saúde continuou por vários meses.

De volta à escolinha, a timidez de Michael tornou-se evidente. No início das manhãs, ele logo se agarrava à mãe e implorava para que ela não o deixasse sozinho. Ao mesmo tempo, ele se recusava a participar das atividades em grupo. Preocupada com a possibilidade de as dificuldades tornarem-se cada vez maiores, a professora de Michael sugeriu aos pais dele que procurassem ajuda profissional, e eles concordaram.

A história de Michael teve um final feliz. Seus pais vieram a descobrir que Michael demorava para se adaptar a novas situações, resistindo e retraindo-se antes de se adaptar lentamente segundo o próprio ritmo. Durante o período de ajustamento, ele requeria maior paciência e apoio. Esse conhecimento possibilitou aos pais e professores de Michael lidar mais apropriadamente com novas situações. Em conseqüência, o ajustamento geral de Michael era satisfatório, apesar do início problemático.

O caso de Michael alerta-nos para um princípio fundamental do desenvolvimento. Crianças são indivíduos desde o despontar da vida porque cada pessoa é resultado de uma combinação singular de hereditariedade e experiências. A história de Michael levanta questões sobre o especial significado do meio ambiente logo no início. Quando as pessoas começam com uma experiência negativa e os problemas persistem, sem serem corrigidos, os problemas tendem a se transformar em uma bola de neve. Suponha que a lentidão de Michael para se adaptar a novas situações tivesse sido ignorada. Professores e pais exasperados teriam aumentado ainda mais suas dificuldades. Se ele se tivesse mantido retraído e desconfortável na escola, teria deixado de construir amizades e de aprender importantes habilidades sociais. Se assim fosse, Michael provavelmente viria a encontrar sérios problemas na tentativa de estabelecer relacionamentos amadurecidos na adolescência e na fase adulta.

DESENVOLVIMENTO: UM PROCESSO QUE SE PROLONGA PELA VIDA INTEIRA

Os psicólogos do desenvolvimento costumavam concentrar-se quase exclusivamente na criança em crescimento. Hoje, eles reconhecem que o desen-

---

1. N.T.: O primeiro período de vida extra-uterina; *grosso modo*, os dois primeiros anos de vida.

volvimento estende-se por toda a vida. Portanto, eles investigam a fase adulta, a meia-idade, e a idade avançada e mesmo a fase de morte iminente. A *psicologia do desenvolvimento* é agora definida em termos de todo o ciclo de vida. Ela abrange a investigação do crescimento da estrutura física, o comportamento e o funcionamento mental desde qualquer ponto do tempo após o nascimento até qualquer ponto do tempo antes da morte.

Hereditariedade e Ambiente: Interações Permanentes

No Capítulo 2, vimos que a hereditariedade e o meio ambiente interagem continuamente para influenciar o desenvolvimento. Nenhum cientista discutiria essa afirmação, embora ela seja por vezes desprezada por ser considerada um clichê. Pode ser clichê, mas não deixa de ser um conceito importante. Portanto, façamos uma revisão do que se entende por "ambiente", "hereditariedade" e "interação contínua".

O termo *ambiente* abrange uma miríade de influências. Algumas poderiam ser classificadas de *químicas*; por exemplo, drogas, alimentos e hormônios. Tanto antes como depois do nascimento, essas substâncias poderão alterar o curso do desenvolvimento. A maioria das influências ambientais é considerada *sensorial*; os indivíduos as assimilam por meio dos olhos, ouvidos e outros órgãos sensoriais. A categoria sensorial pode ser subdividida ainda mais. Algumas influências sensoriais são *universais* para membros de determinada espécie. Por exemplo, quase todas as pessoas enxergam padrões de claro e escuro e ouvem as vozes humanas. Outras experiências sensoriais são *exclusivas* de determinado indivíduo. Elas dependem de circunstâncias particulares da vida: uma determinada família, comunidade, escola e histórico. A *cultura* pode ser considerada um terceiro tipo de experiência sensorial. Uma criança que está sendo criada no Taiti será introduzida a experiências, padrões, costumes, instituições e idéias radicalmente diferentes daqueles de uma criança criada no Harlem ou nas colinas do Kentucky.

Hereditariedade ou *genética* refere-se às características físicas transmitidas diretamente pelos pais para os filhos, na concepção. Ao longo deste livro, temos visto que os genes não fixam o comportamento de forma rígida, mas estabelecem uma gama de possíveis respostas a determinado ambiente.

Para tornar este ponto ainda mais claro, considere o caso hipotético de uma órfã chamada Laura, que herdou a síndrome de Down (popularmente conhecida por mongolismo). É provável que você já saiba que a síndrome de Down limita a capacidade de aprendizagem. Porém, nem a síndrome de Down nem qualquer outra coisa fixa a inteligência em determinado nível. A capacitação mental dependerá do ambiente. Pessoas responsivas, afetuosas, entusiásticas, pacientes e habilidosas no cuidado com crianças podem ensinar muito à Laura. Ela pode dominar habilidades acadêmicas como leitura e aritmética. Ela pode aprender a manter uma conversação, ser responsável por seus cuidados pessoais diários e ter um emprego simples. Mas, suponha que Laura seja criada por pais indiferentes ou ríspidos. Ela tenderá a aprender pouco e a funcionar de modo extremamente inadaptado. A hereditariedade de Laura cria, portanto, uma larga faixa de possíveis funcionamentos intelectuais.

Caracterizamos as interações entre hereditariedade e ambiente de contínuas. Por quê? No momento da concepção, a hereditariedade programa potencialidades humanas. Ao mesmo tempo, exatamente, o ambiente molda o comportamento. O material genético opera dentro de uma célula. O feto desenvolve-se e atinge a maturidade dentro do útero. As condições celulares e uterinas podem operar modificações substanciais no bebê em gestação. No decorrer de toda a infância e fase adulta, a hereditariedade e o ambiente continuam a moldar o desenvolvimento.

Maturação

No mundo inteiro, o comportamento desenvolve-se exatamente na mesma ordem. Bebês normais, independentemente das circunstâncias, rolam de um lado para outro antes de conseguirem sentar-se com a ajuda de alguém. Um pouco mais tarde, eles conseguem se sentar sozinhos. Mais tarde ainda, eles ficam em pé, apoiando-se em algo. Pouquíssimos bebês sentam antes de rolar ou ficam em pé antes de sentar. Também as habilidades básicas sociais, verbais, perceptivas e intelectuais geralmente surgem em uma ordem previsível.

O termo *maturação* refere-se ao surgimento de padrões comportamentais que dependem fundamentalmente do crescimento do corpo e do sistema nervoso. A maturação depende enormemente da genética (Wilson, 1983, 1984). No momento da concepção, a hereditariedade programa determinadas potencialidades para desenvolvimento futuro. Muitas dessas potencialidades estão apenas parcialmente completas na época do nascimento; elas adquirirão gradativamente a plenitude durante o crescimento do organismo e ao longo de toda a vida.

Maturação e Ambiente

Embora de importância primordial, a hereditariedade não é a única influência a atuar sobre a maturação. Também o ambiente exerce um papel vital. Um determinado treinamento pode retardar ou acelerar a maturação de habilidades específicas. Estudos realizados por Burton White (1971; com Held, 1966) oferecem impressionante respaldo para a idéia da relação ambiente-maturação. Trabalhando em um orfanato monótono, White selecionou alguns bebês para um programa intensivo de enriquecimento com duração de três meses. O grupo experimental era composto de bebês de 1 mês de idade; nas quatro primeiras semanas, colocaram-se duas chupetas em cada berço, uma de cada lado, para que os bebês as pudessem ver, pegar e levar à boca. Os bebês eram com freqüência especialmente manipulados por enfermeiras. Aos 2 meses de idade, o enriquecimento foi gradativamente aumentado. Três vezes ao dia, por 15 minutos, os bebês experimentais eram postos de bruços para que pudessem movimentar-se um pouco. Ao mesmo tempo, o tradicional forro opaco dos berços foi substituído por Plexiglas, permitindo que os bebês vissem as atividades do berçário. Para maior estimulação visual, trocaram-se os tradicionais lençóis brancos por outros multicoloridos e colocaram-se móbiles geométricos coloridos suspensos acima dos berços.

Os resultados deste programa de enriquecimento gradativo foram sistematicamente positivos na aceleração do desenvolvimento de habilidades sensório-motoras. White e outros descobriram que experiências novas são altamente propensas a gerar efeitos benéficos quando ocorrem um pouco antes da manifestação das habilidades emergentes do bebê.

Quando os pesquisadores examinam o progresso de crianças desprovidas de tipos específicos de experiência, eles também verificam o claro impacto do ambiente sobre a maturação. Bebês cegos, por exemplo, demoram para desenvolver habilidades motoras que dependem da movimentação com autonomia (Bower, 1977, Fraiberg, 1977). Estas observações demonstram que as experiências visuais aceleram o desenvolvimento dessas habilidades de maturação.

Diferenças Individuais na Maturação

Uma vez que a maturação é influenciada por experiências únicas e pela herança genética, é de esperar que as pessoas atinjam pontos de maturação em diferentes idades. Segundo J. M. Tanner (1978, p. 78): "Algumas crianças tocam seu crescimento em *andante*, outras em *allegro*, umas poucas em *lentissimo*". Ocasionalmente, algumas fases de maturação são saltadas, embora raramente a seqüência seja alterada. A Figura 10.1 mostra a faixa de variação de crescimento motor de uma pequena amostra de

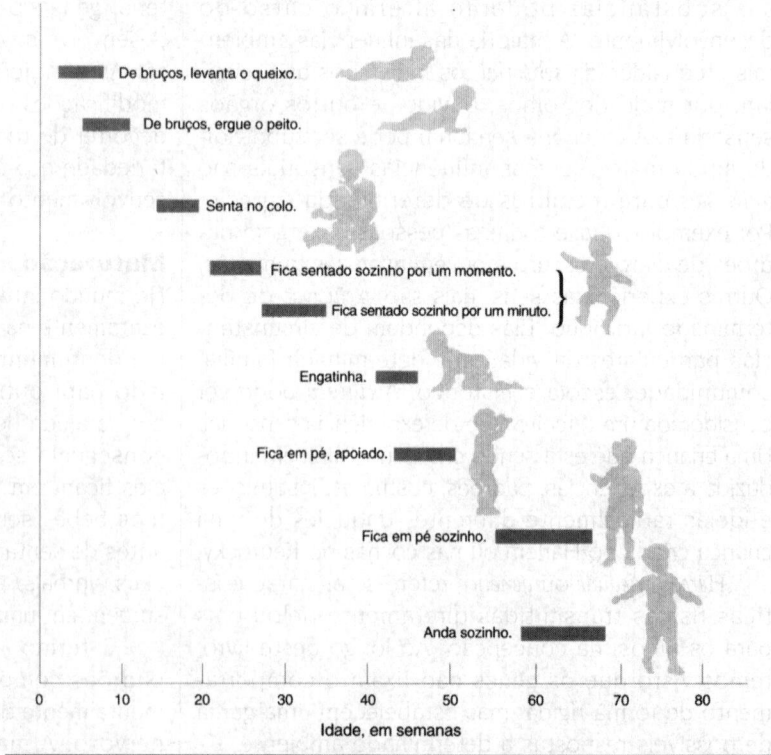

FIGURA 10.1 Idades em que uma amostra de crianças desenvolveu habilidades motoras importantes. (De Shirley, 1931.)

crianças dos Estados Unidos. Como você pode ver, alguns bebês estão quase três meses à frente dos outros, não sendo incomuns diferenças ainda maiores.

Freqüentemente as pessoas presumem que ser lento para se desenvolver significa problemas sérios ou indolência geral. Todavia, de forma geral, o ritmo de desenvolvimento *não é* previsor de êxito posterior. As meninas tendem a amadurecer mais rapidamente que os meninos, a começar de sua fase uterina. Além disso, alguns intelectos notáveis foram extraordinariamente lentos para se desenvolver. Até mesmo defasagens extremas no desenvolvimento podem não ser danosas, embora possam indicar dificuldades que requeiram atenção.

Maturação: Um Processo Repetitivo

Curiosamente, a maturação é repetitiva (Bever, 1982). Se contar com apropriado apoio sobre uma superfície plana, um bebê de 6 dias de idade pode "andar" (conforme mostrado na Figura 10.2 [no alto]). O recém-nascido pode também imitar (Meltzoff, 1985). O bebê da Figura 10.2 (embaixo) está copiando a mãe, que está mostrando a língua. O dar passos e o imitar logo desaparecem, só vindo a ressurgir no fim do primeiro ano de idade. Também algumas capacidades conceituais parecem desaparecer e reaparecer.

T. G. R. Bower (1976), um dos primeiros psicólogos a investigar estas curiosas repetições, acredita que os bebês perdem certas habilidades motoras porque não as praticam. Por exemplo, quando o dar passos é praticado, a habilidade efetivamente persiste (Zelazo, 1976). A queda da motivação pode responder pelo desaparecimento de outros comportamentos. Bebês podem parar de se movimentar em direção a sons, por exemplo, porque aprendem que têm pouco controle sobre o barulho. Repetições intelectuais parecem resultar de mudanças nas estratégias de processamento de informação, as quais podem ter uma base genética.

A Idéia de Períodos Sensíveis ou Críticos

Algumas primeiras experiências são críticas. Como exemplo, considere a tragédia da talidomida. No fim da década de 1950 e início da de 1960, a droga talidomida era amplamente receitada para o enjôo matinal, na Inglaterra e no restante da Europa. Quando mulheres grávidas tomavam esta droga entre o 27º e o 40º de gravidez, a droga impedia o desenvolvimento normal dos ossos longos dos braços e das pernas do bebê. As mãos dessas crianças for-

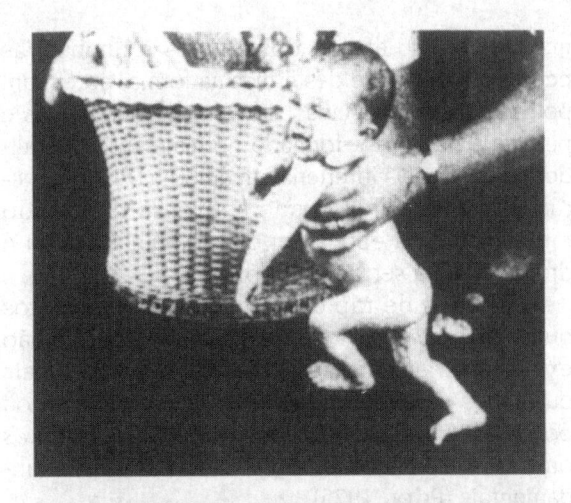

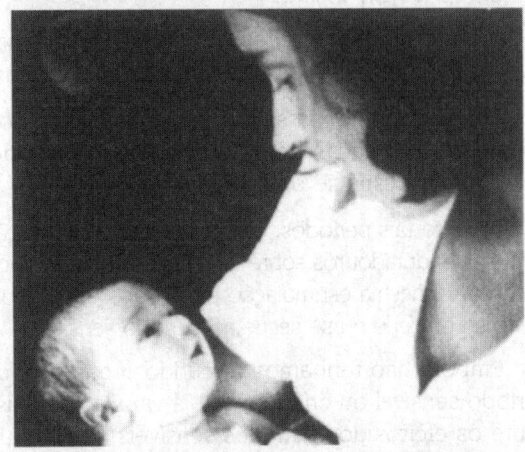

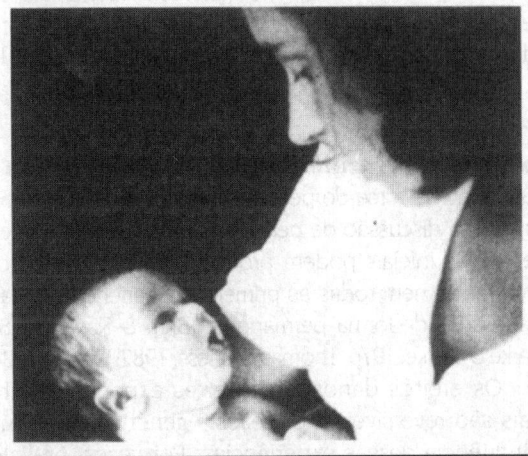

FIGURA 10.2 Logo após o nascimento, bebês podem andar (no alto) sobre uma superfície lisa, quando devidamente amparados, e imitar gestos faciais como abrir a boca e esticar a língua (embaixo). Ambos — andar e esticar a língua — desaparecem pouco depois do nascimento, vindo a ressurgir somente no fim do primeiro ano de vida do bebê. Veja explicação no texto. (T. G. R. Bower.)

mavam-se logo abaixo dos ombros e também as pernas formavam-se desta mesma forma, porém um pouco menos distorcidas. Após o 40º dia, braços e pernas já haviam-se formado normalmente e a talidomida não mais interferia em ambos. De modo geral, portanto, tudo o que estivesse crescendo rapidamente na época em que a mulher ingeria a droga tendia a ser deformado.

Períodos de rápido crescimento durante os quais os organismos de determinada espécie são extraordinariamente suscetíveis a mudanças mais ou menos duradouras, exercidas pelo ambiente ou por experiências, são denominados *períodos sensíveis* ou *críticos*. Os períodos têm três características fundamentais (Pryor, 1975).

1 A maioria ocorre antes ou logo após o nascimento, durante períodos de rápido crescimento.

2 A maioria prolonga-se por períodos curtos, normalmente de poucas horas ou poucos meses, dependendo da espécie e de sua longevidade.

3 Durante tais períodos, certos tipos de estimulação têm efeitos duradouros sobre um aspecto do desenvolvimento. A mesma estimulação tem pouco ou nenhum efeito se precede ou se segue ao período sensível.

Embora não tenhamos discutido o conceito de período sensível ou crítico, você já viu alguma coisa sobre os efeitos dos períodos sensíveis. Em capítulos anteriores, descrevemos períodos sensíveis em percepção, linguagem, intelecto, quantidades de células adiposas e identidade sexual. Neste capítulo, exploramos muitos outros períodos sensíveis.

Experiências Iniciais *versus* Posteriores

"O pepino se torce de pequeno", afirma o ditado popular. Nossa discussão de períodos críticos sugere que experiências iniciais podem produzir efeitos duradouros. Entretanto, nem todas as primeiras experiências afetam as pessoas de forma permanente (Brim & Kagan, 1980; Clarke & Clarke, 1976; Thomas & Chess, 1982; Wachs, 1984).

Os efeitos danosos de certas experiências iniciais são reversíveis. Por vezes a genética sobrepuja a influência dessas experiências. Por vezes, prevalecem as experiências posteriores (Cairns et al., 1980; Wachs, 1984). No Capítulo 7, vimos como a estimulação sensorial e motora e o treinamento cognitivo podem contrabalançar o impacto de defeitos de nascimento e carências nutricionais e culturais. A evidência mais contundente da plasticidade (flexibilidade) provém do trabalho do psicólogo Harold Skeels (1966). Chamou a atenção de Skeels a história de duas meninas de orfanato que haviam sido consideradas retardadas mentais irremediáveis e que foram transferidas para uma casa especializada em retardo mental. Após seis meses nesse novo ambiente, ambas as meninas fizeram progressos notáveis e inesperados. Quando Skeels investigou o caso mais a fundo, descobriu que as meninas haviam sido adotadas por "mães" e "tias" retardadas que as adoravam, supriam suas necessidades, brincavam com elas e as levavam a passeios. De modo geral, as meninas receberam muito mais afeto, atenção e estimulação geral em casa do que recebiam no orfanato apinhado de crianças.

Para verificar se a estimulação podia de fato reverter o retardamento mental, Skeels realizou um experimento ousado. Ele fez com que 13 bebês "irremediavelmente retardados" (com QI médio de 64 aos 19 meses de idade) fossem transferidos do orfanato para a instituição de retardados mentais (o grupo experimental). Doze outras crianças, em média ligeiramente mais novas e dotadas de QI médio mais alto (87), permaneceram no orfanato, servindo de grupo de controle. Após mais ou menos um ano e meio, ambos os grupos de crianças foram retestados. As crianças do grupo experimental haviam ganhado em média 29 pontos de QI; as do grupo de controle haviam perdido em média 26 pontos.

Pouco depois dos testes, a maioria das crianças do grupo experimental foi adotada. Infelizmente, as crianças do grupo de controle continuaram no orfanato. Mais de 20 anos depois, Skeels verificou seu progresso. As 13 crianças do grupo experimental haviam se desempenhado imensamente melhor que as do grupo de controle em termos de escolaridade, status social (casamento, independência) e emprego.

Adiante neste capítulo, examinaremos outras evidências de recuperação humana. Por ora, apenas observe que uma vasta quantidade de pesquisas demonstra que as pessoas permanecem flexíveis (plásticas) durante todo o desenvolvimento e que experiências posteriores costumam ser tão importantes quanto as iniciais.[2]

---

2. N.R.T.: Estudos posteriores à publicação original deste livro têm sugerido que as primeiras experiências desempenham um papel ainda mais importante do que se pensava até então. Veja, por exemplo, Shore, R., *Rethinking the brain*, Nova York: Families and Work Institute, 1997.

As Perspectivas de Estágio e de Continuidade

Mães e pais costumam explicar o comportamento dos filhos, dizendo: "É só uma fase". Também os psicólogos falam de fases. As *teorias de estágio* (*fases*) *dos psicólogos fazem diversas pressuposições*:

1   Um período de desenvolvimento pode ser dividido em zonas de idade distintas, ou *estágios*. Os requisitos etários são geralmente flexíveis para possibilitar variações.

2   A maioria das pessoas acrescenta competências particulares ou experiencia determinados problemas durante cada período.

3   Toda pessoa progride apenas em uma direção da fase 1 para a fase 2 para a fase 3, e assim por diante, até chegar à última fase.

De modo geral, estas teorias fazem um paralelo da vida com o ato de subir uma escada. Conquanto as teorias de estágios tenham o mérito de ordenar um caos de detalhes, muitos cientistas sociais questionam a precisão dessas teorias.

As *teorias da continuidade* pressupõem que as pessoas mudam sutil e gradativamente e crescem continuamente. Além disso, as teorias da continuidade contestam também a pressuposição de uniformidade das teorias de estágio. O desenvolvimento é um processo individual que depende, seja qual for o caso, de propensões biológicas únicas e experiências específicas. Assim, somente explorando a história particular que está por trás de um trecho de desenvolvimento é que as pessoas podem entendê-lo.

As perspectivas de estágio e de continuidade do desenvolvimento podem ser combinadas de forma profícua (Fischer & Silvern, 1985). No início da vida antes do nascimento e durante a lactância e a infância algumas habilidades (habilidades básicas motoras, de pensamento e de linguagem) surgem de maneira previsível e padronizada. Sempre que a maturação do corpo e o sistema nervoso forem cruciais para o desenvolvimento de algo, as teorias de estágio são úteis para a análise dos dados. Entretanto, certos tipos de desenvolvimento tendem a ser irregulares. Considere o desenvolvimento social e da personalidade na adolescência e fase adulta. Este tipo de crescimento depende amplamente das experiências específicas do indivíduo, de modo que é quase impossível prever os resultados. Neste caso, o modelo de continuidade parece mais preciso, embora as experiências universais e os desafios comuns ainda possam criar estágios discerníveis.

DESENVOLVIMENTO PRÉ-NATAL

O bebê começa a vida como uma única célula fertilizada; 72 horas após a fertilização, há 32 células; uma semana depois, mais de uma centena (Annis, 1978). As células em rápida multiplicação juntam-se estreitamente em uma massa em formato de bola e logo começam a se diferenciar em órgãos, músculos, ossos, tecido e outras partes do corpo.

As primeiras 40 semanas de vida do bebê em gestação são passadas dentro do útero da mãe (*in utero*). O *período intra-uterino* (ou *pré-natal*) geralmente é subdividido em três fases. A *fase germinal* vai da concepção até o $14^{\underline{o}}$ dia. A *fase embrionária* prolonga-se de duas a oito semanas. A *fase fetal* começa na oitava semana e prolonga-se por toda a gravidez, ao longo da qual o bebê é chamado de *feto*. Com a maturidade, o feto pode virar, chutar, girar 360°, olhar com os olhos semicerrados, sorrir, soluçar, cerrar os punhos, chupar o polegar e responder a tons e vibrações (e possivelmente a gostos e cheiros) (DeCasper & Prescott, 1984; Pedersen & Blass, 1982; Smotherman, 1982). (Veja a Figura 10.3. em preto-e-branco na p. 424 e em cores nas pp. A7, A8)

Defeitos de Nascimento

Mais ou menos 2% dos recém-nascidos nos Estados Unidos exibem defeitos de nascimento (Clark *et al.*, 1983). Alguns bebês sofrem lesões enquanto ainda no útero da mãe ou durante o parto. Em outros casos, os genes podem transmitir anormalidades diretamente. Problemas podem desenvolver-se pouco depois do nascimento pela alimentação com leite contaminado. A causa do problema nem sempre é clara. Examinemos alguns *agentes teratogênicos*, ou agentes que produzem defeitos de nascimento, que podem debilitar ou matar células e prejudicar o desenvolvimento pré-natal normal.

As Contribuições da Mãe

Conforme se formam os órgãos do bebê em gestação, eles passam por períodos sensíveis, ocasião em que são excessivamente vulneráveis às experiências da mãe.

FIGURA 10.3 (**a**) Embrião de 4 semanas de idade. Com mais ou menos 1,3 centímetro de comprimento, a cabeça do embrião em posição de caracol quase encosta no coração. Embora ainda não desenvolvido por completo, o coração bate ritmicamente 65 vezes por minuto, forçando o sangue a fluir através de minúsculas artérias e veias. Uma vez que o cérebro e o coração são exigidos desde o início, a parte superior do corpo chega a ser dois terços do comprimento do embrião. Observe a cauda, um resquício da evolução. Até a sexta semana, o embrião humano assemelha-se ao de gatos, camundongos e macacos. Nossa cauda regride e é coberta, deixando apenas os ossos da base da espinha. Você pode ver as tumefações a partir das quais crescerão os braços e as pernas. É necessário o uso de microscópio para detectar ligeiras saliências na cabeça que virão a se tornar os olhos, ouvidos, boca e nariz. (Copyright © Lennart Nilsson, *A child is born*. Tradução inglesa: copyright © 1966, 1977 por Dell Publishing Company, Inc.)
(**b**) Feto de 3 meses de idade. Pesando pouco mais de 28 gramas e medindo em torno de 8 centímetros de comprimento, o feto já está com as seguintes partes do corpo completamente desenvolvidas: dedos das mãos e dos pés, pálpebras, orelhas, cordas vocais, lábios e nariz. Órgãos em funcionamento parcial permitem que ele respire, engula líquido amniótico, urine e produza células espermáticas ou células-ovos. O feto é ativo. Ele movimenta pernas, pés, polegares e cabeça, e já exibe alguns dos reflexos que vão ajudá-lo a sobreviver após o nascimento. Por exemplo, ele pode "mamar" e, se as palmas forem tocadas, agarrar. O sexo pode ser determinado nesta fase do desenvolvimento. (Copyright © Lennart Nilsson, *A child is born*. Tradução inglesa: copyright © 1966, 1977 por Dell Publishing Company, Inc.)
(**c**) Feto de 5 meses de idade. Pesando quase meio quilo e medindo pouco mais de 30 centímetros de comprimento, o feto já apresenta padrões definidos de sono e vigília e posição característica no útero. O desenvolvimento muscular aumentado torna mais fortes seus reflexos e movimentos. A mãe pode começar a senti-lo chutar depois que ele atinge 4 meses de idade, quando então ele se torna mais ativo — chuta, estica-se e se contorce. O batimento cardíaco pode ser ouvido no abdômen da mãe. Se o bebê nascer prematuramente, porém, não conseguirá sobreviver porque o sistema respiratório é ainda por demais primitivo para sustentá-lo. (Copyright © Lennart Nilsson, *A child is born*. Tradução inglesa: copyright © 1966, 1977 por Dell Publishing Company, Inc.) [Veja figura em cores na p. A8]

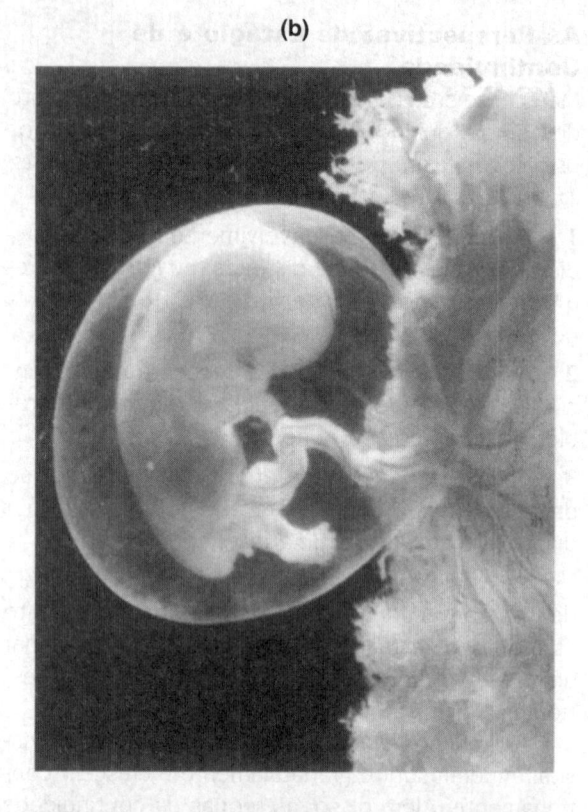

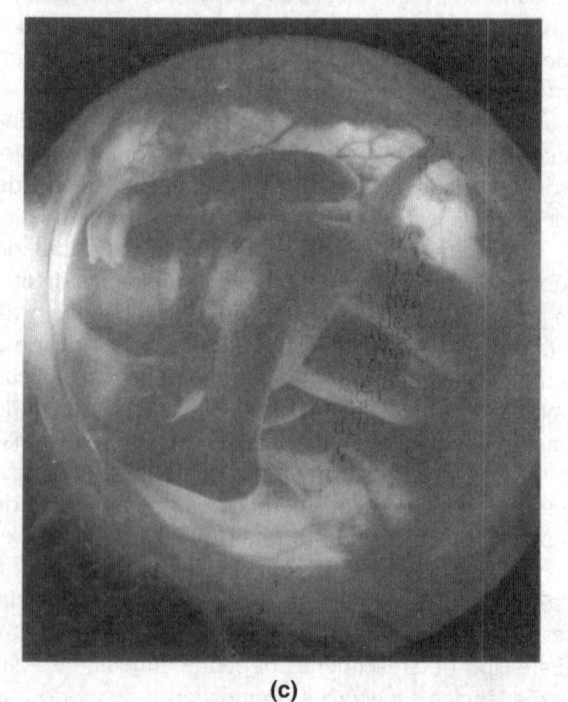

Saúde geral Doenças graves da mãe (especialmente quando há febre) podem prejudicar o bebê em gestação (Annis, 1978; Emery, 1968). Doenças crônicas como diabete, tuberculose, sífilis e gonorréia estão todas associadas a defeitos de nascimento em crianças. Também prejudicial é uma condição materna comum chamada "toxemia", na qual a mãe experiencia inchaço dos membros, pressão alta e, em alguns casos mais graves, convulsões. A toxemia materna pode retardar o crescimento do feto e causar a morte. Acredita-se que a toxemia seja responsável por cinco milhões de mortes — a maioria fetal — no mundo todo. O herpes genital é outro distúrbio preocupante. A doença infecta o revestimento do útero, podendo lesar ou destruir o embrião. O herpes é responsável por até 30% de todos os abortos espontâneos (Robb & Benirschke, 1984). Outras doenças maternas comparativamente brandas (e, em alguns casos, fugazes) podem lesar o bebê em desenvolvimento. Entram nessa categoria infecções urinárias, caxumba, gripe e rubéola (popularmente chamada de sarampo alemão).

As doenças maternas tendem a ser especialmente destrutivas durante os três primeiros meses de gravidez. Quando a mãe desenvolve rubéola durante as primeiras semanas após a concepção, por exemplo, o bebê tem 60% de probabilidade de nascer com uma anormalidade. O coração, o sistema nervoso e os órgãos sensoriais estão se desenvolvendo rapidamente nessa fase; conseqüentemente, a doença cardíaca congênita (de nascença), defeitos oculares, surdez e retardamento mental costumam ser resultado de exposição à rubéola nesse período.

Também os fetos podem contrair das mães doenças como varíola, varicela, caxumba e herpes (Sullivan-Bolyai et al., 1983).

Dieta A nutrição inadequada é outra ameaça ao bebê em gestação. Mães gravemente desnutridas não conseguem manter suprimento alimentar adequado para si mesmas e para os bebês em desenvolvimento. Exames de registros feitos durante a fome holandesa ocorrida em 1944-45 (e que durou mais ou menos seis meses) e durante o cerco de Leningrado, de 1941 a 1944, vinculam a nutrição inadequada ao retardamento do crescimento fetal (Stein et al., 1975). Estudos experimentais mostram que a nutrição deficiente tem outros efeitos sobre a mãe e o bebê. Em um estudo clássico, Harry Ebbs e seus colaboradores (1942) observaram 210 mulheres que se consultavam em uma clínica universitária em Toronto. Todas as futuras mães haviam tido dietas inadequadas durante os primeiros quatro a cinco meses de gravidez. Naquele momento tardio, 90 das mulheres receberam suplementação alimentar para melhorar sua dieta. As 120 restantes continuaram a se alimentar como antes. Ao longo de todo o tempo restante de gravidez, as mães que haviam adotado boas dietas desfrutavam melhor saúde do que aquelas que haviam mantido dietas inadequadas. As primeiras tiveram menos complicações. Elas sofriam menos freqüentemente de anemia, toxemia, ameaças de aborto espontâneo ou efetiva perda do bebê e partos prematuros ou de natimortos. O trabalho de parto era em média cinco horas mais curto. Além disso, os bebês bem-nutridos exibiam melhor saúde tanto imediatamente após o nascimento como durante os seis primeiros meses de vida.

Autópsias subseqüentes à morte de seres humanos e outros animais que haviam sido expostos a deficiências protéicas prolongadas sugerem que a desnutrição pode lesar o sistema nervoso do feto (Riopelle, 1982; Winick & Rosso, 1975). Os efeitos dependem do momento. A desnutrição grave pode interferir na *mielinização* (crescimento das camadas adiposas isolantes fundamentais em torno dos nervos). Ela pode também diminuir o número de células cerebrais, provocando um encolhimento de até 40% do cérebro.

Os efeitos de tipos mais sutis de desnutrição são menos claros. A nutrição inadequada no útero está ligada a padrões peculiares de choro e pode significar que os transmissores do cérebro não estão operando devidamente (Zeskind, 1983). Permanece em aberto a questão de se a estimulação posterior e uma dieta saudável podem ou não reverter tal disfunção por completo. Seja como for, crianças que suportam desnutrição de nível até mesmo considerável no útero podem funcionar de forma bastante normal quando criadas sob condições sensoriais estimulantes (veja o Capítulo 7).

A nutrição persiste como influência importante durante a lactância e o início da infância. A desnutrição drástica durante os seis primeiros meses de vida pode reduzir o tamanho final das células cerebrais. No nível motivacional, dietas inadequadas interferem na curiosidade. Segundo um pesquisador (Levitsky, 1979, p. 176): "A fome de aprender [que caracteriza o animal saudável em crescimento] é dramaticamente inibida pela desnutrição. Aparentemente, o animal desnutrido responde apenas àquelas características do ambiente que são de significância biológica imediata". Crianças que recebem dietas inadequadas durante os dois primeiros anos de vida parecem incomumente passivas, dependentes dos adultos e ansiosas entre 6 e 8 anos de idade (Barrett et al., 1982).

Exposição a substâncias químicas O feto em desenvolvimento é exposto a substâncias químicas que entram na corrente sangüínea da mãe. Elas podem passar pelo feto sem se modificar; podem produzir derivados físicos e químicos, ou *metabólitos*, dentro do corpo do feto, e podem alterar o ambiente intra-uterino. Infelizmente, é difícil rastrear os efeitos de substâncias químicas, por várias razões (Fein et al., 1983):

1 O teste de substâncias químicas em animais não-humanos, como é comum, está longe de ser conclusivo. Animais de determinada espécie (camundongos, ratos) podem não ser afetados por um dado agente ao qual os membros de outra espécie (humana) podem ser bastante vulneráveis.

2 Ainda que substâncias químicas sabidamente afetem membros de uma espécie, é improvável que afetem todas igualmente. Substâncias químicas que não têm efeito algum sobre a mãe podem lesar o feto. Um feto pode reagir; outro pode não reagir. As conseqüências dos agentes químicos dependem de fatores como dosagem, momento da exposição (o início da vida costuma ser o pior período) e susceptibilidades hereditárias.

3 Muitas respostas a substâncias químicas são sutis e difíceis de vincular aos agentes que as produziram. Substâncias químicas podem ter efeitos brandos sobre coordenação motora, humor, pensamento e atenção, os quais são fáceis de atribuir a outros fatores.

4 Exposição pré-natal a condições tóxicas pode produzir deficiências e distúrbios que não se revelam de imediato. De fato, os problemas podem surgir 20 ou 30 anos depois (A. R. Hinman, citado por Franklin, 1984; Nomura, 1982).

5 Substâncias químicas encontradas de forma crônica podem alojar-se no tecido materno e afetar o feto, embora a exposição já tenha cessado.

Apesar das dificuldades, os cientistas conseguiram chegar a compreender algumas substâncias químicas destrutivas.

Álcool Hoje, as mulheres grávidas são alertadas para se absterem completamente do álcool (Surgeon General's advisory on alcohol and pregnancy, 1981). Até mesmo pequenas quantidades de álcool, durante todo o período intra-uterino, mas especialmente no início, podem prejudicar o feto (Abel, 1984; Mills et al., 1984; Little et al., 1982). Um único gole de bebida forte imediatamente antes da concepção pode causar os tipos de anormalidade cromossônica que levam a abortos espontâneos (Kaufman, 1983). Mulheres que bebem uma dose de álcool puro duas vezes por semana demonstram aumentos significativos em abortos espontâneos. Aquelas que bebem uma dose de álcool puro por dia apresentam alto risco de conceber bebês muito pequenos, pesando menos de 2 quilos. Quando esses bebês pequeninos sobrevivem (a taxa de mortalidade desses bebês durante o primeiro mês é 40 vezes mais alta que a de bebês mais pesados), eles tendem a apresentar um número de deficiências e dificuldades maior que o esperado, incluindo saúde precária, retardamento na fala, perdas auditivas, deficiências de vocabulário e incapacidades de leitura (Behrman, 1985; C. A. Miller, 1985; Miller et al., 1984).

Beber muito durante a gravidez pode provocar a *síndrome fetal do álcool*, uma condição que aflige 2 em cada 100 bebês nascidos vivos (Powell, 1981). As vítimas desse distúrbio são especialmente propensas a ter cabeça pequena, anormalidades faciais e pouca inteligência. O crescimento físico é retardado, as juntas são malformadas e há dificuldade de coordenação de movimentos. Além disso, elas exibem problemas cardíacos. A síndrome é mais grave em filhos cujas mães, além de beber, fumam demais, experimentam estresses e são desnutridas.

Uma versão branda (um ou vários sintomas) da síndrome fetal do álcool está associada com a ingestão moderada de álcool (cerca de 60 gramas de álcool puro por dia) (Hanson, 1977). Mesmo quando a bebida moderada não produz sintomas fetais, acredita-se ser ela responsável por deficiências de atenção persistentes e períodos de reação lentos, segundo medições feitas quatro anos após o nascimento (Streissburgh et al., 1984).

Os modos de ação do álcool no útero estão sendo investigados. A substância pode alterar o metabolismo dos neurônios em desenvolvimento, danificar os músculos e suprimir o movimento (Adickes & Shuman, 1981; Dow & Riopelle, 1985;

Smotherman & Robinson, 1985; West *et al.*, 1981). Quando os fetos são inativos, é maior a probabilidade de anormalidades faciais, dos membros e dos pulmões.

Cigarro   O cigarro também prejudica os bebês em gestação. Em um estudo corroborativo, um grupo de pesquisadores médicos liderado por T. M. Frazier (1961) estudou cerca de 3.000 mulheres grávidas antes e depois do parto. Eles descobriram que o índice de partos prematuros variava previsivelmente segundo o histórico da mãe fumante. Conforme aumentava a quantidade de cigarros fumados, aumentava a incidência de partos muito precoces (*prematuros*). Os bebês de mães fumantes tendiam também a pesar menos que os de mães não-fumantes. Quando a mulher grávida reduz a quantidade de cigarros fumados durante a gravidez, o peso do bebê no nascimento melhora (Sexton & Hebel, 1984). Mães que deixam de fumar no quarto mês de gravidez não são mais propensas do que as mães não-fumantes a conceber bebês de baixo peso no nascimento (Butler *et al.*, 1972).

Fumar durante a gravidez está também associado com danos comportamentais na prole. Quando mães fumam após o quarto mês de gravidez, os filhos são relativamente propensos a ser pelo menos ligeiramente lentos (mental ou fisicamente) para a respectiva idade (Butler & Goldstein, 1973). Aos 4 anos de idade, os filhos de mães fumantes têm dificuldade de prestar atenção, mesmo quando outros fatores influenciadores são eliminados (Streissguth *et al.*, 1984). Pesquisadores demonstraram que a exposição pré-natal a monóxido de carbono (comparável aos níveis encontrados em fetos humanos de mães fumantes) prejudica a aprendizagem e a memória em ratos (Mactutus & Fechter, 1984).

Mães fumantes prejudicam também a saúde física dos filhos. Embora não se saiba se os efeitos são devidos a exposições pré-natais ou durante a lactância e a infância, ou a alguma combinação de ambas, suspeita-se de efeitos pré-natais (Stone *et al.*, 1984). Bebês de mães fumantes exibem alta incidência de anormalidades pulmonares: desenvolvimento lento dos pulmões, funcionamento pulmonar precário e elevados riscos de doenças respiratórias, incluindo câncer de pulmão (Correa, 1983; Stone *et al.*, 1984; Tager *et al.*, 1983). A exposição indireta à fumaça do cigarro fumado pelos pais é também considerada responsável por uma maior incidência de problemas cardíacos em crianças (Koop, 1984).

A mãe fumante pode prejudicar o feto por diversos mecanismos conhecidos. O fumo faz com que os vasos sangüíneos do útero e a placenta contraiam-se. Os vasos estreitados transportam menos nutrientes e oxigênio para o bebê em gestação e removem menos monóxido de carbono. O cianeto, um derivado do fumo, compete com certos nutrientes, contribuindo ainda mais para a desnutrição do bebê em gestação. Além disso, o fumo eleva os níveis maternos de vitamina A, a qual pode causar deformidades.

Abuso e dependência de drogas   Quando mulheres grávidas abusam de drogas, os bebês freqüentemente exibem complicações pré-natais e apresentam a síndrome de abstinência logo após o nascimento. Dentre as substâncias que supostamente prejudicam o feto estão a heroína, cocaína, estimulantes, maconha, barbitúricos, sedativos e tranqüilizantes, cada uma delas com um padrão próprio de conseqüências (Braude & Ludford, 1984; Chasnoff *et al.*, 1985; Finnegan, 1982).

Examinaremos agora os narcóticos, especialmente a heroína. Infelizmente, mulheres grávidas viciadas em heroína costumam estar abusando também de muitas outras substâncias químicas, incluindo o álcool. Os efeitos resultantes dependem de fatores como: de que drogas está havendo abuso, por quanto tempo, quando e quais as condições médicas e nutricionais existentes. Dada a avalancha de ingredientes em interação, é quase impossível conduzir uma pesquisa "honesta".

Estima-se que 40% a 50% das mulheres grávidas viciadas em heroína exibam complicações médicas importantes e que mais de 80% dos respectivos bebês estejam em condição de alto risco de numerosos problemas de saúde (Finnegan, 1982). Recebendo suprimento inadequado de oxigênio, o feto desenvolve-se lentamente e pode morrer. Se sobreviver, tende a demonstrar sinais de hiperatividade e infecção. O problema mais comum é a síndrome de abstinência, que ocorre tipicamente dentro das 72 horas após o nascimento (Finnegan, 1982; Kreek, 1982). O bebê fica trêmulo e irritável, chora em um tom de voz estridente e agudo; e respira em ritmo acelerado. A pressão sangüínea sobe, o bebê vomita e tem diarréia. Às vezes ocorrem ataques convulsivos, um sintoma que pode ser fatal.

Sabemos muito pouco de como o abuso de narcóticos durante a gravidez afeta as crianças a longo prazo (Finnegan, 1982). Embora haja alguma evidência a indicar que o vício materno de heroína impede o crescimento físico e as habilidades perceptivas e de aprendizagem da criança, os estudos disponíveis não são conclusivos.

Remédios de venda livre e por receita Mulheres grávidas têm provavelmente a sabedoria de evitar a ingestão de remédios de qualquer espécie. Sabe-se que um amplo espectro de substâncias prejudica fetos não-humanos. Dentre elas estão a aspirina e a cafeína. Gotas nasais entram na categoria suspeita, juntamente com espermicidas e outras substâncias contraceptivas usadas durante dois anos antes da gravidez (Carr, 1970; Janerich et al., 1974; Jick, 1981; Simpson & Mills, 1985).

E quanto aos milhares de remédios prescritos que as mulheres grávidas podem vir a tomar? Há amplas razões para inquietude quanto a seus possíveis efeitos (Haire, 1982). A Food and Drug Administration (FDA), que certifica a segurança dos remédios comercializados, é de opinião que é antiético testar medicamentos em mulheres grávidas. Não obstante, esse órgão aprova remédios, como sendo seguros para uso durante a gravidez, trabalho de parto e nascimento. Para tanto, a FDA observa uma pequena amostra de recém-nascidos que foram expostos à substância de interesse e não exige investigações amplas e controladas, com dados de acompanhamento de longo prazo; todavia, pode levar 20 anos ou mais para se saber os efeitos de uma droga. Assim sendo, os dados sobre substâncias vão se acumulando lentamente, e isso quando há dados disponíveis. Entre 1947 e 1964, por exemplo, o diethilstilbestrol (DES) era freqüentemente receitado para auxiliar a prevenção de abortos espontâneos. No fim da década de 1960, ficou evidente que a prole feminina, quando atingia a adolescência e a fase adulta, exibia risco relativamente alto de desenvolver anormalidades vaginais e câncer do colo. No início da década de 1980, o bendectin, outrora popular para o combate de enjôos e vômito durante os primeiros meses de gravidez, foi associado a defeitos de nascença e retirado do mercado. Hoje, não se sabe claramente qual é seu potencial (Culliton, 1983; Fackelmann, 1982; Kolata, 1985). Estas ilustrações sugerem que os cientistas não sabem quais são as substâncias seguras para uso durante a gravidez e o trabalho de parto.

Substâncias químicas ambientais Uma série de substâncias químicas encontradas na vida cotidiana ou no local de trabalho em países industrializados reconhecidamente prejudicam os fetos. Entre elas estão o chumbo, o mercúrio metílico, os bifenilos policlorados (PCBs) (usados em produtos como pesticidas e retardantes de fogo e por vezes encontrados em alimentos e água contaminados) (Fein et al., 1983: Jacobson et al., 1984, 1985; Lagakos et al., 1984). Mesmo após cessada a exposição direta, substâncias como os PCBs podem ser retidas pelo tecido adulto e exercer efeitos tóxicos no bebê em gestação. Estatísticas do Center of Disease Control (Centro de Controle de Doenças) sugerem estar crescendo a incidência de certos defeitos de nascença supostamente devidos a substâncias químicas ambientais (L. Nelson, 1985).

Talvez você se lembre (do Capítulo 7) que cerca de 60.000 substâncias químicas encontram-se atualmente em uso nos Estados Unidos. Todo ano surgem 1.000 substâncias diferentes (National Research Council, 1984). Os cientistas compreendem os principais efeitos sobre a saúde humana de apenas 2% dessas substâncias e, ainda assim, a maior parte do conhecimento refere-se a como altos níveis dessas substâncias químicas afetam o crescimento de tumores em animais de laboratório. O impacto da exposição crônica a níveis baixos dessas substâncias sobre fetos humanos é altamente desconhecido (Fein et al., 1983). Há muitas substâncias suspeitas de toxicidade, incluindo algumas que podem parecer bastante inócuas, como corantes capilares e alimentares e purificadores de ar.

Nota: Embora nos tenhamos concentrado no período pré-natal, substâncias químicas provenientes do leite materno e do meio ambiente podem prejudicar o bebê após o nascimento (Greenberg et al., 1984; Kreek, 1982).

Emoções Como todo mundo, as mulheres grávidas respondem a emoções com uma liberação maciça de hormônios. Essas secreções adentram a corrente sangüínea do bebê em gestação. Se excessivas, parecem prejudicar o bebê em desenvolvimento. Respaldo para a plausibilidade desta idéia provém de pesquisas cuidadosamente controladas, realizadas com animais de laboratório. Em um desses estudos, William Thompson (1957) estressou ratas acionando uma campainha elétrica seguida de descarga de choques. Os animais aprenderam a associar os eventos. Aprenderam também a evitar o choque: sempre que a buzina soava, abriam uma porta e corriam para um compartimento seguro. Depois de toda essa experiência, as ratas cruzaram.

Aquelas que ficaram prenhes eram periodicamente expostas à campainha sem que pudessem apresentar uma resposta de esquiva. Esses animais pareciam extremamente contrariados. E, mais importante ainda, pariram proles amedrontadas e tímidas. Quando comparados aos filhotes de mães que não haviam enfrentado estresse durante a gravidez, os filhotes das mães estressadas tinham dificuldade de sair de labirintos. Além disso, exibiam sinais de extrema ansiedade em situações novas.

É claro que filhotes de ratos não são bebês humanos. E quanto ao ser humano? As pesquisas existentes são coerentes com os dados sobre animais. Lester Sontag (1944) estudou mães humanas que estavam atravessando crises emocionais como morte ou ferimento dos maridos na época da Segunda Guerra Mundial. Ele descobriu que nessas mães os movimentos dos fetos freqüentemente aumentavam de forma impressionante, atingindo índices de várias centenas. Quando essas mães ficavam intranqüilas por semanas seguidas, os respectivos bebês continuavam a se movimentar em ritmo exagerado.

Após o nascimento, o que acontece aos bebês humanos que compartilharam o estresse das mães? O estresse materno intenso durante a gravidez está associado com problemas de saúde e de comportamento desde a infância até a fase adulta (Huttunen & Niskanen, 1979; Laken, 1957; Stott & Latchford, 1976; Strean & Peer, 1956). No âmbito da saúde física, há uma elevação dos distúrbios gastrintestinais, fenda palatina e lábio leporino. No âmbito do comportamento, há excessiva irritabilidade e choro e predisposição a futuros distúrbios psiquiátricos, dentre eles o alcoolismo e a esquizofrenia. Convém observar que a pesquisa feita com seres humanos é correlativa (veja a p. 32). Ela dá respaldo à idéia de que o estresse prejudica os fetos humanos, porém não a comprova.

As Contribuições do Pai

Até recentemente, os cientistas pouco atentavam ao papel do pai no desenvolvimento pré-natal. Isso mudou. O bebê em gestação recebe do pai metade do material genético. Se o esperma foi degradado por fatores como substâncias químicas, radiação, infecção ou por simples envelhecimento, pode provocar defeitos de nascimento. O esperma defeituoso pode ser responsável por grande número de complicações de nascimento que tradicionalmente eram atribuídas às mães.

Da mesma forma que os óvulos deterioram com a idade, assim também ocorre com os espermatozóides (Gunderson & Sackett, 1982; Nieschlag et al., 1982). É por isso que filhos de pais que estão chegando aos 40 anos ou a uma idade mais avançada são relativamente propensos a desenvolver certas doenças raras. Estas incluem a síndrome de Marfan (caracterizada por altura extrema, magreza e anormalidades cardíacas) e fibrodisplasia ossificante progressiva (caracterizada por malformação óssea).

A exposição paterna a substâncias químicas como o chumbo e a dioxina (contida no herbicida Agente Laranja), álcool, tabaco e cafeína podem prejudicar a saúde do esperma. Tal exposição é associada também a complicações: peso baixo no nascimento, defeitos de nascimento, parto de natimorto e probabilidade aumentada de crescimento de tumores muitos anos depois (Erickson et al., 1984; Evans et al., 1981; Gunderson & Sackett, 1982; Nomura, 1982). Cuidadosos estudos experimentais indicam que pode haver um vínculo de causa e efeito entre a exposição paterna a substâncias químicas e danos à prole. Em um desses estudos (Adams et al., 1981), os investigadores expuseram ratos machos a uma poderosa droga causadora de câncer, droga esta de estrutura similar a muitas substâncias químicas largamente usadas. Quando os ratos expostos cruzavam, a prole apresentava um porcentual incomumente alto de filhotes lentos para aprender e descoordenados. Um trabalho experimental com macacos mostra que pais expostos a toxinas contribuem para a perda do feto, doenças neonatais e pesos baixos no nascimento (Gunderson & Sackett, 1982). A mensagem correspondente é que os homens, como as mulheres, precisam redobrar seus cuidados com ambientes internos e externos durante (e antes) a concepção de seus filhos.

BEBÊS NO NASCIMENTO

Após mais ou menos nove meses dentro do útero, o feto está pronto para nascer. O processo do nascimento é sinalizado por contrações uterinas, geralmente dolorosas; daí sua denominação mais popular, *dores do parto*. Tipicamente, o trabalho de parto dura em torno de 15 horas na primeira gravidez e 8 horas nas subseqüentes; a duração varia enormemente. O nascimento do bebê em si pode levar de vários minutos a algumas horas. (Veja o Quadro 10.1.) (■)

Quadro 10.1

DANDO À LUZ

Atualmente, por volta de 97% de todos os nascimentos humanos nos Estados Unidos ocorrem em um hospital (National Center for Health Statistics, 1984). Em hospitais, o parto assemelha-se mais a um procedimento cirúrgico do que a qualquer outra coisa. Em um ambiente quase perfeitamente estéril, os médicos usam ferramentas médicas — remédios e cirurgia — para acelerar o trabalho de parto. (Veja a Figura 10.4.)

A sala de parto típica foi projetada pensando na presença do médico. É relativamente fria (em torno de 25°C). *Spots* iluminam a mãe e a criança para que sinais de complicações sejam detectados rapidamente. A mãe desempenha o papel de paciente. Separada dos membros da família nos quais confia (exceto o pai), a probabilidade é que ela enfrente o parto principalmente na presença de estranhos. O mais comum é que ela esteja deitada com as pernas abertas. Embora esta possa não ser a posição mais fácil para dar à luz, ela se justifica por possibilitar aos enfermeiros manter o corpo da mãe limpo.

Após o parto, os recém-nascidos são geralmente separados das mães durante as primeiras 12 a 24 horas e cuidados pelas enfermeiras do berçário. Lá, o bebê é protegido de infecções enquanto suas funções vitais são atentamente monitoradas. Depois da separação inicial, os recém-nascidos saudáveis são levados de volta às mães para amamentação a intervalos de quatro horas.

Nos últimos anos, várias formas de *"parto preparado"* ganharam popularidade nos Estados Unidos. (Com o termo "parto natural", a maioria das pessoas designa o parto preparado. Pode ser ou não muito natural.) Para se preparar para o parto, mães e pais (ou outras pessoas significativas) assistem a aulas. Eles descobrem o que esperar durante o trabalho de parto e o nascimento do bebê. As mulheres aprendem também exercícios para melhorar sua nutrição e forma física, ganhar maior controle sobre a respiração e desenvolver técnicas de relaxamento. Os parceiros são treinados para ajudar as futuras mães, acompanhando-as e ajudando-as durante o parto.

Quais as diferenças entre os partos preparados e os tradicionais? Revendo a bibliografia sobre esse tópico, Myra Leifer (1980) e outros (Wideman & Singer, 1984) são de opinião de que os partos preparados são benéficos. O tempo do trabalho de parto é menor. Há menos complicações no nascimento, além de menos necessidade de procedimentos cirúrgicos e anestesia. Os novos pais mostram atitudes mais positivas entre si e em relação ao bebê; além disso, crescem também os sentimentos de auto-estima e autocontrole. Alguns dos benefícios provavelmente são resultado dos procedimentos: informação, treinamento de relaxamento e controle da respiração, expectativas positivas e apoio social. Somam-se a essas vantagens as qualidades especiais dos casais que optam por se preparar para o nascimento dos filhos. Eles costumam ser mais disciplinados, seguros financeiramente e ansiosos por assumir o controle e compartilhar a experiência da paternidade/maternidade do que aqueles que não se interessam em se preparar ou estão impossibilitados.

Nos Estados Unidos, as mulheres cada vez mais estão optando por modificar o procedimento de parto tradicional para torná-lo mais natural e recuperar o caráter de intimidade perdida. Muitos hospitais oferecem um programa de alojamento conjunto para que as mães possam manter seus bebês junto de si durante a maior parte do dia (após a separação usual de 12 e 24 horas). Algumas mulheres estão optando por dar à luz em casa ou em um centro de partos semelhante ao ambiente doméstico. Da mesma forma, tem sido menos extraordinário contar com a ajuda de uma parteira profissional.

Riscos no Parto

O nascimento é uma perigosa jornada para o bebê; uma pequena porcentagem não sobrevive (C. A. Miller, 1985). As taxas de mortalidade infantil são aumentadas por complicações pré-natais e de parto.

Drogas para Uso no Parto

Mais ou menos 95% das mães americanas recebem drogas imediatamente antes e/ou durante o parto para diminuir a dor ou acelerar o trabalho de parto (Brackbill, 1979). As drogas atravessam a placenta, entram na corrente sangüínea e no tecido do feto e reduzem seu suprimento de oxigênio. Por fim, durante a primeira semana e talvez por mais tempo ainda, elas atuam no *sistema nervoso central* (cérebro e medula espinhal) do bebê em desenvolvimento. As conseqüências a longo prazo desses medicamentos são desconhecidas. Alguns especialistas (Gorbach, 1972; Yang *et al.*, 1976) acreditam que essas drogas não têm efeitos sérios ou duradouros em bebês fortes. Outros questionam essa avaliação otimista.

Embora os bebês recém-nascidos de mães medicadas durante o trabalho de parto pareçam bastante saudáveis no nascimento, freqüentemente exibem pouca atividade motora espontânea, freqüências cardíaca e respiratória lentas e circulação precária. Eles não mamam com vigor. Além disso, tendem a não ganhar peso tão rapidamente quanto deveriam (Brazleton, 1970). Eles sorriem e acariciam relativamente pouco. Parecem sonolentos. Parecem

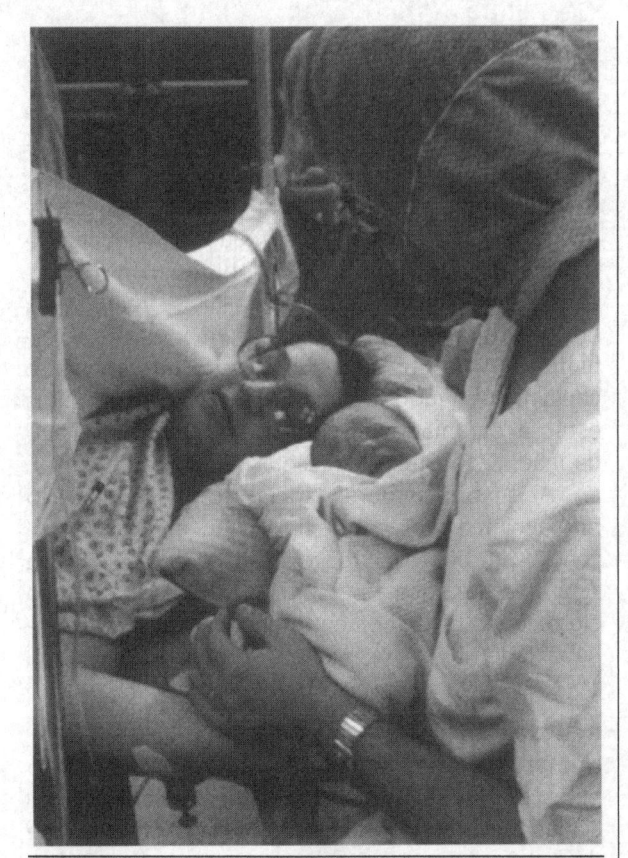

FIGURA 10.4 Nas culturas industriais, o parto costuma parecer-se mais com um evento médico do que com um evento particular e social. Entretanto, os pais (como o da foto, segurando o filho recém-nascido) estão cada vez mais presentes durante o parto para ajudar as parceiras e para dar as boas-vindas aos filhos. Os recém-nascidos costumam ser todos parecidos e bastante comuns. Até mesmo os bebês negros que virão a ter pele muito escura nascem bem claros e com um tom rosado porque sua pele fina mal recobre o sangue que está fluindo pelos capilares. Muitos bebês têm ainda de perder a penugem pré-natal que recobre o corpo, e todos nascem com uma substância oleosa sobre o corpo inteiro que os protege contra infecções. Além disso, a cabeça do recém-nascido parece imensa — 25% de seu comprimento total (comparados aos 15% no adulto). (Copyright © 1981 Cynthia W. Sterling/The Picture Cube.)

ter dificuldade de se acostumar com repetidas mensagens sensoriais (Aleksandrowicz & Aleksandrowicz, 1974).

A dosagem e a potência das medicações de parto parecem estar diretamente relacionadas com as conseqüências. Quanto mais forte a droga e maior a dosagem, tanto menor a competência com que a criança desempenha testes de habilidades motoras básicas (andar), de inibição (capacidade de parar de responder a distrações ou de parar de chorar) e de linguagem e cognição (Broman & Brackbill, 1980). Acredita-se que os anestésicos gerais, especialmente aqueles que são inalados, representam maior perigo para os recém-nascidos do que quaisquer outros anestésicos. As psicólogas Yvonne Brackbill e Sarah Broman estão verificando suas suspeitas de que drogas de uso comum durante o parto causam dano cerebral permanente em recém-nascidos, manifestando-se anos mais tarde em forma de desempenho intelectual diminuído. Ainda que tal temor seja infundado, os medicamentos de parto têm algum impacto na relação inicial mãe-filho. Mães e bebês drogados já começam errando.

Complicações de parto

Embora o parto seja potencialmente perigoso, somente uma pequena porcentagem de bebês (1% a 3% daqueles nascidos em hospitais bem equipados) tem *complicações de parto* de um tipo ou outro (Simpson & Mills, 1985). Os traumas incluem privação de oxigênio, lesão física, doença ou infecção no momento do nascimento. Se a mãe tem herpes genital e o herpes está ativo quando o bebê nasce, o bebê pode ser infectado; lesão cerebral e morte são eventos possíveis. Embora a incidência dessas tragédias seja pequena, acredita-se estar crescendo (Sullivan-Bolyai *et al.*, 1983).

As complicações de parto estão associadas a maior risco de retardamento intelectual ou social nos anos posteriores (Zarin-Ackerman *et al.*, 1975). Felizmente, as deficiências não persistem necessariamente. Aos 6 anos, muitas crianças cujo nascimento foi traumático exibem desempenho em testes de desenvolvimento semelhante ao das crianças nascidas de partos sem complicações (Outerbridge *et al.*, 1974; Werner & Smith, 1982). A recuperação é particularmente provável em casos nos quais as complicações foram brandas, a criança foi criada no próprio lar e o ambiente familiar foi acolhedor e apresentou baixo nível de estresse. Acreditamos que os pais, por meio de estimulação educacional e apoio emocional, podem compensar em parte os efeitos de um nascimento difícil.

Similaridades entre Recém-nascidos

O bebê recém-nascido é chamado de *neonato* nas duas a quatro primeiras semanas de vida. Ao nascer, ele pesa 3 quilos em média e mede entre 45 e 53 centímetros. Por muito tempo, filósofos e psicólogos achavam os bebês pequenos feios e incompetentes. Embora os neonatos possam parecer pouco atraentes (veja a Figura 10.4), estudos recentes mudaram a opinião dos cientistas sobre as capacidades dos recém-nascidos. Eles são responsivos, ativos e atentos.

Capacidades Sensoriais

Desde o primeiro momento, os neonatos exibem ampla gama de capacidades sensoriais. Tenha presente que, quando dizemos que os "neonatos exibem esta ou aquela capacidade", salientamos que a maioria o faz. "Maioria" é a palavra-chave, porque os seres humanos apresentam características deiversas no nascimento assim como em outros momentos da vida.

Recém-nascidos têm olfato e paladar. Numerosas observações confirmam essas capacidades (Lipsett, 1977; Lipsett et al., 1963). O odor da cebola e de substâncias semelhantes ao alcaçuz, por exemplo, causam mudanças evidentes na atividade, respiração e freqüência cardíaca do bebê. Além disso, os bebês mamam certos fluidos com especial vigor e rejeitam outros inteiramente. Estudos sobre fetos de animais sugerem que os sistemas de paladar e olfato funcionam antes do nascimento (Mistretta & Bradley, 1984; Pedersen & Blass, 1982; Smotherman & Robinson, 1985).

Embora os neonatos não consigam coordenar ambos os olhos para focar com exatidão determinados objetos, eles devem ter algum nível de visão porque acompanham objetos em movimento (Wickelgren, 1969). O aparelho visual do recém-nascido parece estruturado de tal forma que o bebê seja altamente sensível às qualidades que precisamente caracterizam pessoas: feição, movimento, contraste e tridimensionalidade (Bornstein, 1985; Fagan, 1979). Embora os seres humanos não sejam o único estímulo dotado dessas qualidades que se encontra no ambiente ao redor do bebê, eles tendem a ser os mais atraentes para o limitado alcance visual do bebê — 23 a 30 centímetros de distância a partir dos olhos. Além disso, como se as mães soubessem de todas essas descobertas científicas, elas tendem a manter o rosto dentro do bastante rígido e limitado campo de visão do bebê. Assim, durante as primeiras semanas de vida, é provável que os bebês tendam a ver bastante as pessoas que dele cuidam e muito pouco do restante. Alguns psicólogos suspeitam de que os neonatos podem nascer até com preferências por rostos humanos porque eles fazem mais esforço para olhar para padrões faciais realistas do que para características faciais alteradas ou uma cabeça em branco (Freedman, 1974). (Veja a Figura 10.5.)

Os recém-nascidos ouvem também. Isso é evidente porque a atividade e a freqüência cardíaca do bebê aceleram quando confrontado com certos sons, especialmente vozes agudas (Freedman, 1971; Lipton et al., 1965). Os bebês humanos provavelmente ouvem até mesmo antes do nascimento e chegam ao mundo preferindo os sons com os quais estão acostumados (a voz e o batimento cardíaco da mãe) (DeCasper & Prescott, 1984).

A "responsividade" social do recém-nascido provavelmente aumenta suas chances de sobrevivência. Um bebê que reage à pessoa que cuida dele será atraente àquela pessoa. Quanto maior atenção ele receber, evidentemente tanto maior será a probabilidade de ele ser nutrido e protegido.

Reflexos

Numerosos *reflexos* inatos ajudam a sustentar o bebê. Reflexos são respostas automaticamente eliciadas por eventos ambientais. Se você tocar a face do bebê, ele virará a cabeça para o lado tocado. Esta reação, denominada *reflexo de raiz*, guia a boca na direção do bico do seio da mãe. Combinada com outro reflexo, o de *sugar* qualquer coisa que seja colocada na boca, a resposta de raiz faz com que o bebê seja relativamente fácil de alimentar. As mãos do recém-nascido *agarram* qualquer coisa que toque as palmas das mãos dele, um outro reflexo. Este possibilita à criança manipular e explorar objetos, ensinando-lhe mais do mundo e expandindo sua capacidade mental.

Uma série de outros reflexos protege o bebê contra experiências dolorosas que possam ser prejudiciais. Se o pé do bebê é tocado por alguma coisa pontuda, ele afasta o pé da fonte de dor. O bebê protege-se de um facho de luz forte fechando imediatamente os olhos. Quando travesseiros ou mantas interferem na respiração, o bebê vira a cabeça. Os bebês têm numerosos outros reflexos que os ajudam a sobreviver.

Curiosidade e Aprendizagem

Os neonatos estão programados para aprender desde o começo. Pouco depois do nascimento, o bebê já exibe sinais de curiosidade. Um recém-nascido olhará por mais tempo para objetos novos do que para os conhecidos, mostrando evidência tanto de memória quanto de preferências por novidades (Friedman, 1975). Além disso, os recém-nascidos aprendem; mais precisamente, eles alteram suas respostas quando esse comportamento gera conseqüências agradáveis. Bebês de vários dias de idade modificam os hábitos de sugar e de virar a cabeça para aumentar o suprimento de leite ou saborear uma solução doce ou ouvir a voz da mãe (DeCasper & Prescott, 1984; Sameroff & Cavanaugh, 1979). Eles também aprendem associações entre dois estímulos; se um afago é seguido de uma solução doce, por exemplo, eles aprendem a antecipar a solução doce após serem afagados (Blass et al., 1984).

Choro

No nascimento, os bebês humanos estão aparelhados para chorar, outra atividade que promove a sobrevivência. O choro do bebê motiva a pessoa que dele cuida a atender às suas necessidades quando ele está com fome, mal-acomodado ou sentindo dor. O som do choro espelha o incitamento do bebê e produz correspondentes mudanças no incitamento dos adultos que o ouvem (Zeskind et al., 1985). Por exemplo, quando os bebês estão altamente incitados, o som do choro incita fortemente os adultos, motivando uma resposta a uma situação urgente. (Veja o Quadro 10.2.) (■)

Diferenças entre Recém-nascidos

Há séculos que as mães insistem em que os bebês recém-nascidos têm personalidades diferentes. Em contrapartida, por muito tempo os psicólogos consideram os neonatos essencialmente idênticos. O tempo mostrou que as mães estavam certas.

Desde o início, os neonatos exibem diferenças individuais estáveis e mensuráveis (Brazleton, 1973; Korner et al., 1975; Matheny et al., 1985; Wolff & Ferber, 1979). Alguns são ativos; outros não se movimentam muito. Alguns são tranqüilos; outros parecem estar sempre inquietos. Alguns respondem a um mínimo de estimulação; outros são difíceis de estimular. Ao reagir a estresse e desconforto, alguns recém-nascidos respondem intensamente e outros, sem grande alarde. Por exemplo, quando famintos (um agente estressante), os lactentes comportam-se de variadas formas: podem vomitar ou fazer necessidades (em virtude da pressão sangüínea aumentada), elevar a freqüência cardíaca, mudar a temperatura cutânea ou explodir em choro (Grossman & Greenberg, 1957). Há diferenças individuais em uma miríade de outras reações.

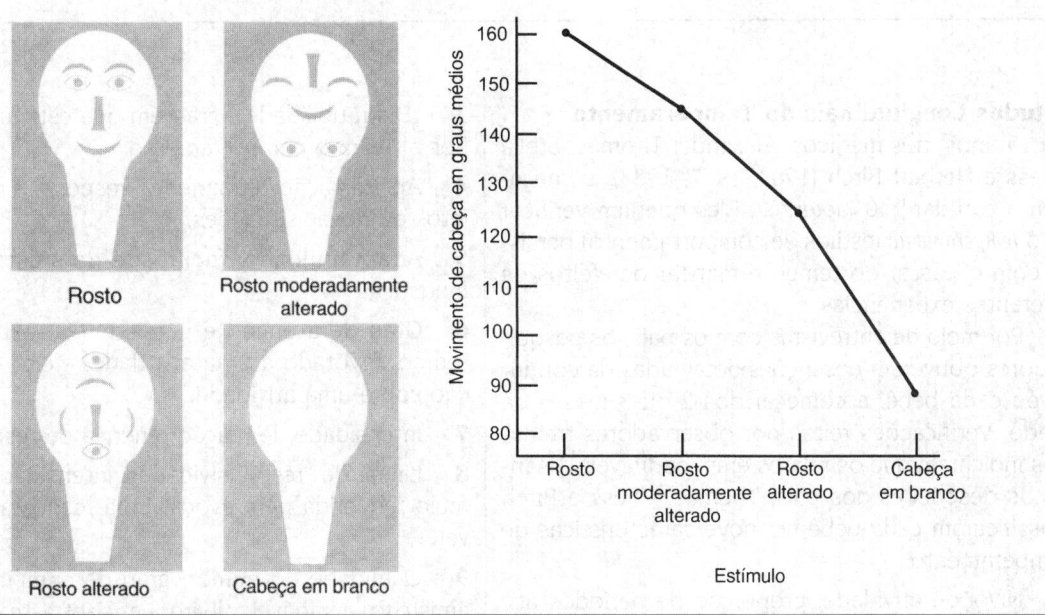

FIGURA 10.5 Bebês com 24 horas de idade ou menos foram testados com as quatro figuras aqui mostradas para verificar o número de vezes que eles viravam a cabeça para observar cada figura. Os estímulos eram variados de forma aleatória e o experimentador não os via. O gráfico mostra que a atenção crescia à medida que aumentava a "lógica da composição facial". (Segundo Freedman, 1974.)

Quadro 10.2

O QUE FAZER COM O BEBÊ QUE CHORA

O choro é um dos principais meios de comunicação do bebê. Porém, hoje e no passado, muitos especialistas têm recomendado cautela aos pais na resposta ao choro dos bebês. O raciocínio é mais ou menos este: se os pais respondem imediatamente, os bebês aprenderão que chorar compensa. Mais tarde, eles vão se transformar em tiranos mimados e exigentes cujas solicitações contínuas escravizarão mães e pais.

Responder ao choro do bebê realmente tem esses efeitos? Até recentemente, a maioria dos estudos voltados para esta questão concentrava-se nas reações a choro excessivo de crianças mais velhas. A atenção a esses choros excessivos parece fortalecê-los. E quanto ao choro na lactância? As psicólogas Silvia Bell e Mary Salter Ainsworth e colaboradores (1972) estudaram 26 pares mãe-filho americanos, brancos e de classe média para aprender mais sobre este tópico. Cientistas treinados observaram os pares por períodos de quatro horas uma vez a cada três semanas durante o primeiro ano inteiro de vida dos bebês. Bell e Ainsworth descobriram que, quando as mães ignoravam ou demoravam muito para responder ao choro, os bebês choravam *mais* freqüentemente depois, no decorrer de seu primeiro ano de vida. Quando os pais respondiam rapidamente, os bebês choravam *menos* freqüentemente depois, durante o primeiro ano.

O pegar o bebê e iniciar estreito contato físico em geral apresenta um efeito calmante. Embora nem todos os bebês respondam ao contato físico, a maioria se acalma pelo efeito de alguma estimulação; se pegar no colo não os acalma, uma das seguintes possibilidades deve funcionar: sons rítmicos contínuos, um pouco de açúcar na chupeta, balanço suave ou carinho (Birns et al., 1966).

Como podem ser explicadas as descobertas Bell-Ainsworth? Ao responder aos pedidos de ajuda dos bebês, os pais ensinam o seguinte aos filhos: "Você é competente. Você influencia o comportamento daqueles que o cercam". Como seus esforços de comunicação têm êxito, o bebê vai usá-los freqüentemente e vai se tornar cada vez mais hábil. Naturalmente, quando as crianças desenvolvem modos de expressão mais maduros — notadamente a linguagem —, elas recorrem a eles. Não deixe de observar que as mães responsivas do estudo Bell-Ainsworth atendiam seus bebês tanto quando eles estavam chorando como quando não estavam. Se os bebês recebem maior atenção quando choram, mais tarde podem se tornar excessivamente chorões.

Embora se saiba ja há muito tempo que o choro é o principal meio de comunicação do bebê, só recentemente é que os cientistas descobriram que a natureza do choro do bebê fornece informações sutis. Por exemplo, os bebês cujas mães tiveram toxemia, infecções ou nutrição inadequada durante a gravidez choram de forma diferente: eles demoram mais para chorar, choram menos e o tom é alto (talvez duas vezes mais alto que o normal). Esses bebês tendem a ter freqüência cardíaca variável e problemas de comportamento (ficam soltos e pendentes dos braços da mãe e deixam de reagir ou choram quando levados ao colo) (Lester & Boukydis, 1985; Zeskind, 1983). Os padrões de choro podem alertar os profissionais para bebês com necessidades especiais.

Estudos Longitudinais do Temperamento

Há 15 anos, três médicos, Alexander Thomas, Stella Chess e Herbert Birch (1968, 1977, 1983), começaram a estudar 140 lactentes. Eles queriam verificar se o *temperamento* (estilos de comportamento) persiste com o passar do tempo e mapear os efeitos de diferentes experiências.

Por meio de entrevistas com os pais, os pesquisadores obtiveram descrições detalhadas da conduta de cada bebê, a começar dos 2 ou 3 meses de idade. Verificações feitas por observadores treinados indicaram que os relatos eram confiáveis. Usando as descrições dos pais, Thomas, Chess e Birch classificaram cada bebê em nove características de temperamento:

1 Nível de atividade: proporção de períodos ativos e inativos.

2 Rítmica: regularidade de fome, excreção, sono.

3 "Distratibilidade": grau em que estímulos externos alteram o comportamento.

4 Aproximação-retraimento: resposta a novos objetos ou novas situações.

5 Adaptabilidade: facilidade de ajustamento a mudanças.

6 Grau de atenção e persistência: extensão de tempo devotado a uma atividade; efeito da distração sobre uma atividade.

7 Intensidade de reação: energia de resposta.

8 Limiar de "responsividade": intensidade de estímulo requerida para evocar uma resposta observável.

9 Qualidade do humor: grau de comportamento amistoso, agradável, alegre, em contraste com conduta desagradável e inamistosa.

A intervalos freqüentes durante toda a infância e até os 18 a 22 anos de idade, os participantes da pesquisa continuaram a fornecer informações detalhadas, possibilitando aos investigadores avaliar continuamente essas nove características.

Os pesquisadores distinguiram três padrões de temperamento. Bebês *fáceis* davam poucos problemas aos pais. Eram alegres. A alimentação e o sono eram regulares e eles adaptavam-se rapidamente a novas rotinas, alimentos e pessoas. Esses bebês continuaram a ser assim caracterizados ao longo de toda a infância. Na amostra, 40% foram classificados como "fáceis". Bebês *difíceis*, em contraste, foram exasperantes para os pais durante toda a infância. Eram descritos como desagradáveis, irrequietos e difíceis de lidar. Dormiam e comiam irregularmente. Rejeitavam alimentos novos e afastavam-se de experiências novas. As frustrações geravam acessos de cólera. Choravam muito. Acima de tudo, eram barulhentos e intensos nas reações. Cerca de 10% da amostra enquadrava-se no padrão "difícil".

Um terceiro grupo de bebês foi classificado como *lentos para reagir*, ficando entre os bebês "fáceis" e os "difíceis". Michael (na introdução deste capítulo) foi um desses bebês "medianos". Ao longo do estudo, crianças com esse tipo de temperamento apresentaram sistematicamente lentidão na adaptação a novas situações e retraimento diante de novos estímulos. O humor pendia para o negativo. Em torno de 15% foram classificados nesta categoria. O comportamento dos restantes 35% foi por demais inconsistente para classificação. (Veja a Figura 10.6.)

A Questão da Consistência

Diversos *insights* importantes surgiram desse estudo. Um deles estava ligado ao desajustamento. De 42 crianças que necessitavam de atenção profissional em razão de problemas de comportamento, 70% foram classificadas como "difíceis" na lactância. Somente 18% haviam sido classificadas como "fáceis". O temperamento do bebê foi, portanto, um previsor significativo de sua posterior capacidade de adaptação.

A principal lição a tirar da pesquisa Thomas-Chess-Birch é que o comportamento ao longo da vida demonstra continuidade. Em outras palavras, as pessoas freqüentemente demonstram notáveis semelhanças em muitos pontos do ciclo de vida.

FIGURA 10.6 Aspectos do temperamento, que parecem ser determinados biologicamente, tornam-se evidentes em idades bastante tenras. Um bebê de um estudo longitudinal da Universidade de Harvard aproxima-se ousadamente do robô, demonstrando ficar à vontade diante de objetos desconhecidos. Cerca de 15% dos 100 participantes dessa investigação nasceram com sistema nervoso simpático extraordinariamente ativo, o que os predispôs a excessivas reações a estresse. Considerado "inibidos", eles tendem a ser contidos, observadores e gentis e, em alguns casos, tímidos ou medrosos. Levam mais tempo para se aproximar de algo novo. Se rodeados por pais sensíveis e um ambiente benevolente, crianças inibidas podem tornar-se mais soltas (Kagan, 1984). (Steven Rez-

Por exemplo, lactentes agitados freqüentemente se tornam crianças agitadas. Bebês persistentes freqüentemente se tornam adolescentes e adultos persistentes. Estas descobertas repetiram-se (Buss & Plomin, 1984; Huttunen & Nyman, 1982; Korner *et al.*, 1985; Matheny *et al.*, 1985). No Capítulo 12 veremos, porém, que a questão da consistência é cercada de muita controvérsia. Jack Block (1980, 1981), que reviu a ampla bibliografia sobre este tópico, concluiu que grande parte da evidência respalda a visão de que há "essencial coerência no desenvolvimento da personalidade". Existe uma especial probabilidade de vermos continuidade nas medições de medo-acanhamento, nível de atividade, grau de sociabilidade, agressividade (apenas homens) e passividade (Buss *et al.*, 1980; Huesmann *et al.*, 1984a,

1984b; Kagan & Moss, 1962; Kagan *et al.*, 1984; Schafer & Bayley, 1963).

Origens do Temperamento
O estudo Thomas-Chess-Birch levanta questões sobre as origens do temperamento. Se traços persistentes são visíveis aos 2 meses de idade (talvez desde o primeiro dia de vida, conforme sugerem alguns estudos), então talvez esses traços sejam préprogramados no organismo por sua herança genética. As descobertas de pesquisas sobre gêmeos e crianças adotadas indicam, de fato, que tais características são moderadamente influenciadas pela herança (Matheny *et al.*, 1985; Torgersen, 1982; Wilson, 1982). As condições dentro do útero e no momento do parto também contribuem para as características de personalidade verificadas logo depois do nascimento.

Seja qual for a origem, qualidades primordiais de temperamento podem persistir por razões ambientais e também hereditárias. Ao mesmo tempo que os neonatos estão sendo modelados, estão moldando aqueles que os cercam. Um bebê chorão e irritadiço que não se acalma e resiste ao contato físico tende a ser frustrante e desalentador para aqueles que o cercam (Wolkind & De Salis, 1982). E pais desanimados e zangados tendem a se comportar com frieza, penalizando o bebê e perpetuando seu descontentamento. Corrobora com esta idéia o fato de que recém-nascidos mal-humorados e com hábitos irregulares recebem mais maus-tratos e têm mães menos responsivas do que os bebês plácidos e constantes (Campbell, 1979; Zeskind, 1985). Da mesma forma, crianças difíceis têm interações mais negativas com os pais (Hinde *et al.*, 1982; Stevenson-Hinde & Simpson, 1982). A idéia de que o ambiente influencia o comportamento relacionado com o temperamento é também corroborada pelas observações que sugerem que tal comportamento muda com alterações nas circunstâncias familiares (Dunn & Kendrick, 1982) e com fortes esforços da parte da mãe para ensinar (Maccoby *et al.*, 1984).

Outra importante implicação do estudo Thomas-Chess-Birch é de caráter prático: pessoas requerem atenção especial. Se é para se desenvolverem, os lactentes não podem ser agrupados em um molde único e tratados de forma idêntica. Bebês e crianças difíceis representam especial desafio. Thomas e seus colegas acreditam que eles necessitam de tratamento excepcionalmente objetivo, paciente e constante. O caso de Michael mostra o valor do tratamento individualizado para a criança de "adaptação lenta".

DESENVOLVIMENTO COGNITIVO: A TEORIA DE PIAGET

Bebês são criaturas amplamente dotadas de reflexos. Os meios de obtenção de conhecimento ou os processos mentais (*cognição*) dos bebês são bastante limitados. De que forma os seres humanos tornam-se pensadores sutis e sofisticados? O psicólogo suíço Jean Piaget, um gigante do estudo do desenvolvimento cognitivo, passou cerca de 60 anos lutando com esta desafiadora questão. Quando ele morreu, aos 84 anos de idade, Piaget deixou um legado de mais de 50 livros e monografias mapeando o mundo da mente da criança. O pensamento altamente original de Piaget transformou a psicologia do desenvolvimento. Hoje, quase todas as investigações do crescimento mental começam com as teorias gerais de Piaget.

Piaget (veja a Figura 10.7) teve seu interesse despertado pelo pensamento infantil quando observou que as crianças cometiam certos erros de forma sistemática em testes de inteligência. No curso de suas investigações, ele descobriu que as crianças pensam de maneira diferente e não meramente menos que os adultos.

Perspectiva e Métodos de Pesquisa de Piaget

A mente da criança costumava ser descrita como similar à do adulto. Segundo uma antiga visão, as crianças apenas sabem menos; as novas experiências vão agregando novas informações. Piaget adotou a chamada perspectiva *construtivista*. As pessoas precisam usar a cabeça para compreender suas experiências. Para entender o pensamento, Piaget alegava, os cientistas precisam descobrir o que as pessoas tiram de suas experiências e o que elas acrescentam — suas "construções". Conforme as crianças crescem, Piaget observou, suas capacidades de interpretar, ou construir, a realidade progridem por estágios até que suas capacidades mentais asssemelhem-se às dos adultos.

Os métodos de pesquisa de Piaget eram heterodoxos. Por vezes, ele simplesmente fazia às crianças perguntas como: "De onde vem o vento?" ou "O

FIGURA 10.7 Jean Piaget, treinado em zoologia, era um observador atento das crianças. Os trabalhos publicados por ele e seus colaboradores em 1927 constituem a coleção mais abrangente de dados e teorias sobre o desenvolvimento mental durante a vida. (Yves De Braine/Black Star.)

que faz você sonhar?". Outras vezes ele observava o progresso dos indivíduos. Ele observava atentamente (e sagazmente) os próprios filhos pequenos. Piaget e seus colaboradores conduziram também investigações em miniatura semelhantes a experimentos. Tipicamente, as crianças eram apresentadas a um problema e questionadas sobre seu raciocínio. Em um estudo, apresentaram-se moedas e flores às crianças, solicitando-se a elas que respondessem quantas flores poderiam ser compradas com 6 centavos se o preço de cada flor era 1 centavo. Piaget baseava suas teorias do desenvolvimento do pensamento lógico em observações como essas.

Pressuposições de Piaget
Piaget partiu da idéia de que os bebês humanos, como os outros animais, nascem com a necessidade e a capacidade de se adaptar ao meio ambiente.

A *adaptação* ocorre naturalmente à medida que os organismos interagem com o ambiente. Este processo expande automaticamente as capacidades mentais.

A adaptação é composta de dois subprocessos: assimilação e acomodação. Durante a *assimilação* lidamos com nossas experiências categorizando-as em termos conhecidos. Usamos os conceitos e as estratégias existentes. Um bebê que toma sua primeira xícara de leite está assimilando; uma resposta básica que é apropriada para mamar é usada para enfrentar uma situação relacionada. Observando a própria filha, Piaget (1951, p. 124) ofereceu este exemplo de assimilação: "Aos 21 meses de idade, Jacqueline viu uma concha e disse 'xícara'. Após dizer isso, ela pegou a concha e fingiu estar tomando leite". Sempre que as pessoas confrontam situações que não podem ser adequadamente categorizadas em termos conhecidos, elas precisam se acomodar a elas. Com o termo *acomodação*, Piaget denotava a criação de novas estratégias ou sua modificação ou a combinação de antigas para lidar com algum desafio. Bebês que levam xícaras à boca acabam acomodando e aprendendo a beber nelas.

Como as crianças, os adultos assimilam e acomodam continuamente. Em geral, os processos trabalham juntos no mesmo ato de conhecimento. Quando você tenta compreender os conceitos de Piaget, por exemplo, você se acomoda expandindo e modificando antigas idéias sobre como as crianças pensam. Ao mesmo tempo, você assimila. Ao ler, por exemplo, você interpreta as ilustrações e explicações em termos do seu conhecimento atual.

Além da capacidade de se adaptar, os animais herdam uma tendência para combinar dois ou mais processos físicos e/ou psicológicos distintos em um sistema de bom funcionamento. Piaget chamava esta capacidade de *organização*. Um bebê pode, por exemplo, tanto olhar quanto agarrar. Mais tarde, as crianças coordenam as duas ações para que possam agarrar objetos específicos em seu campo de visão. Como um segundo exemplo de organização, considere as primeiras tentativas das crianças de comunicar suas necessidades. Próximo ao fim do primeiro ano, a "linguagem" do bebê geralmente consiste de gesticulações combinadas com a vocalização de um som e o olhar intenso para o objeto desejado.

Adaptação e organização continuam a operar ao longo de toda a vida. Entretanto, mudam os estilos gerais de lidar com as informações. Piaget aplicou o termo *esquema*, ou *estrutura*, tanto para ações quanto para conceitos associados usados no processamento de material sensorial. "Olhar e agarrar" e "sugar" são, ambos, esquemas. Estas ações derivam de idéias de como lidar com informações sobre o meio ambiente; elas podem ser aplicadas em muitas situações diferentes. Os primeiros esquemas tendem a ser compostos principalmente de reflexos e atos simples. Os posteriores consistem principalmente de estratégias, planos, regras, pressuposições e outras construções mentais. Durante os processos de assimilação e acomodação, os esquemas mudam constantemente, possibilitando às pessoas lidar com as situações de forma mais eficaz.

Teoria de Estágios de Piaget

Piaget propôs que em todas as crianças o pensamento desenvolve-se na mesma seqüência fixa de estágios. Esquemas característicos surgem em momentos específicos. As realizações de cada estágio ocorrem com base em realizações anteriores. Ao explicar o desenvolvimento, Piaget enfatizou a hereditariedade. Ele afirmava que os ambientes social e físico afetam apenas o momento de ocorrência de marcos específicos.

Estágio Sensório-motor

Durante os primeiros 24 meses, os bebês entendem suas experiências pela visão, tato, paladar, olfato e manipulação. Em outras palavras, elas usam os sistemas sensorial e motor. Algumas capacidades cognitivas fundamentais desenvolvem-se durante este período. Uma importante lição que as crianças aprendem é que os dados de todos os sentidos podem ser coordenados e integrados para dar mais informação. Em algum momento durante o estágio sensório-motor, o bebê aprende que as visões e os sons, assim como os toques, gostos, cheiros e outras impressões, fornecem informações relacionadas sobre o mesmo objeto.

Crianças no estágio sensório-motor aprendem também a direcionar o comportamento para metas específicas. Embora elas não possam planejar muito bem, descobrem que comportamentos específicos têm consequências definidas: chutar permite livrar-se de cobertores pesados; puxar faz o móbile se mexer.

Nos primeiros meses de vida, "estar fora de seu campo de visão" parece, ao bebê, equivaler a "não existir". Gradativamente, os bebês desenvolvem uma noção de *permanência do objeto*. Eles entendem que pessoas e objetos continuam a existir ainda que não estejam sendo percebidos. As crianças adoram brincar de esconde-esconde possivelmente porque elas acreditam que o colega de brincadeira realmente sumiu. Quando ele reaparece, elas ficam genuinamente surpresas e contentes.

Outra capacidade fundamental que as crianças desenvolvem durante o estágio sensório-motor é a capacidade de descobrir novos usos para velhos objetos. O jogo "Jogar o ursinho e ver o papai pegá-lo novamente" é prova evidente desta nova capacidade.

Este estágio é marcado também pela capacidade de imitar respostas novas e complexas com bastante precisão, mesmo quando o modelo está ausente. Uma criança que presencia alguém tendo um acesso de mau humor pode "experimentar ter um acesso" vários dias depois. Para tanto, a criança armazena um quadro mental do ato. A *imitação diferida* sugere, portanto, que as crianças começam a formar representações simples de eventos durante seus dois primeiros anos de vida. Todavia, a maior parte do pensamento da criança está restrita a ações durante o estágio sensório-motor.

Estágio Pré-operatório

No período dos 2 aos 7 anos de idade, as crianças guiam-se fortemente pelas percepções da realidade. Freqüentemente elas conseguem resolver os problemas manipulando objetos concretos, embora tenham dificuldade de lidar com versões abstratas dos mesmos problemas. Uma criança pré-operacional, por exemplo, indicará facilmente a maior de três caixas. A mesma criança ficará confusa diante de uma versão abstrata: se A é maior que B e se B é maior que C, qual é o maior de todos?

A façanha suprema no estágio pré-operatório é a capacidade de pensar sobre o ambiente pela manipulação dos símbolos (incluindo as palavras) que o representam. Quatro realizações fundamentais do estágio pré-operatório dependem dessa capacidade: primeiro, as crianças adquirem a linguagem. Segundo, elas começam a formular conceitos simples; por exemplo, "Fido, Tico e Pet são cachorros". Terceiro, elas começam a representar brincando; podem usar uma varinha como espada, uma vassoura como cavalo e uma boneca como bebê. Quarto, elas desenham figuras que representam a realidade.

Crianças no estágio pré-operatório começam também a entender o difícil conceito de classificação. Suponha que uma criança seja solicitada a separar cartões como os da Figura 10.8. Alguém que entende o sentido de classificação pode agrupar os cartões por cor[3]. Ou tamanho ou forma. Crianças no estágio pré-operatório são capazes de executar uma tarefa simples deste tipo, mas ficam confusas com as relações entre duas ou mais classes de objetos. Suponha que você dê a várias crianças neste estágio 25 estatuetas: 18 vacas e 7 porcos. Elas conseguirão separar os objetos — vacas e porcos — corretamente, porém ficarão desnorteadas se lhes perguntarem: "Há mais vacas ou mais animais?". Segundo Piaget, elas não conseguem entender que o mesmo item pertença a duas classes diferentes. A vaca não pode ser representada como vaca e animal simultaneamente. Ao que parece, as crianças neste estágio só conseguem lidar com uma dimensão por vez.

FIGURA 10.8 Cartões como estes podem ser usados para investigar as capacidades de classificação das crianças.

Piaget classificou o pensamento das crianças no estágio pré-operatório de particularmente *egocêntrico*, ou centrado no eu. Elas tendem a enxergar o mundo essencialmente com base nas próprias perspectivas. Elas acham difícil pôr-se no lugar de outras pessoas ou até mesmo entender que existem outros pontos de vista. Em seu livro de psicologia infantil, Diane Papalia e Sally Wendkos Olds (1982, pp. 303-304) oferecem várias ilustrações claras de egocentrismo:

*A*os 4 anos de idade, Vicky está vendo o mar pela primeira vez. Perplexa com o constante rugir das ondas, ela se volta para o pai e pergunta: "Mas quando isso pára?". "Não pára", ele responde. "Nem quando a gente está dormindo?", pergunta Vicky com incredulidade. O pensamento dela é tão egocêntrico que ela não consegue conceber que alguma coisa, nem mesmo o imenso mar, tenha vida própria quando ela não está por perto para vê-lo! Além disso, quando Vicky cobre os olhos, ela pensa que, como ela não pode ver você, você não a pode ver.

O egocentrismo reflete-se também na conversa da criança no estágio pré-operatório. Segundo Piaget, crianças neste estágio fazem monólogos. Tipicamente, elas não sabem e tampouco se importam se alguém está ouvindo. À primeira vista, a tagarelice às vezes soa como conversa porque a criança freqüentemente alterna e fala sobre assuntos relacionados. Citamos novamente Papalia e Olds:

Jason: O que será que vai ter de jantar hoje?
Vicky: O Natal está chegando.
Jason: Leite com bolo ia ser gostoso.
Vicky: Tenho que fazer logo as minhas compras.
Jason: Eu adoro bolo de chocolate.
Vicky: Acho que vou comprar um chinelo e balas também.

Estágio das Operações Concretas
Entre os 7 e os 11 anos, as crianças desenvolvem a capacidade de usar a lógica e param de se guiar tão predominantemente pelas informações sensoriais simples para entender a natureza das coisas. Em outras palavras, elas adquirem a habilidade de realizar operações mentais silenciosas. Piaget chamou essas habilidades de *operações concretas*.

Quando as crianças passam a depender do raciocínio para resolver problemas, seus recursos de categorização e classificação de objetos expandem-se. Durante este estágio desenvolve-se um *insight* primordial: a aparência difere da realidade; uma é temporária e a outra é permanente. A seguinte tarefa é usada para testar se a criança adquiriu esse *insight*. Há três provetas. Duas têm aparência idêntica e contêm a mesma quantidade de líquido colorido. A terceira tem um formato diferente e está vazia. Imagine duas provetas baixas e largas contendo laranjada e outra alta e fina sem nada dentro. O examinador despeja o líquido de uma das duas provetas iguais na proveta diferente.

Crianças que realizam as operações concretas percebem que a quantidade de líquido permanece a

---

3. N.R.T.: No livro original, as formas geométricas da Figura 10.8 são apresentadas em verde (cinza-claro) e vermelho (preto).

mesma, independentemente do novo formato do recipiente. Elas raciocinam que nada foi acrescentado ou subtraído. Neste estágio, a criança dominou a idéia de que as dimensões sensoriais, como tamanho e formato, podem mudar sem alterar propriedades mais básicas, como a quantidade. As crianças no estágio pré-operatório, em contrapartida, baseiam-se principalmente na percepção, e não na lógica. No experimento da laranjada, elas tendem a se concentrar no nível do líquido e deixam de perceber outras transformações. Uma vez que muda o nível do líquido, elas presumem que também a quantidade foi alterada para explicar a aparência diferente. (Veja a Figura 10.9.)

FIGURA 10.9 Uma criança resolvendo uma tarefa de conservação. Crianças no estágio pré-operatório têm dificuldade de lidar com essa tarefa, presumivelmente por que elas se concentram em apenas uma dimensão sensorial, a aparência do novo nível. (Mimi Forsyth/Monkmeyer.)

Embora as crianças no estágio das operações concretas lidem logicamente com objetos e baseiem-se no raciocínio, elas não são ainda plenamente capazes de lidar com idéias abstratas. Elas não conseguem criticar a lógica de outra pessoa. Elas resolvem problemas por tentativa e erro em vez de usar uma estratégia eficiente e sistemática (como, por exemplo, avaliar os prós e contras de diversas soluções para escolher a melhor delas).

Estágio das Operações Formais

Entre os 11 e os 15 anos, as crianças desenvolvem a capacidade de entender a lógica abstrata. Esses jovens são capazes de ponderar o possível; eles não estão mais limitados ao "aqui e agora". Além disso, os adolescentes avaliam hipóteses que, na realidade, podem ser impossíveis. Eles desempenham o papel de advogado do diabo, apoiando uma posição contrária à realidade. Eles antecipam, planejam, analisam. Eles entendem metáforas. Eles constroem teorias.

Neste estágio, os jovens mantêm várias coisas na mente ao mesmo tempo. Eles criam diversas alternativas quando solicitados a resolver um problema. Eles verificam mentalmente o mérito das soluções.

Neste estágio mental final, as pessoas avaliam questões amplas, tentando entender a vida, a própria identidade, as realidades sociais, religião, justiça, significado, responsabilidade e outros elementos afins. Elas ficam incomodadas com as contradições. Por exemplo, como pode haver um Deus generoso e milhões de seres humanos sofrendo? Verificamos freqüentemente a introspecção, o pensamento sobre o próprio eu. Segundo as palavras de um adolescente: "Encontro-me pensando no meu futuro e, aí, começo a pensar no motivo por que estava pensando no meu futuro. Então, começo a pensar no por que estava pensando sobre a razão por que estava pensando no meu futuro" (Mussen et al., 1974, p. 314). No fim desse estágio, os jovens têm o mesmo aparelho mental que os adultos.

Uma Avaliação

Piaget estudou algo que jamais havia sido estudado, e o fez de forma imaginativa e abrangente. Muitos psicólogos ficaram fascinados com seu trabalho, sentindo-se atraídos para os vastos e inexplorados territórios de pesquisa por ele abertos. Atualmente, numerosos investigadores criticam suas idéias. Conquanto muitos deles estejam explorando o crescimento cognitivo por si próprios, outros estão tentando rever, refinar e ampliar as observações de Piaget (por exemplo, Commons et al., 1984; Dunn & Munn, 1985; R. Gelman, 1983; Mehler & Fox, 1984; K. Nelson, 1985; Wyer & Srull, 1984). Esses investigadores usam tipicamente métodos de pesquisa ortodoxos com rigorosos controles. Algumas das descobertas de Piaget foram confirmadas, e Piaget continua sendo altamente considerado. Certas conclusões suas são, todavia, questionadas.

1 O *desenvolvimento cognitivo é essencialmente trilhado passo a passo? Ou é geralmente gradativo e contínuo?* As observações de muitos cientistas cognitivos (Feldman, 1980; Fischer & Bullock, 1984; Klausmeier & Allen, 1978) colidem com a teoria de estágios de Piaget. Nossos dados sugerem que as estruturas mentais são construídas gradativamente como resultado da experiência. Elas não surgem, conforme sugeriu Piaget, em uma série de saltos distintos. Da mesma forma, as perspectivas de estágio e continuidade acabam se revelando complementares entre si (Fischer & Silvern, 1985). Isto é, as pessoas provavelmente avançam passo a passo por causa de sua biologia comum e das experiências universais, ao passo que condições específicas modulam o processo e ocasionam diferenças individuais.

2 *As crianças de determinadas idades têm operações mentais coincidentes?* Uma série de estudos revela que as crianças de determinada idade podem variar muito em termos de estratégias intelectuais (Feldman, 1980; Gelman & Shatz, 1977). Crianças de 4 anos, por exemplo, nem sempre são egocêntricas. A pesquisa mostra que às vezes elas levam em consideração as pessoas ao redor ao transmitir uma mensagem. Ao se comunicar com bebês de 2 anos de idade, elas tornam as comunicações mais simples e curtas do que quando se comunicam com adultos. Da mesma forma, uma determinada criança de 12 anos pode usar a lógica para lidar com um problema e impressões sensoriais para lidar com outro.

3 *Os estágios de Piaget são exatos?* Alguns cientistas cognitivos questionam a adequação dos estágios específicos sugeridos por Piaget (Fischer, 1983). Vários deles objetam à entronização da lógica pura como o pináculo da realização cognitiva humana (Keating, 1985). Outros subtrairiam ou acrescentariam estágios (Fischer & Silvern, 1985).

4 *O crescimento mental é irreversível?* Em outras palavras, as crianças podem perder capacidades intelectuais adquiridas? Conforme destacamos anteriormente, o desenvolvimento costuma ser repetitivo. Recém-nascidos imitam durante suas primeiras semanas de vida. Depois a imitação desaparece até mais ou menos o fim do primeiro ano de vida do bebê. Também as capacidades mentais podem aparecer, desaparecer e reaparecer.

5 *O que molda as capacidades cognitivas?* Alguns psicólogos acreditam que Piaget superenfatizou o papel da genética (maturação) na moldagem do desenvolvimento mental. Cabe reconhecer que Piaget efetivamente percebeu que a aprendizagem em uma família e em uma cultura específicas influencia o momento de realizações específicas, idéia esta corroborada pela pesquisa (Dasen, 1976; Wallach & Wallach, 1976). Muitos investigadores consideram hoje o contexto social um fator influenciador do desenvolvimento do pensamento (Meadows, 1983).

6 *A análise de Piaget sobre os esforços das crianças voltados à solução de problemas considerou devidamente a linguagem, a memória e a percepção?* De modo geral, Piaget não distinguia erros de lógica daqueles decorrentes de inadequações de linguagem, memória ou percepção. Muitos estudos indicam que essas deficiências posteriores podem ser centrais (Brainerd, 1983). Bebês podem não procurar brinquedos que "desapareceram" porque não se lembram do que viram, e não porque lhes falta um conceito de permanência de objetos (Bower, 1971). Crianças mais velhas podem fracassar em tarefas abstratas porque não entendem a linguagem usada ou não se lembram dos detalhes (Trabasso, 1975).

7 *Piaget concentrou-se excessivamente nos limites das crianças e insuficientemente em suas habilidades e insights?* Uma série de investigações está agora se concentrando naquilo que as crianças efetivamente sabem. Tais investigações revelam que as crianças são surpreendentemente inteligentes em idades bastante tenras. Aos 18 meses, elas já começam a classificar objetos (Sugarman, 1983). Aos 19 meses, elas já tendem a diferenciar o que é normal e o que não é (falhas) (Kagan, 1981). Um pouco acima dos 2 anos, as crianças pensam em lugares alternativos ao procurar brinquedos perdidos (De Loache & Brown, 1984). Crianças de 3 anos de idade assimilam princípios abstratos, o que lhes possibilita contar corretamente (R. Gelman, 1983). Crianças em idade de jardim-de-infância já monitoram o que lhes passa pela mente. Uma indicação: elas usam estratégias para relembrar com maior eficácia (Flavell, 1979).

DESENVOLVIMENTO SOCIAL

Os seres humanos são criaturas sociais, animais que optam por viver entre outros da mesma espécie. Gradativamente, a começar da lactância, adquirimos os comportamentos e conceitos que nos tornam adequados à vida em grupo. Este processo, conhecido por *socialização*, ocorre naturalmente à medida que pais e outras pessoas orientam-nos para comportamentos, valores, metas e motivos que a sociedade julga apropriados. No restante deste capítulo, examinaremos os aspectos do crescimento social: a formação de vínculos entre pais e filhos e entre as crianças, e o desenvolvimento do pensamento e da conduta morais. No Capítulo 15 falaremos mais sobre o desenvolvimento social e especialmente sobre a identidade do papel sexual.

FORMAÇÃO DE VÍNCULO

Animais jovens (incluindo os humanos) freqüentemente desenvolvem fortes vínculos com os pais logo após o nascimento. O vínculo assegura que a prole permaneça próxima para que possa ser nutrida e protegida e ensinada a se comportar de forma adaptativa (Levine, 1980). Os estudos científicos de vínculos iniciais começaram a ser realizados com pássaros e macacos.

Estampagem (*Imprinting*)

Nas primeiras horas após o nascimento, as aves que andam assim que saem do ovo (gansos, galinhas e perus, por exemplo) seguem qualquer coisa que se movimente. Esta tendência de seguir ocorre durante um período sensível, atinge o pico em um momento específico e depois se torna cada vez menos provável. As galinhas, por exemplo, parecem mais propensas a seguir um alvo em movimento após 17 horas do nascimento. Aos 3 ou 4 dias de idade, elas se tornam medrosas e passam a não mais seguir formas desconhecidas. Konrad Lorenz, que observou a formação de vínculos iniciais em uma série de espécies, chamou o padrão primordial de "seguir", que reflete um vínculo social, de *estampagem*. Respostas de estampagem ou semelhantes são observadas em insetos, peixes e mamíferos, como também em pássaros e aves. (Veja a Figura 10.10.)

A estampagem é considerada uma reação complexa aprendida. Aparentemente, certas classes de estímulos evocam uma *reação filial* imediata (relacionamento pai/mãe-filho). Os filhotes de pato respondem a objetos em movimento e ao grito da espécie; filhotes de macaco respondem a objetos macios; bebês humanos supostamente respondem a rostos. O que parece ocorrer é que os animais jovens fami-

FIGURA 10.10 O etólogo Konrad Lorenz (que aparece na foto) foi um dos primeiros a demonstrar a estampagem. Após dividir os ovos de um ganso em dois grupos, ele permitiu que a mãe chocasse alguns enquanto ele cuidava dos outros em uma chocadeira. Os filhotes de ganso criados na chocadeira passaram a segui-lo no início, viam-no como mãe e buscavam sua proteção quando assustados. Os outros gansinhos seguiram a mãe e formaram vínculo com ela. (Thomas McAvoy, Time-Life Picture Service.)

liarizam-se com as características estáticas do alvo e deixam de sentir medo delas (Hoffman & DePaulo, 1977). Sob circunstâncias comuns, essa familiaridade pode começar antes do nascimento. Vários dias antes de sair da casca, os embriões de pato começam a emitir sons vocais quase inaudíveis que os ajudam a reconhecer o grito da espécie (Gottlieb, 1984). Aquilo que é familiar e presumivelmente seguro evoca o vínculo; objetos novos (e possivelmente perigosos), entretanto, tornam-se temidos.

A estampagem geralmente tem notáveis implicações futuras; ela pode ajudar a modelar as futuras preferências do animal por amigos e parceiros sexuais. Por exemplo, quando perus são criados desde o nascimento por seres humanos, eles freqüentemente escolhem "cortejar" pessoas em vez de perus ao atingir a maturidade sexual. Experiências posteriores às vezes podem desfazer os efeitos das iniciais (Hoffman & DePaulo, 1977): por exemplo, pombas que desenvolveram estampagem com seres humanos formam vínculos sociais e sexuais com outros pássaros após experiências de "adolescência" com a própria espécie (Klinghammer, 1967).

Formação de Vínculo entre Macacos

Os filhotes de macaco passam por um período de estampagem no início do desenvolvimento. No fim da década de 1950, o falecido psicólogo Harry Harlow começou a investigar a base dos vínculos pais-filho em macacos. Na época, muitos cientistas sociais acreditavam que os vínculos humanos de pais-filhote tinham por base a satisfação de uma necessidade. Os psicólogos raciocinavam que, como os pais geralmente respondem às necessidades de alimento, água, calor, roupa seca etc. do bebê, os próprios pais são associados a eventos agradáveis.

Harlow tinha uma visão diferente. Ele havia ficado impressionado com os profundos vínculos que macacos da Índia (reso) formavam com fraldas quando eram criados sem as mães. Estas observações informais sugeriram uma série clássica de experimentos. Durante essas investigações, Harlow e seus colegas examinaram a importância do contato físico, da alimentação e de outras atividades para a formação de vínculos entre bebês e mães. Eis o relato de um estudo inicial de Harlow (1959):

Construímos duas macacas-mães substitutas. Uma delas é uma peça cilíndrica de arame trançado com cabeça de madeira apresentando rosto tosco e frio. Na outra, o cilindro é acolchoado de pano felpudo. Colocamos oito macacos recém-nascidos em gaiolas individuais com igual acesso à mãe de pano e de arame [...].

Quatro dos filhotes recebiam leite de uma mãe e quatro de outra. Em ambos os casos, o leite era fornecido por uma mamadeira cujo bico saía do "seio" da mãe.

As duas mães logo provaram ser fisiologicamente equivalentes. Os macacos dos dois grupos mamavam a mesma quantidade de leite e ganhavam peso à mesma taxa. Mas as duas mães provaram não ser absolutamente equivalentes em termos psicológicos. Registros feitos automaticamente demonstraram que ambos os grupos de filhotes passavam muito mais tempo subindo e pendurando-se nas mães acolchoadas do que nas mães de arame. [Veja a Figura 10.11.]

As descobertas de Harlow deixaram evidente que o contato físico (e o imediato conforto por ele proporcionado) é mais importante do que a alimentação na formação de vínculo do filhote de macaco com a mãe. Estudos posteriores estabeleceram que a amamentação, o movimento e o calor (temperatura) também influem na formação dos laços sociais do macaco.

O trabalho de Harlow transmitiu outra mensagem importante sobre o desenvolvimento social que logo tornou-se óbvia. Os bebês de macaco haviam sido privados da mãe real durante um período sensível (3 a 6 meses de idade) de formação de vínculos entre filhote e mãe. Embora os animais parecessem bastante normais para Harlow na época do estudo, eles logo começaram a se comportar de forma muito estranha. Quando atingiram a adolescência e a fase adulta, ficou patente que o isolamento havia produzido anormalidades sociais e sexuais generalizadas. Os macacos andavam em círculos e balançavam-se para a frente e para trás compulsivamente.

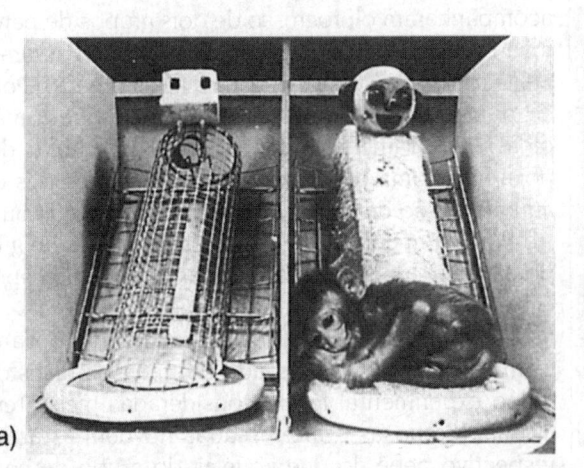

FIGURA 10.11 (a) As mães de arame e de pano felpudo usadas no experimento de Harlow. Um filhote amedrontado aconchega-se na mãe acolchoada. (b) Os filhotes amamentados pelas mães de arame não as procuravam para se confortarem quando ameaçados por objetos amedrontadores como o "piolho" mostrado à direita, embora elas fossem as únicas mães disponíveis. (Harry Harlow Primate Laboratory/Universidade de Wisconsin.)

Demonstravam pouco interesse em outros macacos ou em seres humanos. Quando deixados por conta própria, eram extremamente inaptos para cruzar. As fêmeas que ficaram prenhes tornaram-se "mães desamparadas, desanimadas e frias, desprovidas quase completamente de quaisquer sentimentos maternos" (Harlow, 1976, p. 33). Como mães órfãs de mãe, elas ou ignoravam ou maltratavam os próprios filhos (Harlow & Mears, 1979; Suomi & Harlow, 1972).

Os pesquisadores descobriram anormalidades no cérebro desses macacos criados isolados (Heath, 1972; Prescott, 1979). A pesquisa de Stephen Suomi e outros (1976, 1985) sugere que a privação do contato físico é especialmente crucial. Quando os animais podem ver, ouvir e cheirar um ao outro, mas não podem se aninhar ou tocar, eles se mostram muito perturbados e exibem uma série de comportamentos sociais e sexuais anormais.

Macacos isolados na infância podem ter suas disfunções remediadas por interações intensivas, durante um longo período, com filhotes fêmeas que sejam carinhosas e amistosas (Suomi & Harlow, 1972). Um outro treinamento em habilidades sociais também ajuda (Novak, 1979). Depois dessa terapia, os macacos anteriormente isolados ficam indistinguíveis dos selvagens em termos parentais e sociais (Suomi, 1985). Todavia, a bioquímica deles permanece diferente e eles exibem um potencial para explosões de violência não demonstrado pelos animais criados em sociedade (McKinney et al., 1985).

Para os nossos ancestrais mais próximos, os chimpanzés, os custos do isolamento social e sensorial no início da vida são muito maiores do que para outras espécies de macaco. Chimpanzés que foram isolados da companhia de outros de sua espécie demonstram menos capacidade de recuperação em futuras habilidades cognitivas, parentais e sexuais. Ao que parece, os animais mais complexos dependem mais significativamente das experiências do início da vida (Rumbaugh, 1980).

Formação de Vínculo entre Seres Humanos

Da mesma forma que os filhotes de macaco passam por um período de estampagem em seu primeiro ano de vida, o mesmo ocorre com os seres humanos. Ao mesmo tempo, os pais humanos parecem vincular-se gradativamente aos filhos. O processo é recíproco. Ambas as partes atuam na modelagem do relacionamento emergente.

Vínculos Parentais

Quando a gravidez é desejada, muitos pais começam a se sentir ligados aos filhos muito antes de eles nascerem, mas geralmente leva tempo para que vínculos sólidos desenvolvam-se. Esta idéia é respaldada pela pesquisa de Kenneth Robson e Howard Moss (1970), os quais entrevistaram mães que haviam dado à luz recentemente para rastrear seus sentimentos emergentes pelos filhos. Cerca de 40% da amostra relatou sentimentos nulos, neutros ou negativos. Somente 13% rotulou o que sentiam de "amor". Estudos mais recentes sugerem que muitos pais contemporâneos de primeira viagem, embora relutantes em admitir sentimentos menores que o de arrebatamento, exibem semelhança nos sentimentos de relativo entusiasmo (Entwistle & Doering, 1981; Reading et al., 1984). Robson e Moss descobriram que levava quase três semanas após o nascimento dos filhos para que a maioria das mães relatasse estar sentindo amor por seu bebê.

Em animais como camundongos e cabras, a separação de mães e filhos no nascimento tem conseqüências desastrosas, como diminuição de cuidados e até mesmo total abandono (Scott, 1968). Os pediatras Marshall Klaus e John Kennell (1976; Kennell et al., 1979) e colaboradores estiveram dentre os primeiros a observar os efeitos do contato imediato entre pais e recém-nascidos humanos. Em um dos estudos, os investigadores acompanharam o progresso de dois grupos de pares mãe-bebê. Os pares do grupo de controle passaram pelas rotinas hospitalares usuais após o parto. Pouco depois do nascimento, permitiu-se que a mãe olhasse rapidamente o bebê. Seis a doze horas depois, havia uma breve visita, seguida de sessões de amamentação de meia hora de duração a cada quatro horas. Em contraste, as mães e os bebês do grupo experimental interagiam por uma hora logo após o parto e, depois, por várias horas ao dia.

As conseqüências do contato imediato pareciam ser duradouras. Passado um mês, as mães do grupo experimental foram consideradas mais atenciosas, afetuosas e interessadas no bem-estar do respectivo bebê do que aquelas do grupo de controle. Dois anos depois, as mães do grupo experimental faziam mais perguntas aos filhos e lhes davam menos ordens do que as outras mães. Outro estudo que selecionou ao acaso mães de baixa renda para o sistema de alojamento conjunto após o parto ou para a convivência mais intensa no período inicial de amamentação, revelou uma descoberta mais impressionante ainda. O sistema de alojamento conjunto foi associado a uma freqüência menor de casos posteriores de maus-tratos, negligência e abandono de filhos ao longo de um período de cinco anos (O'Connor *et al.*, 1980).

Por que haveria um período sensível de contato pai/mãe-bebê imediatamente após o parto? Os seres humanos permanecem imaturos, desamparados e, portanto, dependentes dos adultos que os rodeiam por mais tempo que qualquer outro animal. O vínculo parental precoce assegura maiores atenção e proteção desde o início. Uma vez estabelecido um vínculo fundamental, os pais tendem a conversar, acariciar e embalar com maior freqüência os bebês. Esta estimulação social responsiva aumenta o contato visual, o balbucio e os sorrisos, estabelecendo uma vinculação mais estreita entre pais e filhos (Yarrow *et al.*, 1975).

A importância do contato imediato pais-bebê não foi estabelecida de forma definitiva. De modo geral, as descobertas são confusas e de interpretação difícil (deChateau, 1980; Hales *et al.*, 1977; Lamb & Hwang, 1982; O'Connor *et al.*, 1982; Paskovitz, 1985; Sluckin *et al.*, 1983b). Muitos acreditam que o contato imediato não seja fundamentalmente importante para a vinculação. Com ou sem ele, a maioria das mães relata sentir-se fortemente ligada ao bebê em torno de seu terceiro mês de vida (Robson & Moss, 1970).

O Progresso Social do Bebê

O ser humano é social desde o nascimento. Conforme comentamos, os recém-nascidos parecem já nascer com uma preferência pela voz da mãe (DeCasper & Prescott, 1984). Dissemos também que eles são especialmente responsivos a rostos humanos. Aos 6 dias de idade, o recém-nascido já detecta e prefere o cheiro da própria mãe ao cheiro de outra mãe (MacFarlane, 1985). Da perspectiva do bebê, um relacionamento rudimentar com os pais provavelmente já existe na quarta ou sexta semana de idade. Nessa época, o bebê faz contato visual, sorri e balbucia mais acentuadamente na presença do principal provedor. Estas manifestações precoces de afeto geralmente encantam os pais, estreitando o relacionamento.

Os sinais de sensibilidade e vinculação social tornam-se mais nítidos com o passar das semanas. Com apenas 3 meses de idade, o bebê reconhece a expressão facial típica da mãe e fica perturbado quando a mãe mostra-se deprimida (Cohn & Tronick, 1983). Aos 6 ou 7 meses de idade (às vezes mais tarde), o vínculo entre pais e filho é inconfundível (Schaffer & Emerson, 1964a, 1964b). Os bebês sorriem freqüentemente para o(a) principal provedor(a) e tentam mantê-lo(a) ao alcance da visão e da audição. Se essa pessoa vai embora, o bebê mostra-se perturbado e tenta localizá-la com os olhos e ouvidos. A volta dessa pessoa encanta a criança.

Em algum momento próximo ao sexto ou sétimo mês de vida, o bebê amplia seu vínculo inicial para outros membros da família e amigos (tipicamente para o pai e os irmãos). É também nessa época que muitos bebês exibem muito medo de estranhos. Embora tenha havido uma época em que os psicólogos consideravam esse medo universal, hoje eles acreditam que as atitudes com relação a estranhos dependem das experiências passadas do bebê com outras pessoas (Decarie, 1974; Feiring *et al.*, 1984).

Influências sobre Vínculos Seguros

Quais eventos ligam os bebês aos pais? Pesquisas sugerem que os bebês desenvolvem fortes vínculos quando os pais interagem freqüentemente com eles (Ainsworth & Witting, 1969; Schaffer & Emerson, 1964a, 1964b). O contato físico continuado (tato) parece ser particularmente importante para os bebês, do mesmo modo que o é para macacos e chimpanzés.

A sensibilidade parental tanto às necessidades especiais como ao ritmo dessas necessidades é outra poderosa influência sobre a formação de vínculo entre pais e bebês (Ainsworth, 1982; Ainsworth *et al.*, 1978; Bell, 1985; Grossman & Grossman, 1985; Lamb, 1979; Schaffer, 1979; Sroufe, 1985). O que queremos dizer com necessidades e ritmo dessas necessidades? Quando o bebê chora, vocaliza e sorri, ele está revelando suas necessidades: a urgência com que deseja comer, a quantidade suficiente de alimento ou se a fralda molhada está incomodando. Os ritmos internos ("tempos") do bebê determinam a intensidade e o momento desejados de contato social e a duração e as pausas na amamentação.

Daniel Stern (1974) estudou os ritmos sociais que permeiam as primeiras interações face a face filmando "diálogos" entre as mães e os respectivos bebês de 3 meses de idade. Segundo lhe pareceu, cada parceiro fazia contínuos ajustes para manter a estimulação agradável. As mães eram as participantes mais ativas; elas atraíam a atenção acentuando a fala ou exagerando as expressões faciais. Os bebês regulavam a estimulação virando o rosto. Após esses sinais, as mães sensíveis reduziam a estimulação.

Anos de pesquisas realizadas por Mary Salter Ainsworth, seus colegas (1978, 1982) e outros (Egeland & Farber, 1984; Stroufe, 1985) associaram *vínculos seguros* a reações parentais sensíveis. Por "vínculos seguros", Ainsworth denota um padrão social específico. Bebês "seguramente vinculados", quando introduzidos em ambientes novos e estranhos, passam a explorá-lo, contanto que o pai ou a mãe esteja presente. Quando o adulto sai, o bebê fica perturbado e interrompe a exploração. Assim que o adulto retorna, o bebê restabelece o contato e recomeça suas investigações. Um bebê pode ter um vínculo seguro com um dos pais e não com o outro (Main & Weston, 1981). Acredita-se que a sensibilidade parental seja incrementada pelo contato precoce, por laços de afeto para com os pais, por um casamento feliz e pelo apoio social (Durrett et al., 1984; Easterbrooks & Goldberg, 1984; Heinicke, 1984; Ricks, 1985). É importante que os pais tenham experiências e sentimentos integrados pelos próprios relacionamentos familiares iniciais (Main et al., 1985; Ricks, 1985). Se esses vínculos foram desagradáveis, isso constitui um fato que precisa ser aceito; depois, um novo modelo de relacionamentos saudáveis com os próprios filhos deve ser desenvolvido.

Os "vínculos seguros" podem também depender em parte das características da criança (Bretherton, 1985; Miyake et al., 1985). Bebês que têm dificuldade de se adaptar a novas experiências ou que choram muito são difíceis de lidar desde muito cedo. Alguns estudos sugerem que tais crianças são menos propensas a formar vínculos seguros.

Qual é o efeito da separação breve de pais e bebê? Suas conseqüências parecem depender de diversas condições, incluindo a natureza do relacionamento do bebê com o pai ou a mãe, sua idade no momento da separação, a razão da separação e o ambiente em que a criança é deixada (Cairns, 1979; Tizard, 1979). O fato de a mãe trabalhar fora não foi associado a relacionamentos menos intensos ou a menor capacidade de lidar com problemas (Easterbrooks & Goldberg, 1985). As escolinhas maternais e o nascimento prematuro, que também estão envolvidos na separação de pais e filhos, serão discutidos adiante (veja o Quadro 10.3).

Conseqüências dos Vínculos

Os vínculos sociais têm conseqüências gigantescas na competência intelectual e social. A formação de fortes vínculos entre pais e filhos aumenta a probabilidade de os bebês receberem bastante estimulação sensorial. Anteriormente neste capítulo e nos Capítulos 6 e 7, vimos que deixar o bebê desprovido da mãe ou de outra pessoa provedora resulta em privação sensorial e em retardamento intelectual e motor. Lares afetuosos que estimulam os sentidos e o intelecto do bebê geram crianças mentalmente competentes e orientadas para a proficiência (Olson, 1984; Siegel, 1984; Sroufe, 1985; Yarrow et al., 1984).

Uma demonstração clássica da ligação entre a estimulação social e o intelecto proveio de Burton White (1972). Ele e seus colaboradores estudaram 39 lares buscando identificar características parentais associadas à competência mental de crianças de 10 a 18 meses de idade e mais velhas. Eles definiram "competência" como a capacidade de prever conseqüências, planejar e executar projetos complexos, entender a linguagem e lidar habilmente com problemas. O grupo de White descobriu que as mães mais eficientes eram *designers* e consultoras atipicamente talentosas. O aspecto em que elas mais se sobressaíam era em estabelecer um mundo apropriado para a satisfação da curiosidade da criança. Era um mundo cheio de coisas a mexer, subir e inspecionar. As mães-modelo interagiam com os filhos esporadicamente por períodos de dez a trinta segundos durante o dia inteiro. A criança geralmente iniciava a conversação ao encontrar algo diferente ou curioso. A mãe-modelo respondia, auxiliando, compartilhando do entusiasmo ou de uma idéia relacionada, e estimulava o crescimento mental. Mães de crianças menos competentes eram superprotetoras, restringindo as oportunidades de exploração pelo uso intenso de cadeirões e cercados. Além disso, elas se mostravam menos disponíveis para conversas e estimulação sensorial.

Os vínculos sociais afetam também o comportamento social. Quando as crianças não formam vínculo algum, como ocorre nos orfanatos, observam-se dois problemas sociais: pouco interesse ou capacidade de formar vínculos sociais significativos e o padrão inverso, uma necessidade aparentemente insaciável de atenção e afeto (Casler, 1967; Goldfarb, 1949; Spitz, 1945; Yarrow, 1964). Quando adolescentes, muitas crianças criadas em orfanatos ou outras instituições continuam a exibir deficiências sociais, tipicamente na forma de agressividade e conduta anti-social.

É importante observar que a maioria dos estudos de órfãos tem sérias falhas. Por exemplo, geralmente não se tem certeza sobre se essas crianças nasceram mental e fisicamente saudáveis. Além disso, não se pode separar os efeitos da privação social daqueles da privação sensorial. Não obstante, uma vez que todas as investigações apontam em uma mesma direção, poucos psicólogos questionam os efeitos devastadores da privação social grave e continuada.

Instituições áridas são situações extremas. O que dizer do lar comum? Mesmo aqui encontramos elos entre qualidade de vínculo social e posterior competência social (Erickson et al., 1985; LaFreniere & Sroufe, 1985; Main et al., 1979; Martin, 1981; Vaughn et al., 1985). Crianças que demonstram o padrão de "vínculo seguro" durante seu primeiro ano de vida em geral exibem habilidades sociais durante toda a infância. Na escola maternal, por exemplo, a criança dotada de "vínculo seguro" é mais propensa do que as outras a ser simpática e socialmente ativa e a interagir livremente com os colegas.

Por que a sensibilidade parental estimula a competência social nas crianças? Em primeiro lugar, a sensibilidade parental ensina aos bebês que o mundo costuma ser previsível e que eles têm um impacto sobre ele. Quando as pessoas sentem que aquilo que fazem tem efeitos subseqüentes, elas se comportam com maior maturidade. Segundo, a responsividade parental transmite à criança a noção de que ela pode lidar habilmente com novas experiências, especialmente na presença do pai ou da mãe. Gradativamente, a confiança nos adultos parece traduzir-se em autoconfiança. Pessoas autoconfiantes persistem diante de frustrações e exibem uma orientação para a solução de problemas, qualidades que tendem a beneficiar suas interações sociais.

Relacionamentos Posteriores entre Pais e Filhos

Os relacionamentos posteriores entre pais e filhos provavelmente são tão importantes quanto os iniciais (Brim & Kagan, 1980; Clarke & Clarke, 1976; Thomas & Chess, 1982). Os psicólogos têm se concentrado em relacionamentos melhorados e particularmente na questão sobre se esses relacionamentos podem compensar privações iniciais. Vimos que crianças expostas a variados tipos de privação beneficiam-se intelectualmente da criação em lares afetuosos e estimulantes. Os efeitos sociais da privação inicial podem ser revertidos? O estudo de Skeels (veja a p. 422) sugere que sim. Outros dados indicam que bebês negligenciados e malcuidados podem vir a formar "vínculos seguros" se os bebês forem fortes, se houver um membro da família ou um amigo que dê apoio e se os estresses diminuírem (Egeland & Sroufe, 1981). Por ora, não se sabe ao certo se relacionamentos iniciais positivos são essenciais para o desenvolvimento de capacidades sociais maduras.

Os Papéis do Pai

Muitos psicólogos acreditam que as necessidades dos bebês podem ser supridas igualmente pelo pai ou pela mãe. Muitos acham também que os bebês podem se vincular tão prontamente ao pai (ou a outra pessoa querida) quanto à mãe. Não obstante, na maioria das culturas, a mãe assume o papel de provedora dos cuidados e necessidades. Nos Estados Unidos, as estatísticas sobre o sexo da pessoa que cria a criança indicam ligeiras mudanças. Emancipados das preocupações tradicionais pelo movimento de liberação feminina e outros movimentos relacionados, alguns homens estão optando pelo papel de responsável pela criação do filho. Outros o estão assumindo de forma temporária ou permanente quando a mulher sai de casa para trabalhar ou para morar sozinha. (Veja a Figura 10.12.)

Embora relativamente poucos homens optem por ser o principal responsável pela criação do filho, muitos deles participam da criação. Em um estudo de casais de classe média, o pai médio assumia 20% da responsabilidade pelas tarefas de criação do filho (por exemplo, ficando em casa quando o filho estava doente ou supervisionando as rotinas matutinas) (Barnett, 1983). Embora mais ou menos um terço dos homens passasse menos de duas horas por semana interagindo com os filhos, o outro um

FIGURA 10.12 Muitos pais americanos parecem ansiosos por se envolver mais na criação dos filhos (Cath *et al*., 1982). A maioria das mães, porém, parece preferir o *status quo* — presumivelmente protegendo um território que, por tradição, é delas. O melhor indicador do envolvimento paterno é a atitude da mulher com relação ao grau de envolvimento que o homem deve ter (Barnett, 1983). Quando o pai é altamente participante, o filho demonstra auto-estima e crescimento cognitivo maiores (Lamb, 1981). Aparentemente, as crianças beneficiam-se muito do envolvimento de ambos os pais. (Copyright © Alex Webb/Magnum.)

terço passava mais de sete horas. Os homens envolviam-se mais estreitamente com os filhos e filhas sob diversas condições: quando os próprios pais passaram pouco tempo com eles (e, portanto, talvez por conhecerem a dor de ter um pai desinteressado); quando a esposa estimulava a participação na criação dos filhos; quando a esposa trabalhava fora de casa e ausentava-se por muitas horas ou em horários incomuns; e quando os filhos eram pequenos. A participação ativa no processo do parto indica o futuro envolvimento do pai na criação do filho (Manion, 1977). Todavia, é provável que o envolvimento inicial simplesmente reflita um alto nível de interesse na paternidade, o qual persiste (Grossman & Volkmer, 1984; Palkovitz, 1985).

Os pais afetam os filhos direta e indiretamente. Há anos os psicólogos descobriram que os pais afetam os bebês de forma sutil (Grossman *et al.*, 1980). Quando os homens são participantes e solidários, por exemplo, as mulheres adaptam-se bem à gravidez (Pedersen *et al*., 1979a). E a felicidade conjugal está ligada a mais interações agradáveis com os filhos. Na década de 1980, os psicólogos começaram a examinar o impacto direto do pai sobre o filho (Lamb, 1981; Parke, 1981). Os homens podem ser tão dedicados e provedores quanto as mulheres. Quando seguram bebês, os homens tendem a tocar, olhar, vocalizar e beijar intensamente. O mais surpreendente talvez seja a descoberta de que os homens tendem a ser tão sensíveis quanto as mulheres aos sinais emitidos pelo bebê. Quando os filhos crescem, os pais costumam adotar um papel diferente, o de companheiro-chefe das brincadeiras (Bronstein, 1984; Parke, 1981). Ao brincar com os filhos pequenos, os homens tendem a fazer muitos contatos físicos. As mulheres tendem mais a conversar. Os homens tendem também a ser mais controladores e a ditar mais ordens do que as mulheres nas interações com os filhos (Bright & Stockdale, 1984).

Os pais dão importante contribuição para as habilidades sociais emergentes do filho. Quando os pais envolvem-se ativamente e são sensíveis para com os filhos, estes exibem mais habilidades sociais, maior capacitação para resolução de problemas e menos medo diante de estranhos e de situações novas (Easterbrooks & Goldberg, 1984; Pedersen *et al.*, 1979). Os meninos ficam especialmente propensos a sofrer com a ausência do pai. Em crianças maiores, a presença do pai parece promover o motivo de realização (desejo de proficiência, perseverança, disposição para suportar resultados negativos), especialmente nos meninos (Fry & Scher, 1984). Os homens são também figuras centrais no desenvolvimento sexual dos filhos; o envolvimento paterno na educação está ligado a atitudes mais saudáveis com relação à sexualidade (Bennett, 1984). E os pais desempenham papel significativo no desenvolvimento do papel sexual dos filhos; em grau maior do que as mães, os pais estereotipam os filhos e as filhas e os tratam de forma convencional, modelando-os à identidade masculina ou feminina (Parke, 1981). (O valor desta contribuição é questionável; veja o Capítulo 15.)

Os pais desempenham papel central no desenvolvimento intelectual inicial dos filhos (Bronstein, 1984; Clarke-Stewart, 1977). No que se refere a alocar tempo para atividades cognitivas, os pais tendem a favorecer os meninos. No caso de filhos homens ainda pequenos, as brincadeiras físicas parecem ser particularmente determinantes. Mais brincadeiras entre pai e filho estão ligadas a maior desenvolvimento mental. No caso das filhas, a conversa é especialmente importante. Quanto mais pais e filhas conversam, tanto mais altos são os resultados das meninas em testes intelectuais. Análises indicam que a cadeia de influência familiar é um círculo virtuoso. Ao conversar e brincar com os filhos, as mães estimulam um comportamento competente. Os pais reagem ao filho ou à filha sagaz com conversas e brincadeiras, aguçando ainda mais o intelecto deles. (■)

Amizades

Se, por um lado, a família estimula o desenvolvimento da competência social e intelectual, por outro, os amigos exercem seu maior impacto na esfera social. Conforme a criança cresce, os amigos tornam-se mais e mais influentes. Essa influência atin-

---

■ **Quadro 10.3**

AS DIFICULDADES DO BEBÊ PREMATURO

Para que seja considerado *prematuro*, o bebê deve nascer com menos de 37 semanas de gestação e pesar menos de 2,5 quilos.* Nos Estados Unidos, 7% a 8% dos bebês nascidos vivos são prematuros (Goldberg & DiVitto, 1983). Bebês prematuros têm alto risco de apresentar problemas comportamentais, cognitivos e de saúde durante os primeiros anos de vida (Goldberg & DiVitto, 1983; D. L. Holmes et al., 1984). Os pais são mais propensos a maltratar, negligenciar e abandonar bebês prematuros do que bebês nascidos no tempo usual (Lewis & Kreitzberg, 1979).

Embora algumas das dificuldades dos prematuros possam resultar de complicações médicas, também forças mais sutis estão operando. Bebês prematuros tendem a ser considerados, estereotipadamente, menos espertos, menos atentos, mais quietos e mais lentos do que os bebês cuja gestação foi completa, independentemente de seu comportamento efetivo (Stern & Hildebrandt, 1984). Pais que esperam tal comportamento podem tratar o bebê prematuro de variadas formas que estimulem essas qualidades negativas.

A falta de estimulação é outra possível fonte de problemas para o prematuro. Ao nascer, os prematuros perdem semanas de estimulação dentro do útero. Para piorar a situação, eles são postos em incubadoras. Embora o isolamento na incubadora preste-se a finalidades médicas úteis (controlar a temperatura, a umidade e o oxigênio e prevenir infecções), também priva a criança de estimulação. E o isolamento não pára na incubadora. Quando o bebê vai para casa, os pais podem se sentir relutantes em interagir com o bebê "frágil".

A pesquisa conduzida pelas psicólogas Sandra Scarr-Salapatek e Margaret Williams (1973) dá respaldo à idéia de que a estimulação insuficiente é a causa de alguns dos futuros problemas do prematuro. Essas psicólogas estudaram 30 prematuros de origem pobre, nascidos com pesos de 1,4 a 1,8 quilo. Alguns bebês receberam tratamento-padrão de incubadora. Os bebês do grupo experimental eram retirados das incubadoras para alimentação, carinho, colo e conversas. Enquanto permaneciam nas incubadoras, recebiam estimulação visual extra de objetos como móbiles de pássaros. Assistentes sociais visitaram as famílias do grupo experimental até o primeiro aniversário dos bebês, fornecendo brinquedos estimulantes e sugestões de cuidados para com as crianças. Embora no princípio estivessem ligeiramente atrasados em relação ao grupo de controle, composto de prematuros criados da forma tradicional, os bebês que passaram pelo programa de estimulação logo se puseram à frente. Eles ganharam mais peso e tiveram pontuações mais altas nos testes comportamentais e neurológicos. Com 1 ano de idade, eles atingiram níveis quase normais de desenvolvimento, superando o desempenho de todos os grupos comparáveis até então testados pelo hospital. Resultados igualmente promissores foram obtidos por uma variedade de programas que enfatizam o acréscimo de estimulação sensorial (Beckwith & Cohen, 1984; D. L. Holmes et al., 1984).

Os prematuros enfrentam outro grande obstáculo, este de natureza principalmente social. Estudos de observação conduzidos por Susan Goldberg e Barbara DiVitto (1983) e outros (Lester et al., 1985; D. L. Holmes et al., 1984) sugerem que as interações entre pais e prematuros geralmente estão em descompasso. Logo no início da lactância, os pais de prematuros tocam, acariciam e conversam relativamente pouco com eles. Infelizmente, é justamente nessa época que a estimulação intensa parece ser importante. Os investigadores acham que, quanto mais socialmente responsivos forem os pais para com seus filhos prematuros durante seu primeiro mês de vida e dali para a frente, tanto mais propensos estarão esses bebês a exibir comportamento competente aos 2 anos de idade (Cohen & Beckwith, 1979). Próximo do fim do primeiro ano de vida, a conduta de pais e prematuros ainda tende a estar descompassada. Nessa época, os pais de prematuros tendem a despender esforço e tempo excessivos em interações com os bebês. Presumivelmente, os pais estão tentando compensar o que supostamente falta ao prematuro, isto é, uma criança propensa a ser menos atenta e responsiva do que o normal. Observações cuidadosas (Field, 1980) sugerem que o bebê sente-se contrariado com esses esforços intensos dos pais.

* N.T.: Segundo o *Dicionário Médico Stedman*, "o peso ao nascimento não é mais considerado um critério essencial para o uso desta designação".

Quadro 10.3 (continuação)

O que está errado? Na situação de parto prematuro, pais e bebês costumam estar despreparados (Brown & Bakeman, 1980). Os prematuros, por seu lado, em geral não mostram vivacidade, reagindo pouco a imagens e sons que os rodeiam. Freqüentemente eles deixam de usar o choro para avisar os pais de que estão com algum problema. E quando eles chegam a se queixar, os pais tendem a achar o choro particularmente urgente e irritante, sendo difícil consolar o bebê. Os prematuros geralmente são mais irritáveis e ativos e menos afetuosos, balbuciam menos e olham menos para o rosto dos pais.

Os pais de prematuros, por sua vez, estão relativamente despreparados para o nascimento do filho, que em geral é inesperado. Nos primeiros dias após o parto, a hospitalização prolongada significa menos oportunidades de relacionamento entre pai/mãe e bebê. Mesmo quando os pais são chamados a entrar na UTI para segurar os bebês, eles têm menos oportunidades de praticar e desenvolver comportamento parental e de experimentar os sentimentos de competência que acompanham o sucesso e que ajudam a construir o vínculo entre pais e filhos.

Os psicólogos envolvem-se em programas que visam remediar as deficiências sensoriais e sociais do prematuro e estabelecer um relacionamento harmonioso desde cedo. (Veja a Figura 10.3.)

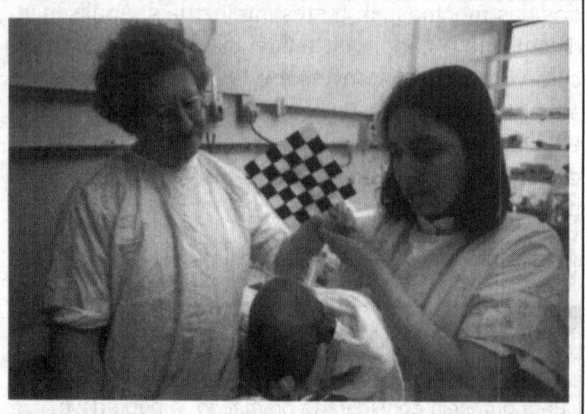

FIGURA 10.13 Nas décadas de 1940 e 1950, a política das alas hospitalares para bebês prematuros não permitia que as crianças fossem tocadas e pegas no colo. Hoje, entende-se que a estimulação sensorial e social é importante para o desenvolvimento. Em alguns hospitais, os prematuros recebem treinamento sistemático, conforme mostrado na foto. Tipicamente, os bebês são tocados, pegos no colo, embalados e acariciados para estimular seus sentidos e acostumá-los a estar com pessoas (Field, 1985; Korner, 1985). Os exercícios estimulam o bebê a reagir a informações visuais e sonoras. Tais projetos tornam o bebê mais alerta e responsivo, enriquecendo os primeiros relacionamentos e aumentando as oportunidades de dar e receber afeto e atenção. (Copyright © Joe McNally/Wheeler Pictures.)

ge o pico durante os anos de adolescência (Berndt, 1979), período que examinaremos no próximo capítulo.

O que as crianças aprendem com outras crianças

Enquanto brincam com as outras, as crianças aperfeiçoam as habilidades e os papéis sociais que serão necessários no futuro. Vemos paralelos adultos com brincadeiras como cuidar da boneca, competir para chegar em primeiro lugar, superar um desafio como, por exemplo, a construção de um aeromodelo, limpar a casa construída no alto da árvore e brigar. Os irmãos mais velhos costumam servir de modelo para os mais novos (Dunn & Kendrick, 1982).

Provavelmente as interações com amigos ensinam também lições mais sutis (Sullivan, 1953). Por meio delas, aprendemos a ser sensíveis às necessidades dos outros. Ao mesmo tempo, os relacionamentos com amigos ajudam a perceber as próprias forças e fraquezas. Os pais de Jonas podem ficar encantados com tudo o que ele faz: rabiscar, brincar de cavalinho e fazer castelinhos de areia. Ao brincar com outras crianças que podem fazer muitas das mesmas coisas, ele pode avaliar as próprias habilidades com mais exatidão.

As vantagens de brincar em conjunto provavelmente são as responsáveis pela descoberta de que a escolinha maternal favorece o desenvolvimento social (Clarke-Stewart, 1985; com Fein, 1983; McCartney, 1985; Roopnarine, 1985; Rutter, 1982; Scarr, 1984). Depois das experiências em escolinhas maternais, as crianças tendem a explorar o ambiente que as cerca com relativa ousadia e brincar com os amigos com relativa freqüência. Além disso, a estimulação extra oferecida por escolinhas dotadas de programas de excepcional qualidade pode acelerar o desenvolvimento mental de forma duradoura (veja o Capítulo 7). O medo de que a escolinha possa interferir na formação de vínculos com os pais não encontrou respaldo até o momento (Ragozin, 1980; Rutter, 1982).

É importante ter em mente que as habilidades sociais da criança são influenciadas também pela família. Mencionamos anteriormente que as crianças dotadas de vínculos seguros tendem a ser hábeis no estabelecimento de relacionamentos. Crises e separações conjugais parecem ocasionar medo de sofrer, retraimento emocional e comportamento de forma menos amadurecida (Hetherington *et al.*, 1979c). Crianças socialmente bem-sucedidas tendem a ter mães que se comunicam intensamente e que escutam os filhos sem ficar superagressivas ou superprotetoras (H. Montagner, citado em Pines, 1984).

Estágios de intercâmbio social Os intercâmbios sociais começam, em nível primitivo, na tenra idade (crianças de 1 a 3 anos de idade, mais ou menos) e progridem ao longo dos estágios (Vandell & Mueller, 1980). Primeiro vem o *estágio orientado para objetos*. De início, os brinquedos atraem as crianças para um foco comum (Eckerman & Stein, 1982). Embora as crianças pequenas brinquem umas com as outras, elas parecem estar muito mais interessadas nos objetos do que umas nas outras. Todavia, elas podem coordenar o comportamento pelo menos até certo ponto para que cada uma possa brincar com o objeto. Por exemplo, crianças que ainda não andam sozinhas podem brincar juntas segurando-se, uma de cada lado, em um carrinho de brinquedo (Rubin, 1980). (Veja também a Figura 10.14.)

FIGURA 10.14 Os primeiros intercâmbios sociais geralmente são centrados em objetos. Nesse estágio, o objeto de brincadeira atrai a criança. Ela coordena suas atividades com as outras crianças até certo ponto, porém demonstra maior interesse pelo objeto do que pelos parceiros de brincadeira. (Eric A. Roth/The Picture Cube.)

O segundo é o *estágio de interações simples*. As crianças relacionam-se de forma primitiva por períodos curtos. Por vezes elas tentam controlar uma à outra. Uma criança pode pedir um pedaço de doce à outra estendendo a mão ou emitindo algum som. Durante esse estágio, as crianças estão adquirindo sensibilidade às necessidades e aos sentimentos das pessoas que a cercam. Depois as crianças atingem um terceiro nível, o *estágio de interações complementares*, quando ocorrem intercâmbios complexos, geralmente envolve a linguagem. As crianças imitam umas às outras. Assumem papéis recíprocos nas brincadeiras (como de esconde-esconde — uma se esconde e as outras procuram). Embora os tapas, as mordidas e outras respostas agressivas tornem-se prováveis, as amizades são possíveis.

Conceitos de amizade Conforme as crianças pequenas estabelecem relacionamentos e desenvolvem habilidades sociais, elas adquirem idéias sobre o que significa a amizade. O trabalho de Robert Selman e seus colaboradores (1981; com Jaquette, 1978) sugere que as idéias da criança sobre amizade passam por duas fases. Crianças pequenas (de 3 a 5 anos de idade em diante) percebem os companheiros principalmente como "parceiros físicos momentâneos". Como as atividades em comum tendem a ser importantes, as crianças são atraídas para outras crianças que se comportam de maneira semelhante, embora a personalidade delas possa ser muito diferente (Furman & Bierman, 1984).

Quando as crianças chegam aos 11 ou 12 anos de idade, elas vêm as amizades da mesma forma que os adultos: como relacionamentos entre pessoas com valores e atitudes semelhantes, relacionamentos esses que evoluem e proporcionam intimidade e compartilhamento mútuos. Há, porém, diferenças sexuais notáveis. Mesmo quando adultos, muitos homens não se sentem à vontade para revelar sentimentos pessoais, e suas amizades tendem a ser menos íntimas e emocionalmente menos envolventes (Hays, 1985; Smollar & Youniss, 1982).

DESENVOLVIMENTO MORAL

Em tenras idades, as crianças começam a aprender o que é certo e errado e o que significa ajudar e prejudicar (Hoffman, 1982; Radke-Yarrow & Zahn-Waxler, 1984). Crianças de 1 e 2 anos de idade demonstram sinais de culpa e preocupação (veja a Figura 10.15) e podem tentar ajudar pessoas que demonstram estar sofrendo. Sólidas diferenças na solidariedade e outros tipos de conduta moral surgem logo cedo e permanecem estáveis por longos períodos. Como o pensamento e o comportamento morais desenvolvem-se?

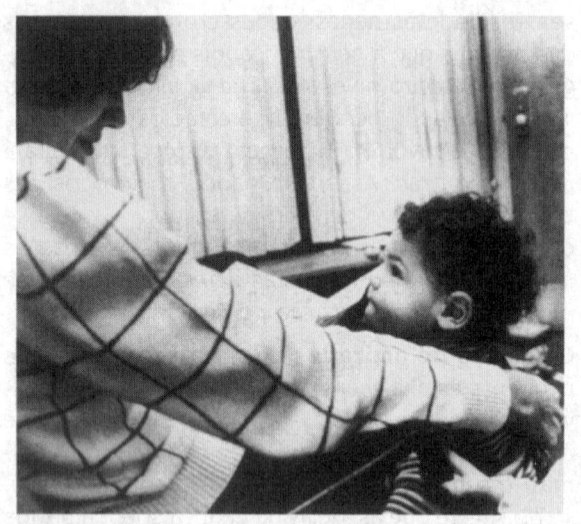

FIGURA 10.15 Menino de 1 ano de idade reagindo à dor da mãe por causa de uma notícia triste de jornal sobre um experimento no National Institute of Mental Health. O primeiro sinal de altruísmo é o incitamento emocional indicado por choro ou tristeza. Ao redor dos 18 meses há respostas mais ativas ao sofrimento, com tentativas de ajudar, compartilhar, proteger, defender, confortar, aconselhar ou até mesmo mediar brigas. Todavia, as crianças bem pequenas não são sistematicamente solidárias. Aos 2 anos de idade, a criança típica comporta-se de maneira altruísta durante mais ou menos um terço do tempo (Radke-Yarrow & Zahn-Waxler, 1984). (David Hathcox.)

Julgamento Moral e Conduta: A Teoria de Kohlberg

O psicólogo Lawrence Kohlberg (1969, 1973, 1981a, 1981b) é um investigador particularmente ativo do desenvolvimento moral. Kohlberg concentra-se no pensamento moral, uma vez que ele é a base do comportamento moral. Um mesmo ato pode ser moral ou imoral, alega Kohlberg, dependendo do raciocínio que está por trás dele. Você pode respeitar uma lei, por exemplo, por medo de uma multa ou por causa de um senso de certo e errado.

Para descobrir mais sobre o pensamento moral, Kohlberg reuniu pessoas (meninos na maioria) e lhes apresentou histórias e perguntas como as seguintes:

Joe, um menino de 14 anos, queria muito ir acampar. O pai lhe prometeu que o deixaria ir se ele próprio economizasse o dinheiro necessário. Então Joe trabalhou duro nas entregas de jornal e economizou os 40 dólares necessários para ir acampar, e ainda um pouco mais. Porém, um pouco antes do dia do acampamento, o pai mudou de idéia. Alguns de seus amigos decidiram fazer uma viagem especial para pescar e ele não tinha dinheiro suficiente para ir junto. Então ele disse a Joe que lhe desse o dinheiro que havia poupado com a entrega de jornal. Joe não queria deixar de ir para o acampamento, portanto pensou em se recusar a dar o dinheiro ao pai.

Joe deveria se recusar a dar o dinheiro ao pai? Por quê? O pai dele tem o direito de lhe pedir o dinheiro? Dar o dinheiro tem algo a ver com "ser um bom filho"? O que é pior: um pai quebrar uma promessa feita ao filho ou um filho quebrar uma promessa feita ao pai? Por quê? Por que uma promessa deve ser mantida?

Ao analisar as respostas dos participantes, Kohlberg concentrou-se nas razões e motivos que estavam por trás delas. Suas observações sugeriram que as pessoas passam consecutivamente pelos estágios descritos na Tabela 10.1. Crianças pequenas operam no *nível pré-moral*, comportando-se bem para evitar punições ou para obter recompensas. Crianças maiores e adultos geralmente raciocinam no *nível convencional*, tentando agradar aos outros ou cumprir obrigações sociais. Mais ou menos um em cada quatro adultos atinge o *nível de princípios*, atendo-se a princípios éticos universais ou a padrões de consciência.

E quanto ao comportamento moral? Uma revisão da enorme bibliografia sobre este tópico (Blasi, 1980) concluiu que as pessoas que raciocinam no terceiro nível de Kohlberg comportam-se moralmente na maior parte do tempo. Provavelmente vemos mais coerência nos indivíduos de princípios porque eles carregam em si as próprias punições e recompensas. Os atos das pessoas nos primeiros níveis de Kohlberg variam mais, dependendo muito daquilo que ganharão.

Muitos psicólogos concordam com as idéias de Kohlberg, embora as descobertas de pesquisas não estejam em sintonia (Colby et al., 1983; Cortese, 1984; Haan, 1978; Rosen, 1980; Snarey et al., 1985; Walker et al., 1984; Weinreich-Haste & Locke, 1983). A controvérsia cerca a idéia de que os estágios morais seguem sempre a mesma ordem: a idéia parece aplicar-se aos primeiros estágios, mas não aos posteriores. A universalidade da afirmação também é controversa; os estágios morais de Kohlberg podem aplicar-se melhor a homens intelectuais que vivem em uma sociedade tecnológica. A educação formal está ligada a maior desenvolvimento moral, embora as razões de tal descoberta não estejam claras (Rest & Thoma, 1985).

Carol Gilligan (1982, 1984), uma das colaboradoras de Kohlberg, ficou impressionada com as diferenças de premissas morais entre os sexos. Ao responder a dilemas morais, as preocupações de muitos participantes do sexo feminino não constavam do sistema de pontos de Kohlberg. Em vez de se concentrar na verdade ou na justiça, como faziam os meninos, as meninas freqüentemente falavam de relacionamentos. Para as meninas, os julgamentos sobre moralidade dependiam de questões de responsabilidade e cuidados (não magoar). Gilligan traçou um curso alternativo para o desenvolvimento moral feminino. No primeiro estágio, o sexo feminino parece cuidar da própria sobrevivência. A responsabilidade pelos outros e o cuidado para não magoá-los são preocupações centrais no segundo estágio. No terceiro, as mulheres juntam os dois temas, considerando a si próprias e os outros merecedores de atenção.

Ao acompanhar uma amostra de pessoas enquanto elas enfrentavam dilemas morais, Gilligan verificou que ambos, homens e mulheres, usam a perspectiva "masculina" de justiça e "feminina" de responsabilidade e cuidados. Em vez de serem dois caminhos distintos, porém iguais, as duas perspectivas juntam-se para formar uma só, mais ampla. Entretanto, a orientação para cuidados predominava nas escolhas morais das mulheres, e a orientação para a justiça predominava nas dos homens. O trabalho de outros pesquisadores corrobora a observação de Gilligan de que as mulheres são mais orientadas para a responsabilidade e cuidados do que os homens. Na maioria dos casos, homens e mulheres parecem não diferir de modo geral no que se refere ao nível moral (Gibbs *et al.*, 1984; Walker *et al.*, 1984).

Criação de Filhos e Moralidade
Três práticas parentais estão solidamente associadas à moralidade (no pensamento e no comportamento) e à prestimosidade.

1 *Pais carinhosos e empenhados na educação dos filhos.* Numerosos estudos revelam que, quando os pais são carinhosos e empenhados, os filhos comportam-se moralmente. Em uma investigação, Margaret Bacon e colaboradores (1963) examinaram dados antropológicos sobre 45 sociedades iletradas espalhadas pela África, América do Norte, América do Sul, Ásia e Pacífico Sul. Eles queriam verificar se as práticas de criação de filhos têm alguma relação sistemática com taxas de criminalidade. Em sociedades em que os pais em geral empenham-se na criação dos filhos, havia uma freqüência relativamente baixa de roubos. O treinamento abrupto e ríspido para a independência estava associado a altos índices de crimes violentos (atos em que as pessoas eram feridas ou assassinadas). Da mesma forma, ao estudar famílias americanas, David McClelland e seus colaboradores (1982) encontraram relações entre maturidade moral e carinho. Quando os pais eram carinhosos no início da vida dos filhos, estes, quando adultos, tendiam a raciocinar baseando-se em princípios. A rigidez parental foi associada à imaturidade moral em crianças.

2 *Modelo parental de comportamento prestativo e moral.* Se os pais são modelos prestativos, verificamos maior altruísmo e moralidade nos filhos. As mulheres e homens que, na década de 1960, lutaram pelo direito ao voto dos negros no sul dos Estados Unidos em geral provinham de lares em que um dos pais ou ambos estavam comprometidos com ideais humanitários (Rosehan, 1970). O mesmo é verdadeiro para pessoas que ajudaram judeus a fugir dos nazistas na Alemanha (London, 1970). Estudos experimentais confirmam a idéia de que modelos parentais de solidariedade aumentam a probabilidade de comportamento prestativo em crianças (Eisenberg-Berg & Geisheker, 1979; Yarrow, 1973).

3 *Treinamento de empatia.* Embora as diferenças nos graus de empatia possam ter base genética (Rushton, 1984), a *empatia* (capacidade de experimentar os pensamentos e sentimentos dos outros) pode, sem dúvida alguma, ser estimulada ou desestimulada. Em geral por meio da disciplina, os pais motivam os filhos a avaliar seus desejos em relação aos requisitos morais da situação, a considerar as necessidades dos outros e a honrar a regra de ouro: faça ao próximo aquilo que você gostaria que os outros lhe fizessem. Táticas disciplinares que comunicam as razões pelas quais as crianças deveriam mudar o comportamento parecem fazer desenvolver a empatia. Especialmente eficazes são os apelos à preocupação da criança para com os outros, fornecendo-lhe informações sobre como seus atos podem prejudicar o próximo, as chamadas estratégias de *explicações causais* ou *de indução* (Hoffman,

TABELA 10.1 Estágios de desenvolvimento moral segundo Lawrence Kohlberg.

Nível e Estágio	O Que É Considerado Certo
Nível pré-moral Estágio 1: Orientação para a obediência e a punição	Evitar quebrar regras que envolvam punição; obediência por seu próprio bem; evitar danos físicos a pessoas e bens.
Estágio 2: Finalidade instrumental e troca	Seguir as regras somente quando de interesse pessoal imediato; agir no próprio interesse e deixar os outros fazerem o mesmo; o certo é o mesmo que uma troca igual, um bom negócio.
Nível convencional Estágio 3: Concordância interpessoal e conformidade	Viver de acordo com aquilo que as pessoas próximas esperam ou com o que geralmente se espera de alguém em um determinado papel; ser bom é importante.
Estágio 4: Concordância social e manutenção do sistema	Cumprir os deveres assumidos; as leis devem ser sempre respeitadas, exceto quando conflitam com outros deveres sociais fixos; o certo é também dar sua contribuição para a sociedade, o grupo ou a instituição.
Nível de princípios Estágio 5: Contrato social, utilidade, direitos individuais	Estar ciente de que as pessoas têm uma variedade de valores e opiniões, de que valores e regras são, em sua maioria, de seu grupo, mas que deveriam ser sempre respeitados porque integram o contrato social; alguns valores e direitos não-relativos, como a vida e a liberdade, devem, porém, ser mantidos e respeitados em qualquer sociedade, independentemente da opinião da maioria.
Estágio 6: Princípios éticos universais	Pautar-se por princípios éticos escolhidos; determinadas leis ou acordos sociais são usualmente válidos porque se baseiam nesses princípios; quando as leis violam esses princípios, age-se de acordo com o princípio; princípios são princípios universais de justiça; igualdade dos direitos humanos e respeito pela dignidade dos seres humanos como indivíduos; a razão para agir certo é a crença na validade de princípios morais universais e um senso de compromisso pessoal para com eles.

Fonte: Kohlberg, 1981a.

1982; Radke-Yarrow & Zahn-Waxler, 1984). Crianças expostas a esses métodos tendem a demonstrar níveis altos de maturidade moral, solidariedade e sentimento de culpa por mau comportamento.

Se os pais usam principalmente força e ameaças, os filhos desenvolvem *moralidades externas*, aquelas baseadas no medo da punição. Concentrando-se em repressões externas, essas crianças parecem menos propensas a internalizar valores parentais e a se comportar moralmente quando ninguém está por perto para obrigar o cumprimento da regra (Baumrind, 1983; Lepper, 1982).

A empatia pode ser ensinada de forma deliberada. Norma Feshback e seus colegas (1984) desenvolveram exercícios de empatia para o ambiente escolar, projetados para aguçar as habilidades das crianças em (1) identificar emoções sentidas por outras pessoas, (2) entender situações com base nas perspectivas de outras pessoas e (3) experimentar pessoalmente as emoções de outros. Em experimentos piloto, crianças altamente agressivas que foram treinadas com esses exercícios comportaram-se menos anti-socialmente do que um grupo comparável de crianças que não havia recebido treinamento empático.

RESUMO

1 Psicólogos do desenvolvimento estudam o crescimento da estrutura física, do comportamento e da cognição em organismos, a partir de qualquer momento após a concepção até qualquer momento antes da morte.

2 A hereditariedade e o ambiente interagem continuamente na modelagem do desenvolvimento.

3 Muitos padrões de comportamento sensório-motor, mental e social surgem de forma previsível durante o desenvolvimento humano. Os cronogramas de comportamentos baseados na maturação são influenciados tanto pelo ambiente como pela hereditariedade.

4 A estimulação durante períodos sensíveis, que tendem a ocorrer na tenra idade e ter curta duração, tem um impacto duradouro. Entretanto, experiências posteriores podem muitas vezes reverter os efeitos das primeiras experiências.

5 As teorias de estágio são particularmente úteis para entender o desenvolvimento das primeiras habilidades que surgem de forma previsível e padronizada e que dependem principalmente do crescimento do corpo e do sistema nervoso. Uma teoria de continuidade gradativa é mais apropriada quando se consideram padrões de desenvolvimento que demonstram grande variabilidade e são amplamente baseados em experiências únicas.

6 Após a concepção e enquanto os órgãos estão se desenvolvendo, os fetos são particularmente vulneráveis a experiências nocivas: doenças maternas, nutrição inadequada, substâncias químicas e estresses.

7 Quando o esperma do pai é alterado por substâncias químicas, infecção ou envelhecimento, complicações de parto ou defeitos de nascimento tornam-se mais prováveis.

8 Drogas ingeridas por mães próximo à época do parto atuam no sistema nervoso central do bebê durante sua primeira semana de vida. Não se sabe se há conseqüências a longo prazo.

9 Complicações no parto (anoxia, lesões mecânicas, infecções e doenças) estão associadas a problemas posteriores apenas quando essas complicações são graves e/ou na falta de apoio emocional ou estimulação mental.

10 Recém-nascidos humanos têm capacidades sensoriais básicas, reflexos, curiosidade, capacidade de aprender e "responsividade" social. Eles demonstram diferenças individuais estáveis e mensuráveis em temperamento (nível de atividade, passividade, medo, sociabilidade), as quais geralmente permanecem visíveis ao longo de toda a vida.

11 Piaget tinha como pressuposto que as pessoas herdam duas tendências básicas de lidar com o mundo: adaptação (composta de assimilação e acomodação) e organização. Ele acreditava também que as crianças progridem em uma ordem fixa, ao longo de estágios de crescimento mental: sensório-motor, de operações concretas e de operações formais. Embora as observações de Piaget sejam altamente reputadas, algumas de suas conclusões conflitam com pesquisas conduzidas por outros cientistas sociais.

12 A formação de vínculo entre pais e filhos humanos ocorre durante o primeiro ano de vida do filho. Contato físico intenso e um relacionamento sensível e responsivo que respeite as necessidades, o "tempo" e os ritmos do bebê contribuem para a formação de um vínculo forte e seguro. Vínculos seguros estão ligados à competência tanto social como intelectual.

13 Um dos papéis centrais desempenhados pelo pai é o de companheiro-chefe de brincadeiras. O pai contribui para as habilidades sociais, a identidade sexual e o intelecto dos filhos.

14 Interações com amigos ajudam as crianças a aperfeiçoar suas habilidades sociais, a aprender a sensibilidade alheia e a formar autoconceitos realistas.

15 As premissas morais desenvolvem-se conforme as crianças amadurecem. O comportamento e os julgamentos morais maduros estão associados a afeto e empenho parentais, modelo de comportamento solidário e moral, e treinamento da empatia.

GUIA DE ESTUDO

Termos-chave

psicologia do desenvolvimento (418)
hereditariedade (419)
maturação (419)
ambiente (420)
período intra-uterino (pré-natal) (423)
feto (423)
agentes teratogênicos (423)
parto preparado (429)
complicações no parto (430)
neonato (431)
reflexo (432)
temperamento (434)
adaptação (437)
assimilação (437)
acomodação (437)
organização (437)
esquema, estruturas (438)
Estágios piagetianos:
   sensório-motor (438)
   pré-operatório (438)
   das operações concretas (439)
   das operações formais (440)
egocentrismo (440)
socialização (440)
estampagem (442)
vínculo seguro (444)
prematuridade (449)
empatia (453)
e outras palavras e expressões em itálico

Conceitos Básicos

interações contínuas entre hereditariedade e ambiente durante o desenvolvimento
idéia do período sensível (crítico)
teoria dos estágios de desenvolvimento
teoria da continuidade do desenvolvimento
perspectiva construtivista (Piaget)
teoria de estágios do crescimento mental (Piaget)
interação social
conceitos de amizade
desenvolvimento moral (Kohlberg, Gilligan)

Pessoas a Identificar

Piaget, Lorenz, Harlow, Kohlberg.

Avaliação

1 Qual das seguintes descrições caracteriza com precisão os períodos sensíveis ou críticos?

a. Os efeitos geralmente são irreversíveis.
b. Os períodos tendem a ser duradouros.
c. Os períodos tendem a ocorrer no início do desenvolvimento.
d. A estimulação precisa ser intensa para produzir efeito.

2 Qual foi o resultado da melhoria das dietas de mães que estavam desnutridas na primeira metade do período de gravidez?

a. Os bebês ficaram mais saudáveis, porém não houve alterações nas mães.
b. As mães ficaram mais saudáveis, porém não houve alterações nos bebês.
c. O único efeito foi a diminuição no número de prematuros.
d. Mães e bebês ficaram mais saudáveis.

3 Três das seguintes condições paternas foram ligadas a complicações no parto e a defeitos de nascimento. De qual condição paterna ainda *não* se conhece o efeito sobre o feto?

a. Idade
b. Substâncias químicas
c. Radiação
d. Rubéola

4 Qual afirmativa sobre medicações de parto é corroborada pelas últimas descobertas?

a. Atuam sobre o sistema nervoso central, em desenvolvimento na criança, durante a primeira semana e possivelmente por mais tempo.
b. Não têm efeitos graves ou duradouros em bebês robustos.
c. Causam lesão cerebral permanente, que se torna evidente em testes cognitivos.
d. Os efeitos de inalantes são mínimos, ao passo que os de injeções são conhecidos de forma precária.

5 Que afirmativa sobre o temperamento do bebê é corroborada pela pesquisa atual?

a. Próximo à época do nascimento, quase todos os bebês podem ser classificados como fáceis, de adaptação lenta ou difíceis.
b. Aproximadamente 90% das pessoas exibem o mesmo temperamento desde o nascimento ao fim da infância.
c. Bebês difíceis são relativamente propensos a ter problemas emocionais mais tarde na vida.
d. Cerca de 50% dos bebês podem ser classificados como difíceis.

6 Uma criança vê uma ambulância pela primeira vez e a chama de "caminhão de bombeiro". Isso ilustra qual conceito de Piaget?

a. Acomodação
b. Assimilação
c. Organização
d. Esquema

7 Que conclusões podemos tirar da pesquisa de Harlow sobre a formação de vínculo entre macacas-mães e seus filhotes?

a. O contato físico e o imediato conforto por ele proporcionado são mais importantes do que a amamentação na formação de vínculos entre filhotes e mães.
b. As conseqüências do isolamento social durante a tenra infância são irreversíveis.
c. Os medos impedem o desenvolvimento de relacionamentos mais tarde na vida.
d. O movimento é mais importante que o contato físico na formação de vínculos fortes entre mães e filhos.

8 Em que idade os bebês humanos começam a sorrir e balbuciar mais na presença de seus provedores principais?

a. 1 a 2 semanas de idade
b. 4 a 6 semanas de idade
c. 8 a 10 semanas de idade
d. 12 a 14 semanas de idade

9 Qual das seguintes afirmativas sobre os pais é falsa?

a. Os pais têm maior probabilidade do que outras pessoas de estereotipar filhos e filhas, contribuindo para a identidade de papel sexual das crianças.
b. Quando os futuros pais dão apoio às futuras mães, as mulheres adaptam-se relativamente bem à gravidez.
c. Quando os pais ficam ausentes por longos períodos, especialmente as filhas tendem a exibir desempenho menor que o esperado em testes de desenvolvimento.
d. A brincadeira entre pai e filho homem está ligada a maior desenvolvimento mental do filho.

10 Em que nível a conduta sistematicamente moral está presente?
a. Convencional
b. Concordância interpessoal
c. Pré-moral
d. De princípios

Exercícios

Teoria de Piaget. Para testar seu conhecimento sobre a teoria de Piaget, faça a correspondência das funções e estágios com o único exemplo mais apropriado. (Veja as pp. 436-441.)

Funções: acomodação (AC), adaptação (AD), assimilação (AS), organização (O).

___ 1 Combinar olhar, gesto e vocalização para se comunicar.

___ 2 Ver neve pela primeira vez e processá-la como "chuva grossa".

___ 3 Ver um gato siamês pela primeira vez e acrescentá-lo à categoria "gato".

___ 4 Ver um leão pela primeira vez e mudar o conceito de "gato" para incluir felinos grandes.

___ 5 Coordenar os atos de olhar e pegar.

___ 6 Balançar um ursinho novo de pelúcia como se fosse um chocalho — um brinquedo conhecido.

___ 7 O nome da combinação dos itens 3 e 4.

Selecione o estágio em que os avanços abaixo aparecem pela primeira vez.

Estágios: de operações concretas (OC), de operações formais (OF), pré-operatório (PO), sensório-motor (S).

___ 8 Entender e usar a lógica abstrata.

___ 9 Ser capaz de imitar as palavras ditas por outras pessoas.

___ 10 Aprender que chutar afasta o cobertor.

___ 11 Entender que a quantidade de suco permanece a mesma quando o suco é despejado de um copo alto e fino, por exemplo, em um copo baixo e largo.

___ 12 Desenvolver a linguagem.

___ 13 Ser capaz de lidar com objetos físicos de maneira racional, porém não ser capaz de lidar com abstrações de forma lógica.

___ 14 Compreender que um brinquedo existe ainda que não possa ser visto.

___ 15 Especular sobre as muitas possíveis soluções para um problema.

Usando a Psicologia

1 Um amigo teimoso insiste em que a hereditariedade é a única influência a atuar sobre a aquisição de habilidades resultantes da maturação. Cite evidência que prove que o amigo está enganado.

2 Seu bebê de 1 mês de idade costumava imitar certos gestos, mas depois parou de imitá-los. Explique por que você não deveria ficar preocupada.

3 Um pai está intranqüilo porque o segundo filho, de 15 meses de idade, ainda não está andando; o primeiro filho começou a andar bastante habilmente aos 13 meses de idade. Começar a andar mais tarde tende a indicar um problema maior? Explique.

4 Uma amiga íntima está grávida e pede conselhos sobre o que fazer e o que evitar fazer durante a gravidez. Faça uma lista de "podes" e "não podes". Ao lado de cada item, cite evidência a respaldar a recomendação (se possível).

5 Tente convencer um cético de que os recém-nascidos são competentes.

6 Peça a seu pai ou a sua mãe que classifique seu comportamento na lactância em relação aos nove aspectos de temperamento estudados por Thomas, Chess e Birch. Seu temperamento permaneceu o mesmo? Você se enquadra na categoria "fácil", "difícil" ou "de adaptação lenta"? Especule sobre as razões das consistências e inconsistências.

7 Dê diversos exemplos pessoais de aprendizagem recente que tenham requerido assimilação e diversos que tenham requerido acomodação.

8 Uma mãe confessa que não ama seu bebê recém-nascido e pergunta se ela é anormal. Como você responderia?

9 Argumente contra práticas hospitalares que separam mães e bebês imediatamente após o parto. Cite evidências.

10 Uma amiga impede o filho pequeno de interagir com a "ralé da vizinhança" (seu termo para denominar as crianças do bairro). Diga a ela por que os psicólogos acreditam que as amizades são valiosas.

11 Você está aconselhando um casal que acabou de ter um filho. Com base neste capítulo, faça uma lista de sugestões de práticas de criação de filhos. Explique por que os psicólogos endossam cada uma das práticas.

12 Segundo o psicólogo Burton White, "A maioria das mulheres com ótimo nível de escolaridade, nos Estados Unidos, não sabe que diabo estão fazendo quando têm um filho. Nós simplesmente não preparamos nossas mulheres ou nossos homens para a maternidade e paternidade". Você concorda? Os pais deveriam receber autorização para a maternidade e paternidade? Com base em quê?

Leituras Sugeridas

1 Bee, H. (1984). *The developing child.* 4ª ed. Nova York: Harper & Row. Uma ótima introdução ao desenvolvimento da criança: clara, interessante, informal.

2 Gardner, H. (1982). *Developmental psychology: An introduction.* 2ª ed. Boston: Little, Brown. "Gardner tem um jeito insólito de começar com uma pergunta simples, entrelaçando uma série de descobertas empíricas para depois as elevar a uma discussão de idéias e teorias. Sua maneira de escrever é original, espirituosa e certamente incita o pensamento" (Dodge, 1983, pp. 513-514).

3 Annis, L. F. (1978). *The child before birth.* Ithaca, NY: Cornell University Press. Discute as influências que atuam sobre o feto; ilustrado e escrito de maneira simples.

4 Goldberg, S. & DiVitto, B. (1983). *Born too soon: Preterm birth and early development.* San Francisco: Freeman. Dirigido a leigos e estudantes, este livro curto resume o que se conhece sobre prematuros, cobrindo causas, primeiros cuidados hospitalares e desenvolvimento inicial.

5 Ault, R. L. (1983). *Children's cognitive development: Piaget's theory and the process approach.* 2ª ed. Nova York: Oxford University Press. Ginsburg, H. E. & Opper, S. (1979).

Piaget's theory of intellectual development. 2ª ed. Englewood Cliffs, NJ: Prentice-Hall. Phillips, J. L. (1981). *Piaget's theory: A primer.* San Francisco: Freeman. Esses livros constituem uma boa introdução ao trabalho de Piaget. Contêm descrições de fácil compreensão e exemplos ilustrativos. O livro de Ault cobre a pesquisa experimental sobre desenvolvimento cognitivo.

6 A série da University Harvard Press, intitulada "The developing child", é um importante recurso para o público leigo. Em 1977, a Harvard começou a publicar pequenos livros sobre tópicos do desenvolvimento humano, todos eles escritos por pesquisadores renomados que tendem a discorrer informalmente sobre o tópico, no sentido de conseguir combinar descobertas de pesquisas com perspectivas amplas. Os últimos títulos incluem: *Infants* (McCall), *The psychology of childbirth* (MacFarlane), *Mothering* (Schaffer), *The first relationship* (Stern), *Siblings* (Dunn), *Distress and comfort* (Dunn), *The perceptual world of the child* (Bower), *Children's friendships* (Rubin) e *Fathers* (Parke).

Respostas

FICÇÃO? OU FATO?
1. V 2. V 3. V 4. F 5. F 6. F 7. F

AVALIAÇÃO
1. c (421) 2. d (428) 3. d (428) 4. a (430)
5. c (434) 6. b (437) 7. a (443) 8. b (444)
9. c (446) 10. d (452)

EXERCÍCIOS
1. O 2. AS 3. AS 4. AC 5. O 6. AS 7. AD 8. OF 9. S 10. S
11. OC 12. PO 13. OC 14. S 15. OF

CAPÍTULO 11

Adolescência e Vida Adulta

SUMÁRIO

TEORIAS DE DESENVOLVIMENTO DA VIDA ADULTA
Teorias de Estágios da Vida Adulta
Teorias de Continuidade da Vida Adulta
Um Modelo Conciliado do Desenvolvimento Adulto

ADOLESCÊNCIA
Adolescentes Turbulentos: Mito ou Fato?
A Busca de Identidade
Influência dos Pais
Influência dos Pares
Quando Pais e Pares Entram em Choque
Relacionamentos com o Sexo Oposto
Transição para a Vida Adulta

ENCONTRANDO SATISFAÇÃO NO TRABALHO
O Que as Pessoas Querem do Trabalho
Obstáculos à Satisfação no Trabalho
Contribuições Pessoais para a Satisfação no Trabalho
Mulheres e Satisfação no Trabalho

ESTABELECENDO INTIMIDADE
Atração e Afeição
Amor Romântico *versus* Amizade Profunda
Coabitação
Casamentos e Casamentos
Construindo um Casamento Satisfatório
Quando o Casamento Fracassa: Divórcio
QUADRO 11.1: Solidão

MATERNIDADE E PATERNIDADE
O Início da Maternidade e Paternidade
Famílias com Apenas um dos Pais

PREOCUPAÇÕES E CARACTERÍSTICAS DA MEIA-IDADE
Orientação
Mudanças de Personalidade
Crises na Meia-Idade

PREOCUPAÇÕES E CARACTERÍSTICAS DOS IDOSOS
Envelhecimento e Sociedade
Competência
QUADRO 11.2: Demência nos Idosos
Enfrentando a Perda
Senso de Controle

ENFRENTANDO A MORTE
Uma Teoria de Estágio da Morte
Entendendo a Experiência da Morte
QUADRO 11.3: Duração da Vida Humana

RESUMO

GUIA DE ESTUDO

FICÇÃO? OU FATO?

1 Durante a adolescência, os jovens, em sua maioria, sentem-se deslocados e rebeldes. Verdadeiro ou falso?

2 No que se refere a assuntos pessoais, os adolescentes tendem a valorizar mais as opiniões dos pais do que as dos amigos. Verdadeiro ou falso?

3 Quando questionados sobre satisfação no trabalho, a maioria dos adultos declara que as recompensas financeiras vêm em primeiro lugar. Verdadeiro ou falso?

4 As primeiras semanas após o nascimento de um filho tendem a ser muito felizes. Verdadeiro ou falso?

5 Nos casamentos contemporâneos, homens e mulheres contribuem em proporções quase idênticas na criação dos filhos e no trabalho doméstico. Verdadeiro ou falso?

6 A maioria dos homens e mulheres experimenta crises psicológicas durante a meia-idade. Verdadeiro ou falso?

7 Uma minoria de idosos torna-se senil antes de morrer. Verdadeiro ou falso?

8 A estimativa de vida de 100 anos para os humanos provavelmente permanecerá a mesma no futuro previsível. Verdadeiro ou falso?

Mesmo sem uma bola de cristal, os psicólogos podem arriscar alguns palpites bastante plausíveis sobre o curso de uma vida adulta em nossa sociedade. A maioria de nós luta com indagações sobre quem somos e que tipo de vida devemos levar. Nós nos estabelecemos em um emprego. Depois nos casamos e temos um ou dois filhos. Como membros de uma sociedade tecnológica, tendemos a atingir a velhice. Neste capítulo examinamos o que os psicólogos sabem de experiências fundamentais de adolescentes e adultos em uma cultura moderna. Começamos com as reflexões de um jovem sobre a própria identidade (Goethals & Klos, 1976, pp. 192-194).

ENTRANDO EM CONTATO COM AQUILO QUE EU QUERO

Meu problema mais recente é que estou continuamente me concentrando nos inconvenientes de cada uma das minhas alternativas [de escolha de carreira], em vez de considerar os aspectos positivos. A idéia de ser professor secundário me traz à mente toda a hipocrisia e discordância que existia entre os professores da minha escola [...]. Também não desejo me tornar um alto executivo que terá uma úlcera no estômago. A medicina é outro ponto de interrogação; só consigo pensar no montão de anos que teria de estudar, na minha pouca resistência física e necessidade de muito tempo livre para lazer, e na tremenda quantidade de médicos que precisam receitar tranqüilizantes e anfetaminas a si próprios para que consigam continuar. A idéia da psicologia clínica me atrai, mas não sei se teria a capacidade necessária para lidar com o enorme envolvimento pessoal dessa atividade [...].

Mas, realmente, acho que, de um ano para cá, fiz consideráveis progressos em meu desenvolvimento como pessoa [...]. Estou consideravelmente mais consciente dos meus sentimentos, crenças, valores e idéias [...].

Às vezes, quando vejo tantos dos meus amigos preenchendo fichas e marcando entrevistas, tenho maus pressentimentos de mim mesmo [...]. Hoje à tarde, enquanto andava para tomar ar fresco, encontrei com um amigo que não via há tempos. Conversamos sobre coisas em geral durante quase uma hora, quando então ele disparou a grande pergunta, uma pergunta que já devo ter respondido umas mil vezes nos últimos meses.

"Quais são seus planos para o ano que vem?"

"Oh, nada de mais", respondi com um sentimento de culpa. "Na verdade, não tenho plano algum. É isso o que eu quero por ora. Mas às vezes isso me deixa apavorado."

"É", ele falou. "Dizem que muita gente entra em pânico quando percebe que não tem nada programado."

"Bom, volta e meia eu sinto isso", admiti. "E você?"

"Oh, a mesma coisa", ele respondeu. "Nenhum grande plano. E pra mim está ótimo, assim."

"Está pensando em algum emprego?", perguntei.

"De jeito nenhum!", ele respondeu com um grande sorriso e uma voz feliz. "Pelo menos não um emprego sério. Provavelmente vou dar uma olhada por aí, ler alguns livros, quem sabe migrar junto com os pássaros para o sul quando chegar o inverno. Este lugar fica frio demais."

Ele parecia tão calmo e seguro enquanto falava, que me fez sentir um pouco melhor comigo mesmo.

"Você não parece estar muito preocupado com essa coisa toda", observei.

"E adianta ficar preocupado?", ele disse. "O mundo não vai acabar só por minha causa."

Todo mundo já expressou esse mesmo pensamento em algum momento da vida; desta vez, porém, essas palavras me causaram profunda impressão. Embora eu reconheça prontamente minha insignificância, não posso deixar de admitir que, no dia-a-dia, sempre tendo a levar essa minha minús-

cula vida muito, muito a sério mesmo. Talvez fosse mais exato dizer que fico sempre preocupado demais com trivialidades e pequenos acontecimentos que não levam a lugar algum, e desesperadamente negligente com aqueles aspectos da minha vida que têm significado genuíno e duradouro. De qualquer forma, estou tentando, do meu jeito meio desajeitado mas bem-intencionado, fazer o possível para me tornar uma pessoa inteira, embora possa parecer que só fico parado assim e não fazendo quase nada.

Durante a adolescência muitos jovens se vêem confrontados — pela primeira vez — com perguntas sobre que tipo de adulto se tornar e que tipo de vida levar. Com a exacerbada preocupação com a auto-realização que se observa hoje (Yankelovich, 1981), as questões de identidade raramente são resolvidas; ao contrário, elas reaparecem no decorrer de toda a vida, conforme veremos. Da mesma forma que as questões de identidade dificilmente ficam restritas a um único segmento da vida, muitas outras facetas da experiência adulta não se enquadram em um modelo de teoria de estágios.

TEORIAS DE DESENVOLVIMENTO DA VIDA ADULTA

As *teorias de estágios*, como você deve lembrar (veja a p. 423), sugerem que o desenvolvimento ocorre em etapas.

Teorias de Estágios da Vida Adulta

As teorias de estágios da vida adulta enfatizam os desafios, os problemas, os conflitos e as mudanças intelectuais e de personalidade que surgem em momentos diferentes. À semelhança de todas as teorias de estágios, considera-se que os estágios adultos têm uma seqüência fixa e são similares para todos os membros de determinada cultura que vivem em uma mesma época específica.

Como ilustração, considere a teoria de estágios de Erik Erikson (1963, 1978, 1982), uma das teorias de estágios mais influentes de toda a psicologia. (Ela está descrita com mais detalhe no Capítulo 12.) Erikson acredita que todas as pessoas passam por oito estágios, cada um deles regido pela estrutura fundamental da sociedade humana. Durante qualquer período isolado, um conflito ou uma crise principal eclodem. Enfrentar cada uma das crises de forma produtiva aumenta a saúde mental. Deixar de lidar adequadamente com elas contribui para desajustes posteriores.

Erikson refere-se a quatro estágios em desenvolvimento posterior à infância. Durante a adolescência, as pessoas confrontam-se com a necessidade de conceber uma *identidade*, um senso de quem elas são e o que significam. No início da vida adulta, elas lutam com o desafio de construir *intimidade*, um laço duradouro caracterizado por cuidado, compartilhamento e confiança. Na meia-idade, os adultos precisam transpor a ponte entre gerações e assumir um *compromisso significativo com o futuro e a próxima geração*. Se as pessoas permanecem absorvidas em si mesmas, elas estagnam. Finalmente, à medida que a vida aproxima-se do fim, os idosos precisam *fazer as pazes consigo mesmos*. Se não conseguirem aceitar o passado como tendo sido digno de valor, eles confrontam a probabilidade de depressão e desespero.

Teorias de Continuidade da Vida Adulta

Muitos psicólogos são céticos quanto à idéia de que os adultos atravessam estágios definidos ligados à idade, por diversas razões (Brim & Kagan, 1980):

1 A pesquisa respalda a idéia de que o desenvolvimento humano é mais contínuo durante a vida adulta do que durante a infância (Neugarten, 1977, 1978). As preocupações, os conflitos e os desafios são recorrentes, e as tentativas de resolvê-los costumam ser sistemáticas; quando se verificam mudanças, elas tendem a ser gradativas e sutis. Grande quantidade de estudos *longitudinais* (aqueles conduzidos com os mesmos indivíduos no decorrer do tempo) apóia a idéia de continuidade do desenvolvimento adulto (Block & Block, 1984; Costa & McCrae, 1980a; Lerner, 1984; McClelland, 1981; Neugarten, 1978; Reedy, 1983; Stevens & Truss, 1985).

2 Os desafios confrontados pelos adultos, mesmo em uma mesma cultura, não são uniformes, especialmente hoje, quando as pessoas sentem-se mais livres para "fazer as coisas do seu jeito". Nossos pais e avós atinham-se mais rigorosamente aos relógios sociais que lhes diziam quando fazer aquilo que se esperava que fizessem. Cada vez mais, as pessoas casam-se mais tarde e mais de uma vez. Elas buscam ampliar seu nível de instrução ao longo de todo o ciclo de vida. Elas atuam em diversas carreiras e aposentam-se mais cedo. Após os primeiros 20 anos, a idade da pessoa não é um bom indicador de estilo de vida, saúde, status ou ocupação (B. Neugarten, citado por Hall, 1980). Você provavelmente conhece ou já ouviu falar de pessoas que se tornaram avós antes dos 40 anos, de pessoas que formaram família (talvez a segunda) aos 40 ou 50 anos e de pessoas que se tornaram prefeitos com vinte e poucos anos. (Veja a Figura 11.1.)

3 As diferenças individuais aumentam com a acumulação de experiências, tornando as generalizações amplas cada vez menos acuradas (Chess & Thomas, 1983; McCall, 1981; Reinke et al., 1985).

Estas observações corroboram um *modelo contínuo*, um modelo que vê o desenvolvimento adulto como um processo gradativo e sutil, continuamente modelado por interações entre uma herança biológica exclusiva e uma história pessoal única.

Um Modelo Conciliado do Desenvolvimento Adulto

É provável que o melhor modelo do desenvolvimento adolescente e adulto seja um modelo de compromisso, combinando elementos de ambos os modelos, de estágios e contínuo (Fischer & Silvern, 1985; Reinke et al., 1985). Da teoria de estágios tomamos emprestada a noção de *tarefa comum*, que afirma que pessoas em um ponto específico da história em um local específico enfrentam desafios semelhantes. Ademais, a maturação do corpo humano contribui para outros pontos em comum. Um dos pilares do modelo contínuo também é sólido: os detalhes precisos (o que e o quando) das mudanças decorrentes do desenvolvimento variam enormemente e dependem das circunstâncias de vida: cultura, subcultura, geração, história pessoal, herança genética.

ADOLESCÊNCIA

Uma série de desafios emerge durante a *adolescência*, um período de transição entre a infância e a vida adulta e que se estende dos 13 aos 18 anos. Mais precisamente, os adolescentes precisam organizar as exigências e expectativas conflitantes da família, da comunidade e dos amigos; desenvolver percepções das mudanças que se operam no corpo e no leque de necessidades; estabelecer independência; e conceber uma identidade para a vida adulta. As capacidades cognitivas emergentes ajudam os jovens a lidar com essas tarefas (veja as pp. 439-440). Capazes de lidar com idéias abstratas de forma mais lógica e preparada do que nos anos da infância, os adolescentes tendem a examinar os acontecimentos de maneira crítica e refletida, considerando alternativas para problemas e localizando contradições. Neste processo, eles freqüentemente se tornam cínicos e realistas (Douvan & Adelson,

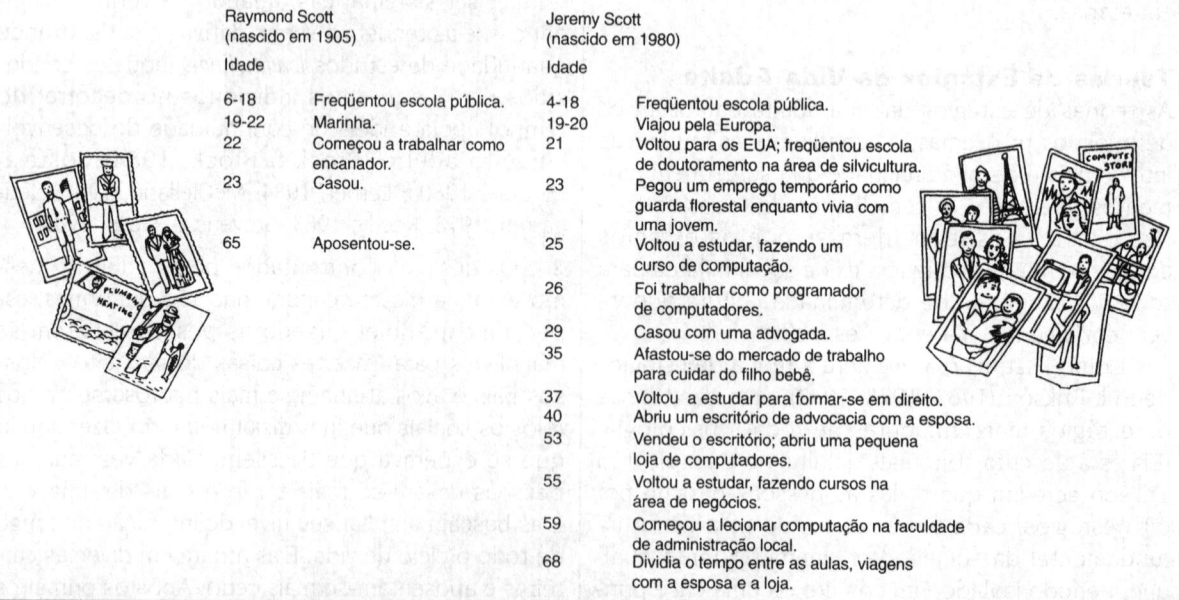

Raymond Scott (nascido em 1905)		Jeremy Scott (nascido em 1980)	
Idade		Idade	
6-18	Freqüentou escola pública.	4-18	Freqüentou escola pública.
19-22	Marinha.	19-20	Viajou pela Europa.
22	Começou a trabalhar como encanador.	21	Voltou para os EUA; freqüentou escola de doutoramento na área de silvicultura.
23	Casou.	23	Pegou um emprego temporário como guarda florestal enquanto vivia com uma jovem.
65	Aposentou-se.	25	Voltou a estudar, fazendo um curso de computação.
		26	Foi trabalhar como programador de computadores.
		29	Casou com uma advogada.
		35	Afastou-se do mercado de trabalho para cuidar do filho bebê.
		37	Voltou a estudar para formar-se em direito.
		40	Abriu um escritório de advocacia com a esposa.
		53	Vendeu o escritório; abriu uma pequena loja de computadores.
		55	Voltou a estudar, fazendo cursos na área de negócios.
		59	Começou a lecionar computação na faculdade de administração local.
		68	Dividia o tempo entre as aulas, viagens com a esposa e a loja.

FIGURA 11.1 Os eventos da vida deixaram de ser tão previsíveis quanto costumavam ser, como se pode verificar pela comparação de duas biografias imaginárias. A vida moderna tende a ser fragmentada, com mudanças nas condições de vida, carreiras, lugares e até mesmo no lugar-comum dos membros da família. É provável que a variabilidade e flexibilidade continuem aumentando. (Adaptada de Institute for the Future, 1981, p. 25.)

1966). Pelo fato de a adolescência apresentar tão difíceis desafios, ela costuma ser vista como uma época de turbulência e tumulto (Offer *et al.*, 1981). Você acha que esta descrição é acurada?

Adolescentes Turbulentos: Mito ou Fato?

Há no mínimo uma ponta de verdade no estereótipo turbulento e rebelde do adolescente. Entre a idade de 12 e 14, a vida do adolescente costuma ser turbulenta (Douvan & Adelson, 1966; Petersen, 1980; Savin-Williams & Demo, 1984). Por exemplo, um grupo de estudantes secundários, quando relembrados por um *pager* para registrar seus sentimentos e pensamentos a intervalos freqüentes no decorrer do dia (veja "amostragem de pensamento", p. 207), relatavam emoções extraordinariamente intensas. Além disso, os adolescentes tendiam a oscilar rapidamente entre altos e baixos (Csikszentmihalyi & Larson, 1984).

Segundo numerosos investigadores, porém, a imagem turbulenta e rebelde não se aplica à maioria dos adolescentes. Por exemplo, quando Daniel e Judith Offer (1975) estudaram meninos adolescentes de classe média da região do meio-oeste dos Estados Unidos e suas famílias, as análises revelaram vários padrões de adaptação. Aproximadamente 25% dos meninos enquadravam-se no *padrão de crescimento contínuo*. Realistas com relação a si mesmos e dotados de aguçado senso de humor, pareciam bastante felizes de maneira geral. Em torno de 35% dos participantes da pesquisa exibiam um *padrão de crescimento oscilante*. Embora irritados e defensivos no enfrentamento de estresses durante o início da adolescência, esses meninos acabaram administrando a vida com razoável sucesso e pareciam bem ajustados de forma geral. Outros 20% dos participantes de estudo dos Offer assemelhavam-se aos jovens dos grupos de crescimento contínuo e oscilante, porém tinham características atípicas que dificultavam sua classificação. O estereótipo turbulento, chamado de *padrão de crescimento tumultuado*, efetivamente se aplicava aos 20% restantes. Estavam freqüentemente à beira de uma convulsão emocional e tendiam a requerer aconselhamento. Outros investigadores descobriram que, na maioria dos adolescentes, o autoconceito permanece estável e a auto-estima cresce durante todos os anos da adolescência (Dusek & Flaherty, 1981; Savin-Williams & Demo, 1984; Wallace *et al.*, 1984).

A Busca de Identidade

Quem sou eu? Em que acredito? Que tipo de ocupação devo perseguir? Que tipo de vida eu levo? Durante a adolescência, Erikson observou, as pessoas começam a lutar com essas *questões de identidade*. De alguma forma, os jovens precisam integrar muitas auto-imagens — de estudantes, amigos, líderes, seguidores, trabalhadores, homens ou mulheres — em uma única imagem e escolher uma carreira e um estilo de vida plenos de significado para eles. A pesquisa sugere que as pessoas efetivamente reorganizam as idéias que têm de si mesmas durante o início da adolescência (freqüentemente antes do segundo ano do colegial) e que as autodefinições expandem-se para incluir profissão, objetivos e ideais (Bachman *et al.*, 1978; Haan, 1974; Martin & Redmore, 1978). As visões sobre raça e adesão a comportamento delinqüente também já estão bem estabelecidas próximo ao fim da adolescência.

Para saber mais da busca de identidade, James Marcia (1966) entrevistou 86 estudantes universitários masculinos, acompanhando suas crises e adesões em três esferas: profissão, religião e política. Marcia descobriu quatro padrões para a forma de lidar com conflitos de identidade. Os *pré-resolvidos* aderiam aos padrões de terceiros, tipicamente dos pais, sem muito questionamento. Portanto, não é de surpreender que a identidade deles não fosse muito condizente com a personalidade. Os *dispersos* voltavam-se desorientadamente para todas as direções. Embora não conseguissem encontrar papéis e ideologias que os satisfizessem, não estavam especialmente preocupados com isso. Os *moratórios* vivenciavam uma crise e continuavam a procurar. Após rejeitar todas as opções, permaneciam incertos. Somente os *realizadores* escolhiam uma filosofia e objetivos de carreira que utilizavam seus talentos, atendiam às suas necessidades, permitiam a expressão de seus sentimentos e estimulavam o crescimento. Em estudos mais recentes de homens e mulheres, Don Schiedel & Marcia (1985) descobriram distribuições semelhantes de homens e mulheres nas várias categorias de identidade — cerca de 30% de sua amostra na categoria *realizador* e 17% a 25% na categoria *moratório*.

Conseguir estabelecer uma identidade é com freqüência um processo longo e árduo. Até mesmo aos 24 anos, grande porcentagem das pessoas (mais de 40% em um estudo e 50% em outro) não conseguiu ainda estabelecer uma identidade (Meilman, 1979; Super, 1985). Os jovens que não vão para a faculdade parecem estabelecer uma identidade (em termos de trabalho, religião, política e idéias) mais cedo do que os estudantes universitários (Morash, 1980; Munro & Adams, 1977). (Veja a Figura 11.2.)

FIGURA 11.2 Muitos jovens respondem às rápidas mudanças das sociedades tecnológicas com uma sensação de incerteza e confusão. Não é incomum a rejeição dos objetivos das instituições e a busca de diretrizes para a própria identidade dentro de movimentos de jovens. A marca do estilo *punk* é a alienação da corrente predominante. Os roqueiros *punk* rejeitam as convenções musicais, sociais e intelectuais. Acredita-se que a experiência de estilos de vida alternativos promova progressos na busca de identidade (Hopkins, 1983). (Paul Conklin/Monkmeyer.)

Em 1966, os cientistas sociais Elizabeth Douvan e Joseph Adelson descobriram acentuadas diferenças de sexo nos predicados de identidade dos adolescentes. No caso dos rapazes, eles descobriram que a autonomia (afirmação, independência, realização) era fundamental. O jovem propendia a estabelecer a própria identidade "separando-se dos outros e reafirmando seu direito de ser diferente". A garota, em contraste, tendia a estabelecer a própria identidade formando relacionamentos. As garotas freqüentemente negligenciavam a identidade profissional e os rapazes tendiam a minimizar as questões de relacionamento (Matteson, 1984). Hoje, o movimento feminista e as mudanças sociais a ele associadas modificaram o problema da identidade para muitos jovens. Em linha com os novos ideais culturais, as jovens adolescentes orientadas para a instrução tendem a incorporar valores-padrão masculinos, e os rapazes inclinados para a vida acadêmica tendem a absorver valores femininos (Douvan, 1975; Pleck, 1976). Dados recentes corroboram a idéia de Erikson de que adolescentes de ambos os sexos estabelecem uma identidade antes de resolver questões íntimas, embora as mulheres apresentem maior tendência a ser capaz de lidar com questões íntimas antes de resolver a própria identidade (Levitz-Jones & Orlofsky, 1985; Schiedel & Marcia, 1985).

Influência dos Pais

Os adolescentes tendem a ver as respectivas famílias como harmoniosas e seus relacionamentos com os pais como bons. A mãe precede o pai como importante fonte de compreensão (Richardson *et al.*, 1984; Wright & Keple, 1981). Os pais desempenham papel substancial na busca de identidade dos adolescentes (Grotevant & Cooper, 1985; Hunter, 1984, 1985). Em alguns casos, eles o fazem pelo estímulo à exploração e pela tolerância à afirmação e independência necessárias à construção de um senso do eu. Eles freqüentemente repartem o próprio conhecimento. Suas aspirações de carreira, seus valores políticos e religiosos e seus padrões interpessoais servem de modelo. Além disso, a aprovação e a desaprovação por parte deles tendem a ser muito poderosas.

As características dos pais influenciam também o nível de auto-satisfação do adolescente (Baumrind, 1980, 1983; Dornbusch *et al.*, 1985; Harris & Howard, 1984; Offer & Offer, 1975; Openshaw *et al.*, 1984). A auto-estima do adolescente (em especial a da menina) depende em parte de elogios e críticas provenientes dos pais. Depende também dos padrões decisórios, de comunicação e de disciplina da família. Jovens que gostam de si mesmos em geral provêm de lares em que pais e mães transmitem confiança e interesse, fundamentam seus pedidos com razões, envolvem os filhos no processo decisório e outros assuntos da família, e estimulam a independência gradativa, detendo a responsabilidade final. Os jovens sentem-se menos seguros de si mesmos quando os pais insistem na total obediência e quando disciplinam asperamente por meio de ameaças e do uso da força. O extremo oposto, quando os pais dão pouca orientação e permitem liberdade ilimitada, também gera problemas.

As características dos pais influenciam também os relacionamentos do adolescente com os outros. Por exemplo, as meninas tratadas de forma democrática e afetuosa pelas mães tendem a formar laços mais íntimos com os melhores amigos(as) do que as outras (Gold & Yanof, 1985).

Influência dos Pares

Nem antes nem depois da adolescência as pessoas voltam-se tão intensamente para os companheiros da mesma faixa etária, ou *pares*, em busca de apoio, orientação, auto-estima e identidade (Hopkins, 1983; Jones, 1976). Valorizando as opiniões uns dos outros como eles valorizam, os adolescentes passam muito tempo na companhia uns dos outros (Crockett *et al.*, 1984). Em geral eles aderem aos padrões do grupo. As pressões são especialmente fortes no início da adolescência e começam a ter um ligeiro declínio na idade de 14 ou 15 anos (Coleman, 1980; Costanzo, 1970). Enquanto os pais, como superiores, tendem a comunicar seus julgamentos, os amigos tendem a interagir como iguais (Hunter, 1984, 1985). Eles compartilham os mesmos privilégios de expressar opiniões conflitantes, ser ouvidos e conceber novas idéias. Por meio das interações, os amigos ajudam-se mutuamente a examinar pensamentos e sentimentos confusos ou perturbadores (por exemplo, "Estou certo de sentir raiva de fulano?").

Rapazes e garotas adolescentes tendem a fazer arranjos sociais distintos. Os grupos dos garotos são relativamente grandes e estáveis. Os membros do grupo tendem a ser homogêneos em etnia, gostos, capacidades e proficiências (Savin-Williams, 1980). Os meninos parecem chegar aos sentimentos de intimidade por meio de experiências compartilhadas (Camarena & Sarigiani, 1985). Identidades comuns de grupos de rapazes incluem alunos de escolas preparatórias, os barras-pesadas, os viciados em drogas ou que adotam estilo de vida não convencional, atletas, conservadores, liberais e militantes. Estes agrupamentos sociais claramente definidos ajudam os rapazes a estabelecer a própria identidade por meio do fortalecimento dos valores que o grupo defende e do enfraquecimento daqueles que o grupo rejeita.

No início da adolescência, as meninas são mais propensas do que os meninos a integrar *panelinhas* (grupos sociais pequenos, exclusivos, íntimos e freqüentados com muita intensidade). Tipicamente, as meninas adolescentes interagem em pares e em trios, cultivando sentimentos de grande proximidade e intercâmbios pessoais (Camarena & Sarigiani, 1985; Hunter, 1984). Os grupos de meninas adolescentes já foram comparados a sistemas de apoio emocional, ambientes que encorajam as pessoas a ser elas mesmas. Verificamos nas amizades femininas um cenário eficaz para o treinamento das habilidades interpessoais essenciais ao desempenho de papéis da mulher adulta.

No meio e no fim da adolescência, grupos mistos de garotos e garotas tornam-se cada vez mais comuns (Hallinan, 1980; Savin-Williams, 1980). Os agrupamentos mistos e de mesmo sexo são flexíveis; um pesquisador descobriu que 70% das panelinhas de uma escola sobreviveram um ano inteiro com pelo menos 50% da participação intacta (Cohen, 1977). Qualquer pessoa que viole os padrões do grupo ou seja um completo fracasso com membros do sexo oposto tende a ser excluída do grupo que antes a aceitava. Por sua vez, um adolescente que demonstre triunfo social pode conseguir entrar em um grupo que antes o rejeitava.

Os padrões de *popularidade*, definida como fazer parte de grupos de elite, diferem ligeiramente de um sexo para outro. No caso das meninas, o sucesso nos relacionamentos interpessoais é algo supremo. Algum indicador de destaque acadêmico também ajuda. As habilidades atléticas e o conhecimento de esportes parecem ser influências-chave para a determinação de status do menino. O ótimo atleta é especialmente querido e admirado. Em ambos os sexos, a personalidade agradável e a aparência atraente aumentam a popularidade (Coleman, 1980; Crockett *et al.*, 1984). Com base em um estudo de meninas socialmente rejeitadas (Poveda, 1975), podemos arriscar uma opinião sobre os comportamentos que são inaceitáveis para os adolescentes, os quais incluem: aparência e forma de se vestir diferentes, criticar os outros, não gostar de festas e ter "má" reputação (somente garotas).

Quando Pais e Pares Entram em Choque

Quando as opiniões e conselhos de pais e pares entram em choque, a quem os adolescentes consideram mais? Em um estudo de 18.000 adolescentes da sétima à décima segunda série [13 a 18 anos], a maioria dos jovens de cada idade considerava o aconselhamento de pais e mães mais valioso do que o de amigos (Curtis, 1975). De modo geral, portanto, os pais permanecem influentes, particularmente quando são percebidos como afetuosos, interessados, compreensivos, solidários e sempre dispostos a ajudar (Larsen, 1972a, 1972b; Pulkkinen, 1982). Mas não descarte a influência dos pares. Aproximadamente 28% dos meninos e 50% das meninas do estudo de Curtis alegavam ser fortemente afetados pelas opiniões dos amigos. Da sétima até a décima série [13 a 16 anos], o poder dos amigos dilui substancialmente o impacto dos pais. Jovens com lealdade particularmente intensa para com amigos são propensos a beber muito, a abusar de drogas, à delinqüência e a outros problemas graves (Jessor & Jessor, 1977).

Na vida cotidiana, amigos e pais geralmente têm as próprias esferas de poder. Os adolescentes tendem a consultar mães e pais sobre assuntos pessoais importantes e a procurar os amigos para resolver questões entre eles (McClintock, 1979).

Relacionamentos com o Sexo Oposto

Um pouco antes ou durante a adolescência, muitos jovens descobrem um interesse no sexo oposto. Hoje, meninos e meninas de 11 e 12 anos, em sua maioria, já são instruídos sobre namoro e sexualidade (Jackson, 1975).

Namoro

Em nossa cultura (americana), o namoro serve a funções recreativas e instrutivas. Por meio deste costume, os adolescentes aprendem a própria sexualidade e relacionamentos íntimos de dar e receber. Pelo fato de permitir fazer comparações, para os adolescentes o namoro os ajuda também a perceber a própria personalidade, necessidades interpessoais e valores. Para eles, ainda, o namoro também ajuda a perceber esses mesmos atributos nos membros do sexo oposto (Hopkins, 1983; Estep *et al.*, 1977).

Ao escolher um namorado, a atração física parece ser o principal interesse dos garotos adolescentes, pelo menos de início (Hansen, 1977). Os critérios das meninas adolescentes para um bom namoro tendem a girar em torno dos elementos interpessoais (compreensão, afeto, lealdade e congêneres).

Ligações românticas intensas formam-se com freqüência na adolescência. Uma pesquisa americana, de âmbito nacional, de secundaristas veteranos, indicou que mais de 60% de adolescentes negros e brancos têm relacionamentos fixos em alguma época dos anos de estudo secundário (Larsen *et al.*, 1976).

Sexualidade

Freqüentemente, os adolescentes expressam a sexualidade primeiro no contexto de romance. Mas, com ou sem amor, os adolescentes americanos, em sua maioria, tornam-se sexualmente ativos. Investigadores estimam que menos de 20% dos rapazes e 30% das garotas continuam virgens depois dos 20 anos (Micklin, 1984). No fim da faculdade, bem mais de 85% de ambos os sexos estão sexualmente ativos (Tavris & Wade, 1984). Uma pesquisa em áreas metropolitanas dos Estados Unidos, feita em 1979, sugere que apenas a metade dos adolescentes sexualmente ativos usa contraceptivos (Bryne & Fisher, 1983). Destes, muitos usam métodos não confiáveis, como tabela e interrupção do ato sexual (Geis & Gerrard, 1984). Portanto, o número de adolescentes grávidas — pelo menos 80% dos casos de gravidez indesejada — é muito alto. (Veja a Figura 11.3.)

Embora os adolescentes dos Estados Unidos iniciem a atividade sexual bem mais cedo do que no passado, relativamente poucos entram nesses relacionamentos de forma insensível, indiscriminada ou casual. A maioria dos jovens tem atividade sexual com um único parceiro na freqüência de uma vez por mês ou menos. Menos de 4% dos adolescentes têm relações sexuais com seis ou mais parceiros diferentes (Lerner & Spanier, 1980).

O psicólogo Robert Sorensen (1973) identificou dois estilos distintos entre os adolescentes sexualmente ativos. Os "*monógamos seriais*" criam relacionamento com uma pessoa por vez. Uma vez terminado o relacionamento, mudam para um novo parceiro. Os "*aventureiros sexuais*", em contraste, vêem a relação sexual como uma atividade de pra-

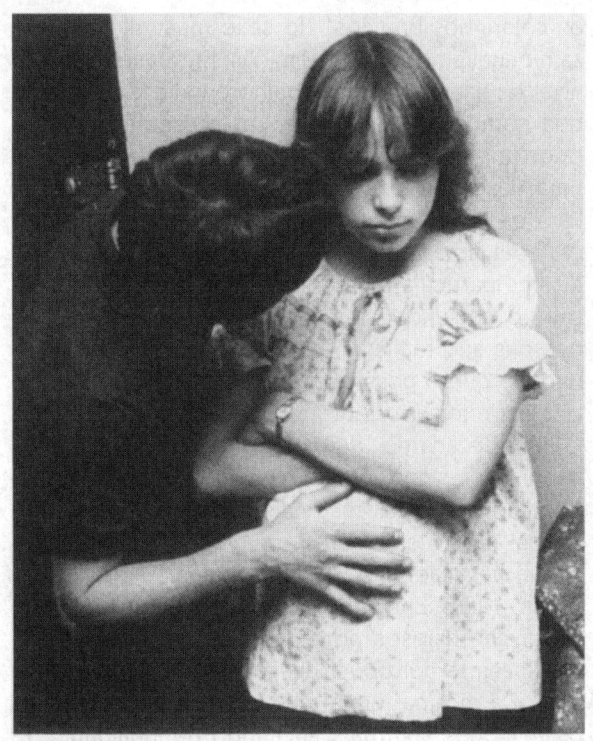

FIGURA 11.3 Nos Estados Unidos, a proporção de adolescentes sexualmente ativas que engravidaram antes do casamento aumentou na década de 1970, apesar do desejo de muitas de evitar a gravidez e apesar do aumento do uso de contraceptivos (Zelnik, 1983). Algumas adolescentes grávidas usaram métodos não confiáveis de controle de natalidade e muitas outras usavam a contracepção apenas esporadicamente, ou nunca a usaram. Fatores psicológicos como sentimento de culpa ou ansiedade pela sexualidade, sensação de falta de força, alienação, passividade, fatalismo, baixa auto-estima e pouco senso de futuro podem também responder por este aumento no número de adolescentes grávidas. (Chilman, 1983.) A desinformação pode ser importante também (Morrison, 1985). Embora a gravidez e o parto possam ser muito difíceis e limitadores para muitas jovens, programas de saúde, educação, treinamento profissional e apoio podem diminuir os problemas potenciais (McAnarney & Thiede, 1983; Unger & Wandersman, 1985), da mesma forma que uma mãe e um parceiro solidários (Gallas, 1980). (Polly Brown/Archive Pictures.)

zer que não requer amor ou intimidade emocional. Em vez de explorar parceiro após parceiro, porém, os aventureiros tendem a ver o sexo como um componente significativo da liberdade pessoal em um relacionamento aberto e natural (Conger, 1975). Os aventureiros sexuais mantêm relações sexuais com um número relativamente grande de pessoas. Os monógamos seriais, por sua vez, têm relações sexuais mais freqüentes. A minoria dos adolescentes que acredita em "esperar até o casamento" tende a experimentar outras atividades sexuais que não o próprio ato (Conger, 1975).

Você provavelmente sabe da existência de um *duplo padrão sexual*. Antes do casamento, revelam as pesquisas, os garotos adolescentes alegam ter mais parceiras sexuais, atos sexuais mais freqüentes e menos sentimento de culpa do que as garotas (Hendrick *et al.*, 1985; Tavris & Wade, 1984). No Capítulo 8 vimos que as diferenças de sexualidade entre os sexos, as quais tendem a persistir durante todo o ciclo de vida, podem depender em parte de forças evolucionárias.

Transição para a Vida Adulta

As tarefas do adulto são muito semelhantes em todo lugar. Espera-se que pessoas amadurecidas vivam de forma independente e assumam a responsabilidade por seus atos. Em muitas sociedades, cerimônias marcam a transição da adolescência para a vida adulta. Nos países industriais, o status de adulto é adquirido de forma gradativa. Para alguns indivíduos, ele começa com a concessão de privilégios: guiar o carro da família, beber em público ou votar. A formatura do curso secundário (ou da faculdade) pode ser outro marco. Para alguns, mudar-se da casa dos pais é o marco principal. Para outros, é o trabalho ou o casamento ou a chegada do primeiro filho.

A vida adulta abrange hoje a maior parte do ciclo de vida nos países modernos, mas nem sempre isso foi verdade. Durante os anos de 1700, a expectativa média de vida em Massachusetts Bay Colony[1] era de 35 anos (Schulz, 1978). Os americanos nascidos em 1981 podem esperar chegar aos 74 anos. Os ganhos podem ser atribuídos principalmente à tecnologia da medicina, que reduziu a mortalidade infantil e ajudou a prevenir ou curar as doenças infecciosas que ceifavam vidas prematuramente.

Examinaremos primeiramente o trabalho e os relacionamentos, dois desafios centrais da vida adulta, enfocando as primeiras fases da vida do jovem adulto. Posteriormente examinaremos as mudanças especiais da meia-idade e da velhice.

---

1. N.R..T.: Enseada localizada no oceano Atlântico, a leste de Massachusetts.

ENCONTRANDO SATISFAÇÃO NO TRABALHO

Suponha que você tenha herdado dinheiro suficiente para viver confortavelmente pelo resto da vida. Mesmo assim, você trabalharia? Nos Estados Unidos, uma pesquisa nacional fez esta pergunta e revelou que 75% dos homens e 65% das mulheres disseram que trabalhariam (Lacy et al., 1983). De cada cinco estudantes universitários, quatro vêem o envolvimento com uma carreira que lhes seja significativa um aspecto muito importante da vida adulta (Yankelovich, 1981).

O Que as Pessoas Querem do Trabalho

Em uma pesquisa que se constituiu em um marco, os investigadores da Universidade de Michigan (Survey Research Center, 1971) perguntaram a mais de 1.500 trabalhadores (representando empregados em tempo integral nos Estados Unidos) sobre os requisitos de um trabalho que lhes trouxesse satisfação. A maioria atribuiu às tarefas interessantes o primeiro lugar. Em segundo, terceiro e quarto lugares vieram: ter suficientes recursos, informação e autoridade para poder fazer bem o trabalho. Alta remuneração veio em quinto. Os pesquisadores interpretaram os resultados como sinônimo de que, contanto que as condições de trabalho, os salários e os benefícios atinjam os padrões mínimos, os trabalhadores valorizam muito mais as recompensas psicológicas do que as financeiras.

Os profissionais de nível superior parecem ter o melhor dos dois mundos. Conforme você pode ver na Tabela 11.1, eles têm maior probabilidade do que os trabalhadores menos qualificados de dizer que voltariam a escolher o mesmo trabalho. Ao mesmo tempo que as profissões qualificadas oferecem oportunidades de auto-realização (criatividade, variedade, liberdade, flexibilidade, autonomia, realização), elas tendem a fornecer bons salários, status, excelentes benefícios e ambientes agradáveis (Weaver, 1977).

Embora os aspectos psicológicos do trabalho (criatividade, variedade, liberdade, flexibilidade) possam ser atraentes em termos abstratos, o que contribui para a verdadeira satisfação no trabalho depende do tipo de trabalho que as pessoas fazem e da época da vida (Clausen, 1981). Na meia-idade, os colarinhos-brancos[2] do sexo masculino valorizam benefícios não econômicos. Entre eles, um alto nível de satisfação no trabalho é indicado por uma boa compatibilidade entre interesses e trabalho, oportunidades para usar habilidades e liberdade para desenvolver idéias, assim como remuneração. Para os colarinhos-azuis,[3] de meia-idade, segurança, bom horário de trabalho e pouco estresse são fatores particularmente importantes para a satisfação no trabalho. Estas descobertas sugerem que as pessoas são realistas; elas baseiam sua satisfação naquilo que é possível e desejável nas circunstâncias em que se encontram.

Na década de 1980, os resultados de pesquisas sobre valores corroboram os dados de satisfação no trabalho. As metas materiais (dinheiro, conquista e status) e os meios para alcançá-las (sacrifício pessoal e negação) são menos populares hoje (Yankelovich, 1981). Em torno de 70% dos adultos relatam sentir-se ansiosos por encontrar "significado" no que fazem e por poder chegar à sua "plena expressão". Da mesma forma, eles buscam outros valores psicológico-espirituais, incluindo tranqüilidade, reverência à vida, auto-suficiência e estreitos laços familiares, comunitários ou religiosos.

Obstáculos à Satisfação no Trabalho

Os níveis de satisfação no trabalho são altos por parte da maioria dos trabalhadores dos Estados Unidos (mais de 70% de amostras nacionais representativas), porém há queixas (Campbell, 1981; Clausen, 1981). Os homens jovens de nível universitário são especialmente propensos a se sentirem insatisfeitos (Clausen, 1981; Thayer, 1983). Quais as condições de trabalho que se revelam incômodas?

Nível Muito Alto ou Muito Baixo de Tensão no Trabalho

O alto nível de tensão no trabalho provém de uma variedade de fontes: sentimento de inadequação ao trabalho, condições insalubres, carga excessiva de trabalho, rodízio de turnos, supervisão inadequada, pouco status e pouco poder, e remuneração e oportunidades de progresso inadequadas ou injustas (Chemers et al., 1985; French et al., 1982; Kasl, 1978; Piotrkowski & Stark, 1985). O alto nível de tensão está ligado também a depressão, ansiedade,

---

2. N.R..T.: Colarinhos-brancos são trabalhadores administrativos.
3. N.R..T.: Colarinhos-azuis são trabalhadores de produção.

TABELA 11.1 Porcentagens de grupos profissionais que voltariam a escolher trabalho similar.

Profissionais liberais e colarinhos-brancos em cargos menos elevados	%	Profissões da classe operária	%
Professores universitários urbanos	93	Impressores qualificados	52
Matemáticos	91	Pessoal de escritório	42
Físicos	89	Operários qualificados da indústria automobilística	41
Biólogos	89	Operários qualificados da indústria metalúrgica	41
Químicos	86	Operários da indústria têxtil	31
Advogados de escritório de advocacia	85	Operários não qualificados da indústria metalúrgica	21
Advogados	83	Operários não qualificados da indústria automobilística	16
Jornalistas (correspondentes de Washington)	82	Colarinhos-azuis, corte transversal*	24
Professores de universidades religiosas	77		
Advogados autônomos	75		
Colarinhos-brancos, corte transversal*	43		

* Os cortes transversais referem-se a grupos de profissionais e de operários, selecionados aleatoriamente, em cada uma das ocupações/profissões dos grupos colarinhos-branco e colarinho-azul.
Fonte: *Work in America: Report of a special task force to the Secretary of Health, Education, and Welfare,* Cambridge, MA: MIT Press, 1973, p. 16. Reproduzida com permissão.

problemas de saúde, altas taxas de absenteísmo e problemas familiares, como filhos em depressão. O nível muito baixo de tensão no trabalho (poucas atribuições, tédio etc.) está associado àqueles mesmos resultados desagradáveis (veja a Figura 11.4).

Comprometimento com um Trabalho Inadequado

As pessoas valorizam a coerência e o compromisso, porém estas metas de carreira podem ser irreais. Um estudo de 21 anos de duração sobre trabalhadores do sexo masculino revelou que muitos deles não conseguiram formar laços de lealdade com seu trabalho e que quase 40% ainda estavam explorando a adequação entre suas necessidades e seus empregos aos 35 anos de idade, quando o estudo terminou (Phillips, 1982; Super, 1985). Quando as pessoas permanecem na mesma carreira apesar de se sentirem presas e entediadas, muitas delas mostram sinais de conflito: queixas quanto à saúde, a estresse (como dores de cabeça e dores nas costas), ansiedade e depressão (Sarason, 1977). O comprometimento com uma única carreira tende a ser limitativo porque as necessidades e os interesses das pessoas aumentam e diminuem no decorrer da vida adulta. A satisfação no trabalho pode depender, portanto, de permanecer flexível o bastante para alterar a carreira ou mudar de emprego quando os problemas não puderem ser resolvidos.

Estima-se que 10% dos homens americanos na faixa de 40 a 60 anos mudam de profissão (Havighurst, 1982). Eles o fazem sob uma série de circunstâncias: surgimento de oportunidades inesperadas; diminuição das responsabilidades financeiras quando os filhos deixam a casa ou a respectiva esposa começa a trabalhar; sentimentos de tédio ou de fracasso incontornáveis; outras prioridades (lazer, *hobby*, interesses da família). É provável que haja muito mais trabalhadores que desejam mudar de carreira, porém temem a carga financeira ou o desemprego por causa da discriminação de idade.

FIGURA 11.4 Operários da linha de montagem da Mazda em uma fábrica japonesa tomando decisões sobre seu trabalho. Os japoneses foram os pioneiros de uma série de práticas de trabalho que aumentam a satisfação dos trabalhadores. De maneira geral, as funções são projetadas para exigir uma variedade de habilidades. Em vez de ter uma centena de categorias, como nas fábricas dos Estados Unidos, as fábricas japonesas podem ter de duas a quatro categorias de mão-de-obra. Além de tornar as tarefas de cada trabalhador mais variadas e interessantes, tal política diminui o tempo parado à espera de alguém dotado das habilidades apropriadas para fazer uma tarefa necessária. Os japoneses enfatizam também a auto-regulação e o planejamento das responsabilidades, além do *feedback* freqüente. Trabalhadores e gerentes, interagindo como iguais em pequenas equipes, comunicam-se com freqüência. Os lembretes inconvenientes de diferenças de status, como códigos especiais de vestuário e estacionamento e refeitório de executivos, inexistem. Os toques igualitários transmitem a mensagem de que todos são importantes e promovem o respeito ao trabalho de todos. (Eiji Miyazawa.)

Perda de Idealismo (*Burnout*)[4]

O estado emocional denominado *perda de idealismo* é um sério obstáculo à satisfação no trabalho para enfermeiras, assistentes sociais, advogados que ajudam os pobres, médicos, policiais, pessoal que trabalha em prisões, conselheiros sociais, psicólogos clínicos e outros que trabalham intensamente com indivíduos aflitivos. Embora não haja uma definição-padrão sobre o termo *exaustão*, a extinção de idealismo, de energia e propósito é um aspecto central. Segundo duas vítimas: "Sinto-me emocionalmente esvaziado". "Parece que estou cansado de ter compaixão" (Maslach, 1982, pp. 2-4).

Nosso entendimento desta condição provém principalmente da observação de trabalhadores frustrados em ambientes de aconselhamento. Esses dados sugerem que se trata de uma condição muito disseminada (Maslach, 1982; Paine, 1982; Pines & Aronson, 1981; Shinn *et al.*, 1984).

Acredita-se que a luta para atingir metas irreais seja uma das principais fontes de perda de idealismo. Aqueles que trabalham em funções de assistência social geralmente começam com metas nobres, porém ingênuas, que não podem ser alcançadas. Há também outras frustrações ocultas:

- É difícil medir resultados nas profissões que estão relacionadas com serviço social.
- Aqueles que ajudam freqüentemente se deparam com sinais de que eles não são apreciados.
- As instituições tendem a contar com inadequados recursos e apoio dos órgãos que as administram.
- As pessoas da comunidade em geral tendem a sentir desconfiança e a criticar.
- A remuneração é relativamente baixa.

No trabalho de linha de frente, comumente esses profissionais lidam com supervisores e clientes exigentes (e até hostis, por vezes), um sem-número de casos, pouco poder real, quilômetros de papelada e muita burocracia.

A perda de idealismo transforma pessoas dedicadas em indivíduos ineficientes, apáticos, frustrados e estagnados. Os relacionamentos com os familiares e amigos são em geral afetados por isso. À medida que as emoções intensificam-se, os profissionais que perdem o idealismo podem passar a usar drogas ou bebida alcoólica como fuga. Também os clientes são afetados, porque os profissionais que perdem o idealismo com freqüência evitam o trabalho; e, quando não o podem evitar, realizam serviços medíocres.

---

4. N.R..T.: O termo *burnout* é empregado em outros contextos, mas aqui significa exaustão ou esgotamento físico ou emocional em conseqüência de estresse experienciado durante um longo período.

Se há algum consolo nisso tudo, é o de que esta condição não é necessariamente fatal. Diversas táticas para minimizá-la parecem promissoras: uma delas é reestruturar o trabalho de modo que ofereça oportunidades para combinar tarefas, algumas com baixo nível de estresse. Uma segunda estratégia benéfica é otimizar os índices de equipe/clientes a fim de minimizar a sobrecarga e renovar o entusiasmo. Ao mesmo tempo, esses profissionais precisam enfrentar seus problemas de forma realista, abandonar idéias e ideais irracionais, formular e trabalhar na consecução de metas novas e exeqüíveis.

Contribuições Pessoais para a Satisfação no Trabalho

Em qualquer situação de trabalho, as pessoas trazem consigo o próprio e exclusivo padrão de habilidades, necessidades, valores e objetivos. Qualquer pessoa que esteja em uma situação de enorme descompasso tende a se sentir infeliz e contrariada. A satisfação no trabalho está positivamente correlacionada com o grau em que o trabalho reflete os interesses pessoais e permite o uso de aptidões (Eichorn et al., 1981). Presumindo que a compatibilidade seja razoável, há determinadas características pessoais que tornam alguns indivíduos particularmente propensos a encontrar satisfação no trabalho?

A pesquisa conduzida pelos psicólogos Douglas Bray e Ann Howard (1980) indica que a satisfação no trabalho está ligada a características pessoais específicas. Bray e Howard estudaram mais de 200 homens de meia-idade que trabalham em funções de nível gerencial, funcionários da American Telephone & Telegraph Company. Os homens haviam sido avaliados em características gerenciais, de personalidade e motivacionais na década de 1950, quando entraram na empresa, e novamente oito anos depois. Nesse acompanhamento de 20 anos, Bray e Howard descobriram que o sucesso objetivo no trabalho não estava relacionado com satisfação com a vida. Os homens que haviam chegado ao sucesso não estavam necessariamente contentes com a própria vida. Muitos dos homens mais felizes ocupavam posições gerenciais relativamente baixas. Segundo revelaram os resultados, os trabalhadores mais satisfeitos não se dedicavam muito a análises, críticas ou "ruminações". Ao contrário, eles aceitavam o que lhes cabia e enfatizavam os aspectos positivos. Esses traços pessoais provavelmente maximizam a probabilidade de todos os tipos de satisfação.

Mulheres e Satisfação no Trabalho

No começo deste século, as mulheres americanas que tinham condições financeiras para ficar em casa cuidavam do lar e dos filhos. Trabalhar fora era visto como um prejuízo à imagem de chefe de família do marido. Velhas percepções e convenções dos papéis da mulher foram desaparecendo (Yankelovich, 1981). Hoje, números recordes de mulheres adultas trabalham fora. Nos Estados Unidos, estima-se que quase todas as mulheres nascidas entre 1956 e 1960 terão algum emprego remunerado em alguma época (Sawhill, 1979). A maioria dos homens e mulheres vê o ato de trabalhar fora como melhoria de status da esposa e não acredita que isso possa humilhar o marido. Duas em cada três mulheres que estão no mercado de trabalho consideram o respectivo emprego predominantemente gratificante, embora possa ser também financeiramente necessário.

Os cientistas sociais têm se surpreendido com o fato de as mulheres expressarem muita satisfação no trabalho, tendo em vista que suas condições objetivas de trabalho deixam muito a desejar. Comparadas aos homens, as mulheres, em média, ganham substancialmente menos em funções equiparáveis e são segregadas em certas ocupações e papéis de pouco status e poder (Hoiberg, 1982; Lopata & Pleck, 1983; Reskin, 1984; Russo & Denmark, 1984). Ironicamente, as mulheres parecem trabalhar mais arduamente, por mais tempo e com mais eficiência por sua remuneração (Major et al., 1984). Ainda assim, poucas mulheres se vêem como vítimas da discriminação, embora sintam que as mulheres em geral o são (Crosby, 1982). Por quê? As observações de Faye Crosby sugerem haver pouca discrepância entre o que as mulheres obtêm do emprego e aquilo que elas desejam ou sentem ter o direito de obter. As mulheres tendem a se comparar com outras mulheres, a se sentir em melhor situação do que a maioria e a ignorar as diferenças entre a própria situação e a dos homens com os quais trabalham.

Muitas mães que trabalham fora preocupam-se com o conflito gerado entre as exigências do trabalho e o ser uma boa mãe, especialmente de crianças em idade pré-escolar. Quando os pesquisadores consideram classe social, divórcio, nível de escolaridade e congêneres, raramente encontram diferenças de desenvolvimento entre filhos de mães que trabalham e que não trabalham fora (Hoffman & Nye, 1974). De fato, comparações entre mães insatisfeitas que trabalham fora e donas de casa insatisfeitas sugerem que as mães que trabalham fora são superiores — na criação dos filhos, no controle, na satisfação emocional e na confiança. O comportamento maternal de mães felizes que trabalham fora e donas de casa felizes parece não apresentar diferenças. Em suma, a maternidade em tempo integral não é necessariamente melhor para a criança ou para a mãe do que o emprego de período integral fora de casa.

As mulheres que trabalham fora têm, em geral, dois empregos. Quando um homem e uma mulher vivem juntos e ambos trabalham em tempo integral e cuidam da casa, a semana de trabalho da mulher oscila de 66 a 75 horas, excedendo a dos homens em mais de 20 horas (Hoiberg, 1982; Rousmaniere, 1980; Russo & Denmark, 1984). Acredita-se que essa desvantagem da mulher contribua para os conflitos matrimoniais e para os altos índices de depressão e ansiedade (Bernard, 1973; Gove & Tudor, 1973; Kessler, 1984; Veroff et al., 1981a; Weissman & Klerman, 1981). Os críticos sociais atribuem os problemas da mulher casada que trabalha fora à sobrecarga de trabalho, combinada com o baixo nível de poder e autonomia.

ESTABELECENDO INTIMIDADE

Se você tivesse de escolher o aspecto mais gratificante da vida, o que você escolheria? A maioria das pessoas responde que "são os relacionamentos" (Veroff et al., 1981a; Yankelovich, 1981). Nesta seção exploraremos o início da formação dos laços humanos baseada na atração e na afeição e as experiências mais envolventes da amizade e do amor romântico. Vamos nos concentrar nos relacionamentos de longo prazo, especialmente o casamento.

Atração e Afeição

Embora poucas pessoas estejam cientes disso, a *beleza* parece ser uma importante influência na atração inicial. Os seres humanos tendem a ter em mais alta conta os adultos e as crianças fisicamente atraentes (Cash & Janda, 1984; Johnson & Pittenger, 1984; Maruyama & Miller, 1982). Em um estudo que corrobora essa idéia, Karen Dion (1981) e seus colaboradores apresentaram a estudantes fotografias de homens e mulheres, anteriormente classificados como tendo aparência física altamente, medianamente e pouco atraente. Os participantes da pesquisa julgaram as fotografias quanto a traços de personalidade (como o altruísmo) e fizeram uma estimativa de sua futura felicidade conjugal e sucesso profissional. De modo geral, "os bonitos eram bons". As pessoas fisicamente atraentes receberam pontuações mais altas em características pessoais e foram consideradas mais propensas ao sucesso do que aquelas fisicamente menos atraentes.

Nós não só consideramos mais as pessoas fisicamente atraentes como também somos atraídos para elas (Dion, 1981). Ao estudar este tópico, a psicóloga Elaine Walster e seus colaboradores (1966) emparelharam aleatoriamente estudantes para um encontro em um baile. A atração física, avaliada por observadores presentes, revelou-se o melhor indicador entre aqueles que relataram haver gostado um do outro e que desejavam ter um segundo encontro, sendo as pessoas mais atraentes fisicamente as mais desejadas e procuradas. A beleza foi o melhor indicador da afeição e futuros contatos do que a inteligência, a personalidade ou a combinação de necessidades. Todavia, quando perguntados sobre o que valorizavam nos encontros, os estudantes de outro estudo mencionaram, antes da beleza, a inteligência, a amabilidade e a sinceridade (Vreeland, 1972). Além de os indivíduos atraentes serem admirados, eles recebem vantagem em notas escolares, seleção para emprego, julgamentos judiciais e até mesmo em cuidados médicos (Cash & Janda, 1984). Aqueles que têm plena consciência das impressões que causam e que se preocupam em se comportar de forma apropriada são especialmente propensos a valorizar a beleza física (M. Snyder et al., 1985).

A *competência*, com moderação, é outra qualidade que as pessoas admiram. A quase-perfeição parece ser uma desvantagem, talvez porque relembre as pessoas das próprias limitações (Aronson et al., 1966).

Por que os seres humanos sentem-se atraídos por pessoas fisicamente bonitas e moderadamente competentes? Talvez pelas vantagens primárias da apreciação da beleza ou do benefício das habilidades. Há também uma vantagem social. O ato de associar-se a pessoas admiradas tem a aprovação dos outros. Além disso, a lealdade de pessoas atraentes e competentes produz um reflexo favorável no valor da própria pessoa, elevando a auto-estima.

Se você acredita que alguém gosta sinceramente de você, você também gostará dessa pessoa? É provável que sim (Berscheid & Walster, 1978). S*er alvo de afeto* parece derivar pelo menos parte de sua potência do aumento da autoconfiança.

A distância física, ou *proximidade*, também é um bom indicador de quem gostará de quem. Em um estudo clássico que respalda esta idéia, Leon Festinger e seus colaboradores (1950) investigaram a amizade de casais que viviam em um projeto de alojamento de estudantes casados no Instituto de Tecnologia de Massachusetts (MIT — Massachusetts Institute of Technology). Nesse estudo, casais que não se conheciam inicialmente foram solicitados a nomear seus três amigos mais próximos no alojamento. Os dados demonstraram que, mesmo dentro de um único prédio, as pessoas tendiam a escolher companheiros que viviam perto. Amizades entre indivíduos que viviam a quatro ou cinco portas de distância eram bastante raras. Investigações mais recentes corroboram o impacto da proximidade sobre a atração (Nahemow & Lawton, 1975; Segal, 1974).

Proximidade e afeição podem estar associadas por diversas razões. O trabalho de Robert Zajonc (1980) e outros (Rheingold, 1985) mostra que a repetida exposição torna quase qualquer coisa — quadros, estilos de vestuário e música, por exemplo — progressivamente atraentes. Presumivelmente, os seres humanos costumam ficar desconfiados do novo, diferente ou incomum, porém vão se tornando mais seguros por meio do contato (Smith & Dorfman, 1975). A proximidade tem um outro benefício. Ela permite que as pessoas simpatizem-se, interajam freqüentemente e acumulem experiências de mútua satisfação que reforçam a amizade.

Naturalmente, apenas a proximidade não é base suficiente para a harmonia. Se você não simpatiza com alguém, a proximidade tornará essa pessoa insuportável (Ebbesen *et al.*, 1976). E, como quase tudo na vida, a proximidade pode ser excessiva. Quando há convivência intensa entre as pessoas elas invadem a privacidade e tornam-se irritantes, cansativas ou ambos.

A *similaridade* é outro importante indicador de atração e afeição. Pesquisadores que acompanharam o progresso de casais de namorados descobriram que os casais que permaneciam juntos tendiam a estar envolvidos no relacionamento em níveis similares e ter idades, planos de estudo, resultados de testes de aptidão, valores e beleza física semelhantes (Rubin, 1975; White, 1980). Algumas diferenças — religião, por exemplo — pareciam não importar. Há descobertas paralelas entre os casais casados (Cattell & Nesselroade, 1967; Watkins & Price, 1982). Em projetos de pesquisa, até mesmo estranhos que se encontram pela primeira vez no laboratório preferem interagir com aqueles que têm atitudes, valores e traços de personalidade semelhantes (Berscheid & Walster, 1978).

Por que a similaridade é importante? Ela propicia uma base para o compartilhamento de atividades agradáveis. Ela aumenta a autoconfiança. ("Se somos compatíveis, então nós dois somos pessoas sensíveis e superiores.") Ademais, com maior similaridade, há menos motivos de discussão. Da mesma forma que com a proximidade, o excesso de similaridade pode tornar os relacionamentos previsíveis e, portanto, sem graça.

Os opostos atraem-se? Se satisfizerem as necessidades mútuas, os opostos podem se atrair até certo ponto. Os estudos realizados por Alan Kerckhoff e Keith Davis (1962) de casais de estudantes universitários em relacionamentos duradouros estão dentre os que apóiam esta idéia. Os estudos de Kerckhoff e Davis revelaram que a proximidade e o histórico social similar inicialmente impeliam os estudantes um para o outro, quando então tendiam a se conhecer e a se gostar. Uma vez que os pares começavam a interagir, valores, atitudes e interesses similares tornavam-se importantes. Finalmente, os resultados de um teste que media a *complementaridade de necessidades* — o atendimento das necessidades mútuas — previam quais casais iam permanecer juntos por mais tempo. Embora pesquisas susbseqüentes não tenham corroborado o valor da complementaridade de necessidades (talvez em virtude de problemas de mensuração), alguns psicólogos continuam a acreditar que a combinação de certas necessidades (com a similaridade de outras) é uma influência importante nos relacionamentos (Levinger, 1983; Murstein, 1981).

Amor Romântico versus Amizade Profunda

Vários pesquisadores tentaram descobrir o que faz o amor romântico especial (Davis & Todd, 1982, 1985; Kelley, 1983; Levinger, 1983; Rubin, 1973; Sternberg & Grajek, 1984; Wright & Bergloff, 1984). Keith Davis e Michael Todd, por exemplo, examinaram as experiências e expectativas de mais de 300 pessoas (a maioria delas estudantes universitários solteiros). Eles descobriram que amizade e amor romântico parecem ter muitos ingredientes em comum. Em ambos, as pessoas valorizam estar na companhia um do outro na maior parte do tempo, aceitam um ao outro como são, confiam que o parceiro agirá em seu melhor interesse, respeitam os julgamentos do outro, ajudam-se e apóiam-se, compartilham experiências, entendem um ao outro e sentem-se livres para ser eles mesmos no relacionamento. O amor romântico tem o acréscimo de vários ingredientes fundamentais: os amantes, com muito maior freqüência do que os amigos, sentem-se fascinados um pelo outro e preocupados um com o outro e põem o relacionamento amoroso acima de qualquer outro. O elemento da paixão — desejo de intimidade física e sexual — também é importante.

A pesquisa Davis-Todd sustenta a idéia de que o caminho do amor romântico é acidentado. Embora os apaixonados se gostem mais intensamente do que os amigos, eles tendem a criticar um ao outro e a ver o vínculo como menos estável e mais conflituoso, ambíguo e trabalhoso (busca de sintonia e solução de conflitos). Não é incomum os amantes "testarem-se" secretamente para descobrir em que pé está o relacionamento (Baxter & Wilmot, 1984).

Nem todos experimentam o amor romântico (Lee, 1977). Tampouco todos o desejam. Algumas pessoas buscam mais a companhia do que o romance com os parceiros (M. K. Roberts, citado por K. E. Davis, 1985). A personalidade contribui para a suscetibilidade ao amor romântico. Se você está sempre ansioso por se juntar a outras pessoas e não tem muita necessidade de independência, é provável que relate sentir mais amor por seu parceiro e goste mais do relacionamento amoroso (Centers, 1971; Eidelson, 1980). O senso de controle pessoal também entra no amor romântico. Indivíduos que acreditam em destino e que se sentem incapazes de controlar a própria vida são especialmente propensos a este tipo de amor (Dion & Dion, 1973).

Os sexos diferem entre si no amor romântico? Mulheres e homens são igualmente românticos. Ambos os sexos apresentam números similares de idealistas e cínicos (Peplau & Cochran, 1980). Nem homens nem mulheres exibem diferenças consistentes na expressão de compromisso ou satisfação com um relacionamento amoroso. Todavia, as mulheres efetivamente enfatizam mais do que os homens a expressão de emoções e a conquista de igual poder nos relacionamentos amorosos.

Coabitação

Nos países ocidentais, o costume de viver junto como marido e mulher sem sanções legais (*coabitação*) tornou-se popular nos últimos anos (Berscheid & Peplau, 1983; Cherlin, 1979; Hobart, 1979). Mais ou menos 50% de todos os casais que coabitam nos Estados Unidos nunca foram casados, porém a maioria acabará casando com seu atual parceiro ou com outra pessoa. Outros 30% dos casais que coabitam são divorciados e também acabarão casando novamente. Portanto, os cientistas sociais vêem a coabitação como uma forma de corte e não como um substituto do casamento (Risman *et al.*, 1981).

Viver junto pode ser um valioso prelúdio do casamento. Serve para ensinar algo sobre relacionamentos íntimos, apontar compatibilidades e alertar sobre problemas. Embora esses possíveis benefícios não possam ser desconsiderados, as comparações entre o casamento daqueles que coabitaram e o daqueles que não coabitaram não revelam vantagens para aqueles que coabitaram (DeMaris & Leslie, 1984; Newcomb & Bentler, 1980). Quando comparados com os casados que não coabitaram, os casados que coabitaram dizem discordar mais freqüentemente em finanças, papéis no lar e uso do tempo de lazer; ter discussões mais longas; sentir-se mais independentes um do outro; ver o casamento como uma parte menos vital; e achar mais fácil administrar o relacionamento quando o amor diminui. Essas admissões negativas, que podem ser interpretadas como demonstração de honestidade e realismo, não são necessariamente causadas pela coabitação. Ao contrário, as pessoas não casadas que vivem juntas parecem ser de uma espécie especial: rebeldes, determinadas, abertas aos próprios sentimentos. Elas desprezam os estereótipos de papéis de homem e mulher, raramente vão à igreja e se sentem menos comprometidas com laços permanentes. Em um casamento, é difícil alguém poder ser brigão e independente.

Como outros casais, aqueles que coabitam relatam problemas, embora tendam a gostar desse arranjo (Risman et al., 1981). As mulheres que coabitam sentem-se menos poderosas do que aquelas que não coabitam (compensadas, talvez, por se sentirem mais próximas e mais amorosas com os parceiros). Entre aqueles que coabitam, conflitos de divisão de trabalho e estabelecimento de papéis dentro do lar são predominantes (Cunningham et al., 1982; Stafford et al., 1977). A pressão dos pais para que se casem e o sentimento de culpa são também comuns.

Casamentos e Casamentos

A maioria das pessoas das culturas modernas acaba se casando. Os arranjos que concebem tendem a ser extraordinariamente complicados. Para entender melhor o casamento, cientistas sociais têm tentado determinar as principais dimensões que modelam sua natureza. Uma dimensão-chave é a carga de trabalho dentro e fora do lar. Em um estudo conduzido por John Mirowsky e Catherine Ross (1984), os casamentos foram classificados com base na carga de trabalho. Nos casamentos do Tipo I, a esposa fica em casa e cuida da casa e dos filhos porque assim o deseja; o marido concorda. O casal tende a se sentir psicologicamente satisfeito, principalmente o marido, uma vez que ele detém maior poder e prestígio. A esposa do casamento do Tipo II trabalha fora, mas somente para ajudar a família a superar um período de dificuldade financeira. Ela cuida também da casa e dos filhos. O desgaste é muito grande nesse tipo de casamento. A esposa sente-se infeliz pelo trabalho duplo e o marido, fracassado, uma vez que foi incapaz de sustentar a família. No casamento do Tipo III, a mulher trabalha fora, sendo esta decisão apoiada pelo casal. Os papéis no lar estão em transição; não obstante, a esposa faz a maior parte do trabalho doméstico. Os homens do casamento do Tipo III desfrutam benefícios financeiros sem grandes custos e tendem a ter sentimentos bastante positivos psicologicamente. As mulheres do casamento do Tipo III sentem-se estressadas, embora menos do que aquelas do casamento do Tipo II. O casamento do Tipo IV assemelha-se ao do Tipo III, com a exceção de que marido e mulher dividem as tarefas domésticas.

Para marido e mulher, o desgaste é pequeno. Os casamentos dos Tipos I e II podem parecer antiquados, porém dados de pesquisas sugerem que são comuns hoje em dia entre casais jovens (Blumstein & Schwartz, 1983; A. Brooks, 1981). A classificação Mirowsky-Ross tem uma importante implicação que não deve ser ignorada. Ela sugere que cada casamento é na verdade dois casamentos: o dele e o dela.

A qualidade e a quantidade de interações são outra dimensão importante dos casamentos. Em um estudo clássico, os pesquisadores isolaram cinco padrões interpessoais que caracterizavam os casamentos duradouros (Cuber & Harroff, 1965). O casal *habituado ao conflito* discute continuamente, porém considera suas discussões aceitáveis e seu vínculo, positivo, em termos gerais. Parceiros *deintalizados* acreditam que amam um ao outro e que têm um bom casamento, porém freqüentemente parecem entediados ou desencantados um com o outro e compartilham muito pouco. Para o casal *passivo-congenial*, a vida é confortável, agradável e conveniente, mas os parceiros não estão muito envolvidos um com o outro. Dois outros tipos de casamento duradouro enfatizam o companheirismo. Os parceiros *vitais* compartilham a maioria dos aspectos da vida em família. Aqueles envolvidos em casamentos *totais* estão estreita e mutuamente engajados nos interesses tanto familiares quanto pessoais, como trabalho, lazer, *hobbies*, estados de humor e pensamentos. (Veja a Figura 11.5.)

Construindo um Casamento Satisfatório

Embora as diferenças e dificuldades sejam inevitáveis, 50% dos casais casados permanecem juntos; uma porcentagem menor (em uma amostra, 25% das mulheres e 40% dos homens) declara sentir-se satisfeita com a união (Kessler, 1984; Pietropinto & Simenauer, 1979; U.S. Bureau of the Census, 1983; Veroff et al., 1981a). O que está associado a um relacionamento feliz? Os cientistas sociais conhecem muitas correlações, porém podem apenas conjeturar o que contribui para o que e a relativa importância de cada ingrediente.

As atitudes maritais provavelmente são fundamentais a um casamento feliz (Fincham, 1985; Holtzworth-Munroe & Jacobson, 1985; Lauer & Lauer, 1985; Levenson & Gottman, 1985; Revensdorf, 1984; Skolnick, 1981). Com base na simples leitura de descrições de interações conjugais, é difí-

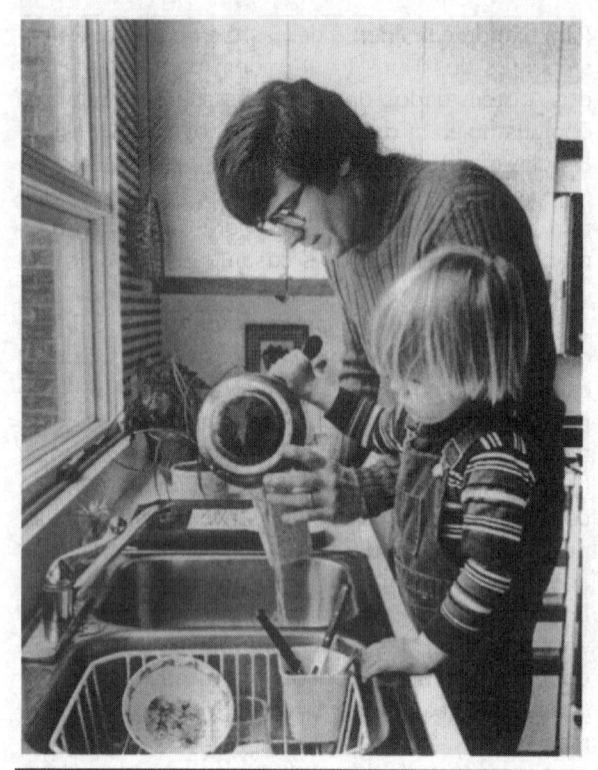

FIGURA 11.5 Casamentos igualitários de dupla carreira (aqueles que enfatizam a igualdade entre homem e mulher, cada um perseguindo a própria carreira) são atraentes para muitas pessoas, porém requerem um bocado de trabalho. Os homens freqüentemente se sentem incomodados com a dedicação da respectiva esposa à carreira (Kessler, 1984). De fato, quanto mais as mulheres conquistam no trabalho, maior a probabilidade de choques e maiores as possibilidades de divórcio (Blumstein & Schwartz, 1983). Muitos casais de dupla carreira provavelmente sobrevivem porque põem o trabalho do homem em primeiro lugar (S. Jacoby, 1982). Além dos problemas do estado de ânimo desses casamentos, há a necessidade prática de tocar a vida do lar. As mulheres bem posicionadas no trabalho têm menos flexibilidade no planejamento das tarefas familiares e tendem a ser mais exigentes no trabalho conjunto de cuidar da casa e dos filhos. Embora muitos maridos concordem em fazer esses trabalhos, muitos se ressentem disso. Tipicamente, os homens protelam tanto a execução dessas tarefas, que as mulheres — especialmente aquelas menos tolerantes à sujeira e à desordem — ficam cansadas de esperar e acabam elas mesmas fazendo o que precisa ser feito (Blumstein & Schwartz, 1983; Stevens-Long, 1984). Na maioria dos casamentos, sugere um estudo de casais de classe média, os homens fazem um terço do trabalho feito pelas mulheres e freqüentemente muito menos (Barnett, 1983). (Jean-Claude LeJeune/Stock, Boston.)

cil saber se os membros do casal são felizes ou infelizes. Mais significativo do que o comportamento é o tom geral do relacionamento: se o marido e a mulher se gostam, respeitam-se e apreciam um ao outro. Pessoas felizes no casamento freqüentemente relatam "ser grandes amigos". Elas também falam que se sentem comprometidas com o casamento. Elas têm uma expectativa mútua de prazer e sentem-se otimistas ao antecipar as interações.

Também necessárias ao casamento de sucesso são as habilidades de solução de conflitos (Lauer & Lauer, 1985; Noller, 1980). Parceiros felizes geralmente consideram os conflitos uma coisa normal. Quando algo dá errado, eles lidam com o problema em termos de torná-lo administrável e trabalham arduamente para resolvê-lo (Levinger, 1983). Eles relatam lidar com as questões de forma aberta e tranqüila. Demonstram empatia com o ponto de vista do outro, uma tendência que parece minimizar o antagonismo à medida que trabalham seus problemas (Franzoi et al., 1985). Pessoas felizes no casamento tendem a enxergar as dificuldades como meros transtornos, permitindo que cada parceiro mantenha sentimentos positivos pelo outro e pelo próprio relacionamento. Os conflitos em uniões insatisfatórias tendem a permanecer sem solução, o que leva os parceiros à tensão, à hostilidade e ao afastamento, e a se sentirem críticos e negativos.

A harmonia conjugal parece requerer que pelo menos um cônjuge tenha como primeira prioridade o relacionamento (Blumstein & Schwartz, 1983). Casais desprovidos de um "especialista de relacionamento" tendem a se sentir menos satisfeitos e envolvidos. As mulheres são mais propensas a desempenhar o papel de especialista. Pode ser essa a razão por que o sentimento maternal das mulheres esteja associado ao casamento harmonioso (Skolnick, 1981). Nas mulheres maternais, as exigências do laço conjugal estão em harmonia com suas tendências naturais.

Da mesma forma que a felicidade está ligada à satisfação no trabalho, está ligada à felicidade conjugal (Udry, 1971). A pessoa feliz tende a ser fácil de conviver e fácil de gostar (Coyne, 1976, 1985). Vendo o proverbial copo como meio cheio em vez de meio vazio, o indivíduo feliz tende a enfatizar o positivo (mesmo durante tempos difíceis). Além disso, tendo o casamento em alta conta, as esposas risonhas não tendem a tentar dissolver o relacionamento, a menos que se torne extremamente opressivo.

A similaridade entre os parceiros está também relacionada com o relacionamento estável, embora até mesmo pessoas infelizes no casamento tendam a exibir muita similaridade (Buss, 1984; Cattel & Nesselroade, 1967; Lauer & Lauer, 1985; Skolnick, 1981; Watkins & Price, 1982). Muito provavelmente os casais no início são similares e tornam-se mais similares ainda no decorrer dos anos de convivência. A similaridade nas dimensões seguintes parece particularmente importante nos casamentos estáveis: metas e objetivos na vida, inteligência e estilo de pensamento (ceticismo, não-convencionalismo, gama de interesses), caráter social (sociabilidade, confiabilidade, generosidade, tranqüilidade), manobras de tratamento de problemas (atitude defensiva, o sentir-se vítima) e postura diante do prazer (auto-indulgência, sensualidade). Quando as pessoas são semelhantes, há menos conflitos. A similaridade pode aumentar a capacidade de cada parceiro de sentir empatia pelo outro e pode encorajar a vontade de dividir informações pessoais — duas condições adicionais ligadas à felicidade conjugal (Franzoi et al., 1985).

Até agora mencionamos as características que compõem a satisfação conjugal no decorrer da união, no mundo todo. Há evidência, porém, de que as prioridades no casamento mudam com o tempo e dependem de valores culturais (Sternberg, 1985b). Inicialmente, sugere um estudo, os cônjuges americanos ficam impressionados pela capacidade de entabular uma conversa interessante e de escutar. A atração física, a sexualidade, a empatia e níveis similares de inteligência e necessidade de afeto parecem ser também cruciais. No decorrer do relacionamento, outras dimensões — valores e convicções compartilhados, disposição de mudar e tolerância a defeitos — adquirem mais importância. Mais tarde, as ênfases iniciais (sobre a sexualidade, a empatia e similaridades intelectuais e afetivas) podem reaparecer. Qual é o nível de importância de uma vida sexual gratificante? Casais felizes freqüentemente consideram sua vida sexual pelo menos satisfatória (Lauer & Lauer, 1985). Porém, geralmente eles não põem o sexo no topo da lista daquilo que contribui para a felicidade. Até mesmo pessoas que têm problemas sexuais podem achar seu casamento feliz no todo.

Certas características supostamente diminuem a probabilidade de desacordos e contribuem para a felicidade no casamento; dentre elas, um namoro longo e tranqüilo e uma confortável receita financeira (Furstenberg, 1976; Renne, 1970; Udry, 1971; Veroff et al., 1981a; Wilson, 1967). Se o namoro foi longo, os parceiros esperaram para casar e casaram-se conhecendo as próprias necessidades e as do parceiro, a probabilidade de um casamento feliz aumenta. Os adolescentes, em contraste, com freqüência casam-se impulsivamente por motivo de gravidez. Com a idade, os parceiros provavelmente adquirem uma percepção das limitações dos relacionamentos humanos e desenvolvem certas habilidades essenciais. Além disso, um casamento tardio tende a se fundar em uma base financeira mais segura. Uma renda adequada evita muitos estresses e desgastes. Ela traz também alguma medida de poder, conveniência, lazer e liberdade, elementos esses que tornam mais fácil relaxar e apreciar outra pessoa.

Quando o Casamento Fracassa: Divórcio

Os índices de divórcio variam no mundo todo. Nos Estados Unidos, um em cada dois casamentos recentes termina em divórcio (Hagestad, 1984; U.S. Bureau of the Census, 1983). A previsão para 1990, se essas tendências persistissem, era de que uma em cada duas crianças provavelmente cresceriam no lar de um dos pais durante parte dos primeiros 18 anos de vida (Dornbusch et al., 1985).

Uma série de condições culturais parece aumentar os índices de divórcio (Goetting, 1979). A primeira é a ênfase cada vez maior no indivíduo dentro da sociedade do que nas unidades familiares. Por exemplo, quando as mulheres vêem-se principalmente como esposas e mães, e subordinam suas necessidades àquelas da família, o divórcio torna-se menos provável. Quando as mulheres concentram-se em seu potencial de crescimento e realização, a tolerância à infelicidade diminui e crescem os índices de divórcio. Outra condição social é a aceitação do divórcio. Nos Estados Unidos, as Igrejas tendem a ser tolerantes com o divórcio e as leis liberalizantes do divórcio tornam mais fáceis as separações judiciais. Um século atrás, as famílias detinham mais poder porque eram o centro da vida. As pessoas obtinham trabalho, instrução, recreação, proteção e status dentro das famílias. Hoje, as famílias servem a menos funções. Finalmente, a maior prosperidade econômica elevou os padrões de vida, propiciando a muitas pessoas os meios para elas viverem sozinhas. E no caso daqueles desprovidos de dinheiro, a sociedade assume parte dos custos.

Da mesma forma que os costumes culturais influenciam o divórcio, a personalidade é um fator influenciador. Um investigador de correlações entre personalidade e divórcio estudou uma amostra de americanos que haviam se casado após a Segunda Guerra Mundial. No início da adolescência, os participantes da pesquisa que mais tarde vieram a se divorciar tendiam a apresentar um comportamento mais auto-indulgente e autodramatizado e a demonstrar menor autocontrole do que aqueles que permaneceram em casamentos infelizes (Skolnick, 1981). Essas características podem tornar mais difícil o convívio com essas pessoas ou as predispor a partir para o divórcio para solucionar as dificuldades conjugais. Esses traços podem também tornar as pessoas inclinadas a escolher parceiros propensos ao divórcio.

Impacto do Divórcio sobre os Adultos Que Se Divorciam
Em um estudo incomumente cuidadoso, Mavis Hetherington e seus colaboradores (1979a, 1979b, 1979c, 1984) compararam 48 famílias brancas de classe média nas quais ocorrera o divórcio com um grupo similar de famílias intactas. Eles escolheram cuidadosamente os participantes de cada grupo, assegurando-se de que os filhos eram comparáveis em termos de sexo e idade pré-escolar e os pais, em idade, escolaridade e duração do casamento. O grupo de Hetherington coletou diários, fez observações e avaliações (em casa, na escola e em laboratório) e testes de personalidade e desenvolvimento dois meses, um ano e dois anos após a ocorrência do divórcio.

Os pesquisadores chegaram a algumas conclusões desagradáveis. O divórcio parece ser intensamente doloroso para a maioria das pessoas, e a dor piora substancialmente antes de ceder. O divórcio geralmente causa estresse e pobreza em uma única tacada. Logo depois do divórcio, a vasta maioria dos indivíduos sente-se extremamente solitária, deprimida e isolada. Ao mesmo tempo que anseiam por uma ligação pessoal profunda, eles se sentem incompetentes. As mães freqüentemente se sentem presas pelos filhos e os pais freqüentemente se sentem excluídos da vida da família.

Outro marco da pesquisa sobre o divórcio, um estudo conduzido por Judith Wallerstein e Joan Kelly (1980), indica que leva 2,5 anos ou mais para os adultos readquirirem estabilidade após o divórcio. Os parceiros tendem a ficar remoendo as causas da ruptura (McCall, 1982). Em torno da metade deles busca auxílio profissional (Jacobson, 1983). Até mesmo cinco anos depois, apenas a metade da amostra Wallerstein-Kelly estava operando em um nível mínimo de saúde psicológica.

Homens e mulheres ajustam-se mais satisfatoriamente ao divórcio quando são preparados (Kurdek, 1981). Sentir-se emocionalmente distante do cônjuge e de um casamento cheio de conflitos pode ajudar. Estar em boa situação financeira e estreitamente envolvido com amigos, parentes e a comunidade aliviam parte do sofrimento. Mulheres menos convencionais e mais masculinas — descritas como centradas em si mesmas e orientadas para a própria satisfação — parecem ajustar-se mais facilmente do que as outras (Hansson *et al.*, 1984; Hetherington, 1984). Os homens têm mais dificuldade que as mulheres de se desligar do relacionamento, um padrão verificado também na viuvez (Cooney *et al.*, 1984; Stroebe & Stroebe, 1983).

O Impacto do Divórcio sobre os Filhos
Os divorciados não só são infelizes, mas também pais menos capazes. Em todos os indicadores reunidos pelo grupo de Hetherington, os divorciados lidavam menos habilmente com os filhos do que os casais não divorciados. Os pais divorciados comunicavam-se menos claramente, comportavam-se menos consistentemente e expressavam menos afeto.

E como reagem os filhos de divorciados? Logo depois do divórcio, eles experimentam perturbações emocionais e rupturas de cognição e conduta (Cooney *et al.*, 1984; Hetherington, 1979a, 1979b, 1984). (A propósito, quando os parceiros permanecem em um casamento insatisfatório, há também evidência de capacidade parental reduzida e problemas nos filhos [Bond & McMahon, 1984].) Independentemente da idade, os filhos relatam sentimentos de maior vulnerabilidade e estresse, lealdade conflitante, raiva e preocupação com o futuro dos pais e com o próprio futuro. Estudantes universitários são menos propensos a se sentir rejeitados, abandonados e responsáveis pelo divórcio. No caso das crianças com menos de 6 anos, o trauma inicial parece ser especialmente grave porque elas não o compreendem e não podem obter ajuda de outras pessoas (Wallerstein, 1984; Kurdek, 1981). Porém, dez anos depois, os filhos que eram pequenos na época do divórcio demonstram maior resistência do que filhos mais velhos. De modo geral, os meninos retêm efeitos mais duradouros e negativos do que as meninas (Hetherington, 1979a, 1979b). Até mesmo cinco anos depois da separação, as crianças exibem problemas de ajustamento. Cerca de um terço das crianças estudadas por Wallerstein e Kelly exibia sintomas de séria depressão; outro um terço estava apenas tocando a vida.

Variadas condições estão ligadas ao bom ajustamento após o divórcio: afastar-se de um pai ou mãe perturbado ou cruel; construir um novo vínculo com um padrasto/madrasta carinhoso; ser resistente e bem-sucedido no início; manter um vínculo amoroso e estável com *ambos*, pai e mãe; ser exposto a um mínimo de atritos entre os adultos; experienciar uma disciplina parental firme; ter vantagens financeiras. O desinteresse parental está ligado ao sofrimento da criança. Não só a auto-estima diminui como também a criança sente-se abandonada e rejeitada; porém, contar apenas com um dos pais também pode ser prejudicial. Ambos os estudos, Wallerstein-Kelly e Hetherington, endossaram a idéia de que os dois, pai e mãe, são quase sempre superiores a um em proteger a criança contra o estresse. Dois têm maiores reservas financeiras e psicológicas do que um. Além disso, se um dos pais for precário na função de criar o filho, este sempre tem alguém a quem recorrer. Também os adolescentes saem-se melhor com a presença de ambos os pais (ou de dois adultos) no lar (Dornbusch *et al.*, 1985). Comparados com os filhos de lares de dois adultos, aqueles que vivem com um só adulto cometem mais atos ilegais e entram em mais situações problemáticas na escola e em casa por atos como vadiar, fumar e fugir.

Uma série de psicólogos pesquisou grandes amostras de americanos para descobrir como os filhos de divorciados desempenham-se como adultos (Falbo, 1980; Fine *et al.*, 1983; Glenn, 1985; Kulka & Weingarten, 1979; Shaver & Rubenstein, 1980; Wallerstein, 1984). Aparentemente, a passagem pela experiência do divórcio está associada a uma probabilidade maior do que a média de ter relacionamentos pouco sólidos com os pais, sentir-se solitário e insatisfeito com a vida, ter-se em baixa conta, ter problemas em confiar nos outros, ver a vida como fora do próprio controle, experienciar uma série de problemas de saúde, duvidar da estabilidade do próprio casamento e divorciar-se. Tenha em mente que, ainda que os efeitos do divórcio sejam negativos para a média, provavelmente não são negativos para todos. (■)

MATERNIDADE E PATERNIDADE

Hoje, a maioria dos adultos em nossa cultura opta por ser pai/mãe pelo menos uma vez, embora estejam optando por ter menos filhos (U.S. Bureau of the Census, 1983). Ainda que a decisão de não ter e criar filhos seja cada vez mais aceita, apenas 25% das mulheres com aproximadamente 20 anos não pretendem ter filhos (Faux, 1984). No Capítulo 10, focalizamos as crianças; agora, focalizaremos os pais.

Por que tantas pessoas optam por ter filhos? Rona e Robert Rapoport e seus colegas (1977) identificaram nove valores comuns que motivam a paternidade/maternidade:

1 *Validação do status de adulto e da identidade social*. Muitos adultos presumem que a vida sem filhos é incompleta. Ter filhos é um papel fundamental para as mulheres em particular; muitas mulheres dizem sentir-se incompletas até se tornarem mães. A vida das mulheres freqüentemente se concentra em questões afetivas e cuidados — especialmente em cuidados com os filhos (Reinke *et al.*, 1985).

2 *Expansão do eu*. Ao conceber um filho, os pais ligam-se a novas gerações, atingindo algum grau de imortalidade.

3 *Realização de valores morais*. A criação responsável do filho contribui para o bem geral da sociedade. Ao mesmo tempo, pode significar a realização de ideais religiosos ou pessoais.

4 *Criação de novos laços sociais*. A paternidade/maternidade aumenta as fontes de afeto e de amor do adulto.

5 *Estimulação agradável*. À medida que os pais adquirem conhecimento sobre lactância e infância com os próprios filhos, as crianças tornam-se uma fonte de novidades e alegria.

6 *Realização, competência, criatividade*. As pessoas gostam da idéia de que participaram de um processo maravilhosamente criativo, gerando um ser bonito e complexo.

Quadro 11.1
SOLIDÃO

Embora muitas pessoas valorizem acima de tudo os relacionamentos, ligações satisfatórias são difíceis de conseguir e a solidão é um dilema comum para crianças e adultos (Rubin, 1982). A experiência da *solidão*, embora conceituada de várias maneiras, tem duas características definidas: primeira, é desagradável; segunda, a pessoa solitária percebe deficiências nos relacionamentos sociais (de Jong-Gierveld & Raadschelders, 1982; D. Russell *et al.*, 1984). Uma pessoa pode estar afastada do convívio social e não se sentir solitária. A solidão pode ocorrer nestas situações sobrepostas (Peplau & Perlman, 1982):

1 *Mudanças nas relações sociais*. Relacionamentos muito próximos geralmente terminam quando o parceiro afasta-se psicológica ou fisicamente, ou morre. A qualidade dos relacionamentos às vezes deteriora com o tempo.

2 *Mudanças em necessidades ou desejos sociais*. Quando os relacionamentos deixam de acompanhar as necessidades sociais, as quais variam durante toda a vida, as pessoas experimentam solidão. Os adolescentes, por exemplo, geralmente anseiam por um relacionamento íntimo antes de encontrar um companheiro (Brennan, 1982). Após se dedicar ao trabalho durante o início da vida adulta, muitos adultos de meia-idade voltam-se para os laços sociais, em busca de satisfação, e acham a própria vida vazia.

3 *Qualidades pessoais*. Indivíduos solitários parecem ser mais negativos, desdenhadores, absorvidos em si mesmos, autocríticos e menos responsivos do que os outros (Brenna, 1982; Horowitz *et al.*, 1982; Jones, 1982; Stokes, 1985). Ainda que envolvidos com uma série de pessoas, o negativismo pode predispor os solitários a se concentrar nas deficiências de seus relacionamentos e a se sentir insatisfeitos. Sentimentos de inadequação social surgem quando pessoas solitárias são solicitadas a resolver problemas que de alguma forma envolvem os outros. (Por exemplo: "Você acaba de se mudar para um novo bairro. Como você faria para encontrar novos amigos?".) Habilidades sociais limitadas reduzem as oportunidades de construção de relacionamentos e impedem as pessoas de aproveitar as oportunidades que surgem.

4 *Influências culturais*. A ênfase cultural na competição e na independência pode interferir nas necessidades interpessoais.

5 *Influências situacionais*. Quando pessoas vivem ou trabalham sozinhas, a solidão é mais problemática. Mudanças de vida como ficar confinado em casa, perder benefícios de transporte, mudar ou viajar podem ocasionar o afastamento entre pessoas. Em um estudo, três em cada quatro estudantes universitários que moravam longe da família admitiram experimentar solidão durante o primeiro semestre (Cutrona, 1982).

---

7 *Poder e influência*. Os pais exercem controle quase total sobre o bebê, um nível de poder maior do que qualquer coisa que já experimentaram. Muitos prezam a oportunidade de modelar um ser humano.

8 *Comparação e competição social*. Os pais obtêm satisfação da comparação do respectivo bebê com os dos outros. Eles se deliciam com a percepção de que seu bebê é particularmente bonito, limpo, saudável ou esperto.

9 *Utilidade econômica*. O bebê, além de uma nova boca a ser alimentada, é um novo par de braços para ajudar em casa, nos negócios, na fazenda da família ou na velhice.

Embora ter filhos possa inegavelmente satisfazer numerosas necessidades, a pesquisa sugere que poucas pessoas pensam seriamente nos aspectos que estão envolvidos quando decidem tornar-se pais (Alpert & Richardson, 1980). Aqueles que efetivamente pensam sobre tendem a subestimar quanto a própria vida mudará.

O Início da Maternidade e da Paternidade

Os pais recentes requerem um nível tal de novos ajustamentos que muitos psicólogos consideram a transição parental um estresse único e uma das crises mais importantes (Bowman & Spanier, 1978; Cowan & Cowan, 1985b). Normalmente, ocorrerão ajustes financeiros: as famílias podem ter de compensar a perda da receita da mulher quando ela pára de trabalhar temporária ou permanentemente. Ao mesmo tempo, há mais despesas. O nascimento do bebê, os honorários médicos e as necessidades diárias são todos dispendiosos, e as despesas não param aí.

Com o nascimento do bebê, tornam-se prováveis os realinhamentos sociais. Tendo em vista que as famílias assumem o papel de "*instituição de cuidados contínuos*", há muito mais trabalho do que antes (LaRossa & LaRossa, 1981). O tempo todo, alguém precisa estar disponível para atender às necessidades do bebê. Nos momentos livres, há mais tarefas domésticas a fazer (mais roupa para lavar, compras e preparo das refeições). A chegada de bebês normalmente estabelece um padrão tradicional de divisão de trabalho. O pai trabalha fora e a mãe cuida dos filhos e da casa (Cowan & Cowan, 1985b; Lamb, 1978). As mulheres orientadas para a carreira tendem a experimentar um alto nível de desgaste (S. Jacoby, 1982) — como se uma identidade conseguida a duras penas "entrasse pelo ralo" —, na medida em que adiam seu aprimoramento ou suas ambições de progresso no trabalho. Quando as mães optam por voltar ao trabalho, em geral entram em conflito com sentimentos de negligência com o bebê e também com as sérias limitações de tempo (Daniels & Weingarten, 1980; S. Jacoby, 1982).

Durante algumas semanas após o nascimento, ambos os adultos tendem a pensar sobre o que é ser um bom pai ou uma boa mãe e como podem conciliar esse papel com o de ser um cônjuge responsivo e um membro produtivo da sociedade (Fein, 1975; Weinberg, 1979). Os homens tendem a ter sentimentos desconfortáveis originados pela perda de atenção da respectiva esposa, por conflitos entre as exigências do trabalho e a paternidade e por pressões para ganhar mais dinheiro (Alpert & Richardson, 1980). Com os realinhamentos de papel, pode haver mudanças no poder. Como resultado de assumir o principal papel na criação dos filhos, a mulher freqüentemente se torna o membro mais central da família.

Os dias que se seguem ao nascimento do primeiro filho costumam ser estressantes. Muitos pais, enquanto se ajustam ao novo estilo de vida da "instituição de cuidados contínuos", preocupam-se com o bem-estar do bebê e com as próprias aptidões parentais. Ao mesmo tempo, a maioria dos pais de primeira viagem sente-se restringida em seu lazer, liberdade e mobilidade. As mulheres podem sentir-se isoladas em momentos que gostariam de contar com mais apoio.

Com todos esses ajustes, não é de surpreender que os pais de primeira viagem descrevam a adaptação aos novos bebês como extremamente difícil (Cowan & Cowan, 1985a, 1985b; Grossman et al., 1980). Ainda que com diligência, os sentimentos negativos são quase inevitáveis após a euforia inicial com o nascimento do bebê. Ann Oakley (1980), ao observar a transição de famílias para a condição parental, na Grã-Bretanha, descobriu que cerca de 80% das mães de primeira viagem experimentavam um breve período de "tristeza" durante as primeiras semanas após o parto. Ao mesmo tempo, aproximadamente 75% delas sentiam uma série de ansiedades, em relação ao bebê e à própria capacidade de cuidar dele. Aproximadamente um terço das mulheres sentia-se deprimida. Os índices de depressão após o parto, embora tipicamente superiores a 10%, variam em função de como a depressão está sendo definida e de quem está sendo estudado (Hopkins et al., 1984; O'Hara et al., 1984). Na amostra de Oakley, apenas 2 das 55 mães não tiveram reação negativa. Quando as mães sentiam-se ansiosas e deprimidas, os pais tendiam a sentir-se da mesma forma (Fagan & Padawer, 1984).

Algumas depressões que se seguem ao nascimento do bebê têm provavelmente origem fisiológica; há acentuadas quedas nos níveis de estrógeno e progesterona durante a primeira semana após o parto (George & Wilson, 1981; Stein et al., 1981). Semanas depois, porém, os estresses e o apoio social parecem desempenhar algum papel (Cutrona, 1984). As mulheres são ligeiramente menos propensas a experimentar depressão quando têm relacionamentos conjugais profundos e harmoniosos ou outros laços sociais que oferecem apoio e quando acham gratificante o papel de mãe (Cowan & Cowan, 1985a, 1985b; Cutrona, 1984; Heinicke, 1984; Oakley, 1980). Um bom ajustamento torna-se também mais provável quando mãe e bebê têm temperamentos semelhantes (Sprunger et al., 1985). E bebês de gênio fácil tendem a aumentar o senso de controle e a auto-estima da mãe (Sirignano & Lachman, 1985). (Veja a Figura 11.6.)

Os primeiros anos da paternidade/maternidade tendem a ser gratificantes. A maioria das mulheres sente que os filhos acrescentam dimensões importantes ao casamento e à vida delas (Daniels & Weingarten, 1980). As mães e os pais, em sua maioria, declaram-se satisfeitos com a decisão de ter filho e que voltariam a fazê-lo (Yankelovich et al., 1977). Falaremos mais sobre a paternidade/maternidade de crianças mais velhas quando examinarmos a meia-idade.

Famílias com Apenas Um dos Pais

Nos Estados Unidos, há um número crescente de famílias em que há apenas um dos pais (Dornbusch et al., 1985) — normalmente a mulher (85%), que, em geral, é pobre (54% de anglo-americanas e 70% de afro-americanas). Um número desproporcional é formado de minorias étnicas, que também suportam o peso da discriminação. Alguns pais sozinhos ja-

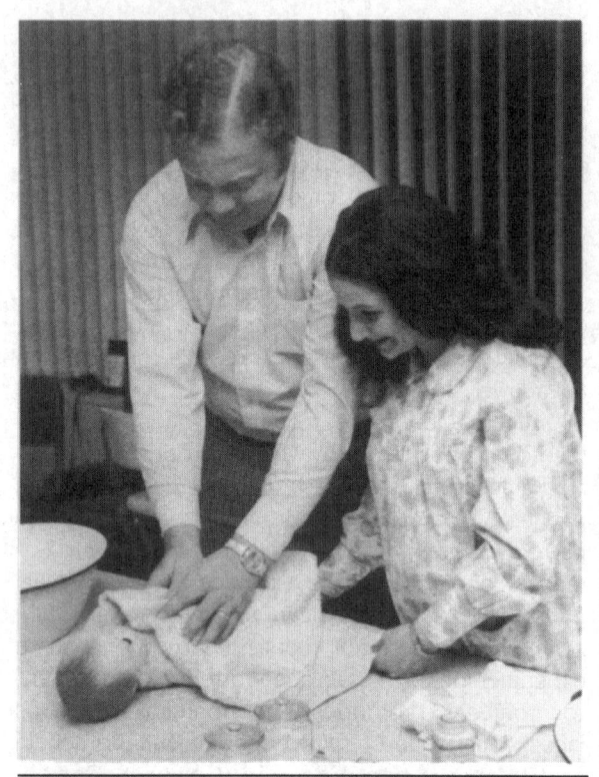

FIGURA 11.6 Futuros pais aprendendo a cuidar de um bebê em uma aula da Cruz Vermelha. Muitos psicólogos acreditam que as pessoas necessitam de educação intensiva para se preparar para a paternidade e maternidade. O treinamento em cuidados com o bebê torna-se mais eficaz quando combinado com informações sobre a psicologia do desenvolvimento, para que os futuros pais possam entender o que esperar dos filhos e de si próprios. (Erika Stone/Peter Arnold, Inc.)

mais foram casados; outros são separados ou divorciados. Ao mesmo tempo que desempenham os papéis de ambos os pais, eles geralmente trabalham em período integral.

Os pais sozinhos enfrentam mais dificuldades do que o normal na criação dos filhos. O simples atendimento das necessidades físicas de um bebê sem ajuda de outras pessoas já é uma luta. Um estudo britânico sugere que esses pais são geralmente solitários (Schlesinger, 1977). Eles enfrentam uma série de outras provações distintivas: estabelecer relacionamentos sexuais que não prejudiquem os filhos, proporcionar modelos de papel do sexo oposto e lidar com sentimentos de não ter uma família "normal".

A condição parental de pais sozinhos não parece ser tão eficaz quanto à que envolve os dois pais.

Descrevemos anteriormente os problemas parentais dos divorciados. Na época da adolescência, verificamos mais conseqüências negativas nos filhos de pais divorciados. Independentemente de raça ou nível econômico, os rapazes adolescentes criados só pela mãe são relativamente propensos a tomar decisões sem consultar os pais e a ter comportamentos anti-sociais (Dornbusch *et al.*, 1985). A fraca autoridade da mãe poderia ser atribuída à falta de vigilância, educação disciplinar inadequada, pouco apoio ou outra coisa. Com dois adultos dentro do lar, o controle parental e o desencaminhamento de adolescentes são semelhantes àqueles verificados nas famílias em que há pai e mãe.

PREOCUPAÇÕES E CARACTERÍSTICAS DA MEIA-IDADE

Determinamos aproximadamente as linhas divisórias da *meia-idade* como o período que começa no início dos 40 e termina no início dos 60.

Orientação

James Baldwin, escritor americano, descreveu um aspecto central da meia-idade ao dizer: "Quando a extensão de tempo percorrida é maior do que aquela que se tem pela frente, algumas avaliações, embora incompleta e relutantemente, começam a ser feitas". Vários estudos sugerem que as pessoas de meia-idade tornam-se progressivamente *introspectivas* e *reflexivas* (Costa & McCrae, 1980a, 1984; Reedy, 1983). Mais cientes daquilo que ocorre no íntimo delas, essas pessoas tendem a pensar em termos de "tempo que resta a viver" em vez de "tempo desde o nascimento", como pensam as pessoas mais jovens. Atitudes impulsivas e despreocupadas dão lugar a mais sobriedade e seriedade.

Uma preocupação comum durante a meia-idade é manter a saúde e aparência jovem (Neugarten, 1975). Pessoas de meia-idade freqüentemente relatam preocupar-se com o corpo, algo que os psicólogos chamam de *monitoramento físico*. Tipicamente, elas adotam estratégias protetoras — fazer exercícios, tomar vitaminas, fazer dieta, tingir o cabelo, usar cosméticos — para manter a aparência ou o desempenho em algum nível desejável. (Veja a Figura 11.7.) Os homens tendem a ficar particularmente preocupados com doenças (especialmente ataques cardíacos) e com a morte. Embora as mulheres afirmem sentir-se preocupadas com essas mesmas ameaças, elas tendem a se preocupar mais com o medo da viuvez, algo que é bastante provável. Nas mulheres, o lamento da perda da juventude e da beleza atinge seu pico no fim dos 40 e depois declina (Nowak, 1977).

A condição parental é outro tema comum na meia-idade (Neugarten, 1975). Pais e mães de meia-idade tendem a examinar seus relacionamentos com os filhos adolescentes e adultos. Querendo ajudar, mas ao mesmo tempo relutantes em ultrapassar os limites de sua autoridade, costumam mergulhar em questões sobre status e poder. No que se refere a filhos adolescentes, tendem a se preocupar em estabelecer e defender limites a drogas, sexo, amigos, respeito a horários e atividades; a decidir quanto se aprofundar e o que revelar sobre si mesmos; e a estabelecer procedimentos democráticos e atribuir responsabilidades, dentro da família (Rapoport *et al.*, 1977). Embora os conflitos entre pais e adolescentes sejam inevitáveis, eles se tornam mais extremos e menos solucionáveis quando as idéias (sobre política, religião, realização, sexo, papel dos sexos e afins) são altamente discrepantes e quando os laços emocionais são fracos (Troll, 1982).

Os pais de meia-idade tendem também a se preocupar com os próprios pais. A pesquisa mostra que cuidar de pai ou mãe doente é um agente estressante comum (Lazarus & DeLongis, 1983). Como provedoras de cuidados, as pessoas de meia-idade experienciam um forte senso de dever para com os próprios pais, sentimentos recorrentes de culpa, ressentimentos e senso de perda iminente. Ao mesmo tempo, são relembradas do próprio envelhecimento. Elas se preocupam com o fato de que ficarão velhas, terão as mesmas doenças dos pais e vão se tornar dependentes dos filhos.

No que se refere a lidar com a saída dos filhos de casa, os pais do sexo masculino parecem ter muita dificuldade (Farrell & Rosenberg, 1981). Muitos homens sentem-se aturdidos com a perda e prendem-se a relacionamentos passados. As mulheres geralmente recebem bem a independência dos filhos adolescentes e adultos. Elas parecem estar prontas para uma nova fase da vida e para o desen-

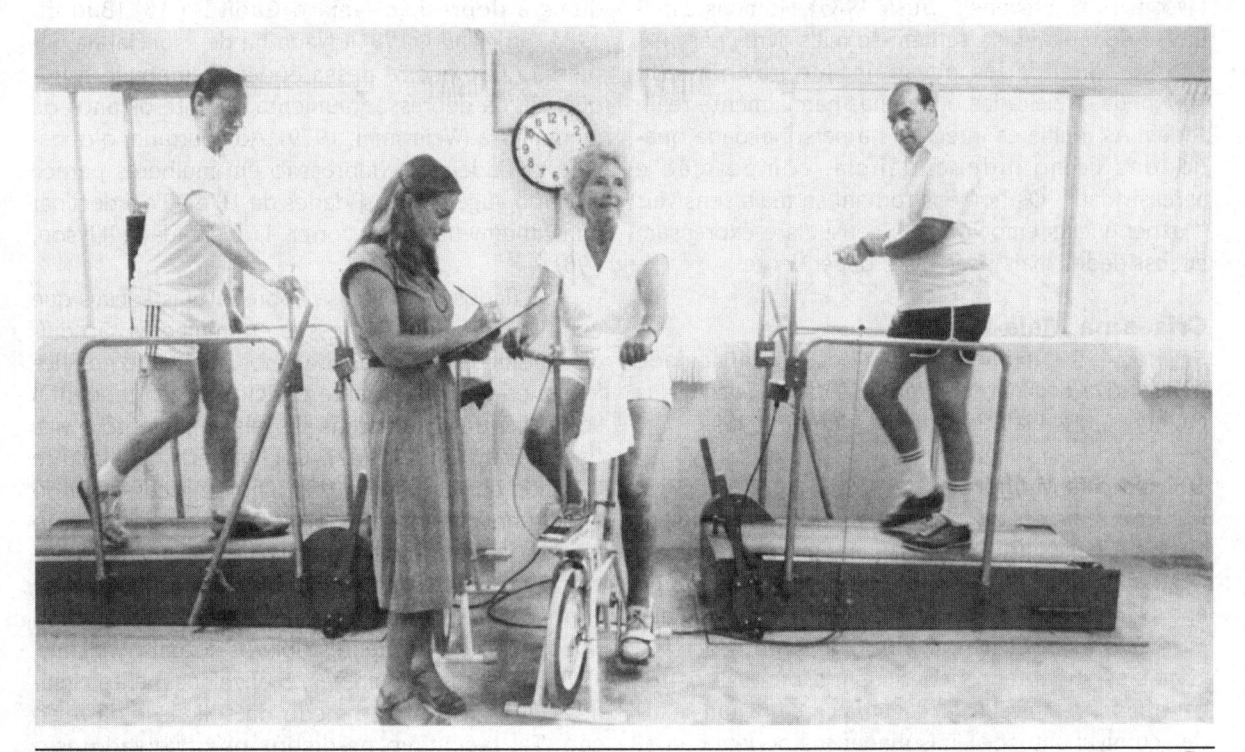

FIGURA 11.7 Participantes de meia-idade fazem condicionamento aeróbico no Center for Health Enhancement da Faculdade de Medicina da Universidade da Califórnia. Nos Estados Unidos, uma sociedade consciente da importância da saúde, até mesmo jovens adultos preocupam-se e desdobram-se para manter a saúde. (Copyright © 1984 Bonnie Freer/Photo Researchers, Inc.)

volvimento dos próprios potenciais (Barnett & Baruch, 1981, 1985; Harkins, 1978).

Mudanças de Personalidade

Os investigadores que estudam a personalidade *longitudinalmente*, em diversos pontos da juventude e da vida adulta, verificam notável consistência ao longo do tempo (Block & Block, 1984; Costa & McCrae, 1980a, 1984; Moss & Sussman, 1980). Todavia, durante a meia-idade, há evidência de mutação ou abrandamento: as pessoas experimentam emoções com menos intensidade, ao que parece (Diener *et al.*, 1985b). E qualidades como auto-estima, sentimento de controle e valores podem ser alterados pelas experiências (Levinson, 1978; Mortimer *et al.*, 1982; Sirignano & Lachman, 1985).

Uma mudança aparentemente universal na masculinidade-feminilidade aparece pela primeira vez durante a meia-idade. À medida que os pais deslocam o foco de sua energia dos filhos para si mesmos, eles se direcionam para aquilo que é chamado de *"eliminação normal de distinções sexuais na vida madura"* (Cytrynbaum *et al.*, 1980; Gutmann, 1975; Livson, 1983; Stevens & Truss, 1985). Homens e mulheres de meia-idade sentem-se mais livres para expressar qualidades pessoais que haviam sido suprimidas, rejeitadas ou apenas parcialmente realizadas. As mulheres integram na personalidade qualidades como independência, competição e agressividade. Os homens tornam-se mais sensíveis a experiências emocionais e sensuais e expressam necessidades mais passivas e dependentes.

Crises na Meia-Idade

Em homens e mulheres, o período de capacidade reprodutiva declinante é denominado *climatério*. Nas mulheres, o climatério culmina na menopausa.

O Caso das Mulheres

Durante a *menopausa* os ováros param de produzir óvulos e a menstruação cessa, assim como a capacidade de gerar filhos. Mais ou menos na mesma época, a produção ovariana de hormônios sexuais, *estrógenos* e *progestinas*, é altamente reduzida. (As glândulas supra-renais continuam a produzir estrógeno, porém o nível total cai para cerca de um sexto de seu nível anterior.) Tais mudanças podem começar já no fim dos 20 e normalmente se completam aos 55 anos.

Acredita-se que a quantidade diminuída de estrógeno nas mulheres de meia-idade tenha amplas conseqüências. Parece ser pelo menos em parte responsável pelos altamente desgastantes sintomas físicos que em geral aparecem: calores súbitos (rosto quente, transpiração e calor), perda de cálcio dos ossos, dores de cabeça, dores nas costas, enjôo, palpitações do coração, sequidão vaginal (freqüentemente torna desconfortáveis o ato sexual e o ato de urinar), e espasmos do esôfago (às vezes resulta em um "nó na garganta"). Estimativas correntes sugerem que três quartos das mulheres experienciam alguns desses desconfortos (Tavris & Wade, 1984). Além da possibilidade de se sentirem doentes, as mulheres parecem mais velhas. Os níveis declinantes de estrógeno são considerados os responsáveis pelo desenvolvimento de rugas e flacidez da pele e dos seios.

Às vezes a depressão instala-se em mulheres de meia-idade. Há uma série de possíveis fatores contribuintes: menopausa e níveis declinantes de estrógeno, outros aspectos do processo de envelhecimento, aumento de estresse e propensões individuais à depressão (veja o Capítulo 13) (Budoff, 1984; Strickland, 1984). Nada há de especial na depressão que ocorre nessa época. Tampouco a freqüência da depressão aumenta durante os anos de menopausa (Weissman, 1979). Ao contrário, o oposto é verdadeiro. A depressão em mulheres parece atingir o auge entre as idades de 18 e 29 e a declinar constantemente no decorrer da meia-idade (Livson, 1981).

Os dados de pesquisa sobre fatores sociais que contribuem para a depressão em mulheres são difíceis de interpretar. Nas mulheres, mais que nos homens, os dilemas durante o ciclo de vida tendem a se concentrar nas perdas de relacionamento e nas desilusões (Giele, 1982). O climatério geralmente coincide com a partida dos filhos e a cessação do papel principal de mãe. De modo que a depressão tende a ser mais predominante entre mulheres socializadas para desempenhar unicamente o papel de esposa-mãe e entre aquelas que se vêem como pouco mais que atraentes objetos sexuais (Williams, 1977). Para essas mulheres, o envelhecimento significa perda de status e medo da solidão e da rejeição. Tal raciocínio predispôs os observadores a presumir que as donas de casa de meia-idade têm maior probabilidade de sofrer de depressão do que as mulheres orientadas para a carreira profissional.

Entretanto, os estudos atuais são conflitantes; não parece haver diferenças gerais de auto-estima entre os dois grupos (Barnett & Baruch, 1985; Black & Hill, 1984; Erdwins & Mellinger, 1984; Radloff, 1980).

Se você parar para pensar, a descoberta de ausência de diferença é razoável. Se o trabalho em casa ou fora é estressante ou revigorante provavelmente depende do tipo de casamento que a mulher tem, de seu relacionamento com os filhos, do trabalho em questão, do apoio com o qual conta e das necessidades pessoais. Donas de casa que vêem regularmente a família e os amigos e sentem-se valorizadas e apoiadas pelo marido e os parentes tendem a se sentir felizes aos 40 (Ferree, 1976; Stroud, 1981). Também as mulheres de meia-idade empregadas e orientadas para o sucesso profissional com freqüência mostram-se satisfeitas com sua vida e tendem a ser particularmente saudáveis fisicamente (Barnett & Baruch, 1981, 1985; Baucom, 1983; Gore & Mangione, 1984; Verbrugge & Sorensen, 1986). Quando o trabalho gera satisfação, transmite uma sensação de competência, independência e segurança, e proporciona um ambiente de realização e refúgio para as preocupações pessoais. A saúde mental pode contribuir para a saúde física.

Na meia-idade, as mulheres *narcisistas* (aquelas muito centradas em si mesmas) parecem extraordinariamente propensas a sucumbir à depressão, ao alcoolismo e outras dificuldades de ajustamento no trabalho e no casamento (Cytrynbaum et al., 1980; Kernberg, 1976). Uma explicação plausível é que as pessoas centradas em si mesmas são incapazes de sustentar o auto-respeito sem o contínuo apoio de outros. Os filhos podem ter alimentado a admiração, ou os amigos e familiares podem ter aplaudido qualidades da juventude, como beleza, força ou dotes atléticos, os quais declinam notavelmente na meia-idade.

O Caso dos Homens

Os homens de meia-idade experienciam algo comparável à menopausa, conforme sugerem escritores populares? Aparentemente não. Os níveis de andrógeno, hormônio masculino, declinam muito mais gradativamente do que os níveis de estrógeno. E quanto a crises psicológicas? De maneira geral, os homens de meia-idade parecem tão bem ajustados e felizes quanto os mais jovens e os mais velhos (Campbell, 1981; Costa & McCrae, 1980a; Tamir, 1982). Entretanto, uma minoria, porém considerável, de homens de meia-idade provavelmente experiencia prolongados acessos de dúvida e insatisfação. Nos Estados Unidos, a passagem dos 40 para os 50 anos parece ser uma época particularmente difícil da vida para as atuais gerações de homens (Tamir, 1982).

As causas do mal-estar de meia-idade nos homens são complicadas e variadas. Encontrar sentido na vida é uma das questões que pode ser predominante (Levinson, 1978, 1981). Alguns homens debatem-se com questões como: "Minha vida teve algum valor? Realizei meu potencial? Contribuí com alguma coisa?". O poder geralmente se torna uma preocupação central (Veroff et al., 1984). No fim dos 30 e início dos 40, os homens tendem a confrontar o declínio da força física e psicológica. Em seus intensivos estudos sobre 40 homens de meia-idade, o psicólogo Daniel Levinson e seus colaboradores (1978, pp. 213-214) notaram que o participante da pesquisa típico tinha consciência de estar caindo

bem abaixo do pico de seu nível de operação. Ele não pode correr tão rápido, levantar tanto peso, sentir-se bem com tão pouco sono quanto antes. A visão e a audição estão menos aguçadas, ele se lembra menos bem das coisas e acha mais difícil aprender grande quantidade de informações específicas. Tem mais propensão a dores e pode ter uma doença grave que o ameace e possa ter seqüelas permanentes ou até mesmo levá-lo a morte [...]. Os lembretes da mortalidade são também trazidos pela doença mais freqüente, morte e perda de outras pessoas.

O trabalho oferece menos aos homens de meia-idade do que antes: possibilidades cada vez menores de progresso e atribuições desgastantes (Farrell & Rosenberg, 1981). Muitos se questionam se vale a pena dedicar-se tanto ao trabalho e voltam-se para suas famílias em busca de satisfação. O ambiente familiar traz as próprias armadilhas. O senso de autoridade e controle do homem pode estar ameaçado por uma esposa mais independente e dominante que antes e por filhos que estão saindo de casa em busca de autonomia. Ao mesmo tempo, os homens podem sentir-se incomodados por questões de identidade trazidas à tona pelo movimento feminista (Canter, 1984; Freudenberger, 1984). Embora, na meia-idade, o homem geralmente apóie a busca de realização fora de casa encetada pela esposa, alguns maridos acham as mudanças de papel confusas e emocionalmente dolorosas. Pode ser difícil corresponder às expectativas em termos de intimidade pessoal e satisfação. Dividir as tarefas domésticas pode sabotar os sentimentos de masculinidade. A depressão, em alguns grupos de homens de meia-idade, está ligada à reorganização do relacionamento conjugal quando os filhos tornam-se adultos (Gutmann et al., 1982).

PREOCUPAÇÕES E CARACTERÍSTICAS DOS IDOSOS

Os 65 anos, idade tradicional de aposentadoria nos Estados Unidos, marca o começo daquilo que normalmente se considera *velhice*. Alguns psicólogos dividem a velhice em dois segmentos: *velhice inicial* e *velhice avançada*.

A primeira categoria abrange pessoas na faixa de 65 a 75 anos. Acima de tudo, elas tendem a ter muito tempo livre, o qual desejam usar de forma significativa. Mentalmente, costumam ser alertas. A saúde, que geralmente melhora após a aposentadoria (Shanas, 1970), costuma ser boa. Embora a maioria das pessoas com mais de 65 anos sofra ao menos de uma doença ou mal crônico, isto não interfere necessariamente nas atividades normais. As limitações aumentam com a idade, porém, ainda aos 85 anos, um terço das pessoas não se sente restrita por absolutamente nada (Neugarten, 1982). No caso daqueles que vivem em comunidades para idosos, o moral é especialmente alto (Martin, 1973). Algumas pessoas na fase inicial da velhice sentem-se "propensas à aventura". Esta fase mais tardia da vida oferece liberdade para viver uma "segunda vida" (Kahana & Kahana, 1983).

A *velhice avançada*, que cobre o período a partir dos 75 anos, traz novos desafios. Os adultos que chegam a atingir essa idade precisam se preparar para lidar com doenças que podem gerar incapacidade, declínio das capacidades e mais tarde a morte, e ao mesmo tempo tirar satisfação da vida.

Envelhecimento e Sociedade

A cultura é uma influência importante na experiência do envelhecimento (Moriwaki & Kobata, 1983). Ela afeta as percepções da velhice, os sentimentos de papéis, direitos e responsabilidades, assim como os sistemas de cuidado e apoio dos idosos. Nos países orientais, os idosos permanecem ativos e desempenham papéis centrais e muito respeitados (Maxwell & Silverman, 1980). Considere o Japão. Aproximadamente 75% dos japoneses com mais de 65 anos vivem com os filhos. Os japoneses consideram essencial cuidar dos pais idosos; para eles, negligenciar o pai ou a mãe é uma desonra. No Japão, os idosos recebem as melhores roupas, as mais reverentes formas de tratamento, as mais profundas inclinações de saudação e a primeira imersão na banheira da família. Da mesma forma que são respeitados, são ativos. Participam dos assuntos comunitários, dos negócios da família, do trabalho doméstico e da criação das crianças ou cuidam do jardim. São rotineiramente consultados sobre decisões importantes.

Em países orientados para a juventude, como os Estados Unidos, envelhecer costuma ser atemorizante porque significa perder as qualidades valorizadas da juventude. Com a beleza, a agilidade e a força, declinam os papéis desempenhados, a renda financeira e o respeito. Muitos americanos idosos declaram sentir-se inúteis, não atraentes e indesejados. Relatos de depressão e ansiedade não são incomuns; e pessoas com mais de 60 anos respondem por uma porcentagem desproporcional da taxa de suicídios nos Estados Unidos (McIntosh, 1983). Embora as mudanças de humor possam estar ligadas a aspectos bioquímicos do processo de envelhecimento, incluindo doenças, acredita-se que o clima social freqüentemente desfavorável exerça importante influência (Davis & Davis, 1985; Rodin & Langer, 1980).

É claro que as condições dentro de um país não são uniformes. Os ítalo-americanos idosos estão dentre os mais prováveis de todos os grupos de se sentir bem tratados. Os judeus-americanos idosos tendem a se sentir menos satisfeitos (Gutmann, 1979). A localização também é importante. Os idosos que vivem em áreas rurais tendem a ser mais felizes que seus pares urbanos (Lee & Lassey, 1980).

Nos Estados Unidos, a década de 1980 testemunhou uma guinada rumo a uma orientação mais centrada no adulto (Cutler, 1981; Preston, 1984; Swensen, 1983). O grande ímpeto foi o *baby boom*[5] que se seguiu à Segunda Guerra Mundial — 80 milhões de nascimentos. Com taxas de fertilidade menores (menos filhos por casal) e vida mais longa, a porcentagem de pessoas com mais de 60 anos será alta (de 11% a 15% no ano 2020) e a cultura prova-

---

5. N.R..T.: Aumento súbito e amplo da taxa de natalidade, verificado especialmente nos Estados Unidos.

velmente vai se tornar mais hospitaleira para com os idosos.

Competência

"Lento", "não ouve direito", "rígido e fechado", "senil e incompetente" estão dentre os adjetivos insultuosos que jovens e velhos usam quando perguntados sobre qual a percepção que têm dos idosos (Rodin & Langer, 1980; Troll, 1984). A pesquisa corrobora essas noções comuns?

Capacidades Sensoriais e Motoras

Consideremos primeiramente as capacidades sensoriais. Grande quantidade de pesquisas indica que os processos componentes que capacitam as pessoas a ver, ouvir e saborear declinam com a idade (Botwinick, 1984). A pessoa que não consegue ouvir o que os outros dizem ou ver o que eles vêem acha mais difícil comunicar-se. Assim, essa pessoa tende a se sentir intimidada e hesitante e a se retrair. Embora os cientistas estejam incertos sobre os detalhes, eles acreditam que os idosos aprendem a compensar alguns problemas sensoriais valendo-se mais intensamente das capacidades que permanecem (Hoyer & Plude, 1980).

As habilidades motoras — especialmente o auge da força e da agilidade — também declinam com a idade (Mortimer et al., 1982). Ao mesmo tempo, mudanças sensoriais limitam o desempenho motor. Os idosos levam mais tempo para se afazer a uma tarefa; portanto, é mais difícil mudar no meio do caminho. Algumas deficiências motoras são resultado direto de redução na quantidade e no tamanho das fibras musculares (Larsson, 1982; Spirduso, 1982). Entretanto, o exercício e a atividade podem ajudar a manter capacidades motoras em pessoas que ultrapassam os 90 anos (Fries & Crapo, 1981; LeWitt & Calne, 1982; Rosenheimer, 1985).

Capacidades Intelectuais

Como os idosos desempenham-se em testes mentais? No Capítulo 7 examinamos alguns dos dados sobre esse tópico, quando dissemos que existe uma controvérsia sobre o que ocorre após os 60 anos de idade (Troll, 1982). Nas atuais gerações, ligeiras perdas tendem a aparecer em todas as áreas aos 50 e 60 anos. Aos 70 anos, as gerações contemporâneas exibem desempenho significativamente menor do que no passado (Arenberg & Robertson-Tschabo, 1977; Horn & Donaldson, 1976; Schaie, 1983).

Mas o quadro não é tão sombrio quanto parece, por diversos motivos. Primeiro, embora algumas habilidades intelectuais quase sempre deteriorem, outras tendem a persistir ou até mesmo a se expandir. Os detalhes são discutidos adiante. Segundo, os declínios das capacidades intelectuais necessárias na vida cotidiana tendem a ser bastante sutis, alguns dos quais podem ser corrigidos (Kausler et al., 1985; Madden, 1985; Schaie, 1983, 1985; Walsh, 1983). Somente uma minoria de idosos exibe sinais claros de senilidade. (Veja o Quadro 11.2.) Terceiro, os idosos exibem muita variabilidade intelectual. De forma significativa, os resultados de QI permanecem constantes ou até melhoram com o tempo (Baltes & Willis, 1982; Schaie, 1983, 1985). Declínios na inteligência são associados à saúde precária e inatividade. Bom nível educacional e renda confortável estão ambos ligados à manutenção de capacidades intelectuais relativamente altas (Neugarten, 1975). Pessoas dotadas com essas vantagens são particularmente propensas a ter liberdade para exercitar a mente. Você deve se lembrar de que dissemos no Capítulo 2 que a estimulação gerada por um ambiente enriquecido aumenta o cérebro dos ratos. Os mesmos efeitos são verificados em animais idosos, o que leva os pesquisadores a acreditar que as pessoas que usam o cérebro são menos propensas a perder capacidades intelectuais (Diamond, 1984). O respaldo desse otimismo é a evidência de que novas gerações de idosos, as quais desfrutaram oportunidades educacionais e culturais melhores que as de seus predecessores, exibem níveis relativamente altos de desempenho em testes mentais (Schaie, 1983).

O *efeito morte* foi documentado por diversas equipes de pesquisa que trabalharam independentemente (Jarvik et al., 1973; Riegel & Riegel, 1972; Schaie, 1983). Um a seis anos antes de as pessoas morrerem, elas geralmente mostram perdas específicas em testes mentais (vocabulário e tarefas orientadas para o conhecimento). Embora pareçam estar saudáveis no momento da aplicação do teste, suas doenças podem às vezes ser documentadas por cuidadosos exames médicos (Troll, 1982). Presumivelmente, os déficits nos testes mentais refletem algum processo patológico que tenha prejudicado o corpo ou o cérebro.

Perdas mentais na velhice A popular imagem "lento como uma tartaruga" reflete alguma verdade sobre a pessoa idosa. De fato, a tendência de lentidão dos idosos é sistematicamente verificada em laboratório de uma série de aspectos: no movimento físico, no processamento de informações sensoriais e nas habilidades intelectuais. A lentidão emerge como uma propriedade tão geral e difusa do desempenho do idoso que os cientistas presumem que deve ter alguma relação com as mudanças no sistema nervoso (Birren *et al.*, 1980; Botwinick, 1984; Cerella, 1985; Madden, 1985; Poon, 1980).

As habilidades que dependem de coordenação motora, como montar um quebra-cabeça, tendem a declinar com a idade (Botwinick, 1984), da mesma forma que as habilidades decorrentes da capacidade de ver relações espaciais entre objetos (Schaie, 1983), como desenhar um mapa e imaginar como rotaciona um cubo. Similarmente, os idosos sentem mais dificuldade em dividir a atenção e lidar com diversas tarefas ao mesmo tempo (Albert, 1984; Craik & Byrd, 1982).

A memória de longo prazo também sofre na velhice. Independentemente da capacidade e do nível de instrução originais, pessoas idosas lembram menos que adultos mais novos quando expostas a listas de palavras ou a histórias (Craik & Byrd, 1982; Duchek, 1984; Hultsch *et al.*, 1984; Zelinski *et al.*, 1984). Alguns cientistas acreditam que as mudanças mais significativas ocorrem durante um período anterior da vida, no decorrer dos 30 ou 40 (Albert, 1984). Ao tentar deliberadamente memorizar, os idosos não organizam conteúdos de forma eficiente. Eles deixam de fazer associações elaboradas com novos conteúdos, como fazem os mais jovens. Eles têm mais dificuldade de recuperar aquilo que está armazenado. Há também perdas naquilo que é lembrado do passado. Depois dos 60 ou 70 anos, muitas pessoas não conseguem mais reconhecer nomes e rostos que conheciam no passado. Elas se esquecem daquilo que aprenderam na escola e durante a vida (Schonfield & Stones, 1979).

Relembrar períodos mais curtos é também mais difícil. Os idosos têm dificuldade de assimilar detalhes sensoriais armazenados apenas momentaneamente (Hartley *et al.*, 1980; Walsh, 1983). Por exemplo, um jovem registraria mais facilmente a cor do cavalo que o caubói estava montando na última cena de um filme. Da mesma forma, adultos mais jovens lembram-se mais prontamente daquilo que acabaram de ler, dizer ou pensar (no tempo suficiente para conectar-se significativamente com outra sentença, imagem ou idéia). Esta é a mais cruel das perdas, porque torna a passagem de uma idéia para outra, ou o pensamento, mais trabalhosa.

O lado positivo Até agora nosso quadro da inteligência na velhice foi sombrio. É hora de examinarmos as descobertas mais animadoras dos idosos saudáveis. Muito da pesquisa indica que a linguagem e as aptidões numéricas mantêm-se muito bem na velhice (Horn & Donaldson, 1980). Da mesma forma, no que se refere a relembrar conteúdo aprendido naturalmente no decorrer de um longo tempo (por exemplo, habilidades usadas no trabalho), os idosos se sobressaem; tipicamente, eles se igualam ou até superam os jovens (Fozard, 1980; Lachman & Lachman, 1980; Sinnott, 1984).

A aprendizagem pode prosseguir na velhice. Os idosos retêm a capacidade de dominar novas informações. Normalmente é verdadeira a afirmação de que eles são especialmente bons na aprendizagem de conteúdos que sejam do interesse deles (Neugarten, 1982). Os pesquisadores acreditam que seu considerável conhecimento propicia associações extras que fazem com que novos fatos sejam retidos mais prontamente. O processamento automático (lembrança de acontecimentos sem a tentativa deliberada de lembrar) exibe deficiências apenas modestas na velhice (Kausler *et al.*, 1985; Lehman & Mellinger, 1984).

A melhor notícia de todas é que o potencial para a solução criativa de problemas permanece intato na velhice. Para estudar esta capacidade, James Birren (1969) fez com que pessoas inteligentes, idosos e jovens descrevessem como lidavam com atividades nas quais tivessem profundo interesse. Birren descobriu que os idosos definiam os problemas de forma diferente dos mais jovens. Eles sabiam que precisavam de conhecimentos adicionais e reconheciam a necessidade de controlar seus sentimentos pelos outros. Eram abertos a recomendações sobre conservação de tempo e energia e distinção entre tarefas prioritárias e secundárias. De modo geral, Birren concluiu, os idosos propendiam mais que os jovens à plena utilização de seus recursos intelectuais, levando em conta as próprias limitações. Estudando enxadristas de todas as idades (até 65 anos), Neil Charness (1981) chegou a conclusões semelhantes. Embora os jogadores idosos ficassem em desvantagem por problemas de memória, eles trabalhavam com mais eficiência na busca das melhores soluções. Suas habilidades gerais de solução de problemas equiparavam-se às dos jovens. Estudos de produtividade científica apóiam a idéia de que os idosos freqüentemente se mantêm altamente criativos (Cole, 1979). (Veja a Figura 11.8.)

Inteligência Fluida *versus* Cristalizada
Dois conceitos, inteligência fluida e inteligência cristalizada, ordenam os dados apresentados anteriormente (Cattell, 1971; Horn & Donaldson, 1980). A *inteligência fluida*, supostamente de origem biológica, pouco se beneficia do nível de instrução ou de experiências culturais. A capacidade de raciocinar rapidamente e a de relembrar quantidade relativamente grande de informações por um curto espaço de tempo são ambas exemplos de inteligência fluida. Alguns estudos sugerem que a inteligência fluida atinge o pico na adolescência ou início da vida adulta e declina na velhice, paralelamente às mudanças cerebrais (Horn, 1979; Schaie, 1983; Troll, 1982). *Inteligência cristalizada* refere-se a conhecimentos acumulados gradativamente por uma pessoa; por exemplo, vocabulário, matemática, raciocínio social, informações. As habilidades baseadas em conhecimento são altamente influenciadas pelo ambiente. Todavia, é preciso ter excelentes habilidades fluidas para adquirir igualmente excelentes habilidades cristalizadas. As habilidades cristalizadas podem aumentar ao longo de toda a vida adulta.

Controvérsias
Poucos psicólogos questionariam a idéia de que a forma pela qual as pessoas com mais de 70 anos usam o intelecto é diferente da forma pela qual o usavam anteriormente. O ponto de discussão é o seguinte: Quais diferenças são devidas ao processo de envelhecimento, presumivelmente gravado nos genes? Quais diferenças são resultado do ambiente: cultura, estereótipos negativos, profecias auto-realizadoras, histórico de vida, educação, saúde precária, crises pessoais e baixo nível de motivação?

Ambos os lados da controvérsia hereditariedade-ambiente exibem evidência convincente. Em torno dos 60 anos, o cérebro das pessoas saudáveis terá mudado (veja as pp. 82-83). Os espaços cerebrais preenchidos com fluido tornam-se maiores, o volume médio de fluido aumenta e a densidade do

FIGURA 11.8 Ganhadora do Prêmio Nobel em 1983, Barbara McClintock, com mais de 80 anos [nesta foto], prosseguiu a pesquisa que trouxe grandes avanços ao entendimento da organização e da função dos genes. [Ela morreu em 2 de setembro de 1992.] O falecido compositor de *ragtime* Eubie Blake ainda compunha e tocava piano depois dos 90. As realizações de muitos idosos produtivos demonstram que a vitalidade e a criatividade intelectuais podem persistir ao longo de toda a velhice. (Wide World; UPI/Bettmann Newsphotos.)

tecido diminui. Há também motivos para acreditar que a transmissão de mensagens através dos circuitos nervosos torna-se menos eficiente. Estas e outras alterações cerebrais ocorrem em notável paralelo (e talvez permeiem) os déficits mentais relacionados com o avanço da idade (Miller, 1981; Scheibel, 1981, 1985).

Entretanto, restam poucas dúvidas de que o ambiente influencia o desempenho mental na idade avançada. Do contrário, programas de tratamento de curto prazo *não* teriam sucesso na melhoria dos resultados de QI. O aconselhamento para a diminuição da ansiedade ou da depressão ou para elevar a auto-estima pode também melhorar o desempenho mental, da mesma forma que os programas educacionais voltados para o fortalecimento das habilidades de memória, das estratégias cognitivas e das reservas de energia para lidar com a vida (Balter *et al.*, 1980; Langer, 1983; Rodin, 1981b, 1984; Schaie, 1985).

Os partidários de explicações ambientais para os déficits mentais dos idosos apontam também as limitações dos testes mentais tradicionais. Pessoas idosas, eles alegam, preocupam-se mais que os jovens com seu desempenho por causa do estereótipo de senilidade predominante. Eles têm menor probabilidade de estar familiarizados com o conteúdo e a situação dos testes. É provável que eles se sintam desmotivados para trabalhar nas tarefas aparentemente sem sentido dos testes tradicionais. A ansiedade, a falta de familiaridade e a falta de motivação também podem piorar o desempenho. Existe um argumento pró-ambiente ainda mais forte. Os testes mentais tradicionais foram elaborados tendo em mente os jovens. Dizemos que eles têm algum grau de validade porque prevêem o sucesso na escola e no trabalho. Se são ou não apropriados para medir a inteligência de idosos, isto é questionável. No mínimo, eles deixam de avaliar dimensões-chave da vida intelectual do adulto, como sabedoria e integração de conhecimentos (Birren *et al.*, 1983). (■)

Enfrentando a Perda

A velhice avançada traz consigo imensos desafios. Poderá o indivíduo lidar com as perdas: do trabalho, de pessoas queridas que morreram e, mais tarde, de um senso de competência pessoal e autoridade? Robert Havighurst, Bernice Neugarten e seus colegas (1968) acham que muitos idosos experienciam um conflito básico. Eles querem permanecer ativos porque isso leva a um senso de identidade e valor. Ao mesmo tempo, eles desejam afastar-se, ou *desengajar*, de compromissos sociais, para que possam buscar uma vida de lazer e contemplação. Entre as condições que estimulam o afastamento estão:

1   Perda de contato com papéis e atividades sociais anteriores, uma vez que começa a aposentadoria e as circunstâncias mudam.

2   Preocupação com o eu por causa de doenças e da redução do vigor físico e mental.

3   Desconsideração de assuntos menos importantes, uma vez que a morte aproxima-se e o tempo parece mais precioso.

4   Partida de pessoas mais jovens da comunidade.

As soluções para o conflito do afastamento refletem hábitos antigos, valores e autoconceitos. Três tipos satisfatórios de ajustamento foram observados. Os *reorganizadores* substituem antigas atividades por novas, talvez engajando-se em trabalhos comunitários ou da igreja que freqüentam. Os *focalizados* especializam-se; concentram-se em uma ou várias tarefas ou atividades, como, por exemplo, ser um bom cônjuge ou fazer cursos em uma escola. Os *desengajados* abandonam muitos de seus antigos compromissos sociais, embora mantenham interesse no mundo e em si mesmos, talvez de sua cadeira de balanço.

Os idosos freqüentemente voltam-se para o passado e ficam absorvidos, contemplando (Butler, 1963): "Que tipo de pessoa eu fui?", "O que consegui realizar?". Esse tipo de *revisão da vida* reflete a necessidade de voltar a definir a própria identidade. Como restam menos opções e as pessoas sentem-se "postas de lado", elas examinam detalhadamente sua história de vida em busca de esclarecimento sobre o que não ficou suficientemente claro. Elas tentam conciliar suas conquistas e seus fracassos. Escrever uma autobiografia pode ajudá-las a chegar a um acordo sobre a própria vida. Ao se voltar para o passado, os idosos anseiam por deixar algo de si mesmos, uma contribuição para as gerações futuras.

Embora os jovens possam ver os desafios da velhice avançada como aterradores, a maioria dos idosos os supera com sucesso. Aproximadamente 80% dos idosos consideram-se felizes; 20% alegam sentir solidão (porcentagem semelhante à de adultos mais jovens no que se refere à solidão) (Neugarten, 1982). O psicólogo Richard Kalish (1982) tem

Quadro 11.2
DEMÊNCIA NOS IDOSOS

A característica definidora da *demência*, comumente chamada de senilidade quando surge em pessoas idosas, é a deterioração das capacidades mentais. A demência aflige entre 10% e 15% das pessoas com mais de 65 anos e uma porcentagem muito menor de pessoas mais jovens. Infelizmente, na medida em que mais pessoas alcançam a faixa dos 80 ou 90 anos, prevê-se que sua predominância atinja bem mais de 20% (Breitner & Folstein, 1982; Brody, 1983; Turkington, 1985).

A demência na velhice tem muitas causas (Martin, 1981). Em torno de 20% a 25% dos casos resultam de pequenos ataques apoplécticos que lesam o córtex. Por meio da redução da pressão sangüínea alta, uma das principais causas de apoplexia, os médicos podem, indiretamente, reduzir a incidência desse tipo de demência. Outros 15% a 20% das demências em idosos são devidas a uma variedade de causas: dentre elas, tumores, ferimentos na cabeça, problemas metabólicos, deficiências vitamínicas, efeitos colaterais de remédios, combinação de drogas e depressão. Quando diagnosticadas acuradamente, em geral essas condições podem ser tratadas com sucesso.

A *demência degenerativa primária* inclui uma série de doenças que lesam progressivamente o cérebro, culminando na morte. Aproximadamente 60% das demências em idosos com mais de 65 anos são atribuídas à demência degenerativa primária do tipo Alzheimer. A *demência do tipo Alzheimer* é o nome dado a qualquer distúrbio que produz uma constelação específica de padrões comportamentais e neurofisiológicos. Sinais iniciais, como apatia, irritabilidade e dificuldade de concentração e recordação, geralmente passam despercebidos. Aos poucos, a memória torna-se seriamente comprometida, embora as vítimas geralmente não se apercebam desta e de outras mudanças intelectuais. As pessoas que sofrem desses distúrbios não só acham difícil lembrar alguma coisa depois de um curto período como também se esquecem de memórias profundamente arraigadas (como, por exemplo, de quantos filhos têm) (Albert, 1985). Elas têm enorme dificuldade de encontrar as palavras que desejam usar. E habilidades lingüísticas complexas (como entender sentenças compostas) declinam, seguidas de um declínio em capacidades mais simples (por exemplo, soletrar) (Emery, 1984). Particularidades sutis de personalidade, como desconfiança dos outros, surgem comumente. Com o tempo, as vítimas perdem o interesse nos outros e isolam-se de interações sociais, embora possam temporariamente permanecer com boa aparência, comportar-se social e adequadamente e ser cooperativas. Porém, nas fases avançadas desses distúrbios, o comportamento torna-se notavelmente deteriorado. Mudanças violentas de humor, paranóia intensa, desorientação e alucinações (experiências sensoriais sem base na realidade) são características. No fim, as pessoas podem ficar completamente mudas, alheias àquilo que está ocorrendo no mundo e incapazes de cuidar de si próprias. Do início até a morte, a duração média da demência do tipo Alzheimer é estimada em cinco a dez anos. (Veja a Figura 11.9.)

Infelizmente, é difícil distinguir as demências do tipo Alzheimer de outras variedades de demência enquanto as pessoas afetadas estão vivas. Os pesquisadores estão procurando descobrir indicadores válidos do mal de Alzheimer em distúrbios de memória, fala e sono em pessoas vivas (Albert, 1985; Vitiello et al., 1984). As distinções que eles fizerem serão muito importantes porque a depressão, a confusão em virtude de medicação imprópria, a doença da tireóide, deficiências vitamínicas, tumores cerebrais e uma série de outras condições produz alguns dos mesmos efeitos que a demência do tipo Alzheimer, porém pode ser tratada (Klerman, 1985).

Os cientistas ainda não entendem completamente as causas dos distúrbios do tipo Alzheimer (Wurtman, 1985). Em torno de 30% dos casos ocorrem em famílias, dentro de padrões que sugerem a transmissão hereditária (Coyle et al., 1985; Mohs et al., 1985; Weitcamp et al., 1983). A hipótese genética é também sustentada por observações em pessoas com a síndrome de Down, um distúrbio transmitido via cromossomos que produz retardo mental moderado. Quando as vítimas da síndrome de Down sobrevivem à meia-idade, elas tendem a desenvolver sintomas do tipo Alzheimer. Vírus de ação lenta são outra possível fonte (Prusiner et al., 1983). Em outros casos, os genes podem controlar tal suscetibilidade, sendo uma toxina ambiental (como o alumínio) o que aciona a doença (Perl et al., 1982).

FIGURA 11.9 Uma vítima da demência do tipo Alzheimer, abraçada pela filha. (Barbara Gundle/Archive Pictures.)

Quadro 11.2 (continuação)

Mudanças cerebrais anatômicas e fisiológicas são comumente verificadas em pessoas exibindo esses sintomas clínicos (Francis et al., 1985). A maioria das vítimas do mal de Alzheimer exibe proporções maiores que as normais de atrofia por todo o cérebro (de Leon et al., 1982). O fluxo sangüíneo e a oxigenação cerebrais caem para cerca de 30% abaixo do nível verificado em idosos não dementes (em especial dentro dos lobos frontais e parietais), declinando acentuadamente à medida que a doença piora (Wurtman, 1985). Em paralelo a essas mudanças ocorrem quedas no consumo cerebral de glicose, sua principal fonte de energia. Exames microscópicos *post-mortem* revelam outras mudanças características especialmente densas em toda a extensão do córtex e do hipocampo; dentre elas estão depósitos anormais cristalizados de proteína denominados *placas senis*, bem como fibras enoveladas com outras mais normais, chamadas *enovelados neurofibrilares*. A maior degeneração das células está ligada a sintomas mais graves.

A química cerebral das vítimas da demência do tipo Alzheimer também parece patológica. No início do desenvolvimento da doença, os cientistas verificam dramáticas reduções na produção do neurotransmissor *acetilcolina*, envolvido na memória (Francis et al., 1985). A extensão da perda cognitiva está diretamente associada com a estimativa de síntese de acetilcolina em curso. A perda do transmissor é atribuída à deterioração de neurônios na base do cérebro anterior, em uma região denominada *núcleos da base* (que ajuda a incitar o córtex) (Coyle et al., 1985; Whitehouse et al., 1982). De fato, as placas senis costumam ser resquícios dos axônios das células que estão localizadas no núcleo da base e estão mortas. Há fontes adicionais de deterioração cerebral cujas conseqüências são menos entendidas e provavelmente menos fundamentais (Beal et al., 1985; Greenamyre et al., 1985; Hyman et al., 1984; Wurtman, 1985).

Até o momento, os distúrbios do tipo Alzheimer, em essência, não são tratáveis. Uma série de tratamentos experimentais — em geral visando ao aumento da acetilcolina ou outros transmissores — ocasionou mudanças relativamente pequenas na aprendizagem e na memória, apresentando graves efeitos colaterais (Harbaugh et al., 1984; Reisberg et al., 1983; Sevush et al., 1984; Weingartner, 1984; Zornetzer & Simon, 1983). Os atuais caminhos podem chegar a resultar em um tratamento eficaz, porém pouco se pode fazer por ora. No máximo, os amigos e familiares das pessoas vitimadas por esses distúrbios, os quais geralmente se sentem desanimados e deprimidos, podem buscar conforto e apoio em contatos e compartilhamento de experiências com outras pessoas envolvidas na mesma tragédia (Pagel et al., 1985; E. Pfeiffer, 1985; Williams, 1984).

---

algumas idéias razoáveis sobre o motivo pelo qual os idosos não se sentem aterrorizados:

1 Outros companheiros de faixa etária têm infortúnios semelhantes, de modo que os idosos raramente se sentem sozinhos. Vínculos com amigos, parentes ou profissionais ajudam a lidar com as cargas.

2 As perdas tendem a ser gradativas e crônicas; portanto, dão aos indivíduos a possibilidade de se ajustar aos poucos.

3 As perdas afetam tipicamente uma esfera limitada da vida. Por vezes substitutos adequados podem permanecer ou ser encontrados.

4 Pessoas idosas antecipam e preparam-se para determinadas tragédias, facilitando o ajustamento.

Senso de Controle

Os psicólogos verificam maior inércia, conformismo, passividade e dependência de outros na velhice (Reedy, 1983). Entretanto, o desejo de domínio e controle tende a permanecer forte (Veroff et al., 1984). No mínimo, as pessoas idosas podem continuar a decidir e exercer controle sobre rotinas cotidianas, como quando ir para a cama e quando acordar, tomar banho e comer (Moos, 1980). O trabalho de algum tipo, que transmite a sensação de estar sendo produtivo e útil, é indicador de vida longa (Swensen, 1983). A pesquisa sugere que o sentimento de controle efetivamente melhora a saúde mental e física e promove a longevidade (Langer, 1983; Rodin, 1984).

Em uma série de estudos de apoio, as psicólogas Ellen Langer e Judith Rodin (1976) dividiram os residentes de uma casa de repouso (com idade entre 65 e 90 anos) em dois grupos, usando um procedimento aleatório. Os adultos do grupo experimental escutaram uma conversa animadora enfatizando a necessidade de assumir maior responsabilidade em cuidar de si mesmos e melhorar a qualidade de vida. Os membros deste grupo de alta responsabilidade escolheram uma planta viva para cuidar, a fim de simbolizar seu compromisso. Os residentes do grupo de baixa responsabilidade foram informados de que o pessoal da casa de repouso trataria muito bem deles. Cada indivíduo deste grupo recebeu também uma planta simbólica, a qual as enfermeiras iriam alimentar e aguar, da mesma forma que elas, enfermeiras, planejavam cuidar deles, idosos.

O que ocorreu? Os membros do grupo de alta responsabilidade prosperou. Eles exibiram expressivamente mais sinais de prontidão, participação ativa e sentimentos positivos do que os membros do grupo de baixa responsabilidade. Dezoito meses mais tarde, as diferenças ainda eram claras. Houve uma descoberta ainda mais notável: o senso de controle parecia prolongar a vida. Na época do acompanhamento, apenas 15% dos pacientes do grupo de alta responsabilidade haviam morrido, comparados com os cerca de 30% dos membros do grupo de baixa responsasbilidade.

Até agora, inúmeros experimentos corroboraram essas descobertas (Langer, 1983; Rodin, 1984; Stokols, 1982). Quando os idosos acreditam que têm controle sobre aquilo que os rodeia — ainda que não o exerçam —, a saúde, a mortalidade e a sociabilidade melhoram. Rodin e Langer acreditam que a percepção aumentada e o exercício de controle acionam processos benéficos à saúde, incluindo a melhoria da eficiência do sistema imunológico.

ENFRENTANDO A MORTE

Nos Estados Unidos, cerca de três quartos da população morrem em hospitais ou outras instituições. Muitas sociedades "medicalizam" a morte, diz o historiador Philippe Aries (1981) para afastá-la da visão, uma vez que ela desperta intensa ansiedade. As pessoas parecem temer a morte por uma série de razões (Schulz, 1978): elas se preocupam com o sofrimento físico e a humilhação; receiam a interrupção de objetivos; ficam pensando naqueles que vão sobreviver a elas; e ficam pensando também naquilo que as espera. O medo da morte parece atingir o auge durante a meia-idade. Os idosos relatam pensar mais na morte do que as pessoas de outras faixas etárias, porém negam temê-la.

Uma Teoria de Estágio da Morte

A médica Elisabeth Kübler-Ross (1969) entrevistou e observou vítimas de câncer agonizantes a fim de aprender mais dos estágios finais da vida. Ela presenciou uma série de temas emocionais comuns que a levaram a esboçar uma teoria de estágio da morte. Quando as pessoas descobrem que estão morrendo, ficam chocadas e tendem a *negar* que a vida delas está chegando ao fim. Logo depois, aparecem sinais de *raiva*. As pessoas agonizantes sentem-se ludibriadas porque seus planos de vida estão sendo interrompidos. Além disso, elas sentem *inveja* das pessoas saudáveis. Uma curta fase de *barganha* vem em seguida — o acordo final com Deus —, na qual há a promessa de bom comportamento em troca do adiamento do inevitável. Cada vez que o prazo-limite é ultrapassado, a barganha pode ser retomada. Com o tempo, uma perda antecipada ou real traz a *depressão*. As pessoas capazes de superar a angústia atingem a fase final, a *aceitação*.

O trabalho de Kübler-Ross tem sido de enorme influência, especialmente no encorajamento de discussões abertas sobre a morte e no estabelecimento de tratamentos compassivos dos agonizantes. E quanto à sua teoria de estágios? Estudos de amostras independentes de pessoas agonizantes têm oferecido pouco respaldo à idéia de que a maioria das pessoas agonizantes atravessa estágios específicos (Hinton, 1963; Kastenbaum & Weisman, 1972; Schulz, 1978). A pesquisa atual apóia um *modelo contínuo* (veja a p. 463) da morte. À semelhança da maioria das experiências adultas, a morte parece ser influenciada por numerosas condições que interagem: entre elas, causa terminal, cuidados terminais, dor, apoio humano, ambiente e estilo de vida (Kastebaum & Costa, 1977).

Entendendo a Experiência da Morte

Para chegar a algum entendimento da situação de uma pessoa idosa que esteja enfrentando a morte, tente responder às seguintes perguntas, as quais foram compiladas por Avery Weisman (1972):

1 Se você tivesse de enfrentar a morte no futuro próximo, o que mais importaria para você?

2 Se você fosse bem velho, quais seriam seus problemas mais cruciais? Como você faria para resolvê-los?

3 Se a morte fosse inevitável, qual circunstância torná-la-ia aceitável?

4 Se você fosse bem velho, como você escolheria viver de modo mais efetivo e menos prejudicial a seus ideais e padrões?

5 O que uma pessoa pode fazer para se preparar para a própria morte ou para a morte de alguém bem próximo?

6 Que condições e eventos poderiam fazê-lo sentir que estaria melhor morto? Em que circunstâncias você tomaria providências para morrer?

7 Na velhice, todos precisam confiar e depender de outras pessoas. Quando esse momento chegar, quais os tipos de pessoa você gostaria de ter ao seu redor? (■)

Quadro 11.3
DURAÇÃO DA VIDA HUMANA

Em vilarejos isolados das montanhas do Cáucaso, no sul da Rússia (onde foi tirada a foto da Figura 11.10), do Paquistão e do Equador, os habitantes vivem muito tempo. Precisamente quanto é questionável, uma vez que não existe a disponibilidade de registros de nascimento confiáveis e as pessoas exageram a idade para ganhar mais prestígio (Fries & Crapo, 1981). Embora virtualmente ninguém viva mais que 115 anos, algumas comunidades efetivamente contam com grande número de centenários (pessoas com mais de 100 anos de idade) (Schulz, 1978). Em um vilarejo do Equador, por exemplo, o índice de centenários para cada 100.000 habitantes é 300 vezes maior que nos Estados Unidos.

O que determina a duração da vida de uma pessoa? Embora a hereditariedade, sem dúvida alguma, influa, fatores ambientais também contribuem para a longevidade (Schulz, 1978; Weg, 1983). Entre os mais importantes fatores que determinam a duração da vida humana estão os seguintes:

- *Dieta*. A ingestão de relativamente poucas calorias e a magreza estão associadas com a vida longa. Dietas com baixo teor de gordura animal, carne vermelha, alimentos defumados, açúcar refinado e carboidratos, e generosas em grãos integrais, verduras, legumes e frutas, supostamente reduzem a probabilidade de morte por doenças cardiovasculares ou câncer.
- *Toxinas*. Exposições mínimas a toxinas (como pesticidas, produtos químicos industriais e domésticos, álcool e fumo) estão ligadas à longevidade. Entretanto, um ou dois drinques por dia (37 gramas de etanol) estão ligados a uma vida mais longa do que a total abstinência. O álcool aparentemente estimula o fígado, aumentando sua produção de HDL, o chamado bom colesterol, que baixa o índice de doenças cardíacas (Camargo et al., 1985).
- *Estresse, competição, infelicidade*. O menor índice dessas três condições está associado à saúde e à longevidade. Diversos programas de pesquisa vinculam a tensão ao envelhecimento (Rosenheimer, 1985; Sapolsky & Pulsinelli, 1985).
- *Atividade*. A vigorosa atividade desde a infância até a velhice está correlacionada com a vida longa. Estudos recentes sugerem que o exercício pode melhorar a saúde do sistema cardiovascular e de diversos músculos, e reduzir a probabilidade de doenças circulatórias e cardíacas (Goldberg et al., 1984; Paffenbarger et al., 1984; Rosenheimer & Smith, 1985).

FIGURA 11.10 Quaquala Ladaria (108 anos de idade) conversando com suas amigas mais novas, Simtsia Avidzla (90 anos) e Nina Aridzba (93 anos). Os aldeões das montanhas do Cáucaso, no sul da Rússia, podem não viver tanto quanto alguns afirmam, mas registros verificáveis indicam que eles têm excepcional longevidade. Dieta saudável, vida ativa, um mínimo de toxinas e estresse, e um meio social acolhedor, todos são fatores que supostamente contribuem para a vida longa. (John Launois.)

Quadro 11.3 (continuação)

Por que as mulheres tendem a viver mais que os homens (atualmente, nos Estados Unidos, cerca de 7,5 anos)? A hereditariedade parece contribuir. Na média, os dois sexos demonstram padrões distintos de doença. O corpo de ambos exibe problemas diferentes. As mulheres relatam mais problemas digestivos, genitais e neuropsiquiátricos (dores de cabeça, tontura, insônia, nervosismo, depressão); os homens relatam mais distúrbios de musculatura, esquelético e distúrbios respiratórios (Bishop, 1984). As mulheres têm taxas mais altas de doenças no geral, mas os homens sucumbem a condições mais fatais (Wingard, 1984). Na maioria das categorias (como de não-fumantes, recém-nascidos, doentes cardíacos etc.), os homens têm taxas de mortalidade mais altas. Na classe dos mamíferos de todos os tipos, as fêmeas de fato exibem vantagem no índice de mortalidade, em comparação com os machos, a começar da concepção (Ramey & Ramwell, 1983). A vantagem pode provir dos estrógenos, que tornam mais eficiente o sistema imunológico feminino. Ao mesmo tempo que as fêmeas podem ser mais robustas, são mais propensas que os machos a se interessar pela saúde e a procurar ajuda quando estão doentes (Bishop, 1984). O estilo de vida também favorece as mulheres (Epstein, 1983; Miller & Gerstein, 1983). No todo, as mulheres trabalham em serviços menos nocivos, experienciam menos estresse decorrente de responsabilidades financeiras e de carreiras tipo "panela de pressão", dirigem com mais cuidado, sofrem menos acidentes graves, provocam menos ataques violentos e fumam e bebem menos. Ademais, elas tendem a ter uma rede social mais ampla para aliviar seus problemas.

Os cientistas chegarão a desenvolver uma fonte da juventude? É quase indiscutível que os avanços no entendimento do corpo, das doenças, das substâncias químicas, da nutrição e do saneamento reduzirão o número de fatalidades prematuras. Não obstante, muitos cientistas acreditam que a duração da vida humana ficará fixada em mais ou menos 100 anos (Fries & Crapo, 1981). Independentemente do que os idosos morrram, a causa fundamental da morte nos anos avançados da vida parece ser a crescente vulnerabilidade do corpo a seja lá o que ele venha a enfrentar (Weg, 1983). Infelizmente, tal vulnerabilidade depende do que parece ser um inevitável declínio das *reservas orgânicas* (a capacidade dos órgãos vitais de lidar com distúrbios), a começar mais ou menos na idade de 30 anos. Acredita-se que esse declínio seja resultado de condições que interferem na capacidade das células de funcionar e dividir-se (Hayflick, 1980). Os cientistas ainda não entendem completamente esses mecanismos, mas a pesquisa revelou uma proteína que aparece quando a divisão celular pára, evidência da existência de uma família de genes que governa a fase final de vida das células (Wang, 1985; Wimer & Wimer, 1985).

RESUMO

1 A teoria de estágios de Erik Erikson presume que os adultos atravessam estágios da mesma forma que as crianças. Durante a adolescência e a vida adulta, acredita Erikson, as pessoas enfrentam quatro desafios principais: desenvolver uma identidade, construir intimidade, desenvolver um compromisso significativo com o futuro e aceitar o passado como tendo sido dotado de valor.

2 Os críticos das teorias de estágios destacam que (a) os adultos, como indivíduos, tendem a ser coerentes durante a vida toda, (b) as tarefas da vida raramente são universais e (c) diferenças individuais acumulam-se com a experiência. Estas condições tornam as generalizações cada vez mais insatisfatórias. No entanto, é razoável dizer que pessoas que estão vivendo em um ponto específico da história em uma determinada localidade em geral enfrentam desafios semelhantes aproximadamente nos mesmos momentos do ciclo de vida.

3 A adolescência é turbulenta para uma considerável minoria de adolescentes. Quando os pais são autoritários ou muito permissivos, e quando os pares exercem grande influência e ao mesmo tempo envolvem-se e apóiam comportamentos problemáticos, aumenta a probabilidade de dificuldades (como abuso de drogas e delinqüência).

4 Identidades parecem tomar forma lentamente. Nos primeiros anos do curso secundário, os jovens formulam objetivos, atitudes e conceitos importantes. Estudantes universitários continuam a lutar com questões de identidade, mas a maioria tende a não as resolver de forma definitiva. A busca de identidade tende a aflorar repetidas vezes no decorrer da vida.

5 Durante a adolescência, pais e pares tendem a exercer influência: os pais em esferas pessoais e os pares, nas sociais. Envolvimentos românticos intensos desenvolvem-se quando os adolescentes namoram. Nos Estados Unidos, os jovens, em sua maioria, tornam-se sexualmente ativos na adolescência.

6 No que se refere a trabalho, ao que parece, as pessoas valorizam mais as recompensas psicológicas do que as financeiras quando as condições de trabalho, os salários e os benefícios satisfazem o essencial. Excesso e ausência de pressão, comprometimento com uma carreira inadequada e *perda de idealismo* interferem na satisfação com o trabalho. Mulheres que trabalham fora, especialmente as casadas que têm filhos pequenos, enfrentam outros problemas: segregação em baixo status, empregos de baixa remuneração e grande sobrecarga de trabalho. Características pessoais, como sentir-se satisfeito com a vida em geral e não ser crítico, estão ligadas à satisfação com o trabalho.

7 Os seres humanos são atraídos por indivíduos que (a) são moderadamente competentes e fisicamente atraentes, (b) demonstram afeto por eles, (c) moram perto, (d) têm atitudes, interesses e necessidades semelhantes e (e) complementam suas necessidades.

8 O amor romântico distingue-se da amizade profunda pela fascinação, exclusividade, desejo sexual e intenso cuidado. Alguns indivíduos são mais suscetíveis ao amor romântico.

9 As pessoas têm expectativas variadas aos papéis de marido-mulher no casamento. A expectativa de que a mulher fique em casa, a menos que precise trabalhar em função de necessidade financeira, ainda é comum entre muitos casais contemporâneos. Casamentos estáveis e felizes estão associados a atitudes positivas (respeito, afeto, satisfação), habilidades na solução de conflitos — um "especialista de relacionamento", bom humor e características passadas que minimizam o estresse (vantagens econômicas e um namoro duradouro e predominantemente tranqüilo).

10 O divórcio parece ser intensamente doloroso para a maioria dos adultos. Depois do divórcio, o vínculo amoroso e estável com ambos os pais e o mínimo possível de atritos entre os adultos parecem ser extremamente importantes para o ajustamento dos filhos. Ainda assim, muitas crianças que atravessam a experiência do divórcio experimentarão dificuldades na vida adulta.

11 São tantos ajustes exigidos dos pais de primeira viagem que os psicólogos consideram esta transição uma importante crise do ciclo de vida. Quando desejados e planejados, os bebês podem fortalecer a harmonia da família.

12 Nos Estados Unidos, as atuais gerações que estão na fase intermediária da vida adulta estão se tornando cada vez mais introspectivas e reflexivas. As pessoas preocupam-se com o corpo. Tais indivíduos de meia-idade ensaiam emergências que esperam enfrentar. Eles aprimoram os relacionamentos com os jovens. Por vezes, enfrentam crises emocionais. Embora as pessoas pareçam amadurecer à medida que envelhecem e a se sentir mais livres para expressar traços de personalidade que haviam sido suprimidos, rejeitados ou apenas parcialmente demonstrados, a personalidade permanece razoavelmente constante.

13 Os idosos tornam-se mais lentos e suas capacidades sensoriais, espaciais, de memória, de atenção e de manipulação diminuem. Não obstante, as capacidades quantitativas de linguagem, o conhecimento adquirido naturalmente no decorrer de longo tempo, a capacidade para aprendizagem e o potencial criativo tendem a permanecer intatos.

14 Os idosos confrontam uma série de desafios: usar o tempo livre da aposentadoria de forma que lhes seja significativo, lidar com perdas, entender seu passado e conservar o senso de controle.

15 A pesquisa atual sugere que as experiências dos agonizantes são diferentes entre si e dependem de circunstâncias individuais.

GUIA DE ESTUDO

Termos-chave

estudos longitudinais (463)
adolescência (464)
padrões de crescimento (contínuo, oscilante, turbulento) (465)
identidade (busca de) (pré-resolvidos, dispersos, moratórios, realizadores) (465)
amigos (467)
"panelinhas" (467)
monógamos seriais (468)
aventureiros sexuais (468)
perda de idealismo ("burnout") (472)
coabitação (476)
estilos conjugais estáveis (casais habituados ao conflito, desvitalizados, passivo-congeniais, vitais, totais) (477)
instituição de cuidados contínuos (482-483)
meia-idade (484)
introspecção (484)
monitoramento do corpo (484)
eliminação normal de distinções, sexuais na vida madura (485)
climatério (486)
menopausa (486)
estrógenos (486)
narcisismo (487)
velhice inicial (428)
velhice avançada (428)
inteligência fluida e cristalizada (490)
demência (493)
degenerativa primária (493)
do tipo Alzheimer (493)
desengajar (493)
e outras palavras e expressões em itálico

Conceitos Básicos
teorias de estágios e de continuidade da vida adulta
teoria de estágios de Erikson — adolescência e vida adulta
controvérsias sobre a competência na velhice
teorias de estágios (Kübler-Ross) e de continuidade da morte

Pessoas a Identificar
Erikson, Kübler-Ross.

Avaliação

1 Que característica dos pais está associada com a elevada auto-estima em adolescentes?
a. Disciplina por meio da força e de ameaças.
b. Obediência rígida a regras e ordens.
c. Liberdade quase total aos jovens para estabelecer as próprias regras e compromissos.
d. Justificação de exigências e regras com razões.

2 Que característica pessoal descobriu-se estar associada à satisfação no trabalho?
a. Visão cínica da vida
b. QI alto
c. Alta posição gerencial
d. Pouca tendência a críticas

3 Que conclusão sobre a transição para a paternidade/maternidade é respaldada pela pesquisa atual?
a. As pessoas tendem a ser muito felizes nessa época, poucos ajustes são necessários.
b. As pessoas têm altos e baixos, mas o ajustamento tende a ser relativamente fácil.
c. As pessoas experimentam ataques de ansiedade e depressão, sendo a transição difícil para a maioria.
d. A maioria das mães de primeira viagem experimenta uma depressão que dura vários meses.

4 A pesquisa sugere que os pais divorciados tendem a
a. Ajustar-se ao divórcio e readquirir sua estabilidade ao fim do primeiro ano posterior à separação.
b. Comportar-se incoerentemente com seus filhos depois da separação.
c. Comunicar-se de forma excepcionalmente clara para evitar mensagens ambíguas que possam disseminar confusão.
d. Dar muito afeto aos filhos como forma de compensar a dor do divórcio.

5 Qual é a experiência mais comum entre as atuais gerações de pessoas de meia-idade nos Estados Unidos?
a. Monitoramento do corpo
b. "Desengajamento"
c. Extroversão
d. Conflitos de identidade

6 A falta de qual hormônio supostamente contribui para os calores súbitos, as rugas, a flacidez e os estados negativos de humor nas mulheres durante o climatério?
a. Andrógeno
b. Estrógeno
c. Progestina
d. Testosterona

7 Qual generalidade relativa à velhice inicial é verdadeira?
a. Lidar com as doenças e o declínio são preocupações predominantes.
b. O moral geral tende a ser baixo.
c. A saúde geralmente melhora nesta época.
d. A renúncia é um tema central neste período.

8 Que habilidades parecem melhor se conservar na velhice?
a. Lingüísticas
b. Motoras
c. Sensoriais
d. De memória de curto prazo

9 O que ocorreu quando se fez com que os residentes idosos de uma casa de repouso se sentissem responsáveis pelas própria vida?
a. Tornaram-se mais orientados para a realização.
b. Viveram mais.
c. Participaram de esportes com maior freqüência.
d. Demonstraram maior curiosidade e aprendizagem.

10 Que estágio ocorre primeiro na teoria de estágios da morte, de Kübler-Ross?
a. Aceitação
b. Raiva
c. Acordo
d. Negação

Usando a Psicologia

1 Descreva seu ajustamento durante a adolescência. Ele se enquadra em uma das categorias descritas pelos Offer? Especule sobre as influências de pais e amigos sobre seu ajustamento durante o segundo grau, levando em conta as descobertas da pesquisa.

2 Que tipos de questões ligadas à sua identidade você confrontou? Você as resolveu? A sua busca de identidade se encaixa em alguma das quatro categorias descritas por Marcia? Explique.

3 Os agrupamentos de rapazes e garotas quando você estava no segundo grau relembram aqueles descritos no texto? Discuta as semelhanças e diferenças.

4 Que carreira(s) você pretende seguir? Referindo-se à pesquisa descrita neste capítulo, avalie a probabilidade de você se satisfazer com o trabalho descrito. Você prevê problemas decorrentes do trabalho em si, de adequação ao trabalho, de características pessoais, de perda de idealismo, de comprometimento com o trabalho ou em relação ao sexo (discriminação)?

5 Escolha duas de suas amizades para analisar. Descreva de que forma as características desejáveis, o afeto do outro, a proximidade, a similaridade e/ou a complementação de necessidades influenciaram a atração nesses relacionamentos.

6 Você sentiu solidão durante algum período longo do ano passado? Em caso positivo, quais das condições descritas no texto influíram?

7 Analise algum relacionamento humano duradouro e íntimo que você conheça. Catalogue-o em termos das categorias de papel de Mirowsky-Ross e das categorias de satisfação de Cuber-Harroff. Se o relacionamento era feliz, tente especificar por que ele funcionava. Assegure-se de levar em conta as condições descritas no texto.

8 Faça um resumo das descobertas de pesquisa sobre o divórcio. Pergunte a vários amigos divorciados se as experiências deles foram semelhantes.

9 Converse com seus pais sobre as experiências deles como pais. Eles se lembram de uma transição difícil para a paternidade/maternidade? Como eles vêem os desafios como pai/mãe de um adolescente? As percepções deles coincidem com as descobertas relatadas no texto?

10 Faça uma lista das preocupações próprias dos adultos de meia-idade e dos idosos usando o texto como referência. Em seguida, entreviste alguns adultos que estejam dispostos a discutir experiências pessoais. No caso das pessoas de meia-idade, pergunte de que maneira específica as experiências da meia-idade diferem das anteriores. No caso de pessoas com mais de 65 anos, pergunte de que maneira específica a velhice difere da meia-idade. Se os temas constantes de sua lista não forem mencionados, faça perguntas sobre eles.

11 Atribui-se a um poeta latino do século V a frase: "A morte belisca minha orelha e diz: Viva — estou chegando". Elisabeth Kübler-Ross adotou uma postura bastante semelhante. Você acha que é útil manter viva a consciência de morte enquanto vivemos? Você viveria de modo diferente se soubesse que iria morrer dentro de um ano?

12 O que você poderia fazer para prolongar sua vida?

Leituras Sugeridas

1 Stevens-Long, J., & Cobb, N. J. (1983). *Adolescence and early adulthood*. Palo Alto, CA: Mayfield. "Um livro notavelmente integrado e coerente" que revê a pesquisa com olhos críticos e ajuda o estudante a fazer o mesmo; "excepcionalmente incitador à reflexão" (Matteson, 1984, p. 141).

2 Kermis, M. D. (1984). *The psychology of human aging*. Newton, MA: Allyn & Bacon. Este livro, escrito de forma muito clara, movimenta-se da teoria para a pesquisa e desta para a prática, abrangendo aspectos demográficos, fisiologia, saúde, processos motores e sensoriais, cognição, personalidade, ajustamento, saúde mental e morte e agonizantes.

3 Schulz, R. (1978). *Psychology of death, dying, and bereavement*. Reading, MA: Addison-Wesley. Revisão e análise fascinantes da pesquisa sobre a morte e tópicos relacionados.

"Uma jóia rara entre os muitos livros sobre esses tópicos" (Carp, 1978, p. 780).

4 Baron, R. A. (1985). *Understanding human relations: A practical guide to people at work*. Boston: Allyn & Bacon. Concentra-se nos relacionamentos humanos no local de trabalho e inclui aconselhamento para o planejamento de carreira, assim como "as vozes da experiência" —observações de especialistas acadêmicos e do mundo dos negócios.

5 Scanzoni, L. & Scanzoni, J. (1986). *Men, women, and change: A sociology of marriage and family*. 3a. ed. Nova York: McGraw-Hill. Uma equipe formada por sociólogos e jornalistas fornece um levantamento de leitura incomumente acessível da pesquisa disponível sobre o casamento e tópicos relacionados.

6 Heston, L. L. & White, J. A. (1983). *Dementia: A practical guide to Alzheimers disease and related illnesses*. San Francisco: Freeman. Esta introdução para o leitor leigo discute sinais, sintomas e causas suspeitos da demência e oferece informações sobre como lidar com as preocupações do dia-a-dia.

Respostas

FICÇÃO? OU FATO?
1. F 2. V 3. F 4. F 5. F 6. F 7. V 8. V

AVALIAÇÃO
1. d (467) 2. d (473) 3. c (481) 4. b (480)
5. a (484) 6. b (486) 7. c (487-488) 8. a (487-488)
9. b (495) 10. d (495-496)

CAPÍTULO 12

Personalidade: Teorias e Testes

SUMÁRIO

Escopo da Psicologia da Personalidade
Origens das Teorias da Personalidade

TEORIAS PSICODINÂMICAS
A Teoria Psicanalítica de Sigmund Freud
Outras Teorias Psicodinâmicas
Mensuração da Personalidade: Partindo da Perspectiva Psicodinâmica
Quadro 12.1: O Caso do Pequeno Hans
Teorias Psicodinâmicas: Comentários Críticos

TEORIAS FENOMENOLÓGICAS
Teoria do *Self*, de Carl Rogers
Mensuração da Personalidade: Partindo da Perspectiva Fenomenológica
Teorias Fenomenológicas: Comentários Críticos

TEORIAS DISPOSICIONAIS
Traços
Teoria e Medida do Traço: Enfoque em Raymond Cattell
Tipos
Teoria de Tipos e Mensuração: Enfoque em William Sheldon
Testes Objetivos: A Abordagem Disposicional para Medir a Personalidade
Quadro 12.2: Testes Objetivos e Computadorizados Traços Existem?
Teorias Disposicionais: Comentários Críticos

TEORIAS BEHAVIORISTAS
O Behaviorismo Radical de B. F. Skinner
A Abordagem da Aprendizagem Cognitivo-social de Albert Bandura
Mensuração da Personalidade: Partindo da Perspectiva Behaviorista
Teorias Behavioristas: Comentários Críticos

UMA ÚNICA TEORIA ABRANGENTE DA PERSONALIDADE?

RESUMO

GUIA DE ESTUDO

FICÇÃO? OU FATO?

1 Freud acreditava que o impulso para o sexo genital determina tudo o que as pessoas fazem. Verdadeiro ou falso?

2 Os seres humanos raramente se compreendem, de acordo com Freud. Verdadeiro ou falso?

3 A personalidade adulta é essencialmente formada por volta dos 5 anos, segundo Freud. Verdadeiro ou falso?

4 Testes com manchas de tinta são os mais usados de todos os instrumentos de avaliação da personalidade. Verdadeiro ou falso?

5 Os psicólogos às vezes classificam as pessoas por tipos de personalidade, como introvertido e extrovertido. Verdadeiro ou falso?

6 Os testes de personalidade sempre serão limitados por sua incapacidade de fornecer informações sobre se as pessoas estariam sendo falsas ou confusas. Verdadeiro ou falso?

7 Embora as pessoas tendam a pensar em si mesmas como sendo consistentemente desta ou daquela forma, os psicólogos encontram poucas evidências de que os indivíduos comportam-se de uma forma previsível. Verdadeiro ou falso?

Estudantes universitários, gerentes e supervisores têm participado de algumas demonstrações reveladoras. Fazem um teste de personalidade simulado ou submetem-se a uma leitura astrológica ou à análise grafológica. Mais tarde, cada participante recebe o que parece ser uma interpretação individual. Na realidade, os esboços de personalidade, os quais são preparados, usam afirmações idênticas como estas (Stagner, 1958, p. 348):

- Você tem a tendência de ser crítico consigo mesmo.
- Embora externamente aparente ser disciplinado e autocontrolado, você tende a ser preocupado e inseguro internamente.
- Você orgulha-se de você mesmo por ter idéias próprias e por não aceitar o que os outros dizem sem prova satisfatória.
- Algumas de suas aspirações tendem a ser muito irreais.

Quando são perguntados sobre a exatidão das descrições, a maioria dos participantes vê os comentários como pertinentes (C. R. Snyder, 1974; Ulrich et al., 1963). Como os insights de adivinhos e astrólogos, essas afirmações gerais dependem do conhecimento de atitudes, esperanças, medos e experiências humanos comuns. As pessoas têm muitas semelhanças, mas aparentemente não percebem isso.

Os psicólogos que estudam a personalidade estão interessados tanto nos atributos que caracterizam todas as pessoas quanto nas diferenças individuais, aquelas constelações de qualidades que tornam cada pessoa única. Começaremos este capítulo com um relatório sobre as características exclusivas de personalidade de um estudante universitário (Sarason, 1972, pp. 224-226).

A PERSONALIDADE DE I. S.

[I. S.] é um rapaz de 19 anos, grande, um pouco acima do peso, estudante do segundo ano da faculdade. [Sua] aparência geral transmite um ar de indiferença estudada para com a aparência física. Tem cabelos compridos, sempre um pouco despenteados e meio sujos. Suas roupas, embora limpas, são usadas com muito desleixo e em combinações não usuais.

[I. S.] fala de uma forma que pretende impressionar os outros com seu vocabulário extenso e sua capacidade intelectual. Tenta parecer acima de tudo o que é mundano e comum e, em geral, reflete um desejo de ser classificado como um intelectual rebelde. É muito condescendente [...] [e] intelectualmente brilhante.

[Durante uma entrevista, I. S. descreveu-se]:

"Acho que meu temperamento geral é de aquiescência. Não gosto de discussões.

Particularmente, não ligo para muitas pessoas. Acho que grande parte de meu tempo é gasto com outras pessoas. Acho que outras pessoas não merecem minha consideração. Raramente fico chateado quando os outros fazem coisas que não condizem com minhas opiniões [...]. Não gosto muito de crianças ou do conceito-padrão sobre o que as pessoas devem gostar. Desprezo as meninas, entre outras coisas [...]. Toda menina com quem me liguei trouxe-me problemas, de uma forma ou de outra [...].

Acho que tenho talentos medianos. Não sou extremamente dotado. Acho que, nas coisas de que realmente gosto, tenho grande capacidade de me tornar bom. Meu temperamento é mais para o campo das artes do que de ciências [...].

Se você me perguntasse o que realmente sou, como as pessoas me vêem ou como sinto que me vêem, diria que provavelmente não sou querido entre meus conhecidos, porque sou intolerante a muitas coisas que eles expressam [...].

Quanto a meus sentimentos com relação à escola [...]. Acho que estou perdendo muito tempo lá porque sou preguiçoso, extremamente preguiçoso [...]. Acho que há muita ignorância que preciso superar para conseguir o que quero. Não vou dizer que sou desumano [...]. Eu diria que luto pelas coisas que quero, se as quero muito, mas levo em consideração os sentimentos dos outros, porque, se não levarmos, eles se voltam contra nós e sempre vão nos pegar, no final; portanto, é prudente estar atento aos outros.

Por personalidade, os psicólogos contemporâneos querem referir-se àqueles padrões relativamente consistentes e duradouros de percepção, pensamento, sentimento e comportamento que dão às pessoas identidade distinta. A personalidade é um "constructo sumário", que inclui pensamentos, motivos, emoções, interesses, atitudes, capacidades e outros. Antes de seguir a leitura, tente descrever a personalidade de I. S. Faça algumas anotações, de modo que você possa se referir à sua descrição mais tarde.

Escopo da Psicologia da Personalidade

Uma vez que a personalidade é um constructo sumário, a área chamada psicologia da personalidade abrange um amplo território. É tão ampla, de fato, que quase todos os tópicos discutidos até aqui e tratados nos futuros capítulos apóiam-se na compreensão da natureza, origem, evolução ou na mudança da personalidade. Os psicólogos da personalidade, como outros, especializam-se. Alguns são predominantemente pesquisadores que desejam descrever e explicar certo aspecto da personalidade: talvez a ansiedade, a agressão, a necessidade de realização ou o senso de controle. Outros se envolvem principalmente na construção e avaliação de instrumentos de avaliação da personalidade (chamados testes de personalidade). Ainda outros se dedicam ao estudo de teorias da personalidade, tentando entendê-las, ensiná-las ou elaborar novas teorias. Os psicólogos da personalidade, em sua vasta maioria, são clínicos. Usam a teoria da personalidade, pesquisa e instrumentos de avaliação para ajudar as pessoas a ter uma compreensão de si mesmas e a resolver problemas.

Neste capítulo, examinamos a teoria da personalidade e sua mensuração. Trataremos do que poderia ser descrito como problemas da personalidade e tratamento para problemas de personalidade nos Capítulos 13 e 14.

Origens das Teorias da Personalidade

As teorias desempenham um papel proeminente na psicologia da personalidade. Muitas surgiram em ambientes clínicos, de esforços para entender e tratar pessoas com problemas psicológicos. Essas teorias *baseadas em clínica* dependem de *insights* adquiridos em entrevistas extensas com relativamente poucas pessoas. Em alguns casos, os terapeutas e pacientes encontraram-se quase diariamente, durante anos. As teorias baseadas em clínica tendem a gerar hipóteses gerais amplas, as quais são avaliadas informalmente. Enquanto ajudam os pacientes a superar problemas e fazer ajustamentos, os clínicos reúnem evidências para suas hipóteses.

As teorias da personalidade também vêm de observações e experimentos controlados em laboratórios. As *teorias baseadas em laboratório* enfatizam a elaboração de medidas precisas e o uso de análises estatísticas. Geralmente, são apoiadas por estudos breves do comportamento de um número comparativamente grande de pessoas normais (freqüentemente estudantes universitários). Animais irracionais podem até ser usados em alguns estudos de laboratório da personalidade. Embora isso possa soar inacreditável à primeira vista, combina com o enfoque em aspectos limitados da personalidade. Se alguém está investigando as bases genéticas da ansiedade, por exemplo, é legítimo estudar ratos ou cães.

TEORIAS PSICODINÂMICAS

Nossa discussão sobre as teorias psicodinâmicas examina as idéias de Sigmund Freud, Carl Jung, Alfred Adler, Karen Horney, Harry Stack Sullivan, Erik Erikson e Heinz Hartmann. Trataremos primeiro de Freud, um gigante na teoria da personalidade. Muito da teorização subseqüente tem sido, essencialmente, uma tentativa de modificar, ampliar, esclarecer, refinar ou refutar suas idéias. Além disso, os escritos de Freud influenciaram imensamente a formação do clima intelectual do século XX.

As *teorias psicodinâmicas* da personalidade enfatizam a importância dos motivos, das emoções e de outras forças internas. Supõem que a personalidade desenvolva-se à medida que os conflitos psicológicos são resolvidos, geralmente durante a infância. As evidências para essas formulações vêm principalmente de entrevistas clínicas.

A Teoria Psicanalítica de Sigmund Freud

Enquanto Sigmund Freud (1856-1939) (veja a Figura 12.1) tratava de seus pacientes neuróticos, buscava *insights* sobre a personalidade humana. Ele também se baseava na auto-observação e em teorias biológicas de sua época (Sulloway, 1979). Gradativamente, elaborou uma teoria, que chamou de psicanálise. Explicou a personalidade normal e anormal e descreveu como tratar de pessoas psicologicamente perturbadas. Durante toda a vida, Freud confrontou suas idéias com novas observações clínicas e revisou suas opiniões de acordo com elas. Você pode ler sobre a vida de Freud no Capítulo 1. Aqui, trataremos das idéias mais fundamentais de Freud.

O Inconsciente

Freud acreditava que as pessoas são *conscientes* de apenas uma pequena parte de sua vida mental. Alguns conteúdos são *pré-conscientes*, enterrados logo abaixo da consciência, de onde são facilmente recuperados. A vasta maioria do conteúdo é *inconsciente*. Entre os conteúdos do inconsciente estão as pulsões, os componentes de personalidade, memórias de experiências iniciais e conflitos psicológicos intensos. Embora não tenhamos consciência direta dos conteúdos do inconsciente, eles entram na consciência

FIGURA 12.1 Sigmund Freud, fundador da psicanálise. As idéias de Freud foram controvertidas em sua época. Ele foi criticado por considerar o sexo a principal força do comportamento humano e por insistir que tal impulso aparece já durante a infância, bem como por atribuir os pontos essenciais do desenvolvimento da personalidade à infância. (Bettmann Archive.)

disfarçados — em sonhos, nos lapsos de língua e outros enganos e acidentes.

Somente um especialista pode entender o inconsciente de alguém, Freud acreditava. A autoridade e o paciente têm de formar um relacionamento de confiança. Então, durante sessões freqüentes, o paciente precisa fazer *associações livres*, conversar sobre tudo o que lhe vem à cabeça. Nada deve ser omitido. O especialista analisa o resultado em um longo período, procurando pistas para a natureza do conteúdo inconsciente. O Capítulo 14 trata desses procedimentos.

Instintos e libido Embora Freud não fizesse uma lista de instintos (pulsões, em nossa terminologia; veja a p. 325), acreditava que todos eles se enquadravam em duas categorias: instintos de vida e de morte.

Os *instintos de vida*, como sexo, fome e sede, ajudam as pessoas a sobreviver e a se reproduzir. Como provavelmente você sabe, Freud dedicou mais atenção ao sexo que a qualquer outro instinto. Entretanto, a expressão "instinto sexual" é ampla e abrange inúmeras pulsões corporais prazerosas, incluindo a sucção e a defecação. Freud supunha que essas pulsões "sexuais" diferentes funcionavam independentemente uma da outra durante a infância, mas eram fundidas na puberdade, para servir ao objetivo da reprodução.

Os instintos de vida desempenham seu trabalho gerando energia, chamada *libido*. Esta é semelhante à energia física, mas supre a energia necessária para o pensamento e o comportamento. Se os instintos de vida não forem satisfeitos, a libido (diferentemente da energia física) pode se acumular e gerar pressão, assim como a água bombeada para uma pipa com uma válvula fechada. Para as pessoas funcionarem normalmente, a pressão precisa ser reduzida. Do contrário, a libido finalmente explode, resultando em comportamento anormal.

Freud pensava que muitas atividades são expressões de instintos sexuais *sublimados*, canalizados para ocupações construtivas. Um cientista tentando descobrir como a natureza funciona, por exemplo, realmente tem curiosidade por sexo, mas está dirigindo essa curiosidade inconscientemente para uma saída mais aceitável do ponto de vista social. O motivo, em outras palavras, é *dessexualizado* e não mais reconhecível.

Próximo ao fim da vida, Freud descreveu um segundo importante sistema de motivação. Este, que era responsável pela morte e destruição (de si mesmo e dos outros), foi chamado *instinto de morte ou destrutivo*, ou *thanatos*. Freud supunha que as pessoas têm um desejo inconsciente de morrer. Também sugeria que os seres humanos são agressivos porque esse desejo de morte é bloqueado pelos instintos de vida e outras forças dentro da personalidade. Segundo ele, a agressão é autodestruição voltada para fora, contra um substituto. Freud não nominou a energia que os instintos de morte usam na realização de seu trabalho.

Modelo da mente Freud passou a acreditar que a mente humana enfrenta continuamente três conjuntos de demandas conflitivas: as que partem do corpo, da realidade externa e das restrições morais. Um componente distintivo da personalidade (id, ego, superego) lida com cada domínio. Os componentes da personalidade estão competindo continuamente entre si pela energia disponível dos

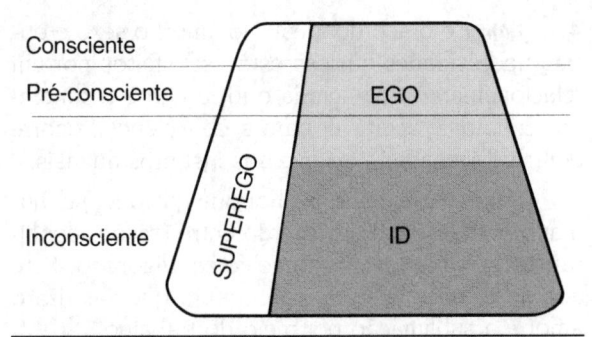

FIGURA 12.2 Níveis de consciência do id, ego e superego. (Adaptada de Liebert, R. M. & Spiegler, M. D. (1978), *Personality*, 3ª ed., Homewood, IL: Dorsey, p. 94.)

instintos de vida e morte. A Figura 12.2 mostra como o modelo freudiano da mente encaixa-se em suas idéias sobre a consciência.

Id O *id*, a casa dos instintos, reside no âmago primitivo da personalidade. Freud (1933, p. 104) descreveu-o como "um caos, um caldeirão de excitação insaciável". Uma vez que o id não tem organização lógica, impulsos contraditórios existem aqui, lado a lado. O id opera de acordo com o *princípio do prazer*. Como uma criança mimada, pressiona continuamente para a realização imediata de seus impulsos. Seu mote parece ser: "Quero o que quero quando quero".

Para reduzir a tensão, o id usa o *processo primário de pensamento*. Forma a imagem de um objeto desejado, previamente associado com a satisfação de um impulso. Por exemplo, quando você está com fome, pode visualizar um bife frito ou um *sundae* com calda quente e achar que a imagem parece boa ou satisfaz a necessidade momentaneamente. Freud considerava o processo primário de pensamento um tipo infantil de atividade mental que não pode distinguir entre imagens e realidade. Sonhar durante o sono e ter alucinações (experiências sensoriais sem base em fatos) são exemplos mais claros do processo primário de pensamento. Ambos podem ser considerados desejos em forma de imagem que não podem ser separados do que é real pela pessoa que tem esses desejos. Em sonhos, os desejos do id são disfarçados e distorcidos, uma vez que são inaceitáveis a outras partes da personalidade.

Ego O *ego* emerge nas crianças em desenvolvimento, à medida que elas aprendem que há uma realidade distinta das próprias necessidades e desejos. Tendo sido parte do id, o ego evolui para lidar com o mundo. Uma das tarefas principais do ego é localizar objetos para satisfazer as necessidades do id. O ego, então, precisa lidar com as demandas tanto do id quanto do ambiente circundante.

Ao contrário do id, o ego é controlado e lógico. Em vez de ser impulsionado pelo princípio do prazer, opera de acordo com o *princípio da realidade*. Ou seja, embora esteja comprometido em gratificar as necessidades do id, está ciente das circunstâncias. Aguarda seu momento, esperando até que as situações apropriadas cheguem ou buscando-as.

O ego usa o *processo secundário de pensamento*, estratégias de solução de problemas. Pense no processo secundário de pensamento como crítico, organizado, sintetizador, racional e realista. Por exemplo, quando você está com fome, o ego pode decidir que você deveria esquentar uma sopa ou comprar um hambúrguer.

Superego À medida que as crianças identificam-se com os pais e internalizam valores e padrões, o *superego* separa-se do ego. Pense no superego como uma consciência. Embora tenha feito parte do ego, o superego funciona independentemente, lutando pela perfeição e admirando o idealismo, o auto-sacrifício e o heroísmo. O superego influencia o ego para atender aos objetivos morais e forçar o id a inibir seus impulsos animais. Quando o ego comporta-se moralmente, o superego é satisfeito. Quando as ações ou os pensamentos do ego vão contra os princípios morais, o superego gera sentimentos de culpa.

O dilema do ego O ego ocupa uma posição pivô como mediador, tentando executar acordos. Nas palavras de Freud (1933, p. 108), "O pobre ego [...]. precisa servir a três senhores exigentes (id, superego, realidade) e tem de fazer seu melhor para conciliar as demandas dos três". Quanto mais intensos forem os conflitos, mais energia psicológica é exigida para resolvê-los. Menos energia sobra, então, para viver.

O ego reconhece o perigo de expressar os impulsos primitivos do id. Conseqüentemente, torna-se ansioso quando pressionado pelo id, uma vez que teme o perigo, o embaraço ou a punição. O ego evita a ansiedade, efetuando acordos como os seguintes:

1 Os *sonhos* (veja o Capítulo 4) representam os desejos do id em uma forma disfarçada e distorcida, para evitar a censura do superego.

2 Os *mecanismos de defesa* (veja o Capítulo 9) são estratégias de enfrentamento usadas pelo ego, para lidar com a ansiedade e resolver conflitos entre o superego e o id. Pelo *deslocamento*, por exemplo, os homens casam-se com mulheres que lembram a respectiva mãe (embora o id preferisse casar-se com a própria mãe). O deslocamento consegue atingir algo aceitável tanto para o id quanto para o superego. Usando a *repressão*, as pessoas banem da consciência os impulsos perturbadores do id. Pela *sublimação*, a energia do id é canalizada para ocupações socialmente valiosas que são aceitáveis tanto para o ego quanto para o superego.

3 Os *sintomas do comportamento anormal* (veja o Capítulo 13) representam o uso exagerado de mecanismos de defesa. Esses sintomas aparecem quando estresses atuais revivem o que Freud chamou de idéias e lembranças *patogênicas*, aquelas relacionadas com conflitos e impulsos proibidos. Em geral, esses conflitos são "sexuais" por natureza e remontam precocemente à infância, quando a perda do amor parental e a punição foram sentidas como questões catastróficas, de vida ou morte. As idéias e lembranças patogênicas foram reprimidas (afastadas da consciência), sem ser resolvidas. Uma vez que os problemas permanecem inconscientes, não podem ser explorados nem resolvidos. No entanto, as pessoas estão vagamente conscientes da dificuldade e sentem-se frustradas. Se a ansiedade é severa e o ego é fraco e incapaz de divisar uma solução satisfatória, usa excessivamente mecanismos de defesa, mas sem efetividade (um acordo que não funciona). As lutas internas geram ansiedade e depressão; as estratégias defensivas interferem no funcionamento e resta pouca energia para as tarefas do viver.

Freud sentiu que a natureza dos sintomas anormais é determinada pela natureza das lembranças emocionalmente carregadas. Com freqüência, o conflito é representado simbolicamente na forma concreta. Uma paciente que desenvolveu o sintoma de torcer as mãos havia tido três experiências desagradáveis com as mãos. Foi bastante atemorizada enquanto tocava piano; os pais punham uma faixa nas mãos dela para discipliná-la; e foi forçada a massagear as costas de um tio que ela detestava. Alguns sintomas surgem quando as pessoas *regridem*, voltam a formas de comportamento características de períodos anteriores da vida.

4 O *amor* é o acordo ideal. No amor, o sexo e outras necessidades básicas estão satisfeitos por um relacionamento que agrada o id, o ego e o superego. O amor é aceitável para a consciência, ocorre dentro da realidade e serve aos instintos animais.

Freud sentia que o melhor que qualquer ser humano pode esperar é o acordo entre facções conflitantes, forjadas por um ego forte, vigoroso. Este acordo é mais fácil em uma cultura que valoriza o amor e a sublimação por meio do trabalho.

Desenvolvimento da Personalidade

Freud acreditava que a personalidade é moldada pelas primeiras experiências, quando as crianças passam por um conjunto seqüencial de *fases psicossexuais*. O termo "psicossexual" deriva da idéia de que a libido, que é claramente uma *energia sexual*, é localizada em regiões corporais diferentes, conforme o *desenvolvimento psicológico* progride. Antes de entrar em particularidades da teoria de Freud, vamos examinar um esboço geral. Três áreas corporais, que Freud chamou de *zonas erógenas* — boca, ânus e genitais —, respondem intensamente à estimulação de prazer. Em cada fase de desenvolvimento, uma zona é especificamente influente. As pessoas derivam o prazer predominantemente daquela zona e buscam objetos ou atividades correspondentes. Ao mesmo tempo, surgem conflitos. Se as crianças são mimadas ou carentes e frustradas indevidamente em qualquer estágio, então não podem resolver conflitos. Conseqüentemente, seu desenvolvimento é detido e a libido é fixada naquele estágio.

A *fixação* refere-se a deixar uma parte da libido permanentemente investida em um nível de desenvolvimento específico. Quando a fixação ocorre, o comportamento posterior é caracterizado por modos de obter satisfação ou reduzir tensão, ou por outros traços ou atitudes típicos do estágio em que a fixação ocorreu. Freud acreditava que alguma libido fosse fixada inevitavelmente em cada fase. Com as pequenas fixações usuais, as migrações para comportamentos posteriores são menores. Com o excesso de frustração ou indulgência, fixações bastante substanciais podem ocorrer e a personalidade pode ser dominada por padrões das primeiras fases.

De acordo com Freud, as crianças passam por quatro fases psicossexuais — oral, anal, fálica e genital —, além de um período de latência.

Fase oral Durante o primeiro ano de vida, os bebês derivam o prazer basicamente da boca. A libido centra-se nos prazeres orais: comer, sugar, morder, levar objetos à boca, balbuciar e outros. O *desmame* é o principal conflito da *fase oral*. Quanto mais difícil for deixar o seio ou a mamadeira e seus prazeres para os bebês (em virtude da gratificação ou privação exagerada), mais a libido será fixada nesse período. Se uma parte substancial é fixada, as crianças podem sugar o polegar, comer demais ou roer as unhas. Quando adultos, continuam a exibir traços e preocupações orais. Podem ser dependentes, passivas ou gulosas. Podem gostar de mascar goma, fumar, comer, palitar os dentes, beber ou conversar excessivamente.

Fase anal Durante o segundo e terceiro anos de vida, o prazer é obtido basicamente da região anal. A criança gosta de urinar e defecar e da formação e alívio da tensão que acompanha a excreção. A liberação, em especial, evoca repugnância e raiva por parte de quem cuida da criança, que exige que esta tenha autocontrole e saiba esperar. À medida que elas começam o *treino de toalete*, o conflito central da *fase anal* desenvolve-se. Uma vez que os prazeres são bloqueados pelas regras de restrição da sociedade, as crianças sentem raiva e impulsos agressivos. Na luta com os pais, podem ser alvo de humilhação, vergonha, repugnância ou desprezo. Algumas crianças tentam "contra-atacar", fazendo movimentos intestinais em momentos inoportunos — depois de serem retiradas da toalete, por exemplo. Outras crianças retêm fezes deliberadamente para manipular os pais, que se sentem preocupados com a irregularidade. Essa tática fornece leve pressão contra as paredes intestinais, o que pode ser considerado agradável.

Se o treinamento de toalete for rígido ou permissivo demais, uma parte significativa da libido será fixada na fase anal e a pessoa mostrará preocupações, traços e estratégias anais. Nesta categoria, encontram-se o prazer no humor, no banheiro, horror a odores fétidos, asseio, avareza, acumulação, autocontrole rígido, relaxamento e agressividade.

Fase fálica Freud acreditava que, em algum momento entre 3 e 5 anos, na *fase fálica*, as crianças pequenas descobrem que os genitais fornecem prazer. Ele também pensava que a maioria das crianças pequenas começa a se masturbar nesse período. (No Capítulo 8 dissemos que as crianças podem começar mais cedo ou mais tarde.) As fantasias durante a masturbação preparam o cenário para uma crise. A criança ama o pai do sexo oposto excessivamente e sente rivalidade intensa com o genitor do mesmo sexo. No caso das mulheres, o conflito é conhecido como *complexo de Electra*; nos meninos, *complexo de Édipo*. Os nomes originam-se dos personagens gregos lendários que tiveram conflitos intensos dessa natureza.

Primeiro, considere a situação do menino. Ele ama a mãe porque foi ela quem cuidou dele. Com o início da consciência sexual, dirige suas fantasias eróticas para ela, desejando-a para si e vendo o pai como rival. Deseja até que o pai morra ou imagina matá-lo. Mais cedo ou mais tarde, entretanto, a criança começa a enfrentar a realidade. E se o pai, maior e mais forte, retaliasse? O menino teme especialmente a castração, que removeria sua fonte de prazer. Para eliminar essa possibilidade aterrorizante, o menino reprime o amor pela mãe e *identifica-se* com o pai, lutando para se tornar como ele. Por meio da identificação, o menino elimina a ameaça e obtém a gratificação vicária de seus impulsos sexuais. (Ao se identificar com o pai, o menino compartilha dos privilégios sexuais do pai na imaginação.) Essa identificação tem conseqüências de longo alcance. Permite aos filhos adotar as características de personalidade masculinas e incorporar o superego (valores morais) dos pais.

As meninas enfrentam uma crise semelhante, aproximadamente na mesma época do desenvolvimento. Inicialmente, a filha, como o filho, ama a mãe, que cuida dela. Entretanto, em algum momento durante a fase fálica, a mulher descobre que tem uma cavidade, em vez de pênis, o órgão sexual mais desejável (como Freud o via). Para resolver a situação, a menina supõe que já tivera pênis, mas foi castrada. Ela culpa a mãe, e o amor pela mãe diminui. Para ganhar controle do órgão sexual valorizado, a menina transfere temporariamente o amor para o pai.

Freud foi incapaz de explicar adequadamente por que a filha deveria reprimir o amor pelo pai, identificar-se com a mãe, assumir o comportamento típico do sexo feminino e adotar o superego da mãe. Ele decidiu que o amor ao pai e a rivalidade com a mãe simplesmente desapareceriam lentamente, com o tempo. Ao contrário da identificação do menino com o pai, a identificação da filha com a mãe é relativamente fraca. Na opinião de Freud, a falta do pênis é decisiva: acarreta sentimentos de inferioridade e inveja (*inveja do pênis*) nas mulheres, e as leva a padrões morais fracos.

Se surgirem dificuldades durante a fase fálica e muita libido for aí fixada, inúmeros problemas tornam-se prováveis. Sem incorporar as atitudes dos pais, as crianças têm preparo inadequado para formas mais avançadas de pensamento e são moralmente incapacitadas. Mesmo se os valores adultos forem incorporados como superego, algumas crianças não podem resolver o conflito e permanecem excessivamente ligadas ao genitor do sexo oposto. Conseqüentemente, elas podem nunca romper com a mãe ou com o pai, ou podem sentir-se atraídas apenas por mulheres ou homens muito mais velhos (substitutos dos pais).

Período de latência Freud acreditava que, quando a fase fálica termina, por volta dos 5 anos, a personalidade está essencialmente formada. Nos seis anos subseqüentes, aproximadamente, as necessidades sexuais ficam dormentes. Não aparecem conflitos ou mudanças importantes; esse período é chamado de *período de latência*.

Fase genital Os interesses sexuais são despertados novamente no início da puberdade. Durante a *fase genital*, que se estende por toda a adolescência e fase adulta, as pessoas orientam-se para os outros e formam relacionamentos sexuais satisfatórios. Até então, estavam absorvidas no próprio corpo e necessidades. Freud via um vínculo heterossexual maduro como a marca da maturidade. Se a energia está ligada a estágios de desenvolvimento inferiores (em virtude da gratificação ou frustração excessiva), os adolescentes não podem enfrentar este desafio.

Outras Teorias Psicodinâmicas

Embora Freud tenha formulado a teoria psicodinâmica mais influente, o trabalho de inúmeros teóricos é importante. Esses outros, como Freud, eram terapeutas que ajudavam os pacientes a entender seus problemas e a lidar com eles. Muitos apoiaram as idéias de Freud durante um tempo. Horney, Sullivan e Erikson às vezes são chamados de neofreudianos ("neo" significa novo) por suas idéias estarem extremamente relacionadas com as de Freud.

Carl Jung

Carl Gustav Jung (1875-1961) (veja a Figura 12.3), um psiquiatra suíço, foi visto como o herdeiro de

FIGURA 12.3 Carl Gustav Jung, a quem Freud descreveu como "meu sucessor e príncipe herdeiro da coroa" em 1909. Quatro anos depois os dois seguiram caminhos diferentes e romperam a amizade. Além de suas diferenças ideológicas, havia diferenças temperamentais. Enquanto Freud era levado pela lógica, Jung era fascinado pelo oculto. Ele buscava *insights* sobre a personalidade em rituais primitivos, religiões, mitologias, alquimia, astrologia e alucinações. (National Library of Medicine.)

Freud no movimento psicanalítico. Em 1912, abandonou a teoria psicanalítica ortodoxa porque a noção de que a libido é basicamente sexual e a ênfase no início da infância incomodavam-no. Jung, como Freud, ressaltou o inconsciente. Entretanto, focalizou os objetivos e as lutas das pessoas, a procura de sua totalidade e o desenvolvimento criativo (em vez de a infindável repetição de temas instintivos, como Freud fazia). Para Jung, o inconsciente continha conteúdos positivos, negativos e coletivos, bem como pessoais. A contribuição mais original e controversa de Jung à teoria da personalidade é a idéia do *inconsciente coletivo*. Jung acreditava que as pessoas são o produto de duas forças: histórias individuais e experiências compartilhadas com toda a raça humana por toda a sua existência (o inconsciente coletivo). Na visão de Jung, todos herdam o mesmo inconsciente coletivo. Esse reservatório guarda idéias freqüentemente na forma de imagens ou *arquétipos* (por exemplo, a mãe, o herói, o velho sábio, a criança). Esses arquétipos, influenciando as expectativas e o comportamento, dominam a personalidade. Considere o arquétipo "a mãe" como ilustração. De acordo com Jung, as pessoas nascem acreditando que a mãe (e figuras maternas como as avós e tias) é carinhosa e afetuosa. Tais conceitos predispõem a criança a perceber e reagir a figuras maternas com confiança e a se tornarem dependentes. Na maioria dos casos, as mães comportam-se de forma generosa, de modo que as percepções e respostas das crianças são apropriadas. Se a mãe desvia-se do arquétipo, negligenciando ou maltratando o filho, suas reações mudarão de acordo, uma vez que o comportamento depende da história pessoal, bem como do inconsciente coletivo. A sustentação do insconciente coletivo veio de símbolos e mitos comuns que Jung encontrou em diversas literaturas. As idéias influentes de Jung sobre tipos de personalidade serão mencionadas mais tarde.

Alfred Adler

Alfred Adler (1870-1937) (veja a Figura 12.4) era um psiquiatra austríaco e outro membro do grupo original de Freud que posteriormente se afastou. Como Jung, Adler sentia que a importância da sexualidade no desenvolvimento da personalidade tinha sido superestimada. A teoria psicodinâmica de Adler, conhecida por *psicologia individual*, ressaltava a importância de forças sociais e conscientes. A abordagem era individual, sendo atribuído a cada pessoa um padrão único de qualidades: motivos, traços, valores, interesses. Adler via *sentimentos de inferioridade* como centrais à personalidade. A começar da idade precoce, as crianças avaliam-se continuamente. Incapazes de atingir objetivos e desejos importantes, inevitavelmente desenvolvem sentimentos de inferioridade. Esses sentimentos variam em tipo e intensidade, dependendo das experiências, e modelam a motivação e o estilo de vida posteriores. Em cada ato psicológico, Adler (1930, p. 398) discerniu o que chamou "a luta pela superioridade [...]. O ímpeto do menos para o mais nunca termina. A pressão de 'baixo' para 'cima' nunca cessa". Enfatizando a luta por objetivos e olhando para o futuro, Adler era comparativamente otimista com relação às possibilidades humanas.

FIGURA 12.4 Alfred Adler trabalhou com o grupo original de Freud quando jovem, mas gradativamente desenvolveu uma abordagem rival. Sua ênfase nas influências e pressões sociais e seu conceito de um *self* criativo constituíram afastamentos radicais da orientação biológica de Freud e da noção de um ego que serve ao id. O *self* das pessoas é criativo — Adler acreditava — na busca de experiências realizadoras e na elaboração de tais experiências quando incapazes de encontrá-las. (Bettmann Archive.)

Karen Horney

A psicanalista alemã Karen Horney (1885-1952) (veja a Figura 12.5) estudou na Alemanha com um dos seguidores de Freud e mais tarde tornou-se influente nos círculos psicanalíticos nos Estados Unidos. Como Adler, Horney enfatizou o contexto social do desenvolvimento. Ela também considerava imprecisas as idéias freudianas clássicas sobre sexualidade, principalmente aquelas sobre psicologia feminina. Freud, você vai se lembrar, acreditava que as atitudes, os sentimentos e os conflitos das mulheres desenvolvem-se de um sentimento de inferioridade genital e inveja do sexo masculino. Horney apontou outros determinantes de qualidades femininas: a ênfase excessiva no amor e a falta de confiança.

O conceito primário de Horney é a *ansiedade básica*, a causa de distúrbios neuróticos. Na visão dela, todos os jovens — principalmente aqueles que mais

FIGURA 12.5 Karen Horney, psicanalista respeitada, queria refinar a psicanálise, em vez de romper com ela. Ao contrário de Freud, ela acreditava que a psicologia feminina origina-se da pouca autoconfiança e da ênfase exagerada no amor e que tem pouco a ver com a anatomia. (Bettmann Archive.)

tarde desenvolvem sintomas neuróticos — sentem hostilidade para com os pais, que são inevitavelmente frustrantes, mesmo quando têm boa intenção. Se a hostilidade é intensa, as crianças preocupam-se com o fato de que vão expressar isso e os pais vão se afastar e deixar de aceitá-las, amá-las e oferecer afeto. As crianças ficam aterrorizadas com a possibilidade de serem isoladas e ficarem desamparadas, a fonte de ansiedade básica.

Crianças em crescimento, e mais tarde adultos, adotam estratégias defensivas para assegurar que não perderão segurança e afeição. Poderiam *mover-se em direção* às pessoas, sendo excessivamente submissas (tentando alcançar os padrões do outro a qualquer custo), dedicando a vida à realização ou influenciando os outros para ganhar afeição. Se o amor não for acessível, podem voltar-se *contra* as pessoas, buscando poder e exploração. Uma terceira estratégia é *afastar-se dos outros* e focalizar o *self*, talvez desenvolvendo uma auto-imagem irreal para compensar sentimentos de inferioridade ou buscando continuamente falhas e ocultando-as para parecerem perfeitas e intacáveis. Quando manobras irracionais (neuróticas) como essas tornam-se estratégias permanentes, podem assumir uma dimensão de urgência e dominar a personalidade. Essas lutas neuróticas não podem ser satisfeitas e geram muita infelicidade.

Harry Stack Sullivan

Harry Stack Sullivan (1892-1949) (veja a Figura 12.6), psiquiatra americano, enfatizou os relacionamentos sociais, como Adler e Horney. Sullivan, igualmente, ficou impressionado com a importância da infância no desenvolvimento da personalidade, principalmente na segunda década de vida. Em um ambiente interpessoal favorável, as demandas de pais afetuosos são uma correspondência justa para as capacidades da criança. Entretanto, algumas crianças são confrontadas com estresses duradouros porque não

FIGURA 12.6 Crítico social e psiquiatra, Harry Stack Sullivan, que acreditava que sociedades imperfeitas produzem pessoas imperfeitas que se aprimoram apenas se seu ambiente melhorar, focalizou-se nos relacionamentos da infância. Embora provavelmente esquizofrênico, alcoólatra e inclinado a surtos de depressão, ele ganhou reputação de clínico habilidoso (Perry, 1982; Robinson, 1982). Mais que qualquer outro pensador psicodinâmico, ele enfatizava o teste empírico de idéias. (Bettmann Archive.)

podem atender aos padrões emocionais, intelectuais ou físicos da respectiva família. Sullivan acreditava que essas falhas atrasam ou distorcem o desenvolvimento. Um teórico otimista, Sullivan via a natureza humana como flexível. Mesmo experiências familiares destrutivas poderiam ser superadas, ele acreditava, com apoio e afeto pessoal. Uma criança que tivesse intimidade com colegas durante a adolescência, por exemplo, poderia tornar-se um adulto saudável.

Sullivan achava que as pessoas são dominadas por necessidades de segurança: evitar ou reduzir sentimentos negativos como culpa, medo, tensão, pânico e vergonha. Elas tentam utilizar um arranjo de dispositivos para afastar a ansiedade, empregando aqueles que funcionam melhor para elas.

Heinz Hartmann

A começar do fim da década de 1930, inúmeros seguidores de Freud voltaram a atenção do id para o ego, rompendo com a noção psicanalítica de que o id domina a vida humana. Os *psicólogos do ego* enfatizavam o significado do ego para ajudar as pessoas a se ajustar ao respectivo ambiente. O líder desse movimento psicanalítico, chamado *psicologia do ego*, foi Heinz Hartmann (1894-1970) (veja a Figura 12.7). Começando no nascimento, Hartmann enfatizou, o ego permite aos bebês perceber, controlar seus movimentos e aprender. Quando os bebês interagem com o ambiente, capacidades do ego como lembrar-se, pensar e perceber desenvolvem-se mais. Para os psicólogos dessa linha, o ego não estava necessariamente em conflito com o id, com o superego e com a realidade. Atuando sobre "energias agressivas e sexuais neutralizadas", o ego podia funcionar independentemente dos objetivos instintivos. Certas estratégias do ego, como mecanismos de defesa, embora especializadas para a solução de conflito, não são necessariamente patológicas. Ao contrário, ajudam os indivíduos a fazer um ajuste saudável. Como essas crenças sugerem, os psicólogos do ego tinham uma visão positiva da natureza humana.

Erik Erikson

Erik Erikson (1902-1994) (veja a Figura 12.8), psicanalista americano, provavelmente fez mais que qualquer outro para expandir e elaborar as teorias do desenvolvimento de Freud. As revisões de Erikson tornam a teoria psicodinâmica mais aplicável a experiências contemporâneas. Como outros teóricos psicodinâmicos, Erikson enfatiza as implicações sociais. Diferentemente da maioria deles, ele traça o desenvolvimento durante todo o ciclo de vida. Uma vez que as observações de Erikson são amplamente aceitas, serão descritas em detalhes. Mencionamos suas idéias sobre adolescência e fase adulta no Capítulo 11.

FIGURA 12.7 Heinz Hartmann elevou o papel do ego acima da noção de "servo do id" da psicanálise clássica. Supondo que o ego tem cognição à sua disposição, Hartmann e seus seguidores compartilhavam com psicólogos contemporâneos um interesse pela percepção, pela recordação e pelo pensamento. (Allan Roos/*The New York Times*.)

Primeiro, o esboço geral. Na opinião de Erikson, a personalidade forma-se à medida que as pessoas passam pelas *fases psicossociais*. Em cada fase há um conflito a enfrentar e resolver, de uma forma positiva e negativa. A solução positiva resulta em saúde mental; a negativa leva ao desajustamento. Os conflitos estão todos presentes no nascimento, mas predominam em épocas específicas. A solução de qualquer conflito depende, em parte, de lidar com sucesso com conflitos anteriores. Entretanto, a saúde ou doença psicológica não é fixada. Experiências posteriores — boas e ruins — podem desfazer os efeitos das primeiras.

A teoria de Erikson abrange oito estágios. Durante o primeiro ano (paralelo à fase oral de Freud), os bebês enfrentam um conflito entre a *confiança e a*

FIGURA 12.8 Além de ser conhecido por sua teoria do desenvolvimento, Erik Erikson é reconhecido por seus acurados estudos psicobiográficos de Gandhi e Martin Luther. Ele experienciou muitas das confusões, dos conflitos e das crises sobre os quais escreveu. Um dos constructos ao qual mais se prendia, a crise de identidade, era bem conhecido por ele. Antes de optar pela psicanálise, ele tentou e descartou carreiras nas artes e no ensino (Roazen, 1976). (Bettmann Newsphotos/United Press International.)

desconfiança. Nesse período, o relacionamento com a mãe é extremamente importante. Se as mães amamentam os bebês, mantêm-nos aquecidos e aconchegados, aninham, brincam e conversam com eles, os bebês desenvolvem sentimentos de que o ambiente é agradável e seguro (confiança básica). Quando as mães não atendem a estas necessidades, os bebês adquirem temores e suspeitas (desconfiança).

Paralelamente à fase anal, de Freud, durante o segundo e terceiro ano, as crianças enfrentam um segundo desafio, *autonomia versus vergonha e dúvida*. Nesse período, as capacidades dos bebês estão aumentando rapidamente. Eles gostam de correr, empurrar, segurar e soltar. Se os pais incentivam as crianças a "ficar de pé sozinhas" e a exercitar as próprias capacidades, elas se sentem no controle dos músculos, dos impulsos, do ambiente e de si mesmas. Em outras palavras, sentem-se autônomas. Se os pais exigem demais muito cedo, ou impedem o uso de habilidades recentemente descobertas, as crianças sentem vergonha e dúvida.

As crianças de 3 a 5 anos de idade correm, brigam e sobem. Orgulham-se de enfrentar problemas e conquistar o ambiente que as circunda. Desenvolvem a auto-estima dos poderes mentais, também, enquanto conversam, criam fantasias e brincam de faz-de-conta. Durante esse período ativo, a criança enfrenta um novo conflito, *iniciativa versus culpa* (paralelamente à fase fálica, de Freud). Se os pais respondem às perguntas e compreendem e aceitam a brincadeira ativa, as crianças aprendem a perseguir seus objetivos e adquirem iniciativa. Infelizmente, algumas mães e pais são impacientes e punitivos e consideram perguntas, brincadeira ou atividades bobas ou erradas. Nesses casos, as crianças sentem-se culpadas e inseguras; mais tarde na vida, relutam em agir de acordo com os próprios desejos.

As crianças de 6 a 11 anos entram em um novo mundo, a escola, com os próprios objetivos, limites, falhas e realizações. Na escola, aprendem alguma coisa de ser trabalhadores e fornecedores, à medida que confrontam um quarto grande desafio, *diligência versus inferioridade*. Quando as crianças sentem-se menos capazes que seus pares, desenvolvem uma noção de inadequação. Indivíduos bem-sucedidos emergem com um sentimento de competência e prazer no trabalho, um senso de diligência.

Durante a adolescência (quando começa a fase genital, de Freud), ocorre uma *crise de identidade*. Se esta não for resolvida, os jovens sofrem uma *confusão de papel*. Para atingir a identidade, o adolescente precisa integrar várias auto-imagens e escolher uma carreira e um estilo de vida adequados. Quando os jovens atingem confiança básica, autonomia, iniciativa e diligência, eles desenvolvem mais facilmente uma noção de quem são e no que acreditam.

A busca de identidade explica muitos padrões de comportamento adolescente. Nas palavras de Erikson (1968, pp. 132-133):

Para se manterem unidos, (os jovens) identificam-se temporariamente com os heróis de turmas e multidões, a ponto de aparentemente perderem por completo a individualidade [...]. Em grande parte, o amor adolescente é uma tentativa de chegar a uma definição da própria identidade, projetando a auto-imagem difusa em outro e vendo-a assim refletida e gradativamente mais clara [...]. A clareza pode também ser buscada por meios destrutivos. Os jovens podem ser notavelmente arredios, intolerantes e cruéis ao excluírem aqueles que são "diferentes", na cor da pele ou nas raízes culturais, nos gostos e talentos e freqüentemente em aspectos não importantes como a maneira de se vestir e gesticular, aspectos esses, arbitrariamente selecionados como sinais de que pertencem a um grupo na moda ou fora da moda. É importante entender em princípio (o que não significa aceitar todas as suas manifestações) que tais intolerâncias podem ser, por um período, uma defesa necessária contra a experiência de perda de identidade. Isso é inevitável em uma época da vida em que o corpo muda de proporção radicalmente, quando a puberdade genital floresce e inunda a imaginação com todos os tipos de impulso quando ocorre a intimidade com o outro sexo — às vezes, imposta ao jovem — e quando o futuro imediato confronta-se com muitas possibilidades e opções conflitantes. Os adolescentes [...] ajudam-se temporariamente a enfrentar esse desconforto, formando turmas e estereotipando seus ideais, seus inimigos e a si mesmos.

Durante a fase de adulto jovem, um novo desafio — *intimidade versus isolamento* — surge. Os jovens adultos estão prontos para formar vínculos sociais duradouros: demonstrar interesse, compartilhar e confiar nos outros. Na visão de Erikson (1963, p. 266), a intimidade requer o desenvolvimento de um relacionamento sexual com um membro amado do sexo oposto, "com o qual uma pessoa sente-se capaz e deseja viver os ciclos de trabalho, procriação e recreação". As pessoas que não têm senso da própria identidade têm dificuldade para estabelecer relacionamentos íntimos. Às vezes isolam-se. Às vezes formam vínculos insatisfatórios, nos quais não há, de fato, espontaneidade e sinceridade.

Os conflitos continuam. O adulto de meia-idade precisa escolher entre *generatividade* e *auto-absorção*. O termo "generatividade" foi cunhado por Erikson para se referir a um compromisso com o futuro e com a nova geração. A preocupação ativa com os jovens e o envolvimento para a melhoria da vida humana eleva o *self*. A excessiva auto-absorção gera estagnação.

Finalmente, quando a vida aproxima-se do fim, o idoso enfrenta uma última crise, *integridade versus desesperança*. As pessoas que olham para trás sentem-se satisfeitas e aceitam sua vida, achando que valeu a pena viver, têm um senso de integridade. O desespero atinge aqueles que acham pouco sentido ou satisfação na vida passada e vêem a vida como desperdiçada. O tempo acabou. A morte é aterrorizante.

A Tabela 12.1 compara cada fase das teorias da personalidade de Erikson e Freud.

Mensuração da Personalidade: Partindo da Perspectiva Psicodinâmica

Os teóricos psicodinâmicos usam vários instrumentos — entrevistas, estudos de caso e testes projetivos — para avaliar os aspectos inconscientes da personalidade que freqüentemente lhes interessam.

TABELA 12.1 Comparação das teorias de estágios de Freud e Erikson.

Idade Aproximada	Fases Psicossexuais de Freud	Fases Psicossociais de Erikson
Primeiro ano	Oral	Confiança básica X desconfiança
2-3 anos	Anal	Autonomia X vergonha, dúvida
3-5 anos	Fálica	Iniciativa X culpa
6 anos à puberdade	Latência	Diligência X inferioridade
Adolescência	Genital	Identidade X confusão de papel
Início da idade adulta		Intimidade X isolamento
Meia-idade		Generatividade X auto-absorção
Idade adulta avançada		Integridade X desesperança

Entrevistas

A entrevista (veja a p. 25) provavelmente é a técnica mais comum de avaliação hoje usada por aqueles que tratam psicologicamente de pessoas com problemas, seja psicodinâmica ou não. As entrevistas podem ser consideradas *observações participantes* porque o entrevistador, freqüentemente atuando como terapeuta, é tanto observador quanto participante. As entrevistas psicodinâmicas são de um tipo especial. No contexto da *terapia* psicanalítica, por exemplo, o clínico e o paciente exploram a vida mental do paciente, em geral em sessões de uma hora, diversas vezes por semana, durante três a cinco anos. Aqueles que seguem a abordagem freudiana ortodoxa pedem aos pacientes para que façam associações livres e digam o que lhes vem à cabeça. Na livre associação, o analista sente que as pessoas deixam as defesas de lado; daí, os conteúdos que iluminam problemas profundamente assentados têm maior probabilidade de vir à tona. O entrevistador psicodinâmico ficará atento a sinais de conflito na infância, a medos e a impulsos proibidos dos quais o paciente não tem consciência.

Como ocorre em todas as entrevistas, as psicodinâmicas oferecem *insights* a respeito de aspectos pessoais e privados da personalidade: pensamentos, sentimentos, conflitos e outros. Quanto às suas desvantagens, os entrevistados podem dar informações imprecisas e os entrevistadores provavelmente influenciam o comportamento sob observação à medida que se envolvem no relacionamento. Além disso, uma vez que os dados da entrevista são coletados e analisados informalmente, as conclusões dependem muito das tendências pessoais e das habilidades do entrevistador.

Estudos de Caso

Depois de conduzir entrevistas (centenas, talvez, ou apenas algumas), os observadores psicodinâmicos às vezes elaboram estudos de caso. Nestes, o material de entrevista — geralmente de uma pessoa — é escrito como um histórico de vida (também chamado *estudo de caso* ou *observação clínica*). Os estudos de caso originados de ambientes clínicos tendem a lidar com comportamento anormal. Leia o estudo de caso ilustrativo no Quadro 12.1, antes de prosseguir a leitura. (■)

Os estudos de caso são a única forma de examinar uma determinada personalidade detalhadamente. Permitem que complexidades e contradições aflorem. Retratam a mudança e a continuidade com

---

Quadro 12.1

O CASO DO PEQUENO HANS

Freud (1909-1957) realizou o estudo de caso do pequeno Hans com base em registros detalhados que o pai, amigo íntimo e discípulo de Freud, fez sobre o desenvolvimento do filho. Freud viu Hans apenas uma vez.

A primeira observação de importância ocorreu quando Hans tinha apenas 3 anos. Ele começou a mostrar grande interesse pelo próprio pênis, que ele chamava de "pipi". Ele estava interessado nos "pipis" de outras pessoas (principalmente da mãe) e de animais. Também é significativa a ameaça da mãe ao pegá-lo masturbando-se — "Mandar para o Dr. A. para cortar o pipi de Hans" —, se ele não parasse. Logo depois dessa conversa, Hans começou a ter ataques de ansiedade quando simplesmente andava pela rua. Gradativamente, a ansiedade centralizou-se em um único tema: que um cavalo branco ia mordê-lo. Freud acreditava que essa fobia ao cavalo branco simbolizasse preocupações sexuais.

O primeiro ataque de ansiedade originou-se de um sonho. Neste, a mãe de Hans foi embora, e ele acordou em pânico. Freud achava que o que realmente ocorreu no inconsciente de Hans era muito diferente. "A criança sonhava em trocar carícias com a mãe e dormir com ela; mas todo o prazer era transformado em ansiedade e todo o conteúdo ideacional, em seu oposto" (p. 118).

De acordo com a orientação de Freud, o pai de Hans começou a fazer terapia com o filho. Inicialmente, o pai disse ao menino que sua ansiedade devia-se à masturbação e que ele devia parar. Ao mesmo tempo, Hans deveria explorar memórias que se relacionavam com o medo de cavalos. Hans lembrou-se de ouvir um pai dizer à filha: "Não ponha a mão no cavalo; se você fizer isso, ele a morderá". Freud comparava essa advertência à ameaça da mãe de Hans de castrá-lo por se masturbar.

Freud encontrou apoio para os desejos sexuais de Hans pela mãe nos temas das fantasias do menino: ser violento e fazer coisas proibidas. Em um dos sonhos diurnos de Hans, por exemplo, havia duas girafas — uma chorava porque Hans havia levado a outra embora. Em outro sonho diurno, Hans se viu forçando-se a "um espaço proibido". Freud acreditava que essas fantasias indicavam que o menino estava lutando com seu desejo de possuir sexualmente a própria mãe.

À medida que o tratamento progredia, tornou-se claro para Freud que os cavalos simbolizavam o "pai" para Hans. O bigode e os óculos do pai eram parecidos com o "preto na boca dos cavalos e aquelas coisas em frente aos olhos deles".

Finalmente, Hans passou a ter medo de carroças, peruas de transporte de móveis e cavalos que pareciam grandes e pesados ou moviam-se rapidamente ou caíam. Em um passeio com a mãe, Hans ficou aterrorizado ao ver um cavalo cair e dar golpes com as patas. Freud achava que Hans havia se lembrado de um desejo "terrível": de que o pai caísse e morresse.

Freud passou a acreditar que as peruas que transportavam móveis, as carroças e semelhantes simbolizavam gravidez. Quando um cavalo bastante carregado caiu, Hans viu a mãe dando à luz. O parto de uma criança era ameaçador para o menino porque afastava dele a mãe adorada e trazia outro rival para disputar seu afeto.

O caso de Hans foi concluído quando o menino dominou o complexo de Édipo. Freud achava que a solução da ansiedade de castração veio com um sonho e uma fantasia. Hans imaginava que o encanador dava-lhe um pipi novo e maior; e sonhava casar-se com a mãe e ter muitos filhos e casar o pai com a avó. Tanto a doença quanto a análise de Hans terminaram nesse ponto.

o tempo. Não é infreqüente revelarem *insights* inesperados. Os estudos de caso servem claramente a uma função didática (de ensino) também. Fornecem ilustrações excelentes de como um princípio específico aplica-se a uma situação da vida real.

Entretanto, muitos psicólogos questionam se os estudos de caso são úteis como testes de hipóteses e como sustentação de teorias, como alegam os teóricos psicodinâmicos da personalidade. Ao mesmo tempo que a natureza não dirigida dos estudos de caso lhes dá força, apresenta problemas. Pode haver dados e dados que não se encaixam facilmente e são difíceis de interpretar. Do mesmo modo, a precisão do conteúdo das entrevistas é difícil de determinar. Como observações feitas depois do fato ocorrido, o conteúdo é suspeito, assim como todas as memórias. Pensamentos e sentimentos presentes — incluindo as perspectivas do clínico, as quais são freqüentemente adotadas pelo paciente — são capazes de distorcer o conteúdo.

A interpretação é outro problema. Podem-se fazer diversas interpretações dos mesmos dados. Freud via o caso do pequeno Hans como evidência de vários conceitos psicanalíticos: o complexo de Édipo, as ansiedades de castração e a repressão. Entretanto, os psicólogos com orientação behaviorista enfatizam as experiências reais do pequeno Hans como eventos assustadores — como cavalos caindo — e vêem as fobias como condicionadas. Precisamente o mesmo conteúdo que dá sustentação a conceitos psicanalíticos pode ser utilizado como apoio a conceitos de aprendizagem.

Há outro limite importante nos dados de estudos de caso. Uma vez que os achados vêm de uma amostra não representativa, é difícil saber quanto eles se aplicam a outros. Ou seja, é difícil generalizar para toda uma população, com base em um ou diversos ou mesmo centenas de casos atípicos.

Finalmente, alguns psicólogos objetam a dados descritivos, ou *qualitativos*, do estudo de caso. Eles argumentam que os números dão informações mais precisas, o que é necessário para o avanço de uma ciência. Entretanto, a maioria dos psicólogos parece sentir que o estudo de caso, embora útil basicamente para fornecer os primeiros *insights*, precisa ser seguido por estratégias mais sistemáticas e objetivas.

Testes Projetivos

Os teóricos psicodinâmicos acreditam que as pessoas *projetam* continuamente as próprias percepções e emoções e os próprios pensamentos no mundo externo, sem ter consciência disso. Os testes *projetivos* são concebidos para revelar esses sentimentos e impulsos inconscientes. Como os testes podem fazer isso? Eles apresentam conteúdo relativamente não estruturado e ambíguo (obscuro) para as pessoas responderem. Sem orientações ou padrões, as pessoas submetidas aos testes confiam nos próprios recursos psicológicos; ao fazerem isso, revelam facetas escondidas da respectiva personalidade. Rorschach, TAT, completar sentenças e testes de desenhos são comumente usados como instrumentos projetivos (Lubin & Larsen, 1984; Lubin *et al.*, 1985).

Teste Rorschach O psiquiatra suíço Hermann Rorschach foi a primeira pessoa a fazer uma tentativa sistemática de usar manchas de tinta para desvendar pensamentos e sentimentos inconscientes. Hoje, quando as pessoas fazem o teste, chamado de *Rorschach*, pede-se a elas para dizer o que vêm (uma forma de associação livre) ao examinar dez borrões de tinta (como os mostrados na Figura 12.9). Cinco das manchas são pretas e brancas e cinco contêm cores. As associações livres de I. S. a diversas manchas de tinta são apresentadas na Tabela 12.2.

Depois do período de livre associação, o examinador pede à pessoa que está fazendo o teste para examinar as manchas uma segunda vez e especificar o que levou a cada impressão: Que região da mancha? Que cor? Que textura? Que sombra?

Os examinadores de teste procuram temas que reflitam orientações permanentes para a vida. Se você dá o mesmo tipo de respostas comuns que os outros dão, está apto a ser rotulado de adaptado. Ver muito movimento humano é considerado sinal de criatividade, capacidade de abstração e inteligência. Ser influenciado pela cor presumivelmente indica resposta ao ambiente externo, típico de pessoas extrovertidas.

O psicólogo que analisou o Rorschach de I. S. concluiu que suas atitudes negativas, críticas, hostis e de insatisfação, reveladas na entrevista e em outros testes, foram apoiadas por associações como "nuvens de melancolia e "pingos de cores, uma confusão". A Figura 12.9 dá vários outros exemplos de prováveis interpretações de Rorschach.

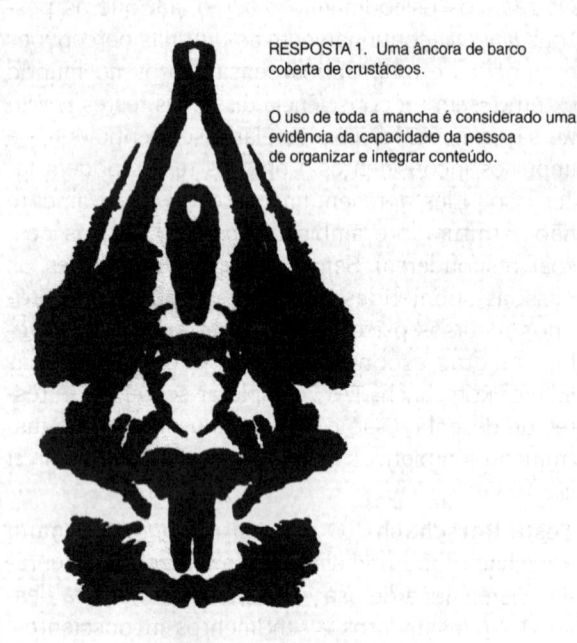

CUIDADO: As interpretações de amostra não se aplicam a todos. E respostas isoladas específicas são muito menos reveladoras que padrões gerais.

TABELA 12.2   Respostas de I. S. a Rorschach.

Prancha 9

1. Parecem duas bruxas dançando em volta do fogo, com alguns arbustos ao redor. Você está olhando para elas através dos arbustos.

2. De cima, parece uma explosão; de cima para baixo, talvez uma explosão atômica. Vista de baixo, também parece dois espectadores, espíritos maléficos ou esqueletos, eu diria. Alguma coisa misteriosa está acontecendo acima deles; há nuvens de melancolia e em cima de tudo há um brilho sobre a cabeça deles, representando um espírito bom ou alguma coisa parecida.

Prancha 10

Parece uma paleta de artista, gotas de cores (tudo misturado), não parece ter muita coisa.

Fonte: Sarason, 1972, p. 227.

Os clínicos freqüentemente examinam o comportamento durante o período em que o teste está sendo aplicado, para *insights* adicionais. A hesitação notável e a qualificação de respostas são consideradas sinais de ansiedade. Tentativas repetidas de ganhar segurança e conseguir estrutura parecem refletir dependência. Um pequeno número de respostas breves será interpretado como sintomático de defensiva.

Testes de completamento de sentenças

Os *testes projetivos de completamento de sentenças* oferecem fragmentos que devem ser terminados: "Sintome ...", "Quero...", "Minha mãe..." e "Minha maior preocupação é...". O examinador provavelmente analisa as respostas informalmente, procurando sinais de emotividade, atitudes perante figuras significativas da vida e o passado, fontes de conflito, estilo de linguagem e problemas pessoais. Veja a Figura 12.10 para amostras de um teste de completamento de sentenças e sua análise.

Testes de desenhos e figuras
Alguns cientistas da personalidade fazem inferências sobre características pessoais com base em desenhos, como aqueles apresentados na Figura 12.11. Testes de desenho tendem a ser usados com crianças, embora o conhecimento sobre o desenho de crianças normais esteja apenas começando a ser reunido (Alland, 1983; Selfe, 1983; Van Sommers, 1984). Para um

RESPOSTA 1. Uma âncora de barco coberta de crustáceos.

O uso de toda a mancha é considerado uma evidência da capacidade da pessoa de organizar e integrar conteúdo.

RESPOSTA 2. Um gênio em uma garrafa.

A focalização de uma parte é considerada uma evidência de interesse pelo concreto, em oposição a questões abstratas.

RESPOSTA 3. Um anjo sem cabeça.

A referência da uma parte pequena ou incomum da mancha indica tendências pedantes (atenção rigorosa a regras e detalhes).

RESPOSTA 4. Uma cabeça de cachorro.

A reversão da figura e do fundo, dessa forma, é considerada uma característica de negatividade e obstinação.

FIGURA 12.9   Um borrão de tinta similar a uma prancha de Rorschach é mostrada com respostas típicas. Para cada resposta, você pode ver a parte da mancha que a pessoa focalizou e uma interpretação plausível.

1. Eu gosto *de drogas psicodélicas*.
2. Voltar pra casa *é um desapontamento constante*.
3. O que me incomoda *são as pessoas*.
4. Eu me sinto *pra baixo*.
5. Na escola *eu era infeliz*.
6. Estou muito *chateado*.
7. Meu pai é *uma coisa insignificante*.
8. Gostaria de *estar sempre doidão*.
9. Detesto *estar pra baixo*.

Embora R. T. não mostre interesse em apresentar uma aparência aceitável do ponto de vista social, também não é totalmente sincero. A brevidade de suas respostas e sua postura geral sugerem uma cooperação apenas parcial. R. T. pareceu-me estar deliberadamente gerando uma imagem — membro da cultura da droga do campus universitário.

As sentenças completadas por R. T. sugerem profunda infelicidade. Este jovem parece vacilar entre apatia, hostilidade e depressão. Ele não se ajustou à sua família ("Voltar para casa é um desapontamento constante", "Meu pai é uma coisa insignificante") nem aos outros em seu ambiente ("O que me incomoda são as pessoas", "Na escola eu era infeliz"). Como resultado, o mundo social de R. T. parece ser desolado. Ao que parece, R. T. lida com isso, em princípio, escapando, principalmente por meio de drogas que parecem obcecá-lo ("Gostaria de ficar sempre doidão", "Gosto de drogas psicodélicas." "Detesto ficar pra baixo"). É difícil evitar a conclusão de que R. T. É desajustado e precisa de ajuda profissional.

Figura 12.10 Respostas selecionadas dos testes de completamento de sentenças de R. T., um jovem de 18 anos, estudante universitário. Que tipo de pessoa ele é? Veja se suas impressões concordam com aquelas do psicólogo — parte da interpretação aparece na parte inferior. (Nota: O psicólogo teve acesso a 40 sentenças a serem completadas, a testes adicionais e a dados de entrevista. Respostas a inícios de sentenças incompletas não fornecem, em si, informações suficientes para uma avaliação significativa da personalidade.)

teste popular, pede-se aos participantes para desenhar uma casa, uma árvore e uma pessoa. Há sistemas variados de interpretação (Di Leo, 1983; Levick, 1983; Wadeson, 1980). Tipicamente, os desenhos são considerados simbólicos. Desenhar figuras pequenas, por exemplo, é atribuído a sentir-se pequeno e inadequado. Distorções e omissões são consideradas expressão de conflitos. Linhas fortes refletem energia; linhas fracas, falta de vitalidade.

No Capítulo 8, descrevemos o T*este de* A*percepção* T*emática* (TAT), outra técnica projetiva. Fazer o TAT envolve inventar histórias, com base na observação de figuras. As histórias são analisadas por temas, especialmente os motivacionais.

Críticas a testes projetivos As técnicas projetivas têm importantes limitações:

1 Examinadores diversos podem interpretar a mesma resposta a um teste projetivo de maneira diferente; logo, a *precisão* (consistência) da interpretação é freqüentemente baixa. Quando vários psicólogos analisaram os testes Rorschach de oficiais nazistas que estavam aguardando julgamento em Nuremberg, por exemplo, concluíram que eles eram mentalmente perturbados (Miale & Seltzer, 1975). Mais tarde, entretanto, dez autoridades em Rorschach avaliaram as mesmas respostas a cego — sem saber a identidade dos oficiais — e não conseguiram achar uma anormalidade marcante. De fato, eles não viram qualquer ponto marcante em comum entre os oficiais (Harrower, 1976). Deste e de outros estudos, depreende-se que as informações disponíveis e os vieses influenciam profundamente a interpretação de dados projetivos.

2 A *validade* de testes projetivos (sua capacidade de medir o que se pressupõe que meçam) também é questionada porque muitos estudos não encontram sustentação para previsões com base em dados projetivos. No entanto, os instrumentos projetivos têm alguma validade para certos fins. Por exemplo, podem avaliar o grau de distúrbio psicológico, predizer a duração de uma internação em um hospital psiquiátrico e avaliar estilos cognitivos e emocionais específicos (Anastasi, 1982; Exner, 1978; Gerstein *et al.*, 1976; Karon & O'Grady, 1970).

3 *Respostas individuais* a testes projetivos são difíceis de interpretar. Participantes muito cultos podem dar respostas falsas aos testes (Holmes, 1974a). Mesmo quando aqueles que se submetem aos testes respondem honestamente, podem não estar projetando o eu. O tema de uma história poderia ser influenciado por um programa recente de

FIGURA 12.11 Alguns psicólogos acreditam que o trabalho artístico fornece *insights* sobre aspectos da personalidade, como atitudes, auto-imagem e humor, e revela como as pessoas entendem o que está se passando ao seu redor. Aqui vemos desenhos feitos por crianças do Safe Home for Abused Families do condado de Nassau, Nova York. O desenho (à esquerda) que Kay, de 5 anos, faz de sua família inclui avó, avô e tia May. De acordo com o interpretador, Kay vê esses membros de sua extensa família como uma fonte maior de apoio que sua família nuclear, na qual presenciou o pai batendo na mãe e nos tios. Entretanto, a visão que Kay tinha desses parentes não é agradável. Os globos oculares aumentados e ocos sugerem que ela acha que seus parentes estão cegos para o que está acontecendo. Os dentes alongados e pontudos e o tratamento intenso do cabelo transmitem uma percepção de raiva e agressão. A ausência de braços e mãos em duas figuras pode derivar de uma impressão de que esses adultos não se aproximam dela, não a seguram nem lhe fazem carinho. A "árvore velha, velha, velha" à direita, desenhada por Dennis, de 11 anos, é assim descrita: "Está para morrer, mas talvez não morra. Havia outra árvore, mas morreu. Esta árvore tem 50 anos. As árvores não conseguem passar de 50 anos. Uma árvore em meu quintal tem 100 anos. Tudo é sobre morte". Certamente, Dennis parece preocupado com a morte; e, de fato, disse ao terapeuta que queria morrer e pensava em voz alta como ia se sentir se pulasse de uma janela do décimo andar. De acordo com o interpretador, a árvore simboliza Dennis, cuja existência é semelhantemente precária. A preocupação de Dennis com a morte pode estar refletida, até mesmo graficamente, no que poderiam ser figuras enforcadas no galho de baixo. Os galhos inadequadamente desenvolvidos ou cortados são vistos como representando a incapacidade de Dennis de alcançar e encontrar satisfação em seu ambiente. As linhas traçadas no galho superior são consideradas indicadores de confusão, impulsividade e instabilidade. O texto discute alguns dos problemas com testes projetivos. (De Wohl & Kaufman, 1985.)

TV ou pelo conflito de um amigo, bem como pelas próprias experiências ou preocupações.

Embora esses achados desanimadores de pesquisa sejam conhecidos e muitos investigadores e professores aconselhem o não emprego de testes projetivos (Pruitt *et al.*, 1983), os clínicos continuam a usar esses instrumentos de medida (Lubin & Larsen, 1984; Lubin *et al.*, 1985). Muitos parecem sentir que os examinadores bem treinados, sensíveis e experientes podem perceber muito dos aspectos escondidos da personalidade, com base nos testes projetivos (Karon, 1978; Wade & Baker, 1977). Uma vez que há tantas formas de analisar e usar as técnicas projetivas, estas questões não são resolvidas. Enquanto isso, os psicólogos estão tentando aprimorar essas medidas de personalidade e elaborar outras melhores.

Teorias Psicodinâmicas: Comentários Críticos

Hoje, as idéias psicanalíticas são amplamente aceitas pelo público em geral. Estamos tão saturados pelos conceitos de Freud que muitas pessoas falam de "necessidades frustradas", "impulsos inconscientes", "complexo de Édipo" e "personalidades orais", sem terem ciência de estar usando termos freudianos. Como a teoria da personalidade de Freud foi difundida entre os psicólogos? Muitos concordam com a maioria dos *insights* fundamentais. A experiência inicial é importante no desenvolvimento da personalidade (veja o Capítulo 10), e as pessoas freqüentemente são influenciadas por motivos e sentimentos dos quais não têm consciência (veja os Capítulos 8 e 9). Os detalhes das formulações de Freud, entretanto, são muito controvertidos. Será a motivação basicamente biológica, em sua origem? Os motivos inconscientes são os mais importantes? As crianças passam pelas fases oral, anal, fálica e genital? A personalidade é formada em torno dos 5 anos? As mulheres sentem inveja do pênis? A personalidade é dividida em partes? E assim por diante. Periodicamente, quando os psicólogos tentam entender a imensa bibliografia de pesquisa sobre idéias psicanalíticas, há pouca concordância (Eysenck & Wilson, 1974; Fisher & Greenberg, 1977). Os autores que examinam os mesmos dados chegam a conclusões surpreendentemente diferentes, e isso parece depender de suas convicções e simpatias.

Freud pode ser justamente criticado por inúmeras razões.

1 Ele não deu o devido peso às influências sociais e culturais na personalidade. Supôs, por exemplo, que a sexualidade é uma preocupação universal, em vez de relacionar essa preocupação à sociedade vitoriana.

2 Ele e outros teóricos psicodinâmicos adotaram inúmeros conceitos que não podem ser testados. De que forma o id ou a libido, por exemplo, poderiam ser medidos? (*Nota*: Algumas idéias psicodinâmicas são detalhadas e específicas e podem ser investigadas.)

3 Com grandes reservas a experimentos laboratoriais, Freud e outros teóricos psicodinâmicos enfatizaram observações clínicas como a forma primária para gerar e testar idéias sobre a personalidade. Relativamente poucos pensadores psicanalíticos procuram maneiras objetivas de avaliar seus conceitos (Edelson, 1984). Em geral, as idéias são aceitas porque os pacientes consideram-nas precisas e comportam-se menos neuroticamente, depois de ouvir explicações sobre eles ou pelo fato de as noções parecerem explicar lendas populares ou mitos. Tais fontes de evidência não têm objetividade e precisão.

4 Freud mostrou uma desconsideração flagrante pela *parcimônia*. Esse princípio científico diz que os cientistas devem escolher a explicação mais simples que seja adequada aos fatos observados e dirigir-se às mais complexas apenas quando as idéias mais simples provarem-se inadequadas (veja o Capítulo 1). Por exemplo, a fixação durante a fase anal não é uma explicação parcimoniosa para o desleixo (sujeira). O complexo de Édipo durante a fase fálica não é uma explicação parcimoniosa sobre o motivo por que os meninos desenvolvem uma consciência.

5 Freud também cometeu erros de lógica. Ele substituiu observações por especulações. Notou, por exemplo, que meninos de 4 anos são ligados à respectiva mãe e evitam o pai. Então, conjecturou que a rivalidade, pela atenção sexual da mãe, está por trás de tal conduta. Finalmente, ele dispensou a observação e escreveu como se a explicação tivesse sido confirmada. Freud confundiu correlação com causalidade. Adultos dependentes freqüentemente relatavam satisfação ou frustração quando alimentados na infância. Freud concluiu que uma (frustração ou satisfação durante o período oral) causava a outra (dependência). O Capítulo 1 tratou das razões pelas quais correlação não significa causalidade.

6 Embora o trabalho de Freud desafiasse as idéias da época, também as refletia (Breger, 1981; Sulloway, 1979). Freud aceitou muitas suposições biológicas e sociais erradas de sua época. A noção de libido, por exemplo, veio das idéias vigentes sobre energia humana. No âmbito social, ele aceitou os vieses sexistas de sua cultura, supervalorizando o masculino e subvalorizando o feminino.

Freud indubitavelmente cometeu erros; no entanto, suas teorias permanecem vivas. Os estudiosos de diversas disciplinas aplicaram os *insights* psicanalíticos aos diários, aos escritos e ao comportamento de figuras como Michelângelo, Adolf Hitler, Richard Nixon e o assassino Sam Berkowitz (Abrahamsen, 1977, 1985; Binion, 1976; Liebert, 1983). Alguns psicólogos e psiquiatras aceitam as idéias psicanalíticas ortodoxas; outros aderem a modificações e revisões. Para muitos, a psicanálise está em um "estado contínuo de reformulação e refinamento" (Sandler, 1985).

TEORIAS FENOMENOLÓGICAS

Os seres humanos associam continuamente significados às informações que adquirem. Esses significados vêm de uma longa história de experiências. Inevitavelmente, então, todas as pessoas confrontam realidades ligeiramente diferentes. Essa linha de pensamento é central à *fenomenologia*. Os psicólogos fenomenológicos concentram-se em tentar entender "o si mesmo" — self[1] — e sua vantagem singular é a direção para a vida. O *self* é definido geralmente como um *conceito* interno (imagem, modelo, ou teoria) que evolui à medida que as pessoas interagem umas com as outras. O autoconceito influencia a maneira pela qual as pessoas agem; as ações, por sua vez, mudam os autoconceitos.

Os psicólogos fenomenologistas assumem uma visão *holística*, na medida em que supõem que as pessoas são organismos integrados que não podem ser entendidos estudando-se partes componentes e "acrescentando-se" os achados. Deve-se examinar uma pessoa que pensa, age, sente e imagina da maneira pela qual ela vive cotidianamente. Como Freud e outros teóricos psicodinâmicos, os fenomenologistas freqüentemente dependem de observações clínicas. Eles estão especialmente interessados no que as pessoas dizem sobre como se sentem, pensam e percebem. A auto-realização (veja a p. 328) é considerada o motivo humano primário; a importância dos impulsos biológicos é diminuída. As pessoas tendem a ser consideradas naturalmente boas e íntegras. Os psicólogos humanistas têm aderido às teorias fenomenológicas.

A Teoria do *Self*, de Carl Rogers

O psicólogo humanista Carl Rogers (1902-1987) (veja a Figura 12.12) tentou ajudar pessoas com problemas durante a maior parte de sua vida. Suas idéias evoluíram lentamente com base em suas experiências. Segundo ele (1959, pp. 200-201):

Comecei meu trabalho com a noção estabelecida de que o self era um termo vago, ambíguo, sem significado [...]. Conseqüentemente, custei a reconhecer que quando clientes tinham a oportunidade de expressar seus problemas e suas atitudes usando os próprios termos. [...] tendiam a conversar em termos de si mesmos [...] ."Sinto que não estou sendo eu mesmo " [ou] "Sinto-me bem em me soltar e ser eu mesmo aqui". Parecia claro, com base nessas expressões, que o self era um elemento importante na experiência do cliente e que, em algum sentido estranho, seu alvo era tornar-se [o] "verdadeiro eu".

Rogers (1976, 1979) definiu o *self* ou o "autoconceito" (usados alternadamente) como um padrão organizado, consistente, de características percebidas do "eu" ou do "mim". Também estão incluídos os valores ligados aos atributos.

Como o autoconceito desenvolve-se? Assim como as crianças observam os outros, elas se autoobservam. Desde cedo, elas têm ciência de consistências e começam a atribuir certos traços a si próprias: "Fico bravo facilmente", "Tenho muita energia", "Sou consciencioso", "Prefiro não me envolver". As crianças ligam valores a seus traços à medida que aprendem mais do quanto os outros consideram aqueles traços significativos. Por exemplo, ficar bravo facilmente é negativo; ter energia é

FIGURA 12.12 Carl Rogers estudou primeiro para padre, então se voltou para orientação infantil e finalmente para o ensino, antes de se tornar um eminente psicoterapeuta e destacado humanista. Ainda ativo aos 80 anos, liderava práticas terapêuticas como o uso inteligente da intuição e trocas honestas entre cliente e terapeuta (Rogers, 1985). Uma crença no valor de todos os indivíduos orientou seu trabalho desde o início. Ele explicava: "Tenho uma visão de Poliana da natureza humana. Sou consciente de que, livres de defesas e do medo interior, as maneiras pelas quais os indivíduos podem e de fato comportam-se são inacreditavelmente cruéis, horrivelmente destrutivas, imaturas, regressivas, anti-sociais e prejudiciais. No entanto, uma das partes mais revigorantes e inovadoras de minha experiência é trabalhar com esses indivíduos e descobrir as tendências direcionais fortemente positivas que existem neles, como em todos nós, nos níveis mais profundos" (1961, p. 27). (Doug Land.)

---

1. N.R.T.: Embora *self* (*selves*, no plural) possa ser adequadamente traduzido por "si mesmo", preferimos o termo em inglês, uma vez que ele já está consagrado na bibliografia psicológica.

positivo. À medida que as crianças acumulam experiências, alguns aspectos de seu antigo autoconceito são reforçados, enquanto outros desaparecem, sendo substituídos por novos.

Para Rogers, os seres humanos lutam para manter as percepções de suas experiências consistentes com a auto-imagem. Eles permanecem abertos a situações em harmonia com o autoconceito. Por exemplo, se você se considera alguém que se zanga facilmente, e faz birra, provavelmente essa visão é correta. Mas, suponha que você se veja como uma criança carinhosa, mas se sinta irritada e frustrada com um sobrinho. Uma vez que a experiência viola sua auto-imagem, é provável que bloqueie ou distorça isso.

Rogers via a infância como um período especialmente crucial para o desenvolvimento da personalidade, assim como os teóricos da psicodinâmica. Como aqueles que vêm depois de Freud, Rogers enfatizava os efeitos duradouros das primeiras relações sociais. Todos precisam de consideração positiva, carinho e aceitação daqueles que lhe são importantes. As crianças farão qualquer coisa para ganhar a aprovação dos pais. Nessa busca, algumas crianças distorcem ou negam as próprias percepções, pensamentos, emoções e sensações. A longo prazo, esta é uma estratégia de perda. Por quê? Se as pessoas estão dirigidas centralmente por um motivo para realizar potenciais construtivos, então negar ou distorcer qualidades importantes é prejudicial. Apenas auto-imagens irreais e incompletas podem ser construídas sobre essa fundação. As pessoas vão se sentir ameaçadas por qualquer experiência que entre em conflito com um falso autoconceito. Aos poucos, elas erguerão defesas rígidas para isolar seus conflitos. Permanecerão infelizes, pois não podem encontrar realização se não entendem a si mesmas, e temem e evitam muito do que está acontecendo.

Indivíduos bem ajustados, ou "em pleno funcionamento", em contraste, têm autoconceitos realistas. Estão conscientes do próprio mundo e abertos a todas as experiências. Ao fazerem escolhas, podem considerar tudo o que surgir. Consideram-se positivamente, pois se sentem livres. Funcionam plenamente. Como Rogers assinalava, vivem "plenamente cada e todo momento". Estão mudando continuamente ou crescendo ("movendo-se à complexidade"), fazendo cada vez mais pleno uso de seu variado potencial.

Embora Rogers supusesse que a hereditariedade e o ambiente modelam a personalidade, ele focalizava os limites auto-impostos que geralmente podem ser ampliados. Para promover o crescimento, outras pessoas importantes precisam aceitar todos os aspectos de um indivíduo e considerar positivamente a pessoa. Em tais condições, os seres humanos começam a se aceitar, abrindo-se para mais experiências e movendo-se em direção à auto-realização.

Mensuração da Personalidade: Partindo da Perspectiva Fenomenológica

Rogers e seus seguidores e colegas preocuparam-se em esclarecer as condições que facilitam o crescimento da personalidade no aconselhamento. Seus estudos avaliaram mudanças basicamente pela análise de entrevistas gravadas e testes de personalidade chamados Técnica Q.

Uma *Técnica* Q é um teste objetivo de personalidade elaborado por William Stephenson no início da década de 1950. Por *objetivo*, queremos dizer que pode ser classificado essencialmente da mesma forma, não importa quem administra o teste ou analisa os resultados. Em outras palavras, os testes objetivos — ao contrário da maioria dos testes projetivos — são minimamente influenciados pelas intuições e vieses do observador.

Para administrar uma Técnica Q, um examinador solicita aos participantes do teste que usem palavras, frases ou sentenças para descrever alguém, freqüentemente eles mesmos, de acordo com regras específicas. Eles podem ser solicitados a selecionar 100 cartões contendo descrições de personalidade ("Fico bravo facilmente", "Sou honesto", "Sou solidário") em uma das 11 pilhas, de acordo com o quanto a descrição os caracteriza. Às vezes as pessoas são incentivadas a retratar também a personalidade que consideram ideal. A Técnica Q resulta em uma visão abrangente dos pontos fortes e fracos da personalidade de um indivíduo, de um ponto de vista subjetivo.

As Técnicas Q são usadas de diversas formas. Os psicólogos rogerianos pedem aos clientes em terapia para descrever os *selves* que consideram reais e ideais. Se as duas descrições forem muito diferentes, então o indivíduo é tido como incongruente, sem harmonia. Rogers acredita que a incongruência reside no coração de todos os distúrbios psicológicos. A terapia supostamente reduz a incongruência;

seu sucesso pode ser avaliado, pedindo-se ao cliente para se submeter novamente à Técnica Q.

Teorias Fenomenológicas: Comentários Críticos

Muitos psicólogos acham que as idéias de Rogers são úteis para conceituar e tratar dos problemas de pessoas moderadamente perturbadas. Alguns acham que sua fé na natureza humana é inspiradora. É confortante acreditar que, se as pessoas podem crescer naturalmente, serão criaturas efetivas, positivas e racionais que vivem em paz e alegria.

Como as visões dos teóricos psicodinâmicos, as idéias de Rogers são criticadas por ser impossível testá-las com precisão. Além disso, confiar exclusivamente naquilo que as pessoas dizem sobre si mesmas é problemático. A Técnica Q está repleta de muitas das mesmas dificuldades que cercam entrevistas e outros dados auto-relatados. Entretanto, é mais fácil de classificar e torna o viés do examinador menos problemático.

TEORIAS DISPOSICIONAIS

Antes de prosseguir a leitura, queira referir-se a suas notas sobre I. S., o estudante universitário na abertura deste capítulo. Como você o descreveu? Para caracterizar um indivíduo na vida diária, as pessoas geralmente falam sobre seus traços ou seu tipo. Em ambos os casos, selecionam atributos, ou *disposições*, que parecem estáveis (de uma situação para outra) e duradouros (ao longo do tempo). Tanto a teoria de traços quanto a de tipos são consideradas *teorias disposicionais*.

Traços

Os *traços* referem-se a características singulares. Incluem aspectos do temperamento, motivação, ajustamento, capacidade e valores. Pense em um traço como uma dimensão contínua ligando duas disposições opostas como reservado-extrovertido, tímido-aventureiro, ou tranqüilo-tenso. As pessoas parecem "ocupar uma posição" entre os dois extremos. Um amigo sociável está perto do extremo extrovertido do traço reservado-extrovertido; um tímido está no extremo oposto.

Teoria e Medida do Traço: Enfoque em Raymond Cattell

Na década de 1930, o psicólogo Raymond Cattell (1905-) começou a definir e medir os principais traços de personalidade. Inicialmente, ele e seus colegas coletaram aproximadamente 18.000 palavras inglesas que eram usadas para descrever as pessoas. Omitindo expressões raras e repetidas, eles reduziram o número de itens para aproximadamente 200. Para compactar ainda mais a lista, a equipe de pesquisa de Cattell pedia a grupos variados de pessoas para usar as 200 palavras para descrever a si mesmas e aos amigos. As expressões foram subseqüentemente analisadas por uma técnica matemática conhecida por *análise fatorial*. Em essência, os termos foram correlacionados um ao outro para ver se certas palavras-traços eram usadas da mesma maneira. Dezesseis grupos de traços foram identificados e rotulados de letras e, mais tarde, nomes. As informações de testes objetivos de personalidade (veja a p. 526) e as classificações de comportamento na vida eram consistentes com a idéia de que esses 16 traços, que Cattell (1971, 1979) denominou *traços originais*, são dimensões básicas da personalidade.

O que sabemos dos traços originais? São relativamente estáveis em toda a vida e parecem ser bastante influenciados pela herança genética. Desses traços surgem muitos atributos superficiais, ou traços superficiais. O traço original E, definido pela dominância em um extremo e pela submissão no outro, por exemplo, parece ser responsável por traços superficiais como "autoconfiança" e "orgulho". Os traços superficiais de uma pessoa variam, dependendo da situação.

Além de identificar alguns dos blocos de construção da personalidade, Cattell e seus colegas desenvolveram vários testes objetivos de personalidade para medir traços originais e superficiais. Em um teste que avalia os traços originais, as pessoas respondem a perguntas como estas:

Você se sente cansado quando não fez nada que justifique esse cansaço? (a) raramente (b) freqüentemente

Se você pudesse voltar atrás e viver novamente, (a) gostaria de ser essencialmente o mesmo? ou (b) planejaria sua vida de outra forma?

O teste de Cattell dos traços originais permite aos psicólogos construir perfis de personalidade de grupos diferentes. Na Figura 12.13, você vê as classificações médias de traços originais obtidas em

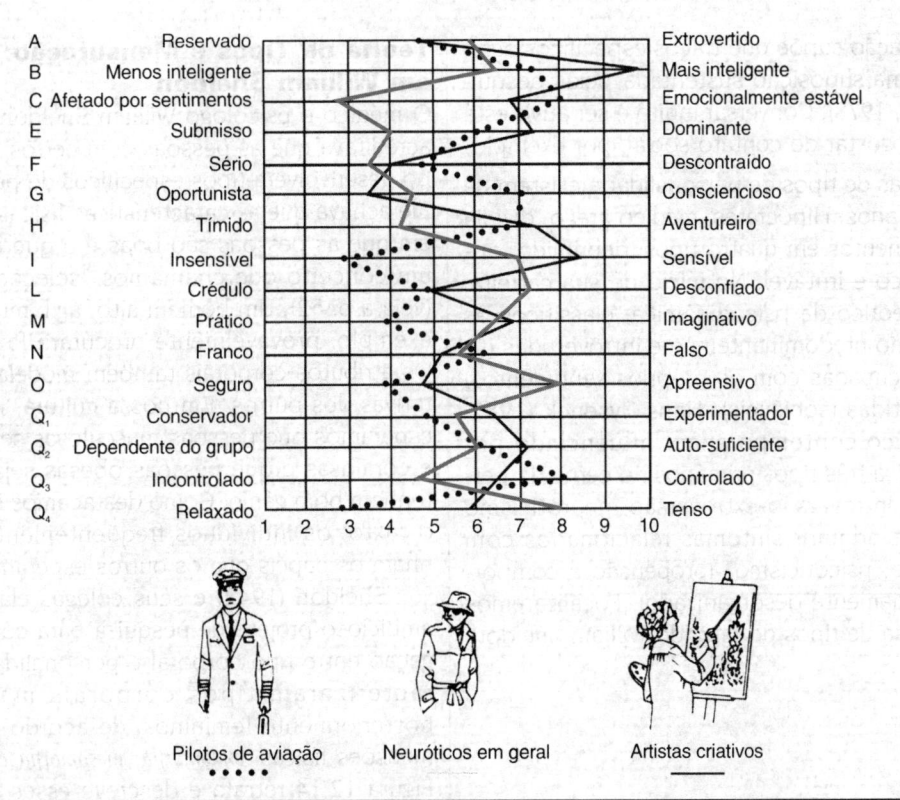

A	Reservado		Extrovertido
B	Menos inteligente		Mais inteligente
C	Afetado por sentimentos		Emocionalmente estável
E	Submisso		Dominante
F	Sério		Descontraído
G	Oportunista		Conscencioso
H	Tímido		Aventureiro
I	Insensível		Sensível
L	Crédulo		Desconfiado
M	Prático		Imaginativo
N	Franco		Falso
O	Seguro		Apreensivo
Q_1	Conservador		Experimentador
Q_2	Dependente do grupo		Auto-suficiente
Q_3	Incontrolado		Controlado
Q_4	Relaxado	1 2 3 4 5 6 7 8 9 10	Tenso

Pilotos de aviação · · · · · Neuróticos em geral —— Artistas criativos ———

FIGURA 12.13 Os traços originais, de Raymond Cattell, especificados de "A" a "Q" são mostrados ao longo de perfis de personalidade de três grupos. (Institute for Personality and Ability Testing, Champaign, IL.)

amostras de pilotos, neuróticos e artistas. Os diferentes perfis de personalidade sugerem que as pessoas com traços diversos de personalidade são atraídas por carreiras diferentes.

A pesquisa de Cattell permitiu-lhe explicar e prever o comportamento. Em um estudo, por exemplo, Cattell e John Nesselroade (1967) testaram casais satisfeitos e insatisfeitos, para ver se "os pássaros com a mesma plumagem vivem harmoniosamente juntos". Pares com personalidades similares tinham maior probabilidade que outros de ter um relacionamento estável. Parecia ser especialmente importante que os parceiros fossem similares em três traços — reservado-extrovertido, confiante-desconfiado e dependente do grupo ou auto-suficiente. Além disso, em questões relativamente controvertidas, os maridos tendiam a ser um pouco mais dominantes que a respectiva esposa. Essas informações deram a Cattell e Nesselroade condições de prever com precisão quais casais de namorados formariam vínculos bem-sucedidos. Usando uma estratégia similar, Cattell e colaboradores exploraram os ingredientes que entram em grande número de situações, incluindo sucesso na escola, alcoolismo e tolerância a lentes de contato.

Cattell fez previsões sobre indivíduos, bem como sobre grupos. Para prever como o indivíduo responderá em um ambiente específico, Cattell usou uma *equação de especificação*. Os traços da pessoa são ponderados por sua importância na situação de interesse. Os traços relevantes são ponderados com sua devida ênfase; os menos relevantes recebem menor destaque. Uma agência de emprego, por exemplo, pode usar a equação de especificação para associar a personalidade de um indivíduo aos requisitos de um emprego.

Tipos

A *tipificação*, uma estratégia disposicional secundária, refere-se à classificação de pessoas em categorias de personalidade (ou tipos), com base em diversos traços relacionados. As abordagens de tipo diferem das abordagens de traços de duas maneiras:

1   Os traços referem-se a pequenas "partes" da personalidade; os tipos respondem por toda a personalidade.

2 A tipificação supõe que traços específicos aglutinam-se, uma suposição sustentada pelas pesquisas (Mischel, 1978). Conversar muito e ser ativo está associado a gostar de contato social, por exemplo.

As teorias de tipos de personalidade existem há milhares de anos. Hipócrates, médico grego, dividia os temperamentos em quatro tipos: deprimido, otimista, apático e irritável. No início de sua carreira, Carl Jung, teórico da psicodinâmica, classificou as pessoas como predominantemnete introvertidas (tímidas, preocupadas com os próprios sentimentos) ou extrovertidas (sociáveis). Hans Eysenck (1982, 1985), teórico contemporâneo influenciado por Jung, identifica três tipos primários no cerne da personalidade: introversão-extroversão, neuroticismo (tendência a adquirir sintomas relacionados com ansiedade) e "psicoticismo" (propensão a comportamento seriamente desorganizado). Focalizaremos agora a teoria de tipos do falecido William Sheldon.

Teoria de Tipos e Mensuração: Enfoque em William Sheldon

O médico e psicólogo William Sheldon (1898-1977) acreditava que as pessoas com certos tipos de corpo desenvolvem tipos específicos de personalidade. Ele achava que as características físicas determinam em que as pessoas são boas e o que elas buscam, um conceito que chamamos "seleção de nichos" (veja a p. 52). Um homem alto, ágil, musculoso, por exemplo, provavelmente procurará fazer esportes. Os atributos corporais também modelam as expectativas dos outros. Em nossa cultura, por exemplo, esperamos que pessoas musculosas sejam atléticas e corajosas e que pessoas obesas sejam alegres e tenham bom gênio. Como destacamos durante todo o texto, os indivíduos freqüentemente desempenham os papéis que os outros esperam.

Sheldon (1942) e seus colegas elaboraram um ambicioso projeto de pesquisa para corroborar a ligação entre tipo corporal e personalidade. Eles caracterizaram tipos corporais masculinos e posteriormente femininos, de acordo com três dimensões físicas: *endomorfia, mesomorfia e ectomorfia*. A Figura 12.14 retrata e descreve esses tipos corpo-

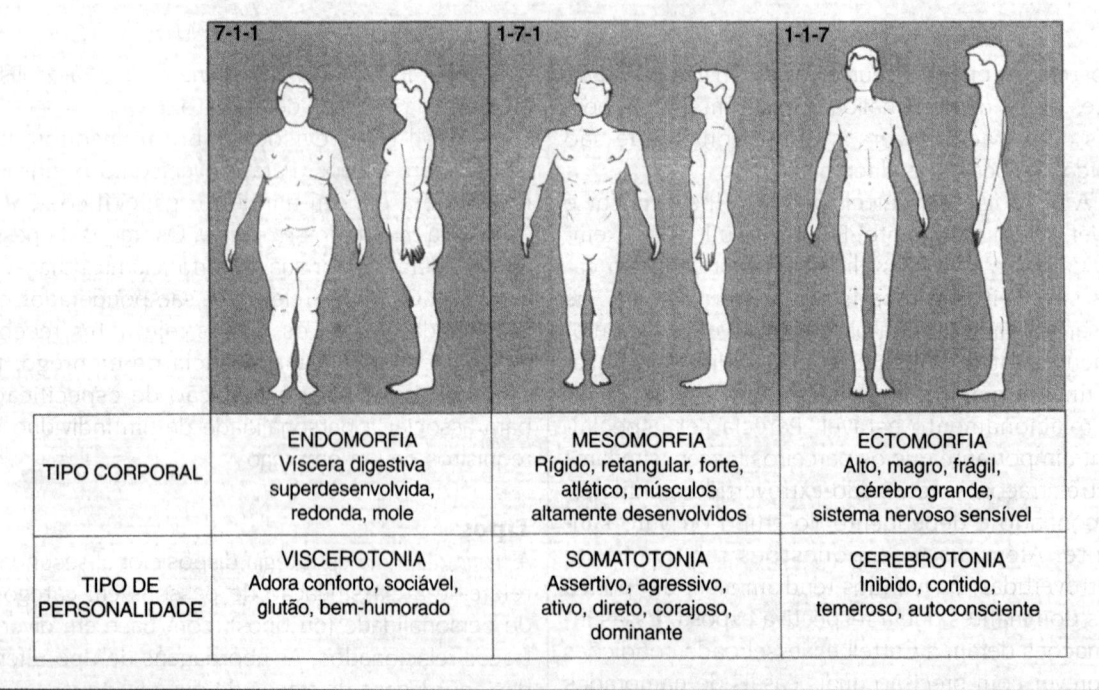

	7-1-1	1-7-1	1-1-7
TIPO CORPORAL	ENDOMORFIA Víscera digestiva superdesenvolvida, redonda, mole	MESOMORFIA Rígido, retangular, forte, atlético, músculos altamente desenvolvidos	ECTOMORFIA Alto, magro, frágil, cérebro grande, sistema nervoso sensível
TIPO DE PERSONALIDADE	VISCEROTONIA Adora conforto, sociável, glutão, bem-humorado	SOMATOTONIA Assertivo, agressivo, ativo, direto, corajoso, dominante	CEREBROTONIA Inibido, contido, temeroso, autoconsciente

FIGURA 12.14 William Sheldon descobriu que os tipos corporais e de personalidade definidos e retratados no quadro são associados um ao outro. Os números são classificações somatotípicas. O primeiro dígito indica o grau de endomorfia; o segundo, o grau de mesomorfia; e o terceiro, o grau de ectomorfia. Uma classificação de 1 é baixa; uma classificação de 7 é alta.

rais. Uma vez que a maioria das compleições corporais mescla essas disposições, os investigadores desenvolveram procedimentos para classificar a presença de cada componente. As avaliações de três corpos são mostradas na figura. Após elaborar maneiras confiáveis de classificar os tipos corporais, o grupo de Sheldon identificou três tipos correspondentes de personalidade: *viscerotonia, somatotonia e cerebrotonia*, também descritos na figura.

Para descobrir se a personalidade e os tipos corporais estão, de fato, associados, Sheldon e colaboradores classificaram os tipos corporais e o comportamento de estudantes universitários do sexo masculino durante cinco anos. Eles descobriram uma forte correlação positiva (quase 0,80) entre os dois. A endomorfia associava-se à viscerotonia; a mesomorfia, à somatotonia; e a ectomorfia, à cerebrotonia. Ao procurar confirmar esses achados, outros investigadores usaram, mais tarde, dois conjuntos de juízes treinados; um conjunto classificava corpos, o outro, personalidades (Tyler, 1974). Controlando o viés do experimentador dessa maneira, obtiveram resultados apenas moderados em correlações. Aparentemente, há uma ligação modesta entre constituições corporais e tipos de personalidade. Mas as previsões sobre comportamento baseadas em somatotipos não são muito precisas (Hartl et al., 1982; Tuddenham, 1984).

Testes Objetivos: A Abordagem Disposicional para Medir a Personalidade

Teóricos do traço desenvolveram testes objetivos de personalidade. Eles o chamaram de objetivo, você vai se lembrar (veja a p. 523), porque a atribuição de escores é essencialmente feita da mesma forma por qualquer examinador treinado e é minimamente influenciada pelo viés do examinador. Como ilustração, examinaremos o *Inventário Multifásico de Personalidade de Minnesota* (MMPI — Minnesota Multiphasic Personality Inventory).

O MMPI, elaborado no início da década de 1940 pelo psicólogo Stark Hathaway e pelo psiquiatra J. C. McKinley, é a medida de personalidade mais amplamente usada hoje em dia. Avalia uma amplitude de características pessoais, mas tende a enfatizar distúrbios e anormalidades (Costa et al., 1985; Lubin & Larsen, 1984; Lubin et al., 1985). O teste contém 550 sentenças verdadeiras/falsas agrupadas nas escalas descritas na Tabela 12.3. Examine os exemplos antes de prosseguir a leitura.

Cada escala do MMPI foi desenvolvida administrando-se itens de teste a populações normais e anormais de pacientes. Os itens que diferenciavam pessoas comuns daquelas pertencentes a um grupo clínico específico — digamos, depressivos — compunham aquela escala clínica. Um alto escore em uma escala específica (por exemplo, depressão) indica que se está respondendo como membro de uma população psiquiátrica com aquele diagnóstico. Um escore moderado sugere um problema menos sério. Outras interpretações comuns são apresentadas na Tabela 12.3.

Como você pode ver na tabela, o MMPI contém quatro *escalas de validade*. Elas revelam ao examinador algo sobre o estilo do cliente ao responder ao teste: O cliente era evasivo ou defensivo? O cliente tentou dar uma impressão favorável? O cliente estava desinteressado ou confuso? O cliente tentava fingir parecer mal? Um relato de teste de um homem de 37 anos, na Figura 12.15, mostra como essas escalas são levadas em conta na interpretação do desempenho de um indivíduo.

Tivemos acesso ao desempenho de I. S. no MMPI. Como muitos estudantes universitários, ele conseguiu elevados escores na Escala Masculinidade-Feminilidade. Considera-se que elevados escores para estudantes refletem interesses intelectuais e pela leitura de livros. I. S. também atingiu escores acima da média nas Escalas de Desvio Psicopático e de Hipomania. O padrão total sugeriu uma orientação não convencional, argumentativa e hostil à vida.

Várias centenas de escalas para medir diferentes aspectos da personalidade foram derivadas do MMPI. Há um amplo corpo de bibliografia de pesquisa que sugere que muitas dessas escalas têm alguma validade (Buros, 1978; Butcher, 1979; Mewmark, 1979). Atualmente, entretanto, há controvérsias sobre as normas estabelecidas na década de 1940, com base em uma amostra rural de Minnesota com oito anos de escolaridade, ainda seriam apropriadas (Colligan & Osborne, 1983). Hoje, aqueles que fazem testes nos Estados Unidos tendem a atingir escores mais altos. Isso pode indicar mais patologia, mudanças nas percepções sociais, ou mudanças nos estilos de resposta. Revisões do MMPI estão sendo feitas (Butcher et al., 1984).

TABELA 12.3 A validade e as escalas clínicas do MMPI.

Nome da Escala	Símbolo	Item de Amostra	Interpretação
Não pode dizer	?	Sem amostra. É meramente o número de itens marcados na categoria "não posso dizer" ou deixada em branco.	Esta é uma das quatro escalas de validade, e um alto escore indica evasivas.
Mentira	M	Às vezes fico bravo. (Falso)*	Esta é a segunda escala de validade. As pessoas que tentam apresentar-se de maneira favorável (por exemplo, boas, íntegras, honestas) obtêm elevados escores na escala M.
Freqüência	F	Tudo parece a mesma coisa. (Verdadeiro)	F é a terceira escala de validade. Elevados escores sugerem descuido, confusão ou "falso mau".
Correção	C	Tenho poucos medos em comparação a meus amigos. (Falso)	Uma elevação na última escala de validade, C, sugere uma atitude defensiva para fazer testes. Escores baixos demais podem indicar falta de capacidade para negar sintomatologia.
Hipocondria	H	Levanto-me bem disposto e descansado quase todas as manhãs. (Falso)	Aqueles que obtêm elevados escores foram descritos como cínicos e derrotistas.
Depressão	D	Às vezes estou cheio de energia. (Falso)	Aqueles que obtêm elevados escores geralmente são tímidos, desanimados e angustiados.
Histeria	Hi	Nunca tive desmaios. (Falso)	Aqueles com elevados escores tendem a se queixar de múltiplos sintomas.
Desvio psicopático	Dp	Gostava da escola. (Falso)	Os adjetivos usados para descrever alguns indivíduos com elevados escores são: aventureiros, corajosos e generosos.
Masculinidade-feminilidade	Mf	Gosto de revistas de mecânica. (Falso)	Entre os indivíduos do sexo masculino, os que atingiram elevados escores foram descritos como estéticos e sensíveis. Mulheres com elevados escores foram descritas como rebeldes, não realistas e indecisas.
Paranóia	Pa	Alguém está atrás de mim. (Verdadeiro)	Indivíduos com elevados escores nesta escala são caracterizados de astutos, reservados e preocupados.
Psicastenia	Pt	Com certeza, não sou autoconfiante. (Verdadeiro)	Medrosos, rígidos, ansiosos e preocupados são alguns dos adjetivos usados para descrever indivíduos com elevados escores de Pt.
Esquizofrenia	Eq	Acredito que sou uma pessoa condenada. (Verdadeiro)	Adjetivos como esquivo e incomum descrevem indivíduos com elevados escores de Eq.
Hipomania	Ma	Às vezes meus pensamentos disparam mais rápido do que eu posso falar. (Verdadeiro)	Aqueles com altos escores são chamados sociáveis, dinâmicos e impulsivos.
Introversão-extroversão social	Is	Gosto de reuniões sociais só para estar com pessoas. (Falso)	Indivíduos com elevados escores: modestos, tímidos e autodestrutivos. Com baixos escores: sociáveis, expressivos, ambiciosos.

*As respostas verdadeiras ou falsas entre parênteses indicam a direção em que cada um dos itens foi avaliado.
Fonte: Publicado pela The Psychological Corporation, Nova York, NY. Copyright © 1943; renovado em 1970 pela Universidade de Minnesota.

IDADE 37 ANOS MASCULINO
Em resposta aos itens do teste, parece que o paciente fez um esforço para responder sinceramente, sem tentar negar ou exagerar.

Este paciente parece ser deprimido, agitado e inquieto. Parece ser uma pessoa que tem dificuldade em manter controle sobre seus impulsos. Quando age de maneira socialmente inaceitável, sente-se culpado e perturbado por um momento, embora essa angústia possa refletir dificuldades situacionais em vez de conflitos internos. Ele pode exibir um padrão cíclico de atuação, seguido de culpa, e de nova atuação. Freqüentemente, o comportamento dele mostra uma tendência autodepreciativa e autopunitiva. Ele é pessimista quanto ao futuro e desiludido com seus fracassos para atingir seus objetivos. Suas intenções de melhorar parecem genuínas, mas o padrão é persistente, e o prognóstico a longo prazo é ruim. Ajudá-lo a obter um melhor ajustamento provavelmente exigirá uma combinação de limites firmes, apoio afetuoso e manipulação ambiental.

Ele parece ser uma pessoa que reprime e nega o sofrimento emocional. Embora possa responder prontamente a conselhos e apoio, hesita em aceitar uma explicação psicológica sobre suas dificuldades. Em períodos de prolongado estresse emocional, provavelmente desenvolve sintomas físicos. É particularmente vulnerável a sintomas psicofisiológicos como dores de cabeça, taquicardia e distúrbios gastrintestinais.

Há algumas qualidades incomuns nesse pensamento do paciente que podem representar uma orientação original ou inventiva ou talvez algumas tendências esquizóides. Mais informações seriam exigidas para fazer esta afirmação.

Ele parece ser uma pessoa rígida, que tende a comportamento compulsivo, obsessões e temores. Apesar de preocupado e tenso, tende a ser resistente ao tratamento.

Ele parece ser idealista, socialmente perceptivo, estético e talvez um pouco feminino em seus padrões de interesse. Pode perseguir interesses artísticos e culturais e rejeitar atividades competitivas.

Os resultados de testes feitos por este paciente lembram aqueles de pacientes psiquiátricos não internados que mais tarde exigem cuidados como internados. Cuidado profissional e observações contínuas são sugeridas.

NOTA: Embora não substitua o julgamento profissional e a habilidade de um clínico, o MMPI pode ser um recurso útil no diagnóstico e na administração de distúrbios emocionais. O relato é exclusivamente para uso profissional e não deve ser mostrado ou entregue ao paciente.

FIGURA 12.15 O seguinte relatório MMPI foi gerado por computador. Note que o computador foi programado para prestar atenção às escalas que avaliam fraudes e outras características que poderiam invalidar os achados do teste. Relatórios gerados por certos sistemas do MMPI de atribuição de escores são considerados altamente precisos pelos clínicos (Lachar, 1974). (De Fowler, 1969.)

Os testes objetivos apresentam alguns dos mesmos problemas que limitam outras medidas auto-relatadas. Aqueles que se submetem aos testes podem omitir informações ou dar respostas falsas. Mesmo colaboradores podem não ser bons auto-observadores. Embora inúmeros testes objetivos — elaborados depois do MMPI — contenham escalas para detectar tentativas de enganar o examinador, isto ainda está muito longe de ser conseguido. (■)

Traços Existem?

A maioria das pessoas dá como certa a existência de traços; no entanto, alguns psicólogos questio-

Quadro 12.2
TESTES OBJETIVOS COMPUTADORIZADOS

Em decorrência da ampla utilização de computadores hoje em dia, as práticas de testes objetivos mudaram muito. Os testes são freqüentemente feitos em terminais de computador. Os computadores classificam as respostas e oferecem páginas de interpretação sobre, digamos, os interesses vocacionais de um cliente ou as características sociais ou a probabilidade de suicídio. Interpretações geradas por computador vêm da comparação do padrão de resposta daquele que se submeteu ao teste com o de um grande grupo. Embora alguns indivíduos que fazem testes queixem-se da impessoalidade dos testes computadorizados, outros acham que a anonimidade conduz à abertura e honestidade. Os psicólogos gostam do sistema porque libera tempo para outras tarefas e parece oferecer informações precisas.

Apesar do amplo apelo dos testes computadorizados, há perigos inerentes ao sistema. Interpretações de testes geradas por computador não devem ser feitas isoladamente. O examinador precisa levar em conta a validade e a precisão do teste em si e resultados de outros testes, formação (nível educacional, idade, cultura) e aspectos pessoais (fadiga, motivação, doença e incapacidades, medicamentos, compreensão de instruções). É importante que o examinador assegure-se de que o cliente estava cooperando ao fazer o teste. Além disso, o examinador precisa entender que conclusões geradas por computador representam probabilidades e podem não se aplicar a uma pessoa específica.

Infelizmente, testes baseados em computador são prontamente avaliáveis e fáceis de usar; o impresso parece científico e completo. Portanto, muitos indivíduos não treinados (funcionários de hospital e médicos, por exemplo) podem estar usando os relatórios gerados por computador, sem entender suas limitações, para tomar decisões importantes (Lambert, 1984; Matarazzo, 1983). A supervisão por especialistas em testes é essencial para o uso responsável de registros de computador.

---

nam sua legitimidade. Uma vez que os tipos dependem de traços, alguns questionam também esse constructo. Atualmente, o debate está dominando a psicologia da personalidade (Pervin, 1985).

A Polêmica contra Traços

A polêmica contra traços apóia-se em descobertas de laboratório e observações informais, indicando que o comportamento é menos consistente de uma situação para outra e com o passar do tempo. Considere primeiro a questão situacional. Alguém absolutamente honesto com um amigo pode colar nas provas e não ser um exemplo de virtude, quando se trata de receber devoluções do imposto de renda. Alguém pode ser bom com crianças, mas impaciente com os pais e autoridades. No laboratório, também, as pessoas freqüentemente se comportam de maneira inconsistente de um ambiente para outro. Disposições gerais por si sós raramente predizem o que um indivíduo fará em uma situação específica. Ao contrário, as ações dependem de inúmeras influências: experiências passadas, expectativas sobre custos e compensações, pressão dos pares e assim por diante. A idéia conhecida por *especificidade comportamental* vai mais adiante. De acordo com esse conceito, o comportamento em qualquer situação depende mais das circunstâncias relevantes e pouco, se é que depende, das disposições gerais.

Críticos do conceito de traço encontram evidências para sua posição em dados de pesquisa que apontam descontinuidades no comportamento humano com o passar do tempo (Brim & Kagan, 1980; Diener & Larsen, 1984; Diener *et al.*, 1985; Pervin & Hogan, 1983). Em relação a auto-estima, senso de controle, desempenho de papel e valores, as pessoas mudam muito. Como Brim e Kagan (1980, p. 18) afirmam: "Cada pessoa é, por natureza, um organismo com propósitos determinados, lutando com um desejo de ser mais do que é no momento. Todos estão tentando se tornar algo que não são, mas esperam ser, desde tomar decisões simples para o próximo ano até submeter-se a operações transsexuais". Alguns psicólogos desconsideram totalmente os traços e os considera nada mais que mitos fabricados pelas pessoas para explicar suas ações (veja a p. 605).

A Defesa dos Traços

Aqueles que acreditam no conceito de traço argumentam que os críticos não compreendem as questões fundamentais e falham em sua interpretação das evidências existentes. Primeiro, os defensores do traço mantêm, não há razão pela qual os traços devam, por si próprios, prever o que as pessoas farão em uma determinada situação. Afinal, os traços são apenas um entre os diversos fatores que influenciam a conduta (Diener *et al.*, 1984; Endler, 1983; Pervin, 1985; Schutte *et al.*, 1985). Evidentemente, os defensores do traço acham que os traços são freqüentemente aspectos muito importantes que contribuem para o comportamento.

Os defensores do conceito de traço têm pouca dificuldade para encontrar dados de pesquisa que apóiem sua posição. Algumas qualidades mudam durante a vida, mas muitas mostram continuidade (Block & Block, 1984; Conley, 1984; Costa e McRae 1980a, 1984; Eichorn *et al.*, 1981). Por exemplo, quando a equipe de pesquisa de Jack e Jean Block acompanhou uma amostra de homens desde o colegial até os 40 anos, descobriu pessoas estáveis em virtualmente todas as 90 qualidades de personalidade classificadas.

Os simpatizantes do conceito de traço também apontam pesquisas indicando que as pessoas comportam-se consistentemente em vários ambientes. Entretanto, *quem e o que está sendo observado* e *quem está observando* precisa ser levado em consideração (Bem, 1983; Burke *et al.*, 1984; Mischel, 1984; Pervin, 1985). Algumas pessoas parecem ser mais consistentes que outras (Snyder, 1983), mas todas as pessoas parecem ter qualidades centrais que se revelam mais confiavelmente que traços periféricos. Por exemplo, se você se considera uma pessoa amigável e acha que isso é uma parte importante da própria identidade, é provável que os observadores considerem seu comportamento previsivelmente amigável em várias situações que oferecem oportunidades para demonstrar isso. Independentemente da centralidade, muito poucos traços mostram pelo menos consistências moderadas de um ambiente para outro: persistência, humor, intensidade, atitude perante coisas novas, agressão-asserção, inteligência, cooperação, introversão-extroversão e apatia, dentre outras (Buss & Plomin, 1984; Deluty, 1985; Diener & Larsen, 1984; Huesmann *et al.*, 1984b; Koretzky *et al.*, 1978; Morris, 1979).

Os simpatizantes do traço argumentam que os experimentos em que não são encontradas consistências comportamentais geralmente têm sérios problemas (Diener & Larsen, 1984; Epstein, 1983; Mischel, 1984; Rushton *et al.*, 1983). Às vezes, os investigadores confiam apenas em medidas de respostas únicas (que mostram pouca consistência), em vez de examinar medidas baseadas em diversas respostas (que mostram mais consistência). Também, muitos pesquisadores conduzem seus estudos em laboratório, o que, acredita-se, exagera as forças situacionais e limita a amplitude das ações.

A consistência também depende de *quem está observando* (Peele, 1984; Pervin & Hogan, 1983). Amigos íntimos podem ver consistências que enganam estranhos (incluindo experimentadores). Do ponto de vista de uma pessoa de fora, um menino que se veste desmazeladamente quase todos os dias e impecavelmente para ir à igreja está se comportando de maneira inconsistente. Mas, da perspectiva de quem o conhece, o comportamento de vestir-se pode ser perfeitamente consistente — digamos, com o valor do conforto. Sentir-se bem na igreja pode depender de vestir-se de maneira convencional.

De modo geral, as evidências existentes sugerem que há muita consistência no comportamento das pessoas, o que parece refletir disposições subjacentes. Há poucas razões, então, para duvidar da utilidade do constructo do traço.

Teorias Disposicionais: Comentários Críticos

As teorias disposicionais têm diversos aspectos significativos, dignos de nota. Uma vez que se baseiam em pesquisas cuidadosas com medidas objetivas, os *insights* individuais podem ser verificados ou refutados. Além disso, a construção de teste que freqüentemente acompanha as teorias disposicionais tem fornecido benefícios adicionais: instrumentos de avaliação usados para ajudar as pessoas a ganhar autocompreensão e tomar decisões sobre estudos e carreiras.

As abordagens disposicionais também apresentam pontos fracos. Um deles é a própria teoria de traço, que apresenta problemas conceituais (Rorer & Widiger, 1983). Por exemplo, quando se diz que alguém é honesto ou feio, parece que se está dizendo alguma coisa taxativa. Todavia, como as descrições de pessoas, os traços são relativos. O traço da feiúra, por exemplo, pode ser usado para descrever uma concorrente menos atraente em um concurso de beleza, ou alguém que tem uma deformação grotesca. Obviamente, o sentido depende do contexto. O fato de os traços serem atribuídos com base em regras diferentes também é um conceito problemático. Por exemplo, para chamar alguém de "violento", a sociedade exige apenas alguns episódios de violência. Entretanto, a pessoa que é honesta apenas em algumas situações provavelmente não será rotulada de "honesta". Há ainda vários outros problemas além dos conceituais. As teorias disposicionais com freqüência tratam as pessoas como se fossem relativamente imutáveis, ignorando o que se passa sob a aparência: conflito, desenvolvimento e mudança (Pervin, 1985). Outro problema é a ênfase nas contribuições da hereditariedade e a negligência do impacto do ambiente. Cattell, aliás, não é o culpado dessa falha.

TEORIAS BEHAVIORISTAS

Como os teóricos disposicionais, os behavioristas enfatizam rigorosos métodos científicos. Então, afastam-se dos outros. Enquanto outros teóricos buscam qualidades internas duradouras, os behavioristas são propensos a examinar ações observáveis em situações específicas. Ao procurar explicar uma conduta, ressaltam o ambiente e experiências, principalmente a aprendizagem. Quando se trata de pesquisa, eles preferem experimentos a outros instrumentos e consideram legítimo estudar animais de laboratório para esclarecer processos humanos fundamentais (embora geralmente focalizem pessoas).

O Behaviorismo Radical de B. F. Skinner

B. F. Skinner (1904-1990) (veja a Figura 12.16), cujo trabalho foi descrito no Capítulo 3, está associado com a teoria de personalidade conhecida por *behaviorismo radical*. Personalidade, na opinião de Skinner, é essencialmente uma ficção. As pessoas vêem o que os outros fazem e inferem características subjacentes (motivos, traços, habilidades). Essas dimensões existem apenas aos olhos do observador. Segundo Skinner (1953, p. 31):

Quando dizemos que um homem come porque está com fome, fuma muito porque tem o hábito de usar tabaco, luta em virtude de seu instinto de belicosidade, comporta-se brilhantemente por causa de sua inteligência ou toca bem piano porque tem seu talento musical, parecemos estar nos referindo a causas. Mas a análise prova que estas frases são descrições meramente redundantes: "Ele come" e "Ele está com fome" [...]. Um único conjunto de fatos é descrito pelas duas afirmações: "Ele toca bem" e "Ele tem talento musical". A prática de explicar uma afirmação com base em outra é perigosa porque sugere que encontramos a causa e, portanto, não precisamos mais procurá-la. Além disso, termos como "fome", "hábito" e "inteligência" convertem o que são essencialmente as propriedades de um processo ou relação naquilo que parecem ser coisas. Assim, não estamos preparados para as propriedades a serem finalmente descobertas no comportamento em si e continuamos a procurar algo que pode não existir.

FIGURA 12.16 Mesmo depois de se aposentar em 1974, B. F. Skinner permaneceu ativo profissionalmente. Em sua autobiografia de três volumes (*Particulars of my life*, 1976; *The shaping of a behaviorist*, 1979; *A matter of consequences*, 1983), Skinner — fiel a suas crenças — caracteriza seu desenvolvimento em termos das variações ambientais que modelaram sua conduta, e não em termos de mudanças internas. (Harvard University News Office.)

As pessoas que querem entender a personalidade, Skinner afirmava, deveriam procurar especificar o que os organismos fazem e quais eventos influem naquelas ações. Embora ele aceitasse a idéia de que o comportamento é um produto de forças genéticas e ambientais, Skinner enfatizava explicações de condicionamento: reforçamento, extinção, contracondicionamento, discriminação, generalização e outros (veja o Capítulo 3). Como os psicólogos podem descobrir o que influencia o comportamento? Skinner acreditava que experimentos rigorosamente controlados são a única forma de identificar o que contribui para uma dada resposta.

O conceito conhecido por *especificidade comportamental* emerge do pensamento de Skinner. Lembre-se (veja a p. 601-602) das idéias-chave: o que as pessoas fazem em qualquer situação depende de uma série de influências que variam de acordo com a situação. Daí, não se pode esperar que as pessoas comportem-se consistentemente. Considere o caso de uma jovem mulher que parece ser independente e agressiva em algumas ocasiões e carinhosa, passiva e dependente em outras. Os teóricos da psicodinâmica e de traços provavelmente enfatizariam um conjunto de disposições: ela é basicamente agressiva com uma aparência passiva ou ela é essencialmente feminina com defesas hostis. Os behavio- ristas, como Skinner, alegam que o comportamento da mulher em qualquer momento depende de sua história de aprendizagem e das condições vigentes. Se o ato de atacar o marido quando ele a importuna com questões sobre dinheiro fizer com que ele silencie, a mulher será capaz de usar a agressão nessa situação e em outras similares. Se uma irmã cozinha sempre que a outra irmã (que detesta cozinhar) parece não saber o que fazer na cozinha, a passividade deve prevalecer nessa e em circunstâncias similares. Em suma, o comportamento é específico a um conjunto particular de situações, ou *situações específicas*.

A Abordagem da Aprendizagem Cognitivo-social de Albert Bandura

A *teoria da aprendizagem cognitivo-social* do psicólogo Albert Bandura (1925-) (veja a Figura 12.17) lembra a teoria de Skinner de diversas maneiras. Como Skinner, Bandura (1977, 1982, 1983) acredita que o comportamento é freqüentemente específico a uma situação e é modelado acentuadamente pelos princípios da aprendizagem. Os dois homens vêem métodos científicos como importantes para determinar o que as pessoas fazem e em quais circunstâncias. Mas, enquanto Skinner via os seres humanos como criaturas comparativamente simples à mercê das pressões ambientais, Bandura as vê como complexas, únicas, ativas e conscientes. Bandura enfatiza o pensamento e a auto-regulação. As pessoas estão resolvendo problemas continuamente, capitalizando sua enorme amplitude de experiências e capacidades refinadas para processar informações. Dada essa orientação, você esperaria que Bandura se apoiasse mais que Skinner em estudos humanos e menos naqueles organismos mais simples. A ênfase de Bandura no contexto social também é um aspecto que o distingue.

Você pode se lembrar do Capítulo 3 que Bandura está associado ao trabalho de *aprendizagem por observação*. Em inúmeros experimentos, ele mostrou

FIGURA 12.17 A visão de Albert Bandura da humanidade lembra a humanista. Ele enfatiza a capacidade de simbolizar das pessoas e vê sua conduta como dirigida para objetivos. Em vez de um motivo principal, entretanto, ele postula uma multiplicidade de objetivos que tendem a ser ordenados e estáveis. Uma vez que as pessoas podem regular-se, têm certo grau de liberdade e permanecem capazes de mudança durante a vida toda. (Stanford University News & Publications Service.)

que as pessoas podem aprender novos comportamentos simplesmente observando os outros (na vida, na imaginação, em filmes). A aprendizagem não requer uma resposta ou a obtenção de alguma compensação ou de ver um modelo sendo recompensado. As observações de modelos, Bandura enfatiza, são voltadas para imagens e idéias que podem ser lembradas e usadas para orientar o comportamento, ou podem ser combinadas e modificadas a uma moda nova ou a padrões inovadores. De acordo com Bandura, o reforçamento e a punição influenciam o que as pessoas fazem, e não o que elas aprendem.

Outro aspecto distinto do sistema de Bandura é sua ênfase em padrões internos. As idéias pessoais sobre o que é importante e o que é bom orientam as avaliações que as pessoas fazem de si e o que aprovam e criticam em si mesmas. Monitorando-se continuamente, as pessoas fazem ações corretivas quando não conseguem alcançar seus padrões internos. Em resumo, os seres humanos são auto-reguladores e não dependem de seu ambiente e de outras pessoas. De acordo com Bandura, os indivíduos adquirem seus padrões comportamentais de familiares, pares, professores e outros. Padrões que geram resultados positivos (sucesso, aprovação) são fortalecidos e aqueles insatisfatórios são enfraquecidos.

Bandura (1969, 1982, 1985) tem sido ativo especialmente em articular a maneira pela qual as técnicas de aprendizagem para modificar o comportamento desajustado devem ser usadas. A *auto-eficácia* (acreditar na capacidade de uma pessoa para enfrentar efetivamente, dominar situações e conseguir resultados desejados) é considerada central para o bem-estar psicológico. Sua ausência, acredita-se, está no cerne dos problemas psicológicos. A auto-eficácia é aquilo que a terapia deve buscar, segundo Bandura. Uma forma de fazer isso é conseguir que clientes tenham sucesso em situações reais, modelando novas percepções de controle.

Mensuração da Personalidade: Partindo da Perspectiva Behaviorista

Os pesquisadores behavioristas em geral preferem estudar a personalidade sob condições cuidadosamente controladas. Tipicamente, conduzem experimentos ou fazem outros tipos de observação em grande número de indivíduos — com freqüência em um laboratório, mas às vezes em ambientes naturais. Vamos tomar um exemplo para ilustrar o que se aprende da personalidade com esses estudos. Para esta investigação em particular, os pesquisadores behavioristas (Gormly & Edelberg, 1974) examinaram se as pessoas são consistentemente assertivas em uma variedade de situações. Pediram a indivíduos do sexo masculino que entrassem, em pares, em uma sala, enquanto juízes classificavam como eles se conduziam assertivamente. Os juízes também classificaram a assertividade de cada homem uma segunda vez, depois de uma conversa de dez minutos sobre um tópico controvertido, e uma terceira vez, depois de um jogo competitivo. A assertividade foi razoavelmente consistente nessas situações variadas.

As observações também podem fornecer informações sobre a personalidade individual. Em um estudo sobre ansiedade, os psicólogos fizeram uma mulher com pressão alta usar um aparelho portátil de medir pressão enquanto executava tarefas diárias (Werdegar *et al.*, 1967). Periodicamente, ela media a própria pressão sangüínea e anotava sua atividade. Como se pode ver no gráfico na Figura 12.18, essas medidas ajudaram a identificar situações que eram particularmente desgastantes para ela.

Os testes de personalidade às vezes baseiam-se em observações comportamentais. Durante a Segunda Guerra Mundial, por exemplo, *testes situacionais* foram desenvolvidos a fim de selecionar pessoas para missões altamente perigosas e para trabalhar atrás das linhas inimigas. Em um teste como este, desenvolvido pelo Office of Strategic Service Assessment (1948), os candidatos recebiam a tarefa de construir uma estrutura de madeira com "auxílio" de dois assistentes. Os assistentes, da equipe de avaliadores, faziam perguntas embaraçosas e ignoravam as instruções. De modo geral, comportavam-se de maneira grosseira, inadequada e desagradável. Esse teste situacional permitiu aos observadores classificar e analisar as respostas dos candidatos sob estresse e frustração. O Peace Corps usou testes similares (Dicken, 1969).

Teorias Behavioristas: Comentários Críticos

Na década de 1980, a estratégia de observação do experimento da abordagem behaviorista foi a forma dominante de estudar a personalidade. O pesquisador típico vem tentando descobrir se grupos de pessoas com disposições específicas de personalidade (como senso de controle) comportam-se diferentemente em situações específicas (lidam melhor com câncer de mama ou utilizam melhor apoios sociais, digamos) (Blass, 1984; Endler, 1983; Mischel, 1984; Pervin & Lewis, 1978). Embora os psicólogos continuem a admirar pesquisas precisas, cuidadosas, um número cada vez maior de críticos preocupa-se com o mérito dessa estratégia (Block, 1981; R. Carlson, 1984; Epstein, 1979; Lamiell, 1981; Rorer & Widiger, 1983; Tomkins, 1980). Uma preocupação básica é que a precisão tornou-se um fim em si mesma. Com muita freqüência, os investigadores reduzem a personalidade ao que se prestar à manipulação imediata. Com muita freqüência usam medidas convenientes, não confiáveis e sem validade. Examinam

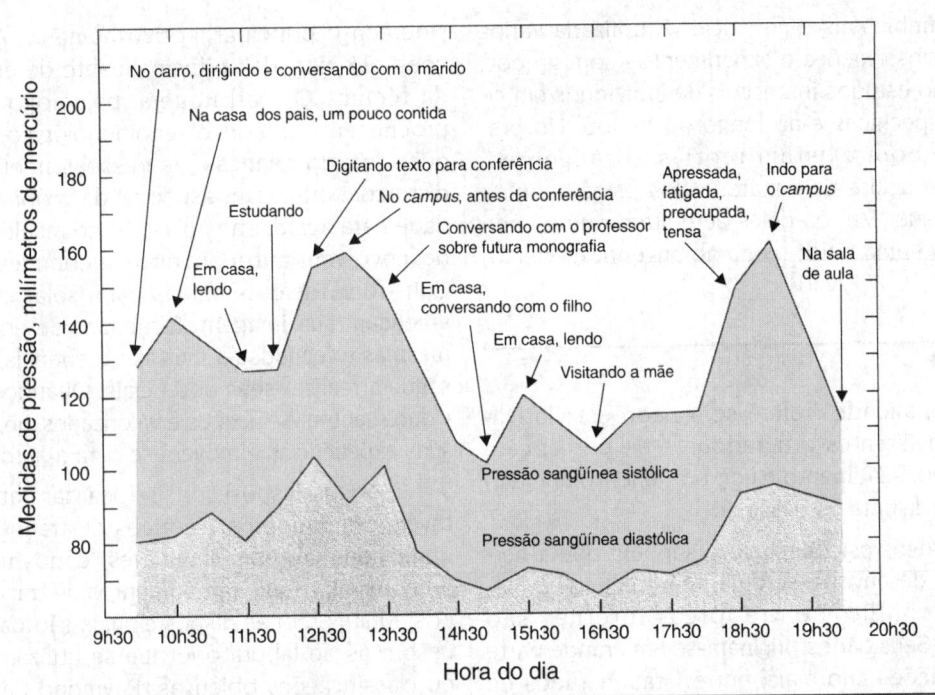

FIGURA 12.18 Medidas precisas de respostas fisiológicas podem elucidar a personalidade. Por exemplo, uma mulher com hipertensão mediu a própria pressão sangüínea e anotou suas atividades periodicamente à medida que fazia suas tarefas de rotina. Combinar os dados, como mostrado no gráfico, ajudou a identificar o que a estava perturbando. (De Werdegar et al., 1967.)

meramente o comportamento de um estudante durante 50 minutos no laboratório e deixam de examinar material biográfico ou estudar as pessoas em ambientes naturais, ao longo do tempo. Além de difíceis de reproduzir, os resultados de tais estudos são fragmentados e difíceis de integrar.

Há outros problemas fundamentais com a abordagem behaviorista. Dados comparando a conduta de indivíduos em situações específicas não esclarecem a estrutura de personalidade de um indivíduo, nem questões pessoais profundas. Além disso, dados de grupo freqüentemente ignoram diferenças individuais. É comum experimentos reunirem todos os participantes e chegarem a conclusões sobre tendências gerais, com base em médias. No entanto, a explicação das diferenças é uma tarefa importante da pesquisa sobre personalidade.

Os investigadores da personalidade continuarão a usar a abordagem de observação de experimento em pesquisas? Alguns psicólogos acreditam que esses pesquisadores precisam mudar seu modo de operar e realizar estudos intensivos de indivíduos em amplitude e profundidade ao longo do tempo (Epstein, 1979, 1983; Lamiell et al., 1983; Pervin, 1985). Outros, convencidos de que a estratégia de observação de experimento é produtiva, concentram-se em esforços de aprimoramento. Eles alegam que as pesquisas de personalidade simplesmente precisam ser monitoradas com cuidado para corrigir abusos.

Há justificação para ambas as táticas. Em seu aspecto mais útil, a estratégia de observação de experimento revela como as pessoas com certas características comportam-se em determinadas situações. Ao mesmo tempo, estudos intensivos de indivíduos são necessários para esclarecer a estrutura e as diferenças de personalidade.

UMA ÚNICA TEORIA ABRANGENTE DA PERSONALIDADE?

É fácil imaginar o esboço vago de uma teoria da personalidade integrada, combinando os pontos fortes de várias posições descritas neste capítulo. Abrangeria não apenas todos os aspectos da personalidade — experiências inconscientes e subjetivas, bem como comportamento —, mas também disposições duradouras e transitórias. Consideraria influências ambientais e genéticas. E utilizaria vários métodos: observações e experimentos com grupos, assim como estudos intensivos de indivíduos em situações específicas e ao longo do tempo. No presente, embora existam teorias abrangentes, nenhuma é aceita pela maioria dos psicólogos da personalidade. Muitos deles acreditam que é cedo demais para uma única teoria abrangente da personalidade.

RESUMO

1 "Personalidade" refere-se a padrões relativamente consistentes e duradouros de percepção, pensamento, sentimento e comportamento que dão identidade distinta às pessoas.

2 Os teóricos psicodinâmicos supõem que a personalidade desenvolve-se durante a infância, à medida que conflitos entre forças internas são resolvidos. Seus dados originam-se em grande parte de observações informais, entrevistas, estudos de caso e testes projetivos. Sigmund Freud foi o teórico psicodinâmico mais influente. Entre suas crenças básicas destacam-se: a maioria dos pensamentos, sentimentos e desejos de uma pessoa é inconsciente, três componentes da personalidade — id, ego e superego — competem continuamente pela energia gerada pelos instintos de vida e de morte, a sexualidade é uma pulsão dominante, a personalidade é amplamente formada por volta dos 5 anos, depois das fases oral, anal e fálica; uma quarta fase psicossexual formativa, a fase genital, ocorre durante a adolescência e idade adulta.

3 Teóricos psicodinâmicos posteriores enfatizaram as influências sociais na personalidade e diminuíram a significância das influências sexuais. Jung propôs que as pessoas têm um inconsciente coletivo. Adler focalizou sentimentos de inferioridade. Horney associou distúrbios neuróticos à ansiedade básica, cuja raiz são as frustrações iniciais referentes às demandas paternas. Sullivan, também, focalizou a família, especialmente suas expectativas durante a segunda década de vida. Hartmann e os psicólogos do ego dirigiram sua atenção ao consciente e às funções adaptativas do ego. Erikson ressaltou as implicações sociais e psicológicas da teoria de desenvolvimento de Freud e ampliou seu escopo para abranger a vida adulta.

4 Teóricos fenomenológicos concentram-se no entendimento do *self* total. A auto-realização é considerada o principal motivo humano. As informações são extraídas principalmente de entrevistas e da técnica Q. Carl Rogers, psicólogo humanista proeminente e teórico fenomenológico, acreditava que, quando crianças, as pessoas freqüentemente distorcem ou negam aspectos da própria personalidade para agradar aos pais. Como resultado, muitas desenvolvem autoconceitos incompletos, irreais. Constroem defesas rígidas para isolar eventos que ameaçam sua imagem. Incapazes de entender a si mesmas e fechadas a muitas experiências, não conseguem realizar seus potenciais. Quando esses indivíduos sentem-se aceitos e valorizados, abrem-se para suas experiências e movem-se para a auto-realização.

5 Teóricos disposicionais focalizam atributos estáveis e duradouros. Teóricos de traços enfatizam qualidades centrais singulares, enquanto teóricos de tipos enfatizam agrupamentos de traços associados. Muitas teorias disposicionais são baseadas em pesquisas de laboratório que se utilizam de testes ou classificações objetivas. Raymond Cattell, teórico de traços, usou a análise fatorial para identificar 16 traços originais e desenvolver testes de personalidade. Sua pesquisa, que examina interações entre traços, tem tido sucesso em explicar e prever uma gama de comportamentos. William Sheldon, teórico de tipos, mostrou que as pessoas podem ser descritas em termos de tipos corporais e de personalidade, os quais estão associados.

6 Teóricos behavioristas supõem que métodos científicos rigorosos são essenciais ao entendimento das razões pelas quais as pessoas comportam-se de uma determinada forma ou de outra. Eles enfocam o comportamento observável e seus determinantes ambientais, especialmente o condicionamento. Segundo B. F. Skinner, behaviorista radical, a conduta varia de uma situação para outra. Em vez de estudar traços, os quais ele considerava míticos, os psicólogos, ele acreditava, deveriam explorar os antecedentes ambientais e as conseqüências da conduta. A teoria da aprendizagem social cognitiva de Albert Bandura propõe que as pessoas são seres complexos e ativos que aprendem muito por meio da observação em contextos sociais. Elas estão continuamente regulando o próprio comportamento. Os sentimentos de auto-eficácia são centrais para a saúde mental.

7 Atualmente, não há uma teoria abrangente da personalidade aceita por todos os psicólogos.

GUIA DE ESTUDO

Termos-chave

personalidade (505)
psicanálise (505)
instintos de vida (506)
libido (506)
instintos de morte (*thanatos*) (506)
id (507)
ego (507)
superego (507)
fase psicossexual (508)
fase psicossocial (508)
entrevista (515)
estudo de caso (516)
teste projetivo (517)
autoconceito (522)
teste objetivo (523)
disposição (524)
traço (524)
tipo (525)
traços originais e superficiais (524)
mesomorfia (526)
ectomorfia (526)
endomorfia (526)
viscerotonia (527)
somatotonia (527)
cerebrotonia (527)
especificidade comportamental (532)
teste situacional (534)
e outras palavras e expressões em itálico

Conceitos Básicos

vantagens e desvantagens de instrumentos de avaliação da personalidade (entrevistas, testes projetivos, testes objetivos, estratégia de observação de experimento, testes situacionais)
teoria baseada em clínica *versus* laboratório
armadilhas dos testes de computador
controvérsias (existência de traços, estratégias apropriadas para a pesquisa sobre a personalidade)

Teorias a Identificar

Você deveria ser capaz de identificar as características distintivas das seguintes teorias: psicodinâmica, psicanalítica, neofreudiana (Horney, Sullivan, Erikson), do inconsciente coletivo (Jung), da psicologia individual (Adler), da ansiedade básica (Horney), da psicologia do ego (Hartmann), do desenvolvimento psicossocial (Erikson), fenomenológica, do *self* (Rogers), disposicional (traço, tipo), de traços de Cattell, de tipos de Sheldon, behaviorista, behaviorista radical (Skinner), da aprendizagem cognitivo-social (Bandura).

Testes a Identificar

Você deve ser capaz de descrever e avaliar os pontos fortes e fracos dos seguintes testes: teste de Rorschach, teste de completamento de sentenças, teste de desenho de figuras, Teste de Apercepção Temática (TAT), Técnica Q (Stephenson), Inventário Multifásico de Personalidade de Minnesota (MMPI) (Hathaway, McKinley).

Pessoas a Identificar

Freud, Jung, Adler, Horney, Sullivan, Hartmann, Erikson, Rogers, Cattell, Hipócrates, Eysenck, Sheldon, Skinner, Bandura.

Avaliação

1 Qual das alternativas está associada ao id?
a. Princípio do prazer
b. Habilidades de resolver problemas práticos
c. Princípio da realidade
d. Processo de pensamento secundário

2 Qual é a característica do inconsciente coletivo?
a. Surge da ansiedade básica
b. É dominado pela sexualidade
c. É herdado
d. É similar ao superego

3 Que teórico tratou do poder de motivação dos sentimentos de inferioridade?
a. Adler
b. Horney
c. Jung
d. Sullivan

4 Quando as pessoas desenvolvem um senso de confiança ou desconfiança, de acordo com Erikson?
a. Durante o primeiro ano
b. Entre 3 e 5 anos
c. Entre 6 e 11 anos
d. Durante a adolescência

5 Três dos testes a seguir são projetivos. Qual deles não é projetivo?
a. Completamento de sentenças
b. Desenho de uma casa, uma árvore e uma pessoa
c. Livre associação ao Rorschach
d. Classificação de si mesmo, escolhendo cartões que contêm afirmações sobre a personalidade

6 Quem especulou que as crianças pequenas requerem consideração positiva, carinho e aceitação de pessoas significativas e que negarão aspectos da personalidade e distorcerão o autoconceito para atender a essa necessidade?
a. Cattell
b. Jung
c. Rogers
d. Sheldon

7 Qual tipo de teoria sempre enfatiza o quadro de referência subjetivo de cada pessoa?
a. Behaviorista
b. Disposicional
c. Fenomenológica
d. Psicanalítica

8 Que palavra ou frase caracteriza traços originais com precisão?
a. Comportamento em um ambiente específico
b. Influenciado por genes
c. Superficial
d. Temperamento

9 Qual é a característica mais essencial de um teste objetivo?
a. Formula questões sobre o comportamento aberto.
b. O escore geral é consistente de uma aplicação para outra quando o mesmo teste é reaplicado depois de várias semanas.
c. É avaliado de forma semelhante por diferentes examinadores.
d. Mede o que é suposto medir.

10 A que o conceito de "especificidade comportamental" se refere?
a. O comportamento em qualquer situação depende da aprendizagem anterior e das pressões atuais em ambientes similares.
b. O comportamento é consistente de uma situação para outra.
c. Certos tipos de conduta são consistentes.
d. Disposições levam a comportamento consistente.

Exercícios

1. **Teorias de estágios de Freud e Erikson.** As teorias de Freud e Erikson dividem o desenvolvimento da personalidade nas fases relacionadas na Tabela 12.1. Depois de estudar esse material, cubra as colunas 2 e 3 da tabela para ver se você consegue identificar a correspondência entre as fases

freudianas e eriksonianas. Tente fazer isso na ordem e alternadamente. Tente também caracterizar cada fase completamente. (Veja as pp. 507-510 e 513-516.)

2. Comparação de cinco teorias da personalidade. Para testar seu conhecimento das características das teorias da personalidade, associe cada descrição com a teoria mais apropriada. (Veja as pp. 504-536.)

Teorias: behaviorista (B), fenomenológica (F), psicodinâmica (PS), de traço (TR) e de tipo (T).

__ 1 Supõe que a personalidade desenvolve-se à medida que as pessoas resolvem conflitos psicológicos profundos.

__ 2 Focaliza o que as pessoas fazem em determinadas situações.

__ 3 Vê as pessoas basicamente como seres perceptivos e "experienciadores".

__ 4 Concentra-se no grau ao qual os indivíduos mostram características singulares de personalidade.

__ 5 Enfatiza a importância de métodos experimentais controlados.

__ 6 Enfatiza agrupamentos de traços.

__ 7 Supõe que o comportamento seja específico a situações.

__ 8 Usa entrevistas, observações clínicas e testes projetivos, mas não valoriza auto-relatos simples.

__ 9 Supõe que as personalidades encaixam-se em categorias como "introvertido" e "extrovertido".

__ 10 Considera a auto-realização o principal motivo humano.

Usando a Psicologia

1 Imagine que você é um psicólogo e lhe pedem para avaliar a personalidade dos candidatos a diretor do FBI. Que tipo(s) de instrumento de avaliação você usaria? Por quê? Quais os principais pontos fortes e fracos de entrevistas? Observações controladas e experimentos? Testes situacionais? Testes objetivos? Testes projetivos?

2 Você tem ciência das facetas da própria personalidade, que Freud poderia ter chamado id, ego e superego? Tem ciência dos conflitos entre essas facções? Dê exemplos.

3 Quais idéias freudianas poderiam ser testadas fazendo-se observações diretas? Quais não poderiam ser verificadas dessa forma? Sugira outros meios de avaliá-las.

4 Suponha que as idéias de Erikson estejam corretas. Quais experiências pais e professores deveriam fornecer durante as várias fases da infância para aumentar a probabilidade de as crianças resolverem seus conflitos positivamente?

5 Relacione traços específicos que você vê em si mesmo. Para cada um, cite comportamentos recentes que sugerem que a conduta influenciada por esse traço é consistente de uma situação para outra. Pense em traços que sejam consistentes segundo a perspectiva de alguém que conhece intimamente, mas não o sejam segundo a perspectiva de uma pessoa mais distante.

6 Como você usaria a estratégia de pesquisa de Cattell para prever quais meninos, de uma amostra de 1.000, com 7 anos de idade, de uma escola pública, tendem a se tornar delinqüentes juvenis?

7 Dê exemplos pessoais de comportamentos específicos a situações. Você concorda com o ponto behaviorista de que a conduta freqüentemente é específica a uma situação?

Leituras Sugeridas

1 Para livros sobre testes, leia Cronbach (1984) e Anastasi (1982) na seção "Leituras Sugeridas" do Capítulo 7.

2 Pervin, L. A. (1984). *Current controversies and issues in personality.* 2ª ed. Nova York: Wiley. Tratamento imparcial de controvérsias, incluindo os debates sobre traços, questões natureza-educação, diferenças sexuais, utilidade do autoconceito e ética da pesquisa sobre personalidade.

3 Feist, J. (1985). *Theories of personality.* Nova York: Holt, Rinehart & Winston. Introdução clara às teorias da personalidade, focalizando como essas idéias aplicam-se a situações comuns.

4 Babladelis, G. (1984). *The study of personality: Issues and resolutions.* Nova York: Holt, Rinehart & Winston. Um texto usualmente coeso, integrador, que discute pesquisas sobre personalidade, concentrando-se nas questões de determinantes, estabilidade-mudança, saúde e mensuração; vívido e lúcido.

5 Nye, R. D. (1981). *Three psychologies: Perspectives from Freud, Skinner, and Rogers.* 2ª ed. Monterey, CA: Brooks/Cole. Um livro breve, envolvente, abrangendo biografias, termos básicos, e as principais teorias, aplicações e avaliações.

Respostas

FICÇÃO? OU FATO?
1. F 2. V 3. V 4. F 5. V 6. F 7. F

AVALIAÇÃO
1. a (507) 2. c (509-510) 3. a (511) 4. a (513)
5. d (516-517) 6. c (522) 7. c (522) 8. b (524)
9. c (526-527) 10. a (532)

EXERCÍCIO 2
1. PS 2. B 3. F 4. TR 5. B 6. T 7. B 8. PS 9. T 10. F

CAPÍTULO 13

Comportamento Desajustado

SUMÁRIO

Identificando o Comportamento Desajustado
Avaliando Critérios Clínicos
Classificando o Comportamento Desajustado
QUADRO 13.1: Ser Sadio em Lugares Insanos
Neuroses, Psicoses e Insanidade
Conceituando o Comportamento Desajustado
Distinguindo Explicações Orgânicas de Psicológicas
Incidência do Comportamento Desajustado

DISTÚRBIOS AFETIVOS
Depressões
Episódios Maníacos
Distúrbios Bipolares
Causas de Distúrbios Afetivos
QUADRO 13.2: Suicídio

DISTÚRBIOS DE ANSIEDADE
Distúrbios Fóbico, de Pânico e de Ansiedade Generalizada
Distúrbio Obsessivo-compulsivo
Distúrbio de Estresse Pós-traumático

DISTÚRBIOS COM MANIFESTAÇÃO SOMÁTICA
Distúrbio de Conversão
Distúrbios com Manifestações Somáticas, Estereótipos Sexuais e Erro de Diagnóstico

DISTÚRBIOS DISSOCIATIVOS
Distúrbios de Memória
Personalidade Múltipla

DISTÚRBIOS PELO USO DE SUBSTÂNCIAS
Efeitos do Álcool
Padrões de Uso Problemático de Álcool
QUADRO 13.3: Alcoolismo na Perspectiva de um Alcoolista
Causas do Alcoolismo

DISTÚRBIOS ESQUIZOFRÊNICOS
Sintomas Comuns
Incidência e Curso da Esquizofrenia
Subtipos de Esquizofrenia
Causas das Esquizofrenias

DISTÚRBIOS DE PERSONALIDADE
Sintomas de Distúrbio de Personalidade Anti-social
Causas do Distúrbio de Personalidade Anti-social

DISTÚRBIOS NA INFÂNCIA, PRÉ-ADOLESCÊNCIA E ADOLESCÊNCIA
Sintomas de Autismo Infantil
Causas do Autismo Infantil

RESUMO

GUIA DE ESTUDO

FICÇÃO? OU FATO?

1 Uma em cada cinco pessoas comporta-se de maneira desajustada a ponto de ser considerada mentalmente perturbada. Verdadeiro ou falso?

2 Alergias e produtos químicos podem provocar comportamento anormal. Verdadeiro ou falso?

3 "Insano" é um termo técnico que significa "severamente perturbado". Verdadeiro ou falso?

4 As pessoas com agorafobia temem ficar sozinhas e/ou ficar em lugares públicos. Verdadeiro ou falso?

5 Os indivíduos que falam sobre suicídio raramente se matam. Verdadeiro ou falso?

6 Esquizofrênicos têm personalidades múltiplas. Verdadeiro ou falso?

7 A infância da maioria dos alcoólatras foi incomumente estressada. Verdadeiro ou falso?

Se você visse um homem comportando-se de maneira muito estranha, poderia dizer: "Ele está emocionalmente doente". Outra expressão comum que poderia vir à mente é "doença mental". Ambos os termos implicam que o comportamento anormal, ou desajustado, é uma doença. "Doença" é realmente um termo apropriado? Ou seria mais preciso caracterizar distúrbios comportamentais por problemas da vida? Ou a verdade está em algum ponto intermediário, digamos, que algumas condições são essencialmente dificuldades de ajustamento e outras parecem doenças? Minha inclinação é aceitar essa última posição, embora atualmente não haja consenso e a questão permaneça controvertida (Bean, 1983). Neste capítulo, analisamos questões sobre a natureza do comportamento desajustado e examinamos detalhadamente uma variedade de doenças específicas. Começamos com o caso de uma paciente que procurou ajuda para depressão (Spitzer et al., 1981, pp. 10-11).

O CASO DE UMA EXECUTIVA JÚNIOR

Uma executiva júnior de 28 anos [...] obteve o grau de mestre em administração e mudou-se para Califórnia um ano e meio antes de começar a trabalhar em uma grande empresa. Ela se queixava de estar deprimida com tudo: trabalho, marido e perspectivas [...]. Suas queixas eram sentimentos persistentes de humor deprimido, inferioridade e pessimismo, o que ela alega ter desde 16 ou 17 anos. Embora tivesse ido razoavelmente bem na faculdade, remoía-se constantemente sobre aqueles estudantes que eram "inteligentes de verdade". Ela havia namorado quando estava na faculdade e no curso de mestrado, mas alegava que nunca iria atrás de um garoto que ela considerasse "especial", sempre se sentindo inferior e intimidada. Quando via ou se encontrava com um homem assim, mostrava-se tensa ou arredia, ou realmente se afastava o mais rápido possível, censurando-se depois e então tendo fantasias com ele durante muitos meses [...].

Logo depois de se formar, ela se casou com o homem com quem estava saindo na época. Ela o achava razoavelmente desejável, embora não "especial", e casou-se com ele basicamente porque sentia que "precisava de um marido" como companhia. Logo depois do casamento, o casal começou a brigar. Ela criticava muito suas roupas, seu emprego e seus pais; e ele, por sua vez, achava que ela o rejeitava, que era controladora e geniosa. Ela começou a achar que tinha cometido um erro em se casar com ele.

Ela também vem tendo dificuldades no trabalho. Ela é responsável pelas tarefas mais desprezíveis da empresa e nunca lhe dão uma atribuição de importância ou responsabilidade. Ela admite que freqüentemente faz com "desleixo" o trabalho que lhe é passado, nunca faz mais do que lhe pedem e nunca demonstra assertividade ou iniciativa a seus supervisores. Ela considera seu chefe autocentrado, desinteressado e injusto, mas admira seu sucesso. Acha que nunca irá muito longe em sua profissão porque não tem "ligação" com as pessoas certas, e esse também é o caso de seu marido. No entanto, ela sonha com dinheiro, status e poder.

Sua vida social com o marido envolve diversos outros casais, dos quais os homens geralmente são amigos de seu marido. Ela tem certeza de que as mulheres a acham desinteressante e sem graça e que as pessoas que parecem gostar dela provavelmente não são melhores do que ela.

Com essa carga de insatisfação com o casamento, o trabalho e a vida social, sentindo-se cansada e desinteressada pela "vida", ela entrou em tratamento pela terceira vez.

Voltaremos a esse caso quando formos examinar uma variedade de questões gerais sobre, de uma ou outra forma, a definição da natureza do comportamento desajustado. De início, você precisa saber que os psicólogos usam inúmeras palavras alternativas ao se referir ao comportamento desajustado. "Comportamento anormal", "desajustamento", "psicopatologia", "doença mental", "distúrbio emocional ou psiquiátrico" e "distúrbio psicológico". Todos têm o mesmo significado. Escolhi comportamento desajustado como o título do capítulo por razões que serão explicadas um pouco mais adiante.

Identificando o Comportamento Desajustado

Os clínicos (aqueles que tratam do comportamento desajustado) usam estes critérios práticos (e que se superpõem) para identificar esse comportamento (Page, 1975):

1 *Funcionamento cognitivo deficiente*. Capacidades intelectuais — como raciocinar, perceber, atentar, julgar, lembrar ou comunicar — são severamente afetadas.

2 *Comportamento social deficiente*. A conduta desvia-se muito dos padrões sociais aceitáveis.

3 *Autocontrole deficiente*. As sociedades apresentam padrões complexos sobre quando os adultos devem exercer controle. Na maioria das vezes, espera-se que as pessoas controlem-se e que se mostrem espontâneas, quando apropriado. Extremos como controle rígido ou mínimo são considerados "desajustados".

4 *Sofrimento*. Sentimentos negativos como ansiedade, raiva e tristeza são normais e inevitáveis. Entretanto, algumas pessoas não lidam adequadamente com essas emoções e, como resultado, sofrem com freqüência incomum ou intensa ou persistentemente. A executiva júnior em nossa introdução a este capítulo seria considerada desajustada, de acordo com este critério.

Avaliando Critérios Clínicos

Esses quatro critérios para o comportamento desajustado parecem razoáveis. Mas, se você pensa neles mais atentamente, inúmeros problemas tornam-se evidentes. Primeiro, eles fazem uma suposição que invariavelmente não é verdadeira. Eles sugerem que o grau de desvio é o que separa o ajustado do desajustado. Em termos ligeiramente diferentes, diz-se que os desajustados mostram *maior* dificuldade intelectual, *maior* ou *menor* controle, maior sofrimento e menor adaptação social que as pessoas ajustadas. Mas, a normalidade e anormalidade diferem apenas em grau? Muitos especialistas argumentariam que freqüentemente há diferenças *qualitativas* (diferenças no tipo, bem como no grau). Por exemplo, as *alucinações* (experiências sensoriais sem base na realidade) não são meramente uma versão mais extrema de imagens fantasiosas. Igualmente, a dependência do álcool parece ser diferente qualitativamente do alcoolismo severo (Goodwin, 1980).

Há um segundo problema significativo com esses critérios clínicos. Ao conversarmos sobre comportamento socialmente adequado (critério 2), estamos admitindo que definições de distúrbio psicológico dependem de práticas culturais. No entanto, muitos padrões sociais são artificiais e arbitrários. Comer terra (*geofagia*), por exemplo, é perfeitamente aceitável em certas regiões da Sibéria, da China, do Japão, do México, da África e dos Estados Unidos, onde isto parece ser motivado por deficiências nutricionais. Mas, entre os sereres, um grupo do oeste da África, a compulsão por comer terra, em mulheres adultas que não estão grávidas, é considerada um sintoma de fracasso moral terrível ou de uma doença fatal, e é acompanhada de sofrimento emocional severo (Beiser *et al.*, 1974).

Vamos considerar uma segunda ilustração que apóia a idéia de que as definições de desajustamento podem depender dos costumes sociais. Na maioria dos países do Ocidente, o lesbianismo e a homossexualidade têm sido considerados imorais há centenas de anos. Por fim, essas objeções morais foram medicadas e o comportamento também foi considerado "doença". Então, no início da década de 1970, preferências sexuais pelo mesmo sexo foram removidas do rol de doenças psiquiátricas. A mudança deve-se a pesquisas que demonstraram que as preferências sexuais pelo mesmo sexo não estão ligadas regularmente a perturbação emocional ou desajustamento. O novo sistema de classificação reviveu a condição de doença, incluindo uma categoria para pessoas *gay* (guei) que se sentiam perturbadas por sua preferência sexual e queriam mudá-la. Esses exemplos sugerem que pelo menos parte do que é considerado normal e anormal depende da cultura, de mudanças ao longo do tempo, e é difícil justificar por padrões absolutos.

Nossos critérios de comportamento desajustado também são vagos. Como resultado, as opiniões de especialistas e leigos sobre a condição mental de uma determinada pessoa são facilmente distorcidas por considerações irrelevantes e com freqüência diferem muito. A Figura 13.1 oferece uma ilustração. As pesquisas fornecem muitas outras. Por exemplo, Ellen Langer e Robert Abelson (1974) demonstraram que exatamente o mesmo comportamento no mesmo indivíduo poderia ser percebido como emocionalmente saudável ou não saudável por especialistas, dependendo de suas expectativas. No estudo de Langer-Abelson, grupos de psicólogos e uma entrevista psiquiátrica. Os clínicos que viram a discussão "centrada no emprego" consideraram o cliente razoavelmente bem ajustado. Terapeutas psicanalíticos tradicionais que observaram a entrevista "psiquiátrica" rotularam o jovem de "perturbado". Mais uma vez, é evidente que as expectativas orientam as percepções.

Dados esses problemas com critérios clínicos, muitos especialistas em saúde mental evitam usar termos como *anormal*, que implicam a existência de diretrizes absolutas. Em vez disso, falam de *desajustamento* ou *comportamento desajustado*, palavras que sugerem que a conduta em questão desvia dos padrões culturais para uma situação específica.

Classificando o Comportamento Desajustado

Apesar do fato de haver desacordo sobre como identificar o desajustamento, os clínicos e pesquisadores acham útil classificar tal conduta. Os psiquiatras assumiram a responsabilidade de gerar o sistema oficial, que é descrito plenamente no *Diagnostic and statistical manual of mental disorders* (DSM). A terceira edição, DSM-III (American Psychiatric Association, 1980), está sendo usada atualmente. Inclui aproximadamente 230 diagnósticos diferentes, enquadrados em 15 categorias principais. Para uma visão geral das condições consideradas "desajustadas", leia a Tabela 13.1. Síndromes ilustrativas de muitas dessas condições são discutidas mais adiante, neste capítulo.

Já está claro que o DSM-III não é a palavra final em classificação dos problemas mentais; no entanto, muitos psicólogos consideram-no um grande aperfeiçoamento do sistema anterior. Enquanto o DSM-II tinha um viés psicanalítico claro, o DSM-III parece ser menos inclinado a uma determinada posição filosófica. O mais importante, talvez, seja que o DSM-III é o primeiro sistema de classificação a levar as descobertas de pesquisa em conta. Além disso, dá descrições detalhadas de cada problema, discorrendo sobre questões como aspectos essenciais, aspectos associados, idade do início, curso típico, grau usual de comprometimento, complicações, fatores predisponentes, prevalência, índice por sexo e padrões familiares. Todas as especificações tornam provável que os profissionais que utilizarem o manual diagnosticarão um paciente específico da mesma forma. Daí a consistência de um diagnosticador para outro, chamada *precisão*, ser um problema menor no DSM-III que no DSM-II (Smith & Kraft, 1983; Spitzer *et al.*, 1979).

FIGURA 13.1 Suponha que você encontre o homem apelidado Moondog (cão lunático), mostrado na esquina da Avenida das Américas e Rua 53 em Nova York. Você o consideraria desajustado? Músico e poeta cego, Louis Thomas Hardin ("Moondog") ganhou a vida durante 30 anos, na esquina do centro de Manhattan, trajado de viquingue, tocando o que ele chamou "ritmos delicados coplandescos" [referindo-se ao compositor Aaron Copland] em estranhos instrumentos de percussão feitos por ele mesmo e vendendo cópias de versos e partituras de músicas para curiosos que passavam por ele. "As pessoas geralmente perguntam por que me visto desta forma", ele relatou a um entrevistador, "e eu lhes digo que é meu jeito de dizer 'não'. Sou um observador da vida, um não participante que não assume lado algum. Estou na sociedade regimentada, mas não faço parte del.". Aos 60 anos, Hardin mudou-se para uma cidade na então Alemanha Ocidental, onde está compondo, interpretando e gravando a própria música. Apesar de a conduta de Hardin desviar muito dos padrões sociais aceitos (e alguns especialistas poderem considerá-lo desajustado nesse sentido), ele não se encaixa nos outros critérios de anormalidade. (Wide World.)

psiquiatras observaram um videoteipe de um jovem descrevendo dificuldades de emprego para um entrevistador. Alguns profissionais pensavam que eles estavam vendo uma entrevista de emprego; outros,

TABELA 13.1 Principais condições consideradas anormais pelo DSM-III.

Categoria	Aspectos Definidores
Distúrbios geralmente evidentes primeiro na infância, pré-adolescência ou adolescência	Problemas intelectuais, emocionais e físicos variados que começam antes da idade adulta, incluindo retardo mental (veja o Capítulo 7), anorexia nervosa (veja o Capítulo 8) e autismo infantil.
Distúrbios mentais orgânicos	Funcionamento cerebral permanente ou temporariamente afetado, em que os sintomas variam muito. Inclui demências do tipo Alzheimer (veja o Capítulo 11).
Distúrbios causados pelo uso de substâncias	Mudanças comportamentais associadas ao uso regular de substâncias que afetam o sistema nervoso central, como álcool, *Cannabis*, opióides e anfetaminas. Os sintomas incluem o funcionamento social prejudicado, a incapacidade de controlar o uso da substância e o desenvolvimento de sérios sintomas de isolamento quando o uso da droga é diminuído ou interrompido.
Distúrbios esquizofrênicos	Caracterizados por aspectos psicóticos. Cuidados pessoais, vida social e desempenho no trabalho declinam para níveis muito baixos; a linguagem é peculiar; ilusões e alucinações são comuns, as emoções são anormais; e o contato com o mundo é precário.
Distúrbios afetivos	O aspecto essencial é um distúrbio de humor (como na depressão e seu oposto, mania), que não é causado por problemas físicos ou mentais.
Distúrbios de ansiedade	A ansiedade é o distúrbio dominante quando o indivíduo tenta controlar os sintomas (enfrentar uma situação ou objeto temido, por exemplo).
Distúrbios de manifestação somática	As características primárias são sintomas físicos que sugerem um distúrbio físico, na ausência de causas orgânicas ou mecanismos fisiológicos conhecidos. Os sintomas estão freqüentemente ligados a estresse.
Distúrbios dissociativos	Caracterizados por uma alteração temporária repentina na consciência, que afeta a memória, a identidade e/ou o comportamento motor. A amnésia (perda de memória) desencadeada pelo estresse e a personalidade múltipla são exemplos.
Distúrbios psicossexuais	Distúrbios do funcionamento sexual, divididos em três categorias: (1) distúrbios de identidade de gênero (sentir-se mal com a própria anatomia sexual, como em transexualismo, (2) parafilias (escolher objetos ou atividades desviantes, como crianças ou estupro); (3) disfunções psicossociais (incapacidade de aproveitar ou completar o ato sexual).
Distúrbios de ajustamento	Reação desajustada, desestruturada e anormalmente maior a estresse de natureza psicológica ou social.
Distúrbios de personalidade	Traços de personalidade persistentes, duradouros, como a paranóia ou a compulsão, que são rígidos e desajustados, prejudicando o funcionamento profissional ou social ou criando sofrimento pessoal.

Críticos do DSM-III citam inúmeras falhas (Smith & Kraft, 1983). Os psicólogos, especialmente, objetam contra sua tendência de converter hábitos e dilemas humanos (como querer parar de fumar ou ter dificuldade com aritmética) em perturbações mentais, com a implicação de serem semelhantes a doenças. A validade (solidez) do sistema de classificação já é questionável. Pode ser que isso seja inevitável neste momento, uma vez que os cientistas não compreendem adequadamente as causas do comportamento desajustado. Algumas síndromes que deveriam ser separadas são provavelmente agrupadas; outras que pertencem ao mesmo grupo provavelmente são separadas. Tudo isso será esclarecido à medida que as pesquisas formarem uma base de informações significativas.

Uma questão importante deveria ser feita: por que classificar o comportamento desajustado, afinal, antes de poder fazê-lo com exatidão?

Benefícios da Classificação

A classificação parece ser uma tendência humana geral. As pessoas classificam quase tudo — árvores, flores e grãos de café, cores. A classificação do desajustamento, como outras classificações, oferece diversas vantagens. Por um lado, simplifica a comunicação. Idealmente, cada rótulo[1] oferece informações sobre (1) causas, (2) técnicas apropriadas de tratamento, (3) sintomas que podem finalmente se revelar e (4) prováveis resultados futuros. De fato, poucos rótulos dão informações muito precisas, atualmente.

Ainda mais importante que a simplificação da comunicação é o valor que tem a pesquisa dos rótulos. Sem um sistema classificatório, os investigadores poderiam não conseguir notar semelhanças que aprofundam seus conhecimentos sobre causas, cursos e tratamentos. A fenilcetonúria, uma forma de retardo mental, fornece uma ilustração clara. A fenilcetonúria resulta de uma incapacidade de metabolizar uma determinada proteína, a fenilalanina, e da subseqüente acumulação dessa substância que afeta o cérebro. Um tratamento eficaz consiste em uma dieta baixa em fenilalanina. Suponha, entretanto, que os cientistas escolhessem simples e aleatoriamente centenas de pessoas com retardo mental e as submetessem a uma dieta especial. A resposta seria insignificante. Poucos indivíduos melhorariam; a maioria não. Muito possivelmente a cura pela dieta seria descartada. Os cientistas deveriam reconhecer que a fenilcetonúria é um tipo de retardo mental e testar a dieta com membros desse tipo.

Desvantagens da Classificação

As classificações resolvem alguns problemas, mas criam outros. Qualquer sistema específico tem as próprias falhas. Além dessas, as classificações criam problemas gerais que provavelmente são inevitáveis. Qualquer sistema tem probabilidade de rotular pacientes de "malucos", criando expectativas negativas. Apesar das melhores intenções, as pessoas tendem a considerar doentes mentais com desconfiança e medo, e a subvalorizar o que eles fazem (Jones et al., 1984; Piner & Kahle, 1984; Rabkin, 1974). Se você acha que alguém é um paciente mental, a pesquisa mostra que provavelmente você considerará estranha, infantil, tola e incompetente a conduta dessa pessoa, mesmo quando ela não for um paciente mental e estiver tendo um comportamento perfeitamenete normal. De maneira semelhante, os amigos, parentes, empregadores, proprietários e outras figuras da comunidade com freqüência reagem negativamente às pessoas rotuladas de mentalmente doentes. Além disso, uma vez rotulados, os pacientes tendem a se ver como doentes e incapazes de fazer alguma coisa com relação à sua condição e não se sentem mais responsáveis pelas próprias ações. Não é de surpreender que os rótulos imponham um viés aos profissionais de saúde mental. Depois de serem identificados como esquizofrênicos, por exemplo, é possível que os pacientes recebam menos atenção de especialistas do que antes de serem rotulados, uma vez que os esquizofrênicos são freqüentemente percebidos como "impossíveis de ajudar" (Stuart, 1970). Da mesma forma, rótulos psiquiátricos podem interferir nas observações clínicas. Um terapeuta que acredita que a incapacidade de sentir prazer e de pensar logicamente é básica da esquizofrenia pode identificar esses sintomas em uma pessoa taxada de "esquizofrênica", mesmo quando eles não existem. Infelizmente, os rótulos tendem a se manter. Um estudo importante e ousado, feito pelo psicólogo David Rosenhan (1973), descrito no Quadro 13.1, assinala algumas dessas falhas. (■)

Uma Advertência

Ao longo deste capítulo, usamos a terminologia DSM-III porque os profissionais de saúde mental a usam. Entretanto, consideramos a classificação atual apenas um guia. Mantenha em mente seus muitos problemas e esteja ciente de que esta não é a classificação final.

Neuroses, Psicoses e Insanidade

Talvez você tenha denominado o comportamento estranho, ou as respostas emocionais, de "neurótico", "psicótico" ou "insano". Essas palavras têm significados técnicos.

As *neuroses*, ou *reações neuróticas*, descritas pela primeira vez por Sigmund Freud, centram-se na ansiedade. Em alguns casos, a ansiedade é óbvia; em

---

1. N.R.T.: Este termo tem uma conotação negativa, no sentido de que a "classificação", ou melhor, a rotulação (tarja) pode criar marcas estáticas, determinantes de um quadro, não refletindo o processo dinâmico, além de favorecer atitudes preconceituosas diante do paciente (viés na relação).

Quadro 13.1

SER SADIO EM LUGARES INSANOS

David Rosenhan providenciou a internação de oito pessoas razoavelmente normais em 12 diferentes instituições mentais. Entre o grupo havia vários psicólogos, um psiquiatra, um pediatra, um pintor e uma dona de casa. Os "pseudopacientes", como chamamos os participantes da pesquisa de Rosenhan, queixavam-se de ouvir vozes que freqüentemente não eram claras, mas pareciam estar dizendo "vazio", "oco" e "ruído surdo".

Além de alegar os sintomas e falsificar nome, profissão e emprego, não foram feitas outras alterações da pessoa, da história ou das circunstâncias [...]. Imediatamente depois da admissão na ala psiquiátrica, os pseudopacientes pararam de simular quaisquer sintomas de anormalidade. Em alguns casos, houve um breve período de nervosismo e ansiedade moderados, uma vez que nenhum dos pseudopacientes de fato acreditava que seriam admitidos tão facilmente (p. 2).

Além das atividades da ala, os participantes da pesquisa passavam o tempo escrevendo sobre a instituição, os outros pacientes e a equipe. "Inicialmente, essas notas eram escritas 'secretamente', mas, assim que se tornou claro que ninguém ligava muito, foram subseqüentemente escritas em fichas de papel padronizadas em lugares públicos como a sala de recreação" (p. 3).

Os relatos da enfermaria confirmaram que os pseudopacientes não exibiam comportamento anormal na ala. E, quando indagados, indicavam que não estavam mais sentindo qualquer sintoma. Apesar das mostras de sanidade, nenhum dos funcionários de saúde mental detectou a fraude. Houve uma única exceção. Os pseudopacientes foram diagnosticados como tendo esquizofrenia e dispensados depois de 19 dias com o diagnóstico "esquizofrenia em remissão". Uma única experiência alucinatória não deveria ter resultado no diagnóstico de esquizofrenia. "Tendo sido rotulado de esquizofrênico, não havia nada (aparentemente) que o pseudopaciente fizesse que pudesse superar o rótulo", Rosenhan observou (p. 4). Rosenhan reproduziu essas observações (veja Greenberg, 1981).

Certas conclusões de Rosenhan são amplamente apoiadas. Os rótulos psiquiátricos persistem e levam profissionais a interpretar mal ou desprezar a conduta apropriada. As enfermeiras viam os escritos dos pseudopacientes como manifestação da doença deles, por exemplo.

O estudo de Rosenhan não mostra que os profissionais são relapsos ou tolos ou antiéticos por não detectar o estado de saúde dos pseudopacientes. Detectar o engano deliberado é diferente de um diagnóstico preciso. No caso de esquizofrenia e outros distúrbios psicóticos, freqüentemente vemos períodos de normalidade, o que aumenta a dificuldade de diagnosticar precisamente.

Rosenhan enfatizou outra lição que merece menção. Os rótulos são enganosos. Eles sugerem ao público leigo e aos especialistas que o comportamento perturbado é compreendido e que tudo está sob controle. Dizer que a executiva júnior (na introdução deste capítulo) está deprimida porque tem um distúrbio distímico soa, aparentemente, como uma explicação. Mas não é; o "distúrbio distímico" é simplesmente um termo usado para descrever um padrão específico de comportamento cuja causa não é conhecida. Rótulos psiquiátricos, em outras palavras, são descrições, e não explicações. Uma vez que o conhecimento de distúrbios mentais é incompleto, a complacência inspirada pelos rótulos — é prematura e potencialmente perigosa.

Alguns psicólogos preocupam-se com possíveis abusos de rótulos psiquiátricos. Questionam se pacientes não-conformistas, excêntricos, rebeldes e críticos sociais — especialmente se pobres e sem poder — podem vir a ser vistos como "doentes", isolados em instituições e tratados contra sua vontade. As pessoas que se opuseram à Revolução Americana foram consideradas íntimas da doença mental chamada *revolutiona*. Considerava-se que os escravos americanos que fugiam dos donos tinham "mania de se esconder".* Embora a violência política pareça remota atualmente, não está fora do âmbito da possibilidade, como mostram as práticas soviéticas (Bloch & Reddaway, 1985).

* N.R.T.: O termo original é *drapetomania* (*drape* significa esconder, cobrir ou ocultar-se).

---

outros, a pessoa usa manobras defensivas para controlar a tensão, e ela não é facilmente evidente. A esquiva é outra característica-chave de neuroses. As pessoas neuróticas tendem a se afastar de situações que estejam ligadas à ansiedade. Esta esquiva limita a liberdade da pessoa, enquanto o sofrimento emocional absorve sua atenção. Com o sofrimento, provavelmente também haja considerável consciência. Uma vez que as pessoas neuróticas são incapazes de romper com esses padrões, a vida delas tende a ser abalada e sofrida, como a da executiva júnior em nossa introdução.

No passado, os clínicos classificavam nove condições diferentes como neuróticas. Os elaboradores do DSM-III duvidavam de que as condições fossem associadas e quiseram evitar conceitos freudianos que não têm sido comprovados; então, descartaram a categoria de neurose e reclassificaram as condições. O DSM-III ainda usa o termo "neurótico" e muitos clínicos continuam a falar em neurose. As condições a seguir, descritas neste capítulo, estavam entre aquelas antes consideradas neuróticas: distúrbio fóbico, distúrbio de pânico, distúrbio obsessivo-compulsivo, amnésia psicogênica e fuga, personalidade múltipla, distúrbio de conversão e distúrbio distímico.

As pessoas cujo pensamento e comportamento são tão perturbados que não conseguem atender às demandas da vida diária têm uma *psicose*. As pessoas psicóticas geralmente são isoladas do mundo e não podem distinguir o que é real do que não é. O temperamento de alguns psicóticos é grandemente deteriorado. Por exemplo, alguns são tão desconfiados ou tão exaltados que não podem ter vida normal. Em alguns casos, as cognições (percepção, memória, raciocínio e/ou habilidades de comunicação) são profundamente desordenadas.

Ao contrário de pessoas neuróticas, que são capazes de atuar bem na comunidade, os psicóticos são freqüentemente incapazes de cuidar de si mesmos. E, diferentemente do neurótico, que é muito consciente de seu problema, o psicótico — pelo menos durante episódios de doença — pode não reconhecer as dificuldades. Antes de entrar em um período psicótico, entretanto, os pacientes podem estar cientes do rompimento iminente e podem tentar várias estratégias para se livrar dos sintomas (Breier & Strauss, 1983). A esquizofrenia e os distúrbios mentais orgânicos — tratados neste capítulo — enquadram-se na categoria psicótica e o distúrbio bipolar freqüentemente pertence a esta categoria.

A palavra "insano", comumente usada (por exemplo, no título do estudo de Rosenhan no Quadro 13.1), tem mais ou menos o mesmo significado que o termo "psicótico". De modo geral, entretanto, profissionais de saúde mental reservam a palavra "insano" para fins legais. As leis criminais supõem que as pessoas atuem como agentes livres e que os infratores tenham feito intencionalmente o que é errado do ponto de vista moral. Isso justifica puni-los. Periodicamente, entretanto, os criminosos parecem ser mentalmente deficientes ou incapazes de distinguir entre o certo e o errado no momento em que cometeram um crime (a definição de *insanidade legal*). Considera-se que esses infratores não têm livre-arbítrio, o qual poderia responsabilizá-los por seu comportamento.

O público leigo vê o conceito de insanidade criminal como amplamente explorado pelos advogados que não podem defender seus clientes de outra forma; mas, de fato, o apelo é acatado em apenas 1% dos crimes sérios (Hans, 1984). A maioria dos profissionais de saúde mental acredita que o conceito precisa ser mantido, mas difere em especificidades (Annon, 1984). A American Psychiatric Association (1983) endossou a posição de que a insanidade e a responsabilidade criminal são conceitos morais legais para os quais os especialistas em saúde mental não têm qualificação para comentar. Embora essa posição permaneça controvertida, há certo consenso nas necessidades do legalmente insano. Eles exigem uma combinação de tratamento e isolamento (Hans, 1984; Rogers *et al.*, 1984).

Conceituando o Comportamento Desajustado

Agora, chegamos à natureza do comportamento desajustado, o enigma com o qual começamos. O que é responsável pelos distúrbios emocionais? Na Antigüidade, os gregos e romanos acreditavam que espíritos maus entravam em certas pessoas, "possuíam-nas" e as deixavam loucas. Nossos ancestrais na Idade Média também mantinham essa crença. Um homem esclarecido como o teólogo alemão Martinho Lutero (1483-1546) escreveu: "Em casos de melancolia [...] concluo que é meramente o trabalho do diabo [...]. Em relação àqueles que [o diabo] possui corporalmente como pessoas loucas, ele tem permissão de Deus para vexar e agitar, mas não o poder sobre a alma dele".

Cerca de 100 anos atrás, a hipótese sobrenatural foi substituída pela noção de que as forças naturais causam problemas emocionais. Emil Kraepelin (1856-1926), psiquiatra alemão que estudou psicologia com Wilhelm Wundt (veja a p. 10), foi o responsável. Não demorou muito para Kraepelin notar que certos sintomas mentais ocorriam simultaneamente em vários pacientes. Ele concluiu que cada grupo representava uma doença distinta, à semelhança de sarampo e catapora. Kraepelin acreditava que cada "doença mental" tinha uma causa fisiológica que finalmente seria descoberta.

Modelos Médicos

A terminologia médica é freqüentemente usada hoje para descrever problemas psicológicos. Nas palavras do psicólogo Brendan Maher (1966, p. 22): "O comportamento anormal é denominado *patológico* e classificado com base em *sintomas*, classificação que está sendo chamada de *diagnóstico*. Os processos destinados a mudar o comportamento são chamados *terapias* e aplicados a pacientes em *hospitais mentais*. Se o comportamento desviado cessa, o paciente é descrito como *curado*".

Muitos profissionais de saúde mental adotam um *modelo médico* de comportamento anormal. Como Kraepelin, alguns acreditam que os distúrbios mentais são condições médicas específicas para as quais finalmente serão descobertas causas biológicas. Em um número relativamente pequeno de casos, sabe-se que infecções, deficiências nutricionais, defeitos genéticos, complicações de nascimento, desequilíbrios hormonais ou agentes bacteriológicos ou virais provocam o comportamento desviado. Um segundo tipo de modelo médico é mais difundido. Diz que os distúrbios emocionais *lembram apenas parcialmente* moléstias físicas e podem ter uma causa psicológica. Ambos os modelos médicos fazem estas suposições:

1 Os distúrbios psicológicos lembram doenças. Consistem de grupos de sintomas *qualitativamente* diferentes do comportamento normal. Além disso, cada tipo de problema mental é considerado como tendo uma causa específica, como um agente físico, um conflito ou um trauma.

2 O especialista precisa identificar, tratar e curar as causas subjacentes.

3 O paciente é visto essencialmente como um receptor passivo de tratamento. A responsabilidade primária dele ou dela é seguir as orientações do especialista.

Modelos Psicológicos

Thomas Szasz (1961, 1983) é um crítico líder do modelo médico. Em suas palavras (1961, p. 296): "A doença mental é um mito. (Profissionais de saúde mental) não se preocupam com doenças mentais e seu tratamento. Na prática, eles lidam com problemas pessoais, sociais e éticos da vida". Poucos clínicos rejeitam o modelo médico tão completamente quanto Szasz. Mas muitos acreditam que os modelos médicos freqüentemente impedem o entendimento e o tratamento de problemas mentais. Alguns desses críticos adotam um *modelo psicológico*, o qual parte dos seguintes pressupostos:

1 O comportamento anormal difere apenas quantitativamente do comportamento normal. É modelado precisamente pelos mesmos fatores que modelam a conduta normal: biologia e experiência.

Além disso, essencialmente os mesmos sintomas podem surgir de diversas formas. (Casualmente, muitas condições médicas seguem o que estamos chamando de modelo psicológico. A doença cardíaca e a hipertensão essencial, por exemplo, parecem ser causadas por uma predisposição genética em combinação com agentes irritantes, como fumo, estresse, inatividade e dieta.) (Veja o Capítulo 9.)

2 O tratamento não pode curar distúrbios mentais da mesma forma que os médicos podem curar sarampo ou pneumonia. Em vez disso, terapias psicológicas fornecem experiências reeducativas e medicações que ajudam as pessoas a adquirir controle sobre os próprios problemas e vida.

3 O envolvimento ativo do paciente no tratamento é essencial. Este precisa aprender a lidar produtivamente com problemas.

Modelo Médico *versus* Psicológico

Alguns clínicos adotam um modelo e rejeitam outro. Outros combinam aspectos de cada modelo. Um pode acreditar que há diferenças qualitativas entre normalidade e anormalidade mental (modelo médico) e que o tratamento objetiva a instrução (modelo psicológico), por exemplo. Ainda outros não vêem contradição no uso de ambos os modelos; eles acham que o distúrbio X enquadra-se mais perfeitamente no modelo psicológico e o distúrbio Y, no modelo médico.

Enquanto discutimos tipos específicos de comportamento desajustado neste capítulo, examinaremos as principais descobertas sobre as causas. Também examinaremos as explicações psicanalítica e behaviorista (veja o Capítulo 12). Embora a correspondência seja grosseira, a visão psicanalítica aproxima-se do modelo médico e a perspectiva behaviorista, do modelo psicológico.

Distinguindo Explicações Orgânicas de Psicológicas

Isaac Newton — o brilhante matemático britânico, físico e filósofo que formulou as leis da gravidade — sofreu um colapso mental em 1692. Ele passou a sofrer de insônia, má digestão, depressão e acreditava estar sendo perseguido. No fim, isolou-se das pessoas. Escrever cartas irracionais a velhos amigos tornou-se seu principal contato social.

Os estudiosos com inclinação para investigação histórica têm tentado estabelecer as origens do distúrbio de Newton. Biógrafos atribuíram suas dificuldades a diversas causas: à morte da mãe, ao estresse sofrido quando escrevia os P*rincipia mathematica* (*Princípios matemáticos da filosofia natural*) e a um incêndio que destruiu tanto seu laboratório quanto valiosos manuscritos. A época em que todos esses eventos ocorreram — anos antes do colapso — é controvertida.

Uma hipótese alternativa plausível foi sugerida por dois grupos independentes de investigadores (Johnson & Wolbarsht, 1979; Spargo & Pounds, 1979). Eles argumentam que Newton foi envenenado com metais que usava em experimentos. Ao aquecer freqüentemente substâncias em grandes recipientes abertos, em fornalhas e sobre velas, ele se expunha continuamente a vapores tóxicos. Ele também ingeria os produtos de suas investigações e lidava com eles freqüentemente. Os metais em questão — chumbo, arsênio, antimônio e mercúrio — podem ser absorvidos pela pele. Além disso, a tinta vermelho-escura, contendo sulfato de mercúrio, era aplicada largamente em suas acomodações em Londres, na época em que seus problemas apareceram.

A hipótese química é difícil de provar, mas é mais do que uma vaga especulação. Análises de quatro amostras restantes dos cabelos de Newton mostraram concentrações incomumente altas de chumbo, antimônio e mercúrio (Spargo & Pounds, 1979). Uma explicação que envolve vários fatores também é atraente. Talvez tenha sido o acúmulo de agentes estressantes psicológicos e as toxinas que causaram o colapso de Newton.

As dificuldades em diagnosticar o problema de Newton destacam uma questão importante que está se tornando cada vez mais evidente. É muito difícil distinguir entre origens psicológicas e físicas do comportamento anormal. Por que deveria ser assim?

Sintomas Similares

Você poderia pensar que problemas "físicos" e "psicológicos" produzem sintomas distintamente diferentes. Mas esse não é necessariamente o caso. Considere, por exemplo, os *distúrbios mentais orgânicos*. Resultantes de vários tipos de lesão cerebral, eles podem ser desencadeados por inúmeras condições: infecções (sífilis), traumas (fraturas de crânio), deficiências nutricionais (pelagra), doenças cerebrovasculares (arteriosclerose, hemorragia cerebral), tumores, doenças degenerativas (demências do tipo Alzheimer, coréia de Huntington), toxinas (chumbo) e disfunções endócrinas (hipotireoidismo).

Embora todo distúrbio mental orgânico tenha características exclusivas, vemos alguns sintomas comuns. A orientação é prejudicada; ou seja, as pessoas não sabem quem são, onde estão, que horas são e outros dados. Mostram lapsos de memória (principalmente sobre eventos recentes) e outros sinais de deterioração intelectual: dificuldade em planejamento, raciocínio ou comunicação. Exibem reações emocionais incomuns. Às vezes, os sentimentos são embotados (insensibilidade); às vezes, o humor é instável e muda imprevisivelmente.

Vemos alguns desses sintomas em distúrbios que rodeiam a ansiedade e a tristeza.

Lapsos de memória, por exemplo, podem ser desencadeados por estresse. Sentimentos embotados e deterioração intelectual podem acompanhar depressões. Nos mais velhos, de fato, a depressão é confundida tão freqüentemente com distúrbios mentais orgânicos que às vezes é chamada de *pseudodemência* (veja o Quadro 11.2: "Demência nos Idosos").

Vamos examinar dois outros distúrbios que sugerem que problemas orgânicos e emocionais podem parecer idênticos. No prolapso da válvula mitral, esta válvula periodicamente apresenta mal funcionamento e interfere na circulação. Ao fazer isso, causa sintomas que lembram um *ataque de ansiedade*: tontura, calor e calafrios, sudorese, desmaio, tremor e medo de morrer (Crowe *et al.*, 1980). De modo semelhante, *a falta de hormônio da tireóide* pode causar *depressão* e *fadiga* (Gold, 1985).

Interconexão do Físico e do Psicológico

Uma razão primária para o problema em distinguir causas "físicas" de "psicológicas" no comportamento desajustado é a natureza mista de sintomas e causas. Os chamados problemas emocionais geralmente incorporam pelo menos alguns sintomas físicos. As pessoas que estão muito ansiosas, por exemplo, mostram sinais de que o respectivo sistema nervoso autônomo está altamente excitado: tremor, tensão muscular e problemas gastrintestinais. O tipo de depressão que aparece depois de uma morte ou perda é ligado a sintomas físicos, como perda de apetite e insônia.

Do mesmo modo, sintomas psicológicos freqüentemente acompanham distúrbios físicos. De fato, alguns problemas médicos começam com manifestações comportamentais, e a causa orgânica só pode ser diagnosticada precisamente bem mais tarde. As demências do tipo Alzheimer (veja a página 493) são uma boa ilustração.

A interligação do orgânico e do emocional é vista como *causa* do comportamento desajustado e também dos sintomas. A condição de uma pessoa com um distúrbio cerebral — algo físico — será agravada pelo estresse — algo psicológico. Da mesma forma, o conteúdo preciso de ilusões e alucinações durante um distúrbio cerebral é determinado, em parte, pela personalidade e pelas preocupações da vítima. Mais uma ilustração: as pessoas com câncer ou doença cardíaca às vezes experimentam depressão e ansiedade em decorrência de suas preocupações com a doença.

Com problemas emocionais, também, as causas físicas são inter-relacionadas com as psicológicas. Freqüentemente, as predisposições genéticas inclinam as pessoas a síndromes de desajustamento conhecidas por *distúrbios funcionais*, problemas psicológicos que não são conhecidos como tendo base física. Mais adiante descreveremos dados de pesquisa, sugerindo que os genes contribuem para problemas relacionados com ansiedade, depressão, distúrbios bipolares, esquizofrenia, personalidade anti-social e alcoolismo.

A idéia de que tanto a vulnerabilidade quanto o estresse podem contribuir com um distúrbio é conhecida por hipótese *diátese-estresse*. A diátese é a predisposição ou vulnerabilidade que pode originar-se de influências como hereditariedade, lesões ou experiências no início da pré-adolescência. As pessoas, então, têm um colapso quando confrontadas com agentes estressantes. No Capítulo 11, vimos que o modelo diátese-estresse aplica-se a moléstias físicas como hipertensão e doença cardíaca.

Conhecimento Incompleto

Há outra razão pela qual é fácil confundir causas "psicológicas" e "físicas" do comportamento desajustado. Nossa compreensão de uma série de mecanismos médicos e psicológicos que produz comportamento desajustado é primitiva.

Uma causa importante de problemas psicológicos que os cientistas estão apenas começando a aprender são as toxinas químicas (E. S. Davis, 1985; Fein *et al.*, 1983; Johnson & Anger, 1982; Turiel, 1985; Weiss, 1983). Nos capítulos anteriores, mencionamos que 800.000 produtos químicos foram introduzidos nos Estados Unidos desde 1940 e que 60.000 substâncias químicas são amplamente utilizadas em produtos como pesticidas, drogas e excipientes, aditivos de alimentos, cosméticos, tintas, acabamentos para móveis, material de construção, fibras sintéticas e produtos de limpeza. Os lares parecem estar muito mais poluídos que o ambiente externo (Wallace *et al.*, 1985). As propriedades cancerígenas de aproximadamente 2% das substâncias químicas indutoras de tumores são bem conhecidas (National Research Council, 1984). Mas os cientistas sabem muito pouco de quaisquer efeitos comportamentais. As formas pelas quais os produtos químicos chamados *neurotoxinas* agem no sistema nervoso são difíceis de detectar. Mesmo doses minúsculas antes consideradas seguras podem causar uma variedade de problemas que parecem ser originados por estresse psicológico.

As neurotoxinas produzem sintomas que se desenvolvem lentamente durante semanas ou mesmo meses ou anos. Às vezes são neuromusculares por natureza: tremores, problemas de coordenação, paralisia, impotência. Às vezes afetam os sentidos. Uma vítima poderia sentir dor ou dormência; deficiência da visão, audição, tato ou olfato. Também comuns são as perdas cognitivas: funcionamento intelectual diminuído, problemas de memória e dificuldade de concentração. Excessos emocionais, como depressão, ansiedade e irritabilidade são observados. Além disso, as vítimas envenenadas por neurotoxinas podem exibir os sintomas bizarros de psicose (ilusões, alucinações, isolamento, dificuldade para raciocinar e outros).

Apenas algumas dúzias de neurotoxinas foram pesquisadas até agora. Entre aquelas consideradas perigosas estão os gases anestésicos (usados em cirurgias), solventes e combustíveis como dissulfeto de carbono (para fabricação de raiom e celofane), metais como chumbo (muito comum em ambientes de mineradores, coletores de pedágio, soldadores, fundidores e de pessoas que trabalham com eletrônicos e baterias), poluidores do ar como monóxido de carbono (um ingrediente importante na fumaça de cigarro e no escapamento dos automóveis) e pesticidas como brometo de metilo. (Veja a Figura 13.2.)

Outra fonte recentemente descoberta de sintomas psicológicos são as alergias (Crayton, 1985; Klein, 1985; Strickland, 1979). David King (1981) estudou as reações de 30 pessoas a alimentos co-

FIGURA 13.2 Mais de 20 milhões de pessoas nos Estados Unidos trabalham com substâncias químicas que são conhecidas por seus efeitos neurotóxicos. Esse operário de fábrica parisiense está pintando carro com *spray*. A tinta contém inúmeras substâncias tóxicas, incluindo metais como chumbo, mercúrio ou cádmio, e solventes como o tolueno, os quais facilitam a aplicação da tinta. Exposições regulares a tintas solventes têm sido associadas à diminuição do desempenho intelectual e dificuldades de memória, problemas em coordenação, fadiga, fraqueza muscular, confusão, instabilidade emocional e conduta bizarra característica de psicose (Turiel, 1985; Weiss, 1983). Além dos efeitos no sistema nervoso, há lesão dos rins e fígado. Infelizmente, os pesquisadores estão descobrindo que as neurotoxinas são prejudiciais, mesmo em microdoses antes consideradas seguras e encontradas comumente em locais de trabalho "limpos". (Guy Le Querrec/Magnum.)

muns e a fumaça de cigarro, cloro, fumaça de automóveis e bolor. O experimento foi duplo-cego (veja a p. 30). Isto significa que nem o experimentador nem o paciente sabiam quando um alergênico ou um placebo eram apresentados. Nas tentativas com alergênicos, os pacientes apresentaram um número significativamente maior de reações como: "sentir-se fora de si", "confusão mental", "raiva de qualquer objeto", "incapacidade de concentração", "perda de motivação", "sentir-se drogado". Mesmo alguma coisa tão inofensiva quanto o açúcar refinado pode estar associada a comportamento desajustado, hiperatividade e agressão em algumas crianças (Prinz et al., 1980).

Às vezes, as descobertas médicas mudam a concepção dos problemas. Inúmeros distúrbios considerados psicológicos em uma época posteriormente demonstraram ter base orgânica. Fortes dores pré-menstruais ou menstruais fornecem uma boa ilustração. Em uma determinada época, pensava-se que as mulheres que se queixavam dessas dores tinham conflitos de feminilidade ou de sexualidade e convertiam o sofrimento psicológico em um problema médico. A pesquisa tem mostrado que as dores menstruais estão relacionadas com níveis mais elevados que o normal — talvez quatro vezes mais altos — de certas *prostaglandinas*. As drogas que inibem a formação dessas substâncias parecidas com hormônios com freqüência aliviam consideravelmente a dor (Budoff, 1984).

Implicações Práticas

Se é tão complicado isolar as causas físicas e psicológicas de um comportamento anormal, é provável que seja muito difícil diagnosticar pacientes. De fato, há razões para acreditar que os profissionais na área de saúde em geral diagnostiquem erroneamente seus pacientes (Hoffman, 1982; L. G. Kessler et al., 1985). Quando Robert Hoffman realizou exames rigorosos em 215 pacientes admitidos consecutivamente em um hospital de San Francisco, verificou que 41% dos diagnósticos originais estavam errados. Freqüentemente, condições físicas — como envenenamento por droga — eram vistas como de origem psicológica. Ainda com maior freqüência, síndromes tratáveis, como depressão, eram confundidas com distúrbios cerebrais irreversíveis. Diagnósticos falhos podem privar pacientes de tratamento que possam ajudá-los substancialmente.

Mesmo quando um diagnóstico primário está correto, é fácil para profissionais de saúde mental desconsiderar distúrbios médicos que estão contribuindo para o sofrimento de um indivíduo (Beresford, 1985; Hoffman & Koran, 1984). A. W. Burke (1982) revisou a bibliografia de pesquisa para dar sustentação à sua alegação de que 50% dos pacientes psiquiátricos têm problemas físicos de origem orgânica. Infelizmente, essas condições orgânicas em geral passam sem ser detectadas ou tratadas, uma vez que se acredita que os pacientes estão sofrendo de problemas emocionais.

Incidência do Comportamento Desajustado

O comportamento desajustado é comum? Em 1979, o National Institute of Mental Health (NIMH) deu início ao maior e mais sistemático estudo de entrevistas sobre problemas psiquiátricos nos Estados Unidos, abrangendo 20.000 lares em 5 cidades (Regier et al., 1984). Os pesquisadores do NIMH verificaram que 19% dos adultos sofriam de pelo menos um distúrbio mental, conforme definido no DSM-III, em um período de seis meses. Outras investigações descobriram incidências estatísticas coincidentes: 25% das pessoas nos Estados Unidos mostravam comprometimento psicológico substancial (Schwab et al., 1979; Srole & Fischer, 1980; Weissman et al., 1978).

O estudo do NIMH sugere que homens e mulheres têm índices comparáveis de comportamento desajustado. Os homens, entretanto, têm uma probabilidade muito maior do que as mulheres de abusar de drogas ou álcool e de se engajar em crimes. As mulheres são mais inclinadas a diagnósticos de depressão e relatam muito mais fobias.

A condição mental das pessoas é influenciada por diversos fatores:

1 *Idade*. No estudo do NIMH, a juventude parece ser problemática. Os índices mais altos da maioria dos distúrbios psiquiátricos (principalmente distúrbios por uso de substâncias) são encontrados entre os jovens.

2 *Segurança financeira*. As pessoas que recebem assistência médica do governo têm de duas a três vezes mais probabilidade de ter problemas mentais, em comparação com indivíduos mais abastados, provavelmente porque pessoas em situação financeira precária têm menos amigos para as apoiar e menor auto-estima e são menos ativas para lidar com a situação (R. C. Kessler et al., 1985). (Veja também o Capítulo 9.)

3 *Zona rural*. As descobertas do estudo do NIMH são consistentes com a idéia de que as cidades são emocionalmente menos saudáveis que as áreas rurais (Blazer et al., 1985). Os habitantes da zona urbana apresentam índices ligeiramente mais elevados de distúrbios (principalmente depressão e problemas com drogas) que aqueles que vivem na zona rural.

4 *Nível de escolaridade*. Os indivíduos com curso superior apresentam índices ligeiramente inferiores de problemas que aqueles com nível de escolaridade inferior.

Os americanos apresentam mais patologia que outras pessoas? A incidência de 20% a 25% também é pertinente a muitas outras culturas (Eron & Peterson, 1982). O que parece diferir de um país para outro são as maneiras pelas quais as pessoas mostram seus problemas e a maneira pela qual é feito o diagnóstico.

Agora, trataremos de tipos específicos de comportamento desajustado.

DISTÚRBIOS AFETIVOS

Os *distúrbios afetivos* são caracterizados por problemas de humor: tristeza excessiva ou seu oposto, excitação e alegria frenéticas. Em qualquer período de seis meses, de 5% a 6% dos adultos americanos mostrarão sinais de um desses problemas (Regier et al., 1984).

Depressões

Todos se sentem infelizes às vezes. A depressão é um estado mais intenso e persistente. Durante a *depressão profunda*, as pessoas sentem-se desesperançosas e desanimadas e o tempo custa a passar. Entes queridos, comida, sexo, *hobbies*, trabalho e recreação, tudo parece desinteressante. Como conseqüência, talvez, as pessoas deprimidas isolam-se dos outros, negligenciando deveres e responsabilidades. Algumas são passivas e letárgicas, outras são inquietas e agitadas. As conversas de depressivos sugerem que eles se sentem críticos de si mesmos e são atormentados pela culpa, irritáveis, incapazes de controlar a própria vida. Fazem muitas pausas quando falam e centram-se indevidamente em si mesmos (Strack *et al.*, 1985; Weintraub, 1981). Lembram-se menos e têm dificuldade de aprender novos conteúdos (Ellis *et al.*, 1985; Wessels, 1982). A esse estado de sofrimento acrescenta-se um risco maior de doenças, uma vez que as funções imunológicas são menos eficazes durante a depressão do que ordinariamente (Maier & Laudenslager, 1985; Schleifer *et al.*, 1984, 1985). O caso do Sr. J. ilustra algumas dessas características (Davidson & Neale, 1982, p. 231).

O Sr. J., engenheiro industrial, aos 51 anos de idade — desde a morte da esposa cinco anos antes — sofria de contínuos episódios de depressão marcados por isolamento social extremo e pensamentos ocasionais de suicídio. A esposa morrera em um acidente de automóvel durante uma viagem para fazer compras, as quais ele mesmo deveria ter feito, mas cancelara em virtude de responsabilidades profissionais. Ele se culpava pela morte da esposa. Isto ficou evidente imediatamente depois do funeral e foi considerado transitório por amigos e parentes.. Todavia, essa condição acentuou-se com o passar dos meses e anos. Ele começou a beber, às vezes exageradamente, e quando totalmente embriagado implorava perdão à sua falecida esposa. Perdeu toda a capacidade de alegria — os amigos não conseguiam se lembrar da última vez em que o viram sorrir. Andava geralmente com dificuldade e lentidão, a voz era chorosa e a postura, curvada. Antes era um gourmet, mas perdera o interesse pela comida, pelo bom vinho e por aquelas raras ocasiões em que os amigos convidavam-no para jantar. Esse homem, antes urbano, vivaz, mal podia se engajar em uma conversa breve. Como era esperado, seu nível de trabalho deteriorou-se marcadamente, bem como sua condição psicológica. Esquecia-se de compromissos e os projetos, iniciados ao acaso, ficavam sem conclusão [...]. Não muito depois (após ser encaminhado para tratamento), ele saiu da desesperança e começou a sentir seu antigo self novamente..

Às vezes, as pessoas com depressão profunda mostram sintomas psicóticos. Podem ter *alucinações* e experiências sensoriais sem base na realidade. Podem ouvir vozes acusando-as de maus pensamentos, por exemplo. Podem também ter *ilusões*, crenças altamente irracionais. Por exemplo, um homem com ilusão pode acreditar que o próprio corpo está apodrecendo.

O termo *distúrbio distímico* (antes "depressão neurótica") é reservado para um distúrbio de humor caracterizado por desânimo crônico menos intenso que a depressão profunda. ("Dis" refere-se à mau estado ou dificuldade; "tímico" significa espirituoso.) A pessoa com esse distúrbio, como a executiva júnior na introdução a este capítulo, parece desinteressada pela maioria das atividades e sente pouco prazer na vida. Outros sintomas depressivos em versões mais moderadas — fadiga, pessimismo, baixa auto-estima, ansiedades, insônia, culpa e irritabilidade — podem estar presentes. Os distímicos tendem a levar uma vida razoavelmente normal; são capazes de trabalhar e manter uma família, por exemplo.

As depressões não seguem um curso comum (Akiskal, 1983). Algumas depressões lembram uma volta em uma montanha-russa, com vales alternando-se com picos normais ou quase normais. Outras são mais constantes (Keller *et al.*, 1984). As pessoas com "*dupla depressão*" (Keller & Shapiro, 1982) foram distímicas a maior parte da vida. Cronicamente insatisfeitas e descontentes, elas sucumbem periodicamente a depressões profundas, quando confrontadas por estresse extraordinário. A recuperação de depressão aguda é provável, mas o distúrbio distímico subjacente permanece.

Algumas depressões desaparecem com o tempo, mesmo sem tratamento, enquanto outras (um caso em cada cinco em um estudo) persistem, em virtude de o paciente não conseguir responder a terapias-padrão. As pessoas que se recuperam de depressões profundas tendem a fazê-lo nos primeiros meses de tratamento (Keller *et al.*, 1984). Entretanto, as depressões que finalmente se tornam menos intensas podem durar dois anos ou muito mais (Garrison & Earls, 1984; Keller *et al.*, 1984). Os estresses intensificam e prolongam as depressões (Akiskal, 1983).

Episódios Maníacos
Os *episódios maníacos* são o oposto dos depressivos no tom emocional. Aparentando ser incomumente alegres (exuberantes ou mesmo eufóricos) e infinitamente cheios de energia, os indivíduos maníacos estão quase sempre em movimento. Ansiam por ficar junto às pessoas e poucos projetos lhes parecem grandiosos demais para serem realizados, pois têm autoconfiança e otimismo extraordinários. Quanto à realização, os maníacos raramente conseguem muita coisa, uma vez que se distraem com facilidade e a mente muda de um tópico para outro.

Embora os episódios maníacos possam ser agradáveis para a vítima, apresentam uma longa lista de aspectos problemáticos. De um minuto para outro, os maníacos podem ir de um estado de êxtase à irritação, braveza e violência (se contrariados). Freqüentemente se mostram paranóides, preocupados com a idéia de que os outros vão barrá-los. Em alguns casos, eles estão certos, uma vez que os parentes e amigos provavelmente se preocupam com as idéias não realistas, os grandiosos esquemas (freqüentemente de riqueza, fama, ou poder) e/ou o comportamento impulsivo ou infantil que lhes são característicos. Os maníacos podem sair para compras estranhas, candidatar-se repetidamente a empregos inadequados, engajar-se promiscuamente em sexo, urinar ou defecar ou expor os genitais em público, dar dinheiro ou conselhos a estranhos que passam por ele e vestir-se de maneira excêntrica (veja a Figura 13.3). A fala durante um episódio maníaco é distintamente alta, rápida e teatral. Piadas e frases com duplo sentido são freqüentes. O seguinte diálogo entre um paciente maníaco e um terapeuta ilustra alguns aspectos-chave (Davidson & Neale, 1982, p. 232.):

Terapeuta   *Você parece muito alegre hoje.*

Cliente   *Alegre! Alegre! Você não é nada eloqüente, seu velhaco. (Gritava; literalmente pulava do assento.) Porque eu sou elétrico. Estou saindo para a costa oeste hoje, na bicicleta de minha filha. Apenas 5.000 quilômetros. Isso não é nada, entende. Eu provavelmente poderia andar, mas quero chegar lá na próxima semana. E no caminho planejo inspecionar minhas invenções do mês passado, entende, parando em fábricas grandes pelo caminho, almoçando com os executivos, talvez conhecendo-os um pouco — quer dizer, doutor, "conhecer" no sentido bíblico (olhava de soslaio, sedutoramente para o terapeuta). Ah, Deus, como é bom. É quase como um orgasmo sem fim..*

Distúrbios Bipolares

Todos têm altos e baixos, mas o indivíduo com *distúrbio bipolar* (antes denominado psicose maníacodepressiva) sofre tanto de depressão quanto de episódios maníacos. ("Bi" significa dois e "polar" refere-se aos dois estados afetivos opostos. O termo *depressão unipolar* caracteriza depressões que ocorrem sozinhas.) O episódio inicial de distúrbios bipolares é freqüentemente maníaco e pode ser marcado por violência, crime, uso excessivo de álcool, ou desavença familiar. Quase invariavelmente seguem-se ataques depressivos (Abrams, 1974). Os baixos do distúrbio bipolar tendem a ser mais curtos, ainda que mais severos e debilitantes, e mais fortemente ligados a suicídio do que as depressões unipolares (Depue & Monroe, 1978).

FIGURA 13.3   Os trajes bizarros, os modos expansivos e a aparente alegria deste homem são característicos de pessoas em surtos maníacos. Alguns esquizofrênicos mostram os mesmos traços. (Ronald S. Goor/Black Star.)

Assim como há uma versão moderada de depressão profunda, há uma versão moderada de distúrbio bipolar. O *distúrbio ciclotímico* ("ciclo" refere-se à sua natureza cíclica) é caracterizado por um padrão crônico de alterações do humor mais severas do que o normal. Durante os períodos de depressão, as pessoas sentem-se inadequadas e isoladas, incapazes de sentir prazer e desinteressadas no que está ocorrendo à sua volta. Dormem demais, têm dificuldade de se concentrar e realizam pouco no trabalho. Os períodos maníacos são caracterizados pelo oposto: auto-estima inflada, contatos sociais intensos e produtividade aumentada, freqüentemente acompanhados por períodos de trabalho longos demais, pouca necessidade de sono e sentimentos aumentados de criatividade. Há evidência de que os ciclotímicos têm elevado risco de desenvolver distúrbio bipolar ou depressão profunda e também de cometer suicídio (Akiskal et al., 1977; Klein & Depue, 1984).

O curso do distúrbio bipolar é variado, com os mesmos padrões nas versões fraca (ciclotímica) e forte (bipolar). O número de episódios depressivos e maníacos varia muito. Os episódios depressivos são mais comuns que os maníacos. O humor pode mudar muitas vezes por dia, uma vez por dia, em um período de dias ou em intervalos muito mais longos (de semanas, meses ou anos). Ou os humores depressivos e maníacos podem estar misturados. Outro padrão comum é sofrer algumas crises no início da vida adulta e, de novo, com maior força, posteriormente. Com freqüência, há períodos razoavelmente normais que duram meses ou mesmo anos, separando episódios únicos ou grupos de episódios. Antes de medicamentos eficazes terem sido descobertos, as crises maníacas podiam durar cerca de três meses, mas variavam de horas (ou menos) a anos — as depressões, em média, duravam um tempo maior. Hoje, apesar do amplo uso de medicamentos em geral eficazes (veja o Capítulo 14), mais ou menos um em cada três pacientes mostra um prejuízo social severo e crônico (Carlson et al., 1974).

Ciclos rápidos de episódios maníacos e depressivos (diários, semanais, mensais) estão associados com um prognóstico pior (Keller et al., 1985).

Causas de Distúrbios Afetivos

Há um número enorme de pesquisas sobre as origens dos distúrbios afetivos, especialmente depressões. H. S. Akiskal e W. T. McKinney (1975; com Whybrow, 1984) integraram as teorias e descobertas em um modelo abrangente retratado na Figura 13.4. Este modelo é uma versão mais complicada do modelo diátese-estresse (veja a p. 551). Ele supõe que eventos genéticos e/ou relativos do desenvolvimento (diátese) possam criar predisposições a distúrbios afetivos. Estressores de natureza social, psicológica ou biológica também podem contribuir. Trabalhando isoladamente ou interagindo em combinações, diáteses e estresses variados mudam a química do cérebro, bloqueando a capacidade de um indivíduo de se sentir feliz (sentir recompensa), o cerne de uma depressão.

O modelo Akiskal-McKinney acomoda inúmeros fatos. As pessoas que desenvolvem distúrbios afetivos mostram antecedentes variados. Existem múltiplas bases bioquímicas, e fatores vivenciais (psicossociais), biológicos ou genéticos podem ser

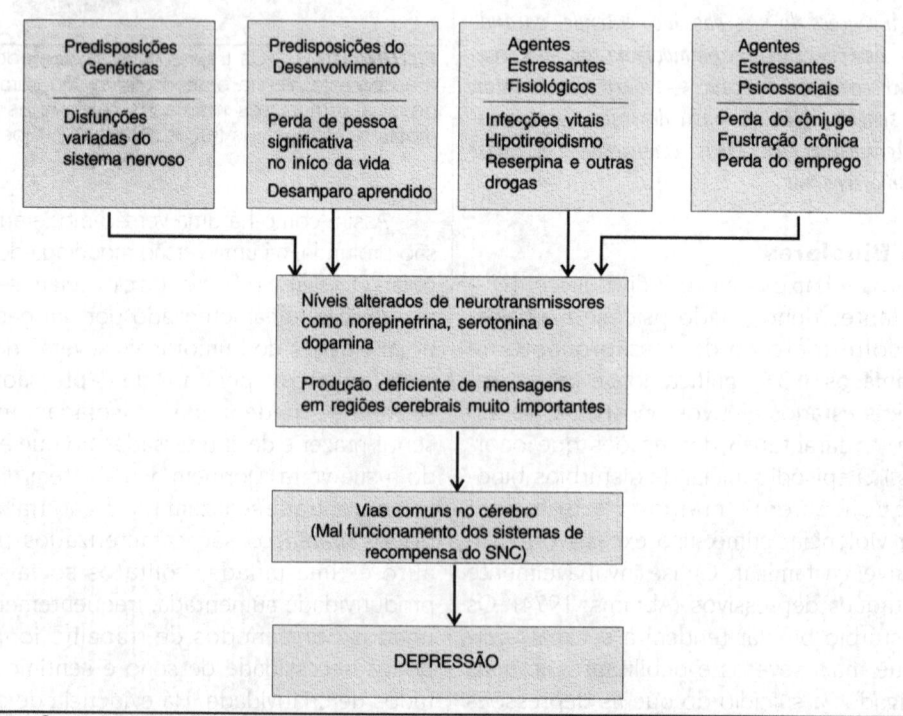

FIGURA 13.4 O modelo de Akiskal-McKinney de diátese-estresse de depressão.

dominantes. Este modelo poderá revelar-se falho no cômputo terminal, mas o modelo final provavelmente será semelhante a ele. Além disso, o mesmo modelo despojado dos particulares (estressores específicos, condições médicas, experiências passadas e detalhes psicológicos) provavelmente se aplique a muitas outras formas de comportamento desajustado. Agora voltamo-nos para o modelo Akiskal-McKinney de depressão, em busca de evidências.

Agentes Estressantes Fisiológicos

Doença e distúrbios médicos, toxinas, drogas e alimentos podem alterar a química do cérebro e induzir a depressão. Aqui estão apenas alguns exemplos: o hipotireoidismo limítrofe (hormônio tireóideo insuficiente) pode ser sinalizado inicialmente por depressão e fadiga (Gold, 1985). Outra causa médica de depressões às vezes incapacitantes reside no que são consideradas respostas hormonais a dias mais curtos e menos iluminados, que ocorrem durante os meses de inverno no extremo norte (Rosenthal et al., 1984, 1985). As assim chamadas *depressões de inverno* podem ser controladas freqüentemente, expandindo-se a exposição total da pessoa a fontes artificiais de luz. Um vírus raro tem sido observado em pequena porcentagem de casos bipolares (Amsterdam et al., 1985); e traumas na cabeça podem produzir sintomas bipolares (Shukla et al., 1985). Alergias a alimentos e produtos químicos e toxinas como chumbo têm sido relacionadas com depressão (Dickey, 1976; King, 1981; Schottenfeld & Cullen, 1984). Igualmente, bebidas contendo cafeína podem piorar o humor (Veleber & Templar, 1984). De fato, quaisquer substâncias que diminuem os neurotransmissores norepinefrina e serotonina tendem a produzir reações depressivas; aquelas que aumentam a concentração tendem a elevar o humor (Baldessarini, 1985). Nota: Cuidado com depressões devidas a causas físicas, pois "parecem" iguais àquelas devidas a causas psicossociais (Casper et al., 1985).

Agentes Estressantes Psicossociais

A perda é considerada um fator importante em muitas depressões. Sigmund Freud acreditava que a gratificação em demasia ou a falta dela durante o período oral produz um indivíduo dependente oralmente. A depressão vem mais tarde, Freud supunha, depois de uma perda pessoal envolvendo alguém de quem o depressivo dependia. A perda pode ser *real* (uma morte ou divórcio) ou *simbólica* (rejeição). A ira voltada para outra pessoa leva à culpa, ansiedade e, possivelmente, ao medo ou à retaliação; a ira é voltada contra a própria pessoa e, neste caso, parece ser o cerne da depressão, conforme acreditava Freud.

Os psicólogos behavioristas também enfatizam perdas. Uma teoria behaviorista diz que as depressões ocorrem quando reforçamentos usuais são retirados de repente (Lewinsohn et al., 1979). Neste contexto, os reforçamentos referem-se a alegrias, como esposa compreensiva, emprego gratificante e sucesso financeiro. As pessoas respondem a perdas com tristeza e morosidade. É pouco provável que esforços insuficientes produzam resultados satisfatórios, o que perpetua a melancolia e aumenta a probabilidade de que os indivíduos se esforcem ainda menos. Além disso, muitas pessoas não deprimidas acharão desagradável conversar com pessoas deprimidas e podem evitar muitas interações. Provavelmente, as interações que ocorrem são tensas e hostis (Coyne et al., 1985). Pessoas íntimas que têm contato contínuo com depressivos podem se tornar ligeiramente deprimidas, como resultado da exposição prolongada (Howes et al., 1985). Assim, a pessoa deprimida tem menos encontros positivos. Ao mesmo tempo, a solidariedade e atenção aos sintomas, ambas prováveis, podem reforçar o comportamento desajustado.

As pesquisas apóiam a idéia de que os estresses de todos os tipos freqüentemente precedem (e talvez desencadeiem) depressões (Billings & Moos, 1985; Brown & Harris, 1978; Guttentag et al., 1980; Kazdin et al., 1985; O'Hara et al., 1984; Revicki & May, 1985). Há ainda evidências para a noção de que os estresses podem intensificar e prolongar uma depressão em processo (Billings & Moos, 1985; Shaw, 1982). Entre as experiências consideradas como tendo potencial especial para levar à depressão estão as perdas pessoais (Brown & Harris, 1978), acúmulo de trabalho desinteressante sem apoio social (Oakley, 1980), e eventos que negam sentimentos de controle sobre a vida (Jan-off-Bulman & Golden, 1984).

Mesmo perdas momentâneas, como a morte da esposa ou pai/mãe amados, nem sempre estão associadas a uma depressão clínica, embora estejam ligadas a uma tristeza e a um sofrimento que podem se arrastar por dez anos ou mais em um número significativo de pessoas (Regier *et al.*, 1984; Zisook & DeVaul, 1984). As perdas geram depressão, acredita-se, apenas naqueles que têm predisposição, por sua história de desenvolvimento ou por questões genéticas (Breslau & Davis, 1985; Shaw, 1982).

Predisposições Ligadas ao Desenvolvimento
A probabilidade de depressão parece elevar-se em pessoas que passaram por estresses devastadores precocemente e desenvolveram formas de pensar pessimistas e autodepreciativas.

Estresses precoces Martin Seligman (1975) lançou uma tese provocativa: depois de repetidos fracassos e frustrações, as crianças podem acreditar que o esforço é inútil. Considerando-se desamparadas, sentir-se-ão inadequadas quando surgirem estresses desafiadores, e a depressão substituirá a ansiedade. Essas idéias foram derivadas, em grande medida, de pesquisas de laboratório sobre uma síndrome semelhante à depressão em cães: perda de apetite, indiferença ao sexo, passividade e recusa a lutar. Esse padrão canino, que Seligman chamou de *desamparo aprendido*, apareceu quando os animais foram forçados a suportar choques sem que houvesse algum meio de escapar. Mais tarde, quando os cães tinham a oportunidade de aprender uma resposta que lhes permitiria fugir do choque, faziam poucas tentativas para aprendê-la. Outros cães que não tinham sido compelidos a suportar choques passivamente aprenderam a escapar facilmente. Presume-se que as experiências precoces com o desamparo alteraram esforços posteriores de enfrentamento. Pesquisas subseqüentes feitas por Jay Weiss e seus colegas (1981), que sujeitavam ratos a experiências similares, verificaram que o desamparo diante do estresse diminuía a *norepinefrina* em uma área do tronco cerebral, o *locus coeruleus*, o que correspondia ao pouco humor dos animais. Em resumo, aprender o desamparo parecia alterar a química cerebral de formas que inclinavam os animais à depressão.

Outros estresses precoces — como a separação de um pai/mãe durante a pré-adolescência (Barnes & Prosen, 1985; Roy, 1985) — podem estabelecer predisposições a distúrbios afetivos. Há muitas evidências indiretas. Estudos da química cerebral de depressivos sugerem que muitos deles funcionam como se estivessem constantemente cercados por emergências (Evans & Nemeroff, 1984; Calabrese *et al.*, 1985). Talvez reviver estresses penosos possa lesar mecanismos cerebrais que regulam a ansiedade e inclinem os depressivos à depressão.

Pensamento autodepreciativo Experiências na pré-adolescência podem levar à depressão por uma segunda via importante, que influencia a maneira pela qual as pessoas pensam nas causas dos eventos da vida. Muitos psicólogos, destacando-se Martin Seligman, assumem esta visão. Quando as pessoas sentem-se infelizes, Seligman raciocina, perguntam-se por quê (Alloy *et al.*, 1984; Miller & Seligman, 1982). As respostas que eles aprenderam a dar contribuem para se sentirem ou não desamparados e desenvolverem a depressão. As pessoas que passam a atribuir dificuldades a causas *internas*, *estáveis* e principalmente *globais* têm mais probabilidade de se sentir desamparadas e desanimadas do que aquelas que atribuem seus problemas a causas *externas*, *temporárias* e/ou *específicas*. Suponha que você seja reprovado em um exame de cálculo. Se você supõe que o fracasso deriva da própria falta de capacidade (uma causa global, estável, interna), o problema parecerá mais insuperável do que se você atribuir o fracasso a um curso fraco de pré-cálculo (específica, externa e temporária, no sentido de ser remediável). As mulheres parecem mais predispostas ao primeiro estilo e a depressões profundas (Warren & McEachren, 1985).

Baseado em observações clínicas, o psiquiatra Aaron Beck (1967, 1970) também considera o pensamento autodepreciativo central à depressão. Beck observa que os depressivos freqüentemente acham as catástrofes comuns, subestimam as realizações e forças e magnificam fracassos e fraquezas.

A pesquisa apóia a noção de que as pessoas deprimidas apresentam estilos de pensamento consistentes? Embora haja alguma sustentação para as teorias de Seligman e Beck (principalmente para a negatividade com relação ao *self*), diferenças em pensamento entre pessoas deprimidas e não deprimidas não são grandes nem consistentes (Alloy *et al.*, 1984; Anderson *et al.*, 1983; Coyne & Gotlib, 1983; Eaves & Rush, 1984; O'Hara *et al.*, 1984; Pietromonaco e Markus, 1985; Vestre, 1984; Watson & Dyck, 1984). É também posta em questão a idéia de que os depressivos são irrealmente desolados e pessimistas. Ultimamente, há razões para acreditar que os deprimidos são mais realistas do que a maioria das pessoas, pelo menos quando se trata de fazer julgamentos sobre si mesmos (quanto controle eles tinham em uma determinada situação ou como desempenhavam certa tarefa) (Alloy & Abramson, 1979; Crocker et al., 1985; Roth & Ingram, 1985). Embora sejam realistas consigo mesmos, os depressivos podem superestimar a competência e o controle dos outros, um estilo perceptivo que levaria a sentimentos de inadequação (Martin et al., 1984). Atualmente, descobertas de pesquisa apontam para a curiosa idéia de que as pessoas não depressivas vêem a vida e a si mesmas através de óculos cor-de-rosa e constituem o grupo que mais distorce.

Há uma outra questão mais central para examinar. Há evidência de que os estilos de pensamento precedem e causam depressões? Por ora, os cientistas sociais sabem apenas que ambos estão freqüentemente associados (Coyne & Gotlib, 1983; Peterson et al., 1985). Há probabilidade considerável de que o negativismo profundo que acompanha a depressão seja resultado, e não o desencadeante, do distúrbio de humor (Brewin, 1985; Cochran & Hammen, 1985; Goplerud & Depue, 1985; C. Peterson et al., 1981; Lewinsohn et al., 1981). Estudos de drogas fornecem algumas das defesas mais fortes desta hipótese. Quando depressivos são tratados apenas com drogas, o pensamento deles se torna mais positivo "por si mesmo", à medida que eles se recuperam, sugerindo que o pensamento negativo é simplesmente um aspecto de uma depressão (Simons et al., 1984).

Predisposições Genéticas

Estudos de gêmeos, de adoção e de famílias (veja o Capítulo 2) apóiam a idéia de que os genes desempenham um papel determinante no distúrbio bipolar e em depressões que começam precocemente (antes dos 20 a 30 anos de idade) (Kety, 1979; Klein et al., 1985; Weissman, 1984). Também corroboradoras são as investigações de padrões de DNA em famílias com elevados índices de distúrbios afetivos (Kidd et al., 1985) e estudos de primatas que parecem inclinados à depressão (Suomi, 1985). Considere estudos de adoção, um dos testes mais significativos da hipótese genética. Pessoas adotadas que sofrem de distúrbios depressivos e bipolares têm probabilidade de ter parente biológico com distúrbio afetivo e/ou histórico de suicídio. Os parentes do pai adotivo, em contraste, mostram os mesmos índices de problemas de humor que a população geral (Kety, 1979).

A Química do Cérebro Perturbado

Com os anos, pesquisadores descobriram que os distúrbios afetivos estão associados confiavelmente à química anormal do cérebro (o que poderia ser estabelecido por predisposições genéticas ou de desenvolvimento ou, ainda, por estressores físicos ou psicossociais — atuando isoladamente ou em conjunto). Diversos mecanismos bioquímicos distintivos estão emergindo para distúrbios afetivos unipolares e bipolares (Schildkraut et al., 1983). Uma dimensão que parece importante é a distribuição relativa de sódio ou potássio em ambos os lados das membranas neuronais, o que influencia a transmissão de mensagens por todo o cérebro (Toteson, 1981).

Desequilíbrios em um ou mais dos sistemas transmissores (incluindo norepinefrina, serotonina, acetilcolina e dopamina) também parecem ser responsáveis por prováveis distúrbios afetivos (Anisman & Lapierre, 1982; Baldessarini, 1985; Nadi et al., 1984; Roy et al., 1985; Weiss et al., 1981). Medicamentos que aliviam sintomas maníacos e depressivos parecem estar operando em um ou mais desses depressores. (■)

DISTÚRBIOS DE ANSIEDADE

A ansiedade é um sentimento intenso de perigo iminente que envolve tensão e sofrimento. Em um nível fisiológico, estimula o sistema nervoso simpático, levando a reações familiares como batimento cardíaco acelerado, pressão sanguínea alta, sudorese, tremor, respiração rápida e tensão muscular. Embora a ansiedade seja desagradável, é normal e útil. Indicando perigos potenciais, adverte-nos para irmos mais devagar em estradas cobertas de neve, para nos apoiarmos em corrimões em lugares altos e para procurarmos ajuda médica quando sofremos lesões ou ferimentos. Infelizmente, a ansiedade também é desorganizadora e comumente leva à confusão e ineficiência. Portanto, as pessoas que precisam lutar contra ansiedade incomumente severa ou persistente ficam em situação difícil. Nos Capítulos 3 e 9, as causas e conseqüências da ansiedade, bem como as formas de lidar com ela, foram descritas. Voltemos agora às síndromes de ansiedade não adaptativas, que se estima atingir 8% da população geral nos Estados Unidos (Regier et al., 1984).

Quadro 13.2
SUICÍDIO

Muitas pessoas desejaram estar mortas em algum momento da vida, e a idéia de suicídio pelo menos passa pela cabeça delas. Em nossa cultura, as pessoas podem se tornar conscientes da possibilidade de suicídio como forma de se livrarem da vida infeliz, antes de entrar na escola (Rosenthal & Rosenthal, 1984). Em 1980, mais ou menos 27.000 pessoas nos Estados Unidos suicidaram-se e 250.000 a 1.000.000 tentaram e fracassaram (Centers for Disease Control — CDC), 1985b; Schumer, 1983). Uma vez que muitos suicídios são confundidos com overdose de drogas, acidentes de carro e outros "acidentes", os verdadeiros números são difíceis de estimar (Lester, 1983).

Os motivos para suicídio variam e podem ser divididos em quatro categorias (Baechler, 1979). *Suicidas escapistas,* motivados pelo desejo de fugir de uma situação "intolerável", parecem ser os mais comuns em países do Ocidente. Os escapistas provavelmente experimentaram uma perda substancial e sentem-se deprimidos, envergonhados, culpados, ansiosos ou imprestáveis e vêem o futuro com desesperança. *Suicidas* agressivos são motivados por vingança: provocar remorso nos outros ou implicar outros na morte. No caso dos *suicidas oblativos,* há auto-sacrifício ou transfiguração. As pessoas sacrificam a própria vida por uma causa mais elevada, como um ideal religioso, honra ou patriotismo, ou procuram uma vida mais elevada. No caso dos *suicidas lúdicos,* os suicídios ocorrem no contexto de um jogo ou teste, como na roleta-russa, em que o risco de vida é essencial para demonstrar ousadia. Nossa discussão focaliza os suicidas escapistas.

Quais grupos podem considerar o suicídio um escape? Os mais velhos, aqueles acima de 70 anos, têm o risco mais alto (McIntosh, 1985). Pessoas esquizofrênicas e deprimidas, alcoolistas e dependentes de drogas são, também, vítimas relativamente prováveis (Black et al., 1985; Rainer, 1984; Robins, 1985). (Veja a Figura 13.5). A incidência de suicídio também é elevada entre pessoas sozinhas, especialmente entre divorciados, separados e viúvos (CDC, 1985b; Tcheng-Laroche & Prince, 1984). O número de homens que se matam é maior do que o das mulheres, apesar de o número de tentativas fracassadas ser maior entre as mulheres (CDC, 1985b). Durante os últimos 25 anos, o número de suicídios entre pessoas de 15 a 24 anos aumentou de duas a três vezes (Seiden 1984; Sudak et al., 1984).

Certas condições sociais e psicológicas podem predispor as pessoas a cometer suicídio escapista.

Isolamento social e solidão À medida que o divórcio e a separação tornam-se comuns e os membros da família perseguem cada vez mais seu desenvolvimento pessoal, mais indivíduos experimentam solidão e insegurança. Jovens de lares destruídos, desorganizados ou brutais e aqueles que se sentem isolados e alienados de tudo, a não ser das interações mínimas, têm maior probabilidade que outros de cometer suicídio (Carroll et al., 1980; Seiden, 1966, 1969). A solidão também está envolvida nos elevados índices de suicídio entre os idosos (Seiden, 1981).

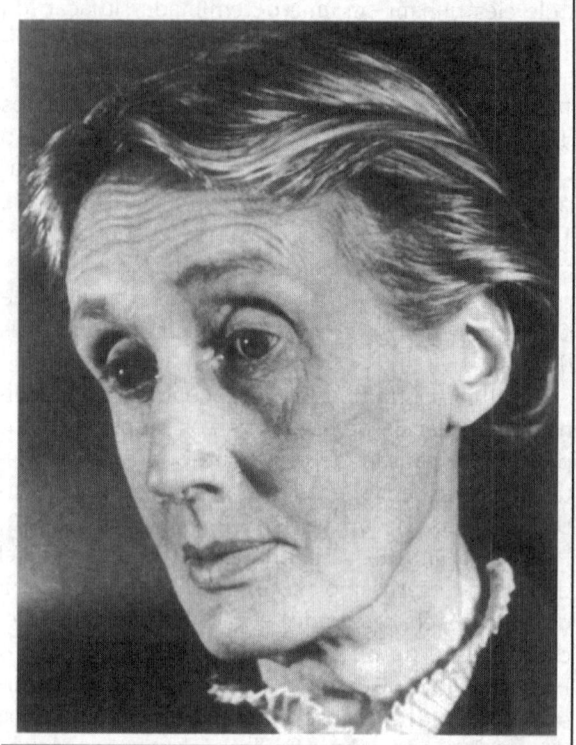

FIGURA 13.5 A brilhante romancista britânica Virginia Woolf sofria de um distúrbio afetivo bipolar. Várias das depressões de Woolf eram precipitadas por perdas. A autora entrou em surto com a morte da mãe e novamente nove anos mais tarde, quando o pai morreu. Às vezes ela alucinava, balbuciando incoerentemente em grego para pássaros imaginários. Woolf tentou suicídio várias vezes e finalmente afogou-se em 1941, aos 58 anos, quando sentiu que estava prestes a ficar "louca" outra vez. "Sinto que não posso passar por outro daqueles episódios terríveis. E não me recuperarei desta vez", ela escreveu em uma nota suicida ao marido. A depressão psicótica existia na família de Woolf (Gordon, 1985). (Gisele Freund/Photo Researchers.)

Estresses Alguns dos mesmos estresses parecem responder pelos elevados índices de suicídio de jovens e idosos (Seiden, 1981, 1984). Mudanças fisiológicas e anatômicas (e especialmente a perda de saúde, no caso dos idosos) são assustadoras, frustrantes e às vezes agonizantes para ambos os grupos. O desemprego e dificuldades econômicas podem confrontar ambos. Os idosos e uma minoria de jovens sentem as cargas adicionais de falta de poder e discriminação. Os adolescentes com histórico de complicações pré-natais ou parto difícil parecem ter um risco consideravelmente mais alto de suicídio que outros (Salk et al., 1985). Talvez os estresses iniciais comprometam a capacidade de lidar com dificuldades.

Quadro 13.2 (continuação)

Falta de objetivos   A falta de objetivos comuns em nossa sociedade é outra influência plausível no suicídio (Giffen & Felsenthal, 1983). Adolescentes suicidas dizem que não há objetivo para lutar e nada para defender. Em uma sociedade orientada para a juventude, muitos idosos sentem que a própria vida está acabada e nada resta.

Impulsividade   O suicídio pode ser conceituado como uma forma de resolver um problema; então, pode-se esperar que aqueles que elegem essa solução mostrem diferentes estilos de solução de problemas (Luscomb et al., 1980; Shneidman, 1985). Como você pode prever, aqueles que tentam suicídio são freqüentemente impulsivos em resposta a tarefas mentais desafiadoras. Da mesma forma, acham difícil encontrar soluções alternativas para um problema. Um correlato fisiológico de impulsividade, um nível baixo do neurotransmissor serotonina, foi encontrado no fluido espinal de suicidas que usam métodos ativos e violentos (Asberg et al., 1976; Banki et al., 1984; Ninan et al., 1984; van Praag & Pluchik, 1984).

A Tabela 13.2 apresenta mitos comuns do suicídio.

TABELA 13.2   Mitos comuns do suicídio.

1 *Mito*: Pessoas que discutem sobre suicídio raramente se suicidam. *Fato*: Aproximadamente 75% daqueles que se matam comunicam sua intenção antes. Podem falar sobre suicídio, pedir ajuda, ameaçar ou amedrontar. Em alguns casos, os sinais são indiretos, como tomar providências (pagar contas, transferir bens, pedir desculpas).

2 *Mito*: O suicídio ocorre principalmente entre os pobres. *Fato*: Indivíduos financeiramente abastados com freqüência suicidam-se. Os índices de suicídio são muito altos entre médicos, advogados e psicólogos, por exemplo.

3 *Mito*: Pessoas de afiliações religiosas específicas não cometem suicídio. *Fato*: Embora algumas religiões (catolicismo, por exemplo) proíbam o suicídio, a identificação com essa fé não é garantia contra o suicídio. Os católicos apresentam índices mais baixos de autodestruição (Templer & Veleber, 1980). As pessoas que vão regularmente à igreja também correm menor risco de se suicidar (Martin, 1984).

4 *Mito*: As pessoas com doenças terminais não se matam. *Fato*: Aqueles que têm doenças fatais às vezes se matam, especialmente quando estão sofrendo muito ou destruindo a vida daqueles que amam.

5 *Mito*: Basicamente, as pessoas insanas suicidam-se. *Fato*: O suicídio é relativamente comum entre pacientes mentais hospitalizados e entre pessoas com sintomas psicóticos (Robins, 1985). Todavia, a maioria das pessoas que se matam não parece ser irracional ou estar fora do contato com a realidade. Os relacionamentos sociais de pré-suicidas, entretanto, são freqüentemente perturbados e o pensamento, geralmente rígido e extremista.

6 *Mito*: O suicídio é influenciado por latitude, frentes climáticas, pressão barométrica, umidade, precipitação, dias nublados, velocidade do vento, temperatura, localização do sol e fases da lua. *Fato*: Não há relações claras entre os índices de suicídio e quaisquer desses fenômenos. Os índices de suicídio atingem um pico em maio e são menores em dezembro. O clima pode influenciar o *timing* (momento oportuno) de uma tentativa de suicídio (Breur et al., 1984).

7 *Mito*: Os suicidas são especialmente prevalentes durante feriados festivos, quando as pessoas sentem-se conscientes de seu sofrimento e solidão. *Fato*: Embora clínicos e leigos continuem a aceitar essa idéia, que faz sentido, estudos controlados não encontraram relação entre feriados e índices de suicídio ou uma redução do índice de suicídio às vésperas dos principais feriados públicos (Lester & Lester, 1971; Phillips & Liu, 1980; Zung & Green, 1974).

8 *Mito*: O estado emocional melhorado elimina o risco de suicídio. *Fato*: Pessoas deprimidas às vezes cometem suicídio depois de o ânimo melhorar, em um momento em que se sentem menos paralisadas ou passivas.

9 *Mito*: Pessoas suicidas querem morrer. *Fato*: Muitos suicidas, talvez a maior parte, são ambivalentes com relação à morte; desta forma, os profissionais encaram atos suicidas como solicitação de ajuda. Em um estudo britânico de pessoas que tentaram suicídio em Bristol, metade dos entrevistados alegou estar procurando alívio de uma situação intolerável, sem ter avaliado conscientemente as conseqüências (Morgan, 1979). Eles relataram que se sentiam convencidos no momento de que não iriam morrer.

Fontes adicionais: Davison & Neale, 1982; Reynolds & Farberow, 1976; Rotton & Kelly, 1985.

Distúrbios Fóbico, de Pânico e de Ansiedade Generalizada

Estamos reunindo três distúrbios comuns de ansiedade que tendem a aparecer — pelo menos em parte — no mesmo indivíduo (Barlow et al., 1985; Breier & Charney, 1985).

Distúrbios Fóbicos

Uma fobia é um medo excessivo ou injustificável de algo específico ou de uma situação que é manipulada por esquiva persistente. Os fóbicos sabem que a própria ansiedade é desproporcional ao perigo envolvido, mas se sentem incapazes de controlar os próprios sentimentos. Quase todas as pessoas têm medos que poderiam ser considerados fobias menores, mas apenas uma pequena minoria delas tem fobias prejudiciais (Agras et al., 1969). As fobias são consideradas distúrbios apenas quando são incapacitantes e destrutivas, como no caso de Martha.

Desde menina, Martha tinha medo de ficar sozinha em casa. Discussões familiares sobre roubos violentos, estupros e assassinatos impressionavam-na em virtude dos perigos potenciais e do próprio desamparo que sentia. A jovem nunca superou o medo, e quando o marido começou a trabalhar no turno da noite, a situação ficou muito complicada. Embora ela tentasse ficar sozinha, no início, via sua vida assaltada por imagens da noite que se aproximava. Quando Martha procurou tratamento, já estava passando a maior parte do dia tentando combinar com parentes, vizinhos ou amigos que lhe fizessem companhia à noite. A fobia estava dirigindo a vida dela.

As fobias são divididas em três categorias. Pessoas com *fobias sociais* temem situações em que podem ser observadas por outros; por exemplo, falar a um grupo, usar banheiros públicos, comer em restaurantes ou escrever enquanto outros estão presentes. As *agorafobias* são mais comuns entre indivíduos que procuram tratamento (Thorpe & Burns, 1983). Abrangem medos de estar sozinho ou em lugares públicos-multidões, ruas cheias, elevadores ou ônibus. Freqüentemente, as razões alegadas para o medo incluem duas idéias: "escapar pode ser difícil" e "pode não haver ajuda em caso de uma incapacitação repentina". Todas as outras fobias são classificadas como *simples*. Espalhadas pela população geral, as fobias simples centram-se em cães, cobras, ratos, insetos, lugares fechados e altura. (Veja a Figura 13.6.) Objetos de fobia são, com freqüência, potencialmente perigosos, e evitá-los aumenta a sobrevivência, sugerindo que os medos podem ser, em parte, programados pela evolução (veja a p. 130).

FIGURA 13.6 Muitas fobias moderadas e simples, como de animais, insetos e altura, são observadas na população em geral. Em um estudo de pessoas escolhidas aleatoriamente em uma cidade de Vermont, por exemplo, 39% dos entrevistados relataram, pelo menos, medo de cobras (Agras et al., 1969). As fobias de todos os tipos são mais freqüentes em mulheres do que em homens (Rachman, 1978; Regier et al., 1984). (Copyright © 1981 Leif Skoogfors/Woodfin Camp & Assoc.)

Distúrbio de Pânico

Pessoas com *distúrbio de pânico* são sujeitas a *ataques de ansiedade* (pânico), os quais aparecem de forma repentina e imprevisível. Nenhum estímulo conhecido desencadeia o ataque, embora a pessoa sinta-se nervosa antes (e depois). Caracteristicamente, o ataque começa com uma sensação de terror. Tremores, náusea, transpiração excessiva, batimentos cardíacos irregulares, dificuldade de respiração e outros sinais autônomos de tensão são proeminentes. O episódio de pânico, que pode durar minutos ou horas, deixa a vítima exausta.

A pessoa com distúrbios de pânico sofre ataques de ansiedade uma vez por semana, aproximadamente, em geral com maior freqüência. Aos poucos, as preocupações com ataques aterrorizantes criam um estado geral de tensão. A vida é ainda mais prejudicada porque as vítimas desenvolvem medos agudos de situações em que o pânico ocorreu anteriormente e esforçam-se intensamente para evitar essas situações. O caso de Sue ilustra os aspectos centrais da síndrome.

Universitária, casada, 20 anos, Sue vinha experimentando ataques de ansiedade havia mais ou menos um ano antes de se encontrar pela primeira vez com o terapeuta. Nessa ocasião, repentinamente, o coração dela começou a palpitar, a respiração tornou-se difícil e os músculos enrijeceram. Ruborizada e agitada, ela suava intensamente. Embora tivesse tido freqüentemente esses sintomas, não podia afastar o pensamento de que estava para morrer. No entanto, em algum lugar da mente, Sue sabia que, se fechasse os olhos e descansasse, ia se sentir normal outra vez, em uma hora.

O primeiro ataque de Sue ocorreu quando ela estava saindo de um estádio de futebol lotado. O único evento anterior que ela podia associar a esses sentimentos foi uma reação de pânico a uma reportagem de TV sobre o incêndio de uma casa noturna que feriu e matou 30 pessoas. O segundo ataque de ansiedade de Sue ocorreu em uma ocasião em que ela e o marido discutiram sobre se ela usaria vestido ou calça comprida para ir a uma festa da família. Sue esquecera-se dos detalhes dos ataques subseqüentes. Eles então passaram a ocorrer quase todos os dias: sempre que alguém discordasse dela, quando ela encontrava estranhos, quando dirigia em trânsito congestionado, quando fazia compras no supermercado.

Sue também passou a evitar todos os locais em que os ataques de pânico ocorriam ou poderiam ocorrer. Conseqüentemente, ela estava passando muito tempo sozinha em seu apartamento. Saía de casa basicamente para pedir ajuda. Os vários médicos que Sue consultou não acharam problema físico algum e aconselharam-na a procurar uma clínica psiquiátrica.

Distúrbio de Ansiedade Generalizada

Quando existe um estado geral de ansiedade sem ataques de pânico, isto é conhecido por *distúrbio de ansiedade generalizada*. O aspecto básico desse problema encontra-se no próprio nome: tensão difusa que não é dirigida a nada em particular. As pessoas com esse distúrbio tendem a reagir exageradamente a estresses e tensões pequenas e parecem estar quase continuamente ansiosas e preocupadas. Uma vez que a preocupação interfere na concentração, as vítimas acham difícil tomar decisões, lembrar-se de compromissos e dormir. A tensão e a fadiga crônicas reduzem a eficiência no trabalho, na família e com amigos. De uma forma espiralada, esses fracassos e frustrações aumentam um ao outro. Conseqüentemente, aumentam a ansiedade e a irritabilidade e, com freqüência, a depressão (Prusoff & Klerman, 1974). Uma vez que a ansiedade no distúrbio de ansiedade generalizada não pode ser atribuída a algo específico, diz-se que *flutua livremente*. Como no distúrbio de pânico, os componentes fisiológicos da ansiedade provavelmente são proeminentes: inquietação, tremor, enrijecimento muscular, sudorese e dificuldade de respiração. A ansiedade crônica também leva a problemas médicos relacionados com estresse, como distúrbios gastrintestinais e dores de cabeça e nas costas. As vítimas de ansiedade e de distúrbios (de pânico e fóbico) comumente tentam escapar dessas dificuldades bebendo ou ingerindo drogas, embora isso agrave ainda mais suas dificuldades.

Causas dos Distúrbios de Ansiedade Generalizada, de Pânico e Fóbicos

A farta bibliografia de pesquisa sobre as causas dos distúrbios de ansiedade generalizada, de pânico e fóbicos não é consitente. Como no caso dos distúrbios afetivos, as predisposições múltiplas aos agentes estressantes parecem desempenhar um papel nessas condições. Os três distúrbios parecem ser fisiologicamente distintos (Reiman *et al.*, 1984); no entanto, alguns dos mesmos fatores contribuem para todos os três.

Predisposições genéticas podem ser proeminentes em muitos casos (Boyd, 1985; Eysenck, 1985; Noyes *et al.*, 1978; Torgersen, 1983). No nascimento, os bebês já diferem em suas respostas a estresse. Alguns parecem nascer com sistema nervoso autônomo que os predispõe a distúrbios de ansiedade: talvez um sistema nervoso autônomo que responde com extrema rapidez, persistência e intensidade a perigos (Eysenck, 1985) ou com um sistema que exibe um estado de alerta excessivamente alto durante condições de repouso (Kelly, 1980). Em alguns casos, as *predisposições de desenvolvimento* podem ser dominantes (Malmo, 1975; Thorpe & Burns, 1983). Ou seja, as pessoas podem nascer com elementos reguladores de ansiedade que não funcionam bem em virtude das pesadas cargas de estresse, talvez separação dos pais, conflitos traumáticos, combates ou prisão.

Uma vez que uma reatividade autonômica excessiva existe, as pessoas tendem a se afastar de qualquer coisa que possa ser estressante. Como a vida quase sempre induz à tensão, pessoas que reagem de forma autonômica têm condições de sentir muito desconforto e insatisfação, independentemente da situação. Esse estilo de personalidade, que é estável e difuso, foi chamado de *afetividade negativa* (Watson & Clark, 1984).

Agentes estressores variados podem contribuir para distúrbios de ansiedade. Teóricos psicanalistas e behavioristas enfatizam o papel dos *estressores psicossociais*. Os freudianos supõem que as pessoas com distúrbios de ansiedade guardem desejos reprimidos de sexo e agressão. O ego teme que a situação seja perigosa e a punição se suceda, se os desejos forem expressos. O conflito entre id e ego, na batalha do inconsciente, gera ansiedade. Infelizmente, a vítima não pode gratificar os impulsos do id, nem lutar com os conflitos (uma vez que não são conscientes), de modo que o conflito e a ansiedade persistem. As fobias são conceituadas como *reações de transferência de ansiedade*, em que o medo é transferido inconscientemente do conflito subjacente que o estimulou para um objeto inofensivo. No Capítulo 12, examinamos um caso clássico de fobia, o do pequeno Hans. Esse menino, então com 5 anos de idade, como você pode se lembrar, tinha muitas fobias, entre elas o medo de ser mordido por um cavalo. Freud concluiu que Hans amava a mãe, desejava-a sexualmente e temia uma retaliação do pai, castrando-o. A ansiedade devida ao conflito de Édipo foi transformada em fobia a cavalo, Freud acreditava, uma vez que o pai lembrava o cavalo, em muitos aspectos.

Os psicólogos behavioristas supõem que o condicionamento desempenhe um papel-chave nos distúrbios de ansiedade. O Capítulo 3 descreveu como os medos podem ser adquiridos por condicionamento respondente quando estímulos neutros anteriores são associados a experiências estressantes: objetos, imagens, pensamentos "perigosos" e outros. Uma pessoa poderia adquirir medo de dirigir, depois de um engavetamento, em um acidente assustador, por exemplo. Considera-se que a ansiedade menos específica observada em distúrbios de ansiedade generalizada e de pânico seja adquirida basicamente da mesma forma que os medos simples. Entretanto, continua se espalhando, por meio da generalização de estímulo, a outras situações, até que pareça disseminada. Psicólogos behavioristas supõem que o comportamento de esquiva seja fortalecido e torne-se habitual porque diminui sentimentos desagradáveis de ansiedade (reforçamento negativo). Vítimas de distúrbios de ansiedade podem ainda imitar modelos de esquiva.

Pesquisas sobre os agentes estressores psicossociais tendem a focalizar hipóteses behavioristas porque são muito mais fáceis de testar. Atualmente, não há sustentação para a idéia de que os fóbicos em geral adquiram medos por meio de experiências perigosas (Lazarus, 1971; Rachman, 1978). Entretanto, muitos fóbicos dizem que se envolvem em pensamentos que despertam a ansiedade quando se confrontam com os objetos do medo (Rimm & Somervill, 1977). Martha (veja a p. 562) nunca foi atacada quando estava sozinha em casa, mas fantasiava isso. Alguém que tenha fobia de viajar de avião pode pensar o seguinte enquanto está voando: "Que barulho é esse? Os motores estão falhando, o avião cairá, morreremos". Essas cognições poderiam perpetuar e agravar a fobia. A modelagem é outra possibilidade. Macacos utilizados para pesquisas científicas, intimamente relacionados com seres humanos, podem adquirir medos intensos persistentes e generalizados apenas observando outro macaco reagir com medo a uma cobra durante um único e breve encontro (Mineka *et al.*, 1984).

Assim como os agentes estressores fisiológicos podem contribuir para distúrbios afetivos, podem desempenhar um papel em distúrbios de ansiedade. A ingestão de glicose e a conseqüente redução de açúcar pioram os sintomas de ansiedade em pessoas com pânico e fobias (Uhde *et al.*, 1948b). Em algumas mulheres, as flutuações hormonais durante o ciclo menstrual aumentam a ansiedade e elevam a probabilidade de ataques de pânico (Breier & Charney, 1985). Além disso, agentes químicos (como lactato, cafeína e ioimbina) podem provocar ataques de pânico em pessoas suscetíveis (Charney *et al.*, 1985; Liebowitz *et al.*, 1985b; Ramey *et al.*, 1984; Uhde *et al.*, 1984a, 1984b).

Predisposições e agentes estressores, isolados ou combinados, provavelmente mudam a química cerebral, gerando a ansiedade. Como nos distúrbios de humor, há inúmeros mecanismos. No laboratório, drogas e corrente elétrica que estimulam certos agrupamentos de células no cérebro (eliciando elementos químicos cerebrais relacionados com estresse, como a norepinefrina e o fator de liberação de corticotropina) geram ansiedade em pessoas suscetíveis e em outros primatas (DeSouza *et al.*, 1984; Redmond, 1985). Presume-se que essas células sejam naturalmente estimuladas ou sejam excessivamente reativas em pessoas com pânico e outros distúrbios de ansiedade.

Distúrbio Obsessivo-compulsivo

Muitas pessoas sentem-se inclinadas a seguir rituais. Por exemplo, você pode achar difícil deixar de lavar os pratos depois do jantar. Ou, antes de ir dormir, você pode se sentir inclinado a verificar se as portas estão trancadas (mesmo que se lembre de as ter trancado). Do mesmo modo, pensamentos recorrentes são comuns. A letra de uma canção pode ficar gravada na cabeça ou você pode "repetir" várias vezes uma discussão, insulto ou conversa. A pessoa com *distúrbio obsessivo-compulsivo* é tiranizada por pensamentos recorrentes, não desejados (obsessões) e/ou por ações (*compulsões*). Para esses indivíduos, que abrangem mais ou menos 1% da população nos Estados Unidos, as obsessões e compulsões não servem a propósito construtivo algum, são altamente angustiantes e afetam a vida (American Psychiatric Association, 1980; Insel, 1985). Não é de surpreender que os pacientes obsessivo-compulsivos freqüentemente exibam sinais de depressão. Na maioria das vezes, os sintomas são visíveis durante a pré-adolescência (Rapoport, 1985).

Obsessões e compulsões variam amplamente, mas em geral enquadram-se em uma das sete categorias a seguir (Akhtar *et al.*, 1975).

1 *Dúvidas obsessivas.* Preocupar-se com persistência em completar uma tarefa adequadamente, tal como trancar a porta.

2 *Pensamento obsessivo.* Prender-se a uma cadeia infindável de pensamentos, geralmente centrados em um evento futuro. (Uma gestante pensava repetidamente: "Se meu bebê for menino, pode aspirar a uma carreira que exija que ele se afaste de mim, mas ele poderia querer voltar para mim e o que eu faria, porque...".)

3 *Impulsos obsessivos.* Experimentar a necessidade de desempenhar ações que variam do banho a um assassinato. Violência e limpeza são temas comuns.

4 *Medos obsessivos.* Preocupar-se em perder o controle e fazer alguma coisa embaraçosa (por exemplo, conversar sobre problema sexual).

5 *Imagens obsessivas.* Visualizar persistentemente imagens de um evento recentemente visto ou imaginado.

6 *Cessão a compulsões.* Desempenhar ações sugeridas por pensamentos obsessivos. Em geral, verificar e tocar.

7 *Controle de compulsões.* Usar táticas perturbadoras, como contar ou nominar, para controlar pensamentos censuráveis.

As pessoas obsessivo-compulsivas tipicamente consideram mórbidos e irracionais os próprios pensamentos e rituais, mas se sentem intensamente ansiosas se alguma coisa as impede de completar esses pensamentos e rituais. As obsessões e compulsões são consideradas redutoras da ansiedade, porque bloqueiam temporariamente idéias que estimulam o medo ou impulsos (Roper *et al.*, 1973).

O que causa o distúrbio obsessivo-compulsivo? Mais uma vez, a diátese múltipla e estresses têm probabilidade de estar interagindo. Os teóricos psicanalistas acreditam que o problema assola os indivíduos que receberam rígido treinamento de toalete e são fixados no estágio anal. Os obsessivo-compulsivos, eles dizem, são dominados por impulsos primitivos do id (sujar-se, masturbar-se etc.). O ego deles usa obsessões e compulsões como mecanismos de defesa para manter impulsos indevidos sob controle. O ego de um indivíduo obsessivo por limpeza pode estar utilizando *formação reativa* (ocultando um motivo e expressando seu oposto) para resistir aos desejos que ele tem de se sujar. De modo similar, o ego de alguém que conta obsessivamente pode estar usando o ritual para *desfazer* (atenuar, neutralizar) impulsos angustiantes de se masturbar.

Psicólogos behavioristas supõem que as obsessões e compulsões são adquiridas por meio dos princípios de reforçamento. Uma pessoa casualmente descobre que desempenhar um ato específico ou ter um certo pensamento bloqueia uma preocupação angustiante e alivia a ansiedade. A distração toma o lugar — consciente e deliberadamente, no início — toda vez que o medo surge. Finalmente, a obsessão ou compulsão torna-se automática.

Fatores fisiológicos podem contribuir para o comportamento obsessivo-compulsivo (Insel, 1985; Turner *et al.*, 1985). Estudos de gêmeos sugerem que o distúrbio pode ser influenciado pela hereditariedade. Ao mesmo tempo, as pessoas com sintomas obsessivo-compulsivos freqüentemente mostram sinais ou histórias que sugerem anormalidades neurológicas. Talvez propriedades específicas do sistema nervoso (como o alerta excessivo crônico) aumentem a probabilidade de pensamento persistente e comportamento repetitivo, que também são vistos no retardo mental, nas síndromes mentais orgânicas e em idosos normais.

Distúrbio de Estresse Pós-traumático

Depois de um evento traumático, como incêndio, furacão, inundação, seqüestro, estupro, ou quase afogamento, as pessoas às vezes desenvolvem o *distúrbio de estresse pós-traumático* (PTSD — *postraumatic stress disorder*). Somos sujeitos especialmente a ver um entorpecimento das respostas e menos envolvimento com a vida. Esse tipo de reação foi vividamente descrito pelo sobrevivente de uma inundação devastadora que matou 125 pessoas e deixou milhares de desabrigados (Erikson, 1976, pp. 162-163): "Durante o choque inicial, simplesmente ficamos lá, desamparados. Ficamos parados e olhávamos, ninguém falava, parecia que estávamos em transe, entorpecidos [...]". A ansiedade pode não ser evidente, mas é manifestada em sinais de um sistema nervoso autônomo incitado. As vítimas de PTSD assustam-se facilmente e têm dificuldades de se concentrar e de adormecer. Pode haver outros sinais mais óbvios de ansiedade, além desses. Vítimas de estupro, por exemplo, freqüentemente mostram fobias relacionadas com as circunstâncias traumáticas. Podem ter medo de sair ou de permanecer em casa; podem temer que alguém esteja atrás delas; podem se sentir desconfiadas na presença de estranhos; podem evitar atividade sexual. A depressão é mesclada com ansiedade em alguns casos, com provável comprometimento de relacionamentos (Carroll *et al.*, 1985). A impulsividade também é característica de PTSD: por exemplo, fazer uma viagem repentina, mudar de residência ou sair de um emprego. É comum as vítimas de PTSD reviverem o evento estressante muitas vezes, na forma de recordações forçosas/indesejadas ou sonhos ou pesadelos recorrentes.

Os sintomas de PTSD podem começar imediatamente ou aparecer meses ou anos depois do incidente perturbador. Inicialmente, pensava-se que os soldados que serviram no Vietnã haviam sofrido menos acidentes psiquiátricos que os veteranos da Segunda Guerra Mundial. Mas muitos dos problemas dos veteranos do Vietnã foram simplesmente protelados, aparecendo mais tarde (Brende & Parson, 1985; Figley, 1978; Yager *et al.*, 1984). (Veja a Figura 13.7.)

O curso de PTSD varia. Para alguns, o distúrbio dura menos de um ano; para muitos, persiste bem mais de um ano (Shore *et al.*, 1985). Os sintomas de alguns prisioneiros da Segunda Guerra Mundial perduraram por 40 anos (Holmstrom, 1984; Waid, 1984). Atualmente, os investigadores acreditam que entre 20% e 40% daqueles que sofrem experiências traumáticas permanecerão pelo menos parcialmente afetados (R. C. Kessler *et al.*, 1985).

O PTSD é disseminado. Estima-se que de 35% a 60% das vítimas de crise sofram de PTSD. Uma vez que o distúrbio é tão comum, alguns psicólogos consideram-no uma parte normal do ajustamento a um estresse intenso (Smith, 1982, Wilkinson, 1983; Yager *et al.*, 1984). Se os indivíduos entram ou não em depressão, isso depende de inúmeras diáteses e estresses (veja o Capítulo 9). Lembre-se de que agentes estressantes intensos, duradouros e múltiplos estão associados a problemas de saúde física e mental. Ter experienciado estresse, sentir-se no controle, pensar positivamente, solucionar problemas, ser flexível, ter um temperamento alegre, recorrer minimamente a afastamentos e ter apoio social, todos estão entre os fatores que podem melhorar esse estado.

DISTÚRBIOS COM MANIFESTAÇÃO SOMÁTICA

Os *distúrbios com manifestação somática* são caracterizados por sintomas médicos sem uma base orgânica demonstrável. Considera-se que essas condições, que freqüentemente aparecem em situações de conflito ou outros estresses, afligem cerca de 2% da população dos Estados Unidos (Kolb, 1977). Concentramo-nos no distúrbio de conversão, uma sín-

FIGURA 13.7 Um veterano da Guerra do Vietnã esperando aconselhamento em um centro em Cincinnati, Ohio. Considera-se que o distúrbio de estresse pós-traumático (PTSD) assola 35% daqueles que experienciaram combates no Vietnã (Yager et al., 1984). Entre soldados que participaram de atrocidades (tortura e assassinato), os índices são especialmente altos (Horowitz & Solomon, 1975). Memórias de incidentes brutais afetam o auto-respeito; *flashbacks* e pesadelos aumentam a noção de culpa. Nas guerras anteriores, os Estados Unidos apoiaram os esforços e compartilharam da culpa dos veteranos que voltaram. Entretanto, uma vez em casa, os veteranos do Vietnã encontraram desaprovação por terem participado de uma "guerra imoral"; eles se sentiram sozinhos e arcaram com toda a carga. O ajustamento foi complicado em virtude de tudo haver sido muito repentino. Sair das florestas do sudoeste da Ásia e chegar às ruas dos Estados Unidos em uma operação de 36 horas foi uma transição chocante, talvez degradante. Alguns veteranos do Vietnã queixam-se de que se sentem estrangulados pelos membros da família e amigos (que não conseguem entender as experiências deles) e incapazes de confiar e amar. Falam sobre o desejo de integrar o que viveram no Vietnã com o que está ocorrendo nos Estados Unidos. Vendo pouco sentido na vida, muitos se sentem frustrados e ansiosos, deprimidos e apáticos, paranóides e irados. (Copyright © 1981 Gordon Baer, do livro *Vietnam: The battle comes home*, publicado por Morgan & Morgan, Dobbs Ferry, NY.)

drome com manifestações somáticas que Sigmund Freud tornou famosa com outro nome, *histeria*.

Distúrbio de Conversão

As pessoas com *distúrbio de conversão* apresentam sintomas sensoriais ou motores incomuns: paralisia, perda de visão ou audição, ou insensibilidade a dor, por exemplo. Os sintomas desse distúrbio raro — considerado comum décadas atrás (American Psychiatric Association, 1980) — tendem a aparecer de repente e de uma vez, depois de uma experiência traumática.

Por que suspeitar de uma base psicológica? Primeiro, há o estresse. Segundo, os clínicos ficaram impressionados pela aparente indiferença dos pacientes. Pesquisas têm mostrado, entretanto, que apenas um em cada três pacientes vê a aflição com descaso e que pessoas estóicas vêem problemas médicos que envolvem sofrimento de maneira similar (Stephens & Kamp, 1962). Assim, uma atitude indiferente com relação à incapacidade não é evidência de que haja origem psicológica. Um terceiro argumento é mais convincente: os sintomas do distúrbio de conversão tendem a ser "sem sentido", não correspondendo a alguma doença conhecida e às vezes contradizendo o conhecimento sobre o funcionamento do corpo. Quarto, os sintomas às vezes desaparecem durante o sono ou hipnose. Quinto, o distúrbio incapacita o indivíduo seletivamente. Por exemplo, um músico cuja mão paralisada o impossibilita de tocar violino pode funcionar normalmente na quadra de tênis.

Embora não se possa descartar fingimento, os pacientes parecem sinceros; portanto, considera-se que os sintomas são arquitetados em um nível que não chega a ser consciente, freqüentemente por um indivíduo sem habilidades críticas ou analíticas, sugestionável, melodramático e com pouca educação formal (Rimm & Somervill, 1977). Freud suspeitava de que esta condição ajuda as pessoas a dar vazão a conflitos inconscientes que despertam severa ansiedade. Teóricos orientados pelo behaviorismo também vêem o distúrbio como meio de resolver um conflito, mas não supõem que a vítima não tenha consciência disso. Uma mulher que teme assédio sexual por parte de seu empregador pode ficar cega a tudo e achar impossível trabalhar. Um soldado aterrorizado no campo de batalha pode se tornar paralisado e incapaz de voltar à frente de batalha.

Distúrbios com Manifestações Somáticas, Estereótipos Sexuais e Erro de Diagnóstico

Os distúrbios com manifestações somáticas, como o distúrbio de conversão, são diagnosticados mais freqüentemente em mulheres que em homens, em parte porque mais mulheres que homens procuram serviços médicos para problemas orgânicos (veja o Quadro 11.3). Alguns diagnósticos com manifestações somáticas podem refletir estereótipos sexuais: alguns médicos podem não levar a sério as queixas de saúde das mulheres. Essa tese ganha importância com a descoberta de que os chamados distúrbios de conversão, em grande parte, são condições médicas mal diagnosticadas. Investigadores que acompanharam o progresso de pacientes com distúrbio de conversão durante 7 a 11 anos após o diagnóstico inicial verificaram que aproximadamente 60% deles haviam morrido de doenças ou descoberto problemas médicos legítimos (com freqüência envolvendo o sistema nervoso central) (Slater & Glithero, 1965). Os pesquisadores concluíram que os distúrbios físicos provavelmente presentes na época do diagnóstico inicial causavam distúrbios sutis, preocupação consigo mesmo, sugestionabilidade e necessidade de atenção — comportamentos que contribuíram para o diagnóstico de distúrbio de conversão. Descobertas similares têm sido relatadas por outros (Watson & Buranen, 1979; Whitlock, 1967). Em virtude de a avaliação médica estar longe de ser simples (veja as pp. 550-551), os sintomas de um problema genuinamente físico são com facilidade confundidos com um distúrbio de conversão (ou outro de somatização).

DISTÚRBIOS DISSOCIATIVOS

Os *distúrbios dissociativos* incluem diversas síndromes caracterizadas pela dissociação temporária (divisão) de funções normalmente integradas (como consciência, comportamento e noção de identidade). Vários distúrbios de memória e personalidade múltipla caem na categoria dissociativa. Esses problemas são raros, documentados mais por observações clínicas informais (Abse, 1966). Tanto psicólogos psicanalistas quanto behavioristas vêem os sintomas como tentativas de escapar de situações que incitam a ansiedade. Por ora, entretanto, a compreensão das causas é muito limitada.

Distúrbios de Memória

Durante uma *amnésia psicogênica* (perda de memória causada por estresse), os indivíduos afligidos perdem a memória de repente para informações pessoais importantes. O paciente pode se esquecer das circunstâncias que envolveram a morte do pai ou um caso amoroso infeliz. O lapso pode persistir durante minutos, semanas ou mesmo anos. Uma *fuga psicogênica* ocorre quando a vítima não só se esquece de experiências recentes, mas também foge para um lugar diferente e às vezes começa uma vida nova, com nova identidade. O indivíduo com distúrbio de fuga atua normalmente no novo papel, mas não consegue se lembrar da identidade anterior. Uma vez que lesões e doenças podem produzir déficits semelhantes de memória, esses distúrbios dissociativos são diagnosticados apenas quando o problema parece ser decorrente de estresse e não há causas médicas conhecidas.

Personalidade Múltipla

Se você é introspectivo, provavelmente tem ciência de aspectos conflitantes da própria personalidade. Talvez você se ache tanto rude quanto sensível, moral e animalesco, impulsivo e reflexivo. O indivíduo com personalidade múltipla é muito mais extremista. Ele ou ela tem pelo menos duas personalidades distintivas, bem-desenvolvidas (freqüentemente mais). Cada personalidade tende a ser coerente e digna de crédito, com o próprio conjunto de vieses perceptivos, expectativas, memórias, objetivos, valores, motivos, humores e outros. As personalidades mudam imprevisivelmente.

Chris Costner Sizemore (Sizemore & Pittillo, 1977), conhecida pela maioria das pessoas por Eve, teve 22 personalidades diferentes no período de 40 anos, aproximadamente. Sizemore lembra-se de que a primeira vez em que teve consciência de uma segunda personalidade foi aos 2 anos, depois de várias experiências traumáticas, as quais incluíam a visão de dois homens morrendo violentamente. Depois de ver a mãe sangrar intensamente após um ferimento sério, Sizemore relatou o seguinte: "[Sentia] uma estranha fraqueza no corpo enquanto vagava e alguém assumia o controle. Então, vi essa menina pegar meu pai [...]". O distúrbio de personalidade múltipla geralmente é originado por traumas, como no caso de Sizemore.

As diferentes personalidades de Sizemore — dentre elas, uma mulher religiosa tímida e ingênua, uma sereia vistosa, uma pessoa cega e uma ladra que furta em lojas — vinham em trios. Uma personalidade era sempre dominante e existia sozinha, por um período. Então, depois de dores de cabeça, vertigens ou desmaios, uma segunda personalidade assumia. A primeira e a segunda não se conheciam. Nem sabiam de uma terceira personalidade, que tendia a ter ciência das outras duas. Periodicamente, todas as três personalidades "morriam", e emergiam outras três.

Antes de as mudanças de personalidade cessarem, a identidade de Sizemor mudava rapidamente, até cinco a seis vezes por dia. Ela podia estar no meio de uma sentença ou dirigindo em uma estrada quando uma nova personalidade assumia, uma experiência que ela considerava aterrorizante. Aos 40 anos de idade, as flutuações de personalidade de Sizemore cessaram não se sabe por quê.

Profissionais de doença mental têm-se mostrado céticos quanto à existência de padrões de personalidade múltipla, em parte porque muito poucos clínicos têm contato com um caso (é considerado o distúrbio mental mais raro) (Abse, 1966) e em parte porque pode ser falso (Spanos *et al.*, 1985b). O assassino californiano Kenneth Alessio Bianchi, conhecido por Estrangulador de Hillside, alegava ser vítima de personalidade múltipla. Ele enganou dois dos seis especialistas indicados para diagnosticá-lo, antes de ser descoberto. Uma vez que os terapeutas que tratam de pacientes com personalidade múltipla usam hipnose (veja a p. 192) para induzir mudanças de personalidade, os céticos argumentam, que o poder da sugestão pode se tornar um problema bastante comum nessa síndrome dramática (Rycroft, 1978).

A credibilidade do distúrbio da personalidade múltipla tem recebido um impulso considerável de descobertas preliminares do National Institute of Mental Health. Frank Putnam (1984) estudou as respostas cerebrais a estímulos visuais de dez pacientes com personalidade múltipla. Medindo a atividade neural de cada paciente durante quatro personalidades, Putnam descobriu padrões de ondas cerebrais distintivos para cada personalidade. Outro pesquisador (Pitblado, 1982) descobriu registros cerebrais bastante estáveis para as quatro personalidades de um único paciente, em um período de 15 meses. Quando atores criam personalidades alternadas e detalhadas para testes similares, os registros cerebrais permanecem essencialmente idênticos. Esses dados indicam que o sistema nervoso central do paciente com personalidade múltipla pode estar processando informações de uma forma distintiva, durante cada personalidade. As mudanças neurais podem estar subjacentes à conduta alterada, ao autoconceito e à memória. Putnam descobriu atividade cerebral incomumente instável para cada personalidade, o que vem apoiar a idéia de que as flutuações de personalidade são reais, e não falsas. Embora essas observações sugiram que o distúrbio de personalidade múltipla exista verdadeiramente, quase nada é conhecido de suas origens.

DISTÚRBIOS PELO USO DE SUBSTÂNCIAS

A maioria dos adultos usa o estimulante do café, a cafeína, para acordar de manhã e ficar alerta o dia todo. A maioria também ingere álcool — muitos diariamente — para "relaxar" ou "ficar mais calmos". Dependemos de outras substâncias para auxiliar a digestão, aliviar dores, aliviar tensões, induzir o sono, eliminar o apetite etc. Quando as pessoas usam, regularmente, substâncias químicas que alteram o sistema nervoso central, surgem problemas comuns. O DSM-III chama esses problemas de *distúrbios pelo uso de substâncias*. A atuação no trabalho pode ser prejudicada, e relacionamentos sociais podem se deteriorar. Em alguns casos, desenvolve-se a *tolerância*, o que significa que as pessoas precisam de maior quantidade da substância para atingir o efeito desejado. Além disso, torna-se difícil controlar e interromper o uso porque ficar sem a substância produz sintomas desagradáveis de *abstinência*. Os tremores matinais e a indisposição geral (sentir-se mal), por exemplo, motivam muitos alcoólatras a ingerir a primeira dose de bebida do dia. Desintegração da vida, tolerância e/ou abstinência podem estar associadas a uma ampla variedade de químicas: entre elas, álcool, barbitúricos, hipnóticos, opióides, anfetaminas, maconha, cocaína, fenciclidina (conhecida também por PCP ou pó-de-anjo) e alucinógenos. Nesta seção, focalizaremos o abuso de álcool, o distúrbio mais comum pelo uso de substâncias nos Estados Unidos. Considera-se que pelo menos uma em cada dez pessoas tenha sérios problemas relacionados com álcool (Office of Technology Assessment, 1983).

Efeitos do Álcool

Tecnicamente, o álcool é um depressor. Em virtude de sua estrutura química simples, não requer digestão e circula pelo sangue segundos depois da ingestão, levando apenas meio minuto para alterar o funcionamento do cérebro (Royce, 1981). Como depressor, o álcool inibe o córtex cerebral. Com a influência cortical controlada, as pessoas sentem-se mais livres e soltas. Com moderação, o álcool energiza, diminui a dor e traz sensações de conforto, bem-estar e talvez euforia. Para alguns, o álcool aumenta a sociabilidade; para outros, engendra suspeita e agressão.

No caso de ingestão de grande quantidade de álcool, a natureza depressora da droga torna-se mais evidente. Entre os primeiros centros a serem afetados estão os da fala, coordenação motora e visão. As pessoas cambaleiam, têm visão dupla e mal pronunciam as palavras. Aqueles que bebem muito perdem a alegria e provavelmente sentem-se deprimidos e isolados. Depois de consumir uma quantidade de bebida suficiente para que o nível de álcool no sangue ultrapasse 0,20%, muitos caem em estupor ou desmaiam.

A quantidade de álcool necessária para produzir um dado efeito varia muito entre as pessoas (Wilson *et al.*, 1984). Fatores duradouros como metabolismo, peso corporal, histórico de bebida e gênero (os homens são menos afetados que as mulheres) influenciam a suscetibilidade aos efeitos do álcool. Condições temporárias, como quantidade de alimento no estômago, rapidez na ingestão da bebida e quantidade de drinques tomados, também modelam a experiência de quem bebe.

Padrões de Uso Problemático de Álcool

O DSM-III distingue entre abuso de álcool, situação em que beber resulta em problemas sociais ou ocupacionais, e *dependência de álcool*, situação em que as mesmas dificuldades, de emprego e de relacionamento, coexistem com o problema de controle da ingestão de bebida e sintomas de tolerância ou isolamento. Embora as definições sobre o alcoolismo difiram, o conceito geralmente é equiparado à dependência de álcool.

O alcoolismo não é uma condição uniforme. Trabalhando aproximadamente com 5.000 pessoas admitidas em um centro de tratamento em Denver, durante 15 anos, Kenneth Wanberg e John Horn (1983) identificaram diversos padrões de uso problemático de álcool. Os alcoólatras diferem desde o início na motivação para beber. Uma pessoa tem razões sociais: relaxar, relacionar-se com os outros ou não se sentir tão inferior, talvez. Outra bebe para estimular a mente: para ficar mais alerta, trabalhar melhor, pensar mais claramente. Ainda para outra, a bebida ajuda a administrar o humor: para aliviar a depressão ou tensão ou esquecer alguma amargura, como as dificuldades conjugais, por exemplo.

Os estilos de beber dos alcoólatras também diferem. Alguns bebem com colegas em bares ou festas; outros bebem sozinhos. Alguns pensam continuamente em álcool e em beber o dia todo, e outros ficam sem ingerir álcool durante meses, mas não conseguem resistir a uma bebedeira vez ou outra. Alguns bebem nos fins de semana ou à noite. Quando e o que é ingerido também varia muito.

Inúmeras conseqüências devastadoras resultam do uso excessivo e prolongado de álcool; qualquer alcoólatra tem probabilidade de sofrer diversas dessas conseqüências. Alguns *perdem o controle* de sua conduta, dizendo e fazendo o que não diriam ou fariam comumente, cambaleando, tropeçando ou desmaiando. Alguns alcoólatras experienciam *blecautes*, perda total da memória durante horas, dias ou mesmo semanas de experiência no momento em que estão bebendo ou depois de beber. Aqueles que bebem podem se tornar *destrutivos* com relação aos outros (violentos, homicidas, irresponsáveis, *inclinados a acidentes*) ou consigo mesmos (suicidas). Especialistas responsabilizam o álcool por 50% a 60% de todos os acidentes de carro fatais e por desempenhar um papel substancial em assassinatos, suicídios e violência contra crianças e esposa (Office of Technology Assessment, 1983; Selzer, 1980). (Veja a Figura 13.8.)

Problemas familiares de algum tipo são quase certos se o alcoólatra tem família. Centrar-se no álcool, o que freqüentemente caracteriza o alcoólatra, é incompatível com relacionamentos duradouros (veja o Quadro 13.3). As mulheres tendem a responder com raiva, desprezo, violência física ou implorando para que o respectivo marido alcoólatra pare de beber. Divórcio e separação são muito prováveis (Gottheil *et al.*, 1983). Os filhos também sofrem (Dugan, 1984; Reagan, 1984; Soyster, 1984). O pai alcoólatra é in-

FIGURA 13.8 O problema com bebidas entre os jovens é uma preocupação crescente. Mas qualquer que seja a idade, o alcoolismo é dispendioso para indivíduos, famílias e países. Nos Estados Unidos, o custo dos problemas relacionados com álcool é estimado em aproximadamente de 50 bilhões de dólares por ano (Miller & Nirember, 1984; Office of Technology Assessment, 1983). Estão incluídas aqui despesas devidas à perda de produção de bens e serviços, assistência médica adicional, crimes violentos, destruição de propriedade, incêndios, acidentes e perdas de vida. (Eugene Richards/The Picture Cube.)

consistente; as famílias provavelmente se sentem envergonhadas e não comentam, predispondo os jovens a uma baixa auto-estima e, possivelmente, a padrões extremamente altos, que fogem à realidade, para compensar o fracasso do pai.

Períodos de *delirium tremens* (DTs) assolam alguns alcoólatras. Eles aparecem depois que a bebida é ingerida, durante a abstinência ou em caso de infecção ou lesão cerebral. Tipicamente, as pessoas com DTs ficam desorientadas e não sabem ao certo onde estão, nem datas ou referências temporais. A sugestionabilidade e o pensamento confuso são evidentes em um dos sintomas mais dramáticos: alucinações vívidas de criaturas rastejantes — cobras, ratos e sapos são especialmente comuns — e medo agudo deles. Os DTs são acompanhados de sintomas psicológicos (dentre eles, febre, batimentos cardíacos rápidos e tremores) que requerem atenção médica porque podem ser fatais. *Indisposições* (sintomas moderados de abstinência, como dores de cabeça, boca seca, língua "saburrosa", mãos trêmulas, perturbações estomacais e sensibilidade à luz e a barulho) são outra conseqüência prejudicial que se segue a ingestões excessivas de bebida por alcoolistas (e não-alcoolistas).

O uso do álcool sempre *compromete a saúde*. Estima-se que o álcool reduza de 10 a 12 anos o tempo de vida. Alguns efeitos negativos resultam da subnutrição, na medida em que as pessoas negligenciam a alimentação porque estão obtendo calorias do álcool (o qual não é nutritivo). Outros problemas surgem em virtude da fraca absorção de nutrientes, uma vez que o alcoolismo interfere na digestão e no metabolismo. No entanto, outras enfermidades resultam dos vegetais, frutas ou grãos que compõem uma bebida específica. *Bourbon*, um tipo de uísque que vem basicamente do milho, tem efeitos semelhantes ao estrógeno (veja a p. 342) que poderiam ser responsáveis pelo câncer de mama, por problemas reprodutivos em mulheres e impotência e aumento do seio em homens (Gavaler, 1984). O *etanol*, o tipo de álcool que as pessoas bebem, tem efeitos tóxicos em quase todo o sistema do corpo, incluindo o sistema nervoso central, o sistema endócrino, o sistema cardiovascular, o estômago e o fígado. Além disso, o alcoolismo aumenta a vulnerabilidade a doenças sérias: por exemplo, câncer, cirrose de fígado e doença cardíaca. Mulheres grávidas que bebem (mesmo moderadamente) estão pondo em risco o respectivo feto.

A deterioração cerebral de diversos tipos provavelmente é responsável por inúmeros problemas cognitivos; ela foi detectada mesmo em jovens alcoólatras, beirando os 30 anos (Eckardt, 1985; Golden *et al.*, 1981; Goldman, 1983; Oscar-Berman, 1980). Aprender coisas novas pode ser difícil em virtude de distúrbios de memória. Habilidades visuais, espaciais, abstração e solução de problemas às vezes são afetados, bem como processos perceptivos simples. Quando as pessoas param de beber, os pesquisadores relatam recuperação de algumas funções, especialmente entre os jovens.

As reações ao alcoolismo variam muito. Alguns mostram consciência e interesse por seu problema na forma de preocupação, ansiedade, culpa e depressão. Uma minoria — de 10% a 15% — procurará ajuda ativamente e cooperará (Holden, 1985c). Outros negam o problema, evitam o assunto e parecem não ter consciência de conseqüências graves.

É comum conversar sobre alcoolismo no singular; no entanto, parece haver consenso, entre os psicólogos, de que deveríamos falar sobre tipos de *alcoolismo* (Hay & Nathan, 1982; Wanberg & Horn, 1983). Ou seja, o chamado alcoolismo parece ser uma reunião de condições distintas que provêm de diferentes origens e respondem a diferentes tratamentos. Embora a pesquisa não possa especificar precisamente quais são as condições (ou mesmo quantas há), os dados apontam diversos padrões. Uma classificação, que é consistente com as descobertas de muitos investigadores, divide os problemas do álcool em três categorias (Morey *et al.*, 1984). O tipo A (aqueles que estão na fase inicial) mostram poucas semelhanças entre si, com a exceção de que abusam de álcool, embora não sejam dependentes fisicamente. São menos prejudicados, menos impulsivos, menos estressados e menos fixados em seus hábitos do que os outros tipos. Uma vez instalado, o alcoolismo pode progredir aos poucos, mas não é invariavelmente assim (Vaillant, 1983). Se continuarem a beber (pode demorar de 3 a 15 anos para se passar a ingerir uma quantidade excessiva de álcool) (Miles, 1974), as pessoas do tipo A geralmente desenvolvem um de dois tipos de dependência. Os do tipo B (afiliativos), amigáveis e socialmente orientados, tendem a abusar de cerveja, freqüentemente em uma base diária. Os do tipo C (que bebem isoladamente) são reclusos e mostram qualidades esquizofrênicas moderadas (veja a p. 574). Ficam bêbados, expressam mais queixas somáticas e exibem mais problemas interpessoais do que os outros dois tipos de usuário.

Mulheres alcoólatras — estima-se que elas representem de um terço à metade de todos os alcoólatras — têm maior probabilidade do que os homens de beber em demasia e sozinhas e de esconder o problema (Hill, 1980; Marsh *et al.*, 1982; Papillon, 1985; Wilsnack & Beckman, 1984). Em geral, elas começam a abusar de álcool para escapar a uma crise, como perda de emprego, divórcio ou morte, e à depressão ou ansiedade decorrente. (■)

Causas do Alcoolismo

Os diferentes tipos de alcoolismo são influenciados por fatores psicossociais e biológicos que se combinam de variadas formas. As condições sociais contribuem para a iniciação à bebida e ao que, quanto e quando as pessoas bebem. As pessoas originárias

---

Quadro 13.3

ALCOOLISMO NA PERSPECTIVA DE UM ALCOOLISTA

Um alcoolista em seus 50 anos de idade, que bebeu quase durante toda a vida adulta, compartilhou esses sentimentos com um entrevistador (Sutton, 1984). O homem, trabalhador constante, bebia principalmente à noite.

Não ligo mais para as coisas. Na verdade, não ligo para nada, a não ser beber, isso sim. Sei que tenho de ir trabalhar todos os dias; então posso manter meu teto e tenho dinheiro para comprar bebida e comida. Mas isso é tudo o que importa para mim no mundo. Não ligo para pessoas, família, o mundo ou minha saúde. Você não acha que sei o que estou fazendo comigo? Estou me matando, mas não ligo. A bebida é como qualquer outra droga, e preciso tê-la. Eu quero. Eu a adoro. Ela me ajuda a esquecer, a me relaxar, a me sentir bem. É tudo o que quero da vida — minha bebida. É certo que chacoalho o tempo todo, exceto quando estou bebendo. Estou assustado, assustado mesmo, mas quando bebo tudo fica melhor; fico relaxado; e não ligo. Provavelmente ficarei pior. Às vezes não tenho vontade de ir trabalhar, mas vou. Sei que tenho de ir. Mas meu emprego provavelmente começará a ser afetado, não vai demorar muito. Talvez comece a me tornar fisicamente violento. Mas é assim que tem de ser. Só quero ser deixado sozinho com minha bebida. É tudo o que penso. Quando me levanto de manhã, começo a pensar em quando posso começar a beber. É duro, se começo antes de ir trabalhar. É tudo para mim. É minha vida inteira, é tudo o que amo ou o que gosto. Estou com medo do que isto está fazendo para mim, mas realmente não ligo. Não quero que o fato de eu beber afete outra pessoa, mas, se afetar, será muito ruim. É problema deles. Só quero ser deixado sozinho com minha bebida e minhas lembranças. Sou exatamente como meu pai, entende. Ele era do mesmo jeito [...]. Vou beber até morrer, e provavelmente não vai demorar muito. Nunca vi insetos ou coisa parecida, por enquanto, mas tenho pesadelos terríveis. É por isso que não me casei, entende, porque assim essa coisa só afeta a mim, e a ninguém mais. Posso fazer o que quiser — ser livre, fazer minhas coisas —, mesmo que isso me mate.

do norte da Europa — os irlandeses, por exemplo — têm maior probabilidade de se tornar alcoólatras que aquelas com descendência judia ou mediterrânea — provavelmente em virtude de padrões e costumes. Grupos que exigem que as pessoas bebam para provar força ou maturidade e que toleram a embriaguez em adultos incentivam o alcoolismo (Vaillant, 1983). Também é o caso de grupos que negligenciam a ingestão moderada de álcool em épocas ou lugares específicos (refeições, férias, cerimônias, reuniões sociais). Etnia e ocupações também contribuem para o alcoolismo por meio de fortes pressões dos pares e oportunidades de beber sem gastar (em bares da vizinhança, por exemplo) (Whitehead & Simking, 1983).

As pessoas com certas características psicológicas e biológicas são predispostas ao alcoolismo. Um fator psicológico de importância considerável é a tensão. Psicólogos behavioristas supõem que alcoólatras começam a beber para dar vazão à ansiedade (e continuam bebendo para escapar de sintomas de abstinência). As elevadas taxas de alcoolismo entre vários grupos que enfrentam uma quantidade de estresse que ultrapassa a média apóiam a visão tensão-redução do alcoolismo (Pihl & Spiers, 1978): homens pobres, da classe trabalhadora, com histórico de emprego instável, jovens não casados e membros de grupos minoritários. Os homens são considerados sujeitos a um risco maior que as mulheres (Regier et al., 1984), em parte, pensamos, porque as mulheres tendem a expressar os sentimentos diretamente, enquanto os homens tendem a usar meios mais indiretos de comunicação (e em parte porque a resistência ao álcool pode ser considerada prova de masculinidade e é exigida por alguns grupos masculinos). A função tensão-redução do alcoolismo também é apoiada por observações sobre recaídas depois do tratamento. Os alcoólatras tendem a voltar a beber depois da pressão de pares e conflitos que geram raiva, frustração e depressão (Moos & Finney, 1983). Também há dados fisiológicos recentes que apóiam a ligação tensão-alcoolismo. Os mesmos aumentos de neurotransmissores que são vistos em alguns distúrbios de ansiedade e depressão também são observados no alcoolismo (principalmente durante a abstinência, quando as pessoas desejam desesperadamente beber). O álcool (bem como cigarros e heroína) pode restaurar o desequilíbrio transmissor (Glassman et al., 1984). No caso de mulheres alcoólatras, a depressão provavelmente é saliente, embora a depressão seja freqüentemente citada em histórias de alcoólatras do sexo masculino (Behar et al., 1984; Hesselbrock et al., 1985), o que leva alguns investigadores a acreditar que a depressão nos homens pode ser mascarada pelo alcoolismo. (A propósito, mesmo que o álcool ajude temporariamente o humor, é uma solução frágil a longo prazo, de acordo com qualquer critério. Os próprios alcoólatras relatam maior ansiedade e depressão após o consumo de álcool, e não antes (Cappell, 1975).)

Histórias específicas da infância contribuem para o alcoolismo? Teóricos psicanalistas vêem conflitos precoces como fontes primárias de alcoolismo. Alguns freudianos argumentam que os alcoolistas fixaram-se no estágio oral. Outros afirmam que eles têm impulsos homossexuais contidos, por não conseguir resolver o conflito edipiano, e bebem para escapar deles. Um estudo de longo prazo feito por George Vaillant (1983) não encontra evidência de que os alcoólatras compartilham uma história específica. O alcoólatra médio não está bebendo em virtude de uma infância infeliz, mas é infeliz por causa da bebida, assim concebe Villant. Outros investigadores não conseguiram associar o alcoolismo a algum conflito específico (Amor et al., 1978).

Uma porcentagem significativa de alcoolistas (as estimativas variam de 25% a 70% dependendo da população estudada) desenvolve características de personalidade anti-social (veja a p. 581) muito antes de começar a beber (Hesselbrock et al., 1985; Holden, 1985a). Entre as qualidades anti-sociais encontradas em alcoólatras estão: impulsividade; inquietação; autoconcentração; auto-indulgência e falta de controle; sensação de busca; negativismo, rebeldia, não-conformidade e desobediência; agressão; e não-seguimento das leis (Jones, 1981; Tarter et al., 1985; Vaillant, 1983). Presume-se que o álcool se encaixe no estilo de vida não tradicional e na mentalidade de pessoas com a característica "de se envolver facilmente em enrascadas".

A hereditariedade contribui para a bebida em alguns alcoólatras. Há várias fontes de sustentação para esta hipótese. Os animais podem ser criados com um gosto incomum pelo álcool; não é tão improvável, então, supor que pessoas possam nascer com uma predileção pelo álcool, geneticamente transmitida (Horowitz & Dudek, 1983; Wimer & Wimer, 1985). Estudos de adoção (veja a p. 56) são persuasivos. Filhos de alcoólatras criados em uma família adotiva em que não há modelos de alcoólatra têm uma probabilidade substancialmente maior de se tornar alcoólatras do que filhos de não-alcoólatras criados por pais adotivos que bebem (Goodwin, 1980, 1984). Atualmente, cientistas estão procurando referências genéticas do alcoolismo (Begleiter *et al.*, 1984; Tarter *et al.*, 1985).

Os genes poderiam predispor o indivíduo ao alcoolismo de inúmeras formas. Há evidências de que a hereditariedade contribui para a personalidade anti-social e para a ansiedade e depressão, condições que tornam o abuso de álcool uma fuga atraente (Behar *et al.*, 1984; Tarter, 1984). Há também apoio para a idéia de que os genes modelam as funções metabólicas que podem tornar a bebida agradável ou desagradável (Schuckit, 1984; Rutstein *et al.*, 1983). Alguns alcoólatras, por exemplo, parecem liberar uma quantidade incomum de norepinefrina cerebral (também associada a episódios maníacos), sugerindo que sentem euforia (Korsten *et al.*, 1975; Schuckit & Rayses, 1979). Do mesmo modo, dependentes de álcool geralmente sentem efeitos estimulantes do álcool, enquanto usuários infreqüentes geralmente relatam efeitos depressivos (Kohn & Coulas, 1985). As pessoas que se sentem mal ou cansadas depois de tomar pequena quantidade de álcool (como muitos orientais o fazem) estão protegidas contra a ingestão excessiva de álcool e o alcoolismo (Wolff, 1972).

DISTÚRBIOS ESQUIZOFRÊNICOS

Os distúrbios esquizofrênicos, também chamados esquizofrenia(s), constituem um grupo pouco claro de condições psicóticas observadas no mundo todo. Profissionais que lidam com doença mental têm tido problemas em concordar na questão sobre o que é e o que não é esquizofrenia. Em 1911, Eugen Bleuler, psiquiatra suíço, introduziu o termo (uma palavra grega significando "divisão da mente") para caracterizar a qualidade fragmentada, freqüentemente contraditória, dos pensamentos e emoções das vítimas. O aspecto definidor das esquizofrenias permanece evasivo.

Sintomas Comuns

Os sintomas de esquizofrenia variam muito; no entanto, qualquer indivíduo rotulado de "esquizofrênico" provavelmente mostra pelo menos alguns dos seguintes padrões durante episódios psicóticos. É possível que as drogas usadas para tratar o distúrbio contribuam para alguns dos sintomas observados (veja a p. 614-615).

1 *Processamento perceptivo deficiente.* Os esquizofrênicos podem não perceber o mundo ou a si mesmos com exatidão ou responder a aspectos menores ou parciais de situações ou experiências totalmente não relacionadas (Shakow, 1979). Vítimas desses distúrbios têm problemas em concentrar a atenção. Muitos se sentem bombardeados com impressões sensoriais. Um esquizofrênico observou: "Não posso me concentrar na televisão porque não consigo ver a tela e ouvir o que está sendo dito ao mesmo tempo. Parece que não consigo receber duas coisas como essas ao mesmo tempo, principalmente quando uma delas significa ver e a outra, ouvir. Mas pareço estar sempre recebendo demais de uma vez, e então não consigo lidar com isso e entender isso" (McGhie & Chapman, 1961, p. 106).

2 *Pensamento desorganizado.* Os esquizofrênicos têm, comumente, problemas em associar pensamentos e resolver problemas de maneira lógica. Suas idéias podem mudar rapidamente de um tópico para outro, tornando a fala quase incompreensível. Nas palavras de um esquizofrênico: "Meus pensamentos ficam misturados. Começo a pensar ou conversar sobre alguma coisa, mas nunca chego lá. Em vez disso, vagueio na direção errada e torno-me presa de todos os tipos de coisas diferentes que podem estar ligadas às coisas que quero dizer" (McGhie & Chapman, 1961, p. 108).

3 *Distorções emocionais.* Os esquizofrênicos freqüentemente mostram problemas emocionais. Alguns são incapazes de sentir prazer e parecem deprimidos. Alguns mostram o que é chamado *embotamento afetivo* ou apatia (desinteresse pelo que está ocorrendo à sua volta). As emoções dos outros são *diminuídas* (Breier *et al.*, 1985); embora eles experienciem diferentes sentimentos, todos tendem a ser reduzidos em intensidade. A ansiedade e a ambivalência (sentimentos fortemente contraditórios) são comuns. As reações altamente inadequadas também são características. Um esquizofrênico explicou: "Você vê, eu poderia estar conversando sobre alguma coisa bem séria com você, mas outras coisas engraçadas me vêm à cabeça ao mesmo tempo, e isso me faz rir" (McGhie & Chapman, 1961, pp. 109-110).

4   Ilusões e alucinações. Ilusões (crenças grosseiramente imprecisas) e alucinações (sensações sem base na realidade) são quase sempre vistas na esquizofrenia. Freqüentemente são fragmentadas e peculiares (bizarras), evidência de que os pensamentos, percepções e sentimentos do paciente estão em desordem. Uma ilusão muito comum, a *transmissão de pensamentos*, refere-se à crença de que o conteúdo da mente está sendo divulgado a todos à sua volta. Nas palavras de um paciente: "Quando penso, os pensamentos saem da cabeça em um tipo de fita mental. Todos em volta só precisam passar a fita pela mente deles para saber o que estou pensando" (Mellor, 1970, p. 17). Alucinações auditivas são o tipo mais comum. Uma paciente ouviu uma voz vindo da rua, descrevendo em um tom monótono tudo o que ela estava fazendo, juntamente com comentários críticos. "Ela está descascando batatas; pegou a que tem mais casca; não quer aquela batata; está separando-a porque acha que tem um calombo, como um pênis; ela tem a mente suja; está descascando batatas; agora está lavando-as..." (Mellor, 1970, p. 16).

5   Fuga da realidade. Os esquizofrênicos freqüentemente se sentem indiferentes e apáticos ao mundo real e preocupados com suas fantasias interiores e experiências particulares. Eis a descrição de um esquizofrênico sobre sua experiência: "Não podemos enfrentar a vida como ela é, nem podemos escapar dela ou nos ajustarmos a ela. Então recebemos o poder de criar um tipo de mundo com o qual podemos lidar. Os mundos criados são tão variados quanto as mentes existentes para criá-los. Cada um é estritamente privado e não pode ser compartilhado pelos outros. É muito mais real que a realidade [...]. Há uma vivacidade — uma estridência —, uma intensidade aguda que se irradia pela consciência e é tão mais convincente que o limite cego da razão" (Jefferson, 1948, pp. 51-52).

6   Comportamento bizarro e pertubações da linguagem. O comportamento do esquizofrênico é estranho e às vezes inesperado. Inclui movimentos pausados, abruptos e lentos e posturas, gestos e maneirismos incomuns. As pessoas também podem vestir-se excentricamente. As qualidades do maníaco mostradas pelo homem na Figura 13.3 são vistas em muitas vítimas. A linguagem pode ser tão perturbada quanto o comportamento. Alguns esquizofrênicos tornam-se mudos ou conversam minimamente, outros divagam quase continuamente. Embora a conversa possa ser coerente, é freqüentemente confusa e incompreensível. Respondendo à pergunta "Por que você está em um hospital?", um esquizofrênico disse: "Sou doador de cortes, doados por duplo sacrifício. Tenho dois dias para todos. Isso é conhecido por duplo sacrifício; em outras palavras, doador-padrão de corte. Consideramos isso, entende. Ele não poderia ter nada para o corte, ou para esses pacientes" (Martin, 1981, p. 227).

7   Noção do self *perturbada*. Comumente, as pessoas têm uma noção de si mesmas como indivíduos únicos com uma direção particular na vida. Os esquizofrênicos freqüentemente se sentem perplexos com a própria identidade; e muitos se sentem impulsionados por forças externas. Um paciente explicou: "O impulso repentino tomou conta de mim, e preciso fazer isso [esvaziar o conteúdo de uma garrafa de urina sobre o carrinho de jantar da enfermaria]. Não era meu sentimento; veio para mim do departamento de raio X; é por isso que fui mandado lá para implantes ontem. Isto não tem nada a ver comigo, eles queriam que isso fosse feito" (Mellor, 1970, p. 18).

8   Inadequações da volição (*controle*). Ações auto-indicadas, dirigidas para objetivos, geralmente estão ausentes. A pessoa é incapaz de dominar o interesse ou o impulso para manter um curso de ação — seja emprego, projeto ou *hobby*.

Incidência e Curso da Esquizofrenia

De uma região para outra em todo o mundo, os índices de esquizofrenia variam de menos de 1% a 3% (Cooper, 1978). Nos Estados Unidos, 1 em cada 100 pessoas mostra sinais de distúrbio esquizofrênico (Regier *et al.*, 1984). Na população residente de hospitais mentais, entretanto, os esquizofrênicos correspondem a 50% (Taube & Redick, 1973).

A esquizofrenia geralmente aparece primeiro durante a adolescência ou início da idade adulta. Quando esta condição desenvolve-se ao longo de muitos anos, é conhecida por *esquizofrenia de processo*. Os esquizofrênicos de processo provavelmente sempre estiveram doentes, isolados e desajustados. Os sintomas são geralmente debilitantes e a recuperação total é improvável. A esquizofrenia é chamada *reativa* quando aparece de repente, desencadeada pelo estresse. Elementos de revolta emocional intensa e confusão podem ser pronunciados. A esquizofrenia reativa é comparativamente moderada e as chances de recuperação são relativamente altas.

A esquizofrenia tende a ser recorrente. Dois anos depois de uma alta inicial de um hospital, cerca de 50% dos esquizofrênicos são novamente internados em instituições para novos cuidados (Gunderson et al., 1974). A maioria dos pacientes que estão em condições de ser tratados em comunidade pode sentir uma recaída iminente — monitorando a ansiedade e os distúrbios no pensamento (Heinrichs, 1984; Herz, 1984). No presente, recaídas nem sempre são evitáveis (veja o Capítulo 14).

Em virtude da natureza recorrente da esquizofrenia, os clínicos enfatizaram a deterioração e incapacitação contínuas. Entretanto, estudos recentes de longo prazo (acompanhando o progresso de um paciente durante 30 anos) verificaram que 50% a 80% dos ex-pacientes esquizofrênicos crônicos conseguem pelo menos um ajustamento marginal. Esses pacientes têm apenas algumas poucas readmissões hospitalares, trabalham (geralmente em empregos modestos) e mantêm contatos sociais (Ciompi & Muller, 1977; Harding et al., 1985; Tsuang, 1980). Uma minoria de esquizofrênicos (estima-se uma variação de 8% a 33%) recupera-se inteiramente (McGlashan, 1984; Harding et al., 1985; Morrison et al., 1973).

Subtipos de Esquizofrenia

Não apenas os esquizofrênicos diferem uns dos outros, mas também o mesmo indivíduo pode comportar-se de maneiras radicalmente diferentes ao longo de um único dia. O observador provavelmente verá sinais de psicose em algumas ocasiões e conduta relativamente normal em outras. Durante episódios psicóticos, alguns esquizofrênicos apresentam grupos bastante consistentes de sintomas, chamados *subtipos*. Estes incluem esquizofrenias paranóides, catatônicas e desorganizadas. Mais ou menos um em cada quatro pacientes, entretanto, não se enquadra em algum subtipo e é rotulado de *esquizofrênico indiferenciado* (Romano, 1977).

Esquizofrenia Paranóide

Cerca de um terço dos esquizofrênicos é diagnosticado como paranóide (Romano, 1977). Os aspectos essenciais desse subtipo são ilusões e alucinações pronunciadas sobre perseguição ou grandiosidade que dominam a atenção da pessoa. *Ilusões de perseguição* podem ser vívidas e bizarras (Kisker, 1972, p. 314): "Querem me amarrar sob uma ponte e então roubar meus móveis"; "O treinador do time de beisebol tentou me passar sífilis colocando germes em meu sanduíche". Os esquizofrênicos paranóides reagem à perseguição, percebida por eles, com raiva, argumentações e, às vezes, violência.

Juntamente com idéias persecutórias, os esquizofrênicos paranóides freqüentemente têm *ilusões de grandeza* (como em episódios maníacos). Um esquizofrênico paranóide pode sentir que é a pessoa mais rica do mundo, o rei da Inglaterra, ou Jesus Cristo. É comum alucinações vívidas auditivas e visuais reforçarem essas ilusões. As *idéias de referência*, imaginações de que eventos naturais ou impessoais são comunicações pessoais, também apóiam as ilusões. Por exemplo, uma tosse ou uma tempestade podem ser interpretadas como uma mensagem dizendo que os comunistas invadirão Nova York.

Apesar de tais idiossincrasias extremas, muitos esquizofrênicos paranóides são suficientemente responsivos à realidade para sobreviver na comunidade, como é o caso de Mel.

Solteiro, 45 anos de idade, Mel morava sozinho em uma sala alugada. Ele gastou o dinheiro de sua pensão, assim que o cheque chegou, em livros, suprimentos para desenho e doces. Ele conseguia viver sem muitas "necessidades": não tinha guarda-chuva nem casaco de inverno. Além disso, ele passava dias sem comer nada, exceto barras de chocolate. Seus prazeres eram simples: acender fósforos e vê-los queimar, fazer esboços, dar uma olhada em livrarias e conversar com estudantes em cafeterias. Mel descrevia-se como inventor *free-lance*, cientista, matemático e filósofo. Ele havia orientado Einstein, fizera pronunciamentos às Nações Unidas e fora consultor de uma longa lista de chefes de Estado estrangeiros e americanos e de uma série de corporações multinacionais. A televisão em cores e o abridor de latas elétrico estavam entre suas muitas invenções. E estava prestes a descobrir a cura para o câncer de fígado. Apesar das aparências em contrário, suas invenções fizeram-no rico, muitas vezes milionário. Mas a vida dele não era tranqüila, confidenciou ele. Vários senadores invejosos estavam querendo trancá-lo em um hospital mental.

Esquizofrenia Catatônica

Ataques de esquizofrenia catatônica geralmente ocorrem de repente e repetidamente no decorrer de muitos anos. O aspecto distintivo é o comportamento motor bem peculiar. Às vezes, pacientes catatônicos reagem com entusiasmo, frenesi, hiperatividade, loquacidade e, ocasionalmente, violência. Na maioria das vezes, estão em estupor: passivos e não comunicativos. Podem também alternar entre os dois extremos. Auto-relatos, como o seguinte, sugerem que o estupor mascara experiências ilusórias e alucinatórias intensas (Luce, 1971, pp. 245-246): "No estupor, muitos eventos estranhos entram na alma. A alma está encantada... Para que o sol brilhe, a alma deve ter problemas psíquicos, o problema deve corresponder em força, proporcionalmente à força do sol... Se você faz uma pergunta simples, eu a ouço, mas é como se viesse de fora da sala. As pessoas ajudam, mas as pessoas se transformam em palavras, e de palavras em filmes cinematográficos...". Os catatônicos apresentam outro sintoma bizarro, *rigidez catatônica*. Como manequins, eles mantêm os membros em posições imóveis durante minutos e mesmo horas. (Veja a Figura 13.9.)

Embora a esquizofrenia catatônica seja raramente vista hoje, costumava ser muito mais comum. Apenas 3% dos esquizofrênicos em um estudo foram diagnosticados como catatônicos (Romano, 1977).

Esquizofrenia Desorganizada

E*squizofrênicos desorganizados* ou *hebefrênicos* apresentam comportamento marcantemente deteriorado, peculiar e infantilizado. Um adulto do sexo masculino masturbava-se em público, colocava matéria fecal na boca e amarrava fitas em volta dos sapatos, enchia as narinas de papel higiênico, molhava as calças e conversava de maneira ininteligível — enquanto sorria de maneira tola, vaga (Rimm & Somervill, 1977). A tolice caracteriza o comportamento geral dos esquizofrênicos desorganizados (veja a Figura 13.10.) Eles sorriem abertamente, fazem poses, gestos e caretas. Freqüentemente, passam horas conversando alto consigo mesmos ou com companheiros imaginários. A fala tende a ser incoerente, provavelmente porque eles são muito confusos. Ao contrário do esquizofrênico paranóide, que tem pensamentos relativamente claros, os pacientes desorganizados raras vezes são orientados precisamente para informações básicas — quem, o que, onde, quando, como e por quê. Da mesma forma, as alucinações e ilusões são desconexas e inacreditáveis. O diálogo a seguir ilustra alguns desses traços:

FIGURA 13.9 Este homem, diagnosticado como esquizofrênico catatônico, permanece imóvel nessa postura durante a maior parte das horas em que está acordado. Enquanto estão em surto, os pacientes catatônicos são mudos e não respondem ao que está ocorrendo à sua volta. Ataques catatônicos repentinos assemelham-se à imobilidade tônica, estados sem movimento que certos animais podem manter durante horas quando ameaçados pelo estresse (Gallup & Maser, 1977). (Bill Bridges/Globe Photos.)

Dr.: Quando você veio aqui?

Paciente: *Em 1416. Você lembra, doutor (risada tola).*

Dr: Você sabe por que você está aqui?

Paciente: *Bem, em 1951 me transformei em dois homens. O presidente Truman foi juiz em meu tribunal. Fui condenado e enforcado (risada tola). Meu irmão e eu recebemos nossos corpos normais cinco anos atrás. Sou uma policial. Tenho um ditafone escondido em minha pessoa.*

Dr.: Você pode me dizer o nome deste lugar?

Paciente.: *Não fui bêbado por 16 anos. Estou descansando mentalmente depois de uma atribuição de "dirigir carrinhos" ou "penas"...*

Como a esquizofrenia catatônica, a esquizofrenia desorganizada é rara: em uma amostra de esquizofrênicos, apenas 1% foi diagnosticado como esquizofrênico desorganizado (Romano, 1977).

FIGURA 13.10 Um sorriso tolo e inapropriado caracteriza o esquizofrênico desorganizado. (Mary Ellen Mark/Archive Pictures.)

Esquizofrenia Residual

Quando as pessoas têm pelo menos um episódio prévio de esquizofrenia com sintomas psicóticos proeminentes, mas estão apresentando apenas sinais moderados (por exemplo, comportamento excêntrico, isolamento, respostas emocionais inapropriadas, pensamento ilógico), diz-se que apresentam o *tipo residual* de esquizofrenia. Grande parte da população esquizofrênica enquadra-se nesta descrição.

Causas das Esquizofrenias

Um modelo tal como aquele que explica as origens de distúrbios afetivos provavelmente se prova frutífero para compreender as raízes das esquizofrenias. Genes ou ambiente podem alterar os mecanismos neurais e a química cerebral e gerar nas pessoas predisposição a sintomas esquizofrênicos. Agentes estressores psicossociais e físicos também podem contribuir.

O Papel da Hereditariedade

Hoje, poucos cientistas duvidam de que a hereditariedade desempenha um papel no desenvolvimento de pelo menos alguns distúrbios esquizofrênicos. A evidência vem de diversas fontes (Diederen, 1983; Gottesman & Shields, 1982; Kendler et al., 1985). Uma fonte são estudos de famílias. Os parentes de esquizofrênicos têm probabilidade significativamente maior (pelo menos 18 vezes) de ser afligidos por este distúrbio do que membros da população escolhidos aleatoriamente. Em geral, quanto mais próximo o relacionamento genético, maior a probabilidade de dois indivíduos serem semelhantes, ou *concordantes*, com respeito à esquizofrenia. Gêmeos idênticos (monozigóticos), por exemplo, têm uma freqüência de concordância cinco vezes maior para o distúrbio que os fraternos (dizigóticos). Formas mais moderadas de esquizofrenia, que são de três a dez vezes mais comuns do que as formas severas descritas neste capítulo, também são especialmente prevalentes entre parentes de esquizofrênicos (Kendler et al., 1985; Wender & Klein, 1981).

Os estudos de famílias não são conclusivos porque confundem influências ambientais com hereditárias. Quanto mais semelhantes geneticamente forem as pessoas, maior a probabilidade de elas serem expostas a pressões comuns, estresses, dificuldades, rotinas e relacionamentos comuns. Evitando esse problema, estudos de adoção oferecem evidências mais confiáveis. Paul Wender, Seymour Kety e colaboradores (1974) estudaram indivíduos que foram permanentemente separados dos pais biológicos bem cedo (em média, nos primeiros seis meses) e criados por pais adotivos sem parentesco algum. Eles se concentraram na capacidade de duas condições antecedentes preverem o desenvolvimento de comportamento esquizofrênico: (1) ser nascido de pai esquizofrênico e (2) ser nascido de pai não esquizofrênico, mas criado por um pai esquizofrênico (padrasto ou madrasta).

O acesso a extensos registros dinamarqueses permitiu que Wender e colaboradores selecionassem pessoas com descendência apropriada. Os participantes de cada grupo foram cuidadosamente selecionados por idade, sexo, idade de adoção e outras características importantes. Um examinador experiente entrevistou e diagnosticou cada adotado durante a idade adulta, sem saber de sua história. Como você pode ver na Tabela 13.3, a hereditariedade revelou-se o melhor previsor de sintomas esquizofrênicos. O fato de ser criado por pais com um diagnóstico esquizofrênico não aumentou significativamente a probabilidade do distúrbio.

TABELA 13.3 Um estudo da base genética de esquizofrenia no caso de adoção.

Os Registros Continham um Diagnóstico de Esquizofrenia ou Algo Similar?			
Grupo	Pais Biológicos	Pais Adotivos	Porcentagem de Adotados Esquizofrênicos
I	Sim	Não	18,8
II	Não	Não	10,1
III	Não	Sim	10,7

Fonte: Adaptada de Wender et al., 1974.

Não se sabe precisamente como os genes contribuem para distúrbios esquizofrênicos. Inúmeros mecanismos genéticos diferentes têm probabilidade de ser envolvidos (Henderson, 1982). De acordo com a *hipótese de diátese-estresse* (veja a p. 551), profissionais da área de saúde mental suspeitam de que muitos esquizofrênicos herdam uma predisposição ou vulnerabilidade, uma *diátese*. A doença, supõe-se, desenvolve-se plenamente sob circunstâncias adversas.

Mecanismos Bioquímicos e Neurais

Se a esquizofrenia tem base genética, deve ser expressa por meio de mecanismos bioquímicos e neurais que alteram o *hardware* da mente. Os estudos mais cuidadosos sugerem que uma minoria de pacientes (talvez até um terço) mostra anormalidades cerebrais substanciais (Bogerts et al., 1985; Seidman, 1983; Weinberger, 1982). Atrofia cortical e fluxo sangüíneo e uso de energia abaixo do normal, principalmente nos lobos frontal e temporal e regiões límbicas, são descobertas consistentes (Berman et al., 1985; Torello et al; 1985; Wolkin et al., 1985). Esses defeitos freqüentemente aparecem cedo na vida dos pacientes, antes de tratamentos intensivos em instituições. Há mesmo evidência de que as funções cerebrais são perturbadas antes de quaisquer sintomas desenvolverem-se. Quando pessoas com alto risco para esquizofrenia processam informações, as respostas neurais e neurológicas de muitos parecem ser incomuns ou problemáticas (Friedman et al., 1982; Marcus et al., 1985). [Populações de alto risco consistem de pessoas com um ou dois pais esquizofrênicos. Cerca das 15% das pessoas com um pai esquizofrênico e 45% daquelas com pai e mãe esquizofrênicos acabarão apresentando sintomas (Fisher & Gottesman, 1980).]

Além de analisar as propriedades anatômicas e fisiológicas que poderiam estar subjacentes à esquizofrenia, cientistas também estão examinando mecanismos bioquímicos. A *hipótese dopamina* sugere que a atividade excessiva de dopamina dentro de circuitos cerebrais específicos (alguns nas regiões frontais e límbicas) está no cerne de muitos distúrbios esquizofrênicos. Há muito apoio para esta idéia (Creese, 1984; Crow et al., 1982; Davis et al., 1985; Henn, 1982; Wolkin et al., 1985):

1 As *drogas neurolépticas*, as quais freqüentemente aliviam sintomas esquizofrênicos, bloqueiam certas células que recebem dopamina e reduzem a transmissão de impulsos nessas vias cerebrais (Creese, 1984). Quanto mais efetivamente uma medicação específica inibe a ação da dopamina, mais provável será sua ação terapêutica contra os sintomas.

2 Um efeito da droga da família das anfetaminas é tornar a dopamina mais disponível e piorar os sintomas de esquizofrenia. Em grandes doses, as anfetaminas podem criar uma reação psicótica em pessoas normais e em outros animais, a qual se assemelha bastante à esquizofrenia paranóide. Alguns dos remédios que melhoram mais os sintomas esquizofrênicos induzidos pela anfetamina são também os mais úteis para aliviar episódios esquizofrênicos reais.

3 Estudos *post-mortem* encontraram níveis aumentados de dopamina ou sensibilidade aumentada à dopamina em certas áreas cerebrais receptivas em esquizofrênicos.

A dopamina em excesso pode levar alguns à esquizofrenia, mas provavelmente não é a única causa (Crow et al., 1982; Green & Costain, 1981; Henn, 1982; Kokkinidis & Anisman, 1980; McGeer & McGeer, 1980; Seidman, 1983). Algumas características da esquizofrenia (movimentos mais lentos, inação) são mais consistentes com atividade dopamínica diminuída, e não aumentada (veja a p. 67). Além disso, as anfetaminas na verdade ajudam alguns esquizofrênicos, e os neurolépticos não funcionam para todos eles (Baldessarini, 1985; Davis et al., 1985). Essas contradições são menos angustiantes, em vista do fato de que os circuitos de dopamina ocorrem de várias formas e interagem com outros sistemas transmissores e com outras químicas cerebrais. Considera-se que a norepinefrina, a serotonina e as endorfinas estão centralmente envolvidas (Iadarola et al., 1985; Ko et al., 1985; Pickar et al., 1982). A patologia principal nas diferentes esquizofrenias pode estar subjacente a qualquer um desses sistemas de interação.

O Papel do Ambiente
Se a esquizofrenia fosse totalmente determinada pela hereditariedade, então gêmeos idênticos seriam portadores do distúrbio em 100% das vezes. O fato de eles serem semelhantes apenas na metade das vezes sugere que o ambiente também é influente.

Tanto os psicólogos psicanalistas quanto os behavioristas supõem que a vida familiar contribui para o distúrbio. Os freudianos atribuem a esquizofrenia a uma regressão à fase oral, em um período antes de o ego se separar do id. Não dispondo de um ego para testar a realidade, a vítima perde contato com o mundo e torna-se totalmente auto-absorvida. Conflitos inconscientes intensamente angustiantes com impulsos agressivos ou sexuais que despertam ansiedade ou interações hostis com pais são responsáveis pela regressão. Psicólogos behavioristas também focalizam as famílias, mas enfatizam a aprendizagem. Alguns supõem que o paciente via modelos "loucos" ou recebia reforço dos membros da família para se afastar de pessoas e portar-se de maneira "maluca".

Há evidências para a idéia psicanalítica de que estresses familiares podem contribuir para o eventual aparecimento de distúrbios esquizofrênicos. Pesquisadores verificaram que adolescentes perturbados tinham probabilidade nove vezes maior de desenvolver sintomas esquizofrênicos quando vinham de lares em que ambos os pais foram avaliados como altamente críticos e hostis e excessivamente envolvidos do ponto de vista emocional na vida do adolescente, em comparação a lares em que essas características em ambos os pais foram avaliadas como fracas. Quando as classificações eram elevadas para um dos pais e baixas para o outro, a incidência de distúrbios esquizofrênicos residia em algum lugar entre os dois extremos (Norton, 1982). Crítica, hostilidade e envolvimento excessivo tornam intensamente dolorosos os encontros face a face (Valone et al., 1984). Outros estudos relacionam distúrbios extremos nos pais ao desenvolvimento de sintomas esquizofrênicos no filho, anos depois (Mednick et al., 1978). A patologia severa em pais e filhos poderia ser o resultado de uma forte propensão genética. Ao mesmo tempo, a patologia paterna torna os modelos de papel mais pobres e gera mais estresse nos filhos.

O clima emocional familiar também pode influenciar o curso de um distúrbio esquizofrênico (Falloon et al., 1985; Leff & Vaughn, 1985; Pogue-Geile & Rose, 1985). Quando pacientes esquizofrênicos voltam aos lares em que os parentes parecem críticos, hostis e excessivamente envolvidos do ponto de vista emocional, apresentam um risco quase quatro vezes maior de recaída durante os primeiros nove meses de estada. Aqueles que recebem apoio da família parecem sujeitos a um período menor de reinternação até um ano mais tarde (Spiegel & Wissler, 1984).

Eventos ambientais fisiológicos podem ainda contribuir para as esquizofrenias. Lesão cerebral ocorrida cedo na vida, em consequência de gravidez ou complicações de parto, pode se associar a propensões genéticas para produzir o distúrbio, conforme sugerido por inúmeros estudos (Beuhring et al., 1982; Guy et al., 1983; Scheibel & Kovelman, 1981; Yang et al., 1976). Quando os filhos de pais esquizofrênicos sofrem lesões pré-natais e de nascimento e mais tarde tornam-se psicóticos, a probabilidade de terem o sistema nervoso autônomo super-reativo e tornarem-se excessivamente emotivos quando estressados é extremamente alta (Beuhring et al., 1982). Essas características poderiam motivar defesas de tipo esquizofrênico (como ter pensamentos irrelevantes ou desempenhar algum ritual) em caso de tensão.

Em alguns casos de esquizofrenia, fatores hereditários podem interagir com os psicológicos e biológicos. Essa idéia é apoiada por pesquisa feita no National Institute of Mental Health, que examinou gêmeos monozigóticos que eram discordantes para esquizofrenia (Pollin & Stebenau, 1968). Os membros esquizofrênicos de pares de gêmeos eram diferentes dos irmãos — mostravam mais sinais de danos neurológicos no nascimento e durante a fase adulta. Os gêmeos afetados também sofriam mais psicologicamente. Em virtude da lesão cerebral, talvez, os pais achavam os filhos, os quais futuramente tornaram-se pacientes, menos atraentes e mais exigentes e tratavam-nos com maior hostilidade e ambivalência. Interações mutuamente reforçadoras e "espiralizantes", além de predisposição genética, lesões físicas e estresse psicológico, pareciam responsáveis pela esquizofrenia nesses pares de gêmeos discordantes.

A hereditariedade nem sempre pode desempenhar um papel básico nas esquizofrenias (Preble & Torrey, 1985; Solomon, 1981; Torrey et al., 1982). Há evidências de que a lesão cerebral devida ao nascimento ou a complicações pré-natais, vírus ou anormalidades nutricionais pode ser central em alguns casos.

DISTÚRBIOS DE PERSONALIDADE

Os *distúrbios de personalidade* referem-se a conjuntos de traços profundamente arraigados, inflexíveis e inadaptados. Tipicamente, os traços são reconhecíveis próximo à adolescência e persistem por toda a fase adulta. As pessoas com *distúrbio de personalidade de esquiva* são supersensíveis à possibilidade de rejeição ou humilhação, então raramente se envolvem em relacionamentos, apesar de seu desejo de afeto e aceitação. Indivíduos com o *distúrbio de personalidade compulsiva* são perfeccionistas, dedicados ao trabalho e à produtividade, mas são incapazes de sentir prazer ou expressar afeto. As pessoas com *distúrbio de personalidade passivo-agressiva* resistem a demandas de desempenho adequado no lar ou no trabalho, usando táticas como protelar, vadiar, ser ineficiente intencionalmente e esquecer-se. Em cada distúrbio de personalidade, há funcionamento prejudicado no emprego e no meio social e sofrimento. O exame do distúrbio de personalidade anti-social será nossa principal ilustração.

Sintomas de Distúrbio de Personalidade Anti-social

As pessoas com *distúrbio de personalidade anti-social* (também chamada de *psicopatia* ou *sociopatia*) são distinguidas por uma longa história de comportamento anti-social, que começa antes dos 15 anos. Mentira, roubo e vadiagem são típicos na pré-adolescência. Na adolescência, há agressão, excessos sexuais e abuso de drogas e álcool. Durante a fase adulta, esses antigos padrões continuam e outros aparecem: fracassos no trabalho, no casamento e na paternidade.

Além do comportamento anti-social, os psicopatas não demonstram noção alguma do certo e do errado. Como característica, eles esquematizam, manipulam e aprendem a obter o que desejam dos outros, sem considerar os direitos ou sentimentos de ninguém. Esse estilo de interagir reflete falta de consideração pelos seres humanos e resulta na incapacidade de manter vínculos íntimos, afetivos e recíprocos. Outro aspecto que caracteriza o psicopata é a impulsividade. Ele age em função da gratificação imediata de caprichos momentâneos. Um psicopata, por exemplo, vendeu o carburador do carro do tio e o casaco do pai, quando nenhum deles estava por perto, só para conseguir uns trocados (Cleckley, 1964). Comumente, as pessoas aprendem a protelar prazeres quando esses estão em conflito com princípios morais. A atitude ao ser flagrado também é característica. Os psicopatas raramente se esforçam para esconder suas ações e parecem conhecer claramente as conseqüências. Quando pegos e punidos, não se arrependem e continuam se envolvendo na mesma conduta que os pôs em má situação.

Os psicopatas apresentam dois padrões característicos de personalidade (Schalling, 1978). Alguns são descritos como inteligentes, charmosos, atraentes, inconseqüentes, desprovidos de objetivos, impulsivos e orientados para o presente. Outros são caracterizados como um tanto psicóticos, desconfiados, apáticos e quase totalmente insensíveis.

Em que medida o distúrbio de personalidade anti-social é comum? Os elaboradores do DSM-III consideram que esse distúrbio é típico em 3% dos homens e em menos de 1% das mulheres nos Estados Unidos. Uma pequena porcentagem de psicopatas acaba em hospitais e clínicas mentais (geralmente, por causa de encaminhamentos de tribunais) e uma porcentagem maior acaba em prisões. (Nota: Muitos criminosos não têm distúrbio de personalidade anti-social.) Nem todos os psicopatas envolvem-se em problemas. Alguns, acredita-se, fazem carreiras brilhantes de sucesso nas áreas militar ou de negócios (Harrington, 1972). (Veja a Figura 13.11.)

Donald S. apresentava os aspectos característicos do distúrbio de personalidade anti-social (Harem 1970, pp. 1-4). Aos 30 anos, havia acabado de cumprir uma pena de três anos na prisão por fraude, bigamia e falsa identidade e por escapar da custódia legal.

FIGURA 13.11 O Marechal de campo nazista, Hermann Goering, apresentava traços de personalidade anti-social (Bluemel, 1948). Buscando continuamente estimulação, ele tornou-se um piloto ousado na força aérea, mantinha um zoológico pessoal, comia e bebia como glutão e vestia-se com pompa e luxo. Reconhecidamente inconsciente, era impulsionado pela "missão" de exterminar. Ordenava a seus homens que atirassem primeiro e depois perguntassem; ele introduziu a idéia do campo de concentração e foi responsável por muitos atos de selvageria. Como é característico de inúmeros psicopatas, os relacionamentos pessoais de Goering eram considerados geniais, generosos e de boa natureza. (Bettmann Archive.)

*D*onald foi considerado uma criança difícil e voluntariosa por vários motivos [...]. Seu comportamento na presença de um professor ou alguma outra autoridade geralmente era muito bom, mas, quando estava sozinho, em geral metia-se em encrencas (quando não arranjava encrencas para os outros). Embora freqüentemente suspeitassem que ele fosse o culpado, conseguia livrar-se da dificuldade.

O mau comportamento de Donald quando criança assumia várias formas — mentir, colar, praticar pequenos furtos e maltratar crianças menores. À medida que crescia, ficava cada vez mais interessado por sexo, jogos e álcool [...]. Quando tinha 17 anos, Donald [...] falsificou o nome do pai em um cheque e passou cerca de um ano viajando pelo mundo. Aparentemente, vivia bem, usando uma combinação de charme, atração física e identidade falsa para se manter. Ao longo dos anos, teve uma sucessão de empregos, nunca parando em nenhum deles por um período superior a alguns meses. Nessa época, foi acusado de vários crimes, incluindo furto, embriaguez em local público [e] assalto [...]. As experiências sexuais [de Donald] eram freqüentes, casuais e frias. Aos 22 anos, casou-se com uma mulher de 41 anos que conheceu em um bar. Vários outros casamentos se seguiram, sempre em bigamia. Em cada caso, o padrão era o mesmo: casava-se com alguém por impulso, deixava que a mulher o sustentasse por vários meses e então a abandonava [...].

É interessante notar que Donald não via nada particularmente errado em seu comportamento nem expressava remorso ou culpa por usar os outros e causar-lhes sofrimento. Embora seu comportamento fosse autodestrutivo a longo prazo, ele considerava isso prático e sensato.

Causas do Distúrbio de Personalidade Anti-social

Como com outros distúrbios complexos, o comportamento psicopata parece resultar de interações entre influências psicossociais e fisiológicas. A adoção e estudos com gêmeos sugerem que a hereditariedade desempenha um papel nesse problema, mas ninguém sabe exatamente qual (Eysenck & Eysenck, 1978; Schulsinger, 1972). Diversas características biológicas comuns entre psicopatas podem ter origem genética. Muitos psicopatas mostram tipos de atividade cerebral e irregularidades cardíacas que sugerem que as respostas do sistema nervoso autônomo (SNA) são fracas (Hare, 1978). Um SNA que reage pouco poderia tornar um indivíduo relativamente imune à estimulação sensorial. Os "jogos" perigosos e irresponsáveis em que os psicopatas se engajam podem ser motivados, então, pelos desejos intensos de obter experiências sensoriais. Uma resposta fraca do SNA poderia, ainda, produzir uma outra característica psicopata, a incapacidade de sentir agudamente dor ou ansiedades. Presume-se que esse traço dificulte a aquisição dos medos que restringem atitudes erradas e sentimentos de culpa e arrependimento.

O problema do psicopata com impulsos inibidores também pode ter base genética (Newman *et al.*, 1985). Os assassinos psicopatas tendem a mostrar níveis relativamente baixos do neurotransmissor serotonina, uma deficiência que possivelmente é herdada (Linnoila *et al.*, 1983). Anteriormente, foi mencionado que este déficit bioquímico associava-se à violência impulsiva contra si próprio ou os outros. Há também evidências de que o hemisfério esquerdo do cérebro do psicopata é pouco estimulado, fraco e não especializado (Hare & McPherson, 1984). As pesquisas hemisféricas (veja a p. 79) sugerem que essa característica poderia predispor o psicopata a estratégias que dependem da emoção e intuição, em vez da lógica.

Forças culturais provavelmente modelam a síndrome da personalidade anti-social. Como Robert Smith (1978, p. 77) observou, as pessoas em sociedades industriais modernas freqüentemente admiram e recompensam aqueles com inclinações psicopatas: "Fora estão estrelas milionárias, heróis empresariais como Bernard Kornfeld e homens como o ex-presidente Nixon e sua equipe, que representam a realidade que conta [...]. [Muita gente concorda com esta filosofia:] Por que não jogar de acordo com as engraçadas regras institucionais, se isso satisfizer as estúpidas autoridades e permitir que se volte para onde o mundo está esperando por um operador realmente poderoso?"

Outras forças ambientais provavelmente são influentes. Os teóricos psicanalistas acreditam que os psicopatas sentem conflitos inconscientes que os impedem de se identificar com o pai de mesmo sexo e de incorporar padrões morais. Os psicólogos behavioristas vêem o comportamento psicopata como aprendido. A tese da aprendizagem é apoiada pelas pesquisas de Lee Robins e colaboradores (1979), que estão acompanhando amostras de crianças com alto risco de psicopatia durante toda a adolescência e fase adulta. Os investigadores identificaram três condições no histórico de infância dos participantes do experimento, os quais são consistentes com a explicação behaviorista.

1 Uma vez que os pais de psicopatas são freqüentemente anti-sociais, a observação e a imitação de um pai explorador poderiam estar envolvidas. A semelhança entre pai e filho também apóia uma explicação genética.

2 Os psicopatas têm probabilidade de ter recebido pouca disciplina ou disciplina inconsistente disciplina quando crianças. Ambas as práticas de criação teriam probabili- dade de produzir crianças sem idéias claras sobre o certo e o errado.

3 Os psicopatas apresentam uma variedade de problemas de comportamento desde cedo. Detestam a escola, não conseguem aprender, portam-se mal na classe, brigam no pátio e são vadios. Os problemas na escola provavelmente contribuem para conflitos em casa. Para enfrentar todos esses embaraços, as crianças podem aprender a ser manipuladoras.

Combinações variadas de influências biológicas e psicossociais provavelmente entram nos diferentes casos de distúrbio de personalidade anti-social.

DISTÚRBIOS NA INFÂNCIA, PRÉ-ADOLESCÊNCIA E ADOLESCÊNCIA

Algumas síndromes de comportamento desajustado podem aparecer em qualquer período durante o ciclo de vida. Como os adultos, as crianças podem desenvolver sinais de distúrbios depressivos, orgânicos e de personalidade, somatizações, ansiedades e dependência de drogas. Certos padrões anormais sempre se desenvolvem cedo no ciclo de vida. O que chamamos *retardo mental* (veja a p. 308) é evidente desde muito cedo. Também visível precocemente é o *distúrbio de déficit de atenção com hiperatividade*, a movimentação excessiva, associada à dificuldade para se concentrar e à impulsividade. Alguns problemas, como os distúrbios de alimentação *anorexia nervosa* e *bulimia* (veja a p. 338), provavelmente emergem durante a adolescência.

Os distúrbios de desenvolvimento podem ser específicos e restritos a um único domínio (incapacidade de aprender a ler ou enurese noturna, por exemplo) ou extensos e profundos, afetando o desenvolvimento de diversas funções psicológicas básicas. Nesta seção final, descreveremos o autismo infantil, um distúrbio psicótico profundo. Embora raro (de 2 a 4 casos por 10.000 membros da população americana), é de grande interesse em virtude da semelhança com a forma adulta de esquizofrenia.

Sintomas de Autismo Infantil

Os sintomas de autismo infantil desenvolvem-se nos primeiros 30 meses de vida. Na infância, a criança não responde a outras pessoas (o autismo vem de uma palavra grega que significa "si mesmo"). Talvez o bebê evite consistentemente o contato por meio do olhar e afaste-se das pessoas que cuidam dele. Os déficits sociais tendem a persistir; crianças autistas mostram problemas especiais em partilhar experiências com os outros (Sigman & Mundy, 1985). Habilidades de comunicação são dificultadas; comumente, as crianças autistas permanecem mudas ou comportam-se "como papagaios", repetindo o que é dito. O comportamento também é bizarro. Muitas crianças autistas resistem a qualquer tipo de mudança (como comer um novo alimento ou ir a uma nova escola). Algumas se engajam em rituais repetitivos — rodar, balançar-se ou balançar os braços. O comportamento intensamente autodestrutivo, como bater a cabeça ou morder-se, também é característico. As crianças autistas respondem de maneira insuficiente ou exagerada a seu ambiente, mas não conseguem perceber o que está ocorrendo à sua volta e são incomumente vulneráveis a quedas, queimaduras e outros acidentes. Freqüentemente, apresentam um interesse exagerado por objetos inanimados, principalmente aqueles que se movem. Uma criança autista poderia olhar para um ventilador ligado durante horas. (Veja a Figura 13.12.)

FIGURA 13.12 Crianças autistas prestam pouca atenção umas às outras e mostram mais interesse em objetos inanimados. O mal funcionamento de centros cerebrais que modulam o *input* sensorial e o *output* motor parece desempenhar algum papel nessa constelação de sintomas (Ornitz *et al.*, 1985). (Steve Potter/Stock, Boston.)

Crianças autistas às vezes têm sucesso intelectual em habilidades distintas (memória, matemática, música); no entanto, quase sempre saem-se mal em tarefas que demandam lógica e linguagem. De modo geral, o teste de QI delas é fraco — 30% atingem um escore abaixo de 70 (Weery, 1979).

O autismo é um distúrbio crônico que exige tratamento intensivo, embora os pais possam ser treinados a administrar grande parte dele. Mesmo assim, as pesquisas atuais indicam que apenas um em cada seis autistas conseguirá um ajustamento social adequado e encontrará trabalho na fase adulta. Cerca de dois terços dos autistas permanecem severamente incapacitados e exigem supervisão durante toda a vida (Eggers, 1978; Werry, 1979).

Causas do Autismo Infantil

No presente, o autismo parece associado a vários tipos de patologia cerebral, os quais têm origem hereditária ou são causados por complicações na gravidez ou no nascimento (Fein *et al.*, 1984; Ornitz *et al.*, 1985; Ritvo *et al.*; 1985; Spence *et al.*, 1985; Weizman *et al.*, 1982; Werry, 1979). Entre as condições implicadas estão infecções pré-natais, como rubéola, distúrbios neurológicos herdados e uma alergia ao próprio tecido cerebral.

Inicialmente, tanto pesquisadores psicanalíticos quanto behavioristas procuraram uma patologia nos pais de crianças autistas (Bender, 1956; Bettelheim, 1967; Ferster, 1961; Kanner, 1943; Mahler, 1965). Freqüentemente, mães e pais eram caracterizados como "geladeiras emocionais", incapazes de sustentar relacionamentos afetuosos em decorrência da própria imaturidade ou distúrbios severos. Pesquisas após 1960, usando métodos científicos unicamente para evitar observações tendenciosas, sugerem conclusões diferentes (Koegel *et al.*, 1983; Werry, 1979). Os pais de crianças autistas e não autistas tendem a ser semelhantes em termos de personalidade, alegria conjugal, interações familiares e incidência de sintomas esquizofrênicos. Quando distúrbios psicológicos incomuns estão presentes na família de crianças autistas, isto parece ser uma conseqüência de se lidar com uma criança psicótica ou de ser o bode expiatório de profissionais da área de saúde mental.

RESUMO

1 O comportamento desajustado, ou anormal, é freqüentemente marcado por funcionamento cognitivo ou social deficiente, autocontrole excessivo ou insuficiente, forte sofrimento. Esse comportamento é agrupado nas categorias diagnósticas, descritas no DSM-III. As categorias funcionam como estenografia (fornecendo informações sobre causas, tratamentos, sintomas, resultados) e ajuda os pesquisadores a aprofundar seus conhecimentos. Do lado negativo, as categorias podem distorcer a auto-imagem do paciente e as impressões que parentes, amigos, membros da comunidade e profissionais formam da vítima.

2 As neuroses centram-se na ansiedade e na esquiva, enquanto as psicoses mais debilitantes envolvem distorções da realidade, mudanças de humor profundas e déficits intelectuais.

3 O comportamento desajustado pode ser conceituado em termos de modelos médico e/ou psicológico.

4 É difícil distinguir as origens psicológicas e as origens físicas do comportamento desajustado porque (a) condições médicas e estresse produzem grupos de sintomas similares, (b) sintomas e causas físicos e psicológicos estão interligados e (c) o conhecimento das origens médicas e psicológicas da anormalidade é incompleto.

5 Em todo o mundo, uma em cada cinco pessoas apresenta alguns sinais de perturbações psicológicas.

6 Muitas formas de comportamento desajustado parecem ser adquiridas de várias maneiras. Tipicamente, a diátese de natureza de desenvolvimento ou genética e estresses físicos e psicossociais contribuem unicamente ou combinados.

7 Problemas afetivos originam-se de duas formas: condições unipolares, como depressão profunda e distúrbio distímico, e reações bipolares, como distúrbios ciclotímicos e bipolares. Freqüentemente, pessoas com distúrbios afetivos cometem suicídio. Entre os fatores implicados na origem de síndromes afetivas estão os genes, predisposições ao sentimento de desamparo e pensamentos autodestrutivos, perdas e enfermidades.

8 Os distúrbios de ansiedade incluem síndromes fóbicas, de ansiedade generalizada, de pânico, obsessivo-compulsiva e de estresse pós-traumático. Em todas, observamos ansiedade excessiva, reação desajustada à ansiedade ou ambas. Um sistema nervoso autônomo super-reativo estabelecido por genes ou cargas pesadas de estresse parece combinar-se com experiências que despertam ansiedade e/ou agentes estressantes químicos ou médicos para produzir esses problemas.

9 Pessoas com distúrbios com manifestações somáticas, como o distúrbio de conversão, apresentam problemas físicos sem base orgânica conhecida, freqüentemente em conjunto com estresse. Em alguns casos, os distúrbios com manifestações somáticas são, na verdade, problemas médicos diagnosticados de forma errada.

10 Os distúrbios dissociativos são definidos pela divisão de funções normalmente integradas, incluindo consciência, comportamento e identidade. Exemplos incluem amnésia, fuga e personalidade múltipla. Suas origens são pouco entendidas.

11 Os distúrbios pelo uso de substâncias são caracterizados pelo abuso regular de álcool ou drogas. Padrões variados de alcoolismo são disseminados e custosos em termos de saúde, alegria, produtividade e mortalidade. Entre os fatores contribuintes dos tipos de alcoolismo estão hereditariedade, traços de personalidade anti-social, tensão e condições sociais como etnia, ocupação e pressão de pares.

12 Sintomas esquizofrênicos comuns incluem processamento e filtragem perceptiva deficiente, pensamento desorganizado, distorções emocionais, ilusões e alucinações, afastamento da realidade, comportamento bizarro, fala perturbada, noção confusa sobre si mesmo e inadequações de controle. Os esquizofrênicos podem mostrar sintomas dos seguintes tipos: paranóide, catatônico, desorganizado, indiferenciado ou residual. Propensões hereditárias, complicações de nascimento e estresses familiares podem contribuir para o distúrbio.

13 Distúrbios de personalidade referem-se a traços inflexíveis, desajustados e profundamente enraizados. Pessoas com distúrbio de personalidade anti-social são caracterizadas por comportamento anti-social, falta de consciência, manipulação, auto-indulgência, impulsividade e isolamento emocional. Entre causas prováveis estão a predisposição genética, valores culturais, modelos paternos anti-sociais ou pouca disciplina e dificuldades na escola, desde o início.

14 Alguns distúrbios podem surgir em qualquer ponto no ciclo de vida, enquanto outros (incluindo retardo mental, distúrbio de déficit de atenção, anorexia nervosa e autismo infantil precoce) tendem a aparecer durante a pré-adolescência ou adolescência. O autismo infantil é caracterizado por problemas de comunicação, falta de reação às pessoas e comportamento bizarro. É atribuído à patologia cerebral induzida pela hereditariedade ou por lesões pré-natais ou de nascimento.

GUIA DE ESTUDO

Termos-chave

alucinação (543)
comportamento desajustado (544)
Diagnostic and statistical manual of mental disorders-III (DSM-III) (574)
neuroses (546)
psicoses (546)
insanidade (546)
distúrbios mentais orgânicos (548)
distúrbios afetivos (553)
depressão profunda (553)
episódio maníaco (554)
distúrbios de ansiedade (559)
distúrbios com manifestações somáticas (566)
distúrbios dissociativos (568)
distúrbios pelo uso de substâncias (569)
tolerância (569)
afastamento (569)
dependência de álcool *versus* abuso (570)
distúrbios esquizofrênicos (574)
ilusão (575)
esquizofrenia de processo *versus* reativa (575)
distúrbios de personalidade (581)
distúrbios de infância, pré-adolescência e adolescência (583)
e outras palavras e expressões em itálico

Distúrbios Principais
Para cada um dos seguintes distúrbios, você deve ser capaz de descrever os sintomas primários. Na maioria dos casos, você deve também ser capaz de fornecer (1) uma explicação psicanalítica, (2) uma explicação behaviorista e (3) descobertas apoiadas por pesquisas sobre as causas, o curso e a incidência do problema: fobia, ansiedade generalizada, pânico, neurose obsessivo-compulsiva, estresse pós-traumático, conversão, amnésia psicogênica, fuga psicogênica, personalidade múltipla, depressão profunda, distimia, bipolar, ciclotimia, alcoolismo, esquizofrenia (indiferenciada, paranóide, catatônica, desorganizada, residual), personalidade anti-social (psicopatia, sociopatia), autismo infantil.

Conceitos Básicos
critérios para o comportamento desajustado e críticas
usos e abusos de classificação
modelos psicológicos e médicos de comportamento desajustado
doença mental como mito (Szasz)
razões para as dificuldades em distinguir entre causas médicas e psicológicas do comportamento desajustado
hipótese diátese-estresse
mitos do suicídio

Pessoas a Identificar
Szasz, Kraepelin, Freud, Bleuler.

Avaliação

1 Que suposição é central no modelo psicológico do comportamento desajustado?
a. A cura depende da identificação e tratamento das causas.
b. A doença mental é um mito.
c. Os pacientes precisam participar ativamente do tratamento.
d. Os sintomas diferem qualitativamente do comportamento normal.

2 Que afirmação sobre neurotoxinas é falsa? Os sintomas produzidos_____.
a. são difíceis de detectar.
b. não podem lesar irreversivelmente o cérebro.
c. desenvolvem-se lentamente.
d. podem criar depressão, ansiedade e psicose.

3 O que caracteriza os distúrbios neuróticos?
a. Ansiedade e esquiva
b. Excitação ou elação
c. Dificuldade de cognição
d. Comportamento social desajustado

4 Que palavra é mais próxima em significado à diátese?
a. Biológico
b. Ambiental
c. Predisposição
d. Estresse

5 Que afirmação sobre suicídio é verdadeira?
a. O suicídio é relativamente raro entre os idosos.
b. Com os sinais iniciais de recuperação de uma depressão, as possibilidades de sucesso caem drasticamente.
c. As pessoas que falam abertamente sobre suicídio raramente se suicidam.
d. Os indivíduos que tentam suicídio tendem a ser solucionantes de problemas impulsivos.

6 Que afirmação sobre os distúrbios fóbicos é falsa?
a. Mesmo uma fobia moderada é considerada um distúrbio de ansiedade.
b. As fobias tendem a ser associadas a situações potencialmente perigosas.
c. Os fóbicos sabem que sua ansiedade é desproporcional à causa.
d. Os psicólogos psicanalistas consideram as fobias respostas de ansiedade deslocadas.

7 Qual deles é um distúrbio dissociativo?
a. Distúrbio de personalidade anti-social
b. Distúrbio bipolar
c. Distúrbio obsessivo-compulsivo
d. Fuga psicogênica

8 Qual das esquizofrenias é caracterizada por uma condição relativamente moderada, desencadeada repentinamente por estresse?
a. Desorganizada
b. De processo
c. Reativa
d. Indiferenciada

9 Que personalidade é associada ao alcoolismo?
a. Anti-social
b. De esquiva
c. Compulsiva
d. Passivo-agressiva

10 Que causa possível de distúrbio de personalidade anti-social encontra apoio na pesquisa?
a. Conflitos de Electra/Édipo
b. Disciplina paterna inconsistente
c. Pressão de pares
d. Fortes respostas autônomas à estimulação sensorial

Usando a Psicologia

1 Os quatro critérios de comportamento desajustado são falhos. Para cada critério, tente pensar em um ato normal (talvez um que ocorra em outra cultura ou em outra época na história) que se encaixe na descrição. Você é capaz de pensar em uma definição menos problemática para comportamento desajustado?

2 Você acredita que qualquer termo específico deva ser substituído por "comportamento desajustado"? Não deixe de considerar "comportamento anormal", "desajustamento", "problema psicológico", "distúrbio mental", "doença psiquiátrica", "distúrbio emocional" e "problemas da vida". Explique seu raciocínio.

3 Peça a vários amigos para que definam os termos "neurótico", "psicótico" e "insano". Eles usam as palavras essencialmente da mesma maneira que os psicólogos?

4 Observe várias situações em comédias que retratam o comportamento desajustado. Como os emocionalmente perturbados são caracterizados? Eles são estereotipados? De que forma? Algumas pesquisas recentes sugerem que a mídia associa o comportamento desajustado com violência (Gerbner et al., 1981). Como os personagens seriam diagnosticados por profissionais da área de saúde mental?

5 Quais dos distúrbios discutidos neste capítulo estão em harmonia com o modelo médico de comportamento desajustado? E com o modelo psicológico? Quais não se enquadram em qualquer um dos modelos?

6 Esquizofrenia, depressão, fobias, personalidade anti-social e personalidade múltipla são freqüentemente dramatizadas pela mídia. Peça a várias pessoas para que definam as características dessas síndromes. As noções populares concordam com as definições dadas no texto?

Leituras Sugeridas

1 Coleman, J. C., Butcher, J. N. & Carson, R. C. (1984). *Abnormal psychology and modern life*. 7ª ed. Glenview, IL: Scott Foresman. Davison, G. C. & Neale, J. M. (1986). *Abnormal psychology: An experimental-clinical approach*. 4ª ed. Nova York: Wiley. Ambos os textos são abrangentes, de leitura acessível, baseados em pesquisa e generosamente ilustrados com históricos de caso.

2 Kaplan, B. (ed.) (1964). *The inner world of mental illness*. Nova York: Harper & Row. Ensaios e excertos de romances, autobiografias e outras fontes, que descrevem como é sofrer de vários distúrbios psiquiátricos.

3 Bernheim, K. F. & Lewine, R. R. J. (1979). *Schizophrenia: Symptoms, causes, treatments*. Nova York: Norton. Descrição informal, não técnica, sobre o que atualmente é sabido sobre esquizofrenia. Os autores entrelaçam várias descobertas de pesquisas e históricos de casos para explorar tópicos como causa, possibilidades de recuperação e estratégias comuns de tratamento.

4 Seligman, M. E. P. (1975). *Helplessness: On depression, development, and death*. San Francisco: Freeman. Uma discussão envolvente das pesquisas sobre desamparo e suas relações com a depressão, ansiedade, saúde precária e morte, dentre outros assuntos.

5 Agras, S. (1985). *Panic: Facing fears, phobias, and anxiety*. San Francisco: Freeman. Explora o que é conhecido sobre todos os graus do medo.

6 Sheehan, S. (1982). *Is there no place on earth for me?* Boston: Houghton Mifflin. "Ditei as histórias Hobbit a Tolkien e ele anotou-as. Eu sou a Hobbit. Pergunte a John Denver. Ele me disse que eu era." Essas são palavras de Sylvia Frumkin, uma mulher esquizofrênica descrita como gorda, estranha, alerta, inteligente, patética e nefasta. Sheehan entrevistou Sylvia, seus médicos e seus pais e obteve acesso a seus registros médicos. O leitor obtém informações não só sobre Sylvia, mas também sobre instituições com falta de pessoal capacitado e com tratamentos mal-sucedidos.

7 Andreasen, N. C. (1984). *The broken brain: The biological revolution in psychiatry*. Nova York: Harper & Row. Wender, P. H. & Klein, D. F. (1981). *Mind, mood and medicine*: A guide to the new biopsychiatry. Nova York: Farrar, Straus & Giroux. Ambos os livros abordam o comportamento desajustado de uma perspectiva biológica, descrevendo pesquisas recentes que ligam muitos distúrbios a condições fisiológicas. Livros lúcidos e fascinantes escritos para o público leigo.

9 Mack, J. E. & Hickler, H. (1981). *Vivienne: The life and suicide of an adolescent girl*. Nova York: Mentor. Psiquiatra ganhador do prêmio Pulitzer e educador investiga a vida e a morte de uma menina de 14 anos que era sensível, brilhante e aparentemente alegre. Eles analisam o diário da vítima, suas poesias e cartas, bem como memórias de amigos e da família. Também tentam entender o suicídio adolescente como um fenômeno geral.

Respostas

FICÇÃO? OU FATO?
1. V 2. V 3. F 4. V 5. F 6. F 7. F

AUTO-TESTE
1. c (548) 2. b (546) 3. a (546) 4. c (550)
5. d (560) 6. a (562) 7. d (568) 8. c (575-576)
9. a (573) 10. b (583)

CAPÍTULO 14

Tratando o Comportamento Desajustado

RESUMO

PSICOTERAPIA DE PACIENTES NÃO INSTITUCIONALIZADOS
Atitudes Diante da Psicoterapia
Diversidade da Psicoterapia

PSICOTERAPIA PSICANALÍTICA
Concepção do Comportamento Perturbado
Objetivos
Procedimentos Terapêuticos
Psicoterapias Orientadas Psicanaliticamente
Comentários

TERAPIA COMPORTAMENTAL
Concepção do Comportamento Perturbado
Objetivos
Procedimentos Terapêuticos
A Terapia Comportamental na Prática: O Caso da Sra. S.
Comentários

PSICOTERAPIA HUMANISTA-EXISTENCIAL

PSICOTERAPIA CENTRADA NO CLIENTE
Concepção do Comportamento Perturbado
Objetivos e Procedimentos Terapêuticos

A TERAPIA DA *GESTALT*
Concepção do Comportamento Perturbado
Objetivos e Procedimentos Terapêuticos
Comentários

ABORDAGEM ECLÉTICA

PSICOTERAPIA DE GRUPO

CONTROVÉRSIAS DA PSICOTERAPIA
A Psicoterapia É Efetiva?
Existe um Tipo de Psicoterapia Superior?
As Terapias de Sucesso Compartilham Pontos em Comum?

QUADRO 14.1: Atividades Paralelas à Psicoterapia: Foco nos Alcoólicos Anônimos

ABORDAGENS MÉDICAS A DISTÚRBIOS NÃO PSICÓTICOS
Drogas para Episódios Depressivos
QUADRO 14.2: Terapia Eletroconvulsiva
Drogas para Distúrbios de Ansiedade

TRATANDO ADULTOS PSICÓTICOS: FOCO NOS ESQUIZOFRÊNICOS
Estratégias Médicas
Institucionalização Tradicional
Desinstitucionalização: Ideais, Realidades, Possibilidades
Reabilitação em Instituições
Reabilitação na Comunidade
Acompanhamento na Comunidade

ESTABELECENDO CENTROS COMUNITÁRIOS DE SAÚDE MENTAL

REABILITAÇÃO DE CRIMINOSOS
Efeitos da Prisão
Reabilitação Orientada para a Comunidade

RESUMO

GUIA DE ESTUDO

FICÇÃO? OU FATO?

1 Hoje, apenas uma pequena minoria de pessoas com problemas psicológicos procura ajuda de profissionais de saúde mental. Verdadeiro ou falso?

2 Durante a psicoterapia, os clientes geralmente se deitam em um divã e falam sobre tudo o que lhes vem à cabeça. Verdadeiro ou falso?

3 Os terapeutas do comportamento focalizam os distúrbios observáveis e prestam pouca atenção ao que não pode ser visto (depressão e pensamento irracional, por exemplo). Verdadeiro ou falso?

4 A terapia psicanalítica (freudiana) é a tática mais bem-sucedida para ajudar pessoas não psicóticas a lidar com problemas. Verdadeiro ou falso?

5 A força básica da psicoterapia de grupo é a economia, pois atende a várias pessoas de uma só vez. Verdadeiro ou falso?

6 Clínicos contemporâneos preferem tratar a esquizofrenia e outros distúrbios psicóticos na comunidade, e não em hospitais. Verdadeiro ou falso?

Historicamente, todas as sociedades tratam indivíduos psicologicamente perturbados. Cerca de meio milhão de anos atrás, o homem das cavernas na Idade da Pedra fazia cortes no crânio das pessoas para livrá-las dos "maus espíritos" que acreditava estarem presos. As primeiras civilizações na China, no Egito e na Grécia recorriam a orações para ajudar cidadãos emocionalmente perturbados. Quando isso não funcionava, eles os chicoteavam, deixavam-nos famintos e purgavam-nos, para forçar a saída dos "demônios". Durante a Idade Média, a tortura foi a principal forma de "terapia". Levou mais algumas centenas de anos (até o fim do século XVIII na América do Norte e Europa) até que o tratamento humano dos mentalmente perturbados se tornasse uma política-padrão. A Figura 14.1 retrata e descreve as primeiras terapias. Começaremos nossa discussão sobre os modernos tratamentos para o comportamento desajustado apresentando uma cerimônia de "cura" (Gillin, 1948).

CURANDO O ESPANTO: O CASO DE ALÍCIA

Aos 63 anos, Alícia, uma mulher casada, natural da Guatemala, foi tomada por espanto pela oitava vez. Alternando entre ansiedade e letargia, estado febril e muito sofrimento, ela não fazia as tarefas de casa nem as peças de cerâmica. Da mesma forma, perdeu o interesse pelos amigos e parentes e por prazeres simples, como comer. Muitos latino-americanos da zona rural acreditam que o espanto seja

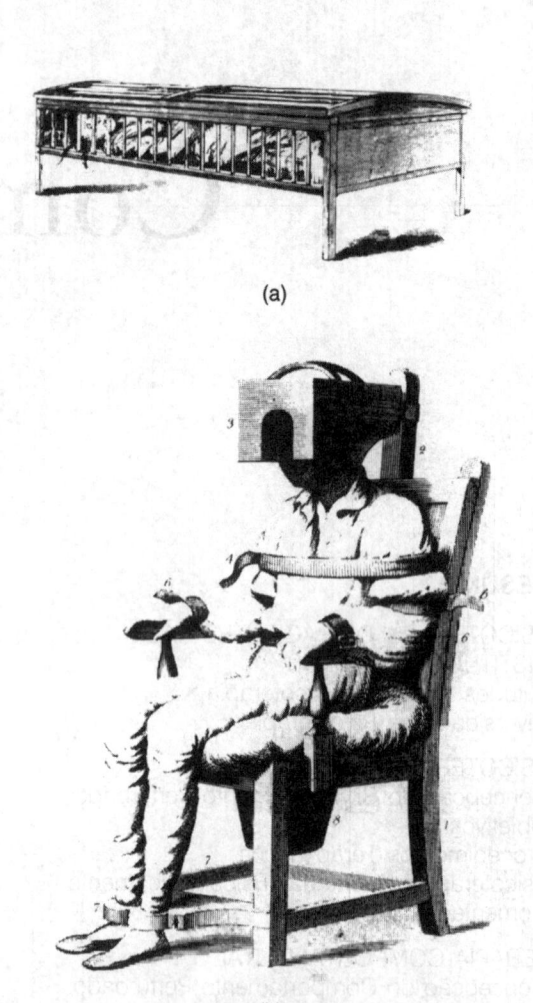

FIGURA 14.1 No século XVI, hospitais especiais para tratamento de pessoas emocionalmente perturbadas, chamados asilos, foram estabelecidos em toda Bretanha, Europa e nas Américas, e os monastérios e prisões abandonaram os cuidados dos mentalmente doentes. Infelizmente, as condições nos primeiros asilos eram em geral amedrontadoras. Pessoas perturbadas eram comumente acorrentadas às paredes e atormentadas ou torturadas como agentes satânicos. Foi somente no fim do século XVIII que as reformas humanitárias de fato começaram, com o trabalho do médico francês Phillippe Pinel. Mesmo assim, aparelhos "terapêuticos", como os mostrados na figura, eram rotina para conter pacientes incontroláveis. Já em 1882, pacientes violentos eram confinados em berço (*a*). A cadeira tranqüilizadora (*b*) foi idealizada por Benjamin Rush, fundador da psiquiatria nos Estados Unidos. Juntamente com esse "tranqüilizador", ele defendia purgativos e sangrias, bem como táticas consideradas mais humanas e úteis hoje: contatos amigáveis, afetuosos, discussões sobre as dificuldades e atividades direcionadas. [(*a*) Bettmann Archive; (*b*) National Library of Medicine.]

causado pela fuga da alma durante uma experiência assustadora.

Sem alma, as vítimas temem a morte e freqüentemente procuram os serviços de curandeiros. O curandeiro de Alícia, a quem chamaremos de Manuel, conduziu uma cerimônia de 13 horas para ela. Começando com uma festa para amigos e parentes, procedeu às orações e culminou com uma sessão médica: uma massagem com ovos (para tirar a doença) e poções borrifadas pelo corpo. Durante todo o tempo, foi assegurado que o espanto desapareceria. Para trazer de volta a alma de Alícia, Manuel conduziu um pequeno grupo de simpatizantes à margem do rio, onde se supunha que o espanto ocorrera. Depois que os membros do grupo fizeram oferendas aos espíritos do mal e imploraram para que a alma de Alícia fosse resgatada, voltaram a casa, deixando pelo caminho tampas de abóbora no formato de pratos, cheias de terra e pedras, para que a alma perdida pudesse seguir pela escuridão.

Depois da cerimônia, Alícia — convencida de que a alma dela fora recuperada — sentiu-se feliz. Suas queixas físicas e sua ansiedade desapareceram, pelo menos temporariamente, e ela reassumiu uma vida ativa.

Rituais populares de cura como esse são comuns nos Estados Unidos e em muitos outros países (Garrison *et al.*, 1981; Meek, 1977; Rappaport & Rappaport, 1981). De fato, estima-se que três quartos da população do mundo estejam ligados a tais sistemas de cuidados de saúde (Cordes, 1985b). As curas populares lembram técnicas modernas de tratamento, em diversos aspectos (Frank, 1973; 1982). Tanto nas terapias contemporâneas quanto nas populares, um indivíduo atormentado procura ajuda de um curador treinado, aprovado socialmente. As credenciais de especialistas em saúde mental são descritas na Tabela 14.1. Nos dois tipos de terapia, o indivíduo atormentado tem bom conceito do curador e espera conseguir aliviar seu sofrimento. Além disso, em ambos, o curador e o sofredor encontram-se regularmente e participam de procedimentos destinados a fazer o comportamento, as emoções e os pensamentos da pessoa perturbada tomar uma direção positiva. Mais adiante discutiremos por que essas condições são terapêuticas.

Neste capítulo, abordaremos as várias técnicas desenvolvidas em culturas ocidentais para ajudar pessoas emocionalmente perturbadas. A primeira focaliza as psicoterapias comuns para distúrbios não psicóticos; então, abordaremos o tratamento para psicose; a seguir, os centros comunitários de saúde mental e, finalmente, a reabilitação de criminosos.

TABELA 14.1   Especialistas em saúde mental.

Título	Grau de Instrução
Psicólogo	Bacharel em psicologia e grau de psicólogo, geralmente; algum curso de especialização e/ou pós-graduação.
Psiquiatra	Faculdade de medicina e residência em psiquiatria, podendo fazer pós-graduação (mestrado e doutorado).
Psicanalista	Geralmente médico ou psicólogo com formação nos institutos de psicanálise; eventualmente desenvolvem trabalho em nível de pós-graduação.
Assistente social	Graduação em serviço social, podendo ter alguma especialização em trabalhos de saúde mental.
Enfermeira psiquiátrica	Treinamento em enfermagem e psiquiatria, podendo fazer pós-graduação (mestrado e doutorado).
Paraprofissionais de saúde mental	Pessoas que recebem um treinamento específico para assistir e compreender pessoas. Exemplo: Centro de Valorização da Vida (CVV).

Todos esses funcionários de saúde mental, como clínicos, tentam diagnosticar, tratar e prevenir problemas psicológicos.

* N.R.T.: Em virtude de a Tabela 14.1 original não corresponder à realidade brasileira, ela foi adaptada.

PSICOTERAPIA DE PACIENTES NÃO INSTITUCIONALIZADOS

Para começar, há várias definições fundamentais. A *psicoterapia*, em geral chamada apenas de *terapia*, refere-se a qualquer um dos inúmeros tratamentos psicológicos de pessoas mentalmente perturbadas. Os pacientes não institucionalizados (não internados) podem viver fora de instituições, na comunidade, e freqüentemente estão lutando com distúrbios não psicóticos. O termo *aconselhamento* é aplicado tipicamente ao apoio oferecido a indivíduos essencialmente normais com problemas educacionais, ocupacionais, conjugais ou outros problemas de ajustamento. Embora as definições formais de aconselhamento e terapia difiram, as duas sobrepõem-se muito na realidade.

Atitudes Diante da Psicoterapia

A Figura 14.2 relaciona queixas que fazem os pacientes procurar uma terapia. Você pode ver que os problemas apresentados são, freqüentemente, preocupações comuns. Talvez você já esteja ciente de que muitas pessoas relutam em recorrer à psicoterapia quando surgem problemas como esses. Como no passado, hoje a maioria dos americanos diz que prefere buscar ajuda de médicos, religiosos, advogados e da polícia (Lowen, 1968; Regier et al., 1984). Gradativamente, entretanto, a terapia está se tornando aceita. Nos últimos 20 anos, a proporção da população adulta submetida à psicoterapia quase dobrou, embora apenas cerca de 20% daqueles com distúrbios mentais diagnosticáveis procurassem ajuda de profissionais de saúde mental no início da década de 1980 (Regier et al., 1984; Veroff et al., 1981b).

Diversidade da Psicoterapia

As psicoterapias podem ser vistas como tentativas de construir experiências que permitirão às pessoas enfrentar a vida de uma forma mais satisfatória e produtiva. As técnicas de tratamento são diversas. Existem mais de 250 abordagens — muitas relacionadas — em uso atualmente (Corsini, 1981). Três orientações terapêuticas são consideradas fundamentais: psicanalítica, comportamental e humanista-existencial. Embora todas as três procurem recuperar o funcionamento saudável, diferem nas concepções de comportamento desajustado e, por conseguinte, nos objetivos específicos e procedimentos básicos. Além das diferenças formais entre os sistemas, a personalidade, a história e a filosofia de cada praticante (chamado de *terapeuta* ou *clínico*) são distintas. Como resultado, cada especialista pratica sua própria psicoterapia. Começaremos nosso exame das orientações terapêuticas específicas com a filosofia psicanalítica.

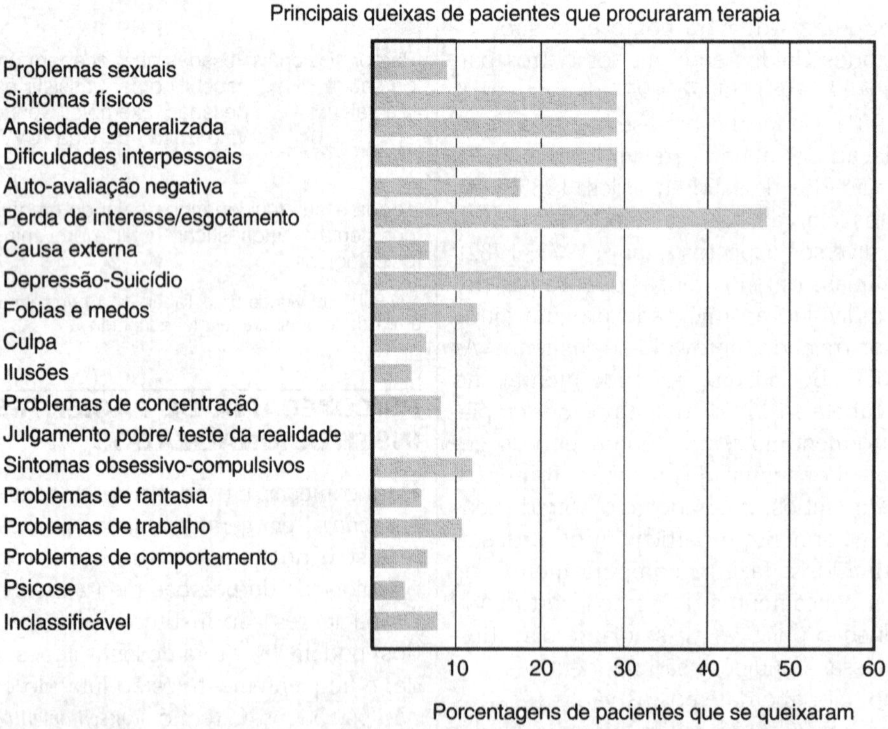

FIGURA 14.2 Acreditava-se, comumente, que as pessoas procurassem terapia apenas para problemas psicologicamente severos. Mas profissionais de saúde mental que estudaram pacientes não internados em uma clínica psiquiátrica na Carolina do Norte verificaram queixas iniciais um tanto comuns, como pode ser visto no gráfico. As pessoas que procuram terapia relatam sentir angústia incomumente intensa. Dos pacientes na amostra deste estudo, 30% viam seus problemas como duradouros e 40% relataram problemas de menos de um ano de duração. (Strupp, Fox & Lessler, 1969.)

PSICOTERAPIA PSICANALÍTICA

Sigmund Freud elaborou o modelo psicanalítico da psicoterapia. De uma forma ou de outra, foi o tratamento predominante após a Segunda Guerra Mundial, estendendo-se até a década de 1960 (Garfield, 1981). Hoje, estima-se que aproximadamente 10% dos psicólogos identificam-se com esta perspectiva (Smith, 1982). Ela é muito conhecida entre clínicos treinados em ambientes médicos. A terapia de Freud é chamada *terapia psicanalítica ortodoxa*, ou *psicanálise*, para se distinguir das muitas versões atuais modificadas, conhecidas por *terapias orientadas analiticamente*. Os praticantes que seguem rigorosamente métodos freudianos às vezes são chamados analistas. Antes de prosseguir a leitura, você pode rever as discussões anteriores das teorias de Freud nos Capítulos 1 e 12.

Concepção do Comportamento Perturbado

O que causa os problemas de pacientes não institucionalizados? Freud achava que problemas relacionados com a ansiedade tomam a forma de conflitos que surgem durante os primeiros anos da infância. As lembranças de conflitos são reprimidas (geralmente excluídas da consciência), sem ser resolvidas. Uma vez que o problema permanece inconsciente, não pode ser explorado nem identificado. No entanto, pessoas ansiosas têm vaga consciência das dificuldades anteriores e sentem-se frustradas. Para lidar com isso, usam manobras protetoras, defensivas, os mecanismos de defesa tratados no Capítulo 9. As lutas internas geram ansiedade e depressão, e as estratégias defensivas interferem no funcionamento diário. Finalmente, as vítimas procuram terapia para aliviar o desconforto.

Objetivos

Pacientes não institucionalizados com freqüência queixam-se, no início, de depressão ou ansiedade, sintomas que Freud considerava meramente expressões superficiais de um conflito inconsciente. Para eliminar permanentemente os sintomas, o terapeuta precisa ajudar o paciente a *revelar e entender a fonte do conflito*. No entanto, o conhecimento intelectual por si nunca é suficiente para a cura. Os clientes também precisam *reviver experiências perturbadoras da infância*: organizar seus *insights* para chegar a um tipo de compreensão emocional.

Uma vez evidenciados e compreendidos os conflitos inconscientes, a parte difícil do trabalho do analista está concluída. Entretanto, o terapeuta psicanalítico ainda continuará a apoiar o paciente, conforme ele ou ela assumir a difícil tarefa de desenvolver estratégias efetivas para lidar com os próprios problemas. A psicanálise visa fornecer recursos gerais e *insights* para que o paciente possa lidar com as dificuldades durante toda a vida e para reduzir sua necessidade de recorrer a defesas infantis. A realização desses objetivos às vezes é descrita como *reorganização da personalidade*.

Procedimentos Terapêuticos

Freud passou grande parte da vida elaborando e refinando técnicas para analisar o inconsciente e trazer os conflitos à tona. Durante as sessões de terapia psicanalítica ortodoxa, o paciente deita-se em um divã, ao passo que o terapeuta senta-se ao lado ou atrás, como mostra a Figura 14.3. O divã parece ser uma continuação da hipnose, uma técnica empregada por Freud em seus primeiros anos, para explorar o inconsciente. A política do "terapeuta não visto" pode ter sido motivada em parte pelo desconforto pessoal de Freud com o contato face a face. Mas, independentemente de sua origem, a convenção oferece vantagens distintas. O paciente não se distrai com livros, móveis, gestos ou expressões faciais. O mais importante, a "invisibilidade" do analista facilita a transferência (discutida mais adiante). Além disso, não podendo ser observado pelo paciente, o analista tem maior capacidade de manter a distância emocional e intelectual necessária para orientar o paciente para o auto-entendimento.

Na terapia psicanalítica, a responsabilidade principal do paciente é engajar-se na livre associação. Os indivíduos precisam permitir que os pensamentos fluam livremente, enquanto os revelam francamente. A associação livre permite ao cliente pôr as defesas de lado, de maneira que os conflitos possam emergir. O excerto a seguir, de uma sessão psicanalítica, transmite a natureza sincera e divagadora da livre associação (Dewald, 1972, pp. 514-515):

Sinto-me como uma menina pequena e posso me ver como um adulto, mas não posso me ver amando-o e tendo meus sentimentos afetuosos maravilhosos por você. Então saio daqui e vou com Tom e começo novamente, e tenho meus sentimentos afetuosos e maravilhosos por ele. Não vejo grandes problemas adiante e nosso futuro é maravilhoso. No entanto, fico aqui infeliz — eu

FIGURA 14.3 O psicanalista, sentado fora do alcance da visão do paciente, provavelmente faz anotações. Estudando o comportamento, associações livres, relatos de sonhos, resistência e transferência, o analista espera entender os conflitos inconscientes do paciente. (Judith D. Sedwick/The Picture Cube.)

sempre descrevi a vida adulta como cheia de problemas. Incomoda-me que não possa ver nenhum problema adiante. Simplesmente não consigo. Minha vida toda está se tornando nova; tive um sonho sobre Sally na noite passada.

Um tipo de conteúdo de interesse especial ao analista são os sonhos do paciente, considerados fontes importantes de informação sobre conflitos reprimidos. Nas palavras de Freud, os sonhos são "a estrada real para o inconsciente". Ele acreditava que os sonhos representam desejos e são determinados — até o último detalhe — por idéias carregadas emocionalmente, transformadas em imagens.

Os sonhos são difíceis de interpretar. A história do sonho (Freud chamava-o de *conteúdo manifesto*) disfarça o significado, o *conteúdo latente*. Para desvendar a verdadeira mensagem do sonho, o paciente faz livres associações com os principais elementos do sonho, até que seu significado torne-se claro. Um empresário em terapia psicanalítica (White & Watt, 1973), por exemplo, sonhou que havia fabricado um cristal e que o terapeuta, não gostando do *design*, esmagou o cristal. O sonho lembrou-o de uma ocasião em que o pai dele, já falecido, quebrara, de fato, uma peça de vidro por não gostar do *design*. No sonho, de acordo com o analista, o paciente parecia estar revivendo o relacionamento com o pai, um homem dominador. Ao mesmo tempo, ele estava mostrando sua incapacidade de manter um relacionamento de troca com uma figura de autoridade.

Os pacientes fazem o melhor para cooperar com o analista, no entanto tendem a resistir ao processo terapêutico inconscientemente. Freud via a *resistência*, definida como ações que interferem no progresso da terapia, como inevitáveis. Por que as pessoas desejariam impedir o próprio progresso? Na visão de Freud, quando os clientes aproximam-se do conteúdo reprimido, sentem-se ameaçados por uma confrontação potencialmente dolorosa. Com o passar dos anos, formam defesas para evitar essas questões. Abrir mão das defesas pode ser aterrorizador; então, eles resistem.

Os pacientes resistem, sem consciência, de formas sutis. Quando fazem livre associação, pausam por longos períodos ou mudam abruptamente o assunto ou esquecem-se dos eventos ou detalhes essenciais. Em alguns períodos, chegam tarde repetidamente às sessões ou decidem que a análise não está indo a lugar algum e querem parar. Freud via todas essas atitudes como indicação de que o paciente atingira os conflitos reprimidos e estava lutando para enfrentá-los. Terapeutas analíticos tentam superar a resistência sem pressionar demais. Precisam persuadir o cliente a buscar e examinar o conteúdo doloroso, carregado de conflitos.

Durante a terapia, os pacientes desenvolvem sentimentos intensos pelo terapeuta. No entanto, o terapeuta é um observador neutro. (Uma vez que estar fora do alcance da visão torna o analista um desconhecido, presumivelmente os pacientes reagem a fantasias, e não a características reais.) Freud acreditava que as emoções para com o analista, como amor, ciúmes, ressentimento e ódio, surgem porque as pessoas identificam o terapeuta com uma figura (ou figuras) de autoridade do passado centralmente envolvida no conflito reprimido (em geral, os pais). Esse fenômeno, conhecido por *transferência*, mostra que os pacientes *continuam* a reviver seus primeiros relacionamentos.

A análise da transferência é uma parte crucial da terapia. Em essência, o clínico ajuda os pacientes a ver como estão reencenando na própria vida presente as interações destrutivas do início da infância. Esses padrões patológicos precisam ser entendidos e corrigidos. Antes de concluir a terapia, os pacientes precisam abandonar maneiras infantis de se relacionar com as pessoas e estabelecer relacionamentos maduros. Segue-se a descrição de um analista sobre um relacionamento de transferência e sua resolução (White & Watt, 1973, p. 263).

Desde o começo, o paciente reproduzia na situação terapêutica suas atitudes perante o próprio pai. Ele queria que fossem estabelecidas regras para ele, e obedecia escrupulosamente a uma ou duas que foram sugeridas. Mas a conversação dele destinava-se a impressionar o analista com sua importância. E sempre que o analista explicava qualquer coisa, rapidamente ele começava a explicar alguma coisa sobre a qual ele entendia muito: negócios ou esportes. Ele tentava, literalmente, forçar o doutor a se tornar tirânico, de maneira que pudesse rebelar-se e competir com ele. Essa atitude era tão clara que o analista começou a criar uma experiência emocional corretiva, portando-se exatamente da maneira oposta. Ele deixava o paciente assumir a liderança, evitava afirmações que pudessem ser consideradas arbitrárias, admitia as limitações da psiquiatria, expressava admiração pelas boas qualidades do paciente, interessava-se pelos negócios e pelas atividades sociais dele. Com esse tratamento, o paciente tornou-se distintamente confuso. Ele se desenvolvia claramente na atmosfera permissiva, encorajadora, mas era incapaz de por à prova seus sentimentos competitivos e, ainda, tentava lutar com o analista. Isso ofereceu uma oportunidade perfeita para interpretações cruciais. O paciente não conseguia ver que a agressão dele estava completamente fora da relação com o comportamento do analista. Sua principal luta foi exposta e ele foi capaz de manter um relacionamento mais genuíno com seu analista [...]. Seu antigo papel de filho ora rebelde, ora submisso pôde ser superado quando ele descobriu que era possível ter uma relação de troca amigável com uma pessoa que representasse autoridade.

Até aqui, o enfoque tem sido no que o paciente faz; é hora de passarmos para o que o analista faz. Os terapeutas psicanalíticos facilitam o fluxo de associações usando perguntas para esclarecer o conteúdo e fazendo reflexões. Ficam atentos ao que o paciente diz, o tempo todo, e fazem isso para descobrir a natureza dos conflitos reprimidos. Aos poucos, revelam seus *insights* por comentários ou *interpretações*, sua principal ferramenta terapêutica. Uma vez que as interpretações são vitais, são cuidadosamente orquestradas. Os analistas aguardam até que os pacientes estejam receptivos. Além disso, formulam seus *insights* de forma provisória, em geral com perguntas ou especulações, conduzindo as pessoas suavemente, de modo que sintam que estão descobrindo o significado do próprio comportamento.

Uma vez que os pacientes resistem a trazer à tona os padrões problemáticos que se originaram na infância, a psicanálise é um processo longo. A terapia psicanalítica ortodoxa freqüentemente requer de três a cinco sessões de 50 minutos por semana, durante três a cinco anos, podendo levar mais tempo.

Psicoterapias Orientadas Psicanaliticamente

Hoje, muitas são as terapias originadas das idéias de Freud e outros teóricos psicodinâmicos (veja a p. 508). A maioria adota as idéias psicanalíticas centrais de que o conteúdo inconsciente é a raiz do problema e a resistência precisa ser quebrada. Tipicamente, essas terapias visam a objetivos mais modestos que a reorganização total da personalidade: muitas vezes simplesmente tentam solucionar problemas mediante o desenvolvimento de *insights* e padrões maduros para enfrentá-los. Para que tais objetivos sejam atingidos, basta um tratamento menos intenso e mais rápido. Ao mesmo tempo, um vínculo afetivo de apoio e a auto-expressão assumem maior importância (Luborsky, 1984; Waterhouse & Strupp, 1984). Então, os terapeutas e pacientes provavelmente se sentam um de frente para o outro; os terapeutas assumem papéis mais ativos, dando conselhos e direções e fazendo interpretações. As sessões tendem a focalizar as experiências e os motivos interpessoais atuais, enquanto o significado do início da infância e da sexualidade são minimizados.

Comentários

Muitos pacientes e terapeutas consideram as terapias psicanalíticas preferíveis a outras formas de tratamento, embora não haja evidência objetiva que apóie esse ponto de vista. Dois problemas são particularmente preocupantes. Primeiro, embora seja sempre difícil investigar a efetividade da terapia (veja a p. 609), é extremamente desafiador definir de forma objetiva os conceitos das terapias psicanalíticas e estudá-los por métodos científicos. Considere a interpretação, a prática analítica fundamental. Não há como medir se uma interpretação está ou não correta. Não há como provar, por exemplo, que uma mulher em um sonho simbolize a mãe. Embora Freud considerasse as observações controladas de pouco valor, alguns de seus adeptos preocupam-se com essa questão e empenham-se em demonstrar que as idéias e práticas psicanalíticas são válidas.

Há um segundo problema fundamental com a terapia psicanalítica ortodoxa: a limitada possibilidade de aplicação. Nem todos podem fazer livres associações durante uma hora, perseguir *insights* aflitivos e fazer sessões freqüentes. As pessoas precisam ser inteligentes e verbais, orientadas para a realidade, fortes emocionalmente e introspectivas e confiar o suficiente para revelar o que vêem. Precisam ainda estar altamente motivadas e ter poder aquisitivo. Em tais circunstâncias, os indivíduos têm grande probabilidade de melhorar (Strupp, 1971). As terapias orientadas psicanaliticamente, entretanto, são apropriadas para uma faixa maior de pacientes.

TERAPIA COMPORTAMENTAL

A terapia comportamental emergiu como uma opção importante no fim da década de 1950, quando os psicólogos começaram a aplicar resultados de pesquisas para entender e ajudar seres humanos angustiados. A aplicação de uma tecnologia derivada cientificamente é o aspecto central que define a terapia do comportamento (Franks & Rosenbaum, 1983). Hoje, mais ou menos 17% dos psicólogos praticantes são favoráveis à abordagem comportamental e seu interesse por ela parece estar se difundindo (Smith, 1982).

Você já conhece alguma coisa da terapia comportamental; basta lembrar-se de nossa discussão sobre modificação de comportamento (veja a p. 112), tendo em vista que muitas vezes os dois termos são usados praticamente da mesma forma (Martin & Pear, 1983; Spiegler, 1983). Em instituições de saúde mental, os tratamentos fundamentados em experimentos são chamados de "terapia comportamental". Em escolas, lares, empresas e outros locais, essas estratégias são chamadas de "modificação do comportamento". Esse termo às vezes é reservado para procedimentos operantes, aqueles que dependem de recompensas e punições.

Concepção do Comportamento Perturbado

Ao contrário dos analistas, que se concentram em conflitos não resolvidos, os terapeutas do comportamento focalizam os sintomas. Veja o caso de um empresário que se queixa de sentir raiva na maior parte do tempo e de ser impotente sexualmente. Os terapeutas do comportamento tratariam a raiva e a inadequação sexual como problemas. Os psicanalistas considerariam esses problemas como manifestações superficiais que desaparecem assim que os conflitos subjacentes são resolvidos.

Há outro contraste esclarecedor. Os analistas procuram a origem do problema no passado, nos conflitos do início da infância; já os terapeutas do comportamento enfatizam fatores ambientais que estão contribuindo, no presente, para o problema. Para elucidar esses fatores, os clínicos do comportamento tentam responder a perguntas como: Há alguma recompensa para o problema? Certas pistas ou circunstâncias desencadeiam o problema? A falta de habilidades contribui para isso? Os pensamentos da pessoa podem estar agravando os sintomas? Os terapeutas do comportamento examinam a história do paciente basicamente para reconstruir a forma pela qual os sintomas foram adquiridos. Tomando a visão comportamental da personalidade (veja a p. 532), tentam encontrar a aprendizagem no cerne dos problemas e focalizam a correção da aprendizagem inadequada. Sendo orientados para a pesquisa, eles podem levar em conta também as condições médicas.

Um terapeuta do comportamento que estivesse trabalhando com o empresário exploraria as circunstâncias que envolvem a raiva e a impotência. Ele sente raiva, talvez, em situações em que não expressa seus sentimentos. Ao mesmo tempo, a irritabilidade é recompensada, digamos, porque intimida as pessoas e gera resultados. O problema sexual surgiu em uma noite em que o empresário, cansado e preocupado, não conseguiu se excitar. Depois disso, passou a se preocupar com essa inadequação, ao fazer amor.

Ao tratar os pacientes, os terapeutas do comportamento trabalham para mudar as condições que estão mantendo os sintomas. Alguns estão convencidos de que as origens remotas de distúrbios são irrelevantes (Londres, 1972). Os problemas estabelecidos pela hereditariedade ou por experiências na infância, por exemplo, podem ser aliviados por nova aprendizagem. Problemas de origem ambiental, por sua vez, podem responder a terapias medicinais, como, por exemplo, ansiolíticos.

Objetivos

Na psicanálise, os objetivos centrais (trazer os conflitos à consciência e reorganizar a personalidade) não mudam de uma pessoa para outra. Na terapia do comportamento, os objetivos dependem do paciente. O clínico do comportamento e o cliente decidem juntos os principais alvos de mudança: comportamentos específicos, situações, sentimentos ou pensamentos.

Os terapeutas psicanalíticos lutam para ser analistas-observadores objetivos, a fim de facilitar a discussão e o *insight*, enquanto os terapeutas do comportamento vêem-se como amigos-instrutores que ensinam ou treinam conforme dão apoio. O paciente precisa aprender respostas adaptativas e desaprender as inadaptadas. A ação é mais central para a terapia do comportamento que a discussão e o *insight*.

Procedimentos Terapêuticos

Os terapeutas do comportamento selecionam procedimentos para combater as condições que mantêm o problema. O empresário, por exemplo, precisa aprender a expressar seus sentimentos abertamente e a resolver problemas, de modo que possa perseguir seus objetivos com menor atrito e menor frustração. Além disso, ele precisa parar de se observar e remoer sobre suas inadequações sexuais, hábitos que interferem em uma reposta sexual normal. As técnicas de tratamento da terapia comportamental são derivadas da pesquisa, freqüentemente sobre a aprendizagem. Seis categorias de procedimentos terapêuticos são conhecidas hoje (Rosenbaum *et al.*, 1983).

Condicionamento Respondente

Na década de 1950, o psiquiatra sul-africano Joseph Wolpe concebeu uma estratégia chamada *dessensibilização* ou *dessensibilização sistemática* para lidar com fobias. O objetivo é substituir a ansiedade desgastante pela calma. No começo, o terapeuta e o cliente fazem uma lista de incidentes que provocam a fobia — por exemplo, medo de fazer provas escolares. Os eventos representativos que desencadeiam medo são dispostos hierarquicamente do mais fraco para o mais forte, como mostra a Tabela 14.2.

Enquanto a hierarquia da ansiedade está sendo construída, o terapeuta treina o paciente a fazer relaxamento muscular profundo. Quando o cliente consegue relaxar fácil e completamente, começa a dessensibilização. A pessoa fóbica relaxa e imagina vividamente o item mais fraco na hierarquia. Se qualquer tensão for sentida, o paciente "apaga a imagem" e relaxa. O terapeuta apresenta a mesma cena repetidamente, até que o cliente possa visualizá-la sem desconforto. Uma vez que a situação mais fraca que gera ansiedade pode ser imaginada sem tensão — seja na segunda ou centésima segunda tentativa —, o terapeuta passa para o próximo item da lista e repete a mesma rotina. Gradativamente, o paciente e o terapeuta seguem a hierarquia, até que o item mais assustador seja dessensibilizado. Ao concluir a dessensibilização, o paciente deve ser capaz de visualizar qualquer incidente na hierarquia sem se sentir desconfortável. Quando as pessoas conseguem fazer isso, freqüentemente se sentem mais confiantes ao se confrontar com situações reais.

TABELA 14.2 Itens selecionados para testar uma hierarquia de situações que desencadeiam ansiedade.

Classificação	Situação
0	Começar um novo curso.
15	Ouvir um instrutor anunciar uma pequena prova que será aplicada dentro de duas semanas.
35	Tentar decidir de que maneira deve estudar para um exame.
60	Ouvir um instrutor anunciar um exame importante que será aplicado dentro de três semanas e (descrever) sua importância.
80	Ficar sozinho em um saguão antes do exame.
90	Ouvir alguns "dados importantes" que você duvida de que vai se lembrar futuramente enquanto está estudando em grupo.
90	Estudar apressadamente, sozinho, na biblioteca, antes de uma prova.
100	Estudar na noite anterior a um exame importante.

Uma classificação de 0 significa "totalmente relaxado"; uma classificação de 100 significa "o mais tenso que você pode ficar".

Fonte: Adaptada de Kanfer & Phillips, 1970, p. 151.

A dessensibilização geralmente é combinada com outros procedimentos. As *exposições repetidas* a situações que geram medo provavelmente são uma parte proeminente de qualquer estratégia de redução de fobia. Às vezes a exposição assume a forma de exercícios "de casa", em que os pacientes põem-se nas situações mais temíveis, começando com a menos estressante e progredindo. Tais confrontações parecem ser muito valiosas, talvez o elemento mais importante para a redução do medo (Zitrin *et al.*, 1983). A maioria dos terapeutas do comportamento ensina *habilidades para lidar com situações*, que devem ser usadas juntamente com exposições repetidas.

Um paciente fóbico aprenderá a relaxar na situação de angústia. O cliente também aprenderá a evitar pensamentos autodepreciativos ("Eu não conheço o assunto. Vou fracassar no teste.") e a substituí-los por sentenças construtivas ("Trabalharei nas questões fáceis primeiro e então voltarei para as difíceis."). As pessoas com fobias beneficiam-se também da aprendizagem de habilidades de solução de problemas. No caso da ansiedade por testes, os indivíduos provavelmente recebem dicas de leitura e de como estudar, fazer anotações, dividir o tempo, fazer testes etc. (Veja a Figura 14.4.)

A razão para o uso da dessensibilização e da exposição vem dos princípios do condicionamento respondente (veja a p. 102). Muitos terapeutas do comportamento preferem explicar a dessensibilização como extinção. A situação temida (tecnicamente, o estímulo condicionado) é apresentada repetidamente (na imaginação ou na realidade), sem uma experiência que desperte medo (o estímulo incondicionado). Em nosso exemplo de fazer provas, os incidentes temidos no exame são apresentados sem a humilhação, o fracasso ou as experiências que geram medo, fatores estes que estavam antes associados à realização das provas. Posteriormente, a ansiedade, que é a resposta condicionada, declina. A dessensibilização pode ainda ser explicada pelo contracondicionamento. Você deve lembrar-se de que durante o contracondicionamento uma antiga resposta condicionada é substituída por uma nova resposta condicionada. Na dessensibilização, a ansiedade do paciente, a resposta condicionada, é substituída pelo relaxamento porque o estímulo condicionado (a situação temida) é parecido com um estímulo novo, incondicionado (exercícios de relaxamento).

Reforçamento Positivo

Os terapeutas do comportamento usam reforçamento positivo (veja a p. 112) deliberadamente para motivar a conduta desejável. Com pacientes adultos, reforçam socialmente (em geral por sinais de apoio e aprovação) os esforços construtivos. Também ensinam os pacientes a usar reforçamento positivo para resolver os próprios problemas. Por exemplo, uma mulher cujo marido é desinteressado pode ser pressionada a ser afetuosa e a valorizá-lo (reforçadores sociais) sempre que ele lhe mostra consideração. Um homem deprimido pode ser solicitado a observar a própria vida diária atentamente

FIGURA 14.4 Uma paciente com fobia a elevadores (esquerda), acompanhada por sua terapeuta, está aprendendo a enfrentar a ansiedade em uma situação real. A dessensibilização sistemática é combinada freqüentemente com o contato real com o objeto do medo e com o treinamento para desenvolver habilidades como auto-relaxamento e mudar pensamentos que geram medo. (Budd Gray.)

para desenvolver uma lista de atividades de reforço intrinsecamente positivas em que vai se envolver. As "economias de fichas", ambientes motivadores que incentivam e recompensam ações construtivas (descritas mais adiante), também dependem dos princípios de reforçamento positivo. Esses sistemas formais são mais adequados para ajudar prisioneiros, psicóticos institucionalizados e crianças do que adultos em tratamento clínico. O Capítulo 3 descreve a aplicação de estratégias de reforçamento positivo à problemas infantis.

Observação e Imitação

Problemas surgem quando as pessoas observam e imitam respostas erradas e deixam de observar e imitar as certas. Em tais casos, os terapeutas podem funcionar como modelos. Ou podem mostrar filmes ou outras pessoas para demonstrar o comportamento apropriado. Os procedimentos de observação são benéficos para ensinar as pessoas mudas a falar e pessoas amedrontadas a lidar com os próprios medos (veja a Figura 14.5). Elas são quase indispensáveis para o treino de habilidades sociais, como, por exemplo, expressar sentimentos pessoais e fazer uma pequena apresentação ou uma entrevista de emprego. Durante o *treino assertivo*, os adultos, como os empresários, que sentem inibição em revelar o que sentem e pensam, aprendem a se expressar mais sinceramente. Embora os procedimentos variem, inúmeros elementos são padronizados. Inicialmente, o paciente mostra ao terapeuta, por meio do *desempenho de papel (role-playing)*, de que forma se comporta geralmente em situações em que a asserção é apropriada. Mais cedo ou mais tarde, o terapeuta, ou outro modelo, demonstra comportamento emocionalmente expressivo. O paciente em geral pratica, como ser assertivo, no ambiente protegido da terapia e, depois, no mundo real, em contextos cada vez mais desafiadores (veja a Figura 14.6).

Estratégias Cognitivas

Os terapeutas do comportamento têm infantilizado a influência do pensamento sobre a maneira de sentir e de agir (Bandura, 1982; Ellis & Grieger, 1977, 1986; Guidano & Liotti, 1983; Kendall, 1982, 1984; Meichenbaum, 1977, 1985; Meyers & Craighead, 1984; Reda & Mahoney, 1984). No Capítulo 13, dissemos que os fóbicos podiam agravar os próprios medos, exagerando os perigos, e que os depressivos podiam intensificar sua infelicidade, focalizando o desamparo e as próprias insatisfações. As estratégias de modificação do comportamento cognitivo visam ao pensamento desajustado. A terapia de *reestruturação cognitiva* ou *terapia racional-emotiva* está entre as técnicas cognitivas mais usadas. Em essência, o modificador de comportamento ensina o paciente a monitorar atentamente os próprios pensamentos, a identificar as afirmações irracionais que levam ao sofrimento e a substituí-las por sentenças que reduzem a angústia e promovem o comportamento construtivo. Uma mulher que se preocupa obsessivamente com seu fracasso no trabalho pode ser solicitada a manter um diário das realizações positivas. Então, sempre que ela é ten-

FIGURA 14.5 A aprendizagem por observação é útil na redução de medos. O menino na fileira de cima serviu como modelo em uma série de filmes destinados a crianças que se assustavam intensamente com cães. Depois de observar o modelo interagir com cães de maneiras progressivamente íntimas, as crianças fóbicas demonstraram maior confiança perto de cães e os evitaram menos, e os ganhos persistiram durante todo o período de acompanhamento. A menina nas fotos de baixo, embora inicialmente aterrorizada, demonstrou entusiasmo ao fazer exercícios cujo grau de dificuldade aumentava gradativamente. (Bandura & Menlove, 1968.)

FIGURA 14.6 Arnold Lazarus (centro), destacado terapeuta do comportamento, ajuda um casal a adquirir habilidades assertivas em uma sessão de desempenho de papéis. Atribuições em casa — a começar das mais fáceis — encorajarão os parceiros a ser assertivos fora do ambiente protegido de tratamento. (Alex Webb/Magnum Photos, Inc.)

tada a se diminuir, pode pensar em uma realização. Ensinar *solução de problema* a pessoas que abordam suas dificuldades de forma impulsiva ou ineficiente é outra estratégia cognitiva comum. Clientes como o empresário citado anteriormente, que perdem o controle com facilidade, podem aprender a conversar com eles mesmos de maneira tranqüila. As pessoas podem, também, ser treinadas a expressar raiva de uma maneira que resolverá o conflito ou, pelo menos, evitará a violência (Novaco, 1979, 1983). Do mesmo modo, o ansioso aprende a lidar com situações assustadoras, preparando-se mentalmente para elas e lembrando-se de estratégias que ajudam (veja a Tabela 14.3).

Medicina Comportamental

O campo interdisciplinar chamado *medicina comportamental* integra conhecimentos relevantes sobre psicologia, biologia e medicina para melhorar a saúde e prevenir, diagnosticar ou tratar de problemas médicos. Os terapeutas com uma abordagem comportamental têm grande probabilidade de se envolver nesses esforços.

Trabalhando com pessoal médico, os clínicos do comportamento freqüentemente usam *procedimentos de biofeedback* para ajudar os pacientes com problemas como epilepsia, lesões espinais, arritmias cardíacas, lesões musculares, hipertensão e dores de cabeça. Você deve se lembrar que o *biofeedback* fornece informações a todo instante sobre uma função corporal específica, da qual as pessoas comumente não têm consciência: ondas cerebrais, ritmo cardíaco, pressão sangüínea, tensão muscular ou temperatura corporal, por exemplo. De algum modo, a prática na mudança de uma função corporal, juntamente com o *feedback*, podem ajudar as pessoas a controlá-la. Não se sabe exatamente como o controle é adquirido. Entretanto com o uso de tais aparelhos, freqüentemente as pessoas conseguem transferir suas habilidades para a vida diária. O Capítulo 3 discute o *biofeedback* mais detalhadamente.

Além de usar o *biofeedback*, os psicólogos comportamentais freqüentemente combinam táticas comportamentais tradicionais para auxiliar os médicos no tratamento de uma longa lista de queixas médicas e problemas "interdisciplinares" como tabagismo, insônia, alcoolismo, obesidade, distúrbios sexuais e dores severas. No caso de dor crônica e intratável, por exemplo, os clínicos comportamentais ensinam os pacientes a relaxar e a desviar a atenção de seu sofrimento. Para reduzir a pressão sangüínea, combinam exercícios de relaxamento e *biofeedback* com imagens tranqüilizadoras. Nos capítulos anteriores, descrevemos o tratamento comportamental para tabagismo (veja as pp. 108-109), obesidade (veja a p. 337) e problemas sexuais (veja a p. 349).

TABELA 14.3 Exemplos de afirmações de enfrentamento usadas por clientes ansiosos antes, durante e depois de uma experiência de ansiedade.

Preparando-se para a experiência que desperta ansiedade

1 Você pode desenvolver um plano para lidar com isso.

2 Nada de auto-afirmações negativas; pense racionalmente.

3 Não se preocupe; preocupar-se não ajudará em nada.

Confrontando a experiência que desperta ansiedade

1 Um passo de cada vez; você pode lidar com a situação.

2 Não pense em medo; só pense no que você tem a fazer.

3 Esta ansiedade é o que o médico disse que você sentiria. É um lembrete para usar seus exercícios de enfrentamento.

4 Relaxe; você está se controlando. Respire fundo, lentamente. Muito bom.

Enfrentando o sentimento de ficar dominado

1 Quando vem o medo, simplesmente dê uma pausa.

2 Mantenha o foco no presente; o que você precisa fazer?

3 Não tente eliminar totalmente o medo; simplesmente o mantenha sob controle.

Reforçando auto-afirmações depois que a experiência terminou

1 Funcionou; você conseguiu.

2 Está melhorando cada vez que você usa os procedimentos.

Fonte: Adaptada de Meichenbaum, 1977.

A Terapia Comportamental na Prática: O Caso da Sra. S.

O caso da Sra. S. (Wilson & Davison, 1975, pp. 57-60) vai lhe dar uma noção de como as técnicas de terapia do comportamento são coordenadas para tratar um único indivíduo.

Sra. S. [29 anos] disse a seu terapeuta comportamental que sua vida era dominada por ansiedade e episódios de depressão nervosa [...]. Dores de cabeça devidas à tensão, freqüentemente precipitadas por insônia, levaram-na a sentir, quase diariamente, estresse e sofrimento.

[Para entender melhor sua condição, o terapeuta pediu à Sra. S. que mantivesse um diário para o registro do que ocorria e como ela reagia a cada evento.] Depois de mais ou menos seis sessões, a avaliação comportamental revelou o quadro de uma mulher que sempre foi pouco assertiva e, freqüentemente, ansiosa em suas relações com outras pessoas. A incapacidade da Sra. S. para expressar seus sentimentos levou-a a ser explorada pelos outros, o que, por sua vez, gerou ressentimento, raiva oculta, culpa intensa por sua raiva e baixa auto-estima. A depressão parecia estar intimamente ligada à imagem negativa de si mesma. O terapeuta também soube que Sra. S. nunca sentiu orgasmo [...]. Uma vez que este problema e a maioria dos outros centravam-se em seu relacionamento conjugal, Sra. S. concordou com a sugestão do terapeuta de que o marido dela participasse da terapia [...].

Para Sra. S., como para a maioria dos casos complexos, o terapeuta formulou um programa multifacetado de tratamento. Desde o início, Sra. S. começou um programa de treino de relaxamento para afastar a ansiedade [...]. Nessas mesmas primeiras sessões, o terapeuta iniciou um programa de treino assertivo [...]. Depois de ajudar o marido a adotar uma atitude de maior apoio com relação a ela, o terapeuta instruiu o casal sobre formas de usar as estratégias assertivas em casa. Dessa forma, Sra. S. aprendeu a ser assertiva fora do consultório do terapeuta.

O terceiro aspecto importante do tratamento foi um programa do tipo idealizado por Master e Johnson [veja a p. 308], destinado a superar a incapacidade da Sra. S de chegar ao orgasmo. Estimulada com a cooperação e compreensão do marido, Sra. S. respondeu bem e, depois de três semanas de tratamento, começou a ter orgasmos. Esse sucesso, juntamente com o treino assertivo, aumentaram enormemente a qualidade do relacionamento do casal.

No entanto, Sra. S. ainda ficava deprimida de vez em quando e continuava a duvidar de sua adequação como esposa. Essas reações pareciam advir do conceito desnecessariamente subestimado das próprias capacidades e da interpretação excessivamente negativa que ela fazia em diferentes situações da vida [...].De acordo com isso, o terapeuta [...] incentivou Sra. S. a repensar e repetir afirmações construtivas sobre si mesma que eram incompatíveis com seus sentimentos de falta de valor. Depois de certa dificuldade inicial, gradativamente ela adquiriu melhor controle dos padrões de pensamento neurótico.

Mais ou menos quatro meses depois de entrar em contato com o terapeuta, a ansiedade e a depressão de Sra. S. diminuíram dramaticamente.

Comentários

Há pouca dúvida de que a terapia do comportamento seja freqüentemente efetiva, em especial com sintomas bem definidos (Dush et al., 1983; Hersen & Bellack, 1985; Miller & Berman, 1983; Turner & Ascher, 1985; Wilson & Franks, 1982). Ela é especialmente indicada para problemas relacionados com ansiedade, depressão, desempenho sexual e relacionamento conjugal insatistarórios, dependência de drogas, psicoses e retardo. Subdividindo as dificuldades complexas em mais simples e visando a objetivos modestos, os modificadores de comportamento às vezes podem ajudar também em situações complexas e mal definidas. Outra vantagem da terapia do comportamento é sua curta duração e economia relativa (embora, cada vez mais, os terapeutas do comportamento intervenham em muitos aspectos da vida dos pacientes e prolonguem o tratamento para assegurar que os efeitos sejam mantidos). Um terceiro ponto forte é seu compromisso com a especificação precisa de procedimentos e com a avaliação por meio de pesquisas.

Evidentemente, a terapia do comportamento tem problemas e falhas (Foa & Emmelkamp, 1983). Os teóricos psicanalíticos argumentam que a terapia do comportamento não lida com a fonte real dos sintomas dos pacientes e que a remoção do sintoma em si é um exercício inútil. Novos sintomas, eles supõem, substituirão os antigos, a menos que os conflitos subjacentes sejam resolvidos, uma idéia conhecida por *substituição de sintomas*. Até agora, os terapeutas do comportamento que procuraram detectar a substituição de sintomas não conseguiram encontrar evidências disso (Lang et al., 1965; Paul, 1966; Spiegler, 1983).

Como nas terapias psicanalíticas, há restrições no que se refere a quem vai se beneficiar da terapia do comportamento. As pessoas que questionam a própria identidade, finalidade, valores e existência provavelmente não são indicadas para essa abordagem educacional (Goldfried & Davison, 1976; Woolfolk & Richardson, 1984).

Há outra questão mais problemática. Embora a terapia do comportamento seja freqüentemente bem-sucedida, muitos estudos sobre sua efetividade baseiam-se em intervenções de curto prazo, feitas com estudantes universitários relativamente saudáveis. Sua eficácia com populações clínicas mais difíceis é menos pesquisada. Também relativamente pouco pesquisadas são as questões sobre os resultados do tratamento, ou seja, se eles teriam efeito duradouro (Lazarus, 1982; Spiegler, 1983).

Embora a terapia do comportamento freqüentemente funcione a curto prazo, as razões para seu sucesso não estão claras. Os princípios de condicionamento simples não podem responder pela aprendizagem extremamente complicada de clientes perturbados emocionalmente. Na terapia comportamental, termos como "estímulo", "reforçador" e "condicionamento respondente" são usados amplamente (Breger & McGaugh, 1965). Imaginar uma cena (o "estímulo" na dessensibilização sistemática, por exemplo) é um evento extremamente complexo, não controlado, com pouca semelhança com luzes e tons, estímulos tipicamente laboratoriais. Muitos observadores acreditam que a terapia do comportamento funciona por razões que não são óbvias (Spiegler, 1983). Talvez os próprios terapeutas sejam um fator. Em um estudo, os terapeutas do comportamento eram percebidos como incomumente afetuosos, naturais e envolvidos (Sloane et al., 1975). Essa percepção pode ser generalizada. Além disso, as explicações detalhadas de comportamentos fornecidas pelos terapeutas comportamentais parecem aliviar a angústia dos clientes (Thorpe & Burns, 1983). Objetivos e contratos bem definidos provavelmente motivam a participação do cliente (Hayes & Wolf, 1984; Rosenfarb & Hayes, 1984). Os exercícios lógicos e diretos e as atribuições talvez sejam fatores poderosos para motivar a cooperação e estimular ações saudáveis.

PSICOTERAPIA HUMANISTA-EXISTENCIAL

No centro das filosofias *humanistas* e *existenciais* de terapia está a idéia de que as pessoas são arquitetas da própria vida, agentes livres que escolhem o que fazem. (Contraste essa atitude com a noção psicanalítica de que as demandas biológicas controlam-nos e com a idéia comportamental de que o ambiente controla-nos.)

Os clínicos humanista-existenciais seguem as teorias *fenomenológicas da personalidade* (veja a p. 521), centradas no *self*. O que ocorre com as pessoas depende mais das idéias que têm de si mesmas e de sua vida: percepções, conceitos, finalidades, valores e capacidades para crescimento. Viver bem requer consciência do *self* e auto-realização. A angústia psicológica surge quando alguma coisa interfere nesses requisitos. Há necessidade de relacionamento afetuoso, aberto, humano, para mudanças construtivas. Cerca de 15% dos psicólogos aderem à orientação humanista-existencial (Smith, 1982). Muitos seguem a abordagem terapêutica gestáltica, outros a abordagem centrada no cliente.

PSICOTERAPIA CENTRADA NO CLIENTE

O psicólogo americano Carl Rogers (veja a Figura 12.12), cujas idéias sobre personalidade foram descritas no Capítulo 12, concebeu a psicoterapia centrada no cliente depois de atuar como clínico durante muitos anos. Rogers passou a acreditar que o "cliente", termo que ele preferia a "paciente", deveria determinar o conteúdo e a direção do tratamento. De acordo com ele (1979, p. 98): "O indivíduo tem dentro de si vastos recursos para o auto-entendimento, para alterar o autoconceito, atitudes básicas e seu comportamento autodirigido — e esses recursos podem ser aproveitados apenas se um clima definível de atitudes psicológicas facilitadoras puder ser fornecido". O termo *terapia centrada no cliente* é derivado dessa idéia.

Concepção do Comportamento Perturbado

Pessoas perturbadas, Rogers acreditava, negligenciam as próprias experiências e afastam-se de seu verdadeiro ser. Esses padrões começam na infância, quando pais rejeitam aspectos da personalidade da criança; talvez a espontaneidade ou a sexualidade seja inaceitável. Ao tentar ganhar a afeição, a criança nega suas necessidades e seus impulsos ofensivos. Entretanto, a negação da identidade leva a uma atitude defensiva. Pessoas com esse histórico tornam-se fechadas a novas experiências, e seu crescimento psicológico é estagnado. Indivíduos negadores, defensivos e fechados têm baixo conceito de si mesmos e desistem de relacionamentos íntimos. No trabalho e na brincadeira, são incapazes de usar plena e criativamente seus recursos.

Objetivos e Procedimentos Terapêuticos

O objetivo da terapia centrada no cliente é ajudar os clientes a crescer nas próprias direções autodeterminadas, realizar seus potenciais e desenvolver o auto-respeito. Rogers acreditava que os pacientes precisam escolher a própria direção para crescer. Ele tinha certeza de que os pacientes selecionariam objetivos positivos, construtivos, se recebessem afeto e fossem aceitos.

O tratamento centra-se em relacionamentos e emoções. O que realmente importa, os teóricos centrados no cliente argumentam, é o *encontro aqui e agora* entre o cliente e o terapeuta. Se esse relacionamento for caracterizado por *autenticidade, aceitação* e *compreensão a cada momento*, a mudança terapêutica deve ocorrer.

Autenticidade Os terapeutas centrados no cliente tentam ser abertos às próprias experiências e às de seus clientes, sem ser reservados ou defensivos. Os clientes de clínicos sinceros não têm necessidade de fingir ou enganar; daí, sentem-se livres para ser eles mesmos. Embora os terapeutas com outras orientações sejam freqüentemente autênticos, não supõem que isso seja terapêutico.

Aceitação Ao lidar com o mundo, as pessoas deparam-se comumente com crítica e desaprovação. Para estabelecer a segurança de modo que os clientes possam explorar abertamente experiências e emoções, os terapeutas centrados no cliente esforçam-se para aceitar tudo o que o cliente oferece. Em outras palavras, os clínicos procuram não avaliar nem julgar sentimentos ou condutas. O cliente pode estar confuso, ressentido, temeroso, irado, arrogante ou seja o que for. Os terapeutas psicanalíticos e do comportamento, em contraste, provavelmente monitoram a adequação da conduta de seus pacientes, alinhando-se com as tendências saudáveis e rotulando as destrutivas.

Compreensão a cada momento Os clínicos centrados no cliente esforçam-se para reconhecer, aceitar e esclarecer os sentimentos, de modo que os clientes entendam a si próprios. Uma vez que os sentimentos são básicos, a avaliação e o diagnóstico não são ressaltados. O terapeuta pode nem mesmo estar interessado nos detalhes do passado do cliente ou de sua vida atual. Os terapeutas centrados no cliente às vezes são descritos como *espelhos do sentimento*. Uma vez que "entraram no mundo de seu cliente", tentam pôr o indivíduo em contato com os próprios sentimentos, por uma *estratégia reflexiva*, o espelhamento. Podem simplesmente parafrasear, pondo em palavras diferentes o que o cliente está dizendo. Ou podem ir além de um resumo, para tocar em significados mais sutis dos quais o cliente pode não ter consciência. O excerto a seguir (Truax & Carkhuff, 1967, p. 57) mostra como um terapeuta centrado no cliente reflete sentimentos. (T representa terapeuta; C, cliente.)

C *Sim, tenho sentimentos. Mas a maioria deles não expresso.*

T *Humm. Como se os escondesse.*

C (Quase inaudível.) Sim. (Longa pausa.) Acho que a única razão pela qual tento escondê-los... é... vendo que sou pequeno, acho que tive de me tornar um cara duro ou algo assim.

T Humm.

C É isso que... acho... as pessoas podem pensar de mim.

T Humm. Um pouco de medo de mostrar meus sentimentos. Elas podem pensar que sou fraco e tirar vantagem de mim ou algo assim. Podem me magoar se... souberem que eu posso ser magoado.

C Acho que tentariam, de qualquer forma.

Por que um relacionamento deveria levar a uma mudança? Como Rogers (1967, 1979) explica, os clientes e terapeutas começam em pólos opostos. Os clientes são incapazes de ser verdadeiros e não entendem nem aprovam os outros e a si mesmos. Quando percebem que são ouvidos, aceitos e entendidos, tornam-se cada vez mais capazes de enfrentar a si mesmos e suas experiências. Conseguem examinar sentimentos e pensamentos que os estavam ameaçando antes. A aceitação afetuosa e a consideração positiva do terapeuta abrem o indivíduo para todos os aspectos da identidade. À medida que os *insights* tornam-se mais penetrantes, novos cursos de ação tornam-se claros. Há uma abertura geral; finalmente, a rigidez, a imaturidade, o egocentrismo e atitudes defensivas desaparecem. Os clientes começam a gostar de si mesmos e sentem-se ansiosos para se relacionar com os outros, compartilhar e crescer.

A TERAPIA DA *GESTALT*

Psiquiatra treinado psicanaliticamente, Frederick (Fritz) Perls, já falecido, introduziu a terapia da *Gestalt* no início da década de 1950. Você deve se lembrar (do Capítulo 4) que o termo *Gestalt* significa forma, padrão ou estrutura. Os membros do movimento gestáltico focalizavam experiências subjetivas, principalmente a percepção. Insistiam em que o todo é diferente e está longe de ser a simples soma de suas partes. De modo geral, a terapia da *Gestalt* associa-se a essas idéias.

Concepção do Comportamento Perturbado

A visão gestáltica da angústia psicológica é bem semelhante àquela centrada no cliente. Pessoas infelizes gastam muita energia rejeitando aspectos de si mesmas. Não reconhecem necessidades reais e adotam características alheias às suas.

Objetivos e Procedimentos Terapêuticos

O objetivo principal da terapia da *Gestalt* assemelha-se àquele da terapia centrada no cliente: recuperar capacidades inatas para o crescimento. As duas terapias, entretanto, seguem caminhos diferentes para alcançar esse objetivo. Clínicos gestálticos impõem tarefas severas para si mesmos. Precisam quebrar bloqueios do paciente, fachadas, jogos, fingimentos e defesas. Precisam estimular a autoconsciência. Acima de tudo, precisam ajudar o cliente a integrar todas as facetas do *self* harmoniosamente ("completar a *Gestalt*"), ser o que eles realmente são, e viver "o agora".

Os objetivos da *Gestalt* são alcançados por um conjunto distinto de práticas. Ao contrário de terapeutas centrados no cliente, que evitam avaliações intelectuais, os terapeutas gestálticos observam e analisam detalhadamente o cliente. Eles examinam a fala, os tons vocais, os gestos e a linguagem corporal (freqüentemente a forma pela qual diversos clientes interagem em um grupo) para identificar o que os clientes estão evitando e como eles estão se enganando.

Os terapeutas gestálticos recorrem a exercícios para vários propósitos. Alguns exercícios (exemplo: evitar o uso de verbos no passado) forçam as pessoas a se concentrar em suas sensações, percepções e emoções atuais, aumentando a consciência. Alguns recursos ajudam no reconhecimento e na solução de conflitos. Os pacientes podem representar duas facções (feminina e masculina, por exemplo) dentro da própria personalidade. Finalmente, serão solicitados a integrar e aceitar ambos os elementos. Para enfatizar a idéia de que as pessoas são seres ativos, responsáveis, outro exercício exige que se acrescente a frase: "E eu assumo a responsabilidade por isto" depois de comentários sobre sentimentos e comportamentos. Durante exercícios de exacerbação, os indivíduos exageram movimentos ou repetem comentários significativos em voz cada vez mais alta, para sentir seu impacto total. Como os terapeutas psicanalíticos, os clínicos gestálticos consideram os sonhos uma fonte vital de informações. Considera-se que as imagens do sonho representam partes do *self*. Os pacientes são estimulados a vivenciar o sonho do ponto de vista de cada imagem, para maior autoentendimento e auto-aceitação. (Veja a Figura 14.7.)

Outro elemento-chave da terapia da *Gestalt* é a criação de cenas vívidas, destinadas a tornar os

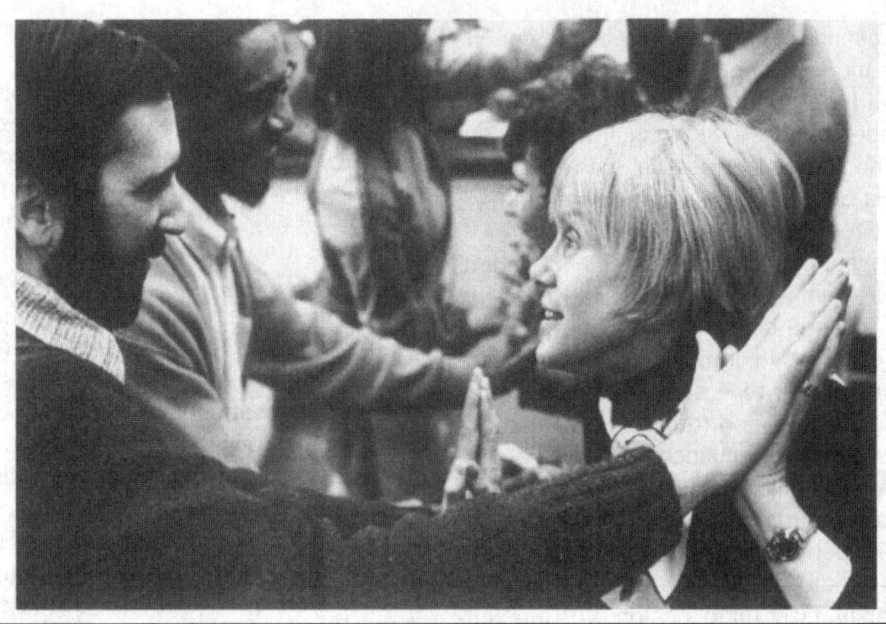

FIGURA 14.7 Terapeutas gestálticos usam freqüentemente exercícios de grupo para pôr as pessoas em contato com o próprio corpo, para encorajar a espontaneidade e a abertura a sentimentos sociais e experiências e para proporcionar *insights* em relacionamentos sociais. Em um exercício, por exemplo, as pessoas notam suas sensações quando estão tocando e sendo tocadas por um estranho. (Alex Webb/Magnum Photos, Inc.)

problemas mais compreensíveis e a motivar a mudança de comportamento. Eis uma ilustração desse procedimento incomum (Davison & Neale, 1982, p. 582):

[*Durante uma sessão de terapia*], *marido e mulher sentaram-se juntos em um sofá, discutindo sobre a mãe da mulher. O marido parecia muito zangado com a sogra, e o terapeuta supôs que ela estava intervindo no relacionamento dele com a esposa. O terapeuta queria demonstrar ao casal como isso poderia ser frustrante para ambos e também desejava levá-los a tomar uma atitude com relação a isso. Sem avisar, levantou-se da cadeira e atirou-se no meio do casal. Não disse uma palavra. O marido olhou confuso, ficando então magoado e gradativamente irado com o terapeuta.* [*Ele pediu ao clínico*] *para sair, para que pudesse sentar-se ao lado da esposa outra vez. O terapeuta balançou a cabeça. Quando ele lhe pediu novamente, o terapeuta tirou o casaco e colocou-o sobre a cabeça da mulher, para que ele nem sequer pudesse vê-la. Um longo silêncio se seguiu, durante o qual ele foi ficando cada vez mais agitado. Enquanto isso, a mulher permaneceu sentada, quieta, coberta com o casaco do terapeuta. De repente, o marido dela levantou-se, passou pelo terapeuta e tirou o casaco, com raiva; então puxou o terapeuta do sofá. O terapeuta explodiu em uma risada espontânea.* "*Eu queria saber quanto tempo você levaria para fazer alguma coisa!*", *disse em voz alta.*

A cena teve vários efeitos notáveis. Fez o marido perceber que a sogra o fazia sentir-se afastado da esposa, da mesma forma que estiveram isolados um do outro pela intrusão do terapeuta. O sucesso do marido em enfrentar o terapeuta fez com que ele questionasse por que não tomou uma atitude com a sogra. A extrema passividade da esposa também ficou clara. Por que ela mesma não tirou o casaco? Depois dessa sessão, o casal relatou sentir um contato melhor entre si e perceber-se melhor. Além disso, eles resolveram trabalhar ativamente para alterar o problema com a mãe da esposa.

Comentários

Os psicoterapeutas humanista-existenciais são humanos e otimistas. Eles despertaram a consciência sobre a importância de atender às perspectivas e aos objetivos do cliente. O valor que eles põem nos relacionamentos humanos focalizou a atenção para esse aspecto vital da terapia. E sobre os problemas? Os críticos desafiam a base de pesquisa que apóia as terapias humanista-existenciais. Os clínicos gestálticos dependem de testemunhos e *históricos de caso*. Os clínicos centrados nos clientes confiam nos auto-relatos dos pacientes sobre o progresso. Pessoas relativamente brilhantes e saudáveis relatam sentir-se melhor depois de uma terapia centrada no cliente, cujo clínico seja afetuoso, sincero e empático (Truax & Carkhuff, 1967). Entretanto, as investigações sobre a mudança de comportamento encontram relações modestas entre o sucesso nos resultados e qualidades como afeto, sinceridade e empatia (Lambert et al., 1978; Mitchell et al., 1973). As melhorias no âmbito interpessoal são associadas à maneira pela qual os *pacientes percebem* a empatia no terapeuta (Free et al., 1985).

As abordagens humanista-existenciais também apresentam problemas teóricos significativos. Nem todos compartilham a crença na bondade da natureza humana e no motivo dominante, a auto-realização. Mais preocupante é a explicação humanista-existencial do comportamento desajustado. Atribuir os distúrbios extremamente diversos de pacientes a uma única causa, o desenvolvimento contido, contradiz uma enorme bibliografia de pesquisa. A influência do terapeuta centrado no cliente é outra fonte de discussão. Por que os pacientes desejariam fazer terapia e como os terapeutas poderiam ajudar, se não tivessem influência, como os teóricos da terapia centrada no cliente fazem-nos supor? Se clínicos são influentes, é provável que o crescimento psicológico *verdadeiramente autodeterminado* seja um sonho impossível. A Tabela 14.4 compara as três orientações terapêuticas.

ABORDAGEM ECLÉTICA

Pode ter-lhe ocorrido que as terapias comportamental, psicanalítica e humanista-existencial têm vantagens que poderiam ser combinadas com resultados positivos. Muitos clínicos — quase a metade dos psicólogos — dizem que adotam e integram elementos de várias abordagens em sua terapia (Smith, 1982).

Mesmo aqueles que se identificam com uma orientação específica freqüentemente incorporam outras estratégias. Alguns fazem isso sem saber. Em um estudo de terapeutas centrados no cliente, dentre outros, as análises de fitas de áudio sugeriram que esses profissionais ajudavam os clientes dando-lhes conselhos, recomendações e modelos de maneira relativamente livre (Strupp & Hadley, 1979). Essas práticas são opostas à teoria centrada no cliente. Em outras palavras, o que os terapeutas pensam que fazem e o que realmente fazem pode ser bem diferente. É claro que é o que eles fazem, e não o que pensam que fazem, que é crucial.

O ecletismo é uma forma atraente de atuar. Como Arnold Lazarus argumenta (1976, 1981, 1985), os seres humanos são complicados. Seus problemas não são causados por fatores únicos e, como

TABELA 14.4 Três abordagens à psicoterapia.

Aspectos Diferenciados	Psicanalítica	Comportamental	Existencial-humanista
Causas de distúrbios não psicóticos enfatizados	Conflitos reprimidos	Aprendizagem inadequada	Aspectos do *self* não reconhecidos e aceitos; crescimento detido
Objetivos primários	*Insight* (intelectual e emocional); maturidade	Mudanças de comportamento, cognitivas e emocionais, específicas ao paciente	Aumento da auto-estima e crescimento psicológico
Tempo de vida estressada	Início da infância e presente (trabalhando nos problemas atuais)	Presente; a vida toda	Aqui e agora (encontro terapêutico)
Aspecto enfatizado do paciente	O inconsciente, especialmente motivos, emoções, conflitos, fantasias, memórias, medos	Comportamento, cognições e emoções	O *self* e suas perspectivas subjetivas (percepções, significados, valores, conceitos)
Instrumentos principais	Interpretações de: associações livres, sonhos, resistência, relacionamento de transferência	Ensino de procedimentos fundamentados em descobertas psicológicas experimentais (especialmente princípios de aprendizagem e estratégias cognitivas)	Centrada no cliente; autenticidade, aceitação, compreensão a cada momento; *Gestalt*: exercícios, análises de sonhos e cenários vívidos

veremos, nenhum método de tratamento destaca-se dos outros, desvencilhando-se de todas as dificuldades. Logicamente, então, clínicos flexíveis que ajustam a tecnologia efetiva às necessidades e aos problemas do indivíduo que procura ajuda tornam-se os agentes-terapeutas que mais auxiliam. Muitos profissionais de saúde mental concordam com essa posição (Arkowitz & Messer, 1984; Beutler, 1983; Frances et al., 1984; Goldfried, 1980, 1982; Garfield, 1980; Hart, 1983; Marmor & Woods, 1980).

PSICOTERAPIA DE GRUPO

A maioria das psicoterapias pode ser usada com uma única pessoa com problemas ou com inúmeros indivíduos perturbados. Alguns especialistas sentem que a terapia em grupo, ou *psicoterapia de grupo*, é superior à terapia individual por diversas razões:

1 A psicoterapia de grupo fornece uma ampla variedade de modelos.

2 O *feedback* realista vem de diversas pessoas.

3 Os membros do grupo dão muito incentivo e apoio uns aos outros.

4 Os indivíduos ganham perspectiva em um grupo. Uma vez que não é provável que eles sejam os únicos com um problema específico, sentem-se menos isolados e solitários.

5 A psicoterapia de grupo fornece oportunidades reais para praticar e melhorar as habilidades sociais.

6 Observando como os membros do grupo interagem, o terapeuta adquire informações importantes sobre o comportamento social real do paciente.

7 A psicoterapia de grupo é efetiva em termos de custo. Ou seja, atende a mais indivíduos, a um custo mais baixo por pessoa, que a terapia individual.

Não há evidências irrefutáveis de que a terapia em grupo seja superior, de modo geral (Zander et al., 1979). Ela é excelente, ao que parece, para pacientes com dificuldades sociais (convivência, afastamento, solidão e isolamento) (Parloff & Dies, 1977; Pilkonis et al., 1984; Piper et al., 1977).

CONTROVÉRSIAS DA PSICOTERAPIA

A psicoterapia é efetiva? Uma abordagem é superior às outras? As terapias bem-sucedidas compartilham elementos comuns de "cura"?

A Psicoterapia É Efetiva?

Até 50 anos atrás, poucas pessoas questionavam a efetividade da psicoterapia. Então, no início da década de 1950, Hans Eysenck (1952) publicou um trabalho que gerou um áspero debate. Fazendo um levantamento da bibliografia de pesquisa sobre resultados terapêuticos, Eysenck relatou que mais ou menos dois terços dos pacientes pareciam melhorar, recebendo tratamento formal ou não. Se a psicoterapia realmente funciona, Eysenck argumentava, deveria ter um índice de sucesso maior que a simples passagem do tempo. Retaliando em defesa própria, psicólogos atacaram as afirmações de Eysenck. Alegaram que as conclusões de Eysenck baseavam-se em uma amostra pequena, não representativa, de evidências disponíveis. No entanto, as acusações de Eysenck chamaram a atenção para a importância de os resultados da terapia serem avaliados.

Infelizmente, avaliar os resultados de uma terapia é muito difícil por diversas razões (Kazdin, 1982; Strupp, 1982). Primeiro, o tratamento é uma experiência longa, extremamente complicada e variável que não pode ser descrita precisamente. Segundo, definir e medir a melhora é problemático. Depois de gastar muito tempo (e, freqüentemente, dinheiro), os pacientes querem acreditar que têm mais capacidade para atuar. Os terapeutas têm viés similar. Se não vêem melhoria, estão admitindo o próprio fracasso. Além disso, os investigadores precisam seguir os pacientes por tempo suficiente, para avaliar se os ganhos são duradouros. Terceiro, uma série de variáveis extrínsecas (veja a p. 28) pode afetar os resultados da terapia. Em qualquer caso, é difícil provar que a terapia — em oposição a outras condições — é responsável pelos resultados.

Em um experimento típico, pacientes de terapia são comparados àqueles submetidos a um tratamento simulado ou àqueles que simplesmente estão aguardando uma oportunidade para fazer tratamento. Os investigadores lidam com o problema de definir o que ocorreu na terapia, utilizando-se de clínicos experientes com uma orientação específica ou gravando sessões para registrar o que os terapeutas realmente fizeram. Os estudos mais cuidadosos medem os resultados de diversas maneiras: testes e classificações realizados com o próprio paciente, com pessoas que lhe são próximas e com o terapeuta. Além disso, os juízes-avaliadores que não sabem se o paciente realmente recebeu ou não tratamento podem avaliar o funcionamento antes e depois da terapia, ou sem terapia. Para impedir que variáveis extrínsecas ao paciente e à vida dele afetem o resultado, grandes grupos de pessoas são designados aleatoriamente a condições de controle e experimentais. Terapeutas com níveis semelhantes de treinamento e formação educacional são estudados.

Evidências dos resultados da terapia são obtidas de pesquisas cuidadosamente delineadas e dos resultados combinados de muitas investigações, incluindo aquelas fracas e seriamente comprometidas. Essa última estratégia apresenta problemas substanciais, mas oferece visões gerais sobre as tendências (Kurosawa, 1984; Orwin & Cordray, 1984). Análises de centenas de resultados sugerem que a psicoterapia tem efeitos positivos modestos, a curto prazo, em mais de 75% a 80% dos casos (Landman & Dawes, 1982, 1984; Smith et al., 1980; Meltzoff & Kornreich, 1970). Mesmo para problemas mais severos, a psicoterapia parece ser tão efetiva quanto a terapia por medicamentos, sendo a combinação das duas apenas ligeiramente melhor. Esses resultados referem-se a ganhos de curto prazo; após a terapia, pouco se sabe do que ocorre depois de transcorrido um ano.

Infelizmente, a psicoterapia pode ser tão destrutiva quanto útil. Allen Bergin e colaboradores (1971) descobriram que deterioração atribuível ao tratamento ocorreu em cerca de 5% dos casos que eles estudaram. Nenhum perfil de características do terapeuta foi ligado aos resultados negativos.

O que é terapêutico ou antiterapêutico depende, na nossa opinião, do paciente e do problema. Pesquisadores contemporâneos (Borgen, 1984; Garfield, 1984) estão se voltando para a seguinte questão: "Que abordagem funciona melhor com que tipo de paciente?". Algum dia, os psicólogos provavelmente serão capazes de identificar as experiências precisas que serão mais úteis para uma determinada pessoa.

Existe um Tipo de Psicoterapia Superior?
Comparar as várias abordagens à terapia é tão difícil quanto comparar a terapia com a ausência de terapia. No entanto, há inúmeros estudos comparativos respeitáveis. R. Bruce Sloane e seus colegas (1975, 1984), por exemplo, pediram a três terapeutas do comportamento proeminentes e experientes e a três terapeutas de qualificação semelhante, com orientação psicanalítica, para tratar pacientes não psicóticos durante vários meses. Clientes do grupo de controle com problemas comparáveis foram postos em um programa de lista de espera[1] para um tratamento mínimo. Fitas de algumas sessões foram analisadas a fim de definir as características pessoais e as estratégias dos clínicos. Antes e depois da terapia ou do programa de lista de espera, os pacientes foram avaliados compreensivamente por classificações de sintomas-alvo, testes psicológicos, entrevistas e relatórios de informantes que conheciam os pacientes havia 12 anos, em média, bem como por auto-avaliações e avaliações de terapeutas. Cerca de 80% dos pacientes que receberam um ou outro tipo de terapia apresentaram uma melhoria no funcionamento geral, que foi mantida durante o ano seguinte. Sob essas condições, a terapia do comportamento e a psicanalítica tiveram quase a mesma efetividade. Investigações independentes apóiam essa conclusão (Bergin & Lambert, 1978; Landman & Dawes, 1982; Luborsky et al., 1975; McGuire & Frisman, 1983; Miller & Berman, 1983; Smith et al., 1980).

Até o presente, ninguém demonstrou diferenças gerais substanciais na efetividade, dentre as várias terapias de pacientes clínicos. Essa descoberta pode ser explicada plausivelmente de diversas maneiras. Pode ser que *haja* diferenças reais nos resultados, que dependem da personalidade, das percepções e dos problemas envolvidos (Horowitz et al., 1984; Pilkonis et al., 1984). Em outras palavras, cada abordagem pode ter aspectos positivos e negativos que se anulam. Também é possível que as terapias de sucesso dependam de certas propriedades comuns.

As Terapias de Sucesso Compartilham Pontos em Comum?
Muitos observadores vêem os fatores comuns como a chave para o tratamento de sucesso, seja terapia, rituais de cura, amizade, grupos de auto-ajuda ou qualquer outro (Beck, 1984; Frank, 1982; Goldfried, 1980, 1982; Klein & Rabkin, 1984; Strupp, 1973,

---

1. N.R.T.: Programa de lista de espera ou grupo de espera refere-se a grupos formados com os pacientes que aguardam o início de tratamento em uma clínica. Geralmente, esses grupos são orientados por psicoterapeutas antes do início do tratamento propriamente dito.

1984). Como Jerome Frank explica, as pessoas que procuram terapia, além de sofrer de sintomas específicos, freqüentemente sofrem porque se sentem desamparadas, alienadas e incapazes de lutar. As terapias efetivas oferecem meios para combater essa condição.

Primeiro, os tratamentos bem-sucedidos ocorrem no contexto de uma interação pessoal afetuosa, respeitadora, empática, confiável, entusiástica e de apoio. Tal relacionamento oferece esperança e expectativas de melhoria, uma vez que os pacientes acreditam que estão recebendo um tratamento melhor (Luborsky et al., 1984, 1985). Uma vez que os clientes sentem-se valorizados pelos outros, passam a gostar mais de si mesmos. O relacionamento-modelo também torna a formação de amizades mais atraente. Além disso, dá ao terapeuta uma "base de poder" para influenciar o paciente. Um segundo elemento terapêutico compartilhado é o ambiente de "santuário". O indivíduo perturbado tem um refúgio em que os pensamentos e sentimentos proibidos podem ser expressos livremente e aceitos, talvez pela primeira vez. Uma terceira prática comum das terapias efetivas é fornecer uma explicação racional aos problemas do paciente. Os problemas misteriosos parecem mais assustadores e insuperáveis. É provável que o sentimento de que alguém entende esses problemas, independentemente de a explicação estar certa ou errada, amenize os medos. O *feedback* é um quarto procedimento útil, comum aos tratamentos bem-sucedidos. Em ambientes terapêuticos, os pacientes freqüentemente passam a ter ciência do que estão fazendo, pensando ou não, sentindo ou não. Esse conhecimento pode motivar a mudança. Os clínicos efetivos oferecem uma quinta condição: fornecem novas informações e encorajam novas formas de sentir e de se comportar. As pessoas são estimuladas a romper rotinas e a confrontar situações que têm sido intimidantes. À medida que experimentam, com apoio do terapeuta, sentem-se livres das velhas restrições; e, ao absorver suas experiências, desenvolvem novas habilidades.

Essa noção de elementos terapêuticos comuns não é aceita por todos; no entanto, pode esclarecer algumas conclusões que, caso contrário, seriam confusas: muitas pessoas melhoram sem o benefício de tratamento formal; grupos de auto-ajuda como os Alcoólicos Anônimos (AA) são muito eficientes (Lieberman et al., 1979); terapeutas novos e relativamente não treinados e professores afetuosos podem oferecer ajuda excelente (em alguns casos, tão efetivas quanto de terapeutas experientes) (Berman & Norton, 1985; Hattie et al., 1984; Waterhouse & Strupp, 1984; Strupp & Hadley, 1979). O Quadro 14.1 discute os trabalhos de grupos de auto-ajuda. (■)

Quadro 14.1

ATIVIDADES PARALELAS À PSICOTERAPIA: FOCO NOS ALCOÓLICOS ANÔNIMOS

Hoje, existem muitas formas de terapia de auto-ajuda (Borman et al., 1982; Iscoe & Harris, 1984). Examinamos os princípios que orientam os Alcoólicos Anônimos (AA), focalizando a seguinte questão: "O que os torna efetivos?".

Análises do AA e outros grupos de terapia de pares sugerem que seu poder deriva da ideologia e da dinâmica de grupo. Paul Antze (1979) vê a ideologia como o mecanismo básico de mudança. Cada grupo de terapia de pares idealiza um sistema relevante de crenças para mudar as pessoas envolvidas. Os princípios do AA podem ser reduzidos a cinco visões adequadas aos problemas dos alcoolistas.

1 *A natureza do alcoolismo.* O AA sustenta que o alcoolismo deve-se, em parte, a uma doença para a qual não há cura: uma incapacidade inata para tolerar até mesmo uma pequena quantidade de álcool. Entretanto, o AA considera que a compulsão pela bebida vem do egoísmo e do orgulho, falhas morais. A crença na doença — removendo a implicação de fracasso pessoal — é tranqüilizadora. Ao mesmo tempo, a atenção é focalizada na bebida excessiva, a parte do problema que o alcoolista pode enfrentar.

2 *O "fundo do poço".* A recuperação começa somente depois do desespero. O alcoolista precisa acreditar que não tem autocontrole e que não pode administrar sua vida. Só então é que a vítima torna-se receptiva à auto-avaliação realista e aceita o tratamento.

3 *O poder maior.* Para se recuperar, o alcoolista precisa aceitar a existência de um poder maior que si próprio. Presumivelmente, os alcoolistas consideram-se onipotentes, capazes de qualquer coisa. Atribuir o papel de uma força maior a Deus, ao grupo ou a outra pessoa possibilita a formação de uma auto-imagem mais realista. Ao mesmo tempo, o deus do AA é um guia, um protetor e um amigo que oferece apoio e alivia o isolamento. Muitos membros do AA rezam para Deus conceder-lhes a serenidade para aceitar o que eles não podem mudar, a coragem para mudar o que eles podem e a sabedoria para distinguir a diferença. A ação se torna uma questão de fazer o melhor para lidar com falhas morais e superar o desejo de beber e deixar o restante para Deus.

Quadro 14.1 (continuação)

4   *O inventário moral*. Os alcoolistas precisam vasculhar os fracassos em sua vida, confessá-los e desculpar-se a todos com os quais erraram. O inventário moral libera a culpa e estabelece objetivos simples, realistas, de modo que as boas intenções possam ser traduzidas em ações.

5   *Doze passos*. Os membros do AA são convocados a transmitir a mensagem do AA (doze passos) para outros, por duas razões. "Só um bêbado", eles acreditam, "pode ajudar outro bêbado." Também, ajudar os outros auxilia a própria pessoa a permanecer sóbria. Como um "missionário", o alcoolista recebe lembretes regulares sobre a seriedade do alcoolismo e a necessidade de vigilância contínua. Os sucessos aumentam a fé no AA, e fracassos são atribuídos ao despreparo da vítima (princípio 2).

O poder das terapias de pares provavelmente deriva da dinâmica de grupo, bem como da ideologia (Levy, 1979; Lieberman, 1979). Compartilhar sentimentos e experiências é uma dinâmica-chave que ocorre universalmente em tratamentos em grupo. Ao mesmo tempo que compartilhar leva ao entendimento, saber que outros têm os mesmos problemas é reconfortante. O *insight* é um segundo benefício. Quando as pessoas falam, reúnem suas experiências; surgem *insights* sobre si mesmos e sobre a vida. Os grupos são receptivos, ligando os membros do AA em uma rede de apoio social. A aceitação combate a noção de estigma social, reduz a ansiedade, aumenta a auto-estima e instila a esperança. Freqüentemente, também, o AA orienta as pessoas para direções construtivas. Os membros do grupo procuram encontrar alcoólicos recuperados para admirar e imitar.

A terapia de pares provavelmente é mais persuasiva que a terapia comum de grupo, em virtude de sua semelhança com seitas religiosas (Antze, 1979). A semelhança entre os integrantes do grupo (o mesmo problema, o endosso da abordagem do grupo) contribui para a aproximação entre seus participantes, aumentando a influência e o poder do grupo. Além disso, o contato prolongado com outros que são intensamente comprometidos com as crenças do grupo firma lealdades ideológicas. (Veja a Figura 14.8.)

Considera-se o AA a maior fonte de tratamento para os alcoolistas; no entanto, há relativamente poucas informações sobre sua efetividade, uma vez que não coleta dados dos resultados (Nathan, 1984). Um estudo de longo prazo de três amostras de mulheres e homens alcoolistas mostrou evidências de que o AA tem sucesso para alguns (Vaillant, 1983). De todos os fatores mencionados, quatro das práticas do AA são correlacionadas confiavelmente com a abstinência segura: a substituição de uma nova dependência (o próprio AA); lembretes contínuos de que a bebida é prejudicial; fontes confiáveis de apoio; e uma fonte de inspiração, esperança e melhor auto-estima.

ABORDAGENS MÉDICAS DOS DISTÚRBIOS NÃO PSICÓTICOS

Problemas de ansiedade e depressão são freqüentemente tratados por drogas, às vezes em combinação com psicoterapia.

Drogas para Episódios Depressivos

Elementos da família de drogas conhecida por *antidepressivos tricíclicos* são usados comumente no tratamento da depressão (Baldessarini, 1985). As ações químicas dos fármacos variam, e muitos deles potencializam as ações de neurotransmissores chamados *catecolaminas* (norepinefrina, epinefrina e dopamina). Você deve lembrar-se que esses neurotransmissores estão entre aqueles considerados subjacentes aos distúrbios de humor (veja o Capítulo 13). Um indivíduo pode responder a alguns, mas não a outros tricíclicos; então, um procedimento de tentativa e erro pode ser exigido para encontrar uma droga que ajude. Geralmente, leva uma semana ou mais para que os tricíclicos comecem a agir nos sintomas depressivos. Ao contrário da psicoterapia, os medicamentos funcionam melhor em depressões mais severas. Aproximadamente 70% de casos graves respondem; entretanto, os índices de recidiva são mais altos, a não ser que as doses de manutenção continuem pelo menos por vários meses. No caso de depressões muito intensas, considera-se que o alívio mais rápido e consistente seja atingido com a terapia eletroconvulsiva (veja o Quadro 14.2).

De que modo a medicação com antidepressivos associa-se à psicoterapia para combater a depressão? Pesquisadores compararam o tratamento medicamentoso à *terapia cognitiva*, destinada a ajudar os pacientes a modificar o pensamento pessimista, negativista. Embora ambas as táticas tragam mudanças benéficas no pensamento e no humor (Miller *et al.*, 1985; Simons *et al.*, 1984), cada uma tem as próprias vantagens e desvantagens. A terapia cognitiva não é adequada a todos os depressivos, uma vez que requer uma noção de eficácia, de ser capaz de conseguir mudanças na vida. Além disso, a terapia leva mais tempo e custa mais dinheiro que os remédios. Estes, evidentemente, têm efeitos colaterais; os tricíclicos podem afetar os olhos, as glândulas

FIGURA 14.8 Vigilantes do Peso (uma reunião mostrada aqui) e muitos outros programas de auto-ajuda capitalizam a dinâmica que ocorre na maioria dos grupos: compartilhar experiências; apoio de uma rede social; orientação em direções construtivas; e modelos admiráveis a seguir. A semelhança entre os membros do grupo fortalece vínculos e aumenta a influência do programa. (Josephus Daniels/Photo Researchers.)

salivares, o coração, o intestino, a bexiga ou o sistema nervoso central. No caso de pacientes que têm uma noção de controle, a psicoterapia parece ajudar mais marcada e persistentemente, com menor probabilidade de recidiva (Miller *et al.*, 1985; Rush *et al.*, 1977). (■)

Drogas para Distúrbios de Ansiedade

Os medicamentos usados para tratar problemas de ansiedade vêm de diversas famílias diferentes de fármacos. A classe chamada de benzodiazepínicos (como Valium) é a mais conhecida atualmente (Costa, 1983; Ruff *et al.*, 1985). Uma entre dez pessoas nos Estados Unidos toma esses medicamentos. Os antidepressivos cíclicos e duas classes adicionais de drogas chamadas inibidores de monoamina oxidase e betabloqueadores também são usados com certo sucesso para tratar condições em que a ansiedade é proeminente, incluindo pânico e distúrbios obsessivo-compulsivos (veja a p. 562) e bulimia e anorexia nervosa (veja a p. 338) (Fishman & Sheehan, 1985; Insel, 1985; Liebowitz *et al.*, 1985).

Os benzodiazepínicos, quando administrados por um curto período de tempo, são considerados relativamente efetivos e com baixo potencial de dependência e toxicidade (Ballenger *et al.*, 1985; Green & Costain, 1981; Salzman, 1985). Evidentemente, também apresentam efeitos colaterais: desorientação e sedação, entre os mais comuns. Os pacientes precisam deixar de usar diazepínicos gradativamente; caso contrário, podem voltar a sentir ansiedade mais severa que aquela para a qual o fármaco foi prescrito (DuPont & Pecknold, 1985). Entre os usuários de longo prazo, efeitos colaterais comuns incluem a sensibilidade extrema à luz e ao som, bem como distúrbio de memória e cognição, embora essas funções geralmente se estabilizem quando o medicamento é suspenso (Lader, 1984; Wolkowitz *et al.*, 1985).

Os benzodiazepínicos podem corrigir um desequilíbrio em um sistema cerebral regulador da ansiedade (Ninan *et al.*, 1982; Squires & Saederup, 1982; Redmond, 1985). Os neuroquímicos induzem ansiedade, fornecendo energia para lutar ou fugir, quando os perigos exigem (veja a p. 392). A ansiedade intensa durante um longo período de tempo é devastadora; assim, outras substâncias cerebrais "desligam" a resposta. No caso de ansiedade inadaptada,

Quadro 14.2
TERAPIA ELETROCONVULSIVA

Todo ano, cerca de 100.000 americanos recebem terapia eletroconvulsiva. Um levantamento no Estado de Massachusetts sugere que o tratamento é aplicado a pessoas de todas as idades com uma variedade de distúrbios psicológicos (Grosser *et al.*, 1975), freqüentemente em combinação com a psicoterapia. É comum especialmente para o tratamento de depressão.

Em sua forma tradicional, a terapia eletroconvulsiva envolve passar uma corrente elétrica de 70 a 150 volts através de um ou ambos os hemisférios do cérebro, de 0,1 a 1 segundo. O que geralmente resulta é uma convulsão do tipo epiléptica. De antemão, os pacientes recebem anestesia geral, o que os faz dormir, eliminando o terror da experiência do ataque. Também, a medicação relaxante muscular ameniza contrações musculares que seriam violentas e poderiam fraturar braços, pernas ou a espinha. Uma vez que essa medicação pode interferir na respiração, é administrado oxigênio. O procedimento dura cerca de cinco minutos. Como uma única aplicação da terapia eletroconvulsiva raramente tem efeito terapêutico, uma série de choques é o padrão. Tipicamente, os pacientes recebem três tratamentos por semana, durante no mínimo duas semanas, freqüentemente de seis a sete semanas. Alguns pacientes receberão até 100 tratamentos no decorrer de um ano (Scovern & Kilmann, 1980).

Adeptos e pesquisadores são extremamente divergentes sobre o valor da terapia eletroconvulsiva. Alguns são entusiastas. A terapia eletroconvulsiva parece extremamente útil para pacientes suicidas severamente deprimidos que não respondem a drogas (Abrams & Essman, 1982; Fink, 1983; Sackeim, 1985; Scovern & Kilmann, 1980). Acredita-se que melhora o humor e a receptividade à psicoterapia. Críticas, enfatizando diferentes conclusões de pesquisa, questionam se a terapia eletroconvulsiva é mais efetiva que os tricíclicos ou mesmo os placebos (Breggin, 1979). Quando se trata de problemas não depressivos, como episódios maníacos ou esquizofrênicos, há pouca evidência dos benefícios da terapia eletroconvulsiva (Brandon *et al.*, 1985; Sackeim, 1985; Scovern & Kilmann, 1980).

Os efeitos colaterais da terapia eletroconvulsiva são tão controvertidos quanto os efeitos básicos. Autópsias em animais sacrificados e seres humanos que morreram depois da terapia eletroconvulsiva mostram que o procedimento pode lesar o cérebro, deixando hemorragias, cicatrizes e neurônios mortos — principalmente quando mantido por longos períodos. Os críticos consideram a lesão cerebral substancial e potencialmente devastadora (Breggin, 1979). Os defensores alegam que os efeitos nocivos são incontroláveis temporariamente ou triviais (Fink, 1983; Perr, 1980).

Perda de memória e confusão geralmente são ligados à terapia eletroconvulsiva (Freeman & Cheshire, 1985; Sackeim, 1985). Para a maioria dos pacientes, os déficits restringem-se ao período de tratamento. Quando avaliados sete meses depois do último choque, os pacientes normalmente não se lembram de eventos que ocorreram durante o período de tratamento, bem como daqueles que ocorreram várias semanas antes ou depois (Squire, 1985). Uma minoria de pessoas — talvez 0,5% — apresenta problemas mais graves de memória e outros distúrbios cognitivos (Holden, 1985b). Além disso, os pacientes podem vir a se sentir dependentes de terapia eletroconvulsiva. Mais raramente, psicose, convulsões espontâneas e morte são atribuídas ao tratamento com choque.

O motivo pelo qual a terapia eletoconvulsiva funciona algumas vezes continua sendo um enigma. Embora altere muitos aspectos do funcionamento do cérebro (fluxo sangüíneo, padrões elétricos e bioquímica), bem como produções hormonais em todo o corpo, considera-se que seus benefícios derivam amplamente de mudanças no equilíbrio neurotransmissor. Sabe-se que a serotonina, a dopamina, o GABA e as endorfinas estão envolvidas (Green, 1980; Holaday *et al.*; 1985). Cientistas contemporâneos estão tentando entender melhor a terapia eletroconvulsiva, a fim de desenvolver tratamentos comparáveis, sem perigos e riscos.

---

esses mecanismos cerebrais parecem tornar-se inadequados. Considera-se que os benzodiazepínicos ajudam a recuperar o equilíbrio apropriado, aumentando a ação inibitória de um neurotransmissor chamado ácido gama-aminobutírico (GABA — *gamma-aminobutyric acid*). Os fármacos também agem sobre a norepinefrina e a serotonina.

Evidentemente, os medicamentos contra a ansiedade não podem resolver conflitos ou aliviar estresses. Nem podem ensinar estratégias para lidar com eles. Então, o tratamento medicamentoso provavelmente é mais efetivo quando combinado com a psicoterapia (Greenhill & Gralnick, 1983; Smith *et al.*, 1980).

TRATANDO ADULTOS PSICÓTICOS: FOCO NOS ESQUIZOFRÊNICOS

Voltamo-nos agora para o tratamento de adultos psicóticos, muitos dos quais sofrem de esquizofrenia, distúrbios orgânicos mentais ou da síndrome bipolar. Para indivíduos com dificuldades *crônicas* ou duradouras, os sintomas são recorrentes e exigem tratamento contínuo.

Estratégias Médicas

Para combater os sintomas psicóticos nos pacientes, os médicos tentaram inúmeras táticas: dietas especiais, doses maciças de vitaminas, drogas que induzem convulsões ou choques elétricos (veja o Quadro 14.2), sonoterapia, cirurgia cerebral e medicamentos. De todas elas, apenas a medicação é uma política-padrão, atualmente.

Medicação para Esquizofrenia

Os fármacos, conhecidos por *drogas neurolépticas* ou *antipsicóticas* ou *principais tranqüilizantes*, foram usados pela primeira vez para tratar esquizofrenia nos Estados Unidos em 1954. Rapidamente, tornaram-se a terapia preferida. São tão aceitos universalmente que não os administrar é considerado antiético (Carpenter & Heinrichs, 1980). Os neurolépticos melhoram o funcionamento de cerca de 70% dos pacientes (Coyle & Enna, 1983). No nível fisiológico, bloqueiam a transmissão do impulso em vias cerebrais (nos lobos frontal e temporal e no sistema límbico), usando o neurotransmissor dopamina. Paralelamente às mudanças fisiológicas, ocorrem mudanças comportamentais: há um aumento na freqüência de condutas sociais apropriadas e melhora da atenção e da percepção (Cole, 1964; Gualtieri, 1985; Spohn *et al.*, 1977). Delírios, alucinações, ansiedade, confusão e fala incoerente diminuem. Essas melhoras variadas permitem que muitos esquizofrênicos medicados deixem a instituição e vivam, sob acompanhamento, na comunidade.

É importante entender que as drogas antipsicóticas não curam a esquizofrenia (Baldessarini, 1985). Alguns pacientes não respondem a medicação alguma. (Aqueles que são psicóticos por mais tempo não respondem tão bem.) Para muitos, a melhora, mesmo quando marcante, qualifica-os para uma categoria de ajustamento marginal. Ou seja, eles podem viver na comunidade e talvez trabalhar em uma ocupação simples, contanto que haja apoio e acompanhamento suficientes. Periodicamente, é provável que o esquizofrênico crônico entre novamente em crise e precise de medicamento outra vez.

Infelizmente, o uso padronizado de fármacos também apresenta desvantagens. Os neurolépticos de alta potência tendem a ser usados em grandes doses durante longos períodos (Baldessarini, 1985; Culliton, 1985; Schooler, 1985). Entretanto, os medicamentos não são "isentos de problemas" do ponto de vista neurológico e médico. Embora os efeitos colaterais possam ser temporários (Addonizio *et al.*, 1985), freqüentemente são duradouros ou mesmo irreversíveis. Lamentavelmente, são fáceis de confundir com o próprio distúrbio ou com o processo normal de envelhecimento. Os movimentos involuntários (tremores, contração dos olhos, estalo dos lábios e outros movimentos involuntários da face, dos braços, das pernas ou do tronco) são vistos como um efeito colateral, por exemplo, em 40% a 50% dos esquizofrênicos tratados com neurolépticos (Coyle & Enna, 1983; Kane, 1985) e em 1% dos idosos que não usam esses fármacos (Lieberman *et al.*, 1984). Além de distúrbios motores, as drogas são responsáveis por tontura, letargia, problemas no processamento de informações e para prestar atenção (Spohn *et al.*, 1985), hipertensão, inquietude, visão embaçada e muitas outras queixas. Além disso, medicamentos com efeitos colaterais que afetam a memória são receitados freqüentemente para combater os efeitos colaterais nos movimentos (Frith, 1984). Embora os profissionais de saúde mental às vezes considerem que a melhora compensa os efeitos colaterais, muitos pacientes não gostam das drogas e param de tomá-las assim que são liberados dos cuidados médicos.

Sem dúvida, os neurolépticos não são a solução definitiva para a esquizofrenia; então, continua a ser experimentada a administração de doses menores que o padrão (com menos efeitos colaterais) associadas a novos medicamentos (Baldessarini, 1985). Atualmente, no entanto, os neurolépticos e os programas de reabilitação, em conjunto, são os tratamentos mais eficazes. (Veja a Figura 14.9.)

Medicação para o Distúrbio Bipolar

Hoje, as drogas podem oferecer o rápido controle dos sintomas maníaco-depressivos bipolares — no prazo de semanas, em alguns casos (Post, 1983). Os antidepressivos são usados, tipicamente, em combinação com o *lítio*. Este (sempre em forma de sal) tende a impedir outros episódios maníacos; seu efeito na depressão é incerto até o presente. Não se sabe se o fármaco age na doença ou se simplesmente bloqueia futuros episódios. Qualquer que seja a razão, tanto a freqüência quanto a severidade dos ataques maníacos e depressivos diminuem para muitos pacientes que usam lítio (Baldessarini, 1985).

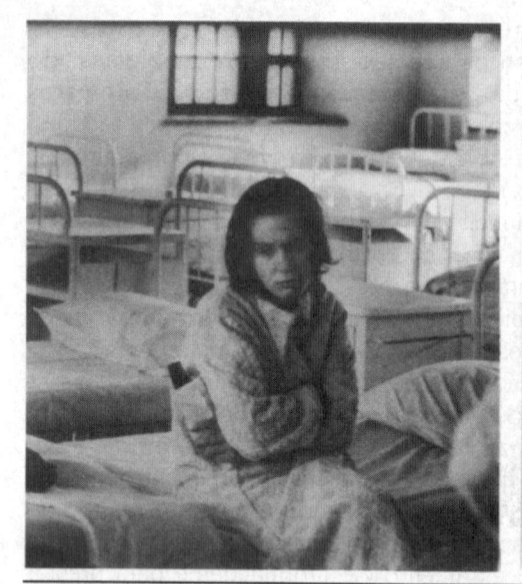

FIGURA 14.9 Sra. Ann Clarck (um nome fictício) chegou ao Manhattan State Hospital mostrando sintomas de esquizofrenia. Na foto à esquerda, tirada logo depois de sua chegada, ela parecia esquivar-se e suspeitar de todos à sua volta. Quando questionada mais tarde, Sra. Clark, parecendo amedrontada, dava apenas respostas curtas, inaudíveis, ou encolhia os ombros. No terceiro dia depois de começar a terapia com fenotiazina (à direita), ela falou com animação sobre os eventos que a levaram à internação. Embora ainda tivesse medo de estranhos, ela começou a mostrar confiança. Mais ou menos sete semanas depois, Sra. Clark recebeu alta com medicação de manutenção e foi encaminhada a um programa de acompanhamento após internação em uma clínica de saúde mental da comunidade. (Alfred Eisenstadt/Life Picture Service.)

Quando o medicamento é suspenso, entretanto, o distúrbio geralmente reaparece.

A concentração de lítio no sangue precisa ser monitorada cuidadosamente, porque sua margem de segurança e eficácia é restrita. Uma dose muito pequena de lítio não ajuda, e uma quantidade de duas a três vezes maior que a dose efetiva causa complicações sérias: coma, colapso cardiovascular e mesmo a morte. Uma dose considerada segura não é isenta de toxicidade para muitos pacientes, no uso a longo prazo. Os usuários de lítio experienciam confusão, problemas de memória, dificuldade para falar, tremores e problemas médicos variados (Baldessarini, 1985). Existem outras drogas substitutas para os 20% de pacientes que não toleram lítio (Othmer et al.; 1985).

Institucionalização Tradicional

Todo ano, grande número de psicóticos é hospitalizado em virtude de distúrbios mentais, em vários ambientes, incluindo manicômios e hospitais gerais. Uma estimativa aponta que, nos Estados Unidos, o número de institucionalizações em um ano chega a 3,8 milhões (Kiesler, 1982b).

No passado, muitos psicóticos crônicos passavam a vida adulta em instituições mentais públicas. Em sua maior parte, eram lugares frios, grandes, superlotados, com número insuficiente de funcionários. Quase invariavelmente, os pacientes recebiam fortes medicamentos. Muitas vezes, eles tinham poucas atividades, além dos serviços de rotina ou de trabalhos manuais de confecção de cestas ou cinzeiros. Em raros casos, a psicoterapia era disponível uma hora por semana, geralmente. A maior parte do tempo, os psicóticos crônicos ficavam por conta própria, vagando, assistindo à TV, lendo jornais velhos, jogando tênis de mesa e "matando tempo".

A hospitalização em tais condições é responsável por uma série de doenças (Estroff, 1981). Destrói qualquer rede social — laços familiares e comunitários — que o paciente tenha. Acaba com a responsabilidade de viver a própria vida e faz com que habilidades de sobrevivência diária atrofiem-se, criando angústia e estagnação. Um corpo considerável de pesquisas apóia a idéia de que praticamente qualquer programa é melhor que a institucionalização tradicional (Braun et al., 1981; Kiesler, 1982a; Straw, 1982).

Desinstitucionalização: Ideais, Realidades, Possibilidades

Durante as décadas de 1960 e 1970, profissionais que lidavam com doença mental nos Estados Unidos desafiaram a tendência de institucionalizar pessoas dependentes e desviantes: os pacientes psicóticos crônicos, os idosos, os mentalmente retardados e os criminosos. Tirá-los de instituições e tratá-los na comunidade (*desinstitucionalização*) tornou-se um ideal. A comunidade deveria cultivar habilidades sociais, integrar as pessoas em uma rede social e promover a independência (Scull, 1981). No caso de psicóticos, os neurolépticos tornavam possível a desinstitucionalização e as demandas por custos institucionais reduzidos tornou isso viável.

Realidades

Para muitos pacientes mentais crônicos, a remoção de instituições tornou-se realidade. O número de internos de longo prazo atendidos por hospitais mentais nos Estados Unidos despencou de 559.000 em 1955, um ano de pico, para 125.000 na década de 1980 (Bassuk, 1984; Fustero, 1984). Para surtos psicóticos agudos, entretanto, a hospitalização de curto prazo continua a ser o tratamento-padrão (Keisling, 1983; Sederer, 1983). De 1955 a 1975, parece ter havido um aumento geral de quase 40% no número de ocorrências de institucionalização devida a doenças mentais (Kiesler, 1980, 1982a, 1982b, 1984). Investigadores discordam nos números exatos (Manderscheid *et al.*, 1984), mas a tendência parece clara.

Uma vez fora das instituições, o que ocorre com os psicóticos crônicos? Cerca de 65% dos ex-pacientes (aqueles que funcionam relativamente bem e têm famílias intactas) voltam para o lar e uma minoria deles consegue encontrar trabalho (Estroff, 1981). Os 35% remanescentes (aqueles que precisam de maior ajuda em virtude de apoio inadequado da família, pobreza, baixa capacidade de atuação na sociedade, dependência de drogas, alcoolismo e lesões cerebrais) fazem expedientes (Irwin *et al*; 1985; Jones, 1983; Levine, 1984; Shadish, 1984; Talbott, 1980). Muitos acabam em asilos (que se parecem com as instituições das quais devem estar escapando) e são associados a resultados ainda piores (Linn *et al.*, 1985). Alguns encontram casas ou abrigos assistenciais decadentes. Grande número deles permanece na rua (Bassuk, 1984). (Veja a Figura 14.10.)

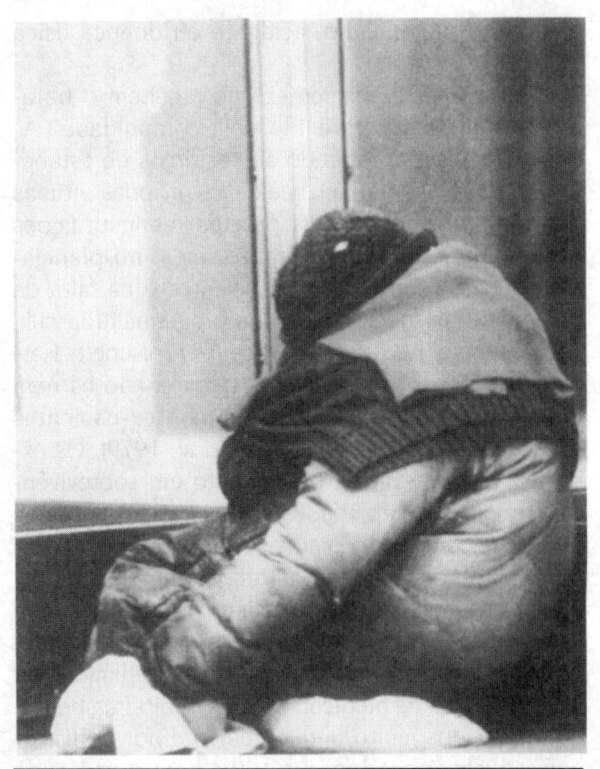

FIGURA 14.10 Dentre uma estimativa de 1,5 a 2 milhões de pessoas desabrigadas que vivem nas ruas, grande parte parece ter problemas mentais (Bassuk, 1984; Irwin *et al.*, 1985; Levine, 1984). Em um estudo da população de um abrigo de Boston considerado representativo, 40% apresentaram sinais de psicose, 29% apresentaram sinais de alcoolismo crônico e 21% apresentaram sinais de distúrbios de personalidade. Entre os desabrigados mentalmente doentes, 90% não tinham nem família nem amigos. (Copyright © 1982 Mike Maple/Woodfin Camp & Assoc.)

Pessoas psicóticas que vivem na comunidade por conta própria tendem a ser negligenciadas e exploradas por aqueles que estão à sua volta. Vulneráveis ao estresse, sem capacidade para buscar apoio, inaptos para as tarefas da vida diária, voltam-se para o álcool e para as drogas e são alvos fáceis de violência e roubo. Seu comportamento estranho e o desrespeito pelas autoridades levam-nos a ser detidos com relativa freqüência (Teplin, 1984). Além disso, são freqüentemente aprisionados, dada a limitada tolerância da sociedade à conduta bizarra e ao medo do perigo (em combinação com a ausência de programas apropriados e os impedimentos legais e burocráticos a internações em hospitais mentais). Vários anos depois de serem liberados, os ex-pacientes também correm alto risco de morte prematura por suicídio, acidente ou doença física (Black *et al.*, 1985).

Por que os ex-pacientes não recebem o tratamento adequado oferecido pela comunidade? As comunidades têm resistido aos esforços de estabelecer programas em seu meio. As próprias vítimas não têm capacidade para procurar as instituições existentes. A culpa, entretanto, recai no planejamento e na coordenação ineficientes e na falta de recursos e de funcionários dos programas (Bassuk, 1984; General Accounting Office, 1977; Iscoe & Harris, 1984; Torrey, 1983). Simplesmente, não há nem de longe programas adequados para ex-pacientes (Liberman & Wallace, 1985; Linn *et al*; 1979). Os ex-pacientes precisam de treinamento em sobrevivência, trabalho e habilidades sociais; apoios básicos de vida (alojamento, comida, renda); tratamento durante crises; medicação; acompanhamento contínuo e proteção, e defesa. Muito poucos recebem essas coisas. Muitos não recebem cuidado algum. Aqueles que são tratados provavelmente limitam-se à manutenção de medicamentos e apoio fragmentado, oferecidos muito freqüentemente por profissionais sobrecarregados que trabalham com saúde mental (Estroff, 1981). Quando os pacientes têm família, raramente ela é incluída no planejamento e na implementação do tratamento, uma tática incorreta. De modo geral, a maioria dos pacientes crônicos que vivem por conta própria na comunidade tem pouco contato com outros membros da comunidade e recebe tratamento menos humano do que previamente em hospitais mentais.

Possibilidades

A maioria dos profissionais argumenta que tirar as pessoas de instituições não é o mais importante, mas, sim, oferecer bons programas de atendimento. Tais programas existem tanto em instituições quanto em comunidades — embora em pequeno número (Caton, 1984; Scull, 1981). O desafio, então, é construir mais estabelecimentos semelhantes aos melhores, uma iniciativa que exigirá maior compromisso dos funcionários e políticos. Quais são algumas das opções mais promissoras que poderiam ser implementadas?

Reabilitação em Instituições

Entre excelentes programas de reabilitação para pacientes psicóticos crônicos estão a terapia do meio social[2] e as economias de fichas. Voltados para o mesmo objetivo, a vida em comunidade, esses programas tratam os pacientes como capazes, fixam objetivos realistas para tratamento e fornecem oportunidades para que possam aprender e praticar habilidades importantes na vida. Durante a *terapia do meio social*, alas comuns de hospitais são convertidas em comunidades terapêuticas ("meios sociais"). A força dessa terapia consiste na remodelação física e funcional do ambiente hospitalar, de modo que se consiga uma conduta responsável e independente dos pacientes. Parte da remodelação é cosmética. A fim de simular ambientes da comunidade, colocam-se portas nos quartos, para privacidade, e penduram-se quadros nas paredes. Para estimular os internos a romper com o papel de pacientes, todos se vestem com trajes que usariam nas ruas. Mais substancialmente, os pacientes realizam tarefas e fazem sessões de terapia, recreação e treinamento regular (veja a Figura 14.11). Participam, também, de reuniões internas, em que ajudam a estabelecer regras, programar atividades, resolver problemas e outros. A pressão social é uma fonte importante de motivação. Os membros da equipe tratam os internos com respeito e "exigem" conduta responsável e saudável. À medida que esses padrões passam a dominar a vida hospitalar, os pacientes começam a esperar respostas adaptativas de si próprios e uns dos outros.

As *economias de fichas* parecem um tipo altamente estruturado de terapia do meio social. Os objetivos e as atividades são essencialmente os mesmos. A diferença fundamental é a dependência de incentivos externos (fichas) para motivar e fortalecer respostas adaptativas (Kazdin, 1977). As economias de fichas estabelecem a tarefa de ensinar os pacientes a sobreviver na comunidade de forma metódica. Os objetivos são enunciados de maneira precisa: cozinhar, arrumar-se, ter um trabalho, resolver problemas, socializar-se e encontrar atividades prazerosas de lazer. Mais caracteristicamente, os internos recebem fichas por iniciativas para alcançar esses objetivos. Os requisitos para a obtenção de fichas são definidos claramente, conforme mostrado na Tabela

---

2. N.R.T.: Este termo (milieu therapy) não é utilizado no Brasil. Usualmente, emprega-se o termo comunidade terapêutica.

FIGURA 14.11 Uma aula de economia doméstica em uma instituição mental em que pacientes aprendem a cozinhar. Hoje, programas para os psicóticos freqüentemente focalizam o treinamento em atividades da vida diária. (Paul Fusco/Magnum.)

14.5, de maneira que todos entendam as regras do "jogo". As fichas (talvez fichas de pôquer, pontos, botões ou tiras de papel) são *reforçadores condicionados* (veja o Capítulo 3). Como dinheiro, podem ser economizadas ou gastas em privilégios e bens materiais, os *reforçadores de apoio*, que dão valor a elas.

TABELA 14.5 Tarefas selecionadas para uma economia de fichas.

Descrição da Tarefa	Fichas Pagas
Escovar os dentes: Escovar os dentes ou fazer gargarejos na hora marcada para escovar os dentes (uma vez por dia).	1
Arrumar a cama: Arrumar a própria cama e limpar a área em volta e embaixo da cama.	1
Servir de comissário: Auxiliar o assistente de vendas; escrever os nomes dos pacientes, na lanchonete; registrar o número de fichas que os pacientes gastaram e o total de todas as fichas gastas.	5

Fonte: Adaptada de Ayllon & Arzin, 1968, pp. 246, 250.

As melhores economias de fichas aumentam gradativamente suas exigências, à medida que os pacientes progridem. E, assim que possível, começam a diminuir as fichas e os reforçadores de apoio e substituí-los por recompensas naturais; por exemplo, elogios para realizações e um salário pelo trabalho. Manter os resultados positivos quando os pacientes deixam a economia de fichas é um dos desafios básicos para elaborar um bom programa.

Ambas as terapias são igualmente efetivas? Uma pesquisa extremamente cuidadosa que acompanhou pacientes durante oito anos sugere que a economia de fichas (em conjunto com outros tipos de terapia comportamental) é ligeiramente melhor que a terapia do meio para reabilitar pacientes esquizofrênicos crônicos severamente afetados na comunidade (Paul & Lentz, 1977). Mas, mesmo com a economia de fichas, este estudo sugere, apenas uma pequena porcentagem dos pacientes (10% neste caso) *permanece* consistentemente na comunidade. A maioria é readmitida ao hospital, periodicamente.

Reabilitação na Comunidade

Os pacientes psicóticos, em sua maioria, não são perigosos e poderiam facilmente ser tratados na comunidade. Tendo em vista que os hospitais mentais são associados com tanta freqüência a uma imagem de deterioração, os profissionais têm se mostrado entusiasmados com as várias alternativas de tratamento em comunidade.

Pequenos *programas de tratamento em casa* têm atendido pacientes psiquiátricos crônicos nos Estados Unidos, há mais de 20 anos. Os pacientes utilizam-se de neurolépticos e permanecem em casa, onde são visitados regularmente por enfermeiros do serviço de saúde pública. O arranjo pode funcionar muito bem se o psicótico tem rotinas estruturadas e se os sintomas são tolerados pelos membros da família. Alguns parentes não terão a paciência e o compromisso necessários para lidar com o estresse e as tensões freqüentemente fortes (Doll, 1976; Torrey, 1983). Em um estudo, aproximadamente 75% de uma amostra de psicóticos crônicos foi mantida com sucesso em casa (Davis et al., 1974). Em Geel, Bélgica, pacientes mentais são cuidados de acordo com uma tradição de assistência em lares adotivos que funciona há 800 anos (Roosens, 1979). (Veja a Figura 14.12.)

As casas de reabilitação, uma continuação de lares e hospital-dia, são recursos comunitários estabelecidos há muito para os psicóticos. No caso de hospitais-dia, os pacientes que vivem na comunidade participam dos programas diários que duram o dia todo, em uma clínica. Os programas enfatizam a capacidade de sobrevivência, trabalho, treinamento para trabalho e/ou recreação. As *casas de reabilitação* servem tanto como local para tratamento quanto como residência para indivíduos que precisam de acompanhamento contínuo. Podem substituir uma instituição que ajuda os pacientes psicóticos a se ajustar na comunidade depois da hospitalização ou podem ser usadas, inicialmente, em lugar de uma instituição. As casas de reabilitação freqüentemente são dirigidas por uma pequena equipe não profissional, que consulta regularmente os especialistas em saúde mental. A residência em geral é limitada a estadas de quatro a oito meses. Em uma instituição desse tipo, cerca de dez pacientes vivem em uma atmosfera familiar, com acompanhamento e apoio. Espera-se que eles cuidem da casa (mantenham os quartos limpos, completem as tarefas a eles atribuídas). Eles também são incentivados a encontrar atividades diárias: instrução, treinamento, trabalho ou um programa de cuidados diários.

Dentre as iniciativas mais promissoras da comunidade para o paciente psicótico estão os *programas intensivos de reabilitação* (Stein & Test, 1978). Há mais ou menos 25 anos, George Fairweather e seus colegas (1969, 1980) idealizaram um programa-modelo para esquizofrênicos crônicos. Liberados de uma instituição mental, os pacientes mudavam-se juntos para uma residência, conhecida por *Lodge* (alojamento), que oferecia um lugar para eles viverem e emprego em serviços de jardinagem e limpeza. Como na terapia do meio, o grupo estabelecia normas para conduta adequada e os ex-pacientes assumiam responsabilidade conjunta pelo bem-estar mútuo. Os membros do alojamento monitoravam a administração de medicamentos e os

FIGURA 14.12 Durante séculos, os mentalmente doentes, retardados e idosos têm sido cuidados em lares adotivos na cidade de Geel, na Bélgica. Essa comunidade de cerca de 30.000 habitantes acolhe 1.300 pacientes em 1.000 lares de assitência (Roosens, 1979). Famílias anfitriãs — freqüentemente operários e trabalhadores da zona rural — são pagos para fornecer abrigo e cuidar de doentes mentais sob a supervisão do hospital psiquiátrico estadual. Maus-tratos aos pacientes são quase desconhecidos, e o índice de crimes cometidos por pacientes é baixo — inexistem crimes violentos. Uma paciente chamada Marieke é mostrada na foto, jogando bola com suas netas adotivas, enquanto a avó observa com aprovação. Marieke, membro de confiança da família, tem os próprios deveres, que incluem fazer compras, cozinhar e alimentar as galinhas. Logistas e pessoas da cidade, acostumados a pacientes cuidados por famílias, tratam-nos com carinho e dignidade. A maioria dos pacientes (incluindo aqueles com esquizofrenia e distúrbio bipolar) responde às exigências de se comportar normalmente, embora o hospital possa ajudar, ocasionalmente. Em vez de uma existência solitária, monótona e inútil em um asilo ou instituição típicos, pessoas como Marieke continuam enfrentando desafios e permanecem ativas. (James H. Karales/Peter Arnold, Inc.)

sintomas que poderiam interferir no trabalho. Um homem que estivesse alucinando, por exemplo, poderia ser avisado para não falar consigo mesmo no trabalho. Os internos encontravam-se regularmente para tomar decisões e, aos poucos, começavam a arcar com mais responsabilidades pelo funcionamento do negócio e pela manutenção do local. Um profissional de doença mental em tempo integral, inicialmente "incentivando, elogiando, modelando e estimulando o grupo de ex-pacientes para que atingissem autonomia", reduziu os gastos à medida que os internos assumiam o controle do local. Finalmente, o alojamento tornou-se totalmente auto-sustentado e separou-se dos tradicionais serviços de saúde mental, garantindo o que era necessário com os consultores na comunidade: um coordenador leigo, um contador, um advogado e um médico. Em comparação aos serviços tradicionais (as casas de reabilitação e as clínicas mentais de saúde), a sociedade Lodge reduziu drasticamente a reincidência de hospitalização e melhorou extremamente o emprego, fazendo isso com uma fração do custo. Amplamente conhecidos e altamente respeitados, esses alojamentos, distribuídos por todos os Estados Unidos, atendem a alguns milhares de pacientes atualmente (Norwood & Mason, 1982).

Se esses alojamentos têm tanto sucesso, por que não foram adotados mais amplamente? Eles entram em conflito com estruturas sociais e ideologias existentes, William Shadish (1984) acredita; então, os recursos para fundá-los e mantê-los são escassos. O tratamento no alojamento não é coberto pelos seguros-saúde. Tampouco os alojamentos são suficientemente lucrativos para atrair os empresários. Embora a independência dos profissionais de saúde mental seja filosoficamente vantajosa, esses profissionais controlam os recursos necessários inicialmente. E poucas clínicas psiquiátricas têm condições de reservar a maior parte de seus reduzidos orçamentos para o estabelecimento de programas que não usarão seus serviços.

Acompanhamento na Comunidade

Quase todos os pacientes psicóticos, especialmente aqueles com problemas crônicos, exigem tratamento contínuo. A reabilitação, então, precisa ser seguida de ampla assistência, depois que os pacientes recebem alta. Um avanço encorajador nos cuidados após a alta é o Community Support System (CSS) [Sistema de Apoio à Comunidade], concebido em 1974 (Caton, 1984; Iscoe & Harris, 1984; Tessler & Goldman, 1982; Turkington, 1983). Sob o patrocínio do National Institute of Mental Health, o governo ajuda os Estados a estabelecer ou manter programas para pacientes mentais crônicos que moram na comunidade. Embora faltem recursos, os CSSs estão funcionando com os recursos existentes para alcançar os seguintes objetivos:

1 Oferecer assistência durante crises, incluindo hospitalização.

2 Treinar habilidades de sobrevivência, recreacional e ocupacional, o melhor previsor de ajustamento no trabalho e no meio social (Tessler & Goldman, 1982).

3 Encontrar arranjos que ofereçam apoio de duração indefinida para subsistência e trabalho.

4 Aconselhar e apoiar os agentes naturais da comunidade, como familiares e amigos.

Se existissem instituições de qualidade para oferecer assistência aos psicóticos depois da alta hospitalar, eles poderiam ser mantidos na comunidade humana e efetivamente.

ESTABELECENDO CENTROS COMUNITÁRIOS DE SAÚDE MENTAL

Na década de 1950, tornou-se claro que muito poucas pessoas em condições aflitivas beneficiavam-se dos serviços psicológicos tradicionais. A psicoterapia de pacientes não institucionalizados era muito dispendiosa; além disso, atendia às necessidades de pessoas jovens, com boa capacidade verbal e bem-sucedidas, e não aos pobres, idosos e gravemente perturbados, que eram os que mais precisavam de ajuda. A terapia freqüentemente ocorria tarde demais, depois de muito sofrimento, e pouco se fazia para prevenir a ocorrência de problemas psicológicos.

Em 1963, John Kennedy, então presidente dos Estados Unidos, fundou centenas de *centros comunitários de saúde mental*. Hoje, 750 estão funcionando, apoiados amplamente por organizações não-governamentais (Iscoe & Harris, 1984). Embora atualmente disponham de recursos insuficientes, os centros comunitários de saúde mental tentam fornecer assistência psicológica de qualidade, de maneira conveniente e pouco dispendiosa. Tipicamente, localizam-se no centro da comunidade, às vezes em salas no térreo de edifícios, de frente para a rua. Em vez de esperar até que os clientes apareçam, os funcionários de saúde mental da comunidade, em geral paraprofissionais, buscam ativamente aqueles que precisam de ajuda. Os centros servem a três funções que se sobrepõem: prevenção primária, secundária e terciária.

A *prevenção primária* refere-se a todos os esforços para impedir o desenvolvimento de comportamento desajustado e para incentivar e fortalecer a saúde psicológica. Quase qualquer coisa que melhore a qualidade de vida (treinamento de desempregados, limpeza de locais com dejetos tóxicos e programas educacionais televisivos como *Vila Sésamo*) é considerada prevenção primária. Os funcionários de saúde mental da comunidade, entretanto, têm diversas prioridades. Um objetivo básico é estabelecer grupos educacionais e de apoio para preparar pessoas "comuns" para lidar com problemas comuns da vida, como aqueles que surgem durante a adolescência, paternidade ou aposentadoria. Outro objetivo é evitar o desenvolvimento de problemas mais severos em pessoas com alto risco: dentre elas, familiares de esquizofrênicos, filhos de pais divorciados e adultos que cuidam de pais idosos. Também dentro da prevenção primária, os funcionários de saúde mental da comunidade organizam ação social (cadastro de eleitores, limpeza da vizinhança), elaboram material educacional e idealizam campanhas (contra o abuso de álcool e drogas, por exemplo).

A *prevenção secundária* refere-se a duas políticas; (1) identificar problemas psicológicos em estágio precoce e (2) fornecer tratamento imediato para prevenir a deterioração. Para detectar problemas psicológicos no início, os funcionários de saúde mental da comunidade colaboram freqüentemente com agentes naturais de apoio, como religiosos, professores, policiais e médicos de família. Os centros podem oferecer treinamento para aprimorar seus *insights* e qualificações. Eles também fornecem serviços tradicionais, incluindo hospitalização de curto prazo para psicoses e abuso de drogas e períodos relativamente breves de psicoterapia. A terapia do centro de saúde mental geralmente é orientada para a realidade presente do paciente. Além de ser financeiramente acessível e conveniente, não é necessário entrar em uma longa lista de espera. As terapias de grupo prevalecem. Muitos centros de saúde mental da comunidade também oferecem serviços não tradicionais: visitas domiciliares, apoio "no local" a experiências traumáticas (às vezes chamado de *intervenção na crise*) e linhas telefônicas diretas.

O Projeto COPE (Counseling Ordinary People in Emergencies ou Aconselhamento de Pessoas Comuns em Emergências) é um exemplo extremamente bem-sucedido de prevenção secundária estabelecido em 1982, no Condado de Santa Cruz, Califórnia, depois de uma enchente que matou 22 pessoas, provocou estragos em vários milhares de casas e deixou centenas de desabrigados (McCleod, 1984). Durante o ano em que funcionou, o COPE coordenou os serviços de mais de uma centena de profissionais de doença mental e funcionários do governo. Os clínicos atendiam gratuitamente em locais como abrigos, escolas, igrejas e centros de atendimento de emergência. Muito da contribuição deles foi educacional. Eles informavam as pessoas, por meio de cartazes e seminários, sobre as reações ao desastre, reassegurando-lhes que o sofrimento, a cura, a raiva, a ansiedade e a depressão eram reações comuns, legítimas. Estabeleceram creches, liberando os pais para cuidar de negócios importantes e incentivando as crianças a expressar e resolver seus temores. Ofereceram seminários sobre os riscos de novas enchentes e sobre a preparação para incidentes desse tipo. Ajudaram as pessoas a avaliar os estragos em suas propriedades e a canalizar a raiva para as companhias de seguro e os departamentos governamentais de maneira construtiva (campanhas para escrever cartas). Grupos de apoio às vítimas punham as pessoas angustiadas em contato com outras, para ouvi-las e compreendê-las.

Em um contexto de saúde mental, a *prevenção terciária* refere-se à *reabilitação*, no sentido de melhorar a atuação de pessoas que estão se portando de forma desajustada. Os programas de reabilitação baseados na comunidade para pacientes psicóticos crônicos encaixam-se nesta categoria, assim como os projetos de reabilitação da comunidade para criminosos (descritos mais adiante).

O movimento comunitário de saúde mental tem encontrado sérios problemas para atingir seus objetivos (Iscoe & Harris, 1984; Rappaport, 1977). Primeiro, o apoio financeiro tem sido mínimo. Hoje, os recursos escassos alocados dependem cada vez mais dos orçamentos do Estado, e não se pode prever qual será o futuro. Um segundo bloqueio são as prioridades conflitantes, internas, dos funcionários de saúde mental. Alguns deles, supondo que a sociedade é benigna e justa, acham que sua tarefa principal é ajudar as pessoas a se adaptar. Outros culpam a sociedade pelos problemas mentais e defendem ações política e social. Outros ainda vêem a necessidade de tratamentos preventivos de saúde, alguns dirigidos para crianças pequenas (Heffernan & Albee, 1985). Embora os funcionários de doença mental não tenham conseguido fazer das comunidades lugares psicologicamente saudáveis, parecem estar movendo-se gradativamente em direções promissoras.

REABILITAÇÃO DE CRIMINOSOS

Em apenas um ano, mais de 2 milhões de americanos ficaram sob a supervisão do sistema correcional (em prisões ou reformatórios e em liberdade condicional ou *sursis* — suspensão condicional da pena judicial) (U.S. Bureau of Justice Statistics, 1983). Esta seção focaliza a população institucionalizada, que chega a quase 0,5 milhão nos Estados Unidos — em sua maioria homens, desproporcionalmente, de origem humilde e de grupos minoritários.

Efeitos da Prisão

A sociedade espera que as instituições penais cumpram quatro funções (Cressey, 1961): (1) isolar os ofensores, impedindo danos à comunidade, (2) punir, de modo que os transgressores da lei arrependam-se do que fizeram, (3) reduzir a probabilidade de futuros crimes e (4) reabilitar, transformando os criminosos em cidadãos produtivos. Em que medida as prisões atendem a essas funções?

O sistema penitenciário nos Estados Unidos enfatiza o isolamento, e parece saber como confinar pessoas. As fugas das instituições penais são raras, uma razão para divulgarem isso na imprensa. As prisões provavelmente desejam tornar as pessoas infelizes, embora seja impossível medir a infelicidade. Além de abrir mão de dirigir a própria vida, os prisioneiros não têm segurança nem garantias (Bowker, 1982; Johnson & Toch, 1982). Intimidações, surras, estupro homossexual, tortura e mesmo assassinato não são eventos raros em uma prisão comum, onde os internos jogam e traficam drogas, contrabandeiam e roubam uns dos outros. Também punitivas são a monotonia e a solidão de uma vida sem trabalho útil, contato com membros do sexo oposto ou relacionamentos afetuosos. Ao serem soltos, os ex-condenados continuam a pagar por seus crimes, sendo barrados em uma série de ocupações (Banks *et al.*, 1975).

Mais de 99% dos detentos saem da prisão (Glaser, 1964), de modo que é importante questionar se as prisões reabilitam-nos e reduzem crimes posteriores. Cursos profissionalizantes significativos, educação, aconselhamento e outros são raros nas instituições penais (Chaneles, 1976; Martinson, 1974). As prisões com 1.500 detentos provavelmente contam com dois psicólogos, quando muito (Brodsky, 1982), cujos deveres podem ser resumidos a "colocar Band-Aid em emergências". Freqüentemente, as práticas empregadas em nome da reabilitação são, na realidade, punições pouco disfarçadas (isolamento, remoção dos privilégios por mau comportamento) (Lerman, 1975).

A idéia de ir para prisão detém criminosos potenciais? Várias observações respondem indiretamente à pergunta. Quando são perguntados se pensam na prisão quando estão pensando em cometer um crime, os transgressores dizem que não. Pensam nas conseqüências agradáveis, em vez disso (Peterson & Braiker, 1981; Shannon, 1982). De fato, a pesquisa sugere que os criminosos em geral ficam impunes. Uma pesquisa aponta, por exemplo, que 87% dos crimes violentos e 93% dos delitos permaneceram sem solução (Brown *et al.*, 1984). O medo da pena capital pode ter um efeito dissuasivo temporário. Os índices de homicídio declinam durante as semanas em que execuções altamente divulgadas ocorrem; mas, infelizmente, disparam para níveis acima da média várias semanas depois, anulando o resultado positivo (Phillips, 1980).

Ser preso desencoraja o crime? Os índices de *reincidência* (repetição de crimes), quando medidos cuidadosamente durante longos períodos, tendem a ser muito altos. Cerca de 64% da população em prisões têm passagem anterior (Brown *et al.*, 1984).

A prisão parece não deter e pode até mesmo incentivar as atividades ilegais ao inserir os indivíduos em uma comunidade de modelos anti-sociais, sujeitá-los a um sistema social que recompensa a violência e a brutalidade e desencorajar a individualidade e a compaixão. Essa idéia é sustentada por uma demonstração dramática feita por um psicólogo, Philip Zimbardo (1972). Com a ajuda de um ex-condenado e vários colegas, Zimbardo converteu o porão do edifício de psicologia na Universidade de Stanford em uma prisão simulada completa, com celas trancadas e toaletes improvisados para um es-

FIGURA 14.13 Quando se trata de crime, a prevenção é muito mais humana e menos dispendiosa que a reabilitação. Atualmente, há inúmeros programas promissores dirigidos para crianças pequenas (Hurley, 1985). Alguns deles ensinam habilidades de paternidade de modo que pais e mães possam treinar os filhos a ser colaboradores e construtivos e desencorajar a agressão. Alguns focalizam o grupo de pares da criança, que é altamente influente, tentando construir vínculos entre crianças anti-sociais e aquelas que transgridem a lei. Outros, como o Perry Preschool Program (Programa de Pré-escola Perry) (na foto), enfatizam o oferecimento de cuidados e atenção às crianças para que tenham um bom início de vida. Se crianças de alto risco aprendem habilidades básicas, têm menor probabilidade de ser alienadas do processo educacional e maior probabilidade de ser apreciadas pelos pais, professores e pares. Elas vão se envolver em atividades produtivas e terão sucesso. Logo, haverá mais oportunidades de emprego e o crime parecerá menos atraente. A professora na foto fica com cada criança, separadamente, para avaliar seu nível de desenvolvimento, de modo que as habilidades emergentes possam ser reforçadas. Um estudo de 22 anos do Programa de Pré-escola Perry sugere que os índices de detenção e prisão são reduzidos substancialmente por esse projeto pré-escolar de qualidade. (High Scope Educational Research Foundation.)

tudo de duas semanas. Os "prisioneiros" e os "guardas" foram recrutados por anúncios em jornais, oferecendo um salário diário modesto pela participação. Vinte e um homens de aparência saudável, estudantes universitários, foram selecionados para a experiência. E por distribuição aleatória determinou-se quem fazia o papel de guarda ou prisioneiro.

O início do estudo foi dramático. Todos os candidatos à prisioneiro foram presos inesperadamente em casa pela polícia da cidade. Os guardas revistaram e algemaram todos os "suspeitos", levando-os para a sede para tirar impressões digitais e registrá-los. Mais tarde, eles foram vendados e escoltados para a prisão de Zimbardo. Uma vez nas celas, foram ordenados a tirar as roupas para o exame de pele e pulverização de medicamento contra piolhos. Em seguida, vestiram macacões (com números) e gorros de meia. As regras arbitrárias fizeram da prisão simulada uma experiência autêntica. Durante as refeições e os períodos de descanso, os prisioneiros eram proibidos de falar. Silêncio era obrigatório novamente quando as luzes se apagavam às 10h00 da noite. Logo os prisioneiros começaram a pensar em formas de escapar do experimento ou em subvertê-lo.

Um terço dos guardas tornou-se tirano, usando o poder em benefício próprio. Alguns meramente faziam seu trabalho; outros agiam com brutalidade. Um estudante no papel de guarda comentou: "Eu era um verdadeiro inútil. Fazia-os chamar uns aos outros pelo nome e limpar o toalete sem usar luvas. Eu praticamente considerava-os um rebanho..." (Faber, 1971, pp. 82-83). Quando a violência aumentou na prisão simulada, Zimbardo (1972, pp. 4-6) ficou alarmado com as "mudanças radicais praticamente em todos os aspectos do comportamento, do pensamento e dos sentimentos dos participantes". Três prisioneiros tiveram de ser liberados durante os primeiros quatro dias em virtude de severa depressão, choro histérico e confusão mental. Ao fim de uma semana, a demonstração tornou-se realidade, na opinião de Zimbardo, e teve de ser interrompida.

Como experimento, o estudo da prisão simulada de Zimbardo apresenta muitos problemas. Entretanto, enfatiza a idéia de que a prisão, da forma estruturada atualmente, é destrutiva. Certas facetas parecem especialmente *desumanizadoras* e provavelmente diminuem os sentimentos pelos outros e a noção de identidade e responsabilidade (Zimbardo, 1973).

1 Os delinqüentes são tratados de forma semelhante, sem consideração pelas necessidades individuais, antecedentes, forças e fraquezas.

2 Longas listas de regras arbitrárias e mesquinhas degradam a dignidade, destroem a confiança e tornam a comunicação sincera improvável.

3 A expressão de sentimentos é perigosa; aqueles que sucumbem estão fadados a ser rotulados de informantes potenciais e/ou ser alvo de estupro. Ser insensível também minimiza o sofrimento.

4 Em uma prisão masculina, o poder e o controle vêm da força física superior e da tapeação. Os violadores lutam por uma imagem de "animal valente": destemido, poderoso, insensível e autocomplacente.

5 Quando as pessoas estão ociosas e o tempo não passa, perdem a perspectiva. Reagem exageradamente diante de pequenos acontecimentos e não conseguem planejar eventos mais importantes.

6 Com poucas escolhas a fazer, a noção de autodireção e, conseqüentemente, a responsabilidade pela vida de alguém são dissipadas.

Uma pequena porcentagem de prisioneiros melhora; no entanto, a maioria parece estagnar ou deteriorar-se. Ambientes de custódia lotados, orientados para a punição, estão regularmente associados a resultados negativos (Bukstel & Kilmann, 1980; Ignatieff, 1978; Rothman, 1980; Sarri, 1981; Smith, 1982).

Reabilitação Orientada para a Comunidade

Os cientistas sociais ponderam que afastar os delinqüentes do crime requer cultivar seus potenciais para um novo tipo de vida. Eles precisam adquirir qualificações para o trabalho, desenvolver capacidades de modo que lidem com problemas pessoais sem recorrer à violência e vincular-se a pessoas e instituições que apóiem a obediência às leis. Programas baseados em comunidades são freqüentemente eficazes no alcance dessas metas de reabilitação (Bukstel & Kilmann, 1980; Coates, 1981; McCord, 1982; Sarri, 1981). Então, faz sentido tratar pessoas não perigosas em um ambiente supervisionado da comunidade.

Ao saírem dos programas de reabilitação, os criminosos precisam de oportunidades. Se só encontrarem discriminação e desemprego, tenderão a voltar ao crime (Coates, 1981; Sarri, 1981). Os jovens (e talvez os adultos) têm menor probabilidade de ser criminosos reincidentes quando conseguem emprego, são otimistas e têm a quem admirar e confiar. Muitos delinqüentes juvenis que deixam de ser infratores relatam fazer isso quando param e reavaliam seus objetivos de vida e decidem que o crime não lhes dará o que desejam (Shannon, 1982).

Se as condições no mundo externo são cruciais, então os programas de *acompanhamento*, que atendam as famílias dos criminosos, os amigos, a escola e o emprego são essenciais. Embora os dados apóiem a crença de que o tratamento orientado para a comunidade, ligado a um programa de assistência após o cumprimento da pena, seja a maior esperança para reabilitar delinqüentes não perigosos, tem havido poucos esforços sistemáticos com essa finalidade (Shinn & Felton, 1981). (Veja a Figura 14.13.)

RESUMO

1 As terapias psicanalítica, comportamental e humanista-existencial estão entre os tratamentos mais usados para pacientes perturbados emocionalmente, não internados. Os aspectos essenciais dessas terapias são descritos na Tabela 14.4.

2 Os clínicos, em sua maioria, combinam procedimentos terapêuticos e consideram-se ecléticos.

3 Para pessoas com problemas sociais, a terapia em grupo é vantajosa.

4 Embora as terapias sejam úteis em aproximadamente 80% dos casos, podem ser destrutivas.

5 Comparações de psicoterapias de pacientes não institucionalizados não têm mostrado diferenças marcantes. Procedimentos específicos podem ser especialmente adequados (ou inadequados) para problemas específicos. Ao mesmo tempo, todos os tratamentos bem-sucedidos podem depender de experiências centrais: estabelecer um relacionamento pessoal com uma figura de autoridade que ofereça apoio, expressar abertamente as emoções, sentir-se seguro, receber explicações racionais para sintomas assustadores, adquirir informações e tentar novas respostas.

6 Tratamentos médicos, incluindo drogas e a terapia eletroconvulsiva, são usados no tratamento de pacientes não institucionalizados para depressão e problemas relacionados com ansiedade. Embora sejam freqüentemente úteis, apresentam efeitos colaterais e não podem ensinar as pessoas a resolver conflitos ou enfrentá-los.

7 Os sintomas de adultos psicóticos freqüentemente melhoram com medicamentos: neurolépticos, no caso de esquizofrenia, e lítio, no caso de distúrbio bipolar.

8 A maioria dos pacientes psicóticos precisa de reabilitação abrangente e assistência contínua depois de receber alta hospitalar. Existem projetos-modelo, mas não são disseminados. Entre as estratégias mais notáveis de reabilitação estão o treinamento intensivo na comunidade, economias de fichas e a terapia do meio. O modelo de acompanhamento após a alta do CSS é promissor.

9 O movimento de desinstitucionalização tem sido desapontador. Em muitos casos, pacientes psicóticos crônicos passaram de uma instituição para outra, com pouco (se algum) benefício. Em outros casos, eles foram liberados, passando a cuidar de si mesmos. Episódios psicóticos agudos ainda são tratados em hospitais, e não na comunidade.

10 Centros de saúde mental da comunidade atendem a três funções: prevenção primária, prevenção secundária e prevenção terciária.

11 As instituições penais sabem confinar e punir os delinqüentes. Entretanto, geralmente não os reabilitam nem detêm futuros crimes.

12 Os cientistas sociais acreditam que programas abrangentes de reabilitação e acompanhamento após alta hospitalar são a melhor terapia para infratores não perigosos. Há alguns programas excelentes em funcionamento.

GUIA DE ESTUDO

Termos-chave

psicoterapia (593)
aconselhamento (593)
associação livre (595)
conteúdo de sonho manifesto e latente (596)
resistência (596)
transferência (596)
interpretação (597)
dessensibilização sistemática (599)
reforçamento positivo (600)
treino assertivo (601)
desempenho de papel (601) (role-playing)
reestruturação cognitiva (terapia racional-emotiva) (601)
medicina comportamental (602)
biofeedback (602)
autenticidade (605)
aceitação (605)
compreensão a cada momento (605)
abordagem eclética (608)
psicoterapia de grupo (609)
antidepressivos tricíclicos (612)
terapia eletroconvulsiva (614)
benzodiazepínicos (614)
drogas neurolépticas (antipsicóticas), tranqüilizantes principais (615)
lítio (615)
desinstitucionalização (617)
terapia do meio social (618)
economia de fichas (618)
tratamento domiciliar (620)
centro de atendimento diário (hospital-dia) (620)
casas de reabilitação (620)
programas intensivos de reabilitação (620)
programa Lodge (620)
acompanhamento após alta (621)
Community Support System (CSS) (621)
centros de saúde mental da comunidade (621)
prevenção
 primária (622)
 secundária (622)
 terciária (622)

Principais Terapias

Para as terapias psicanalítica, comportamental e humanista-existencial (centrada no cliente, *Gestalt*), você deve ser capaz de descrever (1) conceitos de comportamento anormal, (2) objetivos, (3) procedimentos de tratamento e (4) forças e fraquezas.

Conceitos Básicos

elementos comuns a terapias e curas populares
diferenças entre as terapias psicanalítica (psicanálise) e orientadas psicanaliticamente
substituição de sintoma
vantagens potenciais da terapia em grupo
razões para a dificuldade de avaliar psicoterapias
elementos compartilhados em terapias bem-sucedidas
razões para o fracasso da política de desinstitucionalização
inadequações dos serviços psicológicos tradicionais para a comunidade
problemas do movimento da saúde mental na comunidade
finalidades das prisões
aspectos da prisão que levam à desumanização

Pessoas a Identificar

Freud, Wolpe, Rogers, Perls.

Avaliação

1 Qual é um dos objetivos principais da terapia psicanalítica?
a. Aceitar todos os aspectos do *self*.
b. Alcançar compreensão dos conflitos inconscientes.
c. Obter maior entendimento do significado da vida.
d. Mudar problemas específicos de comportamento.

2 Que significado os terapeutas psicanalíticos provavelmente atribuiriam aos lapsos de memória e às faltas às sessões?
a. Identificação do terapeuta com uma figura importante da vida.
b. Motivação inadequada para completar a terapia.
c. Aproximação do conteúdo reprimido.
d. Predisposição para deixar a terapia.

3 Que aspecto caracteriza a terapia comportamental?
a. Conceituar problemas apenas em termos do comportamento observável.
b. Enfatizar o relacionamento terapeuta-cliente aqui e agora.
c. Ressaltar as descobertas de experimentos psicológicos.
d. Esforçar-se para obter *insight* e maturidade.

4 Que processo de aprendizagem é considerado subjacente à dessensiblização sistemática?

a. Reestruturação cognitiva
b. Aprendizagem por observação
c. Condicionamento operante
d. Condicionamento respondente

5 A que o terapeuta centrado no cliente atribui os distúrbios psicológicos?

a. Imitação de modelos inadequados
b. Apreensão de hábitos não adaptativos
c. Negligência de experiências reais
d. Repressão de conflitos

6 Que técnica os terapeutas centrados no cliente enfatizam?

a. Orientação
b. Discussão
c. Solução de problemas
d. Reflexão sobre sentimentos

7 Que tipo de terapeuta teria maior probabilidade de pedir a um paciente para representar os pontos de vista de aspectos masculino e feminino do *self*, para promover a aceitação de ambos?

a. Comportamental
b. Centrado no cliente
c. Gestálticol
d. Psicanalítico

8 Pesquisas atuais sugerem que a psicoterapia tem efeitos positivos modestos em aproximadamente —— dos casos?

a. 35%-40%
b. 55%-60%
c. 75%-80%
d. 90%-95%

9 Que afirmação sobre o resultado do movimento para desinstitucionalização é falsa?

a. O fornecimento de recursos e o planejamento de programas viáveis foram inadequados.
b. Internações de longo prazo em hospitais mentais declinaram em aproximadamente 50% durante os 20 últimos anos.
c. Muitos pacientes crônicos eram transferidos de uma instituição para outra.
d. Hoje, episódios psicóticos tendem a ser tratados na comunidade.

10 Qual deles seria um exemplo claro de prevenção secundária?

a. Intervenção na crise
b. Treinamento de trabalho para dependentes de drogas
c. Sessões de *rap* para viúvos
d. Grupo de ação social

Exercício

Tipos de psicoterapia. Para testar seu conhecimento das várias terapias descritas neste capítulo, associe as características listadas a seguir com a(s) abordagen(s) apropriada(s). A mesma característica pode se aplicar a mais de uma terapia. (Veja as pp. 594-608 e a Tabela 14.4.)

Teorias: comportamental (C), centrada no cliente (CL), *Gestalt* (G), psicanalítica (P).

_ 1 Acredita que os terapeutas deveriam evitar o diagnóstico e a avaliação.
_ 2 Usa os princípios da aprendizagem deliberadamente.
_ 3 Vê a rejeição de características pessoais como a principal causa de distúrbios não psicóticos.
_ 4 Foi concebida por Freud.
_ 5 Usa exercícios e cenas dramáticas para aguçar a consciência.
_ 6 Enfatiza pesquisas cuidadosas e objetivas para avaliar e tratar problemas.
_ 7 Foi desenvolvida por Rogers.
_ 8 É fundamentada na pesquisa de laboratório.
_ 9 Considera resistência os desejos de interromper a terapia.
_ 10 Enfatiza a importância terapêutica do entendimento, da aceitação e da sinceridade do clínico a cada momento.
_ 11 Foi introduzida por Perls.
_ 12 Luta para localizar as fontes de conflitos inconscientes.
_ 13 Pede aos pacientes para fazer associações livres.
_ 14 Focaliza-se em perspectivas subjetivas.
_ 15 Supõe que os problemas consistem de sintomas não adaptativos.
_ 16 Enfatiza a aprendizagem de fachadas, bloqueios e defesas, de modo que integre todos os aspectos do *self*.
_ 17 Supõe que as imagens de sonhos representam porções alienadas do *self*.
_ 18 Focaliza a infância precoce do paciente.
_ 19 Supõe que os pacientes transferem sentimentos de figuras passadas significativas para os terapeutas.
_ 20 Conceitua o papel do terapeuta como instrutor-amigo.
_ 21 Tenta espelhar os sentimentos do cliente.
_ 22 Concentra-se na compreensão e modificação de fatores que contribuem para o problema ou que o mantêm.

Usando a Psicologia

1 Suponha que você tivesse um problema psicológico ou não pudesse lidar com ele sozinho. Você pensaria em fazer psicoterapia? Tente explicar suas atitudes.

2 Você tem preferência por qualquer das quatro psicoterapias descritas? Qual delas? Por quê?

3 Se você estivesse criando uma psicoterapia própria, que estratégias selecionaria? Por quê?

4 De acordo com um psicólogo proeminente (Lazarus, 1977), os métodos de terapia comportamental "contradizem todas as premissas principais do behaviorismo". Reveja a filosofia de Watson no Capítulo 1. Por que Watson objetaria à terapia comportamental se ele estivesse vivo?

5 Suponha que um amigo lhe perguntasse: "Que tipo de terapia é melhor?". Responda de uma forma que leve às conclusões de pesquisas em consideração.

6 Como as cerimônias de cura são similares às terapias? Como elas diferem?

7 Considerando os fatores comuns às terapias eficientes, explique o que uma terapia de cinco minutos por rádio ou televisão poderia conseguir.

8 Compare a terapia do meio social, a economia de fichas e as terapias comunitárias intensivas, explicando suas semelhanças e diferenças. Se você tivesse um distúrbio esquizofrênico crônico, que tipo de tratamento preferiria? Explique.

9 Que tipos de programa de prevenção primária, secundária e terciária são necessários em sua comunidade?

10 Em que as necessidades de pacientes criminais e psicóticos crônicos são similares?

Leituras Sugeridas

1 Corsini, R. J. (1984). *Current psychotherapies*. 3ª ed. Itasca, IL: Peacock. Profissionais destacados descrevem diferentes terapias: história, teoria, aplicações e casos.

2 Harvey, J. H. & Parks, M. M. (1982). *Psycotherapy research and behavior change*. Washington, DC: American Psychological Association. Palestras proferidas por psicólogos respeitados sobre questões da psicoterapia, incluindo ingredientes comuns na terapia e problemas para mensurar resultados.

3 Heller, K., Price, R. H. Reinharz, S. Riger, S., & Wandersman, A. (1984). *Psychology and community change*. Homewood, IL: Dorsey. Levantamento abrangente do campo da comunidade de saúde mental.

4 Silberman, C. (1979). *Criminal violence, criminal justice*. Nova York: Random House. Examina todos os aspectos de problemas de justiça criminal nos Estados Unidos, abrangendo os medos da vítima, mentalidade criminosa, tribunais, departamentos de polícia e prisões.

5 Lickey, M. E. & Gordon, B. (1983). *Drugs for mental illness*. San Francisco: Feeman. Os autores falam claramente e sem usar o jargão sobre o tratamento farmacológico de distúrbios afetivos, de ansiedade e esquizofrênicos, incluindo efetividade, riscos, efeitos colaterais e ações da droga no cérebro.

6 Bloch, S. (1982). *What is psychoterapy?* Oxford, Ing.: Oxford University Press. "Abrange a definição, a história e a prática moderna da psicoterapia de uma forma genial, imparcial e completa" (Bergin, 1983, p. 885).

Respostas

FICÇÃO? OU FATO?
1. V 2. F 3. F 4. F 5. F 6. V

AVALIAÇÃO
1. b (594-595) 2. c (595) 3. c (596-597) 4. d (598) 5. c (604) 6. d (604) 7. c (605) 8. c (608-609) 9. d (615) 10. a (621-622)

EXERCÍCIO
1. CL 2. C 3. CL, G 4. P 5. G 6. C 7. CL 8. C 9. P 10. CL 11. G 12. P 13. P 14. CL, G 15. C 16. G 17. G 18. P 19. P 20. C 21. CL 22. C

Capítulo 15

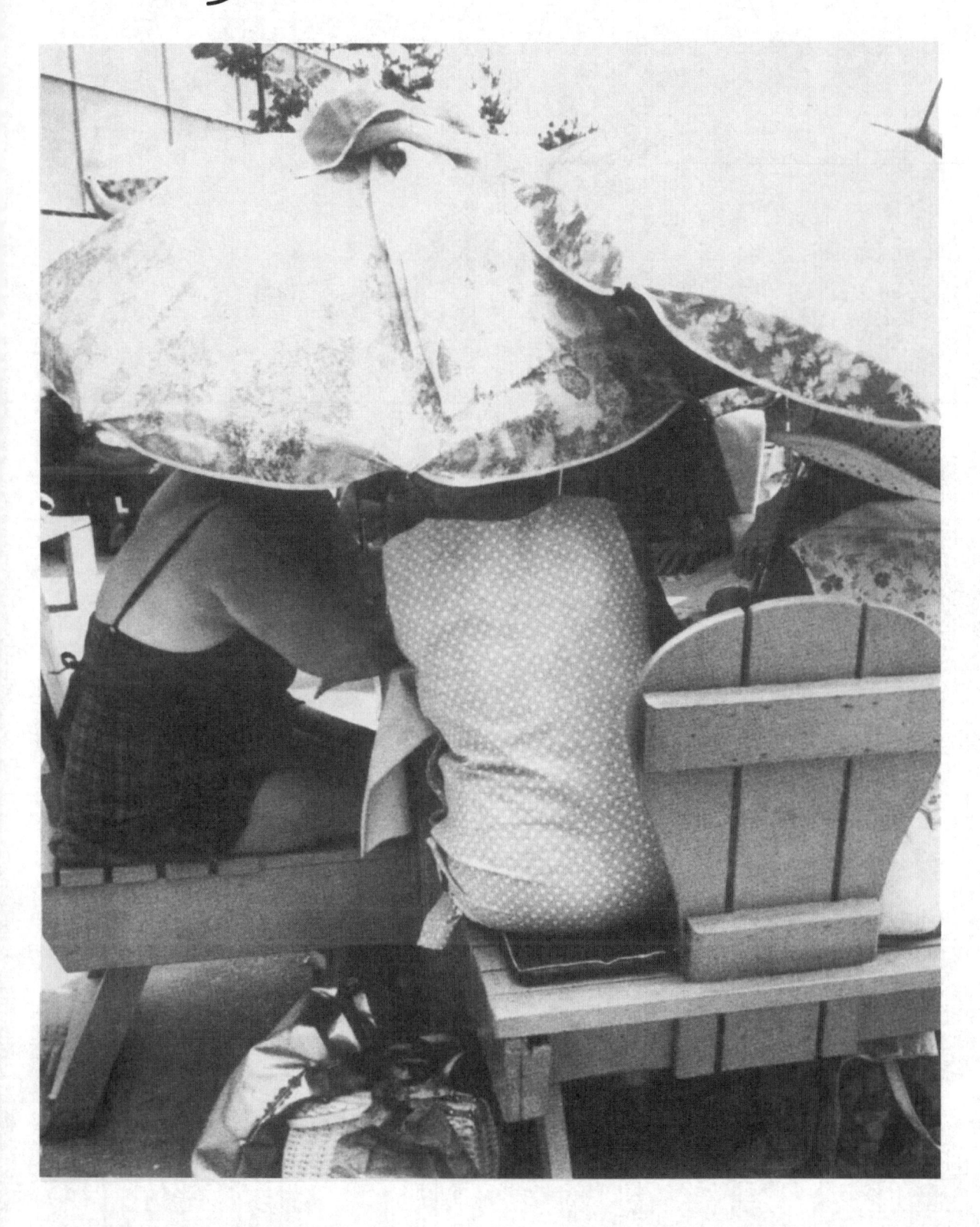

Comportamento Social e Questões Sociais

SUMÁRIO

Motivação Social
Necessidades de Estimulação
Necessidades de Comparação Social
Diferenças Individuais
QUADRO 15.1: Arquitetura e Necessidades Sociais

PERCEPÇÃO E APRESENTAÇÃO SOCIAL
O Processo de Atribuição
O Comportamento do Observador
O Comportamento do Observado
Conseqüências das Atribuições
QUADRO 15.2: Administração de Impressão

AJUDA
A Contribuição Daquele Que Presta Socorro
A Contribuição das Condições Sociais
A Contribuição da Vítima
Explicando a Ajuda Humana

CONCORDÂNCIA
Conformidade
Influência da Minoria
Obediência
QUADRO 15.3: Obediência: O Caso das Seitas

ATITUDES E ESTEREÓTIPOS
Atitudes
Estereótipos e Preconceitos
Consistência Interna de Atitudes
Formação de Atitudes
Dinâmica das Atitudes
Mudança de Atitude

HOSTILIDADES RACIAIS
Evidência de Racismo
Racismo: Formação e Dinâmica
Eliminando o Racismo

SOCIEDADE E DIFERENÇAS DE GÊNERO
Papéis Sexuais
As Vantagens Masculinas
Gênero e Comportamento
Gênero e Poder Social
Influências Sociais sobre o Comportamento de Papel Sexual
O Futuro dos Papéis Sexuais

EPÍLOGO

RESUMO

GUIA DE ESTUDO

FICÇÃO? OU FATO?

1 As primeiras impressões persistem. Uma vez que você acha que Norberto é esperto, é provável que você ache até as ações esquisitas dele inteligentes. Verdadeiro ou falso?

2 Há segurança em números. Em uma emergência, você está em melhor situação se muitas outras pessoas estiverem presentes. Verdadeiro ou falso?

3 Quando os seres humanos precisam escolher entre obedecer à consciência ou a uma autoridade, a maioria honra os preceitos morais. Verdadeiro ou falso?

4 Basta pôr os membros de duas raças em contato, como ocorre naturalmente em uma escola integrada, para que os preconceitos diminuam. Verdadeiro ou falso?

5 Em média, as mulheres tendem a ser mais emocionais que os homens. Verdadeiro ou falso?

Você pode imaginar uma vida sem outras pessoas? Pode ver-se totalmente sozinho no mundo? Para a maioria de nós, a idéia é aterrorizadora. O ser humano é um animal social. Ele se agrupa e depende de seus pares de diversas formas, durante toda a vida, desde o nascimento. Em todas as regiões do mundo, as pessoas formam sociedades, as quais as influenciam em quase tudo. Neste capítulo, focalizamos as dimensões distintamente sociais da experiência humana, algo mencionado em quase todos os capítulos deste livro. Exploraremos tópicos da *psicologia social*. Os psicólogos sociais, buscando compreender os processos e princípios sociais, estudam como os animais, geralmente pessoas, interagem uns com os outros e influenciam-se mutuamente. Para começar, examinaremos detalhadamente um incidente que sugere que o relacionamento humano forma uma teia de padrões e regras sociais, ou *normas*.

AS NORMAS DO METRÔ DA CIDADE DE NOVA YORK
"Recentemente, examinamos a experiência no metrô que é tão característico da vida de Nova York", explicou o psicólogo Stanley Milgram em uma entrevista (Tavris, 1974, pp. 71-72). "É uma situação notavelmente controlada, e tentamos testar as normas que a mantêm administrável."

No começo de sua investigação, Milgram pediu a estudantes universitários para que se aproximassem de alguém no metrô e pedissem para se sentar em seu lugar. Os alunos simplesmente riram. Seus alunos do curso de pós-graduação também desaprovaram a idéia. Finalmente, entretanto, "Uma alma corajosa, Ira Goodman, assumiu a tarefa heróica, acompanhado por um observador. Goodman deveria fazer o pedido de uma maneira gentil, para 20 passageiros, sem apresentar justificativa logo de início". Ele fez o pedido a 14 passageiros. Cerca da metade cedeu-lhe o lugar. Quando lhe perguntaram por que ele desistiu, Goodman explicou: "Eu simplesmente não consegui prosseguir. Foi uma das coisas mais difíceis que eu já fiz na vida".

Milgram achou que o comportamento de Goodman poderia estar revelando alguma coisa importante sobre a conduta social em geral; então, persuadiu seus alunos de pós-graduação a repetir a atribuição; ele não se isentou da tarefa. Milgram relata:

Francamente, apesar da experiência inicial de Goodman, eu supus que seria fácil. Aproximei-me de um passageiro sentado e estava prestes a proferir a frase mágica. Mas as palavras pareciam estar paradas na traquéia, e simplesmente não saíam. Fiquei gelado; então me afastei, sem cumprir a missão. O estudante que estava lá como observador insistiu para que tentasse novamente, mas estava tomado por uma inibição paralisadora. Questionei-me: "Que tipo de covarde sou eu? Você pediu a seus alunos para que fizessem isso. Como você pode voltar sem cumprir a própria tarefa?".

Finalmente, depois de diversas tentativas sem sucesso, aproximei-me de um passageiro e lhe fiz o pedido: "Desculpe-me senhor, poderia me ceder seu lugar?". Um momento de silêncio... o pânico tomou conta de mim. Mas o homem levantou-se e me deu seu lugar. Um segundo golpe ainda viria. Tomando o lugar daquele senhor, senti-me pressionado pela necessidade de me comportar de um modo que justificasse meu pedido. Afundei a cabeça entre os joelhos e senti o rosto perdendo a cor. Eu não estava representando. Realmente me sentia como se fosse desmaiar.

Em quase todos os encontros sociais, como em metrôs, as pessoas compartilham expectativas sobre o que fazer e dizer e, até mesmo, sobre o que pensar e sentir. As normas são tão comumente aceitas pelos membros de uma cultura que parece natural segui-las. Usamos roupas em público e fazemos nossas necessidades fisiológicas em ambiente privado. Quando conhecidos nos encontram e perguntam "Como vai?", não relacionamos todas as dores e desconfortos. O trabalho dos antropólogos mostra que esses padrões não são universais. (Veja a Figura 15.1.) Ao longo de todo este capítulo, veremos que as normas balizam continuamente a conduta humana.

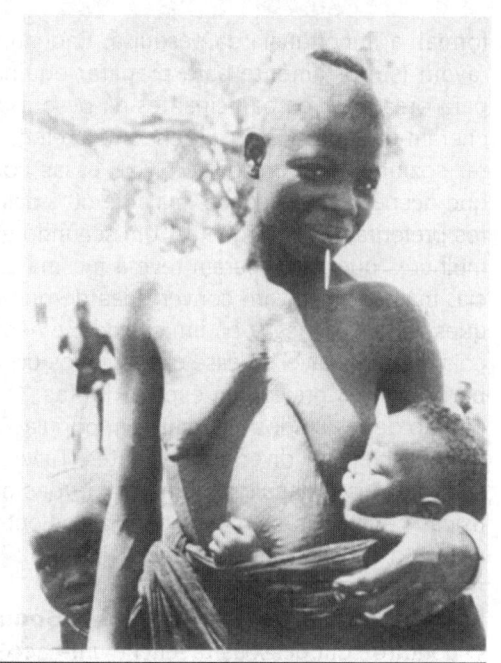

FIGURA 15.1 As normas diferem muito de uma cultura para outra, embora as pessoas tendam a ver seus padrões como "naturais". (a) Mulheres beduínas que moram perto do deserto Sinai cobrem o corpo e o rosto para proteger a castidade e a honra dos homens. A idéia é a de que as mulheres, sendo muito tentadoras sexualmente e tendo um controle tão fraco, ameaçam a ordem social. Cobrir o corpo supostamente ajuda a restringir a sexualidade incontrolável. Depois que alguns países do Oriente Médio abandonaram a tradição do véu, muitas mulheres relataram sentir-se observadas pelos outros, vulneráveis ou mesmo nuas ao andar por uma rua pela primeira vez sem véu (Fernea & Fernea, 1979). (b) Você pode imaginar as beduínas vestidas como uma nativa do norte da Nigéria, outra região quente do deserto, e vice-versa? Os habitantes do norte da Nigéria acham natural seu código de vestir, é claro. [(a) Alon Reininger/Contact; (b) Nações Unidas.]

A experiência de Milgram no metrô sugere que as pessoas acham difícil quebrar normas. Isso é verdadeiro, mesmo quando a convenção é banal ou quando segui-la é custoso. Se você estivesse nu, poderia achar impossível sair correndo para fora de casa, mesmo para escapar de um incêndio. Embora as normas tendam a ser duradouras, podem mudar. Várias gerações atrás, sexo antes do casamento, divórcio e trabalho para a auto-realização não eram ações aceitáveis, como são agora.

Nosso primeiro tópico é a motivação social, o estudo da razão pela qual as pessoas precisam umas das outras.

MOTIVAÇÃO SOCIAL

Nos primeiros capítulos, conversamos sobre o que as crianças precisam dos pais. O que os adultos procuram uns nos outros? Duas amplas categorias de necessidades têm sido identificadas: a estimulação e a comparação social.

Necessidades de Estimulação

Provavelmente, grande parte da motivação social surja da necessidade de controlar a estimulação sensorial (Reykowski, 1982a). Algumas atividades de socialização (compartilhar, alimentar e mesmo lutar) dão vigor à vida. Outras servem ao objetivo oposto, reduzindo a estimulação excessiva ou desagradável. Quando nos sentimos ansiosos, preocupados ou culpados, por exemplo, outras pessoas nos transmitem solidariedade e dão-nos orientação e confiança. Isso alivia a carga que temos de suportar e pode nos ajudar a nos manter saudáveis, mental e fisicamente (veja a p. 408-409).

As pesquisas de laboratório apóiam a idéia de que os seres humanos freqüentemente querem estar em companhia dos outros, quando ameaçados. Em um estudo clássico, Stanley Schachter (1959) realizou, em seu laboratório, um estudo com "choques elétricos intensos, mas não perigosos", em estudantes universitárias. Um homem austero, usando jaleco, levou quase dez minutos para expor, em tom formal, a importância da pesquisa. Enquanto esperavam (supostamente para preparar equipamento para o estudo), os participantes da pesquisa preencheram um questionário dizendo se preferiam esperar sozinhos ou com outros. Sob essas condições que despertam ansiedade, mais de 60% das mulheres preferiram esperar juntas. Um segundo grupo de mulheres que participaram teve a mesma experiência, mas elas estavam convencidas de que os choques seriam "cócegas ou uma picada, e não alguma coisa desagradável". Nesse caso, menos de 40% das participantes preferiram esperar juntas. O mesmo padrão de resultados emergiu com populações diferentes, sujeitas a diversos ambientes. Talvez as pessoas que estão ansiosas em virtude das ameaças físicas beneficiem-se da companhia dos outros para reduzir a estimulação desagradável.

Necessidades de Comparação Social

O contato com pessoas preenche uma necessidade menos óbvia, a *comparação social* (Bers & Rodin, 1984; Fazio, 1979; Festinger, 1954; Salovey & Rodin, 1984). Quando os seres humanos, ainda pequenos, começam a interagir, reúnem informações para saber se os outros concordam ou não com suas avaliações, percepções, crenças e emoções e para saber como se comparam aos outros. Por que as pessoas procuram essas comparações? Presumivelmente, somos todos inseguros e temos dúvidas. Se as outras pessoas concordam e reagem como nós ou se nos saímos muito bem, então nos sentimos confiantes. No estudo de Schachter, as pessoas que estavam ansiosas para participar do experimento provavelmente queriam ver se outros indivíduos também estavam sentindo medo.

Diferenças Individuais

As pessoas diferem em termos do que procuram nos outros (McAdmas *et al.*, 1984). Com relação à amizade, por exemplo, parece que homens e mulheres com alta necessidade de poder (querendo sentir-se fortes e influentes) tendem a ser ativos, a impor seus desejos e a ser controladores, na convivência com amigos. Se essas pessoas motivadas pelo poder são do sexo masculino, provavelmente interagem mais em grupos. Em contraste, os seres humanos cuja necessidade de intimidade (interações afetuosas, próximas, compartilhadas) é grande preferem relacionamentos um a um, ouvem muito e mostram muita preocupação com o bem-estar dos amigos. (■)

PERCEPÇÃO E APRESENTAÇÃO SOCIAL

Uma vez que nosso bem-estar depende tanto dos outros, tendemos a observar as pessoas. Enquanto observamos os outros, tentamos entender as razões

---

Quadro 15.1

ARQUITETURA E NECESSIDADES SOCIAIS

As necessidades sociais dependem — em certa medida — do ambiente físico. Os *psicólogos ambientais* acham que o espaço que nos cerca afeta a motivação social por meio de diversos mecanismos. A cor das paredes e a disposição da mobília podem tornar o mesmo ambiente receptivo para interações ou não convidativo (Stokols, 1982). A privacidade é outra consideração fundamental. Em certos ambientes, somos forçados a interagir com outros, mais do que desejamos. Como resultado, sentimo-nos invadidos, sobrecarregados ou tensos (Altman *et al.*, 1981; Stokols, 1982). Outros ambientes desencorajam o contato e fazem com que nos sintamos sozinhos.

O psicólogo social Andrew Baum e seus colegas (1980, 1981) examinaram como a arquitetura dos dormitórios afeta as necessidades sociais de estudantes universitários. Em um estudo, os pesquisadores dispuseram os estudantes, aleatoriamente, em dois tipos diferentes de dormitório (veja a Figura 15.2). Ambos os dormitórios continham duas camas e ofereciam 14 metros quadrados de área útil por pessoa. Nos dormitórios do tipo apresentado à direita na Figura 15.2, os residentes precisavam percorrer um longo corredor, o qual atendia 33 estudantes, para ter acesso ao respectivo quarto, e compartilhavam um único banheiro e uma área comum.* O *design* da suíte quebrava o espaço em pequenas unidades de três quartos, agrupados em volta de uma pequena área comum e um banheiro, e servia apenas a cinco estudantes. A arquitetura influenciava as necessidades sociais e o comportamento social. Os residentes cujos quartos eram distribuídos ao longo do corredor relataram encontrar excesso de pessoas, ter mais contatos sociais indesejáveis e mais desejos intensos de evitar pessoas. Agiam de acordo, passando menos tempo no dormitório que os residentes das suítes. Em um estudo posterior, Baum e seus colegas demonstraram que a modificação do *design* do longo corredor (dividindo-o ao meio e inserindo áreas comuns) elevou o moral dos estudantes.

* N.R.T.: Esta área comum (conhecida por *lounge*) em geral oferece facilidades para que o estudante possa preparar suas refeições (pia, geladeira, microondas etc.).

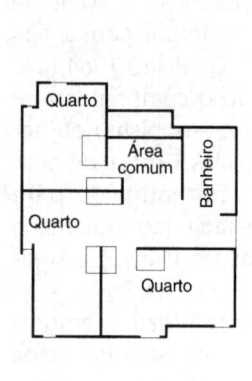

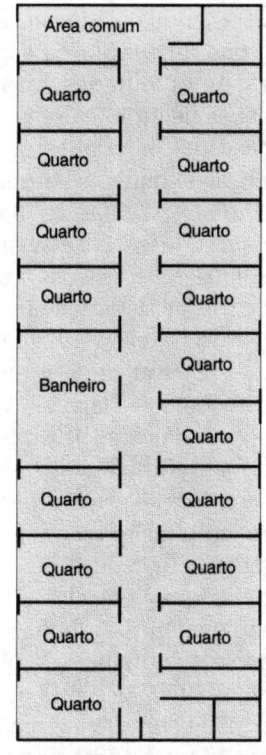

FIGURA 15.2 Plantas de corredores em dois tipos de dormitório, as quais influenciaram as necessidades sociais das pessoas, como descrito no texto. (Extraída de Baum & Valins, 1977.)

da conduta humana. Nesta seção, focalizamos as *atribuições sociais*, suposições sobre as causas das ações humanas (Heider, 1976).

O Processo de Atribuição

Amanda recusa-se a ir ao médico, embora esteja doente. Roberto parou de ver Daniela. Você procurará automaticamente as causas do comportamento dessas pessoas? Há evidência de que as pessoas tentam descobrir espontaneamente como são as outras, embora não tenham, necessariamente, consciência de fazer isso (Weiner, 1985; Winter & Uleman, 1984; Winter et al., 1985). É muito provável fazermos considerações sobre as ações intensas, importantes ou inesperadas dos outros — especialmente se dependemos das pessoas em questão ou esperamos um envolvimento duradouro com elas (Erber & Fiske, 1984; Hastie, 1983; McCall, 1982; Weiner, 1985).

O processo de atribuição é flexível e variável (Showers & Cantor, 1985). Algumas vezes, as informações são fáceis de obter, exigindo pouco esforço. Às vezes, o observador precisa examinar muitas das pistas e reuni-las para, como um detetive, descobrir por que alguém agiu de determinada maneira (Baron, 1981; Lappin, 1981; Wells, 1981). Para explicar a recusa de Amanda a ir ao médico, você pode precisar conhecer sua filosofia de auto-suficiência, o incidente médico ocorrido com o irmão dela, o orgulho dela e sua pobreza. Não é incomum haver múltiplas razões para um determinado comportamento (Leddo et al., 1984). Da mesma forma que no raciocínio (veja a p. 251), recorremos a muitas simplificações e regras práticas para fazer inferências causais; portanto, nossas atribuições em geral são incompletas e freqüentemente erradas (Harvey et al., 1981; Mackie, 1974). Poucos assumem uma postura objetiva e consideram alternativas que contrariem as próprias crenças e percepções do momento (Lord et al., 1984). Embora possamos estar errados inicialmente, o processo de atribuição é contínuo, dinâmico. Na vida, nossas explicações mudam constantemente, tornando-se mais precisas à medida que observamos (Lau, 1984). Quais são alguns dos princípios que orientam as atribuições?

O Comportamento do Observador

Ao longo da vida, as pessoas adquirem redes de conhecimento (*expectativas, esquemas ou estereótipos*) que influenciam suas atribuições, bem como as próprias percepções, memórias e pensamentos (Crocker et al., 1984; Hamilton, 1981; Pettigrew, 1981; Srull et al., 1985). As expectativas modelam quais atribuições são aceitáveis. Suponha que você ache que as mulheres não são confiáveis, em virtude de sua "variação hormonal". Se você ouvisse alguém dizer que Roberto e Daniela afastaram-se em decorrência do temperamento de Daniela, provavelmente acreditaria. Você poderia ter dificuldade se Roberto fosse considerado extremamente emocional. As pessoas guardam idéias gerais sobre quase tudo que determina seus julgamentos sociais. Em um experimento engenhoso em que meninos de 11 e 12 anos apresentaram idéias de um cientista social de prestígio como sendo suas, as crianças foram julgadas apenas como estudantes brilhantes do ginásio (Milgram, 1984).

As pesquisas sugerem que as primeiras impressões podem excercer influências poderosas nas expectativas e atribuições (Kelley & Michela, 1980). Tendo formado uma idéia inicial, as pessoas costumam desconsiderar as informações posteriores ou forçam-nas a se encaixar em suas crenças anteriores. Por exemplo, se você acha que Ana é preguiçosa, está propenso a ver as dificuldades escolares dela como decorrentes de sua preguiça, embora haja causas mais plausíveis.

As expectativas dos outros também têm um impacto poderoso nas atribuições sociais. Saber o que outros estudantes pensam sobre a liderança de Karina pode afetar o que você pensa sobre as ações dela e alterar seus estereótipos de mulheres-líderes (Brown & Geis, 1984). Do mesmo modo, se X, Y e Z acham Antônio mentalmente saudável, é provável que você encontre razões aceitáveis, plausíveis, para sua conduta estranha (Town & Harvey, 1981; Yarkin *et al.*, 1981).

Quando as pessoas analisam as causas do comportamento, mostram vieses consistentes. Alguns desses vieses derivam de atitudes e valores (Feather, 1985). Se você geralmente vota em candidatos conservadores, por exemplo, é mais provável que atribua o desemprego juvenil à falta de motivação e à incompetência, e não ao aparato governamental deficiente ou à recessão econômica (explicações estereotipadamente liberais). Em nossa cultura, os observadores costumam dirigir a atenção para as qualidades pessoais do agente da ação — e não à situação ou a outras pessoas —, como se essas qualidades fossem a principal causa das ações (Jellison & Green, 1981; J. G. Miller, 1984). No caso de um conhecido que não o cumprimenta, é provável que você atribua isso a esnobismo ou desinteresse, e não às circunstâncias ("estar preocupado", "não o ter visto"). Essa tendência para enfatizar disposições é tão esperada que é chamada de *erro fundamental de atribuição* ou *viés* (Harvey & Weary, 1984; Kelley, 1979). (Veja a Figura 15.3.)

Os *vieses que atendem aos nossos interesses* também são comuns (Harvey & Weary, 1984). Se cometemos algum deslize, provavelmente nos desculpamos, considerando a situação e outras pessoas. Por exemplo, se estou atrasada, atribuo a causa ao carro, ao trânsito ou a um incidente. As pessoas dão o mesmo tipo de desculpa àqueles que consideram parecidos com elas (Thornton, 1984). Entretanto, rapidamente atribuímos a nossas qualidades pessoais a ocorrência de qualquer coisa positiva (Weary, 1980): "Você está aprendendo. Ótimo! É porque ensino bem". Do mesmo modo, tendemos a achar que temos mais mérito do que na verdade temos, quando trabalhamos em um projeto conjunto (Thompson & Kelley, 1981).

Certos efeitos de vieses que nos são convenientes, constatados em laboratório, podem ocorrer não tanto para "salvar a própria pele", mas em virtude das informações disponíveis. Auto-observadores, conhecendo o próprio passado e suas qualificações atuais, podem avaliar os próprios atos, sem conhecer o contexto em que ocorrem, quando avaliam o comportamento dos outros (Eisen, 1979). O que parece ser um viés conveniente pode também estar emergindo do desejo de se apresentar favoravelmente, para evitar embaraço ou obter aprovação

FIGURA 15.3 O viés fundamental de atribuição tende a impor o *status quo* (Quattrone, 1982). A maioria de nós pensa que as pessoas poderosas são mais competentes, mais realizadoras e mais brilhantes que aquelas com menos poder (Eagly & Steffen, 1984). Tendemos a atribuir posições desiguais ao proprietário, ao supervisor e aos operários na fotografia, de acordo com suas capacidades variáveis, e não com seus antecedentes e as circunstâncias. Assim, os poderosos têm vantagem dupla: seu poder e as percepções que os outros têm de seu mérito. (Cornell Capa/Magnum.)

(Harvey & Weary, 1984; Mehlman & Snyder, 1985), um tópico que retomaremos depois.

Embora muitas pessoas procurem causas que estimulam a auto-estima, algumas interpretam sucessos, fracassos e outros eventos repletos de implicações psicológicas de maneira que se sintam inadequadas, um *viés autodepreciativo*. As mulheres, por exemplo, têm probabilidade relativa de atribuir seus sucessos na escola à sorte ou ao trabalho árduo, ao passo que assumem toda a responsabilidade pelos fracassos (veja a p. 358). Vemos uma estratégia similar atuando em algumas pessoas deprimidas (ver p. 560). As vítimas de estupro que ficam deprimidas, por exemplo, possivelmente atribuem o ataque a suas deficiências internas e estáveis de caráter, e não a circunstâncias ou ao acaso (Janoff-Bulman, 1979).

O Comportamento do Observado
As atribuições sociais também dependem da conduta do observado.

- *Informações públicas versus privadas*. Ao tentar descobrir por que os outros agem de determinada maneira, as pessoas levam em conta tanto informações privadas (relatos sobre sentimentos e pensamentos) quanto públicas (observações do comportamento). Entretanto, dependemos relativamente bastante de fontes privadas para julgar os outros e a nós mesmos (Andersen & Ross, 1984; Andersen, 1984). Meus sentimentos amorosos por Marcos, por exemplo, dizem mais sobre minha lealdade do que se eu fizesse uma extensa explanação a respeito. Quando as pessoas usam informações internas para atribuir qualidades a alguém, suas impressões concordam com os conceitos e idéias que seus amigos íntimos têm sobre essa pessoa.

- *Causas distintas*. À medida que formamos atribuições, prestamos muita atenção a ações que tenham causas aparentemente distintas (Jones & Davis, 1965). Por exemplo, se Luís encontra-se com uma mulher brilhante, mas fria e racional, concluímos que ele valoriza a inteligência. Mas, se Luís sai com uma mulher bonita, brilhante e afetuosa, não há qualquer causa distintiva para o comportamento dele; então, seria improvável que as escolhas de Luís permitissem inferências sobre seus valores.

- *Consistência*. Quando as pessoas são coerentes ao longo do tempo e em situações diversas, o observador procura atribuir as causas do comportamento delas às qualidades pessoais. Por exemplo, se Cláudia tem ataque de nervos em toda situação concebível durante anos, é provável que você considere que essas reações dela são motivadas por algum traço interno, como infantilidade ou falta de controle. Se tais episódios fossem raros, provavelmente você ia atribuí-los a circunstâncias ou estados passageiros: "Ela está aborrecida"; "Ela está tendo uma crise alérgica".

- *Consenso*. O consenso refere-se à informação sobre como os outros se comportam na mesma situação. Um ato de elevado consenso é comum; um ato de baixo consenso é relativamente raro. Quando o consenso é baixo, tendemos a atribuí-lo ao sujeito da ação. Quando é alto, provavelmente será atribuído aos outros ou ao ambiente (Kelley & Michela, 1980). Se você é um dos poucos estudantes a usar *jeans* na sala de aula, as pessoas provavelmente atribuam isso a algo pessoal — informalidade, talvez. Se quase todos usam *jeans*, as pessoas acreditarão que algum aspecto relativo à situação, tal como pressões sociais, seja o motivo.

Conseqüências das Atribuições
Além de ser uma faceta interessante da vida mental, as atribuições têm efeitos importantes no comportamento (Försterling, 1985; Harvey & Weary, 1984; Kelley & Michela, 1980). Se você atribui seu fracasso em um teste à própria falta de inteligência possivelmente vai se sentir deprimido e não reagirá. Se você atribui o fracasso à falta de esforço ou a alguma coisa que possa controlar, provavelmente vai se esforçar mais e terá um desempenho melhor (Wilson & Linville, 1985). As atribuições que as pessoas fazem aos outros também têm efeitos poderosos (Kelley & Michela, 1980). Em casamentos conturbados, por exemplo, o casal tende a fazer atribuições que mantenham a situação negativa ("Não estamos bem porque ela é sempre negativa e irracional.") e provavelmente não faz atribuições que melhorem o relacionamento ("Não estamos bem porque ela teve um dia difícil no trabalho.") (Holtzworth-Munroe & Jacobson, 1985). O Quadro 15.2 discute a tendência humana de criar impressões, uma propensão que torna a tarefa de atribuição muito desafiadora. (■)

> **Quadro 15.2**
>
> **ADMINISTRAÇÃO DE IMPRESSÃO**
>
> "O mundo todo é um palco; e todos os homens e mulheres são meros atores", Shakespeare observou. As pessoas freqüentemente controlam as imagens que projetam, "administrando" gestos, expressões e tons de voz (Edinger & Patterson, 1983). Às vezes, temos consciência do que estamos fazendo; às vezes, estamos simplesmente enfatizando uma faceta de nossas personalidade complexa. Os psicólogos chamam esse fenômeno de *administração de impressão* (Jones & Pittman, 1982; Schlenker, 1980; Snyder et al., 1983). Dependendo de seus objetivos, as pessoas selecionam entre as seguintes táticas:
>
> **1** A *persuasão* destina-se a ganhar o afeto, convencendo outra pessoa de que se é atraente. O sedutor pode portar-se de maneiras que confirmam a boa opinião que o outro tem ou expressam concordância com os interesses, atitudes ou valores de alguém.
>
> **2** A *intimidação* cria a imagem de ser perigoso, com o objetivo de obter poder, despertando medo. Pais, professores e ladrões de banco contam com essa técnica, em alguma extensão.
>
> **3** Usando a *autopromoção*, as pessoas demonstram-se competentes ou habilidosas para ganhar respeito. Admitir pequenas falhas pode aumentar a credibilidade. Uma variante, a auto-incapacitação, envolve dar desculpas antecipadamente, para se proteger contra futuras falhas (DeGree & Snyder, 1985; Rhodewalt et al., 1982; Smith et al., 1982; C. R. Snyder et al., 1985). Um atleta pode parar de treinar antes de um evento importante, a fim de atribuir uma exibição fraca à falta de treino. Para amenizar resultados negativos, pessimistas defensivos fixam baixas expectativas e aceleram seus esforços (Showers & Cantor, 1985).
>
> **4** A *exemplificação* requer a apresentação de uma imagem de integridade ou moralidade para ganhar respeito ou engendrar a culpa: "Continuarei trabalhando na hora do almoço, pois sei que você quer que eu termine este trabalho". Os mártires e líderes que usam exemplificação freqüentemente falam de seu sofrimento.
>
> **5** A *súplica* envolve anunciar fraquezas e dependência: "Sou desajeitado"; "Tenho um problema nas costas"; "Nunca consegui digitar". O suplicante pode estar procurando compaixão ou tentando se livrar de uma tarefa indesejável.
>
> Embora pareçamos confiar muito em uma ou duas táticas preferidas, provavelmente usamos todas as estratégias; e podemos até usar diversas delas simultaneamente.

AJUDA

Os animais altamente sociais, da mesma forma que as pessoas, freqüentemente ajudam uns aos outros. Infelizmente, os seres humanos nem sempre socorrem os outros — um fato que chamou a atenção da comunidade psicológica em 1964, com o assassinato de Kitty Genovese. Residente em Queens, Nova York, foi atacada e apunhalada até a morte, diante de 38 vizinhos, os quais não fizeram nada para a socorrer. Uma pessoa esperou 15 minutos para avisar a polícia. Esse incidente e outros similares aumentaram a consciência de como é complexo ajudar os outros, o que veio motivar a pesquisa pioneira baseada na seguinte pergunta: "Em que condições as pessoas se ajudam?". No Capítulo 10, dissemos que as práticas de criação de filhos e a hereditariedade criam diferenças individuais na disposição para ajudar, que aparecem cedo e permanecem estáveis por longos períodos (Radke-Yarrow & Zahn-Waxler, 1984; Rushton, 1984). Nesta seção, focalizamos as contribuições daquele que presta socorro, das condições sociais e da vítima.

A Contribuição Daquele Que Presta Socorro

Quando surge uma ocasião para ajudar, a forma como as pessoas estão se sentindo e o que estão pensando influenciarão o que elas vão fazer. No laboratório e na vida, crianças e adultos felizes freqüentemente assumem esse tipo de iniciativa (Isen et al., 1982). Dão donativos para instituições de caridade e ajudam as pessoas com dificuldades a carregar livros, por exemplo. Os psicólogos não sabem por que a alegria e a disposição para ajudar estão associadas (Manucia et al., 1984). Uma possibilidade é que o bom humor estabelece um circuito de pensamentos positivos; as pessoas podem se dispor a ajudar, em parte para perpetuar essa cadeia agradável.

Os efeitos da infelicidade são mais complexos. Se envolvidas nos próprios problemas, as pessoas tristes não são muito prestativas. Mas pessoas infelizes ajudam quando seu humor melhora (Cunningham et al., 1979; Manucia et al., 1984; Reykowski, 1982b). Se você está se sentindo culpado ou deprimido, ajudar pode estimulá-lo a se sentir útil.

O efeito *boas notícias—más notícias* é uma ilustração especialmente interessante da contribuição dos sentimentos e pensamentos para a ajuda. Em um primeiro estudo, Harvey Hornstein (1982) e seus colegas contaram aos participantes da pesquisa uma ou duas histórias, enquanto esperavam que o experimento começasse. A primeira descrevia a doação de um rim para salvar a vida de um estranho. A segunda detalhava a morte de uma pessoa idosa, que parecia ser um assassinato. Embora os participantes parecessem inconscientes do impacto provocado pelo que ouviram, as pessoas que ouviram a história sobre o ato humanitário mostraram-se significativamente mais otimistas com relação à raça humana do que as outras. Além disso, em estudos subseqüentes, os adultos foram extremamente colaboradores e solidários no laboratório, depois de ouvir relatos sobre generosidade. Considera-se que relatos sobre crueldade afetam o vínculo social e alienam as pessoas umas das outras, inclinando-as ao egoísmo, à desconfiança e ao comportamento anti-social.

Quem tem maior probabilidade de ajudar: os homens ou as mulheres? As evidências são conflitantes (Senneker & Hendrick, 1983; Shotland & Heinold, 1985; Tice & Baumeister, 1985). Para cada sexo, há situações que estimulam e inibem o impulso para ajudar. Quando há perigo, por exemplo, as mulheres tendem a ser menos altruístas que os homens.

A Contribuição das Condições Sociais

A pesquisa psicológica concentra-se nas várias condições sociais que afetam a ajuda humana. Quando os vizinhos de Kitty Genovese foram entrevistados, para descobrir por que ninguém chamou imediatamente a polícia, muitas explicações foram dadas. Uma resposta — "Eu tinha certeza de que alguém já havia chamado a polícia" — chamou a atenção de dois psicólogos, Bibb Latané e John Darley (1970), que decidiram testar a hipótese: "A percepção de que outros testemunham uma emergência afeta a disposição das pessoas para ajudar". Eles modelaram uma situação experimental depois do assassinato de Genovese. Estudantes universitários apresentaram-se individualmente em um laboratório de psicologia, para participar de um experimento. Um assistente os informou de que eles conversariam por um intercomunicador com um, dois ou cinco participantes da pesquisa (na realidade, vozes gravadas) sobre problemas pessoais associados à vida em faculdades urbanas. Durante essa conversa, um "participante" simulou um sério ataque epiléptico e pediu ajuda. Alguns acreditaram ser os únicos a presenciar o ataque; outros supuseram que havia um ou quatro espectadores. Os experimentadores mediram a rapidez com que eles atenderam à emergência. Quando os estudantes achavam que estavam sozinhos com a vítima, agiam com relativa rapidez; quando achavam que outros estavam presentes, respondiam relativamente devagar.

Muitos dados sustentam a idéia de que as pessoas que presenciam uma emergência sozinhas têm maior probabilidade de ajudar que quando estão em grupo (Latané et al., 1981; Latané & Nida, 1981; Shotland & Heinold, 1985). Provavelmente, várias forças são responsáveis por esse efeito esperado. Se os outros não estão ajudando, as pessoas concluem que a necessidade não é tão grande quanto parecia inicialmente. Outra influência inibidora plausível é o medo de parecer tolo diante de observadores. A *difusão do efeito de responsabilidade* é uma terceira possibilidade. Se você está só e não toma uma atitude, precisa suportar a culpa sozinho. Se você está com outras pessoas, a culpa é dividida e é mais fácil conviver com ela.

A clareza de uma situação também influencia na ajuda. Quando um dilema é vago e ambíguo, as pessoas têm menor probabilidade de intervir do que quando é claro e determinado (Schwartz & Gottlieb, 1980; Shotland & Heinold, 1985) (veja a Figura 15.4). A confusão sobre o que está realmente acontecendo provavelmente iniba a ajuda, aumentando o medo de errar e parecer ridículo.

Sentir-se desconhecido (*anônimo*) aumenta a agressão no laboratório e na vida. Ser conhecido de outros aumenta a probabilidade de ajudar (Schwartz & Gottlieb, 1980). Moradores da zona urbana, que podem vir a se tornar bastante familiares, em geral atendem a estranhos que pedem auxílio, em diversas circunstâncias (House & Wolf, 1978; Takooshian, 1976). Quando os outros conhecem nossa identidade, nosso bom comportamento deve-se, pelo menos em parte, à vergonha de nos comportarmos mal. Mesmo quando não há outras pessoas por perto, a preocupação de um indivíduo com a própria identidade inclina-a a ajudar. Presumivelmente, autofocalizar-se aumenta a noção de responsabilidade (Duval et al., 1979).

O bom samaritano que se dispõe a ajudar em uma situação perigosa é um tipo distinto de pessoa, geralmente um homem. Ted Huston e seus colegas (1981) verificaram, por meio de entrevistas, que esses indivíduos que se mostram prestativos ficam fa-

FIGURA 15.4 Observadores ajudam um senhor idoso que caiu na calçada. As pessoas têm maior probabilidade de ajudar, como aqui, quando as emergências são claras e as vítimas não são responsáveis pelo incidente. (Ellis Herwig/Stock, Boston.)

cilmente irados com pequenas frustrações, defendem fortemente a lei e a ordem, inclinam-se a assumir riscos e estão acostumados com a violência.

A Contribuição da Vítima

A identidade do sofredor é outra influência para ajudar. As mulheres são mais propensas a receber ajuda que os homens (Austin, 1979). Também têm maior probabilidade de receber ajuda as vítimas que dependem daquele que se dispõe a ajudar e são queridas por ele (Berkowitz, 1978; Clark, 1981; Hornstein, 1982). Aqueles que ajudam também consideram o pedido da vítima (Winer, 1980b). A necessidade precisa parecer legítima, algo causado por circunstâncias que fogem ao controle da vítima. Temos maior probabilidade de atender a uma pessoa doente que a alguém que esteve bebendo, por exemplo. Quando as necessidades de ajuda de um indivíduo (esperanças, medos, conflitos, forças) são enfatizadas, outros têm menor probabilidade de magoá-lo (Bandura et al., 1975) e maior probabilidade de ajudar.

Explicando a Ajuda Humana

Duas idéias importantes explicam por que as pessoas ajudam as outras. A *visão empática* supõe que a emergência produz um alerta fisiológico porque nos pomos na posição da pessoa necessitada e sentimos o que aquela pessoa está sentindo. Com a empatia, preocupamo-nos com o apelo dos outros e sentimo-nos angustiados (Batson & Coke, 1981; Hornstein, 1982; Karylowski, 1982; Weisenfeld et al., 1984). Quanto maior nossa empatia, de acordo com essa hipótese, mais provavelmente ajudaremos os outros. Em casos de extrema urgência, a empatia provavelmente é o fator principal, quando as pessoas apressam-se a ajudar impulsivamente e a fazer o que podem. Em tais situações, a preocupação sincera com o outro e o desprendimento são evidentes.

A *visão da solução de problema* diz respeito a situações em que as pessoas distanciam-se do que está acontecendo e pensam na situação de uma maneira autocentrada (Piliavin et al., 1981). Sentindo-se em conflito, aqueles que ajudam ponderam os custos e as recompensas — nem sempre conscientemente. No lado positivo, os valores sociais (normas) afirmam que as pessoas deveriam ajudar (McClintock & Avermaet, 1982). Queremos também reduzir a excitação causada pela angústia do outro (Piliavin et al., 1982). Pode haver ainda ganhos úteis (melhora da auto-estima, benefícios) (Reykowski, 1982b). Os custos — esforço, perigo, embaraço — são ponderados, em relação às recompensas.

CONCORDÂNCIA[1]

Como animais sociais, as pessoas freqüentemente se agrupam. Como os passageiros do metrô (veja a p. 632), cada grupo segue seu conjunto de padrões ou *normas*. Estilos de comunicação com os pais e amigos podem seguir dois códigos totalmente diferentes. Vestir-se de maneira formal é ditado pelas normas de casas noturnas e proibido por aqueles que são do centro acadêmico. Esta seção analisa a

---

1. N.R.T.: Tenha em mente que a palavra concordância, como é empregada neste capítulo, não denota, necessariamente, coincidência de pontos de vista.

forma pela qual as normas são impostas. Em alguns casos, a pressão é aplicada pelos membros do grupo; em outros, pelo líder do grupo.

Conformidade

Definimos *conformidade* como uma mudança nos comportamentos e/ou nas crenças resultantes da pressão do grupo, seja real ou imaginada. Os psicólogos distinguem entre comportamento conformista (*concordância*) e crenças conformistas (*aceitação*). Em qualquer situação isolada, um dos quatro padrões possíveis emergirá: concordância e aceitação, concordância sem aceitação, aceitação sem concordância e ausência de aceitação e de concordância. Suponha que Daniel sinta-se pressionado a beber nas noites de sexta-feira porque todos os seus amigos fazem isso. Nossa análise sugere que Daniel tem quatro opções. (1) Ele pode aderir alegremente ao grupo (*concordância, aceitação*). (2) Pode ceder, embora ache que, bebendo, está sendo covarde (*concordância, não-aceitação*). (3) Pode decidir não beber, enquanto no íntimo deseja fazer isso — talvez para agradar a namorada (*não-concordância, aceitação*). (4) Finalmente, pode concluir que beber está prejudicando o cérebro e destruindo o fígado dele e permanecer sozinho (*não-concordância, não-aceitação*).

Nota: Algumas pessoas sentem-se mal por não participar de alguma coisa. Você pode conhecer alguém que hesita em usar um terno azul-marinho quando os amigos estão usando ternos pretos. Outros indivíduos comparam a conformidade com "vender-se" ou ser "controlado pelas pessoas". A concordância pode ser valiosa ou alvo de objeção, dependendo das conseqüências. Não há dúvida de que a conformidade a normas cruéis ou restritivas é destrutiva. Os linchamentos são uma ilustração trágica. A não-conformidade também pode ser autodestrutiva; considere dirigir na contramão ou abusar de uma criança.

Incidência de Concordância

Examinaremos o trabalho de Solomon Asch (1952) detalhadamente porque muitas investigações subseqüentes têm usado seu modelo experimental. Você verá que Asch estudou a concordância em público sem examinar a aceitação, como é o caso da maioria dos outros pesquisadores (Muscovici, 1980).

Tente imaginar-se um participante de um dos primeiros estudos de Asch. Ao chegar ao laboratório, o experimentador diz a você que o estudo é sobre percepção visual. Você então se senta a uma mesa com sete outros "estudantes", que na verdade são "colaboradores" do investigador. Quando a tarefa começa, o experimentador exibe dois grandes cartões sobre uma mesa, na frente da sala. Um cartão mostra uma única linha vertical; o outro, três linhas verticais de comprimentos variáveis (como na Figura 15.5a). Sua tarefa é selecionar a reta no cartão à direita que corresponde à do cartão à esquerda. Você deve dar sua resposta quando chegar sua vez. Como todos estão de acordo sobre o primeiro e o segundo pares de cartões, a tarefa parece monótona e rotineira. Então, no terceiro conjunto de cartões, o primeiro respondente dá uma resposta errada. Você olha novamente para as retas, querendo saber se a pessoa está louca. O próximo colaborador dá a mesma resposta errada. Perplexo, você olha outra vez. Assim que o terceiro cúmplice concorda com os outros, você se questiona. Talvez você tire os óculos ou incline a cadeira para trás ou aproxime-se para ter uma perspectiva diferente. Você se sente alienado e isolado quando os demais colaboradores dão a mesma resposta errada. Quando chega sua vez, o que você diz? Você pode supor que suas percepções estão erradas e concordar (*concordância, aceitação*). Você pode reavaliar realmente o estímulo e passar a vê-lo de forma diferente (Allen & Wilder, 1980). Você pode concordar com os outros, embora acredite particularmente que todos estão errados (*concordância, não-aceitação*). As minorias freqüentemente cedem à maioria, quando estão em público, embora continuem a aderir à sua posição original (Maass & Clark, 1984). Você pode relatar precisamente o que percebe, mesmo acreditando intimamente que está errado (*não-concordância, aceitação*). Ou pode continuar a acreditar e a relatar as próprias percepções (*não-concordância, não-aceitação*). (Veja a Figura 15.5b e c.)

Asch mediu a concordância contando quantas vezes as pessoas dão respostas incorretas em situações em que quase todos sabiam a resposta correta. Um quarto a um terço dos participantes não se conformou de forma alguma, enquanto aproximadamente 15% seguiram a maioria, na maior parte das tentativas. O participante típico de pesquisa adotou os julgamentos do grupo um terço das vezes. A idéia de que 15% a 20% das pessoas conformam-se consistentemente emergiu de outros tipos de pesquisa (Vaughan, 1964).

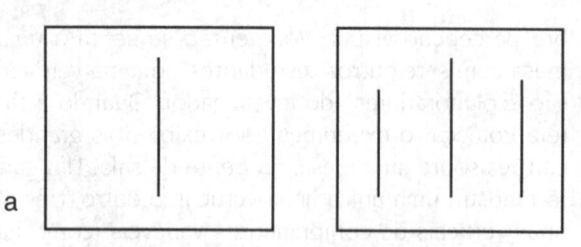

FIGURA 15.5 (a) Ao estudar a conformidade, Solomon Asch perguntou aos participantes da pesquisa qual das linhas à direita correspondia à do cartão à esquerda. (b) O estudante (no centro) olha perplexo quando os colaboradores do experimentador dão respostas erradas. (c) Apesar da confusão, o jovem não cede ao veredicto unânime, mas incorreto, explicando: "Tenho de dizer o que vejo". (William Vandivert/Scientific American.)

Quando as Pessoas Concordam

Como regra, o mundo não se divide claramente entre conformistas e não-conformistas. Em vez disso, é provável que as pessoas conformem-se em algumas circunstâncias.

Conformidade normativa As pessoas tendem a ceder a grupos com poderes e atributos especiais (Asch, 1951; Carron & Chelladurai, 1981; Festinger, 1950; French et al., 1960): (1) capacidade de discernimento, a habilidade de descobrir quem está e quem não está concordando; (2) capacidade coercitiva, o poder de impor penalidades para a não-concordância; (3) coesão, a noção de pertencer e de intimidade, como em uma família ou em grupos de pares com longa história de interação pessoal; (4) uma grande maioria em oposição. Em todos esses casos, a não-concordância tem custos altos: desaprovação, rejeição e punição. Ao mesmo tempo, a concordância traz aprovação, respeito, honra e promoções. A concordância para ganhar o apoio do grupo ou evitar a rejeição do grupo é chamada *conformidade normativa*. A posição de uma pessoa em um grupo é outra forte influência na conformidade normativa. Se as pessoas sentem-se excepcionalmente seguras, ficam à vontade para falar abertamente. Aquelas que são apenas marginalmente aceitas também são diretas, talvez porque haja pouco a perder. Os indivíduos com posição moderada, que mais têm a perder ou a ganhar, provavelmente se conformam (Dittes & Kelley, 1956).

Conformidade informativa Dependendo da competência e da natureza da tarefa, as pessoas podem ou não se conformar.

1 *Competência relativa.* Quando as pessoas sentem-se menos capazes que outros membros do grupo, adotam os julgamentos do grupo mais facilmente (Wiesenthal et al., 1976).

2 *Ambigüidade da tarefa (falta de clareza) e dificuldade.* Quando um trabalho é muito árduo ou difícil de entender, as pessoas freqüentemente concordam com os outros. Nos estudos originais de Asch, os participantes tinham dificuldade para explicar o que estava ocorrendo. Eles precisavam supor que alguém (eles mesmos ou os colaboradores) estava tendo uma percepção errada, e provavelmente imaginaram que uma pessoa tinha maior probabilidade de estar errada do que sete (Ross et al., 1976).

A concordância motivada pelo desejo de melhorar a exatidão das informações que possuímos, ilustrada pelas condições acima, é chamada *conformidade informativa*.

Influência da Minoria

Na vida real, membros da minoria freqüentemente influenciam a opinião da maioria. No laboratório, o impacto da minoria é forte quando o grupo é pequeno (seis membros ou menos); quando a minoria defensora tem um seguidor e é ativa, confiante e consistente (Mugny, 1982; Muscovici, 1980; Nemeth, 1979); e quando o não-conformista inicialmente tinha as mesmas opiniões da maioria antes de discordar (Tanford & Penrod, 1984). Em casos em que a minoria é influente, as pessoas podem continuar concordando com a posição da maioria, embora no íntimo aceitem a posição da minoria (Maass & Clark, 1984; Mugny, 1982). Mesmo quando as minorias não mudam de opinião, podem aparecer outros efeitos benéficos como o estímulo a uma consideração mais completa de um tópico (C. Cowan et al., 1984).

Obediência

Ao *obedecer*, as pessoas abandonam os julgamentos pessoais e cooperam com as autoridades. Como ocorre com a conformidade, há submissão diante de pressões externas. Além disso, tanto na obediência quanto na conformidade, as mesmas conseqüências reforçadoras ou punitivas estão atuando. As pessoas obedecem para ganhar recompensas, como aprovação, prestígio, promoções ou dinheiro, ou para evitar punições, como desaprovação, multas, agressões físicas ou prisão.

As sociedades que valorizam a obediência tendem a treiná-la desde cedo. Espera-se que as crianças obedeçam às ordens dos pais, parentes, professores e vizinhos. Em todo grupo, há regras. Toda essa prática de obediência provavelmente produz uma tendência geral a ceder aos poderes existentes, sem os questionar.

Quando as regras são justas e sensatas e todos as seguem, a vida é segura, ordenada e tranqüila. Mas a obediência cega pode ser um hábito perigoso. Entre uma miríade de outros exemplos trágicos, os nazistas alemães vêm-nos à mente, caso em que cidadãos e soldados obedientes assassinaram milhões de pessoas. (Veja também o Quadro 15.3.) Muitos conflitos mais sutis entre a obediência e a consciência ocorrem diariamente. Um atleta pode ter de escolher entre os próprios princípios e as instruções de "jogar duro e sujo para vencer, não importa como". Os membros de uma empresa podem ter de optar entre a honestidade e o emprego. Quando os comandos de uma autoridade colidem com os princípios morais e humanos, o que as pessoas comuns fazem? E por quê?

Obediência no Laboratório: A Investigação Clássica de Stanley Milgram

No início da década de 1960, Stanley Milgram (1974) começou a investigar questões sobre obediência. Os participantes de seu experimento eram homens e, ocasionalmente, mulheres de várias idades, origens sociais e níveis de instrução. Como participante de um dos primeiros estudos de Milgram, você compareceria a uma sessão na Universidade de Yale, juntamente com um contador de meia-idade (no centro da Figura 15.6b). Ele simula ser um segundo participante, mas na realidade está colaborando com o investigador. A autoridade encarregada é um austero professor de biologia usando avental branco (à direita da Figura 15.6b). Ele paga $ 4,50 a você e ao outro participante, e começa uma breve orientação. O estudo trata supostamente dos efeitos da punição na aprendizagem e na memória. Uma pessoa ensinará à outra uma lista de pares de palavras e punirá as respostas erradas com choques elétricos.

Você e o contador são sorteados para ver quem será o instrutor e o aprendiz. O sorteio é falso, de modo que você fique com o papel de instrutor. O aprendiz segue o experimentador até a outra sala, onde fará a memorização. Você o acompanha, vê o homem amarrado em uma cadeira, "para evitar movimentos excessivos", e observa os eletrodos ligados ao pulso dele (Figura 15.6b). Tanto você como o contador são informados de que os choques podem ser "extremamente dolorosos", mas não causam "lesões permanentes do tecido". O contador menciona que tem problemas cardíacos.

De volta ao laboratório, você recebe instruções ao se sentar diante de um gerador complexo de choque (Figura 15.6a). Cada vez que o aprendiz erra, você fornece a resposta correta por um intercomunicador e administra um choque, começando com 15 volts. Depois de cada erro, você deve aumentar a intensidade do choque, seguindo uma gradação de 30 passos até atingir 450 volts. A designação "Perigo: Choque severo" marca a chave de 375 volts; as outras chaves estão marcadas com "forte", "muito forte", "intenso" e "extremamente intenso".

Durante o estudo, o contador dá muitas respostas erradas, de modo que você precisa aplicar choques cada vez mais fortes. Na realidade, só é provocada a impressão de que o aprendiz está recebendo choques. Você e outros participantes ouvem as mesmas vocalizações gravadas, socos e chutes. Com 75 volts, grunhidos e gemidos; com 150 volts, exigências de liberdade; com 180 volts, gritos de que a dor é insuportável; com 300 volts, chutes e recusa de continuar; e silêncio depois de 315 volts.

Como a maioria dos participantes, você quer parar. Mas, cada vez que você protesta, o experi-

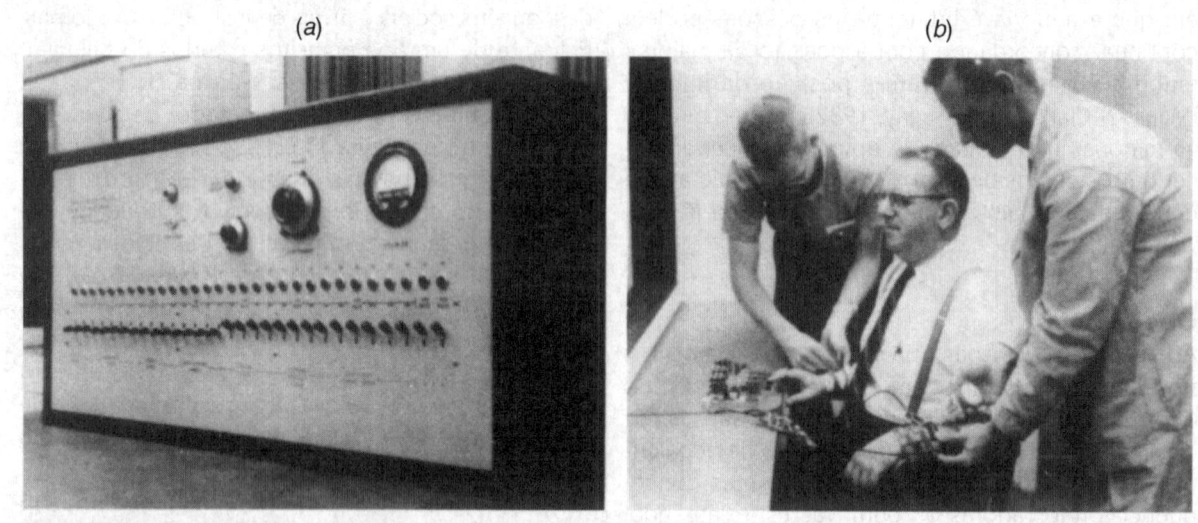

FIGURA 15.6 (a) O imponente gerador de choque no estudo de Stanley Milgram sobre obediência. (b) O aprendiz está sendo amarrado. (Copyright © 1965 Stanley Milgram. Do filme *Obedience*, distribuído pela New York University Film Division e pela Universidade Estadual da Pensilvânia, PCR.)

mentador manda-o continuar. Você continuaria? Quarenta psiquiatras subestimaram amplamente o número de pessoas que seguiriam ordens nessa situação. No experimento que acabamos de descrever, cada participante persistia até 20 choques. Aproximadamente 65% dos participantes obedeciam até o fim. Os resultados desse experimento aplicam-se à vida? Muitos psicólogos acreditam que os *insights* de Milgram seriam válidos para situações em que as pessoas confrontam-se com uma autoridade que exerce forte pressão.

Razões para Obediência
Por que as pessoas obedecem ao experimentador de Milgram? Ele não tinha recompensas importantes a oferecer e provavelmente não faria nada em represália. Talvez as pessoas fossem submissas em virtude do prestígio da Universidade de Yale. Para verificar essa possibilidade, Milgram conduziu a pesquisa em um *shopping center* próximo, em más condições de conservação. O alto nível de obediência sugeriu que o prestígio da Yale influenciava muito pouco os resultados. O sadismo foi uma segunda hipótese que Milgram descartou, ao permitir que os participantes escolhessem níveis de choque. Seguindo os próprios critérios, a maioria das pessoas aplicava choques de nível relativamente baixo e parava quando a vítima indicava a primeira sensação de desconforto.

A explicação preferida de Milgram foi de que as pessoas supunham que autoridades legítimas precisam ser obedecidas, simplesmente em decorrência do treino que tiveram na infância. Durante o experimento, as pessoas sentem que têm um dever a cumprir para com a "organização" e a "ciência". Querem ser educadas; desejam cumprir o que prometeram; desejam ajudar; não gostam de "cenas". Em resumo, são dominadas por uma visão administrativa, e não moral. À medida que executam suas tarefas, a linguagem os resguarda das implicações. As pessoas dizem a si mesmas que "o experimentador é responsável por suas ações". Justificam o que fazem em termos dos objetivos que parecem bons: "lealdade", "disciplina", "auto-sacrifício". (Hitler falava em "purificação da raça".)

No experimento de Milgram, pouco a pouco as pessoas são levadas a aplicar níveis presumivelmente perigosos de choque. Nunca se comprometeram a machucar ninguém, uma condição que parece liberar sua noção de responsabilidade (Sabini & Silver, 1982). Os seres humanos sentem-se menos responsáveis por ações que não desejavam ou não pretendiam cometer. A aplicação de choques cada vez mais fortes no estudo de Milgram é freqüentemente característica da obediência destrutiva na vida.

Influências na Obediência

Como a conformidade, a obediência depende de certas condições (Milgram, 1974; Kelham & Mann, 1974).

1 *Proximidade com a autoridade.* Quando estão próximas da autoridade, as pessoas sentem-se mais intimidadas e obedecem mais.

2 *Proximidade com a vítima.* Se o aprendiz é posto em uma sala distante, em média os participantes dão mais choques que quando precisam ficar fisicamente mais próximos do aprendiz.

3 *Difusão da responsabilidade.* Quando a responsabilidade é facilmente atribuída a uma outra pessoa, as pessoas tendem a obedecer fielmente, até o fim.

4 *Um modelo desobediente.* Quando alguém desafia as ordens, apenas uma pequena porcentagem de pessoas persiste (em um estudo, 10%).

5 *Atitudes autoritárias.* É provável que as pessoas que obedecem totalmente apresentem inúmeras atitudes autoritárias. (Veja a Tabela 15.1.)

TABELA 15.1 Atitudes autoritárias.

Componente do Autoritarismo	Atitude Ilustrativa
Adesão rígida a valores da classe média	"Todo ser humano decente deveria sentir amor, gratidão e admiração pelos pais."
Necessidade exagerada de se submeter aos outros	"A obediência e o respeito pelos pais, professores, polícia etc. são os valores mais importantes que os pais podem ensinar."
Compromisso com punição severa em virtude de desvio de valores convencionais	"O uso da pena de morte é altamente benéfico à sociedade."

Fonte: Cherry & Byrne, 1977.

Considerações Éticas

Sem dúvida, os estudos de Milgram foram desagradáveis para os participantes. Três tiveram ataques, a maioria mostrou múltiplos sinais de ansiedade: sudorese, gagueira, tremores, gemidos, mordiscação dos lábios, entre outros. Milgram foi antiético? Os psicólogos que defendem a investigação, considerando-a moral, dão três argumentos. Primeiro, os estudos renderam informações essenciais que não poderiam ter sido obtidas de outra forma. Segundo, as preocupações éticas foram tratadas conscientemente. No fim das sessões, por exemplo, a pesquisa era explicada e reassegurava-se às pessoas que o comportamento delas era normal e que um grande número de pessoas respondia de forma semelhante. Um psiquiatra até entrevistou aqueles com probabilidade de sofrer por ter participado do experimento. Terceiro, apesar do sofrimento dos participantes, o estudo teve um efeito benéfico, aumentando notavelmente a consciência da perigosa tendência humana a se submeter aos comandos de um líder. Com essa nova consciência, as pessoas poderiam ser mais humanas no futuro. Nas palavras de um participante (Milgram, 1974, p. 59): "O que me aterrorizou foi que eu podia ter essa capacidade de obediência e concordância a uma idéia central, isto é, o valor de um experimento sobre a memória, mesmo depois de ficar claro que continuar a aderir a esse valor implicava a violação de outro valor, isto é, não machucar alguém que não pode reagir e que não o está machucando. Como minha esposa disse: Você pode se chamar de Eichmann'.[2] Espero lidar mais efetivamente com quaisquer conflitos de valor que encontrar".

Os estudos de Milgram (e a publicidade que obtiveram) transmitiram essa mensagem crucial para muitas pessoas. ■

ATITUDES E ESTEREÓTIPOS

Antes de continuar a leitura, responda às seguintes perguntas:

- Os esforços do governo para integrar as escolas com ônibus escolares comuns são mal-orientados?
- O aborto legalizado é uma boa política?
- Viver junto antes do casamento é benéfico?

Suas respostas a essas perguntas transmitem suas atitudes. O que é uma atitude?

Atitudes

Vários aspectos definem as atitudes (Himmelfarb & Eagley, 1974). Dizem respeito a objetos, grupos,

---

2. N.R.T.: Adolf Eichmann, oficial nazista e líder da Gestapo, responsável pela execução de milhões de judeus na Segunda Guerra Mundial.

Quadro 15.3
OBEDIÊNCIA: O CASO DAS SEITAS

O comportamento dos membros de uma seita é uma triste demonstração da capacidade humana de obedecer sem questionar. O exemplo mais trágico ocorreu em 1978, em Jonestown, Guiana, onde mais de 900 pessoas morreram em um massacre suicida, em uma comunidade isolada. Embora as informações sejam insuficientes, parece que a decisão de morrer foi tomada pelo único líder, o reverendo Jim Jones. A maioria dos seguidores de Jones bebeu, por vontade própria, água com cianeto, da tina mostrada na Figura 15.7. A obediência extraordinária que Jones comandava é exemplificada pela carta mostrada na figura, escrita por Rosa Keaton, membro da seita.

O que leva as pessoas a se converter a uma seita? Nenhum fator isolado é responsável (Lofland, 1981). Análises da seita People's Temple (Templo do Povo) em Jonestown sugerem que os líderes podem usar táticas sofisticadas para assegurar a obediência cega (Nugent, 1979; Singer, 1979). Os líderes da seita em geral começam recrutando quem será particularmente receptivo a seus dogmas. Jones procurava indivíduos oprimidos, sem poder e alienados para converter — basicamente, negros muito pobres. Uma vez que aderir a uma seita parece estar ligado à depressão e à ausência de vínculos significativos, muitas seitas atraírem jovens problemáticos que estavam procurando um sentido de identidade na religião e em experiências místicas (Damrell, 1978; Richardson, 1978).

Líderes de seitas tendem a explorar sua personalidade carismática. Jones, aparentemente, era hipnotizante. A identificação com um líder e um grupo oferece segurança a seus membros, um sentido de vida e companheirismo. Jones dizia a seus seguidores que eles faziam parte de uma elite, uma sociedade justa e dedicada a oferecer oportunidades e privilégios iguais.

A dinâmica do grupo é crucial para garantir a obediência. O isolamento dos membros que não pertencem à seita (família e ex-amigos) aumenta o poder dos membros da seita. Os membros são expostos a intensas pressões dos pares para garantir a lealdade e a conformidade; a obediência total é exaltada e exigida; o questionamento e a crítica são proibidos. Palestras longas e repetitivas sobre a glória da causa, que funcionam como hipnose, podem sensibilizar os convertidos à mensagem da seita.

O líder da seita exige — em geral, aos poucos — enormes sacrifícios pessoais para sedimentar o compromisso, a estratégia *foot-in-the-door** (veja as pp. 650-651). Finalmente, os seguidores de Jones tiveram de abrir mão de sua renda, posses, privacidade e decisões de vida. Em Jonestown, eles trabalhavam como escravos sob condições de forte privação e quase passavam fome. À medida que os membros da seita tentam entender e justificar suas ações, provavelmente se convencem de que o sofrimento e a autonegação são justificados pela causa. Além disso, muitas seitas desencorajam as deserções agressivamente, usando pressão e intimidação. Os membros que desafiavam a seita em Jonestown eram humilhados. Quando não trabalhavam, enfrentavam tortura psicológica, física e ameaças de morte.

Em resumo, na seita em Jonestown e em muitas outras seitas, as pressões para manter a conformidade e a obediência mesclam-se a técnicas de persuasão e intimidação para criar submissão às exigências de um líder magnetizante em uma população com receptividade fora do comum.

* N.R.T.: *Foot-in-door* (gíria) significa "oportunidade para entrar" ou "primeiro passo que se dá para atingir uma meta (pontapé inicial)".

---

eventos e símbolos *socialmente significativos*. Note que suas respostas a essas perguntas têm implicações para as relações humanas. Suas opiniões sobre radiadores e volantes de automóveis não têm implicações sociais e não seriam consideradas atitudes.

Como as emoções, as atitudes têm componentes destacados: cognições ou crenças, sentimentos (ligados a avaliações) e tendências a se portar de uma determinada maneira (Breckler, 1984). Como ilustração, considere sua atitude com relação à coabitação, viver junto antes do casamento. O *componente crença* da atitude é seu conteúdo intelectual. Por exemplo, você poderia acreditar que viver junto permite que as pessoas se conheçam e que ajuda na escolha de um parceiro adequado. Entretanto, você pode estar convencido de que a coabitação viola os princípios morais ou cria mais problemas do que resolve. Os *sentimentos de avaliação* geralmente são evidentes: "A coabitação é uma boa coisa a se fazer"; "Quero morar junto com alguém"; "É ruim. Não quero fazer isso". As *tendências comportamentais* referem-se a ações; por exemplo, procurar um parceiro para viver junto ou romper com alguém que queira viver com você.

Nossas atitudes são *aprendidas*. As pessoas não vêm ao mundo com elas. Ao mesmo tempo, as atitudes são relativamente *persistentes* — permanecem conosco por longos períodos.

Estereótipos e Preconceitos

O que é um estereótipo? Quando a atitude considerada apóia-se em um componente de pensamento relativamente simples e rígido e diz respeito a pessoas ou grupos sociais, é chamada de *estereótipo*

> *Obrigada por todas as oportunidades maravilhosas que você tem dado a todos que somos membros dessa bela família socialista... Deveríamos imitá-lo, e à Mãe, porque você é o melhor Pai que qualquer um poderia ter. Mãe é a melhor Mãe que poderíamos ter... Dei coisas materiais, dinheiro e tempo à causa, mas não trairei minha confiança na causa conscientemente. Não tenho compromisso com coisa alguma senão a causa... Sei que se deve obedecer e respeitar a autoridade. Tento ser obediente e respeitosa diariamente... Até 1959, [quando aderi à causa] tinha medo da morte e de morrer, mas desde então tenho pensado na morte e em morrer como se fosse dormir.*

FIGURA 15.7 O massacre suicida em Jonestown, Guiana, e a carta de Rose Keaton, membro da seita, mostram o extraordinário poder da tendência a ser obediente. (Bettmann Newsphotos/UPI.)

(Ashmore, 1981). Embora a palavra "estereótipo" tenha associações desagradáveis, os estereótipos não são necessariamente prejudiciais. Na vida diária, os seres humanos estão sempre generalizando, com base em suas experiências, porque não podem lidar individualmente com todas as pessoas (McCauley et al., 1980). Os estereótipos organizam e condensam informações, de modo que possamos agir de maneira inteligente e rápida. Para sobrevivermos, precisamos ter bons critérios que nos permitam identificar em quem podemos confiar e quem devemos temer. Um ou dois jogos de pôquer com artistas que se passam por parceiros e o lesam, por exemplo, poderiam levá-lo a estereotipar jogadores de cartas e a considerá-los potencialmente perigosos, bem como a fazê-lo agir com cautela perante eles. Na maioria da vezes, as pessoas provavelmente têm ciência de que os estereótipos não se aplicam a todos os membros de uma população ou mesmo à metade do grupo (McCauley et al., 1980). Os estereótipos são destrutivos basicamente quando nos esquecemos de que se baseiam em pequenas amostras e com freqüência são injustos, quando aplicados rotineiramente a todos os indivíduos de uma população.

Os preconceitos são relacionados tanto com atitudes quanto com estereótipos. Um *preconceito* é uma atitude que transmite sentimentos negativos (ou positivos) sobre uma pessoa ou grupo de pessoas, com base em um estereótipo, uma crença que exagera as características de grupo. Freqüentemente, os preconceitos são ligados à *discriminação*, conduta tendenciosa contra (ou a favor de) uma pessoa ou grupo, pelo fato de participar do grupo, e não por méritos individuais.

Consistência Interna das Atitudes

Dissemos que atitudes de todos os tipos estão associadas a comportamentos, crenças e sentimentos. Às vezes, há *consistência* entre os três componentes. Por exemplo, uma pessoa pode odiar fumar, achar que fumar não é saudável e nunca fumar. Os elementos das atitudes podem ser *discordantes*, entretanto. Embora um fumante possa fumar e gostar de fumar, ele ou ela também pode considerar essa atividade prejudicial.

Os psicólogos têm se interessado extremamente pelas condições de consistência entre os componentes (Bem, 1982; Wicklund, 1982; Zanna *et al.*, 1980). Alguns deles consideram basicamente metodológicas as discrepâncias entre os componentes de uma atitude. Argumentam que, se os pesquisadores avaliassem apropriadamente tanto as crenças quanto o comportamento, levando em conta sua complexidade, perceberiam uma harmonia entre os dois (Ajzen, 1982). Em nosso exemplo anterior, as idéias dos fumantes sobre fumar não são tão simples como foi sugerido. Fumar e gostar de fumar é consistente com a seguinte crença: "Você vai morrer um dia. Pode ser pelo tabaco ou por outra causa. Eu sinto muito prazer em fumar".

Outros psicólogos ponderam que o componente crença de uma atitude é apenas uma das inúmeras influências sobre o que as pessoas fazem (Abelson, 1982; Zanna & Fazio, 1982). Portanto, não se deveria esperar que as crenças por si mesmas predigam comportamentos. Devem-se levar em conta as experiências passadas, as percepções das normas, as cognições, os contextos e os objetivos. Fortes pressões dos pares para expressar a sexualidade, por exemplo, podem superar as crenças de um determinado adolescente na pureza da virgindade.

Formação de Atitudes

Como as pessoas adquirem atitudes? O pensamento é um componente de uma atitude que se baseia freqüentemente em *experiências* e *inferências* (generalizações). Você ouve no noticiário noturno que o governo federal está enterrando lixo tóxico e colocando-o em áreas preservadas, digamos, e conclui que a administração está arruinando o ambiente. Ou observa seu pai e seu tio consertando carros e conclui que eles têm jeito para mecânica. Nas palavras do falecido Gordon Allport (1958, p. 9): "Com poucos dados, [os seres humanos] apressam-se a fazer grandes generalizações".

As pessoas selecionam algumas atitudes por meio dos *princípios de aprendizagem comportamental* (veja o Capítulo 3), sem ter ciência de estar aprendendo alguma coisa. Uma forma de influência é a *aprendizagem por observação*, simplesmente observar e imitar os outros. Também as recompensas e punições (*condicionamento operante*) provavelmente têm um papel influente. A aprovação e o apoio de pais e outras figuras importantes são motivadores significativos para que se adotem as atitudes deles. A crítica e a rejeição, entretanto, podem enfraquecer as atitudes. Mesmo que as conseqüências de uma questão não sejam importantes, a aprovação ou a desaprovação de pessoas totalmente estranhas pode influenciar as atitudes de uma pessoa (Insko, 1965).

Quando uma determinada atitude é associada repetidamente a certa emoção, as pessoas tendem a unir as duas em virtude do *condicionamento clássico* ou *respondente*. No caso de um pai que se opõe violentamente a ônibus escolares para integração racial, isso será acompanhado de raiva e tensão sempre que o assunto vier à tona. Eventualmente, os filhos podem associar o transporte escolar a sentimentos negativos.

Deparamo-nos com o princípio da *exposição* quando falamos sobre a atração e o gostar (no Capítulo 11). As pesquisas de Robert Zajonc (1968, 1980) e de outros (Grush, 1980; Rheingold, 1985) mostram que, quanto mais contato as pessoas têm com algum objeto ou pessoa, mais afeição elas sentem pelo objeto ou pessoa. A mera exposição é uma influência muito potente nas atitudes, quando faltam informações. Por exemplo, você não sabe quase nada sobre os candidatos à próxima eleição. Ao assistir à TV ou ao ler jornais, você se depara com o nome de um candidato diariamente. O princípio da exposição sugere que no dia da eleição é muito provável que você seja a favor do candidato e vote nele — sem realmente perceber que a familiaridade está influenciando sua atitude.

Dinâmica das Atitudes

Uma vez formadas, as atitudes, os estereótipos e os preconceitos exercem efeitos poderosos. Nossa discussão focaliza os estereótipos, mas também se aplica a atitudes e preconceitos.

Estereótipos de "Nossos" Grupos e "Outros" Grupos

Henri Tajfel (1981, 1982), que passou a maior parte da vida examinando a dinâmica dos estereótipos sociais, começou com um simples experimento de observação de pontos de luz.

Em grupos, meninos observavam pontos de luz em uma tela e, individualmente, estimavam quantos pontos tinham sido iluminados. Depois de fazer inúmeras tentativas, cada menino era chamado de lado e lhe diziam se ele era um "superestimador" ou "subestimador". Nesse ponto, os participantes tinham a possibilidade de distribuir dinheiro com dois outros meninos. Os benfeitores tinham apenas uma informação sobre os que poderiam receber esse dinheiro; um era superestimador; o outro, subestimador. Ao distribuir o dinheiro, os meninos favoreciam a pessoa que se encontrava em sua categoria, na contagem de pontos.

O importante não são as categorias de contagem de pontos. O que interessa são as lições gerais dos estudos de Tajfel, que foram confirmadas (Brewer, 1979; Howard & Rothbart, 1980; Linville & Jones, 1980). Começando desde cedo, as pessoas classificam continuamente os indivíduos à sua volta (incluindo-se), de acordo com grupos sociais. Distinguimos entre nossos grupos (nós) e outros grupos (eles). Para manter a auto-estima, freqüentemente atribuímos qualidades positivas a "nossos" grupos e negativas a "outros" grupos. Ao mesmo tempo, tendemos a exagerar a semelhança entre os membros de nosso grupo e as diferenças em relação àqueles que integram os "outros" grupos. Acentuar a semelhança de indivíduos similares (*assimilação*) e a divergência daqueles que são diferentes (*contraste*) é um aspecto comum do pensamento social (Cialdini *et al.*, 1981).

Os estereótipos de "nossos" grupos permanecem relativamente complexos (Linville & Jones, 1980; Wilder, 1978). Consideramos nossos grupos compostos de indivíduos variáveis e não supomos que as ações de algum membro reflitam o grupo todo. Por exemplo, se você é branco, não é provável que mude sua idéia acerca dos caucasianos toda vez que ouvir falar de um assassinato em massa de brancos. Entretanto, as pessoas tendem a manter estereótipos simples de "outros" grupos e têm maior probabilidade de fazer generalizações a todo o grupo, baseadas na conduta de um único indivíduo (Quattrone & Jones, 1980). Como branco, ouvir falar da brutalidade de um adolescente negro pode mudar sua idéia sobre a juventude negra em geral.

Em virtude da propensão a estereótipos, as pessoas tendem a favorecer os membros de seu grupo e a rejeitar aqueles de outros grupos. Isso ocorre especialmente se houve hostilidade entre os dois grupos no passado (Sherif, 1982). Isso também é provável, se as normas de um grupo apóiam os vieses negativos em relação ao "outro" grupo.

A Natureza Autoperpetuadora dos Estereótipos

Os estereótipos tendem a se autoperpetuar, em parte, porque o comportamento da pessoa que está formando o estereótipo faz com que o alvo — ou seja, o outro — aja de maneira que o confirme. As pesquisas de Mark Snyder (1977; Skrypnek & Snyder, 1982), seus colegas e outros apóiam essa idéia perturbadora. Em um estudo, os homens viam fotos de uma mulher que achavam estar conversando ao telefone. Os homens esperavam que as mulheres bonitas fossem sociáveis, competentes e equilibradas e as mulheres feias fossem insociáveis, incompetentes, sérias e estranhas. Fitas de conversas reais pelo telefone mostraram que os homens conversavam com mulheres presumivelmente atraentes com atenção, amizade e animação; eles eram frios, reservados e desinteressados com as mulheres supostamente não atraentes. De fato, a beleza das mulheres variava e não tinha nada a ver com as expectativas deles. Embora as mulheres não soubessem das percepções dos homens, seu comportamento ao telefone parecia ser moldado pelos estereótipos dos homens. Quando tratadas friamente, respondiam de forma distante e impessoal. Quando tratadas carinhosamente, respondiam de maneira amigável e afetuosa. Muitos outros estudos apóiam o mesmo princípio (Word *et al.*, 1974): quando tratamos as pessoas de acordo com estereótipos, elas tendem a responder de forma que os confirme.

Os estereótipos podem ser considerados *esquemas* (redes de conhecimento); como tais, alteram percepções e memórias (veja a p. 221-222), com conseqüências substanciais que perpetuam o estereótipo. Ou seja, tendemos a ver e lembrar do que se harmoniza com nossos estereótipos, outro mecanismo que os mantém intatos (Hamilton *et al.*, 1985). (Veja a Figura 15.8.)

Quando grandes segmentos de uma população mantêm o mesmo estereótipo, os membros do grupo estigmatizado podem aderir a ele e, como resultado, assumir as qualidades do estereótipo (Jones *et al.*, 1984). Em uma demonstração clássica, Amerigo Farina e seus colegas (1966) pediram a pacientes mentais para participar de um jogo com outra pessoa. A metade dos pacientes pensava que sua condição psiquiátrica fosse conhecida por seus parceiros; os pacientes restantes acreditavam que sua identidade fosse desconhecida. Na realidade, os parceiros não sabiam nada do ajustamento mental

FIGURA 15.8 Cerca de 40 anos atrás, Gordon Allport e Leo Postman (1947) mostraram rapidamente esse desenho a pessoas brancas e fizeram perguntas para ver do que se lembravam. A maioria dos participantes da pesquisa lembrava-se da navalha na mão do homem negro. Presumivelmente, usaram um esquema "negros são violentos" enquanto estavam codificando ou recuperando as informações. O estudo de Allport-Postman é um dos diversos que sugerem que os preconceitos são fortalecidos pelas formas tendenciosas pelas quais os seres humanos processam as informações. (Adaptada de *The Psychology of rumor* por Gordon W. Allport & Leo Postman. Copyright © 1947 por Henry Holt and Company, Inc. Copyright © 1975 por Holt Rinehart & Winston. Reimpressa com permissão da CBS College Publishing.)

dos pacientes. O simples fato de acreditarem que sua identidade era conhecida fazia com que os pacientes achassem o jogo relativamente difícil, tivessem um desempenho relativamente fraco, sentissem-se relativamente não valorizados e fossem considerados, por observadores objetivos, relativamente tensos e fracamente ajustados. Os pacientes que acreditavam que sua identidade era desconhecida saíam-se muito melhor. Da mesma forma, as mulheres que acreditavam que iam interagir com um homem que tinha certos estereótipos de mulheres apresentavam-se física e verbalmente de acordo com esses estereótipos, em algumas situações (von Baeyer *et al.*, 1981; Zanna & Pack, 1975).

Mudança de Atitude

As pessoas estão continuamente tentando modificar as atitudes umas das outras. Nos Estados Unidos, apenas os grandes negócios gastam bilhões de dólares anualmente em propagandas, para fins persuasivos. Os psicólogos sabem da existência de dois caminhos para a mudança de atitude (Chaiken, 1980; Petty & Cacioppo, 1981). Um é de natureza *cognitiva*. Quando as questões são importantes para as pessoas, elas examinam atentamente a mensagem. Relacionamos o conteúdo ao que já conhecemos e então avaliamos racionalmente nossa posição. Enquanto buscamos em nosso íntimo, podemos chegar a dados que apóiam a mensagem. Ou podemos descobrir contra-argumentos convincentes. Se nossos pensamentos são favoráveis, somos persuadidos; se forem desfavoráveis, resistimos. Quando mudamos realmente nossas opiniões, as novas atitudes provavelmente são duradouras. Um segundo mecanismo que leva à mudança de atitude tem pouco a ver com pensar e mais com *sentir*. Em casos em que a questão é trivial e as recompensas ou pressões são substanciais, tendemos a adotar novas atitudes sem pensar. Esse tipo de mudança de atitude, entretanto, geralmente é temporário.

Influências na Mudança de Atitude

O que a pesquisa psicológica tem a dizer sobre como as pessoas são persuadidas?

A fonte de persuasão A fonte da mensagem desempenha um papel importante na mudança de atitude, principalmente quando as pessoas não estão altamente motivadas para processar as informações e refletir (Eagly, 1983). Duas qualidades diferentes parecem tornar o emissor da mensagem altamente digno de crédito: a experiência ou a semelhança com a audiência (Eagly, 1983; Hovland *et al.*, 1953). Em qualquer um dos casos, a fonte deveria ser atraente e agradável (Abelson & Miller, 1967; Chaiken, 1983) e acima de qualquer suspeita (Eagly *et al.*, 1981). A credibilidade da fonte é de fundamental importância, inicialmente. Com o passar do tempo, as pessoas concentram-se na própria mensagem. Os psicólogos chamam o aumento gradativo da força da mensagem persuasiva de *efeito adormecido*. É um fenômeno constante, comprovado em muitos laboratórios (Cook *et al.*, 1978; Gruder *et al.*, 1978).

A comunicação Argumentos bem formulados com freqüência são persuasivos, e é importante tirar conclusões explicitamente, quando o conteúdo é complicado (Hovland & Mandell, 1952). O ex-presidente Richard Nixon (que ficou famoso pela frase: "Quero deixar uma coisa perfeitamente clara") parecia apreciar intuitivamente a vantagem da clareza. No caso de uma audiência altamente envolvida, entretanto, empenhar-se para descobrir as implicações de uma mensagem clara e segura pode facilitar a mudança de atitude (Cooper & Croyle, 1984; Linder & Worchel, 1970). Uma vez que as audiências freqüentemente conhecem ou perceberão possíveis objeções, as mensagens parecem ser mais eficientes quando reconhecem contra-argumentos e combatem prováveis objeções (Hovland *et al.*, 1949; Jones & Brehm, 1970).

Mesmo no caso de mensagens ponderadas, as considerações emocionais são levadas em conta. O poder de persuasão pode ser aumentado, associando-se as mensagens a sentimentos agradáveis, que é uma abordagem do condicionamento clássico ou respondente (Galizio & Hendrick, 1972; Norman, 1976). A associação de produtos com música ou "pessoas bonitas" ilustra essa estratégia.

Despertar maus sentimentos e então mostrar às pessoas como se livrar deles é outra tática bem-sucedida de mudança, embora possa ter um efeito contrário. Ou seja, se um nível muito alto de ansiedade é despertado, as pessoas podem se sentir tão ameaçadas que afastam da mente toda a experiência (incluindo a nova atitude). Com questões de saúde e segurança (como beber e dirigir, fumar cigarros, usar cinto de segurança e ter higiene dental), as mensagens que despertam muito medo têm sido agentes mais poderosos na mudança de atitudes que aquelas que não despertam tanto medo — contanto que as pessoas saibam como agir para atenuar seus medos (Leventhal, 1970; Rogers & Mewborn, 1976). (Veja a Figura 15.9.)

A audiência As comunicações persuasivas precisam ser feitas de acordo com a audiência. Quando a questão a ser tratada é importante, uma mensagem altamente discrepante é perigosa. Os membros do grupo-alvo provavelmente a descartem, menosprezando a experiência da fonte, especialmente se esta não dispõe de credenciais do mais alto padrão (Aronson *et al.*, 1963). As atitudes das audiências hostis precisam ser mudadas, ao que parece, gradativamente.

A mudança de atitude torna-se mais provável quando o envolvimento pessoal da população-alvo é intensificado (Chaiken, 1980; Petty *et al.*, 1981; Worchel & Cooper, 1979). Uma tática comum de compromisso é ligar a nova atitude a um importante grupo de referência para a audiência. Uma empresa que estivesse tentando vender um remédio para resfriado para mães poderia anunciar: "Cinco dentre seis médicos recomendam o xarope para tosse da Hacker". Uma tática mais direta de compromisso é pedir às pessoas que apóiem publicamente uma nova atitude. Assinar um abaixo-assinado ou concordar em ligar para um representante do congresso fará com que muitos indivíduos sintam-se podero-

MARK WALTERS FUMAVA UM CIGARRO ATRÁS DO OUTRO. ADIVINHE QUEM FICARÁ COM O ESCRITÓRIO DELE?

Pobre Mark. Ficava ouvindo a mesma coisa que todos dizem sobre câncer de pulmão. Mas, como tanta gente, continuava fumando cigarros. Ele deve ter pensado: "Fumei minha vida toda... que bem me fará se eu parar agora?" O fato é que, uma vez que você tenha parado de fumar, não importa quanto tempo tenha fumado, o corpo começa a reverter os danos provocados pelo cigarro, contanto que não tenha desenvolvido câncer nem enfisema. Da próxima vez que você pegar um cigarro, pense em Mark. Então, pense em seu escritório... e em sua casa.
American Cancer Society

FIGURA 15.9 Embora os anúncios que despertam medo possam provocar tanta ansiedade que as pessoas os bloqueiam e se esquecem da mensagem, despertar medo moderadamente alto, como ilustrado neste anúncio, parece ter efeito — principalmente quando as pessoas conhecem um curso de ação simples, prático, que reduzirá o medo. (American Cancer Society.)

sos. Pedir aos membros do grupo-alvo que ajam consistentemente com a nova atitude é um ato relacionado com essa estratégia: talvez, escrever um ensaio em defesa da nova atitude. Também a *técnica foot-in-the-door* (veja a nota do Quadro 15.3, na p. 646) é persuasiva. Ela consiste em avançar de uma pequena solicitação para outra maior. Eis um exemplo dessa tática familiar: "Simplesmente aceite o primeiro volume de nossa nova enciclopédia de jardinagem, sem custo algum. Examine-o. Se não lhe agradar, devolva-o. Se você não se comunicar conosco, enviaremos um novo volume todo mês, juntamente com a fatura". Pessoas que concordam com pequenas solicitações possivelmente serão mais receptivas a solicitações maiores. (No caso da enciclopédia de jardinagem, a empresa também sabe que muitas pessoas nunca vão se preocupar em responder e então encontram uma razão para comprar o volume que é enviado.)

A *teoria da dissonância cognitiva* (veja a p. 360) sugere um modelo para que se entenda por que o comportamento discrepante pode mudar atitudes. Se as ações entram em conflito com as idéias, as pessoas sentem-se mal. Às vezes, elas fazem um exame de consciência para descobrir o que realmente pensam. Quando descobrem, têm condições para aprimorar ações ou pensamentos, de modo que restaure a consistência e reduza a dissonância (conflito devido à inconsistência).

A personalidade do público-alvo assume um papel importante na tentativa de persuasão. As pessoas com baixa auto-estima parecem ser persuadidas com maior facilidade, principalmente se a situação for complexa e difícil de entender (Cohen, 1959; Gollob & Dittes, 1965). Diferenças na inteligência, dentro da variação normal, não provaram desempenhar um papel determinante.

Quando a Persuasão Tem Resultado Contrário

As tentativas de mudança de atitude freqüentemente fracassam; em alguns casos, as pessoas até se tornam mais negativas que no começo. Ameaças, submissão e prazos podem desencadear o negativismo (Cialdini et al., 1981). Por quê? Quando os seres humanos sentem que sua liberdade é restringida arbitrariamente e não podem escolher a própria direção, têm sentimentos desagradáveis. Subseqüentemente, são motivadas a fazer alguma coisa para reestabelecer sua liberdade e eliminar a tensão. Em geral, mudam suas atitudes. Ao fazer isso, estão dizendo, em essência: "Tudo bem, você pode me convencer a fazer X, mas não pode me fazer acreditar nisso". Os psicólogos chamam esse fenômeno de *reação psicológica* (Brehm & Brehm, 1981) (veja a p. 361). Suponha que alguém insista para que você argumente, em nome da liberdade de imprensa, a favor da publicação de pornografia, uma posição que você já apóia e assumiria de qualquer forma, se tivesse escolha. Sua atitude perante a liberdade de imprensa para publicar pornografia provavelmente se torna mais negativa, em virtude da pressão.

O fenômeno da reação psicológica sugere a razão pela qual a "psicologia reversa" às vezes funciona. "Nada de cenouras. Você terá de comer um pacote inteiro de batata *chips*." Esta frase pode ter seu efeito desejado (e tem) porque o comportamento ameaçado torna-se mais atraente à medida que as pessoas são motivadas a resgatar sua liberdade perdida.

HOSTILIDADES RACIAIS

As hostilidades raciais existem em todo o mundo. O termo *racismo* refere-se a uma *atitude* que engloba duas características: (1) *preconceito* a favor ou contra um grupo de pessoas relacionadas por uma hereditariedade comum; (2) *discriminação* — comportamento tendencioso a favor ou contra os membros do grupo. Nossa discussão focaliza o racismo de brancos contra negros nos Estados Unidos. A mesma dinâmica provavelmente existe em outros lugares.

Evidência de Racismo

Nos Estados Unidos, o relacionamento entre negros e brancos tem melhorado nos últimos anos. A versão violenta *redneck*[3] do racismo branco declinou. Não há dúvida disso. As estimativas sobre o número de integrantes da Ku Klux Klan, por exemplo, apontam a existência de 10.000 membros do Klan em 1981, comparado a 4 ou 5 milhões em 1925 (J. Turner et al., 1981). Os estereótipos de inferioridade negra também estão desaparecendo (Harris et al., 1978; Rokeach, 1980).

Quando se fala em atitudes, o que vemos hoje, tipicamente, são versões sutis de racismo (Brewer & Kramer, 1985; Katz et al., 1984; McConahay et al., 1981). Muitos brancos mostram uma mistura de sentimentos negativos e positivos — simpatia mesclada a hostilidade. Ao mesmo tempo que os brancos acham que os negros sofrem sérias injustiças, tendem a resistir a mudanças destinadas a retificar os desequilíbrios. Muitas pessoas brancas queixam-se da falta de ação concreta, de leis justas de moradia e bem-estar e de políticos negros. Muitas acham que os negros fazem muita pressão e exigências. Quando não têm ciência do que está sendo observado em laboratório, os brancos discriminam os negros, ajudando-os menos e punindo-os mais

---

3. N.R.T.: Este termo ofensivo designa lavradores brancos e pobres principalmente do sul dos Estados Unidos e também pode se referir a uma pessoa provinciana, conservadora, que em geral apresenta atitudes fanáticas.

(Crosby et al., 1980; Pettigrew, 1979). Do mesmo modo, a linguagem corporal dos brancos rejeita relativamente os negros.

O *racismo institucional* é definido como "leis, costumes e práticas estabelecidos, que refletem e produzem sistematicamente desigualdades raciais" (Jones, 1972). No nível social, o racismo institucional pode ser menos óbvio que formas pessoais de racismo, mas é muito mais devastador (Cordes, 1985a; Pinkney, 1984; Reveron, 1982). Homens negros, por exemplo, morrem sete anos antes de homens brancos; e a taxa de mortalidade de bebês de outras raças é quase duas vezes maior que a de bebês brancos. Em 1981, um número três vezes maior de negros vivia em condições de pobreza. O desemprego entre os negros é quase duas vezes maior do que entre os brancos, sem contar que as ocupações dos negros concentram-se na base da hierarquia ocupacional. Há estatísticas igualmente desanimadoras em outras áreas relacionadas: saúde física e mental, educação, fome e habitação. Além disso, dados atuais sugerem que a situação está se deteriorando. (Veja a Figura 15.10.)

Racismo: Formação e Dinâmica

Aos 3 anos, mais ou menos, as crianças já estão exibindo atitudes consistentes com relação a membros de raças diferentes (Katz, 1976). Experiências em uma cultura racista transmitem mensagens racistas potentes aos brancos (e negros). Pais, pares e outros modelam e recompensam (com aprovação, geralmente) vieses similares. Outros, da mesma importância, punem a rebeldia. O medo e a raiva são condicionados, na medida em que os negros estão associados a histórias, comentários e imagens desagradáveis. Tipicamente, os brancos não se expõem intensamente aos negros, algo que poderia se contrapor ao treinamento. Essas idéias condizem tanto com observações comuns quanto com pesquisas (Rose, 1981; Pettigrew, 1961; Stephan & Stephan, 1984; Zanna et al., 1970).

Os estereótipos autoperpetuam-se, como dissemos. As pessoas freqüentemente percebem e lembram-se do que se harmoniza com seus estereótipos negativos e ignoram o que não se enquadra com eles (Brewer & Kramer, 1985; Hamilton, 1981). (Veja a Figura 15.8). Pessoas brancas tendem a tratar negros de acordo com seus estereótipos, induzindo neles comportamentos que confirmam os preconceitos (Snyder, 1981). O pensamento social

FIGURA 15.10 Esses adolescentes estão se candidatando a empregos. A taxa extremamente alta de desemprego entre a juventude negra é um resultado do racismo institucional. Oficialmente, negros e brancos estão livres para competir uns com os outros, de acordo com o mérito de cada um, em emprego, bem como em status, poder e recompensas econômicas. Quando se trata de encontrar emprego, por exemplo, os brancos geralmente se beneficiam dos estereótipos sociais do empregador e de um histórico de vida vantajoso que lhes dá acesso a uma educação melhor e a empregos e habilidades sociais mais aceitas no mercado, além de experiências de trabalho relevantes. Não apenas refletindo o racismo, o desemprego crônico o perpetua, levando à pobreza, ao crime e, em conseqüência, a oportunidades desiguais para a próxima geração (Turner et al., 1984). (Mark Pokempner/Black Star.)

do que anteriormente chamamos "nossos grupos" e "outros" também contribui para hostilidades. Brancos e negros ressaltam diferenças e aspectos negativos. Fazem generalizações de exemplos vívidos para o grupo todo (Rothbart, 1981; Taylor, 1981). Tendem a explicar ações desejáveis como devidas à situação ou a esforço excepcional (Brewer & Kramer, 1985). O fato de que pessoas com maior complexidade cognitiva tenham menos estereótipos e expressem menos atitudes racistas apóia a idéia de que o nível de conhecimento contribui consideravelmente para o preconceito (Wagner & Schonbach, 1984).

A competição e a frustração aceleram a tensão racial. Considere primeiro a *competição*. Quando psicólogos preparam competições, verificam que a agressão e a amargura logo se manifestam. Muzafer Sherif (1956) e seus colegas foram uns dos primeiros a defender fortemente essa noção. Percorreram acampamentos de verão para crianças a fim de pesquisar os efeitos da competição em um ambiente natural. Para um estudo, os psicólogos selecionaram meninos de 11 a 12 anos saudáveis e ajustados, protestantes, brancos e de classe média. Dividiram os campistas em duas equipes homogêneas e isolaram-nas uma da outra. À medida que os meninos trabalhavam e brincavam juntos, cada grupo desenvolvia uma forte noção de unidade. Finalmente, quando os diretores do *camping* organizaram competições com prêmios para a equipe vencedora, a competição tornou-se cada vez mais acirrada. No fim, ambos os lados "declararam guerra" e os membros de um grupo ameaçaram, assustaram, insultaram e atacaram os participantes do outro. Pesquisas de laboratório cuidadosamente controladas confirmam a idéia de que a competição por recursos limitados leva à agressão (Rocha, 1976). Conforme esperado, em regiões em que os negros e brancos competem entre si pelos mesmos empregos, o racismo é excepcionalmente acentuado (Greely & Sheatsley, 1971).

A *frustração* também leva ao preconceito e à discriminação em um número considerável de pessoas. Em um estudo clássico desse tópico, os psicólogos Neal Miller e Richard Bugelski (1948) submeteram jovens americanos do sexo masculino a um exame longo, monótono e difícil. O teste exigiu um tempo extra, que fez com que os participantes perdessem um evento local pelo qual todos estavam esperando com ansiedade. Antes e depois do exame, os participantes foram indagados sobre os traços de japoneses e mexicanos. Depois da experiência frustrante, os jovens verificaram traços significativamente menos positivos e um maior número de aspectos negativos que antes de fazer o teste. Presumivelmente, a frustração aumentou o desejo de agredir, o qual não podia ser manifestado contra os experimentadores e foi *deslocado* para um alvo conveniente. O fracasso, também, pode levar a reações extremamente negativas e a agressões contra outros grupos (Meindl & Lerner, 1984).

Quando os pais frustram os filhos, sendo ríspidos e inconsistentes, as crianças tendem a desenvolver valores e defesas que tornam o preconceito provável. Theodor Adorno e seus colegas (1950) encontraram apoio para essa hipótese ao estudar pessoas com personalidades autoritárias (veja a Tabela 15.1). Esses indivíduos são caracterizados como rígidos e convencionais, respeitam autoridades e estão convencidos da virtude da obediência. Preocupados com o poder e a coragem, não toleram fraquezas nos outros ou em si mesmos e são favoráveis à punição. Adorno e seus colegas verificaram que pessoas autoritárias tinham fortes preconceitos. As pessoas que foram estudadas também relataram que os pais eram frios, imprevisíveis e severos em termos de punição. Quando crianças, a equipe de Adorno especulou, as pessoas autoritárias tinham medo dos pais e sentiam rancor por eles. Suprimiram esses sentimentos negativos porque temiam as conseqüências. Continuando com a insegurança e hostilidade quando adultos, conseguiram lidar com a situação *projetando* as próprias inadequações para membros de grupos minoritários sem poder e *deslocando* a raiva pelos pais para as vítimas.

A equipe de Adorno estava correta sobre a ligação entre preconceito e atitudes autoritárias, mas a explicação não está provada. Princípios simples de aprendizagem podem explicar a aquisição tanto de características autoritárias quanto de preconceitos. Ambos, autoritarismo e preconceito, podem ser modelados e recompensados pelos pais.

Eliminando o Racismo

Parece que simplesmente pôr negros e brancos em contato não parece eliminar os conflitos e promover amizades inter-raciais (embora possa levar a algo menos negativo) (Gump, 1980; Hamilton *et al.*, 1984; Schofield, 1982; Stephan & Feagin, 1980; Whitley *et al.*, 1984). Assim que as escolas nos Estados Unidos acabam com a segregação, ela freqüentemente reaparece. Currículos, agrupamentos sociais e atividades extracurriculares separados para negros e brancos tendem a emergir. Sob essas condições, a realização acadêmica e o auto-respeito dos negros às vezes pioram (Cook, 1984a; Gerard, 1983). Quando se fala em vizinhança, o resultado do simples contato é igualmente fraco. Depois que os negros mudam-se para vizinhanças onde moram brancos, freqüentemente os brancos deixam o local; e a segregação recomeça (Armor, 1980; Miller, 1980). As experiências de outros países, como Israel, são concordantes. O contato em si não basta para superar preconceitos raciais (Amir & Sharan, 1983: Klein & Eshel, 1980).

Contato sob Condições de Respeito Mútuo

Para o contato entre negros e brancos melhorar, as pessoas precisam estar atentas diariamente à qualidade de vida. A teoria e a pesquisa psicológicas estão de acordo nesse ponto. As condições relacionadas a seguir estimulam o respeito mútuo e reduzem o preconceito (Allport, 1954; Brewer & Kramer, 1985; Cook, 1984a, 1984b, 1985; Pettigrew, 1973; Schofield, 1982).

1 *Normas sociais que favorecem a integração.* Deveria estar claro que as autoridades aprovam a harmonia entre as raças. Tais normas deveriam ser fixadas desde o início e permear moradia, escola e ambientes sociais.

2 *Membros das duas raças com status sociopsicológico equivalentes.* No mínimo, deveriam ter a mesma participação nas decisões.

3 *Negros e brancos trabalhando juntos em direção a objetivos compartilhados, específicos.* Isto ajudará somente se os objetivos estiverem *superordenados* e passíveis de realização apenas pelo trabalho conjunto. (Sherif, 1982.) O sucesso no alcance dos objetivos também é benéfico (Worchel & Norvell, 1980). De certo modo, a competição — que faz parte da vida moderna na sala de aula e no trabalho (Hechinger & Hechinger, 1974) — deve ser minimizada.

4 *Encontros significativos entre os membros do grupo.* O contato deveria permitir o conhecimento recíproco dos indivíduos, de modo que as relações pudessem se basear nas qualidades pessoais, e não na raça.

É óbvio que essas condições não existem naturalmente nos Estados Unidos. Dado o clima social vigente, a tarefa de criá-las é excepcionalmente difícil (Gerard, 1983). Mesmo que os psicólogos possam estabelecer as quatro condições de alguma forma, estas teriam de ser mantidas durante longos períodos de tempo, outra tarefa hercúlea (Schofield, 1982).

Experimentos Educacionais para Harmonia Racial

Os esforços dos psicólogos para promover a harmonia racial têm sido relativamente modestos. São, no geral, pequenos projetos educacionais experimentais, tratando de uma ou das várias condições que levam ao respeito mútuo entre brancos e negros.

Uma abordagem tem sido a inclusão de conteúdos de várias etnias nos currículos escolares, para haver mais entendimento e respeito (Milner, 1983). A segunda tem sido o uso de estratégias inovadoras de *ensino em equipe* (Aronson et al., 1978; Cook et al., 1984b, 1985; Gump, 1980; Slavin, 1980, 1983; Weigel et al., 1975). Embora os formatos variem, estudantes brancos e negros geralmente trabalham juntos em pequenas equipes de quatro a seis participantes. Os professores incentivam ativamente a harmonia racial e a colaboração, atribuindo tarefas de aprendizagem que forçam a cooperação dos membros da equipe, para reunir informações. Por exemplo, os integrantes de grupos com competência escolar comparável podem preparar-se para participar de competições de jogos acadêmicos, em que os pontos são dados à equipe vencedora. As regras são estabelecidas de modo que todos tenham oportunidades iguais para contribuir com a equipe, tática que privilegia a igualdade de condições. (Veja a Figura 15.11.)

De acordo com uma estimativa, mais de 1.500 escolas usaram a estratégia de ensino em equipe. Embora o rendimento acadêmico possa ou não melhorar, superando o nível atingido nas salas de aulas tradicionais, geralmente é comparável a este, sendo relatado aumento da motivação para estudar e maior satisfação nos estudos. Com essa estratégia, os relacionamentos sociais entre as raças podem ser aprimorados, assim como a saúde psicológica (Cook, 1984b; D. W. Johnson et al., 1984; Slavin, 1983). Embora exija um trabalho muito maior para desenvolver programas que possam melhorar a harmonia entre membros de diferentes raças, os cientistas sociais já deram os primeiros passos promissores (Gerard, 1983; Sarason & Klaber, 1985).

SOCIEDADE E DIFERENÇAS DE GÊNERO

"**O**s meninos conseguem dinheiro para comprar comida. As meninas querem que os filhos não façam tanto barulho..." (Mischel, 1971, pp. 268-269). Esses comentários de uma criança de 5 anos sugerem que as pessoas aprendem desde muito cedo as qualidades específicas que distinguem um sexo do outro. Em quase todas as culturas, espera-se que as mulheres e os homens desenvolvam características distintas. As normas estabelecidas com base no gênero são chamadas *papéis sexuais*.

Papéis Sexuais

Os psicólogos encontram muitos pontos concordantes quando perguntam a participantes de pesquisa sobre as qualidades ideais de homens e mulheres (Ashmore, 1981; Spence, 1979). Em geral, as pessoas dizem que as mulheres deveriam ser gentis, generosas e sensíveis. Em termos mais gerais, espera-se que as mulheres desempenhem o *papel expressivo*, atendam às necessidades psicológicas e físicas de seus familiares e promovam a harmonia (Parsons & Bales, 1955). Espera-se que os homens sejam dominadores, ativos, realizadores e tranqüilos; devem desempenhar *papéis instrumentais (orientados para tarefas)*. Controlando o dinheiro e o poder, eles representam os interesses da família no mundo externo. Esses temas refletem-se nos valores e preocupações humanas. Os homens têm maior probabilidade do que as mulheres de seguir objetivos instrumentais (ambição, independência, lógica); as mulheres têm maior probabilidade do que os homens de estabelecer metas expressivas (perdão, amor, ajuda) (Feather, 1984). As mulheres tendem a conversar mais sobre assuntos interpessoais; os homens, sobre quase todos os assuntos que não sejam relacionamentos — principalmente política, esportes e trabalho (J. Pfeiffer, 1985). As diferenças expressivo-instrumentais entre os sexos aparecem na maioria das culturas (Williams & Best, 1982). Embora tenha havido uma mudança para atitudes mais igualitárias em nossa sociedade, as idéias tradicionais sobre mulheres e homens permanecem difundidas (Deaux, 1985).

As Vantagens Masculinas

Nos Estados Unidos e na maioria das outras culturas, o papel do sexo masculino é mais valorizado que o feminino. Pessoas com bom nível educacional admiram mais os traços "masculinos" que os "femininos" (Pedhazur & Tetenbaum, 1979). Não conhecendo outros aspectos além do gênero, as pessoas supõem que os homens são mais competentes que as mulheres. Para demonstrar isso, os investigadores mostram às pessoas um produto — talvez um ensaio, um poema, um formulário de pedido de emprego ou uma pintura. Alguns são informados de que um homem produziu-o; outros, de que foi feito por uma mulher. Em vários estudos, as pessoas classificam o mesmo produto como sendo melhor quando se presume que o autor é um homem — principalmente se o contexto é sério e a pessoa julgada não é bem conhecida (Lott, 1983). Seguindo o exemplo da sociedade, as mulheres desvalorizam-se (Deaux, 1984). Se você pede aos membros de ambos os sexos para trabalhar separadamente em uma tarefa, as mulheres dizem que seus esforços são menos valorizados que os dos homens, embora elas tendam a trabalhar mais horas e a realizar mais em termos de quantidade e qualidade (Major *et al.*, 1984). Para sentir auto-estima, de fato, as mulheres parecem precisar de muitos traços "masculinos" (Bem, 1977; Spence *et al.*, 1975).

Assim como as mulheres são menos valorizadas, recebem menos benefícios. Embora freqüentemente seja difícil interpretar as estatísticas (Gollob, 1984), os investigadores muitas vezes encontram

FIGURA 15.11 Crianças que aprendem de acordo com a estratégia de aprendizagem em equipe estudam em grupos integrados e competem em jogos e campeonatos acadêmicos (como mostrado) com colegas de classe que correspondem a seu nível de desenvolvimento. A aprendizagem em equipe parece promover melhores relações raciais e auto-estima mais elevada, bem como sólido progresso acadêmico. (Cortesia de Johns Hopkins University Team Learning Project, Center for the Social Organization of Schools.)

discrepâncias notáveis entre a renda de homens e mulheres (Ferraro, 1984; Reskin, 1984; Russo & Denmark, 1984). No início da década de 1980, mulheres que trabalhavam em tempo integral ganhavam dois terços da quantia recebida por homens na mesma função; também tinham menos oportunidades para progredir e para ganhar poder (Geis et al., 1985; Pfaflin, 1984).

Gerações contemporâneas de crianças estão seguindo os passos dos pais. Em um estudo nos Estados Unidos, os estudantes da 3ª à 12ª série (Ensino Fundamental e Médio) foram solicitados a se imaginar como sendo do sexo oposto ao acordar em uma manhã. As meninas achavam que ficariam melhor como meninos. Os meninos achavam desastrosa essa mudança de sexo (Baumgartner, 1983). Não é de surpreender que as meninas tenham sido receptivas a novas imagens sobre ambos os sexos e os meninos tenham mostrado resistência (Canter & Ageton, 1984).

Gênero e Comportamento

Todos sabem o que deve ser masculino e feminino. As mulheres, de fato, mostram traços "femininos"? Os homens mostram os "masculinos"? Qual das diversas crenças de papéis sexuais tem uma base sólida? Depois de pesquisar em mais de 1.400 estudos publicados sobre diferenças sexuais, Eleanor Maccoby e Carol Jacklin (1974) concluíram que há apenas quatro diferenças sexuais que podem ser sustentadas de modo convincente. Os psicólogos concordaram com essa conclusão inicialmente; no entanto, logo ficou claro que a análise era falha. Maccoby e Jacklin usaram basicamente uma estratégia de contagem. Consideravam as conclusões válidas quando o número de estudos que apoiava uma determinada diferença excedia substancialmente o número de tentativas malsucedidas para apoiá-la. O problema com essa tática é que não considera devidamente a qualidade. Todos concordariam que pesquisas sólidas deveriam ter um peso maior e que as pesquisas fracas não deveriam receber tanta consideração ou poderiam ser descartadas. Dizer que a qualidade deveria ser fundamental a qualquer análise é fácil; justificar bem essa alegação é difícil — em parte porque é difícil concordar com o que venha a ser uma pesquisa sólida ou fraca. O seguinte resumo das constatações de gênero e comportamento deriva do trabalho de Maccoby-Jacklin, de avaliações críticas, e de pesquisas bem fundamentadas, feitas por inúmeros outros investigadores.

Capacidades Intelectual

No Capítulo 7, notamos pequenas discrepâncias entre mulheres e homens, em diversas tarefas mentais (Deaux, 1985; Maccoby & Jacklin, 1974; Tavris & Wade, 1984). Na idade em que fazem o colegial, as meninas destacam-se em habilidades verbais e manuais. Meninos adolescentes destacam-se em raciocínio matemático e na manipulação mental de objetos no espaço. Os homens mostram mais problemas de aprendizagem e melhores resultados em QI. Mas as diferenças gerais em inteligência são difíceis de provar, em parte porque os testes têm sido elaborados de modo que descartem uma defasagem em gênero.

Saúde Física e Psicológica

Os homens (e mesmo os machos, entre mamíferos não-humanos) são mais vulneráveis a doenças fatais e não vivem tanto quanto o "sexo fraco", embora tenham menos doenças (Verbrugge & Sorensen, 1986; Wingard, 1984). Da mesma forma, os homens mostram mais anormalidades antes, durante e depois do nascimento (Clutton-Brock et al., 1985). Quando se trata de saúde psicológica, a situação não é tão distinta. Os homens relatam menos problemas psicológicos, menor depressão, menor ansiedade e auto-estima mais elevada (J. H. Block, 1981; Frieze et al., 1980; Sobel & Russo, 1981). Há evidências de que as mulheres enquanto grupo lidam com suas dificuldades menos habilmente que os homens, não conseguindo assumir controle e agir decididamente (Livson, 1981; Pearlin & Schooler, 1978). É altamente questionável se os homens têm sucesso nisso. A incidência muito alta de abuso de drogas, alcoolismo e comportamento anti-social, no caso dos homens, depõe contra essa idéia (Regier et al., 1984). De modo geral, o índice de distúrbios psiquiátricos nos dois sexos é o mesmo. Essas conclusões sugerem que as mulheres e os homens enfrentam as dificuldades de maneira distinta. Os homens têm maior probabilidade de culpar os outros e de usar drogas e cometer crimes, enquanto as mulheres têm maior probabilidade de focalizar suas angústias e de se culpar (Frank et al., 1984).

Capacidade Física e Sensorial

Os homens são mais altos, pesados e musculosos que as mulheres, o que lhes dá mais força física. De modo geral, mostram habilidade motora ampla pelo menos ligeiramente melhor (Thomas & French,

1985). As mulheres destacam-se em atividades manuais: em essência, movimentos manuais hábeis quando a rapidez é exigida (Jacklin *et al.*, 1981; Maccoby & Jacklin, 1974). Os dois sexos apresentam pequenas diferenças nas capacidades sensoriais. As mulheres são mais sensíveis ao tato, a sons de alta freqüência e a mudanças na intensidade sonora (McGuinness & Pribram, 1979). Os homens têm acuidade visual mais aguçada.

Personalidade

Dados sobre diferenças de personalidade são extremamente conflitantes. Há muito pouco consenso. Quais os estereótipos que têm sustentação? Por ora, parece que os homens são mais agressivos e ativos que as mulheres (J. H. Block, 1981; DiPietro, 1981; Hyde, 1984a). Os homens têm maior probabilidade de tomar a iniciativa em conversas e em encontros sexuais (Barnes & Buss, 1985). Os meninos também comportam-se mais impulsivamente. Isto significa que é menos provável que controlem seus desejos e adiem gratificações. Quando se trata de ambientes tradicionais de realização, os homens demonstram mais entusiasmo para competir e dominar, embora as mulheres apresentem uma orientação mais forte para o trabalho (Spence & Helmreich, 1983). No Capítulo 8, mencionamos outras diferenças. As mulheres são mais ansiosas e menos confiantes nas áreas tradicionais de realização. Elas desistem mais facilmente e pioram seu desempenho em condições competitivas que estimulam os homens. No Capítulo 8, discutimos as listas de tarefas distintas de realização de mulheres e homens.

Outro dado congruente com os estereótipos é que as mulheres empenham-se mais que os homens nas relações sociais. Aos 18 meses de idade, as meninas tendem a ser mais orientadas para os pais que os meninos (Gunnar & Donahue, 1980). Durante todo o ciclo de vida, as mulheres mostram maior necessidade de contato íntimo, idéias mais complexas sobre relacionamentos e vínculos emocionais, afetuosos e confidenciais mais intensos (Aldous *et al.*, 1985; Barnes & Buss, 1985; Bell, 1981; Mark & Alper, 1980, 1985; Reis *et al.*, 1985a; Rempel *et al.*, 1985; Vaux, 1985). Entretanto, as mulheres também têm maior probabilidade de relatar que são manipuladoras, críticas e hostis com maior freqüência que os homens (Barnes & Buss, 1985), talvez por interagir mais freqüentemente ou revelar fraquezas com mais sinceridade. De acordo com seus interesses sociais, as mulheres mostram maior capacidade de entender o que os outros estão sentindo (Hall, 1978; Snodgrass, 1985). Os homens associam a intimidade a perigo, enquanto as mulheres ligam o perigo ao isolamento (Pollak & Gilligan, 1982, 1985). Diferenças gerais de sexo na disposição para ajudar são difíceis de encontrar (Piliavin & Unger, 1985; Shigetomi *et al.*, 1981; Zarbatany *et al.*, 1985). (Veja a p. 638.)

Inúmeros estereótipos de gênero acabam sendo simplificados ou equivocados. Não há evidências convincentes de que os homens são menos emocionais que as mulheres. O que os dados disponíveis sugerem é que as mulheres têm maior probabilidade de expressar emoções intensas (principalmente medo, tristeza e constrangimento) verbal e facialmente (Diener *et al.*, 1985; Sherman & Haas, 1984; Tavris & Wade, 1984). Quando se trata de fisiologia, durante experiências emocionais, entretanto, os homens reagem mais (Buck, 1979). Há também diferenças na maneira como as emoções são expressas. Os homens, por exemplo, são menos inibidos para manifestar raiva em público e com estranhos.

A idéia de que as mulheres são mais condescendentes que os homens também não se confirmou. Embora as meninas de pré-escola sejam mais obedientes aos pais, os meninos são mais suscetíveis a pressões dos pares. Em pesquisas feitas em laboratório, não parece haver diferenças substanciais no conformismo entre mulheres e homens adultos (Eagly, 1983). Quando as mulheres concordam mais, isso parece refletir seu status menor ou seu desejo de criar harmonia e afeto (Cansler & Stiles, 1981; Eagly *et al.*, 1981).

A dependência é outro traço complicado, uma vez que abrange uma variedade de ações: concordar, desejar ser cuidado por outras pessoas e buscar o contato humano. Por ora, há poucas evidências de que as mulheres dependem mais de homens do que o contrário, apesar dos estereótipos populares (Tavris & Wade, 1984). Quanto a outros sentimentos, as mulheres são mais abertas no que se refere a necessidades de dependência. E, uma vez que as mulheres em geral cuidam dos homens, eles podem simplesmente ter menos com que se preocupar. Quando casais se separam, é o homem que parece sofrer mais emocionalmente e procurar outra parceira mais rapidamente.

Interpretação de Dados sobre Diferenças Sexuais

Há inúmeros problemas com os dados sobre diferenças sexuais:

1 As diferenças entre os sexos estão relacionadas a médias de grupo. As mulheres exibem uma ampla gama de qualidades, como os homens. Uma vez que elas se sobrepõem consideravelmente, é fácil encontrar mulheres com qualidades "masculinas" e homens com qualidades "femininas". (Veja a Figura 15.12.)

2 Diferenças médias entre os sexos tendem a ser mínimas e comumente consideradas de pouco significado prático (Deaux, 1984, 1985; Frieze et al., 1982; Hyde, 1983, 1984a). Os psicólogos encontram muito mais variabilidade dentro de cada sexo que entre eles. As semelhanças entre homens e mulheres são freqüentemente mais marcantes que as diferenças (também mostradas graficamente na Figura 15.12).

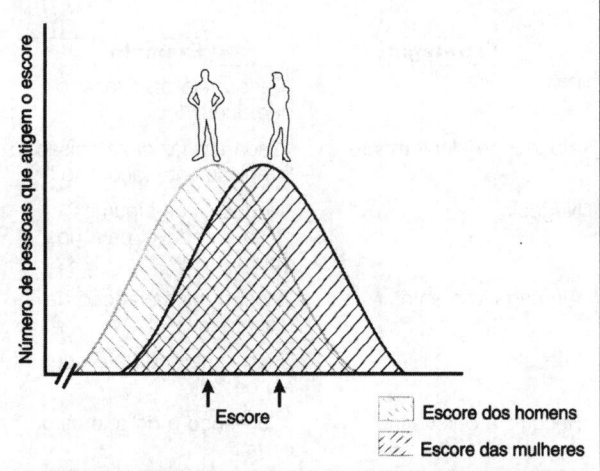

FIGURA 15.12 Distribuições imaginárias dos escores de dois grandes grupos de mulheres e homens em uma qualidade psicológica. Note que, enquanto as médias (marcadas com setas) diferem por pouco, os escores de homens e mulheres superpõem-se consideravelmente. No caso de qualquer par específico, a mulher pode ter um escore mais baixo, mais alto ou igual ao do homem. Até aqui, todas as diferenças psicológicas de gênero conhecidas seguem este padrão.

3 Poucas diferenças de gênero mostram-se confiáveis. Os pesquisadores encontram inconsistências entre diferentes situações, culturas e grupos etários (Deaux., 1984, 1985; Eisenberg & Lennon, 1983; Karabenick et al., 1983; Rosenthal & Rubin, 1982). Algumas diferenças observadas resultam da natureza da tarefa ou da situação. Por exemplo, se alguém está tentando avaliar diferenças de papel sexual em raciocínio matemático, usando problemas sobre a trajetória de balas ou velocidades de motocicletas, quaisquer discrepâncias que surgem entre homem e mulher podem estar mais relacionadas com o viés masculino das tarefas do que com a capacidade inata. Algumas diferenças de sexo observadas provavelmente também dependem das estratégias de administração de impressão. O comportamento das mulheres é mais estereotipadamente feminino e o dos homens, mais estereotipadamente masculino, quando se espera isso deles.

4 Muitos conceitos de diferenças de sexo não têm unidade. Vejamos, por exemplo, a capacidade matemática. Essa capacidade é formada de inúmeras outras, dentre elas, as capacidades para aritmética, visualização de objetos no espaço (necessária em geometria) e raciocínio (essencial para a álgebra). Tipicamente, os pesquisadores cuidadosos acham que os padrões de desempenho para os dois sexos variam e que as generalizações exageradas são imprecisas.

5 Problemas metodológicos são abundantes nas pesquisas sobre gênero. Psicólogos homens, por exemplo, tendem a encontrar resultados favoráveis aos homens e psicólogas tendem a encontrar resultados favoráveis às mulheres (Deaux, 1985; Eagly, 1983).

6 Dizer que existem diferenças de sexo não esclarece nada sobre suas origens. A maioria dos pesquisadores acredita que o comportamento relacionado com gênero seja determinado por múltiplos fatores, em que as experiências e situações desempenham um papel tão importante quanto a biologia (Daly & Wilson, 1983; Deaux, 1985).

Gênero e Poder Social

Certas diferenças sexuais em comportamento podem ser devidas a variações no poder (Kahn, 1984). Nos Estados Unidos e em muitos outros países, a masculinidade, a raça caucasiana e a prosperidade financeira estão associadas ao elevado status e poder (Denmark, 1982; Sherif, 1982). Em laboratório, quando grupos mistos de estudantes universitários interagem, as mulheres e os negros tipicamente começam e terminam com baixa classificação de status. Em outras palavras, expectativas sutis e padrões de comportamento parecem ser transmitidos da sociedade mais ampla a cada novo contexto social (Deaux, 1985; Eagly, 1983; Henley, 1977; Lamb, 1981; Sherif, 1982). Expressando a idéia em termos diferentes, as pessoas desenvolvem estilos de interação que transmitem mensagens significativas sobre status e poder. Os estilos variam de uma cultura para outra (Keating et al., 1981).

Comportamento Não-verbal

No mundo ocidental, indivíduos com baixo status em geral abstêm-se de dar o melhor de si. Tensos e reservados, tendem a sorrir freqüentemente, um sinal de submissão. Em conversas, observam atentamente a face de companheiros de elevada posição ou desviam o olhar para evitar desacato. Em interações breves entre os sexos, as mulheres desempenham, de forma não-verbal, o papel inferior e os homens, o superior (Ellyson & Dovidio, 1985; Forden, 1981; Henley, 1977). A vantagem feminina em decodificar mensagens não-verbais tem sido ligada a uma necessidade maior de estar de acordo com as respostas de pessoas mais poderosas (Snodgrass, 1985). Curiosamente, os sinais não-verbais que comunicam status também podem transmitir afeto (Edinger & Patterson, 1983; Mayo & Henley, 1981). (Veja a Figura 15.13.)

Uso da Linguagem

O poder e a assertividade também são transmitidos pelo uso da linguagem. Mais uma vez, as diferenças que variam com o gênero também variam com o poder (Crosby et al., 1982; Lakoff, 1975; McMillian et al., 1977; Mulac et al., 1985):

Categoria de Linguagem	Mulheres/Baixo Status	Homens/Alto Status
Insatisfações	Nervosas, queixosas: "Ai, machuquei o dedo".	Irados, enfurecidos: "Dane-se! Machuquei o dedo".
Confirmações	Usadas: "Está um dia bom para passear, não está?".	Não usadas: "Está um dia bom para passear".
Intensificadores	Usados: "Essa palestra é muito confusa".	Não usados: "Essa palestra está confusa".
Ordens	Atenuadas: "Por favor, retire o lixo".	Não atenuadas: "Retire o lixo".

Em resumo, a fala das mulheres é expressiva, educada, agradável, afetuosa e hesitante. A fala dos homens é percebida como direta, forte, ativa, alta e confiante. Além disso, durante interações breves, os homens são os que detêm a maior parte da conversa e os que fazem o maior número de interrupções, a fim de manter seu papel de elevado status (Kramarae, 1980; J. Pfeiffer, 1985; Thorne & Henley, 1975). As mulheres têm maior probabilidade de fazer perguntas e esforçar-se para manter a continuidade das conversas.

Estratégias para Conseguir o Que Se Quer

Tanto o status quanto as diferenças sexuais emergem em uma terceira área: estratégias para conseguir o que se quer. Em uma série pioneira de estudos, Toni Falbo e Letitia Peplau (1980) perguntaram a estudantes de graduação como eles conseguiam o que queriam em um relacionamento íntimo. Os estudantes relataram usar as seguintes estratégias:

Estratégia	Exemplo
Peço	"Peço a ele para fazer o que quero."
Ajo independentemente	"Cada um faz suas coisas. Simplesmente faço isso."
Negocio	"Negociamos alguma coisa agradável para nós dois."
Ajo negativamente	"Mostro minha reação de discordância."
Persisto	"Fico lembrando até que ela ceda."
Recorro à persuasão	"Convenço-o de que estou certa."
Ajo positivamente	"Sou carinhosa."
Raciocino	"Argumento logicamente."
Esclareço a importância	"Digo a ela quanto isso importa para mim."
Sugiro	"Dou dicas."
Discuto	"Discutimos nossas necessidades e diferenças."
Declaro meus objetivos	"Digo a ele o que quero."
Isolo-me	"Fico calado."

Falbo e Peplau pediram a juízes para classificar as respostas em categorias. Uma categoria de interesse foi se um participante lidou ou não diretamente com a questão (direta/indireta). Negociar e pedir

FIGURA 15.13 Sinais não-verbais semelhantes transmitem afeto e baixo status. (a) Tocando, sorrindo e fitando-se intencionalmente nos olhos, os namorados comunicam seu afeto. (b) Dois homens, um sorrindo, examinam o rosto de um terceiro, que os toca protetoramente. Aqui, o toque, o sorriso e o olhar intencional refletem e fortalecem diferenças de status. (Ann Chwatsky/Black Star; Gilles Peress/Magnum.)

são formas diretas; agir positiva ou negativamente é uma forma indireta. Outra categoria-chave foi se o participante agiu sozinho ou iniciou uma ação conjunta (*solitária/interativa*). Agir independentemente e isolar-se são táticas solitárias; persuadir é uma tática interativa. Os resultados encontrados por Falbo-Peplau e outros (G. Cowan *et al.*, 1984) sugerem que os homens tendem a usar estratégias diretas, interativas, táticas que as pessoas com poder também usam ao se dirigir a seus subordinados. As mulheres têm maior probabilidade de empregar as manobras indiretas, solitárias, típicas de indivíduos sem poder.

Conclusões e Implicações
Nosso levantamento de pesquisa apóia a idéia de que os homens comportam-se como pessoas com elevado status e poder, enquanto as mulheres comportam-se como tendo baixo status e poder, grande parte do tempo. As mesmas diferenças de comportamento que refletem desigualdade de poder também as perpetuam (Darley & Fazio, 1980; Eagly, 1983; Mayo & Henley, 1981). Homens dominadores tendem a encorajar a submissão em mulheres, outro efeito da profecia auto-realizadora (veja a p. 662). Quando indivíduos de baixo status são tratados como iguais, em contraste, reagem como iguais. Estilos poderosos de homens também geram viés em julgamentos sociais. As pessoas que usam um padrão de linguagem feminina tendem a ser consideradas menos competentes, poderosas, dignas de confiança e convincentes que outras (Erikson *et al.*, 1978; Newcombe & Arnkoff, 1979). Falar como uma mulher, então, é um convite à desvalorização.

Influências Sociais sobre o Comportamento de Papel Sexual
No Capítulo 8, dissemos que os hormônios sexuais agem no cérebro antes do nascimento, determinando o comportamento "feminino" e "masculino". Psicólogos suspeitam de que a experiência desempenha um papel pelo menos com o mesmo grau de influência na modelagem da conduta masculina e feminina. Pesquisas sobre idéias de gênero em diferentes culturas são uma fonte de evidência. Embora a maioria dos grupos estudados lembrasse aqueles de países ocidentais, há contrastes marcantes (Sanday, 1981b, Schlegel, 1977; Williams & Best, 1982). No Irã, por exemplo, espera-se que os homens mostrem emoção, leiam poesia e comportem-se intuitiva e ilogicamente; supõe-se que as mulheres sejam práticas e frias (Hall, 1959). Em certas regiões da África, as mulheres fazem o trabalho

pesado. "Todos sabem", disse uma entrevistada em um estudo, "que os homens não têm uma natureza apropriada para o trabalho pesado e que as mulheres são mais fortes e trabalham melhor" (Albert, 1963). Obviamente, mulheres e homens podem aprender uma ampla variedade de respostas.

As pesquisas sobre socialização são outra fonte de evidência para a noção de que a experiência modela o comportamento segundo o papel sexual. Lembre-se de que a *socialização* é o processo de orientar crianças para valores, atitudes e comportamentos apoiados pela cultura (veja a p. 441). Todos os grupos têm expectativas amplamente compartilhadas em relação a homens e mulheres. Cabe à família e a outras instituições oferecer o ensinamento.

Teorias da Socialização do Papel Sexual

Há dois modelos conhecidos do processo de socialização do papel sexual: aprendizagem social e cognitiva. O modelo de *aprendizagem social* (veja a p. 130) sugere que as crianças aprendem padrões tanto femininos quanto masculinos, observando as pessoas à sua volta (Bussey & Bandura, 1984; Mischel, 1970). Quase todos aprendem a xingar, gritar, arrumar-se diante do espelho e a limpar o chão. Na maioria dos casos, entretanto, lidamos com pessoas do mesmo sexo, começando bem cedo — muito antes de termos qualquer conceito estável de nosso gênero. Parecemos classificar homens e mulheres separadamente, reconhecer nossa semelhança a um grupo e seguir os padrões daquele grupo para orientar o próprio comportamento. Talvez antecipemos o que pais, pares, professores e outros aprovarão, como fizeram no passado. Observação, classificação, recompensas e punições são os principais mecanismos de socialização do papel sexual, de acordo com a teoria da aprendizagem social.

A *visão cognitiva* diz que as cognições estão no cerne da socialização do papel sexual. Crianças pequenas adquirem idéias, ou *esquemas*, sobre quais ações e traços são ligados ao gênero (Bem, 1981; Kohlberg, 1969; Maccoby, 1981). Armadas com essas noções, lutam para se comportar como meninos ou meninas "apropriados" e para "enquadrar-se às coisas de meninos e de meninas". Tentam manter um conceito coerente de si mesmas, conservando crenças, ações e valores em harmonia.

Aspectos das abordagens da aprendizagem cognitiva e social podem ser facilmente mescladas (Bussey & Bandura, 1984; Perry & Bussey, 1979).

Uma vez que não parecemos construir idéias coesas sobre feminilidade e masculinidade durante nossos primeiros anos de vida, os comportamentos de papel sexual provavelmente dependem mais da modelagem de respostas que classificamos como apropriadas e das recompensas e punições. Quando adultos, as idéias sobre identidade de papel sexual são cada vez mais dominantes para nossa orientação.

Pesquisa sobre Socialização do Papel Sexual

Nesta seção, descrevemos prováveis influências no comportamento do papel sexual. Infelizmente, há poucos dados de pesquisas de longo prazo e as descobertas existentes são conflitantes.

Formando estereótipos   Assim que um nascimento é anunciado, a primeira pergunta que se faz é: "Menino ou menina?" (Intons-Peterson & Reddel, 1984). Desde o primeiro dia, e talvez antes disso, alguns pais formam estereótipos, dependendo do sexo dos filhos, e comportam-se de acordo. O psicólogo Jeffrey Rubin e seus colegas (1974) estudaram as reações de pais e mães ao respectivo bebê nas primeiras 24 horas de vida. As mães seguravam e amamentavam os bebês; os pais só haviam visto os bebês pela vidraça do berçário. Recém-nascidos do sexo feminino e masculino não podiam ser distinguidos com base em tamanho, cor, tônus muscular, reflexo, irritabilidade ou outra dimensão física ou neurológica. Pais e mães, entretanto, já estavam vendo os bebês de forma tradicional — os homens eram mais estereotipados em suas classificações do que as mulheres.

Novas gerações de pais e mães provavelmente continuarão a manter estereótipos. Quando John e Sandra Condry (1976) mostraram a estudantes universitários um videoteipe de um bebê de 9 meses e pediram que julgassem as reações emocionais do bebê, o nome (e sexo presumível) da criança influenciava substancialmente os julgamentos dos estudantes. Uma resposta negativa de um bebê com nome de menino era percebida como raiva. A mesma resposta da mesma criança, identificada com nome de menina, provavelmente era rotulada de medo. Mesmo quando têm idéias não tradicionais sobre papéis de gênero, muitas mães continuam a perpetuar os velhos estereótipos por meio de brinquedos e tarefas (Richmond-Abbott, 1984).

Mesmo quando pais e mães não estereotipam os filhos desde pequenos (e muitos não o fazem), vizinhos, parentes e professores provavelmente fazem isso (Jacklin & Maccoby, 1983). A mídia é outra fonte de estereótipos (descrita mais adiante neste capítulo). Não é de surpreender, então, que as crianças adotem padrões de papel sexual tradicional ao atingirem a segunda série. Desde 7 anos, estão limitando suas opções de carreira àquelas aprovadas de acordo com seu sexo (Baumgartner, 1983).

Ambientes, brinquedos e jogos De acordo com seus estereótipos, pais e professores oferecem ambientes e cuidados diferentes a meninos e meninas (J. H. Block, 1981; Liss, 1983; O'Brien & Huston, 1985; Rheingold & Cook, 1975; Richmond-Abbott, 1984). Os psicólogos encontram mais enfeites, laços e flores nos quartos das meninas. Os brinquedos também são diferentes. As meninas freqüentemente recebem bonecas e toda a parafernália para brincar com bonecas, o que as dirige para o lar (cuidado de crianças e da casa). Os brinquedos dos meninos são mais variados; tendem a afastar os meninos de casa (para atividades como ser soldado, médico, construtor ou usar ferramentas). Os padrões de brincadeiras moldam as idéias sobre o mundo e o lugar que se assume nele (J. H. Block, 1981). Os brinquedos e os jogos dos meninos (caubóis, jogos com bola) promovem manipulação ativa, envolvimento no mundo físico, invenção e iniciativa. As atividades mais estruturadas das meninas (pular corda, jogar cartas ou amarelinha) encorajam a imitação e a cooperação (aguardar a vez).

Tratamento diferencial Um número substancial de estudos verifica que pais e professores tratam as meninas e os meninos de maneiras que se harmonizam com os estereótipos tradicionais (L. H. Blcok, 1981; Jacklin & Maccoby, 1983; Tavris & Wade, 1984). Eles estabelecem um conjunto de objetivos e regras para o sexo feminino e outro para o masculino. Ao mesmo tempo, incentivam a conformidade aos padrões, por meio de recompensas e punições. Considere diversas ilustrações. Professores e pais provavelmente incentivam os meninos (mais que as meninas) a perseguir habilidades em matemática, computação e carreiras que utilizem essas disciplinas (Eccles, 1982; Miura & Hess, 1983). Recompensam a independência e o domínio nos homens, mais que nas mulheres, por meio de práticas como tolerância em deixá-los sair e pouca cobrança e pressão para se conformar (J. H. Block, 1981; Jacklin & Maccoby, 1983; Sadker & Sadker, 1985). De modo geral, a conduta dos meninos recebe mais atenção (tanto positiva quanto negativa) do que a das meninas (J. H. Block, 1981; Maccoby & Jacklin, 1974; Sadker & Sadker, 1985; Serbin & Connor, 1979). Como resultado, os psicólogos especulam que os homens aprendem a acreditar que suas ações são importantes e que têm controle, crenças que se traduzem em sentimentos de confiança e competência.

O tratamento diferencial por gênero é um fato que ocorre durante toda a existência. Os adultos são freqüentemente recompensados por se conformar a estereótipos de papel sexual e punidos por deixar de fazer isso. Por exemplo, uma mulher que escolhe um emprego geralmente executado por homens costuma ser considerada menos atraente socialmente que uma que faz um trabalho geralmente realizado por mulheres (Shaffer & Johnson, 1980). As atitudes com relação à influência do comportamento de papel sexual conduzem e moldam o comportamento dos outros de maneiras sutis. Em um estudo inteligente, Berna Skrypnek e Mark Snyder (1982) fizeram pares de estudantes universitários de ambos os sexos chegar a uma decisão. Dispostos em salas separadas, eles não podiam se ver. Comunicavam suas preferências por um dial e conjunto de luzes. Em todos os casos, as mulheres formavam pares com um homem. As expectativas dos homens, entretanto, variavam. Um terço dos homens esperava uma mulher como parceira; um terço esperava um homem; e o terço restante não sabia nada do gênero da outra pessoa. Na tarefa de tomada de decisão, os homens que acreditavam ser parceiros de mulheres tinham menor probabilidade de ceder que aqueles que achavam que estavam fazendo dupla com homens. As mulheres também foram influenciadas. Quando tratadas como mulheres, tinham maior probabilidade de ceder do que quando tratadas como homens. Em interações breves, pelo menos, as idéias estereotipadas com relação ao sexo oposto incentivam as respostas esperadas.

Livros e mídia Palavras escritas e faladas e imagens que vêm da televisão, cinema, livros e revistas freqüentemente apóiam os estereótipos com relação ao papel sexual tradicional. Daremos algumas ilustrações. O trabalho feito por psicólogos mostra que quando se usa "ele" de uma forma supostamente genérica, o pronome é interpretado como referência a um homem, tanto por crianças pequenas quanto por estudantes universitários (Fisk, 1985; Hyde, 1984b; Murdock & Forsyth, 1985). No caso de crianças, afeta a maneira pela qual tipificam as ocupações de acordo com o sexo. Na televisão, os homens têm muito mais destaque que as mulheres em papéis heróicos (McArthur, 1982). Meninos e homens são retratados como seres ativos, realizadores. As meninas e mulheres geralmente seguem ordens, muitas vezes se envolvendo em problemas que não podem resolver. Comerciais e livros infantis provavelmente transmitem as mesmas mensagens. (Veja a Figura 15.14.) Além da estereotipagem, as feministas observam, a mídia banaliza as virtudes das

Os executivos de sua empresa deram o máximo de si para chegar aonde estão.

Dê a eles toda a proteção de que eles precisam para que cheguem aonde desejam.

Sua equipe administrativa merece a margem de segurança que a Wind Shear Warning System pode lhes dar enquanto estão no jato de sua empresa. Imprevisível e extremamente perigosa, a rajada de vento é um fenômeno natural que pode alterar completamente o desempenho da tripulação durante as manobras de decolagem e aterrisagem.

O Safe Flight's Wind Shear Warning System identifica rajadas de vento antes de ficarem evidentes. Um aviso imediato é transmitido ao piloto, dando-lhe todo o tempo necessário para tomar as ações corretivas e controlar o vôo com segurança. E quando este sistema é combinado com nosso Wind Shear Recovery Guidance System, comandos essenciais calculados reduzem ainda mais o trabalho do piloto em uma situação de emergência.

Já testado com sucesso nas operações aéreas comerciais e protegendo os executivos de várias empresas entre as 500 citadas na *Fortune*, o Safe Flight's Wind Shear Warning e o Recovery Guidance são a última novidade em segurança no setor aéreo.

Pergunte a seu piloto se o dispositivo de aviso de rajadas de vento não é um investimento prudente para sua empresa.

SAFE FLIGHT ®
Instrument Corporation
White Plains, New York 10602 (914) 946-9500 Telex: 137464

FIGURA 15.14 Anúncios não sexistas, como o da direita, retratam mulheres como competentes, independentes e com muitas qualidades. No presente, encontram-se muito poucas dessas imagens em anúncios em revistas americanas. Ao contrário, a maioria dos anúncios, como o *outdoor* à esquerda, mostra mulheres inferiores aos homens social, intelectual e fisicamente. As mulheres tendem a ser dominadas, a ceder ou a receber instruções. As mãos tocam ou afagam muito mais freqüentemente que realizam. Com consistência monótona, emergem com uma única dimensão: beleza. Considera-se que as imagens em comerciais desempenham um papel na determinação de como mulheres e homens definem a si mesmos, uns aos outros e seus relacionamentos (Goffman, 1979; McArthur, 1982). (*Esquerda*, Marc P. Anderson; *direita*, cortesia da TCI Advertising, Inc.)

mulheres. A beleza e a juventude tendem a ser os aspectos mais importantes. As mulheres heroínas de TV são quase sempre jovens, elegantes e atraentes; as virtudes dos homens são retratadas com diversidade mais apropriada (Gerbner et al., 1980).

As mensagens da mídia podem ser poderosas. Em um estudo de laboratório, as mulheres que viam um modelo tradicional feminino em um comercial mostravam menor independência em uma situação do tipo de Asch e menor autoconfiança quando faziam uma palestra que as mulheres que viam um modelo de mulher feminino não tradicional (forte) (Jennings et al., 1980). Pode-se especular apenas sobre a influência de exposições repetidas a retratos da mídia.

O Futuro dos Papéis Sexuais

Muitos psicólogos acreditam que os papéis sexuais tradicionais são desvantajosos. Na opinião de Joseph Pleck (1981), o papel masculino entra em conflito com a natureza humana. Descreve um homem que vive fazendo farra, guarda suas emoções, esconde sinais de fraqueza e teme carinho e cuidados. Ele está negando sua humanidade, e sua vida não pode ser satisfatória. Mas, como os homens são intensamente censurados por não conseguir ser masculinos, muitos lutam para se conformar a um ideal destrutivo. Quando fracassam, são punidos novamente, por uma noção de inadequação.

Há diferentes custos para a mulher tradicional. É provável que ela se sinta como um ser humano de segunda classe a maior parte da vida. Estando despreparada para um papel ativo no mundo, ela pode desperdiçar seu potencial. No trabalho, é capaz de se sentir limitada, em termos de sua capacidade para mudar situações, e achar que não consegue controlar a própria vida (Doherty & Baldwin, 1985). Se ela desafia idéias convencionais e consegue o sucesso e o poder, pode se sentir como um monstro.

A tradicional tipificação dos sereas não é ideal para relacionamentos. Costuma-se achar que o homem instrumental e a mulher expressiva combinam forças no casamento e suas necessidades e estilos complementares trazem harmonia e estabilidade para a família. Em um estudo que desafia essa noção (Ickles & Barnes, 1978), os psicólogos formaram duplas de mulheres femininas e homens masculinos para que interagissem enquanto "aguardavam um experimento de laboratório". Em comparação a pares de homens-mulheres que não eram tipificados sexualmente, os casais tipificados sexualmente demonstravam pouca simpatia uns pelos outros e passavam pouco tempo interagindo. Embora os relacionamentos não fossem contínuos, o estudo sugere que mulheres femininas e homens masculinos não se ajustam bem; o que eles têm a oferecer e o que precisam receber entra em conflito. No entanto, casamentos entre homens instrumentais e mulheres expressivas são atualmente o tipo mais comum (Spence & Helmreich, 1980).

Soluções para o Problema dos Papéis Sexuais

Os psicólogos defrontaram-se com várias soluções para o problema do papel sexual. Alguns acreditam que a vida melhorará para ambos os sexos, se todos desenvolverem uma *androginia psicológica*. O conceito refere-se à posse de um grande número de traços femininos e masculinos (qualidades instrumentais, como domínio, e expressivas, como afeto) (Lubinski et al., 1983; Spence & Helmreich, 1980). Sandra Bem (1979) e muitos outros pensam que pessoas andróginas têm vantagem porque podem ser carinhosas, assertivas ou independentes, dependendo do que for apropriado. As pessoas que se enquadram nas idéias tradicionais sobre gênero e papel, conforme Bem afirmou, têm menor probabilidade de se adaptar a uma ampla variedade de situações.

As pesquisas sobre os benefícios da androginia chegaram a resultados controvertidos. A maior parte das conclusões sugere que a androginia funciona para as mulheres (Baucom & Danker-Braown, 1984; Heilbrun, 1984; Jones & Lamke, 1985; Kimlicka et al., 1983; Porter et al., 1985; Spence, 1983; Zeldow et al., 1985). Universitárias andróginas tendem a ter autoestima, ajustamento e habilidades de liderança extremamente altos, possivelmente por terem muitas qualidades instrumentais. A androginia também está associada a características que promovem relacionamentos melhores: consciência de sentimentos amorosos, expressão de amor, tolerância a falhas (Coleman & Ganong, 1985). Os dados sobre homens são contraditórios, no entanto. Embora algumas pesquisas associem a androginia nos homens a um ajustamento superior, muitos estudos relatam resultados diferentes (Heilbrun, 1984).

Hoje, vários cientistas sociais questionam se a androginia é um ideal produtivo (Bem, 1983; Deaux, 1985; Kahn, 1984; Lott, 1981; Tavris & Wade, 1984). Em vez de se sentir pressionadas a ser femininas ou masculinas, eles alegam, as pessoas andróginas sofrem pressão dupla: cumprir com ambos os papéis. Esses psicólogos alegam que o gênero é irrelevante a maior parte do tempo. No entanto, os seres humanos agrupam continuamente suas experiências em masculinas e femininas. Tipificamos sexualmente ocupações, *hobbies*, cores, brinquedos, peças de roupa, padrões de fala e muitas outras atividades, qualidades e objetos. Por que organizar com base no gênero, quando isso não atende a uma função? Por que não prestar atenção, em vez disso, às habilidades e aos interesses de um indivíduo? Por que não restringir considerações de gênero para a anatomia e a reprodução?

"Revoluções" e Realidade do Papel Sexual

Experimentos conduzidos nos Estados Unidos e em outros países sugerem que as mudanças revolucionárias nos papéis de gênero serão lentas, se ocorrerem (Guttentag & Secord, 1983; Jacklin & Maccoby, 1983; Tavris & Wade, 1984). Até agora, tem havido poucas e modestas vitórias, na maioria em direção à abertura do papel feminino, de modo que as buscas e os interesses educacionais e vocacionais masculinos sejam mais aceitáveis entre as mulheres e disponíveis a elas (Etaugh & Spandikow, 1981). Ainda há um longo caminho a ser percorrido, no entanto. As idéias sobre as responsabilidades conjugais e o papel de homens e mulheres na criação dos filhos têm mudado muito pouco (Etaugh & Spandikow, 1981; Kahn, 1984). Os homens ainda tendem a se recusar a participar de objetivos tradicionalmente femininos de baixo status (empregos, *hobbies*, afazeres domésticos). Se as pessoas querem que os papéis sexuais desapareçam, terão de mudar. Em vez de dividir a vida em áreas masculina e feminina, terão de reconhecer tarefas neutras de gênero e oportunidades que precisam ser compartilhadas (Eagly & Steffen, 1984). E mais, os adultos não podem continuar a socializar as crianças no sentido de subestimar a metade da raça humana (Baumgartner, 1983).

EPÍLOGO

É uma boa ocasião para parar por um momento e pensar sobre como a psicologia pode lhe ser útil. Em 1969, George Miller, então presidente da American Psychological Association, sugeriu que a psicologia não é revolucionária, no sentido de que a física e a química podem ser: "O verdadeiro impacto da psicologia não será sentido por meio dos produtos tecnológicos que são colocados nas mãos de pessoas poderosas, mas por meio de seus efeitos no público em geral, mediante uma concepção pública nova e diferente daquilo que é humanamente possível e do que é humanamente desejável" (p. 1.066).

Miller (p. 1.071) foi adiante, insistindo que os psicólogos têm a responsabilidade de "dar acesso à psicologia a todas as pessoas que precisam dela — e isso inclui todos". No decorrer deste livro, você foi exposto a muita psicologia. Espero que as conclusões e princípios apresentados neste texto lhe dêem *insights* sobre o que é humanamente possível. E também espero que você use um pouco dessa psicologia, agora e no futuro, para tornar a própria vida e a vida dos outros mais gratificante.

RESUMO

1 O comportamento humano é governado freqüentemente por normas sociais.

2 As pessoas procuram umas às outras para estimulação sensorial, apoio diante de estimulação excessiva ou desagradável e comparações.

3 As atribuições sobre as causas de comportamento são influenciadas pelas expectativas do observador e pelas várias dimensões do comportamento (se é público ou privado, se tem causas distintas, se é consistente ou tem elevado ou baixo consenso, por exemplo). Como observadores, os indivíduos costumam enfatizar exageradamente o papel do agente da ação como causa do comportamento. Quando se trata deles próprios, eles podem mostrar vieses que atendam a seus interesses ou que sejam autodepreciativos.

4 Os adultos provavelmente serão prestativos quando estiverem se sentindo felizes, quando estiverem positivos com relação à raça humana e mesmo quando estiverem deprimidos (neste caso, principalmente, se o comportamento de ajuda melhorar sua auto-imagem). Pessoas dispostas a ajudar são mais prestativas durante emergências óbvias, principalmente se estão sozinhas e sua identidade é conhecida. Gostar, entender que a vítima é um ser humano, sentir-se responsável por ela, tudo isso também aumenta a probabilidade de ajudar. As pessoas presentes podem ajudar, em virtude de sentimentos de empatia ou de uma análise favorável de custo—benefício.

5 As pessoas conformam-se em decorrência da dinâmica normativa e informativa. Quando se sentem pressionados a obedecer e diante de conflitos de consciência, muitos indivíduos cedem à autoridade — principalmente quando a autoridade está próxima, a vítima está distante e a responsabilidade por atos condenáveis pode ser transferida para terceiros.

6 Os indivíduos adquirem atitudes por meio da experiência e da inferência, da aprendizagem por observação, do condicionamento operante e respondente e da exposição.

7 Ao estereotipar, as pessoas atribuem qualidades positivas aos grupos a que pertencem e negativas aos grupos aos quais não pertencem. Os estereótipos, como os esquemas, guiam as percepções e memórias, e fazem com que os alvos comportem-se de maneira que confirma o estereótipo.

8 As atitudes podem mudar em decorrência das reavaliações intelectuais, pressões ou recompensas. Dependendo da fonte da mensagem, do tipo de comunicação e das características da audiência, uma dada mensagem pode mudar uma atitude.

9 O racismo existe em todo o mundo. Nos Estados Unidos, encontramos tanto formas de racismo institucional quanto pessoal. A competição e a frustração agravam o racismo, e o contato entre grupos, em condições de respeito mútuo o enfraquece.

10 Na maioria das sociedades, as mulheres desempenham o papel expressivo; os homens, o papel instrumental, mais valorizado e poderoso. Como grupos, os homens e as mulheres em nossa cultura apresentam pequenas diferenças médias em habilidades intelectuais, saúde psicológica, capacidade física, habilidades sensoriais e personalidade. A dimensão das diferenças varia enormemente, dependendo de fatores como geração, país, época e circunstâncias pessoais. Estudos de papéis sexuais em diferentes culturas e do processo de socialização referente ao desenvolvimento do papel sexual, nos Estados Unidos, sugerem que o ambiente é uma influência importante nos ideais de gênero. Estereotipagem, provisões de ambientes e brinquedos tipificados sexualmente, do tratamento diferenciado por família, professores e pares, e as palavras e imagens da mídia, todos contribuem para o viés de gênero. Muitos psicólogos acreditam que homens e mulheres beneficiar-se-iam de princípios sociais que restrinjam as distinções de gênero à anatomia e à reprodução, permitindo que as pessoas desenvolvam-se como indivíduos, sem restrições opressivas.

GUIA DE ESTUDO

Termos-chave

psicologia social (633)
normas (633)
atribuições sociais (635)
atribuição fundamental de erro (636)
administração de impressão (638)
conformidade (641)
   concordância (641)
   aceitação (641)
   normativa (642)
   informativa (642)
obediência (643)

atitude (647)
estereótipo (647)
preconceito (647)
reação psicológica (652)
racismo (653)
discriminação (653)
personalidade autoritária (653)
papel sexual (655)
socialização (661)
androginia psicológica (665)
e outras palavras e expressões em itálico

Conceitos Básicos

teorias da estimulação e comparação social das necessidades sociais
teorias explicando a ajuda
papel sexual expressivo *versus* instrumental
aprendizagem social e modelos cognitivos de socialização do papel sexual

Avaliação

1 Que afirmação sobre comparação social é falsa?
a. Pode referir-se à comparação de si mesmo com outros.
b. Pode referir-se à reunião de informações para saber se os outros concordam ou discordam de você.
c. Considera-se que surge de necessidades de estimulação.
d. Provavelmente reflete insegurança.

2 Ao fazer atribuições, qual das seguintes alternativas é verdadeira?
a. O comportamento é mais influente que sentimentos e pensamentos.
b. Atos de elevado consenso oferecem mais informações do que aqueles de baixo consenso.
c. As últimas impressões geralmente superam as primeiras.
d. As pessoas costumam enfatizar exageradamente o agente da ação como causa de um evento.

3 Qual das seguintes alternativas diz respeito a estratégias de administração de impressão? (Escolha todas as opções que forem cabíveis.)
a. Exemplificação   b. Persuasão
c. Autopromoção   d. Súplica

4 Qual dos seguintes fatores reduz suas possibilidades de receber ajuda em uma emergência?
a. Não haver dúvida de que se trata de uma emergência.
b. Dez observadores estarem presentes.
c. Você ser mulher.
d. Você conhecer e ser conhecido dos observadores.

5 Que condição torna a conformidade mais provável?
a. Uma tarefa ambígua
b. Elevado status do grupo
c. Grupo incompetente
d. Baixo status dos membros do grupo

6 O que Milgram aprendeu da obediência?
a. A maioria das pessoas supõe que as autoridades legítimas precisam ser obedecidas, independentemente de suas solicitações.
b. A maioria das pessoas tem tendências sádicas e obedece a ordens cruéis sem angústia.
c. A maioria das pessoas obedece a ordens desumanas, mesmo quando vê os outros desafiarem a autoridade.
d. A maioria das pessoas que obedece a ordens para ferir os outros faz isso apenas quando supõe que tais ordens são apoiadas por instituições poderosas, de prestígio.

7 Que afirmação sobre estereótipos é verdadeira?
a. Os estereótipos de um indivíduo geralmente se baseiam em grandes amostras de observações.
b. Nos Estados Unidos, um número cada vez maior de brancos estereotipam os negros de inferiores.
c. Os estereótipos, em sua maioria, são complexos e instáveis.
d. Os estereótipos às vezes são úteis para a tomada de decisões rápidas.

8 A força crescente de uma mensagem com o passar do tempo é conhecida como o efeito _____.
a. assimilação
b. contraste
c. *foot-in-the-door*
d. adormecido

9 Qual das afirmações sobre racismo é falsa?
a. A competição intensifica o racismo.
b. O racismo institucional nos Estados Unidos está em declínio.
c. Pessoas com personalidades autoritárias são propensas a racismo.
d. O simples contato entre as raças raramente reduz o racismo.

10 Que hábito de linguagem tipifica homens e pessoas de elevado status?
a. Evitar intensificadores
b. Queixar-se quando insatisfeito
c. Atenuar ordens
d. Usar perguntas que pedem confirmação

Usando a Psicologia

1 Tente identificar as normas sociais que guiam seu comportamento quando você interage com membros da família em casa. Você já violou qualquer uma das normas? Em caso afirmativo, você achou isso difícil? Explique.

2 Faça uma lista de influências sobre atribuições. Pense em um exemplo pessoal para cada uma.

3 Que táticas de administração de impressão você usa regularmente? Quais você usa menos? Descreva um exemplo pessoal de cada tática.

4 Supondo que você queira ser ajudado, sob quais condições seria "melhor" estar em uma emergência?

5 Escolha um grupo pessoalmente importante a que você pertença (por exemplo, um grupo racial, religioso ou político). Como seu estereótipo de seu grupo difere de seu estereótipo relativo a um grupo que você não pertence? Como seus estereótipos agem como esquemas? Pense em um exemplo em que seu estereótipo influencie o comportamento da pessoa que você estereotipou. Descreva-o.

6 Pense em uma atitude importante sua que tenha mudado. Considerando todas as influências mencionadas no texto, descreva quais os fatores que estavam envolvidos.

7 Pense em várias situações sociais recentes em que você concordou. Especule sobre suas razões para ceder, levando em conta as influências mencionadas no texto.

8 Você acredita que o estudo de Milgram sobre a obediência foi ético? Defenda sua posição. Suponha que você tivesse participado do estudo e obedecesse totalmente. Qual impacto a experiência teria em você? Como os pais poderiam impedir que os filhos adquirissem a tendência a obedecer autoridades sem as questionar?

9 Considere um preconceito racial (seu ou de um amigo próximo). Tente especificar como a experiência e a inferência, a aprendizagem comportamental e a mera exposição contribuíram para esse preconceito. Por que o preconceito foi mantido? Certifique-se de considerar as influências discutidas no texto. Com base nos princípios descritos no capítulo, elabore um programa para alterar o preconceito.

10 Seus pais tratam os filhos e as filhas de maneira diferente? Em caso afirmativo, de que maneira? Você planeja tratar seus filhos e filhas de forma diferente? Em caso afirmativo, de que maneira? Por quê? Faça uma lista de regras e práticas para orientar pais e professores que desejam evitar a tipificação de sexo, levando em consideração a pesquisa sobre socialização do papel sexual.

Leituras Sugeridas

1 Myers, D. G. (1983). *Social psycology*. Nova York: McGraw-Hill. Apresenta a psicologia social "como um repórter investigador o faria, fornecendo um resumo atualizado de fenômenos importantes do pensamento social e do comportamento social, e de como tais fenômenos têm sido revelados e estão sendo explicados". "Interessante e de leitura agradável" bem como "completo e equilibrado" (J. M. Olson, 1984, pp. 314-316).

2 Aronson, E (1984). *The social animal*. 4ª ed. San Francisco: Freeman. De modo pessoal e espontâneo, Aronson examina o comportamento social — padrões e motivos — dentre uma série de tópicos: políticas, raça, propaganda, sexo, agressão. Orientado para a aplicação da psicologia social a fim de entender mais a vida diária.

3 Tavris, C. & Wade, C. (1984). *Sex differences in perspective*. 2ª ed. Nova York: Harcourt, Brace, Jovanovitch. Uma boa introdução ao assunto de diferenças sexuais e suas origens. Os autores escrevem em um estilo freqüentemente bem-humorado, pessoal e brilhante e ao mesmo tempo conseguem ser precisos e tratar devidamente questões complexas.

4 Cialdini, R. B. (1984). *Influence: How and why people agree to things*. Nova York: Morrow. "De uma maneira vívida, envolvente, que evita jargões, Cialdini permite ao leitor conhecer técnicas usadas para influenciar as atitudes e o comportamento das pessoas em situações da vida diária [...]. Combina partes da teoria social-psicológica, pesquisas, observações pessoais do autor e aplicações criativas para ilustrar as táticas de influenciar e os meios de resistir à influência" (Worchel, 1985, pp. 614-615).

5 Fisher, J. D., Bell, P. A. & Baum, A. (1984). *Environmental psychology*. 2ª ed. Nova York: Holt, Rinehart & Winston. Abrange as relações entre comportamento e os ambientes construídos e naturais; escrito de maneira envolvente e ilustrado.

6 Rajecki, D. W. (1982). *Attitudes: Themes and advances*. Sunderland, MA: Sinauer. "Relatos interessantes e muitas vezes genuinamente excitantes do progresso no campo" (Crocker, 1983, p. 287).

Respostas

FICÇÃO? OU FATO?
1. V 2. F 3. F 4. F 5. F

AVALIAÇÃO
1. c (634) 2. d (635) 3. a, b, c, d (638) 4. b (639)
5. a (642-643) 6. a (643) 7. d (647-648) 8. d (650-651)
9. b (652-653) 10. a (660-661)

APÊNDICE

Conceitos Fundamentais de Estatística

RESUMO

COLETANDO DADOS

DESCREVENDO A TENDÊNCIA CENTRAL

DESCREVENDO A VARIABILIDADE

DESCREVENDO A POSIÇÃO RELATIVA
Distribuições Normais
Calculando a Posição Relativa

DESCREVENDO RELAÇÕES
Diagramas de Dispersão
Coeficientes de Correlação
Correlação Não Significa Causalidade

INTERPRETANDO O SIGNIFICADO DOS RESULTADOS
Populações, Amostras e Erros de Amostragem
Inferência Estatística e Conceitos de Probabilidade
Significância Estatística
Implicações da Significância Estatística

ESTATÍSTICA E VIÉS

LEITURAS SUGERIDAS

O termo *estatística* refere-se aos métodos matemáticos de análise dos dados numéricos e aos próprios dados. A estatística desempenha dois papéis fundamentais na pesquisa. A *estatística descritiva* organiza e simplifica os dados. A *inferência estatística* permite a previsão e a generalização das conclusões. Ao examinarmos ambos os tipos, nosso objetivo é entender por que e quando determinada estatística é útil. A matemática não será enfatizada.

COLETANDO DADOS

Suponhamos que você seja um psicólogo e deseje ajudar crianças surdas a aprender a linguagem de sinais. Duas técnicas de ensino lhe interessam: o método A (uma nova abordagem) e o método B (a abordagem tradicional) de treinamento. Você começa com a seguinte hipótese: "Treinar com o método A é melhor do que com o método B para ensinar a linguagem de sinais a crianças surdas". Para seu experimento, você seleciona aleatoriamente 20 crianças surdas de 2 anos de idade de uma creche para crianças surdas. Distribui dez delas — também aleatoriamente — a um grupo experimental e outras dez a um grupo de controle. As crianças do grupo experimental aprendem a linguagem de sinais pelo método A, enquanto as do grupo de controle aprendem o mesmo conteúdo pelo procedimento padrão, B. (O Capítulo 1 descreve detalhadamente as razões que fundamentam o experimento.)

No final de seis meses, digamos, quando você testa as crianças, elas obtêm os escores mostrados na Tabela A.1. Os escores são chamados dados brutos porque não sofreram transformação alguma.

Note que apenas uma pequena informação pode ser extraída diretamente dos dados brutos. Você pode ver que algumas crianças em cada grupo tiveram boas pontuações e que outros foram mal. Para decidir se os resultados apóiam a hipótese, os dados brutos precisam ser resumidos mais concisa e significativamente. Então, a estatística entra em cena.

TABELA A.1 Escores de crianças surdas em um teste de linguagem de sinais.

Sujeitos Experimentais	Sujeitos de Controle
80	50
50	60
90	60
80	40
30	70
90	30
90	70
80	90
70	70
80	50

O maior escore possível é 100.

DESCREVENDO A TENDÊNCIA CENTRAL

Um método de simplificação de dados consiste em substituir um grupo de números por um único número, sua média. O termo "média" refere-se a um valor central em torno do qual um grupo de escores agrupa-se. Há três medidas comuns deste valor: *média, mediana e moda*. Conhecidas por *medidas de tendência central*, cada uma fornece um número resumido que pode representar todo o grupo de escores.

Provavelmente você está familiarizado com a média aritmética, ou média, que é a soma de todos os valores e a divisão pelo número deles. Para calcular o escore médio que as crianças surdas no grupo experimental obtiveram no teste, basta somar as notas das dez crianças e dividir pelo número de sujeitos, dez. (80 + 50 + 90 + 80 + 30 + ... + 80 = 740.740/10 = 74.)

Usando a Tabela A.1, calcule a média para o grupo de controle. Você deve chegar ao resultado 59. A comparação das duas médias sugere que o método A é mais eficaz que o método B. A média, a medida de tendência central mais usada, é preferida quando os dados centralizam-se em um valor médio, porque atribui igual importância a cada número.

Uma segunda medida da tendência central é a *mediana*, o valor médio em um grupo de valores. A metade deles fica acima da mediana e o restante, abaixo dela. Para achar a mediana, classificam-se os escores em um grupo por ordem de grandeza e, então, conta-se o escore médio. Se há dois escores médios, como quando o número de escores é par, calcula-se a média deles. A mediana para as crianças do grupo experimental é 80. Calcule a mediana para as crianças do grupo de controle. (Você deve obter 60.)

Faz sentido selecionar a mediana e não a média quando os números acumulam-se em uma extremidade. Considere o caso de um estudante de história com notas 20, 91, 87, 94 e 92 nas provas. A mediana, 91, é uma síntese mais representativa do desempenho do estudante do que a média, 77. A mediana impede que a nota atípica, 20, adquira tanta importância.

Ocasionalmente, a *moda*, o número que aparece mais freqüentemente em um grupo de escores, é usada como a medida da tendência central. As modas dão informações valiosas quando um ou dois escores são extremamente freqüentes em um grupo grande de medidas e há interesse em saber o escore ou escores típicos. A moda é inadequada para nosso exemplo.

DESCREVENDO A VARIABILIDADE

Ao observar a Tabela A.1, você pode ver que os escores de teste das crianças variam muito. Alguns são altos, outros médios; alguns baixos. Freqüentemente, os psicólogos desejam descrever a *variabilidade* — quanto os escores dentro de um grupo diferem de um para outro. Os escores seriam relativamente dessemelhantes (heterogêneos)? Ou seriam homogêneos, agrupando-se ao redor do mesmo valor? A variação pode ser uma informação crítica significativa. No caso de pilotos de uma linha aérea, por exemplo, o desempenho consistente é uma questão de vida e morte. Em testes que avaliam as habilidades dos pilotos para aterrissar, médias elevadas e baixa variação são essenciais.

Uma medida de variabilidade, a dispersão dos números, é conhecida por *amplitude*. Mais formalmente, a amplitude é definida como a diferença entre as medidas mais alta e mais baixa em um conjunto de números. A amplitude de escores para as crianças do grupo experimental é 60 (90 − 30 = 60.) Calcule a amplitude para as crianças do grupo de controle. (Também é 60.) A amplitude é útil quando os investigadores querem indicar quanto o escore mais alto em um grupo difere do escore mais baixo.

Outra estatística, o *desvio-padrão*, indica-nos a extensão em que os escores variam, habitualmente, da média. Um grande desvio-padrão indica que os números freqüentemente estão longe da média. Um pequeno desvio-padrão indica que os números agrupam-se perto da média. O desvio-padrão é a medida de variabilidade mais usada. Seu cálculo requer aritmética simples, mas cansativa. Uma vez que estamos preocupados mais com o conceito do que com detalhes numéricos, não calcularemos o desvio-padrão aqui. Se você quiser calculá-lo, uma fórmula é:

$$d = \sqrt{\frac{1}{N}\Sigma X^2 - \overline{X}_2}$$

onde d = desvio-padrão
 X = cada escore bruto
 $\overline{X}$ = média de escores brutos
 N = número de escores brutos
 Σ = símbolo matemático para soma (somatória)

DESCREVENDO A POSIÇÃO RELATIVA

Depois de ser submetido à Escala de Energia Animal de Soshkish, você é informado de que obteve 545 pontos. O que o número significa? Sua classificação é média? Mais alta que a média? Mais baixa? Que porcentagem de pessoas consegue um resultado melhor? Qual a porcentagem dos piores resultados? Para responder a perguntas como essas, um único valor precisa ser comparado com aqueles de uma ampla amostra representativa da população geral que fez o mesmo teste. Uma forma de fazer a comparação envolve o uso de um conceito chamado *distribuição normal*.

Distribuições Normais

Ao medirem numerosas características na população geral, os cientistas sociais descobriram que os escores referentes a muitas características são distribuídos (arranjados) de uma maneira especial. Os escores do maior número de pessoas agrupam-se no meio. Aqueles referentes a um pequeno número aproximam-se da extremidade superior; aqueles de outro número correspondentemente pequeno de valores aproximam-se aos poucos do extremo inferior. Os escores podem ser representados como um histograma (gráfico de barras); a distribuição pode ser vista como uma linha suave ligando os pontos médios das barras do histograma, mostrado na Figura A.1. Uma curva em forma de sino, como a da figura, é chamada de *curva normal*, ou *distribuição normal*. Em virtude de os dois lados da distribuição nor-

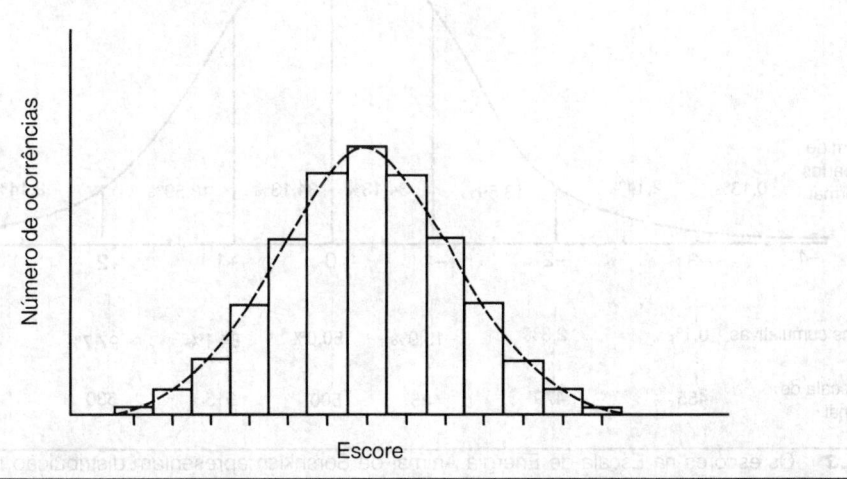

FIGURA A.1 A curva suave, em forma de sino, da distribuição normal pode ser visualizada, ligando-se os pontos médios das barras de um histograma que representa um grande número de observações ou escores.

mal espelharem-se de maneira idêntica, a média, a mediana e a moda coincidem.

Três distribuições normais diferentes são representadas na Figura A.2. Como você pode ver, a forma exata da distribuição pode variar, mas em todos os casos o resultado é uma curva em forma de sino em que os dois lados espelham um ao outro. Os valores que normalmente são distribuídos têm as seguintes propriedades:

1 Quase 68% de todos os escores ficam entre + ou – um desvio-padrão da média.

2 Cerca de 95% de todos os escores ficam entre + ou – dois desvios-padrão da média.

3 Mais ou menos 99,9% de todos os escores ficam entre + ou – três desvios-padrão da média. (Os escores restantes, 0,1%, ficam além de + ou – três desvios-padrão da média.)

Essas três propriedades caracterizam todas as distribuições normais.

Calculando a Posição Relativa

Uma vez concluído que os escores de uma determinada característica apresentam distribuição normal, apenas duas informações adicionais são necessárias para determinar a posição relativa de um escore específico: a média e o desvio-padrão. Dada a informação de que a energia animal apresenta distribuição normal e que a média na Escala Soshkish é 500 e o desvio-padrão é 15, pode-se inferir que seu escore de 545 cai em +3 desvios-padrão (545 – 500 = 45; 45/15 = 3). Em energia animal, então, você classifica-se no topo de 0,1% da população. Os dados sobre a distribuição normal são descritos na Figura A.3.

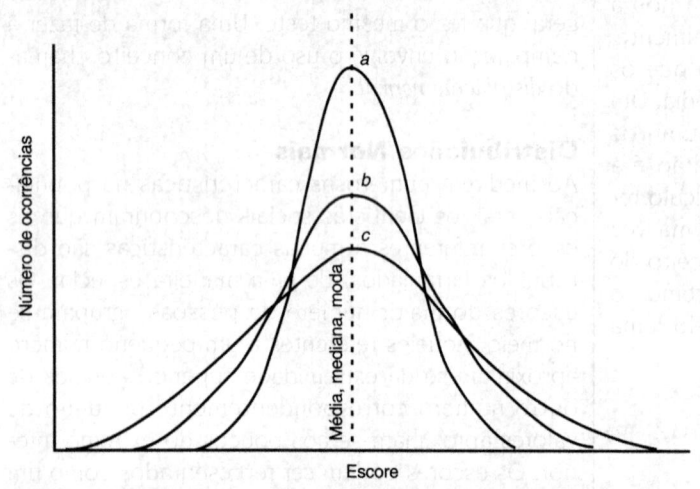

FIGURA A.2 Três curvas normais. A curva a tem o menor desvio padrão; a curva c tem o maior deles.

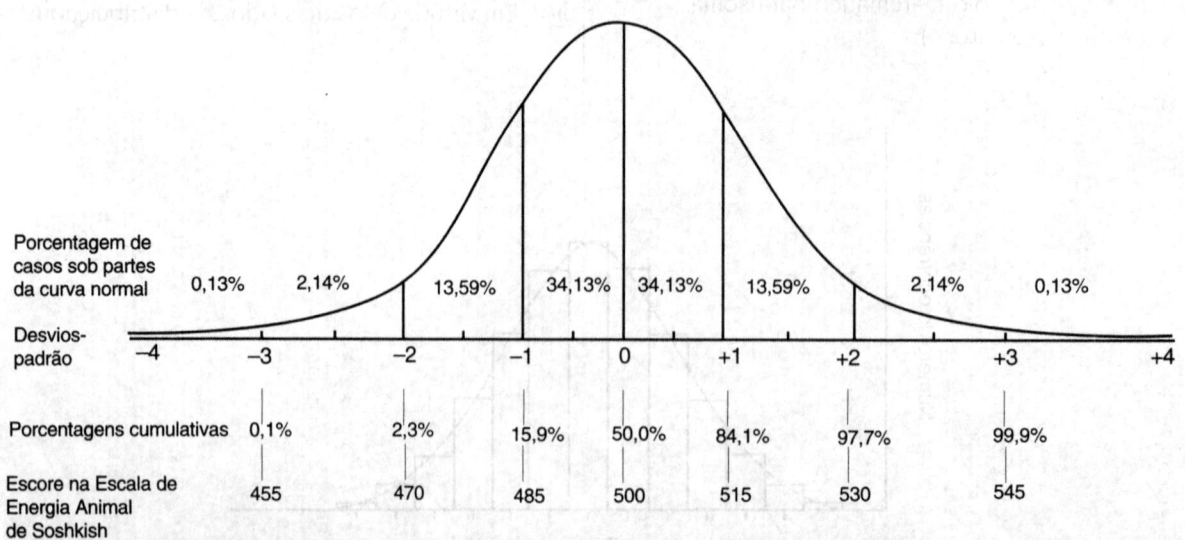

FIGURA A.3 Os escores na Escala de Energia Animal de Sorshkish apresentam distribuição normal. Você pode ver os desvios-padrão; as porcentagens de casos situados dentro desses desvios-padrão e as porcentagens cumulativas correspondentes, que estão abaixo de determinados valores.

DESCREVENDO RELAÇÕES

Suponha que você esteja interessado em responder à pergunta: "Os estudantes que freqüentam regularmente as aulas tiram notas mais altas nas provas que aqueles que faltam?". Em outras palavras, você está perguntando se há qualquer relação sistemática entre os dois conjuntos de escores, comparecimento às aulas e notas nas provas. Para descobrir, você coleta dados sobre as notas nas provas e as listas de presença de uma grande amostra de estudantes, aleatoriamente — digamos, 100 dentre os 300 matriculados em Botânica 101 no Hibiscus College. (Veja o Capítulo 1 para o raciocínio lógico por trás de uma seleção aleatória de grandes amostras.)

Diagramas de Dispersão

Uma forma de ver se dois conjuntos de escores variam sistematicamente com relação um ao outro é construir um gráfico, chamado *diagrama de dispersão*, que descreverá a relação entre as duas variáveis no estudo. No caso de nosso exemplo, cada ponto no gráfico representa a média na prova e a presença de um único estudante nas aulas. Para simplificar, trabalhamos com os dados dos 20 estudantes de botânica mostrados na Tabela A.2.

TABELA A.2 Notas na prova e índices de freqüência de 20 estudantes.

Estudante	Nota Média	Freqüência (Dias)
1	89	41
2	77	34
3	65	32
4	68	34
5	92	43
6	67	26
7	72	37
8	57	29
9	82	38
10	69	29
11	84	40
12	78	36
13	98	45
14	93	43
15	60	27
16	67	32
17	56	24
18	85	38
19	90	42
20	79	36

Se você dispuser os dados no gráfico, terá o diagrama de dispersão apresentado na Figura A.4*a*. Examinando a distribuição, você pode ver que as notas médias tendem a subir com o aumento da freqüência. Se não existisse uma relação ou a relação fosse negativa (as notas diminuíssem com o aumento da freqüência), os diagramas de dispersão se pareceriam com aqueles apresentados na Figura A.4*b* e *c*, respectivamente. Examinando a distribuição dos pontos em um diagrama de dispersão, temos uma idéia de como duas variáveis relacionam-se. Entretanto, os diagramas de dispersão não esclarecem,

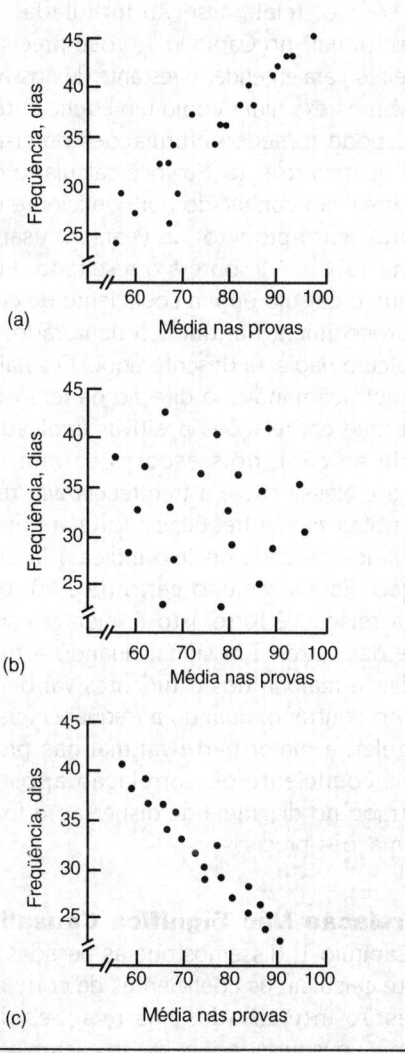

FIGURA A.4 Os três diagramas de dispersão retratando as possíveis relações entre freqüência às aulas e médias nas provas para estudantes de botânica no Hibiscus College. As figuras mostram (*a*) uma correlação positiva, usando dados da Tabela A.2, (*b*) ausência de correlação e (*c*) uma correlação negativa.

com precisão, se há uma forte relação (ou seja, com que freqüência as relações são verdadeiras).

Coeficientes de Correlação

Para descrever precisamente a força das relações entre dois conjuntos de escores, um procedimento estatístico chamado *coeficiente de correlação* geralmente é usado. No Capítulo 1, dissemos que os coeficientes de correlação são números que variam em valor de –1,00 a +1,00 e descrevem em que direção e com que intensidade dois conjuntos de escores relacionam-se. Se você achar conveniente relembrar este tópico, releia a seção intitulada "Estratégia Correlacional" no Capítulo 1. Você precisará desses conceitos para entender o restante de nossa discussão.

Vamos examinar como um coeficiente de correlação pode fornecer informações precisas sobre a força de uma relação. Se você calcular o coeficiente de correlação conhecido por coeficiente de correlação momento-produto, de Pearson, usando os dados na Tabela A.2, obterá o resultado +0,95. (Uma vez que o cálculo de um coeficiente de correlação é um procedimento aritmético demorado, o método de cálculo não será descrito aqui.) O sinal de adição (ou subtração) indica a direção da relação. Lembre-se de que em relações positivas (indicadas pelo sinal de adição), dois escores variam na mesma direção. Nesse caso, a freqüência *alta* relaciona-se com notas *altas*; a freqüência *baixa*, a notas *baixas*. A magnitude de cada décimo indica a intensidade da relação. Estando muito perto de 1,00, 0,95 sugere que a relação é forte, isto é, mantém-se na maior parte das vezes. Em suma, quando a freqüência é regular, a maioria dos estudantes vai bem nas provas. Ao contrário, quando a freqüência às aulas não é regular, a maior parte vai mal nas provas. Note que o coeficiente de correlação apóia o quadro mostrado no diagrama de dispersão e fornece mais informações precisas.

Correlação Não Significa Causalidade

No Capítulo 1, dissemos que as pessoas freqüentemente calculam os coeficientes de correlação quando estão interessadas nas relações de causa e efeito. O pesquisador em nosso exemplo pode estar desejando saber se o comparecimento freqüente é a *causa* das notas altas obtidas pelos estudantes. Correlações simples, como a que acabamos de calcular, não provam que há uma relação de causa e efeito entre as duas variáveis. Indicam apenas que dois conjuntos de escores estão relacionados e especificam a direção e a força da relação. Uma vez estabelecido que os dois conjuntos de escores estão relacionados, é possível que a causa e o efeito estejam envolvidos. Entretanto, qualquer uma das quatro inferências é plausível teoricamente. A primeira variável de interesse pode estar causando a segunda. A segunda pode estar causando a primeira. Alguma terceira pode estar causando as duas. Também é possível que a relação seja simplesmente coincidente e que as duas variáveis sejam causadas por eventos totalmente diferentes, não relacionados. Voltando a nosso exemplo, estar presente na sala de aula poderia contribuir para a base de conhecimentos que também é subjacente às notas nas provas. Ou, ir bem nas provas poderia fazer os estudantes gostar do curso e faltar pouco. Ao mesmo tempo, algum outro fator, tal como a alta motivação para aprender, pode levar a bons hábitos de estudo (e, conseqüentemente, a altas notas nas provas) e à freqüência regular. Finalmente, as notas nas provas podem ser o produto de um conjunto de fatores (hábitos de estudo, motivação e inteligência, digamos), enquanto a freqüência pode ser o produto de algo totalmente diferente (valores tradicionais e educação rígida, por exemplo). Nesse caso, ambos os conjuntos pareciam estar presentes.

INTERPRETANDO O SIGNIFICADO DOS RESULTADOS

Começamos nossa seção sobre estatística com um estudo experimental para testar a seguinte hipótese: "O método A de treinamento é mais eficaz que o método B para ensinar a linguagem de sinais a crianças surdas". Embora estejamos interessados em chegar a uma conclusão sobre *todas* as crianças surdas de 2 anos, nossa amostra é de apenas 20 crianças.

Populações, Amostras e Erros de Amostragem

Invariavelmente, os psicólogos estão interessados em questões sobre populações inteiras, mas eles sempre selecionam uma pequena parte, ou *amostra*, para estudar. A realidade é que os estudos com amostras (mesmo grandes, representativas, selecionadas aleatoriamente, como é o ideal) geram resultados um pouco diferentes que aqueles sobre populações inteiras. As diferenças decorrentes de variações diversas nos desempenhos da amostra selecionada são conhecidas por *erros de amostragem*, ou fatores casuais. Tente visualizar uma repetição do estudo de treinamento da linguagem de sinais em duas amostras diferentes: uma de 500 e outra de 5.000 crianças surdas, de 2 anos. Você não esperaria obter *exatamente* os mesmos resultados.

A palavra "exatamente" é importante. Embora os resultados em amostras diferentes não sejam idênticos, deveriam ser semelhantes, se os investigadores selecionaram grandes amostras aleatórias ou amostras representativas. Uma vez que os erros são a regra, e não a exceção, os pesquisadores deparam-se continuamente com as perguntas: "É possível que meus resultados sejam devidos simplesmente a erros de amostragem?", "Se outra amostra fosse feita e o estudo fosse repetido, seria provável obter resultados semelhantes?". Para responder a tais questões, os psicólogos usam a inferência estatística.

Inferência Estatística e Conceitos de Probabilidade

A *inferência estatística* ajuda os cientistas a decidir se podem ou não *inferir* algo sobre toda a população de interesse, com base nas conclusões tiradas de uma pequena amostra. Nosso objetivo nesta seção é explicar conceitos de probabilidade que são fundamentais para a inferência estatística. Vamos começar examinando uma situação hipotética.

Um homem chamado J. K. afirma ter premonição, a capacidade de saber o resultado de eventos antes de sua ocorrência. Sendo cético, você decide estudar cuidadosamente a capacidade de J. K. Você joga uma moeda cinco vezes e pede a ele para dizer — antes de cada jogada — se será cara ou coroa. *Nota*: para darmos um exemplo simples, vamos supor que você ofereça ao homem cinco tentativas em uma tarefa. Se esse experimento fosse real, você elaboraria mais tarefas e exigiria mais tentativas.

Antes do experimento, você reúne dados sobre grande número de pessoas comuns, para fins de comparação. Esses dados, que são apresentados na Tabela A.3, indicam que os escores de pessoas comuns diferem muito. De modo geral, as pessoas comparadas adivinham corretamente quase a metade das vezes, embora ninguém faça 2,5 pontos, evidentemente. Suponha que J. K. acerte três lances. Você consideraria seu desempenho uma confirmação de premonição? Como você pode ver na Tabela A.3, 31,3% das pessoas normais acertam, por adivinhação. Logo, fazer três acertos não é espantoso. E se J. K. acertasse quatro vezes? Sua decisão seria mais difícil, porque apenas 15,6% das pessoas comuns conseguem acertar, ao acaso. Agora imaginemos que J. K. preveja corretamente as cinco vezes. Embora esse desempenho perfeito não prove que J. K. tenha premonição, é, sem dúvida, um índice de acerto incomum. Apenas 3,1% dos indivíduos acertam por adivinhação. Conseqüentemente, é provável que alguma coisa incomum esteja acontecendo, embora haja 3 possibilidades em 100 de ser mera sorte.

TABELA A.3 Estimativa do resultado de cinco lançamentos de uma moeda.

Número de Adivinhações Corretas	Porcentagem da População
5	3,1
4	15,6
3	31,3
2	31,3
1	15,6
0	3,1

Significância Estatística

O problema que você enfrentou na avaliação de suas conclusões sobre J. K. é básico para a maioria dos estudos científicos. Sem a certeza sobre as implicações dos dados experimentais e correlacionais, os psicólogos calculam a probabilidade de os resultados serem exclusivamente devidos a erros de amostragem. Quando as possibildades são menores que 5 em 100 de ser esse o caso, então, diz-se que os resultados são *estatisticamente significantes*. O critério 5 em 100 é arbitrário, mas passou a ser amplamente aceito.

Como esses conceitos aplicam-se à avaliação dos métodos de treinamento para as crianças surdas? As crianças que aprenderam pelo método A obtiveram uma média mais alta nos testes — aproximadamente 15 pontos — do que aquelas que aprenderam pelo método B. Essa grande diferença em escores médios poderia ser atribuída meramente a erros de amostragem? Se usássemos um teste estatístico de inferência, chamado *teste* T, descobriríamos que se espera que essa diferença de 15 pontos ocorra menos de 5 vezes em 100, em virtude, exclusivamente, dos erros de amostragem. Concluiríamos, então, que a diferença entre os grupos é estatisticamente significante.

Implicações da Significância Estatística

Em termos práticos, o que vem a ser significância estatística? Ela indica que os resultados provavelmente são confiáveis (consistentes). Ou seja, os pesquisadores esperariam encontrar resultados semelhantes, caso repetissem o estudo em outra amostra.

É crucial entender o que significância estatística *não* significa. Primeiro, não implica que diferenças ou relações sejam grandes ou substanciais. Segundo, não indica que as diferenças ou relações sejam de importância prática. Por exemplo, o método de treinamento A pode não produzir benefícios suficientes para garantir o custo de implementá-lo. Terceiro, a significância estatística não indica que a hipótese foi comprovada. Diferenças estatisticamente significantes podem ser causadas por fatores não aleatórios (variáveis extrínsecas) que não foram controlados quando se planejou o estudo. O paranormal autoproclamado em nosso exemplo poderia estar usando uma moeda viciada, e não a premonição, para atingir seus resultados. As crianças surdas que parecem estar aprendendo tão bem pelo método A na verdade podem estar reagindo ao entusiasmo do professor na utilização de uma nova abordagem.

A prova real de que as conclusões são seguras constrói-se lentamente. Os psicólogos confiam nas conclusões somente depois de resultados semelhantes acumularem-se, continuamente — quando os estudos são reproduzidos em diversas amostras, usando-se procedimentos diferentes e ambientes laboratoriais e de campo variados.

ESTATÍSTICA E VIÉS

As estatísticas às vezes são apresentadas e aceitas como se estivessem isentas de viés, como um relato sobre a temperatura máxima e mínima do dia. Entretanto, dados estatísticos são facilmente mal-interpretados e manipulados para "provocar sensacionalismo, inflar e confundir" (Huff, 1954, p. 8). Considere alguns exemplos simples de distorção na interpretação de dados estatísticos, extraídos de um livro clássico, *How to lie with statistics* (*Como mentir com a estatística*). Como seu autor Darrell Huff afirma: "Os desonestos já conhecem esses truques; as (pessoas) honestas precisam aprendê-los para se defenderem" (p. 9).

Os cientistas sempre trabalham com amostras e não com toda a população de interesse. Esse fato precisa ser lembrado sempre que você ouvir falar sobre os resultados de uma pesquisa. Convém perguntar: "Os pesquisadores conduziram o estudo com uma amostra representativa?" ou "Havia um viés na amostra?". Utilizações indevidas de boas práticas de amostragem são muito difundidas entre as empresas, para ressaltar as virtudes dos próprios produtos, visando a lucros. Quando uma campanha publicitária afirma que nove entre dez pessoas preferem a marca Z, cuidado. É mais provável que a amostra não seja representativa. Uma pessoa poderia afirmar que nove entre dez donas de casa entrevistadas preferem o detergente Z depois de fazer a contagem das donas de casa que escolheram a marca Z, ficando perto da prateleira do supermercado em que o produto foi colocado.

Médias, medianas e modas são três tipos de médias; assim, qualquer uma das três pode ser considerada pelo senso comum a média. Sempre que você ouve falar em média, pergunte-se "qual delas?" e lembre-se de que os três tipos de média transmitem mensagens distintas sobre um grupo. Um dono de imobiliária, por exemplo, pode alegar que a renda média em uma determinada região é de $ 45.000, ao tentar convencê-lo a se estabelecer lá. Ao mesmo tempo, um residente pode estar circulando uma petição para abaixar os impostos dos moradores da mesma região porque a renda média é de apenas $15.000. Os $ 45.000 poderiam ser a média, incluindo-se as rendas de duas famílias abastadas que fazem essa média subir acentuadamente. A cifra de $15.000 poderia ser a moda, a renda mais comum das famílias nos arredores. Para evitar ser enganado, você tem de saber com que média está lidando.

Leituras Sugeridas

Como consumidor e cidadão bem-informado, você deveria estar ciente dos abusos estatísticos. Os seguintes livros são altamente recomendáveis.

1 Huff, D. (1973). *How to lie with statistics*. Hammondsworth: Penguin.

2 Kimble, G. A. (1978). *How to use (and misuse) statistics*. Englewood Cliffs, NJ: Prentice-Hall.

3 Moore, D. S. (1979). *Statistics: Concepts and controversies*. San Francisco: Freeman.

Agradecimentos

FIGURAS E TABELAS

Capítulo 2

Figura 2.12 Adaptada de *Biological science*, 2ª ed., por William T. Keeton, com permissão de W. W. Norton & Company, Inc. Copyright © 1972, 1967 por W. W. Norton & Company, Inc.

Figura 2.15 Adaptada com permissão de Macmillan Publishing Company, de *Cerebral cortex of man*, por Wilder Penfield e Theodore Rasmussen. Copyright © 1950 por Macmillan Publishing Company, renovada por Theodore Rasmussen.

Figura 2.20 Adaptado de J. E. Bogen. (1969). The other side of the brain, I., II., III. *Bulletin of the Los Angeles Neurological Societies*. Usada com permissão.

Capítulo 3

Figura 3.12 De C. D. Williams. (1959). The elimination of tantrum behavior by extinction procedures. *Journal of Abnormal and Social Psychology*, 59:269. Copyright © 1959 pela American Psychological Association. Adaptada com permissão do autor.

Figura 3.13 De M. F. Daley. (1969). The reinforcement menu. Finding effective reinforcers. In *Behavioral counseling: Cases & techniques*, p. 44, por John D. Krumboltz & Carl E. Thoresen. Copyright © 1969 por Holt, Rinehart & Winston, Inc. Adaptado com permissão da CBS College Publishing.

Capítulo 4

Figura 4.14 De Eckart H. Hess. Attitude and pupil size. Copyright © 1965 por Scientific American, Inc. Todos os direitos reservados.

Figura 4.24. De M. Wertheimer. (1923). Untersuchugen zur Lehre von der Gesehen von Bewegung. *Psychologische Forschung*, 4: 301-350.

Figura 4.25a De G. Kanizsa. (1955). Margini quasi-percettivi in campi con stimulazione omagenea. *Rivista di Psicologia*, 49:7-30. Copyright © University of Illinois Press. Usada com permissão.

Figura 4.25b Reimpressa com permissão do autor e do editor. De C. Kanizsa. (1974). Contours without gradients or cognitive contours. *Italian Journal of Psychology*, 1:93-113.

Figura 4.33 Modificada de *The Color Tree*. Copyright © 1965 BASF Corporation. Reimpressa com permissão.

Figura 4.44 De *Human information processing*, 2ª ed., por Peter H. Lindsay & Donald A. Norman. Copyright © 1977 por Academic Press, Inc. Reimpressa com permissão de Harcourt Brace Jovanovich, Inc.

Figura 4.48a Usada com permissão de W. B. Webb. University of Florida Sleep Laboratories.

Figura 4.48b Usada com permissão de W. B. Webb & H. W. Agnew, Jr. (1968). In L. E. Abt & B. F. Riess (eds.). *Progress in clinical psychology*. Nova York: Grune & Stratton, vol. 8, p. 17. Reimpressa com permissão.

Figura 4.49 De C. Tart. (1971). *On being stoned: A psychological study of marijuana intoxication*. Palo Alto, CA: Science and Behavior Books, p. 20. Reimpressa com permissão.

Capítulo 5

Figura 5.4 De G. Sperling. (1960). The information avaiable in brief visual presentations. *Psychological Monographs: General and Applied*, 74(11) (todo o n. 498). Copyright © 1960 pela American Psychological Association. Adaptada com permissão do autor.

Figura 5.6 De L. R. Peterson & M. J. Peterson. (1959). Short-term retention of individual verbal items. *Journal of Experimental Psychology*, 58(3):195. Copyright © 1959 pela American Psychological Association. Adaptada com permissão dos autores.

Figura 5.7 De F. Bartlett. (1950). *Remembering: A study in experimental and social psychology*. Cambridge, Inglaterra: Cambridge University Press, p. 180. Adaptada com permissão.

Figura 5.8 De Arnold L. Glass, Keith J. Holyoak & John L. Santa. *Cognition*. Copyright © 1979 por Newbery Award Records, Inc. Reimpressa com permissão de Random House, Inc.

Figura 5.11 De G. H. Bower. (1970). Organizational factors in memory. *Journal of Cognitive Psychology*, 1:18-46. Reimpressa com permissão do autor e do editor.

Figura 5.12 Adaptada de R. C. Aktinson & M. R. Raugh. (1975). An application of the mnemonic keyword method to the acquisition of a Russian vocabulary. *Journal of Experimental Psychology: Human Learning and Memory*, 104(2):126-133.

Figura 5.13 Sullivan Associates. (1973). *Programmed reading*, p. 193. Adaptada com permissão de Webster/McGraw — Hill Book Company.

Capítulo 6

Figura 6.3 Adaptada de M. Scheerer. (1963). Problem solving. *Scientific American*, 208(4):118-128. Copyright © 1963 pela Scientific American, Inc. Todos os direitos reservados.

Figura 6.13 Adaptada de A. S. Luchins. (1942). Mechanization in problem solving: The effect of Einstellung. *Psychological Monographs*, 54(6). Copyright © 1942 pela American Psychological Association.

Tabela 6.2. Adaptada de W. Köhler. (1969). *The task of gestalt psychology*. Copyright © 1969 pela Princeton University Press: Princeton Paperback 1972, p. 150. Reimpressa com permissão da Princeton University Press.

Figura 6.14 De J. Berko. (1958). The child's learning of English Morphology. *Word*, 14:150-177. Adaptada com permissão da Johnson Reprint Corporation.

Capítulo 7

Figura 7.3 L. M. Terman & M. A. Merrill. (1960). *Stanford-Binet Intelligence Scale: Manual for the 3rd revision*. Form L-M, p. 18. Reproduzida com permissão do editor, Houghton Mifflin Company.

Figura 7.7 T. J. Bouchard, Jr. & M. McGue. (29 de maio de 1981). Familial studies of intelligence, *Science*, 212:1.055-1.059. Copyright © 1981 pela AAAS. Reproduzida com permissão do autor e do editor.

Figura 7.12 De R. Feuerstein. (1979). *Instrumental enrichment*. Baltimore: University Park Press. Adaptada com permissão do editor.

Figura 7.13 Adaptada de S. J. Parners & R. B. Noller. *Toward supersanity: Channeled freedom*. Copyright © 1973. Usado com permissão de D. O. K. Publishers, Buffalo, NY, pp. 41ff. J. P. Guilford (1967). *The nature of human inteligence*. Nova York: McGraw-Hill Book Co, p. 144. Copyright © 1967. Usada com permissão. Making objects test. Cortesia de Sheridan Supply Company.

Tabela 7.2 Reproduzida com permissão da *Wechsler Adult Intelligence Scale-Revised*. Copyright © 1955, 1980 por The Psychological Corporation. Todos os direitos reservados.

Tabela 7.3 Adaptada da American Psychological Association. (1980). *Diagnostic and statistical manual of mental disorders*, 3ª ed. Washington, DC. Reproduzida com permissão.

Capítulo 8
Figura 8.4 W. B. Cannon. (1934). Hunger and thirst. In C. Murchison (ed.). *Handbook of general experimental psychology*. Worcester, MA: Clark University Press. Reimpressa por Russell & Russell, 1969. Adaptada com permissão.

Capítulo 9
Figura 9.2 Adaptada de C. A. Smith & P. C. Ellsworth. (1985). Patterns of cognitive appraisal in emotion. *Journal of Personality and Social Psychology*, 48:833-838. Copyright © 1985 pela American Psychological Association. Adaptada com permissão dos autores.

Figura 9.10 Redesenhada de T. J. Teyler. (1975). *A primer of psychobiology*. San Francisco: Freeman, p. 36. Adaptada com permissão.

Tabela 9.1 Reimpressa de 1978 *Nebraska Symposium on Motivation*, com permissão da University of Nebraska Press. Copyright © 1979 pela University of Nebraska Press.

Capítulo 10
Figura 10.1 Adaptada de M. M. Shirley. (1931). *The first two years: A study of twenty babies*. Minneapolis: University of Minnesota Press.

Figura 10.5 Adaptada com permissão do autor e do editor, de D. G. Freedman. (1974). *Human infancy: An evolutionary perspective*. Hillside. NJ: Erlbaum.

Tabela 10.1 L. Kohlberg. (1981a). *Essays on moral development*. Nova York: Harper & Row, vol. 1. Usada com permissão.

Capítulo 11
Tabela 11.1 Reimpressa com permissão de *Work in America: Report of a special task force to the Secretary of Health, Education, and Welfare*. (1973). Cambridge, MA: MIT Press, p. 16. Copyright © 1973 pela MIT Press.

Capítulo 12
Tabela 12.2 Extraída de I. G. Saraon. (1972). *Personality: An objective approach*.2ª ed. Nova York: Wiley, pp. 226-227. Usada com permissão.

Figura 12.11 De A. Wohl e B. Kaufman. (1985). *Silent screams and hidden cries*. Nova York: Brunner/Mazel. Copyright © 1985 por The Coalition for Abused Women, Inc. Reimpressa com permissão.

Figura 12.13 Adaptada com permissão do Institute for Personality and Ability Testing, Champaign, IL.

Figura 12.15 R. D. Fowler, Jr. (1969). The current status of computer interpretations of psychological tests. *American Journal of Psychiatry*, 125:21-27. Copyright © 1969 por The American Psychiatric Association. Reimpressa com permissão.

Figura 12.18 Adaptada com permissão de D. Werdegar, M. Sokolow. D. B. Perloff, W. F. Riess, R. E. Harris, T. Singer & H. W. Blackburn, Jr. (1967). Portable recording of blood pressure: A new approach to assesments of the severity and prognosis of hypertension. *Transactions of the Association of Life Insurance Medical Directors of America*, 51:103.

Capítulo 14
Figura 14.2 Adaptada de H. H. Strupp, R. E. Fox & K. Lessler. (1969). *Patients view their psychotherapy*. Baltimore: Johns Hopkins University Press, p. 59. Copyright © Johns Hopkins University Press. Usada com permissão.

Tabela 14.2 Adaptada de F. H. Kanfer & J. S. Philips. (1970). *Learning foundations of behavior therapy*. Nova York: Wiley, p. 151. Copyright © 1970 por John Wiley & Sons, Inc. Reimpressa com permissão de John Wiley & Sons, Inc.

Tabela 14.5 Adaptada de T. Ayllon & N. Azrin. (1968). *The token economy*. Nova York: Appleton-Century-Crofts, pp. 246, 250.

Capítulo 15
Figura 15.8 Adaptada de Gordon W. Allport & Leo Postmam. *The psychology of rumor*, Copyright © 1947 por Henry Holt and Company, Inc. Copyright © 1975 por Holt, Rinehart & Winston. Reimpressa com permissão da CBS College Publishing.

CITAÇÕES
Capítulo 1
P. 11 De J. R. Hayes. (1978). *Cognitive psychology*. Homewood, IL: Dorsey. Usada com permissão.

P. 15 De A. H. Maslow. (1967). Self-actualization and beyond. In J. F. T. Bugenthal (ed.). *Challenges of humanistic psychology*. Nova York: McGraw-Hill, pp. 279-280. Usada com permissão.

P. 16 De S. Freud. (1951). *Psychopathology of everyday life*. Nova York: W. W. Norton & Company, Inc., pp. 44-52. Usada com permissão.

P. 20 De G. McCain & E. M. Segal. *The game of science*. 3ª ed. Copyright © 1977 por Wadsworth Publishing Company, Inc. Reimpressa com permissão do editor, Brooks/Cole Publishing Company, Monterey, CA 93940.

P. 31 De A. Chapanis. (1967). The relevance of laboratory studies to practical situations. *Ergonomics*, 10:557-577. Usada com permissão.

Capítulo 2
Pp. 48-49 De A. R. Luria. Traduzido do russo por Lynn Solotaroff. *The man with a shattered world: The history of a brain wound*. Copyright © 1972 por Basic Books, Inc., Publishers, Nova York.

P. 69 De W. Penfield. (1958). *The excitable cortex of conscious man*. Liverpool, Inglaterra: Liverpool University Press.

Pp. 27-31 Usada com permissão.

P. 69 De W. Penfield. The uncommitted cortex: The child's changing brain. *Atlantic Monthly*, 214(1):77-81. Copyright © 1964 por The Atlantic Monthly Company, Boston, Mass. Reimpressa com permissão do editor.

P. 83 De D. Krech. In R. I. Evans (ed.). (1976). *The making of psychology*. Nova York: Knopf, p. 141. Reimpressa com permissão do editor e da esposa do autor.

Capítulo 3
P. 119 De E. P. Reese, J. Howard & T. W. Reese. (1978). *Human behavior: Analysis and application*. 2ª ed. Dubuque, IO: Wm. C. Brown Co. Publishers. Usada com permissão.

P. 125 Reimpressa com permissão do autor e do editor de Goldiamond, I. Selfcontrol procedures in personal behavior problems. *Psychological Reports*, 17:851-868, 1965.

Capítulo 4
Pp. 140-141 De R. L. Gregory. (1973). *Eye and brain: The psychology of seeing*. 2ª ed. Nova York: McGraw-Hill, pp. 194-198. Usada com permissão.

P. 190 De A. Rechtschaffen. (1973). The psychology of mental activity during sleep. In F. J. McGuigan & R. S. Schoonover (eds.). *The psychophysiology of thinking*. Nova York: Academic Press, p. 160. Usada com permissão do autor.

Capítulo 5
P. 204 Extraído de A. R Luria. Traduzido do russo por Lynn Solotaroff. *The mind of a*

mnemonist: A little book about a vast memory, pp. 7-13, 30 Copyright © 1968 por Basic Books, Inc., Publishers, Nova York e Johnathan Cape, Ltd.

P. 216 De P. H. Lindsay & D. A. Norman. *Human information processing: An introduction to psychology*. 2ª ed. Nova York: Academic. Reimpressa com permissão dos autores e do editor.

Capítulo 6

Pp. 246-247 De H. Keller. (1954). *The story of my life*. Garden City, NY: Doubleday. Usada com permissão.

Capítulo 8

P. 324 David C. McClelland. *Power: The inner experience*. Copyright © 1975 por Irvington Publishers, Inc., Nova York. Reimpressa com permissão do editor.

P. 325 Excertos de E. B. Holt. (1931). *Animal drive and the learning process*, p. 4. Reimpressos com permissão de Holt, Rinehart & Winston, Inc.

P. 333 D. Lee. (1957). Cultural factors in dietary choice. *American Journal of Clinical Nutrition*, 5:167.

P. 352 De Lillian Breslow Rubin *Worlds of pain: Life in the working class family*. Copyright © 1976 por Lillian Breslow Rubin, Basic Books Inc., Publishers, Nova York.

P. 355 D. McClelland, J. W. Atkinson, R. A. Clark & E. Lowell. (1953). *The Achievement motive*. Nova York: Appleton-Century-Crofts, pp. 118-121.

Capítulo 9

P. 398 J. E. Nardini. (1952). Survival factors in American prisoners of war of the Japanese. *The American Journal of Psychiatry*, 109:241-248. Copyright © 1952 pela American Psychological Association.

P. 400 Reimpressa de Sheila Cousins. *To beg I am ashamed*. Com permissão do editor, Vanguard Press, Inc. Copyright © 1938; copyright © renovado em 1965 por Sheila Cousins.

Capítulo 10

P. 438 J. Piaget. (1951). *Play, dreams and imitation childhood*. Nova York: Norton, p. 124. Usada com permissão da W. W. Norton & Company, Inc., e Routledge & Kegan Paul, Ltd.

P. 439 D. E. Papalia & S. W. Olds. (1982). *A child's world*. 3ª ed. Nova York: McGraw-Hill, pp. 303-304. Reimpressa com permissão.

Capítulo 11

Pp. 462-463 De *Getting in touch with what I want* in George W. Goethals and Dennis S. Klos. *Experiencing youth: First-person ac-* *counts*. 2ª ed. Copyright © 1976, 1970 por Little, Brown and Company, Inc. Reimpressa com permissão.

P. 487 De Daniel J. Levinson. (1978). *The seasons of a man's life*. Nova York: Knopf, pp. 213-214. Copyright © 1978 por Daniel J. Levinson. Reimpressa com permissão de Alfred A. Knopf, Inc.

P. 495 Reimpressa com permissão de A. Weisman. (1972). *On death and denying*. Nova York: Human Sciences Press, p. 157.

Capítulo 12

Pp 504-505 I. G. Sarason. (1972). *Personality: An objective approach*. 2ª ed. Nova York: Wiley. Reproduzida com permissão do autor.

P. 515 Reimpressa de E. H. Erikson. (1968). *Identity, youth and crisis*. Nova York: Norton, pp. 132-133. Usada com permissão de W. W. Norton & Company and Faber and Faber, Ltd.

P. 522 Reimpressa de C. Rogers. (1959). A theory of therapy personality and interpersonal relationships as developed in the client-centered framework. In S. Koch (ed.). *Psychology, a theory of a science*. Nova York: McGraw-Hill Book Company, vol. 3. Usada com permissão.

P. 522 Reimpressa de C. R. Rogers. (1961). *On becoming a person*. Boston: Houghton-Mifflin, p. 27. Usada com permissão do editor.

Pp. 533-534 B. F. Skinner. (1953). *Science and human behavior*. Nova York: Macmillan, p. 31. Usada com permissão.

Capítulo 13

P. 554 De G. C. Davison & J. M. Neale. (1982). *Abnormal psychology: An experimental clinical approach*. 3ª ed. Copyright © 1982 por John Wiley & Sons. Reimpressa com permissão de John Wiley & Sons, Inc.

P. 555 De G. C. Davison & J. M. Neale. (1982). *Abnormal psychology: An experimental clinical approach*. 3ª ed. Copyright © 1982 por John Wiley & Sons, Inc.

P. 572 Reimpressa com permissão da autora, Diana Sutton, de um manuscrito não publicado.

P. 574 A. McGhie & I. Chapman. (1961). Disorders of attention and perception in early schizophrenia. *British Journal of Medical Psychology*, 34:104-106 ss. Reimpressa com permissão.

P. 577 G. G. Luce. (1971). *Body time: Physiological rhythms and social stress*. Copyright © 1971 por Pantheon Books, uma divisão da Random House, Inc. Reimpressa com permissão.

Pp. 577-578 De J. C. Coleman, J. N. Butcher & R. Carson. *Abnormal psychology and modern life*. 7ª ed. Copyright © 1984 por Scott, Foresman and Company. Reimpressa com permissão do editor.

P. 583 Reimpressa com permissão do editor de R. J. Smith. (1978). *The psychopath in society*. Nova York: Academic, p. 77.

P. 582 R. D. Hare. (1970). *Psychopathy: Theory and research*, pp. 1-4. Copyright © 1970 por John Wiley & Sons, Inc. Reimpressa com permissão do editor.

Capítulo 14

P. 595 P. A. Dewald. De *The psychoanalytic process: A case ilustration*, pp. 514-515. Copyright © 1972 por Basic Books, Inc. Publishers, Nova York.

Pp. 595-596 R. W. White & N. F. Watt. (1973). *The abnormal personality*. 4ª ed. Nova York: John Wiley & Sons, pp. 262-264. Reproduzida com permissão.

P. 605 C. B. Truax & R. R. Carkhuff. (1967). *Toward effective counseling and psychotherapy: Training and practice*. Chicago: Aldine, p. 57. Usada com permissão.

P. 605 G. C. Davidson & J. M. Neale. (1982). *Abnormal psychology: An experimental clinical approach*. 3ª ed. Nova York: John Wiley & Co, p. 582. Reimpressa com permissão.

Capítulo 15

P. 645 De S. Milgram. (1974). *Obedience to authority*. Nova York: Harper & Row, p. 54.

FOTOS DE ABERTURA DOS CAPÍTULOS

1. Stephen L. Feldman/Photo Researchers.
2. Technicare Corp.
3. Martha Leonard/Click/Chicago.
4. M. C. Escher. *Study of Regular Division of the Plane with Reptiles*. Collection, Haags Gemeentemuseum, The Hague.
5. Ulrike Welsch.
6. Arthur Tress/Photo Researchers.
7. Hugh Rogers/Monkmeyer.
8. Bert Miller/Black Star.
9. Leif Skoogfors/Woodfin Camp & Assoc.
10. Dave Kingdon/Black Star.
11. Janice Fullman/The Picture Cube.
12. Abigail Heyman/Archive Pictures.
13. Mary Ellen Mark/Archive Pictures.
14. Joan Menschenfreund.
15. Joan Liftin/Archive Pictures.

Bibliografia

Muitas das abreviaturas (de periódicos, monografias e anuários, por exemplo) usadas aqui são relacionadas por extenso na p. B-59

Abbott, B. B., Schoen, L. S. & Badia, P. (1984). Predictable and unpredictable shock. *Psychol. Bull.*, 96:29-44.

Abbott, V., Black, J. & Smith, E. E. (1984, no prelo). The representation of scripts in memory. *J. Verb. Learn. Verb. Behav.*

Abel E. L. (1980). Fetal alcohol syndrome. *Psychol. Bull.*, 87:29-50.

Abel, E. L. (1984). *Fetal alcohol syndrome and fetal alcohol effects.* Nova York: Plenum Press.

Abel, G. G., Barlow, D. H., Blanchard, E. & Guild, D. (1977). The components of rapists' sexual arousal. *Arch. Gen. Psychiat.*, 34:895-903.

Abelson, R. P. (1981). Psychological status of the script concept. *Amer. Psychol.*, 36:715-729.

Abelson, R. P. (1982). Three modes of attitude behavior consistency. In M. P. Zanna, E. T. Higgins & C. P. Herman (eds.). *Consistency in social behavior.* Hillsdale, NJ: Erlbaum, vol. 2.

Abelson, R. P. & Miller, J. (1967). Negative persuasion via personal insult. *J. Exper. Soc. Psychol.*, 3:321-333.

Abrahamsen, D. (1977). *Nixon vs. Nixon.* Nova York: Farrar Straus.

Abrams, R. (1974). Unipolar mania. *Arch. Gen. Psychiat,* 30:441-443.

Abrams, R. & Essman, W. B. (eds.) (1982). *Electroconvulsive therapy.* Nova York: SP Medical & Scientific Books.

Abse, D. W. (1966). *Hysteria and related mental disorders.* Baltimore: Williams & Wilkins.

Adair, J. G., Dushenko, T. W. & Lindsay, R. C. L. (1985). Ethical regulations and their impact. *Amer. Psychol.*, 40:59-72.

Adams, D. B., Gold., A. R. & Burt, A. D. (1978). Rise in female-initiated sexual activity at ovulation. *New Engl. J. Med.*, 299:1.145-1.150.

Adams, P. M., Legator, M. S. & Fabricant, J. D. (1981). Cyclophosphamide-induced spermatogenic effects detected in the F1 generation by behavioral testing. *Science,* 211:80-82.

Adamson, R. E. & Taylor, D. W. (1954). Function fixedness as related to elapsed time and to set. *J. Exper. Psychol.*, 47:122-126.

Addonizio, B., Susan, V. & Roth, S. D. (1985). *Self-limited malignant syndrome with continued use of neuroleptic.* Trabalho apresentado no encontro anual da American Psychiatric Association, Dallas.

Adelson, B. (1984). When novices surpass experts. *J. Exper. Psychol.: Learn., Mem., Cog.,* 10:483-495.

Ader, R. (1981). A historical account of conditioned immunological responses. In R. Ader (ed.). *Psychoneuroimmunology.* Nova York: Academic Press.

Ader, R. & Cohen, N. (1981). Conditioned immunopharmacologic responses. In R. Ader (ed.). *Psychoneuroimmunology.* Nova York: Academis Press.

Adickes, E. & Shuman, R. M. (1981). Human-fetal alcohol myopathy. *Neuropathol. J. Exper. Neurol.,* 40:332.

Adler, A. (1930). Individual psychology. In C. Murchison (ed.). *Psychologies of 1930.* Worcester, MA: Clark University Press, p. 398.

Adorno, T. W., Frenkel-Brunswik, E., Levinson, D. J. & Sanford, R. N. (1950). *The authoritarian personality.* Nova York: Harper & Row.

Agras, S., Sylvester, D. & Oliveau, D. (1969). *The epidemiology of common fears and phobias.* Trabalho não publicado.

Ainsworth, M. D. (1982). Attachment. In C. M. Parkes & J. Stevenson-Hinde (eds.). *The place of attachment in human behavior.* Nova York: Basic Books.

Ainsworth, M. D. S., Blehar, M. C., Waters, E. & Wall, S. (1978). *Patterns of attachment.* Hillsdale, NJ: Erlbaum.

Ainsworth, M. D. S. & Witting, B. A. (1969). Attachment and exploratory behavior of one-year-olds in a strange situation. In B. M. Foss (ed.). *Determinants of infant behavior.* Londres: Methuen, vol. 4, pp. 111-136.

Ajzen, I. (1982). On behaving in accordance with one's attitudes. In M. P. Zanna, E. T. Higgins & C. P. Herman (eds.). *Consistency in social behavior.* Hillsdale, NJ: Erlbaum, pp. 3-16.

Akhtar, S., Wig, N. N., Varma, V. K., Pershad, D. & Verma, S. K. (1975). A phenomenological analysis of syntoms in obsessive-compulsive neurosis. *Brit. J. Psychiat.,* 127:342-348.

Akil, H., Watson, S. J., Young, E., Lewis, M. E., Khachaturian, H. & Walker, J. M. (1984). Endogenous opioids. *Annu. Rev. Neurosci.,* 7:223-255.

Akiskal, H. (abril, 1983). *Overview of chronic depression.* Trabalho apresentado no simpósio psiquiátrico anual Affective Disorders Reassessed: 1983, Taylor Manor Hospital, Baltimore.

Akiskal, H. S. & McKinney, W. T. (1975). Overview of recent research in depression. *Arch. Gen. Psychiat.,* 32:285-305.

Akiskal, H. S., Rosenthal, R. H., Rosenthal, T. L., Kashgarian, M., Khani, M. K. & Puzantian, V. R. (1979). Differentiation of primary affective illness from situational, symptomatic, and secondary depressions. *Arch. Gen. Psychiat.,* 36:635-643.

Akiyama, M. M. (1984). Are language-acquisition strategies universal. *Develop. Psychol.,* 20:219-228.

Albert, E. (1963). The roles of women. In S. M. Farber & R. H. L. Wilson (eds.). *The potential of women.* Nova York: McGraw-Hill, pp. 105-115.

Albert, M. (1984). Trabalho apresentado no Symposium on Memory and the Aging Brain, realizado no encontro anual da American Psychiatric Association, Los Angeles.

Albert, M. (1985). *The assessment of cognitive loss.* Trabalho apresentado no encontro anual da American Psychiatric Association, Dallas.

Aldous, J., Klaus, E. & Klein, D. M. (1985). The understanding heart. *Child Develop.,* 56:303-316.

Aleksandrowicz, M. & Aleksandrowicz, D. R. (1974). Obstetrical pain-relieving drugs as predictors of infant behavior variability. *Child Develop.,* 45:935-945.

Allgeier, A. R., Byrne, D., Brooks, B. & Revnes, D. (1979). The waffle phenomenon. *J. Appl. Soc. Psychol,* 9:170-182.

Alland, A., Jr. (1983). *Playing with form.* Nova York: Columbia University Press.

Allen, N. H. (1973). Suicide in California, 1960-1970. State of California Department of Health Publication.

Allen, V. L. & Wilder, D. A. (1980). Impact of group consensus and social support on stimulus meaning. J. Pers. Soc. Psychol., 39:1.116-1.124.

Allison, J., Larson, D. & Jensen, D. D. (1967). Acquired fear, brightness preference, and one way shuttlebox performance. Psychonom. Sci., 8:269-270.

Alloy, L. B. & Abramson, L. Y. (1979). Judgement of contingency in depressed and nondepressed students. J. Exper. Psychol.: Gen., 108:441-485.

Alloy, L. B., Peterson, C., Abramson, L. Y. & Seligman, M. E. P. (1984). Attributional style and the generality of learned helplessness. J. Pers. Soc. Psychol., 46:681-687.

Allport, D. A. (1980). Attention and performance. In G. Claxton (ed.). Cognitive psychology. Londres: Routledge & Kegan Paul.

Allport, G. W. (1954). Prejudice. Cambridge, MA: Addison-Wesley.

Allport, G. W. (1958). The nature of prejudice. Garden City, NY: Doublesday, p. 9.

Allport, G. W. & Postman, L. (1947). The psychology of rumor. Nova York: Henry Holt.

Allport, G. W., Vernon, P. E. & Lindzey, G. (1970). Study of values. 3ª ed. rev. Boston: Houghton Mifflin.

Alpert, J. L. & Richardson, M. S. (1980). Parenting. In L. W. Poon (ed.). Aging in the 1980s. Washington, DC: American Psychological Association, pp. 441-454.

Altemeier, W. A., O'Connor, S., Vietze, P. M., Sandler, H. M. & Sherrod, K. B. (1982). Antecedents of child abuse. Behav. Pediatr., 100:823-829.

Altmaier, E. M. (ed.). (1983). Helping students manage stress. San Francisco: Jossey-Bass.

Altman, I., Vinsel, A. & Brown, B. B. (1981). Dialectic conceptions in social psychology. In L. Berkowitz (ed.). Advances in experimental social psychology. Nova York: Academic Press, vol. 14, pp. 108-161.

Altura, B. M. (1984). Magnesium deficiency in hypertension. Science, 223:13-17.

Amabile, T. M. (1983). The social psychology of creativity. Nova York: Springer-Verlag.

Amabile, T. M. (1985). Motivation and creativity. J. Pers. Soc. Psychol., 48:393-399.

American Psychiatric Association. (1980). Diagnostic and statistical manual of mental disorders. 3ª ed. Washington, DC: Autor.

American Psychiatric Association. Position on the insanity defense. Citado em Herbert, W. (1983). Shrinking the insanity defense. Sci. News, 123:68.

American Psychological Association. (1981). Ethical standards of psychologists. Amer. Psychol. Rev., 36:6-38.

American Psychological Association. (1982). Ethical principles in the conduct of research with human participants. Washington, DC: Autor.

American Psychological Association. (abril, 1985a). Interim animal care guidelines. Reimpresso na Amer. Psychol. Ass. Monitor, 16:5-6.

American Psychological Association. (1985b). Draft guidelines on computer-based tests and assessment. Washington., DC: Autor.

Amir, Y. & Sharan, S. (eds.). (1983). School desegregation. Hillsdale, NJ: Erlbaum.

Amor, D. J., Polich, J. M. & Stambul, H. B. (1978). Alcoholism and treatment. Nova York: Wiley.

Amsterdam, J. D., Winokur, A., Dyson, W., Herzog, S., Gonzalez, F., Rott, R. & Koprowski, H. (1985). Borna disease virus. Arch. Gen. Psychiat., 42:1.093-1.096.

Anand, B. K., Chhina, G. S. & Singh, B. (1962). Effect of glucose on the activity of hypothalamic "feeding centers". Science, 138:597-598.

Anastasi, A. (1982). Psychological testing. 5a ed. Nova York: Macmillan.

Andersen, S. M. (1984). Self-knowledge and social inference: II. J. Pers. Soc. Psychol., 46:294-307

Andersen S. M. & Ross, L. (1984). Self-knowledge and social inference: I. J. Pers. Soc. Psychol., 46:280-293.

Anderson, A. (julho, 1982). Neurotoxic follies. Psychol. Today, pp. 30-42.

Anderson, C. A. & Anderson, D. C. (1984). Ambient temperature and violent crime. J. Pers. Soc. Psychol., 46:91-97.

Anderson, C. A., Horowitz, L. M. & deSales French, R. (1983). Attributional style of lonely and depressed people. J. Pers. Soc. Psychol., 45:127-136.

Anderson, C. A., Lepper, M. R. & Ross, L. (1980). Perseverance of social theories. J. Pers. Soc. Psychol., 39:1.037-1.049.

Anderson, J. R. (ed.) (1981). Cognitive skills and their acquisition. Hillsdale, NJ: Erlbaum.

Anderson, J. R. (1985). Ebbinghaus's century. J. Exper. Psychol.: Learn., Mem., Cog., 11:436-438.

Anderson, J. R. & Pirolli, P. L. (1984). Spread of activation. J. Exper. Psychol.: Learn; Mem., Cog., 10:791-798.

Anderson, S. B. & Coburn, L. V. (1982). Academic testing and the consumer. San Francisco: Jossey-Bass.

Andrasik, F. & Holroyd, K. (1980). A test of specific and nonspecifc effects in the biofeedback treatment of tension headache. J. Cons. Clin. Psychol., 48:575-586.

Andres, R. (1980). Influence of obesity on longevity in the aged. In C. Borek, C. M. Fenoglio & D. W. King (eds.). Aging, cancer, and cell membranes. Nova York: Springer-Verlag, pp. 238-246.

Andres, R. (1985). Mortality and obesity. In R. Andres, E. L. Bierman & W. R. Hazzard (eds.). Principles of geriatric medicine. Nova York: McGraw-Hill, pp. 311-318.

Anisman, H. & LaPierre, Y. (1982). Neurochemical aspects of stress and depression. In R. W. J. Neufeld (ed.). Psychological stress and psychopathology. Nova York: McGraw-Hill.

Annis, L. F. (1978). The child before birth. Ithaca: Cornell University Press.

Annon, J. S. (1984). The sanity of the insanity defense. Contemp. Psychol., 29:965-966.

Anthony, E. J. (ed.). (1975). Explorations in child psychiatry. Nova York: Plenum Press.

Antze, P. (1979). Role of ideologies in peer psychotherapy groups. In M. A. Lieberman & L. D. Borman et al. (eds.). Self-help groups for coping with crisis. San Francisco: Jossey-Bass, pp. 272-304.

Archer, J. & Birke, L. I. A. (eds.). (1983). Explorations in animals and humans. Berkshire, Ing.: Van Nostrand Reinhold.

Arenberg, D. & Robertson-Tchabo, E. A. (1977). Learning and aging. In J. E. Birren & K. W. Schaie (eds.). Handbook of the psychology of aging. Nova York: Van Nostrand Reinhold, pp. 421-449.

Aries, P. (1981). The hour of our death. Tradução de H. Weaver. Nova York: Knopf.

Arkowitz, H. & Messer, S. B. (eds.). (1984). Psychoanalytic therapy and behavior therapy. Nova York: Plenum Press.

Armor, D. J. (1980). White flight and the future of school desegregation. In W. G. Stephan & J. R. Feagin (eds.). School desegregation. Nova York: Plenum Press, pp. 187-226.

Arndt, W. B., Foehl, J. C. & Good, F. E. (1985). Specific sexual fantasy themes. J. Pers. Soc. Psychol., 48:472-480.

Aronson, E., Stephan, C., Sikes, J., Blaney, N. & Snapp, M. (1978). The jigsaw classroom. Beverly Hills, CA: Sage.

Aronson, E., Turner, J. & Carlsmith, J. M. (1963). Communicator credibility and communicator discrepancy as determinants of opinion change. J. Abnorm. Soc. Psychol., 67:31-36.

Aronson, E. Willerman, B. & Floyd, J. (1966). The effect of a pratfall on increasing interpersonal attractiveness. Psychonom. Sci., 4:227-228.

Asberg, M., Traksman, L. & Thoren, P. (1976). 5-HIAA in the cerebrospinal fluid. Arch. Gen. Psychiat., 33:1.193-1.197.

Asch, S. (1951). Effects of group pressure upon the modification and distortion of judgement. In M. H. Guetzkow (ed.). *Groups, leadership, and men.* Pittsburgh: Carnegie Press, pp. 117-190.

Asch, S. (1952). *Social psychology.* Englewood Cliffs, NJ: Prentice-Hall.

Aserinsky, E. & Kleitman, N. (1953). Regularly occuring periods of eye mobility and concomitant phenomena during sleep. *Science,* 118:273-274.

Ashmore, R. D. (1981). Sex stereotypes and implicit personality theory. In D. L. Hamilton (ed.). *Cognitive processes in stereotyping and intergrup behavior.* Hillsdale, NJ: Erlbaum, pp. 1-36.

Atkinson, J. W. (1977). Motivation for achievement. In T. Blass (ed.). *Personality variables in social behavior.* Hillsdale, NJ: Erlbaum, pp. 25-108.

Atkinson, J. W. (1981) Studying personality in the context of an advanced motivational psychology. *Amer. Psychol.,* 36:117-128.

Atkinson, J. W. (1983) *Personality, motivation, and action.* Nova York: Praeger.

Atkinson, J. W. & Raynor, J. O. (1978). *Personality, motivation and achievement.* Washington, DC: Hemisphere.

Atkinson, R. C., Hermann, S. J. & Wescourt, K. J. (1974). Search processes in recognition memory. In R. L. Solso (ed.). *Theories in cognitive psychology.* Potomac, MD: Erlbaum, pp. 101-146.

Atkinson, R. C. & Shiffrin, R. M. (1971). The control of short-term memory. *Scientif. Amer.,* 224:82-90.

Ault, R. L. (1983). *Children's cognitive development.* 2ª ed. Nova York: Oxford University Press.

Austin, W. (1979). Sex diferences in bystander intervention in a theft. *J. Pers. Soc. Psychol.,* 37:2.110-2.120.

Austin, W. & Tobiasen, J. (1982). Moral evaluation in intimate relationships. In J. Greenberg & R. L. Cohen (eds.). *Equity and justice in social behavior.* Nova York: Academic Press, pp. 217-260.

Ausubel, D. P. (1968). *Educational psychology.* Nova York: Holt Rinehart.

Averill, J. R. (1979). Anger. In R. A. Dienstbier (ed.). *Nebraska symposium on motivation.* Lyncoln: University of Nebraska Press.

Averill, J. R. (1982). *Anger and agression.* Nova York: Springer-Verlag.

Averill, J. R. (1983). Studies on anger and agression. *Amer. Psychol.,* 38:1.145-1.160.

Ax, A. F. (1953). The physiological differentiation between fear and anger in humans. *Psychosom. Med.,* 15:433-442.

Axelrod, J. & Reisine, T. D. (1984). Stress hormones. *Science,* 224:452-459.

Axelrod, S. & Apsche, J. (eds.). (1983). *The effects of punishment on human behavior.* Nova York: Academic Press.

Ayllon, T. & Azrin, N. (1968). *The token economy.* Nova York: Appleton-Century-Crofts, pp. 246-250.

Babad, E. Y., Inbar, J. & Rosenthal, R. (1982). Pygmalion, Galatea and the Golem. *J. Educ. Psychol.,* 74:459-474.

Bachman, J. G., O'Malley, P. M. & Johnston, J. (1978). *Youth in transition:* vol. VI, *Adolescence to adulthood.* Ann Arbor, MI: Institute for Social Research.

Bacon, M. K., Child, I. L. & Barry, H. (1963). A cross-cultural study of some correlates of crime. *J. Abnorm. Soc. Psychol.,* 66:291-300.

Baddeley, A. D. (1976). *The psychology of memory.* Nova York: Basic Books.

Baddeley, A. D. (1978). The trouble with levels. *Psychol. Rev.,* 85:139-152.

Baddeley, A. D. (1982). Domains of recolection. *Psychol. Rev.,* 89:708-729.

Baechler, J. (1979). *Suicides.* Nova York: Basic Books.

Baer, R., Hinkle, S. Smith, K. & Fenton, M. (1980). Reactance as a function of actual versus projected autonomy. *J. Pers. Soc. Psychol.,* 38:416-422.

Bahrick, H. P. (1984). Semantic memory content in permastore. *J. Exper. Psychol.: Gen.,* 113:1-29.

Bahrick, H. P. (1985). Associationism and the Ebbinghaus legacy. *J. Exper. Psychol.: Learn., Mem., Cog.,* 11:439-443.

Baker, C. L. & McCarthy, J. L. (eds.). (1981). *The logical problem of language acquisition.* Cambridge, MA: MIT Press.

Baker, L. J., Dearborn, M., Hastings. J. E. & Hamberger, K. (1984). Type A behavior in women. *Health Psychol.,* 3:477-497.

Baldessarini, R. J. (1985). *Chemotherapy in psychiatry.* Ed. rev. e ampl. Cambridge, MA: Harvard University Press.

Baldwin, W. (1983) Trends in adolescent contraception, pregnancy, and child rearing. In E. R. McAnarney (ed.). *Premature adolescent pregnancy and parenthood.* Nova York: Grune & Stratton, pp. 3-20.

Ballenger, J. C., Rubin, R. T. & Swinson, R. P. (1985). Clinical efficacy and outcome. Trabalho apresentado no encontro anual da American Psychiatric Association, Dallas.

Baltes, P. B., Reese, H. W. & Lipsitt, L. P. (1980). Life-span developmental psychology. *Annu. Rev. Psychol.,* 31:65-110.

Bandura, A. (1969). *Principles of behavior modification.* Nova York: Holt, Rinehart & Winston.

Bandura, A. (1971). Analysis of modeling processes. In A. Bandura (ed.). *Psychological modeling.* Chicago, Il Aldine, pp. 1-62.

Bandura, A. (1976). In R. J. Evans (ed.). *The making of psychology.* Nova York: Knopf, pp. 242-254.

Bandura, A. (1977). *Social learning theory.* Englewood Cliffs, NJ: Prentice-Hall.

Bandura, A. (1982). Self-efficacy mechanism in human agency. *Amer. Psychol.,* 37:122-147.

Bandura, A. (1983). Self-efficacy determinants os anticipated fears and calamities. *J. Pers. Soc. Psychol.,* 45:464-469.

Bandura, A. (1985). Application of social learning theory to community health programs. Trabalho apresentado no encontro anual da American Association for the Advancement of Science, Los Angeles.

Bandura, A. & Menlove, F. L. (1968). Factors determining vicarious extinction of avoidance behavior through symbolic modeling. *J. Pers. Soc. Psychol.,* 88:99-108.

Bandura, A., Ross, D. & Ross, S. A. (1963). Imitation of film-mediated aggressive models. *J. Abnorm. Soc. Psychol.,* 66:3-11.

Bandura, A., Underwood, B. & Fromson, M. E. (1975). Disinhibition of aggression through diffusion of responsibility and rehumanization of victims. *J. Res. Pers.,* 9:253-269.

Bandura, A. & Walters, R. H. (1963). *Social learning and personality development.* Nova York: Holt, Rinehart.

Banki, C. M., Aratto, M., Pappo, Z. & Kurcz, M. (1984). Biochemical markers in suicidal patients. *J. Affect. Dis.,* 6:341-350.

Banks, H. C., Shestakofsky, S. R. & Carson, G. (1975). *Civil disabilities of ex-offenders.* Equipe de projeto financiada pela John Hay Whitney Foundation.

Bannister, D. (1966). Psychology as an exercise in paradox. *Bull. Brit. Psychol. Society,* 19:21-26.

Barber, T. X. (1978). Hypnosis, suggestions, and psychosomatic phenomena. *Amer. J. Clin. Hypnos.,* 21:13-27.

Barber, T. X. & Calverley, D. S. (1963). "Hypnotic-like" suggestibility in children and adults. *J. Abnorm. Soc. Psychol.,* 66:589-597.

Barber, T. X. & Ham, M. W. (1974). *Hypnotic phenomena.* Morristown, NJ: General Learning Press.

Barber, T. X., Spanos, N. P. & Chaves, J. F. (1974). *Hypnosis, imagining, and human potentialities.* Elmsford, NY: Pergamon.

Barden, R. C., Garber, J., Duncan, S. W. & Masters, J. C. (1981). Cumulative effects of induced affective states in children. *J. Pers. Soc. Psychol.,* 41:750-760.

Barish, D. P. (1981). Sociobiology criticized. *Contemp. Psychol.*, 26:350-351.

Barker, R. G., Dembo, T. & Lewin, K. (1943). Frustration and regression. In R. G. Barker, J. S. Kounin & H. F. Wright (eds.). *Child behavior and development*. Nova York: McGraw-Hill, pp. 441-458.

Barlow, D. H., Vermilyea, J., Blanchard, E. B., Vermilyea, B. B., Di Nardo, P. A. & Cerny, J.A. (1985). The phenomenon of panic. *J. Abnorm. Psychol.*, 94:320-328.

Barnard, K. E., Bee, H. L. & Hammond, M. A. (1984). Home environment and cognitive development in a healthy, low-risk sample. In A. W. Gottfried (ed.). *Home environment and early cognitive development*. Nova York: Academic Press, pp. 117-150.

Barnes, G. E. & Prosen, H. (1985). Parental death and depression. *J. Abnorm. Psychol.*, 94:64-69.

Barnes, M. L. & Buss, D. M. (1985). Sex differences in the interpersonal behavior of married couples. *J. Pers. Soc. Psychol.*, 48:654-661.

Barnett, R. C. (1983). *Determinants of father participation in child care*. Trabalho apresentado no encontro anual da American Psychological Association, Anaheim, CA.

Barnett, R. C. & Baruch, G. K. (1981). *The road taken*. Nova York: McGraw-Hill.

Barnett, R. C. & Baruch, G. K. (1985). Women's involvement in multiple roles and psychological distress. *J. Pers. Soc. Psychol.*, 49:135-145.

Baron, J. (1982). Personality and intelligence. In R. J. Sternberg (ed.). *Handbook of intelligence*. Cambridge, Ing.: Cambridge University Press.

Baron, R. M. (1981). Social knowing from an ecological-event perspective. In J. H. Harvey (ed.). *Cognition, social behavior, and the environment*. Hillsdale, NJ: Erlbaum.

Barrett, D. E., Radke-Yarrow, M. & Klein, R. E. (1982). Chronic malnutrition and child behavior. *Develop. Psychol.*, 18:541-556.

Barrett, J. E., Rose, R. M. & Klerman, G. L. (1979). *Stress and mental disorder*. Nova York: Raven.

Barron, F. (1969). *Creative person and creative process*. Nova York: Holt, Rinehart & Winston.

Bartlett, F. C. (1950). *Remembering*. Cambridge, Ing.: Cambridge University Press.

Basbaum, A. I. & Fields, H. L. (1984). Endogenous pain control systems. *Annu. Rev. Neurosci.*, 7:309-338.

Bassuk, E. L. (1984). The homelessness problem. *Scientif. Amer.*, 251:40-45.

Batson, C. D. & Coke, J. S. (1981). Empathy. In J. P. Rushton & R. M. Sorrentino (eds.), *Altruism and helping behavior*. Hillsdale, NJ: Erlbaum, pp. 167-188.

Baucom, D. H. (1983). Sex role identity and the decision to regain control among women. *J. Pers. Soc. Psychol.*, 44:334-343.

Baucom, D. H., Besh, P. K. & Callahan, S. (1985). Relation between testosterone concentration, sex role identity and personality among females. *J. Pers. Soc. Psychol.*, 48:1.218-1.226.

Baucom, D. H. & Danker-Brown, P. (1984). Sex role identity and sex-stereotyped tasks in the development of learned helplessness in women. *J. Pers. Soc. Psychol.*, 46:422-430.

Baum, A. & Davis, G. E. (1980). Reducing the stress of high-density living. *J. Pers. Soc. Psychol.*, 38:471-481.

Baum, A., Gatchel, R. J., Aiello, J. R. & Thompson, D. (1981). Cognitive mediation of environmental stress. In J. H. Harvey (ed.). *Cognition, social behavior, and the environment*. Hillsdale, NJ: Erlbaum.

Baum, M. J. (1984). Apresentação no simpósio Sexually Dimorphic Behaviors, no encontro anual da Society for Neuroscience, Boston.

Bauman, K. E. & Wilson, R. R. (1974). Sexual behavior of unmarried university students in 1968 and 1972. *J. Sex. Res.*, 10:327-333.

Baumgartner, A. (1983). "My daddy might have loved me": *Student perceptions of differences between being male and being female*. Trabalho publicado pelo Institute for Equality in Education, Denver.

Baumrind, D. (1980). New directions in socialization research. *Amer. Psychol.*, 35:639-652.

Baumrind, D. (1983). Rejoinder to Lewis's reinterpretation of parental firm control effects. *Psychol. Bull.*, 94:132-142.

Baumrind, D. (1985). Research using intentional deception. *Amer. Psychol.*, 40:165-174.

Baxter, L. & Wilmot, W. (1984). Secret test. *Human Communic. Res.*, 11(2):171-201.

Bayer, L. M., Whissell-Bluechy, D. & Honzik, M. P. (1982). Health in the middle years. In D. H. Eichorn, J. A., Clausen, N. Haan, M. P. Honzik & P. H. Mussen (eds.). *Present and past in middle life*. Nova York: Academic Press.

Bayles, K. A. (1984). Language and dementia. In A. Holland (ed.). *Language disorders in adult*. San Diego: College-Hill Press, pp. 209-244.

Bayley, N. L., Rhodes, L., Gooch, B. & Marcus, N. (1971). A comparison of the growth and development of institutionalized and home-reared mongoloids. In J. Hellmuth (ed.). *Exceptional infant*. Nova York: Brunner/Mazel, vol. 2.

Beal, M. F., Mazurek, M. F., Tran, V. T., Chattha, G., Bird, E. D. & Martin, J. B. (1985). Reduced numbers of somatostatin receptors in the cerebral cortex in Alzheimer's disease. *Science*, 229:289-291.

Bean, P. (ed.). (1983). *Mental illness*. Chichester, Ing.: Wiley.

Beck, A. T. (1967). *Depression*. Nova York: Hoeber.

Beck, A. T. (1970). *Depression*. Filadélfia: University of Pennsylvania Press.

Becker, D. & Levine, D. (1983). Risk behaviors in unaffected brothers and sisters of people with premature ischemic heart disease. *Circulation*, 68:291.

Beckwith, L. & Cohen, S. E. (1984). Home environment and cognitive competence in preterm children during the first 5 years. In A. W. Gottfried (ed.). *Home environment and early cognitive development*. Nova York: Academic Press, pp. 235-272.

Begleiter, H., Porjesz, B., Bihari, B. & Kissin, B. (1984). Event-related brain potentials in boys at risk for alcoholism. *Science*, 225:1.493-1.496.

Behar, D., Winokur, G. & Berg, C. J. (1984). Depression in the abstinent alcoholic. *Amer. J. Psychiat.*, 141:1.105-1.107.

Behrman, R. E. Report of the Institute of Medicine of the National Academy of Sciences. Citado em Miller, J. A. (1985). Making babies bigger before birth. *Sci. News*, 127:134.

Beiser, M., Burr, W. A., Collomb, H. & Ravel, J. L. (1974). Pobough Lang in Senegal. *Soc. Psychiat.*, 9:123-129.

Bell, A. P. & Weinberg, M. S. (1978). *Homosexualities*. Nova York: Simon & Schuster.

Bell, A. P., Weinberg, M. A. & Hammersmith, S. K. (1981). *Sexual preference*. Bloomington: Universidade de Indiana.

Bell, R. R. (1981). Friendships of women and of men. *Psychol. Women Quart.*, 5:402-417.

Bell, S. M. (1985). Cognitive development and mother-child interaction in the first three years of life. Citado em Sroufe, L. A. (1985). Attachment classification from the perspective of infant-caregiver relationships and infant temperament. *Child. Develop.*, 56:1-14.

Bell, S. M. & Ainsworth, M. D. S. (1972). Infant crying and maternal responsiveness. *Child Develop.*, 43:1.171-1.190.

Beller, A. S. (1978). *Fat and thin*. Nova York: McGraw-Hill.

Belsky, J. & Steinberg, L. D. (1979). The effects of day care. In S. Chess & A. Thomas (eds.). *Annual progress in child psychiatry and child development*. Nova York: Brummer/Mazel, pp. 576-611.

Belson, W. A. (1978). *Television violence and the adolescent boy.* Westmead, Ing.: Saxon House.
Bem, D. J. (1970). *Beliefs, values and human affairs.* Monterey, CA: Books/Cole.
Bem, D. J. (1982). Persons, situations, and template matching. In M. P. Zanna, E. T. Higgins & C. P. Herman (eds.). *Consistency in social behavior.* Hillsdale, NJ: Erlbaum, pp. 173-186.
Bem, D. J. (1983). Toward a response style theory of persons in situations. In M. M. Page (ed.). *Personality-current theory and research.* Lincoln: University of Nebraska Press, pp. 201-232.
Bem, D. J. & Allen, S. (1974). On predicting some of the people some of the time. *Psychol. Rev.,* 31:506-520.
Bem, S. L. (1977). On the utility of alternative procedures for assessing psychological androgyny. *J. Consult. Clin. Psychol.,* 45:196-205.
Bem, S. L. (1979). Theory and measurement of androgyny. *J. Pers. Soc. Psychol.,* 37:1.047-1.054.
Bem, S. L. (1981). Gender schema theory. *Psychol. Rev.,* 88:354-364.
Bem, S. L. (inverno, 1983). Gender schema theory and its implications for child development. *Signs,* 5:598-616.
Benbow, C. P. & Stanley, J. C. (1983). Sex differences in mathematical reasoning ability. *Science,* 222:1.029-1.031.
Bender, L. (1956). Schizophrenia in childhood. *Amer. J. Orthopsychiat.,* 26:499-506.
Bennett, S. M. (1984). Family enviroment for sexual learning as a function of fathers' involvement in family work and discipline. *Adolescence,* 19:609-627.
Bennett, W. & Gurin, J. (1982). *The dieter's dilemma.* Nova York: Basic Books.
Ben-Shakhar, G. & Lieblich, I. (1984). On statistical detection of deception. *Amer. Psychol.,* 39:79-80.
Ben-Shakhar, G., Lieblich, I. & Bar-Hillel, M. (1982). An evaluation of polygraphers' judgements. *J. Appl. Psychol.,* 67:701-713.
Berbaum, M. L. & Moreland, R. L. (1985). Intelectual development within transracial adoptive families. *Child Develop.,* 56:207-216.
Beresford, T. P., Hall, R. C., Wilson, F. C. & Blow, F. (1985). Clinical laboratory data in psychiatric patients. *Psychosomatics,* 26:731-733 e ss.
Bergin, A. E. (1971). The evaluation of therapeutic outcomes. In A. E. Bergin & S. L. Garfield (eds.). *Handbook of psychotherapy and behavior change.* Nova York: Wiley, pp. 217-270.
Bergin, A. E. (1983). Briefly noted. *Contemp. Psychol.,* 28:885.

Bergin, A. E. & Lambert, M. J. (1978). The evaluation of therapeutic outcomes. In S. L. Garfield & A. Bergin (eds.). *Handbook of psychotherapy and behavior change.* 2^a ed. Nova York: Wiley.
Berkman, L. F. & Syme, S. L. (1979). Social networks, host resistance and mortality. *Amer. J. Epidem.,* 109:186-204.
Berko, J. (1958). The child's learning of English morphology. *Word,* 14:150-177.
Berkowitz, L. (1978). Decreased helpfulness with increased group size through lessening the effects of the needy individual's dependency. *J. Pers.,* 46:299-310.
Berkowitz, L., (junho, 1981). How guns control us. *Psychol. Today,* 15 (6):11-12.
Berkowitz, L. (1983). Aversively stimulated aggression. *Amer. Psychol.,* 38:1.135-1.144.
Berkowitz, L. (1984). Some effects of thoughts on anti- and prosocial influences of media events. *Psychol. Bull.,* 95:410-427.
Berlin, B. & Kay, P. (1969). *Basic color terms.* Berkeley: University of California Press.
Berlin, F. S. (1982). Sex offenders. In J. Greer & J. R. Stuart (eds.). *Sexual aggression.* Nova York: Van Nostrand Reinhold.
Berlyne, D. E. (1966). Curiosity and exploration. *Science,* 153:25-33.
Berman, A. (1978). *Neuropsychological aspects of violent behavior.* Trabalho apresentado no encontro anual da American Psychological Association, Toronto.
Berman, K. F., Shelton, R. C., Zec, R. F. & Weinberger, D. R. (1985). *Frontal lobe structure and function in schizophrenia.* Trabalho apresentado no encontro anual da American Psychiatric Association, Dallas.
Berman, J. S., Miller, R. C. & Massman, P. J. (1985). Cognitive Theory versus systematic desensitization. *Psychol. Bull.,* 97:451-461.
Berman, J. S. & Norton, N. C. (1985). Does professional training make a therapist more effective? *Psychol. Bull.,* 97:451-407.
Bernal, M. (1971). Training parents in child management. In R. H. Bradfield (ed.). *Behavior modification of learning disabilities.* San Rafael, CA: Academic Therapy Publications, pp. 41-67.
Bernand, J. (1973). *The future of marriage.* Nova York: Bantam.
Bernard, L. L. (1924). *Instinct.* Nova York: Holt, Rinehart.
Berndt, T. J. (1979). Developmental changes in conformity to peers and parents. *Develop. Psychol.,* 15:608-616.
Bernstein, L. (1979). Hebb's claim of irreversibility in environmentally restricted rats. *Amer. Psychol.,* 34:802-803.

Berridge, K. C. & Fentress, J. C. (1985). Trigeminal-taste interaction in palatability processing. *Science,* 228:747-749.
Bers, S. A. & Rodin, J. (1984). Social comparison jealousy. *J. Pers. Soc. Psychol.,* 47:766-779.
Berscheid, E. & Perplau, L. A. (1983). The emerging science of relationships. In H. H. Kelley, E. Berscheid, A. Christensen, J. H. Harvey, T. L. Husdton, G. Levinger, E. McClintock, L. A. Peplau & D. R. Peterson (eds.). *Close relationships.* Nova York: Freeman, pp. 1-19.
Berscheid, E. & Walster, E. H. (1978). *Interpersonal attraction.* 2^a ed. Reading, MA: Addison-Wesley.
Bersoff, D. N. (1983). Regarding psychologists testily. In C. J. Scheirer & B. L. Hammonds (eds.). *Psychology and the law.* Washington, DC: American Psychological Association.
Bettelheim, B. (1967). *The empty fortress.* Nova York: Free Press.
Beuhring, T., Cudek, R., Mednick, S. A., Walker, E. F. & Schulsinger, F. (1982). Vulnerability to environmental stress. In R. W. J. Neufeld (ed.). *Psychological stress and psychopathology.* Nova York: McGraw-Hill.
Beutler, L. E. (1983). *Ecletic psychotherapy.* Nova York: Pergamon.
Bever, T. G. (ed.). (1982). *Regressions in mental development.* Hillsdale, NJ: Erlbaum.
Bexton, W. H., Heron, W. & Scott, T. H. (1954). Effects of decreased variation in the sensory environment. *Canadian J. Psychol.,* 8:70-76.
Billings, A. G. & Moos, R. H. (1984). Coping, stress, and social resources among adults with unipolar depression. *J. Pers. Soc. Psychol.,* 46:877-891.
Billings, A. G. & Moos, R. H. (1985). Life stressors and social resources affect posttreatment outcomes among depressed patients. *J. Abnorm. Psychol.,* 94:140-153.
Binion, R. (1976). *Hitler among the Germans.* Nova York: Elsevier.
Birch, L. L. (1980). Effects of peer models' food choices and eating behaviors on preschoolers' food preferences. *Child Develop.,* 5:489-496.
Birns, B., Blank, M. & Bridger, W. H. (1966). The effectiveness of various soothing techniques on human neonates. *Psychosom. Med.,* 28:316-322.
Birren, J. E. (1969). Age and decision and strategies. In A. T. Welford & J. E. Birren (eds.). *Interdisciplinary topics in gerontology.* Basel: Karger, vol. 4.
Birren, J. E., Cunningham, W. R. & Yamamoto, K. (1983). Psychology of adult development and aging. *Annu. Rev. Psychol.,* 34:543-575.

Birren, J. E., Woods, A. M. & Williams, M. V. (1980). Behavioral slowing with age. In L. W. Poon (ed.). *Aging in the 1980s*. Washington, DC: American Psychological Association, pp. 293-308.

Bishop, G. D. (1984). Gender, role and illness behavior in a military population. *Health Psychol.*, 3:519-534.

Björntorp, P., Carlgren, G., Isaksson, B., Krotkiewski, M., Larsson, B. & Sjöström, L. (1975). Effects of an energy-reduced dietary regimen in relation to adipose tissue cellularity in obese women. *Amer. J. Clin. Nutri.*, 28:445-452.

Black, D. W., Warrack, G. & Winokur, G. (1985). Excess, mortality among psychiatric patients. JAMA, 253:58-61.

Black, S. M. & Hill, C. E. (1984). The psychological well-being of women in their middle years. *Psychol. Women, Quart.*, 8:282-292.

Blakemore, C. (1974). Developmental factors in the formation of feature extracting neurons. In F. O. Schmitt & F. G. Worden (eds.). *The neurosciences: Third study program*. Cambridge, MA: MIT Press, pp. 105-113.

Blakemore, C. (1975). Central visual processing. In M. S. Gazzaniga & C. Blakemore (eds.). *Handbook of psychobiology*. Nova York: Academic Press.

Blakemore, C. & Cooper, G. (1970). Development of the brain depends on the visual environment. *Nature*, 228:477-478.

Blakemore, C. & Mitchell, D. E. (1970). Citada em Blakemore, C. (1974).

Blanchard, E. B. & Young, L. D. (1974). Clinical application of biofeedback training. *Arch. Gen. Psychiat.*, 30:573-589.

Bland, J. (janeiro, 1982). The junk-food syndrome. *Psychol. Today*, 16:92.

Blasi, A. (1980). Bridging moral cognition and moral action. *Psychol. Bull.*, 88:1-45.

Blass, E. M., Ganchrow, J. R. & Steiner, J. E. (1984). Classical conditioning in newborn humans 2-48 hours of age. *Infant Behav. Develop.*, 7:223-235.

Blass, T. (1984). Social psychology and personality. *J. Pers. Soc. Psychol.*, 47:1.013-1.027.

Blau, Z. S. (1981). *Black children/white children*. Nova York: Free Press.

Blazer, D., George, L. K., Landerman, R., Pennybacker, M., Melville, M. L., Woodbury, M., Manton, K. G., Jordan, K. & Locke, B. (1985). Psychiatric disorders. *Arch. Gen. Psychiat.*, 42:651-656.

Bligh, D. M. (1977). Are teaching innovations in post-secondary education irrelevant? In M. J. A. Howe (ed.). *Adult learning*. Londres: Wiley, pp. 249-266.

Bloch, S. & Reddaway, P. (1985). Psychiatrists and dissenters in the Soviet Union. In E. Stover & E. O. Nightingale (eds.). *The Breaking of bodies and minds*. Washington, DC: American Association for the Advancement of Science.

Block, J. (1980). From infancy to adulthood. *Child Develop.*, 51:622-623.

Block, J. (1981). Some enduring and consequential structures of personality. In A. I. Rabin, J. Aronoff, A. M. Barclay & R. A. Tucker (eds.). *Further explorations in personality*. Nova York: Wiley, pp. 27-43.

Block, J. & Block, J. H. (1984). A longitudinal study of personality and cognitive development. In S. Mednick & M. Harway (eds.) *Longitudinal research in the United States*. Nova York: Praeger.

Block, J. H. (1981). Gender differences in the nature of premises developed about the world. In E. K. Shapiro & E. Weber (eds.). *Cognitive and affective growth*. Hillsdale, NJ: Erlbaum.

Block, J. H. & Block, J. (1980). The role of ego-control and ego-resiliency in the organization of behavior. In W. A. Collins (ed.). *Development of cognition, affect, and social relations*. Hillsdale, NJ: Erlbaum, vol. 13, pp. 39-101.

Bloom, B. S. & Broder, L. (1950). *Problem solving processes of college students*. Chicago, Il University of Chicago Press.

Bloom, F. E., Hofstadter, L. & Lazerson, A. (1984). *Brain, mind and behavior*. San Francisco: Freeman.

Bloom, L., Hood, L. & Lightbrown, D. (1974). Imitation in language development. *Cog. Psychol.*, 6:380-420.

Bluemel, C. S. (1948). *War, politics, and insanity*. Denver: World Press.

Blumenthal, A. L. (1979). The founding father we never knew. *Contemp. Psychol.*, 24:547-550.

Blumstein, P. W. & Schwartz, P. (1977). Bisexuality. *J. Soc. Issues*, 33:30-45.

Blumstein, P. W. & Schwartz, P. (1983). *American couples*. Nova York: Morrow.

Blumstein, S. E. (1983). Briefly noted. *Contemp. Psychol.*, 28:409.

Bogal-Albritten, R. & Albritten, B. (1983). Hidden victims. Trabalho apresentado no encontro anual da American Psychological Association, Anaheim, CA.

Bodgan, R. & Taylor, S. (1976). The judged, not the judges. *Amer. Psychol.*, 31:49.

Bogerts, B., Meertz, E. & Schönfeldt-Bausch, R. (1985). Basal ganglia and limbic system pathology in schizophrenia. *Arch. Gen. Psychiat.*, 42:784-791.

Bograd, M. (1983). Excuses and justifications. Trabalho apresentado no encontro anual da American Psychological Association, Anaheim, CA.

Bokert, E. (1965). *Effects of thirsty and a meaningfully related auditory stimulus on dream reports*. Tese de doutorado não publicada, Universidade de Nova York.

Bolles, R. C. (1972). Reinforcement, expectancy and learning. *Psychol. Rev.*, 79:394-409.

Bolles, R. C. (1980). Some functionalistic thoughts about regulation. In F. M. Toates & T. R. Halliday (eds.). *Analysis of motivational processes*. Londres: Academic Press, pp. 63-76.

Bond, C. R. & McMahon, R. J. (1984). Relationships between marital distress and child behavior problems, maternal personal adjustment, maternal personality, and maternal parenting behavior. *J. Abnorm. Psychol.*, 93:348-351.

Bootzin, R. R. (1975). *Behavior modification and therapy*. Cambridge. MA: Winthrop.

Borden, R. J. (1975). *Aggressive feelings in the presence of others*. Trabalho apresentado no encontro anual da American Psychological Association, Chicago.

Borgen, F. H. (1984). Counseling psychology. *Annu. Rev. Psychol.*, 35:579-604.

Borgida, E. & Brekke, N. (1981). The base rate fallacy in attribution and prediction. In J. H. Harvey, W. Ickes & R. F. Kidd (eds.). *New directions in attribution research*. Hillsdale, NJ: Erlbaum, vol. 3.

Borman, L. D., Borck, L. E., Hess, R. & Pasquale, F. L. (eds.). (1982). *Helping people to help themselves*. Nova York: Haworth, vol. 1, n. 3.

Bornstein, M. H. (1985). Infant into adult. In J. Mehler & R. Fox (eds.). *Neonate cognition*. Hillsdale, NJ: Erlbaum, pp. 115-138.

Botwinick, J. (1984). *Aging and behavior*. 3ª ed. Nova York: Springer.

Bouchard, T. J., Jr. (1984). Twins reared together and apart. In S. W. Fox (ed.). *Individuality and determinism*. Nova York: Plenum Press, pp.147-183.

Bouchard, T. J., Jr. & McGue, M. (1981). Familial studies of intelligence. *Science*, 212:1.055-1.059.

Boulenger, J. P. & Uhde, T. W. (1982). Biological peripheral correlates of anxiety. *Encephale*, 8:119-130.

Bourne, L. E., Jr., Dominowski, R. I. & Loftus, E. F. (1979). *Cognitive processes*. Englewood Cliffs, NJ: Prentice-Hall.

Bousha, D. M. & Twentyman, C. T. (1984). Mother-child interactional style in abuse, neglect, and control groups. *J. Abnorm. Psychol.*, 93:106-114.

Bower, G. H. (1970). Analysis of a mnemonic device. *Amer. Scien.*, 58:496-510.

Bower, G. H. (1981). Mood and memory. *Amer. Psychol.*, 36:129-148.

Bower, G. H. & Clark, M. C. (1969). Narrative stories as mediators for serial learning. *Psychonom, Sci.*, 14:181-182.

Bower, T. G. R. (1971). The object in the world of the infant. *Scientif. Amer.*, 225:30-38.
Bower, T. G. R. (1976). Repetitive processes in child development. *Scientif. Amer.*, 235:38-47.
Bower, T. G. R. (1977). *A primer of infant development.* San Francisco: Freeman.
Bower, T. G. R. (1982). *Development in infancy.* 2ª ed. San Francisco: Freeman.
Bowker, L. H. (1982). Victimizers and victims in American correctional institutions. In R. Johnson & H. Toch (eds.). *The pains of imprisonment.* Beverly Hills, CA: Sage, pp. 63-76.
Bowker, L. H. (1984). Coping with wife abuse. In A. R. Roberts (ed.). *Battered women and their families.* Nova York: Springer-Verlag, pp. 168-191.
Bowman, H. A. & Spanier, G. B. (1978). *Modern marriage.* 8ª ed. Nova York: McGraw-Hill.
Boyd, J. (1985). *Genetic and familial risk for anxiety disorders.* Trabalho apresentado no encontro anual da American Psychiatric Association, Dallas.
Bozarth, M. A. & Wise, R. A. (1984). Anatomically distinct opiate receptor fields mediate reward and physical dependence. *Science*, 224:516-517.
Brackbill, Y. (1979). Obstetrical medication and infant behavior. In J. D. Osofsky (ed.). *Handbook of infant development.* Nova York: Wiley, pp. 76-125.
Brackbill, Z. & Kappy, M. S. (1962). Delay of reinforcement and retention. *J. Compar. Physiol. Psychol.*, 55:14-18.
Bradley, D. R. & Petry, H. M. (1977). Organizational determinants of subjective contour. *Amer. J. Psychol.*, 90:253-262.
Bradley, R. H. & Caldwell, B. M. (1984). 174 children. In A. W. Gottfried (ed.). *Home environment and early cognitive development.* Nova York: Academic Press, pp. 5-56.
Bradley, R. H., Caldwell, B. M. & Elardo, R. (1979). Home environment and cognitive development in the first two years. *Develop. Psychol.*, 15:246-250.
Bradshaw, J. L. & Nettleton, N. C. (1983). *Human cerebral asymmetry.* Englewood Cliffs, NJ: Prentice-Hall.
Brain, P. F. (1979). *Hormones and aggression.* St. Albans, VT: Eden Medical Research, vol. 2.
Braine, M. D. S. (1971). On two types of models of the internalization of grammars. In D. I. Slobin (ed.). *The ontogenesis of grammar.* Nova York: Academic Press.
Brainerd, C. J. (ed.). (1983). *Recent advances in cognitive-developmental theory.* Nova York: Springer-Verlag.
Brandon, S., Palmer, R. L., Crowley, P. & Eason, S. (1985). Leicester (UK) *clinical trial of ECT versus dummy ECT.* Trabalho apresentado no encontro anual da American Psychiatric Association, Dallas.
Bransford, J. D. (1979). *Human cognition.* Belmont, CA: Wadsworth.
Braukman, C. J., Fixsen, D. L., Kirigin, K. A., Phillips, E. A., Phillips, E. L. & Wolf, M. M. (1975). *The dissemination of the teaching-family model.* Trabalho apresentado no encontro anual da American Psychological Association, Chicago.
Braun, P., Kochansky, G., Shapiro, R., Greenberg, S., Gunderman, J. E., Johnson, S. & Shore, M. F. (1981). Overview: De-institutionalization of psychiatric patients, a critical review of outcome studies. *Amer. J. Psychiat.*, 138:736-749.
Bray, D. W. & Howard, A. (1980). Career success and life satisfactions of middle-aged managers. In L. A. Bond & J. C. Rosen (eds.). *Coping and competence during adulthood.* Hanover, NH: University Press of New England.
Bray, G. A. (ed.). (1979). *Obesity in America.* Washington, DC: U.S. Gov. Print Office.
Bray, G. A. & Bethune, J. E. (eds.). (1974). *Treatment and management of obesity.* Hagerstown, MD: Harper & Row.
Brazleton, T. B. (1970). Effects of prenatal drugs on the behavior of the neonate. *Amer. J. Psychiat.*, 126:95-100.
Brazleton, T. B. (1973). *Neonatal behavioral assessment scale.* Filadélfia: Lippincott.
Brecher, E. M. (1984). *Love, sex, and aging.* Boston: Little, Brown.
Breckler, S. J. (1984). Empirical validation of affect, behavior, and cognition as distinct components of attitude. *J. Person. Soc. Psychol.*, 47:1.191-1.205.
Breger, L., (1981). *Freud's unfinished journey.* Londres: Routledge & Kegan Paul.
Breger, L., Hunter, I. & Lane, R. W. (1971). *The effect of stress on dreaming.* Nova York: International Universities Press.
Breger, L. & McGaugh, J. L. (1965). Critique and reformulation of "learning theory" approaches to psychoterapy and neurosis. *Psychol. Bull.*, 63:338-358.
Breggin, P. R. (1979) *Electroshock: Its brain disability effects.* Nova York: Springer.
Bregman, E. (1934). An attempt to modify the emotional attitude of infants by the conditioned response technique. *J. Genet. Psychol.*, 45:169-198.
Brehm, S. S. & Brehm, J. W. (1981). *Psychological reactance.* Nova York: Academic Press.
Breier, A. & Charney, D. S. (1985). *The natural course of agoraphobia-panic disorders.* Trabalho apresentado no encontro anual da American Psychiatric Association, Dallas.
Breier, A., Pickar, D., Boronow, J., Hommer, D. W., Doran, A., Wolkowitz, O., Roy, A. & Paul, S. M. (1985). *Emotional blunting.* Trabalho apresentado no encontro anual da American Psychiatric Association, Dallas.
Breier, A. & Strauss, J. S. (1983). Self-control in psychotic disorders. *Arch. Gen. Psychiat.*, 40:1.141-1.145.
Breitner, J. C. S. & Folstein, M. F. (1982). Trabalho apresentado no Adolf Meyer Neuroscience Seminar, na Johns Hopkins Medical Institutions, Baltimore.
Breland, H. M. (1973). Birth order effects. *Psychol. Bull.*, 80:210-212.
Breland, K. & Breland, M. (1961). The misbehavior of organisms. *Amer. Psychol.*, 16:681-684.
Bremer, J. (1959). *Asexualization.* Nova York: Macmillan.
Bremmer, W. J., Matsumoto, A. M., Steiner, R. A., Clifton, D. K. & Dorsa, D. M. (1985). Neuroendocrine correlates of aging in the male. In L. Mastroiani & C. A. Paulsen (eds.). *Reproduction aging, and the climacteric.* Nova York: Plenum Press.
Brende, J. D. & Parson, E. R. (1985). *Vietnam veterans.* Nova York: Plenum Press.
Brennan, T. (1982). Loneliness at adolescence. In L. A. Peplau & D. Perlman (eds.). *Loneliness.* Nova York: Wiley-Interscience.
Breslau, N. & Davis, G. (1985). *Chronic stress does not cause major depression.* Trabalho apresentado no encontro anual da American Psychiatric Association, Dallas.
Bretherton, I. (1985). Attachment theory. In J. Bretherton & E. Waters (eds.). *Growing points of attachment theory and research. Monogr. Soc. Res. Child Develop.*, 50(1-2, série n. 209).
Breuer, H. W., Fischbach-Breuer, B. R., Breuer, J., Goeckenjan, G. & Curtius, J. M. (1984). Suicide and weather. *Dtsch. Med. Wochenschr.*, 9:1.716-1.729.
Brewer, M. B. (1979). The role of ethnocentrism in intergroup conflict. In W. G. Austin & S. Worchel (eds.). *The social psychology of intergroup relations.* Monterey, CA: Brooks/Cole.
Brewer, M. B. & Kramer, R. M. (1985). The psychology of intergroup attitudes and behavior. *Annu. Rev. Psychol.*, 36:219-243.
Brewin, C. R. (1985). Depression and causal attributions. *Psychol. Bull.*, 98:297-309.
Breznitz, S. (1984). Citado em Turkington, C. (abril, 1984). Israeli researcher finds hope eases stress, affects outcome. *Amer. Psychol. Ass. Monitor*, 15:18.
Briars, D. J. (1985). An information-processing analysis of mathematical ability. In R. F. Dillon & R. R. Schmeck (eds.). *Indivi-*

dual differences in cognition. Nova York: Academic Press.
Brickam, P., Coates, D. & Janoff-Bulman, R. (1978). Lottery winners and accident victims. *J. Pers. Soc. Psychol.,* 36:917-927.
Bright, M. C. & Stockdale, D. F. (1984). Mothers', fathers', and preschool children's interactive behaviors in a play setting. *J. Genet. Psychol.,* 144:219-232.
Brim, O. G. & Kagan, J. (eds.). (1980). *Constancy and change in human development.* Cambridge, MA: Harvard University Press.
Bringmann, W. (setembro/outubro, 1979). Wundt's lab. *Amer. Psychol. Ass. Monitor,* 10:13.
Broadbent, D. E. (1971). *Decision and stress.* Londres: Academic Press.
Broadbent, D. E. (1975). The magic number seven after fifteen years. In A. Kennedy & A. Wilkes (eds.). *Studies in long-term memory.* Nova York: Wiley, pp. 3-18.
Broadbent, D. E. (1977). The hidden preattentive processes. *Amer. Psychol.,* 32:109-118.
Broadbent, D. E. (1979). Human performance and noise. In C. M. Harris (ed.). *Handbook of noise control.* Nova York: McGraw-Hill.
Brodsky, S. (1982). Intervention models for mental health services in jails. *Crime and delinquency issues* (NIMH), 82-1.181:126-148.
Brody, E. B. & Brody, N. (1976). *Intelligence.* Nova York: Academic Press.
Brody, J. E. (23 de novembro, 1983). Personal health. NY *Times.*
Brody, L. R., Zelazo, P. R. & Chaika, H. (1984). Habitiation-dishabituation to speech in the neonate. *Develop. Psychol.,* 20:114-119.
Brody, N. (1980). Social motivation. *Annu. Rev. Psychol.,* 31:143-168.
Broman, S. H. & Brackbill, Y. (1980). *Obstetric medication and early development.* Trabalho apresentado no encontro anual da American Association for the Advancement of Science, San Francisco.
Bronfenbrenner, U. (1979). *The ecology of human development.* Cambridge, MA: Harvard University Press.
Bronson, G. W. (1982). *The scanning patterns of human infants.* Norwood, NJ: Ablex.
Bronstein, P. (1984). Differences in mothers' and fathers' behaviors toward children. *Develop. Psychol.,* 20:995-1.003.
Brooks, A. (20 de dezembro, 1981). Study shows many engaged couples still cling to aditional attitudes. *Baltimore Sun,* p. 14.
Brooks, M. B. (com Brooks, S. W.) (1981). *Lifelong sexual vigor.* Garden City, NY: Doubleday.

Brooks-Gunn, J. & Petersen, A. C. (eds.). (1983). *Girls at puberty.* Nova York: Plenum Press.
Brown, A. L., Brandsford, J. D., Ferrara, R. A. & Campione, J. C. (1983). Learning, remembering, and understanding. In J. H. Flavell & E. M. Markman (eds.). *Handbook of child psychology.* Nova York: Wiley, vol. 5.
Brown, E., Deffenbacher, K. & Sturgill, W. (1977). Memory for faces and the circumstances of encounter. *J. Appl. Psychol.,* 62:311-318.
Brown, E. J., Flanagan, P. J. & McCleod, M. (1984). *Sourcebook of criminal justice,* 1983. Washington, DC: U.S. Department of Justice, Bureau of Justice Statistics.
Brown, G. W. & Harris, T. (1978). *Social origins of depression.* Nova York: Free Press.
Brown, J. (1976). An analysis of recognition and recall and of problems in their comparison. In J. Brown (ed.). *Recall and recognition.* Nova York: Wiley.
Brown, J. V. (1975). Aberrant development in infancy. In N. R. Ellis (ed.). *Aberrant development in infancy.* Hillsdale, NJ: Erlbaum, pp. 269-273.
Brown, J. V. & Bakeman, R. (1980). Relationships of human mothers with their infants during the first year of life. In R. W. Bell & W. P. Smotherman (eds.). *Maternal influences and early behavior.* Jamaica, NY: Spectrum, pp. 353-373.
Brown, R. (1973). *A first language.* Cambridge, MA: Harvard University Press.
Brown, R. & Hanlon, C. (1970). Derivational complexity and order of acquisition. In J. R. Hayes (ed.). *Cognition and the development of language.* Nova York: Wiley.
Brown, R. & Herrnstein, R. J. (1975). *Psychology.* Boston: Little, Brown.
Brown, R. & Kulik, J. (1977). Flashbulb memories. *Cognition,* 5:73-99.
Brown, R. & McNeill, D. (1966). The "tip of the tongue" phenomenon, J. *Verb. Learn. Verb. Behav.,* 5:325-337.
Brown, V. & Geis, F. L. (1984). Turning lead into gold. *J. Pers. Soc. Psychol.,* 46:811-824.
Brownell, A. & Shumaker, S. A. (eds.). (1984). Social support. J. *Soc. Issues,* 40(4).
Brownell, K. D. (1982). Obesity. *J. Consult. Clin. Psychol.,* 50:820-840.
Bruner, J. (1978). How to do things with words. In J. Bruner & A. Garton (eds.). *Human growth and development.* Oxford: Clarendon Press.
Bryden, M. P. (1979). Evidence for sex-related differences in cerebral organization. In M. A. Witting & A. C. Petersen (eds.). *Sex-related differences in cognitive func-*

tioning. Nova York: Academic Press, pp. 121-143.
Buchsbaum, M. S., Cappelletti, J., Ball, R., Hazlett, E., King, A. C., Johnson, J., Wu, J. & DeLisi, L. E. (1984). Positron emission tomographic image measurement in schizophrenia and affective disorders. *Ann. Neurol.,* 15:S157-S165.
Buck, R. (1979). Individual differences in nonverbal sending accuracy and electrodermal responding. In R. Rosenthal (ed.). *Skill in nonverbal communication.* Cambridge, MA: Oelgeschlager, Gunn & Hain, pp. 140-170.
Buck, R. (1980). Nonverbal behavior and the theory of emotion. *J. Pers. Soc. Psychol.,* 38:811-824.
Buckhout, R. (1974). Eyewitness testimony. *Scientif. Amer.,* 231:23-31.
Budoff, P. W. (1984). *No more hot flashes and other good news.* Nova York: Warner Books.
Buechler, S. & Izard, C. E. (1983). On the emergency, functions and regulation of some emotion expressions in infancy. In R. Pluchik & H. Kellerman (eds.). *Emotions in early development.* Nova York: Academic Press.
Buffart, H., Leewenberg, E. & Restle, F. (1983). Analysis of ambiguity in visual pattern perception. *J. Exper. Psychol: Human Percept. Perform.,* 9:980-1.000.
Bugenthal, J. F. T. (1967). The challenge that is man. In J. F. T. Bugenthal (ed.). *Challenges of humanistic psychology.* Nova York: McGraw-Hill, pp. 279-280.
Bukstel, L. H. & Kilmann, P. R. (1980). Psychological effects of imprisonment on confined individuals. *Psychol. Bull.,* 88:469-493.
Burger, J. M. (1985). Desire for control and achievement-related behavior. *J. Pers. Soc. Psychol.,* 48:1.520-1.533.
Burgess, A. W. (1984). *Child pornography and sex rings.* Lexington, MA: Lexington Books.
Burghardt, G. M. (1985). Animal awareness. *Amer. Psychol.,* 40:905-919.
Burke, A. W. (1982). Morbidity and its prevalence in psychiatric patients. In E. K. Koranyl (ed.). *Physical illness in the psychiatric patient.* Springfield, IL: Thomas.
Burke, P. A., Kraut, R. E. & Dworkin, R. H. (1984). Traits, consistency, and self-schemata. *J. Person. Soc. Psychol.* 47:568-579.
Buros, O. K. (ed.). (1978). *The eighth mental measurement yearbook.* Highland Park, NJ: Gryphon.
Buss, A. H. & Plomin, R. (1984). *Temperament.* Hillsdale, NJ: Erlbaum.

Buss, D. M. (1984). Toward a psychology of person-environment (PE) correlation. J. Pers. Soc. Psychol., 47:361-377.

Buss, D. M., Block, J. H. & Block, J. (1980). Preschool activity level. Child Develop., 51:401-408.

Bussey, K. & Bandura, A. (1984). Influence of gender constancy and social power on sex-linked modeling. J. Pers. Soc. Psychol., 47:1.292-1.302.

Butcher, J. N. (ed.). (1979). New developments in the use of the MMPI. Minneapolis: University of Minnesota Press.

Butler, N. R. & Goldstein, H. (1973). Smoking in pregnancy and subsequent child development. Brit. Med. J., 4:573-575.

Butler, N. R., Goldstein, H. & Ross, E. M. (1972). Cigarette smoking in pregnancy. Brit. Med. J., 2:127-130.

Butler, R. A. (1953). Discrimination learning by rhesus monkeys to visual exploration motivation. J. Compar. Physiol. Psychol., 46:95-98.

Butler, R. N. (1963). The life review. Psychiat., 26:65-76.

Butterfield, E. C. & Siperstein, G. N. (1974). Influence of contingent auditory stimulation upon non-nutritional suckle. In Proceedings of third symposium on oral sensation and perception. Springfield. IL: Thomas.

Byrne, D. (1971). The attraction paradigm. Nova York: Academic Press.

Byrne, D. (1982). Predicting human sexual behavior. G. Stanley Hall lecture series. Washington, DC: American Psychological Association, vol. 2.

Byrne, D. (1983). Sex without contraception. In D. Byrne & W. A. Fisher (eds.). Adolescents, sex, and contraception. Hillsdale, NJ: Erlbaum.

Byrne, D. & Fisher, W. A. (eds.). (1983). Adolescents, sex, and contraception. Hillsdale, NJ: Erlbaum.

Cairns, C. E. (1981). Disadvantaged speech. Contemp. Psychol., 26:466-467.

Cairns, J. (novembro, 1985). The treatment of diseases and the war against cancer. Scientif. Amer., 253:51-59.

Cairns, R. B. (1979). Social development. San Francisco: Freeman.

Cairns, R. B., Green, J. A. & MacCombie, D. J. (1980). The Dymanics of social development. In E. C. Simmel (ed.). Early experiences and early behavior. Nova York: Academic Press, pp. 79-106.

Calabrese, J., Roy, A., Post, R. M., Kellner, C. H., Chrousos, G. P. & Gold, P. W. (1985). Corticotropin releasing factor in depression. Trabalho apresentado no encontro anual da American Psychiatric Association, Dallas.

Calabretta, B., Robberson, D. L., Barrera-Saldana, H. A., Lambrou, T. P. & Saunders, G. F. (1982). Genome instability in a region of human DNA enriched in ALU repeat sequences. Nature, 296:219-225.

Camarena, P. M. & Sarigiani, P. A. (1985). Gender influences on intimacy development in early adolescence. Trabalho apresentado no encontro anual da American Psychological Association, Los Angeles.

Camargo, C. A., Jr., Williams, P. T., Vranizan, K. M., Albers, J. J. & Wood, P. D. (1985). The effect of moderate alcohol intake on serum apolipoproteins A-I and A-II. JAMA, 253:2.854-2.857.

Campbell, A. (1976). Subjective measures of well-being. Amer. Psychol., 31:117-124.

Campbell, A. (1981). The sense of well being in America. Nova York: McGraw-Hill.

Campbell, S. B. (1979) Mother-infant interaction as a function of maternal ratings of temperament. Child Psychiat. Human Develop. 10:67-76.

Campione, J. C., Brown, A. L. & Ferrara, R. A. (1982). Mental retardation and intelligence. In R. J. Sternberg, (ed.). Handbook of human intelligence. Cambridge, Ing.: Cambridge University Press.

Campos, J. J. (1976). Heart rate. In L. Lipsitt (ed.). Developmental Psychobiology. Hillsdale, NJ: Erlbaum.

Campos, J. J. Hiatt, S., Ramsay, D., Henderson, C. & Svejda, M. (1977). The emergence of fear on the visual cliff. In M. Lewis & L. Rosenblum (eds.). The origins of affect. Nova York: Wiley.

Campos, J. J. & Stenberg, C. (1981). Perception, appraisal and emotion. In M. E. Lamb & L. R. Sherrod (eds.). Infant social cognition. Hillsdale, NJ: Erlbaum.

Cannon, W. B. (1932). The wisdom of the body. Nova York: Norton.

Cannon, W. B. (1934). Hunger and thirst. In C. Murchison (ed.). Handbook of general experimental psychology. Worcester, MA: Clark University Press.

Cansler, D. C. & Stiles, W. B. (1981). Relative status and interpersonal presumptuouness. J. Exper. Soc. Psychol., 17:459-471.

Canter, M. B. (1984). Men and relationships in the 80s. Trabalho apresentado no encontro anual da American Psychological Association, Toronto.

Canter, R. J. & Ageton, S. S. (1984). The epidemiology of adolescent sex-role attitudes. Sex Roles, 11:657-676.

Caplan, P. J., Macpherson, G. M. & Tobin, P. (1985). Do sex related differences in spatial abilities exist? Amer. Psychol., 40:786-799.

Cappell, H. (1975). An evaluation of tension models of alcohol consumption. In R. J. Gibbins, Y. Israel, H. Kalant, R. E. Popham, W. Schmidt & R. G. Smart (eds.). Research advances in alcohol and drug problems. Nova York: Wiley, vol. 2.

Carey, S. (1982). Semantic development. In E. Wanner & L. R. Gleitman (eds.). Language acquisition. Nova York: Cambridge University Press, pp. 347-389.

Carlsmith, J. M. (1º de março, 1982). Pesquisa não publicada, citada em "How puberty may be tied to intelligence". Newsweek, p. 55.

Carlson, B. E. (1984). Children's observations of interparental violence. In A. R. Roberts (ed.). Battered women and their families. Nova York: Springer, pp. 147-167.

Carlson, G. A., Kotin, J., Davenport, Y. B. & Adland, M. (1974). Follow-up of 53 bipolar manic-depressive patients. Brit. J. Psychiat., 124:134-139.

Carlson, R. (1984). What's social about social psychology? J. Pers. Soc. Psychol., 47:1.304-1.309.

Carlson, R. F., Kincaid, J. P., Lance, S. & Hodgson, T. (1976). Spontaneous use of mnemonics and grade-point-average. J. Psychol., 92:117-122.

Carmen, E. H., Russo, N. F. & Miller, J. B. (1981). Inequality and women's mental health. Amer. J. Psychiat., 138:1.319-1.330.

Carns, D. E. (1973). Talking about sex. J. Marr. Fam., 35:677-688.

Carp, F. M. (1978). Briefly noted. Contemp. Psychol., 10:780.

Carpenter, W. T. & Heinrichs, D. W. (1980). The role for psychodynamic psychiatry in the tratment of schizophrenic patients. In J. S. Strauss, M. Bowers, T. W. Downey, S. Fleck, S. Jackson & I. Levine (eds.). The psychotherapy of schizophrenia. Nova York: Plenum Press.

Carr, D. H. (1979). Chromosome studies in selected spontaneous abortions. Canadian Med. Ass. J., 103:343-348.

Carroll, E. M., Rueger, D. B., Foy, D. W. & Donahoe, C. P, Jr. (1985). Vietnam combat veterans with postraumatic stress disorder. J. Abnorm. Psychol., 94:329-337.

Carroll, J., Schaffer, C., Spensley, J. & Abramowitz, S. I. (1980). Family experiences of self-mutilating patients. Amer. J. Psychiat., 137:852-853.

Carroll, J. B. (1985). Studying individual differences in cognitive abilities. In R. F. Dillon & R. R. Schmeck (eds.). Individual differences in cognition. Nova York: Academic Press.

Carroll, J. B. & Maxwell, S. E. (1979). Individual differences in cognitive abilities. Annu. Rev. Psychol., 30:603-640.

Carroll, L. (1946). *Alice's adventures in wonderland and through the looking glass.* Cleverland World.

Carron, A. V. & Chelladuai, P. (1981). The dynamics of group cohesion in sport. *J. Sport Psychol.,* 3:123-139.

Carson, B. (1984). Trabalho apresentado na Family Violence Researchers Conference, Durham, NH.

Carsrud, A. L. & Olm, K. W. (1985). The sucess of male and female entrepreneurs. In R. W. Smillor & R. L. Kuhn (eds.). *Managing take-off in fast growth companies.* Nova York: Praeger.

Carter, C. S. & Greenough, W. T. (setembro, 1979). Sending the right sex messages. *Psychol. Today,* 13(4):112.

Case, R. B., Heller, S. S., Case, N. B. & Moss, A. J. (1985). Type A behavior and survival after acute myocardial infarction. *New Engl. J. Med.,* 312:737-741.

Cash, T. F. & Janda, L. H. (dezembro, 1984). The eye of the beholder. *Psychol. Today,* 18:46-52.

Casler, L. (1967). Perceptual deprivation in institutional settings. In G. Newton & S. Levine (eds.). *Early experience and behavior.* Nova York: Springer.

Casper, R. C., Redmond, D. E., Katz, M. M., Schaffer, C. B., Davis, J. M. & Koslow, S. H. (1985). Somatic symptoms in primary affective disorder. *Arch. Gen. Psychiat.,* 42:1.098-1.104.

Cath, S. H., Gurwitt, A. R. & Ross, J. M. (eds.). (1982). *Father and child.* Boston: Little, Brown.

Caton, C. L. M. (1984). *Management of chronic schizophrenia.* Nova York: Oxford University Press.

Cattell, R. B. (1971). *Abilities.* Boston: Houghton Miflin.

Cattell, R. B. (1979). *The structure of personality in its environment.* Nova York: Springer.

Cattell, R. B. & Nesselroade, J. R. (1967). Likeness and completeness theories examined by sixteen personality factor measures on stably and unstably married couples. *J. Pers. Soc. Psychol.,* 7:351-361.

Cavalli-Sforza, L. L. & Bodmer, W. F. (1971). *The genetics of human populations.* San Francisco: Freeman.

Centers for Disease Control. (8 de fevereiro, 1985a). Preventing lead poisoning in young children United States. *Morbidity and Mortality Weekly Report,* 34:66-68 e ss.

Centers for Disease Control. (abril, 1985b). *Suicide Surveillance,* 1970-1980.

Center, R. (1971). Evaluating the loved one. *J. Pers.,* 39:303-318.

Cerella, J. (1985). Information processing rates in the elderly. *Psychol. Bull.,* 98:67-83.

Chaiken, S. (1980). Heuristic versus systematic information processing and the use of source versus message cues in persuasion. *J. Pers. Soc. Psychol.,* 39:752-766.

Chaiken, S. (1983). Physical appearance variables and social influence. In C. P. Herman, E. T. Higgins & M. P. Zanna (eds.). *Physical appearance, stigma, and social behavior.* Hillsdale, NJ: Erlbaum, vol. 3.

Chaneles, S. (outubro, 1976). Prisoners can be rehabilitated-now. *Psychol. Today,* 129-134.

Chan-Palay, V., Engel, A. B., Palay, S. L. & Wu, J.-Y. (1982). Synthesizing enzymes for four neuroactive substances in motor neurons and neuromuscular junctions. *Proceed. Natl. Acad. Sci.,* 79:6.717-6.721.

Cha-Palay, V. Palay, S. L. & Wu, J.-Y. (1982). Sagittal cerebellar microbands of taurine neurons. *Proceed. Natl. Acad. Sci.,* 79:4.221-4.225.

Chapanis, A. (1967). The relevance of laboratory studies to practical situations. *Ergonom.,* 10:557-577.

Chapman, A. H. & Chapman, M. C. M. S. (1980). *Harry Stack Sullivan's concepts of personality development and psychiatric illness.* Nova York: Brunner/Mazel.

Charness, N. (1981). Aging and skilled problem solving. *J. Exper. Psychol.,* 110:21-38.

Charney, D. S., Henninger, G. R. & Jatlow, P. I. (1985). Increased anxiogenic effect of caffeine in panic disorders. *Arch. Gen. Psychiat.,* 42:233-243.

Charney, E., Goodman, H. C., McBride, M., Lyon, B. & Pratt, R. (1976). Childhood antecedents of adult obesity. *New Engl. J. Med.,* 295:6-9.

Chase, M. H. (novembro, 1979). Every 90 minutes, a brain storm. *Psychol. Today,* p. 172.

Chase, W. B. & Simon, H. A. (1973). The mind's eye in chess. In W. G. Chase (ed.). *Visual information processing.* Nova York: Academic Press.

Chasnoff, I. J., Burns, W. J., Schnoll, S. H. & Burns, K. A. (1985). Cocaine use in pregnancy. *New Engl. J. Med.,* 313:666-669.

Chemers, M. M., Hays, R. B., Rhodewalt, F. & Wysocki, J. (1985). A person-environment analysis of job stress. *J. Pers. Soc. Psychol.,* 49:628-635.

Cherlin, A. (outubro, 1979). Cohabitation. *Psychol. Today,* pp. 18-24.

Cherry, E. C. (1953). Some experiments on the recognition of speech, with one and with two ears. *J. Acoust. Soc. Amer.,* 25:975-979.

Cherry, E. C. & Taylor, W. K. (1954). Some further experiments on the recognition of speech with one and two ears. *J. Acoust. Soc. Amer.,* 26:554-559.

Cherry, F. & Byrne, D. (1977). Authoritarianism. In T. Blass (ed.). *Personality variables in social behavior.* Hillsdale, NJ: Erlbaum, pp. 109-133.

Chesney, M. A., Frautschi, N. M. & Rosenman, R. H. (1985). Modification of Type A behavior. In J. C. Rosen & L. J. Solomon (eds.). *Prevention in health psychology.* Hanover, NH: University Press of New England.

Chesnick, M., Menyuk, P., Liebergott, J., Ferrier, L. & Strand, K. (1984). *Who leads whom?* Monografia não publicada.

Chess, S. & Thomas, A. (1983). Dynamics of individual behavioral development. In M. D. Levine, W. B. Carey, A. C. Crocker & R. T. Gross (eds.). *Developmental-behavioral pediatrics.* Filadélfia: Saunder, pp. 158-175.

Chilman, C. S. (1983). *Adolescent sexuality in a changing American society.* 2^a ed. Nova York: Wiley-Interscience.

Chomsky, N. (1957). *Syntatic structures.* The Hague: Mouton.

Chomsky, N. (1975). *Reflections on language.* Nova York: Pantheon.

Chomsky, N. (outono, 1983). Mental representations. *Syracuse Scholar,* 4:5-21.

Cialdini, R. B., Petty, R. E. & Cacioppo, J. T. (1981). Attitude and attitude change. *Annu. Rev. Psychol.,* 32:357-404.

Cimbalo, R. S., Faling, V. & Mousaw, P. (1976). The course of love. *Psychol. Rep.,* 38:1.292-1.294.

Ciompi, L. & Muller, C. (1977). The evolution of the schizophrenias. *Evolution Psychiatrique,* 42:1.219-1.243.

Clancy, P. M. (1984). How children learn language. *Contemp. Psychol.,* 29:489-491.

Clark, D. M. & Teasdale, J. D. (1985). Constraints on the effects of mood on memory. *J. Pers. Soc. Psyhol.,* 48:1.595-1.608.

Clark, E. V. (1978). From gesture to word. In J. Bruner & A. Garton (eds.). *Human growth and development.* Oxford: Clarendon Press.

Clark, E. V. (1983). Meanings and concepts. In J. H. Flavell & E. M. Markman (eds.). *Handbook of child psychology: Cognitive development.* Nova York: Wiley, pp. 787-840.

Clark, H. H. & Clark, E. V. (1977). *Psychology and language.* Nova York: Harcourt Brace Jovanovich.

Clark, M., Gosnell, M., Abramson, P. & Leslie, C. (1° de agosto, 1983). The rise in childhood illness. *Newsweek,* pp. 47-48.

Clark, M. S. (1981). Noncomparability of benefits given and received. *Soc. Psychol. Quart.,* 44:375-381.

Clarke, A. M. & Clarke, A. D. B. (eds.). (1976). *Early experience*. Nova York: Free Press.

Clarke-Stewart, K. A. (1977). *The father's impact on mother and child*. Trabalho apresentado no encontro bienal da Society for Research in Child Development, New Orleans.

Clarke-Stewart, K. A. (1985). *What day care forms and features mean for children's development*. Trabalho apresentado no encontro anual da American Association for the Advancement of Science, Los Angeles.

Clarke-Stewart, K. A. & Fein, G. G. (1983). Early childhood programs. In M. M. Haith & J. J. Campos (eds.). *Handbook of child psychology: Infancy and developmental psychology*. 4ª ed. Nova York: Wiley.

Clausen, J. A. (1981). Men's occupational careers in the middle years. In D. H. Eichorn, J. A. Clausen, N. Haan, M. P. Honzik & P. H. Mussen (eds.). *Present and past in middle life*. Nova York: Academic Press.

Cleckley, H. (1964). *The mask of sanity*. 4ª ed. St. Louis: Mosby.

Cline, V. B., Croft, R. G. & Courrier, S. (1973). Desensitization of children to television violence. J. Pers. Soc. Psychol., 27:360-365.

Clutton-Bock, T. H., Albon, S. D. & Guiness, F. E. (1985). Parental investment and sex differences in juvenile mortality in birds and mammals. Nature, 313:131-133.

Coale, A. J. (1984). *Rapid population change in China, 1952-1982*. Washington, DC: National Academy Press.

Coates, R. B. (1981). Community-based services for juvenile delinquents. J. Soc. Issues, 37:87-101.

Cochran, M. & Woolever, F. (1984). *Beyond the deficit model*. Nova York: Plenum Press.

Cochran, S. D. & Hammen, C. L. (1985). Perceptions of stressful life events and depression. J. Pers. Soc. Psychol., 48:1.562-1.571.

Cohen, A. R. (1959). Some implications of self-esteem for social influence. In C. I. Hovland & I. L. Janis (eds.). *Personality and persuasability*. New Haven, CT: Yale University Press.

Cohen, D. B. (1974). Toward a theory of dream recall. Psychol. Bull., 81:138-154.

Cohen, D. B. (1979a). Dysphoric affect and REM sleep. J. Abnorm. Psychol., 88:73-77.

Cohen, D. B. (1979b). Remembering and forgetting dreaming. In J. F. Kihstrom & F. J. Evans (eds.). *Functional disorders of memory*. Hillsdale, NJ: Erlbaum, pp. 239-274.

Cohen, F. & Lazarus, R. S. (1973). Active coping processes, coping disposition, and recovery from surgery. Psychosom. Med., 35:375-389.

Cohen, J. (1971). *Thinking*. Chicago, Il Rand McNally.

Cohen, J. (1977). Sources of peer homogeneity. Sociol. Educ., 50:227-241.

Cohen, J. J., Crnic, L. & Dixon, L. Modulation of host defenses by personality and stress. Citado em Bazar, J. (fevereiro, 1980). Personality and stress. Amer. Psychol. Ass. Monitor, 11:10.

Cohen, N. J. & Corkin, S. (1982). *Learning to solve the Tower of Hanoi puzzle in amnesia*. Trabalho apresentado no encontro anual da Psychonomic Society, Minneapolis.

Cohen, N. J. & Squire, L. R. (1980). Preserved learning and retention of pattern-analyzing skill in amnesia. Science, 210:207-210.

Cohen, S. (1980). The aftereffects of stress on human performance and social behavior. Psychol. Bull., 88:82-108.

Cohen, S., Evans, G. W., Krantz, D. S. & Stokols, D. (1980). Physiological, motivation, and cognitive effects of aircraft noise on children. Amer. Psychol., 35:231-243.

Cohen, S., Krantz, D., Stokols, D. & Evans, G. (1982). Behavior, health and environmental stress. Nova York: Plenum Press.

Cohen, S. & Weinstein, N. (1981). Nonauditory effects of noise on behavior and health. J. Soc. Issues, 37(1):36-70.

Cohen, S. & Wills, T. A. (1985). Stress, social support, and the buffering hypothesis. Psychol. Bull., 98:310-357.

Cohen, S. E. & Beckwith, L. (1979). Preterm infant interaction with the caregiver in the first year of life and competence at age two. Child. Develop., 50:767-776.

Cohn, J. F. & Tronick, E. Z. (1983). Three-month-old infants' reactions to stimulated maternal depression. Child Develop., 54:185-193.

Colby, A., Kohlberg, L., Gibbs, J. C. & Lieberman, M. (1983). A longitudinal study of moral judgement. Monogr. Soc. Res. Child Develop., 48(1-2).

Colby, C. Z., Lanzetta, J. T. & Kleck, R. E. (1977). Effects of the expression of pain on autonomic and pain tolerance responses to subject-controlled pain. Psychophysiol., 14:537-540.

Cole, J. O. (1964). Phenothiazine treatment in acute schizophrenia. Arch. Gen. Psychiat., 10:246-261.

Cole, N. S. (1981). Bias in testing. Amer. Psychol., 36:1.067-1.077.

Cole, R. A. & Jakimik, J. (1980). A model of speech perception. In R. A. Cole (ed.). *Perception and production of fluent speech*. Hillsdale, NJ: Erlbaum, pp. 133-163.

Cole, S. (1979). Age and scientific performance. Amer. J. Sociol., 84:958-977.

Coleman, E. (1982). Changing approaches to the treatment of homosexuality. In W. Paul, J. D. Weinrich, J. C. Gonziorek & M. E. Hotvedt (eds.). *Homosexuality*. Beverly Hills: Sage.

Coleman, J. C. (1980). Friendship and the peer group in adolescence. In J. Adelson (ed.). *Handbook of adolescent psychology*. Nova York: Wiley, pp. 408-431.

Coleman, J. C., Butcher, J. N. & Carson, R. C. (1984). *Abnormal psychology and modern life*. 7ª ed. Glenview, IL: Scott, Foresman.

Coleman, M. & Ganong, L. H. (1985). Love and sex role stereotypes. J. Pers. Soc. Psychol., 49:170-176.

Colligan, R. C. & Osborne, D. (1983). *The MMPI: A contemporary normative study*. Nova York: Praeger.

Collins, A. M. & Quillian, M. R. (1969). Retrieval time from semantic memory. J. Verb. Learn. Verb. Behav., 8:240-248.

Commons, M. L., Richards, F. A. & Armon, C. (eds.). (1984). *Beyond formal operations*. Nova York: Praeger.

Comstock, G. A. (1980). New emphases in research on the effects of television and film violence. In E. L. Palmer & A. Dorr (eds.). *Children and the faces of television*. Nova York: Academic Press, pp. 129-148.

Comstock, G., Chaffee, S., Katzman, N., McCombs, M. & Roberts, D. (1978). *Television and human behavior*. Nova York: Columbia University Press.

Condry, J. & Condry, S. (1976). Sex differences. Child Develop., 47:812-819.

Conger, J. J. (1975). Sexual attitudes and behavior of contemporary adolescents. J. J. Conger (ed.). *Contemporary issues in adolescent development*. Nova York: Harper & Row, pp. 221-230.

Conley, J. J. (1984). Longitudinal consistency of adult personality. J. Pers. Soc. Psychol., 47:1.325-1.333.

Conrad, R. (1964). Acoustic confusion in immediate memory. Brit. J. Psychol., 55:75-84.

Consortium for Longitudinal Studies. (1983). *As the twig is bent...* Hillsdale, NJ: Erlbaum.

Conway, M. & Ross, M. (1984). Getting what you want by revising what you had. J. Pers. Soc. Psychol., 47:738-748.

Cook, P. J. (1982). The role of firearms in violent crime. In M. E. Wolfgang & N. A. Weiner (eds.). *Criminal violence*. Beverly Hills, CA: Sage.

Cook, S. W. (1984a). The 1954 social science statement and school desegregation. *Amer. Psychol.*, 39:819-832.

Cook, S. W. (1984b). *Social science and school desegregation*. Trabalho apresentado no encontro anual da American Psychological Association, Toronto.

Cook, S. W. (1985). Experimenting on social issues. *Amer. Psychol.*, 40:452-460.

Cook, T. D. & Campbell, D. T. (1979). *Quasi-experimentation*. Boston: Houghton Mifflin.

Cook, T. D., Gruder, C. L., Hennigan, K. M. & Klay, B. R. (1978). *The history of the sleeper effect*. Monografia não publicada, Northwestern University.

Cooney, T. M., Smyer, M. A., Hagestad, G. O. & Klock, R. C. (1984). *The experience of parental divorce in young adulthood*. Monografia não publicada.

Cooper, B. (1978). Epidemiology. In J. K. Wing (ed.). *Schizophrenia*. Londres: Academic Press, pp. 31-51.

Cooper, J. & Croyle, R. T. (1984). Attitudes and attitude change. *Annu. Rev. Psychol.*, 35:395-426.

Cooper, L. A. & Shepard, R. N. (1984). Turning something over in the mind. *Scientif. Amer.*, 251:106-114.

Corballis, M. C. (1980). Laterality and myth. *Amer. Psychol.*, 35:284-295.

Corcoran, M. (1980). *Who gets ahead?* Trabalho apresentado no encontro anual da American Psychological Association, Montreal.

Cordes, C. (novembro, 1984). Easing toward perfection at Twin Oaks. *Amer. Psychol. Ass. Monitor*, 15(1):30-31.

Cordes, C. (janeiro, 1985a). At risk in America. *Amer. Psychol. Ass. Monitor*, 16:9-11, 27.

Cordes, C. (fevereiro, 1985b). Keeping the faith. *Amer. Psychol. Ass. Monitor*, 16:8-10.

Cordes, C. (fevereiro, 1985c). ETS to reweigh test items racial bias. *Amer. Psychol. Ass. Monitor*, 16:26, 28.

Coren, S., Porac, C. & Ward, L. M. (1978). *Sensation and perception*. Nova York: Academic.

Cornell, J. (março, 1984). Science vs. the paranormal. *Psycol. Today*, 18:28-34.

Cornsweet, T. N. (1970). *Visual perception*. Nova York: Academic Press.

Correa, P., Fontham, E., Pickle, L. W., Lin, Y. & Haenszel, W. (1983). Passive smoking and lung cancer. *Lancet*, 8.350:595-597.

Corsini, R. J. (ed.). (1981). *Handbook of innovative psychotherapies*. Nova York: Wiley.

Corso, J. F. (1981). *Aging sensory systems and perception*. Nova York: Praeger.

Corteen, R. S. & Wood, B. (1972). Autonomic responses to shock-associated words in an unattended channel. *J. Exper. Psychol.*, 94:308-313.

Cortese, A. J. (1984). Standard issue scoring of moral reasoning. *Merrill-Palmer Quart.*, 30:227-246.

Costa, E. (ed.). (1983). *The benzodiazepines*. Nova York: Raven Press.

Costa, P. T. & McCrae, R. R. (1980a). Still stable after all these years. In P. B. Baltes & O. G. Brim, Jr. (eds.). *Life span development and behavior*. Nova York: Academic Press, vol. 3.

Costa, P. T. & McCrae, R. R. (1980b). Influence of extraversion and neuroticism on subjective well being. *J. Pers. Soc. Psychol.*, 38:668-678.

Costa, P. T. & McCrae, R. R. (1984). Personality as a lifelong determinant of well-being. In C. Z. Malatesta & C. E. Izard (eds.). *Emotion in adult development*. Beverly Hills: Sage.

Costa, P. T., Zonderman, A. B., McCrae, R. R. & Williams, R. B. (1985). Content and comprehensiveness in the MMPI. *J. Pers. Soc. Psychol.*, 48:925-933.

Costanzo, P. R. (1970). Conformity development as a function of self-blame. *J. Pers. Soc. Psychol.*, 14:360-374.

Cotman, C. W. & McGaugh, J. L. (1980). *Behavioral neuroscience*. Nova York: Academic Press.

Cotman, C. W. & Nieto-Sampedro, M. (1985). Cell biology of synaptic plasticity. In P. H. Abelson, E. Butz & S. H. Snyder (eds.). *Neuroscience*. Washington, DC: American Association for the Advancement od Science, pp. 74-88.

Cousins, N. (1979). *Anatomy of an illness as perceived by the patient*. Nova York: Norton.

Cousins, S. (pseud.). (1938). *To beg I am ashamed*. Nova York: Vanguard, pp.150-151.

Cowan, C., Thompson, W. & Ellsworth, P. (1984). The effects of death qualification on jurors' presdisposition to convict and on the quality of deliberation. *Law Human Behav.*, 8:53-79.

Cowan, C. P. & Cowan, P. A. (1985a). A preventive interaction for couples becoming parents. In C. F. Z. Boukydis (ed.). *Research on support for parents and infants in the postnatal period*. Norwood, NJ: Ablex.

Cowan, C. P. & Cowan, P. A. (1985b). Changes in marriage during the transition to parenthood. In G. Y. Michaels & W. A. Goldberg (eds.). *Transition to parenthood*. Cambridge, MA: Cambridge University Press.

Cowan, G., Drinkard, J. & MacGavin, L. (1984). The effects of target, age, and gender on use of power strategies. *J. Pers. Soc. Psychol.*, 47:1.391-1.398.

Cowan, W. M. (1979). The development of the brain. *Scientif. Amer.*, 241:113-133.

Cox, C. M. (1926). *The early mental traits of three hundred geniuses*. Stanford, CA: Stanford University Press.

Coyle, J. T. & Enna, S. J. (eds.). (1983). *Neuroleptics*. Nova York: Raven Press.

Coyle, J. T., Price, D. & De Long, M. R. (1985). Alzheimer's disease. In P. H. Abelson, E. Butz & S. H. Snyder (eds.), *Neuroscience*. Washington, DC: AAAS, pp. 418-431.

Coyne, J. C. (1976). Depression and the response of others. *J. Abnorm. Psychol.*, 85:186-193.

Coyne, J. C. (1985). Comment: Studying depressed persons' interactions with strangers and spouses. *J. Abnorm. Psychol.*, 94:231-232.

Coyne, J. C. & Gotlib, I. H. (1983). The role of cognition in depression. *Psychol. Bull.*, 94:472-505.

Craighead, L. W., Stunkard, A. J. & O'Brien, R. M. (1981). Behavior therapy and pharmacotherapy for obesity. *Arch. Gen. Psychiat.*, 38:763-768.

Craighead, W. E., Kazdin, A. E. & Mahoney, M. J. (1976). *Behavior modification*. Boston: Houghton Mifflin.

Craik, F. I. M. (1979). Human memory. *Annu. Rev. Psychol.*, 30:63-102.

Craik, F. I. M. (1980). *Cognitive view of human memory*. Palestra apresentada no encontro anual da American Psychological Association, Montreal.

Craik, F. I. M. & Byrd, M. (1982). Aging and cognitive deficits. In F. I. M. Craik & S. Trehub (eds.). *Aging and cognitive processes*. Nova York: Plenum Press, pp. 191-212.

Craik, F. I. M. & Tulving, E. (1975). Depth of processing and the retention of words in episodic memory. *J. Exper. Psychol.: Gen.*, 104:268-294.

Crawford, H. J. & Allen, S. N. (1983). Enhanced visual memory during hypnosis as mediated by hypnotic responsiveness and cognitive strategies. *J. Exper. Psychol.: Gen.*, 112:662-685.

Crayton, J. (1985). Pesquisa em andamento descrita no *Chicago Tribune*, 8 de setembro de 1985, seção 4, p. 14.

Creese, I. (1984). Multiple dopamine receptors. In R. L. Habig (ed.). *The brain, biochemistry, and behavior*. Washington, DC: American Association of Clinical Chemists, pp. 243-290.

Cressey, D. Citado em Goffman, E. (1961). *Asylums*. Garden City, NI: Doubleday.

Crick, F. (1983). *Thinking about the brain*. Palestra de Daniel Coit Gilman apresentada no simpósio The Brain and the Mind, Johns Hopkins Universidade, Baltimore.

Crissey, M. S. (1977). Prevention in retrospect. In G. W. Albee & J. M. Joffe (eds.). *Primary prevention of psychopathology.* Hanover, NH: University Press of New England, pp. 187-202.
Crocker, J. (1983). Progress for attitudes. *Contemp. Psychol.,* 28:287-288.
Crocker, J., Fiske, S. T. & Taylor, S. E. (1984). Schematic bases of belief change. In R. Eiser (ed.). *Attitudinal judgement.* Nova York: Springer.
Crocker, J., Kayne, N. T. & Alloy, L. B. (1985). Comparing the self with others in depressed and nondepressed college students. *J. Pers. Soc. Psychol.,* 48:1.579-1.583.
Crockett, L., Losoff, M. & Petersen, A. C. (1984). Perceptions of the peer group and friendship in early adolescence. *J. Early Adolesc.,* 4:155-181.
Cronbach, L. J. (1980). Validity on parrole. In W. Schrader (ed.). *New directions for testing and measurement.* San Francisco: Jossey-Bass, vol. 5.
Cronbach, L. J. (1984). *Essentials of psychological testing.* Nova York: Harper & Row.
Crosby, F. J. (1982). *Relative deprivation and working women.* Nova York: Oxford University Press.
Crosby, F., Bromley, S. & Saxe, L. (1980). Recent unobtrusive studies of black and white discrimination and prejudice. *Psychol. Bull.,* 87:546-563.
Crosby, F., Jose, P. & Wong-McCarthy, W. (1982). Gender, androgyny, and conversational assertiveness. In C. Mayo & N. H. Henley (Eds.). *Gender and nonverbal behavior.* Nova York: Springer-Verlag.
Crosson, B. (1984). Role of the dominant thalamus in language. *Psychol. Bull.,* 96:491-517.
Crow, T. J., Cross, A. J., Johnstone, E. C. & Owen, F. (1982). Two syndromes in schizophrenia and their pathogenesis. In F. A. Henn & H. A. Nasrallah (eds.). *Schizophrenia as a brain disease.* Nova York: Oxford University Press, pp. 196-234.
Crowe, R. R. (1982). Recent genetic research in schizophrenia. In F. A. Henn & H. A. Nasrallah (eds.). *Schizophrenia as a brain disease.* Nova York: Oxford University Press, pp. 40-60.
Crowe, R. R., Pauls, D. L., Slymen, D. J. & Noyes, R. A. (1980). A family study of anxiety neurosis. *Arch. Gen. Psychiat.,* 37:77-79.
Croyle, R. T. & Cooper, J. (1983). Dissonance arousal. *J. Pers. Soc. Psychol.,* 45:782-791.
Csikszentmihalyi, M. (1976). *Beyond boredom and anxiety.* San Francisco: Jossey-Bass.

Csikszentmihalyi, M. & Larson, R. (1984). *Being adolescent.* Nova York: Basic Books.
Cuber, J. F. & Haroff, P. B. (1965). *Sex and the significant Americans.* Baltimore: Penguin.
Culliton, B. J. (1983). Merrell Dow stops marketing bendectin. *Science,* 221:37.
Culliton, B. J. (1985). APA issues warning on antipsychotic drugs. *Science,* 229:1.248.
Cummings, E. M., Iannotti, R. J. & Zahn-Waxler, C. (1985). Influence of conflict between adults on the emotions and aggression of young children. *Develop. Psychol.,* 21:495-507.
Cummings, E. M., Zahn-Waxler, C. & Radke-Yarrow, M. (1981). Young children's responses to expressions of anger and affection by others in the family. *Child Develop.,* 52:1.274-1.282.
Cunningham, J. D. & Antill, J. K. (1984). Changes in masculinity and feminility across the family life cycle. *Develop. Psychol.,* 20:1.135-1.141.
Cunningham, J. D., Braiker, H. & Kelley, H. H. (1982). Marital-status and sex differences in problems reported by married and cohabiting couples. *Psychol. Women Quart.,* 6:415-427.
Cunningham, J. D., Starr, P. A. & Kanrouse, D. E. (1979). Self as actor, active observer, and passive observer. *J. Pers. Soc. Psychol.,* 37:1.146-1.152.
Cunnigham, M. R., Steinberg, J. & Grev, R. (1980). Wanting to and having to help. *J. Pers. Soc. Psychol.,* 38:181-192.
Cunningham, S. (abril, 1985). Rosewood case agreement defines care for treated. *Amer. Psychol. Ass. Monitor,* 16:20.
Curio, E. (1976). *The ethology of predation.* Berlim: Springer-Verlag.
Curran, J. W., Morgan, W. M., Hardy, A. M., Jaffe, H. W., Darrow, W. W. & Dowdle, W. R. (1985). The epidemiology of AIDS. *Science,* 229:1.352-1.357.
Curtis, R. L. (1975). Adolescent orientations toward parents and peers. *Adolescence,* 10:483-494.
Curtiss, S. (1981). Dissociations between language and cognition. *J. Autism Devel. Dis.,* 11:15-30.
Curtiss, S. R. (1977). *Genie.* Nova York: Academic Press.
Curzon, G. (1980). Relationships between neurochemical and psychiatric disturbances. In G. Curzon (ed.). *The biochemistry of psychiatric disturbances.* Chichester, Ing.; Wiley.
Cutler, N. E. (1981),. Political characteristics of elderly cohorts in the twenty-first century. In S. B. Kiesler, J. N. Morgan & V. K. Oppenheimer (eds.). *Aging.* Nova York: Academic Press, pp. 127-158.

Cutrona, C. E. (1982). Transition to college. In L. A. Peplau & D. Perlman (eds.). *Loneliness.* Nova York: Wiley-Interscience.
Cutrona, C. E. (1984). Social support and stress in the transition to parenthood. *J. Abnorm. Psychol.,* 93:378-390.
Cytrynbaum, S., Blum, L., Patrick, R., Stein, J., Wadner, D. & Wilk, C. (1980). Mid-life development. In L. W. Poon (ed.). *Aging in the 1980s.* Washington, DC: American Psychological Association, pp. 463-474.

Dachowski, M. McC. (1984). DSM-III. *Amer. Psychol.,* 39:702-703.
Daly, M. & Wilson, M. (1983). *Sex, evolution, and behavior.* Boston: Grant Press.
Damrell, J. (1978). *Search for identity.* Beverly Hills, CA: Sage.
Daniels, P. & Weingarten, K. (1980). *Sooner or later.* Nova York: Norton.
Darley, J. M. & Fazio, R. H. (1980). Expectancy confirmation processes arising in the interaction sequence. *Amer. Psychol.,* 35:861-866.
Darwin, C. (1859). *The origin of species.* Londres: Appleton.
Darwin, C. (1965). *The expression of the emotions in man and animals.* Chicago, Il University of Chicago Press. (Trabalho original publicado em 1872.)
Dasen, P. R. (ed.). (1976). *Piagetian psychology.* Nova York: Gardner.
Davidoff, J. B. (1975). *Differences in visual perception.* Nova York: Academic Press.
Davidson, J. M. (julho, 1981). The orgasmic connection. *Psychol. Today,* 15:91.
Davidson, R. J. (1978). Specificity and patterning in biobehavioral systems. *Amer. Psychol.,* 33:430-436.
Davidson, S. (1979). Massive psychic traumatization and social support. *J. Psychosom. Res.,* 23:395-402.
Davies, D. C., Horn, G. & McCabe, B. J. (1985). Noradrenaline and learning. *Behav. Neurosci.,* 99:652-660.
Davis, A. E., Dinitz, S. & Pasamanick, B. (1974). *Schizophrenics in the new custodial community.* Columbus: Ohio State University.
Davis, C. M. (1928). Self-selection of diet by newly-weaned infants. *Amer. J. Dis. Children,* 36:651-679.
Davis, E. S. (julho, 1985). *The new chemical victims.* Trabalho apresentado no Toxic Torts Program do encontro anual da American Association of Law Libraries, Nova York.
Davis, G. A. (1974). *Predicting true college creativity with attitude and personality information.* Monografia não publicada.

Davis, K. (1947). Final note on a case of extreme social isolation. *Amer. J. Sociol.*, 52:432-437.
Davis, K. E. (fevereiro, 1985). Near and dear. *Psychol. Today*, 19:22-30.
Davis, K. E. & Todd, M. J. (1982). Friendship and love relationships. In K. E. Davis & T. D. Mitchell (eds.). *Advances in descriptive psychology*. Greenwich, CT: JAI Press, vol. 2, pp. 79-122.
Davis, K. E. & Todd, M. J. (1985). Prototypes, paradigm cases, and relationship assessment. In S. Druck & D. Perlman (eds.). *Understanding personal relationships*. Beverly Hills, CA: Sage.
Davis, K. L., Davidson, M., Mohs, R. C., Kendler, K. S., Davis, B. M., Johns, C. A., DeNigris, Y. & Hovarth, T. B. (1985). Plasma homovanillic acid concentration and the severity of schizophrenic illness. *Science*, 227:1.601-1.602.
Davis, P. A. (1983). *Suicidal adolescents*. Springfield, IL: Thomas.
Davis, R. H. & Davis, J. A. (1985). *TV's image of the elderly*. Lexington, MA: Lexington.
Davison, G. C. & Neale, J. M. (1982). *Abnormal psychology*. 3ª ed. Nova York: Wiley.
Dawson, M. E., Schell, A. M., Beers, J. R. & Keley, A. (1982). Allocation of cognitive processing capacity during human autonomic classical conditioning. *J. Exper. Psychol.: Gen.*, 111:273-295.
Deaux, K. (1984). From individual differences to social categories. *Amer. Psychol.*, 39:195-196.
Deaux, K. (1985). Sex and gender. *Annu. Rev. Psychol.*, 36:49-81.
DeBold, J. F. (1983). Apresentação para o simpósio Sexually Dimorphic Behaviors, no encontro anual da Society for Neuroscience, Boston.
Decarie, T. G. (ed.). (1974). *The infant's reaction to strangers*. Nova York: International Universities Press.
De Casper, A. J. & Prescott, P. A. (1984). Human newborns' perception of male voices. *Develop. Psychobiol.*, 17:481-491.
deCharms, R. (1976). *Enhancing motivation*. Nova York: Irvington.
deCharms, R. (1980). The origins of competence and achievement motivation in personal causation. In L. J. Fyans (ed.). *Achievement motivation*. Nova York: Plenum Press.
deCharms, R. (1983). Intrinsic motivation, peer tutoring and cooperative learning. In J. M. Levine & M. C. Wang (eds.). *Teacher and student perceptions*. Hillsdale, NJ: Erlbaum, pp. 391-398.

de Chateau, P. (1980). Parent-neonate interaction and its long-term effects. In E. C. Simmel (ed.). *Early experience and early behavior*. Nova York: Academic Press, pp. 109-179.
Deci, E. L. (março, 1985). The well-tempered classroom. *Psychol. Today*, pp. 52-53.
Deci, E. L. & Ryan, R. M. (1980). The empirical exploration of intrinsic motivational forces. In L. Berkowitz (ed.). *Advances in experimental social psychology*. Nova York: Academic Press, vol. 13.
Deese, J. (1984). Thought into speech. Engleewood Cliffs, NJ: Prentice-Hall.
deGree, C. E. & Snyder, C. R. (1985). Adler's psychology (of use) today. *J. Pers. Soc. Psychol.*, 48:1.512-1.519.
deGroot, A. D. (1965). *Thought and choice in chess*. The Hague: Mouton.
DeJong, W. (1980). The stigma of obesity. *J. Hlth, Soc. Behav.*, 21:75-87.
de Jong-Gierveld, J. & Raadschelders, J. (1982). Types of loneliness. In L. A. Peplau & D. Perlman (eds.). *Loneliness*. Nova York: Wiley-Interscience.
de Lacoste-Utamsing, C. & Holloway, R. L. (1982). Sexual dimorphism in the human corpus callosum. *Science*, 216:1.431-1.432.
de Lacoste-Utamsing, C. & Woodward, D. J. (1982). Intra- and interhemispheric asymmetries in the human brain. *Soc. Neurosci. Abstr.*, 8:212.
DeLamater, J. & MacCorquodale, P. (1979). *Premarital sexuality*. Madison: University of Wisconsin Press.
de Leon, M. J., Ferris, S. H., George, A. E., Christman, D. R., Fowler, J., Gentes, C., Gee, B., Reisberg, B., Kricheff, I. I. & Wolf, A. (1982). Positron-emission tomography (PET) studies of normal aging and senile dementia of the Alzheimer's type. *Geronthology*, 22:53-54.
DeLoache, J. S. & Brown, A. L. (1984). Where do I go next? *Develop. Psychol.*, 20:37-44.
DeLuise, M., Rappaport, E. & Flier, J. S. (1982). Altered erythrocyte Na^+K^+ pump in adolescent abesity. *Metabolism*, 31:1.153-1.158.
Deluty, R. H. (1985). Consistency of assertive, aggressive, and submissive behavior for children. *J. Pers. Soc. Psychol.*, 49:1.054-1.065.
DeMaris, A. & Leslie, G. R. (1984). Cohabitation with the future spouse. *J. Marr. Fam.*, 46:77-84.
Dembroski, T. M., Schmidt, T. H. & Blumchen, G. (eds.). (1983). *Biobehavioral bases of coronary heart disease*. Basel, Suíça: S. Karger

Dement, W. C. (1978). *Some must watch while some must sleep*. 2ª ed. Nova York: Norton.
Dement, W. C. & Wolpert, E. A. (1958). The relationship of eye movement, body motility, and external stimuli to dream content. *J. Exper. Psychol.*, 55:543-553.
Dengerink, H. A. (1976). Personality variables as mediators of aggression. In R. G. Geen & C. O'Neal (eds.). *Perspectives on aggression*. Nova York: Academic Press, pp. 61-98.
Denmark, F. L. (1982). Integrating the psychology of women into introductory psychology. In C. J. Scheirer & A. M. Rogers (eds.). *The G. Stanley Hall lecture series*. Washington, DC: American Psychological Association.
Dennerstein, L. & Burrows, G. D. (1982). Hormone replacement therapy and sexuality in women. In J. Bancroft (ed.). *Clinics in endocrinology and metabolism, diseases of sex and sexuality*. Filadélfia: Saunders, vol. 11, pp. 661-680.
Dennis, W. (1974). *Children of the creche*. Englewood Cliffs, NJ: Prentice-Hall.
Depue, R. A. & Monroe, S. M. (1978). The unipolar-bipolar distinction in the depressive disorders. *Psychol. Bull.*, 85:1.001-1.029.
De Souza, E. B., Perrin, M. H., Insel, T. R., Rivier, J., Vale, W. W. & Kuhar, M. J. (1984). Corticotropin-releasing factor receptors in rat forebrain. *Science*, 224:1.449-1.451.
Detterman, D. K. & Sternberg, R. J. (eds.). (1982). *How and how much can intelligence be increased*. Norwood, NJ: Ablex.
Deutsch, M., Jordan, T. J., Deutsch, C. P. & Grallo, R. (1985). Long term effects of early enrichment. *J. Community Psychol.*
DeValois, R. L. (1965). Behavioral and electrophysiological studies of primate vision. In W. D. Neff (ed.). *Contributions of sensory physiology*. Nova York: Academic Press, vol. 1.
DeValois, R. L. & DeValois, K. K. (1980). Spatial vision. *Annu. Rev. Psychol.*, 31:309-341.
de Villiers, J. G. & de Villiers, P. A. (1978). *Language acquisition*. Cambridge, MA: Harvard University Press.
Dewald, P. A. (1972). *The psychoanalytic process*. Nova York: Basic Books, pp. 514-515.
Diamond, B. (setembro, 1969). Entrevista sobre Sirhan Sirhan. *Psychol. Today*, pp. 48-55.
Diamond, M. C. (setembro,1978). The aging brain. *Amer. Scien.*, 66:66-71.
Diamond, M. C. (novembro, 1984). PT conversation, Marian Diamond. *Psychol., Today*, pp. 62-73.

Diamond, M. C. & Connors, J. R., Jr. (1981). A search for the potential of the aging brain. In S. J. Enna, T. Samorajki & B. Beer (eds.). *Brain neurotransmitters and receptors in aging and age-related disorders.* Nova York: Raven Press, pp. 43-58.

Diammond, M. C., Johnson, R. E., Young, D. & Singh, S. S. (1983). Age related morphologic differences in the rat cerebral cortex and hippocampus. *Exper. Neurol.,* 81:1-13.

Diamond, M. C., Scheibel, A. B., Murphy, G. M., Jr. & Harvey, T. (1985). On the brain of a scientist: Albert Einstein. *Exper. Neurol.,* 88:198-204.

Dicken, C. (1969). Predicting the sucess of Peace Corps community development workers. J. *Consult. Clin. Psychol.,* 33:597-606.

Dickey, L. (ed.). (1976). *Clinical ecology.* Springfield, IL: Thomas.

Diederen, I. (1983). Genetics of schizophrenia. In J. L. Fuller & E. C. Simmel (eds.). *Behavior genetics.* Hillsdale, NJ: Erlbaum, pp. 189-216.

Diener, C. I. & Dweck, C. S. (1980). An analysis of learned helplessness: II. J. *Pers. Soc. Psychol.,* 39:940-952.

Diener, E. (1979). Deindividuation. In P. Paulus (ed.). *The psychology of group influence.* Hillsdale, NJ: Erlbaum.

Diener, E. (1984). Subjective well-being. *Psychol. Bull.,* 95:542-575.

Diener, E. & Larsen, R. J. (1984). Temporal stability and cross-situational consistency of affective, behavioral, and cognitive responses. J. *Pers. Soc. Psychol.,* 47:871-883.

Diener, E., Larsen, R. J. & Emmons, R. A. (1984). Person x situation interactions. J. *Pers. Soc. Psychol.,* 47:580-592.

Diener, E., Larsen, R. J., Levine, S. & Emmons, R. A. (1985a). Intensity and frequency. J. *Pers. Soc. Psychol.,* 48:1.253-1.265.

Diener, E., Sandvik, E. & Larsen, R. J. (1985b). Age and sex effects for emotional intensity. *Develop. Psychol.,* 21:542-546.

Di Leo, J. H. (1983). *Interpreting children's drawings.* Nova York: Brunner/Mazel.

Di Lollo, V. (1980). Temporal integration in visual memory. J. *Exper. Psychol: Gen.,* 109:75-97.

Dion, K. (1981). Physical attractiveness, sex roles, and heterosexual attraction. In M. Cook (ed.). *The bases of human sexual attraction.* Londres: Academic Press, pp. 3-22.

Dion, K. L. & Dion, D. D. (1973). Correlates of romantic love. J. *Consult. Clin. Psychol.,* 41:51-56.

DiPietro, J. A. (1981). Rough and tumble play. *Develop. Psychol.,* 17:50-58.

Dittes, J. & Kelley, H. (1956). Effects of different conditions of acceptance upon conformity to group norms. J. *Abnorm. Soc. Psychol.,* 53:100-107.

Dixon, N. F. (1981). *Preconscious processing.* Chichester, Ing.: Wiley.

Dobbing, J. (1973). Nutrition and the developing brain. *Lancet,* 1:48.

Dobbing, J. (1974). The later development of the brain and its vulnerability. In J. A. Davis & J. Dobbing (eds.). *Scientific foundations of paediatrics.* Filadélfia: Saunders, pp. 565-577.

Dodge, K. A. (1983). Must we dilute child psychology? *Contemp. Psychol.,* 28:513-514.

Doering, C. H., Brodie, H. K. H., Kraemer, H. C., Moos, R. H., Becker, H. B. & Hamburg, D. A. (1975). Negative affect and plasma testosterone. *Psychosom. Med.,* 37:484-491.

Doherty, W. J. & Baldwin, C. (1985). Shifts and stability in locus of control during the 1970s. J. *Person. Soc. Psychol.,* 48:1.048-1.053.

Dohrenwend, B. S. & Dohrenwend, B. P. (eds.). (1981). *Stressful life events and their contexts.* New Brunswick, NJ: Rutgers University Press.

Dohrenwend, B. S., Dohrenwend, B. P., Dodson, M. & Shrout, P. E. (1984). Symptoms, hassles, social supports, and life events. J. *Abnorm. Psychol.,* 93:222-230.

Dolezal, H. (1982). *Living in a world transformed.* Nova York: Academic Press.

Doll, W. (1976). Family coping with the mentally ill. *Hosp. Comm. Psychiat.,* 27:183-185.

Donnerstein, E. & Linz, D. (janeiro, 1984). *Psychol. Today,* pp. 14-15.

Dornbusch, S. M. Carlsmith, J. M., Bushwall, S. J., Ritter, P. L., Leiderman, H., Hastorf, A. H. & Gross, R. T. (1985). Single parents, extended households, and the control of adolescents. *Child Develop.*

Dörner, G. (1980). Sexual differentiation of the brain. *Vitamins and Hormones: Advances in Research and Application,* 38:325-381.

Dosher, B. A. (1984). Degree of learning and retrieval speed. J. *Exper. Psychol.: Learn., Mem., Cog.,* 10:541-574.

Douvan, E. (1975). Sex differences in the opportunities, demands, and developments of youth. In R. J. Havighurst & P. H. Dreyer (eds.). *Youth.* Chicago: University of Chicago Press.

Douvan, E. & Adelson, J. (1966). *The adolescent experience.* Nova York: Wiley.

Dow, K. E. & Riopelle, R. J. (1985). Ethanol neurotoxicity. *Science,* 228:591-593.

Drabman, R. S. & Thomas, M. H. (1974). Does media violence increase children's toleration of real-life aggression? *Develop. Psychol.,* 10:418-421.

Dreher, B., Potts, R. A., Ni, S. Y. K. & Bennett, M. R. (1984). The development of heterogeneities in distribution and soma sizes of rat retinal ganglion cells. In J. Stone, B. Dreher & D. H. Rapaport (eds.). *Development of visual pathways in mammals.* Nova York: Liss, pp. 39-58.

Dressel, P. L. & Petersen, D. M. (1982). Becoming a male stripper. *Work and Occupations,* 9:387-406.

DSM-III. (Ver American Psychiatric Association, 1980.)

Duchek, J. M. (1984). Encoding and retrieval differences between young and old. *Develop. Psychol.,* 20:1.173-1.180.

Duck, S. W. (1975). Personality similarity and friendship choices by adolescents. *Eur. Soc. Psychol.,* 5:351-365.

Dugan, M. A. (1984). Issues in treating the co-dependent partner in alcoholic relationships. Trabalho apresentado no encontro anual da American Psychological Association, Toronto.

Duncan, G. J., Coe, R. D. & Hill, M. S. (1984). *Years of poverty, years of plenty.* Ann Arbor: Survey Research Center, Universidade do Michigan.

Dunivant, N. (1981). *Change in delinquent behavior as function of learning disabilities.* Williamsburg, VA: National Center for State Courts.

Dunivant, N. (1982). *The relationship between learning disabilities and juvenile delinquency.* Williamsburg, VA: National Center for State Courts.

Dunkel-Schetter, C. (1984). Social support and cancer. In A. Brownell & S. A. Shumaker (eds.). Social support. J. *Soc. Issues,* 40(4):77-98.

Dunn, J. & Kendrick, C. (1982). Temperamental differences, family relationships, and young children's response to change within the family. In Ciba Foundation Symposium 89. *Temperamental differences in infants and young children.* Londres: Pitman.

Dunn, J. & Munn, P. (1985). Becoming a family member. *Child Develop.,* 56:480-492.

Dupont, R. L. & Pecknold, J. C. (1985). Alprazolam withdrawal in panic disorder patients. Trabalho apresentado no encontro anual da American Psychiatric Association, Dallas.

Durrett, M. E., Otaki, M. & Richards, P. (1984). Attachment and the mother's perception of support from the father. *Inter. J. Behav. Develop.,* 7:167-176.

Dusek, J. B. & Flaherty, J. F. (1981). The development of the self-concept during the adolescent years. *Monogr. Soc. Res. Child Develop.,* 46(4, série n. 191).

Dush, D. M., Hirt, M. L. & Schroeder, H. (1983). Self-statement modification with adults. *Psychol. Bull.*, 94:408-422.

Dutton, D. & Aron, A. (1974). Some evidence for heightened sexual attraction under conditions of high anxiety. *J. Pers. Soc. Psychol.*, 30:510-517.

Duval, S., Duval, V. H., & Neely, R. (1979). Self-focus, felt responsibility, and helping. *J. Pers. Soc. Psychol.*, 37:1.769-1.778.

Dweck, C. S. & Goetz, T. E. (1978). Attributions and learned helplessness. In J. H. Harvey, W. Ickes & R. F. Kidd (eds.). *New directions in attribution research*. Hillsdale, NJ: Erlbaum, vol. 2, pp. 157-179.

Dworkin, S. F. & Chen, A. C. N. Citado em From the NIH: Sensitivity to pain greater in a clinical than in a laboratory setting. (1983). JAMA, 250:718.

Dywan, J. & Bowers, K. (1983). The use of hypnosis to enhance recall. *Science*, 222:184-185.

Eagly, A. H. (1983). Gender and social influence. *Amer. Psychol.*, 38:971-981.

Eagly, A. H. & Steffen, V. (1984). Gender stereotypes stem from the distribution of women and men into social roles. *J. Pers. Soc. Psychol.*, 46:735-754.

Eagly, A. H., Wood, W. & Chaiken, S. (1981). An attribution analysis of persuasion. In J. H. Harvey, W. Ickes & R. F. Kidd (eds.). *New directions in attribution research* Hillsdale, NJ: Erlbaum, vol. 3.

Easterbrooks, M. A. & Goldberg, W. A. (1984). Toddler development in the family. *Child Develop.*, 55:740-752.

Easterbrooks, M. A. & Goldberg, W. A. (1985). Effects of early maternal employment on toddlers, mothers, and fathers. *Develop. Psychol.*, 21:774-783.

Easterlin, R. A., Wachter, M. L. & Wachter, S. M. (1978). Demographic influences on economic stability. *Populat. Develop. Rev.*, 4:1-22.

Eaves, G. & Rush, A. J. (1984). Cognitive patterns in symptomatic and remitted unipolar major depression. *J. Abnorm. Psychol.*, 93:31-40.

Ebbesen, E., Duncan, B. & Konecni, V. (1975). Effects of content of verbal aggression on future verbal aggression. *J. Exper. Soc. Psychol.*, 11:192-204.

Ebbesen, E., Kjos, G. & Konecni, V. (1976). Spatial ecology. *J. Pers. Soc. Psychol.*, 12:505-518.

Ebbinghaus, H. (1964). *Memory, a contribution to experimental psychology*. Tradução de H. A. Ruger & C. E. Bussenius. Nova York: Dover. (Trabalho original publicado em 1885.)

Ebbs, J. H., Brown, A., Tisdall, F. F., Moyle, W. J. & Bell, M. (1942). The influence of improved prenatal nutrition upon the infant. *Canadian Med. J.*, 46:6-8.

Eccles, J. P. (março, 1982). *Sex differences in math achievement and course enrollment*. Trabalho apresentado no encontro anual da American Educational Research Association, Nova York.

Eccles, J. P., Adler, T. & Meece, J. L. (1984). Sex differences in achievement. *J. Pers. Soc. Psychol.*, 46:26-43.

Eckardt. M. (1985). Pesquisa apresentada no seminário de ciência patrocinado por Alcohol, Drug Abuse, and Mental Health Administration, Washington, DC. Citado em Harmful effects found in "controlled" alcoholics. (julho, 1985.) *Amer. Psychol. Ass. Monitor*, p. 11.

Eckberg, D. L. (1979). *Intelligence and race*. Nova York: Praeger.

Eckenrode, J. (1984). Impact of chronic and acute stressors on daily reports of mood. *J. Pers. Soc. Psychol.*, 46:907-918.

Eckerman, C. O. & Stein, M. R. (1982). The toddler's emerging interactive skills. In K. H. Rubin & H. S. Ross (eds.). *Peer relationships and social skills in childhood*. Nova York: Springer-Verlag, pp. 41-72.

Eckland, B. K. (1982). College entrance examination trends. In G. R. Austin & H. Garber (eds) *The rise and fall of national test scores*. Nova York: Academic Press.

Edelson, M. (1984). *Hypothesis and evidence in psychoanalysis*. Chicago: University of Chicago, Il Press.

Edelwich, J. com Brodsky, A. (1980). *Burn-out*. Nova York: Human Sciences Press.

Edinger, J. A. & Patterson, M. L. (1983). Nonverbal involvement and social control. *Psychol. Bull.*, 93:30-56.

Edwards, J. R. (1979). *Language and disadvantage*. Nova York: Elsevier.

Egeland, B. & Farber, E. A. (1984). Infant-mother attachment. *Child Develop.*, 55:753-771.

Egeland, B. & Sroufe, L. A. (1981). Developmental sequelae of maltreatment in infancy. In R. Rizley & D. Cicchetti (eds.). *Developmental perspectives in child maltreatment*. San Francisco: Jossey-Bass, pp. 77-92.

Egeland, J. A. (1983). Bipolarity. *Comprehens. Psychiat.*, 24:337-344.

Egeth, H. E. & McCloskey, M. (1984). The jury is still out. *Amer. Psychol.*, 39:1.068-1.069.

Eggers, C. (1978). Course and prognosis of childhood schizophrenia. *J. Autism Child. Schizo.*, 8:21-36.

Ehrhardt, A. A. & Baker, S. W. (1974). Fetal androgens, human central nervous system differentiation, and behavior sex differences. In R. C. Friedman, R. M. Richart & R. L. Van de Wiele (eds.). *Sex differences in behavior*. Nova York: Wiley.

Ehrhardt, A. A. & Meyer-Bahlburg, H. F. (1981). Effects of prenatal sex-hormones on gender-related behavior. *Science*, 211:1.312-1.318.

Eibl-Eibesfeldt, I. (1970). *Ethology*., Nova York: Holt, Rinehart.

Eichorn, D. H., Hunt, J. V. & Honzik, M. P. (1981). Experience, personality, and IQ. In D. H. Eichorn, J. A. Clausen, N. Haan, M. P. Honzik & P. H. Mussen (eds.). *Present and past in middle life*. Nova York: Academic Press.

Eidelson, R. J. (1980). Interpersonal satisfaction and level of involvement. *J. Pers. Soc. Psychol.*, 39:460-470.

Eimas, P. D. (janeiro, 1985). The perception of speech in early infancy. *Scientif. Amer.*, 252:46-52.

Eisen, S. V. (1979). Actor-observer differences in information inference and causal attribution. *J. Pers. Soc. Psychol.*, 27:261-272.

Eisenberg, N. & Lennon, R. (1983). Sex differences in empathy and related capacities. *Psychol. Bull.*, 94:100-131.

Eisenberg-Berg, N. & Geisheker, E. (1979). Content of preachings and power of the model/preacher. *Develop. Psychol.*, 15:168-175.

Ekman, P. (ed.). *Emotion in the human face*. 2ª ed. Cambridge, Ing: Cambridge University Press.

Ekman, P., Friesen, W. V. & Ancoli, S. (1980). Facial signs of emotional experience. *J. Pers. Soc. Psychol.*, 38:1.125-1.134.

Ekman, P., Levenson, R. W. & Friesen, W. V. (1983). Autonomic nervous system activity distinguishes among emotions. *Science*, 221:1.208-1.210.

Elder, S. T., Geoffray, D. J. & McAfee, R. D. (1981). Essential hypertension. In S. N. Gaynes & L.Gannon (eds.). *Psychosomatic disorders*. Nova York: Praeger.

Eliasz, A. (1981). *Temperament a system regulacji stymulacji*. Citado por Reykowski, J. (1982). Social motivation. *Annu. Rev. Psychol.*, 33:123-154.

Ellis, A. (1985). Cognition and affect in emotional disturbance. *Amer. Psychol.*, 40:471-472.

Ellis, A. & Grieger, R. (1977, 1986). *Handbook of rational-emotive therapy*. Nova York: Springer, vols. 1 e 2.

Ellis, H. C., Thomas, R. L., McFarland, A. D. & Lane, J. W. (1985). Emotional mood states and retrieval in episodic memory. *J. Exper. Psychol: Learn., Mem., Cogn.*, 11:363-370.

Ellis, H. C., Thomas, R. L. & Rodriguez. I. A. (1984). Emotional mood states and memory. J. Exper. Psychol.: Learn., Mem., Cogn., 10:470-482.

Ellman, S. J., Spielman, A. J., Luck, D., Steiner, S. S. & Halperin, R. (1978) REM deprivation. In A. M. Arkin, J. S. Antrobus & S. J. Ellman (eds.). *The mind in sleep*. Hillsdale, NJ: Erlbaum, pp. 419-457.

Ellyson, S. L. & Dovidio. J. F. (eds.). (1985). *Power, dominance, and nonverbal behavior*. Nova York: Springer.

Elton, D., Stanley, G. & Burrows, G. (1984). *Psychological control of pain*. Orlando, FL: Grune & Stratton.

Emery, A. E. (1968). *Heredity, disease, and man*. Berkeley: University of California Press.

Emery, O. B. (1984). Linguistics deterioration in Alzheimer's senile dementia and in normal aging. Trabalho apresentado no encontro anual da American Psychological Association, Toronto.

Endler, N. S. (1983). Interactionalism. In M. M. Page (ed.). *Personality-current theory and research*. Lincoln: University of Nebraska Press, pp. 155-200.

Engen, T. (1982). *The perception of odors*. Nova York: Academic Press.

Entwisle, D. R. & Doering, S. G. (1981). *The first birth*. Baltimore: Johns Hopkins University Press.

Entwisle, D. R. & Hayduk, L. (1983). Modeling young children's performance expectations. In J. M. Levine & M. C. Wang (eds.). *Teacher and student perceptions*. Hillsdale, NJ: Erlbaum, pp. 249-270.

Epstein, R. (1981). On pigeons and people. *Behav. Analyst.*, 4:43-55.

Epstein, R., Kirshnit, C. E. Lanza, R. P. & Rubin, L. C. (1984). Insight in the pigeon. *Nature*, 308:61-62.

Epstein, S. (1983). A research paradigm for the study of personality and emotions. In M. M. Page (ed.). *Nebraska symposium on motivation 1982: Personality-current theory and research*. Lincoln: University of Nebraska Press, pp. 91-154.

Epstein, S. (1979). Explorations in personality today and tomorrow. *Amer. Psychol.*, 34:649-653.

Epstein, S. H. (1983). Why do women live longer than men? *Science 83*:4, 30-31.

Epstein, W. (ed.). (1977). *Stability and constancy in visual perception*. Nova York: Wiley.

Epstein, Y. M. (1981). Crowding stress and human behavior. *J. Soc. Issues*, 37:126-144.

Erber, R. & Fiske, S. T. (1984). Outcome dependency and attention to inconsistent information. *J. Pers. Soc. Psychol.*, 47:709-726.

Erdelyi, M. H. (1981). Not now: Comment on Loftus and Loftus. *Amer. Psychol.*, 36:527-528.

Erdelyi, M. H. & Goldberg, B. (1979). Let's not sweep repression under the rug. In J. F. Kihlstrom & F. J. Evans (eds.). *Functional disorders of memory*. Hillsdale, NJ: Erlbaum, pp. 355-402.

Erdwins, C. J. & Mellinger, J. C. (1984). Mid-life women. *J. Pers. Soc. Psychol.*, 47:390-395.

Erikson, B., Lind, E. A., Johnson, B. C. & O'Barr, W. M. (1978). Speech style and impression formation in a court setting. *J. Exper. Soc. Psychol.*, 14:266-279.

Erickson, J. D., Mulinare, J., McClain, P. W., Fitch, T. G., James, L. M., McClearn, A. B. & Adams, M. J., Jr. (1984). Vietnam veteran's risks for farthering babies with birth defects. *JAMA*, 252: 903-912.

Erikson, M. F., Sroufe, L. A. & Egeland, B. (1985). The relationship between quality of attachment and behavior problems in preschool in a high-risk sample. In I. Bretherton & E. Waters (eds.). *Growing points of attachment theory and research*. Monogr. Soc. Res. Child Develop., 50(1-2, série n. 209).

Erikson, E. H. (1963). Eight ages of man. In *Childhood and society*. 2ª ed., Nova York: Norton, pp. 247-274.

Erikson, E. H. (1968). *Identity, youth, and crisis*. Nova York: Norton, pp. 132-133.

Erikson, E. H. (ed.). (1978). *Adulthood*. Nova York: Norton.

Erikson, E. H. (1982). *The life cycle completed*. Nova York: Norton.

Erikson, K. T. (1976). *Everything in its path*. Nova York: Simon & Schuster.

Ernhart, C. B. (1982). Lead results. *Sci. News*, 122:3.

Eron, L. D., Huesmann, L. R., Lefkowitz, M. M. & Walder, L. O. (1972). Does television violence cause aggression? *Amer. Psychol.*, 27:253-263.

Eron, L. D. (1983). Constancy of aggression behavior across time and situations. Huesmann, L. R. (1983). Intellectual competence and aggression. Lekowitz, M. M. (1983). Aggression and psychopathology. Trabalhos apresentados no encontro anual da American Psychological Association, Anaheim, CA.

Eron, L. D. & Peterson, R. A. (1982). Abnormal behavior. *Annu. Rev. Psychol.*, 33:231-264.

Estep, R. E., Burt, M. R. & Milligan, H. J. (1977). The socialization of sexual identity. *J. Marr. Fam.* 39:99-112.

Estes, W. K. (1980). Is human memory obsolete? *Amer. Scien.*, 68:62-69.

Estes, W. K. (1982a). Learning memory and intelligence. In R. J. Sternberg (ed.). *Handbook of human intelligence*. Cambridge, Ing. Cambridge University Press.

Estes W. K. (1982b). *Models of learning, memory and choice*. Nova York: Praeger.

Estroff, S. E. (1981). Psychiatric deinstitutionalization. *J. Soc. Issues*, 37(3):116-132.

Etaugh, C. & Spandikow. D. B. (1981). Changing attitudes toward women. *Psychol. Women Quart.*, 5:591-594.

Etscorn, F. T. (1980). Sucrose aversions in mice as a result of injected nicotine or passive tobacco smoke inhalation. *Bull. Psychonom. Soc.*, 15:54-56.

Evans, D. & Nemeroff, C. (1984). The Dexamethasone Suppression Test in organic affective syndrome. *Amer. J. Psychiat.*, 141:1.465-1.467.

Evans, D. P. (1983). *The lives of mentally retarded people*. Boulder, CO: Westview.

Evans, H. J., Fletcher, J., Torrance, M. & Hargreave, T. B. (1981). Sperm abnormalities and cigarette smoking. *Lancet*, 1:627-629.

Evans, M. A. (1985). Self-initiated speech repairs. *Develop. Psychol.*, 21:365-371.

Evans, R. I. (1978). Social psychological deterrents of smoking in schools. Trabalho apresentado no encontro anual da American Psychological Association, Toronto.

Evans, R. I. (1984). Current perspectives on priorities in smoking research. *Health Psychologist*, 6(2).

Exner, J. E., Jr. (1978). *The Rorschach*. Nova York: Wiley, vol. 2.

Eysenck, H. J. (1952). The effects of psychotherapy. *J. Consult. Clin. Psychol.*, 16:319-324.

Eysenck, H. J. (1982). *A model for intelligence*. Berlim, Al.: Springer-Verlag.

Eysenck, H. J. & Eysenck, M. W. (1985). *Personality and individual differences*. Nova York: Plenum Press.

Eysenck, H. J. & Eysenck, S. B. G. (1975). *Eysenck Personality Questionnaire Manual*. San Diego, CA: Educational and Industrial Testing Service.

Eysenck, H. J. & Eysenck, S. B. G. (1978). Psychopathy, personality, and genetics. In R. D. Hare & D. Schalling (eds.). *Psychopathic behavior*. Nova York: Wiley, pp. 85-106.

Eysenck, H. J. & Wilson, G. D. (1974). *The experimental study of Freud's theories and therapy*. Nova York: Barnes & Noble.

Faber, N. (15 de outubro, 1971). I almost considered the prisoners as cattle. *Life*, pp. 82-83.

Faberow, N. L. & Shneidman, E. S. (1965). *The cry for help*. Nova York: McGraw-Hill.

Fackelmann, K. A. (1982). Bendectin linked to birth defects. *Sci. News*, 123:7.

Fagan, C. & Padawer, J. A. (1984). *Psychological aspects of childbirth*. Trabalho apresentado no encontro anual da American Psychological Association, Toronto.

Fagan, J. F. (1979). The origins of facial pattern recognition. In M. H. Bornstein & W. Kessen (eds.). *Psychological development from infancy*. Hillsdale, NJ: Erlbaum, pp. 83-113.

Fagen, R. (1981). *Animal play behavior*. Nova York: Oxford University Press.

Fagen, S. & Calne, D. B. (1978). Considerations in the management of Parkinsonianism. *Neurology*, 28:5-7.

Fairweather, G. W. (ed.). (1980). *The Fairweather Lodge*. San Francisco: Jossey-Bass.

Fairweather, G. W., Sanders, D. H., Cressler, D. L. & Maynard, H. (1969). Community life for the mentally ill. Chicago, Il Aldine.

Fairweather, H. (1976). Sex differences in cognition. *Cognition*, 4:231-280.

Falbo, T. (1980). *Some consequences of growing up in a nonintact family*. Trabalho apresentado no encontro anual da American Psychological Association, Montreal.

Falbo, T. & Peplau, L. A. (1980). Power strategies in intimate relationships. *J. Pers. Soc. Psychol.*, 38:618-628.

Falloon, I. R. H., Jeffrey, L. B., McGill, C. W., Williamson, M., Razani, J., Moss, H. B., Gilderman, A. M. & Simpson, G. M. (1985). Family management in the prevention of morbidity of schizophrenia. *Arch. Gen. Psychiat.*, 42:887-896.

Fann, W. E. (1983). Recent advances in the pharmacological treatment of psychoses. In M. R. Zales (ed.). *Affective and schizophrenic disorders*. Nova York: Brunner/Mazel, pp. 124-143.

Fantz, R. L., Fagan, J. F. & Miranda, S. B. (1975). Early visual selectivity as a function of pattern variables, previous exposure, age from birth and conception, and expected cognitive deficit. In L. B. Cohen & P. Slapatek (eds.). *Infant perception*. Nova York: Academic Press, vol. I, pp. 249-345.

Farber, B. (ed.). (1983). *Stress and burnout in human service organizations*. Nova York: Pergamon.

Farber, I. E., Harlow, H. F. & West, L. J. (1957). Brainwashing, conditioning and DDD (debility, dependency, and dread). *Sociometry*, 20:271-283.

Farber, I. E. & Spence, W. K. (1953). Complex learning and conditioning as a function of anxiety. *J. Exper. Psychol.*, 45:120-125.

Farber, S. (1981). *Identical twins reared apart*. Nova York: Basic Books.

Farina, A., Allen, J. & Saul, G. (1966). The role of the stigmatized person in affecting social relationships. *J. Pers.*, 71:421-428.

Farley, F. H. (1973). *A theory of delinquency*. Trabalho apresentado no encontro anual da American Psychological Association, Montreal.

Farmer, H. S. (1983). Career and homemaking plans for high school youth. *J. Couns. Psychol.*, 30:40-45.

Farrell, M. P. & Rosenberg, S. D. (1981). *Men at midlife*. Boston: Auburn House.

Farthing, G. W., Venturino, M. & Brown, S. W. (1984). Suggestion and distraction in the control of pain. *J. Abnorm. Psychol.*, 93:266-276.

Faux, M. (1984). *Childless by choice*. Nova York: Anchor Press/Doubleday.

Fazio, R. H. (1979). Motives for social comparison. *J. Pers. Soc. Psychol.*, 37:1.683-1.698.

Fazio, R. H. & Cooper, J. (1983). Arousal in the dissonance process. In J. T. Cacioppo & R. E. Pretty (eds.). *Social Psychophysiology*. Nova York: Guilford.

Feather, N. T. (1984). Masculinity, feminility, psychological androgyny, and the structure of values. *J. Pers. Soc. Psychol.*, 47:604-620.

Feather, N. T. (1985). Attitudes, values, and attributions. *J. Pers. Soc. Psychol.*, 48:876-889.

Feder, H. H. (1984). Hormones and sexual behavior. *Annu. Rev. Psychol.*, 35:165-200.

Fehrenbach, P. A., Miller, D. J. & Thelen, M. H. (1979). The importance of consistency of modeling behavior upon imitation. *J. Pers. Soc. Psychol.*, 37:1.412-1.417.

Fein, D., Humes, M., Kaplan, E., Lucci, D. & Waterhouse, L. (1984). The question of left hemisphere dysfunction in infantile autism. *Psychol. Bull.*, 95:258-281.

Fein, G. G. (1975). Children's sensitivity to social contexts at 18 monts of age. *Develop. Psychol.*, 11:853-854.

Fein, G. G., Schwartz, P. M., Jacobson, S. W. & Jacobson, J. L. (1983). Environmental toxins and behavioral development. *Amer. Psychol.*, 38:1.188-1.197.

Feiring, C. Lewis, M. & Starr, M. D. (1984). Indirect effects and infants' reaction to strangers. *Develop. Psychol.*, 20:485-491.

Feldman, D. H. (1980). *Beyond universals in cognitive development*. Norwood, NJ: Ablex.

Feldman, D. H. (ed.). (1982). *Developmental approaches to giftedness and creativity*. San Francisco: Jossey-Bass.

Felson, R. B. (1984). The effect of self-appraisals of ability on academic performance. *J. Pers. Soc. Psychol.*, 47:944-952.

Fenigstein, A. (1979). Does aggression cause a preference for viewing media violence? *J. Pers. Soc. Psychol.*, 37:2.307-2.317.

Fernea, E. W. & Fernea, R. A. (1979). A look behind the veil. *Human Nat.*, 2:68-77.

Ferraro, G. A. (1984). Bridging the wage gap. *Amer. Psychol.*, 39:1.166-1.170.

Ferree, M. M. (setembro, 1976). The confused American housewife. *Psychol. Today*, 10(4):76-80.

Ferster, C. G. (1961). Positive reinforcement and behavioral deficits of autistic children. *Child. Develop.*, 32:437-456.

Ferster, C. B. & Skinner, B. F. (1957). *Schedules of reinforcement*. Nova York: Appleton-Century-Crofts.

Feshbach, N. D. (1984). Empathy, empathy training, and the regulation of aggression in elementary school children. In R. M. Kaplan, V. J. Konecni & R. W. Novaco (eds.). *Aggression in children and youth*. The Hague: Martinus Nijhoff, pp. 192-208.

Feshbach, S. (1956). The catharsis hypothesis and some consequences of interaction with aggression and neutral play objects. *J. Pers.*, 24:449-462.

Feshbach, S. (1978). *Sex, aggression, and violence toward women*. Trabalho apresentado no encontro anual da American Psychological Association, Toronto.

Feshbach, S. & Singer, R. D. (1971). *Television and aggression*. San Francisco: Jossey-Bass.

Festinger, L. (1959). Laboratory experiments. In J. G. Miller (ed.). *Experiments in social process*. Nova York: McGraw-Hill, pp. 31-46.

Festinger, L. (1954). A theory of social comparison processes. *Human Relat.*, 7:117-140.

Festinger, L. (1957). *A theory of cognitive dissonance*. Evanston, IL: Peterson.

Festinger, L., Schachter, S. & Back, K. (1950). *Social pressures in informal groups*. Nova York: Harper & Row.

Feuerstein, R. (1979). *Instrumental enrichment*. Baltimore: University Park Press.

Feuerstein, R. & Jensen, M. R. (maio, 1980). Instrumental enrichment. *Educational Forum*.

Feuerstein, R. Miller, R., Hoffman, M. B., Rand, Y., Mintzler, Y. & Jensen, M. R. (1981). Cognitive modifiability in adolescence. *J. Spec. Ed.*, 15:269-287.

Field, T. M. (1980). Interactions of preterm and term infants with their lower and middle-class teenage and adult mothers. In T. M. Field, S. Goldberg & D. Stern (eds.). *High risk infants and children*. Nova York: Academic Press.

Field, T. M. (1984). Pesquisa citada em Moore, G. (junho, 1984). The superbaby myth. *Psychol. Today*, pp. 6-7.

Field, T. M. (1985). *Developmental follow-up of ICU infants given supplemental stimulation.* Participação como convidado no simpósio apresentado no encontro anual da American Psychological Association, Los Angeles.

Figley, C. R. (1978). Psychological adjustment among Vietnam veterans. In C. R. Figley (ed.). *Stress disorders among Vietnam veterans.* Nova York: Brunner/Mazel.

Fincham, F. D. (1985). Attribution processes in distressed and nondistressed couples. *J. Abnorm. Psychol.*, 94:183-190.

Fine, M. A., Moreland, J. R. & Schwebel, A. I. (1983). Long-term effects of divorce on parent-child relationships. *Develop. Psychol.*, 19:703-713.

Fink, M. (1983). *ECT and depression.* Trabalho apresentado no simpósio psiquiátrico anual Affective Disorders Reassessed: 1983, Taylor Manor Hospital, Baltimore.

Finkelhor, D. (maio, 1982). *Child sexual abuse in a sample of Boston families.* Trabalho apresentado na National Conference on Child Sexual Abuse, Washington, DC.

Finnegan, L. P. (1982). Outcome of children born to women dependent upon narcotics. In B. Stimmel (ed.). *The effects of maternal alcohol and drug abuse on the newborn.* Nova York: Haworth.

Fischer, K. W. & Bullock, D. (1984). Cognitive development in school-age children. In W. A. Collins (ed.). *The elementary school years.* Washington, DC: National Academy Press.

Fischer, K. W. & Silvern, L. (1985). Stages and individual differences in cognitive development. *Annu. Rev. Psychol.*, 36:613-638.

Fischer, A. E. (1971). Chemical stimulation of the brain. In R. C. Aktinson (ed.). *Contemporary psychology.* San Francisco: Freeman, pp. 31-39.

Fisher, K. W. (ed.). (1983). *Levels and transitions in children's development.* San Francisco: Jossey-Bass.

Fisher, M. & Gottesman, I. I. (1980). A study of parents both hospitalized for psychiatric disorders. In L. N. Robins, P. J. Clayton & J. K. Wing (eds.). *The social consequences of psychiatric illness.* Nova York: Brunner/Mazel, pp. 75-90.

Fisher, S. & Greenberg, R. P. (1977). *The scientific credibility of Freud's theories and therapy.* Nova York: Basic Books.

Fisk, A. D. & Schneider, W. (1984). Memory as a function of attention, level of preocessing, and automatization. *J. Exper. Psychol.: Learn., Mem., Cog.*, 10:181-197.

Fisk, W. R. (1985). Responses to "neutral" pronoun presentations and the development of sex-biased responding. *Develop. Psychol.*, 21:481-485.

Fiske, S. T., & Taylor, S. E. (1983). *Social cognition.* Reading, MA: Addison-Wesley.

Fixsen, D. L., Phillips, E. L., Baron, R. L., Coughlin, D. D., Daly, D. L. & Daly, P. B. (1978). The Boys Town revolution. *Human Nat.*, 1:55-61.

Flavell, J. H. (1977). *Cognitive development.* Englewood Cliffs, NJ: Prentice-Hall.

Flavell, J. J. (1979). Metacognition and cognitive monitoring. *Amer. Psychol.*, 34:906-911.

Flavell, J. H. (1980). *Nature and development of metacognition.* Palestra principal apresentada no encontro anual da American Psychological Association, Montreal.

Fleishman, A. (abril, 1980). Knocking ETS. *Amer. Psychol. Ass. Monitor*, 11:12.

Fleming, R., Baum, A. & Singer, J. E. (1984). Toward an integrative approach to the study of stress. *J. Pers. Soc. Psychol.*, 46:939-949.

Flitcraft, A. & Stark, E. Conclusões de pesquisa relatadas por Dejanikus, T. (março/abril, 1985). *Network News*, p. 1 e ss.

Flynn, J. P. (1967). The neural basis of aggression in cats. In D. C. Glass (ed.). *Neurophysiology and emotion.* Nova York: Rockefeller University Press.

Flynn, J. R. (1984). The mean IQ of Americans. *Psychol. Bull.*, 95:29-51.

Foa, E. B. & Emmelkamp. P. M. G. (eds.). (1983). *Failures in behavior therapy.* Nova York: Wiley.

Fogel, M. L. (janeiro, 1980). Warning: Auto fumes may lower your kid's IQ. *Psychol. Today*, p. 108.

Folkman, S. (1984). Personal control and stress and coping processes. *J. Pers. Soc. Psychol.*, 46:839-852.

Folkman, S. & Lazarus, R. S. (1985). If it changes it must be a process. *J. Pers. Soc. Psychol.*, 48:150-170.

Ford, C. S. & Beach, F. A. (1951). *Patterns of sexual behavior.* Nova York: Harper.

Forden, C. (1981). The influence of se-role expectations on the perception of touch. *Sex Roles*, 7:889-894.

Forrest-Pressley, D. L., MacKinnon, G. E. & Waller, T. G. (eds.). (1985). *Metacognition, cognition, and human performance.* Nova York: Academic Press.

Fösterling, F. (1985). Attributional retraining. *Psychol. Bull.*, 98:495-512.

Forward, S. & Buck, C. (1978). *Betrayal of innocence.* Nova York: Penguin.

Foss, D. J. (1980). CP speaks. *Contemp. Psychol.*, 25:5-6.

Foss, G. L. (1951). The influence of androgens on sexuality in women. *Lancet*, 1:667-669.

Foss, J. (junho/julho, 1981). Testing: Making room for the special cases. *Amer. Psychol. Ass. Monitor*, p. 3.

Foster, N. L., Chase, T. N., Mansi, L., Brooks, R., Fedio, P., Patronas, N. J. & Di Chiro, G. (1984). Cortical abnormalities in Alzheimer's disease. *Ann. Neurol.*, 16:649-654.

Foulkes, D. (1962). Dream reports from different stages of sleep. *J. Abornm. Soc. Psychol.*, 65:14-25.

Foulkes, D. (1982). *Children's dreams.* Nova York: Wiley-Interscience.

Fouts, R. S. (1973). In *Science Year: World Book Science Annual*, 1974. Chicago, Il Field.

Fouts, R. S. (1983) Chimpanzee language and elephant tails. In J. de Luce & H. T. Wilder (eds.). *Language in primates.* Nova York: Springer-Verlag, pp. 63-76.

Fouts, R. S. & Fouts, D. S. (1985). Signs of conversation in chimpanzees. In B. T. Gardner, R. A. Gardner & T. Van Cantfort (eds.). *Sign language of the great apes.* Nova York: SUNY Press.

Fowler, M. J., Sullivan, M. J. & Ekstrand, B. R. (1973). Sleep and memory. *Science*, 179:302-304.

Fowler, W. & Swenson, A. (1979). The influence of early language stimulation on development. *Genet. Psychol. Monogr.*, 100:73-109.

Fox, B. H. & Newberry, B. H. (eds.). (1984). *Impact of psychoendocrine systems in cancer and immunity.* Toronto: Hogrefe.

Fox, L. H. (1982). *Sex differences among the mathematically gifted.* Trabalho apresentado no encontro anual da American Association for the Advancement of Science, Washington, DC.

Fozard, J. L. (1980). The time for remembering. In L. W. Poon (ed.). *Aging in the 1980s.* Washington, DC: American Psychological Association, pp. 273-287.

Fraiberg, S. (1977). *Insights from the blind.* Nova York: Basic Books.

Francis, P. T., Palmerm, A. M., Sims, N. R., Bowen, D. M., Davison, A. N., Esiri, M. M., Neary, D., Snowden, J. S. & Wilcock, G. K. (1985). Neurochemical studies of early-onset Alzheimer's disease. *New Engl. J. Med.*, 313:7-10.

Frank, G. (1983). *The Weschler Enterprise.* Oxford, Ing.: Pergamon.

Frank, J. D. (1973). *Persuasion and healing.* Ed. rev. Baltimore: Johns Hopkins University Press.

Frank, J. D. (1982). Therapeutic components shared by all psychotherapies. In J. H. Harvey & M. M. Parks (eds.). *Psychotherapy research and behavior change.* Washington, DC: American Psychological Association.

Frank, R. A. & Stutz, R. M. (1984). Self-deprivation. Psychol Bull., 66:384-393.

Frank, S. J., McLaughlin, A. M. & Crusco, A. (1984). Sex role attributes, sympton distress and defensive style among college men and women. J. Pers. Soc. Psychol., 47:182-192.

Franken, M. W. (1983). Sex role expectations in children's vocational aspirations and perceptions of occupations. Psychol. Women Quart., 8:59-68.

Frankenhaeuser, M. (1981). Psychoneuroendocrine approaches to the study of emotion as related to stress and coping. In R. A. Dienstbier (ed.). Nebraska symposium on motivation. Lincoln: University of Nebraska Press.

Frankenhaeuser, M. (1983). The sympathetic-adrenal and pituitary-adrenal response to challenge. In T. M. Dembroski, T. H. Schmidt & G. Blümchen (eds.). Biobehavioral bases of coronary heart disease. Basel, Suíça: Karger, pp. 91-105.

Franklin, D. (1984). Rubella threatens unborn in vaccine gap. Sci. News, 125:186.

Franks, M. & Rosenbaum, M. (1983). Behavior therapy. In M. Rosenbaum, C. M. Franks & Y. Jaffe (eds.). Perspectives on behavior therapy in the eighties. Nova York: Springer, pp. 3-16.

Franzoi, S. L., Davis, M. H. & Young, R. D. (1985). The effects of private self-consciousness and perspective taking on satisfaction in close relationships. J. Pers. Soc. Psychol., 48:1.584-1.594.

Frauenglass, M. H. & Diaz, R. M. (1985). Self-regulatory functions of children's private speech. Develop. Psychol., 21:357-364.

Frazier, T. M., David, G. H., Goldstein, H. & Goldberg, I. D. (1961). Cigarette smoking and prematurity. Amer. J. Obstet. Gynecol., 81:988-996.

Free, N. K., Green, B. L., Grace, M. C., Chernus, L. A. & Whitman, R. M. (1985). Empathy and outcome in brief focal dynamic therapy. Amer. J. Psychiat., 142:917-921.

Freed, B. (1980). Foreigner talk, baby talk, native talk. Inter. J. Sociol. Lang., 28(2).

Freed, C. R. & Yamamoto, B. K. (1985). Regional brain dopamine metabolism. Science, 229:62-65.

Freed, N. H. (1983a). Forseeably equivalent math skills of men and women. Psychol. Rep., 52:334.

Freed, N. H. (1983b). Prospective mathematical equivalence by gender. Psychol. Rep., 53:677-678.

Freed, W. J., de Medinaceli, L. & Wyatt, R. J. (1985). Promoting functional plasticity in damaged nervous system. Science, 227:1.544-1.552.

Freedman, D. G. (1971). Behavioral assessment in infancy. In G. B. A. Stoelinga & J. J. Van Der Werff Ten Bosch (eds.). Normal and abnormal developement of brain and behavior. Leiden, Hol.: Leiden University Press, pp. 92-103.

Freedmam, D. G. (1974). Infancy. Hillsdale, NJ: Erlbaum.

Freedman, J. L. (1975). Crowding and behavior. San Francisco: Freeman.

Freedman, J. L. (1979). Reconciling apparent differences between the responses of humans and other animals to crowding. Psychol. Rev., 86:80-85.

Freedman, J. L. (1984). Effect of television violence on aggressiveness. Psychol. Bull., 96:227-246.

Freeman, C. & Cheshire, K. E. (1985). Attitude studies on ECT. Trabalho apresentado na NIH Consensus Conference on Eletroconvulsive Therapy, Bethesda.

Freeman, J. (1985). Painel na NICHHD, Washington, DC. Citado por Bennett, D. D. (1985). Mysteries surround infant brain damage. Sci. News, 127:231.

French, J. D. (1957). The reticular formation. Scientif. Amer., 196:54-60.

French, J. R. P., Caplan, R. D. & Harrison, R. V. (1982). The mechanisms of job stress and strain. Chichester, Ing.: Wiley.

French, J. R. P., Morrison, H. W. & Levinger, G. (1960). Coercive power and forces affecting conformity. J. Abnorm. Soc. Psychol., 61:93-101.

Freud, S. (1951). Psychopathology of everyday life. Tradução de A. A. Brill. Nova York: Norton. (Trabalho original publicado em 1901.)

Freud, S. (1957). The analysis of a phobia in a five-year-old boy. In J. Strachey (ed. & trad.). Standard edition of the complete psychological works of Sigmund Freud. Londres: Hogarth, vol. 10. (Trabalho original publicado em 1909.)

Freud, S. (1959). Fragment of an analysis of a case of hysteria. In A. Strachey & J. Strachey (trad.). Collected papers. Nova York: Basic Books, vol. 3. (Trabalho original publicado em 1905.)

Freud, S. (1964). New introductory lectures on psychoanalysis. In J. Strachey (ed. & trad.). Standard edition. Londres: Hogarth, vol. 22 (Trabalho original publicado em 1933.)

Freudenberger, H. J. (1984). What has happened to American men in the 1980s? Trabalho apresentado no encontro anual da American Psychological Association, Toronto.

Freund, C. P. (7 de agosto, 1983). Assessing the films on the holocaust. Baltimore Sun, domingo, D1, D2.

Frey, K. A., Hichwa, R. D., Ehrenkaufer, R. L. E. & Agranoff, B. W. (1984). Kinetic analysis of in vivo muscarinic receptor binding. Trabalho apresentado no encontro anual da Society for Neuroscience, Anaheim, CA.

Frick, R. W. (1985). Communicating emotion. Psychol. Bull., 97:412-429.

Fried, L. S. & Holyoak, K. J. (1984). Induction of category distributions. J. Exper. Psychol.: Learn., Mem., Cog., 10:234-257.

Friedman, D., Vaughan, H. G. & Erlenmeyer-Kimiling, L. (1982). Potentials in children at risk for schizophrenia. Schiz. Bull., 8:514-531.

Friedman, S. (1975). Infant habituation. In N. R. Ellis (ed.). Aberrant development in infancy. Hillsdale, NJ: Erlbaum, pp. 217-239.

Fries, J. F. & Crapo. L. M. (1981). Vitality and aging. San Francisco: Freeman.

Frieze, I. H., Fisher, J., Hanusa, B., McHugh, M. C. & Valle, V. A. (1980). Attributions of the causes of success and failure as internal and external barriers to achievement in women. In J. Sherman & F. Denmark (eds.). Psychology of women. Nova York: Psychological Dimensions.

Frieze, I. H., Whitley, B. E., Jr., Hanusa, B. H. & McHugh, M. C. (1982). Assessing the theoretical models for sex differences in causal attributions for success and failure. Sex Roles, 8:333-343.

Frith, C. D. (1984). Schizophrenia, memory, and anticholinergic drugs. J. Abnorm. Psych., 93:339-341.

Frodi, A. M., Lamb, M. E. & Anderson, C. W. (1980). Child abuser's responses to infant smiles and cries. Child Develop., 51:238-241.

Frude, N. (ed.). (1981). Psychological approaches to child abuse. Totowa, NJ: Rowman & Littlefield.

Fry, P. S. & Scher, A. (1984). The effects of father absence on children's achievement motivation, ego-strength, and locus-of-control orientation. Brit. J. Develop. Psychol., 2:167-178.

Furman, W. & Bierman, K. L. (1984). Children's conceptions of friendship. Develop. Psychol., 20:925-931.

Furst, C. (agosto, 1979). Automating attention. Psychol. Today, 13(3):112.

Furstenberg, F. F. (1976). Premarital pregnancy and marital instability. J. Soc. Issues, 32:67-86.

Fustero, S. (fevereiro, 1984). Home on the street. Psychol. Today, 18:56-63.

Fyans, L. J. (ed.). (1980). Achievement motivation. Nova York: Plenum Press.

Galbraith, R. C. (1982). Sibling spacing and intellectual development. *Develop. Psychol.*, 18:151-173.

Galef, B. G. & Sherry, D. F. (1973). Mother's milk. *J. Compar. Physiol. Psychol.*, 83:374-378.

Galizio, M. & Hendrick. C. (1972). Effect of musical accompaniment on attitude. *J. Appl. Soc. Psychol.*, 2:350-359.

Gallas, H. B. (ed.). (1980). Teenage parenting. *J. Soc. Issues*, 36(1).

Gallup, G. G., Jr. & Maser, J. D. (1977). Tonic immobiity. In J. D. Maser & M. E. P. Seligman (eds.). *Psychopathology*. San Francisco: Freeman, pp. 334-357.

Galton, F. (1908). *Memories of my life.* Londres: Methuen.

Ganzer, V. J. (1968). Effects of audience presence and test-anxiety on learning and retention in a serial learning situation. *J. Pers. Soc. Psychol.*, 8:194-199.

Garbarino, J. (1984). *Adolescent abuse.* Convidado para conferência apresentada no encontro anual da American Psychological Association, Toronto.

Garber, H. L. (1986). The Milwaukee project: Preventing mental retardation in families at risk. *Monographs of the American Association on Mental Deficiency.*

Garcia, J. (1981). The logic and limits of mental aptitude testing. *Amer. Psychol.*, 36:1.172-1.180.

Garcia, J., McGowan, B. K., Ervin, F. R. & Koelling, R. A. (1968). Clues. *Science*, 160:794-795.

Gardner, B. T. (1981). Project NIM. *Contemp. Psychol.*, 26:425-426.

Gardner, H. (1948a). *Frames of mind.* Nova York: Basic Books.

Gardner, H. (13 de maio, 1948b). Science grapples with the creative puzzle. *New York Times*, domingo, p. 28.

Gardner, R. A. & Gardner, B. T. (1969). Teaching sign language to a chimpanzee. *Science*, 165:664-672.

Gardner, R. A. & Gardner, B. T. (1975a). Early signs of language in child and chimpanzee. *Science*, 187:752-753.

Gardner, R. A. & Gardner, B. T. (1975b). Evidence for sentence constituints in the early utterances of child and chimpanzee. *J. Exper. Psychol.: Gen.*, 104:244-267.

Garfield, S. L. (1980). *Psychotherapy.* Nova York: Wiley.

Garfield, S. L. (1981). Psychotherapy. *Amer. Psychol.*, 36:174-183.

Garfinkel, P. & Garner, D. (1982). *Anorexia nervosa.* Nova York: Brunner/Mazel.

Garmezy, N. (1981). Children under stress. In A. I. Rabin, J. Aronoff, A. M. Carclay & R. A. Zucker (eds.). *Further explorations in personality.* Nova York: Wiley, pp. 196-269.

Garmezy, N. (1983). Stressors of childhood. In N. Garmezy & M. Rutter (eds.). *Stress, coping and development in children.* Nova York: McGraw-Hill, pp. 43-84.

Garrison, V., Thomas, C. & Rodriguez, P. (6 de fevereiro, 1981). Natural ethnic support systems focus of NINH study. *ADAMHA News*, pp. 2 e ss.

Garrison, W. V. & Earls, F. Trabalho apresentado em uma conferência patrocinada pela NIMH, Bethesda, Md. Citado em Turkington, C. (abril, 1984). Project looks at stress in children. *Amer. Psychol. Ass. Monitor*, 15:14.

Gartrell, N. K. (1982). Hormones and homosexuality. In W. Paul, J. D. Weinrich, J. C. Gonsiorek & M. E. Hotvedt (eds.). *Homosexuality.* Beverly Hills: Sage.

Gatchel, R. J. & Price, K. P. (eds.). (1979). *Clinical applications of biofeedback.* Nova York: Pergamon.

Gates, A. J. (1917). Recitation as a factor in memorizing. *Arch. Psychol.*, pp. 6-40.

Gavaler, J. (1984). Trabalho apresentado em um seminário patrocinado pela U.S. Alcohol, Drug Abuse, and Mental Health Administration. Citado em Miller, J. A. (1984). Active agents from liquor's origins. *Sci. News*, 126:39.

Gazzaniga, M. S. (1970). *The bisected brain.* Nova York: Appleton-Century-Crofts.

Gazzaniga, M. S. (1983). Right hemisphere language following brain bisection. *Amer. Psychol.*, 38:525-537.

Gazzaniga, M. S. & Le Doux, J. E. (1978). *The integrated mind.* Nova York: Plenum Press.

Geen, R. G. (1978). Some effects of observing violence upon the behavior of the observer. In B. A. Maher (ed.). *Progress in experimental personality research.* Nova York: Academic Press, vol. 8.

Geen, R. G. (1980). Test anxiety and cue utilization. In I. G. Sarason (ed.). *Test anxiety.* Hillsdale, NJ: Erlbaum.

Geis, B. D. & Gerrard, M. (1984). Predicting male and female contraceptive behavior. *J. Pers. Soc. Psychol.*, 46:669-680.

Geis, F. L., Boston, M. B. & Hoffman, N. (1985). Sex of authority role models and achievement by men and women. *J. Pers. Soc. Psychol.*, 49:636-653.

Geiselman, R. E. & Bjork, R. A. (1980). Primary versus secondary rehearsal in imagined voices. *Cog. Psychol*, 12:188-205.

Geiselman, R. E., Woodward, J. A. & Beatty, J. (1982). Individual differences in verbal memory performance. *J. Exper. Psychol.: Gen.*, 111:109-134.

Gelenberg, A. J., Gibson, C. J. & Wojcik, J. D. (1982). Neurotransmitter precursors for the treatment of depression. *Psychopharm. Bull.*, 18:7-18.

Geller, E. S. (maio, 1985). Seat belt psychology. *Psychol. Today*, pp. 12-13.

Gelles, R. J. (1982). Domestic criminal violence. In M. E. Wolfgang & N. A. Weiner (eds.). *Criminal violence.* Beverly Hills, CA: Sage.

Gelman, D. (15 de agosto, 1983). Teenage suicide in the Sun Belt. *Newsweek*, pp. 70-74.

Gelman, R. (1983). Cognitive development. In C. J. Scheirer & A. M. Rogers (eds.). *G. Stanley Hall lecture series.* Washington, DC: American Psychological Association, vol. 3.

Gelman, R. & Shatz, M. (1977). Appropriate speech adjustments. In M. Lewis & L. Rosenblum (eds.). *Interaction, conversation, and the development of language.* Nova York: Wiley.

General Accounting Office. (1977). *The mentally ill in the community.* Washington, DC: U.S. Gov. Print. Office.

George, A. J. & Wilson, K. C. (1981). Monoamine oxidase activity and the puerperal blues syndrome. *J. Psychosom. Res.*, 25:409-413.

George, L. K. & Weiler, S. J. (1981). Sexuality in middle and late life. *Arch. Gen. Psychiat.*, 38:919-923.

Gerard, H. B. (1983). School desegregation. *Amer. Psychol.*, 38:869-877.

Gerbner, G., Gross, L., Morgan, M. & Signorielli, N. (abril, 1980). *Media and the family.* Trabalho apresentado no National Research Forum on Family Issues, White House Conference on Families, Wahington, DC.

Gerbner, G. Gross, L., Moran, M. & Signorielle, N. (1981). Health and medicine on television. *New Engl. J. Med.*, 305:901-904.

Gerstein, A. I., Brodzinsky, D. M. & Relskind, N. (1976). Perceptional integration on the Rorschach as an indicator of cognitive capacity. *J. Consult. Clin. Psychol.*, 44:760-765.

Geschwind, N. (1979). Specializations of the human brain. *Scientif. Amer.*, 241:180-199.

Ghiselli, E. E. (1966). *The validity of occupational aptitude tests.* Nova York: Wiley.

Giambra, L. M. (1977). Adult male daydreaming across the life span. *Inter. J. Aging Hum. Develop.*, 8:197-228.

Gibbs, J. Berns, J. A. & Smith, G. P. (1983). Sweet taste inhibits peptide-induced satiety. Trabalho apresentado no encontro anual da American Psychiatric Association, Nova York.

Gibbs, J. C., Arnold, K. D. & Burkhart, J. E. (1984). Sex differences in the expres-

sion of moral judgment. *Child Develop.,* 55:1.040-1.043.
Gibson, E. J. (1983). Commentary on the development of perception and cognition. In T. J. Tighe & B. E. Shepp (eds.). *Perception, cognition, and development.* Hillsdale, NJ: Erlbaum, pp. 307-322.
Gibson, E. J. & Walk, R. D. (1960). The visual cliff. *Scientif. Amer.* 202:64-71.
Gibson, J. J. (1979). *The ecological approach to visual perception.* Boston: Houghton Mifflin.
Giele, J. Z. (1982). *Women in the middle years.* Nova York: Wiley-Interscience.
Giffin, M. & Felsenthal, C. (1983). *A cry for help.* Nova York: Doubleday.
Gilligan, C. (1982). *In a different voice.* Cambridge, MA: Harvard University Press.
Gilligan, C. (1984). *Remapping the moral domain in personality research and assessment.* Fala convidada, apresentada no encontro anual da American Psychological Association, Toronto.
Gillin, J. (1948). Magical fright. *Psychiat.,* 11:387-400.
Gillund, G. & Shiffrin, R. M. (1984). A retrieval model for both recognition and recall. *Psychol. Bull.,* 91:1-67.
Gjerde, P. F., Block, J. & Block, J. H. (1985). Egocentrism and ego-resiliency. Manuscrito submetido a publicação.
Gladue, B. A., Green, R. & Hellman, R. E. (1984). Neuroendocrine response to estrogen and sexual orientation. *Science,* 225:1.496-1.499.
Glanzer, M. & Razel, M. (1974). The size of the unit in short-term storage. *J. Verb. Learn. Verb. Behav.,* 13:114-131.
Glaser, D. (1964). *The effectiveness of a prison and parole system.* Indianapolis: Bobbs-Merrill.
Glaser, R. (1981). The future of testing. *Amer. Psychol.,* 36:923-936.
Glaser, R. (1984). Education and thinking. *Amer. Psychol.,* 39:93-104.
Glass, A. L., Holyoak, K. J. & Santa, J. L. (1979). *Cognition.* Reading, MA: Addison-Wesley.
Glass, D. C. & Contrada, R. J. (1984). Type A behavior and catecholamines. In C. R. Lake & M. G. Ziegler (eds.). *Norepinephrine.* Baltimore: Williams & Wilkins.
Glass, D. C., Lake, C. R., Contrada, R. J., Kehoe, K. & Erlanger, L. R. (1983). Stability of individual differences in physiological responses to stress. *Health Psychol.,* 2:317-341.
Glassman, A. H., Jackson, W. K., Walsh, B. T. & Roose, S. P. (1984). Cigarette craving, smoking withdrawal, and clonidine. *Science,* 226:864-866.
Gleitman, H. (1981). *Psychology.* Nova York: Norton.

Glenn, N. D. (junho, 1985). Children of divorce. *Psychol. Today,* pp. 68-69.
Glick, P. C. (1979). Children of divorced parents in demographic perspective. *J. Soc. Issues,* 35:170-182.
Glickstein, M. & Gibson, A. R. (1976). Visual cells in the pons of the brain. *Scientif. Amer.,* 235:90-98.
Goethals, G. W. & Klos, D. S. (1976). *Experiencing youth.* 2ª ed. Boston: Little, Brown, pp. 192-194.
Goetting, A. (1979). Some societal-level explanations for the rising divorce rate. *Fam. Ther.,* 6:71-87.
Goffman, I. (1979). *Gender advertisements.* Cambridge, MA: Harvard University Press.
Gold, M. & Yanof, D. S. (1985). Mothers, daughters and girlfriends. *J. Pers. Soc. Psychol.,* 49:654-659.
Gold, M. S. (1985). *Misdiagnosis and hypothyroidism.* Trabalho apresentado no encontro anual da American Psychiatric Association, Dallas.
Gold, P. W., Kaye, W., Robertson, G. L. & Ebert, M. (1983). Abnormalities in plasma and cerebrospinal-fluid arginine vasopressin in patients with anorexia nervosa. *New Engl. J. Med.,* 308:1.117-1.123.
Goldberg, D. C. (1983). Capturing the complexity of human sexuality. *Contemp. Psychol.,* 28:702-703.
Goldberg, D. C., Whipple, B., Fishkin, R. E., Waxman, H., Fink, P. J. & Weisberg, M. (1983). The Frafenberg spot and female ejaculation. *J. Sex. Mar. Ther.,* 9:27-37.
Goldberg, L., Elliot, D. L., Schutz, R. W. & Kloster, F. E. (1984). Changes in lipid and lipoprotein levels after weight training. *JAMA,* 252:504-506.
Goldberg, S. & DiVitto, B. (1983). *Born too soon.* San Francisco: Freeman.
Golden, C. J., Graber, B., Blase, I., Berg, R., Coffman, J. & Bloch, S. (1981). Difference in brain densities between chronic alcoholism and normal control patients. *Science,* 211:508-510.
Goldfarb, W. (1949). Rorschach test differences between family reared, institution reared, and schizophrenic children. *Amer. J. Orthopsychiat.,* 19:625-633.
Goldfried, M. R. (1980). Toward the delineation on therapeutic change principles. *Amer. Psychol.,* 35:991-999.
Goldfried, M. R. (ed.). (1982). *Converging themes in psychotherapy.* Nova York: Springer.
Goldfried, M. R. & Davison, G. C. (1976). *Clinical behavior therapy.* Nova York: Holt, Rinehart & Winston.
Goldiamond, I. (1965). Self-control procedures in personal behavior problems. *Psychol. Rep.,* 17:851-868.

Golding, J., Resnick, A. & Crosby, F. (primavera, 1983). Work satisfaction as a function of gender and job status. *Psychol. Women Quart.,* 7:286-290.
Goldin-Meadow, S. (1981). Fragile and resilient properties of language learning. In E. Wanner & L. R. Gleitman (eds.). *Language acquisition.* Cambridge, Ing.: Cambridge University Press.
Goldin-Meadow, S. & Mylander, C. (1983). Gestural communication in deaf children. *Science,* 221:372-374.
Goldman, M. S. (1983). Cognitive impairment in chronic alcoholics. *Amer. Psychol.,* 38:1.045-1.054.
Goldman, R. & Goldman, J. (1982). *Children's sexual thinking.* Londres: Routledge & Kegan Paul.
Goldman-Rakic, P. S., Isseroff, A., Schwartz, M. L. & Bugbee, N. M. (1983). The neurobiology of cognitive development. In M. M. Haith & J. J. Campos (eds). *Handbook of child psychology: Infancy and developmental psychobiology.* 4ª ed. Nova York: Wiley, pp. 281-344.
Goldstein, M. J., Kant, H. S. & Hartman, J. J. (1973). *Pornography and sexual deviance.* Berkeley: University of California Press.
Gollob, H. & Dittes, J. (1965). Different effects of manipulated self-esteem on persuasibility depending on the threat and complexity of the communication. *J. Pers. Soc. Psychol.,* 2:195-201.
Gollob, H. F. (1984). Detecting sex bias in salaries. *Amer. Psychol.,* 39:448.
Gomes-Schwartz, B., Hadley, S. W. & Strupp, H. H. (1978). Individual psychotherapy and behavior therapy. *Annu. Rev. Psychol.,* 29:435-471.
Gonsiorek, J. C. (1982). Results of psychological testing on homosexual populations. In W. Paul, J. D. Weinrich, J. C. Gonsiorek & M. E. Hotvedt (eds.). *Homosexuality.* Beverly Hills: Sage.
Goodall, J. (1971). *In the shadow of man.* Boston: Houghton Mifflin.
Goodenough, F. (1932). Expression of the emotions in a blind-deaf child. *J. Abnorm. Soc. Psychol.,* 27:328-333.
Goodhart, D. E. (1985). Some psychological effects associated with positive and negative thinking about stressfull event outcomes. *J. Pers. Soc. Psychol.,* 48:216-232.
Goodman, N. (1982). On thoughts without words. *Cognition,* 2:211-217.
Goodwin, D. W. (1980). Genetic factors in alcoholism. In N. K. Mello (ed.). *Advances in substance abuse.* Greenwich, CT: JAI Press.
Goodwin, D. W. (1984). Studies of familial alcoholism. *J. Clin. Psychiat.,* 45:14-17.

Goodwin, D. W., Crane, J. B. & Guze, S. B. (1969). Alcoholic "blackouts". *Amer. J. Psychiat.*, 126:191-198.
Goodwin, M., Gooding, K. M. & Regnier, F. (1979). Sex pheromone in the dog. *Science*, 203:559-561.
Goplerud, E. & Depue, R. A. (1985). Behavioral response to naturally occuring stress in cyclothymia and dysthymia. *J. Abnorm. Psychol.*, 94:128-139.
Gorbach, A. (1972). Labor and delivery. In *Pregnancy, birth, and the newborn baby*. Nova York: Delacorte.
Gordon, E. W. & Terrell, M. D. (1981). The changed social context of testing. *Amer. Psychol.*, 36:1.167-1.171.
Gordon, L. (1985). *Virginia Woolf*. Nova York: Norton.
Gore, S. & Mangione, T. W. (1984). Social roles, sex roles, and psychological distress. *J. Hlth. Soc. Behav.*, 24:300-312.
Gormally, J. (1984). The obese binge-eater. In R. C. Hawkins, II, W. J. Fremouw & P. F. Clement (eds.). *The binge-purge syndrome*. Nova York: Springer, pp. 47-73.
Gormly, J. & Edelberg, W. (1974). Validity in personality trait attribution. *Amer. Psychol.*, 29:189-193.
Gorski, R. A., Harlan, R. E., Jacobson, C. D., Shryne, J. E. & Southam, A. M. (1980). Evidence for the existence of a sexually dimorphic nucleus in the preoptic area of the rat. *J. Compar. Neurol.*, 193:529.
Gottesman, I. I. & Shields, J. (com Hanson, D. R.) (1982). *Schizophrenia*. Cambridge, Ing.: Cambridge University Press.
Gottfried, A. W. (1984). Home environment and early cognitive development. In A. W. Gottfried (ed.). *Home environment and early cognitive development*. Nova York: Academic Press, pp. 329-342.
Gottfried, A. W. & Gottfried, A. E. (1984). Home environment and cognitive development in young children of middle-socioeconomic-status families. In A. W. Gottfried (ed.). *Home environment and early cognitive development*. Nova York: Academic Press, pp. 57-116.
Gottheil, E., Druley, K. A., Skoloda, T. E. & Waxman, H. W. (eds.). (1983). *Alcohol, drug abuse and aggression*. Springfield, IL: Thomas.
Gottlieb, G. (abril, 1984). Pesquisa sobre aprendizagem intra-uterina apresentada em NIH. Descrita por Cordes, C. (outubro, 1984). Studies support learning in utero. *Amer. Psychol. Ass. Monitor*, p. 28.
Gould, J. L. & Gould, C. G. (1981). The instinct to learn. *Science* 81(2):44-50.
Gould, S. J. (dezembro, 1979). The father of Jensenism. *Psychol. Today*, pp. 104-106.

Gould, S. J. (1983). *The mismeasure of man*. Nova York: Norton.
Gould, S. J. & Lewontin, R. C. (1979). The spandrels of San Marco and the Panglossian paradigm. *Proceed. R. Soc. Lon.*, 205:581-598.
Gove, W. R. & Tudor, J. (1973). Adult sex roles and mental illness. *Amer. J. Sociol.*, 78:812-835.
Goy, R. W. & McEween, B. S. (eds.). (1980). *Sexual differentiation of the brain*. Cambridge, MA: MIT Press.
Gracely, R. H., Dubner, R., Wolskee, P. J. & Deeter, W. R. (1983). Placebo and naloxone can alter post-surgical pain by separate mechanisms. *Nature*, 306:264-265.
Graefe, T. M. & Watkins, M. J. (1980). Picture rehearsal. *J. Exper. Psychol.: Human Learn. Mem.*, 6:156-162.
Graf, P., Shimamura, A. P. & Squire, L. R. (1985). Priming across modalities and priming across category levels. *J. Exper. Psychol.: Learn., Mem., Cog.*, 11:386-396.
Graf, P., Squire, L. R. & Mandler, G. (1984). The information that amnesic patients do not forget. *J. Exper. Psychol.: Learn., Mem., Cog.*, 10:164-178.
Graham, J. M. & Desjardins, C. (1980). Classical conditioning. *Science*, 210:1.039-1.041.
Gray, C. R. & Gummerman, K. (1975). The enigmatic eidetic image. *Psychol. Bull.*, 82:383-407.
Gray, S. W., Ramsey, B. K. & Klaus, R. A. (1982). *From 3 to 20*. Baltimore: University Park Press.
Gray-Little, B. & Burks, N. (1983). Power and satisfaction in marriage. *Psychol. Bull.*, 93:513-538.
Graziadei, P. P. C., Levine, R. R. & Graziadei, G. A. M. (1979). Plasticity of connections of the olfactory sensory neuron. *Neurosci.*, 4:713-728.
Greeley, A. M. (1981). The state of the nation's happiness. *Psychol. Today*, 15(1):14, 16.
Greeley, A. M. & Sheatsley, P. B. (1971). Attitudes toward racial integration. *Scientif. Amer.*, 225:13-19.
Green, A. R. (1980). Changes in monoamine function in rats after electroconvulsive shock. In G. Curzon (ed.). *The biochemistry of psychiatric disturbances*. Chichester, Ing.: Wiley.
Green, A. R. & Costain, D. W. (1981). *Pharmacology and biochemistry of psychiatric disorders*. Chichester, Ing.: Wiley.
Green, B. F. (1981). A primer of testing. *Amer. Psychol.*, 36:1.001-1.011.
Greenamyre, J. T., Penney, J. B., Young, A. B., D'Amato, C. J. & Shoulson, I. (1985). Alterations in L-Glutamate binding in Alzheimer's and Huntington's diseases. *Science*, 227:1.496-1.498.
Greenberg, J. (junho/julho, 1981). An interview with David Rosenchan. *Amer. Psychol. Ass. Monitor*, 12:4-5.
Greenberg, R. A., Haley, N. J., Etzel, R. A. & Loda, F. A. (1984). Measuring the exposure of infants to tobacco smoke. *New Engl. J. Med.*, 310:1.075-1.078.
Greenfield, P. M. & Smith, J. H. (1976). *The structure of communication in early language development*. Nova York: Academic Press.
Greenhill, M. H. & Gralnick, A. (eds.). (1983). *Psychopharmacology and psychotherapy*. Nova York: Free Press.
Greeno, J. G. (1980). Some examples of cognitive task analysis with instructional implications. In R. E. Snow. P. A. Frederico & W. E. Montague (eds.). *Aptitude, learning, and instruction*. Hillsdale, NJ: Erlbaum, vol. 2.
Greenough, W. T. (1975). Experiential modification of the developing brain. *Amer. Scien.*, 63:37-46.
Greenough, W. T. (1984). Structural correlates of information storage in the mammalian brain. *Trends in neurosciences*, 7:229-233.
Greenough, W. T. & Juraska, J. M. (1979). Experience-induced changes in brain fine structure. In M. E. Hahn, C. Jensen & B. C. Dudek (eds.). *Development and evolution of brain size*. Nova York: Academic Press, pp. 295-320.
Greenough, W. T., Juraska, J. M. & Volkmar, F. R. (1979). Maze training effects on dendritic branching in occipital cortex of adult rats. *Behav. Neur. Biol.*, 26:287-297.
Gregg, C., Clifton, R. K. & Haith, M. M. (1976). A possible explanation for the frequent failure to find cardiac orienting in the newborn infant. *Develop. Psychol.*, 12:75-76.
Gregory, R. L. (1977). *Eye and brain*. 3ª ed. Nova York: McGraw-Hill.
Greywolf, E. S., Reese, M. F. & Belle, D. (1980). Stressed mothers syndrome. *Behav. Med.*, 7(11):12-18.
Griffin, D. R. (1976). *The question of animal awareness*. Nova York: Rockfeller University Press.
Griffin, D. R. (1984). *Animal thinking*. Cambridge, MA: Harvard University Press.
Grosjean, F. (1981). *Life with two languages*. Cambridge, MA.: Harvard University Press.
Gross, L. (1968). *The effects of early feeding experience on external responsiveness*. Dissertação de doutorado não publicada, Universidade de Colúmbia.
Grosser, G. H., Pearsall, D. T., Fisher, C. L. & Geremonte, L. (1975). The regu-

lation of electroconvulsive treatment in Massachusetts. J. Ment. Health, 20:12-25.
Grossman, F. K., Eichler, L. S., Winickoff, S. A. & col. (1980). Pregnancy, birth, and parenthood. San Francisco: Jossey-Bass.
Grossman, H. J. (ed.). (1983). Classification in mental retardation. Washington, DC: American Association on Mental Deficiency.
Grossman, H. J. & Greenberg, N. J. (1957). Psychosomatic differentiation in infancy. Psychosom. Med., 19:293-306.
Grossman, K. & Grossman, K. E. (1985). Maternal sensitivity and newborn's orienting responses as related to quality of attachment in Northern Germany. Monogr. Soc. Res. Child Develop.
Grossman, S. P. (1979). The biology of motivation. Annu. Rev. Psychol., 30:209-242.
Grossman, K. E. & Volkmer, H-J. (1984). Father's presence during birth of their infants and paternal involvement. Inter. J. Behav. Develop., 7:157-165.
Grotevant, H. D. & Cooper, C. R. (1985). Patterns of interaction in family relationships and the development of identity exploration in adolescence. Child Develop., 56:415-428.
Groth, N. (ed.). (1982). Sexual assault of men and boys. Nova York: Plenum Press.
Gruder, C. L., Cook, T. D., Hennigan, K. M., Faly, B. R., Alessis, C. & Halamaj, J. (1978). Empirical tests of the absolute sleeper effect predicted from the discounting cue hypothesis. J. Pers. Soc. Psychol., 36:1.061-1.074.
Grush, J. E. (1980). The impact of candidate expenditures, regionality, and prior outcomes on the 1976 Democratic presidential primaries. J. Pers. Soc. Psychol., 38:337-347.
Gualtieri, T. (1985). Comentários feitos no workshop Tardive Dyskinesia, apresentados no encontro anual da American Psychiatric Association, Dallas. Citados em Bower, B. (1985). Sci. News, 128:45-46.
Gudeman, J. E. & Shore, M. F. (1984). Beyond deinstitutionalization. New Engl. J. Med., 311:832-836.
Guidano, V. F. & Liotti, G. (1983). Cognitive processes and emotional disorders. Nova York: Guilford.
Guilford, J. P. (1967). The nature of human intelligence. Nova York: McGraw-Hill.
Klein, G. L. (1985). Relatório da American College of Allergists. Descrito em Ecological Illness Law Report, 1985, III (4 e 5), II.
Guion, R. (1977). Content validity. Appl. Psychol. Measure, 1:1-10.
Guion, R. (janeiro, 1981). Kind words for ETS. Amer. Psychol. Ass. Monitor, 12:43.

Gump, P. V. (1980). The school as a social situation. Annu. Rev. Psychol., 31:553-582.
Gunderson, J. G., Arutry, J. H., Mosher, L. R. & Buchsbaum, S. (1974). Special report: Schizophrenia, 1973. Schiz. Bull., 2:15-54.
Gunderson, V. & Sackett, G. P. (1982). Patternal effects on reproductive outcome and developmental risks. In M. E. Lamb & A. L. Brown (eds.). Advances in developmental psychology. Hillsdale, NJ: Erlbaum, vol. 2, pp. 85-124.
Gunnar, M. & Donahue, M. (1980). Sex differences in social responsiveness between six months and twelve months. Child Develop., 51:262-265.
Gur, R. C. & Sackheim, H. A. (1979). Self deception. J. Pers. Soc. Psychol., 37:147-169.
Gustavson, C. R., Garcia, J., Hankins, W. G. & Rusiniak, K. W. (1974). Coyote predation control by aversive conditioning. Science, 184:581-583.
Gutman, A. (1979). Misconceptions of psychology and performance in the introductory course. Tech. Psychol., 6(3):159-161.
Gutmann, D. (1975). Parenthood. In N. Datan & L. Ginsberg (eds.). Life-span developmental psychology. Nova York: Academic Press.
Gutmann, D. (1979). Use of informal and formal supports by white ethnic aged. In D. E. Gelfand & A. J. Kutzik (eds.). Ethnicity and aging. Nova York: Springer, pp. 227-245.
Gutmann, D., Griffin, B. & Grunes, J. (1982). Developmental contributions to the late-onset affective disorders. In P. B. Baltes & O. G. Brim, Jr. (eds.). Life span development and behavior. Nova York: Academic Press, vol. 4, pp. 244-263.
Guttentag, M., Salasin, S. & Belle, D. (eds.). (1980). The mental health of women. Nova York: Academic Press.
Guttentag, M. & Secord, P. (1983). Too many women? Beverly Hills: Sage.
Guy, J. D., Majovski, L. V. & Wallace, C. (1983). Incidence of minor physical anomalies in adult male schizophrenics. Trabalho apresentado no encontro anual da American Psychological Association, Anaheim, CA.

Haan, N. (1974). The adolescent antecedents of an ego model of coping and defense and comparisons with Q-sorted ideal personalities. Genet. Psychol. Monogr., 89:273-306.
Haan, N. (1978). Two moralities in action contexts. J. Pers. Soc. Psychol., 36:286-305.

Harber, R. N. (1979). Twenty years of haunting eidetic imagery. Behav. Brain Sci., 2:583-629.
Haber, R. N. & Standing, L. G. (1969). Direct measures of short-term visual storage. Quart. J. Exper. Psychol., 21:43-54.
Hagestad, G. O. (1984). Family transitions in adulthood. Versão revisada do trabalho apresentado nas reuniões anuais da Gerontological Society, San Antonio.
Hagestad, G. O. & Smyer, M. A. (1982). Dissolving long-term relationships. In S. Duck (ed.). Personal relationships 4: Dissolving personal relationships. Londres: Academic Press, pp. 155-188.
Hahn, M. E. (1983). Genetic artifacts and aggressive behavior. In E. C. Simmel, M. E. Hahn & J. K. Walters (eds.). Aggressive behavior. Hillsdale, NJ: Erlbaum, pp. 677-688.
Haire, D. (1982). How the FDA determines the "safety" of drugs. Washington, DC: National Women's Health Network.
Hale, J. E. (1982). Blcak children. Provo, UT: Brigham Young University Press.
Hales, D., Lozoff, B., Sosa, R. & Kennell, J. (1977). Defining the limits of the sensitive period. Develop. Med. Child Neurol., 19:454.
Hall, C. S. (1951). What people dream about. Scientif. Amer., 184:60-63.
Hall, C. S. (1984). "A ubiquitous sex difference in dreams" revisited. J. Pers. Soc. Psychol., 46:1.109-1.117.
Hall, C. S. & Van de Castle, R. (1966). The content analysis of dreams. Nova York: Appleton-Century-Crofts.
Hall, E. (1980). Acting one's age, Bernice Neugarten interviewed. Psychol. Today, 13(11):66-80.
Hall, E. T. (1959). The silent language. Nova York: Fawcett.
Hall, J. A. (1978). Gender effects in decoding nonverbal cues. Psychol Bull., 85:845-857.
Hall, R. V., Axelrod, S., Tyler, L., Grief, E., Jones, F. C. & Robertson, R. (1972). Modification of behavior problems in the home with a parent as observer and experimenter. J. Appl. Beh. Anal., 5:53-64.
Hall, W. M. & Cairns, R. B. (1984). Aggresive behavior in children. Develop. Psychol., 20:739-745.
Hallinan, M. T. (1980). Patterns of cliquing among youth. In H. C. Foot, A. J. Chapman & J. R. Smith (eds.). Friendship and social relations in children. Nova York: Wiley-Interscience, pp. 321-342.
Halmi, K. (1980). Anorexia nervosa. In H. Kaplan, A. Freedamn & B. Saddock (eds.). Comprehensive textbook of psychiatry. Baltimore: Williams & Wilkins, vol. 2.

Halmi, K. A., Falk, J. R. & Schwartz, E. (1981). Binge eating and vomiting. *Psychol. Med.*, 11:697-706.
Hamburg, D. A., Hamburg, B. A. & Barchas, J. D. (1975). Anger and depression in perspective of behavioral biology. In L. Levi (ed.). *Emotions*. Nova York: Raven.
Hamill, R., Wilson, T. D. & Nisbett, R. E. (1890). Insensitivity to sample bias. J. *Pers. Soc. Psychol.*, 39:578-589.
Hamilton, D. L. (ed.). (1981). *Cognitive processes in stereotyping and intergroup behavior*. Hillsdale, NJ: Erlbaum.
Hamilton, D. L., Dugan, P. M. & Trolier, T. K. (1985). The formation of stereotypic beliefs. J. *Pers. Soc. Psychol.*, 48:5-17.
Hamilton, V. & Warburton, D. M. (1979). *Human stress and cognition*. Chichester, Ing.: Wiley.
Hammen, C. L. & Krantz, S. (1976). Effect of success and failure on depressive cognitions. J. *Abnorm. Psychol.*, 85:577-586.
Hammer, R. (1984). The sexually dimorphic region of the preoptic area in rats contains denser opiate receptor binding sites in females. *Brain Res.*, 308:172-176.
Hammond, M. (1984). Contributions of evolutionary perspectives to peace. Trabalho apresentado no encontro anual da American Psychological Association, Toronto.
Haney, C. & Manzolati, J. (1980). Pesquisa citada em The unreality of primetime crime. *Psychol. Today*, 14(3):26,78.
Haney, W. (1981). Validity, vaudeville, and values. *Amer. Psychol.*, 36:1.021-1.034.
Hans, V. P. (1984). *Insanity defense*. Trabalho apresentado no encontro anual da American Psychological Association, Toronto.
Hansel, C. E. M. (1980). ESP, 2ª ed. Nova York: Scribner's.
Hansell, S., Sparacino, J., Ronchi, D. & Strodtbeck, F. L. (1985). Ego development responses in written questionnaires and telephone interviews. J. *Pers. Soc. Psychol.*, 47:1.118-1.128.
Hansen, S. L. (1977). Dating choices of high school students. *Fam. Coordinat.*, 26:133-138.
Hanson, J. W. (1977). Monografia não publicada. Citada em Annis, L. F. (1978). *The child before birth*. Ithaca, NY: Cornell University Press.
Hansson, R. O., Knopf, M. F., Downs, E. A., Monroe, P. R., Stegman, S. E. & Wadley, D. S. (1984). Femininity, masculinity, and adjustment to divorce among women. *Psychol. Women Quart.*, 8:248-260.
Harbaugh, R. E., Roberts, D. W., Combs, D. W., Saunders, R. L. & Reeder, T. M. (1984). Preliminary report Intracranial cholinergic drug infusion in patients with Alzheimer's disease. *Neurosurgery*, 15:514-518.
Harding, C. M., Brooks, G., Ashikaga, T., Straus, J. S. & Breier, A. (1985). *Longterm outcome for DSM-III schizophrenia*. Trabalho apresentado no encontro anual da American Psychiatric Association, Dallas.
Hardy, J. B., Drage, J. S. & Jackson, E. C. (1979). *The first year of life*. Baltimore: Johns Hopkins University Press.
Hardy-Brownm K. & Plomin, R. (1985). Infant communicative development. *Develop. Psychol.*, 21:378-385.
Hare, R. D. (1970). *Psychopathy*. Nova York: Wiley.
Hare, R. D. (1978). Electrodermal and cardiovascular correlates of psychopathy. In R. D. Hare & D. Schalling (eds.). *Psychopathic behavior*. Nova York: Wiley, pp. 107-143.
Hare, R. D. & McPherson, L. M. (1984). Psychopathy and perceptual asymmetry during verbal dichotic listening. J. *Abnorm. Psychol.*, 93:141-149.
Harkins, E. B. (1978). Effects of empty nest transition on self-reports of psychological and physical well-being. J. *Marr. Fam.*, 40:549-558.
Harlow, H. F. (1949). The formation of learning sets. *Psychol. Rev.*, 56:61-65.
Harlow, H. F. (1959). Love in infant monkeys. *Scientific. Amer.*, 200:68-70.
Harlow, H. F. In Evans, R. I. (1976). *The making of psychology*. Nova York: Knopf, p. 33.
Harlow, H. F. & Mears, C. (1979). *The human model*. Washington, DC: Winston.
Harman, S. M. & Tsitouras, P. D. (1980). Reproductive hormones in aging men. J. *Clin. Endocrine Metabol.*, 51:35-40.
Harrel, J. P. (1980). Psychological factors and hypertension. *Psychol. Bull.*, 87:482-501.
Harrington, A. (1972). *Psychopaths*. Nova York: Simon & Schuster.
Harris, B. (1979). Whatever happened to little Albert? *Amer. Psychol.*, 34:151-160.
Harris, I. D. & Howard, K. I. (1984). Parental criticism and the adolescent experience. J. *Youth Adol.*, 13:113-121.
Harris, J. E. (1978). External memory aids. In M. M. Gruneberg, P. E. Morris & R. N. Sykes (eds.). *Practical aspects of memory*. Londres: Academic Press.
Harris, L. & Associates, Inc. (1978). A study of attitudes toward racial and religious minorities and toward women. Nova York: National Conference of Christians and Jews.
Harris, M. J. & Rosenthal, R. (1985). Mediation of interpersonal expectancy effects. *Psychol. Bull.*, 97:363-386.
Harrower, M. (1976). Were Hitler's henchmen mad? *Psychol. Today*, 10(2):76-80.
Hart, J. (1983). *Modern eclectic therapy*. Nova York: Plenum Press.
Hart, J., J;. Berndt, R. S. & Caramazza, A. (1985). Category-specific naming deficit following cerebral infarction. *Nature*, 316:439-440.
Hart, K. J. & Ollendick, T. H. (1985). Prevalence of bulimia in working and university women. *Amer. J. Psychiat.*, 142:851-854.
Hartley, J. T., Harker, J.O. & Walsh, D. A. (1980). Contemporary issue and new directions in adult development of learning and memory. In. L. W. Poon (ed.). *Aging in the 1980s*. Washington, DC: American Psychological Association, pp. 239-252.
Hartmann, E. (1981). The strangest sleep disorder. *Psychol. Today*, 15(4):14-18.
Harvey, J. H., Ickes, W. & Kidd, R. F. (eds.). (1981). *New directions in attribution research*. Hillsdale, NJ: Erlbaum, vol. 3.
Harvey, J. H. & Weary, G. (1984). Current issues in attribution theory and research. *Annu. Rev. Psychol.*, 35:427-459.
Harvey, S. & Seeley, K. R. (1984). An investigation of the relationships among intellectual and creative abilities, extracurricular activities, achievement, and giftedness in a delinquent population. *Gift. Child Quart.*, 28:73-79.
Hasher, L. & Zacks, R. T. (1984). Automatic processing of fundamental information. *Amer. Psychol.*, 39:1.372-1.388.
Hashtroudi, S., Parker, E. S., DeLisi, L. E., Wyatt, R. J. & Mutter, S. A. (1984). Intact retention in acute alcohol amnesia. J. *Exper. Psychol.: Learn., Mem., Cog.*, 10:156-163.
Hassett, J. (setembro, 1984). Computers in the classroom. *Psychol. Today*, pp. 22-28.
Hastie, R. (1983). Social inference. *Annu. Rev. Psychol.*, 34:511-542.
Hastie, R. (1984). Causes and effects of causal attribution. J. *Pers. Soc. Psychol.*, 46:44-56.
Hastorf, A. H. & Cantril, H. A. (1954). They saw a game. J. *Abnorm. Soc. Psychol.*, 49:129-134.
Hatfield, E., Utne, M. K. & Traupman, J. (1979). Equity theory and intimate relationships. In R. L. Gurgess & T. L. Huston (eds.). *Social exchange in developing relationships*. Nova York: Academic Press.
Hatfield, G. & Epstein, W. (1985). The status of the minimum principle in the

theoretical analysis of visual perception. *Psychol. Bull.*, 97:155-186.

Hattie, J. A., Sharpley, C. F. & Rogers, H. J. (1984). Comparative effectiveness of professional and paraprofessional helpers. *Psychol. Bull.*, 95:534-541.

Haugeland, J. (1984). First among equals. In W. Kintsch, J. R. Miller, P. G. Polson (eds.). *Method and tactics in cognitive science*. Hillsdale, NJ: Erlbaum, pp. 85-102.

Havighurst, R. J. (1982). The world of work. In B. B. Wolman (ed.). *Handbook of developmental psychology*. Englewood Cliffs, NJ: Prentice-Hall.

Havighurst, R. J., Neugarten, B. L. & Tobin, S. S. (1968). Disengagement and patterns of aging. In B. L. Neugarten (ed.). *Middle age and aging*. Chicago, Il: University of Chicago Press.

Hay, D. H. & Oken, D. (1972). The psychological stresses of intensive-care unit nursing. *Psychosom. Med.*, 34:109-118.

Hay, W. M. & Nathan, P. E. (1982). Clinical case studies in the behavioral treatment of alcoholism. Nova York: Plenum Press.

Hayes, J. R. (1978). *Cognitive pshchology*. Homewood, IL: Dorsey.

Hayes, S. & Wolf, M. (1984). Cues, consequences and therapeutic talk. *Behav. Res. Ther.*, 22:385-392.

Hayflick, L. (1980). The cell biology of human aging. *Scientif. Amer.*, 242:58-65.

Haynes, S. N. & Gannon, L. (eds.). (1981). *Psychosomatic disorders*. Nova York: Praeger.

Hays, R. B. (1985). A longitudinal study of friendship development. *J. Pers. Soc. Psychol.*, 48:909-924.

Health Psychology: New Perspectives. (inverno-primavera, 1985). *Health Psychologist*, 7(1).

Heath, R. G. (1963). Electrical self-stimulation of the brain in man. *Amer. J. Psychiat.*, 120:571-577.

Heath, R. G. (1972). Electroencephalographic studies in isolation-raised monkeys with behavioral impairment. *Dis. Nerv. Sys.*, 33:157-163.

Heath, R. G. (1981). The neural baisis for violent behavior. In L. Valzelli & L. Morgese (eds.). *Aggression and violence*. Milão, Iáalia: Edizioni Saint Vincent.

Heath, R. G., Llewellyn, R. C. & Rouchell, A. M. (1980). The cerebellar pacemaker for lepsy. *Bio. Psychiat.*, 15:243-256.

Hebb, D. O. (1972). *Textbook of psychology*. 3ª ed. Filadélfia: Saunders.

Hebb, D. O. (1978). Open letter: To a friend who thinks the IQ is a social evil. *Amer. Psychol.*, 33:1.133-1.144.

Hechinger, G. & Hechinger, F. M. (5 de maio, 1974). Remember when they gave As and Ds? NY *Times Mag.*, pp. 84, 86, 92.

Heckhausen, H., Schmalt, H-D. & Schneider, K. (1984). *Achievement motivation in perspective*. Nova York: Academic Press.

Heckman, N. A., Bryson, R. & Bryson, J. B. (1977). Problems of professional couples. *J. Marr. Fam.*, 39:323-330.

Hedges, N. Dissertation research. Resumido de Rubenstein C. (janeiro, 1981). Martyrdom's brief glow. *Psychol. Today*, pp. 82-83.

Heffernan, J. A. & Albee, G. W. (1985). Prevention perspectives. *Amer. Psychol.*, 40:202-204.

Heider, F. (1976). A conversation with Fritz Heider. In J. H. Harvey, W. Ickes & R. F. Kidd (eds.). *New directions in attribution research*. Hillsdale, NJ: Erlbaum, vol. 1.

Heil, J. (1983). *Perception and cognition*. Berkeley: University of California Press.

Heilbrun, A. B. (1984). Sex-based models of androgyny. *J. Pers. Soc. Psychol.*, 46:216-229.

Heiman, J. R. (1973). The physiology of erotica. *Psychol. Today*, 8(11):90-94.

Hein, A. & Diamond, R. M. (1971). Independence of cat's scotopic and photopic systems in acquiring control of visually guided behavior. *J. Compar. Physiol. Psychol.*, 76:31-38.

Hein, A. & Diamond, R. M. (1983). Contribution of eye movement to the representation of space. In A. Hein & M. Jeannerod (eds.). *Spatially oriented behavior*. Nova York: Springer-Verlag, pp. 119-134.

Hein, A., Held, R. & Cower, E. C. (1970). Development and segmentation of visually controlled movement by selective exposure during rearing. *J. Compar. Physiol. Psychol.*, 73:181-187.

Heinicke, C. M. (1984). Impact of pre-birth parent personality and marital functioning on family development. *Develop. Psychol.*, 20:1.044-1.053.

Heinrichs, D. W. (1984). *Prospective study of prodromal symptoms*. Trabalho apresentado no encontro anual da American Psychiatric Association, Los Angeles.

Held, J. M., Gordon, J. & Gentile, A. M. (1985). Environmental influences on locomotor recovery following cortical lesions in rats. *Behav. Neurosci*, 99:678-690.

Held, R. & Hein, A. (1963). Movement produced stimulation in the development of visually guided behavior. *J. Compar. Physiol. Psychol.*, 56:872-876.

Heller, K. & Mansbach, W. E. (1984). The multifaceted nature of social support in a community sample of elderly women. In A. Brownell & S. A. Shumaker (eds.). Social support. *J. Soc. Issues*, 40(4):99-112.

Heller, K. A., Holtzman, W. H. & Messick, S. (eds.). (1982). *Placing children in special education*. Washington, DC: National Academy Press.

Helmreich, R. L., Beane, W., Lucker, G. W. & Spence, J. T. (1978). Achievement motivation and scientific attainment. *Pers. Soc. Psychol. Bull.*, 4:222-226.

Helson, R., Mitchell, V. & Moane, G. (1984). Personality and patterns of adherence and nonadherence to the social clock. *J. Pers. Soc. Pychol*, 46:1.079-1.086.

Henderson, N. D. (1982). Human behavior genetics. *Annu. Rev. Psychol.*, 33:403-440.

Hendrick, S., Hendrick, C., Slapion-Foote, M. J. & Foote, F. H. (1985). Gender differences in sexual attitudes. *J. Pers. Soc. Psychol.*, 48:1.630-1.642.

Hendrickson, D. E. & Hendrickson, A. (1982). In H. J. Eysenck (ed.). *A model for intelligence*. Nova York: Springer-Verlag.

Henley, N. M. (1977). *Body politics*. Englewood Cliffs, NJ: Prentice-Hall.

Henn, F. A. (1982). Dopamine. In F. A. Henn & H. A. Nasrallah (eds.). *Schizophrenia as a brain disease*. Nova York: Oxford University Press, pp. 176-195.

Hennigan, K. M., Del Rosario, M. L., Heath, L., Cook, T. D., Wharton, J. D. & Calder, B. J. (1982). Impact of the introduction of television on crime in the U. S. *J. Pers. Soc. Psychol.*, 42:461-477.

Henry, J. P. (1983). Coronary heart disease and arousal of the adrenal cortical axis. In T. M. Dembroski, T. H. Schmidt & G. Blümchen (eds.). *Biobehavioral bases of coronary heart disease*. Basel, Suíça: Karger, pp. 365-381.

Herbert, W. (1982a). The evolution of child abuse. *Sci. News*, 122:24-26.

Herbert, W. (1982b). Premenstrual changes. *Sci. News*, 122:380-381.

Herd, J. A. (1983). Summary: Biobehavioral perspectives in coronary arteriosclerosis. In J. A. Herd & S. M. Weiss (eds.). *Behavior and arteriosclerosis*. Nova York: Plenum Press.

Hergenhahn, B. R. (1980). *An introduction to theories of personality*. Englewood Cliffs, NJ: Prentice-Hall.

Herman, J. L. (1981). *Father-daughter incest*. Cambridge, MA: Harvard University Press.

Heron, W. (1957). The pathology of boredom. *Scientific Amer.*, 196:52-56.

Heron, W., Doane, B. K. & Scott, T. H. (1956). Visual disturbance after prolonged perceptual isolation. *Canad. J. Psychol.*, 10:13-16.

Herrnstein, R. J. (1973). *I. Q. in the meritocracy*. Boston: Atlantic, Little.

Herrnstein, R. J., Nickerson, R., Sets, J. & de Sanchez, M. (1985). Draft report on Project Intelligence. Descrito por Cordes,

C. (março, 1985). Venezuela tests 6-year emphasis on thinking skills. *Amer. Psychol. Ass. Monitor*, 16:26, 28.
Hersen, M. & Bellack, A. S. (1985). *Handbook of clinical behavior therapy with adults.* Nova York: Plenum Press.
Herz, M. I. (1984). *Treating prodromal episodes to prevent relapse.* Trabalho apresentado na reuniao anual da American Psychiatric Association, Los Angeles.
Hess, E. H. (1956). Space perception in the chick. *Scientif. Amer.*, 195:71-80.
Hess, R. D. & Shipman, V. C. (1965). Early experience and the socialization of cognitive modes. *Child Develop.*, 36:869-888.
Hesselbrock, M. N., Meyer, R. E. & Keener, J. J. (1985). Psychopathology in hospitalized alcoholics. *Arch. Gen. Psychiat.*, 42:1.050-1.055.
Hetherington, E. M. (1984). Stress and coping in children and families. In A.-B. Doyle, D. Gold & D. S. Moskowitz (eds.). *Children in families under stress.* San Francisco: Jossey-Bass, pp. 7-33.
Hetherington, E. M., Cox, M. & Cox, R. (1979a). The development of children in mother-headed families. In H. Hoffman & D. Reiss (eds.). *The American family.* Nova York: Plenum Press.
Hetherington, E. M., Cox, M. & Cox, R. (1979b). Stress and coping in divorce. In J. Gullahorn (ed.). *Psychology and women in transition.* Washington, DC: Winston.
Hetherington, E. M., Cox, M. & Cox, R. (1979c). Play and social interaction in children following divorce. *J. Soc. Issues*, 35:26-49.
Hewitt, J. K. & Broadhurst, P. L. (1983). Genetic architecture and the evolution of aggressive behavior. In E. C. Simmel, M. E. Hahn & J. K. Walters (eds.). *Aggression behavior.* Hillsdale, NJ: Erlbaum, pp. 37-66.
Hier, D. B. & Crowley, W. F. (1982). Spatial ability in androgen-deficient men. *New Engl. J. Med.*, 306:1.202-1.205.
Hilgard, E. R. (1965). *Hypnotic susceptibility.* Nova York: Harcourt Brace.
Hilgard, E. R. (1977). *Divided consciousness.* Nova York: Wiley.
Hilgard, E. R. (1978). *Consciousness and control.* Trabalho apresentado no encontro anual da American Psychological Association, Toronto.
Hilgard, E. R. (1980). Consciousness in contemporary psychology. *Annu. Rev. Psychol.*, 31:1-26.
Hilgard, E. R. & Hilgard, J. R. (1983). *Hypnosis in the relief of pain.* Ed. rev. Los Altos, CA: Kaufman.
Hillgard, J. R. (1974). Imaginative involvement. *Inter. J. Clin. Exper. Hypn.*, 22:138-156.

Hill, A. L. (1978). Savants. In N. Ellis (ed.). *International reviews of research in mental development.* Nova York: Academic Press, vol. 9.
Hill, J. L. (1985). *The rat populations of NINH.* Trabalho apresentado no Simpósio Behavior as a Factor in the Population Dynamics of Rodents, realizado no encontro anual da American Society of Zoologists, Baltimore.
Hill, S. Y. (1980). Introduction: The biological consequences. In *Alcoholism and alcohol abuse among women: Research issues.* Rockville, Md.: NIAAA.
Himmelfarb, S. & Eagly, A. H. (1974). Orientations to the study of attitudes and their change. In S. Himmelfarb & A. H. Eagly (eds.). *Readings in attitude change.* Nova York: Wiley.
Hinde, R. A., Easton, D. F., Meller, R. E. & Tamplin, A. M. (1982). Temperamental characteristics of 3-4-year-olds and mother-child interaction. In Ciba Foundation Symposium 89. *Temperamental differences in infants and human children.* Londres: Pitman.
Hines, M. & Shipley, C. (1984). Prenatal exposure to diethylstilbestrol (DES) and the development of sexually dimorphic cognitive abilities and cerebral lateralization. *Develop. Psychol.*, 20:81-94.
Hinton, J. M. (1963). The physical and mental distress of the dying. *Quart. J. Med.*, 32:1-21.
Hintzman, D. L. (1978). *The psychology of learning and memory.* San Francisco: Freeman.
Hirsch, H. V. B. & Spinelli, D. N. (1971). Modification of the distribution of receptive field orientation in cats by selective visual exposure during development. *Exper. Brain Res.*, 12:509-527.
Hirsch, J. & Knittle, J. L. (1970). Celularity of obese and nonobese human adipose tissue. *Fed. Proc.*, 29:1.516-1.521.
Hirsch, J. et al. (1985). Relatório (National Institutes of Health Consensus Panel) sobre as implicações da obesidade na saúde. Descrito por Kolata, G. (1985). Obesity declared a disease. *Science*, 227:1.017-1.018.
Hite, S. (1981). *The Hite report on male sexuality.* Nova York: Knopf.
Ho, B. T., Richards, D. W. & Chute, D. L. (eds.). (1978). *Drug discrimination and state dependent learning.* Nova York: Academic Press.
Hobart, C. W. (1979). Changes in courtship and cohabitation in Canada, 1968-1977. In M. Cook & G. Wilson (eds.). *Love and attraction.* Oxford, Ing.: Pergamon.
Hobson, J. A. & McCarley, R. W. (1977). The brain as a dream state generator. *Amer. J. Psychiat.*, 134:1.335-1.348.

Hochberg, J. (1970). Attention, organization and consciousness. In D. J. Mostofsky (ed.). *Attention.* Nova York: Appleton-Century-Crofts, pp. 99-124.
Hochberg, J. (1978). *Perception.* 2^a ed. Englewood Cliffs: NJ: Prentice-Hall.
Hoebel, B. G. & Teitelbaum, P. (1966). Weight regulation by normal and hypothalamic hyperphagic rats. *J. Compar. Physiol. Psychol.*, 61:189-193.
Hofer, M. A., Wolff, C. T., Freidman, S. B. & Mason, J. W. (1972). A psyhoendocrine study of bereavement. I & II. *Psychosom. Med.*, 34:481-504.
Hofferth, S. L. & Moore, K. A. (1979). Women's employment and marriage. In R. E. Smith (ed.). *The subtle revolution.* Washington, DC: Urban Institute.
Hoffman, D. D. (dezembro, 1983). The interpretation of visual illusions. *Scientif. Amer.*, pp. 154-162.
Hoffman, H. S. & DePaulo, P. (1977). Behavioral control by an imprinting stimulus. *Amer. Scien.*, 65:58-66.
Hoffman, L. W. (1977). Changes in family roles, socialization and sex differences. *Amer. Psychol.*, 32:644-657.
Hoffman, L. W. & Manis, J. D. (1978). Influences of children on marital interaction and parental satisfactions and dissatisfactions. In A. M. Lerner & D. B. Spanier (eds.). *Child influences on marital and family interaction.* Nova York: Academic Press.
Hoffman, L. W. & Nye, F. I. (1974). *Working mothers.* San Francisco: Jossey-Bass.
Hoffman, M. L. (1978). Toward a theory of emphatic arousal and development. In M. Lewis & L. A. Rosenblum (eds.). *The development of affect.* Nova York: Plenum Press.
Hoffman, M. L. (1982). Development of prosocial motivation. In N. Eisenberg (ed.). *The development of prosocial behavior.* Nova York: Academic Press.
Hoffman, R. S. & Koran, L. M. (1984). Detecting physical illness in patients with mental disorders. *Psychosomatics*, 25:654-660.
Hogan, R. (1983). A socioanalytic theory of personality. In M. M. Page (ed.). *Personality-current theory and research.* Lincoln: University of Nebraska Press, pp. 55-90.
Hogan, R. & Zonderman, A. B. (1980). Vive la différence. *Contemp. Psychol.*, 25:101.
Hoiberg, A. (1982). *Women and the world of work.* Nova York: Plenum Press.
Hökfelt, T., Johansson, O. & Goldstein, M. (1985). Chemical anatomy of the brain. In P. H. Abelson, E. Butz & S. H. Snyder (eds.). *Neuroscience.* Washington, DC: AAAS, pp. 199-215.
Holaday, J. W., Tortella, F. C., Long, J. B., Belenky, G. L. & Hitzemann, R. J.

(1985). Endogenous opioids and their receptors. *Ann. N Y. Acad. Sci.*
Holahan, C. K., Holahan, C. J. & Belk. S. S. (1984). Adjustment in aging. *Health Psychol.*, 3:315-328.
Holahan, C. K. & Moos, R. H. (1985). Life stress and health. *J. Pers. Soc. Psychol.*, 49:739-747.
Holden, C. (janeiro, 1985a). Genes, personality, and alcoholism. *Psychol. Today*, pp. 38-44.
Holden, C. (1985b). A guarded endorsement for shock therapy. *Science*, 228:1.510-1.511.
Holden, C. (1985c). The neglected disease in medical education. *Science*, 229:741-742.
Holmes, D. L., Reich, J. N. & Pasternak, J. F. (1984). *The development of infants born at risk*. Hillsdale, NJ: Erlbaum.
Holmes, D. S. (1974a). The conscious control of thematic projection. *J. Consult. Clin. Psychol.*, 42:323-329.
Holmes, D. S. (1974b). Investigations of repression. *Psychol. Bull.*, 81:632-653.
Holmes, D. S. & Jorgensen, B. W. (1971). Do personality and social psychologists study men more than women? *Represent. Res. Soc. Psychol.*, 2:71-76.
Holmes, D. S., McGilley, B. M. & Houston, B. K. (1984). Task related arousal of type A and type B persons. *J. Pers. Soc. Psychol.*, 46:1.322-1.327.
Holmes, T. H. & Rahe, R. H. (1967). The social readjustment rating scale. *J. Psychosom. Res.*, 11:213-218.
Holmstrom, V. L. (1984). *Japanese prison camp survivors*. Trabalho apresentado no encontro anual da American Psychological Association, Toronto.
Holt, E. B. (1931). *Animal drive and the learning process*. Nova York: Holt, Rinehart, p. 41.
Holzworth-Munroe, A. & Jacobson, N. S. (1985). Causal attributions of married couples. *J. Pers. Soc. Psychol.*, 48:1.398-1.412.
Honzik, M. & MacFarlane, J. W. (1973). Personality development and intellectual functioning from 21 months to 40 years. In L. F. Jarvik, C. Eisdorfer & J. E. Blum (eds.). *Intellectual functioning in adults*. Nova York: Springer.
Hoon, P. W., Wincze, J. P. & Hoon, E. F. (1977). A test of reciprocal inhibition. *J. Abnorm. Psychol.*, 86:65-74.
Hopkins, J., Marcus, M. & Campbell, S. B. (1984). Postpartum depression. *Psychol. Bull.*, 95:498-515.
Hopkins, J. R. (1983). *Adolescence*. Nova York: Academic Press.
Horn, J. L. (1979). Trabalho apresentado no simpósio Intelligence Testing in the Year 2000, American Educational Research Association.
Horn, J. L. (1982). The theory of fluid and crystallized intelligence in relation to concepts of cognitive psychology and aging in adulthood. In F. J. M. Craik & S. Trehub (eds.). *Aging and cognitive processes: Advances in the study of communication and affect*. Nova York: Plenum Press, vol. 8, pp. 237-278.
Horn, J. L. & Cattell, R. B. (1966). Refinement and test of the theory of fluid and crystalized intelligence. *J. Educat. Psychol.*, 57:253-270.
Horn, J. L. & Donaldson, G. (1976). On the myth of intellectual decline in adulthood. *Amer. Psychol.*, 31:701-719.
Horn, J. L. & Donaldson, G. (1980). Cognitive development II. In O. G. Brim & J. Kagan (eds.). *Constancy and change in human development*. Cambridge, MA: Harvard University Press, pp. 445-529.
Horner, M. S. (1978). The measurement and behavioral implications of fear of success in women. In J. W. Aktinsons & J. O. Raynor (eds.). *Personality, motivation and achievement*. Washington, DC: Hemisphere.
Hornstein, H.A. (1970). The influence of social models on helping. In J. Macaulay & L. Berkowitz (eds.). *Altruism and helping behavior*. Nova York: Academic Press.
Hornstein, H. A. (1982). Promotive tension. In V. J. Derlega & J. Grzelak (eds.). *Cooperation and helping behavior*. Nova York: Academic Press, pp. 231-249.
Hornykiewicz, O. (1974). The mechanisms of action of L-dopa in Parkinson's disease. *Life Sci.*, 15:1.249-1.259.
Horowitz, G. P. & Dudek, B. C. (1983). Behavioral pharmacogenetics. In J. L. Fuller & E. C. Simmel (eds.). *Behavior genetics*. Hillsdale, NJ: Erlbaum, pp. 117-154.
Horowitz, L. M. de S., French, R. & Anderson, C. A. (1982). The prototype of a lonely person. In L. A. Peplau & D. Perlman (eds.). *Loneliness*. Nova York: Wiley-Interscience.
Horowitz, M. J., Marmar, C., Weiss, D. S., DeWitt, U. N. & Rosenbaum, R. (1984). Brief psychotherapy of bereavement reactions. *Arch. Gen. Psychiat.*, 41:438-448.
Horowitz, M. J. & Solomon, G. F. (1975). A prediction of delayed stress response syndromes in Vietnam veterans. *J. Soc. Issues-Soldiers in and after Vietnam*, 31(4):67-80.
Horton, D. L. & Mills, C. B. (1984). Human learning and memory. *Annu. Rev. Psychol.*, 35:361-394.
House, J. S. (1974). Occupational stress and coronary heart disease. *J. Hlth. Sci. Behav.*, 15:12-27.
House, J. S. & Wolf, S. (1978). Effects of urban residence on interpersonal trust and helping behavior. *J. Pers. Soc. Psychol.*, 36:1.029-1.043.
Hovland, C. I., Janis, I. L. & Kelley, H. H. (1953).*Communications and persuasion*. New Haven, CT: Yale University Press.
Hovland, C., Lumsdaine, A. & Sheffield, F. (1949). *Experiments on mass communication*. Princeton: Princeton University Press.
Hovland, C. & Mandell, W. (1952). An experimental comparison of conclusion-drawing by the communicator and the audience. *J. Abnorm. Soc. Psychol.*, 47:581-588.
Howard, J. W. & Rothbart, M. (1980). Social categorizations and memory for in-group and out-group behavior. *J. Pers. Soc. Psychol.*, 38:301-310.
Howe, C. (1981). *Acquiring language in a conversational context*. Londres: Academic Press.
Howe, M.J. (eds.). (1977). *Adult learning*. Londres: Wiley, pp. 125-144.
Howes, M. J., Hokanson, J. E. & Loewenstein, D. A. (1985). Induction of depressive affect after prolonged exposure to a mildly depressed individual. *J. Pers. Soc. Psychol.*, 49:1.110-1.113.
Hoyer, W. J. & Plude, D. J. (1980). Attentional and perceptual processes in the study of cognitive aging. In L. W. Poon (ed.). *Aging in the 1980s*. Washington, DC: American Psychological Association, pp. 227-238.
Hubel, D. H. & Wiesel, T. N. (1979). Brain mechanisms of vision. *Scientif. Amer.*, 241:150-162.
Huesmann, L. R., Lagerspetz, K. & Eron, L. D. (1984a). Intervening variables in the TV violence-aggression relation. *Develop. Psychol.*, 20:746-775.
Huesmann, L. R., Eron, L. D., Lefkowitz & Walder, L. O. (1984b). Stability of aggression over time and generations. *Develop. Psychol.*, 20:1.120-1.134.
Huff, D. (1954). *How to lie with statistics*. Nova York: Norton.
Hughes, M. & Gove, W. R. (1984). *Crowding, isolation, and mental health*. Trabalho apresentado no encontro anual da American Association for the Advancement of Science, Nova York.
Hultsch, D. F., Hertzog, C. & Dixon, R. A. (1984). Text recall in adulthood. *Develop. Psychol.*, 20:1.193-1.209.
Humphries, L., Mohler, S. N. & Elam, C. L. (1985). Prevalence of anorexia nervosa. Trabalho apresentado no encontro anual da American Psychiatric Association, Dallas.

Hunt, J. M. (1976). Environmental programming to foster competence. In R. N. Walsh & W. T. Greenough (eds.). *Environment as therapy for brain dysfunction*. Nova York: Plenum Press, pp. 201-225.
Hunt, J. M. (1979). Psychological development. *Annu. Rev. Psychol.*, 30:103-143.
Hunt, M. (1974). *Sexual behavior in the 1970s*. Chicago, Il: Playboy Press.
Hunt, R. R. & Mitchell, D. B. (1982). Independent effects of semantic and nonsemantic distinctiveness. *J. Exper. Psychol.: Learn., Mem., Cog.*, 8:81-87.
Hunter, F. T. (1984). Socializing procedures in parent-child and friendship relations during adolescence. *Develop. Psychol.*, 20:1.092-1.099.
Hunter, F. T. (1985). Adolescents' perception of discussions with parents and friends. *Develop. Psychol.*, 21:433-440.
Hurley, D. (março, 1985). Arresting delinquency. *Psychol. Today*, pp. 62-68.
Hurvich, L. M. & Jameson, D. (1957). An opponent-process theory of color vision. *Psychol. Rev.*, 64:384-404.
Hurvich, L. M. & Jameson, D. (1974). Opponent processes as a model of neural organization. *Amer. Psychol.*, 29:88-102.
Huston, T. L., Ruggiero, M., Coner, R. & Geis, G. (1981) Bystander intervention into crime. *Soc. Psychol. Quart.*, 44:14-23.
Huttunen, M. O. & Niskanen, P. (1979). Prenatal loss of father and psychiatric disorders. In S. Chess & A. Thomas (eds.). *Annual progress in child psychiatry and child development*. Nova York: Brunner/Mazel, pp. 331-338.
Huttunen, M. O. & Nyman, G. (1982). On the continuity, change, and clinical value of infant temperament in a prospective epidemiological study. In Ciba Foundation Symposium 89. *Temperamental differences in infants and young children*. Londres: Pitman.
Hyde, J. S. (1981). How large are cognitive gender differences? *Amer. Psychol.*, 36:892-901.
Hyde, J. S. (1982). *Understanding human sexuality*. 2ª ed. Nova York: McGraw-Hill.
Hyde, J. S. (1983). The genetics of agonistic and sexual behavior. In J. L. Fuller & E. C. Simmel (eds.). *Behavior genetics*. Hillsdale, NJ: Erlbaum, pp. 409-434.
Hyde, J. S. (1984a). How large are gender differences in aggression? *Develop. Psychol.*, 20:722-736.
Hyde, J. S. (1984b). Children's understanding of sexist language. *Develop. Psychol.*, 20:697-706.
Hyman, B. T., Van Hoesin, G. W., Damasio, A. R. & Barnes, L. L. (1984). Alzheimer's disease. *Science*, 225:1.168-1.170.

Iadarola, M. J., Kleinman, J. E. & Yang, H.-Y. T. (1985). Peptides in substantia nigra from schizophrenics. Trabalho apresentado no encontro anual da American Psychiatric Association, Dallas.
Ianni, F. A. J. (1983). Home, school, and community in adolescent education. Nova York: ERIC Clearinghouse on Urban Education.
Ickes, W. & Barnes, R. D. (1978). Boys and gilrs together-and alienated. *J. Pers. Soc. Psychol.*, 36:669-683.
Ignatieff, M. A. (1978). *Just measure of pain*. Nova York: Pantheon.
Ingalls, R. P. (1978). *Mental retardation*. Nova York: Wiley.
Ingle, D. J. (1985). The goldfish as a retinex animal. *Science*, 227:651-654.
Insel, T. R. & Pickar, D. (1983). Naloxone administration in obsessive-compulsive disorder. *Amer. J. Psychiat.*, 140:1.219-1.220.
Insko, C. A. (1965). Verbal reinforcement of attitude. *J. Pers. Soc. Psychol.*, 2:621-623.
Institute ofr the Advanced Study of Human Sexuality. (1983). *Sex and the married woman*. Nova York: Simon & Schuster.
Institute for the Future. (15 de fevereiro, 1981). The decade ahead. *Washington Post Magazine*, pp. 22-26.
Intons-Peterson, M. J. & Reddel, M. (1984). What do people ask about a neonate? *Develop. Psychol.*, 20:358-359.
Intraub, H. & Nicklos, S. (1985). Levels of processing and picture memory. *J. Exper. Psychol.: Learn., Mem., Cog.*, 11:1 284-298.
Ireson, C. J. (1984). Adolescent pregnancy and sex roles. *Sex Roles*, 11:189-201.
Irwin, M., Schmidt-Lackner, S., Gorelick, D. A. & Marder, S. (1985). Alcohol problems in schizophrenic inpatients.
Isaacson, R. L. (1975). The myth of recovery from early brain damage. In N. R. Ellis (ed.). *Aberrant development in infancy*. Hillsdale, NJ: Erlbaum, pp.1-25.
Iscoe, I. & Harris, L. C. (1984). Social and community interventions. *Annu. Rev. Psychol.*, 35:333-360.
Isen, A. M., Means, B., Patrick, R. & Nowicki, G. (1982). Some factors influencing decision-making strategy and risk taking. In M. S. Clark & S. T. Fiske (eds.). *Affect and cognition*. Hillsdale, NJ: Erlbaum, pp. 243-262.
Iversen, S. D. & Iversen, L. L. (1975). Central neurotransmitters and the regulation of behavior. In M. S. Gazzaniga & C. Blakemore (eds.). *Handbook of psychobiology*. Nova York: Academic Press, pp. 153-200.
Izard, C. E. (1979). Emotions as motivations. *Nebraska symposium on motivation 1978*. Lincoln: University of Nebraska Press.
Izard, C. E. (ed.). (1982). *Measuring emotions in infants and children*. Nova York: Cambridge University Press.
Izard, C. E., Huebner, R. R., Risser, D., McGinnes, G. C. & Dougherty, L. M. (1980). The young infant's ability to produce discrete emotion expressions. *Develop. Psychol.*, 16:132-140.
Izard, C. E. & Malatesta, C. Z. (1984). A developmental theory of emotion. *Behav. Brain Sci.*

Jacklin, C. N. & Maccoby, E. E. (1983). Gender differentiation in normal development. In M. D. Levine, W. B. Carey, A. C. Crocker & R. T. Gross (eds.). *Developmental-behavioral pediatrics*. Filadélfia: Saunders, pp. 175-140.
Jacklin, C. N., Snow, M. E. & Maccoby, E. E. (1981). Tactile sensitivity and muscle strength in newborn boys and girls. *Infant Behav. Develop.*, 4:261-268.
Jackson, D. W. (1975). The meaning of dating from the role perspective of no dating pre-adolescents. *Adolescence*, 10:123-126.
Jackson, J. M. & Latané, B. (1981). Strength and number of solicitors and the urge toward altruism. *Pers. Soc. Psychol. Bull.*, 7:415-422.
Jacobson, E. (1932). The electrophysiology of mental activities. *Amer. J. Psychol.*, 44:677-694.
Jacobson, G. F. (1983). *The multiple crises of marital separation and divorce*. Nova York: Grune & Stratton.
Jacobson, J. L., Jacobson, S. W., Fein, G. G., Schwartz, P. M. & Dowler, J. K. (1984). Prenatal exposure to an environmental toxin. *Develop. Psychol.*, 20:523-532.
Jacobson, S. W. Fein, G. G., Jacobson, J. L., Schwartz, P. M. & Dowler, J. K. (1985). The effect of intrauterine PCB exposure on visual recognition memory. *Child Develop.*, 56:853-860.
Jacoby, L. L. (1982). Knowing and remembering. In L. S. Cermak (ed.). *Human memory and amnesia*. Hillsdale, N. J.: Erlbaum.
Jacoby, S. (junho, 1982). The truth about two-job marriages. *McCall's*, pp. 127-128.
Jahoda, M. (1982). *Employment and unemployment*. Cambridge, Ing.: Cambridge University Press.
James, W. (1950). *The principles of psychology*. Nova York: New American Library. (Trabalho original publicado em 1890.)
James, W. (1958). *The varieties of religious experience*. Nova York: New American Library. (Trabalho original publicado em 1902.)

James, W. (1968). What is an emotion? In M. Arnold (ed.). *The nature of emotion*. Baltimore: Penguin. (Trabalho original publicado em 1884.)

Janda, L., O'Grady, K. & Barnhart, S. (1981). Effects of sexual attitudes and physical attractiveness on person perception of men and women. *Sex Roles*, 7:189-200.

Janerich, D. T., Piper, J. M. & Glebatis, D. M. (1974). Oral contraceptives and congenital limb-reduction defects. *New Engl. J. Med.*, 291:697-700.

Janis, I. L. & Mann, L. (1977). *Decision making*. Nova York: Free Press.

Janoff-Bulman, R. (1979). Characterological versus behavioral self-blame. *J. Pers. Soc. Psychol.*, 37:1.798-1.809.

Janoff-Bullman, R. & Golden, D. (1984). *Attributions and adjustment to abortion*. Trabalho apresentado no encontro anual da American Psychological Association, Toronto.

Janowitz, H. D. & Grossman, M. I. (1949). Some factors affecting the food intake of normal dogs and dogs with esophagostomy and gastric fistula. *Amer. J. Physiol.*, 159:143-148.

Jarvik, L. F., Eisdorfer, C. & Blum, J. E. (eds.). (1973). *Intellectual functioning in adults*. Nova York: Springer.

Jefferson, L. (1948). *These are my sisters*. Tulsa, OK: Vickers.

Jellison, J. M. & Green, J. A. (1981). A self-presentation approach to the fundamental attribution error. *J. Pers. Soc. Psychol.*, 40:643-649.

Jemmott, J. B. & Locke, S. E. (1984). Psychosocial factors, immunologic mediation, and human susceptibility to infectious diseases. *Psychol. Bull.*, 95:78-108.

Jencks, C. D. (1979). *Who gets ahead?* Nova York: Basic Books.

Jenkins, C. D. (1976). Recent evidence supporting psychological and social risk factors for coronary disease. *New Engl. J. Med.*, 294:987-994, 1.033-1.038.

Jenkins, J. J. (1981). Can we have a fruitful cognitive psychology? In J. H. Flowers (ed.). *Nebraska symposium on motivation*. Lincoln: University of Nebraska Press.

Jennings, J., Geis, F. L. & Brown, V. (1980). Influence of television commercials on women's self-confidence and independent judgment. *J. Pers. Soc. Psychol.*, 38:203-210.

Jensen, A. R. (1969). How much can we boost IQ and scholastic achievement. *Harvard Ed. Rev.*, 39:1-123.

Jensen, A. R. (1970). A theory of primary and secondary familial mental retardation. In N. R. Ellis (ed.). *International review of research in mental retardation*. Nova York: Academic Press, vol. 4.

Jensen, A. R. (1980). *Bias in mental testing*. Nova York: Free Press.

Jensen, A. R. (1983). *Nature of the white-black difference on various psychometric tests*. Palestra feita a convite no encontro anual da American Psychological Association, Anaheim, CA.

Jerison, H. J. (1984). A comparative psychology. *Contemp. Psychol.*, 29:18-19.

Jessor, R., Costa, F., Jessor, L. & Donovan, J. E. (1983). Time of first intercourse. *J. Pers. Soc. Psychol.*, 44:608-626.

Jessor, R. & Jessor, S. L. (1977). *Problem behavior and psychological development*. Nova York: Academic Press.

Jick, H., Walker, A., Rothman, K., Hunter, J., Holmes, L., Watkins, R., D'Ewart, D., Danford, A. & Madsen, S. (1981). Vaginal spermicide and congenital disorders. *JAMA*, 245:1.329-1.332.

Jirari, C. (1970). *Form perception, innate form preferences, and visually-mediated head turning in the human neonate*. Tese de doutorado não publicada. Universidade de Chicago. Citada em Freedman, D. G. (1974). *Human infancy*. Hillsdale, NJ: Erlbaum.

Johnson, B. L. & Anger, W. K. (1982). Behavioral toxicology. In W. N. Rom (ed.). *Environmental and occupational medicine*. Boston: Little, Brown.

Johnson, D. F. & Pittenger, J. B. (1984). Attribution, the attractiveness stereotype, and the elderly. *Develop. Psychol.*, 20:1.168-1.172.

Johnson, D. W., Johnson, R. T. & Maruyama, G. (1984). Goal interdependence and interpersonal attraction in heterogeneous classrooms. In N. Miller & M. Brewer (eds.). *Groups in contact*. Nova York: Academic Press, pp. 187-212.

Johnson, L. W. & Wolbarsht, M. L. (1979). Mercury poisoning. *Notes and records of the Royal Society of London*, 34(1):1-9.

Johnson, M. K., Kahan, T. L. & Raye, C. L. (1984). Dreams and reality monitoring. *J. Exper. Psychol.: Gen.*, 113:329-344.

Johnson, M. K., Kim, J. K. & Risse, G. (1985). Do alcoholic Korsakoff's syndrome patients acquire affective reactions? *J. Exper. Psychol.: Learn., Mem., Cog.*, 11:22-36.

Johnson, R. & Toch, H. (eds.). (1982). *The pains of imprisonment*. Beverly Hills, CA: Sage.

Johnson, R. C. (1982). Science by debate. *Contemp. Psychol.*, 27:294.

Johnson, R. C., McClearn, G. E., Yuen, S., Nagoshi, C. T., Ahern, F. M. & Cole, R. E. (1985). Galton's data a century later. *Amer. Psychol.*, 40:875-892.

Johnston, L. D., Bachman, J. G. & O'Malley, P. M. (1984). Drug use among American high school students, 1979-1983. Washington, DC: National Institute of Drug Abuse.

Johnston, W. A. (1977). The intrusiveness of familiar nontarget information. Monografia não publicada.

Johnston, W. A., Dark, V. J. & Jacoby, L. L. (1985). Perceptual fluency and recognition judgments. *J. Exper. Psychol.: Learn., Mem., Cog.*, 11:3-11.

Jones, E. E. & Davis, K. E. (1965). From acts to dispositions. *Adv. Exper. Soc. Psychol.*, 2:219-266.

Jones, E. E., Farina, A., Hastorf, A. H., Markus, H., Miller, D. T. & Scott, R. A. (1984). *Social stigma*. San Francisco: Freeman.

Jones, E. E. & Pittman, T. S. (1982). Toward a general theory of strategic self presentation. In J. Suls (ed.). *Psychological perceptives on the self*. Hillsdale, NJ: Erlbaum, pp. 231-262.

Jones, J. M. (1972). *Prejudice and racism*. Reading, MA: Addison-Wesley.

Jones, L. V. (1984). White-black achievement differences. *Amer. Psychol.*, 39:1.207-1.213.

Jones, M. C. (1924). A laboratory study of fear. *Pedagogical Seminary*, 31:310-311.

Jones, M. C. (1981). Midwife drinking patterns. In D. H. Eichorn, J. A. Clausen, N. Haan, M. P. Honzik & P. H. Mussen (eds.). *Present and past in middle life*. Nova York: Academic Press.

Jones, R. & Brehm, J. (1970). Persuasiveness of one and two-sided communications as a function of awareness there are two sides. *J. Exper. Soc. Psychol.*, 6:47-56.

Jones, R. E. (1983). Street people and psychiatry. *Hosp. Commun. Psychiat.*, 34:807-811.

Jones, S. (1976). High school status as a historical process. *Adolescence*, 11:327-333.

Jones, S. L. & Lambke, L. K. (1985). The relationship between sex role orientation, self esteem, and sex-typed occupational choice of college women. *Psychol. Women Quart.*, 9:145-152.

Jones, W. H. (1982). Loneliness and social behavior. In L. A. Peplau & D. Perlman (eds.). *Loneliness*. Nova York: Wiley-Interscience.

Jones-Molfese, V. J. (1972). Individual differences in neonatal preferences for planometric and stereometric visual patterns. *Child. Develop.*, 43: 1.289-1.296.

Jost, H. & Sontag, L. W. (1944). The genetic factor in autonomic nervous system function. *Psychosom. Med.*, 6:308-310.

Joyce, C. (maio, 1984). Space travel is no joyride. *Psychol. Today*, pp. 30-37.

Julius, S. & Cottier, C. (1983). Behavior and hypertension. In T. M. Dembroski, T.

H. Schmidt & G. Blümchen (eds.). *Biobehavioral bases of coronary heart disease*. Basel, Suíça: Karger, pp. 271-289.

Jung, R. T. & James, W. P. (1980). Obesity. *Brit. J. Hospit. Med.*, 24:503-509.

Justice, A. (1985). Review of the effects of stress on cancer in laboratory animals. *Psychol. Bull.*, 98:108-138.

Kagan, J. (1981). *The second year*. Cambridge, MA: Harvard University Press.

Kagan, J. (1984). *Inhibition and lack of inhibition in the young child*. Trabalho apresentado no encontro anual da American Psychological Association, Toronto.

Kagan, J., Kearsley, R. & Zelazo, P. R. (1978). *Infancy*. Cambridge, MA: Harvard University Press.

Kagan, J. & Moss, H. A. (1962). *Birth to maturity*. Nova York: Wiley.

Kagan, J., Reznick, J. S., Clarke, C., Snidman, N. & Garcia-Coll, C. (1984). Behavioral inhibition to the unfamiliar. *Child Develop.*, 55:2.212-2.225.

Kahana, E. & Kohana, B. (1983). Environmental continuity, futurity and adaptation of the aged. In G. D. Rowles & R. J. Ohta (eds.). *Aging and milieu*. Nova York: Academic Press, pp. 205-230.

Kahn, A. (1984). The power war. *Psychol. Women Quart.*, 8:234-247.

Kahneman, D. (1973). *Attention and effort*. Englewood Cliffs, NJ: Prentice-Hall.

Kahneman, D. & Tversky, A. (1982). The psychology of preferences. *Scientif. Amer.*, 246:160-173.

Kalat, J. W. (1984). *Biological psychology*. 2ª ed. Belmont, CA: Wadsworth.

Kalish, R. A. (1982). *Late adulthood*. 2ª ed. Monterey, CA: Brooks/Cole.

Kalmijn, A. J. (1975). The detection of electric fields from inanimate and animate sources other than electric organs. In A. Fessard (ed.). *Electroreceptors and other specializes receptors in lower vertebrates*. Nova York: Springer.

Kalmus, H. (1952). Inherited sense defects. *Scientific. Amer.*, 186:64-70.

Kalnins, J. V. & Bruner, J. S. (1973). The coordination of visual observation and instrumental behavior in early infancy. *Perception*, 2:307-314.

Kamin, L. J. (1974). *The science and politics of IQ*. Potomac, MD: Erlbaum

Kammerman, M. (ed.). (1977). *Sensory isolation and personality change*. Springfield, IL: Thomas.

Kandel, D. B. (1980). Convergences in prospective longitudinal surveys of drug use in normal populations. In S. B. Sell, R. Crandall, M. Roff, J. S. Strauss & W. Pollin (eds.). *Human functioning in longitudinal perspective*. Baltimore: Williams & Wilkins, pp. 181-209.

Kandel, D. B. (1984). Marijuana users in young adulthood. *Arch. Gen. Psychiat.*, 41:200-209.

Kandel, D. B. & Logan, J. A. (1984). Patterns of drug use from adolescence to young adulthood. *Amer. J. Pub. Hlth.*, 7:660-666.

Kandel, E. R. (1980). Cellular insights into the multivariant nature of arousal. In D. McFadden (ed.). *Neural mechanisms in behavior*. Nova York: Springer-Verlag, pp. 260-291.

Kane, J. M. (1985). Comentários feitos no *workshop* Tardive Dyskinesia, apresentado no encontro anual da American Psychiatric Association, Dallas. Relatado por Bower, B. (1985). *Sci. News*, 128:45-46.

Kanfer, F. H. & Phillips, J. S. (1970). *Learning foundations of behavior therapy*. Nova York: Wiley.

Kannel, W. B. & Sorlie, P. (1975). Hypertension in Framingham. In O. Paul (ed.). *Epidemiology and control of hypertension*. Miami, FL: Symposium Specialists.

Kanner, A. D., Coyne, J. C., Schaefer, C. & Lazarus, R. S. (1981). Comparison of two modes of stress measurement. J. *Behav. Med.*, 4:1-39.

Kanner, L. (1943). Autistic disturbances of affective contact. *Nervous Child*, 2:217-250.

Kanouse, D. E., Gumpert, P. & Canavan-Gumpert, D. (1981). The semantics of praise. In J. H. Harvey, W. Ickles & R. F. Kidd (eds.). *New directions in attribution research*. Hillsdale, NJ: Erlbaum, vol. 3.

Kantak, K. M., Hegstrand, L. R. & Eichelman. B. S. (1979). Specific and nonspecific aspects of a tryptophan-free diet on aggressive behavior. *Proceedings of the Federation of American Societies for Experimental Biology*, 37:1.309.

Kaplan, A. S., Garfinkel, P. E., Warsh, J. & Brown, G. M. (1985). Neuroendocrine responses in bulimia. Trabalho apresentado no encontro anual da American Psychiatric Association, Dallas.

Kaplan, H. S. (1979). *Disorders of sexual desire and other new concepts and techniques in sex therapy*. Nova York: Brunner/Mazel.

Kaplan, J. R. (1979). *A woman's conflict*. Englewood Cliffs, NJ: Prentice-Hall.

Kaplan, N. M. (1980). The control of hypertension. *Amer. Sci.*, 68:537-545.

Kaplan, R. M. (1982). Nader's raid on the testing industry. *Amer. Psychol.*, 37:15-23.

Karabenick, S. A., Sweeney, C. & Penrose. G. (1983). Preferences for skill versus chance-determined activities. *J. Res. Pers.*, 17:125-142.

Karon, B. P. (1978). Projective tests are valid. *Amer. Psicol.*, 33:764-765.

Karon, B. P. & O'Grady, P. O. (1970). Quantified judgments of mental health from the Rorschach, TAT, and clinical status interview by means of a scaling technique. *J. Consult. Clin. Psychol.*, 34:229-234.

Karylowski, J. (1982).Two types of altruistic behavior. In V. J. Derlega & J. Grzelak (eds.). *Cooperation and helping behavior*. Nova York: Academic Press, pp. 398-419.

Kasl, S. V. (1978). Epidemiological contributions to the study of work stress. In C. L. Cooper & R. Payne (eds.). *Stress at work*. Nova York: Wiley, pp. 3-48.

Kastenbaum, R. & Costa, P. T. (1977). Psychological perspectives on death. *Annu. Rev. Psychol.*, 28:225-249.

Kastenbaum, R. & Weisman, A. D. (1972). The psychological autopsy as a research procedure in gerontology. In D. P. Dent, R. Kastenbaum & S. Sherwood (eds.). *Research planning and action for the elderly*. Nova York: Behavioral Publ.

Katz, J. L., Kuperberg, A., Pollack, C. P., Walsh, B. T., Zumoff, B. & Weiner, H. (1984). Is there a relationship between eating and affective disorder? *Amer. J. Psychiat.*, 141:753-759.

Katz, J. L., Weiner, H., Gallagher, T. G. & Hellman, L. (1970). Stress, distress, and ego defenses. *Arch. Gen. Psychiat.*, 23:131-142.

Katz, P. A. (1976). The acquisition of racial attitudes in children. In P. A. Katz (ed.). *Towards the elimination of racism*. Elmsford, NY: Pergamon, pp. 125-154.

Kaufman, A. S. & Kaufman, N. L. (1980). *The demise of the EMR label*. Trabalho apresentado no encontro anual da American Psychological Association, Montreal.

Kaufman, D. R. & Richardson, B. L. (1982). *Achievement and women*. Nova York: Free Press.

Kaufman, M. H. (1983). Ethanol-induced chromosomal abnormalities at conception. *Nature*, 302:258-260.

Kausler, D. H., Lichty, W. & Freund, J. S. (1985). Adult age differences in recognition memory and frequency judgments for planned versus performed activities. *Develop. Psychol.*, 21:647-654.

Kazdin, A. E. (1977). *The token economy*. Nova York: Plenum Press.

Kazdin, A. E. (1982). Methodology of psychotherapy outcome research. In J. H. Harvey & M. M. Parks (eds.). *Psychotherapy research and behavior change*. Washington, DC: American Psychological Association.

Kazdin, A. E., Moser, J., Colbus, D. & Bell, R. (1985). Depressive symptoms among physically abused and psychiatri-

cally disturbed children. J. Abnorm. Psychol., 94:298-307
Keating, C. F., Mazur, A. Segall, M. H., Lysneiros, P. G., Kilbride, J. E., Leahy, P., Divale, W. T., Komin, S., Thurman, B. & Wirsing, R. (1981). Culture and the perception of social dominance from facial expressions. J. Pers. Psychol., 40:615-626.
Keating, D. P. (1985). Beyond Piaget. Contemp. Psychol., 30:449-450.
Kebabian, J. W. & Caine, D. B. (1979). Multiple receptors for dopamine. Nature, 277:93-96.
Keeton, W. T. (1972). Biological science. 2ª ed. Nova York: Norton.
Keil, F. C. (1979). Semantic and conceptual development. Cambridge, MA: Harvard University Press.
Keil, F. C. (1981). Constraints on knowledge and cognitive development. Psychol. Rev., 88:197-227.
Keil, F. C. (1984). Mechanisms in cognitive development and the structure of knowledge. In R. J. Sternberg (ed.). Mechanisms of cognitive development. San Francisco: Freeman.
Keisling, R. (1983). Critique of Kiesler articles. Amer. Psychol., 38:1.127-1.128.
Kelham, W. & Mann, L. (1974). Level of destructive obedience as a function of transmitter and executant roles in the Milgram obedience paradigm. J. Pers. Soc. Psychol., 29:696-702.
Keller, H. (1954). The story of my life. Garden City, NY: Doubleday.
Keller, M. B., Klerman, G., Lavori, P. W., Coryell, W., Endicott, J. & Taylor, J. (1984). Long-term outcome of episodes of major depression. JAMA, 252:788-792.
Keller, M. B. Lavori, P. W., Coryell, W., Endicott, J., Clayton, P. J., Andreasen, N. C. & Klerman, G. L. (1985). Bipolar I disorder. Trabalho apresentado no encontro anual da American Psychiatric. Association, Dallas.
Keller, M. B. & Shapiro, R. W. (1982). Double depression. Amer. J. Psychiat., 139:438-442.
Kelley, H. H. (1983). Love and commitment. In H. H. Kelley, E. Berscheid, G. Levinger, E. McClintock, L. A. Peplau & D. R. Peterson (eds.). Close relationships. San Francisco: Freeman.
Kelley, H. H. & Michela, J. L. (1980). Attribution theory and research. Annu. Rev. Psychol., 31:457-501.
Kelley, K. (1979). Socialization factors in contraceptive attitudes. J. Sex. Res., 15:6-20.
Kelly, D. (1990). Anxiety and emotions. Springfield, IL: Thomas.

Kempe, C. H. & Helfer, R. E. (eds.). (1982). The battered child. 3ª ed. rev. ampl. Chicago, Il: University of Chicago Press.
Kempe, R. S. & Kempe, C. H. (1984). The common secret. San Francisco: Freeman.
Kendall, P. C. (ed.). (1982). Advances in cognitive-behavioral research and therapy. Nova York: Academic Press, vol. 1.
Kendall, P. C. (1984). Cognitive processes and procedures. In G. T. Wilson, C. M. Franks, K. D. Bornell & C. P. Kendall (eds.). Annual review of behavior therapy. Nova York: Guilford.
Kendler, K. S., Gruenberg, A. M. & Tsuang, M. T. (1985). Psychiatric illness in first-degree relatives of schizophrenic and surgical control patients. Arch. Gen. Psychiat., 42:770-779.
Kennedy, G. C. (1952). The role of depot fat in the hypothalamic control of food intake in the rat. Proceed. R. Soc. Lon., B40:578-592.
Kennedy, G. C. (1966). Food intake, energy balance and growth. Brit. Med. Bull., 22:216-220.
Kennell, J. H., Voos, D. K. & Klaus, M. H. (1979). Parent-infant bonding. In J. D. Osofsky (ed.). Handbook of infant development. Nova York: Wiley, pp. 786-798.
Kenny, D. A. (1979). Correlation and causality. Nova York: Wiley-Interscience.
Kerckhoff, A. C. & Davis, K. E. (1962). Value consensus and need complementarity in mate selection. Amer. Sociol. Rev., 27:295-303.
Kernberg, O. (1976). Bordeline conditions and pathological narcissism. Nova York: Aronson.
Kershner, J. R. & Ledger, G. (1985). Effect of sex, intelligence, and style of thinking on creativity. J. Pers. Soc. Psychol., 48:1.033-1.040.
Kessler, L. G., Cleary, P. D. & Burke, J. D. (1985). Psychiatric disorders in primary care. Arch. Gen. Psychiat., 42:583-587.
Kessler, R. C. (1979). Stress, social status, and psychological distress. J. Hlth. Soc. Behav., 20:259-272.
Kessler, R. C. (1984). Trabalho apresentado no workshop Mental Health and Social Context no encontro anual da American Association for the Advancement of Science, Nova York.
Kessler, R. C. & McLeod, J. D. (1984). Sex differences in vulnerability to undesireable life events. Amer. Sociol. Rev., 49:620-631.
Kessler, R. C., Price, R. H. & Wortman, C. B. (1985). Social Factors in psychopathology. Annu. Rev. Psychol., 36:531-572.
Kety, S. S. (1979). Disorders of the human brain. Scientif. Amer., 241:202-214.

Kidd, K. K., Gerhard, D. & Housman, D. Pesquisa apresentada no encontro anual da American Association for the Advancement of Science, Los Angeles. Descrita em Miller, J. A. (1985). Depression in the family. Sci. News, 127:360.
Kidder, L. H. (1981). Research methods in social relations. 4ª ed. Nova York: Holt.
Kiecolt-Glaser, J. K., Glaser, R., Williger, D., Stout, J., Messick, G., Sheppard, S., Ricker, D., Romisher, S. C., Briner, W., Bonnell, G. & Donnerberg, R. (1985). Psychosocial enhancement of immunocompetence in a geriatric population. Health Psychol., 4:25-41.
Kiesler, C. A. (1980). Mental health policy as a field of inquiry for psychology. Amer. Psychol., 35:1.066-1.080.
Kiesler, C. A. (1982a). Mental hospitals and alternative care. Amer. Psychol., 37:349-360.
Kiesler, C. A. (1982b). Public and professional myths about hospitalization. Amer. Psychol., 37:1.323-1.339.
Kiesler, C. A. (1984). Public and profesional myths about mental hospitalization. Amer. Psychol., 39:554-555.
Kiester, E. (abril, 1980). Images of the night. Science, 80:1, 36-43.
Kiester, E. & Cudhea, D. (1974). Albert Bandura. Human Behav., 3:26-31.
Kihlstrom, J. F. (1985). Hypnosis. Annu. Rev. Psychol., 36:385-418.
Kimble, G. A. (1981). Biological and cognitive constraints on learning. The G. Stanley Hall lecture series. Washington, DC: American Psychological Association, vol. 1.
Kimble, G. A. (1984). Psychology's two cultures. Amer. Psychol., 39:833-839.
Kimlicka, T., Cross, H. & Tarmai, J. (1983). A comparison of androgynous, feminine, masculine and undifferentiated women on self-esteem, body satisfaction, and sexual satisfaction. Psychol. Women Quart., 7:291-294.
Kimmel, H. D. (1974). Instrumental conditioning of autonomically mediated responses in human beings. Amer. Psychol., 29:325-335.
King, D. S. (1981). Can allergic exposure provoke psychological syumptoms? Biol. Psychiat., 16:3-19.
Kinsey, A., Pomeroy, W. B. & Martin, C. E. (1948). Sexual behavior in the human male. Filadélfia: Saunders.
Kinsey, A., Pomeroy, W. B., Martin, C. E. & Gebhard, P. H. (1953). Sexual behavior in the human female. Filadélfia: Saunders.
Kipnis, D. (1976). The powerholders. Chicago, Il: University of Chicago Press.

Kipnis, D. (dezembro, 1984). The view from the top. *Psychol. Today*, pp. 30-36.
Kirschvinik, J. L., Dizon, A. E. & Westphal, J. A. (1985). Evidence from strandings for geomagnetic sensitivity in cetaceans. *J. Exper. Biol.*
Kisker, G. W. (1972). *The disorganized personality*. 2ª ed. Nova York: McGraw-Hill.
Klatzky, R. L. (1980). *Human memory*. 2ª ed. San Francisco: Freeman.
Klaus, M. H. & Kennell, J. H. (1976). *Maternal infant bonding*. St. Louis: Mosby.
Klausmeier, H. & Allen, P. S. (1978). *Cognitive development of children and youth*. Nova York: Academic Press.
Kleck, R. E., Vaughan, R. C., Cartwright-Smith, J., Vaughan, K. B., Colby, C. Z. & Lanzeta, J. T. (1976) Effects of being observed on expressive, subjective, and physiological responses to painful stimuli. *J. Pers. Soc. Psychol*, 34:1.211-1.218.
Klein, D. N. (1984). Continued impairment in persons at risk for bipolar affective disorder. *J. Abnorm. Psychol.*, 93: 345-347.
Klein, D. N., Depue, R. A. & Slater, J. F. (1985). Cyclothymia in the adolescent offspring of parents with bipolar affective disorder. *J. Abnorm. Psychol.*, 94:115-127.
Klein, Z. & Eshel, Y. (1980). *Integrating Jerusalem schools*. Nova York: Academic Press.
Kleinke, C. L. & Hinrichs, C. A. (1983). College adjustment problems and attitudes toward drinking reported by feminine, androgynous, and masculine college women. *Psychol.Women Quart.*, 7:373-382.
Kleinmuntz, B. & Szucko, J. J. (1984). Lie detection in ancient and modern times. *Amer. Psychol.*, 39:766-776.
Klerman, G. (1985). Affective disorders in the aged. Trabalho apresentado no encontro anual da American Psychiatric Association, Dallas.
Klerman, G. L. (1980). Long-term outcomes of neurotic depressions. In S. B. Sells, R. Crandall, M. Roff, J. S. Strauss & W. Pollin (eds.). *Human functioning in longitudinal perspective*. Baltimore: Williams & Wilkins, pp. 58-69.
Klineberg, O. (1938). Emotional expression in Chinese literature. *J. Abnorm. Soc. Psychol.*, 33:517-520.
Klinger, E. (1978). Modes of normal conscious flow. In K. S. Pope & J. L. Singer (eds.). *The stream of consciousness*. Nova York: Plenum Press.
Klinghammer, E. (1967). Factors influencing choice of mate in altricial birds. In H. W. Stevenson, E. H. Hess & H. L. Rheingold (eds.). *Early behavior*. Nova York: Wiley, pp. 5-42.
Klinnert, M. D., Campos, J. J., Sorce, J. F., Emde, R. N. & Svejda, M. (1983).
Emotions as behavior regulators. In R. Plutchik & H. Kellerman (eds.). *Emotions in early development*. Nova York: Academic Press.
Klonoff, H. (1974). Effects of marijuana on driving in a restricted area and on city streets. In L. L. Miller (ed.). *Marijuana*. Nova York: Academic Press.
Knapp, A. G. & Anderson, J. A. (1984). Theory of categorization based on distributed memory storage. *J. Exper. Psychol: Learn., Mem., Cog.*, 10:616-637.
Knittle, J. (1975). Early influences on development of adipose tissue. In G. A. Bray (ed.). *Obesity in perspective*. Washington, DC: U.S. Gov. Print. Office.
Ko, G. N., Unnerstall, J. R., Kuhar, M. J., Wyatt, R. J., Holcomb, H. H. & Kleinman, J. E. (1985). Lower alpha 2 agonist binding in schizophrenic brains. Trabalho apresentado no encontro anual da American Psychiatric Association, Dallas.
Kobasa, S. C. (1980). Personality and stress-resistance across professional groups. Trabalho apresentado no encontro anual da American Psychological Association, Montreal.
Koch, S. (1981). The nature and limits for psychological knowledge. *Amer. Psychol.*, 36:257-269.
Koegel, R., Schreibman, L., O'Neill, R. E. & Bruke, J. C. (1983). The personality and family-interaction characteristics of parents of autistic children. *J. Consult. Clin. Psychol.*, 51:683-692.
Kohlberg, L. (1969). Stage and sequence. In D. A. Goslin (ed.). *Handbook of socialization theory and research*. Chicago, Rand McNally.
Kolhberg, L. (1973). Continuities in childhood and adult moral development. In P. B. Baltes & K. W. Schaie (eds.). *Life-span developmental psychology*. Nova York: Academic Press.
Kolhberg, L. (1981a). *Essays on moral measurement of moral development*. Nova York: Harper & Row, vol. 1.
Kolhberg, L. (1981b). *The meaning and measurement of moral development*. Worchester, MA: Clark University Press.
Köhler, W. (1969). *The task of gestalt psychology*. Princeton, NJ: Princeton University Press.
Kohlmeyer, K. (1982). Trabalho apresentado no 12th International Symposium on Neuroradiology, Washington, DC. Citado em Anorexia nervosa. (1982). *Sci. News*, 122:262-263.
Kohn, P. M. & Coulas, J. T. (1985). Sensation seeking, augmenting-reducing, and the perceived and preferred effects of drugs. *J. Pers. Soc. Psychol.*, 48:99-106.
Kokkinidis, L. & Anisman, H. (1980). Amphetamine models of paranoid schizophrenia. *Psychol. Bull.*, 88:551-579.
Kolata, G. (1985). Jury clears bendectin, *Science*, 227:1.559.
Kolb, L. C. (1977). *Modern clinical psychiatry*. 9ª ed. Filadélfia: Saunders.
Kolers, P. A. (1976). Reading a year later. *J. Exper. Psychol.: Human Learn. Mem.*, 2:554-565.
Kolers, P. A. (1978). A pattern analyzing basis of recognition. In L. S. Cermak & F. I. M. Craik (eds.). *Levels of processing in human memory*. Hillsdale, NJ: Erlbaum.
Kolers, P. A. (1983). Perception and representation. *Annu. Rev. Psychol.*, 34:129-166.
Kolvin, I., Nicol, A. R., Garside, R. F., Day, K. A. & Tweddle, E. G. (1982). Temperamental patterns in aggressive boys. In Ciba Foundation Symposium 89. *Temperamental differences in infants and young children*. Londres: Pitman.
Konecni, V. J. (1975). Annoyance, type, and duration of postannoyance activity, and aggression. *J. Exper. Psychol.: Gen.*, 104:76-102.
Konig, P. & Godfrey, S. (1973). Prevalence of exercise-induced bronchial lability in families of children with asthma. *Arch. Diseases Childhood*, 48:513.
Koob, G. F. (1983). Trabalho apresentado no Science Writers Seminar of the Society for Neuroscience, Nova York. Citado em Miller, J. A. (1983). A shared chemistry for brain and body. *Sci. News*, 123:180.
Koop, C. E. (1984). *The health consequences of smoking*. Washington, DC: U.S. Gov. Print. Office.
Koretzky, M. B., Kohn, M. & Jeger, A. M. (1978). Cross-situational consistency among problem adolescents. *J. Pers. Soc. Psychol.*, 36:1.054-1.059.
Korner, A. (1985). Effects of waterbeds on preterm infants. Apresentado a convite no simpósio do encontro anual da American Psychological Association, Los Angeles.
Korner, A. F., Zeanah, C. H., Linden, J., Berkowitz, R. I., Kraemer, H. C. & Agras, W. S. (1985). The relation between neonatal and later activity and temperament. *Child Develop.*, 56:38-42.
Korsten, M. A., Shohei, M., Feinman, L. & Liber, C. S. (1975). High blood acetaldehyde levels after ethanol administration. *New Engl. J. Med.*, 292:386-389.
Kosslyn, S. M. (1982). Mental representation. In J. R. Anderson & S. M. Kosslyn (eds.). *Tutorials in learning and memory*. San Francisco: Freeman.
Kosslyn, S. M. (1985). Mental imagery ability. In R. J. Sternberg (ed.). *Human abilities*. San Francisco: Freeman.

Kostelnik, M. J., Rabin, A. I., Phenice, L. A. & Soderman, A. K. (eds.). (1982). *Child nurturance.* Nova York: Plenum Press, vol. 2.

Kramarae, C. (ed.). (1980). *The voices and words of women and men.* Oxford, Ing.: Pergamon.

Kramer, M., Winget, C. & Whitman, R. M. (1971). City dreams. *Amer. J. Psychiat.*, 127:1.350-1.356.

Krantz, D. S. (1983). Behavior and the pathogenesis of cardiovascular disease. *Health Psychol.*, 5:3-4.

Krantz, D. S. & Durel, L. A. (1983). Psychobiological substrates of the type A behavior pattern. *Health Psychol.*, 2:393-411.

Krantz, D. S., Grunberg, N. E. & Baum, A. (1985). Health psychology. *Annu. Rev. Psychol.*, 36:349-383.

Krantz, D. S. & Manuck, S. B. (1984). Acute psychophysiologic reactivity and risk of cardiovascular disease. *Psychol. Bull.*, 96:435-464.

Krasner, L. & Houts, A. C. (1984. A study of the "value" systems of behavioral scientists. *Amer. Psychol.*, 39:840-850.

Krech, D. In Evans, R. I. (1976). *The making of psychology.* Nova York: Knopf.

Kreek, M. J. (1982). Opioid disposition and effects during chronic exposure in the perinatal period in man. In B. Stimmel (ed.). *The effects of maternal alcohol and drug abuse on the newborn.* Nova York: Haworth.

Kreutzer, M. A. & Charlesqorth, W. R. (1973). *Infant's reactions to different expressions of emotion.* Trabalho apresentado no encontro da Society for Research in Child Development, Filadélfia.

Krieger, D. T. (1985). Brain peptides. In P. H. Abelson, E. Butz & S. H. Snyder (eds.). *Neuroscience.* Washington, DC: AAAS, pp. 309-331.

Kripke, D. F. & Sonnenschein, D. (1978). A biological rhythm in waking fantasy. In K. S. Pope & J. L. Singer (eds.). *The stream of consciousness.* Nova York: Plenum Press.

Krueger, W. C. F. (1929). The effect of overlearning on retention. *J. Exper. Psychol.*, 12:71-78.

Kruglanski, A. W., Friedland, N. & Farkash, E. (1984). Lay persons' sensitivity to statistical information. *J. Pers. Soc. Psychol.*, 46:503-518.

Kübler-Ross, E. (1969). *On death and dying.* Nova York: Macmillan.

Kuczaj, S. A., II. (1983). *Crib speech and language play.* Nova York: Springer-Verlag.

Kuhn, T. S. (1970). *The structure of scientific revolutions.* 2ª ed. Chicago, Il: University of Chicago Press.

Kuhn, T. S. (1977). *The essential tension.* Chicago, Il: University of Chicago Press.

Kulik, J. A., Bangert-Drowns, R. L. & Kulik, C-L. C. (1984). Effectiveness of coaching for aptitude tests. *Psychol. Bull.*, 95:179-188.

Kulka, R. A. & Weingarten, H. (1979). The long-term effects of parental divorce in childhood on adult adjustment. *J. Soc. Issues*, 35:50-78.

Kuo, Z. Y. (1967). *The dynamics of behavior development.* Nova York: Random House.

Kurdek, L. A. (1981). An integrative perspective on children's divorce adjustment. *Amer. Psychol.*, 36:856-866.

Kurosawa, K. (1984). Meta-analysis and selective publication biases. *Amer. Psychol.*, 39:73-74.

Laband, D. N. & Lentz, B. F. (agosto, 1985). The natural choice. *Psychol. Today*, pp. 36-43.

Labbe, R., Firl, A., Mufson, E. J. & Stein, D. G. (1983). Fetal brain transplants. *Science*, 221:470-472.

LaBerge, D. & Samuels, S. J. (1974). Toward a theory of automatic information processing in reading. *Cog. Psychol.*, 6:293-323.

LaBerge, S. (1985). *Lucid dreaming.* Los Angeles: Tarcher.

Labouvie-Vief, G. (1980). Adaptive dimensions of adult cognition. In. N. Datan & N. Lohmann (eds.). *Transitions of aging.* Nova York: Academic Press.

Labov, W. (1970). *Language in the inner city.* Filadélfia: University of Pennsylvania Press.

Lacey, J. I. (1967). Somatic response patterning and stress. In M. H. Appley & R. Trumbull (eds.). *Psychological stress.* Nova York: Appleton-Century-Crofts, pp. 14-42.

Lachar, D. (1974). Accuracy and generalizability of an automated MMPI interpretation system. *J. Consult. Clin. Psychol.*, 42:267-273.

Lachman, J. L. & Lachman, R. (1980). Age and the actualization of world Knowledge. In L. W. Poon, J. L. Fozard, L. S. Cermak, D. Arenberg & L. W. Thompson (eds.). *New directions in memory and aging.* Hillsdale, NJ: Erlbaum.

Lachman, R. & Lachman, J. L. (1979). A significant step forward. *Contemp. Psychol.*, 24:4-6.

Lachman, S. J. (1984). *Processes in visual misperception illusions for highly structured stimulus maternal.* Trabalho apresentado na convenção anual da American Psychological Association, Toronto.

Lacy, W. B., Bokemeier, J. L. & Shepard, J. M. (1983). Job attribute preferences and word commitment of men and women in the United States. *Personnel Psychol.*, 36:315-329.

Lader, M. (1984). Short-term versus long-term benzodiazepine therapy. *Current Medical Research and Opinion*, 8(4):120-125.

LaFontaine, L. (1973). The idiot savant. In B. Blatt (ed.). *Souls in extremis.* Boston: Allyn & Bacon, pp. 223-230.

LaFreniere, P. J. & Sroufe, L. A. (1985). Profiles of peer competence in the preschool. *Develop. Psychol.*, 21:56-69.

Lagakos, S. W., Wessen, B. J. & Zelen, M. (1984). *An analysis of contaminated well water and health effects in Woburn, Massachusetts.* Technical Report n. 3, Department of Biostatistics, Harvard School of Public Health.

Laird, J. D. (1984). Real role of facial response in the experience of emotion. *J. Pers. Soc. Psychol.*, 47:909-917.

Laken, M. (1957). Personality factors in mothers of excessively crying (colicky) infants. *Monogr. Soc. Res. Child Develop.*, 22(64).

Lakoff, R. (1979). *Language and women's place.* Nova York: Harper & Row.

Lamal, P. A. (1979). College students's common beliefs about psychology. *Teach. Psychol.*, 6(3):155-158.

Lamb, M. E. (1978). Influence of the child on marital quality and family interaction during the prenatal, perinatal and infancy periods. In R. M. Lerner & G. B. Spanier (eds.). *Child influences on marital and family interaction.* Nova York: Academic Press.

Lamb, M. E. (1979). Social development in infancy. *Human Develop.*, 22:68-72.

Lamb, M. E. (1981). *The role of the father in child development.* 2ª ed. Hillsdale, NJ: Erlbaum.

Lamb. M. E. & Hang, C.-P. (1982). Maternal attachment and mother-neonate bonding. In M. E. Lamb & A. L. Brown (eds.). *Advances in developmental psychology.* Hillsdale, NJ: Erlbaum, vol. 2, pp. 1-40.

Lamb, T. E. (1981). Nonverbal and paraverbal control in dyads and triads. *Soc. Psychol. Quart.*, 44:49-53.

Lambert, M. J., DeJulio, S. S. & Stein, D. M. (1978). Therapist interpersonal skills. *Psychol. Bull.*, 85:467-489.

Lambert, W. W., Solomon, R. L. & Watson, P. D. (1949). Reinforcement and extinction as factors in size estimation. *J. Exper. Psychol.*, 39:637-641.

Lamiell, J. T. (1981). Toward an idiothetic psychology of personality. *Amer. Psychol.*, 36:276-289.

Lamiell, J. T., Foss, N. A., Larsen, R. J. & Hempel. A. M. (1983). Studies in intuitive personology from an idiothetic point of view. *J. Pers.* 51:438-467.

Landman, J. T. & Dawes, R. M. (1982). Psychotherapy outcome. *Amer. Psychol.*, 37:504-516.

Landman, J. T. & Dawes, R. M. (1984). Reply to Orwin and Cordray. *Amer. Psychol.*, 39:72-73.
Lang, P. J., Lazovik, A. D. & Reynolds, D. J. (1965). Desensitization, sugestibility and pseudotherapy. *J. Abnorm. Soc. Psychol.*, 70:395-402.
Lange, C. (1922). *The emotions*. In K. Dunlap (ed.). *The emotions* (tradução de Istar Haupt). Baltimore: Williams & Wilkins. (Publicado originalmente na Dinamarca, 1885.)
Langenbucher, J. W. & Nauthan, P. E. (1983). Psychology, public policy, and the evidence for alcohol intoxication. *Amer. Psychol.*, 38:1.070-1.077.
Langer, E. J. (1983). *The psychology of control*. Beverly Hills, CA: Sage.
Langer, E. J. & Abelson, R. P. (1974). A patient by any other name... *J. Consult. Clin. Psychol.*, 42:4-9.
Langer, E. J., Chanowitz, B. & Blank, A. (1985). Mindlessness-mindfulness in perspective. *J. Pers. Soc. Psychol.*, 48:605-607.
Langer, E. J. & Rodin, J. (1976). The effects of choice and enhanced personal responsibility for the aged. *J. Pers. Soc. Psychol.*, 34:191-198.
Lanzetta, J. T., Cartwright-Smith, J. & Kleck, R. E. (1976). Effects of nonverbal dissimulation on emotional experience and autonimic arousal. *J. Pers. Soc. Psychol.*, 33:354-370.
Lanzetta, J. T. & Kleck, R. E. (1970). Encoding and decodind of nonverbal affects in humans. *J. Pers. Soc. Psychol.*, 16:12-19.
Lapp, J. Study for the National Center on Child Abuse and Neglect. Citado em Cunningham. S. (dezembro, 1983). Layoffs linked to rise in abuse. *Amer. Psychol. Ass. Monitor*, p. 27.
Lappin, J. S. (1981). The relativity of perception, choice, and social knowledge. In J. H. Harvey (ed.). *Cognition, social behavior, and the environment*. Hillsdale, NJ: Erlbaum.
La Rossa, R. & La Rossa, M. M. (1981). *Transition to parenthood*. Beverly Hills, CA: Sage.
Larsen, D. L., Spreitzer, E. A. & Snyder, E. E. (1976). Social factors in the frequency of romantic involvement among adolescents. *Adolescence*, 11:7-12.
Larsen, L. E. (1972a). The influence of parents and peers durind adolescence. *J. Marr. Fam.*, 34:67-74.
Larsen, L. E. (1972b). The relative influence of parent-adolescent affect in predicting the salience hierarchy among youth. *Pacific Sociological Review*, 15:83-102.
Larson, C. C. (janeiro, 1982). Animal research. *Amer. Psychol. Ass. Monitor*, 13:1, 12, 13.

Larsson, L. (1982). Aging in mammalian skeletal muscle. In J. A. Mortimer, F. J. Piozzolo & G. J. Maletta (eds.). *The aging motor system*. Nova York: Praeger, vol. 3, pp. 60-97.
Latané, B. & Darley, J. M. (1970). *The responsive bystander*. Nova York: Appleton-Century-Crofts.
Latané, B. & Nida, S. A. (1981). Ten years of research on group size and helping. *Psychol. Bull.*, 89:308-324.
Latané, B., Nida, S. A. & Wilson, D. W. (1981). The effects of group size on helping behavior. In J. P. Rushton & R. M. Sorrentino (eds.). *Altruism and helping behavior*. Hillsdale, NJ: Erlbaum, pp. 287-314.
Lau, R. R. (1984). Dynamics of the attribution process. *J. Pers. Soc. Psychol.*, 46:1.017-1.028.
Lauer, J. & Lauer, R. (junho, 1985). Marriages made to last. *Psychol. Today*, pp. 22-26.
Laurance, J.-R. & Perry, C. (1983). Hypnotically created memory among highly hypnotizable subjects. *Science*, 222:523-524.
Layden, A. (1982). Attributional style therapy. In C. Antaki & C. Brewin (eds.). *Attributions and psychological change*. Londres: Academic Press, pp. 63-82.
Lazarus, A. A. (1971). *Behavior therapy and beyond*. Nova York: McGraw-Hill.
Lazarus, A. A. (1976). Multimodal behavior therapy. Nova York: Springer.
Lazarus, A. A. (1977). Has behavior therapy outlived its usefulness? *Amer. Psychol.*, 32:550.
Lazarus, A. A. (1981). *The practice of multimodal therapy*. Nova York: McGraw-Hill.
Lazarus, A. A. (1983). *The clinical applicability of behavior therapy*. Simpósio apresentado na convenção anual da Association for Advancement of Behavior Therapy, Washington, DC.
Lazarus, A. A. (ed.). (1985). *Casebook of multimodal therapy*. Nova York: Gilford.
Lazarus, R. S. (1981). The stress and coping paradig. In C. Esdorfer, D. Cohen, A. Kleinman & P. Maxim (eds.). *Models for clinical psychopathology*. Jamaica, NY: Spectrum.
Lazarus, R. S. (1982). Thoughts on the relations between emotion and cognition. *Amer. Psychol.*, 37:1.019-1.024.
Lazarus, R. S. (1983). The costs and benefits of denial. In S. Breznitz (ed.). *Denial of stress*. Nova York: International Universities Press.
Lazarus, R. S. (1984). On the primacy of cognition. *Amer. Psychol.*, 39:124-129.
Lazarus, R. S., Cohen, J. B., Folkman, S., Kanner, A. & Schaefer, C. (1982). Psychological stress and adaptation. In H.

Selye (ed.). *Guide to stress research*. Nova York: Van Nostrand Reinhold.
Lazarus, R. S. & DeLongis, A. (1983). Psychological stress and coping in aging. *Amer. Psychol.*, 38:245-262.
Lazarus, R. S., DeLongis, A., Folkman, S. & Gruen, R. (1985). Stress and adaptational outcomes. *Amer. Psychol.*, 40:770-779.
Lazarus, R. S. & Folkman, S. (1984). *Stress, appraisal, and coping*, Nova York: Springer.
Lazarus, R. S. & Speisman, J. D. (1960). A research case history dealing with psychological stress. *J. Psychol. Stud.*, 11:167-194.
Lazarus, R. S., Speisman, J. C., Mordkoff, A. M. & Davison, L. A. (1962). A laboratory study of psychological stress produced by a motion picture film. *Psychol. Monogr.*, 76:(34, todo o n. 553).
Leakey, R. E. & Lewin, R. (1978). *People of the lake*. Nova York: Anchor.
Leal, L., Crays, N. & Moely, B. E. (1985). Training children to use a self-monitoring study strategy in preparation for recall. *Child Develop.*, 56:643-653.
Leavitt, J. E. (ed.). (1983). *Child abuse and neglect*. The Hague: Martinus Nijhoff.
Leddo, J., Abelson, R. P. & Gross, P. H. (1984). Conjunctive explanations. *J. Pers. Soc. Psychol.*, 47:933-943.
Lee, D. (1957). Cultural factors in dietary choice. *Amer. J. Clin. Nutr.*, 5:167.
Lee, G. R. & Lassey, M. L. (1980). Rural-urban differences among the elderly. *J. Soc. Issues*, 36:62-74.
Lee, J. A. (1977). A typology of styles of loving. *Pers. Soc. Psychol. Bull.*, 3:173-182.
Lefcourt, H. M., Martin, R. A. & Saleh, W. E. (1984). Locus of control and social support. *J. Pers. Soc. Psychol.*, 47:378-389.
Leff, J. & Vaughn, C. (1985). *Expressed emotion in families*. Nova York: Guilford.
Lehman, E. B. & Mellinger, J. C. (1984). Effects of aging on memory for presentation modality. *Develop. Psychol.*, 20:1.210-1.217.
Lehrman, D. S. (1965). Interaction between internal and external environment in the regulation for the reproductive cycle of the ring dove. In F. A. Beach (ed.). *Sex and behavior*. Nova York: Wiley, pp. 355-380.
Leibel, R. & Hirsch, J. (1984). Diminished energy requirements in reduced-obese patients. *Metabolism*, 33:164-170.
Leibowitz, S., Ihanwar-Uniyal, M. & Roland, C. R. (1983). Circadian rhythms of circulating corticosterone and alpha 2-nonadrenergic receptors in discrete hypothalamic and extra hypothalamic areas of rat brain. Trabalho

apresentado no encontro anual da Society for Neuroscience, Anaheim, CA.
Leifer, M. (1980). Psychological effects of motherhood. Nova York: Praeger.
Lein, A. (1979). *The cycling female*. San Francisco: Freeman.
Lele, P. P. & Weddell, G. (1956). The relationship between neurohistology and corneal sensibility. *Brain*, 79:119-154.
Le Magnen, J. (1960). Effects d'une pluralité de stimuli alimentaires sur le déterminisme quantitatif de l'ingestion chez le rat blanc. *Archives of Science and Physiology*, 14:411-419. Citado em Balagura, S. (1973). *Hunger*. Nova York: Basic Books.
Le Magnen, J. (1971). Peripheral and systematic actions of food in the caloric regulation of intake. *Ann. N. Y. Acad. Sci.* 68:332-34.
LeMaire, L. (1956). Danish experiences regarding the castration of sexual offenders. *J. Crim. Law. Criminal.*, 47:25-31.
Lempert, H. & Kinsbourne, M. (1985). Possible origin of speech in selective orienting. *Psychol. Bull.*, 97:62-73.
Lenneberg, E. H. (1967). *Biological foundations of language*. Nova York: Wiley.
Lepper, M. (1982). Social control processes and the internalization of social values. In E. T. Higgins, D. N. Ruble & W. W. Hartup (eds.). *Developmental social cognition*. Nova York: Cambridge University Press.
Lepper, M. (1983). Extrinsic reward and intrisic motivation. In J. M. Levine & M. C. Wang (ed.). *Teacher and student perceptions*. Hillsdale, NJ: Erlbaum, pp. 281-318.
Lerman, P. (1975). *Community treatment and social control*. Chicago, Il: University of Chicago Press.
Lerner, R. M. (1984). *On the nature of human plasticity*. Nova York: Cambridge University Press.
Lerner, R. M. & Spanier, G. B. (1980). *Adolescent development*. Nova York: McGraw-Hill.
Leshner, A. I. (1978). *An introduction to behavioral endocrinology*. Nova York: Oxford University Press.
Lester, B. M. & Boukydsis, C. F. Z. (eds.). (1985). *Infant crying*. Nova York: Plenum Press.
Lester, B. M., Hoffman, J. & Brazleton, T. B. (1985). The rhythmic structure of mother-infant interaction in term and preterm infants. *Child Develop.*, 56:15-27.
Lester, D. (1983). *Why people kill themselves*. Springfield, IL: Thomas.
Lester, D. (1984). *Gun control*. Springfield, IL: Thomas.
Lester, G. & Lester, D. (1971). *Suicide*. Englewood Cliffs, NJ: Prentice-Hall.
Let only two children bloom. (1980). *Scientif. Amer.*, 242:64.

Lettvin, J. Y., Maturana, H. R., Pitts, W. H. & McCulloch, W. S. (1961). Two remarks on the visual system of the frog. In W. A. Rosenblith (ed.). *Sensory communication*. Cambridge, MA: MIT Press, pp. 757-776.
Levenson, R. W. & Gottman, J. M. (1985). Physiological and affective predictors of change in relationship satisfaction. J. *Pers. Soc. Psychol.*, 49:85-94.
Leventhal, H. (1970). Findings and theory in the study of fear communications. In L. Berkowitz (ed.). *Advances in experimental social psychology*. Nova York: Academic Press, vol. 5.
Leventhal, H. (1982). Wrongheaded ideas about illness. *Psychol. Today*, 16:48-55, 73-74.
Levick, M. F. (1983). *They could not talk and so they drew*. Springfield, IL: Thomas.
Levin, G. (agosto, 1985). Computers and kids. *Psychol. Today*, pp. 50-51.
Levin, J. R. (1981). Mnemonic '80s. *Educat. Psychol.*, 16:65-82.
Levine, I. S. Citado em Cordes C. (fevereiro, 1984). The plight of homeless mentally ill. *Amer. Psychol. Ass. Monitor*, 15:1, 13.
Levine, J. D. & Gordon, N. C. (1984). Influence of the method of drug administration on analgesis response. *Nature*, 312:755-756.
Levine, S. (1980). A coping model of mother-infant relationships. In S. Levine & H. Ursin (eds.). *Coping and health*. Nova York: Plenum Press, pp. 87-99.
Levinger, G. (1983). Development and change. In H. H. Kelley, E. Berscheid, A. Christensen, J. H. Harvey, T. L. Huston, G. Levinger, E. McClintock, L. A. Peplau & D. R. Peterson (eds.). *Close relationships*. San Francisco: Freeman.
Levinson, D. J. (1978). *The seasons of a man's life*. Nova York: Knopf, pp. 213-217.
Levinson, D. J. (1981). Explorations in biography. In A. I. Rabin, J. Aronoff, A. M. Barclay & R. A. Zucker (eds.). *Further explorations in personality*. Nova York: Wiley, pp. 44-79.
Levistky, D. A. (1979). Malnutrition and hunger to learn. In D. A. Levitsky (ed.). *Malnutrition, environment, and behavior*. Ithaca, NY: Cornell University Press, pp. 161-179.
Levitz-Jones, E. M. & Orlofsky, J. L. (1985). Separation-individuation and intimacy capacity in college women. *J. Pers. Soc. Psychol.*, 49:156-169.
Levy, J. (1974). Psychological implications of bilateral asymmetry. In S. J. Dimond & J. G. Beaumont (eds.). *Hemisphere function in the human brain*. Nova York: Halsted, pp. 121-183.

Levy, J. (1977). Variations in the lateral organization of the human brain. Palestra principal sobre relações entre cérebro-comportamento apresentada no encontro anual da American Psychological Association, San Francisco.
Levy, J. (1983). Language, cognition, and the right hemisphere. *Amer. Psychol.*, 38:538-541.
Levy, J. (maio, 1985). Right brain, left brain. *Psychol., Today*, pp. 38-44.
Levy, L. H. (1979). Processes and activities in groups. In M. A. Lieberman & L. D. Borman (eds.). *Self-help groups for coping with crisis*. San Francisco: Jossey-Bass, pp. 234-271.
Levy, S. M. (1983). Host differences in neoplastic risk. *Health Psychol.*, 2:21-44.
Levy, S. M. (1984). Behavior as both contributor and response to cancer. *Health Psychol.*, 3:499-504.
Levy, S. M., Herberman, R. B., Maluish, A. M., Schlien, B. & Lippman, M. (1985). Prognostic risk assessment in primary breast cancer by behavioral and immunological parameters. *Health Psychol.*, 4:99-113.
Lewin, K. (1959). *A dynamic theory of personality* (tradução de K. E. Zener & D. K. Adams). Nova York: McGraw-Hill.
Lewinsohn, P. M., Steinmetz, J. L., Larson, D. W. & Franklin, J. (1981). Depression-related cognitions. *J. Abnorm. Psychol.*, 90:213-219.
Lewinsohn, P. M., Youngren, M. A. & Grosscup, S. J. (1979). Reinforcement and depression. In R. A. Depue (ed.). *The psychobiology of the depressive disorders*. Nova York: Academic Press.
Lewis, M. & Fiering, C. (1982). Some American families at dinner. In L. M. Laosa & I. E. Sigel (eds.). *Families as learning environments for children*. Nova York: Plenum Press, pp. 115-145.
Lewis, M. & Kreitzberg, V. S. (1979). Effects of birth order and spacing on mother-infant interactions. *Develop. Psychol.*, 15:617-625.
Lewis, M. & Rosenblum, L. A. (1977). Introduction. In M. Lewis & L. A. Rosenblum (eds.). *Interaction, conversation, and the development of language*. Nova York: Wiley.
LeWitt, P. A. & Calne, D. B. (1982). Neurochemistry and pharmacology of the aging motor system. In J. A. Mortimer, F. J. Pirozzolo & G. J. Maletta (eds.). *The aging motor system*. Nova York: Praeger, vol. 3, pp. 36-59.
Liberman, R. P. & Wallace, C. J. (1985). *Social skills training for schizophrenics*. Trabalho apresentado no encontro anual da American Psychiatric Association, Dallas.

Licht, B. G. & Dweck, C. S. (1984). Determinants of academic achievement. *Develop. Psychol.*, 20:628-636.
Lidz, T. (1968). *The person*. Nova York: Basic Books.
Lieberman, J. A., Kane, J. M., Woerner, M. & Weinhold, P. (1984). *Tardive dyskinesia prevalence in elderly samples*. Trabalho apresentado no encontro anual da American Psychiatric Association, Los Angeles.
Lieberman, M. A. (1979). Analyzing change mechanisms in groups. In M. A. Liberman et al. (eds.). *Self-help groups with crisis*. San Francisco: Jossey-Bass, pp. 194-233.
Liebrman, M. A., Borman, L. D. & Associados (eds.). (1979). Self-help for coping with crisis. San Francisco: Jossey-Bass.
Liebert, R. S. (1983). *Michelangelo*. New Haven, CT: Yale University Press.
Lieblich, I., Cohen, E., Ganchrow, J. R., Blass, E. M. & Bergmann, F. (1983). Morphine tolerance in genetically selected rats induced by chronically elevated sacharine intake. *Science*, 221:871-873.
Liebowitz, M. R., Gorman, J. M., Fyer, A. J. & Klein, D. F. (1985a). Social phobia. *Arch. Gen. Psychiat.*, 42:729-736.
Liebowitz, M. R., Gorman, J. M., Fyer, A. J., Levitt, M., Dillon, D., Levy, G., Appleby, I. L., Anderson, S., Palij, M., Davies, S. O. & Klein, D. F. (1985b). Lactate provocation of panic attacks. *Arch. Gen. Psychiat.*, 42:709-719.
Light, K. C., Koepke, J. P., Obrist, P. A. & Willis, P. W. (1983). Psychological stress induces sodium and fluid retention in men at high risk for hypertension. *Science*, 220:429-431.
Ligon, J. D. & Ligon, S. H. (1982). The cooperative breeding behavior of the green woodhoopoe. *Scientif. Amer.*, 247:126-134.
Limber, J. (1977). Language in child and chimp. *Amer. Psychol.*, 32:280-296.
Linder, D. E. & Worchel, S. (1970). Opinion change as a result of effortfully drawing a conterattitudinal conclusion. *J. Exper. Soc. Psychol.*, 6:432-448.
Lindsay, P. H. & Norman, D. A. (1977). *Human information processing*. 2ª ed. Nova York: Academic Press.
Lindsey, D. B., Schreiner, L. H., Knowles, W. B. & Magoun, H. W. (1950). Behavioral and EEG changes following chronic brain stem lesions in the cat. *Electroencephalog. Clin. Neurophysiol.*, 2:483-498.
Linn, M. W., Caffey, E. M., Klett, J., Hogarty, G. E. & Lamb, H. R. (1979). Day treatment and psychotropic drugs in the after care of schizophrenic patients. *Arch. Gen. Psychiat.*, 36:1.055-1.066.

Linn, M. W., Gurel, L., Williford, W. O., Overall, J. Gurland, B., Laughlin, P. & Barchiesi, A. (1985). Nursing home care as an alternative to psychiatric hospitalization. *Arch. Gen. Psychiat.*, 42:544-551.
Linnoila, M., Virkkunen, M., Scheinin, M., Nuutila, A., Rimon, R. & Goodwin, F. K. (1983). Low cerebrospinal fluid 5-hydroxyindoleacetic acid concentration differentiates impulsive from nonimpulsive violent behavior. *Life Sci.*, 33:2.609-2.614.
Linton, M. (1982). Transformations of memory in everyday life. In U. Neisser (ed.). *Memory observed*. San Francisco: Freeman.
Linville, P. W. & Jones, E. E. (1980). Polarized appraisals of out-group members. *J. Pers. Soc. Psychol.*, 38:689-703.
Lipman-Blumen, J., Handley-Isaksen, A. & Leavitt, H. J. (1983). Achieving styles in men and women. In J. T. Spence (ed.). *Achievement and achievement motives*. San Francisco: Freeman, pp. 147-204.
Lipsitt, L. P. (1977). Taste in human neonates. In J. M. Weiffenbach (ed.). *Taste and development*. Bethesda, MD: National Institutes of Health, pp. 125-142.
Lipsitt, L. P., Engen, T. & Kaye, H. (1963). Developmental changes in the olfactory threshold of the neonate. *Child Develop.*, 34:371-376.
Lipton, E. L., Steinschneider, A. & Richmond, J. B. (1965). The autonomic nervous system in early life. *New Engl. J. Med.*, 273:201-208.
Liss, M. B. (ed.). (1983). *Social and cognitive skills*. Nova York: Academic Press.
Little, R. E., Graham, J. M., Jr. & Samson, H. H. (1982). Fetal alcohol effects in humans and animals. In B. Stimmel (ed.). *The effects of maternal alcohol and drug abuse on the newborn*. Nova York: Haworth.
Livson, F. B. (1981). Paths to psychological health in the middle years. In D. H. Eichorn, J. A. Clausen, N. Haan, M. P. Honzik & P. Mussen (eds.). *Present and past in middle life*. Nova York: Academic Press.
Livson, F. B. (1983). Changing sex roles in the social environment of later life. In G. D. Rowles & R. J. Ohta (eds.). *Aging and milieu*. Nova York: Academic Press, pp. 131-152.
Lloyd, J. & Barenblatt, L. (1984). Intrinsic intellectuality. *J. Pers. Soc. Psychol.*, 46:646-654.
Locksley, A. & Douvan, E. (1979). Problem behavior in adolescents. In E. S. Gomberg (ed.). *Gender and disordered behavior*. Nova York: Brunner/Mazel.
Loehlin, J. C., Lindzey, G. & Spuhler, J. N. (1975). *Race differences in intelligence*. San Francisco: Freeman.

Lofland, J. (1981). *Doomsday cult*. Nova York: Irvington.
Loftus, E. F. (1980). *Eywitness testimony*. Cambridge, MA: Harvard University Press.
Loftus, E. F. (1982). Memory and its distortions. In A. G. Kraut (ed.). *The G. Stanley Hall lecture series*. Washington, DC: American Psychological Association, vol. 2.
Loftus, E. F. (1983). Whose shadow is crooked? *Amer. Psychol.*, 28:576-577.
Loftus, E. F. & Loftus, G. R. (1980). On the permanence of stored information in the human brain. *Amer. Psychol.*, 35:409-420.
Loftus, G. R. (1985). Evaluating forgetting curves. *J. Exper. Psychol.: Learn., Mem., Cog.*, 11:397-406.
Loftus, G. R. & Loftus, E. F. (1975). *Human memory*. Hillsdale, NJ: Erlbaum.
Loftus, G. R. & Loftus, E. F. (1983). *Mind at play*. Nova York: Basic Books.
London, P. (1970). The rescuers. In J. Macaulay & L. Berkowitz (eds.). *Altruism and helping behavior*. Nova York: Academic Press.
London, P. (1972). The end of ideology in behavior modification. *Amer. Psychol.*, 27:913-920.
Long, G. M. (1980). Iconic memory. *Psychol. Bull.*, 88:785-820.
Loo, C. (1980). *Chinatown: Crowding and mental health*. Trabalho apresentado no encontro anual da American Psychological Association, Montreal.
Lopata, H. Z. & Pleck, J. H. (eds.). (1983). *Research in the interweave of social roles*. Greenwich, CT: JAI Press.
Lorber, J. (1981). The disposable cortex. *Psychol. Today*, 15(4):126.
Lord, C. G. (1980). Schemas and images as memory aids. *J. Pers. Soc. Psychol.*, 38:257-269.
Lord, C. G., Lepper, M. R. & Preston, E. (1984). Considering the opposite. *J. Pers. Soc. Psychol.*, 47:1.231-1.243.
Lorenz, K. (1952). *King Solomon's ring*. Londres: Methuen.
Lorenz, K. (1966). *On aggression*. Nova York: Harcourt, Brace.
Lott, B. E. (1981). A feminist critique of androgyny. In C. Mayo & N. M. Henley (eds.). *Gender and nonverbal behavior*. Nova York: Springer, pp. 171-180.
Lott, B. E. (1983). *The devaluation of women's competence*. Monografia não publicada.
Lovelace, E. A. (1984). Metamemory. *J. Exper. Psychol.: Learn., Mem., Cog.*, 10:756-766.
Lowen, A. (1968). *A practical guide to psychotherapy*. Nova York: Harper & Row.

Loye, D., Gorney, R. & Steele, G. (1977). An experimental field study. J. Communic., 27:206-216.

Lubin, B. & Larsen, R. M. (1984). Patterns of psycological test usage in the U.S.: 1935-1982. Amer. Psychol., 39:451-543.

Lubin, B., Larsen, R. M., Matarazzo, J. D. & Seever, M. (1985). Psychological test patterns in five professional settings. Amer. Psychol., 40:857-861.

Lubinski, D., Tellegen, A. & Butcher, J. N. (1983). Masculinity, femininity, and androgyny viewed and assessed as distinct concepts. J. Pers. Soc. Psychol., 44:428-439.

Luborsky, L. (1984). Principles of psychoanalytic psychotherapy. Nova York: Basic Books.

Luborsky, L., McLellan, A. T., Woody, G. E., O'Brien, C. P. & Auerbach, A. (1985). Therapist sucess and its determinants. Arch. Gen. Psychiat., 42:602-611.

Luborsky, L., Singer, B. & Luborsky, L. (1975). Comparative studies of psychotherapies. Arch. Gen. Psychiat., 32:995-1.008.

Luce, G. G. (1971). Body time. Nova York: Pantheon.

Luchins, A. (1942). Mechanization in problem solving. Psychol. Monograf., 54(6).

Ludel, J. (1978). Introduction to sensory processes. San Francisco: Freeman.

Lunde, D. T. (1975). Murder and madness. San Francisco: Freeman.

Luria, A. R. (1968). The mind of a mnemonist. Nova York: Basic Books.

Luria, A. R. (1972). The man with a shattered world. Nova York: Basic Books.

Luria, A. R. (1976). The neuropsychology of memory. Washington, DC: Winston.

Lurigio, A. J. & Carroll, J. S. (1985). Probation officers' schemata of offenders. J. Pers. Soc. Psychol., 48:1.112-1.126.

Luscomb, R. L., Clum, G. A. & Patsiokas, A. T. (1980). Mediating factors in the relationship between life stress and suicide attempting. J. Nerv. Ment. Dis., 168:644-650.

Lykken, D. T. (1981). A tremor in the blood. Nova York: McGraw-Hill.

Lykken, D. T. (1983). Polygraph prejudice. Amer. Psychol. Ass. Monitor, 14(4):4.

Lynch, G. In Hopson, J. L. (abril, 1984). Gary Lynch: A magical memory tour. Psychol. Today, pp. 28-39.

Lynch, J. J., Thomas, S. A., Paskewitz, D. A., Malinow, K. L. & Long, J. M. (1982). Interpersonal aspects of blood pressure control. J. Nerv. Ment. Dis., 170:143-153.

Lynn, R. (1982). IQ in Japan and the United States shows a growing disparity. Nature, 297:222-223.

Lynn, S. J., Nash, M. R., Rhue, J. W., Frauman, D. C. & Sweeney, C. A. (1984). Nonvolition, expectancies, and hypnotic rapport. J. Abnorm. Psychol., 93:295-303.

Lynn, S. J. & Rhue, J. W. (setembro, 1985). Daydream believers. Psychol. Today, pp. 14-15.

Lytle, L. D. (1977). Control of eating behavior. In R. J. Wurtman & J. J. Wurtman (eds.). Nutrition and the brain. Nova York: Raven, vol. 2, pp. 1-45.

Lytton, H. (1980). Parent-child interaction. Nova York: Plenum Press.

Maass, A. & Clark, R. D., III (1984). Hidden impact of minorities. Psychol. Bull., 95:428-450.

Maccoby, E. E. (1981). Social development. Nova York: Harcourt Brace Jovanovich.

Maccoby, E. & Jacklin, C. (1974). The psychology of sex differences. Stanford, CA: Stanford University Press.

Maccoby, E. E., Snow, M. E. & Jacklin, C. N. (1984). Children's dispositions and mother-child interaction at 12 and 18 months. Develop. Psychol., 20:459-472.

MacDougall, J. M., Dembroski, T. M., Dimsdale, J. E. & Hackett, T. P. (1985). Components of Type A, hostility, and anger in. Health Psychol., 4:137-152.

MacFarlane, J. A. (1975). Olfaction in the development of social preferences in the human neonate. In Ciba Foundation Symposium 33. Parent-infant interaction. Amsterdã: Elsevier.

Mackenzie, B. (1984). Explaining race differences in IQ. Amer. Psychol., 39:1.214-1.233.

Mackie, D. & Cooper, J. (1984). Attitude polarization. J. Pers. Soc. Psychol., 46:575-585.

Mackie, J. L. (1974). The cement of the universe. Londres: Oxford University Press.

MacKinnon, D. W. (1975). IPAR's contribution to the conceptualization and study of creativity. In J. A. Taylor & J. W. Getzels (eds.). Perspectives in creativity. Chicago, Il: Aldine.

Mackworth, N. H. & Brunner, J. S. (1970). How adults and children search and recognize pictures. Human Develop., 13:149-177.

MacLean, P. (1982). Evolutionary brain roots of family, play, and the isolation of call. Palestra especial apresentada no encontro anual da American Psychiatric Association, Toronto.

Mactutus, C. F. & Fechter, L. D. (1984). Prenatal exposure to carbon dioxide. Science, 223:409-411.

Madden, D. J. (1985). Adult age differences in memory-driven selective attention. Develop. Psychol., 21:655-665.

Maddi, S. R. (1980). Personality as a resource in stress resistance. Trabalho apresentado no encontro anual da American Psychological Association, Montreal.

Mage, D. T. & Gammage, R. B. (1985). Evaluation of changes in indoor air quality occuring over the past several decades. In R. B. Gammage & S. V. Kaye (eds.). Indoor air and human health. Chelsea, MI: Lewis, pp. 5-36.

Maher, B. A. (1966). Principles of psychopathology. Nova York: McGraw-Hill.

Mahl, G. F. (1953a). Physiological changes during chronic fear. Ann. N. Y. Acad. Sci., 56:240-249.

Mahl, G. F. (1953b). Relationship between acute and chronic fear and the gastric acidity and blood sugar levels in macaca mulatta monkeys. Psychosom. Med., 14:182-210.

Mahler, M. (1965). On early infantile psychosis. The symbiotic and autistic syndromes. J. Amer. Acac. Child Psychiat., 4:554-568.

Mahoney, M. J. (1982). Psychotherapy and human change processes. In J. H. Harvey & M. M. Parks (eds.). Psychotherapy research and behavior change. Washington, DC: American Psychological Association.

Maier, S., Laudenslager, M. & Ryan, S. (1985). Stressor controllability, immune function, and endogenous opiates. In J. Overmeier & S. Brush (eds.). Affect, conditioning, and cognition. Hillsdale, NJ: Erlbaum.

Maier, S. F. & Laudenslager, M. (agosto, 1985). Stress and health. Psychol. Today, pp. 44-49.

Main, M. & George, C. (1985). Responses of abused and disadvantaged toddlers to distress in agemates. Develop. Psychol., 21:407-412.

Main, M., Kaplan, N. & Cassidy, J. (1985). Security in infancy, childhood, and adulthood. In I. Bretherton & E. Waters (eds.). Growing points of attachment theory and research. Monogr. Soc. Res. Child Develop., 50(1-2, série n. 209).

Main, M., Tomasini, L. & Tolan, W. (1979). Differencens among mothers judged to differ in security. Develop. Psychol., 15:472-473.

Main, M. & Weston, D. R. (1981). The quality of the toddler's relatioship to mother and father. Child Develop., 52:932-940.

Major, B. & Deaux, K. (1982). Individual differences in justice behavior. In J. Greenberg & R. L. Cohen (eds.). Equity and justice in social behavior. Nova York: Academic Press, pp. 43-76.

Major, B., McFarlin, D. B. & Gagnon, D. (1984). Overworked and underpaid. J. Pers. Soc. Psychol., 47:1.399-1.412.
Maki, R. H. & Berry, S. L. (1984). Metacomprehension of text material. J. Exper. Psychol.: Learn., Mem., Cog., 10:663-679.
Malamuth, N. M. (1984). Aggression against women. In N. M. Malamuth & E. Donnerstein (eds.). Pornography and sexual aggression. Nova York: Academic Press.
Malatesta, C. Z. & Haviland, J. M. (1982). Learning display rules. Child Develop., 53:991-1.003.
Malatesta, C. Z. & Haviland, J. M. (1984). Signals, symbols, and socialization. In M. Lewis & C. Saarni (eds.). The socialization of affect. Nova York: Plenum Press.
Malatesta, C. Z. & Izard, C. E. (1984). The facial expression of emotion. In C. Z. Malatesta & C. E. Izard (eds.). Emotion in adult development. Beverly Hills: Sage.
Malmo, R. B. (1975). On emotions, needs, and our archaic brain. Nova York: Holt, Rinehart.
Maltoni, C., Conti, B., Cotti, G. & Beltoggi, S. (1985). Experimental studies in benzine carcinogenicity at the Bologna Institute of Oncology. Amer. J. Industr. Med., 7:415-446.
Manderscheid, R. W., Witkin, M. J., Bass, R. D., Bethel, H. E., Rosenstein, M. J. & Thompson, J. W. (1984). Comment on Kiesler's "Public and professional myths...." Amer. Psycol., 39:553-554.
Mandler, G. (1984). Mind and body. Nova York: Norton.
Mandler, J. M. (1983). Representation. In J. H. Flavell & E. M. Markman (eds.). Handbook of child psychology: Cognitive development. 4ª ed. Nova York: Wiley, vol. 3.
Manion, J. (1977). A study of fathers and infant caretaking. Birth Fam. J., 4:174-179.
Manucia, G. K., Baumann, D. J. & Cialdini, R. B. (1984). Mood influences on helping. J. Pers. Soc. Psychol., 46:357-364.
Marcia, J. E. (1966). Development and validation of identity status. J. Pers. Soc. Psychol., 3:551-559.
Marcus, J., Hans, S. L., Mednick, S. A., Schulsinger, F. & Michelsen, N. (1985). Neurological dysfunctioning in offspring of schizophrenics in Israel and Denmark. Arch. Gen. Psychiat., 42:753-761.
Marder, S. R., Van Putten, T., Mintz, J., McKenzie, J., Lebell, M., Faltico, G. & May, P. R. (1984). Costs and benefits of two doses of fluphenazine. Arch. Gen. Psychiat., 41:1.025-1.029.
Marek, G. R. (1975). Toscanini. Londres: Vision Press.
Marg. E., Freeman, D. N., Pheltzman, P. & Goldstein, P. J. (1976). Visual acuity development in human infants. Investigative Opthalmology, 15:150-153.
Mark, E. W. & Alper, T. G. (1980). Sex differences in intimacy motivation. Psychol. Women Quart., 5:164-169.
Mark, E. W. & Alper, T. G. (1985). Women, men, and intimacy motivation. Psychol. Women Quart., 9:81-88.
Mark, V. H. & Ervin, F. R. (1970). Violence and the brain. Nova York: Harper & Row, pp. 97-108.
Marks, D. & Kammann, R. (1980). The psychology of the psychic. Buffalo, NY: Prometheus Books.
Marlatt, G. A. & Rohsenow, D. J. (1980). Cognitive processes in alcohol use. In N. K. Mello (ed.). Advances in substance abuse. Greenwich, CT: JAI Press, vol. 1.
Marler, P. (1970). A comparative approach to vocal learning. J. Compar. Physiol. Psychol., 71:1-25.
Marler, P. & Peters, S. (1981). Birdsong and speech. In P. D. Eimas & J. L. Miller (eds.). Perspectives on the study of speech. Hillsdale, NJ: Erlbaum.
Marmor, J. & Woods, S. M. (1980). The interface between psychodynamic and behavioral therapies. Nova York: Plenum Press.
Marmot, M. G. & Syme, S. L. (1976). Acculturation and coronary heart disease. Amer. J. Epidem., 104:225-247.
Marsh, J. C., Colten, M. E. & Tucker, M. B. (1982). Women's use of drugs and alcohol. J. Soc. Issues, 38:1-8.
Marshall, G. & Zimbardo, P. G. (1979). Affective consequences of inadequately explained physiological arousal. J. Pers. Soc. Psychol., 37:970-988.
Marshall, S. P. (1984). Sex differences in children's mathematics achievement. J. Educ. Psychol., 76:194-204.
Marslen-Wilson, W. D. & Welsh, A. (1978). Processing interactions and lexical access during word recognition in continuous speech. Cog. Psychol., 10:29-63.
Martin, B. (1981). Abnormal psychology. 2a ed. Nova York: Holt, Rinehart.
Martin, D. J., Abramson, L. Y. & Alloy, L. B. (1984). Illusion of control for self and others in depressed and nondepressed college students. J. Pers. Soc. Psychol., 46:125-136.
Martin, G. & Pear, J. (1983). Behavior modification. 2ª ed. Englewood Cliffs, NJ: Prentice-Hall.
Martin, G. B. (1980). Responsive distress in human neonates. Dissertação de doutorado, Florida State University.
Martin, J. & Redmore, C. (1978). A longitudinal study of ego development. Develop. Psychol., 14:189-190.
Martin, W. C. (1973). Activity and disengagement. Gerontologist, 13:224-227.
Martin, W. T. (1984). Religiosity and United States suicide rates, 1972-1978. J. Clin. Psychol., 40:1.166-1.169.
Martinson, R. (1974). What works?— Questions and answers about prison reform. Public Interest, 35:22-54.
Maruyama, G. & Miller, N. (1981). Physical attractiveness and personality. In B. A. Maher & W. B. Maher (eds.). Progress in experimental personality research. Nova York: Academic Press, vol. 120, pp. 204-281.
Maslach, C. (1979). Negative emotional biasing of unexplained arousal. J. Pers. Soc. Psychol., 37:953-969.
Maslach, C. (1982). Burnout. Englewood Cliffs, NJ: Prentice-Hall.
Maslow, A. H. (1959). Cognition of being in the peak experience. J. Genet. Psychol., 94:43-66.
Maslow, A. H. (1961). Peak experiences as acute identity experiences. Amer. J. Psychoanal., 21:254-260.
Maslow, A. H. (1963). Fusion of facts and values. Amer. J. Psychoanal., 23:117-181.
Maslow, A. H. (1967). Self-actualization and beyond. In J. F. T. Bugenthal (ed.). Challenges of humanistic psychology. Nova York: McGraw-Hill.
Maslow, A. H. (1970). Motivation and personality. 2ª ed. Nova York: Harper & Row.
Mason, J. W. (1971). A re-evaluation of the concept of "nonspecificity" in stress theory. J. Psychiat. Res., 8:323-333.
Mason, J. W. (1975a, b). A historical view of the stress field. Partes I & II. J. Human Stress, 1(2 & 3):22-36; 22-26.
Masters, J. C., Barden, R. C. & Ford, M. E. (1979). Affective states, expressive behavior, and learning in children. J. Pers. Soc. Psychol., 37:380-390.
Masters, W. H. & Johnson, V. E. (1966). Human sexual response. Boston: Little, Brown.
Masters, W. H. & Johnson, V. E. (1979). Homosexuality in perspective. Boston: Little, Brown.
Matarazzo, J. D. (1972). Weschsler's measurement and appraisal of adult intelligence. 5ª ed. Baltimore: Williams & Wilkins.
Matarazzo, J. D. (1981). Obituary: David Wechsler (1896-1981). Amer. Psychol., 36:1.542-1.543.
Matarazzo, J. D. (1982). Behavioral health's challenge to academic, scientific, and professional psychology. Amer. Psychol., 37:1-14.
Matarazzo, J. D. (1983). Computerized psychological testing. Science, 221:323.
Matheny, A. P., Jr., Riese, M. L. & Wilson, R. S. (1985). Rudiments of infant temperament. Develop. Psychol., 21:486-494.

Mather, P. L. & Black, K. N. (1984). Hereditary and environmental influences on preschool twins' language skills. *Develop. Psychol.*, 20:303-308.

Matin, L., Stevens, J. K. & Picoult, E. (1983). Perceptual consequences of experimental extraocular muscle paralysis. In A. Hein & M. Jeannerod (eds.). *Spatially oriented behavior*. Nova York: Springer-Verlag.

Matlin, M. W. & Stang, D. J. (1978). *The Pollyanna principle*. Cambridge, MA: Schenkman.

Matteson, D. R. (1984). Sex differences in identity formation. In J. E. Marcia, A. S. Waterman & D. R. Matteson (eds.). *Ego identity*. Hillsdale, NJ: Erlbaum.

Matteson, D. R. (1984). Identity. *Contemp. Psychol.*, 29:140-142.

Matthews, K. A. (1982). Psychological perspectives on Type A behavior pattern. *Psychol. Bull.*, 91:293-323.

Maurer, D. M. (1975). Infant visual perception. In L. B. Cohen & P. Salapatek (eds.). *Infant perception: Basic visual processes*. Nova York: Academic Press, vol. I, pp. 1-65.

Maxwell, R. J. & Silverman, P. (1980). Information and esteem. In J. Hendricks (ed.). *In the country of the old*. Farmingdale, NJ: Baywood, pp. 3-34.

Mayer, G. R., Butterworth, T., Nafpaktitis, M. & Sulzer-Azaroff, B. (1983). Preventing school vandalism and improving discipline. *J. Appl. Beh. Anal.*, 16:355-369.

Mayer, J. (1953). Glucostatic mechanisms of regulation of food intake. *New Engl. J. Med.*, 249:13-16.

Mayer, J. (1968). *Overweight*. Englewood Cliffs, NJ: Prentice-Hall.

Mayer, J. & Goldberg, J. (8 de janeiro, 1984). Could brown fat be a key to the control of obesity? *Baltimore Sunday Sun*, p. H6.

Mayer, R. E. & Cook, L. K. (1981). Effects of shadowing on prose comprehension and problem solving. *Mem. Cog.*, 9:101-109.

Mayo, C. & Henley, N. M. (1981). Nonverbal behavior. In C. Mayo & N. H. Henley (eds.). *Gender and nonverbal behavior*. Nova York: Springer-Verlag, pp. 3-14.

Mayo, C. & LaFrance, M. (1979). On the acquisition of nonverbal communication. In S. Chess & A. Thomas (eds.). *Annual progress in child psychiatry and child development*. Nova York: Brunner/Mazel, pp. 183-200.

Mayr, O. (1970). The origins of feedback. *Scientific. Amer.*, 223:111.

McAdams, D. P., Healy, S. & Krause, S. (1984). Social motives and patterns of friendship. *J. Pers. Soc. Psychol.*, 47:828-838.

McAnarney & Thiede, H. A. (1983). Adolescent pregnancy and childbearing. In E. R. McAnarney (ed.). *Premature adolescent pregnancy and parenthood*. Nova York: Grune & Stratton, pp. 375-396.

McArthur, L. Z. (1982). Television and sex role stereotyping. *Brandeis Quartely*, 2:12-13.

McBurney, D. H. & Collings, V. B. (1977). *Introduction to sensation/perception*. Englewood Cliffs, NJ: Prentice-Hall.

McCain, G. & Segal, E. M. (1973). *The game of science*. 2ª ed. Monterey, CA: Brooks/Cole, pp. 176-177.

McCall, G. (1982). Becoming unrelated. In S. Duck (ed.). *Personal relationships 4: Dissolving personal relationships*. Londres: Academic Press, pp. 211-232.

McCall, R. B. (1985). The confluence model and theory. *Child Develop.*, 56:217-218.

McCarron, D. A., Morris, C. D., Henry, H. J. & Stanton, J. L. (1984). Blood pressure and nutrient intake in the U.S. *Science*, 224:1.392-1.398.

McCartney, K. (1985). *Day care*. Trabalho apresentado no encontro anual da American Association for the Advancement of Science, Los Angeles.

McCaul, K. D. & Malott, J. M. (1984). Distraction and coping with pain. *Psychol. Bull.*, 95:516-533.

McCauley, C., Stitt, C. L. & Segal, M. (1980). Stereotyping. *Psychol. Bull.*, 87:195-208.

McClearn, G. E. & Defries, J. C. (1973). *Introduction to behavioral genetics*. San Francisco: Freeman.

McClelland, D. C. (1975). *Power*. Nova York: Irvington.

McClelland, D. C. (1981). Is personality consistent? In A. I. Rabkin, J. Aronoff, A. M. Barclay & R. A. Zucker (eds.). *Further explorations in personality*. Nova York: Wiley, pp. 87-113.

McClelland, D. C. (1985). How motives, skills, and values determine what people do. *Amer. Psychol.*, 40:812-815.

McClelland, D. C., Aktinson, J. W., Clark, R. A. & Lowell, E. L. (1953). *The achievement motive*. Nova York: Appleton-Century-Crofts.

McClelland, D. C., Constantian, C. A., Regalado, D. & Stone, C. (1982). Effects of child-rearing practices on adult maturity. In D. C. McClelland (ed.). *The development of social maturity*. Nova York: Irvington, pp. 209-248.

McCleod, B. (outubro, 1984). In the wake of disaster. *Psychol. Today*, 18:54-57.

McClintock, C. G. & Avermaet, E. V. (1982). Social values and rules of fairness. In V. J. Derlega & J. Grzelak (eds.). *Cooperation and helping behavior*. Nova York: Academic Press, pp. 44-73.

McClintock, E. (1979). Adolescent socialization and the high school. In J. G. Kelly (ed.). *Adolescent boys in high school*. Hillsdale, NJ: Erlbaum, pp. 35-58.

McCloskey, M. & Egeth, H. E. (1983). Eyewitness identification. *Amer. Psychol.*, 38:550-563.

McCloskey, M. & Zaragoza, M. (1985). Misleading post-event information and memory for events. *J. Exp. Psychol.: Gen.*, 114:1-16.

McConahay, J. B., Hardee, B. B. & Batts, V. (1981). Has racism declined in America? *J. Conflict Resolut.*, 25:563-579.

McCord, J. (1979). Child-rearing antecedents of criminal behavior in adult men. *J. Pers. Soc. Psychol.*, 37:1.477-1.486.

McCord, W. M. (1982). *The psychopath and milieu therapy*. Nova York: Academic Press.

McCrae, R. R. (1984). Situational determinants of coping responses. *J. Pers. Soc. Psychol.*, 46:919-928.

McEwen, B. S. (1983). Gonadal steroid influences on brain development and sexual differentiation. In R. O. Greep (ed.). *Reproductive physiology IV*. Baltimore: University Park Press.

McGaugh, J. L. (1983). Preserving the presence of the past. *Amer. Psychol.*, 38:161-174.

McGeer, P. L. & McGeer, E. G. (1980). Chemistry of mood and emotion. *Annu. Rev. Psychol.*, 31:273-307.

McGhee, P. E. (1983a). The role of arousal and hemispheric lateralization in humor. In P. E. McGhee & J. H. Goldstein (eds.). *Handbook of humor research*. Nova York: Springer-Verlag, vol. 1, pp. 13-38.

McGhee, P. E. (1983b). Humor development. In P. E. McGhee & J. H. Goldstein (eds.). *Handbook of humor research*. Nova York: Springer-Verlag, vol.1, pp. 109-134.

McGhie, A. & Chapman, J. (1961). Disorders of attention and perception in early schizophrenia. *Brit. J. Med. Psychol.*, 34:103-116.

McGlashan, T. H. (1984). The Chestnut Lodge follow-up study. *Arch. Gen. Psychiat.*, 41:573-601.

McGlone, J. (1980). Sex differences in human brain asymmetry. *Behav. Brain Sci.*, 3:215-263.

McGuigan, F. J. (1978). *Cognitive psychophysiology*. Englewood Cliffs, NJ: Prentice-Hall.

McGuinness, D. & Pribram, K. H. (1979). The origins of sensory bias in the development of gender differences in perception and cognition. In M. Bortner (ed.).

Cognitive growth and development. Nova York: Brunner/Mazel.
McGuire, T. G. & Frisman, L. K. (1983). Reimbursement policy and cost-effective mental health care. Amer. Psychol., 38:935-940.
McIntosh, J. L. (1985). Official U.S. elderly suicide data bases. Manuscrito submetido à publicação.
McKinney, W. T., Kraemer, G. W., Ebert, M. H. & Lake, C. R. (1985). Explosive violence in primates. Trabalho apresentado no encontro anual da American Psychiatric Association, Dallas.
McLaughlin, B. (1978). Second language acquisition in childhood. Hillsdale, NJ: Erlbaum.
McLean, E. K. & Tarnopolsky, A. (1977). Noise, discomfort and mental health. Psychol. Med., 7:19-62.
McMillan, J. A., Clifton, A. K., McGrath, C. & Gale, W. S. (1977). Women's language. Sex Roles, 3:545-559.
Meacham, J. A. & Leiman, B. (1982). Remembering to perform future actions. In U. Neisser (ed.). Memory observed. San Francisco: Freeman.
Meadows, S. (ed.). (1983). Developing thinking. Londres: Methuen.
Medin, D. L. & Smith, E. E. (1984). Concepts and concept formation. Annu. Rev. Psychol., 35:113-138.
Mednick, S. A. (março, 1985). Crime in the family tree. Psychol. Today, pp. 58-61.
Mednick, S. A., Pollack, V., Volavka, J. & Gabrielli, W. F. (1982). Biology and violence. In M. E. Wolfgang & N. A. Weiner (eds.). Criminal violence. Beverly Hills, CA: Sage.
Mednick, S. A., Schulsinger, F., Teasdale, T. W., Schulsinger, H., Venables, P. H. & Rock, D. R. (1978). Schizophrenia in high-risk children. In G. Serban (ed.). Cognitive defects in the development of mental illness. Nova York: Brunner/Mazel, pp. 169-197.
Meecham, W. C. & Shaw, N. A. (1983). Jet plane noise effects on mortality rates. Trabalho apresentado em um encontro da Acoustical Society of America, Cincinnati, Ohio.
Meek, G. W. (1977). Healers and the healing process. Wheaton, IL: Theosophical Publishing House.
Megargee, E. I. (1982). Psychological determinants and correlates of criminal violence. In M. E. Wolfgang & N. A. Weiner (eds.). Criminal violence. Beverly Hills, CA: Sage.
Mehler, J. & Fox, R. (eds.). (1984). Neonate cognition. Hillsdale, NJ: Erlbaum.
Mehlman, R. C. & Snyder, C. R. (1985). Excuse theory. J. Pers. Soc. Psychol., 49:994-1.001.

Meichenbaum, D. (1977). Cognitive-behavior modification. Nova York: Plenum Press.
Meichenbaum, D. (1985). Stress-innoculation training. Elmsford, NY: Pergamon.
Meier, D. (1985). The effect of multi-sensory mental imagery on learning. (Resumos de descobertas de pesquisas.)
Meilman, P. W. (1979). Cross-sectional age changes in ego identity status during adolescence. Develop. Psychol., 15:230-231.
Meindl, J. R. & Lerner, M. J. (1984). Exacerbation of extreme responses to an outgroup. J. Pers. Soc. Psychol., 47:71-84.
Melges, F. T. & Hamburg, D. A. (1977). Psychological effects of hormonal changes in women. In F. Beach (ed.). Human sexuality in four perspectives. Baltimore: Johns Hopkins University Press.
Melges, F. T., Tinklenberg, J. R., Hollister, L. E. & Gillespie, H. K. (1970). Marijuana and temporal disintegration. Science, 168:1.118-1.120.
Mellor, C. S. (1970). First rank symptoms of schizophrenia. Brit. J. Psychiat., 117:15-23.
Meltzer, L. J., Levine, M. D., Karniski, W., Palfrey, J. S. & Clarke, S. (1984). An analysis of the learning styles of adolescent delinquents. J. Learn. Dis., 17:600-618.
Meltzoff, A. N. (1985). The roots of social and cognitive development. In T. M. Field & N. A. Fox (eds.). Social perception in infants. Norwood, NJ: Ablex, pp. 1-30.
Meltzoff, A. N. & Moore, M. K. (1977). Imitation of facial and manual gestures by human neonates. Science, 198:75-78.
Meltzoff, J. & Kornreich, M. (1970). Research in psychotherapy. Nova York: Atherton.
Melzack, R. (1973). The puzzle of pain. Nova York, Basic Books.
Mendelson, J. H., Rossi, A. M. & Meyer, R. E. (eds.). (1974). The use of marijuana. Nova York: Plenum Press.
Menzel, E. W., Jr. (1981). Project Nim. Contemp. Psychol., 26:427.
Mercer, J. R. (1977). Sociocultural factors in educational labeling. Descrito in E. Opton (abril, 1977). Two views... from California. Amer. Psychol. Ass. Monitor, p. 5.
Meredith, M. A. & Stein, B. E. (1985). Descending efferents from the superior coliculus relay integrated multisensory information. Science, 227:657-659.
Mervis, C. B. & Rosch, E. (1981). Categorization of natural objects. Annu. Rev. Psychol., 32:89-115.
Messick, S. (1980). Test validity and the ethics of assessment. Amer. Psychol., 35:1.012-1.027.
Messik, S. (1981). Evidenve and ethics in the evaluation of tests. Educat. Res., 10:9-20.

Meyer, D., Leventhal, H. & Gutmann, M. (1985). Common-sense models of illness. Health Psychol., 4:115-135.
Meyer, L. L. (março, 1980). Were the elephants and ants trying to tell us something? Science, 80:100-101.
Meyer-Bahburg, H. F. L., Boon, D. A., Sharma, M. & Edwards, J. A. (1974). Aggressiveness and testosterone measures in man. Psychosom. Med., 36:269-274.
Meyer-Bahlburg, H. F. L., Bruder, G. E., Feldman, J. F., Ehrhardt, A. A., Healey, J. M. & Bell, J. (1985). Cognitive abilities and hemispheric lateralization in females following idiopathic prococious puberty. Develop. Psychol., 21:878-887.
Meyers, A. W. & Craighead, E. E. (eds.). (1984). Cognitive behavior therapy with children. Nova York: Plenum Press.
Miale, F. R. & Seltzer, M. (1975). The Nuremberg mind. Nova York: Quadrangle.
Michael, R. P., Bonsall, R. W. & Warner, P. (1974). Human vaginal secretions. Science, 186:1.217-1.219.
Michael, R. P., Richter, M. C., Cain, J. A., Zumpe, D. & Bonsall, R. W. (1978). Artificial menstrual cycles, behaviour, and the role of androgens in female rhesus monkeys. Nature, 299:1.145-1.150.
Michalski, R. S. (1983). A theory and methodology of inductive learning. Artificial Intelligence, 20:111-161.
Micklin, M. (1984). Toward a psychological theory of teenage contraception. Contemp. Psychol., 29:500-501.
Miczek, K. A. (1983). Ethopharmacology of aggression, defense and defeat. In E. C. Simmel, M. E. Hahn & J. K. Walters (eds.). Aggressive behavior. Hillsdale, NJ: Erlbaum, pp. 147-166.
Miers, M. L. (1985). Current NIH perspectives on misconduct in science. Amer. Psychol., 40:31-835.
Miles, H. L. (1983). Apes and language. In J. de Luce & H. T. Wilder (eds.). Language in primates. Nova York: Springer-Verlag, pp. 43-62.
Miles, S. A. (ed.). (1974). Learning about alcohol. Washington, DC: American Association for Health, Physical Education, and Recreation.
Milgram, S. (1970). The experience of living in cities. Science, 167:1.461-1.468.
Milgram, S. (1974). Obedience to authority. Nova York: Harper & Row.
Milgram, S. (1980). In Evanz, R. I. The making of social psychology. Nova York: Gardner.
Milgram, S. (1984). Cyranoids. Trabalho apresentado in absentia no encontro anual da American Psychological Association, Toronto.

Milgram, S. & Shotland, R. L. (1973). Television and antisocial behavior. Nova York: Academic Press.
Miller, C. A. (julho, 1985). Infant mortality in the U.S. *Scientif. Amer.*, pp. 31-37.
Miller, C. A., Coulter, E. J., Fine, A., Adams-Taylor, S. & Schorr, L. B. (1984). *1984 update on the world economic crisis and the children.* Relatório não publicado.
Miller, C. A., Coulter, E. J., Schorr, L. B., Fine, A. & Adams-Taylor, S. (1985). The world economic crisis and the children. *Inter. J. Health Serv.*, 15:95-134.
Miller, F. G. & Rowold, K. L. (1979). Halloween masks and deindividuation. *Psychol. Rep.*, 44:422.
Miller, G. A. (1978). Reconsiderations. *Human Nat.*, 1:92-96.
Miller, G. A. (1956). The magical number seven, plus or minus two. *Psychol. Rev.*, 63:81-97.
Miller, G. H. & Gerstein, D. R. (1983). The life expectancy of nonsmoking men and women. *Publ. Health Rep.*, 98:343-349.
Miller, I. W., Norman, W. H. & Keitner, G. (1985). *Psychotherapy for depressed inpatients.* Trabalho apresentado no encontro anual da American Psychiatric Association, Dallas.
Miller, J. A. (1981). Making old age measure up. *Sci. News*, 120:74-76.
Miller, J. G. (1984). Culture and the development of everyday social explanation. *J. Pers. Soc. Psychol.*, 46:961-978.
Miller, L. C., Lechner, R. E. & Rugs, D. (1985). Development of conversational responsiveness. *Develop. Psychol.*, 21:473-480.
Miller, N. (1980). Making school desegregation work. In W. G. Stephan & J. R. Feagin (eds.). *School desegregation.* Nova York: Plenum Press, pp. 309-348.
Miller, N. & Brewer, M. (eds.). (1984). *Groups in contact.* Nova York: Academic Press.
Miller, N. E. (1959). Liberalization of basic S-R concepts. In S. Koch (ed.). *Psychology.* Nova York: McGraw-Hill, vol. 2.
Miller, N. E. (1969). Learning of visceral and glandular responses. *Science*, 163:434-445.
Miller, N. E. (1978). Biofeedback and visceral learning. *Annu. Rev. Psychol.*, 29:373-404.
Miller, N. E. (1983). Behavioral medicine. *Annu. Rev. Psychol.*, 34:1-31.
Miller, N. E. & Bugelski, R. (1948). Minor studies of aggression. *J. Psychol.*, 25:437-452.
Miller, N. E. & Dworkin, B. R. (1974). Visceral learning. In P. A. Obrist, A. H. Black, J. Brener & L. V. DiCara (eds.). *Contemporary trends in cardiovascular psychophysiology.* Chicago, Il: Aldine-Atherton, pp. 312-331.
Miller, P. J. (1982). *Amy, Wendy, and Beth.* Austin: University of Texas Press.
Miller, P. M. & Nirenberg, T. D. (eds.). (1984). *Prevention of alcohol abuse.* Nova York: Plenum Press.
Miller, R. C. & Berman, J. S. (1983). The efficacy of cognitive behavior therapies. *Psychol. Bull.*, 94:39-53.
Miller, S. & Seligman, M. E. P. (1982). The reformulated model of helplessness and depression. In R. W. J. Neufeld (ed.). *Psychological stress and psychopathology.* Nova York: McGraw-Hill.
Miller, T. M., Coffman, J. G. & Linke, R. A. (1980). Survey on body image, weight and diet of college students. *Journal of the American Dietetic Association*, 77:561-566.
Milliard, W. J. (1976). Species preferences of experimenters. *Amer. Psychol.*, 31:894-896.
Mills, J. L., Graubard, B. I., Harley, E. E., Rhoads, G. G. & Berendes, H. W. (1984). Maternal alcohol consumption and birth weight. *JAMA*, 252:1.875-1.879.
Milner, B. (1966). Amnesia following operation on the temporal lobes. In C. W. M. Whitty & O. L. Zangwill (eds.). *Amnesia.* Londres: Butterworths, pp. 109-133.
Milner, D. (1983). *Children and race.* Beverly Hills, CA: Sage.
Milstein, R. M. (1980). Responsiveness in newborn infants of overweight and normal weight parents. *Appetite*, 1:65-74.
Mineka, S. Davidson, M., Cook, M. & Keir, R. (1984). Observational conditioning of snake fear in rhesus monkeys. *J. Abnorm. Psychol.*, 93:355-372.
Mineka, S. & Hendersen, R. W. (1985). Controllability and predictability in acquired motivation. *Annu. Rev. Psychol.*, 36:495-529.
Minsky, M. Citado por Huyghe, P. (1983). Of two minds. *Psychol. Today*, 17(12):26-35.
Mirowsky, J. & Ross, C. E. (1984). *Working wives and mental health.* Trabalho apresentado no encontro anual da American Association for the Advancement of Science, Nova York.
Mischel, W. (1970). Sex-typing and socialization. In P. H. Mussen (ed.). *Carmichael's manual of child psychology.* Nova York: Wiley, vol. 2, pp. 3-72.
Mischel, W. (1971). *Introduction to personality.* Nova York: Holt, Rinehart.
Mischel, W. (1978). *On the interface of cognition and personality.* Trabalho apresentado no encontro anual da American Psychological Association, Toronto.
Mischel, W. (1984). Convergences and challenges in the search for consistency. *Amer. Psychol.*, 39:351-364.
Mishkin, M., Malamut, B. & Bachevalier, J. (1984). Memories and habits. In G. Lynch, J. L. McGaugh & N. M. Weinberger (ed.). *Neurobiology of learning and memory.* Nova York: Guilford, pp. 65-77.
Mishkin, M. & Petri, H. L. (1984). Memories and habits. In L. R. Squire & N. Butters (eds.). *Neuropsychology of memory.* Nova York: Guilford, pp. 284-296.
Mistretta, C. M. & Bradley, R. M. (1984). *Receptive field size of peripheral taste fibers in fetal and perinatal sheep.* Trabalho apresentado no encontro anual da Society for Neuroscience, Anaheim, CA.
Mitchell, K. M., Truax, C. B., Bozarth, J. D. & Krauft, C. (1973). *Antecedents to psychotherapy outcome.* Relatório final do NIMH.
Miura, I. & Hess, R. D. (1983). *Sex differences on computer access, interest, and usage.* Trabalho apresentado no encontro anual da American Psychological Association, Anaheim, CA.
Miyake, K., Chen, S-J. & Campos, J. J. (1985). Infant temperament, mother's mode of interaction, and attachment in Japan. In I. Bretherton & E. Waters (eds.). Growing points of attachment theory and research. *Monograf. Soc. Res. Child Develop.*, 50(1-2, série n. 209).
Moerk, E. L. (1983). *The mother of Eve.* Norwood, NJ: Ablex.
Möhler, H. (1983). Benzodiazepine receptors-Mode of interaction of agonists and antagonists. *Advances Biolog. Psychiat.*, 37:247-254.
Mohs, R. C., Silverman, J. A., Breitner, J. C. S. & Davis, K. L. (1985). *Dominant gene for Alzheimer's disease.* Trabalho apresentado no encontro anual da American Psychiatric Association, Dallas.
Molfese, D. L. & Molfese, V. J. (1979). Hemisphere and stimulus differences of newborn infants to speech stimuli. *Develop. Psychol.*, 15:505-511.
Money, J. (1985). *The destroying angel.* Buffalo, NY: Prometheus.
Money, J. & Ehrardt, A. E. (1972). *Man and woman, boy and girl.* Baltimore: Johns Hopkins University Press.
Moore, H. (1984). *Is anybody listening?* Trabalho apresentado no encontro anual da American Psychological Association, Toronto.
Moos, R. H. (1980). Specialized living environments. *J. Soc. Issues*, 36:75-94.
Moos, R. H. & Finney, J. W. (1983). The expanding scope of alcoholism treatment evaluation. *Amer. Psychol.*, 38:1.03 6-1.044.

Morash, M. A. (1980). Working class membership and the adolescent identity crisis. *Adolescence*, 15:313-320.
Morehead, D. M. & Ingram, D. (1976). The development of base syntax in normal and linguistically deviant children. In D. M. & A. E. Morehead (eds.). *Normal and deficient child language*. Baltimore: University Park Press, pp. 209-238.
Morey, L. C., Skinner, H. A. & Blashfield, R. K. (1984). A typology of alcohol abusers. *J. Abnorm. Psychol.*, 93:408-417.
Morgan, H. G. (1979). *Death wishes*. Chichester, Ing.: Wiley.
Moriwaki, S. Y. & Kobata, F. S. (1983). Ethnic minority aging. In D. S. Woodruff & J. E. Birren (eds.). *Aging*. Monterey, CA: Brooks/Cole, pp. 52-71.
Morokoff, P. J. (1985). Effects of sex guilt, repression, sexual "arousability", and sexual experience on female sexual arousal during erotica and fantasy. *J. Pers. Soc. Psychol.*, 49:177-187.
Morris, L. W. (1979). *Extraversion and introversion*. Nova York: Halsted.
Morris, N. M. & Udry, J. R. (1978). Pheromonal influences on human sexual behavior. *J. Biosoc. Sci.*, 10:147-157.
Morrison, A. R. (1983). A window on the sleeping brain. *Scientific Amer.*, 248:94-102.
Morrison, D. M. (1985). Adolescent contraceptive behavior. *Psychol. Bull.*, 98:538-568.
Morrison, J., Winokur, G., Crowe, R. & Clancey, J. (1973). The Iowa 500. *Arch. Gen. Psychiat.*, 29:678-682.
Mortimer, J. T., Finch, M. D. & Kumka, D. (1982). Persistence and change in development. In P. B. Baltes & O. G. Brim, Jr. (eds.). *Life span development and behavior*. Nova York: Academic Press, vol. 4, pp. 264-315.
Morton, J., Hammersley, R. & Berkerian, D. A. (1981). Headed records. Monografia não publicada. MRC Applied Psychology Unit, Cambridge, Ing.
Moruzzi, G. & Magoun, H. W. (1949). Brain stem reticular formation and activation of the EEG. *Electroencephalog. Clin. Neurophysiol.*, 1:455-473.
Moscovici, S. (1980). Toward a theory of conversion behavior. In L. Berkowitz (ed.). *Advances in experimental social psychology*. Nova York: Academic Press, vol.13, pp. 200-239.
Moscovici, S. & Nemeth, C. (1974). Social influence II. In C. Nemeth (ed.). *Social psychology*. Chicago, Il: Rand McNally.
Moser, H. (1985). Panel at the NICHHD. Descrito por Bennett, D. D. (1985). Mysteries surround infant brain damage. *Sci. News*, 127:231.

Moscowitz, B. A. (1978). The acquisition of language. *Scientif. Amer.*, 239:92-108.
Moss, H. A. & Sussman, E. J. (1980). Longitudinal study of personality development. In O. G. Brim, Jr & J. Kagan (eds.). *Constancy and change in human development*. Cambridge, MA: Harvard University Press.
Motley, M. T. (setembro, 1985). Slips of the tongue. *Scientif. Amer.*, pp. 116-127.
Mountcastle, V. B. (1976). An organizing principle for cerebral function. In G. M. Edelman & V. B. Mountcastle (eds.). *The mindful brain*. Cambridge, MA: MIT Press.
Moyer, K. E. (1976). *The psychobiology of aggression*. Nova York: Harper & Row.
Moyer, K. E. (1983). Aggression. In C. J. Scheirer & A. M. Rogers (eds.). *The G. Stanley Hall lecture series*. Washington, DC: American Psychological Association, vol. 3.
Mueller, J. H. (1980). Test anxiety and the encoding and retrieval of information. In I. G. Sarason (ed.). *Test anxiety*. Hillsdale, NJ: Erlbaum.
Mugny, G. (1982). *The power of minorities*. Londres: Academic Press.
Mulac, A., Incontro, C. R. & James, M. R. (1985). Comparison of the gender-linked language effect and sex role stereotypes. *J. Pers. Soc. Psychol.*, 49:1.098-1.109.
Munro, G. & Adams, G. R. (1977). Ego identity formation in college students and working youth. *Develop. Psychol.*, 13:523-524.
Murdock, N. L. & Forsyth, D. R. (1985). Is gender-biased language sexist? *Psychol. Women Quart.*, 9:39-49.
Murphy, G. L. & Wright, J. C. (1984). Changes in conceptual structure with expertise. *J. Exper. Psychol.: Learn., Mem. Cog.*, 10:144-155.
Murphy, L. B. (1968). Individualization of child care and its relation to environment. In C. A. Chandler, R. S. Lourie, A. D. Peters & L. L. Dittman (eds.). *Early child care*. Nova York: Atherton.
Murphy, L. B. & Moriarty, A. E. (1976). *Vulnerability, coping, and growth*. New Haven, CT: Yale University Press.
Murray, D. M., Johnson, C. A., Luepker, R. V. & Mittelmark, M. B. (1984). The prevention of cigarette smoking in children. *J. Appl. Soc. Psychol.*, 14(3):274-288.
Murray, E. A. & Mishkin, M. (1985). Amygdalectomy impairs crossmodal association in monkeys. *Science*, 228:604-606.
Murstein, B. I. (1981). Process, filter, and stage theories of attraction. In M. Cook (ed.). *The bases of human sexual attraction*. Londres: Academic Press, pp. 179-214.
Muscovici, S. (1980). Toward a theory of convertion behavior. In L. Berkowitz (ed.). *Advances in experimental social psychology*.

Nova York: Academic Press, vol. 13, pp. 209-239.
Mussen, P. H., Conger, J. J. & Kagan, J. (1974). *Child development and personality*. 4^a ed. Nova York: Harper & Row, p. 314.
Myers, J. J. (1984). Right hemisphere language. *Amer. Psychol.*, 39:315-320.

Nadi, N. S., Nurnberger, J. J. & Gershon, E. S. (1984). Muscarinic cholinergic receptors on skin fibroblasts in familial affective disorders. *New Engl. J. Med.*, 311:225-230.
Nahemow, L. & Lawton, M. P. (1975). Similarity and propinquity in friendship formation. *J. Pers. Soc. Psychol.*, 32:204-213.
Nairn, A. & Associado. (1980). *The reign of ETS, the corporation that makes up minds*. Washington, DC: Learning Research Project.
Nardini, J. E. (1952). Survival factors in American prisoners of war of the Japanese. *Amer. J. Psychiat.*, 109:241-248.
Nash, M. & Baker, E. (fevereiro, 1984). Trance encounters. *Psychol. Today*, pp. 74-75.
Nathan, P. E. (1984). The length and breath of alcoholism. *Contemp. Psychol.*, 29:101-103.
Nathan, P. E., Marlatt, G. A. & Loberg, T. (1978). *Alcoholism*. Nova York: Plenum Press.
National Center for Health Statistics (S. Tasffel). (1984). *Midwife and out of hospital deliveries.*, U. S. Vital and Health Statistics Series 21, n. 40, DHHS Pub. N. (PHS) 84-1.918, p. I, Washington, DC: U.S. Gov. Print. Office.
National Commission on Excellence in Education. (1984). *Meeting the challenge of a nation at risk*. Cambridge, MA: USA. Pesquisa.
National Research Council (Steering Committee on Identification of Toxic and Potentially Toxic Chemicals for Consideration by the National Toxicology Program, Board on Toxicology and Environmental Health Hazards). (1984). *Toxicity testing*. Washington, DC: National Academy Press.
Nebes, R. D., Martin, D. C. & Horn, L. C. (1984). Sparing of semantic memory in Alzheimer's disease. *J. Abnorm. Psychol.*, 93:321-330.
Needleman, H. L. (ed.). (1980). *Low level lead exposure*. Nova York: Raven.
Needleman, H. L., Leviton, A. & Bellinger, D. (1982). Lead-associated intellectual deficit. *New Engl. J. Med.*, 306:367.
Neisser, U. (1976). *Cognition and reality*. San Francisco: Freeman, pp. 89-92.
Neisser, U. (1980). Computers can't think. *Creative Computing*, 6(1):62-67.

Neisser, U. (1981). John Dean's memory. *Cognition,* 9:1-22.
Neisser, U. (1982a). Snapshots or benchmarks. In U. Neisser (ed.). *Memory observed.* San Francisco: Freeman, pp. 43-48.
Neisser, U. (1982b). Memorists. In U. Neisser (ed.). *Memory observed.* San Francisco: Freeman, pp. 337-381.
Neisser, U. [In D. Goleman (1983)]. A conversation with Ulric Neisser. *Psychol. Today,* 17(5):54-62.
Nelson, K. (1973). Structure and strategy in learning to talk. *Monogr. Soc. Res. Child Develop.,* 38(1-2):149.
Nelson, K. (ed.). (1985). *Event knowledge.* Hillsdale, NJ: Erlbaum.
Nelson, L. (julho/agosto, 1985). Emerging birth defects network tackles the threat of toxics. *Network News,* p. 5.
Nelson, T. O. (1977). Repetition and depth of processing. *J. Verb. Learn. Verb. Behav.,* 16:151-171.
Nemeth, C. (1979). The role of an active minority in intergroup relations. In W. G. Austin & S. Worchel (eds.). *The social psychology of intergroup relations.* Monterey, CA: Brooks/Cole.
Neugarten, B. (1982). Palestra aberta apresentada na convenção anual da American Psychological Association, Washington, DC.
Neugarten, B. L. (1975). *The psychology of aging.* Palestra principal apresentada no encontro anual da American Psycological Association, Chicago.
Neugarten, B. L. (1977). Personality and aging. In J. E. Birren & K. W. Schaie (eds.). *Handbook of the psychology of aging.* Nova York: Van Nostrand Reinhold.
Neugarten, B. L. (1978). *Personality changes in adulthood.* Palestra principal apresentada no encontro anual da American Psychological Association, Toronto.
Neugarten, B. L., Havighurst, R. J. & Tobin, S. S. (1968). Personality and patterns of aging. In B. L. Neugarten (ed.). *Middle age and aging.* Chicago, Il: University of Chicago Press.
Newcomb, M. D. & Bentler, P. M. (1980). Cohabitation before mariage. *Alternative lifestyles,* 3:65-86.
Newcombe, N. & Arnkoff, D. B. (1979). Effects of speech style and sex of speaker on person perception. *J. Pers. Soc. Psychol.,* 37:1.293-1.303.
Newell, A. (1981). Physical symbol systems. In D. A. Norman (ed.). *Perspectives on cognitive science.* Norwood, NJ: Ablex, pp. 37-86.
Newell, A. & Simon, H. A. (1972). *Human problem solving.* Englewood Cliffs, NJ: Prentice-Hall.

Newell, J. P., Windom, C. S. & Nathan, S. (1985). Passive avoidance in syndromes of disinhibition. *J. Pers. Soc. Psychol.,* 48:1.316-1.327.
Newmark, C. S. (ed.). (1979). *MMPI.* Nova York: Praeger.
Nicholls, J. G. (1972). Creativity in the person who will never produce anything original or useful. *Amer. Psychol.,* 27:717-726.
Nicholls, J. G. (1980). A re-examination of boys' and girls' casual attributions for success and failure based on New Zealand data. In K. J. Fyans, Jr. (ed.). *Achievement motivation.* Nova York: Plenum Press.
Nickerson, R. (1981). Motivated retrieval from archival memory. In J. H. Flowers (ed.). *Nebraska symposium on motivation.* Lincoln: University of Nebraska Press.
Nickerson, R. S. & Adams, M. J. (1979). Long-term memory for a common object. *Cog. Psychol.,* 11:287-307.
Nicosia, G. Y., Hyman, D., Karlin, R. A., Epstein, Y. M. & Aiello, J. R. (1979). Effects of bodily contact on reactions to crowding. *J. Appl. Soc. Psychol.,* 9:508-523.
Nieschlag, E., Lammers, U., Freischem, C. W., Langer, K. & Wickings, E. J. (1982). Reproductive functions in young fathers and grandfathers. *J. Clin. Endocrin. Metabol.,* 55:676-681.
Ninan, P. T., Insel, T. M., Cohen, R. M., Cook, J. M., Skolnick, P. & Paul, S. M. (1982). Benzodiazepine receptor mediated experimental anxiety in primates. *Science,* 218:1.332-1.334.
Ninan, P. T., van Kammen, D. P., Scheinin, M., Linnoila, M., Bunney, W. E. & Goodwin, F. K. (1984). CSF 5-hydroxyindoleacetic acid levels in suicidal schizophrenic patients. *Amer. J. Psychiat.,* 141:566-569.
Nisbett, R. & Ross, L. (1980). *Human inference.* Englewood Cliffs, NJ: Prentice-Hall.
Nisbertt, R. E. & Wilson, T. D. (1977). Telling more than we can know. *Psychol. Rev.,* 84:231-259.
Noller, P. (1980). Misunderstandings in marital communication. *J. Pers. Soc. Psychol.,* 39:1.135-1.148.
Nomura, T. (1982). Parental exposure to X rays and chemicals induces heritable tumors and anomalies in mice. *Nature,* 296:575-577.
Norcia, A. M. & Tyler, C. W. (1985). Spatial frequency sweep. *Vision Res.*
Nordeen, E. J., Nordeen, K. W., Sengelaub, D. R. & Arnold, A. P. (1985). Androgens prevent normally occurring cell death in a sexually dimorphic spinal nucleus. *Science,* 229:671-673.
Norman, D. A. (1976). *Memory and attention.* 2ª ed. Nova York: Wiley.

Norman, D. A. (1980). Post-Freudian slips. *Psychol. Today,* 13:42-50.
Norman, D. A. (1982). *Learning and memory.* San Francisco: Freeman.
Norton, J. P. (1982). *Expressed emotion, affective style, voice tone, and communication deviance as predictors of offspring schizophrenia spectrum disorders.* Tese de doutorado não publicada. Universidade da Califórnia, Los Angeles.
Norwood, L. & Mason, M. (setembro, 1982). *Evaluation of community support programs in Texas* (Contrato n. 2) H84 MH35825-02). Washington, DC: NIMH.
Nottebohm, F. (1975). A zoologist's view of some language phenomena with particular emphasis on vocal learning. In E. H. & E. Lenneberg (eds.). *Foundations of language development.* Nova York: Academic Press, pp. 61-103.
Nottebohm, F. (1980). Testosterone triggers growth of brain vocal control nuclei in adult female canaries. *Brain Res.,* 189:429-436.
Nottebohm, F. (1984). Birdsong as a model in which to study brain processes related to learning. *Condor,* 86:227-236.
Novaco, R. W. (1979). The cognitive regulation of anger and stress. In P. Kendall & S. Holloh (eds.). *Cognitive behavioral interventions.* Nova York: Academic Press.
Novaco, R. W. (1983). *Cognitive behavioral interventions for anger and stress.* Workshop oferecido no encontro anual da Association for the Advancement of Behavioral Therapy, Washington, DC.
Novak, M. A. (1979). Social recovery of monkeys isolated for the first year of life. *Develop. Psychol.,* 15:50-61.
Nowak, C. A. (1977). Does youthfulness equal attractiveness? In L. E. Troll, J. I. Israel & K. Israel (eds.). *Looking ahead.* Englewood Cliffs, NJ: Prentice-Hall.
Noyes, R., Clancy, J., Crowe, R., Hoenk, P. R. & Slymen, D. J. (1978). The familial prevalence of anxiety neurosis. *Arch. Gen. Psychiat.,* 35:1.057-1.059.
Nugent, J. P. (1979). *White night.* Nova York: Rawson, Wade.
Nunnally, J. C. & Lemond, L. D. (1973). Exploratory behavior and human development. In H. W. Reese (ed.). *Advances in child development and behavior.* Nova York: Academic Press, vol. 8, pp. 59-109.

Oakley, A. (1980). *Women confined.* Nova York: Schocken.
Oates, K. (ed.). (1984). *Child abuse.* Nova York: Brunner/Mazel.
O'Brien, E. J. & Myers, J. L. (1985). When comprehension difficulty improves memory. *J. Exper. Psychol.: Learn., Mem., Cog.,* 11:12-21.

O'Brien, M. & Huston, A. C. (1985). Development of sex-typed play behavior in toddlers. *Develop. Psychol.*, 21:866-871.

Obrist, P. A. (1981). *Cardiovascular psychophysiology*. Nova York: Plenum Press.

Obrist, P. A., Langer, A. W., Light, K. C. & Koepke, J. P. (1983). A cardiac-behavioral approach in the study of hypertension. In T. M. Dembroski, T. H. Schmidt & G. Blümchen (eds.). *Biobehavioral bases of coronary heart disease*. Basel, Suíça: Karger, pp. 290-303.

O'Connor, S., Vietze, P. Sherrod, K., Sandler, H. M. & Altemeier, W. A. (1980). Reduced following rooming-in. *Pediatrics*, 66:176-182.

O'Connor, S., Vietze, P., Sherrod, K., Sandler, H. M., Gerrity, S. & Altemeier, W. A. (1982). Mother-infant interaction and child development after rooming-in. In H. A. Moss, R. Hess & C. Swift (eds.). *Early intervention programs for infants*. Nova York: Haworth, pp. 23-44.

Oden, M. H. (1968). The fulfillment of promise. *Genet. Psychol. Monogr.*, 7:3-93.

Offer, D. & Offer, J. (1975). *From teenage to young manhood*. Nova York: Basic Books.

Offer, D., Ostrov, E. & Howard, K. I. (1981). The mental health professional's concept of the normal adolescent. *Arch. Gen. Psychiat.*, 38:149-152.

Office of Strategic Service Assessment. (1948). *Assessment of men*. Nova York: Holt, Rinehart.

Office of Technology Assessment. (1983). The effectiveness and costs of alcoholism treatment. U.S. Congress. Citado por Matsunaga, S. (1983). The federal role in research, treatment, and prevention of alcoholism. *Amer. Psychol.*, 38:1.111-1.115.

Ogbu, J. U. (1978). *Minority education and caste*. Nova York: Academic Press.

O'Hara, M. W., Neunaber, D. J. & Zekoski, E. M. (1984). Prospective study of postpartum depression. *J. Abnorm. Psychol.*, 93:158-171.

Ohman, A., Erixon, G. & Lofberg, I. (1975). Phobias and preparedness. *J. Abnorm. Psychol.*, 84:41-45.

O'Keefe, J. & Nadel, L. (1978). *The hippocampus as a cognitive map*. Oxford, Ing.: Clarendon.

Olds, J. (1961). Differential effects of drives and drugs on self-stimulation at different brain sites. In D. Sheer (ed.). *Electrical stimulation of the brain*. Austin: University of Texas Press, pp. 350-361.

Olds, J. & Milner, P. (1954). Positive reinforcement produced by electrical stimulation of septal area and other regions of rat brain. *J. Compar. Physiol. Psychol.*, 47:419-427.

Olds, M. E. & Forbes, J. L. (1981). The central basis of motivation. *Annu. Rev. Psychol.*, 32:523-574.

Oller, D. K. (1981). Infant vocalizations. In R. E. Stark (ed.). *Language behavior in infancy and early childhood*. Nova York: Elsevier/North Holland.

Olson, J. M. (1984). Psychological versus sociological social psychology. *Contemp. Psychol.*, 29:314-316.

Olson, S. L. (1984). Mother-infant interaction and the development of individual differences in children's cognitive competence. *Develop. Psychol.*, 20:166-179.

Olton, R. M. & Johnson, D. M. (1976). Mechanism of incubation in creative problem solving. *Amer. J. Psychol.*, 89:617-630.

Olweus, D. (1980). Familial and temperamental determinants of aggressive behavior in adolescent boys. *Develop. Psychol.*, 16:644-660.

Olweus, D. (1984). Stability in aggression and withdrawn, inhibited behavior patterns. In R. M. Kaplan, V. J. Konecni & R. W. Novaco (eds.). *Aggression in children and youth*. The Hague: Martinus Nijhoff.

Openshaw, D. K., Thomas, D. L. & Rollins, B. C. (1984). Parental influences on adolescent self-esteem. *J. Early Adolesc.*, 4:259-274.

Orne, M. T. (1981). Trabalho apresentado no encontro anual da American Association for the Advancement of Science, Washington, DC. Citado em Hypnosis: Guilty of fraud? (1981). *Sci. News*, 121:42.

Ornitz, E. M., Atwell, C. W., Kaplan, A. R. & Westlake, J. R. (1985). Brain-stem dysfunction in autism. *Arch. Gen. Psychiat.*, 42:1.018-1.025.

Ornstein, R. (1977). *Physiological studies of consciousness*. Palestra principal no encontro anual da American Psychological Association, San Francisco.

Ornstein, R. (1978). The split and whole brain. *Human Nat.*, 1:76-83.

Orwin, R. G., & Cordray, D. S. (1984). Smith and Glass's psychotherapy conclusions need further probing. *Amer. Psychol.*, 39:71-72.

Oscai, L. B., Brown, M. M. & Miller, W. C. (1984). Effect of dietery fat on food intake, growth and body composition in rats. *Growth*, 48:415-424.

Oscar-Berman, M. (1980). Neuropsychological consequences of long-term chronic alcoholism. *Amer. Sci.*, 68:410-419.

Osherson, S. D. (1980). *Holding on or letting go*. Nova York: Free Press.

Ostfeld, A. M. & Eaker, E. D. (eds.). (1985). *Proceedings of the Workshop on Measuring Psychosocial Variables in Epidemiological Studies of Cardiovascular Disease* (NIH Pub. n. 84-2.270). Washington, DC: U.S. Gov. Print. Office.

Othmer, E., Othmer, S. C. & De Souza, C. (1985). *New treatment for lithium problem bipolar patients*. Trabalho apresentado no encontro anual da American Psychiatric Association, Dallas.

Outerbridge, E. W., Ramsey, M. & Stern, L. (1974). Developmental follow-up of survivors of neonatal respiratory failure. *Critical Care Medicine*, 2:23-27.

Overton, D. A. (1978). Major theories of state dependent learning. In B. T. Ho., D. W. Richards & D. L. Chute (eds.). *Drug discrimination and state dependent learning*. Nova York: Academic Press, pp. 283-318.

Packer, C. & Pusey, A. E. (1982). Cooperation and competition within coalitions of male lions. *Nature*, 296:740-742.

Page, J. D. (1975). *Psychopathology* 1a ed. Chicago, Il: Aldine.

Pagel, M. D., Becker, J. & Coppel, D. B. (1985). Loss of control, self-blame, and depression. *J. Abnorm. Psychol.*, 94: 169-182.

Pagelow, M. D. (1981). *Woman battering*. Beverly Hills, CA: Sage.

Paige, K. E. & Paige, J. (1981). *The politics of reproductive ritual*. Berkeley, CA. University of California Press.

Paine, W. S. (ed.). (1982). *Job stress and burnout*. Beverly Hills, CA: Sage.

Paivio, A. (1983). The empirical case for dual coding. In J. C. Yuille (ed.). *Imagery, memory, and cognition*. Hillsdale, NJ: Erlbaum.

Palkovitz, R. (1985). Father's birth attendance, early contact, and extended contact with their newborns. *Child Develop.*, 56:392-406.

Palmer, J. (1978). Extrasensory perception. In S. Krippner (ed.). *Advances in parapsychological research: Extrasensory preception*. Nova York: Plenum Press, vol. 2, pp. 59-243.

Papalia, D. E. & Olds, S. W. (1982). *A child's world*. 3ª ed. Nova York: McGraw-Hill.

Papillon, L. C. Comentários citados por Turkington C. (abril, 1985). Women drinkers' unique problems no longer ignored. *Amer. Psychol. Ass. Monitor*, pp. 16, 18.

Parke, R. D. (1974). A field experimental approach to children's aggression. In J. deWitt & W. W. Hartup (eds.). *Determinants and origins of aggressive behavior*. The Hague: Mouton, pp. 499-508.

Parke, R. D. (1981). *Fathers*. Cambridge, MA: Harvard University Press.

Parker, E. S., Birnbaum, I. M. & Noble, E. P. (1976). Alcohol and memory. *J. Verb. Learn. Verb. Behav.*, 15:691-702.

Parker, S. & Parker, H. Pesquisa descrita por Trotter, R. J. (março, 1985). Fathers and daughters. *Psychol. Today*, p. 10.
Parks, T. E. (1984). Illusory figures. *Psycho. Bull.*, 95:282-300.
Parlee, M. B. (1973). The premenstrual syndrome. *Psychol. Bull.*, 80:454-465.
Parlee, M. B. (1982). Changes in moods and activation levels during the menstrual cycle in experimentally naive subjects. *Psychol. Women Quart.*, 7:119-131.
Parloff, M. B. & Dies, R. R. (1977). Group psychotherapy outcome research 1966-1975. *Inter. J. Group Psychother.*, 27:281-319.
Parsons, H. M. (1976). Whait caused the Hawthorne Effect? A scientific detective story. Exposição apresentada no encontro anual da American Psychological Association, Washington, DC.
Parsons, J. E. (1983). Expectancies values, and academic behaviors. In J. T. Spence (ed.). *Achievement and achievement motives*. San Francisco: Freeman, pp. 75-146.
Parsons, J. E. & Goff, S. B. (1980). Achievement motivation and values. In L. J. Fyans (ed.). *Achievement motivation*. Nova York: Plenum Press.
Parsons, T. & Bales, R. F. (1955). *Family socialization and interaction process*. Glencoe, IL: Free Press.
Passingham, R. E. (1985). Memory of monkeys (Macaca mulatta) with lesions in prefrontal cortex. *Behav. Neurosci.*, 99:3-21.
Patterson, F. G. (1978a). The gestures of a gorilla. *Brain Lang.*, 5:72-97.
Petterson, F. G. (1978b). Conversations with a gorilla. *National Geographics*, 154:438-465.
Patterson, F. & Linder, E. (1981). *The education of Koko*. Nova York: Holt, Rinehart & Winston.
Paul, G. L. (1966). *Insight vs. desensitization in psychotherapy*. Stanford, CA: Stanford University Press.
Paul, G. L. & Lentz, R. J. (1977). *Psychosocial treatment of chronic mental patients*. Cambridge, MA: Harvard University Press.
Paul, S. M., Hulihan-Giblin, B. & Skolnick, P. (1982). Amphetamine binding to rat hypothalamus. *Science*, 218:487-490.
Pavlov, I. (1927). *Conditioned reflexes*. Oxford, Ing.: Clarendon Press.
Payne, J. W. (1984). Effort and accuracy in choice. Trabalho apresentado no encontro anual da American Psychological Association, Toronto.
Pearlin, L. I. & Schooler, C. (1978). The structure of coping. *J. Hlth. Soc. Behav.*, 19:2-21.
Pedersen, F. A., Yarrow, L. J., Anderson, B. J. & Cain, R. L. (1979a). Conceptualization of father influences in the infancy period. In M. Lewis & L. A. Rosenblum (eds.). *The child and its family*. Nova York: Plenum Press, pp. 45-66.
Pedersen, F. A., Rubenstein, J. L. & Yarrow, L. J. (1979b). Infant development in father-absent families. *J. Genet. Psychol.*, 135:51-61.
Pedersen, P. E. & Blass, E. M. (1982). Prenatal and postnatal determinants of the 1st suckling episode in albino rats. *Develop. Psychobiol.*, 15:349-355.
Pedhazur, E. J. & Tetenbaum, T. J. (1979). Bem sex role inventory. *J. Pers. Soc. Psychol.*, 37:996-1.016.
Peele, S. (dezembro, 1984). The question of personality. *Psychol. Today*, pp. 54-56.
Penfield, W. (1958). *The excitable cortex of conscious man*. Liverpool, Ing.: Liverpool University Press.
Penfield, W. (1964). The uncommited cortex: the child's changing brain. *Atlantic Monthly*, 214:79-80.
Pennebaker, J. W. & O'Heeron, R. C. (1984). Confiding in others and illness rate among spouses of suicide and accidental death victims. *J. Abnorm. Psychol.*, 93:473-476.
Peplau, L. A. (1973). The impact of fear of success, sex-role attitudes and opposite sex relationships on women's intellectual performance. Tese de doutorado não publicada.
Peplau, L. A. & Cochran, S. D. (setembro, 1980). *Sex differences in calues concerning love relationships*. Trabalho apresentado no encontro anual da American Psychological Association, Montreal.
Peplau, L. A. & Perlman, D. (1982). Perspectives on loneliness. In L. A. Peplau & D. Perlman (eds.). *Loneliness*. Nova York: Wiley-Interscience.
Perenin, M. T. & Jeannerod, M. (1978). Visual function within the hemianopic field following early cerebral hemidecortication in man — I. Spatial localization. *Neuropsychologia*, 16:1-13.
Perkins, D. M. (1981). *The mind's best work*. Cambridge: Harvard University Press.
Perl, D. P., Gajdusek, D. C., Garruto, R. M., Yanagihara, R. T. & Gibbs, C. J., Jr. (1982). Intraneuronal aluminum accumulation in Amyotrophic Lateral Sclerosis and Parkinsonism-Dementia of Guam. *Science*, 217:1.053-1.055.
Perr, I. N. (1980). The current state of electroconvulsive therapy. *Contemp. Psychol.*, 25:393-395.
Perry, D. G. & Bussey, K. (1979). The social learning theory of sex differences. *J. Pers. Soc. Psychol.*, 37:1.699-1.712.
Perry, H. S. (1982). *Psychiatrist of America*. Cambridge, MA: Belknap.
Pert, C. B. (1982). St. Stephen and the dragon. *Science*, 82, 3(2):98-100.
Pervin, L. A. (1980). *Personality*. 3ª ed. Englewood Cliffs, NJ: Prentice-Hall.
Pervin, L. A. (1985). Personality. *Annu. Rev. Psychol.*, 36:83-114.
Pervin, L. A. & Hogan, R. (1983). In M. M. Page (ed.). *Nebraska symposium on motivation 1982: Personality—Current theory and research*. Lincoln: University of Nebraska Press.
Pervin, L. A. & Lewis, M. (eds.). (1978). *Perspectives in interactional psychology*. Nova York: Plenum Press.
Petersen, A. C. (1979). Hormones and cognitive functioning in normal development. In M. A. Witting & A. C. Petersen (eds.). *Sex-related differences in cognition functioning*. Nova York: Academic Press, pp. 189-241.
Petersen, A. C. (1980a). *The psychological significance of puberal changes*. Trabalho apresentado no encontro anual da American Psychological Association, Montreal.
Petersen, A. C. (1980b). *Sex differences in cognition*. Trabalho apresentado no encontro anual da American Psychological Association, Montreal.
Petersen, A. C. & Wittig, M. A. (1979). *Sex-related differences in cognitive functioning*. Nova York: Academic Press, pp. 1-17.
Peterson, C., Schwartz, S. M. & Seligman, M. E. P. (1981). Self-blame and depressive symptoms. *J. Pers. Soc. Psychol.*, 41:253-259.
Peterson, C. Villanova, P. & Raps, C. S. (1985). Depression and attributions. *J. Abnorm. Psychol.*, 94:165-168.
Peterson, E. A., Augenstein, J. S., Janis, D. C. & Augenstein, D. G. (1981). Noise raises blood pressure without impairing auditory sensitivity. *Science*, 211:1.450-1.452.
Peterson, I. (1983). Playing chess bit by bit. *Sci. News*, 124:236-237.
Peterson, L. R. & Peterson, M. J. (1959). Short-term retention of individual items. *J. Exper. Psychol.*, 58:193-198.
Peterson, L. R., Rawlings, L. & Cohen, C. (1977). The internal construction of spatial patterns. In G. H. Bower (ed.). *The psychology of learning and motivation*. Nova York: Academic Press.
Peterson, M. A. & Braiker, H. B., with Polich, S. M. (1981). *Who commits crimes*. Cambridge, MA: Oelgeschlager, Gunn & Hain.
Pettigrew, T. F. (1961). Social psychology and desegregation research. *Amer. Psychol.*, 16:105-112.
Pettigrew, T. F. (1973). The case for the racial integration of the schools. In O. B. Duff (ed.). *Report on the future of school dese-*

gregation in the United States. Pittsburgh: University of Pitytsburgh Consultative Resource Center on School Desegregation and Conflict.
Pettigrew, T. F. (1979). Racial change and social policy. *Annals of the Academy of Political and Social Science*, 441:114-131.
Pettigrew, T. F. (1981). Extending the stereotype concept. In D. Hamilton (ed.). *Cognitive processes in stereotyping in intergroup relations*. Hillsdale, NJ: Erlbaum.
Petty, R. E. & Cacioppo, J. (1981). *Attitudes and persuasion*. Dubuque, IA: Wm. C. Brown.
Petty, R. E., Cacioppo, J. T. & Goldman, R. (1981). Personal involvement as a determinant of argument-based persuasion. *J. Pers. Soc. Psychol.*, 41:847-855.
Pfaff, D. W. (1980). *Estrogens and brain function*. Nova York: Springer-Verlag.
Pfaff, D. W. (ed.). (1985). *Taste, olfaction, and the central nervous system*. Nova York: Rockfeller University Press.
Pfaffenbarger, R. S., Hyde, R. T.,Wing, A. L. & Steinmetz, C. H. (1984). A natural history of athleticism and cardiovascular health. *JAMA*, 252:491-495.
Pafafflin, S. M. (1984). Women, science, and techology. *Amer. Psychol.*, 39:1.183-1.186.
Pfaffmann, C., Frank, M. & Norgren, R. (1979). Neural mechanisms and behavioral aspects of taste. *Annu. Rev. Psychol.*, 30:283-325.
Pfeiffer, E. (1985). *The regional gerontology center*. Trabalho apresentado no encontro anual da American Psychiatric Association, Dallas.
Pfeiffer, E., Verwoerdt, A. & Wang, H. S. (1968). Sexual behavior in aged men and women. *Arch. Gen. Psychiat.*, 19:753-758.
Pfeiffer, J. (janeiro, 1985). Girl talk, boy talk. *Science*, 85:58-63.
Phelps, M. E. & Mazziotta, J. C. (1985). Positron emission tomography. *Science*, 228:799-809.
Phillips, D. P. (1980). Deterrent effect of capital punishment. *Amer. J. Sociol.*, 86:139-148.
Phillips, D. P. & Liu, J. (1980). The frequency of suicides around major public holidays. *Suicide and Life-Threatening Behavior*, 10:41-50.
Phillips, S. (1982). Career exploration in adhulthood and the development of career choices. *J. Vocat. Behav.*, 20:129-140; 141-152.
Piaget, J. (1951). *Play, dreams, and imitation in childhood*. Nova York: Norton, pp. 124.
Pickar, D., Vartanian, F., Bunney, W. E., Maier, H. P., Gastpar, M. T., Prakash, R., Sethe, B. B., Lideman, R.,

Belyaev, B. S., Tsutsukovskaya, M. V. A., Jungkunz, G., Nedopil, N.,Verhoeven, W. & Van Praag, H. (1982). Short-term naloxone administration in schizophrenic and manic patients. *Arch. Gen. Psychiat.*, 39:313-319.
Pierrel, R. & Sherman, J. G., (fevereiro, 1963). Barnabus, the rat with college training. *Brown Alumni Monthly*, pp. 8-14.
Pietromonaco, P. R. & Markus, H. (1985). The nature of negative thoughts in depression. *J. Pers. Soc. Psychol.*, 48:799-807.
Pietropinto, A. & Simenauer, J. (1979). *Husbands and wives*, Nova York: Times Books.
Pihl, R. O. & Spiers, P. (1978). Individual characteristics in the etiology of drug abuse. In B. A. Maher (ed.). *Progress in experimental personality research*. Nova York: Academic Press, vol. 8.
Piliavin, J. A., Dovidio, J. F., Gaertner, S. L. & Clark, R. D., III. (1981). *Emergency intervention*. Nova York: Academic Press.
Piliavin, J. A., Dovidio, J. F., Gaertner, S. L. & Clark, R. D., III. (1982). Responsive bystanders. In V. J. Derlega & J. Grzelak (eds.). *Cooperation and helping behavior*. Nova York: Academic Press, pp. 281-305.
Piliavin, J. A. & Unger, R. K. (1985). The helpful but helpless female. In V. E. O'Leary, R. Unger & B. S. Wallston (eds.). *Women, gender, and social psychology*. Hillsdale, NJ: Erlbaum.
Pilkonis, P. A., Imber, S. D., Lewis, P. & Rubinsky, P. (1984). A comparative outcome study of individual group, and conjoint psychotherapy. *Arch. Gen. Psychiat.*, 41:431-437.
Piner, K. E. & Kahle, L. R. (1984). Adapting to the stigmatizing label of mental illness. *J. Pers. Soc. Psychol.*, 47:805-811.
Pines, A. & Aronson, E. (1981). *Burnout*. Nova York: Free Press.
Pines, M. (1982). Infant-stim. *Psychol. Today*, 16(6):48-53.
Pines, M. (dezembro, 1984). Children's winning ways. *Psychol. Today*, pp. 58-65.
Pinkney, A. (1984). *The myth of black progress*. Nova York: Cambridge University Press.
Piotrkowski, C. & Stark, E. Pesquisa citada in Meer, J. (junho, 1985). *Psyhol. Today*, p. 15.
Piper, W. E., Debbane, E. G. & Garant, J. (1977). Group psychotherapy outcome research. *Inter. J. Group Psychother.*, 27:321-341.
Pirke, K. M. & Kockott, G. (1982). Endocrinology of sexual dysfunction. In J. Bancroft (ed.). *Clinics in endocrinology and metabolism, diseases of sex and sexuality*. Filadélfia: Saunders, vol. 11, pp. 599-624.

Pirolli, P. L. & Anderson, J. R. (1985). The role of practice in fact retrieval. *J. Exper. Psychol.: Learn., Mem., Cog.*, 11:136-153.
Pitblado, C. Conclusões de pesquisa descritas por Herbert, W. (1982). The three brains of Eve. *Sci. News*, 121:356.
Pittman, T., Boggiano, A. & Ruble, D. (1983). Intrinsic and extrinsic motivational orientations. In J. M., Levine & M. C. Wang (eds.). *Teacher and student perceptions*. Hillsdale, NJ: Erlbaum, pp. 319-340.
Plaut, S. M. & Friedman, S. B. (1981). Psychosocial factors in infectious disease. In R. Ader (ed.). *Psychoneuroimmunology*. Nova York: Academic Press.
Pleck, J. H. (1976). The male sex role. *J. Soc. Issues*, 32(3):155-164.
Pleck, J. H. (1981). *The myth of masculinity*. Cambridge, MA: MIT Press.
Plomin, R. & DeFries, J. C. (1985). *Origins of individual differences in infancy*. Nova York: Academic Press.
Plomin, R., DeFries, J. C. & Loehlin, J. C. (1977). Genotype-environment interaction and correlation in the analysis of human behavior. *Psychol. Bull.*, 84:309-322.
Plomin, R., Loehlin, J. C. & DeFries, J. C. (1985). Genetic and environmental components of "environmental influences". *Develop. Psychol.*, 21:391-402.
Plutchik, R. (1983). Emotions in early development. In R. Plutchik & H. Kellerman (eds.). *Emotions in early development*. Nova York: Academic Press.
Pogue-Geile, M. F. & Rose, R. J. (1985). Developmental genetic studies of adult personality. *Develop. Psychol.*, 21:547-557.
Polivy, J. & Herman, C. P. (1985). Dieting and binging. *Amer. Psychol.*, 40:193-201.
Pollack, I. & Pickett, J. M. (1963). Intelligibility of excerpts from conversational speech. *Lang. Speech*, 6:165-171.
Pollak, S. (junho, 1985). The filtering mind. *Psychol. Today*, pp. 74-75.
Pollak, S. & Gilligan, C. (1982). Images of violence in Thematic Apperception Test stories. *J. Pers. Soc. Psychol.*, 42:159-167.
Pollak, S. & Gilligan, C. (1985). Killing the messenger. *J. Pers. Soc. Psychol.*, 49:374-375.
Pollin, W. & Stabenau, J. R. (1968). Biological, psychological, and historical differences in a series of monozygotic twins discordant for schizophrenia. In D. Rosenthal & S. S. Kety (eds.). *The transmission of schizophrenia*. Nova York: Pergamon.
Pollis, M. P. & Doyle, D. C. (1972). Sex-role status and perceived competence among first graders. *Percep. Motor Skills*, 34:235-238.

Poon, L. W. (ed.). (1980). *Aging in the 1980s.* Washington, DC: American Psychological Association.
Pope, H. G. & Hudson, J. I. (1984). *New hope for binge eaters.* Nova York: Harper & Row.
Pope, K. S. (1978). How gender, solitude, and posture influence the stream of consciousness. In K. S. Pope & J. L. Singer (eds.). *The stream of consciousness.* Nova York: Plenum Press.
Porter, N., Gels, F. L., Cooper, E. & Newman, E. (1985). Androgyny and leadership in mixed-sex groups. *J. Pers. Soc. Psychol.,* 49:808-823.
Posner, M. I. (1982). Cumulative development of attentional theory. *Amer. Psychol.,* 37:168-179.
Post, R. M. (1980). Kindling. *Psychol. Today,* 14:92.
Postman, L., Bruner, B. & McGinnies, E. (1948). Personal values as selective factors in perception. *J. Abnorm. Soc. Psychol.,* 43:142-154.
Poveda, T. G. (1975). Reputation and the adolescent girl. *Adolescence,* 10:127-136.
Powell, J. J. (dezembro, 1981). The tragedy of fetal alcohol syndrome. RN, pp. 33-35, 92.
Powell, L. H., Friedman, M., Thoresen, C. E., Gill, J. J. & Ulmer, D. K. (1984). Can the Type A behavior pattern be altered afer myocardial infarction? *Psychosom. Med.,* 46:293-313.
Powers, P. A., Andriks, J. L. & Loftus, E. F. (1979). Eyewitness accounts of females and males. *J. Appl. Psychol.,* 64:339-347.
Preble, O. T. & Torrey, E. F. (1985). Serum interferon in patients with psychosis. *Amer. J. Psychiat.,* 142:1.184-1.186.
Premack, D. & Premack, A. J. (1983). *The mind of an ape.* Nova York: Norton.
Prentice-Dunn, S. & Rogers, R. W. (1980). Effects of deindividuating situational cues and aggressive models on subjective deindividuation and aggression. *J. Pers. Soc. Psychol.,* 39:104-113.
Prescott, J. W. (1979). Alienation of affection. *Psychol. Today,* 13(7):124.
Preston, S. H. (1984). Children and the elderly in the U.S. *Scientific. Amer.,* 251:44-49.
Pretty, G. H. & Sligman, C. (1984). Affect and the overjustification effect. *J. Pers. Soc. Psychol.,* 46:1.241-1.253.
Price, J. (1985). A *survey of researchers' attitudes towards scientific fraud.* Trabalho apresentado no encontro anual da American Association for the Advancement of Science, Los Angeles.
Prinz, R. J., Roberts, A. R. & Hantman, E. (1980). Dietary correlates of hyperactive behavior in children. *J. Consult. Clin. Psychol.,* 48:760-769.
Provence, S. & Lipton, R. C. (1962). *Infants in institutions.* Nova York: International Universities Press.
Pruitt, J. A., Smith, M. C., Thelen, M. H. & Lubin, B. (1983). *Attitudes of academic clinical psychologists toward projective techniques: 1968-1983.* Trabalho apresentado no encontro da American Psychological Association, Anaheim, CA.
Prusiner, S. B., McKinley, M. P., Bowman, K. A., Bolton, D. C., Bendheim, P. E., Groth, D. F. & Glenner, G. G. (1983). Scrapie prions aggregate to form amyloid-like birefringent rods. CELL, 35:349-358.
Prusoff, B. & Klerman, G. L. (1974). Differentiating depressed from anxious neurotic outpatients. *Arch. Gen. Psychiat.,* 30:302-309.
Pryor, G. (1975). Malnutrition and the critical period hypothesis. In J. W. Prescott, M. S. Read & D. B. Coursin (eds.). *Brain function and malnutrition.* Nova York: Wiley, pp. 103-112.
Puckett, J. M. & Kausier, D. H. (1984). Individual differences and models of memory span. *J. Exper. Psychol: Learn., Mem., Cog.,* 10:72-83.
Pugliese, M. T., Lifshitz, F., Grad, G., Fort, P. & Marks-Katz, M. (1983). Fear of obesity. *New Engl. J. Med.,* 309:513-518.
Pulkkinen, L. (1982). Self-control and continuity from childhood to adolescence. In P. B. Baltes & O. G. Brim (eds.). *Life span development and behavior.* Nova York: Academic Press, vol. 4.
Purcell, K., Brady, K., Chai, H., Muser, J., Molk, L. Gordon, N. & Means, J. (1969). The effect on asthma in children of experimental separation from the family. *Psychosom. Med.,* 31:144-164.
Purcell, K. & Weiss, J. H. (1979). Asthma. In C. Costello (ed.). *Symptoms of psychopathology.* Nova York: Wiley.
Purves, D. & Hadley, R. D. (1985). Changes in the dendritic branching of adult mammalian neurones revealed by repeated imaging in situ. *Nature,* 315:404-406.
Putnam F. W., Jr. (1984). *The psychophysiology of multiple personality.* Trabalho apresentado no encontro anual da American Psychiatric Association, Los Angeles.

Quattrone, G. A. (1982). Overattribution and unit formation. *J. Pers. Soc. Psychol.,* 42:593-607.
Quattrone, G. A. & Jones, E. E. (1980). The perception of variability within ingroups and outgroups. *J. Pers. Soc. Psychol.,* 38:141-152.
Quattrone, G. A. & Tversky, A. (1984). Causal versus diagnostic contingencies. *J. Pers. Soc. Psychol.,* 46:237-248.
Quayle, D. (1983). American productivity. *Amer. Psychol.,* 38:454-467.

Rabin, M. D. & Cain, W. S. (1984). Odor familiarity. *J. Exper. Psychol.: Learn., Mem., Cog.,* 10:316-325.
Rabkin, J. (1974). Public attitudes toward mental illness. *Schizo. Bull.,* 10:9-33.
Rachman, S. J. (1978). *Fear and courage.* San Francisco: Freeman.
Radke-Yarrow, M., Cummings, E. M., Kuczynski, L. & Chapman, M. (1985). Patterns of attachment in two-and three-year-olds in normal families and families with parental depression. *Child Develop.,* 56:884-893.
Radke-Yarrow, M. & Zahn Waxler, C. (1984). Roots, motives, and patternings in children's prosocial behavior. In E. Staub, D. Bar-Tal, J. Karylowski & J. Reykowski (eds.). *Handbook of child psychology: Socialization, personality, and social development.* Nova York: Wiley, vol. 4, pp. 745-911.
Radloff, L. S. (1980). Depression and the empty nest. *Sex Roles,* 6:775-781.
Ragozin, A. S. (1980). Attachment behavior of day-care children. *Child Develop.,* 51:409-415.
Rainer, J. D. (1984). Genetic factors in depression and suicide. BKI *Amer. J. Psychother.,* 38:329-340.
Raloff, J. (1982). Occupational noise — The subtle pollutant. *Sci. News,* 121:347-350.
Raloff, J. (1983). Locks - A key to violence. *Sci. News,* 124:122-125.
Ramey, C. T., Sparling, J. J., Bryant, D. M. & Wasik, B. H. (1982). Primary prevention of developmental retardation during infancy. In H. A. Moss, R. Hess & C. Swift (eds). *Early intervention programs for infants.* Nova York: Haworth Press, pp. 61-84.
Ramey, E. & Ramwell, P. Pesquisa descrita por Epstein, S. H. (1983). Why do women live longer than men? *Science,* 83(4):30-31.
Ramey, J. M., Pohl, R. B., Williams, M. et al. (1984). A comparison of lactate and isoproterenol anxiety states. *Psychopathology,* 17:74-82.
Rands, M. & Levinger, G. (1979). Implicit theories of relationships. *J. Pers. Soc. Psychol.,* 37:645-661.
Rapoport, J. L. (abril, 1985). Conclusões de levantamento relatadas na conferência NIMH. Citado por Bower, B. (1985). Examining the world of obsessive teens. *Sci. News,* 127:245.

Rapoport, R., Rapoport, R. N. & Strelitz, Z., com Kew, S. (1977). *Fathers, mothers and society.* Nova York: Basic Books.
Rappaport, H. & Rappaport, M. (1981). The integration of scientific and traditional healing. *Amer. Psychol.,* 36:774-781.
Rappaport, J. (1977). *Community psychology.* Nova York: Holt, Rinehart.
Rasmussen, J. (ed.). (1973). *Man in isolation and confinement.* Chicago, Il: Aldine.
Raudsepp, E. (1980). *More creative growth games.* Nova York: Putnam.
Ray, O. S. (1972). *Drugs, society, and human behavior.* St. Louis: Mosby, p. 193.
Reading, A. E., Cox, D. N., Sledmere, C. M. & Campbell, S. (1984). Psychological changes over the course of pregnancy. *Health Psychol.,* 3:211-221.
Reagan, S. A. (1984). *Alcoholic family.* Trabalho apresentado no encontro anual da American Psychological Association, Toronto.
Rechtschaffen, A. (1973). *The psychophysiology of thinking.* Nova York: Academic Press, pp. 153-205.
Reda, M. A. & Mahoney, M. J. (eds.). (1984). *Cognitive psychotherapies.* Cambridge, MA: Ballinger.
Redmond, D. E. (1985). Neurochemical basis for anxiety and anxiety disorders. In A. H. Tuma & J. D. Maser (eds.). *Anxiety and the anxiety disorders.* Hillsdale, NJ: Erlbaum.
Reeder, G. D. (1982). Let's give the fundamental attribution error another chance. *J. Pers. Soc. Psychol.,* 43:341-344.
Reedy, M. N. (1983). Personality and aging. In D. S. Wooddruft & J. E. Birren (eds.). *Aging.* Monterey, CA: Brooks/Cole, pp. 112-136.
Rees, L. (1964). The importance of psychological, allergic, and infective factors in childhood asthma. *J. Psychosom. Res.,* 7:253-262.
Reese, E. P., com Howard, J. & Reese, T. W. (1978). *Human behavior.* 2ª ed. Dubuque, IA: Brown.
Reese, H. W. & Fremouw, W. J. (1984). Normal and normative ethics in behavioral sciences. *Amer. Psychol.,* 39:863-876.
Reese, W. G., Newton, J. E. O. & Angel, C. (1983). A canine model of psychopathology. In A. J. Krakowski & C. P. Kimball (eds.). *Psychosomatic medicine.* Nova York: Plenum Press, pp. 25-31.
Regier, D. A., Myers, J. K., Kramer, M., Robins, L. N., Blazer, D. G., Hough, R. L., Eaton, W. W. & Locke, B. Z. (1984). The NIMH epidemiological catchment area program. *Arch. Gen. Psychiat.,* 41:934-941.
Reiman, E. M., Butler, F. K., Robins, E., Raichle, M. E. & Hercovitch, P. (1984). A focal brain abnormality in panic disorder, a severe form of anxiety. *Nature,* 310:683-685.
Reinisch, J. M. (1977). Prenatal exposure of human foetuses to synthetic progestin and oestrogen affects personality. *Nature,* 266:561-562.
Reinisch, J. M. (1981). Prenatal exposure to synthetic progestins increases potential for aggression in humans. *Science,* 211:1.171-1.173.
Reinisch, J. M., Gandelman, R. & Spiegel, F. S. (1979). Prenatal influences on cognitive abilities. In M. A. Wittig & A. C. Petersen (eds.). *Sex-related differences in cognitive functioning.* Nova York: Academic Press, pp. 215-239.
Reinke, B. J., Holmes, D. S. & Harris, R. L. (1985). The timing of psychosocial changes in women's lives. *J. Soc. Pers. Psychol.,* 48:1.353-1.364.
Reis, H. T., Senchak, M. & Solomon, B. (1985a). Sex differences in the intimacy of social interaction. *J. Pers. Soc. Psychol.,* 48:1.204-1.217.
Reis, H. T., Wheeler, L., Nezlek, J. Kernis, M. H. & Spiegel, N. (1985b). On specificity in the impact of social participation on physical and psychological health. *J. Pers. Soc. Psychol.,* 48:456-471.
Reisberg, B., Ferris, S. H., Anand, R., Mir, P., Gerbel, V., De Leon, M. J. & Roberts, E. (1983). Effects of naloxone in senile dementia. *New Engl. J. Med.,* 308:721-722.
Reisberg, D. (1984). Limits of working memory. *J. Exper. Psychol.: Learn., Mem., Cog.,* 10:203-221.
Reisenzein, R. (1983). The Schachter theory of emotion. *Psychol. Bull.,* 94:239-264.
Reiser, M. (1984). *Mind, brain, body.* Nova York: Basic Books.
Reitman, J. S. (1974). Without surreptitous rehearsal information in short-term memory decays. *J. Verb. Learn. Verb. Behav.,* 13:365-377.
Rempel, J. K., Holmes, J. G. & Zanna, M. P. (1985). Trust in close relationships. *J. Pers. Soc. Psychol.,* 49:95-112.
Renne, R. S. (1970). Correlates of dissatisfaction in marriage. *J. Marr. Fam.,* 32:54-67.
Rensberger, B. (20 de agosto, 1974). False tests peril psychic research. *NY Times,* p. 16.
Rensberger, B. (setembro, 1984). Cancer. *Science,* 84(5):28-33.
Reschly, D. J. (1981). Psychological testing in educational classification and placement. *Amer. Psychol.,* 36:1.094-1.102.
Rescorla, R. A. (1975). Pavlovian excitatory and inhibitory conditioning. In W. K. Estes (ed.). *Handbook of learning and cognitive processes: Conditioning and behavior theory.* Hillsdale, NJ: Erlbaum, vol. 2, pp. 7-36.
Rescorla, L. A., Provence, S. & Naylor, A. (1982). The Yale Child Welfare Research Program. In E. Zigler & E. W. Gordon (eds.). *Day care.* Boston: Auburn House.
Reskin, B. F. (ed.) (1984). *Sex segregation in the workplace.* Washington, DC: National Academy Press.
Rest, J. R. & Thoma, S. J. (1985). Relation of moral judgement development to formal education. *Develop. Psychol.,* 21:709-714.
Restak, R. (1982). Islands of genius. *Science,* 82, 3(4):62-67.
Revensdorf, D. (1984). Attribution of marital distress. In K. Hahlweg & N. Jacobson (eds.). *Marital interaction.* Nova York: Guilford, pp. 325-336.
Reveron, D. (1982). Racism. *Amer. Psychol. Ass. Monitor,* pp. 7, 24.
Revicki, D. A. & May, H. J. (1985). Occupational stress, social support, and depression. *Health Psychol.,* 4:61-77.
Reykowski, J. (1982a). Social motivation. *Annu. Rev. Psychol.,* 33:123-154.
Reykowski, J. (1982b). Motivation of prosocial behavior. In V. J. Derlega & J. Grzelak (eds.). *Cooperation and helping behavior.* Nova York Academic Press, pp. 357-376.
Reynolds, D. K. & Faberow, N. L. (1976). *Suicide.* Berkeley, CA: University of California Press.
Rheingold, H. L. (1985). Development as the acquisition of familiarity. *Annu. Rev. Psychol.,* 36:1-17.
Reingold, H. J. & Cook, K. V. (1975). The contents of boy's and girl's rooms as an index of parents' behavior. *Child Develop.,* 46:459-463.
Rhodewalt, F., Saltzman, A. T. & Wittmer, J. (1982). *Self-handicapping among competitive atletics.* Monografia não publicada, Universidade de Utah.
Rice, B. (1980). Mind bending at Berkeley. *Psychol. Today,* 14(5):8-12.
Rice, B. (1982). The Hawthorne defect. *Psychol. Today,* 16(2):70-74.
Rice, D. G. (1979). *Dual-career marriage.* Nova York: Free Press.
Richardson, J. T. (ed.). (1978). *Conversion careers.* Beverly Hills, CA: Sage.
Richardson, R. A., Galambos, N. L., Schulenberg, J. E. & Petersen, A. C. (1984). Young adolescents' perceptions of the family environment. *J. Early Adolesc.,* 4:131-153.
Richmond-Abbott, M. (1984). Sex-role attitudes of mothers and children in divorced, single-parent families. *J. Divorce,* 8:61-81.
Richter, C. P. (1943). The self-selection of diets. In T. Cowles (ed.). *Essays in biolo-*

gy. Berkeley, CA: University of California Press.
Richter, C. P. (1976). Sleep and activity. In E. M. Blass (ed.). *The psychobiology of Curt Richter*. Baltimore: Nova York, pp. 128-147.
Ricks, M. H. (1985). The social tranmission of parental behavior. In I. Bretherton & E. Waters (eds.). Growing points of attachment theory and research. *Monogr. Soc. Res. Child Develop.*, 501(1-2, série n. 209).
Riegel, K. F. & Riegel, R. M. (1972). Development, drop and death. *Develop. Psychol.*, 6:309-319.
Riley, V., Fitzmaurice, M. A. & Spackman, D. H. (1981). Psychoneuroimmunologic factors in neoplasia. In R. Ader (ed.). *Psychoneuroimmunology*. Nova York: Academic Press.
Rimm, D. C. & Sommervill, J. W. (1977). *Abnormal psychology*. Nova York: Academic Press.
Rinn, W. E. (1984). The neuropsychology of facial expression. *Psychol. Bull.*, 95:52-77.
Riopelle, A. J. (1982). Protein deprivation and offspring behavior. In H. E. Fitzgerald, J. A. Mullin & P. Gage (eds.). *Child nurturance*. Nova York: Plenum Press, vol. 3, pp. 3-26.
Risman, B., Hill, C. T., Rubin, Z. & Peplau, L. A. (1981). Living together in college. *J. Marr. Fam.*, 42:77-117.
Rittenhouse, J. D. & Miller, J. D. (1984). Social learning and teenage drug use. *Health Psychol.*, 3:329-345.
Ritvo, E., Freeman, B. J., Mason-Brothers, A., Mo, A. & Ritvo, A. M. (1985). Concordance for the syndrome of autism in 40 pairs of afflicted twins. *Amer. J. Psychiat.*, 142:74-77.
Roazen, P. (1976). *Erik H. Erikson*. Nova York: Free Press.
Robb, J. A. & Benirschke, K. (1984). Trabalho apresentado no encontro da International Academy of Pathology, San Francisco. Citado em Goldsmith, M. F. (1984). Possible herpes virus role in abortion studied. JAMA, 251:3.067-3.070.
Roberts, A. H. (1985). Biofeedback. *Amer. Psychol.*, 40:938-941.
Roberts, E. J., Kline, D. K. & Gagnon, J. Conclusões de pesquisa descritas por Cory, C. T. (janeiro, 1979). Parents' sexual silence. *Psychol. Today*, pp. 14 e ss.
Robins, E. (1985). *Psychosis and suicide*. Trabalho apresentado no encontro anual da American Psychiatric Association, Dallas.
Robins, L. N. (1979). Sturdy childhood predictors of adult antisocial behavior. In J. E. Barnett, R. M. Rose & G. L. Klerman (eds.). *Stress and mental disorders*. Nova York: Raven.
Robinson, F. P. (1961). *Effective study*. Rev. ed. Nova York: Harper.
Robinson, N. M. & Robinson, H. B. (1981). *The mentally retarded child*. 3ª ed. Nova York: McGraw-Hill.
Robinson, P. (1981). What liberated males do. *Psychol. Today*, 15(7):81-84.
Robinson, P. (1982). Mr. Interpersonal Relations. *Psychol. Today*, 16(3):82-85.
Robson, J. R. K. (1976). Commentary: Changing food habits in developing countries. *Ecology of Food and Nutrition*, 64:1-15.
Robson, K. S. & Moss, H. A. (1970). Patterns and determinants of maternal attachment. *J. Pediat.*, 77:976-985.
Rocha, R. (1976). *Children's aggression as a function of competition and reward*. Trabalho entregue no encontro anual da American Psychological Association, Washington, DC.
Rock, I. (1975). *An introduction to perception*. Nova York: Macmillan.
Rock, I. & Harris, C. S. (maio, 1967). vision and touch. *Scientific. Amer.*, pp. 96-104.
Rock, M. A. (julho, 1978). Gorilla mothers need some help from their friends. *Smithsonian*, 9:58-63.
Rodgers, J. L. (1984). Confluence effects. *Develop. Psychol.*, 20:321-331.
Rodin, J. (1981a). Current status of the internal-external hypothesis for obesity. *Amer. Psychol.*, 36:361-372.
Rodin, J. (1981b). Managing the stress of aging. In S. Levine & H. Ursin (eds.). *NATO conference on coping and health*. Nova York: Academic Press.
Rodin, J. (dezembro, 1984). PT conversation: A sense of control. *Psychol. Today*, pp. 38-45.
Rodin, J. (1985). Insulin levels, hunger, and food intake. *Health Psychol.*, 4:1-24.
Rodin, J. & Langer, E. (1980). Aging labels. *J. Soc. Issues*, 36(2):12-29.
Rodin, J. & Slochower, J. (1976). Externality in the nonobese. *J. Pers. Soc. Psychol.*, 29:557-565.
Roe, K. V., Drivas, A., Karagellis, A. & Roe, A. (1985). Sex differences in vocal interaction with mother and stranger in Greek infants. *Develop. Psychol.*, 21:372-377.
Roethlisberg, F. J. & Dickson, W. J. (1939). *Management and the worker*. Cambridge, MA: Harvard University Press.
Roffwarg, H. P., Herman, J. H., Bowe-Anders, C. E. & Tauber, E. S. (1978). The effects of sustained alterations of waking visual input on dream content. In A. M. Arkin, J. S. Antrobus & S. J. Ellman (eds.). *The mind in sleep*. Hillsdale, NJ: Erlbaum.
Rogers, C. R. (1951). *Client centered therapy*. Boston: Houghton Mifflin.
Rogers, C. R. (1959). A theory of therapy, personality, and interpersonal relationships as developed in the client-centered framework. In S. Koch (ed.). *Psychology: A theory of a science*. Nova York: McGraw-Hill, vol. 3.
Rogers, C. R. (1961). *On becoming a person*. Boston: Houghton Mifflin.
Rogers, C. R. (1967). Client-centered psychotherapy. In A. M. Freedman & H. I. Kaplan (eds.). *Comprehensive textbook of psychiatry*. Baltimore: Williams & Wilkins, pp. 1.225-1.228.
Rogers, C. R. In Evans, R. I. (1976). *The making of psychology*. Nova York: Knopf.
Rogers, C. R. (1979). The foundations of the person-centered approach. *Education*, 100(2):98-107.
Rogers, C. R. (1985). Comentários feitos numa palestra realizada no encontro anual da American Psychological Association, Los Angeles. Citado em Bennett, D. (outubro, 1985). *Amer. Psychol. Ass. Monitor*, p. 3.
Rogers, J. L., Bloom, J. D. & Manson, S. M. (1984). Insanity defenses, contested or conceded. *Amer. J. Psychiat.*, 141:885-887.
Rogers, R. W. & Mewborn, C. R. (1976). Fear appeals and attitude change. *J. Pers. Soc. Psychol.*, 34:56-61.
Rohrer, J. H. (1961). Interpersonal relations in isolated small groups. In B. E. Flaherty (ed.). *Psychophysiological aspects of space flight*. Nova York: Columbia University Press, pp. 263-271.
Roitblat, H. L., Bever, T. G. & Terrace, H. S. (eds.). (1984). *Animal cognition*. Hillsdale, NJ: Erlbaum.
Rokeach, M. (1979). Value theory and communication research. In D. Nimmo (ed.). *Communication Yearbook III*. New Brunswick, NJ: Transaction Books.
Rokeach, M. (1980). Some unresolved issues in theories of beliefs, attitudes, and values. *Nebraska symposium on motivation 1979*. Lincoln: Universidade de Nebraska.
Rollin, B. E. (1985). The moral status of research animals in psychology. *Amer. Psychol.*, 40:920-926.
Romani, G. L., Williamson, S. J., Kaufman, L. & Brenner, D. (1982). Characterization of the human auditory cortex by the neuromagnetic method. *Exper. Brain Res.*, 47:381-393.
Romano, J. (1977). On the nature of schizophrenia. *Schizo. Bull.*, 3:532-558.

Rook, K. S. (1984). The negative side of social interaction. *J. Pers. Soc. Psychol.*, 46:1.097-1.108.

Roopnarine, J. L. (1985). Changes in peer-directed behavior following preschool experience. *J. Pers. Soc. Psychol.*, 48:740-745.

Roosens, E. (1979). *Mental patients in town life.* Beverly Hills, CA: Sage.

Roper, G., Rachman, S. & Hodgson, R. (1973). An experiment on obsessional checking. *Behav. Res. Ther.*, 11:271-277.

Rorer, L. G. & Widiger, T. A. (1983). Personality structure and assessment. *Annu. Rev. Psychol.*, 34:431-463.

Rosch, E. H. & Lloyd, B. B. (eds.). (1978). *Cognition and categorization.* Hillsdale, NJ: Erlbaum.

Rose, F. A. (1985). The black knight of AI. *Science*, 85, 6:46-53.

Rose, G. A. & Williams, R. T. (1961). Metabolic studies of large and small eaters. *Brit. J. Nutri.*, 15:1-9.

Rose, T. L. (1981). Cognitive and dyadic processes in intergroup contact. In D. L. Hamilton (ed.). *Cognitive processes in stereotyping and intergroup behavior.* Hillsdale: NJ: Erlbaum.

Rose, T. L. (1984). Current uses of corporal punishment in American public schools. *J. Educ. Psychol.*, 76:427-441.

Rosen, H. (1980). *The development of sociomoral knowledge.* Nova York: Columbia University Press.

Rosenbaum, M., Franks, C. M. & Jaffe, Y. (eds.). (1983). *Perspectives on behavior therapy in the eighties.* Nova York: Springer.

Rosenberg, M. (1984). *Intergenerational family violence.* Trabalho apresentado no encontro anual da American Psychological Association, Toronto.

Rosenfarb, I. & Hayes, S. (1984). Social standard setting. *Behav. Ther.*, 15:515-528.

Rosenhan, D. (1970). The natural socialization of altruistic autonomy. In J. Macaulay & L. Berkowitz (eds.). *Altruism and helping behavior.* Nova York: Academic Press.

Rosenham, D. L. (1973). On being sane in insane places. *Science*, 179:1-9.

Rosennheimer, J. L. (1985). Effects of chronic stress and exercise on age-related changes in end-plate architecture. *J. Neurophysiol.*, 53:1.582-1.589.

Rosenchaimer, J. L. & Smith, D. O. (1985). Differential changes in the end-plate architecture of functionally diverse muscles during aging. *J. Neophysiol.*, 6:1.567-1.581.

Rosenthal, N. E., Sack, D. A., Gillin, J. C., Lewy, A. J., Goodwin, F. K., Davenport, Y., Muelle, P. S., Newsome, D. A. & **Wehr, T. A.** (1984). Seasonal effective disorder. *Arch. Gen. Psychiat.*, 41:72-80.

Rosentahl, N. E., Sack, D. A., Carpenter, C. J., Parry, B. L., Mendelson, W. B. & Wehr, T. A (1985). Antidepressant effects of light in seasonal affective disorder. *Amer. J. Psychiat.*, 141:520-525.

Rosenthal, P. A. & Rosenthal, S. (1984). Suicidal behavior by preschool children. *Amer. J. Psychiat.*, 141:520-525.

Rosenthal, R. (1971). Clever Hans. In M. S. Gassaniga & E. P. Lovejoy (eds.). *Good reading in psychology.* Englewood Cliffs, NJ: Prentice-Hall, pp. 448-518.

Rosenthal, R. (1976). *Experimenter effects in behavioral research.* Ed. rev. Nova York: Irvington.

Rosentahl, R. (ed.). (1979). *Skill in nonverbal communication: Individual differences.* Cambridge, MA: Delgeschlager, Gunn & Hain.

Rosenthal, R. (1985). From unconscious experimenter bias to teacher expectancy effects. In J. B. Dusek, V. C. Hall & W. J. Meyer (eds.). *Teacher expectancies.* Hillsdale, NJ: Erlbaum.

Rosenthal, R. & Jacobson, L. (1968). *Pygmallion in the classroom.* Nova York: Holt, Rinehart.

Rosenthal, R. & Rubin, D. B. (1982). Further meta-analytic procedures for assessing cognitive gender differences. *J. Educ. Psychol.*, 74:708-712.

Rosenzweig, M. R. (1984). Experience, memory, and the brain. *Amer. Psychol.*, 39:365-376.

Roskies, E. (1983). Stress management. *Contemp. Psychol.*, 28:542-544.

Ross, L., Bierbrauer, G. & Hoffman, S. (1976). The role of attribution processes in conformity and dissent. *Amer. Psychol.*, 31:148-157.

Roth, D. L. & Ingram, R. E. (1985). Factors in the self-deception questionnaire. *J. Pers. Soc. Psychol.*, 48:243-251.

Rothbaum, F. Weisz, J. R. & Snyder, S. S. (1982). Changing the world and changing the self. *J. Pers. Soc. Psychol.*, 42:5-37.

Rothman, D. (1980). *Conscience and convenience.* Boston, Little, Brown.

Rotton, J. & Kelly, I. W. (1985). Much ado about the full moon. *Psychol. Bull.*, 97:286-306.

Rousmaniere, J. A. (1º de junho, 1980). No rest for the weary working woman— Husbands in study declined home chores. *Baltimore Sunday Sun*, pp., 1 e ss.

Routtenberg, A. (1978). The reward system of the brain. *Scientif. Amer.* 239:154-164.

Rowland, N. E. & Antelman, S. M. (1976). Stress-induced hyperphagia and obesity in rats. *Science*, 191:310-312.

Roy, A. (1985). Early parental separation and adult depression. *Arch. Gen. Psychiat.*, 42:987-991.

Roy, A., Pickar, D., Linnoila, M., Doran, A. & Paul, S. M. (1985). *Life events.* Trabalho apresentado no encontro anual da American Psychiatric Association, Dallas.

Roy, M. (ed.). (1982). *The abusive partner.* Nova York: Van Nostrand Reinhold.

Royce, J. E. (1981). *Alcohol problems and alcoholism.* Nova York: Free Press.

Rozin, P. (1981). The study of human food selection and the problems of stage 1 science. In S. A. Miller (ed.). *Nutrition and behavior.* Filadélfia: Franklin Institute Press.

Rozin, P., Fallon, A. & Mandell, R. (1984). Family resemblances in attitudes to foods. *Develop. Psychol.*, 20:309-314.

Rozin, R. & Kalat, J. (1971). Specific hungers and poison avoidance as adaptive specializations of learning. *Psychol. Rev.*, 78:459-486.

Rubin, I. (1966). Sex after forty—And after seventy. In R. & E. Brecher (eds.). *An analysis of human sexual response.* Nova York: Signet.

Rubin, J. Z., Porvenzano, F. J. & Luria, Z. (1974). The eye of the beholder. *Amer. J. Orthopsychiat.*, 44:512-519.

Rubin, L. B. (1977). *Worlds of pain.* Nova York: Basic Books.

Rubin, Z. (1973). *Liking and loving.* Nova York: Holt, Rinehart & Winston.

Rubin, Z. (1975). *Research Report*, 2(1).

Rubin, Z. (1980). *Children's friendships.* Cambridge, MA: Harvard University Press, pp. 18-19, 20.

Rubin, Z. (1982). Children without friends. In L. A. Peplau & D. Perlman (eds.). *Loneliness.* Nova York: Wiley-Interscience.

Rubin, Z. (1985). Deceiving ourselves about deception. *J. Pers. Soc. Psychol.*, 48:252-253.

Ruch, J. C., Morgan, A. H. & Hilgard, E. R. (1973). Behavioral predictions from hypnotic responsiveness scores when obtained with and without prior induction procedures. *J. Abnorm. Psychol.*, 82:543-546.

Ruff, M. R., Pert, C. B., Weber, R. J., Wahl. L. M., Wahl, S. M. & Paul, S. M. (1985). Benzodiazepine receptor-mediated chemotaxis of human monocytes. *Science*, 229:1.281-1.283.

Rumbaugh, D. M. (1980). *The great ape debate.* Trabalho apresentado no encontro anual da American Psychological Association, Montreal.

Rumbaugh, D. M. (11 de outubro, 1980). In signs of the apes, songs of the whales. Transmitido na PBS, em "Nova".

Rumelhart, D. E. & Ortony, A. (1977). The representation of knowledge in memory. In R. C. Anderson, R. J. Spiro & W. E. Motague (eds.). *Schooling and the acquisition of knowledge*. Hillsdale, NJ: Erlbaum.

Rundus, D. (1971). Analysis of rehearsal processes in free recall. *J. Exper. Psychol.*, 89:63-77.

Rush, A. J., Beck, A. T., Kovacs, M. & Hollon, S. (1977). Comparative efficacy of cognitive theory and pharmacotherapy in the treatment of depressed outpatients. *Cog. Ther.*, 1:17-37.

Rushton, J. P. (1984). *Individual differences in human altruism are inherited*. Trabalho apresentado no encontro anual da American Psychological Association, Toronto.

Rushton, J. P., Brainerd, C. J. & Pressley, M. (1983). Behavioral development and construct validity. *Psychol. Bull.*, 94:18-38.

Russell, D., Cutrona, C. E., Rose, J. & Yurko, K. (1984). Social and emotional loneliness. *J. Pers. Soc. Psychol.*, 46:1.313-1.322.

Russell, D. E. H. (1983). The incidence and prevalence of intrafamilial and extrafamilial sexual abuse of female children. *Child Abuse and Neglect*, 7:133-146.

Rusell, I. S., van Hof, M. W. & Berlucchi, G. (eds.). (1979). *Structure and fucntion of cerebral commissures*. Baltimore: University Park Press.

Russel, J. A. (1980). A circumplex model of affect. *J. Pers. Soc. Psychol.*, 39:1.161-1.178.

Russell, J. A. & Bullock, M. (1985). Multidimensional scaling of emotional facial expressions. *J. Pers. Soc. Psychol.*, 48:1.290-1.298.

Russell, J. A. & Ward, L.M. (1982). Environmental psychology. *Annu. Rev. Psychol.*, 33:651-688.

Russell, M. Dark, K., Cummins, R., Ellman, G., Callaway, E. & Peeke, H. (1984). Learned histamine release. *Science*, 225:733-734.

Russo, N. F. & Denmark, F. L. (1984). Women, psychology, and public policy. *Amer. Psychol.*, 39:1.161-1.165.

Rustein, D. D., Veech, R. L., Nickerson, R. J., Felver, M. E., Vernon, A. A., Needham, L. L., Lishore, P. & Thacker, S. B. (1983). 2,3-butanediol. *Lancet*, 2:534-537.

Rutter, M. (1978). Early sources of security and competence. In J. Bruner & A. Garton (eds.). *Human growth and development*. Oxford: Claredon.

Rutter, M. (1982). Temperament. In Ciba Foundation Symposium 89. *Temperamental differences in infants and young children*. Londres: Pitman.

Rutter, M. (1983). Stress, coping, and development. In N. Garmezy & M. Rutter (eds.). *Stress, coping, and development in children*. Nova York: McGraw-Hill, pp. 1-42.

Rutter, M., Maughan, B., Mortimore, P. & Ouston, J., com Smith, A. (1979). *Fifteen thousand hours*. Cambridge, MA: Harvard University Press.

Rycroft, C. (1978). Introduction to M. Prince. *Dissociation of personality*. Nova York: Oxford University Press.

Sabini, J. & Silver, M. (1982). *Moralities of everyday life*. Nova York: Oxford University Press.

Sachs, J. & Truswell, L. (1978). Comprehension of two-word instructions by children in the one-word instructions by children in the one-word stage. *J. Child Lang.*, 5:17-24.

Sackeim, H. A. (junho, 1985). The case for ECT. *Psychol. Today*, pp. 36-40.

Sackeim, H. A. & Gur, R. C. (1978). Self-deception, self-confrontation and consciousness. In G. E. Schwartz & D. Shapiro (eds.). *Consciousness and self-regulation*. Nova York: Plenum Press.

Sackeim, H. A., Gur, R. C. & Saucy, M. C. (1978). Emotions are expressed more intensely on the left side of the face. *Science*, 202:434-436.

Sadker, M. & Sadker, D. (março, 1985). Sexism in the schoolroom of the 80s. *Psychol. Today*, pp. 54-57.

Saegert, S. (1981). Crowding and cognitive limits. In J. H. Harvey (ed.). *Cognition, social behavior, and the environment*. Hillsdale, NJ: Erlbaum.

Sagi, A. & Hofffman, M. L. (1976). Empathic distress in newborns. *Develop. Psychol.* 12:175-176.

Sajdel-Sulkowska, E. M. & Marotta, C. A. (1984). Alzheimer's disease brain. *Science*, 22:947-949.

Salamé, P. & Baddeley, A. (1982). Disruption of short-term memory by unattended speech. *J. Verb. Learn. Verb. Behav.*, 21:150-164.

Salapatek, P., Banks, M. S. & Astin, R. N. 1974). Pattern perception in very young infants: I. Visual acuity and accommodation. II. A critical period of the development of binocular vision. Trabalhos apresentados no Symposium of the Development of Ocular Abnormalities, Temple University. Citados em Haith, M. M. & Campos, J. J. (1977). Human infancy. *Annu. Rev. Psychol.*, 28:251-293.

Salk, L., Lipsitt, L. P., Sturner, W. Q., Reilly, B. M. & Levat, R. H. (1985). Relationship of material and perinatal conditions to eventual adolescent suicide. *Lancet*, 1(8429):624-627.

Salovey, P. & Rodin, J. (1984). Some antecedents and consequences of social-comparison jealousy. *J. Pers. Soc. Psychol.*, 47:780-792.

Saltz, E. (1978). *Stimulating imaginative play*. Trabalho apresentado no encontro anual da American Psychological Association, Toronto.

Salzinger, K., Feldman, R. S., Cowan, J. E. & Salzinger, S. (1965). Operant conditioning of verbal behavior of two young speech-deficient boys. In L. Krasner & L. Ullman (eds.). *Research in behavior modification*. Nova York: Holt, Rinehart, pp. 82-106.

Salzman, C. (abril, 1985). Benzodiazepine dependence. *Harvard Medical School Mental Health Letter*, 10:8.

Samelson, F. (1980). J. B. Watson's Little Albert, Cyril Burt's twins, and the need for a critical science. *Amer. Psychol.*, 35:619-625.

Sameroff, A. J. & Cavanaugh, P. J. (1979). Learning in infancy. In J. D. Osofsky (ed.). *Handbook of infant development*. Nova York: Wiley, pp. 344-392.

Samuel, W. (1980). Mood and personality correlates of IQ by race and sex of subject. *J. Pers. Soc. Psychol.*, 38:993-1004.

Sanday, P. R. (1981a). The socio-cultural context of rape. *J. Soc. Issues*, 37(4):5-27.

Sanday, P. R. (1981b). *Female power and male dominance*. Cambridge, Ing.: Cambridge University Press.

Sanders, D. & Bancroft, J. (1982). Hormones and the sexuality of women. In J. Bancroft (ed.). *Clinics in endocrinology and metabolisms, diseases of sex and sexuality*. Filadélfia: Saunders, vol. II, pp. 639-660.

Sanders, L. W., Stecher, G., Burns, P. & Julia, H. (1970). Early mother-infant interaction and twenty-four-hour patterns of activity and sleep. *J. Amer. Acad. Child Psychiat.*, 9:103-123.

Sandler, J. (fevereiro, 1985). Trabalho apresentado na conferência Freud in Our Time. Clark University (Worcesterm, MA). Descrito por Zimmerman, S. (maio, 1985). Scholars say Freud legacy still evolving. *Amer. Psychol. Ass. Monitor*, 16:37.

Sapolsky, R. M. & Pulsinelli, W. A. (1985). Glucocorticoids potentiate ischemic injury to neurons. *Science*, 229:1.397-1.400.

Sarason, B. R., Sarason, I. G., Kacker, T. A. & Bashma, R. B. (1985). Concomitants of social support. *J. Pers. Soc. Psychol.*, 49:469-480.

Sarason, I. G. (1972). *Personality*. 2ª ed. Nova York: Wiley.

Sarason, I. G. (1980). Introduction to the study of test anxiety. In J. G. Sarason (ed.). *Test anxiety*. Hillsdale, NJ: Erlbaum.

Sarason, I. G. (1984a). Stress, anxiety, and cognitive interference. *J. Pers. Soc. Psychol.*, 46:929-938.
Sarason, I. G. (1984b). Cognitive processes, anxiety, and the treatment of anxiety disorders. In A. H. Tuma & J. D. Maser (eds.). *Anxiety and the anxiety disorders*. Hillsdale, NJ: Erlbaum.
Sarason, S. B. (1977). *Work, aging, and social changes*. Nova York, Free Press.
Sarason, S. B. (1984). If it can be studied or developed, should it be? *Amer. Psychol.*, 39:477-485.
Sarason, S. B. & Klaber, M. (1985). The school as a social situation. *Annu. Rev. Psychol.*, 36:15-140.
Sarri, R. (1981). The effectiveness paradox. *J. Soc. Issues*, 37(3):34-50.
Savin-Williams, R. C. (1980). Social interactions of adolescent females in natural groups. In H. C. Foot, A. J. Chapman & J. R. Smith (eds.). *Friendship and social relations in children*. Nova York: Wiley, pp. 343-364.
Savin-Williams, R. C. & Demo, D. H. (1984). Developmental change and stability in adolescent self-concept. *Develop. Psychol.*, 20:100-110.
Sawhil, I. (1979). On the way to full equality. In A. F. Cahn (ed.). *Women in the U.S. labor force*. Nova York: Praeger.
Saxe, L., Dougherty, D. & Cross, T. (1985). The validity of polygraph testing. *Amer. Psychol.*, 40:355-366.
Scarf, M. (3 de outubro, 1971). Normality is a square circle or a four-sided triangle. NY *Times Mag.*, pp. 16-17 e ss.
Scarr, S. (1978). From evolution to Larry P., or what shall we do about IQ tests. *Intelligence*, 2:325-342.
Scarr, S. (1981a). *Race, social class and individual differences in IQ*. Hillsdale, NJ: Erlbaum.
Scarr, S. (1981b). Testing of children. *Amer. Psychol.*, 36:1.159-1.166.
Scarr, S. (1984). *Mother care, other care*. Nova York: Basic Books.
Scarr, S. (1985). Constructing psychology. *Amer. Psychol.*, 40:499-512.
Scarr, S. & Carter-Saltzamn, L. (1983). Genetics and intelligence. In J. L. Fuller & E. C. Simmel (eds.). *Behavior genetics*. Hillsdale, NJ: Erlbaum, pp. 217-336.
Scarr-Salapatek, S. & William, M. L. (1973). The effects of early stimulation on low-birth-weight infants. *Child Develop.*, 44:94-101.
Schachter, D. L. (1982). *Stranger behind the engram*. Hillsdale: NJ: Erlbaum.
Schachter, D. L. (1983) Amnesia observed. *J. Abnorm. Psychol.*, 92:236-242.
Schachter, S. (1959). *The psychology of affiliation*. Stanford, CA: Stanford University Press.

Schachter, S. & Rodin, J. (eds.). (1974). *Obese humans and rats*. Potomac, MD: Erlbaum.
Schachter, S. & Singer, J. (1962). Cognitive, social, and physiological determinants of emotional state. *Psychol. Rev.*, 69:379-399.
Schchter, S. & Singer, J. (1979). Comments on the Maslach and Marshall-Zimbardo experiments. *J. Pers. Soc. Psychol.*, 37:989-995.
Schafer, E. S. & Bayley, N. (1963). Maternal behavior, child behavior, and their intercorrelations from infancy through adolescence. *Monogr. Soc. Res. Child Develop.*, 28:1-127.
Schaffer, H. R. (1979). Acquiring the concept of dialogue. In M. H. Bornstein & W. Kessen (eds.). *Psychological development from infancy*. Hillsdale, NJ: Erlbaum, pp. 279-305.
Schaffer, H. R. & Emerson, P. E. (1964a). Patterns of response to physical contact in early human development. *J. Child. Psychol. Psychiat.*, 5:1-13.
Schaffer, H. R. & Emerson, P. E. (1964b). Development of social attachments in infancy. *Monogr. Soc. Res. Child. Develop.*, 29(3).
Schaie, K. W. (1983). Age changes in adult intelligence. In D. S. Woodruff & J. E. Birren (eds.). *Aging*. 2a ed. Monterey, CA: Brooks/Cole.
Schale, K. W. (23 de maio, 1985). Intellectual functioning. Trabalho apresentado como parte de um simpósio sobre resultados de pesquisas e direções futuras da pesquisa sobre envelhecimento na comemoração do décimo aniversário do National Institute of Aging, Bethesda.
Schaie, K. W., Labouvie, G. V. & Buech, B. (1973). Generational and cohort-specific differences in adult cognitive functioning. *Develop. Psychol.*, 9:18.
Schalling, D. (1978). Psychopathy-related personality variables and the psychophysiology of socialization. In R. D. Hare & D. Schalling (eds.). *Psychopathic behavior*. Nova York: Wiley, pp. 85-106.
Scheerer, M. (1968). Problem solving. *Scientif. Amer.*, 208(4):118-128.
Scheerer, M., Rothmann, E. & Goldstein, K. (1945). A case of "idiot savant". *Psychol. Monogr.*, 58(4).
Scheibel, A. B. (1981). The gerohistology of the aging human forebrain. In S. J. Enna, T. Samorajski & B. Beer (eds.). *Brain neurotransmitters and receptors in aging and age-related disorders*. Nova York: Raven, pp. 31-42.
Scheibel, A. B. (1985). Falls, motor dysfunction, and correlative neurohistologic changes in the elderly. *Clinics in Geriatric Medicine*, 1:671-677.
Scheibel, A. B. & Kovelman, J. A. (1981). Disorientation of the hippocampal pyramidal cell and its processes in the schizophrenic patient. *Biolog. Psychiat.*, 16:101-102.
Scheier, M. F., Buss, A. H. & Buss, D. M. (1978). Self-consciouness, self reports of aggressiveness and aggression. *J. Res. Pers.*, 12:133-140.
Scheier, M. F. & Carver, C. S. (1985). Optimism, coping, and health. *Health Psychol.*, 4:219-247.
Schiano, D. J. & Watkins, M. J. (1981). Speechlike coding of pictures in short-term memory. *Mem. Cog.*, 9:110-114.
Schiedel, D. G. & Marcia, J. E. (1985). Ego identity, intimacy, sex role orientation, and gender. *Develop. Psychol.*, 21:149-160.
Schiff, M., Duyme, M., Dumaret, A. & Tomkiewicz, S. (1982). How much could we boost scholastic achievement and IQ scores? *Cognition*, 12:165-196.
Schildkraut, J. J., Orsulak, P. J., Schatzberg, A. F., Mooney, J. J., Rosenbaum, A. H., Gudeman, J. E. & Cole, J. O. (1983). Laboratory tests for discriminating subtypes of depressive disorders based on measurements of cathecholamine metabolism In M. R. Zales (ed.). *Affective and schizophrenic disorders*. Nova York: Brunner/Mazel, pp. 103-123.
Schlegel, A. (ed.). (1977). *Sexual stratification*. Nova York: Columbia University Press.
Scheleifer, S. J., Keller, S. E., Camerino, M., Thornton, J. C. & Stein, M. (1983). Suppression of lymphocyte stimulation following bereavement. *JAMA*, 250:374-377.
Schleifer, S. J., Keller, S. E., Meyerson, A. T., Raskin, M. J., Davis, K. L. & Stein, M. (1984). Lymphocyte function in major depressive disorder. *Arch. Gen. Psychiat.*, 41:484-486.
Schleifer, S. J., Keller, S. E., Siris, S. G., Davis, K. L. & Stein, M. (1985). Depression and immunity. *Arch. Gen. Psychiat.*, 42:129-133.
Schlenker, B. R. (1980). *Impression Management*. Monterey, CA: Brooks/Cole.
Schlenker, B. R. (1982). Translating actions into attitudes. *Advances in Experimental Social Psychology*, 15:193-247.
Schlesier-Stropp, B. (1984). Bulimia. *Psychol. Bull.*, 95:247-257.
Schlesinger, B. (1977). One-parent families in Great Britain. *Family Coordinator*, 26:139-141.
Schlosberg, H. (1954). Three dimensions of emotion. *Psychol. Rev.*, 61:81-88.

Schmeidler, G. R. & McConnell, R. A. (1985). *ESP and personality patterns*. New Haven, CT: Yale University Press.

Schmidt, S. R. (1985). Encoding and retrieval processes in the memory for conceptually distinctive events. *J. Exper. Psychol.: Learn., Mem., Cog.*, 11:565-578.

Schneiderman, N. (1983). Behavior, autonomic function and animal models of cardiovascular pathology. In T. M. Dembroski, T. H. Schmidt & G. Blümchen (eds.). *Biobehavioral bases of coronary heart disease*. Basel, Suíça: Karger, pp. 304-364.

Schofield, J. W. (1982). *Black and white in school*. Nova York: Praeger.

Schonfield, D. & Stones, M. J. (1979). Remembering and aging. In J. F. Kihlstrom & F. J. Evans (eds.). *Functional disorders of memory*. Hillsdale, NJ: Erlbaum, pp. 103-139.

Schooler, N. (1985). Comentários feitos no Tardive Dyskenesia Workshop apresentado no encontro anual da American Psychiatric Association, Dallas. Relatado por Bower, B. (1985). *Sci. News*, 128:45-46.

Schottenfeld, R. S. & Cullen, M. R. (1984). Organic affective illness associated with lead intoxication. *Amer. J. Psychiat.*, 141:1.423-1.426.

Schroeder, D. H. & Costa, P. T., Jr. (1984). Influence of life event stress on physical illness. *J. Pers. Soc. Psychol.*, 46:853-863.

Schuckit, M. A. (1984). Subjective responses to alcohol in sons of alcoholic and control subjects. *Arch. Gen. Psychiat.*, 41:879-884.

Schuckit, M. A. & Rayses, V. (1979). Ethanol ingestion. *Science*, 203:54-55.

Schull, W. J. & Neel, J. V. (1965). *The effects of inbreeding on Japanese children*. Nova York: Harper & Row.

Schulsinger, F. (1972). Psychopathology. *Inter. J. Mental Hlth.*, 1:190-206.

Schulsinger, F. (1980). Discussion of Schulsinger Paper. In S. B. Sells, R. Crandall, M. Roff, J. S. Strauss & W. Pollin (eds.). *Human functioning in longitudinal perspective*. Baltimore: Williams & Wilkins, pp. 40-42.

Schultz, D. P. (1969). The human subject in psychological research. *Psychol. Bull.*, 72:214-228.

Schulz, R. (1978). *The psychology of death, dying, and bereavement*. Reading, MA: Addison-Wesley.

Schulz, R. & Decker, S. (1985). Long-term adjustment to physical disability. *J. Pers. Soc. Psychol.*, 48:1.162-1.172.

Schumer, F. (1983). *Abnormal psychology*. Lexington, MA: Heath.

Schutte, N. S., Kernrick, D. T. & Sadalla, S. K. (1985). The search for predictable settings. *J. Pers. Soc. Psychol.*, 49:121-128.

Schwab, J. J., Bell, R. A., Warheit, G. J. & Schwab, R. B. (1979). *Social order and mental health*. Nova York: Brunner/Mazel.

Schwartz, A. J. & Reifler. C. B. (1980). Suicide among American college and university students from 1970-71 through 1975-76. *J. Amer. College Hlth. Ass.*, 28:205-210.

Schwartz, G. E. (1977). Psychosomatic disorders and biofeedback. In J. D. Maser & M. E. P. Seligman (eds.). *Psychopathology*. San Francisco: Freeman, pp. 270-307.

Schwartz, G. E. (1978). *Physiological patterning and emotion revisited*. Trabalho apresentado no encontro anual da American Psychological Association, Toronto.

Schwartz, M., Belkin, M., Harel, A., Solomon, A., Lavie, V., Hadani, M., Rachailovich, I. & Stein-Izsak, C. (1985). Regenerating fish optic nerves and a regeneration-like response in injured optic nerves of adult rabbits. *Science*, 228:600-603.

Schwatrz, M. & Day, R. H. (1979). Visual shape perception in early infancy. *Monogr. Soc. Res. Child Develop.*, 44(7, n. 182).

Schwartz, S. H. & Gottlieb, A. (1980). Bystander anonimity and reactions to emergencies. *J. Pers. Soc. Psychol.*, 39:418-430.

Schwartz, S. H. & Howard, J. A. (1981). A normative decision-making model of altruism. In J. P. Rushton & R. M. Sorrentino (eds.). *Altruism and helping behavior*. Hillsdale, NJ: Erlbaum, pp. 189-212.

Sclafani, A. (1980). Dietary obesity. In A. J. Stunkard (ed.). *Obesity*. Filadélfia: Saunders.

Scott, D. S. & Barber, T. X. (1977). Cognitive control of pain. *Psychological Record*, 27:373-383.

Scott, J. P. (1958). *Aggression*. Chicago, Il: University of Chicago Press.

Scott, J. P. (1968). *Early experience and the organization of behavior*. Monterey, CA: Brooks/Cole.

Scott, J. P. (1983). A system approach to research on aggressive behavior. In E. C. Simmel, M. C. Hahn & J. K. Walters (eds.). *Aggressive behavior*. Hillsdale, NJ: Erlbaum, pp. 1-18.

Scott, J. P. (1984). *Biological bases of intergroup conflict*. Trabalho apresentado no encontro anual da American Psychological Association, Toronto.

Scott, J. P. & Fuller, J. L. (1965). *Genetics and the social behavior of the dog*. Chicago, Il: University of Chicago Press.

Scovern, A. W. & Kilmann, P. R. (1980). Status of electroconvulsive therapy. *Psychol. Bull.*, 87:260-303.

Scull, A. (1981). Deinstitutionalization and the rights of the deviant. *J. Soc. Issues*, 37(3):6-20.

Sears, P. S. & Sears, R. R. (1978). *From childhood to middle age to later maturity: Longitudinal study*. Apresentação feita a convite da American Psychological Association, Toronto.

Sears, R. R., Maccoby, E. & Levin, H. (1957). *Patterns of child rearing*. Evanston, IL: Row, Peterson.

Sears, R. R. & Sears, P. Pesquisa em andamento descrita por Goleman, D. (fevereiro, 1980). Still learning from Terman's children. *Psychol. Today*, pp. 44-53.

Sechrest, L. (1978). Personality. *Annu. Rev. Psychol.*, 27(1):1-27.

Sederer, L. J. (ed.). (1983). *Inpatient psychiatry*. Baltimore: Williams & Wilkins.

Segal, M. W. (1974). Alphabet and attraction. *J. Pers. Soc. Psychol.*, 30:654-657.

Segal, N. L. (1985). Monozygotic and dizygotic twins. *Child Develop.*, 56:1.051-1.058.

Segall, M. H., Campbell, D. T. & Herskowitz, M. J. (1963). Cultural differences in the perception of geometric illusions. *Science*, 139:769-771.

Seiden, R. H. (1966). Campus tragedy. *J. Abnorm. Soc. Psychol.*, 71:389-399.

Seiden, R. H. (1969). Suicide among youth. Suplemento ao *Bull. Suicidol*. Washington, DC: National Clearinghouse for Mental Health Information.

Seiden, R. H. (1981). Mellowing with age. *Inter. J. Aging Hum. Develop.*, 13:265-284.

Seiden, R. H. (1983). *Suicide among the young and elderly*. Trabalho apresentado no encontro anual da Gerontological Society of America, San Francisco.

Seiden, R. H. (1984). The youthful suicide epiddemic. *Bulletin of the Institute of Governmental Studies*. Berkeley, 25(1):1.

Seidman, L. J. (1983). Schizophrenia and brain dysfunction. *Psychol. Bull.*, 94:195-238.

Seifer, R. & Sameroff, A. J. (1982). A structural equation model analysis of competence in children at risk for mental disorder. In H. A. Moss, R. Hess & C. Swift (eds.). *Early intervention programs for infants*. Nova York: Haworth.

Seitz, V., Rosenbaum, L. K., Apfel, N. H. (1985). Effects of family support intervention. *Child Develop.*, 56:376-391.

Selfe, L. (1983). *Normal and anomalous representational drawing ability in children*. Londres: Academic Press.

Seligman, M. E. P. (1970). On the generality of the laws of learning. *Psychol. Rev.*, 77:406.

Seligman, M. E. P. (1975). *Helplessness*. San Francisco: Freeman.

Seligmann, J., Zabarsky, M., Witherspoon, D., Rotenberk, L. & Schmidt, M. A. (7 de março, 1983). *Newsweek*, pp. 59-60.
Selman, R. L. (1981). What children understand of intrapsychic processes. In E. K. Shapiro & E. Weber (eds.). *Cognitive and affective growth*. Hillsdale, NJ: Erlbaum.
Selman, R. L. & Jaquette, D. (1978). Stability and oscillation in interpersonal awareness. In C. B. Keasy (ed.). *Nebraska symposium on motivation*, 1977. Lincoln University of Nebraska Press.
Seltzer, S., Stoch, R., Marcus, R. & Jackson, E. (1982). Alteration of human pain thresholds by nutritional manipulation and l-tryptophan supplementation. *Pain*, 13:385-393.
Selye, H. (1976). *The stress of life*. Nova York: McGraw-Hill.
Selye, H. (1978). They all looked sick to me. *Human Nat.*, 1(2):58-63.
Selzer, M. L. (1980). The accident process and drunken driving as indirect self-destructive activity. In N. L. Farberow (ed.). *The many faces of suicide*. Nova York: McGraw-Hill.
Senk, S. & Usiskin, Z. (1983). Geometry proof writing. *Amer. J. Educ.*, 91:197-201.
Senneker, P. & Hendrick, C. (1983). Androgeny and helping behavior. *J. Pers. Soc. Psychol.*, 45:916-925.
Serban, G. (1981). Resultados de levantamento apresentados no encontro anual da American Psychiatric Association, New Orleans. Citado por Totter, R. J. (1981). Stress. *Sci. News*, 119:328.
Serbin, L. A. & Connor, J. M. (1979). Environmental control of sex-related behaviors in the preschool. Trabalho apresentado para a Society for Research in Child Development, San Francisco.
Sevush, S., Morton, C. & Guterman, A. (1984). Improved verbal recall in Alzheimer's disease following outpatient physostigmine therapy. Monografia não publicada.
Sexton, M. & Hebel, J. R. (1984). A clinical trial of change in maternal smoking and its effect on birth weight. *JAMA*, 251:911-915.
Seyfarth, R. & Cheney, D. (março, 1984). The natural vocalizations of nonhuman primates. *Trends in Neuroscience*, 7:66-73.
Shadish, W. R., Jr. (1984). Policy research. *Amer. Psychol.*, 39:725-738.
Shaffer, D. R. & Johnson, R. D. (1980). Effects of occupational choice and sex-role preferences on the attractiveness of competent men and women. *J. Pers.*, 48:505-519.

Shaheen, S. J. (1984). Neuromaturation and behavior development. *Develop. Psychol.*, 20:542-550.
Shakow, D. (1979). *Adaptation in schizophrenia*. Nova York: Wiley-Interscience.
Shallice, T. (1978). The dominant action system. In K. S. Pope & J. L. Singer (eds.). *The stream of consciousness*. Nova York: Plenum Press.
Shanas, E. (1970). Health and adjustment in retirement. *J. Gerontol.*, 10:19-21.
Shannahoff-Khalsa, D. (setembro, 1984). Rhythms and reality, *Psychol. Today*, pp. 72-73.
Shannon, L. W. Pesquisa descrita por Herbert, W. (1982). Scared crooked. *Sci. News*, 122:167.
Shapiro, D. & Goldstein. I. B. (1982). Behavioral perspectives on hypertension. *J. Consult. Clin. Psychol.*, 50:841-858.
Shatz, M. & Gelman, R. (1973). The development of communication skills. *Monogr. Soc. Res. Child Develop.*, 38(5):152.
Shaver, P. & Rubesntein, C. (1980). Childhood attachment experience and adult loneliness. In L. Wheeler (ed.). *Review of personality and social psychology*. Beverly Hills, CA: Sage, vol. 1, pp. 42-73.
Shaw, B. (1982). Stress and depression. In R. W. J. Neufeld (ed.). *Psychological stress and psychopathology*. Nova York: McGraw-Hill.
Sheehan, D. V., O'Donnell, J., Fitzgerald, A., Herwig, L. & Ward, H. (1981). Psychosocial predictors of accident-error rates in nursing students. *Inter. J. Psychiat. Med.*, 11(2):125-136.
Sheehan, P. W., Grigg, L. & McCann, T. (1984). Memory distortion following exposure to false information in hypnosis. *J. Abnorm. Psychol.*, 93:259-265.
Shekelle, R., Hulley, S. B., Neaton, J. D., Billings, J. H., Borhani, N. O., Gerace, T. A., Jacobs, D. R., Laser, N. L. Mittlemark, M. B. & Stamlee, J. (1985). The MRFIT Behavior Pattern Study. II. Type A behavior and incidence of coronary heart disease. *Amer. J. Epidem.*, 122:559-570.
Shekelle, R., Raynor, W., Ostfield, A., Garron, D., Bieliauskas, L., Liu, S., Maliza, C. & Paul, O. (1981). Psychological depression and 17-year risk of death from cancer. *Psychosom. Med.*, 43:117-127.
Sheldon, W. H. (1942). Em colaboração com Stevens, S. S. *The varieties of temperament*. Nova York: Harper & Row.
Shell, E. R. (outubro, 1982). The guinea pig town. *Science*, 82:58-63.
Shepard, R. N. (1978). The mental image. *Amer. Psychol.*, 33:125-137.

Shephard, R. N. & Cooper, L. A. (1982). *Mental images and their transformations*. Cambridge, MA: MIT Press/Bradford Books.
Shepherd, G. M. (fevereiro, 1978). Microcircuits in the nervous system. *Scientif. Amer.*, pp. 93-103.
Sherif, C. W. (1980). Social values, attitudes, and the involvement of the self. *Nebraska symposium on motivation* 1979. Lincoln: Universidade de Nebraska.
Sherif, C. W. (1982). Social and psychological bases of psychology. In A. G. Kraut (ed.). *The G. Stanley Hall lecture series*. Washington, DC: American Psychological Association, vol. 2.
Sherif, M. (1956). Experiments in group conflict. *Scientif. Amer.*, 195:54-58.
Sherman, M. A. & Hass, A. (junho, 1984). Man to man, woman to woman. *Psychol. Today*, pp. 72-73.
Shevrin, H. & Dickman, S. (1981). The psychological unconscious. *Amer. Psychol.*, 35:421-434.
Shiffrin, R. M. (1975). Short-term store. In F. R. Restle, R. M. Shiffrin, N. J. Castellan, H. R. Lindman & D. B. Pisoni (eds.). *Cognitive theory*. Hillsdale, NJ: Erlbaum.
Shiffrin, R. M. & Schneider, W. (1977). Controlled and automatic human information processing. II. Perceptual learning, automatic attending, and a general theory. *Psychol. Rev.*, 84:127-190.
Shigetomi, C. C., Hartmann, D. P. & Gelfand, D. M. (1981). Sex differences in children's altruistic behavior and reputations for helpfulness. *Develop. Psychol.*, 17:434-437.
Shinn, M. & Felton, B. J. (eds.). (1981). Institutions and alternatives. *J. Soc. Issues*, 37(3).
Shinn, M., Lehmann, S. & Wong, N. W. (1984). Social interaction and social support. In A. Brownell & S. A. Shumaker (eds.). Social support. *J. Soc. Issues*, 40(4):55-76.
Shinn, M., Rosario, M., Morch, H. & Chestnut, D. E. (1984). Coping with job stress and burnout in the human services. *J. Pers. Soc. Psychol.*, 46:864-876.
Shipman, V. C. (1978). Project report. *Disadvantaged children and their first school experiences*. Princeton, NJ: ETS.
Shneidman, E. (1985). *Definition of suicide*. Nova York: Wiley.
Shoben, E. J. (1983). An invitation to cognitive psychology. *Contemp. Psychol.*, 28:944-945.
Shooter, E. (1982). Nerve growth-factor and neuronal differentiation. *Hoppe-Seylers Zeitzchrift Für Physiologisch Chemie*, 363:127.
Shore, J. H., Tatum, E. & Vollmer, W. M. (1985). Psychiatric findings of Mount St. Helens disaster. Trabalho apresentado no

encontro anual da American Psychiatric Association, Dallas.

Shotland, R. L. & Heinold, W. D. (1985). Bystander response to arterial bleeding. J. Pers. Soc. Psychol., 49:347-356.

Showers, C. & Canton, N. (1985). Social cognition. Annu. Rev. Psychol., 36:275-305.

Shukla, S., Mukherjee, S., Gowin, C. & Miller, M. (1985). Bipolar disorder following head trauma. Trabalho apresentado no encontro anual da American Psychiatric Association, Dallas.

Shulman, H. G. (1972). Semantic confusion errors in short-term memory. J. Verb. Learn. Verb. Behav., 11:221-337.

Shulman, L. S. (1982). Educational psychology. In A. G. Kraut (ed.). The G. Stanley Hall lecture series. Washington, DC: American Psychological Association, vol. 2.

Sieber, J. E., O'Neill, H. F. & Tobias, S. (1977). Anxiety, learning and instruction. Hillsdale, NJ: Erlbaum.

Siegal, H. A. (1978). Outposts of the forgotten. New Brunswick, NJ: Transaction.

Siegal, L. S. (1984). Home environmental influences on cognitive development in preterm and full-term children during the first 5 years. In A. W. Gottfried (ed.). Home environment and early cognitive development. Nova York: Academic Press, pp. 197-234.

Siegel, M. (1983). Crime and violence in America. Amer. Psychol., 38:1.267-1.273.

Siegel, R. K. (1977). Hallucinations. Scientif. Amer., 23(4):132-140.

Siegel, R. K. (1980). The psychology of life after death. Amer. Psychol., 35:911-931.

Sigman, M. & Mundy, P. (1985). Interactions of autistic children with their caregivers. Trabalho apresentado no encontro anual da American Psychological Associatoin, Los Angeles.

Silver, R. L., Boon, C. & Stones, M. H. (1983). Searching for meaning in misfortune. J. Soc. Issues, 39(2):81-102.

Simmel, E. C. & Bagwell, M. (1983). Genetics of exploratory behavior and activity. In J. L. Fuller & E. C. Simmel (eds.). Behavior genetics. Hillsdale, NJ: Erlbaum, pp. 90-116.

Simon, H. A. (1983). Reason in human affairs. Stanford, CA: Stanford University Press.

Simon, H. A. & Gilmartin, K. (1973). A simulation of memory for chess positions. Cog. Psychol., 5:29-46.

Simons, A. D., Garfield, S. L. & Murphy, G. E. (1984). The process of change in cognitive therapy and pharmacotherapy for depression. Arch. Gen. Psychiat., 41:45-51.

Simpson, J. L. & Mills, J. L. (1985). Comentários feitos em uma coletiva de imprensa no encontro anual da American College of Obstetricians and Gynecologists, Washington, DC. Descrito por Silberner, J. (1985). Spermicides given green light. Sci. News, 127:326.

Singer, J. L. (1978). Experimental studies of daydreaming and the stream of thought. In K. S. Pope & J. L. Singer (eds.). The stream of consciousness. Nova York: Plenum Press, pp. 187-223.

Singer, J. L. & Singer, D. G. (1981). Television, imagination, and aggression. Hillsdale, NJ: Erlbaum.

Singer, M. (julho/agosto, 1979). In Freeman, M. A. Conversation with Margareth Singer. Amer. Psychol. Ass. Monitor, pp. 6-7.

Singer, R. D. (1984). The function of television in childhood aggression. In R. M. Kaplan, V. J. Konecni, & R. W. Novaco (eds.). Aggression in children and youth. The Hague: Martinus Nijhoff, pp. 263-280.

Singh, S. D. (1968). Effect of urban environment on visual curiosity behavior in rhesus monkeys. Psychonom. Sci., 11:83-84.

Singleton, G. (1984). Descrito em Hearing loss from cordless phone. (1984). Sci. News, 125:25.

Sinnott, J. D. (1984). Everyday memory and solution of everyday problems. Trabalho apresentado no encontro anual da American Psychological Association, Toronto.

Sirignano, S. W. & Lachman, M. E. (1985). Personality change during the transition to parenthood. Develop. Psychol., 21:558-567.

Sizemore, C. & Pittillo, E. S. (1977). I'm Eve. Garden City, NY: Doubleday.

Sjöström, L. (1980). Fat cells and body weight. In A. J. Stunkard (ed.). Obesity. Filadélfia: Saunders.

Skeels, H. M. (1966). Adult status of children with contrasting early life experiences. Monogr. Soc. Res. Child Develop., 31(3).

Skinner, B. F. (1948a). Walden Two. Nova York: Macmillan, p. 240.

Skinner, B. F. (1948b). "Superstition" in the pigeon. J. Exper. Psychol., 38:168-172.

Skinner, B. F. (1953). Science and human behavior. Nova York: Macmillan, p. 12.

Skinner, B. F. (1956). A case history in scientific method. Amer. Psychol., 11:226.

Skinner, B. F. (1974). Adult behaviorism. Nova York: Knopf.

Skinner, B. F. (1980). Notebooks (R. Epstein, ed.). Englewood Cliffs, NJ: Prentice-Hall.

Skinner, B. F. (1984). The shame of American education. Amer. Psychol., 39:947-954.

Skolnick, A. (1981). Married lives. In D. H. Eichorn, J. A. Clausen, N. Hann, M. P. Honzik & P. H. Mussen (eds.). Present and past in middle life. Nova York: Academic Press.

Skrypnek, B. J. & Snyder, M. (1982). On the self-perpetuating nature of stereotypes about women and men. J. Exper. Soc. Psychol., 18:277-291.

Slack, W. V. & Porter, D. (1980). The Scholastic Aptitude Test. Harvard Ed. Rev., 50:154-175.

Slamecka, N. J. (1985). Ebbinghaus. J. Exper. Psychol.: Learn., Mem., Cog., 11:414-435.

Slater, E. T. O. & Glithero, E. (1965). A follow-up of patients diagnosed as suffering from "hysteria". J. Psychosom. Res., 9:9-13.

Slavin, R. E. (1983). Cooperative learning. Nova York: Longman.

Sloane, R. B., Staples, F. P., Cristol, A. H., Yorkston, N. J. & Whipple, K. (1975). Psychotherapy vs. behavior therapy. Cambridge, MA: Harvard University Press.

Slobin, D. I. (1982). Universal and particular on the acquisition of language. In E. Wanner & L. R. Gleitman (eds.). Language acquisition. Cambridge, Ing.: Cambridge University Press, pp. 128-170.

Slochower, J. A. (1983). Excessive eating. Nova York: Human Science Press.

Sluckin, W., Hargreaves, D. J. & Coleman, A. M. (1983). Novelty and human aesthetic performances. In J. Archer & L. I. A. Birke (eds.). Explorations in animals and humans. Berkshire, Ing.: Van Nostrand Reinhold, pp. 246-269.

Sluckin, W., Herbert, M. & Sluckin, A. (1983). Maternal bonding. Oxford, Ing.: Basil Blackwell.

Smelser, N. J. & Erikson, E. H. (eds.). (1980). Themes of work and love in adulthood. Cambridge, MA: Harvard University Press.

Smith, A. (1979). Practices and principles of clinical neuropsychology. Internat. J. Neurosci., 9:233-238.

Smith, A. D. & Fullerton, A. M. (1980). Age differences in episodic and semantic memory. In S. Beasley & G.A. Davis (eds.). Speech, Language, and hearing. Nova York: Grune & Stratton.

Smith, C. A. & Ellsworth, P. C. (1985). Patterns of cognitive appraisal in emotion. J. Pers. Soc. Psychol., 48:803-838.

Smith, D. (1982). Trends in counseling and psychotherapy. Amer. Psychol., 37:802-809.

Smith, D. & Kraft, W. A. (1983). DSM-III. Amer. Psychol., 38:777-785.

Smith, D. A. & Graesser, A. C. (1981). Memory for actions in scripted activities as a function of typicality, retention interval, and retrieval task. Mem. Cog., 9:550-559.

Smith, E. E., Shoben, E. J. & Rips, L. J. (1974). Structure and processes in semantic memory. Psychol. Rev., 81:214-241.

Smith, E. E. P., Olson, M., Barger, R. & McConnell, J. (1981). The effects of improved auditory feedback on the verbalizations of an autistic child. *J. Autism Devel. Dis.*, 11:449-454.
Smith, G. F. & Dorfman, D. D. (1975). The effect of stimulus uncertainty on the relationship between frequency of exposure and liking. *J. Pers. Soc. Psychol.*, 31:150-155.
Smith, K. U. (1984). Facedness and its relation to musical talent. *J. Acoust. Soc. Amer.*, 75:1.907-1.908.
Smith, M. (1982). The genetics of alcoholism. In B. Stimmel (ed.). *The effect of maternal alcohol and drug abuse on the newborn*. Nova York: Haworth.
Smith, M. C. (1984). Hypnotic memory ennhancement of witnesses. *Psychol. Bull.*, 94:387-407.
Smith, M. L., Glass, G. V. & Miller, T. I. (1980). *The benefits of psychotherapy*. Baltimore: Johns Hopkins University Press.
Smith, R. J. (1978). *The psychopath in society*. Nova York: Columbia University Press.
Smith, S. B. (1983). *The great mental calculations*. Nova York: Columbia University Press.
Smith, S. D., Kimberling, W. J., Pennington, B. F. & Lubs, H. A. (1983). Specific reading disability. *Science*, 219:1.345-1.347.
Smith, S. M., Brown, H. O., Toman, J. E. P. & Coodman, L. S. (1947). The lack of cerebral effects of d-turbocurrarine. *Anaesthesiology*, 8:1-14.
Smith, T. W., Snyder, C. R. & Handelsman, M. M. (1982). On the self-serving function of an academic wooden leg. *J. Pers. Soc. Psychol.*, 42:314-321.
Smollar, J. & Youniss, J. (1982). Social development through friendship. In K. H. Rubin & H. S. Ross (eds.). *Peer relationships and social skills in childhood*. Nova York: Springer-Verlag, pp. 279-298.
Smotherman, W. P. (1982). In utero chemosensory experience alters taste preferences and corticosterone responsiveness. *Behav. Neur. Biol.*, 36:61-68.
Smotherman, W. P. & Robinson, S. R. (1985). The rat fetus in its environment. *Behav. Neurosci.*, 99:521-530.
Snarey, J. R. (1985). Cross-cultural universality of social-moral development. *Psychol. Bull.*, 97:202-232.
Snarey, J. R., Reimer, J. & Kohlberg, L. (1985). Development of social-moral reasoning among kibbutz adolescents. *Develop. Psychol.*, 21:3-17.
Snodgrass, S. E. (1985). Women's intuition. *J. Pers. Soc. Psychol.*, 49:146-155.
Snowdown, C. T., Brown, C. H. & Petersen, M. R. (eds.). (1982). *Primate communication*. Cambridge, Ing.: Cambridge University Press.
Snyder, C. R., (1974). Why horoscopes are true. *J. Clin. Psychol.*, 30:577-580.
Snyder, C. R. & Fromkin, H. L. (1980). *Uniqueness*. Nova York: Plenum Press.
Snyder, C. R. Higgins, R. L. & Stucky, R. J. (1983). *Excuses*. Nova York: Wiley.
Snyder, C. R., Smith, T. W., Augelli, R. W. & Ingram, R. E. (1985). On the self-serving function of social anxiety. *J. Pers. Soc. Psychol.*, 49:970-980.
Snyder, M. (1981). On the self-perpetuating nature of social stereotypes. In D. L. Hamilton (ed.). *Cognitive processes in stereotyping and intergroup behavior*. Hillsdale, NJ: Erlbaum, pp. 183-212.
Snyder, M. (1983). The influence of individuals on situations. *J. Pers.*, 51:497-516.
Snyder, M., Berscheid, E. & Glick, P. (1985). Focusing on the exterior and the interior. *J. Pers. Soc. Psychol.*, 48:1.427-1.439.
Snyder, M., Tanke, E. D. & Berscheid, E. (1977). Social perception in interpersonal behavior. *J. Pers. Soc. Psychol.*, 35:656-666.
Snyder, M. & Uranowitz, S. W. (1978). Reconstructing the past. *J. Pers. Soc. Psychol.*, 36:941-950.
Snyder, S. (1980). *Biological aspects of mental disorder*. Nova York: Oxford University Press.
Snyder, S. H. (1974). *Madness and the brain*. Nova York: McGraw-Hill.
Snyder, S. H. (outubro, 1985). The molecular basis of communication between cells. *Scientific. Amer.*, pp. 132-141.
Sobel, S. B. & Russo, N. F. (1981). Sex roles, equality, and mental health. *Professional Psychol.*, 12:1-19.
Solnick, R. E. & Corby, N. (1983). Human sexuality and aging. In D. S. Woodruff & J. E. Birren (eds.). *Aging.*, Monterey, CA: Books/Cole, pp. 202-224.
Solomon, G. F. (1981). Immunologic abnormalities in mental illness. In R. Ader (ed.). *Psychoneuroimmunology*. Nova York: Academic Press.
Solomon, R. L. (1964). Punishment. *Amer. Psychol.*, 19:239-253.
Solomon, R. S. (1977). An opponent-process theory of acquired motivation. In J. D. Maser & M. E. P. Seligman (eds.). *Psychopathology*. San Francisco: Freeman, pp. 66-103.
Solomon, R. S. (1980). The opponent-process theory of acquired motivation. *Amer. Psychol.*, 35:691-712.
Solomon, S., Holmes, D. S. & McCaul, K. D. (1980). Behavioral control over aversive events. *J. Pers. Soc. Psychol.*, 39:729-736.
Sommers, S. (1984). Reported emotions and conventions of emotionality among college students. *J. Pers. Soc. Psychol.*, 46:207-215.
Sontag, L. W. (1944). War and fetal maternal relationships. *Marr. Fam. Living*, 6:1-5.
Sontag, L. W., Baker, C. T. & Nelson, V. L. (1985). Mental growth and personality development. *Monogr. Soc. Res. Child Develop.*, 23(2).
Sorce, J. F., Emde, R. N., Campos, J. & Klinnert, M. D. (1985). Maternal emotional signaling. *Develop. Psychol.*, 21:195-300.
Sorensen, R. C. (1973). *Adolescent sexuality in contemporary America*. Nova York: World Publishing.
Sorrentino, R. M., Short, J. A. C. & Raynor, J. O. (1984). Uncertainty orientation. *J. Pers. Soc. Psychol.*, 46:189-206.
Sostek, A. J. & Wyatt, R. J. (1981). The chemistry of crankiness. *Psychol. Today*, 15(10):120.
Soyster, C. (1984). *Adult children of alcoholics*. Trabalho apresentado no encontro anual da American Psychological Association, Toronto.
Spanos, N. P. & Barber, T. X. (1974). Toward a convergence in hypnosis research. *Amer. Psychol.*, 29:500-511.
Spanos, N. P., McNeil, C., Gwynn, M. I. & Stam, H. J. (1984). Effects of suggestion and distraction on reported pain in subjects high and low on hypnotic susceptibility. *J. Abnorm. Psychol.*, 93:277-284.
Spanos, N. P., Radtke, H. L. & Bertrand, L. D. (1985a). Hypnotic amnesia as a strategic enactment. *J. Pers. Soc. Psychol.*, 47:1.155-1.169.
Spanos, N. P., Weekes, J. R. & Bertrand, L. D. (1985b). Multiple personality. *J. Abnorm. Psychol.*, 94:362-376.
Spargo, P. E. & Pounds, C. A. (1979). Newton's "derangement of the intellect". *Notes and Records of the Royal Society of London*, 34(1):21-28.
Spark, R. F., White, R. A. & Connolly, P. B. (1980). Impotence in not always psychogenic. Newer insights into hypothalamic-pituitary-gonadal dysfunction. *JAMA*, 243(8):750-755.
Spearman, C. E. (1927). *The abilities of man*. Nova York: Mcmillan.
Spence, J. T. (1979). Traits, roles, and the concept of androgeny. In J. E. Gullahorn (ed.). *Psychology and women*. Washington, DC: Winston, pp. 167-187.
Spence, J. T. (1983). Comment on Lubinski, Tellegen, and Butcher's "Masculinity, feminility, and androgyny viewed and assessed as distinct concepts". *J. Pers. Soc. Psychol.*, 44:440-446.

Spence, J. T. & Helmreich, R. L. (1981). Masculine instrumentality and feminine expressiveness. *Psychol. Women Quart.*, 5:147-163.

Spence, J. T. & Helmreich, R. L. (1983). Achievement-related motives and behaviors. In J. T. Spence (ed.). *Achievement and achievement motives.* San Francisco: Freeman, pp. 7-74.

Spence, J. T., Helmreich, R. & Stapp, J. (1975). Ratings of self and peers on sex role attributes on their relation to self-esteem and conceptions of masculinity and feminility. *J. Pers. Soc. Psychol.*, 32:29-39.

Spence, M. A., Ritvo, E. R., Marazita, M. L., Funderburk, S. J., Sparkes, R. S. & Freeman, B. (1985). Gene mapping studies with the syndrome of autism. *Behav. Genet.*, 15:1-13.

Sperling, G. (1960). The information avaiable in brief visual presentations. *Psychol. Monogr.*, 74:1-29.

Sperling, G. (1963). A model for visual memory tasks. *Human Factors*, 5:19-39.

Sperry, R. W. (1951). Mechanism of neural maturation. In S. S. Stevens (ed.). *Handbook of experimental psychology.* Nova York: Wiley, pp. 236-280.

Sperry, R. W. (1964). The great cerebral commissure. *Scientif. Amer.*, 210:42-62.

Sperry, R. W. (1974). Lateral specialization in the surgically separated hemispheres. In F. O. Schmitt & F. G. Worden (eds.). *The neurosciences.* Cambridge, MA: MIT Press.

Spery, R. W. (1985). Some effects of disconnecting the cerebral hemispheres. In P. H. Abelson, E. Butz & S. H. Snyder (eds.). *Neuroscience.* Washington, DC: American Association for the Advancement of Science, pp. 372-380.

Spiegel, D. & Wissler, T. (1984). Family environment lowers rehospitalization rate. Trabalho apresentado no encontro anual da American Psychiatric Association, Los Angeles.

Spiegler, M. D. (1983). *Contemporary behavioral therapy.* Palo Alto, CA: Mayfield.

Spielberger, C. (1985). Anxiety, cognition, and effect. in A. H. Tuma & J. D. Maser (eds.). *Anxiety and the anxiety disorders.* Hillsdale, NJ: Erlbaum.

Spillmann, L. & Wooten, B. R. (eds.). (1984). *Sensory experience, adaptation, and perception.* Hillsdale, NJ: Erlbaum.

Spirduso, W. W. (1982). Physical fitness in relation to motor aging. In J. A. Mortimer, F. J. Pirozollo & G. J. Maletta (eds.). *The aging motor system.* Nova York: Praeger, vol. 3, pp. 120-151.

Spitz, H. H. (1973). The channel capacity of educable mental retardates. In D. K. Routh (ed.). *The experimental psychology of mental retardation.* Chicago, Il: Aldine.

Spitz, R. A. (1945). Hospitalism. *Psychoanal. Study Child*, 1:53-74.

Spitzer, R. L., Forman, J. B. W. & Nee, J. (1979). DSM-II field trials: 1. Initial interater diagnostic reliability. *Amer. J. Psychiat.*, 136:85-817.

Spitzer, R. L., Skodal, A. E., Gibbon, M. & Williams, J. B. N. (1981). DSM-III Case Book. Washington, DC? American Psychiatric Association.

Spivack, G. (1983). Workshop on Delinquency Prevention. Vermont Conference on the Primary Prevention of Psychopathology. Descrito por Mervis, J. (agosto, 1983). Cutts, threaten promising work on prevention. *Amer. Psychol. Ass. Monitor*, pp. 11 e ss.

Spivack, G., Platt, J. J. & Shure, M. B. (1976). *The problem-solving approach to adjustment.* San Francisco: Jossey-Bass.

Spohn, H. E., Coyne, L., Lacoursiere, R., Mazur, D. & Hayes, K. (1985). Relation of neuroleptic dose and tardive dyskinesia to attention, information-processing, and psychophysiology in medicated schizophrenics. *Arch. Gen. Psychiat.*, 42:849-859.

Spohn, H. E., Lacoursiere, R. B., Thompson, K. & Coyne, L. (1977). Phenothiazine effects on psychological and psychophysiological dysfunction in chronic schizophrenics. *Arch. Gen. Psychiat.*, 34:633-644.

Spring, B. & Coons, H. (1982). Stress as a precursor of schizophrenic episodes. In R. W. J. Neufeld (ed.). *Psychological stress and psychopathology.* Nova York: McGraw-Hill.

Sprunger, L. W., Boyce, W. T. & Gaines, J. A. (1985). Family-infant congruence. *Child Develop.*, 56:564-572.

Squire, L. R. (1985). Pesquisa descrita por Holden, C. (1985). A guarded endorsement for shock therapy. *Science*, 228: 1.510-1.511.

Squire, L. R., Shimamura, A. P. & Graf, P. (1985). Independence of recognition memory and priming effects. *J. Exper. Psychol.: Learn., Mem., Cog.*, 11:37-44.

Squires, R. F. & Saederup, E. (1982). Gamma-aminobutyric acid receptors modulate cation binding-cites coupled to independent benzodiazepine, picrotoxin, and anion binding-sites. *Molecular Pharmacology*, 22:327-334.

Srole, L. & Fischer, A. K. (1980). The Midtown Manhattan longitudinal study vs. the "mental Paradise Lost" doctrine. *Arch. Gen. Psychiat.*, 37:209-221.

Sroufe, L. A. (1979). Socioemotional development. In J. D. Osfosky (ed.). *Handbook of infant development.* Nova York: Wiley, pp. 462-516.

Sroufe, L. A. (1985). Attachment classification from the perspective of infant-caregiver relationships and infant temperament. *Child Develop.*, 56:1-14.

Sroufe, L. A. & Fleeson, J. (1985). Attachment and the construction of relationships. In W. W. Hartup & Z. Rubin (eds.). *Relationships and development.* Hillsdale, NJ: Erlbaum.

Srull, T., Lichtenstein, M. & Rothbart, M. (1985). Associative storage and retrieval in person memory. *J. Exper. Psychol.: Learn., Mem., Cog.*, 11:31-345.

St. James-Roberts, I. (1979). Neurological plasticity and recovery from brain damage. In H. W. Reese & L. P. Lipsitt (eds.). *Advances in child development and behavior.* Nova York: Academic Press, vol. 14, pp. 253-319.

Stafford, R., Blackman, E. & Debona, P. (1977). The division of labor among cohabiting and married couples. *J. Marr. Fam.*, 39:43-58.

Stagner, R. (1958). The gullibility of personnel managers. *Personnel Psychol.*, 11:348.

Standards for Educational and Psychological Testing. (1985). Projeto conjunto da American Educational Research Association, American Psychological Association & National Council on Measurement in Education, Washington, DC.

Standing, L. (1973). Learning 10.000 pictures. *Quart. J. Exper. Psychol.*, 25:207-222.

Stapp, J. & Fulcher, R. (1985). The employment of APA members: 1982. *Amer. Psychol.*, 38:1.298-1.320.

Stark, R. & McEvoy, J. (novembro, 1970). Middle class violence. *Psychol. Today*, pp. 46 e ss.

Stark, R. E. & Bond, J. Trabalho apresentado no encontro da Acoustical Society of America, San Diego, 1983. Descrito em Da-da and ba-ba-ba. (1984). *Scientif. Amer.*, 250(1):76.

Starker, S. (1978). Dreams and waking fantasy. In K. S. Pope & J. L. Singer (eds.). *The stream of consciouness.* Nova York: Plenum Press.

Stebbins, G. L. & Ayala, F. J. (julho, 1985). The evolution of Darwinism. *Scientific. Amer.*, 253:72-85.

Steel, C. M., Southwick, L. L. & Critchlow, B. (1981). Dissonance and alcohol. *J. Pers. Soc. Psychol.*, 41:831-846.

Steele, B. F. & Pollock, C. B. (1968). A psychiatry study of parents who abuse infants and small children. In R. E. Helfer & C. H. Kemp (eds.). *The battered child.* Chicago, Il: University of Chicago Press, pp. 103-133.

Stein, G., Marsh, A. & Morton, J. (1981). Mental symptoms, weight changes, and electrolyte excretion in the first postpartum week. *J. Psychosom. Res.*, 22:395-408.

Stein, L. I. & Test, M. A. (1978). *Alternatives to mental hospital treatment*. Nova York: Plenum Press.

Stein, Z., Susser, M., Saenger, G. & Marolla, F. (1975). *Famine and human development*. Nova York: Oxford University Press.

Steinberg, L. D., Catalono, R. & Dooley, P. (1981). Economic antecedents of child abuse and neglect. *Child Develop.*, 54:975-985.

Steinmetz, S. K. (1978). The battered husband syndrome. *Victimiology*, 2:499-509.

Stenberg, C., Campos, J. J. & Emde, R. N. (1982). The facial expression of anger in seven-month-olds. *Child Develop.*, 54:178-184.

Stephan, W. G. & Feagin, J. R. (eds.). (1980). *School desegregation*. Nova York: Plenum Press.

Stephens, J. H. & Kamp, M. (1962). On some aspects of hysteria. *J. Nerv. Ment. Dis.*, 134:305-315.

Stern, D. N. (1974). Mother and infant at play. In M. Lewis & L. A. Rosenblum (eds.). *The effect of the infant on its caretaker*. Nova York: Wiley, pp. 187-213.

Stern, M. & Hildebrandt, K. A. (1984). Prematurity stereotype. *Develop. Psychol.*, 20:360-362.

Stern, R. M. (1981). Did God give us the polygraph? *Contemp. Psychol.*, 26:674-675.

Sternberg, R. J. (1979). Intelligence research at the interface between differential and cognitive psychology. In R. J. Sternberg & D. K. Detterman (eds.). *Human intelligence*. Norwood, NJ: Ablex, pp. 33-60.

Sternberg, R. J. (1981). Testing and cognitive psychology. *Amer. Psychol.*, 36:1.181-1.189.

Sternberg, R. J. (1982). Reasoning, problem solving, and intelligence. In R. J. Sternberg (ed.). *Handbook of human intelligence*. Cambridge, Ing.: Cambridge University Press.

Sternberg, R. J. (1984a). *Beyond IQ*. Nova York: Cambridge University Press.

Sternberg, R. J. (1984b). Love across the life span. Apresentação feita a convite no encontro anual da American Psychological Association, Los Angeles.

Sternberg, R. J., Conway, B. E., Ketron, J. L. & Bernstein, M. (1981). People's conceptions of intelligence. *J. Pers. Soc. Psychol.*, 41:37-55.

Sternberg, R. J. & Davidson, J. E. (1982). The mind of the puzzles. *Psychol. Today*, 16(6):37-44.

Sternberg, R. J. & Grajek, S. (1984). The nature of love. *J. Pers. Soc. Psychol.*, 47:312-329.

Sternberg, R. J. & Powell, J. S. (1982). Theories of intelligence. In R. J. Sternberg (ed.). *Handbook of human intelligence*. Cambridge, Ing.: Cambridge University Press.

Sternberg, R. J. & Powell, J. S. (1983). Comprehending verbal comprehension. *Amer. Psychol.*, 38:873-893.

Sternberg, R. J. & Soriano, L. J. (1984). Styles of conflict resolution. *J. Pers. Soc. Psychol.*, 47:15-126.

Sternberg, S. (1975). Memory scanning. *Quart. J. Exper. Psychol.*, 27:1-32.

Steuer, F. B., Applefield, J. M. & Smith, R. (1971). Televised aggression and the interpersonal aggression of preschool children. *J. Exper. Child Psychol.*, 11:442-447.

Stevens, D. P. & Truss, C. V. (1985). Stability and change in adult personality over 12 and 20 years. *Develop. Psychol.*, 21:568-584.

Stevens-Long, J. (1984). *Adult life*. 2a ed. Palo Alto, CA: Mayfield.

Stevenson, H. W. & Azuma, H. (1983). IQ in Japan and the U.S. *Nature*, 306:291-292.

Stevenson, H. W., Stigler, J. W., Lee, S.-y., Lucker, G. W., Kitamura, S. & Hsu, C.-c. (1985). Cognitive performance and academic achievement of Japanese, Chinese, and American children. *Child Develop.*, 56:18-734.

Stevenson-Hinde, J. & Simpson, A. E. (1982). Temperament and relationships. In Ciba Foundation Symposium 89. *Temperamental differences in infants and young children*. Londres: Pitman.

Stimmel, B. (1982). The sins of the mother. In B. Stimmel (ed.). *The effects of maternal alcohol and drug abuse on the newborn*. Nova York: Hawthorn.

Stokes, J. P. (1985). The relation of social network and individual difference variables to loneliness. *J. Pers. Soc. Psychol.*, 49:981-990.

Stokols, D. (1982). Environmental psychology. In A. G. Kraut (ed.). *The G. Stanley Hall lecture series*. Washington, DC: American Psychological Association, vol. 2.

Stone, A. A. & Neale, J. M. (1984a). Effects of severe daily events on mood. *J. Pers. Soc. Psychol.*, 46:137-144.

Stone, A. A. & Neale, J. M. (1984b). New measure of daily coping. *J. Pers. Soc. Psychol.*, 46:892-906.

Stone, J., Maslim, J. & Rapoport, D. (1984). The development of the topographical organization of the cat's retina. In J. Stone, B. Dreher & D. H. Rappaport (eds.). *Development of visual pathways in mammals*. Nova York: Liss, pp. 3-22.

Stone, K. (1984). Trabalho apresentado no encontro anual da American Lung Association. Descrito por Rowand, A. (1984). Used fumes pollute non-smokers too. *Sci. News*, 125:342.

Stone, L. J., Smith, H. I. & Murphy, L. B. (eds.). (1973). Introduction. *The competent infant*. Nova York: Basic Books, p. 3.

Storms, M. D. (1980). Theories of sexual orientation. *J. Pers. Soc. Psychol.*, 38:83-792.

Storms, M. D. (1981). A theory of erotic orientation development. *Psychol. Rev.*, (88):340-353.

Stott, D. H. (1978). Epidemiological indicators of the origins of behavior disturbance as measured by the Bristol Social Adjustment Guides. *Gen. Psychol. Monogr.*, 97:127-159.

Stott, D. H. & Latchford, S. A. (1976). Prenatal antecedents of child health, development, and behavior. *J. Amer. Acad. Child Psychiat.*, 15:161-191.

Strack, S., Blaney, P. H., Ganellen, R. J. & Coyne, J. C. (1985). Pessimistic self-preocupation, performance deficits, and depression. *J. Pers. Soc. Psychol.*, 49:1.076-1.085.

Atrack, S. & Coyne, J. C. (1983). Social confirmation of dysphoria. *J. Pers. Soc. Psychol.*, 44:798-806.

Stratton, G. M. (1897). Vision without inversion of the retinal image. *Psychol. Rev.*, 4:344.

Straus, M., Gelles, R. & Steinmetz, S. (1980). *Behind closed doors*. Garden City, NY: Doubleday.

Straw, R. B. (1982). *Meta-analysis of deinstitutionalization in mental health*. Tese de doutorado não publicada, Northwestern University.

Strayer, R. & Ellenhorn, L. (1975). Vietnam veterans. *J. Soc. Issues*, 31(4):81-94.

Strean, L. P. & Peer, L. A. (1956). Stress as an etiological factor in the development of cleft palate. *Plastic and Reconstructive Surgery*, 18(1):1-8.

Streissguth, A. P., Martin, D. C., Barr, H. M., Sandman, B. M., Kirchner, G. L. & Darby, B. L. (1984). Intrauterine alcohol and nicotine exposure. *Develop. Psychol.*, 20:533-541.

Strelau, J. (1974). Temperament as an expression of energy level and temporal features of behavior. *Polish Psychological Bulletin*, 5:119-127. Descrito por Reykowski, J. (1982). Social motivation. *Annu. Rev. Psychol.*, 33:123-154.

Strelau, J. (1980). A regulative theory of temperament. Manuscrito. Universidade de Varsóvia. Descrito por Reykowski, J. (1982). Social motivation. *Annu. Rev. Psychol.*, 33:123-154.

Stricker, E. M. & Zigmond, M. J. (1976). Recovery of function after damage to central catecholamine-containing neurons. In J. M. Sprague & A. N. Epstein (eds.). *Progress in psychobiology and physiological psychology.* Nova York: Academic Press, pp. 121-188.

Strickland, B. R. (1979). *Depression as a concomitant of physical disorders.* Trabalho apresentado no encontro anual da American Psychological Association.

Strickland, B. R. (1984). *Reactions to the menopausal experience.* Trabalho apresentado no encontro anual da American Psychological Association, Toronto.

Stroebe, M. S. & Stroebe, W. (1983). Who suffers more? Sex differences in health risks of the widowed. *Psychol. Bull.*, 93:279-301.

Stromeyer, C. F., III. (novembro, 1970). Eidetikers. *Psychol. Today*, pp. 76-80.

Stroud, J. G. (1981). Women's careers. In D. Eichorn, N. Haan, J. Clausen, M. Honzik & P. Mussen (eds.). *Present and past in middle life.* Nova York: Academic Press.

Strupp, H. H. (1971). *Psychotherapy and the modification of abnormal behavior.* Nova York: McGraw-Hill.

Strupp, H. H. (1973). On the basic ingredients of psychotherapy. *J. Consult. Clin. Psychol.*, 41:1-8.

Strupp, H. H. (1982). The outcome problem in psychotherapy. In J. H. Harvey & M. M. Parks (eds.). *Psychotherapy research and behavior change.* Washington, DC: American Psychological Association.

Strupp, H. H., Fox, R. E. & Lessler, K. (1969). *Patients view their psychotherapy.* Baltimore: Johns Hopkins University Press, pp. 59.

Strupp, H. H. & Hadley, S. W. (1979). Specific vs. nonspecific factors in psychotherapy. *Arch. Gen. Psychiat.*, 36:1.125-1.136.

Stuart, R. B. (1970). *Trick or treatment.* Champaign, IL: Research Press.

Stunkard, A. J. (ed.) (1980). *Obesity.* Filadélfia: Saunders.

Stuss, D. T. & Benson, D. F. (1984). Neuropsychological studies of the frontal lobes. *Psychol. Bull.*, 95:3-28.

Sudak, H. S., Ford, A. B. & Rushforth, N. B. (1984). Adolescent suicide. *Amer. J. Psychother.*, 38:350-363.

Sue, S. (1983). Ethnic minority issues in psychology. *Amer. Psychol.*, 38:583-592.

Suedfield, P. (1980). *Restricted environmental stimulation.* Nova York: Wiley.

Sugarman, S. (1983). *Children's early thought.* Cambridge, Ing.: Cambridge University Press.

Sulik, K. K., Johnston, M. C. & Webb, M. A. (1981). Fetal alcohol syndrome. *Science*, 214:936-938.

Sullivan, H. S. (1953). *The interpersonal theory of psychiatry.* Nova York: Norton.

Sullivan-Bolyai, J., Hull, H. F., Wilson, C. & Corey, L. (1983). Neonatal herpes simplex virus infection in King County, Washington. *JAMA*, 250:3.059-3.062.

Sulloway, F. J. (1979). *Freud, biologist of the mind.* Nova York: Basic Books.

Suls, J. & Fletcher, B. (1985). The relative efficacy of avoidant and nonavoidant coping strategies. *Health Psychol.*, 4:249-288.

Sundstrom, E. (1978). Crowding as a sequential process. In A. Baum & Y. M. Epstein (eds.). *Human response to crowding.* Hillsdale, NJ: Erlbaum.

Suomi, S. J. (1985). Anxiety-like disorders in young nonhuman primates. In R. Gittelman (ed.). *Anxiety disorders of childhood.* Nova York: Guilford.

Suomi, S. J., Collins, M. L., Harlow, H. F. & Ruppenthal, G. C. (1976). Effects of maternal and peer separations on young monkeys. *J. Child Psychol. Psychiat.*, 17:101-112.

Suomi, S. J. & Harlow, H. F. (1972). Social reabilitation of isolate-reared monkeys. *Develop. Psychol.*, 6:87-496.

Super, D. E. (1985). Coming of age in Middletown. *Amer. Psychol.*, 40:405-414.

Surgeon, General's advisory on alcohol and pregnancy. (julho, 1981). *FDA Drug Bulletin*, 11:9-10.

Survey Research Center. (1971). *Survey of working conditions.* Washington, DC: U.S. Gov. Print. Office.

Swaab, D. F. & Fliers, E. (1985). A sexually dimorphic nucleus in the human brain. *Science*, 228:1.112-1.114.

Swann, W. B., Jr. & Snyder, M. (1980). On translating beliefs into action. *J. Pers. Soc. Psychol.*, 38:879-888.

Swensen, C. H. (1983). A respectable old age. *Amer. Psychol.*, 38:3.

Swets, J. A. (1980). From essays to textbook. *Contemp. Psychol.*, 25:242-243.

Symington, T., Currie, A. R., Curran, R. S. & Davidson, J. N. (1955). The reaction of the adrenal cortex in conditions of stress. In Ciba Foundation's Colloquia on Endocrinology. *The human adrenal cortex.* Boston: Little, Brown, vol. III, pp. 70-91.

Symons, D. (1979). *The evolution of human sexuality.* Nova York: Oxford.

Szasz, T. (1961). *The myth of mental illness.* Nova York: Dell, p. 296.

Szasz, T. (1983). Mental illness as a strategy. In P. Bean (ed.). *Mental illness.* Chichester, Ing.: Wiley, pp. 93-114.

Szucko, J. J. & Kleinmuntz, B. (1984). Statistical versus clinical lie detection reconsidered. *Amer. Psychol.*, 39:80.

Tager, I. B., Weiss, S. T., Munoz, A., Rosner, B. & Speizer, F. E. (1983). Longitudinal study of the effects of maternal smoking on pulmonary function in children. *New Engl. J. Med.*, 309:699-703.

Tajfel, H. (1981). *Human groups and social categories.* Cambridge, Ing.: Cambridge University Press.

Taijfel, H. (ed.). (1982). *Social identity and intergroup relations.* Cambridge University Press.

Takooshian, H. (1976). *Helping responses to a lost child in city and town.* Trabalho apresentado no encontro anual da American Psychological Association, Washington, DC.

Talbott, J. A. (1980). Toward a public policy on the chronic mentally ill patient. *Amer. J. Orthophysichiat.*, 50:43-53.

Tamir, L. M. (1982). *Men in their forties.* Nova York: Springer.

Tanford, S. & Penrod, S. (1984). Social influence model. *Psychol. Bull.*, 95:189-225.

Tanner, J. M. (1978). *Fetus into man.* Cambridge, MA: Harvard University Press.

Tarr, L. Comentários citados por Turkington, C. (agosto, 1985). Linda Tarr. *Amer. Psychol. Ass. Monitor*, p. 26.

Tart, C. T. (1971). *On being stoned.* Palo Alto, CA: Science & Behavior.

Tart, C. T. (1976). *Learning to use extrasensory perception.* Chicago, Il: University of Chicago Press.

Tarter, R. E., Alterman, A. I. & Edwards, K. L. (1985). The vulnerability to alcoholism in men. *J. Studies on Alcohol.*

Taube, C. A. & Redick, R. (1973). *Utilization of mental health resources by persons diagnosed with schizophrenia.* DHEW Publ. n. 73-9110. Rockville, MD: NIMH.

Tavris, C. (junho, 1974). The frozen world of the familiar stranger. *Psychol. Today*, pp. 21-73 e ss.

Tavris, C. (1982). *Anger.* Nova York: Simon & Schuster.

Tavris, C. (1984). On the wisdom of counting to ten. In P. Shaver (ed.). *Review of personality and social psychology.* Beverly Hills, CA: Sage, vol. 5.

Tavris, C. & Wade, C. (1984). *The longest war.* 2ª ed. Nova York: Harcourt Brace Jovanovich.

Taylor, S. E. (1981). A categorization approach to stereotyping. In D. L. Hamilton (ed.). *Cognitive processes in stereotyping and in-*

tergroup behavior. Hillsdale, NJ: Erlbaum, pp. 83-114.

Taylor, S. E. (1983). Adjustment to threatening events. *Amer. Psychol.*, 38:1.161-1.173.

Taylor, S. E., Lichtman, R. R. & Wood, J. V. (1984). Attributions, beliefs about control, and adjustment to breast cancer. *J. Pers. Soc. Psychol.*, 46:489-502.

Tcheng-Laroche, F. & Prince, R. (1983). Separated and divorced women compared with married controls. *Soc. Sci. Med.*, 17:95-105.

Teasdale, J. D. & Fogarty, F. J. (1979). Differential effects of induced mood on retrieval of pleasant and umpleasant events from episodic memory. *J. Abnorm. Psychol.*, 88:248-257.

Templer, D. I. & Veleber, D. M. (1980). Suicide rate and religion within the United States. *Psychol. Rep.*, 4:898.

Teplin, L. A. (1984). Criminalizing mental disorder. *Amer. Psychol.*, 39:794-803.

Terenius, L. (1982). Endorphins and modulation of pain. *Advances in Neurology*, 33:59-64.

Terman, L. M. & Merrill, M. A. (1960). *Stanford-Binet Intelligence Scale.* Boston: Houghton Mifflin.

Terman, L. M. & Merrill, M. A. (1973). *Stanford-Binet Intelligence Scale: Manual for the 3rd Revision.* Form L-M. Boston: Houghton Mifflin.

Terman, L. M. & Oden, M. (1947). *The gifted child grows up.* Stanford, CA: Stanford University Press.

Terman, L. M. & Ogden, M. (1959). *The gifted group at mid-life.* Stanford, CA: Stanford University Press.

Terrace, H. S. (1983). Apes who "talk". In J. de Luce & H. T. Wilder (eds.). *Language in primates.* Nova York: Springer-Verlag, pp. 19-42.

Terrace, H. S. (1985). In the beginning was the "name". *Amer. Psychol.*, 40:1.011-1.028.

Terrace, H. S., Petitto, L. A., Sanders, R. J. & Bever, T. G. (1981). Ape language. *Science*, 211:87-88.

Tessler, R. C. & Goldman, H. H. (1982). *The chronically mentally ill.* Cambridge, MA: Ballinger.

Testa, T. J. (1974). Causal relationships and the acquisition of avoidance responses. *Psychol. Rev.*, 81:491-505.

Thayer, P. W. (1983). Industrial/organizational psychology. In C. J. Scheirer & A. M. Rogers (eds.). *The G. Stanley Hall lecture series.* Washington, DC: American Psychological Association, vol. 3, pp. 5-30.

Thoits, P. (1984). Coping, social support, and psychological outcomes. In P. Shaver (ed.). *Review of personality and social psychology.* Beverly Hills, CA: Sage, vol. 5.

Thomas, A. & Chess, S. (1977). *Temperament and development.* Nova York: Brunner/Mazel.

Thomas, A. & Chess, S. (1982). Temperament and follow-up to adulthood. In Ciba Foundation. *Temperamental differences in infants and young children.* Londres: Pitman.

Thomas, A., Chess, S. & Birch, H. G. (1968). *Temperament and behavior disorders in children.* Nova York: New York University Press.

Thomas, E. L. (1968). Movements of the eye. *Scientific Amer.*, 219:88-95.

Thomas, J. R. & French, K. E. (1985). Gender differences across age in motor performance. *Psychol. Bull.*, 98:260-282.

Thompson, R. F. (1975). *Introduction of physiological psychology.* Nova York: Harper & Row, p. 75.

Thompson, R. J., Jr. & O'Quinn, A. M. (1979). *Developmental disabilities.* Nova York: Oxford University Press.

Thompson, S. C. (1981). Will it hurt less if I can control it? *Psychol Bull.*, 90:89-101.

Thompson, S. C. & Kelley, H. H. (1981). Judgements of responsibility for activities in close relationships. *J. Pers. Soc. Psychol.*, 41:469-477.

Thompson, W. R. (1957). Influence of prenatal anxiety on emotionality in young rats. *Science*, 125:698-699.

Thorndike, E. L. (1898). *Animal intelligence.* Tese de doutorado, Universidade de Colúmbia.

Thorne, B. & Henley, N. (eds.). (1975). *Language and sex.* Rowley, MA: Newbury House.

Thornton, B. (1984). Defensive attribution of responsibility. *J. Pers. Soc. Psychol.*, 46:721-734.

Thorpe, G. L. & Burns, L. E. (1983). *The agoraphobic syndrome.* Chichester, Ing.: Wiley.

Thorson, E. & Friestad, M. (1984). Emotion and recall of TV commercials. Trabalho apresentado no encontro anual da American Psychological Association, Toronto.

Thurstone, L. L. (1938). Primary mental abilities. *Psychometr. Monogr.*, 1.

Tice, D. M. & Baumeister, R. F. (1985). Masculinity inhibits helping in emergencies. *J. Pers. Soc. Psychiol.*, 49:420-428.

Tighe, T. J. & Shepp. B. E. (eds.). (1983). *Perception, cognition and development.* Hillsdale, NJ: Erlbaum.

Titchener, E. B. (1915). *A beginner's psychology.* Nova York: Macmillan, p. 9.

Tizard, B. (1979). Early experience and later social behavior. In D. Shaffer & J. Dunn (eds.). *The first year of life.* Chichester, Ing.: Wiley, pp. 197-211.

Tobias, S. (1980). *Overcoming math anxiety.* Boston: Houghton Mifflin.

Tomkins, S. S. (1979). Script theory. In R. A. Dienstbier (ed.). *Nebraska symposium on motivation 1978.* Lincoln: University of Nebraska Press.

Tomkins, S. S. (1980). *The rise, fall, and ressurrection of the study of personality.* Trabalho apresentado no encontro anual da American Psychological Association, Montreal.

Tomkins, S. S. (1982). Affect theory. In P. Ekman (ed.). *Emotion in the human face.* 2ª ed. Cambridge, Ing.: Cambridge University Press, pp. 353-395.

Torello, M. W., Shenton, M. E., Cassens, G. P., Duffy, F. H. & McCarley, R. W. (1985). *Schizophrenia.* Trabalho apresentado no encontro anual da American Psychiatric Association, Dallas.

Torgersen, A. M. (1982). Influence of genetic factors on temperament development in early childhood. In Ciba Foundation. *Temperamental differences in infants and young children.* Londres: Pitman.

Torgersen, S. (1983). Genetic factors in anxiety disorders. *Arch. Gen. Psychiat.*, 40:1.085-1.089.

Tornatzky, L. G. & Solomon, T. (1982). Contributions of social science to innovation and productivity. *Amer. Psychol.*, 37:737-746.

Torrey, E. F. (1983). *Surviving schizophrenia.* Nova York: Harper & Row.

Torrey, E. F., Yolken, R. H. & Winfrey, C. J. (1982). Cytomegalo-virus antibody in cerebrospinal-fluid of schizophrenic patients detected by enzyme immunoassay. *Science*, 316:892-894.

Tosteson, D. C. (1981). Lithium and mania. *Scientif. Amer.*, 244:164-174.

Tourangeau, R. & Ellsworth, P. C. (1979). The role of facial response in the experience of emotion. *J. Pers. Soc. Psychol.*, 37:1.519-1.531.

Town, J. P. & Harvey, J. H. (1981). Self disclosure, attribution, and social interaction. *Soc. Psychol. Quart.*, 44:291-300.

Trabasso, T. R. (1975). Representation, memory, and reasoning. In A. D. Pick (ed.). *Minnesota symposium on child psychology*, 9:35-172.

Tranel, D. & Damasio, A. R. (1985). Knowledge without awareness. *Science*, 228:1.453-1.454.

Tresemer, D. W. (1977). *Fear of success.* Nova York: Plenum Press.

Troll, L. E. (1982). *Continuations.* Monterey, CA: Brooks/Cole.

Troll, L. (1984). *Poor, dumb, and ugly.* Trabalho apresentado no encontro anual da

American Psychological Association, Toronto.
Tronick, E. (ed.). (1982). *Social interchange in infancy.* Baltimore: University Park Press.
Truax, C. B. & Carkhuff, R. R. (1967). *Toward effective counseling and psychotherapy.* Chicago, Il: Aldine.
Tsuang, M. T. (1980). A 35-year follow-up of schizophrenia, mania, and depression. In S. B. Sells, R. Crandall, M. Roff, J. S. Strauss & W. Pollin (eds.). *Human functioning in longitudinal perspective.* Baltimore: Williams & Wilkins, pp. 46-52.
Tuchman, G., Daniels, A. K. & Benet (eds.). (1978). *Hearth and home.* Nova York: Oxford University Press.
Tuddencham, R. D. (1980). A small gem. *Contemp. Psychol.*, 25:544-545.
Tulkin, S. R. & Kagan, J. (1972). Mother-child interaction in the first year of life. *Child Develop.*, 43:31-41.
Tulving, E. (1978). Relation between encoding specificity and levels of processing. In L. S. Cermak & F. I. M. Craik (eds.). *Levels of processing and human memory.* Hillsdale, NJ: Erlbaum.
Tulving, E. (1983). *Elements of episodic memory.* Nova York: Oxford University Press.
Tulving, E. (1985). How many memory systems are there? *Amer. Psychol.*, 40:385-398.
Tulving, E. & Donaldson, W. (eds.). (1972). *Organization of memory.* Nova York: Academic Press.
Turiel, I. (1985). *Indoor air quality and human health.* Stanford, CA: Stanford University Press.
Turkat, I. D. & Feuerstein, M. (1978). Behavior modification and the public misconception. *Amer. Psychol.*, 33:194.
Turkington, C. (agosto, 1983). Community service paved way, but chronic re-entry still rocky. *Amer. Psychol. Ass. Monitor*, p. 47.
Turkington, C. (agosto, 1985). Finding ways to manage dementias help victims remain productive. *Amer. Psychol. Ass. Monitor*, p. 53.
Turnbull, C. M. (1972). *The mountain people.* Nova York: Simon & Schuster.
Turner, C. W., Cole, A. M. & Cerro, D. S. (1984). Contributions of aversive experiences to robbery and homicide. In R. M. Kaplan, V. J. Konecni & R. W. Novaco (eds.). *Aggression in children and youth.* The Hague: Martinus Nijhoff, pp. 296-342.
Turner, C. W., Fenn, M. R. & Cole, A. M. (1981). A social psychological analysis of violent behavior. In R. B. Stuart (ed.). *Violent behavior.* Nova York: Brunner/Mazel.
Turner, J., Stanton, B., Vahala, M. & Williams, R. (1981). *The Ku Klux Klan, a history of racism and violence.* Montgomery, AL: Klanwatch.
Turner, R. & Ascher, L. M. (1985). *Evaluating behavior therapy outcome.* Nova York: Springer.
Turner, S. M., Beidel. D. C. & Nathan, R. S. (1985). Biological factors in obsessive-compulsive disorders. *Psychol. Bull.*, 97:430-450.
Tversky, A. & Kahneman, D. (1980). Causal schemas in judgements under uncertainty. In M. Fishbein (ed.). *Progress in social psychology.* Hillsdale, NJ: Erlbaum, vol. 1.
Tyler, L. E. (1974). *Individual differences.* Englewood Cliffs, NJ: Prentice-Hall.
Tyler, L. E. (1976). The intelligence we test. In L. B. Resnick (ed.). *The nature of intelligence.* Hillsdale, NJ: Erlbaum.
Tyler, S. W., Hertel, P. T., McCallum, M. C. & Ellis, H. C. (1979). Cognitive effort and memory. *J. Exper. Psychol.: Human Learn. Mem.*, 5:607-617.
Udolf, R. (1983). *Forensic hypnosis.* Lexington, MA: Lexington Books.
Udry, J. R. (1971). *The social context of marriage.* 2ª ed. Filadélfia: Lippincott.
Uhde, T. W., Boulenger, J. P. & Post, R. M. et al. (1984a). Fear and anxiety. *Psychopathology*, 17(3):8-23.
Uhde, T. W., Vittone, B. J. & Post, R. M. (1984b). Glucose tolerance testing in panic disorder. *Amer. J. Psychiat.*, 141:1.461-1.463.
Ulrich, R. E. & Azrin, N. H. (1962). Reflexive fighting in response to aversive stimulation. *J. Experience. Anal. Behav.*, 5:511-520.
Ulrich, R. E., Stachnick, D. J. & Stainton, N. R. (1963). Student acceptance of generalized personality interpretations. *Psychol. Rep.*, 13:831-834.
Underwood, B. J. (1961). Ten years of massed practice on distributed practice. *Psychol. Rev.*, 68:229-247.
Unger, D. G. & Wandersman, L. P. (1985). Social support and adolescent mothers. *J. Soc. Issues*, 41(1):29-46.
Urbain, E. S. & Kendall, P. C. (1980). Review of social-cognitive problem-solving interventions with children. *Psycho. Bull.*, 88:109-143.
U.S. Bureau of Justice Statistics. (outubro, 1983). *Report to the nation on crime and injustice.* Washington, DC: U.S. Department of Justice.
U.S. Bureau of the Census. (1982). *Statistical abstract of the United States: 1983.* 103ª ed. Washington, DC: U.S. Gov. Print. Office.
U.S. Bureau of the Census. (1983). *Statistical abstract of the United States: 1984.* 104ª ed. Washington, DC: U.S. Gov. Print. Office.
Vaillant, G. E. (1970). The natural history of narcotic drug addiction. *Seminars in Psychiatry*, 2:486-498.
Vaillant, G. E. (1983). *The natural history of alcoholism.* Cambridge, MA: Harvard University Press.
Vale, W., Spiess, J., Rivier, C. & Rivier, J. (1981). Characteristics of a 41-residue ovine hypothalamic peptide that stimulates secretion of corticotropin and B-endorphin. *Science*, 213:1.394-1.397.
Valenstein, E. S. (1973a). *Brain control.* Nova York: Wiley.
Valenstein, E. S. (1973b). History of brain stimulation. In E. S. Valenstein (ed.). *Brain stimulation and motivation.* Glenview, IL: Scott, Foresman.
Valenstein, E. S., Cox, V. C. & Kakolewski, J. W. (1970). Reexamination of the role of the hypothalamus in motivation. *Psychol. Rev.*, 77:16-31.
Valone, K., Goldstein, M. J. & Norton, J. P. (1984). Parental expressed emotion and psychophysiological reactivity in an adolescent sample at risk for schizophrenia spectrum disorders. *J. Abnorm. Psychol.*, 93:448-457.
Vance, E. B. & Wagner, N. N. (1976). Written descriptions of orgasm. *Archives of Sexual Behavior*, 5:87-98.
Van de Castle, R. (1971). *The psychology of dreaming.* Nova York: General Learning Press.
Vandell, D. L. & Mueller, E. C. (1980). Peer play and friendships during the first two years. In H. C. Foot, A. J. Chapman & J. R. Smith (eds.). *Friendship and childhood relations.* Nova York: Wiley, pp. 181-208.
Vandenberg, B. (1984). Developmental features of exploration. *Develop. Psychol.*, 20:3-8.
Vandenberg, S. G. & Kuse, A. R. (1979). Spatial ability. In M. A. Wittig & A. C. Petersen (eds.). *Sex-related differences in cognitive functioning.* Nova York: Academic Press, pp. 121-143.
VandenBos, G. R., Stapp, J. & Pallak, M. S. (1981). Editorial: About the human resources in psychology special issue. *Amer. Psychol.*, 36:1.207-1.210.
van Doornen, L. J. P. & Oriebeke, K. F. (1982). Stress, personality and serum-cholesterol level. *J. Human Stress*, 8(4):24-29.
VanLehn, K., Brown, J. S. & Greeno, J. G. (1984). Competitive argumentation in computational theories of cognition. In W. Kintsch, J. R. Miller & P. G. Polson (eds.). *Method and tactics in cognitive science.* Hillsdale, NJ: Erlbaum, pp. 235-262.

van Praag, H. M. (1982). Depression, suicide and the metabolism of serotonin in the brain. J. Affect. Dis., 4:275-290.
van Praag, H. M. & Plutchick, R. (1984). Depression type and depression severity in relation to risk of violent suicide attempt. Psychiat. Res., 12:333-338.
Van Sommers, P. (1984). Drawing and cognition. Cambridge, Ing.: Cambridge University Press.
Vasta, R. & Copitch, P. (1981). Simulating conditions of child abuse in the laboratory. Child Develop., 52:164-170.
Vaughan, G. H. (1964). The trans-situational aspect of conforming behavior. J. Pers., 32:335-354.
Vaughan, K. B. & Lanzetta, J. T. (1979). The observer's facial expressive in vicarious emotional conditioning. Trabalho apresentado no encontro anual da Eastern Psychological Associaton, Filadélfia.
Vaughan, K. B. & Lanzetta, J. T. (1981). Effect of modification of expressive displays on vicarious emotional arousal. J. Exper. Soc. Psychol., 17:16-30.
Vaughan, B. E., Deane, K. E. & Waters, E. (1985). The impact of out-of-home care on child-mother attachment quality. In I. Bretherton & E. Waters (eds.). Growing points of attachment theory and research. Monogr. Soc. Res. Child Develop., 50(1-2, série n. 209).
Vaux, A. (1985). Variations in social support associated with gender, ethnicity, and age. J. Soc. Issues, 41(1):89-110.
Veleber, D. M. & Templer, D. I. (1984). Effects of caffeine on anxiety and depression. J. Abnorm. Psychol., 93:120-122.
Verbrugge, L. M. & Sorensen, G. (1986). Women, work, and health. Annu. Rev. Public Health.
Vernon, P. E. (1973). How to spot the creative. New Society, 25:198-200.
Veroff, J., Depner, C., Kulka, R. & Douvan, E. (1980). Comparison of American motives. J. Pers. Soc. Psychol., 39:1.249-1.262.
Veroff, J., Douvan, E. & Kulka, R. (1981a). The inner American. Nova York: Basic Books.
Veroff, J., Kulka, R. & Douvan, E. (1981b). Mental health in America. Nova York: Basic Books.
Veroff, J., Reuman, D. & Feld, S. (1984). Motives in American men and women across the adult life span. Develop. Psychol., 20:1.142-1.158.
Vestre, N. D. (1984). Irrational beliefs and self-reported depressed mood. J. Abnorm. Psychol., 93:239-241.
Vierling, J. S. & Rock, J. (1967). Variations of olfactory sensitivity to exaltolide during the menstrual cycle. J. Appl. Physiol., 22:311-315.
Vinake, W. E. (1974). The psychology of thinking. 2ª ed. Nova York: McGraw-Hill.
Vitiello, M., Bokan, J., Kukull, W., Muniz, R., Smallwood, R. & Prinz, P. (1984). Rapid eye movement sleep measures of Alzheimer's type dementia patients and optimally healthy aged individuals. Biol. Psychiat., 19:721-743.
Vogel, G., Foulkes, D. & Trosman, H. (1966). Ego functions and dreaming during sleep onset. Arch. Gen. Psychiat., 14:238-248.
vom Saal, F. S. (1983). Apresentação no simpósio Sexually Dimorphic Behaviors, no encontro anual da Society for Neuroscience, Boston.
von Baeyer, C. L., Sherk., D. L. & Zanna, M. P. (1981). Impression management in the job interview. Pers. Soc. Psychol. Bull., 7:45-51.
Von Blum, R. (1979). Tribbles, truth, and teaching — An approach to instruction in the scientific method. In J. Lochhead & J. Clement (eds.). Cognitive process instruction. Filadélfia: Franklin Institute Press.
von Frisch, K. (1964). Bees. Ithaca: Cornell University Press.
Von Uexküll, J. J. (1909). Umwelt und Innenwelt der Tiere. Berlim: Springer. Citado em Eibl-Eibesfeldt, I. (1970). Ethology, the biology of behavior (tradução de E. Klinghammer). Nova York: Holt, Rinehart.
Vreeland, R. (janeiro, 1972). Is it true what they say about Harvard boys? Psychol. Today, pp. 65-68.

Waber, D. P. (1979). Cognitive abilities and sex-related variations in the maturation of cerebral cortical functions. In M. A. Wittig & A. C. Petersen (eds.). Sex-related differences in cognitive functioning. Nova York: Academic Press, pp. 161-188.
Waber, D. P., Mann, M. B., Merola, J. & Moylan, P. M. (1985). Physical maturation rate and cognitive performance in early adolescence. Develop. Psychol., 21:666-681.
Wachs, T. D. (1984). Proximal experience and early cognitive-intelectual development. In A. W. Gottfried (ed.). Home environment and early cognitive development. Nova York: Academic Press, pp. 273-328.
Wachs, T. D. & Gruen, G. E. (1982). Early experience and human development. Nova York: Plenum Press.
Wade, N. (agosto, 1985). Fraud in science. Johns Hopkins Magazine, pp. 22-23.
Wade, R. D. & Baker, T. B. (1977). Opinions and use of psychological tests. Amer. Psychol., 32:874-882.

Wadeson, H. (1980). Art psychotherapy. Nova York: Wiley.
Wagener, D. K. & Cromwell, R. L. (1984). Schizophrenia. Contemp. Psychol., 29:110-115.
Wagner, H. N., Jr., Burns, H. D., Dannals, R. F., Wong, D. F., Langstrom, B., Duelfer, T., Frost, J. J., Ravert, H. T., Links, J. M., Rosenbloom, S., Lukas, C. E., Kramer, A. V. & Kubar, M. J. (1983). Imaging dopamine receptors in the human brain by positron tomography. Science, 221:1.264-1.266.
Waid, L. R. (1984). Japanese prison camp survivors. Trabalho apresentado no encontro anual da American Psychological Association, Toronto.
Walberg, H. J. & Uguroglu, M. (1980). Motivation and educational productivity. In L. J. Fyans (ed.). Achievement motivation. Nova York: Plenum Press.
Walbesser, H. H. & Gonce-Winder, C. (1982). National science test scores. In G. R. Austin & H. Garber (eds.). The rise and fall of national test scores. Nova York: Academic Press.
Wald, R. D. (1964). Monocular compared to binocular depth perception in human infants. Science, 162:473-475.
Waldrop, M. M. (1985). Machinations of thought. Science, 85(6):38-45.
Walk, R. D. (1978). Depht perception and experience. In H. I. Pick & E. Saltzman (eds.). Modes of perceiving and processing information. Hillsdale, NJ: Erlbaum, pp. 77-103.
Walker, E. H. (1981). Matching bits with the computer. Psychol. Today, 15(6):108.
Walker, L. E. (1979). Battered women. Nova York: Harper & Row.
Walker, L. E. (1981). A feminist perspective on domestic violence. In R. B. Stuart (ed.). Violent behavior. Nova York: Brunner/Mazel.
Walker, L. J., de Vries, B. & Bichard, S. L. (1984). The hierarchical nature of stages of moral development. Develop. Psychol., 20:960-966.
Wallace, J. R., Cunningham, T. F. & Del Monte, V. (1984). Change and stability in self-esteem between late childhood and early adolescence. J. Early Adolesc., 4:253-257.
Wallace, L. A., Pellizzari, E. D., Hartwell, T. D., Sparacino, C. M., Sheldon, L. S. & Zelon, H. (1985). Personal exposures, indoor-outdoor relationships, and breath levels of toxic air pollutants measured for 355 persons in New Jersey. Atmospheric Environment.
Wallach, H. (1985). Perceiving a stable environment. Scientif. Amer., 252:118-124.

Wallach, M. & Wallach, L. (1976). *Teaching all children to read.* Chicago, Il: University of Chicago Press.

Wallerstein, J. S. (1984). Children of divorce. *Amer. J. Orthopychiat.*, 54:444-458.

Wallerstein, J. S. & Kelly, J. B. (1980). *Surviving the breakup.* Nova York: Basic Books.

Wallston, B. S., Alagna, S. W., DeVellis, B. M. & DeVellis, R. F. (1983). Social support and physical health. *Health Psychol.*, 2:367-391.

Walsh, D. A. (1982). The development of visual information processes in adulthood and old age. In F. I. M. Craik & S. Trehub (eds.). *Aging and cognitive processes.* Nova York: Plenum Press, vol. 8, pp. 99-126.

Walsh, D. A. (1983). Age differences in learning and memory. In D. S. Woodruff & J. E. Birren (eds.). *Aging.* Monterey, CA: Books/Cole.

Walsh, R. N. & Cummings, R. A. (1976). Neural responses to therapeutic sensory environments. In R. N. Walsh & W. T. Greenough (eds.). *Environment as therapy for brain dysfunction.* Nova York: Plenum Press, pp. 171-200.

Walster, E. (1965). The effect of self-esteem on romantic liking. *J. Exper. Soc. Psychol.*, 1:184-197.

Walster, E., Aronson, V., Abrahams, D. & Rottman, L. (1966). Importance of physical attractiveness in dating behavior. *J. Pers. Soc. Psychol.*, 4:508-516.

Walters, G. C. & Grusec, J. E. (1977). *Punishment.* San Francisco: Freeman.

Wanberg, K. W. & Horn, J. L. (1983). Assessment of alcohol use with multidimensional concepts and measures. *Amer. Psychol.*, 38:1.055-1.069.

Wang, E. (1985). A 57,000-mol-wt protein uniquely present in nonproliferating cells and senescent human fibroblasts. *J. Cell Biol.*, 100:545-551.

Wang, M. C. & Weisstein, W. J. (1980). Teacher expectation and student learning. In L. J. Fyans (ed.). *Achievement motivation.* Nova York: Plenum Press.

Wanner, E. & Gleitman, L. R. (eds.). (1982). *Language acquisition.* Cambridge, Ing.: Cambridge University Press.

Ward, I. L. & Reed, J. (1985). Prenatal stress and prepuberal social rearing conditions interact to determine sexual behavior in male rats. *Behav. Neurosci.*, 99:301-309.

Ward, I. .L. & Weisz, J. (1980). Maternal stress alters plasma testosterone in fetal males. *Science*, 207:328-329.

Ward, M. M., Chesney, M. A., Swan, G. E., Black, G. W., Parker, S. D. & Rosenman, R. H. (1985). Cardiovascular responses in Type A and Type B to a series of stressors. *J. Behav. Med.*

Warren, L. W. & McEachren, L. (1985). Derived identity and depressive symptomatology in women differing in marital and employment status. *Psychol. Women Quart.*, 9:133-144.

Warren, R. M. (1984). Perceptual restoration of obliteretated sounds. *Psychol. Bull.*, 96:371-383.

Warren, R. M. & Obusek, C. J. (1971). Speech perception and phonemic restorations. *Percept. Psychophys.*, 9:358-362.

Warrington, E. K. & Shallice, T. (1972). Neuropsychological evidence of visual storage in short-term memory tasks. *Quart. J. Exper. Psychol.*, 24:30-40.

Waterhouse, G. J. & Strupp, H. H. (1984). The patient-therapist relationship. *Clin. Psychol. Rev.*, 4:77-92.

Watkins, L. R. & Mayer, D. J. (1985). Organization of endogenous opiate and nonopiate pain control systems. In P. H. Abelson, E. Butz & S. H. Snyder (eds.). *Neuroscience.* Washington, DC: American Association for the Advancement of Science, pp. 335-371.

Watkins, M. P. & Price, R. A. (1982). Marital stability and homogamy. *Behav. Genet.*, 12:601.

Watson, D. & Clark, L. A. (1984). Negative affectivity. *Psychol. Bull.*, 96:465-490.

Watson, D., Clark, L. A. & Tellegen, A. (1984). Cross-cultural convergence in the structure of mood. *J. Pers. Soc. Psychol.*, 47:127-144.

Watson, G. C. & Buramen, C. (1979). The frequency and identification of false positive convertion reactions. *J. Nerv. Ment. Dis.*, 167:243-247.

Watson, G. M. W. & Dyck, D. C. (1984). Depressive attributional style in psychiatric inpatients. *J. Abnorm. Psychol.*, 93:312-320.

Watson, J. B. (1919). *Psychology from the standpoint of a behaviorist.* Filadélfia: Lippincott, pp. 1-3.

Watson, J. B. (1925). *Behaviorism.* Nova York: Norton, p. 82.

Watson, J. B. & Rayner, R. (1920). Conditioned emotional reaction. *J. Exper. Psychol.*, 3:1-4.

Watterlond, M. (1983). The holy ghost people. *Science*, 83(4):50-57.

Weary, G. (1980). Examination of affect and egotism as mediators of bias in causal attributions. *J. Pers. Soc. Psychol.*, 38:348-357.

Weaver, C. N. (1977). Occupational prestige as a factor in the net relationship between occupation and job satisfaction. *Personnel Psychol.*, 30:607-612.

Webb, W. L. (1984). The patient with anorexia nervosa or bulimia. In R. C. W. Hall & T. P. Beresford (eds.). *Handbook of psychiatric diagnostic procedures.* Jamaica, NY: S. P. Medical & Scientific Books, vol. 1.

Wechsler, D. (1981). *WAIS-R manual.* Nova York: Harcourt Brace Jovanovich, pp. 28.

Weg, R. B. (1983). Changing physiology of aging. In D. S. Woodruff & J. E. Birren (eds.). *Aging.* Monterey, CA: Brooks/Cole, pp. 242-284.

Weidner, G. (1984). The shaping of health psychology. *Contemp. Psychol.*, 29:129-130.

Weigel, R. H., Wiser, P. L. & Cook, S. W. (1975). The impact of cooperative learning experiences on cross-ethnic relations and attitudes. *J. Soc. Issues*, 31:219-244.

Weight, D. G. (1984). Six adjustment texts. *Contemp. Psychol.*, 29:871-873.

Weil, A. T., Zinberg, N. E. & Neisen, J. M. (1968). Clinical and psychological effects of marijuana in man. *Science*, 162:1.234-1.242.

Weinberg, S. (1979). *Measurement of stressful life events associated with transition to parenthood.* Trabalho apresentado no encontro anual da American Psychological Association, Nova York.

Weinberger, D. R. (1982). New developments in the dignosis of schizophrenia. In H. S. White (Chair). *Schizophrenia: New developments in diagnosis and treatment.* Simpósio apresentado no Massachusetts Mental Health Center, Boston.

Weinberger, N., Gold, P. & Sternberg, D. (1984). Epinephrine enables Pavlovian fear conditioning under anesthesia. *Science*, 223:605-606.

Weiner, B. (1979). A theory of motivation for some classroom experiences. *J. Educ. Psychol.*, 71:3-25.

Weiner, B. (1980). A cognitive (attribution)-emotion-action model of motivated behavior. *J. Pers. Soc. Psychol.*, 39:186-200.

Weiner, B. (1985). "Spontaneous" causal thinking. *Psychol. Bull*, 97:74-84.

Weiner, H. (1979). *Psychobiology of essential hypertension.* Nova York: Elsevier.

Weingartner, H. (1978). Human state dependent learning. In B. T. Ho, D. W. Richards & D. L. Chute (eds.). *Drug discrimination and state dependent learning.* Nova York: Academic Press, pp. 361-382.

Weingartner, H. (1984). *How does memory fail?* Trabalho apresentado no encontro anual da American Psychological Association, Toronto.

Weinreich-Haste, H. & Locke, D. (eds.). (1983). *Morality in the making.* Chichester, Ing.: Wiley.

Weinrich, J. D. (1982). Is homosexuality biologically natural? In W. Paul, J. D. Weinrich, J. C. Gonsiorek & M. E. Hotvedt (eds.). *Homosexuality*. Beverly Hills, CA: Sage.

Weinstein, S. (1968). Intensive and extensive aspects of tactile sensitivity as a function of body part, sex, and laterality. In D. R. Kenshalo (ed.). *The skin senses*. Springfield, IL: Thomas, pp. 195-218.

Weintraub, W. (1981). *Verbal behavior*. Nova York: Springer.

Weir, R. (1962). *Language in the crib*. The Hague: Mouton.

Weiskrantz, L., Warrington, E. K., Sanders, M. D. & Marshall, J. (1974). Visual capacity in hemianopic field following a restricted occipital ablation. *Brain*, 97:709-728.

Weisman, A. (1972). *On dying and denying*. Nova York: Behavioral Publications, p. 157.

Weiss, B. (1983). Behavioral toxicology and environmental health science. *Amer. Psychol.*, 38:1.174-1.189.

Weiss, J. M. (1972). Psychological factors in stress and disease. *Scientif. Amer.*, 226(6):104-107.

Weiss, J. M., Goodman, P. A., Losito, B. G., Corrigan, S., Cherry, J. M. & Bailey, W. H. (1981). Behavioral depression produced by an uncontrollable stressor relationship to norepinephrine, dopamine, and serotonin levels in various regions of rat brain. *Brain Res. Rev.*, 3(2):167-205.

Weiss, S. M. (1982). Health psychology. *Health Psychol.*, 1:81-91.

Weissman, M. M. (1979). The myth of involutional melancholia. *JAMA*, 242:742-744.

Weissman, M. M. (1984). Onset of major depression in early adulthood. *Arch. Gen. Psychiat.*, 41:1.136-1.143.

Weissman, M. M. (1985). The epidemiology of anxiety disorders. In A. H. Tuma & J. D. Maser (eds.). *Anxiety and the anxiety disorders*. Hillsdale, NJ: Erlbaum.

Weissman, M. M. & Klerman, G. L. (1981). Sex differences and the epidemiology of depression. In E. Howell & M. Bayes (eds.). *Women and mental health*. Nova York: Basic Books, pp. 160-195.

Weissman, M. M., Myers, J. K. & Harding, P. S. (1978). Psychiatric disorders in a U.S. urban community 1975-1976. *Annu. J. Psychiat.*, 135:459-462.

Weisz, J. R., Rothbaum, F. M. & Blackburn, T. C. (1984). Standing out and standing in. *Amer. Psychol.*, 39:955-969.

Weitkamp, L. R., Nee, L. Keats, B., Polinski, R. J. & Guttormsen, S. A. (1983). Alzheimer's disease. *Amer. J. Human Genet.*, 35:443-453.

Weizman, A., Weizman, B., Szekely, G. A., Wjsenbeek, H. & Livni, E. (1982). Abnormal immune response to brain tissue antigen in the syndrome of autism. *Amer. J. Psychiat.*, 139:1.462-1.465.

Welch, R. B. (1978). *Perceptual modification*. Nova York: Academic Press.

Welch, R. B. & Warren, D. H. (1980). Immediate perceptual responses to intersensory discrepancy. *Psychol. Bull.*, 88:638-667.

Wells, G. L. (1981). Lay analyses of causal forces on behavior. In J. H. Harvey (ed.). *Cognition, social behavior, and the environment*. Hillsdale, NJ: Erlbaum.

Wells, G. L. & Loftus, E. (1984). Eyewitness research. In G. L. Wells & E. Loftus (eds.). *Eyewitness testimoy*. Nova York: Cambridge University Press.

Wells, G. L. & Murray, D. M. (1984). Eyewitness confidence. In G. L. Wells & E. Loftus (eds.). *Eyewitness testimony*. Nova York: Cambridge University Press.

Welsh, R. S. (1976). Severe parental punishment and delinquency. *J. Clin. Child Psychol.*, 5:17-21.

Wender, P. H. & Klein, D. F. (1981). *Mind, mood, and medicine*. Nova York: Farrar, Strauss & Giroux.

Wender, P. H., Rosenthal, R., Kety, S. S., Schulsinger, F. & Weiner, J. (1974). Cross-fostering. *Arch. Gen. Psychiat.*, 30:121-128.

Wenger, M. A. & Bagchi, B. K. (1961). Studies of autonomic functions in practitioners of Yoga in India. *Behav. Sci.*, 6:312-323.

Werdegar, D., Sokolow, M., Perloff, D. B., Riess, W. F., Harris, R. E., Singer, T. & Blackburn, H. W., Jr. (1967). Portable recording of blood pressure. *Transactions of the Association of Life Insurance Medical Directors of America*, 51:103.

Werner, E. E. & Smith, R. S. (1982). *Vulnerable but invincible*. Nova York: McGraw-Hill.

Werry, J. S. (1979). The childhood psychoses. In H. C. Quay & J. S. Werry (eds.). *Psychopathological disorders of childhood*. Nova York: Wiley, pp. 43-89.

Wertheimer, M. (1979). Exciting insights that changed psychology. *Contemp. Psychol.*, 24:904-905.

Wessels, M. G. (1982). *Cognitive psychology*. Nova York: Harper & Row.

West, J. R., Hodges, C. A. & Black, A. C. (1981). Prenatal exposure to ethanol alters the organization of hippocampal mossy fibers in rats. *Science*, 211:257-258.

West, S. (novembro, 1982). A smarter test for intelligence. *Science*, 82:14.

Whalen, R. E. & Simon, N. G. (1984). Biological motivation. *Annu. Rev. Psychol.*, 35:257-276.

Whimbey, A. (1980). Students can learn to be better problem solvers. *Educational Leadership*, 37:560-565.

White, B. L. (1971). *Human infants*. Englewood Cliffs, NJ: Prentice-Hall.

White, B. L. (1972). Fundamental early environmental influences on the development of competence. Trabalho apresentado no Western Symposium on Learning: Cognitive Learning. Bellingham: Western Washington State.

White, B. L. & Held, R. (1966). Plasticity of sensoriomotor development in the human infant. In J. Rosenblith & W. Allinsmith (eds.). *The causes of behavior*. 2a ed. Boston: Allyn & Bacon, pp. 60-70.

White, G. L. (1980). Physical attractiveness and courtship progress. *J. Pers. Soc. Psychol.*, 39:660-668.

White, L. & Tursky, B. (ed.). (1982). *Clinical biofeedback*. Nova York: Guilford.

White, R. W. (1976). *The enterprise of living*. 2ª ed. Nova York: Holt, Rinehart.

White, R. W. & Watt, N. F. (1973). *The abnormal personality*. 4ª ed. Nova York: Ronald.

Whitehouse, P. C. & Simkins, J. (1983). Occupational factors in alcoholism. In B. Kissin & H. Begletier (eds.). *The pathogenesis of alcholism*. Nova York: Plenum Press, pp. 405-554.

Whitehouse, P. J., Price, D. L., Struble, R. G., Clark, A. W., Coyle, J. T. & De Long, M. R. (1982). Alzheimer's disease and senile dementia. *Science*, 215:1.237-1.239.

Whitley, B. E., Jr., Schofield, J. W. & Snyder, H. N. (1984). Peer preferences in a desegregated school. *J. Pers. Soc. Psychol.*, 46:799-810.

Whitlock, F. A. (1967). The aetiology of hysteria. *Acta Psychiatrica Scandinavica*, 43:144-162.

Whitlow, J. W., Jr. (1984). Effects of precuring on focused search in fact retrieval. *J. Exper. Psychol.: Learn., Mem., Cog.*, 10:733-744.

Whitman, T. L., Scibak, J. W. & Reid, D. H. (1983). *Behavior modification with the severity and profoundly retarded*. Nova York: Academic Press.

Whybrow, P. C., Akiskal, H. S. & McKinney, W. T., Jr. (1984). *Mood disorders*. Nova York: Plenum Press.

Wickelgren, L. W. (1969). The ocular response of human newborns to intermittent visual movements. *J. Exper. Child Psychol.*, 8:469-482.

Wickens, C. (1980). The structure of attentional resources. In R. Nickerson (ed.). *Attention and performance*. Hillsdale, NJ: Erlbaum, vol. 8.

Wickens, D. D., Born, D. G. & Allen, C. K. (1963). Proactive inhibition and item similarity in short-term memory. J. *Verb. Learn. Verb. Behav.*, 2:440-445.

Wicklund, R. A. (1982). Self-focused attention and the validity of self reports. In M. P. Zanna, E. T. Higgins & C. P. Herman (eds.). *Consistency in social behavior*. Hillsdale, NJ: Erlbaum, pp. 149-172.

Widacki, J. & Hovarth, F. (1978). An experimental investigation of the relative validity and utility of the polygraph technique and three other common methods of criminal identification. J. *Forens. Sci.*, 23:596-601.

Wideman, M. V. & Singer, J. E. (1984). The role of psychological mechanisms in preparation for childbirth. *Amer. Psychol.*, 39:1.357-1.371.

Widiger, T. A. & Nietzel, M. T. (1984). Kaplan's view of DSM-III. *Amer. Psychol.*, 39:1.319-1.320.

Wiesenfeld, A. R., Whitman, P. B. & Malatesta, C. Z. (1984). Individual differences among adult women in sensitivity to infants. J. *Pers. Soc. Psychol.*, 46:118-124.

Wiesenthal, D. L., Endler, N. S., Coward, T. R. & Edwards, J. (1976). Reversibility of relative competence as a determinant of conformity across different perceptual tasks. *Representative Research in Social Psychology*, 7:35-43.

Wieska, C. W. (1963). Human sensitivity to electrical fields. *Biomedical Sciences and Instrumentation*, 1:467-474.

Widgor, A. K. & Garner, W. K. (eds.). (1982). *Ability testing*. Washington, DC: National Academy Press.

Wilder, D. A. (1978). Reduction of intergroup discrimination through individuation of the outgroup. J. *Pers. Soc. Psychol.*, 36:1.361-1.374.

Wilder, D. A. & Cooper, W. E. (1981). Categorization into groups. In J. H. Harvey, W. Ickes & R. F. Kidd (eds.). *New directions in attribution research*. Hillsdale, NJ: Erlbaum, vol. 3.

Wilkinson, C. (1983). Aftermath of a disaster. *Amer. J. Psychiat.*, 140:1.134-1.139.

Willerman, L. (1979). *The psychology of individual and group differences*. San Francisco: Freeman.

Williams, C. D. (1959). The elimination of tantrum behavior by extinction procedures. J. *Abnorm. Soc. Psychol.*, 59:269.

Williams, J. E. & Best, D. L. (1982). *Measuring sex stereotypes*. Beverly Hills, CA: Sage.

Williams, J. H. (1977). *Psychology of women*. Nova York: Norton.

Williams, P. A., Haertel, E. H., Haertel, G. D. & Walberg, H. J. (1982). The impact of leisure-time television on school learning. *Educat. Res. J.*, 19:19-50.

Williams, R. B., Jr. (1983). Overview: Biobehavioral mechanisms in the etiology and pathogenesis of coronary heart disease. In J. A. Herd & S. M. Weiss (eds.). *Behavior and arteriosclerosis*. Nova York: Plenum Press.

Williams, T. F. (1984). *Goals and oppotunities in aging research*. Trabalho apresentado na reunião anual da American Psychological Association, Toronto.

Wills, T. A. (1982). Social comparison and help seeking. In. B. M. De Paulo, A. Nadler & J. D. Fisher (eds.). *New directions in helping. Help-seeking*. Nova York: Academic Press, vol. 2.

Wilsnack, S. C. & Beckman, L. J. (eds.). (1984). *Alcohol problems in women*. Londres: Guilford Press.

Wilson, D. W. & Donnerstein, E. (1976). Legal and ethical aspects of nonreactive social psychological research. *Amer. Psychol.*, 31:765-773.

Wilson, E. D. (1975). *Sociobiology*. Cambridge, MA: Harvard University Press.

Wilson, E. O. (1978). *On human nature*. Cambridge, MA: Harvard University Press.

Wilson, G. T. & Davison, G. C. (1975). Behavior therapy. *Psychol. Today*, 9(5):57-60.

Wilson, G. T. & Franks, C. M. (1982). *Contemporary behavior therapy*. Nova York: Guilford.

Wilson, J. P. & Petruska, R. (1984). Motivation, model attributes, and prosocial behavior. J. *Pers. Soc. Psychol.*, 46:458-468.

Wilson, J. R., Erwin, G., McClearn, G. E., Plomin, R., Johnson, R. C., Ahern, F. M. & Cole, R. E. (1984). Effects of ethanol: II. *Alcohol.: Clin. Exper. Res.*, 8:366-374.

Wilson, R. S. (1978). Synchronies in mental development: An epigenetic perspective. *Science*, 202:939-948.

Wilson, R. S. (1982). Intrinsic determinants of temperament. In Ciba Foundation. *Temperamental differences in infants and young children*. Londres: Pitman.

Wilson, R. S. (1983). The Louisville Twin Study. *Child Develop.*, 54:298-316.

Wilson, R. S. (1984). Twins and chronogenetics. *Acta Geneticae Medicae et Gemmellologiae*, 33:149-157.

Wilson, R. S. (1985). Risk and resilience in early mental development. *Develop. Psychol.*, 21:795-805.

Wilson, S. C. & Barber, T. X. (1983). The fantasy-prone personality. In A. A. Sheikh (ed.). *Imagery*. Nova York: Wiley, pp. 340-387.

Wilson, T. D. & Linville, P. W. (1985). Improving the performance of college freshmen with attributional techniques. J. *Pers. Soc. Psychol.*, 49:287-293.

Wilson, W. (1979). Correlates of avowed happiness. *Psychol. Bull.*, 67:294-306.

Wilson, W. R. (1979). Feeling more than we can know. J. *Pers. Soc. Psychol.*, 37:811-821.

Wimer, R. E. & Wimer, C. C. (1985). Animal behavior genetics. *Annu. Rev. Psychol.*, 36:171-218.

Wine, J. D. (1982). Evaluation anxiety. In H. W. Krohne & L. Laux (eds.). *Achievement, stress, and anxiety*. Washington, DC: Hemisphere, pp. 207-222.

Wing, R. R. (1982). Obesity. *Health Psychologist*, 4(2):6-7.

Wingard, D. L. (1984). The sex differential in morbidity, mortality, and lifestyle. *Annu. Rev. Public. Health*, 5:433-458.

Winget, C. & Kramer, M. (1979). *Dimensions of dreams*. Gainesville: University Presses of Florida.

Winget, D., Kramer, M. & Whitman, R. M. (1972). Dreams and demography. *Journal of the Canadian Psychiatric Association*, 17:203-208.

Winick, M. (ed.). (1979). *Human nutrition*. Nova York: Plenum Press.

Winick, M., Meyer, K. K. & Harris, R. C. (1975). Malnutrition and environmental enrichment by early adoption. *Science*, 190:1.173-1.175.

Winick, M. & Rosso, P. (1975). Malnutrition and central nervous system development. In J. W. Prescott, M. S. Read & D. B. Coursin (eds.). *Brain function and malnutrition*. Nova York: Wiley, pp. 41-52.

Winkler, R. C. & Winett, R. A. (1982). Behavioral interventions in resource conservation. *Amer. Psychol.*, 37:421-435.

Winogard, T. (setembro, 1984). Computer software for working with language. *Scientif. Amer.*, pp. 131-145.

Winter, L. & Uleman, J. S. (1984). When are social judgements made? J. *Pers. Soc. Psychol.*, 47:237-252.

Winter, L., Uleman, J. S. & Cunniff, C. (1985). How automatic are social judgements? J. *Pers. Soc. Psychol.*, 49:904-917.

Wise, R. A. (1984). Neural mechanisms of the reinforcing action of cocaine. In J. Grabowski (ed.). NIDA *Research Monograph*. Washington, DC: U.S. Department of Health and Human Services, vol. 50, pp. 15-33.

Witelson, S. F. (1985). The brain connection. *Science*, 229:665-668.

Witkin, H. A. & Goodenough, D. R. (1981). *Cognitive styles*. Nova York: International Universities Press.

Wohl, A. & Kaufman, B. (1985). *Silent screams and hidden cries*. Nova York: Brunner/Mazel.

Wolf, S. & Wolff, H. G. (1947). *Human gastric function*. Nova York: Oxford University Press.
Wolfe, D. A. (1985). Child-abusive parents. *Psychol. Bull.*, 97:462-482.
Wolff, C. T., Friedman, S. B., Hoffer, M. A. & Mason, J. W. (1964). Relationship between psychological defenses and mean urinary 17-hydroxycorticosteroid excretion rates. I. A predictive study of parents of fatally-ill children. *Psychosom. Med.*, 26:576-591.
Wolff, P. (1972). Ethnic differences in alcohol sensitivity. *Science*, 125:449-451.
Wolff, P. H. & Ferber, R. (1979). The development of behavior in human infants, premature and newborn. In W. M. Cowan, Z. W. Hall & E. R. Kandel (eds.). *Annu. Rev. Neurosci.*, 2:291-307.
Wolfgang, M. E. (1983). Pesquisa apresentada no Workshop on Delinquency Prevention. Vermont Conference on the Primary Prevention of Psychopathology. Descrito por Mervis, J. (agosto, 1983). Cuts threaten promising work on prevention. *Amer. Psychol. Ass. Monitor*, pp. 11-13.
Wolkin, A., Angrist, B., Jordan, B., Rotrosen, J., Jaeger, J., Brodie, J. & Wolf, A. (1985). *The dopamine influence on CNS metabolism in schizophrenia*. Trabalho apresentado no encontro anual da American Psychiatric Association, Dallas.
Wolkind, S. N. & De Salis, W. (1982). Infant temperament, maternal mental state and child behavioural problems. In Ciba Foundation Symposium 89. *Temperamental differences in infants and young children*. Londres: Pitman.
Wolkowitz, O. M., Weingartner, H. & Hommer, D. W. (1985). *Specificity of benzodiazepine disruption of memory*. Trabalho apresentado no encontro anual da American Psychiatric Association, Dallas.
Wolman, W. B., com Dale, L. A., Schmeidler, G. R. & Ullman, M. (eds.). (1977). *Handbook of parapsychology*. Nova York: Van Nostrand Reinhold.
Woodcruff, D. S. (1983). Physiology and behavior relationships in aging. In D. S. Woodcruff & J. E. Birren (eds.). *Aging*. Monterey, CA: Brooks/Cole, pp. 178-201.
Wooley, S. C. & Wooley, O. W. (1983). Should obesity be treated at all? *Psychiat. Annals*, 13:884-888.
Wooley, S. C., Wooley, O. W. & Dyrenforth, S. R. (1979). Theoretical, practical and social issues in behavioral treatment of obesity. *J. Appl. Beh. Anal.*, 12:3-25.
Woolfolk, A. E., Woolfolk, R. L. & Wilson, G. T. (1977). A rose by any other name... *J. Consult. Clin. Psychol.*, 45:184-191.

Woolfolk, R. L. & Richadson, F. C. (1984). Behavior therapy and the ideology of modernity. *Amer. Psychol.*, 39:777-786.
Worchel, S. (1978). The experience of crowding. In A. Baum & Y. M. Epstein (eds.). *Human response to crowding*. Hillsdale, NJ: Erlbaum.
Worchel, S. (1985). The selling of social psychology. *Contemp. Psychol.*, 30:614-615.
Worchel, S. & Cooper, J. (1979). *Understanding social psychology*. Homewood, IL: Dorsey.
Worchel, S. & Norvel, N. (1980). Effect of perceived environmental conditions during cooperation on intergroup attraction. *J. Pers. Soc. Psychol.*, 38:764-772.
Word, C., Zanna, M. & Cooper, J. (1974). The nonverbal mediation of self fulfilling prophecies in interracial interaction. *J. Exper. Soc. Psychol*, 10:109-120.
Work in America. (1973). *Report of a special task force to the Secretary of Health, Education and Welfare*. Cambridge: MA: MIT Press.
Wright, P. H. (1982). Men's friendships, women's friendships, and the alleged inferiority of the latter. *Sex Roles*, 8:1-20.
Wright, P. H. & Bergloff, P. (julho, 1984). *The Acquaintance Description Form and the study of relationship differentiation*. Trabalho apresentado na Second International Conference on Personal Relationships, Madison, Wisconsin.
Wright, P. H. & Keple, T. W. (1981). Friends and parents of a sample of high school juniors. *J. Marr. Fam.*, 43:559-570.
Wurtman, J. J. (1981). Neurotransmitter regulation of protein and carbohydrate consumption. In S. A. Miller (ed.). *Nutrition and behavior*. Filadélfia: Franklin Institute Press.
Wurtman, R. J. (abril, 1982). Nutrients that modify brain function. *Scientif. Amer.*, pp. 50-59.
Wurtman, R. J. (janeiro, 1985). Alzheimer's disease. *Scientif. Amer.*, pp. 62-74.
Wurtz, R. H., Goldberg, M. E. & Robinson, D. L. (junho, 1982). Brain mechanisms of visual attention. *Scientif. Amer.*, pp. 124-134.
Wyer, R. S., Jr. & Srull, T. K. (eds.). (1984). *Handbook of social cognition*. Hillsdale, NJ: Erlbaum, vol. 1, 2 e 3.
Wygant, J. R. (1981). Meprobamate and polygraphs. *Sci. News*, 119:291.
Wyles, J. S., Kunkel, J. G. & Wilson, A. C. (julho, 1983). Bird's behavior and anatomical evolution. *Proceed. Natl. Acad. Sci.*, 80:4.394-4.397.
Wyrwicka, W. (1981). *The development of food preferences*. Springfield, IL: Thomas.
Wysocki, C. J. & Beauchamp, G. K. (agosto, 1984). Ability to smell androsterone is genetically determined. *Proc. Natl. Acad. Sci.*, 81:4.899-4.902.

Yager, T., Laufer, R. & Gallops, M. (1984). Some problems associated with war experience in men of the Vietnam generation. *Arch. Gen. Psychiat.*, 41:327-333.
Yalom, M., Estler, S. & Brewster, W. (1982). Changes in female sexuality. *Psychol. Women Quart.*, 7:141-154.
Yang, R. K., Zweig, A. R., Douthitt, T. C. & Federman, E. J. (1976). Successive relationships between maternal attitudes during pregnancy, analgesic medication during labor and delivery, and newborn behavior. *Develop. Psychol.*, 12:6-14.
Yankelovich, D. (1981). *New rules, searching for self-fulfillment in a world turned upside down*. Nova York: Random House.
Yankelovich, Skelly & White, Inc. (1977). *Rasing children in a changing society*. Minneapolis: General Mills.
Yarbus, A. L. (1967). *Eye movements and vision* (tradução de L. A. Riggs). Nova York: Plenum Press.
Yarkin, K. L., Harvey, J. H. & Bloxom, B. M. (1981). Cognitive sets, attribution, and social interaction. *J. Pers. Soc. Psychol.*, 41:243-252.
Yarmey, A. D. (1979). *The psychology of eyewitness testimony*. Nova York: Free Press.
Yarrow, L. J. (1964). Separation from parents during early childhood. In M. L. Hoffman & L. W. Hoffman (eds.). *Review of child development research*. Nova York: Russell Sage, vol. 1, pp. 89-136.
Yarrow, L. J., MacTurk, R. H., Vietze, P. M., McCarthy, M. E., Klein, R. P. & McQuiston, S. (1984). Developmental course of parental stimulation and its relationship to mastery motivation during infancy. *Develop. Psychol.*, 20:492-503.
Yarrow, L. J., Rubenstein, J. L. & Pedersen, F. A. (1975). *Infant and environment*. Washington, DC: Hemisphere.
Yarrow, M. R., Campbell, J. D. & Burton, R. V. (1970). Recollections of childhood. *Monogr. Soc. Res. Child Develop.*, 35 (n. 138).
Yarrow, M. R., Scott, P. M. & Waxler, C. Z. (1973). Learning concern for others. *Develop. Psychol.*, 8:240-260.
Yates, A. J. (1980). *Biofeedback and the modification of behavior*. Nova York: Plenum Press.
Yellott, J. I., Jr. (janeiro, 1981). Binocular depth inversion. *Scientific. Amer.*, 245:148-159.
Yensen, R. (1975). On the measurement of happiness and its implications for welfare. In L. Levi (ed.). *Emotions*. Nova York: Raven.

Yerkes, R. M. & Dodson, J. D. (1908). The relation of strength of stimulus to rapidity of habit-formation. J. *Compar. Neurol. Psychol.*, 18:459-482.

Yonas, A., Granrud, C. E. & Pettersen, L. (1985). Infant's sensitivity to relative size information for distance. *Child Develop. Psychol.*, 21:161-167.

Young, P. T. (1943). *Emotion in man and animal.* Nova York: Wiley.

Young, R. K. (1985). Ebbinghaus. J. *Exper. Psychol.: Learn., Mem., Cog.*, 11:491-495.

Young-Browne, G., Rosenfeld, H. M. & Horowitz, F. D. (1977). Infant discrimination of facial expressions. *Child Develop.*, 48:555-562.

Yule, W. & Lansdowne, R. (1982). Trabalho apresentado na conferência anual da British Psychological Society, York, Ing. Citado por Cohen, D. (junho, 1982). Eysenck finds quick thinkers have higher IQs. *Amer. Psychol. Ass. Monitor*, p. 29.

Zadny, J. & Gerard, H. B. (1974). Attributed intentions and informational selectivity. J. *Exp. Soc. Psychol.*, 10:34-52.

Zajonc, R. B. (1968). Attitudinal effects of mere exposure. J. *Pers. Soc. Psychol. Monogr.*, 9:1-27.

Zajonc, R. B. (1980). Feeling and thinking. *Amer. Psychol.*, 35:151-175.

Zajonc, R. B. (1983). Validating the confluence model. *Psychol. Bull.*, 93:117-123.

Zajonc, R. B. (1984). On the primacy of affect. *Amer. Psychol.*, 39:117-123.

Zajonc, R. B. (1985a). *The decline and rise of scholastic aptitude scores.* Trabalho não publicado; apresentado parcialmente no encontro anual da American Association for the Advancement of Science, Los Angeles.

Zajonc, R. B. (1985b). Emotion and facial efference. *Science*, 228:15-21.

Zander, A. (1979). The psychology of group processes. *Annu. Rev. Psychol.*, 30:417-451.

Zanna, M. P. & Fazio, R. H. (1982). The attitude-behavior relation. In M. P. Zanna, E. T. Higgins & C. P. Herman (eds.). *Consistency in social behavior.* Hillsdale, NJ: Erlbaum, pp. 283-301.

Zanna, M. P., Kiesler, C. A. & Pilkonis, D. A. (1970). Positive and negative attitudinal affect established by classical conditioning. J. *Pers. Soc. Psychol.*, 14:321-328.

Zanna, M., Olson, J. M. & Fazio, R. H. (1980). Attitude-behavior consistency. J. *Pers. Soc. Psychol.*, 38:432-440.

Zanna, M. P. & Pack, S. J. (1975). On the self-fulfilling nature of apparent sex differences in behavior. J. *Exper. Soc. Psychol.*, 11:583-591.

Zarbatany, L., Hartmann, D. P., Gelfand, D. M. & Vinciguerra, P. (1985). Gender differences in altruistic reputation. *Develop. Psychol.*, 21:97-101.

Zarin-Ackerman, J., Lewis, M. & Driscoll, J. (1975). Language competence of two-year-old normal and high risk infants. Trabalho apresentado no encontro bienal da Society for Research in Child Development, Denver.

Zarski, J. J. (1984). Hassles and health. *Health Psychol.*, 3:243-251.

Zeaman, D. (1973). One programmatic approach to retardation. In D. K. Routh (ed.). *The experimental psychology of mental retardation.* Chicago: Aldine.

Zeigler, H. P. & Karten, H. J. (1974). Central trigeminal structures and the lateral hypothalamic syndrome in the rat. *Science*, 186:636-637.

Zelazo, P. R. (1976). From reflexive to instrumental behavior. In L. P. Lipsitt (ed.). *Developmental psychobiology.* Hillsdale, NJ: Erlbaum, pp. 87-104.

Zeldow, P. B., Clark, D. & Daugherty, S. R. (1985). Masculinity, femininity, Type A behavior, and psychosocial adjustment in medical students. J. *Pers. Soc. Psychol.*, 48:481-492.

Zelinski, E. M., Light, L. L. & Gilewski, M. J. (1984). Adult age differences in memory for prose. *Develop. Psychol.*, 20:1.181-1.192.

Zellman, G. L., Johnson, P. B., Giarrusso, R. & Goodchilds, J. D. (1979). *Adolescent expectations for dating relationships.* Trabalho apresentado no encontro anual da American Psychological Association, Nova York.

Zelnik, M. (1983). Sexual activity among adolescents. In E. R. McAnarney (ed.). *Premature adolescent pregnancy and parenthood.* Nova York: Grune & Stratton, pp. 21-36.

Zentall, S. S. & Zentall, T. R. (1983). Optimal stimulation. *Psychol. Bull.*, 94:446-471.

Zeskind. P. S. (1985). A developmental perspective of crying in the infant at risk. In B. M. Lester & C. F. Z. Boukydis (eds.). *Infant crying.* Nova York: Plenum Press.

Zezkind, P. S. & Ramey, C. T. (1978). Fetal malnutrition. *Child Develop.*, 49:1.154-1.162.

Zeskind, P. S. & Ramey, C. T. (1981). Preventing intellectual and interactional sequelae of fetal malnutrition. *Child Develop.*, 52:213-218.

Zeskind, P. S., Sale, J., Maio, M. L., Hungtington, L. & Weiseman, J. R. (1985). Adult perceptions of pain and hunger cries. *Child Develop.*, 56:549-554.

Zigler, E., & Berman, W. (1983). Discerning the future of early childhood intervention. *Amer. Psychol.*, 1(38):894-906.

Zigler, E. & Seitz, V. (1982). Social policy and intelligence. In R. J. Sternberg (ed.). *Handbook of human intelligence.* Cambridge, Ing.: Cambridge University Press.

Zilbergeld, B. & Evans, M. (1980). The inadequacy of Masters and Johnson. *Psychol. Today*, 14(3):29-43.

Zillmann, D. (1979). *Hostility and aggression.* Hillsdale, NJ: Erlbaum.

Zillmann, D. (1984). *Connections between sex and aggression.* Hillsdale, NJ: Erlbaum.

Zillmann, D. & Bryant, J. (1984). Effects of massive exposure to pornography. In N. M. Malamuth & E. Donnerstein (eds.). *Pornography and sexual aggression.* Nova York: Academic Press.

Zillmann, D. & Cantor, J. R. (1976). Effects of timing of information about mitigating circumstances on emotional responses to provocation and retaliatory behavior. J. *Exper. Soc. Psychol*, 12:38-55.

Zimbardo, P. G. (1969). The human choice. In W. J. Arnold & D. Levine (eds.). *Nebraska symposium on motivation.* Lincoln: University of Nebraska Press, vol. 17.

Zimbardo, P. G. (1972). Pathology of imprisonment. *Society*, 9(4):4-6.

Zimbardo, P. G. (1973). *The dehumanization of imprisonment.* Monografia não publicada.

Ziporyn, T. (1985). PET scans relate clinical picture to more specific nerve function. *JAMA*, 253:943-945 e ss.

Zisook, S. & De Vaul, R. (1984). Measuring acute grief. *Psychiatric Medicine*, 2:169-176.

Zitrin, C. M., Klein, D. F., Woerner, M. G. & Ross, D. C. (1983). I. Comparison of imipramine hydrochlorine and placebo. *Arch. Gen. Psychiat.*, 40:125-139.

Zola-Morgan, S. & Squire, L. R. (1985). Medial temporal lesions in monkeys impair memory on a variety of tasks sensitive to human amnesia. *Behav. Neurosci.*, 99:22-34.

Zornetzer, S. F. & Simon, M. L. (1983). Alzheimer's disease. *Contemp. Psychol.*, 28:798-799.

Zuckerman, M. (ed.). (1983). *Biological bases of sensation seeking.* Hillsdale, NJ: Erlbaum.

Zung, W. W. K. & Green, R. L. (1974). Seasonal variation of suicide and depression. *Arch. Gen. Psychiat.*, 30:89-91.

ABREVIATURAS USADAS NA BIBLIOGRAFIA

Adv. Exper. Soc. Psychol. Advances in Experimental Social Psychology

Adv. Biol. Psychiat. Advances in Biological Psychiatry

Alcohol.: Clin. Exper. Res. Alcoholism: Clinical and Experimental Research
Amer. J. Clin. Hypnos. American Journal of Clinical Hypnosis
Amer. J. Clin. Nutri. American Journal of Clinical Nutrition
Amer. J. Dis. Children. American Journal of Disorders in Children
Amer. J. Educ. American Journal of Education
Amer. J. Epidem. American Journal of Epidemiology
Amer. J. Human Genet. American Journal of Human Genetics
Amer. J. Obstet. Gynecol. American Journal of Obstetrics and Gynecology
Amer. J. Orthopsychiat. American Journal of Orthopsychiatry
Amer. J. Psychiat. American Journal of Psychiatry
Amer. J. Psychoanal. American Journal of Psychoanalysis
Amer. J. Psychol. American Journal of Psychology
Amer. J. Psychother. American Journal of Psychotherapy
Amer. J. Pub. Hlth. American Journal of Public Health
Amer. J. Sociol. American Journal of Sociology
Amer. Psychol. American Psychologist
Amer. Psychol. Ass. Monitor American Psychological Association Monitor
Amer. Scien. American Scientist
Amer. Sociolog. Rev. American Sociological Review
Ann. N. Y. Acad. Sci. Annals of the New York Academy of Sciences
Ann. Neurol. Annals of Neurology
Annu. J. Psychiat. Annual Journal of Psychiatry
Annu. Rev. Neurosci. Annual Review of Neuroscience
Annu. Rev. Psychol. Annual Review of Psychology
Annu. Rev. Public Health. Annual Review of Public Health
Appl. Psychol. Measure. Applied Psychological Measurement
Arch. Diseases Childhood Archives of Diseases of Childhood
Arch. Gen. Psychiat. Archives of General Psychiatry
Arch. Neurol. Psychiat. Archives of Neurology and Psychiatry
Arch. Psychol. Archives of Psychology

Behav. Analyst Behavior Analyst
Behav. Assess. Behavioral and Assessment
Behav. Brain Sci. Behavioral and Brain Sciences
Behav. Genet. Behavior Genetics
Behav. Neur. Biol. Behavioral and Neural Biology
Behav. Neurosci. Behavioral Neuroscience
Behav. Modific. Behavior Modification
Behav. Pediat. Behavioral Pediatrics
Behav. Res. Ther. Behavior Research and Therapy
Behav. Sci. Behavioral Science
Behav. Ther. Behavior Therapy
Behav. Today Behavior Today
Biolog. Psychiat. Biological Psychiatry
Birth Fam. J. Birth and the Family Journal
Brain Lang. Brain and Language
Brain Res. Brain Research
Brain Res. Rev. Brain Research Review
Brit. J. Develop. Psychol. British Journal of Developmental Psychology
Brit. J. Educ. Psychol. British Journal of Educational Psychology
Brit. J. Hospit. Med. British Journal of Hospital Medicine
Brit. J. Med. Psychol. British Journal of Medical Psychology
Brit. J. Nutri. British Journal of Nutrition
Brit. J. Psychiat. British Journal of Psychiatry
Brit. J. Psychol. British Journal of Psychology
Brit. Med. Bull. British Medical Bulletin
Brit. Med. J. British Medical Journal
Bull. Brit. Psychol. Society Bulletin of the British Psychological Society
Bull. Menninger Clin. Bulletin of the Menninger Clinic
Bull. Psychonom. Soc. Bulletin of the Psychonomic Society
Bull. Suicidol. Bulletin of Suicidology

Canadian J. Psychiat. Canadian Journal of Psychiatry
Canadian J. Psychol. Canadian Journal of Psychology
Canadian Med. Ass. J. Canadian Medical Association Journal
Child Develop. Child Development
Child Psychiat. Human Develop. Child Psychiatry and Human Development
Clin. Psychol. Rev. Clinical Psychology Review
Cog. Psychol. Cognitive Psychology
Cog. Ther. Cognitive Therapy
Cog. Ther. Res. Cognitive Therapy and Research
Comprehen. Comprehension
Comprehen. Psychiat. Comprehensive Psychiatry
Contemp. Psychol. Contemporary Psychology

Develop. Med. Child Neurol. Developmental Medicine and Child Neurology
Develop. Psychobiol. Developmental Psychobiology
Develop. Psychol. Developmental Psychology
Dis. Nerv. Sys. Diseases of the Nervous System
Dtsch. Med. Wochenschr. Deutsch Medizinische Wochenschrift

Ecol. Food Nutr. Ecology of Food and Nutrition
Educat. Psychol. Educational Psychologist
Educat. Res. Educational Researcher
Educat. Res. J. Educational Research Journal
Electroencephalog. Clin. Neurophysiol. Electroencephalography and Clinical Neurophysiology
EPA Eastern Psychological Association
Ergonom. Ergonomics
Eugen. Quart. Eugenics Quarterly
Eur. J. Soc. Psychol. European Journal of Social Psychology
Exper. Brain Res. Experimental Brain Research
Exper. Neurol. Experimental Neurology

Fam. Coordinat. Family Coordinator
Fam. Ther. Family Therapy
Fed. Proc. Federation Proceedings

Gen. Hosp. Psychiat. General Hospital Psychiatry
Gen. Psychiat. General Psychiatry
Genet. Psychol. Mon. Genetic Psychology Monographs
Gerontol. Gerontology
Gift. Child Quart. Gifted Child Quarterly
Group Psychother. Group Psychotherapy

Harvard Ed. Rev. Harvard Educational Review
Health Psychol. Health Psychology
Hosp. Comm. Psychiat. Hospital and Community Psychiatry
Human Behav. Human Behavior
Human Communic. Res. Human Communication Research
Human Devel. Human Development
Human Nat. Human Nature
Human Relat. Human Relations

Infant Behav. Develop. Infant Behavior and Development
Inter. J. Aging Hum. Develop. International Journal of Aging and Human Development
Inter. J. Behav. Develop. International Journal of Behavioral Development
Inter. J. Clin. Exper. Hypn. International Journal of Clinical and Experimental Hypnosis
Inter. J. Exper. Psychol. International Journal of Experimental Psychology
Inter. J. Fam. Ther. International Journal of Family Therapy
Inter. J. Group. Psychother. International Journal of Group Psychotherapy

Inter. J. Health Serv. International Journal of Health Services
Inter. J. Mental Hlth. International Journal of Mental Health
Inter. J. Neurosci. International Journal of Neuroscience
Inter. J. Psychiat. International Journal of Psychiatry
Inter. J. Psychiat. Med. International Journal of Psychiatry in Medicine
Inter. J. Psychoanal. International Journal of Psychoanalysis
Inter. J. Sociol. Lang. International Journal of the Sociology of Language

J. Abnorm. Child Psychol. Journal of Abnormal Child Psychology
J. Abnorm. Psychol. Journal of Abnormal Psychology
J. Abnorm. Soc. Psychol. Journal of Abnormal and Social Psychology
J. Acoust. Soc. Amer. Journal of the Acoustical Society of America
J. Affect. Dis. Journal of Affective Disorders
JAMA Journal of the American Medical Association
J. Amer. Acad. Child Psychiat. Journal of the American Academy of Child Psychiatry
J. Amer. College Hlth. Ass. Journal of the American College Health Association
J. Appl. Beh. Anal. Journal of Applied Behavior Analysis
J. Appl. Physiol. Journal of Applied Physiology
J. Appl. Psychol. Journal of Applied Psychology
J. Appl. Soc. Psychol. Journal of Applied Social Psychology
J. Autism Child. Schizo. Journal of Autism and Childhood Schizophrenia
J. Autism Devel. Dis. Journal of Autism and Developmental Disorders
J. Behav. Assess. Journal of Behavioral Assessment
J. Behav. Med. Journal of Behavioral Medicine
J. Behav. Res. Exp. Psychiat. Journal of Behavioral Research and Experimental Psychiatry
J. Behav. Ther. Exp. Psychiat. Journal of Behavioral Therapy and Experimental Psychiatry
J. Biosoc. Sci. Journal of Biosocial Science
J. Cell Biol. Journal of Cell Biology
J. Child Lang. Journal of Child Language
J. Child Psychol. Psychiat. Journal of Child Psychology and Psychiatry
J. Clin. Child Psychol. Journal of Clinical Child Psychology
J. Clin. Endocri. Metabol. Journal of Clinical Endocrinology and Metabolism
J. Clin. Psychiat. Journal of Clinical Psychiatry
J. Clin. Psychol. Journal of Clinical Psychology
J. Clin. Psychopath. Journal of Clinical Psychopathology
J. Communic. Journal of Communication
J. Community Psychol. Journal of Community Psychology
J. Compar. Neurol. Journal of Comparative Neurology
J. Compar. Neurol. Psychol. Journal of Comparative Neurology and Psychology
J. Compar. Physiol. Psychol. Journal of Comparative Physiology and Psychology
J. Conflict Resolut. Journal of Conflict Resolution
J. Consult. Clin. Psychol. Journal of Consulting and Clinical Psychology
J. Couns. Psychol. Journal of Counseling Psychology
J. Crim. Law Criminol. Journal of Criminal Law and Criminology
J. Crim. Psychopath. Psychother. Journal of Criminal Psychopathology and Psycotherapy
J. Divorce Journal of Divorce
J. Early Adolesc. Journal of Early Adolescence
J. Educ. Psychol. Journal of Educational Psychology
J. Exper. Anal. Behav. Journal of Experimental Analysis of Behavior
J. Exper. Biol. Journal of Experimental Biology
J. Exper. Child Psychol. Journal of Experimental Child Psychology
J. Exper. Psychol.: Gen. Journal of Experimental Psychology: General
J. Exper. Psychol.: Human Learn. Mem. Journal of Experimental Psychology: Human Learning and Memory
J. Exper. Psychol.: Human, Percept. Perform. Journal of Experimental Psychology: Human, Perception and Performance
J. Exper. Psychol.: Learn., Mem., Cog. Journal of Experimental Psychology: Learning, Memory and Cognition
J. Exper. Res. Person. Journal of Experimental Research in Personality
J. Exper. Soc. Psychol. Journal of Experimental Social Psychology
J. Fores. Sci. Journal of Forensic Sciences
J. Gen. Psychol. Journal of General Psychology
J. Genet. Psychol. Journal of Genetic Psychology
J. Gerontol. Journal of Gerontology
J. Geriat. Psychol. Journal of Geriatric Psychology
J. Hlth. Sci. Journal of Health Science
J. Hlth. Soc. Behav. Journal of Health and Social Behavior
J. Hops. Commun. Psychiat. Journal of Hospital and Community Psychiatry
J. Human Stress Journal of Human Stress
J. Learn. Dis. Journal of Learning Disabilities
J. Marr. Fam. Journal of Marriage and Family
J. Ment. Health Journal of Mental Health
J. Ment. Sci. Journal of Mental Science
J. Nerv. Ment. Dis. Journal of Nervous and Mental Disease
J. Neurol., Neurosurg., Psychiat. Journal of Neurology, Neurosurgery, and Psychiatry
J. Neuropathol. Exper. Neurol. Journal of Neuropathology and Experimental Neurology
J. Neurophysiol. Journal of Neurophysiology
J. Pediat. Journal of Pediatrics
J. Pediat. Psychol. Journal of Pediatric Psychology
J. Pers. Journal of Personality
J. Pers. Soc. Psychol. Journal of Pediatric and Social Psychology
J. Pers. Soc. Psychol. Monogr. Journal of Personality and Social Psychology Monographs
J. Psychiat. Journal of Psychiatry
J. Psychiat. Res. Journal of Psychiatric Research
J. Psychol. Journal of Psychology
J. Psychol. Stud. Journal of Psychological Studies
J. Psychosom. Med. Journal of Psychosomatic Medicine
J. Psychosom. Res. Journal of Psychosomatic Research
J. Res. Pers. Journal of Research in Personality
J. School Health Journal of School Health
J. Sex. Res. Journal of Sexual Research
J. Soc. Issues Journal of Sexual Issues
J. Soc. Psychol. Journal of Social Psychology
J. Spec. Ed. Journal of Special Education
J. Speech Hear. Dis. Journal of Speech and Hearing Disorders
J. Speech Hear. Res. Journal of Speech and Hearing Research
J. Verb. Learn. Verb. Behav. Journal of Verbal Learning and Verbal Behavior
J. Vocat. Behav. Journal of Vocational Behavior
J. Youth Adol. Journal of Youth and Adolescence
J. Sport Psychol. Journal of Sport Psychology

Lang. Speech Language and Speech
Law Human Behav. Law and Human Behavior
Life Sci. Life Sciences

Marr. Fam. Living Marriage and Family Living
Mem. Cog. Memory and Cognition
Ment. Hlth. Dig. Mental Health Digest
Mental Health Ass. Mental Health Association
Merrill-Palmer Quart. Merrill-Palmer Quartely

Monogr. Soc. Res. Child Develop. Monographs of the Society for Research in Child Development

Neurosci. Neuroscience
New Engl. J. Med. New England Journal of Medicine
NICHHD National Institute of Child Health and Human Development
NIMH National Institute of Mental Health
NY Times Mag. New York Times Magazine

Pediat. Rev. Pediatrics in Review
Percept. Motor Skills Perceptual and Motor Skills
Percept. Psychophys. Perception and Psychophysics
Pers. Soc. Psychol. Bull. Personality and Social Psychology Bulletin
Personnel Psychol. Personnel Psychology
Populat. Develop. Rev. Population and Development Review

Proceed. Natl. Acad. Sci. Proceedings of the National Academy of Sciences
Proceed. R. Soc. Lon. Proceedings of the Royal Society of London
Professional Psychol. Professional Psychology
Psychiat. Psychiatry
Psychiat. Annals Psychiatric Annals
Psychiat. Clin. N. Amer. Psychiatric Clinics of North America
Psychiat. Dig. Psychiatry Digest
Psychiat. Quart. Psychiatry Quarterly
Psychiat. Res. Psychiatry Research
Psychiat. Soc. Sci. Rev. Psychiatry and Social Science Review
Psychoanal. Study Child Psychoanalytic Study of the Child
Psychol. Bull. Psychological Bulletin
Psychol. Med. Psychological Medicine
Psychol. Monogr. Psychological Monographs
Psychol. Rep. Psychological Reports
Psychol. Rev. Psychological Review
Psychol. Today Psychology Today
Psychol. Women Quart. Psychology of Women Quarterly
Psychometr. Monogr. Psychometric Monograph
Psychonom. Sci. Psychonomic Science
Psychopharm. Bull. Psychopharmacology Bulletin
Psychophysio. Psychophysiology
Publ. Health Rep. Public Health Reports

Quart. J. Exper. Psychol. Quarterly Journal of Experimental Psychology
Quart. J. Med. Quarterly Journal of Medicine
Quart. J. Stud. Alcohol Quarterly Journal of Studies on Alcohol

Represent. Res. Soc. Psychol. Representative Research in Social Psychology
Sat. Rev. Saturday Review
Scientif. Amer. Scientific American

Schiz. Bull. Schizophrenia Bulletin
Sci. News Science News
Soc. Neurosci. Abstr. Society for Neuroscience Abstracts
Soc. Psychiat. Social Psychiatry
Soc. Psychol. Quart. Social Psychology Quarterly
Soc. Sci. Med. Social Science and Medicine
Sociol. Educ. Sociology of Education

Teach. Psychol. Teaching of Psychology

U.S. Gov. Print. Office United States Government Printing Office

Vision Res. Vision Research

Glossário

Nota: Os termos que aparecem em itálico nas definições também são definidos neste glossário. (Há, entretanto, alguns termos em itálico que se referem a estrangeirismos, os quais, por norma editorial, devem receber este tratamento gráfico.)

abismo visual Aparato usado para testar a *percepção de profundidade*; simula as condições visuais de um abismo profundo.

abordagem correlacional Usada em lugar de um *experimento* para verificar se dois eventos estão sistematicamente relacionados e se um pode estar causando o outro. Veja *coeficiente de correlação*.

acetilcolina *Neurotransmissor*; influi na memória.

ácido desoxirribonucléico (DNA) Substância química que codifica informações sobre cada herança *genética* do indivíduo.

acomodação Processo pelo qual o cristalino sofre variações no diâmetro da circunferência, regulando a entrada de luz que atinge a *retina*. O termo também foi usado por Piaget para se referir à criação de novas estratégias, ou para a modificação ou combinação de antigas estratégias, a fim de lidar com novos desafios.

ACTH Hormônio liberado pela *glândula pituitária* que, atravessando as *glândulas adrenais*, ativa a liberação dos respectivos hormônios.

acuidade Capacidade para distinguir detalhes.

adaptação De acordo com Piaget, o desenvolvimento de capacidades mentais à medida que os organismos interagem e aprendem a enfrentar os próprios ambientes. Composto de *assimilação* e *acomodação*. (Veja também *ajustamento*.)

adaptação perceptiva Flexibilidade para lidar com *input sensorial*.

adolescência Período de desenvolvimento humano que se estende mais ou menos dos 13 aos 18 anos de idade.

adrenalina (epinefrina) *Hormônio* secretado pelas *glândulas adrenais* durante períodos de *estresse*, a fim de preparar o organismo para lidar com uma emergência; também um *neurotransmissor*.

afeto Veja *emoção*.

agente estressante Incidente que provoca *ansiedade*.

agressão Ato que visa ferir pessoas ou propriedades.

agressão deslocada *Agressão* resultante de uma *frustração* e dirigida a alvos disponíveis, e não à fonte que gerou a frustração.

ajustamento Processo de tentar atender às exigências do *self* e do ambiente.

alcoolismo Definido de forma variada, mas geralmente indicativo de *dependência* do álcool.

alucinação Experiência *sensorial* sem base na realidade.

ambíguo Que não está claro.

Ameslan (American Sign Language; ASL) *Linguagem* gestual usada por muitas pessoas surdas.

amígdala Parte do *sistema límbico*: desempenha um papel na raiva, prazer, dor e medo.

amnésia Perda repentina de memória de informações importantes que persiste por períodos que variam de minutos a anos.

amostra Parte de uma *população* estudada em uma investigação de pesquisa.

amostra representativa *Amostra* que reflete as características importantes da *população* estudada.

amostragem aleatória Seleção de participantes de pesquisa para um estudo, de tal forma que a *população* a ser considerada tenha igual possibilidade de ser selecionada para a pesquisa. Grandes amostras aleatórias são provavelmente representativas da população.

amplitude Altura da onda em qualquer ponto do tempo.

amplitude Medida da *variação* em que se subtrai o menor do maior escore.

analista Pessoa que conduz uma *psicoterapia analítica*.

andrógeno(s) ou **andrógênios** *Hormônios* sexuais "masculinos" que regulam as *características sexuais primárias* e *secundárias* e modificam a *pulsão sexual*. Durante um *período sensível* inicial os andrógenos alteram o *sistema nervoso* e influenciam padrões hormonais e comportamentais.

anonimato Falta de sentido de identidade; sentir-se desconhecido.

anorexia nervosa Embora "anorexia" signifique "perda de apetite", o termo "anorexia nervosa" refere-se a um distúrbio caracterizado por medo de engordar e da *obesidade*, além de tentativas de reduzir o peso a um nível não saudável.

ansiedade *Emoção* caracterizada por sentimentos de antecipação de perigo, tensão e sofrimento e pela estimulação do *sistema nervoso simpático*.

anti-social Refere-se ao comportamneto que leva as pessoas a entrar em conflito com a sociedade.

aprender a aprender Veja *predisposição para aprender*.

aprendizagem cognitivo-perceptiva Abordagem que depende de operações mentais ou sensoriais.

aprendizagem comportamental Mudanças relativamente duradouras no comportamento, resultantes de experiências, à medida que os organismos ajustam-se aos respectivos ambientes; *aprendizagem respondente, operante* e *por observação*.

aprendizagem dependente do estado Em muitos casos, os organismos *recuperam* melhor as informações se estiverem no mesmo estado físico (em termos de fármacos, humor, fadiga e outros) em que estavam durante a *codificação*. A aprendizagem, em outras palavras, depende também das condições físicas.

aprendizagem por observação (imitação, modelagem, aprendizagem social) *Aprendizagem* que ocorre quando mudanças relativamente duradouras no comportamento resultam amplamente da observação da conduta de outra pessoa.

aprendizagem social Veja A*prendizagem por observação*.

aprendizagem Veja *aprendizagem comportamental* e *aprendizagem cognitivo-perceptiva*.

aquisição (treinamento de aquisição) No *condicionamento respondente*, o emparelhamento de um *estímulo neutro* com um *estímulo incondicionado*, em geral repetidamente, até que apareça uma *resposta condicionada*. Na *aprendizagem por observação*, o primeiro estágio durante o qual o aprendiz observa um *modelo* e reconhece os aspectos distintos da própria conduta. É também um outro nome para *codificação*.

áreas de associação (áreas ou zonas de projeção secundária) Regiões do *córtex cerebral* que integram as informações recebidas e coordenam a tomada de decisão.

arteriosclerose Doença das artérias, freqüentemente em pessoas idosas; caracterizada por espessamento e falta de elasticidade das paredes dos vasos sangüíneos e diminuição do fluxo sangüíneo.

assimilação Termo empregado por Piaget para se referir à apreensão de informações e a sua classificação de acordo com o que já é conhecido; mais comumente absorção; também um fenômeno psicológico que enfatiza a similaridade entre indivíduos.

astigmatismo Anormalidade do cristalino do olho que faz com que linhas de certa orientação pareçam indistintas.

atenção Abertura seletiva a uma pequena porção dos fenômenos *sensoriais* que nos atinge.

atitude Conceito aprendido sobre algum objeto social associado a pensamentos (avaliação), sentimentos e comportamento.

atividade alfa (ondas alfa) Ondas cerebrais de cerca de 8 a 12 *hertz*, freqüentemente associadas a agradáveis sensações de relaxamento.

atribuição Inferência de causa(s) de alguma coisa, geralmente um comportamento ou conseqüência social, como o fracasso.

auditivo Relativo à audição.

autismo infantil Distúrbio *psicótico* que se desenvolve durante os primeiros 30 meses de vida.

autoconceito Idéias sobre si mesmo derivadas das interações com os outros.

auto-realizadora (profecia) Idéia de que as expectativas canalizam as ações das pessoas no sentido de forçar a conduta esperada.

auto-relato Dados ou medidas baseadas no que as pessoas dizem sobre si mesmas.

autoritário *Personalidade* caracterizada como rígida e convencional, que admira autoridade e está convencida da virtude da obediência.

axônio Feixe de fibras que saem do *neurônio*; sua função primária é transmitir informações a outros neurônios, músculos ou *glândulas*.

balbucio Produção de sons sem significado que ocorre normalmente dos 6 meses a 1 ano de idade.

bastonete *Receptor* sensível na retina que responde à luz visível.

bebê prematuro Bebê nascido depois de pouco mais de 37 semanas no útero e que pesa menos de 2,5 quilos.

behaviorismo Movimento *psicológico* fundado por John Watson. Os primeiros behavioristas acreditavam no estudo do comportamento observável e no uso de métodos *objetivos*.

behaviorista Relativo a *behaviorismo*.

biofeedback Procedimento que fornece informações sistemáticas sobre o funcionamento ou estado de uma parte corporal, para ensinar o controle sobre um processo governado pelo *sistema nervoso autônomo*.

bizarro Muito estranho.

bode expiatório Vítima inocente que é culpada pelos problemas de alguém e agredida; um exemplo de *agressão deslocada*.

botões terminais Veja *terminações pré-sinápticas*.

bulimia Distúrbio caracterizado por conflitos na alimentação, obsessões pelo peso, dieta intermitente e ingestão excessiva de calorias (geralmente seguida de vômito auto-induzido ou doses altas de laxante).

caixa de Skinner Ambiente livre de distração, projetado por B. F. Skinner e usado para estudar o comportamento dos animais de laboratório, principalmente durante estudos de *condicionamento operante*.

campo visual Toda a visão registrada pelos olhos, ao mirar qualquer direção.

câncer Doença que ocorre quando células anormais crescem sem controle e invadem outras partes do corpo.

característica sexual primária Órgãos sexuais; nas mulheres, *ovários*, vagina e útero; nos homens, *testículos* e pênis.

características sexuais secundárias Características corporais relacionadas com *gênero* que aparecem na *puberdade*, incluindo pêlo facial e corporal e voz grave nos rapazes e aumento dos seios e quadris nas moças.

cardíaco Relativo ao coração.

casa de recuperação Residência que também é dependência para tratamento e uma alternativa para institucionalização de pacientes mentais.

catacolaminas Classe de *neurotransmissores*, incluindo *dopamina*, *norepinefrina* e *epinefrina*, que ajudam a regular muitas funções, como a pressão sangüínea, o prazer e a ansiedade.

catarse Purgar, especialmente emoções, por meio de um trabalho artístico ou por quaisquer outros meios de expressão, como, por exemplo, uma simples discussão

categoria *Conceito* composto de exemplos individuais.

célula nervosa Neurônio.

centro de prazer Região do *cérebro* que, quando estimulada, desperta sentimentos agradáveis.

centro de saúde mental comunitário Clínica destinada a oferecer vários serviços psicológicos às pessoas que moram nas proximidades. Veja também *prevenção primária, secundária e terciária*.

cerebelo Região *posterior do cérebro* que ajuda a regular a postura, o equilíbrio e o movimento.

cérebro anterior Parte do cérebro envolvida no processamento de informações e na satisfação de necessidades corporais recorrentes nas pessoas.

cérebro Órgão que gerencia o processamento de informações e a tomada de decisões pelo corpo.

cérebro posterior Parte do *cérebro* que exerce um controle importante sobre funções corporais vitais.

cerebrum As partes *média* e *anterior* do cérebro.

ceticismo Atitude crítica, mentalidade aberta, disposição para avaliar e rever conclusões.

ciclo Unidade de repetição básica de uma onda de um pico de amplitude ao outro.

ciência (método científico) Estratégias usadas para quaisquer evidências, para verificar princípios e acumular um corpo sistemático de informações internamente consistentes; inclui metas (como descrições e explicações exatas), instrumentos (como *experimentos*) e vieses filosóficos (como *objetividade* e *parcimônia*).

cientista comportamental Especialista na *ciência* do comportamento; freqüentemente um *psicólogo*.

cinestésico Relativo ao sentido que depende de *receptores* nos músculos, tendões e juntas que informam aos animais a posição relativa de partes do corpo durante o movimento.

claridade Nível de luz refletida; alta claridade significa alto nível de luz refletida, enquanto baixa significa baixo nível de luz refletida.

clarividência Ver alguma coisa do passado, presente ou futuro que não pode ter sido processado pelos *sentidos*.

classe Veja *categoria*.

cliente Termo para "paciente" preferido *na psicoterapia centrada no cliente*.

climatério Conjunto de mudanças físicas nas mulheres durante a *meia-idade*, sendo a menopausa uma delas.

clínico Especialista que trata de indivíduos psicologicamente perturbados.

codificação (*encoding*) Processo de leitura de informações para armazenamento na memória; freqüentemente envolve a *percepção* e a representação de conteúdo na forma pela qual o sistema de armazenamento pode manipular; pode envolver a associação de alguma coisa com o conhecimento ou a experiência.

coeficiente de correlação (correlação) *Estatística* que descreve a intensidade e a direção do relacionamento entre duas *variáveis*, com base em dois conjuntos de valores. Uma correlação positiva indica que valores elevados, moderados ou baixos em uma variável estão associados a valores correspondentemente altos, moderados ou baixos na outra. Uma correlação negativa sugere que altos valores em uma variável estão associados a baixos valores na outra.

coeficiente de correlação negativo Veja *coeficiente de correlação*.

coeficiente de correlação positivo Veja *coeficiente de correlação*.

cognição O processo de conhecer; usado por psicólogos para se referir a qualquer atividade mental, incluindo o uso da linguagem, o pensamento, o raciocínio, a solução de problemas, a formação de conceitos, a memória e a imaginação.

cognitivo Relativo à *cognição*.

complexo de Édipo *Conflito* que ocorre durante a fase fálica, de acordo com a *teoria* freudiana, quando o menino deseja a mãe sexualmente e sente intensa rivalidade pelo pai.

complexo de Electra De acordo com Freud, um conflito sentido por meninas pequenas durante a *fase fálica*, quando elas presumivelmente voltam-se contra a respectiva mãe e desejam o pai sexualmente. A resolução está ligada ao desenvolvimento de uma identidade feminina e à incorporação de um *superego*.

comportamento anormal Comportamento caracterizado por grande deficiência no funcionamento *cognitivo* geral, social ou no autocontrole ou, ainda, por sofrimento incontrolável.

comprimento de onda Distância que uma onda viaja durante um *ciclo* completo.

compulsão Comportamento ritualístico recorrente, apesar das tentativas de resistir ao impulso.

conceito Uma idéia, sem palavras e sem imagem.

concepção Começo da gravidez, quando um ovo é fertilizado por um *esperma* e resulta em um *zigoto*.

concordância Comportamento conformista que pode ou não ser acompanhado por crenças conformistas.

concordante De acordo.

condicionado Aprendido pelo *condicionamento respondente* ou *operante*.

condicionamento clássico Veja *condicionamento respondente*.

condicionamento de fuga Processo durante o qual a freqüência de um operante é aumentada sob condições similares porque ele termina um evento em curso considerado desagradável.

condicionamento instrumental Veja *condicionamento operante*.

condicionamento operante (condicionamento instrumental) *Condicionamento* que ocorre sempre que as conseqüências que seguem um operante aumentam ou diminuem a probabilidade de que o *operante* apareça em situação similar.

condicionamento pavloviano Veja *condicionamento respondente*.

condicionamento respondente (condicionamento clássico, condicionamento pavloviano) *Aprendizagem comportamental* que ocorre quando um *respondente* sugerido de forma natural em uma situação passa a ser eliciado habitualmente por uma segunda situação porque esta é emparelhada com aquela que leva naturalmente à resposta.

condicionamento Termo usado como sinônimo com tipos simples de *aprendizagem*, especialmente *condicionamento operante* e *respondente*.

condutância da pele Medida da capacidade da pele para conduzir eletricidade, o que é em grande parte uma função da quantidade de suor.

condutividade Veja *condutividade da pele*.

cone *Receptor* na *retina* que responde à *luz visível*, registrando tanto cores como detalhes.

conflito Situação em que duas ou mais necessidades, objetivos ou cursos de ação são incompatíveis, fazendo com que o organismo sinta-se impulsionado em diferentes direções.

conformidade Mudança no comportamento humano e/ou nas *atitudes*, resultante de pressão real ou imaginária do grupo.

consciência comum de vigília Atividade mental sem objetivo específico que caracteriza o estado de vigília quando as *percepções* combinam-se com pensamentos, sentimentos, memórias e outros.

consciência Consciência plena, estado normal de vigília.

consciente Estado de consciência.

constância Princípio organizador da *percepção*; os objetos vistos de diferentes ângulos, distâncias ou condições de iluminação continuam a ser percebidos como retendo a mesma forma, tamanho e cor.

constructo Idéia concebida para explicar o comportamento que de outra forma seria enigmático.

contemporâneo Corrente.

conteúdo latente Termo freudiano para o significado real de um sonho.

conteúdo manifesto Termo freudiano para o conteúdo ou a história superficial de um sonho.

contingente Dependente.

continuidade Princípio organizador da *percepção*; os elementos visuais que formam padrões suaves, regulares são vistos como fazendo parte de um todo.

continuum Série contínua de valores.

contração peristáltica Movimentos musculares associados à digestão.

contracondicionamento Tipo especial de *condicionamento respondente* em que uma *resposta condicionada* específica é substituída por uma nova, incompatível.

controle do estímulo Diz-se que um *estímulo* tem controle quando elicia automaticamente um *operante*.

controle Teste poderoso de uma *hipótese*, em que as condições consideradas causas de um comportamento ou de um processo mental são alteradas, para verificar se o fenômeno apresenta uma mudança correspondente. E também, um método usado para impedir que fatores *extrínsecos* interfiram ou obscureçam a influência das *variáveis independentes* em um *experimento*.

controvérsia natureza-educação Discussão sobre qual seria a principal influência em uma determinada característica: a *hereditariedade* ou a educação.

convergência Indicador de profundidade fornecido por *feedback cinestésico* dos músculos oculares quando o organismo focaliza os objetos à sua volta.

cor acromática Nuanças de cinza, incluindo preto e branco.

cores cromáticas Todas as cores, exceto as gradações de cinza (incluindo o preto e o branco).

córnea Cobertura transparente que protege o olho e ajuda a focalizar eventos do *campo visual* para a *retina*.

corpo caloso Rede maciça de axônios que une os dois *hemisférios do cérebro*, permitindo-lhes compartilhar habilidades e recursos.

correlacionar Calcular um *coeficiente de correlação* que especifica se, em que extensão e de que maneira dois conjuntos de escores estão associados um ao outro.

córtex cerebral Revestimento externo da massa cinzenta do *cérebro*, região que rege as capacidades de receber e processar dados *sensoriais*, integrar informações do presente e do passado, pensar e efetuar movimentos.

córtex Veja *córtex cerebral*.

córtex visual primário Parte do *lobo occipital* que recebe e processa informações visuais.

cortical Relativo ao *córtex cerebral*.

criatividade Capacidade diferenciada de solucionar problemas que permite às pessoas produzir idéias ou produtos originais que sejam tanto adaptativos quanto plenamente desenvolvidos.

cristalino Estrutura anterior à *pupila* que ajuda a focalizar imagens visuais na *retina*.

cromossomo Estrutura filiforme, dentro de um *núcleo* celular, que contém informações *genéticas*.

cromossomos sexuais *Cromossomos* que determinam o *gênero* de um organismo; as mulheres recebem um cromossomo X de ambos os pais, enquanto os homens recebem um X da mãe e um Y do pai.

crônico Recorrente, contínuo; de longa duração.

cruzamento de linhagem O cruzamento de animais com parentesco por pelo menos 20 gerações até que a linhagem resultante seja praticamente idêntica *geneticamente*.

curiosidade *Motivação* para explorar e manipular.

dados Fatos; informações; *estatísticas*; conclusões.

definição operacional Definição precisa que relaciona um conceito ou objeto com os procedimentos usados para observá-lo ou medi-lo.

delírio Crença falsa persistente que resiste à razão.

demência Deterioração mental.

demência do tipo Alzheimer Doença que produz deterioração mental severa e progressiva, começando com apatia, irritabilidade e dificuldade de concentração e de memória, chegando a total incompetência social e intelectual; marcada por mudanças anatômicas e *fisiológicas do cérebro*.

dendrito Feixe de fibras ligado ao *corpo celular do neurônio*; geralmente seleciona informações de neurônios próximos.

dependência Problema no controle de ingestão de uma substância tal como álcool, juntamente com *tolerância* ou *sintomas de abstinência* ou ambos. Além disso, prejuízo do desempenho no trabalho e nas relações sociais. Quando se refere ao abuso de álcool, a dependência geralmente é sinônimo de *alcoolismo*.

depressão profunda Estado depressivo persistente, intenso, caracterizado por sentimentos de desamparo e desesperança, isolamento, passividade, perda de prazer e culpa.

depressão unipolar Geralmente se refere a uma *depressão profunda e severa* que ocorre sem *episódios maníacos*.

depressão Veja *depressão profunda, distúrbio distímico, distúrbio bipolar e distúrbio ciclotímico*.

desajustado (comportamento) Conduta desviante dos padrões considerados apropriados para uma situação específica; não sugere que orientações absolutas estejam sendo usadas. O desajustado mostra deficiências em funcionamento cognitivo, comportamento social e/ou autocontrole ou sofrimento excessivo.

descritivo Termo aplicado a um estudo psicológico que indica como criaturas comportam-se ou agem.

desempenho Comportamento medido para avaliar se a *aprendizagem* ocorreu.

desenvolvimento Relativo ao crescimento da estrutura física ou do comportamento ou funcionamento mental.

desinstitucionalização Política de remoção de pessoas dependentes, desviantes (como psicóticos, criminosos e retardados) de instituições, de modo que possam ser reabilitados na comunidade.

deslocado Recolocado; freqüentemente transferido para um objeto inofensivo ou neutro; aplicado à *agressão* e à *ansiedade*.

dessensibilização Sinônimo de *dessensibilização sistemática*, também se refere à perda do impacto resultante da exposição, especialmente à violência observada.

dessensibilização sistemática (dessensibilização) Procedimento da *terapia do comportamento* que se apóia nos princípios do *condicionamento respondente* para reduzir a *ansiedade* incapacitante; o relaxamento é emparelhado à imaginação de situações que provocam *ansiedade* até que estas não gerem mais perturbações.

desvio-padrão *Estatística* que mostra a extensão em que os valores afastam-se da *média*.

deterioração Perda de uma memória com a passagem do tempo.

determinismo Crença que todos os eventos têm causas naturais e podem, finalmente, ser explicados.

diátese Predisposição.

discriminação do estímulo No *condicionamento respondente* e *operante*, as respostas deixam de se alastrar para *estímulos similares* àqueles presentes durante o condicionamento, embora ocorra certa *generalização do estímulo*.

discriminação Processo cognitivo de distinguir entre fenômenos semelhantes ou ainda conduta tendenciosa a favor ou contra uma pessoa ou grupo, baseada no pertencer ao grupo e não nos méritos e deficiências da pessoa. Veja também *discriminação de estímulo*.

disparidade binocular *Indicador de profundidade* em virtude de os olhos estarem localizados em posições diferentes, o que faz com que cada *retina* registre uma imagem visual ligeiramente diferente. O cérebro então combina ambas as imagens.

disposição Atributo ou aspecto da *personalidade*.

dispositivos mnemônicos Estratégias que permitem às pessoas integrar itens distintos e basicamente não relacionados, com pouca ou nenhuma lógica interna, em agrupamentos significativos relacionados, de modo que sejam mais fáceis de reter.

dissonância cognitiva Tensão desencadeada por cognições conflitantes. As pessoas tentam reduzir a dissonância procurando novas informações, mudando *atitudes*, alterando o comportamento ou reorganizando o ambiente.

distração Agir com pouca *atenção* ou *consciência*.

distribuição aleatória Seleção de participantes de pesquisa para grupos em um estudo, de modo que cada pessoa tenha igual probabilidade de ser posta em qualquer condição. Em tais casos, é provável que os grupos sejam aproximadamente equivalentes, em termos das qualidades pessoais que podem influenciar o resultado da pesquisa.

distribuição normal (curva) Distribuição em forma de sino dos escores, em que os dois lados espelham-se.

distúrbio afetivo *Comportamento desajustado* caracterizado basicamente pela tristeza excessiva ou por excitação ou elação frenética.

distúrbio bipolar Antes classificado como doença maníaco-depressiva, esse *distúrbio afetivo* é caracterizado por episódios recorrentes de *depressão* e *mania*.

distúrbio ciclotímico Versão mais moderada do *distúrbio bipolar*.

distúrbio da personalidade anti-social (distúrbio da personalidade sociopático ou psicopático) *Distúrbio da personalidade* caracterizado por padrões de comportamento que levam as pessoas a entrar em conflito com a sociedade. Os psicopatas negligenciam os direitos dos outros, comportam-se e agem para obter gratificação imediata e parecem indiferentes às conseqüências da própria conduta.

distúrbio de ansiedade *Comportamento desajustado* centrado na *ansiedade*; inclui os distúrbios *fóbico*, *generalizado*, de *pânico* e *obsessivo-compulsivo*.

distúrbio de ansiedade generalizada *Comportamento desajustado* caracterizado por tensão geral que não é focalizada em algo em particular.

distúrbio de conversão (reação de conversão) Um tipo de *comportamento desajustado* que Freud chamava de histeria; o indivíduo mostra sintomas *sensoriais* ou motores incomuns (como paralisia, perda da visão ou insensibilidade à dor) que aparecem repentinamente, depois de uma experiência *traumática*, e não são atribuíveis a uma causa *fisiológica*.

distúrbio de estresse pós-traumático Reação a um evento traumático caracterizado por idiotia e envolvimento reduzido na vida, bem como por *ansiedade*, *depressão* e *impulsividade*.

distúrbio de pânico Distúrbio caracterizado por ataques repentinos e inesperados de *ansiedade*.

distúrbio de personalidade Padrão *desajustado* inflexível, profundamente arraigado, de se relacionar, perceber e pensar no ambiente e em si mesmo, o que gera prejuízo na adaptação e/ou no sofrimento.

distúrbio de personalidade sociopático Veja *distúrbio de personalidade anti-social*.

distúrbio dissociativo *Comportamento desajustado*, caracterizado por alterações na *consciência*, basicamente afetando a memória, a identidade ou o comportamento motor; inclui *amnésia*, *fuga* e *personalidade múltipla*.

distúrbio distímico Condição depressiva crônica com sintomas mais moderados que a *depressão profunda*.

distúrbio mental orgânico Comprometimento cerebral que resulta em *comportamento desajustado*.

distúrbio obsessivo-compulsivo Síndrome caracterizada por *obsessões* e/ou por *compulsões* que afetam a vida. Fala-se atualmente em TOC (transtornos obsessivo-compulsivos).

distúrbio pelo uso de substância Prejuízo da função social, incapacidade para controlar o uso de uma substância ou desenvolvimento de sintomas graves de isolamento, depois de diminuir ou interromper o uso de fármacos; associado ao uso regular de substâncias que afetam o *sistema nervoso central*.

distúrbio psicossomático Sintomas físicos apresentados na ausência de descobertas *orgânicas* ou de mecanismos *fisiológicos* conhecidos, freqüentemente ligados ao *estresse*.

dizigótico (fraterno) Relativo à criança nascida quase na mesma hora, porém originária da união de óvulos e *espermatozóides* diferentes; a semelhança entre irmãos dizigóticos *geneticamente* corresponde àquela vista em irmãos e irmãs que não são gêmeos.

DNA Veja *ácido desoxirribonucléico*.

doença coronariana Grupo de distúrbios que ocorre quando uma ou mais artérias coronarianas são parcial ou totalmente bloqueadas e o suprimento de sangue para o coração é interrompido temporária ou permanentemente.

doença de Parkinson Distúrbio em que os músculos tornam-se rígidos, desenvolvem-se tremores, a iniciação dos movimentos é difícil e os deslocamentos são lentos; pode ser acompanhada por deterioração mental.

dopamina *Neurotransmissor* envolvido no controle dos movimentos e no prazer e relacionado com os sintomas vistos no *mal de Parkinson*, no abuso de anfetaminas e na *esquizofrenia*.

droga antipsicótica Veja *droga neuroléptica*.

droga neuroléptica Substância usada no tratamento da *esquizofrenia* que inibe a ação da *dopamina neurotransmissora*; também chamada *droga antipsicótica* ou *tranqüilizante*.

EC Veja *estímulo condicionado*.

eclético Combinação de várias abordagens.

ecomonia Veja *reaprendizagem*.

economia de fichas Procedimento da *terapia comportamental* que motiva sistematicamente e recompensa comportamentos adaptados, seguindo-os com *reforçadores secundários* que podem ser trocados por privilégios e bens desejáveis.

ECT Veja *terapia eletroconvulsiva*.

EEG Ver *eletroencefalograma*.

efeito Hawthorne Influência da atenção dos pesquisadores oferecida aos participantes de uma pesquisa influindo em seu desempenho durante o *experimento*.

efeito placebo Efeito atribuível a um *placebo*.

efetores Células que controlam músculos, glândulas e órgãos. Refere-se também a vias eferentes, as que levam a informação para a resposta motora (os músculos).

ego De acordo com Freud, uma estrutura da *personalidade* que se desenvolve nas crianças com a função de estabelecer contatos com o ambiente; localiza objetos reais que satisfazem as necessidades do id.

egocêntrico Autocentrado.

EI Veja *estímulo incondicionado*.

eletrodo Geralmente uma agulha ou um pedaço de metal achatado que conduz eletricidade.

eletroencefalógrafo (EEG) Instrumento que mede a atividade elétrica dos circuitos neurais do cérebro.

eletroencefalograma Registro de atividade elétrica de circuitos neurais no cérebro.

embrião Bebê não nascido durante os primeiros estágios do desenvolvimento; um ser de 2 a 8 semanas depois da *concepção*.

emoção Estado interno caracterizado por *cognições*, *sensações*, reações fisiológicas e comportamentos expressivos específicos; tende a aparecer subitamente e a ser difícil de controlar.

emparelhar (*match*) *Processo de controle de variáveis extrínsecas* em um *experimento*; sujeitos equivalentes em características significativas são alocados em cada um dos grupos em um experimento.

empatia Capacidade de experimentar os pensamentos ou as emoções dos outros.

empírico (baseado empiricamente) Relativo ao *empirismo*.

empirismo Doutrina filosófica segundo a qual as experiências sensoriais, especialmente experimentos e observações, são a melhor fonte de conhecimento.

encadeamento A associação de comportamento *operantes* tanto entre si quanto com o *reforçamento*, quando uma complexa seqüência de respostas é adquirida.

enfrentar Lidar com um problema a fim de reduzir a angústia despertada.

engrama Mudança física duradoura que ocorre no sistema nervoso quando algo está sendo retido.

ensaio Repetição.

entrevista *Instrumento de avaliação* parecido com um *questionário* em que o entrevistador coleta *auto-relatos* pessoalmente.

enzima Tipo de *proteína* que regula as operações de uma célula.

epinefrina Um *neurotransmissor* e *hormônio*. Veja *adrenalina*.

episódio maníaco Distúrbio caracterizado por excitação, energia e elação.

escolástico Relativo à escola.

específico à situação Conceito *behaviorista* segundo o qual a conduta em qualquer situação dada é controlada por muitas causas essencialmente independentes, principalmente circunstâncias atuais e aprendizagem passada.

específico de espécies Observado entre todos os membros normais, do mesmo sexo, de uma espécie.

espectro eletromagnético Espectro de todos os tipos de radiação elétrica e magnética, incluindo *luz visível*, ondas de rádio, raios infravermelhos, raios ultravioleta e raio X.

esperma Célula reprodutora masculina que se une ao *óvulo* para produzir um *zigoto*.

esquema de reforçamento No *condicionamento operante*, controla a apresentação dos *reforçadores*; os esquemas de *reforçamento* determinam quando e como os reforçadores serão apresentados e terão efeitos previsíveis no comportamento.

esquemas Redes de informações ativadas enquanto as pessoas percebem, pensam e recordam-se.

esquiva (comportamento de) Conduta aprendida em virtude de seu sucesso em evitar algo desagradável, tal como *ansiedade* ou *punição*.

esquivas Estratégias que envolvem ignorar, negar ou evadir-se de alguma coisa que desperte *ansiedade*.

esquizofrenia de processo *Esquizofrenia* que se desenvolve gradativamente, durante muitos anos. Os esquizofrênicos de processo tendem a ter estado doentes, isolados e desadaptados durante toda a vida. Seus sintomas são severos e seu *prognóstico* é ruim.

esquizofrenia reativa Esquizofrenia desencadeada repentinamente por *estresse*; um distúrbio relativamente leve caracterizado por *emoção* e confusão intensas; a recuperação é mais provável do que na *esquizofrenia de processo*.

esquizofrenia(s) (distúrbios esquizofrênicos) Grupo de distúrbios *psicóticos* caracterizados por falha na filtração perceptiva, desorganização do pensamento, distorções emocionais, *delírios*, *alucinações*, fuga da realidade, comportamento *bizarro* e problemas de fala.

estado alterado de consciência Tipo de consciência que difere da *consciência comum de vigília*; por exemplo, aquela que aparece durante a *hipnose* e a intoxicação por drogas.

estágio genital Na teoria freudiana, o *estágio psicossexual* final quando interesses sexuais mudam do *self* para os outros.

estágio pré-operacional Período de 2 a 7 anos, quando as crianças, de acordo com Piaget, dependem fortemente das *percepções* da realidade para resolver problemas.

estágio psicossocial Conceito eriksoniano; estágio em que os conflitos sociais precisam ser enfrentados e resolvidos e cujas soluções expressam a saúde mental.

estágio sensório-motor Período do nascimento a aproximadamente 2 anos, quando os bebês compreendem o ambiente que os cerca usando os sistemas *sensorial* e motor, de acordo com Piaget.

Estampagem (*imprinting*) Um padrão primitivo de seguir encontrado em muitos filhotes de animais, refletindo uma ligação social.

estatística Técnica matemática para organizar, descrever e interpretar *dados* numéricos; também, os próprios dados.

estereotipado Que mostra comportamento fixo. Relativo também ao alvo do *estereótipo* de alguém.

estereótipo *Generalização* demasiado simplista, rígida, a uma pessoa ou grupo.

estimulação elétrica Procedimento para estudo do cérebro que excita uma região específica do cérebro, passando uma corrente elétrica moderada por uma via entre dois eletrodos.

estimulação Input para os *sentidos*. É também uma técnica para estudar a relação entre o *cérebro* e o comportamento ou *cognição*; fármacos ou correntes elétricas moderadas são aplicados em regiões específicas do *cérebro* para determinar suas funções.

estimulação sensorial Informações recebidas por meio dos *sentidos*. As pessoas parecem operar mais eficientemente quando recebem uma quantidade específica de informações *sensoriais*; o excesso ou a falta de informações leva à deterioração do desempenho.

estímulo condicionado (EC) No *condicionamento respondente*, refere-se ao *estímulo neutro* depois de ter sido condicionado, o que faz com que possa evocar uma nova resposta.

estímulo eliciador Estímulo não condicionado, ou evento desencadeador, no condicionamento respondente.

estímulo Evento, objeto ou situação que evoca uma *resposta*.

estímulo incondicionado (EI) No *condicionamento respondente*, qualquer evento, objeto ou experiência que elicia automaticamente um *respondente* específico.

estímulo neutro No *condicionamento respondente*, qualquer experiência ou objeto emparelhado a um *estímulo incondicionado*; não elicia inicialmente a resposta *incondicionada* evocada pelo estímulo incondicionado.

estímulo punitivo Conseqüência que enfraquece o comportamento no *condicionamento operante*.

estratégia cognitiva Recurso mental, ou *mecanismo de defesa*, para lidar com o estresse. Também um procedimento em terapia comportamental que percebe uma *cognição* na raiz do *comportamento desajustado* e focaliza sua mudança.

estratégia de relato parcial Em um estudo de memória, tática em que se pede aos participantes da pesquisa para relatarem um ou mais itens selecionados aleatoriamente dentre os itens aprendidos.

estratégias elaboradoras de ensaio Veja *processamento profundo*.

estresse Refere-se às condições que despertam *ansiedade* e à *emoção provocada*.

estrogênio(s) ou estrógenos Hormônios sexuais "femininos" que influenciam o desenvolvimento de características sexuais secundárias e regulam o período fértil. Sua deficiência contribui para alguns dos problemas aflitivos típicos da menopausa: ondas de calor, perda de cálcio, secura do fluido vaginal e espasmo do esôfago.

estruturalismo Movimento que caracteriza o início da pisicologia; defende que os *psicólogos* estudem os elementos da *consciência*, usando *instrospecção analítica*.

estudo de adoção Estratégia de pesquisa usada para investigar se, e em que medida, a *hereditariedade* influencia as diferenças humanas em uma característica particular. Freqüentemente envolve a comparação de semelhanças entre (1) pais naturais e filhos adotados e (2) pais adotivos e filhos adotados.

estudo de caso Coleta de informações detalhadas, freqüentemente de natureza altamente pessoal, sobre o comportamento de um indivíduo ou de um grupo durante um longo período. (Veja também *observação clínica*.)

estudo de famílias Estratégia de pesquisa para avaliar o impacto da *hereditariedade* nas diferenças de comportamento; envolve o exame da semelhança comportamental de membros da família. Se a semelhança de comportamento aumenta com a semelhança hereditária, então o investigador tem evidência que apóia a idéia de que os genes influenciam o comportamento de interesse.

estudo de gêmeos Experimento que ocorre naturalmente e ajuda os cientistas a determinar se e em que medida a *hereditariedade* influencia diferenças em um determinado aspecto do comportamento ou da *cognição*; envolve uma comparação da semelhança entre gêmeos *monozigóticos* e *dizigóticos* no âmbito de interesse. Uma vez que os dois tipos de gêmeos têm ambientes e experiências semelhantes, a maior semelhança entre gêmeos monozigóticos é atribuída à hereditariedade.

estudo longitudinal Investigação que estuda características dos mesmos participantes do *experimento* ao longo do tempo.

estudo transversal Pesquisa em que se compara o desempenho de numerosas pessoas em diferentes categorias (por exemplo, crianças de 1, 2 e 3 anos) num mesmo movimento.

etologista Cientista que estuda o comportamento de animais em ambientes naturais.

evolução teoria universalmente aceita que especifica que os animais desenvolveram suas formas atuais gradativamente, seguindo as leis da seleção natural.

evolucionário Relativo à evolução.

exaustão Terceiro estágio da *síndrome da adaptação geral*, quando o corpo mostra sinais de ter esgotado suas reservas. Depois de o *sistema nervoso simpático* exaurir sua energia, o *sistema nervoso parassimpático* pode assumir. Se o estresse continuar, problemas físicos ou psicológicos severos ou morte podem ocorrer.

excitabilidade Condução do *impulso nervoso*.

exemplar Exemplo.

exemplo Objeto classificado como ocupando uma ou mais *categorias*.

experiência sensório-motora Oportunidade de se mover e receber informações por meio dos *sistemas perceptivos*.

experimento de campo Experimento realizado em um ambiente natural.

experimento Método de estudo das relações causais. Durante um experimento, os efeitos de uma variável manipulada deliberadamente são avaliados. O aspecto característico de um experimento é a tentativa de controlar todos os fatores extrínsecos que podem obscurecer ou interferir na medida do efeito da manipulação.

externalidade Reação ao ambiente que cerca uma pessoa; é também uma crença de que as recompensas da vida são controladas por forças externas, e não pelo indivíduo.

extinção Tanto no *condicionamento respondente* quanto no *operante*, é a diminuição gradativa na freqüência da *resposta condicionada* até que sua ocorrência não seja mais tão freqüente quanto antes do condicionamento. A extinção ocorre quando o *reforçamento* à resposta é retirado.

extinto Reduzido na freqüência mediante a extinção. Em um *experimento*, os investigadores procuram *controlar* a influência de variáveis extrínsecas de modo que o efeito da variável manipulada possa ser medido.

extrínseco Fora de; aplicado a *reforçadores* e *incentivos* que vêm de uma fonte que não o comportamento que está sendo reforçado ou a atividade que está sendo motivada.

extroversão *Traço* caracterizado pela sociabilidade e envolvimento social.

fantasia *Estratégia cognitiva* para realizar necessidades ou objetivos na imaginação enquanto se escapa de realidades desagradáveis, as quais despertam a *ansiedade*.

fase anal De acordo com Freud, a segunda *fase psicossexual* durante a qual o prazer é focalizado na evacuação. Se o treino de toalete é difícil ou se a eliminação é associada a prazer excessivo, os indivíduos mostram características anais como desordem ou organização excessiva.

fase de latência Período entre as fases *fálica* e *genital*, quando as necessidades sexuais tornam-se dormentes, de acordo com Freud, e não há mudanças na *personalidade*.

fase fálica Terceira *fase psicossexual*, de acordo com Freud, quando o prazer centra-se nos genitais e surgem os *complexos* de Electra e Édipo.

fase oral De acordo com a *teoria psicanalítica*, a primeira *fase psicossexual*, durante a qual o prazer da criança centraliza-se em atividades orais como comer e sugar.

fase psicossexual Termo freudiano referente a períodos durante o início do desenvolvimento quando a *libido* centra-se em diferentes regiões corporais e a *personalidade* desenvolve-se.

fatalismo Crença de que o comportamento é estabelecido antecipadamente por forças externas que estão além do controle de uma pessoa.

fator liberador da corticotropina Substância química liberada durante o *estresse* e que desempenha um papel-chave na mediação e integração entre o órgão interno, *endócrino*, e as respostas comportamentais, por meio de seus efeitos no *sistema nervoso autônomo*, *córtex*, *glândula pituitária* e órgãos do corpo.

fechamento Princípio organizador da percepção; afirma que objetos incompletos tendem a ser vistos como completos.

fenomenológico Relativo à *teoria fenomenológica*.

fenotiazinas Um tipo de *tranqüilizante* usado para tratar *esquizofrenia*.

feto O bebê não nascido nos estágios posteriores de desenvolvimento; nos seres humanos, o período de 8 semanas depois da *concepção* até o nascimento.

fibra Outro nome para *axônio* ou *dendrito*.

fisiologia Ciência que focaliza as funções físicas de organismos vivos e suas partes.

fisiológico Relativo a funções físicas de organismos vivos e de suas partes.

fixação Termo freudiano que significa investimento permanente de uma parte da *libido* em um *estágio psicossexual* de desenvolvimento.

fluxo de consciência Veja *consciência comum de vigília*.

fobia (distúrbio fóbico) Medo excessivo ou não procedente de um objeto ou situação que é enfrentado por *comportamento* persistente *de esquiva*. Considerada um distúrbio somente quando a condição é incapacitante ou deteriorante.

formação reativa Estratégia *cognitiva* que ocorre quando as pessoas ocultam um *motivo* ou *emoção* real de si mesmas e expressam o oposto por *atitudes* e comportamento, presumivelmente para evitar a *ansiedade*.

formação reticular Sistema maciço de neurônios que passam pelo centro da *região posterior do cérebro* até o *tálamo*; desempenha um papel central na coordenação de movimentos e na regulação da *atenção*, sono e vigília.

fóvea Pequena depressão dentro da retina, diretamente na linha da visão em que há grande concentração de *cones*.

fraternos Veja *dizigóticos*.

freqüência Número de ciclos completos de uma onda que ocorrem a cada segundo.

frustração Emoção resultante quando um obstáculo impede a satisfação de uma meta desejada, expectativa etc.; é também o obstáculo em si.

fuga *Comportamento desajustado*, caracterizado pelo esquecimento de experiências recentes e pela fuga para uma localidade diferente, para começar uma nova vida.

funcionalismo Movimento psicológico historicamente importante, dedicado à tentativa de investigar o funcionamento de processos mentais, principalmente quando esses processos ajudam na sobrevivência.

gêmeos idênticos Veja *gêmeos monozigóticos*.

gene Unidade básica da *hereditariedade*, composta de ácido desoxirribonucléico, que dirige a produção de *proteínas*.

generalização do estímulo No *condicionamento respondente e operante*, a *resposta condicionada* passa a ser dada para eventos similares ao *estímulo condicionado* ou para aspectos da situação em que a *resposta* foi condicionada inicialmente, mas certa *discriminação de estímulo* também ocorre.

generalização Processo cognitivo de inferir tendências, conclusões ou semelhanças. (Veja também *generalização de estímulo*.)

gênero Identidade masculina ou feminina.

genética (geneticamente) Relativo ao *gene*.

genética do comportamento Estudo (1) do grau em que a *hereditariedade* influencia diferenças no comportamento e no funcionamento mental de uma *população* específica e (2) dos mecanismos biológicos pelos quais os *genes* afetam a expressão do comportamento e o funcionamento mental.

Gestalt Forma, padrão ou estrutura.

glândula adrenal Uma de um par de *glândulas do sistema endócrino* localizada acima de cada rim, que produz *adrenalina* e *noradrenalina*, *hormônios sexuais* (começando na puberdade) e outros *hormônios* que regulam outras funções corporais.

glândula Célula, grupo de células ou órgão que secreta uma substância química que influencia a *fisiologia* e a *psicologia*.

glândula pituitária Glândula importante do *sistema endócrino*; promove o crescimento e ativa as *glândulas* cuja produção de *hormônio* caiu abaixo do normal. Comandada pelo *hipotálamo*.

glândulas sexuais Veja *testículos e ovários*.

gliais Células que ficam entre os *neurônios* no *sistema nervoso central* cujas funções precisas são desconhecidas.

glicose Tipo de molécula de açúcar essencial ao suprimento de energia às células.

global Geral; relativo ao todo; impressionista.

gônadas Glândulas sexuais (*testículos e ovários*).

gradiente de textura Indicador *pictórico*; mudança gradativa na textura, de acordo com a distância.

gramática Na *psicolingüística*, conjunto de regras e princípios que determinam o significado de cada sentença possível de ser formada em uma *linguagem*. No uso comum, as regras lidam com aspectos superficiais da linguagem, como estilo e formação de sentença.

grupo de controle Os *participantes* que, num *experimento*, são expostos às mesmas experiências que os participantes experimentais, com exceção da *variável independente*, de modo que as diferenças entre os grupos possam ser atribuídas à *variável independente*.

grupo de referência Amostra testada para fornecer informações comparativas sobre uma medida psicológica.

grupo experimental (condição) Grupo em um experimento submetido à manipulação da variável independente.

habituar Tornar-se acostumado a.

hemisfério cerebral Uma das duas metades quase simétricas do *cérebro*. O hemisfério direito controla a metade esquerda do corpo, enquanto o esquerdo controla o lado direito do corpo. O hemisfério especializado na linguagem é considerado o *dominante*; o outro, *secundário*.

hemisfério dominante Veja *hemisfério principal*.

hemisfério não-dominante Lado do *cérebro* que não é responsável pelas funções *verbais*; mediador importante de habilidades que dependem da *percepção* de fenômenos como um todo e da síntese de conteúdo.

hemisfério Uma das duas metades quase simétricas do *cérebro*.

hereditariedade Características físicas transmitidas diretamente dos pais ao filho, na *concepção*.

hermafrodita Pessoa nascida com estruturas reprodutoras masculina e feminina.

hertz Ciclos por segundo; uma medida de *freqüência*.

hierarquia Sistema em que pessoas ou coisas são classificadas em uma ordem específica, uma acima da outra.

hipertensão essencial Pressão sangüínea alta que não pode ser atribuída a uma causa física específica.

hipertensão Pressão sangüínea elevada. (Veja também *hipertensão essencial*.)

hipnose *Estado alterado de consciência* produzido por uma série de sugestões persuasivas, durante a qual as pessoas sentem-se extremamente responsivas à influência do hipnotizador.

hipocampo Região do *sistema límbico* subjacente à memória e à organização de informação sobre localização espacial de objetos.

hipotálamo Região do *sistema límbico* central responsável pela ativação do sistema nervoso durante emergências; controla tantas funções vitais que às vezes é chamado de "guardião do corpo".

hipótese diátese-estresse *Hipótese sugerindo que os problemas psicológicos e físicos dependem das predisposições e de agentes estressantes.

hipótese dopamina *Hipótese segundo a qual o excesso de *dopamina* dentro de circuitos cerebrais específicos é responsável pela *esquizofrenia*.

hipótese Tentativa de explicação que pode ser testada por um *experimento*; uma afirmação que postula a existência de uma relação causal entre duas ou mais *variáveis*.

histeria Nome dado por Freud ao *distúrbio psicossomático* conhecido hoje como *distúrbio de conversão*.

homeóstase Sistema auto-regulador.

homossexual Mulher ou homem que prefere membros do mesmo sexo como parceiros sexuais.

hormônio Substância química secretada diretamente no fluxo sangüíneo por *glândulas endócrinas*.

hormônios sexuais *Hormônios* produzidos pelos *testículos e ovários* que se deslocam por todo o corpo influenciando o desenvolvimento sexual e o comportamento; incluem *andrógenos*, *estrógenos* e *progestinas*.

hospital-dia No campo da saúde mental, um programa terapêutico de atendimento durante o dia oferecido a pacientes mentais crônicos que vivem nas próprias comunidades; em inglês, o mesmo termo, *day-care*, é usado para se referir a creches que atendem crianças até 3 anos de idade.

humanista Relativo à *psicologia humanista*.

id Componente da *personalidade*, de acordo com Freud, situado no núcleo primitivo da pessoa; é o domínio das pulsões básicas que pressionam para obter gratificação imediata.

idade mental Medida de *inteligência* que pode ser calculada de diversas formas.

idade senil Período de tempo depois dos 75 anos.

identificação Termo freudiano que significa esforço para se tornar como outra pessoa, geralmente um dos pais.

idiota-prodígio Pessoa mentalmente deficiente que possui uma ou mais capacidades extraordinárias.

imitação Veja *aprendizagem por observação*.

impulso neural ou nervoso Alteração temporária na permeabilidade da membrana que envolve o *axônio* e a resultante redistribuição de carga que transmite mensagens de um *neurônio* para outro.

impulso sexual Motivo para sexo; na *teoria* freudiana, o impulso para todas as ações e pensamentos prazerosos.

in utero Durante o *período intra-uterino*.

inadaptado Veja *desajustado*.

incentivo Objeto, evento ou condição que incita à ação.

incitamento ou **excitação** Um estado de alerta ou excitação; freqüentemente aplicado à atividade do *sistema nervoso simpático* subjacente a tal estado.

inconsciente coletivo Idéia junguiana de que as experiências compartilhadas com toda a raça humana durante toda a sua existência são uma influência potente no comportamento humano.

inconsciente Freud acreditava que as pessoas não têm consciência da maioria dos próprios pensamentos, sentimentos e desejos e dificilmente podem se tornar conscientes deles sem ajuda *da psicanálise*.

indicador de profundidade binocular Indicador de profundidade que depende do funcionamento dos dois olhos.

indicador de profundidade Informação visual que indica profundidade ou distância.

indicador de profundidade monocular Indicador de profundidade que depende do funcionamento de apenas um olho.

indicador pictórico Indicador de profundidade monocular relacionado com a representação de uma pessoa, objeto ou cena.

índices ou indicadores Todas as pistas em um *experimento* que levam à formulação de *hipóteses* pelo investigador; podem incluir expressões faciais, gestos e tom de voz.

inibição pró-ativa Processo que ocorre quando informações previamente adquiridas interferem na retenção de novas informações.

inibição retroativa Processo que ocorre quando novas informações dificultam a lembrança de conteúdos aprendidos anteriormente.

insanidade Argumento usado em tribunais para implicar que os acusados de um crime não têm o livre-arbítrio que justificaria responsabilizá-los pelo próprio comportamento; *grosso modo*, equivalente a *psicótico* no uso comum.

instinto Necessidades *fisiológicas* e padrões complexos de comportamento profundamente influenciados pela *hereditariedade*.

instrumento de avaliação Nome dado a *questionários*, *entrevistas* e *testes* que fornecem descrições de fenômenos.

insulina *Hormônio* que abaixa o nível de glicose no sangue e estimula a fome.

intelectualização Estratégia *cognitiva* de tratar situações que normalmente gerariam fortes sentimentos de uma maneira distanciada e analítica.

inteligência Capacidade para atividade mental que não pode ser medida diretamente. (Veja também *medida de inteligência*.)

inteligência medida Desempenho em uma situação de teste mental específica, baseada em habilidades, motivação, conhecimento e outros.

interferência A "colisão" de itens de informação que leva ao esquecimento.

interneurônio Tipo de célula nervosa predominante no *sistema nervoso central*; tem *axônio* e *dendritos* curtos que se ramificam profusamente.

interposição Indicador de profundidade monocular que leva um objeto visto por inteiro a ser percebido como se estivesse mais perto do que aquele que está obstruindo sua visão.

interpretação Na *psicoterapia psicanalítica*, comentários feitos pelos *terapeutas* quando eles revelam gradativamente os *insights* obtidos a respeito de *conflitos reprimidos*..

intrínseco Característica de *incentivos* e *reforçadores*. No caso de reforçadores, um comportamento é fortalecido por sentimentos prazerosos que resultam do envolvimento no comportamento em si. No caso de incentivos, uma atividade que, por si mesma, é motivadora.

introspecção analítica Tipo rigoroso de auto-observação que exige treinamento intensivo; usada por defensores do *estruturalismo*.

introspecção O processo de olhar para dentro de si mesmo examinando experiências pessoais.

introversão Interesse e preocupação com os pensamentos e sentimentos.

íris Disco colorido que circunda a pupila controlando seu tamanho.

latente Existente em uma forma *inconsciente* ou invisível.

lateralização Refere-se à maneira pela qual os dois *hemisférios do cérebro* são organizados para desempenhar funções especiais.

lei do efeito Lei especificando que o prazer das conseqüências é uma influência-chave na *aprendizagem comportamental*.

lei Enunciado que descreve relações regulares, previsíveis.

lesão Mudança no tecido, que geralmente é prejudicial, em virtude de doença, ferimento ou cirurgia.

lésbica Mulher que prefere outras mulheres como parceiras românticas e sexuais.

libido Conceito freudiano que denota uma quantidade fixa de energia gerada pelos *impulsos sexuais* para o comportamento e funcionamento mental.

limiar de excitabilidade Nível de excitação necessário para um axônio conduzir um *impulso neural*.

linguagem Sistema que relaciona símbolos ao significado e fornece regras de combinação e recombinação dos símbolos para a comunicação.

lingüística *Ciência da linguagem*.

livre associação Processo de permitir à própria mente divagar livremente enquanto dá um relato franco e corrido; um tipo de *pensamento indireto*.

lobo frontal Parte do *córtex cerebral* (perto da parte anterior do cérebro) que desempenha um papel extremamente importante no planejamento e em outras atividades mentais superiores.

lobo occipital Região na parte posterior do *córtex cerebral* que recebe e processa informações visuais.

lobo parietal Região na parte central do *córtex cerebral* envolvida no registro e na análise de informações sobre eventos no interior e exterior do corpo, incluindo o toque, a pressão, a temperatura e movimentos e posições musculares.

lobo temporal Parte do *córtex cerebral* localizada acima das orelhas; essas regiões registram e sintetizam *dados auditivos*.

lobo Uma das quatro subdivisões do *córtex cerebral*: *frontal, parietal, temporal* e *occipital*.

localizado Situado em determinado lugar.

luz visível Ondas de luz em um pequeno segmento do *espectro eletromagnético* que os seres humanos vêem.

Manual de diagnóstico e estatística dos distúrbios mentais —DSM (Diagnostic and statistical manual of mental disorders) Manual que descreve diferentes tipos de *comportamento desajustado* e é amplamente usado para classificação.

matiz Correspondendo mais ou menos ao termo cor, o matiz é determinado pelo *comprimento de onda* da luz.

maturação Emergência de padrões de comportamento que dependem basicamente do desenvolvimento do *sistema nervoso e corporal*.

MCP Veja *memória de curto prazo*.

mecanismo de defesa Termo usado por Freud para se referir a estratégias *cognitivas* usadas pelo *ego* — em que a própria pessoa não tem consciência disso — para falsificar e distorcer experiências ameaçadoras, impulsos, *conflitos* e idéias, a fim de aliviar a tensão.

média Média aritmética; uma *medida de tendência central*.

mediana *Medida de tendência central*; valor médio em um grupo de valores; ponto em que 50% dos escores são mais altos e os remanescentes são mais baixos.

medicina comportamental Campo que integra conhecimentos sobre psicologia, biologia e medicina, relevantes ao desenvolvimento e à prevenção da saúde, ao diagnóstico ou ao tratamento de problemas médicos.

medida de tendência central Valor em torno do qual um grupo de escores agrupa-se: *média, mediana* ou *moda*.

medo *Emoção* que pode ser distinguida da ansiedade por um objeto que é fácil de identificar e por uma intensidade que é proporcional à magnitude do perigo; às vezes o termo é usado como sinônimo de ansiedade.

medula espinhal Extensão do *cérebro*, mas um pouco mais simples na organização e função; um de seus papéis principais é, por meio de reflexo, proteger o corpo contra danos.

meia-idade Período de tempo entre os 40 e início dos 60.

membrana celular Revestimento fino que regula tudo o que entra e sai da célula.

memória de curto prazo, armazenamento de curto prazo Sistema de memória que guarda todos os conteúdos de que os indivíduos têm consciência, em qualquer período de tempo; abriga uma quantidade limitada de conteúdo, comumente durante cerca de 15 segundos.

memória de longo prazo Um sistema de memória mais ou menos permanente.

memória episódica Retenção de eventos singulares.

memória icônica Memória *sensorial visual*.

memória semântica Conhecimento geral.

memória sensorial, armazenamento sensorial Sistema de memória que guarda informações *sensoriais*, geralmente por uma fração de segundo.

menopausa Uma fase do *climatério* que ocorre em mulheres durante a meia-idade, quando os *ovários* param de produzir ovos maduros e a menstruação cessa.

mesencéfalo Parte do *cérebro* que recebe informações *sensoriais* e controla certos músculos.

metacognição Conhecimento sobre o conhecimento.

microeletrodo Minúsculo *eletrodo* que permite que cientistas observem a atividade elétrica de um único *neurônio*; pode ser implantado diretamente em uma única célula.

mielina Camada adiposa que recobre o *axônio* e parece servir à função de isolamento.

moda *Medida de tendência central*; o escore que aparece mais freqüentemente em um grupo de escores.

modelagem Ver *aprendizagem por observação*.

modelagem (método de aproximações sucessivas) No *condicionamento operante*, uma estratégia de *reforçamento positivo* para ensinar novas ações; o reforçamento é *contingente* às aproximações cada vez maiores do aprendiz ao comportamento desejado, até que o objetivo seja alcançado.

modelo de sistemas *Teoria* que sustenta que os animais têm diferentes subsistemas cerebrais responsáveis por funções diferentes e que cada sistema pode dominar os outros e é capaz de *consciência*.

modelo médico *Modelo* que supõe serem os distúrbios mentais condições médicas específicas para as quais causas biológicas finalmente serão descobertas ou que se assemelham muito a doenças físicas.

modelo Pessoa observada e imitada durante a *aprendizagem por observação*. É também um sistema simplificado que contém os aspectos essenciais de um sistema mais amplo, mais complexo. Os modelos permitem previsões; os testes dessas previsões confirmam ou não aspectos do modelo.

modelo psicológico *Modelo de comportamento desajustado*; supõe que (1) o comportamento desajustado é semelhante em tipo mas não em grau ao comportamento adaptado, (2) o tratamento é raramente específico a uma síndrome particular e (3) o envolvimento ativo do paciente no tratamento é importante.

modificação do comportamento Conjunto de procedimentos reeducativos usados para aliviar problemas humanos, derivados de ou consistentes com pesquisas psicológicas e avaliados sistematicamente. Termo freqüentemente chamado *terapia comportamental*, quando usado em contextos de saúde mental.

monozigóticos (idênticos) Irmãos gerados da divisão de um único *zigoto* em dois zigotos com *genes* idênticos.

motivo (motivação) Estado interno resultante de uma *necessidade* que incita o comportamento, geralmente dirigido para a realização da necessidade.

motivo de crescimento *Motivo* para obter domínio, excelência ou competência.

motivo social *Motivo* cuja realização depende do contato com outros seres humanos.

MS Veja *memória sensorial*. **experiência social** Interações com outros da mesma espécie.

mutação Alteração no código *genético*, por um evento ambiental.

nanômetro (nm) Submúltiplo do metro, igual a 10^{-9} m.

nascimento preparado Parto que os pais treinam antecipadamente; às vezes chamado nascimento natural.

necessidade(s) Deficiência que pode estar baseada em demandas corporais ou ser aprendida ou alguma combinação das duas.

negação da realidade (negação) *Estratégia cognitiva* em que uma pessoa ignora ou recusa-se a reconhecer a existência de uma experiência aversiva para aliviar a angústia.

negativo Um termo do *condicionamento operante* aplicado ao *reforçamento* ou *punição*, significando que a conseqüência foi removida após o *operante*.

neocomportamentalismo Visão moderna do *behaviorismo* que se tornou cada vez mais voltada para processos humanos complexos. Os neocomportamentalistas insistem em fazer perguntas precisas e objetivas, utilizar o *método científico* e realizar pesquisas cuidadosas.

neofreudiano Refere-se às modificações e revisões de idéias freudianas (*psicanalíticas*) básicas, especialmente por Karen Horney, Harry Stack Sullivan e Erik Erikson, cujas idéias estão intimamente relacionadas com as de Freud.

neonato Bebê humano recém-nascido.

nervo (trato nervoso) Rede de cabos transmissores de informações, formados por *axônios*, que enviam mensagens entre o *sistema nervoso central*, *receptores* e *efetores*.

nervo óptico *Axônios* de *neurônios sensoriais* que ligam o olho a vários centros *cerebrais*.

nervo trigêmeo *Nervo* que transmite informações para o cérebro sobre a textura e a temperatura de substâncias na boca; considerado importante na regulação da ingestão de alimentos.

nervos mistos Formados dos *axônios* pelos *neurônios sensoriais* e *motores*.

nervos motores Feixes de axônios que transportam informações do *sistema nervoso central* para *efetores* nos músculos, *glândulas* e órgãos.

nervos periféricos *Nervos* fora do **sistema nervoso central** que ligam os *sensores* e os *efetores* ao SNC.

nervos sensoriais Feixes de *axônios* que transmitem informações sensoriais ao *sistema nervoso central*.

neural Relativo a *neurônio*, *nervos* ou *sistema nervoso*.

neurônio Unidade básica do *sistema nervoso*; também chamado de célula nervosa.

neurônios motores *Neurônios* que transportam mensagens do *sistema nervoso central* para os *efetores*.

neurônios sensoriais *neurônios* que transmitem mensagens dos *receptores ao sistema nervoso central*.

neurose (reação neurótica) Distúrbio centralizado na ansiedade. Pessoas neuróticas freqüentemente lidam com ansiedade excessiva por meio do *comportamento de esquiva*. A preocupação com ansiedades, inadequações e sintomas interfere no ajustamento interpessoal e vocacional.

neuroticismo *Traço* caracterizado por ansiedade, hostilidade e impulsividade.

neurotoxina Toxina que prejudica o *sistema nervoso*.

neurotransmissor (transmissor) Substância química que desempenha um papel importante na transmissão da mensagem em todo o *sistema nervoso*.

neurotransmissor excitador Neurotransmissor que tende a fazer um neurônio adjacente conduzir um impulso nervoso.

neurotransmissor inibidor *Neurotransmissor* que tende a impedir a *estimulação* de *neurônios adjacentes*.

nistagmo Pequenos tremores involuntários e rápidos dos olhos.

nível mental Veja *idade mental*.

noradrenalina *Hormônio* e *neurotransmissor*.

norepinefrina Também chamada *noradrenalina*.

norma(s) Informações sobre o desempenho em testes de um amplo *grupo de referência*, permitindo que um examinador interprete um escore individual. É também uma restrição, padrão de referência ou regra que determina o comportamento dentro de um grupo.

núcleo Estrutura diferenciada, localizada no centro de uma célula, que contém *cromossomos*.

obediência Abandono de julgamentos pessoais e cooperação com as exigências de uma autoridade.

obeso Indivíduo com quantidade excessiva de gordura, estando pelo menos 20% acima do peso ideal.

objetivo Que não apresenta viés. Métodos de pesquisa e resultados de testes são objetivos quando os procedimentos usados minimizam a influência dos vieses do investigador ou do examinador. Os testes classificados como objetivos podem fornecer os mesmos escores essencialmente da mesma maneira em toda parte.

observação clínica *Estudo de caso* que ocorre em um ambiente médico ou de saúde mental.

observação de campo Veja *observação naturalista*.

observação naturalista Observação feita em ambiente natural a fim de coletar informações sobre o funcionamento na vida real.

observação participante *Observação naturalista* feita enquanto os cientistas envolvem-se no evento ou na atividade em estudo.

obsessão *Pensamento* que ocupa repetidamente a *atenção*, embora a pessoa deseje livrar-se dele.

operações concretas, estágio de Termo usado por Piaget para se referir a um estágio de *desenvolvimento*, durante o qual crianças entre as idades de 7 a 11 anos (aproximadamente) desenvolvem a capacidade de usar a lógica e dependem menos das informações *sensoriais* para entender a realidade.

operações formais, estágio de Período que se estende aproximadamente dos 11 aos 15 anos, quando as crianças desenvolvem a capacidade de entender a lógica abstrata, de acordo com Piaget.

operante Ação que é iniciada em vez de eliciada.

orgânico Fisiológico.

organização Característica da *percepção* uma vez que inúmeros princípios estruturam, ou organizam, o processo. Também um termo piagetiano para a tendência de combinar dois ou mais processos físicos e/ou psicológicos em um sistema que funcione harmoniosamente.

órgãos reprodutivos Genitais.

ortodoxo Tradicional.

ovários *Glândulas sexuais* femininas.

óvulo A célula da mãe que combina com o *esperma* do pai para formar um *zigoto*.

paciente não internado Paciente *psiquiátrico* que vive fora de uma instituição mental.

padrão fixo de ação Comportamento caracterizado como *específico de uma espécie*, altamente *estereotipado*, completado uma vez que iniciado, resistente à modificação e freqüentemente desencadeado por um estímulo específico.

padronização Regras detalhadas para aplicação de um teste, de modo que as mesmas condições de teste sejam mantidas para todos os sujeitos testados.

padronizado Caracteriza um teste aplicado sob as mesmas condições por todos os sujeitos testados.

papel sexual Padrões atribuídos com base no *gênero*.

paralaxe de movimento *Indicador de profundidade monocular*; os objetos próximos parecem mover-se com maior rapidez que os distantes.

parapsicológico Relativo à *percepção extra-sensorial*.

parapsicólogo Veja *parapsicológico*.

parcimônia Doutrina filosófica que defende que a melhor explicação é a mais simples e que melhor se ajusta aos fatos observados.

pares Grupo de pessoas da mesma idade ou origens semelhantes.

pensamento convergente Capacidade de raciocinar de maneira convencional e chegar a uma única solução correta de problema.

pensamento dirigido Pensamento orientado para um determinado objetivo, altamente controlado e ligado a um objeto específico.

pensamento divergente Atividade mental inovadora e original que se desvia dos padrões usuais e resulta em mais de uma solução aceitável a um problema; característica da *criatividade*.

pensamento não dirigido Veja *consciência comum de vigília*.

percepção Processo de organizar e interpretar dados *sensoriais* recebidos para desenvolver a consciência de si mesmo e do ambiente; inclui os sistemas *visual, autidivo, somato-sensorial, químico* e *proprioceptivo*.

perceptivo Relativo à percepção.

periférico No limite.

período fértil Período de receptividade sexual máxima de fêmeas de algumas espécies, em decorrência de hormônios; quando a concepção pode ocorrer.

período intra-uterino Tempo em que o feto vive dentro do útero.

período sensível (período crítico) Tempo em que um sistema em desenvolvimento é mais vulnerável ao impacto do ambiente; ocorre geralmente no início da vida.

personalidade Identidade distinta formada de padrões relativamente consistentes e duradouros de percepção, pensamento, sentimento e comportamento.

personalidade múltipla Distúrbio em que um indivíduo mostra duas ou mais *personalidades* distintas, bem-desenvolvidas e em rápida sucessão.

perspectiva aérea Um indicador *de profundidade monocular*; à medida que a distância aumenta, as cores tornam-se mais acinzentadas e os contornos dentro da imagem ficam embaçados.

perspectiva construtivista Ponto de vista associado a Piaget; a idéia de que as pessoas usam a própria elaboração mental (construções) para que suas experiências façam sentido.

perspectiva linear *Indicador de profundidade monocular* relacionada com o *tamanho familiar*; quando as pessoas vêem o que acreditam ser lados paralelos convergentes, interpretam a convergência como denotando distância, em vez da convergência real.

PET scan (tomografia transaxial por emissão de pósitrons) Procedimento que permite que os cientistas identifiquem quais partes do cérebro estão ativas ou inativas em organismos vivos; desoxiglicose marcada radioativamente é medida para verificar quanto foi absorvido por uma determinada região cerebral.

placebo (condição) Droga inerte; é também um tratamento "neutro" usado para igualar as expectativas de grupos em um *experimento*.

plástico Flexível.

polígrafo Instrumento usado para medir, ao mesmo tempo, diversas respostas *fisiológicas*, como batimento cardíaco, respiração e tensão muscular; usado para detectar mentiras.

ponte Região cerebral que ajuda a coordenar rápidos movimentos corporais. Localizada na *região posterior do cérebro*.

ponto de fixação *Constructo* que sugere que uma função é fixada dentro de certos limites e aí mantida por mecanismos *homeostáticos*.

população Todo o grupo em estudo.

positivo Característico de um *reforçador* ou *estímulo punitivo*, significando que é apresentado depois que o *comportamento a ser condicionado ocorre*.

postura provisória Atitude *científica* de considerar as conclusões vigentes as melhores suposições e permanecer com a mente aberta e preparada para reavaliá-las, caso apareçam novas evidências.

potencial Possível.

precisão (confiabilidade) Conceito que lembra estabilidade ou consistência.

precisão Exatidão, clareza e rigor nas definições e descrições.

precisão teste-reteste Tipo de *precisão* determinada verificando-se se as mensurações repetidas do mesmo fenômeno, com o mesmo instrumento de medida, em diferentes ocasiões, geram resultados semelhantes.

precognição Forma de percepção extra-sensorial; conhecimento de um evento futuro que não pode ser inferido mas depende da operação de uma capacidade *sensorial* desconhecida.

preconceito Pré-julgamento negativo ou positivo sobre uma pessoa ou grupo, com base em *estereótipos* que exageram características de grupo e ignoram forças e fraquezas individuais.

pré-consciente Conceito freudiano; pensamentos, memórias, sentimentos e desejos não conscientes facilmente recuperáveis.

predição Teste de uma *hipótese*; se correta, uma hipótese deve ser capaz de predizer o que ocorrerá em situações relacionadas.

predisposição para aprender Um caso de *transferência positiva*; a aquisição de capacidades gerais de solução de problemas.

pré-natal Antes do nascimento.

prescritivo Dizer como se espera que as criaturas se comportem.

prevenção básica Nos cuidados de saúde mental, ajudar pessoas essencialmente normais a utilizar seu pleno potencial e a desenvolver maneiras satisfatórias de ajustar-se à vida.

prevenção secundária Em saúde mental, a identificação de um problema psicológico em seus primeiros estágios e a provisão de tratamento imediato antes que a dificuldade torne-se séria.

prevenção terciária (reabilitação) Programas de saúde mental que visam à correção das conseqüências de problemas emocionais.

princípio de figura-fundo Sempre que as pessoas olham à sua volta, tendem a ver os objetos destacando-se do que está atrás.

princípios de agrupamento Elementos separados são unificados em padrões de acordo com leis que governam a *percepção*.

privação sensorial Restrição à estimulação dos *sentidos*.

procedimento de indução disciplinar Prática paterna que envolve justificações e explicações sobre as conseqüências ruins de más ações.

procedimento duplo-cego Tática usada em um *experimento* para impedir que tanto o experimentador quanto os *participantes do experimento* saibam se este pertence ao grupo experimental ou de controle.

procedimento simples-cego Tática usada em um *experimento* para impedir que um participante de pesquisa saiba de sua condição.

processamento profundo (estratégias de repetição elaborativas) Práticas de processamento de inforamções (por exemplo, prestar atenção, pensar no significado, relacionar conteúdo a itens que já estão na *memória de longo prazo*) que transferem conteúdos para a memória de longo prazo.

processamento superficial Processamento de informações suficiente para transferir dados para a *memória de longo prazo*.

processo Crescimento; apêndice de célula. (Veja também *axônio* e *dendrito*.)

progestina(s) Hormônio(s) sexual(is) "feminino(s)" cuja função básica é preparar a bolsa uterina para a gravidez.

prognóstico Probabilidade de recuperação.

projeção *Estratégia cognitiva* que ocorre quando as pessoas atribuem características pessoais indesejáveis, problemas, impulsos a outros, sem os reconhecer como seus; presumivelmente, a projeção reduz a *ansiedade* que se seguiria após o reconhecimento das qualidades desagradáveis como sendo suas. É também o adjetivo usado para descrever uma área do *cérebro* que recebe *input* de outra área.

projetar-se Estender-se a.

proprioceptivo Relativo aos sentidos *vestibular* e *cinestésico*.

proteína Substância química que forma os componentes estruturais do corpo (sangue, músculo, tecido, órgãos) e *enzimas*, os quais controlam as reações físico-químicas.

protoplasma Tipicamente, uma substância semifluida, incolor, que preenche o *neurônio* e outras células corporais.

protótipo Membro ideal de uma *categoria*.

proximidade Intimidade; também um princípio organizador da *percepção* — elementos visuais próximos um ao outro parecem agrupar-se.

psicanálise Veja *psicoterapia psicanalítica*.

psicanalista Praticante da *psicoterapia psicanalítica*.

psicanalítico Relativo à *teoria psicanalítica* sobre *personalidade*, *comportamento desajustado* e *psicoterapia*.

psicogênico Decorrente de uma experiência estressante.

psicolingüista Psicólogo que se concentra em como a *linguagem* é adquirida e/ou usada.

psicologia *Ciência* do comportamento e dos processos mentais.

psicologia cognitiva Abordagem ao estudo da *psicologia* atualmente predominante nos Estados Unidos; enfatiza a reunião de conhecimentos precisos sobre como os processos mentais funcionam na vida diária.

psicologia da *Gestalt* Movimento psicológico que enfatizava o estudo dos fenômenos perceptivos como formas que têm sua totalidade. A ênfase era dada na percepção *subjetiva*.

psicologia do desenvolvimento Ramo da psicologia que investiga o crescimento da estrutura física, o comportamento e o funcionamento mental de qualquer período depois da concepção até o período antes da morte.

psicologia do ego Movimento psicanalítico que enfatiza o significado do ego para ajudar as pessoas a se adaptarem a seu ambiente.

psicologia humanista Abordagem à *psicologia* que enfatiza ver pessoas como seres totais, focalizando consciência *subjetiva*, investigando problemas humanos significativos e enriquecendo a vida humana.

psicólogo clínico Especialista que estuda, diagnostica e trata o *comportamento desajustado*.

psicólogo Especialista em *psicologia*.

psicopata Veja *distúrbio de personalidade anti-social*.

psicose *(reação psicótica)* *Comportamento desajustado* caracterizado por funcionamento cognitivo e comportamental gravemente afetado. As pessoas com distúrbios psicóticos ficam freqüentemente absorvidas em seus distúrbios, fora do contato com a realidade e incapazes de cuidar de si mesmas por longos períodos.

psicossocial Relativo às experiências de alguém como indivíduo e membro de vários grupos em uma sociedade.

psicossomático (distúrbio) Distúrbio *fisiológico* resultante, em parte, das respostas corporais ao *estresse*.

psicoterapia (terapia) Vários tratamentos psicológicos destinados a mudar o *comportamento desajustado*.

psicoterapia centrada no cliente Abordagem psicoterápica que supõe que problemas psicológicos surgem quando as pessoas negam aspectos da identidade e param de crescer. A terapia visa restaurar o autoconceito e recomeçar o processo de crescimento. Consiste de um relacionamento íntimo aqui e agora com um *terapeuta empático*, sincero, receptivo.

psicoterapia da *Gestalt* (terapia) Abordagem psicoterapêutica que supõe que os problemas ocorrem quando as pessoas gastam energia rejeitando aspectos significativos de sua natureza e adotando características alheias. Visando à recuperação de capacidades inerentes ao crescimento, os terapeutas gestálticos usam exercícios, interpretações de sonhos e cenários vívidos.

psicoterapia psicanalítica (psicanálise, psicoterapia psicanalítica ortodoxa) Abordagem de *psicoterapia* que supõe que os distúrbios psicológicos são causados por conflitos *reprimidos*. A cura consiste em uma exploração intensa, demorada, da vida mental de uma pessoa, passada e presente. Os *terapeutas psicanalíticos* **analisam as livres associações e os sonhos de seus pacientes e procuram e interpretam a** *resistência* **e a** *transferência*. Mediante as *interpretações do psicanalista*, os pacientes obtêm *insights* a respeito de *conflitos inconscientes* e, com o apoio do analista, trabalham seus problemas.

psicoterapia psicanalítica ortodoxa Veja *psicoterapia psicanalítica*.

psicótico Relativo a uma *psicose*.

psiquiatra Médico especializado no diagnóstico e tratamento de *comportamento desajustado* cuja especialidade reside em usar diagnóstico médico e tratamento medicamentoso.

psiquiátrico Relativo a *comportamento desajustado* ou a um *psiquiatra*.

PTSD Veja *distúrbio de estresse pós-traumático*.

puberdade Começo da maturidade sexual quando os *hormônios sexuais* são produzidos em grande quantidade.

pulsão básica Veja *pulsão*.

pulsão *Motivo* que surge para satisfazer *necessidades fisiológicas* básicas.

punição Processo de *condicionamento operante* que ocorre quando um *operante* é seguido por uma conseqüência que reduz sua freqüência em situações similares.

pupila Abertura na frente do olho por meio da qual a luz penetra.

QI Veja *Quociente de Inteligência*.

questionário Instrumento de avaliação que permite aos *cientistas sociais* coletar informações rápidas sobre o pensamento e o comportamento de grande número de pessoas.

quociente de inteligência (QI) Índice numérico que descreve o desempenho relativo em um teste de capacidades mentais, freqüentemente comparando o desempenho do sujeito testado aos desempenhos de outros de idade aproximada.

raciocínio Processo que usa estratégias de tomada de decisão, como a lógica formal, para responder a perguntas com exatidão.

racionalização *Estratégia cognitiva* que envolve a invenção de razões plausíveis e aceitáveis para ocultar explicações reais de si próprio.

racismo *Atitude* com duas características: *preconceito* a favor ou contra um grupo de pessoas com origem *genética* comum e *discriminação* a favor ou contra entre grupo.

raiva *Emoção* caracterizada por elevado nível de atividade do *sistema nervoso simpático* e por fortes sentimentos de desprazer que são desencadeados por um mal real ou imaginário.

RC Veja *resposta condicionada*.

reabilitação Veja *prevenção terciária*.

reação de alarme Estágio 1 da *síndrome de adaptação geral*, durante a qual o *sistema nervoso simpático* e *as glândulas adrenais* mobilizam as forças defensivas do corpo para resistir a um *agente estressante*.

reação ou resposta autônoma Reações como pulso rápido, tremor e músculos tensos controlados pelo *sistema nervoso autônomo*.

reação psicológica Estado resultante de uma *percepção*, no qual uma liberdade específica é ameaçada, motivando uma pessoa a lutar mais pela liberdade ameaçada.

reação Veja *reação psicológica*.

reaprendizagem Medida da memória especialmente sensível; embora as pessoas possam não *recordar* ou *reconhecer* os conteúdos anteriormente aprendidos, elas podem ser capazes de dominar as mesmas informações com mais rapidez do que originalmente; a economia demonstrada sugere que algo foi retido.

receptor Célula única ou grupo de células que são particularmente responsivas a um tipo específico de energia.

recompensa Veja *reforçador*.

reconhecimento Medida da memória que consiste em pedir às pessoas para escolher uma resposta familiar dentre as diversas apresentadas.

recordação livre Tarefa usada em estudos de memória, em que se pede aos participantes da pesquisa para que se lembrem de algum conteúdo em qualquer ordem.

recordação Medida da memória na qual se pede a pessoas para *recuperarem* informações, quando incitadas por conteúdos associativos.

recordação serial Tarefa de memória que exige que o conteúdo seja recordado em uma ordem especial.

recuperação espontânea Reaparecimento de uma *resposta condicionada*, previamente *extinta*, após um período de descanso durante o *condicionamento respondente* ou *operante*.

recuperação Reaparecimento de respostas que foram suprimidas por *punição* depois que o *estímulo punitivo* foi retirado.

recuperação Recordação das informações da memória.

rede (*network*) Sistema de elementos inter-relacionados.

reestruturação cognitiva Procedimento da *terapia do comportamento* que ensina pacientes a monitorar pensamentos, localizar afirmações irracionais que levam a sofrimento e substituir afirmações que reduzem a angústia e promovem o comportamento construtivo.

reflexivo Relativo a um *reflexo*.

reflexo Comportamento eliciado automaticamente por um *estímulo*; uma *resposta* rápida, consistente, não aprendida, comumente fora do controle voluntário.

reforçado condicionado Veja *reforçador secundário*.

reforçador Conseqüência que aumenta a probabilidade de uma *resposta* específica ocorrer em circunstâncias semelhantes no *condicionamento operante* ou *respondente*.

reforçador não aprendido Veja *Reforçador primário*.

reforçador primário (não aprendido) *Reforçador* poderoso no fortalecimento de um *operante* sem treino anterior.

reforçador secundário (reforçador condicionado) *Reforçador* que adquire sua força por meio de *condicionamento respondente*, sendo repetidamente emparelhado com outros reforçadores.

reforçador social (reforçamento) *Reforçador* ou *reforçamento* que depende das outras pessoas.

reforçamento contínuo No *condicionamento operante*, o *reforçamento* que ocorre depois de cada resposta correta.

reforçamento intermitente Veja *reforçamento parcial*.

reforçamento parcial (esquema de) *Esquema de reforçamento* em que alguns comportamentos desejados são seguidos por um reforçador durante o condicionamento operante.

reforçamento Processo que aumenta a probabilidade de uma resposta específica ocorrer sob circunstâncias similares no *condicionamento operante* ou *respondente*.

reforçar Fortalecer.

registro Medida dos sinais elétricos gerados pelo *cérebro*.

regressão Enfrentamento de ameaças, voltando a modos imaturos de comportamento.

representação Idéia geral sobre como resolver um problema; outro nome para *conceito*.

repressão Exclusão, da consciência, de *motivos*, *idéias*, *conflitos*, memórias e outros que geram *ansiedade*. Quando a repressão ocorre, o conteúdo reprimido ou banido da convivência pode influenciar o comportamento.

reproduzir Repetir um estudo para descobrir erros ou confirmar descobertas anteriores.

resistência Termo freudiano referente a atos que perturbam o processo terapêutico; inicia-se quando os pacientes atingem conteúdos reprimidos e sentem-se ameaçados pelo sofrimento de enfrentá-los. Também é o estágio 2 da *síndrome de adaptação geral*, quando o corpo permanece altamente alerta e os sistemas responsáveis pelo crescimento, recuperação e resistência às infecções param de funcionar.

respondente Reação automática tal como um *reflexo*, emoção imediata ou outra função controlada pelo *sistema nervoso autônomo*.

resposta Comportamento eliciado por um *estímulo*; ou qualquer comportamento.

resposta condicionada (RC) No *condicionamento respondente*, uma resposta evocada por um *estímulo condicionado*, resposta esta similar ainda que mais fraca que a *resposta incondicionada*.

resposta incondicionada (RI) No *condicionamento respondente*, o respondente que é automaticamente eliciado pelo *estímulo incondicionado*.

resultados estatisticamente significantes Resultados que ocorrem menos de 5 vezes em 100 apenas em virtude do acaso, sugerindo que os mesmos resultados provavelmente serão encontrados se o estudo for repetido. Resultados significantes estatisticamente não significam que uma *hipótese* foi provada ou que as diferenças são substanciais ou de importância prática.

retina Tecido *neural* sensível à luz no fundo do globo ocular formado por camadas celulares.

RI Veja *resposta incondicionada*.

rigidez funcional Tendência de ver um determinado objeto como tendo apenas um uso, em virtude de experiências anteriores, e incapacidade de funções novas, flexíveis para ele.

ritmo(s) biológico(s) Ciclo(s) corporal(ais) que varia(m) de frações de segundo a um ano e até mais (exemplo: ciclo sono-vigília).

rubéola Sarampo alemão.

ruído Som indesejável.

sacada Movimentação do globo ocular de uma posição para outra.

saturação Pureza de um matiz; grau de mistura com a luz branca. A saturação é baixa quando muita luz branca é combinada com um matiz.

seleção natural *Teoria* amplamente aceita que especifica que a mudança *evolutiva* ocorre quando modificações *genéticas* nas estruturas físicas aprimoram a capacidade de um indivíduo de sobreviver e se reproduzir, transmitindo essas modificações.

semântica Refere-se a significado.

semelhança Princípio que organiza a *percepção*; de elementos visuais com a mesma cor, forma ou textura são agrupados.

sensação Conteúdo absorvido pelos *sentidos*, o qual ainda precisa ser interpretado.

sensor Mecanismo que extrai informações sobre o mundo e o ambiente interno.

sensorial Relativo aos *sentidos*.

sentido (sistema sensorial) Mecanismo de obtenção de informações que permite aos animais selecionar *dados* sobre si e sobre o ambiente no sentido de ser capaz de planejar e controlar o comportamento e agir efetivamente.

septo Parte do *sistema límbico do cérebro* que desempenha um papel na raiva, no prazer, na dor e no *medo*.

sexismo *Discriminação* baseada no *gênero*.

sexo genético Identidade feminina ou masculina, determinada por cromossomos sexuais.

simetria Princípio organizador da *percepção*: os elementos visuais com formas simples, regulares, são vistos como agrupados; é também o equilíbrio ou a correspondência em arranjos ou outras propriedades.

simular Fingir.

sinapse Hiato ínfimo entre neurônios adjacentes.

síndrome de abstinência Reação desagradável produzida por interromper a ingestão de uma dada substância.

síndrome de adaptação geral (SAG) Padrão de respostas *fisiológicas* a *estresses* continuados, consistindo de três estágios: *reação de alarme, resistência e exaustão*.

síndrome de Down Distúrbio herdado que resulta no retardo intelectual, bem como em atributos físicos distintos.

síndrome de Turner Anomalia *genética* que faz os indivíduos assemelhar-se a mulheres, apresentar estatura baixa e problemas no desenvolvimento sexual; causada pela herança de um *cromossomo sexual* X normal sem um segundo cromossomo X ou Y.

síndrome do alcoolismo fetal Condição causada por ingestão de álcool durante a gravidez que resulta em defeitos como cabeça pequena, anormalidades faciais, déficit intelectual, crescimento físico retardado, distorções nas juntas, dificuldades de coordenação e problemas cardíacos.

sistema endócrino Um sistema de coordenação importante do organismo; é composto de *glândulas* sem dutos que secretam *hormônios* diretamente para o fluxo sangüíneo, regulando o ambiente interno.

sistema límbico Grupo de circuitos inter-relacionados de *neurônio*, localizados profundamente, no centro do *cérebro*, que desempenham um papel regulador nas *emoções* e nos *motivos*. Inclui a *amígdala*, o *hipocampo*, o *septo*, o *giro cingulado* e partes do *hipotálamo* e do *tálamo*.

sistema nervoso autônomo (SNA) Divisão do *sistema nervoso* composto de *nervos* que vão do *cérebro* e da *medula espinhal* à musculatura lisa dos órgãos internos, *glândulas*, coração e vasos sangüíneos; abrange o *sistema nervoso simpático* e o *parassimpático*.

sistema nervoso central (SNC) Um dos dois principais subsistemas do *sistema nervoso*; componente central do processamento de informações que consiste da *medula espinhal* e do *cérebro*.

sistema nervoso parassimpático Subsistema do *sistema nervoso autônomo*; mais ativo durante períodos de calma no controle das funções de rotina que aumentam e conservam a energia armazenada do corpo.

sistema nervoso simpático Subsistema do *sistema nervoso autônomo* que é mais ativo durante períodos de *emoção* intensa, quando mobiliza os recursos do corpo para ação.

sistema nervoso Sistema interno de coordenação que organiza o funcionamento de todos os organismos vivos; composto dos *sistemas nervoso central e periférico*.

sistema nervoso somático Divisão do *sistema nervoso* contendo *nervos sensoriais* e *motores* que transmitem mensagens para o *sistema nervoso central*.

sistema olfativo *Percepção* dos odores.

sistema sensorial Veja *sentidos*.

SNC Veja *Sistema Nervoso Central*.

sobreaprendizagem Prática que vai além do ponto de domínio.

socialização Processo de orientação de crianças em direção a comportamento, valores, objetivos e *motivos* considerados apropriados por uma cultura.

sociologia Estudo da origem, desenvolvimento e funcionamento de relações sociais, grupos e instituições sociais.

solução de problemas Empenho em direção a objetivos e à superação de obstáculos. Os solucionantes de problemas percebem um objetivo, enfrentam as dificuldades, são motivados para atingir o objetivo e trabalham para superar os obstáculos.

soma Corpo celular de *neurônios* e outras células.

somatossensorial Relativo aos *sistemas sensoriais* da pele (contato físico, pressão profunda, calor, frio e dor) e ao *sentido cinestésico*. As áreas dos *lobos parietais* registram e analisam essas mensagens.

sono NREM Sono caracterizado pela ausência de movimentos oculares rápidos; tem quatro estágios: 1, 2, 3 e 4.

sono paradoxal Veja *sono* REM.

sono REM (sono paradoxal) Sono acompanhado de movimentos oculares rápidos, quando sonhos vívidos são prováveis.

subjetiva (experiência) Significados impostos pelos seres humanos a objetos, eventos, experiências e a outras pessoas.

sublimar Canalizar para objetivos construtivos.

substância negra Estrutura *cerebral* cujas fibras começam no mesencéfalo e projetam-se para o prosencéfalo; deteriora-se durante o *mal de Parkinson*.

substituição de sintoma Idéia *psicanalítica* de que os novos sintomas *psíquicos* tomam o lugar dos antigos, a menos que os *conflitos inconscientes* sejam resolvidos.

superego Componente de *personalidade*, de acordo com Freud, formado a partir do ego, quando as crianças *identificam-se* com os pais e internalizam restrições, valores e costumes; essencialmente, uma consciência de deveres.

supressão (esquiva cognitiva) Suprimir deliberadamente o conteúdo da mente.

surdez Perda da audição que varia de parcial a total.

tálamo Amplo conjunto de *corpos celulares de neurônios* no prosencéfalo; nas pessoas, a maioria das informações *sensoriais* recebidas é armazenada nele.

tamanho familiar *Indicador de profundidade* usado para estimar a distância de um objeto conhecido; envolve detectar o tamanho relevante da imagem na *retina*.

TAT Veja *Teste de Apercepção Temática*.

telegráfico Abreviado.

telepatia Forma de *percepção extra-sensorial*; saber o que os outros estão pensando sem usar os *sentidos* conhecidos para captar a informação.

temperamento. Estilo pessoal de responder, sentir e agir.

teoria da aprendizagem social Teoria baseada fortemente em pesquisas sobre *aprendizagem por observação* e freqüentemente sobre psicologia social e *cognição*.

teoria da continuidade *Modelo de desenvolvimento* que supõe que as pessoas mudam sutil e gradativamente, crescendo de uma forma contínua e não em etapas.

teoria da dissociação Explicação da *hipnose* leve que supõe que (1) as pessoas têm sistemas cerebrais independentes que registram e processam informações e dirigem atividades, (2) os sistemas operam ao mesmo tempo, (3) cada sistema é distinto dos outros e (4) durante a hipnose leve e outros momentos o controle pode ser deslocado de um sistema comumente dominante para um geralmente subordinado.

teoria de estágios *Modelo* que supõe que uma história de desenvolvimento pode ser dividida em períodos distintos de idade, quando a maioria atinge competências específicas ou problemas particulares. As teorias de estágios supõem que o desenvolvimento se processa seqüencialmente, até que o último estágio seja atingido.

teoria disposicional *Teoria* que focaliza atributos estáveis da personalidade.

teoria do self Teoria da *personalidade* de Carl Rogers. Focaliza o desenvolvimento do *autoconceito*.

teoria existencial Teoria que enfatiza a liberdade de escolha e defende que se assuma total responsabilidade pela própria existência e se lute para atingir a auto-realização.

teoria Explicação das descobertas.

teoria fenomenológica *Teoria* que se concentra em tentar entender o *self*, especialmente perspectivas *subjetivas* singulares.

teoria psicanalítica Nome geral para as teorias de Sigmund Freud sobre *personalidade*, *comportamento desajustado* e *psicoterapia*.

teoria psicodinâmica Teoria que visa à descrição de como a *personalidade* desenvolve-se e explica como processos subjacentes interagem para determinar o comportamento. Enfatiza a importância de forças internas, como impulsos, *motivos* e *emoções*, supondo que a personalidade desenvolve-se à medida que os conflitos entre essas forças são resolvidos.

terapeuta Abreviatura do psicoterapeuta, a pessoa que conduz a *psicoterapia*.

terapia comportamental (terapia da aprendizagem social) Tipo de *psicoterapia* que supõe que o *comportamento desajustado* é causado e mantido em grande parte por fatores ambientais que exigem modificação. Tipicamente, as técnicas derivadas da psicologia experimental são empregadas para ensinar o comportamento adaptado e desencorajar o comportamento desajustado.

terapia da aprendizagem social Veja *terapia comportamental*.

terapia do meio social Procedimentos que criam uma comunidade terapêutica para pessoas com *esquizofrenia* e outros problemas tipicamente psicóticos. Pressões sociais e um esquema estruturado de atividades são usados para estimular as habilidades para a vida comunitária.

terapia eletroconvulsiva (ou terapia por eletrochoque) Tratamento geralmente reservado para depressão severa que envolve a passagem de uma corrente elétrica por um ou ambos os hemisférios do cérebro, resultando em uma convulsão semelhante à epiléptica.

terapia emotiva racional Veja *reestruturação cognitiva*.

terapia orientada psicanaliticamente Versão modificada da *psicoterapia psicanalítica* que tende a ser mais breve e menos intensa que a *psicanálise ortodoxa* e focaliza experiências interpessoais presentes.

terminação pré-sináptica (botão terminal) Estrutura anatômica no fim dos ramos do *axônio*.

testável Capaz de ser avaliado por métodos *empíricos*; aplicado a uma *teoria* ou *hipótese*.

Teste de Apercepção Temática (TAT) *Técnica projetiva* de contar histórias usada para avaliar a motivação e outros aspectos da *personalidade*.

teste projetivo (técnica) Instrumento de medida destinado a revelar sentimentos e impulsos inconscientes, com base na idéia de que as pessoas projetam *percepções*, *emoções* e pensamentos inconscientes no mundo externo, sem ter consciência disso. Os testes projetivos apresentam *estímulos ambíguos* relativamente não estruturados para as pessoas reagirem.

teste psicológico *Instrumento de avaliação* destinado a medir conceitos que não podem ser observados nem medidos diretamente, como capacidades, traços e sentimentos.

teste Rorschach *Teste projetivo* em que se pede às pessoas para responder a borrões de tinta.

teste Veja *teste psicológico*.

testículos *Glândulas sexuais* masculinas.

testosterona *Hormônio sexual* "masculino"; um dos principais *andrógenios ou andrógenos*.

tipo Categoria de *personalidade*; supõe que diversos traços da personalidade relacionados ocorram conjuntamente.

tolerância Condição em que as pessoas necessitam de maior quantidade de uma substância para conseguir um efeito desejado.

tomografia transaxial por emissão de pósitrons Veja PET scan.

toxina Substância venenosa.

traço Característica singular de *personalidade*.

traço de memória Veja *engrama*.

tranqüilizante Agente químico com efeito calmante usado para tratar a *esquizofrenia*: também chamado *droga neuroléptica* ou *antipsicótica*.

transdutor Aparelho que converte a energia de uma forma em outra.

transferência Na *psicoterapia psicanalítica*, a identificação do *terapeuta*, por parte do paciente, com uma pessoa significativa no passado (geralmente pai ou mãe).

transferência negativa Efeito que ocorre quando experiências anteriores retardam nova *aprendizagem* ou solução de problemas.

transferência positiva Facilitação da aprendizagem ou solução de problema por experiência anterior.

transmissor Veja *neurotransmissor*.

trauma Evento profundamente perturbador.

traumático Relativo a *trauma*.

tronco cerebral Área do cérebro que contém regiões entre a medula (parte *posterior do cérebro* ligada à *medula espinhal*) e o *tálamo*.

úlcera péptica *Lesão*, geralmente no estômago ou bolsa duodenal, produzida por secreção excessiva de ácido hidroclorídrico.

validade Legitimidade geral; tecnicamente, a extensão em que uma medida ou teste psicológico avalia o que pretende avaliar; pode ser verificada correlacionando-se os resultados do instrumento que está sendo avaliado com outras medidas da mesma característica.

variabilidade Extensão em que os valores de um grupo variam, ou desviam-se, de um valor central.

variável dependente Em um *experimento*, a *variável* cujo estado é causado pelas mudanças na outra variável, chamada *variável independente*, e que, portanto, depende dela.

variável independente Em um experimento, a *variável* que, quando manipulada, causa mudanças na *variável dependente*.

variável Qualquer coisa que pode mudar ou assumir valores ou características diferentes. (Veja também *variável independente* e *dependente*.)

vasopressina substância química liberada pelo corpo e pelo *cérebro*. No corpo, opera como *hormônio*, sendo uma de suas principais funções a causa da retenção de água nos rins e da elevação da pressão sangüínea. No *cérebro*, age como *neurotransmissor* e prolonga a memória.

verbal Relacionado com a *linguagem*.

vesícula sináptica Cavidade de armazenamento que abriga os *neurotransmissores* produzidos por um *neurônio*.

vestibular Relativo ao *sentido* de orientação ou equilíbrio.

vicário Por meio de participação imaginada observando-se os outros.

viés do experimentador Ocorre quando um experimentador dá pistas aos *participantes do experimento*, sem perceber, influenciando as respostas na direção das próprias expectativas.

zigoto Célula única produzida na *concepção*, pela união do *esperma* do pai e do *óvulo* da mãe.

zona primária (área de projeção) Região do *córtex cerebral* que recebe e analisa um determinado tipo de informação *sensorial* ou controla o movimento.

zona secundária (área de projeção) Veja *área de associação*.

Índice Onomástico

Nota: Os números das páginas seguidos pela abreviatura *q* referem-se a nomes encontrados nos quadros; *f*, a nomes nas figuras, e *t*, a nomes nas tabelas.

Abbott, B. B., 408, 683
Abbott, V., 250, 683
Abel, E. L., 426, 683
Abel, G. G., 348, 683
Abelson, R. P. 250, 648, 650, 683
Abrahamsen, D., 521, 683
Abrams, R., 555, 614q, 683
Abse, D. W., 568, 683
Adair, J. G., 38, 683
Adams, D. B., 345, 683
Adams, P. M., 429, 683
Adamson, R. E., 259, 683
Addonizio, B., 615, 683
Adelson, B., 259, 683
Ader, R., 403, 683
Adickes, E., 426, 683
Adorno, T. W., 654, 683
Agras, S., 562, 562f, 587, 683
Ainsworth, M. D., 445, 683
Ajzen, I., 648, 683
Akhtar, S., 565, 683
Akil, H., 67, 154q, 683
Akiskal, H. S., 554, 683
Akiyama, M. M., 269, 683
Albert, E., 662, 683
Albert, M., 493q, 683
Aldous, J., 658, 683
Aleksandrowicz, M., 431, 683
Alland, A., 518, 683
Allen, V. L., 641, 683
Allgeier, A. R., 360, 683
Allison, J., 130, 684
Alloy, L. B., 558, 684
Allport, D. A., 144, 684
Allport, G. W., 648, 650f, 684
Alpert, J. L., 482, 684
Altemeier, W. A., 387q, 684
Altmaier, E. M., 402, 684
Altman, I., 634, 684
Altura, B. M., 404, 684
Amabile, T. M., 314q, 327, 684
American Psychiatric Association, 307, 338q, 544, 548, 565, 567, 684
American Psychological Association, 38, 313, 684
Amir, Y., 655, 684
Amor, D. J., 654, 684
Amsterdam, J. D., 557, 684
Anand, B. K., 332, 684
Anastasi, A., 519, 684
Andersen, S. M., 637, 684
Anderson, A., 313, 684
Anderson, C. A., 558, 684

Anderson, J. R., 208f, 220, 226, 684
Andrasik, F., 684
Andreasen, N. C., 587
Andres, R., 334, 684
Anisman, H., 559, 684
Annis, L. F., 423, 425, 457, 684
Annon, J. S., 548, 684
Anthony, E. J., 410, 684
Antze, P., 612q, 684
Archer, J., 341, 684
Arenberg, D., 489, 684
Aries, P., 495, 684
Arkowitz, H., 609, 684
Armor, D. J., 654, 684
Arndt, W. B., 346, 684
Aronson, E., 474, 655, 668, 684
Asberg, M., 561q, 684
Asch, S., 641, 685
Ashmore, R. D., 647, 656, 685
Atkinson, J. W., 356, 365
Atkinson, R. C., 205, 207f, 213, 223, 228f, 685
Ault, R. L., 457, 685
Austin, W., 640, 685
Ausubel, D. P., 231, 685
Averill, J. R., 378, 685
Ax, A. F., 374, 685
Axelrod, J., 374, 685
Axelrod, S., 121, 685
Ayllon, T., 619t, 685

Babad, E. Y., 301, 685
Babladelis, G., 538
Bachman, J. G., 465, 685
Bachrach, A., 43
Bacon, M. K., 685
Baddeley, A. D., 206, 213, 214, 233, 685
Baechler, J., 560, 685
Baer, R., 685
Bahrick, H. P., 208f, 220, 225, 685
Baker, C. L., 269, 685
Baker, L. J., 405, 685
Baldessarini, R. J., 557, 559, 612, 615
Ballenger, J. C., 613, 685
Baltes, P. B., 489, 492, 685
Banki, C. M., 561, 685
Banks, H. C., 623, 685
Barber, T. X., 194, 685
Barden, R. C., 377, 685
Barish, D. P., 50, 686
Barker, R. G., 397, 686
Barlow, D. H., 562, 686
Barnes, G. E., 558, 686

Barnes, M. L., 658, 686
Barnett, R. C., 478, 686
Baron, J., 313, 686
Baron, R. A., 500
Baron, R. M., 635, 686
Barrett, D. E., 297, 426, 686
Barron, F., 315q, 686
Bartlett, F. C., 217f, 222, 686
Basbaum, A. I., 67, 154q, 686
Bassuk, E. L., 617, 686
Batson, C. D., 640, 686
Baucom, D. H., 686
Baum, A., 634q, 635f, 686
Baum, M. J., 344, 686
Bauman, K. E., 352, 686
Baumgartner, A., 657, 686
Baumrind, D., 454, 686
Baxter, L., 476, 686
Bayley, N. L., 294, 686
Beal, M. F., 494q, 686
Bean, P., 542, 686
Beck, A. T., 558, 610, 686
Beck, R., 363
Beckwith, L., 299, 305, 449q, 686
Bee, H., 457
Begleiter, H., 574, 686
Behar, D., 574, 686
Behrman, R. E., 426, 686
Beiser, M., 543, 686
Bell, A. P., 347, 386
Bell, R. R., 658, 686
Bell, S. M., 434q, 686
Beller, A. S., 686
Belson, W. A., 132q, 687
Bem, D. J., 531, 687
Bem, S. L., 656, 662, 687
Benbow, C. P., 301, 687
Bender, L., 584, 687
Bennett, S. M., 687
Bennett, W., 338, 687
Ben-Shakhar, G., 394q, 687
Berbaum, M. L., 298, 687
Beresford, T. P., 553, 687
Bergin, A. E., 610, 687
Berkman, L. F., 409, 687
Berko, J., 263f, 687
Berkowitz, J., 132q, 374, 378, 385, 640, 687
Berlin, B., 173, 687
Berlin, F. S., 345, 687
Berlyne, D. E., 341, 687
Berman, A., 384, 687
Berman, J. S., 610, 687

Berman, K. F., 579
Bernal, M., 122, 687
Bernard, J., 474, 687
Bernard, L. L., 325, 687
Berndt, T. J., 687
Bernheim, K. F., 587
Bernstein, L., 298, 687
Berridge, K. C., 149, 687
Bers, S. A., 634, 687
Berscheid, E., 475, 687
Bersoff, D. N., 313, 687
Bettelheim, B., 584, 687
Beuhring, T., 580, 687
Beutler, L. E., 609, 687
Bever, T. G., 421, 687
Billings, A. G., 397, 409, 687
Binion, R., 521, 687
Birch, L. L., 334, 687
Birns, B., 434q, 687
Birren, J. E., 490, 688
Bishop, G. D., 497q, 688
Black, D. W., 560q, 688
Black, S. M., 487, 688
Blakemore, C., 169, 688
Blanchard, E. B., 127, 688
Bland, J., 383, 688
Blasi, A., 688
Blass, E. M., 433, 688
Blass, T., 534, 688
Blau, Z. S., 307, 688
Blazer, D., 553, 688
Bligh, D. M., 230, 688
Bloch, S., 547q, 688
Block, J., 435, 463, 486, 688
Block, J. H., 534, 658, 663, 688
Bloom, B. S., 259, 688
Bloom, F. E., 91, 688
Bloom, L., 271, 688
Bluemel, C. S., 582f, 688
Blumenthal, A. L., 10, 688
Blumstein, P. W., 347, 477, 478, 658
Bodgan, R., 282, 688
Bogal-Albritten, R., 387q, 688
Bogerts, B., 579, 688
Bograd, M., 387q, 688
Bokert, E., 191, 688
Bolles, R. C., 128, 688
Bond, C. R., 480, 688
Bootzin, R. R., 111, 688
Borden, R. J., 380, 688
Borgen, F. H., 688
Borman, L. D., 611q, 688
Bornstein, M. H., 179, 688
Botwinick, J., 489, 688
Bouchard, T. J., 51, 58q, 688
Boulenger, J. P., 154q, 688
Bousha, D. M., 387q, 688
Bower, G., 226, 229, 688
Bower, T. G. R., 420, 441, 689
Bowker, L. H. 387q, 689
Bowman, H. A., 482, 689
Boyd, J., 689
Bozarth, M. A., 330, 689

Brackbill, Y., 431, 689
Brackbill, Z., 117, 689
Bradley, D. R., 168f, 689
Bradley, R. H., 298, 689
Bradshaw, J. L., 80, 343, 689
Brain, P. F., 689
Braine, M. D. S., 271, 689
Brainerd, C. J., 441, 689
Brandon, S., 614q, 689
Bransford, J. D., 219, 224, 227, 230, 689
Braun, P., 616, 689
Bray, D. W., 473, 689
Bray, G. A., 334, 689
Brazleton, T. B., 430, 689
Brecher, E. M., 351, 689
Breckler, S. J., 689
Breger, L., 521, 689
Breggin, P. R., 614q, 689
Bregman, E., 130, 689
Brehm, S. S., 652, 689
Breier, A., 562, 689
Breitner, J. C. S., 493q, 689
Breland, H. M., 311, 689
Breland, K., 129, 689
Bremer, J., 345, 689
Brende, J. D., 566, 689
Brennan, T., 482q, 689
Breslau, N., 558, 689
Bretherton, I., 446, 689
Breuer, H. W., 561q, 689
Brewer, M. B., 653, 689
Brewin, C. R., 559, 689
Breznitz, S., 408, 689
Brickman, P., 390, 690
Bright, M. C., 448, 690
Brim, O. G., 299, 422, 447, 530, 690
Bringmann, W., 10, 690
Broadbent, D. E., 143, 690
Brodsky, S., 690
Brody, E. B., 312, 690
Brody, J. E., 493q, 690
Brody, L. R., 267, 690
Brody, N., 354, 690
Broman, S. H., 431, 690
Bronfenbrenner, U., 31, 690
Bronson, G. W., 179, 690
Bronstein, P., 179, 690
Brooks, A., 477, 690
Brooks, M. B., 350, 690
Brooks-Gunn, J., 339f, 690
Brown, E., 235, 690
Brown, E. J., 623, 690
Brown, G. W., 408, 690
Brown, J., 209, 690
Brown, J. V., 450q, 690
Brown, R., 215, 224q, 264, 268, 271, 273q, 690
Brown, V., 636, 690
Brownell, K. D., 690
Bruner, J., 270, 690
Buchsbaum, M. S., 78f, 690
Buck, R., 372, 690
Budoff, P. W., 486, 690

Buechler, S., 369, 690
Buffart, H., 141, 690
Bugenthal, J. F. T., 690
Bukstel, L. H., 625, 690
Burger, J. M., 358, 690
Burgess, A. W., 353q, 690
Burghardt, G. M., 22q, 690
Burke, A. W., 553, 690
Burke, P. A., 531, 690
Buros, O. K., 527, 690
Buss, A. H., 531, 690
Buss, D. M., 435, 691
Bussey, K., 662, 691
Butcher, J. N., 527, 691
Butler, N. R., 427, 691
Butler, R. A., 691
Butler, R. N., 691
Butterfield, E. C., 267, 691
Byrne, D., 346, 691

Cairns, C. E., 306, 691
Cairns, J., 406, 691
Cairns, R. B., 422, 691
Calabrese, J., 558, 691
Calabretta, B., 691
Camarena, P. M., 467, 691
Camargo, C. A., 496q, 691
Campbell, A., 389, 691
Campbell, S. B., 389, 691
Campione, J. C., 259, 691
Campos, J. J., 180, 377, 691
Cansler, D. C., 658, 691
Canter, M. B., 487, 691
Canter, R. J., 657, 691
Caplan, P. J., 691
Cappell, H., 573, 691
Carey, S., 251, 691
Carlsmith, J. M., 303, 691
Carlson, B. E., 387q, 691
Carlson, G. A., 556, 691
Carlson, R., 534, 691
Carlson, R. F., 229, 691
Carmen, E. H., 691
Carpenter, W. T., 615, 691
Carr, D. H., 428, 691
Carroll, E. M., 566, 691
Carroll, J., 560q, 691
Carroll, J. B., 284, 691
Carron, A. V., 642, 692
Carson, B., 121, 692
Carsrud, A. L., 357, 692
Carter, C. S., 343, 692
Cartwright, R. D., 692
Case, R. B., 405, 692
Cash, T. F., 474, 692
Casler, L., 692
Casper, R. C., 557, 692
Cath, S. H., 448f, 692
Caton, C. L. M., 618, 692
Cavalli-Sforza, L. L., 309, 692
Centers, R., 476, 692
Centers for Disease Control (CDC), 560q, 692

Cerella, J., 490, 692
Chaiken, S., 650, 692
Chaneles, S., 623, 692
Chan-Palay, V., 63, 87
Chapanis, A., 131, 692
Charness, N., 490, 692
Charney, D. S., 565, 692
Charney, E., 336, 692
Chase, M. H., 187, 692
Chase, W. B., 180, 692
Chasnoff, I. J., 427, 692
Chemers, M. M., 470, 692
Cherlin, A., 476, 692
Cherry, E. C., 145, 692
Cherry, F., 645t, 692
Chesney, M. A., 692
Chesnik, M., 271, 692
Chess, S., 464, 692
Chilman, C. S., 351, 692
Chomsky, N., 265, 692
Cialdini, R. B., 649, 692
Ciompi, L., 576, 692
Clark, D. M., 692
Clark, E. V., 266, 692
Clark, H. H., 264, 274, 692
Clark, M., 422, 692
Clark, M. S., 640, 692
Clarke, A. M., 422, 693
Clarke-Stewart, K. A., 448, 693
Clausen, J. A., 470, 693
Cleckley, H., 581, 693
Cline, V. B., 133q, 693
Clutton-Block, T. H., 657, 693
Coale, A. J., 123q, 693
Coates, R. B., 625, 693
Cochran, M., 302q, 693
Cochran, S. D., 559, 693
Cohen, A. R., 652, 693
Cohen, D. B., 191, 693
Cohen, F., 409, 693
Cohen, J., 261q, 467, 693
Cohen, J. J., 408, 693
Cohen, N. J., 238, 693
Cohen, S., 160q, 408, 409, 693
Cohen, S. E., 449q, 693
Cohn, J. F., 370, 445, 693
Colby, A., 452, 693
Colby, C. Z., 372, 693
Cole, J. O., 615, 693
Cole, N. S. 306, 693
Cole, R. A., 266, 693
Cole, S., 491, 693
Coleman, E., 347, 693
Coleman, J. C., 467, 693
Coleman, L. H., 665, 693
Colligan, R. C., 527, 693
Collins, A. M., 221, 693
Commons, M. L., 440, 693
Comstock, G. A., 132q, 693
Condry, J., 693
Conger, J. J., 469, 693
Conley, J. J., 531, 693
Conrad, R., 214, 693

Consortium for Longitudinal Studies, 302q, 693
Conway, M., 235, 693
Cook, P. J., 385f, 693
Cook, S. W., 654, 694
Cook, T. D., 650, 694
Cooney, T. M., 480, 694
Cooper, B., 575, 694
Corcoran, M., 312, 694
Cordes, C., 123q, 694
Coren, S., 157f, 694
Cornell, J., 185, 694
Cornsweet, T. N., 169f, 694
Correa, P., 427, 694
Corsini, R., 594, 694
Corso, J. F., 143, 694
Corteen, R. S., 145, 694
Cortese, A. J., 452, 694
Costa, 613, 694
Costa, P. T., 389, 463, 484, 527, 694
Costanzo, P. R., 467, 694
Cotman, C. W., 83, 694
Cousins, N., 694
Cowan, C., 643, 694
Cowan, C. P., 482, 694
Cowan, G., 661, 694
Cowan, W. M., 82, 694
Cox, C. M., 311, 694
Coyle, J. T., 67, 493q, 615, 694
Coyne, J. C., 478, 694
Craighead, L. W., 338, 694
Craighead, W. E., 111, 694
Craik, F. I. M., 205, 212
Crawford, H. J., 193, 694
Crayton, J., 551, 694
Creese, I., 579, 694
Cressey, D., 623, 695
Crissey, M. S., 299, 695
Crocker, J., 559, 635, 695
Crockett, L., 467, 695
Cronbach, F. J., 289, 304, 319, 538, 695
Crosby, F. J., 473, 695
Crosson, B., 75, 695
Crow, T. J., 579, 695
Crowe, R. R., 550, 695
Croyle, R. T., 695
Csikszentmihalyi, M., 340, 388
Cuber, J. F., 477, 695
Culliton, B. J., 428, 615, 695
Cummings, E. M., 384, 695
Cunningham, J. D., 477, 695
Cunningham, S., 308, 695
Curio, E., 130, 695
Curran, J. W., 348f, 695
Curtis, R. L., 468, 695
Curtiss, S., 269, 695
Cutler, N. E., 488, 695
Cutrona, C. E., 482, 695
Cytrynbaum, S., 486, 487, 695

Daly, M., 659, 695
Damrell, J., 646q, 695
Daniels, P., 483, 695

Darley, J. M., 661, 695
Dasen, P. R., 441, 695
Davidoff, J. B., 143, 695
Davidson, J. M., 349, 695
Davidson, R. J., 374, 695
Davidson, S., 393, 695
Davies, D., 224, 695
Davis, A. E., 620, 695
Davis, C. M., 333, 695
Davis, E. S., 551, 695
Davis, G. A., 315q, 695
Davis, K., 269, 696
Davis, K. E., 476, 696
Davis, K. L., 579, 696
Davis, R. H., 488, 696
Davison, G. C., 408, 561q, 696
Dawson, M. E., 105, 696
Deaux, K., 665, 696
DeBold, J. F., 382, 696
Decarie, T. G., 445, 696
DeCasper, A. J., 423, 432, 433, 696
deCharms, R., 357, 696
de Chateau, P., 445, 696
Deci, E. L., 327, 696
Deese, J., 264, 696
DeGree, C. E., 638q, 696
deGroot, A. D., 259, 696
de Jong-Gierveld, J., 482q, 696
de Lacoste-Utamsing, C., 343, 696
DeLamter, J., 696
de Leon, M. J., 494q, 696
Delgado, J., 67, 70q
DeLoache, J. S., 441, 696
DeLuise, M., 335, 696
Deluty, R. H., 531, 696
DeMaris, A., 696
Dember, W. N., 199
Dembroski, T. M., 405, 696
Dement, W. C., 188f, 696
Dengerink, H. A., 378, 696
Denmark, F. L., 659, 696
Dennerstein, L., 345, 696
Dennis, W., 299, 696
Depue, R. A., 555, 696
De Souza, E. B., 565, 696
Deutsch, M., 302, 696
DeValois, R. L., 171, 696
de Villiers, J. G., 271, 696
Dewald, P. A., 696
Diamond, B., 697
Diamond, M. C., 62, 83, 85f, 343, 697
Dicken, C., 534, 697
Dickey, L., 557, 697
Diederen, I., 578, 697
Diener, E., 371, 389, 697
Di Leo, J. H., 519, 697
Di Lollo, V., 697
Dion, K., 474, 697
Dion, K. L., 476, 697
DiPietro, J. A., 658, 697
Dittes, J., 642, 697
Dobbing, J., 697
Doering, C. H., 382, 697

Doherty, W. J., 665, 697
Dohrenwend, B. S., 393, 402, 697
Dolezal, H., 183, 697
Doll, W., 620, 697
Donnerstein, E., 349, 697
Dornbusch, S. M., 466, 479, 481, 484, 697
Dörner, G., 347, 697
Dosher, B. A., 225, 697
Douvan, E., 466, 697
Dow, K. E., 426, 697
Drabman, R. S., 133q, 697
Dreher, B., 82, 697
Dressel, P. L., 346f, 697
Droscher, V. B., 199, 697
Duchek, J. M., 490, 697
Dugan, M. A., 570, 697
Duncan, G. J., 306, 697
Dunivant, N., 384, 697
Dunn, J., 436, 440, 450, 697
DuPont, R. J., 613, 697
Durrett, M. E., 446, 697
Dusek, J. B., 465, 697
Dush, D. M., 603, 698
Duval, S., 639, 698
Dweck, C. S., 358, 698
Dworkin, S. F., 154q, 698
Dywan, J., 235, 698

Eagly, A. H., 636f, 650, 658, 666, 698
Easterbrooks, M. A., 446, 448, 698
Eaves, G., 558, 698
Ebbesen, E., 381q, 475, 698
Ebbs, J. H., 425, 698
Eccles, J. P., 357, 698
Eckardt, M., 571, 698
Eckberg, D. L., 312, 698
Eckenrode, J., 698
Eckerman, C. O., 451, 698
Eckland, B. K., 316, 698
Edelson, M., 521, 698
Edgerton, R. B., 318
Edinger, J. A., 638, 660, 698
Edwards, J. R., 306, 698
Egeland, B., 446, 698
Egeth, H. E., 235, 698
Eggers, C., 584, 698
Ehrhardt, A. A., 344, 698
Eibl-Eibesfeldt, I., 100f, 698
Eichorn, D. H., 304, 312, 473, 698
Eidelson, R. J., 476, 698
Eimas, P. D., 267, 698
Eisen, S. V., 636, 698
Eisenberg, N., 659, 698
Eisenberg-Berg, N., 453, 698
Ekman, P., 369, 698
Eliasz, A., 341, 698
Ellis, A., 374, 698
Ellis, H. C., 246, 699
Ellman, S. J., 192, 699
Ellyson, S. L., 660, 699
Elton, D., 194, 699
Emery, A. E., 425, 699

Emery, O. B., 493q, 699
Endler, N. S., 531, 699
Engen, T., 148, 150, 699
Entwisle, D. R., 301, 444, 699
Epstein, R., 258, 699
Epstein, S., 531, 699
Epstein, S. H., 497q, 699
Epstein, W., 166, 699
Erber, R., 635, 699
Erdelyi, M. H., 218, 235
Erdwins, C. J., 487, 699
Erickson, B., 661, 699
Erickson, J. D., 429, 699
Erikson, K. T., 566, 699
Erikson, M. F., 447, 699
Ernhart, C. B., 305, 699
Eron, L. D., 553, 699
Estep, R. E., 468, 699
Estes, W. K., 128, 699
Estroff, S. E., 616, 699
Etaugh, C., 666, 699
Etscorn, F. T., 334, 699
Evans, D., 558, 699
Evans, D. P., 308, 699
Evans, H. J., 699
Evans, M. A., 274, 699
Evans, R. J., 109f, 699
Exner, J. E., 519, 699

Faber, N., 624, 699
Fackelmann, K. A., 428, 700
Fagan, C., 700
Fagan, J. F., 432, 700
Fagen, R., 341, 700
Fahn, S., 700
Fairweather, G. W., 620, 700
Fairweather, H., 301, 700
Falbo, T., 660, 700
Falloon, I. R. H., 580, 700
Fancher, R. E., 43
Fantz, R. L., 179, 700
Farber, I. E., 401, 700
Farber, S., 58, 700
Farina, A., 700
Farley, F. H., 700
Farmer, H. S., 700
Farrell, M. P., 485, 700
Farthing, G. W., 154q, 700
Faux, M., 481, 700
Fazio, R. H., 634, 700
Feather, N. T., 636, 656, 700
Feder, H. H., 343, 700
Fehrenbach, P. A., 131, 700
Fein, D., 584, 700
Fein, G. G., 426, 700
Feiring, C., 445, 700
Feist, J., 538
Feldman, D. H., 309, 441, 700
Felson, R. B., 357, 410, 700
Fernald, L. D., 43
Fernea, E. W., 633, 700
Ferraro, G. A., 657, 700
Ferree, M. M., 487, 700

Ferster, C. G., 584, 700
Feshbach, N. D., 454, 700
Feshbach, S., 349, 381, 700
Festinger, L., 360, 700
Field, T. M., 302q, 701
Figley, C. R., 566, 701
Finchan, F. D., 477, 701
Fine, M. A., 481, 701
Fineman, M., 199
Fink, M., 614q, 701
Finkelhor, D., 354q, 701
Finnegan, L. P., 427, 701
Fischer, K. W., 423, 441, 701
Fisher, A. E., 69q, 701
Fisher, J. D., 669
Fisher, M., 701
Fisher, S., 192, 521, 701
Fisk, A. D., 238, 701
Fisk, W. R., 663, 701
Flavell, J. H., 274, 701
Flavell, J. J., 441, 701
Fleishman, A., 315, 701
Fleming, R., 701
Flitcraft, A., 387q, 701
Flynn, J. P., 76, 701
Flynn, J. R., 701
Foa, E. B., 604, 701
Fogel, M. L., 701
Folkman, S., 396, 701
Ford, C. S., 346, 701
Forden, C., 701
Forrest-Pressley, D. L., 274, 701
Försterling, F., 637, 701
Forward, S., 353q, 701
Foss, D. J., 701
Foulkes, D., 191, 701
Fouts, R. S., 273q, 701
Fowler, M. J., 218, 701
Fowler, W., 271, 701
Fox, B. H., 406, 701
Fozard, J. L., 490, 701
Fraiberg, S., 420, 701
Francis, P. T., 494q, 701
Frank, G., 311, 701
Frank, J. D., 593, 701
Frank, R. A., 329, 702
Frank, S. J., 657, 702
Franklin, D., 426, 702
Franks, M., 598, 702
Franzoi, S. L., 478, 702
Frauenglass, M. H., 702
Frazier, T. M., 427, 702
Free, N. K., 608, 702
Freed, B., 264, 702
Freed, C. R., 67, 702
Freed, N. H., 702
Freed, W. J., 702
Freedman, D. G., 56f, 432, 433, 702
Freedman, J. L., 132q, 702
Freeman, C., 614q, 702
Freeman, J., 309, 702
French, J. D., 77, 702
French, J. R. P., 642, 702

Freudenberger, H. J., 487, 702
Freund, C. P., 400, 702
Frick, R. W., 369, 702
Fried, L. S., 702
Friedman, D., 579, 702
Friedman, S., 433, 702
Fries, J. F., 489, 496q, 497q, 702
Frieze, I. H., 657, 659, 702
Frith, C. D., 615, 702
Frodi, A. M., 387q, 702
Frude, N., 387q, 702
Fry, P. S., 448, 702
Furman, W., 451, 702
Furst, C., 145, 702
Furstenberg, F. F., 479, 702
Fustero, S., 617, 702
Fyans, L. J., 357, 702

Galbraith, R. C., 298, 703
Galef, B. G., 334, 703
Galizio, M., 651, 703
Gallas, H. B., 469f, 703
Gallup, G. G., 577f, 703
Ganzer, V. J., 401, 703
Garbarino, J., 384, 703
Garber, H. L., 309, 703
Garcia, J., 703
Gardner, H., 80, 284, 312, 318, 703
Gardner, R. A., 272, 703
Garfield, S. L., 595, 703
Garfinkel, P., 338q, 703
Garmezy, N., 409, 703
Garrison, V., 593, 703
Garrison, W. V., 703
Gartrell, N. K., 347, 703
Gatchel, R. J., 127, 703
Gates, A. J., 231, 703
Gavaler, J., 571, 703
Gazzaniga, M. S., 80, 703
Geen, R. G., 401, 703
Geis, B. D., 468, 703
Geis, F. L., 657, 703
Geiselman, R. E., 213, 703
Gelenberg, A. J., 67, 703
Gelles, R. J., 387q, 703
Gelman, R., 441, 703
General Accounting Office, 703
George, A. J., 483, 703
George, L. K., 351, 703
Gerard, H. B., 301, 703
Gerbner, G., 665, 703
Gerstein, A. I., 519, 703
Geschwind, N., 74, 703
Ghiselli, E. E., 312, 703
Giambra, L. M., 400, 703
Gibbs, J., 339q, 703
Gibbs, J. C., 453q, 703
Gibson, E. J., 179, 704
Gibson, J. J., 141, 704
Giele, J. Z., 486, 704
Giffen, M., 704
Gilligan, C., 453, 704
Gillin, J. 592, 704

Gillund, G., 209, 704
Ginsburg, H. E., 457
Gladue, B. A., 347, 704
Glanzer, M., 214, 704
Glaser, D., 623, 704
Glaser, R., 226, 259, 300, 313, 704
Glass, A. L., 209, 214, 220, 227, 232, 704
Glass, D. C., 405, 704
Glassman, A. H., 573
Gleason, Jean Berko (ver Berko, J.)
Gleitman, H., 263, 704
Glenn, N. D., 481, 704
Glickstein, M., 76, 704
Goddard, G., 84
Goethals, G. W., 462, 704
Goetting, A., 479, 704
Goffman, I., 664f, 704
Gold, M., 467, 704
Gold, M. S., 550, 704
Gold, P. W., 339q, 704
Goldberg, D. C., 350, 704
Goldberg, L., 496q, 704
Goldberg, S., 299, 499q, 457, 704
Golden, C. J., 571, 704
Goldfarb, W., 446, 704
Goldfried, M. R., 604, 609, 704
Goldiamond, I., 125, 704
Goldin-Meadow, S., 269, 704
Goldman, M. S., 571, 704
Goldman, R., 352, 704
Goldman-Rakic, P. S., 72, 704
Goldstein, M. J., 348, 704
Gollob, H. F., 652, 704
Gonsiorek, J. C., 348f, 704
Goodall, J., 704
Goodenough, F., 369, 704
Goodhart, D. E., 374, 704
Goodwin, D. W., 543, 704
Goplerud, E., 559, 705
Gorbach, A., 430, 705
Gordon, E. W., 313, 705
Gordon, L., 560f, 705
Gore, S., 487, 705
Gormally, J., 339f, 705
Gormly, J., 534, 705
Gorski, R. A., 343, 705
Gottesman, I. I., 578, 705
Gottfried, A. W., 299, 305, 705
Gottheil, E., 382, 705
Gottlieb, G., 442, 705
Gould, J. L., 130, 705
Gould, S. J., 307, 705
Gove, W. R., 705
Goy, R. W., 343, 705
Gracely, R. H., 154, 705
Graefe, T. M., 224, 705
Graf, P., 238, 705
Graham, J. M., 346, 705
Gray, C. R., 234, 705
Gray, J. A., 136
Graziadei, P. P. C., 150, 705
Greeley, A. M., 389, 705
Green, A. R., 313, 579, 614q, 705

Green, B. F., 289, 705
Greenamyre, J. T., 494, 705
Greenberg, J., 547q, 705
Greenberg, R. A., 428, 705
Greenfield, P. M., 268, 705
Greenhill, M. H., 614, 705
Greeno, J. G., 259, 705
Greenough, W. T., 83, 705
Gregg, C., 179, 705
Gregory, R. L., 140, 705
Griffin, D. R., 143, 705
Grosjean, F., 269, 705
Gross, L., 337, 705
Grosser, G. H., 614q, 705
Grossman, F. K., 483, 706
Grossman, H. J., 307, 706
Grossman, K., 445, 706
Grossman, K. E., 448, 706
Grossman, S. P., 332, 706
Grotevant, H. D., 706
Groth, N., 353q, 706
Gruder, C. L., 650, 706
Grush, J. E., 648, 706
Gualtieri, T., 615, 706
Guidano, V. F., 601, 706
Guilford, J. P., 314q, 706
Guion, R., 289, 706
Gump, P. V., 654, 706
Gunderson, J. G., 576, 706
Gunderson, V., 429, 706
Gunnar, M., 658, 706
Gur, R. C., 330, 706
Gustavson, C. R., 108q, 706
Gutman, A., 223, 706
Gutmann, D., 486, 706
Guttentag, M., 557, 706
Guy, J. D., 580, 706

Haan, N., 452, 465, 706
Haber, R. N., 234q, 706
Hagestad, G. O., 479, 706
Hahn, M. E., 706
Haire, D., 706
Hale, J. E., 307, 706
Hales, D., 445, 706
Hall, C. S., 191, 706
Hall, E., 463, 706
Hall, E. T., 661, 706
Hall, J. A., 658, 706
Hall, R. V., 117, 706
Hall, W. M., 384, 706
Hallinan, M. T., 467, 706
Halmi, K., 339, 706
Hamburg, D. A., 383, 707
Hamill, R., 21, 707
Hamilton, D. L., 635, 707
Hamilton, V., 401, 707
Hammen, C. L., 374, 707
Hammer, R., 343, 707
Hammond, M., 707
Haney, W., 289, 707
Hans, V. P., 707
Hansel, C. E. M., 185, 707

Hansen, S. L., 468, 707
Hanson, J. W., 426, 707
Hansson, R. O., 480, 707
Harbaugh, R. E., 494q, 707
Harding, C. M., 576, 707
Hardy-Brown, K., 271, 707
Hare, R. D., 582, 707
Harkins, E. B., 486, 707
Harman, S. M., 345, 707
Harrell, J. P., 404, 707
Harrington, A., 581, 707
Harris, B., 105, 707
Harris, I. D., 466, 707
Harris, J. E., 230, 707
Harris, L., 707
Harris, M. J., 301, 707
Harrower, M., 707
Hart, J., 221, 238, 707
Hart, K. J., 339q, 707
Hartley, J. T., 490, 707
Hartmann, E., 190, 707
Harvey, J. H., 342, 707
Hasher, L., 707
Hashtroudi, S., 233, 707
Hassett, J., 231f, 707
Hastie, R., 635, 707
Hastorf, A. H., 183, 707
Hatfield, G., 167, 707
Hattie, J. A., 611, 708
Haugeland, J., 262q, 708
Havighurst, R. J., 708
Hay, D. H., 400, 708
Hay, W. M., 572, 708
Hayes, J. R., 259, 266, 314q
Hayes, S., 604, 708
Hayflick, L., 497q, 708
Haynes, S. N., 408, 708
Hays, R. B., 451, 708
Hearnshaw, L. S., 319
Heath, R. G., 329, 708
Hebb, D. O., 182, 708
Hechinger, G., 708
Heckhausen, H., 356, 708
Heffernan, J. A., 623, 708
Heibrun, A. B., 665, 708
Heider, F., 635, 708
Heil, J., 141, 708
Heiman, J. R., 346f, 708
Hein, A., 181, 708
Heinicke, C. M., 446, 708
Heinrichs, D. W., 356, 708
Held, J. M., 83, 708
Held, R., 181, 708
Heller, K., 628, 708
Heller, K. A., 313, 708
Helmreich, R. L., 356, 708
Henderson, N. D., 579, 708
Hendrick, S., 351, 708
Henley, N. M., 660, 708
Henn, F. A., 579, 708
Hennigan, K. M., 132q, 708
Henry, J. P., 405, 708,
Herbert, W., 23f, 383, 708

Herd, J. A., 405, 708
Herman, J. L., 353q, 708
Heron, W., 182, 708
Hernstein, R. J., 305, 708
Hersen, M., 603, 709
Herz, M. I., 576, 709
Hess, E. H., 162f, 709
Hess, R. D., 300, 709
Hesselbrock, M. N., 573, 709
Heston, L. L., 500
Hetherington, M., E., 451, 480, 709
Hewitt, J. K., 382, 709
Higbee, K. L., 241, 709
Hilgard, E. R., 13, 147q, 709
Hilgard, J. R., 193, 709
Hill, A. L., 283, 709
Hill, J. L., 71, 709
Hill, S. Y., 572, 709
Himmelfarb, S., 709
Hinde, R. A., 436, 709
Hines, M., 343, 709
Hinman, A. R., 426
Hinton, J. M., 495, 709
Hintzman, D. L., 98, 709
Hirsch, H. V. B., 181, 709
Hirsch, J., 334, 709
Hite, S., 37, 709
Ho, B. T., 232, 709
Hobart, C. W., 476, 709
Hobson, J. A., 192, 709
Hochberg, J., 141, 709
Hoebel, B. G., 332, 709
Hofer, M. A., 399, 709
Hofferth, S. L., 709
Hoffman, D. D., 164, 709
Hoffman, H. S., 442, 709
Hoffman, L. W., 358, 709
Hoffman, M. L., 370, 451, 709
Hoffman, R. S., 552, 709
Hoiberg, A., 474
Hökfel, T., 65
Holaday, J. W., 614q, 709
Holahan, C. K., 408, 409, 710
Holden, C., 572, 710
Holmes, D. L., 449q, 710
Holmes, D. S., 399, 710
Holmes, T. H., 393, 710
Holmstrom, V. L., 566, 710
Holt, E. B., 325, 710
Holtzworth-Munroe, A., 477, 710
Honzik, M., 304, 710
Hopkins, J., 483, 710
Hopkins, J. R., 467, 710
Horn, J. L., 489, 710
Horner, M. S., 358, 710
Hornstein, H. A., 639, 710
Hornykiewcz, O., 710
Horowitz, G. P., 573, 710
Horowitz, L. M., de S., 482, 710
Horowitz, M. J., 710
Horton, D. L., 205, 710
House, J. S., 405, 710
Hovland, C. I., 651, 710

Howard, J. W., 649, 710
Howe, M. J., 231, 710
Howes, M. J., 557, 710
Hoyer, W. J., 489, 710
Hubel, D. H., 71, 170, 710
Huesmann, L. R., 132q, 384, 435, 531, 710
Huff, D., 678, 710
Hughes, M., 386, 710
Hultsch, D. F., 490, 710
Humphries, L., 339q, 710
Hunt, J. M., 295, 711
Hunt, M., 351, 711
Hunt, R. R., 227, 711
Hunter, F. T., 467, 711
Hurley, D., 384, 711
Hurvich, L. M., 140, 711
Huston, T. L., 639, 711
Huttunen, M. O., 429, 711
Hyde, J. S., 351, 658, 711
Hyman, B. T., 494q, 711

Iadarola, M. J., 711
Ickles, W., 665, 711
Ignatieff, M. A., 625, 711
Ingalls, R. P., 711
Ingle, D. J., 711
Insel, T. R., 566, 711
Insko, C. A., 711
Institute for the Advanced Study of Human Sexuality, 352, 711
Institute for the Future, 464f, 711
Intons-Peterson, M. J., 662, 711
Intraub, H., 227, 711
Irwin, M., 711
Isaacson, R. L., 711
Iscoe, I., 618, 711
Isen, A. M., 638, 711
Iversen, S. D., 711
Izard, C. E., 369, 711

Jacklin, C. N., 663, 711
Jackson, D. W., 711
Jacobson, E., 249, 711
Jacobson, G. F., 480, 711
Jacobson, J. L., 428, 711
Jacobson, S. W., 428, 711
Jacoby, L. L., 238, 711
Jacoby, S., 478, 711
Janda, L., 351, 712
Janerich, D. T., 428, 712
Janis, I. L., 398, 712
Janoff-Bulman, R., 557, 712
Janowitz, J. P., 331, 712
Jarvik, L. F., 489, 712
Jefferson, L., 712
Jellison, J. M., 636, 712
Jemmott, J. B., 392, 712
Jencks, C., 312, 712
Jenkins, C. D., 405, 712
Jenkins, J. J., 216, 712
Jennings, J., 223, 712
Jensen, A. R., 284, 712

Jessor, R., 351, 712
Jick, H., 428, 712
Jirari, C., 712
Johnson, B. L., 551, 712
Johnson, D. F., 474, 712
Johnson, D. W., 712
Johnson, L. W., 551, 712
Johnson, M. K., 191, 712
Johnson, R., 623, 712
Johnson, R., C., 290, 712
Johnston, L. D., 194, 712
Johnston, W. A., 209, 712
Jones, E. E., 649, 712
Jones, J. M., 653, 712
Jones, L. V., 712
Jones, M. C., 106, 712
Jones, R., 651, 712
Jones, R. E., 617, 712
Jones, S., 467, 712
Jones, S. L., 712
Jones, W. H., 712
Jones-Molfese, V. J., 179, 712
Jost, H., 712
Joyce, C., 712
Jung, R. T., 335, 713
Justice, A., 406, 713

Kagan, J., 435f, 441
Kahana, E., 488, 713
Kahn, A., 665, 713
Kahneman, D., 144, 713
Kail, R., 241
Kalat, J. W., 162, 173
Kalish, R. A., 713
Kalmijn, A. J., 143, 713
Kalmus, H., 143, 713
Kalnins, J. V., 179, 713
Kamin, L. J., 713
Kammerman, M., 182, 713
Kandel, D. B., 713
Kandel, E. R., 170, 713
Kane, J. M., 615, 713
Kanfer, F. H., 599t, 713
Kannel, W. B., 403, 713
Kanner, A. D., 386, 713
Kanner, L., 584, 713
Kantak, K. M., 383, 713
Kaplan, A. S., 339q, 713
Kaplan, B., 587
Kaplan, H. S., 350, 713
Kaplan, J. R., 350, 713
Kaplan, N. M., 403, 713
Kaplan, R. M., 713
Karabenick, S. A., 659, 713
Karon, B. P., 519, 713
Karylowski, J., 640, 713
Kasl, S. V., 470, 713
Kastenbaum, R., 495, 713
Katz, J. L., 409, 713
Katz, P. A., 653, 713
Kaufman, A. S., 313, 713
Kaufman, D. R., 358, 713
Kaufman, M. H., 426, 713

Kausler, D. H., 489, 713
Kazdin, A. E., 557, 713
Keating, C. F., 660, 714
Keating, D. P., 441, 714
Kebabian, J. W., 67, 714
Keeton, W. T., 49, 714
Keil, F. C., 221, 714
Keisling, R., 617, 714
Kelham, W., 714
Keller, M. B., 554, 714
Kelley, H. H., 635, 714
Kelley, K., 636, 714
Kelly, D., 714
Kempe, C. H., 387q, 714
Kempe, R. S., 121, 714
Kendall, P. C., 601, 714
Kendler, K. S., 578, 714
Kennedy, G. C., 332, 714
Kennell, J. H., 444, 714
Kenny, D. A., 35, 714
Kerckhoff, A. C., 714
Kermis, M. D., 500, 714
Kernberg, O., 487, 714
Kershner, J. R., 314q, 714
Kessler, L. G., 714
Kessler, R. C., 397, 409, 714
Kety, S. S., 559, 714
Kidd, K. K., 714
Kidder, L. H., 23, 714
Kiecolt-Glaser, J. K., 388, 714
Kiesler, C. A., 617, 714
Kiester, E., 131, 714
Kihlstrom, J. F., 192, 714
Kimble, G. A., 128, 714
Kimlicka, T., 665, 714
Kimmel, H. D., 714
King, D. S., 551, 557, 714
Kinsey, A., 576, 714
Kirschvink, J. L., 143, 715
Kisker, G. W., 576, 715
Klatzky, R. L., 205, 715
Klaus, M., 444, 715
Klausmeier, H., 441, 715
Kleck, R. E., 372, 715
Klein, D. N., 551, 715
Klein, G. L., 551, 715
Klein, Z., 655, 715
Kleinmuntz, B., 394q, 715
Klerman, G., 493q
Klineberg, O., 373, 715
Klinger, E., 715
Klinghammer, E., 443, 715
Klinnert, M. D., 715
Klonoff, H., 715
Knapp, A. G., 251, 715
Knittle, J., 336, 715
Ko, G. N., 580, 715
Kobasa, S. C., 409, 715
Koch, S., 715
Koegel, R., 584, 715
Köhler, W., 260, 715
Kohlmeyer, K., 339q, 715
Kohn, P. M., 574, 715

Kokkinidis, L., 579, 715
Kolata, G., 428, 715
Kolb, L. C., 566, 715
Kolers, P. A., 215, 715
Kolvin, I., 384, 715
Konecni, Y. I., 382, 715
Konig, P., 403, 715
Koob, G., F., 224, 715
Koop, C. E., 404, 715
Koretzky, M. B., 531, 715
Korner, A. F., 435, 715
Korsten, M. A., 574, 715
Kosslyn, S. M., 248, 715
Kramarae, C., 660, 716
Kramer, M., 191, 176
Krantz, D. S., 393, 716
Krasner, L., 716
Krech, D., 83, 716
Kreek, M. J., 428, 716
Kreutzer, M. A., 369, 716
Krieger, D. T., 716
Kripke, D. F., 716
Krueger, W. C. F., 225, 716
Kruglanski, A. W., 253, 716
Kuczaj, S. A., 716
Kulik, J. A., 316, 716
Kulka, R. A., 481, 716
Kuo, Z. Y., 333, 716
Kurdek, L. A., 481, 716
Kurosawa, K., 610, 716

Laband, D. N., 20f, 716
LaBerge, D., 226, 716
LaBerge, S., 191, 716
Labov, W., 263, 716
Lacey, J. I., 374, 716
Lachar, D., 529f, 716
Lachman, J. L., 490, 716
Lachman, R., 716
Lachman, S. J., 716
Lacy, W. B., 470, 716
Lader, M., 613, 716
LaFontaine, L., 716
LaFreniere, P. J., 447, 716
Lagakos, S. W., 428, 716
Laid, J. D., 376, 716
Laken, M., 429, 716
Lakoff, R., 660, 716
Lamal, P. A., 223, 716
Lamb, M. E., 445, 716
Lamb, T. E., 660, 716
Lambert, W. W., 185, 716
Lamiell, J. T., 534, 716
Landman, J. T., 610, 716
Lang, P. J., 604, 717
Langer, E. J., 146q, 342, 386, 492, 717
Lanning, K., 353q, 717
Lanzetta, J. T., 372, 717
Lapp, J., 387q, 717
Lappin, J. S., 635, 717
La Rossa, R., 482, 717
Larsen, D. L., 468, 717
Larsen, L. E., 468, 717

Larson, C. C., 40, 717
Larson, L., 489, 717
Latané, B., 717
Lau, R. R., 717
Lauer, J., 477, 717
Laurence, J. R., 235, 717
Lazarus, A. A., 564, 717
Lazarus, R. S., 377, 393, 396, 399, 402, 717
Leakey, R. E., 49, 717
Leal, L., 274, 717
Leavitt, J. E., 387q, 717
Leddo, J., 635, 717
Lee, D., 717
Lee, G. R., 717
Lee, J. A., 476, 717
Lefcourt, H. M., 342, 717
Leff, J., 580, 717
Lehrman, D. S., 88, 717
Leibel, R., 333, 334
Leibowitz, S., 332, 717
Leifer, M., 430q, 718
Lein, A., 345, 718
Lele, P. P., 153, 718
Le Magnen, J. J., 331, 718
LeMaire, L. 382, 718
Lempert, H., 267, 718
Lenneberg, E. H., 269, 718
Lepper, M., 327, 718
Lerman, P., 623, 718
Lerner, R. M., 468, 718
Leshner, A. I., 87, 718
Lester, B. M., 434q, 718
Lester, D., 560q, 718
Lester, G., 561q, 718
Lettvin, J. Y., 169, 718
Levenson, R. W., 477, 718
Leventhal, H., 403, 718
Levick, M. F., 519, 718
Levin, G., 341f, 718
Levine, I. S., 617, 718
Levine, J. D., 154q, 718
Levine, S., 442
Levinger, G., 476, 718
Levinson, D. J., 487, 718
Levitsky, D. A., 425, 718
Levitz-Jones, E. M., 466, 718
Levy, J., 80, 718
Levy, L. H., 612q, 718
Levy, S. M., 406, 718
Lewin, K., 395, 718
Lewinsohn, P. M., 557, 718
Lewis, M., 267, 718
LeWitt, P. A., 489, 718
Liberman, R. P., 718
Licht, B. G., 358, 718
Lickey, M. E., 628
Lieberman, J. A., 615, 718
Lieberman, M. A., 611, 718
Liebert, R. M., 136, 507f
Liebert, R. S., 719
Lieblich, I., 330, 719
Liebowitz, M. R., 565, 719

Light, K. C., 404, 719
Ligon, J. D., 51, 719
Limber, J., 273q, 719
Linder, D. E., 650, 719
Lindsay, P. H., 157f, 159t, 184f, 216, 719
Lindsley, D. B., 77, 719
Linn, M. W., 617
Linnoila, M., 582, 719
Linton, M., 219, 719
Linville, P. W., 649, 719
Lipman-Blumen, J., 358, 719
Lipsett, L. P., 432, 719
Lipton, E. L., 432, 719
Liss, M. B., 663, 719
Little, R. E., 426, 719
Livson, F. B., 486, 719
Lloyd, J., 289, 719
Locksley, A., 719
Loehlin, J. C., 297, 719
Lofland, J., 646q, 719
Loftus, E. F., 209, 218, 219, 223
Loftus, G. R., 341f, 719
London, P., 453, 719
Long, G. M., 210, 719
Loo, C., 386, 719
Lopata, H. Z., 473, 719
Lorber, J., 85, 719
Lord, C. G., 222, 635, 719
Lott, B. E., 656, 665, 719
Lovelace, E. A., 719
Lowen, A., 594, 719
Lowry, R., 363
Loye, D., 133q, 719
Lubin, B., 520, 719
Lubinski, D., 665, 720
Luborsky, L., 597, 610, 720
Luce, G. G., 577, 720
Luchins, A., 260f, 720
Ludel, J., 149, 720
Lunde, D. T., 379, 720
Lurigio, A. J., 222, 720
Luscomb, R. S., 561q, 720
Lykken, D. T., 394q, 720
Lynch, G., 75, 720
Lynn, R., 300, 720
Lynn, S. J., 193, 720
Lytle, L. D., 333, 720

Maass, A., 643, 720
Maccoby, E., 657, 720
MacDougall, J. M., 405, 720
MacFarlane, J. A., 445, 720
Mackenzie, B., 306, 720
Mackie, J. L., 635, 720
MacKinnon, D. W., 311, 720
MacLean, P., 75, 720
Mactutus, C. F., 297, 720
Macworth, N. H., 180, 720
Madden, D. J., 489, 720
Maddi, S. R., 410, 720
Mage, D. T., 132q, 720
Maher, B, A., 548, 720
Mahl, G. F., 393, 720

Mahler, M., 584, 720
Maier, S. F., 392, 406, 408, 554, 720
Main, M., 446, 720
Major, B., 473, 720
Maki, R. H., 274, 721
Malamuth, N. M., 348, 721
Malatesta, C. Z., 369, 721
Malmo, R. B., 721
Maltoni, C., 721
Manderscheid, R. W., 617, 721
Mandler, G., 377, 721
Mandler, J. M., 222, 721
Manion, J., 448, 721
Manucia, G. K., 638, 721
Marcia, J., 465, 721
Marcus, J., 579, 721
Marg, E., 181, 721
Mark, E. W., 658, 721
Mark, V. H., 382, 721
Marks, D., 186, 721
Marlatt, G. A., 196, 721
Marler, P., 99, 721
Marmor, J., 609, 721
Marmot, M. G., 405, 721
Marsh, J. C., 572, 721
Marshall, G., 377, 721
Marshall, S. P., 301, 721
Marslen-Wilson, W. D., 266, 721
Martin, B., 721
Martin, D. J., 721
Martin, G., 721
Martin, G. B., 370, 721
Martin, J., 465
Martin, W. C., 488, 721
Martin, W. T., 561q, 721
Martinson, R., 623, 721
Maruyama, g., 721
Maslach, C., 377, 721
Mason, J. W., 721
Masters, J. C., 721
Matarazzo, J. D., 292, 301, 407, 530q, 721
Matheny, A. P., 433, 721
Mather, P. L., 295, 722
Matin, L., 163, 722
Matlin, M. W., 219, 722
Matteson, D. R., 722
Matthews, K. A., 405, 722
Maurer, D. M., 179, 722
Maxwell, R. J., 488, 722
Mayer, J., 332, 722
Mayer, R. E., 227, 722
Mayo, C., 370, 722
Mayr, O., 127, 722
McAdams, D. P., 634, 722
McAnarney, H. A., 469f, 722
McArthur, L. Z., 664f, 722
McBurney, D. H., 149, 722
McCain, G., 19, 722
McCall, G., 480, 722
McCall, R. B., 298, 722
McCarron, D. A., 404, 722
McCartney, K., 722
McCaul, K. D., 154q, 722

McCauley, D., 647, 722
McClearn, G. E., 53, 722
McCleod, B., 722
McClintock, E. 640, 722
McCloskey, M., 235, 722
McConahay, J. B., 652, 722
McCord, W. M., 625, 722
McCorduck, P., 276, 722
McCrae, R. R., 722
McEwen, B. S., 722
McGaugh, J. L., 223, 401, 722
McGeer, P. L., 579, 722
McGhee, P. E., 388, 722
McGhie, A., 574, 722
McGlashan, T. H., 576, 722
McGlone, J., 80, 722
McGuigan, F. J., 250, 722
McGuinness, D., 658, 722
McGuire, T. G., 610, 723
McIntosh, J. L., 723
McKinney, W. T., 723
McLaughlin, B. 269, 723
McMillian, J. A., 660, 723
Meacham, J. A., 229, 723
Meadows, S., 723
Medin, D. L., 251, 723
Mednick, S. A., 382, 723
Meecham, W. C., 160q, 723
Meek, G. W., 593, 723
Mehler, J., 440, 723
Mehlman, R. C., 637, 723
Meichenbaum, D., 601, 723
Meier, D., 229, 723
Meilman, P. W., 466, 723
Meindl, J. R., 654, 723
Melges, F. T., 194, 723
Mellor, C. S., 575, 723
Meltzer, L. J., 384, 723
Meltzoff, A. N., 421, 723
Meltzoff, J., 610, 723
Melzack, R., 154q, 723
Mendelson, J. H., 194, 723
Menzel, E. W., 273q, 723
Mercer, J. R., 313, 723
Meredith, M. A., 163, 723
Mervis, C. B., 251, 723
Messick, S., 289, 723
Meyer, D., 403, 723
Meyer, L. L., 186, 723
Meyer-Bahlburg, H. F. L., 382, 723
Meyers, A. W., 601, 723
Miale, F. R., 723
Michael, R. P., 151, 723
Michalski, R. S., 251, 723
Micklin, M., 468, 723
Miczek, K. A., 383, 723
Miers, M. L., 19, 723
Miles, S. A., 572, 723
Milgram, S., 132q, 632, 723
Miller, C. A., 426, 724
Miller, F. G., 385, 724
Miller, G., 666, 724
Miller, G. A., 214, 724

Miller, G. H., 497q, 724
Miller, J. A., 724
Miller, J. G., 636, 724
Miller, J. W., 613, 724
Miller, L. C., 263, 724
Miller, N., 654, 724
Miller, P. M., 571f, 724
Miller, R. C., 603, 724
Miller, S., 410, 724
Milliard, W. J., 22q, 724
Mills, J. L., 227, 724
Milner, B., 724
Milner, D., 655, 724
Milstein, R. M., 724
Mineka, S., 410, 724
Minsky, M., 218, 724
Mirowsky, J., 477
Mischel, W., 655, 724
Mishkin, M., 237, 724
Mistretta, C. M., 432, 724
Mitchell, K. M., 608, 724
Miura, I., 724
Miyake, K., 446, 724
Moerk, E. L., 271, 724
Mohs, R. C., 493q, 724
Molfese, D. L., 80, 724
Money, J., 344, 724
Montagner, H., 451
Moore, D. S., 678
Moore, H., 387q, 725
Moos, R. H., 725
Morash, M. A., 466, 725
Morehead, D. M., 725
Morey, L. C., 572, 725
Morgan, H. G., 561t, 725
Moriwaki, S. Y., 488, 725
Morokoff, P. J., 347, 725
Morris, L. W., 531, 725
Morrison, A. R., 190, 725
Morrison, D. M., 469f, 725
Morrison, J., 576, 725
Mortimer, J. T., 486, 725
Morton, J., 223, 725
Moruzzi, G., 77, 725
Moser, H., 309, 725
Moskowitz, B. A., 268, 725
Moss, H. A., 486, 725
Motley, M. T., 265, 725
Mountcastle, V. B., 73, 725
Moyer, K. E., 379, 725
Mueller, J. H., 401, 725
Mugny, G., 642, 725
Mulac, A., 660, 725
Munro, G., 466, 725
Murdock, N. L., 725
Murphy, G. L., 725
Murphy, L. B., 305, 725
Murray, D. M., 407f, 725
Murray, E. A., 725
Murstein, B. I., 475, 725
Muscovici, S., 642, 725
Mussen, P. H., 440, 725
Myers, J. J., 80, 725

Nadi, N. S., 559, 725
Nahemow, L., 475, 725
Nairn, A., 316, 725
Nardini, J. E., 725
Nash, M., 193, 725
Nathan, P. E., 612q, 725
National Center for Health Statistics, 430q, 725
National Commission on Excellence in Education, 315, 725
National Research Council, 725
Nebes, R. D., 725
Needleman, H. L., 297, 725
Neisser, U., 13, 224, 234q, 261q, 726
Nelson, K., 267, 726
Nelson, L., 428, 726
Nelson, T. O., 726
Nemeth, C., 642, 726
Neugarten, B. L., 463, 484, 726
Newcomb, M. D., 476, 726
Newcombe, N., 726
Newell, A., 261q, 726
Newman, J. P., 582, 726
Newmark, C. S., 527, 726
Nicholls, J. G., 314q, 726
Nickerson, R., 218, 726
Nicosia, G. Y., 726
Nieschlag, E., 429, 726
Nilsson, L., 424f
Ninan, P. T., 726
Nisbett, R. E., 330, 726
Noller, P., 478, 726
Nomura, T. 426, 726
Norcia, A. M., 179, 726
Nordeen, E. J., 82, 726
Norman, D. A., 147q, 205, 215, 240, 253, 726
Norton, J. P., 580, 726
Norwood, L., 621, 726
Nottebohm, F., 83, 726
Novaco, R. W., 381q, 602
Novak, M. A., 444, 726
Nowak, C. A., 485, 726
Noyes, R., 726
Nugent, J. P., 646, 726
Nunnaly, J. C., 341, 726
Nye, R. D., 538

Oakley, A., 408, 483, 557, 727
Oates, K., 387q, 727
O'Brien, E. J., 230, 727
O'Brien, M., 663, 727
Obrist, P. A., 404, 727
O'Connor, S., 445, 727
Oden, M. H., 310, 727
Offer, D., 465, 727
Office of Strategic Service Assessment, 534, 727
Office of Technology Assessment, 570. 571f, 727
Ogbu, J. V., 307, 727
O'Hara, M. W., 483, 727
Ohman, A., 130, 727

O'Keefe, J., 75, 727
Olds, M. E., 329, 727
Oller, D. K., 267, 727
Olson, S. L., 446, 727
Olton, R. M., 259, 727
Openshaw, D. K., 466, 727
Ornitz, E. M., 584f, 727
Ornstein, R., 82, 727
Orwin, R., 610, 727
Oscai, L. B., 337, 727
Oscar-Berman, M., 571, 727
Ostfeld, M. A., 405, 727
Othmer, E., 616, 727
Outerbridge, E. W., 431, 727
Overton, D. A., 233, 727

Packer, C., 51, 727
Page, J. D., 727
Pagel, M. D., 494q, 727
Pagelow, M. D., 387q, 727
Paige, K. E., 382, 727
Paine, W. S., 313, 727
Paivio, A., 229, 727
Palkowitz, R., 727
Palmer, J., 727
Papalia, D. E., 439, 727
Papillon, L. C., 572, 727
Parke, R. D., 132q, 727
Parker, E. S., 233, 728
Parker, S., 353q, 728
Parks, T. E., 168f, 728
Parlee, M. B., 383, 728
Parloff, M. B., 609, 728
Parsons, H. M., 30, 728
Parsons, J. E., 358, 728
Parsons, T., 656, 728
Passingham, R. E., 73, 728
Patterson, F. G., 273q, 728
Paul, G. L., 604, 728
Paul, S. M., 332, 728
Pearlin, L. I., 657, 728
Pedersen, F. A., 448, 728
Pedersen, P. E., 423, 728
Pedhazur, E. J., 656, 728
Peele, S., 728
Pennebaker, J. W., 409, 728
Peplau, L. A., 358, 476
Perenin, M. T., 163, 728
Perkins, D. M., 276, 728
Perl, D. P., 493q, 728
Perr, I. N., 614q, 728
Perry, D. G., 662, 728
Perry, H. S., 512f, 728
Pert, C. B., 307, 728
Pervin, L. A., 530, 531, 728
Petersen, A. C., 301, 728
Peterson, C., 559, 728
Peterson, I., 261q, 728
Peterson, L. R., 214, 728
Peterson, M. A., 623, 728
Pettigrew, T. F., 635, 729
Petty, R. E., 168f, 729
Pfaff, D. W., 148, 729

Pfaffenbarger, R. S., 496q, 729
Pfafflin, S. M., 729
Pfaffman, C., 148, 729
Pfeiffer, E., 351, 729
Pfeiffer, J., 656, 729
Phelps, M. E., 78q, 729
Philips, D. P., 561, 729
Phillips, L., 458
Phillips, S., 458
Pickar, D., 580, 729
Pierrel, R., 124, 729
Pietromonaco, P. R., 558, 729
Pietropinto, A., 477, 729
Pihl, R. O., 573, 729
Piliavin, J. A., 640, 729
Pilkonis, P. A., 609, 729
Piner, K. E., 546, 729
Pines, A., 472, 729
Pines, M., 729
Pinkney, A., 653, 729
Piotrkowski, C., 729
Piper, W. E., 609, 729
Pirke, K. M., 345, 729
Pirolli, P. L., 225, 729
Pitblado, C., 729
Pittman, T., 327, 729
Plaut, S. M., 402, 729
Pleck, J. H., 466, 729
Plomin, R., 374, 729
Plutchik, R., 370, 729
Pogue-Geile, M. F., 580, 729
Polivy, J., 339q, 729
Pollack, I., 266, 729
Pollak, S., 658, 729
Pollin, W., 580, 729
Pollis, M. P., 358, 730
Poon, L. W., 730
Pope, H. G., 187, 730
Pope, K. S., 187, 730
Porter, N., 665, 730
Posner, M. I., 144, 730
Post, R. M., 615, 730
Postman, L., 187, 730
Poveda, T. G., 730
Powell, J. J., 426, 730
Powell, L. H., 406, 730
Powers, P. A., 235, 730
Preble, O. T., 581, 730
Premack, D., 273q, 730
Prentice-Dunn, S., 385, 730
Prescott, J. W., 444, 730
Preston, S. H., 488, 730
Price, J., 730
Prinz, R. J., 552, 730
Provence, S., 299, 730
Pruitt, J. A., 520, 730
Prusiner, S. B., 493q, 730
Prusoff, B., 730
Pryot, G., 422
Psychological Corportation, The, 528t
Puckett, J. M., 284, 730
Pugliese, M. T., 338q, 730
Pulkkinen, L., 468, 730

Purcell, K., 403, 730
Purves, D., 730
Putnam, F. W., 569, 730

Quattrone, G. A., 330, 730

Rabin, M. D., 237, 730
Rabkin, J., 546, 730
Rachman, S. J., 562f, 730
Radke-Yarrow, M., 452f, 730
Radloff, L. S., 487, 730
Ragozin, A. S., 730
Rainer, J. D., 560q, 730
Rajecki, D. W., 669
Rallof, J., 730
Ramey, E., 497q, 730
Ramey, J. M., 565, 730
Randi, J., 200
Rapoport, J. L., 731
Rapoport, R., 485, 731
Rappaport, H., 593, 731
Rappaport, J., 622, 731
Rasmussen, J., 731
Raudsepp, E., 260f, 731
Reading, A. E., 444, 731
Reagan, S. A., 731
Rechtschaffen, A., 190, 731
Reda, M. A., 601, 731
Redmond, D. E., 565, 731
Reedy, M. N., 731
Rees, L., 403, 731
Reese, E. P., 119, 136, 731
Reese, H. W., 731
Reese, W. G., 374, 731
Regier, D. A., 553, 558, 731
Reiman, E. M., 563, 731
Reinisch, J. M., 294, 731
Reinke, B. J., 464, 731
Reis, H. T., 409, 731
Reisberg, B., 494q, 731
Reisberg, D., 213, 731
Reisenzein, R., 377, 731
Reiser, M., 192, 731
Reitman, J. S., 215, 731
Rempel, J. K., 658, 731
Renne, K. S., 479, 731
Rensberger, B., 186, 731
Reschly, D. J., 312, 731
Rescorla, R. A., 128, 731
Reskin, B. F., 473, 731
Rest, J. R., 453, 731
Restak, R., 91, 283, 731
Revensdorf, D., 477, 731
Reveron, D., 731
Revicki, D. A., 557, 731
Reykowski, J., 653, 731
Reynolds, D. K., 732
Rheingold, H. J., 663, 732
Rheingold, H. L., 648, 732
Rhine, J. B., 186
Rhodewalt, F., 732
Rice, B., 732
Richardson, J. T., 646q, 732

Richardson, R. A., 733
Richmond-Abbott, M., 662
Richter, C. P., 333, 732
Ricks, M. H., 446, 732
Riegel, K. F., 489, 732
Riley, V., 406, 732
Rimm, D. C., 564, 732
Rinn, W. E., 732
Riopelle, A. J., 425, 732
Risman, B., 476, 732
Ritvo, E., 584, 732
Roazen, P., 514f, 732
Robb, J. A., 425, 732
Roberts, A. H., 128, 732
Roberts, E. J., 732
Roberts, M. K., 732
Robins, E., 461t, 560q, 732
Robins, L. N., 583, 732
Robinson, F. P., 732
Robinson, N. M., 308, 732
Robinson, P., 37, 732
Robson, J. R. K., 334, 732
Robson, K. S., 444, 732
Rocha, R., 654, 732
Rock, I., 183, 732
Rock, M. A., 23f, 732
Rodgers, J. L., 298, 732
Rodin, J., 488, 495, 732
Roe, K. V., 268, 732
Rogers, J. L., 548, 732
Rogers, R. W., 651, 732
Rohrer, J. H., 355, 732
Roitblat, H. L., 732
Rokeach, M., 652, 732
Rollin, B. E., 732
Romani, G. L., 733
Romano, J., 576, 733
Rook, K. S., 409, 733
Roopnarine, J. L., 450, 733
Roosens, E., 620, 733
Roper, G., 565, 733
Rorer, L. G., 534, 733
Rosch, E. H., 251, 733
Rose, F. A., 262q, 733
Rose, G. A., 335, 733
Rose, T. L., 653, 733
Rosen, H., 452, 733
Rosen, R., 363
Rosenbaum, M., 599, 733
Rosenberg, M., 387q, 733
Rosenfarb, I., 604, 733
Rosenhan, D. L., 453
Rosenheimer, J. L., 489, 733
Rosenthal, N. E., 733
Rosenthal, P. A., 560q, 733
Rosenthal, R., 300, 370f, 733
Rosenzweig, M. R., 298, 733
Ross, L., 642, 733
Roth, D. L., 559, 733
Rothman, D., 625, 733
Rotton, J., 733
Rousmaniere, J. A., 474, 733
Routtenberg, A., 329, 733

Rowland, N. E., 335, 733
Roy, A., 558, 733
Roy, M., 387q, 733
Royce, J. E., 570, 733
Rozin, P., 333, 733
Rubin, I., 352, 733
Rubin, J. Z., 662, 733
Rubin, L. B., 351, 733
Rubin, Z., 451, 733
Ruch, J. C., 193, 733
Ruff, M. R., 613, 733
Rumbaugh, D. M., 444, 734
Rumelhart, D. E., 222, 734
Rundus, D., 224, 734
Rush, A. J., 613, 734
Rushton, J. P., 638, 734
Russell, D., 482q, 734
Russell, D. E. H., 353q, 734
Russell, I. S., 82, 734
Russell, J. A., 371, 734
Russell, M., 403, 734
Russo, N., 473, 734
Rustein, D. D., 734
Rutter, M., 408, 734
Rycroft, C., 569, 734

Sachs, J., 268, 734
Sackeim, H. 614q, 734
Sadker, M., 663, 734
Sagi, A., 370, 734
Salamé, P., 214, 734
Salapatek, P. 179, 734
Salk, L., 560q, 734
Salovey, P., 634, 734
Saltz, E., 400, 734
Salzinger, K., 96, 734
Salzman, C., 734
Samelson, F., 105, 734
Sameroff, A. J., 433, 734
Samuel, W., 301, 734
Sanday, P. R., 661, 734
Sanders, D., 345, 734
Sanders, L. W., 374, 734
Sandler, J., 521, 734
Sapolsky, R. M., 403f, 734
Sarason, B. R., 735
Sarason, I. G., 401, 504, 735
Sarason, S. B., 471, 735
Sarri, R., 625, 735
Savin-Williams, R. C., 465, 735
Sawhill, I., 473, 735
Saxe, L., 394, 735
Scanzoni, L., 500
Scarr, S., 284, 293, 300, 735
Scarr-Salapatek, S., 449q, 735
Schachter, D. L., 238, 735
Schachter, S., 377, 735
Schafer, E. S., 735
Schaffer, H. R., 445, 735
Schaie, K. W., 489, 735
Schalling, D., 581, 735
Scheerer, M., 249f, 735
Scheibel, A. B., 492, 735

Scheier, M. F., 410, 735
Schiano, D J., 735
Schiedel, D. G., 466, 735
Schiff, M., 309, 735
Schildkraut, J. J., 559, 735
Schlegel, A., 661, 735
Schleifer, S. J., 735
Schlenker, B. R., 638q, 735
Schlesier-Stropp, B., 339q, 736
Schlesinger, B., 736
Schlosberg, H., 371, 736
Schmeidler, G. R., 735
Schmidt, S. R., 223, 736
Schneiderman, N., 736
Schofield, J., 655, 736
Schonfield, D., 490, 736
Schooler, N., 736
Schottenfeld, R. S., 557, 736
Schuckit, M. A., 736
Schull, W. J., 736
Schulsinger, F., 736
Schultz, D. P., 736
Schulz, R., 496q, 735
Schumer, F., 560q, 736
Schutte, N. S., 736
Schwab, J. J., 736
Schwartz, G. E., 736
Schwartz, M., 179, 736
Schwartz, S. H., 639, 736
Sclafani, A., 331, 736
Scott, J. P., 380, 736
Scovern, A. W., 614q, 736
Scull, A., 617, 736
Sears, P. S., 300, 736
Sears, R. R., 310, 736
Segal, M. W., 475, 736
Segal, N. L., 294, 736
Seiden, R. H., 560q, 736
Seidman, L. J., 579, 736
Seitz, V., 736
Selfe, L., 518, 737
Seligman, M. E. P., 129, 737
Seligmann, J., 339f, 737
Selman, R. L., 451, 737
Selzer, M. L., 570, 737
Senneker, P., 639, 737
Serban, G., 402, 737
Serbin, L. A., 663, 737
Sevush, S., 494q, 737
Sexton, M., 737
Seyfarth, R., 272q, 737
Shadish, W. R., 617, 621, 737
Shaffer, D. R., 663, 737
Shaheen, S. J., 737
Shakow, D., 574, 737
Shallice, T., 147q, 737
Shanas, E., 488, 737
Shannahoff-Khalsa, D., 82, 737
Shannon, L. W., 623, 737
Shapiro, D., 404, 737
Shatz, M. E., 263, 737
Shaver, P., 481, 737
Shaw, B., 558, 737

Sheehan, P. W., 235, 737
Sheehan, S., 587
Shekelle, R., 737
Shell, E. R., 404, 737
Shepard, R. N., 195, 248, 257, 737
Shepherd, G. M., 62, 737
Sherif, C. W., 649, 737
Sherif, M., 654, 737
Sherman, M. A., 658, 737
Shiffrin, R. M., 213, 737
Shigetomi, C. C., 658, 737
Shinn, M., 625, 737
Shipman, V. C., 300, 737
Shneidman, E., 561, 737
Shore, J. H., 566, 738
Shotland, R. L., 639, 738
Showers, C., 635, 738
Shukla, S., 557, 738
Shulman, H. G., 214, 738
Shulman, L. S., 259, 738
Sieber, J. E., 401, 738
Siegel, L. S., 446, 738
Siegel, M. H., 43
Siegel, R. K., 195, 738
Sigman, M., 583, 738
Silberman, C., 628, 738
Silver, R. L., 409, 738
Simon, H. A., 226, 253, 261q, 738
Simons, A. D., 559, 612, 738
Simpson, J. L., 738
Singer, J. L., 400, 738
Singer, M., 646q, 738
Singer, R. D., 132q, 738
Singh, S. D., 340, 738
Sinnott, J. D., 490, 738
Sirignana, S. W., 483, 738
Sizemore, C., 568, 738
Sjöström, L., 336, 738
Skeels, H. M., 422, 738
Skolnick, A., 477, 738
Skrypnek, B. J., 649, 738
Slamecka, N. J., 738
Slater, E. T. O., 568, 738
Slavin, R. E., 655, 738
Sloane, R. B., 604, 738
Slobin, D. I., 269, 738
Slochower, J. A., 335, 738
Sluckin, W., 341, 738
Smith, A., 738
Smith, C. A., 372f, 738
Smith, D., 545, 566, 595, 598, 604, 739
Smith, D. A., 739
Smith, E. E., 739
Smith, E. E. P., 182, 739
Smith, G. F., 475, 739
Smith, K. U., 80, 739
Smith, M., 625, 739
Smith, M. C., 235, 739
Smith, M. L., 610, 739
Smith, R. J., 583, 739
Smith, S. B., 739
Smith, S. D., 294, 739
Smith, S. M., 251, 739

Smith, T. W., 638q, 739
Smollar, J., 451, 739
Smotherman, W. P., 423, 739
Snarey, J. R., 452, 739
Snodgrass, S. E., 658, 739
Snowdon, C. T., 273q, 739
Snyder, C. R., 504, 637, 739
Snyder, S. H., 65, 68, 739
Sokoloff, L., 78q
Solnick, R. E., 351, 739
Solomon, G. F., 581, 739
Solomon, R. S., 375, 739
Solomon, S., 739
Sommers, S., 739
Sontag, L. W., 300, 739
Sorce, J. F., 371, 739
Sorensen, R. C., 351, 739
Sorrentino, R. M., 357, 739
Sostek, A. J., 51, 739
Soyster, C., 571, 739
Spanos, N. P., 154q, 194, 569, 739
Spargo, P. E., 550, 739
Spark, R. F., 350, 739
Spearman, C. E., 283, 740
Spence, J. T., 355, 359, 656, 740
Spence, M. A., 584, 740
Sperling, G., 210-212, 740
Spiegel, D., 580, 740
Spiegler, M. D., 598, 740
Spielberger, C., 401, 740
Spillmann, L., 183, 740
Spirduso, W. W., 489, 740
Spitz, H. H., 308, 740
Spitz, R. A., 447, 740
Spitzer, R. L., 542, 740
Spivack, G., 384, 740
Spohn, H. E., 615, 740
Springer, S. P., 91
Sprunger, L. W., 483, 740
Squire, L. R., 237, 614q, 740
Squires, R. F., 613, 740
Srole, L., 553, 740
Sroufe, L. A., 446, 740
Srull, T., 635, 740
St. James-Roberts, I., 740
Stafford, R., 477, 740
Stagner, R., 504, 740
Stapp, J., 740
Stark, R., 740
Stark, R. E., 740
Stebbins, G. L., 741
Steel, C. M., 741
Steele, B. F., 741
Stein, G., 483, 741
Stein, L. I., 620, 741
Stein, Z., 297, 741
Steinberg, L. D., 387q, 741
Steinmetz, S. K., 388, 741
Stenberg, C., 369, 741
Stephan, W. G., 653, 654, 741
Stephens, J. H., 567, 741
Stern, D. N., 446, 741
Stern, M., 449, 741

Sternberg, R. J., 255, 741
Sternberg, S., 214, 741
Steuer, F. B., 121, 741
Stevens, D. P., 741
Stevens-Long, J., 478f, 741
Stevenson, H. W., 300, 741
Stevenson-Hinde, J., 436, 741
Stokes, J. P., 482q, 741
Stokols, D., 634, 741
Stone, A. A., 741
Stone, J., 178, 741
Stone, L. J., 418, 741
Storms, M. D., 347, 741
Stott, D. H., 429, 741
Strack, S., 554, 741
Stratton, G. M., 741
Straus, M., 381q, 741
Straw, R. B., 741
Strean, L. P., 429, 741
Streissguth, A. P., 741
Strelau, J., 340, 742
Stricker, E., 333, 742
Strickland, R. B., 486, 742
Stroebe, M. S., 480, 742
Stromeyer, C. F., 234q, 742
Stroud, J. G., 487, 742
Strupp, H. H., 594f, 598, 608, 742
Stuart, R. B., 364, 546, 742
Stunkard, A. J., 338, 742
Stuss, D. T., 73, 742
Sudak, H. S., 560q, 742
Suedfield, P., 182, 742
Sugarman, S., 441, 742
Sullivan Associates, 230f
Sullivan-Bolyai, J., 425, 431, 742
Sulloway, F. J., 742
Suls, J., 399, 742
Sundstrom, E., 386, 742
Suomi, S. J., 444, 742
Super, D. E., 466, 471, 742
Survey Research Center, 470, 742
Sutton, D., 572q, 742
Swaab, D. F., 343, 742
Swann, W. B., 301, 742
Swensen, C. H., 742
Symington, T., 374, 742
Symons, D., 351, 742

Tager, I. B., 427, 742
Tajfel, H., 648, 742
Takooshian, H., 639, 742
Talbott, J. A., 617, 742
Tamir, L. M., 487, 742
Tanford, S., 642, 742
Tanner, J. M., 420, 742
Tarr, L., 307, 742
Tart, C. T., 186, 742
Tarter, R. E., 573, 742
Taube, C. A., 575, 742
Tavris, C., 381q, 413, 469, 486, 632, 657, 658, 663, 665, 742
Taylor, S. E., 409, 743
Tcheng-Laroche, F., 389

ÍNDICE ONOMÁSTICO 787

Templer, D. I., 561t, 743
Teplin, L. A., 617, 743
Terenius, L., 154q, 743
Terrace, H. S., 273q, 743
Tessler, R. C., 621, 743
Testa, T. J., 128, 743
Teyler, T. J., 392f
Thayer, P. W., 470, 743
Thoits, P., 409, 743
Thomas, A., 409, 422, 434, 447, 743
Thomas, E. L., 143, 743
Thomas, J. R., 657, 743
Thompson, S. C., 636, 743
Thompson, W. R., 428, 743
Thorne, B., 660, 743
Thornton, B., 636, 743
Thorpe, G. L., 562, 743
Thorson, E., 223, 743
Thurstone, L. L., 743
Tice, D. M., 639, 743
Tichener, E. B., 10, 743
Tighe, T. J., 180, 743
Tizard, B., 446, 743
Tobias, S., 301, 743
Tomkins, S. S., 375, 376, 534, 743
Torello, M. W., 579, 743
Torgersen, A. M., 436, 743
Torgersen, S., 563, 743
Torrey, E. F., 581, 618, 743
Toteson, D. C., 743
Tourangeau, R., 377, 743
Town, J. P., 636, 743
Trabasso, T. R., 441, 743
Tranel, D., 238, 744
Tresemer, D. W., 358, 744
Troll, L., 304, 485, 489, 744
Truax, C. B., 744
Tsuang, M. T., 576, 744
Tuddenham, R. D., 527, 744
Tulkin, S. R., 305, 744
Tulving, E., 205, 237, 744
Turiel, I., 297, 298, 551, 552f, 744
Turkat, I. D., 744
Turkington, C., 493
Turnbull, C. M., 328
Turner, C. W., 386, 744
Turner, J., 653f, 744
Turner, R., 603, 744
Turner, S. M., 566, 744
Tyler, L. E., 311, 744
Tyler, S. W., 230, 744

Udry, J. R., 478, 744
Uhde, T. W., 564, 744
Ulrich, R. E., 121, 744
Underwood, B. J., 232, 744
Unger, D. G., 469f, 744
Urbain, E. S., 409, 744
U.S. Bureau of Justice Statistics, 623, 744
U.S. Bureau of the Census, 481, 744

Vaillant, G. F., 573, 612q, 744
Vale, W., 391, 744

Valenstein, E. S., 70q, 333, 744
Valone, K., 580, 744
Vance, E. B., 350, 744
Van de Castle, R., 191, 744
Vandell, D. L., 451, 744
Vandenberg, B., 744
Vandenberg, S. G., 301, 744
VanLehn, K., 261q, 745
Van Praag, H. M., 561q, 745
Van Sommers, P., 518, 745
Vasta, R., 387q, 745
Vaughan, G. H., 641, 745
Vaughan, K. B., 373, 745
Vaughn, B. E., 447, 745
Vaux, A., 658, 745
Veleber, D. M., 745
Verbrugge, L. M., 487, 745
Vernon, P. E., 314q, 745
Veroff, J., 477, 479, 745
Vestre, N. D., 558, 745
Vierling, J. S., 151, 745
Vitiello, M., 493q, 745
Vogel, G., 190, 745
vom Saal, F. S., 344, 745
von Baeyer, C. L., 650, 745
Von Blum, R., 259, 745
von Frisch, K. 173, 745
Von Uexküll, J. J., 96, 745
Vreeland, R., 745

Waber, D. P., 303, 745
Wachs, T. D., 160q, 302q, 745
Wade, N., 19, 745
Wade, R. D., 520, 745
Wadeson, H., 745
Wagner, N. H., 653, 745
Waid, L. R., 566, 745
Walberg, H. J., 745
Walbesser, H. H., 315, 745
Wald, R. D., 175, 745
Walk, R. D., 179, 745
Walker, E. H., 745
Walker, L. E., 387q, 745
Walker, L. J., 452, 745
Walker, S., 276
Wallace, J. R., 465, 745
Wallace, L. A., 298, 745
Wallach, H., 163, 746
Wallach, M., 746
Wallerstein, J. S., 480, 746
Wallston, B. S., 746
Walsh, D. A., 489, 745
Walsh, R. N., 83, 746
Walster, E., 475, 746
Walter, T., 241
Walters, G. C., 746
Wanberg, K. W., 570, 746
Wang, E., 497q, 746
Wang, M. C., 301, 746
Wanner, E., 271, 746
Ward, I. L., 344, 746
Ward, M. M., 405, 746
Warren, L. W., 746

Warren, R. M, 746
Warrington, E. K., 213, 746
Waterhouse, G. J., 597, 746
Watkins, L. R., 746
Watkins, M. P., 479, 746
Watson, D., 564, 746
Watson, G. C., 568, 746
Watson, G. M. W., 558, 746
Watterlond, M., 359, 746
Weary, G., 636, 746
Weaver, C. N., 746
Webb, W. B., 746
Webb, W. L., 746
Weg, R. B., 497q, 746
Weil, A. T., 746
Weinberg, S., 746
Weinberger, D. R., 579, 746
Weinberger, N., 238, 746
Weiner, B., 357, 746
Weiner, H., 404, 746
Weingartner, H., 494q, 746
Weinreich-Haste, H., 452
Weinrich, J. D., 347, 747
Weinstein, S., 153, 747
Weintraub, W., 554, 747
Weir, R., 270, 747
Weiskrantz, L., 163, 747
Weisman, A., 495, 747
Weiss, B., 297, 747
Weiss, J. M., 393, 747
Weiss, S. M., 406, 747
Weissman, M. M., 474, 486, 747
Weisz, J. R., 747
Weitcamp, L. R., 493q, 747
Weiten, W., 413
Weizman, A., 747
Welch, R. B., 183, 747
Wells, G. L., 235, 747
Wender, P. H., 578, 747
Wenger, M. A., 126, 747
Werdegar, D., 534, 747
Werner, E. E., 431, 747
Werry, J. S., 584, 747
Wertheimer, M., 747
Wessels, M. G., 554, 747
West, J. R., 427, 747
West, S., 292, 747
Whalen, R. E., 325, 747
Whimbey, A., 255, 747
White, B. L., 420, 747
White, G. L., 475, 747
White, L. 128, 747
White, R. W., 596, 747
Whitehouse, P. C., 747
Whitehouse, P. J., 494, 747
Whitley, B. E., 654, 747
Whitlock, F. A., 568, 747
Whitlow, J. W., 226, 747
Whitman, T. L., 308, 747
Wickelgren, L. W., 432, 748
Wickens, C., 144, 748
Wickens, D. D., 219, 748
Wicklund, R. A., 648, 748

Widacki, J., 235, 748
Wideman, M. V., 430q, 748
Wiesenfeld, A. R., 640, 748
Wiesenthal, D. L., 748
Wieska, C. W., 143, 748
Wigdor, A. K., 311, 748
Wilder, D. A., 649, 748
Wilkinson, C., 566, 748
Williams, C. D., 114, 748
Williamns, J. E., 656, 748
Williams, J. H., 748
Williams, R. B., 405, 748
Williams, T. F., 494q, 748
Wilsnack, S. C., 572, 748
Wilson, D. W., 748
Wilson, E. D., 272q, 748
Wilson, G. T., 603, 748
Wilson, J. R., 570, 748
Wilson, R. S., 419, 436, 748
Wilson, S. C., 193, 748
Wilson, T. D., 637, 748
Wilson, W., 479, 748
Wimer, R. E., 497q, 748
Wine, J. D., 401, 748
Wing, R. R., 338, 748
Wingard, D. L., 497q
Winget, C., 192, 748
Winick, M., 296, 748
Winograd, T., 265, 748
Winter, L., 635, 748
Wise, R. A., 330, 748
Witelson, S. F., 81, 749
Witkin, H. A., 749
Wohl, A., 520f, 749
Wolf, S., 374, 749

Wolfe, D. A., 387q, 749
Wolff, C. T., 399, 749
Wolff, P., 574, 749
Wolff, P. H., 433, 749
Wolkin, A., 579, 749
Wolkind, S. N., 436, 749
Wolkowitz, O. M., 613, 749
Wolman, W. B., 186, 749
Wooley, S. C., 334, 749
Woolfolk, A. E., 111, 749
Worchel, S., 386, 749
Word, C., 649, 749
Wright, P. H., 466, 749
Wurtman, J. J., 333, 749
Wurtman, R. J., 749
Wurtz, R. H., 73, 493q, 749
Wyer, R. S., 440, 749
Wygant, J. R., 394f, 749
Wyles, J. S., 49, 749
Wyrwicka, W., 749
Wysocki, C. J., 749

Yager, T., 566, 749
Yalom, M., 749
Yang, R. K., 580, 749
Yankelovich, D., 470, 749
Yankelovich, Skelly, & White, Inc., 483, 749
Yarbus, A. L., 144, 749
Yarkin, K. L., 749
Yarmey, A. D., 749
Yarrow, L. J., 446, 749
Yarrow, M. R., 453, 749
Yates, A. J., 128, 750
Yellott, J. I., 184, 750

Yensen, R., 750
Yerkes, R. M., 750
Yonas, A., 179, 750
Young, P. T., 368, 750
Young, R. K., 750
Younge-Brown, G., 370, 750
Yule, W., 297, 750

Zadny, J., 222, 750
Zajonc, R. B., 298, 750
Zander, A., 609, 750
Zanna, M. P., 653, 750
Zarbatany, L., 750
Zarin-Ackerman, J., 431, 750
Zarski, J. J., 402, 750
Zeaman, D., 750
Zeigler, H. P., 331, 750
Zelazo, P. R., 750
Zeldow, P. B., 750
Zelinski, E. M., 750
Zellman, G. L., 750
Zelnik, M., 750
Zentall, S. S., 750
Zeskind, P. S., 298, 750
Zigler, E., 302q, 750
Zilbergeld, B., 750
Zillmann, D., 379, 750
Zimbardo, P. G., 624, 750
Ziporyn, T., 750
Zisook, S., 558, 750
Zitrin, C. M., 750
Zola-Morgan, S., 750
Zornetzer, S. F., 494q, 750
Zuckerman, M., 750
Zung, W. W. K., 751

Índice de Assuntos

Abuso de anfetamina, 67-68
  esquizofrenia e, 578-579
Abuso de criança, 120-121, 386
Abuso químico, 398
Abuso:
  de drogas e álcool, 398, 569-574 (ver também Vício, efeitos de, no pré-natal; Alcoolismo)
  de esposas, 387
Ações automáticas, 146
Ácido desoxirribonucléico (DNA), 52
Acomodação (conceito piagetiano), 437-438
Acomodação (noção de profundidade monocular), 176
Aconselhamento, 593
ACTH e ansiedade, 392
Acuidade, 178-179
Acupuntura, 154-155
Adaptação (conceito piagetiano), 448
Adaptação durante a percepção, 183
Adaptação sensorial, 182
Adler, Alfred, 511
Administração de impressão, 638
Adolescência, 464-469
Afasia, 74
Afetividade negativa, 564
Afeto (ver Emoção)
Afiliação (ver Motivos sociais)
Agorafobia, 562
Agressão a esposas, 387
Agressão, 377-378
  biologia de, 380
  frustração e, 384
  influências ambientais na, 383
  lidando com, 397
  violência na TV e, 132
AGS (ver Síndrome adrenogenital)
Ajustamento, 397-410
Álcool:
  abuso de, 570
  efeitos do, 570
  efeitos do, no pré-natal, 426 (ver também Alcoolismo)
Alcoolismo, 570
Alegria, 388
Alergias, 551
Alerta, memória e, 224
Algoritmo, 261
Alimentação, 330
  mecanismos reguladores fisiológicos da, 330-331
  obesidade e, 334
Alojamento para tratamento de psicose (Lodge), 619-620
Alpert, Richard, 325

Alucinações, 574-575
Ameslan (American Sign Language) (ASL), 272
Amídala, 75, 391
Amizade:
  de adultos, 476
  de crianças, 449
Amnésia:
  hipnose e, 192-193
  memória e, 237-238
  psicogênica, 568
  repressão e, 398-399
Amor, 478-479
Amostra de pensamento, 187-188
Amostra, 21-22
Amplitude, 673
Analisador de estresse de voz, 394
Análise meios-fins, 257
Analista (ver Psicoterapia psicanalítica)
Androgenia (psicológica), 665 (ver também Síndrome adrogenital)
Andrógenos, 342
Anestésico:
  durante o parto, 430-431
  formação reticular e, 77
Animais (não-humanos) como
  participantes de pesquisa, 22
  questões éticas levantadas pelo uso de, 38-39
Anonimato, 387
Anorexia nervosa, 338-339
Ansiedade básica, 511
Ansiedade:
  aprendizagem e, 401-402
  bases fisiológicas de, 390
  condicionamento de, 104
  conseqüências cognitivas de, 401
  definição de, 390
  desencadeadores da, 393
  dessensibilização sistemática e, 599
  dor e, 153-154
  influências sobre as conseqüências de, 408
  memória e, 223-224
  motivação para realização e, 356-357
  problemas acadêmicos e, 401-402
  saúde e, 402
Apatia do observador (ver Comportamento de ajuda)
Apoio social, 409
Aprendendo a aprender, 258
Aprendizagem (ver Aprendizagem comportamental; Aprendizagem cognitivo-perceptual Linguagem; Memória; Aprendizagem por observação; Condicionamento

operante; Solução de problema; Raciocínio; Condicionamento respondente)
Aprendizagem cognitivo-perceptual, 98
Aprendizagem comportamental, 98
  definição de, 98
Aprendizagem de tentativa-e-erro, 110-111
Aprendizagem dependente do estado, 232
Aprendizagem por descoberta, 252
Aprendizagem por discriminação:
  durante o condicionamento operante, 114-115
Aprendizagem por observação, 131
  agressão e, 131-132
  ajuda e, 453-454
  características do modelo e do observador e, 132-133
  linguagem e, 269-270
  na terapia do comportamento, 601
  personalidade e, 534
  processos na, 132-133
  racismo e, 652-653
  socialização do papel sexual e, 661
Aprendizagem social (ver Aprendizagem por observação)
Aprendizagem verbal, otimização de, 221-222
  aprendizagem vicária de, 105 (ver também Ansiedade; Distúrbios de ansiedade)
Aproximações sucessivas, método das, 113
Aptidão escolar, 315
Aptidão, 315
Área de Broca, 74
Área de Wernicke, 74
Áreas de associação, 72
Aristóteles, 132
Armas e agressão, 384-385
Arquétipos, 511
Arquitetura e necessidades sociais, 633-634
Asch, Solomon, 641
Asilo, 592
ASL (ver Ameslan; Símios e aquisição da linguagem)
Asma, 402-403
Assimetria do cérebro, 80-81
Assimilação (conceito piagetiano), 437
Ataques cardíacos (ver Doença coronariana)
Atenção:
  consciência e, 145
  definição de, 143
  dividida, 226

dor e, 153-154
fatores que atraem a, 144
formação reticular e, 77-78
natureza da, 143-144
percepção e, 145
tálamo e, 75
Atitudes, 647-648
Ativamento, 84
Atividade alfa, 188
Atração instintiva, 128-129
Atração interpessoal, 474 (ver também Coabitação; Amizade; Amor; Casamento)
Atribuição aleatória:
a condições experimentais, 29
para seleção de assuntos, 23
Atribuições, 635
depressão e, 559
realização e, 356-357
Audição, 154-155
Autismo infantil, 583-584
Autismo, 583-584
Auto-eficácia, 534
Autoconceito, 522
Autoritarismo:
obediência e, 645
Axônios, 63

Balbucio, 267
Bandura, Albert, 131, 533
Bard, Philip, 377
Bartlett, Frederick, 216-217
Barulho, 159
Bases fisiológicas do comportamento, 48 (ver também Cérebro e Comportamentos específicos)
Behaviorismo, 12
aprendizagem e, 98
comportamento desadaptado e, 548
personalidade e, 532-533
tratamento do comportamento desadaptado e, 598
Benzodiazepínicos, 613
Beta-endorfina, 391 (ver também Endorfinas)
Binet, Alfred, 290
Biofeedback, 126
Bleuler, Eugen, 574
Botões terminais (terminais pré-sinápticos), 62
Brilho, 171
Bulimia, 338-339

Caixa de Skinner, 111
Caixa-enigma, 110
Campo visual, 79
Câncer, 406
Cannabis sativa (ver Intoxicação por maconha)
Cannon, Walter, 331, 377
Capacidades sensoriais:
diferenças de gênero nas, 657

durante a velhice, 488 (ver também Sensação)
no nascimento, 432
Características de demanda, 29
Características sexuais secundárias, 343
Casa de recuperação, 618-619
Casamento, 476 (Ver também Divórcio)
Casos e categorias, 250
Catarse ao lidar com estresse, 397
Categoria (conceito), 250
Cattell, Raymond, 524
Cegueira de cor, 174
Centros de prazer, 329
Cerebelo, 76
Cérebro, 60
agressão e, 383
ativamento, 84
comparado a um computador, 60
desenvolvimento de, 71
envelhecimento, 85
evolução de, 71
hemisférios do, 78
inteligência e, 491
lesão e recuperação de, 84
necessidades de mudança e, 82
percepção e, 147
prazer e, 329
químicos e, 84
registro de, 82
sistema endócrino e, 84-85
sono e, 188
Cérebro, 71-72
Ceticismo, 20
Chomsky, Noam, 269
Choro, 433-434
Chumbo, 297
Ciclo de resposta sexual, 349
Cientista comportamental (ver Psicólogo)
Círculo de cores, 171
Clarividência, 186
Climatério, 486
Clínico, 593
Coabitação, 476
Codificação seletiva, 257
Códigos neurais, 65-66
Coeficiente de correlação positiva (ver Coeficiente de correlação)
Coeficiente de correlação, 32-33
Coeficiente de hereditariedade, 294-295
Cognições:
aprendizagem comportamental e, 128-129
atitudes e, 647-648
bulimia e, 338-339
cérebro e, 71-73
concentração de população e, 386
definição de, 6
emoções e, 248
enfrentamento e, 397-399
motivação para realização e, 356-357
motivos e, 326-327
sexualidade e, 347 (ver também Atitudes, Atribuições; Linguagem;

Memória; Metacognição; Consciência normal de vigília; Percepção; Solução de problemas; Pensamento)
socialização do papel sexual e, 661-662
terapia do comportamento e, 601
Combinação seletiva, 257
Comparação com protótipos, 253
Comparação seletiva, 258
completamento de sentenças, 518
Complexo de Édipo, 508-509
Complexo de Electra, 509
Complicações, nascimento, 431
Comportamentalismo radical, 532
Comportamento altruísta (ver Comportamento de ajuda)
Comportamento anormal, 508, 543-584 (ver também Comportamento desadaptado e distúrbios específicos)
Comportamento de ajuda, 638-639
Comportamento desadaptado, 542
classificação de, 546
identificação de, 543
incidência de, 553
modelos de, 548-549
tratamento de, 592
Comportamento específico a uma situação, 530-531
Comportamento pró-social (ver Comportamento de ajuda)
Comportamento sexual, 342-343
na adolescência, 468
Compulsões, 565
Computadores:
como máquinas de ensino, 230
comparados ao cérebro, 261
em testes de personalidade, 530
no estudo de solução de problemas, 261
Comunicação não-verbal, 262
diferenças de gênero na, 660
Comunicação, 261-262 (ver também Linguagem)
Conceito de período crítico, 422
Conceito do período sensível (período crítico), 420-421
Conceito, 249-251
Condição da ponta da língua, 215
Condicionamento autonômo, 126
Condicionamento clássico (ver Condicionamento respondente)
Condicionamento de esquiva, 112
Condicionamento de fuga, 113
Condicionamento instrumental (ver Condicionamento operante)
Condicionamento operante, princípios básicos do, 109-110
Condicionamento pavloviano (ver Condicionamento respondente)
Condicionamento respondente, 100-103
alimentação e, 334
asma e, 402-403

atitudes e, 648-649
com condicionamento operante, 123-124
história de, 104
medo e, 104
motivação social e, 354-355 (ver também Dessensiblização sistemática)
preconceito e, 653
preferências sexuais e, 652
princípios de, 100-103
Condicionamento vicariante respondente do medo, 105
Cones, 161
Conflito, 395
Conformidade, 641
Consciência normal de vigília, 187
Consciência:
de unidade, 81-82
estados alterados da, 187-188
memória de curto prazo e, 205-206
vigília normal, 187-188
Consistência, duração, 435
Constância, 166
Constructo, 289
Contracondicionamento, 107
Contracondicionamento, 108
Controle cerebral, 68
Controle de estímulo, 125
Controle:
experimentais, 28-29
percebido: e ansiedade, 408
e idade avançada, 495
Controvérsia natureza-educação, 419
Controvérsias de condicionamento, 128 (ver também Condicionamento operante; Condicionamento Respondente)
Convergência, 176
Córnea, 161
Corpo caloso, 79
Correlação negativa (ver Coeficiente de correlação)
Córtex cerebral, 71 (ver também Cérebro; Hemisférios cerebrais)
Córtex cerebral, 71, 391 (ver também Cérebro; Hemisférios cerebrais)
Córtex somatossensorial, 74
Crianças (ver Desenvolvimento)
Crianças dizigotas, 53
Criatividade:
medida de, 314-315
na solução de problemas, 255-257
Criminosos, reabilitação de, 623-624
Crises da meia-idade, 486
Cromossomos sexuais, 342-343
Cromossomos, 51-52
Cuidados após a alta, 619-620
Cultos, 646
Curiosidade, 341
Custo da resposta, 119

Dados, brutos, 671-672

Darwin, Charles, 370
DC (ver Doença coronariana)
Decamento (ver Esquecimento)
Declive visual, 179
Defeitos de nascença, 423
Deficiência da tireóide, 551-552
Definições operacionais, 21
Delgado, José, 70
Delírios:
na depressão maior, 554
na esquizofrenia, 574-575
Delirium tremens (DTs), 571
Demência degenerativa primária, 493
Demência do tipo de Alzheimer, 493
Dendritos, 62
Dependência e independência de campo, 313
Depressão maior, 556
Depressão pós-parto, 483
Depressão:
causas da, 555-556
distúrbio distímico, 554
dupla, 554
em distúrbios bipolares, 553
estresse e, 557-558
inverno, (ver também Suicídio)
morte e, 495
na meia-idade, 486
pós-parto, 482-483
principal, 553
Desamparo aprendido, 558
Descrição:
como meta, 23-24
métodos para, 23-24
Desenvolvimento (por tópico):
adolescência, 464-465
cognitivo, 436-437
da inteligência, 293
da linguagem, 266-267
da personalidade, teorias do, 505
da sexualidade, 342-349
da visão, 178-179
de agressão, 132, 381
de amizades, 449-450
de atitudes, 648-649
de bem-dotados, 310-311
de emoções, 369-370
de hábitos de alimentação e propensões, 334-335
de ligações afetivas, 442-443
de medos por condicionamento respondente, 105-106
de mentalmente retardados, 307
de motivação para realização, 356-357
de papéis sexuais, 656
de prematuros, 449-450
de racismo, 653-654
de relacionamentos incestuosos, 353
de semelhanças e diferenças neonatais e, 433-434
divórcio e, 479-480

do comportamento anormal (ver Distúrbios específicos)
durante a fase adulta jovem, 469
relacionamentos, 474-476
trabalho, 470
evolutivo, 49-50
hereditariedade e, 51-52
idéia do período sensível e, 421
maturação e, 419-420
na meia-idade, 484
nascimento e, 429-430
paternidade e, 482
pré-natal, 423-424
precoce *versus* tardio, 422
teorias do, 423-424
velhice e, 488
Desenvolvimento cognitivo, 436-438
Desenvolvimento moral, 451-452 (ver também Comportamento de ajuda)
Desenvolvimento social, 442-452
Deslocamento, 508
Dessensibilização (ver Dessensibilização sistemática)
Dessensibilização sistemática, 599
Detecção de mentira, 394
Detectores (ver Teoria da detecção de aspectos)
Determinismo (princípio científico), 19
Diagnostic and Statistical Manual of Mental Disorders (DSM), 544-545
Diagrama de dispersão, 675
Diferenças de gênero:
casamento e, 476-477
divórcio e, 479-480
linguagem e, 660-661
longevidade e, 497
na adolescência, 465-466
na capacidade física, 657-658
na comunicação não-verbal, 660
na inteligência, 290-291
na meia-idade, 486
na realização, 356-357
na satisfação no trabalho, 473
na sexualidade, 350-351
nas habilidades sensoriais, 657
no comportamento, 656-657
no poder social, 659-660
personalidade e, 658
saúde e, 496-497
socialização de, 434-435
Diferenças individuais:
durante a infância, 433-434 (ver também Inteligência; Personalidade)
Diferenças sexuais (ver Diferenças de gênero)
Discriminação de estímulo
durante o condicionamento operante, 114-115
durante o condicionamento respondente, 107-108
Discriminação e preconceito, 653-655 (ver também Racismo)
Dissonância cognitiva, 360-361

Distribuição normal, 673
Distúrbio ciclotímico, 555
Distúrbio da ansiedade generalizada, 563-564
Distúrbio da personalidade anti-social, 581
Distúrbio da personalidade evasiva, 581
Distúrbio da personalidade sociopática, 581
Distúrbio de conversão, 567
Distúrbio de pânico, 562
Distúrbio distímico, 554
Distúrbio do déficit de atenção, 583
Distúrbio do estresse pós-traumático dos veteranos vietnamitas, 566
Distúrbio maníaco-depressivo (ver Distúrbios bipolares)
Distúrbio obsessivo-compulsivo, 565
Distúrbios afetivos, 553-561 (ver também distúrbios específicos)
Distúrbios bipolares, 555
  tratamento de, 614-615
Distúrbios da ansiedade, 562 (ver também Benzodiazepínicos; Dessensibilização sistemática)
Distúrbios da personalidade compulsiva, 581
Distúrbios da personalidade, 581
Distúrbios de memória, 568
Distúrbios de uso de substâncias, 570
Distúrbios dissociativos, 568
Distúrbios esquizofrênicos, 574
  causas de, 578
  curso de, 575
  incidência de, 575-576
  scans PET e, 78
  sintomas de, 575-576
  subtipos de, 576
  tratamento de, 614-615
Distúrbios funcionais, 551
Distúrbios mentais orgânicos, 549
Distúrbios psicóticos (psicoses), 548-549 (ver também Distúrbios bipolares; Reabilitação; Distúrbios esquizofrênicos)
Divórcio, 479-480
Doença coronariana, 404
Doença de Parkinson, 67
Doença psicossomática, 402 (ver também Asma; Câncer, Doença coronariana; Hipertensão essencial; Doenças infecciosas)
Doenças infecciosas, 402-403
Dopamina, 67-68
Dor, 152-153
Dormitório, 635
Drogas antipsicóticas, 615
Drogas neurolépticas, 579
Drogas prescritas, efeitos no pré-natal de, 427-428
Drogas:
  efeitos de, no pré-natal, 426
  parto, 430

DSM (Diagnostic and Statistical Manual of Mental Disorders), 544
DTs (delirium tremens), 571

Ebbinghaus, Herman, 207
Ecletismo, 608-609
Economia de fichas, 617-618
Economias (medida de memória), 208
ECT (ver Terapia eletroconvulsiva)
Educação compensatória, 300-301
EEG (ver Eletroencefalografia)
Efeito da morte em testes mentais, 489-490
Efeito Hawthorne, 30
Efetores, 59
Ego (conceito psicanalítico), 507
Egocentrismo (conceito piagetiano), 439
Eletroencefalografia, 66
Eletroencefalograma, 66
Emoção, 368-410
  cognições e, 248
  efeitos do pré-natal, 429 (ver também Agressão; Raiva; Ansiedade; Empatia; Medo; Alegria; Prazer)
Empatia, 370
Empirismo, 19
EN (ver Estímulos neurais)
Encadeamento, 124
Encoding, 205-206
  influências no, 222
  na memória de longo prazo, 215-216
Endorfinas, 154
Engano em pesquisa, 39
Ensino em equipe, 655
Entrevistas, 515-516
Enzima, 52-53
Epilepsia, 79
Episódios maníacos, 554
Equação de especificação, 525
Erikson, Erik, 513
Erros de ação, 146
Erros de amostragem, 676-677
Escher, Maurits, 142
Escuta seletiva, 145
ESP (ver Percepção extra-sensorial)
Especificidade comportamental, 530
Especificidade, 227
Espectro eletromagnético, 160
Esquecimento seletivo, 259
Esquecimento:
  na memória de curto prazo, 214 (ver também Memória)
  na memória de longo prazo, 217-218
  na memória icônica, 210
Esquema de reforço com índice fixo, 117
Esquema de reforço com intervalo fixo, 118
Esquema, 635
Esquizofrenia catatônica, 576
Esquizofrenia de processo, 576
Esquizofrenia desorganizada, 577-578
Esquizofrenia hebefrênica, 577
Esquizofrenia paranóide, 575

Esquizofrenia reativa, 575
Estados alterados da consciência, 187-188 (ver também Sonhos; Hipnose; Intoxicação por maconha)
Estágio pré-operatório, 438
Estágio sensório-motor, 298
Estágios psicossexuais, 508
Estágios psicossociais, 513
Estatística inferencial, 677
Estatística, 672-673 (ver também Coeficiente de correlação)
Estereótipos, 649
  de adolescentes, 465-466
  de gênero, 657
  durante a solução de problemas, 260
Estilos cognitivos, 313
Estimulação do cérebro, 69
Estimulação sensorial (ver Experiências sensório-motoras)
Estímulo condicionado (EC), 101
Estímulo eliciador, 101
Estímulos neurais (EN), 101
Estratégia do teste de geração, 256
Estratégias de enfrentamento:
  comportamental, 396-397
  mecanismos de defesa como, 397-401
Estresse:
  definição de, 390-391
  duração da vida e, 496 (ver também Ajustamento; Ansiedade; Conflito; Estratégias de enfrentamento; Frustração; Personalidade, teorias da)
  saúde e, 402
Estrogênio, 342
Estrutura subjacente da linguagem, 263
Estrutura superficial da linguagem, 265
Estudo da adoção, 55-56
Estudo transeccional, definição de, 303
Estudos correlacionais, 32-33
Estudos de caso, 27
Estudos de famílias:
  de esquizofrenia, 577 (ver também Hereditariedade)
  de gênio, 54
  de inteligência, 291-293
Estupro:
  orientação de estuprador e, 347-348
  vítimas de, 566
Ética, 38
Evolução, 49
Exaustão, 472
Excepcional superdotado, 282-283
Exemplares em raciocínio, 250-251
Experiências de pico, 387
Experiências sensório-motoras:
  inteligência e, 298
  ligação afetiva e, 443-444
Experimento, 27-28
Explicação:
  como meta, 23
  métodos para, 27-29

Explicações casuais no raciocínio,
    elaboração de, 254
Expressões faciais e emoção, 371
Externalidade e fome, 337-338
Extinção:
    durante o condicionamento
        operante, 113-114
    durante o condicionamento
        respondente, 107
Extroversão, 390-391
Eysenck, Hans, 526

Fala holofrásica, 268
Fala, 263-264
Famílias de um único genitor, 483
Fantasia, 399-400
Fase anal, 509
Fase embrionária, 423
Fase genital, 510
Fase oral, 509
Fator de liberação de corticotropina, 391-392
Fatores extrínsecos em experimentos,
    27-28
Fechamento, 168
Fechner, Gustav, 9-10
Fenomenologia:
    teorias da personalidade de, 603-604
    (ver também Maslow, Abraham,
        Rogers, Carl)
Fenotiazinas, 68
Feto, 426-427
Fixação, 508
Fobia, (ver também Ansiedade; Medo;
    Dessensibilização sistemática)
Fome, 300-331
Fomes específicas, 333
Fonemas, 263-264
Formação de ligação afetiva, 442-443
Formação reativa, 400
Formação reticular, 77
Fracasso, expectativas de, 357-358
Freud, Sigmund, 16-17
Frustração:
    agressão e, 378
    preconceito e, 654
Funcionalismo, 10-11

Galton, Francis, 54, 257
Gêmeos idênticos (ver Gêmeos
    monozigotos)
Gêmeos monozigotos, 53-54
Gene, 46 (ver também Hereditariedade)
General Problem Solver (GPS), 261
Generalização de estímulo:
    durante o condicionamento
        operante, 114-115
    durante o condicionamento
        respondente, 107-108
Generalização:
    no condicionamento operante,
        115-116
    no condicionamento respondente,
        107-108

Genética (ver Hereditariedade)
Genética do comportamento (ver
    Hereditariedade)
Genitais, 342-343
Genovese, Kitty, 638
Geofagia, 543
Gestos e emoções, 374
Giro angular, 74
Glândulas (ver Sistema endócrino)
Glândulas adrenais, 86-87
Gônadas, 342-343
Gostar, 474-475
Gramática, 263
Gravidez (ver Período intra-uterino)

Harlow, Harry, 258
Hartmann, Heinz, 513
Head Start, 302
Hemafroditas (ver Síndrome
    adrenogenital)
Hemisfério dominante (principal), 79
Hemisfério principal (dominante), 82
Hemisférios cerebrais, 79
Hemisférios do cérebro (ver Hemisférios
    cerebrais)
Hereditariedade, 51
    agressão e, 419
    ansiedade e, 563
    autismo e, 584
    depressão e, 557-558
    distúrbio obsessivo-compulsivo e, 565
    esquizofrenia e, 577
    evolução e, 53
    ferramentas para estudar diferenças
        individuais em, 54-55
    inteligência e, 293-294
    interações permanentes com o
        ambiente de, 419
    maturação e, 419
    personalidade anti-social e, 582
    temperamento e, 434
Heroína (ver Vício e narcóticos)
Heurística, 261-262
Hipertensão essencial, 403
Hipertensão, 403-404
Hipnose, 192
Hipocampo (ver Sistema límbico)
Hipotálamo, 75
Hipótese de dessensibilização e
    agressão, 132
Hipótese, 28
Hipotireoidismo, 556
Histeria, 567
Homeostase, 326 (ver também Sistema
    endócrino e hormônios específicos)
Homossexualidade, 347
Hormônios sexuais, 87, 342-343
Hormônios, 86-87
Horney, Karen, 511
Hospital-dia para psicóticos crônicos,
    618-619

IA (ver Inteligência artificial)

Id, 507
Idade adulta, 463-466
Idade média, 484-485
Idade mental, 290
Identidade, procura da, 463
Imagem eidética, 234
Imagem mental (ver Imagem)
Imagem:
    como elemento do pensamento,
        248-249
    mnemônica e, 228
    solução de problema e, 256
Imagens posteriores coloridas, 172-173
Imitação (ver Aprendizagem por
    observação)
Imprinting, 442
Impulso sexual, 342-343
Impulsos, 325 (ver também Fome; Motivos
    sensoriais; Impulso sexual)
In utero (ver Período intra-uterino)
Incentivos intrínsecos, 326-327
Incentivos, 326
    agressão e, 379-380
    fome e, 335-336
    na motivação para realização e,
        356-357
    sexo e, 345
Incesto, 353
Inconsciente coletivo, 510
Inconsciente, 505
Incubação durante a solução de
    problemas, 259
Inibição lateral, 169
Inibição proativa, 219
Inibição retroativa, 219
Insano, 548
Insight na solução de problemas, 258
Instinto, 506
Instrumentos de avaliação, 25 (ver
    também Testes de inteligência;
    Personalidade, medidas e testes)
Intrusão assistida por computador, 230
Intelectualização, 400
Inteligência artificial, (IA), 261
Inteligência cristalizada versus fluída, 491
Inteligência, 282-283
    abordagem cognitiva a, 313-314
    alta, 310
    ambiente e, 296-297
    definições de, 283-284
    demência e, 493
    desafios cognitivos e, 300
    educação compensatória e, 302
    educação e, 300-301
    ganhos e perdas de QI e, 291
    gênero e, 301
    hereditariedade e, 293-294
    idade e, 302
    maturação e, 303-304
    na velhice, 488
    ordem de nascimento e, 298
    quociente de inteligência (QI) e,
        291

raça e, 306
retardo mental e, 308
Interferência (ver Esquecimento)
Intervenção em crise, 621
Intoxicação por maconha, 194
Introspecção analítica, 10
Introspecção analítica, 10
Inveja do pênis, 509
Isolamento:
    como mecanismo de enfrentamento, 398-399
    esquizofrenia e, 505
    depois de abuso de substâncias, 569

James, William, 227
Jensen, Arthur, 306
Jonestown, 646
Jung, Carl, 510

Keller, Helen, 246
Kohlberg, Lawrence, 452
Koko, 273
Kraepelin, Emil, 548
Ku Klux Klan, 652
Kübler-Ross, Elisabeth, 495
Kuhn, Thomas, 36

LAD (ver Teoria do dispositivo de aquisição da linguagem)
Lange, Thomas, 376
Lateralização, 81-82
Lavagem cerebral, 111
Lei da ciência, 36
Lei do tudo ou nada, 65
Lembranças patogênicas, 508
Lesbianismo, 347-348
Libido, 506
Ligações seguras, 444
Linguagem, 263
    aquisição de, 266-267
    diferenças de gênero e, 659
    na fala, 264
    natureza da, 263-264
    organização de, 263
    pensamento e, 247-248
    período sensível para, 269
    símios e, 272-273
Lítio, 615
Livros programados, 230
Lobos do córtex, 72
Lobos frontais, 73
Lobos ocipitais, 169-170
Lobos parietais, 72
Lobos temporais, 72
Longevidade, 496
Luria, Alexander, 204
Luz visível, 160

Má nutrição, 297
Mach faixas, 169
Máquinas de ensinar, 655
Maslow, Abraham, 388
Master, William, 349

Maturação, 419
McClelland, David, 324
McDougall, William, 324
Mecanismos de defesa, 398
Média, 672
Mediana, 672
Medicações para parto, efeitos de, no pré-natal, 430
Medicina comportamental, 602 (ver também Psicologia da saúde)
Medidas de tendência central, 672
Medo:
    aquisição de, por condicionamento respondente, 104
    de sucesso ou rejeição, na realização, 357
    definição de, 390
    diminuição de, 106
Medula espinhal, 60
Memória auditiva, 210
Memória criativa (ver Recuperação, na memória de longo prazo)
Memória de curto prazo, 205
Memória de longo prazo, 205
Memória episódica, 224
Memória icônica, 210
Memória semântica, 238
Memória sensorial, 182-183
Memória, 204
    de curto prazo, 206
    longo-prazo, 205-206
    medida de, 206
    modelo de processamento de informações da, 205
    processos de, 205
    sensorial, 205-206
    sistemas múltiplos de, 237-238
    terapia eletroconvulsiva e, 612
Memórias flashbulb, 224
Menopausa, 486
Metacognição, 274
Método científico:
    contrastado com o bom senso, 36-37
    ética e, 37-38
    ferramentas de pesquisa associadas a, 23
        estudos correlacionais, 31
        estudos de caso, 23-24
        experimentos, 31
        instrumentos de avaliação, 23-25
        observações diretas, 23
    metas de, 23-24
    participantes de pesquisa e, 21
    princípios de, 18
    questões pesquisáveis e, 21
    realidades de, 18
Microeletrodos, 66
Miller, Neal, 126
Minnesota Multiphasic Personality Inventory (MMPI), 527
Mistura aditiva, 172-173
Mistura subtrativa, 172
Mnemônico (dispositivo mnemônico), 228

Modelação (método de aproximações sucessivas), 113
Modelação (ver Aprendizagem por observação)
Modelo clássico de categorias, 249-250
Modelo de confluência, 298
Modelo de memória Atkinson-Shiffrin, 205-206
Modelo de protótipo, uso de, na classificação, 251-252
Modelo médico de comportamento anormal, 548
Modelo para lidar com situações, 395-396 (ver também Ajustamento; Estratégias de enfrentamento)
Modelo psicológico de comportamento desadaptado, 549
Modelo, 204
    de memória, 205
Modificação do comportamento, 111 (ver também Terapia do comportamento)
Moldagem, 272
Monitoramento físico, 484
Morrer (ver Morte)
Morte, 496
Motivação (ver Motivos)
Motivação cognitiva, 359-360
Motivação inconsciente, 330
Motivação para busca de sensação, 340
Motivação para o crescimento, 327-328 (ver também Auto-atualização)
Motivação para realização, 354-359
Motivação social, 633
Motivos, 324
    cognitivos, 359-360
    fome, 330-331
    inconscientes, 330
    realização, 354-356
    sensoriais, 340-341
    sexuais, 342-343
    sociais, 354-355
    teoria da hierarquia de, 327-328
Movimento aparente e memória icônica, 210
Mudanças na vida, 395-396
Murray, Henry, 355

Namoro, 467-468
Nascimento preparado, 430
Nascimento, 430 (ver também Neonato)
Necessidades, 327-328 (ver também Motivos)
Negação da realidade, 399
Neonato, 431-432
Nervos, 63-64
Neurônios, 61-62
Neuroses, 549-550
Neurotoxinas:
    comportamento desajustado, 550
    inteligência e, 297
Neurotransmissores, 61-62
Newton, Isaac, 549-550
Nistagmo, 163

ÍNDICE DE ASSUNTOS 795

Nível de atividade:
  estresse pré-natal e, 428-429
  longevidade e, 496-497
  peso e, 377
  temperamento e, 434
Norepinefrina, 580-581
Normas, 632-633
Nutrição:
  longevidade e, 496 (ver também Má nutrição)

O Pequeno Hans (Little Hans), (caso freudiano), 516
Obediência, 643
Obesidade, 334
Objetividade em testes, 288
Objetivo (princípio científico), 18
Observação do participante, 516
Observação, 23
Observações clínicas, 27
Observações de campo, 24-25
Obsessões, 565-566
Olds, James, 329
Olfação, 149-150
Olho, 161-162
Ondas de luz, 160
Ondas delta, 189
Ondas sonoras, 157
Operações concretas, estágio de, 439
Operações formais, estágio de, 440
Operante, 109-110
Organização (conceito piagetiano), 437
Organização hierárquica nos processos mentais:
  na classificação, 251-252
  na linguagem, 263
  na memória de longo prazo, 222
  nos planos, 146-147
Orgasmo, 349
Orientação sexual, 347
Ouvido, anatomia do, 155-156
Ovários, 342-343
Óvulo, 52

Padrão bissexual, 468
Padrão fixo de ação, 326
Padrão sexual duplo, 351
Pais:
  influência de, 446-447
  influência de, no pré-natal, 429-430
Paladar, 148
Paralaxe de movimento, 176-177
Parapsicologia (ver Percepção extra-sensorial)
Parentese, 270
Pares:
  adolescentes e, 466 (ver também Amizade)
Parte anterior do cérebro, 71
Parte mediana do cérebro, 71
Parte posterior do cérebro, 71
Parto, 430 (ver também Nascimento)
Paternidade, 466

Pavlov, Ivan Petrovich, 102
Penfield, Wilder, 69
Pensamento não dirigido, 187
Pensamento positivo, 409-410
Pensamento, 247
  convergente, 314
  dirigido, 252
  divergente, 314 (ver também Criatividades)
  linguagem e, 247
  teoria piagetiana do desenvolvimento, 436 (ver também Consciência normal de vigília)
Pequeno Albert, 104
Percepção da pessoa, 634-635
Percepção de forma (ver Visão)
Percepção, 141
  adaptação de, 181-182
  cor, 171-172
  definição de, 141
  em contraste com sensação, 141
  extra-sensorial (PES), 185-186
  natureza de, 141
  objeto, 164
  precoce, 179-180
  profundidade, 176
  social, 635-636
Perda auditiva, 159-160
Período de latência, 508
Período de vida, 496-497
Período intra-uterino, 423-424
Perls, Frederick (Fritz), 606
Personalidade múltipla, 568
Personalidade passivo-agressiva, 581
Personalidade tipo A, 405
Personalidade:
  consistência da (ver Consistência, duração)
  diferenças em gênero na, 657
  medidas e testes da, 515-516
  mudanças em, na meia-idade, 486
  teorias da, 504
    behavioristas, 532
    disposicional, 524
    fenomenológica, 523
    psicodinâmica, 505
Perspectiva construccionista, 289
Pesquisa (ver Método científico)
Pesquisa da divisão do cérebro, 79
Pesquisa hemisférica, 79
PET (tomografia com emissão de pósitron), escaneamento cerebral, 78
Piaget, Jean, 436
Pistas pictóricas, 176
Placebos:
  dor, endorfinas, e, 152
  em experimentos, 29
Plasticidade, cérebro, 84
Pobreza:
  agressão e, 385
  medição da inteligência e, 304
Poder, social (diferenças de gênero), 659-660

Poligrafia, 394
Política de desinstitucionalização, 617
Pontes, 76
Ponto estabelecido (set point) para o peso, 332
Populações em pesquisa, 21
Posição relativa, medidas de, 673
Pósitron, tomografia com emissão transaxial (PET), 78
Prática distribuída, 332
Prática intensiva, 232
Prazer, 329
Pré-natal (ver período intra-uterino)
Precisão (princípio científico), 18
Preconceito, 646-647 (ver também Racismo)
Prematuridade de bebês, 449
Preparedness, 130
Prevenção primária, 622
Prevenção terciária (ver Reabilitação)
Prevenção, centros comunitários de saúde mental e, 622-623
Princípio da realidade, 507
Princípio de figura-fundo, 165-166
Princípio do prazer, 506-507
Princípio Poliana, 399
Princípios de formação de grupos, 166
Princípios organizadores e percepção do objeto, 164
Prisões, 623-624
Privação sensorial, 182
Privação sensório-motora e, 298
Privação social, 445-446
Problemas acadêmicos e ansiedade, 401
Problemas sexuais, 349
Procedimento duplo-cego, 30
Procedimentos padrões em experimentos, 28-29
Processamento automático, 238
Processamento profundo (estratégias de ensaio de elaboração), 205
Processamento superficial, 205
Processo primário de pensamento, 507
Processo secundário de pensamento, 507
Prodígio, 310-311
Profecia auto-realizadora, 300
Progestinas, 342
Programa de variável-índice, 118
Programa de variável-intervalo, 118
Programas de índices, 115-117
Programas de intervalos de reforço, 118
Programas de reforçamento parcial, 117
Programas de reforço, 115-116
Projeção, 400-401
Prolapso da válvula mitral, 550-551
Prostaglandinas, 552
Proteínas, 52
Pseudodemência, 251-252 (ver também Demência do tipo de Alzheimer)
Psicolingüista, 262
Psicologia ambiental, 634
Psicologia cognitiva, 13-14
Psicologia da Gestalt, 164

Psicologia da saúde, (ver também Medicina comportamental, Biofeedback)
Psicologia do desenvolvimento, 418-419
Psicologia do ego, 513
Psicologia fisiológica, 48 (ver também Bases fisiológicas do comportamento)
Psicologia humanista; 522-523
Psicologia individual, 511
Psicologia social, 632-633 (ver também Motivação para realização; Agressão; Atitudes; Atração interpessoal; Atribuições; Dissonância cognitiva; Conformidade; Amizade; Comportamento de ajuda; Amor; Casamento; Normas; Obediência; Percepção social; Preconceito; Racismo; Impulso sexual; Comportamento sexual; Desenvolvimento social; Teoria da aprendizagem social; Motivos sociais; Poder social; Socialização)
Psicologia, campo da:
  assunto do, 6
  como ciência, 18
  definição do, 6
  estruturalismo e, 9
  ética e, 38-39
  natureza preparadigmática do, 36
  visão behaviorista, 12
  visão cognitiva do, 13
  visão gestáltica do, 164
  visão humanística do, 522
Psicológico, teste (ver Testes psicológicos)
Psicólogo clínico, 9
Psicólogo, 6-8
Psicopata (ver Distúrbio da personalidade anti-social)
Psicopatologia (ver Comportamento desadaptado)
Psicoses (ver Distúrbios psicóticos)
Psicoterapia centrada no cliente, 605-607
Psicoterapia de grupo, 608
Psicoterapia de pares, 610-611
Psicoterapia orientada psicanaliticamente, 597
Psicoterapia psicanalítica, 595 (ver também Teoria psicanalítica)
Psicoterapia, 592-593
  centrada no cliente, 604
  comportamental, 598 (ver também Modificação do comportamento)
  controvérsias sobre, 609-610
  de pares, 609-610
  eclética, 608
  gestalt, 606
  grupo, 606
  psicanalítica, 595-596
Psiquiatra, 9
Puberdade, 343
Punição negativa, 118-119
Punição positiva, 119

Punição, 118-120
  comparada a reforço, 120
  desvantagens da, 120-121
  negativa, 119
  orientações para, 120
  positiva, 119
Punidores, 119-120

Q-sort, 523
QI (ver Quociente de inteligência)
Questão monismo-pluralismo no condicionamento, 128
Químicos:
  cérebro e, 84
  exposições a, no útero, 426
  inteligência e, 296
Quociente de inteligência (QI), 291

Raça:
  preconceito e, 652
  QI e, 305-306
Raciocínio, 252-253
Racionalização, 400
Racismo institucional, 653
Racismo, 652
Raiva, 378-379 (ver também Agressão)
Razões para, estudos de gêmeos, 54-55, 51
Reabilitação:
  de esquizofrênicos, 618
  de prisioneiros, 625
  em centros comunitários de saúde mental, 622
Reação psicológica, 361
Reações autônomas, 391 (ver também Sistema nervoso autônomo)
Realização escolar, 315
Reaprendizagem, 207-208
Reconhecimento, 208
Reconstrução (ver Recuperação, na memória de longo prazo)
Recordação, 209
Recuperação espontânea:
  durante o condicionamento operante, 113-114
  durante o condicionamento respondente, 105-106
Recuperação, 205-206
  na memória de curto prazo, 214 (ver também Memória)
  na memória de longo prazo, 216
  na memória sensorial, 212
Reestruturação cognitiva, 601
Refabricação (ver Recuperação, na memória de longo prazo)
Reflexos, 432
Reforçador extrínseco, 115
Reforçador primário, 115
Reforçador secundário, 115
Reforçador social, 115
Reforçadores condicionados, 115
Reforçadores, 115-116 (ver também Reforçamento)

Reforçamento negativo, 112
Reforçamento:
  no condicionamento operante, 112
  no condicionamento respondente, 104
Reforço contínuo, 116-117
Reforço intermitente, 116-117
Reforço intrínseco, 115
Reforço não aprendido, 115
Reforço positivo:
  definição de, 112
  uso de, na terapia do comportamento, 601
Regras sintáticas, 263
Regressão, 397
Reintegração (ver Recuperação, na memória de longo prazo)
REM, sono, 190
Representação de papel, 601
Representação:
  na memória de longo prazo, 222
  na solução de problemas, 254
  no pensamento, 249
Repressão, 398-399
Resposta condicionada (RC), 101
Resposta lutar ou fugir, 373
Retardo (ver Retardo mental)
Retardo mental, 307-308
Retina, 161-162
Revisão de vida, 495-496
"Revolução sexual", 352-353
Rhine, Joseph Banks, 186
Rogers, Carl, 522
Rorschach, Hermann, 517
Rorschach, teste, 517
Ruído, 158
Rush, Benjamin, 592

SAG (ver Síndrome da adaptação geral)
SAT (ver Teste de Aptidão)
Satisfação no emprego, 470
Satisfação no trabalho, 470
Saturação, 171
Saúde mental (ver Saúde mental comunitária; Comportamento desadaptado)
Saúde mental comunitária, 621-622 (ver também Reabilitação)
Saúde:
  conseqüências da ansiedade e, 402
  diferenças de sexo na, 496-497
Script (ver Esquema)
"Seleção de nichos", 52-53
Seleção natural, 48-49
Selye, Hans, 393
Sensação, 141 (ver também Audição; Sentido cinestésico; Dor; Percepção; Sistemas cutâneos; Olfato; Paladar; Sentido vestibular; Visão)
Sentido cinestésico, 151
Sentido vestibular, 151
Sentidos (ver Sensação)
Sentidos químicos, 148

Sentimentos de inferioridade, 511
Sexo e, 345-346
Sheldon, William, 526
Significância estatística, 677
Sílaba sem sentido, 207
Símios e aquisição da linguagem, 272
Simulações de computador, 261
Sinapse, 63
Síndrome adrenogenital (AGS), 344
Síndrome da adaptação geral (SAG), 392
Síndrome DDD, 111
Síndrome do álcool fetal, 426
Sistema endócrino, 391 (ver também
    glândulas e hormônios)
Sistema límbico, 391-392
Sistema nervoso autônomo (SNA), 61
    ansiedade e, 392
    hipotálamo e, 76
    mentir e, 394 (ver também Sistema
        nervoso parassimpático; Sistema
        nervoso simpático)
Sistema nervoso central (SNC), 59 (ver
    também Cérebro; Medula espinhal)
Sistema nervoso parassimpático, 61
Sistema nervoso periférico, 59 (ver
    também Sistema nervoso autônomo)
Sistema nervoso simpático, 391
Sistema nervoso somático, 60
Sistema nervoso:
    modelo input-output de, 59
    visão geral de, 57-58 (ver também
        Sistema nervoso autônomo;
        Cérebro; Sistema nervoso central;
        Córtex cerebral; Hemisférios
        cerebrais; Sistema límbico;
        Sistema nervoso somático;
        Medula espinhal)
Sistema SQ3R, 230
Sistemas cutâneos, 152
Sistemas de apoio comunitário (SACs),
    619-620
Sistemas sensoriais (ver Sensação)
Sistemas somatossensoriais, 153
SNA (ver Sistema Nervoso Autônomo)
SNC (ver Sistema nervoso central)
Socialização, 441
    comportamento do papel sexual e,
        661-662
Sociobiologia, 50
Solidão, 482
Solução de problemas, 254
    como tática de enfrentamento, 397
    terapia do comportamento e, 602
Sonhos, 507-508
Sono não-REM (movimento ocular
    não-rápido), 188
Spearman, Charles, 283
Sperry, Roger, 79
Sublimação, 506
Substituição de sintoma, 604
Suicídio, 560
Sullivan, Harry Stack, 512
Superaprendizagem, 225

Superego, 507
Surdez, 159
Szasz, Thomas, 549

Tabagismo:
    efeitos do, no pré-natal, 427
    prevenção de, 406-407
Tálamo, 75
Talento, 309-310
Talidomida, 421
TAT, 355
Técnicas de criação e genética do
    comportamento, 58
Televisão, violência, agressão e, 132
Temperamento "difícil", 409-410
Temperamento "fácil", 409-410
Temperamento de "lento aquecimento",
    436
Temperamento, 382-384
Teoria cognitiva da inteligência, 286
Teoria da aprendizagem cognitivo-social
    da personalidade, 533
Teoria da aprendizagem social:
    da personalidade, 532-533
    da socialização do papel sexual, 661
    violência e agressão na TV, (ver
        também Aprendizagem por
        observação)
Teoria da contigüidade, 128
Teoria da continuidade do
    desenvolvimento, 423
Teoria da detecção de aspectos, 168-169
Teoria da dissociação, 193
Teoria da freqüência espacial, 171
Teoria da hierarquia da motivação, 327
Teoria da linguagem de solução de
    problemas
    aquisição, 270
Teoria de tipos, 524
Teoria diátese-estresse, 551
Teoria do condicionamento sobre a
    aquisição de linguagem, 269-270
Teoria do dispositivo de aquisição da
    linguagem (LAD), 269-270
Teoria do processo por oposição:
    da emoção, 374-375
    da visão de cores, 175-176
Teoria do self, 522 (ver também
    Psicoterapia centrada no cliente)
Teoria dos estágios:
    da morte, 495
    das amizades precoces, 451
    de Erikson, 515
    de Freud, 507
    de Kohlberg, 452
    de Piaget, 437
    do desenvolvimento, 423
Teoria psicanalítica:
    comportamento anormal e, 595 (ver
        também Distúrbios específicos)
    críticas de, 520
    esquecimento motivado e, 219
    mecanismos de defesa e, 398

    personalidade e, 505
    psicoterapia e, 595
    testes projetivos e, 517
Teoria, 36
Teorias da emoção com alerta não
    específico, 376-377
Teorias das respostas periféricas da
    emoção, 376
Teorias disposicionais da personalidade,
    524-525
Teorias neo-freudianas:
    da personalidade, 508-509
        Erik Erikson e, 513-514
        Harry Stack Sullivan e, 512
        Karen Horney e, 511-512
    da psicoterapia, 597-598
Teorias psicodinâmicas da
    personalidade, 505
Terapeuta, 592
Terapia (ver Psicoterapia)
Terapia cognitiva, 612
Terapia comportamental, 598
Terapia da aprendizagem social (ver
    Modificação do comportamento;
    Terapia do comportamental)
Terapia do meio social, 618-619
Terapia eletroconvulsiva, 614
Terapia existencial, 604
Terapia racional-emotiva, 601
Terman, Lewis, 291
Teste de Apercepção Temática (TAT), 355
Teste de aptidão, 315-316
Teste de completar sentenças, 518
Teste de desenho, 518
Teste de realização, 313
Teste projetivo, 517
    desenho, 518
    Rorschach, 517
Testemunha ocular, 233
Testes de inteligência, 291
Testes padronizados, 286
Testes psicológicos, 286 (ver também
    Testes de inteligência; Personalidade,
    medidas e testes de)
Testes, 86
Testosterona, 86
Thanatos, 506
Thorndike, Edward Lee, 109
Thurstone, L. L., 284
Tipos corporais, 525
Tipos, 524
Tolerância, 569
Toxinas:
    comportamento desadaptado e, 550
    efeitos pré-natais das, 427-429
    longevidade e, 496
    QI e, 297
TQT (ver Teste de Apercepção Temática)
Traços, 530
Tranqüilizante principal, 615
Transferência negativa, 259-260
Tratamento em casa para psicose,
    618-619

Treino assertivo, 601
Treino de aquisição, 104 (*ver também* Condicionamento respondente)
Treino de omissão, 119
Treino de toalete, 509
Tricíclicos, antidepressivos, 538-539
Twin Oaks (comuna), 123

Validade de constructo, 289
Validade, 289
    TAT, como medida de motivação para realização, 356-357
    testes de inteligência e, 311-312
    testes objetivos de personalidade e, 527
Variável dependente:
    experimentos de campo, 31-32
    experimentos em laboratório, 27-28
    experimentos *in natura*, 54-55

Variável em experimentos, 27-28
Variável independente:
    experimentos em campo, 30
    experimentos em laboratório, 28-29
Velhice, 488
Vias de profundidade binocular, 176
Vício a narcóticos:
    efeitos de, no pré-natal, 427
    distúrbios de uso de substâncias, 568-569
Vício:
    efeitos do, no pré-natal, 448-449 (*ver também* Abuso, de drogas e álcool; Alcoolismo)
Viés do experimentador, 29
Viés e estatística, 677
Vínculo, social (*ver* Formação da ligação afetiva)
Violência (*ver* Agressão)

Visão holística, 522 (*ver também* Psicologia humanista; Fenomenologia)
Visão, 160-167
    adaptação de, 181-182
    desenvolvimento da, 178
    estados mentais e, 183
    percepção de cores, 171
    percepção de profundidade, 176
    percepção do objeto, 163-164

Walden Two, 123
Watson, John, 104-105
Weschsler, David, 292
Whorf, Benjamin Lee, 248
Wundt, Wilhelm, 10
Zigoto, 52

Zona erógena, 508